2011

安徽财政年鉴

小岗村大包干纪念馆

安徽省财政厅 编

全国百佳图书出版单位

APGTIME 时代出版

时代出版传媒股份有限公司
安徽人民出版社

编 者 的 话

《安徽财政年鉴》是安徽省财政厅主办的综合性文献资料年刊，是财经工作者了解财政、谋划未来不可或缺的大型财政专业工具书。《2011安徽财政年鉴》全面概述了2010年及“十一五”全省各级财政部门推进科学理财、服务安徽跨越发展的不平凡历程和所取得的光辉业绩。

2010年是“十一五”规划的最后一年，也是我省扩大应对国际金融危机成果、巩固经济回升向好势头的关键一年。在省委、省政府的坚强领导下，全省各级财政部门深入贯彻落实科学发展观，有效应对宏观环境复杂变化，全面落实财政宏观调控政策，加强财政科学化精细化管理，有力推动了全省经济社会平稳较快发展，取得了令人鼓舞的巨大成就，也为全面完成“十一五”目标任务划上了圆满句号。“十一五”期间，全省财政运行质量不断提高，健康、可持续的财政收入稳定增长机制初步形成，财政综合实力显著增强；先后实施稳健的财政政策和积极的财政政策，相机抉择的财政宏观调控机制更加完善，服务经济发展措施更加得力；坚持将财力向基层倾斜、向新农村建设倾斜、向困难地区和困难群体倾斜，促进和谐的民生保障机制逐步健全，保障改善民生力度空前；财政制度改革向纵深推进，有利于科学发展的财政体制机制加快建立，公共财政体系不断完善；财政管理水平明显提高，科学化精细化管理融入财政工作全过程，财政改革与发展迈上了新的台阶。

本卷年鉴仍以出版年号为卷次名称，并依然采用分类编辑法，以篇目、分目、条目、子目组成全书框架主体。其中，“财政机构人员篇”刊发的各级财政部门领导名单，均为2010年12月31日之前提供。根据财政发展形势的需要，且考虑年鉴连续出版的特点，本卷年鉴框架结构作了相应微调。在保留财经文献、民生工程、市县财政、财政楷模、财政部门大事记、财经规章、财经调研、财经统计资料、财政机构人员等老篇目的基础上，将原财政改革篇、财政发展篇合并为省财政工作篇，同时新增添“十一五”财政篇的内容。在扩展内文含量的基础上，进一步充实彩色图片内容，旨在凸显年刊图文并茂的阅览效果。

一部厚重的《安徽财政年鉴》，既是全省财政工作的真实写照，也是作者、读者、编者集体智慧的结晶。其具体编纂工作更离不开财政厅党组的关心指导，离不开厅机关各处室局、各单位的热忱支持，离不开各级财政部门以及广大联络员的鼎力相助，谨表示诚挚的感谢！

由于水平有限，疏漏和不妥之处在所难免，敬请广大读者批评指正。

安徽财政年鉴编辑部

二〇一一年十二月

安徽财政年鉴编辑委员会

安徽财政年鉴编辑部

安徽财政年鉴联络员

韩永强（厅办公室）
李　燕（厅综合处）
杨玉林（厅税政条法处）
黄栋栋（厅预算处）
马　锐（厅国库处）
卓　帅（厅行政处）
陈　晋（厅政法处）
侯振华（厅教科文处）
贾振东（厅经济建设处）
刘建军（厅农业处）
吴昌好（厅社会保障处）
李志斌（厅企业处）
单　培（厅金融处）
余　禹（厅国际债务处）
姚　瑶（厅农村财政管理局）
李元元（厅会计处）
谢　勇（厅行政事业资产管理处）
汪永飞（厅监督检查局）
方诗庆（厅政府采购处）
杨作华（厅农村综合改革处）
张　飞（厅人事教育处）
刘　恒（厅机关党委）
苏照存（厅纪检监察室）
王亚栋（厅离退休工作处）
孟　骞（厅民生工程办公室）
李志红（省信用担保集团）

胡柳萍（省农业综合开发局）
徐进超（省非税收入征收管理局）
汪新平（厅国库支付中心）
李　翼（省财政信息中心）
李昌鹏（省财政投资评审中心）
李成名（省政府采购中心）
万　勇（省财政科学研究所）
王克法（省注册会计师协会）
马再兴（厅机关服务中心）
朱纪忠（合肥市财政局）
乔　林（淮北市财政局）
邓　昊（亳州市财政局）
寇　智（宿州市财政局）
王定安（蚌埠市财政局）
贺　瑾（阜阳市财政局）
吴　波（淮南市财政局）
高　宇（滁州市财政局）
汪　斌（六安市财政局）
尹昌元（马鞍山市财政局）
孙　华（巢湖市财政局）
刘宗悦（芜湖市财政局）
郑少华（宣城市财政局）
丁松林（铜陵市财政局）
宁　睿（池州市财政局）
叶武乐（安庆市财政局）
汪　蓉（黄山市财政局）

省十一届人大四次会议

安徽省第十一届人民代表大会第四次会议2011年1月18日至23日在合肥隆重召开。会议审议并通过《政府工作报告》以及《关于安徽省2010年预算执行情况和2011年预算的决议》等大会各项报告。

省委书记、省人大常委会主任张宝顺主持开幕式和闭幕式。

省委副书记、省长王三运代表安徽省人民政府作《政府工作报告》。

省十一届人大第二十六次会议

2011年6月22日，省十一届人大常委会第二十六次会议在省人大会议中心召开。省人大常委会副主任任海深主持会议，副主任朱维芳、胡连松、朱先发、郭万清、张俊出席会议。

会议听取省财政厅厅长陈先森受省人民政府委托所作的关于安徽省2010年财政决算的报告。

省十一届人大第二十七次会议

2011年8月17日，安徽省十一届人大常委会第二十七次会议在省人大会议中心召开。省委书记、省人大常委会主任张宝顺主持会议。省人大常委会副主任任海深、朱维芳、文海英、胡连松、朱先发、郭万清、张俊及秘书长汪国才出席会议。

受省人民政府委托，省财政厅厅长陈先森作关于安徽省2011年上半年预算执行情况及下半年工作意见的报告。

全省财政工作会议

2011年1月7日，省政府在肥召开全省财政工作会议，传达全国财政工作会议精神，总结“十一五”及2010年财政工作，提出“十二五”财政发展目标任务，部署2011年财政工作。

省委常委、副省长赵树丛出席会议并作重要讲话。

省人大常委会副主任郭万清、省政协副主席郑牧民出席会议。

省财政厅厅长陈先森作工作报告和会议总结。

与会代表认真听取会议工作报告。

（厅办公室供稿）

省委省政府召开
全省实施民生工程工作会议

2011年2月24日，省委省政府召开全省实施民生工程工作会议，总结“十一五”期间全省民生工程实施情况，部署“十二五”保障和改善民生的工作。

省委书记张宝顺在会上指出，要将群众满意不满意作为检验民生工程的第一标准，努力把民生工程打造成民心工程、德政工程。

省长王三运在会上强调，要不断提高民生工程建设水平，推进各项工作协调高效，提高群众的参与度、认同度和满意度。

省民生工程协调小组组长、省委常委、副省长赵树丛代表省政府与17市政府签订民生工程目标责任书。

省政府表彰2010年度民生工程组织实施工作先进市县。

省委高度重视 统一决策部署

8月17日，省委书记张宝顺主持召开民生工程专题座谈会，听取有关部门关于民生工程实施情况的汇报。

省委书记张宝顺强调，要把以人为本、执政为民作为我们全部工作的出发点和落脚点。

民生工程促进“学有所教”。

民生工程促进“劳有所得”。

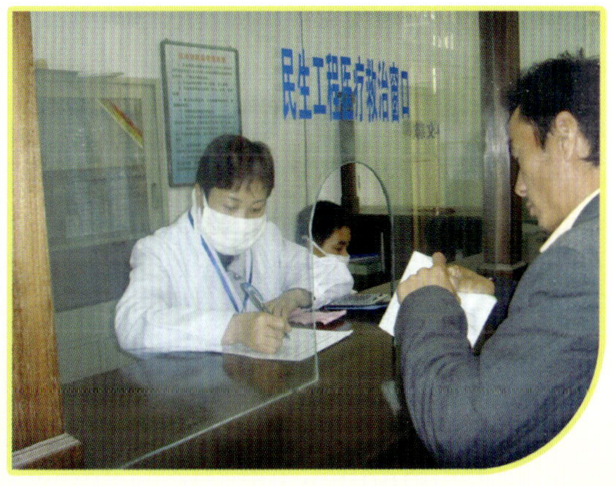

民生工程促进“病有所医”。

民生工程促进“老有所养”。

民生工程促进“住有所居”。

（厅民生办供稿）

省委书记张宝顺
充分肯定全省财政工作

观看省财政厅宣传橱窗。

观看财政“两基”建设专题宣传片《潮涌黄淮》。

参观省财政厅档案室荣誉成果存列。

8月5日下午，省委书记张宝顺在省委常委、常务副省长孙志刚，省委常委、省委秘书长詹夏来等同志陪同下，到省财政厅调研财政工作。

张宝顺充分肯定我省财政工作。他说，安徽财政主动作为，成绩明显，对全省经济社会发展贡献很大；管理基础很好，在制度建设和基层基础建设等方面走在全国前列；机关建设成效突出，在省直机关起到表率和示范作用，涌现出沈浩这样深受人民群众拥戴的党的基层干部楷模。

张宝顺要求，全省财政系统要继续发扬成绩，再接再厉，主动理财，开拓创新，在“巩固、创新、服务、提高”上下功夫，立足跨越崛起，加强支持调控，优先保障改善民生，加强“两基”建设，实现更大作为，推进创新发展，推进和谐发展，推进“两化”管理，推动财政工作更上一层楼，更好地服务全省经济社会跨越发展。

全国财政厅（局）长座谈会在肥举行

财政部部长谢旭人作重要讲话。

7月27-28日，全国财政厅(局)长座谈会在肥举行。财政部部长谢旭人出席会议并作重要讲话，省长王三运致辞，财政部副部长廖晓军主持会议，省委常委、常务副省长孙志刚，财政部纪检组长刘建华、部长助理胡静林出席会议。

全国财政厅(局)长座谈会期间，财政部部长谢旭人、副部长廖晓军、纪检组长刘建华、部长助理胡静林，在省长王三运，常务副省长孙志刚，省财政厅厅长陈先森等陪同下，观看了我省财政“两基”建设宣传展板，并深入合肥市财政局和有关乡镇财政所考察，充分肯定我省财政“两基”建设工作。

省长王三运致辞。

财政部副部长廖晓军主持会议。

会议举行分组讨论。

（厅办公室供稿）

4月12日，省财政厅在肥召开全省各市财政局长座谈会，分析当前财政经济形势，并就相关议题进行深入讨论。

省财政厅厅长陈先森指出，2010年我省财政运行开局良好，但新的形势对财政工作提出了新的更高的要求。各级财政部门要进一步增强乘势而上、只争朝夕的责任感和紧迫感，紧紧围绕中心、服务大局，主动理财，主动作为，认真贯彻落实积极财政政策，着力巩固经济企稳回升势头，确保完成全年目标任务，不断推动全省财政工作再上新台阶。

各市财政局局长进行了深入讨论。

陈先森厅长主持会议并提出工作要求。

各市财政局局长围绕既定主题踊跃发言，并热烈讨论。

省财政厅召开深入推进学沈浩创先进争优秀活动大会

省财政厅厅长陈先森提出活动要求。

省直机关工委书记张国富到会讲话。

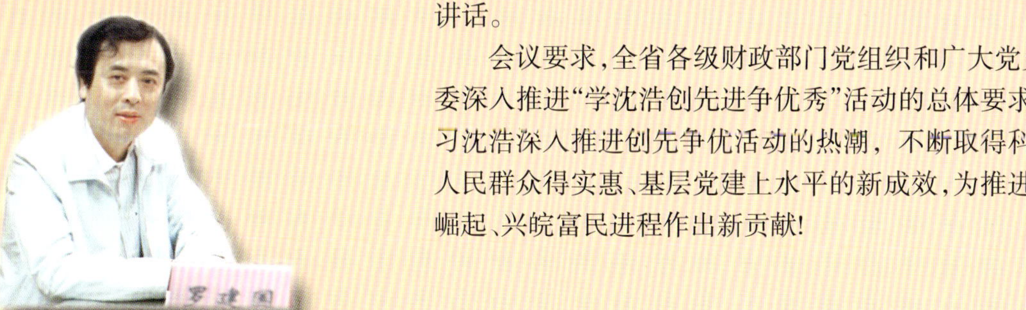

10月14日，省财政厅召开深入推进学沈浩创先进争优秀活动大会，传达贯彻省委电视电话会议精神，进一步推动全省财政系统创先争优活动深入开展。省财政厅党组书记、厅长陈先森，省直机关创先争优活动领导小组组长、省直机关工委书记张国富出席会议并讲话。

会议要求，全省各级财政部门党组织和广大党员要全面落实省委深入推进“学沈浩创先进争优秀”活动的总体要求，进一步掀起学习沈浩深入推进创先争优活动的热潮，不断取得科学发展增动力、人民群众得实惠、基层党建上水平的新成效，为推进全面转型、加速崛起、兴皖富民进程作出新贡献！

省财政厅副厅长罗建国主持会议。

省信用担保集团党委书记迟本能、省财政厅社保处处长朱艾勇、注册会计师管理处处长杨春和省财政厅选派干部、小岗村党委第一书记丁俊先后发言。

（厅办公室供稿）

努力实现财政综合工作新跨越

9月9日，省财政厅在肥召开全省财政综合工作暨业务培训会议。省财政厅副厅长黄然出席会议并讲话，财政部综合司有关领导应邀到会指导，省财政厅综合处处长王玲主持会议。各市财政局分管局长，市、县(市、区)财政局综合科(股)长及非税局局长参加了会议。

省财政厅副厅长黄然出席会议并讲话。

省财政厅综合处处长王玲主持会议。

会议通报了近期财政综合业务工作，分析了当前和今后一段时期宏观经济形势，提出了下一步财政综合工作目标要求，并举办了财政“十二五”规划培训和财政综合业务培训，对推进下一阶段财政综合工作，高质量地完成财政“十二五”规划编制工作具有十分重要的意义。

福彩爱心助学圆梦行动

从2006年至2010年，助学成为了福彩每年必端的“大餐”，引起了社会的广泛共鸣，带动社会爱心人士共同参与，形成了浓浓的爱的浪潮。

为了达到联动效果，省福彩中心每年为各市上报的贫困学子配备一件带有福彩LOGO的文化衫；2009年省福彩中心编撰了助学书籍《福佑学子》，弘扬了福彩公益理念。2010年，省福彩中心让各市敞开上报助学名额，报名结束后，各市从福彩公益金中拿出一定的资金对适合帮助的3500名贫困学子进行救助，省福彩中心为各市配备了爱心助学双肩包。截至2010年，我省连续6年联动助学，已有19000名学子接受3200万元福彩公益金资助。

蚌埠市助学圆梦行动。

六安市助学圆梦行动。

芜湖市福彩圆梦活动。

宣城市福彩助学行动。

（厅综合处供稿）

“让福彩的爱伴你回家”四度启动

1月19日，由安徽省福彩中心联合新安晚报社共同主办的第四届“让福彩的爱伴你回家”活动首发式在合工大老校区隆重举行，合工大67位受助学子以及在肥院校部分受助学子百余人参加了首发式，并现场领取每人500元的回家路费和《福佑学子》书籍一本。“让我们的爱伴你回家”活动始于2007年，2010年已经是第四届。活动的资助对象是经济困难的高校学生，包括在安徽读书的本地或外地学子，以及在外地读书的安徽籍学子。4年来已资助贫困大学生近1300人回家过年的路费。

安徽福彩代表彩民向亳州光荣院捐赠爱心款。

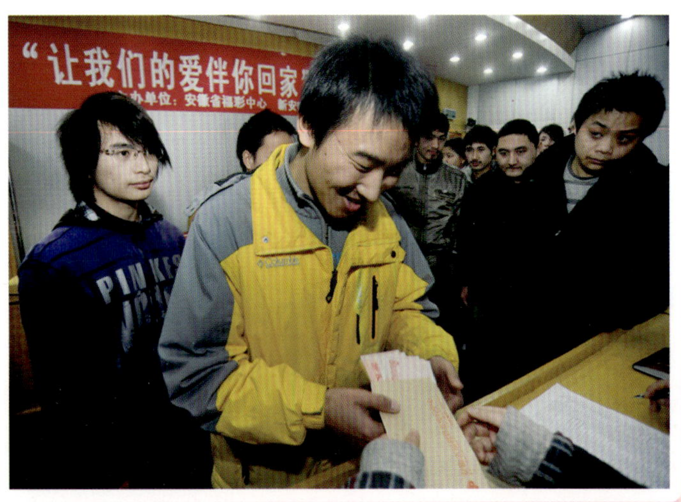

在省福彩中心举办的让福彩的爱伴你回家活动中，学子喜领返乡过年路费。

2010，福彩爱心行动温暖江淮

4月至6月，一场轰轰烈烈的安徽彩民爱心温暖行动传递江淮大地。在合肥市衡正公证处公证人员的监督下，我省400名幸运爱心彩民顺利产生。幸运爱心彩民在省及各市福彩中心的带领下，奔赴安徽南北池州和亳州两地，走进敬老院和光荣院传递浓浓爱心。

受资助学子致感谢辞。

爱心彩民在敬老院门前集结合影。

（厅综合处供稿）

财政部“五五”法制宣传教育验收组莅临我省检查指导

10月17日至20日，以财政部条法司副巡视员赵超为组长的全国财政“五五”法制宣传教育考核验收检查组，来我省考察验收。

全国“五五普法”法制宣传教育验收检查汇报会。

财政部条法司副巡视员赵超作工作指导和考核结果点评。

省财政厅副厅长罗建国作“五五普法”工作总结报告。

财政部条法司副巡视员赵超巡视考场。

厅税政条法处处长周名桨陪同赵超副巡视员参观省财政厅荣誉室。

（厅税政条法处供稿）

全省税政条法工作暨培训会

全省税政条法工作暨培训会 2010 年 7 月 9 日至 10 日在淮北市召开。

财政部条法司副司长徐国乔应邀到会指导。

省财政厅副厅长罗建国作工作报告。

省法制办副主任陈爱军作“全面推进依法行政，加快建设法治政府”讲座。

财政部税政司税源调查分析处副处长吴京芳作“中国税收制度及改革动向”讲座。

厅税政条法处处长周名桨主持会议并布置工作。

全省财政行政执法人员资格考试

9月18日，全省财政行政执法人员资格考试在合肥举行。

省财政厅厅长陈先森在科大附中考点巡视。

考生认真答题。

巡考组听取考务人员汇报有关情况。

（厅税政条法处供稿）

2011年省级部门预算编制工作会议

8月3日，省财政厅在肥召开2011年省级部门预算编制工作会议。省直123个部门、单位分管领导以及省财政厅相关处室(局)负责同志、联络员共400多人参加会议。

省人大常委会财经委副主任庄立权出席会议并讲话。

省财政厅厅长陈先森出席会议并讲话。

省审计厅厅长刘战平出席会议并讲话。

省财政厅副厅长罗建国主持会议。

省财政厅预算处处长孟照红作预算编制说明。

全省财政工作视频会议暨市财政局长座谈会

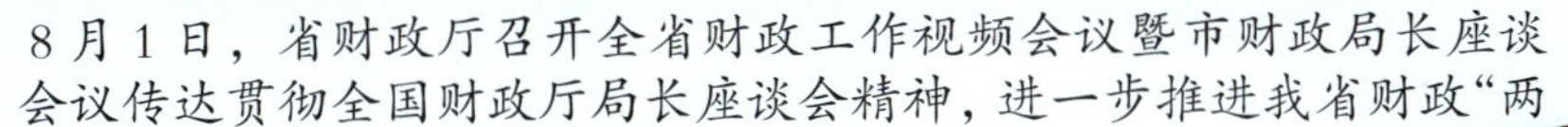

8月1日，省财政厅召开全省财政工作视频会议暨市财政局长座谈会。会议传达贯彻全国财政厅局长座谈会精神，进一步推进我省财政“两基”建设，部署年内财政重点工作。

陈先森

省财政厅厅长陈先森出席会议并讲话。

省财政厅副厅长王林建主持会议。

省财政厅副厅长张广寿传达全国财政厅(局)长座谈会主要精神。

与会同志认真听取会议报告。

2010年上半年全省各市财政局长座谈会同日举行。

(厅预算处供稿)

全省加快财政支出进度工作视频会

11月14日，省财政厅组织召开全省加快财政支出进度工作视频会议，对进一步加快财政支出进度工作做了全面部署。

省财政厅厅长陈先森出席会议并讲话。

省财政厅副厅长张广寿主持会议。

与会同志认真记录会议精神。

（厅预算处供稿）

财政部地方政府债券市场发展战略课题研讨会在我省召开

11 月 26 日，财政部地方政府债券市场战略课题研讨会在合肥召开。

财政部国库司副司长娄洪出席会议并讲话。

省财政厅副厅长吴天宏致辞。

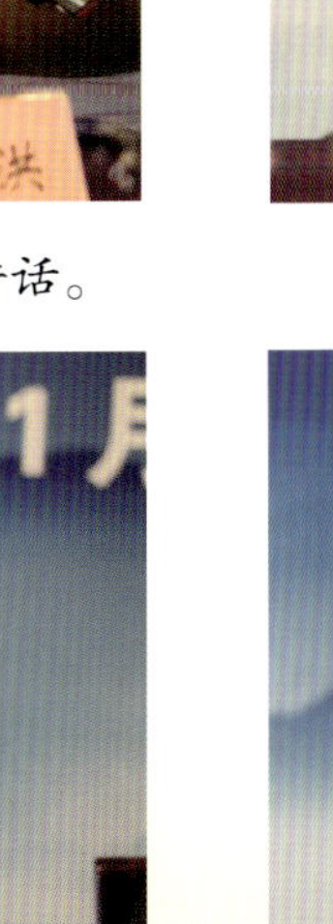

财政部国库司国债管理处处长韦士歌出席座谈会。

省财政厅国库处处长解立卫出席会议并座谈。

（厅国库处供稿）

全面推进县级会计集中核算向国库集中支付转轨

省财政厅自2006年以来，积极推进县级会计集中核算向国库集中支付改革转轨工作，并于2007、2008、2009连续三年召开专门会议，部署当年的县级转轨工作，实施转轨培训，落实转轨时间。

2007年，召开全省县级国库集中支付改革试点现场会。

与会代表认真听取会议精神。

2008年，召开全省县级国库集中支付改革工作会议。

2009年，举办县级国库集中支付改革培训会。

全省三季度预算执行情况分析会

10月18日，省财政厅在合肥召开全省三季度预算执行情况分析会。陈先森厅长、吴天宏副厅长及各市财政局局长和厅机关部分处室负责同志参加会议。

省财政厅厅长陈先森在会上讲话。

省财政厅副厅长吴天宏出席会议。

厅国库处处长解立卫通报全省财政收入状况。

厅预算处副处长尹祥领通报有关业务情况。

各市财政局负责同志在会上踊跃发言。

(厅国库处供稿)

全省加快财政支出进度
工作视频会

8月25日，由省财政厅国库处承办的“2010年地方财政总决算座谈会”在安徽池州隆重召开，来自山西、四川、江西、贵州和安徽五省财政厅国库部门的主要负责同志齐聚一堂深入交流。

会议由财政部国库司预算执行处处长石桂华主持，财政部国库司副主任刘金云（左2）、安徽省财政厅副厅长吴天宏（右2）及池州市常务副市长张夏林（左1）参加会议并讲话。

与会代表合影留念。

（厅国库处供稿）

省直部门出差和会议定点管理会议

12 月 14 日，省财政厅联合省监察厅召开“省直部门出差和会议定点管理会议”。

省监察厅巡视员杨晓珊出席会议并讲话。

省财政厅助理巡视员李友兰在会上讲话。

省纪委党风廉政室主任陈海清出席会议。

省财政厅行政处处长张力主持会议。

与会人员认真听取会议精神。

（厅行政处供稿）

政法财务管理工作剪影

11月30日，省政法部门装备采购领导小组召开全体会议，研究并决定装备采购工作中的重大事项。省财政厅副巡视员李友兰出席会议并讲话。

7月29日，厅政法处召开省直政法、执法等部门财务管理工作座谈会，督促省级有关部门加快支出进度，提高资金使用效益，并听取对财政政法工作的意见和建议。

8月26-27日，省财政厅政法处举办全省政法经费统计报表培训班，各市县（区）财政局及省直政法部门相关人员参加了培训。

（厅政法处供稿）

开创教科文财政工作新局面

6月11日，厅教科文处召开全省教科文预算执行情况分析会。

9月27日，省财政厅厅长陈先森率厅教科文处、企业处有关人员赴深圳开展自主创新学习调研。

7月10日，省财政厅副厅长罗建国在厅教科文处、办公室、社保处有关同志陪同下，赴灵璧县开展义务教育和公共文化服务体系建设经费保障机制专题调研。

7月15-17日，全省教科文财政工作会议在芜湖召开。

省财政厅教科文处开展“效能建设大家谈”活动，并汇编了效能建设手册。

（厅教科文处供稿）

全国重点地区中小河流治理工作会议

10月20日至21日，水利部、财政部在合肥召开全国中小河流治理工作会议，贯彻落实国务院专题会议精神，交流各地中小河流治理的做法和经验，研究部署下一步中小河流治理工作。

财政部副部长张少春到会并讲话。

省委常委、副省长赵树丛出席会议并讲话。

与会领导观看有关宣传图片。

财政部领导调研我省能源汽车工作

财政部经建司副司长曾晓安(左1)调研我省新能源汽车工作。

省财政厅副厅长王林建及芜湖市有关领导陪同调研。

财政部领导亲自驾驶新能源汽车,深入了解有关技术性能。

(厅经建处供稿)

中部六省财政经建工作研讨会

9月8-10日,2010年中部六省(晋、豫、赣、湘、鄂、皖)财政经建系统座谈会在黄山市召开。

财政部经济司副巡视员柯凤出席会议并讲话。

省财政厅副厅长王林建到会并讲话。

省财政厅经建处处长于华伟主持会议。

山西、河南、江西、湖南、湖北、安徽六省财政经建系统的同志参加研讨会。

(厅经建处供稿)

省财政

加大支持现代农业发展

省农垦公司“飞防”现场。

我省小麦产区正在实施秸秆还田措施。

近年来，我省部分小麦主产区坚持用飞机施药、喷洒叶面肥料，提高“一喷三防”的效率。“飞防”已成为小麦增产增收的重要措施之一，也是财政支持现代农业发展的一个重要途径。秸秆还田已成为发展现代农业的一项常规农技措施在全省范围内深入推广。“十一五”期间，全省共落实农机购置补贴资金16.5亿元，补贴农机具数29.5万台套。近年来，我省加大农业机械购置补贴力度，着力加快农业生产机械化水平。省财政不断加大对种植业发展的支持力度，不断创新支持方式，坚持以良种产业化推动农业现代化发展。

小麦机收现场。

省农垦公司种子基地。

（厅农业处供稿）

全省财政

11 月 29 日，全省财政企业工作会议在池州市召开。

省财政厅副厅长左俊到会并讲话。

池州市常务副市长袁继明致辞。

省财政厅企业处处长王召远出席会议并讲话。

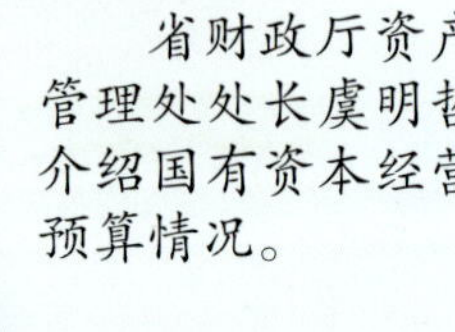

省财政厅资产管理处处长虞明哲介绍国有资本经营预算情况。

省财政厅企业处副处长杨前炉讲话。

省财政厅企业处副处长刘志毅讲话。

企业工作会议

省财政厅企业处调研员经本良讲话。

省财政厅企业处调研员殷鹭滨布置国有、集体企业决算工作。

与会代表认真座谈交流。

省财政厅企业处李志斌科长布置外商投资企业决算工作。

先进单位登台领奖。

（厅企业处供稿）

省家电汽车下乡和以旧换新大篷车巡回宣传启动仪式

9月17日，省家电下乡、以旧换新巡回宣传活动启动仪式现场。

副省长花建慧在启动仪式上讲话。

副省长花建慧为活动授旗。

省财政厅厅长陈先森在启动仪式上讲话。

省财政厅副厅长左俊在启动仪式上讲话。

启动仪式主席台。

安徽省家电汽车下乡和以旧换新成果发布会

12月16日，安徽省家电汽车下乡和以旧换新成果发布会在合肥召开。

副省长花建慧在成果发布会上讲话。

省财政厅厅长陈先森讲话。

省商务厅厅长于勇讲话。

省财政厅副厅长左俊讲话。

省财政厅企业处处长王召远主持媒体见面会。

家电下乡和以旧换新媒体见面会会场。

（厅企业处供稿）

规范政策性农业保险管理工作

省政府召开全省政策性农业保险试点工作会议，省委常委、副省长赵树丛出席会议并作重要讲话。

省财政厅召开全省政策性农业保险规范管理活动总结汇报会，副厅长左俊到会并讲话。

省财政厅副厅长、省农险办主任左俊深入安庆、池州检查指导灾后理赔工作。

外国政府贷款工作剪影

财政部、国家发展改革委联合在芜湖市召开外国政府贷款合作交流会议。

省财政厅副厅长左俊陪同财政部金融司副司长程志军考察芜湖奇瑞汽车研发工作。

省财政厅副厅长左俊出席德国政府贷款医疗项目备忘录签字仪式。

省金融财务监管工作剪影

省财政厅副厅长左俊、厅金融处原处长范成法陪同财政部金融司秘书薛军、地方金融处副处长阚晓西赴岳西县调研。

省财政厅金融处处长黎学东、副处长王坤到担保集团调研。

10月22日，省财政厅金融处副处长张黎陪同河南省财政厅和河南省中小企业担保集团股份公司领导到省担保集团考察。

11月28日，省财政厅金融处副处长张黎参加担保集团成立五周年座谈会并讲话。

（厅金融处供稿）

全面启动第四轮开发性金融合作工作

省长王三运查看校安工程项目学校。

副省长谢广祥在校安工程现场与施工人员交谈。

按照省政府与国家开发银行签署的《开发性金融合作协议》和省政府《2009 年省开发性金融合作领导小组会议纪要》及全省开发性金融合作工作会议精神，2010 年省财政厅全面启动与国家开发银行的第四轮开发性金融合作工作，并重点启动实施了“安徽省城镇污水处理设施项目”和“安徽省中小学校舍安全工程项目”。

有关方面领导在校安工程现场调研。

潜山县污水处理厂工程。

岳西县污水处理厂工程。

（厅国际债务处供稿）

世行贷款安徽公路恢复和改建项目进展顺利

副省长黄海嵩等有关领导出席105省道巢湖至乌江段开工典礼。

为实施省委省政府提出的东向发展战略，发挥本省的资源优势，积极融入长三角，促进安徽经济全面发展，安徽省政府向世行贷款2亿美元用于安徽国、省道的恢复和改建。

世行贷款安徽公路恢复和改建项目分布在全省12个市，总投资41.8亿元，总里程1203.7公里。项目于2007年9月1日开工建设，截至2010年底，已完成总合同金额的86%，全部工程将于2011年12月建设完成。

103省道蛤蟆岭至青阳段建成通车。

105省道驷马河大桥施工现场。

206国道宿州南至怀远北段建成通车。

余晖映照下的103省道。

（厅国际债务处供稿）

世行贷款中等城市交通项目启动实施

世行官员在芜湖项目现场考察。

世行项目官员在现场听取情况介绍。

3月24-25日，财政部组团在华盛顿世行总部就该项目进行谈判。省住房和城乡建设厅，省财政厅及芜湖市、淮北市派代表参加了此次谈判，并签订《项目协定》、《贷款协定》草本。

5月26-28日，世行北京代表处在芜湖市召开项目启动暨业务培训会议，标志该项目正式实施。

项目预评估会场景。

世行贷款安徽省中等城市交通项目由芜湖、六安、安庆、淮北4市申办，由城市道路、公交场站、交通安全系统、能力建设等内容组成，共使用世行贷款1亿美元。该项目实施后将有助于改善项目城市道路拥挤问题，增强城市道路的安全性。

世行项目《安徽省农民工劳动保障权益维护体系建设》成果发布会

8月31日，省人力资源和社会保障厅举行世界银行技术援助赠款《安徽省农民工劳动保障权益维护体系建设研究》项目成果发布会。

省就业服务局局长刘良骅主持新闻发布会。

省人社厅副厅长吴健通报项目研究情况及取得的成果。

省政府发展研究中心副巡视员吴蕴玲介绍项目情况。

省财政厅国际处副处长余禹介绍项目资金使用、管理情况。

（厅国际债务处供稿）

全面推进乡镇财政规范化建设

全国财政厅(局)长座谈会前夕,省财政厅厅长陈先森、副厅长张广寿视察肥西县乡镇财政所规范化建设情况。

2010年,全省以创建规范化乡镇财政所(分局)工作为抓手,以推进乡镇财政科学化精细化管理为主线,突出加强“两基”建设,力争通过三年考评验收全面实现创建目标。7月,全国财政厅(局)长座谈会在安徽召开,会议代表参观了肥西县花岗镇、严店乡财政所规范化建设情况,充分肯定了安徽乡镇财政规范化建设取得的初步成效。

10月12-15日,省财政厅在上海财大继续教育学院举办“百名乡镇”财政所长能力提高培训班。

全省创建

规范化乡镇财政所现场会

6月3日，全省创建规范化乡镇财政所(分局)工作现场会在巢湖市召开。

省财政厅副厅长张广寿出席会议并讲话。

含山县财政局有关同志在会上介绍经验。

与会代表参观含山县仙踪镇财政所。

(厅农村财政管理局供稿)

11 月 16 日，省财政厅联合审计、证监、银监、保监和国资委等五部门在合肥市召开“全省企业内部控制规范体系贯彻实施动员大会”，省属企业、会计师事务所和部分高等院校等近 300 人参加会议。

省财政厅副厅长左俊到会并讲话。

省国资委助理巡视员张皖松出席会议。

省审计厅副厅长戴克柱出席会议。

财政部会计司注册会计师处处长王宏到会指导工作。

省财政厅会计处处长黄克来主持会议。

大会会场。

稳步推进企业内部控制规范体系建设

8月13日，省财政厅会计处在合肥召开企业内部控制规范和配套指引宣传贯彻协调会。

省财政厅会计处处长黄克来到会并讲话。

省财政厅会计处副处长季必英出席会议。

（厅会计处供稿）

强化会考监督　培养合格人才

9月5日，全省高级会计师考试在安徽大学举行，省财政厅有关领导前往考区督查。

财政厅厅长陈先森深入考场督考。

5月15-16日，全省会计专业技术资格考试按期举办，省财政厅有关领导深入考场督查。

省财政厅副厅长左俊深入考场督考。

开展会计领军人才业务培训

8月27日至9月25日，省财政厅组织首批15名会计领军学员赴上海国家会计学院参加培训，听取财政部会计司、上海国家会计学院、复旦大学、清华大学等知名专家学者的专题讲座。图为紧张、活泼的培训现场。

学员课堂上精彩答辩。

学员登台分析有关会计报表。

课堂上专心记录。

学员当场提问。

学员合影留念。

（厅会计处供稿）

加强省级国有资本经营预算管理

9月6日，省财政厅在肥召开2011年省级国有资本经营预算布置会。会议对2010年省级国有资本经营预算执行工作提出具体要求，布置2011年省级国有资本经营预算编制工作，研究提出进一步完善省级国有资本经营预算管理的措施。

省财政厅副厅长罗建国对进一步完善
级国有资本经营预算管理工作提出要求。

省财政厅国有资本经营预算处处长虞明哲主持会议。

省国资委资本预算处处长陶国群出席会议并讲话。

省财政厅国有资本经营预算处副处长周远布置编制2011年省级国有资本经营预算工作。

（厅行政国有资产管理处供稿）

财政部纪检组长刘建华莅临指导工作

7月13日，中纪委委员、财政部党组成员、纪检组长刘建华，财政部监督检查局局长耿虹一行莅临省财政厅调研指导工作。省财政厅厅长陈先森就财政工作、财政监督和纪检监察工作作了汇报。

部领导查阅相关文件资料。

部领导观看省财政厅宣传栏。

部领导在省财政厅领导陪同下，亲切看望厅监督检查局工作人员，并合影留念。

（厅监督检查局供稿）

2010年6月14-15日，全省财政监督工作会议在肥召开。

推进财政监督工作科学发展

省财政厅厅长陈先森讲话。

厅纪检组长刘浩作总结讲话。

厅监督检查局局长汪学越作工作报告。

会议表彰会计信息质量检查工作先进集体。

参会人员认真进行分组讨论。

中央治理"小金库"检查调研组来皖检查

7月12日，由中央治理"小金库"工作领导小组成员、办公室主任、中纪委驻财政部纪检组组长刘建华率领的中央治理"小金库"检查调研组来皖检查指导工作。

省委常委、省纪委书记刘春良主持汇报会。

财政部纪检组长刘建华充分肯定我省"小金库"治理工作。

财政部监督检查局局长耿虹就"小金库"治理有关工作进行指导。

省纪委常务副书记、省监察厅厅长张东安在会上讲话。

省财政厅厅长陈先森汇报我省治理"小金库"工作。

（厅监督检查局供稿）

我省部署开展“小金库”治理重点检查

11月18日，省“治理办”召开全省“小金库”治理重点检查动员部署会。

省纪委常务副书记、省监察厅厅长张东安到会并讲话。

省财政厅厅长陈先森到会并讲话。

与会代表进行认真座谈。

（厅监督检查局供稿）

全省一事一议财政奖补试点工作会议

6月28日，省农村综合改革领导小组在肥召开全省村级公益事业建设一事一议财政奖补试点工作会议。会议要求各级各有关部门切实把一事一议财政奖补试点工作摆上重要议事日程，进一步加快试点工作步伐，把试点工作同加强农村民主政治建设、加快乡镇政府职能转变、推进城乡基本公共服务均等化以及农村改革创新等四个方面结合起来，努力形成上下联动、齐抓共管的工作机制。

省委常委、副省长、省农村综合改革领导小组副组长兼办公室主任赵树丛出席会议并讲话。

国务院农村综合改革工作小组办公室主任王卫星莅临会议指导工作。

省财政厅厅长陈先森出席会议并讲话。

省财政厅副厅长罗建国主持会议。

（厅农村综合改革处供稿）

省财政牵头抓总

推进民生工程实施

省财政厅厅长陈先森在省纪委、省监察厅、省纠风办、省文行办和省人民广播电台联合举办的《政风行风热线》直播栏目作主题为"深入推进民生工程实施"现场交流。

省财政厅副厅长王林建出席民生工程省直单位联络员会议并讲话。

省财政厅副厅长王林建到基层督查民生工程实施情况。

省民生办领导实地走访民生工程受益群众。

各地加大力度
推进民生工程政策落实

农家书屋里孩子们求知若渴(黄山)。

义务教育经费保障让中小学生安心上学(黄山)。

饮水安全工程让居民喝上幸福水(合肥)。

农民工技能培训让劳动者提高素质就业(合肥)。

广播电视"村村通"工程丰富千家万户精神生活(六安)。

光荣院的老人安享晚年(六安)。

农技专家实地开展新型农民培训技术指导(宣城)。

(厅民生办供稿)

各地加大力度

推进民生工程政策落实

贫困白内障复明工程让患者重见光明(芜湖)。

廉租房建设改善群众居住条件(芜湖)。

农村沼气工程建成并投入使用(宣城)。

农民体育健身工程丰富群众文体生活(铜陵)。

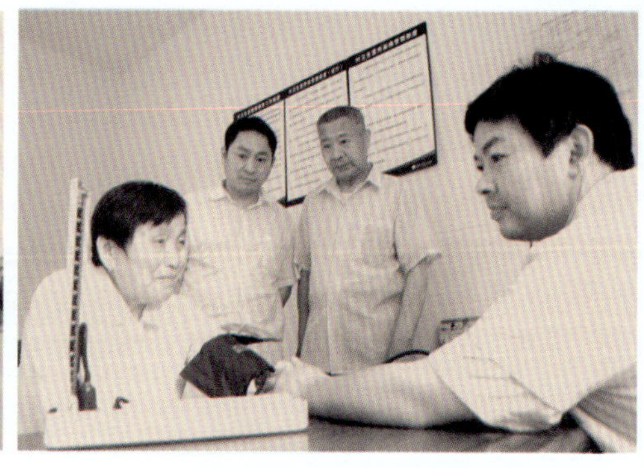

城乡卫生服务体系建设改善居民就医条件(铜陵)。

农村公路“村村通”工程构建安全便捷交通网(马鞍山)。

计划生育奖励扶助政策利国利民(马鞍山)。

(厅民生办供稿)

全省财政“双基”建设剪影

省财政厅举办新录用人员培训。

出席全国财政工作会议的安徽省财政系统“双先”代表合影。

省财政厅召开全省财政系统基层培训工作会议。

全省基层培训工作讨论会现场。

全省农村财会人员培训工作先进单位代表登台领奖。

全省财政支农政策培训工作考核会。

（厅人教处供稿）

培育机关精神 推动科学发展

——省财政厅积极参与 省直机关第六届运动会

省财政厅代表队入场。

省财政厅党组书记、厅长陈先森与运动员亲切交谈。

省财政厅党组副书记、副厅长王林建参加领导干部健身走比赛。

省财政厅副厅长左俊参加扑克牌比赛。

省财政厅副厅长吴天宏参加射击比赛。

省财政厅纪检组长刘浩参加领导干部健身走比赛。

省财政厅副巡视员陈传文参加领导干部组乒乓球比赛。

省财政厅代表队荣获健身走领导干部组第八名。

省财政厅代表队荣获乒乓球乙组男双冠军。

厅国库处副处长张玲荣获女子立定跳中老年组第一名。

厅印刷厂副厂长黄晓峰荣获趣味运动跳绳比赛第一名。

省财政厅代表队荣获女子拔河比赛第二名。

省财政厅代表队荣获趣味运动车轮滚滚比赛第四名。

省财政厅代表队荣获广播体操比赛第八名。

培育机关精神　推动科学发展

——省财政厅积极参与 省直机关第六届运动会

（厅机关党委供稿）

喜迎 新春佳节

合唱《我们的生活充满阳光》《团结就是力量》。
（厅领导和相关处室）

省财政厅领导与全体演职人员合影。

群口相声《快乐的采购人》。
（省政府采购中心）

配乐诗朗诵《沈浩颂》。
（省农业综合开发局）

舞蹈《开门红》。
（厅监督检查局）

黄梅戏精粹唱段联唱。
（厅国库支付中心、省财政信息中心）

讴 歌 财 政 发 展

——省财政厅开展2010年迎新春三项活动

交流指导。

观看比赛。

鸣哨开赛。

力拔山兮。

你来我往。

顽强拼搏。

决一胜负。

（厅机关党委供稿）

省财政厅举行惩防腐败体系建设汇报会

陈先森厅长汇报省财政厅2009年度推进惩防腐败体系建设工作情况。

省检查组组长樊勇充分肯定省财政厅2009年度惩防腐败体系建设工作。

2010年2月26日，以省纪委常委樊勇为组长的省党风廉政建设暨惩防腐败体系建设工作领导小组检查组检查指导省财政厅惩防腐败体系建设工作。省财政厅党组书记、厅长陈先森汇报了省财政厅2009年度推进惩治和预防腐败体系建设工作情况。

樊勇组长对省财政厅2009年度惩防腐败体系建设工作给予充分肯定。

检查组一行查阅省财政厅党风廉政及惩防腐败体系建设等有关资料。

汇报会现场。

省财政厅党组书记、厅长陈先森出席会议并讲话。

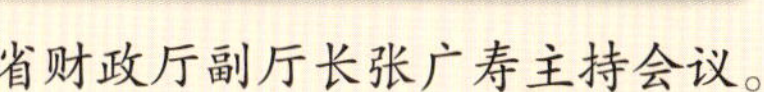

省财政厅副厅长张广寿主持会议。

3月18日，省财政厅召开全省财政反腐倡廉建设工作会议，总结2009年工作，部署2010年反腐倡廉建设工作任务。

会议提出，全省各级财政部门要全面贯彻党的十七大、中央纪委四次、五次全会、省纪委八届六次全会、全国财政反腐倡廉建设工作会议和省政府第三次廉政工作会议精神，继续坚持标本兼治、综合治理、惩防并举、注重预防的方针，以推进科学理财、服务跨越发展为目标加强作风建设，以完善财政惩防体系建设为载体加强制度建设，以落实责任制和强化监督检查为抓手提高制度执行力，着力提高财政反腐倡廉建设科学化水平。

会议要求，要强化组织领导，强化宣传教育，强化处罚措施，强化示范作用，强化队伍建设，加强系统联动，不断开创财政反腐倡廉建设工作新局面，为推进科学理财、服务跨越发展作出新的更大的贡献。

省财政厅纪检组长刘浩作工作报告。

（厅纪检监察室供稿）

省财政厅党组中心组专题学习廉政准则

4 月 26 日，省财政厅党组召开中心组理论学习会，专题学习《中国共产党党员领导干部廉洁从政若干准则》，厅党组书记、厅长陈先森主持会议并提出学习贯彻要求。厅党组中心组全体成员、厅机关各处室单位主要负责人参加学习会。

省财政厅厅长陈先森提出学习贯彻要求。

省财政厅副巡视员陈传文作中心发言。

厅人教处处长孙学鹏、纪检监察室主任李朝友、政府采购中心主任姜毅作重点发言。

（厅纪检监察室供稿）

热忱关爱财苑老干部

2010年，省财政厅离退休工作处紧紧围绕全省财政工作中心，学习和发扬沈浩精神，落实好老干部“两个待遇”，努力实现“六个老有”，坚持以人为本，扎实做好各项服务保障工作，热情为老干部服务。

在2010年省财政厅离退休老干部迎春招待会上，厅党组书记、厅长陈先森（中）等厅领导向老干部表示慰问。

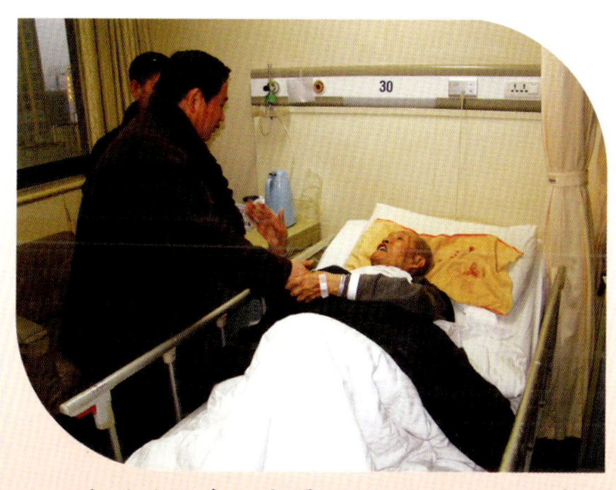

省财政厅党组成员、副厅长吴天宏代表厅党组到医院看望和慰问财政厅原厅长、离休干部杨联同志。

省财政厅离休支部负责人吕厚发、离退休工作处处长缪青等人登门祝贺离休干部梁晓生（右三）80寿辰。

纪念抗日战争胜利65周年，慰问抗日老战士浦惠英。

“三八”节期间，离退休女干部职工赴厦门参观考察。

（厅离退休工作处供稿）

努力做好离退休人员服务保障工作

省财政厅成立老干部门球协会并参加安徽省直第六届运动会老干部门球赛。

部分退休干部在家属和工作人员陪同下参观上海世博园。

老干部代表队参加省直第六届运动会“煤田地质杯”桥牌赛。

全省财政系统第七届离退休干部竞技麻将赛在蚌埠市举行。

在省直第六届运动会上，老干部彭卫理勇夺桌球比赛个人第七名。

（厅离退休工作处供稿）

省信用担保集团工作剪影

省政府副秘书长张秋保到担保集团视察指导工作。

省担保集团举行成立五周年座谈会，省政府金融办、省财政厅、省经信委相关领导参加。

省财政厅厅长陈先森等领导莅临集团检查指导。

省担保集团召开创先争优表彰大会。

（省信用担保集团供稿）

省信用担保集团工作剪影

省政府金融办副主任何昌顺一行莅临集团指导。

河南省财政担保集团有关同志莅临考察。

省担保集团与省建工集团签订战略合作协议。

省信用担保集团标识。

宿州市市长吴旭军率政府代
团访问省信用担保集团。

（省信用担保集团供稿）

省农业综合开发工作——科学谋划

5月10日，全省农业综合开发工作会议在合肥召开。

省委常委、副省长赵树丛出席会议并作重要讲话。

国家农发办主任王建国莅临会议指导。

省财政厅厅长陈先森作主题报告。

省农发局局长王建培作会议总结。

会议对28个安徽省2007-2009年度农业综合开发先进单位、先进个人进行表彰。

（省农业综合开发局供稿）

省农业综合开发工作——示范引领

国务院办公厅秘书二局及国家农发办领导在颍上红星示范区调研。

省委常委、副省长赵树丛在合肥滨湖示范区视察指导。

省财厅厅长陈先森在颍上红星示范区视察指导。

省财政厅副厅长张广寿在合肥滨湖示范区视察指导。

按照“依法、自愿、有偿”原则，探索企业领衔流转、大户承包、合作入股等多种方式，流转土地4.18万亩，促进规模化生产、集约化经营。

按照“高标准建设、多元化投入、市场化运作”的思路，大力推进示范区基础设施建设，建成一批田地平整、土壤肥沃、设施配套、路渠畅通、林网适宜具有多宜性和持续保障能力的高标准基本农田。

图为合肥滨湖示范区的高标准农田。

按照“政府引导、企业参与、部门配合、市场运作”的方式，扶持培育各种类型农村服务组织，在产前、产中、产后各个环节开展服务活动。图为淮北百善示范区农业社会化服务中心为农民提供机械化收割服务。

探索实现农业多功能性的新渠道。图为黄山耿城示范区的茶博园。

探索科技兴农的新途径。图为安徽省农科院在合肥滨湖示范区建设的水稻新品种新技术示范基地。

探索延伸农业产业链条的新办法。围绕示范区资源优势和主导产业，通过项目支持、政策引导，建设一批各具特色的优势农产品基地，初步构建具有示范区特色的现代农业产业体系。图为庐江郭河示范区万乐米业有限公司的现代化生产线。

通过科学规划，采取政府主导、企业领办、乡村联动等多种方式，新建和改建居民点6处、入住农户680户，实现了农民生存方式由落后向先进转变。图为庐江郭河示范区的福元新村。

（省农业综合开发局供稿）

省农业综合开发工作——加强管理

按照省政府、财政部关于推进财政科学化精细化管理的部署要求，坚持“抓管理就是抓资金投入，抓管理就是抓项目安全、资金安全、干部安全，抓管理就是抓开发效益”的管理理念，大力推进农业综合开发科学化精细化管理。

加强制度建设。根据新修订的《国家农业综合开发资金和项目管理办法》及相关制度规定，结合我省实际，进一步修订完善项目资金管理相关政策制度。图为2010年出台的系列政策制度。

创新管理机制。根据财政科学化精细化管理要求，结合农发项目多、分布广、建设期长、管理难度大等特点，在六安市开展农业综合开发科学化精细化管理体系建设试点。

加强监督检查。主动配合审计部门、国家农发办开展项目资金审计和专项检查，深入推进信息员联系工作，加强内部日常监督检查，深化政务公开，主动接受社会监督。

加强队伍建设。深入开展“学习提升年”、创先争优等活动，抓好干部队伍的学习教育，举办全省农发资金管理培训班，不断提升干部队伍整体素质。

省农业综合开发工作——开发成效

紧紧围绕粮食增产、农业增效、农民增收，扎实推进项目建设。全年共完成投资13.86亿元，改造中低产田125万亩，建设高标准农田16.9万亩，新增和改善灌溉面积106.4万亩，新增和改善除涝面积92.2万亩，新增粮食综合生产能力2.54亿斤；扶持龙头企业168个、农民专业合作社186家，新增农产品加工转化能力8.31亿公斤、新增产值48.8亿元、新增利税3.5亿元，带动47万农户增收7.05亿元。

怀宁县公岭镇农业综合开发建设的高标准农田。

贵池区梅龙农业综合开发项目区的稻田丰收在望。

濉溪县百善农业综合开发项目区利用新打的机井及配套设施进行抗旱喷灌。

2011年2月26日 星期六

编辑：李亚新 校对：郑铁钢 新闻热线：01084395093 E-mail: zbs2250@263.net

农民日报

抓抗旱 促春管 保丰收

安徽农业综合开发系统——

发挥自身优势服务农民抗旱春管

每日快报

八省受旱面积减少3028万亩

《农民日报》报道安徽农发系统发挥自身优势服务农民抗旱春管的做法与成效。

农业综合开发项目扶持建设的繁昌县平铺镇大棚蔬菜基地。

农业综合开发项目扶持建设的怀宁县平山禽业公司肉鸡生产线。

（省农业综合开发局供稿）

安徽非税改革五周年

剪影

省财政厅副巡视员、省非税局局长李友兰部署非税改革五周年调研工作。

省财政厅副巡视员、省非税局局长李友兰一行深入各地调研非税征管工作。

全省各地非税局长座谈交流非税征管工作。

部分省直单位政府非税收入征收管理工作座谈会场景。

安徽非税改革五周年剪影

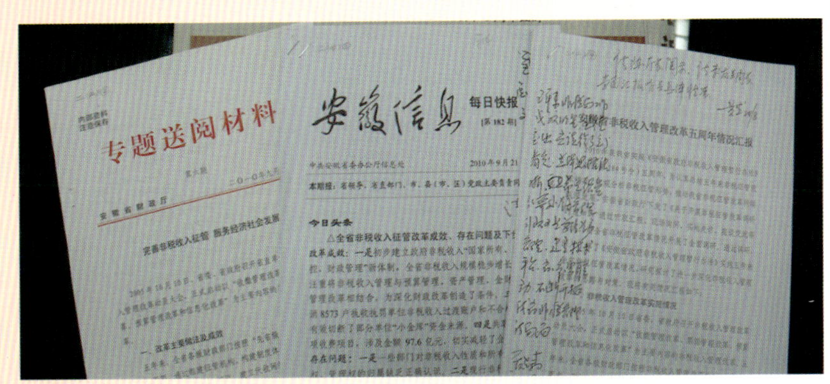

《安徽信息》、《专题送阅材料》对非税改革五周年作专题介绍，省财政厅厅长陈先森在有关汇报材料上做出批示。

A4 专版 安徽日报

在改革中创新 在创新中发展

——安徽省政府非税收入管理改革5周年纪实

根据党中央、国务院的决定精神，2005年10月10日省委、省政府召开省直单位政府非税收入管理改革动员大会，正式启动以"收缴管理改革、票据管理改革、预算管理改革和信息化改革"为主要内容的非税收入管理改革。五年来，在省委、省政府的领导下，在各有关方面的大力支持和配合下，全省非税征管机构坚持以科学发展观为指导，围绕中心，服务大局，锐意进取，开拓创新，非税收入管理工作取得了骄人的成绩，为服务安徽跨越发展做出了积极贡献。

创新为先 开拓进取

发展为计 策势前行

《安徽日报》非税改革五周年宣传专版。

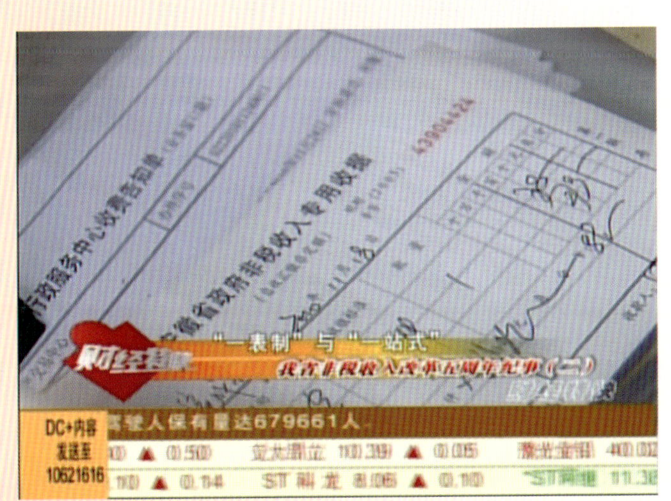

安徽电视台经济生活频道《财经特快》栏目对我省非税管理改革情况进行连续报道。

（省非税收入征收管理局供稿）

切实加强非税征管工作

组织召开全省非税收缴执行情况分析会议。

会同中国人民银行合肥中心支行召开省级政府非税收入银行代收工作座谈会。

进一步规范全省公安交警罚款收入收缴管理。

省财政投资评审工作简介

2010年是全省财政系统能力建设年，评审中心利用工作间隙开展全员业务培训，图为评审中心副主任张进主持培训，邀请省造价管理总站专家授课。

省评审中心副主任袁圆讲解绩效评价理论与实务。

2010年5月，省财政厅厅长办公会安排评审中心承担12批次绩效考评工作，其中，财政重点考评项目3批次，单位自评、财政审核项目9批次。图为考评组对革命老区项目实地复核。

考评组在五保供养服务机构建设经费考评现场做问卷调查。

2010年12月，省评审中心受财政部委托，对河南省544个重点小型病险水库除险加固项目进行绩效评价，圆满完成任务，得到财政部经建司好评。图为核查组在水库现场进行勘查。

在省财政厅工程建设领域突出问题专项治理领导小组办公室统一安排下，省评审中心与有关处室合作对全省专项治理工作进行检查和重点排查。

（省财政投资评审中心供稿）

政府采购中心工作风采

6月25日，省财政厅党组书记、厅长陈先森为在全省财政系统“学沈浩见行动”演讲比赛中荣获第一名的范晓玲颁奖。

采购中心配合中国财经报社成功举办《政府采购法实施条例》（征求意见稿）座谈会，省财政厅副厅长王林建出席会议并致辞。

中心主任姜毅在合肥主持召开2010年中央和省级政法转移支付资金装备采购项目开标会，省财政厅副巡视员李友兰出席会议。

安徽省家电以旧换新销售（回收）入围企业采购项目被评为2010年度全国政府采购精品项目。

采购中心被评为2010年度全国十佳集中采购机构。

4月27日，省财政厅采购中心邀请财政厅政府采购处处长宋宝泉、调研员何沁沅就如何做好政府采购工作及规范政府采购合同开展专题讲座。

采购中心邀请省财政厅纪检监察室主任李朝友作反腐倡廉辅导报告。

采购中心党支部被评为2010年度省财政厅先进党支部。图为该支部联合江苏省政府采购中心党支部赴凤阳县小岗村祭奠沈浩。

安徽省家电以旧换新销售(回收)入围企业采购项目开标会现场。

安徽省新增家电下乡产品（电动自行车）生产企业及准入产品采购项目培训会现场。

2月26日,省政府采购中心召开"学习提升年"活动动员会。

4月14日，省政府采购中心召开2010年办公产品协议供货工作座谈会。

8月16日，省政府采购中心举办政府采购操作实务与案例分析研讨会。

11月19日，省政府采购中心在芜湖奇瑞公司召开"发挥政府采购政策功能,支持自主创新,服务企业发展"座谈会。

1月13日,上海市政府采购中心主任孙昭伦一行来省政府采购中心调研。

省政府采购中心排练的群口相声在省财政厅迎春联欢会上演出。

（省政府采购中心供稿）

努力开创财政科研事业

召开"贯彻'两会'精神，积极谋划2010年财政工作研讨会"。

召开省财政学会"学习提升年"理论研讨会。

主办全国财政协作课题《财政支农效应分析》第四次研讨会。

召开课题座谈会。

部署开展"学习提升年"活动。

在沈浩墓前吊唁。

邀请摄影专家为大家讲解摄影知识。

被评为2010年度省财政厅效能建设"先进单位"。

牵头课题在全国协作研究课题评比中获奖。

2010年，省财政科学研究所紧紧围绕财政工作中心和科学化精细化管理的目标，扎实开展财政科学研究，不断扩大财政宣传效应，广泛开展财政学术交流，切实提高财会培训质量，较好地完成了全年各项工作任务，为全省财政事业发展做出了积极贡献。

（省财政科学研究所供稿）

注册会计师管理工作剪影

6月30日，省注册会计师协会召开五届五次常务理事会，研讨行业发展政策。

1月29日，召开全省注册会计师行业党建工作推进会。

9月11日，有关领导巡视合肥市注册会计师考区。

9月8日，召开全省注册会计师考试组织管理工作布置会。

（省注册会计师协会供稿）

7月1日，协会全体党员、行业党委委员、事务所支部书记代表参观沈浩先进事迹图片展。

5月31日，省注册会计师行业党委向望江县漳湖汇智希望小学捐书。

8月17日，省注册会计师行业党委组织会计师事务所党支部书记、党员注册会计师培训班。

召开2010年度全省执业质量检查布置会。

11月22日，省资产评估协会召开优质主题年活动暨行业发展研讨会。

邀请复旦大学姚凯教授为全省主任会计师授课。

组织行业迎新春团拜会。

组织“三八”节纪念活动。

注册会计师管理工作剪影

参加拔河比赛。

（省注册会计师协会供稿）

合肥财政工作专版

7月27日，财政部部长谢旭人在省市领导孙金龙、孙志刚、吴存荣等陪同下考察合肥财政工作。

7月27日，财政部副部长廖晓军、部长助理胡静林在省市领导孙金龙、孙志刚、吴存荣等陪同下考察合肥财政工作。

7月27日，财政部纪检组长刘建华在合肥市委副书记、市长吴存荣等陪同下考察市财政工作。

7月7日，省财政厅厅长陈先森检查指导合肥市乡镇财政所"双基"建设。

2月26日，合肥市民生工程暨财税投融资工作会议召开。

（合肥市财政局供稿）

积极支持经济社会发展

合肥市财政工作剪影

9月9日，省委常委、副省长赵树丛视察滨湖现代农业综合开发示范区。

12月2日，合肥市财政局蝉联第五届全省"人民满意的公务员集体"称号。

4月10日，全市财政系统信息工作暨税源管理培训会召开。

10月16日，合肥市财政系统工作务虚会召开。

12月3日，合肥财政首创"开门办预算"，组织召开部门预算项目公开评审会。

财政惠民 再现新风貌

合肥市财政工作剪影

2010年合肥市民生工程宣传海报。

6月24日，合肥市财政局召开创先争优动员大会。

8月25日，财政部科研所副所长王朝才应邀到合肥市财政局作财政改革专题讲座。

1月15日，合肥市荣获2009年全省民生工程组织实施工作杰出奖。

2月9日，合肥市财政局干部职工欢度新春佳节。

（合肥市财政局供稿）

肥东县财政工作风采

3月，县财政局举办财政系统春训工作会议。

6月18日，县财政局在县政府广场举办民生工程政策宣传咨询活动。

县国库支付中心在创先争优活动中设立党员示范窗口。

县财政局局长何斌在县民生工程第二次调度暨“回头看”活动布置会上部署工作。

县财政局机关党委在创先争优活动中召开公开承诺大会。

县财政局领导深入结对共建村，慰问困难党员。

肥西县财政工作专版

财政部部长谢旭人率全国财政厅(局)长会议代表考察肥西财政"两基"、"两化"工作。

谢旭人部长亲临花岗镇财政所查阅基础资料。

2011年全县财政系统春训工作会议,认真总结2010年财政工作。

县财政局局长徐治国深入农户开展民生工程调研。

县财政局开展话"三先"走访活动。

(合肥市财政局供稿)

长丰县财政工作风采

县财政局定期召开党组中心组理论学习会，着力提高政策理论水平。

省财政厅副厅长王林建来长丰县检查指导民生工作。

市领导在长丰县检查指导“三资”管理工作。

县人大代表深入现场督查民生工程建设。

召开2010年全县财政系统春训与总结表彰大会。

财政局领导春节期间深入困难群众家中送温暖。

县财政局中层以上干部与结对留守儿童合影。

开展“送温暖 献爱心 慈善一日捐”活动。

（合肥市财政局供稿）

淮北市财政工作专版

市委书记、市人大常委会主任毕美家调研相山区校安工程。

省财政厅副厅长张广寿一行视察淮北渠沟现代农业综合开发示范区。

省财政厅纪检组长刘浩一行视察相山区油坊村安全饮水工程。

市财政局举办“学沈浩、见行动”演讲比赛。

市财政局领导与参加迎新年文艺演出的同志合影。

风景优美、充满活力的淮北经济技术开发新区。

（淮北市财政局供稿）

一切为了民生

——淮北市财政工作简介

淮北市在全省率先推行农村低保票决制。图为烈山区宋疃镇宋疃村农村低保票决会现场。

杜集区大力推进农民工技能培训。

相山区农民展示刚刚购买的"家电下乡"新车。

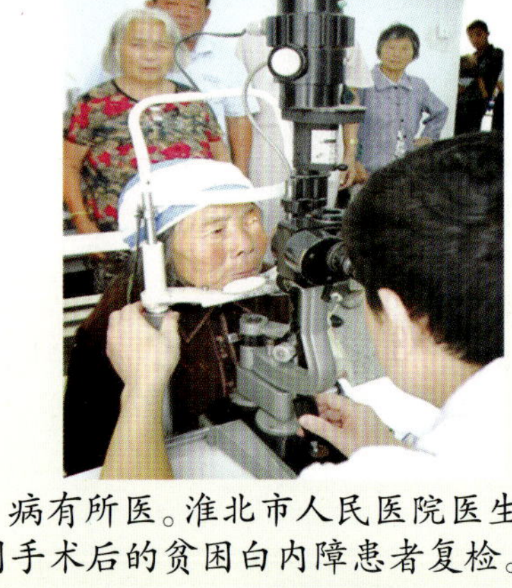

病有所医。淮北市人民医院医生为接受复明手术后的贫困白内障患者复检。

劳有所得。矿山集办事处农民接受纺织技术培训。

老有所养。濉溪县敬老院里的幸福生活。

学有所教。改造后的烈山区宋疃镇军王小学。

住有所居。正在建设中的濉河花园二期保障性住宅小区。

（淮北市财政局供稿）

创市级文明单位 促财政文化建设

——萧县财政工作剪影

市委书记李宏鸣在萧县视察。

开展党建知识竞赛活动。

举办财政系统业务培训班。

向贫困人群献爱心。

召开学习沈浩同志先进事迹座谈会。

全县财政系统迎新春联欢会。

（宿州市财政局供稿）

砀山县财政工作展新姿

县财政、商务、工商、物价联合执法检查家电下乡工作。

县财政局局长杨文祥在农业综合开发项目区指导工作。

砀山县33项民生工程宣传月现场。

砀山县农业综合开发技术培训现场。

县利华水果专业合作社推广水果套袋技术。

县关帝庙镇农业综合开发项目大沟疏浚工程。

官庄镇"一事一议"项目吴集村沟。

砀山县岳庄坝水库加固工程。

（宿州市财政局供稿）

蚌埠市财政工作风采

省财政厅厅长陈先森视察蚌埠农业综合开发项目，市委书记陈启涛陪同视察。

市长周春雨在财税工作调度会上对财政工作提出新要求。

全市综合治税工作领导小组会议现场。

市财政局局长王莉敏带领机关团员青年参加市“百万人种百万棵树”活动。

市财政局组织职工积极参加全市文明单位文艺汇演。

在安徽财经大学举办全市财政系统大建设金融知识培训活动。

（蚌埠市财政局供稿）

蚌埠市财政工作风采

11 月 11 日，市委书记陈启涛到市财政局调研指导工作。

10 月 12 日，省财政厅副厅长左俊在蚌埠督查民生工程暨重点工作完成情况。

12 月 27 日，省财政厅副巡视员陈传文在蚌埠督查民生工程资金保障管理工作。

7 月 14 日，财政部纪检组长刘建华在蚌埠督查“小金库”治理工作。

每季召开县区财政收支调度会，为提高财政收支质量起到积极作用。

10 月 30 日，第四届全市财政系统职工运动会圆满举行。

蚌埠市财政工作风采

2 月 28 日,全市民生工程暨财政工作会议召开。

市委常委、常务副市长张孝成在全市财政工作会议上讲话。

3 月 29 日,市财政局局长王莉敏(中)在电视台上线"政风行风面对面"节目。

4 月 10 日, 市财政局干部职工前往凤阳小岗村深切缅怀沈浩同志。

5 月 25 日, 市财政局领导带领干部职工到警示教育基地开展警示教育活动。

7 月 7 日, 市财政局局长王莉敏在金融知识培训班开班仪式上讲话。

(蚌埠市财政局供稿)

颍上财政谱新篇

省市领导视察颍上县现代农业项目区。

2010年，颍上县财政局认真履行职能，强化管理，优化支出，积极组织收入，严格依法理财，合理调度资金，努力提高资金使用效率，全力支持县域经济和各项社会事业发展。

县财政局社会满意度逐年提高，连续三年在全县政风行风评议获得前3名，党风廉政建设连续三年被县委、县政府记集体三等功。

举办全县民生工程宣传演唱活动。

颍上县财政局党组书记、局长刘江淮。

表彰年度先进工作者。

财政干部参加县“科学发展观”知识竞赛。

淮南市财政工作专版

深入开展创先争优活动。

加强注册会计师行业党建工作。

沈浩精神激励财政人前进。

组织财政干部赴小岗村参观学习。

组织作家深入养殖基地采风。

淮南市财政系统2010年深入开展“学习提升年”活动。一是深入开展向沈浩同志学习活动；二是开展“四个一”读书活动；三是努力提高全体党员和职工的思想水平；四是丰富载体，利用淮南财政网和《淮南财政》月刊互相交流、互相促进，促进财政队伍形象进一步提升。

（淮南市财政局供稿）

淮南市财政工作专版

2010年，淮南市实施42项民生工程，并制定了民生工程具体实施办法、市直机关民生工程考核办法、民生工程资金预算管理规程及民生工程监查、审计意见等内部管理制度。建立了目标奖惩和人大代表、政协委员监督机制，将民生工程纳入全市目标考核体系。认真做好民生工程资金测算、保障和监管工作，坚持拨付“绿色通道”和专款专用原则，全市到位民生工程资金10.6亿元，拨付率达100%，42项民生工程顺利实施。

“村村通”改善了农民生产生活条件。

孤寡老人在敬老院安度晚年。

关心农村医务室建设。

农民用上自来水。

新农合化解农民看病难。

凤台县财政工作剪影

2010年，淮南市在实施省33项、市9项民生工程的基础上，凤台县又增加了7项，共实施49项民生工程。民生工程资金总投入4.11亿元。。

凤台县桂集镇殷岗社区农家书屋。

凤台县和谐家园廉租房建设。

凤台县民生工程走进社区直播活动。

新落成的颜王敬老院。

农村“一事一议”项目——修建防渗渠。

注重水利建设，为农民免除部分灌溉费。

（淮南市财政局供稿）

潘集区财政工作专版

2010年，全区财政收入完成50423万元，占年度预算的121.4%，同比增长39.9%，增幅位居全市县区第一。财政支出保障有力，公共财政的基础更加扎实，民生财政的特征进一步显现。

区财政局部署惠民直达工程工作。

区财政干部职工赴小岗村学习沈浩精神。

进行财政支农培训。

开展民生工程宣传。

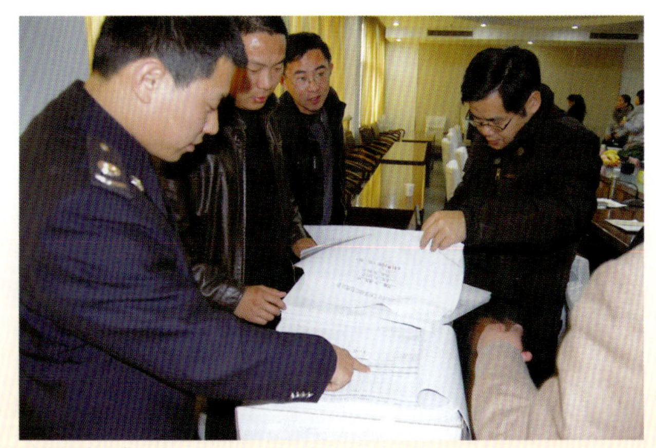

抓实财政所基础工作。

毛集实验区财政工作专版

毛集实验区财政部门认真履行财政职能,完善公共财政体系,保发展、保民生、保稳定,为实验区经济社会发展做出积极贡献。该区利用焦岗湖得天独厚的优势,做好湿地文章、做好水产品文章、做好旅游文章。财政部门为了发展毛集实验区的旅游产业和影视文化产业,不断给予政策和资金支持,带动了旅游文化产业的快速发展。

电视连续剧《念恩桥》在焦岗湖拍摄成功。

焦岗湖近处的旅游快艇和远处的渔家乐游船。

新鲜美味的焦岗水产品。

建设中的焦岗湖影视基地。

一望无际的“荷花淀”。

拥有56个荷花品种的焦岗湖吸引众多游客。

(淮南市财政局供稿)

淮南经济技术开发区财政工作专版

淮南经济技术开发区财政局紧紧围绕争创国家级开发区的总目标及2010年度“倍增计划”和66项重点工作目标，狠抓落实，圆满完成年度各项财政工作任务。在服务企业上，区财政局着重解决企业的融资难题，帮助企业获得更多的资金支持。

市长曹勇在开发区管委会主任张海涛陪同下视察开发区。

开发区积极为中小企业提供优质服务。

举办金融超市活动。

完善的基础设施为企业入驻提供了便利。

开发区一瞥。

（淮南市财政局供稿）

六安市财政工作剪影

省财政厅领导在六安市督查指导工作。

全市村级会计人员财政支农惠农政策培训班场景。

村级会计人员认真参加市财政支农惠农政策培训班。

市财政局党员干部赴凤阳县小岗村参观学习。

市财政局干部职工进行法制宣传。

市财政局方队参加建市十周年活动。

市财政局组织召开招商引资茶话会。

市财政局组织职工子女参加夏令营活动。

（六安市财政局供稿）

六安市认真实施民生工程

六安市民生工程宣传画册首发式。

财政干部走上街头宣传民生工程。

新建并投入使用的基层卫生院。

廉租住房即将分配使用。

新建成的乡镇综合文化站。

民生工程送戏下乡。

农村公路“村村通”工程方便群众出行。

寿县财政工作简介

六安市财政局局长王琢到寿县陶店乡调研。

寿县财政干部培训会现场。

推进乡镇财政科学化、精细化管理工作现场会。

安丰镇项目区的砌石护坡。

涧沟镇项目区万亩毛豆基地。

堰口镇项目区节水衬砌渠道。

（六安市财政局供稿）

马鞍山市财政工作成效显著

2010年，马鞍山市财政局荣获全国财政系统先进集体。

省委宣传部副部长郎涛到马鞍山市财政局调研创先争优工作。

马鞍山市财政局召开创先争优动员大会。

马鞍山市财政局党组书记、局长丁济民深入永涵会计师事务所指导工作。

马鞍山市"小金库"治理工作培训会场。

马鞍山市农村饮水安全工程惠及百姓。

当涂县财政工作剪影

县财政局开展一事一议财政奖补项目调查。

县财政局干部职工进行普法宣传。

县财政局中层干部竞争上岗考评现场。

县财政局开展廉洁从政准则知识测试。

当涂县财政局开展民生工程宣传。

民生工程宣传展板。

县财政局干部职工参加文明创建。

县农业综合开发项目——北圩排灌站。

（马鞍山市财政局供稿）

巢湖市财政工作剪影

市委书记、市人大常委会主任陈强在市国库支付中心督查机关效能建设工作。

市委副书记、市长张飞飞(左3)在庐江县调研民生工程工作。

省财政厅厅长陈先森率督查组在巢湖检查指导工作。

在扎实开展"学习提升年"活动中,市财政局党组中心组定期开展理论学习。

全省创建规范化乡镇财政所(分局)现场会在巢湖市召开。

发挥财政职能作用,全力服务市委、市政府"四大建设"发展战略。图为拟规划建设的湖光路跨湖大桥示意图。

和县一事一议财政奖补惠民生

2010年，和县安排财政奖补资金1297万元，整合各类财政支农资金1200万元，奖补一事一议项目479个。其中农田水利266项、道路修建193项、植树造林5项、安全饮水2项、环卫设施8项、公共文化设施5项，惠及全县118个村(社区)、4478个村民小组，村级覆盖面达100%，受益人口达50.56万人，有力地改善了农民群众的生产生活条件，提高了人民群众的幸福指数。

全县村级公益事业一事一议财政奖补试点工作动员会会场。

在和县召开的巢湖市一事一议财政奖补试点工作现场会会场。

沈巷镇螺百社区庙于村文体活动广场。

善厚镇旱林村血防荒山造林项目。

新铺好的西埠镇熊官塘至李庄水泥路。

正在施工的香泉镇新建村大官塘清淤工程现场。

(巢湖市财政局供稿)

芜湖县财政展新颜

2010 年，县财政局荣获第五届安徽省“人民满意的优秀公务员集体”荣誉称号。

县财政局重视民生工程调度工作，督查民生工程进展情况。图为调度会现场。

县财政局每年年初都开展春训培训活动。图为培训班上开展向沈浩同志学习，谋划全年财政工作动员大会现场。

县财政局开展创先争优活动，转变观念，推动工作。

芜湖县高度重视银政企合作工作，图为 2010 年恳谈会现场。

芜湖县开展家电下乡业务培训活动。

芜湖县财政局积极开展“献爱心”活动。图为干部职工向玉树地震灾区踊跃捐款。

县财政局积极开展各类文体活动。图为女职工参加全县健美操比赛，荣获第二名。

南陵财政支农工作成效显著

国家农业综合开发办公室主任王建国一行在省市县领导的陪同下，考察大浦现代农业综合开发示范区。

省政协副主席郑牧民一行在省市县财政部门有关负责同志陪同下，到大浦现代农业示范区调研。

芜湖大浦现代农业示范区。

大浦现代农业示范区新农村建设农民社区。

大浦现代农业综合开发示范区智能大棚无土栽培区。

国家农业综合开发弋江镇高标准农田建设示范工程项目衬砌渠道。

南陵县弋江镇高标准农田建设示范工程项目——红塘闸工程。

2010年，南陵县整合农业综合开发、重点县小农水、现代农业生产发展项目等多渠道支农资金，财政支农资金整合工作取得显著成效。坐落在该县的芜湖大浦示范区被省财政厅确立为财政重点支持的现代农业综合开发示范区和农业综合开发机制创新试验区。

（芜湖市财政局供稿）

省财政厅副厅长罗建国赴广德视察“一事一议”工作。

县领导视察民生工程。

县领导做客“县长热线”解答群众政策咨询。

在全市率先开通惠农资金发放平台。

全县创建规范化乡镇财政所工作动员大会。

2010 年全县财政系统春训工作会议。

广德县
财政工作
专版

举办新一年度部门预算布置暨预算支出绩效考评培训会议。

宁国市财政工作专版

市财政局党组书记、局长彭若晖接受媒体采访，畅谈“十二五”财政工作。

市财政局举办法律知识讲座。

财政干部积极参加百名科长民主考评活动。

市财政局积极参与省财政厅课题调研。

开展健康向上的体育活动。

开展乡村为民服务全程代理网络试点工作。

宁国市民主考评百名科长活动现场。

财政干部走上街头宣传财政法律法规。

（宣城市财政局供稿）

徽派黄酒领袖——安徽古南丰酒业有限公司

悠悠五千年、黄酒传天下。安徽古南丰酒业有限公司创立于1987年，现为中国酿酒工业协会理事单位，中国黄酒协会副理事长单位，安徽省农业产业化龙头企业，我省最大黄酒生产研发基地，位居我国黄酒行业前列。公司拥有古南丰、徽州骄子、男儿壮、冰雕、方塔五大品牌四十多个系列产品，其酿造工艺传承了徽派黄酒本坊小缸酿造技艺，并于2010年被列入安徽省第三批非物质文化遗产名录，通过绿色食品标志认证。注册商标“古南丰”“方塔”都被认定为安徽省著名商标。企业已通过ISO9001质量管理体系和HACCP食品安全管理体系双认证，公司自主研发发酵型枸杞黄酒通过省级新产品鉴定，2010年5月获国家知识产权局发明专利授权，填补国内空白。企业通过省级高新技术企业认证，拥有独立知识产权专利10余项，建立了全国三家之一的省级黄酒技术研发中心，同江南大学、安徽大学以及国家黄酒实验室都建立了良好的产学研合作关系。产品畅销于苏、浙、皖、沪一带，深受商家和顾客的青睐。

公司在发展过程中，注重发挥本地盛产糯米的资源优势，充分发挥省级农业产业化龙头企业带动作用，多年来得到了农产品加工企业财政政策的大力扶持，通过自身不懈努力，工作中深入探索和研究农业产业化经营，建成了万亩绿色原料基地，建立了古南丰现代农业科技园、谷南香绿色原料合作社、旺丰米业、众味调味品公司，实现了农产品种植、加工、销售一条龙的产业化发展模式，通过建基地，创品牌，实现了农民增收，农业增效，企业发展的农业产业化之路，为本地农业和农村经济的发展做出了重要贡献。

企业法人代表、省十一届人大代表——潘仕华

中国黄酒协会副理事长单位

（宣城市财政局供稿）

铜陵市民生工程成效显著

2007年至2010年，铜陵市累计实施民生工程143项，投入资金超过20亿元，城乡居民满意度超过90%，人均受益水平高于全省平均水平80%以上，在涉及人民群众切身利益的养老、医疗、教育、住房、文化、交通等方面取得显著成效。

2010年市民生工程实施工作会议场景。

2010年民生工程项目征集启动仪式现场。

2010年全市实施民生工程暨市委中心组理论学习会议现场。

铜陵市民生工程大走访座谈会现场。

改造后的钟仓中心小学。

（铜陵市财政局供稿）

铜陵市民生工程成效显著

建成投入使用的乡镇卫生院和村卫生室。

民生工程建设点——改扩建后的敬老院全景。

公交优先工程——新增103辆公交车交付使用。

新购置的客渡船交付使用。

新落成的计生服务所。

新建成的敬老院。

刚建成的廉租房即将交付使用。

五保老人入住新敬老院安享晚年。

（铜陵市财政局供稿）

池州市财政工作剪影

省委常委、组织部长段敦厚在池州调研“一网通”工作。

池州市金融创新经验交流会暨金秋银企对接会。

市财政局干部职工赴巢湖监狱开展警示教育。

全市政策性农业保险理赔现场会。

市财政系统“学沈浩，见行动”演讲比赛现场。

开展家电下乡政策宣传活动。

市财政局领导深入石台县大山村开展“访民情、听民意、解民忧、惠民生”专题活动。

市财政局组织离退休老同志外出欢度重阳节。

（池州市财政局供稿）

东至财政工作结硕果

全县财政系统春训工作会议。

弘扬财政文化，联合国税、地税局共同举办“财税之春
文艺晚会。

香隅农业综合开发工程。

农业综合开发硕果累累。图为县
项目区的机耕路及竣工后的王村堰

近两年，全县基层财政所规范化建设进展加快，新建8个财政所已有4个投入使用。图为新建的张溪镇、官港镇财政所办公楼。

东流财政分局服务大厅。

举办庆祝新中国成立60周年职工文体娱乐活动。

（池州市财政局供稿）

安庆市财政工作新貌

省财政厅副厅长吴天宏深入安庆市财政国库支付中心调研。

市人大领导调研财政工作。

市政府与各县区签定民生工程目标责任书。

召开全市基层医药卫生体制综合改革政策培训会议。

举办全市财政系统通用能力知识竞赛。

（安庆市财政局供稿）

桐城市财政工作风采

财政部经建司领导到桐城调研国家粮食政策落实情况。

全市财政工作会议，布置落实2010年财政工作。

省财政厅副厅长罗建国在桐城调研文化事业推进工作。

全市民生工程推进会召开，部署落实39项民生工程建设任务。

财政局党组召开民主生活会，加强党组织建设。

桐城市财政局举办第七届“财税杯”乒乓球友谊赛。

太湖县小池镇高标准农田示范区。

太湖县财政工作专版

省财政厅厅长陈先森(中)、副厅长罗建国(左1),在安庆市委书记朱读稳(左2)、太湖县委书记章松(右2)陪同下调研村民生产发展互助资金工作。

省财政厅副厅长王林建(右1),在太湖县县长应杰苗(右2)陪同下检查民生工程实施情况。

召开全县民生工程工作会议。

县财政局局长程林森(左2),在北中镇察看农业产业化项目。

县财政局召开"创先争优暨效能建设"动员会。

县财政局召开财政志发行工作会议。

(安庆市财政局供稿)

屯溪区财政工作剪影

市人大常委会副主任胡新方(右2)在市财政局农发办主任汪建明(右3)陪同下,查看县农业开发项目。

市人大常委会副主任胡新方查看县农业培育基地。

市委创先争优领导组有关领导前往屯溪区调研。

区财政局局长高木火、副局长洪绍球走访了解民生情况。

区民生办二八庙会宣传现场。

区财政局联系社区帮扶工作。

徽州区财政工作风采

市人大副主任胡新方(左1)在徽州区视察农发项目区——谢裕大唐模茶厂。

省农发局局长王建培视察徽州区农发项目区。

区财政局党员干部到小岗村学习沈浩精神。

区财政局"创先进科室,争优秀干部"竞赛评比活动现场。

区财政局干部职工开展文明创建活动。

区民生工程推进会。

徽州区财税志愿者开展政策宣传活动。

徽州区民生工程——留守儿童在活动室借书阅读。

（黄山市财政局供稿）

祁门县财政关注民生 支持经济发展

省财政厅副厅长张广寿调研祁门民生工程惠民资金发放情况。

县委书记张敏调研民生工程建设情况。

县长杨龙调研指导农业综合开发项目区建设。

召开全县民生工程暨财税工作会议，研究部署民生及财税工作。

祁门县举行家电以旧换新启动仪式。

祁门县家电下乡及家电以旧换新网点火爆场面。

10月29日，祁门县举办"祁红杯"民生工程知识竞赛。

黄山市民生工程专题文艺巡演团到祁门巡回演出。

黟县财政工作剪影

市委书记王福宏视察农家书屋民生工程。

县财政局召开财政监督员座谈会。

县财政局局长李旭明（中）为选派干部建设新农村出谋划策。

组织财政干部赴凤阳县小岗村学习沈浩精神。

黟县举行民生工程专题文艺演出。

财政干部端午节牵手留守儿童包粽子。

（黄山市财政局供稿）

图书在版编目(CIP)数据

2011安徽财政年鉴 /安徽省财政厅编. —合肥:安徽人民出版社,2012.1

ISBN 978-7-212-04575-3

Ⅰ.①安… Ⅱ.①安… Ⅲ.①地方财政-安徽省-2011-年鉴
Ⅳ.①F812.754-54

中国版本图书馆CIP数据核字(2012)第008718号

2011 安 徽 财 政 年 鉴

安徽省财政厅 编

出 版 人:胡正义
责任编辑:汪双琴　　装帧设计:汪克让 李 艳

出版发行:时代出版传媒股份有限公司 http://www.press-mart.com
安徽人民出版社 http://www.ahpeople.com
合肥市政务文化新区翡翠路1118号出版传媒广场八楼
邮编:230071
营销部电话:0551-3533258 0551-3533292(传真)
制 版:安徽省财政厅印刷厂
印 制:安徽省财政厅印刷厂
(如发现印装质量问题,影响阅读,请与印刷厂商联系调换)

开本:889×1194 1/16 印张:55.25 字数:1950千字
版次:2012年1月第1版 2012年1月第1次印刷

标准书号:ISBN 978-7-212-04575-3 定价:260.00元

目　录

财经文献篇

省委省政府重要财经文件

省委办公厅、省政府办公厅文件

省十一届人大重要财经文件

全省财政工作会议文件

民生工程篇

全省民生工程实施工作重要文件

省财政工作篇

财政事业工作概况

市县区财政篇

合肥市财政工作概况

淮北市财政工作概况

亳州市财政工作概况

宿州市财政工作概况

蚌埠市财政工作概况

“十一五”财政篇

财政楷模篇

财政部门大事记

财经规章篇

支持“三农”规范性文件

支持经济发展规范性文件

支持社会事业发展规范性文件

财政预算管理改革规范性文件

行政法规规范性文件

金融和国外贷款管理规范性文件

税政条法和财政监督规范性文件

财经调研篇

财经统计资料篇

各县市区财经统计资料

财政机构人员篇

省财政厅机构人员

各市财政系统机构人员

宣传图片

安徽财政宣传图片

财经文献篇

小岗村大包干纪念馆

省委省政府重要财经文件

中共安徽省委 安徽省人民政府关于推进皖江城市带承接产业转移示范区建设的决定

（2010 年 4 月 8 日　皖发〔2010〕2 号）

建设皖江城市带承接产业转移示范区，是党中央、国务院从全局出发，促进中部地区崛起、推动区域协调发展作出的重大战略决策，对于促进我省经济社会又好又快发展，加速崛起进程具有重大的现实意义和深远的历史意义。为认真实施《皖江城市带承接产业转移示范区规划》，全面推进皖江城市带承接产业转移示范区（以下简称示范区）建设，特作如下决定。

一、明确指导思想，增强示范区建设的使命感

建设示范区必须高举中国特色社会主义伟大旗帜，以邓小平理论和"三个代表"重要思想为指导，深入贯彻落实科学发展观，进一步解放思想，抢抓机遇，创新体制，完善机制，扩大开放，着力深化泛长三角地区发展分工，创新合作方式，推动区域联动发展；着力打造产业承接平台，增强产业承载能力，促进产业集聚发展；着力探索科学承接新途径，加快产业结构调整，提升综合竞争力；着力促进创新资源整合，完善自主创新体系，增强内生发展动力；着力推进资源集约节约利用，加强生态建设和环境保护，促进产业发展与生态文明建设相协调；着力推动劳动力转移就业，促进基本公共服务均等化，切实保障和改善民生。各地、各部门特别是示范区各市、县（市、区，下同）要统一思想，提高认识，创造承接环境，做好转移文章，发挥示范效应，按照"一年打基础，三年见成效，五年大发展"的战略步骤，努力把皖江城市带建设成为合作发展的先行区、科学发展的试验区、中部地区崛起的重要增长极、全国重要的先进制造业和现代服务业基地。

二、坚持科学引导，构建特色鲜明的现代产业体系

围绕产业升级和培育新的经济增长点，瞄准长三角等沿海地区迫切需要转移的产业，积极吸纳资本、技术、人才、品牌等要素，大力振兴汽车、家电、装备制造、冶金、化工、非金属材料、农产品加工、纺织服装等传统优势产业；跟踪国内外产业发展新动向，着力培育电子信息、节能环保、新能源、新材料、生物技术、公共安全等战略性新兴产业，加快提升物流、金融、文化、服务外包、旅游等现代服务业，积极发展现代农业，构建特色鲜明、综合竞争力强的现代产业体系。编制出台示范区产业发展指导目录和重点产业发展规划，引导各地发挥比较优势，明确产业承接重点，构建"一轴双核两翼"的产业空间布局，形成合理分工、有序承接、错位发展的新格局。

三、加快园区建设，打造功能完善的产业承接平台

各开发园区要根据示范区产业布局，加快扩区扩容和转型升级，加强基础设施和能源、环保、物流、通关等公共配套和服务平台建设，推动各类要素向园区集聚，努力实现园区项目集中、产业集聚、资源集约、功能集成。依托中心城市，突破行政区域制约，跨江发展，南北联动。适时启动承接产业转移集中区建设。加强与沿海地区政府、开发园区、龙头企业的合作，积极引进战略投资者，探索合作共建模式，建立互利共赢的利益分享机制。加快城镇化进程，提升合肥、芜湖、安庆等区域中心城市的辐射带动能力，支持各县城及重点镇建设，逐步形成以区域中心城市为核心、中小城市和重点城镇为基础的现代城镇体系，实现工业化和城镇化相互促进，协调发展。

四、完善基础设施，增强示范区发展的支撑能力

加快皖江城市带基础设施建设，大力构建与长三角一体化发展的综合交通运输体系。加快铁路建设步伐，完善外通内畅的公路网络，建设通江达海的内河运输体系。加强信息基础设施建设，推进"三网融合"，加快与长三角地区在电子政务、电子商务、信用建设等领域的对接。加强现代物流基础设施建设，规划建设一批综合性、专业性物流园区，引进、培育骨干物流企业，推动物流业与制造业联动发展。提高供电、供水、供气能力，加强水利建设，优化水资源配置和合理利用，为承接产业转移提供水资源保障。

五、加大引资力度，提升对外开放水平

紧紧把握国内外产业发展和转移大趋势，大力宣传示范区的比较优势，围绕产业承接重点，认真谋划重大招商项目，创新招商引资方式，促进产业组团式承接和集群式发展。加强与沪苏浙的横向联合，搭建合作平台，拓宽合作领域，扩大合作成果。进一步加强面向珠三角、环渤海、海峡西岸和港澳台地区的招商引资和市场开拓。进一步密切与中西部地区合作，吸引中西部的企业在示范区落户发展。扩大与欧美、日韩、东盟等国家和地区的交流与合作，着力引进世界500强等知名企业，提高利用外资的质量和水平。积极实施“走出去”战略，大力发展开放型经济。

六、拓宽融资渠道，完善金融服务体系

设立示范区建设专项资金和产业发展基金，积极争取中央投资，整合各类专项资金，壮大各级政府融资平台，加大对示范区建设的投入。各银行要优先满足示范区建设的贷款需求，对重大项目建设，积极组织银团贷款支持；对符合产业政策的项目，政府举办的担保公司可优先给予贷款担保支持；对高新技术产业项目可给予贴息贷款支持。积极引进境内外各类金融机构，鼓励其在示范区增设分支机构或网点。建设合肥区域性金融中心，完善跨省金融结算。健全信用担保体系，提高担保能力，增加信贷投入。支持企业发行股票、企业债券、短期融资券，鼓励符合条件的企业设立财务公司。建立示范区统一的产权交易市场，设立股权投资基金，发展创业投资，开展跨境贸易人民币结算试点。放宽限制，降低门槛，引导和支持民间资本投入示范区建设。

七、引进培养人才，强化人力和智力支撑

多渠道培养和引进高素质、高技能人才，满足承接产业发展的需要。加强人才培养多边合作，依托高校、科研院所和骨干企业，建立皖江人力资源培训基地。鼓励国内外高校在示范区发展高等教育、职业教育，支持科研院所在示范区设立分院分所。实施重点职业院校建设工程，加强农村劳动力培训基地和劳动力人才市场建设。把招才引智与招商引资结合起来，建立人才柔性引进机制，在示范区建立若干高层次人才创新创业园区和引智示范基地。培育壮大企业家队伍，保护企业家合法权益，发挥企业家在承接产业转移中的重要作用。

八、注重生态环保，促进示范区可持续发展

严格资源节约和环保准入门槛，转入项目必须符合国家产业政策、资源节约和污染物排放要求。严格执行转移项目节能评估审查、环境影响评价和环保“三同时”制度。在有效降低企业污染排放和保证完成节能减排规划目标的前提下，适当增加转入项目所需环境容量指标，开展排污权交易试点。适时组建统一的巢湖管理机构，加强巢湖流域污染治理、水资源管理和整体开发。大力发展循环经济和低碳经济，推进国家和省循环经济示范单位建设。

九、创新体制机制，营造更加良好的发展环境

省直各部门、各市县要用足用活先行先试权，提倡先干不评论、先试不议论、时间做结论。进一步清理、减少和规范行政许可，开发区和产业承接集中区实行“零收费制”，简化产业转移投资项目核准、备案管理程序，完善“一站式服务”和代办制。企业在外省评定的管理类别，实行转入地资格直接确认，限时办理工商、税务、海关登记。允许转入企业将原进口设备转到新企业继续使用，监管期限可以连续计算。省直有关部门要围绕投资、财税、金融、土地、环保、对外开放等领域，进一步制定突破性的支持政策，主动为示范区建设服务，营造更加良好的发展环境。加强以改善民生为重点的社会改革，加快建立和完善促进承接产业转移的社会保障制度。深化商品市场和要素市场改革，探索建立资源价格形成机制。

十、转变发展方式，发挥承接产业转移示范作用

探索承接新途径、创新承接新方式，为中西部地区大规模承接产业转移提供借鉴和示范。促进资源节约集约利用，努力承接一批资源消耗低、环境污染少、吸纳就业多、经济效益好的先进制造业和现代服务业，走出一条科学承接的发展道路。围绕国家技术创新工程试点省建设，以合芜蚌自主创新综合试验区为抓手，努力承接一批技术含量高、创新能力强、带动作用大的战略性新兴产业，实现在承接中创新、在创新中发展，走出一条创新驱动的发展道路。坚持以人为本，加快发展教育、卫生、文化、体育等社会事业，大力实施“民生工程”，逐步实现基本公共服务均等化，走出一条成果共享的发展道路。

十一、加强区域联动，促进全省经济社会协调发展

打破示范区内行政壁垒，建立沟通协调机制，促进资源有效整合，鼓励各市竞相发展、错位发展，增强示范区整体竞争力。把建设示范区作为促进全省区域协调发展的重要举措，充分发挥示范区的辐射带动作用，鼓励其他地区与示范区体制机制全面对接，深化和拓展示范区各市和皖北三市六县结对合作，加强示范区与皖北、皖西、皖南地区基础设施一体化建设，推进上下游产业和配套产业互动，实现优势互补、协调发展。加快城乡一体化综合配套改革，推进城乡统筹发展。

十二、强化组织领导，建立务实高效的协调推进机制

成立由省政府主要负责同志任组长，示范区各市、省直有关部门主要负责同志为成员的示范区建设领导小组，研究决定示范区规划建设中的重大事项。领导小组办公室设在省发改委，具体负责日常组织、协调和推进工作；建立督查和目标考核制度，严格奖惩措施；配合国家有关部委，做好示范区建设情况的评估，不断探索示范区建设的有效途径。示范区各市县作为示范区建设的责任主体，要建立相应的领导机构，健全工作推进机制，加大工作力度，全面落实各项任务。省直有关部门要主动作为、简政放权、搞好服务，密切与国家部委的沟通衔接，加强对示范区建设的指导和支持。

示范区各市县、省直有关部门要根据本《决定》，制定工作方案，并报省人民政府。

中共安徽省委 安徽省人民政府关于进一步加快皖北地区发展的若干意见

（2010 年 7 月 1 日　皖发〔2010〕16 号）

皖北地区包括淮北、亳州、宿州、蚌埠、阜阳、淮南六市以及沿淮部分县（市）。为促进皖北地区加快发展、加速崛起，同时突出三市七县（亳州市、宿州市、阜阳市和沿淮五河县、固镇县、怀远县、凤阳县、寿县、霍邱县加上淮北市濉溪县，以下简称三市七县）这个重点，进一步加大对三市七县的扶持力度，现提出如下意见。

1. 编制皖北地区发展规划。结合“十二五”规划编制，由省发改委牵头编制皖北地区中长期发展规划。由省住房和城乡建设厅牵头结合新一轮省域城镇体系规划，加强皖北地区城镇建设发展相关研究。由省国土资源厅牵头完成新一轮皖北地区土地利用总体规划修编。进一步明确发展目标、重点和政策措施。

2. 加强重大项目支持。支持皖北大力发展资源优势项目。重点支持皖北地区煤电项目建设，优先向三市七县倾斜，发展坑口电站、煤化工、农产品加工、劳动力密集型和优势旅游等重点项目。支持符合条件的企业实行大用户直供电。推进区域内已规划的高速公路建设，加快农村公路建设改造。加快三市七县小型农田水利建设，建设一批骨干水利工程。整合各类涉农资金，开展农田水利建设综合试点，支持高标准农田建设和现代农业示范区建设。

3. 加大财政支持力度。从 2010 年起连续 3 年，省财政对三市七县（三市以及 24 个县、市、区）每年补助从 1000 万元增加到 2000 万元，用于工业园区基础设施建设或重大项目贷款贴息。对三市七县依法生育的农村双女户在规定时间内自觉落实绝育措施的，一次性奖励标准从 3000 元提高到 4000 元，省财政负担 75%。继续加大省财政转移支付力度。

4. 强化金融服务支持。编制皖北地区系统性融资规划，确保每年信贷保持较高增长水平，逐步提高三市七县存贷比。大力培育新型农村金融机构，确保到 2012 年每年新增设立农村金融机构。支持开展农民资金合作组织试点。省支农再贷款额度优先安排用于三市七县。支持保险机构到皖北地区开展保险业务。

5. 进一步开展土地整治整村推进试点工作。实施整体推进农村土地整治示范建设，在淮河流域开展基本农田整理重大工程项目建设，3 年总投资 35 亿元以上。深化整体推进农村土地整治示范项目建设，建立涉地指标交易平台。鼓励三市七县与合肥等市县开展对口合作，支持合肥等市县为三市七县土地整理垫付前期资金，整理置换的新增建设用地指标可有偿调剂给垫付资金方使用，也可用新增的建设用地指标作价入股，共建合作园区。

6. 推动全民创业。扩大县级和部分试点镇的经济管理权限。大力发展民营经济，放宽企业集团登记注册条件，允许企业经营范围按大类申请核定。每年从加快皖北地区发展专项资金中单独列支 1000 万元，专项用于青年创业小额贷款贴息。支持农民工返乡创业，农民工创业园建设布局向皖北地区倾斜，每个园区扶持资金 150 万元。支持省内高校、科研院所科技人员携带科技成果到皖北地区创业，6 年内保留工作关系，期间要求返回原单位的，按原职级待遇安排工作。

7. 提升教育发展水平。3 年内，对三市七县教师、校长分级轮训一遍，同时加大省级培训力度。组织省特级教师讲师团，定期赴三市七县开展巡回讲学活动，支持合肥等结对市县每年抽调若干名骨干教师，到三市七县支教半年。整合资源，支持三市七县加快发展职业教育。支持省属中职学校在联合招生、师资培养、专业和实训基地建设等方面与三市七县中职学校结对合作，鼓励合肥等结对市县与三市七县在中等职业教育方面开展多种形式合作。组织省内优质高校与三市七县的高校结对合作，提升其办学水平。每年组织一次皖北地区产学研合作对接会，促进科技成果转化。

8. 加强干部队伍建设和人才引进。适时调整并提高三市七县公务员津贴补贴标准，逐步理顺财政供给事业单位收入分配关系，逐步缩小其与全省其他地区间收入差距。鼓励三市七县符合《公务员法》规定的达到提前退休年龄的公务员提前退休，不断优化三市七县公务员队伍结构。每年大学生"村官"、"三支一扶"高校毕业生等名额分配向三市七县倾斜。皖北地区生源的选调生原则上安排回原籍培养锻炼，鼓励其他地区生源的选调生到皖北地区工作。在安排中直单位和省直单位干部挂职时，继续向三市七县倾斜，在扶贫科技副县长、优秀年轻干部挂职安排时，优先考虑三市七县工作需要。在经济发达地区建立教育培训的实践和现场教学基地，有计划、有步骤地选调三市七县的领导干部开展现场教学和考察活动。省干教经费和人才开发专项资金向三市七县倾斜，支持皖北地区引进、培养经济社会发展急需的紧缺人才，强化产业创新团队建设。

9. 深入开展结对合作工作。全面推动结对合作工作，每一对结对市都要在皖北三市现有开发区内共建合作园区或高新技术产业园区，鼓励结对市所辖县（市、区）和三市七县的 24 个县（市、区）在皖北现有开发区内共建合作园区，支持三市七县与省外地区和企业开展园区共建，合作园区内企业享受皖江城市带承接产业转移示范区有关政策。推动省属企业与三市七县开展结对合作，三年内，省属企业都要在皖北地区投资或开展项目合作，已有项目的，加快进度，扩大投资规模。支持皖北地区符合条件的省级开发区升格为国家级开发区。鼓励发展省级工程技术（研究）中心和企业技术中心。皖北地区高新技术企业和省级以上创新型企业比照执行合芜蚌自主创新综合试验区相关政策。对省外高新技术企业和省级以上创新型（试点）企业，以及海内外重要研发机构、中试基地等落户皖北地区的，享受转出地同等优惠政策待遇。

10. 进一步加强领导。建立加快皖北发展常设机构，进一步加强统筹协调，做好相关服务工作。

省直各部门要结合自身职能，制定切实可行的具体办法，认真加以落实，进一步支持皖北地区加快发展。

中共安徽省委 安徽省人民政府关于贯彻《中共中央、国务院关于加大统筹城乡发展力度进一步夯实农业农村发展基础的若干意见》的实施意见

（2010 年 5 月 24 日　皖发〔2010〕4 号）

为贯彻落实《中共中央、国务院关于加大统筹城乡发展力度进一步夯实农业农村发展基础的若干意见》（中发〔2010〕1 号），现结合我省实际，提出如下实施意见。

一、按照统筹城乡发展的根本要求做好 2010 年农业农村工作

2009 年，全省上下努力克服国际金融危机冲击等不利因素的影响，粮食生产再获丰收，农民收入持续增长，农村民生明显改善，农村社会和谐稳定，为全省经济社会平稳较快发展提供了有力支撑。2010 年是实施"十一五"规划的最后一年，农业农村发展面临的形势依然严峻，做好农业农村工作意义重大、任务艰巨。各地各部门要全面贯彻党的十七大和十七届三中、四中全会以及中央农村工作会议精神，深入贯彻落实科学发展观，按照稳粮保供给、增收惠民生、改革促统筹、强基增后劲的基本思路，加大统筹城乡发展力度，推动资源要素向农村配置，大力发展现代农业，大力拉动农村需求，大力改善农村民生，大力推进城镇化和新农村建设，进一步夯实农业农村发展基础，确保粮食

总产达到615亿斤以上，农产品加工业产值达到2800亿元，农民人均纯收入增长7%以上，努力保持农业农村发展的好势头，为推进科学发展、加速安徽崛起作出新的贡献。

二、进一步加大对农业农村的投入力度

全面落实和完善农业补贴政策，增加良种补贴和农机具购置补贴，扩大补贴种类，建立健全农资综合补贴动态调整机制，新增农资综合补贴资金向种粮大户、农民专业合作社倾斜。继续深化“惠民直达工程”试点，健全补贴农民资金管理和“一卡通”发放制度体系。认真落实粮食最低收购价、油菜籽临时收储和粮油大县奖励政策。按照总量持续增加、比例稳步提高的要求，各级财政对“三农”投入的增长幅度要高于财政经常性收入增长幅度，财政支出优先支持农业农村发展，预算内固定资产投资优先投向农业基础设施和农村民生工程，土地出让收益优先用于农业土地开发和农业基础设施建设，耕地占用税税率提高新增的收入全部用于农业。今年省级财政安排“三农”方面的项目支出较上年增长30%以上。进一步加大支农资金整合力度，全面推进以县为主支农资金整合。完善农业投入考核体系，加强监督检查，促进各级政府切实落实增加“三农”投入政策。综合运用财政、税收、价格等手段，引导工商资本、金融资本和社会其他资金投入农业农村，切实落实企业捐赠建设农村公益事业项目的税收优惠政策。

三、大力加强农业农村基础设施建设

推进新一轮治淮工程、长江干流整治及主要支流治理等重点水利建设，力争年内实施水阳江防洪和滁河防洪近期治理工程。加快大中型灌区续建配套与节水改造、中小河流治理、大型排涝泵站改造建设。开工建设300座病险水库除险加固工程，全面完成国家规划内病险水库除险加固任务。各级财政要增加小型农田水利建设补助资金，引导和鼓励农民自愿筹资投劳开展小型农田水利设施建设，着力抓好小型农田水利重点县项目实施。进一步加大中低产田改造力度，大力推进高标准农田示范工程建设，支持农田排灌、土地整治、土壤改良、机耕道路和农田林网建设，把56个产粮大县的基本农田加快建成高标准农田。加强恢复性除涝和灌溉工程建设，率先实施皖北和沿淮三市六县恢复性除涝灌溉工程。继续实施农村饮水安全工程，今年再解决344万农村人口饮水安全问题。实施新一轮农村电网改造升级工程。继续推进农村户用沼气、大中型沼气和集中供气工程建设及农村新能源开发利用。今年改扩建农村公路6000公里以上，全面完成农村公路“村村通”工程建设，落实农村公路主体责任，强化农村公路管理养护，积极推进城乡客运交通一体化进程。加快新农村建设规划编制进度，完成全省划定区域内村庄规划编制工作，扩大农村集中居住区建设试点范围。加快农村危房改造，支持农民依法依规建设自用住房。以安徽农网、金农工程等为主要载体，加快农村综合信息服务体系建设。加强渔政、渔港、渔船安全设施建设。加快江淮分水岭地区综合治理开发。

四、着力加快工业化城镇化发展步伐

结合“十二五”规划编制，完善城镇体系规划，重点发展中小城市和小城镇，引导产业基础好、发展潜力大的重点镇按小城市进行规划建设，今年全省城镇化率提高1.5个百分点。积极创新机制、优化环境、培植财源，着力发展非公有制经济、园区经济和特色经济，支持有条件的县域省级以上开发区扩容升级，加快县域工业化进程。对县域经济发展实施分类指导、分类考核。推进扩权强镇试点，加大对县城和中心镇支持力度，整合社会事业和基础设施建设资金，集中投入城镇配套建设，提高综合承载能力，完善城镇功能。加快推进合肥等市县与皖北和沿淮三市六县结对合作步伐，落实具体项目，做大做强优势产业尤其是农产品加工业和劳动密集型产业，推进农业产业化经营，提高工业化水平。全面推进皖江城市带承接产业转移示范区建设，积极承接东部地区产业转移，建立主要面向长三角地区的农产品生产、加工、供应基地。深化户籍制度改革，放宽城镇落户条件，在我省城镇范围内有合法固定住所的农民工及其共同居住生活的配偶和未成年子女，可根据本人意愿登记为城镇户口，并享有当地城镇居民同等权益。制定推进城乡一体化综合配套改革试点工作指导意见，支持试点市深化改革，促进城镇化与新农村建设良性互动。

五、稳定发展粮食生产

全面实施新增粮食生产能力规划，大力推进高标准农田建设，着力建设我省粮食生产核心区。今年要在稳定面积的基础上，着力提高单产，优化结构，提升品质。深入推进小麦高产攻关活动、水稻产业提升行动和玉米振兴计划三大行动，强化关键技术的集成推广，促进良种良法配套和农机农艺结合，推进农作物病虫害专业化统防统治，重点建设

1200万亩小麦、1100万亩水稻和500万亩玉米核心示范区。精心实施粮棉油高产创建活动，加快大型农产品基地建设。加强粮食收购、仓储、加工、物流体系建设，提高粮食产业化水平。增加产粮大县奖补资金，增强产粮大县发展能力。实施科技增粮工程。建立和完善农业气象灾害监测预警服务系统，提高农村防灾减灾能力。

六、大力发展农业产业化经营

围绕农业产业化"532"提升行动，进一步增加专项资金投入，扶持壮大一批重点龙头企业，支持符合条件的龙头企业上市和发行债券。加大农业招商引资力度，重点引进一批国家级、世界级农业龙头企业。大力扶持发展农产品加工业，建设一批农业产业化示范区，推动产业整合和集聚，重点发展农产品加工产业集群。坚持品牌化战略，集中培育、扶持、推介一批知名品牌，提升产品市场竞争力。加大对农民专业合作组织的支持力度，落实各项优惠扶持政策。引导各级政府扶持的信用担保机构积极开展涉农担保业务，把农民专业合作社纳入服务范围。开展农民专业合作社示范社建设。支持有条件的合作社设立农村资金互助社，扶持专业合作社自办农产品加工企业。出台《安徽省实施〈中华人民共和国农民专业合作社法〉办法》，促进合作社规范发展。

七、积极推进农业结构调整

加快发展菜篮子产品标准化生产。深入实施畜牧业升级计划，改良畜禽品种，推进标准化养殖示范场（区）建设，力争年内全省畜禽规模养殖比重提高5个百分点。继续实施对规模饲养和新增良种奶牛的补贴政策。扎实推进水产跨越工程，实施鱼塘标准化改造和水生生物增殖放流。加强重大动物疫病防控，推广生态健康养殖。稳步实施茶产业振兴工程，启动蔬菜产业提升行动，创建一批蔬菜、水果、茶叶标准园，推进"一村一品"和特色产业发展。支持创建省级以上农业标准化示范区（基地），加快发展无公害农产品、绿色食品、有机农产品。加快农产品质量安全监管体系和检验检测体系建设，建立健全质量安全追溯制度和应急处置机制。

八、切实提高农业科技创新和推广能力

引导企业与科研单位联合，形成一批集研究、中试、转化、推广应用于一体的产学研战略联盟。在种子种苗、农产品精深加工、农业环保、生物质能源等领域，实施一批重大科技专项和攻关项目。加强农业引智工作。优先支持高等院校、科研院所、高新技术企业建立一批农业领域重点实验室、工程（技术）研究中心，在合芜蚌自主创新综合试验区建立省级农产品加工和农作物生物育种等创新平台。培育一批农业科技型企业和农业高新技术企业。开展农村信息化科技示范，强化县域科技公共服务能力。加快建设现代农业产业技术体系，实施首批16个主要农产品首席专家负责制度。实施种子工程，加快种子企业并购和产业整合，着力培育几家大型种业集团。抓紧建设基层农技推广等公共服务机构，完善农业社会化服务体系。加快农业机械化发展，支持土地深松、秸秆综合利用、节能减排等农机新技术新机具的运用。启动建设省级现代农业示范区，支持有条件的地方争创国家现代农业示范区。

九、下大力气促进农民就业创业

充分挖掘农业内部和农村非农产业就业潜力，积极发展特色高效农业、休闲旅游农业和农村服务业。坚持不懈地发展劳务经济，加强对农民外出务工就业指导和服务，推进省内跨地区劳务协作和劳务对接，密切与劳务输入地特别是长三角地区的联系和合作，有序引导农民工跨地区转移就业。继续开展农民工劳动合同签订"春暖行动"，提高劳动合同签订率和履行质量。开展农民工工伤保险全覆盖行动，将农民工纳入城乡职工基本医疗保险或城镇居民医疗保险，落实基本养老保险关系转移接续办法，开展各类农民工维权专项行动，完善农民工工资支付保障制度，切实维护农民工合法权益。完善促进创业带动就业的政策措施，加快农民工创业园建设，到今年底建成300个农民工创业园。大力发展劳动密集型产业，增加农民工本地就业岗位。返乡农民工创业可享受小额担保贷款和财政贴息。完善农民工培训补贴政策和机制，支持和鼓励县级整合农民工培训资源，推进校企合作，实行"订单式"、"定向式"培训，增强培训的针对性和实效性。

十、进一步开拓农产品和农村市场

发展农业会展经济，加强农产品市场营销，重点办好中国安徽（合肥）农业产业化交易会和安徽名优农产品绿色食品（上海）交易会，精心组织参加中国国际农产品交易会。着力抓好优势特色农产品出口基地建设，支持农业企业参加境外展会、国际管理体系认证等，扩大优势农产品出口。加快新网工程建设，发挥供销合作社在农村流通中的骨干作用。积极支持各地立足自身优势，建立区域性农产品物流中心。深入实施万村千乡市场工程，引导和支持大型流通企业将连锁网络向农村延伸，加快构建农村日用消费品和农资现代流通体系，力争今年连锁农家店覆盖所有乡镇和65%的行政村。鼓励农家店扩大经营和服务范围。继续实施“双百”市场工程，加快对重点农产品批发市场和农贸市场的标准化改造，引导大型连锁超市与农产品专业合作社实施农超对接。支持合肥国家粮食、棉花两个交易中心扩大规模，创新交易方式。全面推行家电下乡网点代垫直补方式改革，进一步加快兑付进度，将补贴对象扩大到国有农场、林场（区）职工。增选一种家电产品纳入家电下乡补贴范围。

十一、不断改善农村金融服务

灵活运用风险补偿、贴息、奖励、补助等财政手段，引导更多信贷资金投向“三农”。落实加强农户金融服务、新型农村金融机构定向费用补贴和县域金融机构涉农贷款增量奖励等政策。继续推进农村银行组建，积极支持鼓励国有大型银行、股份制商业银行等各类金融机构为主发起行，稳步发展村镇银行、贷款公司和农村资金互助社等新型农村金融机构，力争今年底全省开业和获准筹建的农村银行35家以上、新型农村金融机构20家以上。落实对偏远地区新设农村金融机构的扶持政策，进一步挖掘现有银行业金融机构延伸服务潜力，争取年底前消除基础金融服务空白乡镇。鼓励建立农业产业发展基金。不断创新金融产品和服务方式，开展大型农用生产设备、林权、水域滩涂使用权、大牲畜、房产等抵押贷款和农村住房消费贷款，推广农户小额信用贷款、农户联保贷款和农民工返乡创业贷款。推动县级担保机构发展壮大，不断提升信用放大能力，拓展担保业务规模。鼓励设立为涉农产业和农户服务的专门担保机构或分支机构。进一步完善政策性农业保险制度，落实农业保险补贴政策，健全农业保险工作机制，扩大农业保险覆盖面。鼓励各地开展“信贷+保险”试点和特色农产品保险，探索开展森林保险试点。

十二、加强农村生态建设和环境保护

巩固退耕还林成果。加大对国家及省级公益林补偿力度，今年起国家级和省级公益林森林生态效益补偿标准提高到10元/亩。落实造林、抚育、保护、管理投入补贴政策。推进长江淮河防护林、湿地保护与利用等重点林业生态工程，实施绿色长廊示范工程建设，提升森林质量和效益。结合新农村建设，积极开展村庄绿化。大力发展现代林业产业，加强林业基地建设，加快发展油茶产业。开展清洁小流域建设，加强皖南山区、大别山区和江淮丘陵区水土流失治理工作，全年治理水土流失300平方公里。严格控制农村地区工业污染，推进农业面源污染控制工程。统筹安排3.2亿资金，在全省245个乡镇开展以村庄污水、生活垃圾处理为主要内容的农村清洁工程。加大两淮采煤沉陷区农民搬迁安置与综合治理工作力度。推进农作物秸秆综合利用，发展生态农业和循环经济。

十三、进一步提高农村基本公共服务水平

大力改善农村民生，拓宽民生工程实施范围，新增校舍安全工程、农村清洁工程、农村留守儿童之家、光荣院和社会（儿童）福利中心建设5项省级民生工程。促进义务教育均衡发展，落实义务教育经费保障和教师绩效工资制度，对困难家庭寄宿生增加生活补助、取消住宿费。中等职业学校农村家庭经济困难学生和涉农专业学生免学费，逐步实现免费中等职业教育。扎实推进文化信息资源共享工程、乡镇综合文化站、农家书屋工程建设，到2011年全面完成乡镇综合文化站建设任务。完善农村部分计划生育家庭奖励扶助制度和计划生育家庭特别扶助制度，继续实施皖北和沿淮地区计划生育长效节育奖励措施试点。加快实施基层医药卫生体制综合改革试点。在稳定新农合管理体制的基础上，进一步完善新农合制度，全面推进门诊统筹和即时结报，将参合农民的财政补助标准提高到每人每年120元，对农村重度、贫困残疾人参加新农合个人缴费，由农村医疗救助资金承担。继续实施农村卫生服务体系建设项目，加强农村卫生人才队伍建设，增强农村医疗卫生机构服务能力。提高农村社会保障水平，逐步扩大新型农村社会养老保险试点范围，积极探索统筹城乡居民养老保险办法，按照农村居民最低生活保障标准实现动态管理下的应保尽保，继续完善农村五保供养制度，推进农村五保供养服务机构建设，提高五保供养对象集中供养水平，推进临时救助制度建设。加大对农村残疾人生产扶助和生活救助力度，农村各项社会保障政策优先覆盖残疾人。乡镇政府要妥善安置救助返乡特困人员，尤其是无家可归的流浪乞讨未成年人。着力解决“连家船”专业渔民生活困难问题。

十四、切实抓好扶贫开发

进一步加大力度，推进“552”扶贫行动计划，对农村低收入人口全面实施扶贫开发政策。重点推进皖北地区、大别山等革命老区、沿淮行蓄洪区、皖南深山区、江淮分水岭地区和少数民族聚居地区的扶贫开发。集中力量抓好整村推进、产业扶贫、“雨露计划”、社会扶贫和移民搬迁等重点工作。稳步推进互助资金试点，提高扶贫资金使用效益。不断创新扶贫开发工作机制，实行目标考核，力争国家扶贫开发工作重点县农民人均纯收入增幅高于全省平均水平，全年减少贫困人口40万人。

十五、推进农村土地管理制度创新

稳定和完善农村基本经营制度，确保农村现有土地承包关系保持稳定并长久不变。全面落实承包地块、面积、合同、证书“四到户”，扩大农村土地承包经营权登记试点范围。力争在今年内完成集体土地所有权、宅基地使用权、集体建设用地使用权确权和登记发证工作。加快建立农村土地承包经营权流转市场，建立健全土地承包纠纷调处体系。加快划定基本农田，完善耕地保护责任目标考核制度。积极稳妥扩大土地整治整村推进试点，集中建设用地置换中免缴留用的各项费用，并整合相关资金，投入到土地整治和村庄建设，鼓励和支持农业发展银行等政策性银行开展融资服务。土地整治置换出的建设用地指标，要拿出一定比例留给乡镇，优先满足新农村建设的需要。构建省级补充耕地指标交易平台，加强补充耕地指标有偿调剂的管理。探索建立农村集体建设用地使用权流转制度，在土地利用总体规划确定的城镇建设用地范围外，除了国家禁止的项目，经批准，集体建设用地可以由该农村集体经济组织经营开发，该农村集体经济组织也可以将集体建设用地使用权出让（租赁、作价出资）给其他组织和个人使用。依法有偿取得的集体建设用地使用权，可以按规定转让、出租和抵押。严格执行新征地补偿制度，全面实施被征地农民养老保险制度，保障被征地农民权益。稳步开展农村土地使用制度综合改革试验，推动土地制度集成创新。

十六、深入推进农村改革

全面开展村级公益事业建设一事一议财政奖补试点，探索建立不增加农民负担、有效促进村级公益事业发展的机制。深化县乡财政管理体制改革，提高县乡基本财力保障水平。做好农村义务教育债务清理化解后续工作，防止产生新的债务。开展其他公益性乡村债务清理化解工作，有条件的县（市、区）可先行试点。巩固乡镇机构改革成果，深入推进为民服务全程代理制。加强农民负担监管，坚决防止农民负担反弹。深化集体林权制度改革，大力推进配套改革。完善基层水利技术服务体系，加强小型水利设施维护管理。加快落实供销合作社改革发展的相关政策。加强农村改革试验区工作。

十七、切实维护农村社会和谐稳定

加强农村基层治理，发展和完善党领导的村级民主自治机制，积极推进村级民主选举、民主决策、民主管理、民主监督。规范党员议事会工作，做好与“四议两公开”工作法的衔接。依法做好第八届村民委员会换届选举工作。大力加强农村精神文明建设，全面提高农民素质和文明程度。深入开展农村法制宣传教育，健全党和政府主导的维护群众权益机制，认真解决农村征地、环境污染、集体资产管理等方面损害群众利益的突出问题。切实解决农村留守儿童问题。加强和改进农村信访工作，建立健全农村维护稳定预警机制和应急反应机制。加强农村社区公共服务设施建设，提高社区管理和服务功能。突出抓好“难点村”治理工作。扎实推进农村平安创建活动，加强农村警务建设，严厉打击黑恶势力和各类违法犯罪活动。积极推进农村综合执法。推动公共消防基础设施、装备和力量建设向农村覆盖。全面贯彻落实党的民族政策和宗教工作的基本方针，加强民族团结宣传教育，依法管理农村宗教事务。

十八、加强和改进党对农村工作的领导

各级党委、政府要适应统筹城乡发展新形势、新任务的要求，努力提高领导科学发展的能力和水平。进一步完善农村工作领导体制机制，在领导分工、机构设置、干部配备上落实重中之重的要求。按照科学发展观要求，完善党政领导班子和领导队伍考核评价办法，将农业投入、粮食生产、农民增收、耕地保护、环境治理、和谐稳定等纳入考核内容，加强对惠农政策落实情况的督促检查。创新农村基层党组织设置，扩大对农村新型组织的覆盖面。加强乡镇党委书记队伍建设，选好配强乡镇党委班子。深入开展学习沈浩同志先进事迹活动，继续推进农村党员干部“素质提升”工程，加强以村党组织带头人为重点的村干部队伍建设。做好选派第四批优秀年轻党员干部到村任职工作，继续选聘高校毕业生到村任职，推进从优秀村干部中考录乡镇公务员、选任乡镇领导干部工作。抓紧落实对长期在基层工作的干部、长期担任县乡党政领导职务的干部实行工资福利倾斜的政策，认真落实村干部

"一定三有"要求。建立稳定规范的农村基层组织工作经费保障制度。全面完成第二轮村级组织活动场所建设任务。继续推进城乡基层党组织结对共建，创新和完善农村流动党员教育管理服务制度，构建城乡统筹的基层党建工作新格局。持续开展党性党风党纪教育，加强农村基层党风廉政建设，全面开展农村集体资金、资产、资源清查核实工作。深入推进新农村建设"千村百镇示范工程"，广泛开展"千企联千村"活动，充分发挥农民群众的主体作用，调动各方积极性，形成建设社会主义新农村的强大合力。

安徽省人民政府关于开展新型农村社会养老保险试点工作的实施意见

(2010年4月8日　皖政〔2009〕131号)

各市、县人民政府，省政府各部门、各直属机构：

根据《国务院关于开展新型农村社会养老保险试点的指导意见》(国发〔2009〕32号)精神，现就我省开展新型农村社会养老保险(以下简称"新农保")试点工作提出以下实施意见：

一、基本原则

坚持"保基本、广覆盖、有弹性、可持续"的基本原则，从农村实际出发，低水平起步，筹资标准和待遇标准与经济发展和各方面承受能力相适应；个人(家庭)、集体、政府合理分担责任，权利与义务相对应；政府主导和农民自愿相结合，引导农村居民普遍参保，对参保居民实行属地管理，加快建立覆盖城乡居民的社会保障体系，逐步解决农村居民老有所养问题。

二、目标任务

2009年全省10%的县(市、区)列入国家新农保试点范围，以后逐步扩大试点；2020年前基本实现对农村适龄居民的全覆盖。建立个人缴费、集体补助、政府补贴相结合的新农保制度，实行社会统筹与个人账户相结合，与家庭养老、土地保障、社会救助等其他社会保障政策措施相配套，保障农村居民老年基本生活。已自行探索开展新农保试点的地区，依据本实施意见积极稳妥地调整完善政策，继续做好工作；同时鼓励有条件的地区按照本实施意见积极探索开展新农保工作。

三、参保范围

年满16周岁(不含在校学生)、未参加城镇职工基本养老保险的农村居民，可在户籍地自愿参加新农保。

四、基金筹集

新农保基金由个人缴费、集体补助、政府补贴构成。

(一)个人缴费。参加新农保的农村居民应当按规定缴纳养老保险费。我省目前缴费标准暂定为每年100元、200元、300元、400元、500元5个档次，试点地区可以根据实际情况增设缴费档次。参保人自主选择档次缴费，原则上按年缴费，鼓励经济条件好的农民多缴费，多缴多得。具体缴费标准和缴费方式由试点地区确定。

(二)集体补助。在个人缴费的基础上，有条件的村集体应当对参保人缴费给予补助，补助标准由村民委员会召开村民会议民主确定。鼓励其他经济组织、社会公益组织、个人为参保人缴费提供资助。

(三)政府补贴。政府对符合领取条件的参保人全额支付新农保基础养老金。中央财政按照确定的基础养老金标准给予试点地区补助，省级及试点地区财政对参保人缴费给予补贴，补贴标准每人每年不低于30元，其中省级财政承担20元。对于选择较高档次标准缴费的，有条件的地方可以给予补助，具体办法由试点地区制定。对农村重度残疾人等缴费困难群体，试点地区政府应按照最低缴费标准为其代缴全部养老保险费。

五、建立个人账户

试点地区为每个新农保参保人建立终身记录的养老保险个人账户。个人缴费，集体补助及其他经济组织、社会公益组织、个人对参保人缴费的资助，各级政府对参保人的缴费补贴，全部记入个人账户。个人账户储存资金目前参考中国人民银行公布的金融机构人民币一年期存款利率计息。

六、养老金待遇和领取条件

新农保养老金待遇由基础养老金和个人账户养老金组成，支付终身。

中央确定的试点地区基础养老金标准为每人每月55元，试点地区在此基础上可适当提高基础养老金水平，具体标准和资金由各地自行确定和安排。

个人账户养老金的月计发标准为个人账户全部

储存额除以139（与现行城镇职工基本养老保险个人账户养老金计发系数相同）。参保人死亡后个人账户资金余额，除政府补贴外，由法定继承人或指定受益人一次性领取；政府补贴余额用于继续支付其他参保人的养老金。

年满60周岁、未享受城镇职工基本养老保险待遇的农村有户籍的老年人，可以按月领取养老金。新农保制度实施时，已年满60周岁、未享受城镇职工基本养老保险待遇的农村居民，不用缴费，可以按月领取基础养老金，但其符合参保条件的子女应当参保缴费；距领取年龄不足15年的，应按年缴费，也允许补缴，累计缴费不超过15年；距领取年龄超过15年的，应按年缴费，累计缴费不少于15年。

引导中青年农民积极参保、长期缴费，长缴多得。对长期缴费超过15年的，每超过1年，基础性养老金加发1%，最高不超过10%，加发的基础养老金由试点地区人民政府承担。

七、待遇调整

建立待遇调整机制，基础养老金水平要随着经济社会发展水平适时予以调整，中央基础养老金调整标准由国家确定，试点地区提高的基础养老金调整标准自行确定。

八、制度衔接

已开展以个人缴费为主、完全个人账户农村社会养老保险（以下称老农保）的地区，要在妥善处理老农保基金债权问题的基础上，做好与新农保制度衔接。新农保试点地区，已参加老农保、年满60周岁且已领取老农保养老金的参保人，可直接享受新农保基础养老金；未满60周岁且没有领取养老金的参保人，将原个人账户资金并入新农保个人账户，并按当地最低缴费标准折算成缴费年限，折算年限最长不超过15年（原个人缴费部分财政不再补贴），同时应按新农保的规定和缴费标准继续缴费，待符合规定条件时享受相应待遇。村干部参加新农保的，任职期间按照本地区村干部养老保险标准缴费，离职后按照新农保标准继续缴费，达到领取年龄享受新农保待遇。

新农保与城镇职工基本养老保险、被征地农民社会保障、水库移民后期扶持政策、农村计划生育家庭奖励扶助政策、农村五保供养、社会优抚、农村最低生活保障制度等政策制度的配套衔接办法，待国家有关部门出台政策后实施。各地目前暂按原办法妥善处理。

九、基金管理和监督

新农保基金要按照规定纳入社会养老保险基金财政专户，各级财政部门要切实加强基金管理，实行收支两条线、单独记账、核算，按有关规定实现保值增值、定期结息。要探索建立健全基金风险防范机制，确保基金安全。在目前试点阶段，新农保基金暂实行县级管理，随着试点扩大和推开，逐步提高管理层次。

各级人力资源社会保障部门要切实履行新农保基金的监管职责，制定完善新农保各项业务管理规章制度，规范业务程序，建立健全内控制度和基金稽核制度，对基金的筹集、上解、划拨、发放进行监控和定期检查，并定期披露新农保基金筹集和支付信息，做到公开透明，加强社会监督。财政、监察、审计部门按各自职责实施监督，严禁挤占挪用，确保基金安全。试点地区新农保经办机构和村民委员会每年在行政村范围内对参保人缴费和待遇领取资格进行公示，接受群众监督。

十、经办管理服务

各地人力资源社会保障部门负责本地农村社会养老保险具体经办管理服务工作。各地要健全农村社会养老保险经办机构，统筹整合城乡机构编制资源，因地制宜地探索实践农保机构管理体制新路子。各地可通过明确乡镇现有相关社会公共服务机构职能的办法，也可采取在基层相关机构确定专职或兼职人员以及政府购买服务方式，履行农保职责。新农保工作经费纳入同级财政预算，不得从新农保基金中开支。各地人力资源社会保障部门要完善管理服务体系，规范各项业务程序和操作流程，按照建立全省统一的新农保信息管理系统和统筹城乡社会保障体系的要求，将其纳入“金保工程”项目建设范围，同时，要大力推行社会保障卡，方便参保人持卡缴费、领取待遇和查询本人参保信息。社会保障卡工本费由试点地区人民政府承担。新农保经办机构要认真记录参保人员的参保登记、缴费申报、待遇支付、账户查询等情况，为参保人员提供方便、快捷的服务。建立参保档案，长期妥善保存。

各地人力资源社会保障部门要注重加强农村社会养老保险队伍的能力建设，提高人员素质和服务水平。

十一、加强组织领导

为加强试点工作领导，省政府成立省新农保试点工作领导小组，负责研究相关政策，督促检查政策的落实情况，总结评估试点工作，协调解决试点工作中出现的问题。

试点地区各级政府要将新农保试点工作列入重要工作议程，纳入国民经济和社会发展规划和年度目标考核，加强组织领导。人力资源社会保障部门要切实履行新农保工作行政主管部门的职责，会同有关部门做好新农保的统筹规划、政策制定、统一管理、综合协调等工作；财政部门要确保新农保政府补贴资金及时足额到位，并管好新农保资金，落实工作经费；公安部门应协调配合，提供农业户口人员的相关资料和核查比对；民政、农业、国土资源、扶贫开发、计生、残联等部门应协同掌握农村相关群体的收入状况和其他保障待遇情况，配合做好政策衔接工作；编制部门要加大对新农保经办机构的支持，充实新农保工作力量。

十二、制定具体实施办法和工作方案

试点地区要按照国务院指导意见和本实施意见要求，结合本地实际情况，制订具体办法和工作方案并报省新农保试点工作领导小组批准后实施。试点工作启动后，各试点地区要建立每月调度和报告制度，及时掌握试点进度，认真总结经验，研究解决工作中出现的新情况新问题，重要情况要及时向省新农保试点工作领导小组报告。

十三、加强宣传引导

新农保试点政策性强、涉及面广。各地各有关部门要以多种形式广泛深入宣传开展农村社会养老保险工作的重要意义和政策，使党的惠民政策深入人心，提高农民对社会养老保险的认识，增强农民的自我保障意识，鼓励和引导适龄农民参保，积极稳妥地推进我省新农保试点工作健康发展。

安徽省人民政府关于基层医药卫生体制综合改革的实施意见

（2010 年 10 月 10 日　皖政〔2010〕66 号）

各市、县人民政府，省政府各部门、各直属机构：

推进基层医药卫生体制综合改革是由实施国家基本药物制度引发的一项重大改革，是重新构建基层医药卫生体制机制的重大创新实践。这项改革将基本医疗保障、基本药物制度、基层医疗卫生服务体系和基本公共卫生服务均等化等改革任务有机衔接，在基层首先构建基本医疗卫生制度，并作为公共产品向人民群众提供，对于逐步实现人人享有基本医疗卫生服务具有重要意义，对推动公立医院改革也具有重要的借鉴作用。在继续巩固完善 32 个试点县（市、区）综合改革成效的基础上，省政府决定在全省全面实施基层医药卫生体制综合改革。

一、改革的指导思想、实现目标和实施范围

指导思想：以邓小平理论和“三个代表”重要思想为指导，深入贯彻落实科学发展观，遵照国家和省深化医药卫生体制改革精神，紧紧围绕“保基本、强基层、建机制”的要求，彻底破除“以药补医”机制，推进基层医疗卫生机构管理体制和运行机制综合改革，加快建立一个坚持公益性、调动积极性、保障可持续的充满活力的新体制机制，提高公共卫生服务和基本医疗服务能力，满足人民群众基本医疗卫生服务需求。

实现目标：通过推进管理体制和人事、分配、药品、保障制度综合改革，基层医疗卫生机构公益性管理体制和新的运行机制全面建立；基本公共卫生服务和基本医疗服务能力明显增强；人民群众基本公共卫生和基本医疗服务需求得到满足，并从降低药品价格和改善服务中得到明显实惠；医务人员队伍结构明显优化；基层医疗卫生机构运行效率明显提高。

实施范围：全省所有县（市、区）和淮南毛集实验区、六安叶集试验区、池州九华山风景区政府举办的乡镇卫生院和社区卫生服务机构（以下简称基层医疗卫生机构）。

二、改革的主要任务

（一）推进管理体制改革，建立政府举办的基层医疗卫生机构公益性管理体制。政府举办的乡镇卫生院、社区卫生服务机构是基层医疗卫生服务体系的重要组成部分，是公益性事业单位，主要提供基本公共卫生服务和基本医疗服务，由所在县（市、区）卫生部门统一管理。依据乡镇卫生院、社区卫生服务中心承担的工作任务，结合服务人口及当地自然、经济和社会条件情况，合理核定需要的人员编制，由编制部门实行总量控制、集中管理、统筹使用。乡镇卫生院编制按乡镇户籍人口1‰实行总量控制，并分类核定。医药卫生类专业技术人员编制不得低于编制总额的80%。社区卫生服务中心人员编制执行《安徽省城市社区卫生服务机构设置和编制标准实施意见》（皖编办〔2007〕26 号）。乡镇卫生院、社区卫生服务中心核定的人员编制，仅作为其聘用人员和核拨经费的依据。对政府举办的乡镇卫生院、社区卫生服务机构，在严格界定功能和任务、核定人员编制、核定收支范围和标准、转变运行机制的同时，政府负责保障按国家规定核定的基本建设、设备购置、人员经费和其承担的公共卫生服务的业务经费，使其正常运行。

（二）推进人事制度改革，建立竞争上岗、全员聘用、能上能下、能进能出的用人机制。乡镇卫生院院长、社区卫生服务中心主任，由县级卫生部门会同相关部门按照公开、平等、竞争、择优的原则，采取招考或民主推荐的方式选择聘用，实行任期目标责任制。期满考核不合格的，重新选聘。乡镇卫生院、社区卫生服务中心在核定的编制范围内，按照管理岗位、专业技术岗位、工勤技能岗位三种类别，科学合理设置岗位，医药卫生类专业技术岗位不低于总岗位数的80%。实行卫生专业技术人员资格准入制度，不具备执业（从业）资格的人员不得进入卫生专业技术岗位。所有具有竞聘资格的人员，由县级卫生部门会同相关部门按照公开、平等、竞争、择优的原则，通过考试、考核等方式竞争上岗，按岗聘用，合同管理，定期考核，优胜劣汰，能上能下，能进能出。符合分流安置政策范围的人员采取多种方式妥善安置。

（三）推进分配制度改革，建立科学公平、体现绩效的考核分配机制。根据乡镇卫生院、社区卫生服务机构的功能定位，科学核定承担的工作任务。基本公共卫生服务任务根据承担的公共卫生服务的人口数量、服务质量和服务半径核定；基本医疗服务任务根据前三年医疗服务平均人次数、收入情况，并综合考虑影响医疗服务任务的特殊因素核定。建立以服务数量、质量、效果和居民满意度为核心，公开透明、动态更新、便于操作的工作任务考核机制。卫生部门组织对基层医疗卫生机构进行绩效考核，财政、人社（人事）等部门对考核结果进行审核，考核结果与经费补助挂钩。建立按岗定酬、按工作业绩取酬的内部分配激励机制。基层医疗卫生机构依据公共卫生服务、基本医疗服务、公共卫生管理岗位任务和绩效工资制度的要求，制定内部分配管理办法，定期组织对职工进行绩效考核，考核结果与职工个人收入挂钩。绩效工资起点时间从2009年10月1日开始执行。鼓励各地在此基础上，进一步探索对基层医疗卫生机构的奖惩机制。

（四）推进基本药物制度改革，取消药品加成，实行零差率销售。政府举办的基层医疗卫生机构实施国家基本药物制度，执行国家和省确定的基本药物和补充药品有关规定。基本药物和补充药品由省统一网上集中招标采购、统一定价、统一配送到基层医疗卫生机构，取消药品加成，实行基本药物和补充药品零差率销售。基层医疗卫生机构现有库存药品全部按进价销售，且不得高于国家指导价和省采购价。政府举办的基层医疗卫生机构全部配备和使用国家基本药物。确需配备使用其他药品的，应按规定在我省确定的补充药品范围内选用。

（五）推进保障制度改革，建立科学合理的补偿机制。政府举办的基层医疗卫生机构基本建设和设备购置等发展支出，由县（市、区）政府根据基层医疗卫生机构发展建设规划统筹安排。政府举办的基层医疗卫生机构人员经费和业务经费等运行成本通过服务收费和政府补助补偿。政府补助按照“核定任务、核定收支、绩效考核补助”的办法核定。同时，探索发挥医保基金对基层医疗卫生机构的补偿作用，通过购买服务等方式建立多渠道补偿机制。政府举办的基层医疗卫生机构医务人员工资水平与当地事业单位平均工资水平相衔接。离退休人员符合国家规定的离退休费用，在事业单位养老保险制度改革前，由当地财政部门根据国家有关规定核定补助。政府举办的基层医疗卫生机构的所有收支全部纳入县级国库支付中心管理。按照不超过基层医疗卫生机构当年业务收入的1%比例计提医疗风险基金。

（六）推进一体化管理的村卫生室改革，建立持续健康发展的长效机制。全面推进乡镇卫生院对所属行政村卫生室实行人员、业务、药械、财务、资产等一体化管理，逐步建立严格的村医服务准入制度，优化队伍结构，加强业务培训，提高服务水平。一体化管理的行政村卫生室实施基本药物制度，全部配备和使用国家基本药物、省确定的补充药品，取消药品加成，实行零差率销售。政府对一体化管理的行政村卫生室承担的基本公共卫生服务和实行药品零差率销售给予补助。按行政村农业户籍人口数核定补助标准，即每1200个农业户籍人口每年补助行政村卫生室8000元，补助资金由省财政统一安排到县，再由县落实到村卫生室。各市、县也可以根据实际情况，在此基础上适当增加补助。

三、改革的实施步骤

各县（市、区）政府要切实承担起改革实施主体的责任，精心组织，扎实有序地推进改革。

（一）学习培训，制定方案。各地各有关部门要认真学习改革文件，集中时间、集中精力研究政策，准确把握政策精神；围绕贯彻落实综合改革任务，开展多层次、多形式的培训活动。在此基础上，理清改革思路和方法，把握改革的关键环节和重点部位，结合本地实际，制定切实可行的改革方案。

（二）清理库存，取消加价。卫生部门要抓紧组织基层医疗卫生机构和一体化管理的行政村卫生室开展库存药品清理，2010 年 9 月 1 日起取消加价，全部实行零差率销售。

（三）定编定岗，竞争上岗。各级编制部门根据有关规定，逐县（市、区）、逐院确定和下达编制。卫生部门会同相关部门按规定选聘乡镇卫生院院长、社区卫生服务中心主任。院长（主任）按照规定和实际需要开展岗位设置和报批工作。卫生部门会同相关部门组织开展竞争上岗各项工作。此项工作 2010 年 10 月份完成。

（四）妥善安置，确保稳定。各县（市、区）对基层医疗卫生机构符合分流安置政策的人员，对照政策规定进行逐人审核、确认，由人社（人事、劳动）部门办理相关手续，妥善分流安置。此项工作 2010 年 12 月底前完成。

（五）核定收支，落实补助。各县（市、区）财政部门会同卫生部门，依据基层医疗卫生机构承担的工作任务量和人员编制情况，合理核定基层医疗卫生机构的收入和支出，纳入县级国库支付中心统一管理，并按月预拨经费，保障正常运转。

（六）绩效考核，兑现奖惩。各县（市、区）卫生部门负责对基层医疗卫生机构工作任务完成情况进行考核，考核结果与财政补助挂钩；基层医疗卫生机构对内部职工工作绩效考核，考核结果与绩效工资挂钩。

（七）总结评估，检查验收。本次改革任务完成后，各地要及时开展工作总结，形成总结报告，并逐级上报。省深化医药卫生体制改革领导小组要逐一开展考核验收。此项工作 2011 年 1 月份完成。

以上步骤，各地结合实际，可同步开展，也可交叉进行。

四、改革的保障措施

基层医药卫生体制综合改革涉及面广、政策性强，时间紧、任务重，各市、县（市、区）必须从讲政治的高度，从大局出发，充分认识这项改革的重大意义，周密部署，统筹安排，扎扎实实将各项改革政策贯彻落实到位。鼓励各地按照本实施意见和配套文件的要求，结合实际，创造性地落实改革任务。

（一）加强组织领导，搞好协调配合。省深化医药卫生体制改革领导小组统筹组织和协调基层医药卫生体制综合改革工作。各市、县（市、区）政府要高度重视，加强领导，成立强有力的领导机构和工作专班。各级编制、发展改革、卫生、财政、人社（人事、劳动）、物价、药监、纪检（监察）、组织、工会等部门要加强协调，密切配合，保证改革顺利实施。各县（市、区）要组织相关部门成立联合办公室，对核定编制、岗位设置、竞聘上岗、分流安置等阶段中需要审批的事项，集中审批，加快进度。

（二）加强财力保障，强化资金管理。各级政府要切实保障改革所需资金，确保各项补助经费及时足额到位。各县（市、区）财政部门要切实做好资金调度和经费保障工作。要规范并公开县级国库支付中心办事程序，优化资金拨付流程，切实加强监管，明确办理时限，提高办事效率。建立健全基层医疗卫生机构财务公开制度，提高资金使用效率，确保资金分配使用规范、安全、有效，严禁挤占、截留、挪用。

（三）加强监督检查，确保规范运行。各级深化医药卫生体制改革领导小组成员单位要深入基层，加强对改革各环节的检查指导。各县（市、区）都要实施包保责任制，对每一个基层医疗卫生机构，明确一位县里的副局级以上干部包干负责，确保各项改革任务按照规定的工作程序和时间要求扎实推进，确保政策落实到位，确保体制机制顺利转型，确保社会稳定。

要建立举报制度，设立举报电话、举报信箱，欢迎人民群众对改革的每一个环节，特别是竞争上岗、分流安置等方面进行监督。

各级纪检（监察）机关要充分发挥职能作用，配合有关部门加强对改革各项政策执行情况的监督检查，实行全程参与、全程跟踪、全程监督。要认真受理人民群众的举报和投诉，及时发现、立即纠正和严肃查处违规违纪行为。

（四）强化工作责任，确保社会稳定。各县（市、区）政府主要负责人是确保社会稳定的第一责任人。各级各有关部门要高度重视稳定工作，坚决贯彻中央和省里的政策，强化稳定工作责任制，全程跟踪，全程监控，发现问题，及时解决，将不稳定因素消除在萌芽状态；不能因为改革影响正常医疗工作秩序而引发不稳定，不能因为药品供应断档而引发不稳定，不能因为竞聘上岗操作不公开透明而引发不稳定，不能因为分流安置政策落实不到位而引发不稳定，不能因为资金拨付不及时到位而引发不稳定，不能因为宣传导向失误而引发不稳定，确保改革顺利进行。

（五）加强基层党组织建设，开展创先争优活动。要充分发挥基层医疗卫生机构党组织的战斗堡垒作用，教育引导党员提高对改革的认识，增强参与改革的主动性和自觉性，发挥共产党员的先锋模范作用。

各县（市、区）卫生部门要把开展创先争优活动与做好基层医药卫生体制综合改革工作紧密结合起来，围绕改革的主要任务，提出创先争优活动的具体要求。基层医疗卫生机构党组织要结合本单位实际和党员的岗位特点，积极开展创先争优活动，改进医德医风，提高服务质量。

（六）加强政策宣传，营造良好环境。基层医药卫生体制综合改革关系广大人民群众和基层医务人员的切身利益，关系基层医疗卫生事业长远发展，关系社会的和谐稳定。各级政府、各有关部门要高度重视改革的宣传动员工作，采取多种形式，加强政策宣传，统一思想，提高认识，把宣传工作做深做细，营造良好的舆论氛围。

安徽省人民政府关于进一步促进非公有制经济和中小企业加快发展的实施意见

（2011 年 1 月 30 日　皖政〔2010〕93 号）

各市、县人民政府，省政府各部门、各直属机构：

为深入贯彻落实《国务院关于进一步促进中小企业发展的若干意见》（国发〔2009〕36 号）精神，进一步推动全省非公有制经济和中小企业转变发展方式，加快结构调整，实现科学发展，结合我省实际，提出如下实施意见：

一、进一步增强加快非公有制经济和中小企业发展的紧迫感和责任感

（一）非公有制经济和中小企业发展面临的紧迫性。近年来，我省非公有制经济和中小企业有了长足发展，总量增长较快，质量和效益明显提高。非公有制企业绝大多数是中小企业。2009 年，全省非公有制经济实现增加值 5661.9 亿元，占全省 GDP 的比重达 56.3%；实现地方税收收入和国税收入分别占全省的 74.1% 和 54%；2009 年末，全省非公有制企业已达 18.95 万户，提供的就业岗位占全省城镇就业岗位的 75%。非公有制经济和中小企业已成为全省经济发展的关键支撑，安排社会就业的主要载体，实现自主创新的重要力量。但是，当前我省非公有制经济和中小企业发展仍然面临严峻挑战。从内部看，长期积淀的结构层次需要进一步提高，创新能力需要进一步提升，管理水平需要进一步增强，转型压力进一步增大。从外部看，融资难、负担重、发展环境仍需优化的矛盾较多，企业数量和经济总量与发达省份相比仍然偏少。全省上下要进一步深化认识，把促进非公有制经济和中小企业加快发展作为当前及未来较长一段时期内的重大战略任务，采取有效措施，切实加力推进。

（二）非公有制经济和中小企业面临难得的发展机遇。近年来，我省工业化和城镇化发展不断加快，内需拉动作用明显增强，居民消费结构迅速升级，劳动力素质明显改善，企业竞争的内生动力和活力不断增强。“十二五”是我省全面建设小康社会的攻坚期，工业化、城镇化的加速期，也是经济社会发展的转型期，我们必须牢牢抓住并用好大有可为的重要战略机遇期，推动科学发展、全面转型、加速崛起、兴皖富民，促进经济社会又好又快发展。当前，我省正在加快皖江城市带承接产业转移示范区、合芜蚌自主创新综合试验区和国家技术创新工程试点省建设，促进皖北地区加快发展，为我省非公有制经济和中小企业加快发展、实现新的跨越提供了更广阔的产业空间和市场空间。

（三）进一步明确非公有制经济和中小企业发展的总体要求。深入贯彻落实科学发展观，坚持工业化、城镇化双轮驱动，着力推进转型发展、开放发展、创新发展、和谐发展，围绕结构调整、技术进步、节能减排、素质提升，以非公有制经济和中小企业创业创新工程为抓手，抢抓机遇，破解难题，加快发展，力争到“十二五”末，非公有制经济实现增加值占全省生产总值的 65%，非公有制企业数量比“十一五”末翻一番，提供的城镇就业岗位达到全省城镇就业岗位的 80% 以上。

二、大力实施非公有制经济和中小企业创业创新工程

（四）鼓励支持全民创业。深入落实《安徽省人民政府关于进一步加快个体私营等非公有制经济发展推进全民创业的意见》（皖政〔2007〕1号）、《中共安徽省委安徽省人民政府关于进一步推动个体私营等非公有制经济又好又快发展的意见》（皖发〔2008〕19号）等文件中鼓励全民创业的政策措施，进一步降低创业门槛、放宽准入领域、加强创业指导，鼓励全民竞相创业。以支持农民工返乡创业、大学生等各类人员自主创业等为重点，通过政策扶持，提高创业成功率，形成政府重视、部门支持、社会参与的良好创业氛围，掀起新一轮全民创业的高潮。（责任单位：省人力资源社会保障厅、省教育厅、省经济和信息化委、省工商局、省工商联）

（五）*支持小企业创业基地建设。*各级政府每年安排一定数量的用地指标，用于小企业创业基地和农民工返乡创业园建设。鼓励各类投资主体利用现有存量土地、闲置场地和厂房改造建立小企业创业基地。对经认定的小企业创业基地，缴纳房产税和城镇土地使用税确有困难的，可按税收管理权限报批，给予减征或免征房产税和城镇土地使用税，并从省统筹基建专项资金中给予一定建设经费补助。（责任单位：省经济和信息化委、省发展改革委、省人力资源社会保障厅、省国土资源厅、省地税局）

（六）*培育“专、精、特、新”企业和成长性小企业。*选择一大批生产专业化、管理精细化、产品特色化、技术高新化的“专、精、特、新”企业和成长性小企业，进行重点培育。鼓励和支持劳动密集型中小企业稳定和增加就业岗位。省中小企业发展专项资金在贷款担保、人才培训、市场开拓、技术创新、管理咨询、信用培育等方面予以重点扶持。经认定为高新技术企业的非公有制企业和中小企业，减按15%的税率征收企业所得税。（责任单位：省经济和信息化委、省地税局、省国税局）

（七）*扶持产业集群专业镇发展。*鼓励、支持发展一村一品、一镇一业。省重点培育100个产业集群专业镇，支持、引导和推进产业集群专业镇制定发展规划、延伸产业链条、完善产业配套和公共服务平台建设。鼓励和支持金融服务机构在产业集群专业镇设点或分支机构。（责任单位：省经济和信息化委、省住房城乡建设厅、省商务厅、省政府金融办、安徽银监局）

（八）*支持非公有制经济和中小企业提升技术创新能力。*企业开发新技术、新产品、新工艺发生的费用，可以在计算应纳税所得额时加计扣除。经国家或省认定的高新技术产品和新产品，自认定之日起所缴增值税新增部分的省、市留成部分，3年内全额奖励企业。国家技术创新工程试点省专项资金重点用于创新型企业和创新型园区的奖励、产业关键技术研发、公共服务平台建设、高端人才引进、重大项目配套、科技贷款风险补偿和专利资助等。鼓励非公有制经济和中小企业建立研发机构，参与承担重大科技项目攻关、产学研合作项目以及重点实验室、工程（技术）研究中心和企业技术中心建设，加快建立一批生产力促进中心、科技企业孵化器和公共技术服务平台，为非公有制企业和中小企业提供技术研发、产品设计、新技术推广和技术培训等服务。鼓励有条件的企业充分发挥技术优势，积极主导和参与地方标准、行业标准、国家标准乃至国际标准修订工作。（责任单位：省科技厅、省发展改革委、省经济和信息化委、省财政厅、省质监局、省地税局、省国税局）

（九）*支持非公有制经济和中小企业发展自主品牌。*建立品牌培育和保护机制，制定品牌推进工作规划，编制创品牌产品梯队目录。重点支持我省的“中华老字号”、“皖”牌老字号、省自主创新品牌示范企业以及传统工艺美术品种、技艺等传统优势非公有制企业和中小企业申请商标注册；鼓励挖掘、保护、改造民间特色传统工艺，提升特色产业。扶持一批经营有特色、产品质量好、市场占有率高的非公有制企业和中小企业实施名牌战略，创建名牌产品。（责任单位：省工商局、省经济和信息化委、省商务厅、省质监局）

（十）*进一步拓宽民间资本投资领域和范围。*鼓励支持民间资本以参股、重组等方式进入电信、能源、石化、电力等垄断行业，进一步推动、鼓励民间资本投资服务业和教育、医疗、文化、保障性住房建设等领域。（责任单位：省发展改革委、省住房城乡建设厅、省工商局、省江北产业集中区管委会、省江南产业集中区管委会）

三、切实缓解非公有制经济和中小企业融资困难

（十一）*加大信贷支持力度。*金融机构要进一步完善金融支持政策，创新金融产品和服务方式。将金融机构发放小企业贷款的总量、增速列入政府对金融机构的考核范围，并适当增加考核权重。单列小企业信贷指标，完善授信业务制度，保证小企业信贷投放增速高于全部贷款增速。对符合条件的县级分支机构，可以适当扩大小企业贷款审批权限，提高贷款审批效率。加大小企业不良贷款核销和减免工作的力度，提高小企业不良贷款核销的总量和效率。（责任单位：省政府金融办、省财政厅、人行合肥中心支行、安徽银监局）

（十二）落实支持中小企业发展的金融政策。支持小企业采取动产、应收账款、承包合同、仓单、股权和知识产权质押等方式进行融资，支持金融机构、小额贷款公司发放小额信用贷款。对金融机构、小额贷款公司新增的小企业无担保或无抵押类贷款的，按0.5‰给予奖励，并按其当年新增贷款月均余额的5‰给予贷款风险补偿，所需资金从市、县非公有制经济和中小企业贷款风险补偿资金中列支。建立小企业贷款风险补偿基金。支持、规范发展小额贷款公司，选择有条件的小额贷款公司转为村镇银行。（责任单位：省财政厅、省政府金融办、人行合肥中心支行、安徽银监局）

（十三）支持中小企业从资本市场融资。建立非公有制企业和中小企业上市资源库，每年选择部分成长型非公有制企业和中小企业进行重点培育辅导；对拟上市的企业，将其因上市而补缴的企业所得税地方留成部分全额奖励给企业；对成功上市的企业，由省及当地财政分别给予上市费用10%的补贴；对成功实施债券融资的企业，由省及当地财政分别给予发行费用10%的补贴。（责任单位：省政府金融办、省科技厅、省财政厅、安徽证监局）

（十四）促进中小企业担保业发展。落实对符合条件的中小企业信用担保机构免征营业税、准备金提取和代偿损失税前扣除政策。中小企业信用担保机构按照规定比例提取的担保赔偿准备金和未到期责任准备金，允许在企业所得税税前扣除。担保机构实际发生的代偿损失，应依次冲减已在税前扣除的担保赔偿准备、在税后利润中提取的一般风险准备，不足冲减部分可按照规定在企业所得税税前扣除。省、市、县继续加大对中小企业信用担保机构的支持力度。（责任单位：省政府金融办、省财政厅、省地税局、省国税局）

（十五）加快信用体系建设。积极探索建立适合非公有制企业和中小企业特点的信用评级、信用信息征集和发布机制，引导非公有制企业和中小企业强化信用意识，改善信用形象，提高信用等级。鼓励和支持有资质的征信机构和社会信用评价机构开展非公有制企业和中小企业信用评级服务，建立信用信息档案，提供信用信息查询。（责任单位：省发展改革委、省工商局、人行合肥中心支行、安徽银监局）

四、加大对非公有制经济和中小企业财税支持力度

（十六）扩大中小企业（非公有制经济）专项资金规模。在省财政收入增长的基础上，逐步扩大省财政预算扶持中小企业发展的专项资金规模，重点支持非公有制经济和中小企业技术创新、结构调整、节能减排、开拓市场、扩大就业以及改善对非公有制经济和中小企业的公共服务。市、县也要设立专项资金，加大对非公有制经济和中小企业的支持力度。（责任单位：省财政厅、省经济和信息化委）

（十七）落实好税收扶持政策。工业增值税小规模纳税人认定标准降为年应征增值税销售额50万元，商业增值税小规模纳税人认定标准降为年应征增值税销售额80万元，增值税小规模纳税人征收率降为3%。自2010年1月1日至2010年12月31日，对年应纳税所得额低于3万元（含3万元）的小型微利企业，其所得减按50%计入应纳税所得额，按20%的税率缴纳企业所得税。中小企业缴纳城镇土地使用税确有困难的，可以按有关规定予以减免。中小企业因有特殊困难不能按期纳税的，可申请延期缴纳税款，但最长不得超过三个月。（责任单位：省财政厅、省地税局、省国税局）

五、推进非公有制经济和中小企业结构调整与发展方式转变

（十八）支持开展技术改造。省技术改造专项资金重点支持采用新技术、新工艺、新设备、新材料的非公有制经济和中小企业进行技术改造。企业技术改造项目竣工验收合格的，从项目投产之日起，国家项目3年内、省重点项目2年内新增效益所得税的省、市留成部分，全部返还企业用于技术改造。（责任单位：省经济和信息化委、省财政厅、省地税局、省国税局）

（十九）加大节能减排推进力度。加大对非公有制企业和中小企业节能降耗、清洁生产、资源综合利用、服务平台建设、节能诊断等方面的资金支持。对中小企业生产符合国家鼓励的资源综合利用产品、使用列入环境保护和节能节水专用设备税收优惠目录的设备，以及实施列入节能减排税收优惠目录的项目等，按有关规定积极落实税收减免政策；对淘汰落后设备成效明显的企业，优先支持申报中央财政奖励资金，从省差别电价收入中给予补

助。（责任单位：省经济和信息化委、省财政厅、省地税局、省国税局）

（二十）提高产业协作配套能力。对与大企业签订配套合同、专业化程度较高的非公有制企业和中小企业，提供贷款担保和贴息支持；对本土配套率达到40%或本土配套率年增速达到10%以上的大企业，给予表彰奖励，所需资金从省中小企业发展专项资金中列支。（责任单位：省国资委、省经济和信息化委）

（二十一）推进企业联合兼并重组。鼓励非公有制企业和中小企业联合、兼并、重组、控股和相互参股，使其做大做强。对企业兼并重组涉及的资产评估增值、债务重组收益、土地房屋权属转移等给予税收优惠，具体按财政部、国家税务总局《关于企业兼并重组业务企业所得税处理若干问题的通知》（财税〔2009〕59号）、《关于企业改制管理费用若干契税政策的通知》（财税〔2008〕175号）执行。（责任单位：省经济和信息化委、省财政厅、省国土资源厅、省商务厅、省地税局）

（二十二）支持企业进入园区发展。对进入经济开发区、工业园区等工业集中区发展的非公有制企业和中小企业，原使用土地可以进行置换，在自愿和履行监管程序的原则下，实行对等置换，并变更土地使用权证；对其新建厂房投资，当地政府可以予以补贴。省中小企业发展专项资金、技术改造专项资金、产业技术研究与开发专项资金等，优先支持进入经国家和省认定的各类园区、产业集群专业镇发展的非公有制企业和中小企业。（责任单位：省经济和信息化委、省科技厅、省财政厅、省国土资源厅）

六、鼓励非公有制企业和中小企业提升管理水平和开拓国内外市场

（二十三）完善现代企业管理制度。帮助非公有制企业和中小企业按照有关法律法规建立规范的个人独资、合伙制和公司制企业，引导个体私营企业由封闭性股权结构向开放式股权结构转变，完善企业法人治理结构，建立现代企业制度。引导和支持非公有制企业和中小企业苦练内功、降本增效，诚实守信经营，履行社会责任。（责任单位：省经济和信息化委、省工商局）

（二十四）加强对企业经营者和员工培训。将非公有制企业、中小企业经营者和员工培训纳入当地人才培训整体规划，逐步建立政府引导、社会支持和企业自主相结合的培训机制。实施非公有制企业和中小企业银河培训工程，开展“名师大讲堂”和“赛飞培训”活动，充分发挥大专院校、职业学校、各类培训机构的作用，重点开展法律法规、产业政策、经营管理、职业技能和技术应用等方面的培训。在3年内对规模以上非公有制企业和中小企业的经营管理者实施全面轮训。大力推行国家职业资格证书制度，鼓励在岗职工参加职业技能鉴定。（责任单位：省经济和信息化委、省人力资源社会保障厅、省教育厅、省工商联）

（二十五）推进信息化建设。实施国家中小企业信息化推进工程，引导中小企业利用信息技术提高研发、管理、制造和服务水平，提高市场营销和售后服务能力。鼓励信息技术企业开发和搭建行业应用平台，为中小企业信息化提供软硬件工具、项目外包、工业设计等社会化服务。省信息化建设专项资金要支持非公有制企业和中小企业信息化建设，支持电子商务服务提供商开展面向非公有制企业和中小企业的培训和应用指导。（责任单位：省经济和信息化委、省科技厅）

（二十六）支持开拓国内外市场。采取财政补助等方式支持中小企业参加有关展览展销活动。支持符合条件的非公有制企业和中小企业参与家电、农机、汽车、摩托车下乡和家电、汽车以旧换新等业务。对销售渠道稳定、市场占有率高的非公有制企业和中小企业，省中小企业发展专项资金给予重点支持。（责任单位：省商务厅、省经济和信息化委、省财政厅）

鼓励支持有条件的非公有制企业和中小企业到境外开展并购等投资业务，带动产品和服务出口。对从事境外投资、技术合作与交流、工程承包、劳务合作、境外展览展销和自营进出口业务等活动的，给予中小企业国际市场开拓资金等补助。（责任单位：省商务厅、省住房城乡建设厅）

七、加强和改善对非公有制经济和中小企业的服务

（二十七）加快推进服务机构建设。逐步实现每个市、县设立1家以上中小企业综合服务机构。通过资格认定、业务委托、激励等方式，发挥工商联以及行业协会（商会）和综合服务机构的作用，引导和带动专业服务机构的发展。从省中小企业发展专项资金中安排部分资金，支持非公有制经济和中小企业社会化服务体系建设。（责任单位：省经济和信息化委、省财政厅、省工商联）

（二十八）加快公共服务平台建设。将非公有制企业和中小企业公共服务平台，纳入省九大重点产业公共服务平台建设规划，给予倾斜。鼓励高等院校、科研院所、企业技术中心向非公有制经济和中小企业开放科技资源，开展共性关键技术研究，对服务非公有制经济和中小企业发展做出突出贡献的单位给予表彰和奖励。（责任单位：省经济和信息化委、省科技厅、省质监局）

（二十九）优化政府对非公有制经济和中小企业服务。逐步完善、落实非公有制经济和中小企业项目审批权限下放政策。简化项目审批备案手续，全面清理并进一步减少、合并涉及非公有制经济和中小企业的行政审批事项，商务、工商、税务、质检、环保等部门要简化审批程序，公开审批内容和标准，推行“首问负责制”和“限时办结制”。（责任单位：省政务服务中心、省监察厅）

做好非公有制企业和中小企业建设工程的设计、施工等资质认定的服务工作，授予符合条件的企业相应资质，帮助企业提升资质等级。（责任单位：省住房城乡建设厅、省国土资源厅、省质监局）

（三十）加大政府采购支持力度。出台支持中小企业参与政府采购招标投标管理办法，对国家和省自主创新产品、新产品实行首购和订购。以价格为主的招标项目评标，在满足采购需求的条件下，优先采购非公有制企业和中小企业生产的国家和省自主创新产品、新产品；以综合评标为主的招标项目，要增加非公有制企业和中小企业生产的国家和省自主创新产品、新产品评分比重并合理设置分值比重。（责任单位：省财政厅、省科技厅、省经济和信息化委、省招标局）

（三十一）切实减轻企业负担。对承接产业转移示范区、经济开发区、工业园区、产业集群专业镇，市、县可结合本地实际，减免属于本级收入的行政事业性收费。对各类政府定价和政府指导价的经营性收费，按照不高于收费标准下限的一半征收。严格执行税收征收管理法律法规，不得违规向非公有制企业和中小企业提前征税或者摊派税款。各级负责企业减负的部门要切实履行职责，加大对非公有制经济和中小企业负担的监督检查，严肃查处乱收费、乱罚款及各种摊派行为。注重发挥各类监督工具的作用，加大对增加企业负担违法违规行为曝光的力度，切实减轻非公有制经济和中小企业负担。（责任单位：省监察厅、省经济和信息化委、省财政厅、省地税局、省工商局、省物价局）

八、完善协调保障机制

（三十二）加强组织领导。成立省促进中小企业发展工作领导小组，与省发展非公有制经济推进全民创业领导小组合署办公，加强对中小企业发展工作的统筹规划、组织领导和政策协调，领导小组办公室设在省经济和信息化委。各市、县（市、区）要根据工作需要，建立相应的组织机构和工作机制。（责任单位：省经济和信息化委，各市、县人民政府）

（三十三）完善统计监测。统计部门要建立和完善对非公有制经济和中小企业的统计报表制度，实施分类统计、监测、分析和发布制度，加强对规模以下企业的统计分析工作。有关部门及时向社会公布发展规划、产业政策、行业动态等信息，逐步建立非公有制经济和中小企业市场监测、风险防范和预警机制。（责任单位：省统计局、省经济和信息化委）

（三十四）建立考核制度。省发展非公有制经济推进全民创业领导小组办公室和促进中小企业发展工作领导小组办公室要定期对各市、县（市、区）和省有关部门贯彻落实相关政策的情况进行督导、检查和通报；对促进、支持非公有制经济和中小企业发展工作情况进行年度考核，对政策落实好、非公有制经济和中小企业发展运行好的市、县（市、区）和省有关部门每年进行一次表彰和奖励，所需经费从省中小企业发展专项资金中列支。（责任单位：领导小组办公室、省财政厅、省统计局）

（三十五）强化督促检查。各有关部门要加强对非公有制经济和中小企业相关法律、法规和政策特别是金融、财税政策贯彻落实情况的监督检查，发现问题及时整改。对已经落实的政策要进一步巩固，正在落实的政策要进一步推进，未落实的政策要加快落实，并根据发展需要及时制定新的政策措施。注重发挥新闻舆论和社会监督的作用，营造更加良好的发展环境。（责任单位：省经济和信息化委、省监察厅、省工商联）

各地、各有关部门要根据本实施意见，结合实际，制定具体办法，并切实抓好落实。

安徽省人民政府关于加强地方政府融资平台公司管理有关问题的通知

（2010 年 12 月 10 日　皖政〔2010〕87 号）

各市、县人民政府，省政府各部门、各直属机构：

近年来，全省各级政府融资平台公司（指由地方政府及其部门和机构等通过财政拨款或注入土地、股权等资产设立，承担政府投资项目融资功能，并拥有独立法人资格的经济实体）通过举债融资，多渠道筹集资金，在加强基础设施建设以及应对国际金融危机冲击中发挥了积极作用。与此同时，也出现了一些亟待解决的问题。为贯彻《国务院关于加强地方政府融资平台公司管理有关问题的通知》（国发〔2010〕19 号）精神，有效防范财政金融风险，切实加强各级政府融资平台公司管理，促进全省经济持续健康发展和社会稳定，现就有关问题通知如下：

一、抓紧清理核实并妥善处理融资平台公司债务

各级政府要本着高度负责的态度，对融资平台公司债务进行一次全面清理，并按照分类管理、区别对待的原则，妥善处理债务偿还和在建项目后续融资问题。

纳入此次清理范围的债务，包括融资平台公司直接借入、拖欠或因提供担保、回购等信用支持形成的债务。债务经清理核实后按以下原则分类：

（一）融资平台公司因承担公益性项目建设举借、主要依靠财政性资金偿还的债务；

（二）融资平台公司因承担公益性项目建设举借、项目本身有稳定经营性收入并主要依靠自身收益偿还的债务；

（三）融资平台公司因承担非公益性项目建设举借的债务。

对原计划由融资平台公司承担融资的在建项目，对其后续资金应根据不同情况妥善处理。各级政府要严格审核项目投资预算和资金来源，各类资金要集中用于项目续建和收尾，严格控制新开工项目，防止出现“半拉子”工程。经同级政府审核后，对还款来源主要依靠财政性资金的公益性在建项目，除法律和国务院另有规定外，不得再继续通过融资平台公司融资，应通过财政预算等渠道，或采取市场化方式引导社会资金解决建设资金问题。对使用债务资金的其他在建项目，原贷款银行等要重新进行审核，凡符合国家产业政策、土地政策、环境保护政策、信贷审慎管理规定及宏观调控政策等要求的项目，要继续按协议提供贷款，推进项目建设；对不符合上述要求的项目，各级政府要尽快进行清理，妥善处置。

对融资平台公司贷款，银行业金融机构要坚持按照“逐包打开、逐笔核对、重新评估、整改保全”的原则进行全面清理，及时采取补救措施，确保信贷资产安全。

各级政府要采取有效措施，落实有关债务人偿债责任。对融资平台公司存量债务，要按照协议约定偿还，不得单方面改变原有债权债务关系，不得转嫁偿债责任和逃废债务。融资平台公司等要统筹安排资金，制定偿债计划，明确偿债时限，切实承担还本付息责任。

二、对融资平台公司进行清理规范

2010 年 6 月 30 日前已经设立的融资平台公司，要按以下要求进行清理规范：对只承担公益性项目融资任务且主要依靠财政性资金偿还债务的融资平台公司，今后不得再承担融资任务，相关地方政府要在明确还债责任，落实还款措施后，对公司做出妥善处理；对承担上述公益性项目融资任务，同时还承担公益性项目建设、运营任务的融资平台公司，要在落实偿债责任和措施后剥离融资业务，不再保留融资平台职能。对承担有稳定经营性收入的公益性项目融资任务并主要依靠自身收益偿还债务的融资平台公司，以及承担非公益性项目融资任务的融资平台公司，要按照《中华人民共和国公司法》等有关规定，充实公司资本金，完善治理结构，实现商业运作；要通过引进民间投资等市场化途径，促进投资主体多元化，改善融资平台公司的股权结构。对其他兼有不同类型融资功能的融资平台公司，也要按照上述原则进行清理规范。

2010 年 7 月 1 日以后，各级政府确需设立融资平台公司的，必须严格依照有关法律法规办理，足额注入资本金，学校、医院、公园等公益性资产不得作为资本注入融资平台公司。

三、加强对融资平台公司的融资管理和银行业金融机构等的信贷管理

融资平台公司融资和担保要严格执行相关规定。经清理整合后保留的融资平台公司，其融资行为必须规范，向银行业金融机构申请贷款须落实到项目，以项目法人公司作为承贷主体，并符合有关贷款条件的规定。融资项目必须符合国家宏观调控政策、发展规划、行业规划、产业政策、行业准入标准和土地利用总体规划等要求，按照国家有关规定履行项目审批、核准或备案手续。要严格按照规定用途使用资金，讲求效益，稳健经营。

银行业金融机构等要严格规范信贷管理，切实加强风险识别和风险管理。要落实借款人准入条件，按商业化原则履行审批程序，审慎评估借款人财务能力和还款来源。凡没有稳定现金流作为还款来源的，不得发放贷款。向融资平台公司新发贷款要直接对应项目，并严格执行国家有关项目资本金的规定。严格执行贷款集中度要求，加强贷款风险控制，坚持授信审批的原则、程序与标准。要按照要求将符合抵质押条件的项目资产或项目预期收益等权利作为贷款担保。要认真审查贷款投向，确保贷款符合国家规划和产业发展政策要求。要加强贷后管理，加大监督和检查力度。适当提高融资平台公司贷款的风险权重，按照不同情况严格进行贷款质量分类。

四、坚决制止政府违规担保承诺行为

各级政府在出资范围内对融资平台公司承担有限责任，实现融资平台公司债务风险内部化。要严格执行《中华人民共和国担保法》等有关法律法规规定，除法律和国务院另有规定外，各级政府及其所属部门、机构和主要依靠财政拨款的经费补助事业单位，均不得以财政性收入、行政事业等单位的国有资产，或其他任何直接、间接形式为融资平台公司融资行为提供担保。

五、加强组织领导，确保工作落实

省政府成立由分管负责同志任组长，省财政厅、省发展改革委、省政府金融办、人行合肥中心支行、安徽银监局等部门主要负责同志为成员的全省加强地方政府融资平台公司管理领导小组。领导小组下设办公室，办公室设在省财政厅，牵头负责工作推进和协调。各市、县（市、区）人民政府要相应成立组织领导机构。市、县（市、区）人民政府要对本地区清理核实工作负总责。各级各部门要牢固树立科学发展观和正确政绩观，充分认识加强融资平台公司管理工作的重要性和紧迫性，加强领导，周密部署；把握政策，抓住重点；制定方案，稳步实施；狠抓落实，确保实效。

省财政厅、省发展改革委、省政府金融办、人行合肥中心支行、安徽银监局等部门和单位要抓紧制定具体实施方案，加强对这项工作的指导监督。各有关部门要明确责任，加强协调，确保各项工作落到实处。财政部门要会同有关部门加快建立融资平台公司债务管理信息系统、会计核算和统计报告制度，以及融资平台公司债务信息定期通报制度，实现对融资平台公司债务的全口径管理和动态监控。审计部门要加强对融资平台公司的审计监督。要研究建立全省政府债务规模管理和风险预警机制，将政府债务收支纳入预算管理，逐步形成与社会主义市场经济体制相适应、管理规范、运行高效的地方政府举债融资机制。

各市、县（市、区）人民政府和有关部门、单位都要严格遵守法律制度规定，确保有法必依，违法必究。对清理规范中检查出来的问题要及时予以纠正，对清理规范后仍然违反《中华人民共和国预算法》、《中华人民共和国担保法》、《中华人民共和国商业银行法》等规定的要依法依规严肃处理，并追究相关责任人的责任。

各市人民政府要于2010年12月10日前将本地区加强地方政府融资平台公司管理工作落实情况上报省政府，同时抄送省财政厅、省发展改革委、省政府金融办、人行合肥中心支行、安徽银监局。

省委办公厅、省政府办公厅文件

省政府办公厅转发省财政厅等部门关于进一步加强政策性农业保险基层管理和服务指导意见的通知

（2010 年 5 月 31 日　皖政办〔2010〕31 号）

各市、县人民政府，省政府有关部门：

经省政府同意，现将省财政厅、省政府金融办、省农委、安徽保监局《关于进一步加强政策性农业保险基层管理和服务的指导意见》转发给你们，请结合实际，认真贯彻执行。

附件：

关于进一步加强政策性农业保险基层管理和服务的指导意见

省财政厅　省政府金融办　省农委　安徽保监局

为进一步建立完善政策性农业保险基层工作机制，规范业务操作，加强过程管理，提升服务水平，促进我省政策性农业保险可持续发展，根据《安徽省人民政府关于开展政策性农业保险试点工作的实施意见》（皖政〔2008〕42 号）等文件精神，现提出如下意见：

一、指导思想和目标

1. 坚持以科学发展观为指导，进一步理清基层政府与保险经办机构职责，加强基层农业保险服务体系建设；明确职责分工，规范网点设置，细化操作流程，保障工作经费，建立分工合理、协作有力、运转高效的基层农业保险工作机制，着力强化政策执行力和业务规范性，促进我省基层农业保险工作质量全面提升。

二、合理界定基层农业保险工作职责

2. 遵循政策性农业保险“政府引导、市场运作、自主自愿、协同推进”的工作原则，细化基层政府、组织和保险经办机构的职责。

3. 县级政府的主要职责是：负责引导、支持、推动本地区政策性农业保险健康发展。具体包括：制定本地农业保险政策措施，落实部门工作职责；建立县、乡、村三级联动机制，协同推进试点；组织、宣传、推动本地农业保险，营造良好的发展环境；按照农业保险保费补贴政策，及时、足额筹集本级应承担的保费补贴；建立大灾应急预案，组织协调重大理赔案件联合查勘工作；协助保险经办机构将赔款金额与分户清单一致的赔款，通过财政“一卡通”发放到户；落实农业保险政策措施，确保试点工作有序开展；指导并监督农业保险工作，维护保险合同双方的合法利益。

4. 乡(镇)政府的主要职责是:负责落实本地农业保险各项政策、措施,协同推进农业保险工作。具体包括:确定本乡(镇)牵头及协办机构,明确各方职责分工;支持保险经办机构建立乡村保险服务网络;以第三方身份见证保险经办机构与协保员委托协议签订,监督双方认真履行协议;联合保险经办机构召开乡村干部、协保员农业保险工作布置会,动员、部署农业保险工作;运用各种有效方式和途径,开展农业保险宣传;建立大灾应急预案,落实专门机构和人员,配合重大理赔案件联合查勘工作;组织发动村“两委会”,协助保险经办机构开展工作;指导并监督农业保险工作,维护保险合同双方的合法利益。

5. 村“两委会”的主要职责是：在乡（镇）政府的指导下，依照本意见规定的承保、理赔操作流程，支持村协保员履行工作职责。

6. 保险经办机构的主要职责是：在政府的引导、支持和组织推动下，承担农业保险经营主体职责，做好农业保险各项工作。具体包括：依托基层政府或组织建立完善保险服务网络，进村入户开展工作；对乡村协保员进行培训、考核和管理；采取农民喜闻乐见的形式，广泛深入开展宣传；实行“见费出单”，做到承保到户，并发放相关单证；支持和配合有关部门开展承保农户的防灾减损工作；及时查勘，合理定损，快速理赔，足额赔付。

三、健全基层农业保险服务体系

7. 保险经办机构要根据农业保险形势发展需要，采取合理有效方式，加快基层服务网络建设，建立和完善服务体系。

8. 全面建立县级分支机构，配备与业务规模相适应的专业人员，加强监督管理，完善规章制度，强化员工培训，提高业务技能。

9. 保险经办机构应当积极争取基层政府支持，依托基层组织机构的有利条件，年内在中心乡（镇）设立农业保险服务站，在其他乡（镇）和行政村设立农业保险服务点，并积极创造条件，不断扩大和健全服务网络体系建设，实现服务网络乡村全覆盖。农业保险服务站（点）由保险经办机构进行业务管理，营业场所由乡（镇）政府和行政村协助提供，工作人员由保险经办机构员工和乡（镇）、村协保员组成，必要的办公设备由保险经办机构配备。

10. 协保员由乡（镇）政府择优推荐、保险经办机构考核聘用，或者由保险经办机构向社会公开招聘。协保员由乡（镇）推荐的，应在乡（镇）政府的见证下，保险经办机构、协保员签订委托协议，明确各方的职责、义务，载明委托业务、工作要求、费用标准、支付方式、违约责任、监督管理等内容。委托协议由省级保险经办机构制定，报省农险办备案。

11. 协保员受保险经办机构委托，办理以下保险业务：

（1）承保。宣传农业保险政策，动员农户投保，登记投保信息；收取保费，开具收据，汇总票款，逐级上交；办理投保信息公示，核实处理农户意见并逐级上报。

（2）查勘理赔。受理出险农户报案，做好有关报案记录；同时，对报案的受灾情况进行初步查勘、甄别，按照有关规定，剔除不属于保险责任范围或虽属于保险责任范围但未达到起赔点的出险报案。对经甄别属于保险责任范围且达到起赔点的出险报案，分户登记和汇总出险面积、受灾程度，逐级报告县级保险经办机构。对一般理赔案件，协同保险经办机构查勘人员或者受保险经办机构委托单独进行现场查勘。对重大理赔案件，在联合查勘小组领导下开展工作。办理理赔情况公示，对有异议的农户进行解释、说明或者提议组织重新查勘。

（3）通报灾情信息。关注并掌握当地气象信息，做好气象变化记录。发生异常情况和灾情时，应及时向县级保险经办机构报告，并做好查勘前期准备工作。

四、规范政策性农业保险业务操作

12. 承保办理。采取集中投保方式的，村协保员开具保险经办机构专用收据，收取投保农户保费；填制农户投保明细表，在行政村张榜公示；集中填制本村投保单，并将投保单、款项和公示情况报农业保险服务站或乡（镇）协保员。农业保险服务站或乡（镇）协保员对村投保单、款项及公示情况审核无误后，报县级保险经办机构。县级保险经办机构以行政村为单位出具保险单，并以适当形式告知投保农户。采取直接投保方式的，按保险经办机构有关规定办理。

13. 查勘定损。村协保员受理本村农户出险报案，填制报损清单，逐级报告县级保险经办机构。接到查勘通知后，查勘人员应及时赶赴受损现场，查明受损原因，拍摄现场照片，核定受损数量，并与保户沟通、确认，制作查勘记录。及时将查勘记录、现场照片等资料移交县级保险经办机构。县级保险经办机构审查确认后理算赔款，制作赔款明细表。

14. 赔款支付。村协保员将保险经办机构赔款明细表在行政村张榜公示，对有异议的农户进行解释、说明或者提议重新查勘，并将公示情况逐级报告县级保险经办机构。保险经办机构将公示无异议的赔款，通过财政“一卡通”发放到户。

五、保障基层农业保险服务工作经费

15. 县、乡（镇）政府以及财政、农业等部门履行引导支持、组织推动、协作办理等职责而发生的费用，由同级财政预算安排，不得从保险经办机构开支。

16. 保险经办机构委托协保员办理农业保险业务，应按劳务费、交通费、通信费、杂费口径支付工作费用。工作费用由“基本费用+业务补助”构成。种植业保险的基本费用，按种植业保险签单保费总额的3.5%计算支付；养殖业保险的基本费用，按养殖业保险签单保费总额的5%计算支付。业务补助由保险经办机构会同试点市根据当地地理环境、工作难易程度、业务质量等因素，综合协商确定。保险经办机构扩大或者缩小委托业务范围的，应按照责权对等原则，相应调整工作费用。

17. 工作费用应向一线倾斜，村协保员工作费用占比不得低于70%。具体比例由各试点市统一确定。

18. 工作费用一律通过转账方式支付到乡（镇）承办机构；乡（镇）承办机构应出具有效票据，并将费用发放到各协保员。工作经费必须专款专用，任何单位和个人不得挤占、挪用；保险经办机构不得以现金方式发放工作费用。

六、加强协保员的培训和管理

19. 各保险经办机构要加强乡村协保员管理，建立健全协保员聘任、培训、考核、奖惩等管理制度，规范协保员行为。要组织开展协保员保险基础知识、农业保险政策和保险法律法规培训，提高协保员政策水平和业务技能。建立引导激励机制，实施协保员业绩考核，提高协保员服务质量和水平。

七、提高基层农业保险工作效率

20. 保险经办机构要改进理赔方式方法，切实加强理赔管理。要防范理赔环节的道德风险，将防控关口前移，前期介入查勘定损工作。

可探索按照报损金额或面积大小，实行县、乡（镇）分级分类查勘。对报损金额或面积较小的理赔案件，保险经办机构可授权乡村协保员直接查勘定损；对报损金额或面积较大的理赔案件，由保险经办机构会同乡村协保员共同查勘；对重大保险理赔案件，应按规定成立联合查勘小组进行查勘定损。对较大或重大赔案，可在对报损农户按照受灾程度分类的基础上，先从中抽取部分农户按规定程序查勘定损到户，然后由乡村参照抽取农户的定损标准对其余农户进行定损。现场查勘定损结果应经县级保险经办机构或者联合查勘小组认定后，由保险经办机构理算赔款，公示无异议后，发放到受灾农户。

21. 保险经办机构要充分利用现代化技术手段，设计开发农业保险业务管理系统，实现承保、理赔业务管理的信息化、网络化。要兼顾与政府有关部门特别是财政“一卡通”管理系统的衔接，实现资源共享，提高承保、理赔工作效率。

八、切实加强对政策性农业保险的组织领导

22. 各地、各保险经办机构要充分认识加强基层农业保险管理和服务的重要性、必要性，把提高基层农业保险服务质量和水平作为一件大事来抓，精心组织，认真实施，确保各项政策措施落到实处。

23. 各试点市有关部门和各县（市、区）要担负起指导和督查责任，深入基层，加强指导，密切协作，形成合力；各乡镇要积极组织乡村基层组织，具体抓好相关政策措施的落实。

24. 各保险经办机构要切实履行经营主体职责，尽快研究制订具体的实施方案，主动加强与基层政府组织的沟通联系，扎实做好各项工作。

安徽省人民政府办公厅关于促进我省注册会计师行业持续健康发展的意见

（2010 年 10 月 10 日　皖政办〔2010〕35 号）

各市、县人民政府，省政府各部门、各直属机构：

为促进我省注册会计师行业持续健康发展，根据《国务院办公厅转发财政部关于加快发展我国注册会计师行业若干意见的通知》（国办发〔2009〕56 号）精神，经省政府同意，现提出以下意见：

一、指导思想、基本原则和主要目标

（一）指导思想

深入贯彻落实科学发展观，全面总结行业发展经验，针对当前制约注册会计师行业发展的突出问题，着力深化改革，加强行业监管，推动诚信建设，通过必要的政策引导，进一步改善执业环境，扩大注册会计师执业领域和执业范围，提升执业质量和服务能力，促进我省注册会计师行业又好又快发展。

（二）基本原则

一是坚持解放思想、开拓创新。积极探索加快行业发展的多种模式、途径和方法，鼓励优化组合、兼并重组、强强联合，推动注册会计师行业可持续发展。

二是坚持科学发展、规范管理。大型、中型和小型会计师事务所在执业领域方面要各有侧重，市场定位要各具特色，服务对象要适当细分，努力形成地域分布较为合理的有序竞争格局。同时，强化政府行政管理和监督，充分发挥行业协会的服务、协调和行业自律管理作用，健全会计师事务所治理机制和行业制度，促进行业健康稳定发展。

三是坚持诚信为本、质量第一。始终把诚信建设作为行业发展的生命线，以维护社会公众利益为宗旨，以职业道德建设为核心，坚守独立、客观、公正的职业立场，全面提升行业诚信度和公信力。

（三）主要目标

力争通过 5 年左右的时间，努力实现以下主要发展目标：

——会计师事务所的规模结构进一步优化。重点扶持1—2家具有知名品牌，实现跨省经营，综合服务能力强，能够为大型企业和上市公司提供高质量服务的大型会计师事务所。积极促进中型会计师事务所稳定发展，努力形成10家左右能够为大中型企事业单位提供规范化服务的中型会计师事务所。科学引导小型会计师事务所规范有序发展。

——会计师事务所执业领域进一步拓展。在巩固财务会计报告审计、资本验证、涉税鉴证等业务的基础上，积极向企事业单位内部控制、管理咨询、并购重组、资信调查、专项审计、业绩评价、司法鉴定、投资决策、政府购买服务等相关业务领域延伸。同时，将医院等医疗卫生机构、大中专院校以及基金会等非营利组织的财务报表纳入注册会计师审计范围。推动大型会计师事务所业务升级，加速向高端型、高附加值、国际化业务发展。

——会计师事务所执业环境显著改善。切实打破制约会计师事务所发展的行政壁垒、业务限制和部门保护，有效治理指定业务、索取回扣等不当行为，创造更加公平的执业环境。

——会计师事务所组织形式、治理机制和管理制度更加科学。支持会计师事务所依法采用与其发展战略、业务特点和规模相适应的组织形式。健全透明高效、相互制衡的治理结构和内控机制，不断完善内部管理制度和执业责任保险制度。提高会计师事务所内部管理信息化水平，基本实现大中型会计师事务所利用信息化手段实施财务报告审计、内部控制审计和提供其他相关服务。

——注册会计师队伍职业道德水平和专业胜任能力明显提升。通过制定和实施注册会计师行业人才战略规划，有计划、有步骤地培养一批适应行业发展要求的国际化、复合型人才，建设一支诚信执业、素质过硬的注册会计师队伍。

二、加快形成我省大、中、小型会计师事务所协调发展的合理布局

（一）科学引导各类会计师事务所形成各有侧重的服务领域

在规定的执业范围内，大型会计师事务所的服务重点应放在为大中型企事业单位、上市公司提供专业或综合性服务上；中型会计师事务所要具备为大中型企事业单位提供高质量服务的能力；小型会计师事务所的重点服务对象是小规模企事业单位和基层农村经济组织，提供的主要服务品种为专项服务。

（二）促进大、中、小型会计师事务所全面协调发展

力争用5年左右的时间，加快形成会计师事务所行业发展与全省经济社会发展相适应的合理布局。重点扶持大型会计师事务所加快发展，使其在人才、品牌、规模、技术标准、执业质量和管理水平等方面具有较高水准。鼓励执业质量优良、内控管理健全、发展势头良好的会计师事务所采用多种科学有效的形式进行强强联合，积极探索特殊普通合伙组织形式，发展成为大型会计师事务所。指导会计师事务所在结构调整、兼并重组、做强做大过程中，重视资源的优化配置和集中管理，完善治理结构，打造强有力的后台支持系统，实现人事、财务、业务、技术标准和信息管理等方面的实质统一。

每个市有一个中型会计师事务所或分所，具备为省内大中型企事业单位提供综合服务的能力。稳步扩大中型会计师事务所的发展数量，提高综合服务能力和水平，鼓励信誉好、成长快速的小型会计师事务所重组联合发展为中型会计师事务所或分所，提升服务能力和水平。积极引导小型会计师事务所在规范运作、保障质量的基础上，创新发展模式、服务方式和技术手段，深化专项领域服务，在相关专项服务上做精做专，突出特色服务，使小型会计师事务所成为面向小规模企事业单位和农村经济组织提供优质服务的主体力量。

三、创造良好的外部发展环境

建立健全促进注册会计师行业加快发展的支持政策，在优秀人才引进与合理流动、从业人员培养培训、外事外汇、税收政策、规范执业收费等方面给予支持。推动大型会计师事务所业务升级，努力向高端型、高附加值业务发展；促进中型会计师事务所拓展业务范围，提升业务能力；科学引导小型会计师事务所进一步规范发展。

（一）拓宽执业领域。《中华人民共和国公司法》规定："公司应当在每一会计年度终了时编制财务会计报告，并依法经会计师事务所审计。"工商行政管理部门要加大工作力度，推动公司依法接受注册会计师审计。支持大中型会计师事务所立足省内业务的同时，加快"走出去"步伐；支持小型会计师事务所扩大代理记账、税务代理、外包业务、个人理财、社区事业咨询服务领域，积极主动

面向基层，承办社会主义新农村建设中的“村账乡管”等代理记账业务。

（二）扩大业务范围。卫生、教育、民政等部门要制定具体措施，将医院等医疗卫生机构、大中专院校以及基金会等非营利组织的财务报表纳入注册会计师审计范围，充分发挥注册会计师最基本的会计信息鉴证功能。

（三）建立科学的评价机制。财政部门要探索完善会计师事务所的评价机制，科学合理确定相关指标，对会计师事务所的整体规模、执业能力、执业质量、内部治理、总分所体制、诚信状况、信息化程度、创新能力等整体实力进行综合评价，引导注册会计师行业向规模化、专业化、规范化方向发展。财政、人民银行、国资、工商、税务等部门要在政府购买服务、企业资信调查和业绩评价、会计信息鉴证等方面，打破部门保护，根据实际业务分别选择不同类型的会计师事务所，使服务内容与所选择的会计师事务所品牌、规模、执业质量和管理水平相适应。

（四）规范服务收费行为。省财政、物价部门要认真贯彻实施《会计师事务所服务收费管理办法》，对我省会计师事务所收费进行清理规范，研究制定审计、验资服务政府指导价标准，维护社会公共利益以及委托人、会计师事务所的合法权益，切实改善执业环境，规范行业秩序。

（五）营造良好发展环境。对省内综合评定总体实力较强的会计师事务所或执业质量控制优、发展潜力大的会计师事务所，给予政策和资金扶持。对注册会计师行业发展做出突出贡献的单位或个人，予以表彰奖励。

四、完善注册会计师行业人才培养机制

（一）加强人才培养。省财政部门要大力推进实施注册会计师行业领军（后备）人才培养工程，完善行业领军人才培养机制，力争用5年左右的时间，打造一批在行业内具有较高水平、能够在我省会计师事务所“走出去”过程中发挥重要作用的领军人才。要积极选聘高校应届优秀毕业生和海内外优秀人才，抓好人才储备，优化队伍结构，为我省注册会计师行业发展提供人才保障。

（二）抓好队伍建设。会计师事务所要发挥在行业人才培养中的基础性、主渠道作用，制定员工职业发展规划和各层次人才培养计划，加强业务练兵和岗位培训，致力于培养一支专业扎实、技术过硬、品德优良的专业队伍。要改革完善人力资源制度，进一步优化激励约束机制、考核分配制度及合伙人进入与退出机制，把加快培养中青年管理团队和业务骨干列入重要议事日程，形成以事业留人、待遇留人、感情留人、合伙文化留人的良好氛围。

五、严格注册会计师行业行政监管和自律约束

（一）加强行政许可，严格市场准入。省财政部门要根据注册会计师法、行政许可法的要求和设立会计师事务所的规定，按照公开、公平、公正、便民、高效的原则，依照法定程序严格审批会计师事务所。对不符合合伙人（股东）条件的人员，不得担任会计师事务所的合伙人（股东）。要及时跟踪了解会计师事务所有关信息和动态，监督会计师事务所业务活动，防止出现重审批、轻监管等现象。会计师事务所之外的其他中介机构和个人不得承办注册会计师审计业务。禁止会计师事务所一所多章分头签发业务报告等行为。

（二）加强行政监管，提高监管效能。省财政部门要加强对注册会计师行业的行政监管，健全行业监管跨部门沟通协调机制，建立信息共享制度，不断提高监管效能。要建立并实施会计师事务所及其注册会计师退出机制，依法按程序责令未能有效保持办所条件的会计师事务所退出本行业。要加强会计师事务所日常监管工作，建立健全注册会计师监管责任追究制度和定期检查制度，严厉惩治通同舞弊、挂名签字、兼职执业等违法违规行为。

（三）加强协会建设，严格自律约束。要充分发挥注册会计师协会的作用，不断提高行业自律管理和服务水平。要加强注册会计师协会自身建设，严格注册会计师注册制度，大力开展继续教育，以注册会计师执业准则和职业道德准则为指南，夯实行业自律基础。要加强对注册会计师执业质量的自律检查和惩戒力度，建立健全行业诚信信息监控体系，不断丰富和创新行业自律手段。

六、不断加强注册会计师行业诚信建设和内部治理

（一）深化诚信建设，铸造诚信精神。要进一步大力弘扬诚信为本、操守为重、坚持准则的职业风尚，深入推进行业法制教育和诚信建设。要不断完善行业信用管理制度和诚信档案制度，积极探索会计师事务所信用评级制度，建立推广行业从业人员诚信宣誓制度和会计师事务所诚信公约制度，使独立、客观、公正的执业精神深入人心，不断提升行业的诚信度和公信力。

（二）狠抓内部治理，建设人合文化。会计师事务所要强化“品牌”意识，吸收借鉴国内外同行先进管理经验，充分利用现代信息技术手段，狠抓内部治理、严格质量控制，加快完善“权责清晰、决策科学、管理严格、和谐发展”的治理机制，建立健全以决策程序、风险控制、人才培养、收益分配、执业网络协调为重点的内部管理制度，增强管理的科学性和透明度，规范和理顺合伙人（股东）之间、合伙人（股东）与注册会计师和员工之间的关系。

行业主管部门在考核、评价会计师事务所时，要将内部治理情况作为重要的衡量标准，积极培育人合、事合、心合、志合的合伙文化。主任会计师、合伙人（股东）要在文化建设中发挥主导作用，同时引导和规范从业人员行为，形成整体团队的向心力，促进会计师事务所长远发展。

七、进一步加强对注册会计师行业发展的组织领导

（一）加强行业党建，提供政治保障。要加强注册会计师行业党建工作，健全行业党建工作机制，加大基层党组织组建力度，充分发挥注册会计师行业党委的重要作用，不断扩大党的组织和工作覆盖面，为加快发展注册会计师行业提供坚强的政治保证。

（二）强化行政领导，明确职责任务。省财政厅作为全省注册会计师行业的主管部门，要进一步加强领导，落实责任，确保加快发展注册会计师行业的各项政策措施落到实处。在推进注册会计师行业发展中，要重视发挥注册会计师协会的作用。

（三）加大宣传力度，营造良好氛围。各级财政部门和注册会计师协会要加大对注册会计师行业执业性质、职能作用、发展状况、先进事迹等的宣传力度，加深全社会对注册会计师行业的认知度和认同感，为加快发展注册会计师行业创造更好的外部发展环境。

各级各有关部门要结合实际，积极研究制定支持注册会计师行业加快发展的具体措施和办法，共同促进注册会计师行业持续健康发展。

安徽省人民政府办公厅关于创建省级现代农业示范区的意见

（2010年12月10日 皖政办〔2010〕54号）

各市、县人民政府，省政府有关部门：

为贯彻落实2010年中央1号文件和省委、省政府的实施意见，加快我省农业转型升级，推进农业现代化，实现由农业大省向农业强省跨越，经省政府同意，现就创建省级现代农业示范区提出以下意见：

一、指导思想

坚持以科学发展观为统领，按照统筹城乡发展和高产、优质、高效、生态、安全的要求，以增加农产品有效供给、促进农业增效、农民增收为主要目标，在现有基础上，高起点、高标准、高水平地建设一批规划布局合理、生产要素集聚、设施装备先进、科技水平领先、经营机制完善、辐射带动明显的省级现代农业示范区，使之成为全省区域现代农业的样板区、先进科技转化应用的展示区、新型农民的培训基地、农业经营体制机制创新的试验区，推动我省现代农业又好又快发展。

二、建设目标和总体要求

从2010年开始，用5年时间，在全省有条件的农业县（市、区、农场）建设80个左右省级现代农业示范区。

具体目标：一是土地单位生产能力比当地平均水平高20%以上。二是化肥、农药等农业投入品的利用率提高20个百分点以上，水资源利用率提高20个百分点以上或达到80%；农作物秸秆、畜禽粪便等资源的综合利用转化程度高，农业面源污染得到有效控制。三是生产者素质明显提高，劳动力的分工和就业充分，农民人均纯收入高于当地平均水平20%以上。四是农产品达到优质、安全标准，无公害、绿色、有机农产品认证程度高。五是农业一、二、三产业协调发展，产加销体系完善，农户入社率高，农业产业化、组织化程度提高。

总体要求：各地可根据本地资源和条件，因地制宜选择建设主导产业示范区、特色农业示范区或综合性示范区。主导产业示范区要突出粮食、棉油、畜禽、水产等优势主导产业；特色农业示范区要突出蔬菜、果、桑、茶、中药材、林木花卉等特色农业；综合性示范区要建设成为产业布局合理、种养加协调发展、多功能有机融合的示范区。示范区建设要在一个县（市、区、农场）范围内，整村整乡整场连片推进，形成一定规模。示范区内分设核心区、辐射区和引导区。主导产业示范区和综合性示范区的核心区连片规模要达到2万亩以上，辐射区8万亩以上，引导全县（市、区、农场）及周边地区发展；特色农业示范区的核心区连片规模要达到1万亩以上，辐射区4万亩以上。

三、建设内容

1. 加强基础设施建设。重点建设高标准农田，做到水、电、路、沟渠、林配套，旱能灌、涝能排，农机能下田。加强耕地质量建设，大力推进秸秆还田，增施有机肥，改造中低产田。强化农机装备，重点提升耕整地、播栽、田管和收获等环节的农机装备水平，实现农业机械化。加强农产品质量检验监测、农业废弃物处理、农业信息化等设施建设。

2. 强化科技创新与应用能力建设。建设新品种、新技术和技术集成的试验、展示基地。健全农业公共服务机构，加强农业技术推广人员配备和服务设施建设，全面提升农业公共服务能力。扶持发展各类专业化服务组织，推进病虫害统防统治、良种统供、肥料统配统施以及机械化耕种收获，大力提升农业科技的专业化、社会化服务水平。

3. 构建现代农业产业体系。突出优势产业发展，充分发挥农业食物保障、原料供给、解决就业等传统功能，积极拓展农业的生态保护、休闲观光、文化传承等新型功能，拓宽农民增收渠道。围绕农产品资源优势，发展农产品加工业，提高农业附加值。加快发展农村服务业，促进农村一、二、三产业协调发展。

4. 培育新型农民队伍。充分发挥示范区的技术集成、设施装备先进、组织管理高效的优势，使其成为农民及市场主体的实训基地。通过长短期培训与一技一训相结合，课堂讲授与田间示范相结合等多种形式，培育一大批有文化、懂技术、会经营的新型农民。

5. 创新农业经营体制机制。以土地合作、资金合作、主导产品生产合作和产前产中产后专业服务合作为切入点，大力培育发展农民专业合作社，使其成为统一经营的基本载体。规范土地承包经营权流转，引导大户、合作社、龙头企业等多种市场主体发展多种形式的适度规模经营。构建政府主导、企业主体、市场化运作的示范区建设运营管理机制，充分调动各方面的积极性。

四、保障措施

1. 加强组织领导。成立省现代农业示范区建设领导小组，由省政府分管负责同志任组长，省直有关部门负责同志为成员，领导小组办公室设在省农委，具体负责制定示范区考评认定及管理办法、规划评审、指导督查等工作。各市要加强布局引导、统筹协调和政策扶持。县级政府是省级现代农业示范区建设的责任主体，要建立由政府统一领导、部门齐抓共管、社会广泛参与的工作机制。省级现代农业示范区实行动态管理、优胜劣汰。省支持有条件的省级现代农业示范区申报国家现代农业示范区，鼓励各市建设市级现代农业示范区。

2. 科学编制规划。各市要加强对现代农业示范区建设规划编制的指导，具体规划由县级政府牵头组织编制，经市政府审核后报省现代农业示范区建设领导小组审批。要按照中央推进现代农业建设的总体要求，结合本地实际，突出地方特色，认真做好示范区建设规划。规划以核心区为基础，合理界定辐射区，明确引导区。要将示范区规划纳入当地“十二五”经济社会发展规划，并与新农村建设、农业综合开发、土地利用、土地整治整村推进、水利建设、环境保护等规划有机衔接。

3. 强化政策扶持。各级政府要加大对农业的投入，安排一定资金，并积极整合现代农业、农业综合开发、小农水重点县建设等项目，支持现代农业示范区建设。用水、用地、用电、信贷、保险和税收等相关扶持政策要向示范区倾斜。要以示范区建设为平台，积极拓宽投融资渠道，加大招商引资力度，广泛吸收工商资本、金融资本和社会资本，形成多元化的投资机制，不断提升示范区发展水平。

4. 加大宣传示范。各地要不断探索和总结现代农业示范区建设好的经验、做法，树立典型，扩大宣传，提升整体水平。要充分发挥示范区的辐射带动功能，开展形式多样的现场培训、观摩考察等活动，扩大新品种、新技术、新设施的推广应用，以点带面提升农业发展水平。

省十一届人大重要财经文件

在安徽省十一届人大四次会议闭幕会上的讲话

中央安徽省委书记　张宝顺

（2011 年 1 月 23 日）

各位代表：

安徽省第十一届人民代表大会第四次会议，经过全体代表和与会同志的共同努力，圆满完成了各项议程，即将胜利闭幕。这是一次群策群力谋发展的大会，是一次团结奋进促崛起的大会，是一次继往开来展宏图的大会。

会议期间，代表们满怀“十一五”圆满收官的喜悦，满载“十二五”奋力拼搏的豪情，建良策，聚共识，绘蓝图，体现了高度负责的政治使命感，展现了昂扬向上的精神风貌。会上提出的各项意见和建议，凝聚着全体代表推进科学发展的真知灼见；会议通过的各项决议和决定，倾注着江淮儿女致力安徽崛起的赤诚情怀；会议确定的各项目标和任务，体现了全省人民开创美好未来的坚定意志。大会的热烈氛围和丰硕成果，必将极大地鼓舞全省干部群众齐心协力，砥砺奋进，为推进科学发展、加速安徽崛起而努力奋斗。

大会选举我担任省人大常委会主任，这是各位代表和全省人民对我的高度信任。我深感责任重大，使命光荣。多年来，省人大常委会始终坚持党的领导、人民当家作主和依法治国有机统一，依法履行各项职责，为推进全省改革开放和现代化建设，特别是社会主义民主法制建设，作出了重要贡献。面对人大工作的新形势、新任务，我一定恪尽职守，务实创新，和大家一起尽心尽力做好工作，不辜负全体代表和全省人民的重托。

回首“十一五”不平凡的历程，我们倍感欣慰和自豪。在党中央、国务院的坚强领导下，全省人民顽强拼搏，开拓进取，战胜一系列极为严峻的困难和挑战，取得了经济社会发展的巨大成就，全省生产总值连跨 7 个千亿元台阶，提前一年实现万亿元目标，为未来的更大发展奠定了坚实基础，积累了宝贵经验。五年的奋进，五年的辉煌，铸就了安徽一段光辉灿烂的历史，开启了科学发展、全面转型、加速崛起、兴皖富民的新阶段。

踏上“十二五”新的征程，我们深感重任在肩。未来五年，是我省全面建设小康社会的攻坚期，是工业化城镇化的加速期，是经济社会发展的转型期。这次会议通过的《政府工作报告》和“十二五”规划纲要，描绘了安徽发展的宏伟蓝图，掀开了兴皖富民的崭新篇章。我们要坚持以科学发展观为统领，全面落实这次大会的各项决策部署，准确把握发展大势，积极破解发展难题，努力促进经济社会又好又快发展，把兴皖富民大业奋力推向前进。

推进兴皖富民大业，必须把握历史机遇，抓住并用好黄金发展期。“十二五”时期，随着国家深入实施扩大内需和促进中部崛起战略，国内外产业资本加速向中西部转移，特别是长期大规模投入效应加速释放，我省后发优势日益凸显，内生动力明显增强，必将迎来大有可为的黄金发展期。机遇稍纵即逝，必须立足于“抢”；机遇不会坐等而来，必须着眼于“抓”。我们一定要切实增强机遇意识，积极主动作为，顺势而为，乘势而上，努力把潜在机遇转化为发展现实，真正让“黄金机遇期”成为“黄金发展期”。

推进兴皖富民大业，必须坚持科学发展，加快经济社会全面转型。科学发展是“十二五”的主题，全面转型是科学发展的必由之路。我们要牢牢坚持科学发展是硬道理，牢固树立又好又快的理念，把加快发展与加快转型统一于经济社会发展全过程，努力实现全面协调可持续发展。要紧紧抓住和奋力推动发展这个第一要务，心无旁骛，坚定不移，争先进位，在好的基础上力求发展得更快一些，努力走在中部崛起的前列。要加快转型发展，着力调整经济结构，大力推进自主创新，全力抓好节能减排，切实维护生态安全，确保转变发展方式取得实质性进展。

推进兴皖富民大业，必须着力改善民生，提升人民群众幸福指数。改善民生，是经济发展的目的和动力，是社会和谐的基础和保证。我们要深入践行以人为本、执政为民的理念，站稳群众立场，贯彻群众路线，饱含爱民真情，时刻把为民干事、为民谋利、为民解困放在心里、抓在手上，不断增进群众福祉。要坚持民生为重、富民为本，做大“蛋糕”，分好“蛋糕”，投入更多财力，集中更多力量，大力加强社会建设，大力实施民生工程，努力构建保障和改善民生的长效机制。要切实维护群众利益，更加关心困难群众，妥善解决生活中的难点问题，认真解决损害群众利益的突出问题，促进社会公平正义，让人民群众生活得更加幸福、更有尊严。

推进兴皖富民大业，必须优化政治生态，保持奋发有为精神状态。能不能抓住难得历史机遇，战胜各种风险挑战，圆满完成既定目标任务，很大程度上取决于我们的精神状态。我们一定要进一步提振精气神，强化责任心，激发创造力，在大有作为的时代更加奋发有为。要坚持求真务实，真抓实干，以只争朝夕的干劲，迎难而上的拼劲，一抓到底的韧劲，努力把原则要求变为可操作的工作措施，把目标任务变成实实在在的发展成果。要大力弘扬敢为人先的创新精神，进一步解放思想、更新观念，以更大决心和勇气深化重点领域和关键环节改革，大力推进体制机制创新。要深入开展创先争优活动，大力弘扬沈浩精神，积极营造团结和谐、风清气正、干事创业的良好环境，为推进兴皖富民大业凝聚强大合力。

人民代表大会制度是我国的根本政治制度，我们要切实把这一制度坚持好、完善好。全省各级人大及其常委会要紧紧围绕中心、服务大局，认真履行宪法和法律赋予的职责，不断提高立法质量，加强改进监督工作，依法决定重大事项，扎实做好代表工作，推动我省人大工作不断迈上新的台阶。各位代表要充分发挥模范作用，带头学习好、宣传好、贯彻好会议精神，把全省人民的思想进一步统一起来，把江淮儿女的力量进一步凝聚起来，充分调动方方面面的积极性，同心同德，群策群力，努力实现“十二五”发展的良好开局和“十二五”规划的宏伟目标。

各位代表、同志们，安徽“十二五”发展的壮丽画卷已经展开，推进兴皖富民大业的号角已经吹响。让我们紧密团结在以胡锦涛同志为总书记的党中央周围，高举中国特色社会主义伟大旗帜，以邓小平理论和“三个代表”重要思想为指导，深入贯彻落实科学发展观，凝心聚力，锐意进取，努力在大江南北、淮河两岸绘就一幅经济繁荣、人民富足、生态良好的锦绣画卷！

安徽省2011年政府工作报告

——2011年1月18日在安徽省第十一届人民代表大会第四次会议上

安徽省人民政府省长　王三运

各位代表：

现在，我代表省人民政府，向大会报告政府工作，请予审议，并请省政协委员和其他列席人员提出意见。

一、抢抓机遇加速崛起的奋进历程

2010年，全省人民在中共安徽省委的坚强领导下，认真贯彻党的十七大和十七届三中、四中、五中全会精神，深入贯彻落实科学发展观，凝心聚力，攻坚克难，加快推进经济发展方式转变，全力促进经济社会又好又快发展，巩固扩大了经济回升向好的势头，圆满完成了省十一届人大三次会议确定的目标任务。

——经济增长速度效益同步提高。初步核算，全省生产总值12263.4亿元，增长14.5%。财政收入2063.8亿元，其中地方财政收入1149.4亿元，均增长33%。规模以上工业企业实现利润843.1亿元，增长62.7%。

——城乡居民收入持续较快增长。城镇居民人均可支配收入15788元，增长12.1%；农民人均纯收入5285元，增长17.3%。城镇新增就业54.8万人，城镇登记失业率控制在4%以内。

——扩大内需成效明显。固定资产投资突破万亿元，达11849.4亿元，增长33.6%。社会消费品零售总额4151.5亿元，增长19.2%。进出口总额242.8亿美元，增长54.8%。

——节能减排目标全面实现。预计单位生产总值能耗下降4.36%以上，化学需氧量排放量下降2.2%，二氧化硫排放量在提前一年完成目标任务的基础上，控制和消化当年新增量。

一年来，我们主要做了以下工作：

第一，千方百计巩固回升基础，保持经济发展向好势头。准确把握宏观形势，坚持和完善应对危机以来各项政策措施，有效促进了经济稳健运行和持续较快发展。坚持不懈扩大有效投入，深入谋划实施一批事关全局和长远发展的大项目，安庆石化炼化一体化、马钢动车组车轮钢及精品车轮、铜陵有色铜冶炼升级、合肥熔盛重工挖掘机、三安光电、淮南煤化一体化、志高文化科技动漫产业园、中国（宣城）文房四宝产业园等项目启动建设。京沪高铁安徽段、宁安城际铁路、马鞍山长江公路大桥、彩虹高世代玻璃基板、芜湖信义光伏玻璃、阜阳汽贸物流园等项目扎实推进。奇瑞整车换型改造、京东方六代线、乐凯光学薄膜、青阜复线三期、皖北煤电钱营孜煤矿等项目如期建成。进一步落实扩大消费政策，大力开拓城乡市场，家电、汽车下乡和以旧换新产品销售量居全国前列，家电下乡补贴兑付率全国第一。多措并举促进外贸稳步发展，进出口总额比金融危机前2008年增长18.8%。加强物价调控监管，居民消费价格上涨3.1%，总体保持稳定。加大经济运行调节和企业发展帮扶力度，规模以上工业增加值增长23.6%。加强对重点领域和薄弱环节的金融支持，贷款增速高于全国平均水平，直接融资500.3亿元，增长26%，新增上市公司7家，农村银行机构数居中西部第一，区域性金融后台中心建设取得突破性进展。

第二，不断强化自主创新，加大经济结构调整力度。把自主创新作为调整经济结构的中心环节，加快推进合芜蚌自主创新综合试验区和国家技术创新工程试点省建设，企业主体、创新载体和产学研一体建设明显提速，科技、产业、人才和改革成果加速涌现。强化了试验区部际协调机制，争取到国家新的政策支持。合芜蚌国家高新技术产业带获准建设，芜湖、蚌埠高新区升格为国家级高新区，国家级创新型试点企业数、高新技术企业数和质检中心数均居中部首位，组建13个产业技术创新战略联盟，新建11家首批省级海外高层次人才创新创业基地，设立13支创业（风险）投资基金，获授权专利16012件，增幅居全国第一，世界最大规模全通型量子通信试验示范网开工建设。加快培育电子信息、节能环保、新能源、生物、高端装备制造、新材料、新能源汽车、公共安全等八大战略性新兴产业，全面落实十大产业振兴规划，大力发展家电、汽车等优势产业，投入技改资金1200亿元，改造提升钢铁、煤炭、水泥等传统产业。加快发展服务业，旅游业收入增长20%以上。全力打好节能减排攻坚战，积极推进十大重点节能工程和483项减排重点项目，关停火电机组25万千瓦，淮河、巢湖等重点流域主要污染物减排达到国家考核要求。

第三，抢抓产业加速转移机遇，深入推进对内对外开放。皖江城市带承接产业转移示范区规划获批实施，是我省发展史上具有里程碑意义的大事。我们迅速建立省市县三级联动机制，强化宣传推介，狠抓推进落实，示范区建设组织架构、政策体系和空间布局初步形成。积极争取国家政策支持，与国家17个部委签署合作共建协议，强化规划引领，加快基础设施建设，江北、江南产业集中区建设快速启动。坚持把招商引资作为着力重点，示范区品牌效应和抢滩效应加速显现。全省实际利用外资57.2亿美元，增长20.4%，引进省外资金6863.7亿元，增长47.9%，其中示范区分别占76.2%和72.5%，新增国家级经济技术开发区2个、出口加工区1个、对外开放口岸1个。参与长三角发展合作取得新突破，皖江示范区规划与长三角规划联动实施机制初步形成，沪苏浙皖共同推进皖江示范区建设合作框架正式建立，合肥、马鞍山成为长三角城市经济协调会成员，合肥纳入与沪宁杭一并规划、重点建设的“1—2小时交通圈”。精心组织徽商大会、自主创新要素对接会、香港经贸交流会等一系列重大活动。创造性地开展与央企、民企合作发展，开工央企项目205个，实际完成投资1190.6亿元，与全国知名民企签订合同项目2169个，投资10594亿元。大力开拓国际市场，对外投资8.1亿美元，增长13.9倍，总额由上年全国第24位跃居第7位。

第四，强力推动皖北振兴，促进区域统筹协调发展。把加快皖北发展放到更加突出的战略位置，密集出台一系列政策措施，加大财税金融支持力度，深化结对合作机制，推动产业园区共建，积极开展“百家民企进皖北”、国企与皖北项目对接等活动，皖北发展的内生动力不断增强，经济发展明显提速，主要指标增幅高于全省平均水平。进一步加快合肥现代化滨湖大城市建设，大力推进合肥经济圈一体化发展，突出提升皖江城市带综合竞争力，积极争取并全面启动黄山国家服务业综合改革试点市工作，加快建设皖南国际旅游文化示范区和皖北、皖西、环巢湖旅游区。加大对革命老区、山区、库区、沿淮行蓄洪区和少数民族聚居区扶持力度，减少贫困人口40万。

第五，进一步夯实农业基础，大力提升新农村建设水平。全面落实强农惠农政策，发放涉农补贴146.3亿元，增长21.2%。扎实推进粮食生产“三大行动”，启动新一轮小麦高产攻关，战胜多重自然灾害，粮食总产616.1亿斤，再创历史最好水平。实施畜牧业升级计划、水产跨越工程和新一轮“菜篮子”工程，农业产业化“532”提升行动提前完成，销售收入超10亿元龙头企业40家，规模以上农产品加工企业净增1040家，农产品加工业总产值增长44.5%。新农村建设省级示范村、镇分别达1930个和202个，新增农民专业合作组织5580个，完成新型农民培训55.9万人。农业保险基层服务网络基本覆盖全省。全面完成国家规划内295座大中型和重点小型病险水库除险加固任务，实施淠史杭等大型灌区续建配套与节水改造工程。连续12年实现耕地占补平衡，被国家列为整体推进农村土地整治示范建设省。进一步规范和促进土地承包经营权流转，扎实开展阳光村务工程，健全村级组织运行经费保障机制，全面推进村级公益事业建设一事一议财政奖补试点和“惠民直达工程”试点，深化集体林权制度配套改革，城乡一体化综合配套改革试点深入推进。

第六，深化重点领域改革，积极推动体制机制创新。扎实推进基层医药卫生体制综合改革，基层医疗卫生机构公益性管理体制和新型运行机制全面建立，在全国率先实现基本药物制度基层全覆盖，基本药物实行集中采购、统一配送，“零差率”销售全面实施，基本药物价格平均下降50%左右，公立医院改革试点积极稳妥推进。制定中长期教育改革和发展规划纲要，我省被国家确定为省级政府统筹教育综合改革试点省。深化国有企业改革，产权多元化进程加快。出台促进非公有制经济和中小企业发展36条意见，净增规模以上工业企业3491家，民间投资7512.9亿元，增长45.9%。进一步扩大县级经济社会管理权限，扎实推进扩权强镇试点工作，完善省直管县和乡财县管体制，县域经济呈现加速发展的良好态势。

第七，激发文化发展活力，加快文化强省建设步伐。在全国率先完成文化体制改革重点任务，所有市县成立文化市场综合执法机构，省市县三级电台、电视台全部合并组建新的广播电视台，229家经营性文化事业单位转企改制。大力实施文化惠民工程，广播电视村村通、乡镇综合文化站、农家书屋等建设超额完成任务。上海世博会安徽周“盛世徽韵”精彩纷呈，安徽馆成为三大热门地方馆之一，第三届中国农民歌会进一步彰显国家级文化品牌效应，电影《第一书记》等一批精品力作在全国产生热烈反响。高度重视文物和非物质文化遗产保护开发，广播影视、新闻出版、文学艺术、哲学社会科学进一步繁荣。成立安徽省文化产权交易所和版权交易中心，省演艺集团、广电传媒集团正式组建，出版、发行集团蝉联全国文化企业30强。动漫产量居全国前列，文化产品与服务输出到100多个国家和地区，文化产业增加值五年平均增长30%以上。

第八，全面发展社会事业，着力提高公共服务水平。坚持优先发展教育，进一步提高义务教育经费保障标准，加固改造1108万平方米中小学校舍，扎实推进平安校园专项行动，高考录取率、高中阶段毛入学率提高到67.3%和80%，实现历史性突破，加快职教大省建设步伐，出台建设高等教育强省若干意见，高等教育质量工程成效显著。加强城乡医疗卫生体系建设，城市社区卫生服务覆盖率90%，新型农村合作医疗参合率96%。大力加强人口和计划生育工作，人口自然增长率控制在7.5‰以内，出生人口性别比升高势头得到遏制，认真开展第六次全国人口普查。成功举办第四届全国体育大会和第十二届省运会，我省健儿在广州亚运会上夺得11金4银7铜，奖牌总数居中部第一。认真贯彻党的民族宗教政策，民族团结、宗教和睦局面继续巩固，少数民族乡村农民人均纯收入超过全省平均水平。外事、侨务、港澳台、档案、地方志、参事文史工作不断加强，地震、气象、地质、测绘、防灾减灾工作扎实推进，妇女、儿童、老龄、残疾人和红十字事业取得新的进步和发展。

第九，持续保障改善民生，切实维护社会和谐稳定。把解决关系群众切身利益的民生问题作为重中之重，在财政支出压力加大的情况下，将更多资金向民生领域倾斜，全年民生投入1096亿元，占财政支出42.4%，地方新增财力80%用于民生。实施33项民生工程，投入345亿元，增长35.8%。实施更加积极的就业政策，已有1300万农业劳动力实现转移就业，高校毕业生初次就业率保持全国先进水平。加大劳动者权益保护，落实上调后的最低工资标准。不断完善社会保障体系，基本养老、基本医疗、失业保险参保人数分别达669.5万人、

1529.4万人和384万人，首批新型农村社会养老保险试点参保人数达349.4万人。社会救助整体合力不断增强，城乡低保、五保集中供养、大病医疗救助和孤儿救助等工作加快推进。20.9万户城市低收入家庭享受廉租房保障，完成城市及国有工矿棚户区住房改造22.6万户、农村危房改造4.3万户。实施采煤塌陷区村庄搬迁应急工程建设，惠及25.7万人。扎实推进“平安安徽”建设，严密防范、严厉打击各类犯罪活动，健全社会治安防控体系，人民群众安全感逐年上升。完成“五五”普法任务，加强信访工作创新，完善法律援助，健全应急处置机制，产品质量和食品药品安全监管力度持续加大，安全生产形势总体平稳。克服海拔高、有效工期短、施工难度大等困难，提前一年完成援建松潘任务。扎实做好援疆援藏工作。国防动员、人民防空和双拥优抚工作进一步加强，驻皖解放军指战员、武警官兵、公安民警和民兵预备役人员在抗灾救灾、维护社会稳定等方面作出了重要贡献。

我们高度重视政府自身建设，扎实开展学沈浩创先争优活动，不断提高科学发展的能力和水平。坚持依法行政，加快推进政府职能转变和管理创新，加大效能建设力度，市县（区）政府机构改革任务全面完成，乡镇机构改革深入推进。自觉接受人大法律监督和政协民主监督，进一步密切与工会、共青团、妇联等人民团体的联系，认真听取各方面意见和建议，办理人大代表建议750件、政协委员提案849件。提请省人大常委会审议地方性法规8件，制定、发布省政府规章4件。深入推进政务公开，支持鼓励网络问政。充分发扬民主，凝聚各方智慧，精心编制“十二五”规划。严格贯彻落实《廉政准则》，强化重点领域、关键环节的行政监察和审计监督，坚决纠正损害群众利益的突出问题，政风建设取得新成效。

过去一年的成绩令人振奋，“十一五”发展已载入安徽现代化建设的史册。回首极不平凡的“十一五”，我们成功战胜历史罕见自然灾害的重大挑战，有效应对百年不遇金融危机的严重冲击，经受住了复杂多变宏观环境的严峻考验。在党中央、国务院和中共安徽省委的坚强领导下，我们以胡锦涛总书记两次视察安徽重要讲话精神为指引，深入贯彻落实科学发展观，积极抢抓国家促进中部崛起和扩大内需等重大机遇，全面实施六大战略，强力推进“861”行动计划，创造性地谋划建设皖江示范区、合芜蚌综合试验区和技术创新工程试点省，突出加快皖北振兴，胜利完成“十一五”规划主要目标任务，经济社会发展取得了令人鼓舞的巨大成就。

这五年，是我省经济发展实现重大跨越，综合实力明显提升的五年。全省生产总值由5350.2亿元增加到12263.4亿元，连跨7个千亿元台阶，提前一年实现万亿元目标，年均增速达13.4%。财政收入由656.5亿元增加到2063.8亿元，增长2.1倍。人均生产总值由1054美元提高到近3000美元，与全国相对差距缩小。经济增长的稳定性、协调性和可持续性明显增强。

这五年，是我省坚持调整经济结构，自主创新引领作用日益凸显的五年。工业增速连续五年超过全国平均水平，工业化率由34.3%提高到43.7%，工业经济效益综合指数创历史新高，工业对经济增长贡献率达55%以上。自主创新战略平台建设取得突破性进展，奇瑞成为自主创新的一面旗帜，一批战略性新兴产业加速涌现，研究与试验发展经费投入增长2倍，专利授权量增长7.3倍，高新技术产业增加值增长3.8倍。家电、汽车等产品产量稳居全国前列，金融、旅游、物流等现代服务业蓬勃发展。预计单位生产总值能耗累计下降20%以上，化学需氧量排放量、二氧化硫排放量累计分别下降6.5%和5.7%，县县建成污水处理厂目标提前三年实现，森林覆盖率达27.5%，生态建设和环境保护取得明显成效。

这五年，是我省“三农”工作扎实有力推进，城乡区域统筹发展的五年。全省财政“三农”投入累计2650亿元，年均增长30.4%。粮食产量连续5年创历史新高，农业科技进步贡献率达52%，农产品加工业总产值3687.1亿元。1240万农村人口饮水安全问题得到解决，防汛抗旱减灾效益明显，江淮分水岭综合治理开发成绩显著。新农村建设成果丰硕，农民生产生活条件明显改善。城镇化率由35.5%提高到43%以上。中心城市带动作用进一步增强，合肥经济圈联动发展成效凸显，皖江城市带增长势头强劲，皖北经济增速快于“十五”时期3个百分点以上，皖南旅游综合竞争力明显提高。一批经济强县快速崛起，县域经济年均增速高于全省平均水平，迈入持续快速发展轨道。

这五年，是我省加快基础设施建设，城乡面貌发生巨大变化的五年。固定资产投资累计36550亿元，增长3.6倍，是改革开放以来投入最大的时期。高速公路通车里程由1501公里增加到2929公里，建成“村村通”公路6万公里，以快速客运铁路为重点的大规模铁路建设全面铺开，港口吞吐能力达3.6亿吨，机场建设加速推进，综合交通运输体系进一步确立。14项治淮骨干工程全面完成，淮北大堤保护区、蚌埠和淮南城市防洪标准提高到百年一遇。覆盖全省的第三代移动通信网基本建成，光纤通信线路、电话、互联网通达所有行政村。

这五年，是我省改革开放取得重大突破，动力活力不断增强的五年。新一轮政府机构改革全面完成，事业单位改革稳步实施，基层医药卫生体制综合改革和文化体制改革走在全国前列，农村综合改革向纵深推进，国有企业改革不断深化，省属国有及控股企业资产规模达6735亿元，效益质量明显提升，非公有制经济比重由49.5%提高到57%以上，地方金融体系进一步完善，人民币存贷款余额双双超万亿元。利用省外资金由801亿元增加到6863.7亿元，实际利用外资累计205亿美元，是“十五”时期的3.8倍，24家境外世界500强企业新落户我省，企业“走出去”步伐明显加快，国际友城新增16对。

这五年，是我省人民生活显著改善，社会建设全面加强的五年。城镇居民人均可支配收入、农民人均纯收入年均增长13.3%和14.9%，均为“九五”以来最好水平。五年城镇新增就业252.6万人，下岗失业人员再就业122.6万人，困难群体就业26.2万人。开创性实施民生工程，累计投入853.8亿元，惠及6000多万城乡居民。历史性地实现社会保障制度向农村延伸，五项社会保险制度全面实施，最低生活保障制度实现城乡全覆盖。突破性地迈出公共服务体系建设的新步伐，全面实行城乡免费义务教育，基础教育普及程度显著提高，完成高等教育“双百”工程，家庭经济困难学生资助体系基本建立，覆盖城乡的公共文化服务体系、公共卫生和医疗服务体系日益完善。精神文明和民主法制建设不断加强，社会和谐稳定局面进一步巩固。

“十一五”的五年，是科学发展观在江淮大地生动实践的过程，是综合实力提升最快、城乡面貌变化最大、人民群众得益最多的一个时期，标志着安徽进入了厚积薄发、加速崛起的重要阶段。五年来，我们砥砺奋进、风雨前行，一步一个脚印，一年一大台阶，谱写了安徽发展史上光辉灿烂的壮丽篇章。成绩令人振奋，经验弥足珍贵。实践充分表明，只要我们始终坚持中央精神与安徽实际紧密结合，不断深化省情认识，就能探索出符合时代要求、具有安徽特色的崛起之路；只要我们始终坚持尊重客观规律与积极主动作为紧密结合，努力提高驾驭复杂局面的能力，就能有效应对各种风险挑战，取得一个又一个的胜利；只要我们始终坚持全面扩大开放与增强内生动力紧密结合，切实增强机遇意识和战略思维，更加重视战略平台打造，就能为跨越崛起注入强大动力；只要我们始终坚持率先发展与协调发展紧密结合，持续加大区域统筹力度，更加注重皖江崛起和皖北振兴的互动发展，就能拓展又好又快、协调发展的广阔空间；只要我们始终坚持发展经济与改善民生紧密结合，着力加强社会建设，切实解决好人民群众最关心、最直接、最现实的利益问题，就能把以人为本的科学发展观落到实处；只要我们始终坚持优化政治生态与形成发展合力紧密结合，充分调动各方面的积极性和创造性，就能在全省上下汇聚成一心一意谋发展、凝心聚力促崛起的强大力量。

五年的开拓奋进，五年的辉煌成就，奠定了科学发展、全面转型的坚实基础，开启了加速崛起、兴皖富民的崭新局面。这是党中央、国务院和中共安徽省委正确领导的结果，是6800万江淮儿女团结奋斗、顽强拼搏的结果，是几大班子历届历任老同志打下坚实基础的结果。在此，我代表省人民政府，向全省各族人民，向广大工人、农民、知识分子、干部和历任老同志，向驻皖解放军指战员、武警官兵和政法干警，向各民主党派、各人民团体和社会各界人士，致以崇高的敬意！向关心、支持安徽现代化建设的中央各部门、兄弟省市区和海内外友好人士，向在皖创业的境内外投资者和建设者，表示衷心的感谢！

在充分肯定成绩的同时，我们也清醒地认识到，前进道路上还存在不少困难和问题。主要是：经济平稳较快发展的基础仍不稳固，发展不平衡、不协调、不可持续问题依然突出，解决农业基础仍然薄弱、新兴产业发展不足、服务业比重偏低、城镇化步伐滞后、区域发展不平衡和居民收入水平总体不高等问题，还需要付出更大努力。加快转变经济发展方式任务艰巨，在环境保护、节能减排、征地拆迁、食品药品安全等方面仍存在一些薄弱环节。社会管理体制亟待创新，公共资源配置不尽合理，安全生产、维护社会稳定还有不少隐患和问题。同时，政府职能转变还不完全到位，一些部门思想解放不够、工作作风不实、执行落实不力，少数干部的群众观念淡薄，形式主义、官僚主义比较严重，腐败现象还时有发生。对此，我们一定高度重视，采取更加有力的措施切实加以解决，决不辜负全省人民的期望和重托！

二、科学发展全面转型的关键时期

加速崛起的安徽已站在继往开来新的历史起点，迈入了一个大有可为的黄金发展期，我们既面临难得的发展机遇，也面临严峻的挑战。经济全球化和区域经济一体化深入发展，国家区域发展战略深入推进，安徽区域优势、资源优势和市场优势进一步凸显，在全国区域发展格局中的地位更加突出。在这一时期，我省工业化城镇化将进一步加快，长期大规模投入效应不断释放，自主创新和承接产业转移战略平台作用日益显现，必将为经济社会更好更快发展注入强大的内生动力。同时必须看到，宏观环境错综复杂，影响经济发展的不稳定不确定因素仍然较多，保持经济平稳较快发展的结构性、体制性、可持续性矛盾依然突出，实现又快又好转型和又好又快发展的任务艰巨而繁重。今后五年，是我省全面建设小康社会具有决定性意义的关键时期，是工业化城镇化向更高水平跃升的加速时期，也是经济社会发展方式深刻变革的转型时期。我们一定要准确把握发展阶段新特征，立足科学发展新实践，顺应人民群众新期待，切实增强机遇意识和忧患意识，刻不容缓地加快经济发展方式转变，坚定不移地保持经济长期平稳较快发展，更加注重以人为本，更加注重全面协调可持续发展，更加注重统筹兼顾，更加注重保障和改善民生，促进社会公平正义，奋力谱写科学发展全面转型崭新篇章。

根据党的十七届五中全会精神和省委八届十三次全会通过的《关于制定国民经济和社会发展第十二个五年规划的建议》，我省“十二五”发展的指导思想是：以邓小平理论和“三个代表”重要思想为指导，深入贯彻落实科学发展观，以科学发展为主题，以全面转型、加速崛起、兴皖富民为主线，坚持工业化城镇化双轮驱动，坚持转型发展、开放发展、创新发展、和谐发展，努力走在中部崛起前列，为实现经济繁荣、人民富足、生态良好的发展目标，为全面建成小康社会奠定坚实基础。

在省委《建议》的指导下，省政府编制了“十二五”规划《纲要》（草案）。综合考虑，今后五年经济社会发展的主要奋斗目标是：

——综合实力再上新台阶。经济保持又好又快发展，增长质量和效益明显提高，力争到2015年全省生产总值、财政收入比2010年翻一番，主要指标增速位居中部前列。全省人均生产总值与全国平均水平差距进一步缩小。

——经济结构调整取得重大进展。产业结构更加优化，自主创新能力显著提升，战略性新兴产业增加值、服务业增加值翻一番以上，研究与试验发展经费支出占全省生产总值比重达到2%，每万人发明专利拥有量3.4件，高新技术产业增加值占规模以上工业增加值比重达到35%。城镇化率提升到50%以上，新农村建设取得实质性进展。全面完成国家下达的节能减排目标，森林覆盖率提高到29%，生态环境质量明显改善。

——区域发展协调性增强。皖江示范区和合肥经济圈对全省发展的辐射带动力显著增强，皖北地区发展进一步加快，皖南和皖西地区生态优势和绿色发展更加突出。各区域之间联动发展、协调发展的格局进一步形成。

——城乡居民收入普遍较快增加。居民收入增长与经济发展同步，劳动报酬增长与劳动生产率提高同步，力争到2015年城乡居民收入比2010年翻一番。收入分配格局更加合理，人民生活质量和水平不断提高。

——社会建设明显加强。就业持续增加。覆盖城乡居民的基本公共服务体系逐步完善，全省人民受教育程度稳步提升，思想道德素质、科学文化素质和健康素质不断提高，社会主义民主法制更加健全。文化事业和文化产业加快发展。社会管理水平明显提高，社会更加和谐稳定。

——改革开放迈出新步伐。财税金融、要素价格、国有企业等重点领域和关键环节改革取得明显进展，非公有制经济占经济总量比重提高到65%以上。政府职能加快转变，政府公信力和行政效率进一步提高。对内对外开放广度和深度不断拓展，经济外向度和承接产业转移水平显著提高，与长三角一体化发展格局基本形成。

重点把握好以下五个方面：

（一）坚持“双轮驱动”，培育壮大新生力量。积极把握工业化城镇化加速推进的阶段性特征，坚持以工业化增强城镇化发展动力，以城镇化拓展工业化发展空间，进一步强化工业化城镇化的相互融合和互动发展。加快新型工业化进程。坚定不移推进工业强省，着力推进传统产业新型化和新兴产业规模化，打造结构优化、技术先进、清洁安全、附加值高、吸纳就业能力强的现代产业体系。着眼抢占未来发展先机，把加快培育战略性新兴产业和服务业大发展作为转变经济发展方式的战略重点。集中力量培育和发展电子信息、节能环保、新能源、生物、高端装备制造、新材料、新能源汽车、公共安全等战略性新兴产业，努力形成若干支撑未来经济发展新的主导产业。推动现代物流、金融、旅游、会展、商贸、社区服务、科技研发、文化创意、服务外包等生产性、生活性服务业加快发展，着力提高服务业比重和水平。以规模化、品牌化、集群化、信息化、低碳化为导向，壮大发展先进制造业，改造提升能源原材料等产业，积极发展劳动密集型产业。壮大龙头企业，发展中小企业，培育一批产值超千亿元的产业集群，打造一批销售收入超千亿元的企业集团，形成一批产值超千亿元的特色园区。鼓励支持大企业大集团创造条件、加大力度拓展新的产业领域，形成支柱产业多元化，增强综合竞争力和抗风险能力。深入实施品牌战略，积极发展品牌经济。

加快新型城镇化进程。形成以中心城市为核心、中小城市和小城镇为基础的现代城镇体系。支持合肥加快建设成为在全国有较大影响力的区域性特大城市，支持芜湖全省次中心城市建设，加快推进合淮同城化、芜马同城化、铜池一体化和跨江联动发展，积极推动安庆、蚌埠、阜阳打造成为区域中心城市，把黄山市建设成为特色鲜明的现代国际旅游城市，加快资源型城市转型步伐，支持其他城市发展成为各具特色的大中城市。发展中小城市，加快县城建设，打造一批宜居宜业的特色经济强镇。全面加强城镇建设和管理，高起点编制城镇规划，统筹建设公共服务设施，提高承载能力，提升城镇品位。

加快完善基础设施体系。坚持适度超前原则，以“完善网络、构建枢纽、发展城市公交”为重点，构建便捷、安全、高效的综合交通运输体系，力争新增铁路营业里程3100公里，高速公路通车里程达到4500公里，高等级航道里程达到1500公里，开通民航机场6个，实现县县通高速公路，快速客运铁路覆盖所有省辖市。全面实施新一轮治淮建设，加强长江、巢湖、新安江等重大流域治理，推进引江济淮（巢）工程，实现沿淮防洪能力达到百年一遇，沿江主要堤防能够防御1954年型洪水。大力推进经济社会各领域信息化。

（二）坚持转型发展，加快经济结构战略性调整抢占新一轮发展制高点，解决经济结构性矛盾，迫切需要加快转变经济发展方式，在发展中转型，在转型中发展，实现速度、结构、质量、效益相统一。推动三大需求协同增长。深入贯彻扩大内需战略，不断完善促进消费政策，优化市场消费环境，促进消费结构升级，大力拓展消费需求。提升实施“861”行动计划，积极引导投资向重点产业、民生和社会事业、农业农村、科技创新、生态环保等领域倾斜，优化投资结构，增强投资拉动力。进一步优化出口商品结构，扩大战略资源、先进技术、关键装备和零部件进口。

促进区域协调发展。引导各地科学确定发展定位，突出地方特色，防止产业同构，实现错位发展、互动共赢。推进皖江城市带与合肥经济圈率先发展，把加快皖北振兴作为推动区域协调发展的战略重点，加大财税、要素支持和合作共建力度，努力建成全国重要的能源和煤化工、农产品加工、现代中药产业、物流中心和加工制造业基地。加快皖南国际旅游文化示范区和黄山市服务业综合改革试点建设，推进环巢湖旅游开发，加快皖西绿色发展步伐。建立完善主体功能区政策和规划体系、绩效考核办法和利益补偿机制，形成经济优势互补、主体功能定位清晰、国土空间高效利用、人与自然和谐相处的开发格局。

加快农业现代化进程。大力发展现代农业，全面实施新增粮食生产能力规划，调整优化农业结构，推进农业科技创新，加快农业机械化，不断提高农业综合生产能力。完善现代农业产业体系，实施农业产业化“671”转型倍增计划，加快建设全国重要的农产品深加工基地，全面提升农产品质量安全水平和市场竞争力。创新农村发展体制机制，稳定和完善农村基本经营制度，探索集体经济有效实现形式，大力发展农民专业合作社，提高农业集约化水平和组织化程度。深化户籍制度改革，有序推进符合条件的农业转移人口落户城镇。扎实推进新农村建设，加快城市基础设施向农村延伸，推动城市公共服务向农村覆盖，积极推进城乡规划、产业发展、基础设施、公共服务、就业和社会保障、社会管理等方面一体化进程。完成整体推进农村土地整治示范建设和农村危房改造任务，提高农村环境治理和社区服务能力，建设农民幸福生活美好家园。

大力建设资源节约型和环境友好型社会。坚持绿色发展，加强目标责任考核，全面完成国家下达的节能减排任务。强化能源、土地、水、森林、矿产等资源有序开发和集约节约利用，大力发展循环经济。加大生态建设和环境保护力度，完善监管体制，强化生态建设制度保障，全面加强点源和面源污染防治，加快发展现代林业，做好水土保持和水土流失治理工作。积极应对气候变化。

（三）坚持开放发展，构筑开放合作发展新格局。国际国内发展格局的深度调整，已把我省推向扩大开放的最前沿。我们必须牢牢把握历史机遇，坚定不移推进大开放战略，在更大范围更高平台集聚发展资源，在开放发展中开创跨越崛起的新局面。

全面提升皖江示范区开放承接水平。充分发挥示范区建设对外开放的战略引领作用，全方位高水平承接境内外产业转移，确保如期完成规划目标任务，把示范区建设成为全国重要的先进制造业和现代服务业基地、引领和带动全省加速崛起的重要增长极，率先实现全面小康。充分利用好先行先试权，突破行政区划限制，积极探索跨江发展、跨区域合作新途径，加快示范园区和产业集中区建设，建立健全示范区建设的管理体制和运行机制。加强基础设施、物流、金融和职业教育等建设，构筑强大的产业支撑体系。

深化以长三角为重点的区域分工合作。全面融入长三角区域合作机制，开展政府、企业与民间等多层次合作，形成与长三角在体制机制、基础设施、信用体系、市场准入、质量互认等方面的无缝对接，推动建立产业转移利益共享机制，基本形成与长三角一体化发展格局。加强与中西部地区的紧密合作。推进与珠三角、环渤海、海西区、港澳台互动发展。

努力提高经济国际化水平。坚持“引进来”和“走出去”并举，优化外贸结构，支持优势企业建立境外生产基地、资源基地和营销网络，开拓国际工程承包和劳务市场，加快形成以技术、品牌、服务、文化为核心的国际竞争新优势。建立健全综合保税区、保税港区、电子口岸，完善区域通关、进出口商品质量安全检测检验体系，不断提升开放服务水平。

（四）坚持创新发展，增强核心竞争优势。我省加速崛起的根本动力在创新，最大优势也在创新，必须更加积极作为，加快科技和体制创新，不断增强综合实力和核心竞争力。

全面增强自主创新能力。加快合芜蚌综合试验区和技术创新工程试点省建设，完善以企业为主体、市场为导向、产学研相结合的技术创新体系，形成更多的科技、产业、人才和改革成果，力争全社会研发投入、专利授权量、省级以上创新型（试点）企业数、高新技术产业总产值年均增长20%以上，合芜蚌综合试验区成为国内最具影响力的创新区域之一。

加快教育和人才强省建设。深入实施中长期教育和人才规划纲要。大力发展学前教育，基本普及基础教育，均衡发展义务教育，加快发展职业教育，全面提高高等教育质量。建立多元教育投入机制，不断提升财政性教育经费支出占生产总值比重，鼓励引导规范社会力量兴办教育。以高层次和高技能人才为重点，统筹推进各类人才队伍建设，加大人才资源开发投入，优化人才成长环境，建立以研发为基础、企业为主体、产业为牵引的人才培养引进机制，构建与经济社会发展相适应的人才高地。

大力推进体制机制创新。深化国有企业改革，加大企业兼并联合重组力度，着力培育一批具有国际竞争力的大企业大集团。进一步放宽市场准入，落实平等待遇，鼓励支持民间资本进入基础产业、基础设施、社会事业、金融服务等领域。健全公共财政体制，进一步规范各级政府间财政收入划分和支出责任，完善财政转移支付制度，建立县级基本财力保障机制。逐步健全地方税收体系，培育地方支柱税源。加快构建地方金融体系，积极发展各类股权投资基金，促进保险业快速健康发展，规范有序发展地方融资平台，完善地方金融管理体制，优化金融生态环境。

（五）坚持和谐发展，提升人民群众幸福指数。顺应全省人民过上更好生活的新期待，建设江淮儿女安居乐业的美好家园，坚持以人为本，推动包容性增长，实现兴皖和富民的有机统一。

强力推进富民进程。兴皖之本，在于富民。“十二五”期间民生投入预计9000亿元，占财政支出45%左右，地方新增财力80%以上用于民生领域。大力推进全民创业，最大限度增加劳动者就业和发展机会，创造条件让城乡居民拥有更多经营性和财产性收入。不断提高最低工资标准，建立工资正常增长机制，逐步提高低收入群体收入水平。积极推进基本公共服务均等化，着力提高社会保障能力。抓住国家政策机遇，加快保障性安居工程建设步伐，五年新建各类保障性住房和棚户区改造住房

200万套，逐步实现低收入家庭住有所居。

推动文化大发展大繁荣。坚持社会主义先进文化前进方向，加强社会主义核心价值体系建设，提升全省人民文明素质，增强安徽发展软实力。推进文化创新，扩大文化体制改革成果，创新文化生产和传播方式。大力实施文化惠民工程，加快构建覆盖城乡、惠及全民的公共文化服务体系。提升改造传统文化产业，大力发展新型文化业态，促进文化产业与科技、旅游等相关产业融合发展。加快文化“走出去”步伐。

建立健全覆盖城乡的就业和社会保障体系。加快建立覆盖城乡的公共就业服务体系，加强劳动者权益保护，构建和谐劳动关系。加快完善覆盖城乡的社会保障和社会救助体系，健全城镇职工和居民养老保险制度，实现新型农村社会养老保险制度和城乡社会救助全覆盖，统筹提高各项社会保障水平。

全面加强公共服务和社会管理。深化医药卫生体制改革和公立医院改革，优化卫生资源配置，加快健全覆盖城乡居民的公共卫生服务、医疗卫生服务、基本医疗保障和药品供应保障体系。做好人口和计划生育工作，提高人口素质。建立健全党委领导、政府负责、社会协同、公众参与的社会管理格局，健全基层社会管理体制，促进各类社会组织健康有序发展，提高城乡社区自治和服务功能。加强安全生产和社会治安综合治理，巩固社会和谐稳定局面。加强社会主义民主法制建设，维护社会公平正义。

实现上述目标任务，我省科学发展全面转型必将取得重大进展，综合实力、核心竞争力、抵御风险能力显著提高，人民物质文化生活水平明显改善，朝着全面建设小康社会的宏伟目标迈出决定性的步伐。

三、乘势而上锐意进取的开局之年

2011年是“十二五”第一年，面临的宏观环境总体有利，发展前景看好，但国际国内形势依然复杂多变，保持经济平稳较快发展、调整经济结构、管理通胀预期的任务十分艰巨。我们要充分把握发展机遇，妥善应对各种挑战，加快经济发展方式转变，进一步巩固扩大经济回升向好态势。综合考虑，今年经济社会发展的主要目标是：全省生产总值增长10%以上，财政收入增长12%，社会消费品零售总额增长18%，固定资产投资增长20%，城乡居民收入增长10%以上，居民消费价格涨幅控制在4%左右，城镇新增就业50万人、登记失业率控制在4.5%以内，人口自然增长率控制在7.5‰以内，单位生产总值能耗完成国家下达指标，化学需氧量排放量和氨氮排放量均下降1.5%，二氧化硫排放量下降1.3%，氮氧化物排放量下降1.2%。这些目标，既体现了保持经济平稳较快发展的现实需要，也体现了加快转变经济发展方式的内在要求，是积极稳妥的，也是留有余地的，在实际执行中要充分发挥主观能动性，力争完成得更好。实现上述目标，必须做好以下十个方面的工作：

（一）努力保持经济平稳较快发展。认真落实国家宏观调控政策，着力增强消费拉动力，持续扩大有效投入，稳定价格总水平，防止经济运行出现大的起伏，保持经济平稳较快发展的良好势头。

切实加强经济运行调节。密切关注宏观形势新变化和新特点，提高政策的针对性、灵活性、有效性。加强经济运行监测预警，引导扶持企业抓好产销衔接和市场开拓，做好煤电油气运供应保障，认真抓好生活必需品市场供应，加强价格监管，稳定市场物价。

积极扩大消费需求和进出口。继续推进家电、摩托车、农机、建材下乡和家电以旧换新，深入实施“万村千乡”市场工程和“新网工程”，积极开展农超对接，大力培育旅游休闲、体育健身、教育培训等消费热点，促进房地产市场健康稳定发展。培育壮大进出口主体，稳定纺织品、农产品等传统优势产品出口，扩大机电、高新技术产品和自主品牌产品出口，大力发展服务贸易。积极扩大先进技术装备、关键零部件元器件和重要资源原材料进口。

持续加大投资和项目建设力度。加快项目实施进度，确保华谊无为精细煤化工基地一期、奇瑞20万台无级变速器、熔安动力船用柴油机、鑫昊等离子面板、海螺3条万吨新型干法水泥熟料生产线、绩溪至黄山高速公路、新桥国际机场和九华山机场主体工程、淮南潘四东矿井、安庆垃圾发电厂等项目尽早建成。扎实推进芜湖集瑞重卡、马鞍山华菱重卡扩建，淮北山河矿机、文化产业时代数码港，池州铜冠，蚌埠普乐非晶硅太阳能电池，铜陵铜基新材料，宿州百丽鞋业，合福铁路安徽段，徐明高速公路，芜申运河安徽段等项目建设。开工建设江汽轿车基地二期、马钢合肥公司环保搬迁、京东方8.5代线、德豪润达LED外延片、亳州白云山和记黄埔生物医药、美的和格力中央空调合肥生产基地等重大产业项目，以及徽杭铁路、皖赣铁路新双线、望东长江公路大桥、北沿江高速滁马段、岳西至武汉高速安徽段等重大基础设施项目。加强项目谋划与储备，进一步优化投资结构。

（二）进一步强化“三农”工作。做好“三农”工作，对于稳增长、调结构、控通胀，具有十分重要的现实意义，必须毫不动摇地巩固和发展农业农村好形势。

稳定农产品生产和市场供应。落实“米袋子”省长负责制、“菜篮子”市长负责制，确保主要农产品供应充足和价格稳定。加快国家级和省级现代农业示范区建设，深入推进粮食生产“三大行动”，着力实施新增粮食生产能力规划，继续开展“高产高效万亩吨粮田示范县”创建活动。加大耕地保护力度，建设高标准农田。深入实施蔬菜产业提升行动，加快建设实施蔬菜标准园。继续实施畜牧业升级计划和水产跨越工程，抓好重大动物疫病防控。深入实施茶产业振兴工程。进一步加大农业科技投入，全面推进基层农技推广体系、动物防疫体系和农产品质量安全体系建设。实施农业机械化推进工程。

多渠道促进农民增收。进一步落实强农惠农政策，认真执行小麦、水稻等最低收购价，保护和调动农民种粮积极性。启动实施农业产业化“671”转型倍增计划，加快60个农业产业化示范区建设，培育壮大国家级、省级农业产业化龙头企业，发展农产品加工业集群，大力扶持农民专业合作社。办好中国安徽（合肥）农业产业化交易会和安徽名优农产品绿色食品（上海）交易会。加快发展农村非农产业，加强对农民创业的金融和财税支持，加大农民培训和农村实用人才开发力度，促进农村劳动力向二、三产业和城镇有序转移。积极稳妥推进土地承包经营权流转，鼓励农业适度规模经营。扎实推进农村土地和房屋确权、登记、发证工作。提高政策性农业保险水平。继续实施开发式扶贫，减少贫困人口40万人以上。

加强综合水利工程建设。落实防汛抗旱、饮水安全保障、水资源管理和水库安全管理行政首长负责制。实施淮河重点平原洼地治理等项目，扎实推进新一轮治淮建设。加快长江干流河道整治和水阳江、滁河等主要支流治理。开工建设300座病险水库和部分水闸除险加固、50条中小河流治理、山洪地质灾害防治等工程。加快淠史杭、青弋江等大中型灌区续建配套和节水改造步伐，加大小型农田水利建设力度，再解决300万农村人口饮水安全问题。健全完善基层水利服务体系，加强水利工程管理。认真做好第一次全国水利普查。

深入推进新农村建设。继续实施新农村建设“千村百镇示范工程”，进一步完善村庄建设规划，加快农村危房改造和村庄整治，实施县乡公路升级改造和危桥改造，深入实施农村清洁工程。依法保障农民权益，扎实开展整体推进农村土地整治示范建设，规范城乡建设用地增减挂钩。启动建设新一轮国家级农村改革试验区。进一步深化集体林权制度改革，推进退耕还林、长江淮河防护林、绿色长廊等重点林业生态工程，完成营造林190万亩。

积极推动县域经济发展。继续扩大县级经济社会管理权限，深入推进扩权强镇试点，鼓励县域发挥资源禀赋和比较优势，培育壮大特色主导产业，组织开展产业集群优势县认定工作。加强分类指导，完善分类考核，促进县域发展水平整体提升。选择一批基础条件好、产业支撑强、发展潜力大的中心镇，按小城市进行规划建设和管理。统筹推进革命老区、山区、库区、沿淮行蓄洪区和少数民族聚居区发展，深化江淮分水岭综合治理开发。

（三）全力加快自主创新和产业升级步伐。巩固扩大合芜蚌综合试验区和技术创新工程试点省建设成果，进一步推动产学研结合，完善创新服务体系，加快科技成果转化，促进产业转型升级。

着力推进自主创新战略平台建设。实施重大科技专项和高新技术重大产业项目，力争在核心技术和关键领域取得突破。深入推进技术要素交易、技术服务中介、科技资源共建共享等公共服务平台建设。用足用好试验区部际协调会议确定的各项政策，争取开展企业股权和分红激励试点，建立完善创业风险投资、科技贷款、担保融资、信用保险等扶持体系。深入实施杰出人才工程和企业技能人才振兴计划，加大海外引智工作力度。加强知识产权保护，推进实施品牌战略和技术标准战略，切实加强商标工作，在驰名著名商标数量和商标品牌基地建设上取得新突破。深化质量振兴活动，加快质检中心和技术标准体系建设，组织开展省政府质量奖评选活动。

培育壮大战略性新兴产业。启动实施战略性新兴产业“千百十”工程，在重大项目、领军企业、产业基地的建设和培育上取得新成果。积极发展量子通信、物联网等高端产业，启动100项战略性新兴产业重大技术攻关。面向国内外积极引进战略投资者，吸引一批牵动性强、技术含量高的项目落户我省。

改造提升传统优势产业。深入实施十大产业振兴规划，进一步做大做强汽车、装备、家电等制造业，加快工程机械等六大装备产业基地建设，提高中高端产品比重和关键零部件配套能力。改造提升冶金、煤炭、建材、化工等能源原材料产业，加快发展现代煤化工和精细化工。巩固壮大纺织服装、建筑等劳动密集型产业。

加快发展现代服务业。落实和完善服务业市场准入、税收优惠和用地保障等各项扶持政策，继续做好服务业综合改革试点，推动现代物流、电子商务和信息服务等生产性服务业集聚区建设，加快发展商贸、社区服务、家政服务等生活性服务业，积极发展服务外包等新兴业态。创新旅游业发展体制机制，促进旅游与其他行业深度融合、互动发展。

切实抓好节能减排和环境保护。加快推行合同能源管理，继续实施节能重点工程和减排重点项目，确保完成节能减排年度目标任务。积极推进循环经济试点示范工作，深入推广烧结脱硫、富氧助燃、高效照明等新技术新产品和秸秆等农林废弃物综合利用，加快燃煤电厂脱硝工程建设及能量回收。加强城镇污水处理厂管网配套和脱氮改造。深化环评审批制度改革，提高环保准入门槛，对环评审批权限进行更加严格的设定或必要的调整。加大环保监管力度，深入开展环境保护专项行动，严厉查处环境违法行为，对问题突出的区域实行“区域限批”。加快市县垃圾处理设施建设，推进农村村庄环境综合整治。积极开展生态补偿。

（四）加速推进皖江示范区建设。今年是示范区建设“三年见成效”的关键一年，必须加快承接步伐，提高承接水平，着力在园区建设、招商引资、要素保障和环境优化等方面取得新突破。

重点加强开发园区建设。抓好开发园区扩容升级、功能配套和体制机制创新，培育一批各具特色的专业化园区。完成江北、江南产业集中区控制区域总体规划，全面拉开起步区建设框架，科学确定集中区经济社会管理权限，建立健全财税、土地、项目审核等管理体制。落实沪苏浙皖合作框架协议，重点推进跨省市合作园区共建，大力发展“飞地经济”。

大幅提升承接产业转移水平。围绕示范区产业发展指导目录和园区定位，加强与境内外各地区的开放合作，创新招商形式，突出大规模、集群式承接，着力引进一批产业层次高、带动能力强的大项目，更加重视产业技术、人才团队特别是研发中心的整体承接。坚持绿色承接，把好投资强度和环境评价关。

着力优化示范区发展环境。加快示范区融资平台和服务网络建设，充分发挥银行、保险、担保、产业基金等多种金融业态服务功能，拓宽融资渠道，加大信贷投放。建设一批综合性、专业性物流园区。强化海关、检验检疫等服务功能，提高贸易便利化水平。抓好职业教育和用工保障。进一步优化政务、市场和法制环境。

加快皖江示范区城镇化建设。加大合肥现代化滨湖大城市和现代产业基地建设力度，不断完善综合服务功能，增强产业支撑力和辐射带动力。加快合肥经济圈一体化发展步伐，把芜湖、安庆等打造成产业层次较高、宜居宜业的区域中心城市。加快皖南地区开放开发步伐，推动资源型城市转型发展。

（五）持续加快皖北振兴。皖北振兴事关兴皖富民大业，必须持之以恒地加大支持力度，激发内生动力，努力使皖北成为我省加速崛起新的重要支撑。

加快皖北工业化城镇化进程。优先安排重大能源项目在皖北布点，着力提升煤电、煤化工等资源型产业发展水平，积极发展农机、纺织服装、农产品深加工等传统优势产业，大力扶持生物、新能源、节能环保等战略性新兴产业，继续加快现代中药产业基地建设。拓宽南北结对合作领域，加大市县结对共建力度，培育壮大一批骨干项目，着力促进省内外大企业投资皖北。加快皖北城镇化建设步伐，大力支持蚌埠、阜阳等区域中心城市发展，支持县城和基础条件较好的重点镇提质扩容，提升公共服务水平和综合承载能力。

加强皖北基础设施建设。统筹规划和开发利用淮河岸线资源，加快铁路、高速公路、县乡公路和农村电网改造等基础设施建设。继续加强中小河流、低洼地以及采煤塌陷区综合治理。整合各类涉农资金，开展农田水利建设综合试点，支持高标准农田和现代农业示范区建设。着力改善旅游景区基础设施条件。

加大支持皖北政策力度。增加均衡性转移支付，落实税收优惠政策，增强皖北地区基层财政保障能力。积极协调金融机构在皖北设立分支机构，加快推进皖北地区高风险县级农村信用联社改革，支持开展农民资金合作组织试点，加大对皖北项目融资担保支持力度。发展直接融资，优先支持符合条件的企业上市或发行债券。加强职教基地建设和劳动力培训。

（六）巩固提升与央企民企合作水平。继续保持与央企、民企合作发展的良好势头，进一步拓展合作领域和层次，持续谋划新的合作发展，提升全省对外开放和招商引资水平。

全力推动签约项目落地。抓紧落实与央企、民企合作发展成果，加快项目立项、土地供给、环评、基础设施建设等各项前期工作，制订针对性的配套政策和服务方案，确保合作项目尽快落地。对于特别重大项目，开辟“绿色通道”，实行“一户一议”、“一企一策”。

深入谋划合作新项目。瞄准央企、民企结构调整方向，扩大合作领域，着力在新兴产业培育、企业改革重组、科技创新等领域形成更多合作成果。提升合作发展质量，吸引更多央企、民企来皖投资发展。强化项目滚动开发，建立与央企、民企合作发展长效机制。

全面提高招商引资质量和水平。突出招商重点，强化先进制造业、高新技术产业和现代服务业的关联引进。更新招商理念，鼓励和支持更多的社会力量参与招商，提高国内外大企业和战略投资者的引进率和落户率。认真办好徽商大会、台湾经贸文化交流等重大活动。进一步发挥工商联等积极作用，完善政府、商会、行业组织间合作交流机制，健全非公有制经济统计监测体系。

（七）着力深化重点领域和关键环节改革。不断加大改革力度，增强体制机制活力，突破制约科学发展的制度性障碍，加快经济发展方式转变。

深入推进国有企业改革。加快大型国有企业母公司层面的公司制改革，进一步完善法人治理结构，重点推进符合条件的集团公司整体上市。优化国有经济布局，加快能源、汽车、钢铁等企业的战略性重组，支持民营企业参与国有经济战略性调整。积极稳妥开展招投标和产权交易市场改革。稳步实施排污、污水处理、垃圾处理等环保收费改革，健全水电油气价格补贴联动机制。

加快推进财税体制改革。深化部门预算改革，健全财政国库集中收付管理制度，全面开展预算支出绩效评价。完善统一规范的转移支付制度，加强县级政府提供基本公共服务的财力保障。继续加强政府性债务管理。做好税收制度改革各项工作。

持续推动金融创新。加快组建农村银行和村镇银行，探索建立社区银行，稳步推进股份制商业银行在市县布点，深入开展银企对接，确保信贷资金增幅高于全国平均水平。支持企业首发上市和再融资，大力发展证券、保险、期货、信托等金融机构和各类股权投资基金，推动保险资金在我省直接投资，鼓励和规范融资性担保公司、小额贷款公司发展，支持省内大型企业集团设立财务公司、金融租赁公司等非银行金融机构。

（八）积极推进文化强省建设。坚持一手抓公益性文化事业，一手抓经营性文化产业，深化文化体制改革，着力提升文化软实力，构建全省人民团结奋进的精神家园。

繁荣发展文化事业。深入实施文化惠民工程，建设省美术馆、省文化馆等公共文化基础设施。加强文物、非物质文化遗产保护、管理和利用，加快建设徽州文化生态保护实验区，规划建设一批非物质文化遗产传习基地，完成第三次全国文物普查。繁荣发展哲学社会科学、广播影视、新闻出版、文学艺术事业。办好“意大利中国文化年——安徽周”等对外文化交流活动，不断扩大徽风皖韵的国际影响力。

加快发展文化产业。实施重大文化产业项目带动战略，推进文化产业集群发展。培育转制文化企业成为合格市场主体，打造文化企业“航母”。加快合肥、芜湖等动漫基地建设，积极申办第三届中国国际动漫创意产业交易会。加快文化产品、服务和要素市场建设。培育外向型骨干文化企业，推进文化产品和服务出口。

大力建设和谐文化。扎实推进社会主义核心价值体系建设，深入开展社会公德、职业道德、家庭美德和个人品德教育，形成良好的社会风尚。深入开展群众性精神文明创建活动，拓展结对创建、城乡共建、区域联建等形式，积极开展邻里互助、社区志愿和城乡社区结对帮扶活动，争创第三批全国文明城市、文明村镇、文明单位。坚持正确的舆论导向，营造积极健康的思想舆论氛围。

（九）全面加强以改善民生为重点的社会建设，坚持民生优先，不断提高基本公共服务水平，建立健全改善民生的长效机制，不断增进群众福祉。巩固提升民生工程。今年计划投入388亿元，实施33项民生工程，新增一事一议财政奖补试点、农村公路危桥加固改造工程、家电下乡和以旧换新等3项，提标扩面6项，完成任务退出3项。建立健全稳定多元的筹资机制，完善评估考核奖惩办法，提高民生工程的质量和效益，不断推进民生工程与社会事业发展、社会保障体系建设有效衔接。加快建设保障性安居工程，新建各类保障性住房及实施各类棚户区改造40万套以上。全面移交援建松潘工程，继续做好援疆援藏工作。

大力做好就业和社会保障工作。突出抓好高校毕业生、农村转移劳动力、城镇就业困难人员和退役军人就业工作，提升城镇就业创业园和农民工创业园建设水平，建设大学生创业园，创建创业型城市。加快建设统一规范灵活的人力资源市场，推进省内外跨地区劳务协作。加强对用人单位执行劳动合同、工资分配的指导和监管，推进企业工资集体协商制度，切实维护劳动者合法权益，继续提高最低工资标准。全面落实社会保险关系转移接续政策，加强社会保险扩面征缴，规范养老保险省级统筹，争取进入国家做实养老保险个人账户试点，全面实行工伤保险市级统筹，扩大医疗、失业保险市级统筹范围。继续推进被征地农民养老保险制度，抓好第二批全国新型农村养老保险试点工作。完善社会救助体系，提高优抚对象、城乡低保、农村五保和医疗救助等标准。

优先发展教育事业。全面实施国家、省中长期教育改革和发展规划纲要，扎实推进国家教育体制改革试点。组织实施学前教育三年行动计划，统筹义务教育均衡发展，加快普及高中阶段教育，增强职业院校基础能力，扎实推进高等教育强省建设，继续支持中国科学技术大学、合肥工业大学和安徽大学的“985”或“211”工程建设，积极稳妥化解高校债务风险。关心支持特殊教育、民族教育、远程教育和继续教育。进一步关爱农村留守流动儿童。

加快发展卫生事业。巩固基层医药卫生体制综合改革成果，扩大公立医院改革试点，加强基层卫生人才队伍建设。进一步提高新型农村合作医疗保障水平。全面落实扩大国家免疫规划，抓好重大疾病防控，及时有效处置突发公共卫生事件，强化医疗卫生服务监管。加快国家和省级中医临床研究基地建设，开展卫生信息化建设试点。

统筹发展各项社会事业。加强公共体育基础设施建设，推进群众体育和竞技体育、体育事业和体育产业协调发展。加强人口和计划生育工作，稳定低生育水平，继续遏制出生人口性别比偏高势头。加快养老事业发展。积极发挥工会、共青团、妇联等人民团体的重要作用，做好科普、档案、地方志、参事文史等工作，加强外事、侨务、港澳台、地震、气象、地质、测绘、老龄、红十字会等工作，发展慈善事业，继续推进残疾人社会保障体系和服务体系建设。

（十）扎实做好社会稳定工作。切实加强和改进新形势下的群众工作，深入推进社会矛盾化解、社会管理创新、公正廉洁执法，确保社会大局和谐稳定。

持续加强安全生产和应急管理。坚持安全发展，落实安全主体责任，建立事故隐患排查治理机制，坚决遏制重特大事故发生。重点抓好煤矿、非煤矿山、危险化学品、道路交通、消防、建筑施工等领域的安全监管，加大治理车辆超限超载力度，加强粉尘、高毒物品职业危害防治工作。切实做好工商行政管理、质量技术监督、食品药品监管和出入境检验检疫工作。加大防汛抗旱、救灾减灾工作力度。进一步健全政府应急管理机制，整合应急资源，加强应急救援队伍建设和应急物资储备，提高保障公共安全和处置突发事件的能力。

全力维护社会和谐稳定。加强社区建设，积极探索社区管理的新模式新办法。加强对流动人口的服务管理，探索建立“一证通”制度、“一站式”服务机制。畅通民意表达渠道，妥善解决人民群众反映强烈的土地征用、拆迁安置等问题，积极预防、化解和妥善处置群体性事件。进一步完善人民调解、行政调解、司法调解联动的大调解工作体系，创新社会稳定风险评估机制。紧紧抓住影响群众生命财产安全的突出问题，强化重点区域、薄弱环节综合治理，加大防范、打击、整治力度。加快数字化、网络化社会治安防控体系建设，完善协调联防机制。扎实开展法制宣传、法律服务和法律援助工作。切实做好城市民族工作，依法管理宗教事务，保持民族宗教领域和谐稳定。加强全民国防教育，深入推进军民融合式发展，加强国防动员和人民防空建设，提高预备役部队和民兵建设质量，支持驻皖部队建设，提高双拥优抚安置工作水平，巩固发展军政军民团结。

推动科学发展全面转型、开创“十二五”发展崭新局面的重大责任，要求政府必须不断加强自身建设。我们要倍加珍惜黄金发展期的宝贵机遇，凝聚加速崛起的智慧力量，勇于承担兴皖富民的历史使命，朝夕勤勉，永不懈怠，努力建设人民满意的服务型政府。要进一步筑牢执政为民的思想根基。

深入做好新形势下群众工作，牢固树立群众观点，始终站稳群众立场，不断创新群众工作方式，在把握群众所思、解决群众所忧、满足群众所盼上，下更大气力，想更多办法，谋更多福祉，努力做到，靠一切为了群众的牢固思想去理解群众的各种诉求，靠真正相信群众的坚定立场去回应群众的疑难困惑，靠充分发动群众的过细工作去凝聚群众的巨大力量，靠切实尊重群众的真诚态度去赢得群众的拥护支持，始终与人民群众同呼吸、共命运、心连心。要进一步提升依法行政的能力水平。推进依法治省进程，加快法治安徽建设。加大“六五”普法力度。进一步加强重点领域立法，提高立法质量，深入推进行政执法体制改革，规范行政执法行为。各级政府要坚持科学民主决策，把公众参与、专家咨询、风险评估、合法性审查、集体讨论决定作为必经程序加以规范，积极鼓励网络问政。自觉接受人大法律监督和政协民主监督，广泛听取各民主党派、工商联、无党派人士和各人民团体的意见，认真办理人大代表建议和政协委员提案，高度重视群众监督与新闻舆论监督。大力推进行政权力公开透明运行，不断拓展政务公开的广度和深度。要进一步推动行政管理的创新发展。继续推进政府职能转变，切实理顺政府与企业、市场、社会组织的关系，在改善经济调节、严格市场监管的同时，更加注重社会管理和公共服务，着力形成有利于经济发展方式转变的制度和环境。继续深化大部门制改革，积极稳妥推进事业单位改革。切实减少和规范行政审批，健全、落实行政问责制度，深入推进机关效能建设。要进一步强化廉洁从政的制度落实。以完善惩治和预防腐败体系为重点，加大制度创新和改革力度，着力解决反腐倡廉建设中人民群众反映强烈的突出问题。加强对财政资金、重大项目和民生工程审计监督，开展国土资源、工程建设等领域突出问题的专项治理，严查重点领域和关键岗位腐败。严格落实党风廉政建设责任制和廉政准则，深入推进节约型机关建设，全体政府工作人员一定要勤勉尽责、永葆先进，切实做到为民、务实、清廉。要进一步保持奋发有为的进取精神。继续把解放思想作为推动科学发展的先导，在深入解放思想中激发全省人民创新创造活力，形成加速崛起强大合力。始终保持昂扬向上的精神状态和干事创业的工作激情，大力弘扬沈浩精神，深入开展创先争优活动，把科学发展的满腔热忱转化为兴皖富民的具体行动，努力做出经得起实践、人民、历史检验的实绩。

各位代表!

我们已经迈上科学发展新的历史征程，大江南北、淮河两岸，一幅经济繁荣、人民富足、生态良好的锦绣画卷正徐徐展开。未来前景无限美好，江淮儿女重任在肩。让我们紧密团结在以胡锦涛同志为总书记的党中央周围，高举中国特色社会主义伟大旗帜，深入贯彻落实科学发展观，在中共安徽省委的坚强领导下，紧紧依靠和团结全省人民，万众一心，开拓进取，努力开创我省科学发展、全面转型、加速崛起、兴皖富民的新局面，以优异成绩向中国共产党成立90周年献礼!

关于安徽省2010年国民经济和社会发展计划执行情况与2011年计划草案的报告(摘要)

——2011年1月18日在安徽省第十一届人民代表大会第四次会议上

安徽省发展和改革委员会

一、2010年国民经济和社会发展计划执行情况

刚刚过去的2010年，是“十一五”规划的最后一年，也是我省扩大应对国际金融危机成果、巩固经济回升向好势头的关键一年。在省委、省政府的坚强领导下，各地各部门以科学发展观为指导，认真贯彻落实中央和省决策部署，积极推进经济结构调整，加快转变经济发展方式，着力深化改革开放，保持了经济平稳较快发展和社会和谐稳定的局面，省十一届人大三次会议确定的主要目标任务顺利完成。

(一) 国民经济快速增长，运行质量明显提高

经济运行高开稳走。坚持和完善2008年以来应对国际金融危机的有效举措，及时解决经济运行中出现的新情况、新问题，国民经济持续在较高平台上稳健运行。预计全年地区生产总值增长14%左右，为新世纪以来最高增速之一，经济总量突破1.2万亿元。

工业生产持续高位运行。预计规模以上工业增加值超过5500亿元，增长23%以上。重点行业中，交通运输设备、通用设备、专用设备、纺织服装等

16个行业增加值增速超过30%。全年汽车产量124.5万辆，增长35.9%；洗衣机、冰箱、空调、彩电四大家电产量5407.3万台，增长36.2%。

经济效益大幅提高。预计规模以上工业企业实现利润800亿元左右，增长60%以上。完成财政收入2063.8亿元，其中地方财政收入1149.4亿元，均增长33%；收入结构进一步优化，税收收入占财政收入的比重达到85.6%，比上年提高1.2个百分点。

（二）三大需求协同拉动，增长动力较为强劲

固定资产投资稳定增长。深入实施“861”行动计划，完善前期工作“绿色通道”，做好项目报批工作，强化项目协调调度，重点项目建设进展顺利。全年开工建设“861”重点项目1077个，建成602个。加大项目谋划力度，新增项目储备规模1万亿以上。抓住国家扩大内需的政策机遇，争取中央投资152.8亿元，比上年增加8.8亿元，为历年最高。预计全年固定资产投资达到1.18万亿元，增长33%；投资结构进一步优化，制造业投资比重37.8%，民间投资比重62.5%，分别比上年提高3.5和4.7个百分点。

消费市场持续活跃。认真落实扩大消费各项政策，努力发挥消费对经济增长的拉动作用。全年社会消费品零售总额4151.5亿元，增长19.2%，增幅位居全国前列；城乡市场均保持旺销，分别增长19.3%和19.1%。销售家电下乡产品588.8万台、销售额142.3亿元，均位居全国前列。旅游业收入增长20%以上，房地产市场保持平稳发展态势。及时出台稳定市场物价、保障群众基本生活的政策措施，居民消费价格上涨3.1%，涨幅低于全国水平。

对外贸易大幅增长。实现外贸进出口总额242.8亿美元，增长54.8%，进口和出口总额均创历史最好水平。企业“走出去”取得突破，铜陵有色与中铁建联合收购加拿大科里安特资源公司控股的厄瓜多尔铜矿，成为我省最大的海外并购项目。对外经济合作完成营业额20.4亿美元，增长26.9%。

（三）自主创新力度加大，结构调整取得积极进展

自主创新成效明显。合芜蚌自主创新综合试验区和国家技术创新工程试点省建设扎实推进，科技、产业、技术和人才成果加速涌现。世界最大规模全通型量子通信试验网开工建设，新建3家国家级工程实验室和5家国家级企业技术中心，组建13个产业技术创新战略联盟，新增7户国家级创新型试点企业，合力叉车、中煤矿山等创新能力项目获得国家支持。预计研发经费占生产总值比重达到1.5%；获得授权专利1.6万件，增幅居全国第一。

产业结构进一步优化。装备制造业、高新技术产业增加值增长30.1%和27.3%，增幅分别高于规模以上工业7.1和4.3个百分点。冶金、建材、化工等传统支柱产业改造升级步伐加快。电子信息、新材料等新兴产业快速发展，京东方国内首条高世代液晶面板生产线、乐凯科技光学薄膜等项目建成投产。

市场主体快速成长。全年净增规模以上工业企业3491户，为历年最高。加大非公有制经济扶持力度，出台了进一步促进非公有制经济和中小企业加快发展的实施意见，非公经济比重超过57%，比上年提高1个百分点左右。

节能减排目标顺利完成。全力推进节能减排攻坚，严格落实目标责任制。加大淘汰落后产能力度，关停小火电机组25万千瓦。落实差别电价政策，组织大机组替代小机组发电92.6亿千瓦时，节约标煤68.1万吨，减排二氧化硫2.3万吨。新开工建设25个污水处理厂、18个垃圾处理场。积极推进十大重点节能工程，实施了483个重点减排项目。全年单位生产总值能耗下降和二氧化硫、化学需氧量减排目标顺利完成。

（四）粮食生产再获丰收，农业和农村经济平稳发展

农业综合生产能力稳步提高。启动实施新增粮食生产能力规划和新一轮小麦高产攻关活动，粮食总产达到616.1亿斤，再创历史新高。大力支持畜禽标准化养殖场建设，规模养殖比重达到55%左右，比上年提高5个百分点。全年肉蛋奶总产520万吨，水产品产量193万吨，分别增长3.8%和5.4%。

农业产业化步伐加快。农业产业化“532”提升行动目标任务提前完成，农产品加工业产值达到3687.1亿元，增长44.5%。规模以上农产品加工企业5155户，净增1040户；其中年销售收入超10亿元企业40户，增加10户。新增各类农民专业合作组织5580个，总数超过1.6万个，带动50%左右的农户。

农村基础设施建设得到加强。89座大中型和206座重点小型病险水库除险加固全面完成，新开工3座中型和386座小型病险水库除险加固项目。

6个大型灌区续建配套和节水改造及一批大型泵站技改项目进展顺利。新改建农村公路8386公里，新增农村户用沼气11.6万户，解决了297万农村人口饮水安全问题。

（五）皖江示范区建设进展顺利，开放合作迈出新步伐

皖江示范区建设开局良好。示范区规划获得国务院批准后，省委、省政府先后制定了加快示范区建设的决定和实施方案，出台了“40条”支持政策，印发了长江岸线资源开发利用管理办法，开展了大规模宣传推介，与17个国家部委达成合作共建协议，产业发展指导目录获得国家发改委批准，江北、江南两个产业集中区启动建设，示范区的组织架构、政策体系和空间布局初步形成，外来投资抢滩效应开始显现，较好地实现了一年打基础的目标。

承接产业转移规模继续扩大。成功举办第六届徽商大会、合肥自主创新要素对接会、香港经贸交流会、上海世博会安徽周等一系列经贸活动，深化与央企的对接合作，开展与全国知名民营企业的战略合作，达成了一大批合作项目。开发区建设实现新突破，合肥出口加工区获批设立，马鞍山和安庆经济开发区、芜湖和蚌埠高新区先后升格为国家级开发区。全年到位省外资金6863.7亿元，增长47.9%；到位外商直接投资50.1亿美元，增长29.1%。

参与长三角区域合作取得新进展。全面参与交通、能源、科技、信用、社保等重点合作专题，合肥和马鞍山正式加入长三角城市经济协调会。国家发改委主持召开加快皖江示范区建设座谈会，我省与沪苏浙两省一市签署了共同推进示范区建设的合作框架协议。

（六）城镇化步伐加快，区域发展活力增强

中心城市带动力提高。合肥现代化滨湖大城市建设进一步加快，辐射带动能力持续增强，预计城市首位度达到22%，比上年提高近1个百分点。合肥经济圈建设积极推进，五年发展规划纲要及基础设施、市场体系专项规划编制完成。芜湖、马鞍山、铜陵等市城市框架逐步拉开，城市功能进一步完善。预计全省城镇化率超过43%。

皖北发展明显提速。省委、省政府坚持把加快皖北发展放到更加突出的位置，制定了加快皖北发展“新10条”政策，并学习借鉴江苏等地经验，在财政扶持、园区共建、土地保障、干部人才等方面加大支持力度，激发了皖北地区加快发展的积极性。全面推进合肥、芜湖、马鞍山等市县与皖北结对合作，落实了一批扶持项目。积极开展“百家民企进皖北”、国企和皖北项目对接等活动。皖北三市七县工业、投资、财政等主要指标增幅均高于全省平均水平。

县域经济保持良好发展势头。在落实第一批下放管理权限的基础上，再次向县级下放144项经济社会管理权限，积极推进扩权强镇试点，完善省直管县和乡财县管体制。县域经济增速连续6年超过全省水平，经济总量占全省比重提高到48%以上。

（七）融资规模再创新高，地方金融体系逐步完善

贷款余额迈上万亿元平台。金融机构新增各项贷款2297亿元，剔除票据融资因素，新增贷款规模高于上年水平。各项贷款余额达到1.17万亿元，增长24.4%，增幅高于全国平均水平。

直接融资势头良好。8家企业发行113亿元企业债券，融资规模居全国前列；7家公司首发上市，11家公司再融资，股票市场融资额171.3亿元；发行中期票据和短期融资券216亿元。直接融资总额500.3亿元，比上年增加103.3亿元。股权投资基金取得突破，芜湖皖江物流产业投资基金获得国家批准，首批募集的50亿元资金已经落实。

地方金融体系建设加快推进。新引进中国进出口银行、汇丰银行、华夏银行等银行业金融机构，工商银行、建设银行合肥区域性金融后台中心建设进展顺利，浦东发展银行异地综合中心开工建设。新批准组建农村银行15家、村镇银行11家、小额贷款公司141家，累计分别达到43家、15家和336家，均位居中西部地区前列。

（八）重点领域改革取得新进展，发展动力逐步释放

医药卫生体制改革进展顺利。全面推开基层医药卫生体制综合改革，推动基层医疗卫生机构向公益性方向回归，实施基本药物和省补充药品零差率销售，开展基本药物集中采购、统一配送，取得了阶段性成效，药品价格平均下降50%左右，得到国务院医改办的充分肯定和人民群众普遍欢迎。芜湖、马鞍山公立医院改革试点进展顺利。

文化体制改革成效显著。省演艺集团、广电传媒集团成功组建，出版、发行集团蝉联全国文化企业30强，229家经营性文化事业单位转企改制，省图书馆、文化馆、博物馆等公益性文化事业单位改

革进一步深化，文化体制改革重点任务基本完成。文化产业增加值5年平均增长30%以上。

农村改革不断深化。基本完成乡镇机构、农村义务教育、县乡财政管理体制等农村综合改革重点任务。惠民直达工程扎实推进，试点范围扩大到35个县区。集体林权制度改革全面推开。土地整治整村推进有序展开，我省被国家列为整体推进农村土地整治示范建设省。

国有企业改革深入推进。省属企业产权多元化步伐加快，国有中小企业改革任务基本完成，省属外贸企业及省属企业科研院所改制工作开始启动。皖北煤电、淮北矿业、淮南矿业等企业在国内外控制煤炭资源取得积极进展，有效缓解了省内后备资源不足的制约。

（九）民生得到进一步改善，社会事业全面进步

人民生活水平继续提高。33项民生工程任务顺利完成，各级财政累计投入345亿元，惠及6000多万城乡居民。城镇居民人均可支配收入15788元，农民人均纯收入5285元，分别增长12.1%和17.3%。居民储蓄存款余额7788亿元，新增1169亿元。

就业和社会保障力度加大。实施更加积极的就业政策，新增城镇就业54.8万人，城镇登记失业率3.7%。城镇职工基本养老保险、失业保险、医疗保险人数分别达到669.5、384和1529.4万人，均完成年度目标任务。新型农村养老保险参保人数349.4万人，被征地农民参保率达97%。20.9万户城市低收入家庭享受廉租房保障，实施棚户区改造22.6万户，农村危房改造4.3万户，均超额完成年初计划。

各项社会事业全面发展。完成了1108万平方米中小学校舍加固，义务教育学校标准化建设加快实施，经费保障标准进一步提高。职业教育大省建设步伐加快。普通高校达到100所，高考录取率提高到67.3%。基层卫生服务体系建设扎实推进，城市社区卫生服务覆盖率90%，新型农村合作医疗参合率96%，补助标准提高到120元。文化艺术精品不断涌现，乡镇综合文化站、农家书屋等文化惠民工程加快实施。对口支援工作进展顺利。

2010年经济社会发展主要预期目标顺利完成，为“十一五”规划的实施画上了圆满句号。五年来，在省委、省政府的坚强领导下，全省上下深入贯彻落实科学发展观，积极抢抓发展机遇，妥善应对各种挑战，成功战胜了历史罕见的多重自然灾害侵袭，有效应对了百年一遇的国际金融危机冲击，经受住了复杂多变的宏观环境严峻考验，经济社会发展取得一系列巨大成就。一是综合实力明显提升。地区生产总值年均增长13%以上，年度波动幅度2个百分点以内，是改革开放以来最为稳定的时期之一。经济总量先后跨过7个千亿元台阶，人均生产总值与全国差距缩小。财政收入由656.5亿元提高到2063.8亿元，增长2.1倍。二是经济结构不断优化。工业化率由4.3%提高到43%左右，年均提高1.7个百分点以上。规模以上工业企业由5277户增加到1.65万户，五年新增1.12万户。自主创新引领带动作用增强，战略性新兴产业加速涌现。城镇化率由35.5%提高到43%以上，年均提高1.5个百分点以上，每年有超过100万人口由农村进入城镇。皖北及县域发展活力明显增强，区域结构发生积极变化。重点流域环境质量有所改善，“十一五”节能减排目标全面完成。三是基础设施建设取得突破。累计完成固定资产投资3.65万亿元，是“十五”时期的4.6倍。新增铁路营业里程491公里、高速公路通车里程1428公里、港口吞吐能力1.6亿吨，以快速客运专线为重点的大规模铁路建设全面展开，以干线铁路、高速公路、长江和淮河航道及民航机场为骨架的综合交通体系进一步确立。建成两淮亿吨级大型煤炭基地和皖电东送一期工程，新增煤炭生产能力4750万吨，电力装机1711万千瓦，天然气实现西气和川气双气源供气，能源保障程度进一步提高。14项治淮骨干工程全面建成，新一轮治淮工程开始启动，淮河流域防洪保安能力明显增强。覆盖全省的第三代移动通信网基本建成，光纤通讯线路、电话和互联网通达所有行政村。四是改革开放迈出新步伐。基层医药卫生体制改革、文化体制改革、地方金融体系建设和农村综合改革走在全国前列，国有企业改革不断深化。对外开放水平进一步提高，五年累计实际利用外资205亿美元，到位省外资金1.8万亿元，年均分别增长27%和53%，已有51家世界500强企业落户我省。五是人民生活进一步改善。通过实施重点民生工程，就业和社会保障体系逐步完善，教育、卫生、文化等公共服务水平不断提高，低收入群体就业难、入学难、就医难等问题得到缓解。五年累计新增城镇就业252.6万人，新转移农村劳动力320万人，基本养老保险实现省级统筹，最低生活保障实现城乡全覆盖，城乡居民收入年均分别增长

13.3%和14.9%。六是在全国发展格局中的地位日益凸显。皖江城市带承接产业转移示范区上升为国家战略，合芜蚌自主创新综合试验区和国家技术创新工程试点省形成全国性品牌，参与长三角区域发展分工迈出实质性步伐，与央企民企合作发展全面推进。

在充分肯定“十一五”成绩的同时，也要清醒地认识到经济社会发展中存在的问题。主要是：新兴产业规模小，服务业比重偏低，产业结构层次仍然较低；城镇化进程滞后，中心城市带动能力不强，促进城乡统筹和区域协调发展任重道远；节能减排长效机制尚需建立，环境治理和生态保护任务十分艰巨；社会管理、教育、卫生、社会保障、住房、食品安全等领域仍有不少亟待解决的问题。对此，我们将高度重视，采取有力措施认真加以解决。

二、2011年国民经济和社会发展计划草案与重点工作

2011年是“十二五”规划开局之年，也是实现经济持续较快增长、加快转变发展方式的关键之年。今年经济社会发展面临诸多有利条件：国内外产业转移势头方兴未艾，长三角区域分工合作逐步深入，有利于我省充分发挥区位、交通等综合优势，提高承接产业转移规模和水平；自主创新深入推进，战略性新兴产业加快培育，将催生一批新的经济增长点；随着促进区域发展政策效应进一步显现，皖北和县域经济发展活力持续增强；经过多年来坚持不懈加大投入，一批重大项目陆续建成，长期积蓄的能量加速释放。但国际金融危机的深层次影响尚未完全消除，不确定因素仍然较多；稳定物价压力较大，信贷规模总体收紧，能源原材料、劳动力等成本持续上升，外贸出口面临新困难，保持经济平稳运行难度加大。对此，既要坚定加快发展的信心，抢抓机遇、乘势而上，更要充分考虑各方面不利因素，积极做好应对准备。

（一）认真贯彻中央宏观调控政策，努力保持经济平稳较快发展

加强经济运行调节。密切关注发展环境变化和国家宏观政策动向，加强经济运行分析研判，及时采取有针对性的应对措施，努力巩固经济平稳较快发展的良好势头。深入开展调查研究，有效解决企业生产经营中遇到的融资、用工、出口等困难。运用政府采购等手段，促进地产品销售。落实税费减免政策，努力减轻企业负担。进一步加强煤电油气运调度衔接。

进一步强化金融支撑。引导商业银行积极争取总行支持，加快信贷投放进度，确保信贷资金增幅高于全国平均水平。加大金融创新力度，完善信贷风险补偿机制，提高中小企业和“三农”金融服务水平。加快企业上市进度和后备资源培育，继续做好企业债券、短期融资券和中期票据发行工作，大力发展各类股权投资基金，支持创业投资做大做强，力争直接融资规模高于上年。

增强消费需求对经济增长的拉动作用。积极培育新的消费热点，大力发展文化、体育健身、教育培训、老年护理等服务性消费。加快实施“万村千乡”市场工程和“新网工程”，推动农村商业连锁经营和统一配送，加强县城和农村文化、网络、体育健身等基础设施建设。继续开展家电、摩托车、农机、建材下乡及家电以旧换新。落实促进房地产市场健康发展的政策。优化整合各类旅游资源，完善旅游基础设施，推动文化与旅游有机融合，进一步提高旅游业竞争力。

努力稳定价格总水平。认真落实国家稳定物价的各项政策，加强“菜篮子”工程建设，做好基本生活必需品、重要生产资料的市场供应和产运销衔接工作。加强价格监测预警工作，健全价格信息发布制度。控制出台政府性提价项目，强化价格监督检查。完善价格上涨与保障低收入群体基本生活的补助联动机制，确保低收入群体基本生活不因物价上涨而受到大的影响。

（二）坚持扩大有效投入，着力优化投资结构

全面提升“861”行动计划。初步安排，2011年“861”重点项目2654个，总投资3.7万亿元，年度计划投资3618亿元。坚持实施项目带动战略，围绕省委“十二五”建议确定的八大产业基地和六大基础工程，进一步充实完善重点项目库。健全“861”项目省市县三级协调调度制度，加强省重点调度项目的专项调度，扎实做好规划选址、征地拆迁、环境评价等工作，确保列入开工计划的项目尽早开工建设，列入竣工计划的项目按时投产。积极推进已列入“十二五”规划的重大项目前期工作，争取尽快启动实施。

进一步优化投资结构。坚持从项目储备入手，紧紧围绕市场和政策两个导向，充分调动市县、企业和科研院所三个方面的积极性，重点谋划储备一批战略性新兴产业、先进制造业、现代服务业和重大基础设施项目，为优化投资结构打好基础。认真落实行业准入、融资支持、税费减免等支持政策，

促进民间投资健康发展。

继续做好中央投资争取和项目实施工作。根据中央预算内投资投向，围绕保障性安居工程，水利、农业、教育卫生基础设施，节能减排和生态环保、自主创新能力建设和战略性新兴产业等重点领域，抓紧做好项目申报工作。围绕建设进度、资金到位、资金使用以及工程质量等环节，加大扩大内需中央投资项目监督检查力度，强化重点领域专项稽查，落实整改措施，在确保工程质量的前提下，督促项目单位做好项目竣工验收工作，尽早建成投产发挥效益。

（三）加快自主创新和产业结构调整步伐，提升产业竞争力

大力推进自主创新。全力推进合芜蚌自主创新综合试验区和国家技术创新工程试点省建设，加强科技成果研发转化交易、技术中介服务、科技资源共建共享等公共服务平台建设。组织实施一批重大科技专项和高新技术产业化重点项目，创新产学研结合机制，再组建一批产学研战略联盟，力争在核心技术和关键领域取得突破。继续做好国家级工程研究中心、工程实验室和企业技术中心申报工作，在平板显示、LED 外延片及芯片、工业余热利用、新型玻璃基板、新型铜基材料等领域建设一批国家级创新平台。加快推进股权激励等改革，完善创业风险投资等创新支持体系。

加快培育战略性新兴产业。围绕电子信息、节能环保、新材料、生物、新能源、高端装备制造、新能源汽车、公共安全等重点领域，制定发展规划，明确发展方向，落实细化支持政策。实施战略性新兴产业“千百十”工程，支持 2 - 3 个特色产业基地、20 户左右重点企业、200 个左右重点项目建设，尽快形成一批特色鲜明、核心竞争力较强的产业集群。启动 100 项战略性新兴产业重大技术攻关。坚持省市联手、部门联动、形成合力，多渠道加大对战略性新兴产业的投入力度，省战略性新兴产业专项资金集中用于支持若干成长性高的重点企业和项目。面向国内外战略投资者，积极引进一批牵动性强、技术含量高的重大项目。

巩固提升传统优势产业。继续推进冶金、建材、化工等行业的兼并重组，进一步延伸产业链条，提高产业集中度和市场竞争力。加强六大装备制造产业基地建设，加快汽车、家电等行业产品结构调整，增强研发能力，完善配套水平，提高中高端产品比重。巩固壮大纺织服装、农产品加工等劳动密集型产业，着力培育一批有市场影响力的品牌。着手编制全省重点产业生产力布局和调整规划，力争一批产业基地和重大项目进入国家重点产业生产力布局和调整规划。

大力发展现代服务业。完善并落实加快服务业特别是新兴服务业发展的扶持政策，推进服务业规模化、品牌化、网络化经营，支持现代物流、信息服务、文化创意、服务外包、养老服务等重点项目建设。制定黄山市国家服务业综合改革试点方案并全面实施，继续开展省级服务业综合改革试点，启动 20 个左右特色鲜明的现代服务业集聚区建设。制定服务业发展绩效考核办法。加强服务业统计监测，完善统计调查方法和指标体系。

（四）夯实农业农村基础，拓宽农民增收渠道

大力发展现代农业。按照稳定面积、主攻单产、提高品质的总体思路，全面实施新增粮食生产能力规划，深入开展粮食生产三大行动和高产创建活动，进一步优化农业区域布局，促进粮食稳产增产。稳定棉花、油料生产。继续支持生猪、奶牛标准化规模养殖场建设。完善农产品质量安全检验检测体系，建设一批县级农产品质检站。加快国家级现代农业示范区建设，启动 20 个省级示范区建设，积极发展设施农业和特色农业。

提升农业产业化水平。启动实施农业产业化“671”转型倍增计划。抓住国家引导农产品加工企业在产区布局的机遇，积极推进农业产业化示范园区建设，着力引进和培育一批龙头企业，促进优势产业集群发展。支持农产品市场体系建设，新建一批大中型农产品交易市场、粮油仓储设施和粮食现代物流项目。大力发展各类农民专业合作社，提高农业经营组织化程度。

多渠道促进农民增收。认真执行小麦、水稻最低收购价，落实好良种补贴、农机购置补贴、农资综合直补等政策。认真组织实施农村劳动力转移培训，加强就业公共服务机构建设，完善用工供需信息服务网络。鼓励农民就地就近就业，支持农民工返乡创业，拓展非农就业空间。以皖北和大别山区等集中连片贫困地区为重点，加大扶贫开发和以工代赈力度，积极稳妥开展易地扶贫搬迁试点，再减少贫困人口 40 万人。进一步完善大中型水库移民后期扶持工作机制。

（五）进一步提高招商引资水平，加快对外开放步伐

推动招商引资工作再上新台阶。牢牢把握国内

外产业加速转移的机遇，重点引进产业关联度高、带动力强的基地型和龙头型项目，培育有较强竞争力的产业集群和主导产业。将招商引资与招才引智结合起来，积极引进国内外高层次人才和创新团队。全力抓好与央企和民企合作成果跟踪落实，加快推进前期工作，确保项目尽快落地；围绕央企民企结构调整方向和我省发展需求，进一步拓展合作领域，提升合作层次，探索建立长效合作机制。出台进一步提高招商引资水平的指导意见，加强统筹协调，引导各地有序竞争、科学承接，切实把好产业布局、投资强度和环境评价关。

努力实现利用外资新突破。重点引进世界500强及行业龙头企业设立生产研发基地，鼓励设立地区总部和投资性公司。大力发展服务外包，加快信息咨询、中介服务、医疗卫生、文化教育等服务业对外开放。扎实做好赴台湾经贸文化交流活动各项准备工作，确保取得实效。抓住人民币升值的有利时机，努力扩大利用外国政府和国际金融组织贷款规模，争取安徽交通路网、淮南水环境治理、黄山新农村建设等项目进入国家对外借款规划。继续支持有条件的企业加快“走出去”步伐，在国内外建设生产加工和资源供应基地。

促进开发区转型升级。集中力量办好现有省级以上开发区，科学编制和修订开发区总体规划，完善基础设施及公共服务、生活服务等配套设施，提高开发区产业承载力和整体竞争力。进一步明确开发区主导产业定位，鼓励各地培育一批各具特色的专业化园区。创新开发区管理体制，优化机构设置、职能配置和运行机制。继续支持具备条件的开发区扩区升级。鼓励合作共建开发区，整体承接产业转移；积极引进战略投资者，对开发区实行集中连片开发。制定促进开发区转型升级的指导意见。

继续稳定和拓展外需。进一步巩固传统外贸市场，积极开拓新兴市场。以中小企业为重点，努力培育更多有竞争力的外贸主体。加强出口产业集群和出口基地建设，扩大机电、高新技术和自主品牌产品出口。继续支持建材、化工、水利、建设等行业优势骨干企业对外承揽大型工程，带动成套设备出口。加大先进技术、关键设备及重要资源原材料进口，促进传统产业优化升级。

进一步深化长三角区域分工合作。认真落实长三角地区主要领导座谈会精神，做好今年合作与发展的轮值工作。继续推动市场准入、要素市场、科技创新、区域通关、金融服务、信息平台、信用建设等方面的合作，加快与长三角一体化发展的进程。加强异地商会组织建设，发挥在区域合作中的桥梁纽带作用。扩大与珠三角、环渤海、海峡西岸及中西部地区的合作交流。

（六）加快新型城镇化步伐，构建现代城镇体系

积极探索具有安徽特色的城镇化道路。切实把城镇化作为推动全面转型、加速崛起的重大战略，努力实现城镇化与工业化的良性互动。编制城镇化总体规划，合理确定城市空间布局和功能定位，加快形成以中心城市为核心、中小城市和小城镇为基础的现代城镇体系。坚持高起点规划、高品位建设、高水平管理，改善城市形象，完善城市功能。开展户籍制度改革试点，打通农村居民进入城镇的通道，真正使进城农民进得来、住得下、过得好。

大力培育区域中心城市。支持合肥加快建成在全国有较大影响力的区域性特大城市，推进现代产业基地、区域交通枢纽建设，增强产业支撑力、基础设施承载力和辐射带动力，提升在全国省会城市中的地位。完善合肥经济圈工作推进机制，加快基础设施、产业布局、要素市场、环境保护等一体化发展步伐。支持芜湖市做大做强，推进芜马同城化、铜池一体化和跨江联动发展，加快建设现代化滨江组团式城市。引导安庆、蚌埠、阜阳进一步拉开城市框架，打造皖西南、皖北、皖西北区域中心城市。推动资源型城市转型发展。

提升县域城镇化水平。以县城为重点，加快县域城镇化步伐，强化基础设施和产业支撑，完善公共服务和居住功能，尽快形成一批有带动力的中小城市。选择一批区位条件和产业基础好、发展潜力大的中心镇，按小城市进行规划建设和管理。

抓好城乡一体化综合配套改革试点。鼓励和引导合肥、芜湖、马鞍山、铜陵、淮南、淮北6市在总结试点经验的基础上，积极探索打破城乡分割的管理体制，加快基础设施、产业布局、公共服务、社会管理等一体化步伐，更好地发挥城市对农村的带动作用。指导具备条件的市县编制城乡一体化发展规划。

（七）坚持分类指导，促进区域经济协调发展

全力推进皖江城市带承接产业转移示范区建设。支持一批产业基础及区位交通条件较好的开发区做大做强，形成品牌效应。发挥专项规划引领作用，加强示范区交通、物流、口岸等基础设施建设，拓宽融资渠道，加快职业教育发展，改善承接产业转移的配套条件。继续加强与国家有关部委的

衔接，争取更大政策支持，完善省支持示范区建设的政策。完成江北、江南产业集中区控制区域总体规划，全面拉开起步区建设框架，科学确定经济社会管理权限，创新招商方式和建设模式，在引进战略投资者、承接产业链整体转移等方面实现突破。加强与沪苏浙两省一市对接，联动实施长三角区域规划和皖江示范区规划。

支持皖北地区加快发展。编制皖北地区“十二五”发展规划，完善加快皖北发展的思路和举措。优先安排重大能源项目在皖北布点，提升煤化工、农产品深加工、纺织服装等传统优势产业，培育节能环保、新能源、生物医药、现代中药等战略性新兴产业。加快交通、水利等重大基础设施建设，把治水与治污结合起来，进一步改善皖北发展条件。制定降低皖北市县基础设施项目配套资金比例的具体办法。继续深化南北结对合作，不断拓展合作领域，构建优势互补的区域合作机制。做好合肥、芜湖、马鞍山与阜阳、亳州、宿州合作共建园区的协调服务工作。

加快皖南和皖西地区发展步伐。支持皖南和皖西地区从实际出发，积极发展具有比较优势的先进制造业、战略性新兴产业和现代服务业。推进皖南国际旅游文化示范区建设，加强皖西大别山区生态资源开发，加快发展旅游业及特色农业，把资源和生态优势转化为产业和竞争优势。

大力发展县域经济。进一步扩大县域经济社会管理权限，完善县域分类考核办法。开展产业集群优势县认定工作，培育壮大县域特色主导产业。继续做好小城镇综合改革试点工作，落实扩权强镇试点的各项政策措施，打造一批宜居宜业的经济强镇。

（八）坚持不懈推进节能减排，加强生态文明建设

严格落实目标责任。今年国家将在“十一五”节能减排指标基础上，增加氨氮和氮氧化物排放量等约束性指标，节能减排的任务更加艰巨。根据国家下达的节能减排目标任务，科学合理制定“十二五”节能减排方案，并分解落实到各市。进一步完善节能减排办法。做好国家评价考核“十一五”节能减排目标完成情况的相关工作。

完善全社会节能工作机制。建立节能监测体系，加强重点耗能单位节能管理。支持100个省级重大节能示范工程建设，加快工业、建筑、交通运输等重点领域节能技术改造，继续推进节能发电调度工作，提高能源利用效率。大力实施节能产品惠民工程和绿色照明工程，争取更多产品列入国家计划。加大推行合同能源管理力度。加强节能减排宣传，倡导绿色消费。

加强污染治理和生态保护。加快推进淮河、巢湖流域水污染综合治理，启动污水处理厂提标改造和污泥处置工程。加大长江、新安江流域水污染防治力度，重点建设污水处理厂配套管网。全面加快县级垃圾处理场建设。加强大气污染防治。继续支持一批生态省示范基地和项目建设，保护与恢复大别山区、新安江上游等水源涵养区和生物多样性保护区的生态功能。

大力发展循环经济。在抓好现有国家和省级循环经济试点基础上，建设100个省级示范单位。开展循环经济统计试点，健全统计指标体系和考核评价体系。完善资源综合利用产品认证，提高煤炭、电力、建材、化工等行业资源综合利用水平。推动清洁发展机制国际合作。

（九）深化重点领域改革，增强体制机制活力

继续深化国有企业改革。进一步深化国有企业公司制改革，完善法人治理结构，重点推进符合条件的集团公司整体上市。继续支持骨干企业开展跨地区兼并收购，着力打造具有较强竞争力的大企业大集团。组织实施初创企业、微小企业扶持工程和中小企业成长工程，培育更多充满活力的市场主体。

进一步完善地方金融体系。支持合肥区域性金融中心建设。继续引进境内外银行业金融机构，支持股份制银行加快省内布点。加快组建农村合作和商业银行、村镇银行，规范发展小额贷款公司。促进融资平台公司规范发展，提高信用等级，增强融资能力。充分发挥省担保集团的龙头作用，健全省市县三级信用担保体系。加快发展财务公司、金融租赁公司等非银行金融机构。加强与保险机构的战略合作，支持证券、信托等机构做大做强。

巩固基层医药卫生体制改革成果。开展基层医药卫生体制改革检查验收和总结评估，完善绩效考核、经费保障等机制和药品采购配送相关办法，提高基本药物配送到位率，建立保障药品供应的长效机制。加强基层卫生人才队伍建设。总结芜湖、马鞍山试点经验，着手开展公立医院改革前期调研工作。制定鼓励和引导社会资本举办医疗机构的政策。

审慎稳妥推进资源性产品价格改革。适时推行

居民阶梯电价改革，继续开展电力直接交易试点工作，完善可再生能源发电定价和费用分摊机制，开展发电权交易及跨区跨省送电管理体制改革。逐步理顺天然气与可替代能源比价关系，建立天然气上下游价格联动机制。继续推进排污权有偿使用和交易试点工作，调整污水排污收费标准。

深入推进农村改革。加强政策指导和服务，鼓励农民依法自愿有偿开展土地流转和股份合作，发展多种形式的适度规模经营。结合农村土地整治整村推进，统筹开展新一轮村庄规划、农村环境整治、新型农村社区建设等工作。继续推进农村综合改革。

（十）更加注重保障和改善民生，大力发展社会事业

加强就业和社会保障工作。坚持把就业放在优先位置，完善促进就业的综合性政策，突出抓好高校毕业生、农村转移劳动力、城镇就业困难人员和退役军人的就业工作。继续提高最低工资标准，推进企业工资集体协商制度，维护劳动者合法权益。积极推进社会保险扩面征缴，落实社会保险关系转移接续政策，规范养老保险省级统筹，全面实行工伤保险市级统筹，扩大农村新型养老保险试点范围，继续完善被征地农民养老保险制度，健全社会救助体系。加快建设保障性安居工程，新建保障性住房及实施棚户区改造40万套以上，着力解决低收入群体住房问题。

大力发展教育卫生文化等各项社会事业。全面落实省中长期教育规划纲要，扎实开展国家教育体制改革试点，统筹推进义务教育均衡发展，组织实施学前教育三年行动计划。大力发展职业教育，支持建设一批实训基地，调整和新增相关专业设置。提升高等教育质量，建设高等教育强省。加快建立覆盖城乡的基本医疗保障体系，提高公共卫生和基本医疗服务水平。进一步提高新型农村合作医疗保障水平。巩固文化体制改革成果，大力发展公益性文化事业，提升文化产业竞争力。继续加强人口与计划生育工作。

巩固提升民生工程。实施33项民生工程，财政投入总规模388亿元。进一步落实责任制，优化财政支出结构，优先安排民生工程资金，确保各项政策落到实处，让人民群众得到更多实惠。建立健全稳定多元的筹资机制，完善评估考核奖惩办法，不断推进民生工程与社会事业发展、社会保障体系建设有效衔接。

继续做好对口支援工作。全面推进对口支援新疆各项工作，完成对口援建松潘收尾工作，继续做好对口支援西藏山南和重庆渝北工作。各位代表，今年经济社会发展任务十分艰巨。我们要在省委、省政府坚强领导下，在省人大的监督支持下，深入贯彻科学发展观，认真落实本次大会通过的各项决议，振奋精神，坚定信心，全面完成2011年各项任务，努力实现“十二五”良好开局，为全面转型、加速崛起、兴皖富民作出新的更大贡献。

关于安徽省2010年预算执行情况和2011年预算草案的报告（摘要）

——2011年1月18日在安徽省第十一届人民代表大会第四次会议上

安徽省财政厅

一、2010年预算执行情况

2010年，全省上下坚持以科学发展观为指导，认真落实积极财政政策，抢抓机遇，迎难而上，扎实工作，有效应对宏观环境复杂变化，在经济平稳较快增长的基础上，全省财政继续保持良好发展势头，圆满完成了省十一届人大三次会议批准的年度预算。

——创佳绩实现收支圆满收官。2010年，全省财政总收入突破2000亿元大关，实现2063.8亿元，比上年增加512.6亿元，增长33.0%，完成预算的119.2%。地方财政收入突破1000亿元大关，实现1149.4亿元，增长33.0%。全省财政支出2583.5亿元，比上年增加441.6亿元，增长20.6%，完成预算的116.5%。省级一般预算收入180.7亿元，比上年增加43.7亿元，增长31.9%，完成预算的158.9%。省级财政支出552.5亿元，比上年增加88.3亿元，增长19.0%，完成预算的134.7%。税收对财政收入拉动作用明显，税收收入占财政总收入的比重达85.6%，财政收入质量稳步提高。区域财政发展良性互动，合肥、芜湖、马鞍山、安庆、淮南、蚌埠6市财政收入超百亿元，其中：合肥市财政收入476.2亿元；皖北三市七县财政收入229.7亿元，增长36.6%，高于全省平均增幅3.6个百分点。支出进度继续加快，全省年终滚存结余78.6亿元，其中：结转下年支出70.4亿

元，净结余8.2亿元。省级年终滚存结余31.5亿元，其中：结转下年支出31.1亿元，净结余0.4亿元。上述预算执行数字在决算编制汇总后，还会有些变化。

——谋举措促进发展方式转变。坚持发展和转型同步，投资和消费共进，产业和区域并举，充分发挥财政职能作用，积极采取有效措施，持续增强全省经济发展后劲和活力。加大政府公共投资。增加政府性投入带动投资快速增长；协议利用国际金融组织和外国政府贷款6.1亿美元；支持省级融资平台协议利用国家开发行贷款117.4亿元；积极争取财政部代理发行地方政府债券89亿元，发行额度居全国前列，有力地保障了中央公共投资配套和全省重点建设项目资金需要。拉动消费需求增长。用足用活家电、汽车、摩托车、农机下乡和家电、汽车以旧换新政策，兑付“四下乡两换新”产品补贴资金38.3亿元，财政补贴资金兑付率位居全国第一，拉动市场销售311.2亿元；安排促进外经贸发展资金4.6亿元，刺激进出口恢复增长，促进内外需协调发展。支持产业结构调整。安排25亿元，大力推进自主创新和战略性新兴产业发展；统筹安排16.2亿元，支持节能减排和循环经济发展；安排7亿元，支持国家技术创新工程试点省和合芜蚌自主创新综合配套改革试验区建设；投入6.4亿元，支持创建13家投资基金公司，撬动社会资本40.2亿元；统筹安排1.3亿元，用于对金融机构奖补，优化“三农”、中小企业和非公经济发展金融环境；安排1.7亿元，用于江淮、奇瑞、星马三大汽车企业提高自主研发能力；安排1亿元，支持深化文化体制改革和文化产业发展；安排1.1亿元，培育旅游支柱产业；安排12.1亿元，推进资源枯竭城市转型和生态功能区保护，有力地促进了经济转型升级。促进区域协调发展。安排10亿元专项资金，大力支持皖江城市带承接产业转移示范区建设；安排5.4亿元专项补助资金，支持皖北三市七县加快发展；新增安排20亿元均衡性转移支付，提高县级基本公共服务均等化水平，皖北三市七县受益14.5亿元，占72.5%；安排20.5亿元财政强县和税收增长等奖励资金，鼓励县域经济加快发展。

——惠民生推动社会和谐建设。2010年，全省民生支出1096亿元，增长27.4%，占全省财政支出42.4%，同比提高2.3个百分点，地方财力新增部分80%用于民生投入。其中：投入33项民生工程资金345亿元，占全省民生支出的31.5%。提高教育事业发展水平。持续加大教育投入，统筹安排123.4亿元，提高义务教育公用经费标准，保障校舍安全工程资金需求，完善家庭经济困难学生资助体系建设，促进义务教育均衡发展，加快推进职教大省和高教强省建设。调整国民收入分配格局。投入25.2亿元，提高优抚对象保障水平和企业退休人员养老金标准；城乡低保、农村五保进一步扩面提标；全省企业职工基本养老、基本医疗、失业保险基金支出分别为259亿元、63.9亿元、7亿元，社会保障体系进一步健全。发放2.6亿元价格临时补贴和伙食补贴，帮助困难群体应对物价上涨。促进全民创业，增加城乡居民收入。规范行政事业单位津补贴，缩小地区间收入差距。保障医药卫生体制改革。全面推开基层医药卫生体制综合改革，投入20.3亿元，在全国率先实现基本药物制度基层全覆盖，基层医疗卫生机构公益性管理体制和新的运行机制初步建立。公立医院改革试点稳步推进。促进就业和住房等保障体系建设。统筹安排就业资金20.6亿元，支持解决高校毕业生、农民工、困难群体就业；统筹安排47.5亿元，推进廉租住房、公共租赁房、棚户区改造和农村危房改造等保障性安居工程建设，改善群众住房条件。

——增投入加快城乡统筹步伐。2010年，全省“三农”支出842.7亿元，增长24.7%，高于全省财政支出增幅4.1个百分点。健全投入机制，推进涉农资金整合，有力促进了农业农村各项事业发展。支持现代农业。安排1.7亿元，支持农业产业化“532”提升行动和24个现代农业综合开发示范区建设；下达产粮、产油大县奖励资金14.7亿元，促进全省粮油生产；安排2.7亿元，改造92万亩中低产田和建设25万亩高标准农田；安排0.8亿元，支持涡阳、利辛等皖北6县7.5万亩“高产高效吨粮田”建设；安排14.5亿元，支持农村交通、病险水库除险加固、小型农田水利等重大基础设施建设。落实惠农政策。通过“一卡通”及时兑现各项涉农补贴资金146.3亿元，增长21.2%，农民人均直接受益372元；安排扶贫资金9.7亿元，促进贫困地区脱贫致富；安排9.6亿元支持农业政策性保险，为2163万次农户提供270亿元农业风险保障；安排2亿元，支持实施新增粮食生产能力规划；安排2.9亿元全力支持春耕生产、夏粮抢收和防汛抗旱，最大限度减少灾害对农业造成的损失。促进农村繁荣。安排2.6亿元，支持“千村百镇”

示范工程建设；投入4.6亿元，支持村级卫生服务设施和村级计生服务体系建设；投入19.2亿元，推进村级公益事业建设“一事一议”财政奖补试点；投入8.8亿元，健全村级组织运转经费保障机制；统筹安排14.1亿元，支持林业生态工程建设；统筹安排16.9亿元，支持整体推进农村土地整治示范省建设。

——重管理提升依法理财水平。全面推进财政科学化精细化管理，增创安徽财政工作新优势。在全省财政系统开展“学习提升年”活动，深入开展以“科学理财创先进，学习沈浩争先锋”为主题的创先争优活动，不断激发广大财政干部干事创业的活力和激情。全面加强管理基础和基层建设。扎实开展创建规范化乡镇财政所（分局）工作，建立“百名乡镇联系点”制度。正式启用财政一体化信息管理系统，稳步实施财税库银横向联网，大力推进政府非税收入征管和政府采购信息化建设。扩大“惠民直达工程”试点范围。全面加强预算管理。完善政府预算体系，从上年起实现省级国有资本经营预算报送省人大审查。建立提前通知对下转移支付制度，提高各级预算编制的完整性。加强预算执行管理，出台结转结余资金管理办法，建立完善预算执行每月调度、上门协商、进度考核和支出责任制度，财政支出进度明显加快。继续扩大预算支出绩效考评试点范围。进一步落实党政机关厉行节约各项要求，公务用车、公务接待、公款出国（境）三项经费继续保持零增长。全面加强财政监督。确立“全员参与、全面覆盖、全程监控”的财政大监督理念，积极构建“预算编制、预算执行、监督检查、绩效评价”四位一体的监督管理新机制。深入开展“小金库”专项治理和强农惠农资金专项清理检查。自觉接受人大、审计和社会监督，主动听取人大代表和政协委员对财政工作的意见和建议，全年按时办结建议提案308件，办理质量和办复结果满意率进一步提高。

2010年，为“十一五”画上了圆满句号。五年来，在各级党委、政府正确领导下，在各级人大、政协和社会各界的关心支持下，全省经济社会建设取得辉煌成就，财政改革发展发生喜人变化。

一是争先进位，财政收支规模五年倍增。五年来，坚持依法理财，立足跨越发展，财政实力跨上崭新台阶。“十一五”时期，全省财政收支累计完成6792.5亿元、8556.5亿元，分别是“十五”的3倍和3.2倍，年均增长25.7%和29.4%，收支总量和增幅在中部地区和全国位次明显前移。财政综合实力不断壮大，对经济社会发展的支撑力和调控力明显增强，办了一些多年想办而没能力办的大事，办了一批事关群众切身利益的实事，并为“十二五”发展打下了坚实的财力基础。

二是主动作为，服务经济发展措施得力。五年来，坚持服务大局，推动加速崛起，财政宏观调控更加有效。紧贴财政政策走向，服务实施六大战略，统筹区域协调发展，有效扩大政府公共投资，积极拉动消费需求增长，加快推进自主创新和战略性新兴产业发展，培育和壮大市场主体，增强发展后劲，特别是为应对国际金融危机冲击，全面落实结构性减税政策，出台一系列保经济增长措施，及时安排25亿元支持建立中小企业信用担保基金和贷款风险补偿资金，为安徽经济总量跨越万亿台阶作出了重要贡献。

三是以人为本，加强社会建设力度空前。五年来，坚持民生优先，促进社会和谐，在全国率先组织实施民生工程，让广大群众共享改革发展成果。“十一五”时期，全省财政民生投入3169.2亿元，年均增长33.8%。促进就业政策全面落实，城乡免费义务教育全面实现，最低生活保障制度城乡全面覆盖，五项社会保险制度全面实施，基层医药卫生体制改革全面推开，公共文化服务体系建设全面推进，保障性住房体系全面构建，政府向社会提供更多更优的公共产品和服务。

四是统筹城乡，推进强农惠农成效显著。五年来，坚持统筹发展，加大“三农”投入，公共财政支出更多普惠农村。“十一五”时期，全省财政“三农”投入2649.8亿元，年均增长30.4%；通过“一卡通”发放各项涉农补贴492亿元，农民人均受益1217元。农村基础设施和生产生活条件持续改善，现代农业加速推进，农业产业化水平显著提高。农村综合改革全面推进，村级公益事业建设财政奖补试点工作全面实施，村级组织运转经费保障机制全面建立。财政支持新农村建设成效明显，城乡一体化进程不断加快。

五是改革创新，公共财政体系逐步完善。五年来，坚持科学管理，转变理财思路，积极构建有利于科学发展的体制机制。初步构建公共财政预算、政府性基金预算、国有资本经营预算和社会保险基金预算相互衔接的预算体系。部门预算、国库集中收付和政府采购制度全面实行。省以下财政管理体制逐步完善，统一规范透明的转移支付制度初步建立，基本公共服务均等化水平明显改善。省直管县和乡财县管改革取得成效。财政“五五”普法顺利实施。财政依法理财和科学化精细化管理水平全面提高。

在看到成绩的同时，我们也清醒地认识到，当前我省财政改革发展中仍然面临不少困难和问题。主要是：人均财政收支水平偏低，财政收支矛盾依然突出；区域财政发展均衡性不够，基本公共服务均等化水平有待提高；财政资金使用绩效还不高，财政管理和监督有待加强；政府债务管理机制尚未健全，财政风险不容忽视；等等。我们要高度重视，继续切实采取有效措施，努力加以解决。

二、“十二五”财政发展的指导思想和目标任务

“十二五”全省财政改革发展的指导思想是：坚持以邓小平理论和“三个代表”重要思想为指导，以科学发展为主题，以全面转型、加速崛起、兴皖富民为主线，加强和改善财政宏观调控，优化财政支出结构，深化财税制度改革，推进财政科学化精细化管理，努力构建有利于科学发展的财税体制机制，建设发展型财政、民生型财政、创新型财政、绩效型财政、法治型财政，为实现全省经济繁荣、人民富足、生态良好的发展目标提供更加坚实有力的财政保障。

“十二五”我省财政改革发展的主要目标是：到2015年，力争全省财政总收入超过4000亿元，五年实现翻一番；力争全省财政支出超过5000亿元，财政收支总量在全国位次进一步前移，人均财政收支与全国平均水平的差距进一步缩小。实施“超十过百进千”工程，即：到2015年，力争50个县财政收入超过10亿元，13个市财政收入突破100亿元，合肥市财政收入跨上1000亿元。政府间分配关系更加完善，财力与事权合理匹配，转移支付制度更加科学，基本公共服务均等化水平显著提高；财政法制进程不断加快，财政管理制度更加健全，财政支出结构进一步优化，财政管理绩效明显提升。围绕上述目标，“十二五”财政工作的主要任务是：

（一）*建设发展型财政，推动安徽加速崛起*。贯彻落实国家扩大内需战略，坚持工业化城镇化双轮驱动，着力推动转型发展、开放发展、创新发展、和谐发展，加强和改善财政宏观调控，做好科学生财、聚财、用财的文章，健全财政经济良性互动发展机制，促进我省经济长期平稳健康发展。

（二）*建设民生型财政，提高群众幸福指数*。牢固树立民生优先理念，把保障和改善民生作为财政工作的出发点和落脚点，继续加大民生投入，巩固提升民生工程，夯实农业农村发展基础，加大收入分配调节力度，重点解决好教育、就业、社保、医疗、住房等事关群众切身利益的民生问题，进一步加强社会建设，构建符合省情、比较完整、覆盖城乡、可持续的基本公共服务体系，让更多群众共享改革发展成果。

（三）*建设创新型财政，增强体制机制活力*。合理界定省以下各级政府事权和支出责任，按照财力与事权相匹配的原则，进一步完善省以下财政体制，加快完善县级基本财力保障机制，建立统一规范透明的财政转移支付制度。贯彻和推进税制改革，逐步健全地方税体系。健全预算管理制度，完善政府预算体系，深化部门预算、国库集中收付、政府采购等制度改革。

（四）*建设绩效型财政，提升财政管理水平*。规范预算编制管理，合理配置财政资源，进一步增强预算编制的完整性和准确性。强化预算执行管理，加快财政支出进度，明晰财政支出责任，不断提高预算执行的均衡性和有效性。严格财政监督管理，健全监督机制，改善监督方式，提高财政资金使用效益。加强政府债务管理，完善管理制度，积极防范和化解财政风险。建立健全预算绩效管理制度。

（五）*建设法治型财政，推进依法理财治税*。进一步健全财政法规制度体系，规范财政执法行为，推进财政依法行政。依法加强收支管理，自觉接受人大、审计和社会监督。稳步推进财政预算公开，加快预算公开的法制化、规范化进程，不断增强财政预算的透明度。组织开展财政“六五”普法工作，提高依法理财能力和水平。

三、2011年财政预算安排和主要工作

综合分析影响经济社会发展和财政收支的各项因素，2011年财政收支矛盾依然突出。2011年是“十二五”开局之年，安排好2011年财政预算，对于确保“十二五”全省经济社会发展开好局、起好步意义重大。

全省预算：根据市县预算汇编及经济增长和财税政策变化情况，全省财政总收入计划2312亿元，增长12%。其中：地方财政收入1287亿元，增长12%。

省级预算：省级一般预算收入143.1亿元，比上年预算执行数减少 37.6 亿元，剔除上年一次性增收因素，同比增长 10%。加返还及补助收入 1119.8 亿元，调入预算稳定调节基金 17 亿元，省级预算总收入 1279.9 亿元。省级一般预算支出 398.5 亿元，比上年预算增长 21.7%，加中央提前下达转移支付安排支出 143.2 亿元，省级一般预算支出合计 541.7 亿元。加对下转移性支出 738.2 亿元，省级预算总支出 1279.9 亿元。按照法定支出考核口径，农业、科学、教育支出增长比例均达到法律规定要求。

2011 年省级预算安排的基本原则：

统筹兼顾保平衡。认真测算各项财政收入来源，收入预算安排坚持积极稳妥、留有余地，与经济社会发展指标相适应。统筹安排各项财政支出，坚持突出重点、有保有压，合理配置财政资源。统筹省与市县分配关系，增强省级宏观调控能力，促进区域基本公共服务均等化。

集中财力办大事。贯彻落实积极的财政政策，紧紧围绕省委、省政府决策部署，贴近中心，服务大局。不断调整和优化财政支出结构，集中有限财力，重点支持转型发展、开放发展、创新发展、和谐发展，为启动“十二五”发展奠定良好基础。

依法理财重绩效。依法加强财政收支预算管理，确保农科教等法定支出增长要求。认真贯彻中央厉行节约各项规定，努力建设节约型政府。创新财政资金分配机制，推进项目评审论证和绩效评价工作，注重预算编制与预算执行、绩效管理和资产管理的有机结合，切实提高财政资金使用效益。

按照上述原则，省级基本支出预算，坚持共享改革发展成果，完善预算供给政策，规范收入分配，共安排 105.3 亿元，比上年增加 21.1 亿元，增长 25.1%。项目支出预算，坚持提高财政资金使用效益，加大结构调整力度，确保重点支出需要，共安排 293.2 亿元，比上年增加 49.9 亿元，增长 20.5%。

2011 年，除一般预算收支外，省级编制了政府性基金预算和国有资本经营预算。政府性基金本年预算收入安排 16.9 亿元，上年结余 2.6 亿元；本年支出安排 17 亿元，滚存结余 2.5 亿元。国有资本经营预算收入安排 2.15 亿元，其中：利润收入 1.7 亿元，股利股息收入 0.3 亿元，上年超收结转收入 0.15 亿元；支出安排 2.15 亿元，其中：资本性支出项目 2 亿元，费用性支出项目 0.15 亿元。

为圆满完成全年预算，将重点抓好五个方面工作：

（一）*发挥财政职能，着力推进经济转型发展。*贯彻落实积极的财政政策，发挥财政宏观调控作用，实现经济增长速度和质量的有机统一。一是扩大有效需求。积极争取中央投资和财政部代理发行地方政府债券额度，增加公共投资规模，优化投资结构，推动实施“861”行动计划，保障重点建设资金需要；大力拓展消费需求，落实消费促进政策，组织实施家电下乡及以旧换新等工作，加强流通体系建设，繁荣城乡消费市场；认真落实各项财税政策，积极推动外贸出口增长方式转变，支持企业开拓境外新兴市场。二是推进结构优化升级。围绕传统产业新型化和新兴产业规模化，大力支持国家技术创新工程试点省和合芜蚌自主创新综合配套改革试验区建设，加快培育战略性新兴产业，推动现代服务业加快发展，推进节能减排，发展循环经济，构建现代产业体系，培育新的经济增长点。三是统筹区域发展。充分发挥财政资金示范引导作用，强力推进皖江城市带承接产业转移示范区建设，加大财力倾斜力度，促进皖北加快振兴，支持皖南国际旅游文化示范区和黄山国家服务业综合改革试点市建设，支持皖西加快发展步伐，形成区域良性互动发展格局。

（二）*加大民生投入，着力推进社会和谐发展。*坚持把保障和改善民生作为扩大内需和转变经济发展方式的重大举措，继续加大民生投入，顺应人民群众过上更好生活新期待。一是精心实施民生工程。在广泛征求人大代表、政协委员及社会各界的意见和建议基础上，今年民生工程项目调整为 33 项，财政预算安排资金 388 亿元。加快建立科学系统的项目选择机制、稳定多元的资金筹集机制、科学高效的协调推进机制、严格透明的激励约束机制，确保民生工程造福于民。二是优先发展教育。认真贯彻落实《国家中长期教育改革和发展规划纲要（2010—2020 年）》，不断提高财政性教育经费支出占生产总值的比重，大幅提高高校生均拨款水平，努力减轻高校债务负担，支持国家教育统筹综合改革试点省建设，大力发展职业教育和城乡学前教育，推动科教兴皖战略和人才强省战略实施。三是构建公共就业服务体系。加大财政投入，落实更加积极的就业政策，加大职业培训力度，完善就业扶持和援助制度，加快建立覆盖城乡的公共就业服务体系。四是健全社会保障体系。扩大新型农村养老保险试点范围，提高企业退休人员基本养老金水平，提高城乡居民最低生活保障标准。发挥财政政策稳定物价作用，促进价格水平总体稳定，保障低收入群体的基本生活。继续深化医药卫生体制改革，巩固基层医药卫生体制综合改革成果，提高新型农村合作医疗和城镇居民基本医疗保险财政补助标准，提高基本公共卫生服务保障标准，稳妥推进公立医院改革。落实各项财税扶持政策，加大保障性安居工程财政投入力度，积极发展公共租赁住房，扩大廉租房覆盖面，规范经济适用房的建设和管理，积极推动各类棚户区和农村危房改造。

（三）加大“三农”投入，着力推进城乡统筹发展。在稳定粮食生产的基础上，努力增加农民收入，统筹工业化、城镇化和新农村建设，积极推动农业大省向农业强省跨越。一是加大农业基础投入。坚持政府公共投资向“三农”倾斜，民生资金向“三农”倾斜，确保财政对农业投入增长幅度高于经常性收入增长幅度。全面推进支农资金整合，提高资金使用效益。大力推进以水利建设为重点的农村基础设施建设，支持新一轮治淮重点工程建设。二是推进农业产业化发展。支持农业产业化“671”转型倍增计划，推进农业综合开发，扶持农业产业化龙头企业，促进农业生产经营专业化、标准化、规模化和集约化；大力实施新增粮食生产能力规划，发挥政策性农业保险作用，促进我省农业增产增效。三是拓宽农民增收渠道。大力实施农村劳动力转移阳光培训工程，提高农民职业技能和创收能力。全面落实各项强农惠农政策，增加对种粮农民补贴规模，健全农作物良种补贴制度，稳步提高小麦、稻谷最低收购价，增加农民生产经营性收入。发展非农产业，促进农民转移，增加工资性收入。坚持开发式扶贫，促进贫困农民增收。四是继续促进新农村建设。积极开展国家整体推进农村土地整治示范建设，深入实施“千村百镇”示范工程，推进农村社区化建设。五是创新服务机制。继续深化农村综合改革，积极推进村级公益事业建设“一事一议”财政奖补试点工作，完善为民服务全程代理制，深入推进“惠民直达工程”试点。

（四）完善体制机制，着力推进财政创新发展。按照公共财政体系的要求，积极构建有利于转变经济发展方式、促进科学发展的财税体制、运行机制和管理制度。一是继续完善省以下财政管理体制。按照财力与事权相匹配的原则，统筹省与市县财政分配关系，坚持财力向基层倾斜，明晰各级政府支出责任，逐步建立县级基本财力保障机制，努力促进区域基本公共服务均等化。继续优化转移支付结构，增加一般性转移支付，清理归并专项转移支付项目，加快建立统一规范透明的财政转移支付制度。二是不断健全预算管理制度。全面完善政府预算体系，增强政府预算的完整性。继续深化部门预算改革，健全程序规范、内容全面、方法科学、公开透明的部门预算制度。建立完善预算编制与预算执行、结余结转资金管理和行政事业单位资产管理有机结合的制度，将预算外资金全部纳入预算管理，提高预算编制科学性和准确性。全面深化国库集中收付制度改革，实现财税库银税收收入电子缴库横向联网在市、县两级全覆盖。继续推进政府采购制度改革，全面实施政府非税收入收缴管理改革。三是积极构建政府债务管理机制。清理规范政府投融资平台，建立健全政府债务管理制度，在国家实施稳健的货币政策条件下，贯彻落实积极的财政政策，更加注重发挥财政投融资功能，逐步形成管理规范、风险可控、运行高效的地方政府举债融资机制。

（五）加强财政管理，着力推进财政科学发展。按照创先争优活动的部署和要求，在全省财政系统组织开展“服务发展年”活动，不断提高财政服务科学发展的能力和水平。一是加强预算编制管理。规范预算编制程序，细化预算编制内容，完善支出标准体系，加强项目库建设，夯实预算编制的基础。继续完善公共财政预算，细化政府性基金预算，推动市县编制国有资本经营预算和社会保险基金预算。二是加强预算执行管理。依法加强税收收入征管，规范政府非税收入管理。强化预算执行管理，严格控制一般性支出，加快财政支出进度，提高预算执行的均衡性和有效性。全面开展预算支出绩效评价，强化部门预算管理的主体责任，不断提高财政资金使用效益。继续完善国库集中支付动态监控管理机制。三是加强财政监督管理。充分发挥财政监督职能作用，完善财政大监督机制，开展重大支出项目专项检查和跟踪问效，继续加强“小金库”专项治理。建立完善财政监督信息披露和公告制度，稳步推进财政预算信息公开。四是加强基层和基础管理。加强财政基础业务管理，推进“金财工程”建设。完善部门基础信息数据库，实现对本级行政事业单位各类数据的动态管理。充分发挥乡镇财政就地就近实施监管的优势，确保各项惠民政策落到实处。充实完善乡镇财政职能，提高乡镇基本公共服务保障水平。继续加强财政干部队伍和财政部门内部基层单位建设。

关于安徽省2010年财政决算的报告（摘要）

——2011年6月22日在安徽省第十一届人民代表大会常务委员会第二十六次会议上

安徽省财政厅厅长　陈先森

2010年，在省委、省政府的坚强领导和省人大依法监督下，全省各级财政部门，深入贯彻落实科学发展观，有效应对宏观环境复杂变化，有力地推动了全省经济社会平稳较快发展，圆满完成了省十一届人大三次会议批准的预算任务，全省财政预算执行情况良好。

一、2010年财政收支情况

2010年，全省财政收入完成2063.8亿元，为预算的119.2%，比上年增长33%（下同）。其中：地方财政收入完成1149.4亿元，为预算的126.9%，增长33%。加中央补助收入1403.1亿元，债券转贷收入89亿元，上年滚存结余87.3亿元，调入资金10亿元，调入预算稳定调节基金4.6亿元，预算总收入2743.4亿元。

2010年，全省财政支出完成2587.6亿元，为预算的116.7%，增长20.8%。加上解中央支出15.8亿元，安排预算稳定调节基金57.8亿元，支出合计2661.2亿元。收支相抵，滚存结余82.2亿元，其中：结转下年支出70亿元，净结余12.2亿元。

2010年，省级地方财政收入完成180.7亿元，为预算的158.9%，增长31.9%。加中央补助收入1403.1亿元，上年滚存结余26.8亿元，调入预算稳定调节基金等4.5亿元，债券转贷收入89亿元，市县上解省收入66.5亿元，省级预算总收入1770.6亿元。

2010年，省级财政支出完成552.9亿元，为预算的134.8%，增长19.1%。加上解中央支出15.8亿元，补助市县支出1100.8亿元，债券转贷支出49亿元，安排预算稳定调节基金17亿元，支出合计1735.5亿元。收支相抵，滚存结余35.1亿元，其中：结转下年支出31.9亿元，净结余3.2亿元。

二、2010年税收返还及转移支付情况

2010年，中央对我省税收返还163.1亿元，增加6.4亿元；省级对下税收返还78.5亿元，增加2亿元。

2010年，中央对我省转移支付1240亿元，增加206.9亿元，增长20%，其中：一般性转移支付645.2亿元，增加97.8亿元，增长17.9%；专项转移支付594.8亿元，增加109.2亿元，增长22.5%。一般性转移支付中均衡性转移支付278.1亿元，增加51亿元，增长22.4%。

2010年，省级对市县转移支付1022.3亿元，增加130.5亿元，增长14.6%（加应补助市县但按有关规定需在省级列支的转移支付65.9亿元，同比增长22%），其中：一般性转移支付447.2亿元，专项转移支付575.1亿元。一般性转移支付中，新增安排均衡性转移支付20亿元，皖北三市七县受益14.5亿元，占72.5%。

上述财政决算收支数，与今年1月向省人代会报告的2010年预算执行数比较，决算收支主要项目变动不大，因与中央办理结算，财政平衡情况略有变化，全省滚存结余增加3.6亿元，主要是2010年年终结算财政部增加了对我省补助。

三、2010年政府性基金收支情况

2010年，全省政府性基金收入1198.3亿元，其中：国有土地使用权出让金收入等1125.5亿元，加上年结余137.6亿元，上级补助收入30.1亿元，调入资金0.2亿元，全省政府性基金总收入1366.2亿元。全省政府性基金支出1166.4亿元，调出资金0.2亿元，结余199.6亿元。

2010年，省级政府性基金收入45.9亿元，其中：新增建设用地土地有偿使用费收入27.4亿元，地方水利基金收入6.6亿元，彩票公益金收入6.5亿元。加上年结余15.8亿元，上级补助收入30.1亿元，省级政府性基金总收入91.8亿元。省级政府性基金支出10亿元，补助下级支出59.5亿元，结余22.3亿元。

四、2010年预算执行效果

2010年，全省各级、各部门认真贯彻落实省委、省政府的决策部署和省十一届人大三次会议的有关决议要求，加强财政管理，严格预算执行，有力地保障了积极财政政策的落实，较好地服务了全省改革发展稳定大局。

一是实现了财政实力再上台阶。坚持依法理财治税，财政收支规模不断壮大，为“十一五”财政发展画上圆满句号。2010年，全省财政总收入突破2000亿元，实现2063.8亿元，是2005年的3.1倍，年均增长25.7%。其中地方财政收入突破

1000 亿元，实现 1149.4 亿元；财政支出 2587.6 亿元，是 2005 年的 3.6 倍，年均增长 29.4%，财政收支保持了平稳快速增长。同时，财政收支质量继续改善。税收收入占财政总收入的比重达 85.6%，税收对财政收入的拉动作用更加明显。合肥、芜湖、马鞍山、安庆、淮南、蚌埠 6 市财政收入超百亿元，皖北三市七县财政收入增长 36.6%，高于全省平均增幅 3.6 个百分点，区域财政发展更趋协调。全省预算支出进度继续加快，上半年和 1－11 月份预算支出同比分别加快 6.8 和 9.3 个百分点，全年结余结转资金占支出比重同比下降 0.9 个百分点，财政资金使用效益进一步提高。

二是巩固了经济发展向好势头。坚持把中央精神与我省实际紧密结合起来，有效落实积极的财政政策，为持续推进安徽加快发展贡献重要力量。第一，扩大有效需求。协议利用国际金融组织和外国政府贷款 6.1 亿美元，支持省级融资平台协议利用国家开发银行贷款 117.4 亿元，争取财政部代理发行地方政府债券 89 亿元，增加政府性投入带动了全社会投资快速增长，全省固定资产投资突破万亿元；用足用活家电、汽车、摩托车、农机下乡和家电、汽车以旧换新政策，兑付“四下乡两换新”产品补贴资金 38.3 亿元，财政补贴资金兑付率位居全国第一，拉动市场销售 311.3 亿元，进一步巩固了我省家电行业区域龙头地位；统筹安排促进外经外贸发展资金 4.6 亿元，刺激进出口恢复增长，推动内外需协调发展。第二，促进转型升级。安排 7 亿元支持国家技术创新工程试点省和合芜蚌自主创新综合配套改革试验区建设，安排 25 亿元支持培育战略性新兴产业，抢占创新发展先机，2010 年全省高新技术产业实现增加值 1623.3 亿元，增长 27.4%，产业结构调整步伐进一步加快。统筹安排 16.2 亿元支持节能减排和循环经济发展，安排 12.1 亿元推进资源枯竭城市转型和生态功能区保护，积极促进我省节能减排目标顺利实现。安排 1.1 亿元培育旅游支柱产业，安排 1 亿元支持深化文化体制改革和文化产业发展；投入 6. 4 亿元支持创建 13 家投资基金公司，撬动社会资本 40.2 亿元；统筹安排 1.3 亿元用于对金融机构奖补，优化“三农”、中小企业和非公经济发展金融环境，贷款增速高于全国平均水平，有力地支持了我省中小企业和现代服务业加快发展。第三，推动区域发展。安排 10 亿元专项资金，支持皖江城市带承接产业转移示范区建设，快速提升示范区基础设施建设水平，示范区抢滩效应进一步显现。安排 5. 4 亿元专项补助资金支持皖北三市七县加快发展，加大均衡性转移支付支持力度，建立县级基本财力保障机制，加快皖北振兴步伐，皖北主要指标增幅高于全省平均水平。安排 20. 5 亿元财政强县和税收增长等奖励资金，继续促进县域经济加快发展。

三是兑现了政府改善民生承诺。坚持财力向民生倾斜，加快各项社会事业发展，为促进社会和谐发挥突出作用。2010 年，全省“五有”方面民生支出 1096 亿元，增长 27.4%，占全省财政支出比重同比提高 2.2 个百分点，地方财力新增部分 80% 用于民生投入。第一，落实民生工程牵头职责。33 项民生工程投入资金 345 亿元，增长 35.8%，群众多年关心的一些民生问题逐步得到有效解决。积极开展 2007—2009 年度民生工程项目“回头看”，总结经验，寻找差距，建立健全民生工程滚动发展机制，着力提高实施民生工程质量和水平，群众满意度持续攀升。第二，促进教育均衡发展。持续加大教育投入力度，统筹安排 123.4 亿元优先支持教育，农村义务教育小学公用经费标准由 325 元提高到 425 元，初中公用经费标准由 525 元提高到 625 元，校舍安全工程建设完成 1056.6 万平方米，家庭经济困难学生资助体系继续完善，义务教育发展更加均衡，职教大省和高教强省建设持续推进。第三，减轻群众看病负担。全力支持基本医疗保障制度、基层医疗卫生服务体系、基本公共卫生服务均等化、基本药物制度及公立医院改革试点等五项重点改革。其中：投入 20.3 亿元全面推开基层医药卫生体制综合改革，在全国率先实现基本药物制度基层全覆盖。基层医疗卫生机构公益性管理体制和新的运行机制初步建立，基本药物价格平均下降 50% 左右，次均门诊和住院药品费用均下降 20% 以上，就医人次同比增长 22%，群众就医看病花费明显减少，探索出“弱财政”破解基层医改“大难题”的安徽模式。第四，改善群众住房条件。统筹安排 64.5 亿元，建设廉租住房 7.3 万套、公共租赁房 1 万套，改造棚户区 20 万户和农村危房 4.3 万户，采煤塌陷区村庄搬迁应急工程惠及 25.7 万人，困难群众的住房条件得到进一步改善。第五，增加低收入群体补助。投入 25.2 亿元提高优抚对象保障水平和企业退休人员养老金标准，城乡低保、农村五保进一步扩面提标，发放 2.6 亿元价格临时补贴和伙食补贴，统筹安排就业资金 20.6 亿元，完成就业技能培训 47.7 万人次，规范行政事业单位津补贴，低收入群众得到更多实惠，群体间和地区间收入差距逐步缩小。

*四是加快了城乡统筹发展步伐。*坚持夯实农业基础，全面落实强农惠民政策，为提升新农村建设水平提供有效支撑。2010年，全省“三农”支出842.7亿元，增长24.7%，高于全省财政支出增幅3.9个百分点，财政资金继续向“三农”倾斜。第一，促进农业生产。安排1.3亿元支持农业产业化“532”提升行动，下达产粮、产油大县奖励资金14.7亿元，安排2.7亿元改造92万亩中低产田和建设25万亩高标准农田；引导22个县整合支农资金28亿元，吸引社会投资35.8亿元，集中支持了当地优势主导产业发展；安排14.5亿元支持农村交通、病险水库除险加固、小型农田水利等重大基础设施建设，安排2亿元支持实施新增粮食生产能力规划，农业综合开发投资突破16亿元，新增粮食生产能力2.1亿斤，促进全省粮食总产再创历史新高，为增加农业比较效益和稳定物价发挥了重要作用。第二，落实惠农政策。通过“一卡通”及时兑现各项涉农补贴146.3亿元，增长21.2%，农民人均直接受益372元；安排9.6亿元支持农业政策性保险，为2163万（次）农户提供270亿元农业风险保障；安排扶贫资金9.7亿元促进贫困地区脱贫致富，统筹安排3.8亿元全力支持春耕生产、夏粮抢收和防汛抗旱，最大限度减少灾害对农业造成的损失，多渠道促进了农民增收，农村居民人均纯收入达5285元，增幅近年来首次高于城镇居民收入增幅。第三，统筹城乡发展。安排2.6亿元支持“千村百镇”示范工程建设，投入4.6亿元支持村级卫生服务设施和村级计生服务体系建设，投入19.7亿元推进村级公益事业建设“一事一议”财政奖补试点，投入9.7亿元健全村级组织运转经费保障机制，统筹安排14.1亿元支持林业生态工程建设，统筹安排16.9亿元支持整体推进农村土地整治示范省建设，新农村建设取得新成效。

2010年，省财政在巩固经济回升向好，提高群众幸福指数，统筹城乡区域发展进程中，不断加强财政自身建设，预算管理有新提升，财政监督有新加强，基础基层管理有新改善，增创了财政管理体制机制新优势。同时我们也清醒地认识到，财政工作还存在一定差距，需要继续不懈努力。省审计厅对省本级2010年度预算执行和其他财政收支的审计结果表明，省级预算执行情况总体较好，但还存在一些问题，需要认真研究解决。主要是：预算编制不够完整和细化，预算执行管理有待加强，财政专户管理仍需规范，部分专项资金使用效益有待提高，部门财务管理还有一些薄弱环节等等。对此，省政府高度重视，认真研究部署审计整改工作。省财政厅及时落实整改要求，研究完善相关制度措施，努力提高预算管理水平。

*一是加强预算编制管理。*继续完善公共财政预算，细化政府性基金预算，研究制定推进市县编制国有资本经营预算相关规定，扩大国有资本经营预算编制范围，推动社会保险基金预算编制，不断健全政府预算体系。继续完善提前告知对下转移支付制度，提高各级预算编制的完整性。继续深化部门预算改革，健全定员定额标准体系，细化预算编制，促进预算编制与预算执行、资产管理和绩效评价有机结合，提高预算编制科学性、准确性和可执行性。

*二是加强预算执行管理。*依法加强税收收入征管，规范政府非税收入管理，提高财政收入质量。积极开展党政机关公务用车问题专项治理工作和清理规范庆典、研讨会、论坛活动工作，继续压缩“三公”经费，严格控制一般性支出。制定出台加强预算执行管理意见，努力提高上半年和1－11月预算支出占全年预算支出比重，增强预算执行的均衡性和有效性。继续深化国库集中收付和政府采购制度改革。加强政府债务统计工作，加快建立政府债务管理制度，进一步规范政府投融资平台管理。

*三是加强预算监督管理。*充分发挥财政监督职能作用，完善财政大监督机制，开展重大支出项目专项检查和跟踪问效，努力做好加快转变经济发展方式监督检查工作。研究制定切实加强财政专户管理意见，认真清理整顿财政专户，确保财政专户管理有章可循，操作规范。继续加强“小金库”专项治理。启动省级资产清理工作，加强行政事业单位资产出租出借收入监管。加强部门财务监管，规范部门收支行为。进一步完善预算信息公开制度，在继续做好财政总预算、总决算公开的基础上，稳步推进部门预决算、“三公”经费、行政经费和基层财政专项支出预算公开。

*四是加强预算绩效管理。*制定出台全面推进财政绩效考评意见和办法，省市县全面开展预算支出绩效评价，努力实现评价项目覆盖到所有预算部门和全部类型的财政支出项目。2011年省级选择56个重点项目进行绩效考评，将社会影响面大、群众关心度高、反映部门核心职能的项目优先纳入评价

范围，并将评价结果与部门预算编制、强化管理、公众监督有机结合起来，逐步构建预算编制、预算执行、预算监督、绩效评价相互衔接、有机统一的管理体系，着力强化谁支出谁负责的管理机制，努力提高政府公共资源配置效率和公共服务质量。

关于安徽省本级2010年度预算执行和其他财政收支的审计工作报告（摘要）

——2011年6月22日在安徽省第十一届人民代表大会常务委员会第二十次会议上

安徽省审计厅厅长　刘战平

2010年，全省各级政府和有关部门在省委、省政府的坚强领导下，以科学发展观为指导，认真落实国家宏观调控政策，加快经济发展方式转变，着力保障和改善民生，继续巩固扩大经济回升向好的势头，全省经济和社会各项事业取得了新的进展。审计结果表明，2010年省级一般预算收入180.7亿元，完成预算的158.9%，比上年增长31.9%，省级一般预算支出552.9亿元，完成预算134.8%，比上年增长19.1%，结转下年31.9亿元。省本级预算执行情况总体较好，超额完成了省第十一届人民代表大会第三次会议确定的预算目标任务。

——积极筹措财政资金，促进经济持续向好发展。省级财税部门有效应对复杂的经济环境，强化收入征管，积极争取中央支持，加大财政资金筹措力度，努力增加收入。全省实现财政收入2063.8亿元，其中实现地方财政收入1149.4亿元，增长33%；财政收入质量稳步提高，税收收入为1767.4亿元，占财政总收入的85.6%；中央补助我省收入1403.1亿元，增长17.9%；积极争取发行地方政府债券89亿元。省级财力的进一步增强，为贯彻省委、省政府的决策部署、推动经济发展和社会进步，提供了财力保障。

——不断优化支出结构，促进经济发展方式转变。充分发挥财政职能作用，积极采取有效措施，稳定农业基础地位，实施工业强省战略，支持十大产业振兴和八大战略性新兴产业发展，加快城镇化进程，优化结构升级，不断增强全省经济发展后劲和活力，促进经济发展方式转变。安排32亿元，推进自主创新、战略性新兴产业发展、合芜蚌自主创新综合配套改革试验区和国家技术创新工程试点省建设；安排10亿元，支持皖江城市带承接产业转移示范区建设；安排19.9亿元，支持皖北加快发展。

——继续加大民生投入，促进社会事业和谐发展。坚持以民生工程为抓手，不断推进基本公共服务均等化。全省民生投入1096亿元，增长27.4%，占全省财政支出42.4%。其中投入33项民生工程资金345亿元，占全省民生支出的31.5%；统筹安排123.4亿元，促进教育事业发展；投入20.3亿元，在全国率先实现基本药物制度基层全覆盖；统筹安排68.1亿元，促进就业和住房等保障体系建设。

——规范公共财政管理，不断提升依法理财水平。扎实开展创建规范化乡镇财政所（分局）工作，正式启用财政一体化信息管理系统，深入推进“惠民直达工程”试点范围，实现省级国有资本经营预算报送省人大审查，试编社会保险基金预算，建立提前通知对下转移支付制度；出台结转结余资金管理办法，建立完善预算支出考核制度，加快预算资金支付进度，继续扩大预算支出绩效考评试点范围。

一、省级预算执行审计情况

2010年，省财政厅、省发展改革委员会、省国有资产监督管理委员会、省人力资源和社会保障厅和省地税局等部门和单位，积极应对复杂的宏观经济形势，实施正确有效的调控措施，切实履行职责，认真组织实施预算，保持了我省经济较快增长，保障了省委、省政府决策部署的贯彻落实，促进了社会和谐发展，推进了基本公共服务均等化。省人大批准的省级预算与我省国民经济和社会发展计划得到了较好执行。但在财税、政府投资、国有资本经营和社会保险基金管理中，仍存在一些需要改进和规范的问题。

（一）省财政厅组织省级预算执行情况

1. 年初预算尚不够全面、完整。一是未将中央提前告知的地方补助预计数199.2亿元编入年初预算。二是基金预算编制不够准确，导致预算与实际相差较大。省级基金收入预算数为14亿元，实际完成45.9亿元，为预算的327.9%；省级基金支出预算数为32.3亿元，实际支出10亿元，为预算的30.9%，结转22.3亿元，结转率达69%。

2. 年初预算编制不够细化。一是批复到部门项目支出中安排的补助市县项目有31.2亿元项目经费未细化到有关市县。二是批复的非部门项目支出中大部分项目的名称不够明细，未安排到具体执行单位。如经济困难学生资助政策体系建设（民生）2.9亿元、政法经费保障体制改革1亿元、科技型中小企业创新资金5000万元、文化产业发展资金5，000万元等。三是在非部门项目支出中安排5.7亿元待分配经费。3. 非税收入汇缴结算户待查资金清理不及时。截至2010年12月31日，非税收入汇缴结算户待结算收入9.1亿元，其中待查资金（性质不明）2.9亿元，且待查资金呈逐年上升趋势。审计期间，省非税收入管理局消化了部分待查资金。截至审计结束，待查资金余额为2.3亿元，其中2010年度为1.9亿元。4. 转移支付结构不尽合理。2010年，省对市县转移支付资金总额1100.8亿元，其中专项转移支付补助575.1亿元，占省对市县转移支付资金总额的52.2%。5. 部分预算支出的执行率有待进一步提高。2010年，省财政出台了一系列措施、办法规范财政支出管理，强化财政支出进度，但仍有一些支出的执行率较低。尤其是各大类支出中其他款级支出执行率普遍较低，如其他社会保障和就业支出为39.8%、其他医疗卫生支出为34.2%、其他一般公共服务为32%、其他环境保护支出为8%。6. 省级政府采购预算支出调整较大。2010年，省级政府采购年初预算安排9.7亿元，预算执行中追加34.5亿元，占年初预算的355.7%，预算调整较大。7. 虚列财政支出1.9亿元。2010年底，省财政有1.9亿元资金仍滞留在各专户，未直接拨付到有关单位或项目，形成虚列。8. 财政专户资金清理不及时。一是政府采购资金专户仍有2.9亿元资金沉淀。二是基本建设专户尚有余额3.5亿元，有些资金闲置已达一年以上。三是预算外价格调节资金611.5万元长期结存，未及时清理。

（二）省地税局组织省级税收收入预算执行情况

1. 历史欠税未及时清理。2010年以前年度欠税3484万元，未及时清理。如中煤特殊凿井（集团）有限责任公司历史欠税1756万元，淮南矿业集团铁路运输有限责任公司历史欠税1177万元。2. 应征未征部分税款。省地税局直属局应征未征企业所得税4.3亿元、营业税3379万元。3. 少量开业登记户未按规定进行纳税申报。2010年，开业登记户中有23户未进行纳税申报。4. 注销户欠费。经查，注销户中欠缴社保费有16户，欠费15.7万元。

（三）省发展改革委员会组织分配政府投资情况

1. 部分投资预算支出未细化到具体项目。省统筹投资预算支出中有基础教育等14项内容未细化到具体项目，合计金额2.7亿元，占省统筹投资预算的30%。2. 部分投资项目预算执行率不高。由于部分建设项目进度慢，导致部分项目资金未拨付到位。主要有省电子政务外网工程、行政学院干部培训学员公寓改扩建等17个项目，其中500万元以上8个、500万元以下9个；省委党校教学综合楼2010年度省统筹投资计划5000万元全部没有拨付。3. 部分建设项目资金未及时发挥效益。延伸审计部分建设项目发现，部分省财政建设资金未及时发挥效益。一是财政资金未拨付项目单位。如2010年9月下达的池州市清溪河治理项目，截至审计时1000万元资金仍未拨付到项目单位。二是财政资金已拨付项目单位，但项目实施缓慢。如合肥工业大学新能源汽车技术开发平台建设项目，2010年底财政资金500万元已拨付项目单位，但项目研发大楼还处在选址阶段，环评等前期工作尚未启动。4. 部分项目审批程序不够完善。审计抽查部分已下达计划的项目发现，安徽省荣军康复医院搬迁等7个项目可研报告未批复，安徽医科大学第一附属医院肿瘤治疗中心等2个项目初步设计及概算未批复，合肥师范学院锦绣校区风雨操场等4个项目可研、初步设计及概算未批复，合肥工业大学新能源汽车技术开发平台建设项目等5个投资补助项目未审批资金申请报告。此外，审计抽查发现省社科院图书馆等18个单项工程未核准招标方案。5. 部分项目招投标工作不规范。一是花凉亭水库除险加固工程等项目的部分子项目价款2317.1万元，未经招标，直接发包给有关单位。二是安徽省消防灭火救援指挥中心项目在不符合有关规定的条件下，确定了中标人。三是安徽医科大学实验教学综合楼项目经过招标确定的招标人，不符合有关招标法规。

（四）国有资本经营预算执行情况

1. 国有资本收益收取制度不完善。我省制定的国有资本收益收取办法，对列入国有资本经营预算管理范围的省属国有独资企业和股份制企业，由于在收益收取标准上存在差别，对股份制企业计缴收益方法不够明确，导致2009年、2010年，有少数股份制企业未上缴国有资本收益。2. 少数企业欠缴国有资本收益。2009年、2010年，共有4户企业未按确定的国有资本经营预算（收支计划）上缴国有资本收益，欠缴收益3515.9万元。期间，省财政厅与省国有资产监督管理委员会口头沟通后，又以变更文件附表的不规范形式免除了其中3户企业2010年度应上缴国有资本收益2107.9万元。3. 国有资本经营预算支出拨付不及时。由于各企业上缴收益滞后，至2010年底，省财政厅才将安排的国有资本经营预算支出1. 3亿元，拨付有关企业。

（五）社会保险基金预算执行情况

1. 社保基金部分预算数与决算数相差较大。如基本养老保险基金中转移收入和转移支出科目，预算数分别为5，135万元和7，828万元，决算数分别为1739万元和4067万元，分别相差3396万元和3761万元，差异数占预算数比重分别是66.1%和48.1%。2. 省级失业保险调剂金预算未执行。2010年，省本级失业保险基金预算安排省级失业保险调剂金2579. 1万元，但未执行。主要原因是2010年度省级失业保险调剂金既未上缴，也未下拨。3. 失业保险基金借出款项清理不及时。一是2006年度借给失业保险金发放有缺口的省内43个统筹地区的失业保险周转金6900万元。二是1991年水灾期间，经省政府同意，从省级调剂金中经地市经办机构借给生产困难的劳动就业服务企业和集体企业的生产自救费202.5万元，至审计时止仍未清理。4. 部分社会保险基金利息收入管理不规范。一是省地税局代征养老保险费缴存国库后，在划转省本级养老保险基金财政专户的过程中，未相应划转养老保险费在国库存款中产生的利息收入，造成省本级基本养老保险基金收入不完整。二是省直基本医疗保险基金利息收入未按中国人民银行规定的优惠利率计息。

二、省级部门预算执行审计情况

今年共审计10个省直部门，延伸审计32个二级预算单位，占所属二级预算单位的42.1%；审计资金总额91.9亿元，占这些部门资金总额的96.8%。审计发现各类问题金额23.7亿元，占审计资金总额的25.8%。其中：违规问题金额3.5亿元，占14.8%；管理不规范金额20.2亿元，占85.2%。审计决定处理处罚1.9亿元，其中应上缴财政4142.2万元，应减少财政拨款或补贴9268.6万元，应归还原资金渠道1452.7万元，应调账处理4452.6万元。移送处理1329.7万元。审计结果表明，绝大多数部门和单位不断完善内控制度，认真执行年度预算，财政收支制度改革稳步推进，预算执行情况总体较好。但在预算管理和其他财政财务收支中仍然存在一些有待纠正和改进的问题。

（一）部门预算编制不完整。有些部门未将以前年度的专项结余、经费结余等16.4亿元编入当年预算，其中由于历史原因，省交通运输厅及所属单位历年累计结余16.1亿元挂往来；省文化厅本级以前年度资金结余1357.9万元，其中基本支出结余48.1万元，项目支出结余1309.8万元。省体育局本级结存以前年度项目资金1721.1万元。此外，省文化厅年初项目经费预算405万元没有细化到具体单位和项目。

（二）无预算超预算支出1365.6万元。一是5个部门、单位超预算支出1324.6万元。如省民政厅基本支出超预算270.3万元、省体彩中心经费支出超预算505.8万元。二是无预算支出41万元。其中省价格监督检查局动用上年项目经费结余30万元弥补当年超支，未按规定履行报批手续。

（三）挤占、滞留、挪用专项资金5924.2万元。省交通运输厅及所属9个单位将专项经费917.6万元用于基本支出及购置汽车15辆等支出；4个市县交通局滞留通达工程项目建设、桥隧补助、村村通工程和县乡公路养护等专项资金4266.1万元。省人民检察院九成坂检察院将公用经费10.3万元用于基建支出。安徽财贸职业学院将专项支出462.7万元用于基本支出。省农业委员会3个所属单位挪用项目资金166.4万元部分用于工作奖励、补贴及安排住房公积金补差和离退休人员补助。省物价局及所属省价格认证中心分别滞留、挤占专项经费30万元、42.3万元。省安全生产监督管理局挤占专项经费28.8万元。

（四）改变预算支出用途599.9万元。如省高级人民法院将部分项目经费132.5万元，用于基本支出。省公路局下属青阳县公路分局、长丰县公路分局将专项资金437.7万元改变用途。省文化厅将专项经费29.72万元改变用于其他项目。

（五）非税收入管理不规范4124.7万元。17个部门、单位非税收入3986.8万元未按规定纳入预算管理，上缴省财政。其中：省体育局房屋出租收入2067.4万元，省交通运输厅及所属11个所属单位驾驶员培训行业管理费、房租、设备租赁、固定资产出租、转让资产补偿等1674万元，省农业委员会及所属3个所属单位房租收入164.6万元，省图书馆房租收入69.7万元，省价格认证中心2009年度价格鉴定及价格认证费收入11.1万元。此外，省安全生产宣教中心坐支非税收入120.5万元；另有非税收入17.4万元未及时上缴省财政专户。

（六）违规收费4735.3万元。一是无依据收费166.9万元。省农业委员会及所属单位无依据收取动物免疫证、合格证等多项费用累计结存166.9万元。二是无收费许可证收取经营服务性费用4568.4万元。如省交通运输厅所属单位未经许可收取经营服务性费用4566.9万元。此外，省民政干部培训中心使用《安徽省行政事业单位资金往来结算票据》收取资料费16.8万元，票据使用不规范。

（七）违规发放奖金和津补贴185.6万元。其中，省体育局及所属单位119.2万元、省供销社33.5万元、省物价局21万元、省民政厅11.9万元。

（八）财务管理和核算不规范。一是4个部门、单位的往来款2701.7万元未及时清理。如省农业委员会2个二级预算单位往来款1246.2万元均为三年以上。二是省公路局及所属少数市县公路局违规集资、出借资金，涉及金额10299.2万元。其中，出借资金9709.1万元、集资590.1万元。三是省体育中心未经有关部门批准向安徽五环体育用品有限责任公司投资500万元。四是省高级人民法院部分诉讼费退费不及时。2010年度结案案件214件，其中结案后1个月内未退费案件55件，涉及金额84.2万元。省人民检察院报销12次会议费66.6万元，会计凭证未附会议预算、会议通知等相关证明资料。

（九）少数部门单位资产管理不规范。一是省体育局通过出让相关运动会、“四体会”冠名权，取得一些协议单位提供的实物资产价值506.5万元未入账。二是省农机局转让国有资产不规范。2010年9月，省农机局未经批准和评估与两自然人签订转让1000平方米商铺协议，价款920万元。

（十）部分项目支出未按预算进度执行，影响了财政资金使用效益。省文化厅安排的淮北花鼓戏非遗经费、扶持徽墨等专项经费241万元，至审计时仍滞留在当地主管部门、财政部门或项目单位，未安排使用。2005——2007年，民政部拨入公益金用于我省“蓝天计划”等儿童福利设施项目建设，截至2010年末，仍有80.1万元滞留在省民政厅本级。

三、专项资金绩效审计调查情况

（一）全省城乡义务教育经费保障机制专项资金绩效情况专项审计调查

今年1—4月，我厅组织各市审计机关，采取交叉审计调查方式，对省本级和17个市城乡义务教育经费保障机制专项资金绩效情况进行了专项审计调查，并对各市县1375所中小学进行了延伸审计调查。此次审计调查，共查出各种违纪违规问题资金5.6亿元，其中市县财政、教育部门4.6亿元，中小学9763.6万元。主要表现在：滞留、闲置资金2.5亿元，挤占、挪用资金1.1亿元，超范围发放资金803.8万元，其他问题资金1.8亿元。发现的主要问题：1. 部分资金分配、使用不够规范，存在挤占挪用现象。一是一些市县主管部门改变公用经费使用范围。太和县将公用经费用于基本建设资金488.3万元。二是部分学校挤占挪用公用经费现象较普遍。南陵县部分学校将公用经费244.2万元用于支付临时工工资、工会经费及生活补助等。2. 部分专项资金拨付不够及时，影响资金使用效率。2009年和2010年，中央下达我省免费教科书资金7.8亿元和7.5亿元，当年分别实际采购6.4亿元和6.1亿元，资金结余1.4亿元和1.4亿元，合计2.8亿元。该项结余至审计时尚未确定用途，仍滞留在省财政厅。3. 部分学校维修、维护存在不规范的现象。一是部分学校校舍维修资金未能及时拨付。2009、2010年度，中央下拨定远县校舍维修资金共计2072万元，截至2010年底，尚结余资金740万元滞留在县财政局。二是程序不合规。舒城县2008年集中完成102个农村中小学D级危房改造项目，项目总投资3167万元，总造价4153.6万元，仅有12个项目进行了竣工决算审计。4. 部分学校存在捐资助学行为。如审计调查合肥市8所学校，发现2009、2010年共收到捐助款5115万元。5. 少数县公用经费向薄弱学校倾斜不明显。义务教育相关政策规定，根据不同规模学校的实际，科学合理分配中小学公用经费，向薄弱学校倾斜，促进教育均衡发展。审计调查发现有些县在执行时不到位。如繁昌县在分配中小学公用经费时，没有适当向办学条件薄弱的学校倾斜，未能体现教育均衡性。6. 部分支出票据不规范。全椒县16所学校公用经费支出中发现虚假发票列支116.7万元、不合规发票列支9万元。在抽查中发现通过招标采购的课桌椅，采购项目供货商提供的均是虚假发票，金额总计86.5万元。

（二）省直10个部门政府采购资金绩效情况专项审计调查

为了解省直部门政府采购政策执行及资金管理、使用效益情况，我厅结合省本级部门预算执行审计，对10个部门的政府采购资金绩效情况进行了专项审计调查。发现存在以下问题：

1. 预算追加调整较大。2010年，省本级政府采购年初预算安排9.7亿元，预算执行中追加34.5亿元。10个省直部门政府采购年初预算安排7960.6万元，预算执行中追加2.7亿元，占年初预算的339.2%。

2. 少数单位存在无预算采购、超预算采购和自行采购现象，涉及资金4749.6万元。2010年，省体育局无预算采购2298.6万元，占采购总额的78.8%；自行采购金额达1164.7万元。省交通运输厅及所属单位自行购置固定资产合计893.5万元。省安全生产监督管理局印刷费和宣传费117.1万元未纳入政府集中采购。

3. 自行招标过程不符合相关法律规定。2010年，全民健身工程体育器材采购金额1012.3万元，经上级行政主管部门批准，由省体育局采用竞争性谈判方式进行招标采购。此次招标评标人员共7名，均为省体育局所属单位相关人员，与有关规定不符。

4. 政府采购周期较长。省直单位协议供货采购项目采购周期为三个月，使得有些单位在急需时，采取即买即用，规避政府采购。同时，由于周期长，尤其是电子产品价格变动大，给采购单位带来不必要的损失。

5. 协议供货存在垄断销售现象。2010年，省直单位协议供货采购项目共计采购资金5360.1万元，其中合肥某一家公司承销1398.9万元，占全部协议供货的26.1%。抽查省直单位2010年第1期协议供货项目发现，该期招标采购16个包中，合肥这家公司有13个包中标，占81.3%。

6. 政府采购范围狭窄。2010年，省本级政府采购项目规模为40.3亿元，其中工程和服务类4.8亿元，仅占11.9%，而货物类占到89.1%。政府采购范围狭窄，使得政府采购节约财政资金的作用难以充分发挥。

（三）合芜蚌自主创新财政专项资金管理使用情况专项审计调查

为推进合芜蚌自主创新综合配套改革试验区建设，省政府设立自主创新综合配套改革试验区专项资金。该项资金的设立，在完善创新产业体系、提升企业创新能力等方面发挥了积极作用。但审计调查发现，该项资金在管理使用中存在以下问题：

1. 不规范使用专项资金7.5亿元。一是用于归还银行贷款本金利息、认购股份、买卖股票等1.9亿元。如合肥市建设投资控股（集团）有限公司将专项资金5000万元全部借给其全资子公司合肥蓝科投资有限公司，用于认购新股。二是用于基本建设等支出4.9亿元。如芜湖方特主题公园二期建设，省发展改革委员会核准项目建设资金由企业自筹和申请银行贷款解决。截至2010年9月30日，芜湖市已在自主创新专项资金中安排其基本建设等支出4.9亿元。三是用于生产经营、设备购置及发放职工工资等5373.4万元。如安徽济人药业有限公司等7单位将自主创新专项资金，用于购买原材料、设备、货物或收购企业等3506万元。

2. 市级安排的资金不真实，市级配套、企业自筹资金不到位。一是试验区3市反映的专项资金安排数比审计调查认定数多1.9亿元。其中合肥市3477.8万元、芜湖市1397.1万元、蚌埠市1.4亿元。二是市级配套资金、企业自筹资金未及时到位5647.9万元。芜湖市、马鞍山市和黄山市对12个项目少配套、拨付经费2710万元。蚌埠玻璃工业设计研究院等3个单位项目自筹资金3087.9万元，未及时到位。

3. 专项资金形成潜在损失3820万元。如蚌埠市某企业将5000万元专项资金实际用于归还银行贷款3160万元，形成潜在损失。

（四）全省危险废物和医疗废物处置项目专项审计调查

2010年7月份，我厅组织全省17个市审计机关，对我省“十一五”规划内危险废物和医疗废物处置项目进行了审计调查。发现存在以下主要问题：

1. 集中处置中心项目建设进展缓慢。截至审计调查期间，全省3个危险废物集中处置中心，只建成1所，其他2所主体工程未开工；14所医疗废物处置中心，建成6所，未建成8所，其中：有3所至今主体工程尚未开工，如铜陵市和马鞍山市综合处置项目主体工程尚未动工。

2. 集中处置率低，流失现象严重。目前，从我省已建成医疗废物处置中心情况看，经营状况不尽理想。一是大量废物处于分散违规处置，甚至随意外流，严重污染环境，部分医疗机构与回收企业没有签约，医疗废物存在自行处理现象。如巢湖市有医疗机构434家，卫生院137家，当年与巢湖市万山医疗废物处置有限责任公司签订委托处置合同的医疗机构仅有58家，卫生院9家。二是回收企业回收量少，大部分企业达不到设计处置能力，设备处于半闲置状况，运营企业医疗废物处置率偏低，大部分地方设备运转率不足设计能力的30%。如淮北市集中处置的医疗废物仅占全市医疗废物的22%，设备运转率仅达19.7%。

3. 部分地方废物收储管理不够规范。一是已建成的7家集中处置中心有5家未办理竣工验收，部分企业长期处于试运行阶段。在试运行阶段，一些企业未按规定安装烟气在线监测设备，影响集中处置质量。二是对废物收储等环节操作不够规范。部分医疗机构未按规定对医疗废物进行分类收集、消毒，并分置于防渗漏、防锐器穿透的专用包装物或密闭的容器内，致使医疗废物转运和处置过程中出现渗漏，造成二次污染；一些单位未使用专项运输设备运送医疗废物，如巢湖市道德医院通过三轮车运送医疗废物，淮北矿工医院使用普通垃圾车运送医疗废物等等。

4. 部分项目资金不到位。截至2010年8月底，国债资金和地方配套资金未落实到位达2.7亿元，其中国债资金1.4亿元，地方配套资金1.3亿元，分别占51%、49%。如铜陵市危险废物集中处置中心项目总概算1.3亿元，截至2010年6月虽批复国债计划5000万元，但资金实际未到位，且地方配套资金5，267万元尚无着落。

5. 建设资金管理使用不够规范。一是存在截留挤占挪用建设资金现象。池州市环保局截留项目资金24.6万元，此外市环保产业中心挪用项目资金27.8万元发放人员工资。二是银行贷款资金闲置，增加运营企业负担。2008年，合肥市国资公司为吴山公司危险废物处置项目办理国家开行10年期政策性贷款，至今仍结存1904.9万元。因资金闲置，年度应付贷款利息137.2万元，增加了运营企业负担。

四、部门决算草案审签情况

结合部门预算执行审计，对10个部门开展了决算草案审签。审签结果表明，各部门2010年度的决算报表的编制符合财政部门制定的有关当年决算报表编制的规定和说明，决算（草案）收入、支出等重大事项基本公允的反映了部门财务状况。审签发现的主要问题是反映收入、支出、结余及资产、负债不够完整，涉及金额16.7亿元。我厅已要求上述各部门商省财政厅在批复2010年度决算草案前进行纠正和调整，并将结果函告我厅。

对上述实施的审计项目，我省各级审计机关已依法出具了审计报告和作出审计决定。有关部门和单位对审计发现问题高度重视，积极采取措施予以整改，有的问题在审计过程中已得到纠正。如省民政厅针对政府性资产管理中存在的问题，多数已整改，一些短期内难以纠正的，也制定了整改措施；省农业委员会已将虚列支出的有关项目资金进行了纠正；省交通运输厅针对支出报销中存在的不规范问题，专门制定了《关于机关差旅费会议费管理办法执行过程中有关事项的通知》；省体育局及所属单位对多发放的津补贴和奖金已部分进行清退等。下一步，省审计厅将根据省政府的要求，对审计中发现问题的整改情况会同有关部门进行动态跟踪，并将各部门整改情况于年底前向省政府作专题报告，省政府将专题报告省人大常委会。

五、加强财政财务管理的建议

（一）深化财政预算改革，不断完善公共财政体系建设。按照健全公共财政体系的要求，健全公共财政预算，优化支出结构，着力保障和改善民生；强化政府性基金预算管理，提高基金预算的规范性和透明度；完善国有资本经营预算收支办法和分享制度，将国有资本收益更多用于公共服务和社会保障；规范社会保险基金预算，扩大编报范围。健全规范透明的省以下财政转移支付制度，提高一般性转移支付比例和使用效率。通过不断完善公共财政体系建设，增强财政预算分配和监督职能，充分发挥财政预算管理对于加强宏观调控、保障经济社会健康发展的积极作用。

(二)积极推进预算公开,促进财政信息更加透明。积极推进财政预算公开,建立健全规范的财政预算信息公开机制。要在现有财政信息公开的基础上,积极将政府预算、基金预算、国有资本经营预算、部门预算,尤其是社会关注的“三公”经费预算及执行等情况,按照有关规定向社会公开,增强预算的透明度,自觉接受社会各界的监督,保障公民知情权、参与权和监督权,促进依法理财、民主理财,实现财政科学化精细化管理,提升预算管理水平。

（三）强化预算管理水平，不断提高财政资金使用绩效。重视预算管理的各项基础工作，增强预算的完整性，各级财政应将上级补助收入及其分配使用情况，完整地编入本级预决算，接受同级人大的监督。积极做好超收财力和可用资金的计划和预测，提高预算管理的预见性。进一步强化预算执行工作，严格按照批复的预算、用款计划的要求以及项目的进度支付资金，加强财政专项资金的监督管理，严肃查处挤占、挪用、截留资金等行为，确保财政资金合规、合法、有效。强化对部门决算审核的力度，将决算结果作为编制下年度部门预算的重要依据和参考。同时，省财政厅等相关部门要加大对结余资金的管理和清理力度，最大限度地盘活、用好结余资金，不断提高财政资金使用绩效。

（四）*严格落实财经管理制度，规范部门单位财政财务收支行为。*一是省直各主管部门要进一步强化财经法纪意识，增强遵纪守法的自觉性，加强内部审计，强化内部控制，规范收支行为，严格控制“三公支出”，努力降低行政成本。同时，要更加注重对所属单位财政财务收支的日常监督管理，采取切实措施，促进其进一步规范财务行为，提高财务核算和管理水平。二是严肃收入分配纪律，切实规范奖金津补贴发放工作。近年来，审计发现仍有少数部门单位违规发放津补贴，建议有关部门针对津补贴发放情况进行专项检查，对一些严重违规发放津补贴的部门单位及相关责任人员实行问责和依法依规进行查处。

（五）*完善政府投资管理机制，提高政府投资效益。*完善建设项目决策机制，加强调研论证，增强计划的可行性，重视项目计划与预算的衔接，保证项目立项、实施、决算等各个环节的规范化运作。加强对项目实施情况的跟踪检查和全过程监控，强化资金跟踪问效，确保项目切实按资金计划和建设内容有效实施，提高投资效益。加快推进项目信息公开和诚信体系建设，推动政府重大投资项目责任追究制的落实和建立健全政府投资项目监管长效机制。

（六）*切实加强政府采购管理，努力提升政府采购工作水平。*一是继续深化政府采购相关制度改革。要坚持“依法采购，应采尽采”原则，继续扩大政府采购管理实施范围，使政府采购工作向服务类和工程类领域拓展延伸，充分发挥政府集中采购节约财政资金的作用。二是加强政府采购的监督工作。要建立财政、审计、纪检三位一体的政府采购专项监督体系，对一些拒不执行政府采购政策的部门和单位，有关部门要从行政、经济等方面采取切实有效的措施，加以处理和处罚。三是提高政府采购效率。财政部门要加强与省直各部门的沟通和协调，让采购单位更多参与采购过程和采购决策，努力缩短采购周期，节约采购资金，降低采购成本，不断提高财政资金使用效益。

安徽省2011年上半年预算执行情况及下半年工作意见的报告

——2011年8月17日在安徽省第十一届人大常委会第二十七次会议上

安徽省财政厅厅长　陈先森

主任、各位副主任，秘书长，各位委员：

我受省人民政府委托，向省第十一届人大常委会第二十七次会议作2011年上半年预算执行情况及下半年工作意见的报告，请予审查。

上半年全省财政收支情况

今年以来，在省委、省政府的正确领导下，全省各级财政部门以科学发展观为统领，贯彻实施积极财政政策，充分发挥财政职能作用，财政运行继续保持良好发展势头，有力促进了全省经济社会又好又快发展。

（一）收入情况。上半年，全省财政完成1384亿元，同比增长35.9%（下同），为全年收入预算59.1%，其中全省地方财政收入完成752.6亿元，增长35.8%，为全年收入预算60.5%。省级财政总收入完成82.7亿元，下降6.4%，其中省级地方财政收入完成81.6亿元，下降4.5%。省级财政收入下降主要是受探矿权采矿权价款收入去年同期一次性缴库、省广电集团因改制广告收入延迟缴库及今年取消31项涉企行政事业性收费等因素影响。

全省财政收入实现较快增长的主要原因：一是经济增长因素。上半年，全省生产总值初步核算增长13.4%，规模以上工业增加值增长20%，固定资产投资增长35.5%，社会消费品零售总额增长17.8%，进出口总额增长32.2%，规模以上工业企业实现利润增长48.4%，良好的经济发展形势为财政增收奠定了坚实基础。二是政策性增收因素。统一对内外资企业征收城市维护建设税和教育费附加，恢复征收1.6升及以下排量乘用车车辆购置税，将预算外资金纳入预算管理，根据购房情况不同调整契税税率，调整二手商品房买卖营业税等一系列政策的实施，带动了相关税收收入增长。三是价格上涨因素。上半年，全省居民消费价格上涨5.7%，涨幅比上年同期提高3.2个百分点；全省工业生产者出厂价格上涨9.7%，涨幅比上年同期提高0.5个百分点，带动以现价计算的税收收入增加。四是特殊增收因素。去年年底部分在途税款延期入库、企业所得税和再生资源增值税汇算清缴等非即期因素也在一定程度上增加了财政收入。

（二）支出情况。上半年，全省财政支出完成1367.2亿元，增长39.4%，为全年支出预算56.3%，其中省级财政支出完成308.8亿元，增长16.5%。

全省21个支出大类中，有18个支出大类实现较快增长。其中，教育支出191.4亿元，增长34.4%；科学技术支出22.4亿元，增长26.9%；文化体育与传媒支出26亿元，增长66.6%；社会保障和就业支出214.6亿元，增长27.8%；医疗卫生支出94.1亿元，增长55.7%；节能环保支出21.4亿元，增长80.7%；城乡社区事务支出134.6亿元，增长52.7%；农林水事务支出158.3亿元，增长33.2%；交通运输支出75.3亿元，增长50.8%；资源勘探电力信息等事务支出72.3亿元，增长81.3%；商业服务业支出18.3亿元，增长48%；住房保障支出60.2亿元，增长121.4%。

全省财政支出增长较快的主要原因：一方面得益于预算执行管理制度的不断完善。近年来，我省陆续出台了加强财政结转结余资金管理、进一步加快财政支出进度和提前通知转移支付指标等相关制度，构建了从省级到市县、财政系统到预算单位、预算安排到结转结余、国库资金到专户资金的全方位预算执行管理制度体系，为加快财政支出进度提供了制度保障。另一方面得益于各级各部门的共同努力。全省各级各部门高度重视预算执行工作，健全机制，科学调度，强化横向联系和纵向督导，加大预算执行力度，提高预算执行效率，不断改进预算执行中的薄弱环节，促进了财政支出提速增效。

（三）全年预测

全年来看，我省经济将继续保持平稳较快发展，为财政增收奠定良好基础。但外部环境复杂多变、宏观调控效应显现、通胀压力仍然较大、重点行业增速下滑、中小企业融资困难等都将对经济运行产生影响。因此，下半年财政收入持续保持高位增长难度较大，加之财政刚性支出大幅增加，全省财政收支矛盾仍将十分突出。综合分析，经过努力，可以确保完成年度预算目标任务。

上半年全省财政预算执行的主要特点

（一）财政综合实力不断增强。按照省十一届人大四次会议批准的预算计划，分解落实收入任务，加强财税协调沟通，依法规范收入征管，不断强化支出管理，上半年，财政收支双双实现时间过半、任务过半。财政收支规模不断扩大。全省财政总收入完成1384亿元，月均230.7亿元，收入总量相当于2008年全年水平；全省财政支出完成1367.2亿元，月均227.9亿元，支出规模超过2007年全年水平。财政收入质量明显提高。全省税收收入完成1224.3亿元，增长38.8%，占财政总收入的88.5%，较上年同期提高1.8个百分点；增值税、营业税、所得税等分别增长34.2%、35.6%和50.5%，主体税种贡献稳定，收入结构更趋合理。区域财政发展态势良好。17个市完成财政总收入1301.3亿元，增长40%，其中12个市财政总收入超过50亿元；76个县（区）完成财政总收入484.5亿元，增长54.7%，其中16个县（区）财政总收入超过10亿元；皖江城市带承接产业转移示范区、合芜蚌自主创新综合试验区、皖北三市七县财政总收入分别增长40.8%、41.2%、46%，增幅均高于全省平均水平。

（二）宏观调控能力不断提升。准确把握宏观经济形势，积极采取有效措施，持续增强全省经济发展后劲和活力。强力拉动有效需求。不断加大政府公共投资力度，争取财政部代理发行地方政府债券90亿元，协议利用国际金融组织和外国政府贷款1.3亿美元，全省固定资产投资完成5662.3亿元，有力保障了重大投资项目顺利推进；用足用活国家家电下乡、以旧换新政策，兑付财政补贴资金14.7亿元，拉动市场销售138.4亿元；充分利用外贸出口促进政策，支持引导全省外向型经济发展；进一步拓宽企业融资渠道，努力缓解中小企业融资难，上半年省信用担保集团累计完成担保再担保243.6亿元。全力推进结构调整。安排7亿元，支持合芜蚌自主创新综合试验区和国家技术创新工程试点省建设；抢抓政策机遇，争取国家批准合芜蚌自主创新综合试验区开展企业股权和分红激励试点，进一步激发创新活力；加强省级创业风险投资引导基金运作管理，累计引导设立13只创投基金，吸引到位资金31.4亿元，促进创业投资发展；安排5亿元，培育壮大战略性新兴产业，推进产业转型升级；安排17.1亿元，推进节能减排、资源枯竭城市转型和生态功能区保护，增强经济发展的可持续性。竭力支持区域发展。安排10亿元，支持皖江城市带承接产业转移示范区建设；继续加快皖北振兴步伐，细化政策措施，加大资金投入，强化要素支持，集聚发展动力；从2011年起连续5年，每年安排2亿元，支持大别山革命老区加快发展。

（三）民生工程实施不断深入。明确目标责任，完善管理制度，精心组织推进，不断提高民生工程建设的科学化水平。组织开展全省民生工程宣传月活动，在全省财政系统开展“贴民情、听民意、惠民生——万名财政干部大走访”活动，深入1.8万个行政村（社区），累计走访城乡居民27.8万户，宣讲民生政策，了解群众期盼，推进政策落实。认真吸纳人大代表意见建议，不断加强民生工程后期管理养护，实现工程类项目后期管养制度全覆盖。上半年，全省拨付民生工程资金283.5亿元，拨付进度达到73%。全省33项民生工程扎实推进，农村低保、五保等发放补助类项目，资金均按时足额发放；新型农村合作医疗、政策性农业保险等保险报销类项目，保障标准逐步提高；校舍安全、廉租房、公租房等工程建设类项目，按计划进度顺利实施。通过民生工程的有效实施，带动了全省民生问题的加快解决，让广大人民群众共享多享改革发展成果。

（四）城乡协调发展不断推进。全面落实强农惠农政策，不断增加“三农”投入，着力提升新农村建设水平。加大农业投入。统筹安排45.1亿元，用于小型农田水利、中小河流治理、病险水库除险加固等水利基础设施建设，巩固农业发展基础；积极筹措10.1亿元，支持春耕生产、夏粮抢收和防汛抗旱；安排专项资金2.9亿元，推进粮食生产三大行动，保障主要农产品供给；下达产粮、产油大县奖励资金13.6亿元，促进全省粮油生产；开展政策性农业保险试点，为976万次农户提供109.6亿元农业生产风险保障；筹措项目资金13.1亿元，推进24个现代农业综合开发示范区建设；安排2亿元，支持林业生态工程建设。促进农民增收。通过一卡通发放27项涉农补贴资金101.3亿元，比上年同期增加16.6亿元；筹集扶贫资金6.3亿元，创新财政扶贫工作机制，促进贫困地区脱贫致富；安排1.3亿元，支持新型农民培训，增强农民就业创业能力。上半年，全省农民人均现金收入达到3584元，增长19.9%。支持农村发展。统筹安排12.8亿元，推进村级公益事业建设一事一议财政奖补试点工作深入开展，有效改善农村生产生活条件；安排10.6亿元，健全村级组织运转经费保障机制；投入2.7亿元，支持千村百镇示范工程建设；农村危房改造、村庄治理工作和农村清洁工程建设协调推进，农村土地整治示范省建设稳步实施，城乡一体化综合配套改革试点工作顺利开展。

（五）社会事业建设不断加强。加快推进基本公共服务均等化，努力提高社会管理和公共服务水平。大力支持高教强省建设，统筹安排21.4亿元，将普通高校生均拨款水平提高到8000元；安排5亿元，引导高校积极化解债务，帮助高校把债务规模降低到合理水平。巩固基层医药卫生体制改革成果，重点推进县级公立医院改革。不断健全社会保险制度体系，企业职工基本养老保险扩面提标，城镇职工基本医疗保险市级统筹加快推进，城镇居民社会养老保险和新型农村社会养老保险试点范围进一步扩大，新型农村合作医疗和城镇居民医疗补助标准从每人每年120元提高到200元。统筹安排就业资金近7亿元，支持解决高校毕业生、农民工和城乡困难群体就业。统筹安排68.7亿元，大力支持保障性安居工程建设，上半年，全省共开工各类保障性住房29.7万套，达到国家与省政府签订目标任务数的77.9%，居全国第六位。加大政策和资金支持力度，保障全省各级公共图书馆、文化馆（站）全部免费开放，进一步推动文化体制深化改革和文化产业快速发展，有力促进公共文化服务体系建设。大力支持政法经费保障机制改革、社会治安综合治理和政府突发公共事件应急体系建设，切实维护社会稳定和公共安全。

（六）科学理财水平不断提高。坚持抓管理促规范、抓队伍促效能，全面推进财政科学化精细化管理。加强财政收入管理，规范非税收入征缴，将除教育收费以外的预算外收入全部纳入预算管理。加强财政支出管理，加快预算执行进度，全省全面推开财政支出绩效评价工作。完善财政体制机制，规范转移支付制度，建立健全县级基本财力保障机制。强化财政监督管理，认真开展重大财税政策实施情况专项检查，建立健全治理和防范小金库长效机制。推进节约型机关建设，认真贯彻中央厉行节约有关规定，严格控制因公出国境、公务车辆购置及运行、公务接待等经费支出。强化财政基层建设，深入开展创建规范化乡镇财政所（分局）工作，充分发挥乡镇财政就近就地实施监管优势。大力弘扬沈浩精神，在财政系统开展服务发展年活动，进一步推进学习型党组织和学习型机关建设。

围绕省委、省政府重大决策部署，开展重点课题调研，充分发挥财政参谋助手作用。

下半年全省财政工作重点

面对复杂多变的宏观经济形势，我们将抢抓偏紧宏观政策蕴含的有利机遇，牢牢把握发展主动，坚定不移推动转型，更加突出富民优先，不断巩固扩大经济社会发展良好势头，重点做好五个方面工作：

（一）*坚持科学发展，着力保持经济稳定增长。*充分发挥财政宏观调控作用，把握好政策实施的力度、节奏和重点，力求实现经济增长速度、质量和效益的有机统一。不断扩大有效投入，优化投资结构，加快关系国计民生的重点项目建设。积极拉动消费需求，持续抓好家电下乡、以旧换新等政策落实。不断加大农业生产扶持力度，增加主要农副产品供应，保持物价水平基本稳定。以培育发展战略性新兴产业为突破口，大力促进传统产业新型化、新兴产业规模化。出台实施《关于发挥财政引导作用支持中小企业和“三农”发展的意见》，加强财政政策与金融政策协调配合，充分利用财政资金的引导作用，有效整合金融资源，为中小企业、“三农”等薄弱环节发展提供金融支持。继续促进区域经济协调发展，大力支持皖江城市带承接产业转移示范区建设，加快推进皖北振兴步伐，进一步促进大别山革命老区又好又快发展。

（二）*坚持城乡统筹，着力夯实“三农”发展基础。*围绕农业增产、农民增收、农村繁荣，加快推进城乡经济社会一体化步伐。大力支持水利改革发展，健全水利投入稳定增长机制，全面加强农田水利建设，提高农业综合生产能力。加快实施农业产业化671转型倍增计划，进一步提升农业产业化经营水平，促进农业增产增效。充分发挥扶贫贷款贴息资金导向作用，推进产业化扶贫，促进农民增收致富。深入推进村级公益事业建设一事一议财政奖补，建立项目管护长效机制，促进村级事业加快发展。继续推进支农资金整合，大力支持万亩高产高效吨粮田示范县创建工作。加快现代农业发展，扎实开展高标准农田示范工程和现代农业综合开发示范区建设。支持农村土地流转，加快推进农村危房改造和村庄整治工作。积极争取国家新一轮农村综合改革试点。

（三）*坚持改善民生，着力提升群众幸福指数。*充分发挥公共财政分配职能，有效配置公共资源，努力增进群众福祉。加强后续管理，严格跟踪问效，组织开展人大代表政协委员巡视评估活动，确保33项民生工程一项一项落到实处。编制《安徽省民生工程“十二五”规划》，建立民生工程重点项目库，完善民生工程决策机制，不断增强民生工程建设的科学性和系统性。以城乡居民社会养老保险扩大试点、新型农村合作医疗和城镇居民医疗补助提标等为重点，加快完善各项社会保障制度建设。进一步拓宽筹资渠道，加力政策落实，强化资金监管，突出抓好保障性安居工程建设。落实城乡居民收入倍增规划，实施更加积极的就业政策，保障低收入群体的基本生活，促进社会和谐稳定。深入实施国家教育改革和发展规划纲要，认真贯彻国务院进一步加大财政教育投入的有关要求，支持教育优先发展。大力推进文化强省建设，不断提升安徽软实力。

（四）*坚持改革创新，着力激发体制机制活力。*加快推进公共财政体系建设步伐，构建有利于科学发展的财政体制机制。深化预算管理制度改革，建立完善四大预算体系，科学编制2012年预算。完善省以下财政管理体制，统筹省与市县分配关系，加大省对下转移支付力度，健全县级基本财力保障机制。积极推进预算绩效管理制度改革，努力构建“预算编制有目标、预算执行有监控、项目完成有评价、评价结果有反馈、反馈结果要运用”的预算绩效管理模式。进一步完善国库集中收付制度，规范政府采购行为，深化政府非税收入管理改革。统筹推进医药卫生体制改革、事业单位分类改革等各项重点领域改革，不断满足人民群众对社会公共服务的需求。

（五）*坚持精细管理，着力提高科学理财水平。*坚持依法理财、科学理财、民主理财，扎实推进财政科学化精细化管理。继续加强对重点税源的跟踪监控，努力挖掘增收潜力，依法组织财政收入。不断加快财政支出进度，千方百计减少年度结转结余，切实提高预算执行的均衡性和有效性。进一步加强地方政府性债务管理，研究制定规范地方政府债务的管理办法。深入开展省级行政事业单位资产清理工作，规范国有资产的配置、使用、处置和管理。扎实推进廉政风险防控试点工作，不断强化财政系统内部监控，确保财政资金安全高效运行。按照国务院统一部署，稳步推进预算信息公开工作，自觉接受社会监督。继续加强财政管理基础工作和基层建设，切实提高财政服务经济社会发展的能力和水平。

全省财政工作会议文件

全国财政工作会议精神传达提纲

全国财政工作会议于2010年12月27－28日在北京召开。这次会议，是在“十一五”即将落幕、“十二五”即将开启的关键时刻召开的一次重要会议。会议的主要任务是：全面贯彻党的十七大、十七届五中全会、中央经济工作会议和党中央、国务院领导重要指示精神，深入贯彻落实科学发展观，总结今年及“十一五”时期的财政工作，研究明确“十二五”时期财政发展改革的基本思路，部署明年的财政工作。各省、自治区、直辖市财政厅（局）长、财政监督专员办专员等参加会议。地方分管财政的副省长（副主席、副市长）参加全国财政工作座谈会。李克强副总理出席座谈会并作重要讲话，财政部部长谢旭人作了财政工作报告，廖晓军常务副部长在会议结束时作总结讲话。会议主要精神如下：

一、李克强副总理讲话精神

近年来财政发挥了十分重要的宏观调控作用，今年财政工作也取得了显著成绩。一是圆满完成预算任务，预算执行好于预期，财政支出进度明显加快；二是贯彻中央决策迅速有力，在应对一系列自然灾害和突发事件中反应迅速，应急保障通畅，有力促进了社会和谐稳定；三是财政改革迈出重要步伐，资源税、义务教育、绩效工资等重点领域改革深入推进。2011年财政工作要重点抓好三个方面：第一，积极发挥好财政政策作为宏观调控重要手段的作用。当前我国经济发展长期向好的趋势没有改变，但面临的国际国内环境十分复杂。进一步做好财政工作，要继续实施积极的财政政策，把保持经济平稳较快增长、调整经济结构、管理通胀预期有机结合起来，把稳定物价总水平放在更加突出的位置，促进供求总量平衡，保障群众基本生活。要在转方式、调结构上下功夫，把握好速度和效益、质量的关系，加快培育和发展战略性新兴产业等，促进经济发展方式转变。第二，把保障和改善民生放到财政工作的优先位置。保障和改善民生，既有利于提高人民的生活水平和质量，又有利于扩大国内需求，是转方式的内在要求和重大任务。要继续调整财政支出结构，在近些年不断提高民生支出占公共财政比重的基础上，充分发挥财税杠杆调节国民收入分配的功能，切实增加教育、就业、住房、医改、文化等方面支出，促进基本公共服务均等化，构建社会保障安全网。尤其要注重住房问题，要完善住房政策，大力推进保障性安居工程，下决心加大投入，多渠道筹措资金，确保明年在全国范围内新增公租住房等保障性住房1000万套；要调控房地产市场，综合采取财税、金融、土地、市场监管等联动措施，继续抑制投机投资性需求，增加普通商品房供给，努力使人民群众住有所居、安居乐业。第三，提高财政可持续发展的能力。财政是庶政之母，发展经济和做好财政工作两者必须良性互动。要深化财税改革，建立健全与社会主义市场经济体制相适应的公共财政体系，形成有利于科学发展和加快转变经济发展方式的财税体制。

二、谢旭人部长工作报告精神

（一）“十一五”财政工作取得新的重大进展

“十一五”时期，全国财政总收入预计达到30.1万亿元，比上个五年增加18.6万亿元，年均增长20.7%；其中2010年全国财政收入预计达到80930亿元，增长18.1%；中央本级收入41860亿元，增长16.6%；地方本级收入39070亿元，增长19.8%。“十一五”时期，全国财政总支出达到31.8万亿元，比上个五年增加19万亿元，年均增长21.4%；其中2010年全国财政支出预计达到89310亿元，增长17.1%；中央财政支出48240亿元，增长10.1%，财政收支规模不断扩大，国家财力进一步增强，为贯彻落实党中央、国务院的重大决策部署、推动经济发展和社会进步，提供了坚实的财力保障。财政支出结构不断优化，民生得到进一步改善。财税政策不断完善，财政宏观调控进一步加强。财税改革不断深化，公共财政体系进一步完善。财政管理不断加强，管理水平进一步提高。

“十一五”时期，财政工作积累的经验归结起来：一是注重服务大局、推动科学发展；二是注重以人为本、保障改善民生；三是注重深化改革、完善体制机制；四是注重加强管理、提高财政效能；五是注重建设队伍、践行工作宗旨。

（二）“十二五”财政发展改革的基本思路

“十二五”时期财政发展改革的指导思想是：高举中国特色社会主义伟大旗帜，以邓小平理论和“三个代表”重要思想为指导，深入贯彻落实科学发展观，认真落实党中央、国务院对财政工作的各项要求，以科学发展为主题，以加快转变经济发展方式为主线，加强和改善财政宏观调控，推动经济结构优化，保持经济平稳较快发展；优化财政支出结构，加强社会建设，切实保障和改善民生；深化财税改革，积极构建有利于转变经济发展方式的财税体制机制，健全公共财政体系；推进财政科学化精细化管理，进一步提升财政管理水平，提高财政资金使用效益；强化队伍建设，不断增强干部综合素质。积极发挥财政职能作用，促进科学发展和社会和谐，为实现全面建设小康社会宏伟目标做出新的更大贡献。着重把握以下五个方面：一是坚持科学发展，促进经济结构优化和平稳较快增长；二是坚持改善民生，推进和谐社会建设；三是坚持改革创新，完善财税体制；四是坚持科学管理，进一步提高财政管理绩效；五是坚持队伍建设，不断提高财政干部素质。

（三）2011年财政工作主要任务

2011年公共财政预算的主要指标拟安排如下：中央财政收入45210亿元，比去年预计执行数（下同）增加3350亿元，增长8%。全国财政收入87410亿元，增长8%，加上调入中央预算稳定调节基金1500亿元，合计收入总量为88910亿元。全国财政支出97910亿元，增长9.6%。全国财政赤字9000亿元，赤字率将从去年的2.5%降到2%左右，其中中央赤字7000亿元，地方赤字2000亿元，由财政部代理发行地方政府债券弥补。

2011年财政工作的总体要求是：全面贯彻党的十七大和十七届五中全会精神，以邓小平理论和“三个代表”重要思想为指导，深入贯彻落实科学发展观，紧紧围绕科学发展主题和加快转变经济发展方式主线，继续实施积极的财政政策，着力调整国民收入分配格局，深化财税制度改革，进一步优化财政支出结构，加大对“三农”、教育、医疗卫生、社会保障和就业、保障性住房、节能环保以及欠发达地区的支持力度，切实保障和改善民生，推动经济增长、结构调整、区域协调和城乡统筹发展。坚持依法理财和统筹兼顾、增收节支的方针，加强财政科学管理，从严控制一般性支出，提高财政资金使用效益，促进经济平稳较快发展与社会和谐稳定。

着重把握五个方面：一是提高城乡居民收入，扩大居民消费需求；二是合理把握财政赤字和政府公共投资规模，着力优化投资结构；三是调整完善税收政策，促进结构调整和引导居民消费；四是进一步优化财政支出结构，保障和改善民生；五是大力支持经济结构调整和区域协调发展，推动经济发展方式转变。

着力做好八项工作：

一是着力加强和改善财政宏观调控，促进经济平稳较快发展。促进扩大消费需求，继续实施更加积极的就业政策，多渠道促进增加农民收入，继续提高城乡居民最低生活保障标准，落实义务教育学校、公共卫生和基层医疗卫生事业单位绩效工资政策，完善家电下乡和以旧换新政策等。进一步优化投资结构，优先安排续建、投产和收尾项目，严格控制新上项目。继续实行结构性减税，继续对部分小型微利企业实施所得税优惠政策，促进产业结构升级和服务业发展，实施有利于节能减排、环境保护和增加就业的税收优惠政策等。发挥财税政策稳定物价的作用，大力支持粮油、蔬菜、棉花等基本生活必需品生产，稳定化肥、煤炭、成品油等供应，做好必需商品进口以及储备物资投放等，促进市场供求平衡和物价基本稳定等。

二是着力加大强农惠农政策力度，推动农村发展与改革。增强农业综合生产能力，以农田水利建设为重点，大力支持中小河流治理、小型病险水库除险加固和山洪地质灾害防治，推进农业综合开发，支持现代农业产业技术体系建设、农业技术推广和科技成果转化，完善农业保险保费补贴政策等。拓宽农民增收渠道，增加对种粮农民的各项补贴规模，稳步提高小麦、稻谷最低收购价，增加农民生产经营性收入和工资性收入等。深化农村综合改革和推动农村社会事业发展，加快推进乡镇机构、农村义务教育、县乡财政管理体制和集体林权制度改革，完善村级组织运转经费保障机制，全面推开农村义务教育债务清理化解工作，健全村级公益事业建设一事一议财政奖补制度等。

三是着力促进经济结构调整和区域协调发展，加快转变经济发展方式。增强科技创新能力，重点支持基础研究、前沿技术研究、社会公益研究和重大共性关键技术研究开发，推动国家（重点）实验室及科研机构、大学科研能力建设，促进战略性新兴产业发展，积极推动企业兼并重组和技术改造等。积极推进节能减排和生态建设，进一步加大节能产品惠民工程实施力度，完善节能环保产品政府采购政策，促进发展新能源、生物质能源和可再生能源，继续推广并完善排污权有偿使用和交易试点，支持重点领域低碳技术研究推广和低碳经济发展等。认真落实推动区域协调发展的各项财税政策，增加对地方均衡性转移支付规模，提高财力薄弱地区落实各项民生政策的保障能力等。

四是着力推动经济社会协调发展，进一步保障和改善民生。合理调整国民收入分配关系，支持建立企业职工工资正常增长机制和支付保障机制，完善对垄断行业工资总额和工资水平的双重调控政策，逐步完善个人所得税制度，增加财政补助规模。促进优先发展教育，加大教育投入力度，启动学前教育发展项目，巩固完善农村义务教育经费保障机制，落实好中等职业教育家庭经济困难学生和涉农专业学生免学费政策等。支持深化医药卫生体制改革，将城镇职工基本医疗保险、城镇居民基本医疗保险和新型农村合作医疗保险参保率提高到90%以上，将新型农村合作医疗和城镇居民基本医疗保险的财政补助标准由人均120元提高到200元，支持在政府举办的基层医疗卫生机构全面实施基本药物制度，将人均基本公共卫生服务经费标准由15元提高到25元等。加强社会保障和就业工作，新型农村社会养老保险试点范围扩大到全国40%左右的县，完善企业职工基本养老保险省级统筹制度，稳步推进事业单位养老保险制度改革试点等。大力推进保障性安居工程建设，加大保障性安居工程建设力度，积极发展公共租赁住房，规范经济适用房的建设和管理等。此外，还要积极推动文化建设，做好抗灾救灾和恢复重建工作。

五是着力深化财税体制改革，进一步完善公共财政体系。完善财政体制，继续优化转移支付结构，完善省以下财政体制，推进省直管县和乡财县管财政管理方式改革。深化税收制度改革。推进预算管理制度改革，完善公共财政预算，细化政府性基金预算，扩大中央国有资本经营预算实施范围，试编好社会保险基金预算，全面取消预算外资金，完善预算编制制度，建立健全预算编制与预算执行、结余结转资金管理和行政事业单位资产管理有机结合的机制，深入推进部门预算、国库集中收付、政府采购等预算管理制度改革，建立健全预算绩效管理制度。推进国有金融机构改革，健全国有金融资产管理体制。支持投融资体制改革以及能源、资源、农产品等基础产品价格机制改革。

六是着力加强财政科学化精细化管理，切实提高财政资金使用效益。完善财政法律制度体系，做好预算法、增值税法、车船税法、注册会计师法等法律的立法工作等。加强“两基”建设，完善部门基础信息数据库，全面推行行政事业单位资产管理信息系统和统计报告制度，完善基本支出定员定额标准体系，健全项目支出定额标准体系，完善政府收支分类科目体系，进一步加强基层财政建设，充分发挥乡镇财政就地就近实施监管的优势，对本级和上级财政安排的资金以及其他部门、其他渠道下达的财政性资金实行全面监管等。强化预算管理，细化预算编制内容，继续提高预算年初到位率，进一步增强地方预算编制的完整性，狠抓预算执行管理，落实部门预算支出主体责任，切实加强财政资金管理，积极推进全过程财政预算绩效管理试点等。严格财政监督，建立财政监督机构与预算管理机构之间的工作协调机制和信息共享制度，继续开展重大财税政策实施情况专项检查，建立完善财政监督信息披露和公告制度等。此外，还要做好加快推进预算公开，加强地方政府性债务管理，推进财政管理信息化建设，继续狠抓增收节支等工作。

七是着力加强内外统筹，深化财经对外交流与合作。深入开展财经交流与合作，妥善处理与主要发达国家关系，深化与发展中大国的沟通协调。积极参与国际金融监管协调机制。深化区域财经和经贸合作，推动区域经济一体化和自由贸易区发展。积极参与世界贸易组织多哈回合谈判。加强国际税收合作与交流。全面参与国际财务报告准则的制定。做好我国加入政府采购协议谈判相关工作。深化与国际金融组织的知识合作。加强国际金融组织和外国政府贷款管理等。

八是着力强化干部队伍建设，切实提高干部工作能力。加强干部思想理论教育，着力提高理论素养和解决实际问题能力。围绕迎接建党90周年活动，全面深入开展财政系统和相关行业创先争优活动。继续深化干部人事制度改革，健全科学的考核评价机制。强化干部教育培训，加强调查研究。扎实推进反腐倡廉建设，落实中央《建立健全惩治和预防腐败体系2008－2012年工作规划》，认真落实廉洁从政若干准则，严格执行党风廉政建设责任制，加大查处违法违纪案件工作力度，注重发挥查办案件的治本功能。

三、廖晓军副部长总结讲话精神

突出强调六个方面问题：一要妥善安排好2011年预算。中央将在教育、医药卫生、社保、住房保障、水利等方面出台一些新的增支政策，这些政策性增支，地方有的没有列入预算盘子，支出压力会进一步加大，要加大支出结构调整力度，统筹安排落实各项政策。二要加快建立和完善县级基本财力保障机制，增强基层政府提供基本公共服务的能力。三要进一步提高预算支出的及时性、均衡性和有效性，切实提高财政资金使用效益。四要继续深入推进预算公开，细化公开内容、扩大公开范围，积极引导社会舆论。五要强化地方政府性债务管理，继续规范地方政府融资平台公司管理、举借债务和担保承诺行为，扎实做好地方政府债券发行和使用等工作。六要认真编制财政“十二五”规划，重点做好与各类规划的衔接工作，按时完成规划编制任务，着力提高财政工作的科学性、前瞻性和可行性。

（厅办公室供稿）

赵树丛同志在全省财政工作会议上的讲话（摘要）

（2011 年 1 月 7 日）

一、要认真总结发扬“十一五”以来财政服务大局的成绩与经验

“十一五”以来，在省委、省政府的领导下，全省上下深入贯彻落实科学发展观，积极抢抓国家促进中部崛起和扩大内需等重大机遇，加快经济结构调整和发展方式转变，全省经济社会发展迈上了新的台阶。初步预计，2010 年全省生产总值突破1.2 万亿元，增长 14% 以上；粮食总产 616 亿斤，创历史最好水平；全社会固定资产投资 1.18 万亿元，增长 27%；社会消费品零售总额 4100 亿元，增长 19% 以上；进出口总额 235 亿美元，增长50%；城镇居民人均可支配收入达到 15500 元，增长 10% 左右；农民人均纯收入 4950 元，增长 10% 以上，实现两位数以上的增长。这些成绩的取得，与财政部门的努力是分不开的。全省各级财政部门认真贯彻省委、省政府的决策部署，认真落实积极的财政政策，服务大局、服务发展、服务民生，为加速安徽崛起做出了突出贡献。

一是超额完成预算目标任务。2010 年，在结构性减税带来减收因素较多的情况下，全省财政总收入达到 2063.8 亿元，增长 33%；全省财政支出2583.5 亿元，增长 20.6%，均超额完成了全年预算目标任务。二是贯彻落实省委、省政府的决策有力有效。面对复杂多变的宏观经济形势，各级财政部门在支持皖江城市带承接产业转移示范区、合芜蚌自主创新综合试验区建设，促进皖北地区发展，改造提升传统产业，培育发展战略性新兴产业等方面都采取了得力措施，做出了积极贡献。三是保障和改善民生积极有为。积极调整支出结构，加大民生投入，以实施民生工程为载体，扩大惠民政策范围，民生工程项目从2007 年的12 项增加到2010 年的33 项。2010 年全省民生支出1096 亿元，其中33 项民生工程财政投入 345 亿元，惠及全省 6000 多万城乡居民。四是支持“三农”、促进城乡统筹发展措施得力。全面落实强农惠农政策，2010 年“三农”支出达到 842.7 亿元，占财政支出的32.6%。五是改革创新取得新成就。积极推进基层医药卫生体制综合改革、政法经费保障体制改革、文化体制改革、集体林权制度改革等重大改革措施，做了大量工作，取得了积极成效。财政系统自身改革也迈出了新的步伐。

总之，“十一五”以来，各级财政部门为实现全省经济总量跃升、经济结构调整、民生改善的目标做了大量卓有成效的工作。省委、省政府对财政工作是满意的。宝顺书记、三运省长多次作出重要指示和批示，对财政系统的工作给予肯定。

二、扎实做好“十二五”开局之年的财政工作

中央经济工作会议科学研判了当前及今后一个时期的经济形势，对今年的经济工作做出了重要部署。全省经济工作会议强调，要坚持以科学发展为主题，以全面转型、加速崛起、兴皖富民为主线，积极扩大有效需求，加快推进结构调整和自主创新，切实抓好节能减排，不断深化改革开放，更加注重保障和改善民生，努力保持经济平稳较快发展，促进社会和谐稳定。全省各级财政部门要切实把思想统一到中央和省委、省政府的决策部署上来，扎实做好今年的财政工作。要着重把握以下四个方面：

第一，要清醒认识复杂多变的宏观经济环境。近年来，宏观经济环境复杂多变。2007年，中央把“双防”作为宏观调控的首要任务，实行稳健的财政政策和从紧的货币政策；2008年，由于美国的次贷危机迅速蔓延，演变成国际金融危机，中央及时采取了“保增长、保民生、保稳定”的一系列措施，采取了积极的财政政策和宽松的货币政策，而且“出拳重”、“出手快”，取得了较好的预期效果。当前，国际金融危机的深层次影响尚未结束，美国经济复苏进程缓慢，就业率继续下降，欧洲多国陷入主权债务危机之中；国内通胀预期压力较大，经济运行中不确定因素较多，保持经济平稳较快发展和加快转变经济发展方式的任务十分繁重，为妥善应对各种挑战，中央决定实施积极的财政政策和稳健的货币政策。各级财政部门要主动适应宏观环境的发展变化，切实把思想统一到中央和省委、省政府的决策部署上来，充分发挥财政职能作用，牢牢把握工作的主动权。

第二，要充分认识财政工作的特殊重要性。“十二五”开局面临的宏观环境很复杂，财政工作很重要。财政是党和政府履行职能的物质基础、体制保障、政策工具和监管手段。美国经济学家约瑟夫·熊彼特说过：“一个民族的精神风貌、文明程度、社会结构以及政策可能酿成的行为方式，所有这些甚至更多，都记录在它的财政史上。那些明白怎样读懂历史所蕴含信息的人们，比从其他任何地方都能更清晰地预感到震撼世界的惊雷”。毛泽东同志在抗日战争时期对财政工作就有过精辟论述，一些重要观点在今天依然具有重要指导意义，比如经济决定财政、财政要为政治服务，要坚持以收定支的原则，财政工作要走群众路线等等。各级财政部门要重温这些重要论述，切实增强做好新时期财政工作的使命感和责任感。

第三，要准确把握积极财政政策的新取向。针对当前复杂的宏观经济环境，今年国家实施积极的财政政策和稳健的货币政策，重点是更加积极稳妥地处理好经济平稳较快发展、调整经济结构、管理通胀预期的关系。央行已连续多次提高银行存款准备金率和利率，减少流动性。由于国际金融危机的影响还在持续过程中，巩固应对金融危机冲击成果的基础还要进一步加强。同时，通胀预期的压力增大。今年中央实施的积极财政政策有新的变化，着力点与以前有所不同。去年积极财政政策的着力点更多的是保增长、保就业、保企业，今年政策着力的重点是加强“三农”、改善民生、发展社会事业、促进经济结构调整、推进改革，等等。今年中央一号文件提出加强水利建设、提高农村合作医疗政府补贴金额等，中央确定建设保障性住房1000万套，这些都属于公共财政范畴。中央还将在这些方面出台一系列政策，需要地方资金配套。李克强副总理反复强调，财政是宏观调控的重要组成部分，要承担起宏观调控的职能。各级财政部门要准确把握今年积极财政政策的新变化，把握政策的着力点，确保政策落实到位。

第四，要认真落实省委、省政府关于“十二五”发展的战略部署。省委八届十三次全会对我省未来五年发展的目标任务做出了总体安排，提出要坚持以科学发展为主题，以全面转型、加速崛起、兴皖富民为主线，坚持工业化、城镇化双轮驱动，坚持转型发展、创新发展、开放发展、和谐发展，力争实现“六个翻番”，努力走在中部崛起前列。在全省经济工作会议上，宝顺书记、三运省长就做好“十二五”开局之年的工作，作了全面部署。各级财政部门要围绕全省“十二五”发展的各项目标任务，扎实做好“十二五”开局之年的财政工作。

一是要确保完成全年预算目标任务。组织财政收入是财政工作最基本的任务。全省经济工作会议明确今年财政收入增长12%，这一目标兼顾了当前和长远，兼顾了需要和可能，是积极稳妥、留有余地的。各地各有关部门要依法有效组织收入，做到应收尽收，同时不能收过头税。要加强非税收入征管，积极培植壮大财源，建立稳定的收入增长机制。

在抓好增收的同时，也要抓好节支。各级各部门要牢固树立过紧日子的思想，严格按照中央和省委、省政府有关厉行节约的要求，坚决反对铺张浪费，大力压缩一般性支出，从严控制预算追加，从严控制公务接待经费、因公出国（境）经费、公务用车购置及运行费用等支出，以节支的实际成效促进预算任务的完成。

二是要全力服务于全面转型、加速崛起的大局。坚持科学发展、全面转型是不以我们的意志为转移的。我们面临的资源环境压力大，拼资源、拼低价格、拼出口的路子难以持续。因为我们的资源有限，国际贸易竞争激烈，大量的外汇结存增加了流动性过大的可能性。产业转移虽然总是转向低成本的地区，但是否转移到安徽是要认真研究的，需要我们创造承接产业转移的环境和条件。在服务转型发展中，财政要有所作为。全省各级财政部门要把加快经济结构调整、促进发展方式转变作为当前和今后一个时期的中心任务，努力促进安徽转型发展。

要大力扶持战略性新兴产业发展。日前，省委、省政府研究制定了加快培育和发展战略性新兴产业的意见，省政府一次性安排25亿元专项资金，用于各地建立战略性新兴产业引导资金和风险投资引导基金；从2011年起到2015年，省政府每年拿出5亿元，设立省战略性新兴产业发展引导资金。各级财政部门认真落实政策，力争尽早见到实效。同时，要大力支持传统产业的改造升级。要加强对现代服务业的支持，提升现代服务业发展水平。

要着力扶持和培育市场主体。针对今年信贷资金供应可能偏紧的情况，财政部门要帮助企业解决好资金问题，促进企业稳健运行。今年，中央将继续实施结构性减税政策，尤其是明确提出要继续对部分小型微利企业实施所得税优惠政策，支持中小企业发展，等等。各级财政部门要认真落实政策，积极扶持企业发展，巩固强化经济持续向好的微观基础。

要积极支持重大战略平台建设。今年是皖江示范区打基础、见成效承上启下的关键一年。各级财政部门要进一步细化落实推进示范区建设的相关政策措施，进一步发挥财政资金的示范引导作用，撬动更多的社会资金支持示范区建设。同时，要抓紧研究，科学构建江南、江北集中区财税管理体制，充分调动各方面的积极性，促进示范区的建设发展。要结合技术创新工程试点省建设，继续支持合芜蚌自主创新试验区建设，进一步推动产学研结合，完善创新服务体系，加快科技成果转化，促进产业转型升级，提升我省自主创新水平。要大力扶持皖北地区发展。各级财政部门要按照“强基础、固根本、能牵动、可持续”的总体要求，继续加大转移支付力度，进一步落实支持皖北振兴的各项政策措施，包括新老10条，以及赴江苏学习考察座谈会议纪要等，提高皖北地区的财政保障能力，推动皖北逐步走上内生发展的良性轨道。

要大力支持统筹城乡发展。各地各级财政部门要按照省委、省政府的要求，加大农业基础投入，坚持政府公共投资向“三农”倾斜，确保财政对农业投入增长幅度高于经常性收入增长幅度。要推进现代农业发展，支持农业产业化“671”转型倍增计划，支持新增粮食生产能力规划的实施，加快现代农业示范区建设。要拓宽农民增收渠道，全面落实各项强农惠农政策，支持实施农村劳动力转移阳光培训工程，提高农民增收能力。要继续认真落实扩权强县、扩权强镇试点政策措施，推动一批县城和产业基础好、发展潜力大的中心镇尽快发展成为新兴中小城市，显著提升全省城镇化水平。

三是要更加注重保障改善民生，着力促进社会和谐。保障和改善民生，具有扩内需、调结构、促和谐的多重效应。各级财政部门要坚持以人为本，更加扎实有效地做好各项民生工作。要巩固提升民生工程。今年我省仍然实施33项民生工程，投入总规模约388亿元。各级政府和财政部门要优先保障民生工程资金。要认真总结经验，进一步完善民生工程推进机制，加强项目管理。要逐步建立科学系统的项目选择机制、稳定多元的筹资机制、科学高效的协调推进机制、严格透明的激励约束机制等，不断提升民生工程实施水平和成效。要加强对教育、科技、卫生、文化等社会事业发展的支持。继续完善社会保障体系，着力保障群众的基本生活。要加大财政投入，认真落实积极的就业政策。特别是要把支持保障性住房建设作为改善民生的一项重要任务。今年，省里决定新建各类保障性住房及棚屋区改造25万套（户）以上。各级财政部门要积极筹措资金，加大投入，引导社会资金参与公共租赁住房建设和运营。

三、要加强财政改革管理，增强财政可持续发展能力

财政是综合部门，职能重要，责任重大。全省各级财政部门要坚持以科学发展观为指导，进一步深化改革，加强管理，加强自身建设，不断提高依法理财、民主理财、科学理财水平。

一要进一步加强科学化、精细化管理。当前，社会主义市场经济体制不断完善，政府职能加快转变；财政收支规模不断扩大；财政服务对象不断拓展。这需要我们在加强科学化、精细化管理上狠下功夫。各级财政部门要认真研究和把握新形势下财政工作规律，认真总结经验，大胆探索创新，把科学化、精细化管理融入财政工作的全过程，加强预算管理，把好分配关、执行关，监督检查关，把工作做深、做细、做实，把钱用在刀刃上，最大限度地发挥财政资金效益。

二要进一步加强公共财政建设。财政收入取之于民，用之于民。公共财政建设是社会主义市场经济发展的内在要求，公共财政建设与公民社会建设联系在一起。加强公共财政建设，是党的十七大提出的一项战略任务，对于正确履行政府职能、加快基本公共服务均等化，推动和谐社会建设具有重要意义。各级财政部门要牢固树立公共财政的理念，顺应改革发展的新要求，下大气力优化财政支出结构，把财力向民生倾斜、基层倾斜，优先支持以改善民生为重点的社会事业发展，努力提高公共服务水平。要统筹好省与市县财政分配的关系，进一步明晰各级财政支出责任，逐步建立县级基本财力保障机制，不断增强基层政府提供基本公共服务的能力。

三要进一步加强财税体制改革。全国财政工作会议明确了今后五年财税体制改革的重点，包括扩大增值税征收范围，完善个人所得税制度，开征环境保护税，研究推进房产税、资源税改革，赋予省级政府适当税政管理权限，等等。这些都是全局性的改革，对我省的经济社会发展，都有深远影响。各级财政部门要密切关注国家财税体制改革动态，按照国家的统一部署，结合我省实际，认真抓好改革政策的贯彻落实，有序推进各项改革，努力构建具有安徽特色、有利于科学发展的体制机制。

四要进一步加强财政队伍建设。科学发展的新形势，转型发展的新任务，兴皖富民的新目标，对财政工作提出了更高的要求。沈浩同志是安徽财政战线的优秀代表和先进典型。财政系统的广大干部要大力弘扬沈浩精神，把向沈浩同志学习与当前开展的创先争优活动结合起来，与省财政厅党组提出的“服务发展年”活动结合起来，进一步加强党风廉政建设，努力做到为民、务实、清廉。各级政府要积极支持财政工作，关心财政干部的成长，激发广大财政干部干事创业的精气神，为全省财政事业的发展注入动力和活力，为安徽经济社会又好又快发展作出新的更大贡献。

主动理财　服务转型
不断开创全省财政事业发展新局面

省财政厅厅长　陈先森

（2011 年 1 月 7 日）

这次会议的主要任务是，深入贯彻党的十七届五中全会和省委八届十三次全会精神，认真落实全国财政工作会议和全省经济工作会议要求，总结“十一五”财政工作，明确“十二五”目标和思路，部署 2011 年工作任务。省委常委、副省长赵树丛同志亲临会议，等一会儿还将作重要讲话，我们一定要认真学习领会，全面贯彻落实。下面，我讲四点意见。

一、积极作为，圆满完成“十一五”目标任务

“十一五”期间，在省委、省政府的坚强领导下，全省各级财政部门深入学习实践科学发展观，积极应对各种挑战，全面落实财政宏观调控政策，取得了令人鼓舞的巨大成就。这五年，是财政综合实力显著增强的五年，财政运行质量不断提高，健康、可持续的财政收入稳定增长机制初步形成；是服务经济发展措施得力的五年，先后实施稳健的财政政策和积极的财政政策，相机抉择的财政宏观调控机制更加完善；是保障改善民生力度空前的五年，坚持将财力向基层倾斜，向新农村建设倾斜，向困难地区和困难群体倾斜，促进和谐的民生保障机制逐步健全；是公共财政体系不断完善的五年，财政制度改革向纵深推进，有利于科学发展的财政体制机制加快建立；是财政管理水平明显提高的五年，科学化精细化管理理念融入财政工作全过程，规范高效的财政监管机制基本确立，财政改革与发展迈上了新的台阶。

五年来，我们不断创新发展思路，理财观念逐步转变。在科学发展观的指引下，确立了“四破四立”的理财观，即破除账房先生意识，树立主动理财理念；破除摇头先生意识，树立服务大局理念；破除财力困难意识，树立服务发展理念；破除主观臆断意识，树立科学理财理念。突出“推进科学发展、加速安徽崛起”主题，把财政工作重心进一步转变到“三保二促进”上来，即保运转、保民生、保稳定、促发展、促和谐；审时度势，主动作为，凝聚起做好“五篇文章”的强大合力，即围绕崛起做支持发展文章，围绕管理做规范理财文章，围绕民生做强农惠农文章，围绕和谐做工作协调文章，围绕效能做能力建设文章。

五年来，我们不断加强理财治税，收入规模显著扩大。财政与经济良性互动格局更加稳固，全省财政收入规模连续跨越 1000 亿、2000 亿元新台阶，2010 年完成 2063.8 亿元，实现五年翻了一番多，其中地方财政收入完成 1149.4 亿元，增长 33%，总量和增幅均位居中部地区第二；全省财政收入五年累计完成 6792.5 亿元，是“十五”时期的 3 倍，年均增长25.7%；全省财政收入占GDP的比重由“十五”末的12.2%提高到2010年的17%；人均财政收入由“十五”末的1007元提高到2010年的3133元。财政收入质量稳步提高，税收收入占财政收入的比重达到85.6%。区域财政协调发展，合肥、芜湖等中心城市引领地位更加突出，皖北地区财政加快发展，县域财政发展强劲，涌现出24个财政收入超10亿元的县（市）。财政实力的不断壮大，为安徽跨越发展、加速崛起奠定了坚实的物质基础。

五年来，我们不断发挥职能作用，宏观调控卓有成效。坚持把促发展作为首要任务，加大政府性投入带动投资快速增长，全省固定资产投资突破1万亿元大关，为经济社会长远发展积蓄了能量。全面落实结构性减税政策，安排25亿元财政资金支持市县建立中小企业担保基金和贷款风险补偿资金，着力建设全省信用担保体系，有力促进了全省中小企业发展。坚持把促消费作为应对危机的重要举措，深度挖掘城乡消费潜力，认真实施“四下乡、两换新”政策，累计补贴财政资金53.7亿元，家电下乡销售量和补贴兑付率稳居全国前列，“真金白银”的政策促进了消费市场繁荣。坚持把调结构作为财政调控的主攻方向，综合运用财政投资、税收优惠、资金扶持、贷款贴息等多种政策手段，大力支持自主创新，稳步推进合芜蚌自主创新综合改革试验区建设，启动实施国家技术创新工程试点省建设；大力支持区域经济协调发展，增加对皖北地区的均衡性转移支付，支持150个镇开展扩权强镇试点，支持皖江城市带承接产业转移示范区和合肥经济圈建设；加大节能环保投入，积极支持循环经济和低碳经济发展，加强重点流域污染防治，节能减排目标全面完成。

五年来，我们不断优化支出结构，社会建设全面加强。全省财政支出规模实现新跨越，2010年达到2583.5亿元，是2005年的3.6倍，同比增长20.6%；五年累计完成8556.5亿元，是“十五”时期的3.2倍，年均增长29.4%。人均财政支出水平由2005年的1094元提高到2010年的4187元，跨越4000元新台阶。坚持调整和优化财政支出结构，不断加大公共服务领域的投入，优先保障和改善民生，教育、科技、文化、社保支出保持较快增长，有力促进了社会事业均衡发展。政法经费保障体制改革、工商管理体制改革和文化体制改革稳步推进。新型农村合作医疗实现全覆盖，基层医药卫生体制综合改革全面推开，新型农村养老保险试点顺利实施。财政应急保障联动机制不断健全，为应对一系列自然灾害和突发事件提供了坚强保障。在全国率先组织实施民生工程，民生工程项目从2007年的12项增加到2010年的33项，4年累计投入853.8亿元，人民群众生活质量和幸福指数明显提升，胡锦涛总书记两次视察安徽时对此充分肯定。

五年来，我们不断加大“三农”投入，城乡统筹协调推进。全面落实强农惠农政策，全省财政“三农”累计投入2650亿元，投入总量、增量、增幅以及占财政总支出的比重逐年增加；通过“一卡通”发放各项财政涉农补贴491.4亿元，农民人均受益1215元。注重发挥财政支农投入的导向作用，跨部门整合涉农资金，提前完成农业产业化“532”提升行动；积极开展省级支农资金整合试点，支农资金使用效益不断提高；加大农业综合开发力度，改造中低产田629万亩，建设高标准农田35万亩；大力支持粮食生产“三大行动”，粮食连续七年丰产、五年创新高。大力支持农村交通、水利等重大基础设施建设，解决1195万农村人口饮水安全问题。加大财政扶贫投入力度，累计减少贫困人口173万人；扎实推进农村综合改革，乡镇机构改革、农村义务教育和县乡财政管理体制等重点改革任务基本完成。顺利实施义务教育经费保障机制改革，农村义务教育债务偿还兑付工作全面完成并顺利通过国家考核验收。村级公益事业建设“一事一议”财政奖补试点全面推进，村级组织运转经费保障机制和为民服务全程代理制不断完善。扎实推进社会主义新农村建设，大力实施“千村百镇”示范工程，让公共财政的阳光更多地照耀“三农”。

五年来，我们不断深化财政改革，财政管理日趋规范。全面实施政府收支分类改革，推行政府预算体系改革，公共财政预算、国有资本经营预算、政府性基金预算和社会保障预算组成的财政预算体系逐步建立。进一步完善省以下财政体制，健全转移支付制度，完善省直管县财政体制和乡财县管改革措施。部门预算、国库集中收付、政府采购制度体系更加健全，收支两条线管理改革深入推进，政府非税收入管理改革不断深化，行政事业单位资产管理体制逐步理顺，预算绩效评价试点有序开展。启动惠民直达工程试点，加快构建“五个一”惠民政策落实新机制。积极稳妥地推进公务员津贴补贴改革和事业单位绩效工资改革。狠抓财政管理基础工作和基层建设，全面推进财政科学化精细化管理。加强预算执行管理，加快财政支出进度，千方百计提高预算执行率，降低年终结转率。扎实推进金财工程建设，着力构建覆盖所有财政性资金、辐射各级财政部门和预算单位的财政一体化管理信息系统。加强财政监督管理，树立“大监督”理念，完善财政监督体系，加强监督机构建设，大力推进“小金库”专项治理，坚持标本兼治，着力构建“小金库”治理长效机制。

五年来，我们不断加强队伍建设，财政形象明显提升。坚持抓机关、带系统、促发展，相继开展了“岗位大练兵、作风建设年、创建五型机关、规范管理年、能力建设年、学习提升年”主题活动，成功实施“百千万培训工程”，对全省108名县区财政局长、1398名乡镇财政所长进行集中培训，分期分批对近4万名农村财会人员进行轮训，财政干部综合素质不断提高。招录了一批年轻干部，改善了干部队伍结构，为财政事业发展注入了新生力量。全面完成“五五”普法系列宣传活动，财政干部法制观念不断增强。扎实推进注册会计师行业党建，实现党的组织和党的工作在行业的全覆盖。全面加强党风廉政建设和反腐倡廉建设，规范权力运行，全面推行文明办公“五要五不”，扎实推进机关效能建设和政风行风建设，财政机关作风不断改进。大力加强财政文化建设，创作并广为传唱财政之歌《财缘》，组织开展全系统文体活动，涌现出一批体现时代精神和行业特点的文化精品。特别是2009年11月以来，大力弘扬沈浩精神，以“科学理财创先进、学习沈浩争先锋”为主题，开展创先争优活动，精心组织“五要五比”主题实践活动，即：要主动理财，比科学发展；要解放思想，比改革创新；要爱岗敬业，比真抓实干；要节俭自律，比无私奉献；要服务至上，比优良作风，掀起了“学沈浩创先进争优秀”活动的热潮。省财政厅先后获得“全国精神文明建设工作先进单位”、“全国民族团结进步模范集体”、“全国助残扶残先进集体”等省部级以上荣誉表彰百余次；是全省第一批学习实践科学发展观活动先进典型单位，涌现出基层干部的楷模——沈浩；在省直机关效能建设和省政府目标考核中连续3年名列前茅。

刚刚过去的2010年，我们密切跟踪宏观形势变化，认真实施积极的财政政策，着力巩固扩大经济回升向好势头，促进经济长期平稳较快发展，得到了省委省政府的高度评价。张宝顺书记作出重要批示：“近年来，省财政厅深入推进科学化、精细化管理，切实加强基层基础建设，为全省经济社会发展做出了积极贡献。希望继续深入贯彻落实科学发展观，着力提高财政管理的科学化、精细化水平，完善机制体制，为全省的跨越崛起作出新贡献!”王三运省长专门批示：“今年的财政工作又有新的提升，特别是在服务大局、主动作为方面要充分肯定。”2010年的财政工作，为“十一五”目标任务画上了圆满句号，为财政事业发展写下了浓墨重彩的一笔。

科学理财再添亮点。坚持集中财力办大事，着力推动创新发展，大力支持自主创新，一次性安排25亿元专项资金，支持建立战略性新兴产业发展引导资金和风险投资引导基金；安排7亿元支持国家技术创新工程试点省和合芜蚌自主创新综合改革试验区建设。统筹协调区域发展，安排10亿元专项资金支持皖江城市带承接产业转移示范区建设，安排5.4亿元加快皖北振兴，有力促进了经济结构调整和发展方式转变。

民生财政再次发力。2010年全省民生支出1096亿元，占财政支出的42.7%，比上年提高2.6个百分点，新增财力的55.5%用于民生。切实履行牵头抓总职责，圆满完成33项民生工程年度目标，财政投入345亿元，增长35.8%，惠及6000多万城乡居民。

支持三农再出实招。保持“三农”支出持续增长，“三农”支出达到842.7亿元，增长24.7%，占财政支出的比重达到32.8%，进一步夯实了农业农村发展基础。创新财政支农方式，扎实推进政策性农业保险试点，投入保费补贴10.1亿元，为2163万农户提供了270亿元的风险保障。调整财政支农方向，遴选39个县深入推进小型农田水利建设，“现代农业综合开发示范区”建设加快推进。认真落实惠农政策，“一卡通”发放涉农补贴资金145.7亿元，同比增长17.2%。

重点改革再破难题。强化财政政策和资金引导，统筹推进基层医药卫生体制综合改革，率先实现了基本药物制度基层全覆盖；积极创新有利于科学发展的财政体制机制，财政管理更加科学高效。惠民直达工程试点扎实开展，试点范围扩大至全省17个市的35个县区，深入推进信息化背景下的公共服务模式变革。

固本强基再树形象。加强财政“两基”建设，扎实开展创建规范化乡镇财政所（分局）工作，推进财政一体化管理信息系统建设。大规模开展调查研究，形成了一批高质量的研究成果。深入推进财政科学化精细化管理，财政部专门在我省召开全国财政厅（局）长座谈会，现场集中展示了我省“两基”建设成果。

五年的成就令人振奋，积累的经验弥足珍贵，形成的文化影响深远。回首极不平凡的五年，我们深切地体会到：要做好财政工作，必须坚持科学发展，深入贯彻落实科学发展观，更加重视提高经济增长质量和效益，转变经济发展方式，努力培植和壮大财源；必须坚持以人为本，始终把维护好、实现好、发展好最广大人民群众的根本利益作为财政工作的出发点和落脚点，不断调整和优化财政支出结构，着力保障和改善民生；必须坚持主动理财，紧紧围绕中心、服务大局，充分发挥财政职能作用，积极主动地为党委、政府当好参谋；必须坚持规范管理，全面加强财政管理基础工作和基层建设，促进财政科学化精细化管理，不断提高财政管理效能和财政资金使用效益；必须坚持改革创新，切实把创新作为推动财政发展的强大动力，立足于用改革的办法解决发展中的矛盾和问题，着力促进财政经济持续健康发展。

在充分肯定成绩的同时，也要清醒地看到，前进道路上还存在不少困难和问题。主要是：财政收支矛盾仍然突出，人均财力和人均支出在全国靠后，部分市县新增税源增长较慢，县域财政保障能力偏弱；省以下财政体制有待健全，财力与事权不够匹配，基本公共服务均等化水平有待进一步提高；财政预算制度的完整性仍然欠缺，财政管理绩效有待提高，乡镇财政管理水平有待进一步提升；财政监督体系不够健全，监督范围和方式有待进一步完善。对此，我们一定要高度重视，采取更加有力的措施认真加以解决。

二、明确目标，全面推进“十二五”转型发展

全省财政“十二五”发展的总体要求是：深入贯彻落实科学发展观，坚持以科学发展为主题，以全面转型、加速崛起、兴皖富民为主线，加强和改善财政宏观调控，保持经济社会长期平稳较快发展；依法组织财政收入，优化财政支出结构，切实保障和改善民生；深化财税体制改革，促进基本公共服务均等化；坚持依法理财、科学理财、民主理财、主动理财，不断提高财政管理科学化、精细化水平，为实现经济繁荣、人民富足、生态良好的发展目标奠定更加坚实的财力基础。按照上述总体要求，我们要务必保持求真务实、开拓创新、勇于进取的精神状态，全面确立五型功能定位，着力体现五个更加注重，努力完成五项奋斗目标。

（一）全面确立五型功能定位。一是建设发展型财政。加强和改善财政宏观调控，做好科学生财、聚财、用财的文章，健全财政经济良性互动发展机制，推动全省转型发展、开放发展、创新发展、和谐发展。二是建设民生型财政。牢固树立民生优先理念，继续加大民生投入，夯实农业农村发展基础，加大收入分配调节力度，进一步加强社会建设，构建符合省情、比较完整、覆盖城乡、可持续的基本公共服务体系，让更多群众共享改革发展成果。三是建设创新型财政。按照财力与事权相匹配的原则，合理界定省以下各级政府事权和支出责任，加快建立县级基本财力保障机制；健全预算管理制度，完善政府预算体系，建立统一规范透明的财政转移支付制度；贯彻和推进税制改革，逐步健全地方税体系。四是建设绩效型财政。合理配置财政资源，规范预算编制管理，强化预算执行管理，不断提高预算执行的均衡性和有效性；严格财政监督管理，健全监督机制，提高财政资金使用效益；加强政府债务管理，积极防范和化解财政风险。五是建设法治型财政。规范财政执法行为，推进财政依法行政；依法加强收支管理，提高理财效率；加快预算公开的法制化、规范化进程，增强财政预算的透明度。认真组织财政“六五”普法工作，提高依法理财能力和水平。

（二）着力体现五个更加注重。一是更加注重主动理财。清晰理财思路，着力破解财政科学发展的“瓶颈”；坚持依法理财治税，不断提高收入质量，保持收入稳定增长；优化财力配置，着力推进经济结构调整，加快发展方式转变。二是更加注重促进和谐。加大对社会管理和公共服务的资金保障力度，大力促进城乡统筹发展，大力支持社会事业建设，积极构建有利于转变经济发展方式的财税体制、运行机制和管理制度，最大限度地发挥财政在构建和谐社会中的物质基础、政策手段和体制保障作用。三是更加注重改善民生。强化财政“二次分配”功能，促进社会公平正义，坚持把民生工程作为保障和改善民生的重要抓手，加强民生工程协调推进，强化牵头意识、责任意识、协同意识，保障资金落实，建立长效机制，进一步树立财政“务实、为民、和谐”的品牌形象。四是更加注重营造环境。加强政风行风建设，不断提高工作效率和服务水平；不断加强财政文化建设，不断提升财政文明创建层次，扩大财政影响，营造更加宽松和谐、凝心聚力的理财环境。五是更加注重固本强基。大力弘扬沈浩精神，进一步增强财政干部综合素质，努力打造业务精、作风硬、效率高的财政干部队伍，夯实财政管理基础工作，提高基层财政服务能力，充分发挥基层党组织的战斗堡垒作用和党员先锋模范作用。

（三）努力完成五项奋斗目标。一是财政收入规模跨上新台阶。力争到 2015 年末，全省财政收入总量突破 4000 亿元，实现五年翻一番；财政收入占 GDP 的比重、税收收入占财政收入的比重稳步提高，财政宏观调控能力进一步增强。二是财政支出管理再上新水平。力争到 2015 年末，全省财政支出突破 5000 亿元，人均财政支出与全国平均水平的差距进一步缩小，财政支出结构进一步优化，财政提供公共产品和公共服务的保障水平进一步提高。三是区域财政协调发展迈出新步伐。力争到 2015 年末，实现“超十过百进千”工程，即 50 个县财政收入超过 10 亿元，13 个以上的市财政收入超过 100 亿元，合肥市财政收入突破 1000 亿元大关，区域良性互动、竞相发展格局进一步形成，省、市、县三级财政发展更加协调。四是财政体制改革取得新进展。政府间分配体系更加完善，转移支付制度设计更加合理，科学完整、结构优化、有机衔接、公开透明的政府预算体系更加健全，力争在“十二五”前三年基本建立县级基本财力保障机制，“十二五”后期逐步提高保障水平，财政推进基本公共服务均等化水平进一步提高。五是财政管理绩效实现新提升。依法行政、依法理财进程加快，财政法规制度不断健全，执法行为更加规范。预算管理不断加强，预算编制完整性、科学性和准确性显著增强，预算执行的均衡性和效率显著提高。财政“两基”建设深入推进，监督与管理有机融合，财政管理水平进一步提升。

三、突出重点，奋力实现“十二五”良好开局

2011 年是中国共产党成立 90 周年，也是全面实施“十二五”规划的第一年。我省面临加快发展和全面转型的双重压力，面对诸多可以预见和难以预见的风险挑战，财政收支矛盾十分突出。一是金融危机影响短期内难以消除，经济平稳运行难度加大，企业生产经营环境不容乐观，加之 2010 年收入基数较高，财政收入难以形成持续高位增长格局；二是落实税费减免政策，酝酿实施个人所得税改革、调整增值税征收范围等，相应减少收入；三是继续实施积极的财政政策，完成在建项目，保持一定的投资规模，财政配套压力仍然很大；四是加快经济结构调整，促进全面转型，推进教育、医药卫生和社会保障等重点领域改革，实施民生工程，应对通胀压力，刚性支出明显增多，各级财政保障能力面临严峻考验。

综合分析多种因素，本着积极稳妥的原则，2011 年预算初步安排是：全省财政总收入 2312 亿元，增长 12%。具体数额以全省人代会批准的预算报告为准。今年全省财政工作的总体思路是：深入贯彻落实科学发展观，继续实施积极的财政政策，充分发挥财政职能作用，推动经济增长、结构调整、区域协调和城乡统筹发展；坚持统筹兼顾、增收节支，确保完成全年收支任务；坚持调整和优化财政支出结构，从严控制一般性支出，切实保障和改善民生，着力调整国民收入分配格局，促进社会公平正义；继续深化财税制度改革，加快公共财政体系建设步伐；持续加强财政科学化精细化管理，提高财政资金使用效益，促进经济平稳较快发展与社会和谐稳定。重点抓好五个方面的工作。

（一）立足服务大局，推动经济转型发展。充分发挥财政宏观调控作用，努力实现经济增长速度和质量的有机统一。一是坚持双轮驱动。坚定不移地推动工业强省战略，重点支持十大产业振兴和八大战略性新兴产业发展，大力促进传统产业新型化、新兴产业规模化。着力加快城镇化进程，加大政府性资金投入，统筹公共服务设施建设，壮大中心城市，提升城市能级，积极发展中小城市，加快小城镇发展步伐，提高城市的承载力，提升城市品位。二是积极拉动内需。扎实推进家电下乡、以旧换新工作，扩大政策覆盖面，充分发挥改善民生、扩大消费、促进发展等多重效应。坚持把调整投资结构与扩大消费结合起来，政府公共投资优先安排扩大内需的在建、续建和收尾项目，努力挖掘城乡市场消费潜力，促进投资与消费良性互动。三是优化结构升级。加大科技创新投入，支持合芜蚌自主创新综合改革试验区、国家技术创新工程试点省建设，推动企业加快技术改造，促进产学研有机结合，加大节能减排和环境治理投入，发展循环经济，构建现代产业体系，培育新的经济增长点，着力建设资源节约型和环境友好型社会。四是统筹区域发展。进一步加大财税支持力度，推进皖江城市带承接产业转移示范区建设，尤其是加快皖北振兴步伐，加强财税政策的支持和引导，使更多的“人财物”向皖北汇集，加快区域间“南北合作”进程，挖掘皖北内生发展潜力，加大支持县域经济发展力度，推动县域经济迈上新台阶，为皖北地区乃至全省经济“强身健体”。

（二）立足以人为本，推动社会和谐发展。坚持以民生工程为抓手，继续推进基本公共服务均等化、民生工程长效化。全年计划投入财政资金388亿元，精心实施33项民生工程，着力规范基础管理，完善制度政策，提升保障水平，建立长效机制。一是建立科学系统的项目选择机制。按照尽力而为、量力而行、有进有退的原则，继续在“巩固、规范、完善、提高”上下功夫，回头总结，全面评估，通过人大代表、政协委员巡视等多种渠道，科学确定民生工程项目和投入规模，深入谋划，不断增强民生工程政策体系的系统性和科学性。二是形成稳定多元的筹资机制。全面整合相关资金，创新多方筹资机制，采取以奖代补、贴息、配套、担保等形式，鼓励和吸引企业、社会组织、个人资金投入到民生工程。三是强化科学高效的协调推进机制。建立健全规范透明的政策执行机制和便民利民的工作服务机制，改进工作方式，简化工作程序，加强督促检查，加快项目实施。统筹解决好群众普遍关注的民生问题，积极应对物价结构性上涨压力，保障低收入群众的基本生活；促进教育优先发展，不断提高财政性教育经费支出占一般预算支出的比重，支持国家教育统筹综合改革试点省建设，推动科教兴皖战略和人才强省战略实施；支持文化强省建设，提升安徽软实力；实施更加积极的就业政策，加快完善覆盖城乡的社会保障体系，健全城镇职工和居民养老保险制度，扩大新型农村养老保险制度的覆盖面；落实各项财税扶持措施，加大保障性安居工程财政投入力度。

（三）立足协调并进，推进城乡统筹发展。围绕稳定粮食生产、增加农民收入，采取更加有力的举措，加快城乡经济社会发展一体化进程。一是加大强农惠农力度。健全“三农”投入稳定增长机制，优化和调整支出结构，使财力更多地向新农村建设和现代农业倾斜；加快农田水利建设，大幅度增加农村基础设施建设和生态环境保护的投入；加强技能培训，着力提高农民就业创业能力，多渠道促进农民增收，深入推进财政扶贫开发工作，完善农村互助资金试点，实现互助资金与农民专业合作组织的有效联结。二是促进农业增产增效。认真实施政策性农业保险，增强农业抗风险能力。大力支持农村金融机构建设，引导金融机构加大“三农”信贷投放，大力支持小麦高产攻关、水稻提升行动、玉米振兴计划，支持启动农业产业化“671”转型倍增计划，加快农业产业化示范区建设步伐，促进农产品加工业集群发展。三是推进支农资金整合。继续安排支农资金整合县奖补资金，从编制部门预算入手，以项目为平台，继续加大资金整合力度，重点支持“万亩高产高效吨粮田示范县”创建工作，提升支农资金整体效益。四是加快现代农业发展。坚持以粮食主产区为重点，加强中低产田改造，扎实推进高标准农田示范工程建设。大力推进24个现代农业综合开发示范区建设，全面完成首批6个示范区总体规划建设任务，着力打造新农村建设的窗口、农业增效农民增收的平台。五是深化农村综合改革。争取国家新一轮农村综合改革在安徽试点，健全“一事一议”财政奖补试点工作长效机制，完善村级组织运转经费保障机制，继续巩固完善农村为民服务全程代理制，积极稳妥地开展土地整治整村推进，积极探索其他公益性乡村债务清理化解办法，支持推进国有农场税费改革、集体林权制度改革和农村集体土地使用制度综合改革，积极促进城乡一体化综合配套改革试点。

（四）立足深化改革，推进财政创新发展。一是完善省以下财政管理体制。统筹省与市县财政分配关系，坚持财力向基层倾斜，明晰各级支出责任，严格预算分配程序，进一步提高财政透明度，努力促进区域基本公共服务均等化；继续优化转移支付结构，增加一般性转移支付，清理归并专项转移支付项目，加快建立统一规范透明的财政转移支付制度。二是规范国库集中收付制度。按照“纵向到底、横向到边”的要求，继续推进县级国库集中支付制度改革；实现财税库银税收收入电子缴库横向联网在市、县两级全覆盖，积极探索建立预算执行动态监管机制，保障财政资金安全运行。三是不断健全预算管理制度。全面完善政府预算体系，增强政府预算的完整性。继续深化部门预算改革，健全程序规范、内容全面、方法科学、公开透明的部门预算制度。建立完善预算编制与预算执行、结余结转资金管理和行政事业单位资产管理有机结合的制度，将预算外资金全部纳入预算管理，提高预算编制的科学性和准确性。继续推进政府采购制度改革，全面深化政府非税收入收缴管理改革。四是加强地方政府性债务管理。继续加强政府投融资平台管理，加快建立债务管理信息系统、债务信息定期通报等基本制度，建立完善政府债务规模管理和风险预警机制。更加注重发挥财政投融资功能，逐步形成管理规范、风险可控、运行高效的地方政府举债融资机制。五是统筹推进其他领域改革。支持收入分配制度改革，合理调整国民收入分配关系；支持深化医药卫生体制改革，适时推开公立医院改革；巩固文化体制改革成果；支持司法体制改革，继续完善政法经费保障机制。

（五）立足精细管理，推动财政科学发展。一是强化预算编制管理。规范预算编制程序，细化预算编制内容，完善支出标准体系，加强项目库建设，夯实预算编制的基础。继续完善公共财政预算，细化政府性基金预算，推动市县编制国有资本经营预算和社会保险基金预算。二是强化预算执行管理。依法加强税收收入征管，规范非税收入管理，提高收入质量；加强财政支出管理，规范操作流程，加快支出进度，压缩一般性支出，严肃财经纪律，提高财政资金使用效益。三是强化财政绩效管理。总结绩效评价试点经验，健全绩效考评指标体系，努力构建制度完善、考评科学、约束有力的预算绩效考评新机制。类似担保和风险补偿基金、战略性新兴产业引导资金、支持皖北发展等大额专项资金，都应该纳入评审论证范围。四是强化财政监督管理。继续开展重大财税政策实施情况专项检查，继续抓好“小金库”专项治理工作，规范财政权力运行，健全覆盖政府性资金和财政运行全过程的监督机制；建立完善财政监督信息披露和公告制度，稳步推进财政预算信息公开；强化行政事业单位国有资产管理，进一步完善资产管理与预算管理相结合。五是强化基础和基层管理。加强财政基础业务管理，推进“金财工程”建设，完善部门基础信息数据库，实现对本级行政事业单位各类数据的动态管理；加强会计领军人才培养工作，强化注册会计师行业及会计中介机构管理，推进会计管理信息化进程；深入推进“惠民直达工程”试点，总结经验，完善创新，加快建立管理科学、操作精细、运转高效的惠民政策落实新机制；完善乡镇财政职能，提高乡镇基本公共服务保障水平；充分发挥乡镇财政就地就近实施监管的优势，确保各项惠民政策落到实处。

四、强化服务，始终保持干事创业的工作激情

（一）强化思想建设，在服务中锤炼党性修养。坚定理想信念，增强宗旨意识，在为民理财、服务群众中实现人生价值。提高思想境界，把沈浩事迹当成一面镜子，把沈浩精神化作奋进动力，正确对待名誉、地位、金钱、权力、苦乐、生死等人生基本命题，朝夕勤勉，照亮心灵，激励奋进；增强群众观念，始终坚守群众立场，深入群众汲取“营养”，深入基层体察冷暖，在密切联系群众中净化心灵、启迪智慧。筑牢廉政防线，用党纪政纪规范从政行为，以勤勉无私铸造自身品格，践行社会主义核心价值体系，始终保持共产党人的浩然正气。巩固规范权力运行活动成果，大力规范从政行为，强化权力自我约束，审慎用权，自发警醒，模范遵守党纪法规，争当时代先锋，永葆党员本色。

（二）强化能力建设，在服务中提升理财水平。牢固树立“终身学习”理念，切实加强学习能力建设，不断提升胜任岗位、服务发展的本领。坚持忙里偷闲“充电”，克服财政任务突发性、累积性、紧迫性强的困难，妥善解决“工学矛盾”，静下心来，排除纷扰，不断充实自我，切实把积累能量的工夫下在八小时之外。坚持紧跟时代“真学”，密切关注国家政策动向，跟踪社会热点，瞄准新兴领域，认真学习研究，真正学有所获、学有所得；注重文学艺术熏陶，以优秀的文艺作品陶冶情操、丰满人生。坚持追根求源“勤思”，注重专博结合、学思结合，以广泛涉猎开阔视野，以广闻博览增长见识，善于思考，注重批判性的“证实”或“证伪”，不仅做胜任岗位的“行家”，也要力争成为多个领域的至少半个“专家”。坚持知行合一“真用”，注重学以致用，加快推进知识向能力转化，实现理论到实践的“二次飞跃”，以工作创新衡量学习效果，以服务水平体现能力素质。

（三）强化作风建设，在服务中树立财政形象。推进政府职能转变，建立“服务型政府”，是时代发展的现实要求。多年来，我们加强队伍建设形成一条基本经验，就是坚持“以高效服务提升效能，以优质服务赢得好评”。服务是永恒的主题，关键在于常抓不懈。提高“政风行风”满意率，树立“系统共建”理念，增强责任意识、协同意识，尤其是“一把手”，要守土有责，亲自过问，引领一方风气，防止各地“冷暖”不均，形成齐抓共管的大“气候”，共同营造上下呼应、蔚然成风的生动局面。以“效能延伸”焕发活力，预防自满厌战情绪，推进职能定位向主动理财延伸，财政管理向科学精细延伸，作风建设向创先争优延伸，文化建设向内心世界延伸，考核评议向基层处室延伸，着力营造人人讲效能、事事争效能的浓厚氛围。实现

"管理"与"服务"的有机融合，自觉接受社会监督，认真接待群众来信来访，妥善处理社会矛盾；拓宽社情民意反映渠道，建立与服务对象的定期交流机制，增强改进工作的压力和动力，切实搞好协调服务和整改落实，真正把服务贯穿于财政工作的全过程，落实到财政工作的每一个环节。

（四）强化业务建设，在服务中注重实践检验。业务能力直接决定服务水平。我们今年开展"服务发展年"活动，提出"服务经济、服务社会、服务民生、服务基层、服务群众"五项内容，目的是继续提升干部队伍素质，关键是找准财政工作与全省大局的契合点，实现更深层次的提升、更高水平的服务。强化办公基本技能，熟练运用基本工具，防止眼高手低，尤其是文字驾驭能力、计算机运用能力，看似稀松平常，其实反映日常工作效率、内在思想深度和个人学识深浅，需要长期锻炼，潜心钻研，日新日高，关键时刻"顶得上去"、"拿得出手"。大兴调查研究之风，坚持把课题研究作为锻炼队伍、提升能力的重要平台，围绕党委政府中心工作，关注社会热点，深入基层一线，掌握实际情况，分析深层次原因，科学研判形势，善于提出前瞻性、针对性、可操作性强的对策建议，为党委政府当好参谋。加强实践锻炼培养，扎实推进主题实践、窗口锻炼、基层挂职、交流轮岗，特别要重视加大年轻干部实践锻炼的力度，使干部职工在艰苦地区、复杂环境、关键岗位中，丰富阅历，夯实基础，增长才干。树立正确的用人导向，坚持德才兼备、以德为先、注重实绩、群众公认的原则选人用人，激励干部职工埋头苦干、奋发有为。

（五）强化文化建设，在服务中营造和谐氛围。顺应时代潮流，传承优秀文化，丰富财政文化内涵，提升干部职工的精神追求和文化素养，进一步增强财政队伍的凝聚力和战斗力。持之以恒地加强财政物质文化、精神文化、行为文化、制度文化建设，增强干部职工敬业奉献意识，激发干事创业活力，营造团结和谐氛围，努力实现人的"包容性发展"。拓展文化建设载体，坚持系统互动，广泛参与，丰富文体生活，积极开展反映财政精神、展示财政形象的文化建设活动，打造财政文化精品；整理挖掘财政文化积淀，提炼升华财政机关精神，丰富财政系统核心价值体系；坚持不懈地开展"文明创建"活动，抓班子、带队伍、促基层，增强财政干部职工的自豪感、责任感、归属感；深入持久地开展"创先争优"活动，引导财政干部在推动工作中创先进，在服务发展中争优秀。

在全省财政工作会议上的总结讲话（摘要）

省财政厅厅长 陈先森

（2011年1月8日）

这次全省财政工作会议内容十分丰富，开得很成功，达到了预期目的。一是总结了成绩，振奋了精神。会议系统回顾了"十一五"财政工作取得的新的重大进展，科学归纳了促进财政科学发展的宝贵经验，让我们感到振奋，受到鼓舞，必将进一步激发全省财政干部干事创业的工作激情。二是坚定了信心，清晰了思路。省政府高度重视这次会议，会前，省政府常务会听取了专门汇报，省委常委、副省长赵树丛到会作了重要讲话，充分肯定财政工作成绩，深刻分析了财政经济形势，特别是对做好2011年财政工作提出了明确要求，进一步坚定了我们做好新时期财政工作的信心和决心。三是明确了任务，确定了重点。省领导的重要讲话和财政工作报告，任务明确，重点突出，要求具体，为今后一个时期财政工作指明了前进方向，这就要求我们紧紧围绕工作目标，制定出明确有效的政策，采取更加有力的措施，着力抓好落实，这样才能不辜负党和政府的重托，不辜负人民群众的期盼。四是交流了经验，开阔了视野。会上印发了书面交流材料，集中再现了各地在保增长、保民生、保稳定、促发展、促和谐等方面形成的工作特色、取得的工作成效，大家深受启发，收获很大。特别是聆听了财政部财政科学研究所所长贾康的精彩讲座，增长了见识，必将有利于我们拓宽工作思路、提高工作水平。下面，再强调五个问题。

一、抓好会议精神贯彻落实

"十二五"时期及今年财政工作目标任务已经明确，关键在于抓好贯彻落实。一要在统一思想中抓落实。认真组织学习传达本次会议精神，特别是要深刻领会树丛副省长重要讲话精神，及时向党委、政府汇报，切实把思想和行动统一到省委省政府对财政工作的决策部署上来，统一到本次会议工作安排上来，进一步增强做好财政工作的责任感和使命感。二要在突出重点中抓落实。既要统筹规划、整体推进、通盘考虑，全面推进各项工作，又要集中力量、重点突破，重点落实好树丛副省长重要讲话中提出的“四个方面”的财政工作主要任务，继续狠抓财政牵头工作，打造一批财政工作亮点，以点促面，带动各项工作目标任务的完成。三要在真抓实干中抓落实。任何一项财政工作任务的完成，都是执行和落实的结果。必须强化工作责任，改进工作作风，严格督促检查，防止只布置不落实或抓而不实。四要在大胆创新中抓落实。既要不折不扣地贯彻省里的统一部署和要求，又要因地制宜，紧密结合当地实际，积极开拓新领域，研究新思路，探索新发展，使财政工作在落实中创新，在创新中落实。五要在加强交流中抓落实。相互学习、取长补短是我们做好工作的有效途径。省厅各处室（局）要强化对市县工作的指导，加大督查力度，广泛听取意见和建议，充分尊重基层的首创精神，善于培养典型、发现典型、宣传典型；市县财政局要主动报告情况，反映问题，积极配合做好事关全局、事关系统的各项工作，通过上下互动、实现同频共振。

二、妥善谋划全年预算收支

目前，财政部已经明确今年需要大幅增加的支出就有五类：一是按照国家中长期教育改革和发展规划纲要要求，加大教育投入力度，继续提高财政性教育经费支出占 GDP 的比重。二是深化医药卫生体制改革，将新型农村合作医疗和城镇居民医疗保险人均补助标准由 120 元提高到 200 元，将人均基本公共卫生服务经费标准由 15 元提高到 25 元，推进公立医院改革试点。三是加快建立覆盖城乡居民的社会保障体系，包括企业退休人员基本养老金补助水平月人均增加 140 元；新型农村社会养老保险试点范围扩大到40%左右的县，并将试点地区无收入居民纳入保障范围；提高城乡居民最低生活保障标准。四是进一步加快公共租赁房和廉租房建设，在全国范围内新增保障性住房、改造各类棚户区住房 1000 万套。五是加大对水利设施建设的投入，特别是小型病险水库除险加固、中小河流治理、小型农田水利建设等等。这些政策性增支，很多没有列入预算盘子，各级财政支出压力会进一步加大。面对今年十分尖锐的收支矛盾，必须加强统筹，超前谋划，确保全年收支预算平稳运行。收入方面，要正确处理好减税和增收、税收收入和非税收入的关系，坚持依法加强收入征管，做到应收尽收；进一步规范非税收入管理，把该收的收上来，该减的减到位，严格将预算外收入全部纳入预算管理，严禁把不该纳入财政收入范围的纳进来，不断提高财政收入质量。支出方面，要正确处理好厉行节约和调整结构的关系，坚持勤俭办一切事业，从严控制预算追加，大力压缩一般性支出，推进节约型政府建设；坚持集中财力办大事，进一步调整和优化财政支出结构，把有限的财力真正用到促进经济社会发展的关键领域，特别是对今年中央出台的各项政策性增支，要积极筹措资金予以安排，确保中央政策的有效落实。

三、努力提高预算支出进度

省财政将尽量提前拨付各类转移支付资金，积极地为市县加快支出进度创造条件，并继续开展市县预算支出进度的考核，促进市县提高预算支出执行效率。各地也要采取有力措施，狠抓支出进度，切实强化预算执行工作。一要加强领导。市县财政一把手要亲自抓、负总责，加强支出调度，特别是要按照“政府主导、财政推动、部门为主、合力推进”的原则，把财政支出管理责任分解到部门，落实到基层，切实把工作做细、做实、做到位，确保完成全年财政支出目标任务。二要细化目标。坚持早谋划、早安排、早拨付，通过合力推进，希望今年能做到“四个加快五个百分点”，即一季度、二季度、三季度及前 11 个月的累计支出，分别占全年预算支出的比重较上年同期加快 5 个百分点，进一步提高财政支出的及时性、均衡性和有效性。三要健全机制。注重从源头上建立方便预算支出的管理制度，细化预算编制，减少代编项目，不断增强预算编制完整性、提高预算年初到位率。需要强调的是，省政府办公厅出台的关于加强财政结余结转资金管理的规定，虽然是针对省本级的，各地完全可以仿效，可以分别制定本级管理办法，千方百计减少年终结余结转资金规模。

四、加强专项资金跟踪问效

随着财政实力的不断壮大，财政专项资金越来越多，在解决上下级政府间财政收支平衡、缩小地区间经济社会发展差距、缓解我省基层财政改革困难、深化基层改革等方面起到了极大的推动作用，但专项资金管理制度不健全、使用效益不高、截留挤占挪用等问题仍然存在。作为财政部门，必须把加强资金跟踪问效贯穿于财政支出管理的全过程，强化监管，强化约束，最大限度地提高财政资金的使用效益。一要注重整合提升。认真梳理、统筹整合各类专项资金，通过压缩、转型等多种方式，集中财力落实中央和省里各项政策措施，集聚财政资源支持经济社会事业发展。二要注重绩效考评。今年我们在全省全面推开预算支出绩效考评工作。先期试点的17个市本级和30个县（区），要认真总结经验，完善既有制度，健全指标体系，扩大考评范围；刚刚试点的县（区），要认真学习借鉴兄弟县（区）的好经验、好做法，着力在强化组织保障、加强制度建设、筛选考评项目等方面下功夫，加快建立科学、规范、高效的财政资金分配管理体制和预算决策机制。三要注重结果运用。强化社会监督，将绩效考评结果在一定范围内公布，增强财政资金使用的透明度。尤其要强化激励约束机制，把绩效考评结果作为下年度安排部门预算的重要依据。

五、扎实推进财政两基建设

加强财政“两基”建设是全面推进财政科学化精细化管理的基础工程。去年，财政部专门在我省召开全国财政厅（局）长座谈会，集中现场展示我省“两基”建设成果，兄弟省市反响强烈。成绩只能代表过去，加强财政“两基”建设任重道远，必须持之以恒、常抓不懈。各级财政要在思想上再深化，行动上再统一，突出工作重点，细化工作措施，加快建立具有安徽财政特色的基层和基础管理体系。一要加强财政内部管理。强化管理基础工作是财政事业健康快速发展的内在需要。必须进一步加强财政基础业务管理，完善基础制度建设，尤其要整合内设机构、充实人员力量、提高工作效能。当前，要切实抓好契税和耕地占用税移交工作，按照财政部、国家税务总局的统一部署，积极争取当地党委、政府支持，抓紧拿出具体实施方案，确保移交工作平稳有序进行。二要加快财政信息化建设。信息化建设是财政科学精细管理的重要基础。当前，财政一体化信息平台建设是财政信息化建设的核心。去年省厅专门召开了全省平台一体化系统推广实施视频会，明确了一体化建设的目标、任务、进度等。各地要认真抓好落实，加快系统推广应用，圆满完成系统上线“全覆盖”任务，为财政科学化精细化管理提供有力的技术支撑。三要发挥乡镇财政职能。乡镇财政处于财政工作的最前沿，直接面向广大群众，工作涉及范围广、影响面大，体现着财政科学化精细化管理的最终成效。必须以开展创建规范化乡镇财政所（分局）工作为抓手，进一步界定和充实乡镇财政职能，促进乡镇财政更好地履行职责、开展工作。在落实财政强农惠农、“家电下乡”等政策工作中，乡镇财政要切实发挥“一线服务”、“一线监管”的优势，耕好自己的“一亩三分地”。新春佳节将至，要利用冬春农村空闲和春节农民回乡的有利时机，提前部署开展“一事一议”财政奖补试点工作，积极筹资筹劳，确定建设项目，为全面推进试点工作打下坚实基础。

民生工程篇

小岗村大包干纪念馆

(2011) 安徽财政年鉴

全省民生工程实施工作重要文件

全省33项民生工程目标任务圆满完成

2010年，在省委、省政府的坚强领导下，全省各级各部门认真贯彻落实中央关于保障和改善民生的决策部署，上下联动，横向互动，强化措施，狠抓落实，33项民生工程组织实施工作进展顺利。

【加强组织领导】 年初，省政府出台《关于2010年实施33项民生工程的通知》（皖政〔2010〕1号）。1月18日，省政府召开全省民生工程暨财政工作会议，王三运省长作重要讲话，孙志刚常务副省长（时任）与各市签订了目标责任书。8月17日，省委书记张宝顺主持召开民生工程专题座谈会，听取民生工程实施情况的汇报，了解全省保障改善民生工作情况。省民生办印发《2010年33项民生工程实施办法的通知》等实施方案及配套文件，形成一套完整的政策体系，印发各地贯彻执行。各地也及时召开民生工程实施工作会议，动员部署工作，层层组织落实。

【强化资金保障】 2010年，省财政厅出台了《关于2010年民生工程资金筹措有关问题的通知》，全省33项民生工程计划投入资金330亿元，全年实际拨付资金345亿元，比上年增加91亿元，其中省财政拨付资金276亿元。省财政坚持将财力向民生倾斜、向基层倾斜、向困难群众倾斜，重点保障各项民生事业投入，安排20亿元均衡性转移支付补助困难县，减轻市县配套压力。2010年33项民生工程市县配套67.9亿元，占总投入的19.7%，配套比例呈逐年下降趋势。采取多项措施加快资金拨付进度，有力地促进了全省民生工程实施。各地根据全省民生工程筹资方案，通过年初预算安排、调整支出结构、追加预算等方式，足额安排民生工程配套资金并及时拨付到位。

【加强协调调度】 各级各部门认真履行职责，深入调度推进，强力推动民生工程实施。省民生办印发《关于进一步加强民生工程工作协调的意见》，推进民生工程规范化建设。召开省直单位联络员会议和全省民生工程推进会议，在横向、纵向两个层面加强调度推进。上半年，根据省政府统一部署，各级各部门以群众满意不满意作为检验标准，深入开展2007—2009年度实施的民生工程项目“回头看”工作，通过全面检查，17个市查摆发现问题130多条，16个省直部门抽样检查发现问题30多条。10月份，省财政厅组织10个督查组，由厅领导带队分赴各市进行民生工程督查，并召开当地省人大代表、政协委员座谈会，听取对民生工程项目和工作的意见。

【夯实基础工作】 省民生办进一步完善情况报送制度和资金报表系统，按月汇总报告民生工程工作进展、资金拨付等情况，建立健全2010年全省民生工程资料库。根据王三运省长和孙志刚常务副省长在《2009年度民生工程实施情况调查分析报告》上的批示精神，制定出台《关于进一步加强和改进工作提高群众满意度的通知》，要求各级各部门改进工作方式，简化工作程序，扩大民生工程影响。赴蚌埠、亳州、芜湖、马鞍山等十多个市县调研，认真研究民生工程项目选择、政策整合、长效机制建设等问题。

【公开政策措施】 省民生办组织在省电台《政风行风热线》进行“深入推进民生工程实施”现场直播，在省电视台录制《对话江淮》民生工程专题节目，在《安徽日报·农村版》刊登“2010年33项民生工程特刊”，编发民生工程简报26期，及时更新民生工程专栏网页，宣传政策成效，接受群众监督。组织召开民生工程长效机制省人大代表重点建议督办会，对重点建议、提案上门走访交流。主动征询省人大、省政协领导关于2011年民生工程的意见，提高决策民主化水平。

【改革考核方式】 为体现“一项一项抓好落实”的原则，进一步发挥考核的促进作用，省民生办对民生工程考核办法进行全面修改完善，省政府印发了《2010年民生工程实施情况考核办法》，民生工程各牵头单位认真完成各项考核工作。为进一步调动县级实施民生工程的积极性，下移工作重心，提请省政府表彰20个民生工程组织实施工作先进县。各地创新督查考核方式，开展分片包干、暗访、互查等多种形式的监督检查。

【完成目标任务】从全省民生工程考核情况看，33项民生工程组织实施工作进展有序，配套资金基本落实到位，发放或补助到人项目资金已发放完毕，保险保障类项目资金按规定合理使用，工程类项目主体建设基本完工，33项民生工程目标任务圆满完成。

2010年，我省实施的33项民生工程成效显著，人民群众舒心解忧，幸福指数逐步提高，民生热点难点问题得到有效缓解，在全省营造了争先进位、真抓实干的浓厚氛围，开创了群众得实惠、政府得民心的良好局面。

（省民生办供稿　孟　骞执笔）

全省实施民生工程工作会议在肥召开

2月24日，全省实施民生工程工作会议在合肥召开，省委书记张宝顺、省长王三运出席会议并发表重要讲话。省委常委、副省长赵树丛主持会议，并代表省政府与各市政府签订了2011年民生工程目标责任书。省领导王明方、詹夏来、郭万清、李宏塔及省政府秘书长梁卫国出席会议。

张宝顺在讲话中指出，从2007年开始实施的民生工程，探索了一条以项目化手段发展社会事业，用工程化措施解决民生问题的新路。目前，民生工程已成为我省保障和改善民生的一个重要政策平台、一项重大制度安排。实践中，我们更加深刻地认识到，民生工程是惠民工程、和谐工程、发展工程，实施民生工程是践行党的宗旨的重要体现，是加强社会管理的重要途径，是推进兴皖富民的重要举措。各级各部门要站在科学发展的战略高度，充分认识实施民生工程的重大意义，像抓经济建设那样抓民生工程，使发展成果更好惠及全体人民。

张宝顺强调，实施民生工程是加强社会建设的一项长期任务，面对新形势新问题，必须以改革创新的精神推进民生工程，不断完善工作机制，积极探索新思路、谋划新举措，促进民生工程持续健康发展。要坚持民主公开，创新科学决策机制。尊重客观规律，加强对项目有效性、合理性的系统论证，合理确定项目数量和标准，突出重点、集中资源，确保干一项、成一项。要加强资金保障，创新民生投入机制。切实发挥政府投入的主导作用，注重发挥市场和社会的多重力量，形成政府主导、多方筹资、稳定多元的筹资机制。要严格项目管理，创新工作推动机制。对于资金补助类项目，要抓好调查摸底、审核评议、公开公布等重点环节，建立健全各项管理制度，努力做到资金发放的公平公正；对于工程类民生项目，要完善落实招投标、工程监理、竣工验收等各项制度，积极探索项目投入使用后的营运管理新机制，确保建设成为群众满意、社会认可、经得起历史检验的精品工程。要强化目标考核，创新激励约束机制。完善督促检查、考核奖惩机制，探索建立绩效评价制度，强化考核结果运用，形成鲜明的工作导向。要把群众满意不满意作为检验民生工程的第一标准，坚持从民所愿，坚持为民谋利，坚持由民监督，努力把民生工程打造成民心工程、德政工程。

张宝顺强调，民生工程是一项系统工程，涉及千家万户，惠及千万群众，必须以坚强有力的领导保障民生工程。要带着深厚感情，以人民群众利益为重，以人民群众期盼为念，真心诚意地为群众做好事、办实事、解难事，真正让民生工程深入人心、温暖民心。要严格落实责任，强化目标管理，层层分解任务，件件落实责任，确保各项民生工程有力有序推进。要弘扬务实作风，坚持重实干、出实招、求实效，着力在细节上下功夫，力戒形式主义，把各项工作做得细而又细、实而又实。要坚持统筹兼顾，把实施民生工程与解决其他民生问题结合起来，创新社会管理体制，建立健全以民生为导向的公共服务体系，统筹推进各项社会事业。

王三运在讲话中指出，实施民生工程，是保障和改善民生的有效举措，是顺应社会转型和群众需求多元化的趋势，大力推进社会建设和管理创新的使命要求。“十一五”时期，我省民生工程建设取得了显著成效，不仅给人民群众带来了实实在在的实惠，也为加强社会建设和管理探索了有效模式。“十二五”时期，要把握时代要求，统筹社会管理创新和民生工程拓展，科学规划和推进民生工程建设。要在明确目标中把握方向，立足于群众基本生活保障更加充分、基本公共服务体系更加完善、城乡基本公共服务更加均等、社会管理和服务机制更加健全，不断提高民生工程建设水平。要在把握原则中加强统筹，坚持科学规划、分步实施，尽力而为、量力而行，注重普惠、突出特惠，夯基固本、完善提高，推进各项工作协调高效。要在突出重点中提高实效，把加强社会管理和创新作为实施民生工程的重要任务，全面实施困难群众生活保障、住房保障、就业保障、医疗保障等重点项目，加快健全覆盖城乡居民的社会保障体系，努力提高城乡中低收入居民收入水平和消费能力，进一步深化医药卫生体制改革，推动教育科技文化事业加快发展，不断加强农村基础设施建设，提高群众的参与度、认同度和满意度。

王三运强调，今年民生工程投入更大，要求更高，要进一步完善推进机制，狠抓政策落实，推动各项工作顺利实施。责任要落实到位，确保目标任务落实到具体单位、落实到具体人。资金要保障到位，做好资金统筹和调度，确保按时下拨和配套要求。管理要跟进到位，积极完善工程管养机制，加强工程实施和运行情况检查，确保每个建成项目持续发展效益。工作要配合到位，加强各级各部门之间的联动，保证工程项目从启动到完成的每个环节都紧密衔接，加强监督检查，使每项民生工程都成为放心工程。

会议还表彰了2010年度全省民生工程组织实施工作先进市、县（市、区）。省民生工程协调小组成员单位主要负责同志，各市、县（市、区）政府主要负责人参加了会议。

（原载2011年2月25日《安徽日报》）

顺应新期待　优先保民生
务求民生工程取得更大成效

省财政厅厅长　陈先森

（2011年2月24日）

一、真抓实干，主动作为，2010年民生工程组织实施工作扎实有序

2010年，在省委、省政府的坚强领导下，省民生工程协调小组各成员单位各司其职、精心组织，各市县党委、政府围绕目标、创新举措，全力以赴抓好各项民生工程工作落实。

（一）加强组织领导。年初，省政府连续出台关于民生工程的1号文件。1月18日，省政府召开全省民生工程暨财政工作会议，三运省长作重要讲话，省政府与各市签订了目标责任书。8月17日，宝顺书记主持召开民生工程专题座谈会，强调要把以人为本、执政为民作为全部工作的出发点和落脚点，作为经济社会发展的根本指导思想，作为各级党委、政府所有工作的基本遵循。省人大常委会召开省人大代表重点建议督办会，人大领导分头到基层督查调研，推进建立健全民生工程长效机制。省政协高度关注民生工程，召开专题资政会，多次组织民生工程视察调研。各级各部门将民生工程摆上重要位置，深入调度推进，加强督促检查，强力推动民生工程实施。

（二）强化资金保障。全省33项民生工程实际投入345亿元，比上年增加91亿元，其中省财政拨付中央省级资金276亿元。省财政厅出台资金筹措办法，安排20亿元增量均衡性转移支付补助困难县，地方政府债券安排市县49亿元，去年33项民生工程市县配套67.9亿元，占总投入的19.7%，配套比例呈逐年下降趋势。各地通过年初预算安排、调整支出结构、追加预算等方式，足额安排配套资金并及时拨付到位，采取多项措施，加快资金拨付进度，强化资金监督管理。

（三）有序调度推进。省民生办印发《2010年33项民生工程实施办法的通知》、《关于进一步加强民生工程工作协调的意见》等文件，推进民生工程规范化建设。召开省直单位联络员会议和全省民生工程推进会议，在横向、纵向、内部三个层面加强调度推进。各级各部门按月汇总报告民生工程工作进展、资金拨付等情况，建立健全2010年全省民生工程资料库，夯实基础工作。通过召开现场会、通报会，组织暗访、互查等形式，发现问题，加快进度。

（四）扩大政策宣传。各级各部门采取多种方式，宣传政策成效，扩大工程影响，接受群众监督。省民生办在媒体开辟专栏，及时更新专栏网页，印制2010年33项民生工程特刊，编发民生工程简报26期。根据三运省长批示精神，印发《关于进一步加强和改进工作提高群众满意度的通知》，要求各地不断提高民生工程知晓度、满意度。

（五）开展“回头看”活动。根据省政府统一部署，以群众满意不满意作为检验标准，对2007—2009年度实施的民生工程项目进行“回头看”，17个市查摆发现问题130多条，16个省直部门抽样检查发现问题30多条。各地积极主动接受监督，认真整改突出问题，加强民生工程制度化、规范化建设，巩固民生工程成果。

总结2010年民生工程实施工作，主要呈现以下几个特点。一是高度重视。各级各部门带着感情、带着责任、带着精神、带着智慧，把民生工程摆在更加突出位置，扎实办好顺民意、解民忧、惠民生的实事，让人民群众更多分享改革发展成果。二是多方联动。牵头部门尽职尽责，社会各界广泛参与，全省形成多方协同、上下联动、真抓实干、争先进位的良好局面。三是强化服务。树立民生优先的理念，加强分类指导，强化协调服务，推进政务公开，改进工作机制，努力便民利民，接受群众监督。四是创新举措。实行目标责任考核，构建长效机制，加强后续管理，发挥项目惠民功效，提升群众满意度。

二、兑现承诺，取信于民，2010年民生工程目标任务圆满完成

经过全省上下的共同努力，33项民生工程目标任务圆满完成。发放或补助到人项目资金按时发放到位，保险保障类项目资金按规定合理使用，工程建设类项目基本完工。9项生活补助类项目保障有力。保障农村低保对象214.6万人，农村五保户供养45.8万人。补助计生奖扶对象11.64万人，向2万名城镇未参保集体企业退休人员发放基本生活费，水库移民后期扶持资金打卡发放，下达项目资金2.8亿元。保障廉租住房20.9万户，竣工廉租房7.2万套。救助重度残疾人39.56万人，开工社会（儿童）福利中心21个、完工16个，光荣院11个项目主体工程完工。6项教育培训类项目巩固提升。义务教育经费保障近800万名学生。向99.95万名学生发放各类奖助学金，为15.85万名中职困难家庭学生免除学费。新型农民培训55.85万人，农民工技能培训33.81万人。农村留守儿童之家和活动室投入使用，校舍安全工程竣工项目13744个，竣工面积1485万平方米。7项医疗卫生类项目圆满完成。新农合参合4750万人，城镇居民参保913.5万人。城乡医疗救助269.7万人次，治疗重大传染病人5.5万人次。8400个村卫生室、77个乡镇卫生院、421个社区卫生服务机构完工。贫困白内障患者复明手术13663例，免费婚检83.19万人，补助农村住院分娩孕产妇52.01万人，免疫规划接种1558.5万人次。7项农业和农村基础设施类项目全部建成。政策性农业保险承保农作物9631.1万亩、牲畜125万头。解决296.7万农村人口饮水安全问题，农村公路“村村通”工程完工6178公里，农村五保供养服务机构完工496个。建设农村户用沼气11.67万户，完成大中型和重点小型水库除险加固295座，农村清洁工程建成垃圾转运站241个。4项农村文化建设类项目如期完工。完成全部5628个广播电视“盲村”建设任务，建成3000个农家书屋、1488个农民体育健身工程、325个乡镇文化站。

2010年，33项民生工程取得良好成效，全省累计投入345亿元，比上年增长35.8%，惠及6000多万人民群众，人均受益500多元，形成群众得实惠、政府得民心的良好局面。今年1月25日，宝顺书记作出重要批示，民生工程按时保质完成，兑现承诺，惠及百姓，促进和谐，各地、各部门都做出了重要贡献，要持之以恒，越办越好，越办越实，充分体现执政为民的宗旨和理念。三运省长指出，民生工程顺民意、得民心，对于提升群众幸福指数、改善安徽形象发挥了重要作用，要深入扎实、不遗余力地做，向深度拓展，向长效提升。

三、突出重点，完善措施，全力以赴抓好今年33项民生工程政策落实

省委、省政府决定，2011年全省投入388.1亿元，在去年基础上，退出3项，新增3项，调整完善6项，继续实施33项民生工程。各级各部门要一项一项抓好落实，不断抓出新成效。

一是全力以赴抓好政策落实。1月11日，省政府印发1号文件，明确了政策范围，提出了工作要求。今天，省委、省政府召开民生工程会议，与各市政府签订目标责任书。省直各部门要在3月底前下达项目计划，争取早开工、早建设。各地要层层分解任务，明确推进措施，精心组织，精细实施。对发放或补助到人类项目，要抓好调查摸底、审核评议、公开公布三个重点环节，切实做到政策公开、程序透明、支付到人、打卡发放；对保险报销类项目，要简化操作办法，加快补偿流程，提高补偿待遇，最大程度惠及人民群众；对工程类项目，要重点抓好廉租房、农村饮水安全工程、校舍安全工程、农村五保机构建设、村卫生室、农村沼气工程、乡镇综合文化站、农村危房改造及清洁工程、农村公路危桥加固改造等项目，努力建成社会认可、群众满意的工程。

二是巩固民生工程协调推进机制。各牵头部门要加强分类指导，加大检查力度，按月汇总反映情况，定期通报工作措施、工程进展。民生工程的责任主体是市县政府，工作任务主要在县（区）、基层，各地要强化组织领导，下移工作重心，细化任务，倒排进度，加强检查，一项一项调度推进，全力以赴将民生工程组织好、实施好。各级财政部门要积极发挥牵头协调作用，确保协调到位、服务到位，要进一步完善横向、纵向、内部协调机制，形成整体工作合力。

三是全面强化民生工程后续管养措施。从各部门督查考核和省审计厅专项审计调查情况看，少数工程类项目存在基本建设程序不严格、后期管理养护措施不到位、项目建成后使用率不高等问题。各工程类项目所在地政府是后续管养的责任主体，项目主管部门是具体责任单位，要在抓好工程建设、保证工程质量的基础上，切实加强民生工程后续管理养护。4 月底前，省财政厅会同省直相关部门要出台所有工程类项目后期管养的指导性意见。6 月底前，各市、县要结合本地实际情况，出台具体办法，细化后续管养政策措施。要建立完善民生工程“回头看”长效机制，努力实现民生政策效益最大化。

四是切实加强民生工程资金保障管理。各级财政要优先安排民生工程资金，确保民生工程资金落实。各市、县要及时足额安排配套资金，能够列入预算的要列入预算，还有缺口的要通过调整支出结构、超收计划安排、压缩公用经费等方式解决。要进一步加快资金拨付进度，保证拨付进度不低于序时进度。进一步加快资金支出进度，保证支出进度不低于建设进度。要加强资金管理，加大监督检查力度，严防虚报冒领、截留挪用和损失浪费民生工程资金行为。

五是编制“十二五”民生工程规划。根据全省“十二五”规划安排，我们将研究编制《安徽省民生工程“十二五”规划》。省直各有关部门要结合各自职责，提出具体的民生工程五年规划和分年度实施项目建议。结合未来五年财力增长情况，将根据“统筹兼顾、分步实施，尽力而为、量力而行，保障重点、逐年推进”的原则，汇总编制规划，广泛征求社会各界、人民群众意见，提请省政府审定。

六是组织人大、政协民生工程巡视评估。7—8 月份，组织省人大代表、政协委员对民生工程进行巡视评估，通过随机抽样、实地验证等方式，检查民生工程组织实施工作、33 项民生工程进展、工程类项目后续管理等情况。省直各部门要高度重视，精心组织，细致安排，做好配合服务工作。各地要定期向本级人大、政协汇报民生工程进展情况，组织人大代表、政协委员视察，主动听取意见建议。

七是开展民生工程宣传月活动。4 月份，省民生办将组织开展全省民生工程宣传月活动，努力扩大民生工程社会影响力。省直各主管部门要开展民生工程“双向”宣传月活动，重点宣传民生工程政策、工作程序、实施成效。各地要面向基层、面向群众，加大宣传力度，提升宣传实效，努力提高群众知晓度和满意度。

八是加强民生工程督查考核。按照省政府第 70 次常务会议精神，进一步修改完善考核办法，将社情民意调查结果计入考核总分。省直各部门要减少年终实地考核，牵头实施两个以上项目的应统一考核、分项评分。各级各部门要继续坚持随机抽样、实地验证、暗访互查等办法，加强日常督查。

保障和改善民生是转变经济发展方式的根本出发点和落脚点，是创新社会管理的重要抓手，民生工程是全省上下合力打造的一块和谐发展的工作品牌。我们要认真贯彻本次会议要求，深刻领会宝顺书记、三运省长的重要讲话精神，开拓进取，主动作为，精心实施好、维护好、发展好民生工程，不断增进人民群众福祉，为科学发展、全面转型、加速崛起、兴皖富民做出新贡献。

（本文摘自陈先森厅长 2011 年 2 月 24 日在全省民生工程工作会议上的讲话）

安徽省人民政府办公厅关于在全省开展民生工程“回头看”活动的通知

（2010 年 4 月 16 日　皖政办秘〔2010〕45 号）

各市县人民政府，省政府有关部门：

2007 年以来，在省委、省政府的正确领导下，我省以实施民生工程为抓手，着力解决人民群众最关心、最直接、最现实的利益问题，有效带动了各类民生问题的解决。为进一步提升民生工程效应，让改革发展的成果更多地惠及广大城乡居民，省政府决定在全省开展民生工程“回头看”活动。现将有关事项通知如下：

一、民生工程“回头看”活动的形式

开展民生工程“回头看”活动，旨在认真总结近几年来我省民生工程工作经验，进一步巩固民生工程成果，建立健全民生工程滚动发展机制，着力提高实施民生工程质量和水平。本次活动采取“以条为主，条块结合”的方式进行，由省政府民生工程牵头部门具体组织实施。各市、县根据省政府有关部门制订的民生工程“回头看”工作方案，对2007—2009年度实施的民生工程项目进行全面摸排，针对存在的问题，深入分析原因，制定落实具体整改措施。各有关部门采取随机抽样的办法进行抽查，并对群众反映强烈的突出问题以及民生工程实施中存在的薄弱环节开展重点检查。

二、民生工程“回头看”活动的主要内容

各地、各有关部门要以持续发挥民生工程效益为主要目标，以群众满意不满意作为检验民生工程实施的根本标准，认真对照各项民生工程政策要求，查找民生工程实施以及建设管理中存在的各类问题。

补助类项目要重点检查审核、公示、审批程序是否规范，补助资金是否及时、足额、准确发放到位；工程类项目要重点检查是否严格按基本建设程序进行施工，是否严格落实“六制”管理的相关规定；项目是否按要求按规定标准建成，是否存在截留挪用资金和损失浪费的行为，是否建立健全运行管理的维护制度；培训类项目要重点检查培训机构是否具备相关资质，是否全面完成培训任务；资金管理是否规范，有无套取资金的现象；参合参保类项目要重点检查群众住院报销、保险理赔手续办理是否方便快捷，资金管理是否符合规定等。

三、认真整改民生工程“回头看”活动中发现的问题

对民生工程“回头看”活动中查摆的问题，各地各有关部门要紧盯不放，逐一研究制定针对性的措施，锲而不舍地抓好整改落实。对情况较为复杂、涉及面广的问题，各级政府负责同志要靠前指挥，主动协调，防止拖而不决；对新闻媒体曝光的相关问题，要在一定范围内公开整改结果；对各地反映的普遍性、制度性问题，各有关部门要组成专题调研组，深入开展调查研究，有针对性地调整和完善相关政策措施，重大问题及时向省政府报告。对已建成工程类项目运行、维护和管理中存在的问题，各地、各有关部门要进一步抓紧完善相关办法，确保民生工程持久发挥效益。

四、切实加强对民生工程“回头看”活动的领导

各地、各有关部门要加强对民生工程“回头看”活动的组织领导，主要负责同志要亲自抓、负总责，层层落实责任，精心组织实施，确保取得实效。各地要将民生工程“回头看”活动与2010年民生工程实施工作有机结合起来，边实施、边检查、边整改、边完善。对民生工程“回头看”活动中发现的问题整改不到位的，省政府将予以通报批评，并追究有关负责人和直接责任人的责任。要认真做好民生工程“回头看”的总结工作，各有关部门和各市政府民生工程“回头看”活动工作总结于6月30日前报送省民生办汇总后，专题报省政府。

安徽省人民政府关于表彰2010年度全省民生工程组织实施工作先进单位的通报

皖政秘〔2011〕44号

各市人民政府，省政府各部门、各直属机构：

2010年，全省上下认真贯彻落实省委、省政府的决策部署，把实施民生工程作为加强社会建设的重要抓手，精心组织，扎实推进，圆满完成了全年各项目标任务，进一步提升了人民群众的幸福指数，有力地促进了社会和谐。

为总结经验，表彰先进，省政府决定授予黄山、合肥、六安、宣城、芜湖、铜陵、马鞍山“2010年民生工程组织实施工作先进市”称号；授予长丰县、淮北市相山区、涡阳县、泗县、固镇县、阜阳市颍泉区、阜南县、淮南市潘集区、天长市、来安县、六安市裕安区、当涂县、无为县、繁昌县、宁国市、铜陵市狮子山区、青阳县、枞阳县、岳西县、黄山市黄山区“2010年民生工程组织实施工作先进市县(市、区)”称号。

2011年，是“十二五”开局之年。我省继续实施33项民生工程，覆盖面更广，投入更大，任务更艰巨。各级各部门要深入贯彻落实科学发展观，牢固树立民生优先的理念，进一步加强组织领导，加大资金投入，狠抓政策落实，持之以恒地抓好各项民生工程的实施，为安徽全面转型、加速崛起、兴皖富民作出新的更大贡献。

安徽省2010年度民生工程实施情况考核办法

皖政办秘〔2010〕72号

为深入实施民生工程，确保各项惠民政策落到实处，根据《安徽省人民政府关于2010年实施33项民生工程的通知》（皖政〔2010〕1号）精神，制定本办法。

第一条　考核组织。在省民生工程协调小组统一领导下，由省民生工程协调小组各成员单位分别负责组织实施。

第二条　考核内容。按照皖政〔2010〕1号文件要求，根据省政府与各市政府签订的民生工程目标责任书，主要考核各市政府民生工程组织实施、资金管理、实施效果情况。各市自行增加的民生工程项目不列入考核范围。

第三条　考核原则。注重实施效果，力求客观公正；简化考核方式，硬化考核指标；公开考核结果，接受社会监督。

第四条　考核方式。省直各项民生工程牵头部门根据皖政〔2010〕1号文件及项目实施办法，对照省政府与各市政府签订目标责任书的相关内容，制定分项具体考核办法，与省民生办会签后印发。省直牵头部门结合日常工作中掌握的情况，以专项督查、抽样验证为主，进行各项民生工程考核评分。省财政厅负责对民生工程资金保障情况进行考核，省统计局负责进行民生工程社情民意调查考核（各项目考核责任单位分工详见附件1）。

第五条　考核分值。民生工程实施情况考核总分3500分，其中资金投入量较多、实施难度较大的校舍安全工程、城市低收入家庭住房困难保障、城乡卫生服务体系建设、农村饮水安全工程、农村公路“村村通”工程5个项目，每项考核分值为120分，其余项目和资金保障考核每项分值为100分，不保留小数。

第六条　省监察、审计部门通过开展民生工程执法检查和审计监督，对各项民生工程年度考核结果提出意见建议。省直各部门发现有违反民生工程政策规定，弄虚作假、虚报冒领、截留、挤占、挪用民生工程资金的，或查实有重大违法违纪行为的，取消该市此项工程年度考核成绩。

第七条　省民生工程协调小组办公室在各市推荐的基础上，通过抽查审核，研究提出民生工程组织实施工作先进县（市、区）建议名单（表彰分配名额详见附件2）。

第八条　省直各部门于年底前完成民生工程年度考核工作，考核成绩应拉开档次，不打满分，排出名次。省民生办按照单项考核分数汇总，排出综合考核名次，提请省民生工程协调小组审核。省民生工程协调小组研究提出市、县（市、区）表彰建议名单，报省政府研究审定。

第九条　各项考核成绩和社情民意调查结果向各地通报。根据考核结果，省政府表彰若干个“2010年度民生工程组织实施工作先进市”、20个“2010年度民生工程组织实施工作先进县（市、区）”，并适当奖励工作经费。

第十条　本办法由省民生工程协调小组办公室负责解释。

安徽省人民政府关于2010年实施33项民生工程的通知

（2010年1月11日　皖政〔2010〕1号）

各市、县人民政府，省政府各部门、各直属机构：

为贯彻落实中央扩大内需的决策部署，加快经济结构调整和发展方式转变，着力保障和改善民生，省政府决定2010年实施33项民生工程。现就有关事项通知如下：

一、继续实施原有28项民生工程

（一）落实农村居民最低生活保障。省政府2009年第27次常务会议决定，将农村最低生活保障标准由860元提高到不低于1000元，全省平均保障覆盖面由3.5%提高到4%，全省审核审批保障对象212.1万人，2010年继续按照提标扩面后的政策实施。

（二）加快城乡卫生服务体系建设。2010年，将全省尚未纳入民生工程的5911个村卫生室纳入建设计划，共建设8411个卫生室，增加投入2.7亿元。政府购买社区公共卫生服务经费由人均13元提高到15元，增加投入4736万元。

（三）提高新型农村合作医疗补助标准。2010年，新型农村合作医疗财政补助标准由年人均80元提高到年人均120元，其中，中央财政补助60

元，省财政补助45元，县财政承担15元，农民个人缴费从每人20元提高到30元，累计投入资金61.2亿元。

（四）提高城镇居民基本医疗保险补助标准。2010年，城镇居民基本医疗保险财政补助标准提高到年人均120元，其中，中央财政补助60元，地方财政补助60元（省财政对市级补助30元，对县级补助45元；市级财政每人每年补助30元，县级财政每人每年补助15元），累计投入资金10.8亿元。

（五）提高政策性农业保险承保率。2010年，政策性农业保险承保率进一步提高，全年承保农作物8254万亩、牲畜197万头，累计投入资金9亿元。

（六）充实高校和中职困难学生资助项目内容。将中等职业学校涉农专业免费教育作为已有的高校和中职学校家庭经济困难学生资助项目的扩充内容。从2010年秋季开始，全面贯彻落实中等职业教育涉农专业学生免费政策。2010年投入资金4460万元，2011年起每年投入资金8900万元。

农村“五保户”供养、城镇未参保集体企业退休人员基本生活费保障、城乡医疗救助、重大传染病病人医疗救治和生活救助、农村饮水安全工程、计划生育家庭奖励扶助、城乡义务教育经费保障、广播电视“村村通”工程、大中型水库移民后期扶持、农村公路“村村通”工程、城市低收入家庭住房困难保障、贫困白内障患者复明、农村五保供养服务机构建设、重度残疾人生活救助、新型农民培训工程、农民工技能培训工程、提高妇女儿童健康水平、“农家书屋”工程、乡镇综合文化站建设、农民体育健身工程、农村沼气建设工程、病险水库除险加固工程等22项民生工程，继续按《安徽省人民政府关于2009年实施28项民生工程的通知》（皖政〔2009〕1号）规定执行。

二、新增实施5项民生工程

按照“量力而行、尽力而为”的原则，2010年全省新增实施5项民生工程：

（一）社会（儿童）福利中心建设。从2010年开始用3年时间，新建、扩建61个县级社会（儿童）福利中心，新增床位5400张，每张床位投入6万元，3年总投资3.24亿元。2010年安置床位1800张，投入资金1.08亿元。

（二）农村留守儿童之家建设。从2010年开始用3年时间，整合利用乡镇（街道）、村（居）委会文化室、寄宿学校等现有资源，在全省1308个乡镇创办留守流动儿童活动室，每个留守流动儿童活动室2万元，投入资金2616万元，由省妇联负责实施；在农村地区确定2万个留守儿童之家，为留守儿童之家配备电话、电视机（3000元），投入资金6000万元，由省教育厅负责实施。2010年计划建设400个留守流动儿童活动室，启动7000个留守儿童之家配套工程，投入资金2900万元。

（三）光荣院建设。2009—2011年，用3年时间，在全省建设30所标准化光荣院，安置床位3800张，项目完成后，集中供养率达到30%。光荣院建设每张床位投入2.7万元，3年总投资1.026亿元。2010年安置床位1515张，投入资金4091万元。

（四）农村清洁工程。从2010年开始用5年时间，投入15亿元，在全省每个乡镇建设生活垃圾处理设施，开展乡镇环境卫生综合整治，促进农村环境改善。2010年在皖北3市和沿淮6县120个乡镇以及“千村百镇示范工程”的125个镇共245个镇建设垃圾收集和处理设施，投入资金3.2亿元。

（五）校舍安全工程。在全省中小学校开展抗震加固、提高综合防灾能力建设，使学校校舍达到重点设防类抗震设防标准，2010年投入资金50亿元。

三、有关工作要求

实施民生工程是我省解决各类民生问题的重要抓手，各地、各有关部门要认真总结经验，精心组织实施，务求更大实效。

（一）完善民生工程实施和管理机制。各级各有关部门要紧贴基层需求，进一步细化实化措施，改进方式方法，努力实现民生政策效益的最大化。要本着节约、集约的原则，统筹规划建设民生工程和其他各类基础设施，形成集聚效应。要进一步创新思路完善补助或发放到人的民生工程项目管理，提高工程类项目的建设质量和运行效果。要建立健全已建成项目的运行、维护和管理制度，确保民生工程项目持久发挥效益。

（二）形成稳定、多元的筹资机制。各级政府要优先安排民生工程资金，打足预算，重点保障，确保资金及时足额到位。省级财政要增加一般性转移支付规模，尽量减轻市、县财政配套压力。要采取政策扶持、以奖代补、贴息、担保等多种方式，鼓励和引导社会资金投入。要加大各类民生资金的整合力度，不断提高资金使用效益。

（三）建立高效的协调机制。省、市各有关部门要发挥统筹协调作用，加快项目审批进度，加快资金拨付进度，提高工作效能；要强化分类指导，密切协作配合，形成工作合力。县级政府作为民生工程的实施主体，要切实担负起应尽的职责，加强组织领导，加快工程实施进度，努力让人民群众早受益、多受益。

（四）健全项目储备遴选机制。按照党的十七大提出的“学有所教、劳有所得、病有所医、老有所养、住有所居”目标，各地要结合需要与可能，突出重点，分步实施，逐步提高民生保障水平。要结合编制“十二五”规划，科学制定阶段性民生工程目标，完善民生工程项目储备和遴选机制，实现民生工程的滚动发展。

（五）强化激励约束机制。要对照省、市政府签订的民生工程责任书，进一步完善目标管理责任制。要强化督促检查，对省政府组织的综合性督查以及监察、审计、财政等部门开展的专项检查中发现的问题，要及时纠正整改到位，并依法追究有关责任人的责任。同时，将督查及检查结果作为年度考核的重要依据。省政府将继续对民生工程年度实施情况进行考核评比。

省民生办及有关厅局文件

安徽省财政厅关于2010年民生工程资金筹措有关问题的通知

（2009年12月25日　财预〔2009〕2037号

各市、县（市、区）财政局：

省委、省政府决定2010年在全省实施33项民生工程，实施意见和配套办法即将制定下发。原28项民生工程继续实施，同时新增校舍安全工程、农村留守儿童之家建设、光荣院建设、社会（儿童）福利中心建设、农村清洁工程5个项目。现就2010年民生工程资金筹措有关规定通知如下：

一、农村居民最低生活保障制度。根据2009年我省农村低保提标扩面政策，低保线标准为人年均1000元。2008年以前纳入低保范围的补差标准为人年均577元；2008年纳入低保范围的补差标准为317元；2009年新纳入低保范围的补差标准为人年均140元。2008年提标扩面所需资金，61个县（市）和15个县改区，由省与县（市、区）按7∶3比例负担；其他市辖区，省级只承担原农村特困生活救助的补助资金，其余由市、区财政负担。2009年提标扩面所需资金全部由中央承担。

二、农村“五保户”供养制度。全省“五保户”供养标准为每人每年1200元。61个县（市）和15个县改区，省财政按年人均850元标准补助，县（市、区）财政按年人均350元标准补助；其他市辖区，省财政按年人均500元标准补助，市（区）财政按年人均700元标准补助。

三、城镇未参保集体企业退休人员基本生活费保障制度。市级所需资金，由各市政府统筹解决；县级所需资金，由省财政与县（市、区）财政按1∶1比例负担。

四、计划生育家庭奖励扶助制度。奖励扶助资金：国家规定的每人每年720元部分，61个县（市）和15个县改区的配套资金，由中央、省与县（市、区）按5∶4∶1的比例负担，其他市辖区，由中央、省与市（区）按5∶3∶2的比例负担。省提标部分，由省财政承担。

特别扶助资金：由中央与省按5∶5比例分担，省提标部分，由省财政承担。

五、大中型水库移民后期扶持政策。按照《国务院关于完善大中型水库移民后期扶持政策的意见》（国发〔2006〕17号）规定，所需资金，由中央财政统筹安排。

六、城市低收入家庭住房困难保障机制。根据《国务院关于解决城市低收入家庭住房困难的若干意见》（国发〔2007〕24号）、《安徽省人民政府关于解决城市低收入家庭住房困难的实施意见》（皖政〔2007〕106号）、财政部印发的《廉租住房保障资金管理办法》（财综〔2007〕64号）、省财政厅修订的《安徽省廉租住房保障专项补助资金管理实施办法》（财综〔2008〕847号）规定，建立城市低收入家庭住房困难保障机制所需资金，按照保障方式进行筹集：

租赁补贴所需资金，主要由中央和省财政廉租住房保障专项补助资金解决，其中省级财政预算安排的廉租住房保障资金通过“以奖代补”专项补助市县，同时省财政继续将此因素纳入一般转移支付范围，对困难市、县给予支持。

实物配租所需资金，由市、县政府多渠道筹集：1. 住房公积金增值收益扣除计提贷款风险准备金和管理费用后的全部余额；2. 从土地出让金净收益中按照不低于10%的比例安排用于廉租住房保障的资金；3. 市、县财政预算安排用于廉租住房保障的资金；4. 中央预算内投资中安排的补助资金；5. 社会捐赠的廉租住房保障资金；6. 其他资金。

七、重度残疾人生活救助制度。城市救助对象按每人每年600元补助，农村救助对象按每人每年360元补助，所需经费，省与市、县（市、区）按8∶2的比例分担。市、县（市、区）承担部分，市级对61个县（市）和15个县改区不承担配套资金。

八、城乡义务教育经费保障机制。向农村义务教育阶段学生免费提供国家课程教科书，所需资金由中央财政负担；农村义务教育阶段中小学公用经费资金由中央和省财政共担；补助农村贫困寄宿生生活费所需资金，中央按照落实基本标准所需经费总额的50%给予奖励性补助，地方财政应承担的50%部分由市、县（市、区）承担，市级对61个县（市）和15个县改区不再承担配套资金。

城市义务教育免学杂费和公用经费，9个地改市（含15个县改区）和5个县级市，省与市按8:2比例负担，其余8市（含市辖区），省与市按6:4比例负担。

九、高校和中职学校家庭经济困难学生资助制度。高校（高职）国家奖学金由中央财政全额负担；高校（高职）国家励志奖学金和国家助学金，中央和地方按6:4的比例分担，地方分担部分，根据财政供给渠道实行分级负担，即省级财政供给的学校由省财政负担，市级财政供给的学校由市级财政负担，民办高校、高职（含独立学院）由省财政承担；中等职业学校国家助学金，农村家庭经济困难学生和涉农专业学生免费资金，中央和地方按6:4比例分担，地方分担部分，根据财政供给渠道实行分级负担，即省级财政供给的学校由省财政负担，市级财政供给的学校由市级财政负担，县（市、区）级财政供给的学校由省级与县（市、区）财政按8:2的比例分担，民办中等职业学校由省级与所在市、县（市、区）财政按7:3的比例分担。

十、新型农民培训工程。农村劳动力转移培训阳光工程：中央按下达培训任务和人均补助标准安排，省级按总任务和人均100元标准安排，市、县（市、区）按培训任务和人均50元标准安排。市、县（市、区）承担部分，市级对61个县（市）和15个县改区不承担配套资金。

农民科技示范培训：实施基层农技推广体系改革和建设示范县项目，争取中央补助5000万元，省级预算300万元。

农业专业技术和农民创业培训：农业专业技术培训省级按人均400元标准补助，农民创业培训省级按人均800元标准补助。市、县（市、区）按人均100元标准安排。市、县（市、区）承担部分，市级对61个县（市）和15个县改区不承担配套资金。

十一、农民工技能培训工程。2010年农民工技能培训所需资金1.5亿元，从中央财政补助资金中统筹安排。

十二、新型农村合作医疗制度。新农合筹资标准为每人每年150元，其中：中央财政人均补助60元，省财政对建立新农合制度的地区人均补助45元，县（市、区）财政人均补助15元，农民个人缴费30元。

十三、城镇居民基本医疗保险制度。实行以个人和家庭缴费为主、政府支持和社会捐助相结合的筹资机制。个人缴费比例由各统筹地区根据当地经济发展水平、居民人均收入水平以及不同人群的医疗消费需求等合理确定。中央财政每人每年补助60元，省财政每人每年补助市级30元、补助县级45元，市级财政每人每年补助不低于30元，县级财政每人每年补助不低于15元。

十四、城乡医疗救助制度。所需资金通过财政安排、彩票公益金安排、社会捐助等渠道筹集。2010年，在争取中央财政补助的基础上，省财政预算安排4500万元，省级福利彩票公益金安排1200万元。市级财政按不低于上年省财政专项补助资金总量（含中央补助部分）20%的比例安排本级资金；县级财政按不低于上年省财政专项补助资金总量（含中央补助部分）10%的比例安排本级资金。

十五、重大传染病病人医疗救治和生活救助保障机制。所需资金由中央、省与市、县（市、区））财政共同负担。

艾滋病：对艾滋病病人的抗病毒治疗经费，由中央财政负担；机会性感染治疗经费由省财政定额补助；特困艾滋病病人及孤儿孤老的生活救助经费由省财政定额补助。

结核病：对结核病及并发症患者，化疗费用由中央财政负担；治疗费用由省财政定额补助。

血吸虫病：晚期血吸虫病病人救治费用由中央和省财政负担；急性血吸虫病病人救治费用由市、县（市、区）财政定额补助。

经国家和省级卫生部门确诊的其他重大传染性疾病，救治费用由省财政和市、县（市、区）财政按1:1比例负担。

十六、贫困白内障患者复明工程。2010年，每例贫困白内障患者复明手术经费1000元。所需资金，中央按每例手术900元的标准补助，省财政预算每例补助50元，省级残疾人就业保障金每例补助50元。

十七、城乡卫生服务体系建设。农村卫生服务体系建设，中央财政补助4340万元，省发改委基本建设投资安排4000万元，省财政预算安排34691

万元，市县财政承担的9673万元，按省下达各地的年度投资计划，由市、县（市、区）财政安排。

城市社区卫生服务体系建设，2010年，每个社区服务中心省财政补助25万元，每个社区服务站省财政补助4万元。政府购买公共卫生服务按社区服务人口由中央、省、市（区）财政分别按每人每年9元、3元、3元标准安排。建立城市社区卫生服务机构的县城，县（市、区）财政按服务人口每人每年3元的标准安排。

十八、提高妇女儿童健康水平。农村孕产妇住院分娩救助资金15690万元，由中央财政负担；免费婚前医学检查经费2600万元，由省与市、县（市、区）按1:1比例分担，省财政承担1300万元，市、县（市、区）财政承担1300万元。市、县（市、区）承担部分，市级对61个县（市）和15个县改区不承担配套资金；县级妇幼保健机构房屋维修、设备购置经费2500万元，由省财政承担；儿童计划免疫接种补助经费10023万元，由中央财政补助9248万元，省财政承担775万元。

十九、广播电视"村村通"工程。"盲村"建设：安排盲村"村村通"工程建设资金5628万元，每个"盲村"1万元，其中：国家补助1773万元，地方承担3855万元。地方承担部分，省财政承担2583万元，省发改委承担1041万元，省广电局承担231万元。

无线覆盖：农村无线覆盖工程建设资金（省第一套广播电视节目和微波数字化改造）3000万元，由省财政厅、省广电局各承担50%。

运行维护费：村村通工程运行维护资金每年1000万元，由省财政承担；省一套节目无线覆盖工程维护资金每年960万元，由省财政厅和省广电局各承担50%。

二十、农家书屋工程。2010年农家书屋总投资6000万元，每家书屋2万元，其中：中央财政补助3000万元，地方财政承担3000万元。地方财政承担部分，由省与市、县（市、区）按7:3的比例承担。市、县（市、区）承担部分，市级对61个县（市）和15个县改区不承担配套资金。

二十一、乡镇综合文化站建设。2010年，每个乡镇综合文化站投资40万元，其中建设资金30万元，配套设施设备资金10万元，所需资金由国家和地方共同负担。项目建设补助标准为：国家扶贫工作重点县（区），每个文化站中央补助20万元，省级补助7万元，县级安排3万元；比照西部政策县（市、区），每个文化站中央补助16万元，省级补助10万元，县级安排4万元；其他市、县（市、区）每个文化站补助中央补助12万元，省财政安排13万元，市县安排5万元。配套设施购置经费，每个乡镇综合文化站中央补助5万元，省级补助3.5万元，市、县（市、区）安排1.5万元。市、县（市、区）承担部分，市级对61个县（市）和15个县改区不承担配套资金。

二十二、农民体育健身工程。2010年农民体育健身工程总投资4465万元，每个村3万元，其中：纳入国家计划的投资2380万元，中央财政补助1190万元，地方财政承担1190万元。地方财政承担部分，由省与市、县（市、区）按6:4的比例承担。纳入省计划的投资2085万元，由省与市、县（市、区）按8:2的比例承担。其中：省级配套资金1668万元，分别由省财政安排1000万元，体育彩票公益金安排668万元。市、县（市、区）承担部分，市级对61个县（市）和15个县改区不承担配套资金。

二十三、政策性农业保险制度。2010年全省安排政策性农业保险保费9亿元，其中：中央财政承担4.6亿元，省财政预算安排3.3亿元，市、县（含县级市、县改区，下同）财政安排1.1亿元。

县政策性农业保险保费补贴比例为：种植业保险保费中央财政补贴40%、省财政补贴30%、县财政补贴10%、种植场（户）承担20%；能繁母猪保险保费中央财政补贴50%、省财政补贴25%、县财政补贴5%、养殖场（户）承担20%；奶牛保险保费中央财政补贴30%、省财政补贴25%、县财政补贴5%、养殖场（户）承担40%。

省辖市政策性农业保险保费补贴比例为：种植业保险保费中央财政补贴40%、省财政补贴20%、市及市辖区财政补贴20%、种植场（户）承担20%；能繁母猪保险保费中央财政补贴50%、省财政补贴21%、市及市辖区财政补贴9%、养殖场（户）承担20%；奶牛保险保费中央财政补贴30%、省财政补贴21%、市及市辖区财政补贴9%、养殖场（户）承担40%。

有条件的市、县，可适当提高农户特别是"五保户"、特困户的保费补贴比例，减轻农户保费负担。鼓励龙头企业、农村经济合作组织替农户承担一部分保费。市、县保费补贴不到位的，中央和省财政不予补贴。

二十四、农村饮水安全工程。2010年，计划投入资金17.06亿元，资金来源为：争取中央财政补助10.24亿元，省财政预算安排13676万元，扶贫资金安排8400万元（含以工代赈资金3600万元），市、县（市、区）自筹4.62亿元。

二十五、农村公路“村村通”工程。2010年，“村村通”工程计划总投资额为14.625亿元，资金来源为：争取中央补助资金5.5亿元，省级安排补助2.25亿元，市、县（市、区）自筹6.875亿元。省级补助资金来源主要是，省财政预算安排8000万元，交通部门燃油税费改革转移支付收入切块安排1.45亿元。市、县（市、区）筹集资金主要来源是，地方财政在预算中安排的农村公路建设补助资金，地方交通部门燃油税费改革转移支付收入，个人捐资和其他等。

二十六、农村五保供养服务机构建设。2010年新增农村五保供养床位45000张，省财政补助标准每张4160元，市、县（市、区）财政每张配套1680元，省福彩公益金每张安排430元，市、县（市、区）福彩公益金每张安排2130元。市、县（市、区）承担部分，市级对61个县（市）和15个县改区不承担配套资金。

二十七、农村沼气建设工程。2010年新建农村户用沼气，每户中央补助1200元，省财政补助640元，市、县（市、区）财政补助160元，受益农户承担不超过500元（农户可投工投劳折算）；每个乡村沼气服务网点，中央补助15000元，省级补助4000元，其余由服务实体和项目村承担；每个县级服务站投资标准为60万元，中央补助15万元，省级补助15万元，其余资金由县（市、区）财政和服务站自筹。大中型沼气工程争取中央补助资金占项目资金的40%左右，省财政每处补助15万元，其余资金由项目建设单位承担。市、县（市、区）承担部分，市级对61个县（市）和15个县改区不承担配套资金。

2008年尚未实施的农村沼气工程。户用沼气，每户中央补助800元，享受西部地区政策的19个县补助1000元（已在以前年度安排），省财政补助640元，市、县（市、区）财政补助160元，其余由受益农户承担；每个乡村沼气服务网点，中央补助最高的21500元，平均19038元（已在以前年度安排），省级补助4000元，其余由服务实体和项目村承担。市、县（市、区）承担部分，市级对61个县（市）和15个县改区不承担配套资金。

二十八、病险水库除险加固工程。大中型水库除险加固工程按照中央、省、市县50%、30%、20%的比例筹措资金。如中央投资变化，对于比照西部大开发的市县，工程投资全部由中央和省级承担，对非比照西部大开发的市县，中央和省级投资按80%确定，不足部分由所在地市级补齐。新开工建设省计划内小型病险水库除险加固工程300座，省级按平均投资额50%予以定额补助。

二十九、校舍安全工程。校舍安全工程资金实行中央补助、省级统筹、市县（区）负责、多渠道筹集机制。2010年计划投入资金50亿元，其中中央补助7亿元，省级通过申请开行贷款安排33亿元，市县配套10亿元，按工程项目实施。

三十、农村留守儿童之家建设。2010年，整合利用乡镇（街道）、村（居）委会文化室、寄宿学校等现有资源，创办留守流动儿童之家，每个留守流动儿童活动室投资标准2万元；在农村地区确定一批留守儿童之家场所，启动留守儿童之家配套工程，每个留守流动儿童之家投资标准3000元。所需资金全部由省财政承担。

三十一、光荣院建设。2010年光荣院建设每张床位投资标准2.7万元，2007年人均财政收入低于全省平均水平的市，省和市按6:4比例分担，2007年人均财政收入高于全省平均水平的市，省和市按4:6比例分担，省级所需资金由省财政厅、省发改委和省民政厅按4:4:2的比例分担。

三十二、社会（儿童）福利中心建设。2010年社会（儿童）福利中心建设床均综合投资标准为6万元，省和县（市、区）按7:3比例分担。

三十三、农村清洁工程。2010年农村清洁工程，1万人以下规模的乡镇每个乡镇投资120万元，1－3万人规模的乡镇每个乡镇投资130万元，3万人以上规模的乡镇每个乡镇投资160万元。所需资金，省与市、县（市、区）按7:3比例承担。市、县（市、区）承担部分，市级对61个县（市）和15个县改区不承担配套资金。

按照省政府原定政策，淮南市潘集区、毛集实验区和六安市叶集实验区省财政资金补助比照15个县改区执行。市、县因区划调整而涉及省财政资金补助政策的，继续按省财政厅《关于市县区划调整有关财政支持政策的通知》（财预〔2006〕1001号）执行。

各级财政部门要主动加强与相关部门联系，明确计划任务，认真测算民生工程财政投入。年初预算安排中，民生工程配套资金不得留下硬缺口。由于政策计划调整，预算安排不足的，要通过优化支出结构，压缩一般性支出、动支预备费、努力实现预算超收等方式，足额安排。市级财政要本着照顾所辖县（市、区）的原则，尽可能地增加对县（市、区）的资金支持。要及时拨付民生工程资金，确保工程实施的需要。凡应直接发放或补助到人的资金，要实行“政策公开、程序透明、支付到人、打卡发放”的社会化发放办法，及时足额发放到人到户；凡是按人数补助到学校、医院等单位的，要严格审批程序，核实补助对象，及时足额拨付到项目实施单位，确保专款专用；凡涉及工程建设的资金，要实行专户管理，严格按照工程进度和资金管理办法拨付资金，确保工程建设资金、工程建设进度、工程建设标准、工程建设质量全面落实。要加强民生工程资金监管，完善资金管理制度，加强审计监督，严禁截留、挤占、挪用、拖欠民生工程资金，切实提高资金使用效益。

省民生办关于印发2010年33项民生工程实施办法的通知

（2010年2月8日 民生办〔2010〕1号）

各市、县（市、区）民生办、财政局：

为贯彻落实中央扩大内需决策部署，加快经济结构调整和发展方式转变，着力保障和改善民生，省委、省政府决定，2010年全省实施33项民生工程。根据《安徽省人民政府关于2010年实施33项民生工程的通知》（皖政〔2010〕1号）要求，省直有关部门、单位制定了33项民生工程的实施办法以及监督和审计意见。现印发给你们，请结合实际认真贯彻执行。

附件：

社会（儿童）福利中心建设实施办法

省民政厅 省财政厅

第一章 总 则

第一条 为贯彻落实《安徽省人民政府关于2010年实施33项民生工程的通知》（皖政〔2010〕1号）及《民政部、财政部等15部委关于加强孤儿救助工作的意见》（民发〔2006〕52号）精神，进一步建立健全社会福利服务体系，加强社会（儿童）福利机构基础设施建设，结合我省实际，制定本实施办法。

第二条 本实施办法所称县级社会（儿童）福利中心，是指县（含县级市，不含市辖区，下同）民政部门举办的为孤、弃、残儿童和城镇“三无”人员提供养护、康复、医疗、教育、托管等服务，并对辖区内孤残儿童福利保障工作提供指导、走访、技术培训、监督检查和有关事项等服务的社会福利机构。

第三条 实施县级社会（儿童）福利中心建设的指导思想是：以科学发展观为指导，坚持以人为本的方针，以完善服务功能为导向，坚持加强设施建设、拓展服务领域、完善管理机制相结合，以满足孤残儿童和城镇“三无”人员的养护、医疗、康复、教育和职业技能培训等需求，为多种养育模式提供稳固的依托和载体。

第二章 建设原则

第四条 县级社会（儿童）福利中心建设应遵循以下原则：

（一）坚持因地制宜、科学规划的原则。根据当地社会经济发展水平，立足当前，兼顾发展，综合考虑人口总数和孤残儿童、城镇“三无”人员的实际需求等因素，合理确定建设规模，做到布局合理，规模适度，设施实用。

（二）坚持政府主导、社会参与的原则。县级社会（儿童）福利中心建设由政府主导实施，同时积极引导、鼓励和支持民间组织、企业事业单位、公民和外资等社会力量参与。

（三）坚持规范建设、严格管理的原则。严格执行《儿童福利机构基本规范》、《儿童福利院建设标准》、《安徽省县级社会（儿童）福利中心建设指导意见》（另文下发）和基本建设各项规章制度，符合国家现行的有关工程建设强制性标准。严格控制建设规模和建设投资，严禁随意扩大或缩小建设规模、挪用建设资金、降低建设标准。

第三章 建设目标

第五条 从2010年开始，到2012年底，新建、扩建61个县级社会（儿童）福利中心，新增床位5400张，平均每年新增床位1800张，使全省每个县都有一所设施较完备、功能较齐全的社会（儿童）福利中心。

100 万人口以上的县，新建或扩建一所 100 张床位左右的社会（儿童）福利中心（共 17 个县）；

50 万—100 万人口的县，新建或扩建一所 50—100 张床位左右的社会（儿童）福利中心（共 27 个县）；

50 万人口以下的县，新建或扩建一所 50 张床位左右的社会（儿童）福利中心（共 17 个县）。

第四章 建设标准

第六条 县级社会（儿童）福利中心的综合建筑面积指标为 40 ㎡/床，其中直接用于孤残儿童、城镇“三无”人员的生活、医务、康复、教育和技能培训等用房所占比例不低于总建筑面积的 70%。

第七条 每平方米综合造价按 1500 元控制。

第八条 《安徽省县级社会（儿童）福利中心建设指导意见》另行印发。

第五章 资金筹集和管理

第九条 2010 年—2012 年，总投资 32400 万元。其中：省财政承担 22680 万元（即每张床位承担 42000 元），县级财政承担 9720 万元（即每张床位承担 18000 元）。并争取中央资金支持，用于市、县级社会（儿童）福利机构的设施设备的更新和维修改造。

鼓励和支持民间组织、企业事业单位、公民和外资等社会力量参与兴办县级社会(儿童)福利中心。

第十条 建设资金的拨付、使用和管理，按照《安徽省县级社会（儿童）福利中心建设经费管理暂行办法》（另文下发）实施，同时自觉接受人大、政协、纪检、监察、审计监督和社会各界监督。

第六章 项目申报和审批

第十一条 申报和审批程序

各县根据自身实际情况，排定实施年度和建设规划，商当地财政部门同意，报县级人民政府批准后，上报至市级民政部门。

市级民政部门根据本市情况，排定所辖县实施顺序，商市财政部门同意后，报省民政厅。

省民政厅组织有关部门和专家对各地申报材料进行论证，商省财政厅审核后确定实施。

第十二条 申报所需材料

（一）社会（儿童）福利中心组织机构代码证（复印件），属于新建机构的，出具当地机构编制部门的批复文件（原件）；

（二）当地发展改革委出具的立项批复；

（三）土地使用权证；

（四）项目可行性报告；

（五）县级人民政府出具的承诺函，内容包括：配套资金保障、有关建设规费减免、建设期限、保障措施等。

第七章 项目建设

第十三条 纳入建设规划的项目，按照规定的规划设计标准，在本年度内完成项目基本建设任务，第二年 6 月份前正式投入使用。

第十四条 项目建设严格按照国家有关工程建设的规定组织实施，实行法人责任制、招投标制、工程监理制和合同管理制。

第八章 保障措施

第十五条 建立协调机构。建立民政、财政等部门参加的联席会议制度，协调研究和解决问题，部署阶段性工作重点和任务，制定下一步工作计划。

第十六条 明确职责分工。省民政厅负责编制建设规划、制定建设标准、下达建设任务、管理制度制订和对项目实施情况进行督查考核，对全省完成目标任务负总责。省财政厅负责安排落实省级财政资金，督促县级财政部门落实配套资金，对建设资金的管理使用进行监督检查。

县级人民政府是项目实施的责任主体，负责本县社会（儿童）福利中心建设的组织领导、审定建设规划以及配套资金、建设用地的落实和其他优惠政策。县级民政部门负责项目实施日常工作，包括编制规划、招标管理、施工监理、项目督查、统计报表、竣工验收、决算审计、档案管理等工作。对挤占、挪用、截留建设资金的，依法追究其相关责任。

第十七条 县级社会（儿童）福利中心建成后的日常运行和管理，按照《安徽省社会（儿童）福利中心管理细则》（另文下发）执行。

第九章 附 则

第十八条 本办法由省民政厅会同省财政厅负责解释。

第十九条 本办法自 2010 年 1 月 1 日起施行。

农村留守儿童之家建设实施办法

省教育厅 省财政厅

为贯彻落实《安徽省人民政府关于 2010 年实施 33 项民生工程的通知》（皖政〔2010〕1 号）精

神，现就我省农村留守儿童之家配套工程制定如下实施办法。

一、指导思想

认真贯彻落实科学发展观，从统筹城乡发展、解决“三农”问题、促进农村新一代人才健康成长的战略高度出发，加强农村留守儿童课外场所建设，改善农村留守儿童课外活动条件，学校、家庭、社会相配合，校内教育与校外教育相结合，基本建立起农村留守儿童课外健康成长关爱体系，使所有农村留守儿童爱有所依，能得到正常的良好教育。

二、建设原则

地方建设、省级配套，部门协同、整合资源，分步实施、区域推进。

三、建设目标

2010—2012 年，按照省委省政府实现留守儿童工作系统化、网络化、全覆盖、全关爱的要求，在全省农村地区建立 2 万个农村留守儿童之家，覆盖全省农村中小学校。到 2012 年，使全省 200 多万农村义务教育阶段留守儿童校内有监管，课余有去处，得到政府、学校及社会各方面的关爱。

四、建设内容

依托全省现有农村中小学校，确定 2 万个农村留守儿童之家建设点，为每个留守儿童之家配置电视机、电话或电脑等。

五、建设标准

依托全省现有农村中小学校，按每个留守儿童之家 3000 元额度进行配套建设。

六、投资规模

2010—2012 年，投资 6000 万元，为每个留守儿童之家配备所需活动设施器材。

七、经费来源

省级财政设立专项资金 6000 万元，由省级财政承担。

八、分年计划安排

按照省委省政府关爱农村留守儿童服务体系建设计划，2010—2012 年分 3 年完成全部配套建设任务。

2010 年启动年，完成总体规划任务的 35%，建设 7000 个留守儿童之家配套项目。

2011 年，完成总体任务的 35%，建设 7000 个留守儿童之家配套项目。

2012 年，全面完成配套建设任务。建设 6000 个留守儿童之家配套建设项目，覆盖全省所有区辖农村中小学。

九、项目建设与管理

（一）制定农村留守儿童之家配套项目建设规划和实施方案。省教育厅制定总体规划和年度建设计划，各市、县根据省教育厅总体规划和年度建设计划，确定年度建设具体项目点，并报省教育厅备案。

（二）项目建设与管理模式。项目建设实行以县为主建设、学校为主管理、省级统筹配套的建设与管理模式。由各县、区教育行政部门根据农村留守儿童分布情况确定项目建设点，学校提供留守儿童之家活动用房。省教育厅牵头，会同省关爱留守儿童工作协调小组有关成员单位，按照项目建设内容统一配套内部基本设施，统一采购，统一配送，统一挂牌。

（三）常规管理。县、区教育局建立留守儿童之家建设项目档案，项目资产纳入学校资产进行登记，由学校统一管理，落实具体管理人员和职责，统一安排活动和开放时间。校长为留守儿童之家项目使用和管理第一责任人。

十、措施保障

（一）强化统筹协调，加强对农村留守儿童工作的领导和项目建设的监督。

1. 成立全省关爱农村留守儿童工作协调小组，统筹领导全省农村留守儿童工作。省教育厅牵头，具体协调项目的建设和管理，各成员单位分工负责，提供相关资源支持。

2. 各市、县（区）、乡镇党委、政府建立联席会议制度等相应的统筹协调机制。教育行政部门牵头具体负责项目建设实施工作。

3. 建立各级政府、各部门农村留守儿童之家建设工作目标管理责任制和工作考核奖惩制度。制定农村留守儿童之家建设工作监督检查和考核标准，明确检查考核的内容和办法，将农村留守儿童之家建设工作纳入对县级党政领导干部教育工作督导考核中，纳入对各级政府和各部门年度目标考核之中。省关爱留守儿童工作协调小组建立留守儿童之家建设工作督察制度，定期组织专项检查。

（二）构建家庭、社区、学校相结合的关爱体系，进一步强化三方面职责。

1. 强化家长的监护责任。督促外出务工人员落实子女代理监护人，妥善安置子女学习与生活。建立农村留守儿童家庭监护责任监督制度，加强留守儿童家长培训和教育，提高家长对留守儿童监护的法律意识和能力，引导家长转变教育观念，改进教育方法，以健康的思想、品行和适当的方法教育未成年人。

2. 强化社会的关爱责任。建设关爱农村留守儿童志愿者队伍和农村家庭互助队伍，实施代理家长制度，使留守儿童都有社会志愿者结对关爱。继续推广校外留守小队建设经验，加强农村留守儿童的校外组织建设和自我管理。

3. 强化教育部门的责任。进一步发挥学校教育的主渠道作用，努力为留守儿童提供良好的学习、生活和监护条件，保障留守儿童在校的人身安全。形式多样地开展心理健康教育，实施心灵关怀，引导农村留守儿童积极向上、自尊、自信、自立、自强。加强师德师风建设，强化责任，增进爱心，在家校联系、心理抚慰、生活关心、学习辅导、结对帮助等方面做好工作。

留守流动儿童活动室建设实施办法

省妇联　省财政厅

为贯彻落实《安徽省人民政府关于2010年实施33项民生工程的通知》（皖政〔2010〕1号）精神，现就我省留守儿童之家建设项目中的留守流动儿童活动室建设制定如下实施办法。

一、指导思想

坚持以邓小平理论、“三个代表”重要思想和科学发展观为指导，全面贯彻落实党的十七大和十七届四中全会精神，着眼于满足农村留守流动儿童健康成长需求，以改善农村留守流动儿童生存发展环境，加强农村留守流动儿童活动阵地建设为核心，以建设乡镇留守流动儿童活动室为重点，搭建关爱农村留守流动儿童互动平台，为促进留守流动儿童身心健康成长提供保障条件。

二、建设原则

省级为主、整合资源；规范建设、完善功能；统筹规划、分步实施。

三、目标任务

从2010—2012年，用3年时间，建设1308所乡镇留守流动儿童活动室，建立基本满足农村留守流动儿童课外学习和文化生活需求，设施较齐全、运转有效的活动阵地。

四、建设标准

留守流动儿童活动室用房依托乡镇已建综合文化站，不搞重复建设。以改善留守流动儿童校外活动阵地的条件为目标，添置少儿图书和体育活动器材。

少儿图书和体育活动器材的添置，按照《安徽省留守流动儿童活动室管理考核办法》要求，每个留守流动儿童活动室按2万元控制。

《安徽省留守流动儿童活动室管理考核办法》另行印发。

五、投资与经费来源

2010—2012年，总投资2616万元，由省财政承担，用于1308所留守流动儿童活动室少儿图书和体育活动器材购置。

六、分年度计划安排

在分年度计划安排上，一是覆盖17个市61个县（市）；二是优先安排留守流动儿童较集中和工作基础较好的县（市）；三是优先安排已建综合文化站的乡镇。

2010年，计划建设400所，2011年计划建设455所，2012年计划建设453所。

七、项目建设与管理

（一）制订计划。根据全省留守流动儿童工作实际，研究制定符合省情的留守流动儿童活动室建设计划，将2010—2012年年度建设计划下达到各市。

（二）建设要求。2010年400所建设任务于2010年10月底前完成。项目坚持以县（市）为主，实行“五统一”，即统一名称、统一标志、统一功能、统一制度、统一考评。

（三）管理模式。坚持分级管理、分级考核。省、市、县三级妇联将留守流动儿童活动室管理纳入系统内目标管理工作考核。乡镇党委或政府分管领导担任留守流动儿童活动室负责人，确定一名工作人员具体负责留守流动儿童活动室的管护、指导工作。乡镇妇联组建“爱心妈妈”等留守流动儿童活动室志愿者队伍，辅助乡镇开展关爱活动。

八、保障措施

（一）建立协调机构。建立由省妇联、省财政厅等部门相关人员参加的联席会议制度，协调研究和解决问题，总结、交流工作经验，部署阶段性工作任务，制定下一阶段工作计划。

（二）明确职责分工。市、县政府是项目实施的责任主体，负责本地项目实施的组织领导、项目管理、资金使用、实施效果。省妇联负责计划下达、项目实施、制度建设、管理指导和检查考评等工作。省财政厅负责安排落实建设资金的拨付与管理。

（三）制定管理考核办法。省妇联会同有关部门制定留守流动儿童活动室管理考核办法，以保障建设质量和作用发挥。

（四）建立评估督查制度。省妇联会同相关部门建立项目督查制度，每年组织1—2次专项督查。对因组织领导不力、工作不到位，导致图书器材截留丢失、留守流动儿童活动室发生安全事故行为的，将依据有关法律和政策追究相关责任。

光荣院建设实施办法

省民政厅　省财政厅　省发改委

第一章　总　　则

第一条　为贯彻落实《安徽省人民政府关于2010年实施33项民生工程的通知》（皖政〔2010〕1号）文件精神及2009年安徽省人民政府第38次常务会议精神，服务双拥优抚工作，加强和规范全省光荣院建设，做好孤老优抚对象集中供养工作，提高全省光荣院的规范化管理水平，促进光荣院事业健康发展，制定本实施办法。

第二条　本实施办法所称光荣院建设，是指《安徽省光荣院建设规划（2009—2011年）》确定的30所光荣院建设。

第三条　推进光荣院建设，必须坚持以下指导思想：

（一）以科学发展观和构建和谐社会重要思想为指导，推进积极的民政政策，解放思想，改革创新。

（二）按照《安徽省国民经济和社会发展第十一个五年规划纲要》、《军人抚恤优待条例》和《革命烈士褒扬条例》的要求，以改善光荣院基础设施条件、完善服务功能为核心，进一步提高全省孤老优抚对象的集中供养率，进一步提高光荣院的服务质量，从整体上为提高全省光荣院工作达到新水平提供保障条件。

第二章　建设原则

第四条　光荣院建设应遵循以下原则：

（一）坚持省级补助、地方配套；市为重点、整合资源；政府投入、社会参与；统一标准、规范建设；完善功能、满足需求；统筹规划、分步实施相结合的原则。

（二）坚持整合资源、合理布局的原则。各市要根据当地社会经济发展水平和辖区内孤老优抚对象人数情况，根据光荣院计划数，合理配置资源，合理选址，统一规划，分期建设。优先安排辖区内孤老优抚对象人数多的光荣院建设，优先安排当地政府重视、前期工作充分、建设条件成熟的光荣院建设。已被省民政厅命名为“一级光荣院”的肥东县光荣院、和县光荣院、砀山县光荣院和谯城区光荣院列为所在市的市级光荣院建设项目。

（三）坚持功能适用、经济合理的原则。新建或改扩建的光荣院应配齐基本的生活服务、医疗保健、文化娱乐等设施设备，满足孤老优抚对象的集中供养需求。

（四）坚持独立办院、自主管理的原则。要按照《军人抚恤优待条例》的规定，保障孤老优抚对象享有特殊优待和重点保障的合法权益。在坚持独立办院、自主管理的前提下，鼓励光荣院与福利院、敬老院等其他养老机构结合建设，共享医疗卫生、文化娱乐等服务资源，实现规模效益，提高服务水平。

（五）坚持规范建设、科学管理的原则。设施建设需严格执行民政部《老年人社会福利机构基本规范》（MZ008—2001）以及建设部、民政部《老年人建筑设计规范》和基本建设各项规章制度，符合国家现行的有关工程建设强制性标准。

第三章　建设目标

第五条　从2009年至2011年，用3年的时间，以市为主集中建设30所政府兴办的标准化光荣院，安置床位3800张。规划完成后，光荣院设施条件和服务功能基本满足全省孤老优抚对象集中供养率达到30%的要求，建立起以市级光荣院为中心、居家养老为辅助的覆盖全省的孤老优抚对象服务体系。

第四章　建设内容

第六条　建设居住和辅助用房。以市为重点，整合资源，优化布局，改扩建或新建光荣院。市级光荣院可新建或在市辖县（市、区）选择现有基础条件较好的光荣院改扩建为市级光荣院。其中：孤老优抚对象数达1000人以上的市建设3所光荣院，有400—1000人的市建设2所光荣院，400人以下的市建设1所光荣院。

第七条　添置和更新必要设备。依据《老年人社会福利机构基本规范》，按照填平补齐，满足基本需要的原则，添置或更新必要设备，增强光荣院生活服务、医疗保健、文化娱乐等服务功能。

第八条　对没有被规划列为市级光荣院改扩建的县级光荣院，由市、县级政府逐步整合到当地社会福利机构。三年内逐步完成以市级光荣院为中心的供养服务体系建设目标任务。

第五章　建设标准

第九条　光荣院每个床位床均基本建设投资费用控制在 2 万元以内，床均设备配置费用控制在 0.7 万元以内，床均合计投资费用控制在 2.7 万元以内。

第十条　光荣院的居住和辅助用房、室外活动场所、附属设施的建设和设备的添置更新等有关规范标准和要求，按照另行印发的《安徽省光荣院建设指导意见》实施。

第六章　投资规模

第十一条　按照规定的建设标准和未来 3 年设置 3800 张床位的要求，2009—2011 年新建和改扩建 30 所市级光荣院需总投资 10260 万元，其中光荣院用房建设 7600 万元，添置与更新设备 2660 万元。

第七章　经费来源

第十二条　光荣院建设投资由省和市共同解决。一是省级对市级光荣院的基建补助按照分类指导原则，2007 年人均财政收入低于全省平均水平的市，省级按规划床位数每张 60% 补助；高于全省平均水平的市，省级按规划床位数每张 40% 补助。3 年省级安排资金 5800 万元，由省级财政、省发改委和省民政厅按照 40%、40% 和 20% 的比例共同承担；二是市级按规划床位数需承担 4460 万元，由各市配套落实。

第十三条　省级资金按规划床位数补助到各市，分年度下达投资计划。具体为：2009 年省级资金 2241 万元；2010 年省级资金 2195 万元；2011 年省级资金 1364 万元。

第十四条　有条件的市可量力而行，增加投入，提高本地集中供养率目标。凡增加规划外床位数，按实际建设床位数所需增加的投资，由市自行补齐。

第八章　分年度计划安排

第十五条　2009 年计划安排建设 14 所光荣院，2010 年计划安排建设 11 所光荣院，2011 年计划安排建设 5 所光荣院。

第九章　项目建设与管理模式

第十六条　制定市级建设规划。各市按照《安徽省光荣院建设规划（2009—2011 年）》、《安徽省光荣院建设指导意见》编制市级建设规划，报省发改委、省民政厅、省财政厅审定。

各市可以依据规划床位数和建设床位数，结合当地实际，合理确定建设规模，分年度自行统筹安排本辖区内实施新建或改扩建的床位数。

有条件的市可以进一步提高本地的集中供养率，设置更多的床位，以发挥规模效益。原则上每所光荣院建设床位数不低于 100 张，床位利用率至少应达到 80% 以上。

第十七条　各市人民政府是光荣院建设的责任主体，民政部门是项目实施主体。要将光荣院建设作为加强优抚双拥工作的重要内容，落实配套资金和相关政策，加强项目管理，保证项目建设顺利进行。项目建设严格执行国家基本建设管理程序，实行法人责任制、招投标制、工程监理制和合同管理制。

第十八条　项目建设坚持以市为主，实行“六统一”，即统一规划、统一征地、统一设计、统一招标监理、统一资金管理、统一验收和预决算审计。

第十九条　各级政府和相关部门要对光荣院建设用地做到优先安排、无偿划拨、精心规划、合理布局，尽量减免相关费用。

第十章　项目运行机制与管理模式

第二十条　以市为单位统一管理本辖区内光荣院。列入市级光荣院建设的原县级光荣院由市统筹安排、统一调剂、安排本市辖区内的孤老优抚对象入住，光荣院的人事和经费管理要逐步上划到市；没有列入市级光荣院建设的县光荣院按规划布局要求，抓紧完成资源整合和体制改革。

第十一章　保障措施

第二十一条　建立协调机构。建立由省发改委、省民政厅、省财政厅等部门参加的联席会议制度，协调研究和解决问题，总结、交流工作经验，部署阶段性工作重点和任务，制定下一步工作计划。

第二十二条　明确职责分工。各市人民政府是项目实施的责任主体，负责本区域项目实施的组织领导、审定建设规划、配套资金、落实建设用地以及其他优惠政策等。

各市发改委、民政局、财政局负责项目实施的日常工作，具体负责项目立项审批、编制上报建设规划和年度投资计划、勘探设计、招标管理、施工监理、项目督查、资金使用、统计报表上报、竣工验收、决算审计、档案管理等工作。各市卫生、人力资源和社会保障部门负责孤老优抚对象的基本医疗保障、医疗卫生服务和大病救助；各市建设、国土、环保、审计、监察等部门根据各自职能履行职责并予以配合。

省发改委负责牵头组织制定光荣院建设规划和年度投资计划，并协调项目启动与建设过程中出现的困难与问题，以及项目建成后的评估评价工作。

省民政厅负责牵头组织项目的实施和建设、统计报表上报以及制度建设，负责项目建成后的验收以及运营管理，会同省发改委编制建设规划以及下达年度投资计划；将光荣院建设与“双拥模范城(县)”的评定挂钩。

省财政厅负责相关省级建设资金拨付与管理，并督促各地财政部门落实配套资金，对建设资金的管理使用进行监督检查。

第二十三条　制定配套政策。制定《安徽省光荣院建设指导意见》、《安徽省光荣院建设经费管理办法》、《加快推进光荣院建设考核评分办法》和《安徽省光荣院管理办法》，以保障项目建设质量和资金安全，保障项目建成后运营顺畅；督促各市制定出台在建设用地、建设费用减免等方面的优惠政策，以保障光荣院建设顺利推进；加大宣传力度，鼓励社会各界通过定向捐助等形式积极参与光荣院的建设，进一步拓宽市场化、社会化渠道。

第二十四条　建立项目公示与督查制度。项目建设和管理要责任明确、制度落实、公开透明，实行公示制度，必须通过当地政府及其相关部门网站等媒体进行公示，接受群众和社会舆论监督。

省发改委、省民政厅、省财政厅等部门建立项目督查制度，组织力量对各地建设项目实施过程实行全面跟踪督查，防止建设过程中出现弄虚作假和腐败现象，保证工程项目按质按期完成。

各级财政、审计、监察等部门要加强光荣院建设资金的管理和监督，定期对光荣院建设资金预算执行情况进行监督检查，及时发现和纠正违规问题，对截留、挪用、挤占光荣院建设资金的问题依法进行查处。

对因组织领导不力、工作不到位、配套资金不落实以及挤占、挪用、截留建设资金，不能按时完成建设任务的，将依法追究其相关责任。

第十二章　附　则

第二十五条　各市人民政府应加强对光荣院的管理，建立健全各项规章制度，确保光荣院的供养对象生活安乐、安全。

第二十六条　本办法由省民政厅会同省发改委、省财政厅负责解释。

第二十七条　本办法自2010年1月1日起施行。

安徽省农村清洁工程实施办法

省住房和城乡建设厅　省财政厅

为贯彻落实《安徽省人民政府关于2010年实施33项民生工程的通知》(皖政〔2010〕1号)精神，现就做好农村清洁工程工作制定以下实施办法：

一、指导思想

以党的十七大、十七届三中全会和中央经济工作会议精神为指导，深入学习实践科学发展观，按照“以人为本、改善民生”的要求，坚持“突出重点、量力而行；因地制宜、分类指导；满足功能，经济实用”的原则，在全省农村开展以生活垃圾治理为主要内容的农村清洁工程，重点建立健全乡镇生活垃圾收集、转运设施，带动和辐射农村生活垃圾的处理，探索建立“村收集、乡镇转运、县处理”的处理模式，强化小城镇的载体功能，改善农村生活环境，提高群众生活质量，促进社会和谐稳定。

二、目标任务

(一) 从2010到2014年，用5年的时间，按规划每年配套建设240个左右乡镇的生活垃圾收集、转运设施，开展乡镇环境卫生综合整治，探索建立“村收集、乡镇转运、县处理”的农村生活垃圾处理模式和卫生保洁制度，在全省所有乡镇基本建成比较完善的垃圾收集、转运体系，实现农村环境卫生明显改善。

(二) 2010年，在皖北三市沿淮六县的乡镇和省“千村百镇示范工程”示范镇中，按“一书两图”的要求，确定245个乡镇，配套建设生活垃圾收集、转运设施，建立健全“村收集、乡镇转运、县处理”的农村生活垃圾处理模式和卫生保洁制度，积极探索卫生管理长效机制。

三、建设内容和建设标准

重点建设：一是乡镇生活垃圾中转站；二是添置垃圾运输设备。乡镇生活垃圾收集设施按照人口数量、分布情况，合理配置；垃圾中转站按照人口数量及《生活垃圾转运站技术规范》的规定，人口在1万人以下的乡镇，应按日垃圾转运量小于10吨的要求，建设垃圾中转站，配套相应的运输设备；人口在1—3万人的乡镇，应按日垃圾转运量10至25吨的要求，建设垃圾中转站，配套相应的运输设备；人口在3万人以上的乡镇，应按日垃圾转运量大于25吨的要求，建设1至2个垃圾中转站，配套相应的运输设备。按规划要求，原则上距市县垃圾填埋场30公里以内的乡镇，生活垃圾送市县垃圾填埋场处理；距市县垃圾填埋场30公里以外的乡镇，结合乡镇区位，合理规划建设垃圾处理厂，对生活垃圾进行处理。

各地具体建设标准应从实际出发，结合垃圾日产生量、乡镇道路状况等灵活处理，配套建设村镇生活垃圾收集设施。

四、基本原则

（一）科学规划，统筹建设。市、县（区）以县域村镇体系规划、镇总体规划、乡规划为依据，充分利用现有垃圾处理设施，编制县（区）域垃圾处理专项规划，确定乡镇垃圾处理方式，统筹城乡垃圾设施建设，推动城镇环境卫生管理和服务向乡镇、农村延伸。乡镇做好“一书两图”（垃圾设施建设项目实施说明书、现状图、规划图）的编制，根据人口规模、垃圾产生量，制定垃圾设施建设项目实施说明书，确定建设内容、明确建设时序，绘制垃圾设施现状图，编制垃圾设施规划图，合理布局，在图纸上标明建设项目的位置、规模、完成时限。

（二）政府主导，群众参与。农村清洁工程是一项公共事业，各级政府要发挥主导作用，研究制定促进垃圾设施建设的优惠政策，加大公共财政投入力度；积极拓宽建设融资渠道，建立完善以政府为主，社会、群众为辅的多元化投资机制，动员和鼓励广大群众及社会力量参与、支持垃圾设施建设，引导群众自觉改善人居环境。

（三）因地制宜，分类指导。结合农村实际，突出重点，防止“一刀切”、盲目攀比现象。城市和县城垃圾处理场有条件接收周边乡镇生活垃圾的，宜采用“村收集、乡镇中转、市县集中处理”的模式，乡镇建设垃圾中转站；地理位置相对独立且运输成本高的山区，宜采用“村收集、镇（乡）处理”的模式，在有条件的地方，可由市县统筹，多个乡镇联合建设垃圾处理场，实行区域垃圾集中处理。

（四）经济适用，量力而行。垃圾设施建设要充分考虑不同乡镇经济发展水平和环境卫生现状，立足现在，兼顾长远，按照减量化、资源化要求，合理选择垃圾收集处理方式和技术，不贪大求全；根据地理位置、发展需求，建设既经济、适用、环保，又符合当地特色，与整体建设风貌相协调的垃圾设施。

（五）建管并重，提高效益。加快乡镇生活垃圾设施建设步伐，完善小城镇公共服务功能，进一步加大对垃圾设施薄弱乡镇的配套建设；垃圾设施建设要与小城镇基础设施建设和改造同步进行，提高小城镇的综合竞争力和居民的生活质量。加强对垃圾设施、设备的管理和维护，提高使用年限和效率，建立行之有效的环境卫生管理长效机制，降低垃圾运输处理成本。

五、建设管理

乡镇生活垃圾设施建设，要以规划为指导。垃圾中转站、处理厂等必须由有相应专业资质的单位进行设计和施工，垃圾压缩设备、处理设备、运输车辆等，应集中进行招标采购，按照就地就近、优质适用、降低成本的原则，同等条件下优先选用本省企业生产或经销的相关产品。垃圾收集、转运、处理设施建设要实行项目法人责任制、招标投标制、建设监理制、集中采购制、资金报账制、竣工验收制等“六制”。要建立严密的审核制度和透明的资金拨付制度，建设资金实行专款专用。各乡镇要加强对垃圾收集转运设施建设的管理，严把工程质量，抓好施工安全；县（市、区）建设行政主管部门要加强监管和技术服务，按照国家有关规定、规范、标准及时组织验收；市住房和城乡建设部门要加大对乡镇的技术指导和督查；省住房和城乡建设厅会同有关部门进行抽查或复验，并将抽查或复验结果及时通报全省，对验收不合格的项目要限期整改。

六、资金规模与筹集

（一）2010—2014年，乡镇生活垃圾设施建设，总投资15亿元，每年投入约3亿元。按照省财政分担70%比例，平均每年安排2.1亿元，市、县财政配套30%比例，平均每年安排0.9亿元。省级资金重点支持乡镇垃圾中转站建设和运输车辆购置。

（二）对镇、乡、村驻地企事业单位、商业网点、建筑工地等，可按照“谁污染、谁付费”的原则收取垃圾处理费，具体征收标准由市、县人民政府结合本地实际制定。收取的垃圾处理费必须用于镇、乡、村垃圾治理工作。

（三）市、县政府发挥市场作用，按照“谁投资、谁受益”的原则，引导社会各方面力量参与乡镇垃圾收集处理设施建设。

七、保障措施

（一）提高认识，加强领导。建设乡镇生活垃圾设施，整治农村环境卫生，事关广大人民群众的切身利益。各级政府和有关部门要从改善人居环境，提高小城镇建设质量，扩大内需，推进城镇化进程的高度，来认识开展农村清洁工程的重要性和紧迫性，切实把这项工作摆上重要议事日程，认真研究，周密部署，有计划、有重点、有步骤地开展好这项工作。为保证农村清洁工程计划的顺利实施，建立由省住房和城乡建设厅、省财政厅等部门负责同志参加的联席会议制度，协调研究和解决问题，加强工作检查指导，总结交流工作经验，部署阶段性工作重点和任务。

（二）明确责任，抓好落实。农村清洁工程工作，由各市、县（区）政府负总责，各乡镇政府具体负责落实。市、县（区）负责项目实施的组织领导，审定建设规划，落实配套资金、建设用地，抓好垃圾处理场建设，并将此项工作纳入政府考核内容，实行目标管理等。

（三）部门协作，加强检查。省住房和城乡建设、财政、审计、监察等部门要建立农村清洁工程督查制度，根据乡镇编制的“一书两图”的内容，采取明察暗访的形式，对各地建设项目实施情况进行检查，通过明察暗访，发现典型，查找问题。对领导重视，配套资金落实，垃圾设施建设速度快、质量好的，给予表彰；对组织领导不力，工作不到位、配套资金不落实、不能按时完成建设任务的，将进行通报批评；同时，作为下年度安排计划的重要依据之一；对挤占、挪用、截留建设资金，依法追究其相关责任。

（四）加大宣传，形成氛围。各地要把农村清洁工程与爱国卫生运动、文明村镇创建等工作相结合。加强宣传教育，利用广播、电视、报纸、网络、宣传栏和标语等多种形式，及时报道工作进展情况，及时宣传好典型、好经验、好做法；要激发广大干部群众的积极性、创造性，引导社会各界广泛参与，形成全社会支持配合的良好氛围；要积极倡导科学、健康、文明的生活方式，不断提高全民的村容整洁意识，推动农村清洁工程又好又快发展。

中小学校舍安全工程实施办法

省教育厅　省财政厅

为贯彻落实《安徽省人民政府关于2010年实施33项民生工程的通知》（皖政〔2010〕1号）精神，现就我省中小学校舍安全工程制定如下实施办法：

一、指导思想

以科学发展观为指导，按照构建和谐社会和办人民满意教育的要求，以切实提高中小学校舍防震能力和综合防灾能力、保障师生生命安全为核心，以七度及以上地震高烈度区、地震重点监视防御区（以下简称两区）为重点，把中小学校建成最安全、家长最放心的地方。

二、建设原则

工程实施的总体原则是：科学规划、合理布局，远近结合、分步实施，“两区”为主、突出重点，抗震为主、综合防灾。以全省校舍排查鉴定结果为基础，以国家规定的重点设防类校舍抗震和综合防灾为重点，结合城镇化建设的进程，适当兼顾各地中小学布局调整的需求，逐步推进实施。

三、实施范围

全省各级各类公办中小学校教学用房、学生宿舍和食堂。按照突出重点的原则，2010年优先安排地震烈度七度及以上高烈度区地区、兼顾七度以下地区。

四、目标和任务

根据我省的实际情况，我省纳入民生工程的校舍安全工程实施重点是经排查鉴定的中小学校教学用房、学生宿舍和食堂三类重点校舍，全省共需加固和重建校舍面积为2437.7万平方米（其中加固面积1737.4万平方米、重建面积700.3万平方米），工程建设总资金需求129.27亿元。从2009年开始，用3年时间，通过实施校舍安全工程，使三类重点校舍达到重点设防类抗震设防标准。以上工程实施所需资金以中央和省级统筹资金为主。民办学校及其他社会力量办中小学的校舍安全工程由投资方和办学单位负责。2009 年中央补助资金 5 亿元、省级统筹各类教育资金 9.6 亿元，已改造校舍面积 182 万平方米。2010 年全省预计加固中小学校舍面积 854 万平方米、重建面积 201 万平方米，约占计划改造三类重点校舍面积的 43%。2011 年完成工程的总任务量。

五、建设内容

对通过维修加固可以达到抗震设防标准的校舍，按照重点设防类抗震设防标准改造加固；对经鉴定不符合要求、不具备维修加固条件的校舍，按重点设防类抗震设防标准和建设工程强制性标准重建；对地质灾害易发地区的校舍进行地质灾害危险性评估，并根据评估结果实行避险搬迁或工程治理；对根据学校布局规划确应废弃的危房校舍可不再改造，但必须确保拆除，不再使用。同时，要严格执行校舍防火、防雷等综合防灾标准。

六、建设标准

加固改造项目应当根据校舍安全鉴定报告和具体改造方案，按照《建筑抗震加固技术规程》等国家相关法规、规范进行加固设计，提高房屋结构的承载能力、抗震能力、综合防灾能力，达到国家规定标准。

新建校舍必须按照重点设防类抗震设防标准进行建设，学校布局、校址选择、校园规划、校舍建筑标准、面积指标应严格执行《农村中小学校舍建设标准》（建标 109—2008），校址选择应符合《汶川地震灾后重建学校规划建筑设计导则》规定，并避开有隐患的淤地坝、蓄水池、尾矿库、储灰库等建筑物下游易致灾区和地质灾害危险区。校址选择还应符合防洪除涝要求，防洪标准不得低于 20 年一遇，内部排水标准不得低于 7 年一遇。校舍建设应贯彻“安全、实用、经济、美观”的原则，校舍建筑应符合《中小学建筑设计规范》（GBJ99）的规定和《建筑抗震设计规范》（GB50011—2001）的要求。

七、资金测算及来源

以中央和省级统筹资金为主、地方自筹为辅。分担比例为 8∶2，即中央补助和省级资金占总资金需求的 80%，地方自筹占总资金需求的 20%。

2010 年安排投资总额 50 亿元，用于中小学校舍加固改造，其中中央补助和省级统筹资金约 40 亿元，市县自筹 10 亿元。

省级统筹资金通过国家开发银行贷款解决。开行贷款办法及贷款规模由省财政负责协调解决。用款主体为县（市、区）人民政府。贷款本金由省财政负责偿还，贷款利息由各县（市、区）政府解决。

八、保障措施

（一）省级统筹，市县负责。省级对市、县（市、区）政府实行项目统筹管理，统筹实施排查鉴定，制订工程规划，统筹落实工程专项资金；市、县（市、区）负责校舍安全工程的具体实施，对本地的校舍安全负总责，全面负责工程的实施和管理。

（二）完善机制，明确分工。建立健全工作机制，加强组织领导，省、市、县成立工程领导小组，由各级有关部门共同参与工程的组织实施。各部门的责任分工见《安徽省人民政府办公厅关于安徽省中小学校舍安全工程领导小组职责的通知》（皖政办秘〔2009〕87 号）。

（三）科学规划，突出重点。以全省校舍排查鉴定结果为基础，以国家规定的重点设防类校舍抗震和综合防灾为重点，结合城镇化建设的进程，适当兼顾各地中小学布局调整的需求，科学制订规划；将近期加固改造目标和长远事业发展目标有机结合起来，和当地实际结合起来，分清轻重缓急，重点做好“两区”及其他灾害易发区的实施工作，确保校舍安全。

（四）建章立制，规范管理。校舍安全工程实行以县（市、区）为主的“五统一”管理模式，即统一规划、立项，统一勘探、设计，统一招标、监理，统一资金管理，统一验收和决算审计。工程项目实行法人责任制、招投标制、工程监理制和合同管理制，并在设计、施工、监理、管理等各个环节建立质量终身负责制和责任追究制。

（五）加强督查，落实责任。建立“工程”监督检查机制。实行省、市不定期巡查，县（市、区）经常自查，一级抓一级，一直落实到“工程”的每个具体项目；加大对“工程”专项资金使用的监督检查力度，可开展建设项目全过程跟踪审计；建立健全项目公示制度和校舍安全责任追究制度，发现问题，严肃处理。

农村居民最低生活保障实施办法

省民政厅　省财政厅

第一章　总　则

第一条　为切实保障农村贫困居民基本生活权益，促进农村经济社会协调发展，维护社会稳定，根据有关政策法规，结合我省实际，制定本实施办法。

第二条　本办法所称农村居民最低生活保障制度（以下简称农村低保），是指对持有农业户口的家庭人均收入低于当地农村低保标准的贫困居民给予差额补助的救助制度。

第三条　实施农村低保制度，必须遵循下列原则：

（一）保障最基本生活需求的原则。

（二）政府救助与家庭赡养、抚（扶）养、社会帮扶、劳动自救相结合的原则。

（三）公开、公平、公正的原则。

（四）属地管理、动态管理和分类施保的原则。

第二章　保障范围和标准

第四条　持有我省农业户口的农村居民，凡共同生活的家庭成员年人均纯收入低于户籍所在地农村低保标准的，均有权享受本办法规定的农村低保待遇。

第五条　共同生活的家庭成员是指具有法定赡养、扶养或抚养关系的人员，主要包括：祖父母（外祖父母）、父母（岳父母或公婆）、配偶、子女、孙子女（外孙子女）以及其他具有法定赡养、扶养或抚养义务关系的人员（含已迁往学校的大中专在校学生和服现役义务兵）。

第六条　有下列情形之一的，不能享受农村低保待遇：

（一）家庭成员有使用摩托车（或非经营性机动车辆）、计算机等非基本生活必需品的。

（二）两年内购买商品房或高标准装修现有住房的。

（三）经常出入餐饮、娱乐等高消费场所的，因赌博、吸毒、嫖娼等违法行为而造成家庭生活困难且尚未改正的。

（四）安排子女高费用择校就读或子女在义务教育期间入收费学校就读的。

（五）在法定劳动年龄内有劳动能力（在校学生除外），但无正当理由不参加生产劳动的。

（六）不按规定如实申报家庭收入，或不按规定参加低保待遇年度审核的。

（七）其他按当地政府规定不予批准享受低保待遇的。

第七条　农村低保标准的确定，可按照当地维持农村居民基本生活所必需的衣、食、住费用，适当考虑用电、用水、燃料等所需费用确定，并随着当地生活必需品价格变化、经济发展和农村居民生活水平提高适时调整。具体标准由市、县（区）民政部门会同财政、物价、统计等部门制定，报本级人民政府批准并报上一级人民政府及省级人民政府民政部门备案后执行。

第八条　符合农村低保条件的家庭，其补助水平以评议为主、以测算为辅，根据保障对象不同类别实行分类施保，原则上按照下列标准享受农村低保待遇：

（一）丧失和严重缺乏劳动能力的，无生活来源、其法定赡养人和抚（扶）养人没有赡养、抚（扶）养能力的，按当地农村低保标准全额救助。

（二）大病重残、单亲困难家庭，按略低于当地农村低保标准救助。

（三）遭遇天灾人祸或其他原因造成家庭生活特别困难的，按当地农村低保标准差额救助。

第三章　家庭收入测算

第九条　农村居民家庭收入是指以年为单位，共同生活家庭成员的货币收入和实物收入（折合货币收入）的总和。具体包括：

（一）从事农业、林业、养殖业及副业生产，扣除必要成本后的收入。

（二）外出务工、自谋职业等获得的劳务、经营、管理等收入。

（三）工资性收入（包括奖金、补贴、福利等）。

（四）出租或变卖家庭财产获得的收入。

（五）法定赡养人、扶养人或抚养人有能力给付的赡养费、扶养费或抚养费（一般按照法定赡养、扶养、抚养人年人均收入高于低保标准的30%计算）。

（六）依法继承的遗产或接受的赠与。

（七）当地政府规定应计入的其他收入。

第十条　下列项目不计入家庭收入：

（一）优抚对象享受的抚恤金、优待金。

（二）对国家、社会和人民做出特殊贡献，由政府给予的奖金及市级以上劳动模范享受的荣誉津贴。

（三）奖学金、助学金、勤工俭学收入及由政府和社会给予困难学生的救助金。

（四）因工（公）负伤和意外伤害的医疗费、误工费、营养费、护理费及死亡人员的丧葬费和一次性抚恤金等。

（五）独生子女费、农村计划生育政策奖励扶助金。

（六）政府下拨的救灾、扶贫、移民扶持款物。

（七）新型农村合作医疗报销的医疗费。

（八）农村贫困家庭成员因病享受的医疗救助费。

（九）政府、社会或个人给予的临时性生活抚慰金。

（十）当地政府规定的不应计入的其他收入。

县（市、区）民政部门应会同相关部门制定统一的农村居民家庭收入核算评估办法，并根据市场价格的变化适时进行调整。

第四章　申请、审核、审批程序

第十一条　个人申请。申请农村低保待遇，以家庭为单位，由户主填写《农村居民最低生活保障待遇申请审批表》，提供居民户口本、居民身份证、家庭收入状况证明以及其他相关证明材料，通过村民委员会（社区居民委员会）向户口所在地的乡镇政府（街道办事处）提出申请。

第十二条　村民委员会(社区居民委员会)初审。

（一）村民委员会（社区居民委员会）在5个工作日内完成对申请人的家庭收入和实际生活情况的核实，并由调查人填写《农村居民最低生活保障待遇申请人员家庭情况调查表》。

（二）召开村（居）民代表会议，或村（居）两委扩大会议（村民代表不得少于3名），对申请人的家庭生活状况和核查情况进行民主评议。

（三）将申请人家庭情况和评议情况在村务公开栏公示5天以上。对无异议的，在《农村居民最低生活保障待遇申请审批表》上签署意见，连同居民户口本、居民身份证（复印件）、家庭收入状况证明以及其他相关证明材料报乡镇政府（街道办事处）审核。对经评议或公示后复审不符合条件的，要书面通知申请人，并告知原因。

第十三条　乡镇政府（街道办事处）审核。乡镇政府（街道办事处）在收到申报材料后，应对村（居）委会上报的家庭收入调查表进行逐一调查、核实，在10个工作日内完成，并由乡镇（街道办事处）民政干部在《农村居民最低生活保障待遇申请人员家庭情况调查表》、《农村居民最低生活保障待遇申请审批表》上签署意见。乡镇政府（街道办事处）审核后，应将有关证件和证明材料一并报县（市、区）民政部门审批。对审核不符合条件的，要书面通知申请人，并告知原因。

第十四条　县（市、区）民政部门审批。县（市、区）民政部门接到申报材料后，应在10个工作日内完成对申报对象材料的审核、重点调查和审批工作，并委托乡镇、村委会在公开栏公示3天。对无异议的，在《农村居民最低生活保障待遇申请审批表》上签署意见，并发给《安徽省农村居民最低生活保障证》，从批准之月起领取低保金。对不符合条件的，要书面通知申请人，并告知原因。

第五章　保障对象管理

第十五条　农村低保对象实行动态管理。所有对象建立健全档案；按程序对农村低保对象实行年度复核、季度适时调整。

第十六条　农村低保对象实行县、乡二级档案管理，做到一乡一柜、一村一盒、一户一档；省、市、县（区）建立农村低保对象基础信息数据库，县级负责基础信息数据库的日常管理。

第十七条　《安徽省农村居民最低生活保障证》全省统一印制、统一编号、统一发放。

第六章　资金的筹集、管理与发放

第十八条　实施农村低保所需资金由省与市、县（区）财政共同负担，其中：老省辖8市所辖区原补助基数不变，新增部分由市（区）财政承担，其他76个县（市、区）由省与市、县（市、区）按7∶3比例分担；其他市辖区，省级只承担原农村特困生活救助的补助资金，其余由市、区财政负担。

第十九条　各级财政部门在金融机构开设农村居民最低生活保障资金财政专户，对农村低保资金实行专户管理，确保专款专用。各级要将本级财政预算安排的资金及其他多渠道筹集的资金，及时拨入财政专户，用于农村低保资金支出。

第二十条　农村低保资金由县（区）财政统一管理。年初由县农村局和财政社保机构会同民政部门，按核定的享受人数和标准确定乡镇分配方案，并按方案将补助指标统一下达到乡镇。乡镇在接到县补助指标后，应及时通过涉农资金明白卡，告知享受对象。使用时，由民政部门按季根据核定的享受人数和补助标准提出用款计划，报同级财政部门审核后，将资金拨付至乡镇“财政补贴农民资金”专户。

第二十一条　乡镇财政部门在接到当期补助资金后，应在3个工作日内，将补助资金打入享受对象个人存折（卡）。

第七章　行政法律责任

第二十二条　农村低保工作实行在省政府领导下的各级人民政府负责制。各级民政部门主管本行政区域内的农村低保组织和实施工作。民政、财政部门负责农村低保政策制定、运行规程的指导检查及资金的测算、分配和管理；农业、卫生、教育、物价、统计、审计、监察等有关部门，在各自的职责范围内配合做好农村低保的有关工作。

县（市、区）民政部门负责本行政区域内农村低保的审批工作。

乡镇人民政府、辖有农业人口的街道办事处负责辖区内农村低保的审核工作。

村民委员会、含有农业人口的社区居民委员会受县（市、区）民政部门、乡镇人民政府和街道办事处的委托，承担农村低保的日常管理和服务工作。

第二十三条　从事农村低保的工作人员应依法办事，接受社会监督。有下列行为之一的，视情节给予批评教育或行政处分；构成犯罪的，依法追究其刑事责任：

（一）无故对符合条件的申请人拒不审批或拖延签署初审、审核、审批意见的；

（二）违反规定为不符合条件的申请人办理享受低保待遇手续的；

（三）贪污、挪用、扣押、拖欠低保金的；

（四）其他玩忽职守、徇私舞弊、滥用职权行为的。

第二十四条　对采取虚报、隐瞒家庭收入、伪造证明材料等不正当手段骗取农村低保待遇的居民，情节较轻的由县（市、区）人民政府民政部门给予批评教育，追回冒领的低保金；情节严重构成犯罪的，移交司法机关处理。

第八章　附　　则

第二十五条　各级人民政府应加强农村低保工作力量，安排必需的工作经费。

第二十六条　各市、县（区）要结合当地实际，制定实施细则或操作规程，报省民政厅、省财政厅备案后执行。

第二十七条　本办法由省民政厅负责解释。

第二十八条　本办法自2008年1月1日起施行。

农村五保供养制度实施办法

省民政厅　省财政厅

第一章　总　　则

第一条　为切实保障农村五保供养对象基本生活，促进农村经济社会协调发展，维护社会稳定，根据相关政策，结合我省实际，制定本实施办法。

第二条　本办法所称农村五保供养对象，是指对持有农村户口，且老年、残疾或者未满16岁的村民，无劳动能力、无生活来源又无法定赡养、抚养、扶养义务人，或者其法定赡养、抚养、扶养义务人无赡养、抚养、扶养能力的，享受农村五保待遇。

第三条　实施农村五保供养，必须遵循以下原则：

（一）确保农村五保供养对象的最基本生活需求的原则。

（二）省级财政专项补助与地方财政配套结合的原则。

（三）公开、公平、公正的原则。

（四）属地管理、动态管理、做到应保尽保的原则。

第二章　保障范围和标准

第四条　农村五保供养标准，可按照省政府2007年皖政〔2007〕3号和2008年皖政〔2008〕3号文件执行，年人均供养标准不得低于1200元。61个县（市）和15个县改区，省财政按年人均850元补助，县（市、区）财政按年人均350元标准补助。其他市辖区，省财政按照年人均500元补助，市、区财政按照年人均700元标准补助。并根据当地经济发展水平适时提高五保供养对象的生活补助标准。

第五条　农村五保供养对象承包的土地收益只能作为政府给予供养标准以外的收入，不能冲抵政府给予的供养费用。

第三章　五保供养对象的申请、审核、审批程序

第六条　个人申请。申请农村五保供养待遇，

由本人或户主填写《农村五保供养待遇申请审批表》，提供居民户口本、居民身份证以及家庭收入状况证明等材料，通过村民委员会向户口所在地的乡镇政府（街道办事处）提出申请。

第七条　村民委员会（社区、居民委员会）初审。

（一）村民委员会（社区委员会）在5个工作日完成对申请人的家庭收入和实际生活情况的核实，并由调查人填写《农村五保供养待遇申请审核表》。

（二）将申请人家庭情况和评议情况在村务（社区）公开栏公示5天以上。对无异议的，在《农村五保供养待遇申请审核表》上签署意见，连同申请人本人户口本、居民身份证复印件、家庭收入状况证明以及其他相关证明材料报乡镇、政府（街道办事处）审核。对经评议或公示后复审不符合条件的，要书面通知申请人，并告知原因。

第八条　乡镇政府（街道办事处）审核。乡镇政府（街道办事处）在收到申报材料后，应对村（居）委会上报的家庭收入调查表进行调查、核实，在22个工作日内完成，并由乡镇政府（街道办事处）民政干部在《农村五保供养待遇申请审核表》签署意见。乡镇政府（街道办事处）审核后，应将有关证件和证明材料一并报县级民政部门审批。对审核不符合条件的，要书面通知申请人，并告知原因。

第九条　县级民政部门审批。县级民政部门接到申报材料后，应在22个工作日内完成对申报对象材料的审核、重点调查和审批工作，并委托乡镇、村委会在公开栏公示5天。对无异议的，在《农村五保供养待遇申请审批表》上签署意见，并发给《农村五保供养证》。对不符合条件的，要书面通知申请人，并告知原因。

第四章　保障对象管理、资金发放

第十条　农村五保供养对象实行动态管理，确保符合条件的五保对象应保尽保。对各地新增的符合五保供养条件的五保对象，各地要采取一切措施应保尽保。对现有五保供养对象严格审核，对其中不符合供养条件的及时核销，对其中自然减员的及时增补，省财政对各地现补助基数不予削减。审核下来及自然减员经费用于补充新增的五保对象或用于提高五保对象生活标准，不足部分地方财政要列入专项经费予以解决，确保符合五保供养条件的人员应保尽保。对暂时不符合五保供养条件但生活困难的人员，应优先纳入农村低保以保障其基本生活。农村五保供养对象每年都要进行抽样审核、审批，健全档案；按审批程序对五保供养对象实行随机复核、适时调整。

第十一条　农村五保供养对象实行县、乡两级档案管理，做到一乡一柜，一村一档；省、市、县民政部门建立农村五保供养对象基础信息数据库，县级民政部门负责基础信息数据库的日常管理。

第十二条　农村五保供养资金由县（区）统一管理。

第十三条　农村五保供养对象生活补助资金实行现金一卡制发放。

第五章　附　　则

第十四条　各级人民政府应加强农村五保供养工作的工作力量，安排必要的工作经费。

第十五条　各市、县（区）要结合当地实际，制定实施细则或操作规程。

第十六条　本实施意见由省民政厅负责解释。

第十七条　本办法自2009年1月1日起施行。

城镇未参保集体企业退休人员基本生活保障实施办法

省人力资源和社会保障厅　省财政厅

根据《安徽省人民政府关于实施十二项民生工程促进和谐安徽建设的意见》（皖政〔2007〕3号）有关规定，为完善城镇未参保集体企业退休人员基本生活费保障机制，制定本实施办法。

一、保障对象

已经破产倒闭或名存实亡、停产多年，没有缴费能力且未参加基本养老保险的原“三权在县”的城镇老集体企业和城镇新办合格集体企业中，符合国家原政策规定录（招）用、已经达到法定退休年龄且符合退休条件的固定职工。

二、保障标准

已经享受低保或其他生活补助，但水平达不到当地城镇居民最低生活保障标准的，补齐到当地城镇居民最低生活保障标准；未能享受低保待遇或其他生活补助的，按当地城镇居民最低生活保障标准发给基本生活费。

三、办理程序

（一）符合第一条规定条件的职工，本人提出申请，由原企业主管部门审查，无主管部门或主管部门撤销的，由当地政府指定相关部门负责审查；

（二）劳动保障部门调档复审，并会同级财政部门审核确认；

（三）符合条件的职工现户籍地与原单位不在同一地的，由原单位所在地按照上述第1、2款程序负责审查确认并发放基本生活费，现户籍地劳动保障部门负责向原单位所在地劳动保障部门提供户籍证明以及是否享受低保或其他生活补助费情况。

四、资金支付

符合条件的职工由当地劳动保障部门所属社会保险经办机构负责发放基本生活费，基本生活费实行社会化发放。

五、监督管理

（一）各市、县及各有关部门要按规定的范围和程序，对申请人的条件认真审查、审核，对符合条件的人员，在发放基本生活费前应张榜公示，接受群众监督；

（二）各市、县社会保险经办机构应为每个未参保集体企业退休人员建档立卷，同时要建立健全未参保集体企业退休人员基础信息数据资料库，单独管理；

（三）各地于当年1月底前将上年度本地未参保集体企业退休人员基本情况（含职工名单、年龄、原工作单位、发放银行、银行卡号、发放金额、职工本人住址、联系方式等信息）报省劳动保障厅和省财政厅。

六、资金来源及补助方式

发放基本生活费所需资金，县级由省财政与县（市、区）财政按1：1比例配套解决，市级由政府统筹解决。省财政配套资金采取“先发后补、先审后付”方式，通过预算指标下达，即：年度内发放基本生活费所需资金，由各县（市、区）财政先行安排，年终由省劳动保障厅、省财政厅对各县（市、区）发放的人数和资金数进行审核确认后，由省财政据实予以补助。

计划生育家庭奖励扶助制度实施办法

省人口计生委 省财政厅

根据国家人口计生委、财政部统一部署，我省在深入实施农村计划生育家庭奖励扶助制度（以下简称“奖励扶助制度”）的基础上，启动实施计划生育家庭特别扶助制度（以下简称“特别扶助制度”），对独生子女伤残死亡家庭进行扶助。为进一步完善我省计生民生工程政策，实现两项制度的合理衔接，扩大计划生育家庭奖励扶助覆盖面，2009年起，对原来政策规定作适当调整，特制定本办法。

一、政策内容

计划生育家庭奖励扶助制度包括两项具体政策：

（一）农村计划生育家庭奖励扶助制度

农村只有一个子女或两个女孩的计划生育家庭，夫妇年满60周岁以后，由中央或地方财政安排专项资金给予奖励扶助的一项基本的计划生育奖励制度。2009年起，国家统一奖励扶助金标准从每人每年600元提高到每人每年720元。其中，只生育一个独生女的对象继续由省财政出资每人每年另增发120元，子女死亡且现无子女的对象每人每年另增发600元。奖励扶助对象从60周岁起领取奖励扶助金，直到亡故为止。已超过60周岁的，从其奖励扶助资格被确认年度起发放奖励扶助金。

（二）计划生育家庭特别扶助制度

为了完善人口和计划生育利益导向政策体系，解决独生子女伤残死亡家庭的特殊困难，更有效地落实人口和计划生育基本国策，针对独生子女家庭所做的一项基本制度安排。城镇和农村独生子女死亡后未再生育或合法收养子女的夫妻，由政府给予每人每月100元的扶助金，其中只生育一个独生女死亡后未再生育或合法收养子女的对象扶助金标准由省财政出资提高到每人每月110元，直至亡故为止；独生子女伤、病残后未再生育或收养子女的夫妻，由政府给予每人每月80元的扶助金，直至亡故或子女康复为止。扶助金自女方年满49周岁开始领取，因丧偶或离婚的单亲家庭，男方或女方须年满49周岁。已超过49周岁的，从其扶助资格被确认年度起发放扶助金。

以上两项制度按照以下规定进行衔接：已经享受奖励扶助制度、且同时符合特别扶助制度资格条件的对象，全部纳入特别扶助范围，2009年起不再确认为奖励扶助对象；符合特别扶助制度资格条件的农村对象，年龄达到60周岁以后，仍继续执行本办法规定，不再重复执行奖励扶助制度。

二、资格确认

（一）扶助对象资格条件

奖励扶助对象应同时具备以下条件：

1. 本人及配偶均为农业户口或界定为农村居民户口，且户口在本乡（镇）；

2. 1973 年至 2001 年期间没有违反计划生育法律法规和政策规定生育；

3. 现存一个子女或现存两个女孩或子女死亡现无子女；

4. 1933 年 1 月 1 日以后出生，年满 60 周岁。

特别扶助对象应同时具备以下条件：

1. 1933 年 1 月 1 日以后出生；

2. 女方年满 49 周岁；

3. 只生育一个子女或合法收养一个子女；

4. 现无存活子女或独生子女被依法鉴定为残疾（伤病残达到三级以上）。

两项制度扶助对象资格条件的具体政策由省人口计生委负责解释。

（二）资格确认程序和要求

扶助对象的资格确认必须履行以下程序：

1. 本人申报；

2. 村（居）民委员会评议；

3. 乡镇人民政府（街道办事处）初审；

4. 县（市、区）人口计生委复查审核、确认并公布；

5. 省、市人口计生委抽查、逻辑审核、备案。

6. 对经审核不符合资格确认条件的对象进行回访。

奖励扶助对象村级评议、乡级初审、县级确认结果须分别在申报对象所在村、组张榜公示 10 天。特别扶助对象县级确认结果在可通过适当方式在申报对象所在村（居）、组公示。

往年确认对象每年需经审查确认，不符合条件的退出扶助范围。

扶助对象资格确认工作由乡镇人民政府（街道办事处）和县级人口计生委具体组织实施，实行终身问责制，主要负责人为第一责任人，参与调查审核的人员为直接责任人。要严格按规定政策口径和程序进行资格确认，确保公平、公正、透明。

三、资金筹措、管理和发放

（一）资金筹措

按照国家统一标准发放的奖励扶助金，由中央、省与市、县（市、区）按 5∶3∶2 的比例承担。市、县（市、区）承担部分，市级承担的对 61 个县（市）和 15 个县改区的配套资金，改由省级财政承担。省提标部分，由省财政承担。

按照国家统一标准发放的特别扶助金，由中央与省按 5∶5 比例承担，省提标部分，由省财政承担。

（二）资金管理和发放

计划生育家庭奖励扶助专项资金纳入各级财政预算，实行“国库统管、分账核算、直接补助、到户到人”的原则。任何部门、单位不得截留、挤占和挪用。各级财政部门要认真履行配套资金监管职责，加强对财政资金到位情况和资金发放工作的督促检查。对开展奖励扶助工作必要的工作经费予以保障。

扶助资金依托现有金融服务体系，由财政、人口计生部门与有资质的金融机构签订代理服务协议，建立扶助对象个人账户，实行专账核算，采用“直通车”方式直接发放到户到人。农村地区纳入财政补贴农民资金“一卡通”渠道统一发放，城市区代理发放机构由各市自行确定。扶助金以个人为单位按年计算，一年发放一次。扶助对象凭有效证件到代理发放机构领取扶助金。

严禁用扶助资金进行任何形式的盈利性投资、融资活动，不得将扶助金抵扣其他个人款项。对虚报、冒领、克扣、贪污、挪用、挤占扶助资金的单位和个人，一经发现，严肃查处，触犯刑律的依法追究刑事责任。资金代理发放机构不按代理服务协议履行资金发放责任，截留、拖欠、抵扣扶助资金的，取消代理发放资格，并依法追究法律责任。

四、组织管理和工作要求

（一）计划生育家庭奖励扶助制度在各级党委、政府的统一领导下，由各级人口计生和财政部门组织实施。各级人口计生部门明确专门人员和职能机构负责组织协调和日常工作。各级政府和有关部门要切实加强组织领导，明确部门职责分工，建立经常性沟通协调机制，及时研究解决工作中出现的问题，切实做好制度实施工作。

（二）建立和完善资格确认、资金管理、资金发放、社会监督“四权分离”的运行机制。人口计生部门负责资格确认和组织管理，财政部门负责资金管理，代理发放机构负责资金发放，监察、审计等部门负责监督检查。相关部门密切合作，相互衔接、相互制约，做到政策透明、程序规范、结果公开、一卡发放、到户到人。

（三）按照客观、公正、公开、透明的原则，采取多种有效形式，对计划生育家庭奖励扶助制度实施全过程监督。实行扶助对象公示制度，接受群众监督。制度落实情况纳入各级人口和计划生育目标管理责任制考核，对制度实施出现重大问题的实行“一票否决”。

（四）各地在制定和实施相关普惠政策时，应在坚持公平原则基础上，兼顾计划生育家庭的优先优惠原则，促进惠民政策与计划生育基本国策的衔接与兼容。鼓励各地从实际出发，加大财政投入，探索多种形式的有利于计划生育家庭的政策保障措施，加快建立和完善政府为主、社会补充的人口和计划生育利益导向政策体系。

（五）实施奖励扶助制度和特别扶助制度中涉及的具体业务管理问题，按照省人口计生委、省财政厅制定下发《安徽省农村计划生育家庭奖励扶助制度管理规范》和《安徽省计划生育家庭特别扶助制度信息管理规范》等有关文件要求执行。各地计划生育家庭奖励扶助制度实施情况要及时报告省人口计生委和省财政厅。

大中型水库移民后期扶持人口和项目管理实施办法

省发展改革委　省财政厅

为切实做好我省大中型水库移民后期扶持工作，保障移民群众的合法权益，确保政策兑现、资金安全和社会稳定，根据《国务院关于完善大中型水库移民后期扶持政策的意见》（国发〔2006〕17号），结合我省大中型水库移民工作实际，制定本办法。

一、大中型水库移民人口管理

（一）按照“一个尽量”的原则，我省对大中型水库农村移民统一实行“全额直补为主，项目扶持为辅”的扶持方式。对2006年6月30日以前已搬迁农村水库移民的现状人口，已核定登记到移民个人的，从2006年7月1日起，将后期扶持资金全额打卡发放到移民个人，发放标准为每人每年600元，期限为20年。对2006年7月1日以后搬迁的农村水库移民原迁人口，从其完成搬迁之日起扶持20年。

（二）对无法核实到移民个人的，将移民人口指标核实到移民村组，扶持资金用于移民村组内的项目扶持，解决移民村群众生产生活中存在的突出问题。

（三）移民人口的自然变化实行“增人不增，减人要减”，在扶持期内对自然减员人口予以核减，每年核定一次。自然减员人口的扶持资金从次年1月起停止发放。

（四）在扶持期内，人口自然减员包括：

1. 移民户口转为非农户口；

2. 扶持对象死亡；

3. 大中专院校学生毕业，义务兵退役后户口没有及时迁回农村的；

4. 扶持对象正在服刑的；

5. 其他不符合扶持政策的。

（五）自然减员人口核定工作由县（区）水库移民管理部门具体负责。自然减员名单公示无异议后，报市级移民管理部门复核汇总，于次年1月底前报省水库移民管理局核准。

（六）自然减员人口作为核实到村组人数，经省水库移民管理局核准后，其扶持资金继续用于原移民所在县（区）项目扶持。

（七）对扶持期内扶持对象的户籍发生跨县、市变迁的，由迁移人提出申请，经迁出地与迁入地县级移民管理部门确认后，市级移民管理部门汇总上报省水库移民管理局核准，从次年1月起由迁入地负责发放扶持资金。

（八）对实行项目扶持的移民人口指标，省水库移民管理局将主要依据年度项目实施和人口自然变化等情况，实行一年一核定的动态管理。

（九）对2006年7月1日以后搬迁的纳入扶持范围的移民，按照以上规定执行。

二、后期扶持项目管理

（一）后期扶持项目应选择移民直接受益的小型工程，扶持资金投向为人畜饮水、农田水利、村组道路、文教卫生、农村沼气、小流域治理等公益基础设施。扶持项目要在充分尊重移民意愿并听取移民村群众意见的基础上确定。

（二）各项建设工程以移民村为基本单元，非移民村组（自然村）不得纳入项目扶持范围，村民委员会为项目实施责任主体。

（三）项目实施和维护管理按照“自建、自管、自用”的原则，由村委会召开村民代表大会选举村民代表，成立项目管理小组（或理事会）。管理小组（或理事会）在村委会的领导下具体负责项目建设和管理，并依照报账制规定的程序使用资金。项目建设和资金使用情况要定期张榜公布，接受村民监督。

（四）后期扶持项目实行年度计划管理，每年一季度，省水库移民管理局根据核定的年度项目人口指标，下达各市、县（区）年度项目人口计划。县（区）移民管理部门按照项目人口计划，编制年度后期扶持项目计划建议，经市水库移民管理部门审核汇总后，于每年3月底前上报省水库移民管理局审批。年度项目计划下达后不得随意调整，确需调整的应按原申报程序报批。

（五）后期扶持项目投资应在年度项目计划下达后一年内完成。

（六）后期扶持项目的前期工作、工程实施和竣工验收等管理，由县（区）移民管理部门制定具体的管理办法。

（七）移民村要逐步完善“一事一议”制度，鼓励村民投工投劳和集资参与项目建设，并建立健全工程运行和管护的长效机制。

三、后期扶持资金管理

（一）大中型水库移民后期项目资金属政府性基金，实行预、决算制度。具体按照《安徽省大中型水库移民后期扶持资金使用管理实施细则》（财企〔2007〕457号）执行。

（二）后期扶持项目资金按照《安徽省大中型水库移民后期扶持项目资金报账制管理暂行办法》（财企〔2007〕458号）实行报账制管理。

（三）扶持项目资金由移民村包干使用，要设立项目资金专户，严格资金支出管理，专款专用，严禁用于偿还村级债务和行政费用等其他支出。

四、监督检查

（一）各级政府及有关部门要加强对后期扶持资金的监督检查。对未按照国家规定的使用范围和扶持方式使用后期扶持资金的机构及其工作人员，按照《违反大中型水库移民后期扶持基金征收使用管理规定责任追究办法》（监察部、人事部、财政部第13号令）追究责任。

（二）各级移民管理部门必须建立公示制度。对已经上级部门批准的年度计划及时在县（区）政府网站公示，并保留到项目竣工验收结束为止。

（三）各级移民管理部门和财政部门要各司其职，逐年制定并实施年度检查计划，对移民人口自然减员核定、年度计划执行、资金使用和项目建设管理等情况，加强管理、监督、检查和考核。

（四）对人口自然减员应减不减，违背政策，虚发资金的市、县（区），除督促收回资金外，同时追究相关单位领导和直接责任人的责任。

（五）对不严格执行年度计划、挤占挪用移民资金和项目建设管理不力造成严重后果的单位，给予通报批评并责令限期整改。必要时，停拨或缓拨移民资金。

（六）对在移民人口和项目管理中滥用职权、徇私舞弊的人员，要严肃处理，构成犯罪的，移交司法部门依法追究刑事责任。

本办法自公布之日起施行，由省发展改革委、省财政厅负责解释。

城市低收入家庭廉租住房保障实施办法

省住房和城乡建设厅　省财政厅

为扎实推进我省城市低收入家庭廉租住房保障工作，根据《安徽省人民政府关于2010年实施33项民生工程的通知》（皖政〔2010〕1号）、《安徽省人民政府关于解决城市低收入家庭住房困难的实施意见》（皖政〔2007〕106号）、《安徽省人民政府关于加快实施廉租住房保障制度的通知》（皖政〔2009〕61号），提出如下实施办法：

一、工作目标

2010年，全省所有城市（含县城）在对人均住房建筑面积低于10平方米的城市低保住房困难家庭做到应保尽保的基础上，保障范围要扩大到低收入住房困难家庭。到2011年，基本解决全省现有35.6万户城市低收入住房困难家庭的住房问题，其中新建廉租住房不低于16万套。

二、保障对象

廉租住房保障对象为全省城市（含县城）低收入住房困难家庭。廉租住房保障对象的家庭收入、住房困难和保障面积标准，由市、县人民政府确定，实行动态管理，每年向社会公布一次。其中，住房困难包括住房设施设备不配套，条件简陋，居住环境较差。

三、保障方式

廉租住房保障实行实物配租、发放租赁补贴等方式。通过新建、购置、改造、租赁等方式筹集廉租住房房源，继续实施租赁补贴政策，多渠道、多方式解决城市低收入住房困难家庭的住房问题。新建廉租住房采取“小集中、大分散、插花建”形式，以在普通商品住房、拆迁安置房和棚户区改造等项目中以配建方式为主。

四、保障标准

（一）廉租住房保障面积标准由市、县人民政府根据当地家庭平均住房水平及财政承受能力等因素，以户为单位确定。

（二）实物配租的住房租金标准实行政府定价。有条件的地区，对城市居民最低生活保障家庭，可以免收实物配租住房中住房保障面积标准内的租金。对其他城市低收入住房困难家庭，可以根据收入情况等分类确定实物配租的住房租金标准。

（三）每平方米租赁住房补贴标准由市、县人民政府根据当地经济发展水平、市场平均租金、城市低收入住房困难家庭的经济承受能力等因素确定。其中对城市居民最低生活保障家庭，按照市场平均租金标准全额补贴；对其他城市低收入住房困难家庭，可以根据收入情况等分类确定租赁住房补贴标准。

五、保障资金

（一）住房公积金增值收益提取贷款风险准备金和管理费用后的余额；

（二）土地出让净收益中按照不低于10%以上的比例；

（三）市县财政年度预算安排；

（四）省级财政廉租住房建设专项补助和廉租住房保障专项补助资金；

（五）中央预算内投资补助和中央财政廉租住房保障专项补助资金；

（六）实物配租的廉租住房租金收入；

（七）廉租住房出售收入；

（八）其他方式筹集的资金。

六、廉租住房房源

（一）政府投资新建廉租住房。以在新建普通商品房、拆迁安置房等项目中配建为主，配建比例为普通商品住房项目原则上不低于2%、拆迁安置房项目原则上不低于5%，具体比例由市、县政府根据当地商品住房、拆迁安置房建设规模，以及实物配租廉租住房需求量等因素确定。配建的套数、建设标准、回购价格或收回条件，要作为土地划拨或出让的前置条件，并在国有建设用地划拨决定书和国有建设用地使用权出让合同中明确约定。新建的廉租住房要合理布局，尽可能安排在交通便利、公共设施较为齐全的区域，同步做好小区内外市政配套设施建设，方便群众日常生活。

（二）结合城市棚户区改造配建廉租住房。坚持政府主导、政策支持、群众参与、市场运作的原则，推进城市棚户区（危旧房）改造，统筹安排廉租住房建设，优先解决城市棚户区低收入住房困难家庭的住房问题。

（三）政企共建增加廉租住房。积极推进政府与企业共建廉租住房，鼓励企业利用自有存量土地参与廉租住房建设，解决企业困难职工的住房困难问题。

（四）其他方式筹集廉租住房。通过购买、公房改造、租赁等方式，增加廉租住房房源。政府管理的公房和单位自管公房，要积极向低收入住房困难家庭提供。鼓励社会捐赠廉租住房。

七、土地供应和税费优惠政策

（一）优先安排廉租住房建设用地。廉租住房建设用地实行行政划拨方式供应。各市、县要根据廉租住房保障规划和年度计划，统筹安排廉租住房建设用地计划指标，在土地供应计划中优先安排，在申报年度用地指标时单独列出，切实保证廉租住房建设用地供应。

（二）落实税费优惠政策。廉租住房建设一律免收各种行政事业性收费和政府性基金。政府或经政府认定的单位新建、购买、改建住房作为廉租住房，以及社会捐赠廉租住房房源、资金的，执行国家规定的有关税费优惠政策。社会机构投资廉租住房建设的，给予相关的政策支持。

八、工作机制

（一）明确工作责任和机构。省政府每年与各市政府签订廉租住房建设目标责任书，将廉租住房保障纳入对各市政府的年度目标考核。各市、县人民政府是本地廉租住房保障工作的责任主体，要将廉租住房保障工作摆在重要议事日程，明确具体工作措施，切实做到规划到位、资金到位、政策到位、监督到位，确保分配公平。各有关部门要各司其职，各负其责，密切配合，共同做好廉租住房保障工作。

（二）健全准入退出制度。各地要完善廉租住房保障申请、审核、公示、轮候、复核、退出制度，建立健全社区、街道和住房保障部门三级审核公示制度，建立规范化的保障对象收入、财产和住房状况审查制度，形成科学有序、信息共享、办事高效、公开透明、操作规范的工作机制。健全廉租住房动态退出制度。探索廉租住房租售并举，出售廉租住房回收的资金，要专项用于廉租住房保障。

（三）加强房源后期管理。各地要制定和完善实物配租廉租住房后期管理实施细则及相关配套措施，切实管好用好廉租住房，充分发挥保障作用。政府拥有的廉租住房，可以市场化运作方式委托给房屋管理服务机构管理，专门提供给符合廉租住房保障条件的家庭租住。

（四）确保工程质量和使用功能。各地要严格执行工程招投标、施工图审查、施工许可、质量监督、工程监理、竣工验收备案等建设程序，加强审批管理，严格执行国家有关住房建设的强制性标准，确保廉租住房建设项目工程质量。同时，要建立行政审批快捷通道，缩短审批时限，确保按期实现工程建设目标。有关住房质量和使用功能等方面的要求，应在建设合同中予以明确。

（五）加强监督检查。省住房和城乡建设厅会同有关部门建立健全廉租住房保障工作考核机制，加强对各地廉租住房保障制度实施情况的监督检查。重点检查廉租住房保障年度计划执行情况，包括中央投入补助资金和省补助资金的使用情况、廉租住房建设项目配套资金、建设项目工程进度和质量，以及廉租住房保障政策落实、目标任务完成等情况。

贫困重度残疾人生活特别救助实施办法

省残联　省民政厅　省财政厅

第一章　总　　则

第一条　为贯彻落实《安徽省人民政府关于2010年实施33项民生工程的通知》（皖政〔2010〕1号）精神，切实保障贫困重度残疾人基本生活权益，促进统筹城乡协调发展，推进和谐安徽建设，规范使用我省贫困残疾人救助资金，特制定本办法。

第二条　本办法所称贫困重度残疾人，是指我省享受城镇最低生活保障或农村最低生活保障（以下简称低保）待遇的、持有《中华人民共和国残疾人证》的且残疾等级在二级以上（含二级）的残疾人。

第三条　实施贫困重度残疾人生活救助制度，要严格遵循下列原则：

（一）坚持科学发展观，保障残疾人基本生活需求的原则。

（二）坚持特别救助与最低生活保障相结合的原则。

（三）坚持公开、公平、公正的原则。

（四）坚持属地管理、动态管理的原则。

第四条　凡在我省城乡享受低保待遇的重度残疾人均有权享受生活救助待遇。

第五条　城镇贫困重度残疾人每人每月救助50元，农村贫困重度残疾人每人每月救助30元。

第二章　申请、审核、审批程序

第六条　个人申请。申请享受贫困重度残疾人生活特别救助的须填写《贫困重度残疾人生活救助申请审批表》，提供居民户口本、居民身份证、《中华人民共和国残疾人证》、县级以上民政部门出具的最低生活保障证明，通过村民委员会（社区居民委员会）向户口所在地的乡镇政府（街道办事处）提出申请。

第七条　村民委员会（社区居民委员会）初审。村民委员会（社区居民委员会）在5个工作日内完成对申请人的实际情况核实，将申请人情况在村务公开栏或社居委公开栏公示5天以上。对无异议的，在《贫困重度残疾人生活救助申请审批表》上签署意见，连同申请人的居民身份证（复印件）、《中华人民共和国残疾人证》、低保证，报乡镇政府（街道办事处）审核。对经复审不符合条件的，要书面通知申请人，并告知原因。

第八条　乡镇政府（街道办事处）审核。乡镇政府（街道办事处）在收到申报材料后，应在7个工作日内完成审核任务，并在《贫困重度残疾人生活救助申请审批表》上签署意见，同时将有关证件和证明材料一并报县（市、区）残联审批。对审核不符合条件的，要书面通知申请人，并告知原因。

第九条　县（市、区）残联审批。县（市、区）残联接到申报材料后，应在20个工作日内完成对申报对象材料的审核、调查和审批工作，并以张榜方式公示不低于3天。对符合条件的，在《贫困重度残疾人生活救助申请审批表》上签署意见后，及时发放生活救助金。对不符合条件的，要书面通知申请人、村民委员会（社区居民委员会）和乡镇政府（街道办事处），并告知原因。

第三章　救助对象管理

第十条　对贫困重度残疾人生活救助对象要随着低保对象的调整而调整，实行动态管理。对新增符合条件的要及时办理申请、审核、审批。

第十一条　贫困重度残疾人生活救助对象实行县、乡二级档案管理，做到一户一档；省、市、县

（区）三级建立贫困重度残疾人生活救助对象基础信息数据库，县级残联负责基础信息数据库的日常管理并上报市残联。各市残联将所辖县（市、区）的基础信息数据统一报省残联。

第四章　资金的筹集、管理与发放

第十二条　实施贫困重度残疾人生活救助所需资金由省与县（市、区）财政按照8：2 的比例共同负担。省级财政应承担的贫困重度残疾人生活救助资金采取年初预拨、年终清算的办法，一年分两次下拨。

第十三条　各级财政部门要对贫困重度残疾人生活救助资金实行专户管理，确保专款专用，用于经审核、审批后的贫困重度残疾人生活救助资金支出。

第十四条　贫困重度残疾人生活救助资金由县（市、区）财政统一管理。每年由县财政农村管理局和社会保障机构会同残联按核定的救助人数和标准，通过“一卡通”将救助资金及时打入救助对象账户并注明“残补”。对于城镇未实现“一卡通”的，则通过社会代发放到救助对象账户。

第五章　监督管理

第十五条　贫困重度残疾人生活救助工作，实行在省政府领导下的各级人民政府负责制。各级残联负责本行政区域内的贫困重度残疾人生活救助对象的确定、救助管理和实施工作。残联、民政、财政部门负责贫困重度残疾人生活救助政策制定、运行规程的指导检查及资金的测算、分配和管理；县级民政部门负责提供城乡享受低保待遇的残疾人的花名册等基本情况，并及时向残联、财政通报残疾人低保对象调整情况。审计、监察等有关部门，在各自的职责范围内配合做好贫困重度残疾人特别生活救助资金的有关工作。村民委员会、社区居民委员会受县（市、区）残联、乡镇人民政府和街道办事处的委托，承担贫困重度残疾人生活救助的日常管理和服务工作。

第十六条　各市、县及各有关部门要按规定的范围和程序，对申请人的条件认真审查、审核、汇总，防止重、漏、错现象发生。各级残联要向社会公布一个举报电话，自觉接受群众监督。

第十七条　从事贫困重度残疾人生活救助的工作人员应依法办事，接受社会监督。有下列行为之一的，视情节给予批评教育或行政处分；构成犯罪的，依法追究其刑事责任：

（一）无故对符合条件的申请人拒不审批或拖延签署初审、审核、审批意见的；

（二）违反规定为不符合条件的申请人办理享受贫困重度残疾人生活救助手续的；

（三）贪污、挪用、扣押、拖欠救助金的；

（四）其他玩忽职守、徇私舞弊、滥用职权行为的。

第十八条　对采取虚报、伪造证明材料等不正当手段骗取贫困重度残疾人生活救助的居民，情节较轻的由县残联给予批评教育，追回冒领的救助金；情节严重构成犯罪的，移交司法机关处理。

第六章　附　　则

第十九条　各市、县（区）要结合当地实际，制定实施细则或操作规程，报省残联、省财政厅、省民政厅备案后执行。

第二十条　本办法由省残联负责解释。

第二十一条　本办法自 2010 年 1 月 1 日起施行。

义务教育经费保障机制改革实施办法

省教育厅　省财政厅

第一章　总　　则

第一条　为贯彻落实《安徽省人民政府关于2010 年实施 33 项民生工程的通知》（皖政〔2010〕1 号）精神，保证义务教育经费保障机制改革整体推进，根据财政部、教育部《关于调整完善农村义务教育经费保障机制改革有关政策的通知》（财教〔2007〕337 号）精神，结合我省实际，制定本实施办法。

第二条　按照“明确各级责任、中央地方共担、加大财政投入、提高保障水平、分步组织实施”的原则，逐步将义务教育全面纳入公共财政保障范围，建立中央、省、市、县（市、区）分项目、按比例分担的义务教育经费保障机制。

第二章　调整内容与分担办法

第三条　调整家庭经济困难寄宿生生活费补助政策。基本标准具体为：小学生 2 元/天、中学生 3 元/天，学生每年在校天数均按 250 天计算。所需经费，中央按 50% 给予奖励性补助，地方承担 50% 部分仍由市、县（区）承担。各地要根据当地实际情况科学确定享受寄宿生生活费补助的家庭经济困难学生的比例。各地可在以上基本标准的基础上，根据实际情况调高标准。调高标准所需资金，由地方财政负责解决。

第四条　向农村义务教育阶段学生免费提供国家课程教科书，并提高中央财政免费教科书补助标准。具体标准为：小学生均每年 90 元、初中生均每年 180 元，所需资金全部由中央财政负担。

第五条　全面取消城乡义务阶段地方教材，地方教材中的有关内容纳入学校图书资料建设范畴。

第六条　提高农村义务教育阶段中小学生的生均公用经费（含取暖费）基本标准。具体标准为：农村小学 325 元/生·年，农村初中 525 元/生·年。所需资金由中央和省级财政共同承担。

第七条　完善城市免杂费和公用经费补助资金分担办法。城市免杂费的具体标准为：小学 234 元/生·年，初中 330 元/生·年；公用经费标准为：小学 30 元/生·年，初中 45 元/生·年。所需经费按 9 个地级市（含 15 个县改区）、5 个县级市省级以上与市、县财政 8∶2 比例，其余 8 市（含所辖区）省级以上与市财政按 6∶4 比例承担。

第八条　建立农村义务教育阶段中小学校舍维修改造长效机制。具体标准为每平方米 400 元，由中央和省级按照 5∶5 比例共同承担。各县（市、区）校舍维修改造所需资金超过中央和省级安排部分由各地自行承担。

第三章　范围对象

第九条　继续全部免除义务教育阶段学生学杂费，包括特殊教育学校和职业初中的在校学生。

第十条　少数企事业单位等所属义务教育阶段中小学经费保障机制改革，与所在地区同步实施。按教育事业统计口径，统计为“农村”、“县镇”的义务教育阶段学生，按属地管理原则，执行农村义务教育经费改革政策，所需经费由中央和省补助各地，由所在地政府落实到学校；统计为“城市”的义务教育阶段学生，执行城市义务教育经费改革政策，所需经费按“谁主管、谁负责”的原则予以保障。

第十一条　进城务工农民子女在城市就读的，以及城区“农村”学生统计为“城市”的，人随学籍走，执行所在城市同等政策，由流入地政府统筹解决。

第十二条　享受城市低保家庭学生，同步享受“两免一补”政策。

第十三条　民办学校义务教育经费保障，本着“强化政府义务、减轻群众负担”的原则，由各地研究制定具体政策予以妥善解决，使凡是义务教育的对象，都享受到接受义务教育的权利。

第四章　资金管理

第十四条　各地要积极适应调整完善义务教育经费保障机制改革的政策，按照义务教育“以县为主”管理体制的要求，建立健全中小学校预算编制制度，编制县级教育部门预算，报同级财政部门审核汇编地方政府预算，并提交同级人民代表大会审议批准。

第十五条　为保证学校的正常运转，各级财政部门要及时将资金拨付到位。按照国库集中支付、收支两条线、政府采购等规定，办理各项业务，确保提高公用经费、免费教科书资金、贫困寄宿生生活补助、校舍维修改造等各项改革资金及时到位。

第十六条　中央财政保障机制改革专项资金的下拨要全部通过省财政零余额账户和县财政特设专户，不得在拨付过程中擅自脱离专户，也不能让资金长期滞留专户，更不能截留挪用。

第十七条　各地在使用中央和省级义务教育补助经费时，首先要保证学校正常运转以及在教学活动和后勤服务等方面的必要开支，其次要根据不同规模学校的实际，科学合理分配中小学公用经费，并适当向办学条件薄弱学校倾斜，保证较小规模学校和教学点的基本需求，进一步改善其办学条件，缩小区域内学校之间的差距，全面提高教育教学质量，促进教育均衡发展。

第十八条　加强省级教育行政部门对教科书选用的统筹和管理工作。免费教科书由省实行政府采购制度，配发给义务教育阶段中小学生，具体采购办法按《教育部财政部关于印发免费教科书政府采购工作暂行办法的通知》执行。推进免费教科书的循环使用工作。

第十九条　加强中小学财务管理，严格中小学预算编制，严格按照预算办理各项支出，推进中小学财务公开，接受师生和群众监督。

第五章　监督检查

第二十条　为进一步督促各地加强义务教育经费管理，落实“以县为主”管理责任，从 2010 年起建立义务教育经费保障机制改革省重点监管县制度。今后，凡在义保改革政策落实中出现严重问题时，将在下一年度纳入重点监管范围。重点监管主要采取常规监控、独立督查、市级抽查、省级考核等方式。

第二十一条　教育部门把义务教育经费保障改革实施情况，列入对各市教育局年度重点工作目标管理考核内容。

第二十二条　逐步建立监督检查长效机制，确保各项资金分配使用的规范、安全和有效，对弄虚作假、挤占挪用资金等问题，必须及时纠正，并严肃查处。

第六章　附则

第二十三条　本办法由省教育厅、省财政厅负责解释。

第二十四条　本办法自2010年1月1日起施行。

普通高校和中职学校家庭经济困难学生资助工作实施办法

省教育厅　省财政厅　省人力资源和社会保障厅

根据《安徽省人民政府关于实施33项民生工程的通知》(皖政〔2010〕1号)、《安徽省人民政府关于建立健全普通本科高校高等职业学校和中等职业学校家庭经济困难学生资助政策体系的实施意见》(皖政〔2007〕74号)和《财政部国家发展改革委教育部人力资源社会保障部关于中等职业学校农村家庭经济困难学生和涉农专业学生免费工作的意见》(财教〔2009〕442号)精神，现就普通本科高校、高等职业学校和中职学校家庭经济困难学生资助工作制定如下实施办法。

一、主要目标与基本原则

(一) 主要目标：加大财政投入，落实各项助学政策，扩大受助学生比例，提高资助水平；逐步实行中等职业教育免费，从制度上基本解决家庭经济困难学生的就学问题。

(二) 基本原则：加大财政投入、经费合理分担、政策导向明确、多元混合资助、各方责任清晰。

1. 加大财政投入。按照建立公共财政体制的要求，大幅度增加财政投入，建立以政府为主导的家庭经济困难学生资助政策体系。

2. 经费合理分担。国家励志奖学金、国家助学金和中等职业教育免学费补助资金由中央与地方按比例分担。我省承担部分的分担原则是，分级分担，职责明晰；结合财力，区别对待；鼓励支持民办教育。

3. 政策导向明确。在努力使家庭经济困难学生公平享有受教育机会的同时，鼓励学生刻苦学习，接受职业教育，学习国家最需要的专业，到艰苦地区基层单位就业；鼓励学校面向经济欠发达地区扩大招生规模。

4. 多元混合资助。统筹政府、社会等不同资助渠道，对家庭经济困难学生采取奖、贷、助、补、减等多种方式进行资助。

5. 各方责任清晰。中央与地方、各相关部门及学校明确分工、各司其职、落实责任、完善制度，操作办法简便易行，并接受社会各界监督，确保各项政策措施顺利实施。

二、主要内容

(一) 完善国家奖学金制度。国家奖学金由中央政府出资设立，用于奖励普通本科高校和高等职业学校全日制本专科(含第二学士学位)在校生中特别优秀的学生，奖励标准为每生每年8000元。奖励学生名额由省财政厅、省教育厅根据财政部、教育部确定的总人数，以及高校数量、类别、办学层次、办学质量、在校本专科生人数等因素确定。

国家励志奖学金由中央与我省共同设立，用于奖励资助普通本科高校和高等职业学校全日制本专科在校生(含第二学士学位)中品学兼优的家庭经济困难学生，资助面平均约占高校在校生的3%左右，资助标准为每生每年5000元。奖励资助学生名额由省财政厅、省教育厅根据财政部、教育部确定的总人数，以及高校数量、类别、办学层次、办学质量、在校本专科生人数和生源结构等因素确定，适当向办学水平较高的高校，以及农林水地矿油核等国家需要的特殊学科专业为主的高校倾斜。

我省高校国家励志奖学金所需资金由中央和地方按比例分担。我省应分担的部分，根据财政供给渠道实行分级分担，即省级财政供给的学校由省级财政分担、市级财政供给的学校由市级财政分担；民办高校(含独立学院)由省级财政全额承担。

(二) 完善国家助学金制度。中央与我省共同设立国家助学金，用于资助普通本科高校、高等职业学校全日制本专科在校生中家庭经济困难学生和中等职业学校所有全日制在校农村学生(含县镇学生)及城市家庭经济困难学生。

普通本科高校和高等职业学校，国家助学金资助面平均约占全省普通本科高校和高等职业学校在校生总数的20%。具体资助面由财政部、教育部根据我省生源情况、平均生活费用、院校类别等因素综合确定。平均资助标准为每生每年 2000 元左右，学校可分为二至三档。具体由省财政厅、省教育厅根据财政部、教育部确定的总人数，以及高校数量、类别、办学层次、办学质量、在校本专科生人数和生源结构等因素确定，适当向民族院校以及农林水地矿油核等国家需要的特殊学科专业为主的高校倾斜。

中等职业学校（包括公办和民办的普通中专、成人中专、职业高中、技工学校、职业技术学院附属的中专部和中等职业学校），国家助学金资助所有具有中等职业学校全日制正式学籍的在校农村学生（含县镇学生）和城市家庭经济困难学生。资助标准为每生每年 1500 元，资助期限为两年，第三年实行学生工学结合、顶岗实习。

我省高校国家助学金所需资金由中央与省、市按照国家励志奖学金的资金分担办法共同承担。

我省中等职业学校国家助学金所需资金由中央和地方按比例分担。我省应分担的部分，根据财政供给渠道实行分级分担，即省级财政供给的中等职业学校由省级财政分担，市级财政供给的中等职业学校由市级财政分担，县（市、区）级财政供给的中等职业学校由省级与县（市、区）级财政按 8∶2 比例分担；民办中等职业学校由省级与所在地市、县（市、区）级财政按 7∶3 比例分担。

（三）进一步完善校内贫困学生资助措施。高校要按照国家有关规定从事业收入中提取 4%—6% 的经费，中等职业学校要从事业收入中足额提取 5% 的经费，用于学费减免、国家助学贷款风险补偿、勤工助学、校内无息借款、校内奖助学金和特殊困难补助等。继续执行并不断完善现有的校内贫困生资助政策，不得因政府加大资助经费投入抵减校内资助。

进一步落实、完善鼓励捐资助学的相关优惠政策措施，积极引导和鼓励各级政府、企业和社会团体等面向各级各类学校设立奖学金、助学金等资助项目。

（四）中等职业教育农村家庭经济困难学生和涉农专业学生免学费工作。从 2009 年秋季学期起，对公办中等职业学校全日制正式学籍一、二、三年级在校生中农村家庭经济困难学生（艺术类相关表演专业学生除外）和涉农专业学生逐步免除学费。其中农村家庭经济困难学生按中职学校在校生的 15% 确定；涉农专业为 2000 年教育部发布的《中等职业学校专业目录》（教职成〔2000〕8 号）中的农林类所有专业以及能源类的农村能源开发与利用专业和土木水利工程类的农业水利技术专业等 21 类专业。

对公办学校因免除学费导致学校收入减少的部分，通过财政给予的补助和学校开展校企合作及顶岗实习获取的收入来解决，以保证学校正常运转。第一、二学年学校因免除学费导致的运转经费缺口，由财政按免除的学费标准给予补助。第三学年学校因免除学费导致的运转经费缺口，原则上由学校通过校企合作和顶岗实习等方式获取的收入予以弥补。对涉农专业和经认定顶岗实习有困难的其他专业由财政按一定标准给予补助，补助标准待国务院相关部门具体办法出台后另行制定。

对在政府教育行政管理部门和人力资源社保部门依法批准的民办中等职业学校就读的一、二年级符合免学费政策条件的学生，按照当地同类型同专业公办中等职业学校免除学费标准，给予补助。

免学费所需补助资金按中等职业学校国家助学金资金分担办法及分担比例，由中央和省、市、县（区）共同承担。

三、工作要求

家庭经济困难学生资助政策体系针对性强，涉及面广，资金投入大，受益人数多，工作层面多，各地、各有关部门和各学校要按照国务院和省政府的统一部署，周密安排，精心组织，扎扎实实地把这件惠及广大人民群众的大事抓好。

（一）加强组织领导，明确职责分工。各市、县政府要建立相应的工作机制，在整合现有资源的基础上，建立健全学生资助管理机构，制订具体管理办法。同时切实加强对中等职业教育免学费工作的组织领导，明确分工，落实责任，要制订切实可行的实施方案，确保免学费政策全面落实到位。

各级教育、财政、人力资源社会保障、发展改革、物价等部门要密切配合，按照相关管理办法，结合各自分工，强化学生资助管理机构建设，加强领导，不断完善我省家庭经济困难学生资助政策体系的配套政策，加强免学费和深化改革的指导与协调工作。教育、劳动保障部门要将学校家庭经济困难学生资助工作情况纳入办学水平评估指标体系。

各高校和中职学校要把资助家庭经济困难学生摆在突出位置，实行校长负责制，设立专门的助学管理机构，建立完善的学校助学工作管理制度，确保学校助学工作顺利进行。各中等职业学校要把免学费和深化改革作为工作重点，实行校长负责制，制订具体工作方案。

（二）确保资金落实，强化预算管理。各级政府要足额安排、及时拨付应当负担的资金，确保各级政府应当负担的资金落实到位。各普通本科高校、高等职业学校和中等职业学校须按规定比例及时、足额从事业收入中提取经费，用于校内贫困生资助。要完善制度，严格程序，细化管理，确保助学资金及时发放、专款专用。各中等职业学校必须建立严格的预决算制度，将各项收入全部纳入学校预算，按部门预算要求，编制综合预算；严格按照规定的范围与标准支出；加强学校财务管理和资产管理等基础性工作，建立健全会计账簿，规范会计核算；加强内部控制和审计制度，确保免学费资金使用的规范和有效。

（三）严格收费审批，规范收费管理。各地、各校要进一步严格教育收费立项、标准审批、收费公示管理工作，规范学校收费行为，坚决制止乱收费。加大对服务性收费和代收费的监督力度，切实减轻学生及家长负担。绝不允许一边加大助学力度，一边擅自提高收费标准、擅自设立收费项目。要对教育收费实行严格的“收支两条线”管理，规范支出管理。根据《国务院关于建立健全普通本科高校高等职业学校和中等职业学校家庭经济困难学生资助政策体系的意见》（国发〔2007〕13 号）的规定，2012 年秋季学期前，中等职业学校的学费、住宿费标准不得高于 2006 年秋季学期相关标准。各地要按照《民办教育促进法》及其实施条例的要求，进一步规范民办中等职业学校各项收费的管理。

（四）按时足额规范发放。国家奖学金、国家励志奖学金按国家下达资金次数逐次发放。国家助学金应严格按照国家和省有关规定，采取银行卡形式逐月发放，不得发放现金，不得将国家助学金打入饭卡或校园卡，更不得以实物或服务形式抵顶或扣减国家助学金。学校要按政策界定资助对象，规范中职学校学生信息系统数据填报，做好学生资助信息的月报和学期报告工作。要定期、不定期地抽查核实受助学生名单及助学金发放信息，坚决杜绝虚报名单、套取国家助学金现象发生。确保让所有符合资助条件的学生都能及时享受到国家助学金。对于资助对象变动或学生变化而多出的资助资金一律不得挪用。学校要及时将发放情况逐级上报，凡隐瞒不报的、违反政策规定的，将追究有关责任人的责任。

关于中职学校免学费工作，对于农村家庭经济困难学生，每年的秋季学期，在 10 月底完成免费对象的认定工作并通过银行卡形式退还已收学费（对于符合免学费条件的学生，2009 年秋季学期已收取的学费，在 2010 年春季学期开学后退还）。对于民办中职学校符合免学费条件学生的补助经费，由学校提供享受补助学生名单，经学校主管部门审核后，通过银行卡形式发放。

（五）加强中等职业学校管理，做好基础工作。各地教育行政主管部门，人力资源社会保障部门要对中等职业学校办学资质进展全面清查，尤其要加强对民办中等职业学校办学资质的核查，并定期公布有资质中等职业学校名单。同时，要完善中等职业学校学生信息管理系统，实行电子注册制度，做好免学费对象的认定工作，保证学生基本信息的完整和准确。

（六）加大宣传力度。各地、各有关部门和各学校要制订宣传方案，广泛利用各种媒介、采取多种形式，向全社会进行广泛宣传，使这项惠民政策家喻户晓、深入人心。要充分发挥新闻媒体的重要作用，加强舆论引导和监督，努力营造良好的社会氛围。教育、劳动保障部门要认真组织各学校对学生进行政策宣传，使广大学生及其家长及时知晓受助的权利。要及时总结推广各地、各学校资助工作的好经验、好做法，推动资助政策全面贯彻和落实。

四、监督检查

各有关部门要各司其职、各负其责，加强对家庭经济困难学生资助经费安排使用、贫困学生认定、学校收费等情况的监督检查，切实提高资金使用的安全性、规范性和有效性。各级教育、财政和劳动保障部门要设立举报投诉电话，长期受理群众的举报投诉，广泛接受人民群众的监督。各级各类学校要按照公平、公正的原则，建立科学可行的资助（免学费）对象评审机制，加强资助（免学费）对象评定工作，严格把握资助（免学费）的条件，保证资助（免学费）资金真正用到符合条件的学生身上，最大限度地发挥资助功能。各级人民政府要把中等职业教育改革发展和免学费工作，作为教育督导的重要内容，抓实抓好。对虚报学生人数，骗取国家专项资金等违规行为，要按照《财政违法行为处罚处分条例》（国务院令第 427 号）等有关规定严肃处理，并追究相关学校领导的责任。

各类奖助学金实行专款专用、专账核算，并接受审计、监察部门的检查和社会的监督。对弄虚作假、套取财政专项资金或挤占、挪用、延压发放国家助学金的行为，以及不能按时、足额发放学生资助资金的地方和学校，将追究直接责任人和相关领导的责任。

新型农民培训实施办法

省农委　省财政厅

为贯彻落实《安徽省人民政府关于2010年实施33项民生工程的通知》（皖政〔2010〕1号）精神，现就我省新型农民培训工程制定如下实施方案。

一、总体思路

以科学发展观为指导，以提高农民科技文化素质，增强农民的就业、创业能力，促进粮食增产、农业增效、农民增收和提升农产品质量安全水平为目标，按照“政府推动、部门实施、机构培训、农民受益”的要求，以农村一、二、三产业从业人员培训为主体，实行就业培训与创业培训相结合，引导培训与技能培训相结合，务工培训与务农培训相结合，组织开展新型农民培训，为现代农业发展和新农村建设提供人才支撑。

二、目标任务

2010年，全省计划培训新型农民58万人，其中农村劳动力转移培训阳光工程30万人、农业专业技术培训15万人、农民创业培训5万人、农民科技示范培训8万人。

三、培训类型及重点

（一）农村劳动力转移培训阳光工程。主要培训面向农村二、三产业和城市转移就业的农民。重点围绕现代农业、农村服务业和农产品加工业等涉农工业、农村特色二、三产业从业人员，重点包括农机手（使用和维修）、沼气工（建池与维修）、植保员（机防手）、乡村旅游服务员、村级动物防疫员、无公害农产品检查员（内检员）、奶站质检员、从业渔民（渔业船员）、农村建筑工匠、农产品加工从业人员、农民专业合作社管理人员（负责人、监事、财务人员和信息员）等，按照阳光工程项目管理“四个办法”、“五项制度”，开展从业技能、法律法规及农业经营管理等知识培训。

（二）农业专业技术培训。主要培训从事农业生产经营的专业农民（主要从事种养业人员、农民技术员）、农民专业合作社社员、基层农技（农机、畜牧、水产）推广人员、农经辅导员、渔船检验人员等。通过开展农业科技知识、实用生产技术及有关农业政策、法律法规等知识培训，提高其科技素质和务农技能，培养一批新型农民和农业技术推广人才。培训的组织实施按照《安徽省农业专业技术培训项目及资金管理办法（试行）》（皖农财〔2009〕311号）执行。

（三）农民创业培训。主要对在农村有创业愿望并有创业基础的人员开展创业必备知识和能力培训，提高其创业能力和辐射带动能力，造就一批农村创业者和现代农民企业家。培训组织实施按照《安徽省农民创业培训项目及资金管理办法（试行）》（皖农财〔2009〕97号）执行。

（四）农民科技示范培训。在完成基层农技推广体系改革与建设县，对科技示范户及辐射户，采取集中培训、分户指导等方式，指导其应用、推广新品种、新技术，提高自我发展能力和辐射带动能力，使之成为农技推广体系的农情调查员、技术推广员和政策宣传员。组织培训按照全国基层农技推广体系改革与建设示范县项目要求实施。

四、实施步骤

（一）全面动员部署（1—2月）。全面部署全省新型农民培训工作。严格项目申报工作，各地根据省下达的培训任务计划，认真制定本地实施方案，编制项目申报书；省根据各地申报情况，对培训机构年度培训任务进行批复。

（二）落实培训任务（3月）。按照有关培训项目管理办法要求组织实施项目，落实培训任务。一是公开招标认定培训机构，将培训任务计划分解到培训机构。二是围绕当地农业农村经济发展需要，确定培训产业和专业，适应农民需求，选定培训学员，组织开展培训。

（三）开展项目督查（6—11月）。按照有关培训项目管理办法和财政资金管理实施细则等要求，规范项目实施和管理。强化过程监管，采取随机抽样、暗访等多种方式不定期进行督促，发现问题及时整改。省农委民生工程领导小组组织对各地培训情况进行督查，督查结果作为年度考核的重要依据。

（四）验收总结考核（12月）。各地在完成培训任务后，认真进行检查验收，并上报培训工作总结。省农委会同有关部门按照新型农民培训民生工程实施情况考核办法，组织开展考核工作，考核通过抽查，并结合平时督查和各地报送总结宣传材料等情况，进行综合评定。对成效突出的给予通报表彰，对不符合要求的限期整改，并取消其下一年度承担培训任务的资格。

五、保障措施

（一）加强组织领导。建立职责明确、分工负责的新型农民培训管理机制，逐级落实责任制，保障培训工作顺利开展。

（二）加强制度建设。一是项目法人责任制。各级政府逐级签订目标责任书，项目管理单位与承担培训任务的培训机构签订培训合同。二是培训基地招标制度。项目市、县面向社会公开、公平、公正招标确定培训机构。三是台账制度。培训机构建立培训台账，记录有关培训情况。培训台账一式三份，分别存市或县项目办和培训机构各1份，一份由培训机构作为报账依据。四是公示制度。省农委在安徽农业信息网建立新型农民培训公示和宣传平台，公布全省项目县培训任务、培训机构，宣传典型经验；项目县对培训机构、培训任务、资金补助及使用情况进行公示；培训机构要对选聘教师、培训计划进行公示。五是管培分离制度。农业行政部门负责培训项目的申报、组织实施、监督和管理，培训机构负责组织开展培训工作。六是资金使用管理制度。培训补助资金实行报账制管理，项目市、县严格规范使用和拨付培训补助资金，专款专用，确保项目资金安全高效使用。七是月度报告制度。新型农民培训工程实行培训进展月报告制度，培训机构必须每月向县项目办公室报告培训进展，县项目办公室汇总后逐级上报，各市于每月5日前将上月培训进展情况汇总报省农委。八是检查验收制度。项目培训结束后，由培训机构提出验收申请，市、县项目办对每个培训机构的培训情况进行验收，并向达到培训要求的培训机构出具合格证明，检查验收情况形成报告上报省农委、省财政厅。省农委、省财政厅组织对项目市、县进行抽查和绩效考核。

（三）创新工作机制。鼓励各地在实践中积极探索培训券、培训卡或与培训产业结合的物化补贴等培训新模式；将新型农民培训与粮食高产创建、农民专业合作组织和农业产业化发展等农业农村工作重点有机结合，提高项目实施效益；积极探索提高农民培训质量的新途径，在培训方式方法和培训教材方面注重针对性、实用性和科学性，寻求新突破，推动新型农民培训工作不断完善和发展。

（四）做好总结宣传。及时发现、总结工作中的经验，分析存在问题，研究解决问题办法，按时报送项目实施工作总结。加强宣传工作，大力宣传新型农民培训在发展现代农业、推进新农村建设方面的积极成效，宣传报道先进典型和经验，充分发挥示范和带动作用。

农民工技能培训实施办法

省人力资源和社会保障厅 省财政厅

为贯彻落实《安徽省人民政府关于实施33项民生工程的通知》（皖政〔2010〕1号）精神，现就农民工技能培训工程制定本实施办法。

一、指导思想

以科学发展观为指导，注重农民工技能培训数量与质量的统一。完善农民工培训补贴政策和机制，适当提高补贴标准，充分调动企业和各级各类职业教育培训机构参与农民工培训的积极性。加强分类、分级管理，提高资金使用效益，提高培训的针对性和实效性。全面完成农民工技能培训目标任务，促进农民工素质就业和稳定就业，促进经济发展和农民收入持续增长。

二、目标任务

2010年，全省组织实施农民工技能培训30万人，培训合格率达到90%以上；培训后取得职业资格证书或专项职业能力证书人数达到培训人数的60%以上。

三、培训对象、内容和时间

培训对象为进城求职的农村劳动者。

培训内容根据国家职业标准和用人单位岗位规范要求确定，突出技能训练，注重职业能力培养。

培训时间根据工种（项目）、等级和农民工实际确定，使参加培训的农村劳动者真正掌握一项技能，职业能力达到用人单位上岗要求。

四、工作机制

农民工技能培训坚持市场化、社会化方向，实行政府提供培训服务和政府购买培训成果相结合，市场配置培训资源与政府有效调控相结合，公共培训服务与社会培训服务相结合，免费培训与适当补助相结合的机制，加快形成政府主导、依靠企业、充分发挥职业院校作用、社会培训机构积极参与的多元化培训格局，以满足农民工多样化的培训需求和企业岗位用工需求。

五、补贴办法

（一）用人单位招用农民工与其签订6个月以上期限劳动合同，并组织农民工开展技能培训的，可向当地人力资源社会保障部门和财政部门申请培训补贴。用人单位实施培训前需向人力资源社会保障部门申请补助并提交培训计划，经核准后组织实施。培训结束后，用人单位报送参加培训人员的劳动合同、身份证复印件和培训签到簿、培训日志，经所在地人力资源社会保障部门审核、财政部门复核后，由财政部门将补贴资金拨入用人单位在银行开立的基本账户。

（二）公共职业训练基地为农民工提供规定工种的免费技能培训服务，同级财政部门按培训人数、工种（项目）给予经费补助。公共职业训练基地原则上依托政府举办的技工学校、职业院校和职业培训机构建立，由设区市人力资源社会保障部门确认，报省人力资源社会保障厅备案。公共职业训练基地申请补助需提供参加培训人员身份证复印件、培训签到簿、培训日志、《职业培训合格证书》核发单。公共职业训练基地开展免费技能培训服务的工种（项目）、培训时间等应向社会公布。

（三）教育培训机构开展农民工技能培训实行工种（项目）目录管理和直接补助个人的机制。农民工参加目录规定工种（项目）技能培训后，可持本人身份证、县级以上人力资源社会保障部门验印的职业培训合格证书和职业资格证书或专项能力证书，向培训机构所在地培训补贴经办机构申请培训补贴。培训工种（项目）目录由省级人力资源社会保障部门根据人力资源市场需求确定，并向社会公布。承担分工种（项目）技能培训的学校由市、县人力资源社会保障部门按省有关要求确认。定点培训机构按省财政厅、人力资源劳动保障厅《关于印发〈安徽省就业专项资金使用管理暂行办法〉的通知》（财社〔2009〕115号）规定的程序确定。

（四）为鼓励未能继续升学且有进城求职愿望的农村初高中毕业生接受系统的专业技能培训，就读技师学院、技工学校等职业院校的农村初高中毕业生，所学专业为我省企业紧缺专业（工种）的，每人给予不超过1000元补助。培训补助由学校集中向所在地同级人力资源社会保障部门申请，经人力资源社会保障和财政部门审核后，将补助资金打入学生个人账户。紧缺专业（工种）由省人力资源社会保障厅根据人力资源市场需求状况确定并公布。学校招收紧缺专业（工种）学生，须在招生前编制招生计划，经设区市人力资源社会保障部门核准，报省人力资源社会保障厅备案。学校申请培训补助需提交学生名册，学生身份证复印件，设区市人力资源社会保障部门核准的招生计划、设区市人力资源社会保障部门审核盖章的新生录取表。学校录取紧缺专业（工种）新生的信息及时录入学生信息管理系统。

六、资金来源

2010年，按照全省农民工技能培训目标任务30万人，每人给予一次性培训补助500元计算，安排农民工技能培训补贴资金1.5亿元，所需资金从中央财政补助资金中统筹安排。

七、保障措施

（一）实行目标管理

分解下达农民工技能培训任务，明确目标任务和责任主体，一级抓一级，层层抓落实。建立农民工技能培训季报制度和定期通报制度，及时掌握和通报工作进展情况。把农民工技能培训工作纳入技工学校评估体系，纳入民办职业培训学校诚信等级评定，纳入学校评优条件。完善考核办法，坚持日常考核和阶段性考核相结合。对农民工培训成效显著的单位和个人进行通报表扬和奖励。

（二）加强监督检查

农民工技能培训实行开学前网上实名注册。加强对农民工技能培训工作的日常巡查和网上监控。必要时可抽调公共职业训练基地人员，建立专兼职结合的监管队伍，明确监管任务，落实监管责任，实施有效监管。定期或不定期组织开展对农民工技能培训工作的专项检查，重点检查农民工技能培训实不实、效果好不好，补贴政策是否落实等问题。严肃查处弄虚作假、骗取资金等违规行为。鼓励有条件的市县实行政府部门委托社会组织对培训工作进行监管。

（三）强化指导与服务

公共就业服务机构定期调查并公布劳动者市场供求状况，定期公布不同工种、不同等级的农民工职业供求和工资价位情况，指导培训机构按需开设培训工种或项目；组织开展农民工技能培训和就业岗位对接活动，提高农民工培训后的就业率。职业技能鉴定机构为参加培训的农民工提供及时、便捷的职业技能鉴定服务。

新型农村合作医疗制度实施办法

省卫生厅 省财政厅

为贯彻落实《安徽省人民政府关于实施33项民生工程的通知》（皖政〔2010〕1号）、《关于深化医疗卫生体制改革的实施意见》（皖发〔2009〕17号）以及卫生厅等四部门《关于巩固和完善新型农村合作医疗制度的实施意见》（皖卫农〔2009〕83号）的精神，进一步完善我省新型农村合作医疗制度，使新农合工作得到长期、平稳、可持续发展，现制定以下实施办法。

一、指导思想

以科学发展观为指导，以保障农民的利益为核心，最大程度地惠及农民，最大程度地方便农民，进一步推进新农合制度的完善与发展。

二、目标任务

建立和完善高效的管理经办体系、科学的筹资增长方式、合理的费用补偿方案、方便的补偿结算程序、有效的费用控制办法、安全的基金监管制度和分工合作的责任落实机制，进一步扩大新农合制度的覆盖面和补偿受益面，进一步提高筹资标准和补偿待遇，建立起与我省农村经济社会发展水平和农民基本医疗需求相适应的、具有基本医疗保障性质的新农合制度。

三、坚持以户为单位自愿参合，扩大制度覆盖面

各统筹地区参合率不低于同期全国平均水平。参加城镇职工医保有困难的农民工，自愿参加户籍所在地的新农合。农垦系统、农林渔场以及各类开发区、风景区中属于农业人口的居民，按照自愿和属地化原则参加当地新农合。长期居住在当地农村但尚未办理户籍转移手续的农民，参加居住地的新农合。农村户籍的中小学生和少年儿童必须跟随家长一起参加新农合。鼓励家长提前为参合年度出生的孩子缴纳参合资金。

四、提高财政补助和农民缴费标准，探索完善筹资机制

2010年起，新农合筹资标准提高到每人每年150元，其中：中央财政对参合农民每人每年补助60元、省财政对参合农民每人每年补助45元，县财政对参合农民每人每年补助15元，参合农民个人缴纳30元。鼓励有条件的地方根据本地财力和农民承受能力，适当提高地方财政补助和农民缴费标准。积极探索符合当地情况、农民群众易于接受、简便易行的新农合个人缴费方式。可以采取农民定时定点缴纳、委托乡镇财税所等机构代收、经村民代表大会同意由村民委员会代收或经农民同意后由金融机构通过农民的储蓄或结算账户代缴等方式，逐步变上门收缴为引导农民主动缴纳，降低筹资成本，提高工作效率。

五、调整新农合补偿方案，提高住院大病补偿待遇

进一步规范和统一全省新农合补偿实施方案，合理设计不同级别医疗机构的住院费用起付线和分段补偿比例，引导参合农民一般常见病首先在门诊就诊，确需住院的，首选当地基层医疗机构住院，对必须到省市级大医院诊治的疑难重病，进一步提高其补偿比例，参合农民全年累计补偿封顶线提高到8万元。鼓励与引导参合农民使用国家基本药物，使用国家基本药物的费用在原有补偿的基础上再提高8个百分点给予补偿。参合农民患重大公共卫生服务项目涉及的病种以及孕产妇住院分娩，先执行中央专项补助，剩余医药费用再按新农合规定给予报销。对符合医疗救助条件的再给予重点救助，切实减轻大病患者经济负担。

六、全面普及门诊统筹，扩大参合农民受益面

2010年全省各县（市、区）全面实施门诊统筹，力争在2011年底之前实现全省参合农民都能在本乡（镇）卫生院和就近的村卫生室获得门诊费用报销。门诊统筹基金预算原则上占当年统筹基金的20%，门诊补偿必须严格实行“按比例补偿”的费用分担共付机制，单次门诊的可补偿费用的补偿比例可提高到30%以上40%以下，单次补偿额度适当封顶。按照“总额预算、分期支付、绩效考核”的办法，以乡镇为单位由乡村两级医疗机构包干使用门诊统筹基金。

七、规范医疗服务行为，控制医院费用不合理增长

全省新农合定点医疗机构实行分级定点、分级监管、分级负责。各级卫生部门对定点医疗机构服务行为实施行政监管，将定点医疗机构做好新农合工作情况纳入日常工作考核指标体系，考核结果与定点资格、协议签订等挂钩，对其违规违纪行为按照有关规定严肃处理。建立健全新农合定点医疗机构的准入和退出机制，实行动态管理。完善新农合定点医疗机构的医药费用监测和信息披露制度。各级新农合定点医疗机构内部要建立健全合理用药、合理检查、合理治疗、合理收费等方面的规范和制度，形成自觉的自律机制。积极探索支付方式改革，建立单病种定（限）额付费机制，探索总额预算管理办法，控制医药费用不合理增长。

八、严格执行基金监管制度，严格规范基金用途

认真执行财政部、卫生部新农合基金财务会计制度及新农合补助资金国库集中支付管理暂行办法，保证财政补助资金直接拨付到县级新农合基金专户，杜绝新农合基金截留、滞留的现象。新农合基金全部纳入财政专户管理和核算，并实行收支两条线管理，专款专用。完善县、乡、村三级定期公示制度，接受社会监督。加强对基金筹集、管理和使用各环节的审计，审计结果依法向社会公开。新农合基金只能用于参合农民的医药费用补偿，应由政府另行安排资金的基本公共卫生服务项目不纳入新农合补偿范围。新农合统筹基金当年结余率原则上控制在15%以内，累计结余不超过当年统筹基金的25%。

九、简化就诊和补偿流程，方便参合农民就医和补偿

全面实行参合农民在统筹区域范围内所有定点医疗机构自主选择就医，出院即时获得补偿的办法。简化农民到县外就医的转诊手续。在省市级定点医疗机构全面推行“即时结报”，方便参合农民在全省范围内就医及时获得补偿。定点医疗机构按规定认真初审并垫付补偿资金，医院垫付的资金由患者所在地的新农合管理经办机构、财政部门定期结算并及时补还医院。经办机构对医疗机构垫付的医药费用要认真审核，对不符合新农合补偿规定的费用由医疗机构承担，新农合基金不予支付。

十、加强管理经办队伍建设，提高管理经办能力

按照精简效能的原则，加强各级新农合管理经办队伍建设。制定新农合管理经办人员的岗位职责、工作规则和行为准则，建立健全管理经办人员管理、培训与考核制度。完善新农合信息管理系统建设，提高新农合管理经办能力与效率。推广应用“IC卡新农合就诊证”，方便参合农民在省内住院和转院“一卡通”。

十一、继续开拓创新，推进新农合制度不断完善

积极推进农业人口较少的区开展市辖区新农合市级统筹，有条件的市可以试行全市统筹。积极探索新农合与农村医疗救助、城镇居民医保、城镇职工医保等制度的衔接。在县级探索建立新农合与农村医疗救助的统一服务平台，积极推行贫困农民就医后在医疗机构当场结算新农合补偿和医疗救助补助资金的一站式服务，方便贫困参合农民。

十二、加强农村药品监管

加快建立基本药物制度，推进农村医疗卫生机构药品以省为单位集中采购或配送。继续加强农村药品监督网和供应网建设，进一步完善适合农村实际的药品监督体系和供应体系；加强农村药品市场监管力度，严厉打击非法药品经营活动，规范药品供销渠道，加强农村医疗机构药房规范化管理，提高农村医疗机构药品管理水平，保障参合农民用药安全。

十三、保障措施

（一）实行新农合工作目标管理。新农合制度的完善与发展直接关系到农民利益，各级政府及相关部门应将新农合的组织领导、政策保障、经费投入等情况列入任期目标任务和年度目标任务，实行目标考核，并建立奖惩分明的考核机制。

（二）加快建立新型农村卫生服务体系。加快实施农村卫生服务体系建设规划，加强县级医疗卫生机构建设，全面实施乡镇卫生院标准化建设和村卫生室标准化建设，发挥农村卫生服务网络整体功能，建立农村逐级指导与转诊体系，提升农村卫生服务能力，为新农合制度完善与发展提供支持条件。

（三）开展新农合工作评价与指导。要强化市级卫生行政部门新农合管理责任，省新农合工作领导小组继续开展对各市新农合工作的评价，建立奖惩机制，对工作不力、问题较多的市、县（市、区）进行重点管理，促进新型农村合作医疗健康持续发展。

本办法自2010年1月1日起施行，由省卫生厅、省财政厅负责解释。

城镇居民基本医疗保险实施办法

省人力资源和社会保障厅　省财政厅

为贯彻落实《安徽省人民政府关于实施33项民生工程的通知》（皖政〔2010〕1号）精神，根据国务院《关于开展城镇居民基本医疗保险试点的指导意见》（国发〔2007〕20号）和省政府《关于开展城镇居民基本医疗保险工作的意见》（皖政〔2007〕85号）等有关规定，现就我省城镇居民基本医疗保险制定如下实施办法。

一、目标任务和指导原则

（一）目标任务

坚持以人为本，着眼于促进社会公平，完善基本医疗保障体系，对未纳入城镇职工基本医疗保险制度覆盖范围的非从业城镇居民的基本医疗保险进行制度安排，基本实现全覆盖。

（二）基本原则

属地管理原则，筹资水平、保障标准要与经济发展水平和各方承受能力相适应；大病统筹原则，城镇居民按规定参保缴费，重点保障城镇居民大病医疗需求；权利与义务相对应原则，资金筹集以个人和家庭缴费为主，实行医疗费用分担；统筹安排原则，逐步做好各类医疗保障制度之间基本政策、筹资和待遇水平及管理措施的衔接。

二、覆盖范围、筹资标准和保障水平

（一）覆盖范围

不属于城镇职工基本医疗保险制度覆盖范围的各类在校学生、少年儿童和其他非从业城镇居民（简称城镇居民）都可参加城镇居民基本医疗保险。

按照国务院办公厅《关于将大学生纳入城镇居民基本医疗保险试点范围的指导意见》（国办发〔2008〕119号）和皖政〔2007〕85号文件的要求，在校大学生按属地原则统一纳入省辖市的城镇居民基本医疗保险范围。具体按省教育厅、劳动保障厅、财政厅《安徽省高等学校大学生参加城镇居民基本医疗保险实施意见（试行）》（教办〔2008〕6号）有关规定执行。

（二）统筹层次

按照省人力资源和社会保障厅、财政厅《关于实施城镇居民基本医疗保险市级统筹意见》（皖人社发〔2009〕48号）的要求，在设区的市实行城镇居民基本医疗保险市级统筹。并逐步在全市范围内实行统一参保时间和范围、统一缴费和筹资标准、统一医疗待遇、统一基金管理使用、统一管理经办流程和服务网络等“五个统一”政策标准体系。

（三）资金筹集

1. 根据当地的经济发展水平、财力状况、居民人均收入水平以及不同人群的医疗消费需求和缴费能力，确定筹资水平，具体筹资标准由统筹地区根据当地实际情况，经过调查测算，合理研究确定。随着经济社会发展和城镇居民人均收入水平的提高，可作相应调整。

2. 城镇居民基本医疗保险，以个人和家庭缴费为主，财政给予补助。有条件的用人单位对职工家属参保的个人缴费部分可以给予资助。

3. 各级政府要建立对城镇居民基本医疗保险的财政补助机制。从2010年起，中央财政对参加城镇基本医疗保险的居民，每年按不低于人均60元给予补助。省级财政对市级补助标准为每人每年30元，对县级补助标准为每人每年45元，市级财政不低于30元，县级财政不低于15元。

城镇居民基本医疗保险的补助经费纳入各级财政预算。财政补贴资金直接划入同级财政专户。省级财政补助资金按照各地当期实际参保人数和地方财政应配套资金到位情况进行拨付。

4. 各级政府要积极调整财政支出结构，进一步加大财政投入，将城镇居民基本医疗保险的补助资金足额纳入财政预算，保证财政资金及时到位。

5. 按照国家民政部等有关部门《关于做好城镇困难居民参加城镇居民基本医疗保险有关工作的通知》（民发〔2007〕156号）的要求，切实做好城镇困难居民基本医疗保险工作，对属于低保对象或重度残疾的学生和儿童参保所需的家庭缴费部分，政府每年按不低于人均10元补助，其中，中央财政按人均5元给予补助，市或县财政按人均5元给予补助；对其他低保对象、丧失劳动能力的重度残疾人、低收入家庭60周岁以上的老年人等困难居民参保所需家庭缴费部分，政府每年按人均60元给予补助，其中，中央财政按人均30元给予补助，市或县财政按人均30元给予补助。

（四）参保缴费

符合参保条件的城镇居民，到户口所在地的城镇社区劳动保障服务机构办理参保登记后，由城镇社区劳动保障服务机构统一到社会保险经办机构办理参保手续；城镇在校学生由学校统一组织参保缴费。

城镇居民缴纳的医保费由地税部门负责征收，具体按照省地税局、财政厅、劳动保障厅、民政厅、人民银行合肥中心支行联合下发的《关于城镇居民医疗保障费征收工作的紧急通知》（皖地税〔2007〕79号）的规定执行。

（五）保障待遇

1. 城镇居民基本医疗保险不建个人账户，主要支付符合规定的住院和门诊特大病医疗费用。按照以收定支、收支平衡、略有结余的原则，合理控制本地区医疗保险基金结余，原则上基金累计结余不得超过当年筹集资金总额的25%，当年结余不得超过当年筹资总额的15%，在此基础上合理确定城镇居民基本医疗保险的起付标准、支付比例和最高支付限额，逐步提高参保人员的医疗保险待遇水平。超过最高支付限额的医疗费用可以通过补充医疗保险、商业健康保险和社会医疗救助等途径解决。

2. 为鼓励城镇居民连续参保缴费，各地要探索建立筹资水平、缴费年限和待遇水平挂钩的机制。

3. 各统筹地区要在重点保障住院和门诊特大病医疗费用的基础上，积极探索建立参保居民普通门诊费用统筹办法，充分利用社区医疗卫生服务，方便参保人员就医，扩大制度受益面，增强政策吸引力。

三、医疗保险管理

（一）基金管理与监督

城镇居民基本医疗保险工作由各统筹地区负责城镇职工基本医疗保险的机构负责经办，基金纳入社会保障基金财政专户统一管理，单独列账。有关大学生基本医疗保险基金管理按照教育厅、劳动保障厅、财政厅联合印发的教办〔2008〕6号文件规定执行。各地要按照社会保险基金管理的有关规定，建立健全各项基金财务制度，规范基金的核算和管理，建立健全基金风险防范机制、基金运行预警机制和内部控制制度，确保基金运行安全。

各统筹地区要以现有城镇职工基本医疗保险管理资源为基础，根据医疗保险事业发展的需要和工作量的增加，进一步加强经办机构能力建设。要充分利用现有的计算机和网络资源，完善医疗保险信息管理系统，以信息化促进科学、规范管理。

（二）医疗服务管理

1. 城镇居民基本医疗保险医疗服务管理原则上参照城镇职工基本医疗保险的有关规定执行。各统筹地区要综合考虑城镇居民医疗需求和基金承受能力等因素，合理确定城镇居民医疗服务范围，规范定点医疗机构和定点零售药店服务行为，加强医疗服务协议管理，明确医疗保险经办机构和定点医疗机构各自的权利和义务，完善定点机构准入和退出的动态管理机制。

2. 医疗保险经办机构要进一步简化审批手续，制定简便易行的经办服务流程，方便居民参保登记、缴费、就医，努力做到参保居民在医疗机构直接结算费用。

3. 要加强医疗保险费用支出管理，探索医疗保险管理服务奖惩机制。要大力发展社区卫生服务，鼓励有条件的地区探索社区首诊和转诊制度，引导参保居民到基层医疗机构和社区卫生服务机构就医。

四、组织领导和工作要求

（一）加强组织领导

推进实施城镇居民基本医疗保险，是一项复杂的社会系统工程，关系广大群众切身利益。省政府将此项工作作为实施民生工程的重要内容，对各市政府实行年度目标考核。各地要统一思想，充分认识其重大意义，要切实加强领导，明确任务，落实责任，成立以政府领导为组长，劳动保障、财政、卫生、民政、发展改革、药品监督、教育、监察、审计、公安等部门为成员的城镇居民基本医疗保险联席会议，建立健全相关制度，完善政策体系，推进配套改革，加强督查指导，协调解决工作中出现的问题。

（二）统筹协调推进

各统筹地区要统筹规划，精心组织，整体推进，全力实施，在巩固本地区城镇居民基本医疗保险基本全覆盖这一重大成果的基础上，按照国家和省有关部门的部署要求，逐步规范基本政策，进一步完善城镇居民基本医疗保险制度体系。有条件的地区要积极探索解决城镇居民基本医疗保险和城镇职工基本医疗保险、新型农村合作医疗等医疗保障制度衔接的问题，做好医疗保险制度和医疗救助制度衔接，逐步整合管理资源，减少管理成本。有条件的地区要积极推行城乡一体化的医疗保障制度和管理模式。建立起制度合理、运转规范、保障有力的城乡医疗保障体系，实现各项医疗保障制度的有效衔接。

（三）部门协调配合

各部门要按照省委、省政府的统一部署和各自的职责分工，密切配合，协同推进，确保工作顺利实施。人力资源和社会保障部门主管城镇居民基本医疗保险工作，负责组织实施和具体经办管理；财政部门要加强城镇居民基本医疗保险基金的监督和管理，做好财政补助资金的预算安排，确保资金按时足额拨付到位；地税部门要加大工作力度，确保城镇居民参保费用按时足额征收；审计部门要定期对医疗保障基金收支和管理情况进行审计；卫生部门要加大对医疗机构的监管，制定和落实医疗惠民政策，为参保人员提供质优价廉的服务；教育部门要组织协调城镇在校学生参加城镇居民基本医疗保险工作；民政、残联部门要做好特困人群社会医疗救助的衔接工作；公安部门负责参保人员的户籍认定和提供相关基础数据，共同做好城镇居民基本医疗保险工作。

（四）加大宣传力度

各级政府及相关部门要加大宣传力度，充分发挥新闻媒体和社区劳动保障服务平台的作用，积极开展各种形式的宣传活动，除了做好政策宣传发动外，还要善于运用实际典型和突出事例，注重政策惠民效果的宣传，使这一惠民政策家喻户晓、深入人心，使广大居民和社会各界关注理解、支持和参与这项民生工程。

（五）做好制度衔接

各统筹地区在实施城镇居民基本医疗保险工作的过程中，要注意研究出现的新情况、新问题并积极探索解决问题的办法，妥善处理改革、发展、稳定的关系。要注意做好新老制度的过渡衔接，以及与其他不同群体医疗保障制度的衔接。

城乡医疗救助实施办法

省民政厅　省卫生厅
省人力资源和社会保障厅　省财政厅

为贯彻落实《安徽省人民政府关于实施33项民生工程的通知》（皖政〔2010〕1号）精神，根据民政部等四部门《关于进一步完善城乡医疗救助制度的意见》（民发〔2009〕81号），就我省城乡医疗救助制定本实施办法。

一、救助对象

（一）城乡最低生活保障对象（以下简称城乡低保对象）；

（二）农村五保户；

（三）重点优抚对象；

（四）城乡低收入家庭重病患者；

（五）当地政府规定的其他特殊困难人员。

二、救助病种

（一）对城乡低保对象、农村五保户、重点优抚对象不设病种限制。

（二）对城乡低收入家庭重病患者和当地政府规定的其他特殊困难人员实施医疗救助，必须是大病或重症慢性病。主要病种是：恶性肿瘤、重型再生障碍性贫血、脑中风、慢性肾功能衰竭尿毒症、急性坏死性胰腺炎、急性或亚急性重症肝炎、急性心肌梗塞、需外科手术或介入手术治疗的心脏大血管疾病、精神分裂症、艾滋病、晚期血吸虫病、重症慢性病和当地政府规定的其他病种等。

三、救助标准

市、县级人民政府应根据当地实际情况、不同病种或个人自付医疗费用金额，制定本地城乡医疗救助标准。

四、救助办法

（一）资助农村五保户参加当地合作医疗，代其缴纳个人应负担的全部参合资金；对农村低保户和重点优抚对象，可视财力代其缴纳个人应负担的部分或全部参合资金。

（二）资助城市低保对象中的“三无”人员（无生活来源、无劳动能力又无法定赡养人、扶养人或者抚养人）参加医疗保险，代其缴纳个人应负担的全部参保资金；对城市低保对象中的大病重残人员，可视财力代其缴纳个人应负担的部分参保资金。

（三）对农村五保户、农村低保对象、重点优抚对象，在住院治疗时一律不设起付线；对城市低保对象住院治疗时，可适度降低起付标准，具体降幅和标准由各统筹地区确定。

（四）对救助对象中的大病及重症慢性病患者，视情实施医前、医中或医后救助；对农村五保户和城市低保对象中的“三无”人员，还可给予小额门诊医疗救助。

（五）对有特殊困难的重点救助对象，应实施重点救助。城乡低收入家庭重病患者，医疗费用在获得城镇居民（职工）基本医疗保险或新农合基金补偿后，个人自付仍然超过5万元的，也应纳入重点救助范围。

五、救助的申请、审批程序

（一）稳步推行定点医疗机构即时结算医疗救助费用办法。统一整合优抚医疗补助与城乡医疗救助“一站式”管理服务资源。城乡低保对象、农村五保户、重点优抚对象，凭相关证件和证明材料，到开展即时结算的定点医疗机构就医所发生的医疗费用，应由医疗救助资金支付的，由定点医疗机构先行垫付，救助对象只需支付自付部分。上述救助对象的每次即时结算的医疗救助金额，由当地民政部门根据实际需要和承受能力分年度确定。

（二）尚未开展定点医疗机构即时结算地区的所有医疗救助对象和已开展定点医疗机构即时结算地区的城乡低收入家庭重病患者，以及当地政府规定的其他特殊困难人员，在申请医疗救助时，须持相关证件和证明材料，到户籍所在地街道（乡镇）民政窗口提出书面申请，并出具本年度的诊断病历和必要的病史证明材料；街道（乡镇）在接到申请后的5个工作日内，派人入户调查、审核；县级民政部门接到申报材料后，在5个工作日内完成审批。县级财政部门接到同级民政部门的审批表后，在3个工作日内将救助资金打入其指定金融机构，实行社会化发放。对农村医疗救助对象，要通过财政涉农资金“一卡通”发放到户。如遇突发性大病患者，应特事特办，及时审核、审批。对不符合救助条件的，要书面说明理由，通知申请人。

六、救助资金的筹集与管理

医疗救助资金通过财政安排、专项彩票公益金、社会捐助等渠道筹集。

（一）各级财政每年都要安排城乡医疗救助资金，并列入当年财政预算。市级财政每年安排的医疗救助资金不少于上年度省级以上财政补助资金总量的20%；县级财政不少于上年度省级以上财政补助资金总量的10%。

（二）各级财政部门要建立城乡医疗救助资金专户，对医疗救助资金实行专项管理，专款专用。用于资助重点救助对象参加当地新型农村合作医疗、城镇居民基本医疗保险的资金和定点医疗机构为救助对象先行垫付的医疗救助资金，由民政部门商同级财政部门后，由财政部门从城乡医疗救助资金专户定期核拨至新型农村合作医疗、城镇居民基本医疗保险和定点医疗机构资金专户，并通知经办机构为其办理有关手续。尚未开展定点医疗机构即时结算的县（市、区），医疗救助的资金由民政部门按规定程序审批，并及时以书面形式通知申请人持有关证件到财政部门指定的金融机构领取医疗救助金。

（三）各地应坚持“量入为出、年度平衡”的资金管理原则，对救助对象实施及时救助。对当年结余资金超过年救助资金总量10%的地区，省将调减下年度医疗救助资金补助额。

七、组织实施

（一）城乡医疗救助工作，在各级人民政府领导下，由民政部门主管并组织实施，有关部门配合，共同抓好落实。

（二）民政部门应加强医疗救助和城镇居民（职工）基本医疗保险、新型农村合作医疗制度的政策衔接，改进资金结算办法，适时推行“一站式”管理服务，实现不同医疗保障制度间人员信息、就医信息和医疗费用信息的共享，提高管理服务水平，方便困难群众。

（三）财政部门负责会同民政部门研究制定城乡医疗救助资金管理办法，筹集并及时拨付医疗救助资金。

（四）卫生部门负责做好医疗救助资金资助对象参加新型农村合作医疗的相关工作。加强对医疗机构的监督管理，规范医疗服务行为，提高医疗服务质量。提倡和鼓励医疗机构对困难群众开展医疗优惠减免活动。

（五）人力资源和社会保障部门负责做好城镇居民（职工）基本医疗保险制度与医疗救助制度的衔接工作。

（六）民政、财政部门要加强对医疗救助资金的管理和使用情况的监督检查，确保医疗救助资金按时拨付和合理使用。

八、有关要求

（一）有关单位、组织和个人要如实提供所需情况，配合医疗救助工作的调查，确保公开、公平、公正。

（二）对相关责任单位或个人违反有关规定、营私舞弊者，或延误救助时限造成严重后果者，将予以严肃处理。触犯刑律的将追究刑事责任。

（三）对骗取医疗救助资金的，当地民政部门必须如数追回，并取消其享受医疗救助的资格。

（四）鼓励和支持红十字会、慈善协会等社会团体和个人以各种形式参与医疗救助工作，开展慈善援助。

（五）各地应严格执行本实施办法。

（六）本实施办法自2010年1月1日起实施，由省民政厅负责解释。

重大传染病病人医疗救治与艾滋病病人生活救助实施办法

省卫生厅　省民政厅　省财政厅

第一章　总　　则

第一条　为贯彻落实《安徽省人民政府关于实施33项民生工程的通知》（皖政〔2010〕1号）精

神，落实重大传染病等病人的医疗救治措施，帮助艾滋病特困人群提高生活质量和生活水平，制定本实施办法。

第二条　本办法实施医疗救治的对象是：全省范围内确认的艾滋病病人及感染者；全省符合救治条件的结核病患者；全省符合《晚期血吸虫病诊断标准》的现症晚期血吸虫病人；全省范围内经有资质的医疗卫生机构确诊的人禽流感病人或疑似病人、传染性非典型肺炎病人或疑似病人、霍乱病人或疑似病人、不明原因肺炎病人、新发传染病、不明原因传染性疾病病人以及重大或特别重大突发公共卫生事件病人。

第三条　本办法实施生活救助的对象是：全省范围内因艾滋病导致劳动能力丧失的特困艾滋病病人及感染者；因艾滋病导致父母双亡的孤儿；因艾滋病导致父母一方亡故的子女；感染艾滋病病毒的儿童；因艾滋病导致子女亡故且无其他人赡养的60岁以上的老人；血友病感染艾滋病患者。

第二章　医疗救治及生活救助工作原则

第四条　坚持适当减免、分级负担的原则。对符合医疗救治或生活救助条件的对象，实行医疗费用或生活费用部分救助，所需经费除中央财政专项补助外，由省、市、县财政共同负担。

第五条　坚持注重实效、避免重复的原则。对已经参加城镇医保和新型农村合作医疗的重大传染病患者，专项救治要与医保救治相互配合、互为补充，避免重复救治。本方案要和城镇居民医疗保障及新型农村合作医疗制度有机结合，充分发挥资金效益。

第六条　坚持量力而行、不断提高的原则。医疗救治及生活救助要量力而行，循序渐进，逐步提高。随着财力的不断改善，今后将逐步扩大救治（助）范围，提高救治（助）标准。

第三章　医疗救治与生活救助对象的确定

第七条　医疗救治对象均需要提交：申请人申请、身份证（户口簿），不同的救治对象还需出具以下材料：

（一）艾滋病医疗救治对象：确认实验室出具的HIV阳性感染者检验报告、CD4检测报告；

（二）结核病医疗救治对象：当地县级医疗机构或疾控机构诊断证明等相关临床资料，现症贫困结核病患者还应提供证明其为贫困人口的证明资料（包括城乡居民最低生活保障金领取证、农村五保户证、当地乡政府或街道居委会出具的特困证明材料）；

（三）血吸虫病医疗救治对象：县级以上血防机构出具的感染急性血吸虫或现症晚期血吸虫病人的诊断证明；

（四）其他重大传染病和重大突发公共卫生事件医疗救治对象：有资质的医疗卫生机构出具的确诊证明。

第八条　生活救助对象均需要提交：申请人申请、身份证（户口簿），不同的救助对象还需出具以下材料：

（一）因艾滋病导致劳动能力丧失的特困艾滋病病人及感染者：确认实验室出具的HIV阳性感染者检验报告、CD4检测报告（2005年前未开展CD4检测的病例除外，下同）和其他相关临床诊断资料以及县级以上劳动保障部门出具的劳动能力丧失的证明材料；

（二）因艾滋病导致父母双亡的孤儿或父母一方亡故的子女：确认实验室出具的其父（母）的HIV阳性感染者检验报告、CD4检测报告和其他相关临床诊断资料以及父（母）死亡证明；

（三）感染艾滋病病毒的儿童：确认实验室出具的HIV阳性感染者检验报告和其他相关临床诊断资料；

（四）因艾滋病导致子女亡故且无其他人赡养的60岁以上的老人：确认实验室出具的其子女的HIV阳性感染者检验报告、CD4检测报告和其他相关临床诊断资料、子女死亡证明以及当地乡政府或街道居委会出具的无其他赡养人的证明材料。

第四章　医疗救治、生活救助的标准与资金来源

第九条　对符合治疗标准的艾滋病病人实行免费抗病毒治疗，由中央补助地方公共卫生项目资金解决；对有治疗需求的艾滋病病人进行抗机会感染治疗，按照每人每年最高限额4800元标准给予补助，全部由省财政负担。

对因艾滋病造成的特困人群给予生活救助。因艾滋病导致劳动能力丧失的特困艾滋病病人，按照每人每月150元的标准给予补助；因艾滋病导致父母双亡的孤儿，按照每人每月150元的标准给予补助；因艾滋病导致父母一方亡故的子女，按照每人每月100元的标准给予补助；感染艾滋病病毒的儿童，按照每人每月200元的标准给予补助；因艾滋病导致子女亡故且无其他人赡养的60岁以上的老人，按照每人每月150元的标准给予补助；血友病

感染艾滋病患者，按照每人每月500元的标准给予补助。以上生活救助经费，由省财政承担。

第十条　对符合救治条件的肺结核病病人免费提供抗结核药，由中央补助地方公共卫生项目资金解决；按照结核病诊疗规范，对现症贫困结核病患者给予辅助诊断、辅助治疗和并发症治疗，按照每人每年最高限额900元标准给予补助，按实际发生额由当地结核病定点收治机构予以减免，所需经费由省财政负担。

第十一条　对现症晚期血吸虫病病人，按照晚期血吸虫病（晚内或晚外）治疗方案规定的要求，原则上按每例每年5000元的标准进行医疗救治，所需经费由中央补助地方公共卫生专项资金和省财政解决。

第十二条　对全省范围内经有资质的医疗卫生机构确诊的人禽流感病人或疑似病人、传染性非典型肺炎病人或疑似病人、霍乱病人或疑似病人、不明原因肺炎病人、新发传染病、不明原因传染性疾病病人以及重大或特别重大突发公共卫生事件病人进行医疗救治，按实际发生额，由省和市或县（区）各负担50%。主要对发生的医疗费用、消毒隔离费用、专家会诊费用及省级财政部门确定的补助费用进行补助。

第五章　资金使用程序

第十三条　各市或县（区）每年底前根据本年度当地救治（助）人数，向省卫生厅、省财政厅上报下年度医疗救治计划，向省民政厅、省财政厅上报下年度生活救助计划，省相关部门审核后下达各市或县（区）实施救治（助）的计划数，并根据计划数及救治（助）标准，安排预算资金，通过预算指标下拨到各有关市或县（区）财政部门。

第十四条　救治（助）经费的支付实行报账制。原则上，医疗救治经费由相关实施医疗救治的单位在完成救治工作7个工作日内，向同级卫生行政部门提出申请并附上医疗救治对象的相关资料；同级卫生部门收到申请后，7个工作日内签署审核意见后报同级财政部门；同级财政部门收到有关材料后，符合条件的，10个工作日内将资金拨付至实施救治的医疗卫生机构。各地可根据本地实际，制定报账程序。

第十五条　生活救助经费由被救助对象提出申请并提供相关资料，报当地乡镇政府或街道；当地乡镇政府或街道收到申请后，7个工作日内完成核实工作后报县（市、区）民政部门；同级民政部门10个工作日内完成审批后报同级财政部门复核。救助对象凭民政部门出具的书面通知到财政部门指定的金融机构领取救助资金。

第十六条　补助到实施救治的医疗卫生单位的，被补助单位必须提供以下资料：前述的医疗救治对象确定所需要的资料及其他必需的相关资料（如姓名、工作内容、补助金额、单位、住址、联系电话等）；医疗文书及可以证明其工作真实性的相关材料；工作实施总结报告；同级财政、卫生行政部门认为需提供的其他资料。

第十七条　补助到个人的，救助对象本人需提供以下材料：前述的生活救助对象确定资料及民政部门认为需要提供的其他有关材料。

第六章　资金使用与管理

第十八条　救治（助）经费实行专款专用，市、县（区）财政部门对救治（助）经费要实行专项管理、专项核算。

第十九条　各地必须严格按照省实施办法规定的救治（助）对象、救治（助）范围、救治（助）人数和救治（助）标准使用救治（助）经费。医疗救治经费必须按规定补助到实施医疗救治的单位，生活救助经费必须补助到患者，任何单位和个人不得截留、挤占和挪用。

第二十条　救治（助）经费的使用与管理要坚持厉行节约、杜绝浪费，充分发挥资金的社会效益和经济效益，努力实现规划目标。

第二十一条　各相关实施单位、组织应建立健全相应的工作日志及可以证明其工作真实性的相关材料。

第二十二条　具体实施单位要将救治（助）范围、对象、标准等在一定范围内张榜公布，接受广泛监督。

第七章　组织与实施

第二十三条　在各级政府的领导下，卫生、民政、财政部门按职责分工，负责重大传染病病人医疗救治和艾滋病人生活救助工作的组织、计划与安排，对实施情况进行监督检查。

第二十四条　省和市、县成立重大传染病病人医疗救治专家技术指导组，负责重大传染病病人医疗救治工作技术指导，医疗质量抽查与评估等工作。

第二十五条　实行重大传染病病人定点医疗诊治制度，加强防治能力建设和救治工作的业务技术培训，确保医疗救治工作安全。

第二十六条 凡经确定的救治（助）对象，县级卫生、民政行政部门必须建立专门档案，并逐级填报汇总表报上级卫生、民政行政部门。

第二十七条 各市、县要定期对重大传染病病人医疗救治及艾滋病生活救助情况进行分析和总结，及时向省卫生厅、省民政厅、省财政厅提交专题报告。

第二十八条 对于接受抗机会性感染治疗的艾滋病病人、以及接受辅助诊断、辅助治疗和并发症治疗的现症贫困结核病患者，如已参加新型农村合作医疗的，其医疗救治费用按新农合规定先行申请补偿，剩余医药费用再按民生工程规定限额予以核报。

第八章 考核与评估

第二十九条 各级政府及卫生、民政、财政部门要加强对重大传染病病人医疗救治及艾滋病特困人群生活救助工作的督查，加强对定点诊治机构的监管，建立核查机制，定期或不定期地对重大传染病病人医疗救治、艾滋病生活救助、定点诊治机构及经费使用情况进行考核、抽查。省级将每半年抽查考核与评估一次，每次抽查数不少于医疗救治数和生活救助人数的10%。

第九章 附 则

第三十条 本办法由省卫生厅、省民政厅和省财政厅按职责分工负责解释。

贫困白内障患者复明工程实施办法

省残联 省卫生厅 省财政厅

为贯彻落实《安徽省人民政府关于实施33项民生工程的通知》（皖政〔2010〕1号）精神，改善贫困白内障患者的生活水平和质量，共享经济社会文明成果，共建和谐社会，现就我省实施贫困白内障患者复明工程制定如下办法：

一、总体目标和任务

2010年，计划完成贫困白内障患者免费复明手术13000例。

二、救助对象和条件

（一）救助对象

全省贫困家庭的白内障患者。

（二）救助条件

1. 享受城乡居民最低生活保障的低保户、五保户和优抚对象中白内障患者。

2. 城乡贫困家庭的白内障患者。

救助对象需提交：本人申请，身份证（户口簿）、县级民政部门发放的相关证件复印件或当地乡（镇）、街道出具的贫困证明材料等。

三、经费来源和管理

（一）经费来源

每例手术经费1000元（其中：150元用于省级政府统一采购手术耗材，为每个患者提供一套人工晶体、缝线和透明质酸纳；850元用于手术患者筛查、术前术后常规检查、手术、术前术中术后用药、床位、治疗、护理等所有费用）。所需资金，中央按每例手术900元标准补助，省财政预算每例补助50元，省级残疾人就业保障金每例补助50元。

（二）经费使用程序

1. 各市、县（市、区）每年底前根据本年度当地救助人数，向省残联上报下年度医疗救助计划，经省相关部门审核后下达各市、县（市、区）贫困白内障患者免费手术任务计划，并根据任务计划数及救助标准，安排预算资金，通过预算指标下拨到各有关市、县（市、区）财政部门。

2. 救助经费的支付实行预付制，省级财政预拨50%救助资金，半年结算一次，剩余50%年终经审核确认后，按实际项目任务数下拨。

3. 市、县（市、区）残联将贫困白内障登记表交实施手术的医疗单位，实施手术的医疗单位在完成贫困白内障手术后10个工作日内，向同级市、县（市、区）残联提出申请医疗救助经费的报告，并附上医疗救助对象的相关资料；同级残联收到申请后，10个工作日内签署审核意见后报同级财政部门；同级财政部门收到有关材料，经审核后，15个工作日内将资金拨付至实施救助的医疗卫生机构。

4. 医疗救助经费实行专款专用，市、县（市、区）财政部门对救助经费要实行专项管理、专项核算。

（三）经费管理

1. 各地必须严格按照实施意见规定的救助对象和救助标准使用救助经费，不得收取救助对象任何费用。医疗救助经费必须按规定，直接用于救助对象的复明手术，任何单位和个人不得截留、挤占和挪用。

2. 各相关实施单位，应建立健全相应的工作日志及可以证明其工作真实性的相关材料。

3. 具体实施单位要将救助对象、金额等在一定范围内张榜公布，接受社会广泛监督。

四、保障措施与职责

（一）建立协调机构。切实加强领导，明确任务，落实责任，建立由省残联、省卫生厅、省财政厅等部门参加的联席会议制度，加强指导和协调。

（二）政府主导，部门协作。各级政府是项目管理的责任主体，要成立领导小组，负责本区域项目的组织实施。在各级人民政府的领导下，残联、卫生、财政、民政、宣传部门各司其职，保障民生工程的顺利实施。

1. 残联部门：市、县残联组织开展摸底调查，掌握本地贫困白内障患者基础情况，审核贫困证明材料，协助政府做好宣传、发动、组织、协调、服务等工作。

2. 卫生部门：省、市卫生部门负责考察、选择、审定具备承担白内障复明手术资质的医院，作为白内障复明工程手术定点医院；成立省、市白内障复明手术专家指导组，指导、培训基层医疗技术人员开展白内障手术，提供医疗技术保障和服务；加强对医疗机构的监督管理，规范医疗服务行为，提高医疗服务质量。市、县卫生部门，组织手术医院对手术对象进行初查、复查，负责手术的组织实施、医疗保障服务以及手术药品、器材质量的核准工作。定点手术医院要加强业务能力建设，严格按白内障手术操作规范组织实施，确保白内障复明手术质量和医疗安全。

3. 财政部门：负责会同残联、卫生部门研究制定贫困白内障患者免费手术的医疗救助资金管理办法，筹集并及时拨付医疗救助资金。

4. 民政部门：积极配合残联，做好贫困白内障患者摸底、登记、建档工作。

5. 宣传部门：宣传党委和政府以人为本，构建和谐社会，关注弱势群体，关心残疾人事业，关爱残疾人，宣传广大白内障盲人改善功能、重见光明的前后的生活变化和社会反响。注意收集和上报与实施工程相关的文字报道和音像资料。

五、监督与管理

（一）县级残联和卫生部门必须建立复明救助对象的专门档案，并逐级填报、汇总报上级残联和卫生部门。

（二）财政、残联、卫生部门要加强对贫困白内障患者医疗救助资金的管理和使用情况的监督检查，确保贫困白内障患者医疗救助资金按时拨付和合理使用。

（三）项目实施市、县（市、区）残联、卫生、财政部门，每季度要进行情况分析，要定期向省残联、省卫生厅、省财政厅提交半年和年度专题总结报告。

（四）贫困白内障患者医疗救助工作坚持公示制度；相关部门、单位和个人要如实提供情况，确保公平、公正、公开。

（五）省残联、省卫生厅、省财政厅负责督导和评估工作。

六、考核和评估

各级政府和相关部门要加强贫困白内障患者复明工程的督查，加强对定点手术机构的监管，建立核查机制，定期或不定期地对定点手术医院的手术实施及经费使用情况进行考核、抽查。省相关部门每半年将对各市手术质量和免费情况进行抽查、考核与评估一次，每次抽查数不少于医疗救助人数的10%。并对不按规定执行的单位和个人，予以严肃处理。

各地要依据本实施办法，制定具体实施细则；经济较发达的市、县（市、区），在完成省民生工程下达任务计划的基础上，增配资金，扩大救助面。

本实施办法由省残联、省卫生厅、省财政厅负责解释。

农村卫生服务体系建设实施办法

省发展改革委　省卫生厅　省财政厅

为贯彻落实《安徽省人民政府关于实施33项民生工程的通知》（皖政〔2010〕1号）精神，现就推进我省农村卫生服务体系建设制定如下实施办法：

一、指导思想

以科学发展观为指导，按照构建和谐社会和建设社会主义新农村的要求，以改善农村卫生服务条件、完善农村卫生机构服务功能和提高农村卫生服务能力为核心，以乡镇卫生院建设为重点，村卫生室建设为基础，建立健全县、乡、村三级农村医疗卫生服务体系，从整体上为提高农民的健康水平提供保障条件。

二、建设原则

省级为主、地方配套；整合资源、填平补齐；集中布局，方便群众；完善功能、满足需求；统一标准、规范建设；统筹规划、分步实施。

三、建设目标

从2007—2011年，用5年时间，建设1230所标准化乡镇卫生院和15911个标准化村卫生室，基本建立起与新型农村合作医疗制度和医疗救助制度相适应，设施较齐全、专业素质较高、运转有效，初步满足农民群众人人享有基本卫生保健服务需求的农村卫生服务体系。

四、建设内容

一是以改善就医条件为目标，改扩建业务用房；二是以提高诊疗技术为目标，添置与更新设备。

五、建设标准

乡镇卫生院业务用房和设备添置更新按照《安徽省农村乡镇卫生院建设指导标准》填平补齐，业务用房建设造价按每平方米600元控制，设备添置更新按平均每所20万元左右控制。

村卫生室业务用房和设备添置更新，按照《安徽省农村村卫生室建设指导标准》建设。业务用房建设造价按每平方米500元控制，设备添置更新按平均每所6000元控制。

六、投资规模

2007—2011年，总投资15亿元，用于乡镇卫生院和村卫生室业务用房建设、设备购置与更新。按国家标准，投资3.6亿元，改扩建乡镇卫生院业务用房60万平方米；投资2.8亿元，添置和更新1230所乡镇卫生院诊疗设备；投资7.64亿元，改扩建村卫生室业务用房160万平方米；投资0.96亿元，添置和更新15911个村卫生室诊疗设备。

七、经费来源

总投资15亿元，其中：由省发展改革委、省卫生厅争取中央投资3.5亿元（含2006年国家已下达国债资金1亿元）；省、市、县三级政府分担11.5亿元，省级按80%比例承担9.2亿元，市、县财政按20%比例承担2.3亿元。

八、安排原则

在分年度计划安排上，一是优先安排中心乡镇卫生院；二是优先安排乡、村行政区划调整完成县和新型农村合作医疗实施县；三是优先安排实施乡村卫生服务一体化管理的县；四是优先安排艾滋病、血吸虫病、结核病集中的乡、村卫生机构。

2010年计划安排建设77所乡镇卫生院，所需资金由省发改委负责筹措，通过争取中央资金安排，并纳入民生工程统筹使用。

2010年计划安排建设8400所村卫生室，2011年计划安排建设1500所。

九、项目建设与管理

（一）实施建设规划。乡镇卫生院：根据行政区划调整以后的乡镇数，按照1个乡镇有1所政府举办的卫生院，按标准进行填平补齐建设，由省将2010年建设规划规模和年度建设计划下达到各县（市、区）。

村卫生室：按照1个建制村建设1所标准化的公益性村卫生室的要求，将2010、2011年计划建设控制数下达到各县（市、区）。

（二）项目建设与管理模式。项目坚持以县为主，实行“六统一”，即统一规划立项，统一计划下达，统一勘探设计，统一招标监理，统一资金管理，统一验收和预算审计。项目建设实行县（市、区）卫生部门法人责任制、招投标制、工程监理制和合同管理制。

各县村卫生室按照省提供的标准图纸，根据区域、地形和地质条件需要进行选择；在项目建设上，以县为单位进行集中打捆分包招标，引入合格有资质的施工队伍，以降低建设费用，保证施工质量。

（三）运行体制与管理模式。实行乡镇卫生院与村卫生室一体化管理模式。政府投资新建的村卫生室所有权归政府举办的乡镇卫生院，由乡镇卫生院从有资质的乡村医生中招聘从业人员，村卫生室实行独立核算，自负盈亏，财政根据其所承担的公共服务适当予以补助，逐步建立乡、村卫生服务运行管理体制和日常运行经费保障机制。

十、保障措施

（一）建立协调机构。建立由省发展改革委、省卫生厅、省财政厅等部门参加的联席会议制度，协调研究和解决问题，总结、交流工作经验，部署阶段性工作重点和任务，制定下一步工作计划。

（二）明确职责分工。市、县政府是项目实施的责任主体，负责本区域项目实施的组织领导、审定建设规划、以及配套资金、建设用地的落实和其他优惠政策等。市县发展改革、卫生、财政部门负责项目实施日常工作，具体负责项目立项审批、编制上报建设规划和年度投资计划、勘探设计、招标管理、施工监理、项目督查、资金使用、统计报表上报、竣工验收、决算审计、档案管理等工作。市县（市、区）建设、国土、审计、监察等部门根据各自职能履行职责并予以配合。乡、村负责建设用地划拨的落实和施工环境的保证。

省发展改革委、卫生厅、财政厅等部门按照省政府要求和职能分工各负其责。

省发展改革委负责牵头组织制定乡村卫生服务体系建设方案，下达年度投资计划，并协调项目启动与建设过程中出现的困难与问题以及项目建成后的评估评价工作。

省卫生厅负责牵头组织项目的实施和建设、统计报表上报以及制度建设、项目建成后的运营管理和验收工作，会同省发展改革委制定乡村卫生服务体系建设方案、编制建设规划以及下达年度投资计划。

省财政厅负责安排落实省级财政资金和建设资金管理，督促市、县财政部门落实配套资金。

（三）落实优惠政策。

一是落实在建设用地、建设费用减免等方面的优惠政策，以保障农村卫生服务体系建设民生工程顺利推进；二是落实农村卫生服务体系建设项目管理和资金管理办法，以保障项目建设质量和资金安全。

（四）建立项目公示与督查制度。

实行项目公示制度，所有利用国家国债资金和省专项建设资金的乡镇卫生院、村卫生室项目，必须通过政府及其相关部门网站等媒体进行公示，接受群众和社会舆论监督。省发展改革、卫生、财政、审计和监察等有关部门建立项目督查制度，组织力量对各地建设项目实施过程进行全面跟踪督查。

对因组织领导不力、工作不到位、配套资金不落实以及挤占、挪用、截留建设资金，不能按时完成建设任务的，将依法追究其相关责任。

城市社区卫生服务体系建设实施办法

省卫生厅　省发展改革委　省财政厅

为贯彻落实《安徽省人民政府关于实施33项民生工程的通知》（皖政〔2010〕1号）精神，加快城市社区卫生发展，满足群众公共卫生和基本医疗服务需求，现就我省城市社区卫生服务体系建设制定本实施办法。

一、指导思想

以党的十七大精神为指导，按照《国务院关于加快发展城市社区卫生服务的指导意见》（国发〔2006〕10号）和《安徽省人民政府关于加快发展城市社区卫生服务的实施意见》（皖政〔2006〕57号）要求，大力发展城市社区卫生服务，努力缓解群众看病难、看病贵问题。

二、发展目标

到2011年，全省实现每3—10万居民或按街道办事处所辖范围有1所社区卫生服务中心，社区卫生服务中心覆盖不了的区域有社区卫生服务站的目标，城市社区卫生服务覆盖人口达100%；累计完成4500名全科医师培训，4500名社区护士岗位培训，4000名社区公共卫生医师及管理人员岗位培训。社区卫生服务机构功能健全，公益性得到充分体现，社区居民能在社区免费享受基本公共卫生服务，成本价享受基本医疗服务，基本实现小病在社区，大病进医院的目标。

三、实施计划

2010—2011年主要任务是：

（一）基础设施建设。完成236个社区卫生服务机构建设，重点致力于调整社区卫生服务网络布局，逐步形成以政府举办的社区卫生服务中心为主体的社区卫生服务网络。

（二）规范化建设。两年完成792个社区卫生服务机构规范化建设。2010年完成393个社区卫生服务机构的规范化建设，其中社区卫生服务中心48个，社区卫生服务站345个。其余社区卫生服务机构规范化建设任务在2011年完成。

（三）人才队伍建设。2010年完成全科医师岗位培训1627人，社区护士及其他卫生技术人员岗位培训1809人。2011年按照中央支持中西部地区城市社区卫生机构人员专业技术培训方案完成相应培训任务。

四、经费筹集与管理

（一）经费筹集

社区卫生服务中心基础设施建设资金，主要通过中央国债资金安排；人才队伍建设资金，主要通过中央公共卫生专项补助安排。

省财政按照每个社区卫生服务中心补助25万元、每个社区服务站补助4万元标准，支持各地社区卫生服务机构添置设备和修缮业务用房，进行规范化建设，不足部分由市、县（区）财政统筹安排。

（二）经费管理

各市、县（区）根据全省社区卫生服务发展规划和当地实际，编制 2010—2011 年分年度社区卫生服务机构建设、房屋维修、设备配置、人员培训实施计划，并报省卫生厅、省发展改革委、省财政厅审核批准。每年年初，省财政厅会同省卫生厅根据年度实施计划和一定标准安排补助经费，通过追加预算指标下达到各市、县（区）财政部门。中央补助资金按照中央实施方案执行。

社区卫生服务经费实行专款专用，任何单位和个人不得截留、挤占和挪用。市、县（区）财政部门要加强专项资金的监督管理，确保专款专用。各社区卫生服务机构应严格财务手续，加强财务管理，充分发挥资金的使用效益，努力实现规划目标。

五、保障措施

（一）政府负责，目标管理。社区卫生服务是解决人民群众看病难、看病贵问题的重要举措，是密切党和政府与人民群众血肉联系的桥梁和纽带，各级政府应予高度重视，通过加大投入等多种措施确保社区卫生服务的公益性。各级政府对城市社区卫生服务工作负总责，并要将此项工作纳入政府工作考核内容，实行年度考核，目标管理。

（二）依据规划，充分利用存量资源。按照省政府关于实施民生工程的要求，制订或修订市、县（区）社区卫生发展规划。坚持政府主导、社会参与、充分利用存量资源、多渠道发展社区卫生服务的原则，新建机构主要由城市街道卫生院、一级医院、小型的二级医院、企事业单位的医疗机构转型和城市大型医院延伸到社区举办，积极吸引社会资源参与。按照《安徽省人民政府关于基层医药卫生体制综合改革试点的实施意见》（皖政〔2009〕122 号）要求，各地要对现有社区卫生服务机构网络进行调整，确保每个街道范围内有 1 所社区卫生服务中心，并落实相关补助政策。

（三）采取措施，解决社区卫生服务机构业务用房问题。市、县（区）应将政府举办的社区卫生服务机构业务用房建设列入基本建设规划，建设资金由市、县（区）政府筹措解决。

（四）规范管理，强化监督。各地要按照卫生部制定的城市社区卫生服务中心（站）建设标准，对社区卫生服务机构进行规范化管理，健全科学的社区卫生服务管理制度、监督制度、评价体系，定期考核。充分发挥社区居民的监督作用，把社区居民的满意度作为监管、考核重要指标，强化民主监督。

提高妇女儿童健康水平项目实施办法

省卫生厅　省财政厅

为满足群众妇幼保健服务需求，提高我省妇女儿童健康水平，提高出生人口素质，促进社会、经济协调发展，自 2009 年起，实施提高妇女儿童健康水平民生工程。为保障工程顺利实施，特制定本实施办法。

一、指导思想

以邓小平理论和“三个代表”重要思想为指导，全面落实科学发展观，深入贯彻《中华人民共和国母婴保健法》等有关法律法规，按照《安徽省妇女发展纲要（2001—2010 年）》、《安徽省儿童发展纲要（2001—2010 年）》、《安徽省人民政府办公厅关于进一步加强妇女儿童工作的意见》（皖政办〔2007〕41 号）要求，大力发展妇幼卫生事业，完善服务体系，健全保障制度，为妇女儿童提供安全、有效和优质的卫生服务，预防和减少出生缺陷，实施扩大国家免疫规划，免费为适龄儿童接种规划疫苗，提高妇女儿童健康水平，提高出生人口素质，促进我省经济和社会可持续发展。

二、发展目标

通过 4 年的努力，使我省妇女儿童健康水平有明显提高，评价妇女儿童健康水平相关指标达到中部地区领先水平。

（一）到 2012 年，全省婚前医学检查率达到 60% 以上，全省出生缺陷发生率控制在 10‰以下。

（二）到 2012 年，全省孕产妇保健覆盖率城市达到 90% 以上、农村达到 70% 以上，7 岁以下儿童保健覆盖率城市达到 90% 以上、农村达到 60% 以上；全省孕产妇住院分娩率城市达 97% 以上、农村达 95% 以上；全省孕产妇死亡率降至 28/10 万以下、婴儿死亡率降至 14‰以下、5 岁以下儿童死亡率降至 18‰以下。

（三）到 2012 年，全省 80% 以上县级妇幼保健机构分别达到一级、二级妇幼保健院（所）的标准，服务能力显著提高。

（四）到 2010 年，乙肝疫苗、卡介苗、脊灰疫苗、百白破疫苗（包括白破疫苗）、麻疹疫苗（包括含麻疹疫苗成分的麻风疫苗、麻腮风疫苗、麻腮疫苗）适龄儿童接种率以乡为单位达到 90% 以上；力争到 2010 年，流脑疫苗、乙脑疫苗、甲肝疫苗在全省范围对适龄儿童普及接种；对需要接种的出血热发病重点地区重点人群的出血热疫苗接种率达到70%以上；需要应急接种炭疽疫苗、钩体疫苗的目标人群的接种率达到70%以上。

三、实施原则

政府主导，分级筹资；统筹规划，分步实施；明确职责，部门协调；整合资源，完善功能；填平补齐，满足需求；统一标准，规范建设。

四、项目内容与实施计划

（一）免费婚前健康检查。贯彻《中华人民共和国母婴保健法》、《婚姻登记条例》，充分尊重公民知情权、选择权，保护个人隐私。主要通过加强宣传、强化协调、舆论导向、易风易俗、倡导文明、规范服务、提高质量、实行免费婚前健康检查，逐步提高婚前健康检查率，普及婚育保健知识，减少出生缺陷发生率，防止与婚姻和生殖有关的传染病、遗传病的发生与传播。力争2009年全省婚前医学检查率达30%以上、2010年达40%以上、2011年达50%以上；2012年达60%以上。

（二）住院分娩补助。采取综合措施，提高孕产妇住院分娩率，整合中央和省新型农村合作医疗孕产妇住院分娩补助资金，对所有农村孕产妇实施住院分娩医疗补助，实现平产住院分娩免费。

（三）妇幼保健能力建设。完成100所县级妇幼保健机构房屋修缮、基本设备和救护交通工具配置。通过实施建设，完善技术、规范管理，推广适宜技术；突出妇幼保健重点，拓展口腔保健、眼保健、生殖保健、心理保健、更年期保健、新生儿疾病筛查、早教等服务项目；推广卫生部推荐的农村妇幼保健适宜技术，提高妇幼保健服务能力和水平。

（四）扩大国家免疫规划接种补助。对扩大国家免疫规划接种程序规定的每名新生儿22针次规划疫苗给予接种单位补助，强化边远、贫困地区和流动儿童的预防接种工作，进一步扩大国家免疫规划覆盖范围，努力提高接种率。

五、经费筹集与管理要求

（一）经费筹集

1. 婚前健康检查经费。根据《安徽省医疗服务价格（试行）》，每对婚前健康检查财政补助108元。所需经费2600万元由省财政承担50%，其余50%由市、县财政按本辖区内的年度婚检任务数安排解决。

2. 农村孕产妇住院分娩补助。中央财政自2009年起对中西部地区按照活产数人均300元补助。同时，各地新型农村合作医疗按规定给予补助。

3. 妇幼保健机构能力建设。省财政共安排1亿元支持县级妇幼保健机构建设。每年安排2500万元，对列入当年民生工程项目的25个机构，各补助100万元。

4. 扩大国家免疫规划接种补助经费。按照全省每年约83万名新出生儿童、人均接种22针次规划疫苗和每针次补助3元安排补助经费。所需资金由中央财政和省财政共同承担。

（二）经费使用原则

1. 婚前健康检查、农村孕产妇住院分娩补助用于专项服务支出，妇幼保健体系建设经费用于机构的房屋修缮、设备配置。

2. 婚前健康检查、农村孕产妇住院分娩补助由妇幼保健机构和助产服务机构垫付，同级卫生、财政部门审核后按月（或季度）核拨。

3. 扩大国家免疫规划接种费用发生时由疫苗接种机构垫付，同级卫生、财政部门按月（或季度）核拨。

（三）经费管理要求

1. 严格管理，专款专用。按照中央和省有关公共卫生、民生工程专项经费管理要求，严格按照规定用途和程序使用资金，任何单位和个人不得截留、挤占和挪用。

2. 总体规划，分年审批。各市根据本地妇幼保健发展规划和计划免疫实施计划，上报2009～2012年分年度婚前医学检查人数，制订婚前医学检查率指标（婚检率＝实检人数/应检人数）、县级妇幼保健机构规范化建设规划（房屋修缮、基本妇幼保健设备配备和交通工具配备）、人才培训实施计划和疫苗接种计划，并报省卫生厅、省财政厅审核批准。每年年初，省财政厅会同省卫生厅根据年度实施计划和一定标准安排婚前健康检查、妇幼保健体系建设等专项经费，通过追加预算指标下达到各市、县（区）财政部门，并按财政部、卫生部的要求及时下达农村孕产妇住院分娩、疫苗接种等补助经费。

3. 专账管理，严格财务制度。各级财政部门要加强对婚前健康检查、住院分娩和疫苗接种补助经费的管理。妇幼保健机构、助产服务机构和疫苗接种机构，要建立健全相应的工作日志及可以证明其工作真实性的相关材料。要坚持厉行节约、杜绝浪费，充分发挥资金的社会效益和经济效益，努力实现规划目标。

4. 建立统计制度，定期组织考核。各地要定期上报工程执行情况。省卫生厅将组织定期检查和考核，统计数据和考核结果将予以公示，并作为分配有关经费的重要依据之一。工作不力或有违规行为的，省卫生厅、省财政厅将予以通报批评并适当扣减其下一年度补助经费。

六、保障措施

（一）政府负责，目标管理。各级政府应予以高度重视，将提高妇女儿童健康水平工程纳入政府工作考核内容，实行年度考核，目标管理。并加大投入，加快妇幼卫生发展。

（二）多部门协作，齐抓共管。卫生、财政、民政、妇联、计生、宣传等部门，应加强协调，密切协作，齐抓共管，共同把这项惠及子孙万代的民生工程抓实、抓好，把各项措施落到实处。

（三）健全网络，强化服务。规划今后几年的妇幼卫生和免疫规划工作，制订或修订各地妇幼卫生发展规划和扩大免疫规划，健全妇幼保健和预防接种网络，完善功能，建设队伍，拓展服务项目，提高服务质量，促进妇幼保健服务上台阶、上层次。

（四）规范管理，严格监督。着力解决妇幼保健机构编制、建设标准、经费保障等现实问题。落实妇幼保健服务技术和管理规范，积极开展妇幼保健机构等级评审示范妇幼保健机构创建活动。实施好“降低孕产妇死亡率，消除新生儿破伤风”等妇幼保健项目。建立统计制度，组织定期检查和考核，统计数据和考核结果予以公示。

（五）深入发动，广泛宣传。要深入宣传省委、省政府对民生的关注，对发展妇幼卫生事业、提高妇女儿童健康水平的重视。要大力倡导婚前（孕前）保健、住院分娩等健康、文明的生活方式，形成良好的社会氛围。

政策性农业保险实施办法

省财政厅

为贯彻落实《安徽省人民政府关于实施33项民生工程的通知》（皖政〔2010〕1号）精神，推动政策性农业保险试点工作健康持续发展，根据《安徽省人民政府关于开展政策性农业保险试点工作的实施意见》（皖政〔2008〕42号）、《安徽省人民政府办公厅转发省财政厅等部门关于进一步做好政策性农业保险工作意见的通知》（皖政办〔2009〕120号）等有关规定，结合我省政策性农业保险试点工作实际，制定本办法。

一、指导思想

认真学习实践科学发展观，坚持以人为本，积极服务“三农”，努力扩大农业保险覆盖面，有效提高农户参保率，确保损失赔付兑现率，不断完善农业保险制度体系，逐步建立起常态化的、持续长效的农业保险保护制度，促进农业农村经济又好又快地发展。

二、基本原则

根据我省农业生产实际和保险业特点，遵循“政府引导、市场运作、自主自愿、协同推进”原则，推进我省政策性农业保险试点工作。

三、主要目标

建立健全政策性农业保险工作长效机制，提高农户投保率、政策到位率和理赔兑现率，实现“尽可能减轻农民保费负担”、“尽可能减少农民因灾损失”的目标要求，推动我省政策性农业保险又好又快发展。

四、试点工作主要内容

（一）试点品种。选择种植面广、对促进“三农”发展具有重要意义的大宗农作物和饲养量大、对保障人民生活和增加农民收入具有重要意义的养殖品种，开展政策性农业保险试点。2010年试点品种为：水稻、小麦、玉米、油菜、棉花、大豆、能繁母猪、奶牛。各地应结合本地实际，在上述试点品种范围内自主确定本地试点品种；同时，鼓励各地根据我省农业产业政策、当地农业生产特色以及本地财力状况，自主选择上述品种以外的其他种养品种开展保险试点。

（二）保险责任。种植业保险责任为人力无法抗拒的自然灾害，对投保农作物造成的损失；养殖业保险责任为重大病害、自然灾害、意外事故以及强制捕杀所导致的投保个体直接死亡。

（三）保险金额和费率。补贴险种按照“低保障、广覆盖”的原则确定保障水平。其中：种植业保险金额按保险标的生长期内所发生的种子、化肥、农药、灌溉、机耕和地膜成本等直接物化成本确定；养殖业保险金额为投保个体的生理价值（包括购买成本和饲养成本）。试点地区自行提高保险金额水平而增加的补贴，由当地自行负担。

试点期间各品种保险费率，根据我省相关品种的多年平均损失率，并参照其他试点省份的费率水平确定。

以后年度的试点品种、保险金额和保险费率，按照我省报备中国保监会的保险产品有关规定执行。

（四）保险模式。种植业保险采用“保险公司与地方政府联办”模式，经营风险由地方政府和保险经办机构共担。养殖业保险采用“保险公司自营”模式，保险经办机构在政府保费补贴政策框架下，自主经营，自负盈亏。

（五）试点地区。在17个市和省农垦集团开展政策性农业保险试点工作。

（六）经办机构。国元农业保险股份有限公司、人保财险安徽省分公司为我省政策性农业保险业务的经办机构。各市从中选择保险机构承办本市农业保险业务。

（七）保险资金管理。根据《安徽省政策性农业保险资金管理暂行办法》（财金〔2008〕457号），对种植业保险资金实行“专户储存、单独核算、封闭运作、财政监督”的管理办法；各级财政部门、各保险经办机构要加强种植业保险经营费用管理，按规定程序办理资金划转手续；建立种植业保险巨灾风险准备金，及时足额上划巨灾调剂资金；积极运用再保险等手段，防范和化解保险经营风险；加强对政策性农业保险资金的监督检查，保障资金安全和合理使用。

（八）保险赔付责任。发生灾害赔付时，各保险经办机构应按照规定保险金额，及时足额赔付。发生超赔时，以市为单位核算，由各市与保险经办机构自行确定赔付责任。如市发生整体绝收，专题报省政府研究。

五、保费补贴筹集和管理

（一）保费补贴筹集。县（含县级市、县改区，下同）保费补贴比例为：种植业保险保费中央财政补贴40%、省财政补贴30%、县财政补贴10%、种植场（户）承担20%；能繁母猪保险保费中央财政补贴50%、省财政补贴25%、县财政补贴5%、养殖场（户）承担20%；奶牛保险保费中央财政补贴30%、省财政补贴25%、县财政补贴5%、养殖场（户）承担40%。省辖市保费补贴比例为：种植业保险保费中央财政补贴40%、省财政补贴20%、市及市辖区财政补贴20%、种植场（户）承担20%；能繁母猪保险保费中央财政补贴50%、省财政补贴21%、市及市辖区财政补贴9%、养殖场（户）承担20%；奶牛保险保费中央财政补贴30%、省财政补贴21%、市及市辖区财政补贴9%、养殖场（户）承担40%。

有条件的市、县，可适当提高农户特别是“五保户”、特困户的保费补贴比例，减轻农户保费负担。鼓励龙头企业、农村经济合作组织替农户承担一部分保费。市、县保费补贴不到位的，中央和省财政不予补贴。

（二）保费补贴管理。各级财政部门要按照《安徽省政策性农业保险保费补贴管理暂行办法》（财金〔2008〕456号）规定，建立政策性农业保险保费补贴预决算制度，将保费补贴资金纳入国库集中支付管理。按时编制保费补贴年度计划，将本级应承担的保费补贴列入同级财政预算；按照预算执行进度，及时审核并按规定程序拨付应匹配的保费补贴资金；在年终清算的基础上，编制保费补贴资金决算；加强保费补贴资金管理，确保资金专款专用，提高资金使用效益。

六、几点要求

（一）加强组织领导。各级政府要进一步提高思想认识，把政策性农业保险工作摆上重要位置，切实加强对试点工作的组织领导。要妥善解决好农险办的人员、经费等问题，建立强有力的工作班子；要进一步明晰和落实部门分工负责制，建立和完善农险办统一组织协调、有关职能部门分工负责的试点工作机制；要加强地方政府与经办机构、政府相关部门之间的沟通、协作和配合，合力推进农业保险试点工作。要在充分掌握本地实情的基础上，合理预计承保数量，认真编排工作计划，细化工作步骤，抓好组织落实。

（二）强化宣传引导。各级政府、保险经办机构要加强分工协作，共同做好农业保险宣传工作。各级政府要加强对基层政府、部门的宣传，增强其做好农业保险试点工作的责任感和紧迫感；要利用大众传媒，认真做好面上宣传，营造试点工作的良好氛围。保险经办机构应着重采取张贴标语、发放宣传单（册）等形式，开展向农户面对面的宣传，激发广大农户的投保意愿。要坚持农户投保自愿原则，充分发挥种养大户、龙头企业、农场、农村经济合作组织的示范带头作用，引导农户自愿参与农业保险。各地不得采取下指标、分任务、搞摊派，通过施加行政压力来增加承保数量。要严禁以各种方式欺瞒、误导或者强制农户投保，也不得采取代垫保费、代扣补贴等不符合政策规定的方式，片面地追求承保率而使农业保险政策走样。

（三）创新工作机制。要适应政策农业保险试点工作形势的迫切要求，尽快探索建立保险经办机构和地方政府分工明确、协作有力、运转高效的农业保险工作机制。各级政府要认真履行职责，采取切实有效措施，协同推进农业保险试点工作进程。保险经办机构要承担起市场主体责任，按照市场化原则运作农业保险；根据农业保险特点和自身实际，建立健全基层保险服务网络；要牢记农业保险宗旨，切实改进工作作风，严格按照农业保险政策规定，扎实做好承保展业、防灾减损、查勘理赔等各项工作，努力提高农业保险服务水平和质量。

（四）加强监督检查。省农险办对各试点单位政策性农业保险试点工作开展情况进行监督检查。试点单位应成立农业保险试点督导工作组，对所辖县（区）、乡（镇）试点工作进行督查、指导，及时解决出现的矛盾和问题；要密切跟踪试点进程，深入基层，深入实际，调查研究新情况、新问题，不断完善相关政策措施，推动政策性农业保险试点工作健康持续发展。

农村饮水安全工程实施办法

省水利厅　省发展改革委　省财政厅

为贯彻落实《安徽省人民政府关于实施十二项民生工程促进和谐安徽建设的意见》（皖政〔2007〕3号），确保用五年时间按照国家有关标准，解决全省农村饮水安全问题，特制定本实施办法。

一、明确目标，落实任务

经国家有关部门核定，我省农村饮水不安全总人数为1626.6万。2006年底，我省已解决了46.9万人的饮水安全问题。从2007—2011年，用5年时间按照国家有关标准，解决全省剩余的1579.7万农村人口的饮水安全问题。

按照优先安排解决氟超标、砷超标、血吸虫疫区和市、县人民政府与群众积极性高、配套资金到位地区饮水安全问题的原则，统筹兼顾各市、县间任务和投资平衡，确定分年安排计划是：2007年解决282.47万人，2008年解决300万人，2009年解决316.41万人，2010年解决343.85万人，2011年解决336.97万人。按此计划，层层分解落实农村饮水安全工程建设任务。

二、因地制宜，科学规划

（一）认真抓好可研报告和实施方案编制工作。各市组织所辖县（市、区）在原有的“十一五”农村饮水安全工程建设规划的基础上，尽快编制本市《2007—2011年农村饮水安全工程可行性研究报告》，结合新农村建设的要求，因地制宜地确定农村饮水安全工程模式和布局，明确工程建设处数，将待解决的农村饮水不安全人口落实到村组和农户，建档立卡。市发展改革和水行政主管部门联合于3月底前将可研报告报省发展改革委和省水利厅。省发展改革委和省水利厅于4月上旬完成审批工作。各市根据批复的可研报告和年度建设计划，指导各县（市、区）编制年度农村饮水安全工程建设实施方案，报市发展改革和水行政主管部门审批。各县（市、区）根据市批复的实施方案，由有资质的设计单位编制施工设计。单项工程总投资超过100万元的，由市水行政主管部门审批，其他的均由县级水行政主管部门审批。

（二）因地制宜地选择合适的供水模式。各地要充分考虑地域特点、人口聚居、水源、水质等情况，选择适宜的工程建设形式，走城乡统筹发展、以城带乡、以镇带村的路子。在城镇周边依托城镇现有自来水厂延伸管网；在人口居住较为集中的平原地区，主要以地下水为水源，兴建规模较大、集中连片供水的中心水厂，供水到户，发展农村自来水；在丘陵地区，可利用水库等现有水源工程，建设适度规模的联村或乡镇自来水厂；在人口居住较分散的山区等地，采取引小型水库水、山泉水等形式，兴建简易小型自来水工程。要切实做好水源的勘测论证工作，选择稳定可靠的水源。

（三）加强技术指导。各地要加强技术指导和人员培训，充分调动设计院所以及科研单位、高等院校的技术力量，严把前期工作质量关，确保工程建设质量。

三、多方筹措资金，保障建设需要

根据国家农村饮水安全工程建设标准和资金补助标准，我省解决1个人的饮水安全问题需要投资390元，其中中央补助资金占45%，省、市、县等地方配套资金占55%。省级配套资金按地方配套资金的30%安排。解决全省农村饮水安全问题，需要总投资61.4亿元，其中国家投资27.7亿元，省级配套10.1亿元，市县和受益农户配套23.6亿元。各级都要积极拓宽投资渠道，确保工程建设资金需要。

（一）积极争取国家支持。争取国家将原计划10年安排我省农村饮水安全工程建设经费，调整到前6年安排完毕。如2012年至2015年中央补助投资不能提前下达，缺口资金由省财政予以垫付，并从2012年至2015年中央下达的补助投资中扣还。

（二）足额落实配套资金。省级5年应承担的资金按平均每年2亿元进行筹集，具体办法是：省扶贫资金每年安排4800万元，省发展改革委以工代赈资金每年安排3600万元，省水利厅小农水资金每年安排1000万元，省财政每年安排10600万元。省财政设立省农村饮水安全工程建设资金专户，足额筹集省级分担资金，并实行专户存储。市、县5年应承担的资金，由市、县政府按省下达的年度投资计划和配套数额予以落实。市、县财政也要设立农村饮水安全工程建设资金专户，将省级以上经费和本级财政配套资金直接拨付到专户。

（三）广泛吸纳社会资金。各地要继续探索多层次、多渠道、多元化投融资机制，大力推进市场化运作。按照“谁投资、谁建设、谁管理、谁经营”的原则，放开建设权，搞活经营权，鼓励各方参与，吸引民营资本进入农村供水市场。同时，要引导和组织好受益群众，筹资投劳兴建农村饮水工程。入户工程的材料费和安装费，原则上应由用水户自己解决。对按规定可向群众收取的费用，要张榜公示，接受群众监督。

四、加强建设管理，确保工程质量

各级人民政府和有关部门要强化农村饮水安全工程建设管理，所有工程都要组建项目法人并落实建后管理主体，层层落实领导责任制和技术责任制，实行工程质量终身责任制。

（一）严格把好前期工作关。工程设计方案必须由有相应专业设计资质的单位编制。要在科学确定饮用水水源的前提下，按照技术可靠、造价合理、操作简便的要求，采用适宜的技术方案。同时，积极推广应用新技术、新工艺、新设备、新材料，提高工程建设质量和标准。每个工程都要建档、立卡、编号，明细到村和解决人数，实行名册管理。县级以上水利部门要建立电子档案，实现项目的信息化管理。

（二）严格把好建设关。施工单位要具备相应的资质。工程施工必须依据审批的设计方案，严格项目管理，杜绝层层转包或违法分包。在实施过程中，规模较大的集中供水工程要实行项目法人责任制、招标投标制、建设监理制、集中采购制、资金报账制、竣工验收制等“六制”和用水户全过程参与模式。要将工程经费来源、投资情况、责任单位和人员、建设单位、受益范围等情况在受益村进行公示；所需管材、供水、机电和消毒设备等要进行集中招标采购，确保质量；建设资金实行报账制，专款专用。工程建设前和建成后都要进行水质化验，保证水质达到农村饮水安全标准。

（三）严格把好验收关。项目竣工后，各县（市、区）要按照《农村饮水安全工程验收内容和评分标准》及时整理材料，进行自验。自验要有受益群众和监督单位代表、建设单位和水利部门负责人参加并签字。在自验合格的基础上，向市水行政主管部门提出验收申请。由市水行政主管部门组织验收，并报省水利厅备案。省水利厅会同发展改革、财政、卫生等有关部门进行抽查或复验，并将抽查或复验结果及时通报全省。对验收不合格的项目要限期整改。各地要建立健全工程档案，建成的工程要设立标志，标明工程名称、建设时间、投入资金、受益范围、施工单位、监督单位、主管部门及负责人等。

（四）广泛接受社会监督。充分发挥新闻媒体的舆论宣传和监督作用，省、市、县要在新闻媒体上公布当地农村饮水安全现状、项目计划、责任人名单、实施进展等情况；批准后的实施计划、工程内容、投资预算、竣工决算、项目负责人等，要作为村务公开的内容在受益村公布，接受群众的监督。同时，公布举报电话，及时处理群众反映的有关问题。

五、明晰产权，建立良性运行机制

（一）落实管护主体。县、乡政府是农村饮水安全工程运行管理责任主体，负责制定和落实好本辖区内农村饮水安全工程运行管理办法。在工程建设之前，必须先明确管理体制和管理人员，在充分尊重受益群众意见的基础上，制定工程管理办法，确保工程良性运行。按照有利于群众使用、有利于工程可持续利用的原则，明晰工程所有权，放开搞活经营管理。农村饮水安全工程可实行所有权和经营权分离。在经营管理上，采取灵活多样的方式，可以由用水合作组织自己管理，也可以实行承包、租赁、拍卖使用权等办法进行管理。根据不同的工程类型和规模，经营方式逐步向集中管理、公司化运营方向发展。

以国家投资为主、结合群众筹资投劳兴建的跨乡镇的规模较大的集中供水工程，由县级水行政主管部门或乡镇水利站(流域站、中心站)负责管理，也可委托有资质的专业管理单位负责管理，还可通过租赁、承包和产权转让等多种形式进行管理、运行和维护，实行企业管理、独立经营、单独核算、自负盈亏，形成以水养水良性循环的运行机制。

以国家投资为主兴建的规模较小的跨村或单村供水工程，可组建用水户协会行使“业主”职能。单村供水工程也可经 2/3 以上用水户同意由村委会行使“业主”职能。工程的运行维护和经营管理可由用水户协会或村委会直接负责；也可经 2/3 以上用水户同意，通过公开竞标、竞争性谈判等方式，承包给有资质的专业管理单位或具备相应管理能力、掌握供水技术、讲诚信的个体户经营，并签订合同，明确用水户协会（村委会）和经营者的权责与收益分配等；联户建设的小型供水工程，实行自建、自有、自管、自用的管理体制。

以民营资金投资为主、国家补助为辅，采取 BOT 方式融资兴建的供水工程，按照事前签订的合同，在规定期限内，由民营投资者经营管理。

由政府授予特许经营权、以私人投资为主或股份制形式修建的供水工程由业主负责管理。

（二）强化行业监管。农村饮水工程具有社会公益性质，应接受水行政主管部门的管理，不得改变工程用途，在拍卖、转让时要经过当地水行政主管部门同意。由个人为主投资兴建的水厂，要通过与政府签订合同明确权利与责任，对社会公益事业承担义务。对国家投资或国家参与投资建设的饮水工程，拍卖、转让、租赁或承包必须公开、透明，国家投资部分的收益应专户储存，专项用于农村饮水工程的建设和管理，或补偿供水工程的政策性亏损。实行承包、租赁等方式经营管理的，要规范程序，依法签订合同，按合同办事。工程管理委员会、用水合作组织、业主、供水单位接受水利、卫生、物价、审计等部门的监督检查，建立定期和不定期报告制度，接受用水户和社会的监督、质询和评议。

供水单位要建立健全内部管理制度，规范管理行为，确保安全生产和正常供水，不断提高管理水平和服务质量。要按照市场经济规律，采取灵活多样的分配办法，把职工收入与岗位责任和工作绩效紧密联系起来。

（三）合理制定水价。建立有偿供水制度，按照保本微利的原则，形成以水养水的新机制。农村饮水安全工程的供水价格，纳入水利工程供水价格管理范畴，按照国家水价政策合理定价。水利部门要与物价部门、受益群众一起，根据工程运行、维修、养护、折旧、人员工资和群众承受能力，制定合理的供水水价。

对于经济困难地区的农村居民用水，可暂按运行成本水价收费，有条件的地方应按全成本水价收费。因工程规模过小、群众承受能力有限等原因，成本水价一时不能到位的，应确保运行费和维修费。有一定收益的乡镇供水工程，其水价核定依据国家水价政策，做到回收成本和实现盈利，同时兼顾农民群众的实际承受能力，对农民生活用水给予优惠。对于二、三产业和乡镇机关等单位，按照“补偿成本、合理收益、优质优价、公平负担”的原则，合理确定供水价格。

（四）规范水费收缴。水费由供水管理机构或由其委托的单位、个人计收，使用水费专用票据。用水单位和个人应按照规定的计量标准和供水价格按时交纳水费。逾期不交的，供水管理机构有权按合同约定加收滞纳金等方式进行处理。供水单位要定期向群众公布水价、水量、水质、水费收支情况，确保群众吃上“放心水、明白水、安全水”。

（五）实施优惠政策。规模较大的水厂建设用地作为公益性项目建设用地，统一纳入当地年度建设用地计划；规模较小的水厂用地仍属农业用地性质，由乡镇和村自行调剂解决。供水用电按照农业用电价格收取。有关税费一律实行优惠政策。

六、加强领导，密切协作

解决农村饮水安全问题，是当前农民最关心、最直接、最现实的利益问题之一，是推进社会主义新农村建设、构建社会主义和谐社会的重要任务。各级人民政府要充分认识实施农村饮水安全工程的重大意义，进一步增强解决农村饮水安全问题的紧迫感、责任感和使命感，加强领导，精心组织，切实把这项工作纳入重要议事日程。

（一）切实加强领导。全省农村饮水安全工程建设实行行政首长负责制。各级政府要层层分解落实建设任务，签订目标责任书，责任到人。农村饮水安全工程建设主要责任在县级人民政府，省政府已将农村饮水安全覆盖率列入市、县政府目标考核范围，各级要认真组织检查考核。对不能按时完成任务的市县，将追究有关领导的责任。工程建设过程中，应主动邀请人大代表、政协委员视察监督农村饮水安全工程建设情况。

（二）加强部门协作。农村饮水安全工程建设点多面广，任务艰巨。各有关部门要各司其职，各负其责，密切配合，共同搞好农村饮水安全工程建设。水利部门是农村饮水安全工程建设的主要责任单位，要成立专门的办事机构，充实力量，负责编制工程项目的可行性研究报告和实施方案，组织和指导项目的建设及运行管理，对应用于农村饮水安全工程的相关产品进行监管。发展改革部门会同有关部门，做好农村饮水安全工程建设规划的编制和报批、项目审批、计划下达等工作。财政部门负责筹措地方配套资金，并加强对资金使用的监管。卫生部门负责提出急需解决的地氟病、地砷病、血吸虫疫区需改水的范围，宣传、普及饮水安全知识，对农村饮水安全工程定期进行水质检测、监测；县级疾病预防控制机构要设立水质监测中心或指定专兼职人员负责农村饮水安全工程的水质监测工作，以规模较大的集中供水站为依托，分区域设立监测点；对于集中供水工程，要加强水源、出厂水和管网末梢水的水质检验和监测；对于分散供水工程，要分区域定期进行水质监测。环境保护部门加强对农村饮用水水源的环境监管及水质监测。物价部门会同水利部门和用水户代表核定合理的供水价格，并进行监管；国土资源部门协调解决工程建设用地，并积极提供地下水和水文地质资料，帮助寻找合适的井位。建设部门结合重点乡镇供水和社会主义新农村建设，尽可能把城镇自来水辐射到周围农民。农业部门要加强农业面源污染防治的监督管理工作，开展农业废弃物的综合利用与农产品加工污染防治的监督管理，严禁投肥（药）养殖。宣传部门加大农村饮水安全知识的宣传和舆论监督。审计、监察部门要加强对农村饮水安全工程建设的审计、检查，保障工程建设顺利进行。

农村公路“村村通”工程实施办法

省交通厅　省财政厅

为贯彻落实《安徽省人民政府关于深入实施民生工程的意见》（皖政〔2008〕3号），进一步加快全省农村路网建设步伐，更好地服务于社会主义新农村建设，根据《安徽省人民政府关于加快农村公路建设的决定》、省政府与交通部签署的《关于落实中央1号文件农村公路建设任务的意见》以及我省村村通水泥（沥青）路建设方面的有关规定和要求，制定如下实施办法。

一、指导思想

全面贯彻落实科学发展观，服务经济和社会发展全局，服务社会主义新农村建设，服务人民群众安全便捷出行，坚持“政府主导，全民参与；统筹规划，分步实施；因地制宜，分类指导；量力而行，尽力而为；建管养运，协调发展”的指导方针，建立以县为责任主体的农村公路建设管理体制和民主决策、民主管理、民主监督的运行机制，推动农村公路建设、管理、养护、运输一体化发展，走科学创新型、资源节约型和环境友好型的发展道路，促进农村公路全面协调可持续发展。

二、目标任务

“十一五”期间，全省计划完成农村公路建设投资150亿元以上，新改建通建制村水泥（沥青）路6万公里，基本实现全省所有建制村通水泥（沥青）路的目标，覆盖人口5000万人。2008—2010年计划完成农村公路建设投资67.5亿元，新改建通建制村水泥（沥青）路2.7万公里。

三、组织领导

（一）在省民生工程协调小组和省农村公路建设领导小组统一领导下，建立由相关成员单位负责同志参加的联席会议制度，协调研究和解决问题，总结、交流工作经验，部署阶段性工作重点和任务，制定下一步工作计划。

（二）省政府与各市政府签订农村公路建设目标责任书。县级人民政府是农村公路建设的责任主体，县级交通主管部门具体负责农村公路建设的实施和管理工作。乡（镇）人民政府负责组织发动群众参与农村公路建设、组织实施和管理。

（三）在坚持尊重农民意愿的前提下，引导农民积极参与农村公路建设。在村村通工程建设范围内，多修农民想修、愿修的路，不修农民不想修、不愿修的路。合法合规筹集配套资金，不强行摊派、集资。因地制宜，充分利用老路老资源，尽量减少耕地占用和拆迁工作量，降低工程造价。不得安排有资金缺口的项目，不得增加乡村负债建设农村路，不得不顾乡村财力超规模、超标准搞建设，不得由企业带资施工，不得拖欠企业工程款。在保证工程质量和施工安全的前提下，尽可能在专业技术人员指导下使用当地农民工，增加当地农民收人。

四、计划管理

（一）各地要按照群众自愿、竞争立项的方式选择农村公路项目，形成自下而上的决策机制，坚决不修群众不愿修的路。申请纳入年度计划的通村公路项目应具备以下条件：

1. 项目已纳入省“十一五”农村公路建设规划；

2. 前期工作完成，施工图设计（简易设计）已经批准，具备开工条件；

3. 项目业主明确；

4. 资金筹措方案确定。

（二）市级交通主管部门根据省下达的建设规模和乡（镇）申请，审核、汇总当地农村公路建设年度计划，于每年 8 月底前编制次年建设计划报省交通厅。农村公路项目建设计划一经下达，必须严格执行，不得擅自调整。确需调整的，应于计划下达当年 8 月底前按计划编报程序报批。

五、工程管理

（一）各地要根据经济发展水平和自然地理条件分类确定技术标准，合理把握建设规模，控制工程造价。尽量利用老路改造，尽量不占用耕地。通村公路路基宽度原则上不低于 4.5 米，路面宽度不低于 3.5 米，水泥混凝土路面面层厚度不低于 18 厘米。特殊困难路段和交通量较小的可适当降低技术标准，但应设置必要的安全设施。采用单车道时应设置错车道。重视路基工程、防护工程。

（二）严格项目法人制、招投标制度、工程监理制度和合同管理制度，符合法定招标条件的工程可由具备招标能力的业主单位自行招标。

（三）按照“政府监督、社会监理、企业自检”的要求建立三级质量保证体系和质量责任追究制度、安全生产责任制，加强质量监督工作。市、县交通部门负责工程质量监督检查，组建工程试验（检测）室，加强农村公路的质量检测和通村公路的技术服务。

（四）实行政府监督与社会监督相结合，组织群众参与农村公路建设的管理和监督工作。实行项目公示制，在施工现场设立告示牌，将项目实施的时间、规模、技术标准、资金筹集和使用安排、主要施工工艺、质量控制措施等情况向群众公示，自觉接受群众监督。

（五）通村公路交、竣工验收可合并进行，由县级交通主管部门会同乡镇人民政府以及村民委员会分批组织验收；市交通主管部门对农村公路工程验收工作进行抽查。

（六）各级交通主管部门应加大对农村公路建设的技术指导和培训力度，分期分批组织对基层技术管理人员和乡村干部进行培训。县交通局要主动上门服务，重点帮助乡村搞好民主决策，科学管理，有序推进。各地要因地制宜、努力创新，充分运用新材料、新工艺、新设备，探索低造价公路建设经验。

（七）农村公路建设要注重节约用地、生态环境保护和水土保持。

（八）各地应结合实际制定切实有效的农村公路廉政建设工作制度并认真抓好落实。

六、资金管理

（一）2008—2010 年，省（含中央补助）安排农村公路专项补助资金 33.75 亿元，每公里补助 12.5 万元。

（二）除省（含中央补助）安排的农村公路建设补助资金以外，市、县人民政府应加大对农村公路建设的专项资金投入。积极整合新农村建设资金用于农村公路发展，制定符合本地实际的涉及农村公路建设的土地、林地、砂石材料等资源使用的优惠政策。积极动员和鼓励社会各界为农村公路建设捐款捐物。按“村规民约”等民主决策方式解决农村公路建设投入不足的问题。

（三）省（含中央补助）安排的补助资金必须全额用于工程直接费的支付。农村公路建设资金必须专款专用，建立健全资金管理办法，实行财务公开，分级负责，分级监管，严禁截留、挤占和挪用，违反者将严格按照国家和省的有关规定给予处罚，触犯刑法的移交司法机关追究有关人员刑事责任。

七、信息交流

（一）市、县交通主管部门要及时对农村公路技术标准、质量标准、质量要点和主要控制经验；降低造价的有效措施和途径；简便、有效的防护技术，有效的防、排水设施设置，地质灾害路段的避让与防治；创新设计理念、创新建设理念，农村公路建设与自然环境的和谐统一等方面的典型经验；农村公路建设动态以及涌现出的好人好事等及时上报省民政厅、省交通厅。

（二）各级交通主管部门要高度重视农村公路建设统计工作，指定专人，落实责任，根据省民生工程办公室的统一要求，按月报送有关统计报表，确保统计信息准确无误。

八、附则

（一）各地可根据本办法制定具体实施细则，报省交通厅、省财政厅备案。

（二）本办法由省交通厅、省财政厅负责解释。

农村五保供养服务机构建设实施办法

省民政厅　省财政厅

第一章　总　　则

第一条　为贯彻落实《安徽省人民政府关于2010年实施33项民生工程的通知》（皖政〔2010〕1号）文件精神，努力开创全省农村五保供养工作新局面，力争到2010年全省农村五保供养服务机构建设有新发展，全省农村五保供养对象集中供养率有新提高。根据有关政策，结合我省实际，制定本实施办法。

第二条　本实施办法所称农村五保供养服务机构建设，是指农村敬老院等集中供养五保供养对象的机构（以下简称农村敬老院）建设。

第三条　推进农村敬老院建设，必须坚持以下指导思想和方针：

（一）以科学发展观为指导，推进积极的民政政策，解放思想，改革创新。

（二）根据新的《农村五保供养条例》，按照构建和谐社会和建设社会主义新农村的要求，以改善农村五保供养条件、完善敬老院养老服务功能，进一步提高五保供养对象服务质量为核心，大力提高全省农村五保供养对象集中供养率为基础，从整体上为提高全省农村五保供养工作达到新水平提供保障条件。

（三）采取政府主导，社会参与，统一规划，分期实施相结合的方针。

第二章　建设原则

第四条　坚持省级为主，地方配套；整合资源，完善功能，确保需要；统一标准，规范建设。

第三章　建设目标

第五条　2009—2012年，用4年时间，在现有1500所农村敬老院的基础上，再新建、改扩建1370所标准化乡镇敬老院，每所敬老院平均入住100名五保供养对象（在具体实施中，对发达地区，每个乡镇必须再新建、改扩建1—2所能容纳150—200人的大型敬老院；对一般地区，每个乡镇必须再新建、改扩建能容纳100—150人左右的敬老院；对一般地区，每个乡镇必须再新建、改扩建能容纳100人左右的敬老院，最终必须按照各地分解目标中规定的集中供养率目标）。按人均10平方米建筑面积计算，1370所农村敬老院建筑面积137万平方米，届时能入住13.45万名五保对象，到2009年，全省农村敬老院的集中供养率达到25%，到2012达到50%。同时，建成内部设施较齐全、服务功能较完善、管理较规范、五保对象较满意的农村五保供养对象服务体系。

第四章　建设形式

第六条　一是以新建敬老院院民住房为主；二是整合资源，对撤并乡镇后能置换的办公室、学校等适当进行改扩建；三是经济薄弱的乡镇，对原有的敬老院进行改扩建，尽可能地增加床位数；四是添置设备和附属设施建设。

第五章　建设标准

第七条　乡镇敬老院的住房、菜地、室外活动场所、附属设施和设备添置更新有关规范标准按照《关于做好农村五保供养服务机构建设的指导意见》（省民政厅民福函〔2007〕84号）实施。

第六章　投资规模

第八条　2009—2012年，四年所需投资11.5亿元，用于乡镇敬老院新建、改扩建以及敬老院设备添置和附属设施建设。

第九条　按照民政部要求和《关于做好农村五保供养服务机构建设的指导意见》，五保对象人均居住面积不少于10平方米，按每所敬老院平均入住100名五保对象，新建、改扩建1370所敬老院总建筑面积约137万平方米，需要建设资金约11.5亿元。

第七章　经费筹集方法

第十条　一是省级财政安排；二是省、市、县级福彩公益金安排；三是市、县财政配套安排以及开展向城乡孤老爱心认助活动解决。

第八章　项目建设与管理模式

第十一条　县级人民政府是农村五保供养服务机构建设的责任主体，负责本行政区域内农村五保供养服务机构建设的组织领导、规划制定以及配套资金、优惠政策。

第十二条　项目建设按照国家有关工程建设的规定实行法人责任制、招投标制、工程监管制和合同管理制。

第九章　敬老院运行体制和管理模式

第十三条　按新的《农村五保供养工作条例》规定，乡镇敬老院的管理责任主体是乡镇政府。

第十四条　政府投资新建的乡镇敬老院所有权归乡镇政府，并由乡镇政府招聘敬老院院长和其他工作人员。

第十五条　敬老院等五保供养服务机构应按照院民与工作人员10:1的比例配备工作人员。各地应采取公开招聘的形式，聘用有文化、懂管理、对服务对象有爱心的、年龄在55周岁以下同志到农村敬老院任职，不断提高农村敬老院管理水平和服务质量。

第十章　附　则

第十六条　乡镇人民政府应加强对农村敬老院的安全和管理，建立健全各项规章制度，确保农村敬老院的院民生活在安乐、舒适、安全的环境中。

第十七条　本办法由省民政厅负责解释。

第十八条　本办法自2010年1月1日起施行。

农村沼气建设工程实施办法

省农委　省财政厅

为贯彻落实《安徽省人民政府关于2010年实施33项民生工程的通知》（皖政〔2010〕1号）精神，推进我省农村沼气建设又好又快发展，特制定本实施办法。

一、指导原则

以科学发展观为指导，以建立节约型社会和发展循环型经济为理念，紧紧围绕建设社会主义新农村的中心任务，大力实施以农村沼气为纽带的生态家园富民工程，普及推广猪—沼—果（茶、菜、粮、油、菌、渔等）生态农业技术，促进农业结构调整，发展高效优质安全农产品生产；以使用清洁能源为切入点，结合改厨、改厕、改圈，改善农村公共卫生和生态环境状况；广泛开展综合利用，提高沼气综合利用效益；积极引导农民改变传统的生产、生活方式，努力提高农业生产水平、农民生活质量和农村文明程度，实现家居环境清洁化，资源利用高效化和农业生产无害化。

二、目标任务

根据《安徽省"十一五"农村可再生能源发展规划（2006—2010年）》和《安徽省农村沼气服务体系建设方案》，十一五期间，我省农村户用沼气占适宜建沼气农户的20%左右，乡村沼气服务网点覆盖率达90%以上，新建畜禽养殖场沼气工程3100处。按照优先安排退耕还林、血吸虫疫区和市、县人民政府与群众积极性高、配套资金到位地区建设农村沼气的原则，统筹兼顾各市、县任务和投资平衡，确定各年建设任务。2010年建设任务为：2010年全省建设农村沼气11.9918万户（含2008年计划8.3723万户），其中：农村户用沼气11.7673万户；养殖小区沼气工程35处，供气农户1700户；联合沼气工程74处，供气农户545户。农村沼气乡村服务网点1169个，县级服务站76个，畜禽养殖场大中型沼气工程78处。

三、建设方式

（一）农村户用沼气。以户为基本项目单元，建设沼气池，同时进行"三改"，即户用沼气池建设与改圈、改厕和改厨同步设计、同步施工，指导建池户开展综合利用，取得综合效益。

（二）养殖小区沼气工程。在人畜分离、实行小区集中养殖的村，以畜禽粪便污水为原料，以供气50户为基本建设单元，建设养殖小区沼气工程，向附近农户提供沼气。

（三）联户沼气工程。以养殖农户为核心，以相邻几户为单元，建设沼气池，配套进行改厕、改厨，通过输气管道实现集中供气。

（四）农村沼气乡村服务网点。村级沼气服务网点建设一处固定服务场所，新建一个原料发酵贮存池，配备一套进出料设备、检测设备和维修工具，购置一批沼气配件。每个网点至少配备1名技术服务人员，负责300—500户沼气池的维护维修、沼液沼渣进出料、综合利用和安全使用技术指导等服务工作。

（五）农村沼气县级服务站。依托现有社会化服务机构或县级农村能源办，建立自主经营、自主服务、自负盈亏的农村沼气县级服务站，主要配备沼气技术巡回服务多媒体车、大功率远程进出料车、应急处理专用摩托车、培训和教学设施设备、实训场地及工具、维修工具盒检测仪器、"一站式"服务业务用房。

（六）畜禽养殖场大中型沼气工程。每处建设畜禽粪污处理沼气工程一座，主要包括发酵池、贮气柜、沼气利用设施等。具体建设内容和标准严格按照有关部门的批复执行。

四、资金筹措

农村沼气工程建设资金由中央财政、地方财政和受益农户共同投资建设。

（一）农村户用沼气。2008 年尚未实施的农村户用沼气，中央补助 800 元/户，享受西部地区政策县中央补助 1000 元/户（资金已在以前年度安排）；2010 年新建农村户用沼气中央补助 1200 元/户。地方承担部门，省财政补助 640 元/户，县（市）财政补助 160 元/户，受益农户承担不得超过 500 元/户（农户可投工投劳折算）。市级对 61 个县（市）和 15 个县改区不承担配套资金。

鼓励有条件的市（县、区）建设养殖小区和联户沼气工程，除中央补助外，受益农户承担不超过 500 元/户，省、市（县、区）比照户用沼气标准分别承担 640 元/户和 160 元/户。市级对 61 个县（市）和 15 个县改区不承担配套任务。

（二）乡村沼气服务网点。2008 年尚未实施的乡村沼气服务网点（资金已在以前年度安排），以及 2010 年新建乡村沼气服务网点，除中央补助外，地方承担部分，省级每个补助 4000 元，其余部分由服务实体或项目村承担。

（三）农村沼气县级服务站。按照国家发改委安排的投资，每个县级服务站投资标准为 60 万元，争取中央补助 15 万元，省级补助 15 万元，其余资金由县（市、区）财政和服务站自筹。

（四）畜禽养殖场大中型沼气。大中型沼气每处争取中央补助资金占项目总资金的 40% 左右，省财政给予定额补助，其余资金由项目建设单位承担。

五、项目建设要求

（一）严格执行各项管理制度。严格按照《安徽省户用沼气项目建设技术规范与质量标准》、《安徽省农村沼气建设国债项目财务管理实施细则和会计核算实务》（试行）、《安徽省农村沼气建设国债项目验收（试行）办法》、《安徽农村沼气国债项目档案管理实施细则》（试行）等要求组织实施，严格标准，规范管理，确保工程建设进度和质量符合国家要求，确保各项管理措施落实到位。

（二）推进管理公开。使用中央、省财政补助资金购置的沼气灶具及配件等，按照《政府采购法》及安徽省政府采购相关规定实施招标采购，项目建设任务、资金补助标准、物资采购与分配、监督服务联系等情况要在村内公示。沼气服务网点专用设备和物资由各县农村能源管理部门会同财政部门集中采购，将统一采购的设备拨付到各服务网点，并就政府投资购置的乡村服务网点专用设备等固定资产的使用权做出规定和进行设备拨付监管。

（三）严格资金管理。加强项目资金使用监管，杜绝挤占、挪用。严格执行农村沼气国债项目资金财务管理办法的各项规定，专账管理、专款专用，任何单位和个人不得截留、挪用。中央及省补助资金直接下拨到项目县，由项目县根据建设进度进行拨付资金。

（四）保证建设质量。严格执行农村沼气建设国家标准和行业标准，加大职业技能鉴定力度。从事户用沼气建设的施工人员和直接面向农户的技术服务人员必须经过培训，持有“沼气生产工”国家职业资格证书。养殖小区沼气工程要委托专业的设计机构和建设队伍组织建设，联户沼气要有技术过硬的技工或施工队伍负责建设。畜禽养殖场大中型沼气工程项目要委托有资质的专业设计机构设计和有资质的施工单位承建。

（五）严格项目验收。农村户用沼气项目完成任务后，各项目县要及时整理相关资料，先行自验，并进行项目审计。自验合格并经市农村能源管理部门核验后，向省农委提出书面验收申请，省农委将组织有关部门按照《安徽省农村沼气建设国债项目验收办法》组织项目竣工验收。养殖小区沼气集中供气工程、联户沼气工程及农村沼气乡村服务网点项目由各市农村能源主管部门负责验收，报省农委备案，省农委组织抽查。畜禽养殖场大中型沼气工程项目由省农委按照国家有关要求组织项目竣工验收。

六、保障措施

（一）加强领导，明确责任。各项目县（市、区）要成立农村沼气建设项目领导小组，建立行政领导责任制和项目法人责任制。项目县（市、区）政府农业主管领导应作为项目行政负责人，对项目的领导、组织、协调、配套资金落实、计划任务完成等负总责；县农委主任为项目第一责任人，对项目实施和管理负责；县农村能源办公室为项目法人单位，对项目建设、管理、技术指导和项目建设质量负责。县财政部门负责资金使用管理。各项目县（市、区）要按照定领导、定任务、定人员、定责任、定时限的要求，进一步细化、量化工作目标，将建设任务落实到部门、乡村和农户，制定实施方案，报省农村能源办备案。

（二）精心组织，抓好落实。各市、县（市、区）要制定相应优惠扶持政策和切实可行的工作措施，全力推进，务求实效，确保计划任务顺利完成。各项目县（市、区）每个月10日前要向国家沼气项目管理系统报告项目进展情况和已完成项目的档案资料。省农委将在安徽省可再生能源网上每月公布各地建设进度。

（三）加强督查，加快推进。要认真落实项目计划，加强工程建设质量和财务管理。各市及项目县要强化农村能源管理部门建设，充实管理人员和专业技术人员，及时对项目实施工作进行指导、监督和检查。对于项目执行不力、建设进度迟缓的项目县（市、区），将给予通报批评，责令限期整改；对于逾期不能完成项目建设任务，并在上级核查检查和项目验收中存在较多问题的项目县（市、区），3年内不允许申报农村能源建设项目，以促进项目建设。

病险水库除险加固工程建设实施办法

省水利厅 省发展改革委 省财政厅

为贯彻落实《安徽省人民政府关于2010年实施33项民生工程的通知》（皖政〔2010〕1号），确保如期完成我省病险水库除险加固工程建设任务，特制定本实施办法。

一、目标任务

我省横跨淮河、长江、新安江三大流域，水库数量众多。据统计，全省现有水库4836座，大型12座、中型100座、小型4724座，主要分布在江淮丘陵地区、大别山区和皖南山区。经有关部门鉴定，我省现有病险水库1909座，其中大型8座、中型81座、小型1820座（现已列入国家规划重点小型206座）。这些病险水库是我省防洪安全的最大隐患，严重威胁着下游人民群众的生命财产安全，亟待除险加固。按照十七届三中全会精神和《中共安徽省委〈关于贯彻中共中央关于推进农村改革发展若干重大问题的决定〉的实施意见》和省政府要求，在2010年前完成大中型水库和国家补助重点小型水库除险加固任务，2012年前基本完成省计划病险小型水库除险加固任务。其中，2010年目标任务：开工省计划的小型水库300座，完成中型水库48座、省计划小型水库300座，验收中型水库47座、国家重点小型水库109座。同时，省政府决定，从2009年始将中小型水库除险加固工程建设纳入市县政府目标考核。任务不能如期完成的，按照省政府与各市签订的责任状予以追究责任。

二、政策规定

为加快病险水库除险加固工程建设步伐，2007年9月省政府印发了《安徽省病险水库除险加固实施方案》（皖政办〔2007〕69号）文，对病险水库除险加固前期工作、资金测算和筹措方案、分年实施意见、保障措施等方面提出了详细的措施和要求，为病险水库除险加固工作顺利实施提供了政策保障。2008年省财政厅出台了《安徽省小型病险水库除险加固项目专项资金管理暂行办法》（财建〔2008〕481号）文，对病险小型水库除险加固资金管理、使用作了详细规定。省水利厅又制定了《安徽省小型水库大坝安全评估办法（暂行）》、《安徽省小型水库除险加固设计导则》、《安徽省病险小型水库除险加固工程建设管理办法（试行）》、《关于加强重点小型水库除险加固工程建设管理工作的通知》、《安徽省病险水库除险加固工程验收工作大纲（试行）》、《关于切实加强全省病险水库除险加固工程建设安全监督管理工作的意见》等文件，对病险水库除险加固前期工作、建设管理等进行详细规定，有条不紊地推进除险加固工作。

三、资金筹措

根据《中共安徽省委关于贯彻〈中共中央关于推进农村改革发展若干重大问题的决定〉的实施意见》和省政府第20次常务会议精神，中型水库除险加固工程按照中央、省、市县50%、30%、20%的比例筹措资金。如中央投资变化，对于比照西部大开发的市县，工程投资全部由中央和省级承担；对非比照西部大开发的市县，中央和省级投资合计按80%确定，不足部分由项目所在地市级政府补齐。

国家补助的206座重点小型病险水库除险加固资金，原则上按照中央确定的平均投资额450万元/座为基数，一般重点小型水库，中央和省级按315万元/座补助，比照西部大开发的地区重点小型水库，中央和省级按390万元/座补助，国家贫困县地区重点小型水库，除中央补助投资外，省级全额补助。对列入省计划内的小型水库除险加固后，省级按平均投资额50%予以定额补助。

各级政府要按照“分级负责、分级管理”和“财政投入为主，市场融资为辅，鼓励社会参与”

的原则，多层次、多渠道筹集建设资金。在加大财政投入力度的同时，各地既要充分发挥公共财政的主导作用，又要充分引导各方面资金投入水库除险加固。各地也要制定相应的投入政策，明确投入渠道和资金比例。要整合省下达各地的涉农资金，在不改变投资渠道和现行管理方式的前提下，尽可能兼顾病险水库除险加固，省里一律视为市县配套资金。同时，要用活“一事一议”等相关政策，动员组织农民群众投资投劳，保证工程的顺利实施。

四、保障措施

（一）明确目标，落实责任

各级政府、各有关部门要以科学发展观为指导，以对人民群众生命财产高度负责的精神，把病险水库加固工作摆上重要议事日程。进一步落实病险水库除险加固工作责任制，按照“事权一致，分级管理，分级负责”的原则，省管大型水库责任主体为省水利厅，其他大中型水库责任主体按现行隶属关系，为市县政府。县、乡（镇）管中小型水库责任主体为有关县政府。各级政府要对其管辖的水库运行安全、日常管理、建设管理等负总责，落实运行管理、除险加固资金，签订责任状，限期完成除险加固任务。各级政府及责任单位要制定详细的分年实施计划，以市为单位排定中小型水库除险加固次序，相关市政府要积极组织力量，尽快完成安全鉴定、安全评估、初步设计等前期工作，落实资金，按时完成除险加固任务。

（二）加大力度，积极筹措建设资金

除积极争取中央投资外，省、市县各级都要安排专项资金用于水库除险加固。省级投资本着“足额配套、先急后缓、突出重点、分年安排”的原则，优先安排前期工作及在建项目进度快、质量好、市县配套资金到位的项目。有关市县要认真落实病险水库除险加固配套投资，在财政预算中列出病险水库除险加固专项经费，整合各种涉农资金用于病险小型水库除险加固。对一些以兴利为主兼顾防洪的小型水库，可按照《安徽省人民政府办公厅转发省水利厅关于进一步推进全省小型水利工程产权制度改革的指导意见》（皖政办〔2006〕5 号）要求，积极探索租赁、承包等形式，多渠道筹集除险加固资金。

（三）按照基本建设程序，规范水库除险加固工程建设管理

1. 严格项目法人组建。水库加固项目在开展前期工作的同时，要按照分级管理的原则组建项目法人。省直属的大型水库加固工程的项目法人由省水利厅负责组建，其余大中型水库，按现行隶属关系，由市县政府水利（水务）局负责组建；小型水库加固工程的项目法人由所在县（市、区）水利（水务）局负责组建。项目法人的组织机构和技术力量必须满足工程建设需要，主要管理人员须经培训后上岗。

2. 规范招标投标管理。各级水利、财政、发展改革等部门要加大招投标工作监督力度，按照有关规定，对水库除险加固工程的施工、监理、主要设备和材料采购实行公开招标。

3. 加强工程监理管理。监理单位要切实履行监理职责，规范监理行为，要严格按合同规定，认真做好进度、质量和投资的控制。监理工程师须持证上岗，要严格执行旁站监理和平行检测的有关规定，确保监理效果。严禁同体监理。

4. 切实加强合同管理。要以合同管理为核心做好建设管理工作，参建各方要严格履行合同。工程实施中应严格控制合同外项目的发生，不得随意变更已批复的设计。如因客观原因确需进行设计变更，应在充分调查论证的基础上，编制设计变更报告。重大设计变更应报原审批单位批准后执行。

5. 强化工程质量管理。建立健全水库加固工程质量责任制，全面实行项目法人负责、监理单位控制、施工单位保证和质监部门监督的质量保证体系。要认真执行竣工检测的有关规定，加大监督检查力度，确保工程质量。

6. 规范资金使用管理。严格按照有关法律法规要求，坚持“分级管理，分级负责和专款专用”的原则，项目法人对水利建设资金使用和管理负全面责任，各级财政部门要认真加强建设资金监管。建立健全内部财务管理制度，严格履行资金使用报批手续，严格实行专户存储、专款专用，严禁截留、挤占和挪用，同时加强竣工审计。

7. 及时进行验收。水库加固项目投资计划下达后，一般应在一个枯水期内完成主体工程，自开工起大中型水库两年内、小型水库一年内完成竣工。验收工作要严格按照水利部有关规定执行。对于在建大中型水库，要进一步强化管理，科学调度，加快建设进度，主体工程已基本完成但仍有资金缺口的，要抓紧进行财政评审；财政评审结束后，投资计划已下达完毕的，必须及早扫尾；对已完工程及时按规定进行验收，以投入正常运用，做到加固一座，销号一座。

（四）加强管理，进一步完善水库管理体制改革

各地要加强对水库管理工作的领导和检查监督，全面建立和落实以行政首长负责制为核心的水库大坝安全责任制，进一步明确水库大坝安全运行的政府、主管部门和管理单位责任人。落实水库管理人员和经费，确保水库安全运行。在水库加固过程中，要通过降低水位、控制运行、加强观测等措施，保证水库加固期间的安全。国家发改委、水利部要求把水库除险加固项目安排与水管体制改革进度挂钩，除险加固中央补助项目安排必须有经批准的水管体制改革方案、财政部门拨付“两费”的有关文件。各地要以水库除险加固工作为契机，按照国发办〔2002〕45 号文和皖政办〔2004〕102 号文要求，进一步加快水库管理体制改革步伐，尽快完成改革任务并巩固好改革成果，确保水库运行管理和水库除险加固协调发展。

小型水库应认真贯彻执行水利部《关于加强小型水库安全管理工作的意见》(水建管〔2002〕188 号):小(一)型水库要做到“五有”,即有管理组织和专职管理人员(不少于 3 人),有管理设施,有管理运行规章制度,有必要的交通、通讯设施,有管理人员报酬和工程维修经费来源;小(二)型水库要做到“三有”,即有管理组织或专职管理人员,重点小(二)型不少于 2 人,一般小(二)型水库不少于 1 人,有管理运行规章制度,有管理人员报酬和工程维修经费来源。确有困难,管理机构和管理人员暂时还不能到位的,可以聘请管护人员,绝不允许存在无人管理的现象。列入除险加固计划的小型水库应出具由县(市、区)人民政府签署的相关文件,对每座小型水库的管理,按“五有”或“三有”进行明确。要落实水库管理运行经费,对小(一)型水库中的纯公益性工程,由各级财政落实其运行管理经费和维修养护经费;准公益性工程,由各级财政落实其公益性部分运行管理经费和维修养护经费,同时落实合理的水价、电价政策;对经营性工程,要落实合理的水价、电价政策。小(二)型水库的管理运行费在受益范围内合理筹集,足额到位,有条件的县财政给予适当补助。

（五）加强部门协作，建立健全监督体系

各有关部门要各司其职，各负其责，密切配合，共同搞好病险水库除险加固工程建设。水利部门要成立专门的办事机构，充实力量，负责病险水库的安全鉴定和安全评估工作，组织编制、审批工程项目的初步设计，组织和指导项目的建设及运行管理；发展改革部门会同有关部门，积极争取中央投资，做好水库除险加固工程投资计划下达等工作；财政部门负责筹措地方配套资金，及时落实建设资金，并加强对资金使用的监管；新闻媒体要加大水库除险加固工程的宣传和舆论监督；审计、监察部门要加强对水库除险加固工程建设的审计、检查，保障工程建设顺利进行。

新时期广播电视“村村通”工程实施办法

省广电局　省发展改革委　省财政厅

为贯彻落实《安徽省人民政府关于 2010 年实施 33 项民生工程的通知》（皖政〔2010〕1 号）精神，根据《国务院办公厅关于进一步做好新时期广播电视村村通工作的通知》（国办发〔2006〕79 号）和《安徽省人民政府办公厅关于进一步做好新时期广播电视村村通工作的通知》精神（皖政办〔2007〕43 号），现就新时期广播电视村村通工程项目制定如下实施办法：

一、指导思想

做好新时期广播电视村村通工作要以邓小平理论和“三个代表”重要思想为指导,紧紧围绕建设社会主义新农村的总体目标,按照省委、省政府关于民生工程建设的战略部署,把社会效益放在首位,着力解决广大群众最关心的收听收看广播电视节目问题。“村村通”工作以政府为主导,以欠发达地区为重点,以加强农村文化建设为核心,以建立健全广播电视公共服务体系,保障广大农民群众最直接、最现实的基本文化权益,满足人民群众日益增长的精神文化需求为目的,最大限度地扩大广播电视的有效覆盖,不断提高广播电视,尤其是农村广播电视的基本服务水平,进一步扩大政府公共文化服务覆盖面,让更多的群众共享改革发展成果。

二、目标任务

我省新时期广播电视村村通工程的目标任务主要有两项：一是到 2010 年底，全面实现全省 20 户以上已通电自然村通广播电视，使“盲村”的农民能够收听收看到包括中央和本省第一套节目在内的 4 套以上的广播节目和中一、中七、安徽卫视在内的 8 套以上的电视节目；二是按照分级负责原则，充分发挥各地广播电视无线发射转播台（站）的作

用，通过加快设备更新改造、增加转播节目数量、加强运行维护，大力提高农村地区的广播电视无线覆盖水平，使我省大多数农村人口能够无偿收听收看到包括中央第一套广播节目、第一和第七套电视节目，以及本省第一套广播电视节目的4套以上的无线广播节目和电视节目。

（一）在广播电视村村通“盲村”建设方面，全省有30404个20户以上已通电自然村盲村建设任务。按照统一规划，分年实施的原则，采取光（电）缆联网、卫星接收等方式实现覆盖。

（二）在农村广播电视无线覆盖方面，主要是中央广播电视节目、省第一套广播电视节目和市、县第一套广播电视节目的覆盖。

中央广播电视节目无线覆盖任务由国家广电总局统一组织、分步实施。

省第一套广播电视节目的无线覆盖，即：安徽卫视和安徽新闻综合广播的无线覆盖，技术方式采用电视发射、调频发射和中波发射。实施4项措施：一是将主要承担中央和省广播电视节目发射任务的黄山701、安庆702、淮南703、淮北704和滁州琅琊山共5座电视调频骨干发射（转播）台成建制上划省广电局管理。二是更新改造骨干台和部分市、县发射台设备和基础设施。三是新增频率（频道）、扩大发射布点。四是解决骨干转播台和一些发射台的信号源问题。

市、县第一套广播电视节目的无线覆盖工程要在2009年底前完成，设备更新改造和运行维护经费由地方政府负责解决。

三、实施范围及步骤

“盲村”建设方面，“十一五”期间我省30404个20户以上已通电广播电视自然村“盲村”数系经各级广播电视、发展改革、财政等部门审核，同级政府审定，上报国家核定后的下达数，任务涉及全省15个市的66个县（区）。各地要紧密结合当地农村经济和社会发展总体规划，按照国家核定的“盲村”村名和数量，科学制订“村村通”工程建设规划和实施方案，明确实施主体、资金来源和保障措施，认真抓好落实。

无线覆盖方面，中央节目的无线覆盖工程按总局的统一部署进行，2007年完成2007—2008年第一阶段任务，涉及全省72个台站，128部电视调频发射机；2008年奥运会前完成2007—2008年第二阶段任务，涉及全省6个台站的6部电视调频发射机，具体实施方案按总局要求进行。省第一套广播电视节目无线覆盖工程，2007年完成5座电视调频骨干转播台上划和部分电视设备的更新改造；2008年基本完成8座电视调频骨干转播台和部分市级转播安徽第一套广播电视节目的设备更新改造；2009年完成所有电视调频发射设备的新增及更新改造，对部分中波发射设备进行更新改造；2010年对部分的无线覆盖盲区进行“补点”工作，全面完成我省第一套广播电视节目无线覆盖工程。

四、资金筹措方案

2010年全省计划完成5628个20户以上已通电自然村“盲村”广播电视村村通工程建设任务，按照每个“盲村”1万元的补助标准，共需工程建设补助资金5628万元，其中：国家补助1773万元，省级配套2313万元，市级配套1542万元。省级承担部分仍由省发改委、省财政厅、省广电局按照45%、45%、10%比例分担；市级承担部分由省财政负责安排。

省、市、县级政府分别负责解决转播本级广播电视节目的无线发射转播台（站）的机房和设备的更新改造资金。省级无线覆盖（省第一套广播电视节目和微波数字化改造）建设资金1.2亿元由省级承担，具体由省财政厅、省广电局各承担50%。按照分级负责原则，地方各级政府负责农村广播电视管理维护机构日常经费，并按有关规定转播好中央和省级广播电视节目。省、市、县级政府分别负责解决转播本级广播电视节目的无线发射转播台（站）设备的运行维护经费。

五、保障措施

（一）加强领导，健全组织

“村村通”是政府组织实施的一项民生工程，让广大农民群众听到广播、看到电视，向广大农民群众提供基本的公共文化服务，是保障农民群众基本文化权益的需要，也是各级政府必须履行的基本义务和职责，必须加强领导、健全组织、统筹协调、强力推进。省政府成立以分管负责同志为组长，广播电视、发展改革、财政、人事等部门参加的省广播电视村村通工作领导小组。各市、县人民政府也要加强对“村村通”工作的组织领导，要建立和完善工作机构，政府分管负责同志牵头，广播电视、发展改革、财政等有关部门负责同志参加，形成政府统一领导、部门密切配合的工作协调机制，及时协调解决实施中的重大问题。

（二）落实资金，履行职能

广播电视村村通是各级政府履行公共服务职

能、建设公共文化服务体系的重要工作，是由政府主导投入的社会公益事业，各级人民政府要充分发挥政府对“村村通”工作的主导和推动作用，不折不扣地落实应承担的资金，并纳入年度财政预算。广播电视部门要努力做好“村村通”工程的规划、技术方案制订、施工建设及落实本部门应承担的资金工作；发展改革部门负责“村村通”工程的立项、规划等前期工作；财政部门要负责落实本级应承担的“村村通”工程建设和运行维护资金以及加强资金监管；其他相关部门也要充分发挥职能作用，支持配合做好工作。要充分利用现有设施和资源，尽量减少重复投资，加快工程建设进度。

（三）明确职责，做到“五个纳入”

省广电局已经代表省广播电视村村通工作领导小组与17个市人民政府签订了责任书，市与县也要签订责任书，明确各自的任务和责任，但决不允许将任务和责任向下一级转嫁。要按照中央的统一要求，切实把广播电视村村通纳入各级党委、政府工作的重要议事日程、纳入各级政府经济社会发展和社会主义新农村建设的总体规划，纳入各级政府公共财政支出预算，纳入各级政府的扶贫攻坚计划，纳入干部考核的内容，纳入全省各级党委政府对有关部门、单位进行年度考核的重要内容，确保“村村通”工作在当地党委政府的强有力领导下顺利推进。

（四）落实政策，实行责任追究

要严格按照国办发〔2006〕79号文件和财税〔2007〕17号文件的要求，对建设、经营有线电视网络的单位从农村居民用户取得的有线电视收视费收入和安装费收入，3年内免征营业税和所得税；对用于覆盖农村地区的广播电视无线发射台（站）、转播台（站）、差转台（站）、监测台（站）统一执行国家规定的非普工业类电价标准，不执行峰谷分时电价政策。要实行责任追究制，加强对“村村通”工程建设的监督检查，对不执行国家和省关于“村村通”工作的有关政策、对因不负责任而造成重大损失的，要追究当事人和领导者的责任。

（五）加强管理，确保长效

村村通的建设很难，而建成后要保证户户通、长期通更难，这就要求必须加强制度建设，加强运行维护管理工作，建立长效机制。一要从工程建设抓起，对于设备采购、安装调试、竣工验收等各个环节，必须有明确的规章制度，照章办事，保证质量。特别要对专项资金使用情况加强监督审计，确保专款专用，严禁截留、挪用。二要在工程建成后，及时将其纳入广播影视行政主管部门的职责范围内，实行制度化规范化管理，确定专人负责，认真做好日常设备维护，强化监督检查。三要深化改革，进一步推进市、县广电部门职能转变，把市、县广电工作重点放到抓好广播电视覆盖和服务上来，做好“村村通”的运行维护工作。要按照建立农村广播影视公共服务体系的要求，进一步理顺县、乡广播电视管理体制，使之有利于“村村通”建设和运行维护，保障“村村通”健康发展。

农家书屋工程实施办法

省新闻出版局 省财政厅

农家书屋工程是党中央、国务院确定的公共文化服务体系建设五大工程之一，是由政府统一规划、组织实施的惠及广大农民群众、推动新农村文化建设的基础工程、民心工程。省委、省政府高度重视农家书屋工程建设，将农家书屋工程列为农村文化建设民生工程。为贯彻落实《安徽省人民政府关于2010年实施33项民生工程的通知》（皖政〔2010〕1号）精神，确保农家书屋工程顺利实施，制定如下实施办法：

一、指导思想

农家书屋工程坚持以邓小平理论和“三个代表”重要思想为指导，全面落实科学发展观，始终把握社会主义先进文化前进方向，坚持政府主导、行业推动、社会支持的原则，努力满足广大农民群众多层次、多方面的精神文化需求，保障农民群众基本文化权益，从根本上解决农民群众“买书难、借书难、看书难”问题，改善农村文化环境，提高农民整体素质和农村文明程度，为建设社会主义新农村服务。

二、任务和计划

2010年，按照我省农家书屋十一五建设规划，6月底前建成3000个农家书屋。

各县（市、区）新闻出版行政部门按照省、市农家书屋工程领导小组下达的计划数量，组织乡（镇）、村选址申报，选点布局要相对集中，增强书屋建成后的影响力和辐射力，形成集聚效应；经实地考察审核后，向市级新闻出版行政部门推荐定点村；市级新闻出版行政部门复审后，将本市2010

年农家书屋选择情况汇总报省新闻出版局；省新闻出版局审查确定各地农家书屋建设名单，报新闻出版总署批准。没有建设农家书屋的少数民族行政村要优先申报，力争2010年把全省所有少数民族行政村全部建成。

三、建设标准

（一）农家书屋的房屋由当地解决，每个书屋可使用面积不少于20平方米。

（二）每个书屋配备图书一般不少于1500册，种类不少于1200种；报刊不少于20至30种；电子音像制品不少于100种（张）。

（三）每个书屋配备书橱不少于5组，并配备桌椅等基本阅览设施。有条件的可以自行配备放像机、电视机、电脑等设备。

（四）每个书屋应悬挂统一标牌，书屋管理制度和借阅制度上墙，并备有出版物登记簿、出版物借阅登记簿、出版物需求登记簿等簿册。

四、建设资金

农家书屋建设资金由政府投入，每个农家书屋建设资金标准是2万元，中央财政按50%给予补助资金，其余部分按照省与市、县（区）7∶3的比例承担。中央和省级专项资金全部用于出版物采购；市、县财政配套资金，专项用于采购农家书屋书橱、桌椅、牌匾、簿册等辅助设施。

五、采购配送

省里按照政府采购的规定，统一进行出版物集中采购，确定出版物供货配送单位及出版物发行折扣率。

市、县新闻出版局在上级指导下，根据省政府采购中心确定的供货配送单位及出版物发行折扣率，按照新闻出版总署《农家书屋建设管理暂行办法》的规定和出版物配备标准要求，依据农家书屋出版物必备目录和推荐目录，在规定的资金额度内选择出版物，交中标单位负责采购和配送到每个农家书屋。配送单位应在出版物上统一加盖农家书屋标识印章，交接时应向农家书屋提供出版物配送清单，由相关接受人清点验收，登记造册，做到手续完备、账目清楚。

采购书橱、桌椅，制作牌匾及印制管理制度、簿册等辅助设施，由市、县（市、区）新闻出版局商同级财政部门确定。

六、书屋管理

每个书屋要选配具备一定文化水平和管理能力、热心公益事业的专职或兼职管理人员，并报县、区新闻出版局备案。

每个书屋应悬挂统一牌匾，书屋管理制度和借阅制度上墙，并备有统一制发的出版物登记簿、出版物借阅登记簿、出版物需求登记簿等簿册，保证固定的开放时间，实行免费借阅，尽力为村民服务。

书屋的图书要按照全国农家书屋工程协调小组办公室编印的《农家书屋管理员手册》的要求，进行分类和编号。

七、检查验收

2010年8月至10月，由省农家书屋工程领导小组按照新闻出版总署制定的验收标准组织验收。验收内容为农家书屋房舍、配备的出版物、基本设备、管理制度、群众知晓度和满意度、管理员人选等情况。验收结果分为达标和不达标两类。验收不达标的书屋，由实施部门按照有关标准继续建设，完工后重新进行检查验收。

八、责任分工

（一）省农家书屋工程领导小组负责制定全省农家书屋工程建设实施方案，编制全省农家书屋工程实施计划，落实中央财政和省级财政配套资金，组织指导招投标工作，推荐农家书屋所需出版物目录，协调指导全省农家书屋工程建设，组织全省农家书屋的检查验收。

（二）市农家书屋工程领导小组负责审核上报本市农家书屋选址计划，组织区农家书屋所需书橱、桌椅等辅助设施的采购配送，统一制作农家书屋牌匾、管理制度、借阅制度和出版物登记簿、出版物借阅登记簿、出版物需求登记簿，督促本市农家书屋建设工作，组织农家书屋管理员培训，汇总上报本市农家书屋信息资料（含电子版），组织本市农家书屋的检查验收。

市辖区农家书屋领导小组负责本区农家书屋选址的实地考察、审核和上报，对建成的农家书屋逐一进行检查验收。

（三）县农家书屋工程领导小组负责本县农家书屋选址的实地考察、审核和上报，组织本辖区农家书屋建设所需书橱、桌椅、统一制作农家书屋牌匾、印制管理制度、借阅制度和出版物登记簿、出版物借阅登记簿、出版物需求登记簿等辅助设施的采购配送，对建成的农家书屋逐一进行检查验收。

（四）乡（镇）村负责落实农家书屋建设场所和选配书屋管理人员，做好书屋的开放使用和日常管理、督促、检查工作。

乡镇综合文化站建设实施办法

省文化厅　省财政厅　省发展改革委

为贯彻落实《安徽省人民政府关于2010年实施33项民生工程的通知》（皖政〔2010〕1号）精神，根据国家发改委、文化部《关于印发全国“十一五”乡镇综合文化站建设规划的通知》（发改社会〔2007〕2427号）和省委办公厅、省政府办公厅《关于加强农村文化建设的实施意见》（皖办发〔2006〕28号）精神，现就我省乡镇综合文化站建设制定如下实施办法。

一、指导思想

坚持以邓小平理论、“三个代表”重要思想和科学发展观为指导，全面贯彻落实党的十七大和十七届三中全会精神，着眼于增强党在农村的执政能力和执政基础，着眼于维护农村改革发展稳定大局，着眼于满足农民日益增长的精神文化需求和提高农民文化素质、农村文明程度，以完善服务条件和提高服务能力为重点，加大投入，加强管理，增强服务，争取通过几年的不懈努力，使乡镇综合文化站设施得到明显改善，运行活力得到明显增强，服务水平有较大提高，促进县乡村三级文化服务网络逐步健全和完善，为满足农民群众基本文化生活需求提供保障。

二、目标任务

到2010年，全省所有乡镇基本建有具备综合服务功能的文化站、具有较高专业素质的文化站队伍、合理有效的农村乡镇文化管理体制，乡镇公共文化服务能力有显著改善；乡镇综合文化站成为当地农村思想道德教育的重要阵地、丰富农民群众精神文化生活的重要场所和传播科学文化知识的重要课堂，成为农村乡镇社会事业发展的平台。

根据国家“十一五”乡镇综合文化站建设规划，全省共有1240个乡镇综合文化站列入国家项目库，到“十一五”末基本实现各乡镇有综合文化站建设目标。

三、实施范围及步骤

实施范围：我省已列入国家“十一五”乡镇综合文化站建设规划的乡镇综合文化站，共1240个，涉及全省各县（市、区）。

实施步骤：根据国家计划，2009年建设332个，2010年建设325个，余下文化站按国家年度计划分步实施。

四、资金筹措方案

每个乡镇综合文化站按40万元标准投资，其中建设资金30万元，内部设施购置10万元（其中3万元为文化信息资源共享工程设备配置经费）。

国家对我省乡镇综合文化站建设给予补助，具体补助标准是：国家扶贫工作重点县每个乡镇综合文化站补助20万元，比照西部政策县每个乡镇综合文化站补助16万元，其他县每个乡镇综合文化站补助12万元，共1.87亿元。此外，国家对每个乡镇综合文化站补助内部设施购置经费5万元，共6200万元。

中央补助资金项目所需配套资金原则上由省级政府为主安排。地方财政承担部分，由省与市县（市、区）按7:3的比例承担。市县（市、区）承担部分，市级对61个县（市）和15个县改区不承担配套资金。省政府对国家扶贫工作重点县补助7万元/站、比照西部政策县补助10万元/站、其他县补助13万元/站，市县对国家扶贫工作重点县补助3万元/站、比照西部政策县补助4万元/站、其他县补助5万元/站。

省、市、县政府对乡镇综合文化站内部设施购置给予补助。省政府对每个乡镇综合文化站内部设施配套补助3.5万元，市县补助1.5万元。

超出标准部分的建设资金和内部设施配套经费，由地方政府自筹解决。严格禁止负债建设或拖欠工程款。

五、保障措施

（一）严格按照国家要求，合理确定建设规模和设施配套标准

乡镇综合文化站建设应纳入当地城镇建设发展规划。按照“美观、大方、经济、实用”的要求，每个乡镇综合文化站建筑面积不低于300平方米，全省统一名称，统一标识，统一功能。经济状况比较好、人口较多的乡镇可适当增加面积。乡镇综合文化站功能结构包括书报刊阅览室、文化科技培训室、文化信息资源共享服务室、办公室、多功能活动厅，有条件的地方应建有露天舞台、标准室外篮球场、宣传栏、黑板报等室外活动场所。选址要综合考虑群众就近、经常性参与及交通因素，符合人口集中、交通便利的原则。乡镇综合文化站不得建设在乡（镇）政府办公场所内。如与其他设施联体合建，须开辟专门出入通道。

内部设施配置主要有：（1）书报刊阅览设备及

培训室桌椅；(2) 文化信息资源共享工程设备（网络服务器、投影仪、电脑、卫星接收器等）；(3) 基本乐器、欢庆锣鼓及当地特色文化活动必需设备；(4) 音响、灯光、摄影等设备；(5) 农村电影数字化放映设备；(6) 体育活动健身器材等。

(二) 坚持分级负责，分步实施

坚持统一规划，分级负责，市县按照中央规划要求，制定具体项目建设方案，落实建设资金和政策措施，确保规划整体目标的实现。

坚持突出重点，按照国家规划建设年度任务目标，分年度逐步实施。要科学确定乡镇综合文化站的功能，合理规划乡镇综合文化站的布局和结构，在现有设施资源的基础上，按照建设标准，填平补齐，不搞重复建设。

为了节约设计成本，省里提供了 5 个设计方案，供各地备选（可从安徽省文化厅网站下载）。

(三) 落实责任主体，实行责任制

县（市、区）人民政府为乡镇文化站建设项目的责任主体，对所属项目的投资安排、项目管理、资金使用、实施效果负总责。

发展改革部门牵头负责项目的审批、编制建设规划、下达年度投资计划等项目前期工作；文化部门负责项目的实施和建设、项目档案资料管理、统计报表上报及制度建设、项目建成后的运营管理和验收等工作；财政部门负责安排配套资金和项目建设资金的拨付与管理。

国家和省里下拨的资金为一次性补助经费，确保专款专用，不得挪作他用。

(四) 资源整合，加强监管

注意统筹好有关文化、体育等方面的建设内容，统筹考虑，合理布局，整合资源，填平补齐，不搞重复建设。把文化娱乐、体育健身、农家书屋等整合起来，既充实文化站内涵，丰富文化资源，又能形成相对集中的文化活动中心，以更好地发挥农村文化设施的服务功能。

项目责任单位定期上报乡镇综合文化站建设进度，认真落实开工条件，尽快开工建设，形成实物工作量，保证项目建设质量和进度。所在县（市、区）发改、财政、文化等相关部门切实加强对工程建设全过程监督检查，确保如期竣工投入使用，做到“按时建设成，建成即达标，建成能使用”。

乡镇综合文化站属于公共文化设施，房产、设备均为国有资产，任何单位和个人不得以拍卖、租赁等任何形式改变其文化设施的用途。严禁乡镇综合文化站挪作他用，已挪作他用的要限期收回。

农民体育健身工程实施办法

省体育局　省发展改革委　省财政厅

为贯彻落实《安徽省人民政府关于 2010 年实施 33 项民生工程的通知》(皖政〔2010〕1 号) 精神，现就我省农民体育健身工程制定如下实施办法。

一、目标任务

截至 2009 年底，我省已经完成农民体育健身工程建设项目 2512 个，按照国家和安徽省《“十一五”农民体育健身工程建设规划》要求，实现“十一五期间”全省完成 4000 个行政村农民健身场地设施建设的任务。2010 年，我省计划建设农民体育健身工程 1488 个项目。

二、政策依据

中共中央、国务院《关于推进社会主义新农村建设的若干意见》(中发〔2006〕1 号)，《中华人民共和国国民经济和社会发展第十一个五年规划纲要》(国发〔2006〕29 号)，国家《“十一五”农民体育健身工程建设规划》(国家体育总局、国家发改委、国家财政部联合下发，体群字〔2007〕74 号)，《安徽省“十一五”农民体育健身工程建设规划》(省体育局、省发改委、财政厅联合下发，皖体群〔2007〕33 号)，国家体育总局《关于印发〈关于实施农民体育健身工程的意见〉的通知》(体发〔2006〕13 号)，省政府办公厅《关于印发安徽省“十一五”农民体育健身工程实施方案的通知》(皖政办〔2008〕41 号)，《安徽省万千百农村体育行动计划》(省体育局、省农业委员会、省教育厅、省文化厅、省残联联合印发，皖体群〔2009〕45 号) 等文件。

三、建设标准

按照规定，在具备条件、有建设积极性的行政村，利用村级公共用地，建设 1 片硬化的标准篮球场，并配置 1 副篮球架和 2 张室外乒乓球台。混凝土篮球场由各项目行政村按照建设部、国家体育总局《体育建筑设计规范》进行设计施工。在篮球场的四周，要求各向外开辟不少于 5 米的平整空地，便于群众观看比赛和开展健身操（舞）等其他体育活动。

四、资金安排

2010 年 1488 个农民体育健身工程项目，包括国家项目793个和省级项目695个，资金安排如下。

国家793个项目，每个建设项目建设资金为3万元。其中，国家三部委各项目点投入1.5万元，共投入1189.5万元；省财政各项目点配套0.9万元，共配套713.7万元；市县各项目点配套0.6万元，共配套475.8万元。

省级695个项目，按照每个建设项目建设资金为3万元，共计2085万元。其中，省财政各项目点配套2.4万元，共配套1668万元；市县各项目点配套0.6万元，共配套417万元。

五、工作要求

（一）切实加强领导。将实施"农民体育健身工程"列入经济和社会发展规划，列入建设全面小康社会和社会主义新农村建设的重要内容，纳入文明村镇评比范畴。认真分解任务，落实责任，做到专款专用。

（二）加强项目管理。各级各部门要密切配合，协调工作。体育行政部门牵头农民体育健身工程的实施工作。认真做好项目规划、立项审批、工程建设、竣工验收、项目考核等工作。

（三）完善推进机制。尊重农民意愿，不强迫命令，坚决防止出现增加农民负担的现象，努力把农民体育健身工程落到实处。在实施对象上，注重与村中心学校、村部、新农村建设点、村文化站等结合，对符合建设条件、有积极性和主动性，能够认真履行建设、使用、管理职责的行政村，优先考虑。

（四）确保工程使用。利用各类媒体、通过各种途径，做好农民体育健身工程建设宣传。加快推进农村全民健身体系建设，做到健身场地、体育组织、骨干队伍、体育活动等方面共建共享。

关于进一步做好民生工程实施情况监督检查工作的意见

省监察厅

为深入贯彻落实党的十七大精神，服务科学发展观大局，维护社会和谐稳定，着力保障和改善民生，确保中央和省委、省政府各项惠民政策措施落到实处，进一步做好民生工程实施情况监督检查工作，现提出如下意见：

一、提高认识，增强做好民生工程监督检查工作的责任感和使命感

实施民生工程，是省委、省政府深入贯彻党的十七大精神，坚持科学发展观、构建和谐安徽的重大举措。继续加强对民生工程实施情况的监督检查，是各级监察机关义不容辞的责任。各级监察机关要组织广大干部认真学习省委、省政府的有关文件精神，深刻领会省委、省政府和省纪委关注民生、重视民生、保障民生、改善民生的坚强决心，充分认识实施民生工程的重大意义，进一步把思想和行动统一到省委、省政府的决策部署上来，不断增强做好监督检查工作的责任感、使命感，以对党和人民高度负责的态度，把对民生工程实施情况的监督检查，作为执法监察和效能监察的重中之重，摆上突出位置，切实抓紧抓好，抓出成效。

二、突出重点，加强督查，确保各项惠民政策落到实处

民生工程涉及面广、政策性强、工作环节多。各级监察机关要按照省政府和省纪委的部署要求，理清思路，突出重点，切实加强工程实施全过程的监督检查，确保各项惠民政策落到实处。重点抓好以下四个方面的监督检查：

一是加强对民生工程政策措施贯彻执行情况的监督检查。重点检查：是否按规定的标准，发放"五保户"供养费、城镇未参保集体企业退休人员基本生活费和医疗保险费；是否按规定的范围，对城镇未参保集体企业退休人员，城乡低保对象、农村"五保户"、农村重点优抚对象、农村部分计划生育家庭，分别给予相应的生活保障、医疗救助和奖励扶助；是否按规定的要求，落实城乡卫生服务体系建设、农村饮用水安全工程、农村广播电视和公路"村村通"工程、白内障患者复明工程等建设任务；是否建立高校和中职学校家庭经济困难学生资助制度；是否建立政策性农业保险制度，农村新型合作医疗制度是否覆盖到全省所有农村居民，城乡义务教育经费保障机制改革是否全面实施；病险水库除险加固工程开工建设情况，以及大中型水库移民后期扶持政策是否得到完善等。

二是加强对地方政府和有关主管部门履行职责情况的监督检查。重点检查：各级地方政府和省财政、发展改革、教育、民政、劳动保障、水利、卫生、计生等有关职能部门，是否制定并实行了领导责任制、工作责任制和责任追究制，以及制度的落实情况如何，是否建立了计算机工作程序库，是否按规定建立了政务公开制度，是否认真履行应尽的工作责任，有无失职渎职行为。

三是加强对民生工程资金保障及管理使用情况

的监督检查。重点检查：项目资金的拨付是否及时，由各级财政分担的资金是否及时到位；项目资金是否被挤占、挪用、拖欠，有无降低标准发放和克扣截留项目资金问题；有无虚报冒领、弄虚作假骗取财政资金的问题；项目资金在管理使用中是否存在损失浪费，以及应发放或补助到人的项目资金，是否实行“张榜公布、打卡发放、直接到人”的社会化发放办法等，有无贪污挪用等违纪违法行为。

四是加强对工程进展和效能情况的监督检查。重点检查：地方政府和有关主管部门工程进展的经济性、效果性、效能性，以及工作是否细致、作风是否扎实，任务是否按期完成等情况，有无效能低下、推诿扯皮，不作为和乱作为等行为。同时，对民生工程中涉及具体工程建设的，如农村饮水安全工程、广播电视“村村通”工程等建设和农村卫生服务体系建设，还要加强对工程建设规划、程序和制度执行等情况的监督检查。重点检查是否建立并落实工程建设项目法人责任制、招标投标制、工程监理制和竣工验收制等。

三、严肃纪律，严格责任追究，坚决纠正和查处民生工程实施中的违法违纪行为

坚决纠正民生工程实施过程中存在的问题，从严查处违法违纪案件，既是监察机关的重要职责，也是严肃工作纪律的具体体现。各级监察机关要公布和设立专项举报电话，认真受理人民群众对实施民生工程的举报和投诉，并注意发现和查处违纪违法案件。对下列违法违纪行为，一经发现，要依照法律法规和政策严肃处理，绝不姑息迁就。触犯刑律的要及时移送司法机关依法处理。后果严重、影响恶劣的典型案件要公开曝光。一是擅自降低补助和发放标准，应公开未公开，搞暗箱操作的；二是有令不行、有禁不止，不认真落实民生工程政策措施，搞变通、打折扣的；三是工作不负责，推诿扯皮、玩忽职守，严重影响民生工程顺利实施的；四是虚报冒领、弄虚作假骗取财政资金的；五是克扣、截留、挤占、挪用、拖欠、贪污项目资金的；六是领导干部违规插手建设工程招标投标活动，搞以权谋私的。在坚决纠正民生工程实施中存在的问题、严肃查处违法违纪行为的同时，还要注意剖析问题产生的原因，责成有关地方和部门举一反三，认真整改。管理制度不健全的，要责成其限期制定和完善；管理不到位、不落实的，要责成其立即改进。

四、加强领导，严密组织，全面推进民生工程监督检查工作

做好民生工程实施情况的监督检查工作，意义重大，任务艰巨。各级监察机关要加强领导、严密组织，强化措施、狠抓落实，确保民生工程监督检查工作取得实效。

一要加强组织领导。要切实加强对民生工程监督检查工作的组织领导，层层落实目标任务和工作责任，精心谋划，扎实工作，稳步推进民生工程顺利实施。省监察厅建立了由厅长负总责、分管厅长具体抓，执法监察一室牵头、纠风室和执法监察二室协办的领导机制和工作机制。各级监察机关要根据本地区本部门实际，在建立健全民生工程监督检查的领导机制和工作机制基础上，层层分解目标任务，明确工作责任，并落实具体承办人员抓好此项工作。要加强作风建设，不断改进工作方法，深入基层了解民生工程具体实施情况，善于发现问题，纠正并解决问题，确保民生工程中的每项工作都能落到实处。

二要加强协调配合。各级监察机关要在政府的统一领导下，按照协调小组办公室的统一安排部署，加强与有关业务主管部门的沟通和联系。既要督促业务主管部门严格落实相关政策，又要支持业务主管部门开展工作；既要注意在监督检查过程中发现问题、纠正问题，也要注意针对管理中的薄弱环节，及时提出改进工作的意见和建议；既要坚决纠正、严肃查处违规违纪违法行为，也要注意发现和总结成功的经验和做法，充分发挥监察机关应有的职能作用。

三要精心组织实施。各级监察机关要结合本地区本部门实际，进一步明确开展民生工程监督检查的内容、重点、措施和要求，并在此基础上制定落实本意见的具体实施方案。要对监督检查工作进行周密的部署和安排，一是积极配合当地民生工程协调小组认真开展综合督查，讲究督查方法，注重提高督查效果，积极帮助基层解决实际问题。二是各地根据民生工程的项目安排，每年确定二到三个重点项目，会同工程实施主管部门，适时开展专项督查，对在监督检查过程中遇到的重大问题要及时上报。每年年底前，各市监察局要将开展民生工程监督检查的工作情况专题报省监察厅。

关于进一步加强民生工程审计监督的意见

省审计厅

为充分发挥审计监督的作用，切实保障民生工程顺利实施，根据《安徽省人民政府关于2010年实施33项民生工程的通知》（皖政〔2010〕1号）精神，现就进一步加强民生工程审计监督，提出如下意见：

一、充分认识深入实施民生工程的重大意义

（一）深入实施民生工程是加快安徽崛起的需要。当前正是我省推进跨越式发展、实现奋力崛起的关键时期。推进社会体制改革，增加财政投入，加快社会事业建设，完善社会管理，促进经济与社会的协调发展，是加快崛起的重要内容。深入实施民生工程是省委、省政府从战略的高度加强社会建设的重要抓手，是适应加快安徽崛起的新形势提出的重大举措。

（二）深入实施民生工程是使广大群众更好地共享改革发展成果的需要。改革开放以来，在经济快速发展的同时，公共基础投入和社会建设相对滞后，部分群众的生活还比较困难。深入实施民生工程，关注低收入人群和弱势群体，增强公共服务能力，不断提高城乡居民的衣食住行用水平，顺应了广大人民群众过上更好生活的新期待，保障改革发展的成果惠及所有人民。

（三）深入实施民生工程是进一步推进构建和谐社会的需要。把构建和谐社会摆到更加突出的位置，是党中央适应经济社会发展新趋势作出的一项重大战略部署。深入实施民生工程，努力解决教育、医疗、卫生、社会保障等人民群众最关心、最直接、最现实的切身利益问题，是落实中央决策的具体体现，有利于舒缓社会压力，化解人民内部矛盾，不断增加和谐因素，推进和谐安徽建设进程。各级审计机关要充分认识省委、省政府深入实施民生工程的重大意义，进一步增强责任感和使命感，切实加强对民生工程的审计监督，保障民生政策落到实处。

二、明确审计内容，突出工作重点

（一）制定审计计划。各级审计机关要继续坚持“全面审计、突出重点”的原则，正确把握经济社会发展形势，及时了解民生工程实施的总体情况，结合审计工作实际，科学地谋划民生工程审计工作，合理地将民生工程审计的各项任务纳入年度项目计划。通过扎实的审计工作，努力促进省委、省政府的决策和部署得到更加有效的贯彻和落实。

（二）强化资金监督。各级审计机关要进一步加强对民生工程资金筹集、管理和使用情况的审计，保障民生工程资金真正惠及广大群众。在审计过程中，要根据民生工程的不同特点和要求，重点关注：各级财政分担的配套资金是否到位；项目资金的拨付是否及时；补助资金的发放是否公开透明；项目资金是否被挤占挪用；有无降低标准发放或克扣截留项目资金；有无虚报冒领、弄虚作假骗取财政资金；是否存在损失浪费；有无借民生工程之名变相增加群众负担等。

（三）保障工程质量。各级审计机关要针对工程建设类项目的特殊性，有计划、有步骤地开展跟踪审计和滚动审计，必要时延伸审计建设、设计、施工、监理、采购等单位的有关事项，切实保障工程建设质量，维护群众利益。在审计过程中要重点关注：项目审批是否合规、是否及时；招投标是否符合有关规定、是否存在舞弊和转包及违法分包行为；工程合同是否合法、有效、完整、可行；工程监理是否有效；工程造价是否真实；投资的经济效益与社会效益是否良好；项目的后期管理是否科学并达到预期目的等。

（四）加强分析研究。各级审计机关在实施审计的过程中，要坚持在揭露问题、查处问题的同时，加强对项目资金使用效益情况的评估，促进提高财政资金的使用效益。要更好地发挥审计的建设性作用，密切关注制度建设、机制运行、数据库管理等方面的情况，针对审计过程中发现的普遍性、倾向性和苗头性问题，强化分析研究，提出有针对性的意见和建议，促进各项制度的进一步完善和管理水平的进一步提高。

（五）加大整改力度。各级审计机关要进一步加强与民生工程牵头责任部门的沟通，加强与纪检监察及司法机关的协作，健全和完善责任追究制，加大处理处罚力度，对各种侵害人民群众切身利益的违法违纪行为，依据审计法、《财政违法行为处罚处分条例》等法律法规进行处理，追究相关责任人的责任；构成犯罪的，依法追究刑事责任。要根据审计结果公告的有关规定，报经省政府批准，向社会公布民生工程审计结果，与社会监督、舆论监督相结合，加强审计整改，及时纠正审计发现的问

题，保障民生工程顺利实施。

三、加强组织领导，保障各项工作顺利进行

（一）强化组织保障。各级审计机关要进一步健全主要负责同志为第一责任人的领导机构，按职责分工分解民生工程审计任务。要进一步完善全省审计系统民生工程审计联络机制，明确工作职责，完善各项制度，加强协调配合，努力做到信息畅通、资源共享。通过加强领导和完善机制，为民生工程审计工作提供更加有力的组织保障。

（二）加强自身建设。随着民生工程的深入开展，相关审计任务较重与审计资源相对有限的矛盾日益突出，尤其是基层审计机关。各级审计机关要采取多种举措，进一步加强队伍建设，整合审计资源，推进使用先进的审计技术和手段，提高审计效率，更好地服务民生工程建设大局。

（三）探索审计方式。民生工程审计工作点多面广。各级审计机关要充分发挥专项审计调查的作用，从宏观的层面、全局的高度发现、研究并解决问题，促进各项惠民政策的落实。要积极探索在现行审计体制下的审计组织与运行方式，摸清情况，防范风险，提高质量。通过采取有效的审计方式，进一步加强审计监督，努力保障民生工程顺利实施。

省财政工作篇

(2011) 安徽财政年鉴

全省财政工作概况

2010 年全省财政工作综述

2010 年以来，在省委省政府的坚强领导下，全省各级财政部门坚持以科学发展观为统领，认真贯彻落实积极财政政策，全力应对复杂多变的宏观经济形势，主动理财，主动作为，全省财政收支呈现出量增质提、结构优化的良好发展态势。2010 年，全省财政总收入达 2064 亿元，全省财政支出达 2584 亿元，双双实现 5 年增长 2 倍多，为促进科学发展、全面转型、加速崛起、兴皖富民做出了积极贡献。省财政厅荣获省部以上表彰 20 余次，省领导、财政部领导先后 20 余次批示肯定财政工作。张宝顺书记作出重要批示："近年来，省财政厅深入推进科学化、精细化管理，切实加强基层基础建设，为全省经济社会发展做出了积极贡献。希望继续深入贯彻落实科学发展观，着力提高财政管理的科学化、精细化水平，完善机制体制，为全省的跨越崛起作出新贡献！"王三运省长批示指出："今年的财政工作又有新的提升，特别是服务大局、主动作为方面要充分肯定。"

【坚持科学理财，主动服务经济发展】积极抢抓国家促进中 F 部崛起和扩大内需重大机遇，明确财政支持重点，持续增强全省经济发展后劲和活力。一是加大政府公共投资。增加政府性投入带动投资快速增长；协议利用国际金融组织和外国政府贷款 6.1 亿美元；支持省级融资平台协议利用国家开发行贷款 117.4 亿元；积极争取财政部代理发行地方政府债券 89 亿元，发行额度居全国前列，有力地保障了中央公共投资配套和全省重点建设项目资金需要。二是拉动消费需求增长。用足用活家电、汽车、摩托车、农机下乡和家电、汽车以旧换新政策，兑付"四下乡两换新"产品补贴资金 38.3 亿元，财政补贴资金兑付率位居全国第一，拉动市场销售 311.2 亿元；安排促进外经贸发展资金 4.6 亿元，刺激进出口恢复增长，促进内外需协调发展。三是支持产业结构调整。安排 25 亿元，大力推进战略性新兴产业发展；安排 7 亿元，支持国家技术创新工程试点省和合芜蚌自主创新综合配套改革试验区建设；安排 16.2 亿元，支持节能减排和循环经济发展；投入 6.4 亿元，支持创建 13 家投资基金公司，撬动社会资本 40.2 亿元；安排 1.3 亿元，用于对金融机构奖补，优化"三农"、中小企业和非公经济发展金融环境；安排 1. 7 亿元，用于江淮、奇瑞、星马三大汽车企业提高自主研发能力；安排 1 亿元，支持深化文化体制改革和文化产业发展；安排 1.1 亿元，培育旅游支柱产业；安排 12.1 亿元，推进资源枯竭城市转型和生态功能区保护，有力地促进了经济转型升级。四是促进区域协调发展。安排 10 亿元专项资金，大力支持皖江城市带承接产业转移示范区建设；安排 5.4 亿元专项补助资金，支持皖北三市七县加快发展；新增安排 20 亿元均衡性转移支付，提高县级基本公共服务均等化水平，皖北三市七县受益 14.5 亿元，占 72.5%；安排 20.5 亿元财政强县和税收增长等奖励资金，鼓励县域经济加快发展。

【坚持情系民生，主动加强社会建设】2010 年，全省"围绕五有"民生支出 1096 亿元，增长 27.4%，占全省财政支出 42.4%，同比提高 2.3 个百分点，地方财力新增部分 80% 用于民生投入。其中：投入 33 项民生工程资金 345 亿元，占全省民生支出的 31.5%。一是提高教育事业发展水平。持续加大教育投入，统筹安排 123.4 亿元，提高义务教育公用经费标准，保障校舍安全工程资金需求，完善家庭经济困难学生资助体系建设，促进义务教育均衡发展，加快推进职教大省和高教强省建设。二是调整国民收入分配格局。投入 25.2 亿元，提高优抚对象保障水平和企业退休人员养老金标准；城乡低保、农村五保进一步扩面提标；全省企业职工基本养老、基本医疗、失业保险基金支出分别为 259 亿元、63.9 亿元、7 亿元，社会保障体系进一步健全。发放 2.6 亿元价格临时补贴和伙食补贴，帮助困难群体应对物价上涨。促进全民创业，增加城乡居民收入。规范行政事业单位津补贴，缩小地区间收入差距。三是保障医药卫生体制改革。全面推开基层医药卫生体制综合改革，投入 20.3 亿元，在全国率先实现基本药物制度基层全覆盖，基层医疗卫生机构公益性管理体制和新的运行机制初步建立。公立医院改革试点稳步推进。四是促进就业和住房等保障体系建设。统筹安排就业资金20.6亿元，支持解决高校毕业生、农民工、困难群体就业；统筹安排47.5亿元，推进廉租住房、公共租赁房、棚户区改造和农村危房改造等保障性安居工程建设，改善群众住房条件。

【坚持加大投入，主动统筹城乡发展】把握城镇化与新农村建设协调推进的时代要求，采取更加有力措施，加快形成城乡一体化发展新格局。2010年，全省“三农”支出842.7亿元，增长24.7%，高于全省财政支出增幅4.1个百分点，有力促进了农业农村各项事业发展。一是支持现代农业。安排1.7亿元，支持农业产业化“532”提升行动和24个现代农业综合开发示范区建设；下达产粮、产油大县奖励资金14.7亿元，促进全省粮油生产；安排2.7亿元，改造92万亩中低产田和建设25万亩高标准农田；安排0.8亿元，支持涡阳、利辛等皖北6县7.5万亩“高产高效吨粮田”建设；安排14.5亿元，支持农村交通、病险水库除险加固、小型农田水利等重大基础设施建设。二是落实惠农政策。通过“一卡通”及时兑现各项涉农补贴资金146.3亿元，增长21.2%，农民人均直接受益372元；安排扶贫资金9.7亿元，促进贫困地区脱贫致富；安排9.6亿元支持农业政策性保险，为2163万次农户提供270亿元农业风险保障；安排2亿元，支持实施新增粮食生产能力规划；安排2.9亿元全力支持春耕生产、夏粮抢收和防汛抗旱，最大限度减少灾害对农业造成的损失。三是促进农村繁荣。安排2.6亿元，支持“千村百镇”示范工程建设；投入4.6亿元，支持村级卫生服务设施和村级计生服务体系建设；投入19.2亿元，推进村级公益事业建设“一事一议”财政奖补试点；投入8.8亿元，健全村级组织运转经费保障机制；统筹安排14.1亿元，支持林业生态工程建设；统筹安排16.9亿元，支持整体推进农村土地整治示范省建设。

【坚持保障作用，主动深化重点改革】坚持围绕中心，服务大局，抓好财政自身改革的同时，坚定不移地支持各项改革，全面提高财政保障水平。一是探索财政运行新机制。积极推进预算管理制度改革，完善省直管县财政体制和乡财县管改革措施。加强支出标准体系建设，加快支出进度，扎实开展预算绩效评价工作。完善一般性转移支付办法，在全国率先建立了政策性、均衡性、激励性相结合的转移支付体系。扩大惠民直达工程试点，在总结完善试点经验基础上，将试点范围扩至全省17市的35个县区（芜湖、滁州、六安实现全覆盖），孕育着一场信息化条件下公共服务模式的革命。二是统筹推进重点改革。充分发挥财政政策、资金引导作用，支持推进增值税转型改革、成品油价格和税费改革、义务教育阶段教师绩效工资改革、政法经费保障体制改革、工商和监狱体制改革、文化体制改革。积极支持基层医药卫生体制综合改革试点，在全国率先实现基本药物制度基层全覆盖，成功创立医改“安徽模式”。三是深化农村综合改革。全面完成农村义务教育债务偿还兑付和省级考核验收，村级公益事业建设“一事一议”财政奖补试点顺利开展，村级组织运转经费保障机制和为民服务全程代理制不断完善，集体林权制度改革、农村土地流转改革等工作稳步推进，有效释放农村发展内生动力。

【坚持夯实两基，主动加强精细管理】以推进财政科学化精细化管理为抓手，不断加强规范管理，向管理求效益。一是强化制度建设。将制度建设贯穿于财政管理的各个环节，共“搜索”权力事项390项，制定工作规则1490条。完善政务公开制度，通过网站、信息、宣传等渠道，加大主动公开力度，推进预算信息公开，着力打造“阳光财政”、“透明财政”。2010年，新版门户网站成功上线运行，主动公开信息1.2万余条，办理依申请公开210件，受理网民来信3300多件。二是强化基础管理。全面规范收入管理、规范支出管理、规范行政管理、规范监督管理、规范队伍管理。健全财政收入预测和部门会商机制，细化部门预算编制，将所有省直部门预算向人大代表开放。以金财工程为依托，加强财政基础数据、项目库和信息化建设，确立财政大监督理念，强化专项资金监督和会计监管。三是强化基层建设。扎实开展创建规范化乡镇财政所（分局）工作，建立“百名乡镇联系点”，发挥乡镇财政“一线服务”和“一线监管”职能。深入推进财政科学化、精细化管理，去年7月，财政部专门在我省召开全国财政厅（局）长座谈会，集中展示了我省财政“两基”建设成果。

【坚持优化作风，主动提升财政形象】坚持抓机关、促系统、带基层，不断加强财政队伍建设，积极营造良好工作氛围。一是深入学习沈浩精神。围绕“学沈浩、见行动”，开展“沈浩给我们留下什么，对照沈浩学习什么，立足岗位该干什么”主题讨论，激发了干事创业的热情；在小岗村设立财政党员教育基地和机关党建工作联系点，组织全系统演讲比赛，内心引起强烈共鸣，切实把沈浩精神内化于心、外化于行、实化于绩。二是不断推进“创先争优”。以“科学理财创先进、学习沈浩争先锋”为主题，深入开展“五要五比”主题实践活动，即：要主动理财，比科学发展；要解放思想，比改革创新；要爱岗敬业，比真抓实干；要节俭自律，比无私奉献；要服务至上，比优良作风；迅速掀起学沈浩创先进争优秀的热潮。三是坚持主题活动牵引。在全系统深入开展“学习提升年”活动，全面完成厅新进人员、新任市县财政局长、农村财会人员“三个层次集训”，全员参加“通用能力”、网络教育、执法资格“三次大规模测试”，注重学习、主动学习成为干部职工自觉行为。以“效能延伸”焕发活力，推进职能定位向主动理财延伸，财政管理向科学精细延伸，作风建设向创先争优延伸，文化建设向内心世界延伸，考核评议向基层处室延伸，着力营造人人讲效能、事事争效能的浓厚氛围。主题活动和效能建设的深入开展，锻炼了队伍，增强了能力，鼓舞了干劲，实现了机关建设和财政工作的双丰收。张宝顺书记批示指出：“省财政厅的机关建设抓得有特色、有成效，应予总结、宣传，以推进学习型机关和机关效能建设。”

（厅办公室供稿　韩永强执笔）

财政专项工作概况

着力“五个提升” 推进科学理财

2010年，省财政厅在全系统组织开展“学习提升年”活动，着力“五个提升”，即提升干部综合素质、班子整体合力、财政文化品位、机关和谐氛围、干部党性修养，不断提高财政干部科学理财的能力和水平，为推进全面转型、加速崛起、兴皖富民进程提供坚强的人才保障和智力支持。

【精心组织部署】一是加强领导。成立了财政厅“学习提升年”活动领导小组，厅主要负责同志任组长，领导小组办公室设在厅办公室，负责具体组织实施工作。市县财政也相应成立了活动领导机构和工作机构。二是制定方案。及时出台《关于在全省财政系统开展“学习提升年”活动的指导意见》，明确活动总体目标、主要内容和总体要求。厅机关各处室（局）、单位及市县财政制定了具体实施方案。三是加大宣传。在厅门户网站开辟“学习提升年活动”专栏，并通过《安徽财会》、宣传橱窗、活动简报等形式，及时宣传活动的好经验、好做法，着力扩大活动影响，调动干部参与的积极性。四是强化督导。厅领导经常听取办公室汇报，掌握活动进展情况，提出推进具体要求。五是完善考核。将学习提升年活动情况纳入2010年省财政厅效能建设绩效考评范围，确保部署有落实、责任有分解、活动有抓手、实施有检查、年终有考核、奖惩有规定，确保活动深入扎实开展。

【强化系统联动】一是开展“三个层次的集训”。3月，集中对86名财政厅近三年新进录用人员进行初任培训；5月，对101名近两年新任市、县（区）财政局长和厅属单位领导干部进行集训，培训质量评估反馈总体评价优秀率达99%；7月，印发《关于开展全省乡镇财政干部培训工作实施方案》，继续对农村财会人员进行分期、分批培训。二是开展专题培训。举办“送健康”保健知识讲座，促进干部职工身心健康和谐。积极做好财政部干教中心、省委党校、省直党校、省行政学院等组织的各级各类干部调学培训73人次。组织读书荐书评书活动，向全厅干部职工推荐有关必读书目。三是开展学术交流。在全系统组织“学习提升”有奖征文活动，征集论文157篇；召开“学习提升年”理论研讨会，联系工作实际，谈问题、找差距、谋对策。四是开展“三次全员考试考核”。会同省法制办，顺利完成全省财政行政执法人员资格认证考试工作，14157名财政干部获得行政执法资格。认真组织“通用能力”在线考试和机关干部教育网络培训2010年教学计划，全厅通过率达100%。

【丰富活动载体】把“学习提升年”活动与解放思想大讨论、党风廉政主题教育月、创先争优等活动紧密结合起来，不断增强活动的针对性和影响力。一是组织解放思想大讨论，拓展理财思路，推动财政事业发展。二是开展党风廉政主题教育月活动，筑牢拒腐防变的思想防线。三是以“科学理财创先进、学习沈浩争先锋”为主题，开展创先争优活动。在小岗村设立省财政厅“党员教育基地”和“机关党委党建工作联系点”，在全系统组织“学沈浩、见行动”演讲比赛。深入开展“五要五比”主题实践活动，即：要主动理财，比科学发展；要解放思想，比改革创新；要爱岗敬业，比真抓实干；要节俭自律，比无私奉献；要服务至上，比优良作风；在“创、先、争、优、比、学、赶、超”八个字上下功夫，进一步掀起学沈浩创先进争优秀活动的热潮。省财政厅创先争优做法在省直机关创先争优活动推进会上作了典型经验发言。

【突出实践检验】一是科学理财促发展。把促进发展方式转变和经济结构调整作为财政调控的重要着力点，集中财力办大事，为推动创新发展，一次性安排专项资金25亿元，支持建立战略性新兴产业发展引导资金和风险投资引导基金。二是情系百姓惠民生。切实履行牵头职责，精心组织实施33项民生工程，使6000多万群众得到实惠，着力提升全省人民的幸福指数。三是惠及“三农”出实招。认真落实强农惠农政策，通过“一卡通”发放各类惠农补贴资金130亿元，着力提高农业综合生产能力。四是深化改革破难题。统筹推进基层医药卫生体制综合改革等重点改革，深入推进惠民直达工程试点，试点范围扩大至全省17个市的35个县区。五是夯实“两基”强管理。加强财政“两基”建设，扎实开展创建规范化乡镇财政所（分局）工作，深入推进财政科学化精细化管理。7月下旬，财政部在我省召开全国财政厅（局）长座谈会，现场集中展示我省“两基”建设成果。

【着眼长效机制】一是进一步规范制度执行。省财政厅共清理规范性文件307件，其中废止文件43件、宣布失效文件11件、修改文件8件、继续有效文件245件，内容涵盖税收管理、支出管理、财务会计管理、固有资产管理、财政监督等各个方面。二是进一步规范权力运行。认真开展财政行政许可事项和行政审批事项清理工作，经省政府批准，取消和调整财政行政审批项目47项，保留行政许可项目18项、非许可审批项目52项。三是进一步创新工作机制。深入开展政府信息公开“制度执行年”活动，建立完善财政行政复议和处罚听证会工作制度，整理编写了《安徽财税法规制度汇编》和《税收优惠政策汇编》，并及时下发基层财政部门和企业贯彻执行。四是进一步做好制度评价。在7月份召开的全省税政条法工作会议上，邀请市县财政部门及部分企业代表，对省厅开展政府信息公开等工作情况进行评议。

【干部综合素质显著提升】一是理财思路更加清晰。不断创新思路，转变理财观念，进一步确立了服务发展、统筹兼顾、以人为本和全面协调可持续的理财观，坚持紧扣中心、服务大局，主动理财、积极作为，做科学理财的行家、做服务大局的里手。二是收入管理水平不断提高。加强收入征管，提高收入质量，保持了收入稳定增长，全年全省财政收入完成2063．8亿元，增长33%。财力的不断壮大，为经济社会发展提供了坚实保障。三是支出管理水平不断提高。继续加强对市县支出进度考核，着力提高财政保障能力。全年全省财政支出完成2566．9亿元，增长19．8%。四是监督管理水平不断提高。“小金库”治理和强农惠农资金专项清理检查深入推进，全省会计监督工作更加规范，注册会计师行业监管显著加强。

【班子整体合力显著提升】一是领导科学发展能力不断提高。精心组织编制全省财政“十二五”发展规划，科学谋划今后一个时期财政工作任务、战略重点及政策导向。二是正确选人用人导向不断强化。省厅整理编印了《组织人事管理制度文件汇编》，先后选拔任用27名处级干部；加强实践锻炼培养，认真做好双向挂职和援疆挂职工作；积极响应省委号召，丁俊同志接替沈浩任小岗村党委第一书记。三是班子参谋助手作用充分发挥。年初由厅班子成员牵头，大规模开展应用课题调研。形成的专题调研报告得到了省委省政府的充分肯定。

【财政文化品位显著提升】一是精神文化建设不断加强。着力增强敬业奉献的思想意识，提升干事创业的信心豪情，营造和谐温馨的工作氛围。二是行为文化建设不断加强。深入开展基层党组织建设年活动，成立新一届厅直机关党委，厅直34个党支部完成换届和改选工作，表彰了一批基层先进党支部和优秀共产党员。深入开展群团工作，推进基层民主，活跃机关文化。在省直机关第六届运动会中，获得团体总分第九和优秀组织奖的佳绩。三是文化载体建设不断加强。积极拓展财政文化交流平台，先后组织开展迎新春文艺晚会、乒乓球及保龄球比赛等系列活动。

【机关和谐氛围显著提升】一是政风行风建设不断加强。严格执行首问负责制、AB岗工作制等“八项制度”，优化工作流程，简化工作程序，进一步巩固财政工作推进和落实机制。2010年省厅共办理人大建议、政协提案308件，办结率达100%，办理质量和办复结果满意率进一步提高。二是财政政务公开扎实推进。优化政府信息公开系统，改版升级厅门户网站，加强预算信息公开，强化行政服务中心财政窗口管理，进一步打造“阳光财政”。全年省厅共在政府信息公开网站主动公开信息700条，窗口办件量突破10000件。三是自我约束水平不断提高。主动向人大代表、政协委员通报财政主要工作，严格执行专家论证、社会听证等制度，自觉接受社会各界监督。全年省厅办理来信来访260余件（次），答复满意率100%。

【干部党性修养显著提升】一是法制观念不断增强。深入开展“五五”普法系列宣传活动，进一步营造依法理财的良好环境。二是廉洁意识不断提高。引导干部职工牢固树立正确的理想信念，进一步提升财政干部拒腐防变能力。三是工作作风不断优化。积极践行文明办公“五要五不”，着力提高干部服务意识、规范从政行为。深入开展明察暗访活动，查找和改进机关在工作秩序、工作效率等方面存在的问题，努力提高机关管理水平。从问卷调查结果看，厅机关作风满意率达98%。

（厅办公室供稿　韩永强整理）

安徽省财政“五五”法制宣传教育情况

【健全组织，加强领导，突出“三个到位”】 一是组织领导到位。2006年4月，财政部颁发《全国财政法制宣传教育第五个五年规划》。省财政厅成立了以厅长为组长的省财政“五五”普法领导小组，领导小组办公室设在厅税政条法处，具体负责法制宣传日常工作。市县各级财政部门也都成立了普法领导小组及其办公室，为财政“五五”普法工作的顺利开展提供了组织和人员保证。二是工作规划到位。省财政厅制定了《安徽省财政法制宣传教育第五个五年规划》，各市县财政部门结合实际情况，相应制定了法制宣传教育规划，明确了“五五”普法的指导思想、目标任务、普法对象、工作要求、步骤方法、组织领导与保障措施等内容。并根据新形势、新情况的要求，各地财政普法领导小组在每年年初都制定具体的普法工作计划，并在执行过程中进行监督检查，保障“五五”普法工作正常有序开展。三是工作经费到位。为确保普法宣传的效果，各地财政系统将“五五”普法工作专项经费列入年初财政预算，并逐年有所递增，满足各类普法宣传材料的征订与印制、聘请专家进行培训、组织干部外出学习及每年开展多形式的普法宣传活动等各方面支出的需要。

【拓宽思路，努力营造良好法制氛围】 一是不断在创新机制上下功夫。省财政厅先后建立了《法制宣传教育目标考核制度》、《厅党组中心组学习法律制度》、《公务员法律知识培训制度》等学习制度。2008年，省财政厅开展五型机关建设，其中，将创建法治型财政机关作为重要内容。多次邀请省纪委有关领导、安徽大学知名教授等为全厅广大干部职工做廉政、法律法规方面的报告。此外，全省各级财政部门还安排专门时间作为法制宣传教育学习日，并建立法制联络员制度。二是不断在创新形式上下功夫。着力打造流动宣传阵地。每年以12月4日法制宣传日和4月法制宣传月为契机，在人口集中场所多次举行大规模的法制宣传教育活动。着力打造媒体宣传阵地。在《中国财经报》、《安徽日报》、《安徽市场报》等新闻媒体进行广泛宣传，提高群众对财政工作的关注度。着力打造文艺宣传阵地。2008年，金寨县举办了“全省惠民资金一线实文艺晚会”，让人们在娱乐中受到启迪、受到教育。2010年，六安市财政局与六安黄梅剧团在共同举办了“六安政策性农业保险文艺专场”演出，社会反响强烈，成效明显。三是不断在创新载体上下功夫。2007年，以参加财政部举办的第三届全国会计知识大赛为契机，在全省范围内掀起了学习会计法律知识的高潮。2008年，省财政厅组织包括社会财务人员等在内10万余人参加财政部举办的全国财政“五五”普法法规知识竞赛，并且取得了较为优异的成绩。2009年，又组织开展全省财政系统能力建设年财政基础知识网上测验活动。2006—2010年间，省财政厅每年都举办全省财政业务及普法培训班。市县各级财政部门也都通过组织各种类型培训班、以会代训等方式开展了普法宣传。

【以理论研究为先导，创新依法理财实践】 2006－2010年，省财政厅直接研究的课题达到35项，统一布置给市县财政局研究的课题有79项，内容涉及财政支持经济增长方式转变、财政支出绩效评价等多个方面，这些理论研究成果有的被省委省政府决策吸纳，有的转化为财政支持科学发展的相关政策措施，有的通过网站、期刊等媒体宣传提供广大财政干部职工学习参考。2009年面对国际金融危机带来的复杂多变的经济形势，省财政厅领导带队，深入基层开展调研形成调研报告，提出一系列针对性的应对措施和政策建议，为省委省政府出台有关文件所吸纳。同时按照省政府的要求，牵头制定增强财税支持，减轻企业负担的九条措施，帮助企业渡过难关，促进全省经济社会平稳较快发展。此外，每年省财政厅对财税方面的规范性文件进行收集、归纳、整理，并分年度汇编成册，发放给各级财政干部学习宣传使用。

【把普法工作融入财政工作中，推动财政管理科学化精细化】 一是规范决策行为，提高决策的科学性。先后建立了财政工作集体决策制度、与省人大代表和政协委员联系制度、预算追加听证制度、重大预算事项专家评估决策制度等一系列规章制度，提高了决策的透明度。二是梳理财政执法依据和行政审批事项，优化经济发展环境。三是加强财政规章制度建设，规范财政工作行为。省财政厅提请省政府颁布了《安徽省行政事业单位国有资产管理暂行办法》、《合芜蚌自主创新综合配套改革试验区专项资金管理办法（试行）》、《安徽省省级财政结转结余资金管理办法》等多部财政工作地方性政府规章。2010 年，省财政厅清理规范性文件 307 件。所有规范性文件发布之前均提请省政府法制办进行前置审查。四是严格把关，维护税收政策统一性。坚决严格税收政策管理，严肃财经纪律，依法理财治税，及时纠正和杜绝各地随意出台减免税、先征后返等税收优惠政策的不当行为。五是深入开展规范权力运行工作，推动政务公开。2009 年，省财政厅深入开展了规范权力运行工作，共“搜索”权力事项 390 项，制定工作规则 1490 条，研究并绘制权力事项流程图 390 个，进一步完善权力运行机制。六是规范财政行政执法行为，做到持证上岗。在建立行政执法责任制和行政执法过错责任追究等一系列制度的基础上，省财政厅结合《财政违法行为处罚处分条例》的贯彻实施，进一步完善和强化财政监督检查、会计等执法工作制度，规范财政执法程序。2010 年，又会同省政府法制办举行了全省财政行政执法人员资格认证统一考试，实行财政行政执法人员资格认证制度，持证上岗、亮证执法。这些措施，保障了我省财政行政执法水平不断提高。

【财政“五五”普法工作取得的成效】一是财政干部依法行政意识明显增强。在财政“五五”普法期间，全省财政系统干部职工全面学习了《预算法》、《财政违法行为处罚处分条例》等数十部与履行职能密切相关的法律法规。财政干部的法纪意识、法制观念和执法水平明显增强，权利和义务对等、权力与责任挂钩的现代法制观念逐步树立。二是在法规制度建设上全面推进。“五五”普法期间，在省财政厅的牵头和提议下，省政府和省政府办公厅印发财政方面的规章制度达 11 件，省财政厅制定的规范性文件共 149 件，内容涵盖税收管理、支出管理、财务会计管理、国有资产管理、财政监督等财政工作的各个方面。三是在科学民主决策力度上有了进一步提高。坚持了依法决策，健全了决策程序，强化了决策责任。实现决策权和决策责任的高度统一。四是在政务公开上迈出新步伐。通过加大对财税政策和政府信息公开力度，信息公开范围不断扩大，特别强化了预算信息披露制度，方便了群众。通过创新政务公开方式，把政务公开与行政审批结合起来，实行省政务中心财政“一个窗口集中办理”、“一站式服务”等，优化了工作流程，改善了服务质量，提高了服务效率，降低了行政成本。

（厅税政条法处供稿　杨玉林整理）

全省保障性住房建设概况

保障性安居工程是政府得民心、百姓得实惠、经济得发展的德政工程。加快保障性安居工程建设，不仅有利于保障和改善民生，促进社会和谐，而且有利于保持经济平稳较快发展，加快转变经济发展方式，促进房地产市场健康发展。2010 年，全省各级财政部门立足经济社会发展全局，深刻理解加快保障性安居工程建设的重大意义，切实把握财政在支持保障性安居工程建设的重要职责，着力构建保障性住房政策体系，不断加大支持保障性安居工程建设力度。

【建立稳定投入渠道】保障性安居工程资金来源渠道不断拓宽，目前已形成多渠道、多层次的财政投入机制。主要包括：中央财政安排的专项资金、省市县财政一般预算安排的资金、住房公积金增值净收益安排的资金、从土地出让净收益中安排的资金、地方债券安排的资金等。2010 年，省财政共拨付各类保障性安居工程专项资金 47．6 亿元。其中：中央补助资金 38．1 亿元，省财政安排资金 9．5 亿元，重点支持廉租住房保障、公共租赁住房建设、林业棚户区改造、城市和国有工矿棚户区改造等保障性安居工程建设。同时，市、县财政部门进一步加大对保障性安居工程资金投入，通过财政一般预算、住房公积金增值收益、土地出让净收益等安排用于廉租住房和公共租赁住房投资建设。此外，省财政将市、县廉租住房等保障性安居工程建设项目地方配套需求作为重要工作来抓，积极分配落实地方政府债券转贷资金，不断加大对市、县保障性安居工程项目建设的投入力度。

【落实税费优惠政策】2010 年，全省各级财政部门按照中央和省政府的有关规定，通过税收优惠、收费减免等优惠政策，充分调动各类机构投资和经营保障性住房的积极性，加快推进我省保障性安居工程建设。一是落实非税收入优惠政策。对廉租住房保障、公共租赁住房建设、棚户区改造、旧住宅区整治，一律免收各项行政事业性收费和政府性基金（防空地下室易地建设费、城市基础设施配套费、城市教育附加费、地方教育附加费、城镇公用事业附加等）。二是免交土地出让金。廉租住房、城市棚户区改造中的安置住房、经济适用住房以及面向经济适用住房对象供应的公共租赁住房建设用地实行行政划拨方式供应，除依法支付土地补偿费、拆迁补偿费外，一律免交土地出让金。三是落实税收优惠政策。对廉租住房、经济适用住房、公共租赁住房以及城市和国有工矿棚户区改造分别从营业税、房产税、城镇土地使用税、土地增值税、印花税、契税等方面给予税收优惠政策。

【创新融资建设方式】在积极争取中央财政资金，加大省市县财政投入的同时，我省部分市级财政部门创新融资思路，积极拓展保障性住房资金的来源。淮南市积极争取，2010 年列为全国首批利用住房公积金贷款支持保障性住房建设试点城市。芜湖市发挥政府融资平台作用，形成融资 - 建设 - 回购 - 再融资的良性循环。滁州市采取市场方式，开展招商引资，通过 BT 代建、延期付款、以土地约定还款保证等多种方式，吸引社会资金投入保障性安居工程。合肥市根据实际情况，在农民工集中的开发区，采取园区管委会投资建设和企业自建相结合的办法，推进公共租赁住房发展。宣城等部分城市探索租售并举、共有产权等市场化操作方式，既有利于完善保障房的退出机制，又加快资金回笼速度，拓宽配套资金筹措渠道。

【加强资金监督管理】2010 年，随着保障性安居工程建设深入推进，全省各级财政投入不断加大，为确保财政资金使用安全，切实提高财政资金使用效益，顺利推动保障性安居工程项目实施，各级财政部门强化机制，不断加大对财政资金使用的监管力度。一是严把制度保障关、资金投向关、程序控制关、责任落实关，建立健全财政资金管理制度，加强对专项资金使用全过程的监管；二是建立健全项目绩效评价制度，通过财政投资评审机构和有资质的中介机构，加强对项目概算、预算、决算的评审，并将评审结果作为资金拨付、改进管理的重要依据；三是加强保障性安居工程资金管理和使用的监督检查，对违反资金使用规定的，及时追究责任，并按照有关规定严肃处理。

截至 2010 年底，全省廉租住房保障实际发放租赁补贴户数已达 15.7 万户。全省保障性安居工程已开工建设 48.27 万户，其中：廉租住房开工建设 16.2 万户，已竣工验收 7.2 万套；公共租赁住房开工 1 万套；城市棚户区（危旧房）改造完成 18.66 万户；国有工矿棚户区改造开工 2.1 万套；煤矿棚户区竣工住宅面积 182.36 万平方米，安置居民 2.3 万户；林业危旧房改造开工 7400 户；农村危房改造建设 7.3 万户。

（厅综合处供稿　李燕执笔）

全省财政收支跃上新台阶

2010 年，全省经济呈现“持续回升、增长较快、结构改善、效益提高”的良好势头，在此基础上，全省财政收入保持较快增长，超额完成全省财政收入预算，收入形势好于预期。财政支出更加注重惠民生、保稳定、调结构、促发展，重点支出保障有力。

【收入情况】2010 年，全省财政总收入完成 2063.8 亿元，增长 33%，为预算的 119.2%，超收 332.5 亿元。其中，全省地方财政收入完成 1149.4 亿元，增长 33%，为预算的 126.9%。从分收入级次看，省级完成 190.8 亿元，增长 33.1%；市级完成 1873 亿元，增长 33%。其中，76 个县（区）完成 629.9 亿元，增长 34.8%。

从分收入项目看，税收收入完成 1767.4 亿元，增长 35.1%。其中，增值税完成 597.8 亿元，增长 27.2%；消费税完成 170.1 亿元，增长 31.4%；营业税完成 291.9 亿元，增长 32.8%；企业所得税完成 265.9 亿元，增长 35.3%；个人所得税完成 79.9 亿元，增长 38.8%；契税完成 95.9 亿元，增长 100.2%；耕地占用税完成 45.6 亿元，增长 66.9%。非税收入完成 295 亿元，增长 21.5%。国有资本经营预算收入完成 1.4 亿元。从分征收部门看，国税部门组织收入 955.1 亿元，增长 29.4%；地税部门组织收入 651.4 亿元，增长 34.2%；财政等部门组织收入 457.3 亿元，增长 39.5%。

【支出情况】2010 年，全省财政支出 2583.5 亿元，较上年增支 441.6 亿元，增长 20.6%，为支出预算的 116.5%。从分支出级次看，省级支出 552.5 亿元，增长 19%；市级支出 2031 亿元，增长 21.1%。其中，76 个县（区）支出 1177 亿元，增长 20%。从分重点支出科目看，教育支出 377 亿元，增长 16.4%；科学技术支出 51.2 亿元，增长 40.3%；社会保障与就业支出 331.8 亿元，增长 23.9%；医疗卫生支出 182.2 亿元，增长 9.9%；环境保护支出 64.5 亿元，增长 8.8%；城市社区事务支出 236.2 亿元，增长 46.5%；农林水事务支出 287.6 亿元，增长 10.9%；资源勘探电力信息等事务支出 128.1 亿元，增长

28.4%；商业服务业等事务支出 44.8 亿元，增长 46.5%；住房保障支出 92.4 亿元，增长 46.3%。

（厅预算处供稿　黄栋栋整理）

财政积极支持国家技术创新工程试点省和合芜蚌自主创新综合改革试验区建设

2010 年是"十一五"收官之年，也是我省全面推进自主创新工作关键之年，省财政厅紧紧围绕省委省政府"创新推动"的战略部署，充分发挥财政职能作用，不断加大投入，优化支出结构，创新管理方式，深入推进国家技术创新工程试点省和合芜蚌试验区建设，较好地完成了各项工作任务。

【积极推进国家技术创新工程试点省建设】 从 2010 年开始，省财政每年安排试点省专项资金 2 亿元。为充分发挥省级财政资金在推进试点省工作中的引领示范作用，专项资金的分配体现"三个突出"：一是突出针对性，紧紧围绕试点省实施方案中的十大产业；二是突出牵动性，解决结构调整中的重大科技问题；三是突出集聚性，集成国家、省、市的资源，共同推进。主要支持合芜蚌以外的 14 个市，共安排 73 个重点项目。该项资金的安排，对调动全省推进自主创新工作的积极性与主动性起到了推动作用。

【重点保障合芜蚌自主创新试验区建设】 为贯彻落实省委、省政府《关于合芜蚌自主创新综合配套改革试验区的实施意见（试行）》（皖发〔2008〕17 号）精神，2010 年省财政继续安排 4 亿元合芜蚌自主创新试验区专项资金。同时，要求试验区三市按照"确保自主创新投入高于其他市、高于同期省级财政自主创新资金投入"的精神，在年初预算安排 15 亿元的配套资金。初步统计，2008—2010 年，省及三市财政共安排自主创新专项资金 54 亿元，其中省财政安排 14 亿元、合肥市 17.3 亿元、芜湖市 18.1 亿元、蚌埠市 4.6 亿元。省市两级安排的自主创新专项资金，有力地保障了试验区一批重大项目的启动和实施。

【建立完善省创业风险投资引导基金】 为推进合芜蚌自主创新综合试验区建设，加强科技金融支持，省财政在年初预算基础上继续安排 1 亿元的省创业风险投资引导基金。三年来，省级引导基金，达到 3 亿元。各级财政共安排创业投资引导资金 6.4 亿元，支持创建 13 家投资基金公司（其中国家级 2 家、省级直投 3 家、省市共同参股 4 家、市级 4 家），撬动的资金总规模达到 40.2 亿元，有效发挥了财政资金的乘数效应。截至 2010 年底，累计完成投资 10.6 亿元，重点投向符合本省相关产业政策、产业投资导向的创业期科技型、创新型企业，为本省科技型、创新型企业的融资提供了坚实的资金保障。

【着力支持战略性新兴产业和风险投资引导基金发展】 省财政集中财力一次性安排专项资金 25 亿元，用于支持建立战略性新兴产业发展引导资金和风险投资引导基金。省财政通过专项转移支付方式补助每市 1 亿元，用于支持各市建立战略性新兴产业发展引导资金和风险投资引导基金。省级留用 3 亿元，专门设立和扩充省级风险投资引导基金，统筹用于国家技术创新工程试点省建设。为规范风投引导基金管理，省财政制定了《战略性新兴产业发展引导资金管理办法》和《风险投资引导基金使用管理办法》。

【积极协调落实试验区部际协调小组会议相关事宜】 根据合芜蚌试验区工作会议的统一部署，省财政厅就有关事宜与财政部各相关部门进行充分的沟通，争取部领导的支持。财政部副部长张少春出席了部际领导协调小组会议，对我省提请的有关事项表示给予支持。

【强化自主创新工作调研】 为加强合芜蚌自主创新综合试验区专项资金绩效管理，提高专项资金使用效益，省财政厅进一步强化自主创新调研工作。7 月份会同省科技厅，分别对试验区三市贯彻落实省委、省政府文件精神，特别是财税金融政策落实情况和专项资金使用情况开展专项督查。督查组赴合肥、芜湖、蚌埠三市听取情况汇报，深入企业实地调研，查阅有关资料，认真梳理问题，并从强化资金管理、提高资金使用效益方面提出意见和建议。9 月，财政厅主要负责同志带队专程赴深圳进行学习调研，学习研究深圳市近年来出台财政支持自主创新工作的有关政策、制度和办法，在此基础上，结合我省情况形成了深度调研报告，对下一步深入推进自主创新工作有了新的认识，提出了一系列针对性很强的政策建议，报省政府领导参考。

（厅教科文处供稿　侯正华执笔）

全力支持节能减排工作

2010年是“十一五”收官之年，节能减排工作任务紧迫、责任重大。省财政按照中央和省级相关会议要求，积极争取中央财政支持，不断加大省级投入力度，有力地推动了全省的节能减排工作。

【积极推进淘汰落后产能和节能技改】2010年争取淘汰落后产能中央财政奖励资金项目41个，争取奖励资金14763万元，计划淘汰落后产能481.83万吨（万千瓦）；争取中央财政节能技术改造资金项目9个，争取奖励资金4602万元，计划实现节能30.69吨标准煤，有力地支持了我省节能减排工作的开展。

【不断推进重点节能工程】根据省政府决定，将重大节能项目建设列入省政府直接调度的“861”计划，2010年的88个节能及循环经济、综合利用重点工程项目总投资80多亿元，争取中央预算内投资补助7亿元，计划实现节煤量119万吨。

【积极开展节能产品惠民工程】目前已基本形成以节能空调、节能电机、节能汽车和高效绿色照明产品四大产品为主体的节能产品惠民工程体系。截至目前，滁州扬子高效节能空调已销售40万套；已完成绿色高效照明产品300万只的推广任务；奇瑞、江淮汽车共计28款车型列入国家推广目录，占国家推广车型的21.2%。

【大力发展循环经济】2010年省本级安排循环经济、节能和生态安徽资金3500万元，支持重点项目69个。同时，积极争取中央财政支持，截至目前已争取“十大重点节能工程循环经济和资源节约重大示范项目及重点工业污染治理工程建设”中央财政补助资金48905万元；界首市被列为全国首批循环经济试点市，一次性争取中央资金8900万元。

【全面推进合同能源管理】按国办［2010］25号文件规定和财建［2010］249号文件要求，全面实施合同能源管理，研究制定并印发了《安徽省合同能源管理项目财政奖励资金管理实施细则（暂行）》（财建〔2010〕1761号）。中央财政奖励标准为240元/吨标准煤，并要求省级配套不低于60元/吨标准煤。2010年国家共安排12亿元奖励资金，我省争取了6000万元，预计利用此方式可实现节能20万吨以上标准煤。

【切实加大全省污水处理设施及配套管网建设】省财政通过调整支出结构，压缩一般性支出，共安排4.8亿元支持县级污水处理厂建设；争取中央污水管网奖补资金21.98亿元，支持“十一五”规划的144个项目计5267公里污水管网建设。同时，通过推进投融资体制改革，争取世行、亚行、开行等金融机构贷款1.58亿美元和13.4亿元人民币，并引导企业筹集13.41亿元，支持污水处理厂及配套管网建设。目前，我省累计建成污水处理厂101座，成为继北京、上海、浙江、河南、山东、江苏后第7个在全国率先实现县县建成污水处理厂的省份，跻身全国城市污水处理建设工作先进行列。实际形成污水处理能力415万吨/日，城市污水处理率达到79.8%，居全国第6位，中部第1位。2009年城镇污水处理厂削减COD排放量达15万吨，占全省总减排量的70%。

【深入开展淮河、巢湖等重点流域水污染整治和农村环保工作】2010年争取淮河、巢湖流域水污染防治专项资金26169万元，共安排项目107个。其中：工业污染和清洁生产项目24个；河道治理项目3个；农村面源治理项目33个；污水处理厂及管网建设项目3个；规模化养殖项目44个。同时，积极开展农村环保工作，争取中央资金2730万元，开展“农村环境综合整治”项目30个。2010年十月，省财政将财政部“十二五”财政新能源和节能减排奖补政策动向以专报形式报送省政府，引起了省政府的高度重视。王三运省长在专报上作出重要批示：“我们已初步确定的战略性新兴产业以及新兴产业的基础，与国家政策支持的重点有很多的契合度，我赞成财政厅提出的相关建议，此事涉及全面性，为形成各相关方面的共同行动，有必要提出一个完整的行动方案上会研究。请志刚同志牵头落实。”孙志刚常务副省长也作出重要批示：“请财政厅认真贯彻落实三运省长重要批示精神，密切关注政策动向，不断深化我省的支持措施，形成一个完整的行动方案。”

（厅经建处供稿　贾振东执笔）

大力推进战略性新兴产业发展

大力推进战略性新兴产业发展，是党中央、国务院统筹国际国内两个大局，着眼全面建设小康社会目标和我国未来可持续发展，做出的重大战略部署。去年9月份以来，省委、省政府对我省战略性新兴产业一直予以高度关注，宝顺书记、三运省长多次批示并亲自部署，要求有关部门要着眼未来发展大局，把支持战略性新兴产业发展作为调整结构和转变发展方式的主攻方向，创新机制、优化资源、集中财力，研究出台激励政策，着力抢占新一轮发展机遇。

【省财政积极调整支出结构】 支持战略性新兴产业发展不仅是调整经济结构、转变发展方式的主攻方向，也是财政进一步调整支出结构的重要任务。在“十一五”我省GDP上了超万亿台阶，财政收入连续实现五个跨越的基础上，要实现“十二五”规划目标，财政必须有更新、更实、更有成效的新举措，其中大力支持战略性新兴产业发展就是一个重要抓手。支持战略性新兴产业发展，就是在培育财源，就是在培育可持续增长的财源，同时又是在实现环境友好型、资源节约型基础上的优质财源，对此，我们一定要有清醒的认识。“十二五”期间，各级财政部门必须抓住这个战略机遇期，下决心进一步调整支出结构，安排和集中必要的资金支持战略性新兴产业发展，这既有利于转变发展方式，又有利于财政实力的增强，可谓是“一举两得”。

【省政府高度重视新兴产业发展】 2008年下半年，为应对国际金融危机，尽量减轻危机对我省实体经济的冲击，省财政厅在省委、省政府的坚强领导下，主动作为，提前谋划，一次性集中安排25亿元用于支持地方融资平台建设，并制定出台了一系列政策措施，从执行和实施的效果看，达到了预期效果，得到了各地的普遍认可，也为我们支持战略性新兴产业发展提供了成功经验。

2010年10月，按照三运省长指示，省财政厅赴广东省和深圳市就财政如何支持战略性新兴产业发展进行了学习和调研。在借鉴和吸收广东做法的基础上，结合我省实际，向省委、省政府上报了财政支持战略性新兴产业发展的意见，经批准同意，省财政按照“集中财力办大事”的原则一次性安排25亿元用于支持全省产业发展。其中，安排17个省辖市每市1亿元“种子”资金设立专项引导资金或风险投资基金，安排3亿元设立省级风险投资基金，并决定2010年和“十二五”期间每年安排5亿元设立省级战略性新兴产业发展引导资金。一项工作，省本级就安排50亿元，同时要求省级和各地财政部门统筹现有相关各类专项资金，形成支持战略性新兴产业发展的合力，就安徽省情和财力来讲，可以说是力度空前，也是从前不可想象的。我们感到，这是财政部门落实省委、省政府决策部署最实举措，也是财政部门的职责所系。

【加强新兴产业发展引导资金管理】 按照省政府的要求，为切实将省级战略性新兴产业发展引导资金用好、用活、用出成效，省财政厅会同省发改委等部门，经过认真研究，代省政府起草了《安徽省省级战略性新兴产业发展引导资金管理暂行办法》,《办法》的主要特点：一是贯彻落实了集中财力办大事原则；二是体现了省市联动，共同推进，共同扶持的要求；三是注重了评审环节的公开透明。目的就是通过建立稳定的财政投入和管理机制，着力支持重大产业创新发展工程、重大创新科技成果产业化和重大应用示范工程，以推进企业为主体、市场为导向、产学研结合的技术创新体系建设，加快创新成果产业化，提升我省重点产业的核心竞争力。

（厅经建处供稿　贾振东执笔）

全省家电汽车下乡和以旧换新工作成效显著

2010年，在省家电下乡协调工作领导小组的统一部署下，省财政厅积极会同有关部门，按照“三方便、一维护、一确保”（方便农民购买、方便农民兑付、方便农民维修，切实维护农民利益，确保财政资金安全）的总体要求，继续加大家电汽车下乡和以旧换新工作的推进力度，促进城乡居民消费。

【健全组织机构】 经省领导同意，在原有家电下乡、汽车摩托车下乡联席会议的基础上，充实部分成员单位，成立省家电汽车下乡（以旧换新）协调工作领导小组，在省财政厅设立家电下乡办公室，在省商务厅设立家电以旧换新办公室，建立联络员制度，进一步明确职责分工，保证全省家电汽车下乡和以旧换新工作的顺利推进。

【规范操作程序】 中央政策出台后，及时转发国家的相关文件，并结合本省实际情况，对家电汽车下乡和以旧换新工作的组织实施、补贴资金的兑付、管理和监督提出明确要求，出台各类文件58份。2010年下半年以来，出台《安徽省家电以旧换新实施细则》，对家电以旧换新的回收、拆解、销售企业的确定、补贴程序等予以明确；结合我省实际，制定《安徽省新增家电下乡补贴品种（电动自行车）操作办法》，对电动自行车下乡产品的确定方式、生产销售、补贴程序等作了详细规定。

【加大实施力度】按照国家有关规定，大幅提高家电下乡产品最高限价，新增电动自行车纳入我省家电下乡政策实施范围，将国有农场、林场职工纳入家电下乡政策享受范围；采取公开招标的方式确定省内外 30 家电动车企业 268 个品种作为电动自行车下乡品种，全面启动电动自行车下乡工作；积极稳妥开展了家电以旧换新工作，通过招标方式，确定家电以旧换新首批中标销售、回收企业各 30 家。其中，备案销售网点 254 个、备案回收网点 239 个。此外，还认定拆解处理企业 5 家。

【加快兑付进度】为方便农民领取家电下乡产品补贴，进一步简化补贴方式，全面推行网点代垫直补方式。农民购买家电下乡产品实行即买即补。另外，各级财政部门加强同商务、环保部门的联系沟通，不断优化家电以旧换新操作流程，加快兑付进度。

【扩大政策宣传】开展历时 5 个月的全省“家电汽车下乡暨以旧换新主题宣传”活动，印发致《全省消费者的一封信》、大篷车巡回宣传、有奖知识问答和有奖征文、举办安徽省家电汽车下乡和以旧换新成果发布会等多项活动内容。全省共出动 1 万多名财政干部，进入 15858 个行政村和 2269 个街道，走进 512 万家农户，印发宣传资料 1200 多万份；设立政策咨询台 3400 个；发送宣传短信 10 余万条；各地开展送戏下乡、有奖征集新闻图片、组织家电下乡扶贫销售、组织中标产品慈善捐助、发放邮政明信片、开通乡村广播等各种形式的宣传活动 1467 场，直接吸引 743 万群众现场观看参与，有效扩大政策覆盖面和影响力。

【强化市场监管】多次对销售网点进行督查，积极维护家电下乡市场秩序，切实保护广大农民的合法权益。2010 年 5 月份，省财政厅牵头省商务厅、省工商局、省物价局在全省范围开展“家电下乡”销售网点集中整治活动，对全省 1.1 万个家电下乡销售网点的经营规范情况进行全面检查，限期整改 2337 家，取消备案资格 1460 家，有效净化市场环境。目前，按照国家家电下乡、家电以旧换新监管年的总体要求，省政府召开全省电视电话会议，对监管年活动作出明确部署，同时开展“家电下乡防治骗补突击检查月”活动，严肃查处各类骗补行为，确保惠民政策落到实处。

【工作成效】在一系列有力有序的推进措施下，我省家电汽车下乡和以旧换新工作进展迅速，产品销售量、销售额、补贴资金兑付率、废旧家电回收量、拆解率等各项主要指标均居全国或推广省份前列。特别是家电下乡补贴资金兑付率，2009 年底我省为 99.4%，位居全国第一，2010 年底达到 100%，继续保持领先。一是扩大了市场消费。截至 2010 年底，全省家电汽车下乡和以旧换新累计销售新家电、汽车产品 926.5 万台，拉动市场消费 366.8 亿元。其中，仅家电下乡一项，就拉动家电产品销售 774.7 万台、销售额 179.8 亿元，冰箱、彩电、洗衣机、热水器和空调五大类产品的销售量和销售额分别达到总销售量、总销售额的 92.4% 和 91.4%。二是带动企业生产。2010 年，在家电汽车下乡等政策的带动影响下，全省轻工业增加值比规模以上工业增加值增幅高出 2.3 个百分点，主要家电产品和汽车产品产销两旺。其中，冰箱产量比上年增长 32.1%，空调增长 62.9%，洗衣机增长 29.3%；汽车产量增长 35.9%。三是惠及城乡居民。截至 2010 年底，全省累计发放家电汽车下乡和以旧换新财政补贴资金 40.9 亿元，受益群众超过 500 万户，户均受益约 800 元。其中，全省全年共发放财政补贴资金 31.7 亿元，平均每天发放近 900 万元，大大提高了城乡居民购买力。四是促进社会就业。家电汽车下乡和以旧换新政策的出台，很大程度上释放了生产企业产能，刺激了企业生产。同时，也大大促进了家电、汽车销售、回收、拆解等企业的扩容，为社会吸纳大量就业人员，产生了良好的社会效益。

（厅企业处供稿 李志斌整理）

省财政全力支持基层医药卫生体制综合改革

安徽省实施的基层医药卫生体制综合改革，总体上可分为两个阶段：一是试点阶段，我省制定了《省政府关于基层医药卫生体制综合改革试点的实施意见》（皖政〔2009〕122 号），出台了“一主三辅五配套”的政策文件，并从 2009 年底起在全省 32 个县（市、区）率先改革试点，以取消药品加成、实行零差率销售为突破口，全面实施基层医疗卫生机构管理体制、人事制度、分配制度、基本药物制度和保障制度五项体制机制改革。二是全面铺开阶段，我省对综合改革试点政策进行了系统评估论证，完善制定了《省政府关于基层医药卫生体制综合改革的实施意见》（皖政〔2010〕66 号），增加了两个配套文件，出台了“一主三辅五配套两意见”政策文件，并从 2010 年 9 月 1 日在全省全面推开基层综合改革，提前一年实现了基本药物制度基层“全覆盖”。

【争取主动，强化调研分析】 建立国家基本药物制度、实施基层医药卫生体制综合改革，既是医改五项任务的重中之重，也是改革的难中之难。省财政在改革启动之初主动深入调研，并及时向省政府提交一系列调研报告，提出实行基本药物零差率为突破口、推进基层医疗卫生机构的人事、分配、补偿、药品采购等系统改革的意见和建议，得到了省委、省政府的充分肯定，并付诸实践。从 2010 年 1 月开始，我省财政部门建立了基层医疗卫生机构经常性收支月报制度，及时了解各收支项目的增减幅度，动态掌握综合改革进展及有关补偿政策、财政投入等情况，并向各地通报工作进度和经验做法，及时发现并解决改革中存在的困难和问题，完善相关政策措施，得到财政部的充分肯定。

【明确思路，积极建言献策】 一是坚持“综合改革”的思路。基层医疗卫生体制综合改革是一项重点与难点交织、热点和节点叠加的系统改革，涉及人事、分配等多个环节，关系部门、医务人员、群众等多方面利益。省财政始终坚持“综合改革”、“一揽子改革”的思路和理念，并研究制定相关财政保障措施。二是坚持“统筹算账”的思路。既不是盯着药品加成率简单地搞“加减法”，也不是简单地考虑对基层医疗卫生机构“怎么补、补多少”，而是立足破除“以药补医”机制，按照“统筹算账”的思路和理念制定财政保障政策，认真算好收支账、算好供需账、算好效益账。三是坚持“以钱促事”的思路。大力推进购买服务机制，出台政府购买村医基本医疗和基本公共卫生服务办法。同时，在财政主动买单、积极问效的基础上，推动形成“倒逼”机制，确保改革政策不走样、改革效果真体现。

【立足本职，规范财政管理】 基层医药卫生体制综合改革既涉及部门及基层医疗卫生机构收支任务核定，又涉及省、市、县各级财政资金安排。省财政首先建立预算管理制度，会同卫生部门按照基层医疗卫生机构运行补偿办法等有关文件要求，根据基层医疗卫生机构的职能定位和工作职责，在科学核定其任务量的基础上，合理核定收支，并按照统一的预算编制程序和定额标准，科学编制基层医疗卫生机构的收支预算。收支核定既要统筹考虑以前年度执行情况、基本公共卫生服务经费、新农合基金筹资及补偿水平提高、药品零差率销售等增减因素，又要兼顾基层医疗卫生机构的业务特点，努力做到科学核定、合理保障。其次，积极实行国库集中收付，从 2010 年 9 月 1 日起，基层医疗卫生机构收支全部纳入县级国库集中收付、统一管理。加快推进县级会计核算中心向国库支付中心过渡，健全国库支付中心职能，充实工作力量，强化队伍建设，规范操作流程，确保收支全部纳入县级国库集中收付、统一管理。同时，加强资金调度，统筹筹措资金，切实做好经费保障。

【分级负担，形成良性互动】 根据国务院办公厅《关于建立健全基层医疗卫生机构补偿机制的意见》等规定，省财政建立基层医药卫生体制综合改革财政分级负担机制。一是关于经常性经费保障。对基层医疗卫生机构实行“核定任务、核定收支、绩效考核补助”的办法，经常性经费通过统筹算账、差额补助的方式，由同级财政予以保障。同时，省财政通过一般性转移支付安排，均衡各地财力差异，提高县级财政保障能力，确保基层医疗卫生机构有序运转。二是关于公共卫生服务经费保障。基本公共卫生服务经费和重大公共卫生项目经费主要由中央和省级财政负担，其中：基本公共卫生服务经费中地方负担部分由省与市、县（区）级财政按 5：5 比例分担；突发公共卫生事件处置经费，由同级财政负担；重大突发性公共卫生事件处置经费，中央和省级财政给予适当补助。三是关于其他相关专项经费保障。基层医疗卫生机构的基本建设、设备购置、人员培训和人才招聘、离退休人员经费等，由同级财政保障，中央和省级财政予以专项补助；基层医疗卫生事业单位实施绩效工资所需经费，由同级财政保障、省级财政统筹。此外，对社会力量举办的基层医疗卫生机构承担的公共卫生服务按规定获得政府补偿，同时在房屋建设、设备购置以及人员培训等方面给予扶持。四是关于综合改革相关经费保障。政府购买村医服务经费，省财政按每 1200 个农业户籍人口每年 8000 元标准补助（包括基本公共卫生服务经费）；人员分流安置，包括在编人员提前退休、三年过渡安置、自谋职业以及非在编人员解聘等，所需经费由省财政与市、县（区）级财政按5：5分担。

总体上看，我省基层医疗卫生机构新的公共财政保障机制初步建立，基层医疗卫生机构正常运转。基层医疗卫生机构账户全部取消，收支全部纳入国库支付中心集中管理。各级财政按照核定任务、核定收支、绩效考核补助的办法，积极调整支出结构，全面落实政府补助政策。改革后，2010年1－12月份，32个试点县（市、区）财政补助资金106897万元，较上年同期增加86380万元，增长421%；76个推开县（市、区）财政补助资金96336万元，较上年同期增加64795万元，增长205%。同时，基层医疗卫生机构建设进一步加强，医疗卫生服务体系更加健全，群众就医条件大大改善，基层医疗卫生机构公益性得以回归。

（厅社保处供稿　吴昌好整理）

创建规范化乡镇财政所（分局）

为进一步加强乡镇财政管理，大力营造创先争优的工作氛围，切实增强乡镇财政公共服务能力，根据《安徽省人民政府关于加强财政科学化精细化管理的指导意见》（皖政〔2009〕93号）精神，省财政厅决定在全省开展创建规范化乡镇财政所（分局）工作。

【指导思想】深入贯彻落实科学发展观，大力弘扬沈浩精神，以推进科学化精细化管理为主题，以加强乡镇财政管理基础工作和基层财政建设为重点，突出职能建设、业务建设、队伍建设和设施建设，着力推进乡镇财政规范化管理，不断提升乡镇财政效能，充分发挥乡镇财政服务农民群众，促进农村经济社会发展的职能作用。

【总体目标】从2010—2012年，通过开展创建工作，使全省乡镇财政所（分局）组织机构更加稳定，职能定位更加准确，业务基础更加扎实，内部管理更加规范，队伍素质明显提高，办公条件显著改善，工作效能全面提升，乡镇财政管理工作迈入一个新阶段。通过三年考评验收，每年有10%左右乡镇财政所（分局）达到创建规范化乡镇财政所（分局）省级先进单位，15%左右为市级先进单位，到2012年，全省乡镇财政所（分局）达到创建规范化目标，其中：省级先进单位达到30%，市级先进单位达到50%。

【创建内容】结合全省乡镇财政管理工作实际，重点抓好组织机构规范化、业务工作规范化、内部管理规范化、队伍建设规范化和基础设施规范化等五个方面工作。从2010年起，每年由乡镇自查自评、县评比推荐、市考核上报、省财政厅考评验收后，评比产生创建规范化乡镇财政所（分局）省级先进单位，并给予表彰奖励，对获得创建规范化乡镇财政所（分局）市级先进单位的乡镇财政所（分局）由市财政局表彰奖励。

【2010年工作措施】省财政厅成立创建规范化工作领导小组，厅领导担任副组长，厅办公室、预算处等7个相关处室为成员，全力组织和推进创建工作。6月初，省财政厅在巢湖市召开全省创建规范化乡镇财政所（分局）现场会，全面部署创建工作。省财政厅下发《关于创建规范化乡镇财政所（分局）工作的通知》、《安徽省创建规范化乡镇财政所（分局）考评办法》，明确指导思想、总体目标、创建内容和总体要求，突出重点、逐条细化，实行千分制量化考评。省财政共下拨2.6亿元支持乡镇财政所办公用房建设，400个新建乡镇财政所办公用房陆续投入使用，500个改扩建工程正在实施，办公条件逐步改善。10月中旬，省财政厅举办“百名乡镇联系点”财政所长能力提高班，提升基层财政干部素质。年末，省财政厅党组将财政“两基”建设，特别是乡镇财政所（分局）规范化创建工作，作为督查2010年财政工作的重要内容，加强检查督促。省厅农村局经常深入乡镇督查指导，采取调研、驻点等措施，重点帮助和指导肥西等18个县24个乡镇财政所（分局）开展创建工作。各市、县（区）财政局相应成立领导组织，联系实际，认真研究分析管理现状，制定针对性强、操作性强的实施方案，出台相应的配套措施和办法。各乡镇财政所（分局）建立健全规章制度，大力抓好财政所基础设施、内部档案资料、为民服务窗口等基础管理工作，乡镇财政科学化精细化管理水平取得明显提高，全国财政厅（局）长座谈会在合肥召开，现场集中展示安徽省“两基”建设成果，《中国财经报》5次大篇幅报道安徽省乡镇财政建设主要做法及成效。

（厅农村局供稿　姚瑶执笔）

扎实推进政策性农业保险工作

2010年，全省政策性农业保险工作在全面总结试点经验的基础上，不断完善政策、规范操作，着力在巩固、完善、提高上下功夫、求突破，着力优化农业保险健康持续发展长效机制，实现了又好又快发展。

【加强专题调查研究，着力完善政策体系】 深入基层和保险经办机构听取意见和建议，收集、整理、加工试点以来的各险种承保、理赔数据，以及在根据农业、气象等数据推算各试点品种多年平均损失率的基础上，研究提出以完善费率为核心，统筹考虑保障水平、理赔标准、风险管控等因素，以调动保险经办机构、市县政府和广大农户积极性为落脚点的一揽子意见和建议。同时，积极探索创新财政支农方式，开展森林保险和特色农业保险政策研究，着力提高财政资金使用效益。

【开展规范管理活动，维护投保农户利益】 一是开展“回头看”活动，印发《关于开展全省政策性农业保险“回头看”活动的通知》，组织各试点单位和保险经办机构“四查四看”，查摆、梳理当前我省政策性农业保险试点工作中存在的问题和不足。二是开展规范管理活动，印发《关于开展全省政策性农业保险规范管理活动的通知》，规范全过程管理，要求做到职责明晰、承保规范、查勘及时、定损合理、理赔科学、工作精细。三是研究出台《关于进一步加强政策性农业保险基层管理和服务的指导意见》，从界定工作职责、加快网点建设、规范业务操作、保障工作经费、提高工作效率、加强组织领导等方面，对如何加强基层农业保险管理、提高保险服务质量提出明确要求。

【开展专项监督检查，狠抓政策措施落实】 一是指导各级财政、农业、畜牧等部门对农业保险基层工作机制、服务网络建设、展业承保、保险赔付合规性等四项内容实施专项督查，并纳入年度农业保险工作考评体系。二是印发《关于认真做好农业保险保费补贴专项清查工作的通知》，组织各地开展自查自纠，规范和加强保费补贴管理。三是针对年内的低温冻害和洪涝灾害，及时印发《关于切实做好油菜小麦保险理赔工作的紧急通知》、《关于切实做好当前水灾理赔和防灾减损工作的紧急通知》，指导各地做好农业保险查灾、核损、理赔等工作，最大程度减少投保农户的因灾损失。四是组织各地开展保险经办机构服务满意度调查，通过政策性农业保险经办机构服务质量调查问卷，了解广大投保农户对保险公司的意见和期望，深入查摆问题和不足，督促经办机构切实提高服务质量和水平。五是开展灾后检查督导，分管厅长带队深入田间地头指导灾后理赔工作，推动农业保险政策落实。

2010年，全省共承保农作物9820万亩、牲畜125.3万头，为2163万次农户提供270亿元的农业生产风险保障；累计赔款10.9亿元（含未决赔款1.1亿元），805万次农户从中受益，有力地支持了农业生产发展。中央政府门户网站、新华网、财政部网站、省委办公厅、安徽日报、安徽电视台、安徽人民广播电台对我省农业保险工作进行了10次宣传报道。2010年我省农业保险工作，得到了中国保监会主席吴定富、副主席周延礼的充分肯定。省长王三运、常务副省长孙志刚在人民日报情况汇编《安徽构建市场化农业支持保险体系》上给予肯定批示。王三运省长批示：“这是惠民之举，要持续地做，并注意在工作中总结提高，让更多的农民受益，促进我省种养业的更大发展”。孙志刚常务副省长批示：“此项工作深得农民的欢迎，望不断总结提高，巩固和扩大农保覆盖面，同时，还要加大宣传，提高社会知晓度”。

（厅金融处供稿　单培执笔）

推动全省会计领军人才培养工作

为实现“人才强省”的发展战略，继续贯彻落实《安徽省会计领军人才“三五”工程培养规划》，2010年，省财政厅不断探索培养新模式，完善会计领军人才选拔培养机制，着力提高培训效果和质量，充分发挥安徽领军人才品牌效应。

【开展首期会计领军人才培训班】 按照《安徽省会计领军人才“三五”工程培养实施方案》的相关要求，8月27日至9月25日，省财政厅组织首批15名会计领军学员赴上海国家会计学院参加培训，听取了来自财政部会计司、上海国家会计学院、复旦大学、清华大学等知名专家学者关于《企业内部控制规范及配套指引》、《会计准则国际趋同》、《企业风险管理与价值创造》以及《公司治理》等专题讲座。通过培训，学员们系统地了解了前沿理论知识，增强了学以致用的能力。

【开展会计理论与实践课题研究】 围绕会计改革与发展热点问题，结合会计领军学员工作岗位实际，积极引导学员开展《新〈企业会计准则〉在安徽省省属国有大型企业执行情况分析》、《基于促进企业发展视角的会计准则影响研究》等会计理论课题研究，并聘请多名指导老师。进行专业辅导。通过开展课题研究，有效推动了会计准则、制度的贯彻执行与会计领军人才培养的有机结合，充分发挥了会计领军人才对经济发展的引领作用。

【组织会计领军人才选拔考试】 9月5日，会计领军人才考试（含全国企业类、全国行政事业类、省级类）在安徽大学考点举行，总体情况良好。全省共36人报名（全国企业类12人、全国行政事业类3人、省级类21人），实考22人。

【充分发挥《安徽财会》宣传作用】 省财政厅在《安徽财会》开辟“会计领军”专栏，共编发5期，相继报道我省会计领军人才培养工程的工作部署、工作要求和实施情况，刊发会计领军人才的学习心得和有关探讨性文章，广泛宣传会计领军人才的深远意义。

（厅会计处供稿　李元元执笔）

省财政厅深入开展创先争优活动工作概述

按照省委省政府统一部署，省财政厅紧紧围绕“科学理财创先进、学习沈浩争先锋”主题，深入开展“五要五比”实践活动，即：要主动理财，比科学发展；要解放思想，比改革创新；要爱岗敬业，比真抓实干；要节俭自律，比无私奉献；要服务至上，比优良作风；迅速掀起“学沈浩创先进争优秀”热潮，实现机关建设和财政工作双丰收。2010年，全省财政总收入达2064亿元，全省财政支出达2584亿元，分别实现三年翻一番，为促进科学发展、全面转型、加速崛起、兴皖富民做出了积极贡献。省财政厅先后获得“全国精神文明建设工作先进单位”、“全国民族团结进步模范集体”等多项省部级以上荣誉表彰，在省直机关效能建设和省政府目标考核中连续4年名列前茅。

【紧扣中心，主动理财谋发展】 紧紧围绕省委省政府中心工作，主动理财，积极作为，努力把创先争优要求转化为谋发展的思路、促发展的行动。一是开展主题讨论。围绕“深入推进创先争优，促进财政科学发展”开展多层次讨论，进一步转变观念，树立“四破四立”理财观，引导全厅干部职工以更大气魄推进改革，以创新举措加快发展。二是积极建言献策。把握经济社会发展脉搏，广泛开展应用型课题研究。2010年，财政支持皖江示范区建设、促进我省工业化城镇化发展等调研报告，受到省领导充分肯定。王三运省长专门批示：“今年的财政工作又有新的提升，特别是服务大局、主动作为方面要充分肯定。”三是找准用力方向。加大投入力度，千方百计带动投资快速增长。用足用活“四下乡、两换新”政策，拉动扩大内需。大力实施创新推动战略，专项支持国家技术创新工程试点省、合芜蚌自主创新试验区、皖江城市带承接产业转移示范区建设，安排25亿元支持战略性新兴产业发展，迅速抢滩创新发展“制高点”。

【践行宗旨，改善民生促和谐】 始终把维护群众根本利益作为创先争优活动出发点和落脚点，牢固树立以人为本、执政为民理念，不断提升群众生活质量和幸福指数。一是“民生财政”持续发力。解决好民生问题是公共财政职责所在，2010年，全省财政围绕“五有”民生支出1096亿元，占全省财政支出42.4%，地方新增财力80%用于民生，有力促进了基本公共服务均等化。二是精心实施“民生工程”。切实履行牵头职责，加强部门协调配合，强化资金保障，有效解决了一批群众最关心、最直接、最现实的利益问题。为提升实施效果，2010年，在全省开展“民生工程督查月”，厅领导带队深入市县督查走访；今年先后开展“民生工程宣传月”、“贴民情、听民意、惠民生——万名财政干部大走访”，体察民情，了解民意，解决民忧。三是加快城乡统筹步伐。2010年，全省“三农”支出842.7亿元，增长24.7%。创新财政支农方式，以机制创新为突破口，以现代农业为切入点，加大涉农资金整合，全省24个“现代农业综合开发示范区”建设加快推进。

【开拓创新，坚定不移促改革】 坚持把完善体制机制作为创先争优重要环节，抓好财政自身改革的同时，大力支持各项改革，全面提高财政保障水平。一是探索财政运行新机制。完善省直管县财政体制和乡财县管改革措施，探索建立“村账乡代管”新机制。规范省对下转移支付制度，推进预算制度改革，加强结余资金、专户资金、超收收入、政府债务管理，扩大“惠民直达工程”、绩效考评试点，不断增强财政自身活力。二是统筹推进重点改革。积极支持基层医药卫生体制综合改革试点，在全国率先实现基本药物制度基层全覆盖，成功创立医改“安徽模式”。大力支持政法经费保障体制、工商和监狱体制、文化体制等各项改革，着力激发体制机制活力。三是深化农村综合改革。全面完成农村义务教育债务偿还兑付，村级组织运转经费保障机制和为民服务全程代理制不断完善，一事一议财政奖补试点、集体林权制度改革、农村土地流转改革等稳步推进，有效释放农村发展内生动力。

【统筹结合，机关建设上台阶】以创新争优活动为契机，统筹推进文明创建、效能建设、政风建设等工作，不断提升财政机关建设水平。一是弘扬沈浩精神。围绕“沈浩给我们留下什么，对照沈浩学习什么，立足岗位该干什么”开展大讨论，在小岗村设立党员教育基地和党建联系点，组织全系统演讲比赛，切实把沈浩精神内化于心、外化于行、实化于绩。二是提升工作效能。推进职能定位向主动理财延伸，财政管理向科学精细延伸，作风建设向创先争优延伸，文化建设向内心世界延伸，考核评议向基层处室延伸，形成人人讲效能、事事争效能的良好局面。不断加强财政窗口建设，为办件人提供“一条龙”服务、“一站式”办公。从问卷调查结果看，社会各界对财政厅作风满意率达98%。三是推进文化建设。升华财政机关精神，相继形成服务发展“五篇文章”、工作重心“三保二促进”、作风建设“五看五比五树”等一系列财政文化理念，成为财政干部共同遵守的核心价值体系。深入推动群团建设，开展“青年文明号”、“巾帼文明岗”等活动，在省直六运会中获得团体第九和优秀组织奖等佳绩，充分展现财政干部奋发有为的崭新风貌。

【固本强基，加强党建促提升】全面推进机关党的建设，充分发挥党组织战斗堡垒作用和党员干部先锋模范作用，为推动创先争优、促进财政事业发展提供坚强的政治保证。一是强化理论学习。每月一次党组中心组学习，每期一个主题，由一位厅领导中心发言、三位处室负责同志重点发言，集中学习了十七届五中全会、省委八届十三次全会等重要会议精神，着力提高领导干部理论指导实践的能力。二是完善民主集中制。每年召开民主生活会，充分发扬民主，促进工作开展。建立健全科学、民主、规范的议事决策程序，形成团结协作、心齐气顺、干事创业的良好局面。三是加强学习型党组织建设。坚持抓机关、带系统、促发展，相继开展了“岗位大练兵、作风建设年、创建五型机关、规范管理年，能力建设年、学习提升年”等主题活动，不断强化终身学习观念。2010年，全面完成厅新进人员、新任市县财政局长、农村财会人员“三个层次集训”，全员参加“通用能力”、网络教育、执法资格“三次大规模测试”，注重学习、主动学习成为干部职工自觉行为。张宝顺书记批示指出：“省财政厅的机关建设抓得有特色、有成效，应予总结、宣传，以推进学习型机关和机关效能建设。”

（机关党委供稿　刘恒执笔）

继续深入推进“小金库”专项治理

2010年，按照中央的统一部署，我省继续深入开展了党政机关和事业单位“回头看”、社会团体和国有及国有控股企业“小金库”治理。在省委、省政府的领导下，全省“小金库”专项治理工作围绕“提高治理实效、建立长效机制”目标，进一步加强组织领导，精心安排部署，广泛宣传动员，严格督促指导，强化整改和综合治理，积极构建长效机制，专项治理工作取得了阶段性的成效。

【领导重视，部署周密】一是认识到位，行动迅速。5月21日，全国“小金库”治理工作经验交流电视电话会议召开后，王三运省长在汇报材料上作出批示：“会议精神很重要，要认真贯彻落实。赞同所提贯彻意见，对‘小金库’治理一定要搞彻底。”根据会议精神和省领导的指示，省“治理办”先后于6月3日、7月22日召开了全省“小金库”治理工作经验交流电视电话会议和全省“小金库”治理工作动员部署电视电话会议。各级各部门按照省委省政府的统一要求，一级抓一级，层层抓落实，迅速推进治理工作的全面开展。二是组织到位，责任明确。2月份，鉴于治理工作新增内容和任务，省治理工作领导小组第三次会议增补了省民政厅、省国资委为治理工作领导小组成员单位。根据工作需要，省“治理办”又从民政厅等单位抽调人员，集中统一办公，省国资委成立了专门的“小金库”治理工作机构，在省“治理办”的统一组织领导下开展工作，形成主要领导亲自过问、分管领导亲自挂帅、主要部门全程参与、相关部门联合办公的领导体制和工作机制。三是督导到位，协调有力。为保证治理工作全面稳步推进，省“治理办”安排专人每周一次对全省17个市和部分省直重点部门的工作开展情况进行电话督导，并于9月上旬、11月中旬两次召集各市“治理办”负责人座谈工作情况，同时建立联络和快报制度，要求各市和省直各单位每半个月向省“治理办”报送快报，“上报”、“下查”互动，确保专项治理工作协调有序开展。

【广泛动员，营造氛围】全省各级各部门广泛利用各种宣传媒体，广泛动员，畅通举报渠道，营造合力共治的氛围。一是编发简报。2010年，省“治理办”共编发简报47期，及时全面反映治理工作动态。二是高度重视网络的作用。省“治理办”在省政府门户网站上开辟治理“小金库”专栏，刊发领导讲话（指示）、工作动态以及治理政策法规，并通过省财政信息网，适时发布治理信息和政策解释。三是发挥新闻媒体的舆论宣传作用。全省各级各类媒体以领导访谈、答记者问、新闻追踪等形式，全方位、多角度广泛宣传治理工作开展情况，公布举报方式。四是畅通渠道，做好举报受理和查办工作。省“治理办”在全省范围内印发了《社会团体和国有企业“小金库”专项治理工作举报奖励办法》，在主流媒体上公布举报电话和信箱，并确定专人负责受理信访和举报工作，严格按照举报管理方法受理举报。

【统筹安排，确保实效】针对2010年“小金库”治理工作点杂、面广、战线长，党政机关、事业单位、社会团体和国有企业的治理工作同步推进的特点，全省各级各部门深入调研，明确政策，丰富手段，统筹兼顾，有序安排，稳步推进各项工作。截至2010年底，全省党政机关和事业单位共发现“小金库”99个，涉及金额4946.94万元；开展社会团体和国有及国有控股企业“小金库”专项治理工作，全省共发现“小金库”304个，涉及金额7288.94万元。其中：自查自纠阶段发现“小金库”242个，涉及金额6439.37万元（其中，社会团体和公募基金会56个“小金库”，涉及金额748.11万元；国有及国有控股企业186个“小金库”，涉及金额5691.26万元）；重点检查阶段发现“小金库”62个，涉及金额849.57万元。

【查处并重，严格执纪】各级“治理办”认真学习相关法律法规和文件规定，严格按照不准有弹性、不准弄虚作假、不准姑息手软、不准搞下不为例的“四个不准”要求，根据问题性质，对违反财务收支规定、会计核算不规范等在财务管理方面的共性问题，通过规范和加强管理予以解决。对私存私放设立“小金库”和以会议费等名义套取资金设立“小金库”的问题，进行统一处理处罚，并督促落实；对涉嫌个人违纪问题，及时移交各级纪检监察机关或主管部门进行严肃查处。截至2010年底，全省因设立和使用“小金库”受到行政处罚的有59人，受到组织处理41人、党纪政纪处理41人、移交司法机关处理28人。

【综合整治，扩大成果】省治理办及时转发中央“治理办”《关于在“小金库”专项治理工作中严厉查处假发票的通知》（中治金办〔2010〕4号），要求各地在专项治理中做到“四个结合”，严厉打击查处制售和购买假发票的违法行为，加大对非法票据设立“小金库”问题的查处力度。同时，认真开展社会团体清查注销工作。省民政厅将根据省“治理办”统计汇总数据，对于在民政部门登记注册，长期不活动、此次治理又未上报自查情况的社会团体予以注销。

【纠建并举，标本兼治】针对“小金库”治理中发现的问题，一是积极推进行政事业单位国有资产管理和改革。省财政厅先后出台省级行政事业单位国有资产使用、配置、处置和收入管理办法，并建立行政事业单位资产管理信息系统；二是由省政府转发了《安徽省省级财政结余资金管理制度》，解决财政资金因留存部门单位而逃避监督的问题；三是建成运行省级财政一体化管理信息系统，逐步实现集中支付无“死角”；四是出台《安徽省直机关出差和会议定点管理办法》等制度，规范公务支出管理；同时，进一步强化非税收入管理。

（厅监督局供稿　汪永飞整理）

着力构建财政大监督格局

2010年6月，在全省财政监督工作会议上，省财政厅党组书记、厅长陈先森作了《更新理念 统一认识，推进全省财政监督科学发展》的讲话，首次在我省提出确立“全员参与、全面覆盖、全程监控”的财政“大监督”理念，构建“预算编制、预算执行、监督检查、绩效评价”四位一体的监督管理新机制，力争在三年内全省形成全员参与、分工明确、各负其责的财政大监督格局。监督检查局坚持审慎稳妥的原则，按照“统一思想、提高认识、设计制度、进行试点”的目标，积极有序构建财政“大监督”格局。下发了《关于进一步加强财政监督的若干意见》（财监〔2010〕621 号），以及根据财政部 58 号部长令制定的《财政部门内部监督检查实施办法》（财监〔2010〕622 号）两个文件，其中《若干意见》报经省政府领导同意下发到各级政府。厅监督检查局还配套下发了《安徽省财政监督工作考核办法（试行）》（财监〔2010〕623 号），一系列配套文件还将陆续下发。这些文件围绕财政“大监督”理念，从“横、纵”两个方向构建了财政监督的制度体系。

横向是指协调和规范财政部门内部各职能机构层面的相关监督制度和内部控制制度。主要有五项机制，即：主要领导负责制度——各级财政部门主要负责人对本部门内部监督检查工作负总责，分管财政监督的负责人负直接领导责任；专题报告制度——对内部监督检查中发现的问题进行分析、归纳、总结，并提出建议，以“财政监督专报”形式向财政部门负责人进行专题报告；专题会议制度——通过召开由财政部门主要负责人或分管负责人主持、财政部门内部有关机构或所属单位负责人参加的专题会议，研究财政监督检查年度工作计划和工作重点，反映内部监督检查情况，通报处理意见和管理建议的整改落实情况等；资料报送和联络员制度——财政部门内部各业务管理机构和所属各单位要设立内部监督检查联络员，协助内部监督检查的业务培训、资料收集报送、政策解释和协调预算单位等工作，并及时向财政监督机构提供制发的有关文件资料；成果利用制度——财政部门要将内部监督检查结果作为下一年度财政性资金预算安排、干部考核任用的参考依据，并纳入机构单位年度考核的内容。

纵向是指省、市、县三级财政监督指导制度体系，提出了思想、组织、制度、信息化手段等方面的机制建设要求，建立了工作考核制度、教育培训制度等。

通过横向的和纵向的制度体系建设，真正实现财政监督贯穿于财政管理的全过程，体现财政监督与管理的有机融合，体现财政监督“立足内部，着力外部”的工作方向。

（厅监督局供稿　汪永飞执笔）

全省财政系统政风建设情况综述

2010 年，省财政厅党组按照省委、省政府关于加强政风行风建设的部署和要求，围绕中心，服务大局，坚持主动理财、依法理财、科学理财、民主理财，深入开展创先争优活动，大力提升财政科学化精细化管理水平，全厅的政风建设再获满意等次，为促进全省经济社会发展做出积极贡献。

【推进依法理财，着力规范财政管理】 一是加强系统法制宣传教育。在全系统部署推进“五五”法制宣传教育考核验收工作，充分利用报纸、期刊、网络等各类媒体和法制宣传日、“法律六进”等多种形式进行普法宣传，厅领导主动撰写相关文章在报刊发表，在《安徽日报》开展财政法制建设专版宣传，扩大财政系统依法理财影响力，主动接受社会监督。二是规范财政决策和执法行为。进一步做好编制职权目录，推动行政权力公开透明运行工作，组织编制行政职权目录 34 项，并绘制相关权力运行流程图。建立财政工作集体决策制度、代表委员联系制度、部门会商制度、听证制度、专家评估制度等。三是加强财政法规制度建设。制定《安徽省财政厅省级预算编制内部规程》，对预算编制职责、程序进行调整和规范，将部门预算编制程序由“三上三下”调整为“二上二下”，形成省级部门预算编制约束有力、程序统一、流程顺畅、运转高效的工作机制。印发《安徽省财政厅效能建设文件汇编》和《安徽省财政厅机关事务服务手册》，规范干部行为，提高工作效能。四是深化行政审批制度改革。本着“便民、高效、廉洁、规范”的服务宗旨，所有行政审批和便民服务项目原则上全部纳入省政务中心财政窗口办理；按照“能简则简，应简尽简”的原则，进一步简化审批手续，缩短办理时限，逐步实现窗口受理、审批、发证“一站式”服务，打造“五星服务岗”。

【深化效能建设，着力提高理财水平】 一是广泛营造效能氛围。厅党组要求全厅干部职工和全系统高度重视效能建设，宣传效能、强调效能，灌输效能意识。加大财政牵头工作推进力度，全面开展 33 项民生工程、“四下乡、两换新”工程、“一事一议”改革试点、政策性农业保险、基层医药卫生体制改革、“小金库”治理、惠民直达工程、现代农业综合开发示范区建设等工作。二是积极创新理财思路。坚持主动理财、积极作为，不当账房先生，做科学理财的行家；不当摇头先生，做服务大局的里手，认真落实保持经济平稳较快发展的一揽子政策措施，努力保增长、保民生、保稳定。三是积极开展创先争优活动。扎实开展“科学理财创先进、学习沈浩争先锋”为主题的创先争优活动，紧密结合财政工作实际，深入开展“五要五比”主题实践活动，坚持在“创、先、争、优、比、学、赶、超”八个字上下功夫，深入开展“深入推进创先争优，促进财政科学发展”大讨论，精心组织新一轮重点课题研究，科学编制财政“十二五”规划，全面开展争创“党员先锋岗”等活动，进一步掀起学习沈浩深入推进创先争优活动的热潮。四是推进效能建设向处室延伸。明确各处室单位负责人为效能建设第一责任人，指定专人作为效能建设联络员，强化干部职工作为效能建设执行者的主体意识。召开省财政厅效能建设工作座谈会，邀请市县财政局办公室主任和厅属单位负责人，就进一步推进效能建设向处室延伸广泛征求意见和建议，总结经验，深入推进。五是全面开展明察暗访工作。组织开展省直预算单位“百份问卷调查”、来厅办事人员“百人问卷调查”、上下班情况检查、接待来访情况检查和办公秩序情况检查等五个方面明察暗访，查找工作效率、服务态度等方面存在的问题，将检查结果纳入各处室单位年终绩效考评。调查显示，厅机关文明办公满意率达97.4%。

【狠抓廉政建设，着力增强防腐能力】一是深入开展反腐倡廉宣传教育。开展学习《廉政准则》、规范从政行为、促进科学发展主题教育活动，先后下发《中国共产党党员领导干部廉洁从政若干准则》单行本等多种书籍供干部职工学习，组织召开全省财政系统反腐倡廉建设工作会议和视频会议，在市县财政局长和厅新进人员培训班中安排廉政课程，认真解剖一些违法违纪的典型案例，用身边的事教育身边的人。二是落实党风廉政建设责任制。把落实党风廉政建设责任制作为财政工作要点的重要内容，按照一把手负总责和分管领导各负其责的要求，层层分解责任，实行分管厅领导与各处室(局)、单位主要负责人签定反腐倡廉建设责任书的办法，落实责任制。三是抓好“小金库”治理工作。继续做好社会团体、国有及国有控股企业的“小金库”治理工作，全面开展“小金库”治理工作“回头看”，加强对“零申报”、“零问题”地区和部门单位的监督检查。高度重视举报受理和核查工作，研究制定实施源头治理，进一步推进“小金库”治理工作深入开展。四是认真做好来信来访工作。妥善处理来信来访，严肃查处违纪违规和违法行为，全年共收到信访举报10件，省政风行风热线转来的投诉全部办结。

【强化政务公开，着力打造“阳光财政”】一是着力完善公开制度。大力开展政府信息公开“制度执行年”活动，认真修订完善《省财政厅政府信息公开暂行办法》等规章制度，在厅门户网站增设政府信息公开“制度执行年”活动专栏。积极利用厅门户网站、电子屏、橱窗、短信等形式开展宣传，着力营造良好政务环境。二是着力构建公开体系。进一步提高财政窗口的服务质量，修订窗口服务指南，主动提供项目告知单、办事人员需填写的有关表格和申请等前置性材料；改善窗口办公条件，公开窗口服务电话，提高窗口工作质量。三是加强预算信息公开。制发《关于进一步做好预算信息公开工作的通知》。同时，在财政厅门户网站和政府信息公开网公开相关制度文件。四是着力加强信息宣传。通过《中国财经报》、《中国财政》、《安徽日报》以及省电台、省电视台等媒体宣传报道，500余篇/次，提高财政工作影响力。五是认真组织政风行风热线财政专题活动。3月24日，省政风行风广播电台热线安排省财政厅现场直播。厅党组书记、厅长陈先森率有关处室负责同志现场介绍全省财政工作情况以及民生工程等相关政策规定，解答民众的政策咨询和投诉，各市县财政局组织收听。11月13日，在肥西县举行“强农惠农 服务三农”政风行风热线大型户外现场直播活动，陈先森厅长出席活动并接受记者采访。六是广泛征求政风建设意见建议。4月7日，厅长陈先森带领厅纪检组长刘浩和厅办公室、监察室负责同志，走访省纪委纠风办等部门，就省财政厅政风建设工作征求意见和建议。通过厅内网和厅门户网站“政风评议”专栏，广泛征求意见和建议。针对2009年政风评议中社会各界提出的意见和建议，要求全省各级财政部门把政风建设作为财政工作的自身需要，认真加以落实改进。

【加强系统指导，着力营造良好氛围】一是加强财政业务管理和指导。在全系统开展“学习提升年”活动，着力提升干部综合素质、班子整体合力、财政文化品位、机关和谐氛围和干部党性修养，着力加强学习型党组织和学习型党员建设。重点抓好“三个层次的集训”，对近两年新任市、县

（区）财政局长和农村财会人员进行分期、分批培训，在上海财经大学继续教育学院举办了百名乡镇财政所长能力提高班，对全省会计领军人才进行首期培训。组织全省财政系统15000多人参加行政执法人员资格认证考试。开展创建规范化乡镇财政所（分局）工作，建立“百名乡镇联系点”工作制度，指导乡镇财政所（分局）在“四项建设”方面达标准、创特色。二是加强行业监管。完善财政系统内部监督制约机制，强化对下执法监督和纪检监察，纠正部门和行业不正之风；加强会计和注册会计师行业监管。组织开展了2010年度全国会计专业技术资格考试，72422名考生报名参加考试。组织注册会计师考试，共有21724人报名参考。开展强农惠农资金专项清查督查工作、工程建设领域专项治理工作。三是开展文明创建活动。全面加强思想道德建设、财政业务建设、干部队伍素质建设和群众性文明创建，争创全国文明单位。通过学习培训、讨论交流等多种形式，广泛深入宣传社会主义核心价值体系；在厅机关基层党组织开展“争创学习型党组织、争当学习型党员”活动、读书荐书活动；开展“创文明单位、做人民公仆”、创建“青年文明号”、“巾帼文明岗”等活动，推进基层民主，活跃机关文化。在省直机关第六届运动会中，全厅获得团体总分第九和优秀组织奖佳绩。四是加大系统督查力度。要求全系统树立“一盘棋”思想，营造上下联动、提速增效的良好氛围。10月中下旬，由厅领导带队组成10个督查组，对各市、县（区）财政局“学习提升年”活动、财政牵头重点工作、年度目标任务完成情况和政风建设情况进行全面督查；印发《关于做好2010年市县预算支出绩效考评工作的通知》，指导市县预算支出绩效考评工作。实践表明，加大对全系统指导力度，有效提升了财政部门整体效能。

（厅监察室供稿　苏照存执笔）

财政分项工作概况

财政政务工作概述

2010年，在省财政厅党组的正确领导下，在各兄弟单位的关心支持下，厅办公室围绕中心、团结奋进，在学习中提升、在继承中发展，重点抓了六个方面的工作。

【精益求精，在综合文字上下工夫】精心谋划每一篇综合材料，努力打造精品、形成品牌。一是提前谋划。根据厅机关工作的总体安排，密切关注宏观经济形势，研究国家政策走向，定期摸排综合文字工作任务。二是集思广益。开展“头脑风暴”，进行观点碰撞，领会领导意图，细化写作框架，秘书合理分工、协作撰写、形成合力。三是用心打磨。积极征求处室意见，反复修改，力求内容充实、文字精练，有表现力、有说服力、有感染力。四是注重总结。及时交流心得体会，特别是对厅领导的耳提面命、审改之处，深入研讨、消化吸收，不断增强以文辅政的能力。

【把握节奏，在信息宣传上下工夫】紧扣中心、把握重点、突出导向，力求增强财政信息宣传的及时性、有效性。在信息方面：一是建立全省财政信息通报制度，每季度对各地信息报送、采用情况进行通报。二是办公室收发文各个环节布“点”，建立全员抓信息的制度。全年编印各类信息1053期，比上年增长32.5 %。在宣传方面：一是开展了“2007—2009年度全省财政好新闻”评选活动，总结经验、推动工作。二是开展课题调研成果宣传，8篇调研报告在《财政研究》、《经济研究参考》、《中国财政》等核心期刊发表。三是集中展示“两基”建设成果。牵头制作《潮涌江淮》专题宣传片；在《中国财经报》、《中国财政》、《决策》刊发16篇系列文章。四是加强门户网站管理。适应政务公开要求，新版门户网站成功上线运行，主动公开信息1.2万余条，办理依申请公开210件，受理网民来信3300多件。

【服务至上，在政务协调上下工夫】积极践行文明办公“五要五不”，着力提升财政部门良好形象。一是狠抓落实。年初下发工作要点，分解重点任务，年中组织督查；严格实行登记催办制度、限时办结制度、督查报告制度，加强上下联系，定期与相关部门沟通，确保政令畅通和各项目标任务圆满完成。二是注重创新。按时办结建议提案308件，积极开展“办理回头看”活动，上门走访、解释政策、力求实效。省人大常委会副主任郭万清在有关文件上批示，充分肯定省财政厅的做法。三是做好信访。热情耐心接待群众来访125人次，妥善协调办理信访案件260余件，认真组织大接访活动。连续多年荣获全省信访工作责任目标管理先进单位。

【强化责任，在牵头工作上下工夫】以饱满的精神状态和扎实的工作作风，认真做好厅党组交给办公室的牵头工作。一是组织开展“学习提升年”活动。及时制定指导意见，细化目标任务，强化阶段推进，在厅门户网站开辟宣传专栏，扩大活动影响。二是深入推进机关效能建设。及时下发《关于进一步加强机关效能建设的若干意见》，修订财政厅效能建设绩效考评办法，组织明察暗访，跟踪上级政策动态，报送5期宣传材料。从省直预算单位“百家问卷调查”和来厅办事人员“百人问卷调查”结果来看，社会各界对厅机关作风满意率达98%。三是切实加强财政窗口建设。全年办件量突破10000件，获得好评卡327张、锦旗两面，满意率100%，在季度考评中相继获得“优秀窗口”、“优秀工作人员”称号。四是精心实施“小金库”专项治理。圆满完成厅属8家社团、4家企业的“小金库”自查自纠工作。

【规范细致，在保证运转上下工夫】积极改进方式方法，不断提高机关服务质量和水平。一是加强财务管理。严格实行“三级审批”报销程序，促进机关开支更加科学合理；修订《厅机关职工医疗费管理办法》，完善医疗费报销管理；开展机关办公资产清查和统计，建立资产管理员制度；积极筹措资金，规范发放一次性工作奖励。二是加强会务接待。承办全国性会议1次、全省性会议2次，接待12批26人次省部级领导。特别是财政部在我省召开全国财政厅（局）长座谈会，厅领导直接调度，各处室单位全力支持“一对一服务”，保证会议圆满成功。三是加强基础服务。进一步优化办文办事流程，组织编印《效能建设文件汇编》、《机关事务服务手册》，扎实做好办公用品、公文收发、档案、保密等服务工作。全年收发文近8500份，用印30余万次；交换公文近30000份，寄发公文25万份；收集档案7588件（卷），提供利用档案7200余件（卷）次。

【学习沈浩，在创先争优上下工夫】在做好规定动作的同时，积极创新自选动作。按照文字为先、服务至上、固本求新、和谐发展的工作要求，深入开展比学习、比细节、比能力、比奉献活动。一是加强学习。把学习与提升能力、促进工作、丰富生活结合起来，全年集中学习15次，积极参加在线学习、执法资格考试，人均参加1次以上培训。二是强化执行。建立工作调度例会，及时通报情况、交流经验，安排任务、落实分工，确保工作有序开展。三是团结协作。发扬团队精神，分工不分家，积极组织拔河队训练和比赛，不断增强凝聚力、战斗力。四是做出表率。引导全体人员努力做到雷厉风行、令行禁止，着力营造风清气正、竞相发展的和谐氛围。

（厅办公室供稿　韩永强执笔）

财政综合工作概述

2010年，在省财政厅党组的正确领导下，在兄弟处室的大力支持下，厅综合处紧紧围绕全省财政中心工作任务，认真学习实践科学发展观，贯彻落实积极财政政策，倾力服务经济社会发展，切实加强财政科学化、精细化管理，努力做到“学习稳步提升、业务稳步提升、效能稳步提升”，圆满完成各项工作任务。

【初步完成“十二五”规划编写工作】省财政厅党组高度重视规划编制工作，专门成立规划领导小组指挥协调规划编制工作。规划办设在厅综合处，建立了纵向、横向和内部协调联络机制。先后印发文件、召开专题会议，布置规划编写及专题研究事项，推进规划编制工作。先后10次对主报告进行集中讨论和修改完善，征求厅处室和市县意见，提交财政厅党组中心组研究、讨论；并召开专家论证会对主报告进行修改完善。目前，规划编制工作初步完成，各处室承担的24个专题研究报告初稿已基本完成，各市规划初稿大部分已完成。

【稳步推进规范公务员津贴补贴工作】经省委、省政府同意，从2010年7月1日起调整市县公务员津贴补贴水平。一是牵头起草了调整市县津贴补贴水平建议，设计多种调整备选方案并相应测算财政支出需求，为领导决策参考。二是征求各市财政局及省规范津贴补贴领导小组成员单位意见，完善调整方案。三是审慎做好调整方案的风险评估工作。遵照省政府第55次常务会议精神和省政府负责同志指示要求，按照皖办发〔2010〕14号文件规定，对调整市县公务员津贴补贴可能引发的各种因素开展风险评估，制定相应的处置预案上报省政府。四是牵头对12个市上报的调整方案进行集中审核，审核意见上报省政府。五是对津贴补贴发放水平超过调控线的市，征收津贴补贴调节基金。六是配合有关部门做好公共卫生和基层医疗卫生事业单位绩效工资改革工作，及时审批市级公共卫生和基层医疗卫生事业单位绩效工资方案。积极参与研究制定其他事业单位预发工资（生活）性补贴政策，提高事业单位工作人员收入水平。

【显著提升政府非税收入管理水平】一是按照财政部要求，逐步将政府非税收入纳入财政预算，实行分类管理。二是停止审批设立省级涉企行政事业性收费项目，及时向社会公布2009年度安徽省行政事业性收费项目目录，会同有关部门开展教育收费、社会团体收费、涉企行政事业性收费清理，减轻企业和社会负担。三是及时公布2009年政府性基金项目目录，按照政府性基金使用管理政策和预算编制有关规定，审核2011年省级政府性基金收支预算。四是规范财政票据印制管理，强化票据印制企业监管，保障财政票据安全。按照“分次限量、缴旧领新”的要求，认真做好财政票据的发放、核销工作。积极宣传行政事业单位资金往来结算票据管理政策，组织实施新版票据的印制、发放和旧版票据的清理核销工作。五是开展水利建设基金、价格调节基金收支管理调研，及时上报我省征管使用情况和政策建议。转发《政府性基金管理暂行办法》，落实中小学校舍安全工程建设项目减免收费基金政策。

【不断强化城市中低收入家庭住房保障工作】一是支持廉租住房发展。2010年，共争取中央廉租住房补助资金6.6亿元，比上年增长16%；省级安排补助资金 2000 万元，全省城市住房困难家庭受益户数将达 14 万多户。及时分解下达各市县 2010 年廉租住房购买、改建和租赁任务。采取“以奖代补”方式分配省级专项补助资金，激励各地强化资金管理、提高工作质量。落实廉租住房保障专项补助资金支出进度月报制度，及时掌握和分析各地专项补助资金使用情况及拨付进度。二是支持公共租赁住房发展。参与制定《安徽省关于加快发展公共租赁住房的实施意见》，印发《安徽省补助公共租赁住房专项资金管理办法》，争取并及时下达中央财政补助公共租赁专项资金 2363 万元，安排省级配套资金 709 万元。争取并分解下达中央保障性安居工程补助资金 7.3 亿元，会同有关部门将公租房建设纳入安徽省 2010—2012 年保障性安居工程建设规划，推进我省公共租赁住房发展。三是兑现住房货币化补贴资金 9200 万元，组织开展了省直驻肥单位年度住房货币化补贴申报、审核工作。及时批复省直住房公积金管理分中心 2010 年管理费用预算，会同省行管局开展住房公积金发展对策课题研究，课题成果已发表。

【积极加强彩票、物价等预算收支监管】一是加大彩票市场监管力度。严格彩票机构业务费收支预算，努力降低发行成本。委托社会中介机构对彩票机构 2009 年度收支计划执行情况、彩票公益金上缴及分成拨付情况进行审计，发现问题督促整改。加强彩票公益金使用管理，合理安排公益金使用项目，跟踪预算执行情况，提高资金使用效益。2010 年共筹集彩票公益金 11.7 亿元。加强青少年校外活动场所建设资金管理，会同有关部门组织申报青少年校外活动场所建设项目，争取国家项目资金近 4000 万元，保障活动中心正常运转。二是加强部门预算收支管理。督促物价部门积极组织收入，完成 2010 年度收入任务。及时审核项目支出预算，规范项目支出管理，督促部门加快支出进度。及时完成 2011 年省物价局部门预算编制工作。

【积极开展“学习提升年”、“争先创优”和效能建设活动】组织开展全省财政综合系统业务和财政“十二五”规划培训，拓宽视野，提高思考问题、分析问题以及解决财政工作实际问题的能力。定期开展财政经济形势分析研究，关注财政经济理论前沿动态，按季撰写财政经济形势分析报告上报财政部，荣获全国综合财政系统财政经济形势预测分析三等奖和专题研究工作二等奖。全年共办理人大、政协建议和提案 12 件，满意率达 100%；办理群众来信 10 余封，“领导信箱”等业务咨询 20 余件，省政府办公厅、有关部门及厅内处室征求意见 60 余件。

（厅综合处供稿　李　燕执笔）

税政条法工作概述

2010 年，省财政厅税政条法处在厅党组的领导下，认真贯彻执行有关税收征管政策和财政法制宣传教育工作，圆满完成了各项工作任务。

【认真做好文件清理和政策把关工作】全年共审核 71 件全国人大、省人大、省政府法制办等有关部门转来的各类法律、法规、部门规章及规范性文件征求意见稿。及时纠正和杜绝各地随意出台减免税、先征后返等税收优惠政策的不当行为。共清理 5 月 31 日之前所有财政规范性文件 307 件。其中，废止文件 43 件，宣布失效文件 11 件，已修改文件 8 件。

【组织全省财政行政执法人员资格考试】9 月，组织全省财政行政执法人员资格考试，共有 14562 位财政干部参加考试，合格率为 96.5%。

【圆满完成财政“五五”普法验收工作】印发《关于印发安徽省财政“五五”法制宣传教育考核验收方案的通知》（财税法〔2010〕387 号），并采取实地考察、听取汇报、检查档案材料、走访普法对象、召开座谈会、抽查考试等形式，分别对全省 17 个市、17 个县（区）财政局财政“五五”法制宣传教育工作进行考核验收。10 月 17 日至 20 日，由财政部条法司赵超副巡视员为组长的全国财政“五五”法制宣传教育验收检查组第七组一行 6 人，来我省验收检查，充分肯定了我厅财政法制宣传教育工作。

【积极做好高新技术企业认定工作】省财政厅积极与相关部门配合，认真做好我省高新技术企业认定和对高新技术企业优惠税收政策落实情况的督查工作。全省合计认定高新技术企业 1116 家（其中 2010 年认定 126 家，另有 207 家上报国家待批），共减免企业所得税 23 亿元，促进了高新技术企业快速发展。

【牵头进行社会团体接受捐赠税前扣除资格认定工作】先后认定安徽省黄梅戏艺术发展基金会、安徽省残疾人福利基金会两批共 8 家公益性组织具有接受捐赠税前扣除资格。由于认定后企业捐赠在政策范围内可列入税前扣除，调动了企业捐赠公益性事业的积极性，8家公益性组织已接受企业捐赠1亿多元。对我省残疾人事业和黄梅戏文化事业等社会事业发展提供了有力地支持。

【积极贯彻落实财政部制定的税收优惠政策】一是提出我省娱乐业营业税税率调整建议。3月，以省厅名义提请省政府批准将我省高尔夫球营业税税率确定为10%，其他娱乐业营业税税率确定为5%。该项政策经由省政府批准，省财政厅会同地税局共同发文于4月1日起执行，有力地支持了娱乐业等服务业的发展。二是3—4月份，组织对马鞍山、巢湖、六安等市铁矿石资源有关情况进行了调研，并对铁矿石资源税的政策建议等方面以专题报告上报财政部，得到了财政部的好评。三是省财政厅会同相关部门在多次测算分析基础上，向省政府上报了请求给予有关企业享受税收减免政策的建议。该项政策经由省政府审核通过后已正式施行。四是会同相关部门对我省商贸企业、部分服务型企业、劳动就业服务企业中的加工型企业和街道社区具有加工性质的小型企业实体，在新增加的岗位中，当年新招用持《就业失业登记证》人员，与其签订1年以上期限劳动合同并依法缴纳社会保险费的，给予在3年内按实际招用人数予以定额依次扣减营业税、城市维护建设税、教育费附加和企业所得税优惠。定额标准按最高额每人每年4800元确定。该项政策经由省政府批准，省财政厅会同国税局、地税局、人力资源和社会保障厅共同发文于2011年1月1日起正式执行。

【完成企业所得税税源调查工作任务】全年完成税源调查户数1729户，超出财政部要求的样本数529户。为提高税源调查的科学性和时效性，我省在全国率先选取了10户重点调查企业按季度进行季报，得到部领导的充分肯定。

【开展税式支出测算】按照财政部的要求，对税收优惠政策所减少的财政收入进行测算，按时汇总上报了我省112项优惠政策税式支出情况测算结果。

【积极争取优惠政策为企业服务工作】一是为支持合肥京东方光电科技有限公司发展，多次向财政部汇报和沟通。11月4日，财政部、国家税务总局发文，明确该公司用于进口设备形成的增值税期末留抵额给予退还。二是积极为安徽广电传媒产业集团向财政部争取税收优惠政策。经积极汇报申请，财政部已发文同意对广电传媒产业集团所辖16个广播电视运营服务企业收取的有线数字电视基本收视维护费，3年内免征营业税。三是积极协助申报设立合肥出口加工区，在争取国家财政部支持等方面做了大量工作。7月5日，国务院正式批准设立安徽合肥出口加工区。合肥市政府专门向省财政厅发来感谢信。

【制定房地产调控具体操作办法】9月底，财政部、国家税务总局、住建部发出关于调整房地产交易环节契税、个人所得税优惠政策的通知。省财政厅会同相关部门在具体操作中对家庭唯一住房的鉴定办法作了明确规定，并设计相关证明材料格式。既明确了政策界限便于执行，又促进了房地产税收的征收进度；同时也对房地产市场的健康发展起到了积极作用。

【建立财税联络员机制】进一步明确细化各市、县及部分省内大型企业财税联络人员及联系方式，并整理汇编成通讯录的形式发给各相关单位和企业，建立了企业财税工作联络员制度，加强了与江淮、奇瑞、马钢等省内重点企业联系，形成企业和财政部门的良性互动机制。

【完成重点产品国际竞争力调查工作】对省内2009年重点产品的国际竞争力情况进行了全面的调查和分析。参与重点产品调查企业户数为648户，比上年增加52户。调查产品范围涵盖223个企业生产的116种重点产品（占财政部规定调查的447种重点产品的26%，比上年增加6个百分点），以及451个单位生产的附列产品430种，调查的重点产品和附列产品共计546种。

【做好关税政策调整方案调研和建议工作】全年共向财政部提出6项重点产品税率、税目的关税政策调整建议。向财政部关税司上报了《关于关税政策调整对我省矿用浓缩机制造业影响情况的调研报告》，力求为我省企业在国际竞争中争取到更加有利的政策支持。

（厅税政条法处供稿 杨玉林执笔）

预算管理工作概述

2010年，在省财政厅党组的领导下，在兄弟处室和单位的大力支持下，厅预算处坚持围绕中心、服务大局，注重把握重点、强化落实，较好地完成了各项工作任务。

【抓收支管理，着力实现财政收支圆满收官】 通过合理测算目标，紧盯预算执行，加力支出进度，不断强化财政经济形势分析，扎实做好对收支预算执行情况的分析和监控，提出加快支出进度八项措施，在关键时点强化收支调度，完善执行管理制度和支出责任机制，有力促进全省财政收支实现圆满收官。2010年，全省财政收入完成2064亿元，增长33%，全省财政支出完成2584亿元，增长20.6%。

【抓预算编制，着力提高部门预算编制质量】 继续完善基本支出政策，推进部门基本支出均等化。项目支出的安排坚持与预算执行、资产管理和绩效考评相结合，确保重点支出需要。整合部门预算编制软件，加强模块融合，实现基础信息库、项目库、预算编制"三位一体"和预算编制—指标—支付一体化管理。以省政府名义印发《关于做好2011年预算编制工作的通知》，提前告知市县2011年预算编制要求及新增重点支出情况，大大提高市县预算编制的完整性、针对性和有效性。

【抓改革创新，着力增强财政资金使用效果】 制发《关于进一步加强预算支出绩效考评工作的意见》，明确全省绩效考评工作指导思想和年度工作目标，提出绩效考评具体措施，稳步推进预算支出绩效考评。统筹谋划省级财力，按照集中财力办大事的原则，一次性安排战略性新兴产业发展资金25亿元，积极配合制定资金管理办法，大力扶持战略性新兴产业发展。

【抓规范管理，着力强化预算管理业务基础】 修订完善《安徽省省级预算支出指标管理办法》，强化指标管理在预算管理中的基础性作用，规范预算指标管理。以省政府办公厅名义印发《安徽省省级部门财政结转结余资金管理办法》，提出加强财政结转结余资金管理具体措施，规范财政结转结余资金管理。积极履行牵头部门职责，认真研究相关政策，提请省政府下发《关于加强地方政府融资平台公司管理有关问题的通知》及相关配套文件，创新工作机制，规范政府融资平台管理。

【抓统筹市县，着力促进全省财政平稳运行】 印发《2010年省对下均衡性转移支付办法》，加大均衡性转移支付力度，分配下达新增均衡性转移支付20亿元。分配下达生态功能区转移支付资金6.98亿元，推动政府加强生态保护和改善民生。争取财政部代理我省发行2010年度地方政府债券89亿元。及时下达42.55亿元，支持皖江示范区、皖北、革命老区、资源枯竭性城市和县域经济发展，促进区域经济协调发展。

【抓思考谋划，着力发挥参谋助手应有作用】 深入开展"十二五"规划编制，认真参与、承担省委"十二五"规划建议草案和财政"十二五"规划起草。开展《调整我省国民收入分配结构的财政选择》、《深化财税体制改革 理顺相关分配关系》、《进一步完善基层政府基本财力保障机制研究》、《财政预算管理绩效研究》、《十二五我省县域经济发展思考》等课题研究。统筹谋划支持皖江示范区发展和皖北振兴的财政政策。

【抓联系沟通，着力争取中央财政更多支持】 及时上报加强财政"双基"建设专题报告，争取全国财政厅局长座谈会在安徽召开。积极争取中央财政资金支持，全年预算处共争取中央资金317亿元，增长21.3%。向财政部积极争取中央财政支持皖江示范区建设政策，得到财政部理解与支持。

【抓依法理财，着力提升预算管理科学水平】 精心打造财政预决算报告，省级部门预算建议草案按时报送省人大财经委审查，依法办理地方政府债券省级收支预算调整，依法报告省级预算超收收入使用安排情况。配合省审计厅、财政部专员办和审计署南京特派办做好相关审计，及时做好发现问题的说明解释，认真牵头落实整改意见。稳步做好预算主动公开和依申请公开相关工作，及时主动向社会公开经省人大审议批准的2010年预算报告和2009年决算报告，统筹推进部门预算信息公开试点。

【抓团队建设，着力打造工作推进坚强保障】 探索创新学习方式，开展"五个一"工程：即每月开展一次集中学习，向每位干部职工发放一本书籍、每人推荐一篇好文章、每周每人学习一篇好文章、每组每年至少在全国刊物发表一篇文章。不断强化服务理念和品牌追求，深入学习沈浩精神，努力营造人人创先争优良好氛围，切实实现比学赶超。不断筑牢思想防线，改进政风行风，规范权力运行，推进反腐倡廉。通过开展培训、深入调研、增进交流、有效强化系统指导互动。

【抓信息宣传，着力推动财政机关形象提升】 主动提供决策参考，先后向省委、省政府主要领导上报2009年我省争取中央财政补助情况和我省财税优惠政策等汇报材料，向财政部上报了两基建设、科学化精细化管理等汇报材料，得到多位领导批示肯定。同时，以宣传为平台主动营造外部环境，不断加大媒介宣传力度，财政部以全国会议经验交流、《情况反映》等方式多次介绍我省部门预算改革、地方政府债务管理、预算支出绩效评价等工作好的经验做法，全年在《财政研究》、《中国财政》、《中国财经报》、《安徽日报》等省部级以上报刊上发表宣传报道和理论文章10余篇。

（厅预算处供稿　黄栋栋执笔）

财政国库工作概述

2010年，省财政厅国库处认真落实厅党组工作部署和财政部国库司有关工作要求，按照财政科学化精细化管理要求，结合我省财政国库管理制度改革和发展情况，加强预算执行和财政资金运行管理，继续深化和完善国库集中支付制度改革，强化财政“双基”和干部队伍建设，认真、规范、细致地做好财政国库各项工作，努力构建现代财政国库管理制度体系。

【科学合理调度财政资金】一是积极向财政部争取地方财政资金留用比例，加强政府资金调控能力。二是合理安排资金调度，在保障省级用款的同时，做到省对市县返还性资金、一般性转移支付资金和专项资金及时足额调度，提高全省预算执行的均衡性和有效性。三是为方便各地用款，减少资金往返和提高资金使用效率，大幅调低合肥、芜湖、马鞍山、蚌埠4市的资金留解比例，取消了淮南市的资金留解。四是按照建立财政应急资金机制的要求，对各类应急资金迅速拨付。

【完善资金安全运行保障机制】一是加强财政国库内部控制管理，健全用款计划审批、资金审核支付、银行账户管理、财务会计核算、内部印章印鉴管理等科学规范的管理制度，保障财政资金安全运行。二是进一步规范账务处理，各种账目日清月结，更加全面、准确地核算财政资金收支信息，定期与各有关方面进行账务核对，维护财政资金安全。三是加强财政专户资金的管理，做好资金的拨付、核算和账户的统计工作。

【认真做好预算执行分析工作】一是严格日常数据归纳，加强基础数据信息管理，认真编制省本级收支预算执行情况，仔细分析市、县上报的财政收支执行情况，汇总核对无误后，利用国库执行信息系统按时向财政部上报全省预算执行旬、月报。二是积极协调国税、地税等收入征管部门，分析财政收支增减变化因素，按时编制预算执行分析报告和月度分析报表，报送省委、省政府、省人大领导和厅领导，为领导决策提供参考依据。

【做好地方政府债券和国债转贷资金管理工作】积极汇报协商发债计划，按照《财政部关于代理发行2010年地方政府债券（七期）（八期）有关事宜的通知》，我省89亿元地方政府债券于9月6日正式招标发行，其中：3年期为62亿元，5年期为27亿元。地方政府债券发行时，与财政部主动联系，现场参与和观察我省政府债券招投标全过程，对发行结果、各承销机构具体承销数量进行及时确认。地方政府债券发行结束后，主动与人行国库处通报有关情况，并在承销机构最后缴款日派专人到人行国库逐笔核对承销机构缴款情况，确保债券发行资金准确无误入库。

【切实加强地方政府债券资金管理】一是及时调拨省对市、县地方政府债券转贷资金，并按期向财政部偿还地方政府债券应付利息。二是认真计算各市、县和省直有关单位当年应还本息数，印发了《关于2010年国债转贷资金还本付息的通知》，及时催收和归还国债转贷资金。

【扎实做好财政资金专户统计汇总工作】一是及时转发了财政部《关于统计报送财政资金专户管理情况的通知》，并就进一步加强和规范财政资金专户管理、及时统计报送专户管理情况提出明确要求。二是认真梳理核对，保持上下沟通，保障以实存资金方式在商业银行及其他金融机构开设财政资金专户全部准确填报。三是财政资金专户的统计、汇总工作完成后，向财政部报送《关于安徽省财政资金专户管理情况的报告》。

【全面完成财政决算工作】一是认真贯彻“真实、准确、完整、及时”的方针，圆满完成全省财政总决算、部门决算的编审和上报工作，分别荣获2009年度全国决算工作评比一等奖和三等奖。二是按照有关工作要求，向省人大财经委报送了122个省直部门的决算，协助人大财经委做好部门决算审查工作。选择省审计厅等23个部门，开展省级部门决算批复工作，推进部门决算科学化精细化管理。印发《安徽省部门决算工作考核评比暂行办法》，使部门决算考评工作纳入制度化轨道。

【参与《预算法》修改和《财政资金支付条例立法研究课题》撰写工作】一是按照财政部国库司要求，及时向省人大财经委报送《〈中华人民共和国预算法〉（修改稿）的补充修改意见》，并由省人大财经委行文报送全国人大常委会预算工作委员会。二是参与《财政资金支付条例立法研究课题》的撰写，并完成了相应的分解任务。

【完善省级财政国库集中支付改革】一是按照《安徽省省级国库集中支付资金退回业务暂行办法》规定，建立起规范的省级国库集中支付资金退回业务流程，加强了退回资金的安全管理。二是为进一步方便预算单位用款，新增了招商银行、交通银行为省级国库集中支付代理银行。三是召开了省级国库集中支付代理银行座谈会，就代理银行开展业务和提高服务质量的长效机制问题进行研究。四是加强中央专项资金国库集中支付管理，查找解决存在的问题，及时足额地将财政部规定范围内的中央补助地方专项资金通过省级国库集中支付直接拨付到各地特设专户和社保专户。

【督促市县推进财政国库集中支付改革】按照国库集中支付制度改革“横向到边、纵向到底”的要求，指导和督促县级财政完善国库单一账户体系，进一步扩大国库集中支付改革面和资金支付范围。

【继续推进财税库银税收收入横向联网工作】4月底，召开了全省财税库银横向联网工作业务培训会议。通报全省财税库银横向联网工作进展情况，并对进一步加快财税库银税收收入电子缴库工作提出了明确要求。

【认真开展主题教育活动】按照上下联动，全员参与的要求，积极开展学习提升年、创先争优和学习廉政准则主题教育活动，全面促进国库干部能力的“五个提升”，打造“五个好”基层党支部，树立财政国库干部的良好形象，激发干事创业活力。

（厅国库处供稿　田　丰执笔）

行政财务管理工作概述

2010年，省财政厅行政处按照厅党组的统一部署，以效能建设向处室延伸为抓手，牢固树立大局意识、服务意识和效能意识，深入开展创先争优和学习提升年活动，各项工作取得了新的进展，较好完成了全年工作目标任务。

【立足服务发展，加大重点工作力度】一是全力做好参与上海世博会经费保障工作。根据世博会工作的进展情况，及时拨付世博会经费，满足各参与单位的工作需要。主动与省世博办沟通协调，坚持经费归口管理原则，研究制定了《安徽省参与2010年上海世博会财务管理办法》，统一费用开支标准，规范世博会经费的使用程序。二是积极做好“六普”经费保障工作。根据中央精神，按“充分保障、分级负担、分年到位、厉行节约”的原则，省级财政预算安排“六普”专项经费3000万元。同时，中央通过专项转移支付方式安排我省普查经费补助2410万元，省财政按1：1配套追加安排“两员”报酬及补贴资金2410万元，用于“六普”有关经费开支。三是落实实施“两纲”目标任务。充分发挥职能作用，加大投入，主动服务，落实“两纲”专项经费，积极支持“两纲”目标任务的全面实现。四是支持培育重点旅游航线。2010年，省财政用于航线补贴、包机奖励等方面4244.9万元，先后支持开通了合肥—新加坡、合肥—澳门等国际航线。同时，通过对安庆、阜阳、黄山等城市的航线航班的补贴，为拓展我省旅游市场起到了关键作用。五是认真做好对口帮扶民族乡工作。建立对口帮扶工作制度，牵头联系召开厅内帮扶工作会议，研究讨论帮扶政策，通报帮扶工作进度，督促帮扶政策和资金落实到位。在信息上加强引导，加强“三农”政策宣传，及时反馈国家支持“三农”的政策信息，帮助争取中央项目。

【立足厉行节约，严格控制一般性支出】一是进一步完善公务用车编制管理制度。继续强化公务用车的贯彻落实，规范公车配置流程，省直机关公务用车管理实行“七统一”，即：统一审批程序、统一经费渠道、统一预算保障、统一政府采购、统一车辆保险、统一车辆维修、统一报废处置。2010年10月，财政部副部长李勇在全国行政政法财务工作会议上对我省公务用车管理工作给予了充分肯定。二是建立健全因公出国（境）经费管理制度。继续实行省直党政干部因公出国计划审批联动机制，严格控制因公出国（境）经费规模，继续实行预算指标、用汇指标“双控制”。三是建立“三公”经费支出报表制度。“三公”支出如实填列在“商品和服务支出”项下的出国费、交通费和招待费中，实时跟踪督查省直部门厉行节约情况。四是完成庆典、研讨会、论坛活动清理摸底任务。对全省各类庆典、研讨会、论坛活动进行清理摸底，并明确要求各地区、各部门认真清理举办的各类庆典、研讨会、论坛活动，进行自查自纠。

【立足制度创新，积极推进省直机关出差和会议定点管理】一是制定定点管理工作方案。成立了由分管厅领导挂帅的领导小组，成员由相关处室、单位负责人担任，明确了改革方向、工作程序和工作要求等。二是修订出差和会议管理办法。明确规定自2011年1月1日起，省直机关出差和会议实行定点管理。三是组织全省定点饭店招标采购工作。通过公开招标的方式，确定了定点饭店298家，其中：省内出差定点饭店117家，省直机关会议定点饭店85家，中直机关会议定点饭店96家。四是做好定点管理的前期准备工作。与省监察厅联合下发文件，再次对做好出差和会议定点管理工作进行了强调，把落实党政机关出差和会议管理作为加强党风廉政建设的一项重要内容。

【立足提升绩效，加大部门预算执行力度】一是强化部门预算执行主体理念。加强与联系部门的沟通协调，切实强化部门预算执行主体的责任，督促部门规范预算执行，提高部门预算执行的科学性，严格按照预算计划安排使用资金，切实加快资金支出进度。二是主动与部门沟通预算执行情况。对一些预算资金较大、项目多的重点部门，多次主动上门了解有关情况，加快预算执行进度。三是召开联系部门预算执行情况分析座谈会。先后多次召开部门预算支出进度座谈会，及时通报部门预算执行情况，加强财务监督管理等强化预算执行的措施。四是进行预算支出项目绩效考评。主动与省贸促会、省统计局等相关部门联系，圆满完成了两个项目的绩效考评工作，为下一步提高项目资金使用效益，强化资金使用情况监管都提供可资借鉴的经验。

【立足服务部门，扎实推进效能建设工作】一是主动服务联系部门。切实转变工作作风，认真履行文明办公“五要五不”服务承诺，主动服务联系部门。二是积极实行政务公开。认真落实政务公开要求，公开工作内容、工作流程与工作规则等，及时发布信息，为来人办事提供更多便利。先后在安徽电视台、《安徽日报》、《中国财经报》等媒体上刊发11篇信息，在《中国财政》发表了《由旅游资源大省向旅游经济强省转变》的文章。三是切实加强系统业务指导。指导各地深入学习《关于加强财政行政财务科学化精细化管理指导意见》，举办系统行政科长培训班，召开行政科长座谈会，加强对出差和会议定点管理的培训，指导各地参与定点饭店招投标工作。四是深入开展“创先争优”活动。围绕“服务中心、服务大局、改进作风、提高效能”，结合“学习提升年”活动，深入开展创先争优活动。

（厅行政处供稿　卓　帅执笔）

政法财务管理工作概述

2010年，在省财政厅党组的正确领导下，坚持以学习提升年和创先争优等活动为抓手，创新理财观念，增强服务意识，认真抓好各项工作的推进和落实，在厅各处室和单位的大力支持下，较好地完成了各项工作任务。

【围绕一根主线，全年预算执行良好】一是超额完成预算收入任务。2010年，省直政法、执法部门预算收入4.8亿元，实际完成5.6亿元，为年初预算数的116.6%。同时，继续加强与财政部行政政法司的对口联系和汇报，全年共争取中央专项资金145787万元，增长10.23%。二是努力加快支出进度。2010年，省人大批复省级政法、执法部门支出预算43.3亿元，调整后支出预算为46.98亿元，全年完成拨款45.65亿元，为年度调整后支出预算的97.2%。为加强预算管理、提高部门预算执行率，通过召开布置会，主动赴“支出困难”有关单位进行沟通和协商等方式，督促加快支出进度，提高资金管理水平，并听取他们对省财政工作的意见和建议。同时，为进一步提高全省政法部门支出预算执行率，下发《关于进一步加快全省政法部门财政支出进度的通知》（财政法〔2010〕1860号），要求市县（区）财政部门加快财政资金拨付。

【突出两个重点，保障部门履行职责】以重点项目实施和调查研究为重点，做好部门经费保障工作，确保其履行职责需要。首先，认真组织实施，重点项目顺利完成。一是抓好省级政法部门重点项目建设，如公安科技强警、安全机关“三大工程”二期、监狱布局调整建设等项目。二是抓好内卫、边消警重点项目建设。如支持武警机动支队营房营具建设、全省县级消防装备建设资金和重点城市消防装备建设等。三是支持国防和后备力量建设，及时下达农村民兵预备役人员训练费和民兵事业费。四是支持执法部门事业发展。支持工商系统基础设施建设和办公办案装备购置；支持商标战略，将驰名商标的奖励经费由每件30万元提高到50万元。其次，深入单位和基层重点调研，及时掌握第一手资料。一是开展法律援助办案有关情况调研，省财政统筹安排全省法律援助经费，大大提高法律援助工作的经费保障水平。二是开展交警经费体制改革后市县经费保障情况调研，从调研情况来看，目前运行平稳，各方反映良好。三是开展市县消防部队消防业务费保障标准和装备建设情况调研，根据调研情况，全省市县均已按标准落实安排消防业务经费。四是开展地税征管业务费管理工作调研，积极谋划地税征管业务费管理工作思路。五是开展工商系统经费保障及财务管理情况调研，为进一步做好工商系统“办管脱钩”后的经费保障工作和2011年工商系统预算编制工作奠定了基础。

【完善三个共建，资源共享得到提升】一是建立全省第一个市级政法部门共建项目，提升政法各部门之间横向资源共享。创新工作思路，在六安市开展“设备共建、资源共享”试点工作——建立司法审判科技协作系统。该项目能极大地提高六安市政法部门装备使用效益，更好地服务保障和谐社会建设。财政部对此项目十分重视，下达了专项补助资金。二是多方筹集资金，支持全省公安系统指纹自动识别系统建设，提升省市县之间纵向资源共享。省财政多方筹集资金，以省级建设为主，市、县远程查寻的公安机关千万级指纹大库，实现了省、市、县三级公安机关对犯罪嫌疑人指纹自动识别比对设备及信息的共建共享。三是支持全省政法信息通信专网建设和应用，提升政法各部门、省市县之间横向纵向交叉资源共享。省财政多方筹集资金，对全省政法信息通信专网电路及设备进行扩容升级，并利用政法转移支付资金，对全省政法部门的各项业务应用软件，进行统一规划、统一采购、统一建设，确保全省政法各部门网络设备共建、信息资源共享。

【推进四项改革，管理体制不断优化】一是继续做好政法经费保障体制改革工作。2010年继续做好改革相关工作，及时足额拨付当年政法转移支付资金。同时，为增强政法转移支付资金分配、使用的科学性和公正性，提高资金管理水平和使用效益，制定了《关于加强政法经费科学化精细化管理的指导意见》（财政法〔2010〕484号）和《安徽省政法转移支付资金管理暂行办法》（财政法〔2010〕1837号）。政法装备采购方式的改革，受到省领导以及市县财政、政法部门好评。二是继续配合做好工商体制改革后续工作。2010年4月，根据财政部、工商总局《关于清理化解工商系统市场建设遗留债务有关问题的通知》（财行〔2008〕334号）规定和省政府批准，省财政一次性下达专项资金，包干用于工商部门化解建市场遗留债务。三是继续配合做好监狱体制改革工作。为应对我省主、副食品价格普遍持续上涨，伙食成本大幅增加，罪犯伙食费支出每年不断上升的情况，根据调研情况，经与省监狱管理局沟通协商，达成一致，在2007年制定的罪犯生活费标准2100元/人·年的基础上，调剂安排资金，将罪犯生活费标准增加了300元/人·年。四是探索改革我省高速公路交警经费管理体制。将按照财权与事权相匹配的原则，进一步理顺其经费管理体制，更好地促进我省高速公路事业的健康发展。

【坚持五个提升，自身建设取得进步】按照学习提升年活动要求，紧紧围绕全省财政工作实际，坚持把学习提升年活动与业务工作紧密结合起来，并贯穿于我处各项工作中，不断增强创造力、凝聚力和战斗力。一是提升干部综合素质，二是提升处室整体合力，三是提升财政文化品位，四是提升机关和谐氛围，五是提升干部党性修养。

（厅政法处供稿　陈　晋执笔）

教科文财务管理工作概述

2010年，省级教科文支出179.7亿元，较上年增长188%。其中教育支出123.3亿元、科技支出12.4亿元、文体广支出31.6亿元、其他支出12.4亿元。与此同时，2010年我省共争取中央财政教科文专项资金76.3亿元，较2009年增加了20.9亿元，增长了37.7%；其中争取中央文化产业资金7750万，较2009年增长384%。

【深入推进城乡义务教育经费保障机制改革】2010年，全省进一步提高农村义务教育公用经费，小学生均达到525元、初中达到625元，贫困寄宿生补助生均提高到小学725元，初中1000元，全年投入义保资金47亿元，中小学经费保障能力进一步增强。

【实施中小学校舍安全工程】为进一步提高校舍安全水平，2010年，全省校舍安全工程共投入资金50亿元，完成了当年省民生工程下达的加固重建任务1056.6万平方米，切实保障了校舍安全。

【实施农村留守儿童之家工程建设】2010—2012年，我省将在全省农村地区建立2万个农村留守儿童之家，覆盖全省农村中小学校。工程所需资金全部由省财政承担，2010年已下达市县资金

2100 万元。

【认真贯彻落实高校和中职学校家庭经济困难学生资助体系】2010 年，全省财政投入 9.5 亿元积极支持高校和中职学生资助体系建设，确保各项政策措施顺利实施。

【促进义务教育均衡发展】在全面实施义务教育经费保障机制改革的基础上，改善农村薄弱学校的办学条件；加强农村寄宿制学校建设；支持中小学教师素质提升工程建设，积极提高远程教育设备利用率；积极支持和实施新农村卫生新校园建设工程，建设和谐生态新校园。

【加大投入，着力提升高校教育质量】2010 年，高等教育省级财政投入达 16.8 亿元。一是年初省级预算安排高校质量工程、高校科技创新、高校人才等高教专项经费 1.5 亿元，支持高校 13 类共 1604 个重点项目全面启动，促进高等教育“双百工程”和“质量工程”的实施。二是争取中央财政支持地方高校发展专项资金 1.17 亿元，支持了 27 所本科高校 73 个项目建设。三是落实高校家庭困难学生资助经费近 4 亿元，34.5 万人获得资助。四是投入 1.8 亿元保障安徽大学“211 工程”三期建设。

【大力促进科技自主创新】一是重点保障合芜蚌自主创新试验区建设，省财政继续安排 4 亿元合芜蚌自主创新试验区专项资金。同时，严格要求试验区三市在年初预算安排 15 亿元的配套资金。二是积极推进国家技术创新工程试点省建设。从 2010 年开始，省财政每年安排试点省专项资金 2 亿元。主要支持合芜蚌以外 14 个市的 73 个重点项目。三是建立完善省创业风险投资引导基金。截至 2010 年底，各级财政共安排创业投资引导资金 6.4 亿元，支持创建 13 家投资基金公司（其中国家级 2 家、省级直投 3 家、省市共同参股 4 家、市级 4 家），撬动的资金总规模达到 40.2 亿元，有效发挥了财政资金的乘数效应。四是着力支撑战略性新兴产业和风险投资引导基金发展。省财政集中财力一次性安排专项资金 20 亿元，用于支持建立战略性新兴产业发展引导资金和风险投资引导基金；并通过专项转移支付方式补助每市 1 亿元，用于支持各市建立战略性新兴产业发展引导资金和风险投资引导基金。为规范风投引导基金管理，制定了《风险投资引导基金使用管理办法》。

【积极构建公共文化服务体系】一是加大农村文化投入力度。2010 年省财政安排农村文化建设专项资金 2000 万元，安排文化信息资源共享工程村级点设备经费 496 万元，并及时、足额补助农村电影公益性放映场次补贴配套经费 3688 万元。二是优化财政文化支出结构。支持文物事业发展，省财政投入普查经费 210 万元，保障全国第三次文物普查所需经费。争取博物馆、纪念馆免费开放经费 4717 万元，实行免费开放的博物馆纪念馆增至 71 家。安排 4560 万元，对 103 个县级图书馆、文化馆实施维修改造达标。投入非遗保护经费 1622 万元，专项用于非物质文化遗产的保护和研究、非物质文化遗产传承人的培养和资助、人员培训、宣传展示以及徽州文化生态保护实验区建设。三是支持专业表演团体发展。省财政多方筹措资金，提高省直艺术表演团体待遇，改善基础条件，为艺术表演团体走向市场解决后顾之忧。

【大力促进文化体制改革】一是积极完善政策，广泛调研，参与制定我省支持文化体制改革的若干意见，配合制定了相关系统的改革方案，确定了“钱买机制”的实施方式。二是积极推动文化产业发展。省财政投入 5000 万元文化产业专项资金，积极支持符合我省文化产业发展规划、体现我省特色、市场前景好、自主创新水平高、示范性和带动性强的文化产业项目发展。

【加强管理，科学理财水平显著提高】一是强化支出分析，加快预算执行进度。2010 年 9 月印发了《关于进一步加快省直教科文部门预算执行进度的通知》，切实督促各省直教科文部门加快支出进度。二是深化绩效考核，印发《关于加强省直教科文部门支出预算执行工作的通知》，进一步强化各部门加强预算执行意识，切实提高财政预算执行率和管理水平。三是完善会商制度，共谋教科文事业发展。在坚持原则的前提下，做到特事特办，急事急办，工作上不推诿扯皮，主动协调配合。

【支持教科文其他事业发展】全面落实计划生育家庭奖励扶助制度和部分市县长效节育措施奖励制度试点工作。会同计生部门对照政策精神，按照“一线实”的要求，做好扶助、奖励对象的认定、确认和核实统计工作，按照“一卡通”的要求确保中央和省级补助资金 0.84 亿元及时足额发放到位。积极支持新时期农村广播电视“村村通”工程建设，2010 年全省盲村建设任务 5628 个，工程所需建设、维护资金共 1.06 亿元全部由中央和省级承担，已全部下达市县，切实减轻了市县压力。2010 年，我省农家书屋建设任务为 3000 个，中央与省级5100万元及时下拨市县，各级财政足额落实配套资金。2010年，全省共完成325个乡镇文化站建设任务，省级安排专项资金4586万元。并积极争取中央乡镇文化站内部设备购置资金1605万元，确保工程顺利实施。各级财政共投入财政资金1.2亿元，建设4000个行政村农民健身场地，丰富基层群众体育生活。

（厅教科文处供稿 侯正华执笔）

经济建设财务管理工作概述

2010年以来，省财政厅经建处在厅党组的坚强领导下，坚持以落实科学发展为主题，以保增长、调结构、惠民生为主线，深化经建财政、财务管理制度改革，强化各项政策的落实和监管，为全省经济快速发展和全面完成各项目标做出了积极贡献。

厅经建处全年共争取中央各项补助资金达303亿元，较上年度增加41亿元，增长15.6%，全年支出达493亿元，增长23.3%。经过积极汇报和辛勤努力，我省被国家列为全国农村土地综合整治示范省、合肥市被列为全国新能源汽车试点市、合肥市高新区被授予全国光伏集中发电示范区、界首市被列入全国首批循环经济试点县、淮北和铜陵市列入矿山环境整治示范市，以上示范类项目争取的中央补助资金就高达40亿元，这些成绩在全国财政经建系统都位居前列。

面对形势和政策的不断变化，全处同志主动作为、积极应对，尽力做好了保增长、调结构、惠民生、推改革、抓监管五个方面的工作。

【保增长，推动经济快速发展】为推动安徽加快发展，一方面在争取中央投资上下功夫，另一方面，在积极推进区域发展上做文章。通过努力，2010年度财政部共下达我省中央政府公共投资资金总额达206亿元。截至年底，中央财政共安排我省前四批扩大内需中央投资145.1亿元，涉及近万个项目，项目投资总额超过400亿元。为推进皖江示范区建设，厅经建处会同相关部门和厅相关处室及时制定了政策措施，拨付两个省管集中区投融资平台资金6亿元，相关市县集中区建设资金3亿元。为大力支持皖北地区发展，及时下达皖北地区发展专项引导资金6000万元，提前下达发展扶持资金2.6亿元，安排现代农业生产发展专项资金1.73亿元，充分落实了省委确定的资金和项目向皖北倾斜的要求。同时，为加快我省交通、水利、城市管网等基础设施建设，打牢发展基础，不断加大对基础设施建设的资金投入力度，全年共安排交通建设养护类资金近90亿元，圆满完成我省农村公路村村通“十一五”规划6万公里的建设目标。安排4.8亿元支持县级污水处理厂建设；争取中央资金21.98亿元，吸引社会投资30多亿元，累计建设污水管网5267公里。累计拨付水利基础建设资金50.43亿元，14项治淮骨干工程圆满完成。

【调结构，促进经济转型】首先通过争取中央财政支持和调整省级财政支出结构，共安排用于支持战略性新兴产业发展资金总额28.2亿元。其次，为抢占发展先机，参与制定了省财政“种子”资金和引导资金管理办法，对推动战略性新兴产业发展奠定了支持基础。第三，为支持新能源产业发展，争取中央补助资金2.18亿元，燃料乙醇补贴资金8.2亿元。第四，积极推进淘汰落后产能和节能技改。争取淘汰落后产能中央财政奖励资金14763万元、节能技术改造奖励资金4602万元、合同能源管理“以奖代补”资金6000万元。争取中央财政循环经济资金4.89亿元，争取淮河、巢湖流域水污染防治专项资金2.62亿元。

【惠民生，完善社会事业】首先，突出工程类民生工程预算执行和管理，加强与部门的沟通衔接，加快执行进度，截至年底，经建系统民生工程预算执行率达116%。其次，狠抓各项补贴工作的落实。全年共发放粮食直接补贴8.9亿元、农村综合补贴52.29亿元，产粮、油大县奖励16.1亿元，石油价格补贴10.4亿元。第三，推进节能产品惠民工程。目前已基本形成以节能空调、节能电机、节能汽车和高效绿色照明产品四大产品为主体的节能产品惠民工程体系。完成滁州扬子高效节能空调40万套、绿色高效照明产品300万只的推广任务，奇瑞、江淮汽车共计28款车型列入国家推广目录，占国家推广车型的21.2%。另外，一次性筹集60亿元，专项用于皖北地区采煤塌陷区治理。

【推改革，增强发展后劲】努力服务发展，精心推动改革，不断创新制度，培育发展后劲，在生态补偿、燃油税改革、粮食直补、土地整治等方面积极探索、大胆尝试，改革工作初显成效。8月份成功承办中部六省财政经建座谈会，财政部《经建动态》分四期刊登了会议成果。年初，财政部、国土资源部将安徽省确定为先行开展整体推进农村土地整治示范建设省，中央补助28亿元、地方筹集

28 亿元专项用于整治工作。省委书记张宝顺对此给予了充分肯定。经过几年努力，顺利启动新安江流域生态补偿机制，获得中央补助资金 5000 万元。

【抓监管，推进制度创新】一年来，扎实开展工程领域专项治理，按照省专项治理领导小组的统一部署，围绕财政牵头事项，突出重点和关键环节，稳步推进排查工作；认真抓好问题整改，切实履行监管职责，探索建立长效机制，取得了阶段性成效。同时，一直坚持资金跟着项目走，制度跟着资金建的原则，一方面，根据经济社会发展需要及时调整和完善资金管理办法；另一方面，随着新形势、新情况和新问题，及时出台相关制度和办法。经梳理，先后调整和完善了管理制度或办法 3 个，新建制度 12 个。

通过创新拼搏，厅经建处先后获得“全省主要污染总量减排先进单位和个人”、“全省耕地保护工作先进集体和个人”、“全省治淮骨干工程建设先进集体和先进工作者”、“厅先进党支部”等荣誉称号。目前，全处同志主动服务、开拓创新意识逐步增强，科学理财、精细管理基础更加牢固，机关处室效能得到了进一步提升。

（厅经建处供稿　贾正东执笔）

农业财政管理工作概述

2010 年，农业财政工作以科学发展观为指导，按照稳粮保供给、增收惠民生、改革促统筹、强基增后劲的基本思路，狠抓各项强农惠农政策措施落实，不断提高财政支农工作水平，圆满完成了各项工作任务。

【着力支持农业生产和抗灾救灾】一是紧急下拨农业生产救灾资金 7000 万元。支持春耕生产，省财政厅先后两次紧急下拨中央和省财政农业生产救灾资金 700 万元和 6300 万元，用于阜阳等 9 市 32 个县开展小麦弱苗施肥等所需相关生产资料补助等。二是筹措资金 7000 万元支持小麦抢收和抗旱保苗。为支持小麦主产区抢收小麦，确保增产增收，省财政紧急下拨小麦抢收补助经费 3000 万元，支持怀远、涡阳等 34 个小麦主产县抢收小麦作业。10 月份以后，全省持续少雨干旱，给在地越冬小麦造成严重威胁。省财政再次紧急筹集 4000 万元下拨到受灾市县用于抗旱保苗。三是迅速下拨资金 1.53 亿元支持防汛抗洪除险排涝工作，确保我省主汛期安全度汛。

【着力增加支农支出投入，切实加快支农支出进度】一是继续加大对农业农村投入力度。省财政安排“三农”项目支出 78.3 亿元，占省级项目支出的 32.2%，比上年增加 20.1 亿元，增长 34.4%。其中：农林水等项目支出 11.2 亿元，比上年增长 14%。二是积极争取财政部支持。全年共争取中央财政支农资金 54 亿元，比上年增加 4.5 亿元，增长 9%。三是加快支农支出预算执行进度。研究制定了《关于做好 2010 年农业财政支出预算执行管理工作的通知》、《关于加快财政支农预算执行进度的通知》和《安徽省市级农业财政工作综合考评办法》，将市县财政支农预算执行情况作为重要指标，纳入考评办法进行重点考核，奖励先进通报后进。2010 年，“农林水事务”预算支出圆满完成预算执行目标任务。

【着力抓好支农惠农政策的落实】继续加大良种补贴和购机补贴力度，省财政及时下拨农作物良种补贴资金 11.56 亿元和农机购置补贴资金 6.5 亿元。我省农机购置补贴种类由 2009 年的 11 大类 26 小类 65 个品目，扩大到 11 大类 27 小类 77 个品目。全省补贴购置农机具数量 10.7 万台，受益农户 9.5 万户。大力支持农民培训，省财政拨付新型农民培训工程补助资金 1.3 亿元。全省共培训新型农民 55.8 万人，超额完成了年度培训任务。拨付森林生态效益补偿基金 2.41 亿元，比上年增加 1.1 亿元，增幅 84.5%。切实落实退耕还林政策。及时将退耕还林粮食补助、现金补助、完善政策补助资金计 5.41 亿元发放到退耕户，实现退耕农民直接增收，拨付巩固退耕还林成果专项资金 2.96 亿元，促进退耕还林工程县经济社会可持续发展。

【着力推进新农村建设和现代农业发展】省财政继续安排专项资金 2.64 亿元，支持新农村示范工程建设。深入推进小农水重点县项目建设，夯实现代农业发展基础。支持 39 个县实施小型农田水利重点县建设项目，省财政拨付补助资金 4 亿元，小农水建设基本实现了分散投入向集中投入、分散建设向整县连片建设、重建轻管向管建并重的三个“转变”。深入推进现代农业生产发展项目建设，解决制约现代农业发展的瓶颈问题。中央财政安排我省现代农业生产发展项目资金 3.2 亿元，比上年增加 6000 万元，增长 18.8%。大力支持发展粮食生产，省财政安排专项资金 2.85 亿元，支持实施粮食三大行动，促进粮食生产再上新台阶。省财政厅支持新农村建设和粮食生产“三大行动”工作有力，分别获得了新农村建设领导小组和省政府表彰奖励。

【大力支持林业生态建设】省财政安排森林生态网络体系建设资金3000万元，对基地造林、封山育林、万里绿色长廊工程、世行造林省级配套、德援项目省级配套，林木种苗工程等项目给予重点扶持。拨付资金5730万元支持湿地保护、林木良种补贴、森林抚育补贴和林业科技推广示范。拨付资金1700万元重点扶持优质林木种苗、油茶、生物质能源林等优势特色林业产业，促进林农增收致富。拨付资金985万元重点支持松材线虫病、松毛虫及美国白蛾病等有害生物防治。争取中央财政林改工作经费398万元，用于林改，调动林农生产积极性。2010年，省财政厅被省政府授予“全省集体林权制度改革工作先进集体”称号。

【着力推进省级和县级两个层面资金整合】探索建立了以现代农业生产发展和小型农田水利建设项目为平台整合财政支农资金新机制，深入推进粮食生产“三大行动”和高产创建活动。整合现代农业生产发展资金、小型农田水利建设资金和农业综合开发资金1.8亿元以上，支持涡阳等6个小麦主产县开展“高产高效万亩吨粮田示范县”创建活动。选择22个既有现代农业项目又有小型农田水利重点县建设项目的县为省级支农资金整合县，着力探索支农资金整合新机制。根据财政部考评办法规定，省财政委托中介机构和有关专家组成考评小组，对22个整合县的支农资金整合工作进行了绩效考评。考评结果表明：22个整合县共整合财政支农资金22.77亿元，吸引社会投入35.45亿元，集中支持了优势主导产业发展；22个整合县农民人均纯收入达到5166元，高于全省农民人均水平662元。

【着力创新财政扶贫工作机制】省财政积极筹集财政扶贫资金，全年争取中央财政扶贫资金8.6亿元，比2009年增加1.1亿元，增长14.7%。省财政预算配套安排1.1亿元，比2009年增加5000多万元，增长84%。全省30个扶贫工作重点县规划了571个重点村实施整村推进村，每村投入规模不低于50万元。大力实施“雨露计划”。安排落实财政扶贫资金8400万元，用于贫困地区农村饮水安全工程建设，解决贫困地区群众饮水安全和困难问题，改善生产生活条件。省财政安排扶贫资金2000万元，重点支持贫困地区农民专业合作组织建设。继续深化扶贫贴息贷款管理体制改革。大力推进互助资金试点。抓好“县为单位、整合资金、整村推进、连片开发”试点。实施利用中央专项彩票公益金支持贫困革命老区整村推进项目。2010年，被财政部、国务院扶贫办评为财政扶贫资金绩效考评A级先进省份（全国仅有5个省），获全国通报表彰并获1500万元资金奖励。

【着力开展财政支农工作科学化精细化管理】研究制定了《财政扶贫资金科学化精细化管理实施方案》，及时修订《财政扶贫资金报账制管理考评办法》和《财政扶贫资金绩效考评管理办法》，进一步完善财政扶贫资金管理制度体系，促进财政扶贫资金管理更加科学化、制度化、法制化。进一步完善财政扶贫资金管理监测信息系统，对财政扶贫资金进行自上而下的系统化跟踪检查和问效。加强绩效考评工作。安排扶贫资金1105万元，继续开展重点县财政扶贫资金绩效考评和报账制管理考评，对考评先进县分别给予扶贫项目资金奖励和管理费奖励，进一步促进扶贫工作责任的落实，提高资金使用效益。

【着力推进强农惠农资金专项清查工作】专项清查工作取得了阶段性成效。一是分类清理了资金和项目。2007—2009年全省各级财政共安排强农惠农专项442项，三年各级财政共安排强农惠农专项资金396.8亿元。二是认真排查了存在问题。自查自纠阶段，全省发现强农惠农资金违规违纪违法案件596起，金额26222.9万元；重点检查阶段，发现违规违纪违法案件32起，金额7968.2万元。三是纠正、整改，解决了问题。在自查自纠阶段和重点检查阶段发现的违纪违规问题全部得到整改纠正。

（厅农业处供稿　刘建军执笔）

社会保障财务管理工作概述

2010年，在省财政厅党组的领导下，全省财政社会保障工作以科学发展观为指导，以“改革和提升”为工作主线，以“抓重点、建机制、强监管、夯基础”为工作思路，努力推进各项财政社会保障工作再上新台阶，得到了各级领导充分肯定。省财政厅被财政部授予“全国社会保险基金决算工作一等奖”，省政府授予“全省新型农村合作医疗工作先进单位”、“全省残疾人就业工作先进集体”等荣誉称号。

【抓就业，着力减负稳岗保企】一是以服务企业促就业稳定，继续实施并完善“五缓四降三补贴”政策。二是以积极政策促就业增长，继续实施积极的财政促进就业政策，提高灵活就业困难人员养老、医疗等社保补贴，增加了高校毕业生就业见习补贴。三是以科学分配促资金绩效，出台《安徽省就业专项资金管理绩效考评办法》，将各地上年就业资金实际支出数、结余数作为重要因素和主要权重纳入分配指标，建立就业资金使用进度与分配挂钩机制。

【抓医改，着力巩固深化提升】一是完善财政政策，着力建立健全医改投入保障机制，明确财政投入方向、重点和方式，规范了省与市县财政医改投入责任分担原则等，并积极推动政府购买服务机制。二是健全体制机制，全面实施基层医药卫生体制综合改革，在全国率先实现全覆盖，建立健全基层医疗卫生机构财政保障机制、预算管理制度、国库集中收付制度、医疗风险基金制度。此外，积极发挥医保基金对基层机构的补偿作用，建立多渠道补偿机制。各级财政投入140亿元，支持基本医疗保障体系、基层医疗卫生服务体系、基本公共卫生服务均等化、公立医院改革、建立基本药物制度等五项医改工作

【抓保障，着力落实社保政策】一是以省级统筹为重点提高企业养老待遇，出台《省级统筹工作目标考核试行办法》，推进省级统筹工作顺利实施。二是以项目建设为重点提高社会福利待遇。足额落实社会（儿童）福利中心建设、光荣院建设等专项资金全力保障各项社会福利和社会救济待遇政策落实。三是以维护稳定为重点提高涉军群体待遇，及时调整增加了部分企业退休军转干部生活困难补助政策，完善“两参”退役士兵补助政策。四是为救济、安居为重点提高困难群体保障。面对长江流域等地严重洪涝灾害，按照“急事急办、特事特办”原则，全年累计下达救灾资金2.9亿元。

【创新路，建立社保基金预算制度】一是抓好预算编制工作，建立财政主导机制、横向协调机制、纵向互动机制，严把启动部署、基金编制、审核报批等三个关口，高质量完成社会保险基金预算编制工作。二是抓好预算执行工作，建立社会保险基金预算执行分析和通报制度，推动市县工作，出台了《社会保险基金预算考核试行办法》，将考核工作贯穿预算的编制、执行、监督管理全过程。

【强推进，扩大惠民直达工程试点】在原有5个试点地区的基础上，将试点范围扩大到全省17个市的35个县区，并建立领导协调机构，成立领导小组，召开全省扩大试点推进会议，举办信息管理政策和信息系统培训班，定期编制试点进展通报，统一采购配备软件平台，支持各地开展改革试点。

【系民情，深入实施社保民生工程】一是健全长效投入机制，逐项对15项社保民生工程所需资金进行认真测算，并结合每个项目特点，加大筹措和拨付民生资金的力度。二是健全规范监管机制，进一步完善了农村居民最低生活保障等13项原有民生工程项目的实施方案和资金管理办法；制定光荣院建设等新增民生工程的实施办法和资金管理办法，做到“一个保障项目、一个资金管理办法”。

【重监管，建立健全长效管理机制】一是先后出台《新农合基金对医疗机构住院费用支付总额预算管理意见》、《基层医疗卫生机构预算管理及财政保障办法》等一系列专项资金管理办法。二是结合财政监督和审计监督，加强对医改、就业、新农保、民政优抚、新农合、贫困残疾人生活救助等方面的财政资金进行监督检查；并将贫困残疾人生活救助、艾滋病防治等专项资金纳入绩效评估试点；将农村卫生服务体系建设、新农合补助资金纳入强农惠民资金专项检查，确保资金规范有效使用。三是加大各项社会保险扩面征缴力度，规范社保基金支出，实现基金收支平衡并略有结余。

【重调研，切实加强政策科研水平】2010年，集中开展农民工培训、就业资金绩效、基层医改、公立医院改革、城乡居民低保、新生代农民工社会保障、新农合总额预付、社会保障与稳定消费预期、社保平台建设等9项课题研究。9份调研报告通过《调研报告》、《咨政》等形式刊发，部分课题得到省委、省政府相关领导的充分肯定。

【强效能，不断加强处室自身建设】一是以集中学习拓展工作视野，建立规范化、制度化、长效化的学习制度。二是以主题活动提高工作效能，统筹推进学习提升年、文明处室创建、效能建设、创先争优、基层党组织建设年等主题活动。三是以规范建设完善工作程序，认真执行党风廉政和反腐倡廉各项规定，签订并落实《党风廉政建设责任状》，切实把厅党组的部署转化为全处统一的意志和行动。

（厅社保处供稿　吴昌好执笔）

财政企业管理工作概述

【支持重点骨干企业发展】2010年，省财政筹集10亿元增加省投资集团公司国家资本金，返还建安、运输营业税、所得税52748万元，支持省投资集团公司加快我省地方铁路建设。拨付资金1.7亿元支持奇瑞、江淮、星马三大汽车集团的自主创新，有效促进企业的健康发展。

【扶持中小企业发展】除争取国家中小企业发展专项资金11180万元，争取中小企业国际市场开拓资金3610万元之外，，省财政还安排省级中小企业国际市场开拓资金1000万元。同时，省财政安排5000万元专项资金，优先扶持“专、精、特、新”企业项目；争取国家中小企业担保机构补助资金5600万元，支持全省39个担保机构；安排2000万元建立产业集群专业镇专项贷款担保资金，发挥放大效应和杠杆作用，支持产业集群镇中小企业发展。制发《安徽省特色产业中小企业发展资金管理暂行办法》，组织特色产业基地和项目申报，拨付特色产业中小企业发展资金8966万元。

【支持企业科技创新和技术进步】省财政拨付资金12000万元，支持企业技术改造和技术创新项目。争取国家科技型中小企业技术创新资金14200万元，省财政安排5000万元配套资金，共支持193个项目，催生了一批发展前景好的中小科技型企业。配合省科技厅完成82个项目验收。

【推动企业淘汰落后产能和节能减排】争取国家节能技改财政奖励资金项目5个，奖励资金1432.5万元；清洁生产专项资金项目1个，资金500万元。配合省经信委制定上报财政补贴高效照明产品推广实施方案，并汇总申报中央财政补贴，完成高效照明产品推广600万只。省财政安排5000万元，对节能、节水和资源综合利用项目予以补助或贴息；安排资金7284万元，支持瓦斯治理利用项目和煤矿安全技改项目。

【争取中央财政关闭破产补助资金】淮北矿业集团所属岱河、朔里、石台等3对矿井均为上个世纪60年代建设的老矿，职工总数近3万人，资源已严重枯竭。经过多方不懈努力，财政部2010年共下达淮北矿业集团所属朔里、岱河、石台等3对矿井关闭破产补助资金15. 7亿元，促进企业改革改组改制，维护社会稳定。

【支持国有企业改制重组】会同省国资委、省劳动和社会保障厅，对省直脱钩托管企业的改革方案及改制费用进行审核。其中，拨付铜陵有色集团、淮南矿业集团等企业关闭破产补助资金38117.8万元，巢东集团公司、安徽水安总公司改制费用8033.44万元。同时，参与省属国有企业主辅分离、辅业改制工作，审批有关企业的辅业改制方案。

【全面推进家电汽车下乡】一是进一步加大家电下乡和以旧换新政策实施力度。大幅提高家电下乡产品最高限价，在全国第二批家电以旧换新试点19省份中率先启动家电以旧换新工作，采取公开招标的方式确定30家电动车企业268个品种作为电动车下乡品种。二是进一步完善组织领导机构。经省领导同意，在现有家电下乡、汽车摩托车下乡联席会议制度的基础上，充实部分成员单位，成立省家电汽车下乡（以旧换新）协调工作领导小组，进一步明确职责分工。三是及时拨付补贴资金。根据资金管理办法，下达中央及省各类资金26亿元，补助各地工作经费2426万元，保障各地兑付及工作资金所需。四是广泛开展宣传活动。主动实施财政干部进农村进社区、有奖问答、有奖征文、家电下乡2周年成果发布会等十项主题活动，宣传工作再掀新高潮。五是不断简化兑付程序。已在全省推开网点代垫直补方式，稳定提高了兑付率，大大方便了农民领取补贴。六是加强网点备案管理，不断优化销售网点布局。会同省商务厅、工商局、物价局开展了全省销售网点专项整治活动，取缔了一批不规范的网点。全省累计销售家电下乡产品774.7万台，销售额179.8亿元，财政已补贴22.4亿元，兑付率为100%。

【促进消费支持内贸发展】争取中央财政商贸流通服务业资金1.7亿元，重点支持我省双进、万村千乡市场、双百市场工程建设和中小商贸企业融资担保费用补贴。省财政安排2000万元，重点支持农家店、商品物流中心建设；安排1000万元，重点支持流通企业发展、商业节能降耗、早餐示范工程、放心肉体系建设；安排500万元，培育重点丝绸企业，鼓励蚕桑资源综合利用，支持蚕桑专业合作社发展；安排700万元，建设我省生猪生产稳定发展的长效机制，保障市场消费需求。

【完善政策扩大外贸出口】一是调整外贸促进政策。结合我省实际，每年对上一年度外贸促进政策进行分析总结，调整制定当年外贸促进政策。二是积极争取国家外经贸资金支持。会同省商务厅组织国家外经贸发展资金的申报工作，争取国家外经贸资金2.6亿元。三是支持中小进出口企业融资。与徽商银行、兴业银行合作，推荐符合条件的项目，已累计向银行推荐了500多个项目，申请专项贷款23.2亿元，目前贷款余额达3亿元。四是促进招商引资。对各市、县和国家级、省级开发区管委会利用外资给予一定工作经费补助。五是大力支持企业“走出去”。争取中央财政走出去资金3500万元，省财政安排3000万元资金，支持有条件的企业开展对外承包工程服务和对外经济技术合作。

【落实资金支持会展活动】积极参与国家有关部门主办的各重大招商活动和由省政府主办、省商务厅、经信委、国资委承办的招商会展和对接活动，并派专人参与资金的管理工作，制定有关财务管理办法，做到提前介入，对资金预算方案实行精细化审核，及时预拨资金，为招商和会展活动的顺利进行创造了条件。

【管好、用好移民资金，重视保障民生】我省共有水库移民117.4万人（其中：大中型水库移民116.54万人，三峡水库移民8637人），分布在17个市、111个县（区）。水库移民工作政策性强，涉及面广，情况复杂，工作难度大。为此，全省各级财政部门把水库移民后期扶持资金管理作为一件大事来抓。2010年，从国家争取大中型水库移民扶持资金8.73亿元，其中：对移民个人直补资金5.1亿元，项目资金3.63亿元，共安排道路、农田水利等1071个项目，有力地促进了移民安置区经济社会发展。

【认真做好财政企业基础工作】扩大企业财务快报范围，将符合规定标准的大中型非国有企业、已纳入财政资金扶持范围和需要申请财政资金扶持政策的陆续纳入非国有企业财务快报范围。会同商务、工商等部门对外商投资企业实施联合年检，了解掌握我省外商投资企业的基本情况。及时布置和汇编我省外商投资企业财务报表，连续6年受到财政部通报表扬。认真贯彻落实《资产评估机构审批管理办法》，规范行政审批行为，全省评估机构已达到75家。同时，对取得评估资格的机构实行动态管理，确保国有资产保值增值。

（厅企业处供稿　李志斌执笔）

金融财政监管和外国政府贷款管理工作概述

2010年，省财政厅金融处紧紧围绕全省财政工作主要目标，认真学习实践科学发展观，以开展“学习提升年”活动为抓手，围绕中心，服务大局，勤于思考，勇于创新，强化管理，狠抓落实，切实加强效能建设，积极发挥职能作用，促进各项工作再上新水平。

【夯实金融国有资产和财务监管基础工作】针对新型和重点地方金融机构的财务资产监管，拟定了《安徽省农村合作金融机构财务管理实施办法》、《安徽省小额贷款公司财务管理办法》。加强薪酬监管，拟定了与绩效评价相挂钩的《安徽省省属金融类企业负责人薪酬管理暂行办法》。优化监管模式，加强金融国有资产产权评估、转让监管和平台建设，筹建了省属金融企业国有资产评估监督管理专家库，制定了《安徽省省级金融企业国有资产重大评估项目专家评审暂行规定》；遴选确定了全省承办金融企业国有资产交易业务的两家省级产权交易机构，并推荐给财政部以承担中央管理金融企业国有资产转让业务，在此基础上，大力推进“安徽省金融资产交易所”的创建工作，打造地方金融企业国有资产转让的市场化、专业化平台。强化对省信用担保集团的监管。建立财政金融联络会商制度，强化沟通配合，提高财政扶持和监管政策的有效推行。

【扎实推进农业保险试点健康持续发展】一是农业保险制度进一步完善。先后出台了有关文件，修订完善农业保险统计报告制度。二是基层服务网络进一步健全。省级保险经办机构政策性农业保险委托协议文本已办理备案手续。保险经办机构在健全市、县两级服务机构的基础上，在部分乡（镇）设立三农服务站（所），并将服务网络向行政村延伸。三是农业保险覆盖面进一步提高。继续在17个市、93个县（市、区）开展水稻、玉米、小麦、油菜、棉花、大豆和能繁母猪、奶牛保险试点工作。据统计，保险经办机构累计承保农作物8865万亩、牲畜94.5万头，农作物综合投保率达到80%以上。四是农业保险作用进一步显现。累计为1713万（次）农户提供242亿元的风险保障；赔款10.7亿元，731万（次）农户从中受益。

【大力支持中小企业融资和农村金融发展】一是充分发挥财政资金的引导示范效应，鼓励金融机构增加专项贷款投放，省财政对14家省级银行业金融机构新增加的“小个农”贷款按0.5‰下达奖励资金1566万元；支持小企业直接融资，省财政对2家在中小版上市的企业按10%下达费用补贴资金527.5万元；开展小企业、个体工商户和农户金融产品创新奖评选，对12家金融创新先进单位和9个先进个人下达奖励资金69万元。二是强化正向激励，引导金融机构加大对“三农”信贷投放，认真做好增量奖励试点工作，向全省61个县（市）385家县域金融机构下达1.8亿元奖励资金，极大地激发了县域金融机构发放支农惠农贷款的积极性。据统计，全省61个县的县域金融机构贷款余额达到2563.5亿元，同比增加628.8亿元，有力地缓解了“三农”贷款难问题；贯彻落实财政部《中央财政新型农村金融机构定向费用补贴资金管理暂行办法》，组织做好村镇银行定向费用补贴的申报、审核和拨付工作，向符合条件的长丰、凤阳两家村镇银行拨付定向费用补贴共计675万元，大力支持村镇银行发展。三是进一步从制度和措施上鼓励农村金融机构的设立与发展。省财政对2009、2010年两年在县域新设的具有贷款功能的银行业金融机构分支机构、新型农村金融机构和农业担保机构给予一次性奖励或补助；2010年审核落实2009年度奖补资金366.7万元。极大地扭转了多年来县域金融机构网点不断减少的局面。

【积极推进全省信用担保体系建设】支持省担保集团运用参股、控股、再担保等经济手段，与市、县担保机构建立业务关系，构建覆盖全省的信用担保体系。落实对毗邻苏浙地区中小企业申请贷款担保、再担保费用的省财政全额补贴政策，年内拨付担保贴费4859万元，受益企业达832家（次）。截至年底，全省信用担保体系已经拥有了65家成员单位，其中有59家市、县担保机构与担保集团建立了再担保合作关系（今年新纳入再担保体系的机构有11家），覆盖了全省的17个市和35个县，有效提升了各级担保机构的担保能力和信用度，提升了服务中小企业的整体水平。

【着力强化外国政府贷款管理】积极争取新项目，财政部新批我省外贷项目14个，贷款金额21900万美元，超额实现全年目标；签订转贷款协议项目10个，协议金额4952万美元；正在执行中的贷款项目43个，贷款金额36515万美元。主动配合审计署上海特派办做好日元贷款天然气管网工程项目审计，严肃对待审计决定，积极落实整改意见。圆满完成财政部安排的我省46个外贷项目的绩效评价，项目成功率达95%。

【切实增强干部队伍素质和工作效能】一是强化政治理论学习和思想教育。深入学习并深刻领会党的基本理论和国家的各项方针政策，用新理论、新政策、新知识、新理念开展工作和指导实践。深入学习沈浩同志的先进事迹和崇高精神，以沈浩同志为榜样，学英雄、见行动。二是不断改进工作作风。按照创建“五型机关”和“学习提升年”活动要求，加强效能建设，求真务实，开拓创新，提高科学化、精细化管理水平。深入开展调查研究，充分了解实际情况，着力解决广大群众最直接、最关心、最现实的财政金融问题。三是切实加强廉政建设。坚持不懈地抓好廉政建设，增强拒腐防变的能力，提高反腐倡廉的自觉性和坚定性。规范权力运行，依法行政、依法理财，塑造务实、廉洁、高效的干部队伍。

（厅金融处供稿 张克敬执笔）

国际金融组织及国家开发银行贷款工作概述

2010年，省财政厅国际债务管理处根据全省财政工作总体要求和财政部国际司有关会议精神，充分利用国际国内两个市场、两种资源，为我省的发展与改革积极引资、引智，服务全省财政中心工作和经济社会发展大局，圆满地完成了全年各项工作任务。

【扎实开展“学习提升年”活动】积极响应厅党组关于开展“学习提升年”活动的号召，在深入学习科学发展观的基础上，结合工作实际制定实施方案，确定了指导思想、目标任务和工作措施，扎实推进“学习提升年”活动。同时，继续深入学习沈浩精神，立足岗位做好本职工作，努力为我省实现跨越发展、奋力崛起做出新贡献。

【深入开展创先争优活动】一是加强组织领导，构建工作机制；二是营造学习先进、崇尚先进、争当先进的良好氛围；三是做好统筹安排，把开展创先争优活动与推进学习型党组织建设、主题教育活动以及省直机关基层党组织建设年活动紧密结合，协同推进。

【加快推进项目建设，促进经济社会平稳较快发展】联系工作实际，充分发挥归口管理部门职能，积极应对宏观经济形势变化，进一步加大对世行、亚行和开行贷款资金的使用力度，切实推进世行、亚行和开行贷款项目建设，努力扩大有效投入，促进全省经济社会的平稳较快发展。截至2010年底，全省利用国际金融组织贷款项目已达59个，协议利用国际金融组织贷款约29.92亿美元，约占全国利用国际金融组织贷款总额的4%。其中利用世行贷款项目49个，协议贷款额18.67亿美元；利用亚行贷款项目9个，协议贷款额11亿美元；利用国际农发基金会项目1个，协议贷款额0.25亿美元。2010年，提取世行、亚行贷款资金9000万美元。同时，全面启动第四轮开发性金融合作工作，全省累计申报第四轮国家开发银行政府信用贷款117.4亿元，开行总行已全部核准，并发放贷款35.1亿元，重点支持全省41座市县污水处理厂及管网工程、农村中小学校舍安全工程和合蚌客运专线等六条铁路项目。

【做好新项目的准备、谈判和启动工作】5月中旬，省财政厅与省水利厅组团赴京与世行就淮河流域重点平原洼地治理项目的《贷款协定》、《项目协议》和支付信等相关法律文件进行谈判，商定贷款7500万美元。紧接着，省财政厅与省林业厅组团赴京与世行就林业综合发展项目的《贷款协定》、《项目协议》和支付信等相关法律文件进行谈判，商定贷款2200万美元。6月5日，世行与我省在芜湖市联合举办了中等城市交通项目启动暨培训会议，省财政厅也于年内完成了该项目财政部与省政府之间的转贷协议的签署工作。9月15日，财政部与安徽省人民政府正式签署关于亚行贷款安徽省公路发展项目的《转贷协议》，贷款金额2亿美元，这是我省交通领域第四个利用国际金融组织贷款项目。

【积极争取新项目】为加强我省巢湖流域生态环境保护，国际债务处向财政部申请了利用亚行贷款建设巢湖流域水环境综合治理项目，国家和亚行已批准将该项目列入我国利用亚行贷款规划，安排贷款2.5亿美元，成为我省有史以来最大的利用亚行贷款项目。为加快马鞍山市资源节约型、环境友好型社会建设，改善城市环境状况，国际债务处向财政部申请了世行贷款慈湖河流域生态环境综合治理项目，国家和世行已批准将该项目列入我国利用世行贷款规划，安排贷款1亿美元。为充分利用黄山市丰富的徽文化资源，发展现代农村旅游经济，国际债务处向财政部申报了利用世行贷款黄山市新农村建设（百村）示范项目，拟申请世行贷款1亿美元。为更好地保护黄山生物多样性的真实性、完整性和安全性，国际债务处向财政部申请了利用全球环境基金赠款开展黄山风景区生物多样性保护项目，计划获取赠款资金500万美元，并在世界粮农组织的技术指导下正式向财政部提交了黄山地区生物多样性保护与可持续利用项目概念书。

【加强债务管理，积极防范债务风险】为进一步做好还贷工作，国际债务处于11月2日召开了全省加强国际金融组织贷款项目还贷工作座谈会，张广寿副厅长到会对贷款债务的管理工作提出明确要求。会后，国际债务处对每个项目指定专人负责，采用一天一统计的方式，及时了解各地还款进度和办理情况。在大力宣传和促收下，各地纷纷还款，一些陈年老债得以清偿，取得了预期效果。据统计，国际债务处全年归还财政部到期债务折合人民币4.1亿元，全年共计向市县回收到期和逾期债务5.24亿元人民币，是回收债务最多的一年。

【全面启动第四轮开发性金融性合作工作】一是根据《开发性金融合作协议》及省政府有关文件精神，经与省政府金融办、省发展改革委、国开行安徽省分行及有关部门充分协商，代拟了《安徽省与国家开发银行第四轮开发性金融合作贷款管理办法》，并于年初由省政府办公厅正式印发。二是启动实施安徽省城镇污水处理设施项目，与省信用担保集团签订项目《委托代建协议》，并由省信用担保集团、用款单位与国家开发银行签订《借款合同》，贷款总金额12.53亿元，用于省内45个污水处理设施项目建设。三是启动实施安徽省中小学校舍安全工程项目，贷款总金额33亿元，用于全省17个市1055万平方米的中小学校舍加固和重建。四是启动皖江城市带和皖北地区开发项目，安排开发性金融合作贷款额度100亿元，用于支持皖江城市带承接产业转移示范区建设，安排开发性金融合作贷款额度31.8亿元，用于支持皖北地区开发建设。

（厅国际债务处供稿　余　禹执笔）

农村财政管理工作概述

2010年，全省农村财政管理工作围绕加强“两基”、推进“两化”，在完善“一卡通”工作机制、加强“两税”征管、推进乡镇财政建设、开展“学习提升年”活动等方面取得积极成效，标志着“十一五”时期目标任务的全面完成，奠定了“十二五”工作的坚实基础。

【坚持服务农民，全面落实强农惠农补贴政策】一是深入“千村万户”，开展监测调查。省厅在各县市区的每个乡镇选择一个村、每个村选择10个农户，共1531个村15310个农户作为调查点，开展财政补贴农民资金“千村万户”监测调查，跟踪掌握补贴资金是否及时发放、各地是否存在违反政策现象。二是开展三项清查，维护农民利益。在全省进行财政补贴农民资金净结余、“一卡通”存折发放、惠农资金落实等三项清查，针对个别乡镇出现少数乡村干部收取农户存折现象，省财政厅下发通知，重申和强调“一卡通”管理制度和纪律，严禁利用农户存折进行各种违规违纪活动，并要求尽快将滞留的存折发放到户。三是拓宽监督渠道，提高服务水平。省财政厅及时查处和纠正人民来信，并对个别县区涉农案件进行通报；开设“800-868-1100一卡通免费服务电话”，接听农民群众政策咨询或举报电话56次，做到政策咨询耐心解答，举报电话件件查实，深受群众欢迎。四是加强业务建设，夯实管理基础。对全省财政补贴农民资金项目名称和打卡发放简称作相应调整，对“一卡通”软件进行界面和功能优化；精心编印《安徽省强农惠农政策100问》，宣传强农惠农政策。2010年全省通过“一卡通”打卡发放各类财政补贴农民资金146.3亿元，比上年同期增加25.6亿元，增长21.2%，农民人均收益372元，户均收益1050元。

【围绕“两基”，深入推进乡镇财政建设】一是统一考核，着力开展评先评优活动。省财政厅成立创建规范化乡镇财政所（分局）领导小组，制发《关于创建规范化乡镇财政所（分局）工作的通知》、《安徽省创建规范化乡镇财政所（分局）考评办法》，召开全省创建规范化乡镇财政所（分局）现场会，重点帮助和指导肥西等18个县24个乡镇财政所（分局）开展创建工作，计划从2010年起分三年考评验收。二是统一制度，着力推进科学化精细化管理。制定《安徽省财政厅关于切实加强乡镇财政资金监管工作的实施意见》；建立“百名乡镇联系点”制度，探索财政资金监管方式试点；编印《乡镇财政管理参阅材料》、《安徽省乡镇财政资金监管方案选编》供各地学习交流。三是统一管理，着力加强职能建设。协调督促部分县区完成乡镇财政所垂直管理，进一步健全乡镇财政所管理机制。积极推动县区互相交流在解决乡镇财政机构建制、身份待遇等方面的做法和经验，主动协调各方支持，加快解决乡镇财政机构设置和人员身份待遇问题。四是统一建设，着力改善办公条件。深入实地督查、定期通报建设进展，召开全省会议推进400个新建乡镇财政所建设；制定《关于做好2009—2010年乡镇财政所基础设施建设检查验收的通知》，布置各市按照“一所一表一图”逐一验收登记，统一组织验收。省财政下拨1亿元重点支持500个财政所改扩建，鼓励有条件的地方新建，继续实施乡镇财政所办公条件改善项目。五是统一培训，着力提高人员素质。为认真贯彻全省财政系统“学习提升年”活动总体部署，10月上中旬，省财政厅在上海财大继续教育学院举办“百名乡镇联系点”财政所长能力提高班。7月，全国财政厅（局长）座谈会在安徽召开，与会代表参观肥西县花岗镇、严店乡财政所规范化建设现场，《中国财经报》连续报道我省乡镇财政工作的主要做法及成效，各省市纷纷来皖考察乡镇财政工作。

【积极应对复杂形势，推动“两税”收入创新高】一是突出税源分析，实行税收源头控制。密切关注国家宏观经济政策变化及其对房地产市场的影响，省财政厅每季度通报全省收入进度。加强与相关部门联系，充分发挥协税护税机制，控制税源流失。二是突出检查指导，促进科学规范征管。6—7月份，省财政厅对10个省辖市及市辖区的两税征管情况进行重点检查，对4个市下发了限期整改意见，依法追征应征未征税额，组织全省两税票证清理检查。三是突出窗口服务，做到严格依法征收。加强省财政厅耕地占用税征收窗口建设，严格执行效能建设有关要求，预约办理、随到随办，方便纳税人，省本级征收入库耕地占用税22.3亿元，没有发生一起纳税人投诉事件。2010年全省耕地占用税和契税收入累计完成141.5亿元，同比增长88%。其中：耕地占用税收入45.6亿元，同比增长67%；契税收入95.9亿元，同比增长100%，再创历史新高。

【学习提升，务求提高整体工作效能】 农村局支部深入4个乡镇财政所，座谈讨论乡镇财政工作，把创先争优与业务工作相结合、互促进。深入基层加强调研，完成《关于安徽省耕地占用税立法调研的情况报告》、《关于我省加强乡镇财政建设情况的报告》、《安徽省乡镇财政资金监管工作落实情况的报告》。在《安徽日报农村版》、《安徽财会》分别开设"惠农补贴专刊"和"乡镇财政专栏"，全面系统地宣传我省财政补贴农民资金政策和"一卡通"发放机制、乡镇财政建设情况。

（厅农村局供稿　姚　瑶执笔）

会计管理工作概述

2010年，省财政会计管理部门以科学发展观为指导，注重推动会计相关制度贯彻执行，完善会计领军人才选拔培养机制，推进会计管理信息化工程建设，加强会计中介机构监督管理，顺利完成各项工作任务。

【着力推动会计相关制度的贯彻执行】 一是持续关注《企业会计准则》在全省上市公司的贯彻执行，不断推进企业会计准则在全省非上市大中型企业的实施。二是扎实做好企业内部控制规范体系实施前的准备工作。省财政厅会同审计、证监、银监、保监和国资委等五部门，联合成立企业内部控制实施工作小组，形成沟通协调机制，建立由部分企业财务负责人、高等院校专家学者以及专业咨询机构相关人员等参加的企业内部控制实施专家咨询小组，为我省内控的贯彻执行提供政策支持和技术指导。三是不断加大企业内部控制宣传力度，为企业内部控制在我省的稳步实施做好前期准备。11月16日，省财政厅联合审计、证监、银监、保监和国资委等五部门在合肥市召开全省企业内部控制规范体系贯彻实施动员大会，共有来自上市公司、省属企业、会计师事务所和部分高等院校等近300人参加，在社会各界引起了巨大反响和广泛关注。四是加大事业单位会计核算改革推行力度，认真做好《医院会计制度》、《高校会计制度》等宣传培训工作。

【完善会计领军人才选拔培养机制】 一是继续深化会计领军人才选拔培养工作，加快我省高级会计人才培养步伐。按照《安徽省会计领军人才"三五"工程培养规划》和《安徽省会计领军人才"三五"工程培养实施方案》的相关要求，扎实开展全省会计领军人才选拔培养工作，8月27日，省财政厅组织首批15名会计领军学员赴上海国家会计学院参加为期近一个月的集中培训，有效提升学员理论水平。二是加强会计领军人才后续管理，全面提升学员综合素质，围绕我省财政经济改革热点问题，结合各自岗位实际，积极引导学员开展会计理论课题研究，将推动会计准则、制度的贯彻执行与会计领军人才培养有机结合，充分发挥会计领军人才对经济发展的引领作用。三是组织会计领军人才选拔考试。9月5日，全国会计领军人才考试（含企业类、行政事业类、省级类）在安徽大学考点举行，总体情况良好。全省共36人报名（全国企业类12人、全国行政事业类3人、省级类21人），实考22人。

【认真组织各项会计资格考试】 一是会计从业资格考试。通过规范会计从业资格考试和资格审核工作，进一步理顺会计从业资格管理权限和范围。2010年会计从业资格考试工作全省报名数为76267人，实考64758人，合格25197人，合格率39%。二是会计专业技术资格考试。进一步规范考试考务管理流程，强化部门联合工作机制。全省共72422人报名，初级合格8565人，合格率22.65%；中级合格1528人，综合合格率19.55%。我省17名考生进入全国会计资格评价中心金榜。三是高级会计师考试与评审。会同省人社厅，重新修订并发布《安徽省高级会计师专业技术资格评审标准条件（试行）》，进一步完善我省高级会计人才考评机制和流程。9月5日，全省高级会计师考试在安徽大学举行，全省共794人报名，实考586人，合格104人，合格率为17.75%。11月上旬，在安徽大学商学院举办全省高级会计人才继续教育培训班，共有300余人参加。12月中旬，省财政厅在六安市召开全省高级会计师任职资格评审会议，共74人取得高级会计师任职资格。

【推进会计管理信息化工程建设】 一是开发建成安徽会计网，面向社会宣传会计改革和最新的行业资讯，为广大会计人员提供了方便、快捷的网上信息采集和换证办理的通道，提升全省会计管理服务水平。二是加快会计从业资格无纸化考试一体化进程，选择合肥、淮南两市开展无纸化考试试点。积极探索网络化继续教育和会计考试网络化实施，促进我省会计管理水平再上新台阶。三是继续推行会计初级电算化无纸化考试，进一步优化试题库，通过随机组卷生成无纸化考试试卷，为考生提供“科学、公平、灵活、方便”的服务。四是整合资源，梳理流程，逐步实现我省与财政部全国会计人员信息系统数据标准对接。通过综合管理系统一体化平台建设，实现全省会计人员动态管理。五是圆满完成会计专业技术资格考试网上报名、网上缴费和网上评卷试点工作。在各方面的协作配合下，整项工作运转有条不紊、井然有序。省财政厅副厅长左俊到阅卷现场检查指导。网上评阅卷是在考试工作信息化管理方面的一项重大突破，有效提升了会计资格考试管理效率，得到全国会计考办的充分肯定。

【加强会计中介机构监督管理】 一是结合国办发〔2009〕56 号文的出台，我们展开充分调研，在集思广益的基础上代拟了《安徽省人民政府办公厅关于促进我省注册会计师行业持续健康发展的意见》，报省政府办公厅以皖政办〔2010〕35 号文发布。二是会同省物价局制定并发布《安徽省会计师事务所收费管理办法》等一系列管理文件，为促进我省会计师事务所发展营造了良好的环境。三是开展宣传贯彻国办发 56 号文件精神有奖征文和评比表彰活动，共收到稿件 53 篇。评选出优秀奖 3 篇，鼓励奖 5 篇，进一步扩大了注册会计师行业的社会影响。四是完成 2010 年度会计师事务所信息报备工作，除 3 家因注销未要求报备外，参加信息报备的事务所 222 家，报备率达 100%。截至 2010 年 12 月 31 日，全省共有会计师事务所 231 家（其中：有限责任制 94 家，合伙制 123 家，省内分所 2 家，外省分所 12 家），2010 年会计师事务所新设 25 家，撤销 2 家，注销 9 家，限期整改 12 家，变更备案 68 家。

【深入开展会计管理工作调研】 一是开展会计从业资格无纸化考试工作调研，积极学习借鉴全国先进做法和经验，联系我省实际，制订会计从业资格无纸化考试工作方案，推进会计从业资格管理科学化、精细化。二是开展企业内部控制建设调研活动。6 月，省财政厅深入铜陵有色实地了解其内控建设进度以及所取得的阶段性成果。为总结和推广建设经验，《中国会计报》随后对铜陵有色进行了深度的采访报道。三是做好事业单位会计制度改革调研和试点运行工作。配合基层医疗卫生体制改革，组织 17 个市会计管理机构，会同卫生部门赴全省 32 个基层医疗卫生体制综合改革试点县（市、区）实地调研，为财政部修订《基层医疗卫生机构会计制度》提供第一手反馈意见。10 月，选择铜陵、南陵两县卫生院进行修改后的制度模拟运行，财政部会计司肯定了运行结果。四是开展会计师事务所做大做强专项课题研究，完成省财政厅重点课题之一“安徽省会计师事务所做大做强措施研究”，并作为贯彻国办发 56 号文的一项具体措施，从六个方面提出意见建议，为我省会计师事务所做大做强提供理论支持。

【认真做好会计管理日常工作】 一是做好安徽财政信息网在线留言、问题咨询和厅长信箱答复工作，对反映的问题认真核查、解答，全年回复各类问题咨询达 1500 余条，及时为会计人员排忧解难，确保人民群众得到满意的答复。二是开展先进会计工作者评选表彰活动。采取“自下而上、逐级推荐、集中评选、社会公示”的方式，共评选出 12 名全省先进会计工作者（会计管理工作者系列）。

（厅会计处供稿　李元元执笔）

行政事业国有资产管理与国有资本经营预算工作概述

2010 年，在省财政厅党组的领导和兄弟处室的支持下，行政事业国有资产管理处（国有资本经营预算处）以科学发展观为指导，以创先争优、学习提升年等活动为契机，坚持围绕中心、把握重点、夯实基础、强化落实，较好地完成了各项工作任务。

【认真编审资产配置预算】 按照 2011 年部门预算编制要求，及时下发《关于做好省级行政事业单位新增资产配置预算编审工作的通知》，进一步修改完善资产配置流程，对省直各单位项目支出中涉及房屋建筑物、机动车、单价 20 万元以上大型设备以及批量价值 50 万元以上资产全部列入配置审核范围，要求各单位对照要求编报“四项资产”购置支出预算。在“四项资产”购置预算审核中，坚持增量配置与存量资产相结合，对照有关标准严格审核；同时，注重加强与预算处的沟通，及时反馈审核意见，为预算资金的安排提供参考依据。通过编审资产配置预算，细化了部门预算编制，对减少重复配置或超标准配置、强化资产管理都起到了积极作用。

【切实抓好资产处置管理】 认真落实省政府

214 号令以及资产处置管理的有关规定，按照规定权限严格审批省直各单位资产处置申请。规范资产处置流程，对经批准处置数量较多或价值较高资产时，坚持先评估再处置的原则，积极督促单位通过拍卖、招投标等市场竞价方式公开处置，提高资产处置的透明度，防止国有资产的流失。据统计，全年共办理省直单位资产处置批复 89 份，涉及资产账面原值 20344 万元，累计收缴国有资产处置收益 11765 万元。

【大力推进资产管理信息化建设】 按照财政部统一部署，积极推进全省行政事业单位资产管理信息系统的实施应用。通过组织业务培训、建立网络平台、开通电话专线等方式，及时解决实施过程中发现的问题，保证信息系统实施工作的顺利开展。为确保资产数据录入的真实、准确和完整，专门印发《关于开展资产管理信息系统相关信息核查工作的通知》，督促单位及时修改、完善资产数据。同时，加强对市县资产管理信息系统实施工作的指导，随时掌握工作进度，对少数进展缓慢的市县，7 月份专门组织对市县进行实地督查。根据财政部的要求，按时完成全省行政事业单位资产汇总数据上报工作。

【完善资产管理和资本经营预算管理制度】 为规范省级行政事业单位国有资产收入管理，根据省政府第 214 号令以及财政部的相关规定，结合实际，研究出台《省级行政事业单位国有资产收入管理暂行办法》，进一步明确行政事业单位国有资产收入性质、范围、管理方式、使用方向及监管责任等。针对国有资本预算项目申报中存在的问题，在深入调研的基础上，及时出台了《省级国有资本经营预算支出项目资金管理暂行办法》，为进一步提高项目支出预算编制的科学性、合理性奠定基础。

【全面推进省级国有资本经营预算】 一是积极收缴 2009 年省属企业国有资本收益。根据省政府批准的 2009 年省属企业国有资本经营收支计划，会同省国资委等部门组织收取 2008 年度省属企业国有资本经营收益，累计收缴 14 户省属企业国有资本收益 22295.4 万元。二是认真执行 2010 年省本级国有资本经营预算，严格审核确认省属企业年度经营收益，及时组织收益收缴。全年共收缴 2010 年国有资本经营预算收入 14378.4 万元，超年初预算收入 1477.5 万元。三是及时拨付国有资本收益，支持企业改革与发展。加强与预算、国库等部门的联系，加快资金拨付进度，全年累计拨付国有资本收益 35196.3 万元。

【认真编制 2011 年国有资本经营预算草案】 根据预算编制要求，及时启动 2011 年国有资本经营预算编制工作。9 月初，专门召开省属企业国有资本经营预算编制工作布置会议，对资本预算编制进行了具体布置。同时，下发资本预算编制文件，进一步明确资本预算编制的程序、上报要求等，会同省国资委等部门按时完成 2011 年省级国有资本经营预算草案的编制工作。

【不断提高调研工作水平】 为推动省政府第 214 号令贯彻落实，不断探索财政科学化管理的新举措，厅领导亲自带队，先后深入到合肥、芜湖等地企事业单位，围绕资产管理和资本经营预算工作开展专题调研。借鉴省内外成功实践，形成专题汇报材料，从开展资产清理、推进产权集中等七个方面提出工作建议，上报省委、省政府。省政府第 62 次常务会议专门听取并原则同意省财政厅关于进一步加强省级行政事业单位资产管理工作的建议。

（厅资产处供稿　谢　勇执笔）

财政监督检查工作概述

2010 年，在省财政厅党组的高度重视和支持下，厅监督检查局以“学习提升年”活动为抓手，紧紧围绕财政中心工作和机关效能建设，提升监督效能，积极构建财政“大监督”工作格局和财政监督新机制；加强基础建设，不断推进机构队伍建设和干部综合素质的提高；强化监督职能，切实做好收支监督、会计监督和绩效监督；落实中央部署，继续深入推进“小金库”专项治理；服务宏观调控，认真开展再生资源增值税退税复审工作和重大财税政策执行情况监督检查，为完善财政管理、维护财经秩序、保持经济平稳较快发展、促进社会和谐发挥了积极的作用。

【扎实推进“学习提升年”活动】 按照“学习提升年”活动的总体要求和部署，紧密结合财政监督工作实际，制定实施方案，落实具体措施，加强组织领导，以丰富学习内容为基础，树立终身学习的理念，营造崇尚学习的浓厚氛围，提升干部综合素质；以谋划工作落实为纽带，建立健全衔接紧密、相互协调的工作制度，提升班子整体合力；以促进财政管理、服务财政改革发展为根本，以监督促管理，以监督强预防，提升财政文化品位；以相互关心理解帮助为核心，坚持以人为本，互帮互助，提升机关和谐氛围；以弘扬沈浩精神为主旋律，树立正确的世界观、价值观、名利观和幸福观，提升干部党性修养。为深入推进活动的开展，在厦门国家会计学院举办了市县财政监督机构分管领导和负责人参加的首期培训班，对财政监督干部开展财政理论、监督业务、宏观形势、领导方法等全面系统的知识和业务培训。通过积极组织学习培训，着力加强实践锻炼，构建学习提升的长效机制，切实增强了财政监督机构的凝聚力、战斗力和办公效能。

【确立"大监督"理念，构建财政监督新机制】全省财政监督工作会议首次提出确立"全员参与、全面覆盖、全程监控"的财政大监督理念，并要求全省各级财政部门坚持"五个结合"，依照"统一思想、提高认识、设计制度、进行试点"的原则，力争三年内在全省构建起"预算编制、预算执行、监督检查、绩效评价"四位一体的监督管理新机制。同时，依据财政"大监督"理念，我省下发了《关于进一步加强财政监督的若干意见》（财监〔2010〕621 号），并报经省政府领导同意下发到各级政府；围绕贯彻执行《财政部门内部监督检查办法》（财政部令第 58 号），研究制定《财政部门内部监督检查实施办法》（财监〔2010〕622 号），并出台《安徽省财政监督工作考评办法》（财监〔2010〕623 号），从"横、纵"两个方向构建了适合我省具体情况的财政"大监督"体系。

全省各级财政部门深入贯彻落实"大监督"理念，充分发挥财政监督机构"牵头组织、综合管理、协调督促、保障全局"的职能作用，结合本地实际，采取切实措施，加强财政监督机构和队伍建设。

【周密部署和组织财政专项资金检查】围绕服务经济社会发展和财政改革的主题，组织开展了民生政策落实和资金管理使用情况的专项检查。监督检查局组织 5 个检查组 60 余名检查人员，对全省 26 个市、县（区）清理化解义务教育债务资金和贫困重度残疾人生活救助资金开展检查，抽样金额分别占全省总额 39.87% 和 26%。

【围绕重点开展会计监督】把握焦点、突出重点，以房地产、能源、医药等社会民众关注高、与人民群众切身利益紧密相关的行业和执行新会计准则的国有企业为主，组织开展了会计信息质量检查；以新成立、社会反应较大、未按规定进行业务报备、低价争揽业务和综合评价较差的事务所为主，开展了执业质量检查工作。全年共检查行政企事业单位 420 户，发现违规金额 30 亿元，对 82 户企业做出处理处罚，补缴税款 1 亿元，罚款 57.16 万元，并处以 6 名责任人 5.7 万元罚款，吊销 2 名会计人员的从业资格；检查会计师事务所 18 家，予以 2 家事务所暂停执业处罚，予以 2 家事务所、9 名签字注册会计师行政警告处罚，予以 4 家会计师事务所没收违法所得和罚款共计 7.72 万元。在全国会计信息质量检查十周年总结暨 2009 年度会计监督工作交流会议上，安徽省财政厅及安庆市财政局分别荣获"全国会计监督十佳先进单位"和"全国会计监督工作先进单位"称号，厅监督检查局徐中洋和蚌埠市财政局陈益英荣获"全国会计信息质量检查先进工作者"称号。

【集中力量组织实施预算支出绩效监督】按照"先试点、后修正、再铺开"的方式集中力量组织实施了中小企业担保基金和风险补偿基金、新型农民培训工程、乡镇综合文化站建设、科技型中小企业技术创新基金 4 个重点项目的绩效评价，并形成绩效考评报告。同时，科学设定了工业三高、农村最低生活保障补助资金等 10 个自评项目的评价指标体系。

【继续深入开展"小金库"专项治理】继续深入推进党政机关、事业单位"小金库"治理回头看和社会团体、国有及国有控股企业"小金库"治理工作。2010 年全省党政机关和事业单位"回头看"共发现"小金库"99 个，涉及金额 4946.94 万元；社会团体和国有及国有控股企业共发现"小金库"304 个，涉及金额 7288.94 万元，并积极构建长效机制，专项治理工作取得阶段性成果。同时，抽调专人参加了省纪委牵头组织的对省科协"小金库"问题的专案调查。

【积极参加重大财税政策执行情况检查】监督检查局安排人员先后两次参加了省纪委牵头的省扩大内需促进经济增长政策落实检查组，对各市扩大内需中央新增投资项目进行检查。同时，认真参与工程建设领域突出问题专项治理情况检查工作，并积极配合强农惠农资金监督检查工作。

【严格做好再生资源增值税退税复审工作】全年共复审 763 家再生资源回收企业报送的 2390 批资料，累计退税 40.76 亿元，切实减轻再生资源回收企业的资金压力和税收负担。同时，结合会计监督工作，对部分再生资源退税企业以及为其出具年度审计报告的会计师事务所进行监督检查，分析了解行业风险，为相关政策的制定提供了很好的建议。

【认真办理政协提案和来信来访】圆满完成省政协第0629号关于加强对财政资金投入项目监管的提案办理工作。同时，高度重视举报工作，全年累计受理各类举报38件，其中自行组织检查核实13件、移交转办25件，核实或部分核实8件。

（厅监督检查局供稿　汪永飞执笔）

政府采购管理工作概述

2010年，省政府采购工作紧紧围绕全省财政工作重点，狠抓效能建设、扎实开展“创先争优”和“学习提升年”活动；深化政府采购制度改革，加强政府采购监管；政府采购规模和范围继续扩大，政府采购制度不断完善，政府采购行为更加规范，政府采购政策进一步落实。

【政府采购规模突破400亿元】2010年，全省政府采购规模首次突破400亿元，达到430亿元，比2009年增加80亿元，增长25%，其中省本级采购规模达到40亿元。推动政府采购规模大幅增长的主要因素有：一是规范政府投资工程项目政府采购管理，进一步加大对财政性资金偿还的贷款、中央和省级补助专款等项目实施政府采购的力度；二是扩大服务类项目实行政府采购的范围，将部门预算安排的专项经费中利用社会服务或中介服务等项目，纳入政府采购范围；三是加强财政专项资金政府采购工作，重点将民生工程、新农村建设、小麦良种等国计民生项目纳入政府采购范围；四是进一步提高采购人依法采购意识，确保法律规定范围内的政府采购项目做到应采尽采。

【继续完善政府采购制度体系】按照《政府采购法》的要求和我省政府采购制度改革发展的实际，积极探索完善我省政府采购制度体系。2010年，制定印发《安徽省政府投资工程项目政府采购管理暂行规定》，要求全省各级采购人使用财政性资金建设工程项目的，应当执行政府采购制度，为加强工程项目财政资金管理，减少工程建设领域突出问题发生，提供制度支持。

【落实政府采购政策功能】一是加大节能、环保产品政府采购工作力度。扩大节能产品政府采购范围，优先采购节能、环保产品。对空调机、电视机、照明产品等九类产品严格实行政府强制采购节能产品制度。二是对信息安全产品实施政府采购。与省有关部门联合印发《关于信息安全产品实施政府采购的通知》，要求全省各级采购人必须按规定采购经国家认证的信息安全产品。三是积极贯彻落实国务院关于进一步加强政府采购管理工作的意见和我省有关促进经济社会发展的文件精神，严格执行公务用车政府采购有关规定；对其他采购项目，积极引导部门、单位尽可能采购国内、省内厂商的产品。

【组织开展政府采购工作调研】自4月份开始，组织力量对全省财政系统政府采购工作进行调研。调研内容主要包括各地政府采购工作开展情况，政府采购信息化建设情况，政府采购机构设置情况，政府采购信息统计工作情况等。9月份，组织开展政府投资工程项目政府采购管理工作调研。通过调研活动，努力宣传政府采购法规制度，摸清市、县政府采购工作现状；督促和指导基层单位完善机构建设，进一步加强监管与执行工作。

【积极稳妥开展电子化政府采购工作】省级电子化政府采购管理应用系统于2010年开始投入运行。围绕政府采购管理关键节点，与“金财工程”财政一体化平台相衔接，实现政府采购“从资金监管到采购业务监管”全流程电子化，创新工作载体，提高工作效率。2010年，安徽省政府采购门户网站访问量累计达351万次，现日均访问量达8000余次；共下达政府采购任务2278项，涉及政府采购预算44.25亿元；签订3215个政府采购合同，合同金额达19.6亿元；为958个政府采购项目，抽取政府采购评审专家计11267人次。安徽省电子化系统建设得到财政部国库司的充分肯定，7月份，被财政部吸收为全国政府采购管理交易系统建设工作组成员。

【积极推进GPA谈判应对研究工作】一是组织召开安徽省加入GPA谈判研究工作组年度会议，确定八个方面重点选题，分别选定有关高校和研究机构协助开展研究。二是编写GPA工作信息，及时向谈判领导小组和工作组报告谈判应对工作新进展、新情况、新要求。三是明确责任，签订合同书。分别与承担八个重点选题的研究机构，签订《课题研究项目合同书》，约定研究机构所承担的义务和权利，保证其及时提交高质量的研究成果。四是加强GPA课题研究保密管理。要求承担年度课题研究任务的高校及专业研究机构及相关研究人员需签订保密协议，明确在参与GPA研究过程应承担的责任和义务，确保涉密研究成果资料安全。

【依法处理政府采购供应商投诉】一是坚持依法受理。指定专人受理投诉，对供应商投诉材料认真审核，凡符合投诉要件、书面材料齐全的投诉案件准予受理。二是认真调查取证。摸清实际情况，必要时组织召开质证会，进行沟通、协商，化解矛盾。三是慎重作出处理决定。既重事实、讲证据，又明确责任、明断是非。2010年，省级共受理投诉事项5件，其中撤诉2件，下达处理决定3件。没有发生一起行政复议或行政诉讼案件。

【加强政府采购规范化管理】一是依法开展政府采购代理机构资格认定。2010年，先后审核认定十九批共计49家企业为乙级资格政府采购业务代理机构，并依法颁发资格证书。截至年底，全省共有86家乙级政府采购代理机构。二是进一步做好政府采购信息统计工作。2010年起，全国政府采购信息统计工作启用新的统计软件、新的指标体系、新的编报方式。举办全省政府采购信息统计业务培训班，对各市财政局、省级集中采购机构负责政府采购信息统计工作的人员进行培训。7月份，财政部专门印发文件，对政府采购信息统计基础工作扎实、报表质量过硬、报送及时的15个省市进行通报表扬，安徽省也受到表扬。三是加强政府采购信息发布管理工作。明确政府采购信息发布内容，要求政府采购所有采购方式的采购公告、更正公告及中标（成交）公告等信息必须及时在安徽省政府采购网发布，确保信息发布的内容真实、完整、及时、准确。自2010年7月起，省级集中采购机构实行招标文件网上公布制度，节约供应商投标成本，提高工作效率、提高政府采购透明度，深受供应商的好评。四是加强政府采购评审专家管理。修订政府采购专家管理软件，完善专家网上自助注册、网上抽取程序；实行在库专家动态管理制度，对专家学历、职务、工作单位等信息发生变动的，及时在专家库中进行调整，对有违法违规行为的专家依法严肃处理；征集专家、充实专家库，实现专家注册、审核入库工作经常化。2010年，新征集专家100余人，截至年底，省级专家库共有专家1278人。

（厅政府采购处供稿　方诗庆执笔）

农村综合改革工作概述

2010年，按照省委、省政府和省财政厅党组的工作要求，省综改办以开展学习提升年和创先争优活动为动力，根据年初的工作计划，着力抓好一事一议财政奖补试点工作，认真落实村级组织运转经费保障机制有关政策，大力推进相关改革，顺利完成全年工作任务，取得较好成效。

【大力推进一事一议财政奖补试点工作】一是加强工作指导。年初，对上年的一事一议财政奖补试点工作进行全面总结，并将各地工作情况进行了通报。2月初，制定下发通知，对全年的一事一议财政奖补工作早安排早布置。二是结算兑付上年奖补资金。按照省财政奖补政策，研究制定了2009年一事一议财政奖补资金结算方案，并及时兑付2009年中央和省财政奖补资金共68767万元。三是预拨2010年奖补资金。研究制定2010年一事一议财政奖补资金预拨方案，预拨2010年中央和省级财政奖补资金117042万元。四是召开全省会议。6月28日，省农村综合改革领导小组在合肥召开全省村级公益事业建设一事一议财政奖补试点工作会议，各市政府分管市长，市财政局和农委主要负责人以及各县（市、区）财政局主要负责人参加会议。省委常委、副省长赵树丛和国务院综改办主任王卫星到会作重要讲话，对我省一事一议财政奖补试点工作给予充分肯定。省财政厅厅长陈先森在会上对一事一议财政奖补工作作出安排部署。五是加强督促检查。下发文件，安排人员，对一事一议财政奖补试点工作开展情况进行督查，狠抓项目建设进度和资金拨付进度。厅党组把一事一议财政奖补列入厅里组织的重点工作督查范围，有力推进了这项工作的顺利实施。六是开展业务培训。10月11—12日，省综改办组织全省综改工作人员开展业务培训；同时，及时申请采购省级服务器和相关软件，组织技术人员安装调试，在年底前已全面投入运行。七是狠抓工作进度。到2010年12月底，全省各县（市、区）共审批一事一议财政奖补项目25852个，已实施项目25602个，已完工项目22086个。已经实施项目中，道路建设16015个，占62.6%；农田水利设施7474个，占29.2%；文化体育设施573个，占2.2%；环卫设施553个，占2.2%；安全饮水和植树造林等其他项目987个，占3.8%。项目区受益人口4726万人。全省一事一议财政奖补资金投入总额为253730万元，加上农民投劳，全年一事一议投入总额达506770万元。

【认真落实村级组织运转经费保障政策】一是调查研究，掌握情况。分管厅长多次带领省综改办的同志深入基层调研，省综改办也多次安排人员赴县、乡、村，与县直有关部门、乡镇和村干部进行座谈，了解村级组织运转经费来源、支出构成等情况，听取基层意见和建议。二是制定方案，增加投入。省财政共安排村级补助经费20142万元，分两年到位，2010年安排10088万元，2011年再安排10054万元，大幅度提高了我省村级组织经费保障水平。三是督促指导，抓好落实。9月份，按照中央有关部门要求，对全省各地贯彻落实村级组织运转经费保障政策情况开展了督查，督促和指导各地明确职责，落实政策，安排投入，确保村级组织运转经费保障政策落实到位。

【认真做好农村义务教育化债资金检查和国家验收工作】一是对农村义务教育化债资金进行专项检查。年初，省综改办将农村义务教育化债资金列入厅里统一组织的重点检查范围，3-5月份，由厅监督局牵头开展专项检查。二是对检查发现问题及时督促整改。针对检查中发现的问题，省综改办进行认真梳理，逐项下达整改通知书，限期整改。9月上旬，涉及存在问题的县（区）25个、债务项目98笔、问题金额13027万元，全部整改到位。三是认真做好迎接国家考核验收工作。国务院农村综合改革工作小组和财政部委托财政部驻安徽省财政监察专员办事处，对我省清理化解农村义务教育债务工作进行考核验收。省综改办对发现的具体问题，与专员办验收组协商处理办法，及时提出整改意见，及时纠正问题金额4219万元。11月25日，国务院农村综合改革工作小组致函省政府，同意我省通过国家考核验收，并对我省农村义务教育化债工作给予充分肯定。

【深入推进农村为民服务全程代理制】一是巩固完善提高为民服务全程代理成果。省综改办将为民服务全程代理制工作列入工作重点，继续大力推进为民服务全程代理制。目前，为民服务全程代理在县、乡两级实现了全覆盖，在村级覆盖率达90%。二是认真总结典型做法。近年来，部分地方在为民服务全程代理工作中积极探索，创新服务方式，提高了服务水平和效率。省综改办及时跟踪了解有关情况，总结经验，加强指导，促进创新。三是研究提出推进工作的意见措施。在调查研究，总结典型经验基础上，省综改办主动向分管省长报送《关于推进我省为民服务全程代理制工作的报告》，提出了进一步拓宽服务范围、整合服务资源、创新服务方式、减少服务层级、提升服务水平等意见措施。

【加强农村综合改革宣传和调研工作】一是加大农村综合改革工作宣传力度。继续加强农村综合改革宣传，利用工作简报，广泛宣传一事一议财政奖补政策和典型做法，全年编发简报20期。与《安徽日报》合作开辟专栏，大力宣传试点工作，营造良好氛围。利用厅办公楼橱窗和安徽财会杂志，宣传全省会议精神。与新华社安徽分社联系，宣传介绍我省农村综合改革情况。在省政府网站进行在线访谈，宣传一事一议政策，解答网民问题。二是开展农村综合改革工作调研。年初，省综改办制定下发通知，确定一事一议财政奖补试点、村级组织运转经费保障机制建设、乡村其他公益性债务清理化解、城乡一体化综合配套改革等调研题目，并将调研任务分解落实有关市、县，由工作基础较好、力量较强的市、县牵头承担调研任务。同时，省综改办直接组织开展调研工作，撰写了《关于我省村级组织运转经费保障机制建设的调研报告》等文字材料。

【协调推进相关改革】一是推进城乡一体化综合配套改革试点。密切关注合肥、芜湖、马鞍山、铜陵、淮北、淮南市开展城乡一体化综合配套改革试点工作，及时跟进、了解进展情况。认真开展有关课题研究。在淮北市举办了安徽省推进城乡一体化工作研讨班，邀请国务院发展研究中心等有关部门领导作专题报告。二是规范和引导农村集体建设用地流转。批准宁国市作为省级统筹城乡土地使用制度综合改革试点单位，继续做好广德、长丰、固镇、南陵等四个农村土地使用制度改革试点县的督促指导，促进土地资源的合理、有效利用。三是深化集体林权制度改革。基本完成确权发证主体改革任务，全省已完成集体林权勘界面积5287万亩，占应勘界面积的99.1%，涉及农户593万户；已发林权证240万本，发证面积5131万亩，占应勘界面积的96.8%，林权到户率88%以上。四是推进省级现代农业示范区建设。研究出台了省级现代农业示范区创建意见，于9月份上报省政府并正式印发。确定从2010年开始，利用五年时间在全省有条件的农业县（市、区、场）建设80个省级现代农业示范区。成立了省现代农业示范区建设领导小组。开展第一批省级现代农业示范区申报工作。

【扎实开展“学习提升年”和“创先争优”活动】一是开展“学习提升年”活动。紧紧围绕农村综合改革重点工作，积极开展学习提升年活动，结合本处实际，制定了《农村综合改革处开展学习提升年活动实施方案》，从“注重学习，提升干部素质；注重教育，提升党性修养；注重团结，提升整体合力；注重结合，提升工作成效；注重宣传，提升改革氛围”等方面，认真组织开展“学习提升年”活动。二是开展“创先争优”活动。研究制定《综改处创先争优活动具体方案》，建立了“创先争优”活动联系点，制定了党支部“创先争优”活动承诺书。三是坚持不懈地加强效能建设。认真执行效能建设八项制度，落实岗位责任制和AB岗制度。修订了有关工作制度，努力做到细化、量化，增强实效性和可操作性。严格按照文明办公“五要五不”要求，严谨细致，扎实高效，使全处干部成为一个纪律严明、作风过硬、业务精通的战斗集体。

（厅农村综合改革处供稿 李 斌执笔）

人事教育管理工作概述

2010年，在省财政厅党组的正确领导下，厅人事教育工作以“围绕大局、严格程序、提高水平、真心服务”为理念，以创先争优活动为契机，以效能建设为主线，以学习提升为目标，积极做好干部选拔任用和调配工作，切实加强干部教育培训，不断推进机构编制管理，较好地完成了年初确定的重点工作和常规工作。

【着力创先争优，切实开展学习提升年活动】一是立足岗位学习英模感人事迹。结合创先争优活动、“学习廉政准则、规范从政行为、促进科学发展”主题教育活动，全处干部立足岗位，认真学习“全国优秀共产党员”沈浩同志先进事迹，把学习沈浩同志精神，转化为做好本职工作、争创一流业绩的实际行动。二是大力开展“学习型党组织”活动。认真抓好基层党建理论学习，坚持用科学理论武装头脑，认真组织学习贯彻党的政策理论和十七届四中全会精神；大力倡导终身学习理念，激发党员干部认真学习理论，不断提高政治理论水平。组织开展干部选拔任用政策集中学习教育活动，在厅内网开设“干部选拔任用法规”专栏，为厅机关、厅属单位配发2套学习材料，整理编印了《组织人事管理制度文件汇编》，使全厅干部职工了解并掌握干部选拔任用工作的政策规定。在庆祝建党89周年之际，人教处党支部被评为全厅先进党支部。三是强化服务意识，加强服务型处室建设。严格按照国家和省有关工资政策规定，及时完成日常工资变动345人次；审核薪级工资变动106人次；发放286名在职人员2009年度第十三个月工资；调整离休干部生活补贴22人次；办理3名退休人员的退休手续。执行省外办批复我厅的6个出国团组计划，办理了29名干部参加双跨手续、因公出国境手续59人次，以及1名机关干部因私护照手续；认真组织我厅30名技术工人技术等级资格报名、考试考核工作。

【注重提升质量，顺利完成重点工作】一是认真做好厅党组民主生活会的各项服务工作。根据省纪委、省委组织部组通字〔2010〕28号要求，认真拟订2010年厅党组民主生活会实施意见；组织召开了座谈会、进行了满意度测评，并开展了广泛地征求意见活动；梳理形成《2009年度厅党组专题民主生活会整改措施落实情况的报告》和《2010年度厅领导班子民主生活会会前征求意见情况的通报》；整理并报送《2010年度省财政厅领导班子民主生活会召开情况的报告》。二是积极推进两基培训工作。突出抓好农村财会人员财政支农政策和乡镇财政干部培训。通过下达培训计划、组织督导检查、开展需求调研、加强制度建设等手段，确保2010年培训的质量和效果，共计培训学员8368人次。建立乡镇财政干部在线学习激励约束机制，引导乡镇财政干部利用财政部函校远程教育网站开展在线学习。三是精心组织干部在线学习。通过精心组织、周密安排，全厅共有274人参加了通用能力考试考核，参考率和通过率双双达到100%，达到以考促学的目的。通过广泛宣传、加强督导，印发《省财政厅干部在线学习工作实施方案》和《省财政厅干部教育培训学分制考核管理办法》，并将在线学习与处室局（单位）年度绩效考评、个人年度考核挂钩，建立了在线学习激励约束机制。四是切实抓好干部岗位培训班。举办1期新录用人员初任培训班，培训学员86名。培训期间，陈先森厅长和李友兰副巡视员为学员亲自授课。举办1期新任市县（区）财政局长岗位培训班，培训学员101名。配合农村局举办了1期百名财政所长能力提高班，培训学员104名。全年完成37个班次、75名干部的调训任务。

【切实提高效能，扎实做好各项常规工作】 一是严格程序做好选人用人工作。注重做好基础工作，始终做到第一时间形成相关干部名册，第一时间完成干部任用工作相关程序，第一时间草拟、印发任职文件，第一时间办理任职试用期满干部转正手续，圆满完成了8批20名处级领导干部、10名处级非领导干部提拔任用手续，4名处级领导干部转正任职手续，以及4批15名处级领导干部交流轮岗手续。二是坚持标准选调年轻干部。在分管厅长的指导下，再次引进19名年轻同志到财政厅工作；在完成2010年军转安置计划时，提前与省军转办反复联系，在相关处室积极配合下，最终确定了3名军转干部；注重对年轻干部的跟踪培养，及时为4批20名新进人员办理了任职定级手续，为8批30名科级以下干部办理了职务晋升手续。三是实事求是做好干部考核工作。完成全厅408名处以下人员2009年度考核工作；结合2009年度考核工作，开展了全厅处级党员干部报告个人有关事项工作，并建立了2009年度全厅处级党员干部报告个人有关事项档案；配合省委组织部完成了厅级干部2009年度考核、2名厅级干部转正考核，以及省担保集团领导班子及领导成员2008—2009年度考核工作；配合财政部人教司、中注协完成在皖挂职人员考核任务；按照省委组织部有关要求，及时报送了2009年度省管干部集中报告个人事项材料。四是切实做好选派挂职干部工作。推荐2名厅内正处级领导干部作为双向挂职人员到县挂职，接收并安排5名双向挂职干部到厅挂职锻炼；选派丁俊同志到小岗村挂职，继续支持小岗村发展；安排廖文学同志挂任省财政厅驻省政务服务中心首席代表；经会议动员、个人报名、组织推荐等有关程序，推荐张克和作为财政厅援疆干部到新疆皮山县挂职。注重年轻干部到基层锻炼成长的经验做法，受到省委充分肯定，并被评为全省第三批选派工作先进集体。五是积极做好申报机构事项工作。根据省编办要求，及时完成厅属事业单位机构编制调查清理工作；全面梳理并报送本厅新三定规定执行情况；申报注册会计师管理处由自收自支改为全额拨款；指导12家厅属事业单位通过2010年度法人年检；经过认真审核汇总，完成有关厅属单位岗位设置方案的上报工作，并经省人社厅批复通过；办理了厅机关、农发局、非税局公务员职位重新核定手续，省公务员局也相继予以批复。六是积极争取增加编制数额工作。在厅领导的积极争取下，努力做好具体工作，省编办批准增加我厅编制7个，其中厅机关4个，厅属单位3个；经过认真梳理和材料准备，为27名同志办理了公务员登记。七是积极争取增加处级职数工作。经多方积极努力，省编办、省人社厅分别批准增加厅机关副处级领导职数1个，副调研员职数5个；厅属单位增加正处级领导职数1个，监督局、农发局分别有1名副处级副局长高配为正处级副局长。八是认真做好各种表彰申报工作。联合省人社厅完成2010年度全国财政系统先进集体和先进工作者推荐申报工作；办理了申报省直单位先进集体表彰5次、先进个人11名；梳理并汇总全厅公务员2005年以来年度考核情况，完成了109名同志、143人次公务员奖励申报及表彰工作。九是切实做好档案管理及统计报表工作。统计报送各类9套，并被评为2009年度全国财政系统人事教育统计工作先进单位。移交干部档案4本，接收干部档案3本，归档人事档案材料938余件，2009年向省委组织部移交的3本新任省管干部档案均被评为优秀，受到通报表扬；整理编辑了干部选拔任用文书档案7卷，人事教育处文件选编5卷。十是大力加强人事教育工作宣传力度。在《安徽日报》、《中华会计学习》发表通讯报道5篇，在《财会教育信息》发表信息报道16篇，在财政部干部教育中心《培训动态》发表信息报道5篇。

（厅人教处供稿　张　飞执笔）

机关党建工作概述

2010年，省财政厅机关党委坚持以科学发展观为指导，服务财政改革发展大局，狠抓党建促发展，较好地完成了厅党组和省直机关工委交办的各项任务。学习型党组织建设成效显著，基层党组织建设日益强化，创先争优全面推进，文明创建不断提升，群团工作丰富多彩，有效发挥了基层党组织的战斗堡垒作用。

【强化理论武装，学习型党组织建设成效显著】 一是强化中心组理论学习服务保障。围绕省委、省政府的重大战略决策以及财政中心工作，共组织党组中心组集中学习12次，先后就贯彻“两会”精神、加快经济发展方式转变、贯彻《廉政准则》、学习贯彻十七届五中全会精神等组织专题学习研讨。组织专家及领导专题辅导授课3次。进一步加强厅党组中心组学习宣传报道工作，先后在《中国财经报》、《安徽日报》等媒体发布相关信息17篇。二是强化思想政治教育。注重制度落实，切实加强党员干部教育工作。开展评选表彰优秀党员和先进党组织等活动。以“学沈浩，见行动”为主题，组织党员赴凤阳县小岗村开展党建工作主题实践活动；组织全省财政系统“学沈浩，见行动”主题演讲比赛，活动反响强烈。“七一”期间，组织新党员赴革命老区金寨县开展“学习革命传统，推进创先争优”主题教育活动。三是强化学习型党组织建设。围绕省直工委“打造书香机关，提升素质能力”活动，向全厅干部职工推荐了《2010年理论热点18讲》等读物；先后向每名干部职工发放《沈浩日记》、《十七届五中全会文件汇编》等学习辅导资料共15册。组织参与财政部“薪火相传，开拓创新”主题征文活动，上报征文98篇，上报征文数量、质量获得财政部机关党委肯定。组织参加了“省直机关读书月”系列活动，我厅学习型机关建设成果展示后，受到广泛好评；参与省直机关“我与一本书”演讲比赛，我厅选手胡庆松获二等奖，并被省文明委推荐参与全省巡讲活动。

【抓基层打基础，基层党组织建设日益强化】一是强化基层党组织建设。针对年初以来部分处室单位人员变动调整、个别支部委员会任期届满等情况，机关党委依据《党章》规定和“一岗双责”要求，组织对36个处室单位党支部全面进行换届改选工作。先后组织8名党支部书记参加省直党校支部书记培训。二是做好党员发展工作。按照发展党员的具体要求，全年发展新党员16名，按期讨论转正党员12名，选送发展对象参加省直党校培训15人。三是加强结对共建工作。厅机关党委加强与凤阳县小岗村党委和合肥杏花社区党总支的党建结对共建工作。在小岗村设立省财政厅“党员教育基地”和“机关党委党建工作联系点”，并组织向小岗村幼儿园捐助教学设施；组织开展向杏花社区20户贫困家庭送温暖活动。同时，牵头协调落实厅机关对口扶持长丰县吴山镇大力发展特色农业产业，并组织厅属单位向吴山镇中心学校开展捐赠活动。四是加强党务和党费收缴管理工作。加强党费收缴管理，进行党费收缴核定工作，并定期对党费收缴及开支情况进行公示。积极组织有关人员参加省直机关党务工作培训班，不断提高全厅党务管理水平。

【学沈浩创先进争优秀，创先争优活动持续深入开展】围绕厅党组确立的“科学理财创先进，学习沈浩争先锋”活动主题，以创建“五个好”先进基层党组织、争当“五带头”优秀共产党员为主要内容，在全厅范围掀起活动热潮，并取得阶段性成果。一是周密谋划，及早实施。厅党组成立了创先争优活动领导小组，由机关党委牵头制定并印发了创先争优活动实施方案，组织召开全厅创先争优活动动员大会，厅直各党支部（党委）进行了再动员部署。二是营造氛围，强化推动。围绕省直工委转发省委创先办有关通知的要求，厅机关党委组织开展了评选表彰先进党支部和优秀共产党员活动；厅党组书记、厅长陈先森在党课上为全厅干部职工讲授了加强党性修养、坚持人本群众观的党建知识。三是注重实践，持续推进。全面落实省委的总体要求，厅党组印发了《关于进一步推进创先争优活动的指导意见》，召开了全厅学沈浩创先进争优秀推进大会，省直机关工委书记张国富应邀出席并对财政厅创先争优活动开展情况给予高度评价。

【提层次抓推进，文明创建工作再上台阶】一是推进文明创建提升层次。年初，厅精神文明建设领导小组召开工作会议，进一步明确加强精神文明创建工作的基本思路，确立努力争创全国文明单位的具体目标。由厅机关党委牵头制定印发了《关于进一步加强精神文明创建工作的若干意见》，全面提升全厅思想道德建设、财政业务建设、干部队伍素质建设和群众性文明创建水平。二是推动文明创建向处室单位延伸。在第九届省文明单位、2008—2010年度省直机关文明单位和文明处室申报评选工作中，厅机关党委积极组织厅机关处室及厅属单位参与申报，向省直文明委重点推荐上报2个省直文明处室、12个省直文明单位和4个省级文明单位参加评选。11月，省直机关工委第二考核组莅临指导，对财政厅文明创建组织申报工作及文明创建成效给予了高度肯定。三是强化群众性文明创建工作。不断推动社会主义核心价值体系建设，全面提高广大干部职工的文明素质和机关文明程度。推进“向沈浩同志学习”活动开展，推动财政精神文明建设。青海玉树地震发生后，及时组织开展爱心捐助活动，全厅干部职工积极响应，共有971人捐款，总额231666元；在向甘肃舟曲灾区捐款活动中，全厅共捐款58250元。

【抓带动促和谐，群团工作不断提升】坚持以党建带动群团建设，不断促进和谐机关建设。厅直工会、团委和妇委会先后获得工会目标管理优秀单位、“五四红旗团委”和计划生育先进单位等表彰荣誉。一是丰富职工文化生活。组织开展“迎新春”系列文体活动，举办迎新春联欢晚会，组织迎新春乒乓球、拔河比赛。在省直机关第六届运动会中，全厅共有300多名运动员参加20个大项、102个小项的竞赛角逐，以团体总分第九名的优异成绩获得优胜奖杯，并被组委会授予“优秀组织奖”。二是积极维护职工权益。厅机关工会积极组织慰问困难及伤病职工，广泛开展“送温暖”活动。春节期间，组织慰问了困难党员9名，慰问困难群众35户，累计发放慰问金32000元。组织开展“送健康”系列活动，邀请安医附院医疗保健专家举办健康知识讲座。开展了女职工年度体检，并落实计划生育优抚政策，看望女职工孕产妇；“三八”节期间组织女职工外出学习考察，开展女职工健身比赛等活动。三是进一步强化青年工作。厅直团委积极组织团员青年参与各类文体与公益活动，组织参与省直团工委举办的“走进皖江示范区”系列主题活动，在“新皖江-新青年”主题论坛征文及摄影作品征集活动，有1篇征文获二等奖，2幅摄影作品入选参展。

（厅机关党委供稿　刘　恒执笔）

财政纪检监察工作概述

2010年，省财政厅认真学习贯彻落实中央、省委省政府、省纪委和财政部的一系列文件精神和规定要求，坚持标本兼治、综合治理、惩防并举、注重预防的方针，加强以完善惩防体系建设为载体的制度建设，着力加大党风廉政建设和反腐倡廉力度，推进惩治和预防腐败体系建设，为财政事业发展起到了服务和保障作用。

【深入开展反腐倡廉宣传教育，营造廉政文化氛围】一是认真学习反腐倡廉有关会议和文件精神。厅党组和各支部认真组织广大党员干部深入学习领会党的十七届四中、五中全会和省委八届十二、十三次全会精神，学习贺国强同志视察安徽时的重要讲话。广泛开展学习沈浩先进事迹活动。先后下发了《中国共产党党员领导干部廉洁从政若干准则》单行本等相关学习材料。二是加强示范引导和警示教育。年初，转发省纪委、省监察厅《关于元旦、春节期间加强厉行节约和廉洁自律工作的通知》，各处室（局）、单位组织全体人员认真学习，进一步增强廉政意识，自觉执行廉洁自律和厉行节约的各项规定和要求，切实抓好工作落实。认真学习宣传和贯彻执行《廉政准则》，全厅14名厅干和168名处级干部填写了《安徽省党员领导干部遵守廉政准则情况登记报告表》。深入解剖一些违法违纪的典型案例，用身边的事教育身边的人。对25名新提升职务干部任免过程进行监督和廉政考核，厅党组先后两次对新任处级干部进行集体廉政谈话。三是加强财政廉政文化建设。认真落实省纪委颁发的《安徽省廉政文化示范建设标准（试行）》。在《安徽财会》、宣传橱窗上开辟反腐倡廉专栏，在办公楼一楼大厅的电子屏幕上巡显廉政标语，购买廉政文化书籍、廉洁从政台历供干部职工学习等等，大力促进财政廉政文化建设。

【落实党风廉政建设责任制，认真履行“一岗双责”】一是组织召开全省财政系统反腐倡廉工作会议。3月18日，召开2010年全省财政反腐倡廉建设工作视频会议，厅党组书记、厅长陈先森出席并讲话，厅党组成员、纪检组长刘浩作工作报告，合肥市、休宁县财政局作经验交流，会议布置了2010年全省财政系统反腐倡廉工作任务。二是按照一把手负总责和分管领导各负其责的要求，层层分解责任，实行分管厅领导与各处室（局）、单位主要负责人签定反腐倡廉建设责任书的办法，实行责任制。三是按照省委办公厅、省政府办公厅《关于转发省党风廉政建设责任制暨惩防腐败体系建设工作领导小组〈省直单位2010年反腐倡廉主要工作任务分工意见〉的通知》的要求，厅党组印发了《安徽省财政厅2010年反腐倡廉主要工作任务分解表》。四是规范财政决策和执法行为。进一步做好编制职权目录，推动行政权力公开透明运行工作，梳理财政业务，清理确认职权，编制行政职权目录，并绘制相关权力运行流程图。7月28日，在省纪委召开的反腐倡廉创新经验交流会上，厅纪检组长作经验介绍。

【创新工作方式，深入开展主题教育活动】一是厅党组高度重视主题教育活动。4月26日，厅党组中心组理论学习会进行《廉政准则》专题学习。6月17日，厅党组中心组再次召开理论学习会，厅机关干部职工和厅属单位中层以上干部列席会议，会议邀请省纪委仲兆宁副书记就《我省党风廉政建设和反腐败工作的形势及任务》进行专题讲座，并组织观看了中纪委廉政党课电化教材《贪之害》。二是突出财政特色，制发主题教育活动实施方案。确立主题教育活动的指导思想和目标要求，明确了参加人员和时间安排，规定了主题教育活动的七项具体内容。其中，警示教育中还增加了财政部下发的《财苑警钟》内容，并要求全省财政系统组织观看。三是学习形式多样化。6月11日，厅纪检组长刘浩带领厅机关部分处以上干部，听取中纪委法规室有关领导所作的《廉政准则》辅导报告会。各处室、单位坚持集中学和个人自学相结合，人人发言和代表发言相结合，非党干部也列席参加学习；有的处室还到监狱接受警示教育；有的处室组织支部活动；到小岗村接受实地教育，缅怀和学习沈浩同志。共编发主题教育活动简报5期。全厅476名干部参加了《廉政准则》测试，其中厅级干部14名，成绩优秀。四是组织《廉政准则》的宣讲活动。厅纪检监察室主任李朝友到省政府采购中心、厅国库支付中心等单位进行《廉政准则》宣讲活动，收到较好的效果。五是出台加强财政管理若干意见。研究出台了《关于加强财政管理，促进源头防腐的若干意见》，下发各市、县（区）财政局，厅机关各处室（局）、厅属各单位执行。

【加强源头治理，推进财政改革与创新】进一步规范预算编制，完善国库管理制度，加强政府采购管理，深化非税收入管理，推行预算绩效评价。协助抓好厉行节约，按照省政府廉政会议和省纪委要求，协助做好因公出国（境）、公务用车、公务接待等一般性支出预算实行总量控制。协助抓好“小金库”专项治理、强农惠农资金专项清查及治理工程建设领域突出问题工作。

【加强政风行风建设，树立财政干部良好形象】一是广泛征求政风建设意见建议。4月7日，厅长陈先森带领厅纪检组长刘浩和厅办公室、纪检监察室负责同志，走访了省纪委纠风办等部门，就省财政厅政风建设工作征求意见和建议。通过厅内网和厅门户网站“政风评议”专栏，征求全省财政系统和社会各界对财政工作的意见和建议，逐条落实，吸收借鉴。对2009年度政风评议中社会各界提出的意见和建议，认真加以落实和改进。二是规范财政行政审批。制定《安徽省财政厅行政审批工作规程》，认真梳理、优化行政审批项目流程；本着“便民、高效、廉洁、规范”的服务宗旨，所有行政审批和便民服务项目原则上全部纳入省政务中心财政窗口办理。三是抓好纠风工作。认真落实《省政府办公厅关于转发省政府纠风办2010年全省纠正不正之风工作要点的通知》，按照省纠风办要求，将加强强农惠农资金监督检查工作列为全年纠风工作的重点，向省直有关部门印发了《关于开展全省强农惠农资金监督检查工作的通知》，按照专项清查的范围、内容和要求，对2007—2009年安排的强农惠农资金进行了清理和检查。四是继续推进财政政务公开。大力开展政府信息公开“制度执行年”活动，认真修订完善《省财政厅政府信息公开暂行办法》等规章制度，在厅门户网站增设政府信息公开“制度执行年”活动专栏。通过财政政务公开网站、综合信息网站等媒体，公开涉及群众切身利益的财政资金分配使用情况和管理办法，提高财政资金管理的公开性、透明度，授受群众监督。五是加大行政监察工作力度。组织开展省直预算单位“百份问卷调查”、来厅办事人员“百人问卷调查”、上下班情况检查、接待来访情况检查和办公秩序情况检查等五个方面明察暗访，查找工作效率、服务态度等方面存在的问题，将检查结果纳入各处室（局）、单位年终绩效考评。组织对淠史杭灌区续建工程和安徽大学“211工程”三期重点学科建设等项目的监督检查工作。积极做好效能监察工作，健全效能投诉受理机制，两部效能监督电话共解答民众咨询100余次。通过对来厅办事人员“百人问卷”匿名调查显示，对厅机关文明办公满意率达97.4%。六是认真组织“政风行风财政专题”活动。3月24日，省政风行风广播电台热线安排省财政厅现场直播，主题为“深入推进民生工程实施”，厅党组书记、厅长陈先森率有关处室负责同志现场介绍了全省财政工作情况以及民生工程等相关政策规定，解答了民众的政策咨询和投诉，各市县财政局组织收听。11月13日，在肥西县举行“强农惠农 服务三农”政风行风热线大型户外现场直播活动，厅领导和有关处室单位负责同志参加了活动，陈厅长就深入推进强农惠农资金专项清理工作接受了记者采访。

【加强调查研究，认真做好来信来访的查办工作】根据财政部纪检组、监察局关于开展“反腐倡廉形势分析”和“开展规范财政转移支付制度情况调研”的通知要求，召开“反腐倡廉形势分析”课题调研座谈会，撰写了《深入剖析违法案件，努力构建防范机制》和《安徽省规范财政转移支付制度有关情况的汇报》，分别在财政部组织召开的重庆和宁夏座谈会上作了交流。同时，完成了省纪委布置的《公共资金使用管理领域中的利益冲突及防范研究》等多项调研任务。

全年共收到信访举报10件，省政风行风热线转来的投诉12件，已全部办结。

（厅纪检监察室供稿　苏照存执笔）

离退休干部管理工作概述

2010年，在厅党组的领导下，在省委老干部局的指导下，在厅各处室（局）和厅属各单位的支持下，厅离退休处认真贯彻执行党的老干部工作方针政策，不断加强老干部思想政治工作，认真落实老干部政治生活待遇，努力实现“六个老有”，围绕中心，服务大局，扎实做好老干部服务管理工作，圆满完成了全年工作任务。

【深入开展学习提升年活动，大力加强自身建设】以开展“学习提升年”活动为契机，着眼本职工作，按照“五个提升”的目标要求，大力加强处室自身建设。一是强化素质意识，努力加强党员干部的党性修养，提升党员干部的综合素质。加强思想道德建设，扎实开展理想信念教育，筑牢拒腐防变的思想防线，自觉抵御消极腐败现象的侵蚀。二是强化责任意识，明确任务分工，落实工作责任，坚持好AB岗制度。加强处室内部管理，保持良好的工作秩序。三是强化服务意识，进一步转变观念，变被动服务为主动服务，主动关心老干部的身心状况，关心他们的生活情况，落实好两项待遇。真正做到在思想上尊重老干部，在感情上贴近老干部，在行动上深入老干部，在工作上服务老干部。四是强化协调配合意识，增强团队协作精神。营造处室和谐氛围，提升处室整体合力，增强处室凝聚力。充分调动大家的积极性和创造性。全处工作人员的大局意识、责任意识、服务意识明显增强。

【弘扬沈浩精神，开展创先争优活动】进一步认真组织学习沈浩同志先进事迹，弘扬沈浩精神，深入开展创先争优和“五学五比”活动。（即：学沈浩，比发展；学沈浩，比创新；学沈浩，比实干；学沈浩，比奉献；学沈浩，比作风。）积极组织离退休老同志开展离退休干部“五好”党支部和“三好”老干部的创建活动，充分发挥离退休党员干部的先锋模范作用，被省委老干部局评为老干部宣传工作先进单位。

【充分发挥离退休党支部的战斗堡垒作用】离退休三个党支部按规定进行了换届选举。成立了新的强有力支部委员会。凡涉及老同志难以沟通和统一的事情，由各离退休党支部广泛征求意见，集体研究解决。在向青海玉树地震灾区和甘肃舟曲泥石流灾区献爱心活动中，离退休党支部积极响应，累计捐款28150元。每季度协调组织各支部召集老同志开一次会，充分调动老同志的积极性，鼓励老同志“自我教育、自我管理、自我服务”。

【坚持以人为本，扎实做好各项服务保障工作】一是坚持做好日常性的服务保障工作。努力做好老同志来电来访、健康体检、生病住院、活动比赛、参观考察等各项服务保障工作。认真落实党的老干部政策，把厅党组、厅领导对老同志的关心爱护送到每一位老同志的心上。想方设法处理好部分老同志家庭矛盾，解决好部分老同志实际困难。尽力让老同志满意。在办公室、人教处、机关党委、服务中心等处室单位的大力支持下，各项服务保障工作圆满完成。二是努力加强老干部活动中心建设。老干部活动中心是老干部学习掌握党的路线方针政策的重要平台。厅离退休处积极为老干部活动中心置办报纸杂志、健身器材和娱乐设施等用品。积极引导老干部开展日常活动，自行组建麻将、桥牌、钓鱼、门球、台球、书画、歌唱、戏剧票友等多个活动兴趣小组和协会。为老干部增长知识、丰富生活、陶冶情操、增进健康创造有利条件，满足老干部精神文化需求。成功经验在财政部网站登载向全国财政系统推广。三是广泛开展走访慰问活动。春节前夕，厅党组书记、厅长陈先森带领全体厅领导参加老干部团拜会，向老干部们通报全省财政工作情况，与老干部们共迎新春佳节。厅党组成员、副厅长吴天宏代表厅党组，带领离退休处、机关党委、人教处等有关处室负责人专程到医院和部分老干部家中走访慰问。为纪念抗日战争胜利65周年，慰问了厅内的9位抗日老战士。四是组织开展各种文娱活动比赛。组织参加省委老干部局、省老年体协、省政府老干部活动中心、省直工委、本单位本系统开展的麻将、桥牌、台球、钓鱼、门球、长跑、省直六运会等各项活动和比赛。其中第25届安徽省直老干部麻将赛荣获团体第三名，安徽省“长江建设杯”老年桥牌赛荣获体育道德风尚奖，退休干部彭卫理荣获省直六运会台球个人第七名的较好成绩。五是妥善做好去世老干部的后事。全年先后有三位退休干部不幸去世。厅离退休工作处工作人员牺牲节假日，放弃休息，精心料理好老同志的后事，做好遗属的安抚工作。家属感到非常满意。

（厅离退休处供稿　任卫国执笔）

财政事业工作概况

民生工程实施工作概述

2010年，在省委、省政府的坚强领导下，全省各级各部门认真贯彻落实中央关于保障和改善民生的决策部署，上下联动，横向互动，强化措施，狠抓落实，33项民生工程组织实施工作进展顺利。

【加强组织领导】 年初，省政府出台《关于2010年实施33项民生工程的通知》（皖政〔2010〕1号）。1月18日，省政府召开全省民生工程暨财政工作会议，王三运省长作重要讲话，孙志刚常务副省长（时任）与各市签订了目标责任书。8月17日，省委书记张宝顺主持召开民生工程专题座谈会，听取民生工程实施情况的汇报，了解全省保障改善民生工作情况。省民生办印发《2010年33项民生工程实施办法的通知》等实施方案及配套文件，形成一套完整的政策体系，要求各地贯彻执行。各地及时召开民生工程实施工作会议，动员部署工作，层层组织落实。

【强化资金保障】 2010年，省财政厅出台了《关于2010年民生工程资金筹措有关问题的通知》，全省33项民生工程计划投入资金330亿元，全年实际拨付资金345亿元，比上年增加91亿元，其中省财政拨付资金276亿元。省财政坚持将财力向民生倾斜、向基层倾斜、向困难群众倾斜，重点保障各项民生事业投入，安排20亿元均衡性转移支付补助困难县，减轻市县配套压力。2010年33项民生工程市县配套67.9亿元，占总投入的19.7%，配套比例呈逐年下降趋势。采取多项措施加快资金拨付进度，有力地促进了全省民生工程实施。各地根据全省民生工程筹资方案，通过年初预算安排、调整支出结构、追加预算等方式，足额安排民生工程配套资金并及时拨付到位。

【加强协调调度】 各级各部门认真履行职责，深入调度推进，强力推动民生工程实施。省民生办印发《关于进一步加强民生工程工作协调的意见》，推进民生工程规范化建设。召开省直单位联络员会议和全省民生工程推进会议，在横向、纵向两个层面加强调度推进。上半年，根据省政府统一部署，各级各部门以群众满意不满意作为检验标准，深入开展2007－2009年度实施的民生工程项目“回头看”工作，通过全面检查，17个市查摆发现问题130多条，16个省直部门抽样检查发现问题30多条。10月份，省财政厅组织10个督查组，由厅领导带队分赴各市进行了民生工程督查，并召开当地省人大代表、政协委员座谈会，听取对民生工程项目和工作的意见。

【夯实基础工作】 省民生办进一步完善情况报送制度和资金报表系统，按月汇总报告民生工程工作进展、资金拨付等情况，建立健全2010年全省民生工程资料库。根据王三运省长和孙志刚常务副省长在《2009年度民生工程实施情况调查分析报告》上的批示精神，制定出台《关于进一步加强和改进工作提高群众满意度的通知》，要求各级各部门改进工作方式，简化工作程序，扩大民生工程影响。赴蚌埠、亳州、芜湖、马鞍山等十多个市县调研，认真研究民生工程项目选择、政策整合、长效机制建设等问题。

【公开政策措施】 省民生办组织在省电台《政风行风热线》进行“深入推进民生工程实施”现场直播，在省电视台录制《对话江淮》民生工程专题节目，在《安徽日报农村版》刊登“2010年33项民生工程特刊”，编发民生工程简报26期，及时更新民生工程专栏网页，宣传政策成效，接受群众监督。组织召开民生工程长效机制省人大代表重点建议督办会，对重点建议、提案上门走访交流。主动征询省人大、省政协领导关于2011年民生工程的意见，提高决策民主化水平。

【改革考核方式】 为体现“一项一项抓好落实”的原则，进一步发挥考核的促进作用，省民生办对民生工程考核办法进行全面修改完善，省政府印发了《2010年民生工程实施情况考核办法》，民生工程各牵头单位认真完成了各项考核工作。为进一步调动县级实施民生工程的积极性，下移工作重心，提请省政府表彰20个民生工程组织实施工作先进县。各地创新督查考核方式，开展分片包干、暗访、互查等多种形式的监督检查。

【完成目标任务】从全省民生工程考核情况看，33项民生工程组织实施工作进展有序，配套资金基本落实到位，发放或补助到人项目资金已发放完毕，保险保障类项目资金按规定合理使用，工程类项目主体建设基本完工，33项民生工程目标任务圆满完成。

2010年，我省实施的33项民生工程成效显著，人民群众舒心解忧，幸福指数逐步提高，民生热点难点问题得到有效缓解，在全省营造了争先进位、真抓实干的浓厚氛围，开创了群众得实惠、政府得民心的良好局面。

（厅民生办供稿　孟　骞执笔）

信用担保工作概述

2010年是我国宏观经济极为复杂的一年，也是集团面临诸多困难和挑战的一年。在省委、省政府的坚强领导下，在省金融办、省财政厅等上级领导机关的关心和帮助下，集团全体员工深入贯彻落实科学发展观，紧紧围绕加快经济发展方式转变的战略任务，扎实工作，顽强拼搏，圆满完成了各项目标任务。全年累计完成担保再担保314.71亿元，一举跨越了200亿元、300亿元两个台阶，比上年增加149.6亿元。据不完全统计，通过担保再担保，使受保企业新增销售收入386.15亿元，新增利润30.89亿元，新增税收19.31亿元，新增就业岗位55164个。同时，集团的社会认可度进一步提高，先后获得"全省金融机构突出贡献奖"、"安徽省利用国家开发银行开发性金融合作贷款工作先进单位"、"全国万亿担保规模上榜机构30强"和"全国中小企业融资担保创新奖"等荣誉称号。与此同时，集团自身也得到稳健发展。全年共实现利润总额1.65亿元，比上年增加0.63亿元，增长61.76%。

【大力推进担保业务发展】2010年，集团完成担保111.49亿元，比上年增长30.1%，实现保费收入1.82亿元。围绕中央和我省经济政策调整的方向和重点，集团通过加强合作，加大创新，积极推进担保业务快速发展。一是坚持政府战略导向。重点加大对皖江示范区建设、皖北经济发展支持力度，全年累计为示范区609户中小企业提供直接担保87.85亿元；共与皖北地区13家担保机构建立了再担保合作关系，全年累计为皖北2932户中小企业提供再担保25.54亿元。二是加大业务创新力度。继续推进"富民兴业"农户担保贷款计划、债项担保等业务新品种，扩大仓单、林权、商标权等反担保方式的适用范围。进一步加大非融资担保业务拓展力度，全年共完成非融资担保业务6.35亿元。三是健全和完善业务操作规范。出台了工程担保业务管理办法，修订担保项目评审委员会评审规则、担保业务内部操作流程、业务风险防范与控制办法等业务制度。四是推进下岗再就业小额贷款担保工作。全年共完成下岗再就业小额贷款担保16749万元，其中集团直接办理小额贷款担保17笔、530万元；委托市县办理3327笔、16219万元，共带动1.14万人实现就业。

【加快推进担保体系建设】2010年，集团完成再担保203.22亿元，比上年增加123.82亿元，增长155.94%；在保余额197.74亿元，增长128.34%。集团先后与繁昌、固镇、利辛、霍邱等11家市县担保机构建立了再担保合作关系，担保体系成员单位已增至65家。其中，与59家市、县担保机构建立了再担保合作关系，体系建设已经覆盖全省17个省辖市和三分之二以上的县（市）。

【积极推进国开行转贷工作】在继续做好第三轮贷款发放工作的同时，正式启动了第四轮开发性金融贷款合作工作。首先启动了14个市108所中小学校舍安全工程项目33亿元和49个城（镇）污水处理项目13.4亿元。据统计，2010年集团转贷平台当年新增放款73.53亿元，其中：完成第三轮项目放款40.1亿元，完成第四轮项目放款33.43亿元，有力地支持了危房改造、医疗卫生、污染治理等我省社会发展"瓶颈"领域项目的建设。

【加强投资管理工作力度】结合集团投资的实际情况，进一步加强项目的运作与管理，并积极盘活存量资产，努力提高投资项目的盈利水平。2010年，集团累计回收现金3.15亿元，其中实现现金收益（分红和股权转让溢价）1.64亿元。

【强化风险控制和风险防范】进一步加强风险控制与管理，严格控制经营风险。通过多项措施，集团的经营风险得到有效控制。2010年，集团直接担保实际代偿金额2495.2万元，代偿率（按在保余额口径）为0.23%。再担保代偿金额6449.71万元，代偿率（按在保余额口径）为0.32%，担保再担保均未发生代偿损失。根据省政府金融办的总体部署，认真对照银监会3号令及其8个配套制度和指引，完成了规范整顿工作。

【推动党建和企业文化建设工作】结合集团中心工作，通过推进“建设学习型党组织”活动、开展学沈浩创先争优活动、推进党风廉政建设等系列活动，增强党员干部及员工的组织纪律性和遵纪守法、廉洁从业的自觉性。以党群团活动和工会活动为重点，加强文化建设，初步形成了诚信、务实、进取、和谐的企业文化氛围。

（省担保集团供稿　李志红执笔）

农业综合开发工作概述

2010年，省农业综合开发工作按照财政厅党组的部署要求，深入贯彻落实科学发展观，主动服务全省“三农”大局，进一步加大资金投入，全面推进科学化精细化管理，深化改革、创新机制，为全省现代农业发展和新农村建设做出了积极贡献。

【召开全省农业综合开发工作会议】2010年5月10日，省政府在合肥召开全省农业综合开发工作会议。省委常委、副省长赵树丛出席会议并作重要讲话，国家农发办主任王建国亲临会议指导，并对我省农发工作给予高度评价；省政府副秘书长程仲才主持会议，省财政厅厅长陈先森作工作报告，省财政厅副厅长张广寿出席会议。各市、县（市、区）政府分管领导、农发办主任及省直有关部门负责同志参加会议。会议充分肯定2005－2009年全省农业综合开发取得的显著成效，表彰了全省农业综合开发先进集体和先进个人，向从事农业综合开发工作20年的同志颁发了纪念奖。会议全面分析农业综合开发面临的新形势，深刻阐述做好新形势下农业综合开发工作的重要意义，明确提出今后一个时期农业综合开发工作的总体要求、主要任务和工作重点，对进一步统一思想、提高认识、明确思路、鼓舞干劲，推进全省农业综合开发工作再上新台阶具有十分重要的意义。

【推进现代农业综合开发示范区建设】按照省财政厅党组关于示范区建设的总体部署，围绕“八个探索、八个先行”，采取召开观摩会、座谈会、推进会，组织现场督察、一线指导，开展专题调研、制作专题汇报片、配合新闻媒体进行专题采访宣传等多种形式，强力推进示范区建设。截至2010年底，首批6个示范区共集中农发资金3.51亿元、整合支农资金9.13亿元、引导社会资金20.9亿元，在高标准完成示范区基础设施建设的同时，推进土地流转4.53万亩，培育各种类型农村服务组织7个，招商引进企业20家，新建和改建居民点6处、入住农户680户，实现了农村经营方式由分散向集中转变、农业生产方式由传统向现代转变、农民生存方式由落后向先进转变。中央电视台、安徽电视台都在新闻联播头条报道了示范区建设成效，12月26日《人民日报》以破解现代农业的“核心密码”为题，报道我省统筹资金干大事、服务大局多作为的做法。在首批6个示范区的引领带动下，全省又有18个县（区）开展现代农业综合开发示范区建设，彰显示范区在推进现代农业发展、新农村建设和城乡统筹中的示范引领作用。

【加强项目资金科学化精细化管理】按照财政科学化精细化管理要求，根据国家农业综合开发的新政策，修订完善土地治理项目初步设计编制规程及审批意见、信息员联系工作制度等一批制度办法，研究制定项目结余资金使用管理、“先建后补”管理试行办法等一批政策制度，进一步健全完善科学化精细化管理长效机制。强化监督检查，配合审计部门开展年度项目资金审计，主动接受审计监督；公开发布项目申报指南、公开公示项目评审结果、开通800免费公开投诉电话等，主动接受社会监督。开展项目建设中期检查、工程质量大排查、信息联系工作等，加强内部监督。强化责任落实，实行全员责任制和全程负责制，进一步优化管理流程，细化管理职责，明确管理要求，确保科学化精细化管理要求贯彻落实到项目资金管理的每个环节。加强与省农委、国土、水利、林业、供销社等部门工作联系，完善联合布置项目申报、计划编报和联合批复项目计划等工作制度，配合开展中期检查、竣工验收和专题调研，进一步提升部门项目规范化管理水平。

【加大资金投入和项目建设力度】继续加大资金投入，争取中央财政资金89425万元，比上年增加10534万元，增长13.4%；落实省级财政配套资金37083万元；进一步完善地方财政配套资金保障机制，及时足额落实财政配套资金，积极鼓励引导项目区农民筹资筹劳，全省农业综合开发总投资规模突破了16亿元，同比增长25.4%。加快支出进度，及时拨付下达项目资金，督促各地及时足额将项目资金划拨到农发资金专户，确保项目建设顺利实施。加快内资项目建设进度。组织开展中期检查，督促指导各地采取倒计时办法排出建设进度表、明确责任人，切实加快项目建设进度。全年共完成投资13.86亿元，改造中低产田125万亩，建设高标准农田16.9万亩，新增和改善灌溉面积106.4万亩，新增和改善除涝面积92.2万亩，新增粮食综合生产能力2.54亿斤；扶持龙头企业168个、农民专业合作社186家，新增农产品加工转化能力8.31亿公斤、新增产值48.8亿元、新增利税3.5亿元，带动47万农户增收7.05亿元。强化外资项目管理。全面完成世行加灌三期项目建设任务，组织省级验收、开展竣工评价；科学编制世行农业科技项目剩余资金安排方案，督促指导项目县及项目实施单位加快扫尾工程建设进度和资金报账进度，进一步完善世行农业科技项目监测评价报告。高质量完成亚行贷款项目前期准备工作，为亚行项目全面启动实施打下了坚实基础。

【推进管理体制机制创新】开展农业综合开发科学化精细化管理体系建设试点。根据科学化精细化管理要求，结合农发项目多、分布广、建设期长、管理难度大等特点，在充分调研的基础上，选择在六安市开展农业综合开发科学化精细化管理体系建设试点。一年来，围绕全程监控、加强约束、激励引导、强化责任等，积极探索建立信息反馈、监督约束、激励引导和责任落实四个机制，建立健全农业综合开发科学化精细化管理体系，取得阶段性进展，初步实现由被动管理向主动管理转变、由单一注重结果向结果与过程并重转变、由粗放型管理向精细化管理转变、由传统管理方式向现代管理方式转变。为充分调动项目业主单位实施农业综合开发的积极性和主动性，有效发挥财政资金的引导和杠杆作用，在深入调研和广泛征求意见建议的基础上，制定出台《安徽省农业综合开发项目“先建后补”管理试行办法》。全省各级农发部门依据《办法》规定，积极开展先建后补探索实践，项目建设的综合效益显著提升。

【加强干部队伍建设】按照省财政厅党组统一部署，结合农发实际，认真研究制定“学习提升年”、“创先争优”等活动的具体实施方案和计划，积极创新活动载体、丰富活动内容，采取邀请专家教授专题辅导、开展政治学习和业务培训、举办全省农发资金管理培训班等方式，深入开展“学习提升年”活动。把沈浩精神与农发工作相结合，通过组织干部职工集中学习、讨论交流、深入基层一线实践等多种形式，深入开展“学沈浩创先进争优秀”活动，特别是全局同志怀着对沈浩同志的深情，创作并演出诗歌朗诵“沈浩颂”，进一步激发了全局职工立足农发建功立业的工作热情。切实加强干部队伍建设，坚持党内“三会一课”和每周一次政治学习制度，经常开展思想教育和谈心活动，进一步坚定理想信念。坚持业务学习培训，注重在基层一线的实践中锻炼干部，不断提升干部队伍整体素质和综合能力。认真贯彻落实党风廉政建设各项规定，扎实开展“学习廉政准则、规范从政行为、促进科学发展”主题教育活动，充分运用正反两方面典型，深入开展党风党纪、法律法规、廉洁从政教育，增强党员干部廉洁自律意识和拒腐防变能力。

（省农发局供稿　马传喜执笔）

非税收入征管工作概述

2010年，在财政厅党组的正确领导下，省非税局紧紧围绕财政中心工作，以科学发展观为统领，以“学习提升年”活动为抓手，以“创先争优学沈浩”为动力，着力加强组织收入、规范征管、调研宣传、提升能力四项重点工作，圆满完成了各项工作任务。

【坚持依法组织收入，尽职尽责】一是严格审核收入计划。认真审查2011年非税收入计划，将单位编报纳入专户管理的4349万元非税收入调整为国库管理，编报自行管理的1400多万元非税收入调整为纳入专户管理，并对单位编报的其他收入中属于非税收入的部分纳入非税管理，要求补报17个漏报单位和6个漏编非税项目。二是努力做到应收尽收。根据非税政策变化和单位实际，新增非税项目56个，先后将13个省级部门所属的44个执收单位新纳入非税管理。挖掘非税收入潜力，将41家国有资源（资产）有偿使用收入纳入非税管理，全年实现收入20亿元。加强罚没收入催缴，全年实现罚没收入3.1亿元。做好差别电价收入和地方小水库移民后期扶持资金的直征工作，完成两项收入7118万元。积极做好大中型水库库区基金征收准备工作。三是切实加强执行分析。完善非税收入统计报表体系，定期召开全省非税收入执行情况分析会，密切关注经济政策变动对非税收入的影响，及时掌握收入进度，按时上报全省非税收入收缴情况分析，为领导决策提供参考。四是积极开展监督检查。对省委办公厅等12个部门开展2009年度非税收入征收情况全面检查，对省委党校等5家专用票据使用较多、收入金额较大的单位开展非税票据专项检查。通过检查，共查补非税收入1176.5万元。2010年，全省非税收入完成1642.6亿元，比上年增长80.5%，其中，省级非税收入实现177.6亿元，增长28.3%。

【切实加强非税征管，力求规范】一是规范银行代收管理。会同人行合肥中心支行，考评表彰2009年省级非税收入银行代收工作。以部分代理银行续签代理协议为契机，加强业务指导，进一步规范银行代收工作。二是加强非税票据管理。制定《安徽省省级政府非税收入票据日常管理实施细则》，进一步加强票据日常管理。换发《非税票据管理员证》，对票据管理员重新核定、登记备案、建立档案。印发《关于手工核销非税票据有关问题的通知》，有针对性地加强非税票据业务指导。全年共发放各类票据330万份，核销311万份。三是规范非税资金管理。严格按照规定，加强非税收入会计核算，按期分成划缴，确保省级非税收入账务准确和资金安全。严格非税收入退还管理，认真执行退还操作程序，依法进行退还结算。全年共受理非税收入退付业务29笔，审核通过办理17笔。四是创新非税收缴方式。稳步推行大厅集中收缴模式，在省人事考试院等单位积极探索和应用网上收缴、POS刷卡等现代缴款方式，提高收缴效率，方便缴款人。会同省交警总队进一步优化罚缴流程，构建联接全省道路交通违法信息系统与各代理银行非税代收系统的信息交换平台，推动出台省财政厅、公安厅《关于进一步规范全省公安交警罚款收入收缴管理的通知》，开展交警罚款收入收缴管理改革试点。五是加强信息系统建设。升级改造非税管理信息系统，不断完善系统功能。根据政府收支分类科目变化，及时进行有关科目调整挂接，确保非税收入划解顺利进行。主动加强与厅金财办的沟通，完成非税系统接入全省金财工程大平台。

【积极开展调研宣传，探索新路】一是为全面总结五年来非税管理改革情况，努力找准今后一段时期工作着力点，选择部分市、县和省直单位，通过座谈、走访、查看资料等多种方式，开展非税征管五周年改革调研，撰写《安徽省非税管理改革实施五周年调研报告》，得到厅领导高度评价和充分肯定。根据调研报告形成专题送阅材料呈送省委省政府领导，相关内容被省委办公厅信息处《安徽信息》每日快报“今日头条”采用。二是深入开展公共资源（资产）有偿使用收入管理、非税信息化建设和非税执收单位激励约束机制三个专题调研。其中，《日本、新加坡公共资源（资产）管理研究》调研报告，对完善我省国有资源（资产）管理提出政策建议，分别在《中国财政》、《安徽财会》、《安徽财政信息》和厅内部网站刊发。三是广泛开展非税征管改革五周年宣传。制定《全省非税征管改革五周年宣传计划》，动员全省非税系统上下联动，整体推进。组织编写《安徽政府非税收入管理改革实践与探索》一书，解读非税收入相关政策，总结提炼我省非税管理改革的经验做法。以《在改革中创新 在创新中发展》为题，在《安徽日报》对我省非税管理改革五年情况宣传开设专版宣传。并在安徽电视台《财经特快》栏目对我省非税管理改革情况进行系列报道。四是切实加强非税征管日常信息宣传。2010年，在《中国财政》、《经济研究参考》和《安徽日报》等刊物上发表理论文章和宣传信息10余篇，向省委省政府领导报送专题送阅材料1篇，向厅办公室报送信息24条（采用6条），在厅内网、安徽非税收入网发布信息60余条。

【高度重视自身建设，强本固基】一是加强学习教育，着力提升职工素质。组织干部职工认真学习中央十七届五中全会、省委八届十三次全会和中央经济工作会议等重要会议精神。深入开展“学习提升年”活动，组织全省非税局长知识更新培训班，鼓励干部职工加强自学。全年全局共参加各类培训15人次，公务员通用能力在线学习时间累计长达549小时，通用能力考试和行政执法资格考试全部通过。二是加强作风建设，着力提升单位形象。深入开展“学沈浩创先进争优秀”活动，积极参加“学沈浩、见行动”演讲比赛。认真履行廉政建设责任制，组织学习《廉洁准则》等文件和会议精神，大力加强廉政建设。持续推进“两公开”示范点建设，进一步提升“阳光非税”形象。以迎接省直文明单位复核验收为契机，进一步提升文明创建水平。

（省非税局供稿 徐进超执笔）

国库支付工作概述

2010 年，省财政厅国库支付中心按照厅党组的统一部署，紧紧围绕全省财政中心工作，与兄弟处室、单位团结共事，协调配合，积极推进财政管理一体化信息系统建设，不断深化和完善省级国库集中支付改革，切实加快集中支付执行进度，保障财政资金支付安全，较好地完成了年度各项工作任务。

【集中支付资金规模继续增长】2010 年省级国库集中支付资金 661.17 亿元，比上年增加 141.32 亿元，增幅达 27.18%。其中：财政直接支付 526.28 亿元，较上年增长 30.97%；财政授权支付 134.89 亿元，较上年增长 14.29%。财政直接支付资金占集中支付资金总额比重达到 79.60%。此外，全年累计完成扣缴个人所得税 1518 万元，代缴支付工会经费 6129.93 万元。截至 2010 年底，纳入省级集中支付管理的基层预算单位为 987 个。

【一体化集中支付系统顺利上线】2010 年“省财政国库集中支付申报审核查询系统”向“省财政一体化管理信息系统”转轨全面完成。预算指标、用款计划实现了财政内部一体化运行管理，新增了用款额度追减和资金退回处理两项业务功能，归并统一了非部门预算资金、中央专项资金、结算类资金等用款计划管理程序，有效地推进省级国库集中支付管理效能和支付效率的全面提升。

【集中支付动态监控更加完善】省级国库集中支付动态监控系统与财政平台一体化系统顺利对接，系统功能得到进一步改进完善。2010 年，系统受理财政授权支付业务 218940 笔，及时止付违规业务 5566 笔，涉及财政资金 7.32 亿元，60% 的授权支付业务从单位申请到下达业务号仅需 2 分钟。重点规范了代理银行数据接口，全年接收代理银行集中支付业务办理信息 152546 条，零余额账户信息 35939 条，实现了对省级 200 家代理银行网点办理集中支付业务的全面监控。省级国库集中支付动态监控基本实现了“智能预警、事前止付”和“支付追踪、分析核查”。我省国库集中支付动态监控系统建设得到财政部的肯定，并在财政部举办的地方预算执行动态监控管理培训班上作了经验交流。

【财银直联系统建设有新进展】财银直联系统是以实现国库集中支付信息数据电子化传递为目标，保障财政资金支付安全的重要技术支撑。“财政直接支付财银直联系统”自 2008 年上线以来，已全面实现了直接支付信息数据的电子化传递，不仅提高了支付效率，也保障了资金安全。“财政授权支付财银直联系统”研发工作于 2009 年启动，系统涉及预算单位较多，业务环节更为复杂，经支付中心与工商银行的多次研究、论证，2010 年系统主体功能开发设计全面完成，计划于 2011 年在部分预算单位推广试点。

【集中支付执行管理改进加强】一年来，支付中心以规范管理为重点，切实抓好《支付中心工作规范》、《支付中心服务承诺》等内部制度执行，严格按照《安徽省省级国库集中支付资金退回业务暂行办法》，规范资金退回业务操作。修订完善了《集中支付权力运行规程》，建立健全“相互制约、相互协调”的权力运行机制，紧紧围绕支付流程 4 个节点，切实提高支付效能，一是及时下达用款计划。及时准确均衡下达基本支出用款计划，随到随下项目支出用款计划。二是高效办理资金支付。对手续齐备、符合规定的支付申请随到随办，对应急突发性资金支付坚持“急事急办、特事特办”。三是安全准确清算资金。准确无误传递电子信息，送达纸质凭证，保障财政资金高效支付与清算。四是扎实做好会计核算。加强对账工作，全面准确及时反映集中支付信息。

【多措并举全面推进队伍建设】2010 年支付中心采取多项措施，认真组织实施“创先争优”、“学习提升年”等主题活动，全面加强干部队伍建设。一是教育培训载体多。抓学习培训，全年集中学习 19 次，业务学习 20 余次，6 人参加财政部业务培训，4 人参加 MPA 公共管理培训，全员完成公务员在线培训任务，19 人参加考试获得《财政行政执法资格证书》。抓课题调研，参加《财政资金支付条例》立法研究，完成了省级国库集中支付部分内容的撰写工作，赴黑龙江、辽宁等省实地考察支付改革，撰写调研报告 3 篇。二是服务发展措施实。组织召开省级预算单位座谈会、主动听取单位意见建议，坚持上门服务调研，先后走访省广电局等多家预算单位、开展了集中支付业务培训，全年累计培训 300 人次，通过多种渠道积极服务预算单位。加强系统内的服务指导，为配合财政平台一体化系统在市县推广，组织召开了省、市支付中心主任座谈会，共商财政平台一体化系统推广应用，赴安庆等市开展了集中支付工作调研。三是廉政建设不放松。深入开展“学习廉政准则、规范从政行为、促进科学发展”主题教育活动，通过落实专题学习、观看教育片、专题辅导讲座、自查自纠、《廉政准则》知识测试等一系列措施，加大党风廉政宣传教育力度，建立健全教育、制度和监督预防并重的廉政建设工作机制，着力形成依法行政、廉洁从政的良好作风。四是创先争优添干劲。认真落实财政厅党组的统一部署，紧紧围绕“科学理财创先进、学习沈浩争先锋”主题，深入开展“五要五比”主题实践活动。参加“学沈浩、见行动”演讲比赛、赴小岗村开展党日活动，深入学习沈浩精神。引导干部职工以沈浩为标杆，公开支部、党员服务承诺，明确服务目标，细化服务措施，创新服务举措，擦亮服务窗口，在内部形成了比业务、比效率、比贡献、比创新的浓厚氛围。

（厅国库支付中心供稿　汪新平执笔）

财政信息管理工作概述

2010 年，省财政信息中心扎实推进金财工程建设，财政广域网升级改造和视频会议系统拓建按计划完成，平台一体化管理信息系统推广应用工作取得显著进展，信息网络与管理信息系统安全正常运行，为财政管理科学化精细化提供了有力的技术支撑。

【开展学习提升年活动】遵照省财政厅《关于在全省财政系统开展学习提升年活动的指导意见》，结合自身工作特点，组织开展相关活动。坚持每月安排 1 到 2 次集体政治学习，结合工作需要组织学习应用新技术、新知识，努力提高专业技术水平和解决实际问题的能力。积极组织职工参加干部教育网络学习活动，深入市县调研指导，培养干部职工联系实际、解决具体问题的能力。坚持集体领导与个人分工负责相结合，增强班子的创造力、凝聚力、战斗力和整体合力。

【开展文明单位创建】积极开展文明单位创建活动，组织职工踊跃向青海玉树地震和甘肃舟曲特大山洪泥石流灾区捐款献爱心，动员职工报名参加省直机关六运会，并作为乒乓球参赛项目的责任单位，为财政厅在省直机关六运会上获得较好名次做出了应有贡献。2010 年，财政信息中心还获得了“2008—2010 年度省直机关文明单位”荣誉称号。

【保障省级平台一体化信息系统运行】按照财政部关于推广金财工程应用支撑平台、以省为单位构建财政一体化管理信息系统的部署，经过上年的需求调研、软件设计开发、运行环境建设和应用推广培训准备，省本级的平台一体化信息系统于 2010 年 1 月 1 日正式上线运行。新系统以统一的用户界面供省本级预算单位和财政业务人员使用，实现了覆盖全部业务处室、全部省级预算单位和大部分省级预算内财政资金的既定目标，提高了业务管理工作效能，实现了对部分资金实行权责发生制核算管理，完成了系统账务的跨年度结转。

【组织平台一体化信息系统推广实施】一是组织召开全省财政平台一体化信息系统推广工作视频会；二是举办面向市县（区）财政部门的系统推广培训研讨班；三是组织市县财政局长与省厅签署平台一体化信息系统实施推广工作责任书；四是承办了市县平台一体化系统实施所需设备与服务的采购，组织集中采购了市县平台所需的服务器、数据库、中间件，以及系统实施所需的技术服务；五是组织协调服务商做好市县的系统实施服务。

【保障电子化政府采购管理系统运行】省级电子化政府采购应用系统于 2010 年 1 月 1 日上线运行，主要功能模块（门户网站子系统、专家库管理子系统、基础资源子系统、协议供货子系统、项目采购子系统）全面投入应用，方便了政府采购业务办理与监管、监督。该系统全年的应用情况为：采购网站全年发布采购信息与公告 9000 余条，网站年访问量 351 万次，日均访问量近 8000 次；供应商库收录了 3100 余家注册供应商信息，专家库收录了 1300 余位省级采购专家信息。

7 月，全国电子化政府采购工作组会议在肥召开，我省介绍了电子化政府采购应用系统建设与应用情况，省财政信息中心还派员参加了全国电子化政府采购系统数据规范和技术方案编制工作。

【承办惠民直达业务管理软件采购】积极参与试点市县惠民直达“一网联”业务软件开发与应用情况调研，并提出结合涉农补贴“一卡通”系统升级换代，统一招标开发和推广取代“一卡通”系统的惠民直达业务软件，为惠民直达扩大试点工作提供了技术支撑。

【全国财政视频会议系统安徽分会场建设通过验收】与厅办公室、厅服务中心密切配合，组织实施厅办公楼会场场地改造、会议终端设备采购安装和专用线路升级扩容等工作，并顺利通过了财政部组织的全国财政视频会议系统联调和总体验收。

【完成省市县三级财政局域网、广域网升级改造】 在上年完成网络设备集中采购的基础上，组织设备供应商、集成商对省、市、县三级财政部门的计算机局域网和广域网进行了升级改造，在各市财政局增加部署了网管系统，并组织市县财政网管员开展了网管技术培训，为非直管县视频会议系统延伸建设做好了网络基础准备。

【组织完成非直管县视频会议系统延伸建设】 一是将原先连接非直管县区的 64KB DDN 专线拓宽为 2M SDH 专线，二是在 4 个辖县较多的市级财政节点部署二级 MCU 设备，三是为 19 个非直管县区配发和安装了视频会议终端设备，顺利完成财政视频会议系统延伸到非直管县的建设任务。

【加强网络信息安全管理和系统运行保障服务】 制定了财政厅重要信息系统等级保护安全建设实施方案，将纳入备案登记保护的重要信息系统增加到 6 个。按照省级机关办公网络管理要求，对厅机关办公局域网实行与互联网的物理隔离管理，对内外网系统实行定时与随机相结合的监控巡查，对重要业务数据进行及时备份，定期对网络防病毒系统进行巡检和升级，确保财政厅全年未发生重大网络信息安全事件。加强内网 CA 电子认证系统的应用维护，及时为省直预算单位制发和更换 CA 数字证书；联系省电信开通了 VPDN 宽带拨号接入电路，为省级预算单位通过电话线路登录平台一体化信息系统提供了快速通道。全年总计为厅机关和厅属单位干部职工提供计算机等办公自动化设备安全检查、故障排查和维护服务 3000 余次。

【做好财政厅门户网站技术支持工作】 一是配合做好厅门户网站改版及网站安全工作。按照厅门户网站改版建设和信息更新维护职责的调整要求，与厅办公室组成考察组赴兄弟省市考察学习门户网站建设经验、实施了厅门户网站改版项目招标，增设网站防篡改系统。二是帮助建设开通安徽财政监督检查网。根据省财政厅监督检查局关于建设“安徽财政监督检查网”的需求，帮助编制了技术方案和招标采购文件，指导开发商完成了网站设计、测试验收和及时上线。

【承担了多项财政业务信息系统的维护工作】 一是完善了 2010 年度省级单位预算编制文本查询系统。承担了省级预算单位报送的年度预算草案的加工整理和分类工作，并及时加载到查询数据库，改进触摸屏查询系统的可视性和易用性，方便省“两会”代表查询相关预算草案。二是保障完成年度会计从业资格考试报名工作。配合完成会计从业资格考试报名管理系统软件升级，并在 2010 年度会计从业资格考试网上报名期间，及时排查解决系统应用问题。三是组织对省市县三级财政部门共享使用的信息系统实施升级维护。按照相关业务与技术要求，重新配置企业财务快报系统的报表参数，对“汽车、摩托车下乡财政补贴信息系统”、“财政扶贫资金监测管理信息系统”和“会计行业管理网”实施用户管理和补丁升级，帮助完成了“农村一事一议财政奖补信息系统”建设等技术保障与用户咨询服务。

（省财政信息中心供稿　李森林执笔）

财政投资评审工作概述

2010 年，在厅党组和分管厅长的正确领导下，省财政投资评审中心以“学习提升”为内在动力、以效能建设为工作抓手、以文明创建为思想保证、以评审业绩为工作目标，有序、扎实地推进各项工作。全年共评审各类项目 792 个，评审投资额 154.66 亿元，其中评审预决算项目 18 个，评审投资 6.45 亿元，审减资金 1.27 亿元，审减率 19.69%；完成绩效考评项目 5 批次 609 个，考评资金 137.06 亿元；圆满完成财政部和省财政厅安排的 3 批专项核查任务，核查资金 11.15 亿元。

【精心组织，预决算评审业绩突出】 省财政投资评审中心着力提升评审结论科学化、精细化水平，精心组织预决算项目评审，为省财政厅领导和有关处室决策提供依据。2010 年 1 月，首先完成了淮河干流南润段和邱家湖进（退）洪闸工程两个治淮项目的评审；5 月至 7 月，又完成了梅山水库除险加固工程和颍上县润左润赵古城保庄圩应急加固工程的评审。4 个水利重点工程审减投资 4643.94 万元，不仅将投资全部控制在概算之内，评审结论中提出的问题也得到建设单位认可，实现了评审工作软着陆。

为强化预算评审工作的科学性，评审中心还积极探索创新评审方式。在省博物馆布展经费评审中，与省财政厅教科文处、预算处及省文物局、省博物馆一起，通过对湖北、河南、山西三省近年新开博物馆的布展及运行情况进行调研，分析博物馆布展和运行实际需求，掌握周边省份各项布展经费的开支内容及费用标准，建议将报审的 15522 万元开馆经费调整为 8900 万元，为我省博物馆开馆经费预算安排提供了科学依据。

【创新机制，绩效评价扎实推进】财政支出绩效考评是深化财政管理体制改革，提升财政精细化管理水平的重要环节。评审中心不断探索考评指标体系建设，创新考绩问效方法机制，全年共完成绩效考评项目 5 批次 609 个，考评资金 137.06 亿元。2010 年 5 月，省财政厅安排评审中心承担财政重点考评项目 3 批次，单位自评、财政审核项目 9 批次。评审中心按照“目标明确、边界清晰、简明有效、易于操作”的原则，认真研究制定每批项目绩效考评工作方案，通过设置科学的量化指标，从项目建设的目标完成程度、项目管理水平、财务管理状况、公共社会效益等方面对项目支出绩效进行了客观评价。11 月，财政部安排评审中心对河南省重点小型病险水库除险加固项目进行绩效评价，中心通过试点摸索，从政策指导、专业标准控制、现场情况印证等方面，制定了反映项目建设全貌的 76 项指标，为病险水库除险加固绩效评价指标体系建设打下基础。

为提高绩效考评工作规范性，省财政投资评审中心在全国率先制定了《安徽省财政投资评审中心项目绩效考评操作细则》，同时以外国政府贷款项目绩效考评为突破口，开发“安徽省外贷项目绩效考评系统”软件，并在 2010 年的 46 个外国政府贷款项目绩效考评工作中予以应用，大大提高考评效率，有力推动绩效考评工作的规范化和信息化。

【立足服务，专项核查优质高效】作为全国重点评审机构，2010 年 5—6 月，省财政投资评审中心组织 10 个评审组，完成了四川省、重庆市 160 多个淘汰落后产能项目的专项核查工作，核减 2010 年淘汰产能 189.09 万吨，建议取消 2010 年 2 个项目的申报资格。特别是赴四川核查组，冒着两次 5 级以上余震和道路塌方的风险，坚持深入项目现场，掌握第一手资料，对四川省申报的项目核减了 27.4%，获得了财政部经建司有关领导的充分认可，树立了安徽财政评审的良好形象。

按照省纪检委工程建设领域突出问题专项治理工作要求，根据省财政厅领导指示，评审中心积极开展省直项目重点排查工作。针对工程建设领域存在的涉及财政资金管理、政府采购制度执行等方面的问题，在 32 个省直单位自查的基础上，选择 4 个典型项目进行剖析，排查资金 29679.69 万元，发现问题 21 个。项目排查结论得到被排查单位和财政厅相关处室的充分肯定，强化了财政项目资金管理和政府采购制度执行。

【丰富内容，学习提升成效显著】按照省财政厅《关于在全省财政系统开展学习提升年活动的指导意见》，评审中心结合财政投资评审工作实际，开展丰富多彩的学习活动。为提高队伍综合素质，中心利用评审工作间隙多次开展全员培训。培训重点放在项目绩效考评、工程造价评审和财务评审等主要业务和软件使用方面，既注重理论知识，又强调实务能力，尤其是对新录用的年轻同志大胆使用、加强指导，迅速提升其业务水平和工作能力，为圆满完成全年评审任务提供了重要保证。

为使“学习提升年”活动取得实际成效，评审中心还专门围绕创新评审方式、新形势下评审的组织与协调、财务评审与工程评审的关系、创新和量化绩效考评指标等工作重点和难点，举行评审心得、体会、方法交流会，集中集体智慧，推进评审工作全面提升。省财政厅党组副书记、副厅长王林建对此给予了高度肯定。

【提升水平，文明创建续写华章】评审中心紧紧围绕公共财政支出改革，全面理解和把握省级文明单位的具体要求，结合单位改革和发展的实际，不断加大创建力度、丰富创建内涵、提升创建水平，在连续获得第七、第八届省级文明单位的基础上，争创第九届省级文明单位，力争实现文明创建三连冠。

中心大力弘扬淡泊名利、忘我奉献的精神，全体同志服从大局、敬业奉献，全年有一半时间奔波在外，放弃节假日的休息时间，体现了崇高的价值取向和精神追求。2010 年，评审中心人均承担 11.05 亿元的评审任务，人均审减 907.14 万元，为财政节约了大量资金，省直文明委检查组对评审中心的文明创建工作给予了高度评价。

（省财政投资评审中心供稿　周　涛执笔）

政府采购执行工作概述

2010 年，省政府采购中心在财政厅党组的正确领导下，认真践行《廉政准则》，扎实推进“创先争优”和“学习提升年”活动，进一步解放思想、更新观念、创新机制、扎实工作，采购规模平稳增长，自身建设明显增强，政策功能有效发挥，在服务经济社会发展大局和财政中心工作中发挥了积极作用。被省直机关工委、省直文明委评为2008－2010年度省直机关文明单位，这已是中心连续4次获得此荣誉。同时，该中心在第六届全国政府采购集采年会上被评为首届全国十佳集中采购机构。

【积极扩大采购范围，发挥集中采购综合效益】全年共完成采购项目948个，比2009年多办理项目291个，同比增长44.3%；完成预算金额40.3亿元，比上年同期增长13.6%；合同金额35.79亿元，比上年同期增长15%。积极发挥财政资金绩效，全年累计节约财政资金4.51亿元，资金综合节约率11.2%。10.4亿元的全省小麦优势产区良种采购，给广大农民节约资金4000万元。6.2亿元政法专项资金采购，是中心第10次组织采购此类项目，10年累计采购规模超24亿元。积极扩大政府采购社会影响，先后顺利组织实施了各类免疫疫苗采购、乡镇卫生院设备采购、农家书屋采购、农民体育健身器材采购、第六届徽商大会展览展示项目、电动车下乡、家电以旧换新等一大批重点（民生）项目。其中，“省家电以旧换新销售（回收）入围企业采购项目”被评为2010年度全国政府集中采购精品项目。

【完善目标责任管理，加强机构自身建设】完善目标责任管理。中心继续实施全面目标责任管理，把中心各项工作进一步细化分解为项目采购、内部管理及基础性工作和创建及宣传工作3大类、28项工作目标，同时还完善了指标考评体系，加大责任追究与考核力度。注重学习提升。结合采购工作实际，制定具体活动实施方案，先后举办了政府采购操作实务与案例分析专题研讨、如何做好政府采购工作及合同规范专题讲座和电子化政府采购操作实务培训等。增强服务大局意识。在实施电动车下乡、家电以旧换新、定点饭店等采购活动中，联合相关部门开展专题培训，受到了供应商的欢迎和肯定。积极服务省博物馆新馆建设，主动到省文物局和博物馆了解经费落实、采购报批和采购需求等。组织召开协议供货工作座谈会，着力改进协议供货项目招标、管理和后续服务工作。11月底，组织公检法司等10余个省直单位及少数市、县基层单位代表约30余人召开“发挥政府采购政策功能、支持自主创新、服务企业发展”工作座谈会，加大政府采购政策功能宣传，积极营造支持自主创新、服务企业发展的浓厚氛围。

【积极发挥政策功能，服务经济社会发展大局】严格贯彻落实国家和省里相关政府采购政策规定，服务经济社会发展大局。于下半年开始全面取消收取标书工本费，每年将为参与省级政府采购的企业节约成本160余万元。认真贯彻我省公务用车采购规定，全年共采购我省奇瑞、江淮等自主创新品牌汽车共计2854辆、2.98亿元，分别占全部汽车采购总量、总金额的93.1%和84.2%。

【深化主题教育活动，狠抓党风廉政建设】学习贯彻《廉政准则》。先后三次召开专门会议深入学习宣传贯彻《廉政准则》，专门邀请省财政厅监察室主任李朝友到中心做辅导报告。同时，结合厅党组反腐倡廉建设任务分解和政府采购工作实际，抓住关键岗位、关键环节，印发采购中心党风廉政建设任务分解表，进一步细化工作目标任务并落实到人。扎实推进文明创建。积极为厅参加省直机关第六届运动会提供经费保障，得到厅领导的充分肯定。中心多人次参加决赛阶段比赛，并取得了优异的成绩。选派人员参加全省财政系统“学沈浩，见行动”演讲比赛，并取得第一名的好成绩。在省财政学会主办的“学习提升年”论文征集活动中，中心选送的论文成为厅机关和厅属单位唯一获奖作品。深入开展创先争优。继续深入开展向沈浩同志学习，清明节前和七一期间，中心党支部分别联合厅采购处党支部和江苏省政府采购中心党支部两次冒雨前往凤阳县小岗村祭奠沈浩，激发中心干事创业的工作热情，被厅机关党委评为2010年度“先进党支部”。

【夯实内部工作基础，提高采购质量效率】采购效率显著提升。人均完成采购项目43个、预算1.83亿元，分别比上年多17个、0.41亿元。项目平均完成天数缩短到23天，项目办结率达96.9%，比上年提高近3个百分点。加快电子化采购平台建设。2010年初，我省电子化政府采购系统正式投入运行。6月1日起，中心所有货物类、服务类询价采购项目基本实现在系统上办理操作。同时，中心还积极做好供应商信息库的审核与建立，共有3000多家企业进入省级政府采购供应商库。加强合同履约监督。积极探索延伸政府采购合同履约监督，通过发项目催办函、约谈中标供应商、召开省直单位财务部门负责人座谈会等多种方式，加快推进项目办理和合同履约进度，并于11月份对中心近3年采购项目合同履约情况进行大检查。全年共办理付款合同1938份，金额21.24亿元。夯实各项工作基础。坚持采购信息公开透明，全年在指定媒体上发布各类采购信息1800余条。坚持执行特邀监察员和公证监督制度，全年共邀请公证人员48人次，邀请省级政府采购特邀监察员81人次，电脑自动抽取专家1800余人次。

【加大工作宣传力度，积极营造良好工作氛围】 加大工作宣传力度。全年在厅内网发布信息53篇，编发内部工作简报89期，《中国财经报》、《中国政府采购报》等多家媒体对中心宣传报道文章30余篇，新闻宣传图片10余张。加强沟通交流。1月底，中心配合《中国财经报》成功举办了《政府采购法》（实施条例）征求意见座谈会，共有来自山西、内蒙古、黑龙江、上海等11个省市集中采购机构代表共30余人参与此次座谈讨论。配合厅采购处接待了天津、四川等省市采购处（中心）来我省开展政府采购工作调研活动；接待了上海、广西等地采购中心来中心调研政府采购执行工作

（省政府采购中心供稿　李成名执笔）

财政科研工作概述

2010年，省财政科研所全面贯彻落实科学发展观，围绕中心、服务大局，深入开展财政科研，大力拓展财政宣传，加快推进财会培训，不断加强综合管理，较好地完成了全年各项工作任务，被评为2010年度厅效能建设“先进单位”。

【强化能力建设，全面提高工作效能】 一是认真开展“学习提升年”活动。按照厅里统一部署和要求，紧紧围绕学习主线，制定实施方案，有计划、有步骤地提升全体干部职工的综合素质。强化政治理论学习，强化专业知识学习，组织全所新进人员参加厅新录用人员集中初任培训，全员参与干部教育在线学习并通过网上测试，系统地开展写作、摄影等业务技能培训活动。强化财经法规学习，认真学习《预算法》、《会计法》等法律法规，深入推进“五五”财政普法宣传教育活动。二是深入开展“创先争优”活动。紧紧围绕“五好五带头”的目标，坚持在“创、先、争、优、比、学、赶、超”八个字上下功夫。同时，将“创先争优”和反腐倡廉相结合，定期召开廉政工作专题会、民主生活会，认真贯彻落实党风廉政建设责任制，进一步强化责任意识，完善工作责任机制，不断推动反腐倡廉建设工作。三是积极营造单位和谐氛围。出台完善《财务管理办法》等20余项所规章制度，开展“我为单位发展建言”活动，充分激发干部职工的积极性和创造性。四是推动效能建设。认真学习贯彻财政厅《关于进一步加强机关效能建设的若干意见》，进一步完善所内加强效能建设各项制度，在全所范围营造效能建设的浓厚氛围。

【加强财政科研，发挥参谋助手作用】 一是认真完成厅领导交办的课题研究任务。完成《2009年我省财政收入运行情况分析》等6份调研报告。二是扎实开展财政部协作课题研究工作。参与全国财政协作课题《财政支农效应分析》的研究工作，科研所负责完成分报告《财政支农与农民增收效应分析》的研究任务，并参与总报告的撰写。三是积极参与厅处室课题研究。抽人力、出思路、谋对策，给处室课题研究予以支持，形成财政科研合力。四是加强指导市县财政重点课题研究。及时完成2009年度各市县财政科研课题的评审工作。同时，督促市县财政局成立课题调研组，指导市县组织开展2010年财政课题研究工作。五是组织协调财政系统课题研究工作。围绕全省财政中心工作，结合财政经济发展中的热点和难点问题，广泛征求厅机关各处室局、厅属各单位及市县财政局意见，起草全省财政2010年度课题计划，并做好课题的收集整理工作。六是主动宣传财政重点课题研究成果。将2009年财政重点课题研究成果通过《经济研究参考》扩大宣传。同时，将财政系统重点课题研究成果汇总、编辑成册，公开出版发行《探索与创新——2009年安徽省财政科研课题报告》。将2010年财政课题研究报告以《调研报告》形式分发到全省财政系统。

【扩大财政宣传，不断发挥阵地效应】 一是围绕中心把握宣传重点。聚焦财政系统开展的“学习提升年”等主题活动，深入宣传报道活动的主要内容和进展情况。及时报道沈浩同志生平先进事迹、全国财政厅局长座谈会等重点内容，追踪报道财政工作亮点。二是创新理念寻求宣传突破。加强与各处室单位沟通、加强与市县财政部门联系、加强调研与采访，不断加大合作宣传的力度，通过合作办栏目，合作写文章的方式，及时准确地获取信息、把握材料、丰富内容，提高宣传的质量和水平。三是拓展职能作用做好宣传服务。做好财政摄影报道工作，积极配合处室单位进行宣传报道，对重大事件和会议，加派人员做好宣传服务保障工作。

【履行学会职责，筑牢学术交流平台】 一是积极谋划财政工作思路。邀请知名专家和部分市财政局领导，召开“贯彻中央与全省经济工作会议精

神、谋划 2010 年财政工作理论研讨会”，在稳增长、调结构、促转变、惠民生等方面提出了很好的建议。二是组织开展“学习提升年”系列活动。配合财政系统“学习提升年”活动，组织开展“学习提升年”征文、评审、理论研讨等一系列活动。三是广泛开展学术研究。参加中国财政学会换届年会暨第 18 次理论讨论会，积极参与省社科界、有关院校和中国财政学会组织的学术活动，广泛开展政策研究。四是认真履行学会工作职责。加强与学会理事及市县财政部门的联系，积极组织市县理事参加中国财政学会举办的“防范与化解地方政府债务研讨班”。

【加大编撰力度，提高年鉴方志质量】一是及时完成《安徽财政年鉴》编撰工作。及时起草新一卷的编辑大纲，提前筹划组稿工作。努力提高年鉴编纂质量，在全省首届年鉴编纂质量评审活动中，荣获综合一等奖及框架设计一等奖、装帧印制特等奖及编校质量一等奖等 3 个单项殊荣。二是加大《安徽省志·财政志》工作力度。精心编校，采取“一对一”的方法，指导撰稿人改稿，同时采取以编带校、以校带编的方法，对稿件细编细校，按时保质完成初稿编审工作。

【完善内部制度，不断加强综合管理】一是切实加强综合管理。认真做好财务审核、监督、核算等财务管理工作，牵头组织厅属学会“小金库”自查工作。按期做好人事、劳资事宜，积极做好档案管理、后勤服务、离退休老干部服务等工作。二是做好岗位设置管理工作。三是努力完成“六刊两鉴”征订工作。继续加强与各市沟通联系，较好完成财政部科研所和中国财政杂志社下达的“六刊两鉴”征订任务，获得财政部科研所“全国财经科研成果宣传一等奖”和“两刊一鉴”宣传工作先进单位的荣誉表彰。

（省财科所供稿　万　勇执笔）

注册会计师管理及资产评估工作概述

2010 年，安徽省注册会计师、资产评估协会以提升行业管理水平、服务行业跨越发展为主线，深入开展创先争优活动、有效实施行业自律监管、全面服务行业人才队伍建设，创新思路，探索规律，圆满完成了年初制定的各项工作目标。

【行业发展继续保持良好态势】一是行业队伍不断扩大。截至 12 月底，全省共有会计师事务所 229 家、资产评估机构 74 家、执业注册会计师 2431 人、执业注册资产评估师 694 人。同时，拥有非执业会员 3765 人。执业注册会计师和注册资产评估师分别比上年增加 186 人和 38 人。二是执业机构做大做强。全省行业总收入达到 4.7 亿元，其中会计师事务所业务收入 4.1 亿元，资产评估机构业务收入 6000 万元。会计师事务所前 30 家的业务收入总和从上年的 2.47 亿元增加到 2.74 亿元，占会计师事务所业务总收入的 66.4%，全省最大的会计师事务所业务收入近 7000 万元。入围 30 强会计师事务所的业务收入也从 350 万元提高到 372 万元。资产评估机构前 10 家业务收入总和达 2951 万元，占资产评估机构业务总收入的 53%，全省最大的资产评估机构业务收入突破 1000 万元。大机构在行业中的主导和带动作用逐步显现。

【行业创先争优活动有声有色】一是行业党建工作为行业发展注入新的活力，在理顺关系、健全组织的基础上，以创先争优活动促行业发展。省注协定期召开交流推进会，制发指导意见，成立 8 个活动指导组，建立联系点制度，认真开展创先争优理论研究工作。二是开展“学沈浩，见行动”主题活动，评选表彰 28 家先进党支部，与各市行业党组织联合培育 7 家示范点，营造“学先进、赶先进、创先进”的氛围。三是加大经费支持力度，重点保障各市行业党组织和典型事务所开展活动，加强调研，分三批深入合肥、蚌埠、宿州等 6 市，全面了解行业党建和创先争优活动，挖掘、总结、推广典型事务所的创先争优做法，发挥示范点引领作用。四是以党建带群建，认真实施科学机制建设，破解业务工作与党建活动难题，推进创先争优活动深入开展。

【协会业务工作水平持续提升】一是按期完成注册会计师任职资格检查和注册资产评估师年检工作，及时发布了 2009 年度我省会计师事务所前 30 家信息和资产评估机构前 10 家信息。严格注册审批，办理 7 批“两师”的注册，新注册 231 名注册会计师、37 名注册资产评估师。审核了 78 名注册会计师和 14 名注册资产评估师的股东资格。全年共办理转所 231 人次。办理非执业会员年检换证审核 3446 人，颁发新证 2006 本，印发会员月历 3000 册。二是开展行业执业质量检查。重点检查 46 家会计师事务所和15家资产评估机构。给予2家会计师事务所和1家资产评估机构行业内通报批评，6家会计师事务所限期整改。举办了执业质量检查案例专题强制培训。三是精心组织完成注册会计师考试。在与各市考办的共同努力下，我们周密安排、精心组织，首次全面实行网络报名，完成报名21724人，报考50618科次，开考19年以来人数和科次最多的专业阶段考试。首次组织承办完成综合阶段考试。继续荣获"注册会计师全国统一考试组织管理工作一等奖"。同时，还协助省人事考试院完成566人报名参加的全省注册资产评估师考试。四是完成全年培训任务，共组织16期培训班，培训注册会计师、注册资产评估师3000多人次，覆盖面达到100%。

【行业文化建设和行业宣传工作取得突破】把创先争优活动与行业文化建设、行业宣传工作结合起来，努力把党的优秀传统转化为行业科学发展的软实力。举办新年团拜会，展示行业发展形象；参加全国行业"诚信杯"乒乓球比赛，取得优异成绩；开展"情牵玉树 大爱无疆"和"春风化雨—注册会计师行业思源行动"活动；向望江县汇智希望小学赠送1400余册图书；推进评估行业"优质主题年"活动；加强理论研究；全年编发行业创先争优活动简报22期；利用《安徽日报》、新华网安徽频道等各类媒体发布行业信息380余条；印发行业创先争优口号、党建园地、公开承诺书等宣传材料；改版省注协网站，专门开设党建网。在刚刚结束的全国注册会计师行业党建工作会上，财政部副部长王军表扬了安徽的行业党建工作。

（省注会管理处供稿　王克法执笔）

机关服务工作概述

2010年，省财政厅机关服务工作坚持以科学发展观为统领，围绕中心，服务大局，把开展学习提升年活动和开展创先争优、学习沈浩活动结合起来，在学习中提高认识，在服务中提升能力，在工作中争先进位，机关后勤各项工作贴进财政、贴近机关、贴近职工，为机关效能建设、政风建设、文明创建做出了积极贡献。

【创先争优，注重学习提升】厅服务中心在继续巩固"能力建设年"活动成果的基础上，大力开展学习沈浩同志先进事迹和"学习提升年"活动以及创先争优活动。一是强化学习。以沈浩精神为动力，进一步提高学习的自觉性、主动性，持续增强"五个意识"，即服务大局意识、主动作为意识、创新工作意识、关注细节意识和甘当配角意识。二是立足岗位。结合自身特点，广泛开展"三比三看"百日劳动竞赛活动，通过岗位技能比武，推出服务明星，全面促进机关后勤队伍"五个提升"。三是创先争优。紧紧围绕争创"五个好"基层党支部和"五带头"优秀共产党员，各部门以"五要五比"主题实践活动为抓手，重点做好"七个结合"，积极开展有创新、有特色、有亮点、有实效的创先争优活动。

【围绕中心，全力做好保障】一是全力做好会议接待保障工作。充分发挥服务中心角色作用，积极组织人力、组织车辆、制定方案，落实任务，全力配合厅办公室等有关处室，为全国财政厅局长座谈会、第四届全国体育大会、全省民生工程暨全省财政工作会议、省直机关六运会以及省委书记张宝顺到我厅检查工作等重要接待任务做好保障。全年累计完成各类会议服务142次，其中大会29次，确保机关各项工作的顺利实施。二是积极做好公务交通保障工作。完善用车调度，提高用车效能，确保重点工作。加强安全宣传教育，严格执行管理规章，警字当头，预防为先，全年累计完成出车任务达6014次，实现安全行车73.2万公里无事故。三是高度重视机关应急管理工作。全面提高预防和应对突发公共事件能力，冬季预防雨雪灾害，春季防治公共卫生，夏季关注抗旱防汛，秋季注重消防安全。四是不断强化机关安全保障工作。加大设施投入，进一步完善机关办公区和宿舍区的安全控制规划，不断提高安全技术防范水平；强化消防安全宣传，注重实际操作和演练，强化日常监督检查；确保工作重点，配合机关各项重要工作、重大活动，积极组织力量，加大保安力度，落实岗位责任，确保活动安全、顺利开展。五是完善综合治理。协调公安、街道和社居委等有关部门，积极开展社会治安综合治理，推进邻里守望活动和平安社区建设。认真做好机关大院的秩序维护和整治工作，加强车辆进出和停放管理，认真做好机关来访登记工作，规范管理，强化标准，以文明的形象和优质的服务为财政厅机关树立良好窗口形象。六是完善机关基础设施管理。积极做好机关运转保障工作，强管理、保运转、重维护，确保办公大楼的供水、供电、电梯和中央空调等设备设施的正常运行；强化消防安全监控管理，确保大楼运行安全和人员财产安全；加强和完善对机关办公用房和各类资产的维护与配置管理，进一步提高资产使用效率；扎实做好办公大楼的保洁和绿色植物的摆放工作。不断提升机关卫生管理和环境美化水平。

【以人为本，努力做好服务】 一是积极做好机关宿舍区的物业管理服务工作，不断美化小区环境，做好树木花草养护，加大卫生保洁和杀菌灭虫力度，提升维修效率和质量，做好供暖服务，完善基础设施，降低住户生活成本。二是做好机关食堂供应服务工作。关注食品质量、关注食品安全，把好采购关，把好出品关。积极开展流行性疾病预防工作，开展有特色的饮食文化活动，并积极做好节假日的机关职工福利保障工作。三是继续做好机关干部职工适龄子女入学工作。四是认真做好水木春城小区开发工作。加大资金投入，积极采取措施，完成住宅小区工程决算，为 625 位业主办理房产证，完成太阳能热水器改造，牵头组建成立业主委员会，顺利实现小区供暖。

【创新管理，推进节能减排】 一是加大厉行节约宣传力度。根据省直机关事务管理局部署要求，印发《关于进一步加强机关节能减排工作的通知》和《关于开展公共机构节能宣传周活动的通知》，于6月中旬在全厅开展以“绿色办公，低碳生活”为主题的“2010 年公共机构节能宣传周”活动，大力营造厉行节约的良好氛围，提高机关干部职工节能意识，养成自觉遵守节能规定的良好习惯。二是加强对机关中央空调、办公照明、景观照明和电梯设备的运行控制，落实日常节电、节水、节汽措施，全面推进机关节电、节水改造。加大日常巡查力度，预防和处理跑、冒、滴、漏现象。进一步加强公共设施设备的维修管理，不断提高公共设施设备的使用寿命。三是进一步建立健全机关办公设备配置程序、配置标准和使用办法等制度规范，严格执行固定资产采购、更换和处置等有关规定。四是进一步加强机关车辆集中管理，增强驾驶员节能降耗意识，严格执行车辆定编管理，严格车辆调度管理，严格实行夜间和节假日车辆入库检查登记制度。严格实行定点加油和“一车一卡”加油制度，严格执行车辆维修审批程序。

【统筹兼顾，狠抓文明创建】 一是围绕财政厅争创全省、全国文明单位工作，全力以赴，为机关效能建设、文明创建和政风评议考核积极落实各项基础性保障工作。二是加强与辖区街道、社区以及公安等部门的协调联系，大力开展社会治安综合治理，积极推进结对共建、平安创建、邻里守望和社区志愿者活动，受到社区居民和有关部门的好评。三是积极响应和支持财政厅组织参加省直机关六运会，为财政厅取得优异名次做出了突出的贡献。四是职工活动中心加强服务与管理，为机关干部职工创造良好的活动环境。

【拓宽思路，促进企业发展】 厅印刷厂注重班子建设，不断增强企业核心领导力；狠抓印刷产品质量，提升为财政服务水平，努力完成机关各类急、特、难印刷任务；三是积极拓展社会印刷业务，努力实现效益持续增长，全年完成产值 1206 万元，上缴税收 142 万元，实现利润 131 万元，圆满完成年初制定的目标任务；四是加强队伍建设，增强企业可持续发展能力。百花宾馆上半年克服设施设备陈旧、老化困难，以抓经营、抓服务为主要工作，圆满完成财政各项重要会议和重要接待任务。截至 7 月底，共完成营业收入 1091 万元，上缴税收 62 万元。下半年着手实施改造装修工程，时间紧、任务重、困难多。一是加强组织领导，科学安排计划；二是坚持法定程序，完善招标管理；三是加强施工监管，确保工程质量；四是积极采取措施，注重安全生产；五是妥善安排职工，力求平稳过渡。

【夯实基础，完善自身建设】 一是党支部充分发挥先锋模范作用，团结和带领广大干部职工，不断提升政治素质、业务技能和服务水平；二是按照事业单位分类改革政策精神，科学界定岗位职责，积极做好事业单位岗位设置管理工作；不断完善聘用员工的劳动合同管理，理顺劳动关系，提高职工福利待遇，稳定机关后勤队伍；三是加强财务管理，积极做好财务核算和财务分析，认真编制财务报表，正确反映中心收支情况。四是加强对职工队伍的教育培训工作，不断提高干部职工的管理能力和业务技能；五是服务中心派出人员在各自不同的岗位上，努力工作，为机关各项工作做出了应有的贡献。六是中心基层工会、妇女小组加强机关后勤文化建设，丰富文化建设内容，创新工作思路，推动机关后勤队伍的精神文明建设。

（厅机关服务中心供稿　马再兴执笔）

学会、研究会学术活动概况

【安徽省财政学会】2010年，安徽省财政学会在省财政厅的直接领导下，在中国财政学会的大力支持下，在省民政厅和省社科联的关心指导下，紧紧围绕财政厅党组的中心任务，增强学会工作的主动性和前瞻性。同时根据省民政厅和社科联的要求，积极参与社团评估，进一步完善规章制度，认真开展规范化管理与建设活动，发挥了学会桥梁和纽带作用，在安徽财政发展中做出了积极贡献。

一是及时总结经验，谋划新的开局。为谋划2010年的财政工作，财政学会于元月13日，邀请有关专家和部分市局领导，召开“贯彻中央与全省经济工作会议精神、谋划2010年财政工作专题研讨会”。省财政厅副厅长、省财政学会常务副会长左俊出席会议并讲话。与会人员认真分析后危机时期安徽财政经济面临的形势，针对我省财政经济运行中的热点问题，提出较好的建议。《安徽社科界》专门报道了研讨会的观点综述，省财政厅长陈先森、副厅长左俊分别对研讨会的观点综述作了重要批示。

二是围绕财政中心，开展“学习提升年”活动。为配合全省财政系统“学习提升年”活动，财政学会把“学习提升年”征文、文章评审和理论研讨作为全年学会活动的重要内容，并进行逐项落实。全省共收到应征稿件157篇。财政学会对征文进行认真评选。成立由分管厅长任组长的征文评审组，对应征作品进行认真的评审。共评出一等奖2篇，二等奖4篇，三等奖6篇，优秀奖18篇。评出合肥市财政局、宣城市财政局、淮南市财政局、广德县财政局、界首市财政局5个单位为活动组织奖。省财政学会11月26日在肥召开“学习提升年”理论研讨会。省财政学会常务副会长左俊出席会议并讲话。同时，还将征文评选中的获奖作品汇集成册，激发广大财政干部的学习热情。

三是坚持“三为”服务，扎实开展各项工作。首先是坚持为中心工作服务，发挥学会参谋助手的作用。在认清形势、服务大局的基础上，主动配合、跟进厅党组的工作部署，贴近财政中心工作，积极开展“学习提升年”等一系列活动，为提升财政干部队伍的能力素质寻找途径，为安徽经济建设和财政改革建言献策。其次是坚持为现实工作服务，注重“两个”联系。一方面加强与学会理事的联系，及时报告学会动态、按时寄发学会会刊（《安徽财会》)，并围绕学会的工作要点，对学会活动、财政政策等进行广泛宣传，使学会工作逐步走上制度化、规范化轨道；另一方面发挥财政学会桥梁与纽带作用，组织市县理事参加中国财政学会举办的“防范与化解地方政府债务研讨班”。同时，坚持为改革发展大局服务，深入开展课题研究。财政学会以财政科研为依托，紧紧围绕财政改革和经济发展，充分发挥“智库”作用，先后完成省厅领导交办课题、中国财政学会协作课题、参与业务处室调研课题及自选课题共16个。其中，《关于促进我省工业化、城镇化双轮驱动发展的财政政策研究》得到省委书记张宝顺的批示、《进一步支持我省经济发展方式转变的财政政策研究》在省社科界第五届学术年会中被评为一等奖。

四是履行社会职责，广泛开展学术活动。参加了中国财政学会换届年会暨第18次理论研讨会，并提交《着力改善民生，构建民生工程长效机制》和《金融危机演变趋势及安徽应该采取的应对措施》交流材料。积极参加省社科联组织的学术活动。有两篇文章入选为优秀论文，其中一篇被评为一等奖。注重学术研究，为改革和发展提供支持。学会秘书处提供的《财力能否绕过财权直接与事权匹配值得商榷》和《当改革走到十字路口时，更需要理清思路认准方向》等文章发表后，其观点和内容引起有关部门的关注。

五是认真履行职责，积极做好厅内学术组织联络工作，及时收集厅内社团组织的工作总结，将各学术团体的活动情况总结、上报财政厅领导。根据社团组织的有关规定，及时进行学会的年检、登记，按时完成学会秘书处的日常工作。认真参与评估，开展规范化管理与建设活动。为规范学会管理，提高学会工作水平，根据安徽省民政厅《关于开展全省性公益性社团评估工作的通知》（民管函【2010】197号）和省社科联《关于开展省属社科类学会规范化管理与建设活动的意见》（皖社科联字【2010】16号）要求，省财政学会制定印发了《安徽省财政学会规范化管理与建设活动实施方案》、进行了《标准化学会量化评估》。参照社团管理有关规定，总结了近年来的工作、学习了有关文件、召开了征求意见座谈会、制定了整改措施，并进行标准化和量化自评。先后制定了《规范财政厅厅属社会团体管理的意见》、《安徽省财政学会经费管理暂行办法》、《安徽省财政学会文件及印章管理制度》、《安徽省财政学会档案管理制度》、《安徽省财政学会会籍管理和学习议事制度》等规章制度，积极开展规范化管理与建设活动。通过规范化管理与建设活动的开展，进一步明确了办会方针、完善规章制度，并从思想建设、组织建设、业务建设、基础建设四个方面进行规范化管理，从制度上保证学会组织健全、活动扎实、制度完善、资料齐全，从而有效地增强了学会凝聚力，更好地发挥学会桥梁与纽带作用。由于工作较为突出，财政学会被安徽省民间组织管理局评为首届“百优社会组织”，同时被省社科联评为省直“先进学会”。

（省财政学会秘书处供稿　王恩奉执笔）

【安徽省农村财政研究会】 2010 年，省农研会在省财政厅党组的正确领导下，在各级农研会和各会员单位大力支持下，按照中国农研会的工作部署，紧紧围绕省委、省政府及省财政厅的工作中心，以实际行动践行科学发展观。在加强学会建设、宣传“三农”，课题调研，基层财经干部培训，农业税收简史编纂等方面均取得了一定成绩。

一年来，省农研会充分利用社团组织的群众性、学术性、广泛性优势，开展了一系列卓有成效的调研工作和学术交流，收到了很好效果。

年初根据国家农研会和全省财政工作会议精神，结合农村深化改革中出现的新情况、新问题，紧贴转变经济发展方式这条主线，确立了以保障民生为立足点的 12 个调研专题。即：进一步培育农民新的收入增长点研究；公共财政支持“三农”建设的研究；推进城乡一体化建设中财政支农政策的研究；财政补贴粮食生产各项资金的整合问题研究；支持乡村政府工作正常运转财政保障机制的研究；支持综合生产能力建设、稳定粮食生产的研究；支持农户集体经营和适度规模生产研究；支持农业结构调整、发展新兴产业的研究；支持城市务工农民就业和自主创业的研究；推进农产品质量安全体系建设的研究；支持完善农业社会化服务体系建设与发展的研究；乡镇财政建设和主要功能的研究。为配合中国农研会的专题研讨，省农研会商定由阜阳、六安、滁州市农研会就“财政直补粮食生产资金整合”；合肥、安庆、宣城市农研会就“完善农业社会化服务体系建设与发展”两个专题进行调研，并写出调研报告。同时，还精心组织全省年度优秀论文评选活动。截至 2 月底，全省各地上报论文、调研报告共 146 篇。其中合肥、六安、安庆、滁州市上报的论文数量已达 20 篇之多，仅凤阳县财政局张萍同志一人就撰写上报论文 8 篇。此次活动共评出一等奖 8 篇，二等奖 15 篇，三等奖 20 篇，鼓励奖 103 篇。为充分发挥调研成果效应，省农研会重点抓了以下几方面的工作：一是积极向省社科联申报课题，共申报两项课题调研成果，二是将调研成果积极向领导谏言献策。各地对课题调研提出的建议、对策，均上报领导参阅。三是扩大调研成果的宣传面。将调研报告汇编成册，印发给各级农研会和财政部门参阅。并通过自建宣传平台网站、网页、会刊发布信息、宣传论文成果。同时，积极向《农民报》、《农村财政与财务》等宣传媒体推荐论文稿件。

省农研会 3 月中旬下发《关于开展全省农村财政研究会系统先进集体和先进工作者评选表彰活动的通知》。全省各级农研会高度重视此项工作，精心组织实施，认真进行评选推荐。经省农研会研究并报厅领导审批后，确定合肥、六安等 8 个市农村财政研究会为先进单位，鲍广梅、王素英、梁德军等 46 位同志为先进工作者。

2010 年省农研会在基层财经干部考察培训中主要抓了三方面工作：一是积极配合中国农研会在广西、辽宁等省举办的基层财政干部培训班，是组织学员参加培训最多的省份，受到国家农研会的表彰。二是积极支持各级农研会采取不同形式自办培训。三是组织会员单位外出考察学习。省农研会 9 月组织 20 多位理事和有关人员到上海世博会考察；阜阳市、安庆市农研会也分别组织有关考察。通过培训、学习考察，既开阔了基层财经干部的眼界，又增长了理论和实践知识。

通过四年多的努力，2010 年初，省农研会将编印好的《安徽省建国以来农业税收简史（送审稿）》送交各位编委、顾问审核。同时将《送审稿》分送给财政部、国家税务总局、国家农研会和本省有关部门评审。经过市、县（区）财政局涉农部门的不懈努力，目前已有合肥、安庆、黄山等 15 个市的简史编印成书。

11 月中旬，在芜湖市召开了全省各市农研会秘书长工作会议。会议主要议程五项；一是各市农研会进行工作交流。二是表彰 2009 年度获奖优秀论文。三是汇报几年来会费收缴情况。四是参观考察南陵县大浦农业开发试验区和芜湖城市建设新貌。五是总结全年的工作。

（省农研会供稿　殷家明执笔）

【安徽省预算与会计研究会】2010 年，安徽省预算与会计研究会在省财政厅的直接领导下，在全国预算与会计研究会和省财政厅相关处室（局）的指导支持下，贯彻落实科学发展观，紧紧围绕“为中心、为改革发展、为现实”服务的理念，积极探索，扎实进取，在安徽财政改革和发展中发挥了积极的作用。

一是圆满召开安徽省预算与会计研究会三届二次理事会。会议审议通过 2009 年工作总结和 2010 年工作计划及因人事变动和工作需要而调整增补部分理事、常务理事。会议还通报表彰获得 2009 年度优秀论文和调研报告的课题组或个人，并颁发荣誉证书。

二是积极组织课题研究，推出一批研究成果。一是与财政厅国库处、六安市预算与会计研究会和安徽财经大学财政与公共管理学院共同组织课题领导小组，完成了财政部预算司、国库司和全国预算与会计研究会下达的重点课题“政府预算会计与财务会计结合问题”的调研和撰写任务，并按时高质量地上报。与财政厅经建处共同组成课题组，到具有地域和典型特点或代表的肥东、庐江、来安、濉溪、休宁五个县进行调研，完成了我省的重点课题“粮食直接补贴政策效应分析及完善建议”，调研报告上报厅领导，供决策参考。结合我省实际，提出了 28 个参考指导性课题目录，引导全省财政系统、理事单位及社会有关方面开展研究，推出了一批研究成果。经征文评选，共评选出一等奖 4 名、二等奖 7 名、三等奖 23 名，发文通报并颁发证书。

三是积极参加学术活动，发挥一席之地上应有的作用。2010 年研究会有关单位负责人分别赴福建、湖南、镇江、郑州等省市参加学术活动，并与兄弟省市进行经验交流。与此同时，还参加省社科联、省民政厅组织的学术报告会、座谈会。

四是调整和扩大通讯联络员队伍。鉴于原有的通讯联络员队伍中部分人员工作岗位有所变动，且覆盖面比较窄，范围不够广泛，2010 年，省预算与会计研究会发文要求调整并覆盖全省各市、县（市、区）财政局和省直理事单位，为研究会工作的开展起到了推动作用。

五是通过省民政厅、省社科联分别组织的公益性社团评估和社科类学会规范管理的评审验收。经省民政厅和省社科联评估、评审组实地考察，并查阅相关佐证材料，省预算与会计研究会被省社科联审批为标准化学会，省民政厅评估组也对省预算与会计研究会的工作给予了充分肯定和较高的评价。

六是宣传发行工作成效显著。在全国预算与会计研究会成立 20 周年暨宣传工作会议上，省预算与会计研究会被指定作工作经验介绍，并授予《财政宣传优秀单位》称号。

七是认真履行《章程》规定，强化自身建设。为确定研究会工作科学、有序、高效和规范，2010 年，研究会又制定了《研究会办公议事制度》、《研究会重大事项报告制度》等 6 项管理制度，推动研究会工作的规范化和科学化建设。

（省预算与会计研究会供稿　李良执笔）

【安徽省珠算协会】2010 年，全省珠协系统在各级财政部门直接领导下，按照中珠协的统一部署，坚持以珠心算教育推广普及为中心，因地制宜，办好教学示范，办好各类比赛，使安徽省珠心算教育事业得以继续推进。一是坚定开展普及珠心算教育，努力凝聚珠协人气，保持全省系统活力。一年来，全省各级珠协一方面在不断完善珠心算教学示范点上的基础上，用心扶持民办幼儿园、小学开展珠心算教学。据不完全统计，全省半数以上市、县、区的近 300 所幼儿园、小学已开展珠心算教学，参加学习人数达 26000 多人。2010 年，省珠协先后选拔推荐 3 批共 45 名教师，参加中珠协相继举办的第一、二、三期珠心算教师培训班。省珠协对 2009 年在全省广泛征集的 40 多篇珠心算教学训练研究论文进行评审评奖，向全国推荐参评的 2 篇学术论文均获二等奖。8 月，省珠协汪晓琴会长、唐向东副会长，应邀参加中珠协和台湾省商业会联合举办的第十八届海峡两岸珠算学术交流活动。9 月下旬，省珠协组织市、县珠协会长、秘书长和珠心算教练共 25 人，赴陕西考察学习珠心算普及推广经验。

二是坚持办好两大珠心算赛式，充分展示启智功效，扩大社会影响力。2010 年我省相继组织举办了两大赛事，其中，在第十九届海峡两岸珠心算通信比赛中，我省 17 个市及省直共有 34231 人参赛，获全国组织推广二等奖；阜阳市阜南商校朱洪亮老师荣获学生组教练二等奖、阜阳商校 09 级王方同学获学生组二等奖，得到了中国珠算心算协会的通报表彰。合肥市、安庆市、滁州市、芜湖市、淮南市、淮北市、黄山市、马鞍山市、铜陵市、六安市获组织推广特等奖；蚌埠市、宿州市、宣城市获组织推广一等奖。在全省第十三届少儿珠心算比赛中，学生组比赛团体一等奖由亳州市、马鞍山市获得；团体二等奖由六安市、蚌埠市、黄山市获得。学前组比赛团体一等奖由黄山市、六安市、合肥市获得；团体二等奖由马鞍山市、蚌埠市、阜阳市、淮北市、亳州市获得。学生组个人全能一等奖由米博 、刘方旭、唐浩宇、裴丹琳获得。学前组个人一等奖由冯斌、侯婧妤、桑成龙、朱申、王仲年、汪毅、范柏伸获得。另有田颖、方明珍、黄静、张宏平、张莉莉等5位教练获得优秀教练奖，

三是潜心编撰师资培训教材，立足本省自办培训班，增强珠心算教育普及实力。2009年6月，省珠协成立了安徽省珠心算教练培训教材编写委员会，邀请我省首批五位国家高级珠心算教练师参加，在总结本省珠心算教学经验的基础上，吸收近几年国内外新的珠心算学术理论及相关科学研究成果，编写出一本适合本省实际需要的培训教练新教材。省珠协将以《培训讲义》为主要教材，开展全省珠心算教练培训。主讲教师由省珠协协调安排邀请，或邀请有经验的骨干教师，依据统一《讲义》备课讲授。通过多次办班授课，总结积累经验，不断充实完善《培训讲义》。

四是市县珠协工作精彩活跃，珠心算推广重视创新，常规事项重视规范。2010年，各市珠协在财政部门领导大力支持下，抓住珠心算对少儿启智教育不放，积极开展活动，各项工作有声有色。其中，合肥市珠协自办珠心算教学，春季夏季秋季共招了13个班，努身满足少儿家长的需求，社会反响很好。芜湖市珠协经过几年基础工作努力，营造了很好的珠心算教育社会氛围，在2010年教学点已达50多个、在学儿童达6000多人。马鞍山市争取十几万元专项补助费支持县区4所小学开展珠心算教学；同时又制定《奖励办法》，调动教师积极性，使全市依然保持了20所小学、幼儿园40个班2100多名小朋友参加学习珠心算。宿州市珠协加大珠心算普及力度，全市共抓教学点41个学校；参加珠心算学习1889人，其中小学生1084人，幼儿693人。淮南市珠协在市教育局、市财政局共同重视和组织下，在三个小学、十二所幼儿园开展了珠心算教学。铜陵市在每期珠心算培训结束时，坚持邀请市妇联、少年宫、各校负责人和家长观看结业汇报表演，还在节假日上街演示、散发宣传册、调查问卷，扩大民众认同。宣城市通过举办珠心算皖南千人小博士争霸赛，组织了1500名小选手参加海峡两岸通信赛。六安市多次支持教师参加全国及省内培训，组织本地示范点相互交流和赴黄山大位小学考察学习。阜阳市珠协主动与阜阳商校沟通，继续把珠算列为会计、统计、金融班必修课，并达到六级标准。

（省珠算协会供稿　唐向东执笔）

市县区财政篇

小岗村大包干纪念馆

(2011) 安徽财政年鉴

合肥市财政工作概况

合肥市财政工作综述

2010年，合肥财政紧紧围绕市委、市政府的中心工作及年初全省、全市财政工作会议部署的各项任务，大力组织财政收入，加强和规范支出管理，稳步推进各项改革，促进财政经济平稳较快发展，为全市经济和社会各项事业健康协调发展提供强有力的调控手段和财力支持。全市财政一般预算收入完成476.2亿元，为预算的124.9%，增收134.3亿元，同比增长39.3%，首次实现年度增收过百亿，是历年来增收最多的一年。其中，地方收入完成259.4亿元，为预算的132.1%，增长43.4%。收入总量、增幅均位居全省前列，地方收入实现争先进位，在全国省会城市排名由第14位上升至第10位。财政支出完成317.7亿元，为预算的99.2%，增长29.2%。

【积极强化税源管理，财政实力大幅提升】全市各级财税部门积极克服复杂多变的宏观经济环境，积极推进依法治税，创新税源管理方式，强化收入征管。在税源普查的基础上，搭建涉税信息平台，建立跨部门跨系统的涉税信息系统，实现房产、税务、国土、规划、工商等30家部门涉税信息集中共享。全年累计采集各类综合涉税信息2000多万条，全面反映本市税源分布情况。牵头制定管理机制和考核办法，加强综合分析比对，及时发现潜在税源及异常纳税信息，实现跨部门源头控管、协调联动的协税护税工作机制。强化重点税源分析与监控，构建四级纵向联动的协税护税网络，建立收入计划分月调度、季度考核机制，积极开展联合打击假发票专项活动，确保税收和非税收入应收尽收。

【全力支持“大发展”，开发财政成效显著】跳出财政抓财政，积极服务全市中心工作大局。密切跟踪宏观经济政策，加强政策的前瞻性分析，修订完善财政支持工业、自主创新、农业和服务业等一整套政策体系。加快经济结构调整和产业升级步伐，坚持扶优扶强，着力抓好大项目建设，扶植壮大优势产业，累计投入6.62亿元专项资金支持工业发展。全面落实促进中小企业发展政策，促进服务业加快发展，推进自主创新和合芜蚌综合配套改革试验区建设。全力推进“四下乡、两换新”工作，拉动消费25.25亿元。全面清理涉企行政事业性收费，整顿规范涉企经营性服务收费。对开发园区工业投资项目继续实行免收37项行政事业性收费政策，全年累计免收资金4.26亿元。创新融资方式，成功发行二期第四批“滨湖．春晓”中小企业发展集合信托计划，累计筹集资金3亿元，支持了全市117家优质中小企业，有效缓解中小企业融资难问题。拓展融资渠道，设立高特佳创业投资基金，支持初创型企业发展。积极利用全国私人电动汽车首批试点城市和金太阳工程首批示范开发区的宝贵政策。统筹调度周转资金，强力支持平板显示、新能源、新材料、战略性新兴产业发展和产业园区建设，财政的“开发”功能日益显著。

【全面优化支出结构，保障民生力度空前】紧密结合合肥实际，调整支出结构，严控一般性支出，全力保障重点支出。全年教育、文化、卫生、农业、社会保障、基础设施建设等重点支出方面共投入205.47亿元，增长32.71%，重点支出比重进一步提高。将保障和改善民生放在突出位置，加大民生工程投入，着力解决群众最关心、最直接的利益问题，全年累计投入民生工程资金23.94亿元，同比增长16%。累计拨付各项社会保险基金近50亿元，确保19万名企业离退休人员养老金和2万名失业人员失业金按时足额发放。稳步推进医疗卫生体制改革，健全基层医疗卫生服务体系。切实做好生活困难群体保障工作，提高低保补差水平。进一步完善创业扶持政策体系，鼓励创业带动就业。加大保障性安居工程建设和公共租赁房建设，加快棚户区改造步伐。进一步完善义务教育经费保障机制。全面落实中等职业学校和普通高中学生资助政策，逐步完善对民办教育、学前教育支持政策。筹措市属学校校安工程建设资金 1.78 亿元，实行专户管理、专账核算。全力做好大建设资金保障，有力地支持了裕溪路高架、长江西路高架、轨道交通试验段等重点城市建设工程。

【深化财政管理改革，科学管理水平不断提高】 积极推行“阳光财政”，在全国首创“开门预算”模式，上门编预算，开门审预算。根据事业发展及其所提供公共服务产品的能力，实行项目预算，按事拨款，花钱买服务，养事不养人。对市属学校按在校学生数，采取政府购买“产品”的方式，实行生均综合定额供给经费，经费不再与学校教职工人数挂钩。强化预算执行管理，规范预算追加程序，对数额较大，社会影响范围较广，或者专业性、技术性较强的项目，实行预算追加听证。试行国有资本经营收益收缴改革，认真组织开展收益收缴工作。强化行政事业单位资产管理，建立从“入口”到“出口”的一整套行政事业单位资产管理机制。对行政事业单位房屋等资产全面实行公开招租，实现国有资产收益的最大化。强化财政监督检查。通过“三查三看”，扎实开展农业综合开发项目资金专项检查。深入开展党政机关、事业单位、社会团体、国有及国有控股企业“小金库”专项治理和农村三资清理，建立健全国有资产、资金、资源全面监督管理的长效机制。进一步完善财政国库管理制度，推行公务卡借改贷改革，牵头推进全市财税库银横向联网工作。稳步落实全市公共卫生与基层医疗卫生事业单位绩效工资政策。强化政府债务管理及融资平台建设，积极谋划地方政府融资平台转型发展。扩大政府采购范围，对市直单位通用办公设备采取集中采购与协议供货相结合模式，全年采购资金节约率达 12.25%。

【持续加强队伍建设，财政干部素质不断提升】 扎实开展创先争优活动，针对性地制定实施方案，将创先争优活动的各项要求，有机地融入财政工作目标任务中。深入开展“系统建设年”和“学习提升年”活动，搭建市县区交流平台，加强互动交流，推进资源共享，提升财政整体合力和工作效能。加强财政法制宣传教育工作，做好财政“五五”普法宣传总结验收，创建“法治合肥”。大力加强干部队伍建设，继续加强学习型机关建设，强化学习制度，加强学习培训，全面提升财政干部队伍的综合素质。强化干部队伍结构，优化人员配置。进一步完善财政质量管理体系，优化工作业务流程和计划管理，提高工作计划的前瞻性和时效性。切实加强反腐倡廉建设，扎实开展《廉政准则》主题教育活动和反腐倡廉制度建设执行年活动。深入推进文明创建，规范财政工作人员服务行为，强化服务理念，加强职业道德和行为规范建设，营造务实高效的工作作风，提升财政系统整体形象。

（合肥市财政局供稿　张世奎执笔）

庐阳区财政工作概述

2010 年，庐阳区财政收入完成 151109 万元，增长 17.68%。其中：中央收入 63154 万元，增长 21.7%；地方收入 87955 万元，增长 14.96%。全区财政支出完成 102700 万元，增长 17.29%。

【强化税源管理，财政收入稳步增长】 制定区协税护税工作考核暂行办法，全面考核乡镇、街道和工业区财税工作，财税工作考核机制基本建立；建成税源管理信息化平台，采集涉税信息 58362 条，税源动态化管理水平进一步提高；对纳税及财力贡献百强单位进行统计分析，完成税源分行业、分产业、分街道划分工作，财政收入分析体系更加全面；跟踪管理建设项目 110 个，通过税务变更等形式将 36 家单位的税收纳入我区管理，帮助 42 家楼宇企业在我区办理工商税务登记，督促 134 家漏征漏管户及时补办工商税务登记，重点税源监管成效显著。制定《关于进一步加强教育系统非税收入管理的意见》，将区属中小学的国有资产出租收入全部纳入预算管理；将 6 家城乡卫生服务机构经营性收入全部纳入非税管理；将户外广告设置权出让收入纳入预算管理，非税收入管理成效显著。

【优化支出结构，财政支持能力不断增强】 组织完成 2007－2009 年农村饮水安全工程等民生项目实施情况检查，将散居五保户、农村居民最低生活保障标准提高到每年 3360 元/人，累计拨付民生工程资金 1.04 亿元。全力支持教育强区建设，共拨付教育经费 2.3 亿元，增长 23%；积极推进基层医药卫生体制综合改革，按时足额拨付卫生系统绩效工资，有效保障基层医疗卫生机构正常运转。进一步提高城乡困难群众医疗救助标准；做好市21中、26中、36中划转接收工作。创新支农资金管理办法，印发《财政支农项目库建设与管理暂行办法》，认真组织农村公益事业建设“一事一议”奖补试点工作，全年共拨付各类支农项目资金967万元；继续做好涉农补贴发放工作，累计兑现涉及农民个人补贴资金15项21批共2037万元；积极推进农村“三资”委托代理工作。

【服务经济发展，增加财政持续竞争力】 贯彻落实省、市关于承接产业转移促进经济发展相关政策，拨付129家规模以上工业企业奖补资金1694万元，兑现投资引资奖补资金357万元，为辖区工业企业办理“免收费”1732万元，拨付现代服务业发展引导资金1000万元，助推工业企业做大做强，引导高端服务业加快发展。强力支持“大建设”，改善投资环境，共拨付“大建设”经费1.77亿元，拨付绿化“大会战”经费120万元；强化融资管理及服务，成立金融管理机构，稳妥推进小额贷款公司审核申报和融资性担保公司规范整顿工作。积极推进补贴资金网点代审代垫制度，全年销售家电汽车摩托车下乡产品32478台，兑付补贴金额1103万元，占全市城区总量的35.12%；累计回收旧家电79949台，销售五类新家电85550台，兑付补贴资金1692万元。

【深化财政改革，推进科学化精细化管理】 制定区级预算管理办法、区级部门预算编制管理办法和区财政资金管理办法，进一步完善预算管理制度；印发《关于做好财政供给单位人员信息系统更新工作的通知》，核实更新人员信息系统数据，为预算管理提供数据支持；制定《庐阳区财政支出绩效考评办法》，建立支出绩效考评指标体系，对2009年教育均衡发展资金和市容新增道路清扫保洁资金实施绩效考评，财政管理更加关注效益。成立庐阳区国库集中支付改革领导小组，继续扩大国库集中支付改革范围，率先实施公务卡改革，全年国库集中支付资金同比增长31%。制定《庐阳区2010年区级政府集中采购目录及采购限额标准》，签订2010－2011年行政事业单位车辆定点维修合同，全年共开展政府采购137次，完成政府采购金额2708万元，节约资金381万元。

【完善规章制度，国有资产管理体系全面建立】 制定《庐阳区行政事业单位国有资产配置管理实施细则》、《关于进一步明确行政事业单位资产配置管理工作流程的通知》，初步实现资产配置无纸化审批，全年共审批资产配置项目362批次。制定《庐阳区行政事业单位国有资产处置管理实施细则》，认真做好机构改革单位资产调拨管理，全年共审核机构改革单位资产调拨金额918万元。重组合肥庐阳国有资产投资控股集团有限公司，率先实现区属所有“公房”公开招租，“公房”收益同比净增850万元。率先建立行政事业单位国有资产统计报告制度，夯实行政事业单位资产管理基础。率先建立行政事业单位国有资产目标考核机制，强化工作责任，激活工作动力，实现长效管理。

【强化财政监督，依法履行财政监管职责】 继续开展“小金库”专项治理工作，制定《庐阳区强农惠农资金专项清理和检查工作实施方案》，完成2007—2009年强农惠农资金检查工作。成立“三资”清理工作组，对村集体“三资”进行清理并引入管理系统实行动态管理。开展建设项目工程领域专项治理工作，对2008年以来的工程项目进行检查，共检查投资额500万元以上的项目27个。加强会计管理工作，邀请专家在全区行政管理干部中普及会计知识，提高行政管理人员会计工作意识；开展2010年会计人员继续教育，共对25个单位123名会计人员实施培训。加强国债项目资金监督管理，严格按程序拨付资金，确保资金专款专用。

（庐阳区财政局供稿　张士明执笔）

蜀山区财政工作概述

2010年，蜀山区实现财政收入135110万元，同比增长50.49%。其中，地方收入97208万元，同比增长52.25%。上划中央收入为37902万元，同比下降48.22%。区本级财政支出115350万元，预算执行率101.6%。

【组织财政收入】 把组织财税收入作为财政部门的“第一责任”来落实。一是抓任务分解。根据年初人代会通过的预算收入任务，及时分解到相关税务（分）局，明确各自年度目标。同时，全部分解、量化到月，下达预算科室，明确月度指标。二是抓税收监管。对全区前50名税源大户，对房地产、金融业、商贸业等重点行业，对增值税、营业税、企业所得税等重点税种，实行重点监控，逐月比对分析，确保均衡入库。三是抓部门协调。区财政与相关税务部门定期会商，先后召开5次座谈会，并建立区、镇（街）、居三级协税护税网络。

【支持经济发展】把建设后续财源作为财政部门的“基础工程”来落实。2010 年，区财政部门积极寻找支持经济发展的切入点，着力推动园区经济、重点企业做大做强。一是支持园区建设。全年投入 2460 万元，加快新产业园区交通路网、标准化厂房等基础设施建设，进一步提高园区招商引资的竞争力和项目承载力。二是支持招商引资。牢固树立“招商即是招财”、“招商决定财政”的理念，投入 1200 万元，用于招商引资工作的考核奖励和组织各项商务会展。三是支持企业发展。积极向上争取资金 1400 多万元，促进博一流体、中兴继远等一批高新技术企业落户蜀山；全面落实优惠政策，大力扶持工业企业健康发展，共减免 290 项行政事业性收费达 50 万元。

【保障重点支出】把科学分配财力作为财政部门的“首要任务”来落实。2010 年，财力分配体现了“三个倾斜”。一是倾斜民生增福祉。在严格压缩政府机关经费的基础上，捆绑整合民计民生资金 5.4 亿元，占财政预算支出的 64%。二是倾斜基层保运转。对区直部门经费投入不高于 2009 年，对街道经费投入在 2009 年基础上增加 20% 以上，对社区（村）投入则翻了一番，总额达 1400 万元。三是倾斜项目促发展。投入 11000 万元，用于长江西路高架桥项目拆迁安置；投入 7000 万元，用于龚洼、南新庄、科学分院路等城中村改造；投入 1500 万元，完成岳西新村等 7 个老旧小区综合治理；投入 3000 万元，用于绿化大会战；投入 4500 万元，用于校舍安全工程，以及“三馆两中心”（区青少年活动中心、综合服务中心、文化馆、图书馆、档案馆）和五十中体育馆的前期建设；投入 1000 万元，支持豆制品基地建设。

【加强科学理财】以深入推进财政科学化、精细化管理为主线，全面加强财政各项管理，务求争先进位、彰显特色。在民生工程实施工作上，共组织实施 25 项民生工程，共应配套资金 1.02 亿元（省 6830 万元，市 699 万元，区 2681 万元），实际到位率 100%。所有项目均完成省市下达的任务要求。在招投标（政府采购）工作上，蜀山区始终走在全市前列，全年共完成政府采购 675 次，预算金额 15988 万元，实际采购金额 11422 万元，节约资金 4565 万元，总节约率 28.56%。全区 42 家一级预算单位实现“全覆盖”，全年国库系统网上支付资金达 1.2 亿元。同时，先后多次召开业务培训会，与 3 家银行签约开通公务卡管理系统，为下一步全面推行打下坚实基础。全年共有被征地农民养老保障金、大病医疗救助等 12 个惠民项目、45 个批次，共计 4120.6 万元通过“一卡通”发放，受益人数达 9.1 万人次。建立以《安徽省非税收入一般缴款书》为主体的新型财政票据体系，实行对票据入库、购领、使用、缴销全过程的网络化监管。全年共完成非税收入 9466 万元。对全区 146 家行政事业单位启动资产管理信息化工作，全面实行软件管理，实现对全区各行政事业单位资产配置、使用和处置等各方面的动态监管。全年共批复 1099 件资产的处置申请，涉及资产总额 716.86 万元。在全区财政系统开展“系统建设年”活动，围绕“学习培训进讲堂、基础系统建平台、业务体系上水平”，深入实施“958”工程，先后开办金融知识、非税征收、会计核算、协税护税等 9 个大讲堂。

（蜀山区财政局供稿　黄　潇执笔）

瑶海区财政工作概述

2010 年，瑶海区财政收入完成 77173 万元，同比增长 51.98%。其中：地方收入完成 53667 万元，同比增长 56.36%。全区财政支出完成 64423 万元。

【强化收入征管】一是结合税源实际，统筹安排收入计划，并合理分解收入任务。二是多方面、多渠道、多形式与省、市、区国地税部门联系、沟通，积极争取税源企业和相关税收征管政策。三是坚持专人对区金库收入日报，每周对国、地税申报数查询一次，每月一期《财政简报》对相关税源信息、收支情况进行认真比对、分析，每季度召开一次财税工作形势分析交流会，及时发现解决组织收入中存在的问题，促进收入有计划、按序时入库。四是加强政府非税收入管理，保证非税收入及时足额入库。

【确保重点支出】全年支出安排中，区财政通过“零基预算”和“综合预算”的方式，严格坚持勤俭节约、有保有压、量力而行的原则，逐步优化财政支出结构。一是确保公共支出和法定增长支出，全年一般公共服务支出 7470 万元，法定增长方面支出 19157 万元，保证行政事业单位的运转和教育、科学等事业的发展。二是集中财力向重点项目、重点工作和民生工程等领域倾斜，确保城市基础设施建设、社会保障与就业、城市综合管理、旧城改造、社区文化建设、社区卫生服务中心建设等方面的投入，全年区级财政在社会保障与就业方面投入4497万元，医疗卫生方面投入3737万元，城市基础设施建设方面投入11000万元。

【深化财政改革】一是严格非税收入管理，制定《合肥市瑶海区政府非税收入管理暂行办法》，明确全区各系统、各单位非税调剂管理办法；二是继续推进国库集中支付改革，确定公务卡推行试点单位，制定《瑶海区推行公务卡制度改革方案》和《瑶海区公务卡使用管理暂行办法》，实现公务支出更加透明、公开。三是扎实做好民生资金管理，制定《民生工程资金管理暂行办法》、《关于加强财政补贴农民资金管理和发放工作有关规定》，规范资金发放程序，实行“一卡式”发放，专账储存，专户管理，专款专用，确保资金安全足额拨付到位；四是加强国有资产管理，集中时间对各单位资产彻底清查，建立了行政事业单位资产管理信息系统，制定《关于进一步加强国有资产监督管理的意见》和《关于做好区直单位国有经营性资产划转工作的通知》，促进国有资产管理制度化、规范化和信息化。

（瑶海区财政局供稿　孔维金执笔）

包河区财政工作概述

2010年，包河区本级财政收入完成142213万元，为年初预算109400万元的129.9%，其中地方收入14.7亿元。财政支出完成133673万元，为调整预算数137047万元的97.5%。

【财政收入增长迅速】2010年，全区各级财税部门围绕“狠抓税源、强化考核、责任追究”为重点，打破常规做法，大力组织收入，千方百计提升财政收入总量和质量，财政收入一举实现两个新跨越：一是财政收入总量突破20亿元，达到21.9亿元，排名全市七区第一；二是地方收入实现14.7亿元，总量跃居全省105个县（市）区首位，包河区跃居“安徽财税第一城区”。围绕税源管理，主要从三个方面狠抓落实：一是强化税收征管举措。制定出台税源管理制度办法，健全街镇税源管理机构，搭建税源管理监控信息平台，密切关注财政收入动态，科学研判财政收入形势，着重加强对重点税源、重点企业的调查和分析，及时发现、解决各类问题，确保财政收入稳步快速增长，均衡入库。二是落实协税护税工作机制。坚持税源分析月例会制度，明确协税护税责任主体，力争做到税源管理无缝对接，确保税源管理横联纵通。三是严格收入奖惩机制。加强财政收入考核，落实财政收入奖励和责任追究制度，激发各级各部门关心收入、狠抓收入的积极性和主动性。

【促进发展措施有力】认真贯彻落实积极的财政政策和区委“双轮驱动”发展战略，抢抓皖江城市带承接产业转移等政策叠加机遇，围绕《包河区承接产业转移加快先进制造业发展若干政策》、《包河区承接产业转移加快楼宇经济发展若干政策》、《包河区加快农业结构调整促进都市农业发展若干意见》等产业扶持政策，安排专项资金5000万元，积极发挥政策导向作用和财政资金撬动作用，有力推动了全区经济结构调整和产业升级。以项目为抓手，积极支持全区大建设，全面推动基础设施建设，全年共投入资金10266万元。着力优化生态环境，共拨付绿化大会战和植树造林、清洁家园经费916万元。认真落实家电（摩托车）下乡、家电（汽车）以旧换新等消费促进政策，全年兑付补贴资金835万元，办理家电下乡12834台，办理汽车、摩托车下乡1310台，拉动消费6524万元。继续执行工业投资项目免收费政策，2010年区财政共承担兑现省级免收费资金385.9万元。

【民生投入提标扩面】持续加大民生资金投入，努力让更多群众共享建设和发展成果。全年共投入5.2亿元用于民计民生和社会事业发展。2010年，全区共投入教育事业3.7亿元，增长74.8%，全面落实义务教育阶段学生免学费政策。社会保障覆盖面进一步扩大，全区社保和就业支出8743万元，其中投入就业专项资金3482万元，新增城镇就业岗位15483人；农村低保由人均每年1600元提高到3360元，农村五保供养标准由人均每年2000元提高到3120元，惠及群众48120人次。全区当年共投入医疗卫生事业6420万元，增长19.6%。精心组织实施21项民生工程，全年共投入1.6亿元，其中区级财政投入4681.1万元，总量与上年同口径相比增长近2倍；在全市首创“专家审议”，全程监督民生工程进展情况；创新民生工程宣传方式，让民生工程更加深入民心。

【财政改革稳步推进】试行“开门预算”。在全市各县区率先试点项目支出预算公开评审，邀请区人大、区政协和区直相关部门代表成立项目支出预算评审小组，对10个试点部门申报的项目支出预算进行公开评审，提高了预算编制与审核的透明度。全面推开国库集中支付改革。在11家单位成功试点的基础上，5月份在区直部门全面推开国库集中支付。全年累计通过国库集中支付9145笔，支付金额31114.6万元。在区直11家部门、单位启动公务卡试点改革，资金结算率为100%。进一步深化非税征管改革。积极配合做好基层医疗体制改革，将包公街道社区卫生服务中心、大圩卫生院等8个基层卫生服务机构的药品收入、医疗服务收入和其他收入全部纳入区非税收入专户管理。

【管理水平明显提升】结合"五五"普法，围绕"依法理财、依法用财"，大力组织宣传贯彻《预算法》、《国有资产管理法》等法律法规，加强财政财务管理各项基础工作，不断提升财政管理水平。强化国有资产管理，探索国有资产信息化管理，努力为行政事业单位资产精细化管理和合理安排预算支出、加强政府采购管理、国有资产处置等工作奠定基础。完成全区134家单位固定资产信息数据梳理、审核工作，将8.5亿元的行政事业单位固定资产纳入规范化管理。强化融资管理及服务，稳妥推进小额贷款公司审核申报和融资性担保公司规范整顿工作。深化各项涉农管理，全力加快安徽滨湖现代农业综合开发示范区建设，项目区共到位资金6810万元。规范涉农补贴一卡式发放程序，全年集中打卡补贴资金1628万元，惠及2.9万户。开展强农惠农资金清理检查工作，涉及资金13005万元。积极开展"阳光村务"工程，建立街镇代理中心，强化业务指导培训。

（包河区财政局供稿　郑玉执笔）

经济技术开发区财政工作概述

2010年，在开发区工委、管委会的坚强领导和上级财政部门的指导下，区财政局狠抓开源节流，不断加强财政科学化精细化管理，圆满完成全年各项工作任务。全年完成财政收入87.74亿元，比上年增长70.78%（扣除绿城项目的特殊因素后，同比增长15.43%）。其中，一般预算收入15.7亿元，同比增长36.18%。完成财政支出34.89亿元，同比增长58.43%。其中，一般预算支出16.03亿元，同比增长62.88%。

【强化收入征管】一是加强税源分析，异常信息及时通报相关部门，不定期走访重点企业，及时帮助企业解决生产经营中存在的各种问题。对于零星小型企业，通过开展专项活动进行摸排，确保财政收入平稳均衡入库。二是加强对零散税源及个体工商户税收征管。全年财政性投资项目代扣代缴税款超过1000万元，个体户税款236万元。同时加强对建安、房地产等一次性税源监控。2010年建安税款7580万元，较上年增长12.01%，房地产税款入库37990万元，较上年增长45.10%。三是加强对纳税户的监控。协助税务部门组织对连续两个月以上纳税零申报企业的专项检查整治，同时对纳税异常变动企业进行纳税评估，杜绝税款"跑、冒、滴、漏"。

【优化支出结构】一是加大对教科文卫事业的投入，促进社会事业的平稳发展。全年教育投入8910万元，同比增长85.51%，医疗卫生投入956万元，同比增长6.66%，人口与计划生育投入458万元，同比增长14.73%，社会保障投入8183万元。二是突出保障民生，努力构建和谐社会。全力推进农村居民最低生活保障费、"五保户"供养费、计划生育家庭奖励扶助金等共计17项民生工程，全年到位资金4512.24万元，资金到位率100%。被市政府评为民生工程实施先进单位。三是做好企业优惠政策申报及审核兑现工作，全年共兑现奖励资金5.07亿元。四是扩内需，继续做好"家电下乡"工作。全年兑现家电下乡补贴700人次，发放补贴资金36万元。

【提高财政科学化精细化管理】一是初步建立预算执行全过程监督程序。草拟预算管理方面有关文件，财政科学化精细化管理水平进一步提高。二是积极开展财政支出绩效考评工作。选择不同类型的6个项目进行绩效考评试点，将预算、执行和效益挂钩，初步建立了财政预算的绩效评价制度。三是继续深化和完善国库集中支付制度改革。结合我区行政体制改革，对预算单位进行局部整合，总计33家预算单位全部纳入集中支付范围。四是理顺政府采购流程，提高采购效率。将政府采购项目计划和直接支付用款计划合二为一，减少环节，提高效率。

【加强投资项目管理】一是出台有关文件，并对工程项目概算审核、决算送审、跟踪审计委派、采购任务下达等业务建立了登记备案制度。二是在项目建设过程中严格执行《开发区财政性投资项目管理暂行办法》等规定，实行工程项目事前概预算审核、事中跟踪审计和事后决算审计的全过程管理。2010 年度，共完成工程概预算审核 83 份，申报概预算金额 101889 万元，核减金额 11809 万元，核减率为 14.3%；委托工程决算审计项目 411 个，送审金额 37526.7 万元，完成工程决算审计项目 169 个，核减金额 5460.3 万元，核减率为 9.43%。同时，还下达了跟踪审计任务 34 个，工程项目采购任务 112 个。

【规范融资管理】一是加强融资基础管理工作，进一步优化融资结构，将期限短、利率高的项目贷款调整为期限长、利率低的贷款。同时，通过编制年度投融资计划，做好年度资金使用和来源的平衡与衔接，进一步降低债务规模和融资成本，防范债务风险。二是积极组织融资，合理筹划项目贷款的偿还。在保证了项目建设资金需求的同时，节省了大量的融资成本。

【完善金融服务体系】引进 1 家商业银行，组建开业 2 家小额贷款公司，2 家担保公司，1 家典当行和 1 家证券营业部，进一步完善区金融服务体系。截至年底，辖区内共有银行业金融机构 9 家，小额贷款公司 4 家，融资性担保公司 5 家，金融机构营业网点已基本覆盖全区。一是认真做好小额贷款公司试点工作。全年共发放小额贷款 525 笔，金额 12.28 亿元，截至年底，全区小额贷款公司贷款余额 5.76 亿元。二是搭建金融信息平台，强化部门协作。三是加强对上市后备资源企业的挖潜和培育，2010 年，全区共组织上报 7 家上市后备资源企业，其中 4 家被省金融办、省财政厅等七部门纳入皖江城市带承接转移示范区上市后备企业。

【强化专项检查】一是巩固成果，认真开展党政机关事业单位“小金库”治理“回头看”活动；二是扎实推进，认真开展社会团体、国有及国有控股企业的“小金库”专项治理工作。在全区 3 家社会团体、24 家国有及国有控股企业全面开展自查自纠的基础上，从成员单位抽调人员成立重点检查专项小组开展全面检查，将重点检查覆盖面扩大到 100%。对“小金库”治理中发现的问题，建立健全财务监督管理制度，研究“小金库”发生的主客观原因，进一步探索建立预防产生“小金库”的长效机制。除此之外，我局还积极配合市审计局等部门开展救灾资金物资、校舍安全工程资金等专项检查，确保专项资金的规范使用和安全发放。

【全面加强国有资产管理】一是加强区属企业管理，制定了工资及绩效考核管理办法。二是全力清理往来账，完成区属企业各类债权清收 5.08 亿元。三是加强监管职能，牵头完成了对区属企业的 2009 年度审计、绩效审计、单位负责人的离任审计等工作。四是加强行政资产管理。提高行政资产的管理水平。五是加强经营性资产管理，全年共完成国资收益收缴 21627.5 万元。

（经济技术开发区财政局供稿　李步星执笔）

新站试验区财政工作概述

2010 年，新站区财政收入再上新台阶，全区财政收入完成 181278 万元，占年初预算 101.30%，比上年增长 15.41%。其中：税收收入完成 146802 万元，比上年增长 18.45%（一般预算收入完成 60448 万元，占年初预算 103.68%，比上年增长 9.93%）；非税收入完成 10852 万元，占年初预算 332.67%，比上年增长 282.24%。

【组织财政收入，提前完成任务】一是积极发挥财政政策、资金的调控、引导作用，大力培育财源，引导产业结构调整优化，支持京东方等行业优先发展，为财政收入的长期稳定增长奠定长远基础。二是按月对区内户型进行分析，及时掌握户型变化情况。三是针对区域调整，主动与划入园区、乡镇对接，第一时间掌握详细资料并加以分析，做好户型的划转工作。四是通过定期财税联席会议制度，加强与税务部门沟通联系，及时分解当月税收任务，“半月一调度，一月一分析”，实现工商税收持续稳定增长。五是对大额资金专户采取“协定存款”的资金管理方式，年增利息收益 550 万元，提高财政资金收益。

【优化支出结构，强化公共财政职能】优化财政支出结构，落实各项支出任务，确保重点支出需要，促进新站区经济社会协调发展。全区一般预算支出 115400 万元，同比增长 53%。其中城乡社区事务支出 44085 万元，教育、社会保障和就业支出 9081 万元，安排“京东方”项目投资支出 19865 万元，资源勘探电力信息等事务支出 22037 万元，区内产业结构调整专项资金 6000 万元；全区基金预算支出 144127 万元，其中城乡社区事务支出 143542 万元，教育、社会保障和就业支出 571 万元。

【推进国库集中支付，提高资金运行效率】将区划调整前14所学校全部纳入国库集中支付。2010年，国库集中支付共计4103笔，支付金额12932万元。通过国库集中支付，全面提高财政资金运行效率和使用效益。

【开展财政内部检查，监督资金安全性】对鑫城国资公司校舍安全工程支出情况、星火小学预算执行情况开展监督检查，采取抽查凭证、分析账务资料等方法，未发现有挤占、挪用建设、预算资金的现象。通过检查，完善财政资金事前审核、事中监控与事后检查的监督机制，保障财政资金的安全。

【稳步推进民生工程建设】一是领导重视，加强协调。切实履行牵头部门职责，制定工作方案及管理办法，建立健全工作协调推进机制。二是狠抓督办，强化责任落实。组织三次全区性的综合督导检查，加大对工程建设项目的督查和资金落实力度，特别是对校安工程，从项目的开工、施工、竣工等关键节点，均实行全程跟踪督办。三是丰富形式，扩大宣传范围。向辖区机关、学校及住户分别发放民生工程政策宣传册、民生作业本各4万余册，设立“民生工程”网站专栏，与区社事局联合举办三场民生工程进社区广场文艺演出活动，向市民生办等部门报送民生工作信息108篇，在市级以上（含中央级媒体）新闻媒体报道共35篇（次）。四是积极筹措，及时拨付资金。2010年完成全年目标任务应到位资金8042.94万元，截至年底，实际已经到位资金为8039.82万元，资金到位率为99.96%，区级配套资金实际到位1166.72万元（到位率为100%）。五是提高区级标准，加大投入力度。将农村居民低保年标准提高到3360元；对城乡义务教育经费保障生均公用经费也在市级规定小学补助30元，中学45元的基础上分别提标到90元和100元，为此区财政年增加投入84.4万元。

【规范管理，实现国有资产的安全完整和保值增值】积极完成新城园林公司苗木相关资产移交协调工作；严格依照程序对国有资产进行处置；认真组织开展佳乐公司国有股权界定审计、中州公司国有股权挂牌转让和新站总部经济大厦转让有关工作；在全区范围内开展社团和国有及国有控股企业“小金库”自查自纠，提高财务管理水平，实现国有资产的安全完整和保值增值。组织全区行政事业单位固定资产清查，同时引入固定资产管理系统对全区行政事业单位固定资产实施信息化管理，精确掌握各单位固定资产使用状况及变动情况，实现固定资产动态管理。

【强化政府采购监管，采购规模翻两番】积极宣传采购法规制度，扩大采购范围，规范和优化采购程序，强化审批服务指导，严格开评标纪律，固化采购信息网络管理，加强标后合同监督管理，完善采购信息的统计和资料汇总，积极鉴证服务平显基地重点企业鑫晟、彩虹、鑫虹、海瑞、蓝光等企业招标工作15次。全年区政府采购中心完成区级采购项目167个，实际采购金额为2333万元，采购规模比2009年的754万元翻两番，较采购预算金额2845万元节约资金512万元，综合资金结余率为18%。

【规范运作、加强监管，稳步推进融资工作开展】一是规范投融资管理。参与重点招商引资项目的前期投入，推进政府投融资平台向产业投融资平台转化；通过举办银企对接会，解决配套企业资金难题；创新融资，对“购买公共服务”、“收费权质押”等新型担保方式进行充分沟通与论证，打造良好的信用环境，提升平台规模。截至年底，通过金融机构融入基础设施资金21.5亿元。二是加强小额贷款担保平台监管，支持区内企业发展。积极推进区内小额贷款公司及担保公司的发展及后续监督，有力支持了区内企业的发展。2010年共审核转报筹建小额贷款公司8家、审核转报开业小额贷款公司2家；审核并转报筹建担保公司2家；审核并转报整改为融资性担保公司2家。

【推动集体资产处置，妥善处理群众问题】2010年分别组织召开10次资产组专题会议，配合街道、社居委召开居民户代表大会，对资产处置到账资金进行分配，推动开展清产核资专项审计和财务审计，及时处理工作中出现的各种问题。区划调整后，对资产处置工作进行系统总结，将全部工作资料整理交由瑶海区，并做好后续工作。

【整改审计发现问题，开展收支分析】一是积极配合审计部门开展2009年预算执行情况、园林绿化和校安工程等审计工作。针对问题，查找分析原因，积极督促各相关部门进行整改和落实，整改落实率达100%。二是开展财政收支分析，规范预算编制和执行。在预算收支分析中，对预算执行问题的原因提出切实有效的建议，规范预算编制和执行。

【开展“三资”清理，打造阳光村务】配合区纪工委对村（居）集体“三资”清理相关工作开展自查自纠、集中核查等，组织召开村居“三资”清理集中核查工作会议，全面完成全区村（居）集体“三资”清理集中核查工作。

【多方联动，提高家电下乡兑付率】积极筹集资金，采取资金预拨的方式，及时跟踪网点销售情况，督促乡镇财政所网点补贴兑现；联合区经贸、工商部门对我区15家“家电下乡”销售网点开展集中整治工作，对弄虚作假的网点坚决予以责令整改，规范经营网点秩序，有效保证惠民政策的贯彻落实。2010年累计销售家电下乡产品18637台，销售金额4443.96万元，已兑付补贴17448台，销售补贴兑付率100%。

【规范会计管理，热情服务会计人员】公示会计管理工作相关程序，加强会计记账机构审批管理，严格审核报送资料。2010年区财政局办理审批3项会计记账机构的设立；对需转档的会计人员热情服务、认真指导、跟踪服务，共办理38项转档、办证业务。

【加强制度建设，促进科学发展】一是加强廉政建设。定期召开支部民主生活会，领导专题报告等形式强化学习《廉政准则》；通过对财政廉政风险点及其防控措施的分析，强化责任落实。二是调研学习先进，开展业务培训，加强信息宣传，夯实业务素质。对国库集中支付改革、政府采购、惠民资金管理等问题采取走出去的方式积极调研，有效指导财政工作。组织员工参加全市财政干部春训工作，组织全区行政事业、企业部门4个批次180多名会计人员参加会计人员继续教育培训工作。三是完善财政制度建设，促进科学发展。

（新站区财政局供稿　蔡楚阳执笔）

高新区财政工作概述

2010年，高新区财政局围绕年初确定的工作计划，扎实工作，积极组织财政收入，严格预算执行，强化财政职能，尤其在夯实集团融资平台基础、拓展财政融资职能、提高财政资金使用效益、发挥财政审计职能、推进民生工程进程、落实家电下乡惠民政策等方面做出积极的努力，较好地完成了各项财政工作任务。

【2010年财政收支情况】2010年，全口径财政收入完成28.5亿元，完成年度预算的112.5%，比上年同期增收6.22亿元。一般预算收入完成9.4亿元，完成市人代会批准预算8.17亿元的15.1%，完成市考核指标任务8.40亿元的11.9%，增长15.9%。其中地方收入完成4.65亿元，增长1.8%；上划中央收入完成4.75亿元，增长11%。

【民生工程】2010年，积极推进19项民生工程进程，不断加大财政投入力度，确保补助类项目及时发放、工程类项目按时完工。在民生工程实施过程中，不断完善工作机制，精心测算加大投入；加大民生宣传力度，不断提高群众的知晓率和满意度；突出重点项目，抓调度促进度，圆满完成各项民生工程目标任务。19项民生工程全年到位资金3451.39万元（中央及省890.99万元，市1857.71万元，区702.69万元），各级财政资金到位率100%。

【财政审计监督工作】2010年共完成工程决算审计266项，送审金额8.38亿，审定金额7.38亿，审减额9985万，审减率11.91%，有效控制了工程造价，提高了财政性投资基本建设项目的效益。全年共组织完成管委会所属部门及公司主要负责人离任审计2人次，完成天乐等8家社居委清产核资审计，完成4项财务报表审计，完成佳惠拆迁等2家公司的“小金库”专项检查。此外，还对光华学校进行资产评估、对中佳讯相关费用进行认真核查。

【财政融资工作】2010年是高新区建设发展关键一年，区财政变压力为动力，努力拓展融资渠道，全力保障各项建设任务资金需求，同时也不断加强对园区中小企业的投融资服务工作，积极争取企业债券发行，确保15亿元企业债券的成功发行，保障高新区大建设的顺利进行。加强与市财政、市投融资管理中心、市建投集团等部门的密切联系，积极争取各部门的支持，安排专人负责跟踪落实，确保资金在最短时间内到位。同时，成功争取市政府拨付10亿元专项补助。

【固定资产管理工作】为了规范国有资产管理和减少国有资产流失，从根本上杜绝腐败的滋生，2010年区财政局制定《合肥高新区行政事业单位固定资产管理暂行办法》，并随后在全区开展行政事业单位固定资产清查工作，迅速摸清各部门的固定资产“家底”。根据高新区实际情况，制定高新集团公司2010年度绩效考核方案。并且积极参与高新区国有企业资产重组、改制等工作，做出了积极贡献。

【政府采购及招投标工作】在政府采购及招标活动中不断完善组织实施、专家评委独立评标，用制度规范约束招标采购各个环节，确保招标采购活动的公开透明，通过集中政府采购和招投标，为国家和开发区节约了宝贵的财政资金。2010年，共受理采购及招投标预算资金合计2805万元，中标金额1921万元，节约资金884万元，资金节约率为31.5%。

【家电汽车下乡工作】积极推进家电汽车下乡工作，严格执行《家电下乡操作细则》、《安徽省汽车摩托车下乡操作办法》和《家电下乡以旧换新操作细则》等相关文件，截至12月中旬，全区共销售家电下乡产品2665台，销售金额570.21万元，已补贴2665台，补贴金额70.44万元，兑付补贴率为100%；销售汽车摩托车类184台，销售金额440.03万元，补贴金额44.17万元，销售补贴金额率为100%。为此，荣获合肥市家电下乡工作一等奖。

（高新区财政局供稿　刘合明执笔）

肥东县财政工作概述

2010年，肥东县财政工作坚持以“创先争优”活动为牵引，以“系统建设年”活动为抓手，深化财政改革，规范内部管理，大力组织收入，优先保障民生等重点支出，圆满地完成财政各项目标任务。

【科学理财，财政综合实力显著增强】2010年，克服龙岗开发区行政区划调整等减收因素的不利影响，完成一般预算收入150021万元，比年初预算超收32021万元，同口径比较增长41.5%，是“十五”末的4倍，继续在全省保持先进。其中，财政部门完成一般预算收入44370万元，占全县财政收入的29.58%，契税收入连续在全省保持县级第一。全县有3个乡镇（开发区）收入规模超亿元，比上年增加1个；6个乡镇（开发区）收入规模超千万元，比上年增加4个。财政一般预算可用财力规模达264414万元，同口径比较增长21.7%。财政支出完成258515万元，同口径比较增长26.3%。财政支出结构继续优化，教育、社会保障和就业、医疗卫生、环境保护、农林水事务和住房保障等与民生息息相关的支出占财政总支出的份额达61.2%，重点支出得到较好保障。财政支出进度进一步加快，全年一般预算支出执行率达98.5%，较上年提高1.1个百分点。

【多措并举，促进县域经济持续发展】保障重点项目建设，统筹各类资金70000万元支持大建设。兑付乡镇（开发区）税收收入分成11300万元。拨付工业发展资金10651万元，支持企业节能减排、技术改造和扩大再生产等。支持合肥东部新城建设投资有限公司为县中小企业提供2.86亿元额度的无偿融资担保，免收园区工业投资项目行政事业性收费3702万元，为企业减轻负担，促进企业创新发展。

【调整结构，推动民生事业和谐发展】坚持以保障和改善民生为重点，全年民生支出51893万元。坚持教育优先发展，投入11200万元实施校舍安全工程，发放中职和普通高中学校家庭经济困难学生助学金1429万元。加快卫生事业发展，安排5235万元，足额保障基层医药卫生体制综合改革。全年兑付新型农村合作医疗保险财政补助资金12774万元。统筹12427万元，实施新型农村社会养老保险试点工作，农民参保缴费率达73.4%，全年发放农村养老保险金11008万元；为52955名群众发放农村居民最低生活保障金、农村五保供养资金和各类生活救助5695万元。发放家电、汽车、摩托车下乡等补贴2768万元。

【强农惠农，支持城乡统筹发展】2010年，全县一般预算安排“三农”投入49077万元，大力实施安全饮水工程、危桥改造、农业综合开发、村庄整治和新农村建设等；推进农村综合改革，拨付村级公益事业建设一事一议财政奖补资金2402万元，完成731个村级公益设施建设任务。进一步规范和完善财政惠农补贴资金“一卡通”发放机制，全年发放农资综合直补、良种补贴、农机购置补贴等37项惠农补贴资金29835万元，比上年增加7908万元，人均受益318元。切实保障村级组织正常运转，逐步加大对村级组织的转移支付力度，全年安排专项资金2049万元，按人均200元标准提高村干部工资待遇。

【改革创新，财政管理效能明显提升】一是部门预算编制制度化、规范化。加大项目预算编制审核力度，预算编制全程接受县人大常委会的监督，并将所有单位的部门预算编制情况录入电子显示屏，接受人大代表的监督审查。二是财政支出管理更趋规范。国库集中支付改革继续向纵深推进，部门支出日渐规范；对预算单位的各类结余资金进行分类管理；试点推进预算支出绩效考评等。三是继续深化财政内部改革，严格实行“首接负责制”、

"AB 岗制"和"限时办结制"，财政资金拨付流程逐步简化，资金使用效率明显提高。四是规范乡镇财政管理。出台对基层财政工作年度考评细则，以考评促管理。

（肥东县财政局供稿　韩吉贵执笔）

肥西县财政工作概述

2010 年，肥西县财政部门圆满完成年财政工作任务，并全面完成"十一五"各项财政目标任务。全县财政干部职工认真践行科学发展观，服务肥西"十一五"大跨越，为全县提前实现"创争"大业做出了积极的贡献。2010 年，全县完成财政收入 29.03 亿元，居全省第二；财政支出 25.09 亿元。

【财政收入持续快速增长】2010 年，在县域经济快速增长的基础上，财税部门积极推进依法治税，创新税源管理方式，建立市县乡村纵向联动、横向联网的协税护税信息系统，千方百计促进财政增收。同时，强化收入目标管理，有效遏制发票造假等偷逃税不法行为，不断提高税收征管质量和效率，非税收入质量有所提高。全县财政收入总量一年内增收近 9 亿元，增收额为历年来之最。

【促发展各项措施扎实有效】围绕支持工业化、城镇化、城乡一体化建设目标，县财政统筹安排资金，支持经济发展，兑现企业技改资金 1.36 亿元。落实园区工业投资项目免收费政策，全年免收行政事业性收费 2383.7 万元。积极扩大政府公共投资，多渠道筹集政府投资资金 22 亿元，争取地方政府债券转贷资金 4600 万元，支持以县城改造、民生工程、道路交通为重点的基础设施建设。认真落实家电（汽车、摩托车）下乡政策，累计销售家电下乡产品 12.3 万台，补贴金额 3161.6 万元；兑付汽车、摩托车补贴金额 2263.4 万元，全县补贴兑付率 99.9%。抓好财政内部运行监控，打造阳光财政新形象。强化土地出让金管理，对 2008 年以来的土地出让金收支情况进行专项清理。

【城乡统筹发展不断深化】加大支农资金整合力度，强化农业基础地位，多渠道增加农业投入，全县当年三农投入 15 亿元，占全部财政支出的 60%。2010 年，投入农业综合开发资金 1771 万元，支持 2.3 万亩中低产田和高标准农田改造建设。拨付政策性农业保险补贴 1800 万元，增强农业减灾抗灾能力。深化农村综合改革，加强"三资"清理，加快推进"一事一议"财政奖补工作。认真落实惠民直达工程各项政策措施，全面构建惠农补贴"一卡通"管理长效机制，全年累计发放补贴 2.16 亿元。

【民生重点支出保障有力】扎实推进 30 项民生工程，建立健全民生工程源头立项、过程监控、后期管护和责任追究制度，2010 年实际到位资金 4.54 亿元。全县共有 9.1 万名学生享受了免学费政策，当年教育支出 53637 万元，增支 4398 万元。全县完成社会保障支出 14583 万元，增支 3515 万元，增长 31.8%。加大生活困难群体保障力度，城乡低保补差水平位居全省前列。全力支持医疗卫生体制改革，撤销乡镇卫生院银行账户，对医疗收入实行国库集中支付，全面执行药品零差价销售，补助乡镇卫生院收支差 3030 万元。大力支持保障性安居工程建设，累计投入廉租房建设及特困家庭住房租金补贴 4765 万元。

【财政改革取得积极进展】强化预算约束，不断提高预算编制透明度，稳步推进预算支出绩效考评。深化国库集中支付改革，开通预算单位国库集中支付网络，支出用款计划全部实现网上申报。进一步扩大政府采购范围，2010 年全县完成政府采购 1.18 亿元，节约率 11.9%。健全财政专项资金管理制度，确保资金使用安全高效。对政府融资平台进行全面清理，将原来分散的融资平台整合为城乡建设投资有限公司，货币资金已经注入 9 亿元，实物及土地资产注资 1.6 亿元，原国有资产运营公司 8 宗价值 17 亿元的土地资产也即将带入新公司，为全县工业化、城镇化、城乡一体化发展奠定良好基础。

【"两基"建设全力推进】加强"两基"建设。2010 年 7 月 27 日，财政部在安徽省召开全国各省市厅（局）长座谈会，期间，财政部部长谢旭人率与会人员现场观摩肥西县花岗、严店两个乡镇财政所"两基"建设（基础管理、基层建设），财政部认为很有示范性，具有推广价值。全国已有 37 个省（市、自治区）及市县财政部门组团前来肥西县考察学习。

（肥西县财政局供稿　周　胜执笔）

长丰县财政工作概述

2010 年，长丰县财政工作在科学发展观的统领下，经过全县财政系统的共同努力，实现财政收支双项突破，有力地促进全县经济社会平稳较快发展，为“十二五”发展奠定了稳固的平台。

【财政收支迈上新台阶】着力构建财政收入稳定增长机制，立足“抓早、抓紧、抓细、抓严、抓序时”工作思路，坚持税源信息管理与综合治税常抓不懈，坚持月度分析、月度调度及调度升级制度；强化收入计划管理，狠抓纳税申报、入库环节，严格落实目标责任考核奖惩，充分调动了全县各级各部门组织收入的积极性，有力地促进了财政收入持续快速增长。全县累计完成一般预算收入138800万元，同比增收38582万元。其中，地方财政收入累计完成81879万元，同比增收19577万元。在全省61个县（市）排名中，收入总量居第11位。按照构建公共财政、民生财政总体要求，不断调整和优化支出结构，努力加快支出进度，全县累计完成一般预算支出201932万元，同比增长29.9%，各项重点支出得到有力保障。

【支持经济发展更加有力】一是抢抓中央刺激经济增长政策机遇，充分发挥国家级贫困县特殊优惠政策优势，积极申报各类项目，大力争取各类资金41000.2万元，增加有效投入，加速县域经济发展。二是在贯彻落实省市政府承接产业转移促进经济发展若干政策的基础上，结合长丰实际，出台了长丰县承接产业转移促进新型工业、现代农业、服务业发展政策，充分调动企业扩大生产加快发展的积极性。三是严格兑现各项财政奖补政策。2010年，累计兑现固定资产投资奖励等专项资金1.03亿元。认真落实工业投资免收费政策，减免374家企业行政事业性收费2826万元。四是准确把握货币信贷政策，加大投融资工作力度，全年落实贷款7笔67614万元。五是充分发挥担保中心作用，积极拓展服务，大力推进“银企对接”，力促信贷投放，助推中小企业发展，全年新增担保企业124户，新增担保金额44800万元。六是坚持以“网点代垫直补”为主、“网点审核、财政兑付”为辅的“家电下乡”补贴资金兑付方式，全县“家电下乡”补贴兑付率居全市前列。全年累计销售家电下乡产品88151台（件），销售金额18866.9万元，县财政累计兑付补贴2305.1万元；累计销售汽车摩托车下乡产品12657辆，县财政累计兑付补贴资金1765万元。

【支持三农发展卓有成效】一是认真贯彻落实财政补贴农民资金管理和支付方式改革，财政补贴农民资金率先实行县级统一打卡发放，全年通过“一卡通”发放各类补贴3.4亿元，惠及城乡居民17万户。二是“一事一议”财政奖补试点规模和效益进一步扩大，全年组织全县15个乡镇271个村2446个村民组申报批准“一事一议”财政奖补项目454个，投资总额3702万元。三是农业综合开发力度进一步加大。2010年，全县共争取国家和省市农业综合开发项目资金1827万元，较上年增加1249万元。世行加灌三期项目顺利通过省市验收，2009年度杨庙镇土地治理项目基本完成建设任务，2010年杨庙镇、陶楼乡农业综合开发土地治理项目如期开工建设，九牛牧业集团5万吨优质大米加工产业化项目竣工投产，经济效益明显。四是进一步完善政策性农业保险管理机制，继续在全县开展草莓种植信贷加保险试点，扩大农业保险覆盖面。2010年，参保水稻81.3万亩，油菜35.52万亩、小麦39.02万亩，草莓参保2780.25亩，能繁母猪19603头，奶牛625头，累计办理油菜、小麦、草莓因灾理赔款3830.6万元，能繁母猪、奶牛死亡理赔款182万元。

【民生工程扎实有序推进】2010年，全县实施民生工程共31项，其中，涉及补助救助类15项、培训保险类3项、工程建设类15项，全年各级财政资金投入49117万元，其中，县级配套资金6840万元，发放补助救助类、培训保险类资金26719.4万元，占到位资金的100.1%；支付工程建设资金19416.3万元，占到位资金的90%。在民生工程实施工作中，坚持全面部署早动员，目标任务早分解，强化组织机构建设，建立健全协调推进机制，优化财政支出结构，足额落实配套资金，强化资金流程管理，着力提高民生工程社会知晓率，民生工程工作成效显著。低保、五保、计划生育家庭奖扶等18项民生工程补助实施任务已圆满完成；15项建设类项目已全部完成建设。

【财政管理日益科学精细】一是税源信息管理及综合治税体系日趋完善，实现税源信息的统一收集、汇总、处置及共享，重点税源增减变化实现动态监控；部门合作机制日益畅通，以证护税、证照把关、资金结算、涉税信息传递等关键“堵漏”环节监督有力。二是积极推行“开门办预算”，基本支出定员定额标准明显提高，预算编制内容不断细化，非生产性支出得到严格控制。三是国有资产信息化系统正式建成并投入使用，国有资产管理实现常态化动态管理。加大资产处置监管，规范资产处置行为，全年受理资产处置申请45件，实现资产处置收入700多万元。四是规范账户开设审批程序，严格财政资金专户管理，全年实现财政存款利息增值500余万元。五是村集体财务委托代理工作步入正轨，各乡镇（区）村集体财务委托代理服务中心全部设立，人员全部到岗，制度进一步健全，全部实行会计电算化管理；通过“三资”清理，追缴违纪违法资金金额计2300多万元。六是全面完成“小金库”综合治理工作。

【财政队伍建设措施有力】一是认真贯彻落实省财政厅“学习提升年”和市财政局“系统建设年”活动的各项要求，紧密联系全县财政系统实际，围绕政策法规学习、业务知识学习与政治理论学习为重点，大力开展财政干部培训活动，切实提升财政干部队伍学习能力、创新能力、谋划能力、执行能力与自律能力。二是加强制度建设，认真排查制度执行薄弱环节，建立健全资金资产管理、人员人事管理、勤政廉政等制度，加强印鉴章、公务接待、办公用品购置管理。三是深入开展“创先争优”活动，进一步解决广大党员干部思想、作风方面存在的突出问题，在加强作风建设上取得新突破，在办事效率上取得新提高，在服务发展上做出新贡献。

（长丰县财政局供稿　张恩奎执笔）

淮北市财政工作概况

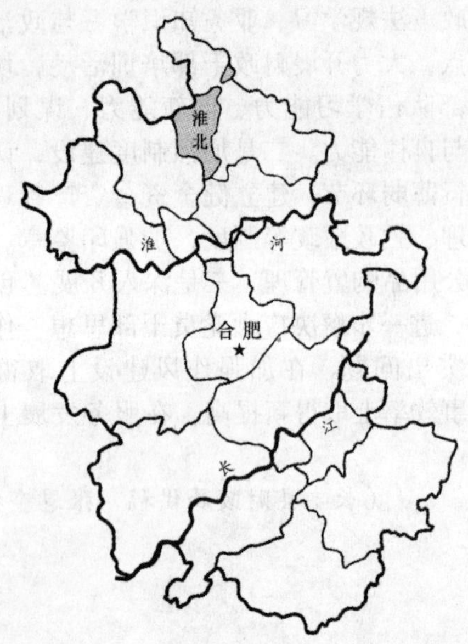

淮北市财政工作综述

2010 年，淮北市财政总收入完成 70 亿元，为计划的 116.7%，比上年实际增长 34.1%。其中，地方一般预算收入完成 29.6 亿元，为预算的 118.7%，比上年实际增长 33.9%。一般预算支出预计完成 66 亿元，增长 21.6%，财政收支实现快速增长，收支规模不断扩大，财政运行保持平稳。

【服务经济发展力度加大】 充分发挥财政职能作用，采取积极有效措施，千方百计筹资融资 60 亿元，支持经济加快发展。其中，投入城市基础设施建设资金 56 亿元，有力支持了民生工程、生态环境治理和市政重大基础项目建设；拨付新兴产业发展专项资金 2 亿元，培育发展生物医药、精细化工、生物能源等新兴产业，推进产业转型和结构优化升级；安排支持开发区园区建设资金 2 亿元，促进园区经济发展。认真做好家电、汽车下乡、家电以旧换新和农机具购置补贴等工作。2010 年全市兑付家电下乡财政补贴达到 7373 万元、汽车摩托车补贴 3027 万元、农机补贴 1720 万元、汽车以旧换新补贴资金 260 万元，带动销售额 8 亿元，促进经济快速增长。

【财政收支实现快速增长】 面对复杂的经济形势，各级财税部门迎难而上，狠抓组织收入，财政收入增幅持续攀升，超额完成了全年收入预算任务。2010 年全市财政总收入完成 70 亿元，为计划的 116.7%，比上年实际增长 34.1%。其中地方一般预算收入完成 29.6 亿元，为预算的 118.7%，比上年实际增长 33.9%。在财政收入保持较快增速的基础上，财政支出实现快速增长，支出进度明显加快，支出规模逐步扩大，一般预算支出预计完成 66 亿元，增长 21.6%。除市本级支出随收入增长不断壮大外，各级财政部门积极向上争取各类转移支付，全市共争取到国家和省各类转移支付资金 37 亿元，壮大地方可用财力。

【财政支出保障能力增强】 按照公共财政要求，进一步优化支出结构，着力支持以改善民生为重点的社会事业加快发展。2010 年全市累计投入 33 项民生工程资金 13.1 亿元，为年初计划投入数的 113.9%，各项民生工程政策得到落实，200 多万城乡居民享受到改革发展成果。在确保民生重点投入的同时，不断加大事业投入力度，财政安排事业发展资金 39 亿元，同比增长 7%，支持社会保障、城乡社区、农业、教育、科技、卫生、文化等各项事业发展。

【城乡一体化建设扎实推进】 加大“三农”投入，促进城乡统筹发展，着力夯实农业发展基础。加快发展现代农业，安排资金 1.1 亿元，强力推进农业综合开发示范区建设，推进小型农田水利基础设施建设，做大做强农业龙头企业，改善了农业生产条件，提高了农业综合生产能力。全面落实各项惠农政策，通过“一卡通”及时发放粮食补贴、良种补贴资金 4.19 亿元，130 多万农民直接受益；落实政策性农业保险配套资金 0.2 亿元，为 34 万农户提供农业风险保险，促进了农民增收、农业发展。加快推进城乡一体化建设，安排资金 1 亿元，推进“一区、一办、八镇”城乡一体化综合配套改革试点，支持“清洁乡村、美化家园”建设，实现了城乡统筹发展。稳步推进农村综合改革，为民服务全程代理不断完善。

【科学理财水平明显提高】 完善预算管理体系，积极试编国有资本经营预算、政府性基金预算和社会保障预算。部门预算改革不断深化，继续实行综合预算，将预算单位所有收入全部纳入财政预算管理，增强了政府宏观调控能力。积极推行公务卡改革试点和预算绩效评价试点工作，强化财政资金使用管理，提高了财政资金使用效益。非税收入征管改革继续深入，取消单位非税收入过渡账户，单位所有非税收入一律缴入市非税收入汇缴结算账户。财政监督管理全面加强，健全完善预算编制、执行、监督“三权分离”机制；深入开展社会团体和国有及国有控股企业“小金库”专项治理；进行资产管理信息系统试点改革，加快行政事业单位国有资产管理监督体系建设；建立预算信息公开制度，主动接受各方面的监督。

【财政干部素质全面提升】 扎实开展各项学习培训活动，组织新任县区财政局长参加省财政厅集中培训，300 多名全市财政干部参加春训，400 多名乡镇财政所和村级财务人员村干部接受专题培训，29 位局领导班子成员、机关各科室各部门负责同志和区县财政局长到上海财经大学进行集中脱产学习。以开展创先争优活动为契机，深入学习沈浩先进事迹，组织“学沈浩、见行动”演讲比赛和“薪火相传　开拓创新”主题征文活动，不断增强广大干部职工凝聚力、向心力和战斗力，大力推进机关效能建设，狠抓岗位责任制、政务公开制、服务承诺制等八项服务承诺，建立健全一抓到底、督查到位、考核到人的工作落实机制；着力抓好行风政风建设、效能建设，加强服务窗口自身建设，开展规范财政权力运行工作，强力推进政务公开信息公开。同时，积极开展财政廉政文化建设，形成了以廉为荣、以贪为耻的良好氛围，增强了拒腐防变能力。

（淮北市财政局　乔林执笔）

杜集区财政工作概述

2010 年，杜集区财政总收入累计完成 4.2 亿元，为年预算的 127 %，同比增收 1.2 亿元，增长 40.4%，超额实现了“十一五”规划财政总收入规模达到 3.5 亿元的目标。区级财政收入累计完成 1.4 亿元，为年预算的 118.6 %，同比增收 4010 万元，增长 40.1%，在 2009 年突破亿元的基础上再上新的台阶。2010 年全区一般预算支出累计实现 39175 万元，按可比口径增长 18%。

【全力抓征管，保持财政收入增长】 一是加强对宏观经济和财税收入形势的分析研究，挖潜增收；二是加强领导，各镇办领导亲自抓税收工作；三是完善机制，落实税收目标责任制，完善收入增长激励机制；四是加强征管，密切配合，严格依法征收；五是加大稽查和清欠力度，及时清缴入库。

【倾心育财源，助力辖区企业发展】 多渠道筹集资金 1.5 亿元，用于园区基础设施建设，进一步促进全区工业经济平稳较快发展，培植后续财源。充分发挥 1000 万元机械制造产业扶持基金“蓄水池”作用，全年扶持 8 家企业 24 批次共 2400 万元资金用于企业周转，为民营企业发展助力，增强财源后劲。

【尽力惠农民，落实强农惠农政策】 全年发放涉农补贴资金 1811 万元，5 万多户农民受益；对 2007—2009 年度强农惠农资金进行专项清查，确保各项强农惠农资金落到实处；做好政策性农业保险参保及理赔工作，完成种植业保险 10.94 万亩和能繁母猪保险 2874 头的参保任务；累计兑付家电、汽车、摩托车下乡补贴 455 万元，有效拉动农村消费。

【从严管支出，优化支出管理结构】 一是预算管理更加科学化、精细化。坚持“量入为出，收支平衡，集中财力办大事”的原则，进一步加强对预算执行的监督管理，严格按计划和进度拨款，保证财政支出的顺利实施。二是调整优化支出结构，严格控制非生产性开支，切实做到保发展、保民生、保重点，促和谐。三是加强非税收入管理，严格执行收支两条线管理，增强政府宏观调控能力。

【努力强监督，完善财政监督体系】 一是完善并落实业务管理制度，确保财政资金使用效益。二是推行阳光村务工程，做好农村“三资”清理工作，全面推进村级会计委托代理制度，实现规范化管理、全程化监督。三是加强会计核算中心日常管理，明确流程，提高会计核算和服务水平。四是加强专项资金管理，实行事前审核、事中监督、事后审计的资金管理模式，跟踪问效。五是坚持政务公开，依法行政，提高服务质量和水平。

【切实惠民生，推进民生工程实施】 按照省、市政府关于民生工程的实施意见，通过精心组织，积极宣传，统筹协调，2010 年共投入民生工程资金 8478 万元，其中区配套资金 737.5 万元，区承担的 27 项民生工程任务全部完成。

【着力促增收，实施农业综合开发】 完成土地治理项目和世行养鸭项目。投资 335 万元，进一步加强土地复垦资金管理，新增耕地 45 公顷，开挖鱼塘 60 公顷，新打机井 10 眼，修建桥涵 19 座及其他配套设施。实施企业流动资金贷款贴息项目和农民养猪合作社建设项目，为促进农民增收和农业发展提供新平台。

【积极提效能，加强固本强基建设】一是结合财政系统学习提升年活动，积极开展创新学习和实践，努力提升机关效能，全面促进“五个提升”。二是以党员干部创先争优活动为契机，以“六个一、六着力”为主要活动载体，学习沈浩、王坤友精神，开展创先争优活动，努力打造业务精、作风硬、效率高的财政队伍。三是加强基础财政所设施建设，逐步优化服务环境。

（杜集区财政局供稿　朱杰执笔）

相山区财政工作概述

2010 年，相山区财政总收入累计完成 7.27 亿元，比上年同期增收 1.78 亿元，同比增长 32.4%。区级财政收入累计完成 2.58 亿元，比去年同期增收 7452 万元，同比增长 40.7%。区级财政支出累计完成 4.2 亿元，剔除上级追加专款，比上年同期增支 10170 万元，同比增长 32%。

【加强收入征管】一是抓好目标分解。将全区财政收入目标及时分解落实到各征管单位，并签订目标责任书，严格兑现奖惩，做到应收尽收。二是抓好税源监控。建立完整的税源监控档案，全面掌握重点行业、重点税源的税收变化情况，确保税收均衡入库。三是抓好征管调度。财税部门紧密配合，协调工作，深挖增收潜力。2010 年，五个主体税种累计入库 21359 万元，占税收收入比重 84.8%。四是抓好财源培植。加大对经济园区建设的融资力度，积极培育和涵养税源，一批重点商贸项目落地建设，开发区入驻企业 73 家，已建成投产项目 55 个。

【加强支出管理】一是重点保障工资发放和机构运转。全面规范预算收支活动，进一步调整优化支出结构，确保全区行政事业机构的正常运转和社会稳定的支出需要。二是重点保障教育、科技等法定支出需要。2010 年教育支出 9486 万元，同比增长 16%；科技支出 378 万元，同比增长 26%，均高于上年增幅。三是重点保障重大项目建设资金需要。着力实施“食品产业聚集、现代服务业提升”双轮驱动，不断拓展融资渠道，确保重点工程如期开工建设；投入园区各项资金 2.4 亿元，新增规模以上工业企业 18 户。

【加强民生工程建设】着力“关注民生、保障民生、改善民生”，2010 年 33 项民生工程累计投入 10691.69 万元，各项工程资金到位率均为 100%。社会保障制度体系进一步完善，保障范围进一步扩大，保障标准进一步提高。区民生工作获全市一等奖，受到市委、市政府表彰。

【加强惠农政策落实】一是及时兑现各项惠农资金。累计打卡发放各类惠农资金 987 万元，涉及农户 22032 户。二是大力推进农业综合开发工作。投入农业综合开发资金 523.8 万元，进一步完善项目区基础设施建设，改善农业基础生产条件，增强农业抗击和抵御自然灾害的能力。三是开展政策性农业保险工作。坚持“政策引导、市场运作、自主自愿、协同推进”的原则，积极安排落实。小麦参保 58939 亩，玉米参保 24597 亩，大豆参保 34342 亩，能繁母猪参保 1929 头，奶牛参保 418 头。四是继续推动“家电下乡、以旧换新”等惠民工程。全区汽车下乡 219 辆，摩托车下乡 1178 辆，冰箱、彩电等九类家电下乡 42150 台，销售金额 1.1041 亿元，农民获取补贴资金 1511 万元，资金对付率达到 100%。

【加强国有资产管理】一是摸清“家底”。开展了相山区行政事业单位资产清查工作，保证国有资产账实相符。二是建立国有资产管理制度。制定了《相山区行政事业单位国有资产管理制度》，建立了公共财政要求的行政事业单位国有资产管理体制，维护国有资产的安全完整，提高国有资产的利用效率。

【加强财政科学化精细化管理】一是建立健全管理制度。建立健全工作规范、责任制度和评价机制，加强协调配合，按照精确、细致、深入的要求实施管理，注重效益。二是加强财政队伍建设。结合财政工作实际开展“学习提升年”活动，大力提高财政队伍依法行政、依法理财的能力和水平。

【加强财政监督】一是强化预算约束。加强预算执行，推进预算管理的科学化、精细化，提高预算管理质量。二是健全监督检查机制。强化财政资金跟踪问效，切实提高财政资金使用效益。三是健全社会监督体系。积极配合人大开展部门预算审查和审计部门“同级审”工作，自觉接受社会各界监督。

（相山区财政局供稿　徐　梅执笔）

烈山区财政工作概述

2010 年，烈山区财政总收入突破 3 亿元大关，完成年预算 2.47 亿元的 121.5%，比上年同期增收 8615 万元，增长 40.1%。其中，区级财政收入累计完成 1.04 亿元，占年预算 9175 万元的 113.5%，比上年同期增收 2438 万元，增长 30.6%。2010 年全区财政支出正常平稳，累计支出 4.25 亿元，占年预算的 151.8%，比上年增支 6，744 万元，增长 18.6%，重点支出基本得到保障。

【服务经济发展，做大财政“蛋糕”】一是加强税收征管，大力培植骨干财源。继续把陶瓷、煤电、农副产品加工等支柱产业作为培植财源的重点行业，加强征管，确保应收尽收。二是坚持借助外力与催生内力并举，不断开辟新兴财源。把招商引资和大项目建设作为培植后续财源的重点，兑现政策性退税资金 355 万元，有力地支持了企业发展，扩大财源。三是创新管理机制，加快培育镇（办）财源。建立支持镇（办）、村经济统筹发展机制，优化考核指标和体系，制定实施税收分成、考核奖励等政策，有效地调动了各镇（办）培植财源、增收节支的积极性。四是积极发展第三产业，培植新的财税增长点。强势推进货运、物流企业发展，有效探索房地产协调发展新途径，促进服务业、旅游业发展，不断提高三产税收占财政收入的比重。五是积极探索创收新办法，形成全方位抓收入氛围。完善镇（办）税收代征点，加强零散税收征管。

【全力保障民生，加大“三农”投入】本着“巩固、规范、完善、提高”的原则，切实做到“早谋划、早部署、快推进”，全年投入民生工程资金 1.26 亿元，各项工程圆满完成。加大支持三农发展。一是抓好涉农补贴发放。共发放财政补贴农民资金 6595.8 万元，有力助推农业发展。二是稳步推进农业保险。全年共办理小麦投保面积 18.17 万亩，大豆、玉米投保面积 18.7 万亩，拨付受灾小麦理赔金 93.26 万元。三是落实支农惠农政策。落实好农业产业化经营扶持政策，拨付重点扶持项目补助资金 230 万元；落实新农村建设扶持政策，拨付以奖代补 160 万元；落实城乡一体化资金 1159.2 万元，拨付村部建设 495 万元、土地治理项目资金 500 万元；落实基本农田水利建设资金 199 万元；继续推进家电、汽车摩托车下乡工作。

【坚持改革创新，健全管理体系】一是进一步加强政府非税收入管理，规范政府非税收入收缴、划解、退还等结算业务。二是规范行政事业单位资金往来结算票据使用和管理，维护财政经济秩序。三是健全和完善农村综合改革工作，进一步规范农村财政收支行为，完善推进“乡财区管”和“村财镇管”制度。四是开展医改国库集中支付清查、核算工作，保证基层医疗卫生机构国库集中支付的正常运转。五是加强所属 4 个乡镇（办事处）财政所基础设施建设，理顺财政队伍建设。

【狠抓作风建设，打造优良队伍】围绕“学习提升年”活动，加强作风建设。一是加强理论学习，干部综合素质有提升。二是加强调查研究，班子整体合力有提升。三是加强自身建设，财政文化品位有提升。四是加强情感沟通，机关和谐氛围有提升。五是加强廉政建设，干部党性修养有提升。

（烈山区财政局供稿　杨　浩执笔）

濉溪县财政工作概述

2010 年，濉溪县财政部门紧紧围绕“工业强县”主战略，认真贯彻落实科学发展观，落实积极财政政策，优化经济发展环境，财政收入再上新台阶，全年财政收入累计完成 150146 万元，为“十五”末的 4.8 倍。全年财政支出 203145 万元，同比增长 23.2%，较“十五”末翻了两番。

【多措并举促发展，财源建设奋力推进】全年累计投入开发区和乡镇工业集中区财政性资金 58818 万元，全力推动园区及重点项目建设，把财政资源转化成经济发展的推动力。发挥财政政策和资金的导向作用，运用财政配套、贴息、以奖代补等手段，调动各类社会资金投入经济建设的积极性。全年共筹集安排工业发展资金、财税扶持奖励资金、技改贴息及技术创新资金等 2222 万元，促进工业发展和结构调整，增强企业抵御风险能力；为 13 万台（辆）家电、汽车下乡产品发放财政补贴 5160 万元，带动消费性支出 3.6 亿元，有效活跃了消费市场。大力拓展融资渠道，缓解中小企业融资难题。

【开源节流抓收支，财政实力不断增强】在增收节支和争取项目资金上狠下功夫，抢抓政策机遇，最大限度争取上级支持，对内调整支出结构，全县财政保障能力进一步增强。全年财政支出突破20亿元，较“十五”末翻了两番。认真落实保工资、保稳定、保运转、促发展的原则，大力压缩一般性支出，厉行节约保重点，保障民生支出、基本运转支出、发展性支出和维稳应急支出等重点支出的需要。

【竭尽全力惠民生，公共财政不断完善】把保障和改善民生放在突出位置，认真落实各项民生政策，加大促进社会事业发展的投入力度，全年34项民生工程共投入资金5.05亿元，其中县级配套8014万元，超额配套540万元，确保了各项民生工程项目的顺利实施，使广大群众充分享受财政发展与公共财政实施带来的实惠。

【坚持不懈抓改革，财政管理水平提高】一是进一步强化预算编制管理，深入推进资产管理与预算管理有机结合，继续完善基本支出预算编制和审核模式，规范项目支出。二是强化项目支出预算绩效评价，健全多环节联动审核模式，不断提高部门预算编审质量和项目预算透明度。三是继续完善非税收入操作规程，提高非税收入收缴管理水平和收缴效率。四是加强财政资金规范性和安全性管理，认真开展对民生资金、重大项目资金、扩大内需资金、强农惠农资金等专项检查和会计信息质量检查，确保各类资金落到实处、收到实效。同时，切实抓好“小金库”专项治理，“金财工程”等财政管理改革工作。

【锻炼队伍塑形象，服务效能有效提升】把开展“学习提升年”活动与学习沈浩精神，效能建设、文明创建、财政业务等有机结合起来，着力加强思想建设、业务建设、作风建设、制度建设、文化建设和廉政建设，全面促进了干部职工综合素质提升、班子整体合力提升、财政文化品位提升、机关和谐氛围提升、干部党性修养提升，坚定不移地推动财政工作再上新台阶。

（濉溪县财政局供稿　鲁德明执笔）

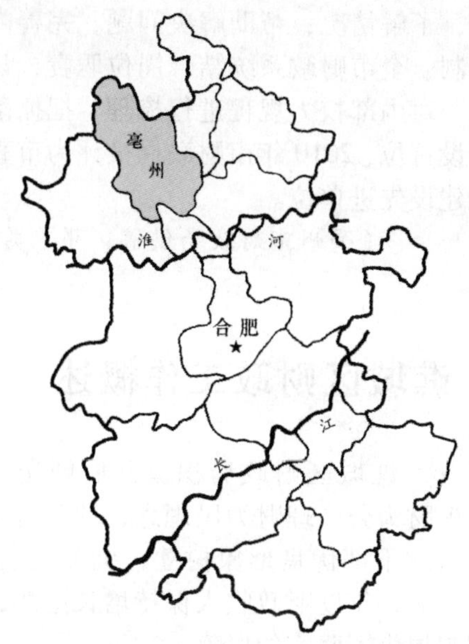

亳州市财政工作概况

亳州市财政工作综述

2010 年全市财政总收入完成 42.4 亿元，为预算的 116.5%，比 2009 年增加 11.5 亿元，增长 37.1%。其中：地方财政收入完成 23.3 亿元，为预算的 120.3%，比 2009 年增长 34.5%；中央收入 19.1 亿元，为预算的 112.2%，增长 40.3%。全市财政支出完成 103.3 亿元，为预算的 110.8%，比 2009 年增加 23.2 亿元，增长 29%。

亳州市本级财政收入完成 11.4 亿元，比 2009 年增加 2.1 亿元，增长 23%，完成预算的 109.4%。其中，地方财政收入完成 3.7 亿元，为预算的 100.3%，比 2009 年增长 3.1%；中央收入 7.7 亿元，为预算的 114.4%，比 2009 年增长 35.5%。市本级财政支出完成 11.6 亿元，为预算的 104.3%，增长 20%。

【财政实力大幅提高】一是财政收入快速增长。2010 年全市财政总收入完成 42.4 亿元，比 2009 年增收 11.5 亿元，增长 37.1%，增幅比上年提高 8.8 个百分点，居全省第 5 位。收入结构进一步优化，税收收入的比重达 86.6%，比上年提高 3.9 个百分点。县区实力显著增强，2010 年县区财政收入完成 30.7 亿元，增长 42.6%，县区平均增幅高出市本级 1 倍；占全市财政总收入的 72.4%，比上年提高 2.8 个百分点。涡阳成为全市第一个财政收入超过 10 亿元的县，蒙城县、谯城区财政收入均超过 8 亿元，利辛县也跨上了新台阶。二是财政支出突破百亿。2010 年全市财政支出达到 103.3 亿元，比 2009 年增加 23.2 亿元，增长 29%，是 2005 年的 4.5 倍。市本级支出达到 12.1 亿元，各县区均突破 20 亿元。

【民生工程顺利实施】2010 年实施 31 项民生工程，较去年新增社会儿童福利中心建设、农村留守儿童之家建设、光荣院建设、农村清洁和校舍安全 5 项工程。计划筹集资金 26 亿元，实际落实 28.2 亿元，占计划筹资的 108%，比 2009 年净增 8.5 亿元，增幅 43.1%。其中：各级财政投入 26 亿元，占资金总数的 92%。具体包括以下诸方面：（1）教育培训类工程。63 万名学生享受义务教育经费改革，免除学杂费及教科书费用，1.1 万多名农村贫困寄宿生享受生活补助；建立中等职业学校家庭经济困难学生资助体系，受助学生 11.6 万多人次；完成校舍加固重建工程 144.6 万平方米（2）城乡居民医疗保障类工程。462 万人参加了新农合，参合率提高到 92%，受益率达 88% 以上；城镇居民基本医疗保险参保 44 万人；完成了 4 个标准化乡镇卫生院、598 个村卫生室、18 个社区卫生服务机构规范化和 2 个县级妇幼保健机构能力建设；1535 名贫困白内障患者享受了免费手术；31 万人得到医疗救助；1400 多名重大传染病病人受到医疗救治和生活救助；为 5 万多对准夫妇开展了免费婚检、近 6 万名农村住院分娩孕产妇进行补助、165 万多人次免费享受国家免疫规划接种。（3）社会保障类工程。农村低保扩面提标，保障农村低保对象近 22 万人，低保覆盖面提高到 4.2%，发放低保金 2 亿元；保障农村五保供养对象 3.2 万人，集中供养人数超过 1.1 万人，集中供养率达 35.1%；年内累计建成廉租住房 2452 套，新开工建设 3800 套，近 7000 户城市低收入家庭领取住房租赁补贴；对 3600 多名城镇未参保集体企业退休人员按时发放基本生活费；近 6000 名计划生育家庭奖励扶助对象提前领到奖励扶助金；3.6 万名重度残疾人生活得到政府救助。（4）农业、农村基础设施类。完成 420.5 公里农村道路“村村通”工程；解决 31.5 万农村居民饮水安全；建成户用沼气池 8600 余口；新建 27 个乡镇农村清洁工程；政策性农业保险试点，农作物承保面积达到 665 万亩、养殖业承保各类牲畜达21万多头。（5）农村文化、体育类。新建农家书屋272个、乡镇综合文化站18个、农民体育健身工程119个。

【支持发展效果显著】大力推进工业经济发展和招商引资工作，全力支持园区和城市建设。一是积极支持招商引资。安排1400万元招商引资经费，支持各类招商引资活动，奖励招商引资有功人员；落实招商引资财税优惠政策，及时兑付财政补助资金。二是促进工业经济发展。整合专项资金，设立工业发展资金，支持企业技术改造、节能减排和产业升级；加大园区基础设施建设投入，提升园区承载能力；推进古井集团主辅分离，改革企业发展机制；设立中小企业助保金，帮助中小企业融资，支持现代中药产业创业基地建设。三是加大城市基础设施投入。统筹政府性借款、财政一般预算资金、土地出让收入，积极向上争取地方政府债券，全力筹集城市建设资金，市本级全年筹集调度建设资金32.2亿元，支持中心城区和南部新区等建设。四是支持社会事业发展。调度资金2亿元，支持一中南校区、九中、新师专、新党校建设，保证如期建成投入使用，促进教育事业发展。五是推进收入分配制度改革。六是落实强农惠农政策。通过“一卡通”发放财政涉农补贴10亿元；兑付家电、汽车、摩托车“四下乡、两换新”财政补贴3.8亿元，补贴兑付率全省并列第1位；投入2.74亿元，开展农村公益事业“一事一议”财政奖补试点。

【财政管理日趋规范】一是加强预算执行管理。加快财政支出进度，提高预算执行率，减少年终结余结转。开展财政结余结转资金清理，提高财政资金使用效益。二是深化财政管理制度改革。加大全口径预算管理力度，将上级财政补助资金全部纳入部门预算编制。深化非税收入管理改革，将过去在不同专户分散管理的非税收入全面纳入国库管理，理顺了非税收入管理秩序。稳步推进国库集中支付改革，三县一区全面实施国库集中支付。加强政府采购监管，政府采购的范围和规模不断扩大。三是加强财政管理监督。规范国有资产管理，完善行政事业单位国有资产处置制度。开展预算支出绩效评价试点，完善管理制度。开展专项清理检查，巩固“小金库”治理成果，着力构建“小金库”治理长效机制。四是加强债务管理和风险控制。

【效能建设不断加强】深入开展“能力建设和学习提升年”活动，全面提升财政干部素质。转变工作作风。开展上门走访活动，主动到部门、基层征求意见，了解情况，帮助解决问题。完善内部监督约束机制。全市财政系统结合岗位职责，认真排查风险点，对内部权力规程进行梳理。把抓落实放在效能建设首位，2010年市财政局被评为市直单位机关效能建设先进单位。

（亳州市财政局供稿　邓　昊执笔）

谯城区财政工作概述

2010年，谯城区财政局积极开展创先争先活动，坚持聚财为公、理财为民理念，埋头苦干，扎实工作，财政干部优良形象树立，机关效能提高，服务水平提升，年度财政收入保持增长趋势，为谯城快速崛起提供了坚实的保障。

【财政增收提速，促进经济增长】2010年，全区财政总收入累计完成80297万元，占预算64700万元的124.1%，占收入考核目标70000万元的114.7%，比上年同期增长49%，增收26415万元。其中：地方一般预算收入完成50220万元，占预算41310万元的121.6%，比上年同期增长41.2%，增收14641万元；上划中央收入完成29542万元，占预算22690万元的130.2%，比上年同期增长66.4%，增收11788万元。

【财政支出结构更为优化】2010年，全区财政支出累计完成206196万元，占预算的97.8%，比上年同期增长29.5%，增加支出47004万元。其中：一般公共服务支出27762万元，比上年增长20.9%；教育支出45000万元，比上年增长20.9%；社会保障和就业支出31116万元，比上年增长8.5%；医疗卫生支出31477万元，比上年增长67.1%；农林水事务支出27672万元，比上年增长22.3%。在总支出中，区级支出184704万元，较上年增长34.7%，增加支出47531万元；乡镇级支出21492万元，同比下降2.4%，减少支出527万元。

【突出民生保障】2010年谯城区具体承担29项。全区计划投入资金5.03亿元，其中：中央和省补助3.7亿元，市配套590万元，区配套7000万元，较去年增长30%。年度实际累计下拨中央、省和市补助资金4.32亿元，区配套资金6836万元，总计6836万元。工作中立足于抓早、抓细、抓实，以保增长、保稳定、惠民生为主线，强化措施，精心组织，29项民生工程扎实推进并全部完成任务。

乡镇文化站、敬老院建设项目受到省有关部门肯定。

【优化重点项目，促进农村基础建设】 十八里现代农业综合开发示范区建设一期工程总投资9000万元，项目建设初建成效，有10余家著名药业企业入驻开始生产，并获得省财政厅农发局高度评价。村级公益事业建设一事一议财政奖补，认真推行“示范引导+全面覆盖”方式，自2009年底以来，已拨付财政奖补资金3538.29万元。规范资金运行程序，强化自身监督，2010年度安全发放惠农补贴18项，涉及补贴补助资金2.54亿元。与2009年2.09亿元“一卡通”相比，增幅8%。政府采购“阳光透明”，2010年组织采购批次261项，节约资金2151万元，节约率10.72%。

【稳步推进财政改革，切实加强资金监管】 基层医疗卫生机构全部收支纳入区级国库集中收付管理，拨付本级医改资金3070万元，强化了财政监管职能，基层医改财政保障稳步运行。国库集中支付系统全面上线，支付资金达20.6亿元，有效提高政府对财政资金的调控能力，实现预算执行过程的透明监督。

【深入开展创先争优，改进作风提升能力】 以打造成服务一流、工作一流、绩效一流的年度岗位责任目标为中心，坚持每周一学习例会，重点突出创先争优活动和财政业务知识学习。在创先争优活动中，鲜明地确立了“牢固树立首位度意识，崛起谯城财政当标兵”活动主题。按照“五个好”、“五带头”要求，突出开展学沈浩、创先进、争优秀活动，以提升党员干部综合素质、提升班子整体合力、提升财政品位、提升机关和谐氛围、提升干部党性修养。

（谯城区财政局供稿）

涡阳县财政工作概述

2010年，全县财政系统干部职工深入学习实践科学发展观，认真贯彻积极的财政政策，坚持增收与节支齐抓、管理与改革并重、以人为本与服务发展并举，财政工作取得前所未有的发展成效，财政收入突破10亿元大关，实现“十一五”完美收官。

【强化收入征管，财政收入总量迈上新台阶】 一是总量增加。财政总收入完成100091万元，是2005年的4.6倍，接近“十五”期间的收入总量（2001－2005年收入总量是113101万元），在全市县区排位第一，在全省76个县区中排23位；财政总收入占全县GDP的比重达到8%，税收收入占财政总收入的比重达到86%。二是增速加快。财政总收入比上年增长39%，高于去年同期6个百分点；农业“两税”收入实现历史性突破，完成1.04亿元；全县完成财政支出24.4亿元，是2006年的3.5倍，排全省第9位；预算执行好于预期，保增长、保民生、保稳定、促发展成效显著。三是质量提高。全年财政总收入占全县GDP的比重达到8%以上，税收收入占财政总收入的比重预计达到86%，分别比上年同期提高1个和1.5个百分点，财政收入结构进一步优化。

【强化财源建设，促进经济发展取得新突破】 一是用足用活用好上级政策。紧紧抓住中央扩内需保增长促发展的政策机遇，主动与省厅、市局对接，全力争取中央和省市对我县的支持。2010年，中央下达我县扩大内需新增投资项目16个，争取中央投资10465万元，有力地支持了重点工程、生态环境治理、基础设施等重大项目建设。二是加快融资担保体系建设。创新担保机制，支持企业发展，兴阳担保公司累计为小企业、个体工商户提供担保贷款4亿多元，为中小企业发展注入了新的活力。积极主动与省开行、农发行加强合作，争取信贷额度，成功融资3.4亿元，主要用于城市基础设施建设，城市面貌日新月异。三是全力支持园区平台建设。通过调整结构，压缩行政开支等措施，筹集资金支持园区发展，完成投入近2亿元，主要用于园区道路、配套设施建设。四是强力推进家电、汽车下乡工作。全年补贴家电下乡产品225546万台（件），发放财政补贴资金7303.34万元，兑付率达到100%，居于全市首位。

【强化以人为本，民生及社会事业发展取得新进展】 一是扎实推进31项民生工程。全年计划总投入7.86亿元，实际落实资金8.28亿元，占计划的105%，保障了民生建设需要，城乡义务教育、困难群众住房、医疗卫生、五保供养、最低生活保障、体育文化等城乡社会事业得到较快发展。二是不断完善社会保障措施。拨付财政补助资金2926万元，确保了企业离退休人员基本生活和城镇居民最低生活保障资金需要；认真落实农村义务教育阶段学生“两免一补”政策和家庭经济困难学生资助政策，发放中职困难学生补助231.55万元，受益人数达 1.3 万人次；干部职工住房公积金财政补贴比例由 2008 年的 5% 提高至 12%，增加投入 2400 万元。三是全面落实惠民政策。累计通过"一卡通"为全县 35 万农户发放各类补贴资金 27 项，资金达 1.97 亿元；县财政配套政策性农业保险资金 390 万元，在今年小麦冻灾和夏季水灾中，全县 43.24 万亩受灾作物获得理赔 1890.4 万元，减少了广大农民的因灾损失。累计拨付新农合各级财政补助资金 14250 万元，县级配套 1763 万元，落实城镇居民医疗保险县级配套 143 万元，建立覆盖全县 130 多万人的基本医疗保障体系。

【强化资金投入，统筹城乡协调发展】一是切实加大支农惠农力度。坚持新增财力向"三农"工作倾斜，完成农业支出 26735 万元，同比增长 48.4%，重点支持农业产业化、现代农业、高标准农田等项目建设，推进农业结构调整、产业升级和科技进步。二是全力推进农村综合改革。扎实开展一事一议财政奖补工作，全县实施"一事一议"财政奖补项目 1379 个，争取上级奖补资金 4628 万元，130 多万农民直接受益。三是突出公共财政建设。严格控制和压缩一般性财政支出，加大对法定支出、重点支出的结构调整力度。文化体育与传媒、农林水事务、社会保障和就业、医疗卫生、住房保障等支出均保持两位数以上增长，城乡社会事业全面发展；不断加大环境保护的投入力度，重点支持涡河、城区内河环境综合整治和生态环境保护，促进人与自然和谐发展。四是农业综合开发工作成效显著。全年争取上级项目资金 2803 万元，实施农业综合开发项目 8 个，改造中低产田 3 万亩，项目区粮食单产打破全省纪录，2009 项目顺利通过市级验收。

【强化改革创新，财政科学化精细化管理跃上新水平】一是财政改革稳步推进。深化国库集中支付改革，不断提高财政资金运行效率，实现财政直接支付资金 2.2 亿元。政府采购行为进一步规范，规模不断扩大。二是财政管理逐步规范。进一步理顺预算支出程序，改革专项资金账户管理；全面开展行政事业单位资产清查工作，进一步增强财政调控力度。三是财政监督不断加强。深入开展"小金库"治理和工程领域突出问题的专项整治，查处违规资金 102 万元，减少了财政违规违纪行为发生；预算支出绩效考评试点工作扎实推进，财政资金使用效益进一步提高；认真开展会计信息质量检查，提高了会计信息的真实性。四是财政信息化建设步伐加快，新的平台一体化管理系统顺利上线运行。

【强化"两基"建设，创先争优呈现新局面】一是扎实开展创先争优活动。组织全体干部职工深入学习党章和党员的基本要求、权利与义务，深入革命圣地重温入党誓词，使同志们增强了荣誉感、使命感；先后到肥西等地学习观摩财政科学化、精细化管理的先进经验和做法，全局上下掀起了一股比学习、比奉献、比业绩的争先热潮。二是深入开展"学习提升年"活动。坚持"系统共建、重在管理"的理念，建规章、树正气、破常规、促和谐，全面提升了财政干部队伍整体素质。坚持旗帜鲜明的用人导向，实施了系统内岗位轮换，局机关领导班子和中层干部岗位得到充实和加强，把一批年轻干部调整安排到重要岗位，进行锻炼培养。三是各项工作扎实有效、亮点纷呈。民生工程组织实施工作、粮食生产三大行动荣获全省先进单位荣誉称号，家电下乡、国有资产管理、一事一议"财政奖补"、政策性农业保险和会计管理工作在全市考核评比中位居第一；农业综合开发工作连续多年荣获全省先进单位；"五五"普法、文明创建、信息宣传获得省厅、市局好评；金财工程建设扎实推进，国库集中支付、公共支出、政府采购、财政执法监督、计划生育、政务公开、机关党建等工作全面提升。

（涡阳县财政局供稿）

蒙城县财政工作概述

2010 年，县财政局紧紧围绕全县经济和社会发展目标，以"抓收入、促改革、强素质"为主线，财政收入保持较快增长，各项支出得到较好保障，圆满完成了年初确定的各项目标任务。

【财政收入实现规模质量双提升】坚持培植财源与强化征管并重，财政总收入实现历史性突破，跨上 8 亿元新台阶，达到 8.2 亿元。其中：地方财政收入完成 5.38 亿元，同比增长 42.8%。财政总收入位居全市第二位，地方财政收入总量及增幅均居全市第一位，财政收入、税收收入提前一个月完成全年预算目标。乡镇财政收入大幅攀升，全年累计完成收入 9027.95 万元。收入结构继续优化。全年完成税收收入 6.66 亿元，占财政总收入的比重为 81.2%，较上年提高 0.5 个百分点。与经济发展密切相关的主体税种增长较快，增值税完成 2.47 亿元，同比增长 18.8 %，消费税完成 1500 万元，同比增长 23 %，营业税完成 1.54 亿元，同比增长 55.7 %。契税完成 2900 万元，耕地占用税完成 4280 万元，均超额完成全年征收任务。非税收入完成 1.54 亿元，同比增长 37.5%，占财政总收入的比重为 18.8%。

【财政保障能力明显提高】坚持“统筹兼顾、突出重点”的原则，着力调整和优化支出结构，统筹安排各项重点支出，全力支持保增长、保民生、保稳定。2010 年，全县财政支出累计完成 20.86 亿元，同比增长 24.5%。财政支出总量及增幅居全省前列。全县农林水事务、教育、社会保障和就业、科技、环境保护等支出累计共完成 10.31 亿元，占总支出的比重为 50.81%，各项重点支出得到较好保障。加强村级财务管理，累计拨付村级支出 3041 万元，其中：村干部工资 782 万元，办公经费支出 705.4 万元，保障了基层组织正常运转；加大社会保障投入力度，全年投入社会保障资金达 3.34 亿元。财政应对突发公共事件的保障能力不断提高，及时拨付抗旱保苗、霍乱疫情防控工作等资金 350 万元，有效保障了政府应急工作顺利开展。此外，县财政还多方筹集资金，支持举办全国女子举重锦标赛、争创全省文明县城工作。

【力促经济建设再上新台阶】坚持发展第一要务，全年投入财政资金 5.6 亿元支持经济发展。大力支持项目建设和招商引资。全年共到位中央扩大内需项目资金 1.68 亿元，拨付项目资金 4500 万元。加大城建投入，大力支持县 11 项城乡重点工程，安排资金 9.34 亿元，用于城市供水项目、城区道路畅通工程、城市绿化亮化等项目工程建设；落实招商引资优惠政策，推动金冠面粉、梦蝶广场、沥青搅拌站、雨润宏健二期工程等一批重点项目相继竣工。加大招商引资经费保障力度，全年安排招商经费 430 万元。认真做好“家电、汽车、摩托车下乡”工作，全年兑付“家电下乡”补贴资金 4400 万元，“汽车、摩托车下乡”补贴资金 2310 万元，拉动农村相应消费 7 亿元，有效活跃了农村消费市场。着力优化金融环境，县投融资平台分别与国家开发银行、中国农业发展银行建立了良好合作关系，累计争取贷款到位资金 9.37 亿元。

【新农村建设成效显著】积极落实各项财政支农惠农政策，按照多予少取放活的方针，全方位加大对新农村建设的支持力度，全年财政投入“三农”资金达 3.5 亿元。积极向上争取财政支农资金投入，累计争取中央及省级支农资金 7893.4 万元。全年累计下达棉花、玉米、水稻、小麦良种补贴补助资金共计 3493.4 万元；“一卡通”发放粮食补贴、农资综合直补等各类补贴 19 项，发放金额 2.65 亿元。农村改革扎实推进。村级公益事业“一事一议”财政奖补试点工作被评为省级先进县，全年审批项目 362 个，落实项目资金 2300 万元，受益群众 100 万人；政策性农业保险试点工作顺利实施，全年共完成投保面积 348 万亩，赔付灾害资金 2300 万元；新农保试点工作顺利实施，累计拨付新农保基础养老金 9562 万元。农村综合开发投入力度加大，累计投入资金 1820 万元，开展土地治理、灾后项目修复、沟渠建设等工作，有力改善了农业生产条件。

【30 项民生工程圆满完成】2010 年全县实施民生工程 30 项全部完成目标任务。全年累计拨付民生工程资金 5.5 亿元。一是加强民生工程制度和机制建设。制定“民生工程资金管理办法”、“民生联络员制度”等配套文件 13 项。在各乡镇成立民生办，负责协调、组织本乡镇民生工程工作。二是注重宣传造势。明确每年的 4 月和 9 月为民生工程宣传月，要求各单位利用会议、媒体、网站等多种形式宣传民生工程。三是强化民生工程督导力度。多次召开民生工程调度会，县监察局、政府督查室、民生办联合对 30 项民生工程实施情况开展了综合督查，县人大组织人员对敬老院建设等项目进行专项检查，在全县开展了民生工程“回头看”活动，确保民生工程有力有序有效推进。

【财政管理逐步走向精细化】一是国库集中支付改革全面实施，实现了“纵向到底、横向到边”，基本形成覆盖全面、操作规范、运行良好、管理有效的现代国库管理体系，共纳入管理的预算单位 164 个，全年累计支付资金 1.2 亿元。二是政府采购规范化建设深入推进，采购规模不断扩大，全年共完成集中采购 90 批（次），申报采购预算资金 7300 万元，实现合同金额 4840 万元，节约资金 2460 万元，节约率 33.7%。三是“金财工程”建设取得新突破，财政“协同办公系统”正式运行，信息化建设迈出实质性步伐，国有资产管理信息系统运行良好。“小金库”专项治理工作取得新成效，清理全县国有和控股企业、协会及社会团体“小金库”135 个，涉及资金 248 万元。四是强化财政监督，开展政府非税收入检查、财政强农惠农资金检查、村级“三资”清理工作等活动，严肃了财经纪律。开展非税收入知识大赛、会计人员继续教育，会计人员职业道德和工作水平显著提高。

【自身建设呈现新面貌】一是效能工作实现常态化。继续推行目标责任制管理。完善督查机制，加大对局机关各股室、二级单位及乡镇财政所督查力度，每月将考评结果张榜公布，年底汇总作为考核奖惩的依据。二是服务意识更加强化。财政支出进度加快，各项惠民资金及时拨付到位，并经常深入基层调研和帮助解决实际困难。通过制作股室业务流程图版，财政工作人员服务基层、服务群众的意识普遍增强，办事效率有效提高，主动服务、热情服务蔚然成风。承办上级批办、督办、交办件80件。三是财政文化建设初见成效。深入开展财税系统春节文艺汇演、钓鱼比赛、羽毛球比赛、“财春杯”驾驶技能比赛等活动，活跃职工文化生活，系统凝聚力和活力不断增强，机关整体建设迈上新台阶。四是财政所基础设施建设有序实施。按照省厅创建规范化乡镇财政所的要求，在2009年建成乐土等5个财政所的基础上，新建财政所5个。

（蒙城县财政局供稿）

利辛县财政工作概述

2010年，全县财政收入累计完成4.42亿元，同比增长42.2%。一般预算支出累计完成23.44亿元，增长37.5%。加上税收返还、转移支付及专项补助收入，实现了收支平衡，略有结余。

【财政平稳运行】围绕征收目标，依法治税，开源节流，强化征管，优化结构，全县财税工作实现了历史性的跨越。共完成财政收入44170万元，同比增长44.2%，总量创历年新高，增幅居全市第2位、全省第13位（共76个县区）。其中：国税局完成10106万元、增收4871万元；地税局完成20136万元、增收6099万元；县财政局完成13927万元、增收2139万元。三部门全部超额完成了年度收入目标，县政府对三部门分别记“集体三等功”一次。全县一般预算支出完成234420万元，在全省排第8位；较上年同期增长30.5%。财政预算执行坚持以人为本和服务发展并重，人员工资、民生工程、“双十工程”和扩大内需等重点项目支出得到有效保障；农业、教育、卫生、社会保障、基础设施和城市建设等方面的投入持续加大。财税对经济社会各项事业协调发展的促进功能进一步加强。

【服务发展添亮点】一是积极发挥城投公司融资平台功能。2010年新增融资贷款3.19亿元，实施新农村路网、水环境综合治理等项目。二是着力解决中小企业周转资金短缺问题。全年担保公司完成担保贷款22468万元，新成立的小额贷款公司放贷金7190万元。三是创新政府、金融机构与企业合作机制。与建行合作，设立企业贷款助保金制度，财政投入600万元铺底金，重点扶持县内优质企业做大做强。四是加大对项目争取、建设方面的财政投入。安排表彰奖励经费1500万元、工业发展基金600万元、招商引资工作经费500万元、项目工作经费200万元、旅游发展基金100万元。同时积极帮助企业做好项目申报工作，争取国家产业政策和技术创新资金扶持。五是认真落实税费优惠政策。对企业应当享受优惠政策，不折不扣兑现到位，全年兑现各类奖扶资金超过5000万元。六是培植和涵养财源工作有突破进展。全年招商引资新引进项目229个，实际到位资金52.5亿元，增长61.5%。

【民生投入再发力】优先保障人员工资，兑现了公积金和津补贴提标政策。持续向“三农”倾斜，全县农业投入1.65亿元、农村教育投入4.94亿元、水利投入3194万元、基层医疗卫生投入2.78亿元，社会保障和就业投入2.98亿元。认真落实强农惠农政策，“一卡通”发放综合直补10020万元、粮食直补资金1744万元、村级补助1499万元；全年“家电下乡”补贴8349万元，生产资料补贴3555万元，一事一议奖补5549.43万元，农业综合开发资金3037万元，政策性农业保险为30万农户提供了2000万元的风险保障。33项民生工程全年投入资金73341万元，较上年增长34.3%，增加支出18747万元，县民生工程工作再获市政府表彰“一等奖”。

【财税监管更有力】国库集中收付平台、非税网络平台全面启动，票据管控、税收预警与稽查、重点税源监控管理等全部实行信息化。政府采购面不断拓宽，会计核算职能日益得到强化。深入开展小金库治理工作，上报资料87家，查处小金库3个，涉及资金20多万元。对园区企业开展了会计信息质量检查，企业会计行为得到进一步规范。坚持“财政大监督”理念，对民生工程资金、农村沼气建设资金、城市建设项目资金、政法专项资金等进行了重点监督检查，财政资金使用绩效进一步提高。

【固本强基树形象】坚持“系统共建、重在管理”的理念，深入开展“学习提升年”活动，建规章、树正气、破常规、促和谐，全面提升了财政干部队伍整体素质。实施系统内岗位轮换，局机关领导班子和中层干部岗位得到充实和加强。持续开设“财政大讲堂”，累计开课37次。对全县23名财政所长、261名财政干部、176个县直企事业单位财务人员、356名村级会计人员进行岗位培训。完成孙庙、望疃等8个规范化财政所建设。坚持反腐倡廉活动，做到每季度一教育。聘请17名人大代表和政协委员为财政监督员，认真开展政风行风建设。积极参加省市非税知识竞赛、民生工程电视大奖赛等，分别荣获全市一等奖和三等奖。

（利辛县财政局供稿　方　帅执笔）

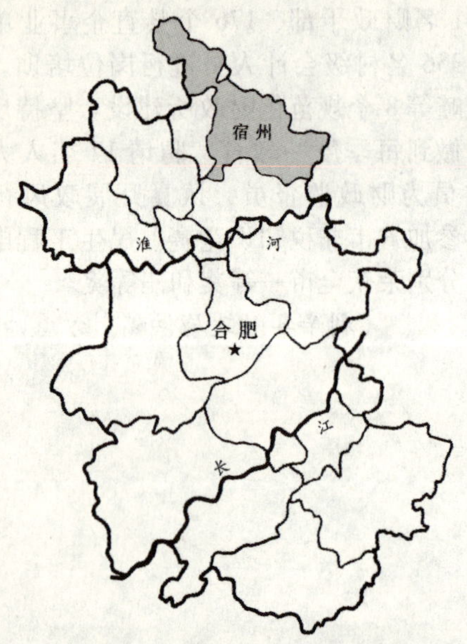

宿州市财政工作概况

宿州市财政工作综述

2010 年，宿州市财政收入完成 431509 万元，比上年增收 105949 万元，增长 32.5%，完成预算 117.1%。其中地方一般预算收入完成 261543 万元，比上年增收 76221 万元，增长 41.1%。市本级完成收入 122625 万元，比上年增长 34.6%。全市财政支出完成 1113223 万元，比上年增支 176464 万元，增长 18.8%，完成预算的 109.8%。市本级支出完成 163869 万元，比上年增支 21898 万元，增长 15.4%。

【积极组织财政收入】一是及早分解落实了任务，将年初市人代会批准的全市预算收入任务迅速分解落实到国税、地税、财政部门，明确各自责任。二是进一步完善了财税定期会商协调机制，及时加强收入调度分析。三是认真做好收入分析工作，密切跟踪财税政策动向，深入骨干税源企业调研，关注收入形势变化。四是依法加强收入征管，抓住重点税种税源，坚持应收尽收，特别是针对煤炭涨价调税、房地产销售市场活跃的特点变化，采取积极措施重点抓好增值税、房地产营业税和契税的征收，确保其及时足额入库。

【调整优化支出结构】在保证农业、科技、教育等法定支出增长的同时，重点增加安排了支持经济发展和医疗卫生、社会保障和就业、环境保护、住房保障、城乡社区事务等直接关系民生的社会事业发展支出。全年财政直接用于支持经济发展支出达 6.65 亿元，增长 98.6 %。科技、医疗卫生、环境保护、城乡社区事务、住房保障等支出分别增长 23.2%、29.9%、54%、30.1%、32.5%。随着财政支出结构的调整和支出进度的加快，财政部门采取了一系列有效措施，实行了分管局长负责制、业务科室支出进度考核制、重点支出局长亲自调度制、“绿色通道”特事特办制等办法，缩短支出流程，加快资金拨付，使预算执行率显著提高。

【不断深化财政改革】一是深化部门预算改革，增强预算编制的完整性。开始正式编制政府性基金预算和社保基金预算，并就国有资本经营预算启动进行了调研准备，建立了公共财政预算、国有资本经营预算、政府性基金预算和社保预算组成的有机衔接的政府预算体系，把政府所有收支全部纳入预算管理。建立了预算支出绩效评价制度，市本级选择了 4 户单位开展绩效评价试点。二是进一步深化国库管理制度改革，统一和归并了各业务科室资金专户，实行了国库单一账户体系管理。进一步规范国库集中支付操作流程，扩大集中支付资金范围，提高支付效率，全年实现集中支付 81116 万元，比上年增长 22%。三是进一步完善政府采购体系。全年完成采购合同金额 40101.7 万元，较采购预算节约资金 4779.2 万元，节约率 10.7%，其中市直完成合同金额 11401.5 万元，节约率达 11.3%。四是加强了行政事业单位国有资产管理。相关制度，初步构筑行政事业单位国有资产动态管理平台。五是财税库银横向联网工作取得突破，通过横向联网系统上线运行的财税库银分支机构达 222 个、签约纳税企业和个人达 10437 多户，纳税企业和个人上线数比上年增加 5 倍。六是进一步健全财政信息化建设组织机构和工作制度，投资 104 万元建设了市局标准化机房、改造了财政大楼综合布线，顺利实施“一体化平台”信息系统建设。

【全力推进民生工程】一是财政配套资金及时足额落实。33 项民生工程总投资 28 亿元，其中中央、省财政补助 21.7 亿元，市财政配套 0.5 亿元，县区财政配套 3.6 亿元，受益者缴费及自筹 2.2 亿元。二是工程运营养护管理进一步强化。制定出台一系列运营养护管理制度，切实发挥民生工程的长期效益。三是工作机制进一步强化。建立了民生工程分管市长负责制、“一票否决”制和报告制等三项制度。各分管市长负责指导分管部门的民生工作，督促实施进度。四是人民群众的知晓率、满意率进一步提高。开展民生工程宣传月活动，使民生工程政策走入千家万户。民生工程的深入实施，让改革发展的成果惠及更多人民群众。

【大力支持经济发展】 一是市本级安排资金3000多万元，建立了市级工业发展专项资金、节能减排专项资金等。其中安排资金250万元用于“工业五年扩张”奖励、1000万元用于扶持企业技改和创新兑现、1000万元用于“新型乡村工业园区”建设。二是拨付出口货物退增值税5550万元，有效减轻了企业税负，支持了外向型企业发展。三是争取省追加各类建设资金2.5亿元，支持了污水处理厂二期工程、新汴河灌区改造等多个项目。四是争取中央、省财政支持技术创新补助、中小企业发展项目80多个，获得扶持资金3210万元投入到企业发展中。五是发放石油价格改革补贴3899万元，保证出租车和农客班线的运营。六是积极发挥担保公司作用，为市中小企业担保公司新增注资6000万元。省担保集团宿州分公司、市投资担保公司分别为市162家企业担保贷款2.62亿元、5.52亿元。七是紧密实施“四下乡、两换新”工作，刺激农村市场需求。全市共支付“四下乡、两换新”财政补贴资金3.9亿元。促进家电下乡产品销售70.9万台，汽车、摩托车下乡产品销售9.2万辆，农机下乡2779台（套），汽车以旧换新报废机动车辆2200辆，家电以旧换新回收旧电器2135台。

【落实强农惠农政策】 一是投入资金1.61亿元，其中财政资金1.21亿元，用于农业综合开发。二是争取中央、省扶持资金4.81亿元用于现代农业生产发展、小型农田水利工程建设等，促进农村经济发展。三是继续构筑惠农补贴“一卡通”发放绿色通道。发放各类涉农补贴12.52亿元，涉及粮食直补、农资综合直补等27大项、50多小项资金。建立“农民补贴网”管理系统，完成全市125万多农户的信息采编登记工作。四是积极开展政策性农业保险，承保小麦595万亩、大豆208万亩、玉米375万亩、棉花1.95万亩、能繁母猪28.5万头等，各级财政共筹措保费配套资金10185万元，通过保险机构为受灾农民支付理赔资金10388万元。五是指导泗县整合涉农资金2.29亿元，其中财政资金1.72亿元，引导社会投入3500万元，用于当地农村经济发展，获得省奖励资金300万元用于该县玉米高产示范区建设等。六是农村综合改革进程加快。已经完成的一事一议奖补试点工作总投资35083.5万元，获奖补资金15031.6万元，带动农民筹资筹劳及其他社会投资20051.9万元，基本实现了全市范围的覆盖。七是集中开展了强农惠农资金专项清理检查。对全市2007年至2009年强农惠农资金53.6亿元进行全面清查，其中县区自查出违纪资金5819万元，已经纠正整改资金3656万元，处理违规违纪71人，移交司法处理4人，制定完善23项整改措施。

【继续加强财政监督】 一是深入开展“小金库”专项治理。经重点检查发现“小金库”5个，涉及金额45.85万元；县区发现“小金库”10个，涉及金额10.5万元。二是积极开展会计信息质量检查。共查出各类虚增虚减、逃避管理等违规资金2038万元，其中上缴国库316万元，纳入财政专户管理785万元。三是对全市122个行政事业单位的非税收入收缴情况进行检查，共查出违规违纪资金4558万元。四是继续开展行政事业单位收费年检。先后审查收费项目278项，涉及收费金额70839万元，降低收费标准6项。五是认真做好工程建设领域专项治理工作。集中力量对市2008年以来使用政府性投资和国有资金的项目进行全面排查，对加强建设项目全过程的管理监督，完善资金监管机制。

【切实提高队伍素质】 一是认真开展“学习提升年”活动，切实加强财政系统思想建设、业务建设、作风建设、制度建设、文化建设。二是大力开展干部培训工作。分层次、有系统地对干部职工开展了经济理论、财政实务、现代管理和基本技能的学习培训，开展每月一讲座活动，先后举办了义务教育保障机制改革、农业综合开发知识、农村财政补贴知识、采购法讲座等15期专题讲座。三是认真开展“五五”普法考核验收工作。四是开展创建“文明窗口”、“先进集体”、“先进党支部”等系列活动。加强职业道德教育，增强服务意识展现了良好的精神风貌。五是大力加强机关党建工作。六是深入开展创先争优活动，确保活动取得实实在在的效果。七是加强党风廉政建设。局领导与各科室、局属各单位继续签订党风廉政建设责任书，通过沟通、交流谈话，进一步增强廉洁勤政意识。八是组织开展了规范权力运行工作。对干部职工开展权力运行廉政风险教育，确保公共权力正当运行。经过“梳理”全局共有财政业务和内部行政管理权力

141 项，其中财政分配管理监督类 90 项、行政管理类 27 项均通过政府网站向社会公布，接受各界监督。

（宿州市财政局供稿 寇智执笔）

埇桥区财政工作概述

2010 年，全区财政总收入完成 140271 万元，比上年增收 25836 万元，增长 22.6%，完成预算的 108.5%。其中地方一般预算收入完成 72460 万元，增长 25.9%，完成预算的 112.6%。地方财政支出完成 248447 万元，增长 16.2%，为预算的 108.9%。财政平衡情况：区级地方一般预算收入完成 72460 万元，省补助收入 176765 万元，上年结转 4084 万元，债务转贷收入 3400 万元，收入合计 256709 万元；地方预算支出 248447 万元，上解市支出 3850 万元，安排预算稳定调节基金 1000 万元，结转下年支出 3412 万元，收支相抵后，当年实现财政收支平衡。

【支出规模不断扩大】一是保工资。在工资发放上实行区乡一体，即统一发放标准、统一发放渠道、统一资金来源。2010 年提高公务员津补贴和事业单位绩效工资标准，全区新增支出 16500 万元。二是保民生。2010 年，全区共拨付民生工程资金 71252.9 万元，比上年增长 45.1%。占财政总支出的 29.5%。三是保运转。2010 年一般公共服务支出 39011 万元，占财政总支出的 15.7%。四是保重点。教育支出 76523 万元，比上年增长 13.2%；社会保障和就业支出 20890 万元，比上年增长 29.1%；医疗卫生支出 34621 万元，比上年增长 8%；农林水事务支出 31722 万元，比上年增长 25.7%。上述四项支出占财政总支出的 65.4%。

【惠农政策得到落实】及时掌握国家和省财政支农投入政策，积极争取财政扶持项目和争取财政支农资金投入，组织申报中央和省财政重点支农项目（现代农业发展、农业三增、农民专业合作组织、农业科技示范推广等）5 个，申报项目资金 1145 万元。积极配合农林水部门组织申报财政支农资金 6402 万元，包括农作物良种补贴资金 3140 万元，小型农田水利建设资金 1050 万元，农业生产救灾资金 400 万元，午收补贴资金 320 万元，技能培训资金 265.9 万元及其他各项资金 1365 万元。“家电下乡”扎实开展，全年家电下乡产品销售 19.98 万台，兑付财政补贴资金 5766.9 万元。汽车、摩托车、农机下乡产品销售 12975 台，兑付财政补贴资金 1757.5 万元。家电以旧换新回收旧家电 6038 台，兑付财政补贴资金 152.2 万元。全年累计完成财政补贴农民资金 7676.5 万元。推进政策性农业保险，共完成小麦保险 184 万亩，中央、省、区级配套资金 1530 万元，圆满完成小麦投保任务。秋季大豆、玉米完成投保面积 182 万亩，中央、省、区配套资金 1566 万元。农村综合改革取得显著成效，取得村级公益事业建设“一事一议”财政奖补资金 2886.7 万元，全年总投资 8772 万元，带动农民筹资筹劳及其他社会投资 5857 万元，受益群众 112 万人。

【落实积极财政政策】一是区财政投入扶持经济发展资金支出完成 8705 万元。二是兑现政策，退土地使用税 700 万元，拨付出口货物退增值税 1609 万元。三是为融通担保公司实有资本金增至 1 亿元，提供担保贷款 131 笔，为企业融资 35970 万元。四是成立区现代农业投资有限公司，注册资金 5000 万元。引导和聚集社会资金投入农业产业化，协调各类资金为农业和农村经济发展服务。

【扎实推进民生工程】33 项民生工程投入 7.1 亿元，惠及全区 156 万人。完成各类补贴补助资金发放 4.1 亿元，完成工程建设类项目投入 2.7 亿元；累计发放廉租住房租赁补贴 2744 万元，解决 5125 户城市低收入家庭的住房困难问题；新建、改建、扩建敬老院 13 所，8537 名农村“五保户”享受五保供养；完成农村公路“村村通”98.6 公里，建成农村饮水安全工程 26 处，10 万人的饮水不安全问题基本得到解决。建成农村户用沼气池 2700 个、农民体育健身工程 64 个、农家书屋 58 个、乡镇综合文化站 3 个，农村生产生活条件进一步改善。新建、改建乡镇卫生院 2 所、村卫生室 139 个，城乡卫生服务体系建设任务全面完成，城乡医疗救助制度进一步完善，有 111 万人参加了新型农村合作医疗，20.6 万人参加了城镇居民基本医疗保险。

【保障推进各项改革】一是开展“学习提升年活动”。二是推进财政管理改革，启动预算支出绩效评价工作，全面实施区级国库管理制度改革，非税收入征管信息系统、财税库银横向联网全部上线运行，国库直接支付率进一步提高。三是政府采购的范围和领域进一步扩展。四是认真落实基层医药卫生体制综合改革。完成基层医疗卫生机构人员定岗分流工作。五是全面加强行政事业单位资产管理，推进预算管理与资产管理的有机结合，认真开展资产清查工作，构建了行政事业单位固定资产管理信息系统，资产管理由分散化、静态化向集中化、动态化转变。

（埇桥区财政局供稿　刘德峰　尹明堂执笔）

开发区财政工作概述

2010 年度，宿州开发区实现财政总收入 30299 万元，同比增收 14574 万元，增长 92.68%，比年初确定的收入目标任务增收 10299 万元，完成目标任务的 151.5%；与 2009 年相比连跨 2 个亿元台阶，增幅居全市第一，超出全市平均增幅 63.72 个百分点。

【组织收入】 一是确定全年财政收入目标任务，层层分解，明确责任，严格落实目标责任制。二是加强税收的日常监管工作，健全税收征管制度，强化税收征管的各项措施，严格执行税收征管法，争取做到应征不漏。三是加强收入调度，定期召开国税、地税、财政部门收入分析会议，及时掌握和了解财政收入进度，解决征管过程中存在的问题。四是在抓好主税种征收的同时，注重对地方其他税种的征收，2010 年度开发区城镇土地使用税实现 3282 万元，增长 251.02%，土地增值税实现 1704 万元，增长 533.46%。

【保障支出】 一是在编制年度财政预算时把保工资、保运转作为开发区保稳定、促发展的首要支出安排。全年一般公共服务经费安排 1806 万元，占一般预算支出的 7.74%。二是重民生，使开发区居民充分享受开发区发展的成果。2010 年开发区财政安排征地补偿支出 7000 万元，社会事业费支出 537 万元，占一般预算支出的 32.3%。三是保重点、促招商，尽力支持开发区园区建设和招商引资工作。按照市委、市政府“大建设年”的总体部署，紧紧围绕开发区管委会“项目建设大突破，园区形象大提升”的工作主线开展工作，2010 年全年安排基础设施建设支出 12459 万元，占一般预算支出的 35.8%，促进了开发区基础设施建设，安排招商引资专项经费 450 万元，保证了开发区招商引资工作的顺利开展。四是集中财力办大事，支持开发区硬件建设。为保证财政预算的严肃性，开发区财政局严格按照年初批准的财政支出预算执行，各部门年初预算一律不予追加或调整，2010 年开发区财政安排支出 23330 万元，比年初预算超支 12762 万元，超收部分全部用于开发区基础设施建设和征地补偿，2010 年度利用超收安排基础设施建设经费 12459 万元，安排征地补偿经费 4040 万元。

【促进发展】 一是按照管委会的统一安排，为汇智创富、金玉园、首文磁性材料等企业全程服务，帮助解决入区企业建设过程中存在的问题。二是做好融资服务工作，为开发区的发展提供保障。2010 年开发区财政局协助新区建投公司争取农业开发银行及其他商业银行贷款 2.88 亿元，争取省地方转贷资金 2500 万元，同时积极清理土地出让金欠款。充分发挥信用担保公司的桥梁和纽带作用，2010 年为开发区 32 家企业提供担保贷款 1.4 亿元。三是认真做好开发区机关、土地出让金、征地拆迁和开发区其他各项社会事业的财务核算工作，为开发区机关运转、招商引资、基础建设和各项社会事业的发展理好财、服好务。四是做好契税纳税服务工作，在征收过程中，既要保证国家税收的足额征收，又要保证购房户应享受的补贴及时足额发放到位。五是按照市纪委的统一部署，积极推进“阳光村务工程”，认真开展“三资”清理工作。

【队伍建设】 一是不断加强对财政干部政治和业务方面的学习，认真学习党的十七届五中全会精神，提高财政干部对党的重大决策重要意义的认识，学习公共财政改革的理论知识，提高依法行政、依法理财的业务水平。二是加强对财政干部职工的党风廉政教育，增强拒腐防变的执政能力，树立财政队伍廉洁奉公的公仆形象。三是加强基层财政所建设，设立便民服务大厅，把为人民服务的思想意识落实到具体行动之中。

（宿州开发区财政局供稿）

灵璧县财政工作概述

2010 年，灵璧县财政局以科学发展观为指导，积极创先争优，财政各项工作扎实推进。全县财政一般预算收入 27529 万元，占预算 116.6%，同比增长 32.1%。其中，地方一般预算收入 21024 万元，同比增长 32.5%；中央收入 6286 万元，同比增长32.9%。全县财政一般预算支出185221万元，同比增长25.8%。农林水、教育、医疗卫生、环保、城乡社区事务、社会保障和就业、文化体育与传媒等与人民群众密切相关的重点支出分别为29812万元、50542万元、30653万元、4181万元、7795万元、12460万元、2034万元，同比分别增长32.8%、14%、59.4%、230.5%、25%、23.3%、33.4%。

【民生工程实施工作】 2010年，全县实施30项民生工程，累计投入58452.52万元，其中：中央和省财政45664.8万元，市财政235.3万元，县财政7797.87万元，自筹等4754.55万元。财政部门严格落实政策，规范工作程序，切实做到资金落实到位、组织实施到位、政策宣传到位、督促检查到位，促进民生工程顺利实施。

【家电、汽车下乡工作】 全县家电、汽车下乡共备案销售网点180个，并全部实行网点代垫直补。全县网上备案销售家电下乡产品65758台，销售额达15998万元；补贴核查通过并发放补贴2006万元，补贴兑付率100%；补贴汽车、摩托车11528辆1701万元。为确保家电下乡工作顺利开展，一是及时成立组织，加强领导。二是加强宣传，营造氛围。充分利用广播、电视、互联网等媒体，大力宣传家电下乡工作的重大意义和补贴政策。三是认真做好销售网点管理工作，规范销售网点经营。四是加强督导，确保家电下乡工作进度。

【村级公益事业建设一事一议财政奖补工作】 进一步健全制度，强化监管，细化管理办法和操作程序。切实加强资金管理。全县申报审批财政奖补项目333个，安排资金4000万元。积极探索国有农场公益事业建设一事一议财政奖补工作，将国有农林场公益事业建设纳入财政奖补范畴。全县国有农林场共有8个，其中已有3个国有农林场实施奖补工作。

【规范化财政所建设】 高度重视财政"两基"建设，着力抓好落实。一是成立创建规范化财政所工作领导小组，切实加强对财政所创建工作的领导。二是优化流程，规范操作。进一步明确财政所的工作职能和职责，制定各项业务工作流程，切实加强预算管理、非税管理、两税征收、惠农资金管理、村级财务监管以及财政为民服务窗口建设等，确保财政资金安全高效运行。三是强化管理，运转高效。建立健全内部管理各项规章制度，全面落实岗位责任制，树立财政良好形象。四是加强培训，提升能力。先后进行了计算机应用能力培训、国库集中支付软件和行政事业单位资产管理软件培训、财政所长以会代训等，培训面达80%。通过加强培训，进一步提升基层财政所服务能力。五是加大投入，强化基础。共投入331万元，基本满足各项业务工作的需要，确保创建工作顺利开展。其中新建财政所7个，投入资金306万元，建筑面积4200多平方米；改造财政所3个，投入资金25万元。

【"学习提升年"活动】 积极开展行之有效的学习活动和创新实践，着力提升广大财政干部综合素质。一是认真学习省财政厅2010年财政工作要点和开展"学习提升年"活动的指导意见，及时成立领导小组，加强对活动的组织领导。二是制定方案，精心实施。结合实际，认真制定《灵璧县财政系统开展学习提升年活动的实施意见》，明确目标，明晰内容。通过有计划的培训活动，全面提高广大财政干部的知识水平和工作能力。认真组织开展"学沈浩，见行动"演讲比赛，营造向沈浩学习的浓厚氛围；扎实做好结对共建工作，达到互促互帮，共同提高的目标；认真开展"送信下乡、送书下乡、送戏下乡、送电影下乡"等活动，广泛宣传财政政策。

（灵璧县财政局供稿　朱新科执笔）

泗县财政工作概述

2010年，泗县财政总收入突破3亿元大关，完成33220万元，增长39.4%。其中：地方收入完成23589万元，增长39.3%；中央收入完成7732万元，增长33.8%；出口退税完成1899万元，增长69.9%。2010年全县财政支出超14亿元，完成146196万元，为预算的156.6%，增长21.4%。

【依法强化预算管理】 一是以组织收入为中心，进一步增强工作责任感和主动性，大力推行综合治税，对重点项目实行跟踪服务，努力挖掘增收潜力，完善收入监控机制，财政收入继续保持平稳较快增长。二是严格规范支出管理，大力调整和优化财政支出结构，从严控制一般性开支，统筹安排各项法定支出和重点支出，财政支出规模大幅度增加，财政保障能力进一步增强，33项民生工程资金落实到位，公务员津补贴提高标准并及时发放，教师绩效工资按时兑现，基层医药卫生体制综合改革和政法系统经费保障机制改革稳步实施。

【落实积极财政政策】 一是围绕全县“大开放、大建设、大发展”的战略目标，充分发挥财政职能作用，超前谋划，主动服务。二是争取上级专项补助资金和专项借款等资金3亿元、安排土地出让金1.2亿元，用于城乡基础设施建设及全县重点项目建设；安排招商引资费用1000万元，落实招商引资优惠政策；安排800万元工业发展资金，大力实施工业强县战略。三是健全并完善中小企业信用担保体系，积极为全县中小企业提供信用担保服务，为67家中小企业提供担保贷款4572万元。四是认真做好家电及汽车摩托车下乡工作，严格规范补贴审核兑付程序，全年共兑付家电下乡产品60644台(件)、补贴资金1848.3万元，兑付汽车下乡产品1679辆、补贴资金638.3万元，兑付摩托车下乡产品6640辆、补贴资金411.4万元；全面开展家电以旧换新工作，兑付以旧换新家电产品354台(件)，补贴资金9.6万元。

【全面实施民生工程】 一是积极履行牵头部门职责，财力分配向民生倾斜，圆满完成33项民生工程年度目标任务。二是着力提高资金使用效益，确保民生工程资金安全运行。全年累计完成各项投资4.12亿元，其中县级配套资金5205万元，各项补贴补助类资金全部由财政统一打卡发放到户。三是以打造“精品工程”为目标，进一步规范操作程序，让民生工程真正成为人民群众满意的放心工程、幸福工程。四是不断加强民生工程政策宣传，印发宣传材料，在广播电视节目中开辟专栏，印制民生工程政策年画，开展政策咨询活动，并聘请村级宣传员，成功举办“情暖泗州”民生工程大型广场文艺演出活动。五是组织开展民生工程督查活动和“回头看”活动，妥善解决实际问题。

【认真执行惠农政策】 一是进一步深化财政补贴农民资金管理和支付改革，全年累计发放各类补贴农民资金2.7亿元，比上年增加8300万元。二是全面开展政策性农业保险试点工作，全县完成小麦参保面积117.37万亩，完成秋季玉米参保面积65.63万亩、大豆参保面积31.5万亩，并做好农业保险查勘定损及理赔工作，午季小麦受灾理赔资金1987.9万元、秋季作物受灾理赔资金536万元全部打卡发放到户。三是扎实推进村级公益事业建设一事一议财政奖补试点工作。四是进一步整合财政支农资金，不断加大资金投入力度，争取农业项目专项资金9745.3万元，安排财政扶贫资金1878万元，完成农业综合开发投资1478.6万元。拨付“三农”建设资金14092万元，有效改善了人民群众生产生活条件。

【推进科学化精细化管理】 一是不断深化部门预算改革，早编细编预算，强化预算约束。二是在全市率先推行国库集中支付改革，全县170余家财政拨款单位全部纳入国库集中支付体系管理，通过国库集中支付系统办理了6192笔支出业务，支出金额达4.99亿元。三是扎实推进政府采购向纵深发展，全年完成预算采购资金7438.8万元，实际支付采购资金6718.6万元，平均节约率为9.7%，采购规模同比增长27%。四是不断完善“乡财县管”制度，切实加强乡镇财政管理。五是深入开展财政执法检查，确保财政资金安全运行。六是贯彻执行《会计法》，认真开展会计人员继续教育培训。七是大力推进村集体“三资”清理工作，对村集体“三资”实行委托代理服务。八是扎实做好社会团体和国有及国有控股企业“小金库”专项治理工作。九是在全县范围内开展行政事业单位资金管理工作，防止国有资产流失。

【加强财政干部队伍建设】 一是建立健全学习培训长效机制，并委托安徽财经大学对全系统干部职工进行封闭式培训。二是以“科学理财创先进、学习沈浩争先锋”为主题，认真组织开展“争先创优”活动。三是高度关心干部职工的工作和生活待遇，在全县财政系统公开招考录用32名不在编人员进入事业编制，维护财政队伍的稳定。四是健全完善了内部规章制度，深入开展党风廉政教育，增强财政干部的廉洁从政意识。五是进一步推行政府信息公开制度，大力推行政务、事务、财务“三公开”，自觉接受社会各界对财政工作的监督。

（泗县财政局供稿　满盈执笔）

萧县财政工作概述

2010年萧县财政收入完成46028万元，占年度预算的108.8%，比上年增长24%。其中，地方一般预算收入完成29757万元，占年度预算的112 %，比上年增长22.5%；上划中央收入15907万元，占年度预算的101.2%，比上年增长25.4%。2010年税收收入完成36674万元，比上年增收8998万元，增长32.5%，税收收入占财政收入的79.7%，比上年提升

5.1 个百分点。财政支出完成 213048 万元，占年度预算(含省市专项追加)的 111.2%，比上年增支 28120 万元，增长 15.2%。

【财政收入继续保持平稳较快增长】全县财税部门以组织收入为中心，严格执行税收法规，加大税收征收力度，狠抓收入征管。财政部门加强契税、耕地占用税征管和“收支两条线”专项检查，全年收入完成 14495 万元。地税部门全年收入完成 13735 万元。国税部门全年收入完成 17798 万元。各乡镇积极组织财政收入，加大财税征收管理，全年累计完成 21419.01 万元。全县提前 1 个月完成年度财政收入任务。

【财政保障能力进一步增强】一是保证工资的正常发放。全年工资性支出 64450 万元，占财政总支出的 30.3%。足额兑现了公务员、参公单位人员津补贴、义务教育基础性绩效工资、其他事业单位预支生活补贴 9000 多万元。二是保障民生工程支出。足额配套县级资金 7425.96 万元，比上年增加 3179.05 万元。全年民生工程支出 58209.89 万元。占财政总支出的 27.3%。三是保障重点支出需要。教育、医疗卫生、社会保障和就业、农林水事务等支出得到了有力保障，比上年有较大幅度增长。四是继续贯彻中办、国办关于厉行节约的八项要求，严格执行县委关于严控招待费和车辆燃修费的有关规定，一般性行政支出比上年有明显下降。

【着力保障和改善民生】按照省 33 项民生工程实施要求，进一步健全纵向、横向协调推进机制，定期召开协调会、调度会、促进会，大力开展民生工程宣传月活动，建立健全民生工程目标责任考核机制，量化目标任务，加强监督检查，加大资金保障，严格兑现奖惩。全年民生资金到位 58209.89 万元，其中：中央资金 24936.25 万元，省级资金 21121.98 万元，市级资金 226.4 万元，县级配套资金 7425.96 万元。累计拨付资金 58209.89 元，资金拨付率 100%。拨付民生资金比上年增加 15639.24 万元。

【落实惠农政策】进一步规范涉农补贴资金“一卡通”发放办法，全年打卡发放资金 24620 万元，涉及项目 20 个，惠及农户 32 万户。扎实开展村级公益事业建设“一事一议”财政奖补试点工作，全县 2010 年实施项目 292 个，项目资金总额 5870 万元，受益人口 130 多万人。全力做好家电下乡补贴发放工作，全年兑付家电下乡补贴资金 3788.5 万元，兑付率 100%，汽车、摩托车补贴 2783.78 万元。认真做好政策性农业保险工作，全县午秋参保面积 257.75 万亩，午秋赔付 2050 万元，承保能繁母猪 7.1 万头，理赔 286 万元。积极开展强农惠农资金专项检查，争取上级部门的项目、资金支持，把强农惠农资金重点向农业主导产业、优势产业、新农村建设等方面投放，全年发放良种补贴资金 2400 万元，争取农业项目 8 个，争取现代农业发展资金 500 万元。

【着力提升科学化精细化管理水平】县乡财政体制进一步完善。全年完成政府采购资金 11140.45 万元，节约率达 10.68%。国库集中支付改革稳步推进，“公务卡”制度稳步推行，非税收入征管改革全面推进，征管网络化实现全覆盖。加强“小金库”清理整顿，行政事业单位国有资产管理改革进一步深化，资产管理信息系统建设逐步规范化、科学化、精细化。积极开展村级集体资产“三资”清理，大力推行阳光村务工程建设，“三资”委托代理服务工作稳步开展。积极参与医药卫生体制改革，全面开展财务清查。

【支持经济发展】重点加大对县经济开发区和相关企业的支持，拨付企业发展资金 5727 万元、县经济开发区建设资金 20264 万元。为 20 家企业提供担保贷款 14820 万元。争取 2010 年国家级高标准粮田建设示范工程项目 1 个，项目资金 2700 万元。争取小型农田水利建设资金 1000 万元，土地整治整村推进建设资金 4204.9 万元。争取扩大内需资金 13262.9 万元，发放石油价格补贴资金 468.9 万元，拨付节能减排资金 2665 万元。

【全面提高干部素质】扎实开展学习提升年活动，坚持学习制度化、经常化，全年共开展各类培训活动 11 次。加强制度建设，坚持用制度管人管事，针对财政工作新情况、新变化，制定完善了 32 项制度，加强督查，严格考核，狠抓落实。加强财政文化建设，积极开展“学沈浩，见行动”演讲比赛、结对帮扶、党的知识竞赛等活动。加强财政廉政建设，努力建设一支廉洁、高效、务实、和谐、奋进的财政干部队伍。

(萧县财政局供稿　刘　光峰执笔)

砀山县财政工作概述

2010 年，砀山县完成财政总收入 32151 万元，完成年度任务的124％，比上年增长39％。其中地方一般预算收入完成22291万元，完成年度预算16421万元的136％，比上年增长45％。完成财政总支出153969万元，比上年增长13.5％。其中县本级支出146463万元，比上年增长14％。

【全面推行综合预算】 预算管理制度进一步深化，财政管理水平进一步提高。规范人员经费供给政策，完善了定员定额标准体系；预算内外资金、其他资金和政府性基金全部纳入部门预算，实行综合预算统一管理。

【确保重点支出需求】 财力进一步向法定支出、民生工程支出倾斜，确保公务员津补贴和事业单位绩效工资的发放；确保民生工程支出打足打满，不留缺口；确保教育、医疗、卫生、社会保障和就业、农林水事务等支出需要。继续贯彻中办、国办关于厉行节约的八项要求，严格执行县委关于严控招待费和车辆燃油费的规定，一般行政支出比上年有所下降。

【继续落实惠农政策】 与涉农部门密切配合，做好财政补贴农民资金的规范管理和发放，全年共打卡发放财政补贴农民资金1.74亿元。会同县农委等相关部门，认真做好农业项目的论证、筛选立项和申报工作。2010年度共争取省财政下达项目资金2978万元，并按工程进度拨款，用于支持农业发展。全面完成2009年国家农业综合开发项目，共落实资金3028.7万元，共涉及项目11个。

【全力实施33项民生工程】 全年计划筹集资金44370.9万元，其中，中央配套21772.1万元（含免费提供教科书1645万元及2009年校舍安全重建资金2372万元），省级配套13774.7万元，市级配套255.5万元，县级配套4709.6万元（含公积金增值收益47万元及交通局配套62.9万元），个人缴费、贷款及自筹3858.9万元。全县民生工程各级财政落实到位资金35300万元，其中中央财政资金17500万元（不含免费提供教科书1645万元及2009年校舍安全重建资金2372万元），省财政资金12700万元，市财政资金255.5万元，县财政及其他单位配套资金4709.63万元，全县拨付财政民生工程资金35300万元，占实际落实到位财政资金的100％。

【加强国有资产和土地出让金的管理】 摸清全县行政事业单位资产总额共79138万元，建立行政事业单位资产信息管理平台，加强对国有资产的处置管理。组织对国有资产处置情况进行监督检查，对以往未按规定擅自处置国有资产的单位予以排查，并依法追缴处置收入，确保国有资产处置收入和土地出让金收入按规定及时上缴国库财政专户。

【落实“一事一议”财政奖补工作】 对照政策，严格议事程序，坚持公开制度，积极协调，及时审批议事项目，简化手续，及时组织验收。按照省政府“普惠制”和“重点制”相结合的要求，全年共申报项目394个，涉及村级道路、农田水利、村庄亮化、文体设施等项目，工程概算3868万元，其中群众筹资1147万元，工程项目涉及财政奖补2667万元，另外群众筹劳折资3126万元。

【做好“四下乡两换新”工作】 一是全年累计销售家电下乡产品121518台（件），财政补贴3521万元，兑付率为100％。累计销售汽车、摩托车下乡产品6109辆，财政补贴1058.05万元，继续保持较高兑付率。二是加强对家电下乡以旧换新补贴资金的监督与管理，确保补贴资金的及时足额发放。三是进一步规范销售网点管理，会同商务部门对销售网点进行监管，加大对违规操作和不良行为的处罚力度。

【支持县域经济发展】 积极争取上级各项资金9915万元，并按工程进度拨款，用于支持企业技术改造、基础设施建设、环境保护、城市棚户区和国有林业系统危房改造。县中小企业担保公司积极为企业办理担保业务，全年共为70家企业提供27890万元的融资担保，拨付出口货物退增值税1319万元，拨付招商引资经费204万元。

【加强财政监督】 开展“收支两条线”专项检查非税收入管理工作不断深化。深入开展社会团体及国有控股企业“小金库”专项治理，对8户社会团体和22户国有控股企业进行了重点检查，查出违规和私设“小金库”6个，应收缴财政1.4万元，已收缴财政1.4万元。对全县教育系统教育资金、全县乡镇卫生院会计信息质量、各镇（区）2009年民生工程资金筹集分配、落实情况及部分县直行政事业单位会计信息质量进行检查，查出违规违纪资金860万元，追缴和罚款26.5万元。对2007—2009年度所有强农惠农资金进行了专项检查。

（砀山县财政局供稿　丁培华执笔）

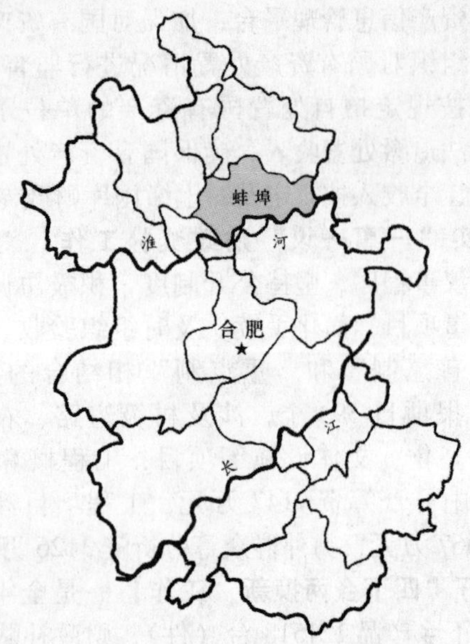

蚌埠市财政工作概况

蚌埠市财政工作综述

2010年，蚌埠市财政局深入贯彻落实科学发展观，扎实开展创先争优活动，大力弘扬沈浩精神，紧紧围绕“抢抓机遇、升级提速”的总体要求和全年财政工作思路，凝心聚力，扎实工作，全面完成各项财政任务。全市财政收入完成101.5亿元，增长32.2%，其中地方收入42.9亿元，增长35.3%；全市财政支出完成106.8亿元，比上年增加19.1亿元，增长21.8%。财政收支双双迈上百亿元新台阶，为社会各项事业健康发展提供了强有力的财力支持。

【**加大征管力度**】一是强化财政收入目标考核。及时将2010年全市财政收入目标分解到市直征收部门和各县区，研究完善县区财政综合考核办法，增加考核内容，细化考核指标，鼓励争先进位。二是强化重点税源监控。按月做好重点税源及收入预测，加大收入调度力度，协助国税部门推进税源专业化管理试点，协助地税部门实施税收风险管理和信息管税制度；三是首次表彰纳税大户，营造诚信纳税、纳税光荣的社会氛围。

【**支持经济发展**】筹集拨付工业发展资金16.17亿元，支持丰原燃料酒精、环球药业等重点企业和战略性新兴产业发展；落实工业强市和企业增产多销财税政策，继续推进自主创新建设。拨付自主创新专项资金2.54亿元，重点支持丰原集团、蚌投集团、柳工起重机等企业重大项目建设，推进玻璃新材料基地等多个创新平台建设。

【**支持城市大建设**】统筹拨付各类财政性资金15.19亿元，支持市区道路、保障性住房、龙子湖综合开发等大建设项目和省级园林城市创建等工作；争取省财政豁免市国债转贷资金9469万元，争取省转贷市地方政府债券资金2.65亿元。支持市城投公司成功发行20亿元企业债券。

【**注重改善民生**】实施33项民生工程，全年投入民生工程资金18.3亿元，比上年增长52.5%以上。落实各项惠农政策，通过“一卡通”发放各类财政涉农补贴资金7.41亿元。拨付农业发展资金4.86亿元，支持农村基础设施建设和农业龙头企业发展。拨付农村公益事业一事一议财政奖补资金5843万元，实施项目1074个。拨付政策性农业保险保费补贴资金8625万元，为投保农户提供20亿元农业风险保障。推进公共服务领域发展。筹集拨付资金13.4亿元，支持教育、卫生、文化、体育和公共安全等各项社会事业发展。

【**加大社会保障领域投入**】配合人社、地税等部门，完善养老保险征缴机制。争取上级财政补助资金8.27亿元，比2009年增加2.2亿元，蚌埠市获得统筹资金占全省的总份额比重由2009年的7%，提高2010年的15%，保证了各类社保资金按时、足额发放。及时拨付石油价格补贴和困难群众补助资金5666万元，稳定市场价格，保障人民群众基本生活。

【**强化财政管理**】强化支出管理，开展预算支出绩效评价试点工作，全面推进县级国库集中支付改革。加强政府非税收入管理，强化财政监督，会同相关部门开展社会团体、国有和国有控股企业“小金库”专项治理工作。加强信息化管理，整合网络和信息资源，推进财政管理平台一体化信息系统建设。开展行政事业单位资产管理信息系统建设，年末，全市行政事业单位固定资产总额52.2亿元，其中市本级21.2亿元。

【**加强队伍管理**】开展创先争优活动，联系财政工作实际，把机关效能建设和行风政风建设结合起来，组织“学沈浩、见行动”教育，举办能力提升培训班、城市大建设金融知识学习班,加强财政系统“两基”建设。进一步完善各项工作制度,编印《蚌埠市财政局规范权力运行工作规程汇编》。深化干部任用制度改革,年内提拔任用和轮岗交流10名科级领导干部,优化干部结构,激发队伍活力。

（蚌埠市财政局供稿　张永颜执笔）

龙子湖区财政工作概述

2010年，全区实现一般预算收入53145万元，比上年实际完成数42268万元增长26%，实现地方收入30017万元，比上年实际完成数23816万元增长26%。实现一般预算支出23862万元，较上年实际支出数21688万元增长10%。

【强化财源建设，确保收入增长】 对全区税源情况重新进行全面摸排，精心培育好新增税源，增强财政增长后劲；坚持依法征收和应收尽收，财税部门在认真做好税源调查的基础上，依法强化税收征管，不断改进征管手段，严格收入目标考核，提高财政运行质量。进一步加强财税部门的协调配合与信息共享，发挥综合治税功能，加强税源的动态监控和调度，努力实现应收尽收。

【强化预算约束，确保收支平衡】 严格执行《中华人民共和国预算法》和《安徽省预算审查监督条例》，统筹安排政府财力，加强项目支出预算管理，全面兑现医疗卫生体制改革、民生工程扩面提标、大发展、大建设等财政资金投入。加强对财政资金的审计监督，规范财政支出行为，确保收支平衡。

【强化队伍建设，确保服务规范】 加强自身素质培养，提高服务意识；加强政策业务学习，提高服务水平；自觉接受各方监督批评，提高服务规范。加强对乡镇财政的关心、支持和指导。积极争取和协调资金，为李楼乡财政所新建近350平方米的独立办公楼，并配齐办公设施，大大提高了为农服务水平。指导乡镇严格实行涉农补助资金“一卡制”发放，严格程序，严肃纪律，确保资金安全，农民利益得到保障。

（龙子湖区财政局供稿）

蚌山区财政工作概述

2010年，全区完成一般预算收入35822万元，增长32.47%，增加8781万元。一般预算支出27110万元，完成年预算的162.44%，增长59.13%，增加10074万元。

【促进经济升级提速】 一是实施项目储备，制定项目实施计划。2010年，审核报批项目4个，争取上级财政项目资金4620万元。其中，秸秆养牛建设项目已通过竣工验收，燕山农村清洁工程建成使用，园区姜桥路正强力推进，黄庄社区卫生中心即将投入使用。二是加大三农扶持力度。全年预算内农林水事务支出536.52万元，发放和落实农村政策性补贴478万元。三是支持经济实体企稳回升。全年共向上级财政争取资金180万元，支持和平乳业奶牛场实施1000头良种奶牛基地扩建项目；安排资金兑现企业政策奖励和补助资金3500多万元，减免各类税费160多万元，支持企业技术改造和经济结构调整。四是促进拉动内需，开展家电、汽车、摩托车下乡工作，实施家电以旧换新，全区审核批准销售网点60个，财政支付补贴资金2070万元，促进城乡消费增长。

【积极组织收入】 一是加强税收精细化管理，坚持“抓大、评中、定小”管理模式，完善信息化征管手段，加强源头控管，严格以票管税。二是加强部门涉税信息共享，推行“先税后证”管理办法，促进房地产税收征管。三是加强扩大内需和政府性融资建设项目的税收监管，使扩大政府性投资的成效充分反映到财政增收上来。四是抓好非税收入清缴，深化“收支两条线”改革，推行规费项目税收化征管，促进行政事业性收费、罚没收入等政府非税收入收缴和管理更加规范。

【推进民生工程建设】 2010年，全区民生工程项目27项，其中：补助补偿类项目17项、建设工程类项目10项。项目总投资3341.44万元。一是落实财政专项资金386.10万元，建设规范化黄庄社区卫生服务中心和宏业村社区卫生服务站，建设王巷等16个标准化卫生室；拨付财政资金542.30万元，落实城镇居民基本医疗保险政策和新型农村合作医疗保险制度，提高报销比例，扩大报销范围；落实财政资金2600多万元，保障救灾救济、社会救助、优抚安置工作的顺利推进。二是推进教科文事业发展。安排财政资金422.40万元，落实免收学杂费、免费提供教科书、困难学生资助等政策；投入资金1091万元，实施校安工程，当年完成加固工程24700平方米，开工新建2300平方米；统筹落实财政资金1800多万元，保障义务教育学校教师绩效工资改革顺利实施。

【提高财政管理水平】一是推进“金财工程”建设，加强预算指标管理；建立财政资金涉审、涉批、涉付事项限时办结等制度，稳步实施部门预算、财政集中支付、政府采购、项目资金专项审批等制度，财政资金运行安全、规范。二是加强国有资产管理。制定出台《关于加强行政事业单位资产管理实施意见》，建立健全资产管理制度。利用国有资产抵押（保证）贷款2000多万元，支持政府性投资项目建设。三是加强行政事业单位支出监管。建立一般预算支出情况报告制度，开展核查监督，加强各单位财务报销监管；创新财政绩效评价方式，组织中介机构和主管部门对项目实施情况进行绩效评价。四是加强基本建设项目稽核和政府采购的监管。政府性基本建设项目稽核范围扩大到乡街和园区项目单位，累计完成预决算审核项目17个，送审金额1554.40万元，核减资金165万元；政府采购预算金额2513万元，核减资金251万元。

【促进社会事业全面发展】一是深化乡街财政体制改革，制定《街道财政管理体制实施方案》，加大对街道补助力度，街道退休人员经费由区财政全额补助，专项工作实行专项补助，逐步解决乡街财政困难。二是积极推进基层医药卫生体制综合改革。投资650多万元，建立基层医药卫生服务新机制。三是推行农村集体“三资”管理方式改革。制定《蚌山区农村集体资产资源资金管理暂行办法》，实施农村集体“三资”委托代理，规范“三资”处置办法，明确“三资”收益分配程序，切实维护农民群众的合法权益，促进农村和谐稳定。

（蚌山区财政局供稿）

禹会区财政工作概述

2010年，全年完成综合财政收入70141万元，较上年同期50315万元增长39.4%。其中，地方收入完成30237万元，较去年同期21720万元增长39.21%。全年综合预算支出完成32842万元，较上年同期19573万元增长67.8%。

【积极组织收入】一是加强税源分析。召开财税工作会议和企业座谈会，走访纳税大户，分析当前经济财税形势和行业税源状况。二是完善激励政策。修订完善区原有各项财税优惠政策，出台《禹会区支持企业发展若干奖励政策》。三是建立财企联系对接制度。由15名财政干部对接15户集团公司和重点企业，为企业提供服务，促进企业做大做强。四是强化税收征管。健全税源跟踪机制、收入预测预警机制和纳税评估制度，加强重点税源、重点行业监控力度，及时分析税收增减变化原因，确保收入及时入库。五是加强非税收入管理。完善征缴程序，收入直达非税结算户，及时缴入国库或财政专户。

【保障重点支出】一是落实教育绩效工资，补发上年尾欠和落实当年绩效工资1966万元。二是提高住房公积金缴款比例，按照职工工资全额的20%进行缴存，年增加支出860多万元。三是保障社保支出，投入1230万元用于优抚救济、再就业等支出，惠及3200余人受益；投入1558万元用于城市低保支出，近6万户（次）、10.4万人（次）享受低保待遇。四是加大基本建设投入力度，统筹资金1736万元，用于华禹大厦BT项目回购和设备配置以及政法部门建设等。五是大力支持医疗体制改革，补助3家基层医院260万元，确保医改顺利实施。

【推进财政管理改革】一是改革完善乡镇财政体制。下划乡镇企业194户，下划收入1332万元，下划财力220万元，增强了乡镇财政实力。二是完善部门预算管理。健全部门预算动态管理机制，实现预算管理和预算执行信息共享；完善预算定额管理体系，规范项目支出预算编制。三是加强政府采购管理。改进采购模式，上划市级统一采购，全年政府采购支出2199万元。四是强化财政资金监管。出台《禹会区项目建设管理办法》和《禹会区政府投资项目工程变更签证管理暂行办法》，强化项目预算执行，规范项目支出程序。加强集中支付管理，严格控制四项费用开支。

【扎实推进民生工程】制定完善民生工程考核办法、月报和信息报送等相关制度，将民生工程考核纳入政府目标考核体系。全年投入民生工程资金5399万元，区级配套资金837万元。其中：补助类项目投入3537万元，全部按序时进度发放到位；工程类投入1857万元，秦集镇天河敬老院、23个村级卫生室、饮水安全、校舍安全加固等一批工程类项目竣工并投入使用。

【支持经济发展】一是支持发展平台建设。积极筹集资金，投入984万元用于机械装备制造产业园建设；向市级争取地方政府债券资金3000万元用于园区道路建设；加大融资力度，融资700万元并拆借资金370万元用于支持禹通物流园区建设。二是落实财税优惠政策。积极为丰原生化、丰原燃料酒精、再生资源等企业办理3605万元增值税退税手续；及时兑现招商引资和其他财税优惠政策1771万元、增产多销和新增规模工业企业奖励672万元，减轻企业负担，促进企业健康发展。三是扶持骨干企业发展。积极协调帮助丰原生化办理房产证过户和补办土地证事宜，返还土地出让金1040万元用于扶持丰原生化发展。筹集资金1260多万元用于支持八一化工征地扩建。四是支持大建设工作。协调市级争取兴光服装厂、创元纺织厂、建设里棚户区等土地出让金1.2亿元，用于棚户区改造等大建设项目；同时做好大建设融资服务、资金管理等工作。

（禹会区财政局供稿）

淮上区财政工作概述

2010年，全区财政总收入2.7亿元，增收6896万元。财政支出3.1亿元，增支6365万元。

【健全激励机制，财政收入规模再上新台阶】完善乡镇财政综合考评办法、征收机关经费以奖代补办法、收入目标奖惩办法，充分调动各方面积极性，地方财政收入首次突破2亿元。全面落实企业扶持奖励政策，加强重点骨干企业的服务和协调。重点骨干企业入库税收1.66亿元，较上年增长32.5%，增收4084万元。理顺工业园区企业税收征管关系，科达液化气、隆兴压铸机、德纳森滤清器等16户企业税收管辖权划归本区，每年新增税收近800万元。

【强化财政职能，促进经济平稳较快发展】搭建融资平台，解决企业融资问题。组建担保公司5家、小额贷款公司2家，注册资本3.5亿元。全面落实园区企业税收优惠政策，兑付奖励性资金105万元。积极落实扩大内需政策，兑付家电下乡、汽车下乡补贴资金1091万元，惠及农户5309户。争取并拨付土地出让金6.45亿元用于棚户区改造、市政道路、供水管网、环境整治等基础设施建设。

【加大支农力度，扎实推进新农村建设】实施国家财政农业综合开发项目，投入资金345.7万元，完成土地治理面积0.4万亩。争取并拨付农村公益事业一事一议财政奖补资金166万元，受益人口6.5万人。累计发放粮食补贴、水稻良种补贴等涉农补贴资金1480万元。拨付防汛应急和小麦主产区抢收资金近40万元。争取并拨付1638万元，用于生猪标准化养殖、测土配方施肥、菜篮子工程等项目建设。

【实施民生工程，促进社会事业协调发展】投入民生资金4.3亿元，资金拨付率100%。农村最低生活保障、五保户供养等生活保障类项目实现应保尽保，投入资金2688万元；城乡义务教育经费保障、农民工技能培训等教育培训类项目落实到位，拨付资金670万元；工程类项目进展顺利，累计拨付资金39693万元。村卫生室和社区卫生服务机构全面建成，投入资金244万元。实施农村安全饮水工程，拨付资金574万元，解决1.08万人的饮水安全问题。村村通公路全面建成，投入资金315万元。

（淮上区财政局供稿）

经济开发区财政工作概述

2010年，蚌埠经济开发区紧紧围绕“抢抓机遇、升级提速”的总体要求和全年财政工作思路，凝心聚力，扎实工作，全面完成各项财政任务。全区财政收入完成5.6亿元，增长30.5%，其中地方收入4.2亿元，增长22.83%；全区财政支出完成3.9亿元，比上年增加19.1亿元，增长19.03%。

【积极组织财政收入】紧紧围绕组织收入这一中心，及时分解落实年初目标任务。加强计划性，把全年的财政收入分解到月，保障财政收入均衡入库。强化征管力度，将纳税人的主动缴纳与税务部门的督促缴纳相结合。实行财政收支月度分析总结，及时发现并解决问题。

【支持城市大建设】全年累计拨付财政性建设资金5.7亿元，支持区内道路、保障性住房、龙子湖北公园等项目的建设。

【注重改善民生】按照民生工程年初目标任务，涉及本区共计22项民生工程。区级财政年初预算内将区级配套资金全部给予保证，上级下达各项民生工程资金也全部纳入民生工程专户进行专项管理，全年共拨付民生工程资金2767万元，其中区级财政配套资金790万元。按照省市财政文件要求，认真做好涉农补贴的发放工作。督促区农办加强宣传、规范程序和发放要求，做好2010年度对种粮农民的直接补贴工作，确保粮食直补、农资综合直补、水稻良种补贴共计100万元及时发放。按照市政策要求，制定《经济开发区家电下乡工作实施方案》，加强政策宣传，告知申报材料和补贴程序，以保障国家惠民政策落到实处。全年家电下乡累计审核通过391件家电下乡产品，发放补贴9万元；汽车38辆，发放补贴14万元；摩托车99辆，发放补贴资金约6万元。

（经济开发区财政局供稿）

高新区财政工作概述

2010年，全区财政总收入完成40037万元，增收9878万元，增长32.8%；地方收入完成20378万元，增收5168万元，增长34%。一般预算支出24361万元，同比增加12790万元，增长110.5%。

【积极组织收入】一是与税务部门协调配合，强化征管力度，依法征收，应收尽收，实现税收及时足额入库。开展土地使用税的摸排工作，定期召开财税形势分析会议，及时分析研究，采取针对性措施，积极组织收入。二是开展财源税源调查。深入纳税大户和房地产企业，及时掌握企业的生产经营形势和税源情况，进一步扩大增收空间。三是加强收入的计划性。建立财政收入预测机制，做到早计划、早安排、早落实。

【加强支出管理】一是加强预算资金的管理。拟定了《高新区驻区单位经费预算管理暂行办法》等相关制度。二是加强建设资金的管理使用。制定了《关于建设项目资金会审、审计（评估）和拆迁、拆除实施的意见》，建立了区财政、规建、高投、建发及监察等多部门参加的关于建设项目资金审核支付的每周联合会审制度。三是强化工程审计、政府采购、国有资产处置等工作。

【完善财政服务功能】一是热情搞好服务，保障机关运转支出，保证高新区各项工作顺利开展。二是为招商服务。招商引资是高新区的生命线，区财政认真做好本职工作，为招商工作提供充足的经费保障。三是为企业服务。积极为企业提供政策咨询、会计管理等各方面服务，及时按政策兑现各项企业奖励、扶持政策，为区内企业提供金融服务与支持。四是全心全意为高新区群众服务。

【扎实做好重点工作】一是精心组织实施10项民生工程。二是强化财政监督与管理，完成“小金库”专项治理、资产核查等工作。三是配合相关部门力促高新区成功晋升国家级等有关工作。四是进一步加大融资工作力度，积极扶持中小企业发展。

（高新区财政局供稿）

怀远县财政工作概述

2010年，全县财政总收入完成8.15亿元，比上年增长46.7%。其中地方收入完成45000万元，比上年增长40.2%；财政总支出完成200679万元，比上年增长24.5%。

【培财源、保增长，财政收入不断壮大】2010年，紧紧围绕县委“一城五区，四个重点镇，八个重点产业，一项重点工程”的工作思路，认真落实财税政策，积极谋划发展措施，狠抓基础财源建设，努力做大财政蛋糕。投入资金12355万元，支持发展平台建设，增强园区集聚能力；采取贴息、奖励、担保等形式为企业融资32103万元，落实企业减负政策，免收行政性收费70万元，为13家再生资源回收企业退税8860万元，积极支持企业做大做强；积极推进项目建设，申报各类工业企业项目23个，落实到位资金854万元；安排540万元用于招商引资经费和奖励，全力促进招商引资工作；完善收入目标考核奖惩机制，充分调动乡镇和各征收部门的积极性。税务部门在强化重点税源征管的同时，立足收工作税、辛苦税，不断加大收入稽查力度，国税收入首次突破四个亿，地税收入首次突破两个亿；财政部门严格非税收入征管，强化契税征收，收入突破一个亿。

【控支出、保重点，社会事业不断发展】严格预算管理，调整优化支出结构，贯彻执行厉行节约制止奢侈浪费制度，四项费用实现零增长，保证了重点支出和社会事业快速发展。保工资和机构运转支出，全年累计发放财政负担人员工资49130万元；投入53117万元，保障教育优先发展；投入25668万元，促进县卫生事业的健康发展；投入7161万元，用于科学技术应用，积极推进科技兴县战略的实施；投入3569万元，支持人口与计划生育工作；投入7725万元，用于公检法司办案和综合治理。

【惠民生、促和谐，保障能力不断增强】投入保障类资金37735万元，不断扩大保障覆盖面，有效缓解了城乡困难群众"生活难"问题；投入工程类资金32240万元，不断改善教育、卫生、农村生产生活条件，有效缓解了城乡居民"看病难"、农村孩子"上学难"、"行路难"、"饮水安全"等问题；投入培训类资金445万元，投入就业扶持资金1150万元，促进了农村富余劳动力转移和城镇就业、再就业。

【强三农、促增收，农村面貌不断改变】投入资金7260万元，将小型农田水利重点县项目、现代农业项目、农业综合开发项目集中整合，在古城、淝河等乡建设2万亩小麦及玉米高产高效吨粮田示范片；投入资金2720万元，用于唐集镇高标准农田建设项目；投入资金750万元，用于龙亢、河溜等八个乡镇4.5万亩农田水利基础设施配套；投入资金6095万元，用于土地治理复垦，规划新增耕地4560亩，已完成1550亩复垦任务；全年累计打卡发放各项财政补贴农民资金32638万元；积极落实一事一议财政奖补政策，全县申报村级一事一议财政奖补项目420个，完工项目251个，完成项目投资7179万元。其中财政奖补2393万元，项目覆盖302个行政村，受益人口96万人。推进家电、汽车（摩托车）下乡工程，全年累计销售家电下乡78159台件，销售汽车（摩托车）3820辆。两项产品获财政补贴资金3920万元。

【推改革、促监管，财政管理不断完善】深化财政管理改革，积极实施金财工程，建立国库集中支付、非税收入征管、财政补贴农民资金、国有资产管理等信息化平台，促进财政管理的科学化、精细化，提升财政管理水平；建立预算编制、执行、监督三分离预算管理机制；积极推进国库集中支付改革，234家预算单位人员工资全部纳入国库集中统发；完善非税收入征管改革，加大"依法征收、源头控收、以票管收"的力度，非税收入实现12055万元；加强国有资产管理，处置国有资产29宗价值1869万元，有效防止国有资产流失。

（怀远县财政局供稿）

五河县财政工作概述

2010年，全县累计完成财政收入4.793亿元，同比增加1.589亿元，增幅49.6%，累计支出14.77亿元，同比增加3.611亿元，增幅32.4%，财政收支实现了新突破，全县各项重点支出及时拨付，为全县经济和社会事业健康平稳发展提供了财力保障。

【强化收支管理】一是加强与税务部门协作，涵养基础税源，依托重点税源，抓好中小税源；完善收入督导机制，确保均衡足额入库；将全年收入任务分解到各个责任单位，按月调度、按旬督促，进一步增强了征管责任意识；完善征管机制，加强税源监控，强化部门协作。二是创新了考核奖惩机制。实行按总量和种类同时考核、按月结账。对及时足额完成收入任务的，按规定拨付业务费；对完不成收入任务的，一律停拨业务费。三是加强与国土、房管、城建等部门的协调沟通，及时掌握占用耕地和房地产交易情况，加大重点房地产项目和大型工程税收征管。四是扎实开展"小金库"专项治理工作，强化源头控收，确保政府非税收入足额征收。

【服务县域经济发展】全年落实招商引资奖励和补助3037万元，有力地推动了全县招商引资工作；及时安排拨付园区建设资金4300万元，重点支持园区基础设施建设；拨付4800万元增加担保中心注册资本，进一步增强中小企业融资贷款担保能力；全年多渠道筹集并拨付资金4.9亿元，支持县域经济基础设施建设、旧城改造和园区污水处理等重大项目建设；拨付企业发展专项资金3380万元，企业贷款贴息补贴520万元；拨付资金1亿元，用于交通、廉租房、污水管网等重点项目建设；全年共安排拨付土地出让金9.7亿元，大力支持城市大建设、新农村建设和土地收储等。

【加大社会保障和民生领域投入】一是继续把保证人员经费作为财政最基本的支出优先安排，全年累计拨付人员经费3.8亿元，比上年增幅31%。补发2008、2009两年的年终一次性奖励工资2300万元，兑现和补发公务员津补贴和事业单位绩效工资3800万元，公积金缴存比例由12%提高到20%，全年拨付公积金3847万元，拨付医保1452

万元，比上年增长7.7%。二是33项民生工程稳步推进，项目范围逐年扩大，由2009年的28项扩充到2010年的33项，工程投入3.98亿元，确保社会大局和谐稳定。2010年全县教育支出完成3.04亿元，同比增长29.2%。连续三年均安排1000万元，重点支持寄宿制学校建设；优先兑付教育部门绩效工资1520万元。自2010年9月1日起，15个乡镇卫生院全部实行零差率销售，撤销乡镇卫生院原有账户15个，核定收支，收入全部缴入县财政，纳入非税管理，确保改革顺利进行。

【落实惠农政策】 全年通过"一卡通"发放补贴农民资金2.2亿元，落实家电、汽车、摩托车下乡补贴2421万元，补贴农村两女特困户子女学费26万元，计生家庭奖扶105万元，独生子女保健费324万元，两女户节育措施奖励115万元。全面开展村级"一事一议"公益事业改革，投入财政奖补资金1100万元。财政配套政策性农业保险资金256万元，发放各类理赔1878万元。加强农村基层组织建设，拨付村级资金1289万元，确保基层组织正常运转和村干部工资的按时发放。

（五河县财政局供稿）

固镇县财政工作概述

2010年，全县财政收入完成36576万元，同比增长57.6%，财政支出完成126408万元，同比增长23.4%。

【加强财政管理，收支规模不断扩大】 一是细化任务。财税部门密切配合，每月将收入任务分解到各征收单位，细化到具体税种；各乡镇、经济开发区和全民创业园积极协调配合，层层落实责任。增幅位居蚌埠市三县六区第一、全省第三。二是强化措施。明确奖惩措施，落实激励机制，充分调动各单位抓收入的积极性，确保目标任务的顺利完成。三是加强监察。健全企业台账，对企业生产经营情况进行动态监管，完善财政内部监控制度，加大收入清缴力度，堵塞税收征管漏洞，切实做到应收尽收。在财政支出中，2010年逐步实现了由过去的"吃饭财政"向"公共财政"的转变，关系社会民生的农业、教育、医疗、卫生、社会保障和基础设施建设等支出逐年大幅增长，促进全县社会各项事业的协调发展。

【发挥财政牵头作用，强力推进民生工程】 一是调整民生工程协调小组成员单位，及时召开民生工程动员会，与各实施单位签订目标责任书。通过年初预算安排、调整支出结构、追加预算等方式，足额安排配套资金并及时拨付到位，全县29项民生工程实际投入资金36915万元，其中县配套资金7036万元。二是兑现承诺，取信于民，2010年民生工程目标任务圆满完成。14项补助、补偿类项目保障有力。保障农村低保对象20991人，农村五保户供养5347人，向城镇未参保集体企业退休人员发放基本生活费435人，补助计生奖扶对象531人，水库移民后期扶持资金打卡发放221人，发放重度残疾人生活救助2756人，完成新农合参保47.8万人、城镇居民基本医疗保险6.49万人，救治重大传染病病人58人、贫困白内障患者复明手术161例，开展婚前医学检查2944对、农村孕产妇住院分娩补助5650人。4项教育培训类项目巩固提升。义务教育经费保障惠及学生6.7万人，补助初中贫困寄宿生4267名，对4805名高校和中职学校家庭经济困难学生进行资助。完成农村劳动力转移阳光工程培训2565人、农业专业技术培训800人、农民创业培训100人、农民工技能培训1980人。11项工程建设类项目全部竣工。重建校舍安全工程6.2万平方米、加固单体工程263个，完成83个留守儿童之家、129个村卫生室、2520口农村户用沼气池、5处农村清洁工程、35个农家书屋、5个乡镇综合文化站、16个体育健身工程建设，改扩建及新建敬老院5个、新增床位400张，新修建村村通工程22.9公里，农村饮水安全工程主厂区全部建成、入户供水率达95%。

【围绕强农惠农政策，抢抓机遇服务"三农"】 一是加快农业综合开发项目实施。投入资金4637万元，圆满完成了世行三期加灌项目。二是积极推动村级公益事业建设一事一议财政奖补工作。2010年，落实财政奖补资金1229万元，在全县范围内实施以奖代补项目322个，受益人口41.8万人。三是认真落实各项强农惠农政策。全年累计发放粮食综补、直补、农机具购置等涉农补贴17项，发放金额12312万元。筹集政策性农业保险资金1755万元，其中农户缴费351万元，理赔农民灾害损失870万元。认真落实"家电、汽车摩托车下乡和家电以旧换新"政策，全年共兑付"下乡产品"57547台（辆），补贴资金2211万元，拉动内需18966万元。

【服务经济发展大局，把握关键突出重点】 一是大力支持城市建设及经济开发区、全民创业园建设。把推进经济开发区、全民创业园和36项城市重点工程建设作为增强县域经济吸纳力和承载力的重要抓手。2010年，共拨付各类建设资金41900万元。二是积极向上争取项目和资金。财政部门充分发挥自身优势，积极向上争取项目和资金，服务县域经济发展。全年共申报审批项目56个，到位资金17110万元。三是更加注重招商引资。牢固树立“大招商、招大商”理念，主攻科技含量高、投资规模大、带动能力强、税收贡献多的大项目、好项目向县经济开发区集聚。同时，积极兑现招商引资各项政策，拨付招商引资经费和奖励资金2860万元。

【增加投入促进和谐，大力发展社会事业】 一是加大对教育事业投入。2010年教育支出总计28268万元，同比增长5.9%。二是加大对文体广电事业投入。大力改善城乡文体基础设施和广播电视设施建设，全年累计投入资金1104万元，同比增长13.3%。三是加大对社会保障和就业投入。全年共拨付资金19647万元，同比增长24.7%，其中发放新型农村养老保险金4844万元。四是加大对医疗卫生事业投入。全年共投入医疗卫生事业经费12769万元，同比增长14.5%，其中：拨付新农合基金5686万元、基层医疗卫生机构改革经费2793万元。

【加强监督规范管理，提高资金使用效益】 一是继续深化国库集中支付改革。优化支付流程，规范支付行为，全年已纳入国库集中支付的单位208家，累计下达资金计划44500万元，增强政府的宏观调控能力，提高财政资金的使用效益。二是加大强农惠农资金专项清理和检查。对本县2007年以来各级财政预算安排用于“三农”的各项资金共计52294万元，进行专项检查，确保涉农资金专款专用，最大限度地发挥惠农效益。三是深入开展“小金库”治理。认真开展行政事业单位“小金库”治理工作回头看，并对社会团体和国有企业在自查自纠的基础上，进行重点检查。四是加强国有资产管理。按照“产权向政府集中、收益向国库集中”的原则，全面推进本县行政事业单位资产管理信息系统建设，规范国有资产管理。

（固镇县财政局供稿）

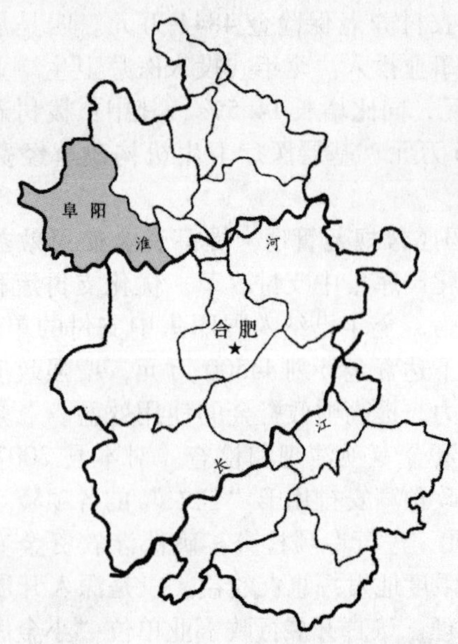

阜阳市财政工作概况

阜阳市财政工作综述

阜阳市财政局面对后金融危机的严峻考验，坚持以科学发展观为指导，认真贯彻落实市委、市政府关于经济工作的整体部署，围绕保增长、保民生、保稳定，坚定信心，负重奋进，依法加强收入征管，不断深化财政改革，规范财政管理，财政收入延续了近年来良好的发展势头，财政工作又上新台阶，促进了全市经济建设和社会各项事业持续较快发展。

【加大财政收支力度】 在全市经济继续保持向好势头的基础上，财政收入实现稳定较快增长，收入总量再跨2个十亿元台阶，全年全市共完成财政收入88.2亿元，比上年增收23.8亿元，增长37%。进一步加大对工资发放、机关运转经费的保障力度，及时兑现各项增资政策，加大民生工程投入，完善社会保障体系建设。2010年全市财政支出完成160.8亿元，增支32.3亿元，增长25.1%，支出进度明显加快，支出规模创历史新高。

【全力推进民生工程】 认真贯彻落实省委、省政府的决策部署，切实把民生工作作为头等大事，坚持抓早抓快、抓实抓好，着力强化措施、扎实推进，圆满完成33项民生工程目标任务。全年全市各级财政33项民生工程共投入财政资金41亿元，其中中央下拨资金18亿元，省级下拨资金12.27亿元，市县两级配套资金6.09亿元，其他资金5亿元。超额完成2010年度市政府确定的民生工程共投入38亿元，市级配套资金0.58亿元的目标任务。

【促进经济平稳增长】 一是继续实施结构性减税政策。全面落实中央结构性减税和各项税制改革政策，全面落实中央和省取消、停征和调整129项行政事业性收费政策，全面落实我市对部分困难企业社保费“五缓、四降、两补贴”政策，切实减轻企业和居民负担，增强企业投资和居民消费能力。二是大力支持企业发展。全年共为1407户中小企业提供担保贷款51095.6万元，其中工业企业担保金额43604.4万元，占担保总额的85.33%，目前在保余额55885万元，担保基金放大倍数达3倍以上，有效缓解了中小企业的资金压力。三是积极构建融资平台。加强政府投融资体系建设，城投公司融资平台累计向国家开行、农发行、徽商银行等金融机构申请城市建设资金46.19亿元，主动与各金融机构协商，争取贷款资金及时到位。全年累计到位银行贷款资金7.3亿元，确保市重点基础设施项目顺利实施。融资工作实现新跨越，市10亿元企业债券于3月9日上市发行，3月15日发债资金一次性全部到账。

【深化财税制度改革】 一是深化预算编制方式改革，提高预算编制的科学性。进一步完善部门预算，健全预算单位基础信息资料，认真编制综合预算，增强预算的完整性和科学性；全面实行“零基预算”的预算编制方法，合理控制财政支出；继续实行综合预算，实现对预算内外资金的统一调控、综合平衡。二是深化国库集中支付制度改革，提高财政资金使用效益。减少资金周转环节，扩大直接支付范围，建立有效的监督、制约机制，杜绝截留、挪用财政资金现象，提高资金的使用效益。三是加大政府采购力度。进一步规范和扩大政府采购的规模和范围，进一步强化绿色采购执行机制，实现应采尽采。四是加强财政监督管理。创新监督方式，强化事前、事中、事后，收入、支出、绩效的全方位监督管理，建立健全覆盖财政资金和财政运行的全过程监督机制。

【加强机关队伍建设】 一是推行政务公开制度，

加强党风廉政建设。认真贯彻落实国家、省、市纪委党风廉政建设工作会议精神，继续围绕增强工作透明度，加强民主监督，密切与人民群众的联系；规范政务公开要求，深化政务公开内容，创新政务公开形式，提高政务公开水平。二是完善执法责任制、目标体系及考核制度。完善对责任制建立与实施情况及其效果进行监督和评价的制度，建立和完善对执法工作和执法行为实现有效控制和管理的制度，加强行政执法监督工作。三是加强机关效能建设。建立健全抓落实的工作机制，公开办事程序，简化审批手续，严格实行办文办事限时制、超时默认和责任追究制，进一步精简和控制会议、文件、检查、表彰活动，推行首问负责制，提高财政系统行政效能。四是深入开展学习提升年活动。为巩固“作风建设年”、“规范管理年”、“能力建设年”活动成果，2010 年在全市财政系统开展“学习提升年”活动，立足本职工作、创新工作方法、开拓新思路，全系统学风作风继续改进，队伍素质明显提升，创新工作亮点纷呈，为推进科学发展、跨越发展、和谐发展提供坚强的财政人才保障。

（阜阳市财政局供稿　孙立宏执笔）

颍泉区财政工作概述

2010 年，全区财政收入完成 35058 万元，占年初预算的 113.1%，比上年增长 35.7%。其中：地方收入完成 21769 万元，占年初预算的 117.2%，比上年增长 39%；上划中央收入完成 12677 万元，占年初预算的 106.4%，比上年增长 29.7%；出口退税 612 万元，占年初预算的 122.4%，比上年增长 51.1%。全区财政一般预算支出完成 104266 万元，占年初预算的 147.4%，比上年决算增长 35.5%。

【收入征管逐步强化，财政收入实现新跨越】 面对新的形势，财税部门密切关注收入动态，积极开展税源调研，科学进行分析预测，实行“月调度、季考评”，以月保季，以季保年，保持全年收入持续快速增长。继续强化收入征管措施，不断完善税源监控体系，做到抓大管小，应收尽收。进一步加大清缴欠税力度，开展税收专项清理，积极堵漏增收。认真落实“收支两条线”管理办法，积极打造政府非税收入信息服务平台，确保各类政府非税收入及时、足额征收。全区财政收入提前 1 个月超额完成年初预算任务，总量创下历史新高。

【财政职能逐步增强，服务经济取得新成效】 大力支持“建设年”活动，积极运用财政政策手段，强化政府配套职能，认真做好中央投资和省市政策扶持项目的承接工作。2010 年，全区共争取新增中央投资及省级基础设施建设项目 55 个，总投资 1.9 亿元。不断加大园区建设资金投入，全力支持“七项行动”并深入推进，为重点经济建设提供财力支持，全年共安排 1.1 亿元用于园区建设，吸引多方资金流入，促进产业结构优化升级。不断扩大区中小企业担保基金规模，提高融资担保功能，重点支持中小企业发展。认真贯彻落实国家再就业政策，2010 年，发放小额担保贷款 505 万元，帮助 128 名下岗人员实现再就业。大力支持招商引资和项目建设，安排招商引资和项目经费 525 万元，推动全区招商引资工作顺利开展。

【改革创新逐步深化，财政管理取得新突破】 继续深化部门预算改革，积极构建财政“平台一体化”系统，实现预算资金管理高效、透明。加快推进国库集中支付改革，扩大直接支付范围，第二批国库集中支付 56 家试点单位全部上线运行，提高了财政支出效率和资金使用效益。基层医药卫生体制综合改革顺利实施，认真开展资金清理和财务人员培训，12 家基层医疗卫生机构全部纳入国库集中收付管理，实现药品“零差率”销售。扎实推进惠民直达工程改革省级试点，逐步建立“管理一体化、平台一网联、审核一线实、发放一卡通、服务一站办”的管理新机制，确保各项惠民政策和资金直达应该惠及的享受对象。全面推行政府非税收入征管方式改革，加快政府非税收入征管系统建设，提高了政府非税收入征管信息化水平。积极搭建行政事业单位资产管理信息平台，建立国有资产基础数据库，对行政事业单位资产实行动态管理。不断深化政府采购制度改革，扩大政府采购范围和规模，进一步规范政府采购行为，有效提高了政府采购执行率。2010 年全区共实施集中采购项目 172 个，采购预算 4323 万元，实际支出 3620 万元，节约 703 万元，节约率 16.2%。

【民生工程逐步推进，和谐发展迎来新机遇】 以前所未有的力度，从群众最关心、最直接的难题入手，认真实施 33 项民生工程。全年共投入各级民生工程资金 2.6 亿元，其中：区级财政配套投入 3683 万元，建成农村安全饮水工程 7 处，解决了 3.4 万农村人口饮水安全问题。改扩建敬老院 4 所，新增床位 500 个。积极推进农村清洁工程和农村沼气建设，建成 3 个垃圾处理站和 2055 口户用沼气池。校舍安全工程全部竣工，完成加固项目 65 个、重建项目 21 个，总面积 11.3 万平方米。建成 2 个留守儿童活动室和 153 个留守儿童之家。完成 262 套廉租房建设，建成乡镇综合文化站 1 个、农家书屋 35 个、农民体育健身工程 1 处。为 22948 名农村低保户发放保障金 2146 万元，对 496 名计生奖扶对象、41 名特扶对象发放奖扶资金 41.5 万元，累计发放城镇未参保集体企业退休人员基本生活费 2.8 万元。完善农村“五保户”供养机制，为 5748 名五保对象发放资金 725.7 万元。为 3884 名贫困重度残疾人发放救助资金 148 万元。拨付城乡义务教育保障经费 4975 万元，惠及全区 11.8 万名学生。拨付 407.1 万元，解决 1778 名中职困难学生的就学问题。2010 年，完成新型农民培训 3930 人，累计为 3055 名农民工开展技能培训。通过实施 28 项民生工程，人民群众“上学难、看病难、养老难、就业难、住房难”的现实问题逐步得到有效解决，全区 60 多万群众切实享受了改革发展的成果。

【农村改革逐步深入，支持“三农”取得新进展】 2010 年，全区“三农”支出达 12218 万元，增长 19.6%。全年通过“一卡通”发放各类强农惠农资金 9470 万元。进一步加强农田水利基础设施建设，投入防汛抗旱、小型农田水利基础建设资金 385 万元。加大新农村建设力度，投入新农村建设资金 210 万元，建设新农村项目 15 个。全区共申报 95 个“一事一议”财政奖补项目，财政奖补资金 1551 万元，修建乡村道路 128.3 公里。全面落实家电下乡、汽车摩托车下乡政策，促进销售家电 27 万台、汽车摩托车 6894 辆，发放家电补贴 5518 万元、汽车摩托车补贴 979 万元，家电下乡产品销售数量和补贴资金位居全市第一。大力实施农业综合开发，完成中市、闻集两个土地治理项目，治理面积 1.4 万亩，完成投资 1073.3 万元，受益群众 1.1 万人。

【财政监管逐步加强，资金效益得到新提高】 牢固树立财政“大监督”理念，积极创新财政监督方式，强化事前、事中、事后监督管理，建立健全覆盖政府资金和财政运行全过程的监督机制。进一步强化民生工程专项资金监管，严把资金筹措关、发放关和使用关，建立了项目管理、部门管理、预算管理、专项督查四位一体的民生工程监管体系。全面实施“村财乡管”，以推行“阳光村务工程”为契机，不断强化农村集体“三资”管理，促进基层党风廉政建设。深入开展会计信息质量检查，在全面自查的基础上，重点查处 4 家违规会计信息单位，提高了预算单位会计信息质量和财务管理水平。积极推进社会团体和国有控股企业“小金库”专项治理，查处“小金库” 1 个，金额 1.2 万元。大力开展家电下乡销售网点集中整治活动，取消不合格销售网点 26 个。全面开展强农惠农资金专项检查，共清理 2007－2009 三年间强农惠农项目 69 个，资金规模达 6.6 亿元。

（颍泉区财政局供稿　许珠峰执笔）

颍州区财政工作概述

2010 年，全区共完成财政收入 48022 万元，为年预算的 114.3%，较上年增收 13924 万元，增长 41.0%。其中：地方财政收入完成 28980 万元，为年预算的 113.6%，较上年增收 8073 万元，增长 38.6%；上划中央收入完成 19042 万元，为年预算的 115.4%，较上年增收 5851 万元，增长 44.4 %。全区财政支出 104832 万元，较上年增支 24455 万元，增长 30.4%。

【着力增收节支】 一是强化征管抓增收。全区各级财税部门努力克服影响经济发展的不利因素，完善税收征管机制，积极配合相关部门加大对重点行业、重点领域、重点税种的监管力度；加强对非税收入的项目管理、票据管理、资金管理，提高非税收入的管理水平和使用效率，确保了财政资金及时、足额入库。二是厉行节约抓节支。严格执行厉行节约规定，大力压缩出国（境）、车辆购置及运行、公务接待、会议等支出。进一步调整和优化支出结构，妥善安排、合理调度财政资金，确保工资发放、津补贴兑现、住房公积金配套、民生工程、社会保障、惠农政策、园区建设、招商引资等重大项目的支出需求。

【大力改善民生】 全力实施好 30 项民生工程。把实施民生工程作为公共财政保障的重中之重，提前谋划，足额列入当年财政预算，加大督查考评力度，完善考核办法，认真测算配套资金，建立起民生工程资金拨付绿色通道，确保民生工程政策到位、资金到位、工作到位。2010 年全区 30 项民生工程共投入资金 27700 万元，区级配套 3997 万元，为民生工程建设提供了有力的资金支撑。

【落实惠民政策】一是积极推进家电、汽车下乡工作。2010 年，全区网点垫付率 100%，销售各类家电下乡产品 79389 台，销售额 19173 万元，发放补贴资金 2442 万元，销售兑付率为 100%；汽车、摩托车下乡补贴 7325 台，销售额 11490.2 万元，发放补贴资金 1177.4 万元。二是推进惠民直达工程，强化财政补贴农民资金管理。继续完善“一卡通”发放改革，加强资金调度，实现打卡发放。2010 年，通过“一卡通”发放粮食综合直补、五保、优抚等 31 项资金 9428 万元，补贴对象 11 万户，惠及群众 40 余万人。三是积极筹措资金，竭力推进扩大内需项目配套资金落实，确保扩大内需项目顺利推进。2010 年，全区 50 个新增中央扩大内需项目总投资 8792.1 万元，主要用于农业基础设施建设、社会发展项目建设和公共设施建设等。在资金管理使用上加强跟踪问效，强化督查，确保中央项目发挥投资效益。

【拓宽融资渠道】一是加强政银企对接。财政部门主动作为，加强信息沟通，加大项目推介，经常与金融机构进行面对面交流，成功举办“颍州区 2010 年银政企合作恳谈会”，签约项目 53 个，协议金额达 19 亿元。2010 年中国颍州经贸洽谈会期间，与中、农、建、徽行、联社、农发行签约项目 54 个，合约资金 11.6 亿元，对企业意向授信 37 个，授信合约 20.5 亿元，金融部门对政府授信 280 亿元。二是加大基础设施建设投融资力度。积极向各金融部门和上级投融资管理机构大力推介区基础设施建设项目，全年筹措资金 5.2 亿元，投入园区建设资金 3.8 亿元。三是积极推动土地复垦项目融资。与省农发行通过土地复垦项目签约贷款 5200 万元。四是发挥中小企业信用担保中心作用。进一步壮大担保实力，扩大担保范围和规模，支持促进中小企业加快发展。2010 年，担保贷款 31 家企业，提供贷款信用担保总额 4720 万元，进一步缓解区内中小企业融资难题。

【深化财政改革】一是强化预算管理。全面实施部门预算，坚持“无预算不列支，有预算不超支”。对追加预算支出的报告，严格程序，从紧控制。对涉及全区性财政管理事项进行了完善规范。二是做好国库集中支付转轨工作。在调研基础上，正在稳步推进。三是加强非税征管。严格票据管理，认真做好账户清理，加强监督，落实“以票管收、收缴分离、单一账户”的非税收入征管办法。2010 年全区实现非税收入 5187 万元，专户管理单位 81 个，专户管理率 100%。同时，进一步完善全区非税系统平台建设，为深化非税收入征管改革奠定基础。四是认真开展“小金库”专项治理工作。实行源头控管，加强监督检查，全面落实“收支两条线”管理各项规定，形成治理工作长效机制。五是完善政府采购管理。坚持做到“四化”，即“采购方式合理化、文书制作标准化、评标定标程序化、信息发布公开化”，提高政府采购效率。2010 年采购中心集中采购预算 2196 万元，实际采购资金 1975 万元，节约资金 221 万元，节约率达 11% 以上。六是加快行政事业单位资产管理信息系统建设。积极利用信息平台，加强国有资产管理。

【提升管理水平】一是提升财政执行能力。结合“学习提升年”活动的开展，着力提升干部综合素质、提升班子整体合力、提升财政文化品位、提升机关和谐氛围、提升干部党性修养，努力打造一支政治坚定、业务精良、作风过硬、和谐进取的财政干部队伍。二是加强党风廉政建设，为群众服好务，为政府理好财。三是完善对责任制建立、实施及效果进行监督和评价的制度，加强行政执法监督工作。加强财政法规宣传教育，提高财政干部依法行政的自觉性和职业操守。四是加强机关效能建设。建立健全抓落实的工作机制，公开办事程序，简化审批手续，严格实行办文办事限时制、责任追究制和首问负责制，提高行政效能。五是大力弘扬沈浩精神，通过开展“创先争优”活动，进一步锤炼队伍，提升能力，为实施科学化、精细化、规范化管理提供了人才和智力保障。

（颍州区财政局供稿）

颍东区财政工作概述

2010 年，颍东区完成财政收入 30180 万元，为预算的 114.3%，增长 36.8%。财政支出 93876 万元，占调整预算的 99.2%，增长 17.4%。

【积极组织财政收入】一是强化收入工作推进机制和保障措施，密切财税库协调配合，层层落实任务，促进财政增收。二是狠抓财源建设，坚持扶优扶强，巩固支柱财源、主体税源，注重涵养散小税源，增强收入潜力，做大做强收入蛋糕，提高财政收入质量。三是坚持依法征管，保证重点税源和主体税种以及契税、耕地占用税均衡入库。四是强化非税收入管理。

【提高财政支出绩效】一是大力调整优化支出结构，优先保障“三农”、教育、科技、住房、就业、医疗卫生、文化、社保、节能减排等民生领域资金需要。二是加强财政支出的使用管理，切实增强预算支出的时效性和均衡性，提高预算执行和资金的使用效益。从严控制一般性支出，降低行政运行成本，提高财政支出效益。

【支持经济社会发展】一是加大资金筹集力度，争取国债转贷资金 2500 万元、新增一般转移支付 5630 万元。二是大力支持中小企业发展。累计为 18 家企业担保贷款 9099 万元，缓解了中小企业融资难的局面。累计发放政策性小额贷款 208 笔 720 万元，支持下岗再就业以及回乡创业群体。三是加大城市建设投入力度。累计拨付资金 8370 万元，推进村村通、污水管网、社区卫生服务中心、校舍安全工程建设，改善了城市公共设施。四是发挥财政杠杆调控作用，筹集贷款配套资金 1.4 亿元，有力支持了城市建设投资公司投融资工作；筹集资金 3500 万元，全力支持农村商业银行筹建工作。五是推进家电下乡工程，繁荣农村消费市场。全区补贴家电和汽摩下乡产品 3 万台（件），补贴资金 1633 万元。

【推进民生工程建设】一是进一步完善工作协调推进机制和制度建设，强化目标责任管理，切实实行一票否决制度，确保民生工程建设常态化、规范化、科学化。二是强化资金保障，优先安排民生工程配套资金，落实民生工程资金拨付“绿色通道”。累计拨付民生工程各类资金 2.3 亿元，资金拨付率为 100 %。三是加快民生工程实施进度，倾力落实教育、社保、医疗、住房等重点民生工作项目。四是强化民生工程资金监管，深入项目工程实地查验资金使用和项目落实情况，发现问题，及时纠正处理，保证民生工程资金安全有效使用。

【服务“三农”事业发展】一是及时拨付各级各类强农惠农资金 4.04 亿元（含基金类支出），重点向新农村建设、农村能源建设、新型农民培训、财政扶贫、农业主导产业和优势产业倾斜。二是全年申报争取各类财政支农专项资金 431 万元，支持农业增效、农民增收。三是全年投入 886 万元，用于改善项目区农业生产基础设施。四是累计发放各类涉农财政补贴资金 1.28 亿元，完成政策性小麦保险 51 万亩、玉米保险 15 万亩、大豆保险 30 万亩及能繁母猪保险 2 万头，实施村级“一事一议”财政奖补项目 130 个，拨付奖补资金 1234 万元。

【巩固完善财政制度改革】一是完善国库集中支付管理改革，有效实施财政部门内部、财政部门与代理银行和清算银行之间支付系统软硬件联网工程。二是完善政府采购管理，加强与纪检、审计、监察、检察等部门的协调配合，在开标前实施行贿档案查询，在开标后进行预防咨询，力避“暗箱操作”。累计实施 213 个采购项目，预算金额 5212 万元，合同金额 4406 万元，节约资金 806 万元，节约率达 15%。三是加强非税收入管理，对基层医疗机构严格实施“收支两条线”管理，各基层卫生机构累计上缴收入 1989 万元。四是基层医药体制改革扎实推进，建立了财政对基层卫生院的补助体制及绩效考核体系。累计拨付农合补助资金 4995 万元，城镇居民医疗保险资金 843 万元。

【发挥财政监督职能作用】一是大力强化对内对外监督检查和事前、事中、事后全过程监督措施，加强预算执行和专项资金使用监督。二是对阜涡北路、阜蚌路拆迁以及污水管网、訾营安置区等一批重大工程和项目实施补偿监督。三是对全区三年来 7.26 亿元（含基金类支出）强农惠农资金使用情况进行了全面细致的清理检查，重点检查了 13 个相关单位和 12 个乡镇办事处的强农惠农资金自查自纠情况。四是对全区行政事业单位会计人员持证上岗情况和部分单位会计信息质量进行了检查。五是深入开展“小金库”专项治理工作，全区社会团体“小金库”治理自查 12 家，自纠 1 户，金额 25 万元。

【深化财政效能建设】一是加强财政“两基”建设。全面梳理并规范财政业务，找准薄弱环节，夯实财政基础工作，系统提升财政管理水平，出台了若干制度，同时全面规范了乡镇财政业务工作及内部管理，将财政规范管理工作向基层延伸、拓展。二是以“科学理财创先进、学习沈浩争先锋”为主题，深入开展“创先争优”活动，不断完善服务制度，加强干部作风建设，提高财政干部思想政治素质。三是积极推进机关政务公开工作，认真贯彻落实政务信息公开规定，对财政收支、政府采购、强农惠农、民生工程等涉及群众切身利益的事项，采取不同方式，进行及时有效公开，切实提高财政工作透明度和公信力。四是以争创省级文明单位为动力，以提高机关效能和财政干部素质为抓手，全面加强局机关的思想政治和业务作风建设。

（颍东区财政局供稿）

经济技术开发区财政工作概述

2010 年，开发区财政局完成财政总收入 2.75 亿元，同比增长 37.7%。其中：地方一般预算收入完成 1.81 亿元，同比增长 56%。财政支出完成 1.77 亿元，同比增长 29.3%。基本实现收支平衡。

【狠抓财政收入，保持稳定增长】 认真贯彻落实省、市财政工作会议精神，创新思路，把做大做强财政收入蛋糕作为工作的第一要务，不断强化增收意识，采取有力措施，狠抓财政收入，确保了财政收入稳步增长。积极协调国税、地税加大征收力度，加强税收征管，加强税收稽查，打击偷、逃税款的行为，依法治税。进一步完善目标责任制管理，明确国、地、财三个征收部门的任务，落实责任，严格考核，奖罚兑现，促进财政收入的及时均衡入库。同时，及时分析收入中存在的问题，分析税源，为制定增收措施提供及时准确的信息，避免财政收入大起大落。

【强化支出约束，保证重点支出】 一是积极调整财政支出结构。按照公共财政的要求，压缩一般性支出，确保工资、社会保障重点支出，从有限财力中安排专项资金，支持开发区的科、教、文、卫等事业发展。二是加大财政支出改革力度，简化资金拨付环节，规范支出程序，提高财政资金使用效益。三是进一步发挥公共财政的职能作用，在财政收入增长的情况下，加大对教育、社会保障的投入。四是保证开发区物流园、各专项工作指挥部等重点项目的支出。同时，强化专项资金的监督管理，确保专款专用。

【积极推进民生工程建设】 全年实施的 33 项民生工程，开发区需实施的工程有 13 项，需配套资金 132.67 万元，已拨付资金 210.79 万元，资金拨付率为 159%。及时上报有关资料、表格，积极协调市直有关部门和颍州区财政局，争取上级补助资金及时到位；对于开发区财政配套的资金，严格按照要求足额纳入财政预算。13 项民生工程都是补助类项目，各项资金均严格资金审批程序，审查核实补助条件和补助范围，防止虚报冒领，确保专款专用，保证各项惠民工程的顺利实施。

【家电下乡工作】 认真落实相关政策措施，加强组织领导，全面开展家电、汽车、摩托车下乡推广工作，通过各职能部门的共同协作和全体工作人员的共同努力，家电下乡工作取得了较好的成绩。2010 年，已对家电 10502 台进行补贴，兑付资金 289 万元；对汽摩 361 辆进行补贴，兑付资金 64.9 万元。

【政府采购管理工作】 根据上级有关文件，起草出台《关于印发〈阜阳经济技术开发区政府采购办法（试行）〉的通知》（阜开管〔2010〕1 号），对开发区政府采购的方式、范围、程序、监督管理等方面作了具体要求。全区共组织政府采购近 50 次，采购预算金额达 76 万元，实际采购金额 69.92 万元，节约资金 6.08 万元，节约率为 8.7%。

【强化财政监督，提高财政资金使用效率】 坚持与时俱进，求真务实，不断拓展财政监督领域，提高监督效率，完善财政监督体系，建立健全财政监督新机制，实现对财政资金事前、事中、事后的全过程监控；规范资金运作方式，完善管理办法，确保资金安全。

【招商引资工作】 狠抓招商引资这条主线，把招商引资作为促进开发区经济发展、增加财政收入的重要途径，充分利用各种渠道和途径聚集招商引资合力，形成了人人关心招商、个个参与招商的良好氛围。

【提高干部守法意识，抓好党风廉政工作】 把加强党风廉政建设作为财政工作的重要内容，认真制定工作方案，积极组织实施，确保党风廉政建设落到实处。局领导班子成员认真履行党风廉政建设职责，既率先垂范，又切实抓好职责范围内的党风廉政建设工作，多方面入手，将党风廉政建设各项任务落实到人，各负其责，扎实推进机关作风建设。

（开发区财政局供稿　邢　新整理）

界首市财政工作概述

2010 年，界首市财政工作紧紧围绕市委、市政府工作部署，在上级财政部门的正确领导下，依法组织收入，科学安排支出、强化绩效管理，稳步推进改革，各项预期目标均按序时进度圆满完成。

【财政收入大幅增长】 财税部门密切配合、依法征管、细致操作，按序时进度均衡组织收入。增值税、营业税、企业所得税三大主体税种保持较好增长势头，分别比上年同期增长 32.1%、10.3%、

72.9%；契税、耕地占用税、城市维护建设税大幅增长，分别比上年同期增长183.1%、290.9%、83.7%；华鑫集团、华信药业、沙河酒业等重点企业产销两旺，对财政增收支撑作用明显。收入质量有所提高，税收收入增长41%，保持平稳较快态势。地方一般预算收入35863万元，占财政总收入的比重达51%，较上年提升2个百分点。

【支出保障能力增强】财政支出规模首次突破15亿元，较上年净增支出44509万元，支出增幅位居全省前列。教育、科技、农业三项法定支出稳定增长，分别比上年增长21.4%、43.5%、39.3%。政法经费达标，启动住房公积金，兑现公务员津补贴、义务教育绩效工资、基层医疗卫生体制改革等新增支出，扎实推进“城市建设年”活动，本级财政投入和争取发行、开行等金融机构贷款共筹措建设性资金6.8亿元，各项重点支出足额保障，为促进各项社会事业协调发展起到重要支撑作用。

【支持企业力度加大】一是加大园区基础建设投入力度，做优招商引资环境，提升园区竞争力。二是加大再生资源企业退税指导力度，财税联动深入园区调研，多措并举支持企业应对增值税转型改革，累计办理企业退税40841万元，加速企业资金流转。三是加大对企业贷款帮扶力度，担保公司注册资本金增至1亿元，成功加入省担保集团，年内为企业解决流动资金贷款、退税贷款、小额贷款、出口企业贷款等6.1亿元。四是加大政策奖扶力度，出台“深加工企业贷款贴息办法、外贸进出口企业奖励办法、再生资源企业增值税地方留成奖励办法”，并及时兑现。通过退税奖励反哺支持企业4059万元，拨付企业贷款风险补偿金118万元，外贸进出口企业奖扶资金近200万元，再生资源深加工企业、出口创汇企业、劳动密集型企业贷款贴息628万元。五是加大项目争取力度，帮助企业申报技术改造、技术创新、外贸促进、皖北发展、环境保护、财政贴息等扶持资金2000多万元，直接注入企业。

【民生工程进展顺利】全年投入民生工程资金2.8亿元，其中本级配套4190万元。足额发放农村低保、五保、贫困重度残疾人、城市低收入家庭住房保障、大中型水库移民、未参保集体企业退休人员、计生奖扶等7项生活保障类资金，惠及城乡受益人群37525人。城镇居民医疗保障、新农合、城乡医疗救助，重大传染病救治等7项医疗卫生类项目报补支出9314万元，参合率和受益面逐步扩大。城乡义务教育经费保障、高校和中职学校家庭困难学生资助、新型农民培训、农民工技能培训等4项教育培训类项目完成全年任务。农村安全饮水、农村沼气、敬老院、农村清洁工程等6项农业和农村基础设施类项目及农村综合文化站、农家书屋等4项农村文化建设类项目全部建成并投入使用。

【惠农政策落实较好】2010年全市“三农”支出15761万元，比上年增加4443万元，增长39.3%。积极落实惠农补贴政策，通过“一卡通”发放粮食补贴、良种补贴、综合直补等23项涉农补贴10633万元。兑付家电下乡、汽车摩托车下乡产品112088台（辆）补贴资金4677万元。大力推进土地开发整理，复垦土地1960亩。农业综合开发完成中低产田改造1.8万亩。投资1290万元，新打和恢复机井347眼，配套机泵347台套，新建桥涵330座，新修机耕路11公里，农田防护林网植树7.4万株，项目区农民人均增收150元。成功争取万亩吨粮田示范项目落户我市，总投资4652万元。顺利实施小麦高产攻关、玉米振兴计划、生猪标准化养殖、测土配方施肥、农村专业合作组织、农业救灾等建设项目，为农业增产增效打下坚实基础。深化农村综合改革，推动示范村镇建设，不断完善为民服务全程代理制，多措并举改善农村人居环境。村级公益事业“一事一议”财政奖补项目进展顺利，实施农田水利设施、道路修建等项目147个，投资4800万元，广大群众积极参与，农村基础设施不断改善。

【财政改革不断深化】一是深化部门预算改革。量财办事，有保有压，按定员定额标准编细编实部门预算，硬化支出约束，从严控制追加，依法规范操作。二是完善国库集中支付，推进财税库银横向联网，确保财政资金运行安全、规范、有效。三是深化政府采购改革。全年累计办理集中采购事项436宗，采购预算8053万元，实际支付7166万元，节约资金887万元，节约率11％。四是有序推进绩效评价。对城市廉租房、新农合、中低产田改造、农村安全饮水、土地复垦、城市生活垃圾填埋场6个项目进行了结果评价和过程评价，对工程进展缓慢、后续管理机制不健全、民意调查较差的项目提出整改意见并监督落实。

（界首市财政局供稿）

颍上县财政工作概述

2010 年，全县财政总收入完成 184537 万元，比上年增收 46911 万元（财政收入在全省位居第 5 位），增长 34.1%占年初预算数的 112.8%（其中，上划中央收入完成 99567 万元，增长 26.2%，增收 20656 万元；地方收入完成 84970 万元，增长 44.7%，增收 2625 万元），是 2005 年财政收入 4.2 亿的 4.4 倍。全县财政支出 254456 万元（比上年增加 20913 万元），是 2005 年财政支出 6.3 亿的 4 倍。由于各项工作完成较好，被县政府记集体三等功一次。

【实施财政监督，推进依法理财】一是加强预算支出管理，降低行政成本。强化预算约束，对预算单位在预算支出执行中的经费追加申请，深入调查研究、严格审核有关资料，对申报资料不实、依据不足的事项坚决不予拨款。社会公共应急和政策性刚性支出首先从单位结余资金和部门预算中列支、不足部分才从预备费中列支，最大限度地节约财政资金和减少单位虚报经费行为。二是加强财务审核监督，严格财政支出管理。坚持把财务审核监督与部门预算、政府采购、“收支两条线”管理、国库集中支付、国有固定资产管理结合起来，对核算单位的会计业务实施全过程监督。严把报账“受理关”，从原始凭证把关入手，做好源头监督，对不合规、不完整、应补充和更正的凭证予以退回，要求纠正和补充后再报账；严把报账“政策关”，严格按照有关财政财务法律、法规和制度，做到招待费支出“三单合一”；会议费支付必附会议通知和签到簿；事业单位加班费要写明加班任务和时间；对于支出票据严格按部门开具税票；达到集中采购起点的购置费用要履行采购程序等。保证财政资金特别是专项资金按预算、按项目使用，强化会计核算中心财政监督职能。三是强化会计管理，强化会计职能监督。夯实会计基础管理，规范会计秩序，严把会计人员从业资格的准入关，认真组织会计人员考试和培训，全年对全县企事业单位会计人员举办两期培训，参训人员 680 人。建立和完善会计人员诚信档案，跟踪调查会计人员的后续教育，加大执法情况检查力度，提高会计工作效率和质量。

【增强服务意识，提高社会满意度】一是积极开展调查研究。多深入实际、多掌握实情、围绕人民群众关注的热点、难点和重点问题，积极开展政策调研和工作调研。二是改进作风。坚持讲大局、讲团结、讲协作，坚决摒弃部门优越感，平等协商解决问题，该办、能办的要积极主动办理；不该办、办不了的要耐心做好解释。三是开展联系走访活动。建立并坚持与预算单位定期交流沟通机制，主动听取部门和社会对财政工作的意见和建议，提高预算执行效率。进一步优化工作流程，简化工作程序，提高服务质量，始终保持财政良好形象。

【深化补贴农民资金管理】继续深化补贴农民资金管理改革，建立补贴资金“一卡”发放长效机制。进一步规范和完善财政补贴农民资金发放程序，全年共打卡发放 17 项资金 3.1 亿元。

【加强政府采购和国有资产管理】全力推行“阳光采购、和谐采购”，不断加大规范采购力度，努力提高工作质量和服务水平。全年共为 83 个单位委托 146 个采购项目，采购项目预算总金额为 3941 万元，比上年增长 55%，实际采购合同价为 3364 万元，比上年增长 62%，节约资金 577 万元，平均资金节约率为 14.6%。进一步加强对全县行政事业单位国有资产的管理，初步建立起全县行政事业单位资产管理信息平台，国有资产管理进一步规范。

【“学习提升年”活动扎实推进】为使“学习提升年”活动落到实处，局党组狠抓落实不放松，一是每月举办至少一次全县财政系统人员参加的专题讲座，邀请省财科所、省财监局、省管子协会、市财校、县法制办等单位的领导或专家授课。二是鼓励在职干部职工参加学历教育。三是开展群众性科研活动。成立财政学会，下发课题任务，以《财政调研》为载体每周刊发一篇调研文章。四是积极参与能力建设等有关的各项活动，组织全体财政干部参加全省财政系统依法行政资格考试。五是选人用人突出能力导向。六是建立激励机制。凡参加县级及以上各类专业知识竞赛活动获奖、业务考试获奖、论文获奖，局机关一律给予奖励。

【“四下乡，两换新”工程工作进展顺利】截至年底，全县销售家电下乡产品共 116906 台，销售金额 25204.95 万元；其中，已补贴 116021 台，补贴金额 3175.96 万元，补贴兑付率达到 100%，在阜阳市排名第一。2010 年全县共销售汽车、摩托车 18302 台，销售金额 28226 万元，补贴金额 2919

万元，补贴兑付率100%。县家电下乡工作受到省财政厅、商务厅、市政府的肯定。

【农村综合改革工作深入开展】 全县共有277个村开展一事一议财政奖补工作，占行政村总数87%，受益人数103.26万，占农村总人口70%。群众自筹2076.39万元，筹劳232.24万个工日，筹劳折资4634.35万元，财政奖补4152.78万元，项目预算总10656.7万元。

【现代农业综合开发示范区建设取得较好成就】 农业综合开发总投资7208万元，其中：2009年投资1360万元、治理面积1万亩；2010年投资2720万元、治理面积2万亩；2011年投资3128万元、治理面积2.3万亩。计划建设混凝土道路49公里；计划疏浚，开挖大、中沟25条，长32公里，土方58万立米；新建大、中沟桥368座，涵管桥466座；新打机井360眼，盖管理井房360间；输电线路21公里，配套变压器90台，铺设地埋管40公里、地下电缆9公里；建设电灌站2座，修防渗渠15公里；购置大、中型农机具56台套，推广先进适用技术6项，推广新品种4个，栽植农田防护林25万株，完善农田林网5.3万亩。

（颍上县财政局供稿）

太和县财政工作概述

2010年，全县财政收入完成86016万元，占调整预算的121.5%，增收24201万元，同比增长66.0%。其中：地方收入完成42910万元，增长50.1%；上划中央收入完成39112万元，增长91.9%；出口货物退增值税完成3994万元，增长44.4%。全县财政支出192758万元，占调整预算的98.6%，增支15734万元。

【加强财政收入征管】 全县各级财税部门继续贯彻落实“加强征管、堵塞漏洞、清缴欠税、惩治腐败”的工作方针，严格执行政策，突出工作重点，确保财政收入均衡入库。一是层层分解和落实收入任务，积极开展财政工作调研和税源普查，全面摸排税源情况，狠挖增收潜力。二是与国税、地税部门紧密配合，加大稽查力度，千方百计堵塞“跑、冒、滴、漏”，做到依率计征，应收尽收。三是不断加强和完善非税收入，契税收入和再生资源退税工作，确保行政性收费和罚没收入全额入库。全年完成非税收入10003万元，占调整预算的125.9%，契税收入完成2300万元。

【农村综合改革不断深化】 一是全面推行为民服务全程代理。层层建立组织，制定措施，健全制度，明确职责，建立了县、乡、村三级代理机构，为民服务全程代理工作正常运转。二是一事一议财政奖补试点工作稳步展开，制定了《太和县村级公益事业建设一事一议财政奖补试点工作实施方案》、《太和县一事一议财政奖补资金管理办法》，确保了整个试点工作稳步推进。全县31个乡镇开展了一事一议奖补试点工作，有275个村申报项目299个，完工项目129个，筹集资金1780万元，筹劳折资1260万元，村级集体投入42万元，社会捐助资金761万元，其他投入10入万元，省以上财政奖补资金3216万元，县级财政预算1500万元，整合其他支农资金1500万元。

【33项民生工程工作卓有成效】 2010年，全县33项民生工程坚持以“主攻工程项目、规范补贴发放、严格政策操作、强化监督检查”为工作思路，全县上下全力以赴，扎实苦干，全面完成年内任务。全年拨付资金59501.94万元，其中县财政配套9212.71万元，已有24个项目完成年度目标任务，剩余项目均按序时进度顺利实施。

【家电下乡和涉农补贴工作落实到位】 加强组织领导，广泛宣传家电下乡政策，严格操作程序，严明财经纪律，在全县设立186家网点实行代垫直补，截至12月31日，共补贴家电下乡产品18.9万台（部），补贴金额5102.5万元，补贴汽车、摩托车15453辆，补贴金额2719万元。

【惠民直达工程落实到位】 2008年5月，被省政府确定为惠民直达工程试点县。县委、县政府高度重视，积极探索，努力工作，试点工作有序推进。惠民直达工程平台经过两年来运行，初步形成了指标控制、计划管理、资金拨付、信息反馈“四位一体”的管理格局。规范办事流程，提高效率，方便群众，从机制上杜绝违章操作行为，保证各项补贴政策的全面落实。

【“金财工程”建设稳步实施】 初步完成县级金财工程信息网络平台建设，并逐步向乡镇延伸。已建成的高标准中心网络机房和完整的财政办公局域网，并依托电子政务广域网通信线路实现了财政网络与电子政务网、财政广域网的连接，为全县金财工程业务系统运行搭建了安全、高速的信息网络平台，实现了财政局与财政所、国库集中支付中心、相关银行、相关惠民直达工程、国库集中支付、非税收入征管、政府采购、部门预决算等网络建设。在总结完善国库集中支付改革的基础上，进一步扩大国库集中支付面。

【“小金库”治理成效明显】在做好党政机关事业单位“小金库”治理工作“回头看”的同时，及时开展了国有及国有控股企业和社会团体“小金库”治理工作，国有控股企业19户和99户社会团体全部开展自查自纠清理工作，自查发现国有控股企业2户和社会团体3户有“小金库”，“小金库”金额3.2万元，已整改到位。在重点检查阶段按照重点检查面不低于纳入治理范围单位总数的5%，重点领域和重点单位检查面不得低于20%的要求进行重点检查，确保专项治理工作有效开展。

（太和县财政局供稿 宫保珍执笔）

阜南县财政工作概述

2010年，阜南县完成财政收入32600万元，为预算的106.3%，增长27.5%，其中：税收收入完成27069万元，为预算的105.1%，增长26.5%。财政支出完成217812万元，占变动后支出预算的99.6%，增长30.6%。

【财政收入稳步增长】一是落实收入任务。年初以县政府文件形式将财政收入任务下达到各乡镇和国、地、财部门，落实任务，明确责任，认真考核，严格奖惩。二是加强部门协调。构建“财、税、库、银”信息沟通协调机制，及时解决收入征管中的矛盾和问题，做到国税、地税并重，大小税种并举，预算内外兼收，确保应收尽收。三是狠抓“两税”征管。强化征管措施，规范征管行为，加大征管力度，堵塞收入漏洞，全年完成契、耕“两税”2964万元。四是加大非税收入力度。全年完成非税收入5531万元，为预算的120.2%，增长335%，占财政总收入的17%，同比提升0.7个百分点。

【重点支出保障有力】一是保障农业、教育、科技等法定支出。全年农业、教育、科技三项支出分别达到31454万元、43000万元和373万元，分别增长46.2%、24.1%和14.8%。二是保障社会保障、医疗卫生、环境保护、文化体育等支出。社会保障支出35007万元，增长29.2%；医疗卫生支出28918万元，增长40.7%；环境保护支出2474万元，增长115.1%；文化体育支出1864万元，增长21%。三是兑现人员工资新标准。兑现了公务员津补贴、教师和公共卫生部门绩效工资、其他事业单位（生活）性补贴等9599.3万元。四是保障了干部职工住房公积金、医疗保险等支出。支出843.8万元，实现全县财政供给在职人员住房公积金“低标准、广覆盖”目标；支出1090万元，保障全县干部职工医疗保障全面提标；支出162万元，建立挂职村干部养老保险（补助）和在职村干部医疗保障机制。

【民生工程扎实推进】一是及时分解工作任务。年初县委、县政府与各乡镇和县直16个民生工程主管部门签订目标责任书，分解任务，明确责任。二是足额落实配套资金。5月份将县级配套资金9082.3万元足额转入民生工程资金专户，为33项民生工程顺利实施提供资金保障。三是强化推进措施。编发民生工程简报40期，印制宣传材料30万份，开设“民生聚焦”专栏，开展宣传月活动，提高政策知晓率；实行两个月一督查、一调度、一公示；半年一小结，一站队；年终一总结，一奖惩的“七个一”管理，加快实施进度；成立高规格的督查组，加强督查检查，及时解决有关问题；制定民生工程考核办法和责任追究暂行办法，实行“一票否决”制度。截至年底，发放类18个项目全面完成；建设类13个项目全面竣工；顺利通过省政府考核验收，并受到表彰。

【惠农政策全面落实】一是加强政策宣传。编印《财政补贴农民资金管理和“一卡通”发放政策问答》10万份，发放到全县各乡镇和村组农户。二是规范“一卡通”管理。对全县29.8万农户的“一卡通”开展“地毯式”普查，对存折遗失、错字、分户、死亡等有关情况及时作出处理。三是及时打卡发放补贴资金。通过“一卡通”方式打卡发放各类涉农补贴34项，发放补贴资金30021万元。四是认真落实汽车家电下乡政策。全年兑付家电下乡产品92026台，兑付补贴资金1882.4万元，兑付率100%；补贴汽车、摩托车29237台，兑付补贴资金4267.1万元。五是扎实开展强农惠农资金专项清理检查。按照省厅统一部署，集中开展强农惠农资金专项清理检查。六是强力推进一事一议财政奖补工作。投入资金6207万元，实施财政奖补项目612个，全部项目覆盖29个乡镇、339个村委会、6600个村民组、受益人口122万人。

【财政改革不断深化】一是全面推行县级国库集中支付改革。2010 年 5 月起，县会计核算中心正式更名为国库集中支付中心，业务范围覆盖到县直所有单位，全年共实现国库集中收付资金 233449.9 万元。二是进一步完善政府采购制度。规范招投标行为，扩大采购范围，当年实现采购规模 11519.9 万元，节约资金 1442.5 万元，资金节约率为 11.1%。三是深化财政体制改革。建立预算稳定调节基金，实现基本支出预算与项目预算分离，全面彻底推行综合财政预算，预算执行进一步公开透明。四是全面推进“村财乡管”改革。在坚持村级资金所有权不变、使用权不变、审批权不变的基础上，全面推行“村财乡管”改革，村级财务管理更加规范。五是基层医药卫生体制改革全面启动。撤销 29 个乡镇卫生院银行账户 34 个；9 月 1 日起，全县乡镇卫生院所有收入统一缴入县级专户，实行统一管理。

【干部队伍得到加强】一是扎实开展“学习提升年”活动。按照“五个提升”的要求，先后举办“学习提升年”、“村财乡管”等业务培训班。二是深入开展向沈浩同志学习活动。教育广大干部职工以沈浩同志为榜样，努力做一名人民满意的好党员、好干部。三是加强会计队伍建设。对考取会计职称的人员给予奖励，进一步提高会计队伍的整体素质。四是开展财政普法学习活动。组织学习法律法规，举行普法知识测试，组织全系统干部职工参加全省依法行政执法资格考试。

【财政监管成效显著】一是建立健全规章制度。按照《安徽省财政部门内部监督检查实施办法》的要求，建立健全各项制度，为提高财政监督检查成效奠定基础。二是开辟财政监督网站。依托“金财工程”，公开财政监督检查信息、检查单位、规章制度、工作动态等，接收社会监督。三是以“五统一”指导开展财政监督检查工作。先后开展政法保障经费、民政事业费、村级组织“三资”、民生工程资金检查和会计信息质量检查。四是切实巩固“小金库”专项治理成果。对 50 家社会团体和 15 家国有及国有控股企业开展“小金库”专项治理，及时发现和解决了带有普遍性、倾向性的问题。

（阜南县财政局供稿　王希文执笔）

临泉县财政工作概述

2010 年，临泉县财政工作紧紧围绕稳增长、调结构、惠民生、促和谐和全县改革发展大局，认真落实积极的财政政策，进一步加强财政科学管理，狠抓增收节支，切实保障和改善民生，推进财政机制体制创新，提高财政工作效率，全力推动经济社会又好又快发展。财政收入创 4.8 亿元的历史新高；完成财政支出 23.9 亿元，比上年同期增加 42180 万元，增长 21.4%；国库集中支付改革工作获厅二等奖先进单位；国际金融组织世行贷款获得省级先进单位；部门预算工作获得市级二等奖；总预算工作获得市级三等奖；农业保险和企业财务快报工作均获得市局先进单位；政风行风评议获得全县第二名好成绩。

【积极组织收入】一是完善财税收入目标管理考核办法。抓好收入增长目标的分解和落实，将目标分解与落实责任结合起来，将目标考核与奖惩结合起来，努力调动有关单位组织收入的积极性。同时建立档案，做好跟踪调查，掌握税源动态，不断完善税收分析体系。二是建立财税部门工作通报制度。坚持按季召开财税部门负责人联席会，及时沟通和解决税收征管工作中出现的各种问题。三是规范非税收入征管。严格执行“收支两条线”规定，规范各类行政事业性收费、政府性基金和罚没收入的管理，加大非税收入征管力度，确保各项非税收入及时缴入财政专户。四是立足长远发展，广泛培植财源。2010 年，担保中心为全县 71 户企业提供贷款担保，担保贷款总额 2.3 亿元。五是充分利用国家实施积极的财政政策，主动帮助企业申请省市财政补助资金。

【优化支出结构】一是按照财政增收普惠于民的原则，普遍提高职工待遇。优先保障人员经费，足额兑现公务员阳光工资和义务教育阶段教师绩效工资，调动全县广大干群工作积极性。二是积极落实惠民政策，大力实施民生工程。统筹财力优先保障教育、医疗卫生、社会保障等民生经费，让全县人员共享发展的成果。全年教育支出 46601 万元；医疗卫生支出 30464 万元，社会保障与就业支出 38174 万元，农林水事务 36301 万元。三是确保各项法定支出需要。司法支出、农林水项目支出、科技三项费用、治污防治基金、计划生育、平安创建等各项法定支出按规定、按进度落实到位。

【拓宽融资渠道】 千方百计多渠道筹集资金，保证重点项目建设需要。积极寻找合适的融资项目，新增各种贷款6000万元，保证教育、体育场、新区建设等重点项目支出的需要，力促全县经济社会又好又快发展，人居环境不断优化，城市品位得到提升。

【落实惠农政策】 认真做好财政补贴农民资金打卡发放工作，全县涉农补贴资金打卡发放资金16项，共涉及资金2.5亿元。积极做好“家电下乡”工作，全县销售家电下乡产品15万台，打卡发放家电下乡补贴资金3400万元；销售汽车摩托车下乡产品2.5万辆，打卡发放汽车摩托车下乡补贴资金4100万元。

【加强干部队伍建设】 密切结合财政工作实际，把开展“学习提升年”活动与学习沈浩精神、效能建设、文明创建、财政业务等方面有机结合起来，做到“规定动作不变样、自选动作有创新”，做到活动开展有成效、工作业绩有提升。三是坚持质量第一，务求活动实效。围绕实现“五个全面提升”（即：提升综合素质、提升整体合力、提升文化品位、提升和谐氛围、提升党性修养）的基本目标，采取了针对性、操作性、实用性强的对策和措施。同时，以创先争优为契机着力提升党建工作水平。把创先争优活动与加强党建工作有机结合，通过党员公开承诺、优秀党员评选等丰富活动的开展，进一步调动党员职工的积极性，发挥榜样的示范带动作用，有利于党建工作的深入开展。通过一系列行之有效的措施，全县财政系统的服务水平明显提高，公仆意识明显增强。

（临泉县财政局供稿　张颍泉　单　俊执笔）

淮南市财政工作概况

淮南市财政工作综述

2010 年，淮南市财政工作认真开展创先争优和学习提升年活动，按照“围绕中心、服务大局，完善制度、分类管理，赢得支持、树立形象”的基本思路，实施积极的财政政策，推进科学化精细化管理，财政运行呈现出良好态势。全市财政收入同比增长 41.4%。地方财政收入完成 51.81 亿元，同比增长 39%；上划中央收入及出口货物退增值税完成 54.01 亿元，同比增长 44.1%。全市财政支出完成 81.02 亿元，同比增长 16.3%。财政收支平衡，略有节余。

【加强征管，财政收入突破百亿大关】加快结构转型和招商引资步伐，在以煤电为主导的基础上，推动中小企业和商贸企业的发展，为财政收入的增长提供保障。财政部门加强经济形势分析，强化重点税源监控和财源潜力调研，及时分解下达征收任务，确保各项税款应收尽收。2010 年全市财政收入 106.08 亿元，在全省各市排名中从第 6 位升至第 5 位。

【统筹兼顾，支持经济社会改革发展】坚持统筹兼顾、保障重点、支出有序的原则，强化预算执行意识，优化支出结构，把有限的财力用于促进经济和社会发展的关键领域、关键环节、关键时点，重点支持经济发展和医药卫生体制改革、义务教育阶段教师绩效工资改革、政法经费保障体制改革等方面，严格控制一般性支出，从严从紧编制经费支出预算，努力降低政府行政成本，发挥财政资金的功效。科技教育、社会保障和就业、医疗卫生、农林水和城乡社区事务等方面支出得到有力保障。

【多措并举，促进经济发展和城市基础建设】综合运用担保、贴息、风险补偿、奖励、收费减免等多种手段，加大财政对经济发展的支持力度。建立完善项目库，做好各类项目的申报工作，积极争取地方政府债券额度。加强政府融资平台建设。统筹区域协调发展，支持开发区、山南新区和工业聚集区建设。建立国有资本经营预算制度，发挥存量资产效益。加快转变经济发展方式，支持产业提升计划，保障重大科技专项实施，增强高新技术产业对财政经济的支撑和拉动作用。合理编制 2010 年城市维护建设资金收支预算，安排迎接省运会环境整治及城市建设专项经费 3782 万元。老城区整治经费 2000 万元，城市大建设配套资金 723 万元，安排市城投公司贷款贴息 4000 万元。积极参与大建设项目招投标的审核、项目资金的审查论证。

【服务“三农”，加快城乡一体化进程】继续增加财政支农投入，健全“三农”投入稳定增长机制。加大对水利建设、农村污水处理、安全饮水工程等项目的投入，全年“三农”支出 18 亿元，增长 28.6%。支持节水灌溉、农村危房改造、水库除险加固、乡村校舍安全改建和乡村道路工程建设，不断改善农村基础设施。完善奖励政策，促进种植结构调整，支持粮食深加工产业。加强农业综合开发，做好土地治理项目和产业化项目的申报工作。扩大政策性农业保险实施范围，让农民得到了更多的实惠。

【强化措施，确保民生工程顺利开展】2010 年淮南市实施 42 项民生工程，为进一步加强和改善民生工作，制定了淮南市 42 项民生工程具体实施办法、市直机关民生工程考核办法、民生工程资金预算管理规程及民生工程监察、审计意见；修订完善了基础资料数据库、信息报送等内部管理制度。建立目标奖惩和人大代表、政协委员监督机制，将民生工程纳入全市目标考核体系。认真做好民生工程资金测算、保障和监管工作，坚持拨付“绿色通道”和专款专用原则，全市到位民生工程资金 10.6 亿元，拨付率达 100%。

【重点突破，推进预算编制工作改革】 围绕财政科学化精细化管理目标，从优化预算编制入手，积极推行部门预算编制工作改革，先后制定印发预算信息公开、绩效目标申报、非税收入管理、政府采购预算管理等配套文件，全面实行零基预算、绩效预算、综合预算和参与式预算；制定预算支出绩效考评试点方案和考评暂行办法，开展了项目绩效考评试点工作，实施绩效考评项目 56 个，涉及资金 15.8 亿元。开展山南新区、经济技术开发区、财政专户清理、国有资产出租出借经营情况的专项检查和市中心血站等 13 家会计信息质量检查。公开预算信息，增强公信力，强化政府采购工作，增强预算编制能力和管理水平。

（淮南市财政局供稿　吴　波执笔）

田家庵区财政工作概述

2010 年，田家庵区财政部门以积极的财政政策为动力，以推进财政改革、加强增收节支为手段，严格收入征管，确保财政收入稳定增长，财政收入完成 9.66 亿元，同比增长 43.2%；财政支出完成 7.73 亿元，同比增长 71.4%；财政保障能力进一步提高，为全区改革、发展、稳定做出了积极的贡献。

【狠抓非税收入征管，促进财政收入增长】 2010 年，始终把抓收入作为财政工作的重中之重，为了使财政收入能够平衡稳步增长，在大力支持经济发展的基础上，进一步加强非税收入管理，不断拓宽非税收入管理领域，深挖非税收入增收潜力，同时进一步加强收入动态监管，不断提高收入监管分析质量，确保收入稳定增长。

【加大支出管理力度，提高支出效益】 不断改进和加强支出管理，提高财政支出效益。首先把保工资为财政工作的第一任务、财政支出的第一重点来抓，特别是规范津贴补贴以后，进一步强化工作责任，完善工作措施，确保财政负担人员基本工资及时足额发放。其次继续实施民生工程，确保社会保障支出。关注、关心社会弱势群体，对养老保险金、低保资金，做到政策落实，应保尽保，保证农业、教育、科技等重点领域的经费按政策安排到位。

【构建公共服务体系，重点解决民生问题】 进一步调整和优化财政支出结构，切实解决事关人民群众的现实问题。实施民生工程是解决人民群众“生活难、看病难、上学难”等突出问题的重要举措，区财政认真落实财政支出向民生工程倾斜的方针，积极调整支出结构，合理分配财力，不折不扣地筹集落实民生工程资金。

【全面做好涉农补贴工作】 维护农民的切身利益，加大对农民的补贴力度，将所有财政补贴资金集中统一发放，建立财政专户，组成检查组监督各项政策的落实情况。由于政策优越、宣传到位、措施得力，各项涉农资金均发放到位。

【完善部门预算，提高调控能力】 全区 2010 年全面推行部门预算。在工作中严格遵循公共财政、依法理财、综合预算、科学合理等原则，建立科学规范的政府收支分类体系，完善项目支出预算管理办法，强化对预算执行的监控。

（田家庵区财政局供稿　吴波整理）

潘集区财政工作概述

2010 年，潘集区财政部门进一步拓宽收入视野，挖掘收入潜力，优化支出结构。抓收入最大限度地做到正费清税，应收尽收；抓支出最大限度地做到科学精细、有保有压。财政收入平稳较快增长。2010 年全区财政收入完成 5.04 亿元，同比增长 39.9%，增幅位居全市县区第一。财政支出 6 亿元，增长 13%，保障有力，公共财政的基础更加扎实，民生财政的特征进一步显现。

【财政支持经济发展作用明显】 2010 年全区财政收支运行质量和绩效不断提升。全区财政投入建设发展领域资金总量达 15600 万元，同比增长 100%以上，是“十一五”期间前四年的总和。其中，投入平圩经济开发区建设资金 9000 万元，投入土地储备资金 2200 万元，投入袁庄自来水厂建设资金 2400 万元，投入城乡道路建设资金 2000 万元。

【财政积极支持实施 46 项民生工程】 2010 年，全区共安排实施民生工程项目 46 项，投入资金总量达 2 亿元，涉 33 万城乡居民、205 个项目点。为确保全区民生工程实施工作，在 2009 年获市政府杰出贡献奖基础上，继续争先创优，各级各部门精心组织、精细操作。到 11 月底，全区 46 项民生工程实施工作全面完成，实施的质量和效果明显好于往年。支持改革，投入基层医药卫生体制改革资金1000万元。全力支持文化产业发展工作。

【抓好作风建设】一是作风建设和学习实践科学发展观相结合。以“创先争优”、“学沈浩”等活动为契机，充分发挥党员干部的先锋模范作用。二是作风建设和践行服务承诺相结合。在全区财政系统开展创建“示范窗口”和“文明窗口”活动。三是作风建设和干部队伍建设相结合。将队伍建设置于社会和群众的监督之下，以民主生活会、创先争优、学沈浩、学习提升年等活动为契机，对财政工作进行全面评判，多种形式、多层次、全方位诚挚听取意见建议。同时多次组织财政系统干部职工培训学习，财政干部职工能力得到进一步提升。

（潘集区财政局供稿　吴　波整理）

八公山区财政工作概述

2010年，八公山区财政部门积极深化改革，强化管理，优化支出结构，进一步关注民生，支持经济建设，为全区经济社会持续较快发展提供了积极的财力保障。全区财政收入首次突破2亿元大关，再次实现财政收入三年翻一番的历史性跨越。全年财政收入完成2.08亿元，增长32%。地方财政收入完成0.92亿元，增长39%。财政总支出完成2.17亿元，增长38%。

【实施民生工程，着力改善民生】2010年共实施并完成省、市下达民生工程任务30项，投入资金4205万元。其中：生活补助类项目8项，发放资金738万元；医疗保障类项7项，筹集资金1266万元；工程类项目8项，安排资金1673万元；教育培训类项目3项，安排资金448万元；其他公益类项目4项，安排资金80万元。

【优化支出结构，均衡保障社会事业支出】不断加大对基层基础和各项社会事业的倾斜，努力实现城乡公共财政服务均等化。全年累计发放城市低保金1316万元；发放涉农补贴资金421万元；解决区属企业改制历史遗留问题专项资金448万元；安排农民工创业园建设资金407万元；安排提高少数民族发展资金标准达到15万元；安排人大代表林和创建模范园林城市绿化专项资金391万元。

【开展创先争优，实行科学化、精细化管理】以开展基层党组织“创先争优”和“学习提升年”活动为契机，以财政管理科学化、精细化为目标，继续深化各项财政改革。政府采购范围、品种不断扩大，全年进行政府采购35批次，合同金额357万元，节支率达到11%；村级公益事业一事一议财政奖补试点工作顺利推进，2010年度共安排21个财政奖补项目。家电下乡、汽车摩托车下乡工作有序开展，政策更加深入人心，全年共兑现补贴资金89万元，直接拉动内需795万元。

【加强财政监督，提高财政资金使用效益】财政监督以收入监督、支出监督、内部监督、会计监督四条主线，加强与区监察局、审计局等相关部门联合开展工作，加大检查的力度和深度。继续开展工程建设领域突出问题的专项治理工作、开展强农惠农资金专项清理、社会团体和国有及国有控股企业“小金库”专项治理、非税收入“收支两条线”管理、规范“一卡通”发放等专项督查，通过开展专项督查，完善财政监管机制，确保财政资金高效安全运行。

（八公山区财政局供稿　吴　波整理）

谢家集区财政工作概述

2010年，谢家集区财政工作以科学发展观为统领，按照“保运转、保民生、促发展”的工作部署，不断深化财政改革，推进科学化精细化管理，财政保障能力进一步增强，财政运行呈现出良好态势，为推进“两型城市”建设，构建“和谐谢家集”作出积极贡献。全区财政收入3.25亿元，同比增长46.89%。全区财政支出完成3.6亿元。

【支出结构进一步优化】坚持统筹兼顾，保证重点的原则，优化支出结构，把有限的财力用到促进经济和社会发展的关键领域，支持经济发展，落实医药卫生体制改革、事业单位绩效工资改革，保障政法经费、义务教育阶段教师绩效工资及时足额到位，严格控制一般性支出，合理压缩支出预算，进一步向民生、“三农”、教育、社保、医疗卫生、农林水等事务倾斜。

【支持经济发展力度进一步加大】全面落实积极的财政政策，坚持项目带动，做好项目申报工作，积极争取上级财政支持。加强政府融资平台建设，扩宽融资渠道，筹集6000万元支持工业园区建设。继续扶持企业开展技术改造，做大做强煤炭、钢铁等传统优势产业。鼓励发展特色农业、农副产品加工业，壮大农业规模和实力。实施财税优惠政策，支持物流、超市等业态建设和市场工程建设。深入落实“三下乡、一换新”政策，拉动城乡消费。累计发放补贴550万元，带动销售额4364万元。农业综合开发取得新突破，已争取国家级农业综合开发孙庙乡谷汇园米业中低产田改造项目270万元，规模达6.4万亩的省级土地整治项目正抓紧实施，财政补贴村级公益事业建设工作扎实推进。

【确保民生工程顺利实施】2010年实施了城镇居民医疗保险、校舍安全工程、沉陷区治理工程等37项民生工程，有效缓解了人民群众的生活难、上学难、看病难等问题。完善了人大代表、政协委员监督机制。认真做好民生工程资金测算、保障和监管工作，坚持拨付“绿色通道”和专款专用，全年到位民生工程资金8890万元，各项民生工程得到顺利实施。

【财政监管能力不断加强】围绕财政科学化精细化管理目标，在预算编制中进行大胆探索，完善乡财区管，试行区乡预算共编；细化部门预算；建立国有资产管理系统；实施非税信息系统管理；深入推进“小金库”治理；创建规范化财政所；强化政府采购执行力。财政工作科学化精细化水平进一步提高，将财政监督纳入日常化管理，形成了内部牵制、项目监控、岗位轮换、例行监督、重点检查、专项治理六位一体的财政监督体制。

（谢家集区财政局供稿　吴　波整理）

大通区财政工作概述

2010年，大通区切实把握财政工作的重心和工作重点，积极履行财政工作的职责和职能，继续深化财政改革，不断完善财政体制，切实加强财政监管，突出服务水平和保障效能，提高财政运行质量和效率。财政收入完成2.63亿元，增长34.8%，财政支出1.99亿元，增长17.3%。

【财政收入平稳较快增长】随着合淮蚌高铁、淮蚌高速、206国道改线、洛河洼退建等省市重点工程开工建设、“两区两园”建设加速推进、旧城改造项目加快实施，带动了税收的快速增长。在全区经济平稳较快发展的基础上，财税部门依法加强税收征管，层层分解任务，细化征管措施，整顿和规范税收秩序。建立协税护税机制，充分发挥相关部门的合力，实行源头监控，强化征管薄弱环节，堵塞收入漏洞，确保收入及时足额入库，保证收入目标的实现。在全区财税部门的共同努力下，全区财政收入实现平稳较快增长。

【财政支出结构不断优化】在收支矛盾突出、现金调度异常困难的情况下，一方面积极向上争取转移支付资金和拆借上级预算资金；另一方面调整支出结构，大力压缩一般性支出。在保障全区正常运转的同时，认真贯彻执行工资统一发放政策，优先保证财政供给人员国家统一规定的工资和津补贴的正常发放，并及时补发了义务教育阶段学校教师绩效工资1500万元。财政部门积极落实资金，确保民生工程顺利实施。2010年全区累计拨付资金6103.02万元，占预测资金总额的100.93%，其中区配套资金591.9万元，占预测配套资金的103%。对工程类资金实行专户管理，专项拨款，专账核算，用款实行区级报账制。将资金的拨付与工程建设进度和竣工验收结合起来，切实加强事前、事中、事后的监督管理。

【财政强农惠农政策得到积极落实】一是大幅度增加新农村建设投入。“三农”投入总量、增量、增幅以及占财政总支出的比重均明显高于上年，各级财政共安排新农村建设相关项目资金261万元。二是加大涉农资金整合力度，提高财政支农资金效益。同时，积极做好财政支农项目资金申报工作，争取农业项目专项资金685.58万元。三是认真落实涉农补贴政策，全区累计通过“一卡通”发放各类补贴资金11项，金额3745万元。四是有条不紊地开展家电下乡和汽车摩托车下乡补贴试点工作。2010年全区汽车摩托车下乡补贴共兑现1144台（辆），兑现补贴资金130.65万元；家电下乡产品兑现3936台次，兑现补贴资金104.04万元。五是积极筹划开展村级公益事业建设“一事一议”财政奖补试点工作，改善农民生产生活条件。全年共上报公益事业“一事一议”项目49个。六是实施惠民直达工程试点工作，推动政府职能转变，更好地维护人民群众切身利益。

【财政管理水平进一步提升】推进乡镇财政建设。大力推进乡镇财政建设，对各乡镇财政所实行“四统一”即：统一管理，着力加强职能建设、统一制度，着力推进科学化精细化管理、统一建设，着力改善办公条件、统一考核，全面开展评先评优活动。在对近年来各单位经费的实际使用情况调查后，结合区本级可用财力，科学合理确定部门预算定额标准，高质量完成2010年部门综合预算编制工作。加强项目资金的编审和管理，按照“有保有压”原则，根据综合财力情况，实施按轻重缓急合理排序，优先安排区委、政府确定的重大项目以及部门事业发展迫切需要切实可行的项目。进一步提高预算编制的透明度，自觉接受人大监督。政府采购行为更加规范。2010年共完成集中采购153批（次），采购范围涉及货物类和服务类，申报采购预算资金597.92万元，实现合同金额496.39万元，节约资金84.29万元，节约率16.98%。

（大通财政局供稿）

毛集实验区财政工作概述

2010年，毛集实验区财政工作深入贯彻落实科学发展观，认真履行财政职能，完善公共财政体系，保发展、保民生、保稳定，为实验区经济社会发展做出积极贡献。2010年全区财政收入1.86亿元，增长151.54%；其中一般预算收入7349万元，比上年增长108.68%。财政支出1.78亿元，增长34.90%。

【理顺财政管理体制】根据省委《关于实施扩权强镇的若干意见》和省财政厅《关于进一步加强乡镇财政管理的指导意见》精神，按照实验区主要领导的批示，毛集实验区财政局在充分开展调研的基础上，拟定镇财政管理体制方案，明确财政收支范围，核定财政收支基数，制定相应的配套措施，经区工委、区管委会议研究批复后实施。

【强化财政支农工作】一是全面落实农机补贴、良种补贴、退耕还林补贴和农机柴油补贴等一系列惠农政策。2010年打卡发放粮食直补259万元，粮食综合直补1333万元，水稻良种补贴161万元，退耕还林粮食补助资金55万元，政策性农业保险补偿资金29万元等，累计发放补贴资金2766万元，加强强农惠农资金的检查，规范强农惠农资金管理，较好地完成了涉农补贴工作。二是认真落实“家电下乡”补贴政策，全区销售各类家电下乡产品补贴7152台，补贴金额235.2万元，销售汽车摩托车下乡产品补贴1740户，补贴金额278万元。三是认真做好农村综合改革一事一议工作。积极实施28个一事一议财政奖补项目，共筹集拨付项目资金252.79万元。四是扎实稳妥地实施惠民直达工程。按照省政府办公厅通知的要求，及时成立毛集实验区实施惠民直达工程领导小组，制定实施方案，收集基础信息数据，建立管理“一体化”、平台“一网联”、审核“一线实”、发放“一卡通”、服务“一站办”的管理新机制。五是配合相关部门申报项目资金。按有关文件精神，与区新农办共同申报了2010年度新农村建设专项资金项目，争取新农村建设资金240万元，并与区新农村建设办公室共同验收2009年新农村建设专项资金建设项目。

【聚力实施民生工程】制定了对部门考核的办法，确保民生工程实施有方案、有措施、有结果。在财政较为困难的情况，进一步优化财政支出结构，压缩一般支出，千方百计筹措资金，优先保障民生工程资金配套。按照市委、市政府与实验区签订的2010年民生工程目标责任书的要求，实施34项民生工程，其中“一卡通”发放类5项，培训补助类3项，工程类11项，参保救助类12项，其他类3项。全区民生工程所需投入资金6319.631万元，其中区级配套资金1388.50万元。

【强力推进农业综合开发】一是抓“以农民为中心的可持续农业技术体系建设和推广示范项目”实施，项目总投资1345.6万元，2005—2007年三年批复投资1284万元，中期调整后资金为1046万元。二是抓“2009年度土地治理项目”实施，项目总投资496.3万元。三是抓“2010年度土地治理项目”实施。项目总投资493.8万元，资金投向为水利340万元，农业98.9万元，林业27.81万元，科技推广10.5万元，其他16.59万元。通过农业综合开发项目的实施，进一步改善了农业基础设施和生产条件。

【扎实推进医改工作】制定深化医药卫生体制改革的实施方案。财政部门认真履行职责，密切配合卫生、人事等部门做好医改各项工作，制定了相关补助资金管理暂行办法等7个文件，全面完成卫生院财务清理、实施国库集中收付、核定卫生院收支、预算编制等工作，医改财政补偿及时拨付到位，促进了医改工作健康有序开展。

（毛集实验区财政局供稿　吴　波整理）

经济技术开发区财政工作概述

2010年，淮南经济技术开发区紧紧围绕争创国家级开发区的总目标及2010年度“倍增计划”和66项重点工作目标，狠抓落实，圆满完成年度各项财政工作任务。实现财政收入1.84亿元，增长44%。财政支出1.31亿元，增长57%。

【财政服务企业力度加大】一是解决企业的融资难题。区财政局积极开展银企对接活动，年初与徽商银行联合举办金融产品推介会，签约金额2.2亿元；牵头组织好市第七期金融超市活动，签约金额9100万元；积极联系市金融办、市担保公司推荐开发区有融资需求的优良企业，帮助企业获得更多的资金支持。二是做好企业发展政策兑现工作。按照市政府有关制度规定，成立政策兑现领导小组，积极落实兑现财政扶持政策，年累计拨付财政扶持资金1794万元，惠及企业38户。认真落实工业项目专项扶持资金暂行办法，区财政局会同招商、建设、国土等部门对企业申请的工业项目扶持资金进行审核，全年兑现工业项目扶持资金183万元。

【以服务促进企业发展】一是组织区内企业申报安徽省特色产业中小企业发展资金。区财政局共组织区内五家符合要求的企业申报特殊产业中小企业发展资金。二是做好区内拟上市企业服务工作，分别与市财政局、光华光神公司、山河药用辅料公司、润成科技公司签订企业启动上市程序借款合同，并按合同约定拨付前期中介费用。三是做好小额贷公司的管理服务工作。

【涉农财政管理得到加强】按照省财政厅统一部署，在规定的时间内提前足额发放2009年农民种粮补贴资金10万元，完善补贴资金的专户管理及“一卡通”发放工作。汽车、摩托车下乡补贴兑付率达到100%；2010年开发区宫集村村级公益建设事业上级财政共计下达奖补资金指标7.3万元，区级财政奖补3.1万元，累计10.4万元。做好失地农民保障工作，建立失地农民保障体系，稳定投资环境。对农民的征地补偿金、拆迁安置费等款项采取通过农补“一卡通”打卡发放方式，由区财政局通过专户直接到农户，切实保障农民利益。发展营造和谐环境；完成农村“三资”清查工作。按照全市统一部署，区财政局协同区社会发展局完成了宫集村的集体资产清查工作。通过此次资产清查，摸清村里的资产、土地流转承包、公用事业建设及债权、债务情况，为进一步加强村级财务管理奠定基础。

（经济技术开发区财政局供稿　吴　波整理）

山南新区财政工作概述

2010年，山南新区财政局立足本职工作，创新工作方法，以保障建设资金为主线，努力规范资金管理，突出抓好重点项目的资金支出，不断提高资金使用效益。2010年，区财政总收入累计完成1.78亿元，财政支出1.65亿元。

【强化制度建设，提高预算管理水平】一是全面推行部门预算。努力实现财政管理科学化精细化，突出重点，创新方法，着力提升财政管理绩效，全面推行部门预算，进一步规范支出标准，提高财政工作的透明度，提高财政资金的使用效益。二是不断完善预算编制制度。按照综合全面的原则和建立“全口径”预算的要求，探索将所有预算内外收入、政府性基金、债务等收入及部门经费、综合经费、土地及项目支出全部纳入预算编制范围，提高支出科学性和规范性。三是逐步规范预算管理工作。建立与预算管理相适应的业务流程，明确预算编制的原则、程序及有关各方面的职责。落实与预算管理相一致的管理措施，建立预算控制制度，包括预算申请、拨款的报批程序，预算进度控制以及预算变更的审批等，对预算执行全过程实行动态管理，提高财政控管能力。

【落实征收程序，发挥财政职能】一是落实契税征收程序。结合山南新区实际情况，制定契税征收办法，进一步健全契税征收台账及税源档案管理，对土地权属转移进行统计并做好建档立卡工作。二是落实非税收入征管程序。建设性规费是新区建设的重要财源，为了确保各项规费的足额征收及规范管理，在新区规划、建设部门的配合下，制定了《山南新区建设项目规费缴纳工作程序》，推动非税收入增长。

【支持招商引资，增强收入潜力】一是积极落实投资优惠政策。制定新区建设性规费减免、产业扶持等工作程序，充分发挥税收优惠政策的调控作用。二是强化招商引资企业的税收管理与服务。山南新区招商引资企业已成为新区重要财源。

【强化资金调度，提高使用效益】 一是稳步推进基础设施建设。区财政局克服资金紧、任务重的困难，不断加大资金调度力度。二是全力推进土地报批征收工作。2010年是山南新区大开发、大建设的一年，一大批项目落地开工建设，土地报批、储备、征收任务重，资金需求巨大。财政局加大资金筹集力度，确保土地报批征收费用及时到位。三是规范项目资金管理，提高资金使用效益。努力做到资金投入与规范管理相结合、资金运行与项目规划相结合，进一步严格项目资金的审批程序，确保按合同、按进度、按程序拨付资金，保证重点项目建设的资金需求。

【加大融资力度，保证建设需求】 一是积极探索符合山南新区实际的多元化投融资模式，努力降低融资成本，较好地解决了各项建设的资金需求。二是积极支持投融资平台山南开发建设公司，广泛开展与政策性银行及商业银行的信用合作业务并根据工作需要，合理制定贷款资金的使用计划，加强和规范政府投融资平台管理。同时，制定切实可行的还款计划，确保按时偿还到期债务增强防御财政风险能力。

（山南新区财政局供稿　吴　波整理）

凤台县财政工作概述

2010年，凤台县财政工作以科学发展观为指导，财政管理科学化精细化水平全面提升，财政各项职能得到积极发挥。全县财政总收入完成302177万元，增长42.3%。其中：上划中央收入179229万元，增长60.4%；地方一般预算收入122948万元，增长22.3%。全县财政一般预算支出193431万元，增长14.4%。其中：县级一般预算支出181307万元，增长13.5%；乡镇级支出12124万元，增长29.3%。

【积极实施民生工程】 2010年，在实施省33项、市9项民生工程的基础上，凤台县又增加了7项。49项民生工程资金总投入4.11亿元，其中县本级需配套资金1.44亿元。一是加强组织领导，制定调整方案，确保民生工程有序开展。二是足额安排配套，规范财务管理，保障民生资金高效运行。三是加大宣传力度，营造良好氛围，提高民生政策知晓率和满意度。四是强力推进实施，严格监督检查，确保民生工程进度和质量。县政府和相关部门签订了《民生工程责任书》，积极开展督促检查。

【认真开展耕地占用税和契税的征收入库工作】 2010年契税、耕地占用税预算任务为1600万元，其中：契税700万元、耕地占用税900万元。2010年累计征收两税3106.73万元。其中：契税征收1542.67万元，征收契税滞纳金、罚款收入10.04万元；征收耕地占用税1554.02万元。“两税”累计解库2952.85万元，超额完成了年度预算任务。在政务中心窗口实行直接征收的方式，严格执行“两税”法规和制度规定，严把源头控管，依托计算机管理，建立规范的征收流程，加强部门配合，强化税收征管，优化纳税服务，提高“两税”征管水平，努力实现执法规范化、征管信息化、操作标准化。同时，大力宣传“两税”政策，为改善征收环境营造良好的氛围。

【实施农业综合开发项目】 凤台县2009年度农业综合开发在建项目2个，总投入1907.4万元，其中财政资金747万元，自筹1160.4万元。一是2009年度产业化经营项目总投资1071.4万元，在资金筹措上，采用申请财政扶持资金和企业自筹相结合的办法。根据国家农业综合开发产业化经营扶持政策的有关规定，申请财政补贴资金120万元，包括中央财政补贴资金80万元，地方财政资金40万元，企业自筹资金951.4万元。二是2009年度土地治理项目投入836万元，其中财政资金627万元（中央级418万元，省级167.2万元，市级25万元，县级16.8万元），自筹209万元。项目建成后，可年产优质粮食896.85万公斤（其中优质小麦356.25万公斤），农民人均增收达135元；同时辐射带动老项目区小麦、杂粮生产。

【加强非税收入征缴管理】 严格政府非税收入管理，编制部门预算报县人大会议批准后下达到各单位执行。严格票据管理，做到收缴分离，以票管收，使绝大部分收入直达汇缴结算专户，根据规定及时足额上解国库和财政专户，从而从源头上规范了政府非税收入管理。按照省财政厅工作部署，政府非税收入管理信息化建设已全面开通。全年政府非税收入完成52880万元，占预算的171%，增长8%，增收3900万元。

【涉农补贴资金发放和惠民直达工程工作情况良好】 全面落实农民种粮补贴、农机农资综合补贴等强农惠农政策，全年发放农民种粮补贴 1561 万元、粮食综合直补 7335 万元、水稻良种补贴 921 万元、退耕还林资金 355 万元、石油价格补贴 510 万元、农村低保资金 1400 万元、村干部补助 624 万元、五保户补贴 648 万元、农机农资综合补贴 14.4 万元。落实强农惠农政策，配合县农委加强对农民负担监督管理，开展经常性的涉农补贴政策落实情况的监督检查，确保惠农补贴资金及时足额到位。健全政策性农业保险制度，做好农业政策性保险的宣传、保费补贴资金的筹集、赔偿申报等工作，建立健全农业政策性保险工作制度框架，使农业保险工作有章可循有法可依，促进农业保险工作健康持续发展。认真做好财政补贴农民资金“一卡通”发放工作。全县惠民直达户数 151485 户，其中：农村 138957 户，城市 12528 户。

【积极开展村级公益事业“一事一议”工作】除城关镇外，全县 16 个乡镇（含开发区）、234 个行政村中有 169 个村申报了 246 个村级公益事业建设项目，批准实施的项目 242 个，其中农田水利设施项目 58 个、道路修建项目 159 个、植树造林项目 6 个、安全饮水项目 4 个、环卫设施项目 3 个、文化体育设施项目 9 个、其他项目 3 个。项目总投入资金 2416.7 万元，其中群众筹资 307.7 万元、村集体资金 359.6 万元、社会捐赠 31 万元、县级财政投入 698.4 万元、中央和省财政资金 1020 万元；群众筹劳 92.5 万个工日。

【强化社保基金（资金）管理】一是强化社保基金（资金）管理。做好基金（资金）专户专账核算业务，严把基金（资金）支出审核关，和地税、经办机构配合认真组织各种基金收入，确保基金收支平衡。二是继续强化再就业工作。学习再就业相关政策，灵活运用再就业资金促进再就业工作，和就业中心配合做好再就业资金支出审核工作。三是完善社保基础信息档案。准确及时掌握社保相关基础资料，进一步完善了社保信息库。已建立农村低保户、农村五保户、城镇低保户、优抚对象、享受养老金和失业金等人员信息库。四是全面实施新型农村养老保险试点工作。2010 年度县财政列支 1600 万元用于适龄参保人员补助，全县参保缴费 198392 人，享受养老金待遇 61093 人，征收基金 4514 万元，发放养老金 3478 万元，参保率达到 74.76%，发放率达到 85%。

【提升干部队伍素质】一是积极开展创先争优活动。切实把开展向沈浩同志学习活动作为一项政治任务，按照要求，积极开展创先争优活动。同时，结合工作实际，设计出有针对性的问卷调查表，就财政支出、民生工程、惠农政策、一事一议、农业开发、队伍建设等方面进行问卷调查，了解情况，找出问题。开展走访活动和公开承诺，接受群众监督，为财政改革发展注入持久动力。二是深入开展机关效能建设。按照创建“五型机关”（学习型、创新型、法治型、绩效型、和谐型）的总体要求，拓展效能建设活动载体，进一步推进“五型机关”建设。三是深入开展“学习提升年”活动。切实做到理论与实践相结合，业务与思想相结合，自学与培训相结合，规定动作与创新载体相结合，着力提高财政干部队伍整体素质。四是不断推进财政文化和信息建设。加强本系统财政文化和财政信息宣传工作建设，开展争创人民满意的基层财政所活动，营造清正廉洁、团结进取、与人为善的和谐氛围，促进财政事业科学发展。

（凤台县财政局供稿　吴　波整理）

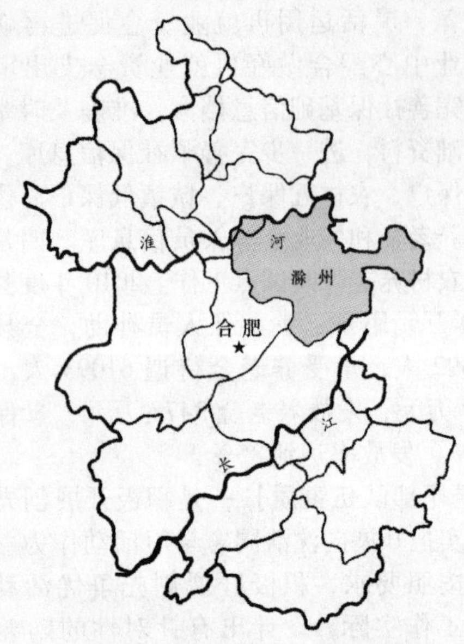

滁州市财政工作概况

滁州市财政工作综述

2010年，滁州市各级财政部门认真贯彻市委、市政府决策部署，紧紧围绕“双超”和“追宿迁、超千亿、进前列”的奋斗目标，突出科学理财、依法理财，充分发挥公共财政职能作用，在大力促进全市经济平稳较快发展的基础上，财政运行继续保持良好的发展势头，圆满完成了市四届人大三次会议批准的年度预算。

【“学习提升年”活动】 2010年以来，滁州市财政部门采取一系列行之有效的措施，把“学习提升年”活动与学习沈浩精神、创先争优活动有机结合起来，在加强干部队伍建设上花力气、下功夫，上下联动，取得了初步成效。一是滁州市财政局党组迅速召开专题会议进行传达贯彻，并成立了以周伟局长任组长的领导小组，同时确定局办公室为具体办事机构。为保证活动的有效开展，市局下发了文件，对活动提出了明确要求。二是在上半年对各县市区进行了调研。召开全市办公室主任会议，对“学习提升年”活动进行了总结，并对下半年工作进行再部署。还撰写学习论文近20篇，其中，上报省厅3篇。结合创先争优和“学习提升年”活动共出台修订日常管理、日常监督、行政执法等三个方面规章制度近10个。

【完成全年财政收支目标】 一是坚持组织收入工作不放松，加强对收入预算执行情况的分析和监控；二是增强组织收入工作的前瞻性和主动性，做到工作早部署、早行动、早落实，财政收入实现平稳较快增长；三是推进非税收入科学化精细化管理，提高非税收缴管理水平和非税收入质量；四是强化耕地占用税、契税征收。全市财政总收入完成904619万元，占年初目标的113%，占汇编预算的111.5%，增长32.4%。其中地方收入完成505281万元，占预算的118.9%，增长36.3%。地方收入中，税收收入完成393485万元，增长44.5%；非税收入完成111796万元，增长13.8%。

【民生工程】 2010年，民生工程工作谋划早、部署早、启动早，成效显著。全市民生工程坚持以人为本，坚持民生为重，不断扩大保障、覆盖范围，提升保障水平，突出责任意识、竞赛意识、群众满意三种意识，做到组织领导、责任落实、资金保障、项目管理、宣传咨询、督查考核六到位，形成领导挂帅部门合作的统筹协调机制、目标量化任务明确的责任落实机制、每月排名补缺补差的调度推进机制、严格纪律规范操作的项目管理机制、方法灵活定期开展的督促检查机制、统一管理足额保证的资金保障机制、公众参与社会监督的宣传引导机制、标准统一指标细化的考核激励机制，确保民生工程真正成为民心工程、惠民工程。全市实施33项民生工程，由16个部门实施，投入民生工程资金23.4亿元，其中市、县落实配套资金4.1亿元，惠及群众400多万人次。

【落实积极的财政政策】 全市各级财政部门认真落实国家宏观调控政策，灵活运用财政政策工具，助推经济稳定增长。着力加强政府投融资管理，积极发挥政府投融资平台作用，鼓励和引导社会投资。争取地方政府债券转贷资金2.97亿元，保障公益性项目地方配套，有力促进了全市基础设施建设和社会事业发展。认真落实税收优惠政策，取消、降低有关涉企收费，减轻企业负担。积极实施家电、汽车、摩托车下乡和汽车、家电以旧换新政策，有效拉动居民消费。办理出口退税5.7亿元，支持出口企业优化产品结构，促进外贸出口稳定增长。大力支持经济结构调整，加大对金融机构考核奖励力度，引导资金投放，促进中小企业和非公经济发展。争取战略性新兴产业发展引导资金和风险投资引导基金1亿元，加快培育和发展战略性新兴产业，加大创业创新型企业支持力度。支持推广应用新能源，加快推进循环经济发展和企业节能降耗工作。

【"大滁城"建设】全力参与"大滁城"建设和"五城联创"工作。自5月份开始，建立项目资金需求申报制度，填报项目资金收支情况汇总表，为市领导决策提供第一手资料。同时保证各项预算内资金及时拨付，使用间隙资金缓解资金的紧缺。

【家电汽车摩托车下乡和汽车以旧换新】2010年，市财政部门会同商务等相关部门继续开展政策宣传、销售网点培训建设，并强化监督检查，确保国家政策落实到位。全市1147个经批准的销售网点全部实现代垫直补，代垫直补率达到100%。全年共销售下乡产品375502台，实现销售金额87831.9万元，财政补贴的家电下乡产品380279台，财政补贴金额11142.05万元，当年销售补贴兑付率101.27%。根据家电下乡补贴信息系统统计，当年销售补贴率在全省排名第一名，超额完成年初目标任务。

【治理"小金库"】一是深入开展宣传发动。在《滁州日报》、电视新闻和政府网站宣传中央和省关于继续开展治理"小金库"工作的《通知》，公布举报电话、举报信箱。编写治理"小金库"工作简报将治理工作的部署、进展情况以及取得的成效向省治理"小金库"领导小组、市委、市政府进行汇报。二是充实调整市治理"小金库"工作领导机构。加强了对治理"小金库"的组织领导，落实了相关部门的工作责任。三是深入开展动员部署，做好自清自查工作。要求各地、各单位认真开展自清自查，各业务主管部门要切实抓好所属社团的清理检查工作，确保自查面达到100%。四是积极采取措施，确保自查不走过场。从纪检监察、财政、审计、民政部门抽调专人选择部分社会团体进行重点监察，由经信委牵头组织对国有及国有控股企业进行重点检查，成立督察组对各县市区进行督察。同时，围绕中心工作开展专项检查。不断扩大监督范围，拓展监督深度，提升监督能力，先后开展政法资金专项检查和会计信息质量检查。发现7户单位存在问题，涉及金额2448万元，查补税款15万元，收缴入库771万元。要求单位按照会计基础工作规范进行限期整改，并组织回访。

【农村"一事一议"财政奖补试点】2010年，滁州市以新农村建设总体规划为指导，将农村"一事一议"项目与新农村建设、村组道路、农村危房改造、农村饮水工程、农村环保、移民搬迁和村级文体活动场所建设结合起来，促进农村综合改革整体推进。全市申报项目2768个，审批项目2674个，受益农业人口340万人，占全市农业人口的95.3%。

【财政国库集中支付制度改革】一是进一步理顺预算内外资金和往来资金的工作流程，规范国库集中支付业务操作。截至12月底，市本级国库部门共操作市直预算单位用款计划10413笔，共计24.75亿元；支付19.18亿元，拒付各种不合理、不规范申请1572笔。二是强化监督检查，进一步推进完善县级会计集中核算向国库集中支付转轨。同时，巩固财税库银横向联网工作成果，加快税收入库时间，提高财政资金的安全系数。截至12月底，全市财税库银横向联网签约率和税款入库率都超过80%以上，处于全省中上游水平。

【支农资金整合】市财政局将推进支农资金整合列入重点工作进行调度。根据全市实际，经与市三农指挥部的充分协调和市政府会议通过，印发了《滁州市建设"百亿粮仓"发展现代农业专项资金使用管理暂行办法》，经过争取，全椒县和天长市被列为省财政支农资金自主整合试点县。

【城乡统筹发展】认真落实各项强农惠农政策，努力促进农业增产、农民增收、农村繁荣。全市财政当年财力安排用于"三农"方面的支出增长26.7%，促进了农业产业化、农业基础设施建设和现代农业生产发展。加大农业综合开发力度，争取土地治理项目和产业化经营项目投资9300万元，完成土地治理5.8万亩，积极推进明光滨河、南谯乌衣现代农业综合开发示范区建设。争取产粮（油）大县奖励资金20100多万元，拨付农业政策性保险保费补贴9400多万元。全市通过"一卡通"发放29项财政补贴农民资金14.8亿元，农民户均受益1560多元。全面开展了农村集体"三资"清理和委托代理服务工作，积极推进"阳光村务工程"建设。

【基层医药卫生体制综合改革】市财政部门坚持执行政策不走样、坚持分流人员不出乱、坚持保障工作不断档，全力推进基本公共卫生服务逐步均等化，按照时间节点提前完成了院长、主任竞聘，按要求完成了岗位设置等工作。自9月1日起，在基层医改机构全面实施药品零差率。对基层医疗机构实施国库统一收付，同时探索建立"稳定基数超支不补，超收自用"为财政经费保障办法。

【行政事业国有资产管理工作】一是完成了市直和全市的行政事业单位国有资产信息的汇总和上报工作；二是草拟了《滁州市市直行政事业单位国有资产配置管理暂行办法》和《滁州市市直行政事业单位国有资产处置管理暂行办法》，并经市政府38 次办公会议研究通过；三是开展了资产管理网上审批流程和业务功能的培训；四是结合预算编制工作，将 2011 年市直行政事业单位新增资产纳入部门预算的审核。

【金财工程建设】为提升财政信息化水平，统筹兼顾信息技术和财政业务，统一技术标准，在统一的数据库应用支撑平台基础上，以预算编制为核心，以预算执行为重点，以科学管理、科学决策为目标，构建起科学、规范的财政业务和行政管理信息系统，为科学理财提供技术支撑。截至 12 月底，已完成系统硬件的部署和基础信息配置，为 2011 年 1 月 1 日正式上线做好相关准备。

【文化体制改革】市财政部门积极参与文化体制改革，先后制定《滁州市市级文化事业发展专项资金管理暂行办法》和《滁州市艺术表演团体演出补贴暂行规定》等相关配套政策，确保市演艺公司和市广播电视台如期挂牌并规范运作。

【依法理财】市财政部门全力推进依法理财，促进财政干部严格依法理财和依法办事。一是自觉接受人大和社会各界对财政工作的监督；二是有序开展“五五”普法教育，并通过省厅的检查验收；三是认真开展规范性文件清理工作，对 2010 年前制定的 12 件有效的规范性文件，保留 7 件，废止 4 件，失效 1 件；四是主动做好政务公开工作，全年共在市政府信息公开平台发布信息 610 条，完成市政府下达任务的 169.4%；五是对各科室局（中心）行使的财政分配管理监督类、行政管理类、其他类等三类公共财政权力进行全面梳理，掌握关键环节和薄弱环节，绘制工作流程图，制定和完善相关的制度。

（滁州市财政局供稿　高宇执笔）

南谯区财政工作概述

2010 年，滁州市南谯区财政部门在区委、区政府的坚强领导下，坚持科学发展观，紧紧围绕“双超”和“追宿迁、超千亿、进前列”的奋斗目标，认真履行财政职能，坚持依法理财，努力增收节支，不断深化和推进财政改革，建立健全公共财政体制，较好地完成了各项财政工作任务，支持和促进了全区经济和社会事业的和谐发展。全区财政运行态势良好，圆满地完成了区四届人大五次会议批准的年度预算。

【改进征管方式，加大征管力度，财政收入再上新台阶】财税部门密切配合，进一步改进征管方式，完善税源控管机制，强化增值税、营业税和企业所得税等主体税种监控，组织召开收入分析调度会，及时掌握税源动态，了解重点税源企业的税收入库、生产销售以及市场行情。征管部门进一步完善征管措施，加大征管力度，从严治税，应收尽收，杜绝“跑冒滴漏”，不断加大税务稽查、纳税评估力度，全年查补各项税款 2000 万元以上。进一步加大个体零散和地方小税种的征管。财政收入实现 4.59 亿元，较年初预算超收 0.63 亿元，较“十一五”规划目标增长 53%，增收 1.59 亿元。收入质量进一步提高，税收收入比重大幅提升，由上年占财政收入 85.2% 提高到 93.2%，提高 8 个百分点。

【深化财政改革，加强支出绩效管理，提高财政保障水平】进一步深化部门预算改革。实行重大项目预算单列的预算编制办法，对经费实行分类管理、专账核算、专户存储，成效明显，资金使用更加规范、项目实施更加具体、预算安排更加公正、公平和公开。财政保障水平有效提高，单位运转状况显著改善，预算执行效率大大增强。稳步推进政法经费保障机制改革，切实提高政法经费保障水平。全年共计安排 770 万元用于政法经费保障，加大对政法部门装备、办案业务费等项目投入，做好装备接收、发放和资产登记入账。政法部门保障水平大幅提高，办案能力显著增强，维护了全区的和谐安定。不断加大对教育的投入，切实保障中小学教师待遇水平，进一步提高住房公积金标准。坚持以人为本，当年新增安排资金 487 万元用于提高住房公积金标准，中小学教师福利待遇水平进一步提高，教师队伍更加稳定。积极开展基层医药卫生体制改革，科学测算收支基数，实行“收支两条线”；实施国库集中支付，及时预拨资金，保障改革顺利实施。

【强化调度，加强协调，民生工程强力推进】做到民生工程各主管部门工作齐头并进，整体推进。认真落实民生工程配套资金，及时拨付民生工程资金，全年共拨付民生工程资金 14653 万元，其中区级配套 2398 万元。进一步加强工程督察，倒排时间工期，切实把民生工程这项关乎民情、牵动民心、惠及民生的德政工程抓实、抓好、抓出成效，让更多的群众从中得到实惠。通过建立民生工程推进长效机制，民生工程推进效率大幅提高。一是早谋划，早实施。认真做好项目谋划申报工作，建立项目科学实施机制，不断加大工作力度，及时发放各项补助资金，加快民生工程实施进度，在 11 月底完成了各项民生工程。二是重点保障，建立资金筹措机制。积极调整支出结构，努力将新增财力向民生工程倾斜，不折不扣落实民生工程资金，区级配套资金全额纳入财政预算，确保区财政配套资金足额及时到位。三是强化督查，建立快速推进机制。通过将监督检查工作与加强民生工程日常性管理相结合，组织开展民生工程大走访和“回头看”等活动，进一步强化督查，确保民生工程进度和质量。四是完善制度，建立目标考核机制。制定下发了《南谯区 2010 年度区直单位民生工程考核办法》和《南谯区 2010 年度镇（办）民生工程考核办法》，将民生工程实施情况纳入区直部门和镇办效能管理综合考核，确保各项惠民政策措施落到实处。

【加大“三农”投入，落实惠农政策，改善农村生产生活条件】全年投向三农资金达到 12860 万元，较上年增加 5044 万元，占财政总支出的 19.5%。一是积极推进惠民直达工程，实行管理“一体化”、平台“一网连”、审核“一线实”、发放“一卡通”、服务“一站办”的“惠民直达工程”试点，着力构建完整的政策和资金落实的保障体系，进一步扩大“一卡通”发放范围，全年发放涉农补贴资金 9625 万元。二是进一步加大农业综合开发力度，当年完成土地治理项目和产业化经营项目投入 1031 万元，乌衣现代农业综合开发示范区被批准为省级示范区，预计项目三年投入财政资金 1 亿元，首批 2480 万元已经下达，农业产业化合作社项目连续三年获得中央财政资金扶持。三是水利投入不断加大。进一步加大资金争取力度，全年争取上级水利资金 1723 万元，区级安排 930 万元用于全区水利兴修和病险水库除险加固。四是进一步加快农村基础设施建设。结合民生工程实施了农村饮水安全工程，解决了 3 万人的饮水安全问题，完成农村公路“村村通”工程 17 个，完工 45 公里。

【强化职能作用，严格财经秩序，推进科学化精细化管理】一是严格控制一般性支出，实行“零增长”。厉行节约，压缩并降低行政成本，从严控制一般性支出预算的追加，严格公务用车、公务接待、因公出国（境）、会议费等经费安排，进一步增强节俭意识、巩固厉行节约工作成果。二是建立合理的财政投入机制，不断提高经费保障水平。强化经费保障工作，加强部门预算执行管理，研究解决预算执行中出现的新情况、新问题，切实保障机关正常运转。三是加强和规范政府融资平台公司管理，清理核实融资平台公司债务，着力防范财政金融风险。四是强化财政监督管理，深入开展“小金库”专项治理，联合监察、审计及相关主管部门开展对“小金库”的重点检查工作，查处和纠正了部分单位财务收支违规违纪行为，规范会计核算管理，保证了政府性资金的安全。五是加强非税收入管理，组织开展非税票据专项检查，强化“以票核收”工作。六是结合省厅开展的“学习提升年”活动，切实提高财政干部的“五个提升”，修订和完善局机关工作管理制度，使管理工作制度化、科学化。

（南谯区财政局供稿　高宇整理）

琅琊区财政工作概述

2010 年，琅琊区财政部门恪尽职守，创新争先，狠抓实干，大力组织财政收入，科学安排财政支出，持续深化财政改革，切实强化财政监管，圆满完成了年度财政收支预算任务和既定奋斗目标。2010 年，全区完成财政收入 51331 万元，占预算的 110.4%，增长 36.8%。其中，地方一般预算收入完成 31273 万元，占预算的 117.6%，增长 44.6%；上划中央收入完成 18660 万元，占预算的 99.9%，增长 25%。全区完成一般预算支出 50177 万元，占预算的 111.1%，较上年增支 17184 万元，较上年增长 52.1%。

【依法强化征管，促进收入稳步增长】一是强化税收征收计划协调与落实。财政部门积极主动与国、地税部门加强沟通和协调，及时分解落实年度收入预算目标任务；努力克服区划调整影响，进一步提高税收征管质量和效率。二是继续加强税源监控。强化日常征管，适时开展纳税评估和税务稽查，加大征收力度，清理往年欠税，保证税收增长与经济增长相协调。三是进一步健全财税机制。与征收部门协作，完善个体私营零散税收委托代征服务机构，共同搭建协税护税网络。四是继续加强非税收入征管。扎实推进非税收入信息系统建设，持续加强国有资产有偿使用收入征管，切实强化“收支两条线”管理。2010年财政收入连续跨越4亿元、5亿元两个台阶。

【发挥财政职能，服务经济平稳发展】充分发挥财政职能，积极落实各项扶持经济发展政策，努力培植财源。认真落实增值税转型、再生资源增值税退税及其他税费减免政策，切实减轻企业负担。办理出口退税（免抵调）5214万元，支持外向型企业优化产品结构，提升出口竞争力。帮助中小企业融资8320万元，支持扶优做强政策。支持招商引资，安排资金2545万元，及时兑现招商引资优惠政策，优化投资环境。多方筹集资金3940万元，支持琅琊新区和经济开发区建设，快速承接产业转移。积极争取中央预算内投资1010万元，建设粮油仓储设施项目和基层卫生服务项目。落实专项资金500万元，支持工业强区战略，加大节能减排力度，促进经济发展方式转变。促进商贸流通业发展，大力实施“四下乡、两换新”，实现销售2.96亿元；优化补贴流程，完成106700台（辆）补贴任务，兑付补贴资金2820万元，切实落实中央促消费、扩内需政策。

【优化支出结构，提升财政保障能力】一是基本支出保障充分。认真执行部门预算，人员经费和公用经费保障全面落实，及时兑现公务员和离退休人员津补贴增资；安排资金90多万元，社区工作人员增资按月发放，社会保险缴费补助政策落实到位。二是重点支出保障到位。全年完成教育支出17176万元，增长156.4%。完成农业方面支出1872万元，增长20.9%。科技投入完成573万元，增长61.4%。医疗卫生支出完成4222万元，增长38.4%。完成人口与计生支出717万元，增长26.2%。社会保障体系进一步完善，完成各项社会保障支出（专户支出数）17374万元，增支794万元，增长5%。三是对社会事业发展支持力度加大。完成公共安全支出1533万元，支持政法经费保障机制改革，改善检法司部门执法办案条件和公安、消防部门处警条件。安排专项资金73万元，用于社区工作经费补助，努力改善基层工作条件。

【坚持以人为本，推进民生工程建设】2010年，全区民生工程累计投入6114万元，增长118%，其中区财政配套1218万元，增长118.2%。认真落实农村低保扩面提标政策，保障对象达3153人；落实农村五保户集中供养2600元和分散供养2280元的年供养标准，167名农村“五保”对象实现安享晚年；及时兑现水库移民后期扶持政策，直补政策惠及4797人；全面落实廉租住房保障扩面提标政策，保障对象达1718户，惠及4570人；重度残疾人生活救助扎实开展，惠及弱势群体对象1215人；城乡医疗救助水平不断提高，救助对象923人；城镇未参保集体企业退休人员基本生活保障，计划生育奖励扶助制度、提高妇女儿童健康水平、政策性农业保险等政策都得到了较好落实。继续全部免除义务教育阶段学生学杂费，市、区31112个教育家庭受惠；扎实开展农业专业技术培训，农民生产技能进一步增强；对200名农民工进行技能培训。新型农村合作医疗制度不断完善，农民参合率提高3.1个百分点；城镇居民基本医疗保险完成参保人数10.8万人，超额完成年度目标任务。

【创新理财机制，深化财政管理改革】进一步深化部门预算改革，预算编制透明度和预算管理规范性增强，预算执行率逐步提升。会计集中核算向国库集中支付转轨全面完成，财政资金动态监控体系初步建立。继续加强非税收入信息系统建设，“收支两条线”管理进一步规范。政府采购范围和规模逐步扩大，当年完成政府采购总金额913万元，资金节约率达8.1%。继续加强对街道财政的指导，发挥街道财政职能，完善协税护税网络，推进个体零散税收委托代征。财政补贴农民资金管理和支付方式改革深入推进，全年通过“一卡通”发放涉农补贴资金873万元。农村综合改革和村级公益事业“一事一议”财政奖补工作深入实施，农民负担持续减轻。

【强化依法理财，提升服务发展效能】深入学习沈浩精神，积极开展“创先争优”活动，不断提高服务跨越发展能力。认真贯彻《预算法》和《安徽省预算审查监督条例》等法律法规，自觉接受人大监督和审计及社会各界的监督。积极履行财政监督职能，扎实开展“小金库”检查，认真组织民生工程等财政资金使用重点检查和非税收入专项检查。加强行政事业单位国有资产管理，明确监管职责，防止资产流失。重视会计基础工作和会计人员继续教育，不断提高会计工作质量。认真落实“一岗双责”，牢固树立“三个三”工作理念，扎实做好招商引资工作。深入开展“学习提升年”和文明创建活动，积极争创省文明单位。

（琅琊区财政局供稿　高宇整理）

天长市财政工作概述

2010 年，天长市财政部门在市委、市政府的正确领导和省财政厅的大力支持下，牢牢把握发展机遇，围绕“三年倍增、五年翻两番，实现天长历史新跨越”和全市“三大工程建设”总体发展目标，狠抓收入征管，优化支出结构，深化财政改革，强化财政监督，圆满完成了全市国民经济“十一五”规划确定的财政目标，地方财力有了较大增长，为经济和社会各项事业发展提供有力的财力保障。全年累计完成财政收入 155004 万元，完成年度预算的 101.3%，增长 26.6%。其中：地方一般预算收入完成 91764 万元，完成年度预算的 108.9%，增长 37.6%，上划中央收入完成 63240 万元，完成年度预算的 92%，增长 13.4%。完成财政支出 181588 万元，完成年度预算的 124.2%，增长 16.4%。

【积极实施民生工程】 一是配合有关部门制定实施方案，出台相关制度或办法；二是按照省政府、滁州市政府的有关规定，测算、筹集好地方应承担的配套资金；三是进一步加大资金管理力度，严格审核审批程序，进一步准确核实保障对象，保障资金发放到位；四是做好监督检查工作，充分发挥财政监督职能，建立项目资金使用管理的跟踪问效制度，对惠民政策落实的全过程加强监管，发现问题，及时督促整改，确保社保工作顺利开展；五是继续做好民生工程的业务牵头工作。配合民生工程协调小组成员单位做好全市三十三项民生工程配套资金的测算与筹集工作，按时做好各类报表、信息及相关资料收集、整理、审核、报送工作，积极开展民生工程三年“回头看”活动，带动民生工程各责任单位积极策划、筹备开展民生工程大型宣传活动，积极配合效能办加大对各部门的民生工作的监督和落实等。六是积极配合医改办做好全市基层医疗卫生体制综合改革试点工作。协助卫生部门对基层医疗卫生机构开展专项核查，摸清家底；完善制度，规范实施，牵头制定了《天长市基层医疗卫生机构国库集中收付管理暂行办法》，将基层医疗卫生机构的收支纳入县级国库支付中心统一核算，并切实加强基层医疗卫生机构的收支监管；制定补偿办法，核定收支，完成经费测算工作；确保基层医疗机构正常运转，积极探索建立基层医疗机构财政补偿包干体系。

【做好家电、汽车摩托车下乡及汽车以旧换新补贴资金发放】 全年共兑付家电下乡产品 72536 台（部），累计发放补贴资金 2259 万元；兑付汽车摩托车下乡产品 3855 辆，发放补贴资金 1131 万元；汽车以旧换新 185 辆，发放补贴 31.5 万元；家电以旧换新 2038 台，发放补贴 60 万元。全面简化补贴审核兑付程序，取消镇（街道）财政所审核、市财政局兑付环节，实行销售网点代办申领、镇（街道）财政所审核确认并兑付；全市 15 个镇（街道）190 个销售网点全部实行网点代垫直补兑付，由各镇（街道）财政所在本镇（街道）金融机构开设“家电下乡补贴专户”，有效缩短资金兑付时间，提高兑付效率。

【加强乡镇财政建设】 首先是合理编制各镇（街道）财政预算、决算报表编制工作。其次是积极组织收入，合理安排支出。2010 年，全市镇财政收入累计完成 63019.6 万元，占全市财政收入的比重为 40.65%，比上年同期增长 12.8%。第三是开展票据检查，切实加强镇（街道）票据管理。第四是进一步加强乡镇财政建设，切实改善乡镇财政所办公条件，将石梁、张铺、新街、仁和、金集 5 个镇财政所列为 2009－2010 年省财政厅重点支持建设独立办公用房的财政所，金集镇财政所办公用房已全部建成并启用，其他四镇财政所基本竣工。

【认真做好农业综合开发工作】 一是全面完成世行加灌三期项目建设任务，通过省级验收，配合省审计厅完成对世行加灌三期项目的审计工作。二是抓紧 2009 年度项目的建设与督促检查工作，基本完成项目建设的主要任务，共改造中低产田 0.93 万亩，完成财政投资额约 450 为万元。三是积极做好 2010 年度项目的规划和建设工作，根据省农发局统一安排，在 2010 年项目可行性研究报告的基础上，与水利部门一起，编制了 2010 土地治理项目的初步设计，在获得滁州市农发办批复后，及时进行了招投标并开式建设，同时做好产业化贴息项目和合作社项目的申报工作。四是依法管理项目资金，确保项目资金安全。

【开展“学习提升年”活动】 紧紧围绕财政工

作实际，以科学发展观为统领，大力加强全体财政干部政治思想建设、财政业务建设、作风建设、制度建设、文化建设和反腐倡廉建设，全面促进“五个提升”，提升财政干部综合素质、提升股室整体合力、提升财政文化品位、提升股室和谐氛围、提升财政干部党性修养，为服务天长经济，加速实现天长历史新跨越提供强力支撑。一是成立学习提升年活动领导小组，具体负责学习的计划、组织、安排、实施工作。二是制定了机关学习制度和学习实施方案。三是深入学习沈浩精神。四是打造财政文化，丰富文明创建载体。五是积极鼓励财政干部学习业务。六是在财政系统内积极开展“创先争优”活动。

（天长市财政局供稿　高宇整理）

来安县财政工作概述

2010 年，在县委、县政府的正确领导下，在县人大、政协的监督支持下，来安县财政部门紧紧围绕县十五届人大五次会议决议精神，全面落实各项财政政策，把提升实力、促进发展、关注民生、创新机制作为财政工作的重中之重，大力组织财政收入，不断优化支出结构，在经济持续增长的有力推动下，较好地完成了全年预算，支持了全县经济和社会事业的进一步发展。全县累计完成财政收入 63606 万元，占年初预算 112.6%，增长 35.1%。其中：地方一般预算收入 38784 万元，占年初预算 116.1%，增长 35.8%；上划中央级收入 24822 万元，占年初预算 107.5%，增长 34.1%。全县累计完成一般预算支出 11.76 亿元，占年初预算 161.9%，24.8%。

【增强财政保障能力】在预算支出安排和执行过程中，始终坚持过紧日子的思想，硬化预算约束，严格控制一般性支出，集中财力保重点、保稳定。根据“存量适度调整，增量重点倾斜”的原则，加大农业、教育、科技、卫生等重点支出的投入，全县农业、教科文、卫生、社会保障类支出分别较上年增长 18.3%、5.7%、71%、6.7%。安排资金 150 多万元，提高全县干部职工的医疗保险缴费基数；筹措资金 1360 多万元，按政策调整全县干部职工及离退休人员津贴补贴标准；一次性拨付资金 296 万元，用于保障非财政供给离休干部及时报销医药费；提高了优抚对象、城乡低保、农村五保户、义务兵优待等低收入群体的补助标准；在保障基本支出，发展社会事业的同时，县财政多方筹措资金支持园区建设、城市建设、招商引资，财政保障能力不断提高。

【全力支持跨越发展】确保重点项目资金需求，全力抓好资金调度工作，先后从省财政超调资金 3000 万元，从县财政国库间隙资金调度 7000 多万元，县级财政安排资金 2.45 亿元，用于支持重点项目建设；争取省转贷地方政府债券资金 4800 万元，用于中央投资项目地方配套；积极搭建融资平台，通过信用担保公司为中小企业融资 1950 多万元，有力地解决了部分企业发展中资金不足的困难；协调建立银企合作的长效机制，进一步推进企业贷款流程再造，简化中小企业融资流程，鼓励和引导金融机构增加对企业信贷投放；设立促进工业企业经济发展专项资金，用于企业技术创新和融资贴息补助；帮助企业积极申请国家政策性专项资金 2582 万元。通过采取一系列行之有效的措施，“两区”企业入库税收较 2009 年增长近一倍，县域经济发展速度和效益明显提升。

【落实惠民长效机制】紧抓各项民生工程不放松，精心制定方案，建立健全制度；完善工作机制，保障顺利推进；加强协调调度，落实工作职责；广泛宣传发动，争取各界支持；主动公开信息，接受社会监督；开展“会战攻坚”，全面提速提效。全年共筹集到位民生工程资金 2.27 亿元，其中县财政安排配套资金 4380 万元。当年民生工程目标任务已全面完成，在逐步解决群众“生活难、上学难、看病难、饮水难、出行难、住房难”等实际问题方面，取得了显著成效。

【加快城乡统筹发展】紧紧围绕惠民补贴管理“五个一”的工作内容，强力推进各项强农惠农政策的有效落实。精心组织，构建领导体制“一体化”、资金发放“一卡通”、为民服务“一站办”、信息采集“一线实”、资源共享“一网联”，全年通过“一卡通”发放 20 项惠民补贴资金 1.8 亿元，人均 453 元，实现了规范化管理，杜绝了违规行为，提高了为民服务水平；按照“六制”管理的要求，切实抓好村级公益事业“一事一议”财政奖补工作，全县 12 个乡镇共申报一事一议项目 279 个，总金额 1392 万元，受益人数达 33.8 万人；精心筹划，全面开展家电下乡、家电以旧换新工作，累计发放补贴资金 2942 万元，兑现率一直处于全市前列；按照省政府“一主三辅五配套两意见”精神，全面启动基层医药卫生体制综合改革，乡镇卫生院全部实行药品零差价销售，建立科学合理的财政补偿机制，促进了卫生院公益性的回归，有效解决了广大群众看病贵的问题。

【不断提升理财能力】2010 年，来安县财政部门进一步深化和推进公共财政支出改革，不断提升理财能力。深化部门预算改革，全县所有行政事业单位和乡镇财政所通过 E 财软件细化预算编制；进一步扩大国库集中支付范围，健全财政国库动态监控体系；坚持公开透明、公平竞争、公正诚信原则，拓展政府采购范围，政府采购规模过亿元，资金节约率达 12.2%；加强乡镇财政管理，推进和完善“乡财县管”、“村财乡管”、“小金库”治理工作，创新监督手段；通过资产管理信息系统，对全县 186 个行政事业单位国有资产进行核查登记；深入推进非税收入管理改革，实现了非税收入的稳定增长，增强了政府资金调控能力；加强对财会人员的培训和管理，提升了财务人员的业务水平和依法理财能力。

（来安县财政局供稿　高宇整理）

定远县财政工作概述

2010 年，定远县财政部门坚持科学发展为统领，坚决贯彻县委、县政府的决策部署，认真落实积极的财政政策，主动作为，服务大局，攻坚克难，扎实工作，不断强化财政职能，确保了全县财政稳健的发展势头，超额完成了县十四届人大五次会议批准的年度预算。

【攻坚克难，确保财政收入稳定增长】面对复杂多变的宏观经济环境，认真分析财政工作形势，努力克服政策性减收因素的困难，采取抓重点税源监管，抓重点行业的税收稽查，抓非税收入管理等有效手段不断挖掘增收潜力，实现了财政收入的稳定增长。全县财政收入实现 5.11 亿元，较上年净增 1.21 亿元，财政收入增幅 30.9%，较上年提高 6.6 个百分点，收入质量进一步提高，地方收入占财政总收入比重达 76%，较上年提高 2 个百分点，税收收入占财政总收入比重达 82%，较上年提高了 4.4 个百分点，非税收入占财政总收入 18%，较上年下降 4.4 个百分点。

【全力以赴，促进经济平稳较快发展】认真落实国家宏观调控政策，灵活运用财政政策工具，加大跑省争资力度，全年到位中央和省级转移支付 13 亿元，争取政府转贷资金 0.36 亿元。发挥政府融资平台作用，全年融资 2.77 亿元，鼓励和引导社会投资，有效地弥补了财力缺口。全面落实促进就业、中小企业发展等奖扶政策，全力支持招商引资，对中盐配送公司、泉盛公司、九州粮贸、大全米业等企业实行贷款贴息、补贴等一系列扶持政策，共兑现扶持资金 3200 万元。积极实施家电、汽车、摩托车下乡和汽车、家电以旧换新政策，全年兑付补贴资金 3356 万元。大力支持经济结构调整，加大对金融机构考核奖励力度，全年兑现奖励资金 249 万元。加大担保机构和小贷公司建设，全年审批担保机构 6 个，小贷公司 5 个，村镇银行 1 个。发放贷款 3550 万元。为下岗失业人员提供小额担保贷款，帮助 146 名下岗失业人员实现自主创业，全年共发放小额贷款 710 万元。克服财力不足和资金调度困难，积极向上争取，多方筹措资金，保证重点建设项目急需资金，全力安排新区建设、重点工程、工业园区、盐化工业园、招商引资、城市基础设施建设等支出 7.47 亿元，安排土地置换资金 3.1 亿元，促进城镇化发展。

【合理调度，保障民生取得新突破】坚持以人为本，民生为重，财力分配向基层、向民生、向弱势群体、向公共需求倾斜的方针，积极调整支出结构，落实配套资金，发挥民生办的牵头作用，建立和完善统筹协调、责任落实、调度推进、管理督查、宣传引导、考核激励的工作机制，组织开展了民生工程大走访、大宣传和“回头看”活动，促进和谐的民生保障机制逐步形成。36 项民生工程总投入资金 5.1 亿元，其中：中央、省配套 4.2 亿元，市级配套 778 万元，县级配套 8180 万元，资金到位率、完工率均 100%。新建扩建五座乡镇敬老院，农村五保集中供养率达 40% 以上。建设 26 个水库移民后期扶持项目，新建农村沼气 1000 口，37500 平方米廉租房等工程已全部完工并投入使用。全年打卡发放各类补助资金 1.9 亿元，完成新型农民工培训 7590 人，技能型农民工培训 2513 人，落实义务教育保障经费 5835 万元，寄宿生生活补助 94 万元和中职学校困难学生资金 721 万元，新农合参保率达 95%，城镇居民医保任务全面完成，新建 3 个乡镇卫生院、2 个社区卫生服务中心和 98 个村卫生室。建设 112 个自然村农村广播电视“村村通”、5

个乡镇综合文化站、30 个“农家书屋”和 15 个农民体育健身工程全部投入使用。

【强农惠农，城乡统筹协调发展】全面落实强农惠农政策，全年“三农”投入 10.5 亿元，增长 30%。通过“一卡通”发放各项财政涉农补贴 3.34 亿元。积极扶持农业产业化发展和现代农业发展，投入资金 7640 万元。加大农业综合开发力度，投入资金 1210 万元，改造中低产田 6700 亩。大力支持农村交通、水利等重大基础设施建设，解决 29 万农村人口饮水安全问题。大力推进村级公益事业建设“一事一议”财政奖补试点工作，全年共审批项目 529 个，筹集资金 3980 万元。扎实推进农村综合改革，在财力上支持农村土地流转、水利工程管理体制，集体林权制度等改革。

【创新机制，财政改革稳步推进】一是积极推行部门预算，建立和完善部门预算编制管理制度，全面掌握部门、机构、人员、车辆、资产等信息，设立项目管理数据库，严控基本支出标准，强化项目预算管理。二是完善国库集中支付制度，建立健全事前、事中、事后一体化预算执行动态监控机制。三是加强乡财县管工作，强化乡镇财务人员业务培训，全年开展业务培训 15 期，累计培训 460 人次。加强乡镇财政所“双基”建设，完成省厅下达的七个财政所建设任务。四是加强国有资产管理。成立国有资产管理股，对全县国有资产进行动态管理。五是加强项目投资评审，不断强化基本建设财务管理，加大投资项目预算控价审核，全年完成重点项目审核 2.2 亿元，审减率 8%。六是开展财政绩效考评试点工作，出台了《定远县预算支出绩效考评试点工作实施方案》等规章制度，最大限度发挥资金效益。

【强化监督，提升科学化精细化管理水平】一是将科学化精细化管理与加强预算管理相结合。强化预算编制管理，规范编制程序，细化编制内容、探索编制社会保险等基金预算，完善政府预算体系；强化预算执行管理，依法加强税收收入征管，规范非税收入管理，提高收入质量；加强支出管理，认真落实中央厉行节约八项要求，提高资金使用效益。二是将科学化精细化管理与强化财政监督相结合。今年以来，财政创新监督机制，扩大财政监督检查面，突出重点，关注热点，重点对民生资金、项目资金和专项资金监督检查，紧密围绕财政收入监督、支出监督、会计监督和内部监督“四条主线”积极开展工作，对全县 56 个单位的 33 个项目开展了重点监督检查，深入开展“小金库”专项治理和强农惠农资金专项检查。三是将科学化精细化管理与加强财政基础工作相结合。第一编制动态的财政供给人员数据库，动态掌握相关基础数据。第二，就全县财源财力、非税收入等开展调研分析。第三，推进项目库建设，提高县项目申报成功率。第四，加强会计核算中心在资金结算、会计核算中的管理职能，规范会计单位支出行为。第五，加快财政信息化建设，稳步实施财税库银税收收入电子缴费横向联系，推进平台一体化建设。第六，深入开展“学习提升年”活动，以“科学理财创先进，学习沈浩争先锋”为主题，开展创先争优活动，积极培育财政文化，全面提升队伍素质。

（定远县财政局供稿　高宇整理）

明光市财政工作概述

2010 年，面对后金融危机时代的影响，明光市财政部门在市委、市政府的坚强领导下，在市人大常委会的支持监督下，认真贯彻中央、省、滁州市的各项决策部署以及市十四届人大第五次会议有关决议，沉着应对经济环境变化带来的不利影响，努力增加投入，培植财源，千方百计抓收入，优化结构控支出，创新机制强管理，着力推进财政科学化精细化管理，更加注重保障和改善民生，确保完成年初预定的各项财政收支目标任务，较好地完成了市十四届人大第五次会议确定的财政工作目标任务，为全市经济社会事业协调发展提供了有力的保障。

【狠抓财政收支管理，财政保障能力实现新跨越】一是抓好征收管理，做大财政收入蛋糕。强化收入意识，加强组织协调，积极与税务、国库等部门沟通、协作，强化税收征管，确保应收尽收，从 7 月份起全市财政收入呈现逐月稳步较快增长态势，月均入库 4400 万元以上，全年财政收入首次突破 5 亿元，增幅在滁州 6 个县市中位居第一，总量位居第五。收入质量进一步提高，税收收入占财政收入的比重由 2009 年的 81.3% 提高到 2010 年的 88%，财政实力跃上新台阶。二是采取有效措施，加快财政支出进度。及时对预算支出及结余结转情况进行全面分析，切实加快财政支出进度。逐月对进度情况进行跟踪，对进度慢的单位及时沟通，督促其加快支出进度。

【加强支出管理，保障重点支出】进一步调整和优化支出结构，努力强化预算约束，压缩一般支出，将更多资金向教育、医疗卫生、科学文化、社会保障就业、三农等关系民生的重点领域倾斜。一是保障个人工资及时发放，及时兑现调整后的公务员阳光工资、义务教育绩效工资。二是严格按照新增中央投资项目“三个百分之百”考核目标的要求，精心谋划、统筹安排，采取多种形式筹集资金，落实地方配套，确保扩大内需项目的资金需求，为项目建设提供坚实的财力保障。三是及时调整财政支出结构，在年度预算编制中优先将民生工程市本级配套资金足额安排到位，保障廉租住房、农村“村村通”道路、农村饮水安全等各项民生工程的顺利实施。四是各项重点支出进一步增加，保证社会各项事业的稳步发展。同时，采取提前预拨资金、整合财政专项资金、统筹预算内外资金、争取地方政府债券资金等措施，重点向明光职高迁建、东部社会服务区路网工程、工业园区路网、垃圾处理场及廉租房等基础设施建设和重大项目倾斜。

【建立健全推进机制，民生工程实施实现新突破】2010 年，明光市坚持将民生工程作为社会建设的主要抓手，精心组织，稳步推进。明光市财政部门切实把民生工程作为健全公共财政职能、推进公共服务均等化的重要平台，不断建立完善协调推进机制，严格各项督查考核和跟踪问效，积极落实各项配套资金，认真组织各类宣传活动，努力提升群众知晓度和满意度，各项民生政策得以有效落实。全市用于 36 项民生工程的资金达 25631 万元，其中市本级足额安排配套资金 4858 万元。

【增加农业农村投入，城乡统筹实现新发展】一是大力支持扩权强镇试点工作。重点支持省级扩权强镇试点乡镇—女山湖镇及市本级涧溪、苏巷镇的小城镇奖励和以奖代补资金；将土地出让净收益全额返还，用于试点镇基础设施建设。二是全力推进新农村建设。安排新农村建设示范村项目 15 个，其中石坝镇石坝村等 6 个示范村建设项目已完工。三是“一事一议”财政奖补工作顺利推进。完成 404 个农村公益事业“一事一议”财政奖补项目，支出项目奖补资金 1027 万元。全年通过“一卡通”发放 18 项涉农补贴资金达 17283 万元。四是现代农业示范区和农业综合开发工作稳步推进。2009 年农业综合开发“一条龙”试点甜叶菊基地项目各项措施累计完成投资 827.1 万元，明东街道中低产田改造项目各措施累计完成投资 639.8 万元，安徽永言斑点叉尾鮰出口养殖基地项目完成投资 365.4 万元，年产 1000 吨“RA60”甜菊糖甙项目完成投资 1195 万元。五是全力支持建设用地置换工作。积极调度资金，全年用于建设用地置换资金达 22780 万元，土地置换工作顺利推进。六是扎实做好家电汽车下乡工作。全市备案销售网点 148 家，累计销售家电下乡产品 60744 台（部），销售金额 14622.56 万元，财政补贴金额 1832.12 万元；汽车摩托车下乡补贴数量 6841 辆，补贴资金 964.64 万元；汽车以旧换新 179 辆，补贴资金 294.2 万元。全市家电下乡代垫直补率达 100%，产品补贴兑付率 100%。

【坚持体制机制创新，财政改革得到新推进】一是深化预算改革，提高预算编制水平。认真研究确定了 2011 年预算编制政策，在对财力进行全面测算的基础上，根据 2011 年可用财力的初步预算和重点工程资金需求，进一步加大全口径预算管理力度，将省补助专款纳入预算编制中，不断提高预算编制的完整性。二是完善国库管理，全市 195 个单位全部实行国库集中支付。同时，进一步完善内部监督和制约机制，规范了资金审拨程序，加强对部门预算执行情况的监督，严格按照时间进度审核人员经费和公用经费用款计划，各程序、环节、岗位以及各部门、各单位之间已理顺畅达，实现了平稳有序运行。1－12 月份共完成国库直接支付 6962 笔，金额 16985.6 万元。三是继续扩大试点，提高财政支出效益。以民生工程、扩内需等项目为重点，选择 14 个项目进行绩效考评试点。财政支出的安全性、有效性进一步提高。四是再造业务流程，推进信息化平台建设。五是实行动态管理，国有资产管理及信息系统上线运行。积极推进行政事业单位资产管理信息化工作，实现对资产的动态管理。六是积极主动配合，提高依法理财水平。自觉接受人大、审计对预算的审查监督，积极主动配合做好相关工作。针对财政同级审计中提出的问题逐项进行整改，不断提高依法理财水平。

【突出工作重点，财政管理水平得到新提升】一是以制度建设为突破口，强化财政监督职能。不断加强行政事业单位财政拨款和支出报账等环节进行经常性、全过程监管。积极组织或配合审计、物价等部门，突出重点，对各类专项资金使用、非税收入征缴等进行监督、检查，提高资金的使用效益。扎实开展“小金库”专项治理活动，将具有一定行政管理职能特别是有行政性收费项目的社会团体列为治理重点，促进社会团体健康发展。二是以规范日常管理为重点，扎实做好会计管理工作。进一步理顺会计从业资格管理权限和范围，切实保管好全市会计从业资格证书原始申请资料，并做到规范化、科学化管理。

【抓学习管理，干部队伍素质得到新加强】 一是积极开展争先创优活动。着重抓好争先创优活动组织领导、领导点评和三民大走访活动等环节，以开展各项活动为载体，深入开展争先创优活动。二是扎实开展普法宣传教育活动。在省财政厅“五五”普法和宣传教育考核中荣获全省财政系统先进单位，同时被省委宣传部、省司法局、省依法治市领导小组办公室授予全省学法用法示范机关称号。三是积极开展文明创建活动。不断加大全市文明创建投入力度和干部职工教育投入。同时。投入资金20余万元，对机关办公环境进行改善，局机关的文明创建水平得到有力提升。四是不断加强党风廉政建设。结合学习廉政准则等专题学习活动，采取专家辅导、召开专题民主生活会等形式，加强廉政教育。

（明光市财政局供稿　高宇整理）

凤阳县财政工作概述

2010年，在县委、县政府的坚强领导下，凤阳县财政局认真落实科学发展观，紧紧围绕保民生、保增长、促发展总体工作目标，充分履行财政职责，坚持依法理财，大力推进财政管理科学化、精细化发展，深入开展创先争优活动，坚持履行财政职能与服务县域经济发展相统一，全力保障“四个年”建设，圆满完成财政收支和各项牵头工作任务。

【圆满完成财政各项收支任务】 全年财政一般预算收入累计完成82902万元，占预算109.8%，增长31.8%。其中，国税完成收入28793万元，增长28.9%；地税完成收入34744万元，增长29.8%；契税完成5057万元，增长76.9%；非税收入完成14908万元，增长32.8%。2010年，全县政府性基金预算收入完成65974万元。2010年，累计完成财政一般预算支出165994万元，占预算的146.4%，增幅33.6%。财政支出进一步向教育、卫生、社会保障、民生、三农等农村和基层倾斜，重点用于保障民生工程、土地置换、新农村建设、基层医疗卫生体制改革、城市基础建设等重大工程。其中，教育支出28437万元，增长16.5%；卫生支出19172万元，增长80.4%；社会保障支出22492万元，增长17.9%；民生工程支出36552万元，增长33.99%；农林水事务支出25450万元，增长65.6%。全县政府性基金支出完成72224万元。

【着力服务县域经济发展】 一是全力支持重点工程项目建设。共安排资金11366万元，用于支持工业园区基础设施和平台建设；安排资金14290万元用于外来企业落户安置、技术改造和土地征用费用；安排资金29850万元用于小岗大道、土地置换、合蚌路临叶路改线、新区建设等重点工程建设；安排资金37400万元，用于土地置换工作，全年共置换土地16931亩；安排资金892万元，用于珍珠水泥集团等5户企业淘汰落后产能，进一步优化产业结构。同时，兑付“家电下乡”、“汽车摩托车下乡”补贴资金3039万元，拉动了农村消费25690万元。二是进一步加大三农投入力度。累计完成农林水事务支出25450万元。其中，用于农业综合开发项目2132万元。开展小岗村、临淮关镇、兴汉示范农场土地治理项目及大王府蔬菜专业合作社产业化项目等工作。

【全力支持社会事业发展】 2010年，县财政用于对教育、医疗卫生、社会保障和就业、农林水、环境保护等涉及民生方面支出合计99228万元，占财政年度支出的59.8%，较上年增支26340万元，增幅36.1%。一是积极落实民生工程配套资金。2010年民生工程资金总投入为37168万元，其中县级配套6865万元，县级投入占本级财政收入的8.46%。二是支持教育优先发展。累计用于教育支出28437万元。全年共投入财政资金8795.7万元，用于重建和加固75所中小学20.18万平方米安全校舍；全县所有义务教育阶段在校学生全部免除学杂费，并享受免费教科书；全年共发放1666名家庭困难寄宿生生活补助125万元，免除793名中职学生学费78万元，资助全县所有3441名中等职业学校学生助学金222.4万元。三是加快公共卫生体系建设，全力保障基层医药卫生体制改革。共安排资金1223.8万元新建140个村卫生室。安排用于基层医疗机构医药卫生体制改革资金2210万元，较改革前增加1944万元，保证医药卫生体制改革的顺利进行。四是完善社会保障体系建设。全年共有37338人纳入到城乡低保保障范围，发放低保资金4457万元；共有9300人次共领取失业金364万元；共有5870名灵活就业人员和临时工共领取社会保险补贴753万元。五是及时发放惠民资金。县财政部门继续按照“巩固、规范、完善、提高”的要求，进一步规范和加强财政补贴农民资金管理和发放工作，确保各项资金及时、足额地发放到补贴对象手中，全年共发放财政补贴农民资金26945万元。

【健全和完善公共财政体系】一是继续深化部门预算改革。按照“以收定支、收支平衡”的原则，继续深化部门预算改革，规范财政收支运行，硬化预算约束，细化支出项目，完善支付管理，进一步推进政府收支分类改革。在全县所有行政事业单位推行部门综合预算和零基预算。二是稳步推进国库集中支付改革。逐步实施会计集中核算向国库单一账户集中支付转轨。到6月底，实施集中核算的149家县直单位已完成转轨138家，会计核算业务同时退回会计单位。9月份实施基层医药卫生体制改革后，全县15家卫生院均纳入国库集中支付管理。2010年6至12月份经国库集中支付系统支出资金达3．09亿元。三是不断深化政府非税收入管理改革。2010年全县纳入政府非税收入管理的行政事业单位225个。全年共计纳入财政管理资金96904万元，其中政府非税收入87404万元（含政府性基金），实现财政管理资金缴存率100%。加强票据管理，保障票据安全，规范票据使用，切实做到以票管费，并且按照“归口管理、分次限量、核旧领新”的原则，加强对票据购领、发放和缴销工作中的全过程进行监管，防止出现收费不开票、乱开票等违法违规行为。建立健全票据管理制度。全年累计核销财政票据35001本，核销资金96904万元，其中：政府非税收入87404万元，代收款9500万元。四是加强财政资金使用监管。按照“预算编制，预算执行和财政监督相分离”的财政管理监督模式，实施事前、事中、事后全方位财政监督。加强对非税收入收缴管理的监督检查。通过对单位财政票据领用、核销、资金缴库等情况的核对，从源头检查单位非税收入收缴管理情况，严格执行“收支两条线”制度。加大对扩大内需、民生工程等专项资金使用情况检查。五是大力压缩一般性支出，推进勤俭节约。县财政部门认真落实中央和省、市厉行节约的各项要求，坚决压缩一般性开支，确保实现公用行政经费支出压缩控制目标。

【加强财政制度建设】一是规范权力运行，做好编制职权目录和绘制权力运行流程图工作。经过清理和分类登记，县财政局共编制行政职权39条，并绘制出权力流程图，向社会公布，促进依法行政、依法理财和科学理财。二是加强机关管理制度建设。进一步充实和规范了公文处理、公务接待、日常采购、车辆管理、考勤管理等管理制度。加强效能制度建设，建立县乡财政部门联系制度，加强对乡镇财政工作指导力度，进一步规范乡镇财政管理，提高乡镇财政管理精细化水平。

（凤阳县财政局供稿　高　宇整理）

六安市财政工作概况

六安市财政工作综述

2010 年，六安市财政工作紧紧围绕全年工作目标，不断创新工作思路，强化工作举措，狠抓增收节支，进一步深化改革，深入推进科学化、精细化管理，较好完成了各项财政工作任务。

【财政综合实力明显增强】各级财税部门依法加强收入征管，着力提高征管质量和效率，财政收入实现了平稳较快增长。全市完成财政收入 68.6 亿元，同比增收 16.5 亿元，增长 31.7%，增幅及总量在全省排名第 12 位。其中地方预算收入完成 42.7 亿元，增长 29.1%，中央级收入 22.7 亿元，增长 39.5%，出口货物退增值税 3.18 亿元，增长 16 %。全市完成财政支出 153.9 亿元，增长 20.7%，财政综合实力迈上新台阶。

【财政职能作用充分发挥】充分利用财政资金杠杆作用，整合财政周转金和盘活企业存量国有资产，向市工投公司注资 2000 万元，划转国有股权价值 2 亿多元，帮助解决短期流动资金 2200 万元；安排财政周转金 2000 万元，委托担保机构放大贷款，撬动银行贷款 2 亿多元。大力支持重点项目建设，筹集中央扩大内需配套资金 0.84 亿元，安排城市重点工程建设资金 6.49 亿元、投入 8500 万元积极支持承接产业转移示范区基础设施建设。

【保障改善民生成效显著】加大民生工程协调推进力度，完善民生工程资金投入和管理机制，全面完成 33 项民生工程年度目标任务，投入 39 亿元，惠及群众 600 多万人。不断完善社会保障体系。累计拨付“五项”保险基金 14.33 亿元，拨付再就业补助资金 1.19 亿元。大力支持基层医疗卫生体制改革，全市投入医改资金 1.18 亿元，确保基层医改的顺利实施。

【强农惠农力度不断加大】加大对“三农”投入，全市财政农林水事务支出 24.3 亿元，增长 17.1%，其中市财政安排各类支农资金 9193 万元，增长 13.2%。农业综合开发投入 2.6 亿元，增长 22.5%，着力改善农业发展基础，大力支持粮食双百亿工程。全面落实各项涉农补助政策，共发放惠农补贴资金 43 项 21.8 亿元。深入推进农村综合改革，拨付农村一事一议财政奖补资金 4.8 亿元。政策性农业保险试点稳步实施，统筹安排保费补贴 1359 万元。

【财政精细管理深入推进】坚持科学理财，加强对国库集中支付、非税收入、政府采购、会计基础等方面管理，提高预算指标管理效率。坚持绩效导向，开展了农业产业化和科技三项经费资金绩效考评试点工作，并在全省率先开展农业综合开发精细化管理试点改革，财政资金使用效益不断提高。深入推进基层财政管理规范化，着力构建平台一体化财政管理信息系统。深入开展“学习提升年”和创先争优活动，进一步强化财政干部学习培训，全面加强财政软环境建设，对全市 100 名财政干部、956 名农村财务人员进行集中培训，财政系统依法理财能力和基层财会人员的业务素质不断提高。

（六安市财政局供稿　汪斌　丁明虎执笔）

金安区财政工作概述

2010 年，金安区财政收入完成 51480 万元，增长 24.74%。财政支出 135000 万元，增长 8.33%。

【财政重点支出保障有力】强化措施，着力提高财政支出管理的规范性、公平性。坚持将财力向基层、民生、“三农”倾斜，支出结构更加合理，重点支出保障有力。全区农林水、教科文、卫生、社保等支出占财政总支出的比重预计达 66.93 %，同比增长 22.91 %。特别是在医疗改革上，在上年支出基础上净增2000万元，确保医疗改革顺利实施。在中央、省加大对33项民生工程、“三农”项目资金追加的基础上，国债转贷资金积极用于扩大内需的本级配套，全区支出规模不断壮大。

【支持经济发展力度加大】一是搭建新的融资平台。扩大担保中心规模，担保中心增资扩股到一个亿，为企业担保扩大规模。二是加强城投公司的融资力度。支持区城投公司向农行申报2.2亿元的项目贷款。积极向省开行申报0.5亿元贷款，支持金安区经济开发区二期基础设施建设。三是坚持利用各项资金扶持区域内企业发展、加快公益事业建设。支持城投公司从省财政厅专借财政间隙资金3000万元，对区域范围内11家规模企业进行扶持；从市城投公司借用1亿元资金用于经济开发区和城北、孙岗和中店工业功能区基础设施建设和土地收储。四是全面完成革命老区转移支付项目建设。同时，积极申报三个2010年革命老区转移支付项目资金674万元用于公路建设。

【民生工程扎实推进】全区33项民生工程共投入资金39419万元，其中：上级补助资金29800万元，区级配套5564万元，受益群众等自筹4055万元。全区15个补助补偿类项目累计兑付资金21577万元；13项农村基础设施建设类项目工程已全部完成。在33项民生工程实施过程中做到抓谋划、抓宣传、抓配套、抓规范、抓调度、抓督查、抓效果，确保民生工程顺利实施。

【强农惠农政策有效落实】一是加大农业投入，加快农业农村基础设施建设。全年共拨付各类支农专项资金6697万元，农林水、气象部门预算支出2360万元。大力推进农业综合开发。完成总投资2557.92万元，其中财政资金1987.92万元，木兰农业开发项目区初见规模。二是落实强农惠农政策。累计发放各类财政补贴农民资金2.3亿元，补贴对象累计50万人次或户次。落实政策性农业保险工作。2010年度秋季农作物投保面积77万亩，种植户自缴保费226万元。全区午季油菜全区受灾定损赔付347.1万元，全部通过“惠农资金一卡通”全部打卡发放到户。全年全区家电下乡产品销售数量85000台，财政累计兑付补贴资金2638.37万元，兑付率100%；汽摩下乡累计销售12970辆，累计兑付资金2009.8万元。三是不断深化农村综合改革。扎实稳妥地做好2009年一事一议验收报账扫尾工作。

【财政各项改革进一步深化】一是完善国库集中支付改革。2010年，全区163家预算单位收支全部一次性纳入集中支付系统，占全部预算单位的94.22%。二是扎实推进医药卫生体制改革。对17个乡镇卫生院和5个社区卫生服务中心，科学确定综合补偿标准，搭建国库集中支付平台，完善考核奖励机制，加大财政资金保障。三是促进义务教育绩效工资和政法经费保障改革工作。积极安排资金，保障城乡义务教育绩效工资改革到位。

【财政科学化精细化管理水平有新提升】一是严格预算管理。重点完善项目支出管理，源头监控，主要用于保法定增长、保重点支出、保民生工程支出。二是加强专项资金监督。对农、林、水、扶贫、社保、基建、政府采购等财政专项资金的申请、审核、拨付、使用进行全过程的监督。建立财政资金的追踪问效和反馈机制。实行涉农惠农资金“一卡通”直达农户存折。财政、监察、审计部门进一步加大对涉农惠农资金的合规性监督。三是提高国库集中支付比重。扩大财政集中支付范围，规范集中收付行为。四是完善非税收入征缴。逐步将所有非税收入统一纳入部门预算，实行“收支多条线”管理。五是认真做好“小金库”专项治理工作。六是扎实推进财政“两基两化”建设。完善基础制度建设，加强财政基层建设。切实做好三十铺镇、城北乡、望城街道试点工作。加快推进乡镇财政所标准化步伐，第一批新建财政所4个，总投资519万元，全部交付使用。

（金安区财政局供稿　宋先和执笔）

裕安区财政工作概述

2010年，全区完成财政收入44198万元，同比增长41.82%；完成财政支出154358万元，同比增长21.38%。

【依法加强收入征管】一是将全年收入任务进行细化、量化，分解落实到部门单位。科学分析、调度，采取有力措施，保持收入均衡入库。二是进一步加大契税、耕地占用税政策宣传力度，积极摸排掌控税源，加大征收力度。三是规范非税收入管理，进一步强化票据监管和非税收入入库管理。四是建立健全对乡镇收入实行“超收全留”的激励约束机制，调动乡镇抓招商引资、发展经济增加收入的积极性。

【大力支持经济发展】一是利用土地出让金、

财政间隙资金等，支持开发园区基础设施和土地收储及置换等重点工程建设。二是通过担保、再担保、财政贷款贴息和落实再生资源增值税退税政策等手段，为下岗失业人员提供小额贷款，支持区内中小企业的发展。三是争取和利用上级各类涉农专项资金实施乡村道路、小型农田水利、农业产业化等项目，扎实推进新农村建设。四是通过对招商引资工作经费保障和兑现奖励政策等措施，加大对全区招商引资工作的支持力度。

【切实保障重点支出】一是严格控制和节约一般性支出，推动节约型政府建设。二是财政支出调度有序，有力地保障了人员工资、公务员津补贴和事业单位绩效工资标准提高、党政机关正常运转、基层医药卫生体制综合改革、"三农"、民生工程资金配套等重点支出资金需要。三是合理安排新增转移支付和本级超收收入增加的财力，主要用于弥补工资性支出缺口和城乡低保、基本养老保险、基本医疗保险及民政优抚对象补助标准的提高等民生方面支出。四是农业、教育、科学、公共卫生、计划生育等事业发展的投入达到法定增长。

【切实实施民生工程】一是切实履行民生工程牵头单位职责，统筹财力，足额安排民生工程配套资金。各级财政共投入资金5.15亿元，其中区配套9949万元。二是加强宣传和与区直相关单位的联络沟通，进一步明确工作职责和工作任务，制定了打卡发放类资金时间表、工程类项目包保责任制。三是强化调度和监督检查，确保资金按时发放，工程建设类项目按时完工，各项惠民政策得到全面落实，受到省政府表彰。四是认真做好财政牵头的政策性农业保险和因灾理赔工作。

【深入推进财政改革】一是按照部门预算编制要求，围绕"做实基本支出，做细项目支出"，健全部门预算编制程序和方法，提高财政资金分配的公开、透明。二是国库集中收付制度改革进一步深化，将全区区直预算单位全部纳入国库集中支付系统管理。三是继续深化政府采购制度改革，规范政府采购行为，将区重点项目的工程和劳务纳入政府采购范围。四是全面落实惠民直达工程，对发放管理工作提出更加严格的要求，全区集中打卡发放补贴资金40个项目，打卡资金总额达3.07亿元。五是实施村级公益事业建设"一事一议"财政奖补试点工作项目270个，推动农村各项社会事业加快发展。

【加强财政监督管理】一是大力推进乡镇财政科学化、精细化管理工作，提高财政财务管理水平。二是组织开展强农惠农资金专项清理和检查工作，推动了管理机制的创新和完善。认真做好全区行政事业单位资产全面清查。三是加大对《会计法》等法律法规的执法检查力度，抓好会计人员的后续教育和职称、从业资格管理；对农村财会人员进行分期培训，提高从业人员素质。四是积极开展社会团体和国有及国有控股企业小金库专项治理工作。五是加强干部队伍建设，开展学习沈浩、"能力提升年"和创先争优活动，全系统科学理财能力进一步提高。

（裕安区财政局供稿　潘明础执笔）

叶集区财政工作概述

2010年,叶集区财政收入14616万元,同比增收3408万元,增长30.4%,其中,财政部门组织"两税"收入达1365万元。完成财政支出27265万元,同比增支4282万元,增长18.6%。

【支持经济发展】2010年,区财政局全力支持建设,预算内安排招商引资、城市维护费、工业发展资金、中小企业信用担保基金、企业税费优惠、旅游发展基金等财政专项扶持资金2000万元,较2009年新增750万元。加大招商力度,建立企业融资担保平台,支持工业和民营经济发展,促进农业产业化、规模化发展。

【大力改善民生】一是民生工程的重视程度进一步提升。区级调整和充实了民生工程协调小组,各实施主体单位和各乡办也相应成立组织,明确专人负责。二是全力保障民生工程区级配套财政资金到位。2010年33项民生工程资金需求总量7416.4万元,其中区级配套1367.3万元。三是基础工作不断得到夯实,建立民生工程定期调度和督察制度,强化区民生办系统规范化建设,密切区民生办和各实施主体单位的联系。

【开展资产清查】一是开展行政事业单位国有资产清查,全面摸清家底,为加强行政事业单位国有资产监督管理奠定基础。二是建立全区行政事业单位国有资产动态监管系统,实施动态管理,为强化资产管理提供信息支撑。三是对国有资产处置收入和有偿使用收入实行"收支两条线"管理,确保国有资产管理的规范性、安全性、有效性。

【深化财政改革】一是深化预算管理制度改革。

突出"保工资、保运转、保民生、保稳定",加强部门综合预算中项目支出预算的编制工作,压减非公共性开支和消费性支出,净化财政支出范围。二是加强非税收入管理,实施统一收缴收费、统一账户管理、统一收入票据、统一缓减免退征管模式,2010 年,累计征缴非税收入 3689 万元(一般预算收入),增长 10%。三是建立健全财政监督机制。加强预算执行监督,确保财政资金按预算确定的用途使用。加强会计集中核算监督,严格审核把关,规范票据支出,配合纪检、监察等部门加强专项业务费审批。

【规范行政管理】一是规范行政事务管理。开展反腐倡廉制度建设活动,对不符合、不适应新时期财政管理工作需要的制度办法加以清理,切实提高行政管理制度的适用性、可操作性。二是规范行政许可管理,将财政许可事项集中到区行政服务中心,明确专人,集中办理。同时,在区行政服务中心设置非税收费窗口,实施"一站式"收费。三是规范财政窗口管理,实施乡镇财政所规范化建设,加强国库集中支付中心、契税纳税大厅窗口服务工作。在三元乡和孙岗乡进行规范化财政所建设,改进办公场所和服务环境。

(叶集区财政局供稿　雷炳国执笔)

开发区财政工作概述

2010 年,六安开发区实现财政收入 51066 万元,同比增长 38%,实现财政一般预算支出 17542 万元,同比增长 51%,有力支持全区经济社会的健康发展。

【努力扩大投资,发挥拉动效应】全年财政共筹集安排建设类资金 124230 万元,是历年中财政投入最大的一年。在管委会直接领导下,区财政局与东城公司联手取得融资新突破,到年末金融机构融资余额 6 亿元,当年新增融资 3.9 亿元,极大地支持了征地拆迁、土地报批、基础设施建设等重点工作开展,发挥财政投资拉动经济的效应。

【完善部门预算编制,健全财政管理机制】一是加大综合预算力度,科学制定定额,按照规范化、精细化的要求认真编制 2011 年度财政预算。建立月财政收支总分析制度密切监控预算收支执行情况。二是强化财政监督检查,重点开展了社团、国有及国有控股企业"小金库"专项治理工作和 2010 年会计信息质量检查,结合农村集体经济"三资"清理,对所辖的 4 个村财务收支及资产进行审计。三是建立健全财政管理基础信息库,开展重点企业投入产出抽样调查分析。

【夯实融资平台,防范财政风险】对接政府债务工作审计,落实政府投资项目审计调查,清理规范了政府融资平台。设立偿债基金专户,当年安排偿债基金 3000 万元,加强财政风险防范。财政将 5600 万元有效资产注入公司,增加公司优质资产,盘活资产的流动性和收益性。以东城公司为平台编制符合国家信贷投向的农民安置房建设等项目,实现融资 4.08 亿元。

【全力帮扶企业,支持企业发展】联合建设银行开展助保金贷款业务,帮助 9 家企业贷款 8050 万元,培养后续财源。办理再生资源行业退税 175 万元,支持废旧物回收行业发展,增强经济发展后劲。通过财政奖补方式,落实招商引资财税优惠政策,支持重点税源行业和企业建设。

【加强干部队伍建设,推进制度措施出台】一是认真开展各项学习培训活动,切实提高了财政行政执法人员依法行政的能力和水平,并先后三次组织财政干部分别赴合肥三个开发区考察学习投融资、征地补偿、基本建设、优惠政策等方面的成功经验,提升财政工作科学化精细化管理水平。二是出台了《六安开发区政府采购管理规定》和《六安开发区政府性投资项目造价咨询工作管理规定》,推行了公务卡结算制度,提高财政财务透明度,狠抓各项制度的执行和监督,努力实现以制度管人管事。

(开发区财政局供稿　李　欣执笔)

寿县财政工作概述

2010 年,寿县及时调整乡镇财政体制,明确征管主体责任,强化任务观念,加强收入调度。加强非税收入征收管理,强化土地出让金管理,加强契税和耕地占用税征管,规范契税征收行为,维护税收秩序,预防税收流失。继续加强对重点税源、重点税收的监控,强化零星税源的征管,做到应收尽收。全县完成财政收入 39500 万元,同比增长 36.1%;完成财政支出 223000 万元,同比增长 33.4%。

【支持经济发展】借助中小企业发展专项资金 2000 万元的规模,支持南北两个园区基础设施建设;落实结构性减税政策,实施工业企业的利息补贴,引导金融服务体系贷款投向,年内对 39 家中小企业进行贷款贴息,达 18045 万元,发放贴息资金 198 万元,促进中小企业发展;扎实做好节能技术改造、淘汰落后产能工作,全力保障污水处理厂日常运行;安排2580万元实施八公山矿山地质环境恢复治理工程,开展矿产资源节约与综合利用。安排现代农业发展及农村综合开发资金2380万元、农村土地整治建设资金2433万元、瓦埠湖综合治理资金18110万元,努力改造农村生产生活环境。全面实施义务教育学校、公共卫生和基层医疗卫生事业单位绩效工资,兑现公务员津补贴提高标准。

【推进精细管理】加强财政支出管理,强化财政监督,切实提高财政资金使用效益。明确了支出拨付时限,加快对社会保障、教育、卫生等涉及民生项目支出的拨付进度;加强对专项资金的日常监管;加快资金报账速度和项目实施进度,管好用好资金,提高专项资金使用的时效性。严格预算管理,实施财税库银横向联网,狠抓预算执行,不断提高预算执行均衡性和效率性。加强支出追加管理,控制追加支出的范围。认真组织实施乡镇财政科学化精细化管理工作。认真贯彻各级厉行节约规定,严格控制一般性支出,努力降低行政成本,会议费、招待费、考察费、小车费支出均有不同程度地下降。

【实施民生工程】全县实施的民生工程共31项,累计拨付资金6亿元,县级配套资金0.88亿元。年初县委、县政府调整充实民生工程领导小组,出台有关文件,召开全县民生工程实施动员大会,与各乡镇、县直有关部门签订了责任书,县民生办对民生工程有关重点工作开展培训和综合督查,加强民生工程政策宣传,承办全市《政风行风热线》大型户外直播暨巡回演出活动。

【落实惠农政策】安排农业预算投入24363万元,比上年同期增加12123万元。整合财政扶贫资金、土地整理项目资金、农业综合开发资金、现代农业发展资金、农民工培训资金、小农水项目资金、农民专业合作组织资金等涉农资金11982万元,用于现代农业建设、中低产田改造和土地整理项目、农民工培训、农田水利、新农村建设以及民族乡发展等项目。推进农业综合开发。落实项目6个,落实投资2267.8万元。扎实做好补贴资金对象"一线实"工作,做到补贴对象真实,公示到位,打卡发放及时。扎实开展政策性农业保险工作,做好家电与汽车、摩托车下乡工作。

【推进体制改革】进一步完善国库集中支付改革,扩大预算单位公务卡管理改革试点,加快财税库银税收收入横向联网步伐。努力探索建立债务管理信息系统、规模控制和风险预警等基本制度。加强政府投融资平台管理,防范财政债务风险。完善卫生体制改革,实行"收支两条线"管理。全面加强行政事业资产管理,实现资产管理动态化。推进政法经费保障体制改革,确保办公、办案经费落实到位。

【加强财政监督】坚持把财政监督工作放在全局工作谋划思考,在全县行政事业单位中全面开展了银行账户和政府非税收入票据专项清理,对44家单位进行了重点检查。开展会计信息质量检查;开展"小金库"专项治理工作,开展部分民生工程资金专项检查,对城镇居民合作医疗基金、农民工技能培训资金等民生工程项目资金进行专项检查,参与全县民生工程和乡镇"一事一议"财政奖补项目考核。做好依法行政和财政法规宣传工作。

(寿县财政局供稿 周传勇执笔)

霍邱县财政工作概述

2010年,全县实现财政收入12.16亿元,占年度预算112.6%,实现35.1%的高增长。收入总量连跨三个亿元台阶,首次迈过12亿元关口,位居全市各县区第一位。全县地方级收入完成5.7亿元,净增1.8亿元;非税收入完成2.2亿元,占财政收入总量的18.3%。

【财政保障能力明显增强】全年预算支出总规模达到27.2亿元,占年初预算的148.5%,同比增长15.9%。当年个人部分支出达到6亿元,同比增长18.3%。社会保障和就业支出1.9亿元,增长11.8%。投入资金1378万元,保障医疗卫生体制改革顺利进行。教育支出6.7亿元,增长18.4%。34项民生工程县级足额配套8794万元,增幅34.3%。农林水事务支出4.3亿元,增长30.6%。中小企业发展资金9099万元,增长40%。完成城镇建设投资3700万元,增长78%。全年纳入专户管理非税收入支出1.1亿元,下降15.1%。完成五项基金支出2.1亿元,下降11.8%。实现土地出让金支出6.9亿元,增长369.7%。

【民生工程建设成效显著】充分发挥民生工程牵头协调作用,制订实施方案,健全组织机构,足额落实配套资金,切实加强资金监管。在实施全省33项民生工程基础上,增加五保户全面就医保障1项,全年民生工程实施达到34项。全年投入资金6.9亿元,增长29%;其中县财政足额配套8794万元,增长

34.3 %,全年各项民生工程目标任务圆满完成。积极做好家电汽车摩托车下乡工作。全年销售下乡产品14.9万台,实现销售额60094.3万元,发放补贴资金6884.3万元,综合补贴兑付率为100%。

【财政投融资规模迅猛扩张】一是争取项目。加强项目谋划和编报,争取到位项目资金10.65亿元,增长21.7%,地方债券资金5500万元。二是积极融资。财政注入资金7000万元,使兴业担保公司注册资金达到1亿元,顺利加入省担保集团再担保体系,完成担保总额2.5亿元。帮助城投公司做大现金流,提高资信度,撬动投贷3亿元。三是支持中小企业发展。全年列支9099万元,用于兑现招商引资优惠政策、纳税大户奖励及支持中小企业发展,增长394.7%。四是支持城镇建设。列支25066万元,加快市政工程项目建设。五是做好农业综合开发,推动现代农业发展。

【惠民补贴机制日趋完善】规范惠农补助资金发放程序。全年通过"一卡通"发放29项财政补贴农民资金5.18亿元,是"十五"末的6.2倍。加大支农资金整合。整合各类财政支农资金2.7亿元,发挥了资金的集聚效应。开展"一事一议"财政奖补试点。完成项目申报1216个,筹集资金5263.5万元。增加对村级资金补助。全年争取到位村级补助资金391万元。同时积极参与村级区划调整工作。

【财政监管力度不断加大】一是制订实施新一轮乡镇财政体制。突出对乡镇倾斜,县财政每年列支2300多万元,统一县乡个人部分供给标准,合理提高乡镇事业发展保障水平。二是积极推进国库集中支付改革。全年集中支付金额达29.7亿元,拒付不合规支出及需进一步完善手续支出446万元。积极配合卫生主管部门做好基层医改工作,对基层医疗卫生机构全面实行国库集中支付,着力加强财务管理。三是健全和完善政府采购制度。累计实现政府采购金额9876.8万元,节约资金1391.2万元。四是加强项目监管。充分运用工程项目软件,强化建设性资金使用监督管理。五是完善指纹认证管理。通过开展指纹比对,年节约财政支出111.6万元。六是深入开展"小金库"治理。收缴"小金库"资金9万元,要求6家单位严格整改。

【机关效能建设不断加强】一是扎实开展创先争优活动。开展表彰先进,挂牌办公,承诺践诺等工作。开设"财政讲坛",提高学习效率。开展"廉政文化进家庭",营造清正廉洁的工作氛围。二是加强乡镇财政建设。出台《关于实施乡镇财政所垂直管理的意见》,对乡镇财政所实行县财政局垂直管理。整合机构,将会计核算中心乡镇财务部划入农村局,加强对乡镇财政管理。加强对乡镇财政干部考勤和业务管理,提升乡镇财政服务水平。加强基础设施建设,投入近500万元,建成标准化乡镇财政所12个,着力改善乡镇财政办公条件。三是成功争创省级文明单位。实现了精神文明建设与财政工作的双丰收。

(霍邱县财政局供稿　鲁俊贤执笔)

舒城县财政工作概述

2010年,全县实现财政收入5.8亿元,其中国税部门组织收入19162万元,地税部门组织收入24951万元,财政部门组织收入13887万元。全年累计实现财政支出177262万元。全县收支预算平衡执行。

【保障能力显著增强】一是保障经济发展。在加大重点项目财政投入的同时,加大财政融资力度,积极争取上级的项目资金。二是保障支持三农。及时发放各项惠农补贴,扎实推进农村综合改革,着力强化农业综合开发,大力推进新农村建设,支持改善农村基础设施建设和农业产业发展。三是保障事业进步。调整优化支出结构,保证了教育、科技、文化、卫生事业支出的逐步增长;建立义务教育的经费保障机制,实施基层医疗卫生改革,预发事业单位的津补贴,增加城镇文明创建等公益事业的投入。四是保障改善民生。不断完善社会保障体系建设,强化社会保障资金的筹集和管理。认真落实城镇低收入人群的保障政策,大力推进再就业工程。

【理财水平不断提升】一是深化管理改革。进一步深化部门预算改革、财政国库集中收付制度改革和政府非税收入管理改革,将部门预算编制与国库集中支付充分结合起来。继续完善采购制度建设,规范财政支出行为,开展全县国有资产大清查。二是扎实抓好"双基"。实施7个标准化财政所工程,公开招考了6名大学生到财政所工作。完善财政县管体制,加大考核力度,夯实基础工作。三是实施金财工程。建设标准化中心机房,形成了机关局域网、财政广域网、乡财县管系统、乡镇财政征收管理系统、非税征收管理系统、国库集中支付系统、部门预算编制系统相互依托支撑的财政信息化管理平台。

【重点工作扎实推进】一是33项民生工程各项工作任务落实到位,总投入6亿多元(其中县财政配套安排 1.21 亿元)。二是家电、汽车摩托车下乡累计 127054 台(辆),兑付资金 6066.45 万元。三是扎实开展了行政事业单位“小金库”治理工作回头看和社会团体、国有及国有控股企业“小金库”专项治理工作。四是“一事一议”工程总投入资金 4499 万元,实施项目 473 个。五是开展强农惠农资金清查,对 2007—2009 年三年涉农资金进行全面自查清查和违规处理(清查涉农资金规模 14.56 亿元)。六是实施惠民直达工程,通过惠民直达工程打卡发放惠民补贴 30 项、资金 2.8 亿元。

【自身建设取得实效】以扎实开展创先争优为契机,在财政系统大力宣扬学习沈浩精神,扎实开展学习提升年活动,大力开展文明创建活动(获市文明单位),继续开展创建人民满意的财政所活动。

(舒城县财政局供稿　张　旺执笔)

金寨县财政工作概述

2010 年,金寨县完成财政收入 41103 万元,比上年增加 10093 万元,增长 32.5%;乡镇财政收入完成 11432.11 万元,比上年增加 4537 万元,增长 63%。全年实现财政支出 17 亿元,同比增支 3.5 亿元,增长 25.9%。其中,农业、教育、科技、医疗卫生、社会保障支出分别比上年增长 36.2%、8.3%、11.3%、11.8%和 61.6%。

【服务经济建设】利用城投公司筹资 2.88 亿元支持大城关建设。全年投放担保贷款 7920 万元、委托贷款 9605 万元,支持全县工业企业发展。全面落实家电、汽车下乡相关政策,全年兑付家电下乡补贴资金 2585 万元。支持全县招商引资工作开展,兑现招商引资优惠政策资金 287 万元。促进就业体系建设,发放小额担保贷款 748 万元,帮助 219 位下岗失业人员实现再就业。

【支持三农发展】安排支持“三农”发展资金 3.2 亿元,投入增幅高于财政经常性收入增幅。投入资金 3425.9 万元,开展土地综合治理和生态治理,新栽油茶 3500 亩,支持 4 个产业化龙头企业和 20 个农民经济合作组织建设。白塔畈乡油茶示范区被确定为“省级农业综合开发示范区”。整合农业产业化、农业科技示范、以工代赈等资金 1.92 亿元,支持农村经济发展、新农村建设以及扶贫开发。全年申报财政奖补项目 364 个,累计兑付奖补资金 1814 万元。深化互助资金试点,累计投放互助资金 973 万元,支持 2152 户农户发展种养、农副产品加工以及饮食服务项目。争取中央彩票公益金 2125 万元,用于扶贫村整村推进项目建设。强化惠民资金管理,全年发放惠民资金 40 项 4 亿元。深化村级“三资”代理服务,将农村“三资”代理服务纳入“阳光村务工程”。

【实施民生工程】全年筹集、安排民生工程资金 48147 万元,其中县级配套 6215 万元,保障各项民生工程的顺利实施。实行农村低保对象“应保尽保”,全县农村低保对象达 32704 名。将 7712 名农村孤寡老人纳入五保供养范围并实行就医“零费用”,对 340 名城镇未参保集体企业退休人员、2059 名计生奖扶户、4116 名重度残疾人发放救助资金。新建敬老院 13 处、安全饮水工程 17 处,廉租房 140 套,向 1209 户低收入家庭发放了房租补贴。调整新农合、城镇居民医疗保险政策,全县新农合参合率达 96.12%,参加城镇医疗保险的居民 58000 人。改扩建乡镇卫生院 2 座,新建村卫生室 104 所、社区卫生服务机构 3 处。全面实施城乡义务教育“两免一补”政策,对 4370 名农村义务教育贫困寄宿生、1093 名中职学校家庭困难学生和 1590 名普通高中家庭困难学生实施救助,对 205 处校舍进行改造,加固重建面积 17.91 万平方米。新建广播电视“村村通”项目 160 个,乡镇文化站 6 所、农民体育健身项目 30 个,农家书屋 60 处,留守儿童活动室 8 个,留守儿童之家 112 个。发放大中型水库移民政策补助 9399 万元,拨付库区移民项目资金 5423 万元,实施项目 552 个。开展政策性农业保险,全县共有 39.13 万亩农作物参加了保险,全年为群众理赔 169.51 万元。投入资金 2381 万元,用于贫困农户草危房改造。

【加强财政保障】支持全县教育发展,全年拨付义务教育公用经费 3875.4 万元,全县义务教育阶段中小学生人均公用经费分别达到 440 元和 640 元,超过省确定的公用经费补助标准。投入计划生育经费 2828 万元,人均计生经费投入达 42.2 元。支持平安金寨建设和社会治安综合治理,深化政法经费保障机制改革。2010 年,公、检、法、司四部门人均办公(业务费)费和业务装备经费保障水平分别达 6.45 万元、7.43 万元、5.9 万元和 5.14 万元。支持社会保障体系建设,投入 2.4 亿元,用于全县城乡农村低保、五保户救助、医疗体系建设等。发放新型农村社会养老基础养老金 4750 万元,73947 名 60 岁以上的农村老人受益。投入资金 1941 万元支持基层医疗卫生体制改革。安排资金 3100 万元,兑现公务员津补贴提标和事业单位预发工资。安排资金1200万元,用于全县城乡低保对象以及优抚对象"两节"慰问和价格补贴。

【加强财政管理】强化收入征管和调度,完善国税、地税、财政部门定期会商、代征等制度,开展非税收入清理和网络化管理。开展契税、耕地占用税征收清理,全年征收契税、耕地占用税4578万元,是上年的3.3倍。开展"小金库"专项治理,共查征税款123万元,补缴非税收入620万元。加强政府性基金的征收管理,全年累计征收各种政府性基金18113万元。加强社保基金征收,全年累计征收各类社保基金12026万元。扩大国库集中收付范围,全年办理国库支付资金68020万元,直接支付率为87.8%,纳入国库集中收付管理的预算单位达149个。推进政府采购制度建设,新增网上询价、电话询价和定点供应商直接报价三种政府采购形式,全年实现采购预算规模17023万元,节约采购资金1812万元。全面推行公务卡支付制度改革,全年公务卡消费达837万元。加大小额担保贷款和政策担保资金回收力度,全年清收到逾期欠款170万元。选择20个社会关注度高的项目进行预算支出绩效考评。

【开展两基建设】进一步规范部门预算编制管理,将经常性预算追加项目直接编入部门预算。对全县行政事业单位固定资产进行清理,并实行数据库管理。开展行政事业单位账户年检工作,撤销不合规账户55个。完善县乡财政体制,增加对乡镇一般转移支付340万元。修订完善乡镇财政"十化"管理办法,推进乡镇财政业务、服务、监督等"十项建设"。将乡镇财政监管范围扩大到乡镇运行的所有财政性资金。完善乡镇财政业务操作流程,进一步明确乡镇财政所岗责,推进乡镇财政所基础设施建设,新建了8个乡镇财政所办公用房。

【加强机关建设】深入开展"学习提升年"和"学沈浩、见行动"等活动。将80名财政干部派往安徽大学、厦门国家会计学院进行知识培训。结合财政工作实际,广泛开展财政工作调研,邀请省财政厅科研所、安徽大学、县委党校等专家给财政干部上课。健全各项机关制度,推行服务承诺制和政务公开。规范财政"五五"普法档案,开展争创全省和国家级文明单位活动,文明创建工作得到省文明委肯定。强化对重点股室、重点环节的制衡监管,定期举行内部互审。2010年,金寨县被评为全国家电下乡工作先进县、全省整合财政支农资金成效突出县、全省农业综合开发先进县、全市农业综合开发先进县、全市再就业工作先进县,县财政局被评为全省财政"五五"普法先进单位、全市文明行业先进单位、六安市文明单位等。

(金寨县财政局供稿　吴孔文执笔)

霍山县财政工作概述

2010年,全县完成财政收入121266万元,比上年实绩增长38.5%,净增33709万元。全县财政支出完成135882万元,增长18.8%。

【服务经济发展措施给力】通过预算安排、项目支持、贷款贴息、奖励扶助等方式,筹集专项资金4000万元,支持县经济开发区、高桥湾科技园区、乡镇工业集中区建设;安排700万元专项资金,扶持以光伏、铸造、汽摩配为主导的产业积聚发展和企业创新能力提升;设立1000万元企业助保金,撬动亿元以上信贷资金和民间资金,缓解中小企业融资难;兑付各类政府性奖励资金1400万元,支持中小企业发展;累计调度1.7亿元资金,支持经济开发区和乡镇加速推进工业化和城镇化战略。加大引资融资力度,通过嘉利达担保公司实现再担保和小额贷款余额10.3亿元;利用城镇建设投资公司筹融资4亿元,确保重点项目落实。加大资金争取力度,积极配合有关部门,及时编制和谋划一批项目,累计向上争取政策性资金5560.62万元。落实家电和汽车摩托车下乡政策,兑付补贴资金2600多万元,拉动销售家电、汽车摩托车下乡产品5万多台(辆);全面落实结构性减税政策,为企业办理出口退税、免抵调库、再生资源退税8500万元。

【民生工程建设深入推进】全力实施33项民生工程,全年到位民生工程专项资金2.93亿元,其中:地方配套5400万元,占应配套金额的116%;及时拨付民生工程资金,加快民生工程实施进度,切实发挥财政资金效益。全年完成240套廉租房、74个村卫生室、5个规范化社区、56个留守儿童活动之家、8个留守儿童活动场所、1000口户用沼气、24个沼气服务网点、20个农家书屋、5所农村五保供养机构、25个农民体育健身工程、1个农村清洁工程、96.4公里农村公路村村通和6个乡镇综合文化站等项目建设。注重民生工程长效机制建设,统筹安排577万元专项资金,建立"村村通"公路、农村安全饮水长效养护机制和五保户供养机构运行管理机制。民生工程实施工作连续4年在全市综合考评中位列前茅。

【社会和谐稳定保障到位】加大财政保障力度，促进社会和谐稳定。及时兑现公务员津补贴提标和其他事业单位预发工资(生活)性补贴政策。协同教育部门积极做好校园安全保卫工作，足额保障安保设施和人员经费。积极支持医药卫生体制改革，把公共卫生支出全额纳入财政保障范围。加大对农村基层组织建设支持力度，安排145万元对离职村干部实行生活补贴，安排58万元用于保障村级党组织活动和农村党员培训。预算内安排440万元用于补充农村养老保险基金和被征地农民养老金。对符合独生子女条件的农村及城镇无业人员发放独保费或实施一次性奖励，年度支出158万元，有效解决了一系列事关广大群众切身利益的焦点问题。

【强农惠民政策高效落实】及时由县级统一打卡发放11大类33项补贴资金1.8亿元。加大财政对“三农”投入，完成支农支出2亿元。建立以奖代补引导机制，安排专项资金1359万元，支持推进农业产业化发展；整合支农资金1.1亿元，重点支持新农村示范点建设，实施政策性农业保险，完成全年参保任务，及时支付理赔资金200万元。加大农业综合开发力度，全年成功争取项目8个，总投资2045万元。全面推进村级公益事业建设“一事一议”财政奖补工作，新申报列入财政奖补项目215个，财政补贴资金722万元。支持农村专业合作组织建设。支持开展“阳光工程”、农业专业技能和创业培训，实施“一村一名大学生”培训计划，培育现代农民。

【财政管理改革持续深化】进一步巩固财政各项改革，按照“纵向到底，横向到边”的目标，结合医药卫生体制改革，将乡镇卫生院纳入国库集中支付管理，全年集中支付资金17827笔，共计4.67亿元，直接支付率97%。改进预算编制方法，规范“两上两下”编制程序；明确部门预算单位公开责任，逐步推进并扩大部门预算内部公开范围。深入开展非税收入征管改革和“小金库”治理工作，所有非税收入直接缴入国库或财政专户。稳妥推进政府采购制度改革，进一步规范政府采购行为，完成采购总额6670万元，资金节约率13.2%。建立国有资产信息管理系统，把好行政事业单位资产配置处置关。稳妥推进财政平台一体化系统实施和“金财工程”建设。加强财政“两基”工作，首批5个规范化财政所建设基本完工，基层财政的职能建设、业务建设、队伍建设和设施建设得到加强。

（霍山县财政局供稿　李运成执笔）

马鞍山市财政工作概况

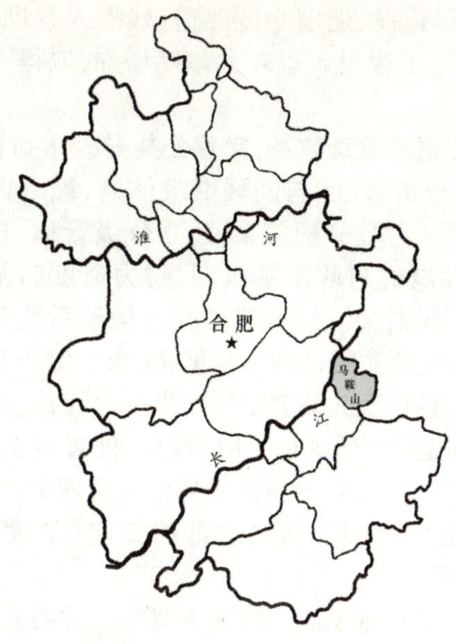

马鞍山市财政工作综述

2010年,马鞍山市财政部门充分发挥财政职能作用,各项工作扎实、稳步向前推进。全市实现财政收入140亿元,完成预算101.3%,增长14.46%。全市财政支出864760万元,完成预算99.56%,比上年增长8%。结余3818万元,其中:结转下年支出2646万元,净结余1172万元。市本级财政收入76.2亿元,完成预算91.75%,下降0.25%。财政支出465034万元,完成预算99.60%,比上年下降8.69%。结余1866万元,其中:结转下年支出1590万元,净结余276万元。

【实施积极财政政策,促进经济又好又快发展】贯彻积极财政政策,争取中央预算资金2.8亿元、中央公益性国债转拨资金0.6亿元、省专项资金0.8亿元,放大扩内需政策效应。认真执行增值税"先征后退"政策,为各类企业办理退税7.6亿元,积极帮助企业应对金融危机。积极减免改制企业契税400万元,切实减轻企业负担。拨付各类专项资金3.7亿元,支持安置房、廉租房、马钢产能置换等54个项目建设。认真落实市委、市政府出台的园区内工业项目收费政策,为促进全民创业和企业发展,减免收费1300万元。积极支持滨江、秀山新区和承接产业转移示范区建设,拨付启动资金3.2亿元。

【坚持以人为本,持续加强和改善民生】实施50项民生工程,投入资金14.3亿元,同比增长44%,惠及全市120多万城乡群众。完善年度目标管理、重点工程推进、工作落实督导、考核奖惩、责任追究等五大管理机制,推进民生工程长效化管理。狠抓资金筹集,到位资金5.1亿元,占地方财政应配套资金114%。在电台、电视台、《马鞍山日报》开辟专栏,编印《简报》42期,全方位宣传民生工程。对民生工程资金多角度立体监管,开展民生工程"回头看"活动,确保资金安全、规范、高效使用。

【服务"三农",加快推进城乡一体化建设】全市各级财政三农投入12.7亿元,较上年增长26%。投入资金4047万元,实施11个农业综合开发项目,种粮大户示范区、花卉苗木基地、水产生态养殖、黄池食品加工等特色农业初步形成。编制2011年至2012年村级公益事业建设计划,筹措财政奖补资金1280万元,审批实施项目93个,促进农村公益事业建设"一事一议"奖补工作顺利实施。加大"四下乡两换新"财政补贴兑现力度,简化补贴手续,兑现补贴5245万元,市补贴兑付率居全省前列。

【深化国有资产改革,加强国有资产监管】顺利完成2009年度国有及国有控股企业国有资本保值增值考核工作。建立规范的国有资产处置程序,有效避免国有资产的流失。推进事业单位转企改制,歌舞团、黄梅戏剧团和艺术实验中心整合组建艺术剧院有限公司,《作家天地》杂志社转为国有独资企业。对市直129家行政事业单位1786栋房地产测绘、确权、办证,划转资产,实施产权统管,增强政府的投融资能力。对行政事业单位资产处置、出租等收益,全部纳入预算,实现"收支两条线"管理,上缴收入1700万元。

【加强财政监督管理,提高依法理财水平】建立健全财政监督制衡机制,将财政监督纳入财政运行的各个环节,寓管理于监督之中。"小金库"治理向社会团体、公募基金会、国有及国有控股企业延伸,实现全覆盖。对民生工程、涉农补贴、科技创新等财政专项资金管理使用情况开展检查,确保财政资金安全、高效运行。加强对上市公司财务年报分析,对企业执行《会计准则》情况开展检查,促进我市资本市场健康运行和可持续发展。

【开展"学习提升年"活动,推进机关效能建设】以"学习提升年"活动为抓手,全面加强思想、业务、作风、制度、文化和反腐倡廉建设。机关精神文明和效能建设全面提升,获得安徽省第九届文明单位和全国财政系统先进集体称号。结合"创先争优"活动,深入学习沈浩精神。落实好源头治理工作,推进党风廉政建设。开展规范行政权力运行工作,主动接受社会监督,打造阳光财政。进一步加强内部管理,严格执行财政部门廉政建设"八项禁令",提高行政效能。认真办理市人大议案、建议和市政协提案17件,继续抓好信访、计生、保密、档案和会计人员管理等工作。

(马鞍山市财政局供稿 尹昌元执笔)

花山区财政工作概述

2010年,花山区实现财政收入100528万元,同比增长47.5%,财政支出46601万元,同比增长48.81%。

【强化协税护税意识,确保税收应收尽收】建立协税护税机制,制定《花山区协税护税工作实施方案》,建立区、街道、社区(村)三级协税护税工作网络体系,构建全区协税护税信息共享平台。花山开发区税收工作站5月6日挂牌,对园区周边税收实行封闭式管理,查补入库税收300多万元。建设花山区个税综合服务中心,集工商、国税、地税、银行金融服务等部门于一体,政府主导资源整合,信息共享,当年个体税收增收1000多万元。

【促进结构调整,优化财力配置】着力推进产业转移和结构调整,促进花山区大发展、大推进、上台阶。全年调度资金16亿元,用于征迁拆迁、软件大厦建设、园区配套、马濮旅游大道绿化工程、农民安置房、花山区廉租房、土地复垦等重点项目。同时,扶持奖励中小企业,重点加大了软件科技企业投入。对城市建设、老旧小区整治、文明城市创建安排资金予以保障。

【着力改善民生,促进和谐花山建设】全区实施55项民生工程投入资金8.75亿元,其中:区级财政4687万元。实施城乡义务教育经费保障机制改革,财政累计拨付免杂费、免贫困生书本费,以及生均公用经费等补贴资金2亿元,占区财力35%,"校安工程"建设超额完成年度目标任务。财政投入城乡基本医疗保险、公共卫生等1937万元,扩大医保覆盖范围,提升社区公共卫生服务水平。城乡低保、廉租房和安置房建设、老旧小区改造、残疾人救助、劳动就业等民生工程投入也较大幅度增加,取得了明显效果。

【深化财政管理改革,完善公共财政体制】制定新一轮区与街道、区与园区财政体制,理顺区与街道、区与园区财政分配关系,建立分级管理、自求平衡、自我发展的财政激励机制,财力适度向基层倾斜,壮大基层财力。健全非税收入信息系统和核算体系,加强非税票据清理。全区79家一级预算单位开展清理、登记固定资产,实行信息化管控、动态化管理,使固定资产采购、使用、转移、处置规范有序。清理农村"三资",培养村级干部依法管理资产意识。加强"小金库"治理,对区直部门签定《禁设"小金库"承诺书》。

(花山区财政局供稿 尹昌元整理)

雨山区财政工作概述

2010年,雨山区实现财政收入9.17亿元,同比增长51.07%。财政支出64667.19万元,同比增长43.88%。

【统筹城乡,切实推进民生工程建设】实施56项民生工程,投入资金6.78亿元,惠及全区30多万城乡群众。全区城乡低保金标准在全省最高并按时足额发放,农村"五保户"供养标准超过省标准1倍并实现全覆盖。新型农村养老保险参保率达80.03%。全区新型农村合作医疗制度参合人群全覆盖,村卫生室建设任务提前1年完成省下达目标任务,城乡医疗急救服务体系进一步完善。免除城乡义务教育阶段学生学杂费,免费提供教科书、补助寄宿生生活费以及解决家庭经济困难学生的就学问题。强化安全意识,大力推进中小学校舍安全工程建设。农村公路"村村通"工程全部完成。保障性住房建设进度加快,提前1年完成800套廉租房建设任务。

【支农惠农,新农村建设扎实推进】投入资金597万元,实施2个农业综合开发项目,花卉苗木基地、休闲旅游观光等等特色农业初步形成。政策性农业保险覆盖面进一步扩大,全区种植业投保率95%。推动农村土地经营权流转,兑现奖励资金45万元。通过"一卡通"向1.5万农户发放惠农补贴635万元。改善农村人居环境。推进农村公益事业"一事一议"财政奖补工作,建设生活垃圾处理设施,加快新农村环境整治。发展农村文化事业,全区广播电视综合覆盖率100%,农家书屋和农民体育健身工程建设基本完成。

【加强监管,不断加强财政管理工作】认真开展工程建设领域突出问题专项治理工作,排查2008年以来的工程建设项目,对政府投资或使用国有资金建设的项目,围绕项目立项、政府采购制度执行、资金管理、投资控制、投资评审和专项审计等关键环节开展重点检查。认真开展民生工程资金、农村义务教育化债奖补资金、贫困重度残疾人生活补助资金、粮食直补和农资综合补贴资金等专项检查工作。完善"小金库"专项治理长效机制,开展小金库治理"回头看"工作,并将专项治理延伸到社会团体、国有及国有控股企业。

(雨山区财政局供稿　尹昌整理)

金家庄区财政工作概述

2010年,金家庄财政收入完成100334万元,同比增长61.74%,财政支出47697万元,同比增长117.08%。

【强化收入征管,做到应收尽收】合理安排收入计划,加强协调力度。制定新一轮区对乡、街道及区工业园的财政体制,充分调动乡、街道及区工业园组织财政收入积极性。以"税源管理年"活动为主线,把建立征管机制与加强基础管理工作结合起来,利用信息化科技手段,提升税收征管水平。

【突出重点领域建设,完善民生工程体制】继续实施62项民生工程,全年拨付资金5.48亿元,其中:中央和省市0.34亿元,区级0. 44亿元,市场筹集资金4.7亿元。

【优化财政支出结构,加大政策资金扶持】充分整合财政资源,着力调整政府公共投资结构,加大重点领域的投资力度。围绕"项目推进年"活动,科学调度财政资金,保障重大项目资金需求。加大对保障性安居工程、教育、医疗卫生等社会事业、环境保护以及企业技术改造等重点领域的投资力度。推进"惠民直达工程"建设,加快各项惠民资金发放进度,发放补贴58.68万元。

【深化财政制度改革,加强国资管理】新成立区小黄洲开发投资有限公司,注册资本5000万元。整合原有3个国有独资公司,增加注册资本,加强国有投资公司管理。加强预算编制精细管理,建立健全政府预算体系,增强政府预算完整性。加强预算执行管理,坚持先有预算、后有支出,严格按预算支出,硬化预算约束。

(金家庄区财政局供稿　尹昌元整理)

当涂县财政工作概述

2010年当涂县财政收入完成220000万元,同比增长22.1%。全县财政支出206082万元,同比增长21.3%。

【全力组织财政收入,确保收入任务完成】切实加强收入征管,大力清理欠缴和缓缴税收,严厉打击偷漏税行为。国税部门加大对100万元以上重点企业的税源监控力度;深化纳税评估,有效增加评估收入;加强对第三方信息采集、分析和应用;对废旧物资经营大户做好全程跟踪服务和协调工作,确保废旧物资经营企业税收实现较大增长。地税部门管好实体税源、管住一次性税源、规范非常规税源,加大税收检查和稽核力度。加强了对乡镇及经济开发区土地契税的征管、清欠工作;完善房产契税的直征工作,当年契税完成9582万元,较上年增长2.4倍。国土部门加大土地出让金的清缴力度,土地出让金入库总额达到9.9亿元,是上年入库数的4.5倍。

【贯彻积极财政政策,推动经济较快发展】建立新的融资平台,加大融资力度,全年新增融资7.04亿元,确保了县政府投资项目资金需求。县担保有限公司全年共办理中小企业贷款担保金额为8350万元。全年向企业投入4571万元扶持资金,其中:向上争取资金1566万元。鼓励企业节能降耗控制生产成本,利用危机倒逼机制淘汰落后产能,县财政扶持长江钢铁公司产能置换技改项目2300万元。认真落实再生资源利用企业增值税"先征后退"政策,及时为再生资源回收利用企业办理增值税退税37965万元。争取到中央第5批15个扩大内需项目,总投资10650万元,其中中央和省投入资金4836万元;争取到国家代发行的地方政府债券资金5600万元。全年共拨付家电、汽车、摩托车下乡补贴资金2894万元。

【集中财力保障民生,促进社会和谐发展】实施50项民生工程项目,其中:省33项、市15项、县2项,总投资6.15亿元,惠及全县65万城乡群众。城乡社会救助体系建设取得新成效，筹集城乡医疗救助资金511万元，共救助困难群众2150人次；补助城镇和农村居民最低生活保障对象24181人，补助资金共计4339万元；农村五保供养标准超过省定标准，足额发放农村“五保户”供养资金894万元；新型农民养老保险试点工作扎实推进，筹集资金1.4亿元，确保8.3万农民基础养老金按时发放。提高义务教育学校公用经费保障水平，全年共拨付农村中小学生公用经费2714万元；补助义务教育阶段贫困住宿生生活费596人次，拨付资金41.4万元；为全县60826名义务教育学生提供免费教科书；筹集建设资金6849万元，大力推进中小学校舍安全工程建设。投入2900多万元用于基层医药卫生体制改革的经费保障，投入257万元资金，用于重大传染病防治、突发公共卫生事件防范等工作。

【加大“三农”投入力度，积极落实惠农政策】“一卡通”向全县近15万农户及时发放粮食直补、良种和农资综合补贴等各项惠农资金1.28亿元。实施农业综合开发项目9个，总投资3410万元，争取上级财政补助2146万元。县现代农业示范园被列为全省现代农业综合开发示范区，获得省财政1800万元资金重点支持。加大农村基础设施建设投入力度。全年共安排支农资金1.14亿元。通过“一事一议”筹资筹劳方式，开展村级公益事业建设，财政投入奖补资金2059万元，充分调动农民参与公益事业建设的主动性。

【不断深化财政改革，提高财政管理水平】推进部门预算改革，实行“一个部门一本预算”，各部门及所属单位所有收支均在部门预算中全面反映。出台《当涂县财政专项资金拨付管理办法》、《当涂县政府非税收入资金缴库及拨付管理办法》和《当涂县乡镇财政预算资金调度暂行办法》等文件，努力提高财政科学化、精细化管理水平。继续开展财政预算支出绩效考评试点，选择10个单位的16个项目开展绩效考评。

（当涂县财政局供稿　尹昌元整理）

巢湖市财政工作概况

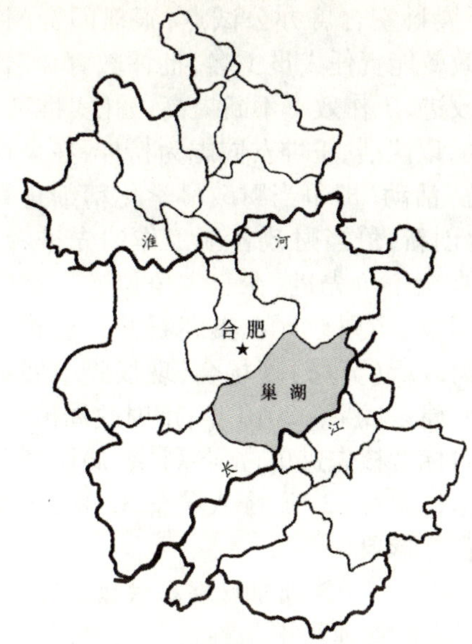

巢湖市财政工作综述

2010年,全市实现财政收入63.56亿元,比上年增长21.1%,其中市本级14.77亿元,增长20.6%;全市财政支出104.58亿元,比上年增长12.2%,其中市本级18.39亿元,增长9.6%(原列为市级支出的2.5亿元养老保险支出改列为省级支出)。

【财政收入平稳增长】各级财政部门紧紧依靠各级党委、政府的坚强领导,紧紧依靠国税、地税及非税收入各征收单位的大力支持,坚持以组织收入为中心,加强对财税形势的分析、研判,及早谋划、沉着应对,完善考核奖惩、健全激励机制,调动各征收单位的工作积极性;实行倒排任务、定期调度、集中攻关,形成各方面齐抓共管的工作格局,确保全年收入目标的完成。全市财政收入实现63.56亿元,完成预算的103.5%,增长21.1%。其中,财政部门组织收入12.28亿元,完成预算的143.3%,增长33.3%。

【支持经济力度加大】抢抓皖江城市带承接产业转移示范区建设机遇,及时出台财税优惠政策,多渠道筹集35.64亿元(其中市本级15.68亿元),加大承接产业载体建设投入力度,强力支持皖江示范区建设。支持新兴工业发展,及时拨付企业发展资金3.1亿元,办理企业各类退税3.7亿元,用于产业集中区规划、企业技改贴息、税收返还、节能减排以及招商引资等方面的投入。发挥财政资金杠杆作用,新增企业担保融资14.4亿元,比上年增长35.5%,拨付金融机构风险补偿资金2470万元,有效地缓解企业融资难问题。落实城镇化发展战略,通过预算安排、土地出让金、债券融资、银行贷款等渠道筹集58.5亿元,大力支持中心城市、县城和中心镇建设。认真落实国家扩大内需政策,争取中央和省财政资金5.1亿元,及时落实地方配套资金3.1亿元;累计发放家电汽车下乡等补贴资金2.18亿元,带动相关产品销售18.7亿元,持续扩大全社会的有效需求。

【民生财政扎实推进】全年各类民生支出达53.44亿元,占财政支出的51.1%。认真组织实施33项民生工程,进一步完善领导体制和工作推进机制,实行经常督查、定期通报、按月调度制度,对进度滞后的项目,及时下发督办通知书,跟踪督促整改,确保平衡推进。民生工程共投入20.8亿元,比上年增长25.3%,资金筹集率达111.2%,资金拨付率达100%,33个项目全部完成,惠及全市430多万人民群众。争取上级财政社会保障补助资金14.1亿元,比上年增加2.1亿元,确保了社保基金收支平衡和各项保险金按时足额发放。全年农林水事务支出14.48亿元,增长10.6%;教育支出22.68亿元,增长11.9%;科学技术支出1.19亿元,增长20.7%,均达到了法定支出的要求。认真落实厉行节约规定,从严控制公务购车、会议、出国(境)、公务接待等经费支出,一般性公共服务支出仅增长8.1%,低于财政支出增幅4.1个百分点。

【社会事业协调发展】新增教育投入2.47亿元,发放各类助学金766万元,新建、改建中小学校舍100万平方米。其中,市财政安排专项资金3500万元,改善城区学校办学条件。农村低保由人均860元提高到1000元,城市低保人均补差160元,共发放低保金2.46亿元。连续6年提高企业退休人员养老金标准,保障7.5万人,发放养老金9.6亿元。建成廉租住房10.6万平方米,通过廉租住房补贴保障9442户。再就业资金累计支出7000万元,及时向困难群众发放临时价格补贴1715万元。加快推进城乡卫生服务体系建设,投入8400万元,完成11所乡镇卫生院、20个社区卫生服务中心、396个村卫生室规范化建设。安排专项资金3亿元,保障基层医药卫生体制改革顺利实施。安排6000万元,支持产学研对接、科技成果转化、知识产权运用及科技计划等项目。投入2234万元，支持市传媒中心建设，完成21个乡镇综合文化站、181个农家书屋、86个农民体育健身工程和274个广播电视“村村通”建设任务。

【强农惠农力度加大】“三农”投入达62.4亿元，比上年增长13.4%，高于财政支出平均增幅1.2个百分点。狠抓支农资金监管，切实提高工作效率和服务水平，确保党的惠农政策落到实处。大力实施农业综合开发，争取上级财政投入1.23亿元，改造中低产田9.25万亩，支持农业产业化经营项目23个，提高农业综合生产能力。预算拨付农业产业化引导资金1450万元，比上年增长14.5%，支持农业产业化项目和龙头企业发展。一事一议财政奖补试点全面铺开，共落实奖补资金1.57亿元，比上年增长29.8%，规模居全省第四位，建成村级公益事业项目2264个，项目开工率、完工率始终居全省前列。政策性农业保险试点深入推进，总体投保率达87.1%，超全省平均水平2个百分点，及时纠正3起损害农民利益的赔案，为农户挽回损失108万元。认真实施惠民直达工程试点，完善“一卡通”发放机制，及时发放各类补贴9.3亿元，农民户均受益588.6元。

【精细管理有效提升】进一步细化完善部门综合预算，合理确定定额标准，保障重点，兼顾一般，强化对项目支出的控制和管理。发挥预算引导作用，对部门和单位节编、省车、超收等予以奖励。全面实施国库集中支付制度改革，一年来总体运行情况平稳。严格按预算拨付资金，对重大财政支出项目实施跟踪问效，出台政策和措施，对行政事业单位资产的配置、使用、处置等行为进行规范。推广实施基本建设项目“一表制”收费模式，严格非税收入票据管理，有效防止了越权减免收费和“三乱”行为。市本级和部分县区财政平台一体化管理系统正式上线运行，为进一步加强财政管理提供了技术支撑。

【自身建设切实加强】始终坚持围绕中心、服务大局，找准着力方向，当好参谋助手，组织制定“全力服务‘四大建设’，勇当‘六个翻番’先锋”的财政工作主题和奋斗目标。深入开展创建“学习型党组织”和财政系统“学习提升年”活动，全年党组中心组理论学习8次，机关干部集中学习17次，形成调研报告11篇，组织开展警示教育、廉政党课和“党员奉献日”等主题实践活动12次，提高了财政干部的综合素质。深入开展“两问两整治”活动，进一步查摆问题、解决问题、健全制度，探索建立财政联合执法检查制度，开展科室合署办公试点，狠抓问责问效，累计通报行政效能责任人员1名，批评教育2名，机关作风不断改进，工作效率不断提高。扎实推进“创先争优”活动，以沈浩、王坤友同志为榜样，在全局开展“双争双比”活动（即争当财政科学化精细化管理的先行者，比创新；争当财政各项工作的先进者，比奉献），努力在全市争先进、在全省争位次。财政基层建设成效显著，省财政厅在巢湖召开了全省创建规范化乡镇财政所（分局）现场会，现场集中展示了本市乡镇财政建设成果。2010年，市财政局被市委、市政府评为目标考核先进单位，各科室、局属各单位共获得各类集体荣誉33项、个人荣誉32项，树立了财政部门的良好形象。

（巢湖市财政局供稿　孙华执笔）

居巢区财政工作概述

全年实现财政收入73656万元，完成预算的107.5%，同比增长26.8%。其中，地方收入49796万元，增长27%；上划中央收入23860万元，增长26.1%。全年实现财政支出148676万元，比上年增加1.7亿元，增长8.2%。

【支持经济加快发展】认真落实招商引资优惠政策，积极为出口企业争取优惠贷款1200万元，组织申报18个财政扶持企业项目，及时兑现企业发展资金5082万元，缓解企业融资瓶颈，促进企业做大做强。全区纳税超千万元企业达10户，较上年增加6户；企业所得税纳税超10万元企业较上年增加33户，并首次出现超千万元企业。实施农业综合开发项目13个，总投资2890.5万元，比上年增长60.5%；积极组织上报农业产业化、农业三增、农业科技示范推广等项目20多个，全年共获上级项目资金及各类涉农补助资金4800多万元，切实加大对三农的投入力度。

【认真实施民生工程】在全市民生工程单项考核中，有9个项目名列第一，14个项名列第二。强化民生工程资金保障，计划筹集资金2.9亿元，实际筹集3.32亿元，拨付资金3.22亿元，确保33项民生工程顺利实施。农村居民最低生活保障人口达25790人，农村“五保户”供养6387人，城镇未参保集体企业退休人员基本生活费保障5865人，享受计划生育家庭奖励扶助2037人，享受大中型水库移民后期扶持1907人，救助贫困重度残疾人4288名。资助高校和中职学校家庭经济困难学生 5098 人;完成新型农民培训 5110 人,完成农民工技能培训 3020 人。55.7 万人参加新型农村合作医疗,参合率达 97.55%;实施 150 例贫困白内障患者复明工程。完成 104 万亩政策性农业保险投保;实施 36 公里农村公路"村村通"工程;完成 500 口户用沼气池建设。实施 64 个自然村广播电视"村村通"工程;完成 30 个农家书屋建设;建成 12 个农民体育健身工程。

【推进科学精细管理】完善部门预算编制,按照"人员经费按定额、专项经费按计划、预算一次核定、总量控制"的原则,公开、公平、公正地编制部门预算。推进国库集中支付改革,110 个区直单位实行了国库集中支付,实现会计集中核算向国库集中支付的转轨。深化政府非税收入征管改革,推进"单位开票、银行代收、财政统管"非税收入征管方式改革,全区 112 个执收单位全部纳入非税征管信息系统管理;对基本建设 17 大类收费项目推行"一表制"收费管理,有效堵塞了非税收入跑冒滴漏。深化政府采购改革,撤销政府采购中心,成立区招标投标监督管理局,进一步规范政府采购行为。

【抓好财政牵头工作】"四下乡、两换新"工程成效显著,被评为全省、全国家电下乡工作先进县(区)。全年实现家电汽车摩托车下乡产品销售 88983 台(辆),销售金额 30339 万元,共补贴 88983 台(辆),兑付补贴资金 3492 万元,资金兑付率达 100%。政策性农业保险试点扎实推进,全年种植业投保 110 万亩,超额完成年初目标任务,共赔付农户受灾损失 556 万元。一事一议财政奖补试点全面展开,共奖补一事一议项目 591 个,涉及农田水利、村级道路、安全饮水工程、环境整治、文化设施建设等方面,共拨付奖补资金 2946 万元,项目已全部完工并投入使用。"小金库"治理有序开展,国有及国有控股企业、社会团体自查面达到 100%。

【加强财政队伍建设】以"学习沈浩精神、服务居巢跨越、推动财政科学发展"为主题,把"学习提升年"、"创先争优"和"两问两整治"等活动统筹安排、统一布置、同步推进,组织开展紧贴实际、富有特色的 18 项活动,提高财政干部队伍的整体素质。实行机关干部大轮岗,坚持公开、透明、竞争、择优的原则,严把用人标准关、选人程序关、责任追究关,真正把群众基础良好、工作成绩突出,能办事、办实事的干部选拔到合适岗位,提高选人用人的公信度。全面加强乡镇财政建设,柘皋、槐林、烔炀、黄麓 4 个财政所升格成立副科级"财政分局",新建银屏、栏杆、苏湾三个标准化财政所,改善财政所办公条件,调动乡镇财政干部的工作积极性和主动性。

（居巢区财政局供稿　方俊执笔）

含山县财政工作概述

2010 年,全县完成一般预算收入 6.33 亿元,比上年增长 17.2%,人均财政收入达 1420 元。全年完成财政支出 10.9 亿元,较上年增长 11.9%。

【组织收入进一步增强】强化财政"两税"稽查,契税、耕地占用税完成收入 7700 万元,增长 77.3%。坚持依法征收、以票管收、网络控收、稽查督收,设立非税局直接征收点,确保非税收入及时全额入库,全年完成非税收入 7010 万元,占年初预算的 127%。镇级财政收入快速增长,累计完成 2.2 亿元,其中 7 个镇财政收入超千万元,4 个镇超 2000 万元。

【职能作用进一步发挥】认真贯彻落实扩内需、保增长政策措施,全年共发放家电、汽摩补贴资金 1380 万元,资金兑付率居全市前列。多渠道筹集资金近 7 亿元,支持全县重点工程、重点项目建设,保持公共投资较快增长。统筹安排资金 4000 万元,支持筹建经济开发区投资公司和旅游投资公司。设立 500 万元铸造业扶持基金,支持铸造产业加快升级。

【保障能力进一步提高】全年共投入 2.1 亿元,其中县财政配套 2600 万元,实施 33 项民生工程,惠及全县 40 多万人民群众,在全市民生工程考核中获 2 等奖。围绕把杨柳圩农业基础设施打造成全市乃至全省一流示范工程,扎实推进运漕连续 3 年土地治理项目,当年投入资金 965 万元,治理面积 1.1 万亩。2009 年农发项目顺利通过市级验收,居全市第一。认真落实各项惠农强农政策,全年通过"一卡通"发放各类涉农补贴资金 8000 多万元。

【管理方式进一步创新】国库集中支付改革继续深化,顺利退回 53 个县直单位会计核算职能,实现了会计集中核算向国库集中支付的平稳转轨。农村综合改革深入推进,全县 96 个村设立了为民服务代办点,代理事项 20 多项;安排资金 115 万元,支持各镇实施"以钱养事"项目;落实配套资金 180 万元,实施"一事一议"财政奖补项目 236 个,村级覆盖率居全市第一。

【理财环境进一步改观】对全县 54 个社会团体、13 个国有及国有控股企业开展"小金库"专项治理,对 16 个单位实施了重点检查。对 4 家重点行业和企业开展会计信息质量检查,查处违规金额127万元。采取单位送检与上门年检相结合,对168家单位开展票据检查,补缴非税收入近60万元。加强政府债务及融资平台管理,顺利通过了省级审计调查。

【"两基"工作进一步夯实】扎实推进财政所科学化、精细化管理,仙踪财政所经验得到了上级充分肯定,省、市先后在含山县召开了现场会,《中国财经报》先后3次进行专题报道,全省60多个县(区)财政部门前来考察学习,树立了含山财政新形象。完成了铜闸、清溪和林头三个财政所办公楼建设任务,改善了财政所办公服务环境。全面清理村级资金、资产和资源,建立和完善"三资"委托代理、村级债务化解和"三资"动态管理等三项机制,顺利通过了省级验收,全市"三资"管理现场会在含山县召开,总结推广了含山经验。

【自身建设进一步加强】认真开展"学习提升年"活动,继续加强财政所人员业务培训,组织人员参加市支农政策培训班,圆满完成干部在线学习任务,参学率和通过率居县直单位前列。廉政建设不断加强,获县直单位党风廉政建设第1名。党建工作形式多样,连续获县直机关党建工作先进单位,省委组织部领导前来考察"创先争优"活动开展情况,给予了高度评价。文化能力建设丰富多彩,举办了财政系统文艺汇演、乒乓球和象棋比赛、"民生杯"财政知识竞赛。自觉接受县人大依法监督和县政协民主监督,认真办好全年12件建议和6件提案,首次获县政协提案办理先进单位。圆满完成财政系统"五五"普法任务,获省财政厅"五五"普法先进县、县"五五"普法先进集体。机关群团组织得到加强,获县工会、县妇联目标考核先进集体。

(含山县财政局供稿 徐军执笔)

和县财政工作概述

2010年,全县完成一般预算收入73028万元,占年初预算的104.3%,比上年增长21.5%;完成一般预算支出135844万元,占年初预算的117.43%,比上年增长14.7%。累计实现基金收入12804万元,其中社保基金收入11697万元;完成基金支出13813万元,其中社保基金支出11697万元。

【支持经济力度加大】加大公共投资力度,通过经营土地、对上争取、贷款融资等方式,积极调度资金,重点加大对"大拆迁、大拆违、大建设"方面的资金投入,全年共拨付重点工程建设资金6亿多元。支持企业融资发展,通过召开银企对接会,促成银企双方达成意向贷款17.5亿元,实际到位16.1亿元;积极向省开行、省农发行申报争取贷款2.87亿元,向中国进出口银行南京支行、省农发行提款2.6亿元,全县金融机构贷款增幅居全市第1位。加快推进金融创新,县农村合作银行成功组建并正式营业,新华村镇银行完成组建工作,润和小额贷款公司筹建工作进展顺利。积极发挥担保公司作用,帮助落实企业融资担保项目60个,担保额达4.17亿元,年底在保余额4.35亿元,为企业扩大生产、缓解资金流转困难提供了强有力的帮助。

【民生事业保障有力】认真实施33项民生工程,牵头负责制定、完善民生工程实施办法,明确各部门工作职责,细化工作任务;强化资金保障,总投入3.2亿元,比上年增长37%。其中,县级配套4805万元,增长10%,资金筹集率达100%,资金拨付率达100%;加快民生工程实施进度,其中,城乡卫生服务体系建设在全市率先完成,广播电视"村村通"工程、农家书屋、农村沼气建设等工程提前完工,全面完成了民生工程建设任务,惠及全县65万人民群众。人员工资及津补贴调整年初预算足额安排到位,农村义务教育绩效工资等严格按标准执行到位,做到每月按时发放。投入1870万元,支持基层医药卫生体制综合改革顺利实施。农业、教育、科技等支出分别比上年增长4.51%、4.36%、55.74%,均达到法定增长要求。

【改革管理不断深化】建立健全预算执行例会制度和资金调度集中会审制度,严格控制预算追加,加快资金的审核、拨付进度,进一步加强财政性资金跟踪问效管理。稳步推进国库集中支付改革。除义务教育学校和镇卫生院外,所有县直行政事业单位纳入国库集中支付管理。建立国库单一账户体系,出台配套措施和管理办法,规范财政直接支付或授权支付行为。进一步完善县镇财政管理体制。按照扩权强镇试点要求,调整完善县镇财政管理体制,进一步下移财力,增强镇财政造血功能。全县镇级财政收入由2008年的17924万元增加到2010年的40956万元,两年跨过3个亿元台阶,镇级财政实力显著增强。持续加强财政支出管理。继续严格执行党政机关厉行节约规定,大力压缩非生产性支出;对所有财政性资金,严格按照财政性资金审批办法,坚持自下而上,由财政部门审核签报,报县政府审批,规范资金拨付程序。

【重点工作完成良好】继续深化农村综合改革，进一步完善惠民服务全程代理制，加快推进集体林权制度改革；全面推进村级公益事业"一事一议"财政奖补试点，全县共审核批复10个镇117村申报项目475个，预算造价3155.8万元，项目已全部建成并投入使用。推进惠民资金直达工程试点，开展信息采集工作，完善惠民直达工程信息管理系统基础数据库；严格落实各项惠农政策，全年通过"一卡通"打卡发放27项惠民补贴资金17161万元。认真落实"四下乡、两换新"政策，全年共销售家电下乡产品67408台，兑付补贴2031万元；销售汽车摩托车7458辆，兑付补贴1243万元；家电以旧换新销售306台，兑付补贴9.3万元；补贴农机具962台，兑付补贴819.4万元。

（和县财政局供稿　刘圣华执笔）

无为县财政工作概述

2010年，全县实现一般预算收入177588万元，完成年预算的100%，比上年增长16%，总量居全省第六位。其中，国税部门完成90178万元，增长3.5%；地税部门完成55635万元，增长29.4%；财政部门完成34537万元，增长48.9%。全县实现一般预算支出255818万元，较上年增加29082万元，增长13%。

【大力组织财政收入】完善财税库联席会议制度，强化协税护税举措，定期进行分析调度；建立重点骨干企业联系制度，开展土地使用税、重点企业所得税等税源调查，强化重点税源监管；完善收入目标考核体系，制定乡镇财政收入目标考核办法，建立符合科学发展的收入增长及质量考核机制，克服支柱产业——电线电缆行业税收大幅下滑的不利影响，促进财政收入依法征收、应收尽收。加快收入入库进度，实施"财税征收大会战"活动，历时3个月共组织收入6.23亿元，日均入库700万元。财政部门组织的"两税"、非税收入取得新突破，全年超收达10537万元，受到了县委、县政府通报表彰。乡镇财政收入快速增长，其中超千万元乡镇达15个，新增3个；超亿元乡镇达4个，新增2个。

【全力助推经济发展】认真落实支持电线电缆企业做大做强12条政策措施，安排专项资金5256万元，支持支柱产业转型升级；安排政府债券资金4200万元，用于民生工程等公益性项目；增加县担保公司资本金800万元，提高担保公司担保能力。加大财政奖励扶持力度，全年投入7365万元，及时兑现"企业贡献"、"质量兴县""科技创新""土地使用税奖励""金融奖励"等奖励政策，改善企业投融资环境，引导企业加大投入、调整结构、转型升级。支持资源节约和环保型企业加快发展，共为森海、鑫发等再生资源企业办理退税2762万元。继续落实好家电汽车摩托车下乡政策，全年发放财政补贴资金3097万元，补贴兑付率达100%，有力地促进了农村消费，在全省考核中获2等奖。

【切实保障民生事业】充分发挥财政牵头抓总作用，加大工作推进力度，全面完成33项民生工程建设任务，在全市考核中居第一位，并获得省政府表彰。强化民生工程资金保障，共筹集资金6.4亿元，其中县财政配套8314万元，资金筹集率达100%。拨付率达100%。政策性农业保险扎实推进，全年种植业参保面积165万亩，养殖业参保能繁母猪3131头，共赔付农户损失476万元。一事一议财政奖补全面展开，涉及23个乡镇、309个行政村和5个国有小农场，乡镇、村级覆盖面分别达100%、99%，共奖补一事一议项目506个，项目资金概算4953万元，项目完工率达100%。在2009年度一事一议财政奖补资金清算中，共获中央财政补助999万元，占全市的40%。大力实施农业综合开发，实施了白茆镇"一条龙"模式试点、红庙镇中低产田改造和开城镇扶持种粮大户等三个土地治理项目，治理面积1.72万亩，完成投资1260万元；实施1000吨蔬菜休闲食品改扩建和400万尾黄颡鱼繁育及养殖新建等5个产业化项目，完成投资832万元。严格执行"六到户"、"八不准"纪律要求，全年共通过"一卡通"发放22项2.2亿元补贴农民资金。

【稳步推进财政改革】推进国库集中支付改革，出台《无为县财政国库集中支付业务操作规程》等4个配套办法，实现了会计集中核算向国库集中支付模式转换。改进专项资金管理方式，实行集中管理，共撤并账户8个，实现专项资金由分散管理向"统一账户、集中管理、分项核算、专款专用"模式转变。创新财政资金保值增值机制，制定《无为县财政性资金保值、增值运作方案》，通过活期转定期、协议存款多种方式，年增加收益1000万元。积极采取有效措施，消化粮食财务挂账、国债转贷、国元信托、世行贷款、建设工程款等陈年债务7775万元，提高财政运行质量。调整完善县乡财政体制,进一步规范县乡两级财政分配关系。

【全面加强队伍建设】健全机关学习制度,加强集中学习培训,全年组织开展各类业务培训活动 22 次,培训 1300 余人次。加强机关效能建设,建立健全学习、考勤、考核、督查通报等十多项内部管理制度;完善业务操作规程,公开办事程序和业务流程图,推行首问负责制和限时办结制,对行政审批事项,一律实行"五日办结"、"六个公开";聘请 10 名人大代表、政协委员为政风监督员,定期开展政风评议活动,主动征求意见和建议。扎实推进"创先争优"活动,深入开展"学沈浩,见行动"和向王坤友同志学习活动,激发全系统干部职工工作激情。全面推进规范化财政所(分局)创建活动,细化乡镇财政岗位设置,建立健全奖惩激励制度,促进乡镇财政科学化、精细化管理;加强乡镇财政基础设施建设,改善了蜀山、刘渡等 6 个财政所办公条件。2010 年,县财政局被县委、县政府评为目标管理综合考核 B 类第一名,获全县党风廉政建设先进单位,人大代表、政协委员提案、议案办理先进单位。在全县"百名股长"民主评议中,参加评议的 5 名股长全部进入前 20 名,其中 3 个进入前 10 名,2 个进入前 5 名,树立了财政部门的良好形象。

(无为县财政局供稿 杨先兵执笔)

庐江县财政工作概述

2010 年,全县财政收入完成 10.03 亿元,跨越 10 亿元新台阶,比上年增收 2.34 亿元,增长 30.4%,增幅居全市第一位;财政支出完成 21.34 亿元,比上年增长 15.4%。

【财政实力稳步增强】"十一五"期间全县财政收入累计完成 31.7 亿元,是"十五"期间的 2.6 倍,年均增长 32.7%,分别超全省、全市平均增幅 7 个和 5.8 个百分点。人均财政收入由 2005 年的 206 元增长到 2010 年的 851 元,年均增长 32.8%,高于全市平均增幅 6.3 个百分点,财政实力显著增强。财政收入占 GDP 的比重由 2005 年的 5% 上升到 2010 年的 9.7%,增加了 4.7 个百分点;税收收入占财政收入的比重提高了 0.2 个百分点,地方收入占财政收入的比重上升了 4.6 个百分点,收入质量稳步提高,收入结构更趋合理。乡镇财政收入快速增长,财政收入超千万元镇由 2005 年的 3 个增加到 13 个,占全县的 76.5%,其中 1 个镇超亿元。

【保障能力不断提高】全县财政支出完成 21.34 亿元,增长 15.4%,迈上 20 亿元新台阶。及时兑现事业单位绩效工资和公务员津补贴调整,保证了工资按时发放和机关正常运转。优先保障民生工程、基层医药卫生体制改革、新农保改革和扩大内需等专项支出,促进民生和社会事业统筹协调发展。认真实施 34 项民生工程,全年投入达 5.7 亿元,其中县财政足额配套 9400 万元,持续改善人民群众的生产生活条件。全年拨付社会保障支出 30309 万元,比上年增长 15.9%,切实缓解了困难群众看病难、就业难、生活难、住房难等实际问题。全面落实各项强农惠农政策,全年通过"一卡通"发放 28 项涉农补贴资金 31357 万元,比上年增长 12.5%。

【支持发展力度加大】全年共争取省财政专项追加 69217 万元,地方政府债券转贷资金 7500 万元,支持县融资平台公司融资发展,加快推进庐城旧城改造、公共基础设施建设和公益事业发展。安排工业主导产业专项资金 300 万元、拨付企业改制资金 2856 万元、办理企业各类退税 9905 万元、共为中小企业提供担保贷款 36062 万元积极整合财政支农资金,共拨付农业项目资金 4844 万元、农业综合开发资金 4590 万元,支持 136 个重点项目建设,提高资金整体效益。全面推进郭河现代农业综合开发示范区建设,整合项目资金 12500 万元,完成投资 10800 万元,着力打造"秀美田园"和"生态粮仓"。认真落实"四下乡、两换新"工程,全年销售各类产品 93960 台(辆),带动农村居民消费 32778 万元,及时向 9 万多农户发放补贴资金 4219 万元。

【改革管理扎实推进】强化部门预算管理,完善公用经费定额和项目支出编制办法,提高部门预算编制水平。推进基层医疗卫生机构运行补偿机制改革,研究制定运行补偿实施办法和镇卫生院"收支两条线"管理办法,及时审核拨付资金,保障了改革工作顺利进行。加强行政事业单位资产管理改革,全面开展资产清查和信息登记,建立资产管理信息网络系统,实现资产管理与预算管理的有效衔接。继续深化农村综合改革,在上级补助的基础上,增加村级补助资金 170 万元,建立村级组织运转经费保障机制;全面开展一事一议财政奖补试点,全年奖补一事一议项目 452 个,拨付奖补资金 2573 万元。健全农民专业合作经济组织新机制,当年新增农民专业合作组织 39 家,提高农业组织化水平。积极参与推进农村集体“三资”清理工作，制定“三资”管理制度，初步实现村级“三资”规范化管理。

【队伍建设继续加强】围绕“科学理财创先进，学习沈浩争先锋”主题，突出增强财政保障能力、提高工作执行力、优化服务环境三项重点。扎实开展“学习提升年”活动，通过开展专项培训、专题调研、文明创建、关爱谈心、主题教育等多种形式，不断提升财政干部综合素质、班子整体合力、财政文化品位、机关和谐氛围、干部党性修养。扎实开展“两问两整治”活动，不断改进机关作风，提高工作效率，树立财政部门良好形象。2010 年，县财政局和会计中心在县直单位政风行风评议中分别位列经济和社会管理类和与人民群众生产生活密切相关类单位第一名。同时，县财政局相续被评为 2010 年度县直单位目标管理优秀单位、党风廉政建设先进单位、人口与计划生育综合治理先进单位、双拥模范单位、人大代表议案办理先进单位，钱俊、邢应仓、姚维银三位同志在全县“百名干部万人评”活动中被评为“十佳股长”。

（庐江县财政局供稿　高勇执笔）

芜湖市财政工作概况

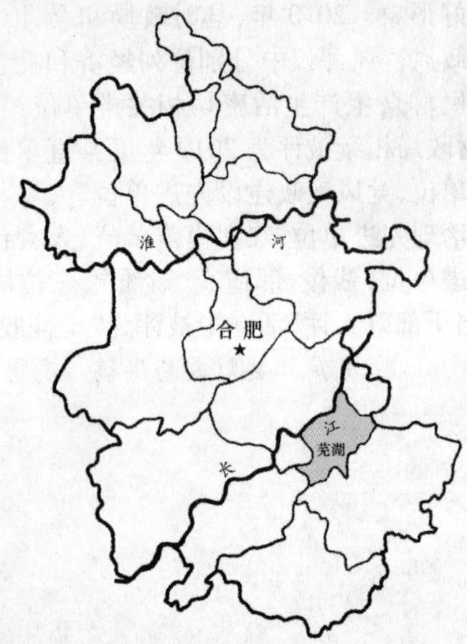

芜湖市财政工作综述

2010年,芜湖市财政总收入完成200.7亿元,为预算的118.6%,较上年增长35.8%。其中:三县完成40.9亿元;四区完成54.7亿元;芜湖经济技术开发区完成26.9亿元;市本级完成78.2亿元。全市财政支出135亿元,增长24.5%。

2010年,市本级财政总收入完成78.2亿元,为预算的116.5%,同口径增长30.8%。市本级财政支出完成52.3亿元。

【依法征管,促进收入增长】建立房地产行业涉税信息平台,开展房地产行业税收专项检查,房地产行业入库税收32亿元,增长51%。开展市区土地使用税征管情况抽查和全市土地使用税欠税清缴,征收土地使用税5.8亿元,增长15.2%。开展在芜建安企业注册情况清查,强化建安项目税收属地征管。制定严肃税收秩序规定,规范市区税收秩序。

【落实财税政策,促进和谐发展】认真落实增值税转型、出口退税、高新技术企业所得税优惠政策,制定承接产业转移示范区专项体制政策,安排11.77亿元用于示范区基础设施建设和编制示范区规划。制定促进LED产业发展财税政策和LED产业发展资金管理办法,培育战略性新兴产业。组织开展家电、汽车、摩托车、农机下乡和家电、汽车以旧换新工作,补贴资金9186万元。安排医改专项资金4亿元,保障基层医药卫生体制改革和公立医院改革顺利推进。安排保障性住房建设专项资金4.6亿元,缓解城乡低收入群众住房困难。贯彻落实市区财政体制调整政策,下移区级财力4.2亿元。统筹调度各类资金102亿元,支持县、区经济发展。

【加大扶持力度,培育新的经济增长点】加大自主创新扶持力度,制定现代物流、服务业外包等"三产"八大行业财税扶持政策和资金管理办法,支持"三产兴市"战略实施。财政连续5年每年安排1亿元,实施小巨人培育计划,培育新的经济增长点。利用市创业(风险)投资引导基金,吸引社会资本在芜设立风险投资机构5个,注册资本16.3亿元。争取省级战略性新兴产业发展引导资金1亿元,培育新兴产业发展。争取地方政府债券转贷资金4.4亿元,增加公共交通、保障性住房等投入。成功申报可再生能源建筑应用示范城市,获财政部专项补助资金8000万元。

【发挥中坚作用,推进各项改革顺利进行】完成繁昌县高安乡、芜湖县方村镇及芜湖长江大桥综合经济开发区区划调整财政收支和资产交接工作,保障区划调整平稳过渡。完成公共卫生和基层医疗卫生人员绩效工资改革和其他事业单位预发工资(生活)性补贴政策的兑现工作。开展地方政府性债务统计和融资平台公司清理整顿,规范政府性债务管理,防范财政风险。

【强化监管,提升国资运营质量】建立和完善国有资产监管体系,出台企业国有资产监督管理办法,加强国有企业经营业绩考核和职工薪酬管理。制定行政事业单位国有资产绩效考核办法,推进行政事业单位资产管理信息化改革。统一合理调配市直机关、事业单位办公用房,盘活存量资产。

【强化保障,全力推进民生和惠民直达工程】市完成民生工程38项,其中省33项,市5项,共投入资金36.8亿元,被省政府授予2010年民生工程组织实施先进单位 。制定财政支农资金整合方案,安排资金4亿元,集中用于三县农村土地整理整村推进。完善惠民直达工程管理一体化、平台一网联、审核一线实、发放一卡通、服务一站办工作体系,切实保障各项惠民政策落到实处。

【强化监督,提高财政管理质量】组织开展党政机关、国有企业、社会团体"小金库"专项治理工作。制定预算支出绩效考评办法,在市级"科三费"等8

个项目先期试点。开展强农惠农资金专项清查和市直党政机关和事业单位财务制度执行情况检查，强化财政监督。开展房地产、燃气、学校、医院等企业和单位会计信息质量检查，加强了会计信息质量监管。

【开展创先争优和争创省级文明单位活动】结合实际制定活动方案，明确“创先争优强财政，科学发展惠民生”的活动主题和具体要求。按照“强信念、抓基础、提效能、优服务、惠民生、作表率”的要求，推进市局和会计师事务所创先争优活动的开展。在芜湖日报、芜湖电视台等新闻媒体开展创先争优活动、“一把手访谈”和学习沈浩专访。同时，还组织开展了第九届省级文明单位和第十届市级文明单位标兵创建活动。

【加强机关作风建设和廉政建设】制定局机关工作纪律暂行规定、局机关工作纪律督办暂行规定和局工作人员行政过错责任追究办法，印发党风廉政建设和反腐败主要工作任务分解表，将党风廉政建设19项任务逐项分解到全局各科室执行。组织局12名重要岗位上的中层干部到市中级人民法院旁听职务犯罪庭审。开展规范权力运行专项工作，将各部门的工作规则、权力运行流程情况表和流程图制定成规范权力运行工作规程汇编，印发各部门贯彻执行。组织参加全市廉政文艺调研和“学沈浩”演讲比赛。

【扎实做好机关党建工作】一是市财政局机关党总支经批准升格为机关党委，顺利进行了机关党委选举。二是开展行业党支部创建活动，新中天、平泰和恒盛三个党支部被省厅行业党委评为先进党支部。三是开展了“共产党员”挂牌上岗及创建“共产党员示范岗”活动，经建科被命名为“市直机关共产党员示范岗”；四是积极进行组织发展，6名预备党员按时上报转正，8名同志为培养和发展对象；五是开展向玉树地震灾区捐款活动和两节献爱心捐款活动，全局干部职工捐款达15350元；六是开展学习型党组织建设和知识测试活动，党员干部测试参加率达100%。

（芜湖市财政局供稿　刘宗悦执笔）

镜湖区财政工作概述

2010年，镜湖区财政工作坚持实施“三产强区、科教兴区、统筹发展”战略，切实优化产业结构，加强财源建设，区级财政收入呈现稳定、快速增长。全区完成财政收入245043万元，完成预算的126.4%，较上年增长37.3%。全区财政支出95396万元（含上级专项转移支付支出14180万元），为预算的161.7%，较上年增长53.1%。

【齐抓共管，确保财政收入稳定增长】2010年5月，成立芜湖市首家国地税个体税收委托代征点，通过税源管理平台实现数据传递和信息共享，初步形成委托代征点、街道、社区三级护税协税网络，防止税收流失。2010年个体税收完成7624.5万元；强化非税收入征管，全年实现非税收入4559万元，完成年初预算的116.5%。全区财政总收入增幅达到37.3%，收入总量位居全市各县区之首，比年初预算净增长51167万元。

【把握政策，推进经济社会持续发展】认真落实增值税转型、出口退税、高新技术企业所得税优惠政策，全年共兑现各项扶持政策6257万元。严格执行家电下乡、汽车摩托车下乡等政策，兑现补贴资金1300余万元。建立基本公共卫生经费保障机制、医疗卫生机构补偿机制，推进基层公共卫生服务机构改革。安排医改专项资金500万元，保障改革顺利推进。

【全面保障，推进民生项目落到实处】全区完成32项民生工程，共投入民生资金11.54亿元。安排低保资金3052.27万元，全区6621户低保家庭基本生活得到保障；安排财政资金93万元，对730户低收入群体提供临时困难救助；拨付再就业资金1780.23万元，支持社会保障服务工作；发放创业小额贷款1261万元；落实义务教育公用经费1248万元；安排财政资金2733万元，进一步完善居民基本医疗保险和社会医疗救助制度；拨付低收入家庭住房保障租金补贴452万元，完成实物配租500套，努力解决城乡低收入群众住房困难，不断改善城乡居民居住条件。

【与时俱进，努力提高财政管理水平】完善预算管理体系，严格规范部门预算。严格控制车辆购置运行费、公务接待费、会议费支出，优化财政支出结构。完善行政事业单位“小金库”专项治理工作。完成卫生监督、疾控中心、妇幼保健站、荆山社区卫生服务中心等公共卫生单位绩效工资改革，筹措1020万元兑现有关事业单位政策性补贴。

【稳步推进，进一步强化国有资产监管】开展新的一轮行政事业单位国有资产的清理登记工作，健全国有资产实物和账务管理制度。对全区行政事业单位的公务车的车辆更换、报废进行统一管理。全年共规范处置公务用车8辆。

【苦练内功,加强财政干部队伍建设】认真开展"学习提升年"、"创先争优"活动,进一步加强财政干部思想建设、业务建设、作风建设、制度建设、文化建设和反腐倡廉建设。自觉接受人大和政协的法律监督和民主监督。改进工作作风,提高服务意识,全面提高财政干部的政策水平和业务技能。

(镜湖区财政局供稿　樊志高执笔)

弋江区财政工作概述

2010年,全区财政收入完成150239万元,为预算的126.5%,比上年增长45%。其中,地方收入为97283万元,为预算的146.3%,增长64.4%;2010年,全区财政支出为82016万元,为预算的185.3%,增长97.1%。其中,区本级支出77916万元,为预算的189.4%,增长101.9%。

【依法组织收入,保持财政收入快速增长】与国、地税共同了解和掌握重点企业、纳税大户生产经营情况,密切跟踪重点税源企业税收入库情况,配合省、市相关部门开展耕占税、契税、土地使用税及房地产行业清理,协助规范税收管理秩序。依法加强税收征管。

【优化发展环境,支持中小企业健康发展】一是加强政策研究和辅导,引导企业充分享受各项国家促进中小企业发展奖励政策。二是兑现国家省、市促进中小企业发展奖补资金。三是加大企业融资担保力度,出台《弋江区中小企业融资担保管理办法》、《弋江区风险投资实施办法》,采取多种担保方式提供融资服务,缓解中小企业融资难压力。

【加大资金保障力度,稳步推进民生工程】完成民生工程34项,投入财政资金3.38亿元。完善惠民直达工程数据库工作,对数据库维护进行动态管理。全面推进审核"一线实"确保惠民补助对象不重不漏。新建社区惠民网点实现全覆盖。

【实施资产信息化系统,规范国资管理】实施《弋江区行政事业单位资产信息化系统》,实现国有资产管理的信息化、科学化、精细化的动态管理,促进国有资产的保值增值。

【组织实施农村"三资"委托代理服务】在做好农村"三资"委托代理服务和业务指导工作的同时,制定国有资产管理制度,组织"三资"电算化软件的培训,制定全区统一的登记管理台账,制定"三资"代理服务工作流程图,印制了村(居)财务核算管理等专用票据等。

【落实财政改革,提高管理水平】一是审核和发放公共卫生和基层医疗卫生人员绩效工资。二是按照统一部署启动其他事业单位预发工资生活性补贴工作。三是积极推动基层医药卫生体制综合改革工作顺利实施,安排基层医药卫生体制综合改革试点专项资金,完成基本药物制度试点改革任务。四是积极协助高新技术开发区升级工作,9月26日国家级高新技术开发区已获通过。

【加强队伍建设,开展"学习提升年"活动】深入开展"学习提升年"活动,一是加强领导,成立了领导小组。二是召开专题会议,进行动员部署。三是开展专业知识培训,与国、地税互动、观摩世博等活动,调动全局职工工作积极性和创造性,强化服务大局、勤政廉政、乐于奉献的精神,实现了财政观念明显改变,工作作风明显转变,服务水平明显改善,工作效能明显提高的目标。

(弋江区财政局供稿　郭玉峰执笔)

鸠江区财政工作概述

2010年,鸠江区围绕"一主两翼"建设新思路,积极组织财政收入,合理安排财政支出,财政收入及财力双双取得新的历史性突破。全区财政收入完成110075万元,同比增长37.8%。全区财政支出实现57500万元,同比增长71.7%,收支平衡。

【财政收入规模扩大,收入结构优化】全区财政收入继续较快增长,财政总收入跃上11亿元新台阶。一是紧抓全年收入目标,加强经济税源分析,实行国地税和财政联合分析,强化财、税、企业联席会议制度,增强财税部门对经济社会发展的预应分析能力。二是加强税源控管,实行重点项目动态管理,动态跟踪项目用地、土地拍卖、房产销售等税源情况,全面摸清契税和耕地占用税家底,有效监控税源,既确保收入及时入库,又有效优化收入结构。三是加强税收征管,与税务专项检查互动配合,加大政策性清收力度,堵塞征管漏洞,公平税负,维护税收秩序,保证财政收入持续较快增长和收入质量逐步提高。

【完善政策,促进区域经济提质增量】积极发挥财政职能,大力促进区域经济发展。一是着力扶持企业发展,积极引导产业结构调整和优化升级,促进经济转型。二是培植经济增长点,加快发展以文化创意、商贸旅游等现代服务业。三是构筑担保融资平台,有效缓解中小企业资金要素制约。四是支持规划建设,足额安排规划费用,保障我区规划建设编制有序推进。五是促进城市基础设施建设,推动鸠江经济开发区和城东新区建设。

【惠民政策严格落实,着力调整优化支出结构】着力强化"以人为本",优先保障民生资金,优先落实民生政策,财政资金进一步向民生领域倾斜。全面落实各项惠民政策,进一步加强"一卡通"信息化建设和推行"一线实"管理方式,积极兑现农村各项补贴政策。根据中央、省、市及区有关要求,全面推行基层医药卫生综合体制改革,提升基层医疗卫生机构服务水平,完成基层医疗卫生人员绩效工资改革。进一步加大教育投入力度,优先安排教育布局建设资金,全面免除中小学生课本费和作业本费,保障教育优先发展。

【深化预算管理改革,强化财政监督管理】深化预算改革,完善制度和管理办法,强化财政监督,提高财政管理水平。推进预算编制的精细化,推行部分项目支出绩效考核。推广使用国有资产管理系统,实现国有资产动态化、信息化、规范化管理。率先推行非税收入收缴管理改革试点,强化非税收入收缴管理。进一步规范政府性债务管理,防范财政风险。扎实开展"小金库"治理工作,进一步规范财经秩序。

(鸠江区财政局供稿　许洋执笔)

三山区财政工作概述

2010 年,三山区财政收入完成 45110 万元,比去年增长 54.65%,为预算的 115.05%,其中:中央收入 8414 万元(含出口退税),为预算的 115.90%,增长 53.71%;地方收入 36696 万元,为预算的 114.85%,增长 54.87%。一般预算支出完成 41341 万元,比上年增长 31%。

【依法组织收入】财税部门建立健全收入稳定增长激励机制,严格收入目标任务考核,加强调度,完善奖惩,调动有关部门依法征管的积极性;不断强化增值税、消费税、营业税和所得税等主体税种的征收管理,努力挖掘增收潜力;积极推进依法治税,规范执法,加大税务稽查和财政监管力度,做到应收尽收、力争超收;进一步加强收入征管部门间沟通协调,加大税源管理和税收征管力度,保障收入快速、稳定增长和均衡入库。

【大力推进民生工程】实施 29 项民生工程,其中省定项目 26 项、市定项目 3 项、责任单位 15 个。区财政全年共投入民生资金 10719 万元,民生办对民生工程政策进行广泛宣传,在市级以上媒体发表民生宣传信息 40 多篇。

【全面兑付补贴资金】根据政策规定,全年兑现企业奖励 139 户,累计兑现资金 1772.3 万元。全区通过惠民直达工程发放的补贴项目有 26 项目 111 批次,共 4492.31 万元。全年累计销售家电下乡产品 20318 台,财政累计兑付补贴资金 566.7 万元,汽车摩托车累计销售汽车摩托车 3516 辆,累计兑付资金 435.3 万元,补贴兑付率均为 100%。

【开展国资软件建设和清查】2010 年开始,全面推行新的软件管理。5 月份开始对各单位资产进行再清理,组织两期软件培训,自行完成软件的操作和数据的录入上报。9 月份如期完成数据录入并汇总上报,12 月份在纪检审计部门的配合下,组织人员上门检查,发现问题及时纠正。同时,办理了核算中心各单位账面资产数据调整工作,做到账实相符。

【加强会计核算】区核算中心继续加大对区政府各部门公款出国费用、车辆购置运行费用、公务接待费用以及水、电、油费用的支出控制,减少不合理开支,杜绝违规违纪行为的发生,全年区核算中心共进出资金 14 亿元。

(三山区财政局供稿　柯　莹执笔)

长江大桥开发区财政工作概述

芜湖长江大桥开发区财政局现有财政干部 4 人,承担管委会预算管理和财务核算管理工作外,还承担收付中心(包括机关、公路桥公司、建设发展公司)的资金收付审核、核算、投融资管理以及高安街道资金拨付;招投标管理,国有资产管理等职责。人手少、任务重、压力大,在市财政等部门的支持下,开发区财政工作得以顺利开展。

【理顺新老区工作关系】顺利完成与三山区、繁昌县新老区域划分对接,并审查了三山区、繁昌县财政相关支出项目及相关运行成本共 2100 多万元款项,理顺了开发区新区与三山区、繁昌县的关系。于 2010 年 2 月与镜湖区、鸠江区办理了资产交接手续。

市审计局对移交资产、负债进行审计并出具了审计报告，明确按老区移交债务总额分三年由市财政代为扣回。考虑大桥开发区目前拆迁、建设任务较重，急需资金，市财政局及市建设投资公司特帮助开发区回收移交老区资金 0.5 亿元。

【协调新区税收征管工作】为了强化新区的税收征管工作，开发区财政局与市财税部门多次协调，明确开发区新区纳税企业名单、征收分支机构、入库级次，确保新区税源不流失。

【认真理财，开源节流】一是盘活存量资产。经市领导批准，出售公路桥公司持有的芜湖港 129 多万股权，盘活资金 2500 万元。二是将华强股权出让款 1 亿元办理转贴现业务，增加利息收入 90 万元。

【加强国有、集体资产管理】一是做好开发区新区高安街道农村集体资产、资金、资源的清理，摸清集体资产家底，建立三资信息化平台，加强集体资产管理。二是加强对企业国有资产管理。督促建设发展公司、公路桥公司盘点实物，做到账实相符。协助两公司核销报废资产 91.29 万元，并完善有关核销手续。

【加强行政事业单位资产管理】组织对管委会机关、驻区单位、街道办事处对其实物资产进行盘点，明确资产管理责任人。根据上级财政部门的要求，实现了行政事业单位资产管理信息化。

【抓招投标管理，规范招投标管理行为】完善相关招投标办法，加大项目的招投标工作力度，全年完成建设项目竣工决算审计招标 14 项，核减工程造价 40 多万元；完成采购事项招标 6 项，采购资金 13.6 万元；完成工程量清单编制以及审核招标 16 项，预算总额 16.75 亿元，共节约资金 331 万元。

【强化基础工作，规范财政财务管理】一是完善《大桥开发区预算管理办法》，规范财政预算管理；制定《大桥开发区招投标管理办法》，明确招标采购体系，规范采购行为；完善《大桥开发区资金收付管理办法》，加强对支出的审核。二是强化预算管理功能。根据新区功能扩大的需要，编制了 2010 年度全区财政财务预算，细化预算收支，为新区发展提供保障。三是积极争取更多的银行授信，保障区建设资金的需求。大桥开发区授信金额共达 35 亿元，其中光大银行授信 30 亿元，民生银行 2 亿元，中信银行 1 亿元，其他银行 2 亿元。此外，正在授信的有交行 3 亿元、农行 3 亿元，其他银行 2 亿元。

（长江大桥开发区财政局供稿　吴祖满执笔）

经济技术开发区财政工作概述

2010 年，经济开发区财政总收入完成 26.9 亿元，较上年增长 38.88%，超预算 16.5%。其中，地方一般预算收入完成 13.2 亿元，较 2009 年增收 4.02 亿元，增长 43.88%，超预算 22.13%。全年财政支出完成 13.05 亿元，较上年增长 46.46%。

【抓好收入，确保财政收入稳步增长】与税务部门协同治税，全年组织国税净入库税收 18.15 亿元、地税入库税收 8.08 亿元、财政“两税”入库 1.95 亿元。加大对土地出让金的催收和基金预算管理，全年累计入库土地出让金 11.4 亿元。加大土地使用税清欠征收力度，采取下发催缴通知书、与企业约谈等形式，累计清收土地使用税欠税 2800 万元。

【争取资金，增加可用财力优化支出结构】全年争取国家级经济技术开发区基础设施建设项目贷款贴息到位资金 7921 万元；争取 2009 年报批新增建设用地有偿使用费返还资金 4515 万元；争取土地补偿准备金 4352 万元。争取污水处理、民生工程等国债、地债项目资金 3903 万元；争取 2010 年城市维护费转移支付专项补助资金 133.66 万元；争取光电产业市级补助资金 2000 万元等。

【服务企业，积极落实各项优惠政策】加强与重点企业的联系，协调处理好企业的涉税问题，帮助企业积极争取国债项目资金并拨付 2374 万元。围绕“调结构”要求，落实国家、省、市出台的各项优惠政策，累计兑付奖补资金 6400 万元，涉及企业 248 户，全年共拨付各类产业发展基金 2.78 亿元。

【加大财政投入，持续改善民生】全面完成 2010 年度民生工程 26 项，累计拨付各类民生工程项目资金 4842.3 万元。以多种宣传方式，提高民生工程政策的知晓度和满意度。区财政局、民生办会同纪检委多次对民生工程进行督查和明察暗访，成效显著，荣获芜湖市 2010 年实施民生工程工作先进单位。深入贯彻执行家电下乡、汽车、摩托车下乡补贴政策，发挥财政资金对拉动内需政策的支撑作用，累计发放汽车、摩托车下乡补助资金 89.26 万元，发放家电下乡补助资金 33.08 万元，在全市评比中位居前列。

【推进部门预算管理，规范提高财政资金使用效益】在管委会各部门中推进部门预算管理制度，主动做好对预算单位的业务指导和解释工作,加强对项目支出的监管,强化量入为出的责任意识,提高资金使用效益。

【拓展融资渠道,加大建设投入】2010 年是经济开发区进入"扩区升位"和"二次创业"关键的一年,为解决建设资金需求困难,通过新增土地出让金、争取上级资金、夯实项目资金管理等手段,适度控制举债规模,完善债务预警机制。开发区建投公司成功发行企业债券 10 亿元,为解决融资困难开辟了新渠道。

【发挥财政职能,全力招商引财】在 2009 年招商引资获管委会部门一等奖的基础上,全力以赴加大招商引资、引财力度,通过"走出去,请进来",积极落实招商引资、引财项目。全年主动联系投资企业 15 家,有 10 家已落户开发区。其中,武汉东湖高新脱硫石膏环保项目,总投资 1.5 亿元,已完成固定资产投资 9993 万元;芜湖市金誉典当公司于 3 月份成功开业,注册资本 1000 万元,经营业绩良好;芜湖美的日用家电销售公司成功落户开发区,注册资本 1 亿元,已实现销售 30 亿元,税收入库 3000 万元;润银投资担保、兴业投资担保均已在开发区注册,注册资本均为 1 亿元。

(经济技术开发区财政局供稿　丁慧群执笔)

芜湖县财政工作概述

2010 年,芜湖县财政收入完成 13.67 亿元,为预算的 117.4%,比上年实绩增长 36.4%。其中,地方财政收入 9.00 亿元以上,为预算的 121.5%,比上年增长 29%;上划中央收入 3.98 亿元,为预算的 109.3%,比上年增长 50%。全县财政支出完成 16.35 亿元,为调整预算的 100%,比上年增长 28%。全县预算可用资金 16.36 亿元,与财政支出相抵,收支平衡。

【财政收入在强化征管中保持增长】一是目标明确。县政府年初下达各征管部门税收任务,定期召开财、税、库联席会议,研究制定强化税收征管保障办法,建立信息相互沟通、数据相互交流、情况相互通报的工作协调机制,随时掌握税收入库动态,及时协调征管中存在的问题,实现税收"颗粒归仓"。二是监管到位。各征管部门加强收入情况分析,加强税收征管,严格依法治税,强化对重点行业、重点税源的监管,做到了应收尽收。三是征管得力。坚持财税征管抓"大"不放"小",抓"税"不放"费"。

【民生支出在结构调整中得到保障】通过调整优化支出结构,将有限的财政资金投向民生之基的教育、就业,卫生、社保、维稳、文化等社会事业和基础产业。全年共投入 6.17 亿元,实施 39 项民生工程。支持教育优先发展,全县教育支出预计完成 2.5 亿元,增长 18%。支持公共卫生体系建设,全县医疗卫生支出预计完成 1.2 亿元,增长 17%。支持社会保障体系建设,按照"广覆盖,保基本,多层次,可持续"的原则,健全社会保障体系,全县社会保障和就业支出完成 1.3 亿元,增长 19%。

【强农惠农在加大投入中稳步推进】全年发放各类强农惠农补贴资金 10210 万元,其中,粮食直补资金 408 万元、农资综合补贴资金 2228 万元、水稻良种补贴 505 万元、抚恤金 698 万元、农村困难群众生活救助资金 1623 万元、灾民救灾补助资金 192 万元、政策性农业保险理赔资金 244 万元、家电汽车下乡补助资金 491 万元、其他各项补助资金 3821 万元。

【财政服务在经济发展中明显增强】加大财政投入,在优化经济发展环境、促进企业良性运转、破解资金短缺难题、推动再就业、加快财源建设等方面做了大量工作。全年拨付机械制造产业扶持资金 8450 万元、拨付企业上市及小巨人扶持专项资金 200 万元、拨付三产兴市发展引导资金 290 万元。全年筹集建设资金 25.9 亿元,保障基础设施建设和重点工程项目建设资金的需要。组织召开了银政企合作恳谈会,10 家金融机构与企业签订了 432 份银企合作协议,协议金额 35.84 亿元。支持上海浦东发展银行、江苏江阴农村商业银行股份有限公司在芜湖县设立支行。支持新设亿元以上注册资本担保公司 2 家,先后完成股份制企业改造 3 家。

【理财水平在改革创新中不断提升】强化预算执行管理工作,荣获全省 2009 年县级财政预算执行考评第 6 名。切实加大农业投入力度,荣获全省农业投入综合考核第 9 名。深入贯彻落实家电下乡惠农政策,广泛开展政策宣传,积极扩大产品销售,不断加快兑付进度,家电下乡工作荣获全省家电汽车摩托车下乡工作先进县。继续深化国库集中支付改革,对 189 个县直预算单位和基层医疗卫生单位全面推行国库集中支付。积极探索基层医药卫生体制改革,被列为全省基层医药卫生体制综合改革试点县。

【队伍建设在锻造锤炼中逐步加强】结合"创先

争优”活动的开展，狠抓党建、精神文明建设、党风廉政建设和机关作风建设，被省委、省政府授予第五届“人民满意的公务员集体”荣誉称号。采取“请进来，走出去”的办法开展人才培训。组织财政干部加大对业务知识和法律法规的学习，提升财政队伍的综合素质，财政法制宣传教育工作取获得了全省财政系统“五五”法制宣传教育工作先进单位称号。积极探索财政科学化、精细化的管理机制，强化财政干部“一岗双责”意识，为全县经济建设保驾护航。

（芜湖县财政局供稿　舒习敏执笔）

繁昌县财政工作概述

2010 年，繁昌县财政收入完成 171672 万元，为预算调整数的 106%，比上年增长（以下简称增长或下降）36.4%（剔除区划调整因素，下同）。其中，上划中央收入完成 70919 万元，为预算的 105.2%，增长 31%；地方财政收入完成 100753 万元，为预算的 106.5%，增长 40.4%。全县财政支出实现 173450 万元，为预算的 157.2%，增长 36.7%。

【完善征管机制，确保收入目标】健全和完善目标征管考核机制，增强征收部门及各镇组织收入的责任感和积极性。强化组织协调和对重点企业、重点行业的监控，做好收入分析、跟踪和预测工作。制定土地使用税奖励政策和适时调整土地等级，挖掘税收潜力。加强政府资本、资源、资产性收益的征缴管理，确保收入及时足额入库。

【强化政策落实，服务经济发展】落实积极财政政策，加大扶持企业力度，及时兑现产业发展奖励资金 7945 万元。落实增值税扩抵政策，全年抵扣增值税 9750 万元。扎实开展“五送”活动，全年发放小额贷款 5325 万元，53 家企业财政贴息资金 195 万元，企业保费补贴 85 万元，为重点企业在各类商业银行提供流动资金贷款担保 60 次，担保总额 16.2 亿元。加快扶持项目资金拨款进度，对明确到企业、明确到项目的本级预算和省专项指标，及时拨到项目实施企业，全年拨付各类企业专项补助资金 5063 万元。

【统筹城乡发展，支持重点项目建设】突出重点，加大投入，支持城乡共同发展、支持现代农业发展，共拨付农业产业化资金 260 万元，农村饮水安全工程资金 982 万元，发放各类涉农补贴资金 5553 万元，完成农村公益事业“一事一议”项目 95 个，兑现“一事一议”奖补资金 645 万元。支持“三产兴县”战略实施，推进“万村千乡”工程。认真落实家电下乡政策，审核发放石油价格改革补贴、家电、汽车、摩托车下乡补贴 1064 万元。加强城乡基础设施建设，增加保障性住房、公共交通等投入，筹集拨付项目建设资金 10.2 亿元（含土地出让金），完成 2010 年度民生工程 38 项，累计投入财政资金 4.51 亿元，同比增长 68.3%，荣获 2010 年度省、市实施民生工程先进单位。

【加强财政管理，提高财政管理水平】参与公共卫生和基层医疗卫生人员绩效工资改革。制定《繁昌县级预算管理办法》，力求部门预算规范化、科学化和精细化。推进惠民直达工程试点工作，发放惠民项目 171 批次，惠民对象 23 万人（户）次，发放资金 6306 万元。全面实施政府采购信息化管理。实施政府采购 293 项，成交 5850 万元，减少支出 1152 万元。在全市率先启动国有资产信息管理工作，制定《繁昌县行政事业单位国有资产管理办法》及相关细则，规范国有资产管理。完善国库集中支付改革，优化操作流程，扩大支付范围，提高直达比例。强化财政监督，认真开展“小金库”专项治理工作。在全县对 5 个单位项目进行预算支出绩效考评。

【推进“两基”建设，加强干部队伍建设】申报四个财政所新建和改建项目。组织外出考察学习交流调研活动，完成调研报告 29 篇；进行干部轮岗交流，坚持每年一度春季培训，组织参加各级各类业务培训，开展形式多样的文体活动，进一步增强干部队伍的活力。

（繁昌县财政局供稿　李彤春执笔）

南陵县财政工作概述

2010 年，全县财政收入完成 10.05 亿元，占预算的 121%，增收 2.45 亿元，比上年增长 32.2%；支出 17.08 亿元，占预算的 111%，比上年增长 32.6%。

【强化征管措施，确保收入目标完成】建立财税库定期会议制度、加强县协税护税领导小组协调配合等措施，联合各收入征管部门开展纳税评估、重点税源监控、专项稽查检查、实施信息管理等工作，从征管方法、手段上保证了年度财政收入目标的实现。

【加大财政投入，保障各项民生及涉农工作扎实开展】全年完成民生工程 38 项，累计投入财政资金 4.07 亿元，比上年增长 23.3%。深入开展家电汽车摩托车下乡工作，及时支付各种下乡补贴资金。加强惠民直达信息系统建设，建立县镇两级骨干网。推进一事一议财政奖补试点。全年获批农业综合开发、现代农业生产发展等项目16个，争取上级财政补助资金3955万元。加强廉租住房保障资金管理。规范廉租住房货币补贴发放对象的基础信息申请、报送、审核、公示及资金监管工作，保障资金按时足额发放。

【加强财源建设，促进财政经济良性互动发展】健全目标考核机制，科学分解落实收入任务，发挥县直单位争取上级各类项目补助资金积极性。以县建投公司为平台，以调节财政性存款为手段，千方百计筹集建设资金，用于“经济开发区、城东新区、大浦试验区”建设、土地整理等重点项目建设。

【深化财政改革，加快科学化精细化管理进程】深化部门预算改革。实施项目支出绩效考评改革，试行“上门编预算、开门商项目”预算编制新方法，提高了预算编制的科学性和合理性；推进国库支付改革。扩大国库集中支付范围，规范财政资金专户管理，完善工资统发系统，优化支付流程，提高支付效率；开展支农资金整合改革。全年整合各项涉农资金4.5亿元，获省涉农整合奖励资金300万元；加强地方政府性债务管理。推进国有资产管理信息化建设。

【推进创先争优，提升依法理财和文明服务水平】强化非税收入管理，提高非税收入征管水平；强化政府采购制度管理。严格执行政府采购制度，加强政府定点采购管理，推进政府采购预算编制；强化“三项”公用经费支出管理。创新管理方式，实行“关口前移”，建立“总额控制、分级管理、月清月结、动态监管”制度，有效控制支出不合理增长；深入开展“创先争优”活动。扎实开展专题讲座、业务培训等活动，全面提升财政干部能力和水平。

（南陵县财政局供稿　嵇　妍执笔）

宣城市财政工作概况

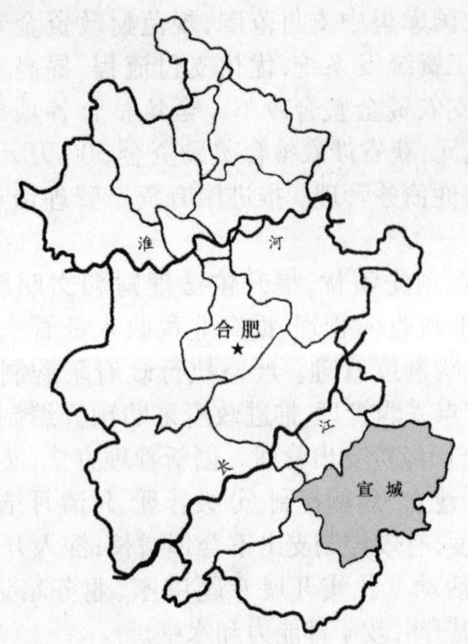

宣城市财政工作综述

2010 年,宣城市完成财政收入 847453 万元,增长 40.2%。其中:地方财政收入 498310 万元,增长 40.7%;全市完成财政支出 1042772 万元,增长 20.4%。

【积极培植财源,提供坚实财力】依法加强收入征管,着力提高征管质量和效率,财政收入连续跨越 70 亿、80 亿两个台阶,收入净增 24.3 亿元,超过"十五"末当年财政收入总量,增幅高于全省财政收入增幅 7.2 个百分点,总量位居全省第 10 位,增幅第 3 位,综合实力迈上了新台阶。地方财政收入总量位居全省第 7 位、增幅第 4 位。宁国市财政收入突破 20 亿元,市本级、宣州区、广德县财政收入分别达 13.7 亿元、15.3 亿元和 13.3 亿元,区域发展进一步协调。

【充分发挥职能,突出服务发展】一是积极向上争取项目和政策扶持。全市共争取拉动内需及扶持企业项目资金 15.7 亿元,争取市本级外国政府贷款资金约为 1.3 亿元,财政扶持进一步拉动了经济增长。二是灵活运用预算、贴息、转移支付、奖励、补助等政策工具,集中财力支持企业新产品开发和技术创新。三是强力支持招商引资。安排 8.7 亿元资金,及时兑现各项招商引资财税优惠政策,市财政筹集安排 1 亿元财政性资金,用于支持承接产业转移示范区,改善了投资环境。四是支持城市开发建设。筹集城市基础设施建设资金 12.1 亿元,新增金融贷款 19.4 亿元,为水阳江大道、宛溪河综合治理、梅溪公园等一批重点工程建设提供资金保障。五是扩大消费需求,扎实推进"三下乡、两换新"工作。六是统筹城乡发展。2010 年全市"三农"投入达 12.6 亿元,同比增长 7.8%。积极争取 4.6 亿元农业综合开发和现代农业项目资金,整合各类支农项目资金 1.7 亿元,重点支持新农村建设和发展现代农业。全市通过"一卡通"发放 26 项财政补贴农民资金共计 7 亿元,惠及农户 69.7 万户。政策性农业保险试点工作成效显著,各级财政统筹安排保费补贴 3862 万元,保险经办机构支付赔款约 2643 万元,减轻了农民的受灾损失。

【加大民生投入,优化支出结构】共投入民生工程资金 15 亿元,全面完成 33 项民生工程年度目标任务,惠及 260 万群众。一是支持教育事业优先发展。免除 21 万人的义务教育阶段学杂费;校舍安全工程重建完成 20.5 万平方米,加固完成 32.8 万平方米。二是帮助解决看病难问题。全市新农合参保 220 万人,参保率达 97%;全市城镇居民参保 39.2 万人;完成贫困白内障患者复明手术 800 例;完成城乡医疗救助 86255 人次;完成乡镇卫生院建设 7 所、村卫生室建设 493 个,社区卫生服务机构建设 18 个。三是支持解决生活难问题。88765 名农村低保,17270 名农村五保户,1557 名城镇未参保集体企业退休人员按季(月)足额领取补助资金;对 17190 名重度残疾人进行生活救助;完成廉租房建设 4234 套。四是大力发展文化事业。市财政安排资金 6700 万元,用于市图书馆建设,进一步完善城市功能;推进农家书屋建设,做好广播电视"村村通"工作,积极发挥乡镇文化站的基层文化平台作用。

【深化财政改革,完善管理机制】一是深化部门预算管理制度改革。认真界定财政支出范围,调整优化支出结构,细化预算编制内容,积极推行规范化的"零基预算",增强预算的准确性、科学性和规范性。二是深化财政集中支付改革。全年新增集中支付预算单位 28 个,继续推行并完善公务卡结算方式,预算单位银行账户开立、撤销、监督检查等制度进一步完善。三是深化国有资产管理制度改革。在全市范围内构建横向涵盖"财政部门—主管部门—行政事业单位",纵向涵盖"市—县—乡"的国有资产监管系统,实现资产管理与预算管理的有机结合。对纳入财政统管的市直经营性门面房开展公开竞拍。四是深化基层医药卫生体制改革。对基层医疗卫生机构收支实行国库集中支付,核定收支,加大财政投入,确保医改稳步实施。2010 年,全市四项医改资金投入 30533 万元,其中市本级 5258 万元。五是深化农村综合改革。抓好村级公益事业建设一事一议财政奖补试点工作,截至 12 月底,全市一事一议建设项目 1069 个,受益农业人口 221 万人,占全市农业人口的 97%。进一步推进为民服务全程代理制,全市 98 个乡镇街道办事处均建立为民服务中心,设立 814 个村级为民服务代理点,实现为民服务代理点的全覆盖。

【坚持依法理财,加强监督检查】一是以“法治宣城”建设、“五五”普法总结验收、财政干部执法证考试为契机,通过强化法律法规学习、实施行政审批体制改革,切实提高财政干部的依法行政能力。组织全市财政系统 1000 余人参加全省财政行政执法人员资格认证培训和统一考试,参考率达 100%。二是制定《2010 年度财政监督检查项目计划》,有序开展会计、资产配置处置、规范津补贴、非税收缴、政策性农业保险资金监管、民生工程、廉租房建设、政府采购、“小金库”等项目的监督检查,对检查中发现的问题,提出整改意见。三是加大政府采购监管力度。2010 年,全市政府采购支出 7.7 亿元,节约资金 1.1 亿元,其中市本级完成政府采购项目 169 个,采购预算 9167 万元,采购金额 7724 万元,节约资金 1443 万元,节约率达 15.7%。强化政府采购评审专家库建设和对市直单位公务车定点维修、定点加油的明察暗访,参与市招投标开标现场全程监督 62 次,对不良供应商发出行政处罚通知 3 份。四是深入开展“小金库”治理工作。牵头完成市直 122 家社会团体、7 户国有及国有控股企业“小金库”治理的宣传动员、自查自纠和重点检查工作,进一步处理违法违纪行为,严肃财经纪律,探索建立长效防治机制。

【强化效能建设,倡导学习提升】一是以“市直单位民主考评百名科长”为契机,狠抓效能建设。进一步修订内部各项管理制度,明确岗位目标责任。狠抓办事公开、服务承诺、限时办结等效能制度的贯彻落实。虚心征求人大代表、政协委员、行评代表、义务监督员和社会各界的意见和建议,采取自己找、部门帮、群众提、领导点等办法,找问题,促整改,抓落实。二是以“规范财政权力运行”为抓手,强化效能建设。对 60 项财政分配管理监督类、18 项行政管理类和 4 项其他权力类事项进行梳理和规范,印发 50 项业务流程图和 39 项办事指南。积极推进行政审批相对集中权改革,设立行政审批科,对财政服务窗口的首席代表充分授权,实现行政审批事项的增速提效。高度重视“政民互动”群众咨询投诉,对“宣城财政网”和“宣城会计网”全面改版,及时准确回复网民提问 567 条。三是以加强干部队伍建设为目标,强化效能建设。重视对全局干部尤其是新招录公务员、交流轮岗干部的教育培训,邀请省厅领导、专家教授来作财政业务和相关经济知识专题讲座和辅导报告,全面完成网上在线学习考试和公务员通用能力考试。全年新提拔副县级干部 1 人、科级干部 13 名,推荐县级后备干部 4 名,交流干部 3 人。四是以“学习提升年”系列活动为载体,推进财政文化建设。扎实开展“创先争优”、“践行廉政准则、优化政治生态”和“党风廉政教育月” 学教活动,组织干部职工到凤阳小岗村参观考察、到市法院旁听行政诉讼案件、到帮扶村开展民情恳谈、举办“我心中的财政”读书演讲比赛、职工登山比赛、篮球棋牌联谊赛等活动,营造有张有弛、团结协作的和谐氛围。

(宣城市财政局供稿　郑少华执笔)

宣州区财政工作概述

2010 年,宣州区完成财政总收入 152560 万元,比上年增长 47.9%。其中,地方财政收入 97785 万元,增长 50.2%。财政支出 187099 万元,比上年增长 19.2%。

【强化税收征管,增加财政收入】区财政部门强化税收征管力度,规范非税收入征收管理,减少收下收入跑、冒、滴、漏雨。区承接产业转移示范区建设全面推进,各项经济发展优惠政策相继落实到位,经济发展区位优势日渐显现。2010 年财政收入在上年突破 10 亿元大关的基础上,再上新台阶,突破 15 亿元,实现收入增量与增幅均列全市前列,超额完成“十一五”规划目标。

【优化支出结构,服务民生事业】一是继续坚持“先人员,后公用,先预算、后追加,先重点、后一般”的拨款原则,优先拨付教师及干部职工工资福利,确保社会养老、失业保险、医疗保险及城乡居民最低生活保障支出资金需求。二是继续坚持财政向民生倾斜,全面落实省三十三项“民生工程”政策,确保资金需求。三是继续加大农业投入,贯彻执行各项强农惠农政策,有效整合农业投入资金,提升财政资金使用效益。四是继续贯彻积极的财政政策,确保扩大内需及各项重点民生建设项目的资金需求。五是继续加大教育、医疗卫生、科技、环保等资金的投入,全力保障医疗卫生体制改革实施,保障城乡环境整治及节能减排工程实施,促进各项社会事业全面协调发展。六是全面开展财政结余结转资金的清理,盘活财政存量资金,消化潜在财政支出,提高支出预算执行效率和质量。

【发挥财政职能,支持经济发展】一是以承接产业转移为切入点,积极制定和落实招商引资等各项优惠政策,兑现招商引资各项奖补资金144万元,促进新型财源建设;二是以"两园九区多带"建设为手段,进一步加大园区建设力度;三是以中小企业担保公司为平台,充分发挥财政资金杠杆作用,强化银政企业合作;四是以清理整顿政府融资平台为契机,切实做大做强国资运营公司规模,完善公司法人治理,规范公司融资和投资建设行为,提高公司融资能力;五是以统筹城乡发展为纽带,全面开展新农村土地整治工作;六是以重点行业、重点企业为抓手,壮大税源基础。

【注重体制保障,深化财政改革】一是全面实施部门综合预算编制制度改革。二是进一步完善国库集中支付制度,拓展国库集中支付范围,全面推进公务卡改革,确保财政资金运行安全、高效。三是扎实推进国有资产管理制度改革,实行行政事业单位资产管理与预算管理相结合,资产管理与财务管理相结合,盘活国有存量资产。四是积极开展乡镇卫生医疗体制改革,提高农村医疗卫生服务水平,切实解决农民看病难、看病贵。五是全面开展地方政府融资平台公司清理规范工作,建立健全政府融资平台公司债务监管体系及风险预警机制,防范财政金融风险。六是进一步完善"乡财区管"制度改革,全面落实"扩权强镇"政策,深化乡镇财政体制,制定印发了《关于加强乡镇财政财务管理暂行办法》,切实强化对乡镇财政财务管理,促进乡镇财政经济发展。

【加强自身建设,服务社会事业】以"学习提升年"为抓手,把握"民主考评"契机,大力加强机关效能建设和财政干部队伍建设。完善《宣州区财政局AB岗工作制度》、《宣州区财政局办事公开制》等制度,建立定期调度制,每月进行一次调度,建立班子成员包挂财政所工作责任制,聘请机关效能建设监督员,认真抓好各项制度的落实。建立定期学习制度和干部的交流培训制度,组织丰富多彩的文体活动,全面提升干部综合素质和提升文化品位。提升党性修养,坚定不移地推动财政工作再上新台阶。

(宣城市财政局供稿 郑少华整理)

郎溪县财政工作概述

2010年,郎溪县财政部门加强契税、耕地占用税及政府非税收入的征收。继续完善财税库联席会议制度,加强与税务、银行等部门的协作,完善收入征收激励措施,财政收入实现稳步增长。完成财政总收入80021万元,比上年增长53.7%。其中,地方财政收入41771万元,比上年增长63.8%。全县完成财政支出105469万元,比上年增长28.3%。

【坚持民生为本,保障重点支出】进一步优化支出结构,规范财政供给范围,统筹兼顾好各方面的资金需求。实施省33项民生工程所需县级配套资金3100万元提前拨付到位。全县一般公共服务、科技、教育等支出增长达到法定要求。扩大内需建设项目、开发区和新城区建设等重点支出保障到位。

【充分发挥职能,支持经济发展】积极争取和实施基础设施建设及企业发展扶持项目78个,资金24524万元。为再生资源经营企业办理增值税退税38002万元,帮助其贷款21783万元。累计拨付160977万元对县经济开发区和城区等基础设施进行改造和建设。补贴家电、汽车下乡产品46846台,资金1808万元,带动新增商品零售额15231万元。及时兑付政策性农业保险理赔资金644万元。实施村级公益事业建设一事一议项目186个,奖补资金1080万元。"一卡通"发放财政补贴农民资金10345万元,受益农户83817户。对农村劳动力1.1万人进行就业和技能培训,促进农民就业和增收。

【深化财政改革,健全财政体系】推进部门预算编制改革。清理界定财政供给范围,规范单位预算管理方式,提高预算编制质量和预算执行力。推进国库集中支付制度改革。加强国库支付系统硬件建设,实现财政、国库、银行、单位业务联网对接。推进政府非税收入管理改革。建立"单位开票、银行代收、财政统管"的新型运作管理机制。推进政府采购改革。进一步扩大采购范围和规模,逐步完善采购制度,健全政府采购的监督管理体制和运行机制,有效节约行政成本。开展"小金库"治理工作,加强对民生工程资金、重大项目资金跟踪问效,全程监控,进一步提高财政资金的使用效益。做好会计管理工作,开展农村财会人员支农惠农政策培训,加强会计人员从业资格和专业技术资格管理。主动协调配合,全面做好各项财政管理基础工作。配合做好基层医药卫生体制综合改革试点工作、政法经费保障体制改革工作。牵头做好重点资金监督检查工作、做好强农惠农资金专项清查工作、公务员津补贴和事业单位绩效工资规范发放工作。

【推进两基建设,加强部门建设】深入开展"创先争优"、"学习能力提升年"、"践行廉政准则、优化政治生态"等活动,行政效能大幅提升,工作作风明显改进。开展创建规范化乡镇财政所活动,将12个乡镇财政所调整设置为8个分局、5个所,实行垂直管理。完成5个财政分局(所)办公楼新建任务。对部分科室、分局(所)人员进行内部交流轮岗任职。面向社会公开选聘17名大学生充实到基层财政分局(所)。逐步建立"能上能下,有为有位"的财政干部管理机制。积极组织参加各类文体活动,进一步增强干部职工的凝聚力和战斗力。认真开展民主评议活动,赢得单位和群众的理解与支持。

(郎溪县财政局供稿　郑少华执笔)

广德县财政工作概述

2010年,广德县完成财政总收入132803万元,首次突破10亿元大关,比上年增长38.2%。其中,地方财政收入72721万元,增长30.5%。完成财政支出155740万元,比上年增长18.2%。

【积极调整结构】争取各类项目和转移支付财政资金5.43亿元,兑付家电下乡补贴资金1576万元,兑付率达100%,兑付汽车摩托车下乡补贴资金878万元,享受补贴机动车达7790辆。围绕皖江城市带承接产业转移示范区建设,全年拨付财政扶持资金1.28亿元。拨付重点技术改造和企业创新资金2550万元。新增中小企业担保贷款4840万元。认真落实再生资源增值税退税政策和成品油价格税费改革,为全县28家再生资源企业办理中央增值税退税3.45亿元。发放成品油价格财政补贴资金477万元。拨付服务业引导资金340万元,促进经济结构调整和发展方式转变,推进社会经济平稳较快发展。

【保障民生工程】通过向上争取、预算安排、"包装打捆"等措施,共拨付各类专项资金1.09亿元,重点投入民生工程、农村公路、基层政法、医疗卫生、教育文化等项目建设。圆满完成33项民生工程年度目标,足额配套民生工程建设资金,全年共投入2.03亿元,使人民群众得到更多实惠。17.7万多人次享受到新农合医疗补助,兑付补助金5344万元,2.2万名城乡特困群众得到医疗救助。新建91个村级卫生室,29.8万群众"就医难"得到改善。13处农村安全饮水工程完工,惠及4万多名群众。4.6万农村义务教育阶段学生受益"两免一补"。

【落实支农政策】全年整合支农项目41个,整合支农资金1.35亿元,引导带动社会投入2.3亿元,用于支持现代农业等重点建设。实施农业综合开发项目8个,投入资金3465万元。争取革命老区建设项目5个,拨付项目资金674万元。实施"一事一议"财政奖补试点项目155个,拨付财政奖补资金1312万元。通过"一卡通"发放财政补贴农民资金1.45亿元,比上年增长20.5%。全面完成政策性农业保险工作,投保率达100%。通过以奖代补等方式,拨付新农村建设资金620万元,加速新农村建设步伐。

【深化财政改革】强化财政政策和资金引导作用,统筹推进基层医疗卫生体制综合改革,实现基本医疗制度全覆盖。积极开展财政预算支出绩效考评试点工作,促进财政管理更加科学高效。加强财政"两基"建设,扎实开展创建规范化乡镇财政所(分局)工作。稳步推进财政平台一体化管理信息系统建设,财政科学化、精细化管理水平再提升。

【开展文明创建】以倡导财政系统文明创建为主线,宣传财政政策,大力弘扬正气,陶冶干部情操。积极参与创建省级文明县城活动,制定年度文明创建工作计划,将创建工作内容分解、责任到人,丰富创建活动载体,将创建工作推向深入。以服务基层、服务群众、服务发展为宗旨,大力推行文明办公"五要五不",开展"党员示范岗"等活动,确保依法理财规范高效。成立局机关青年工作委员会,创建青年志愿者队伍。大力弘扬沈浩精神,以"情系财政砺党性、创先争优促发展"为主题,积极开展创先争优活动,激励财政干部职工弘扬扎根基层、心系群众、无私奉献的精神,时刻保持旺盛的进取心、责任心和荣誉感,为推进经济社会发展做出新贡献。

【强化反腐倡廉】认真开展"践行廉政准则""优化政治生态"等主题学教活动,全面实行"一岗双责",坚持反腐倡廉工作与财政业务工作同安排、同部署、同落实。突出思想教育,加强廉政建设,认真开展廉政文化进机关活动,不断提升财政干部反腐倡廉认识。突出制度建设,着力建设“阳光财政”,健全民生工程、政府采购及各项惠民专项资金监督管理工作机制,主动接受人大、政协及人民群众监督。突出作风转变,认真贯彻落实全县作风建设大会精神,不断强化作风建设。

【加强队伍建设】认真开展省财政厅“学习提升年”及县委、县政府“双效提升年”等主题活动,牢固树立服务至上的理念,进一步营造爱岗敬业、务实创新的和谐工作氛围。班子整体合力进一步增强。注重业务建设,强化学习培训,增强财政干部科学理财水平。在全省财政系统“学习提升年”主题征文活动中,共有6篇论文获奖。公开招录和选调10名年轻干部,为财政事业注入新生力量。

(广德县财政局供稿　郑少华整理)

宁国市财政工作概述

2010年,宁国市实现财政总收入201066万元,比上年增长32.3%。其中,地方财政收入121504万元,增长35.6%。全市完成财政支出185326万元,比上年增长24.5%。

【坚持监督与发展相结合,加强收支管理】采取科学化、精细化管理手段,密切部门协作,健全财税库银联席会议制度,强化对重点项目、重点税源的收入监管,及时研究解决工作中存在的问题,确保收入均衡入库,财政收入突破20亿元大关。财政支出18.5亿元,支出进度获省表彰。坚持抓大不放小,特别对契税和耕地占用税,财政部门积极创新,严格征管,全年共征收契税11250万元,耕地占用税6648万元,契税入库首次破亿元大关。规范非税收入征管,实施行政事业单位国有资产系统化管理,年纳入预算和财政专户管理的非税收入分别达到23235万元和7600万元。

【坚持投入与创新相结合,提升发展动力】通过抓紧抓好省自主创新实验区建设契机,制定《关于推进宁国自主创新综合实验区建设的奖励办法的通知》,进一步完善鼓励引导企业兼并重组等优惠政策,加强宣传和落实,密切关注上市、重组企业动态,为企业“二次创业”提供全程优质的服务,全年共兑现各类扶持企业发展优惠政策资金8708万元。创新担保方式,新增优质企业股权抵押,切实缓解企业贷款困难。全年新增担保企业45家,在保余额58305万元,净增担保余额11131万元,增长24%;全额返还受保企业担保费用825万元;向37家企业提供调头资金用于还贷,还贷金额32150万元。同时,积极筹集资金3.2亿元支持开发区及生态工业园区建设,进一步提高开发区的承载能力,为打造皖江城市带承接产业转移示范区的先行区提供财力支撑。国投公司用于城市建设和重点项目资金分别为47214万元、32838万元。

【坚持民生与和谐相结合,发展社会事业】全年投入2.7亿元资金实施民生工程。其中社会保障类支出11870万元,教育培训类支出4990万元,农业和农村基础设施类支出4119万元。惠及民生的财政政策广泛提标扩面,企业退休人员基本养老金人均每月提高120元;农村五保户实现应保尽保,分散供养标准人均提高100元,集中供养标准提高200元;农村低保保障标准提高到年人均1560元,远高于省定1000元标准。认真贯彻落实积极就业政策,通过缓缴社会保险费、使用失业保险基金帮助困难企业落实岗位补贴、阶段性降低社会保险费率等方法,减轻企业负担达5279万元,新增就业岗位9000余个,有效促进就业和再就业。基层医药卫生体制改革全面推开,实行药品“零差价”销售,财政投入保障资金1500多万元,切实解决农村群众看病难、看病贵的问题。

【坚持统筹与发展相结合,服务“三农”建设】农业投入继续加大。发挥财政资金的引导作用,对26家农业龙头企业、14个经营大户、42家农民专业合作社发放奖励资金237万元。安排300万元的现代林业发展资金,促进农业产业化和现代林业发展。争取农业综合开发项目12个,项目资金总规模5466.3万元,其中财政性资金2783.3万元。积极争取生态综合治理项目11个,资金达6929万元;拨付4938万元用于农村清洁工程、生态富民家园工程、农村改水改厕、县乡道路养护改造等。通过“一卡通”发放22项涉农补贴,补贴资金8003万元,惠及农户10万余户。认真做好村级公益事业建设“一事一议”财政奖补试点工作,拨付资金1030万元。政策性农业保险扎实推进,通过国元保险公司向农户发放理赔款226.6万元,切实减轻老百姓的因灾损失。严格按项目资金使用范围和项目实施情况,及时拨付水库后期扶持项目资金591.5万元,拨付水库移民后期扶持个人补助资金1143.86万元。

【坚持改革与服务相结合,提升理财水平】推进财政平台“一体化”建设,深化财政支出改革,巩固国库支付改革成果,办理国库直接支付资金17385笔、支付金额10.2亿元。加强国有资产管理,规范资产处置流程运作。严格按照政府集中采购目录,努力实现"应采尽采",完成招投标8.2亿元,中标价7.2亿元,节约率12.1%。加强财政监督检查,积极开展会计信息质量检查、"家电下乡"销售网点集中整治和"小金库"专项治理工作。积极推进财政预算支出绩效考评向纵深方向发展。进一步加强继续教育和培训。完成2685名会计人员的继续教育培训;组织安排会计考试辅导及会计服务工作228人次,新办理会计从业资格证116本;继续加强农村财政财务人员的培训,组织了150名村级财政财务人员、集体经济组织财务人员、村财乡管的农经人员参加培训。

【坚持学习与创新相结合,加强队伍建设】一是深入学习沈浩同志先进事迹和崇高精神,为财政改革发展注入持久动力。二是继续开展机关效能建设,按照创建"五型机关"的总体要求,拓展效能建设活动载体,推进效能建设不断深入。三是深入开展"学习提升年"活动,着力提高财政干部队伍整体素质。四是不断加强财政文化建设,努力将先进的文化理念融入财政管理实践中,促进财政事业科学发展。五是扩大财政新闻宣传影响力。围绕财政中心任务,完善财政宣传协调机制,及时全面准确宣传财政政策和财政工作。

(宁国市财政局供稿　郑少华整理)

泾县财政工作概述

2010年,泾县实现财政总收入60058万元,比上年增长34.9%。其中,地方财政收入35541万元,增长34.9%。全市完成财政支出116332万元,比上年增长29.1%。

【狠抓财政收入,努力促进增收】一是明确责任,预算任务层层分解落实。二是征管措施到位,加强财税库行及代征单位间的协调联系,挖掘增收潜力。三是依法征管,严格执行国家新耕地占用税税率和房产税政策,契税收入比上年同期增长76%,入库两税达4099万元。四是强化重点税源监控,及时掌握增减变化,确保主体税收稳步增长。五是深化非税收入"单位开票、银行代收、财政统管、政府统筹"的征管模式改革。六是发挥预算执行分析和收入调度作用,合理安排收入计划,确保收入均衡入库。

【严把支出管理,强化重点保障】一是支出完成情况良好。加快支出预算执行,硬化预算约束,严格控制预算追加。全年财政预算支出完成116332万元,增长29.1%。收支平衡,确保民生、科教、"三农"等支出的法定增长。二是强化了财政保障能力。重点保障民生支出、重点保障城乡基础设施建设支出、重点保障支持经济发展支出,促进社会和谐稳定。

【实施民生工程,改善民生基础】共投入资金18291万元,其中县级配套3502万元,全面完成了34项(省定33项、县定1项)民生工程建设任务,全县近30万城乡群众受益。一是改进工作机制,进一步健全了民生工程协调联动机制和集中办公制度,落实了具体任务和奖惩措施。二是完善资金管理办法。制发了《泾县民生工程资金筹资方案》,加强对资金使用的监管。三是优先调度民生工程资金,强化资金保障。四是开展多形式的民生工程宣传,做到民生政策家喻户晓。五是探索建立已建工程项目后续管护机制,保障道路、饮水工程等项目持久发挥效益。

【大力筹集资金,支持经济发展】积极发挥县国有资产投资运营公司融资功能,累计向开行、农发行两家金融机构融资2.1亿元。稳步提高财政担保服务能力,县中小企业信用担保中心资本金增资到1亿元人民币,全年共为133户企业提供贷款担保金额达16192万元。全力以赴争取上级资金支持,全年到位专项转移支付资金3.2亿元、国债转贷资金8000万元。落实省财政一次性补助资金1500万元和现代农业项目资金500万元,用于支持云岭红色旅游景区建设和现代农业建设。及时兑现招商引资优惠政策、再生资源税收奖励4028万元。

【落实强农惠农,促进城乡建设】采取"一卡通"方式发放粮食直补等财政补贴农民资金7000万元,受惠农民29万人次。深入开展政策性农业保险工作,建立政策性农业保险基层组织7个,完善承保理赔工作机制。推进家电下乡、汽车摩托车下乡、家电以旧换新工作,累计销售两下乡一换新产品39483台(件),兑付补贴资金达1506万元。切实保障廉租住房建设,发放廉租住房补贴142万元。大力推进一事一议财政奖补试点,实施项目138个,拨付奖补资金750万元,受益人口23万人。做好农业综合开发项目建设工作,稳步实施在建项目,积极申报筹建项目。

【加大财政投入,提高公共服务均等化水平】充分履行财政保障职能,确保全县机关事业单位运转支出需要和人员工资、低保补助资金的及时足额发放。抓好各项社会保障资金的征缴和拨付工作,认真落实各项就业扶持政策。切实保障教育经费,开展农村义务教育债务化解工作,完成1.4万平方米校安工程建设。完善政法经费保障体制改革,实现经费保障与政法部门收费收入、罚没收入彻底脱钩。加大公共卫生投入,积极推进基层医疗卫生体制综合改革。

【加强财政监督,推进财政科学化精细化管理】认真开展"小金库"治理,重点检查和民生工程、扩大内需等专项资金内部监督工作。抓好乡镇财政财务管理工作。加强政府采购过程监管,参与政府采购项目的现场监督管理。稳步开展国库集中支付工作,规范支付程序。强化会计信息质量管理,规范和提高了会计信息质量。

【夯实基础工作,提升业务效能】一是全面加强金财工程建设,相继建立预算管理系统、国库集中支付系统等一批财政应用平台。重视发挥网络作用,对原有的财政信息网进行改版,进一步增强服务功能。二是加强乡镇财政所基础设施建设,全县十个财政所(不包括泾川镇)中,已有两个所办公楼建设完成,4个所正在施工,4个所筹备建设。三是科学合理地编制财政"十二五"规划。

(泾县财政局供稿　郑少华整理)

绩溪县财政工作概述

2010年,绩溪县完成财政总收入54076万元,比上年增长42.2%。其中地方财政收入30055万元,增长41.3%。财政支出75448万元,比上年增长19.3%。

【改善民生】一是健全制度,协调推进,建立了上下联动,横向互动的民生工程推进机制。二是注重宣传,营造氛围,广大群众的知晓度和满意度明显提升。三是夯实基础,资料完整规范。四是落实资金、配套到位。2010年全县33项民生工程总投入8661.62万元,其中上级补助6279.48万元,县级财政配套1499.54万元,其他自筹631.04万元。

【服务三农】一是扎实推进农业综合开发项目,落实农业综合开发土地治理项目资金592.6万元。二是积极促进农业产业化结构调整,申报具有明显优势和辐射带动作用强的产业化项目7个,争取资金159万元。三是充分发挥财政支农职能作用。2010年全县财政农林水事务支出9257万元,财政支农专项投入2938万元,申报批准立项扶持重点支农项目23个,确定整村推进9个。政策性农业保险项目实现全覆盖。四是认真落实各项惠农政策。全年"一卡通"发放惠农资金4769万元,受益农户46068户,补贴人数达16万人。五是积极开展家电下乡和汽车、摩托车下乡活动。全年家电下乡产品销售18530台,销售金额4156.7万元,补贴资金524.2万元。汽车、摩托车销售2088辆,销售金额2865万元,补贴资金300万元。六是加强财政支农政策宣传,对40多名农村财会人员进行了财政支农政策的专题培训。

【深化改革】一是推进调整和完善公务员津贴,配合相关部门核实和测算公共卫生事业和其他事业单位绩效工资改革。二是推进国库集中支付试点工作。三是推进农村公益事业建设"一事一议"财政奖补工作,2010年审批村级公益事业一事一议项目98个,拨付奖补资金420万元。四是全力推进医药卫生体制改革,建立和完善了我县基层医疗卫生机构经费补偿机制,药物零差率工作实施到位。

【强化监督】一是强化预算资金管理,落实"收支两条线"管理,加强对非税收入票据管理和经费项目的专项检查。二是加强政府采购管理,实现采购分离。全年政府采购货物和服务类2477万元,资金节约率达到13.6%。三是对全县2007—2009年以来的115个强农惠农项目进行专项检查,对发现的问题实行全面整改。四是开展国有企业和社会团体"小金库"专项治理工作。五是为整顿行业会计秩序,优化会计信息质量,开展了会计信息检查。

【立足双基】以加强"两基"为抓手,全面推进科学化、精细化管理,强基础、促发展。一是大力加强金财工程建设。二是开展乡镇财政所规范化建设和业务培训。三是开展以"学沈浩精神,树财政形象,做发展先锋,创一流业绩"为主题的创先争优活动。四是落实党风廉政建设责任制,不断健全内部监督制约机制,保持财政队伍清正廉洁。

(绩溪县财政局供稿　郑少华整理)

旌德县财政工作概述

2010年,旌德县完成财政总收入30307万元,比上年增长 63.8%。其中地方财政收入 17893 万元，增长 59.2%。全年完成财政支出 60730 万元，比上年增长 35.3%。

【大力组织财政收入】一是明确责任，实行收入任务目标管理。把收入任务分解落实到各征管单位，明确奖惩办法，实行年终考核，充分调动了各财税征管单位的征收积极性。二是加强收入调度，强化均衡入库。每月定期组织召开财税收入调度会，及时传达全市财税收入调度会精神，分析全区收入形势，研究部署对策，对均衡入库工作常抓不懈，确保了各部门收入进度达到了正常进度。三是狠抓契税、耕地占用税的征管。全年完成契税收入 1645.2 万元，增长 32%，完成耕地占用税收入 1076.6 万元，增长 572%。四是严格非税收入征管。严格按照国家和省有关政策规定，认真履行职责，健全征管行为，年初深入各单位进行调查摸底，摸清收费项目，制定收入计划，实现目标管理。全年共完成非税收入 25040 万元，占年初预算任务 14850 的 168.6%，同期增收 17123 万元，增长 216%。

【保障重点支出需要】一是积极向上争取资金。加大跑部跑省力度，积极与省市财政联系协调，争取了上级财政部门更多的资金支持。二是严格执行厉行节约规定，压缩行政开支成本。按照县厉行节约联席会议安排，严格执行党政机关厉行节约的各项规定，狠压一般性支出。三是认真做好工资及津补贴发放工作。在兑现公务员津补贴、义务教育阶段教师和公共卫生人员绩效工资的同时，实行基层医疗卫生体制改革，实行了药品零差价，并将乡镇卫生医疗机构的人员经费和事业费全部纳入县级预算。四是加大民生投入力度，着力保障和改善民生。全年在教育、社会保障与就业、医疗卫生方面支出分别达到 5951.8 万元、6283.3 万元和 7043.7 万元。33 项民生工程累计投入资金 8560.71 万元，其中县级配套资金 1958.75 万元。

【服务全县经济发展】一是围绕“发展加速年”活动，积极向上争项目、争资金，抓住一切中央、省市促进增长的政策机遇，挤进盘子，多争份额。全年共积极向上争取到财政农业项目 5 个和农业开发项目 6 个。二是强化保企业、保增长意识，运用贴息、奖励、担保、服务等手段，促进企业加快发展。在上年的基础上又增加了 500 万元还贷周转专项资金。三是充分发挥国投公司融资作用，加大城市基础设施建设。从国家开发银行安徽省分行争取贷款共 8610 万元分别用于工业集中区基础设施、城东路道路工程和污水处理厂工程，争取到农发行贷款 1.35 亿元用于县经济开发区路网基础设施工程项目，向县农发行融资 1.6 亿元用徽水河旌德城区段治理工程项目。四是加大招商引资工作力度，全年共完成招商引资任务 3752.48 万元，年产三万吨无水氢氟酸项目、山阳电器等重点项目顺利推进。

【切实推进财政改革】一是深化部门预算改革和国库集中支付制度改革。强化预算约束，规范财政资金使用，增强资金调控能力。二是进一步完善县乡财政体制，充分调动乡镇发展的积极性。三是推进非税收入征管改革，完善配套措施和征管信息系统，规范非税票据的管理。四是加强乡镇财政管理，加快乡镇财政所基础设施建设，改善基层办公条件，提升为民服务水平。五是积极推进政府采购管理制度改革。全年政府采购项目预算金额为 990.9 万元，实际采购支出 846.4 万元，节约资金 144.5 万元，节约率为 15%。

【狠抓部门自身建设】以学习沈浩同志先进事迹为契机，通过开展“学习提升年”、“创先争优”、“三评”、“践行廉政准则”等一系列活动，内抓素质，外树形象，坚持依法行政，规范管理，努力抓好财政部门自身建设。一是加强对财政干部的政策理论、财政业务、勤政廉政知识的教育培训工作，提升干部职工主动理财、依法理财、科学理财、民主理财水平。二是进一步加强对乡镇财政工作业务的指导，举办农村财会人员财政支农政策培训班和会计人员继续教育培训班，进一步提升基层财政干部业务水平。三是制定完善各项规章制度，改进机关作风，坚持政务公开，规范业务流程，简化办事程序，提高工作效率。四是加强党风廉政建设。签订党风廉政责任书，落实领导干部述职述廉制度，加强廉政教育，筑牢思想防线。五是扎实开展文明创建活动，把财政业务工作与文明单位创建有机地融合为一体。

（旌德县财政局供稿　郑少华整理）

铜陵市财政工作概况

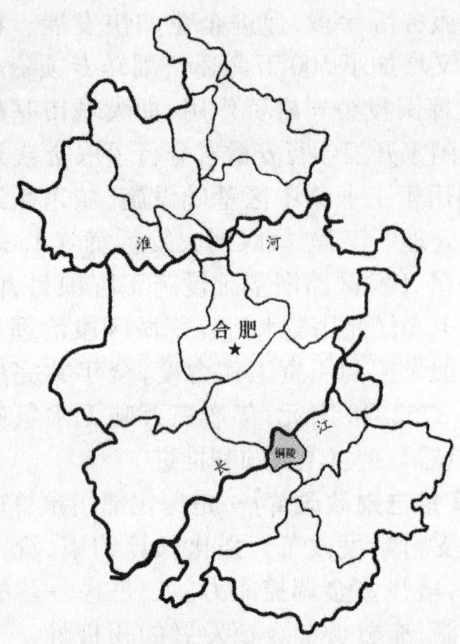

铜陵市财政工作综述

2010年,铜陵市财政部门按照市委、市政府的工作部署,以科学发展观为统领,依法组织收入,加强支出管理,大力争取上级转移支付项目和资金,扎实推进民生工程建设,有力地支持了经济建设和社会事业平稳较快发展。全年实现财政收入88.6亿元,超出年初预算10.7个百分点,同比增长26.5%。其中地方财政收入34.7亿元,同比增长5.1%。全市财政支出完成57.58亿元,比上年增长18%。

【开展财税征管基础年活动】为保证税负公平合理,确保财政收入及时均衡入库,2010年市财政系统开展了"财税征管基础年"活动。各级财税部门强化收入征管基础和工作协调力度,细化工作任务,将年初预算任务分解到月、调度到旬、关注到日。财政、国税、地税和海关等部门实行税收征管大联动,自我加压,加强考核,完善激励机制,加强税源调查和评估,强化税收稽查,取消市直所有单位的非税收入过渡账户,规范非税收入票据管理,国有资产收益全部纳入财政预算管理。

【积极争取上级转移支付】在相关部门密切配合和支持下,准确把握积极财政政策机遇,抓住政策信息,加强与上级部门的联系沟通,力争达到争取的项目能"报得上、批得下"。2010年,共争取转移支付资金20.8亿元,同比增长46%,为全市产业转移、经济社会事业发展增加更多财力。

【加大公共支出】一是牢固树立"过紧日子"的思想,采取有效措施,大力压缩一般性支出。调控各部门上年结余结转资金634万元。确保了实现公务用车费用、会议费用、公务接待费用、党政机关出国(境)预算、办公经费预算"五个零增长"。二是加大对涉及民生和社会事业方面支出投入。全市财政在教育、社会保障与就业、城乡社区服务、医疗卫生和住房保障等方面累计投入29.04亿元,占全部财政支出的50.4%,同比增支7.99亿元,增长68.3%。

【支持经济发展】一是支持工业经济发展。全年累计安排3.2亿元,通过增加工业投资公司和承接产业转移示范区投资公司国有资本金以及以奖代补、财政贴息、补助项目编制前期费用等方式,用于支持企业加大固定资产投资,带动铜加工、装备制造业等行业的技术创新和技术改造,促进支柱产业和重点企业做优做强。同时实现资源循环利用,达到节能减排,促进产业结构优化升级。二是将支持"三农"放在突出位置。2010年共统筹中央省市三级支农支出2.6亿元,同比增长28.3%,通过改善农业基础设施、支持农业综合开发和农业产业化发展、扩大涉农补贴规模、推进政策性农业保险等手段,全面落实各项强农惠农政策,着力改善农业发展基础,降低农业生产风险,努力增加农民收入。

【组织实施民生工程】全市48项民生工程投入资金超过8亿元,比上年增长30%以上,超过65余万人享受政府补助(含参保项目报销和购买公共服务),补助金额超过1.7亿元。一是建立健全社会保障体系网。建立覆盖城乡居民的医疗保险制度,最低生活保障制度和社会养老制度;并且通过对重大传染病和重度残疾人实施生活救助制度;对高校、中职学校和普通高中家庭困难学生实行资助制度;对城乡特困群众开展阳光救助制度。二是为低收入家庭建立住房保障制度。开展廉租住房建设和棚户区改造工程,逐步解决城市低保及困难家庭的住房困难,并将保障范围逐步扩大到城市低收入住房困难家庭。三是为城乡就业及创业人员开展技能培训。开展就业援助工程、新型农民培训工程以及农民工技能培训工程。四是加强城乡教育、卫生等基础设施建设。开展学前幼儿园标准化建设、社区和村卫生服务机构用房建设以及城市生活垃圾处理及菜市场工程改造,着力提升城乡基本公共服务均等化水平。五是改善农村生产生活条件。实施农村公路"村村通"工程,洲圩(区)水上交通安全工程,病险水库加固工程,以及政策性农业保险制度。

【加强资金管理】一是推进预算信息公开。对市级预算及决算及时在市财政信息网和新闻媒体上公示,方便社会各界对财政预决算的监督。二是加强预算绩效考评。对企业上规模专项资金进行预算绩效考评。三是加强对政府重大工程项目的投资评审和财政支出的绩效评价工作。全年共审核项目32个,核减资金4274万元,占申报预算的13%,降低政府投资成本。四是全面落实国家关于土地出让收支管理规定。对土地出让执行"招、拍、挂"制度,对土地收储分项、分块核算,并规范提取各种税费,严格控制收储成本,准确核算土地出让收益,支出一律从入库的土地出让收入中予以安排,实行收支两条线管理。五是继续开展"小金库"专项治理工作。重点针对国有及国有控股企业与社会团体的"小金库"专项治理,在自查自纠的基础上开展重点检查。

【全面推行公务用车货币化改革】截至12月底,全市共有68家一级预算单位实行了车改,涉改人数1700余人,并按规定收回涉改车辆,招标确定拍卖公司进行拍卖。同时,为保障重大活动、重要接待、处理应急突发事件用车等特殊公务活动开展,市委市政府组建机关服务车队,由市行管局代管,实行市场化运作,市财政适当补助,在规范领导干部公务消费行为、促进廉政建设的同时,确保机关服务车队正常运行。

【做大做强县区财政经济】一是在"财税征管基础年"活动中,加大了对房地产企业税收的清理工作力度。二是为了直接增加县区财政收入和可用财力,将有色天马山黄金矿业公司、有色凤凰山矿业公司、有色金口岭矿业公司、铜山矿4家公司税收纳入铜官山区、狮子山区和郊区财政收入范围。三是在争取转移支付上帮助县区。市级相关部门积极为县区向省以上争取资金项目,2010年共为县区争取转移支付资金超过4亿元。四是在资金调度上方便于县区。对因收入困难或入库不均衡而影响支出的县区,及时调度资金,保障各项事业发展。

【防范财政风险】一是严格加强对政府性投融资项目的计划管理。对城市基础设施建设等政府性投融资项目,规定由各相关建设主管部门制定方案后,报发改委评审论证,并提出审核意见,再报送投融资管理委员会审批,最后提请市政府常务会与市委常委会讨论决定。二是规范政府债务贷款的资金拨付管理。对属于基础设施和公益性的政府债务贷款项目,由市财政实施分项专户管理。在资金拨付使用中,市财政严格"按计划、按合同、按进度、按程序"的原则拨付政府债务项目资金。三是设立政府债务风险偿债准备金。按照市直年初支出预算的6%、土地出让金纯收益总额的80%、当年城市建设维护费和城市基础设施配套费的30%提取偿债准备金。为保证政府债务的及时清偿,2010年已拨付近8亿元的偿债资金。四是在"保运转、促发展"的前提下,通过加强资金整合,合理调度,消化了历年来欠拨的社保专项资金4.2亿元。

(铜陵市财政局供稿　丁松林执笔)

铜官山区财政工作概述

2010年,铜官山区实现财政收入50658万元,比上年增长46.1%,其中:上划收入20154万元,比上年增长50.8%。区级收入30504万元,比上年增长43.1%。完成财政支出38785万元,比上年增长32.0%。

【狠抓收入征管】根据收入目标和区实际情况,分解落实目标任务,明确各部门的责权,将全年任务下达到国地税征管分局和各街道办事处。加强调研,提高组织收入的预见性和主动性。针对区各类税源的状况,跟踪纳税大户和重点行业,了解企业的经营情况,协助解决经营中的问题和困难,确保其税收均衡入库。加大协税护税,注重强化税收征管工作,不断完善协护税措施,严格治税,全区代征国税600余万元,协护税的直接成果在3000万元左右。突出抓好重点税源的征收管理,针对区域内工程项目和各行各业特殊性等复杂情况,制定共同协管措施,发挥区职能部门的作用,依托社区联系社会广泛的优势,全区建筑业入区税收达1800万元。强力支持招商引资,当年招商引资的企业税收近1200万元,确保税收收入平稳较快增长。

【着力培植财源】结合产业调整和转变发展方式,不断培植新兴财源,推进产业转化升级。注重发挥财税激励及导向作用,安排扶持企业发展专项资金6000万元,重点对现代服务业、物流运输业、总部经济三大产业进行财政扶持,及时兑现各项扶持资金,确保税源稳定增长。同时,借助国家、省、市的高度重视和大力支持,争取上级财政配套资金,支持企业的做大做强。

【优化支出结构】一是注重财力向"公共财政"倾斜,加大对社会事业的投入,尤其是对基础设施和城市管理的投入。二是注重财力向"改善民生"倾斜。2010 年全区共实施民生工程 27 项。其中:生活救助类项目 8 个,参保服务类项目 12 个,设备购置工程类项目 7 个。政府共投入资金 8500 万元,其中区财政配套 2477 万元。将财政支出的重点向教育、公共医疗卫生、就业和社会保障、改善居住环境等几方面倾斜,着力解决事关人民群众切身利益的突出矛盾和问题。协调资金加大对征地拆迁、基础设施建设等所需资金的保障力度。在财政资金十分紧张的情况下,科技、文化体育与传媒等民生项目均保持了较快的增长,推进了民生工程建设。三是注重财力向重点工作倾斜,积极落实区委重点工作及区人大议案、政协提案,确保重点支出的资金到位。

【强化财政管理】在全区范围内开展"财政精细化管理年"活动,进一步加强财源建设,拓宽收入来源,不断优化收入结构,切实做到"五个规范",即规范收入管理,规范支出管理,规范行政管理,规范监督管理,规范队伍管理,从而实现执法规范化、管理科学化、工作标准化、支出精细化、监督经常化。将预算编制与集中支付充分结合起来,进一步改进部门预算编制方法,统筹各项政府性资金,强化预算管理,不断细化预算项目,力求提高预算编制的科学性和透明度,确保了部门预算的准确及全面,确保财政资金实施国库集中支付的全面深入。进一步加强财政预算执行管理。注重按年度预算安排资金,分时间、分进度拨付,按轻重缓急、有保有压的原则,做好财政资金的调度,严控随意调整或追加预算。加强对专项资金的管理,严加监管,提高专项资金的使用效果。严格执行政府采购管理的政策,加强政府采购的规范化管理,提高采购管理水平,全年区级政府采购中心采购项目 30 多个,总采购资金约 2800 万元,支持区各项重点工程顺利进行。规范国有资产管理。不断推进行政事业单位固定资产清理,扩大清理范围,结合区各项体制改革,对全区固定资产进行全面清理登记,基本摸清房产家底,为稳步推进国有资产的运营和盘活、积极探索国有资源的融通和利用、优化国有资产的管理和配置铺平了道路。

（铜官山区财政局供稿　丁松林整理）

狮子山区财政工作概述

2010 年,狮子山区财政收入 25168 万元,比上年增长 24.0%,其中:上划收入 11127 万元,增长 28.8%,区级财政收入 14041 万元,增长 20.5%。完成支出 23395 万元,比上年增长 45.2%。

【加大组织收入力度】以"财税征管基础年"活动为抓手,强化收入征管基础,将年初任务分解到月,调度到旬,关注到日,做到以旬保月,以月保季,以季保年。加强房地产、建筑安装业等重点行业、重点税源、重点税种的动态监控,积极跟踪协调零散税源,找准税收增长点。加强纳税评估及稽查,加大税收征管及对欠税的清欠力度。积极关注大项目建设、重点工程项目建设,做好西湖新区建设期间工程项目税收入库工作。

【支持企业发展】一是做好融资服务工作。继续为区属企业提供续贷资金扶持,保持政策的连续性;加强政银、银企合作,大力发展信用担保公司、小额贷款公司,改善中小企业的信贷环境。通过财政担保等融资方式,申请工业园区项目贷款 1.5 亿元,促进了园区发展。二是积极支持企业上市。共为铜都阀门、洁雅公司协调上市扶持资金 752 万元,有效缓解企业资金运营困难;争取了上市奖励资金 800 万元,力促企业尽快上市。三是突出产业扶持重点。全年共投入科技研发和应用资金、兑现支持企业发展资金 3758 万元,促进中小企业做大做强。积极组织符合国家产业政策导向的项目申报工作,努力争取上级资金,大力支持新能源、新光源、新材料等新兴产业的发展,中海阳光伏发电项目获得中央财政首批到位扶持资金 2625 万元。

【加大"三农"投入】一是加大财政支农投入。全年农林水事务支出完成 516 万元,增长 164.6%。支持了农业水利,农村饮用水、新农村示范点、农村公路等工程建设。二是全面落实强农惠农政策。通过"一卡通"发放水稻良种补贴、粮食综合补贴、家电下乡补贴等 878 万元,切实提高农民生活水平。进一步提高农村社会保障水平,继续对农村家庭困难学生免杂费和免费提供教科书,完善农村计划生育家庭奖励扶助制度,加大政策性农业保险投入,适当提高财政保费补贴负担比例。三是促进农村社会事业发展。积极争取中央、省、市财政资金,支持了农村小学校舍改造和村级卫生服务设施建设。实施村级公益事业建设“一事一议”财政奖补试点。

【民生工程实施】全区38项民生工程共投入资金6335万元，其中区级配套1493万元，比上年增长63.5%。一是建立健全社会保障体系。基本建立覆盖城乡居民医疗体制和社会养老制度，以及对重大传染病的救助制度、重度残疾人的生活救助制度和城乡特困群众的阳光救助制度，充分保障弱势群众的基本生活需求。二是初步建立住房保障制度。开展廉租住房建设和棚户区改造工程，逐步解决城市低收入及困难家庭的住房困难。三是为城市就业和创业人员开展技能培训。开展就业援助工程、新型农民培训工程以及农民工技能培训工程等，着力解决就业问题。四是加强城乡教育、农村清洁工程等基础设施建设。促进优先发展教育，着力提升了城乡公共服务均等化水平。五是加强和谐社区建设。新建了社区活动场所、社区阅报栏，实施社区环境综合整治提升工程和城市生活垃圾处理工程，改善社区环境，促进社会和谐。

【深化财政改革】一是健全完善镇街办财税体制。根据街道合并调整、新设的安排，及时下发《关于合并调整新设街道办事处后财政体制的通知》，完善了现行财政管理体制，进一步调动镇、街、办增收理财的积极性。二是深化部门预算改革。按照科学化、精细化管理的要求，提高预算编制的信息化水平，规范“二上二下”的部门预算编制程序，明确部门在预算中的主体责任，对全区59个预算单位进行部门预算编制，加强与预算单位的沟通和协调，支出预算管理的规范性、透明度和科学性得到提高。三是认真实施基层医药卫生体制改革。突出“保基本、强基层、建机制”，实现“队伍稳定、服务增强、水平提高、百姓受益”的改革目标。全年共拨付医改经费135万元，加大了财政保障力度，明确补偿范围，确定补偿渠道，实行收支统管，全面实施药品零差价制度，基层医药卫生体制改革稳步推进，保障有力。

【加强国有资产管理】成立区国资委，理顺国有资产管理体制。对全区60个行政事业单位固定资产进行清查，对盘盈资产、盘亏资产进行核实处理，并通过资产录入信息系统真正实现资产的动态监管。同时，加强国有企业产权登记和管理工作，进一步提高国有资产监督和管理水平。

（狮子山区财政局供稿　丁松林整理）

郊区财政工作概述

2010年，郊区实现财政收入40228万元，比上年增长25.1%，其中：上划收入21847万元，比上年增长38.3%；区级收入18381万元，比上年增长12.3%。完成财政支出29135万元，比上年增长30.2%。

【保障重点支出】一是保障人员工资。在确保财政供养人员工资正常发放基础上，积极落实义务教育教师绩效工资政策，及时兑现离退休教师住房补贴和机关“创先争优”奖励，落实挂职干部、“三支一扶”、选调生等人员的各类工资性补助、补贴。全年新增工资性支出1732万元，财政工资性支出7900万元，占区本级财力50%。二是增加“三农”投入。积极争取上级涉农补助资金2246万元，其中：用于农业生产补贴425万元，村公益事业一事一议65万元，土地整治整理656万元，农村道路、水利、产业化调整等新农村建设专项投入992万元。全年通过“一卡通”发放各类惠农补贴资金19项766万元，各项惠农政策全面落实，农业生产和农民生活条件显著改善，新农村建设扎实推进。三是保障重点项目。投入改善学校基础设施及办学条件近2000万元、义务教育保障经费300万元、科技“三项经费”135万元、防汛经费130万元、社保再就业资金235万元、城乡低保1400万元、基层医改450万元，有力保障重点项目支出。

【推进民生工程建设】2010年全区共实施39项民生工程。其中：省民生工程24项、市民生工程15项，涉及生活保障类9项、参保服务类14项、工程建设类16项。39项民生工程投入资金超过1.2亿元，其中：区本级及乡镇办财政配套达到3000万元，比2009年翻一番。同时，省24项民生工程各级资金全部拨付到专户，资金拨付到项目单位超过80%。市15项民生工程区级配套资金全部拨付专户。

【落实扩大内需政策】一是发挥企业融资平台功能。积极与多家银行签署合作协议，放大担保资金5－10倍，办理担保业务4亿元；加大项目融资力度，先后从市财政、市城投公司为南部城区基础设施建设借入资金1.2亿元，争取市级土地出让金收益5500余万元用于南部城区建设。对照区招商引资优惠政策，及时兑现企业税收奖励资金1500万元。二是认真实施中央扩大内需项目，及时落实新增中央扩大内需项目地方配套资金。三是积极落实“家电汽车下乡”政策，累计实现销售家电产品1423台，实现销售额319万元，销售汽车摩托车产品212台，实现销售额44万元。

【深化财政改革】一是进一步深化部门预算制度改革。将单位的所有收入和支出，全面完整地纳入部门预算统一管理。按照“零基预算”的方法，根据部门的职能和任务要求，确定支出水平，全面反映支出的详细情况，清晰地归集部门所有支出项目，有保有压、确保重点。增强部门预算编制的完整性、准确性和规范性，提高了预算编制的透明度，便于人大对部门预算的审查监督。二是巩固区会计集中核算制度，有计划、积极稳妥地向国库集中支付转轨。三是大力推进农村综合改革。开展“一事一议”财政奖补试点工作，全区编报和审核“一事一议”项目11个，及时拨付奖补资金，推进农村基础设施建设的步伐。认真落实政策性农业保险政策，实现应保尽保，兑现赔付农作物灾害资金3.9万元、养殖业理赔资金1.3万元。四是扎实推进财政科学化、精细化管理。从加强制度建设入手，减少人为因素，以制度管人、管事、管钱，增加资金分配使用以及各项工作的透明度。

【加强财政监管】一是开展“小金库”专项治理。对2009年行政事业单位“小金库”检查开展回头看活动，对国有控股企业全面开展了检查，检查面达100%。二是开展国债项目资金、支农资金、涉农补贴资金等监督检查工作，及时纠正管理中存在的问题。三是加大会计核算报账审核力度。不断完善财务审批制度，加强对公务接待支出和津补贴发放的监控。四是完善政府采购制度。完善政府集中采购目录，扩大采购规模，实行阳光采购，降低采购成本，节约财政性资金。五是强化会计监督。加强会计继续教育，开展《会计法》执法情况检查。六是加强国有资产监管。实行固定资产动态监管，规范国有资产处置程序。

（郊区财政局供稿　丁松林整理）

开发区财政工作概述

2010年，开发区实现财政收入48122万元，比上年增长19.8%，其中：上划收入18915万元，增长28.5%，区级收入29207亿元，增长14.7%。完成财政支出29980万元，比上年增长11.7%。

【积极组织收入】坚持财源培植与税源监控并举，强化征管与协调配合并重，采取积极有效措施，充分挖掘政策、征管方面的各种潜力，积极主动跑企业，千方百计寻税源，拓宽增收空间、提高征管水平，确保财政收入应收尽收。积极参与协调税务部门，解决企业实际经营地与税务登记地分离的问题，先后有铜冠运输公司、铜冠信息公司等重点税源企业将税务登记地变更落户至开发区。同时，规范非税收入管理，抓好财政部门自身组织收入工作，确保非税收入合理增长，有效弥补财政收入缺口。

【优化支出结构】在保机关运转的基础上，坚持把保重点、保民生、促和谐作为财政部门的根本任务。重点落实好园区基础设施建设用款需求，进一步加大基础设施建设投入力度，保障开发园区工程管理维护支出。全年共完成基础设施建设支出30000万元，推动开发园区的建设事业，改善投资环境，促进招商工作顺利展开。

【积极筹措资金】及时了解国家宏观经济政策、货币政策，做到积极应对、主动沟通，以保证开发区资金链的连续和重点支出项目的资金需求。在财政可用财力较少的情况下，力争合理调度财政资金，提高资金使用效率，尽力控制资金使用成本。及时主动向上级争取调度资金，同时就土地出让金回收问题努力与市国土局沟通，全年拨付园区各项基建款3亿元，促进开发区各项基础设施及工程建设顺利展开。

【加大民生投入】深入实施17项民生工程，确保筹资任务落实，全年共拨付民生工程区级配套款858.22万元。同时加强政策衔接配套，加快构建公平科学、公开透明的民生政策体系，不断发展完善开发区社会保障体系，同时扎实推进各项临时及阳光救助工作。进一步完善城乡低保制度，及时发放城市及农村低保款，促进开发区社会事业的和谐稳定。完善新型农村合作医疗制度和城镇居民基本医疗保险制度。

【支持企业发展】一方面综合运用财政政策、补贴等多种手段，营造良好的外部环境，为企业解困，助企业发展，支持企业增强核心竞争力。全年共拨付各类经济扶持政策资金8000万元，支持企业上项目，提升产出效益，支持企业转变经济增长方式。另一方面切实为企业疏通融资渠道，积极为区内企业做好各种临时协调等事宜。

【加强财政监管】一是开展地方财政资金安全检查。对财政资金运作的全过程认真开展自查自纠,有针对性地对潜在的薄弱环节建章立制,建立财政资金安全管理的长效机制,确保财政资金安全、高效运转。并根据管委会统一部署和要求对财政资金的管理、拨付等相关制度进行了修改和完善。二是加强国有资产管理。对开发区所属行政事业单位及国有企业开展国有资产登记检查,并对相关数据进行汇总,初步建立开发区国有资产动态监管平台,对行政企事业单位国有资产从入口到出口各个环节实行动态管理与监督。同时,严格按规定做好区属行政事业单位国有资产的调拨、处置等日常管理工作。三是开展"小金库"专项治理。在完成开发区各个单位自查自纠的基础上,对个别单位进行重点检查,进一步规范财务行为和加强党风廉政建设。

(开发区财政局供稿　丁松林整理)

铜陵县财政工作概述

2010 年,铜陵县实现财政收入 125188 万元,比上年增长 41.6%。其中:上划中央收入 59337 万元,增长 57.3%;县级收入 65851 万元,增长 30%。完成财政支出 114846 万元,比上年增长 21%。

【加强收入征管】加强对重点行业、重点税源的服务和监管。加强与相关部门的协调配合,强化社会综合治税工作。强化以证管税,夯实税收管理基础。大力开展税务稽查,严肃税收纪律。积极协调解决征管过程中存在的问题,确保税收及时入库。优化纳税环境,加强引导,发挥政策的"洼地效应"。继续坚持"以票管费"的源头治理措施,严格执行"收支两条线"管理规定,确保非税收入及时入库。加大对土地资源、矿产资源和政府资产收入的管理,挖掘增收潜力。

【促进经济发展】投入资金 2190 万元,推动科技创新和节能减排,支持经济结构调整和发展方式转变。安排并拨付中小企业发展资金 520 万元,金桥工业园区财政贴息资金 1000 万元等,支持中小企业快速发展。积极申报项目,争取国债资金及地方政府债券专项补助资金 22160 万元。继续兑现各类招商引资财税优惠政策,补助企业资金 1.3 亿多元,认真贯彻执行增值税转型、再生物资回收企业退税等税收优惠政策,支持县域经济发展,培植壮大财源。拨付县担保中心注册资本金 2000 万元,增强融资能力,全年为县域经济发展担保贷款共 5.36 亿元。继续安排 2000 万元企业转贷扶持资金,拨付专项担保基金 200 万元,切实缓解中小企业和青年创业人员融资难问题。严格执行国家和省有关取消、降低或暂停征收行政事业性收费的规定,为企业创造良好的发展环境。

【加大民生保障力度】投入资金 3.86 亿元,组织实施 45 项民生工程,惠及城乡 90%以上人口。一是认真落实城乡义务教育经费保障机制。筹措资金 1150 万元,免除城乡义务教育学杂费,为农村中小学生免费提供教科书,为 8107 名贫困生免除作业本费。筹措资金 13300 万元,改造农村中小学校舍 17.9 万平方米。筹措资金 181 万元,资助高校和中等职业教育贫困生。二是进一步加强和完善城乡社会保障体系建设。提高城乡低保和农村五保户供养标准,为全县 11141 名城乡低保对象发放补助 1547 万元、为 1513 名农村五保户发放基本生活补助费 412 万元。筹措资金 3589 万元,巩固完善新型农村合作医疗成果,全县参合农民 23.93 万人,参保率达 98%,支持实施新农合门诊统筹工作。为 14.6 万人参加新农保、2.7 万人发放新农保养老金提供财政补助。健全医疗救助、困难救助、临时救助等救助体系,不断加大救助力度,扩大救助范围。三是继续增加医疗卫生投入,大力支持基层医改和公共卫生服务,促进基本公共卫生服务逐步均等化。加快县乡村卫生网建设,完成 31 个村卫生室和 1 个社区业务用房建设和设备添置任务。支持药品市场监管和食品安全工程。四是继续加大廉租住房保障资金投入力度,投入资金 6779 万元,兴建廉租房 31400 平方米,支持实施棚户区改造工程,完成改造面积 72000 平方米,着力解决城乡低收入家庭住房困难问题。五是继续支持和落实好就业和再就业政策。投入资金 129 万元,支持就业和再就业培训工作,对灵活就业人员进行社会保险补贴,对残疾人就业给予扶持。六是加大对文化事业投入,实施乡镇文化站、农家书屋建设,支持各类文化活动开展,促进文化市场繁荣。

【加大"三农"投入】一是全面落实各项惠农政策。通过"一卡通"等形式向农民直接发放种粮农户农资综合直补、粮食直补、退耕还林补助、森林生态效益补偿等各类补贴资金 5000 万元,比 2009 年增加 400 万元。二改善农村基础设施条件。全年共投入 1140 万元,支持通村公路及村道的新建、改建和硬化工程。投入农村饮水安全资金450万元,完成2处续建农村饮水安全工程,解决3.3万人饮水困难。投入资金674万元,实施120公里内河河道清淤,投入资金2318万元,对排涝泵站进行技术改造。拨付病险水库除险加固资金1695万元等加强水利基础设施建设。拨付新农村建设专项资金840万元,推进新农村建设步伐。三是促进现代农业发展。投入资金1562万元,实施农业综合开发。安排拨付特色农业资金132万元,农业循环园贴息及项目资金250万元,筹措资金547万元,支持蔬菜基地和标准化养殖水面建设。四是推进农村综合改革。拨付858万元,支持村级公益事业"一事一议"财政奖补工作。安排并拨付农村土地流转经费220万元。五是支持农村环境整治。拨付资金335万元,支持完成5000座农村卫生厕所建设,拨付资金130万元开展农村清洁工作,筹措资金573万元,实施农村沼气工程建设。

【加强财政管理】一是深化财政改革。进一步强化部门预算管理,完善基本支出定额体系,推动项目支出预算滚动管理,提高预算编制的科学性、合理性。扩大国库集中支付范围,完善国库集中支付方式和程序。推进政府采购制度改革,强化政府采购管理,规范政府采购行为。积极推行惠民直达工程建设。二是加强财政监督。进一步健全财政监督制度体系,坚持内控和外查两手抓,加大监督检查力度,加强对专项资金的跟踪问效,保证财政资金安全有效运行和专款专用。继续开展小金库治理工作,严肃财经纪律。三是加强政府性债务管理。明确了融资决策主体、偿还主体、投资主体等责任,建立政府性债务偿债准备机制,将负债率和偿债率控制在合理范围内。规范融资平台建设,实现借、用、还的良性循环,防范财政风险。四是实施财政预算支出绩效考评。逐步开展对项目实施的绩效评价工作,提高财政资金使用效益。五是强化厉行节约措施。坚持统筹兼顾、有保有压,严格控制一般性支出,重点控制公务购车用车、会议费、公务接待费、出国经费等支出。

(铜陵县财政局供稿　丁松林整理)

池州市财政工作概况

池州市财政工作综述

2010 年,池州市完成财政收入 43.38 亿元,同比增长 30.7%,增收 10.19 亿元。市本级完成财政收入 13.12 亿元,同比增长 20.7%,增收 2.25 亿元。全市财政支出完成 68.11 亿元,同比增长 24.4%。市本级财政支出完成 17.55 亿元,增长 47.9%。

【坚持发展至上】一是支持示范区和园区建设。从 2010 年起,市、县(区)财政每年分别安排专项资金 1 亿元、5000 万元支持产业转移示范区建设。市经济开发区、牛头山镇、大渡口镇、梅里生态食品基地被确定为省特色产业基地,同时争取省特色产业发展资金 280 万元。二是支持新兴产业发展。市本级继续安排 1 亿元工业发展基金,用于支持新型工业化和企业自主创新,筹集新兴产业和风险投资资金 1.27 亿元。三是落实扩大内需政策。推进"四下乡"及汽车以旧换新工程,累计发放各类补贴资金 9638 万元,拉动销售家电下乡产品 19.23 万台,销售额 4.54 亿元。销售汽车、摩托车下乡产品 3.24 万辆,销售额 3.77 亿元。报废老旧汽车 47 辆,汽车以旧换新 409 辆。四是抓国有融资平台建设。搭建平台、整合资源,通过融资合作、担保等方式将资源优势转变为经济优势,先后组建了 10 个市属投融资建设公司,资产总额达 170 亿元。五是支持文化产业发展。设立动漫产业发展专项基金 3000 万元,用于动漫产业的奖励、资助和贴息,对动漫作品播出和动漫技术研发给予奖励。

【坚持民生为重】33 项民生工程累计落实资金 9.99 亿元,为预算的 108%。其中,中央、省级补助资金到位 7.56 亿元;市县级配套到位 2.43 亿元,占应配套资金的 103%;拨付 9.99 亿元,占到位资金的 100%。主要采取以下六项措施:一是创新工作平台。结合"一网通"工程,搭建民生工程政策信息宣传和资金发放查询平台。二是加大调度督办。坚持"半月一督查、每月一调度",强化督查调度,确保各项民生工程整体推进。三是严格资金管理。补助补偿类项目资金拨付提速提效,工程建设类资金严格按照工程进度和程序拨付。四是健全交办制度。印制《民生工程交办单》,确定专人记录,专人承办,动态跟踪,办结销号。五是强化责任落实。制定民生工程考核办法,强化考核责任。六是创新宣传方式。编印《民生工程大家唱》漫画册,制作民生工程系列动漫《新凤还巢》,举办"民生工程杯"戏曲大赛等活动。

【坚持强农惠农】一是认真兑现各项惠农补贴。全市通过"一卡通"发放各类财政补贴农民资金 4.74 亿元。同时,开展惠农补贴政策落实情况专项检查。二是积极推进政策性农业保险试点。不断扩大农业保险覆盖面,涵括能繁母猪、油菜、水稻、棉花、小麦和玉米,以及皖南土鸡等特色产品;参保农户不断增多,全市参保农户超 88 万户;农业保险作用进一步显现,全年受灾理赔款为 7117 万元,其中"7.8"洪涝理赔款 6485.6 万元。三是支持农业合作组织发展。全市设立农村互助资金组织 129 家,其中,石台县实现行政村全覆盖(79 家)。互助资金总额 1401 万元,其中,财政扶贫资金 1055 万元,农户入股资金 206 万元,累计向农户发放贷款 1710 笔,贷款余额 895 万元。四是积极推进现代农业示范点建设。九华现代农业综合开发示范区累计完成投资 3.39 亿元,土地治理、九华生态农庄配套工程等基础项目全部完工。

【坚持筹资融资】一是抓政策扶持。出台《池州市金融产品创新考核办法》等文件,努力突破金融创新体制性障碍。二是抓信贷调度。实行按月调度,推进银行信贷投放。全市银行业金融机构本外币贷款余额达 244.11 亿,同比增长 42.22%,超全省平均增幅 20 个百分点,增幅稳居全省第一,被省内金融专家誉为“池州金融现象”。三是抓银企对接。分别以“商贸物流企业”、“重点项目、重大企业”、“中小企业和园区发展银企合作项目对接”以及“承接产业转移和旅游、文化对接”为主题组织4次银企对接活动,参加企业总数972家,达成协议金额304亿元,其中合同金额85亿,合同履约率为94.12%。积极参加省政府举办的皖江城市带承接产业转移示范区建设银企对接会,共组织21个项目,其中现场签约3个项目,签约总金额达65亿元。四是抓平台搭建。举办池州市首届金融创新产品推介会,全市银行业金融机构及担保机构陆续推出采矿权抵押、仓单质押、商标使用权质押等一批适应中小企业需求的金融创新产品。五是抓机构建设。支持5家国有出资融资性担保公司发展,资本金达4.9亿元。引进安徽三盈投资担保有限公司、池州市金盛信用担保有限公司、池州市银信融资担保有限公司等三家民营担保公司,资本规模近2.5亿元。全市申请筹建21家小额贷款公司,获批17家,开业10家,注册资本超6亿元。全市保险机构发展到12家,证券机构2家。九华农商行增资扩股工作全面完成,光大银行在池设立分支机构进入筹建阶段,石台信用联社改制工作进入申报前清产核资阶段,贵池民生村镇银行签约并正式筹建,青阳九华村镇银行创立大会召开;工行、建行等银行业金融机构分别在江南集中区设立分支机构。

【坚持改革创新】一是深化预算管理改革。实行部门预算,积极探索预算支出绩效评价考核试点,逐步建立以绩效为目标、以结果为导向的预算管理机制。深化国库集中支付制度改革,制定了《池州市财税库行横向联网暂行考核办法》,促使财税库行横向联网顺利实施。二是深化农村综合改革。“一事一议”工作扎实推进,共申报、获批项目570个,项目总投资1.02亿元,完成项目374个。村级组织运转经费保障机制逐步建立。各县(区)均制定了《村级组织运转经费财政补助管理办法》等规定,村干部待遇得以提高,全市村均补助达4万元,远高于省定2.4万元保底数。三是积极开展“一网通”工程试点。实现县、乡、村、组、农户详细信息资料资源共享,群众所需办理事项网上代理,搭建群众与领导、群众与群众相互交流平台,做到能办事、能查询、能互动,进一步深化为民服务全程代理制。2010年全市141个“一网通”工程试点村累计受理为民服务代理事项1652件,办结1505件,办理中147件。四是积极推进政府采购改革。提请市政府出台《关于优化政府采购政策促进我市经济又好又快发展的若干意见》,发挥政府采购引导作用,全市实现合同采购额8.37亿元,其中,本地产品标的额达5.88亿元,地产品采购及服务本地化水平超过70%。同时,在全省率先推行政府采购工作听证会,主动接受社会各界监督,推进“阳光采购”。

(池州市财政局供稿　汪申成　宁睿执笔)

贵池区财政工作概述

2010年,贵池区财政总收入实现100055.6万元,比上年增收30036.3万元,增长42.9%。其中完成地方财政收入72603.6万元,增长34.4%;上划中央收入26650.7万元。2010年,财政一般预算支出为153802万元,比上年增加19998万元,增长14.9%。

【组织收入】一是配合税务部门加强重点行业、重点企业监管,加强增值税、营业税、所得税、资源税等主体税源摸排,规范税收级次和征收成本管理,确保税收逐年增长、均衡入库。二是充分发挥区、镇(街道)两级征收机构优势,紧抓大税不放,全年共入库“两税”收入8627.9万元(其中耕地占用税2967.6万元,契税5660.3万元),比上年增长35.9%。三是加大以票管费力度,把应纳入预算管理的非税收入、政府性基金全面管起来。全年完成非税收入4.95亿元(不含代管资金),比上年同期增长145%,其中:行政性收费4900万元,国有资产有偿使用收入完成1.18亿元,罚没收入1800万元,专用专项资金(基金)收入1840万元,其他政府非税收入1.24亿元。各类代管资金1.53亿元。

【资金保障】一是着力社会保障。足额落实养老保险、失业保险和城乡居民最低生活保障所需资金;加大特困户、特困生、特困医疗救助支持力度,保证社会救灾和抚恤支出需要;支持疾病预防控制体系和突发公共卫生事业医疗救助体系建设,推进医疗卫生制度改革。共拨付各类社保资金17828万元。二是加大“三农”投入。全年农林水支出16462万元,增长106.9%。累计“一卡通”发放粮食直补、良种补贴、村干补贴等1.68亿元;积极申报村级公益事业建设“一事一议”财政奖补试点项目172个,批复137个,项目总投资近4000万元;新增油菜、水稻等农保品种,发放农保补贴资金3206万元;引导和支持农民开展小型农田水利设施等项目建设,完成农业综合开发项目投资1135万元;投入资金104.48万元,举办农村劳动力转移培训32个班次,培训2612人,转移就业2403人,转移就业率达92%。三是注重社会事业投入。全年教育支出30608万元,占一般预算支出84.8%,重点支持农村义务教育和基础教育发展,保障农村寄宿制学校建设、中小学危房改造等资金需要;投入1225万元促进文化广播事业健康发展;支出计划生育事业费2400万元;投入1807万元支持科普宣传、科技下乡等,比去年增长101.3%。四是保障民生工程资金需求。共投入资金3.18亿元,同比增长近17%,其中地方配套资金6233.26万元全部配套到位。五是推进家电下乡。集中整治216户"家电下乡"销售网点,取消资格19家(其中非家电下乡网点数2家),限期整改21家。全年家电下乡兑付率一直保持在99%以上,拉动销售家电下乡产品59585台(部),销售额13890.91万元。

【财政管理】一是加快推进财税库银税收收入横向联网,建立国库集中支付动态监控机制,防范财政资金支付风险。二是进一步充实民生担保公司资本金至1.08亿元,提升其融资担保能力。三是按照会计集中核算相关规定,完善镇(街道)财政财务远程报账平台,提高会计核算质量和财务管理水平。四是深化政府采购改革,坚持扩面与规范并重,监管与服务并重,增加政府采购透明度,提高资金使用效益,全年政府采购实际金额20427.36万元,节约资金2434.48万元,资金节约率10.65%。五是推进基层医药卫生体制综合改革试点。2010年收入4581万元(其中医疗收入904万元,药品收入1008万元),支出3071万元(其中银行贷发工资1518万元,公积金缴款377万元,支付药品供应商药品款800万元,购买村医服务拨款229万元,卫生院日常业务开支拨款909万元)。六是完善财政奖补试点工作。在农民自愿筹资筹劳基础上,按每人每年山区村45元、丘陵村40元、圩区村35元标准进行补助,逐步建立农民出资出劳为主体,政府奖补为引导、社会捐赠为补充的村级公益事业建设新机制,促进城乡统筹发展。七是组织全区会计从业人员业务培训,其中农村会计人员培训586人次,区直机关企事业单位206人次。八是加强"两基"建设,新建乌沙、涓桥、梅街三个财政所。

【队伍建设】一是以开展创先争优主题教育活动为载体,组织干部职工加强学习、提升素质。组织脱产学习16人次,业务培训316人次,参加执法资格考试210人次。二是落实《党政干部选拔任用条例》,成功公开招聘7名财政工作人员,向上级推荐4名优秀干部,并顺利通过群众测评、组织考试、上级任命等程序。三是加强财政宣传。通过《池州日报贵池新闻》、财政信息等,定期通报财政工作开展情况。同时抽调人员参加市、区组织的各类演讲活动,扩大财政影响面。四是打造和谐机关。投入资金逾5万元创建文明单位,并被市、区推荐上报第九届省级文明单位。积极参加和支持社区工作,全年参与帮扶社区7批次210人次。同时圆满完成创建平安单位、联系村、双拥、计生、信访、安全生产、普法等各项创建工作。　(贵池区财政局供稿　宁睿整理)

青阳县财政工作概述

2010年,青阳县完成财政收入65096万元,占预算的108%,为"十五"末的4倍。财政支出完成95340万元,为"十五"末的3.8倍,有力地支持了全县社会经济事业的发展。

【聚财有方】一是依法强化税收收入征管。及时分解落实财政收入目标任务,加强与国、地税和乡镇的联系沟通和通力协作,注重税源调查和分析。二是重点加强"两税"征管。全年完成"两税"收入4600万元,其中契税3500万元,耕地占用税1100万元。三是规范非税收入管理。严格执行《安徽省政府非税收入管理暂行办法》,认真落实"收支两条线管理",建立月报分析制度,堵塞收入漏洞,掌握收缴动态。全年完成非税收入9761万元,同比增长12%,增收1063万元,其中:行政事业性收费3135万元、专项收入5948万元、罚没收入678万元、土地出让金收入4183万元。

【生财有道】一是扶持重点项目建设。投入城区南扩工程资金7000万元,青通河治理工程2048万元,市政建设资金5468万元,高速入口治理4960万元等,改善县域基础设施条件,完善城市功能,提升可持续发展能力。二是加大工业园区投入。按照"突破大项目主攻开发区"发展战略,努力做优做强工业园区,加大经济开发区及乡镇工业集中区财政支持力度,提升园区承载能力。投入县工业园区建设资金7356万元,重点扶持乡镇工业集中区基础设施建设借款2380万元。三是拓宽投资融资平台。

积极争取省开行 6320 万元,其中:城区供水项目 3920 万元,污水处理厂项目 2400 万元;争取农发行贷款 3000 万元投入县垃圾处理厂建设。四是引导企业加快发展。全县累计申报项目 34 个(其中,中小企业市场开拓资金项目 5 个);申报扩权强镇、农产品生产加工等特色产业基地 6 个。兑现优惠政策及企业奖励资金 248.5 万元、中小企业技术改造资金 480 万元。五是加快现代农业产业化建设。基本完成 2.1 万亩标准化农田建设和耕路建设;盆景文化园等 4 个特色农业产业项目主体工程开工,无公害蔬菜生产基地项目完成土地流转,建成钢架大棚 1300 亩,连栋温室 4800 平方米;新农村示范点主干道全面贯通,牌坊、广场全部建成,改造农宅 50 户,徽派建筑风格逐步呈现。

【用财有度】一是推进民生工程建设。全县 33 项民生工程总投入 1.32 亿元,其中,县财政投入配套资金 2192 万元全部拨付到位。累计发放或补助金额 5583.14 万元,直接受益 10.82 万人。二是继续加大"三农"投入力度。累计发放各类涉农补贴资金 7000 万元,涉及发放项目 17 个。共投入农田水利建设资金 3523 万元,通乡油路及农村道路建设等 1832 万元,农村安全饮水及沼气工程 1299 万元。"三农保险服务站"覆盖全县 11 个乡镇,全年共赔付各类政策性保险受灾款 409 万元。批复建设村级公益事业一事一议财政奖补试点项目 131 个,财政奖补资金 1117 万元,受益群众 137278 人。落实"四下乡 两换新"政策,发放各类补贴 1224 万元,补贴兑付率达 100%,拉动销售下乡产品 30042 台,销售金额 10511 万元。三是着力保障社会公共事业支出。拨付农村义务教育经费保障机制资金 1281.36 万元,投入 2014 万元对校舍进行安全改造,投入 150 万元建成职教中心实验楼。加大社会保障投入,投入养老保险等各项社保支出 6280 万元、发放低保资金 1283 万元,1394 人次受益。增加卫生事业投入,争取资金 831 万元,用于城乡卫生服务体系建设;发放城镇居民医保和新农合各级财政补助资金 2707 万元。增加公共文化投入,累计投入公共文化发展资金 452 万元,用于建设乡镇综合文化站、农家书屋工程和农民体育健身工程等。

【理财有招】一是规范财政专项资金和专户监管。会同县政府法制办出台《青阳县财政专项资金管理办法》,保障财政资金安全、高效运行。会同县纪委监察局、县审计局、县人行对行政事业单位银行账户开户情况进行全面清理,共撤并账户 60 个,涉及 24 个预算单位,加强源头防腐。二是强化财政监督管理。配合县直有关单位组织实施农村集体"三资"清理和土地复垦资金清理专项检查等工作;对病险水库除险加固等重大建设项目实行专项资金定期报告制度;继续开展社会团体和国有及国有控股企业"小金库"专项治理,组织实施党政机关和事业单位"小金库"治理工作"回头看",努力构建"小金库"防治长效机制。三是加强国有资产管理。启动国有资产管理信息化建设,对行政事业单位固定资产实行动态管理;按照《青阳县行政事业单位国有资产管理办法》,会同监察、审计等部门统一拍卖处置行政事业单位资产 13 起,拍卖收入 78 万元。四是整顿和规范财经秩序。组织 1226 名财务人员参加会计继续教育培训;举办三期全县预算单位财务人员培训班;继续实施会计信息质量检查工作,严肃财经法纪。

【深化改革】一是推进"财税库银"横向联网工程。实现财税信息资源共享,税款资金快速高效对账和全程监控。二是完善国库集中支付改革。按照"安全、快捷、规范"要求,全年国库集中支付中心"零差错"完成业务 8436 笔,支付资金 10.18 亿元。三是深化非税征管改革。搭建基层医疗卫生机构非税收入管理信息平台,实现医疗服务收入、药品收入等全额纳入非税收入专户管理,保障基层医药卫生体制综合改革顺利推进。四是调整和完善新一轮县乡财政分配体系。开展乡镇财政体制运行及经济发展情况调研,按照公共财政要求,以促进基本公共服务均等化为目标,着力构建财力与事权相匹配的县乡财政体制。五是深化部门预算改革。细化预算编制内容,建立健全标准预算程序,在财政部门与各有关职能部门及各预算单位之间建立规范的工作程序,逐步建立预算人员基础信息库,进一步完善公用经费预算定额体系,加强项目支出管理。六是稳步推进"两基"建设。新建丁桥、陵阳、朱备、杜村财政所办公楼 4 栋,改善基层财政所办公条件;出台《青阳县乡镇财政所(分局)规范化建设实施方案》,加强财政基础工作。

【激励争先】一是坚持打造"十型"机关队伍。以开展创先争优活动为载体,激励财政干部主动作为、干事创业,全面提升财政干部素质。二是完善干部学习教育制度。坚持周五学习日制度,利用媒体、视频等多种载体加强财政法规学习和警示教育,开展"科学发展求突破、创先争优做表率"主题活动、"学习提升年"活动以及沈浩同志先进事迹集中学习月活动。三是认真落实党风廉政建设责任制。制定出台《财政局2010年领导干部廉洁自律和落实党风廉政建设责任制实施意见》、《关于严禁酒后驾车等违法违规行为的通知》等一系列党风廉政制度。局党组与各科室及局属二级机构签订《财政局廉洁自律和落实党风廉政建设责任状》。四是开展文明创建工作。充分发挥局工会、妇委会作用,积极组织开展丰富多彩、健康有益的文娱活动,营造和谐健康机关工作氛围;切实解决干部职工困难,形成相互关心的人文工作环境。开展机关"美化、绿化、亮化、净化"创建,将公共区域卫生责任分解落实到各科室,对局办公楼内墙进行粉刷,安装净水设备,定期更换花卉盆栽等。

(青阳县财政局供稿　宁　睿整理)

石台县财政工作概述

2010年,石台县财政收入完成12079万元,比上年增收2013万元,增长20%。其中:地方财政收入完成8951万元,增长21.1%。财政部门组织收入4182万元,比上年增收814万元,增长24.2%。全县财政支出完成55867万元,比上年增支8902万元,增长19%。

【全力以赴保增长促发展】集中财力推进生态工业、生态农业、生态旅游业发展。投入资金11078万元,重点支持农村基础设施、病险水库、市政工程、城防工程、秋浦河治理等重点项目建设。安排900万元改善旅游基础设施,支持创建4A旅游景区。增加担保公司注册资本至5000万元,全年为企业担保贷款4247万元。加大投融资力度,全年融资11245万元,重点支持市政基础设施、环马鞍山路工程、县城污水处理工程建设等。完善考核机制,引导金融机构服务县域经济发展,规范鸿佳小额贷款公司运营,积极参与县农商行筹建。认真落实"四下乡、两换新"政策,全年累计补贴家电汽摩9445台(辆),兑付补贴资金408万元,资金兑付率达100%。

【千方百计优支出保重点】全面完成33项民生工程目标任务,财政累计投入资金8407万元,其中县级配套2053万元。坚持优先发展教育,全年教育支出6372万元,比上年增长22%;完善农村义务教育经费保障机制,对中职学校家庭经济困难学生、贫困寄宿生实施资助;投入1311万元实施校安工程,完成9所农村教师周转房建设,安排500万元支持省示范高中创建和二中扩建。完善社会保障体系建设,加强社保基金管理,实现社保基金收入2366万元、社会基金支出2678万元;及时提高各项补助标准,发放农村低保612万元、五保户补助234万元、大病救助金173万元。认真落实积极就业政策,3502人分别接受农民工技能和新型农民培训。积极推进农村危房改造试点,发放廉租房补贴资金46万元、农民购房补贴131万元,有效改善城乡居民居住条件。着力促进医疗保障水平,新农合与城镇居民基本医疗保险并轨有序运行,全年医疗保险支出1273万元,14300人次受益;免费实施白内障复明52例和婚检671对,613名孕产妇住院分娩获补助;投入1019万元推进基层医药卫生体制综合改革,57个标准化村卫生室建成并投入使用,乡村实现基本药品零差价。

【统筹协调夯基础惠"三农"】优化调整支出结构,使财力向新农村建设和现代农业倾斜。全县支农支出9774万元,比上年增长5.6%。全面落实强农惠农补贴政策,全年通过"一卡通"发放补贴资金2955万元,农民人均受益348元。拨付资金5140万元实施财政扶贫、以工代赈以及其他支农项目,重点改善农业基础设施。加大农业综合开发力度,投入944万元实施仁里镇和大演乡农业生态项目。投入105万元支持惠农养猪、东庄棉花等专业合作社发展。在全市率先实现互助资金村级全覆盖,资金规模达到1035万元。认真开展政策性农业保险工作,全县水稻、油菜和能繁母猪实现应保尽保,"7.8"洪灾发生后,及时理赔油菜、水稻和能繁母猪保险资金103.4万元。继续推行和完善为民服务全程代理制,全县13个村为民服务"一网通"平台建成并投入运行,累计办结代理事项1009件。扎实推进一事一议财政奖补试点工作,投入338万元对74个村级公益事业建设项目实施奖补。继续完善村级组织运转经费保障机制,全年对村级补助达410.4万元,村均达5.2万元。投入84万元建设20个农民体育健身场所和12个农家书屋。

【坚定不移抓改革强监管】完善收入征缴机制,全年实现契税、耕地占用税收入1386万元,增长92%。继续推行部门预算改革,细化预算项目编制,修订支出定额,完善预算信息管理系统,强化预算约束力。深入推进国库集中支付制度改革,国库集中支付和会计集中核算并轨运行良好。会计集中核算职能充分发挥,全年受理资金11.5亿元,受理凭证

21 万张。完善政府非税征管机制，增加政府非税收入征收网点，全年实现非税收入 24167 万元，同比增长 66.6%。加强政府采购管理，不断扩大政府采购范围，全年实现政府采购金额 1788 万元，节约资金 209.8 万元，资金节约率 10.5 %。加大基本建设项目预、决算审查力度，组织实施预算审查项目 65 个，审减金额 1087 万元，审减率 7.4%；实施决算审查项目 42 个，审减金额 716 万元，审减率 19.2%。加强财政监督检查，开展扶贫、民生工程、社会保障、基本建设等专项资金检查，对财政所财务进行内部检查。积极推进“阳光村务工程”建设，在全市率先推行村级财务会计委派制度，79 个村财务全部纳入乡镇集中核算。圆满完成强农惠农专项资金清查工作。大力推进“小金库”专项治理，开展资产清理核查，强化会计管理，对全县 450 名会计人员进行继续教育培训，会计资格考试规范有序开展。

【持之以恒抓队伍强素质】深入开展“学习提升年”、“创先争优”、“创建学习型党组织”和“学习沈浩先进事迹”活动，提升财政干部综合素质。全面完成“五五”普法宣传工作，并荣获“全省财政‘五五’法制宣传教育工作先进单位”称号。开展以“学习廉政准则、促进廉洁从政”为主题的学习教育月活动，努力提升财政服务质量和水平。

（石台县财政局供稿　宁　睿整理）

东至县财政工作概述

2010 年，东至县财政收入完成 6.02 亿元，增长 33.8%。其中：财政部门征收入库 2.15 亿元，首次突破 2 亿元；契税、耕地占用税分别完成 2679 万元、4689 万元，分别增收 780 万元、2133 万元。全县财政支出完成 14.14 亿元，增长 19.5%。

【抓财政收入】一是完善财政增长激励机制。建立园区分税制财政体制，调动园区发展积极性，实现园区（开发区）自我发展。两个省级园区实现税收 1.5 亿元，较上年增收 5000 万元，成为全县财政增收重要增长极。同时，完善乡镇财政收入考核办法，把乡镇财政收入与资金调度、综合考评、运转经费等挂钩，增强乡镇抓收入主动性。二是加强税收清理稽查。利用农村集体土地确权契机，清理农民建房耕地占用税 2676 万元；聘请中介机构开展房地产行业会计信息质量检查，查补税收 3000 万元；开展建筑行业非法人机构清理、化工企业纳税评估等活动，打击逃漏税行为。三是强化收入调度。多次召开财税工作联席会，建立分税种调度和分乡镇调度机制，随时掌握收入进度和存在困难，及时研究，及时解决。

【抓财政改革】一是“一网通”工程试点。三级联动的为民服务全程代理网络全面建立，所有乡镇（街道）和行政村均建立为民服务全程代理中心或代理点。二是一事一议财政奖补试点工作。在完成 2009 年度财政奖补资金清算基础上，继续完善各项制度，强化项目申报、审批、实施和竣工验收等环节管理。三是部门预算改革。将部门预算延伸到乡镇，重点细化园区、开发区及经济重镇预算安排，增强乡镇预算约束力；推进部门预算基础信息库建设，夯实部门预算编制基础；以细化土地出让金、育林基金预算编制为突破口，推进政府性基金预算编制；推行项目预算，建立县级预算项目库，审核入库项目 82 个，安排资金 10.9 亿元。四是在县级全面实施国库集中支付制度。五是政府采购改革。建立年初有预算、年中有计划、采购资金辐射预算内外的管理机制。全年共组织采购 110 批次，实现政府采购金额 3000 万元，节约资金 550 万元，资金综合节约率达 18.3%。

【抓财政支农】一是落实各项支农惠农政策。全年共发放各种财政补贴农民资金 1.88 亿元，惠及农民近 14 万户；推进政策性农业保险试点工作，全年灾后理赔为农民挽回经济损失 3380 万元；安排小城镇建设资金 1000 万元，支持农村基础设施建设；支持农村文化建设，拨付资金 120 万元，建成乡镇综合文化站 3 所，拨付资金 60 万元，建成农家书屋 30 个；开展送文化进基层活动，送电影（戏）下乡 2005 场。二是提升农业综合发展能力。重点支持农业综合生产、农业产业化、农田水利基础设施，以及新农村示范点建设、林业生态产业建设、特色农产品、农民培训等。

【抓服务发展】一是财政安排专项资金，培育经济增长点。安排工业企业发展专项资金、科技三项费等各类专项资金 4100 万元，发挥财政资金的乘数效应，引导社会和民间资金投入共 3.2 亿元，有力支持了全县中小企业的发展。二是支持园区建设。通过预算安排和政府融资平台筹资，大力支持园区征地拆迁安置房、园区道路、园区消防楼等基础建设，进一步提升园区承载能力，引导工业企业向工业园区集中。全年园区实现工业增加值 27 亿元，税收增幅超 50%。三是支持城区建设。通过预算安排、政府融资等筹措资金11亿元，推进县城区82个基础设施项目建设，推动城市亮化、美化工程及县城区道路管网改造。

【抓普惠民生】一是全力推进31项民生工程建设。全年共投入资金3.6亿元，惠及群众51万人，占全县总人口近95%。二是支持教育事业发展。全县教育支出2.95亿元，较上年增长21.9%。投入资金6483万元，完成校舍安全维修13万平方米；拨付义务教育保障资金3044万元，全县64130名义务教育阶段学生得到资助；拨付中等职业教育助学金254万元，资助1122名学生。三是支持计划生育工作。安排资金125万元，支持创建计划生育国家优质服务先进县；安排资金40万元更新基层计生服务站设备；拨付139万元奖补符合条件的农村计划生育奖扶对象。四是支持卫生事业发展。推进基层医药卫生体制改革；拨付7000万元支持新型农村合作医疗工作，参合农村人口达46.5万余人；拨付重大传染病病人医疗救治、生活救助和城乡医疗救助资金860万元；拨付城乡卫生服务体系建设资金1132万元，完成4所社区卫生服务站(中心)及169个标准化村级卫生室建设；拨付700万元建立城镇居民基本医疗保障制度。五是支持社会保障体系建设和就业再就业工作。拨付资金1600万元建立农村居民最低生活保障制度。六是扎实开展“四下乡、两换新”活动。全年兑付各类补贴资金3305万元。

【抓财政监督】一是建立健全财政投资评审机制，委托中介机构对建设工程概、预、决(结)算等进行投资评审，实行财政监督关口前移和全过程监督。全年评审项目30个，送审金额4989万元，核减764.4万元，审减率15.3%。二是深入开展“五五”普法，组织开展财政专项资金收支和会计信息质量检查，共查补税收4000余万元；加强部门专项资金检查，查处违规资金560多万元，追还被挪用财政专项资金158万元。三是严把会计核算“四关”，即票据审核关、专项资金拨付关、资金下移关、政府采购关，县直单位财务行为进一步规范。四是完成县“小金库”自查自纠、重点检查及治理扫尾工作。

【抓机关建设】一是开展学习活动，着力提升干部综合素质。二是开展文化建设，着力提升财政文化品位。局机关连续3年被评为市级文明单位，会计结算中心分别被全国妇联、市总工会、市文明委授予“全国巾帼文明岗”、“五一巾帼标兵岗”、“创建文明行业先进单位”等称号；组织参加“学沈浩，见行动”演讲比赛，并荣获最佳组织奖。三是开展廉政教育，着力提升干部党性修养。邀请纪委领导给全体财政干部上课，组织观看反腐倡廉专题片，对财政干部进行警示教育；与乡镇财政所、局科室(单位)签订党风廉政建设责任状，明确廉政建设责任；主动接受社会各界和人民群众监督。

(东至县财政局供稿　宁　睿整理)

九华山风景区财政工作概述

2010年，九华山风景区共完成财政收入35060万元，比上年增长30%。其中地方一般预算收入33138万元，上划中央预算收入1922万元。共完成支出36261万元，同比增长31.4%。

【财政收入】一是继续执行调度会制度，加强收入调度，做到收入均衡入库；二是主动协调国税、地税部门，加强税收管理，挖掘税源；三是开展房产税和土地使用税全面清查，在旅行社推广使用税控平推式复写打印发票系统等；四是安排市场营销资金2000万元，加大市场营销力度，拓展旅游市场，促进风景区旅游收入增长。

【财政支出】保证财政供给人员工资及时足额发放和行政事业单位正常运转。保障重点工程、重点项目支出，推进综合整治，加快项目建设，安排基本建设资金5700万元、拆迁整治资金2000万元。加大公共服务领域投入，积极落实支农惠农政策，着力保障和改善民生，促进经济、社会和文化全面协调发展，安排民生工程配套资金1516.36万元，同比增长8%；城乡社区事务支出9881万元，同比增长61%。

【惠民措施】一是组织实施民生工程。补助类项目全部发放到位，按月按季发放项目基本实现月前、季前发放；工程类项目除老田村卫生服务室因规划原因尚在建设外，均建成并投入使用。二是加大社会保障力度。农村低保覆盖面提高到4.5%，五保户集中供养率67%，失地农民基本生活得到有效保障，农村卫生保洁体系、村级卫生服务体系基本建成。三是认真落实惠农政策。增加家电下乡补贴品种，开展“家电下乡”销售网点集中整治，规范景区家电下乡销售网点经营行为；通过“一卡通”累计发放各类涉农补贴1024万元；投入农业示范区建设资金250万元，完成拥华友谊水库除险加固、老田样山村民组道路建设等；投入新农村示范点建设资金257万元，完成二圣六七房里居民点路网、沟渠建设等。

【财政监管】一是开展会计信息质量检查工作。二是开展工程建设领域突出问题专项治理。根据《九华山风景区关于工程建设领域突出问题专项治理工作实施方案》,对2008年以来政府投资项目资金使用管理、重要设备和材料的政府采购、土地使用权出让等方面进行规范。三是继续开展“小金库”专项治理工作,巩固“小金库”专项治理成果。

【国有资产监管】一是积极参与国有资产转让。完成广电中心办公楼资产转让工作,转让收入全部上缴财政;全程参与集团公司三净园和169酒店项目资产拍卖,对处置过程进行全程监督;完成工艺厂改制后续清理工作,共支付改制费用383.56万元。二是规范行政事业单位车辆处置。对全区行政事业单位更换的车辆全部收归国资管理,按照规定进行评估、拍卖,拍卖,收入全部缴入国库。今年共拍卖3部车辆,收入19.37万元。三是清理被占用国有资产。

【机关建设】一是扎实开展创先争优活动,将“讲学习、讲奉献,抓收入、抓增长,保稳定、保发展”作为活动主题,组织党员、党支部公开承诺,争创“五好”党支部、争当“五带头”共产党员。二是开展“结对共建”活动。三是加强党风廉政建设,提高廉洁从政意识,筑牢廉政防线。四是深入推进文明创建工作。按照风景区文明委要求,发挥市级文明单位优势,开展文明单位与寺庙共建活动。

(九华山风景区财政局供稿 宁 睿整理)

安庆市财政工作概况

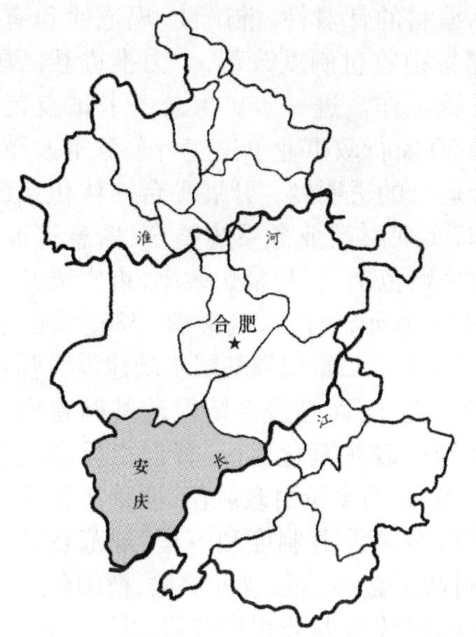

安庆市财政工作综述

2010年,安庆市财政一般预算收入完成1210926万元,为预算的109.4%,比上年增长25.8 %;其中地方一般预算收入完成505742万元,为预算的109.3%,比上年增长21.7%。全市一般预算支出完成1612026万元,比上年增长15.2%。基本实现收支平衡,略有结余。

【大力增收节支保运转】一是完善增收机制。建立重点税源实时监控和动态分析机制,堵塞征管漏洞,做到应收尽收。强化非税收入征管,出台市本级非税收入征收管理工作考核办法等规范性文件,坚持以票管收,逐步完善集中汇缴和过渡户审批备案制度,规范非税收入管理。合理分权让利,调动区级经济发展积极性,推动宜城板块加速发展。二是加强收入征管。积极应对宏观经济形势变化,密切收入组织协调,大力支持税务部门依法加强税收征管,全面推进财税库行横向联网工作,增强财政收入入库监管效率。强化政策执行,完善制度措施,规范契税、耕地占用税征管,确保财政收入稳定增长。三是深化厉行节约。认真贯彻落实中央和省关于党政机关厉行节约八项工作要求,深化思想认识,强化制度措施,确保因公出国(境)团组数量和规模、公务用车配备使用管理、公务接待和一般性支出得到有效控制。全市因公出国境人数,车辆购置及运行,公务接待、用水、用油、用电、庆典、节会、论坛,会议、通信等公用经费较上年均有所降低。

【优化支出结构惠民生】一是加大财政投入力度。将财政支出的重点放在关注民生和构建和谐社会上,切实增强财政公共保障能力。农林水、社会保障、医疗卫生、教育四大重点支出占财政支出比重达到56.9%,全市拨付医改资金2.6亿元,有力推进了基层医药卫生体制综合改革工作。全面提高城镇居民最低生活保障标准,拨付城市低保资金8000万元,实际保障3.5万人。规范优抚安置资金管理,发放优抚资金1371万元,确保军转、离休干部等人员基本生活需要。安排资金4035万元支持基础教育设施建设,改善教学条件。安排资金1020万元用于职教中心、桐城师范等职业教育学校建设,支持职业教育发展。加大科技投入力度,安排本级技术应用研究与开发经费580万元,提升科技发展潜力。二是深入推进民生工程。及时出台筹资办法,确保民生工程配套资金及时足额落实到位;完善协调推进机制,夯实民生工程基础工作;加大督查力度,狠抓工程进度,确保42项民生工程顺利推进。全市累计拨付民生工程资金39.84亿元,缓解了人民群众“生活难”、“看病难”、“上学难”、“住房难”等方面的突出问题。三是落实强农惠农政策。组织开展强农惠农资金专项清查工作,查处违纪案件51件,涉及金额595.6万元,并及时落实整改措施,确保涉农资金运行安全。开展农村土地综合整治试点工作,加快新农村建设。全面推进村级公益事业建设“一事一议”财政奖补工作,全市覆盖面达到95%,受益人数425.46万人。以推进“阳光村务工程”建设为契机,建立完善委托代理服务机制,强化村级民主监督,推进农村党风廉政建设。加大扶贫开发工作力度,落实资金1.78亿元,有力帮扶贫困地区脱贫致富。完成农业综合开发总投资1.86亿元,促进了农业增效、农民增收。健全财政补贴农民资金管理和“一卡通”打卡发放工作责任机制,全市各级财政部门发放各项补贴15.6亿元。大力推进政策性农业保险试点工作,赔付受灾农作物97.4万亩,涉及金额11760万元,大大减轻农民群众因灾造成的损失。

【服务产业转移促发展】一是着力支持示范区建设。一方面深入研究分析,认真落实相关扶持政策;另一方面抓住中央进一步加大转移支付倾斜力度和省财政安排示范区建设专项资金的机遇,主动加强联系和沟通。市财政安排300万元资金用于示范区“6+2”规划编制，并统筹安排承接基金，精心打造承接平台。二是切实增强财政保障作用。市财政安排3000万元的财源建设资金，支持重点财源建设。安排800万元旅游发展资金，加大对重点旅游项目和工程的支持力度，推进旅游业的转型升级。大力支持招商引资工作，拨付招商引资工作经费412万元。充分发挥担保集团融资平台功能，市担保集团完成担保额7.5亿元，比上年增长32％，有效缓解中小企业融资难的问题。三是认真落实积极财政政策。积极做好项目编制、申报工作，大力争取中央和省投资，先后争取省财政新兴产业引导资金1亿元和财政部集贤关矿山地质环境治理项目资金2700万元，增强了经济社会发展后劲。扎实做好“三下乡、两换新”工作，进一步加大补贴兑付力度，累计兑付“三下乡、两换新”补贴资金3.64亿元。兑付契税补助资金1412万元，促进了房地产市场健康发展。

【强化财政监督严管理】一是深入开展“小金库”专项治理。对市直160户行政事业单位进行了“小金库”重点检查，实现对纳入自查自纠范围单位的重点检查全覆盖。全面推进社会团体、国有及国有控股企业“小金库”专项治理工作，全市共有744个社会团体和142个国有及国有控股企业进行了自查自纠，自查面达到了100%，对157个社会团体和43个国有及国有控股企业进行了重点检查，检查发现“小金库”1个，已进行纠正处理。二是扎实推进财政专项检查。加强扩大内需项目落实情况的检查监督，及时督促项目单位加快工程进度。积极组织开展政策性农业保险工作及资金落实情况检查，规范基层政策性农业保险开展。对全市28家行政企事业单位进行了会计信息质量检查，检查发现会计核算不实金额91718万元，检查发现欠缴各项税款168万元，其他违规金额3071万元，并依据相关法律法规进行了纠正。继续开展非税收入重点检查，查出违规金额163万元，并按照政策规定依法进行处理。三是强化财政支出绩效管理。大力推进财政支出绩效评价工作，出台相关管理办法，选择怀宁县平山镇中低产田改造、安庆市创业培训、市公安局科技强警三个项目开展绩效考评试点，促进了财政资金绩效管理水平的进一步提高。加大财政投资评审力度，全年共完成评审项目113个，报审金额15亿元，审减金额3亿元，综合审减20%。

【深化财政改革强基础】一是完善财政体制机制。继续深化部门预算改革，规范预算编制办法，提高了预算编制的针对性、准确性、规范性和有效性。深化国库集中收付制度改革，大力推进县区国库集中收付转轨工作。进一步扩大公务卡试点范围，市本级新增50家行政事业单位实行公务卡改革试点，提高资金运行的透明度。开展平台一体化系统推广实施工作，实现财政业务系统整合、信息资源共享。扩大政府采购范围，提高采购效率，市本级共完成采购预算9149万元，实际采购金额7586万元，资金节约率为17.1%。二是加强基层基础建设。强化服务基层工作力度，全面推进乡镇财政基础建设。进一步加强乡镇财政规范化建设，督促指导合理设置乡镇财政机构，充实乡镇财政队伍，明确工作职能。完善乡镇财政分项业务制度和流程，规范乡镇业务操作，确保财政资金终端管理科学化、精细化。实时跟踪督促乡镇财政所办公用房建设，完工42个，有效改善了乡镇财政办公条件。建立健全激励机制，全面开展评先评优活动，推动乡镇财政整体管理水平提升。三是强化国有资产监管。加强财政预算编制管理，严格配置标准，从源头上规范国有资产配置。加强行政事业单位经营性资产、出租出借资产管理，确保部门、单位所有收入全部纳入非税收入管理，编入单位年度部门收入预算。严格资产处置管理，市财政回收被更新小汽车18辆，按规定进行了公开拍卖，所得资金全部上缴国库。对黄梅戏学校原校址进行了资产评估，为下一步资产处置奠定了基础。

【提升财政效能树形象】一是大力推进依法理财。邀请专家举办多场法制专题讲座，提高财政干部职工法制意识。部署推进“五五”法制宣传教育考核验收工作，顺利通过财政部和省财政厅的考核验收。加强行政服务中心窗口建设，认真梳理、优化行政审批项目流程，进一步简化审批手续，缩短办理时限，实现“一站式”服务。大力加强政务公开，及时在政府信息公开网上公开预算决算报告、月度财政运行分析等内容，累计主动公开政府信息600余条。积极利用市财政局门户网站、电子显示屏、橱窗等形式开展宣传，着力营造良好的政务环境。二是加强队伍素质建设。扎实开展“学习提升年”活动，努力提升干部综合素质，提升班子整体合力，提升财政文化品位，提升机关和谐氛围，提升干部党性修养。在上海财大举办第七期干部能力建设培训班，全市财政系统50名干部参加了培训。编印《财政干部通用能力知识问答》，组织全市财政系统1800余名干部职工进行统一考试，并举办全市财政系统“评审杯”通用能力知识竞赛，有效提升了干部职工的业务能力。实行培训与调研相结合，拟定 29 个调研课题，组织干部职工开展调研，形成调研报告 34 篇，提升了财政干部分析问题，解决问题的综合能力。三是强化机关作风建设。加强机关效能建设，制定出台机关效能建设责任追究暂行办法，促进了机关效能大提升。认真抓好“1584 政风行风热线”办理工作，一些涉及群众切身利益的问题得到较好解决，展示了财政部门务实高效的形象。扎实开展创先争优活动，在局机关开展先进党支部和优秀党员评选表彰活动，激发广大干部职工的工作热情。通过举办讲座、设立宣传栏、观看警示教育片等形式，扎实开展《廉政准则》学习教育活动，进一步提高了党员干部的廉洁自律意识。

（安庆市财政局供稿　叶武乐执笔）

迎江区财政工作概述

2010 年，迎江区财政一般预算收入完成 32825 万元，增长 25.8%。其中，地方一般预算收入完成 20,531 万元，增长 26.7%。全区一般预算支出完成 23751 万元，为年初预算的 102.6%，增长 23.2%。收支相抵，实现收支平衡，略有结余。

【落实积极财政政策，服务全区经济发展】 筹集间隙资金 4200 万元，支持区经济发展投资有限公司重组，安排偿债准备金 500 万元，积极防范债务风险，全力支持融资平台建设。争取省农发行 1.8 亿元融资额度贷款，争取债转贷资金 100 万元，推进安庆临港经济开发区建设，开发区全年实现税收 798 万元，同比增加 743 万元。安排资金 117 万元用于全区经济考评和招商引资工作，推动优势企业进一步做大做强。积极申报企业技术改造贴息（补助）专项资金 125 万元，助推菱湖漆业、横电电缆、一枝梅化工等工业企业改造升级，规模以上工业企业全年实现税收 1830 万元，同比增长 18.8%。兑现外贸进出口企业奖励资金 158 万元，鼓励扩大出口规模，全年出口货物退增值税 6258 万元，同比增长 78.4%。开展家电以旧换新，全年兑付 10346 台家电以旧换新补贴资金 275 万元，进一步促进扩大消费需求，29 家销售网点全年销售收入 3332 万元，同比增长 10.1%。

【加强重点税源分析，积极组织财政收入】 财税部门密切联系，逐步建立信息相互沟通、数据相互交流、情况相互通报的工作协调机制，及时协调征管中存在的问题。加强重点行业税收监控，密切关注房地产市场走向，全面掌握外来施工企业信息，房地产建安行业全年实现税收 16501 万元，同比增长 56.8%。组织召开“承接产业转移，加速迎江崛起”企业知名人士座谈会，共谋发展大计，全年纳税额 100 万元以上企业 59 家，比上年增加 15 家，纳税额增加 11285 万元。完善街道办事处财政管理办法，调动街道办事处发展经济、组织收入积极性，六个街道办事处全年完成税收 13411 万元，同比增长 20%。启用非税收入征收管理信息系统，全面实现“单位开票、银行代收、财政统管”的非税收入征管模式，全年组织非税收入 914 万元。

【全力保障重点支出，着力提升民生水平】 安排资金 985 万元，兑现义务教育阶段教师绩效工资。拨付资金 400 万元，改善机关办公条件和环境。拨付资金 254 万元，改善青少年宫、锡麟等社居委办公条件，落实社居委工作人员“两险”补贴政策，提高生活补贴标准。拨付资金 91 万元，推进基层医疗卫生体制改革。合理使用超收收入，建立偿债准备金 500 万元，安排基础设施建设资金 1230 万元。全年拨付 31 项民生工程资金 3969 万元，同比增长 35.6%。其中：拨付生活保障类资金 237 万元，2367 人领取农村低保金，1160 户享受廉租房实物配租、低收入租赁补贴和最低收入租赁补贴；拨付医疗卫生类资金 1506 万元，3492 人享受城乡医疗救助，66594 人参加城镇居民医疗保险、新型农村合作医疗，建成 15 家村卫生室，完成免费婚检 891 对，补助农村孕产妇住院分娩 471 人；拨付农业和农村基础设施类资金 226 万元，完成 31 个广播电视村村通工程建设任务，完成农村沼气池建设 1000 户；拨付教育培训类资金 627 万元，18082 人享受免费教科书、17108 人享受免收学杂费政策，1704 人参加新型农民培训或农民工技能培训；拨付农村文化建设类资金 1373 万元，建成 12 个留守儿童之家和 3 个留守儿童活动室，加固和重建校舍面积 31579 平方米，消除对应三类校舍面积 34271 平方米。

【全力支持三农工作，增强农村发展后劲】 继续落实各项支农惠农政策，建立财政补贴农民资金数据库，全年通过“一卡通”发放 21 项补贴农民资金 1060 万元，兑现 14467 台（辆）家电、汽车摩托车下乡补助资金 612 万元。积极开展政策性农业保险，全年承保水稻、油菜、小麦等农作物 54403 亩、能繁母猪 612 头，兑现 15041 亩农作物洪涝灾害理赔金

268万元,惠及农民8899户。争取土地治理项目资金500万元,继续对新洲乡青龙、康宁两村5000亩中低产田进行改造。投入农田水利改造资金374万元,改善长风乡、新洲乡农田基础设施。争取新农村建设资金60万元,加大改善长风乡长风村、将军村和新洲乡青龙村村容村貌。争取农业产业化项目资金153万元,支持安庆长风沙禽业合作社和安庆绿阳禽业有限责任公司,促进农业产业化龙头企业发展壮大。争取财政奖补一事一议项目资金75万元,对将军、柘山等17个项目村道路、水利设施进行修建。争取农村改厕资金53万元,完成青龙、永存等村改厕任务800座。争取财政所规范化建设资金55万元,修建新洲乡财政所,建立为民服务大厅,积极建立财政为民服务全程代理新机制。

【加大财政监督力度,提高资金使用效益】组织精干力量对全区55家行政事业单位进行“小金库”专项治理,实现重点检查面两年全覆盖,并按照统一部署开展社会团体和国有及国有控股企业“小金库”专项治理工作,建立长效机制,有效预防腐败。开展政府性债务自查工作,全面掌握债务组成情况,建立偿债准备金制度,控制新债发生,制定旧债偿还计划。实行采购供应商备案制度,建立供应商诚信档案库,实行按季集中采购,最大限度节约采购成本,全年累计采购各类物资1286万元,节约资金119万元。加强财政投资评审工作,开展财政投资评审28项,核减财政投资额270万元,核减率达13%。严格规范家电、汽车摩托车下乡销售网点进出机制,对29家销售网点集中整治,对7家不规范网点限期整改,取消3家网点备案资格。

【加强业务知识培训,提升财政管理水平】举办单位(部门)主要负责人及财务人员财经法规知识培训班,丰富财经法规知识,增强法制观念。举办2010年度会计人员继续教育培训班,对全区237名会计从业人员培训,不断提高财务人员业务技能和知识水平。开展国有资产管理信息系统操作培训,实现财政与部门、财政与单位、部门与下级单位之间的资产管理信息传递通畅。开展“三资”管理培训,对三乡财务报账员集中培训,进一步加强农村集体资金、资产、资源管理工作,规范村级财务。开展“一事一议”财政奖补培训工作,让有关人员更好地掌握国家和省市政策,明确业务操作流程。

（迎江区财政局供稿　叶武乐整理）

大观区财政工作概述

2010年,大观区财政一般预算收入完成27153万元,为预算的101.7%、比上年增长16.9%。其中:地方一般预算收入完成15478万元,为预算的100.5%,比上年增长12.7%。一般预算支出完成30341万元,为预算的95.8%,比上年增长7.2%,财政年度目标任务全面完成。

【注重涵养税源与科学征管有机结合】保持与区级大型骨干企业互联互通,认真落实国家各项税收优惠政策,积极争取税收返还,支持企业做大做强,安徽盈创荣膺全省百强企业称号,安徽时联步入全省200强民营企业行列。及时拨付企业技改贴息、外贸促进政策奖励等专项资金,引导企业开展自主创新,加快技术优化升级,增强企业发展内生动力。按照“政府领导、财税主管、乡镇街道配合、社会参与”的征管、协税护税工作机制,开展重点税源动态监控,严格落实以票控税制度,适时开展税收专项稽核检查,努力做到颗粒归仓。强化非税收入日常管理,严格执行“票款同行”工作制度,实现非税收入适时入库。定期召开收入形势分析会,实施收入执行情况月度分析,查找收入增减成因,圆满完成全年财政收入目标任务。

【注重把握机遇与创新理念相辅相成】充分利用转变经济发展方式良好机遇,积极争取专项资金,提升环境监测能力,引导企业转变发展理念,加速企业转型升级,促进资源节约、环境友好、企业发展三者良性互动。依托现代农业示范区建设平台,坚持农户利益优先原则,支持海口片区土地实现平稳流转。抢抓国家支持现代农业发展机遇,争取农业产业化专项引导扶持资金支持安徽金隆园、美好甜园等大型农业龙头企业入驻示范区投资兴业,整体提升农业生产加工能力水平。扎实推进以“四下乡、两换新”为主要内容的家电下乡活动,补贴下乡、换新产品11048件,兑付资金364万元,有力拉动农村消费市场。积极发挥财政职能作用,通过本级安排、向上争取、调度财政间隙资金等方式,全力支持开发区、大观新城、现代农业示范区、石化炼化一体化还建房等项目平台建设。开发区扩容升级重点项目海口经济开发区申报省级开发区获省政府批准,基础设施建设全面启动。循环经济产业园四期配套设施基本建成,全年新开工项目12个,新投产项目13个,产业集聚效益明显。大观新城起步区路网框架基本建成,政务中心办公楼开工建设,整体建设初具规模。继续强力推进现代农业示范区建设,改造中低产田1.1万亩,示范区核心区基础设施渐趋完备,承载能力持续增强。

【注重民生保障与社会建设互联互通】坚持以人为本工作理念,认真履行民生工作职责,实现组织领导、资金保障、制度完善、协调推进、工作宣传、资金监管、督导检查七个到位。全年累计投入资金10166万元,31项民生工程年度目标任务全面完成,实现了民生资源向"三农"倾斜、向基层倾斜、向困难群体倾斜,民生保障能力显著增强,民生工程实施效果逐步放大。调度专项资金支持菱湖办等街道、社区实施办公房规范建设,社区服务承载能力显著提升。按照"核定任务、核定收支、绩效考核补助"的政府补助原则,及时开展乡镇卫生院清产核资,科学核定收支,推动基层医改向纵深迈进。沉着应对百年一遇强降雨侵袭,快速反应,积极争取上级防汛抢险救灾及特大型地质灾害防治项目资金,有力保障地质灾害点、水利设备、农田设施、倒塌民房等水毁对象及时实施恢复重建;主动对接农险经办机构,及时兑付农险理赔资金,有效保障农户利益,确保大灾之年无大碍。行政事业单位运行平稳,重点支出保障有力,促进了社会各项事业全面进步。

【注重基础管理与基层建设协同推进】出台进一步加强乡镇财政规范化建设意见,明确基层财政所在基层建设中排头兵作用。积极实施海口财政所办公房规范化建设,开展十里铺财政所"百名乡镇联系点"农村财政管理示范工作,基层基础设施得到较大改善。规范办事流程,惠民直补资金、"四下乡、两换新"补贴、一事一议财政奖补等业务流程、补助对象严格实行张榜公示,确保涉农资金发放及时、准确、安全,基层建设取得较大进步,基层工作进一步夯实。准确预测收支事项,完善基础资料收集,细化部门预算编制,部门预算约束力显著增强。牢固树立"抓预算执行进度就是抓资金使用效益"的工作理念,科学施策,分类管理,切实做到保障运转加快基本支出进度,抓主抓重加快重点支出进度,合理引导加快专项支出进度,预算支出实现质效并举,支出效益显著提升。坚持"不唯增、不唯减、只唯实"的工作原则,认真细致开展财政投资评审,有效节约建设资金,有力促进了区级重点工程建设。严格执行涉农资金区级"一卡通"发放方式,及时、安全、准确发放涉农资金1757万元,涉及农户7.7万户(次)。加快推进北堤防汛道路等5个村级公益事业建设一事一议财政奖补项目,促进新农村建设。健全采购制度,优化采购程序,在全市率先完成校舍安全工程招标,实施区属行政事业单位汽车定点维修新一轮招标,集中采购规模大幅攀升,全年共实施集中采购项目165个,资金节约率达14.3%,政府采购效益逐步放大。遵照工作需要、轻重缓急、厉行节约的原则,进一步规范区机关公务用车管理。积极推进"阳光村(居)务"工程,扎实开展农村(社区)集体"三资"清理和委托代理工作。加强资产、预算、财务三者管理有机结合,积极推进国有资产管理信息化建设,完善国有资产配置、报废审批程序,初步建立起使用单位、主管部门、财政部门三方互联互通的资产管理动态监管体系,财政科学化、精细化管理水平显著提升。

(大观区财政局供稿　叶武乐整理)

宜秀区财政工作概述

2010年,宜秀区财政一般预算收入完成20273万元,同比增长36%。其中:地方一般预算收入12215万元,同比增长33.7%。全区财政支出完成31011万元,同比增长11%。实现收支平衡,略有结余。

【积极组织收入】完善收入调度机制,及时召开经济形势分析会、收入调度会,做好财政收入的跟踪、分析和预测,认真解决影响财政增收的不利因素,多方联动,把握重点;依托信息征管手段,加强对重点行业、重点税源和纳税大户的监管,依法征收,不遗不漏,确保主体税种收入持续增长。全年增值税、营业税、所得税较上年分别增长33%、25%、55%;强化任务意识和考核,进一步增强各级组织收入的责任感和积极性,实施税收管理员绩效评价机制;不断完善非税收入收缴体系,严格非税收入管理,充分利用全区搬迁契机切实加强国有资产管理,挖掘国有资本经营潜力,实现非税收入大幅增长。

【服务经济发展】紧紧抓住国家保增长、促发展的政策机遇,积极争取中央省市财政支持。2010年争取各类专项资金6759万元,地方政府债券100万元,有力支持了民生工程、生态环境治理、企业自主创新等重点项目建设;围绕旅游、矿产资源、食品基地等优势资源，先后投入 430 余万元大力支持平台及园区经济发展；认真落实国家各项扶持补助政策。拨付中央预算内投资 2075 万元，推动水利、卫生、文化、农村基础设施项目建设。争取企业贴息资金 358 万元，支持企业稳步发展。认真落实家电汽摩下乡及家电以旧换新政策，全区 2010 年累计销售家电汽摩 36751 台（辆）、家电以旧换新 843 台，及时兑付各项补贴资金 1132 万元，拓宽了农村消费市场，促进了城乡消费。充分发挥融资平台作用，2010 年新增 2 家小额贷款公司、组建两家担保公司，累计发放贷款 14 亿元，全面带动地方经济增长。

【重点保障民生】全区 33 项民生工程共投入资金 7800 万元。农村低保、五保户按季（月）领取补助资金，计生奖扶资金、水库移民扶持直补等及时发放；义务教育公用经费拨付 784 万元。完成农业专业技术创业培训 2000 人、阳光工程培训 2050 人；全区新农合参合 12.59 万人，全区城镇居民参保 6.5 万人，落实重大传染病等医疗救治措施，完成贫困白内障患者复明手术 15 例，城乡医疗救助 7556 人次，孕产妇住院分娩补助 1373 人，免费婚检 837 例；政策性农业保险全区承保农作物 16.82 万亩、牲畜 3539 头，完工 3 座小型水库除险加固，五保供养机构建设全面完成；完成 37 个广播电视“村村通”建设任务，开工建成 3 个乡镇综合文化站，10 个村农民体育健身工程；新建农村留守儿童之家 18 个，为农村清洁新建 5 个垃圾收集站。校舍安全工程已竣工项目 58 个，建设面积 39591 平方米。

【落实惠农政策】进一步增加惠农补贴，扩大补贴范围，提高补贴标准，通过“一卡通”方式及时发放到农户手中，全年共发放粮食直补资金 835 万元，良种补贴资金 273 万元。深入推进农村公益事业“一事一议”财政奖补工作，共争取资金 127 万元，改善农村公共服务设施，重点支持农村公益事业。全力支持农业基础设施建设，筹集资金 1998 万元，加大对水利设施、林业生态、农业信息化等支持力度，投资 444 万元对五横乡土地进行综合治理，落实 320 万元补助产业化经营项目茭白保鲜库扩建，提高农业综合生产能力。

【规范财政管理】继续深化部门预算改革，完善了部门预算的编制方法，初步建立了财政综合预算的编制、执行、监督、问效体系。继续深化国库管理制度改革，积极探索国库集中支付制度改革，拟定国库集中支付的相关制度及业务流程。继续完善区乡政府债务偿还机制，促进政府债务管理的规范化和制度化，初步建立规范的政府债务偿债准备金制度，逐步消化存量债务，控制新增债务，努力防范和化解财政风险。加强政府采购监管、财政预审，2010 年采购支出 1128 万元，节约资金 102 万元，财政预审项目 52 个，送审造价 8818 万元，审减率 8.2%。强化国有资产管理，实施了全区房产地产产权集中管理，健全了机构，增添了设备，完善了管理体制。加大财政资金监督检查力度，全面开展了“小金库”专项治理工作，全年共监督检查单位 16 个，纠正违纪资金 10.8 万元，进一步严肃财经纪律。

（宜秀区财政局供稿　叶武乐整理）

开发区财政工作概述

2010 年，安庆市开发区财政一般预算收入完成 49152 万元，比上年增长 45.7%。其中：地方一般预算收入 17485 万元，同比增长 8%。全年完成财政一般预算支出 26,314.3 万元，比上年下降 13.4%。

【狠抓增收节支】加强收入调度，跑园区乡镇，进重点企业，邀请征收部门排税源、挖潜力，理思路、议对策，抓督查、促进度，并对体量较大的园区、进度滞后的主体税种以及支撑作用明显的纳税大户，主动上门对接，落实征收计划，督促收入进度，保障全年财政预算收入顺利完成。强化支出管理，支出重点突出保障有力。

【民生工程实施扎实有效】坚持财力向民生倾斜，组织实施 27 项民生工程，投入资金 2522 万元，其中区财政配套 603 万元。农村居民最低生活保障低保覆盖面由 3.28% 提高到 3.5%，共发放农村低保金 58 万元。全面实施五保关爱和保障工作，通过涉农一卡通发放供养资金 25 万元。校舍安全工程菱北中心小学、舒巷小学、石化一小、实验学校、老峰初中等五所学校加固维修于 8 月底前全部按期完工。

【财政监管措施得力】深入推进规范化部门预算编制，积极落实省市节支要求。科学编制 2011 年度预算，各项工作经费支出均比上年有较大压缩。做好会计集中核算，对不合理、不合法的票据坚决拒报；完成上万笔会计业务、上亿元资金流量的工作任务。继续开展小金库专项治理工作，对开发区社会团体进行了“小金库”重点检查。进一步强化票据管理，力求从源头上根除“小金库”滋生的土壤。强化国有资产监管,成功开通开发区行政事业单位资产管理信息系统,按时按质完成区内28家行政事业单位2007—2009年的数据采集工作。开展财政投资评审和决算审计工作,全年开展开发区工程预算评审64项,送审金额2.57亿元,审定金额2.1亿元,核减3634万元,工程决算审核946万元。

【支农惠农政策贯彻落实】全年通过“一卡通”发放粮食直补、农资综合补贴等18项惠农补贴共计853万元,惠及0.7万农户,农村劳动力转移培训680人次。完成全区5128亩水稻、114亩玉米、170头能繁母猪投保工作,加强部门协调,积极做好核灾理赔工作,全年支付理赔款93万元,有效化解了农业生产风险。补贴备案购买家电及汽车、摩托车农户25205户,备案购买各类家电24555台,汽车、摩托车650辆。

【资本体系构建完善】积极改善开发区中小企业融资环境,构建完善的资本市场体系,完成3家鑫居汇丰、融通小额贷款公司的组建工作,其中2家正式开业,全年累计发放贷款199笔、2.1亿元。筹建完成太极担保公司,对外担保金额9100万元,为企业搭桥周转资金3.19亿元,支持中小企业发展。

【非税征管水平显著提升】全面加强非税征管,完成非税收入5711万元。积极与市土地储备中心联系拍卖地块事宜,确保进区企业土地出让金顺利缴纳,全年收缴土地出让金2770万元。对老峰卫生院纳入收支两条线管理。对全区非税收入按预算管理要求进行分户核算,政府调节收入实行据实征收,非税管理水平不断提升。

(开发区财政局供稿　叶武乐整理)

桐城市财政工作概述

2010年,桐城市财政一般预算收入完成110184万元,增长31.2%,为年度预算的109.3%。其中:地方一般预算收入74757万元,同比增长32.4%,为年度预算的112.5%。全市一般预算支出实现202800万元,增长32.8%,占年调整预算的99.5%,圆满完成市“十一五”规划和省财政强县目标任务。

【深化增收节支,财政运行情况良好】密切关注全市收入征管形势,主动加强与国税、地税等收入执收部门的协作配合,进一步健全财税收入分析机制,共同研究收入征管措施,确保财政收入应收尽收、均衡入库,保持较快增长。坚决执行厉行节约八项规定,从严控制和压缩一般性支出,合理界定财政支出范围,将有限的财政资金用到最重要、最迫切需要的领域。全市因公出国(境)经费支出、车辆购置及运行费用支出分别在近3年平均数基础上压缩了37%和16%,公务接待费用在2009年基础上削减了8%,从源头上节约行政运行成本。深入开展行政事业单位及社会团体和国有控股企业“小金库”专项治理工作,整肃了财经纪律。

【发挥财政职能,促进市域经济科学发展】下拨生产性设备投资财政贴息资金542万元,支持中小企业扩大生产投资。筹措资金4500万元,再次注资银桥担保公司,增强其融资担保能力。及时办理出口退税10802万元,支持企业开拓国际市场,办理再生资源增值税退税124万元,切实减轻企业负担。筹措资金4000万元,迅速启动双新经济开发区建设。安排资金2000万元,推进市体育馆建设,投入资金1.3亿元,推进西郊公园等城市基础设施建设,着力提升城市软实力。注资市土地复垦整治投资发展有限公司6754万元。支持文化旅游事业发展,启动桐城文化博物园建设,支持孔城老街修复和嬉子湖生态旅游发展。

【科学调度资金,实施民生工程建设】及时下拨资金5.09亿元,确保全市6大类39项民生工程需要,资金总额比上年增长91.3%,占全市一般预算支出的四分之一。进一步健全民生工程监督考核机制,出台《桐城市新增中央投资项目和民生工程行政责任追究暂行办法》,将民生工程质量监管纳入考核体系,由市纪委、监察局牵头成立综合督查组,并邀请人大代表和政协委员参加民生工程督查。着力加大民生工程宣传力度,通过悬挂条幅、标语,在市内主要媒体开设专栏,印发18.5万份公开信,发放5000把广告扇和1000本政策汇编,编发工作简报等手段,加大舆论引导力度。注重加强民生工程资金管理,出台《桐城市民生工程资金管理办法》等一系列资金管理办法;对工程类资金,将资金拨付与工程进度、竣工验收有效结合,推行工程类项目“六制”管理,确保工程质量。

【注重统筹发展,推进新农村建设】认真做好粮食、良种、农机等补贴发放工作,全年发放良种补贴资金1451万余元、粮食(农资综合)直补资金5807元,全年通过“一卡通”发放各类惠农补贴2.35亿元,人均达362元,比上年增加76元。扎实推进“四下乡、两换新”工作,全市累计销售家电下乡产品

10.4 万台(辆),实现销售金额 4.45 亿元,及时兑付补贴 5110 万元,兑付率达到 100 %。围绕农村基础设施建设和公益事业发展,继续加大对新农村建设投入。全年拨付农村道路建设资金 1486 万元、农业综合开发资金 1143 万元以及双港白果圩基本农田整理项目资金 2500 万元和青草镇小型农田水利建设资金 1000 万元。拨付资金 2895 万元,积极推进村级公益事业建设一事一议财政奖补试点工作。及时兑现金融机构涉农贷款增量奖励 606 万元,对市惠农担保公司注资 300 万元,支持农村金融服务体系建设。

【坚持依法理财,深化预算制度综合改革】强化依法理财意识,自觉接受人大及社会监督,努力建设阳光财政、法治财政。严格执行《预算法》、《安徽省预算审查监督条例》,硬化预算约束,从严控制预算追加。进一步健全财政国库单一账户体系,对纳入会计核算中心管理的所有单位全面实施国库集中支付。积极开展预算支出绩效考评试点工作,出台《桐城市预算支出绩效考评实施办法》和《桐城市预算支出绩效考评实施方案》,制定《桐城市财政局预算支出绩效考评内部工作规程》,顺利完成龙眠河综合整治项目资金和土地复垦整治专项资金的绩效考评工作。

【推进整体提升,加强财政干部队伍管理】一是深入开展机关效能建设。以提升财政执行力为核心,带头严格执行机关效能建设"九项制度、四条禁令",深入开展效能建设督查,硬化效能建设考评,落实效能建设奖惩机制。认真做好来信、来电、来访和网上咨询投诉的受理答复工作,努力提升人大和政协议(提)案的办理效率和办理质量。二是大力开展文明创建活动。坚持将文明创建与财政工作有机结合,努力做到"两促进、两提高"。坚持从细微处入手,保持机关卫生、美化机关环境,支持职工开展丰富多彩的文体活动。加强职工集体荣誉感教育,增强职工文明创建责任意识,引导职工自觉为服务对象提供更高质量的财政服务,提升人民群众的满意率,文明创建工作取得显著成绩,局机关申报第九届省级文明单位工作初步通过验收,基层 14 个分局(所)全部实现文明单位全覆盖。三是积极开展"学习提升年"活动。以学习政治理论和业务知识为主线,以提升素质为目的,紧密联系工作实际,开展了一系列卓有成效的学习活动,取得明显成效。四是扎实开展创先争优活动。将创先争优活动与财政工作紧密结合,在全市迅速掀起"学先进、当先进"的热潮,取得了积极效果,在 7 月份的抗洪抢险以及各窗口党员先锋岗活动中,各党支部和机关党员干部充分发挥了战斗堡垒和先锋模范作用。

(桐城市财政局供稿 叶武乐整理)

怀宁县财政工作概述

2010 年,怀宁县财政一般预算收入完成 110688 万元,比上年增长 31.5%,其中地方一般预算收入完成 79173 万元,比上年增长 33.93%。财政一般预算支出完成 199990 万元,比上年增长 37.73%。

【支持县域经济发展】一是积极做好再生资源行业增值税退税审核工作,为企业积极向上申请财政补助和财政贴息资金,切实减轻企业负担,引导和支持县域企业加快发展。二是积极贯彻落实中央家电、汽车、摩托车下乡政策,着力拉动农村消费市场。三是积极做好融资工作,大力支持重点项目建设。四是全面并超额完成县委、县政府下达的招商引资任务,增强县域经济发展后劲。

【抓好惠民社保工作】一是全面推进 37 项民生工程,将公共财政的阳光洒向更宽的领域和更多的群众。二是推进基层医药卫生体制综合改革,缓解"看病难、看病贵"问题,及时足额拨付乡镇卫生院 110 万元医改运转资金,为医院改革后正常运转提供了强有力的经济保障。三是积极开展财政补贴农民资金"千村万户"检测调查工作,进一步加强惠农补贴资金发放管理。四是积极落实政策性农业保险,按时足额赔付农民因灾损失 1470 万元。五是积极配合相关部门做好清河乡新型农村社会养老保险试点工作。六是全力改善农村居住环境,加快新农村建设步伐,积极筹措资金解决乡村道路建设资金缺口;先后投入 3350 万元进行村部建设;大力推进以病险水库除险加固等为重点的农田水利建设;大力实施农村户用沼气和农村沼气服务网点建设。

【加大预算执行力度】一是采用全省统一的软件系统,规范和细化全县预算编制。二是按照预算及时拨付各单位的行政运转经费,保障社会各项事业正常有序开展。三是加强非税收入管理力度,按照"收支两条线"的要求,做到执收执罚收取的非税收入月清年结。四是积极组织征收国有土地出让收入,安排用于城市建设及农业基础设施建设资金 3.8 亿元,真正体现取之社会用之于社会,人与社会和谐发展的宗旨。五是对全县公务用车进行摸底清查，并对各单位公务用车编制进行核定。

【积极发展现代农业】以建设平山现代农业综合开发示范区为抓手，推行“种、养、加、饲、肥”五级循环的农业生产发展战略，加快农业产业化发展步伐。安排专人对符合申报条件的农业项目进行专项服务和协调指导，积极向上争取专项资金发展现代农业。大力调整农业产业链条，把发展商品基地和发展农业产业化龙头企业结合起来，根据龙头企业的需求建立生产基地，让农副产品在加工过程中实现增值和商品转化，逐步形成农副产品“种、养、加，产、销”一条龙的经营体系。

【提高资金使用效益】一是加强内部监督，促进财政管理水平不断提高，对财政专项资金监督检查实行全员参与、全程跟踪、全面覆盖、不留死角。加强对民生工程资金的监督检查，并对重点财政资金的分配和使用情况进行专项检查，对存在的问题提出整改意见，严肃财经纪律，保证财政支出资金的安全、规范和有效。二是大力推进“阳光村务工程”，认真开展农村集体“三资”清理工作。三是积极做好全县社会团体“小金库”专项治理工作。

【加强国有资产监管】一是正式启用怀宁县行政事业单位资产管理信息系统，将全县行政事业单位国有资产均纳入信息管理系统管理，从制度上堵塞了监管漏洞，彻底解决资产游离于监管之外的问题。二是加强与相关部门协作，把好资产处置关，加强收支两条线管理，资产处置收益全额缴入财政专户。

【规范乡镇财政管理】一是开展基层财政所规范化建设，在硬件上新建7个财政所(分局)办公大楼，在软件上从制度建设、卫生、环境、人员培训、效能建设等方面予以规范。二是规范乡镇财政收支行为，促进乡镇依法组织收入，防范和化解乡镇债务风险，维护农村基层政权稳定。

【提升干部队伍素质】组织全体财政干部加强政治理论和业务知识学习培训，坚持对党员进行党的知识和党风廉政建设教育，全面提升财政干部素质。扎实开展全省财政系统“学习提升年”活动，组织干部职工参加行政执法考试和通用能力知识竞赛；积极参加争先创优活动，认真开展城乡基层党组织结对共建活动。

(怀宁县财政局供稿　叶武乐整理)

枞阳县财政工作概述

2010年，枞阳县财政一般预算收入完成76729万元，为预算的100.16%，比上年增长12.18%，其中地方一般预算收入完成50936万元，比上年增长2.7%。全年一般预算支出完成170219万元，比上年增支14976万元，增长9.65%。

【强化收入征管】一是强化重点企业税收征管。对海螺公司等重点企业，县主要领导亲自协调，各征管部门加强沟通，确保重点企业税收及时足额入库。二是突出小税种征收。树立“小税种、大财源”观念，在摸清税源的基础上，强化对建筑安装税收、车辆购置税、土地使用税、耕地占用税、契税等税种征收力度。三是突出重点行业税收征管。着力加强对选矿、建筑、造船、烟草等行业的税收征管，采取跟踪调研和税收分析等形式，减少征收过程中的人为因素，堵塞征管漏洞。四是突出重点工程类的税收征管。加强对增值税、企业所得税、个人所得税、营业税等重点税种的税收征管工作。五是加大各税种的纳税评估工作。实行纳税评估、税源监控和税务稽查的联动机制，不断提高税收征管的质量和效率。六是突出非税收入征管。坚持“以票管费”，加大非税收入征收力度，建立收入任务与部门预算经费相挂钩机制，提高执收单位的征收积极性。

【优化支出结构】牢固树立过紧日子思想，认真落实厉行节约有关要求，大力压缩一般性支出，严格控制会议费、接待费等支出，进一步发挥公共财政的职能作用。按照“保工资、保运转、保民生、保重点”的支出需求，积极调度资金，确保了民生工程配套资金足额到位，确保了公务员津补贴提高标准和事业单位绩效工资预发放的资金需求，确保了基层医药卫生体制改革的稳步推进，确保了政府年初确定的各项重点工程顺利实施。

【加大争取力度】积极应对新增刚性支出需求，加强与其他部门的密切配合，全力做好对上争取工作，争取上级各类资金比上年增加1亿多元，为改善民生和促进县域经济发展提供了财力保障。县担保投资公司当年融资1.35亿元，缓解了基础设施建设的资金难题。积极盘活县国有企业改制资产，筹集企业改制资金近亿元，确保了粮食等国有企业改革改制顺利实施。

【彰显民生财政】当年实施38项民生工程，累计投入资金4.89亿元，其中县级配套6896万元，惠及城乡居民近百万人。31项省定民生工程中，7项生活保障类民生项目进展迅速，7项医疗卫生类项目有效开展，7项农业和农村基础设施类项目顺利完成，6项教育培训类项目扎实实施，4项农村文化建设类项目稳步推进。市、县确定的7项民生工程全部完成任务目标。进一步加大各类涉农投入，全年完成农业综合开发土地治理项目投资1064.5万元；通过“一卡通”发放各类财政补贴农民资金26400万元，较上年增加4589万元；发放家电下乡、汽车摩托车下乡财政补贴3776万元，较上年增加2208万元；实施村级公益事业一事一议财政奖补项目244个，财政奖补资金1957万元，农村公益事业建设取得新的进展。

【完善监督机制】按照“全员参与、全面覆盖、全程监控”的大监督理念，全面构建“预算编制、预算执行、监督检查、绩效评价”四位一体的监督管理新机制。制定《枞阳县财政监督实施意见》，按照“预算编制、预算执行、预算监督”相分离的管理模式，组织开展了财政预算编制、执行监督检查。根据省、市统一部署，继续开展“小金库”专项治理工作。开展财政票据专项检查，实行财政资金运行全程动态监控。扎实开展会计信息质量监督检查，促进了单位会计管理工作。强化财政内部业务监督，形成内部制约机制，保证了财政资金运行的安全。

【深化财政改革】财政国库集中支付改革稳步推进，财政平台一体化建设有序进行。部门预算改革进一步完善，严格实行综合预算，统筹安排预算内外财力，合理核定定员定额标准，科学设计部门预算编制报表体系，部门预算编制更加科学合理。国有资产管理进一步深化，出台《关于进一步加强行政事业单位国有闲置资产和国有集体企业改制资产处置管理的意见》、《枞阳县投资建设项目管理办法》及实施意见，积极探索国有资产特别是企业改制资产市场化运作模式，防止了国有资产的流失。开展政府重点投资项目评审，评审项目40个，核减资金6800万元，投资评审效益充分体现。会计集中核算、国库集中支付、乡镇财政财务收支管理和政府集中采购工作等工作取得明显成效。

【开展创建活动】认真开展创先争优和“学习提升年”活动，围绕“科学理财创佳绩，服务发展争先锋”的主题，以“我参与、我承诺、我领办、我奉献”为主线，精心制定方案，突出财政部门特色，深入学习沈浩同志先进事迹，机关呈现出和谐向上的良好氛围，干部职工适应财政工作新形势、新任务、新要求的能力进一步增强。全年办理人大代表、政协委员建议、提案19件，办结率100%。乡镇财政所基础设施建设顺利推进，财政规范化建设水平有了新提升。

（枞阳县财政局供稿　叶武乐整理）

潜山县财政工作概述

2010年，潜山县财政一般预算收入完成42303万元，为预算的112.6%，增长29.5%；其中地方一般预算收入完成29138万元，比上年增长22.6%。一般预算支出完成147448万元，为调整预算的97.6%，增长15.1%。预算执行结果实现收支平衡并略有结余。

【生财有道，大力挖掘培植财源】一是积极争取项目资金。共争取专项资金7.1亿元，其中支农惠农项目资金1.4亿元，中央投资项目资金1.8亿元，债券转贷资金5100万元，有力支持了县域经济发展。二是用好用活融资平台资金。新增汇丰担保公司国有资本金2265万元，实现担保贷款2.8亿元，支持208户企业发展生产。争取银行信贷1.45亿元，支持经济开发区、旅游度假区和318国道等道路工程建设；出台投资有限公司委托贷款管理暂行办法，实现委托银行贷款1.84亿元，缓解工业企业资金周转难题。三是科学安排财政资金。安排创业资金200万元，推动创业带动就业；安排中小企业和优势产业发展基金300万元，拨付企业扶持资金近2000万元，支持企业技术改造和创新，促进循环经济发展；安排旅游发展基金200万元，促进旅游业发展；兑付家电、汽车摩托车下乡补贴3096万元，拉动城乡消费升级；兑现招商引资企业优惠政策1100万元，支持招商企业加快发展，积极培植税源。

【聚财有方，全力抓好组织收入】一是强化收入管理，及时分解落实收入任务，加强日常督促考核。二是狠抓税收管理，加强对重点行业和企业、重点税源的监控，确保收入按时序目标完成。三是加强财政收支预算执行情况分析，定期研究解决收支执行中存在的问题。四是严格执行“收支两条线”，强化非税收入票证控管，规范土地出让和砂石等收入管理。全县非税收入完成4.5亿元，增长17.3%，政府调控力度进一步增强。

【用财有度,努力完善财政机制】一是着力保障人员经费。兑现增人增资及调整单位供给方式支出1346万元,兑现提高公务员津补贴标准4000万元。二是支持民生工程和实事工程建设。牵头做好37项民生工程实施工作,安排民生工程配套资金6000多万元;投入财政资金4000万元,用于实事工程建设,保障实事工程顺利推进。三是力促公共服务均等化。安排6000万元,用于义务教育经费保障机制改革和中等职业教育实训基地建设等;拨付资金3.67亿元,支持完善城乡社会保障体系,其中,安排3200万元用于支持基层医药卫生体制综合改革及新型农村养老保险试点;增加安排180万元,用于人口计生事业。四是积极落实各项惠农政策。开展财政补贴农民资金千村万户调查监测,打卡发放20项补贴资金1.5亿元;安排专项资金770万元,扶持茶叶、瓜蒌、油茶、食用菌、畜禽、蚕桑六大农业特色产业持续发展;投入1160万元,完成源潭、王河等乡镇生态治理及土地治理项目建设;开展政策性农业保险规范管理年活动,建成17个乡镇(开发区)农业保险服务站,支付理赔款1564万元;安排贫困村村民生产发展互助资金200万元,支持25个项目单位发展生产;继续安排100万元,用于薄弱村基层设施建设;开展塔畈、槎水、水吼等乡镇财政扶贫连片开发和整村推进工作。推行村集体"三资"委托代理服务;拨付财政资金1400万元,支持村级公益事业一事一议财政奖补项目建设。提前一年完成全县185名农村财会人员财政支农政策培训任务。

【理财有序,着力深化财政改革】一是深化部门预算改革。健全定员定额标准体系,提高预算编制、执行的规范性。二是推进国库集中支付制度改革。精心制定改革实施方案,139个县直单位实现由集中核算向集中支付转轨,大幅提高了资金拨付速度。三是开展预算支出绩效考评试点。制定考评办法和考评指标体系,选择教育、住建部门的两个项目进行试点,基本达到考评目的。四是启动实施财政平台一体化。建成一体化管理信息系统,统一门户管理,规范基础数据,为实现财政管理科学化精细化提供技术支持。五是推进非税收入改革。扩容改造非税收入征管信息系统,完善征管平台,实行非义务教育学校收费批量代扣代划。六是加强政府采购改革。扩展政府采购范围,延伸采购层级。全年完成货物及服务类采购支出3600万元,节约资金510万元,节约率14.4%。

【管财有力,强力推进精细管理】一是强化财政监督。继续做好再生资源企业退税工作;配合开展党政机关厉行节约八项要求执行情况检查;推进"小金库"专项治理和工程建设领域突出问题专项治理;开展扩大内需及强农惠农专项资金、政策性农业保险理赔资金监督检查,保障资金使用安全有效。二是强化资产监管。全面实施行政事业单位资产管理信息系统,实现资产管理信息化、动态化和规范化。三是强化债务管理。全面核实政府性债务总额,积极筹集偿债资金,努力盘活资产,降低财政运行风险。四是强化会计管理,提高会计信息质量。五是科学编制财政"十二五"规划。

(潜山县财政局供稿　叶武乐整理)

岳西县财政工作概述

2010年,岳西县财政一般预算收入完成25716万元,增长20.2%,其中地方一般预算收入完成16886万元,增长19.5%。全县实际总支出15.53亿元,增长38.1%,财政运行平稳。

【财政收入稳步增长】一是完善税源动态监控体系。密切关注经济发展动态,掌握重点税源、重点地区、重点行业、重点企业效益情况,健全财政收入形势定期分析制度,完善税收分析、纳税评估、税源监控、税收稽查"四位一体"的互动机制。二是强化税收征管。建立健全涉税执法联席会制度,坚持文明征税、依法治税,加强部门协调,开展税收执法检查活动,加大对涉税违法行为的打击力度和整治力度,整顿税收秩序,净化税收环境。进一步规范非税收入管理。加强非税收入征收信息化管理,清理规范收费项目和标准,坚持以票控费,确保非税收入足额入库;定期开展收入级次检查,严防县乡两级收入混库。三是完善财政收入绩效考核办法。提高税收征管质量和效率,完善收入目标管理考核体系,严格考核兑现奖惩,调动各方面的积极性,努力形成齐抓共管的良好氛围。

【精心组织实施民生工程】一是加强领导,健全组织机构。增加调整领导小组成员,充实联络员,建立健全政府统一领导、部门协调落实、上下联动推进的工作机制。二是进一步完善工作制度。建立健全了民生工程进展情况报告、资金管理、协调联络等30多项工作推进制度。三是积极筹集配套资金。大力压缩一般性支出,积极整合资金,39项民生工程总投入资金 35057 万元，其中县级配套 5630 万元，所有资金全部拨付到位。四是加强监督检查考核。健全民生工程工作责任制，强化责任约束，加大考核力度，完善奖惩机制，严格“纵横”双向目标管理责任。

【认真落实积极财政政策】一是增加政府公共投资，全年拨付预算内基本建设资金 1.83 亿元，代发地方债资金 8300 万元。二是实行结构性减税，全面实行消费型增值税，取消和停征部分行政事业性收费，减轻企业负担 1000 多万元。三是大力实施“四下乡、两换新”工程，规范操作、强化宣传、简化程序、优化服务，全年兑付财政补贴资金 3132 万元。四是着力缓解企业融资难题。积极开展政企合作、银企合作，建立担保风险补偿机制，完善金融机构贷款考核奖励机制，金融机构新增贷款近 5 亿元；立信担保公司为中小企业提供贷款担保 1.04 亿元，城投公司拓宽融资渠道，筹集资金 3.36 亿元，推进了园区和县城基础设施建设，促进了承接产业转移。五是设立科技创新基金、企业发展基金、旅游开发基金，支持企业发展和生态旅游开发。

【加大“三农”投入力度】一认真实施惠民直达工程。规范财政补贴农民资金“一卡通”发放，严格发放标准、程序、纪律，全年共发放补贴资金 1.6 亿元。二是大力整合财政支农资金，全年共整合各类财政支农资金 1.15 亿元，重点支持特色产业和农村基础设施建设，增加农民就业 1.4 万人，省厅奖励 300 万元。三是全年拨付农林水各项事业财政资金 1.57 亿元，为预算的 220.8%；拨付森林生态补偿资金 3918 万元，发放农作物良种补贴 356 万元，争取财政支农资金 3918 万元，投入农业综合开发资金 926 万元，投入农村公益事业“一事一议”财政奖补资金 1294 万元，规范政策性农业保险，扎实开展农民工就业和技能培训。四是强化扶贫资金使用管理，扶贫资金报账管理获全省一等奖，省厅奖励 100 万元，扩大贫困村村民互助资金试点范围，新增共管小组 40 个，实现乡镇村全覆盖。五是完善村级组织运转经费保障机制，设立村干生活困难补助基金。

【扎实推进财政改革】一是完善乡镇财政体制改革。建立“划分收支、超收全留、增支自负、自求平衡和核定收支、超收分成、增支统筹、结余留用”的第五轮分税制乡镇财政体制。二是深入推进国库集中支付改革。按照“纵向到底，横向到边”的原则，在所有县直预算单位全面推开，并将教育、卫生经费推广到乡镇。三是深化国有资产管理改革。将监管县直行政事业单位国有房屋、土地使用权及门面店铺经营权统一收归财政（国资办）集中统一管理，实行统一监管运营，建立了“产权集中、分类分级动态监管、收益统管”的国有资产运行新机制。公开处置存量资产 1.6 亿元，收回房屋及土地面积达 16.3 万平方米。四是扎实推进基层医药卫生体制改革，实行零差率销售，新增医疗卫生机构补助 2000 多万元，医疗卫生支出 13880 万元，增长 40.1%。积极支持完成集体林权制改革，规范为民服务全程代理工作机制运行，落实 AB 角岗位互补工作制。五是全面完成公务员津贴补贴和义务教育绩效工作提标，兑现其他事业单位过渡性绩效工资。

【强化财政监督管理】一是扎实开展“小金库”治理。对“零申报”的 180 个行政事业单位进行梳理筛选，查处了 6 个瞒报单位的“小金库”，处罚资金 16 万元。及时组织开展社会团体和国有及国有控股企业“小金库”专项治理工作，对 4 个社会团体、6 个国有控股企业进行重点检查。二是加强乡财县管。进一步规范报账、审批、拨款程序，严把受理关、审核关、支付关。乡财中心共退回不合规单据 172 张、61 万元；国库集中支付中心共退回不合规凭证 68 张、41.6 万元。三是认真开展强农惠农专项资金清理。实行全程包干责任制和“五核对、五公开”清理检查工作制度。四是进一步加强村财民理乡监管工作。全面推行村级财务核算电算化管理，扎实开展村级“三资”清理，着力推进阳光村务。五是扎实开展会计信息质量检查和非税收入票据大检查。

【加强干部队伍建设】一是深入开展“学习提升年”活动，以学习为主线，以提升为目的，加强领导，精心部署，大力宣传动员，营造良好的学习氛围，丰富学习内容，创新学习方式方法，坚持学用结合，知行合一。二是扎实开展创先争优活动。切实开展公开承诺，认真开展承诺兑现评议。三是进一步强化机关效能建设，坚持“五要五不”办公准则，加强党风廉政建设。四是进一步激活用人机制。健全完善局机关二级机构负责人公开竞职上岗制度，实行干部能上能下管理机制。2010 年，获得省厅表彰的先进单位 8 个，市级表彰的先进单位 3 个，市财政局表彰的先进单位 13 个，县级先进单位 5 个，财政局连续 14 年被县委、县政府评为先进集体，30 多人次被评为省、市、县先进个人。

（岳西县财政局供稿　叶武乐整理）

太湖县财政工作概述

2010 年,太湖县财政一般预算收入完成 25525 万元,同比增长 16.6%. 其中:地方一般预算收入完成 17344 万元,同比增长 11%。全县一般预算支出完成 128298 万元,同比增支 9651 万元,增长 8.1%。

【着力抓收入,确保完成财政目标任务】一是协调配合,形成工作合力。继续强化财政、国税、地税联席会制度,及时分析收入进度,努力形成抓收入的合力。二是加强税源监控,依法强化税收征管,确保应收尽收。三是细化目标,完善收入责任制,严格考核奖惩,促进征管工作顺利开展。四是规范管理,强化非税收入征管,确保非税收入及时足额入库。

【着力调结构,加速经济增长方式转变】转变发展思路,大力培植新兴财源,推进产业转化升级。全年共争取 41 个中央新增投资项目,新增中央预算内投资 6440 万元,安排地方配套资金 3900 万元,重点用于保障性安居工程、农村民生工程、农村基础设施、医疗卫生教育文化等社会事业发展项目。安排中小企业创新资金 160 万元,办理再生资源企业退税 1000 万元,同比增长 175%。认真落实招商引资、加快承接产业转移等促进经济发展的优惠政策,全年兑现各类奖励扶持资金 260 万元,投入开发区建设资金 300 万元,大力促进园区经济发展。

【着力惠民生,促进社会和谐稳定】集中财力重点保障民生支出需要,共投入民生工程资金 4 亿元,其中县级配套 4815 万元,保障了 36 项民生工程顺利实施。一是支持教育优先发展。争取校舍安全工程专项资金 5264 万元,确保了中小学校舍维修改造的资金需要。切实抓好义务教育经费保障工作,拨付义务教育公用经费 3155 万元,寄宿生生活补助 300 万元,拨付职业教育助学金 676.2 万元。二是支持完善医疗卫生服务保障体系。继续实施新型农村合作医疗制度和城镇居民基本医疗保险制度,拨付城镇居民基本医疗保险 810 万元、新农合资金 6200 万元;大力支持推进基层医药卫生体制改革,加快城乡基层公共卫生服务体系建设。三是促进就业和社会保障制度完善。下拨失业金 560 万元,发放失业人员小额担保贷款 140 万元,拨付城市低保金 882 万元、农村低保金 1376 万元、农村五保供养机构建设及供养资金 1376 万元、救灾救济资金 266 万元、社会抚恤资金 891 万元、农村危房改造资金 1440 万元。四是推进廉租住房制度改革,拨付低保户租赁住房补贴支出 364 万元。五是支持完善计生、体育、文化服务体系,拨付计划生育家庭奖励扶助补助 231 万元,农家书屋、乡镇文化站等基层文化设施建设资金 147 万元。

【着力强"三农",推进城乡统筹发展】一是继续深入推进农村各项改革,化解农村义务教育债务 6211 万元,实施农村公益事业一事一议财政奖补项目 184 个,投入资金 3573 万元。二是加大支农项目、资金争取力度,会同有关部门争取各类支农项目 69 个,专项资金 8500 万元。发放粮食直补、农资综合直补、贫困农民家庭口粮救助补贴 3860 万元,会同县移民局发放水库移民后扶直补 5526 万元。三是加快农业综合开发示范项目建设,扎实推进土地治理、产业化、节水灌溉项目。四是继续开展农业保险试点工作,全县种植业保险共完成签单面积 76 万亩,赔付农户资金 570 万元。五是全面落实惠农政策,通过"一卡通"发放补贴资金 19 类项目,总额达 11863 万元。六是全面落实家电、汽(摩托)车下乡政策,补贴兑付率达 100%。

【着力谋改革,提升财政管理绩效】一是继续深化财政管理改革,制定《太湖县乡镇政府财政财务考核暂行办法》,引导乡镇政府努力增收节支。二是深化财政预算管理改革,科学编制县乡部门预算,实现了部门预算编制在综合预算、绩效预算、项目库建设上的突破。三是完善财政国库管理制度改革,规范操作程序,全年共办理业务 26291 笔,支付资金 84615 万元,其中直接支付资金 80679 万元,直接支付率达 95.3%。四是进一步扩大政府采购规模,共完成政府采购支出 9100 万元,节约资金 905 万元,节支率为 9.95%。五是建立国有资产管理平台系统,进一步规范国有资产管理。六是进一步强化审计监督和会计管理,积极配合审计部门对预算执行情况的审计,认真开展系统内部审计,扎实做好会计证年审和会计从业资格证考试工作。

【着力激活力,提升队伍整体素质】一是优化人才资源配置,健全干部培训制度。二是强化文明创建和财政文化建设。继续深入开展争创"文明单位"、"青年文明号"等活动,培养良好的行业风气。积极参与省、市财政系统和县级举办的各类文体活动,出版发行《太湖财政志(1978 - 2007)》。三是加大财政政务公开工作,全年通过信息网发布信息 183 条,出公开栏、宣传栏 11 期,制发《太湖财政》、《民生工程简报》、《农业保险试点简报》共67期次，及时办理了人大代表建议和政协委员提案回复工作。四是坚持做到“两个结合”，即将学习提升活动与扎实推进财政各项重点工作任务紧密结合，将学习提升活动与创先争优、提高机关效能紧密结合，干部综合素质、班子整体实力、财政文化品位、机关和谐氛围、干部党性修养得到全面提升，多项工作得到省、市、县的表彰。

（太湖县财政局供稿　叶武乐整理）

望江县财政工作概述

2010年，望江县财政一般预算收入完成29134万元，增长22.5%。其中：地方一般预算收入完成20018万元，增长16.5%。全县财政一般预算支出完成120688万元，增长26.4%，实现“十一五”的圆满收官。

【保增长，努力做大财政蛋糕】一是强化协调配合，形成工作合力。坚持财税联席会议制度，密切跟踪收入形势，及时分析收入进度，采取有效措施及时协调解决收入征管中的问题。二是加强税源监控，依法强化税收征管。对重点企业、重点行业、重点领域的税源，强化征管措施，促进主体税收与经济协调增长。三是细化目标，完善收入责任制。坚持早动手、早谋划、早安排，及早将各阶段征收任务和完成时限提前下达，做到任务、责任、人员、时限“四落实”。四是规范管理，强化非税收入征管。对收费项目实施动态管理，加强对执收执罚单位财政票据使用情况和收入入库情况的监督，强化源头管控、以票控收，严格实施收支两条线管理，确保非税收入及时足额入库。

【促发展，全力服务县域经济】一是积极争取项目资金。全年共争取各类补助资金11.82亿元。二是全力支持县重点工程建设。配合金融办积极加强与银行对接，争取融资贷款，支持县城重点工程建设。同时对县城投公司给予3.12亿元融资帮助，保障县域经济发展需要。三是着力服务企业发展。发挥县担保公司作用，最大限度的帮助中小企业担保融资，全年共为中小企业担保融资15笔，担保额1.14亿元。

【惠民生，促进和谐望江建设】一是优先保障民生工程建设需求。全县实施民生工程37项，投入资金31432万元，其中县级配套6642万元。二是认真落实强农惠农政策。全年累计发放各类涉农补贴资金15900万元。全县累计销售家电下乡产品89922台，销售额21586万元，其中补贴用户购买89876台，金额21573万元，已补贴89870台，兑付补贴资金2720万元，补贴兑付率99.99%；汽车摩托车下乡总销售金额14274万元，补助资金1457万元。三是积极支持教育事业发展。加大义务教育经费投入，全年累计安排并拨付中小学公用经费3700万元。向所有义务教育阶段学生免费发放教科书7.1万套，金额920万元。向农村家庭贫困寄宿生发放生活补助145万元，补助学生1500人。四是农业综合开发稳步推进。2009年度农业综合开发共实施土地治理项目5个、产业化经营项目3个，总投资3139万元，并已全部完工。2010年度农业综合开发项目共5个，项目总投资3002万元，财政资金2598万元，各项工程已全面开工建设。

【抓改革，提高财政管理科学精细水平】一是深入推进预算管理改革。加强预算单位基本数据收集整理，建立健全预算单位基础信息数据库，并实行动态管理。进一步加强综合预算管理，稳步推进政府预算体系建设。二是深化国库集中支付改革。按照“纵向到底，横向到边”的要求进一步推进国库集中支付改革，完善了国库集中支付流程，将全县93个行政事业单位全部纳入国库集中支付系统。三是进一步健全国有资产管理体制。出台《望江县行政事业单位国有资产配置管理暂行办法》和《望江县行政事业单位国有资产处置暂行办法》，建立了资产管理信息平台，完成全县170个行政事业单位资产信息登记及审核工作。四是全面启动“阳光村务工程”建设。认真开展农村集体“三资”清查核实、建立台账和管理制度建设，加强村账乡管工作，促进了村务管理阳光规范。五是深入开展村级公益事业建设一事一议财政奖补试点工作。2010年度全县共批复乡镇一事一议财政奖补试点项目319个，涉及120个行政村、3313个村民小组，覆盖面达93.02%，项目投资总额3495万元，申请财政奖补资金1165万元。六是切实加强财政监督。认真开展财政监督检查和“小金库”治理回头看活动，对全县77个行政事业单位、社会团体以及国有企业开展了“小金库”重点检查，逐步建立和完善治理“小金库”的长效机制。

【强基础，激发机关工作活力】一是进一步规范财政管理。修订和完善了局机关各项制度，加强机关管理。认真执行“两集中，两到位”规定，规范审批程序,提高服务效能。二是夯实"素质工程"基础。选派中青年干部到市县委党校进行政治理论学习,安排业务骨干到上海财大进行学习培训。三是积极开展廉政文化建设。积极开展"学习《廉政准则》、规范从政行为、促进科学发展"主题教育活动。全系统干部参加全省行政执法资格认证考试,进一步增强了干部职工学法懂法守法意识。四是丰富职工文化生活。坚持以文明创建为抓手,以提高职工文化生活为目标,努力营造健康向上、丰富多彩的文化生活。五是进一步加强机关效能建设。牢固树立"软环境比硬环境更重要"的服务理念,不断加强政风行风建设,切实转变机关作风。加大外部监督力度,向社会公布监督电话,设立意见箱和监督投诉电话,广泛接受社会各界监督。六是切实加强财政信息及外宣工作。制订财政信息及外宣工作考核办法,加大了财政工作宣传力度。全年共编印《望江财政信息》33 期。外宣工作取得新突破。

(望江县财政局供稿　叶武乐整理)

宿松县财政工作概述

2010 年,宿松县财政一般预算收入完成 37798 万元,同比增长 25.1%。其中:地方一般预算收入完成 27344 万元,同比增长 23.1%。全县财政一般预算支出完成 146748 万元,同比增长 9%。实现了收支平衡。

【财政收入再上新台阶】围绕收入目标任务,坚持定期会商分析制度,完善税收公示制度,完善县本级财政收入奖励办法和护税、协税机制,严格时序进度考核机制,财政收入保持持续增长态势,全县财政收入迈上新台阶,为经济社会又好又快发展提供了财力保障。

【财政保障能力显著提高】认真贯彻落实规范公务员津补贴政策,有序推进事业单位绩效工资改革,全年工资性支出达 30605 万元。积极支持教育事业优先发展,落实完善义务教育经费保障机制、中职学校家庭经济困难学生资助体系建设和校舍维修改造等资金 11454 万元。积极支持解决就业难,安排资金 996 万元,促进高校毕业生、农民工、困难群体就业。积极支持解决看病难,安排资金 1666 万元,全面推进基层医药卫生体制综合改革;新型农村合作医疗、城镇居民医疗保险共筹集资金 10179 万元;安排资金 1000 多万元,建设村级卫生室 136 所。积极支持发展文化事业,安排资金 344 万元,推进乡镇中心文化站、农家书屋等设施建设。完善计划生育利益导向机制,发放农村部分计划生育家庭奖励扶助资金 118 万元。加大维护社会稳定投入力度,安排资金 2629 万元,着力推进政法经费保障体制改革。

【支持发展力度更大】一是着力改善投融资环境,精心构筑发展平台。出台政府融投资管理办法,对各银行业金融机构进行考核,调剂财政间隙资金达 10506 万元,实现担保贷款 10760 万元,用于支持工业园区、东北片区、临江产业园的基础设施建设。二是加大"三农"投入,加快农业产业化发展步伐。坚持多予少取放活方针,全面落实各项强农惠农政策,持续加大"三农"投入,着力改善农业发展基础,努力增加农民收入,促进农业发展。涉农补贴大幅增加,农资综合直补、良种补贴、农机购置补贴等规模进一步扩大,全县通过"一卡通"发放 21 项财政补贴农民资金共 21394 万元,人均受益 300 元;支持发展现代农业,建设油菜良种繁育基地和优质棉建设基地投入资金 928 万元,农业现代化水平进一步提高;投入资金 1428 元,改造中低产田面积 0.94 万亩,农业综合生产能力进一步增强;做好"一事一议"试点工作,累计拨付财政奖补资金 1850 万元,其中县级配套 360 万元,有效推动了农村公益事业建设;投入扶贫开发资金 3411 万元,切实改善贫困农民生产、生活条件。三是积极落实扩大内需政策,着力推进重大项目建设。投入扩大内需项目资金 25952 万元,龙门北路、污水管网、农村饮水工程等一大批重点工程相继开工建设,为县域经济的发展提供了必要的资金保障。四是扎实开展企业改革攻坚年活动,拨付企业改制资金 6810 万元,为企业排忧解难,有效发挥了财政职能作用。

【改善民生成效明显】全县实施民生工程 37 项,共投入资金 34438 万元,其中县级配套资金 4579 万元。在确保资金及时足额拨付到位的同时,按季召开民生工程调度会,以宣传、公示、督查、考评、兑现奖励为抓手,切实加大民生工程协调推进力度,有效保障了各项民生工程的顺利实施。

【财政改革继续深化】一是国库集中支付改革全面推进。第二批 100 个单位,第三批城外教育、卫生系统 92 个单位均已上线,支付系统运转正常。先后出台《宿松县财政专项资金支付管理实施细则(试行)》和《宿松县财政国库集中支付流程简化意见

(试行)》,优化了国库集中支付流程。二是全面推行部门综合预算管理。部门预算涵盖全县所有全供、差补、自收自支行政事业单位,各单位预算内外收入、政府基金及部门其他收入均全部纳入预算,维护了预算的严肃性,推进了预算管理的精细化,提高了预算的执行率。三是推行村级会计委托代理。招聘村级会计委托代理工作人员 21 名,召开了全县村级会计委托代理工作动员会议,各乡镇村级会计委托代理工作全面推开。四是政府采购力度进一步加大,全年共完成采购项目 104 个,采购金额 3202 万元,比上年增长 10.4%,节约资金 732 万元,节约率 18.6%。

【财政监督进一步加强】大力开展财政投资评审。按照概预算评审结果作为投资控制依据、决算评审结果作为结算依据的原则,全年共完成 33 个财政投资项目评审,评审金额 41112 万元,审减金额 9885 万元,审减率达 24.04%,有效提高了财政资金使用效益。集中开展乡镇财政财务检查,按月对乡镇财政财务管理进行考核,开展义务教育经费专项检查与社会团体收费的治理规范工作,开展"小金库"专项治理整改工作,进一步促进管理规范化。

(宿松县财政局供稿　叶武乐整理)

黄山市财政工作概况

黄山市财政工作综述

2010年，黄山市财政收入完成44.3亿元，为预算任务的121%，增长41.8%。其中，地方一般预算收入30.8亿元，为预算任务的130.6%，增长48.1%。全市一般预算支出完成70.4亿元，增长21.3%。全市政府性基金收入完成42.1亿元，增长132.5%；支出完成41.7亿元，增长99.8%。市财政收入完成17.1亿元，为预算任务128.9%，增长49.5%。市级一般预算支出完成19.5亿元，增长34.6%。

【财政收入高位增长】各级财税部门坚持培植财源和涵养税源并重，科学征管和政策激励齐抓，着力提高征收效率和质量，全年继2009年突破30亿元后，2010年再上新台阶，达到44.3亿元，增长41.8%，高于全省平均水平8.8个百分点，增幅排名全省第一。县域财政竞相发展，7个区县收入增幅在全省提名全部进位。其中，徽州区收入增幅突破50%，增幅跻入全省前五。

【全力支持地方经济发展】一是抓住机遇，积极对上争取。全市对上争取各类财政性资金26.2亿元。其中：新增上级均衡性转移支付5730万元；获省1亿元专项转移支付用于支持全市建立战略性新兴产业发展引导资金和风险投资引导资金、争取新安江生态补偿机制取得突破（财政部已拨付先期启动资金5000万元）；全市争取地方性债券2.11亿元（其中市本级8700万元）。三是突出重点，推进“十大工程”和“四区建设”。整合各类财政资金5000万元，集中投入政府重点产业项目。四是抓好服务，深入开展企业帮扶。进一步完善信用担保体系建设，改善融资环境，积极落实家电和汽车下乡的换新政策，拉动内需刺激消费，全年共拨付“四下乡，两换新”财政补贴资金1.4亿元，拉动消费近10.7亿元。

【扎实推进民生工程】全市35项民生工程全年投入资金13.1亿元，占计划的108%，惠及全市130万城乡居民。一是项目启动早，年初，市委市政府常务会议就重点研究民生工程。二是资金下达快。全市财政部门不仅对年初确定的地方配套资金全部拨付到位，而且对新增任务所需配套资金也进行了追加安排，对部分工程实行垫资实施。三是督查调度勤，确保各项政策落实到位。四是宣传氛围浓，以有效提高群众知晓率、满意度为重点，在加强媒体宣传、岗位宣传的同时，采取文艺下乡等多样宣传方式，并在《市民热线》栏目全面宣传民生工程政策，解答听众咨询民生政策。

【促进社会和谐发展】2010年，全市财政支出突破70亿元，增长21.3%。教育、医疗卫生，公共安全等支出达到7.4亿元，5.7亿元，4.3亿元，分别增长10.2%，12.1%，7.7%。建立财政监督管理机制，开展全市财务大检查，加强财政资金跟踪问效，建立绩效评价机制，不断提高财政资金的使用效益。公务员规范津补贴工作平衡推进。

【严格落实惠民政策】一是农村综合改革深入开展。全市共有101个乡镇，778个行政村，8471个村民组开展了“一事一议”试点工作，完成项目738个，争取各类资金5951.6万元。二是政策性农业保险试点投保任务全面完成，投保油菜的赔付款1053万元全部通过“一卡通”赔付给投保农户。三是财政涉农整合试点进一步加大。歙县、休宁县被纳入全省20个试点县，争取补助资金1000万元。四是农业综合开发成效显著。2010年全市总投资规模达1.06亿元，同比增长10%。

【财政管理科学化、精细化不断提高】一是进一步改革创新，强化内功，规范理财。部门预算编制更加科学、合理。国有资产管理进一步加强，建立了市级行政事业单位资产管理信息系统。国库集中支付网上申报审核系统全面实施，全年累计支付资金

20.35 亿元，比去年同期增长 61%；进一步深化政府招标采购监督管理体制改革，全市货物、服务及工程三大类实现采购合同金额 3.08 亿元，增长 28%，综合节约率 13%。金财工程稳步实施，平台一体化管理信息系统和公务卡改革试点正式启动，（分两批覆盖单位 40 家）。社会团体和国有及国有控股企业"小金库"专项治理扎实推进。开展了工程建设领域突出问题专项治理；排查 2008 年以来的立项、在建和竣工项目 239 个，重点抽查项目 80 个。

【推进学习提升年活动】一是提升干部综合素质。在深入开展学习沈浩同志先进事迹的基础上，重点抓好"三个层次的培训"和两个考试。组织全市 5 名近两年新任财政局局长参加全省集训；分两次安排全局 80 余名干部职工到上海财经大学进行为期 7 天的轮训；组织五期农村财会人员支农政策培训，共 520 人次。组织全市财政系统 740 人参加全省行政执法许可考试。二是提升整导班子指导能力。三是提升财政文化品位。重点选派两名优秀年轻干部到市"十大工程"任专员和困难村任第一书记，选拔青年团员参加全省财政系统开展"学沈浩，见行动"演讲比赛。四是提升机关和谐氛围。在增强广大干部职工大局意识、发扬团队精神、珍惜集体荣誉的基础上，重点关心干部身心健康，营造和谐机关环境。充分发挥基层党组织的战斗堡垒作用和共产党员的先锋模范作用。一年来，共荣获市级以上表彰 36 个，省政府表彰 33 个，在 2006 年荣获"全国巾帼文明岗"的基础上，2010 年再次获得"全国城乡妇女岗位建功先进集体，局领导班子也连续多年被市委评为优秀领导班子。

（黄山市财政局供稿　汪蓉　杜书生执笔）

屯溪区财政工作概述

2010 年，以"创先争优"活动为契机，以全力打造"首善之区"为目标，以组织财政收入为抓手，以"百日大会战"为动力，精心做好生财聚财、理财用财文章。全区预算总收入完成 5.9 亿元，占预算数的 117.6%，同比增长 38.6%。其中，一般预算收入完成 4.64 亿元，占预算的 115.5%，同比增长 38.6%；提前一个月完成市级考核任务，成为"十一五"时期总量最大、增长最快、增幅最高的一年。

【全力以赴抓征管保增长，做大做强财政"蛋糕"】一是强化协调配合，形成工作合力。完善财政、国税、地税联席会议制度，各部门齐心协力、密切配合，形成抓收入的合力。二是加强税源监控，依法强化税收征管。对重点企业、重点行业、重点领域的税源，强化征管措施，促使主体税收与经济协调增长。三是细化目标，完善征收责任制。区、镇两级财政部门以组织收入为中心，早谋划、细安排，把握税收征管的主动权，将全年税收目标任务分解落实，细化到部门，并严格考核奖惩。在经济增长和综合治税的双向带动下，全区财政收入提前一个月完成市级考核任务。

【强力推进加大投入，各项惠民政策全面落实】一是优化支出结构。全区教育、科技、农业、文化、卫生支出达到 12587 万元。二是强力推进民生工程。共拨付各项民生工程资金 11032.7 万元，其中区级配套资金 4547.4 万元，提前一个月全面完成省、市、区 30 项民生工程。三是加大社会保障投入。拨付企业职工基本养老金和失地农民基本养老金 10204 万元；发放城乡居民低保资金 2210 万元；发放五保供养资金 13.3 万元，为 54 名下岗失业人员发放小额担保贷款 259 万元，7 家劳动密集型企业发放贷款 620 万元，支付贴息资金 36 万元；拨付各项再就业资金 1790 万元。四是严格落实惠农政策。组织兑付石油改革补贴资金 285.3 万元；兑付家电、汽车摩托车下乡补贴资金 854 万元；扎实推进全区农险试点工作，共为农户提供 1810.55 万元的风险担保，理赔 97.9 万元；继续规范和完善补贴农民资金管理和发放工作，全年累计发放 20 项涉农补贴资金 2934 万元，比上年同期增长 135.3%；整合资金 1752 万元，用于新农村建设。

【继续深化各项财政改革，财政管理水平不断提高】一是非税收入改革全面推开。深化"收支两条线"管理，推行"单位开票、银行代收、财政统管"的新模式；加强对政府非税收入的监管，完成政府非税收入 8240 万元，同比增长 70.9%。二是全面实行国库集中支付改革。从 2010 年 9 月份起，全区 74 个一级会计核算单位全部纳入国库集中支付，减少了报账程序，提高了办事效率。三是切实加强政府采购管理。全年共完成政府采购 180 批次，采购金额 6845 万元，节约资金 821 万元，节约率为 12%。四是镇财政管理体制改革全面完成。五个镇财政分局已挂牌成立，进一步明确了人、财、物的隶属关系。五是加强专项资金管理。对工程项目主要物资实行政府统一采购招标。六是切实加强财政监督。由财政牵头，组织区工商等部门联合开展家电下乡网点整治活动,对56家网点进行了重点检查,检查面达到100%,取消了4家存在问题的销售网点资格。积极开展社会团体、协会和国有及国有控股企业治理“小金库”检查,检查面达到100%,未发现“小金库”。强化项目成本核算,对重点工程拆迁补偿资金、土地征用款、区属企业改制遗留等问题及时进行审核。七是国有资产管理工作更趋规范。改变原有的资产“静态”管理模式,重点加强了对行政事业单位经营性资产的管理,各项工作正按照时间节点要求有序推进。

【切实加强机关作风建设,全面提升干部队伍素质】以“争先创优”、开展学习沈浩先进事迹活动为契机,以落实党风廉政建设责任制为抓手,结合财政系统“两基”建设和“学习提升年”等活动开展,健全完善了各项规章制度,建立了机关效能建设的长效机制,规范办事程序和服务内容,务求实效。通过这些活动的开展,切实转变了机关工作作风。

（屯溪区财政局供稿　吴益民执笔）

黄山区财政工作概述

2010年黄山区一般预算收入完成51128万元,比上年增长36.1%,连跨4亿元、5亿元两个台阶,增幅为“十一五”时期最高的一年,是“十五”末一般预算收入的3.82倍。财政支出达到8.33亿元,比上年增长20.2%,实现收支平衡、略有结余的目标。

【抓财源,财政收入稳步增长】一是综合运用贴息、奖励、补贴等手段,扶持中小企业做大做强,帮助民营企业突破发展瓶颈,积极配置税源。二是加大对上争取,紧紧抓住国家政府性投入带动投资增长政策机遇,全年争取上级各类补助资金5.37亿元。三是强力推进招商引资工作,让更多的企业落户工业园。四是推行房地产税收“一体化”征管,全年契税完成4516万元,增长66.7%;耕地占用税完成1678万元,增长179.7%。五是严格落实“收支两条线”管理,加大非税收入征管,规范落实行政事业性收费,全年非税收入完成5911万元,增长75.1%。

【调结构,保障能力不断增强】全年一般预算支出达到8.33亿元,比上年增长20.2%。政法经费保障体制改革、基层医药卫生体制改革、事业单位绩效工资改革得到稳步推进,兑现了1998年前离退休干部职工住房补贴,提高了干部职工住房公积金上缴比例,财政应急保障联动机制不断健全。

【惠民生,社会事业和谐发展】全年投入资金17238.4万元实施了省、市、区36项民生工程,其中区级配套资金2498.3万元。下拨生活保障资金939.51万元,5880名农村低保对象享受低保,1765名五保户得到供养,80名未参保集体企业退休职工获得生活保障。215户廉租住房户搬进新家、767户困难家庭享受住房补贴。多渠道落实医疗卫生资金178.56万元,9678人次享受城乡医疗救助,新型农村合作医疗参合农民达124547人,参合率达99.89%,城镇居民医疗保险参保人数达22523人。统筹安排教育类资金8901万元,11718名学生受惠于义务教育改革政策,846名中职学校困难学生获得资助资金174.64万元。积极筹措再就业资金1197万元,担保发放小额贷款851万元,开展各种专业技术培训4297人,转移农村劳动力1225人。投入资金295万元,完成4个农村文化站、16个农家书屋、15个农民体育健身工程和3个留守儿童活动室的建设。

【强三农,支农力度持续加大】一是确保惠农资金直接兑付到农民手中,全年发放19项惠农补贴7676万元,户均受益2018元,人均589.5元。二是开展农业政策性保险。全年油菜投保面积30600.24亩,水稻投保面积90384.79亩,能繁母猪投保头数为1577头,拓展投保范围,选择4个乡镇开展特色农业保险试点。三是整合资金加大农业、农村基础设施建设。投入3231万元用于农田水利设施、水库移民扶持、绿色质量提升行动和农民专业合作社建设;投资26960万元完成黄山现代农业综合开发示范区建设;投入2382万元用于扶贫开发、农业产业化、病虫害防控和“菜篮子”工程。四是开展农村公益事业一事一议财政奖补试点。投入495万元在全区77个行政村实施81个农村公益事业“一事一议”财政奖补项目。

【重监管,财政职能充分发挥】一是开展专项资金检查。对旅游发展专项资金、教育民生医保资金、企业技术改造贴息补助资金、涉农补贴专项资金、农村安全饮用水建设资金、义务教育保障机制改革经费、就业补助资金、城镇居民基本医疗保险资金及乡镇卫生院财务核算等进行了专项检查。二是开展了“小金库”专项治理。按照重点检查面不低于纳入治理范围单位总数30%的要求,对全区6个社会团体和6个国有及国有控股企业进行了重点检查,纠正了一些单位不规范的做法。三是开展强农惠农资金专项清查。共清理2007—2009年区本级财政安排专项资金4322.15万元，共涉及扶贫开发、新农村建设、粮食直补、农机购置补贴、家电汽车摩托车下乡补贴等24项资金，查出违规违纪案件10起、金额1920.03万元，并全部督促整改落实到位。四是开展国有资产清查。全区214户行政事业单位全面完成了国有资产清查并录入资产管理信息系统，共清查全区国有资产数量18.62万件、资产总数3.42亿元。

【抓队伍，创先争优进发激情】一是开展以“学党章、学理论、学业务、学典型、学经验”为主要内容的“五学”活动。二是开展了党性教育、专题讨论、创先锋模范岗、群众民主测评以及“比学习、比贡献、比服务、比发展、比创新”为内容的“五比”活动。三是开展“人人有激情、时时在状态”、“学沈浩、讲奉献、比贡献”和“一声问候、一杯茶水、一套流程、一定时限、一站办理”为内容的文明服务“五个一”活动。

（黄山区财政局供稿　查扬扬执笔）

徽州区财政工作概述

2010年，全区完成财政一般预算收入3.34亿元，占区六届人大五次会议通过预算数的120%，比上年增长50.1%，连续9个月收入增幅位居全市第一位；税收收入完成2.98亿元，同比增长50.5%；全区完成一般预算支出4.6亿元，占调整预算的99.1%，比上年增长31.7%，有力促进了经济社会的发展。

【财政收入规模再上台阶】2010年，区财政坚持培植财源和涵养税源并重，科学征管和政策激励并重，着力提高征管效率和质量。全区完成财政一般预算收入3.34亿元，跨上3亿元台阶，增长50.1%。财政收入总量在全省76个县区中由第68位上升到第64位，增幅由第36位上升到第5位。乡镇财政实力不断增强，完成财政一般预算收入2.39亿元，占全区的71.6%。

【服务经济发展再出新招】全年共争取上级通过财政渠道补助各类资金3.48亿元，有效地缓解了支出压力。区担保公司充分发挥担保的“乘数效应”，累计完成总额3.46亿元的担保业务。区国资公司积极拓宽融资渠道，完成融资5.4亿元。“三下乡两换新”稳步实施，全年兑付财政补贴资金520.68万元，有效地带动了农村消费市场。

【服务民生改善再次发力】2010年，35项民生工程累计完成投资8149万元，投资完成率107%，累计拨付（筹措）资金8476万元，资金拨付率111%。进一步强化对教育、医疗卫生、社会保障和就业等民计民生支出的财政保障。继续实施义务教育绩效工资改革，兑现教师绩效工资1118万元。及时兑现扩大内需资金4904万元，重点支持污水处理、廉租房建设、基层卫生院等项目建设需要。

【财政支持“三农”再增力度】通过“一卡通”发放财政补贴农民资金5154万元，涉及惠农政策29项，受益人口达12万人次。村级公益事业“一事一议”财政奖补试点工作稳步推进。政策性农业保险全面实施，全年兑现理赔资金120余万元，为全区养殖业、种植业持续稳定发展提供坚实保障。围绕农村经济发展、基础设施建设、村容村貌改造和社会公共事业等，加大支持力度。实施潜口土地治理等10个农业综合开发项目，累计投入资金达到1198万元。

【深化财政改革再出成效】2010年。区财政国库支付中心共办理支付业务12944笔，金额达2.3亿元，有效提高了支付效率。拨付政法经费保障体制改革补助资金1298.6万元，政法部门装备水平进一步提高。充分发挥财政监督职能，开展国有及国有控股企业和社会团体“小金库”重点检查工作，严肃了财经纪律。

【干部素质明显提高】通过开展学习实践科学发展观、学沈浩见行动、创先争优等活动，积极教育和引导广大干部职工把心思和精力用到提高工作标准和工作效率上，着力破解财税科学发展难题。紧扣“人人有激情、时时在状态”主题实践活动，践行“一线工作法”、“快乐工作法”，大力弘扬铁军精神、锤炼过硬本领，干部职工的发展意识、服务能力、工作效能、理财观念都得到新的提升，机关工作效能、财政服务水平不断提高。

（徽州区财政局供稿　郑良录执笔）

休宁县财政工作概述

2010年，休宁县财政一般预算收入突破4亿元大关，完成4.02亿元，占年度预算的100.5%，增长33.6%，比2009年净增1个亿；完成财政一般预算支出9.11亿元，占年度预算的102.6%，增长23.6%。

【支出硬化保障】按照有保有压、量入为出的原则,强化预算刚性约束,优化支出结构,加强资金调度,确保了法定支出、重点支出的需要,认真落实强农惠农政策,2010 年全县累计发放粮食直补和农资综合直补等资金 7076 万元;累计兑付家电、汽车摩托车下乡补贴 812 万元;坚持促进社会和谐放在财政支出首位,全年发放企业养老金 5148 万元,筹集发放城镇低保资金、农村五保户等困难人员资金 730 万元;全县社会保障、公检法、义务教育等政策性支出均按政策全部落实到位;对 33 项民生工程组织协调、督查拿总、资金配套,拨付资金 19400 万元。

【财源更加夯实】开展招商引资和项目建设,综合运用税收、贴息、转移支付、扩充担保基金等多种措施,培育新的经济增长点。扶持骨干企业发展壮大,兑现企业税收优惠政策资金 1400 万元,拨付农业产业化等项目资金 511 万元。支持工业园区扩大规模,发挥财政资金杠杆作用,筹措土地出让等各项资金累计 1.2 亿元,用于加快工业园区基础设施建设,打造工业发展新平台。鼓励乡镇做大财力,21 个乡镇完成财政收入 2.6 亿元,增长37%。其中,海阳镇突破 1.3 亿元, 1000 万元以上乡镇达 6 个,比上年增加 1 个,500 万元以上乡镇 1 个,100 万元以上乡镇 9 个,比上年增加 1 个。

【征管注重质量】坚持“扩大总量、提升速度、调优结构”并重的思路,狠抓收入调度,加强部门协作,注重勤征细管,做到应收尽收。健全完善财税库行联席会议制度,加强对收入进度的分析与监控,协调解决收入征管中出现的问题,支持税务部门完善征管机制,开展税收专项检查,清理催收欠税。加大非税收入管理力度,严格执行收支两条线管理,全县各执收单位的非税收入全部纳入非税征管信息系统,做到“收支两条线、收缴两分离”。

【改革实现突破】“一事一议”财政奖补工作按照“定位、到位、归位”的要求,不断完善“一个政策、四项制度、一个流程”的运行机制,全面推进试点工作,把好事办好,让群众满意。2010 年,全县 21 个乡镇 190 个村 300 个项目建成完工,总投资 1200 万元,受益群众达 24 万人。继续推进农村综合改革,农村中小学人事制度改革、乡镇卫生院改革试点、林业体制改革全面推进。继续深化部门预算改革和国库集中支付改革,2010 年 4 月,县直所有部门纳入国库集中支付范围,实现全覆盖。完善政府采购制度,全年受理采购委托 230 份,采购预算金额 1690 万元,合同采购金额 1490 万元,较预算节约资金 200 万元,综合节约率为 11.8%。

(休宁县财政局供稿　余星源执笔)

祁门县财政工作概述

2010 年,全县财政收入平稳增长,保障水平不断提高,民生工程稳步实施,财税改革扎实推进,财政调控能力进一步增强。全县财政收入完成 2.84 亿元,占年初预算 2.5 亿元的 113.6%,占市任务的 105.2%,同比增长 32.1%。其中税收收入完成 1.99 亿元,占一般预算收入比重为 70.2%,比上年提高 2.2 个百分点。全县完成财政支出 7.75 亿元,为预算的 99.7%,同比增长 19.8%。

【不断强化支出管理 促进各项事业发展】及时拨付教育、农业、救灾等重点支出和关系民生的支出,促进全县各项事业发展。加快财政支出资金拨付进度,加强资金调度,积极调整和优化支出结构,确保农业、教育、科技支出达到法定增长,确保民生工程配套资金足额到位。严格执行中央关于厉行节约的各项要求,努力提高财政资金使用效益。

【切实强化工作措施 全力保障和改善民生】按照“思想认识再提升,工作措施再强化,推进机制再完善”的工作要求,大力实施民生工程。35 项民生工程惠及全县 18.2 万城乡居民,有效提高了人民群众生活质量,赢得社会的普遍赞誉。35 项民生工程计划投资总额 1.27 亿元,其中:县级配套 2965 万元。实际到位配套资金 3116 万元,累计拨付资金 1.39 亿元,资金拨付进度为 110%;实际总投资 1.4 亿元,实际投资率为 110%。

【贯彻落实积极财政政策,支持经济社会发展和重点项目建设】一是继续贯彻落实积极的财政政策,认真做好扩大内需后续的相关工作。争取国债项目资金 44 项 184 个,资金 10129.3 万元,基础设施建设资金得到保证。争取地方债券资金 2100 万元,解决县国债项目地方配套资金的缺口。二是根据省、市财政部门发布的有关政策,编制适合县经济发展的环境保护、城市维护、工业园区等重点建设项目。三是加大绿色工业园区和政务新区的建设力度。投入 390 万元用于华杨工业园区基础设施建设,投入政务新区 450 万元,加快了新区建设步伐。四是全面落实家电、汽车下乡政策。2010 年实现销售家电下乡产品 16922 台,同比增长 195%;销售汽车摩托车

1677 辆,同比增长 266 %。当年审核发放家电下乡补贴资金 546.33 万元,同比增长 218%;汽车、摩托车补贴 214.65 万元,同比增长 218%;家电“以旧换新”788 台次,发放补贴资金 26.81 万元。五是充分发挥担保公司融资担保能力,着力解决中小企业融资难问题。至年底担保公司注册资本已达 1 亿元。累计为 95 户中小企业办理 130 笔融资担保贷款业务,担保责任总额 19650 万元;累计为 328 户下岗失业人员及返乡农民工办理小额担保贷款 886.5 万元。

【继续深化财政改革 推进依法行政和依法理财】一是不断完善国库集中支付改革试点工作。年底已有 70 家单位进入国库集中支付改革,通过国库集中支付系统下达指标 31560.31 万元,实现拨款总额达 30554.20 万元,二是全面推进非税收入管理精细化、规范化和科学化,不断提高非税收入管理水平。三是不断深化政府采购改革。全县政府采购次数共完成 251 次,采购项目预算金额 9204 万元,实际采购金额 8113 万元,节约资金 1091 万元,节约率达 11.86%。四是预算管理改革继续推进。完善部门预算编制,将单位公用经费实行综合定额与单项定额相结合,进一步细化预算编制内容,提高预算编制的科学性和操作性。

【强化财政监督管理 提高财政资金使用效益】一是认真贯彻落实《财政部门内部监督检查办法》。根据局党组部署,对各业务股室编制的 2010 年部门预算进行了全面核查并督促整改。二是继续开展“小金库”专项治理工作。全县共有 28 个社会团体、34 户国有及国有控股企业进行了自查。并从县纪委、审计局、民政局、财政局抽调 12 名骨干人员组成 3 个检查组,对 14 家单位进行了重点检查(其中社团 6 户、企业 8 户)。在检查中发现“小金库”一个,涉及资金 4.8 万元。三是做好再生资源企业增值税退税工作。当年退付再生资源企业增值税 435 万元,有力支持了再生资源回收企业的发展。

(祁门财政局供稿　黄群飞执笔)

黟县财政工作概述

2010 年,黟县财政工作以深入开展创先争优活动和“学习提升年”活动为契机,积极采取多项措施应对宏观经济形势的复杂变化,加强政策调控,狠抓增收节支,全力以赴抓机遇、保增长、惠民生,财政工作取得了新的成绩,财政面貌发生了可喜的变化。

【强化收入征管,财政收入规模跨上新台阶】2010 年,密切与国、地税部门协作,完善财税联席会议制度。立足全年目标,量化阶段目标,强化收入考核调度,细化征管措施,深入开展重点税源、潜在税源调研。加强重点企业、工程项目等税收的跟踪管理,狠抓缓、欠税款汇算清缴工作,确保税收及时足额入库。全县财政总收入完成 32572 万元,一般预算收入完成 16898 万元,分别比上年实绩增长 28.7 % 和 33 %;税收占一般预算收入的比重达到 73%,比上年提高 1 个百分点,实现了财政收入总量增长、质量提高的双目标。

【加强宏观调控,财政支持发展取得新成就】一是积极向上争取资金。全年争取到各项补助资金 45513 万元,同比增长 12%,其中财政部门共向上争取各类项目资金 9065 万元。二是进一步提高财政保障水平。全年财政一般预算支出 45673 万元,全面兑现了义务教育、公共卫生事业单位绩效工资,预发了其他事业单位津补贴,确保了人员工资的按时发放和机关的正常运转,保证了基层医药卫生体制综合改革等政策性增支需求,35 项民生工程地方配套到位率达到 100%。三是加大企业扶持力度。及时兑现 2009 年度企业贡献奖 59 万元,拨付招商引资企业财政奖扶资金 2288 万元,安排落实县工业发展专项资金 660 万元,县诚信担保公司全年为 19 家企业提供了融资担保 4665 万元,缓解了企业融资困难。

【严格落实政策,财政支农工作呈现新气象】一是全面落实涉农补贴政策。按照“一线实”工作要求,重点在完善发放程序和规范基础工作上狠下功夫,确保补贴资金快捷、安全发放到户。全县累计通过“一卡通”发放各类财政补贴农民资金达 3393 万元,涉及 22 大类 30 多个项目,较上年增长 23.6%。二是扎实推进政策性农业保险工作。县财政共提供配套保费补贴 13.8 万元,在投保农户“自主自愿”的前提下做到应保应保。三是加大农村基础设施建设资金投入。累计安排农村基础设施建设 2613 万元,农田水利建设 970 万元,涉农民生工程 1824 万元;积极实施宏村镇中低产田改造土地治理农业综合开发项目,累计投入资金 758.2 万元;投入 680 万元用于扶贫开发、农业产业化、病虫害防控和“菜篮子”工程。四是积极开展“一事一议”财政奖补试点工作。完成全县 8 个乡镇 66 个村共 99 个建设项目实施,工程预算投入416.1万元。五是认真做好家电下乡工作。积极实施家电、汽车、摩托车和农机“四下乡”,启动农村消费市场,全年销售家电产品7006台,补贴217.3万元;销售汽车、摩托车1390辆,补贴150.7万元;家电以旧换新95件,补贴2.5万元。

【优化支出结构,财政保障民生开创新局面】精心实施民生工程,全年累计拨付资金8132万元,占全年计划112%,实际投资额完成8047万元,完成投资率110 %。一是加大资金筹集的力度。制定出台了《黟县35项民生工程资金筹集方案》,积极调整支出结构,将新增财力向民生工程倾斜,财政配套资金1825万元。二是加大资金管理力度。积极筹措县级配套资金,加强资金调度;认真落实民生工程资金拨付“绿色通道”,做到及时申请、及时拨付。三是加大民生工程政策宣传。进行多角度、全方位宣传民生工程,切实做到进村入户、家喻户晓,以此引导广大群众拥护和参与民生工程。

【坚持依法理财,财政改革创新迈出新步伐】一是深入推进部门预算管理改革。按照规范预算编制内容、完善预算编制方法、规范预算编制流程、统一预算编制手段的要求,完善预算支出定额,细化预算编制,提高预算管理水平。二是全面推行国库集中支付制度改革。对全县县直所有使用财政性资金的单位实行了国库集中支付与会计集中核算并轨运行,累计办理国库集中支付业务8207笔,财政直接支付资金21175万元。三是规范政府非税征管改革。加强非税票据管理,强化日常监督检查,不断扩大征收范围,全年累计征收入库各类政府非税收入16324万元。四是扩大政府采购范围和规模。着力推进政府采购监管工作,完善政府采购制度,全年采购预算1100万元,实际采购支付946万元,节约预算资金154万元,资金节约率为14%。

【注重队伍建设,财政队伍建设彰显新活力】以开展“学习提升年”和创先争优活动为契机,大力弘扬沈浩精神,加强对财政干部的教育和培训,全力打造一支作风过硬、业务精湛、积极向上、奋发有为的财政干部队伍。深入开展机关效能建设活动,不断提高机关干部的工作自觉性、责任性和组织纪律性。深入推进“五型机关”创建,将机关创建与机关效能建设、作风建设密切结合。

(黟县财政局供稿　汪建峰执笔)

歙县财政工作概述

2010年,歙县财政收入完成140819万元,占年预算的144.7%,同比增长65.4%,其中:一般预算收入完成54889万元,占年预算的118%,同比增长37%,增收14823万元。全县一般预算支出完成134169万元,占年预算的165%,比上年增支22422万元,同比增长20.1%,有效促进了县域经济的平稳较快增长。

【加强科学征管,实现财政收入快速增长】严格执行考核激励机制,积极加强收入组织协调,不断深化政府非税收入改革,提前2个月完成年度预算收入任务。财税收入形势均呈现出高位增长态势,为历年来同期最好。在保持收入高增长的前提下,税收占一般预算收入比重达80%,比上年同期提高了2个百分点,收入质量稳中趋好。公共保障能力不断加强,加快促进了全县各项社会事业的全面发展。

【深入推进改革,不断提高财政管理水平】加大人员经费保障力度,稳妥推进事业单位绩效工资改革,落实义务教育学校绩效工资实施方案,稳健兑付绩效工资;增加基层和公共卫生预算支出1500余万元。认真落实政法经费保障体制改革政策。继续深化部门预算改革,积极推进财政平台一体化信息系统建设,促进财政资金管理和使用的规范、公开、透明、高效。硬化预算约束,坚持依法办事,用制度管钱。深化政府采购制度改革,加强政府采购管理。稳步推进国库集中支付改革,完善国库管理制度。全县57个县直预算单位全面推行了国库集中支付改革试点工作。

【加强支持引导,大力促进县域经济发展】积极开展“园区提速增效年”活动,促进财政经济的跨越发展。加大财税政策扶持和资金投入,扶持企业做大做强;加快推进综合试点镇建设,促进乡镇协调发展;加大对上争取力度,大力支持城市基础设施建设。充分发挥歙县中小企业担保有限公司的平台作用,全年共为企业和个人创业提供担保额55548万元,同比增长82%,为104户下岗再就业人员提供小额担保贷款570万元。2010年县担保公司再次荣获“全省再担保先进单位”荣誉称号。

【坚持狠抓落实,全面实施民生工程建设】2010年全县投入民生工程资金28689万元,实际投资进度109%。政策性农业保险进入全市前三名。制定了35项民生工程实施方案和操作细则,扎实开展民生工程实施情况"回头看"活动。进一步完善了项目跟踪联系制度,加大监督检查力度。

【加大支农投入,积极推进社会主义新农村建设】2010年对扶贫、以工代赈等财政支农资金进行整合,总规模20820万元,其中财政性资金投入5820万元,引导社会资金投入15000万元,进一步增强了政府宏观调控能力和财政统筹能力,荣获全省2009年县级支农资金整合工作绩效考评一等奖。全年通过"一卡通"直接发放财政补贴农民资金1.14亿元,惠及14余万农户。强力推进农村综合改革。全面推进村级公益事业建设"一事一议"财政奖补工作和"惠民直达工程"建设。强化家电、汽车摩托车下乡和以旧换新补贴资金管理。据统计,全年拨付家电下乡补贴资金2316.15万元和家电以旧换新补贴27.7万元,已全部通过"一卡通"发放到农户手中。

【强化财政监督,不断规范财经秩序】坚持依法行政,依法监督,扎实履行监督检查工作职能。扎实开展强农惠农资金专项清查工作。加大县直单位和农村财会人员培训力度。深入开展国有及国有控股企业和社会团体"小金库"专项治理工作,扎实开展乡镇财政业务互查互审工作。

【加强干部管理,着力强化财政系统自身建设】进一步加强机关效能建设,提高财政服务经济、服务社会的能力和水平。扎实开展全县财政系统"学习提升年"活动,着力推进财政工作科学化、精细化管理。大力开展精神文明建设活动。认真开展"基层组织建设推进年"和创先争优活动,不断巩固"全国文明单位"创建成果;扎实开展"机关作风整治"活动,倡导文明、规范、优质、高效的良好工作作风;加大财政信息宣传工作,荣获全省2010年度财政信息工作一等奖。

(歙县财政局供稿　徐跃腾执笔)

市县财政专项工作经验交流

夯实基础　开拓创新 提升财政科学化精细化管理水平

合肥市财政局

多年来，合肥财政始终坚持以科学发展观为统领，按照公共财政的要求，秉承为民理财的理念，积极做好“管人”和“管事”两篇文章，着力推进财政科学化精细化管理，有力地促进了财政经济社会跨越发展。

【构建ISO质量管理体系，强化规范内部管理】“人”是财政管理中最活跃、最具决定性的因素，是财政管理的第一资源。合肥财政准确把握时代脉搏，引入现代管理理念，构建ISO9001质量管理体系，大力整合和规范内部管理。以局《质量手册》和部门《工作手册》为结合点，将ISO9001质量管理体系要求转化为财政财务管理标准，坚持以策划、实施、控制、改进(简称“PDCA”)的标准化过程模式规范财政工作流程。科学设置工作岗位，明确界定岗位职责，确定工作衔接的节点和程序，做到分工明确、各司其职、协调配合。通过层次清楚、结构严谨的质量管理体系文件，解决了各部门在各项业务过程间的接口问题。各项工作都按照“策划先行、严格实施、同步控制、持续改进”原则实施，极大地优化了内部工作流程，夯实了基础管理，强化了行为规范，提升了服务意识，提高了工作效能。

积极创建学习型机关，充分发挥组织学习的作用，以财政论坛、培训讲座等形式开展互动交流，通过深度交流来谋求组织智慧的升华。健全学习激励机制和导向机制，实行学分制管理，着力健全组织集中学习与个人自学相结合的双向并行机制。坚持工作学习化、学习工作化，突出学以致用的理念，提升了干部职工运用理论思考和解决现实问题的意识和能力。

创新财政文化建设，以“奉献实现自我，实干成就卓越”价值观为核心理念，着力打造“人文财政、和谐财政、卓越财政”的共同愿景。结合职业特点制定职业道德规范，加强行为文化建设，积极开展争创“国家级文明单位”工作，建设具有鲜明时代精神和行业特色的财政文化体系。

【打造涉税信息平台，助推税源精细化管理】针对涉税信息分散及传递不畅，成为影响税收征管质量和效率的瓶颈，合肥财政创新管理理念，破解税源管理难题，在税源普查的基础上，充分利用现代化信息网络技术，建立跨部门跨系统的涉税信息系统，首次实现全市30家部门涉税信息集中共享，2010年共采集房产、税务、国土、规划、工商等30家部门各类涉税信息2000多万条，实现税源的动态管理和收入的综合分析，为有效开展税源监控提供支持。

建立信息联络员制度、信息及时传递机制、信息定期处理和反馈机制、信息定期分析制度、协税护税工作考核等五项制度，定期采集涉税数据，加强综合分析比对，将比对发现的异常信息提交税务部门核查处置，实现了跨部门源头控管、协调联动的协税护税工作机制。涉税信息平台及协税护税机制的建立，打通部门之间的沟通管道，实现涉税信息交流共享和综合利用，使全市税源情况一目了然，既全面反映分行业、分企业、分税种、分级次的收入结构，也直观反映重点税源纳税贡献及变化情况，实现企业一户式查询。同时，对多部门的涉税信息综合比对，能够及时发现潜在税源及异常纳税信息，为税务部门加强征管、堵塞漏洞提供有力支持，对规范税收秩序、鼓励合法纳税、打击偷税漏税发挥了重要作用。

【整合财政专项资金，构建四大政策体系】为集中财力办大事，避免普撒“胡椒面”，将有限的财力运用好，合肥财政改革专项资金管理机制，深化专项资金管理，积极构建支持经济发展政策体系。将原来分散在各职能部门的奖补政策进行整合归类，先后以市政府文件出台了一系列政策，并制定完善配套细则，构建了财政对工业、自主创新、现代农业和现代服务业等方面较为完善的政策支持体系。集中财力，优先保证那些对经济社会发展牵动性强的重点工作、重要工程、重大项目。通过财政支持经济发展四大政策体系的构建，改变了原有的专项资金分散管理、标准不一、存在寻租空间等诸多弊端和问题，充分发挥了财政专项资金的使用效益。

2010 年,共审核兑现工业发展专项资金 6.62 亿元,自主创新专项资金 8.37 亿元,服务业发展政策资金 5403.98 万元,农业发展专项资金 8102.44 元。通过补助、贴息和奖励等多种方式,极大地提高了企业应对金融危机的能力,提升了企业扩大投资与增产增销的信心,推动了全市工业经济稳步增长。2010 年 1－11 月份,全市规模以上工业企业户数达 2091 户,累计完成总产值 3404 亿元;累计完成增加值 950.4 亿元,同比增长 24.7%;累计完成工业投资 956.3 亿元,同比增长 37.3%。预计全年全市农产品加工产值将突破 500 亿元,农业增加值突破 110 亿元。

【推进财政管理改革,健全科学化财政管理体系】合肥财政牢固树立现代财政管理观念,积极创新财政运行机制和管理模式,将科学化、精细化的要求贯穿于财政管理改革的各个环节,建立起制度完整、措施有效、程序合理的财政管理体系。深入推进以部门预算为核心的预算管理制度改革,公共财政管理体制框架基本建立。全面实施绩效预算。要求单位在编制 2011 年预算时,所有项目必须编制绩效目标,同时报送项目支出执行进度,在预算执行过程中加强对绩效目标的监控,严格按照计划的执行进度实施,提高预算执行效率。

积极推行"阳光财政"。在全国率先推行"开门办预算",上门编预算,开门审预算。公开预算编制过程,改革预算编制审核办法;改革预算分配方法,公开预算编制审核标准;规范预算追加程序;自觉接受人大、审计以及社会监督。在与单位充分沟通的基础上,引入专家评审机制,按照广泛性和专业性相结合的原则,邀请市人大、市政协、基层代表、各类专业技术人员组成专家评审小组,对 2011 年各部门预算项目进行公开评审。使预算编制过程成为一个公开的过程、民主的过程、沟通的过程,引导部门将预算编制工作的重心从"编"项目向项目前期调研论证转移,保证了预算编制结果更加科学、合理。

加大资源整合力度,逐步扩大整合范围,对表彰奖励经费、会议费、物业费、律师费、市级组织统一安排的培训费和宣传公告项目经费统一在市级单列项中安排,实行统一招标,不再分散安排到预算单位。对各单位网络运行维护费和网络线路租赁费,由市国资委统一审核,审核结果作为单位申报预算的依据。

改革预算经费供给模式。改变传统的事业单位经费供给形式和人员经费编制方法,对所有事业单位,根据事业发展及其所提供公共服务产品的能力,实行项目预算,按事拨款,花钱买服务,养事不养人。对市属学校按在校学生数,采取政府购买"产品"的方式,实行生均综合定额供给经费,经费不再与学校教职工人数挂钩,同时在收入分配上给予学校更多的自主权,促进学校内部形成科学合理的激励分配制度。

会同人行、审计、监察等部门,对全市市直行政单位银行账户进行了全面清理,除经批准依法依规必须保留的账户外,各单位的其他账户全部撤销,累计撤销单位开设的各类账户 878 个,划缴财政管理资金 21.96 亿元。建立健全长效管理机制,严把单位开设账户关口,各单位确需开设账户,须经财政、监察审核,报经市委常委会研究决定。实现国库集中支付制度改革进一步深化,提高了财政资金使用的透明度,增强了政府资金统筹能力。

加强政府预算体系建设,健全公共财政预算、政府性基金预算、社保基金预算、国有资本经营预算四大体系。试行国有资本经营收益收缴改革,强化行政事业单位资产管理。细化国有资本经营收益收缴实施方案,认真组织开展收益收缴工作。建立从"入口"到"出口"的一整套行政事业单位资产管理机制。市直各行政事业单位的房屋所有权证和国有土地使用证以及出租、出借资产的租赁合同原件,上交财政统一管理。对房屋全面实行公开招租,2010 年首批房产公开招租的最终成交价格较原先租赁价格增长了30%以上,实现国有资产收益的最大化。

规范改进政策兑现申报审核程序,工业、自主创新、现代农业、现代服务业四大财政支持政策专项资金补助均在市行政服务中心窗口受理。相关部门一次性审结,并将评审结果在中心大厅、网站和有关媒体进行三榜公示,公示无异议后报经市政府批准,由市财政部门直接拨付给相关企业或单位,既实现了起点公平、过程公平、结果公平,也提升了工作效能,优化了投资环境。

【加快"金财工程"建设,推进信息化与财政业务融合】随着新时期信息化建设与财政业务管理进一步融合,财政业务系统应用向广度和深度拓展,应用范围不断扩大。合肥财政加快推进"金财工程"建设,率先在全省启动市本级平台一体化实施工作,着力在加强基础设施建设、搭建网络办公平台、政府财政管理系统应用、构建平台一体化系统等方面狠下功夫。

大力推进基础数据库建设。建立财政基础数据库统计制度，完善财政收支分月调度机制，健全细化基础数据统计工作，加大考核督查，定期召开财政收支分析会议，切实加强财政基础数据统计工作，进一步全面、及时、准确地反映重要财政收支情况，并提供决策参考。建立财政供养人员月变动报告制度，构建市财政局、公务员局、人力资源和社会保障局人员信息报告联动机制，由财政局提供纳入财政预算的单位情况及性质，按月汇总整理，向市政府提供财政供养人员变动月度信息。

合肥财政平台一体化系统完整覆盖财政核心业务系统，遵循上级财政部门的数据规范标准，结合我市财政业务系统的具体现状和工作实际，实现信息共享和系统的互联互通。通过平台全面提取财政收支状况，为财政决策及时提供完整准确的数据依据，充分发挥信息资源的作用，为实现财政管理的科学化、规范化、精细化提供技术保障。同时，优化整合工作职责和梳理业务流程，提升财政工作效率，有效地保障了财政管理改革顺利进行。

加强"两基"建设，全面推进财政科学化精细化管理，对于保障财政职能充分发挥，较好地服务改革发展稳定大局具有重要意义。合肥财政将继续牢固树立全局观念、法制观念、创新观念、服务观念、效率观念、责任观念和系统观念，以科学化为目标，以精细化为路径，继续在服务经济社会又好又快发展中做出新的贡献。

积极发挥财政职能
统筹城乡协调发展

淮北市财政局

统筹城乡发展，加快城乡一体化进程，是党的十七届三中全会作出的重大决策，也是淮北市争先进位、率先崛起、促进经济社会平稳较快发展的根本要求和必然选择。市积极运用财税政策工具，创新体制机制，加大投入力度，着力加快城乡一体化进程，有力促进了城乡统筹协调发展。

【以服务财政的理念在推进统筹城乡发展中主动作为】（一）提高认识，主动服务统筹发展。统一全市上下推进城乡统筹发展的认识，坚持以统筹城乡发展为主线，以推进农村产业结构为着力点，以促进农民增收为落脚点，以村民集中居住区建设为突破口，先行试点，稳步推开，扎实推进城乡一体化建设步伐。在政策上倾斜，按照市政府《关于淮北市工业企业退城进区的实施意见》、《关于进一步做好市辖三区农用土地征地补偿工作的通知》等有关要求，制订了一系列财政落实措施，进一步加大企业退城进区补助力度和土地出让金返还比例，有力支持了统筹城乡建设。在资金上保障，市财政在列入民生工程的各类项目原有建设资金渠道不变的基础上，两年分别拿出1亿元作为城乡一体化建设专项资金，用于引导小城镇、集中居住区和中心村的基础设施项目建设及其他城乡一体化项目建设，有力促进了城乡统筹发展。

（二）发挥职能，主动推进统筹发展。一是主动作为协调。按照市委、市政府的总体部署和要求，结合财政推进统筹发展任务，深入调查研究，找准财政工作切入点，主动参与方案、配套措施制定和各项改革推进等工作，积极协调配合相关部门，扎实推进七个一体化工作开展。二是落实职责协调。围绕破解城乡二元结构这一难题，充分运用财政调控手段，引导劳动力、资金、技术、管理等资源在城乡间双向流动。注重发挥收入分配调节职能，着力调整财政支出结构，多渠道筹措资金，设立专项资金，加大对三农、教育、文化、就业、社保、医疗、住房等社会事业的投入。制定资金管理办法，及时拨付各项资金，切实加强资金监管，提高资金使用效益，加快推进了城乡一体化建设。

【以创新财政的理念在推进统筹城乡发展中健全机制】（一）深化体制改革，建立财力保障机制。按照市委、市政府决策部署，制定统筹城乡发展财政配套措施，改革现行市县（区）财政体制，建立有利县区发展的体制机制，结合城乡统筹，调整完善市、县、区财政体制，重新界定税收征管范围，明确划分税收分享比例，加大对县区财力倾斜力度，壮大了县、区财政实力，推进了全市统筹城乡发展。

（二）完善政策措施，建立投入引导机制。一是整合各类财政资金扶持。为充分发挥财政资金的集聚引领优势，加快淮北市城乡一体化建设，市财政把目前公共服务类30多项资金，整合为支持统筹城乡发展专项资金，按照突出重点、统筹兼顾的原则，将整合支农资金重点投向新农村建设示范村和推进城乡一体化建设等，使有限的资金发挥最大的效益。据统计，2008至2010年，淮北市各级财政共整合各类财政资金12亿元，有力地支持了城乡一体化建设,惠及农业人口 120 余万人。二是吸引社会资金投入。市政府鼓励民间投资政策,把统筹城乡发展作为主要内容,市财政每年设立 1000 万元民间投资引导资金,采取贴息额、补贴和以奖代补等方式,积极吸纳社会资金和民间资金投向统筹城乡发展的重点项目、重点领域。近年来,累计吸纳民间投资 80 多亿元,为促进统筹城乡发展提供资金支持。

【以建设财政的理念在推进统筹城乡建设中发展经济】(一)大力发展农业龙头企业,着力增强工业带动能力。在推进统筹城乡发展过程中,坚持把促进产业发展作为主要投向,按照“一个主导产业、一批龙头企业、一批基地、一个行业协会”的要求和扶优、扶大、扶强的原则,进一步加大对农业龙头企业的扶持力度,重点扶持了一批畜牧养殖业、粮食加工业、农业产业化龙头企业。两年来,市财政多方筹集资金 1.9 亿元,重点扶持宝迪集团、六合鸭业、天宏集团、曦强乳业、鲁王面粉等一大批龙头企业。23 家企业被评为省级重点农业产业化龙头企业,规模以上农产品加工企业达到 132 家,培育超亿元龙头企业 12 家,超千万元龙头企业 30 家。规模以上食品加工企业 49 家,建成了全省第一个食品工业园区。

(二)加快农产品基地建设,着力推进农业结构调整。在重视和保护粮食生产能力的前提下,根据市场需求和现有产业基础,调整农业产业结构,加强种养小区建设。两年来市财政共设立专项奖补资金 9000 多万元,支持养殖小区、蔬菜栽培小区、石榴基地等标准化示范基地建设。国家级软籽石榴标准化示范区、国家级小麦良繁标准化示范区和省级食用菌农业标准化示范区等 3 个农业标准化示范区顺利通过国家验收;全市已基本建成 150 万亩优质小麦、60 万亩优质饲用玉米、30 万亩优质果蔬、200 万头生猪、3000 万只肉鸡、肉鸭等十大优势农产品生产基地。

(三)大力扶持土地流转,着力推进土地规模经营。按照“政府推动、农民自愿、企业参与、股份合作”的原则,采取以财政资金作引导,建立土地承包经营权流转激励机制,进一步推进了土地承包经营权流转和规模经营。截至 2009 年底,市财政实际兑付土地流转资金 1620 万元,累计流转土地 20 万亩,有效降低了农业生产经营成本,大力提高了农业的综合竞争能力。

【以公共财政的理念在推进统筹城乡发展中改善环境】(一)加强基础设施建设,大力优化发展环境。按照城乡一体化的要求,统筹城乡重大基础设施建设,进一步推进城市基础设施向农村延伸。近年来,市财政多渠道筹集资金 9 亿元,积极实施了市县(区)道公路网、乡村公路网等建设,初步建成连接城区、覆盖乡村、城乡一体的交通基础设施体系。截至目前,全市公路通车总里程达 3607 公里,农村客运通村率达 100%,实现了村村通水泥路和城乡客运一体化。同时,加快农田水利基础设施建设,按照三年建成旱涝保收田的目标要求和总体规划,各级财政共安排资金 2 亿元,用于井、桥、路、涵、沟等设施建设。三年来,共新打机电井 14158 眼,建设涵闸 52 座,新建桥梁 1935 座,疏浚沟渠 2193 条,改善了农业生产条件,提高了农业综合生产能力。

(二)加快清洁乡村建设,大力美化生活环境。积极开展以“乡风文明、村容整洁”为重点的“清洁乡村、美化家园”活动,范围覆盖全市三区一县 8 个试点镇(办)、4 个试点村和 56 个重点帮扶村。两年来,市财政投入资金 3400 余万元,重点围绕垃圾收集、清运、中转等三个关键环节,加大农村环卫基础设施建设,集中购买 12 封闭式垃圾清运车辆,4 辆洒水车以及 800 余辆人力清运车等环卫车辆,新建 8 座垃圾中转站和 300 余座垃圾收集房,配套建设 4 座水冲式公共厕所,解决 8 个试点镇及其周边乡镇垃圾中转问题,农村人居环境得到了明显的改善。

(三)加大农民集中区建设,大力改善农民生活条件。坚持把农民集中居住区建设作为推进城乡一体化进程的主要切入点和突破口,结合本市实际,探索出了采煤塌陷搬迁、集镇改造开发征地搬迁、空心村整治、并村自建等 5 种集中居住区建设模式。市财政从城乡一体化专项资金中安排 1.4 亿元,采取以奖代补方式,重点扶持 40 个农民集中居住区建设。

【以民生财政的理念在推进统筹城乡发展中促进和谐】(一)推进农民市民化,不断加快城市化进程。为推进城市转型、加快农民变市民的步伐,近年来,淮北市委、市政府先后制定出台农民变市民的有关政策措施,对户籍制度进行改革和调整,积极推进农民变市民政策实施,逐步建立起城乡一元化户籍制度。在推进农民变市民的过程中,市、县区财政加大投入,大力支持改革,把农民变市民人员购房补贴、社会保障等支出纳入财政预算,确保资金及时到位,推进了农民变市民工作顺利推进。

(二)大力促进充分就业,不断健全社会保障体系。近年来,各级财政共筹措资金 6300 万元,支持建立城乡一体的劳动力市场、就业培训、就业优惠政策、就业援助、劳动保障平台等体系。两年来全市共有2.6万名农村劳动力实现就地就近就业，农民增收步伐进一步加快。建立健全被征地农民养老保险制度、新型农村合作医疗制度、农村居民最低生活保障制度和城乡一体的社会求助体系等，基本实现了城乡社会保险制度全覆盖。截至2010年末，全市城镇职工基本养老保险参保24.7万人，失业保险参保24万人，城镇职工基本医疗保险参保17.8万人，工伤保险参保26万人，生育保险参保17万人；被征地农民参保1.8万人，做到了应保尽保；新型农民养老保险试点参保12万人；城镇居民基本医疗保险参保52万人。

（三）加快社会事业发展，不断促进公共服务均等化。积极推进开放式村部建设，市、县区财政投入8000多万元，新建、改建开放式村部147个；解决18.2万人饮水安全问题。全力推进中小学校舍安全工程，45%的义务教育学校基本实现了标准化。基层医疗卫生体制改革全面推进，180座村级卫生室相继配套建设完毕并投入使用，新型农村合作医疗参合率达到96.28%。8个乡镇综合文化站、73个农家书屋建成投入使用。

经过几年实践，淮北市初步实现了又好又快发展。一是经济保持了持续快速增长。2010年全市预计实现地区生产总值455亿元，5年年均增长12%；地方财政收入29亿元，比2005年同口径增长1.6倍。二是有效激活了农村消费市场。2010年社会消费品零售总额达到126亿元，年均增长18.1%，初步实现经济增长由主要依靠投资、出口拉动向依靠消费、投资、出口协调拉动转变。三是不断提升了经济运行质量。三次产业结构由2005年的10.9：56.7：32.4调整为2010年的8：64：28，全市经济发展质量不断提高，实现了城乡统筹发展。

围绕中心　突出特色
积极推进财政预算管理机制创新

亳州市财政局

2010年以来，亳州市财政预算管理工作积极适应形势发展，紧紧围绕中心，积极转变思路，创新体制机制，推进财政预算科学化精细化管理，有效发挥了财政保障和调控作用，特别是在完善预算管理、统筹资金调度、加强政府债务管理等方面取得了很好成效，推动了主动理财、依法理财、科学理财，提高了预算管理工作水平。

【健全财政收入组织机制，促进财政收入稳定和可持续增长】按照市委、市政府提出的“确保快速增长，力求争先进位”总要求，始终把做大财政收入蛋糕作为财政中心工作。科学分解财政收入目标，结合各地经济发展、财源税源情况及各部门收入征管潜力，科学分解财政收入目标任务，并由市政府正式下达并进行考核。改革财政收入考核奖励办法，建立既有压力又有动力的收入征管机制，调动县区和税务部门增收积极性。加强收入调度，建立完善月度财政形势分析联席会议制度，每月结束，由市政府常务副市长召集财政、税务等部门专题分析财政收支运行情况，研究提出完成全年财政收支任务具体措施，及时摸清情况，挖掘增收潜力。加强收入协调，联合国税、地税等部门逐县区调研，剖析问题，深入重点企业调查了解生产经营情况，挖掘税源潜力。深化非税收入征管改革。在全市全面推行“单位开票、银行代收、财政统管、政府所有”的非税收入征管模式；将应纳入预算管理的非税收入全部纳入预算管理，不断提高收入预算的完整性。加强市县联动，季度结束后，召集县区财政局长和相关股室负责人，逐县区分析财政收支运行情况。实行局领导和相关科室定点联系各县区财政收入工作制度，研究财政相关工作措施，确保收入任务完成。主动协调财税库关系，加强协调，反复沟通，共同做好组织收入工作。通过以上举措，财政收入总量突破完成42亿元，同比增长36%，超额完成全市“十一五”规划确立的财政收入实现“一个赶超、三个翻番”的目标。

【加强财政支出管理，提高财政资金使用效益】把加强财政支出管理作为重要工作，努力在提高财政资金使用效益上下功夫。一是围绕中心促发展。按照市委、市政府产业发展规划，把相关发展资金专门列入预算，打破部门界限，整合设立工业发展、农业发展等提振经济专项资金，集中财力办大事。及时兑现招商引资和鼓励企业科技创新、节能减排的税收优惠政策，促进经济结构调整和发展方式转变。二是完善制度强管理。制定完善《亳州市本级基本支出预算管理办法》、《亳州市本级支出预算管理办法》等一系列预算管理办法。三是调整结构保重点，大力压缩一般性支出，明确公用经费三年内不增加，挤出资金用以保证工资兑现和事关全市发展的重点支出。四是加快进度提效益。对进度进行考核，建立财政考核单位,市级财政考核县区财政以及财政内部考核的预算支出进度考核机制。制定《亳州市市级财政结转结余资金管理办法》,全面清理历年结转资金,区别情况予以处理。要求局领导带科长主动上门,帮助各部门解决加快支出进度中存在的问题。财政支出进度明显加快,资金使用效益得到提高。五是评价绩效增效能。制定绩效考评方案,选择项目支出重点部门和社会公众关注的重点方面,作为绩效考评的主要对象,制定考评指标,按照科学实用,系统全面,易于操作的原则,探索设立了评价指价体系,严格实施考评。

【积极发挥职能,统筹资金支持城市建设】围绕城建项目和土地收储计划,积极统筹调度资金,支持城市大建设大发展,成为预算管理的亮点。积极搭建融资平台,制定融资注资方案,探索融资新途径,推动融资平台转型,完善政府融资平台建设,扩大融资规模,争取银行贷款支持。统筹调度土地出让金、城市基础设施配套费等资金,一年来共筹集拨付资金32.2亿元,支持南部新区土地置换、征迁补偿和土地收储和重点项目。其中调度资金1.3亿元支持南部新区一中南校区、九中、师专建设,拨付3.1亿元支持体育场、博物馆、党校建设。围绕创建省级文明城市,大力支持老城区改造。创新土地发证制度,建立"借用管还"一体化的融资平台管理模式,为融资扫除政策障碍,成功争取农发行贷款融资27亿元。健全间隙资金调度机制,最大限度盘活资金,增加支持建设和发展资金规模,减少成本,提高政府财政资金的使用效益。

【严格债务管理,防范财政风险】积极采取措施,加强政府性债务管理,防范债务风险。归口管理政府债务。市政府决定债务统一由财政归口管理。对此,市财政局对各个行政事业单位的举债情况进行全面摸排,定期汇总。加强债务分析与研究。认真研究国家相关政策,对债务的规模、负债结构、形成原因、还债能力、风险应对等进行测算评估,针对风险控制,提出有用建议,加强风险防范。认真学习借鉴外地做法和经验,积极探索建立我市政府债务风险防范机制。规范举债程序。提出政府部门和事业单位举债必须先报政府审批、由财政备案的管理办法,并经市政府常务会研究同意实施。建立偿债准备金制度,有效防范债务风险。按照国务院关于加强地方政府融资平台公司管理有关问题的通知要求,对融资平台公司债务进行全面清理核实,根据债务核实情况协调配合市金融办、发改委、人民银行等部门对投融资平台进行清理规范。

【加强基础工作,建立健全长效管理机制】按照精细化管理、规范化运行要求,着力在提高财政管理的针对性、有效性、严密性、创新性、规范性和持续性上下功夫。一是加强制度建设。针对管理的薄弱环节,以规范、简化、实用为原则,制订完善收入征管、预算编制、资金整合、绩效评审等相关制度17个,努力构建规范管理的长效机制。二是规范权力运行。深入开展规范权力运行工作,结合岗位职责,对机关内部权力全面进行梳理,制定工作规则,强化工作责任,规范权力运行,加强对权力的监督制约,提高自律能力。全局梳理权力124项,绘制权力运行图111项。三是转变工作作风。增强服务意识,局长、科长主动到市直单位和企业上门走访,了解情况,主动沟通。大力推进财政政务公开,主动公开预算等相关信息,打造"阳光财政",接受各界监督。四是自觉接受人大监督。严格按照《预算法》和《安徽省预算审查监督条例》,及时向人大报告工作,落实人大关于预算和决算审查的意见和建议,坚持依法理财,规范理财。

加强预算执行管理
提高预算执行效率

宿州市财政局

近年来,宿州市财政局把加强预算执行管理、提高财政支出绩效作为深化财政管理改革的突破口,围绕加强预算执行管理主题,精心谋划,完善措施,不断提高财政资金的使用效益,财政支出进度明显加快,财政结余结转资金数量大幅度减少,财政支出绩效明显提升。

【细化预算编制】预算编制是预算执行的基础,只有做好做细预算,才能保证预算执行的效果。为提高预算编制质量,增强预算可执行性,宿州市重点抓好以下环节。一是提高年初预算到位率。二是严格审核筛选项目,避免将不成熟的项目列入预算。三是注意预算编制的完整性和各类资金之间的统筹协调安排。1.早编细编预算。精心做好预算编制相关信息搜集工作,密切关注政府工作动态,全面了解要求增加投入的相关文件和会议精神,及早统筹考虑、主动做好落实。提前部署预算编制,将部门预算编制时间从往年的10月份,提前到7月份以前。进一步规范部门预算编制,基本支出预算严格按政策据实编制,项目支出预算必须经过评估论证,保证列入年度预算的项目切实可行。严格控制代编预算规模,切实把预算细化到基层单位,细化到具体项目,从而为提高预算编制到位率打下一个坚实基础。2.扩大预算编制征求意见范围,力争做到早安排、细安排,避免遗漏,减少追加。我市往年的本级预算在人大批准之前,只需向政府、党委汇报即可,现在征求意见范围扩大到相关业务主管部门,要在反复征求各方面意见,并在基本达成一致意见之后,才正式提交人大上会。变事后告知为事前征求、吸收公众意见,从而使预算执行建立在一个更加牢固可靠的基础上。3.逐步提高保障水平,促进均等化,减少"吃小灶"。零星预算追加虽能解决一些单位的实际问题,但很难保证公平,经常是会哭的孩子有奶吃,苦乐不均。而主动提高保障标准,不仅可以使大家都能共享财政发展的成果,而且可以有效减少"人情款"、"关系款",防止腐败。2006 年以来,我市本级财政公务费供给标准年年都有所提高,一般行政及参公单位年人均公务费标准已由 2005 年的 1000 元调整到 2011 年的 7100 元。公务费定额标准的提高,不仅提高了保障水平,解决了均衡性问题,同时也为预算执行减少追加创造了条件。同时,加强衔接,统筹安排,减少重复投入。主要包括年度预算之间,上级财政追加和本级财力安排之间以及本级财政各项资金之间的统筹协调。

【强化收入管理】一是及早落实收入计划。每年年末,都会根据当年财政收入任务完成情况和来年经济发展目标,主动与国税、地税等组织收入部门协调沟通,共同研究确定收入预算任务,做到收入预算早知道、早落实。预算经过人大批准后,再次就收入任务落实问题正式签订责任书,进一步明确考核制度,年度兑现奖惩。二是建立财税定期会商协调机制,及时加强收入调度分析。每月召开一次分析会,每季召开一次调度会,保证收入按计划均衡完成。三是加快推进财税库银横向联网。近年来,在财税库银横向联网全线贯通的基础上,着力提高纳税企业上线率。财政连续投资近百万元,统一承担了企业上线的 CA 认证费,促进了企业签约上线。截至 12 月 20 日,宿州市辖区内财税库银共 222 个分支机构上线运行了横向联网系统,网上办理电子缴税业务,签约上线企业达到 5786 户,占正常纳税企业的 76.9%。2010 年通过横向联网系统成功办理电子实时扣税、批量扣税业务 65889 笔、金额 19.297 亿,为 2009 年的近 20 倍。电子税票扣税率由 2009 年的 14%提高到 52.8%,真正构建了税款入库的"高速公路"和信息反馈的"快捷通道"。

【加强支出调度】重点是围绕提高预算执行的均衡性和有效性,采取以下几项措施。一是落实责任,合力推动。实行专项资金分管局长负责制、业务科室支出进度考核制、重点支出局长亲自调度制度和县区支出进度分管局长联系制度,形成上下联动、横向互动,齐抓共管的局面。二是加强分析、定期通报,借力推动。建立财政支出通报制度,按月召开项目预算执行分析会,对一些进度明显偏慢的重大支出项目,直接向政府汇报,请求督促协调有关部门切实加快项目实施进度,变"资金跟着项目走"为"资金推着项目走"。三是深化国库集中支付改革。进一步规范国库集中支付操作流程,扩大集中支付的资金范围,支付效率进一步提高。将市直 52 个部门 174 个单位的一般预算资金、政府采购资金、政府性基金和非部门预算单位资金全部纳入国库集中支付管理。加快县级国库集中支付改革推进速度,逐步取消财政会计核算中心,把预算单位的会计核算业务交还原单位管理。大部分县区已完成过渡,开始全面实行现代国库集中支付制度。

【严格控制追加】频繁的预算追加不仅弱化了预算的约束,导致预算执行的失衡,而且容易产生分配不公。因此,均衡财政支出,还要扎紧预算追加的"口子"。一是严格预算追加时限要求。近年来,除个别特殊事项外,在三季度之前原则上不办理追加预算审批,而且明确所有预算追加事项必须在 12 月 20 日之前办理完毕,预期不再办理。二是规范超收收入管理。超收收入原则上不再安排当年支出,而是转入预算稳定调节基金,在以后年度通过预算安排使用。对确需当年使用的超收收入,也要提前做好超收收入安排预案,及时报经政府批准,及早下达预算。宿州市从 2008 年就开始用超收收入安排预算调节基金,已连续安排了两年,2010 年的超收收入基本没有安排追加支出,计划全部转入预算调节基金,留在下一年度通过预算统筹安排使用。

【规范账户管理】一是财政专户归口国库部门统一管理、统一核算。2009 年 5 月,将原分散在局各科室(单位)的财政专户收归国库科统一管理,对长期不用的财政专户予以撤销,将结余资金转入类似用途的专户,对资金性质类似的账户进行归并,共撤销财政资金专户 34 个。二是严格控制财政专户数量。因业务需要,确需开设财政资金专户的,由业务主管科室按有关文件规定申请,国库科审核,报局长批准。由国库科统一以市财政局的名义在国有或国有控股商业银行开设账户,预留印鉴,账户由国库科管理。有关业务主管科室不得自行开设财政资金专户。三是创新管理理念,实行非税收入征缴过渡户和财政专户“二合一”。根据《安徽省政府非税收入管理暂行办法》的规定,地方人民政府财政部门应当在代收机构开设政府非税收入汇缴结算账户,用于归集、记录、结算政府非税收入款项。按照“单位开票、银行代收、财政统管”的非税收入管理新机制,为便于缴款人缴款方便,将非税代理银行扩大到5个商业银行,使缴款人缴款更加便捷。对非税收入征缴过渡户的设置问题,经过认真斟酌,决定取消非税收入征缴过渡户,实行非税收入直接缴入财政专户,实现非税收入“直达”财政账户,加快资金运行效率。四是严格财政专户支付管理程序。专户资金由用款单位先提出用款申请,经局相关对口科室提出审核意见,报分管局领导批准后,交国库科办理拨付。

【**重视绩效考评**】实践证明,实行绩效预算是提高公共支出效率的根本途径。为保证市级预算支出绩效考评工作取得实质效果,在成立组织、完善制度、明确分工、健全体系的基础上,精心选择了部分社会关注度高的公共财政支出项目进行财政重点考评,并收到良好效果。宿州市已将2010年的绩效考评结果体现在了2011年市级预算的编制上,主动增加了节能减排资金的安排,调整了对部分街道办事处的社区建设资金安排。2011年,将全面扩大试点,对财政投资在50万以上的多数支出项目进行绩效考评,并将实施绩效考评项目的确定时间提前到预算批复环节,即在批复部门预算的同时,向单位下达预算支出绩效考评通知书。

加强效能建设　提升财政形象

蚌埠市财政局

2010年,蚌埠市财政局以科学发展观为统领,以创先争优为抓手,紧紧围绕市委、市政府和省财政厅的中心工作,在认真做好各项财政工作,积极服务地方经济发展的同时,采取积极有效措施,切实抓好政风行风和机关效能建设工作。获2009年度市直机关效能建设目标绩效考核先进单位、市直部门政(行)风评议(二类单位)第一名、党风廉政建设责任制考核工作中获市直机关第一名,连续3年共9个科室参加全市科室评议均获“优秀科室”称号。

【**加强组织领导,逐步推进财政权力在阳光下运行**】2010年以来,市财政局将规范权力运行工作作为反腐倡廉工作的一项重要内容,坚持权力配置科学、界限明确、依法行使、运行公开,把制约和监督权力的要求落实到权力结构和运行机制的各个环节,确保财政权力在阳光下运行。一是成立了规范权力运行工作领导小组和办公室,印发了《进一步全面规范权力运行工作实施方案》,为推动和规范财政权力运行提供了组织保障和制度依据。二是及时对财政权力运行程序和内容进行梳理。编印了《规范权力运行工作规程汇编》,分上、下两册,涉及26个局属部门,累计制订工作规则1097条,梳理权力事项179个,研究并制订权力事项流程图179个。明确每个部门的工作规则、规范权力运行流程情况表和流程图,大大提升了财政管理科学化、精细化水平,该项工作得到了市领导及有关部门的充分肯定。

【**注重制度建设,推进重点领域和关键环节改革**】一是为增强财政预算法定约束力,出台《市本级财政预算追加审批管理办法(试行)》(蚌政办〔2010〕78号),进一步加快了支出进度,提高了资金拨付效率。二是为严格控制公款出国旅游和制止奢侈浪费现象,会同市纪委制订《关于认真贯彻落实中纪委〈2010年制止公款出国旅游专项工作要点〉的通知》(蚌纪〔2010〕17号)和《关于进一步落实党政机关厉行节约要求的通知》(蚌纪〔2010〕48号),进一步遏制了某些单位大手花钱的现象,较好控制了出国费、招待费等一般公用经费的支出。三是为做好强农惠农资金专项清理工作,出台《蚌埠市强农惠农资金专项清理和检查工作实施方案》(蚌政办〔2010〕78号),加大对涉农资金的检查力度,切实维护农民的利益,让广大农民充分享受改革的成果。四积极支持城市大建设,制订《大建设资金融资业务和资金支付办理程序》,明确相关单位在城市大建设中的工作职责。成立招投标管理局,并将政府采购招投标业务移交招投标管理局管理,制订《关于政府采购项目可实行跟单采购的通知》(财购〔2010〕158号),简化了采购程序,缩短了采购时间,进一步提高了采购效率。制定了《关于进一步完善土地出让金管理体制的通知》(蚌政办〔2010〕21号),将土地出让金集中拨付到城投公司,增加其现金流量,增强其融资能力。五是为提高资金使用效益,制订《蚌埠市预算支出绩效评价暂行办法》(财预〔2010〕261号),

开展预算支出绩效评价试点改革，第三届中国花鼓灯歌舞节暨蚌埠投资贸易洽谈会、污水处理费安排第一污水处理厂运营维护两个项目纳入试点范围。

【强化效能管理，进一步提高服务意识和工作效率】一是依据市政府主要目标任务分解表，印发财政局（国资委）目标任务分解表，把每项财政任务指标分解细化到科室，分管局长负总责，科长为第一责任人，实行一周一通报，半月一总结的工作方法，紧密结合机关效能建设考核，在年终对完成情况进行严格考核。二是制订融资和财政拨付大建设资金操作程序，本着“规范管理、操作简单、高效便捷”原则，进一步强化财政部门服务意识，规范简化工作环节，大幅提高工作效率。三是制订《市本级政府非税收支预算和其他资金收支办理流程》，提高政府非税收入管理能力。简化个人住房公积金提取程序，提高财政性资金支付效率。四是研究制定《蚌埠市 2010 年民生工程资金筹集方案》，努力提供财力保障，确保 33 项民生工程稳步推进，2010 年全年投入民生工程资金 18.3 亿元，比上年增长 50% 以上。

【推进政务公开，自觉接受社会监督】一是及时公布财政预、决算报告和预算执行情况，自觉接受社会各界监督。二是印制《蚌埠市财政改革资料汇编》和《蚌埠市非税收入管理改革汇编》、《规范权力运行工作规程汇编》等并免费向社会发放，提高财政工作服务经济发展水平。三是做好内、外网信息宣传工作，切实加强对政务公开工作的领导，进一步要求新制订文件除涉密外一律向社会公开，未向社会公开管理事项和权限，一律不得行使。四是积极推进行政审批（服务）改革，进一步提高行政审批服务效率。五是做好《政风行风面对面》节目组织，对话财政热点工作。市财政局负责同志走进蚌埠电视台演播室，围绕城市大建设资金筹集、民生工程牵头协调、财政监管等热点工作进行了交流。

【严肃工作纪律，规范行政事务管理】一是制定《岗位责任制》、《限时办结制》和《AB 岗工作制》等制度，进一步严肃工作纪律，强化工作责任，加强勤政廉政建设，使广大干部职工自觉遵守各项规章制度。二是加强日常监督检查工作，在以制度激励人的同时，不定期对各科室业务和安全工作进行检查，对发现的问题督促整改。三是修订《局机关财务管理制度》和《局机关车辆管理制度》等管理规定，进一步规范机关行政事务管理，严肃机关财务申报、审批制度，严格控制支出，明确支出范围，提高资金使用效率。认真执行用车备案、审批制度，严禁公车私用，确保用车安全。

【加强自律教育，做好党风廉政建设和反腐败工作】一是提高干部廉洁自律能力。深入学习中纪委十七届五次全会等会议精神。积极营造廉政文化氛围，开展廉政谈话警示教育，对提拔的 2 名副县级干部和新提拔 8 名科级干部进行集体廉政谈话。制定蚌埠市财政局 2010 - 2012 反腐倡廉宣传教育工作方案，组织观看廉政教育录像片《贪之害》、《沉重的代价》等内容。二是开展“学习《廉政准则》、规范从政行为、促进科学发展”主题教育活动。三是做好我局 2010 年党风廉政建设和反腐败工作主要任务的组织领导和任务分解工作。四是以抓好落实《中国共产党党员领导干部廉洁从政若干准则》为重点，严格执行廉洁从政的各项规定。我局 13 名同志填写了《蚌埠市县处级领导干部落实党风廉政建设责任制和执行廉洁自律规定情况自查报告表》，55 名同志填写了《科级领导干部落实党风廉政建设责任制和执行廉洁自律规定情况自查报告表》。

【完善考核体系，调动干部职工创先争优积极性】修订《局机关绩效目标管理考核办法》，完善千分制目标考核体系，内容涵盖效能建设、党风廉政建设、政风行风建设等所有工作内容，针对年初工作目标任务，年终以量化为标准对机关科室进行考核，融考核于日常工作之中，使考核评比工作成分体现透明、民主与公平。2010 年对财政工作目标考核新增扣分制内容：单项工作在全省财政系统和全市评比中在倒数第一位的扣 15 分；因工作失误、工作不力或没有完成序时进度等原因，对财政局整体造成不良影响的，视情节轻重，由考评小组提出初步意见，报局长办公会议研究，每次扣 10 - 20 分；被省财政厅检查组（督导组）或市委、市政府督办室；督查室以书面形式提出批评的，一次扣 10 分；被省政府或财政部检查组或督导组以书面形式提出批评的，一次扣 30 分。严格的奖惩措施，充分调动了广大干部职工工作激情和开拓进取、争先创优的积极性。

强化基础　规范管理
全力构筑阳光型政府采购平台

阜阳市财政局

阜阳市以规范政府采购行为和提高服务质量为

重点、以扩大政府采购规模为抓手、以促进社会和谐经济健康发展为目标,积极探索,开拓进取,不断推进政府采购工作向规范化、制度化、程序化、信息化建设方向发展。

【发挥政策导向作用,政府采购规模稳步增长】按照"通用性强,不具备个性化需求,便于归集,能够形成规模优势"原则要求,每年合理制定市级《政府采购目录及限额标准》,凡是大宗的购物、购劳务均列入政府集中采购目录,进一步强化绿色采购执行机制,特别是对节能环保、低碳产品加大了采购力度,不断提高绿色采购份额,基本上制止了单位擅自采购和超规模采购的行为,实现了应采尽采。2010年全市实现采购规模4.5亿元,采购项目2677个,节约财政性资金近5000万元,节约率达12%,年增长率达20%以上;节能环保产品采购项目达2170个,占全部采购项目的80%以上。

【强化基础建设,优化采购程序】一是加强政府采购的预算编制、项目计划的审批。紧抓预算编制体制改革机遇,协调预算、国库及业务管理部门之间的关系,认真做好年度政府采购预算的编制工作,从部门预算的编制、采购资金的下达、支付等各环节做到分工协作、各尽其职、互通信息、通力配合。对年初预算未安排的项目,在实际工作中我们采取单位申报、资产管理部门提出审查意见、业务科室核准计划资金数额、采购部门对计划项目进行审批。对采购预算不合理、超标准采购、指定品牌采购、倾向性采购等项目一律不予审批。对采购资金不落实的项目,政府采购管理部门不予下达采购指标,采购中心不予采购。二是完善政府采购协议供货制度,提高政府采购效率。为进一步提高政府采购效率,节约财政资金,节约时间成本,积极实施协议供货制度,对计算机、空调、办公家具、摄像机等通用设备于每年初对供货商集中招标一次,确定中标单位、签订中标协议、落实每样供货商品的折扣率。协议供货制度的实行基本上解决了采购效率慢、采购价格高、单位意见大等问题,提高了采购人的满意度。

【推进制度创新,加大政府采购对中小企业的帮扶力度】一是支持省内企业发展,对于公务用车的采购,在同等条件下优先选用奇瑞、宾悦等省内品牌,需采购外省市品牌的单位要向同级政府报批。二是对本省、市生产的货物类产品,在评标过程中给予适当加分。三是对省、市参与政府采购竞标的企业,适当加分。四是认真落实强制和优先采购节能环保产品政策,给予本省市生产和经营环保节能产品的企业在采购过程中同等条件下优先中标的待遇。

【全方位加强政府采购监督管理】一是加强采购资金管理。严格按照文件精神及要求,不断加强政府采购资金的监督管理力度,预算内政府采购资金实行财政直接支付;单位预算外及自筹的采购资金实行一个专户管理、一个漏斗支出、一支笔审批,确保采购资金的安全与完整,保证采购资金及时足额支付。二是加大项目管理力度。政府采购合同是支付货款的依据,从一开始就把采购项目申请报告、单位资金缴款单、下达的项目采购通知单等资料进行分类归档,明确专人负责。待项目采购完成后,对每一份合同都进行认真的编号和归类,基本做到每天一登记、每月一汇总,每季一复核,每年一归档。三是强化"三库"建设。为更好地体现政府采购的公开透明、公平竞争、公正原则,建立了政府采购"评审专家库"、"商品价格信息库"、"供应商信息库",实行政府采购评审专家和政府采购供应商管理相分离的管理制度,达到了"三库"中评委和供应商的随机抽取要求。市级专家库通过公开征集专家、审核后入库的共有医疗、办公设备、种子、车辆保险、图书、建筑工程、机械制造检测等7大类239名专家。根据我市政府采购专家管理体制建设总体思路的要求,"三库"实行动态管理,专家人数和设库数随着政府采购规模的扩大和政府采购业务的需要,在使用中不断充实和完善。

【加大政府采购监督检查力度】根据每年一次抽查、二年一次大检查的总体思路,加大了监督检查力度。2006年对市直137个单位进行了检查;2008年又进行了第二次政府采购大检查,由市监察局、市审计局、市财政局抽调人员组成三个检查组分别对市教育局等18个主管部门及40个下属单位进行了重点检查;2010年与监察局、审计局一起对市直政府采购执行情况进行再次检查。从几次检查的情况分析来看,违规采购的项目逐年减少,采购单位的采购意识进一步加强。

【坚持原则性与灵活性有机结合】尽管政府采购法已经实施,但是,具体的实施细则还没有出台,工作中坚持具体问题具体对待,针对采购使用方式相对较多的询价采购,则采取灵活的报价方式,要求供应商采取通过传真报价或书面送达报价,规定货物询价采购一律实行低价成交法;其他方式采购的价格分一律实行低价高分制。另外,对独家经销的个别汽车品牌实行定点采购,在报经市政府同意的情况下,要求独家经销的汽车对政府采购必须是市场最低价,并保证完全兑现政府采购优惠条件。

【**始终坚持政府采购原则,确保权力在阳光下运行**】不论项目的大小和性质均在采购过程中严格坚持公开、公平、公正、诚信的原则。公开:一是信息的发布严格在指定媒体发布;二是采购的法律、法规、规章、工作程序、内部管理制度等对外公开;三是政府集中采购目录限额标准向外公开;四是评定结果、中标公告、成交结果及其更正事项对外公开。公平:一是对标书的制作特别是对标书技术参数部分进行认真审查核定,必要时聘请专家进行论证,避免对某种品牌有特殊优势的条款出现;二是坚持保证评标办法的制定,对任何一家投标商都是平等对待,不允许有对个别供应商明显倾向的内容出现;三是评审时认真组织,严格把关,让每位评委都能够严格按照标书的规定,严格按照评定办法进行评审。公正:一是对所有项目的采购都能严格按照规定和程序进行操作;二是标书、评审办法,均做到规范、合理、合法;三是评审时对任何问题的处理都有依据;四是对各种质疑询问认真对待;五是对合同审核仔细认真,合同签订必须与标书和承诺一致,没有合理依据,不得有任何变更。诚信:一方面向社会公开承诺办事时限、服务内容、服务质量、服务标准、违约责任、处罚规定;另一方面,要求严格按服务指南承诺的内容去做。多年来各级政府采购中心在信息的发布,供应商的登记,专家的入库,质疑的处理等方面从未有因工作有误而拖延。

【**加强廉政建设,构筑思想防线**】各级集中采购机构始终警钟长鸣,重点抓好十个环节:一是委托协议签订环节,明确具体负责人,具办人,协议签订内容明确、职责分明,委托项目技术指标符合要求,杜绝有倾向性、歧视性、不公正性的技术参数出现。二是信息公布环节,严格按照财政部规定办理,对采购信息公布除公布在指定媒体外,在中心网站和公示栏上进行公开。三是标书制作环节,严格做到按规定的要求编制标书,做到对投标供应商资质要求恰当合理,技术参数无明显倾向性,评标办法、标准和废标条款合理。四是报名把关环节,严格按照公告要求审查报名条件,坚决杜绝不符合条件者参加竞标。在报名环节中,制定有报名审批表,层层把关、严格审查、责任分明。五是采购方式确定环节,对采购方式的确定均是严格按照采购法规定的条款办理,对号入座。凡是改变采购方式的,均按照规定的审批程序办理报批。六是专家抽取环节,每次专家抽取都是在开标或评标前一个小时之内,由业主方在监督机关的监督下,从专家库中随机抽取,在通知专家时不告知项目单位。专家抽取后指定时间、指定地点开展评定活动。七是评审过程环节,实行评委承诺制,即每位评委评标前都要签订一份责任承诺书,每次评审时都由市财政局、市监察局、市审计局派员现场监督。公开招标项目,公证处现场公正。对评委的评定意见或打分情况每次都须经过监督人员审查后方可生效。八是质疑、投诉环节,每次评审后都进行现场公布评审结果,并告知投标企业的质疑、投诉权利、内容、渠道、时间,及时、认真、准确、细致地处理质疑、投诉工作。九是合同审查见证环节,合同的签订必须与标书和承诺一致,没有合理依据不得有任何变更。对于合同的见证,必须在审核人审核后,投标企业交齐有关费用,并提供履约保证金的情况下,采购中心方可见证。十是资金支付环节,中心将中标单位的合同、验收合格单、资金申请表、开具的发标等资料初审后报同级财政部门申请支付资金。

加强绩效考评　发挥资金效用
进一步促进财政科学化精细化管理

淮南市财政局

财政支出绩效评价是“四位一体”公共财政改革的重要组成部分。开展财政支出绩效评价工作,对进一步加强财政支出管理,优化财政支出结构,逐步建立科学、规范、高效的财政资金分配和使用机制具有重要意义。

【**总体情况**】根据省厅统一部署,淮南市被确定为2010年预算支出绩效考评试点市。市局认真开展预算支出绩效考评工作,进一步规范支出绩效考评管理,逐步向“事前目标设立、事中绩效跟踪、事后绩效评价”转变。一是建章立制、打好基础,构建绩效考评制度框架。制定下发了一系列制度和办法,对绩效考评工作的总体安排、局内各科室的分工、绩效考评的内容、方法、实施步骤、考评指标体系、考评结果应用、绩效目标报送等做出明确的规定,初步构建了绩效考评工作的制度体系,为绩效考评工作的顺利开展提供了制度保障。二是加强培训,广泛宣传,提高绩效考评理念意识。充分利用周五学习、座谈会、研讨会和专题会议等形式,讲解绩效考评工作的重要意义、主要内容、工作主体、工作方法、结果运用、操作规程等内容，扩大绩效评价的认知度、接受感。同时，采取以会代训的方式，对教育、卫生、经信委等部门开展业务培训，帮助部门迅速掌握绩效考评业务知识，提高了部门对绩效考评工作的认识，赢得了业务部门的理解和支持。在淮南市财政局网站上对预算支出绩效考评的含义、范围、对象，内容、目的、工作开展情况等进行全方位介绍，广泛介绍开展预算支出绩效考评工作，提高了预算支出绩效评价意识。三是由易到难、由点及面，选择考评项目稳步实施。淮南市绩效考评工作坚持“统一组织、分级负责、有序开展、方法多样”的基本思路，以局为主体、以预算单位为侧翼、以项目为抓手，由财政部门统一组织，预算部门、单位协助配合、分级实施。在省厅试点要求的基础上，全面推行绩效考评工作，确定2010年绩效考评面达到项目资金总额的50%。经科室申报、预算科汇总、绩效考评小组初审、局长办公会审定，遴选了56项资金规模较大、涉及领域多、公众参与度高、对经济社会发展有影响的项目作为绩效考评对象。56个项目中单位自评项目19个，主管部门考评项目18个，财政部门考评项目19个，涉及预算支出绩效考评资金总额15.8亿元；其中，财政性资金9.33亿元，到12月20日已全部完成了绩效考评工作，共收到56份考评报告，其中：12个项目被评为“良好”，2个项目被评为“中”，其余为“优秀”项目。四是“一个强化、三个结合”，建立评价结果应用机制。一个强化即：财政支出绩效理念得到强化。全市绩效考评工作的实施，得到各部门的高度重视，财政部门、预算部门和项目单位对预算支出的绩效有了更深的认识和理解。三个结合，首先是考评结果与预算编制相结合，将绩效评价结果作为下年度财政分配方向和安排部门预算的重要依据，较好地发挥了绩效评价结果对年初预算安排的导向作用，如工业立市专项资金经考评定为“优秀”等级，在编制2011年预算时根据项目考评结果，给予增加800万元的预算。其次考评工作与日常管理相结合。通过预算支出绩效考评，全面了解和科学评估项目预算执行情况，及时发现执行过程中存在的问题，堵塞管理中的漏洞。如在绩效评价过程中发现部分项目配套资金落实不到位的问题，专门下发通知要求相关单位年底将配套资金落实到位，并在编制2011年部门预算时，下发了《关于2011年项目支出预算审核的意见》，强调项目配套资金审核的严肃性。第三考评工作与财政监督检查相结合。财政监督检查部门负责组织实施重点项目的考评工作，并对单位自评项目和主管部门考评项目进行监督检查。市局已确定对淮南高新技术产业开发区建设资金等3单位自评项目（部门考评项目）作为财政重点监督检查项目。在确定绩效考评项目时征求监督局的意见，将绩效考评项目与监督检查项目相结合，对重点项目做到不重复不遗漏。

【几点体会】一是加强组织领导是前提。为确保试点阶段工作顺利进行，及时成立了由局长任组长、分管领导任副组长的市财政局预算支出绩效考评试点工作领导小组，预算科、预编办、非税局、国库支付中心、采购中心、民生办、监督局、国库科等17个科室负责人为成员，办公室设在预算科。采取定期、不定期的方式，召开绩效评价工作会议5次，研究解决工作中遇到的问题20多个，到预算单位、部门会商问题15次。下达评价总体目标，确定科室2010年组织的考评项目达到本科室项目资金总额的50%，对绩效考评工作目标提出明确的要求。二是明确职能目标是基础。为确保完成绩效考评任务，制定了预算支出绩效考评工作规程，明确了局内各科室的职责分工。预算科牵头组织本级绩效考评工作，制订绩效考评政策和制度规章；分解考评任务，下达考评通知，做好考评实施单位和预算单位之间的沟通协调，跟踪了解实施情况，做好考评结果反馈、应用和宣传工作。业务科室具体负责对口预算单位的绩效考评工作，参与确定考评项目，配合制定考评指标，指导预算部门自评工作，对考评报告提出意见，督促预算单位落实考评结果。监督局负责组织实施重点项目的考评工作，并对单位自评项目和主管部门考评项目进行监督检查。随着机构职能的定位、思路的明确、内容的清晰，增强了工作主动性、方向性和责任感，形成了统筹协调、上下联动、内外互应的工作合力。三是建立基本绩效指标库是关键。为便于考评工作的开展，减轻考评组的工作量，建立了基本绩效考评指标库。指标库将绩效指标分为共性指标和个性指标，共性指标对所有考评项目均适用，一直细化到三级指标考评时只需从中选取；个性指标细化至二级指标，可根据考评对象不同，由考评组具体细化到三级指标。指标库的设立减轻了考评工作量，有力地推进绩效考评工作的开展。四是加强调度考核是抓手。将考评工作纳入年度科室（局）目标管理，实行一票否决，未完成任务的科室（局）不得参加年度考评，科室（局）主要负责人和项目负责人不得评优。加强绩效考评工作的调度，局长办公会6

次研究绩效考评工作,推进绩效考评工作的开展。

【存在问题】一是部门对绩效考评认识有待提高。有些部门对绩效考评不是很了解,尤其是在对“效”的理解不够,还停留在是否按计划完成任务的层面上,没有意识到工作的重点是提高财政资金使用效益和效果。二是从事绩效考评工作的队伍需要加强。财政预算支出绩效考评工作,量大面宽,专业性强,构建一支高素质的绩效考评专业队伍是财政预算支出绩效考评工作开展的根本保证。目前,市绩效考评工作主要是依靠财政部门自身的力量,与中介服务机构、专家队伍等联动的绩效考评组织体系建设尚待加强。三是绩效考评指标体系有待继续完善。制定科学、清晰、简洁、合理的考评指标,对执行效果进行量化是项目绩效考评的重点和难点,直接关系到项目管理水平和效益能否得到客观反映和准确评价。对2010年考评项目,局虽然确定了部分共用指标,但对项目的经济、社会、环保等效益指标没有明确,主要依靠项目单位与市局共同商定,受项目单位工作态度及专业知识等因素的影响,一些效益指标的选定还不尽合理,还需进一步完善。

【几点建议】一是建立科学合理的绩效评价指标体系。鉴于财政支出涉及面广及当前指标体系不健全,建议省厅牵头组织,按教育支出类、基本建设支出类、科技支出类、文化体育支出类、卫生支出类、社会保障支出类、城市维护支出类等分类构建指标库,以备考评按需选取。二是建立完善的绩效评价专家体系。绩效考评涉及各个专业领域,对一些专业项目考评需要借助专家的专业知识。建议参考政府采购专家库的建立模式,建立绩效评价专家库,制定各专业的中高级专家库的相应管理办法,完善专家聘请制度,为以后的绩效评价工作开展做好准备。三是建立与部门预算相结合的考评结果应用体系。财政绩效考评工作的目的是提高财政资金使用效益,关键是“评以致用”,针对绩效考评结果的软约束力,建议以政府名义出台绩效考评结果应用体系。四是建立行政事业固定资产绩效评价体系。行政事业单位固定资产管理是财政部门的重要工作,关系到预算编制、财政资金使用效益等财政管理的各个方面,建议省厅出台行政事业单位固定资产绩效评价办法,将行政事业单位固定资产管理纳入到绩效考评体系。五是建立以绩效评价为平台的政绩评价体系。将绩效考评由项目绩效考评逐步过渡到单位财务绩效考评,以单位财务绩效评价为平台建立领导政绩评价体系,设定年度政绩(任务)目标,根据任务目标编制年度预算,年终考核单位完成任务目标的情况及运用财政性资金所取得的效益。

总结提升　不断探索
全面推进惠民直达工程试点工作

滁州市财政局

滁州市惠民直达工程试点工作在巩固“一体化”、“一站办”、“一卡通”的基础上,以“一线实”、“一网联”为突破口,从基础工作入手,着眼建立长效机制,各项试点工作进展顺利并取得实效。

【惠民直达工程试点工作稳步推进】1. 建立协调机制,在管理“一体化”上创新。在构建“一体化”方面,围绕 “五个一”开展工作。即:“一把手”负责。市、县、乡镇政府主要负责同志为惠民直达工程试点协调小组组长,所属相关部门主要负责人为试点协调小组成员,实行“一把手”负责制。“一个机构”协调。各级惠民直达工程试点协调小组办公室,统一协调、处理有关惠民直达工程的有关具体事宜。“一个口径”宣传,有关政策解释、宣传都由办公室一个口径对外。“一个漏斗”向下,所有惠民资金全部由财政部门管理、打卡发放。“一个办法”考核。市政府出台考核办法,统一考核奖惩。理顺了部门关系,明确部门的职责,建成了责任明确、层层负责、齐抓共管的工作局面。市政府2009年10月和2010年6月专门召开全市惠民直达工程试点工作会议,市及县市区惠民办都制订了办公室工作职责。市惠民办采取定期和不定期的形式召开各县市区惠民办工作会议,汇报、交流试点工作进展情况,及时发现问题研究解决办法。2. 畅通支付渠道,在发放“一卡通”上完善。财政补贴农民资金按照“统一渠道、统一方式、统一时间和公开补贴项目、补贴数额及政策依据”的“三统一、一公开”的要求,根据方便、快捷、就近的原则,委托金融单位开设 “一卡通”专用存折,将所有的财政补贴农民资金纳入专户统一管理和“一卡通”集中发放。按照“巩固、完善、提高”的要求,完善制度建设,规范操作程序,畅通支付渠道,加强监督检查,逐步建立起从资金管理到集中发放的“一卡通”长效机制。一是建立制度,严明工作纪律。加强财政补贴资金管理制度建设,严格执行“六到户、八不准”的工作纪律;严格财政补贴农民资金专用存折管理制度；严格财政补贴农民资金发放限时工作制；严格财政补贴农民资金公告制度和年终“明白卡”发放制度；严格财政补贴农民资金会计报表编报制度；建立财政补贴农民资金信访接待制和监督检查制。二是县市区统一打卡发放，确保发放时效。全市所有惠农补贴资金要求代发金融机构必须在5个工作日打入农民存折账户。2008 年，在天长、定远、全椒等县市对农民补贴资金发放实行县级金融部门统一打卡发放的基础上，从 2009 年起，全市所有县市区全部实行县级金融部门统一打卡发放，缩短了资金打卡发放时间，畅通了资金发放渠道，保证了资金及时快捷发放。三是建立检查、督查、涉农案件查处制度。督查补贴资金是否坚持公示制度、实行专户管理、严格遵守“六到户”、“八不准”的工作纪律。坚持“有报必究”，认真处理社会举报的涉农案件。3. 打造高效平台，在服务“一站办”上提升。积极稳妥地开展了为民服务全程代理建设工作，全市以强化便民行政服务为手段，建立了以乡镇行政服务中心为枢纽，下联村、上通县，横向到部门的县、乡、村三级便民服务网络，形成了“三级受理、两层办理”的为民服务“一站办”服务体系。全市共建成 8 个县级行政服务中心，109 个乡镇行政服务中心，1129 个村级便民服务代理点。另外还建立了大批的未驻乡镇中心的部门办理点和未驻县“中心”的县直部门办理室。纳入为民服务全程代理服务类项目 969 项，咨询类项目 537 项。2008 年以来，群众申报 1708875 项，办结 1692061 项，办结率为 99%。4. 强化动态管理，在审核“一线实”上巩固。2008 年 11 月起，各县市区相继开展了对惠民直达工程补助对象基本信息采集工作，涉及全市城乡居民 110 多万户。一是明确职责。实行一级抓一级，一级对一级负责，切实做到落实惠民资金有人问事、有人管事、有人办事。各相关部门负责惠民补贴对象的审核和监管等工作。二是开展培训。举办全市惠民直达工程管理系统培训班。分县市区对惠民直达工程领导小组各成员单位系统管理员和操作用户进行培训。三是加大补贴对象审核力度。对各镇村和社区上报的补贴对象和资金，县市区各相关部门加大审核力度，严格按政策宣传、收入测算、对象评议、审核审批、张榜公示“五个环节”规范操作。发现问题县市区及时与镇、村和相关部门取得联系，要求进一步核实补贴对象及相关资金发放，及时予以纠正，避免了补贴对象不实和资金的错、漏、重复发放等现象。四是筛选错误信息，开展数据导入。县市区对各乡镇上报的惠民直达工程基本信息全部导入到惠民直达工程管理系统，对出现的错误信息进行修改和完善。5. 整合网络资源，在平台“一网联”上突破。软件设计以价值链管理理论为指导思想，通过运用现代企业管理思想、方法和信息技术、网络技术和集成技术，达到对整个政府价值链上的信息流、资金流和工作流的有效规划和控制，探索实现惠民资金从项目申请环节到资金发放环节全程监管的新途径，并为惠民资金管理“一体化”、审核“一线实”、服务“一站办”、发放“一卡通”提供有效的载体和渠道。依托滁州市财政局门户网站，以惠民直达工程信息系统软件为基础，构建集信息收集、整理、查询、发布为一体的全市多部门协同业务处理平台。采用集中式网络架构，实现市、县、乡三级政府的相关部门共享使用，满足各部门联合开展业务与信息共享的需要；市“一网联”工程利用电信部门的专业机房，建立惠民直达工程管理信息网络。

【试点工作取得明显成效】一是抓政府管理“一体化”，实现了政府统一领导，部门分工负责，上下统一协调，整体配合联动的工作机制。实行“一体化”充分调动了部门和基层的积极性，实现了财政部门主动牵头，其他相关部门积极支持财政部门工作，认真履行工作职责，加强对基础工作的指导，强化检查督促。二是抓资金发放“一卡通”，统一了资金管理、畅通了资金发放渠道、保障了惠农资金及时到位，惠农政策得到有效落实。由于整合了资金、纳入财政统一管理，实行封闭运行和集中打卡发放，减少了中间环节，有效地堵塞了漏洞，阻断了侵占农民利益的渠道，避免了补贴资金被乡村、组挤占、挪用、截留和代扣等现象的发生，维护了广大农民的利益。三是抓为民服务“一站办”，方便了群众办事，提高了行政效能，规范了为民服务体系，和谐了农村社会。农民通过服务窗口可以办理事项、政策咨询和释疑解惑，对政府形象的满意度大大提高。农民纷纷反映这次改革确实是把好事办好了、把好事办实了，起到了“群众动嘴，干部跑腿”的作用。同时密切了干群关系，树立了政府的良好形象，促进了农村社会的和谐。四是抓基层审核“一线实”，加强了资金管理，确保了补贴对象真实、保证了惠农政策执行的公平、准确和合理。通过强化一线工作，规范一线操作，解决了基础数据核准，把补贴对象核实，增强了资金分配的公正性和资金发放的实效性，更好地实现好、维护好和发展好广大人民群众的切身利益。五是抓信息平台“一网联”，提高了政府的管理效能，及时掌握惠农政策的落实,降低了行政成本。通过计算机网络技术,建立集补助对象、资金发放、信息汇总、动态监管为一体的惠民直达工程信息系统,改变了过去在资金管理和发放上耗费大量人力、财力、物力,重复、浪费严重,造成工作效率低下,行政成本高的现象,达到了规范运作,简化程序,减少环节,促进政府职能部门工作效率的提高。

试点工作虽然取得了阶段性的成果,但仍存在着工作进展不平衡,部分乡镇行政服务中心大厅标准、档次较低,市信息网络工程基础条件较差,部门之间的协调有待于进一步加强等问题。滁州市将继续探索、创新,深化,努力把惠民直达工程试点工作推向深入。

积极探索　勇于实践
稳步推进政策性农业保险试点工作

六安市财政局

2008 年,六安市被省政府批准为政策性农业保险试点单位。三年来,在各级政府的正确引导和省财政厅的精心指导下,试点工作取得了明显成效。2008 年和 2009 年连续两年在全省政策性农业保险考评中荣获先进单位。

【主要做法】(一)成立领导机构,明确职责分工。市县区均成立了政策性农业保险试点工作领导小组,由常务副市长、副县(区)长为组长,分管农业副市长、副县(区)长为副组长,财政、农业、宣传、水利、气象等部门主要负责同志为成员。领导小组下设农险办、理赔办。农险办设在财政部门,理赔办设在农业部门。农险办负责做好各项牵头工作,财政部门负责资金配套及管理工作,理赔办协助保险经办机构做好核灾定损工作。种植业保险选择国元保险公司承办,养殖业由人保财险公司承办。保险公司职责是做好投保、查勘定损、理赔等具体执行工作。由于领导机构健全,职责分工明确,保证了全市政策性农业保险试点工作的有序推进。(二)开展形式多样的宣传,营造良好的试点环境。一是领导访谈。市财政局主要负责同志,多次接受六安电视台专题采访,向广大观众面对面宣传政策性农业保险政策规定。二是送戏下乡。2009 年,由市农险办牵头,创作了一组反映政策性农业保险的文艺节目,由专业剧团在各县区巡回演出。三是印发简报。试点以来,市县区农险办印发政策性农业保险简报 130 期,及时介绍全市政策性农业保险的工作动态和先进典型。四是在《皖西日报》上开辟专版。先后刊登《政策性农业保险有关政策答记者问》、《政策性农业保险要唱响规范主旋律》等文章,及时宣传政策性农业保险阶段性重点工作。五是开展政策宣讲活动。市农险办编写了《政策性农业保险为“三农”编织安全网》的宣讲材料,消除乡村干部群众中存在的认识上误区,激发农民的投保意愿。六是利用政风行风热线释疑解惑。市农险办会同两家保险经办机构多次通过六安市政风行风热线在线直播宣传农业保险相关政策,主动接受投保农户的政策咨询或投诉,对农户反映的问题及时协调有关部门解决。(三)坚持从实际出发,不断完善政策性农业保险的基本制度。一是理赔制度。试点初期制定了《六安市政策性农业保险理赔实施细则》,对政策性农业保险理赔工作的报案与受理、职责界定、现场查勘、损失认定、赔款的支付、大案处置等进行了细化,2010 年根据执行情况进行了修改完善,快捷科学的理赔机制逐步建立。二是协保员管理制度。2009 年,制定了《六安市种植业政策性农业保险协保员管理暂行办法》,对协保员应具备的条件、产生程序、工作职责和考核办法等作了具体规定,协保员的管理制度初步形成。三是考核制度。2009 年,按省政府要求,将政策性农业保险纳入民生工程考评范围,并制定了《六安市政策性农业保险试点工作考评实施细则》,逐步建立健全考核激励机制。四是基层工作经费管理办法。按照省政府办公厅 31 号文件规定,制订了《六安市政策性农业保险(种植业)基层工作经费管理办法》,规范了基层工作经费的管理。(四)创新工作方式,积极探索查勘理赔工作的新路子。政策性农业保险属新生事物,无成功经验可借鉴,在实际工作中,不断探索、总结和创新。一是创新查勘定损方法。2008 年冬到 2009 年春,寿县发生了大面积严重旱灾和冻灾,给油菜和小麦造成损失。为及时、准确、公正地查勘定损,市政府成立了由国元保险公司和市农险办、理赔办、乡镇政府等组成的查勘定损小组,创造性地采用“三三制”的抽样查勘办法。即在每个乡镇随机抽取 3 个村,每个村再随机抽取 3 个村民组进行查勘,避免了查勘过程中可能出现的主观选择,有利于获取客观的成灾比率和建立大面积受灾快速处理机制,得到省保监局的充分肯定。二是规范理赔发放办法。从试点一开始,对查勘、定损、公示无异议后的理赔款，全部通过惠农补贴资金"一卡通"打卡发放。试点3年来，没有出现一例截留、挪用理赔款的现象，切实维护了投保农户利益。三是开展防灾减损试点。2010年，根据省政府办公厅31号文件精神，市政府决定在寿县开展种植业政策性农业保险防灾减灾专业化服务体系建设试点，依托现有的农业专业协会，建立县乡村三级植保专业化服务组织，对投保农户实行专业化统防统治，降低病虫害给参保农户带来的损失。县级财政安排350万元用于购置设备补助，在防灾减损方面的成效有待总结。四是开展特色农业保险试点。市农险办于2009年和2010年连续两年在金安区、裕安区开展了大棚蔬菜保险试点，共承保大棚蔬菜6030亩，棚架2330亩，棚膜2330亩，市财政配套总保费补贴的90%，共计39.22万元。五是建立大户直通车制度。2009年和2010年对种植面积300亩以上、100亩以上的农户，实行直接投保，保险公司直接查勘理赔，突出保险公司市场主体地位。（五）建立乡镇三农保险服务站，完善基层保险服务网络。为加强农业保险机构服务网络建设，增强服务功能，按照省政府要求，市试点工作领导小组决定于2010年5月份在霍邱县进行建立乡镇"三农"保险服务站试点。基本做法是实行"以乡建站、以村设点"。主要任务是协助保险经办机构做好投保、报灾、查勘、理赔等工作。继霍邱县之后，寿县、舒城、霍山、金安区、裕安区也完成了建站工作。到2010年底，全市建立乡镇农业保险服务站162个、村级服务点2333个。从运行情况看，站、点建立有利于完善基层保险服务网络，提高基层保险服务能力，有序开展农保工作。

【取得的成效】（一）局面已经打开。一是农村基层干部思想观念有了转变。试点开始阶段，有些基层干部对农业保险心有余悸，是因为过去农村曾推行过耕牛、农房等保险，未能获得及时理赔，农民对此有意见。此次由政府组织推动的政策性农业保险获得及时理赔，农户得到了实惠，因而基层干部的态度由疑虑变为支持。二是试点单位、试点品种实现全覆盖。农业保险覆盖五县三区，品种齐全。种植业投保六个品种：水稻、油菜、小麦、玉米、棉花、大豆，以水稻、小麦、油菜为主；养殖业投保两个品种：能繁母猪、奶牛，以能繁母猪为主。三是政策制度体系初步建立。在全省"1+8"的政策体系下，六安市先后制订了试点工作实施办法、理赔实施细则、基层工作经费管理办法和对县区试点工作考核办法等。四是配套资金足额到位。自试点工作以来，三年县区财政按规定共计配套保费补贴资金3288.46万元，占应配套的100%。（二）群众已经认可。一是种养大户已经认可。由于有了农业保险，为种养大户提供了保障，受到了普遍欢迎。2010年7月份以来，受持续强降水影响，导致部分农田受淹、农作物受损。国元保险积极行动，迅速查勘定损，并于8月10日在金安区召开政策性农业保险理赔现场会，现场兑现16户种植大户水稻理赔款共计71.58万元。种植大户陈雨农一次性获得理赔款29万元，他激动地说："政策性农业保险真是危难之处显身手，服务三农解民忧"。二是普通投保农户已经认可。以寿县为例，寿县是油菜种植的大县，2008年投保42.4万亩，农民自缴保费88.3万元。2009年遇上了倒春寒，造成了油菜部分绝收和减产，国元保险公司及时组织人员查勘定损，全县农户获得理赔款745.5多万元，是农民自缴保费的8.4倍。2010年又遇上了倒春寒，农民获赔资金1260.2万元，是农民自缴保费的15.3倍，农民从中感受到政策性农业保险带来的好处，参保积极性比较高涨。（三）成效已经显现。一是试点目标基本实现。从投保和理赔的结果看，农民是得益的，国家出台这项惠农政策的目的已经达到，省政府在试点时提出的"两个尽可能"即"尽可能减轻农民保费负担"、"尽可能减少农民因灾损失"的目标基本实现。试点以来，种植业累计投保1948.4万亩，投保率达到92%，支付理赔款14789.6万元，是农民自缴保费的2.9倍；养殖业投保43.1万头，投保率达到95%，支付理赔款1374.9万元，是农民自缴保费的2.5倍。二是促进农村土地流转和规模经营。据统计，2009年全市新增规模经营土地56.5万亩。由于农业保险使种植大户吃了定心丸，降低了他们的种植风险，使他们敢于积极主动地流转土地，实行规模经营。2010年，全市投保100亩以上的大户达到628户，投保面积31.5万亩。规模较大的有：金润农业综合开发公司11600亩、柏林庄苑现代农业有限公司16125亩、寿县黄光付9501亩等。（四）试点工作趋于规范。一是建立例会制度。市农险办每月至少召开一次工作例会，与理赔办、两家保险经办机构共同针对工作过程中遇到的新情况、新问题，研究解决办法。二是督查机制初步建立。每年结合投保、理赔情况，有针对性地开展督查活动。在督查过程中，对发现个性问题，及时进行纠正；对带有共性问题，及时与有关部门研究解决办法，促进了试点工作逐步规范。三是农业保险队伍逐步壮大。国元农业保险六安中支公司成立时仅14

人,经过三年发展,在县区成立三家支公司和五家服务部,从业人员增加到50人,聘用协保员2404人,农保队伍逐步壮大。四是建立考核激励机制。每年市政府对县区政策性农业保险试点工作进行考核,对成绩突出的县区给予奖励。

政策性农业保险试点工作,政策性强,涉及面广,在实施过程中,也难免还存在一些问题和不足,如查勘、理赔的及时性还不够、基层保险工作力量有待加强、部分乡村投保的手续还需进一步规范等,今后,六安市将按省规范管理活动要求,把工作做细做实,使政策性农业保险成为群众满意的民生工程。

发挥财政职能作用
促进发展方式转变

马鞍山市财政局

财政作为政府的综合经济管理部门,在转变经济发展方式过程中起着举足轻重的作用。马鞍山市财政部门转变理财思路、整合财政政策、集中财政资金,全力支持经济发展方式转变,取得了明显成效。

【调整财政支出政策,重点支持构建"6653"现代产业体系】马鞍山市委提出"更高、更大、更快"的发展目标,着力构建"6653"现代产业体系,加快形成现代加工业制造基地、高新技术产业基地、区域性特色化现代服务基地。市财政部门综合运用财政政策引导、资金支持、体制激励、转移支付和优质服务等手段,壮大主导产业、改造传统产业、提升新兴产业、做强现代服务业。一是支持企业科技创新和技术改造。2010年,争取和安排企业技改资金7722万元,重点支持了28项企业技术改造项目,吸引银行贷款、拉动社会投资23.9亿元。安排科技专项资金5600万元,支持企业科技创新和特色产业基地建设等。成立马钢、矿院两家省级院士工作站,合肥工业大学(马鞍山)高新技术研究院挂牌运行,华菱汽车、矿院被认定为国家级创新型试点企业。安排专项资金325万元,对专利费用予以补助,鼓励企业参与技术标准制定,鼓励发明创造。二是支持节能减排和生态环境建设。落实节能减排和淘汰落后产能财政奖补政策,安排节能减排资金1.4亿元,重点支持节能减排、资源综合利用、新能源开发利用等关键技术研究,全市万元地区生产总值综合能耗下降5.1%,超额完成省政府下达的主要污染物减排任务。安排环保资金2200万元,支持环境监测和污染处理能力建设、重点污染源整治与农村环境综合治理。投入资金567万元,大力支持退耕还林建设,促进林业生态建设。三是支持中小企业发展。争取中央和省专项资金2.7亿元,市财政安排专项资金2000元,支持中小企业发展,对中小企业争创驰名商标和名牌产品给予奖励,马钢商标被认定为中国驰名商标。全年新增私营企业2400户,新增个体工商户9300户,非公经济发展力度进一步加大。四是完善信用担保体系,促进中小企业融资。累计投入财政资金1.8亿元,向担保机构注入资本金。2010年,为186户中小企业提供融资担保金额7.03亿元。设立中小出口企业信用担保风险补偿资金2000万元,促进企业出口。鼓励银行业金融机构新设、增设服务网点,对当年新增中小企业贷款、提供融资及租赁服务予以奖励。2010年末,银行业金融机构总数增至14家,本地银行业金融机构贷款余额553.3亿元,当年新增100.4亿元,增长23.2%。五是支持企业跨越式发展。市财政投入1008万元,对泰尔重工、鼎泰新材、现代牧业等企业上市给予扶持奖励,促进企业实现跨越式发展。六是支持现代服务业加快发展。制定加快服务业发展的实施意见和行动计划,并投入资金700万元,重点支持传统服务业现代化升级,做强现代物流、金融商贸等生产性服务业。出台促进软件动漫及服务外包产业加快发展若干政策,投入资金750万元,积极推动文化创新,大力发展创意、动漫、网络等产业,软件园一期工程基本完工,被授予"省级服务外包示范区"。投入资金235万元,加快推进城区服务业、重点镇区、濮塘和江心洲生态旅游产业带等服务业集聚区建设。

【集中财政资金,加速实施"1255"城市发展战略】马鞍山市委七届十二次全会要求,按照"城乡一体化"要求,树立全域马鞍山理念,加速实施"1255"城市发展战略,拉开城市框架、拓展城市发展空间、提高城市综合承载能力。一是做大一个主城区。主城区东扩西进、两翼拓展,按照"提升品位、完善功能"要求,东部向秀山地区、西部向滨江地区发展,形成100平方公里以上的主城区。二是建设两个副城区。按照"科学规划、基础先行"原则,建设姑孰副城区、丹博副城区,力争3-5年出成效。三是建设5个中心镇。确定向山镇、石桥镇、黄池镇、太白镇、年陡乡为中心镇,按照"产业特色、扩权强镇"思路,加速中心镇建设。四是打造5个产业功能区。按照

“合理布局、错位发展”要求,加快马鞍山经济技术开发区、南部承接产业转移示范区、慈湖港口物流加工区、江心洲生态旅游区和濮塘休闲度假区建设。市财政部门积极参与城市新一轮“大规划、大建设、大发展”。一是拨付启动资金。投入资金3.2亿元,积极支持承接产业转移示范区和滨江、秀山两个新区的规划、设计和建设。二是制定激励性财政体制。促进示范区和新区打造产业聚集区,形成区域经济增长极。三是推进重大基础设施建设。长江公路大桥、宁安城际铁路、东环路高速化改造、马濮一级公路扩建、314省道改造等重点工程进展顺利,沿江大道、太白大道、湖西路、采石河路等主干道改造扎实推进,拉开了主城区发展框架。四是加快推进重点中心镇建设。投入财政资金800万元,带动社会投资近70亿元,使人口和生产要素进一步向5个中心镇聚集,初步形成各具特色、优势互补、共同发展的次区域经济发展中心。五是支持招商引资。建立招商引资利益共享机制,以五个产业功能区为载体,坚持大开放、大招商,借力发展。2010年实际利用内资380亿元、增长42%,实际利用外资7.2亿美元、增长20%。六是免收行政事业性收费。对入驻示范区和新区的企业,在国家、省规定取消的行政事业性收费外,规定免收47项收费,并由市级财政“买单”。2010年,园区企业共减轻负担1300万元,营造了良好的发展环境。

【完善财政“强农”机制,加快推进现代农业发展】以城乡一体化发展综合配套改革为契机,进一步完善现代农业发展机制和经营机制,加快现代农业示范区建设,形成了一批特色高效的农业产业基地。同时,培育壮大品牌农业,发展农产品精深加工,加强农产品物流体系、储备体系建设,提升农业市场化营销水平。在确保第一产业稳定发展前提下,实现产业结构的优化调整,带动经济持续快速健康发展。一是建立稳定增长的财政“强农”机制,加大“三农”投入。在积极争取中央和省资金支持“三农”同时,进一步加大对农业产业化、农村基础设施和强农惠农补贴投入力度。2010年,全市对“三农”投入达12.7亿元,较上年增长26%。二是制定财政激励政策,引导农村承包土地依法规范有序流转。2010年安排资金160万元,对新增流转土地1.8万亩进行奖励,促进农业适度规模经营。农村土地流转面积达到总承包经营面积30%。对建立高效农业规模化基地的种植大户,财政给予专项奖励。三是以现代农业示范区为载体,加大农业招商力度。吸引达利食品、蒙牛乳业、雨润肉制品、鹰唛食用油、南京乡村大世界等一大批农业产业化龙头企业落户我市,发展现代农业。新增省级以上农业产业化龙头企业6家,当涂现代农业示范区投资超亿元。四是以农业综合开发为抓手,发展特色农业。投入资金4047万元,实施11个农业综合开发项目,种粮大户示范区、花卉苗木基地、水产生态养殖、黄池食品加工等特色农业初步形成。五是拓展农业保险品种,为现代农业提供保险支撑。结合特色农业发展方向,投入1282万元,除省确定的8个试点险种外,将大棚蔬菜、商品猪、种鸡等3类品种纳入政策性农业保险自选品种开展保险试点,防范和化解农业风险,保障特色农业可持续发展。

通过加快经济发展方式转变,促进了全市经济社会发展持续向好。2010年,全市实现生产总值760亿元,增长14%;全面小康实现程度97.6%,比上年提升3.4个百分点。全市经济运行出现三个特点:一是三大需求支撑强劲。固定资产投资725亿元,增长32.8%;社会消费品零售总额147亿元,增长19%;进出口总值26亿美元,增长59%。二是发展效益稳步提升。全市财政收入140亿元,增长14.5%;规模以上工业增加值450亿元,增长20.2%。三是经济结构不断优化。六大新兴产业完成工业总产值100亿元,增长46%,高出全市工业增幅5个百分点;高新技术企业总数突破100家,产值突破400亿元;新增规模以上工业企业144户、总数达749户;新增销售收入超亿元企业20户、总数达116户。

下一步,马鞍山市将抓住和用好大有可为的黄金发展期,继续把推动产业转型作为重中之重,加快传统优势产业改造升级,支持发展战略性新兴产业和现代服务业,努力促进发展方式的根本转变,为马鞍山“十二五”持续走在全省前列,在全省率先建成全面小康社会,率先基本实现现代化作出新的更大的贡献。

完善体制　精细管理
全面加强乡镇财政建设

巢湖市财政局

2009 年以来,巢湖市认真贯彻落实省财政厅《关于进一步加强乡镇财政管理的指导意见》精神,从加强乡镇财政职能建设入手,以乡镇财政规范化建设为目标,以推进科学化精细化管理为主线,以服务广大农民群众为宗旨,以全面加强乡镇财政队伍建设为基础,积极探索,勇于创新,取得了初步成效。

【理顺管理体制,全面加强乡镇财政建设】2009 年 12 月,市政府出台《关于进一步加强乡镇财政管理的实施意见》,各县区政府也及时出台文件和政策,为全面加强乡镇财政建设提供了基础和前提。一是明确乡镇财政的职能定位。适应农村综合改革后乡镇政府职能转变和新形势下财政工作的要求,对乡镇财政承担的主要职能和任务进行明确。乡镇财政承担的具体工作主要有:乡镇预算管理、日常财务收支管理、契税和耕地占用税征管、乡镇财务监管、专项资金监管、惠民资金管理和发放、家电汽车下乡补贴资金发放与管理、村级财务监管、债权债务管理、乡镇资产管理、乡镇财政信息化管理、参与农村综合改革等任务。二是完善县乡财政管理体制。按照"事权上移、财力下移"的基本要求,合理划分乡镇收入范围,科学界定财政支出责任,加大转移支付力度,有效地增强了乡镇财政的造血功能,促进了乡镇经济加快发展。三是理顺财政内部管理关系。按照上下对口、统一管理的总体要求,明确市、县区农村财政管理局为乡镇财政的管理主体,预算和人事教育等部门协助管理,强化了主管科室部门的责任,彻底解决了上下对口脱节,职能协作分离和管理主体缺位等实际问题。四是合理设置乡镇财政机构。在合理核定乡镇机构人员编制的基础上,市政府明确规定,对人口达到 6 万人且财政收入达到 2000 万元以上的乡镇或财政收入达到 4000 万元以上的乡镇可设立乡镇财政分局。经过全市各级财政部门的大力争取和积极协调,全市已有 20 个财政所改设为财政分局(其中含山县 4 个、无为县 6 个、居巢区 4 个、庐江县 6 个),占乡镇总数的 28 %,分局局长高配为副科级,为更好地发挥乡镇财政职能作用创造条件,也调动了乡镇财政干部的工作积极性。另外,和县 5 个财政所拟改设财政分局工作进展情况良好。

【注重示范引导,扎实推进乡镇财政科学化精细化管理】市财政局及时出台《关于加强乡镇财政科学化、精细化管理的实施意见》,各县区制定了实施方案,突出工作重点,抓好示范引导,各项工作有序推进。一是找准着力点。针对以前乡镇财政管理存在的散、乱、粗的现象,从培养财政干部精细素质入手,抓好人员思想教育和业务培训,健全各项管理制度,规范业务操作流程;推进全口径预算管理,建立健全各类人员、项目支出信息数据库;发挥乡镇财政"一线监督"优势,实行专项资金拨付与项目管理相分离,实现对资金运行全过程的监管;完善惠农资金管理机制,推广实施"惠民直达工程"。二是加强示范引导。市财政局在每个县区各选择一个财政所开展试点工作,并给予每个试点所 10 万元经费补助;各县区选择 2—3 个乡镇作为重点联系点,着力把试点所(分局)打造成科学化精细化管理的样板工程。试点工作取得明显成效,2010 年,《中国财经报》先后三次对含山县仙踪财政所科学化精细化管理工作进行专题报道,全省近 60 个市县财政部门相继到含山县参观学习。三是扎实有序推进。坚持业务指导与督促检查相结合,对照各个阶段的任务,倒排工期,驻点办公,现场指导。定期深入财政所,检查工作进展,听取情况汇报,掌握试点进度,协调解决困难。对已完成的工作,对照标准,逐项验收,凡不符合要求的,立即整改,确保质量。2010 年 4 月,在含山县召开全市乡镇财政科学化精细化管理工作现场会,全面总结推广试点所做法和经验。2010 年 6 月份,省厅在巢湖市召开了全省创建规范化乡镇财政所(分局)现场会,既是对本市乡镇财政建设工作的肯定,也进一步推动了本市各项工作的开展。

【打造优良工作作风,着力加强乡镇财政干部队伍建设】一是加强干部教育和培训。扎实开展"学习提升年"活动,建立健全集中学习制度,实行乡镇财政干部岗位轮训制度,完善继续教育报销制度,狠抓各项制度的落实,形成了良好的学习氛围。在鼓励自学、以考促学的基础上,各县区利用乡镇财政干部培训班、专题座谈会、系统工作会议等形式,精心组织开展向沈浩同志、王坤友同志学习活动,抓好干部的集中学习和培训,提高乡镇财政干部职工的思想政治和业务水平,保持良好的精神状态,强化沟通、驾驭与组织能力。二是建立服务工作新机制。以乡镇财政服务大厅为主阵地，深入推进创先争优活动。根据群众需求，统一规范服务大厅窗口设置，编印《服务指南》和便民服务联系卡，设置便民服务热线，建立群众来访登记和回访制度，并把各项惠农政策、资金发放情况整理、设计成电子屏幕数据，随时接受群众查询。同时，紧密结合各地实际，简化工作流程，规范办理程序，做到为民服务事项“一个窗口”受理、“一站式”办结，全面提升为民服务水平。含山、庐江等县聘请专业人员，精心设计财政所形象标志，并在大厅醒目位置予以展示，有效地提升了严谨的财政形象，展现了良好的财政风貌。三是深入推进“两问两整治”活动。开展“两问两整治活动”，是巢湖市2010年开展的一项重大活动。市财政局以此为契机，真查、真问、真深化，大力提升乡镇财政干部素质，狠抓问责问效，整治工作作风，整治服务环境。县区财政局班子成员带队不定期地对乡镇财政作风效能建设情况开展明察暗访，发现问题，严肃处理。同时，完善乡镇财政干部奖惩机制，实现问责与奖励的有机结合，调动干部职工的工作积极性。活动取得了明显成效，财政干部的精神面貌焕然一新，服务意识不断增强，工作效率明显提高。

【坚持高标准严要求，加快推进乡镇财政所基础设施建设】2010年，省厅共下达巢湖市23个乡镇财政所基础设施建设任务。经过努力，已竣工并交付使用8个，主体工程已完工13个，正在建设的1个（无为县二坝镇因皖江城市承接转移江北集中区规划待批尚未开工）。一是高标准建设。以县区为单位，聘请高资质的设计单位对财政所办公楼进行统一设计、统一建设图纸、统一功能设置，做到美观大方、功能齐全、适用。二是规范程序。严格加强工程的预算编制、招标投标、施工许可、工程监理、竣工验收和决算审计等各环节管理，做到了程序合法、手续完备。三是强化资金保障。在省厅补助的基础上，县区财政多渠道筹措资金801万元，确保了建设资金的足额落实到位。四是加快施工进度。坚持超前谋划，明确时间进度，落实责任主体，倒排工程期限，在确保工程质量的前提下，加快了工程的设施进度。与此同时，按照“平台一网联”的要求，将预算编制、乡财县管、非税收入、惠民直达、财政供养人员信息等网络资源整合，逐步建立县乡财政部门及乡镇财政与部门之间的一体化财政管理信息系统，积极开展网上申报、审核、审批、信息反馈等业务，努力将乡镇财政所建设成为“环境优美、设备齐全、管理规范、服务完善”的规范化财政所（分局）。

因地制宜　勇于探索
大力实施基层医药卫生体制综合改革

芜湖市财政局

芜湖市辖三县五区（包括经济技术开发区），面积3317平方公里，人口231.38万人。2010年，全市预计实现国民生产总值1080亿元，财政收入200亿元。在医疗卫生方面，全市现有各类卫生机构489个，其中综合医院41个。三级甲等医院3个，三级乙等医院1个，民营医院23所，镇中心卫生院24个，社区卫生服务机构115个。医疗卫生机构实有床位数9459张，医疗卫生技术人员数共计11775人。

按照《安徽省人民政府关于基层医药卫生体制综合改革的实施意见》要求和全省实施基层医药卫生体制综合改革工作会议精神，2010年8月份以来，在省委、省政府和市委、市政府的坚强领导下，芜湖市紧紧围绕缓解基层群众“看病难、看病贵”这个目标，坚持以人为本，把“群众得实惠、调动积极性、回归公益性”作为改革的出发点和落脚点，认真贯彻执行省政府关于综合改革的一系列政策文件，紧密结合各县（区）实际，在总结借鉴芜湖县和弋江区综合改革试点的基础上，全力推进南陵县、繁昌县、镜湖区、鸠江区、三山区、经开区的基层医改工作。9月1日起全面实施了基本药物零差率销售。10月30日完成了定编定岗和竞聘上岗工作。12月30日全面完成富余人员分流安置工作，并实施对基层医疗卫生机构和医务人员绩效考核工作，各项改革扎实、有力、有序、平稳推进，全面完成了改革任务。

【基层综合医改总体进展情况】（一）建立完备的改革工作领导体系。2010年8月，重新调整了由市委副书记、市长任组长，常务副市长、分管卫生副市长任副组长，市直相关部门主要负责人为成员的基层医药卫生体制综合改革工作领导小组，从各部门抽调专人组成办公室，负责具体工作。由发改、卫生、财政、人社、编办等部门牵头成立5个基层医改督查指导组，督促指导基层医改工作，形成了“政府主导、部门联动、社会参与”的基层医改工作推进领导体系。（二）制定下发综合改革政策文件。《方案》是行动的纲领，《方案》制定的好坏直接关系到医改的成败，为此，在充分调研的基础上，依据省政府有关基层医改文件，立足实际操作，制定了《芜湖市基层医药卫生体制综合改革的实施方案》（芜政〔2010〕62 号），各县区根据 62 号文件，分别制定了实施方案、岗位设置与人员竞聘上岗办法、公开选拔乡镇卫生院院长（社区卫生服务中心主任）实施办法、分流人员安置实施办法和基层医疗卫生机构绩效考核试点办法等正式文件下发执行。一是方案突出了岗位设置的群众参与性。明确规定岗位的设置方案须经卫生院、社区服务中心领导班子集体研究后提交全体职工讨论，获 60% 以上赞同的方可按程序上报，并规定在竞聘中必须要进行民主测评。二是突出了可操作性。明确了竞聘范围、对象、竞聘程序，加分的计算依据及分值的合成方法，不仅有业务能力考试，还有个人考核民主测评，使竞聘考核工作有据可依。对乡镇卫生院院长和社区卫生服务中心主任的竞聘专门制定了具体的公开选拔办法。三是发挥了改革的导向性。为了鼓励符合退休条件的人员能够主动申请提前退休，让编让岗给年轻人，方案规定：如本人在竞聘前书面选择提前退休、病退，不参加竞聘，由相关部门直接办理退休手续，其距法定退休年龄前应由个人缴纳的养老保险金和医疗保险金由单位代缴作为奖励。（三）扎扎实实做好基层综合医改的各项工作。自 8 月份综合改革在全省全面实施以来，医疗卫生综合改革按时间节点平稳有序推进，编制核定、岗位设置、院长选聘、竞聘上岗、人员分流、绩效考核等工作已全部完成。一是管理体制改革全面完成。各县（区）政府办基层医疗卫生机构全部纳入了政府编制管理，共核定编制 1693 个，设置岗位 1634 个。基层医疗卫生机构由县级卫生行政部门统一管理，向辖区居民提供免费的基本公共卫生服务和价廉的基本医疗服务。政府负责保障按国家规定核定的基本建设、设备购置、人员经费和承担的公共卫生服务业务经费，公益性的管理体制初步建立。二是人事制度改革平稳有序。各县（区）竞聘上岗工作于 10 月已全部完成，竞聘上岗 1389 人。通过人事制度改革，具有相应学历和资质的编外人员竞聘上岗，一批无学历、无资质人员被分离出卫生队伍，人员结构得到了明显优化。全市已分流 265 人。三是分配制度改革积极推进。各县（区）均完成了任务核定，制定了绩效考核实施方案和细则。全市各县区均采取“倒三七”绩效考核办法，并对退休人员生活补贴费也予以兑现。四是基本药物制度取得新突破。自 9 月 1 日起，全市所有政府办的乡镇卫生院、社区卫生服务机构及一体化管理的村卫生室全部实行药品零差率销售。基本药物实行以省为单位统一药品目录、统一采购平台、统一集中招标、统一采购价格、统一网上采购、统一零差率销售、统一结算药款，采购价比国家零售指导价格明显下降，配送率达到 90% 以上，药品费用大幅下降，惠及全市城乡居民。五是保障制度改革补偿有力。全市基层医疗卫生机构账户全部取消，收支全部纳入县级国库支付中心统一管理，并按月预拨经费，保证基层医疗卫生机构正常运转。

【综合改革取得明显成效】认真落实政策，突出公平、公开、公正，并因地制宜、积极探索创新，综合改革取得了明显成效。（一）群众普遍得到实惠。2010 年 9 月 1 日，芜湖市全面推行基层医药卫生体制综合改革，所有政府办的镇卫生院、社区卫生服务机构以及一体化管理的村卫生室全部实行药品“零差率”销售，患者购买药品只需支付成本价。芜湖县湾沚镇跃进自然村村民孙金娣是基层医改的受惠者之一。“在家门口看病又便宜又方便。”药品加成没有了，医疗服务费会不会“水涨船高”？孙金娣指着挂在卫生室墙上的医疗服务价格一览表说，“收费都是照着上面来的，基本都能看得明白。”药品费用降下来了，基层医务工作者的收入会不会降低？医疗服务质量会不会下降？在芜湖县陶辛镇陶辛村卫生室和陶辛镇卫生院找到了答案。村卫生室共有 3 名医生，实行药品零差率和新农合门诊统筹报销半年来，门诊共接诊 4000 人次，业务量比 2009 年同期上升了 20%。加上两级财政拨付的补偿资金和其他补助等固定收入，3 名村医的总收入非但没有降低，反而比改革之前有所提高。陶辛镇卫生院优化岗位设置，推行全员竞聘上岗，实施绩效考核，平均工资为 2750 元，比改革前增加了 700 元左右。（二）管理机制全面建立。一是基层医疗机构体制转型全面完成，公益性管理机制全面建立。根据政府举办的乡镇卫生院、社区卫生服务中心全部转为公益性事业单位和“每个镇仅设一所政府举办的乡镇卫生院”的改革要求，全市基层医疗卫生机构由原来的 83 个整合为 35 个镇卫生院、17 个社区卫生服务中心，设立一体化管理的村卫生室 256 个，医疗机构性质由原先的差额事业单位全部转为政府举办的公益性事业单位。由政府负责保障按国家规定核定的基本建设、设备购置、人员经费和其承担的公共卫生服务的业务经费，使其正常运行，实行“收支两条线”，从根本上改变了长期以来“以药养医”的做法，切断了医院和药商之间、医生和供应商之间、医生和医院之间的利益链条，开“大处方”的少了，检查的科目少了，因病施治的多了，极大地缓解了群众“看病贵”的问题，同时也降低了新农合基金风险。二是基层医疗队伍人员结构进一步优化。全市基层医疗机构人员全部实行聘用制，乡镇卫生院院长、社区卫生服务中心主任全部通过公开选拔、择优聘用，并由市卫生部门与其签订了聘任合同，实行任期目标责任制。乡镇卫生院、社区卫生服务机构所有人员均通过竞聘上岗，按岗聘用，实行合同管理。全市基层医疗机构拥有本科和大专学历的有 550 人，中专以上 604 人，占编制数的 83%。三是基层医务人员积极性得到进一步提高。由于芜湖市采取了较为合理的财政包干体系和绩效考核制度，实行两级考核机制，即市卫生行政部门对镇卫生院（社区卫生服务中心）考核，镇卫生院（社区卫生服务中心）对内部科室人员和村卫生室分类、分岗位考核，不仅考核数量，而且考核服务质量、服务态度，考核结果与工资直接挂钩，增强了对基层医务人员的管理，同时也调动了他们的积极性，避免了改革后出现“吃大锅饭”的现象。四是采取有效措施，保证了医疗机构的正常运转。按照“核定任务、核定收支、绩效考核”的办法核定补助。县、区财政通过调整支出结构，加大财政投入，确保基层医药卫生体制综合改革顺利推进。芜湖县每年预算安排 30 万元作为基层医疗卫生机构奖励基金；对连续 3 年考核优秀的卫生院长、中心主任一次性奖励 6000 元；在省补助村医每 1200 人 8000 元标准的基础上，繁昌县配套补助 4000 元，芜湖县每年每个卫生室补助 3000 元；镜湖区已拿出了向基层民营医疗机构购买服务的方案，拟在基层民营医疗机构推行基本药物零差率销售。

【基层医改需要重视和解决的几个问题】第一，进一步加强基层医改的政策宣传力度。当前，还有很多基层群众和基层医务人员对改革的意义和目的在认识上还存有差距，认为几十年形成“看病难、看病贵”和“以药养院、以药补医”的弊端难以一时根除，对改革成效的持续性持有观望。因此，要组织社会各类媒体多途径、多渠道，通过分阶段、分层次、分专题，就基层医改工作进行系统宣传，使广大人民群众了解党和政府实施这一重大民生工程的基本政策和目标要求，感受到党和政府有决心、有能力解决“看病难、看病贵、看不起病”问题。第二，进一步加强基层医务人员的教育引导。由于改革的进度较快，部分基层医务工作者对改革政策认知度、理解度、融入度还有一定差距，思想认识与工作状态还不能完全适应改革后体制机制的新要求。改革后取消药品加成，不公正的收入减少，部分职工尤其是村卫生室医务人员的思想上产生波动。因此，要加强医务职工的思想政治工作，教育引导职工正确认识和看待改革中出现的困难、问题和矛盾，正确认识和处理个人利益与全局利益的关系，正确界定合理收入与不正当收入的界限，引导职工珍惜这份工作岗位，激发爱岗敬业热情，积极创优争先，培养推广典型，大力营造基层医务工作者为群众服务做贡献的社会氛围。第三，进一步加大基层医疗卫生机构软硬件建设。由于多种原因，各县区基层医疗卫生机构的基础设施、基本建设、医疗水平、医疗条件和环境参差不齐，部分村卫生室由于标准化建设没有通过验收，还没有实行一体化管理，这将直接影响改革覆盖面和基本药物目录“零差率”覆盖面。因此，要加快村卫生室标准化建设步伐，搞好统筹协调，推动均衡发展，促进和扩大医改成效的覆盖面。第四，进一步完善基层医疗卫生机构长效补偿机制。

由于政府举办基层医疗卫生服务机构全部实施了药品零差率销售，收支缺口较大，同时乡镇卫生院历史债务较重，县、区财政增支压力很大。芜湖市将进一步落实 12 月 6 日《国务院常务会议研究健全基层医疗卫生机构补偿政策措施》精神，抓紧完善具体补偿办法，建立基层医疗机构补偿长效机制，同时请求中央、省财政加大转移支付力度，促进基层医疗卫生服务事业持续健康发展。

【不断巩固和提高改革成果】芜湖市将认真按照省医改办部署要求，对人民健康、对事业发展高度负责的态度，切实把部门职责履行好，把改革任务落实好，有序有力有效地推进。一要当好参谋，主动协调。认真组织人员深入基层、深入一线、深入了解改革进展情况，及时发现问题并提出解决办法，切实当好市委、市政府的参谋助手。同时要主动加强与有关部门的沟通协调，落实各项资金，保证及时到位。二要阳光操作，严肃纪律。人员分流、绩效考核等工作涉及人员安置、工作待遇，操作中一定要坚持公开、公正、公平。各地要严肃改革平稳推进，社会和谐稳定。三要明确任务。强化指导。针对综合改革目标任务，逐项检查改革任务完成情况，做到任务明、进度清。同时，要加强对县（区）的指导，落实改革政策，加大推进力度，确保改革不变形、不走样。四要严格考核，落实责任。2011 年 1 月份，将分组到联系县区，对各县医改任务完成情况进行考核、验收，开展“回头看”。五要加大宣传，强化培训。要进一步加强综合改革政策的宣传培训，让基层医务人员充分认识综合改革的重大意义，让群众知晓基本药物制度特别是零差率销售政策，合理引导预期，改变不良的用药习惯，努力营造良好氛围。

基层医药卫生体制综合改革，是由实施国家基本药物制度引发的一项重大改革，是重新构建基层医药卫生体制机制的重大创新实践，推进及完善改革的任务依然十分繁重。芜湖市将进一步增强责任意识、使命意识，大力度、高水平持续推进，确保按时完成各项改革任务，不断巩固和提高改革所带来的成效，为缓解群众“看病难、看病贵”做出新的更大贡献。

用足用活财政奖补政策
扎实推进村级公益事业发展

宣城市财政局

按照省委、省政府的统一部署，宣城市自2009年8月启动试点以来，在省财政厅、省综改办的关心支持和有力推动下，积极探索，注重创新，试点取得了显著成效。

【主要做法】(一)加强组织领导，确保试点工作有序展开。2009年8月，省委、省政府作出一事一议财政奖补试点工作部署，特别是“休宁会议”召开后，宣城市高度重视，市长虞爱华专门作出批示，要求财政、综改部门认真研究，周密部署，积极推进。分管市长亲自挂帅，成立推进组织，明确工作任务，并提出“抓领导、抓试点、抓检查”的推进工作思路。市财政局作为牵头单位，将推进一事一议财政奖补试点工作作为财政部门的一项重点工作，逢会必说，经常研究，2009年下半年以来，先后召开三次会议进行部署和推进，并多次调研和检查。按照省市要求，各县市区通过召开政府常务会、农村综合改革领导组会议等形式，对试点工作进行了具体研究，结合实际，在深入调研的基础上制定了切实可行的试点方案，同时，成立了领导组，明确了责任人，排出了时间表，确定了联系点，建立了工作机制，全市各级迅速形成了主要领导亲自过问，分管领导具体负责，相关部门通力协作的工作格局，一事一议财政奖补试点工作有序展开。(二)广泛宣传发动，确保群众自觉自愿试点。为调动群众参与一事一议建设的积极性，2009年以来，各地加大宣传力度，积极营造氛围。各县市区通过印制《致农民朋友的一封信》、利用报纸、宣传栏、村务公开栏等形式，开展全方位、多渠道宣传。绩溪县专门编写了4000余份《一事一议财政奖补政策及相关知识》读本，宣州、绩溪等地专门组织开展乡村一事一议财政奖补工作培训，宁国、泾县、郎溪等县市把试点工作及政策宣传纳入乡镇财政所长例会内容，广德县在县广播电台、《今日广德》报开辟财政奖补专题、专栏，宣州区专门制作一事一议宣传片。2010年上半年，市财政局又专门邀请宣城日报社、宣城电视台对一事一议试点工作进行联合采访报道，在宣城电视台《沟通》栏目录制“一事一议惠民生”访谈节目，在《宣城日报》头版刊登“一事一议看宣州”专门文章。浓厚的宣传氛围，调动了群众积极性，据统计，2009年一事一议群众筹资筹劳10395万元，占总投入的45%，2010年筹资筹劳11603万元，占总投入的46%。(三)严格规范程序，确保试点政策有效落实。建章立制、规范程序是落实一事一议财政奖补试点政策的重要环节。在试点工作中，各地积极探索。一是建立和完善工作制度，全部制定并出台了奖补资金管理办法、部门工作职责、档案和项目管理细则等规范制度，统一印制了“一事一议会议记录”、“村级公益事业建设一事一议农户筹资筹劳清册”、“项目竣工验收表”等配套规范文本。二是建立和完善项目管理制度，严格执行村申报、乡审核、县审批的三级审批程序，健全工程公开公示、招标议标、预算决算、验收、项目管养等制度，进一步突出群众在项目选择、实施和验收中的主体地位。三是建立和完善资金管理制度，各地所有财政奖补资金均通过“对村级一事一议补助”科目列报，乡镇财政所设立一事一议资金专户，对村民自筹、财政奖补资金以及其他资金来源实行集中管理，分村核算。工程经验收合格后，支出报账由村委会申请，财政所审核，乡镇政府审批。广德县统一下发资金拨付流程图，参照国库集中支付的模式，自制入账通知单和支付申请单两套单据，确保资金入账、支付手续完备。宁国市对乡镇一事一议财政专户印鉴实行分别管理，乡镇政府、财政所及市综改办各持一枚印章，使用时必三方同时加盖印章方有效，保障了奖补资金直达施工单位，不被挪用，发挥了应有的惠民作用。(四)加大检查考核，确保试点项目发挥效益。试点工作开展以来，各地不断加大检查考核力度。市政府分管市长两次到郎溪、广德等地检查调研一事一议开展情况。市财政局、综改办多次组织开展专项检查,两次下发要求进一步加快推进的通知。各县市区结合实际,均制定出台专门的检查制度和办法。郎溪县对财政奖补资金安排在5万元以下的项目,在村民组和村委会自验自评、乡镇政府组织验收的基础上,县综改办按总数的20%进行抽查复核。宁国市每年对照各村上报资料,逐一深入现场查看申报项目的真实性、预算的可行性、建设任务的必要性以及项目监督管理的目标性,当场决定是否给予项目建设许可,2010年该市否决掉2个不符合要求的建设申报项目。绩溪县还专门组织对一事一议项目进行审计,并将审计结果作为奖补资金拨付的重要依据。此外,一些县市还采取以奖代补的方式,加大考核力度,郎溪、泾县等地出台专门考核办法,采用以奖代补的形式对获奖乡镇予以奖励。两年来,全市已建成的项目均已发挥效益。

【主要成效和体会】据统计,近两年来,全市共实施一事一议财政奖补项目2156个,到2010年12月底已竣工1969个,占91.3%,总投入4.83亿元,其中各级财政奖补13459万元,农民自筹21998万元,社会捐助2663万元;实施一事一议项目的村由2009年的784个扩大到2010年的817个,基本实现行政村全覆盖;受益人口由2009年的196万人扩大到2010年的215万人,占全市农业人口的95%。一是农村生产生活条件得到明显改善。两年来,全市共实施道路修建项目1074个,小型农田水利工程526个,安全饮水工程33处,文体设施109个,农村环卫设施44个,"村内户外"面貌有了明显改变。农村基础设施的改善也增加了农民收入,丰富了农民业余生活,带动了农村经济发展,位于大山深处的宣州区溪口镇四和村,通过一事一议建成的四和路,方便了当地农民农特产品的外销,该村人均增加收入400元,四和路被人们称作"小康路";宁国市港口镇凉亭村通过一事一议建成的文体广场,掀起了农民体育健身的热潮。二是群众参与公益事业建设的积极性得到充分调动。两年全市共争取财政奖补资金13459万元,带动农民投资24661万元,财政资金"四两拨千斤"的作用得到了较好发挥。通过一事一议,进一步转变了群众观念,提升了民主意识,消除了一些地方长期以来形成的等、靠、要思想,农民参与公益事业建设的积极性空前提高。广德县双河社区修建赵联水泥路,村民会议一致通过,一户村民还主动拆除自家房屋支持建设;同溪村两位年过七旬的老党员,一位主动参与宣传发动、道路建设及质量监督,一位给修路人员义务送茶10余天。三是农村公益事业建设多元化投入机制初步形成。2009～2010年,各县市区均按农村人口人均5元予以财政配套,其中广德县按人均10元进行配套,带动村集体投入1817万元、社会捐赠2663万元,广德县杨滩乡燎琳村新建港本桥,总投资25万元,村民刘志平个人就捐赠5万元,另外捐助大量修桥用的石料。为提高财政资金使用效益,各地还加大支农资金的整合力度,宁国市西村将新农村建设、农村清洁工程、农民体育健身工程等项目资金有效整合,成为该市"美丽和谐新乡村"建设的典范。2010年,全市共整合各项支农资金3658万元。通过一事一议,农村公益事业建设"政府奖补、农民参与、社会支持"的多元化投入机制已经形成。

总结这两年的实践,深刻体会到,推进村级公益事业一事一议财政奖补试点工作,必须把握好群众自愿和组织引导的关系。群众自愿是一事一议的基础。议什么、怎么议,干哪些、怎样干,必须广泛听取群众的意见,尊重群众的意愿,不能搞强迫命令。组织引导是推动一事一议议起来、议而决、决而行的保证,必须切实发挥财政部门的指导协调和管理监督责任,真正从群众要求最迫切、反映最强烈、受益最直接的事情做起,在群众自愿的基础上,科学、合理,有序、有效地进行引导,确保议一件,成一件。必须把握好量力而行和尽力而为的关系。村级公益事业建设的主体是农民群众,必须充分考虑绝大多数农民的收入水平和承受能力,量力而行推进农村公益事业发展,绝不能好大喜功,搞形象工程,加重农民负担。同时,也要尽力而为千方百计调动群众积极性,不断扩大试点面,努力提高试点效果。必须把握好规范操作和创新推进的关系。一事一议说到底是农民自己的事自己做主、自己干,要让农民的每一分钱都花得明明白白,既要公开透明,规范操作,又要简化程序,方便实施。同时要鼓励各地大胆探索,积极创新,特别是在调动群众积极性,整合各项支农资金,加强项目后期管养等方面,还有许多文章可做,真正使一事一议财政奖补制度持久显现生命力。

积极探索　先行先试
稳步推进公务用车货币化改革

铜陵市财政局

从2005年9月起，铜陵市借鉴国内其他城市的做法，结合地方实际，按照“保障公务需要、降低行政成本、促进廉政建设、维护社会稳定”的原则，采取“先行试点，稳步推进”的方式，积极推进机关公务用车改革。到2010年上半年，全面推行了市直党政机关公务用车改革，进展顺利，运行平稳，基本达到预期效果，初步探索出了一条符合实际并富有成效的公车改革路子。

【公务用车改革基本情况】（一）改革进程。早在2004年，铜陵市即开始就公务用车制度改革进行酝酿、思考。2004年底，市委、市政府借省纪委将本市确定为公车改革试点城市的契机，正式着手车改研究、论证工作。经过先期广泛考察调研，在对比外地城市各种车改模式利弊，充分考虑本市政府财力、群众消费观念、机关干部承受能力等因素的基础上，2005年9月市委、市政府正式决定在市级机关实施公务用车货币化改革。具体实施过程中，按照“先行试点，积累经验，先难后易，稳步推进”的工作思路分三步进行：第一步，2005年选择市卫生局、市统计局两个单位开展首批试点，探索积累经验；第二步，2008年下半年选择市港口局（原省管单位）、市人力资源与社会保障局、市文联三个单位开展扩大试点，区别单位不同性质特点，分类进行试点探索；第三步，2009年8月市车改领导小组正式出台车改实施方案，在全市市直机关全面推开。截至2010年底，在全市市直机关单位中，已批准并实施公务用车改革的单位已达68家，涉改人员1700多人。整个车改工作实施平稳、进展顺利。（二）基本思路。为确保公务用车货币化改革取得实效，实现优化资源配置、控减财政支出、规范领导干部公务消费行为目标，在认真分析各地车改模式经验教训的基础上，充分考虑本市“经济发展、财力状况、车辆现状、收入水平、消费观念、承受能力”等六项因素，注重处理好“五个关系”：一是处理好车改范围与车改对象的关系。车改范围由市直县级以下党政机关逐步扩大到全市各级党政机关，车改对象由县级以下人员逐步扩大到副地级领导，顺应改革发展趋势。二是处理好补贴标准与承受能力的关系。统筹兼顾公务员、财政、社会的承受能力，力求形成公务员愿意参加车改、财政能承担起车改、社会理解支持车改的氛围。三是处理好促进工作和节约支出的关系。在确保降低车改费用的前提下，鼓励购置“私车”，对“私车”用于特殊公务活动和下基层调研给予适当补贴。四是处理好不同部门与不同职级人员的关系。根据部门职责和工作性质，明确了购车与不购车享受不同的车贴，以满足不同部门的实际需要；设立了公共交通费用，弥补同一职级不同岗位、同一岗位不同工作量差异的矛盾；对不同职级人员补贴标准，根据岗位职能和工作需要进行确定。五是处理“明补”与“暗补”的关系。车改后个人补贴费用将由财政全额承担，势必会给财政带来一定压力，近期可通过拍卖车辆、减少聘用人员来解决，长期可通过停止更新车辆和在编驾驶员分流或自然减员来解决。（三）主要内容。一是车改范围对象。范围为财政供给的党政群机关以及参照公务员管理的事业单位；对象为在编在职在岗的公务员（含工勤人员和参照公务员管理的工作人员），对副地级领导按照自愿的原则参加车改；公安等执法单位暂不列入车改范围。二是车改补贴标准。以工作职务、工作职责、车辆消耗、公务活动量为基数，结合是否购车等因素确定补贴标准，并随公务员津补贴的调整而同步调整。不购车人员按以下标准执行：（1）正县级正职900元/月；（2）正县职800元/月；（3）副县实职或正县级非领导职务650元/月；（4）副县级非领导职务500元/月；（5）科及科以下工作人员人均220元/月，具体由所在单位根据工作性质分档确定到科室或有关人员。对经批准购买小汽车的购车人员加1.5系数执行。三是车贴支付形式。不购车人员以现金方式按月发放；经批准购车人员，其享受不购车人员补贴标准部分，以现金方式按月发放，对增加系数的补贴通过公务卡结算，专项用于车辆加油、保险和维修，不得提取现金。采取公务卡方式结算，既提高了车贴支出透明度，又有利于加强监督管理，确保车贴真正用于公务活动。（四）配套政策。一是组建机关服务车队。为保证车改后特殊公务用车活动需要，从现有车辆中调剂组建了机关服务车队，主要承担全市性的重大活动、重要接待、突发应急事件和离休干部车辆保障，同时为车改单位提供服务，实行市场化运作。二是设立了公共交通费。制订了《铜陵市车改单位公共交通费管理办法》，可按个人车贴的10%—30%安排公共交通费，专项用于特殊公务活动，具体比例由各单位根据实际工作需要提出申请，一般按 10% 核定，对超过 10% 的部分，一半从个人车贴中调剂。三是鼓励“私车公用”。出台了鼓励私车用于特殊公务活动补贴政策，对私车用于重大接待、重大活动及边远地区的特殊公务活动距离本单位 15 公里以上的，原则上按每公里给予 0.4—0.6 元补贴，一天最高不超过 50 元；对因重要公务和紧急公务经批准私车用于出差的，按不超过 1.2 元/公里的标准给予补助。四是妥善安置驾驶人员。出台了《铜陵市车改后驾驶人员分流安置的意见》，对在编的驾驶人员可通过转岗、报考公务员、安排到下属事业单位、自谋职业或提前退休等办法妥善安置，自然减员后核减编制；对聘用驾驶人员按照《劳动法》有关规定办理解聘手续。五是规范涉改车辆处置。下发了《铜陵市涉改公务车辆处置办法》，对单位拥有产权的车辆，由市车改办委托具备资质的评估公司进行鉴证、评估定价后，通过拍卖公司向社会公开竞价拍卖，及时办理过户手续，拍卖收入上缴市财政，确保车辆处置公开、公平、公正。六是严明纪律保障措施。出台了《铜陵市车改纪律规定》，作出了公务用车改革的“五不准”规定，明确了处理措施和纪律执行；对违反规定的，视情节轻重分别采取收缴、补交费用、扣发车贴、通报批评直至给予党纪政纪处分。七是保障执法公务用车。车改后，不再保留非常年执法用车，对确需保留的严格履行批准程序，实行统一管理。

【取得的初步成效】总体来看，铜陵市推行公务用车货币化改革较为成功，社会认同、群众支持、参改机关干部也比较满意，实现了预期工作目标。成效主要体现在：一是节减了费用支出。铜陵市党政机关共有车辆 301 辆，其中五大班子及服务车队 62 辆，保留执法用车 25 辆，实行车改 214 辆。已上缴公务车辆 214 辆，车改前年车辆运行费用为 2033 万元，车改后年交通费用为 1330 万元，其中：发放货币化补贴 1200 万元，核定单位公共交通费 130 万元，节支率为 30% 左右。二是保证了工作需要。车改后涉改单位个人购车 464 辆比车改前增加 250 辆，增长 1 倍以上。购车的同志，“过去是人等车，现在是车随人”；未购车的同志，部分乘公交或出租车开展工作；既解决了过去单位派车难问题，又使工作更加灵活方便。与此同时，通过设立公共交通费，采取租车方式解决了一些特殊公务活动的需要，较好地应对了突发事件和重大活动。三是妥善安置了人员。驾驶人员普遍得到了合理安置，在编人员基本上通过转岗安置；聘用人员按合同解聘，同时在组建机关服务车队中优先聘用，充分体现了“以人为本”的理念，做到了“政策无情，操作有情”。四是促进了廉政建设。车改转变了机关工作作风，提高了行政效能，从根源上解决了公车私用等车辆管理中的漏洞及各种腐败现象。五是促进了社会和谐。车改后一般是领导干部开车、群众坐车，进一步密切了干群关系；公务员车贴不仅全部用于公务活动，还要“贴钱”用于购车，得到了老百姓理解和支持。

【体会和建议】（一）几点体会。领导重视是前提。公车改革只有各级领导重视，特别是党委、政府主要领导和各部门的“一把手”认识统一，态度明确，车改才能得以实施。观念转变是基础。只有社会各界和公务员的观念转变了，车改才有良好的环境，车改才能全面加快推行。部门支持是保证。车贴是职务消费，必须最大限度地防止“福利化”，需要各部门统一思想，密切配合，相互支持。方案设计是核心。车改细节决定成败，因此车改方案必须全面、具体、翔实、细密，具有可操作性。精心操作是关键。坚持从政策制定到具体操作上环环相扣，开展培训、解读政策，周密部署、精心实施，及时协调处理车改推进中出现的各种问题，确保了车改平稳实施。经济发展是根本。公务用车货币化改革是大势所趋，但应建立在一定的经济发展水平基础上。（二）对策建议。一是建立“自上而下”工作推动机制。尽快出台全国车改指导意见，使各地公车改革有章可循、有法可依，明确发达地区、欠发达地区、不发达地区可采取货币化、市场化、管理型的不同模式，特别是实行货币化车改的，对补贴标准、特殊公务的保障问题应有一个规范性意见，以便各地结合实际制定实施方案。二是在全社会营造良好车改氛围。要加强车改的正面宣传，重点宣传车改总体思路、节约行政开支、提高行政效率、杜绝公车腐败等方面的作用，避免类似于车改“三个三分之一”的误导宣传，形成“改比不改好”，“改了总比不改强”的舆论氛围，为车改提供良好的社会环境。三是按照精细化要求完善车改方案。车改是一项牵涉甚多的系统工程，必须强化制度建设，建立起一整套完善的公车改革制度和严格的公务用车及监督制度，在实践中不断探索并完善原有的制度，减少制度设计上的漏洞，确保车改工作顺利推行。四是坚持积极稳妥循序渐进地推动车改。车改涉及面广、难点多、情况复杂，既不能“一刀切”，更容不得失败，必须坚持自愿，先易后难，分类实施，稳步推进。

精心实施 开拓创新
全面推进民生工程建设

池州市财政局

2010年以来，在省委、省政府的坚强领导下，在省财政厅大力支持下，池州市高度重视民生工作，精心组织实施，强化调度督查，注重整体推进，全面完成各项目标任务。

【科学谋划，措施得力】1. 提升思想认识，突出组织保障。始终将保障民生作为党和政府工作的出发点和落脚点，坚持做到六个"第一"：即把解决群众困难作为实施民生工程的第一动机；把群众观念作为实施民生工程的第一理念；把满足群众需求作为民生工程的第一任务；把方便群众作为民生工程的第一追求；把群众参与作为民生工程的第一保证；把群众满意作为做好民生工程的第一标准。高度关注民生工作，市委全委会每次都将民生工作作为专题汇报内容；市政府全体会议将民生工程实施进展情况作为常设议题，建立了民生工程月调度制度，主要领导亲自调度。同时，全市各级、各部门均成立民生工程领导小组，建立了主要领导负总责、分管领导具体抓、成员单位各负其责的工作责任机制，形成了政府统一领导、民生办牵头协调、部门负责实施、社会广泛参与的工作格局。2. 完善目标考核，突出责任落实。按照"尽力而为、量力而行、有进有退、滚动发展"的原则，科学确定民生工程项目和投入规模，努力构建民生工程实施责任体系。建立了严格的考核机制，市政府与县区政府及市直牵头部门签订目标责任书，将民生工程纳入目标管理考核，并全面实行"双向责任追究"，对不认真履行职责、没有完成年度实施工作任务、造成不良后果的，不仅要追究下级政府的责任，也要追究同级部门的责任。3. 立足长效理念，突出机制创新。在资金保障上，制定了民生工程资金预算制度，同时鼓励、引导社会资金投入民生工程建设，逐步形成稳定的多元化的筹资机制，并对民生工程资金实行专户管理。做到"多渠道进水、一个池子蓄水、一个龙头放水"，不断提升资金使用效益。在激励约束上，一是建立督查通报制度，不定期对全市民生工程组织实施情况进行督查，并予以通报，严格考核，表彰先进，增强各级各部门争先进位意识。二是建立责任追究制度，率先出台了《池州市民生工程行政责任追究办法》，对民生工程实施过程中存在组织不力、擅自降低补助和发放标准等19种情形，将追究相关部门领导及具体工作人员责任。三是制定民生工程监察工作方案，由五个派出纪检组对所属部门的民生工程项目实施效能监察，并每周上报监察专报。四是制定民生工程资金审计制度，全过程加强对民生工程资金使用审计，确保资金规范使用。在便民服务上，创建了民生工程"一网通"综合信息系统，搭建起民生政策、资金发放查询平台和网上反馈互动平台。全市已在133个村搭建"一网通"信息服务平台，一个月的访量达到2万多人次，受理代理办件598件，办结505件。在群众参与上，建立民生问题快速处理机制，开通民生工程咨询热线电话，建立民生工程网站，畅通社情民意反映渠道，对群众咨询类问题，第一时间作出答复；对投诉类问题，下达交办单，限期相关责任单位处理，并通过明察暗访，掌握问题处理情况以及群众对处理结果的满意情况。4. 注重整合结合，突出民生效应。在资源整合上，全市村一级将村卫生室、农家书屋、农民体育健身工程、一网通与基层服务站、为民服务代理室、党员活动室等统一规划、集中建设的有148个，仅此一项就节约土地约3万平方米，节约建设资金2000余万元。此外，部分乡镇将留守儿童之家、留守儿童活动室、综合文化站与学校等资源进行整合管理，避免了重复建设，优化资源组合，实现资源价值最大化。在项目整合上，我市石台、青阳两县按照"统一管理机构、统一筹资时间、统一筹资标准、统一参保对象、统一落实资金、统一报销标准"的模式，将新农合与城镇居民医保合并为城乡居民医疗保险，并轨运行后，减轻参保对象负担500余万元，同时还提高了城乡居民的医疗保障水平，增强了基金整体抗风险能力。民生工程与新农村建设相结合，将沼气、农村清洁工程与农村环境整治相结合；将村村通公路建设、农村劳动力转移就业培训、病险水库除险加固与农村经济发展相结合；将农家书屋、村村通电视、农民体育健身场所与农村精神文明建设相结合，农村基础设施日益完善，推动了农村发展。农村五保机构建设与"夕阳红"计划相结合，自2009年以来，结合"夕阳红"计划，集中民生工程五保供养机构建设项目资金、福利彩票地方分成资金、地方配套资金、乡镇撤并后闲置资产处置资金等，共筹集资金1.25亿元，采取"政府出资金，乡村出土地，部门出批文，村民出义工"的方法，新建、改扩建敬老院70

所,新增床位数 5517 张,新增建筑面积 15.98 万平方米。5. 强化协调调度,突出工作推进。高度重视对民生工程实施情况的调度,一是年初公示。将各级各部门的目标在媒体上公示,接受社会各界监督。二是每月一调度。根据倒排工期表,采取"督查、调度、交办、再督查"的方法,抓重点项目,促后进项目,增强调度工作的针对性。三是阶段调研。针对阶段性问题,主要领导亲自抓,深入基层,靠前指挥,通过召开专题会、协调会、基层调研等形式,分析问题,解决问题,提出具体工作要求,狠抓工程进度。四是现场督查,验收"销号"。每月对上报完工项目进行现场验收,验收合格的,将不再列入督查范围;验收不合格的,重点督查通报,并在新闻媒体上公示。五是交办单制度。对督查中发现、群众反映的问题,责成相关部门限期办理,我市现已下发交办单 45 份,涉及工程质量、进度、施工安全等方面,并督促全部整改到位。六是互查督查。不定期组织县区、部门开展互查督查活动,相互学习、相互促进、共同推进。6. 健全运行机制,突出持久效益。为强化对已建成工程类项目的运行、维护和管理,出台了 13 项后续管理措施办法。如,农村敬老院职工按 10∶1 的比例配齐,工资纳入财政预算;农村公路实行群众养护和专业养护相结合,明确资金来源渠道。同时,将民生工程"回头看"活动作为常规性工作,特别是 2010 年全市开展民生工程项目规范管理年活动,重点检查已建成项目的运行、管护等情况,对存在的问题提出整改意见,督促整改落实,确保民生工程发挥持久效益。7. 创新宣传方式,突出营造氛围。采取"贴近生活、贴近实际、贴近群众"的方式,深入宣传民生工程。一是阵地宣传。开辟专刊专栏,在《池州日报》开辟了"民生工程专栏",在池州电视台开设了"民生工程访谈"和《实施民生工程 造福一方百姓》专栏,在广播电台开设了"民生工程之声",在政府网站开辟了民生专栏。二是活动宣传。共发放宣传手册 30 多万册、政策"明白纸"200 多万份,民生工程年历画和明信片 30 多万张,并在交通路口、社区广场、卫生院、居委会、信用社等公共场所设置民生工程政策宣传栏,将补助(报销)政策、打卡项目说明、资金发放通知书等信息张贴上墙,及时公开政策、接受监督。三是社会大调研。开展民生工程"千村万户"问卷调查,深入群众,组织填写调查问卷 1 万余份,在进行面对面宣传的同时,真实了解到民生工程的实施成效、存在问题和群众意愿。四是创新宣传方式。根据民生工程项目特点,创作印制了《民生工程大家唱》漫画册 8 万份,利用群众喜闻乐见的漫画形式,形象生动地将 33 项民生工程政策寓于漫画中,并根据政策配以民歌,注明政策要点;制作系列宣传动漫片《新凤还巢》,采取极具池州特色的傩戏、目连戏、青阳腔、文南词、罗城民歌等喜闻乐见的方式,深入宣传民生工程。【扎实推进,成效显著】四年来,累计投入资金逾 30 亿元,惠及全市 93% 的城乡居民,人均受益 2000 余元,取得了阶段性成效:一是提高了困难群体生活保障水平。累计为 55341 名低保对象发放补助资金 9742 万元,实现了应保尽保;共为 10124 名五保对象发放供养资金 7213 万元,五保对象集中供养率达到 70%,集中供养标准达 3100 元/人·年;农村计划生育家庭奖励扶助在原定标准的基础上,提标扩面,每人增加 10 元扶助金,并对落实绝育措施的一次性发放不少于 500 元节育奖励;建成了 2801 套廉租住房,发放廉租住房补贴 3156.3 万元,为 6000 多户困难家庭解决了住房问题;发放未参保集体企业退休人员生活费 238.7 万元。二是增强了医疗保障能力。积极推进乡镇卫生院、村卫生室一体化管理,大力实施新农合村级门诊统筹试点,不断完善城乡居民大病医疗救助制度。共支付新农合和城镇居民住院补偿资金 4.8 亿元,受益群众达 271.4 万人次;为 11622 对新婚夫妇进行了免费婚检,为儿童免费接种 27 万针次;完成 1086 例贫困白内障患者复明免费手术;新建、改扩建 36 所乡镇卫生院、601 个村卫生室、32 个社区卫生服务机构、3 所妇幼保健院以及完成设备添置的填平补齐任务,切实让每位群众都能享受到安全、有效、方便、价廉的公共卫生服务和基本医疗保障,缓解了群众的看病难、看病贵问题。三是有效缓解了上学难等问题。四年来共投入 2.8 亿元,为全市 18.5 万名义务阶段的学生免除学杂费,为 17 万名学生免费提供教科书,对 0.5 万名农村贫困寄宿生实施补助,对 2.7 万名高校和中职学校家庭经济困难学生进行了资助。同时,加大公共文化体系建设投入,加快农村基础公益文化设施建设,大力实施农村广播电视村村通工程,完成"村村通"项目 1083 个,新建乡镇综合文化站 29 个、农民体育健身项目 95 个、农家书屋 226 家,丰富了广大群众的业余文化生活。四是加快了新农村建设步伐。建成 2937 公里村村通公路,打破制约农村经济发展的瓶颈;建成近 8 万口沼气池、解决 39.12 万人饮水不安全问题,改善了群众生活环境;对 10.46 万人次进行了各类培训,提高了群众的致富能力和水平;深入实施政策性农业保险,为农业发展提供了保障，仅 2010 年 7 月洪灾，就为全市 130 多万亩受灾农作物，赔付 6000 多万元，促进了农民增收；完成 182 个病险水库除险加固工程，夯实了农村经济发展基础。

求真务实 锐意进取 不断开创财政监督工作新局面

安庆市财政局

近年来，安庆市财政部门牢牢把握服务大局的主线，充分发挥财政监督职能作用，积极探索建立覆盖财政运行全过程的财政监督新机制，全市财政监督工作蓬勃发展。

【突出重点，务求实效，财政监督工作有序推进】 面对不断发展变化的财政经济形势，及时调整工作重心，切实加强财政政策执行情况的监督力度，重点关注涉及人民群众切身利益的重大财政收支情况，提升财政监督检查成效。一是财政收入检查取得进展。近两年，重点组织开展了税收缴库级次情况检查，市本级查出预算收入缴库级次混库资金 350 万元，有效规范了城区税收征管秩序。开展契税、耕地占用税征管情况专项检查，确保了两税收入及时足额入库。加大非税收入征管监督检查力度，近两年共对市本级 30 家单位非税收入情况进行了检查，查出违规单位 15 家，涉及违规资金 420 万元，追缴财政资金 50 万元，查补财政收入 36 万元。二是重大资金监管形成合力。加强机关内部科室、各相关部门以及系统上下的协调配合，加大重大资金监管力度。扎实开展民生工程实施情况监督检查，及时发现民生工程实施过程中存在的突出问题，规范民生工程资金的使用和管理。加强扩大内需重大政策落实监管，出台资金监管办法，多次组织检查组赴县区进行检查，确保了扩大内需政策的贯彻落实。开展创新基金使用情况专项检查，有效防止了资金的损失浪费。稳步推进再生资源增值税退税工作，省专员办共批复我市 70 余笔再生资源增值税退税申请，批准退税资金 2608 万元，实际退还税金 2598 万元。三是专项治理工作成绩显著。深入开展“小金库”专项治理工作。2009 年通过自查自纠和重点检查发现“小金库”143 个，涉及金额 3457 万元，对相关责任人员进行党纪政纪处理 6 人，移交司法机关处理 5 人，重点通报案件 2 件；2010 年对市直 160 户行政事业单位进行“小金库”重点检查，实现对纳入自查自纠范围单位的重点检查全覆盖；对全市 157 个社会团体和 43 个国有及国有控股企业进行了重点检查，发现“小金库”1 个，并进行了纠正处理。持续组织开展会计信息质量检查。近两年有针对性的选取了 100 家行政、企事业单位进行检查，检查发现会计核算不实金额累计达 152083 万元，欠缴各项税款 1214 万元，信息披露不实金额 3657 万元，其他违规问题金额 13957 万元，对违规违纪行为进行了严肃处理，规范了财经运行秩序。四是财政内部监督扎实有效。每年对局机关负责执行财政预算计划的科室的财政财务会计管理、预算编审执行、内部制约制度及直属单位的财务收支和会计信息质量情况，进行为期一个月的内部审计。对审计中发现的问题按照有关规定提出整改意见并进行处理，规范财政内部管理。对轮岗、提拔任用的科室负责人实行离任审计，强化科室负责人的责任意识。认真落实财政同级审的审计意见，就审计报告中提出的财政预算管理等方面存在的具体问题，逐一进行整改落实。

【开拓进取，勇于创新，财政监督工作亮点突出】 紧密联系工作实际，不断更新财政监督理念，突出财政监督重点，改进财政监督方式，推动财政监督工作科学健康发展。一是积极的工作心态。财政监督干部满怀着对财政事业的赤诚之心，锐意进取，知难而进，解放思想，开拓创新。一路走来，虽然艰难，但善于顾全大局；虽然困苦，但勇于开拓进取；虽然清贫，但乐于无私奉献。财政监督干部在实际工作中树立了“三心”的工作作风，即：在日常工作时具有平常心，在监督检查时具有责任心，在处理问题时具有公正心，产生了良好的反响。二是完善的学习制度。为努力提高监督人员的综合素养，我市采取多种措施提升干部队伍素质，坚持学习的制度化和规范化，规定每周五下午为内部学习时间，不断丰富学习内容，积极开展经验交流，帮助年轻人提高检查技能；鼓励职工开展自我学习，政策性支持干部参加各类专业技术考试；健全查前培训制度，各项检查前全面搜集相关资料，集中开展业务学习，增强检查的针对性和有效性。三是健全的内部监督机制。在内部监督过程中，采取了“一二三五”的做法。具体为：推行“一票否决”制度，将监督结果与科室年终评先评优挂钩，内部监督发现问题的科室取消评先评优资格；落实“两项要求”，即落实《安徽省财政监督暂行办法》和《财政部门内部监督检查办法》等相关政策要求；采取“三个步骤”，即制定检查计划、集中反馈意见、抓好整改落实；出台内部监督“五项制度”，即主要领导负责制、专题报告制度、专题会议制度、监督联络员制度和成果利用制度。四是严格的监督检查程序。在对外检查中严格规范检查程序。实施检查前一般于3个工作日前向被检查单位送达检查通知书；检查中认真编制检查工作底稿，做到一事一稿或一项一稿；检查工作结束前告知被检查单位在收到征求意见函之日起5个工作日内提出书面意见或说明；检查组在实施检查后，提交财政检查报告，并做到报告事实清楚，定性准确，内容完整；建立外勤检查、综合审理、案件复核相互协调机制，由专人负责财政检查结果的复核。五是稳定的沟通协调机制。切实加强同其他经济监督部门的联系，形成了财税征管联席会议、厉行节约联席会议、“小金库”治理定期办公会议等制度，及时协调相关经济监督部门，分析问题，研究对策。对监督检查中发现的涉税问题，及时移送税务部门，督促相关单位补缴税款，防止跑、冒、滴、漏。六是有效的监督成果利用。在检查中积极向被检查单位宣传法规政策，结合发现的问题提出政策建议，督促整改落实。定期对被检查单位的整改情况进行“回头看”，促使相关单位加强管理，巩固了检查成果。注重对检查中发现问题的总结分析，查找财政管理漏洞，完善管理措施。将检查结果作为干部考核的重要标准，在外勤检查中，实行检查组长负责制，赋予组长检查中高度的自主权，但要根据检查情况对组长进行年度责任考核，考核结果与组长评优、评先直接挂钩，实行一票否决制。七是灵活的工作方法。在开展财政监督检查过程中，我市探索出若干行之有效的工作方法：通过在各行业中选取具有代表性的企业进行摸底检查的方法，归纳出同行业共性的监督检查方法；在检查中采取统一计划、统一组织、统一实施检查、统一业务培训、统一下达检查文书的“五统一”方式，并在检查过程中实行严格的保密制度，坚持原则，坚决杜绝舞弊空间；在处理问题上讲究艺术性，针对不同性质的问题采取不同的处理方式。

【主动作为，锐意进取，进一步做好财政监督工作】面对新的财政经济形势，安庆市将在科学发展观的指导下，以更加饱满的热情、更加坚定的信心，在加强全面监督的同时，重点抓好以下工作：一是围绕中心工作，更加注重服务大局。紧紧围绕本地区经济社会发展和财政工作的重点、难点和热点问题，密切跟踪和积极推进重大财税政策和民生工程的落实；按照大监督原则，扩大财政监督覆盖面，拓展财政监督的范围和内容，发挥财政监督在深化财政体制改革、优化支出结构、推进依法理财等方面的作用。二是严格依法监督，提高财政监督水平。严格依法行政，规范检查程序，建立起结构合理、配置科学、程序严密、制约有效的工作运行流程。切实落实财政监督工作精细化管理要求，坚持将财政监督贯穿到财政管理的中心工作之中，将财政监督贯穿到财政管理体制机制建设和改革之中，将财政监督贯穿于财政资金运行的全过程之中，推进科学化监管，合理确定工作重点，探索科学有效的检查方法。三是加大指导力度，推动财政监督均衡发展。采取有效措施多渠道、多层次培训财政干部，全面提高各级财政监督干部的综合素质。积极组织县区开展财政监督机制创新试点工作，总结、推广典型的做法和有益尝试，以点带面，搭建交流平台。适时组织开展上下或横向间的联动检查、交叉互查、考核评比等活动，注重内外协调，发挥财政监督的整体效能，促进财政监督的协调发展和整体水平的提高。四是把握工作重点，不断深化内部监督管理。继续深化内部监督机制建设，建立完善财政内部监督工作领导机制，落实“一把手”负责制。科学组织谋划，扩大内部监督的覆盖面，促进内部监督成果利用。强化对整改结果的核查力度，适时组织开展整改效果的“回头看”，确保整改意见落实到位。五是坚持与时俱进，创新财政监督工作方法。转变工作思路，加强调查研究，积极探索符合财政发展和科技进步要求的财政监督方式方法，逐步形成事前审核、事中监控、事后检查相结合的财政监督机制，适当减少事后专项检查，将监督关口前移，努力实现由合规合法性检查向合规合法性和绩效性检查相结合转变。

创新举措　加强监管
推动家电下乡工作实质性进展

黄山市财政局

家电下乡政策是应对金融危机、促进农村消费、统筹内需和外需协调发展的重要举措，也是我国财政和国内贸易政策的新突破。在省财政厅的帮助和指导下，黄山市精心组织、周密部署，扎实推动了家电下乡工作实质性进展，截至 2010 年 12 月 30 日，全市已销售家电下乡产品 20.83 万台，销售额 4.83 亿元，累计补贴 20.62 万台、补贴金额 6075.56 万元，取得了明显的经济效益和社会效益，实现了农民得实惠、企业得市场、政府得民心的政策目的。

【健全组织机构，完善工作机制】黄山市是一个“八山一水一分田”的山区城市，总人口 148 万人，其中农村人口 120 万。农村人口不仅比例大，而且大多数村员居住在分散的山区。因交通运输不便利，广大农民的购买能力不仅受到了限制，家电产品销售网络的建立也存在着这样那样的具体困难。“家电下乡”对于黄山市来说，实际上是“家电上山下乡”。市委、市政府不仅认识到家电下乡是顺应农民消费升级的新趋势，激活农民购买能力、提高农村消费水平、改善农业人口的民生状况、提高农民的生活质量的一项重要举措，更看到了家电下乡在有效扩大农村市场需求，促进黄山经济总量增长，建立健全适合黄山市农村消费特点的家电流通服务体系等方面发挥着重要的作用。因此，市委市政府高度重视家电下乡工作，一是主要领导多次作出重要批示，提出了严格具体的要求，将家电下乡工作列入市委、市政府年度重点工作考核计划。二是市政府成立了由常务副市长为组长，市财政局、商务局、工商局等 14 个单位为成员的家电下乡推广工作领导小组，建立了家电下乡联席会议制度。各县、区、开发区相应成立组织机构，确保全市家电下乡工作全面开展。三是建立并完善工作机制，明确了各成员单位职责分工，制定了《黄山市家电下乡推广实施方案》、《家电下乡联席办公会议制度》、《信息报送制度》、《销售网点管理制度》等一系列工作制度，定期召开家电下乡联席工作会议，及时发现问题并研究解决问题。四是严格网点备案，实行网点动态管理，并加强业务培训，确保加快推进家电下乡工作。五是部门配合联动，商务、工商、质检、物价等部门各司其职，力争监管到位，推动了我市家电下乡工作健康有序展开。

【改进兑付流程，简化审核程序】由于存在家电下乡补贴申报程序繁琐，补贴兑付较慢的现实问题，为了更好地方便农民购买家电下乡产品并第一时间领取财政补贴，在省财政厅、商务厅业务处的指导下，经认真研究并谋划，黄山市对兑付流程进行了改进，自 2009 年 6 月起，率先在全省实行“销售网点代理备案并垫付补贴资金，财政部门定期集中清算”的措施，制定了《黄山市家电下乡补贴资金审核与兑付细则》，切实为农民开通“绿色通道”，得到了省家电下乡领导小组的肯定并在全省进行推广。在此基础上，认真组织网点及财政部门培训，帮助其工作人员掌握新的家电下乡操作流程，采取切实有效措施，把家电下乡工作全面落到实处。由于补贴流程的改变，各区县财政局及销售网点需要时间适应。市财政局通过深入区县调研，现场解答农民朋友、销售网点的各种询问等方式，积极指导各区县财政局及销售网点采用新的兑现程序。同时，加强网点的监管，建立网点考核奖惩措施，实行销售网点“动态监督管理制度”。随着家电下乡销售网点代理备案并垫付补贴资金的改革不断深入，黄山市家电下乡工作呈现销售旺、补贴快的良好态势，为黄山市家电下乡工作实质性进行打下了良好的基础。

【创新工作方式，提升工作效率】黄山市是山区市，总体上销售网点分布分散，但各区、县、市区家电下乡销售网点分布不平衡，中心城区销售网点过于集中，补贴工作量大。为把购买家电下乡产品的申领补贴办理手续做好做实，各城区根据自身实际情况，积极探索，创新工作方式加快补贴兑付。一是实行专人负责制，及时解决网点清算申报手续难的问题。根据《家电下乡操作细则》，销售企业要到指定的乡镇财政所办理相关手续。为促进家电下乡工作的顺利开展，我市在给销售网点划定指定财政所时都尽可能的兼顾，便于销售网点清算。特别是由于市中心城区的乡镇财政所比较偏远，给中心城区网点的申报工作带来不便，黄山市屯溪区财政部门从工作实际出发，由区财政局安排专人定期上门收取资金清算资料，办理补贴资金清算手续，既方便了销售企业办理申报工作，又加快了发放补贴资金速度，确保让销售企业在较短时间内拿到垫付的补贴资金切实解决销售企业的困难。二是采取灵活措施，妥善解决农民户口本等存在的问题。当前农民朋友手中的户口本五花八门，没有统一格式，无形中给销售企业审核工作带来困难。为解决这一问题，黄山市决定对不符合规定的户口本的农民朋友在购买家电下乡产品时出具所在地派出所相关身份的书面证明，即可申报补贴。三是建立配合联查制度，确保清算兑付进度。在每月度末，由财政所与商务部门配合，对网点相关情况进行联查、核对，同时，相互督促及时完成资金清算和信息管理系统的操作。祁门县财政部门还派专人驻点商务部门，及时发现在兑付过程中存在的问题并查找原因，紧抓兑付工作不松懈。

【广泛宣传发动，不留政策盲点】由于黄山市特殊的山区地理环境,难免存在政策宣传上的盲点。为了进一步营造家电下乡工作的良好氛围,掀起家电下乡的新高潮。开展了全方位、多层次、多角度家电下乡政策的宣传。一是宣传活动常抓不懈,落实到农村各个方面。全市制作印发通俗易懂,操作性强的家电下乡宣传资料,向全市广大农民朋友发放,其中印发"致广大农民朋友一封信"35万封,印发宣传单、宣传册13万封,悬挂横幅4000余条,使农民朋友知晓政策。各中标企业也以市家电汽车下乡推广小组办公室定制的宣传内容为蓝本,在此基础上添加企业信息,自行印刷日常销售活动使用的宣传资料,既宣传家电下乡,又宣传企业品牌,还装饰"家电下乡"送货宣传车,穿梭于全市乡村,形成了良好的家电下乡宣传氛围。同时,利用电视台、广播电台举行政风行风热线的机会宣传家电汽车下乡政策,为广大农民解难答疑。二是分阶段进行不同方式的宣传。利用家电下乡宣传月、大篷车活动契机,组织销售网点到场销售,并开展有奖问答活动,大受农民欢迎。组织市、区县、乡镇财政干部,分片包干,走进行政村和自然村共计6000人次,通过集中宣传、入户宣传等形式,积极有效地宣传家电下乡政策。三是充分利用各种媒介,广泛宣传家电汽车下乡政策。利用电视、广播、报纸、通信等媒体,以短信、播放滚动字幕等方式进行家电下乡政策知识的宣传,使得广大农民最快、最有效地了解家电下乡政策。四是组织形式多样的特色活动。借助文化、电影下乡的契机,开展送文艺演出下乡进社区等活动,播放家电下乡政策宣传片等宣传影像150余场次。组织销售网点开展家电下乡扶贫销售和慈善募捐活动,现场保证质量、承诺售后服务,既提高了相关网点、企业的品牌知晓度和信誉度,又进一步宣传了家电下乡政策,使农民朋友买得放心,用得安心。通过开展各类形式多样的特色活动,展开立体式、全方位、广覆盖的宣传攻势,使家电下乡政策家喻户晓、妇孺皆知深入人心,努力不留一处政策宣传的盲点。

【加强网点监管,确保有序销售】在加强政策宣传的同时,着重加大了对销售网点的监督管理,以确保销售工作井然有序。一是统一制作公布材料,提高政策认知度。由财政局、商务局统一制作了授权的指定店牌子、"农民购买家电下乡产品须知",并要求网点悬挂和张贴,统一公布家电下乡调整后的产品价格和补助标准,并联合物价局统一制作了价格标签,进一步规范了网点行为。二是建立部门联动制度,落实部门责任。市财政部门积极会同商务、工商、质监、物价等部门,加大对产品质量、价格、宣传、销售服务、维修标准、退换货处理、信息系统及发票使用等方面的检查力度,对全市101个乡镇421家销售网点分批次进行了76次专项检查,打击假冒伪劣,杜绝出现"以旧翻新"等坑农害农行为。三是落实信息回访制度,坚决杜绝骗补行为。县、乡镇财政部门在进行补贴垫付资金清算时,对每个网点提交的补贴垫付清算资料,及时与家电下乡信息管理系统中相关数据进行比对,按照不小于兑付补贴资金20%的比例抽查户籍资料,由公安部门进行核实。对于异常数据或疑似骗补行为及时联合商务、工商等部门进行核查,并对相关消费者上门回访,同时及时将补贴结果进行公示,接收群众监督。五是建立了网点考评制度,实行销售网点"动态监督管理",对销售网点从家电下乡政策宣传、销售行为、销售总量、经营售后服务、信息报送等方面进行考评,根据考评结果对各网点实行动态管理,采取末位淘汰制。通过强有力地监督管理,规范了农村市场秩序,营造了良好的消费环境,使广大农民在家门口就能买到称心安全的产品,确保家电下乡产品销售工作有序开展。

在总结家电下乡工作所取得成效的同时,黄山市充分认识到家电下乡是党和政府发挥财政宏观调控作用,拉动经济增长的新途径,也是一项支农惠农,为农民办实事的"民心工程"和"民生工程",只有时刻将农民利益放在首位,在实际工作中不断创新工作方法,才能使这项好政策落到实处,达到最佳效果。在今后的工作中,黄山市将进一步加强与各兄弟市的沟通联系,借鉴大家好的做法和经验,将黄山市家电下乡工作做得更好。

(以上经验交流材料均为安徽省财政厅办公室供稿)

“十一五”财政篇

(2011) 安徽财政年鉴

全省财政“十一五”辉煌成就

“十一五”全省财政发展回顾

“十一五”期间，在省委、省政府的坚强领导下，全省各级财政部门深入学习实践科学发展观，积极应对各种挑战，全面落实财政宏观调控政策，取得了令人鼓舞的巨大成就。这五年，是财政综合实力显著增强的五年，财政运行质量不断提高，健康、可持续的财政收入稳定增长机制初步形成；是服务经济发展措施得力的五年，先后实施稳健的财政政策和积极的财政政策，相机抉择的财政宏观调控机制更加完善；是保障改善民生力度空前的五年，坚持将财力向基层倾斜，向新农村建设倾斜，向困难地区和困难群体倾斜，促进和谐的民生保障机制逐步健全；是公共财政体系不断完善的五年，财政制度改革向纵深推进，有利于科学发展的财政体制机制加快建立；是财政管理水平明显提高的五年，科学化精细化管理理念融入财政工作全过程，规范高效的财政监管机制基本确立，财政改革与发展迈上了新的台阶。

【不断创新发展思路，理财观念逐步转变】在科学发展观的指引下，确立了“四破四立”的理财观，即破除账房先生意识，树立主动理财理念；破除摇头先生意识，树立服务大局理念；破除财力困难意识，树立服务发展理念；破除主观臆断意识，树立科学理财理念。突出“推进科学发展、加速安徽崛起”主题，把财政工作重心进一步转变到“三保二促进”上来，即保运转、保民生、保稳定、促发展、促和谐；审时度势，主动作为，凝聚起做好“五篇文章”的强大合力，即围绕崛起做支持发展文章，围绕管理做规范理财文章，围绕民生做强农惠农文章，围绕和谐做工作协调文章，围绕效能做能力建设文章。

【不断加强理财治税，收入规模显著扩大】财政与经济良性互动格局更加稳固，全省财政收入规模连续跨越1000亿、2000亿元新台阶，2010年完成2063.8亿元，实现五年翻了一番多，其中：地方财政收入突破1000亿元大关，完成1149.4亿元，增长33%，总量和增幅均位居中部地区第2；全省财政收入五年累计完成6792.5亿元，是“十五”时期的3倍，年均增长25.7%；全省财政收入占GDP的比重由“十五”末的12.2%提高到2010年的17%；人均财政收入由“十五”末的1007元提高到2010年的3300元。财政收入质量稳步提高，税收收入占财政收入的比重达到85.6%。区域财政协调发展，合肥、芜湖等中心城市引领地位更加突出，皖北地区财政加快发展，县域财政发展强劲，涌现出24个财政收入超10亿元的县(市)。财政实力的不断壮大，为安徽跨越发展、加速崛起奠定了坚实的物质基础。

【不断发挥职能作用，宏观调控卓有成效】坚持把促发展作为首要任务，加大政府性投入带动投资快速增长，全省固定资产投资突破1万亿元大关，为经济社会长远发展积蓄了能量。全面落实结构性减税政策，安排25亿元财政资金支持市县建立中小企业担保基金和贷款风险补偿资金，着力建设全省信用担保体系，有力促进了全省中小企业发展。坚持把促消费作为应对危机的重要举措，深度挖掘城乡消费潜力，认真实施“四下乡、两换新”政策，累计补贴财政资金53.7亿元，家电下乡销售量和补贴兑付率稳居全国前列，“真金白银”的政策促进了消费市场繁荣。坚持把调结构作为财政调控的主攻方向，综合运用财政投资、税收优惠、资金扶持、贷款贴息等多种政策手段，大力支持自主创新，稳步推进合芜蚌自主创新综合改革试验区建设，启动实施国家技术创新工程试点省建设；大力支持区域经济协调发展，增加对皖北地区的均衡性转移支付，支持150个镇开展扩权强镇试点，支持皖江城市带承接产业转移示范区和合肥经济圈建设；加大节能环保投入，积极支持循环经济和低碳经济发展，加强重点流域污染防治，节能减排目标全面完成。

【不断优化支出结构，社会建设全面加强】全省财政支出规模实现新跨越，2010年达到2566.9亿元，是2005年的3.6倍，同比增长19.8%；五年累计完成8539.9亿元，是“十五”时期的3.2倍，年均增长29.2%。人均财政支出水平由2005年的1094元提高到2010年的3775元，跨越3000元新台阶。坚持调整和优化财政支出结构，不断加大公共服务领域的投入，优先保障和改善民生，教育、科技、文化、社保支出保持较快增长，有力促进了社会事业均衡发展。政法经费保障体制改革、工商管理体制改革和文化体制改革稳步推进。新型农村合作医疗实现全覆盖，基层医药卫生体制综合改革全面推开，新型农村养老保险试点顺利实施。财政应急保障联动机制不断健全，为应对一系列自然灾害和突发事件提供了坚强保障。在全国率先组织实施民生工程，民生工程项目从2007年的12项增加到2010年的33项，4年累计投入853.8亿元，人民群众生活质量和幸福指数明显提升，胡锦涛总书记两次视察安徽时对此充分肯定。

【不断加大“三农”投入，城乡统筹协调推进】全面落实强农惠农政策，全省财政“三农”累计投入2649.8亿元，投入总量、增量、增幅以及占财政总支出的比重逐年增加；通过“一卡通”发放各项财政涉农补贴492亿元，农民人均受益1217元。注重发挥财政支农投入的导向作用，跨部门整合涉农资金，提前完成农业产业化“532”提升行动；积极开展省级支农资金整合试点，支农资金使用效益不断提高；加大农业综合开发力度，改造中低产田629万亩，建设高标准农田35万亩；大力支持粮食生产“三大行动”，粮食连续七年丰产、五年创新高。大力支持农村交通、水利等重大基础设施建设，解决1195万农村人口饮水安全问题。加大财政扶贫投入力度，累计减少贫困人口173万人；扎实推进农村综合改革，乡镇机构改革、农村义务教育和县乡财政管理体制等重点改革任务基本完成。顺利实施义务教育经费保障机制改革，农村义务教育债务偿还兑付工作全面完成并顺利通过国家考核验收。村级公益事业建设“一事一议”财政奖补试点全面推进，村级组织运转经费保障机制和为民服务全程代理制不断完善。扎实推进社会主义新农村建设，大力实施“千村百镇”示范工程，让公共财政的阳光更多地照耀“三农”。

【不断深化财政改革，财政管理日趋规范】全面实施政府收支分类改革，推行政府预算体系改革，公共财政预算、国有资本经营预算、政府性基金预算和社会保障预算组成的财政预算体系逐步建立。进一步完善省以下财政体制，健全转移支付制度，完善省直管县财政体制和乡财县管改革措施。部门预算、国库集中收付、政府采购制度体系更加健全，收支两条线管理改革深入推进，政府非税收入管理改革不断深化，行政事业单位资产管理体制逐步理顺，预算绩效评价试点有序开展。启动惠民直达工程试点，加快构建“五个一”惠民政策落实新机制。积极稳妥地推进公务员津贴补贴改革和事业单位绩效工资改革。狠抓财政管理基础工作和基层建设，全面推进财政科学化精细化管理。加强预算执行管理，加快财政支出进度，千方百计提高预算执行率，降低年终结转率。扎实推进金财工程建设，着力构建覆盖所有财政性资金、辐射各级财政部门和预算单位的财政一体化管理信息系统。加强财政监督管理，树立“大监督”理念，完善财政监督体系，加强监督机构建设，大力推进“小金库”专项治理，坚持标本兼治，着力构建“小金库”治理长效机制。

【不断加强队伍建设，财政形象明显提升】坚持抓机关、带系统、促发展，相继开展了“岗位大练兵、作风建设年、创建五型机关、规范管理年，能力建设年、学习提升年”主题活动，成功实施“百千万培训工程”，对全省108名县区财政局长、1398名乡镇财政所长进行集中培训，分期分批对近4万名农村财会人员进行轮训，财政干部综合素质不断提高。招录了一批年轻干部，改善了干部队伍结构，为财政事业发展注入了新生力量。全面完成“五五”普法系列宣传活动，财政干部法制观念不断增强。扎实推进注册会计师行业党建，实现党的组织和党的工作在行业的全覆盖。全面加强党风廉政建设和反腐倡廉建设，规范权力运行，全面推行文明办公“五要五不”，扎实推进机关效能建设和政风行风建设，财政机关作风不断改进。大力加强财政文化建设，创作并广为传唱财政之歌《财缘》，组织开展全系统文体活动，涌现出一批体现时代精神和行业特点的文化精品。特别是2009年11月以来，大力弘扬沈浩精神，以“科学理财创先进、学习沈浩争先锋”为主题，开展创先争优活动，精心组织“五要五比”主题实践活动，即要主动理财，比科学发展；要解放思想，比改革创新；要爱岗敬业，比真抓实干；要节俭自律，比无私奉献；要服务至上，比优良作风，掀起了“学沈浩创先进争优秀”活动的热潮。“十一五”时期，全省各级财政部门始终坚持科学发展，努力培植壮大财源，为全省经济社会又好又快发展提供坚实的财力保障；始终坚持主动理财，服务大局，充分发挥财政职能作用，当参谋，解难题，促发展；始终坚持以人为本，把维护好、实现好、发展好人民群众的根本利益作为财政工作的出发点和落脚点，不断调整和优化支出结构，着力保障和改善民生；始终坚持规范管理，不断加强制度建设，努力促进财政管理规范化、科学化，发挥财政资金使用效益;始终坚持改革创新,用改革的办法解决发展中的问题,将创新作为推动财政发展的强大动力,促进财政经济持续健康发展。

(厅办公室供稿　韩永强执笔)

“十一五”全省财政信息化建设成效显著

“十一五”时期,我省金财工程暨财政信息化建设快速推进,基础设施建设和信息系统开发应用取得明显进展,现代信息技术为推进财政科学化精细化管理发挥了重要支撑作用。

【信息化基础设施建设稳步推进】一是实施完成了省、市、县三级财政计算机局域网、广域网更新改造,拓宽了省厅连接市县财政的网络专线,绝大部分市县财政部门完成了计算机机房达标建设。二是省厅实现了与财政部信息网络的专线连接,财政视频会议系统向上连接财政部,向下延伸到市县(区)财政部门。

【财政管理信息系统顺利开发应用】一是开发推广财政一体化管理信息系统。省厅依托财政部推广的金财工程应用支撑平台开发构建了财政一体化管理信息系统,实现了指标管理、国库集中支付管理、政府采购管理、公务卡报账管理、工资统发管理、账务管理、基础与项目信息管理等核心业务处理的紧密衔接和数据共享,在强化总预算指标控制流程的同时,简化了业务处室间、处室与省直部门间的对账核算,方便了对中央财政转移支付、支持区域经济发展等重点投向资金分配使用情况的统计监控。目前,正在组织市县财政部门实施应用该系统。二是开发应用电子化政府采购信息系统。省厅组织开发的电子化政府采购信息系统以采购网站和内外网信息交互,为采购人、采购代理机构、供应商、评审专家和监管部门,提供了“规范、透明、高效”的政府采购业务信息平台和一站式服务,方便了社会监督和政府采购业务监管。三是财税库银横向联网系统推广应用。该系统方便了省、市、县三级财政部门及时获取本级金库收入、电子税票和非税收入等信息。四是公务卡推广应用。作为深化财政国库管理制度改革的措施之一,公务活动实行公务卡刷卡结算模式已在十多个省直部门和部分市县进行试点应用。五是非税收入征收管理实现了信息化。省市县三级财政全面应用非税收入征管信息系统,并通过推行网上银行、电话银行、POS 机刷卡,以及银行批量代扣代划等非税缴费方式,方便了非税收入缴费及征收管理。六是县级财政会计集中核算向国库集中支付制度转轨全面完成。积极推进县级国库集中收付制度改革,国库集中支付信息系统在县级财政部门全面推广应用。七是全省会计人员信息实现了网络共享与管理。“全省会计从业资格考试网上报名管理系统”满足了全省每年数万名考生的网上报名、缴费和准考证下载打印等考务管理需求,“全省会计人员综合信息管理系统”方便了省市县三级财政部门对全省四十多万会计人员信息的网络共享与及时更新。八是企业财务信息实现了网上编报。纳入省级财政部门跟踪或管理的全省 1000 多家国有控股与非公企业的财务信息,每月通过企业网上填报与汇总后,及时报送财政部。九是乡财县管和涉农补贴“一卡通”系统方便了乡镇业务监管。县级财政通过县乡网络和乡财县管信息系统,实现了乡镇“预算共编、账户统设、集中收付、采购统办、票据统管”,规范了乡镇收支行为;涉农补贴项目及资金发放由乡镇上传报送县级财政审核后,统一打卡发放到农户存折,受益对象可通过电话或手机短信查询补贴信息。十是网站成为财政信息公开的首选。省财政厅在改进向“两会”代表提供省级部门预算查询服务的同时,高度重视加强财政网站建设。先后开通了安徽政府采购网、非税执收信息网、财政扶贫资金监测管理网、财政监督检查网、家电及汽车摩托车下乡财政补贴网、农村义务教育债务监管网、农村一事一议财政奖补信息网、会计从业资格考试报名网、会计行业管理网和注册会计师管理网,通过网站开展业务和宣传工作、与网民互动。财政厅门户网站年均访问量已突破 200 万次。“十一五”期间,省财政厅先后荣获“2006 年度优秀政府网站”、“2008 年度政府网站特色栏目奖”荣誉,以及省政府“数字安徽五年建设(2003—2007 年)先进单位”通报表彰。

(厅办公室供稿　韩永强整理)

“十一五”财政综合工作成就

“十一五”是财政综合工作改革与发展的重要时期。省财政厅综合处充分发挥职能作用,积极创新体制机制,努力推进财政改革,大力支持经济社会发展,较好完成了“十一五”确定的各项工作任务,全省财政综合工作迈上新台阶。

【全力推进政府非税收入管理改革，政府非税收入管理体制逐步建立，政府非税收入管理不断强化】一是健全政府非税收入政策体系，制定收入征收、缴库、收入管理、监督检查等一系列配套政策，为推进政府非税收入管理提供制度保障。二是健全政府非税收入征管体系，省市县财政部门先后建立政府非税收入征收管理机构，专司政府非税收入征收管理，为政府非税收入管理改革提供了组织保障。三是规范政府非税收入征管方式，落实收缴分离制度，确立了“单位开票、银行代收、财政统管”的新型征管运作机制。四是完善票据管理体系，建立“政府非税收入一般缴款书”为主体、“政府非税收入专用票据”为辅助的政府非税收入票据体系，健全财政票据管理制度，确保票据安全。五是建立全省政府非税收入信息化管理平台，实现财政部门与代理银行、执收单位之间的数据共享和信息交换，提升政府非税收入管理效能。六是深化政府非税收入预算管理改革，逐步建立政府非税收入分类纳入公共财政预算、政府性基金预算、国有资本经营预算的管理制度，规范了资金管理。

【认真清理规范行政事业性收费，积极运用收费政策，有效减轻企业和社会负担，优化经济发展环境】一是大力清理行政事业性收费项目。五年共清理取消和调整省级设立的行政事业性收费85项，其中涉企收费53项。二是规范收费项目审批。贯彻落实《行政事业性收费项目审批管理暂行办法》，严把立项审批关。按皖政〔2009〕22号文件要求，自2009年1月1日起，停止审批设立省级涉企行政事业性收费项目。三是主动公开收费项目。及时向社会公布取消和停征的行政事业性收费项目，定期公布国家和省保留的行政事业性收费项目目录，做到“阳光收费”，维护缴费人合法权益。四是实施收费优惠政策促发展。积极落实省委省政府保增长保民生保稳定的决策部署，围绕促进就业、加快服务业发展、推进城市低收入家庭住房保障、支持校舍安全工程建设等内容、出台一系列减免行政事业性收费优惠政策，促进经济社会事业的发展。

【规范公务员收入分配秩序，精心组织规范公务员津贴补贴工作，各项工作平稳有序推进】一是收入分配秩序进一步规范。全部兑现规范后的公务员津贴补贴，建立津贴补贴管理“四统一”的新机制，缩小同级政府不同部门之间的津贴补贴水平差距，使公务员津贴补贴水平与单位占有的国有资产和掌握的行政权力彻底脱钩。二是收入差距进一步缩小。严格审核确定市、县津贴补贴起步水平，对津贴补贴发放水平超过津贴补贴调控线的市征收津贴补贴调节基金，组织开展市县津贴补贴调整工作。三是保障机制逐步完善。制定出台《安徽省规范津贴补贴工作引发的有关事件应对预案》，印发《关于禁止利用互联网传播规范津贴补贴信息的通知》，全面落实离休人员待遇政策，按照同职级在职人员津贴补贴90%调整了离休人员补贴标准。四是监督检查不断强化。先后配合有关部门组织开展省直机关第一步规范津贴补贴实施情况自查和重点抽查、全省规范津贴补贴工作落实情况专项检查，对发现的违规问题进行严肃处理。

【深化城镇职工住房制度改革，充分发挥职能作用，不断强化保障性住房资金管理】一是省直驻肥单位住房货币化补贴发放工作有序推进，住房货币化补贴资金管理、申报和审核办法进一步完善，公有住房出售收入管理进一步加强，补贴资金纳入年度一般预算管理，多渠道落实住房货币化补贴资金。“十一五”时期，省直驻肥财政供给单位申报住房货币化补贴的单位已达到200余家，五年累计发放各类补贴资金2.1亿元，其中：省财政安排资金1.8亿元。二是住房公积金监管不断加强。加强对省直住房公积金管理分中心住房公积金业务的财务监督，省直住房公积金管理机构不良贷款“零记录”，会同有关部门组织开展各年度住房公积金管理机构业务考核、住房公积金专项治理督察，促进全省住房公积金管理机构提高管理水平。三是扎实推进廉租住房保障工作。制定和修订《安徽省廉租住房保障专项补助资金管理办法》，加大资金监督检查力度，充分利用廉租住房保障信息系统，进一步提高工作效率。“十一五”期间，共争取中央廉租住房专项补助资金17.5亿元，安排省级“以奖代补”资金6000万元。四是稳步推动公共租赁住房建设。参与制定《安徽省关于加快发展公共租赁住房的实施意见》，下发《安徽省补助公共租赁住房专项资金管理办法》，及时分配下达中央财政补助我省公租房资金和省级配套资金，推进我省公共租赁住房发展。

【严格落实国家土地宏观调控政策，不断完善土地财务管理制度，规范国有土地出让收支管理】一是切实加强新增建设用地土地有偿使用费征收管理。自2007年1月1日起，按照国家规定提高土地有偿使用费征收标准，调整土地有偿使用费缴库方式，实行中央与地方3：7分成比例缴库，地方分成的70%

部分,一律全额缴入省级国库。二是全面落实规范国有土地使用权出让收支管理规定。自 2007 年 1 月 1 日起,国有土地出让收入全额缴入地方国库,所有土地出让支出一律通过地方基金预算从土地出让收入中予以安排,实行彻底的“收支两条线”管理。三是不断完善土地财务管理制度,严格规范土地储备中心财务管理,建立国有土地收益基金,避免土地收购储备过度依赖银行贷款,多渠道筹集土地收购储备资金,降低财政风险。四是建立健全统计报告制度,积极构建国有土地使用权出让收支统计报表体系,及时掌握土地出让基础数据和土地收支管理基本情况,为制定完善国有土地出让收支管理政策提供有效依据。五是深入开展土地宏观政策调研,围绕土地出让金管理各个环节,多角度、多层次研究土地出让金财政管理与土地宏观调控问题,为开展土地出让收支实际管理工作提供理论依据。

【强化彩票市场监管和彩票资金管理,促进彩票市场持续稳定健康发展,合理运用公益金支持社会事业发展】一是进一步加强彩票市场监管。针对彩票发行销售环节存在的主要问题,会同有关部门及时制定下发政策文件,规范发行销售行为,开展彩票机构发行销售和财务管理专项检查,有力地维护了彩票市场秩序和彩票公信力。二是规范彩票公益金管理,明确省与地方及省本级彩票公益金分配政策,及时转发《彩票公益金管理办法》,将彩票公益金按照基金预算管理办法纳入预算管理,调整彩票公益金收缴办法,建立彩票公益金筹集分配和使用情况报告及公示制度。三是加强对省级彩票机构发行费的收缴管理。支持彩票机构根据市场销售形势,优化彩票品种结构,适时开展促销活动,扩大彩票销量,筹集资金,支持社会公益事业发展。牵头组织编撰《安徽彩票二十年》大型画册,增强彩票公信力和社会影响力。四是加强青少年校外活动场所建设资金管理,提高资金使用效益。“十一五”时期,彩票销售额达 150 亿元,共筹集彩票公益金 48.2 亿元,有力地支持了青少年校外活动场所建设、大型体育场馆建设、重要体育赛事、农村五保供养机构建设等社会公益事业发展以及民生工程资金配套。

(厅综合处供稿　李燕整理)

“十一五”我省税收制度改革财政法制建设成效综述

【财政税政建设方面】一是贯彻落实积极的财政政策,沉稳应对金融危机影响。积极参与制定《安徽省人民政府关于促进经济平稳较快增长的若干意见》,牵头起草并由省政府办公厅下发了《关于进一步减轻企业负担的若干政策意见》等政策,缓解了企业资金困难,受到企业普遍欢迎。据统计,2009 年全省实行“五缓四降三补贴”政策,共计减轻困难企业负担 26 亿元;全省实行政策性减税,取消和停征 114 项涉企收费等措施,每年减轻企业及社会负担达 140 亿元;骨干企业缓交税款 20 多亿元。二是强化财税政策引导作用,推动经济转型升级。1. 着力提高自主创新能力。以合芜蚌自主创新综合配套改革试验区建设为引领,充分运用市场机制,建立财政资金为引导,社会资金参与的多元化、多领域投融资机制,吸引更多国内外资本投资创业。充分发挥财政政策、资金的引导和杠杆效应,安排 18 亿元财政资金,在区域内建立 8 只风险投资基金,围绕重点产业和关键技术,集中力量加以扶持。2008 年以来,全省兑现科技创新优惠政策减免税收近 100 亿元。2. 大力支持承接产业转移。认真分析国家各类试验区和示范区财税政策特点,牵头梳理和制定 12 项财税政策,纳入皖江城市带承接产业转移示范区政策体系。密切跟踪国家鼓励各类国家级区域建设新政策,千方百计争取国家在皖江示范区建设上的优惠税收政策。3. 积极推进节能减排。综合运用税收、减费、贷款、贴息等政策,加大推进重点行业和企业节能减排力度,推进现代服务业、新能源、节能环保等战略性新兴产业加快发展。三是用足用活税收政策,提高税收政策实施绩效。认真做好公益性捐赠税前扣除工作。先后认定了安徽省黄梅戏艺术发展基金会、中国科学技术大学教育基金会等 8 家公益性组织。截至 2010 年底,8 家公益性组织已接受企业捐赠 1 亿多元。会同相关单位审核确定我省第一批 127 家经营性文化事业单位转企改制名单,2006 年至 2008 年,全省转制单位和新办文化企业减税达 7.05 亿元。大力扶持重点骨干企业和特色产业发展。强化服务意识,主动服务企业,对有关企业涉税问题和特色产业发展问题加强与财政部沟通、汇报,请求给予支持。省财政通过资金、税收等政策扶持重点骨干企业发展,“十一五”期间,每年安排奇瑞集团和江汽集团研发补贴各7000万元。四是认真做好财税基础工作,为领导决策提供科学依据。自2004年起,在全省范围组织开展重点产品国际竞争力调查工作,并对调查数据进行全面分析比较,提出具体并切实可行的关税政策调整意见供财政部领导参考。认真开展税源调查工作。2006年以来,根据财政部安排积极组织开展企业所得税税源调查工作,每年调查户数在1700户左右,大大超过财政部要求调查的1200户,并加强数据审核,保证数据质量。积极组织开展房地产税模拟评估试点。2007年,国家税务总局和财政部批准我省作为房地产模拟评税试点省份,我省制定了《安徽省房地产模拟评税试点工作实施方案》,选择物业分布状况具有一定代表性的芜湖经济开发区和马鞍山市经济开发区,对其物业情况进行了细致深入调查研究。

【利用关税政策调整助推经济发展概述】“十一五”期间,我省结合经济社会发展情况,每年均向财政部建议调整相关产业关税政策。在我省的建议下,2008年,财政部下调叉车用汽油发动机进口关税暂定税率由8%降到6%。2009年,对薄荷原油进口关税暂定税率由15%下调到8%,对部分小轿车加工模具进口关税暂定税率由8%下调到4%,增列“宣纸”、“光学色差颗粒选别机”和“逆变器”等税目

【财政法制建设概述】一是财政制度建设。结合财政工作和地方工作实际,认真做好全国人大、财政部、省人大、省政府法制办等部门转来的各类法律、法规和部门规章征求意见稿的审核工作,“十二五”期间共计对235件征求意见稿提出意见。同时强化自身制度建设,2006年,在省政府法制办的指导下,对我省财政法律、法规和规章进行了全面梳理,确定财政执法种类包括行政许可5项、行政给付1项、行政处罚92项、行政征收4项、行政审批24项、行政强制1项、其他具体行政行为24项。二是财政规范性文件制定和清理。认真做好规范性文件清理工作,2006年以来,先后组织财政规范性文件清理3次,有步骤地对新中国成立以来财政相关规范性文件进行全面、系统的清理、鉴定,共清理规范性文件307件,其中:已废止文件43件,已宣布失效文件11件,已修改文件8件,继续有效文件245件。三是财政行政执法监督。不断创新工作机制,健全和完善财政行政复议和处罚听证会工作制度,提高办案质量和效率,较好地维护了当事双方的合法权益。为规范行政执法行为,严格行政执法队伍管理,做到持证上岗、亮证执法,2010年精心组织全省财政行政执法人员资格认证统一考试。四是财政行政审批制度。进一步规范财政行政审批事项的管理,截至2009年底,经省政府批准,决定取消和调整财政行政审批47项,保留行政许可18项,非许可审批52项。与公共财政体制相适应的财政审批管理制度正在逐步建立。五是严格税收政策把关。对省政府拟发的有关文件的税收条款认真审核,在保证国家出台的税收优惠政策得到贯彻落实的同时,及时纠正和杜绝各地随意出台减免税、先征后返等税收优惠政策的不当行为。六是财政普法工作。以财政“五五”普法工作为依托,通过各种形式强化财政干部法律知识。

(厅税政条法处供稿 杨玉林整理)

“十一五”财政国库工作回顾

“十一五”时期,我省紧紧围绕财政国库管理制度“横向到边、纵向到底”的改革目标,按照厅党组的统一工作部署,积极推进改革向纵深发展并取得显著成效,在增强财政宏观调控能力,加强财政监督,保障财政资金安全,提高财政资金使用效益等方面发挥了积极作用。

【省、市两级国库集中支付资金范围逐步扩大】“十一五”时期,省、市两级实施国库集中支付改革的资金范围逐年扩大,涵盖了一般预算资金、非部门预算资金、政府性基金等各类财政性资金。2007年以来,省级预算内所有财政性资金全部纳入了国库集中支付范围,部分市按照《财政部关于深化地方国库集中收付制度改革的指导意见》,将预算外资金也纳入国库集中支付范围。2005年,省、市财政国库集中支付资金规模为353亿元,2009年,省、市财政国库集中支付资金规模为907亿元,是2005年的2.6倍,其中,省级国库集中支付资金达到519亿元。

【县级国库集中支付制度改革全面推开】在做好巢湖、亳州、池州3市会计集中核算与国库集中支付制度的衔接转轨工作的同时,按照国库集中支付改革的规范要求,结合县级财政管理特点,全面推开76个县(市、区)衔接转轨试点工作,初步实现了全省全面推行国库集中支付的改革目标。2006年,选择金寨县率先开展县级会计集中核算与国库集中支付的

衔接试点。2007 年和 2008 年,分别选择 13 个县(区)和 15 个县(区)开展两种模式衔接试点。2009 年,在总结县(市、区)改革试点经验的基础上,按照组织机构到位、工作重点到位、改革步骤到位、硬件软件到位、服务水平到位的整体改革要求,将其余 47 个县(市、区)全部纳入了国库集中支付制度改革范围。

【预算单位公务卡制度改革稳步推进】按照财政部的统一部署和要求，2007 年，印发了《省级预算单位公务卡管理暂行办法》，对公务卡日常管理、支付管理、财务报销管理和各部门管理职责等作出明确规定，同时督促国库集中支付代理银行开发了公务卡管理系统。2008 年，召开省直预算单位公务卡改革试点工作会议，进行改革动员部署和业务培训，选择省药监局、省交通厅、省质监局等 10 个单位开展试点工作。各试点单位与工商银行签订了公务卡项目协议，办理公务卡 1220 余张。为研究解决试点工作中的重点和难点问题，10 月份召开了各有关方面参加的首批省级预算单位公务卡改革试点座谈会，推动试点工作进一步深入开展。同时，积极推进市级公务卡制度改革，部分市开展了公务卡改革试点。

【中央专项资金国库集中支付管理不断加强】通过省级财政国库集中支付的中央专项资金由 2006 年的农村义务教育资金逐步扩大到政策性农业保险、化解农村义务教育债务、新型农村合作医疗、汽车下乡、家电下乡、汽车以旧换新、城市义务教育等专项资金。为加强中央专项资金国库集中支付管理，省财政制定相关管理办法，建立健全操作规范，对专项资金预算文件下达、用款计划编报、支付申请审核、会计账务处理、票据传递等各项工作做出规定，完善全省特设专户账户开设和备案手续。

【财税库银税收收入电子缴库横向联网取得实质进展】2007 年，向财政部、国家税务总局和中国人民银行报送《关于参加全国财税库银税收收入电子缴库横向联网试点的请示》，选定铜陵市为安徽省开展财税库银税收收入电子缴库横向联网工作的首批试点市。2008 年，批复 10 个市开展试点工作。2009 年，省财政联合省国税局、省地税局、人民银行合肥中心支行成立了横向联网工作领导小组，建立工作协调机制，保障全省各市财税库银税收收入电子缴库横向联网全面实施。按照财政部、中国人民银行《关于财政部门与人民银行国库横向联网接口软件上线工作流程有关问题的通知》要求，财政和人行国库相互协作和配合，2009 年分阶段共同完成了财库联网接口软件上线工作。2009 年，全省 17 个市、61 个县共 156 家国库、156 家财政机构、174 家国税机构、151 家地税机构以及各商业银行实现了联网。全年处理电子缴税业务 165 万笔，金额 617 亿元。

【财政国库集中支付系统逐步完善】省级财政初步形成包括预算指标管理、用款计划控制、支付申请及审核、支付资金清算、会计核算、资金支付动态监控等各环节紧密相连的国库集中支付系统管理体系。市级国库集中支付系统建设逐步完善。2006 年，根据新的政府收支分类科目，修改完善全省国库集中支付系统、国库集中支付网上申报、审批和支付系统、财政总预算会计软件，重新修订制发财政国库集中支付新凭证，满足了改革需要。2007 年，省财政厅统一为条件成熟的市安装国库集中支付网上申报、审批和支付系统。2009 年，省级国库集中支付动态监控系统全面上线运行，实现从预算单位申请支付、财政部门集中受理、代理银行业务办理、公务卡消费明细、预算单位零余额账户、资金到账反馈等集中支付全流程信息的全面采集和实时监控。

【国库集中支付工作流程不断规范】一是规范国库集中支付用款计划管理。2007 年，印发了《关于调整省直预算单位基本支出用款计划的通知》，对预算部门和单位的人员支出、日常公用支出、对个人和家庭的补助支出、离退休支出等基本支出，由国库支付中心根据年初预算，按照季度均衡的原则，在每季的第一个月将该单位的季度用款计划一次性下达，并据此审核资金支付。2009 年，对预算部门的基本支出，由按季度均衡下达用款计划改为按每半年下达一次用款计划。二是认真审核预算部门项目支出用款计划，严格落实审批限时制度。对符合条件的用款计划一律实行限时办理、超时默认。对应急性、突发性的用款计划，实行特事特办、随到随批。三是加强国库集中支付资金运行管理。认真督促预算部门按照规定的支付方式和程序，及时、规范办理财政直接支付和授权支付业务，严格按照批复的预算、用款计划和项目的进度支付资金。四是加强退回资金的安全管理，建立起规范的省级国库集中支付资金退回业务流程。五是新增招商银行、交通银行为省级国库集中支付代理银行。六是研究建立促进代理银行不断提高服务质量的长效机制。

“十一五”时期，国库管理制度改革得到全省各地、各部门和预算单位的广泛认同，成为财政财务管理的一项重要基础性制度。同时，改革虽然取得重大进展，但全省现代国库管理制度的真正建立尚需时日，国库管理制度改革要进一步深化和完善。

（厅国库处供稿　马锐执笔）

“十一五”政法财务管理工作回顾

“十一五”期间，中央、省和市县财政部门不断加大经费投入，较好地保证了全省政法工作的开展，可以说，“十一五”是政法部门经费保障体制改革及经费保障水平猛进增长的5年，也是政法部门经费管理水平大幅度提高和管理制度不断完善的5年。

【政法体制改革成果显著】一是政法经费保障体制改革。2009年，我省省以下政法机关经费保障体制由过去的“分级管理、分级负担”改革为“明确责任、分类负担、收支脱钩、全额保障”的新体制，改革涉及范围为法院、检察院、公安、司法行政机关。改革的目标就是要通过中央、省、市、县财政的共同保障，规范管理，使市县和基层政法部门经费保障水平有明显的提高，职能得到充分发挥，尽快建立符合我省实际，更加完善、更加科学、更高水平的政法经费保障体制。改革后，中央和省对下安排的政法转移支付资金约是改革前的4倍，翻了两番。二是全省公安交警（不含高速公路交警，下同）经费管理体制改革。从2009年1月1日起，交警经费收支管理由过去的“以条为主、条块结合”改革为收支下划市县管理，由同级财政部门编制完整的公安部门综合预算，公安交警部门的预决算和财务管理由同级财政负责。三是配合做好监狱体制改革工作。根据国务院批复，2008年底，我省正式实施监狱体制改革工作，改革的目标是“全额保障、监企分开、收支分开、规范运行”。按照国务院、省政府的规定和要求，全力做好省级资金的供给和中央财政改革资金的管理，保障改革的顺利推进。积极支持白湖监狱、九成监狱分离办社会职能，撤销派出所、法庭，移交中小学校、村庄等给当地政府，对承担接收任务的市县（区），在正式接收后，省财政将在转移支付等问题上，予以充分考虑和倾斜，加快分离监狱办社会职能。四是配合做好工商管理体制改革工作。按照党中央、国务院要求，工商行政管理机关必须与所办市场彻底脱钩，要按照“人随市场走，债随市场移”原则，实行管办脱钩，管办分离，将所办市场交当地政府。为彻底解决工商系统的历史遗留问题，根据省政府的部署，2008年省财政共安排7.6亿元，分流安置脱钩人员1万多人，顺利完成了“办管脱钩”。同时，将编制内人员经费和专项经费全部纳入省财政预算，理顺了全省工商系统财政供给关系。另外，2008年，国务院决定自9月1日全国停征工商征收“两费”后，我省减收近亿元，省财政厅积极向财政部、国家工商总局汇报，争取中央财政资金，另外，利用“两费”外超收资金，确保工商部门当年预算不作调整顺利执行，同时发放了市县工商部门的津补贴。五是做好法院诉讼费改革后的经费保障工作。2007年4月1日，新《诉讼费用交纳办法》实施后，全省各级法院诉讼费收入大幅下降。为了解决基层法院办案经费困难，2007—2008年，中央和省财政下达各市县（区）法院办案补助经费近3亿元，有效缓解了各级法院经费困难，保障了法院工作的正常开展。

【政法经费大幅增长】“十一五”期间，全省公共安全支出为436.7亿元，年均递增17.2%，增长较快的主要原因：1. 加大基本支出投入，制定出台公用经费保障标准。一是制定出台了县级政法机关公用经费基本保障标准。2005年我省出台了县级公安机关公用经费基本保障标准，最低不低于1.7万元/人. 年。2006年，出台县级法院、检察院公用经费保障标准；2008年，出台县级司法行政机关公用经费保障标准，全省县（区）基本按要求达标，总体执行情况良好。2009年，我省实施政法经费保障体制改革工作，对县级政法机关公用经费适时进行修订。二是制定出台市县消防部队消防业务费保障标准。2008年，制定出台市县消防部队消防业务费保障标准；另外，对一线消防执勤车辆，水罐消防车按2万元/辆、年，泡沫等特种消防车按3万元/辆、年的标准安排车辆运行消耗经费。截止2010年底，全省市县均已按标准安排消防业务经费。三是监狱基本支出经费标准全部达标。2007年，财政部和司法部对监狱基本支出经费标准进行了调整，原则上3年达标。省财政积极落实支出标准，监狱经费保障水平逐年提高，2009年全部达标。劳教单位参照监狱标准执行，也已全部达标。

2. 加大办案、装备经费投入，提高政法部门办公办案效率。一是中央和省加大对市县政法部门投入。2006—2008 年，中央和省财政对市县安排政法补助专款共 7.9 亿元（其中省财政配套 1.8 亿元），全部用于补助省以下政法部门装备、办案和维修。2009 年实施政法经费保障体制改革后，中央政法补助专款改为政法转移支付资金，2009 年一次性就达 20.5 亿元（其中省级配套 9.29 亿元），是 2006—2008 年政法补助专款三年总和的 2.6 倍。县级政法部门办案（业务）经费和装备经费人均增加 2.54 万元，市级人均增加 1.27 万元以上。二是全省政法部门信息通信专网全面建成并正式运行。从 2001 年起，我省就启动全省政法部门信息通信专网共建项目，2003 年，实施省级专网，2004—2005 年，实施市级专网，2006 年，启动县级专网建设，2007 年 6 月，全省政法部门信息通信专网全面建成并正式运行。全省政法专网建设共投入资金 3.5 亿元，共购置网络数据交换设备 964 台（套）、视频会议设备 496 台（套）、语言设备 470 台（套）。三是重大装备项目全部顺利实施。2007—2010 年，省财政每年安排 400 万元，合计 1600 万元实施安全机关“三大工程”二期项目；每年安排 1500 万元，合计 6000 万元加强全省县级消防部队装备建设；每年安排 122 万元，合计 488 万元加强重点市第三期消防特勤装备建设。2006—2010 年省财政每年安排 1000 万元，合计 5000 万元支持省属监狱布局调整工作。2008 - 2012 年，省财政每年投入 2000 万元，合计 1 亿元专项用于全省公安机关科技强警项目建设。四是加大对重点项目的保障。支持全省公安机关“三基”建设、省公安厅和省安全厅技侦共建项目；支持我省第二代居民身份证的换发工作。支持开展死刑二审公开开庭审理工作；认真做好诉讼费减收后各级法院办案专款的分配和拨付工作。改革并解决高速交警罚没收入异地收缴问题。支持国防和后备力量建设，支持全省基层武警部队基础建设，管好民兵建设经费。落实中央招录政法干警政策，核定标准，安排招录经费。支持司法行政部门法律援助、人民调解、社区矫正工作等。

【专项资金管理卓有成效】“十一五”期间，中央、省和市县财政部门不断加大对政法部门的经费投入，要充分发挥财政资金的使用效益，就要管好用好财政资金，切实加强资金的管理和监督。一是加强预算管理。按照中央和省有关文件规定，根据我省财政改革的需要，在充分调研、科学论证的基础上，合理安排政法部门经费预算，并结合政法部门的实际需求，及时追加预算，保证了政法机关的基本需求。二是加强制度建设。“十一五”期间，及时制定或修订各项政法专项经费管理办法和政法财务管理制度，如《安徽省工商行政管理专项补助经费实施细则》、《安徽省省直监狱罪犯劳动补偿费管理暂行办法》、《安徽省政法经费分类保障办法（试行）》、《安徽省关于加强政法经费科学化精细化管理的指导意见》、《安徽省政法转移支付资金管理办法》等。这些制度的制定，规范了政法财务工作的管理，完善了工作规程，减少了专项资金使用的随意性，提高了财政资金使用效益。三是加强绩效考评和监督检查。将政法资金的绩效管理列入工作重要议事日程，明确绩效管理的重点，通过日常检查、重点检查、专项检查、跟踪检查相结合的方式，加强财政支出管理，提高财政资金使用绩效。每年对全省市县进行专项检查，全面了解掌握政法资金使用情况，对发现抵顶、截留等违规违纪问题，及时进行纠正，确保资金发挥最大效益。四是加强学习培训。对市县财政部门有关财务人员进行系统的培训和学习，更新理财观念和财务知识，提高财务管理水平。

（厅政法处供稿　陈晋整理）

“十一五”我省教科文事业蓬勃发展

“十一五”以来，全省各级财政部门深入贯彻科学发展观，认真落实中央及省委、省政府的各项决策部署，建立健全财政教科文投入保障机制，着力保障和改善教科文领域的民生，努力推进教育公平，大力促进自主创新，全面落实文化强省、职教大省、高教强省等发展战略，不断提高教科文财政管理水平，各项工作取得了新的成绩。

【努力增加对教科文事业的财政投入】“十一五”期间，我省各级财政部门进一步树立大局意识和全局观念，认真落实教科文各项投入政策，投入规模实现了新的突破。全省教科文支出 2006 年为 192.58 亿元，2007 年为 268.16 亿元，2008 年达到 359.65 亿元，2009 年达到 425 亿元，2010 年达到 506.5 亿元，年均增长 29.3%，“十一五”期间，每年跨上一个百亿元新台阶。同时，各级财政部门积极调整和优化投入结构，将公共财政资源向基层倾斜、向农村地区倾斜，为全省各项社会事业协调发展提供了有力保障。

【全力保障教育优先发展】 一是深入推进城乡义务教育经费保障机制改革，实现免费教育。在金寨、青阳两县试点的基础上，2007 年率先在全国实施了城乡一体的义务教育经费保障机制改革，并将此项工作纳入安徽省民生工程。2007 年以来，我省对义务教育保障机制改革累计投入达到 174 亿元，实现了义务教育全免费。二是积极支持教育管理与改革，助推义务教育均衡发展。省财政主动配合教育部门全面推进实施中小学学籍信息化管理工作。实行统一的学籍管理为财政安排分配教育经费提供了重要依据，保证了财政资金分配的科学性、公平性、公正性，促进了义务教育均衡发展。三是切实保障校舍安全，建立健全校舍维修长效机制。从 2007 年起，我省连续两年将农村中小学危房改造纳入民生工程，各级财政共投入资金 18 亿元，顺利完成了 304 万平方米 D 级危房改造任务。同时，每年安排校舍维修改造专项资金 4.92 亿元，中小学校舍安全状况及办学条件得到了很大改善。2009 年起，我省启动实施校舍安全工程，计划用三年时间投入资金 129.27 亿元，加固和重建校舍 2427.9 万平方米。2010 年我省校舍安全工程总投入达 50 亿元，计划加固改造公办中小学校舍面积 1056.6 万平方米。四是建立健全家庭经济困难学生资助政策体系，解决家庭经济困难学生的就学问题。从 2007 年家庭经济困难学生资助政策的实施以来，全省各级财政共筹集和发放资助资金 35.5 亿元，惠及百万学子。五是积极落实职业教育、高等教育发展政策，促进职业大省、高教强省建设。2009 年，我省出台了职教大省发展规划，省财政积极调整结构，统筹职教经费，加大职教投入，推动职教大省建设的顺利实施。2005 年以来，共投入实训基地建设资金 2.39 亿元，争取中央资金 1.2 亿元，有力推动我省职业教育向纵深发展。各级财政共投入“211 工程” 10 亿元，推动高校的基础设施建设。从 2000 年以来，我省共有中央与地方共建高校的实验室项目 124 个，获中央建设经费 3.53 亿元。

【大力支持科技自主创新】 一是重点保障合芜蚌自主创新试验区建设。省财政从 2008 年起，每年安排 5 亿元专项支持试验区创新体系建设。目前，省及合芜蚌三市已安排专项资金 54 亿元。二是积极推进国家技术创新工程试点省建设。从 2010 年开始，省财政每年安排试点省专项资金 2 亿元，主要支持合芜蚌以外的 14 个市的重点科技项目。三是完善省创业风险投资引导基金。截至 2010 年底，各级财政共安排创业投资引导资金 6.4 亿元，支持创建了 13 家投资基金公司，撬动的资金总规模达到 40.2 亿元，累计完成投资 10.6 亿元。另外，2010 年底，我省集中财力一次性安排专项资金 20 亿元，用于支持建立战略性新兴产业发展引导资金和风险投资引导基金。

【着力推动文化繁荣发展】 一是积极构建公共文化服务体系。从 2006 年以来，各级财政共投入专项资金 15 亿元，支持实施广电“村村通”、文化信息资源共享、博物馆免费开放、农村电影放映、农家书屋、流动舞台车和农民体育健身等工程，推动了公共文化服务体系建设。二是支持文化体制改革和推动文化产业发展。省财政切实履行职责，积极响应文化强省战略，从财政投入、财税政策、投融资管理、收入分配、人员分流安置、社会保障等方面，全力做好财政服务工作。同时，设立 1 亿元文化强省专项资金，支持文化产业发展。“十一五”期间，安徽文化产业形成了报业、出版、发行、演艺、广电五大集团齐头并进的崭新格局，实现了安徽文化产业的跨越式发展。

【支持人口和计划生育利益导向体系建设】 省财政在切实落实计生投入政策的基础上，积极会同计生部门建立完善我省计划生育利益导向体系。从 2008 年起，农村部分计划生育家庭奖励扶助制度、计划生育家庭特别扶助制度先后被纳入民生工程，在此基础上，我省在皖北和沿淮的 23 个县（市、区）积极开展长效节育措施试点工作，对农村双女户在规定时间内自觉落实绝育措施的，一次性发放不少于 3000 元的节育奖励金。2010 年又进行了提标扩面，增加了濉溪县，标准提高到 4000 元。随着农村计划生育家庭奖励扶助制度、计划生育家庭特别扶助制度、长效节育措施奖励试点工作的实施，我省基本建立了以“三项制度”为核心的人口和计划生育利益导向体系。

（厅教科文处供稿　侯正华整理）

“十一五”省社会保障事业回顾

“十一五”时期，全省各级财政部门紧紧围绕省委省政府中心工作，按照十七大提出的“加快建立覆盖城乡居民的社会保障体系，保障人民基本生活”的要求，积极探索社会保障制度改革，调整完善各项政策，不断加大财政投入，全省社会保障事业的发展取得了显著成绩。

【就业形势基本稳定】 一是促进和稳定就业工作扎实开展。省财政实施积极的财政政策，先后制定就业专项资金使用管理、创业培训管理等一系列文件，从政策依据、资金补助、金融担保、财政贴息、税费优惠等方面完善支持就业的财政政策，全力推进就业工作。二是各项就业政策得到有效落实。应对国际金融危机，我省实施援企稳岗“五缓四减三补助”政策，累计为1917户困难企业发放岗位补贴资金4.3亿元，享受人数64.3万人；为952户困难企业发放培训补贴1.5亿元；对700户困难企业给予3.5亿元岗位补助和社保补贴。三是财政就业资金监管不断强化。先后制定了就业再就业、再就业技能和职业介绍补贴、岗位专项补助、社保补贴、特定政策补贴等一系列就业补助资金管理办法，进一步规范就业资金的筹集、使用范围、补助标准及审核审批拨付程序。

【社会保险事业发展迅速】 一是城镇企业职工基本养老保险“统调结合”的省级统筹模式已经建立；新型农村养老保险制度试点工作全面启动，全省26县（区）试点工作稳步推进；被征地农民社会保障工作扎实开展。二是城镇职工基本医疗保险制度已经覆盖全部城镇居民；构建了以基本医疗保障为主体，以保障大病风险为重点，兼顾多层次需求的医疗保障体系；城镇困难企业职工和退休人员医疗保障问题已基本解决。三是失业保险全部实现市级统筹；私营、民营企业全部纳入参保范围；劳务派遣人员和灵活就业人员参加失业保险问题得到妥善解决；地方性法规逐步完善。四是工伤保险市级统筹工作基本实现；工伤保险政策体系、组织体系和技术操作体系进一步健全和完善；省、市两级工伤保险储备金制度、工伤保险待遇随经济发展适时调整及工伤预防优先等工作机制已经建立；各类企业职工、事业单位、民办非企业单位工作人员及农民工全部纳入工伤保险覆盖范围。五是生育保险覆盖范围逐步扩大到城镇所有职工；生育保险市级统筹工作逐步开展；生育保险医疗服务管理体系和费用结算办法已经建立，不断完善省直职工生育保险定点医疗机构服务考核办法。

【优抚、福利、救济事业深入开展】 一是社会优抚事业稳步推进。在全国率先建立重点优抚对象抚恤补助标准自然增长机制，普遍推行社会化发放制度，广泛开展走访慰问和优抚对象解困活动；积极支持优抚医疗保障建设，率先在全国出台《安徽省重点优抚对象医疗保障实施意见》；不断加强优抚事业单位建设，积极推进“荣康医院”、“荣军医院”等省级重点优抚医院搬迁新建工作。二是社会福利事业取得新成绩。不断推进社会救助福利体系建设，安徽省老年福利（康复）中心建设项目进展顺利，城市“三无”老人供养水平逐步提高，养老服务事业发展迅速，残疾人福利事业成效显著。三是社会救济事业持续发展。全省各级财政共投入农村五保供养经费24.4亿元、五保供养服务机构建设经费8.8亿元，五保户的基本生活问题得到初步解决；农村危房改造试点工作稳步推进，共发放补助资金4.48亿元，完成危房改造7.24万户；居民最低生活保障制度逐步完善。城乡医疗救助工作积极开展，将农村低保对象、五保户、重点优抚对象纳入救助范围，救助对象向低收入困难群众全面扩展。四是医疗卫生事业快速发展。医疗卫生服务体系建设显著增强，医药卫生体制改革进展顺利，医疗卫生服务能力明显增强，基层医疗卫生机构财政保障机制基本建立；中医药服务能力显著提高，省、市、县三级药品检验体系、药品抽验、快速检验制度和抽验经费正常增长机制基本建立，检验水平和能力不断提高。

（厅社保处供稿　吴昌好整理）

“十一五”财政企业工作成就

【争取中央政策性关闭破产补助资金】 2006—2010年，我省江淮航空仪表厂、淮南煤矿机械厂、合肥纺织纤维总厂、芜湖造船厂、铜陵有色第一冶炼厂等企业、淮北矿业集团临涣煤矿等项目列入国家政策允许关闭破产的范围之中。经过努力，共争取中央财政企业关闭破产补助资金353113万元，为我省企业实施政策性破产创造了有利条件，较好地解决了企业关闭破产资金不足的难题。同时，也促进了我省经济结构调整和企业扭亏脱困，提高了国有企业整体素质和市场竞争力。争取关闭小企业中央财政专项补助资金4689万元，并按照规定及时下拨到有关市县（区）。

【支持国有企业改组改制】 各级财政部门按照

“抓大放小”和“有所为，有所不为”的方针，积极参与并支持国有企业的改组改制工作。截至2009年底，全省770户国有大中型企业，对外出售和关闭破产的439户，剩余331户，已完成改革的329户，改制面达99.4%。其中，125户改制为股份有限公司，204户改制为有限责任公司。列入《安徽省“十一五”国有重要骨干企业改革重组规划》的64户市属国有重要骨干企业已有61户完成改制。全省国有大中型企业基本完成了公司制改革，初步建立了现代企业制度。全省列入《安徽省“十一五”期间国有集体中小企业改革规划》的企业，2009年底实现改革任务已超过三分之二。省财政安排资金2.6亿元，支持省国有资产运营公司和省科技产业投资公司打包打折受让华融、信达、长城、东方4家资产管理公司在皖不良金融资产。两家公司已陆续与合肥等市正式签署不良金融资产分包处置协议，确定不良金融资产的打包范围、转让价格和价款支付方式。为支持促进改制存续企业及重点企业的发展，省财政返还企业所得税、营业税12352万元。

【推进分离企业办社会职能】截至2009年底，分离接收中央企业自办中小学29所，公安机构15个，争取中央财政经费补助基数9338万元，我省已全部完成分离中央企业办社会职能的任务。据统计，我省国有企业自办中小学校360所。其中，省属国有企业自办中小学校230所，全省国有企业自办中小学校在职教职工16358人。除国有农场所办的中小学校外，省属国有工业企业自办中小学校主要集中在合肥、淮北、淮南和铜陵四市，到2010年底，上述4市已基本完成市属企业和省属企业所办的中小学校的移交工作。

【全面推进家电汽车下乡】一是进一步加大家电下乡和以旧换新政策实施力度。大幅提高家电下乡产品最高限价，将国有农场、林场职工纳入家电下乡政策实施范围，在全国第二批家电以旧换新试点19省份中率先启动家电以旧换新工作，采取公开招标的方式确定30家电动车企业268个品种作为电动车下乡品种。二是进一步完善组织领导机构。经省领导同意，在现有家电下乡、汽车摩托车下乡联席会议制度的基础上，充实部分成员单位，成立省家电汽车下乡（以旧换新）协调工作领导小组，在省财政厅、省商务厅分别设立家电下乡办公室和家电以旧换新办公室。三是及时拨付补贴资金。根据资金管理办法，下达中央及省各类资金26.9亿元，补助各地工作经费2600万元。四是广泛开展宣传活动。主动实施财政干部进农村进社区、有奖问答、有奖征文和家电下乡2周年成果发布会等十项主题活动。五是不断简化兑付程序。对兑付程序进行了3次大的简化调整。在全省推开网点代垫直补方式，稳定提高了兑付率。六是加强网点备案管理，不断优化销售网点布局。开展全省销售网点专项整治活动，取缔一批不规范的网点。截至2010年12月底，全省累计销售家电下乡产品774.7万台，销售额179.8亿元，财政已补贴22.4亿元，兑付率为100%。通过不懈努力，我省家电下乡工作始终走在全国前列，成绩突出，多次受到财政部通报表扬，多位省、部领导给予高度评价。

【促进消费支持内贸发展】2006—2010年，争取中央财政支持商贸流通服务业发展资金5.3亿元，重点支持我省双进工程、双百市场工程、万村千乡市场工程建设和中小商贸企业融资担保费用补贴。争取国家东桑西移项目支持资金3180万元，茧丝绸风险基金190万元。为推动我省流通业发展，按照省政府关于搞活流通扩大消费的实施意见，省财政每年安排万村千乡市场工程2000万元，重点支持农家店、商品物流中心建设，安排1000万元现代流通业资金，重点支持流通企业发展、商业节能降耗、早餐示范工程、放心肉体系建设。每年安排茧丝绸发展资金500万元，培育重点丝绸企业，鼓励蚕桑资源综合利用，支持蚕桑专业合作社发展，每年安排生猪储备资金500万元，建立我省生猪生产稳定发展的长效机制，维护养殖户的利益，保障市场消费需求。

【适时调整政策扩大外贸出口】为积极转变对外贸易增长方式，最大程度发挥各项政策对进出口的促进作用，按照WTO规则，结合我省实际，每年都对上一年外贸促进政策进行分析评价，调整制定当年外贸促进政策。这些政策的实施，支持了外贸出口生产企业技术更新改造、新产品研究开发，降低了外贸企业出口成本，促进了我省出口快速增长。2006年至2009年，会同省商务厅组织国家有关外经贸资金的申报工作，共争取国家外经贸资金12.9亿元。根据《安徽省中小进出口企业专项担保资金管理实施细则》的规定，向徽商银行、兴业银行推荐符合条件的项目，2006至2010年，已累计向银行推荐申请专项贷款22.8亿元，涉及450多个企业。共兑现省级“走出去”促进资金、利用外资、出口信用险保费、出口增量奖励、中小进出口企业专项担保资金、出口企业孵化资金、出口品牌建设专项资金、机电高新出口基地建设资金、骨干企业进出口特别贡献的项目资助等外经贸发展资金约5亿元。制定我省利用外资工作经费补助办法，并对各市、县和国家级、省级开发区管委会（简称开发区）利用外资给予一定工作经费补助。

【落实资金支持会展活动】积极参与国家有关部门主办的各重大招商活动和由省政府主办、省商务厅、经信委、国资委承办的招商会展和对接活动，并派专人参与资金的管理工作，制定有关财务管理办法，做到提前介入，对资金预算方案实行精细化审核，及时预拨资金，为招商和会展活动的顺利进行创造了条件。2009年4月举办的第四届中部博览会，成功打造了彰显中部机遇、传达中部信心、展示中部作为的合作平台。中部论坛、第五届徽商大会同时举办，有力提升了我省的知名度和影响力。2009年上半年、下半年和2010年7月份，2010年12月分别举行了央企对接会，会议规格高、签约项目规模大、签约金额多、项目落地快，为优化我省经济结构，增强发展后劲奠定了坚实基础。

【支持企业技术改造与创新】“十一五”期间，按照有关资金管理办法的规定，省财政共安排资金41500万元，以贴息和补助的方式支持企业技术改造和技术创新项目的实施。为我省611个项目争取国家科技型中小企业技术创新资金36079万元，省财政安排16180万元资金，对获得国家技术创新资金支持的项目进行配套，并支持部分省级项目。

【加强资源节约和环境保护】会同省经委拟定了《安徽省节能工作要点》和《安徽省推进节能减排工作的实施方案》。按照国家要求，参与我省节能减排工作督查，对高能耗高污染行业财税优惠政策进行了调查，并形成《关于清理高耗能高污染行业财税优惠政策情况汇报》，2006年至2010年，从国家争取节能奖励资金145006万元。会同省经信委下发《安徽省节能与资源综合利用专项资金使用管理暂行办法》，每年安排8000万元，以补助、贴息的方式支持节能和资源综合利用项目。每年安排7284万元，支持瓦斯治理利用和煤矿安全技改项目。会同省经信委制定上报实施《安徽省财政补贴高效照明产品推广实施方案》，并汇总申报中央财政补贴，2009年以来，完成高效照明产品推广320万只。

【支持重点骨干企业发展】“十一五”期间，省财政安排43.2亿元资金增加省投资集团公司国有资本金，返还公司建安、运输营业税和企业所得税10亿多元，加快我省铁路建设步伐。省财政每年安排1.7亿元，以补贴的方式支持奇瑞汽车公司、江淮汽车公司和星马汽车公司进行技术研发和自主创新。

【扶持中小企业发展】“十一五”期间，争取国家中小企业发展专项资金40516万元，其中，担保机构补贴资金17500万元，支持我省中小企业发展、中小企业服务机构建设和中小企业信用担保体系建设。争取中小企业国际市场开拓资金13254万元，鼓励中小企业参与国际市场竞争，包括境外参展，境外投标，国际市场调研和宣传推介，以及开展质量体系认证等。为加快全省中小企业及民营经济的发展，省财政每年安排5000万元专项资金，优先扶持“专、精、特、新”企业项目和信用担保等社会服务体系建设。

【做好大中型水库移民后期扶持资金管理】2006年，国务院下发了《关于完善大中型水库移民后期扶持政策的意见》，对纳入扶持范围的移民每人每年补助600元，共扶持20年。我省共有水库移民117.4万人（其中：大中型水库移民116.54万人，三峡水库移民8637人），分布在17个市、111个县（区）。结合我省实际，制定了《安徽省大中型水库移民后期扶持基金使用管理实施细则》和《安徽省大中型水库移民后期扶持项目资金报账制管理暂行办法》，于2007年5月份下发，使大中型水库移民资金管理工作有章可循。“十一五”期间，从国家争取大中型水库移民扶持资金342183万元，已全部拨付。2008年，省政府将完善大中型水库移民后期扶持政策纳入民生工程的范围，此项工作成为构建和谐社会的重要组成部分。

【推进政策性关闭破产企业尾矿库治理】自2007年以来，省政府企业处有关负责同志多次陪同财政部领导，深入我省铜陵有色金属公司尾矿库现场进行调研，在广泛听取各方面意见基础上，积极向财政部献计献策，对尾矿库治理的有关政策和办法提出了完善意见。2009年底，国家核定全国9座尾矿库治理补助资金4.8亿元，我省铜陵有色5座尾矿库共获得国家补助资金3.7亿元。另外，省财政每年安排专项资金800万元，重点用于非煤矿山的综合治理，该项资金2010年增加至1300万元。

【做好外商投资企业基础与服务工作】会同商务、工商等部门对外商投资企业实施联合年检，了解掌握我省外商投资企业的基本情况。针对企业在年检中提出的要求和经营中存在的困难，及时上报到各级政府联合年检办公室，由政府协调有关部门帮助企业解决问题。及时布置和汇编我省外商投资企业财务报表。因我省报表数据质量较高连续6年受到财政部通报表扬。

【规范资产评估行业行政管理】认真贯彻落实《资产评估机构审批管理办法》，规范行政审批行为。省财政厅将资产评估机构的设立审批纳入省行政服务中心实行“一站式”服务；“十一五”期间，全省共审批资产评估机构74家，按规定撤销资产评估资格52家。同时，对取得评估资格的机构实行动态管理，规定评估机构存续期间，出现不符合基本设立条件的，要求评估机构在规定的期限内达到设立条件。做好我省国有资产评估项目核准、备案工作，依据有关规定切实加强对事业单位转企改制的资产评估项目核准，确保国有资产保值增值。

【注重调研和培训工作】根据财政部和厅里的统一要求，对全省中小企业发展、国有企业改革、企业财务通则的宣传培训和实施、加强企业财务制度体系建设等情况和企业如何建立健全内部财务控制制度等内容进行了专题调研，并形成调研报告报送财政部。2008年11月，省政府参与全省企业经济运行情况调研工作，草拟了《全省企业经济运行情况调研报告》初稿，并形成《全省企业经济运行情况调研报告》报送省委省政府主要领导，并得到省领导的高度评价。2010年，承担厅里促进消费的重点课题研究，研究成果以专题送阅材料形式送省领导。

2006年12月4日，财政部公布修订后的《企业财务通则》，自2007年1月1日起施行。为保证《企业财务通则》的顺利实施，做好企业财务制度转换工作，省财政厅又分别举办了市县财政部门和省属企业集团《企业财务通则》培训班，近400人参加了培训，确保新《企业财务通则》有效贯彻落实。

（企业处供稿　李志斌执笔）

“十一五”农村财政管理工作成就

“十一五”时期，农村财政管理工作坚持四个围绕，抓好四项重点，即围绕全省财政发展目标，大力促进两税收入稳定增长；围绕落实强农惠农政策，着力打造为民服务平台；围绕科学化精细化要求，努力夯实乡镇财政管理基础；围绕行政效能建设，全面提升农村财政干部素质，为推进科学理财、服务跨越发展做出了积极贡献。

【两税依法征管水平不断提高】一是两税收入规模持续增长，成为我省地方财政收入一大增长亮点。两税收入由2005年的22亿元，猛增到2010年的141.5亿元，增长5倍多，五年累计完成362.3亿元，年均增长45.1%，总量位居全国第8。区域财政协调发展，县域财政发展强劲，有16个市两税收入超过2亿元。两税收入的快速增长，为全省财政收入跨上2000亿元新台阶做出了应有贡献。二是两税征收机关主动作为，实现征管体制由委托代征向直接征收转变。2005年全省停止委托代征，明确两税由财政部门直接征收，理顺了征缴关系，明确了征管主体。征收机关通过单位内部调整和面向社会招聘等办法，充实征管人员，建立了一支专业化征管队伍。五年来，各级征收机关认真落实国家出台的一系列宏观调控政策，积极为当地党委政府出谋划策，研究制定契税相关政策，有力促进了房地产市场健康发展。三是两税征管理念持续提升，实现由主要依靠行政手段向依法治税转变。实行直征后，按照“以信息化促进规范化、以规范化促进收入增长”的总体要求，各级征收机关不断制定和完善科学规范的征管程序，建立了与国土、房产部门协税护税机制，实行“先纳税、后批地，先纳税、后办证”税源控制制度；两税征管工作逐步迈入依法治税的轨道。四是两税依法征管能力持续增强，实现由手工粗放型向信息化转变。开发的两税征管软件在各级征收机关全面应用，并逐步升级到网络版，从纳税申报、减免审核到税款征收入库全部纳入计算机管理，提高了征收效率，方便了纳税人，有效控制了征税过程中的人为因素和随意行为。各级征收机关积极开展两税“规范管理年”活动，不断完善相关制度和程序，加强培训、考核和检查力度，促进提高征管人员的政策水平和服务水平。五是两税征管环境持续改善，实现由上门催征向纳税人主动申报转变。各级征收机关坚持不懈地开展“两税宣传月”活动，提高纳税人纳税意识；各级财政每年组织一定规模的培训，全面提升征管人员素质。

【“一卡通”发放机制不断完善】各级财政坚持“巩固、完善、提高”的工作原则，以推行为民服务全程代理制和“惠民直达工程”试点为契机，锐意进取、开拓创新，实现“一卡通”发放由粗放式向规范化转变，由乡镇财政发放向县级统一打卡转变，由手工操作向计算机管理转变，全省累计通过“一卡通”发放补贴资金492亿元，实现了所有农户、所有补贴项目、所有补贴资金“一卡通”全覆盖。一是建立健全规范化的制度办法，保障资金的规范管理和及时发放。二是高效的信息化系统顺利运行，实现了省、市、县财政的网络联通，财政与代发金融机构的数据对接，县级直接打卡发放资金和省厅的实时监控，显著提高了资金发放效率和透明度。三是便捷的服务平台全面开通。在部分乡镇农村财政服务厅安装了“一卡通”触摸查询系统，各县陆续开通了电话和手机短信查询及信息发布平台，开设了“800一卡通免费服务电话”，为广大农民提供了细致周到的服务。四是健全的监督机制发挥作用。对财政补贴农民资金管理和发放工作进行常态化检查和监管，切实维护了农民合法权益。

【乡镇财政管理基础不断夯实】 一是管理机制逐步理顺。乡镇财政顺利完成职能转变，工作中心和重点逐步转移到资金监管和为民服务上来。全面实行乡镇财政所由县财政局垂直管理，目前全省有乡镇财政分局共有162个。二是两基建设逐步深入。制定了《关于创建规范化乡镇财政所（分局）工作的通知》及《考评办法》，省市建立“百名乡镇联系点”，开展乡镇财政资金监管试点工作。各地建立健全规章制度，大力抓好财政所内部档案资料等基础管理工作和为民服务窗口管理，乡镇财政科学化精细化管理水平不断提高。三是干部素质逐步提高。举办了全省乡镇财政所长培训班和“百名乡镇联系点”财政所长能力提高班，全省已有2400多名乡镇财政人员取得了计算机培训证书。四是办公条件逐步改善。省财政下拨了2.6亿元支持乡镇财政所办公用房建设，400个新建乡镇财政所办公用房陆续投入使用，500个改扩建工程正在实施。各地也积极筹措资金，两年来共投入1.5亿元，淮北、巢湖、铜陵、池州和安庆市还采取以奖代补等形式加大资金投入，为加强乡镇财政基础设施建设、改善财政所办公环境提供了坚实的财力保障。

【解决农业税垫税问题中突出矛盾】 2006年底，省财政按照“分类处置，共同化解”的原则，下发了《关于预安排乡村干部个人垫缴农业税补助资金的通知》，共预拨66638万元省财政补贴资金，用于解决税改后乡村干部个人垫交的农业税。2007年，在各级党委、政府高度重视和相关部门的协作配合下，全省各地严把政策界限，严密兑付程序，严格核实凭证，严处违法违纪。经广大财政干部的共同努力，全省涉及税改后乡村干部个人垫税省财政补助资金的85个县（市、区）已基本完成兑付任务，解决了68812名乡村干部的个人垫税款共41082.8万元。

（厅农村局供稿　姚　瑶执笔）

“十一五”会计管理工作概述

“十一五”期间，全省各级会计管理机构，全面落实科学发展观，围绕全省经济发展与财政工作总目标，积极进取、开拓创新，圆满完成各项会计管理工作任务，连续多次被财政部授予“全国会计管理工作一等奖”。

【推动企业会计准则制度在全省的贯彻执行】 一是宣传会计法律法规。采用多种形式开展《会计法》及相关法规的宣传，举办培训班112期，培训会计人员16万人次；成功举办第三届全国会计知识大赛安徽赛区的比赛，全省37万名会计人员参赛；组织会计征文活动，征集专题性论文和纪念性文章230余篇，获奖论文20篇。二是完善会计工作管理制度。制定并发布《安徽省会计从业资格管理实施办法》、《安徽省代理记账机构管理实施办法》、《安徽省会计人员继续教育管理实施办法》、《关于进一步加强全省会计管理工作的意见》等规章和制度。三是贯彻落实相关会计制度。全省各级会计管理机构跟踪上市公司年报披露进程，深入分析执行准则对资产、负债及利润指标等的影响金额及其原因。四是组织《企业会计准则》、《新型农村合作医疗基金会计制度》、《工会会计制度》以及《农民专业合作社会计制度》等制度培训，全面梳理相关会计核算流程。五是配合财政部做好《企业会计准则解释3号》、《企业内部控制评价指引》、《企业会计准则国际趋同路线图》以及《医院会计制度》、《高校会计制度》等制度的意见征求工作。

【加强会计人员管理，创新会计管理方式】 一是会计从业资格管理。顺利实现全程信息化管理，建立一套贯穿会计从业资格报名、无纸化考试、证书管理、信息变更、查询统计、数据传递等管理环节的统一数据平台。截至2010年末，全省持证人员为44.7万。二是会计专业技术资格考试。全省各级考办统一行动，与人事、保密、公安和信息产业等部门密切推进，协调工作机制，确保考试安全。用IT系统重新整合考务流程，全面实现网上报名工作。积极开展网上评卷试点工作，全省会计专业技术资格考试工作在信息化管理方面实现了新的突破。截至2010年底，通过全省统一考试取得初级会计师资格的有8万人，中级5万人。三是高级会计师考试与评审。修订《安徽省高级会计师专业技术资格评审标准条件（试行）》，更新会计专业技术资格高评委专家库，为评审工作提供组织保障。截至2010年底，全省高级会计师共计1709人。四是会计领军人才选拔培养。研究制定《安徽省会计领军人才"三五"工程培养规划》和《安徽省会计领军人才"三五"工程培养实施方案》，启动全省会计领军人才"三五"工程选拔培养工作，截至2010年底，全省共有7位同志入选全国会计领军（后备）人才，有16人入选我省会计领军（后备）人才。五是先进会计工作者评选表彰。截至2010年底，全省共525名会计人员荣获"全省先进会计工作者"称号、10名会计人员荣获安徽省"五一"劳动奖章、2名会计人员荣获"全国先进会计工作者"称号。

【创新会计师事务所管理模式，不断促进行业健康发展】一是设立前置审查，建立股东约谈制度，通过与合伙人（股东）的约谈，向全体合伙人（股东）通报拟设新所的基本信息和受理审查情况。签署注册会计师设所诚信承诺书，强调从源头上讲诚信。二是设立后续监管，结合会计信息质量检查，对新设所进行实地检查。在年度基本信息报备工作中，对报备信息中存在疑点的，采取实地核查等方式进一步摸清情况。三是健全退出机制。对执业质量存在严重问题或者不符合设立条件的，坚决依法清理出行业。四是出台相关规章。结合国办发〔2009〕56号文，代拟《安徽省人民政府办公厅关于促进我省注册会计师行业持续健康发展的意见》，报省政府办公厅以皖政办〔2010〕35号文发布。制定并发布《安徽省会计师事务所收费管理办法》等管理文件，截至2010年末，全省共有会计师事务所226家（其中有限制94家，合伙制120家，分所12家）；代理记账机构154家。

【深入开展调查研究，不断夯实会计基础】一是开展企业内部控制调研。配合财政部调研芜湖奇瑞汽车有限公司、合肥美菱股份有限公司，为完善企业内部控制提供意见和建议。选择铜陵有色金属集团公司作为推动企业内部控制建设联系点。二是开展村级财务会计管理调研。根据财政部《关于开展村级会计委托代理服务工作的指导意见》精神，结合全省村级财务工作调研情况，草拟《关于加强村级财务会计工作的意见》（讨论稿），并发表题为《当前村级财务会计管理中的问题和对策》专题调研报告。

（厅会计处供稿　李元元执笔）

"十一五"行政事业单位资产管理（国有资本经营预算管理）工作概述

【资产管理体制基本理顺】2007年5月，经省编办批准同意，省财政厅专门增设行政事业国有资产管理处，统一行使行政事业单位国有资产管理职能，进一步突出财政部门的资产管理职能。为理顺财政内部工作关系，提高工作效率，及时研究出台了《关于明确行政事业单位国有资产管理厅内有关工作程序的通知》，从行政事业单位国有资产的配置、使用、处置等环节审批入手，进一步明确资产管理内部业务流程。各市、县财政部门也根据工作需要，积极响应、主动沟通、加强协调，通过增设机构或职能整合，在财政内部组建了行政事业资产管理专司机构，明确职责权限和机构编制，构建合理可行的管理模式。经过近几年的探索和实践，已初步建立省、市、县三级政府领导和财政部门、主管部门、资产使用单位三级管理格局，明确三个管理主体在资产管理中的具体职责和权限，为全面做好资产管理工作创造了有利条件。

【资产管理制度框架初步形成】根据财政部第35号、36号令，结合我省实际，及时研究拟定《安徽省行政事业单位国有资产管理暂行办法》，报经省政府常务会议审议通过，于2008年10月31日以省政府第214号令正式颁布，自2009年1月1日起施行。在此基础上，又相继出台省级行政事业单位国有资产配置管理、处置管理、收入管理等一系列配套办法。全省各地各部门根据第35号、36号部长令及省政府214号令的精神，结合实际，也陆续出台一些管理制度和办法，为进一步推动全省行政事业资产的制度化、规范化管理奠定坚实基础。

【资产管理手段和方式不断创新】一是结合部

门预算编制，推进资产管理与预算管理的有机结合。从2008年开始，就结合省级部门预算编制，积极开展资产购置预算编制工作。通过在部门预算报表中增加资产购置支出预算表，将单位新增房屋建筑物、机动车、单价20万元以上大型设备等资产配置项目列入财政资产管理部门审核重点。从2008年开展资产购置预算编审试点，到2009年扩大试点单位和审核范围，2010年又修改完善审核流程和工作机制，通过边实践、边总结、边改进，逐步建立和完善资产管理与预算管理相结合的工作机制。二是开展资产决算审核，推进资产管理与决算过程的衔接。从2008年开始正式对省直单位部门资产决算报表进行专项审核，重点审核各单位决算报告中《资产情况表》和《资产收益表》两张表格，督促各单位根据资产增减变动情况及时进行账务调整，确保了资产清查数据与财务决算数据的一致性。三是规范资产处置行为，把好资产出口关。针对2007年全省资产清查工作中发现的一些问题，省财政厅在清查工作结束后陆续出台一系列文件，明确资产处置审批权限、报批程序、处置收入的管理方式等，积极督促省直各单位按照“先报批后处置”的工作流程进行资产处置，对处置收入实行“收支两条线”管理。

【资产管理基础工作得到加强】 一是扎实开展资产清查，全面摸清家底。2007年上半年，按照财政部的统一部署和要求，在全省组织开展行政事业单位国有资产的清查工作。在省委省政府的高度重视和财政部的精心指导下，经过各地各部门的通力合作，圆满完成全省行政事业单位资产清查工作的各项任务。通过资产清查，不仅摸清了家底，查明了资产管理中存在的问题，同时也增强了各级行政事业单位加强国有资产管理的意识，为全面加强资产管理奠定了坚实基础。二是大力推进资产管理信息化建设，不断提升资产管理水平。按照财政部的统一部署和要求，以信息化技术为支撑，充分运用网络手段，建立安徽省行政事业单位资产管理信息系统，并以核实后的资产清查数据为基础，建立了能够全面反映各单位资产总量、构成、状态的资产动态数据库。通过建立财政部门与各行政事业单位的横向联网，及时掌握各单位资产的增减变动情况，不仅为行政事业资源整合和资产共享共用创造了条件，同时也为推进资产管理与预算管理的有机结合提供了技术支撑。三是注重工作调研和政策宣传，努力营造良好的舆论氛围。为拓展和创新行政事业资产管理的工作思路与措施，多次组织调研组到外省考察学习，深入部分市县和有关单位开展调研，先后形成两份《专题送阅材料》上报省委、省政府，引起省政府主要领导的重视。充分利用广播、电视、报纸、网络等媒体，采取在线访谈、答记者问、有奖征文等多种方式，大力开展政策宣传，不断扩大行政事业资产规范管理的影响力，形成良好的舆论氛围。

【抓机构建设，积极推动国有资本经营预算工作】 为加强我省国有资本经营预算管理工作，早在2006年7月，财政厅就专门抽调人员开始组建国有资本经营预算处，同时积极向省编委提出申请。经多次协商、沟通和汇报，省编办于2006年10月30日正式批复财政厅设立国有资本经营预算处，并明确机构职能和人员编制，从而成为全国财政系统最早成立专司机构的省份，从而为全面建立健全国有资本经营预算管理体制提供了有力的组织保障。

【抓制度建设，逐步完善国有资本经营预算政策】 为贯彻落实国务院国发〔2007〕26号精神，代省政府草拟《关于试行国有资本经营预算的意见》，经2007年第19次省长办公会议原则通过，以省政府皖政〔2007〕126号文件下发各地执行。同时，结合省属企业情况，积极会同有关部门制定完善省本级国有资本经营预算相关的配套制度。先后制定了《安徽省省属企业国有资本收益收取管理暂行办法》及《省级国有资本经营预算编报试行办法》等配套办法，规定了国有资本收益收缴的企业范围、上缴比例及预算编制程序等。这一系列办法的出台，对规范省属企业国有资本收益收缴程序，确保收益及时入库起到了积极地促进作用，为理顺国家与企业的分配关系，确保国有资本经营预算工作顺利开展奠定了基础。

【扎实开展省属企业国有资本收益收缴工作】 按照有关文件规定，结合省属企业提交的经审计的年度财务会计报表、收益申报表及省级预算单位的初审意见，对省属企业年度经营收益进行了认真审核，核定了企业国有资本收益应上缴的金额。截至2010年底，累计收取省属企业国有资本收益12.47亿元。经省政府批准，国有资本收益主要用于省属企业的产业结构调整、自主创新、节能减排以及国有企业改革费用支出等，有力地支持了全省重大项目建设和工业发展。

【组织编制和执行省本级国有资本经营预算】 根据省政府的指示和省人大的要求，在认真总结前期试行经验的基础上，首次编制了2010年省本级国有资本经营预算，与一般预算一并提交省十一届人大三次会议审查批准后，正式下达各省级预算单位执行。此举标志着省本级国有资本经营预算工作已步入正常化轨道。作为全国率先开展国有资本经营预算编制工作的十个省市之一，得到财政部的充分肯定。

（厅行政事业资产管理处供稿　谢勇执笔）

“十一五”财政监督工作回顾

“十一五”时期，全省财政监督工作在厅党组的坚强领导下，认真贯彻落实省委省政府的决策部署，紧紧围绕财政中心工作，夯实工作基础，创新监督方式，提高监督效能，积极探索新的财政监督机制，深入扎实地开展对政策落实、财政收支、会计信息质量和财政内部监督工作，依法查处财经领域的违法违纪行为，有效地发挥了财政监督工作的职能。据统计，“十一五”期间全省财政监督机构共查出财政违规违纪金额23.4亿元，纠正违规违纪资金7.18亿元，罚没款1309万元，为保障政策执行，完善财政管理，促进全省经济社会和谐发展发挥了积极作用。

【确立“大监督”理念，构建财政监督新机制】2010年6月，在全省财政监督工作会议上，厅党组书记、厅长陈先森首次提出确立“全员参与、全面覆盖、全程监控”的财政大监督理念。各级财政部门根据全省财政监督工作会议精神，广泛宣传动员，加大组织落实力度，从“横、纵”两个方向构建起财政监督的制度体系，财政“大监督”理念在全省广大财政干部中得到牢固树立。

【落实财政政策，加大专项检查力度】“十一五”时期，全省财政监督机构围绕服务经济发展和财政改革的主题，以保障财政政策的落实为主线，积极开展专项检查。通过上下联动方式组织全省财政监督力量开展了农村中小学危房改造专项资金、农村劳动力转移培训补助资金、扶贫资金、雪灾资金、水库移民资金、农村安全饮水建设、义务教育保障经费、就业补助和城镇居民基本医疗保障制度等政策落实情况的检查，规范民生资金的有序、高效使用，确保民生政策落到实处。认真开展工业园区基础设施财政贴息、企业技术改造贴息资金、科技型中小企业技术创新基金、企业所得税奖励资金等专项检查和再生资源增值税退税审核工作，切实加大对“扩内需、调结构、促发展”政策贯彻落实的监督力度，深入全省17个市和102个县（市、区）检查新增中央投资项目，确保重大财税政策发挥效用。

【加强财政管理，注重全程监控】全省财政监督机构着眼于提升财政管理科学化、精细化水平，积极探索并逐步深化对预算资金的事前审核与事中监督，不断强化内部监督的制度化和规范化，稳步推进内部监督，着力实现财政资金的全过程监督。省厅根据《关于开展省本级部门预算监督工作的通知》的要求，先后对省计生委、省信息产业厅、省科技厅、省民政厅、省商务厅等8个部门本级及其所属部分二级预算单位年度部门预算执行情况进行了监督检查，整改规范财政资金1.7亿元，追缴入库892.38万元，并提出了加强日常监管的具体措施和调整预算的建议。各地采取不同方式加强预算监督管理。合肥市自2006年以来坚持对市直部门年度预算执行及财务决算情况开展检查；淮北市、枞阳县、居巢区积极参与预算编制审核工作，预算执行的过程监督不断加强。安庆市及所属枞阳县、桐城市每年初对预算、国库以及支出科室进行内部监督，并将监督结果列为年终评先创优“一票否决”内容；怀远县梳理业务部门工作流程，在每项业务程序中明确监督职责，并建立内部考核评价制度，将内部监督和离任经济责任审计结果列为干部考核任用的重要参考依据。

【维护经济秩序，强化会计监督】全省财政监督机构以维护财经秩序为目标，大力开展会计信息质量检查和“小金库”专项治理工作，会计监督科学化、法制化、规范化水平不断提高，会计监督检查力度不断加大并得到了媒体和公众的广泛认可。据统计，各级财政部门共对1271户企事业单位开展会计信息质量检查，查补税款15813万元，并行政处理处罚72家会计师事务所。同时，坚持将会计监督检查和处理情况向社会公开曝光，发布会计信息质量检查公告，引起了全社会的广泛关注。在2010年财政部召开的会计信息质量检查十周年总结暨2009年度会计监督工作交流会上，省财政厅荣获“全国会计监督工作十佳先进单位”称号（全国共5省和5个专员办获此殊荣），安庆市财政局获得“全国会计监督工作先进单位”称号（全国共35家），厅监督检查局徐中洋同志和蚌埠市财政监督检查局陈益英同志获得“全国会计信息质量检查先进工作者”称号。

【落实中央部署，深入开展“小金库”治理】 根据中央的统一部署，自2009年起省纪委、监察厅、财政厅、审计厅等部门牵头组织在党政机关、事业单位、社会团体和国有及国有控股企业开展“小金库”治理工作。省治理“小金库”工作领导小组办公室设在财政厅，财政监督局承担了治理工作的具体组织和实施工作。在治理工作中注重加强组织协调，深入督导调研；加强宣传发动，积极拓宽举报渠道；把握关键环节，大力促进自查自纠，认真开展重点检查；注重开展源头治理，切实推进整改落实。截至2010年底，全省共发现“小金库”1962个，涉及金额5.7亿元，并依法对设立和使用“小金库”款项的单位和相关责任人员进行处理，起到了震慑和警示作用。

【稳步推进，探索开展预算支出绩效评价工作】 “十一五”时期，我省适时转变工作理念，积极开展预算支出绩效评价工作，强化对财政资金使用效益的监督评价，全面提升财政科学化精细化管理水平。根据《安徽省预算支出绩效考评实施办法》和《关于进一步加强预算支出绩效考评工作的意见》(财预〔2010〕729号)，监督检查局组织实施中小企业信用担保基金和风险补偿资金、科技型中小企业创新基金、新型农民培训工程、乡镇综合文化站建设4项资金量较大、社会高度关注的项目的绩效考评，同时还对相关部门开展的工业三高、农村最低生活保障补助资金等10个项目的自评报告进行了审核，为科学编制预算和合理安排财政资金提供了翔实可靠的依据。

(厅监督检查局供稿　汪永飞执笔)

“十一五”农村综合改革工作成就

2005年，安徽全面取消农业税，标志着农村税费改革顺利结束。为巩固和发展农村税费改革成果，省委、省政府审时度势，决定在18个县开展农村综合改革试点，及时将农村税费改革转入农村综合改革新阶段。在省委、省政府高度重视和正确领导下，通过全省上下共同努力，“十一五”期间，安徽基本完成乡镇机构、农村义务教育和县乡财政管理体制等农村综合改革工作任务，初步建立农村基层管理新体制、农村公共产品供给新机制、“三农”社会化服务新体系，为推动农业大省向农业强省跨越、促进社会主义新农村建设注入了活力和动力。

【以转变乡镇政府职能为目标，创新农村基层工作体制和机制】 一是精简乡镇机构和人员。2000年9月，在农村税费改革试点初期，我省就启动了乡镇机构改革。改革之初的主要任务是清理清退不在编人员，妥善分流超编人员。2005年农村综合改革以来，我省进一步深化乡镇机构改革，在原有工作基础上，大力压缩乡镇党政机关和事业单位数量，进一步精简编制和人员。2000年，乡镇机构行政编制64845名，在岗人员67000人；事业编制94000名，在岗人员101000人。改革后，乡镇机构行政编制49700名，在岗人员48000人；事业编制51000名，在岗人员50000人。二是减少乡镇领导职数。乡镇领导职数控制在5－9名，并实行党政领导交叉任职，提倡乡镇党委书记和乡镇长一人兼，有力地提高了工作效率。三是调整乡镇区划和村级规模。2005年农村综合改革以来，我省进一步推进乡镇区划和村级规模调整，共撤并乡镇269个，撤并行政村8356个。四是转变乡镇政府职能。乡镇机构改革以来，各地紧扣乡镇政府职能转变这个关键，认真解决乡镇政府职能中的缺位、错位、越位问题，着力构建乡镇行政管理新体制。

【以促进农村教育健康发展为目标，创新农村义务教育管理体制和机制】 一是创新农村义务教育管理体制。统筹城乡教育发展，坚持教育资源配置向农村倾斜，向困难地区倾斜，提高资源利用效率，逐步缩小城乡教育差距，促进城乡教育均衡发展。积极探索对农村中小学教职工编制实行总量控制、动态管理，严格执行教师资格准入制度，建立校长绩效奖惩激励机制，加强教育督导考核。加大对农村教育支持力度，有效改善农村中小学校教师量少质弱的状况。二是实施农村义务教育经费保障机制改革。从2007年起，全部免除城乡义务教育阶段学生学杂费，继续对农村贫困家庭学生免费提供教科书，并补助寄宿生生活费。将义务教育全面纳入公共财政保障范围，建立中央和地方各级分项目、按比例分担的义务教育经费保障机制。全面落实“两免一补”政策，直接减轻农民义务教育负担。同时，进一步加强农村中小学危房改造工程建设，落实校舍安全各项政策。三是全面清理化解农村义务教育债务。2008年，经过认真审计核实，锁定全省2005年12月31日之前的农村义务教育债务30.79亿元。为做好化债工作，积极安排落实省级化债资金12亿元，并要求各地落实资金，开展债务化解、公示、兑付等工作。截至2009年4月，我省已全面完成农村义务教育债务偿还兑付工作。全省152个债务单位共完成农村义务教育债务偿还兑付总额31.52亿元，超出我省向国务院农村综合改革工作小组承诺化债任务7300万元。此项工作通过了国家考核验收。

【以增强基层公共服务保障能力为目标，深化县乡财政管理体制改革】一是完善县乡财政管理体制。在推进省直管县和乡财县管财政管理体制改革试点的同时，着力完善财政转移支付制度，推动财力下移。积极培植县乡财源，增强县乡财政自我造血功能，切实提高基层政府经费保障能力。完善“省直管县”财政管理体制改革和“乡财县管乡用”财政管理方式改革，继续深化县乡财政管理体制改革。全面实行县乡干部工资统一发放制度，保障乡镇基本支出需要。二是完善村级组织运转经费保障机制。2000年，省财政安排村级组织运转经费19203万元；2008年，省财政安排村级补助资金86409万元，其中用于村干部报酬60486万元，用于村办公经费25923万元，村均补助约57400元，村干部人均报酬约5509元，村办公经费年均约17200元。尤其是2009年中央办公厅、国务院办公厅《关于完善村级组织运转经费保障机制促进村级组织建设的意见》下发后，我省加大工作力度，加大投入力度，省财政增加村级组织运转补助资金2亿元，村均补助增加1.3万多元，一次下达，分两年到位，不断完善村级组织运转经费保障机制。三是加强乡镇财政和村级财务管理。2010年，省财政厅制定了《关于切实加强乡镇财政资金监管工作的实施意见》，要求各地按照“大财政、全过程”的原则，把各级政府安排和分配用于乡镇及以下的各种财政资金，以及部分乡镇组织的集体经济收入，包括乡镇财政本级安排资金，上级财政部门、主管部门下达的资金等所有财政性资金纳入监管范围，在资金使用的事前、事中和事后实施监管。同时，不断加强村级组织资金、资产、资源管理，积极探索完善村级会计委托代理制。省综改办、财政、农委联合制定下发了《关于规范和完善村级会计委托代理服务工作的指导意见》，进一步加强村级财务管理，严格控制村级不合理开支，提高村级财务管理水平，建立健全村级民主理财小组和村级民主理财监督小组，做到民主议事、民主理财、民主监督，同时，在全省范围内组织开展“三资”（资金、资产、资源）清查，切实提高村级组织依法理财、民主理财、科学理财的水平。

【以为农民提供更多更好的服务为目标，建立健全为农服务新机制】一是科学界定服务责任和范围。从统筹城乡发展、理顺县乡职责关系的目标出发，对乡镇承担的各项涉农服务职能进行归类，把属于提供公共产品、实施公共服务的，如农作物新技术、新品种的示范和推广、农民技术培训、重大动物疫病防控等界定为公益性服务，由政府承担，并在人员、经费上给予保障。把各项公益性服务职能落实到位，把经营性服务逐步推向市场，从而使乡镇政府的服务职责更加明确。二是构建为农服务新体系。按照政事分开和公益性职能与经营性服务分开的原则，建立健全政府主导下的公益性服务机构。根据承担公益性服务职能的需要，整合事业站所，设立综合服务中心；根据各地的产业特色，设置跨乡镇的区域站所，开展技术服务。同时，改革用人管理体制，实行全员聘用制。对乡镇为农服务机构，在编制范围内，根据职责需要，因事设岗，按岗聘人，竞争上岗，择优聘用，变身份管理为岗位管理。不断培育服务载体，健全服务体系。三是创新为农服务方式。首先，全面推行为民服务全程代理制。2008年8月，省委、省政府在亳州市谯城区召开了全省新农村建设暨为民服务全程代理工作现场会，全面总结推广谯城区等地为民服务全程代理制经验和做法，进一步推动为民服务全程代理工作的开展。2009年初，省委、省政府下发了《关于广泛深入开展农村为民服务全程代理制的意见》，农村为民服务全程代理制工作在全省广泛深入开展起来，我省县乡两级全面建立了为民服务中心，90%以上的村建立了为民服务代理点，基本形成了县、乡、村三级为民服务全程代理网络。其次，积极探索农村公益性服务“以钱养事”。部分地方把农业技术、畜牧水产、水利工程管护、电影放映等农村公益性项目列入“以钱养事”范围，构建“服务主体多元化、服务行为社会化、服务形式多样化”的农村公益性服务新模式，逐步实现从“以钱养人”向“以钱养事”的转变。第三，探索创新多种服务方式。根据公益性服务的不同特点和要求，创新四种服务方式：岗位服务，即乡镇与服务中心在岗人员签订责任状，以项目合同的方式细化服务内容、人员职责、考核目标等，保证服务落实；派驻服务，即将技术人员有选择地选派到特色村、专业合作组织以及重点龙头企业，帮助发展生产，提供技术服务；委托服务，即政府将应承担的服务，通过项目扶持的方式委托给合作经济组织或龙头企业承办；购买服务，即由政府安排专项资金，向有资质的市场主体购买服务。四是建立健全考评机制。为农服务机制改革，绩效考评是关键。在实践中，各地积极探索做好这方面工作。对各项公益性服务，实行目标管理。由乡镇政府和县级业务主管部门共同制定考核办法，明确每一项服务的考核内容、考核指标及奖惩标准。对每一项服务由服务人员和服务对象共同做好服务记录，并对服务效果进行评判。由乡镇政府和县里业务主管部门确定专人对服务项目实施进行定期检查，在年终或项目完成后进行综合考评。

【以加强村级公益事业建设为目标，建立村级公益事业投入新机制】一是积极开展一事一议财政奖补试点。2008 年国家选择部分省开展村级公益事业建设一事一议财政奖补试点工作。2008 年 6 月 22 日，休宁县政府召开全县一事一议试点工作动员大会，试点工作全面推开。二是全面推开一事一议财政奖补试点。2009 年 5 月 21 日，我省被确定为全国村级公益事业建设一事一议财政奖补试点省。至 2009 年 12 月底，全省农民共筹资 44285 万元，村组集体组织共出资 12437.5 万元，社会捐赠 7162.01 万元，省、市、县、乡四级财政共安排奖补资金 95380.4 万元，村级公益事业投入新机制基本建立。通过一事一议财政奖补，全省共申报项目 21454 个，审批项目 19685 个，已经实施项目 17891 个，受益人口 2973.68 万人。

【以促进城乡统筹发展为目标，深入推进相关配套改革】一是深入推进集体林权制度改革。我省共有集体林地 6279 万亩，占林地总面积 92%，全省林改应勘界面积 5337.3 万亩。2007 年，我省全面开展集体林权制度改革，通过近年的工作，截至 2010 年底，已完成勘界面积 5286.8 万亩，占应勘界面积的 99.1%，涉及农户 660.2 万户；已发林权证 239.5 万本，发证面积 5061.4 万亩，占已勘界面积的 94.8%。从全省情况看，已基本完成以确权发证、明晰产权为核心的集体林权主体改革。二是扎实开展国有农场税费改革。为确保国有农场税费改革资金用于减轻农工负担和农场公益事业，我省制定了《安徽省国有农场公益事业发展补助资金管理暂行办法》，严格按照办法规定加强资金和项目管理。三是深化巢湖区域减轻农民负担综合改革。为减轻大湖区农民负担，国务院农村综合改革工作小组下发《关于进一步推进减轻大湖区农民负担综合改革有关问题的通知》。从 2007 年起，中央每年安排专项转移支付资金，用于我省减轻巢湖区域农民负担。自 2007 年以来，巢湖区域 3 市 10 县区认真开展各项改革工作，水利基础设施建设得以巩固和加强，基层水管系统改革深入推进，农民负担减轻，改革成效显著。四是积极开展城乡一体化综合配套改革试点。2008 年，省政府批准芜湖、马鞍山、铜陵、淮北四市的城乡一体化试验方案，并积极跟进指导试点工作。2009 年，为呼应试点工作，省政府于 6 月、9 月分别批准合肥、淮南设立安徽省城乡一体化综合配套改革试验区。及时举办城乡一体化培训班，并积极跟进合肥、马鞍山、芜湖、铜陵、淮北、淮南市开展城乡一体化综合配套改革试点工作。

总之，“十一五”期间，我省各地各有关部门在农村综合改革中做了大量工作，三项主体改革取得显著成效，其他配套改革深入推进。乡镇机构改革中精简机构、编制、人员和乡镇区划调整等主要工作基本完成；农村义务教育管理体制和经费保障机制基本建立；“省直管县”和“乡财县管”财政体制改革基本到位，为民服务全程代理制深入推进，村级公益事业建设全面展开，为下一步深化改革创造了必要条件。

（省农村综合改革处供稿　杨作华整理）

“十一五”信用担保集团有限公司发展概述

安徽省信用担保集团成立于 2005 年 11 月 28 日，经过五年发展，集团注册资本由 18.6 亿元增至 28.66 亿元，净资产 33.99 亿元。

五年来，集团深入贯彻落实科学发展观，充分发挥地方金融综合服务平台作用，在支持中小企业发展、推进信用担保体系建设、促进地方经济发展方面作出了积极贡献。集团直接融资担保规模在全国同行业中一直名列前茅，先后获得了全省金融机构突出贡献奖、安徽省利用国家开发银行开发性金融合作贷款工作先进单位、全国首批省级再担保体系建设试点单位等诸多称号。

【担保再担保业务超速发展】通过拓展业务领域和范围，加强与金融机构合作，加大业务创新等措施，全力推动担保再担保主业健康快速发展。集团担保再担保从 2006 年的 35.46 亿到 2010 年的 314.71 亿元，年均增长 72.6%。据不完全统计，通过担保再担保的支持，累计使受保企业新增销售收入 1108 亿元，新增利润 91 亿元，新增税收 62 亿元，新增就业岗位 30.5 万个。

【全省担保体系建设加快推进】采取再担保、资金合作、股权投资、共同设立担保基金四种合作方式，着力推进市县担保机构发展。截至 2010 年底，集团担保体系成员单位已增至 65 家，其中与 59 家市、县担保机构建立了再担保合作关系，体系建设已经覆盖全省 17 个省辖市和三分之二以上的县（市）。体系成员的快速发展及资本规模的不断壮大，为促进地方经济发展发挥了积极作用。

【整合投资支撑主业发展】按照集团建设成为地方金融综合服务平台的总体发展目标要求，整合了投资项目，先后实现了对国元投资、交通银行、徽商银行、国元农保的增资扩股，提高了集团的盈利能力。集团控股的安徽省科技产业投资有限公司注册资本 1. 7 亿元，是省内主要风险投资公司之一。集团通过科投公司平台，参股支持我省高新技术企业，同时，为集团培育新的利润增长点。2009 年科投公司成功中标省创业引导基金，引导社会资金参与创业投资，更好地支持科技创新型企业成长，同时也增强了集团的实力，增添了新的发展平台，有助于集团更好地服务全省经济发展。

【风险防范和控制日臻完善】在业务快速发展的同时，加快建立和完善风险管理制度，规范工作流程，着力提高风险控制能力和水平。同时，指导体系成员规范操作、严格控制担保风险。集团担保再担保代偿率均远低于上级下达的考核指标，且均未发生代偿损失。

【党建工作和企业文化建设不断进步】致力于学习型党组织和学习型企业建设，始终把党风廉政建设视为集团的生命线，逐步强化了“服务至上，发展共赢”的经营理念和“诚信、务实、进取、创新”的核心价值观，初步形成集团发展和员工发展和谐统一、相互促进，富有担保特色的企业文化氛围。

【基础管理水平全面提升】按照科学化精细化管理工作的要求，通过员工教育培训、信息化建设、财务管理、内部稽核审计、提高后勤服务水平等多项措施，全面提升基础管理水平。同时，建立了 70 多项规章制度，基本实现集团内部运作的规范、有序。

“十二五”期间，集团将继续围绕省委、省政府的经济社会发展战略，把集团打造成具有一流素质、一流管理、一流业绩、一流作风、一流品牌的地方金融综合服务平台，为安徽全面转型、加速崛起、兴皖富民作出更大的贡献。

（省信用担保集团总经办供稿）

“十一五”安徽省
农业综合开发工作总结

“十一五”期间，全省农业综合开发工作紧紧围绕省委、省政府关于“三农”工作的决策部署，主动作为，科学开发，精细管理，累计投入财政资金 50.67 亿元，共改造中低产田 628.92 万亩，建设高标准农田 33.3 万亩，新增和改善灌溉面积 501 万亩，新增和改善除涝面积 438 万亩，新增粮食综合生产能力 4.77 亿公斤；累计扶持农业产业化龙头企业 550 家、农民专业合作社 95 家，新增农产品加工转化能力 37.4 亿公斤、新增总产值 169 亿元，带动 417.5 万农户增收 40.2 亿元，为推进全省现代农业发展、农民持续增收和新农村建设作出了积极贡献。

【以理念创新为先导，科学谋划开发新思路】“十一五”期间，特别是十七届三中全会以来，紧紧围绕中央和省关于农村改革发展的战略决策，按照农业基础仍然薄弱、最需要加强，农村发展仍然滞后、最需要扶持，农民增收仍然困难、最需要加快，以及积极发展现代农业、提高农业综合生产能力等部署要求，主动从“三农”大局和发展现代农业、建设新农村、统筹城乡发展的全局思考谋划，力求农发工作紧跟时代步伐，富有创造性、体现先进性。通过深入调研，在总结借鉴 20 多年开发经验、认真分析和全面把握新形势的基础上，提出了新时期农发工作要坚持立体开发、规模开发、长效开发、特色开发的新理念，以求更好地发挥农业综合开发的杠杆作用、拳头作用、示范作用和服务作用。按照这一理念，科学谋划了“三连、两助、一加强”的开发新思路，“三连”即土地治理项目实行连片开发、连续扶持、连接管护；“两助”即支持产业化经营助强、助优，重点扶持优势产业集群和产业集群中的龙头企业发展；“一加强”就是要加强和规范项目资金管理。在理念和思路的指引下，围绕集中投入、展示效益，开展了集中连片规模开发、两类项目相结合的“一条龙”开发及支持产业集群板块发展等探索实践；围绕整合资金、放大效益，开展了现代农业综合开发示范区建设、省级部门间项目资金整合及以农发项目为平台的县级整合等探索实践；围绕创新机制、提升效益，开展了扶持种粮大户、先建后补及农业综合开发科学化精细化管理体系建设等探索实践。这些做法得到了省委、省政府和财政部、国家农发办领导充分肯定，中央新闻联播等多家媒体予以宣传报道，产生了一定的社会影响。

【以规模开发为中心，着力保障国家粮食安全】以粮食主产区为重点，按照存量调整、增量倾斜的原则，集中80%以上的土地治理项目资金，加大粮食主产区和产粮大县的投资规模，并实行连续扶持、连片规划、规模开发。一是启动实施了“3年1+1”规模开发工程。经过全省农发系统几年的共同努力，基本实现了预期目标，每个市都有一个或一个以上规模较大、效益较好的项目区，每个产粮大县都有一个3~5万亩集中连片的土地治理项目区，做到了一年一个点、两年一条线、三年连成片，特别是像望江合成圩、濉溪百善等项目区，不但规模大、标准高、形象好，而且示范带动作用强，凸显了规模开发效益。二是启动实施了高标准农田示范工程。2009年在全省公开择优选择10个产粮大县，实行3年项目统一规划、连片开发、分年实施，规划总面积为33.3万亩。10个首批高标准农田示范工程县，已初步建成了“田地平整肥沃、水利设施配套、田间道路畅通、林网建设适宜、科技先进适用、优质高产高效”的高标准农发项目区。“十一五”期间，坚持以规模开发为中心，改善了农业生产条件，提高了粮食综合生产能力，为全省粮食连续7年增产、连续5年创新高、总产稳定在600亿斤以上提供了坚实支撑，特别是在2007年特大洪涝灾害、2008年的50年不遇和去冬今春的60年不遇的旱灾中，农发项目区抗灾保收能力凸显，为大灾之年全省粮食持续增产和农产品有效供给作出了重要贡献。

【以建设现代农业综合开发示范区为抓手，示范引领现代农业发展】2008年以来，安徽省农业综合开发局按照财政厅党组关于示范区建设的部署要求，充分发挥农业综合开发职能作用和示范区建设领导小组办公室组织协调作用，积极参与示范区建设推进工作。一是发挥服务作用，搞好规划。通过深入调研、多方论证，确立了“政府搭台、企业支撑、市场化运作”的示范区建设思路，选择全国一流的高水平规划单位承担规划工作，邀请全国一流的专家进行评审，指导帮助示范区勾画建设蓝图。二是发挥拳头作用，搭建平台。三年间，集中农发资金7.71亿元，建成了一批田地平整、土壤肥沃、设施配套、路渠畅通、林网适宜、环境良好、生态协调、节水高效、高效稳产，并具有多宜性和持续保障能力的高标准基本农田，为示范区现代农业发展夯实了基础，为支农项目资金整合、龙头企业进驻示范区发展产业构筑了平台。三是发挥协调作用，整合资金。多次与省农委、国土资源厅等部门就整合相关资金，合力开展示范区建设事宜进行磋商，并达成共识，整合资金1亿多元；厅相关处室积极参与和支持示范区建设，累计整合相关支农项目资金4亿多元；指导帮助各地以示范区为平台，采取统分结合的方式，共整合80多个项目、7亿多元资金投入示范区建设。四是发挥杠杆作用，撬动社会资金。通过财政补助、贷款贴息等引导带动，指导帮助示范区优化发展环境、制定优惠政策引导拉动，共吸引了88家企业在示范区投资50多亿元，开展农产品加工与流通、品种繁育与推广示范、特色种植与养殖以及社会化服务等，促进了示范区优势特色产业发展，带动了农民增收致富。经过两年多的探索实践，示范区由6个发展为24个，初步呈现了“基础设施标准化、经营形式规模化、服务体系社会化、生产过程科技化、农民新村城镇化、目标效益多元化”的农业现代化特征，初步实现了农村经营方式由分散向集中转变、农业生产方式由传统向现代转变、农民生存方式由落后向先进转变。示范区示范效应正逐步显现，首批6个示范区共接待省内外200多批次、6000多人次的各类考察学习。中央领导、省领导和财政部领导多次视察示范区。人民日报、中央电视台、安徽电视台等多家新闻媒体对示范区进行专题采访报道，产生了一定的社会反响。

【以支持优势产业集群发展为重点，大力推进农业产业化经营】围绕全省农业十大主导产业，积极支持优势产业集群发展。一是着力夯实产业基础。积极开展土地治理和产业化经营两类项目相结合的“一条龙”开发探索实践，共安排2.32亿元，在全省公开竞争、择优实施了19个“一条龙”项目，支持龙头企业建设了一批优势原料基地；同时，各地围绕优势主导产业，打造了一批各具特色的优势农产品生产基地。二是着力增强带动能力。以优势产业集群中的龙头企业为重点，集中资金，连续扶持了一批龙头企业，支持其转型升级、做大做强，发挥他们舞动市场龙头、推动产业发展、带动农民增收的作用。三是着力提高组织化程度和创新利益联结机制。每年集中一部分产业化项目资金，重点支持一批服务带动能力强、规范管理程度高的合作社，拓展服务领域、提升服务水平，通过灵活多样的方式，积极构筑“龙头企业+合作社+基地+农户”的利益联结机制，提高组织化程度，带动农民增收。五年间，全省共扶持龙头企业项目550个、农民专业合作社95家，形成了宣城禽业、黄山茶业、亳州中药材等具有区域特色的产业集群和产业体系，为促进我省农业产业化发展、加快构建现代农业产业体系作出了积极贡献。

【以规范管理为基础，不断提升农业综合开发科学化精细化管理水平】一是进一步健全管理制度。针对管理中存在的问题和薄弱环节，先后制定出台了一系列管理办法，特别是2008年财政厅出台了《安徽省农业综合开发管理暂行办法》，为规范农业综合开发工作运行和项目资金管理提供了制度保障。二是进一步创新管理方式。围绕科学化精细化管理，建立了信息员联系制，改革完善了项目资金分配、综合考评等办法，开展了项目法人负责制、绩效考评等探索试点。同时，各地结合实际，探索创新了诸多行之有效的管理模式。如六安市农发局针对农发项目多、分布广、建设期长、管理难度大等特点，以及项目管理过程中存在的问题难发现、违规难约束、劲头难调动、责任难落实等问题，开展了农业综合开发科学化精细化管理体系建设试点，探索建立了信息反馈、监督约束、激励引导、责任落实四项机制和项目资金管理全程监控系统。三是进一步强化监督检查。开展“规范管理回头看”和项目工程质量大排查活动、实施信息员派出制度、层层组织验收等，加强内部检查；主动申请审计部门进行全面审计、全面开通800免费投诉举报电话、开展省级验收公示制试点等，加强外部监督。五年间，经过多次审计、检查、验收，没有发现严重违纪违规问题。在2009年全省农发工作会议上，国家农发办王建国主任充分肯定安徽规范管理水平高，工作质量和管理水平名列全国前茅，特别是在国家审计署对全国18个省的农业综合开发资金专项审计中，安徽为全国农业综合开发争了光。

“十一五”期间，安徽农业综合开发工作在取得新成效、实现新发展的同时，积累了诸多宝贵的经验。一是始终围绕党的中心工作，坚持主动作为、服务大局。自觉服从服务于经济社会发展全局和“三农”工作大局，找准工作切入点和着力点，主动示范引领现代农业发展，主动融入和推进新农村建设“千村百镇”示范工程、粮食生产“三大行动”和“高产高效万亩吨粮田示范县”创建活动、农业产业化“121”强龙工程和“532”提升行动等，得到了各级党委、政府领导的肯定、关心和支持。二是始终围绕农民根本利益，坚持把为民谋利作为开发的出发点和落脚点。以农民要干和带动农民增收为项目立项的首要条件，充分尊重农民意愿，发挥农民的开发主体作用，始终把农民的知情权、参与权、监督权和管理权，贯穿于项目实施和管理的全过程，真正把农发项目建成为民生工程、民心工程。三是始终围绕推进农发事业科学发展，坚持一手强基础、一手抓创新。不断完善政策制度、加强队伍建设、夯实管理基础，在保证不出事、干好事的基础上，为争取干大事创造了发展空间。根据形势变化，与时俱进地创新机制体制，在全国农发系统率先开展现代农业综合开发示范区建设、支持产业集群板块发展、扶持种粮大户等系列探索试点。

（省农发局供稿　陈　杰执笔）

“十一五”省政府非税收入征管情况

“十一五”时期，是我省全面构建公共财政框架下的政府非税收入管理体制，逐步实现政府非税收入征管的规范化、法制化和信息化的重要时期。2005年10月，省委、省政府决定在全省范围内启动新一轮政府非税收入管理改革。五年来，全省财政系统按照“先省级、后市县，先试点、后推广”的改革原则，以收缴管理制度改革、票据管理改革、预算管理改革、信息化改革为主要内容，进一步提升财政管理水平，增强政府调控能力，优化经济发展环境，为全社会经济跨越发展作出了显著业绩。

【构建制度体系】2005年6月，省政府第25次常务会议讨论通过了《安徽省政府非税收入管理暂行办法》，并以省政府第184号令予以公布。根据省政府令，省财政厅相继制定了《安徽省政府非税收入收缴管理暂行办法》、《安徽省政府非税收入票据管理暂行办法》、《安徽省政府非税收入汇缴结算户核算暂行办法》和《安徽省政府非税收入监督检查暂行办法》四个配套文件，初步构建了面向全省的“1+4”的制度框架，为全面规范非税收入管理提供了制度保障。

【组建征管机构】 省财政厅根据省编办和省人事厅的批复，组建了省非税收入征收管理局，具体负责省级非税收入的征管和市县非税信息系统的建设工作。市县也结合各自实际，成立机构，明确职责，配备人员。全省17个市和所属县区全部成立了非税征管机构，共配备非税征管干部682人（其中市级151人、县级531人），为推进非税管理改革、加强政府非税收入管理提供了组织保障和队伍支持。

【创建信息化平台】 按照国家“金财工程”建设的统一要求，结合安徽省实际，借鉴外省经验，成功开发了安徽版政府非税收入管理信息系统，以现代计算机数据交换、网络技术和银行资金清算为基础，以非税收入征收、解缴、票据管理和审核为核心，建立了以各级财政为中心节点，连接全省7580个银行代收网点和9173个执收单位的非税收入管理信息化平台。同时，根据各地实际需要，不断对系统进行升级和改造，开发POS刷卡、网上支付等现代收缴方式，不断增强非税收入管理信息化平台的服务功能。

【建立代收网络】 自2005年起，省财政厅会同人行合肥中心支行，采取试点招标、推广评审的方式，分期分批审核批准了13家商业银行和农村信用合作社作为非税代理银行，代理网点7580个，代理范围覆盖到全省境内所有市县乡镇，充分满足了各级非税代收业务的需要。在此基础上，协助指导代理银行开发符合非税代收条件的银行子系统，与市、县（区）非税系统实现网络对接。

一是创新了非税征管体制。通过非税管理改革，全面推行“单位开票、银行代收、财政统管”的非税管理新模式，实现了政府非税收入项目管理、账户管理、票据管理、收缴管理、预算管理由原先的相互独立、相互分离向相互关联、有机统一的转变，完成了从预算外资金管理体制向政府非税收入管理体制的转变，建立了政府非税收入“国家所有、政府调控、财政管理”的新体制。二是提升了财政管理水平。通过推行非税信息化改革，建立了非税基础数据信息库动态管理机制，搭建了财政与代理银行、执收单位之间的网络平台，实现了代理银行、执收单位与财政部门的信息互通和资源共享，提高了非税管理绩效。利用非税收入数据信息，开展非税收入计划编制和执行分析，强化非税收入部门预算管理，为进一步深化财政改革、完善公共财政体制创造了条件。三是增强了政府调控能力。通过实施非税收入收缴管理改革，不断规范非税收入征管，严格非税收入减免、退还审批，大大堵塞了跑、冒、滴、漏，全省非税收入规模大幅增加，政府宏观调控能力明显增强。2010年，我省非税收入实现1642.6亿元，比2005年增加1367.9亿元，年均增长43%。其中，纳入一般预算管理的非税收入为282.8亿元，比2005年增加189.6亿元，年均增长24.9%。四是优化了跨越发展环境。自2006年以来，全省共取消不合法收入项目4308项，涉及金额40.6亿元，有效减轻了企业和社会负担。全面采取网络征管，创新收缴方式，有效制止了自主收费、搭车收费、超标收费等乱收乱罚行为，优化了经济和社会发展环境。五是促进了党风廉政建设。通过加强对非税收入账户管理，全面取消非税收入过渡性账户，使政府非税收入直达财政，减少管理层次，避免资金滞留。据统计，全省共取消执收单位非税收入过渡性和不合格账户8007个。同时，严把票据发放和核销关，发挥源头控管功能，有效遏制了执收过程中的一些违法违纪行为和腐败现象。

（省非税局供稿　徐建超执笔）

省级国库集中支付改革“十一五”回顾

2001年我省省级国库集中支付改革在全国地方省份率先试点。纵观10年改革，“十五”时期是集中支付改革起步与发展的重要阶段；而“十一五”则是集中支付改革巩固与深化的关键时期。经历两个“五年”发展建设，我省省级国库集中支付改革已牢固确立国库集中支付制度在财政财务管理中的核心基础性地位，财政资金运行效率明显提高，财政资金运行监管得到有力加强，集中支付服务能力不断提升。

【资金总量快速增长】“十一五”期间，省级国库集中支付资金每年均以百亿规模增长，从2005年的91.6亿元到2010年的661.17亿元，增长6.22倍，年均增长48.49%。财政直接支付资金比重也逐年增加，资金支付结构不断优化，2010年财政直接支付资金占到集中支付资金总额的79.60%，直接支付比重比2005年增长了55个百分点，近80%的省级财政资金通过财政直接支付“直达”收款人，有效提高了资金使用效益。同时，财政集中支付资金覆盖范围不断扩大，2006年1月，纳入预算管理的政府性基金全部实行国库集中支付，当年，非部门预算资金、农村义务教育中央专项资金纳入国库集中支付。2007年，能繁母猪中央专项资金纳入国库集中支付。到2010年，包括农业保险保费补贴、新型农村合作医疗、“普九”化债专项资金、家电下乡专项资金等9类中央专项资金实行省级国库集中支付。

【制度建设不断完善】“十五”时期，省级初步建立了以国库单一账户体系为基础，财政支出以国库集中支付为主要形式的财政国库管理制度。“十一五”期间，省级国库集中支付动态监控机制建设成为国库管理制度改革的重要内容并取得了实质性进展。省政府先后出台《关于改进和加强财政支出管理的若干意见》（皖政〔2007〕90号）和《关于加强财政科学化精细化管理的指导意见》（皖政〔2009〕93号），着重强调要建立以现代信息技术为支撑，以实时动态监控为重点，全面建立综合核查、信息披露、检查通报、处理整改相配合的预算执行动态监控运行机制。省级财政也相继出台《安徽省省级国库集中支付资金退回业务暂行办法》、《省级国库集中支付动态监控系统建设工作规划》等配套制度，为我省国库集中支付的深化和完善提供了强有力的制度保障。

【技术创新层出不穷】“十一五”期间，省级国库集中支付系统建设亮点纷呈，成果喜人，为省级国库集中支付管理实现科学化精细化目标提供了有力的信息支撑和技术保障。2006年，省级国库集中支付动态监控系统建设项目正式启动。2008年，自主研发的集中支付动态监控系统子项目——财银直联系统通过鉴定并成功运行。2009年，省级国库集中支付动态监控系统建设项目全部通过验收，正式投入使用。2010年，财政平台一体化系统正式上线运行，集中支付新旧系统顺利转轨，动态监控系统成功与财政平台一体化系统实现对接，初步构建成了以财政平台一体化系统为基础，以动态监控系统为手段，以财政资金活动监控为重点的动态监控运行环境，省级国库集中支付信息系统建设得到有力加强。

【支付效能日益提升】2006年以来，国库支付中心按照厅党组统一部署和要求，深入学习实践科学发展观，精心组织实施作风建设年、规范管理年、能力建设年、学习提升年等主题年活动，积极开展岗位大练兵活动和以“科学理财创先进，学习沈浩争先锋”为主题的创先争优活动，不断强化学习实践，提升干部职工能力。不断强化服务措施，通过优化支付流程、简化支付程序、规范权力运行、落实工作规范等举措，擦亮服务窗口，提高集中支付效能，逐步建立起了安全、高效、快捷的集中支付服务长效机制，树立创新、高效、务实、清廉的工作作风和财政窗口形象。“十一五”期间，国库支付中心先后荣获国家级“青年文明号”、全国“巾帼文明岗”、“安徽省先进集体”等多项省部级表彰。

（厅支付中心供稿　汪新平整理）

省政府采购中心“十一五”工作概述

“十一五”期间，省政府采购中心在省财政厅党组的正确领导下，紧紧围绕全省经济和财政工作总体部署，按照“上规模、促规范、抓队伍、构和谐”的总体思路，不断扩大采购规模，切实规范采购行为，加强采购队伍建设，全面推进和谐采购，取得了较好的经济和社会效益，被评为首届全国十佳集中采购机构，小麦良种等多个采购项目被评为全国政府采购精品项目。

【拓展采购范围，扩大采购规模】从2006年完成550个采购项目预算资金10.7亿元，到2010年完成948个采购项目预算资金40.3亿元，“十一五”期间，共完成采购项目3562个，完成采购规模130.5亿元，节约财政资金15.7亿元，资金综合节约率12%。同时，积极争取中央政法专款、民生工程、良种等财政专项资金采购项目。中心自2001年以来，每年都组织实施中央政法补助专款采购，累计采购规模超24亿元，其中“十一五”期间，采购规模超20亿元，平均节支率超16%；

2007年以来，该中心连续4年组织全省小麦优势产区良种采购，采购规模近28亿元。其中，2009年、2010年良种采购接连创下省级政府采购单笔项目金额之最，预算金额分别为9.74亿元和10.4亿元，两年合计采购小麦良种近13亿斤，资金节约率近4.8%，节约资金8650万余元，使农民最大限度享受到省级集中采购带来的实惠。除通用类货物采购外，还积极扩大采购范围，尤其在服务类项目采购上进行有益的尝试，先后把省直机关公务用车大修及会计事务所、资产评估事务所等社会中介服务项目以及农业保险公司确定、存款银行确定等纳入政府采购范围。“十一五”期间，在全国较早开展徽文化保护区规划项目、省创业（风险）投资引导基金选择受托管理机构服务项目、家电下乡、家电以旧换新等采购工作。2008年10月，启动新一轮省直单位办公设备协议供货采购，通过一年四次招标，缩短供货周期，加强跟踪问效，基本满足了省直单位选择多样性和采购效率的提高，协议供货价格基本上与市场价格一致，协议供货合同的数量和金额呈逐月递增的趋势。从2009年12月1日起，协议供货已实现网上采购。2010年协议供货合同金额5300多万元，是2009年的2倍。

【加强制度建设，规范采购行为】一是层层推进主题管理年活动。2006年以来，按照省财政厅的统一部署，每年确定一个管理主题，层层深入推进管理工作。先后组织开展“提升执行力”、“作风建设年”、“规范管理年”、“能力建设年”和“服务发展年”等活动。中心不断在规范采购行为、精细化管理上狠下功夫，先后制定了20多项内部管理和工作制度，做到制度覆盖采购工作全过程。2008年，“采购方式选择报批管理暂行办法”等4项制度被省监察厅选为“制度建设推进年”活动备案制度。二是实施目标责任管理。2009年起，开始推行全面目标责任管理，涵盖项目采购、内部管理及基础工作、创建及宣传工作三大类共30项指标。通过明确目标、通报进度和年终考核等方式，加强工作落实，提高工作效率。这在全国采购中心中是首创的，在2009年全国政府采购工作会议上，原财政部部长助理张通在其工作报告中给予了肯定。中心代表在大会上作了《推行全面目标责任管理，加强集中采购机构自身建设》的典型发言。三是全力推进标准化建设。2009年以来，结合规范权力运行和电子化政府采购工作的推进，系统梳理了工作规程，从采购文件范本、采购信息公告、采购业务流程、评审现场管理、评审报告、采购合同模板、项目质疑处理等多方面全力推进标准化建设。中心还统一编印《工作手册》作为中心员工的案头资料，加强政策法规和制度要求的学习领会和贯彻落实。四是加强合同履约监督。近年来，为加快推进财政资金支出进度，在全国较早建立采购项目限时办结、催办和合同履约监督制度。中心还积极引入第三方质量检测机构对中标产品提供专门检验，加强对政府采购项目的合同验收监督，切实保护政府采购各方当事人的合法权益。

【强化机构内控，主动接受监督】首先强化机构内控。中心建立了以项目负责制为主，加大问责力度，效率与质量并重的内控机制。综合信息科负责项目受理和质疑受理，财务监督科负责合同履行和监督。采购执行科的负责编制采购文件，组织开评标。中心通过按采购流程细化工作和监督环节，实现权力制衡。其次，自觉接受监督。中心在项目评审过程中，坚持执行特邀监察员和公证监督制度。对于一些资金量大、分包多或社会关注的采购项目，邀请公证人员和特邀监察员全过程监督开标评标。中心还积极主动接受供应商监督，严格执行项目公示制度，将中心工作流程、项目采购信息等分别在中心办公区域进行公示、在“安徽政府采购网”上予以公开，基本做到所有采购信息都上网公示。另外，为了确保评标过程公平、公正，还对评标区设置监控。同时，深化政务公开，实施阳光采购。采取“请进来、走出去”的方法，分别召开采购单位和供应商工作座谈会，到省直单位和企业开展上门服务，虚心听取他们对中心采购工作的意见和建议。

【加强队伍建设，提高采购效率】先后开展了家具、医疗器械、显示屏等专业知识培训，并组织开展政府采购案例分析与研讨，从学习培训中帮助工作人员完善知识结构，发现和改进自身不足。积极开展向“沈浩”同志学习活动，深入开展廉政教育，努力培养员工高尚道德情操。先后组织省直单位及部分市、县基层单位代表到江淮、奇瑞等支柱企业开展上门调研和工作座谈，加大政府采购政策功能宣传，积极营造支持自主创新、服务企业发展的浓厚氛围。积极开展上门服务活动，先后到省政府办公厅等数十家省直单位开展上门服务，通过项目对接、政策宣传、项目回访等活动的开展，受到采购单位的一致肯定和好评。同时，会同厅采购处、财政信息中心，2008年顺利组织电子化政府采购管理应用系统采购及开发工作，确保了“安徽政府采购网”2009 年 1 月 1 日开通运行，网站日均访问量近万次。2010 年初，电子化政府采购系统正式投入运行，基本实现所有采购项目全流程电子化运行；评审专家实现电脑收取，语音自动通知；4000 多家企业进入省级政府采购供应商库。

【发挥政策功能，服务发展大局】“十一五”期间，特别是 2008 年全球金融危机爆发以来，中心结合采购执行工作，认真贯彻落实国家关于自主创新品牌和环保节能产品优先采购的政策，充分发挥政府采购政策功能、扶持中小企业发展，服务经济社会发展大局。尤其是充分利用政策功能，优先采购我省企业产品。认真贯彻公务车采购规定，“十一五”期间，累计采购我省奇瑞、江淮等自主创新品牌汽车 9000 余台，总金额超 8 亿元，占全部汽车采购总量和总金额的 80% 以上。

【加强沟通联系，实现和谐采购】一是建立和谐“管、采”关系。明晰职责，准确定位，做到“不越位、不缺位”。通过电话沟通、工作座谈、项目联系和通气制度等多种方式，保证采购执行工作顺利开展。和采购处一起协调财政厅相关支出管理处室，先后出台了《省财政厅关于进一步加强省级政府采购预算执行工作的通知》、《省财政厅关于全面加强政府采购工作的意见》和《关于加强厅内工作配合做好省级政府采购工作的通知》等多部规范性文件，为顺利开展集中采购活动奠定基础。二是加强对外沟通联系。配合相关政府采购专业媒体举办全国首次集中采购机构工作经验交流研讨会，举办《政府采购法实施条例》（征求意见稿）研讨会等，先后三次参加和主办了“苏浙闽皖四省采购中心联谊活动”，加强兄弟省份之间的政府采购业务交流。积极组织相关人员参与财政部等单位组织的培训活动，每年都安排政府采购培训活动 10 人次以上。三是扩大对外工作宣传。2008 年 1 月，财政部在厦门召开全国政府采购工作会议，省政府采购中心被指定作了典型发言。当年 12 月，中国财经报联合中国政府采购杂志社、中国政府采购网举办纪念改革开放三十周年“中国政府采购高峰论坛”，省政府采购中心代表作典型发言，介绍加大信息公开力度、维护供应商权益，做好采购质疑处理的工作经验。在 2009 年 4 月召开的全国政府采购工作会议上，省政府采购中心再次被指定发言，作了题为“推行全面目标责任管理，加强集中采购机构建设”的典型发言，介绍中心加强自身建设的经验。结合十周年纪念活动，2008 年在指定媒体刊发宣传专版，制作《十年成长之路》宣传画册、《成长的足迹》宣传文集和专题纪念邮折、展示中心风采。据不完全统计，《中国财经报》、《政府采购信息报》、《中国政府采购》杂志报道采购中心工作达 200 多篇，其中多篇宣传稿件被“新浪财经”、“中安在线”等重点网络媒体转载，社会反映良好。

（省政府采购中心供稿　李成名整理）

各市财政“十一五”工作成就

“十一五”合肥财政工作成绩喜人

“十一五”期间，是合肥加快跨越赶超、实现中部崛起的重要战略时期，也是合肥财政工作大跨越、大发展的时期。在市委、市政府的坚强领导下，在省财政厅的大力指导下，合肥财政以“推改革、促发展、惠民生”为主旋律，深入贯彻落实科学发展观，大力支持经济社会事业快速稳步发展，积极抢抓产业转移战略机遇，财政工作多次获得省部级表彰。“合肥现象”、“合肥速度”、“合肥经验”已被社会广为关注，财政部部长谢旭人分别于2009年、2010年来合肥市财政局视察和指导工作，充分肯定合肥财政近年来的工作成绩，殷切希望合肥财政继续加大改革创新力度，为全国财政管理工作探索更多的好做法好经验。

【积极做大财政蛋糕，财政实力突飞猛进】坚持依法理财，强化财政收入征管，成立税源管理中心，加强税源动态分析和信息协调，严厉开展打击制售假发票工作。逐月细化分解收入任务，加强与税务部门的协调配合，适时进行调度，努力做到应收尽收，促进财政收入均衡入库。强化契税、耕地占用税管理。深化非税收入收缴改革，健全非税征管制度，规范非税征缴行为。“十一五”期间，合肥财政收入突飞猛进，全市财政收入连跨200亿、300亿、400亿三个大关，由2005年的130.88亿元上升至2010年的476.2亿元，年均增长29.5%；五年累计实现1502亿元，是“十五”同期的3.6倍。地方财政收入由2005年的56.74亿元上升至2010年的259.4亿元，年均增幅达35.1%；五年累计实现783亿元，是“十五”同期的4倍；在全国省会城市排名由2005年的第18位上升到2010年的第10位，前进8位。财政收入占全省比重由2005年的20%提高到2010年的23%，5年提高了3个百分点；人均财政收入由2005年的2920元提高到2010年的9487元，5年增长2.2倍。财政支出规模突破300亿元，由2005年的73亿元增加到2010年的318亿元，年均增长34.2%；五年累计完成财政支出1006亿元，是“十五”同期的4.1倍，有力支持经济社会的跨越式发展。

【积极发挥财政职能，支持经济快速发展】一是构建四大政策体系。改革专项资金管理机制，深化专项资金管理。将原来分散在各职能部门的奖补政策进行整合归类，先后以市政府文件出台一系列政策及配套细则，构建了对工业、自主创新、现代农业和现代服务业等较为完善的财政支持经济发展政策体系。集中财力，优先保证那些对经济社会发展牵动性强的重点工作、重要工程、重大项目。二是加大投入扶持企业。及时兑付财政专项奖补资金，充分发挥财政资金引导作用，加快经济结构调整和产业升级步伐，增强企业技术创新能力和发展后劲。2006－2010年，累计投入财政支持工业、自主创新、现代农业和现代服务业加快发展资金201亿元，大力支持江汽、海尔、美的、京东方、熔安动力、赛维LDK等一大批重点企业加快发展。五年间实现规模以上工业企业新增1423户，规模以上工业增加值增长2.1倍。三是全力减轻企业负担。从2006年开始，对开发园区工业投资项目实行免收37项行政事业性收费的政策，由开发园区统一为企业办理免收手续。同时，建立登记制度，详细记录减免事项，并开展监督检查。“十一五”累计免收资金15亿元；2008年起出台政策促进服务业发展累计免收城市基础设施配套费3.54亿元，优化投资环境。四是着力统筹城乡发展。进一步加大“三农”投入力度，“十一五”累计投入农业发展资金186亿元，较“十五”同期增长4.4倍。加速推进农业产业化向纵深发展，加快农业集群化、园区化、合作化发展。加快城乡统筹发展，推进社会主义新农村建设，着力加大支农惠农扶持力度，推进规模化土地整理与新农村建设有机结合，整村推进成为全省样板，充分发挥了财政支农资金的引导集聚作用。五是支持中小企业发展。创新融资方式，积极发挥政策性担保作用，通过信保合作、银保合作，有效缓解中小企业融资难问题。设计推出“政府主导、社会运作、公众参与、企业受益”的融资模式——“滨湖·春晓”中小企业发展集合资金信托计划,累计筹集资金3亿元,以低于银行同期贷款利率的优惠成本支持全市117家优质中小企业。鼓励金融机构开展适合中小企业特点的金融产品、服务,扩大中小企业贷款规模。

【强化基层基础建设,提升科学化精细化管理水平】一是强化税源管理。在税源普查的基础上,搭建涉税信息平台,打通部门之间的沟通管道,建立跨部门跨系统的涉税信息系统,实现房产、税务、国土、规划、工商等30家部门涉税信息集中共享,实现税源的动态管理和收入的综合分析,为有效开展税源监控提供支持。自2010年5月份首次运行,全年累计采集各类综合涉税信息2000多万条,全面反映了全市税源分布情况。建立信息联络员制度、信息及时传递机制、信息定期处理和反馈机制、信息定期分析制度、协税护税工作考核等五项制度,构建四级纵向联动的协税护税网络,实现跨部门源头控管、协调联动的协税护税工作机制。二是推进基础数据库建设。建立健全财政基础数据库统计工作机制,着力解决过往存在的财政基础数据统计制度不健全,重要财政收支数据统计口径不一且分散在各个部门的现状。明确财政基础数据统计范围,规范统计口径,确定重要收支数据统计牵头责任部门和日常统计填报要求,加大考核督查,切实加强财政基础数据统计工作,为全面、及时、准确地反映全市重要财政收支情况和领导决策提供参考。三是强化财务会计制度建设。加强对各单位会计工作、会计资料及会计人员监督检查,规范会计行为,保证会计信息资料真实、完整。每年定期对各单位会计基础工作规范化、会计信息质量及会计人员持证上岗情况进行专项监督检查。进一步充实和完善会计人员基础信息库,实现全市会计人员从业资格证管理工作网络化,逐步建立会计领军人才信息库和中高级会计人员信息库。四是加强乡镇财政建设。以转变乡镇财政职能为重心,不断规范乡镇财政管理。财政补贴农民资金"一卡通"发放、村级财务规范、农村集体"三资"清理、村级公益事业"一事一议"财政奖补试点改革、乡镇财政资金协调监管机制、"惠民直达工程"等各项工作扎实推进。乡镇财政职能从组织收入向管理服务转变,县级财政对乡镇财政实行垂直管理,建立培训体系,大力开展乡镇财政干部培训和农村财务人员培训。五是加快推进财政法制建设。全面落实财政执法责任制,进一步完善财政干部执法人员持证上岗制度、财政执法文书审核制度,财政执法案卷评查制度、财政执法评议考核制度、财政行政处罚听证制度和财政执法错案责任追究制度。做好财政"五五"普法宣传总结验收,加强财政法制宣传教育工作,扩大财政法制宣传影响面。

【深入推进财政改革,公共财政体制持续完善】一是推进预算管理改革。深入推进以部门预算为核心的预算管理制度改革,公共财政管理体制框架基本建立。完善基本支出预算,实行定员定额管理。改革项目支出预算编制方法,实行经费包干与项目管理相结合,对项目支出实行分类管理。建立专项项目库,引导单位编制滚动预算。加大综合预算审核力度,实行预算内、外资金和自有资金统筹安排使用,全口径预算取得实质性进展。加大资源整合力度,对表彰奖励经费、会议费等统一在市级单列项中安排,不再分散安排。改革预算编制办法,公开预算编制过程,邀请人大代表、政协委员、基层代表、专业技术人员等积极参与。改革预算分配方法,公开预算编制审核标准,科学细化经费综合定额,完善实物费用定额标准。强化预算执行管理,推行预算追加听证。自觉接受人大审计监督,实行动态监控。二是推行绩效考评。每年选择部分社会关注度高、影响较大的重点项目、民生项目进行绩效考评,将考评结果与单位次年预算编制挂钩,提高资金使用效益。从2010年起全面推行绩效预算编制。三是推进国库集中收付改革。将市级所有部门和单位预算外资金全部纳入财政集中支付,统一预算内、外资金支付行为,规范预算外资金支出管理。国库集中支付实现"全覆盖",并全面推行公务卡制度。完善国库单一账户体系,全面清理撤销市直行政事业单位银行账户。2006年,对全市市直行政单位银行账户进行了全面清理,除经批准依法依规必须保留的账户外,各单位其他账户全部撤销,累计撤销各类账户878个,划缴财政管理资金21.96亿元。健全长效管理机制,建立银行账户管理信息系统,严把单位开设账户关口,开设账户必须经财政、监察审核,报经市委常委会研究决定。四是强化行政事业单位资产管理。建立从"入口"到"出口"的一整套管理机制,构建资产动态信息管理系统。市直各行政事业单位的房屋所有权证和国有土地使用证以及出租、出借资产的租赁合同原件,上交财政统一管理。对行政事业单位房屋全面实行公开招租,实现国有资产收益的最大化。五是积极推行"阳光财政"。在全国首创"开门预算"模式,上门编预算,开门审预算。规范改进政策兑现申报审核程序。工业、自主创新、农业和服务业四大财政支持政策专项资金补助均在市行政服务中心窗口受理，相关部门一次性审结，并将评审结果在大厅、网站和有关媒体进行三榜公示。六是深化政府采购改革。先后推出市直单位公务用车定点加油、定点维修、定点保险和市直机关定点印刷、日常办公用品定点采购、定点宣传公告，不断增加集中采购内容，扩展采购范围，确保政府采购规模持续稳定增长。七是依法加强财政监管。完善对财政预算收支情况、重大收支项目、财政经济运行状态的宏观监督机制，加强对财政资金运行的事前、事中、事后及绩效评价的监督。扎实做好“小金库”专项治理工作，构建和完善“小金库”治理长效机制。积极推进会计管理由面向国有企事业单位向社会化管理方式转变，支持企业建立内控制度。

【全力保障改善民生，让群众共享改革发展成果】一是财政投入大。民生投入逐年增高。将保障和改善民生放在突出位置，加大财政投入，“十一五”累计投入社保、医疗、就业、教育等财政资金982.9亿元。2007年起牵头组织实施民生工程，从最初启动实施12项民生工程，各级财政投入5.6亿元，到2010年实施33项民生工程投入24亿元，4年累计投入90多亿元，年均增长68%，民生投入增速远远“跑赢”合肥同期GDP、财政收入增速。二是惠民举措实。着力加大支农惠农扶持力度，推进规模化土地整理与新农村建设有机结合，实现城乡统筹发展。做好惠民直达工程和城市网格化管理结合文章，推动和完善城市管理重心下移改革。认真落实农村“一事一议”财政奖补试点工作，积极筹措配套资金，广泛发动群众参与。支持保障性安居工程建设，推进廉租房和公共租赁房建设，健全住房保障体系，累计安排廉租房建设资金3.46亿元。加快医疗卫生体制改革实施步伐，科学测算医改配套投入，探索公立医院运行机制改革，稳步推进基层卫生服务体系改革。全力推进全市教育布局优化调整，实施市区中小学布局调整，统筹城乡教育发展。扎实推进义务教育经费保障机制改革，免除义务教育阶段学生学杂费。稳步实施校舍安全工程。加快职业教育发展，整合职业教育资源，加速推进磨店职教基地建设。三是覆盖领域广。始终把百姓需求放在社会发展首要位置，从2007年以解决“生活难、上学难、看病难”等突出问题为主，拓展到解决社会保障、医疗卫生、教育培训等热点方面，并逐步涉及农村精神文化建设、社会环境保护治理等多领域，民生工程涵盖范围越来越广。四是保障人数多。始终坚持不断扩大惠民政策覆盖面，尽力做到应保尽保。随着保障体系逐步完善，纳入保障人数已从2007年的300万人跃升至2010年的500万人，充分发挥了惠民生扩内需的双重作用。五是社会效益显著。工作方法上突出个性化、地域化、特色化，确保民生工程实施成效，增强民生资金社会效益。以医疗保障工作为例，至2010年全市实际参合农民已达229.32万人，参合率达98.92%。2007至2010年，共有75.27万人次享受城乡医疗救助，累计发放救助资金1.18亿元。

【强化机关内部管理，财政效能建设不断深入】一是搭建高效管理平台。2003年正式引入ISO9001质量管理体系，将ISO的管理理念与机关内部管理体系有机融合。以局《质量手册》和部门《工作手册》为结合点，将ISO9001质量管理体系要求转化为财政财务管理标准，坚持以策划、实施、控制、改进（简称PDCA）的标准化过程模式规范财政工作流程。科学设置工作岗位，明确界定岗位职责，确定工作衔接的节点和程序，做到分工明确、各司其职、协调配合，极大地优化内部工作流程，提升服务意识，提高工作效能。二是积极创建学习型机关。充分发挥组织学习的作用，以财政论坛、培训讲座等多种形式开展互动交流。健全学习激励机制和导向机制，构建组织集中学习与个人自学相结合的双向并行机制。突出学以致用的理念，提升干部职工运用理论思考和解决现实问题的意识和能力。三是创新财政文化建设。以“奉献实现自我，实干成就卓越”价值观为核心理念，着力打造“人文财政、和谐财政、卓越财政”，结合职业特点制定职业道德规范，积极开展争创“国家级文明单位”工作，建设具有鲜明时代精神和行业特色的财政文化体系。

“十一五”期间，合肥财政事业发展迅速，圆满完成了“实现两大目标、健全五个机制”的主要任务，财政工作思路不断优化，财政实践取得显著成绩，已建设成为“收入基础较为厚实、收支结构较为合理、调控能力显著增强、运行质量明显提高”的公共服务型财政，为合肥市加快建设区域性特大城市、现代化滨湖大城市和现代产业基地奠定坚实的财政基础。五年来，合肥市财政局多次获得国家、部、省级表彰，2006年蝉联全国财政系统先进集体；2008年被评为全国争创文明单位先进单位；蝉联第四届、第五届全省人民满意的公务员集体，蝉联第七届、第八届省级文明单位，连续4年荣获全省民生工程实施工作杰出奖。

（合肥市财政局供稿　张世奎执笔）

淮北市"十一五"财政工作概述

"十一五"以来,在淮北市委、市政府的正确领导下,在省厅的关心指导下,市各级财政部门开拓进取,加强管理,"十一五"财政改革与发展目标全面完成,财政面貌发生了可喜变化。

【财政实力明显增强】"十一五"期间,全市财政总收入完成231.4亿元,连续跨越30亿元 、40亿元、50亿元、60亿元和70亿元大关,5年增长1.6倍,年均增长20.7%,是"十五"时期的2.5倍,财政总收入占GDP比重约为15.5%,较"十五"末提高2.5个百分点。人均财政总收入由"十五"末的1264元增长到"十一五"末的3182元,年均增长20.3%,较"十五"时期提高5.3个百分点。

【宏观调控作用凸显】5年间共争取上级各类转移支付资金100多亿元;积极引导各类金融机构累计投放企业贷款206亿元;市财政共投入支持园区建设、企业改革和发展等方面资金6亿元,有力支持民生工程、环境治理、重点工程等重大项目建设,促进了经济发展。

【"三农"投入力度加大】全市各级财政部门积极贯彻落实强农惠农政策,5年用于"三农"方面支出52亿元,大力推进农业产业化经营,积极扶持农民专业合作组织,促进农业和农村经济持续发展。累计投入农业综合开发资金2.19亿元,改造中低产田22万亩,扶持省、市级产业化龙头企业25家和农产品加工项目27个,改善了农业基础设施条件。5年累计发放财政补贴农民资金8.43亿元,农民人均直接受益683元。

【民生工程扎实推进】"十一五"期间,全市财政部门把切实解决好民生问题放在首位,民生工程取得实效,惠及全市200余万群众。4年来,全市累计投入民生工程资金26.64亿元,其中,投入生活保障资金8.5亿元,初步构建了农村城乡保障和特困群众救助体系;投入教育培训资金6.9亿元,义务教育阶段学校办学标准化、农村学区和教育园区建设得到加强。投入医疗卫生资金7.4亿元,新型农村合作医疗改革全面实施,基层医药卫生体制综合改革试点工作顺利启动,城乡卫生服务体系加快建设;投入农业和农村基础设施资金3.8亿元,有效改善了农村生产条件。

【财政改革不断深化】实行预算编制、执行、监督"三权分离"的预算管理模式,促进部门预算编制规范化、透明化、合理化。扎实推进国库集中支付改革和政府采购改革,全市96个部门316家预算单位纳入国库集中支付范围,累计完成采购预算12.2亿元,节约资金1.7亿元,提高了资金使用效率。全面推进以"执收单位开票、银行代收、财政统管"为主要内容的非税收入收缴改革,不断创新非税收入电子化收缴方式,大力推进非税收入科学化、精细化管理。明确界定市县税收征管范围,调整加大区级税种分享比例,提高县区级财力水平。投融资体制改革积极推进,提高了防范政府债务风险能力。

【财政管理更加科学】"十一五"时期,财政部门积极转变职能,开拓创新,着力推进一般预算公共服务均等化,增强基本支出预算编制规范化,提高项目支出预算编制的科学化,促进市本级预算编制的科学、规范、精细和透明。积极组织部门预算编制和执行检查、财政资金支出效益检查、会计信息检查,组织开展全市"小金库"专项治理工作等各项监督检查,保证了财政运行的规范、高效。注重财政干部的能力提升和素质培养,积极开展财政规范年、争创五型机关、提升五种能力和学习提升年等项活动,切实提升全市财政干部的综合素质。

(淮北市财政局供稿 乔林执笔)

亳州市"十一五"财政工作概述

"十一五"是亳州市经济社会快速发展5年。5年来,全市财政收入持续快速增长,财政体制改革稳步推进,财政调控能力显著增强,财政精细化管理水平不断提高,"十一五"财政工作目标任务圆满完成,全市财政面貌发生了显著变化。

【财政收入迈上新台阶】"十一五"期间,全市财政收入连续跨越20亿、30亿、40亿元三个台阶,提前两年超额完成"十一五"计划确定的财政收入翻一番的目标任务。全市财政收入累计完成131.5亿元,是"十五"期间52.7亿元的2.5倍,年均增长30.3%。其中地方财政收入完成71.1亿元,年均增长31.2%。2010年全市财政收入净增11.46亿,超过2005年全市财政收入总量。财政收入质量稳步提高,财政收入占GDP的比重由"十五"末的4.2%提高到2010年的8.4%,为历史最高水平。税收收入占总收入的比重由“十五”末的 83.2% 提高到 2010 年的 86.6%。

【财政支出效益明显提高】“十一五”时期，全市财政支出累计实现 316.8 亿元，是“十五”期间 84.8 亿元的 3.7 倍，年均增长 34.7%。财政支出结构不断优化，民生得到进一步改善。同“十五”末相比，农林水事务支出增长 10.2 倍；科学技术支出增长 6.6 倍；教育支出增长 2.4 倍；医疗卫生支出增长 14.5 倍；社会保障和就业支出增长 5.6 倍。加强支出管理，大力压缩公款出国(境)费用、车辆购置及运行费用、公务接待费和水电油等支出，一般性支出实现零增长。加强财政监督，积极开展基本建设、民生工程、社保、强农惠农等专项检查，提高财政资金使用效益。

【民生工程建设成效显著】2007 年开始实施民生工程以来(2007 年实施 12 项、2008 年实施 18 项、2009 年实施 26 项、2010 年实施 31 项)，4 年共投入资金 68 亿元，惠及 500 多万城乡居民，人均受益 1300 多元。全市兴建廉租住房 29.5 万平方米，近 7000 户家庭享受廉租住房租赁补贴；建成农村“村村通”道路 3600 公里；新建、加固、改造中小学校舍 395 万平方米；每年近 70 万名中小学生享受义务教育，1 万名贫困学生享受寄宿补助；478 万人参加新农合和城镇医保；44 个乡镇卫生院、1143 个村卫生室、80 个社区卫生服务网络、32 个乡镇综合文化站、619 个农家书屋、242 个农民体育健身工程建成启用。

【支持服务发展措施有力】坚持围绕中心，服务大局，认真落实扩内需、促增长和省委、省政府支持皖北发展的政策措施，充分发挥职能，积极争取项目资金，扶持支柱产业、特色产业和优势产业。发挥财政政策和资金引导作用，大力支持项目建设、招商引资，积极整合财政资金支持中药产业园区建设，推进“中华药都·养生亳州”项目实施。大力开展企业改制，古井集团 40% 股权成功转让，主辅业分离深入推进，企业活力显著增强。加强城建融资和调度，实施了宋汤河改造、老城区改造、城区主干道改造、城市绿化亮化工程等一大批城建项目。

【财政支农惠农政策全面落实】“十一五”期间，各级政府对“三农”的投入逐年增加，直接发放给农民的各项财政补贴达 33.6 亿元。2009 年开始实施“四下乡、两换新”以来，全市财政补贴家电下乡产品 77.6 万台，补贴金额 2.3 亿元；补贴汽车、摩托车下乡产品 11.7 万辆，补贴资金 1.7 亿元。投入农业综合开发资金 2.2 亿元，推进中低产田改造、高标准农田建设示范工程和现代农业综合开展示范区建设项目。拨付资金 11.9 亿元，落实义务教育经费保障机制改革。农村综合改革深入推进，为民服务全程代理不断完善，农村公益事业“一事一议”财政奖补工作成效显著，增强了为民服务职能，改善了农村生产生活条件。

【财政管理水平不断提高】“十一五”期间，全市财政部门积极创新管理制度和管理方式，积极推进预算管理制度改革，加强部门预算和综合预算管理。积极实施国库集中支付制度改革，国库集中支付的范围逐年扩大。规范政府非税收入征管，严格落实“收支两条线”规定。加强资金整合，建立资金统筹调度管理制度。推行政府投资评审，积极开展预算支出项目绩效考评试点。发挥财政监督职能，加强会计信息质量管理，加强对权力运行的监督和制约，规范资金分配、使用和绩效等重点环节和流程。坚持依法行政、依法理财，主动接受人大、政协、审计监督，财政发展效能、行政效能、管理效能、服务效能和监督效能不断提升。

(亳州市财政局供稿 邓昊执笔)

宿州市财政“十一五”成就综述

“十一五”时期，宿州市财政部门在各级党委、政府的正确领导下，深入贯彻落实科学发展观，积极应对经济形势变化，克服金融危机带来的宏观环境不利等因素影响，认真落实稳健和积极的财政政策，坚持依法理财治税，大力组织收入，深入推进财政改革，不断完善公共财政体制机制，全力支持经济社会事业发展，全面完成了财政“十一五”规划确定的各项目标任务。

【财政收入持续增长，收入质量明显提高】“十一五”时期，全市财政收入连续跨越 20 亿、30 亿、40 亿元台阶，超额完成“十一五”规划确定的收入目标任务，财政总收入累计完成 141.36 亿元，是“十五”时期的 2.38 倍。2010 年全市财政收入完成 43.15 亿元，比 2005 年 13.4 亿元增长 222%，年均递增 26.3%，比“十五”时期年均增幅高 22.7 个百分点，比全市 GDP 年均增幅高 14.5 个百分点，财政收入占 GDP 的比重由 2005 年的 4.28% 提升到 2010 年的 6.6%，财政实力显著增强。与此同时，财政收入结构进一步优化。地方一般预算收入占财政总收入的比重逐年提高，由2005年的52.2%提高到2010年的60.6%，平均每年提高1.68个百分点。税收收入占财政收入的比重由2005年的58.1%上升到2010年的83.5%。非税收入占财政收入的比重由2005年的41.9%下降到2010年的16.5%。

【财政支出规模不断扩大，支出结构进一步优化】"十一五"时期，全市财政支出累计完成366.98亿元，是"十五"期间的3.24倍。2010年全市财政支出完成111.3亿元，是2005年26.2亿元的4.25倍，年均递增33.5%，比"十五"期间平均增幅高出16.6个百分点。人均财政支出水平由2005年的434元提高到2010年的1753元，翻了两番多。不断调整和优化财政支出结构，确保财力分配向保增长、惠民生、促发展方面倾斜，支持重点事业发展，5年间农业、教育、科技投入年均增长分别为49.4%、39.1%、31.1%。推进政法经费保障体制改革，确保政法部门实现职能的资金需要。多层次医疗体系实现城乡居民全覆盖，基层医药卫生体制综合改革稳步推进。财政应急保障机制不断健全，设立了救灾、维稳、信访、平安宿州建设等专项资金。民生工程稳步推进，民生工程项目从2007年的12项增加到2010年的33项，民生工程投入从2007年的6.8亿元增加到2010年的25.9亿元，4年累计投入财政资金65.6亿元，年均增长39.7%，用于民生工程的支出占当年财政支出的比重逐年提高，由2005年的13.37%上升到2010年的23.3%，项目覆盖范围越来越广，全市500多万城乡居民人均受益1300多元。

【支持经济发展力度加大，稳健和积极财政政策相继实施】认真落实省政府加快皖北发展各项政策措施，围绕"两个跃升，一个崛起"奋斗目标，大力实施工业扩张、城镇扩容、农业提升"三大战略"，综合运用财政投资、税收优惠、资金扶持、以奖代补、贷款贴息等多种政策工具，大力支持经济发展。5年共投入基本建设资金25亿元，其中包括争取中央扩大内需投资资金55400万元、中央国债105566万元、统筹基建及省国债转贷资金36967万元，落实扩需配套资金51900万元，实施项目287个。投入各类开发园区建设资金30.9亿元，已建成4个省级经济技术开发区，2个筹建省级经济技术开发区，14个新型乡村工业园，总面积117.5平方公里。安排专项招商经费，大力支持实施"招商突破"行动，广泛开展小分队招商、会展招商、以商引商和领导带头招商，一批打基础、管长远、增后劲的重大项目相继落户宿州。市财政千方百计筹措资金，先后设立工业三年倍增奖励资金、工业五年扩张专项、促进流通业服务业发展专项资金以及节能减排基金，并于2007年和2008年分别出资成立省担保集团宿州分公司和"宿州市中小企业投资担保公司"。至2010年底，两家公司已累计为全市229个中小企业提供担保贷款18.2亿元。

【"三农"政策全面落实，农业投入明显增加】"十一五"时期，全市财政"三农"投入97.38亿元，是"十五"期间的12.58倍，通过"一卡通"发放各类涉农补贴35.2亿元，涉及农资综补、粮食直补、农村合作医疗等29类50多项资金，农民人均受益600多元。大力加强农业综合开发工作，5年投入农业综合开发项目资金61729万元，其中财政资金44200万元，治理土地面积41万亩，支持皖王集团面粉加工、泗县龙牧猪业集团等农业产业化项目60个。积极开展涉农资金整合试点。2007年起，将泗县列入省财政涉农资金整合试点，3年完成各类涉农资金整合4.1亿元，资金使用效益明显提高。指导县区编制农业财政项目70个，获得扶持资金11560万元。扎实推进农村综合改革，清理审核化解农村义务教育债务3.67亿元，全面启动"一事一议"财政奖补试点，已实施项目5588个，总投入10.3亿元，获得省以上财政奖补资金2.3亿元。全力推进政策性农业保险试点工作，2年落实财政配套资金19795.3万元，为受灾农民理赔16558.1万元。积极推进汽车家电下乡工作，销售汽车摩托车10.1万台，家电产品70.8万台，有45万农户共享受财政补贴2.1亿元。

【财政改革步伐加快，科学化精细化管理水平切实提高】按照分配更科学、支出更高效、管理更严格、监管更有力、服务更规范的要求，继续推进各项财政改革，促进基本公共服务均等化，不断完善公共财政体系。全面实施政府收支分类改革，逐步建立健全政府财政预算体系。规范部门预算编制管理，积极完善基本支持标准体系，加强项目库和项目支出定额标准体系建设，不断提高预算编制的科学化、标准化水平。加强财政结转结余资金管理，扩大预算支出绩效考评试点，推动绩效评价体系建设，促进财政资金使用效益提高。加强预算执行管理，增强预算执行的时效性和均衡性。落实《政府信息公开条例》，推进部门预算公开透明。深化国库管理制度改革，扩大集中支付范围，完善集中支付制度，县级会计核算向国库集中支付转轨改革工作全面完成，四县一区全部成立国库集中支付中心，市级财政一般预算支出国库集中支付率已超过60%。财税库银横向联网全线贯通，全市财政、国税、地税、人民银行及商业银行全部实现上线运行，提高工作效率和资金运行效率。加强政府采购制度体系建设，扩大货物、工程、服务三大领域的采购范围，将道路绿化工程、城市清扫保洁服务和城区道路改造等项目纳入公开招标采购。5年共完成政府采购金额142440万元，节约资金19180万元，节约率达11%。强化财政支出管理，大力压缩一般性消费支出，修订出台了市直机关公务车辆管理、会议费管理等制度，下发了《关于加强财政科学化精细化管理的指导意见》，财政科学化、精细化管理全面推进。加强行政事业单位资产管理，2007年、2010年两次对全市1200户行政事业单位进行资产清查，涉及资产总额65.1亿元，全面掌握行政事业单位资产的分布、结构和状态，为实现对行政事业单位国有资产的动态监督奠定坚实基础。推进非税收入收缴改革，建立非税收入收缴管理信息系统，取消主管部门和执收单位设立的收入过渡性账户，按照“单位开票、银行代收、财政统管、政府统筹”的模式进行规范化、科学化管理。

【金财工程高标准建设，一体化信息管理系统推广实施】市财政局专门成立“金财工程”领导小组，出台一系列信息化建设和管理的规章制度。建设初具规模的计算机信息网络硬件平台，包括市县财政办公局域网、国库支付中心业务局域网、农业综合开发办公局域网、政府采购中心局域网和视频会议系统等，拥有各类服务器近20台、网络设备20台。建立起双网物理隔离系统，确保了网络安全。实现了网络信息应用处理在财政主业务领域的全覆盖，主要包括国库集中支付信息系统、部门预算编制信息系统、国库网上申报审核系统、非税收入管理系统、国库总预算会计系统、工资统发信息系统、会计集中核算信息系统、政府采购业务管理系统、农业综合开发信息管理系统、会计从业人员管理软件和会计从业人员考试系统等。按照省财政厅关于推广实施平台一体化系统的统一要求，进一步梳理财政业务流程，研究制定平台一体化实施方案并逐项抓好落实。实施高标准机房建设及配套设施改造工程，其中市财政局办公大楼综合布线改造采用最新科技，完全适应未来网络和财政业务发展的需要。2010年底平台一体化系统网络设备、服务器和数据库系统、网管软件的安装调试工作全部完成，全市平台一体化信息系统正式运行。

【财政监督继续加强，财经秩序进一步规范】“十一五”期间，全市财政部门健全覆盖财政运行全过程的监督机制，强化收支监督、会计监督和内部监控，财政监督的职能作用得到进一步发挥。牵头开展“小金库”专项治理，全市2405个机关事业单位、社会团体和国有及国有控股企业全部进行治理“小金库”的自查，自查面达到100%，重点检查阶段全市列入重点检查的单位756个，查出有“小金库”单位37个，“小金库”资金2436.5万元，对查出的问题由财政作出相应的处理决定或移交纪检部门调查处理。积极开展财政专项资金检查，先后对科技创新财政专项资金、农村安全饮水工程建设资金、防汛抗旱专项资金等进行了监督检查，促进财政资金的规范管理和使用。对278家(次)行政事业单位开展了非税收入清理检查，查出违反管理规定资金10807万元。开展了土地出让金全面清理工作，对历年来国有土地出让宗地、面积、出让方式、出让金额、应收未收及实物抵缴出让金情况进行了全面清理，规范国有土地出让资金管理，避免了土地资产流失。“十一五”期间共对531户(次)机关企业事业单位会计信息的真实性、完整性、合规性进行检查，查出各类虚增虚减、逃避财政管理和其他违规资金5064万元，对查出的问题分别做出相应处理。进一步规范银行账户管理，在财政部门内部把分散于业务科室的各类财政资金专户集中归口到国库部门统管，强化内部监督制约机制。同时规范预算单位银行账户管理，五年间共撤销银行账户86个。同时，对财政内部单位和基层财政所认真开展内审工作，提高了管理水平和遵纪守法意识。

【作风建设不断加强，执政理财水平切实提高】“十一五”期间，市财政局开展了一系列加强作风建设的活动，建立加强机关效能建设的长效机制，实行了岗位责任制、AB岗工作制、服务承诺和限时制、效能考核制等，促进了财政干部依法行政、高效行政、廉洁从政。建立覆盖财政资金运行各环节的制度体系，做到用制度管权、按制度办事、靠制度管人。相继开展了作风建设年、财政规范管理年、能力建设年、学习提升年等活动，干部职工素质得到进一步提升，大力加强精神文明建设，广泛开展社会主义荣辱观宣传教育活动，切实加强干部职工思想道德教育。不断加强以人为本、创建和谐社会意识，发动职工积极参与社会公益活动，多次向灾区、特困家庭“献爱心、送温暖”。认真开展创建“五型机关”活动，紧紧围绕“推进科学发展、加速宿州崛起”主题，紧密结合财政工作实际，建立学习实践科学发展观的长效机制。结合经济危机的大背景，主动开展了“察企业所想、解企业所忧、为企业服务、助企业发展”的“四企”活动。2009 年，市局企业科在全市“百个科室万人评”活动中获得第一名的好成绩。

（宿州市财政局供稿　寇智执笔）

蚌埠市“十一五”财政工作成就

“十一五”时期，蚌埠市各级财税部门创新理财治税思路，大力支持经济和社会事业发展，财税工作取得了新成绩。

【财税实力迈上新台阶】财政收入从 2005 年的 39.54 亿元上升到 2010 年的 101.49 亿元，财政支出由 2005 年的 26.79 亿元增加到 2010 年的 106.98 亿元。2010 年，全市纳税百万元以上企业超过 454 户，除卷烟外，丰原生化、烟草公司、华润雪花等企业年入库税收超亿元。

【支持发展实现新跨越】争取中央和省资金 48.42 亿元，支持丰原燃料酒精、普乐新能源等企业加快发展。争取中央扩大内需资金 4.21 亿元，省转贷地方政府债券 4.4 亿元，国际金融组织和外国政府贷款 5 亿元。拨付工业发展资金 14.1 亿元、自主创新资金 7.13 亿元，落实工业强市和合芜蚌自主创新试验区政策。安排中小企业信用担保基金和贷款风险补偿金。认真落实增值税转型等结构性减税政策。

【财政支农步入新阶段】争取中央和省资金 14.66 亿元，支持治淮重点工程、大型商品粮基地等项目建设。实施农业综合开发项目 80 个，完成总投资 3 亿元，改造中低产田 40 万亩，支持农业产业化龙头企业发展。通过“一卡通”发放涉农补贴资金 22.87 亿元。筹集政策性农业保险资金 1.13 亿元，化解农村义务教育债务 1.25 亿元，开展村级公益事业建设“一事一议”财政奖补试点。

【改善民生取得新进展】投入民生工程资金 42.3 亿元，实施项目达到 33 个。投入教育专项资金 9.6 亿元，文体专项资金 1.6 亿元，政法专项资金 5.6 亿元，社保财政补贴资金 21.3 亿元，支持各项社会事业发展。统筹土地出让金等政府性资金 35.8 亿元，支持城市大建设和保障性住房建设。

【财税改革取得新成效】初步建立四大政府预算体系，深化部门预算、国库集中支付、政府采购和“收支两条线”改革。完善市对区财政管理体制，调动区级发展经济和增收节支积极性。清理撤销市直行政事业单位银行账户，实施政府非税收入管理改革。开展预算支出绩效评价试点改革。强化财政监督职能，推进预算公开。开展税源专业化管理试点改革，财税信息化建设稳步推进。

【依法理财达到新水平】财政系统开展“规范管理年”、“制度创新年”“学习提升年”等主题教育活动。税务部门完善纳税服务、纳税评估制度，加大税务稽查力度，探索实施信息管税和税收风险管理。财税部门深入开展机关效能建设，加强反腐倡廉教育，推进文明创建工作。市财政局、市国税局、市地税局先后被第七、八届“省级文明单位”，获得“全国精神文明建设工作先进单位”、“全国文明单位”等荣誉称号。

（蚌埠市财政局供稿　张永颜整理）

阜阳市“十一五”财政工作成就

“十一五”时期，是阜阳市大力推进经济社会发展和各项改革并不断取得阶段性成果的重要时期，也是全市财政体制深刻变革、财政经济不断壮大的时期。五年来，阜阳财政不断克服发展道路上的困难，以科学发展观为统领，不断深化改革，加快公共财政建设步伐，严格依法理财，狠抓增收节支，强化财政管理和监督，财政实力不断壮大，支出结构不断优化，宏观调控不断改善，公共财政体系不断健全，管理水平和干部综合素质不断提升。财政工作取得了显著的成绩，财政持续稳定快速发展，财政事业不断迈上新台阶。

【收入完成“四连跳”，财政实力明显增强】“十一五”以来，全市各级财政部门在国民经济持续平稳、快速发展的基础上，坚持依法建立健全财政收入增长机制，提高税收征管质量和效率，规范非税收入管理，全市财政收入增长进入新时代，阜阳财政收入在整体经济向好的基础上，已实现“四连跳”，连跨四个 10 亿元台阶，2009 年首次突破 60 亿元大关。2010 年更是跨过两个 10 亿元台阶，突破 80 亿元大关，达到 88.2 亿元，是“十五”末 26.4 亿元的 3 倍多，远远超过“十一五”60 亿元目标。各县市区收入最低实现了翻番，财政收入占地区生产总值比重由2005年的8%提高到10%以上，财政实力的明显增强，使财政的民生性、发展性特征凸显。

【财政支出不断扩大，保障能力逐步提升】5年来，阜阳财政在加强自身建设的同时，积极为发展各项重点建设、提高人民生活水平、深化改革提供财力支持，各级政府财力向民生、经济社会发展薄弱环节倾斜。关系社会民生的农业、教育、医疗、卫生、社会保障和基础设施建设等支出逐年大幅增长，促进了社会各项事业协调发展，并使城乡居民得到了更多改革和发展的实惠。全市财政支出由“十五”末的42.2亿元增加到2010年的160.8亿元，支出结构进一步调整优化，公共财政职能进一步彰显，支出进度明显加快，支出规模创历史新高。

【多方破解资金制约，支持经济发展和城市化建设】一是全市各级财政部门安排企业发展专项资金、招商引资奖励资金、三产引导资金规模，引导和聚合社会各方面资金投入区域经济发展。二是积极采取贴息、补助、担保等多种形式，发挥财政资金撬动经济发展的杠杆作用。从2009年起，市财政每年注入1000万元担保基金，安排500万元代偿资金。“十一五”以来，已为2359户中小企业和民营经济提供贷款担保11.7亿元，有效缓解了中小企业的资金压力。发放小额担保贷款4917万元，共帮助2149名下岗失业人员实现再就业。三是积极构建融资平台，加强政府投融资体系建设。市城投公司融资平台累计向国家开行、农发行、徽商银行等金融机构申请城市建设资金45.65亿元。2010年，融资工作实现了新跨越，10亿元企业债券上市发行，发债资金一次性全部到账。2006年以来，累计完成城市基础设施建设投资40亿元，重点实施了城市路网、园林绿化、沟河塘治理、灯饰亮化、污水处理、城市供水、天然气利用等七大专项工程，城市功能不断完善，城市框架逐步拉大。

【坚持构建和谐社会，大力推进民生工程建设】2007年实施民生工程以来，民生工程范围由最初12项扩展到2010年的33项。至2010年底，4年间在省定民生工程项目上累计投入财政资金94亿多元，800多万城乡居民从中受益。全市累计纳入农村低保120万人次，发放农村低保金7.66亿元；对城市低保住房困难家庭实行保障，基本解决了部分困难群众住房困难；全市“五保户”供养标准提高到每人每年1200元，累计共为7.5万名农村“五保户”发放供养金3.59亿元；农村新型合作医疗参合农民达750万人，参合率为96%，累计受益农民达646万人次；农村医疗条件正在逐步好转，已完成77所乡镇卫生院建设和977个村卫生室的业务用房和设备添置；城乡医疗救助水平不断提高。4年共投入医疗救助资金1.6亿元，救助89万多人次；完成农村公路“村村通”建设2200多公里；571个广播电视“盲村”不通问题得到解决；新增农村五保服务供养机构床位7000个，全市集中供养率提高了20个百分点；农村饮水安全工程累计建成集中供水点200多个，解决100多万人饮水不安全问题；完成53个乡镇综合文化站、38037户沼气池建设等任务；2009年荣获全省民生工程组织实施工作“杰出奖”。

【各项改革继续深入推进，财政管理效能日趋增强】一是狠抓预算执行管理。自2006年起，全市普遍推行了部门预算，全面推行政府收支分类制度改革，运用e财部门预算软件编制预算；按照公共财政的总体部署，将预算外资金和体现政府职能的各类收支活动全部纳入预算统管，实现对预算内外资金的统一调控、综合平衡；加强财政科学化精细化管理，增强预算的科学性和完整性；着力推进项目库建设，加强与其他主管部门的协同配合，不断提高预算执行的均衡性和效率；加强财政信息化建设。二是加强基层财政建设。重点监督涉农资金、乡镇教育、医疗卫生、文化等方面的资金。加强地方政府融资平台公司管理，切实防范风险。三是完善国库集中改革。自2006年起，确立了财政部门在预算单位银行账户开立工作中的审核地位，开展市直预算单位银行账户的清理整顿工作；全面展开县级国库集中支付制度改革。四是建立政府采购制度。自2006年起，首次编制了政府采购预算，对市直行政事业单位公务用车实行财政统一保险，统一编制采购预算，并实施公开招标；政府采购制度日趋健全，综合节支率在10%以上。

【坚持加大“三农”投入，促进县乡全面发展】“十一五”期间，建立了惠农资金补贴制度，按照“公正公开、整合集中、定时发放、方便高效”的原则和“指标统一下、资金一户管、补助一卡发、服务一站办、收支一本账”的方式，通过“一卡通”惠及全市875万农民。稳定和完善党在农村的基础政策，突出强化农业农村的基础设施，建立健全农业社会化服务的基层体系，大力加强农村以党组织为核心的基层组织，夯实打牢农业农村发展基础，协调推进工业化、城镇化和农业现代化，努力形成城乡经济社会发展一体化新格局。

【扎实开展文明创建，深入推进政务公开】财政工作在抓好增收节支的同时，扎实开展文明创建活动。市财政局多次获得省厅级、市级及市委市政府部委办等先进单位称号，2002－2008 年间连续被安徽省委、省政府评为第五、六、七、八届“安徽省文明单位”；2003－2009 局机关连续 6 年被评为市政府目标管理考核先进单位，被市政府授予集体二等功。深入推进政务公开，向社会各界公布举报电话，进一步拓宽监督渠道，利用“阜阳财政网”、新闻媒体、召开座谈会等形式，加大政务公开宣传力度，广泛听取全社会的意见。定期发放民主评议表，广泛征求意见，对部门单位和基层群众的投诉和举报，做到件件有着落，事事有交代，确保办结率和群众满意率。

【加强廉政教育，构建惩防体系】认真落实党风廉政工作的各项部署，进一步加大宣传力度，提高认识，增强贯彻执行党风廉政制度的自觉性。认真贯彻落实中共中央颁布的《建立健全教育、制度、监督并重的惩治和预防腐败体系实施纲要》，深入领会《实施纲要》精神，不断提高党员领导干部的思想政治素质。2005－2010 年，连续 5 年在落实党风廉政建设责任制考核中受到市委、市政府通报表彰。

（阜阳市财政局供稿　孙立宏整理）

淮南市“十一五”财政工作回顾

“十一五”时期，淮南市财政工作坚持以邓小平理论和“三个代表”重要思想为指导，深入学习实践科学发展观，依法组织财政收入，统筹安排财政支出，大力推进民生工程，深化财政改革，强化财政监督，不断提高财政管理和服务水平，公共财政职能作用得到充分发挥，财政经济走上了可持续发展的健康轨道，为淮南市“一主两翼”战略的实施和“两型城市”建设、为推动淮南奋力崛起做出了积极贡献。

【财政收入稳定快速增长】5 年间，虽然经历诸多不利因素影响，财政收入在经济发展中仍快速增长，到 2009 年，全市财政收入已达 75.02 亿元，提前一年完成“十一五”目标；2010 年完成 106.08 亿元，比 2005 年增长 1.85 倍。

【财政保障能力进一步增强】按照公共财政要求，不断调整和优化支出结构，加大法定支出、重点支出的结构调整力度，努力增加对科技、教育、文化、公共卫生、公检法司等社会事业的投入，财政资金向民生倾斜、向基层倾斜、向弱势群体倾斜、向“三农”倾斜、向教科文卫体倾斜，提高财政对基础性、公益性社会事业的保障水平，努力实现财政公共服务均等化。加大社会保障工作力度，完善“一票多费”征收管理，强化社保资金征收。积极推进就业、再就业工作，维护社会稳定。同时，认真研究国家的宏观政策走向，积极争取上级财政转移支付资金和国家专项资金，为经济建设和社会发展服务。进一步完善市对县区转移支付制度、不断加大转移支付力度，促进地区之间在提供公共服务方面的大体公平。健全制度，进一步提高财政公共支出保障能力及突发公共事件应急保障能力。

【公共财政体制进一步健全】深化部门预算改革，细化预算编制、严格项目管理，全面实行新的政府收支分类科目，更为清晰地反映政府收支活动。完善国库管理制度改革，改进网上查询、申报、审核操作办法和专项资金支出程序，推进国库支付电子化工作。推行预算外资金和专项资金集中支付改革，指导县区、乡镇完善会计集中核算制度并逐步向国库集中支付转轨。积极开展调查研究，积极开展公务卡试点工作。深化政府非税收入改革，严格票据管理，规范征收行为。强化政府采购制度建设，积极推行网上政府采购，改革政府采购预算指标下达方式，建立政府采购“黑名单”以及商业贿赂举报通报制度。结合国家收入分配制度改革，组织开展规范公务员和事业单位津贴补贴工作，规范收入分配秩序。加强行政事业单位国有资产管理，组织开展全市行政事业单位国有资产清查工作，试行国有资本经营预算制度。对行政事业单位更新小汽车实行统一管理，并将资产出租收入纳入财政统管。

【财政监督力度进一步加强】加大涉农补贴资金检查力度，建立健全规范高效的财政补贴农民资金管理体系，巩固完善“一卡通”发放办法。开展年度财政重点专项检查，及时纠正存在问题和违规资金，确保专款专用，维护资金安全。推进会计诚信体系建设，开展会计信息质量检查，规范会计代理记账业务审批，加强会计继续教育培训，努力打造文明诚信的理财环境。加强会计基础管理，设立会计服务大厅，努力为全市会计人员提供更好的服务。把人大监督、审计监督、群众监督与财政监督结合起来，把事前监督、事中监督和事后监督结合起来，建立健全内外并举、收支并重、覆盖财政资金运行全过程的监督工作格局，把促进经济发展的政策、民生工程、城市建设和政府采购等作为监督检查的重点，充分发挥财政资金使用效益。2009 年组织开展“小金库”专项治理工作，共查处各项违规违纪金额 3344 万元，重点检查违规违纪问题 20 个，取得了阶段性成果。

【全力推进民生工程】从 2007 年起，淮南市全面实施农村居民最低生活保障、推进新型农村合作医疗制度和城乡义务教育经费保障等 12 项民生工程。2008 年，进一步强化组织领导，分解落实目标任务，调整完善实施方案，加大资金筹集和保障力度，加强督促检查，全面实施 18 项民生工程。2009 年，紧紧围绕保增长、保民生、保稳定这条主线，精心组织，科学调度，统筹安排，大力实施 35 项民生工程。2010 年，坚持资金拨付“绿色通道”、专款专用、突出重点、整体推进的原则，促进了 42 项民生工程的顺利开展。通过四年来的组织实施，每个年度的各项民生工程总体进展顺利，成效显著，全市累计拨付民生工程资金 21 亿元，初步解决了事关人民群众切身利益的“生活难、看病难、上学难”等突出问题，惠及全市人民，达到了既定目标。

【支持“三农”力度进一步加大】建立健全规范高效的财政补贴农民资金管理体系，巩固完善“一卡通”发放办法，不断加大监督检查力度，确保惠农政策落到实处。加大财政支农资金整合力度，加强财政支农资金管理，大力支持农业结构调整，支持农业产业化建设，支持农村小城镇规划和交通、水利等基础设施建设。精心组织年度中央和省级支农项目、国家农业综合开发重点产业化经营项目和国内土地治理项目申报工作。加大财政支农预算安排，加强预算执行工作，加快资金拨付进度，确保财政支农资金及时足额到位，重点支持农村道路、农业基础设施、农业产业化等，努力为新农村建设提供保障。大力推进现代农业建设，优化产业布局，转变农业增长方式，推动农业结构战略性调整，促进农产品加工转化增值，提高农业综合生产能力。继续深化农村综合改革，扎实开展全市农村义务教育债务化解工作。以转变基层政府职能为目标，以代理服务中心的制度建设为核心，以建立计算机网络服务平台为抓手，大力推行农村为民服务全程代理制，全面提升为民全程代理服务水平。

【支持经济建设力度进一步加大】加大城市公用基础设施建设，不断改善全市基础设施状况，支持城市道路、市体育活动中心等重大项目建设。通过财政担保、贴息等方式吸引社会投资，拓宽融资渠道，优化投资环境。进一步规范土地出让收支管理，所有土地出让收入全部缴入国库，实行“收支两条线”管理。以市城投公司作为政府性投融资主体，为城建贷款提供担保承诺近 5 亿元，为发行城市建设债券提供融资贷款资本金承诺、解决了 15 亿元的城市建设债券发行工作，专项用于城区道路改造建设、园林绿化等项目工程。融资 3000 万元，用于城市路网改造和淮河大桥维修。及时调度资金 1000 万元，用于重点治淮项目——淮南市小岛移民迁建工程配套补偿，确保工程顺利完工。不断构筑完善防洪除涝体系，共计完成投资 16 亿元。“十一五”期间，市财政共安排环保专项资金 15043 万元，为推进循环经济、实现可持续发展打下坚实基础。积极推进廉租房建设，筹措资金对全市城镇低收入、人均住房不足 10 平方米的居民进行廉租住房补贴。支持就业再就业工作，积极做好再就业小额贷款财政贴息工作。及时调查统计全市能繁母猪数量，积极做好能繁母猪保险补贴工作。

【机关作风建设进一步加强】“十一五”时期，淮南市财政局高度重视财政干部队伍的教育培训工作，积极打造学习型机关，提高了职工素质，促进了工作创新，推动了财政工作的可持续发展。特别是 2007 年以来，市财政局坚持以打造学习型机关为主线，以“作风建设年”、“规范管理年”、“能力建设年”和“学习提升年”活动为抓手，紧紧围绕依法行政、政务公开、转变职能、规范服务、廉洁从政等机关管理要素，强化领导、硬化措施、强力推进，打造一支政治坚定、业务精良、作风过硬、和谐进取的财政干部队伍。市财政局多次获得市政府目标考核优秀单位、政风评议优秀单位、市级文明单位标兵和市政务中心先进窗口等光荣称号。深入开展“牢记宗旨、为民理财、改进作风、廉洁从政”主题教育活动，使广大财政干部进一步增强为人民服务和廉洁从政意识。深入开展以“推进科学理财、服务跨越发展”为主题的学习实践科学发展观活动。深入开展五型机关创建活动，不断提高全体干部职工的政策理论水平、依法执政能力、科学理财能力、开拓创新能力、和谐共建能力，形成齐心协力、共谋发展的新局面。

（淮南财政局供稿　吴波执笔）

滁州市“十一五”财政工作回顾

“十一五”以来，滁州市财政工作在市委、市政府的正确领导下，在省财政厅和人大、政协、社会各界的关心支持下，财政收入持续快速增长，财政改革扎实推进，财政调控能力显著增强，“十一五”财政目标任务全面完成，财政面貌发生了可喜的变化。

【财政实力跃上新台阶】“十一五”时期，全市财政收入连续跨越7个10亿元台阶，2010年收入达到90.5亿元，较2005年的27.6亿元增长2.3倍，年均增长26.8%；五年财政总收入累计完成294.8亿元，较“十五”期间增长1.9倍。财政支出规模不断扩大，2010年达到126.9亿元，较2005年的31.3亿元增长3.1倍，年均增长32.3%；五年财政支出累计完成423.2亿元，较“十五”期间增长2.6倍。在财政收支规模不断扩大的同时，收支结构日趋合理，收入质量和支出效益稳步提高，财政与经济呈现良性互动的发展态势。

【财政改革取得新突破】一是深化部门预算改革。进一步强化全口径预算管理，完善支出定员定额体系，预算编制的规范化、精细化水平不断提高。二是深化国库管理制度改革。市级国库集中支付改革覆盖所有预算单位，实行网络申报、支付，县级会计集中核算全面向国库集中支付转轨。建立健全了单位开票、银行代收、财政统管的非税收入征管模式，严格执行“收支两条线”。三是深化政府采购改革。健全政府采购“管采分离”机制，政府采购效率和规范化程度明显提高，采购规模不断扩大。四是扎实开展“惠民直达工程”试点工作，着力构建“管理一体化、平台一网联、审核一线实、发放一卡通、服务一站办”为一体的惠民政策落实新机制。五是深化农村综合改革。大力推进国有农场税费改革、集体林权制度改革和村级公益事业“一事一议”财政奖补试点，进一步完善乡镇财政管理体制。六是实施市、区财政体制改革，充分调动市、区发展经济培植财源的积极性。

【财政支持经济发展增添新起色】认真贯彻落实稳健的财政政策和积极的财政政策，不断加强和改善财政宏观调控，支持重大项目和工程建设。加大对公益性项目的投入，累计争取中央预算内国债资金6亿元、扩大内需资金10.5亿元、地方政府债券资金5.1亿元，地方多渠道筹集配套资金25.1亿元。建立健全政府投资与市场融资相结合的城市建设投融资体制，支持城市基础设施建设，“大滁城”建设初见成效，小城镇建设迈出新步伐，新农村建设呈现新面貌。落实园区企业税收优惠政策，支持示范园区和工业园区建设。建立健全中小企业信用担保体系，支持组建市、县担保机构，累计为企业提供担保24亿元。着力扩大消费需求，认真落实汽车、住房税收优惠政策，促进消费结构升级。积极推进家电、汽车、摩托车下乡和汽车、家电以旧换新工作，2008年以来全市累计兑付“三下乡、两换新”补贴资金2.5亿元。

【财政支农进入新阶段】坚持“多予、少取、放活”的方针，政府与农民的分配关系实现由“取”到“予”的根本性转变。财政对“三农”投入显著增加。“十一五”时期，全市农林水事务支出累计完成58.4亿元，是“十五”时期的5.5倍。累计投入农业综合开发资金4.5亿元，改造中低产田62.1万亩，提高了农业综合生产能力。争取产粮(油)大县奖励资金7.6亿元，支持粮食产业发展和粮食安全建设。拨付政策性农业保险补贴1.7亿元，农民参保达416万户次，增强农业减灾抗灾能力。推动农村金融体系建设，村镇银行和小额贷款公司等新型农村金融机构逐步设立，为农村经济发展注入新的活力。积极落实惠农补贴政策，先后实施了粮食、良种、农机和农资综合补贴等政策，累计发放涉农补贴资金54.2亿元。积极开展财政支农资金整合工作，支农资金使用效益得到提高。

【推进社会事业发展取得新进展】进一步调整优化支出结构，把更多财政资金投向公共服务领域。改善民生力度空前。实施民生工程项目由2007年的12项，逐年增加到2010年的36项；累计投入民生工程资金66.8亿元，其中市、县财政配套资金12.7亿元。推动教育优先发展。深入推进义务教育经费保障机制改革，累计投入逾6亿元，落实义务教育收费减免政策；实施农村中小学危房改造和中小学校舍安全工程，基本完成清理化解农村义务教育债务工作，全面实施义务教育学校绩效工资改革；支持职业教育发展，健全政府助学体系。认真落实政法经费保障体制改革，政法系统经费保障水平进一步提高。不断加大财政对社会保障投入，支持社会保障体系和社会救助体系建设。城市管理综合执法和市容管理经费保障水平不断提高，社区建设得到加强。公共文化、科学技术、计划生育、医疗卫生、广播电视等社会事业得到长足发展，财政应急保障能力大幅度提高。

【促进人民群众生活水平有了新提高】扎实推进收入分配制度改革，深入开展清理、规范津贴补贴工作，统一公务员津贴补贴，稳步实施事业单位绩效工资改革，努力建立公平合理的收入分配秩序。连续提高企业退休人员基本养老金，“十一五”期间全市企业职工人均养老金年均增长10%。完善基本医疗保障制度,对新型农村合作医疗、城镇居民基本医疗保险财政人均补助标准均提高到120元/年。着力扩大就业,大力支持农村劳动力转移培训、公共就业服务体系建设等重点项目,累计发放下岗失业人员小额担保贷款1.1亿元,提高重点人群的就业创业能力。

【财政监管取得新成效】全面实施政府收支分类改革,财政收支预算更加完整、规范和透明。狠抓财政增收节支,严格落实厉行节约各项要求,努力降低行政成本。全面开展化解县乡政府债务工作,对政府性债务实行动态管理。加强财政法制建设,建立健全财政执法责任制。深化财政行政审批制度改革,加大政务公开和办事公开力度。严格执行《预算法》、《安徽省预算审查监督条例》等法律法规,认真落实《滁州市人民代表大会常务委员会关于市本级预算监督暂行办法》,积极主动接受市人民代表大会及其常务委员会对预算的审查和监督。全面开展“小金库”专项治理,通过自查自纠和重点检查,共纠正处理违规单位156户。加大对民生工程、扩大内需等重点专项资金使用情况检查,查处各类违规资金1.6亿元。扎实开展工程建设领域突出问题专项治理工作,通过对物资采购和资金管理的专项检查,纠正并整改问题162个。强化会计信息质量检查,积极开展会计诚信体系建设,提高财会人员的执业能力和职业道德水平。

(滁州市财政局供稿　高　宇执笔)

六安市财政“十一五”工作成就

“十一五”时期,在市委、市政府的正确领导下,六安市各级财政部门以科学发展观为统领,认真贯彻依法理财治税,全面推进各项财政改革,强化财政监管,积极支持社会经济发展,提升公共服务能力。到“十一五”末,全市提前实现“十一五”规划确定的财政目标,财政工作取得了显著成绩。

【财政综合实力显著增强】到“十一五”末,全市国民生产总值实现676亿元,较“十五”末增长85.8%;社会消费品零售总额实现279.9亿元,增长134.4%;固定资产投资完成490.5亿元,增长464.8%;实现规模以上工业增加值246.7亿元,增长321%。在经济快速发展的基础上,全市财政总收入逐年突破20亿、30亿、40亿、50亿和60亿大关,全市实现财政收入68.6亿元,年均递增29.7%。全市财政总收入占GDP的比重由2005年的6%提高到2010年的10.4%,实现财政收入与GDP的同步增长。全市财政支出规模进一步扩大,2010年达到153.9亿元,年均递增31.5%。全市一般预算可用财力由2005年的11.6亿元增加到2010年的42.7亿元,年均递增29.8%。人均财政支出由2005年的578元,提高到2010年2100元,人均增加1500多元。政府性基金收入由2005年的5.5亿元增加到2010年的49.2亿元,年均递增55%。政府性基金支出由2005年的5.95亿元扩大到2010年的45.7亿元,年均递增50.3%。

【财政职能充分发挥】“十一五”时期,全市财政进一步加大支持经济发展方面的预算安排力度,累计安排支持工业发展专项资金和中小企业发展创新资金9.9亿元,各级财政安排市政重点工程建设资金35.8亿元。积极支持融资平台建设,市级财政完成对市中小企业投资担保公司的增资扩股,注资4000万元。支持组建城投公司和工投公司,对工投公司注资2000万元,划转国有股权2亿多元,增强工投公司对经济发展的投融资能力。发挥财政资金引导作用,对金融机构新增贷款给予奖励,对中小企业新增贷款给予风险补偿。全市共建立风险补偿资金7250万元。引导市级银行业金融机构新增贷款310亿元,有力支持地方经济发展。全面贯彻落实国家实施积极的财政政策,累计争取中央和省财政扩大内需资金28.5亿元。认真落实税费减免政策,先后取消和停征涉企收费58项,进一步减轻企业负担,优化了发展环境。加大向上争取力度,共争取上级拨付资金190.4亿元。认真落实央企对接项目,申报项目23个,预计投资额500多亿元,其中,霍邱铁矿深加工、六安电厂二期、金寨西庄温泉综合开发等8个项目已开工,预计投资207亿元。

【保障民生和社会事业发展的能力明显增强】“十一五”期间,全面落实民生工程各项政策,累计拨付民生工程资金95亿元,率先在全省建立了民生工程预算管理制度和配套资金“一户管”、惠民直达工程和城乡居民“一卡通”发放、建设类项目工程实行“十制”管理等高效管理办法,连续三年在全省民生工程考评中获得一等奖。自民生工程实施以来,全市受益人数达600万人。进一步加大对教育、科技、社会保障和医疗卫生等社会事业的投入力度,支持社会事业发展能力显著提升。教育支出由2005年的10.9亿元增加到2010年的30.9亿元，年均递增23.2%。全面落实国家减免学杂费政策，全市共有38.1万名学生因此受益。科学技术支出由2005年的1700万元增加到2010年的9300万元，年均递增40.5%；社会保障和就业支出由2005年的6亿元增加到2010年的14.7亿元，年均递增19.6%；医疗卫生支出由2005年的1.8亿元增加到2010年的16.5亿元，年均递增55.8%，有效地促进全市教育、科技、社会保障和公共卫生等社会事业的发展。

【**支持新农村建设力度显著加大**】“十一五”时期财政支持城乡协调发展与新农村建设的资金投入快速增加，强农惠农政策得到全面落实。支持农技推广与培训、农业生产资料补贴与农业保险补贴等农业项目支出由2005年的1.7亿元增加到2010年的9.2亿元，年均递增40.2%。支持林业技术推广和生态效益补偿等林业项目支出由2005年的3319万元增加到2010年的1.6亿元，年均递增36.7%。支持农村水利工程与小型农田水利建设等水利项目支出由2005年的3623万元增加到2010年的5.4亿元，年均递增71.8%。大力实施农业综合开发，全市财政累计投入农业综合开发资金7.5亿元，改造中低产田62万亩，大大改善了农村生产生活条件。全面开展政策性农业保险试点工作，累计投保1948万亩，筹集保费补贴配套资金2.1亿元，理赔10288.9万元，为全市农业生产提供近55亿元的风险保障。扎实推进“家电下乡”活动，全面实施“代垫直补”办法。共拨付“家电下乡”补贴资金4.42亿元，补贴兑现率达100%。

【**财政各项改革向纵深推进**】“十一五”时期，财政各项改革取得新的全面进展，主要有：一是财政部门综合预算改革。全面实施“一个部门、一本预算”，细化预算编制，将部门单位所有收支全部纳入部门综合预算，进一步完善预算定员定额标准体系；同步编制政府性基金预算、政府采购预算和国有资产经营预算，增强了预算编制的完整性和科学性。二是国库集中支付制度改革。建立了以国库单一账户体系为平台，集预算控制、指标下达、会计核算于一体的国库集中支付系统。全面完成县级会计核算向国库集中支付转轨工作。三是政府非税收入信息化征管改革。建立了“单位开票，银行代收，财政统管”的新型非税收入管理平台，对非税收入目录库实现动态化管理，政府非税收入管理逐步迈上信息化、法制化的轨道。四是农村综合改革。全面开展村级公益事业“一事一议”财政奖补试点，积极推动农村“三资”代理服务，在全市范围内实施惠民直达工程，财政补贴资金全面实行县级统一打卡发放，及时将城镇居民补贴资金纳入“一卡通”打卡发放范围，确保各项惠民补贴资金及时足额发放到户。五是财政信息化改革。启动金财工程建设，建立了财政系统局域网、财税库银部门横向网络、政府非税收入网络、行政事业单位资产管理系统以及国库集中支付网络，实现了部门之间信息资源共享。实施财政信息平台一体化建设工作，财政信息化网络框架基本形成。六是规范公务员津贴补贴改革。对公务员发放的津贴补贴进行全面清理，规范公务员收入分配制度。七是政府采购改革。扩大政采购范围，将服务类、货物类、工程类全部纳入政府采购范围。规范采购程序，降低采购成本，资金节约率达15.3%。八是市以下财政管理体制改革。本着财力下移、明晰财权与事权的原则，先后调整了县(区)乡财政管理体制和市与开发区财政管理体制。

【**财政监督工作得到进一步强化**】“十一五”时期，先后组织专项转移支付资金、下岗失业人员培训资金、农村最低生活保障资金、会计信息质量、公务员津补贴政策落实情况专项检查80余次，开展了“小金库”专项治理活动，共查出“小金库”62个，违纪金额3229.4万元。会计管理工作进一步加强，制定了会计领军人才实施方案，圆满完成28400人参加的三项会计资格考试，全面实施会计人员网上继续教育培训，培训人数达91880人。举办农村财会人员财政支农政策培训班21期，受训人员1897人。规范国有资产处置和收益管理，推进国有资产管理信息系统建设，在市直选择45个单位启动了行政事业单位国有资产管理信息化试点工作。进一步健全内控措施，认真贯彻落实《财政部门内部监督检查办法》，坚持内审制度，规范财政部门内部监督检查行为，保障内部监督检查有效实施。

【**财政干部队伍综合素质全面提升**】“十一五”期间，各级财政部门进一步完善干部教育培训制度。一是开展形式多样的教育培训活动。积极组织干部职工参加省财政厅、市级组织人事等部门组织的各类调学活动；外请专家、学者举办学术报告；组织科室负责人轮流进行业务知识讲座；在厦门国家会计学院举办市县(区)财政干部培训班。二是开展形式多样的主题实践活动。“十一五”期间，在全市财政系统开展了“廉政教育月”、“文明办公五要五不”、“两进两访两帮扶”、“我为科学发展献计策”、“履职尽责先锋岗”、“学习实践科学发展观”、“创先争优”

等主题实践活动，营造了比、学、赶、超的工作氛围，塑造了财政队伍良好形象。市财政局先后荣获全省第八届文明单位、全省财政系统先进集体等多项荣誉称号。2010 年市财政国库支付中心被授予“全国青年文明号”。

（六安市财政局供稿　汪斌　丁明虎执笔）

马鞍山市“十一五”财政工作概述

“十一五”期间，马鞍山市各级财政部门紧紧围绕党和政府的中心工作，开源节流、深化改革、创新机制、精心理财，财政“十一五”的各项奋斗目标全面实现，财政工作跃上新的台阶，财政收支规模不断壮大，收入结构不断优化，财政“保增长、惠民生、促和谐”能力进一步增强。

【围绕发展第一要务，支持重点领域建设】 财政部门将发展作为第一要务，建立健全目标责任制，坚持依法理财、依法治税，严格“收支两条线”管理，不断做大财政收入“蛋糕”，财政收入实现翻一番，突破百亿元大关，达到 140.04 亿元。“十一五”期间，全市财政收入累计完成 536 亿元，比“十五”增长 189%，年均递增 16.9 %。财政收入结构不断优化，马钢两公司贡献的财政收入继续保持主体地位，但占全部财政收入的比重已从“十五”末的 50.2% 下降至 22.6 %。在财政收入和地方财力逐年增加的基础上，财政支出规模也不断扩大。“十一五”期间，全市财政支出总额达 311 亿元，比“十五”增长 233.2 %，年均递增 24.3%。有效落实稳健的财政政策和积极的财政政策，促进全市国民经济持续健康发展。“十一五”期间，累计为马钢等企事业单位争取项目资金 28 亿元；重点支持高新技术产业化和骨干企业技术改造项目资金 8.1 亿元；财政基本建设投入 25 亿元，累计开工重大项目 593 个，累计完成财政性基本建设项目投资 54 亿元；积极争取中央扩内需投资 3.4 亿元，中央代发行地方政府债券 1.1 亿元，新增中央投资项目共 81 个，新增投资总额 27.8 亿元，地方配套投入 4.6 亿元。水利、交通、城市基础设施和教育、文化、卫生、农村公共事业等社会发展领域的一批重大工程开工建设，全市基础设施条件进一步得到改善。

【围绕实施民生工程，促进城乡一体化建设】 “十一五”期间，累计投入社会保障资金 41 亿元，在全省实现“四个率先”，惠及全市城乡居民。即：率先建立了城乡一体化多层次的基本医疗保障制度，农民医疗待遇水平明显提高；率先建立了覆盖全体城乡居民的生育保障制度，居民生育保险待遇支付范围和支付水平进一步提高；率先建立了城乡一体、标准统一、程序规范、管理动态的城乡居民最低生活保障制度，低保标准居全省首位；率先建立了新型农村社会养老保险制度，被征地农民养老保险和新农保基础养老金发放标准进一步提高。城乡居民生活条件显著改善。累计兑付粮食直接补贴、农资综合补贴资金 1.79 亿元，惠及全市 19 个乡镇，近 18 万农户；投入财政资金 1.2 亿元，新建、改扩建 24 座水厂，提前完成农村饮水安全工程建设任务；地方财政投入资金 0.43 亿元，争取上级补助资金 0.88 亿元，建成“村村通”公路 317 条 872.56 公里，提前超额完成农村公路建设目标；积极筹措资金 5.9 亿元，其中：争取上级廉租住房建设补贴资金 1.74 亿元，保障廉租住房建设资金需求，竣工廉租住房 4984 套，竣工面积 21.8 万平方米。城乡教育均衡性不断增强。加大对城乡义务教育的倾斜力度，累计投入财政资金 3000 万元，实施免除城乡义务教育阶段学生学杂费和教科书费用、补助农村贫困寄宿生生活费的“两免一补”工程。

【围绕构建公共财政体制，推进财政改革创新】 继续围绕构建公共财政体制，扎实推进财政各项改革，积极探索财政服务于经济建设的途径。稳步推进部门预算改革，各项措施不断细化，建立部门基础数据库、项目库和财政供给人员动态信息库，提高预算编制的科学性；继续深化国库管理制度改革，推进县区会计核算向国库集中支付转轨，当涂县财政支付制度转轨工作全面实施，市辖区转轨试点稳步推进。改革市区财政管理体制，将 1766 户市级企业税收划转市辖区征管，区级财政收入大幅增长，财政实力进一步壮大，区级财政收入占全市财政收入的比重由 2005 年 11.7% 提高到 2010 年的 30.2%。

【围绕提高财政支出效益，加快财政科学化精细化管理】 部门预算改革全面推行，预算编制透明度不断增强、规范化程度不断提高；建立预算支出绩效考评制度，将慈湖河上游清淤整治工程等 15 项资金规模较大，对经济社会发展有影响的项目纳入绩效考评试点；实施政府收支分类改革；政府采购改革继续深化，进一步规范政府采购操作程序，实行“管采分离”，完善信息公告、项目管理等制度，“十一五”期间，全市累计完成采购额 5 亿元，资金节约率超过

10%;"金财工程"建设步伐加快,基本实现财税库银横向联网,财政信息化平台建设初见成效,预算单位国库集中支付网络申报审核系统和非税收入征缴系统先后投入使用,预算单位财务工作效率显著提高;积极推进一般消费性支出货币化改革。实行通讯和会议经费货币化改革,推行"资源共享、设备共建"的管理模式。

【围绕依法行政依法理财,完善各项基础管理工作】加强会计基础工作。开展会计人员培训,推广会计电算化和单位会计基础规范化工作,实施会计信息质量大检查,提高会计信息质量;规范财经秩序,全面推行"两公开一监督"的民主理财方式;全力推进依法行政依法理财,开展财政"四五"法制宣传教育活动,通过举办法制讲座、财政法规知识竞赛等活动,创新普法方式;加强税源调查分析和各项政策研究,着力制度建设;清理规范行政性收费,取消186项行政事业性收费项目,减免中央、省114项和我市48项收费项目,为促进全民创业和支持企业发展创造良好的外部环境;加强国有资产监管,摸清"家底",构建市直行政事业单位国有资产监管体系;按照中央和省统一部署,全面开展"小金库"专项治理活动,对全市84个部门944个单位财务进行全面清理检查,共清理"小金库"168个。深入开展财政科研工作,积极开展科研课题评审,促进学习型机关建设。

(马鞍山市财政局供稿　尹昌元执笔)

巢湖市"十一五"财政工作成就

"十一五"时期,全市财政系统坚持以科学发展观为统领,积极应对复杂多变的形势,依法理财治税,狠抓增收节支,圆满完成了"十一五"财政工作各项目标任务。

【财政收入提前翻番】全市财政收入由"十五"末19.3亿元增加到"十一五"末63.6亿元,总量增加了2.3倍,年均增长26.9%。2010年全市地方财政收入39.27亿元,比"十五"末增加了2.77倍,年均增长30.4%;税收收入占财政收入83.7%,比"十五"末提高了1.5个百分点,非税收入占比下降了0.4个百分点;财政收入占生产总值比重由6.4%提高到10.3%,收入结构不断优化。2010年县级财政收入48.79亿元,总量增加了2.47倍,年均增长28.3%。其中财政收入超5000万元乡镇由4个增加到16个,超亿元乡镇由1个乡镇增加到8个。

【支出规模持续攀升】2010年财政支出104.58亿元,是2005年的3.9倍。支出结构发生重大变化,中央、省对我市补助规模从2005年的7.6亿元增加到14.1亿元,年均增长14.2%。"十一五"期间,全市教育、农业、科技支出分别达到82.5亿元、44.2亿元、3.8亿元,年均分别增长28.7%、60.8%、35.3%,重点支出基本得到保障。社会保障支出54.9亿元,是"十五"时期5.1倍。

【民生建设不断加强】2007年以来,民生工程累计投入57亿元,其中地方配套10.49亿元,受益群众430万人。每年50多万名中小学生享受教育"两免一补",1.5万名高校和中职贫困学生获得财政资助,新建和改扩建中小学校舍149万平方米。基层卫生机构纳入财政保障范围,农村新型合作医疗参合率达到95.6%,城乡医疗救助合计23万人次,发放救助资金3700多万元,对924个城乡卫生服务机构实施了规范化建设。城乡低保累计发放生活补助资金8.5亿元,新改建农村敬老院116所,五保集中供养率达40.3%。

【支持发展效应彰显】在四个方面发挥财政支持经济发展的作用和"效应":即扩大投资的倍增效应,积极争取国家和省扩大内需投资9.56亿元,安排预算资金4.6亿多元,带动社会投资43亿元,支持工业发展、项目建设和新兴服务业等"三产"。融资110亿元,大力支持巢城建设。扶持企业的激活效应,安排战略性新型产业发展引导资金2亿元,用于工业园区建设贴息、企业发展税收返还、企业技术改造和科技创新。注入担保公司资本金3.5亿元扶持小贷公司发展,为企业提供担保融资148.1亿元。经济发展的推手效应,通过取消行政事业性收费,降低经营服务性收费,对开发区建设期间实行零收费,减轻企业和社会负担1000多万元。筹集改制资金3.6亿元,支持企业改制,分离企业办社会职能。刺激消费的引导效应,落实"四下乡、两换新"等政策,出台契税补贴措施,向人民群众提供优惠7.6亿元,刺激了有效需求。

【财政改革稳步推进】完善市与区、县与乡财政管理体制,合理界定市、区政府支出责任,完善县对乡镇的转移支付办法,提高各级财政保障能力。进一步细化部门综合预算,重大支出项目严格审查,国库集中支付制度扎实推进,政府采购制度进一步深化。农村综合改革继续深入,为民服务全程代理、农村公益事业“以钱养事”等工作不断完善。巢湖区域农民负担年均减少6352万元,基层水管体制改革效果初显,精简了15.8%的基层机构,分流316人。农村公益性事业“一事一议”奖补试点全面展开,累计投入资金3.7亿元,各级财政补贴2.4亿元。政策性农业保险扎实推进,保险服务网络覆盖所有乡镇,主要农产品投保率超过80%。

【管理改革逐步深入】县以上部门单位授权支付行为纳入财政监管,资金从预算、拨付、使用直至评价全过程规范,强化了预算约束,严格控制非生产性支出。非税收入征管信息化建设力度加大,非税收入进一步规范。公务用车管理不断完善,行政事业单位资产管理逐步加强,强化财政资金预警、分析等风险管理,做好财政抗灾救灾工作。

【自身建设与时俱进】把市委、市政府组织开展的“巢湖新发展,我该怎么干”大讨论、“两问两整治”活动与上级要求的“创先争优”以及“规范管理年”、“学习提升年”等活动统筹安排、深入推进。强化以人为本、统筹发展、持续发展和改革创新的意识,不断寻求科学理财的合理路经。围绕财政管理、监督检查、内部运行等完善规章制度,建立健全拒腐防变长效机制。

(巢湖市财政局供稿　孙华执笔)

“十一五”芜湖市财政工作概述

“十一五”时期,芜湖市各级财政部门紧紧围绕落实科学发展观和构建和谐社会这一主线,贯彻落实稳健和积极的财政政策,依法治税,强化税收征管;优化收支结构,完善公共财政;实施民生工程,构建民生财政,促进全市经济社会又好又快发展。

2010年,芜湖市财政收入突破200亿元,比“十五”末增加132.5亿元,超“十一五”148亿元收入目标52亿元,年均增长35%。其中,实现地方收入增速快于总收入增速。财政收支圆满完成“十一五”规划目标。

【支持经济发展】“十一五”期间,发放家电、汽车下乡、以旧换新补贴资金9096万元,发放契税补贴6613万元,兑现出口退税41.7亿元,兑付各类企业发展扶持资金5800万元,兑付土地使用税奖补资金1.5亿元,安排自主创新专项资金18.45亿元,支持企业自主创新。

【强化财政监管】完善市区财政体制,增强区级活力。深化综合预算、国库集中收付制度、政府采购改革,规范公务员津补贴。对党政机关和市属事业单位开展“双清理、双集中”工作,共清理银行账户1453个,清理资金26.7亿元。设立企业上市扶持基金,推动企业上市步伐。推进事业单位分类改革,规范事业单位财政供给。财政支出向“三农”、民生、社会事业、自主创新等领域倾斜。建立“小金库”治理长效机制。

【实施民生工程建设】2007年以来,累计实施民生工程53项次,投入超百亿元。完善居民医疗保险、新型农村合作医疗保险、大病医疗救助和重大传染病救治救助等制度,新建村卫生室,全面改造市、县、镇医院,深化医疗卫生体制改革,缓解群众看病难和看病贵问题;不断提高城乡低保户、五保户供养水平,建成敬老院67所;中小学义务教育经费全面纳入公共财政保障范围,全市城乡326所中小学义务教育阶段学生免除学杂费,对高校和中职家庭经济困难学生给予生活补助。加大校舍改造投入,完成4.3万平方米农村中小学D级危房改造任务,加固维修中小学校舍11万平方米;拆迁改造城市棚户区近100万平方米,新建廉租住房128万平方米、2.68万套,为一万多户城镇低收入家庭提供住房保障;改造城市水系管网和菜市场,推行食品药品安全工程,优化城市生活环境;实施政策性农业保险制度;实现农村“村村通公路、村村通公交、村村通广播电视”;实施农村饮水安全、沼气建设工程和文化体育等项目,加快城乡居民生活同质化进程。

(芜湖市财政局供稿　刘宗悦整理)

宣城市财政“十一五”工作成就

“十一五”时期,宣城市财政收入由20亿元增加到84.7亿元,连续跨越6个10亿元台阶,五年翻两番,年均递增32.3%,是全省财政收入增长最快的地级市,财政收入总量在全省位次由“十五”末的第11位提高到第10位。财政收入占GDP的比重、地方收入占财政收入的比重、税收收入占财政收入的比重分别达到16.4%、58.8%、88.9%,创历史新高。人均财政收入由2005年的764元提高到2010年的3048元。“十一五”时期,全市财政支出由26亿元增加到104亿元,年均增长31.5%,人均财政支出由

2005 年的 966 元提高到 2010 年的 3741 元。在收支规模迅速扩大的同时，收支结构日趋合理，非税收入占财政收入的比重持续下降，地方财政收入占财政收入的比重稳步上升，财政收入质量不断提高，财政支出在保障人员经费和机构运转的基础上，还保证“三农”、社会保障和民生工程等重点支出的需要，支出效益明显改善。

【保障改善民生成效显著】自 2007 年实施民生工程以来，累计投入 39.5 亿元，220 万人受益于新农合、农村计生奖扶特扶超过 1 万人、38 万人次获得城乡医疗救助、近 3000 名贫困白内障患者接受免费复明手术。义务教育经费保障能力逐年提高、高校和中职家庭困难学生获得资助。建设 6000 套廉租房、100 万农村人口的饮水安全问题得到解决，建成 64 所乡镇卫生院、729 个村卫生室、68 个社区卫生服务机构、299 个“农家书屋”、46 个乡镇综合文化站、91 个农民体育健身工程、170 个农村留守儿童之家，完成农村公路“村村通”1600 多公里，除险加固水库 190 多座。民生工程让人民群众真正得到了实惠，人民群众对民生工程的知晓度、满意度和支持度逐年提升，全市民生工程组织实施工作被省政府通报表彰。

【支持经济发展扎实有力】“十一五”时期，宣城市各级财政部门认真落实积极稳健的财政政策，全力应对国际金融危机，切实发挥财政职能，促进全市经济又好又快发展。五年来，全市财政投入各类园区建设资金 64.2 亿元，兑现各项招商引资财政补贴资金 23.1 亿元，减免涉企收费 3.4 亿元。共争取农业综合开发和农业产业化等项目资金 16.8 亿元，拨付政策性农业保险保费补贴资金 8445 万元，兑现“家电、汽车、摩托车”下乡补贴以及通过“一卡通”发放各项涉农财政补贴资金达 25.2 亿元，拉动农村消费需求。共投入基础设施建设资金 65.3 亿元，新增金融机构贷款 105.4 亿元，其中，市本级财政拨付各类城市建设资金 29.6 亿元，新增金融机构贷款 39.8 亿元。

【推进社会事业健康发展】“十一五”时期，随着财政收入规模的不断扩大，宣城市财政投入支持社会事业发展的力度不断加大。继续加大“三农”投入，农林水事业费支出 39.6 亿元，是“十五”时期的 6.8 倍，年均增支 2.2 亿元。教育投入稳步增长，义务教育学校绩效工资改革顺利实施，中等职业教育投入加大，高等专科学校、宣城市职业技术学院建设基本完成，教育支出 55.3 亿元，是“十五”时期的 2.5 倍，年均递增 22.7%。不断推进技术创新，科技投入快速增长，五年共投入 5 亿元，是“十五”时期的 7 倍，年均递增 66.1%。社会保障体系建设不断完善，社会保障支出 46.9 亿元，是“十五”时期的 10.4 倍，年均递增 49.4%。五年共为 5.7 万名企业离退休人员发放养老金 28.3 亿元，就业再就业资金支出 4.4 亿元，新增就业岗位 15.1 万个，全市发放城乡低保金 5.23 亿元，为 12.7 万名城乡特困群众提供最低生活保障，“新农保”试点工作稳步推进，基层医药卫生体制综合改革全面启动。公共卫生应急体系初步建立，医疗卫生支出 27.1 亿元，是“十五”时期的 4.8 倍，年均递增 43.1%。毒奶粉、禽流感、甲型 H1N1 流感、手足口病等突发公共卫生事件得到有效处置。

【财政管理改革持续创新】“十一五”时期，全市各级财政部门积极推行科学化、精细化管理，理财理念不断创新，实现了理财思路“四个转变”，即从节流型财政向开源型财政转变，从内向型财政向外向型财政转变，从吃饭型财政向公共型财政转变，从常规型财政向创新型财政转变。深入推进县乡财政管理体制改革，稳步实施政府收支分类改革，完善部门预算编制改革，深化国库管理制度改革，大力推进财政平台一体化系统建设，完成财税库银税收收入电子缴库横向联网试点改革，取得了积极成效。农村综合改革有了新突破，乡村为民服务全程代理制度进一步完善，农村义务教育债务得到全面清理化解，农村公益事业一事一议财政奖补试点全面铺开、有效推进。

【财政自身建设持续加强】“十一五”时期，全市财政系统按照科学发展观要求，完善育人、塑人、用人机制，不断加强干部队伍建设，通过对干部职工的轮岗交流和培训，提高财政干部的综合素质；积极开展财政系统“作风建设年”、“制度建设年”、“能力建设年”和“学习提升年”主题建设年活动，积极参与市直单位百名科长考评活动，提高机关效能，改进机关作风。开展丰富多彩的文化活动，提高财政干部文化修养，以财政文化提升财政形象，并通过财政宣传进一步树立财政部门的良好形象。不断加强党风廉政制度建设，构建党风廉政建设制度体系，完善权力运行工作机制，规范行政行为，并积极开展党风廉政教育活动。

（宣城市财政局供稿　郑少华执笔）

铜陵市“十一五”财政成果丰硕

“十一五”以来，铜陵市财政工作在省财政厅的关心指导下，紧紧围绕市委、市政府关于财政发展的总体部署，按照科学发展观的要求，以加强收入征管为核心，以提高财政运行质量为根本，以民生工程为抓手，以服务经济发展和构建和谐社会为主线，积极适应国家宏观调控政策需要，解放思想，开拓创新，全市财政工作取得丰硕成果。

【财政实力迈上新台阶】财政收入由2005年的24.25亿元上升到2010年的88.6亿元，增长2.7倍，年均增幅30%，超出“十一五”财政收入规划目标任务(47.8亿元)40.8亿元，占全省财政收入总量的比重由2005年的3.7%提高到2010年的5.1%，增加1.4个百分点。财政支出由2005年的15.8亿元上升到2010年的57.32亿元，增长2.6倍，超出“十一五”财政支出规划目标任务(19.7亿元)37.62亿元。人均财政支出为7780元(在全省居于第一位)，比2005年人均财政支出增长2.5倍，全市人民共享财政经济发展成果显著提高，为支持全市经济社会持续健康发展作出了积极贡献。

【理财观念实现重大转变】跳出了就财政论财政、就收支论收支的小圈子，坚定了财政围绕大局、服务民生、经营财政、支持和谐社会建设的基本理念；从注重预算内的“微观财政”观，转变为综合预算的“宏观财政”观；理财渠道向充分发挥财政资金引导作用、吸引社会资金共同发展经济和各项事业转变；理财模式从过去的重分配轻管理、重审批轻监督，向强化管理和严格监督转变；从传统的行政理财向依法理财转变。

【改善民生取得新成效】围绕“学有所教、劳有所得、病有所医、老有所养，住有所居、残有所助”的目标，坚持把新增财力的70%以上用于民生，从2007年开始，在全省民生工程的基础上，通过“增项、扩面、提标”，累计民生工程投入资金超过20亿元，惠及全市95%以上城乡居民，人均受益水平高于全省平均水平80%以上，人民群众满意度超过90%，初步建立了以“医疗、养老、救助、低保、义务教育”等内容为主的社会保障体系。同时，为低收入家庭建立了住房保障制度，为城乡就业及创业人员开展技能培训，改善农村生产生活条件，充分体现了城乡居民共享财政经济发展成果的公共财政理念。

【财政管理改革取得重大进展】“金财工程”建设取得良好成效，信息化管理平台开始搭建；非税收入管理改革不断深化，“一票多费”制度建立实施；财政面向农民“一站式”服务网络形成，各项支农惠农政策措施有效落实；部门预算全面实行，支出科目更加细化；预算追加听证制度已经建立和实施，预算追加程序和权限有所规范；预算信息公开稳步推进，绩效评价工作开始实施；财政资金收付方式实现重大转变，国库集中收付制度全面落实；政府采购制度不断健全与完善，采购规模与范围持续扩大；公务用车货币化改革全面推行，公务员津贴补贴和事业单位绩效工资改革规范实施；财政管理年活动深入开展，一系列财政管理制度陆续出台，公共财政管理框架已基本形成。

【财政监督体制改革不断深化】不断强化对预算编制、部门预算、收支政策执行情况和财政资金运行情况的监督检查，不断加强对各类专项资金，特别是对社会保障、生态环保、住房资金、粮补资金、农村税费改革转移支付资金的检查监督和跟踪问效，初步建立了预算编制、执行和管理等各个环节的财政监督新机制。

（铜陵市财政局供稿　丁松林执笔）

池州市财政“十一五”工作情况概述

“十一五”时期，全市各级财政部门坚持主动理财、科学理财、民主理财、依法理财，凝心聚力、负重拼搏、攻坚克难，创造了财政辉煌业绩，为未来五年社会经济更快更好发展打下了坚实基础。

【财政收支规模创造新佳绩】“十一五”期间，全市财政收入从“十五”末的11.71亿元，连续跨越20亿元、30亿元和40亿元台阶，到2010年，实现财政收入43.38亿元，为“十五”末的3.7倍，年均增长29.9%，提前两年实现翻一番的任务，提前一年完成“十一五”目标。全市财政收入占GDP比重由“十五”末的10%提高到“十一五”末的14.5%，人均财政收入由“十五”末的753元提高到“十一五”末的2703元。财政收入呈现规模不断扩大、质量稳步提升的良好态势。全市财政支出从“十五”末的16.19亿元，到2010年实现68.11亿元，支出规模为“十五”末的4.2倍，年均增长33.29%。在财政支出安排上,按照“一要吃饭、二要建设、三要发展”的要求,积极调整优化支出结构,努力保障重点支出需要,有力支持经济建设和各项社会事业发展,促进人民生活水平不断提高,保障各项改革的深入推进,为池州的改革、发展和稳定做出了积极贡献。

【财政服务经济发展迈入新阶段】“十一五”期间,全市各级财政部门积极发挥职能,以支持大项目建设、园区发展、招商引资为切入点,大力培植财源。一是加大重点项目投入。设立工业发展专项基金、旅游发展专项基金等,安排园区建设经费、招商引资工作经费等,并随财力增长逐年增加,支持海螺、铜冠等一批骨干企业发展,推动了园区基础设施建设和提标升级。二是积极开展行政事业性收费清理。共清理取消或停收降低收费标准相关项目 142 个,涉及金额达 2.4 亿元;创新实施“一费清”,按照“分类申报、一口受理、一次执收、一费缴清”原则,对各类基本建设项目和投资项目统一征缴收费,进一步优化发展环境。三是积极发挥政府采购促进地方经济发展的政策功能作用,有力扶持企业渡过金融危机。到“十一五”末,地产品采购及服务本地化水平提高到 60% 以上。四是支持产业转移示范区建设。抢抓承接产业转移历史机遇,通过加大基础设施、公共服务平台建设等投入力度,补助扶持新建标准化厂房项目,重奖国内外著名企业落地,减免企业和个人相关费用以及加强政府采购支持力度等措施,支持承接产业转移示范区建设。五是扎实推进“四下乡,两换新”工程。发放各类补贴资金 1.28 亿元,拉动销售家电下乡产品 25.48 万台,销售额 5.87 亿元;销售汽车、摩托车下乡产品 4.48 万辆,销售金额 5.15 亿元;报废老旧汽车 47 辆,汽车以旧换新 409 辆。

【财政惠及民生取得新进展】一是大力实施民生工程。2007~2010 年,分别实施了 20 项、22 项、28 项和 33 项民生工程,累计投入资金逾 30 亿元,涵盖生活救助、教育、卫生、文化、交通、住房、就业、农村基础设施等诸多领域,惠及全市 145 万余人。民生工程实施工作在全省考核中连续 3 年荣获一等奖。2008 年,省财政厅在池州市召开全省民生工程工作现场交流会,对本市民生工程工作给予充分肯定。二是保障教育事业优先发展。累计投入资金 32 亿元,推动义务教育经费保障机制改革,全面完成农村义务教育债务化解任务,实现义务教育均衡发展。投入资金 2 亿元,支持高校和职业教育快速发展。三是健全就业服务体系。出台就业专项资金使用管理实施细则,实施与市情相适合的社会保险补贴、职业技能培训补贴、公益性岗位补贴等再就业扶持政策。建立促进零就业家庭和困难群众就业的长效机制,鼓励支持劳动者自主创业,完善就业困难对象就业援助制度。四是不断提高社会保障水准。企业退休人员人均月养老金由 671 元增加到 1154 元;城镇居民基本医疗保险实行二次补偿,建立城镇居民大病医疗补助制度;完善新型农村合作医疗制度,参合农民达 126 万人,占全市农业人口的 98.4 %;完善被征地农民社会保障制度,主城区被征地农民基本养老保险政府统筹部分由 80 元调整至 120 元,6.9 万名被征地农民纳入保障范围。五是不断提升困难群体救助水平。城市居民最低生活保障实行低保动态管理下“应保尽保”,人均月补助水平由 77 元提高到 173 元,23371 人获益;农村低保扩面提标,年人均补助水平由 120 元提高到 960 元,全市共有 55344 人享受农村低保;“五保”供养逐步完善;大力实施“夕阳红”计划,建成敬老院 20 所,床位 1355 张,10124 名“五保”对象实现应保应保,集中供养率达 70%。

【财政支农惠农再上新台阶】“十一五”期间,全市各级财政部门进一步加大支农惠农力度,“三农”投入 43 亿元,是“十五”时期的 4.77 倍。农业总产值、增加值、农民收入均呈现两位数增长,2010 年,实现农村牧渔业总产值 70.93 亿元。农民人均纯收入 5827 元,年均增长 17.7%,超全国全省平均水平。一是落实各项惠农政策。通过“一卡通”发放粮食直接补贴、良种补贴和农机具购置补贴等各类涉农补贴资金 14.7 亿元。二是夯实农业发展基础。全市农林水等方面支出完成 17.76 亿元,重点支持农业基础设施建设、农业产业化建设、新农村示范点建设等;完成中低产田改造 16.95 万亩,生态综合治理 6.46 万亩;重点实施 21 个产业化经营项目,扶持 15 个经济合作组织,培训新型农民学员 9.6 万人,实现农民转移就业 6 万人,受益农民年人均纯收入增加 700 多元。三是支持农业合作组织发展。全市设立农村互助资金组织 129 家,其中,石台县实现行政村全覆盖(79 家)。互助资金总额 1401 万元,累计向农户发放贷款 1710 笔,贷款余额 895 万元。四是积极开展政策性农业保险。农业保险覆盖能繁母猪、油菜、水稻、棉花、小麦和玉米等品种,启动特色农产品保险,涵括皖南土鸡、生猪、商品鸭、大棚蔬菜等特色产品;参保农户不断增多,农业保险作用进一步显现,仅 2010 年“7.8”洪涝理赔就达 6485.6 万元。

【财政筹资融资实现新跨越】一是政策扶持力度

不断增强。出台《池州市银行金融机构支持地方经济发展考核奖励办法》、《池州市金融产品创新考核办法》等文件，激发金融机构创新动力，突破金融创新体制性障碍。2010年，信贷投放增幅稳居全省第一，被省内金融专家誉为“池州金融现象”。二是财政融资主体发展壮大。通过融资合作、担保等方式将政府性资源优势转变为资本优势。“十一五”期间，市属国有出资企业发展到20户，国有资产总额达120余亿元，另有3家参股公司。市属国有投资公司在实现政府融资投资建设工作目标中较好地发挥了市场经济主体优势。三是地方金融机构从无到有。徽商银行池州分行和九华农村商业银行先后组建，青阳、东至、石台均建立农村合作银行；民生银行贵池村镇银行全省率先启动筹建；全市保险机构发展到12家，证券机构2家；申请并获批组建小额贷款公司17家，实现县域全覆盖，注册资本超6亿元。四是担保体系建设稳步推进。支持发展政府出资融资性担保公司5家，资本金4.9亿元。引进民营担保公司3家，资本规模2.5亿元。五是积极争取外国政府贷款2.4亿元，支持医疗卫生、广播电视、生物质能源等项目建设。

【公共财政改革取得新突破】一是为民服务全程代理工作不断完善。乡镇(街道)、村(居)两级为民服务全程代理网络基本建立，全市53个乡镇(街道)共建立乡镇为民服务中心51个，613个行政村(居)全部建立了为民服务代理点；以群众需求为导向的代理项目基本纳入代理范围，共涉及财政、民政、计生、国土等12个职能部门，其中农民受益最大的是财政补贴农民资金、农民参保新型农村合作医疗、五保供养等相关项目。积极探索为民服务“一网通”工程试点，实现县、乡、村、组、农户详细信息资料资源共享，群众所需办理事项网上代理，搭建群众与领导、群众与群众相互交流平台，进一步深化了为民服务全程代理制。全市141个试点村累计受理为民服务代理事项1652件，办结1505件。二是积极推进预算管理改革，全面推行零基预算；按照财政部、省财政厅统一部署启动政府收支分类改革。三是大力实行政府采购，累计采购金额达25亿元，比采购预算节约资金4.5亿元。四是推进国库管理制度改革，国库集中支付中心与会计核算中心并轨运行，履行国库集中支付和会计集中核算双重职能；财税库银横向联网系统稳步实施，国库收支电子化、网络化发展顺利，税款入库更加透明、快捷。五是扎实推进非税收入管理改革，强化非税收入票据管理，全面启用专用票据；推行非税收入系统信息化管理做到财政、银行和执收单位之间互联互通。

【财政监督管理呈现新面貌】深入开展“五五”普法，强化会计信息质量监督检查和行政事业单位资产管理，初步构建起事前、事中、事后全程监管机制，财经秩序进一步优化。一是加强会计监督。严把会计核算“四关”，即票据审核关、专项资金拨付关、资金下移关、政府采购关，市直单位财务行为进一步规范。二是加强工程监督。认真开展工程竣工决算审查，凡财政性资金参与的基本建设项目必须由财政部门或由财政部门委托有资质的中介机构进行工程竣工审查，累计委托中介机构审查基本建设项目32个，总送审价1.35亿元，审定金额1.13亿元，核减2194.37万元，核减率为16.25%。三是强化国有资产监管。规范国有企业产权交易行为，依托芜湖长江交易中心，将企业国有资产交易行为纳入产权市场公开交易，对应收取的国有资产收益全部纳入财政管理。四是积极推进“小金库”检查。共查出党政机关及事业单位“小金库”13个，违纪金额610万元；国有及国有控股企业、社会团体“小金库”9个，违纪金额282.07万元。

【财政整体形象得到新提升】一是深入开展各项专题活动。“十一五”期间，先后组织参加市委、市政府开展的“创新创业，兴我池州”解放思想大讨论、深入学习“科学发展观”和开展“创先争优”等活动，干部职工发展信念进一步坚定，理财思路进一步开阔，争做优秀党员、服务人民群众的奉献意识进一步深入人心。二是加强机关文化建设。推行快乐工作法，认真开展“作风建设年”、“规范管理年”、“能力建设年”、“学习提升年”等一系列活动，干部职工精神状态和综合素质明显改观。三是加强干部能力建设。干部队伍结构不断优化，干部队伍整体素质不断提高。四是加强党风廉政建设。以全面落实党风廉政建设工作责任制为目标，强化学习教育，扎实开展活动，改进“两风”、增进“两情”，增强全局干部职工的勤政廉政意识和拒腐防变能力。“十一五”期间，在文明创建、政风行风评议、目标管理考核等各项活动中争先进位，树立“为民、务实、高效、清廉”的财政机关形象。市财政局连续四届被授予省级文明单位荣誉称号；2009年荣获全国精神文明建设工作先进单位，并连续三届被评为省行业文明先进系统和先进单位；在市政府综合目标管理考核中一直名列前茅；在全市政风评议(效能)考核中榜上有名；档案工作荣获全国优秀集体称号；民生工程工作在全省考核中连续三年荣获一等奖。局属会计核算中心先后荣获全省和全国“青年文明号”、省“巾帼建功”先进集体、省“文明窗口”和“全国三八红旗集体”等荣誉称号。 （池州市财政局供稿 汪申成执笔）

安庆市“十一五”财政工作回顾

“十一五”期间，在国民经济保持持续快速健康发展的基础上，全市各级财政部门努力克服财政经济发展中的矛盾和困难，强化收入征管，优化支出结构，深入推进财政各项改革，有效提升公共财政管理水平，圆满完成“十一五”目标任务，财政改革与发展迈上新台阶。

【坚持强化征管促增收，财政收入实现新跨越】 五年来，全市各级财税部门坚持依法理财治税，积极组织财政收入，不断提高税收征管效率，财政收入规模增长迅速。2006～2010年全市财政收入分别完成45.27亿元、58.16亿元、66.43亿元、96.24亿元、121.1亿元，2010年全市财政收入突破百亿大关，为2005年的3.2倍，年均增长率达25.9％。其中地方一般预算收入完成50.6亿元，是2005年的2.8倍，年均递增20.9％。县区财政实力不断增强，12个县区财政收入全部过亿元，其中怀宁县和桐城市突破11亿元，分别完成11.07亿元和11.02亿元。

【坚持优化结构促保障，财政支出取得新成效】 随着财政实力的增强，全市财政支出规模迅速扩大，财政保障能力明显提高。2010年，全市财政支出达到161.2亿元，是2005年的3.4倍，年平均递增28％。各级财政部门积极推行收入分配制度改革，建立健全财政供养人员工资统发制度，有效规范了公务员津补贴管理，进一步提高了义务教育学校等事业单位职工收入水平。全面实施民生工程，民生工程项目从2007年的20项增加到2010的42项，涵盖了教育、卫生、文化、交通、水利、就业等多个方面，各级财政累计投入资金93.79亿元，惠及全市人民群众。大力支持重点事业发展，各级财政集中财力优先增加教育、科技、卫生等方面的投入，促进经济社会的协调发展。2010年，全市教育支出达到35.9亿元，比2005年增长250％；科技支出2.4亿元，是2005年的10.7倍；卫生支出17.3亿元，是2005年的6.2倍。

【坚持服务发展促转变，财政调控呈现新特点】 充分发挥财政资金的引导、吸附作用，市财政从2006年开始每年安排3000万元企业发展专项资金，采取贷款贴息、提供担保、给予补助等方式，重点支持企业自主研发和技术创新，推进传统优势产业的技术升级和产品升级。完善中小企业信用担保体系建设，市财政注入资金1.2亿元组建安庆市信用担保(集团)有限公司，并成功加入全省再担保体系，拓宽融资渠道，为中小企业搭建了低成本、高效率的融资平台。加大环境治理力度，2006～2010年市财政累计投入环境保护资金22445万元，争取上级环境保护专项资金13766万元，环保能力建设及排污治理工作明显加强。

【坚持调整思路促效益，财政支农取得新突破】 积极推动支农资金整合，大力发展现代农业，全面推行财政涉农补贴资金“一卡通”发放制度。深化农村综合改革，转变乡镇政府职能，精简乡镇机构，完善农村义务教育和县乡财政体制，建立乡镇为民服务中心和村级代理点，农村基层运行机制基本建立。加大国家农业综合开发土地治理力度，国家级项目已动工105个，建设规模5.38万公顷，投入资金5.24亿元，增强了农业综合生产能力。扎实推进政策性农业保险试点工作，增强了农民抗风险能力。推广建立财政补贴农民资金移动信息发布查询平台做法，积极推进农村公益事业建设“一事一议”财政奖补和“惠民直达工程”试点，保障惠农政策和资金落实，维护广大农民群众的切身利益。全面完成清理化解农村义务教育债务工作，全市共化解农村义务教育债务44596万元。

【坚持依法行政促提升，财政管理再上新台阶】 实行收支两条线管理，实现预算内外资金的统一调控、综合平衡，公共财政综合预算制度进一步完善。建立预算编制、执行和监管相分离、相制约的新机制，形成集中支出、归口管理、统一检查的财政管理模式。稳步推进政府收支分类改革，细化预算编制，实现预算编制与执行数据动态连接。加大收入征管质量检查和重点支出监管力度，先后组织开展了会计信息质量检查、税收缴库级次检查、党政机关和事业单位以及社会团体、国有及国有控股企业“小金库”专项治理工作，维护了财经秩序。推进财政政务公开，完善财政预、决算和重大事项报告制度，主动接受人大、审计和社会各方面监督。强化财政投资评审工作，市财政投资评审中心成立四年来，共完成评审项目272个，报审金额32.7亿元，审减金额6.2亿元，综合审减率19％，加强了财政对政府投资项目的事前监督。

【坚持完善机制促创新,财政改革取得新进展】建立了“划分税种,比例分享,核定收支,定额补助”的市区分税制财政体制,理顺了市与区的利益分配关系。全面推行“乡财县管”和“村账乡管”,调整和完善了县乡财政管理体制。深化国库集中支付改革,清理撤销市直单位各类银行账户1150个,开通“财银直联”系统,提高了集中支付效率。建立“单位开单、银行开票、财政统收、政府统管”的非税收入征管新机制,将行政事业单位经营服务性收入纳入政府非税收入管理,增强了政府宏观调控能力。积极推进公务卡改革试点工作进程,制定出台了相关管理制度和办法,为全面推行公务卡管理夯实了基础。完善政府采购预算和政府采购计划制度,实行政府采购资金专户管理和分类管理。加快“金财工程”建设步伐,平台一体化建设稳步推进。

【坚持提升效能促规范,队伍建设实现新飞跃】依托“能力建设年”、“学习提升年”等主题建设活动平台,深入学习实践科学发展观,提升学习层次,拓展学习内容,开展调查研究,有效提高了财政干部队伍的岗位技能和综合素质,推动学习型财政机关建设。开展精神文明创建活动,营造和谐人文环境。开展向沈浩同志学习活动,弘扬爱岗敬业、淡泊名利、奋发进取的崇高精神,有效提升了财政干部的精神面貌。强化制度建设,先后制定和完善30余项规章制度,形成激励先进、鞭策落后、优胜劣汰的竞争机制。切实加强机关效能建设,完善效能责任追究机制,不断改进工作方式,促进了工作效率的提高。加强党风廉政建设,初步建立反腐倡廉制度体系,加大从源头上防治腐败的工作力度,有效杜绝职务犯罪现象的发生。

(安庆市财政局供稿　叶武乐执笔)

黄山市“十一五”财政工作成就

“十一五”,是黄山市财政收入规模连续跨越,县域财政实力明显增强的五年。“十一五”期间全市收入规模持续突破,提前两年完成“十一五”目标任务。2007年全市收入突破20亿元,2009年达到30亿元,2010年再上40亿元台阶。2010年财政收入是2005年的3.5倍,“十一五”财政收入年均增长28.5%。各级财政坚持扩大收入总量和优化收入结构并重,2010年全市财政收入占GDP的比重达14.4%,较2005年提高6.5个百分点。县域财政质量提升,税收占财政收入的比重明显提高。2010年县级财政收入是2005年的3.2倍,歙县、黄山区收入规模超5亿元,屯溪区、休宁县超4亿元。徽州区、祁门县、黟县财政实力全面增强。

【财税系统主动服务大局,多举措支持经济发展】一是向上争取成效显著。5年来,各地抢抓国家实施积极财政政策机遇,综合运用各种途径和手段,积极向上开展争取工作,5年间累计对上争取各类资金88亿元,争取地方政府债券资金4.2亿元,利用外国政府、国际金融组织贷款1.3亿元。二是筹资融资成果丰硕。利用财政信用,累计融集资金超60亿元,重点支持新安江延伸段综合开发等一批城市基础设施建设,对完善城市功能、优化人居环境、提升城市品位起到了重要推动作用。三是扶持企业措施有力。全市9大园区5年累计投入33.4亿元,全市担保机构累计为企业提供资金担保69.7亿元。积极应对国际金融危机影响,落实结构性减税政策等措施,减轻企业和居民的负担2.5亿元。支持优势产业发展和骨干企业,5年投入6亿元。建立市国有资产运营公司,开展了央企合作对接。初步形成以服务业为主体的多元化、多层次财源体系。

【财政保障能力持续增强,公共财政职能较好】一是支出规模大幅提升。2010年全市财政支出达70.4亿元,是2005年的3.4倍,年均增长27.5%。人均财政支出水平4757元,比全省人均水平高955元。二是公共投入持续加大。立足于改善公共服务和社会薄弱环节,促进社会事业全面发展,2006－2010年,教育累计投入28.6亿元,学有所教目标基本实现。医疗卫生支出16.8亿元,“看病难、看病贵”逐步缓解。社会保障投入39.2亿元,社会保障待遇水平大幅提高。累计投入5亿元建设廉租房6936套,改善困难群众居住条件。三是改革领域保障有效。深入推进义务教育保障机制改革,学龄儿童免费接受义务教育实现全覆盖。全面启动实施基层医药卫生体制综合改革,城市社区卫生实现全覆盖,新型农村合作医疗参合率达到95.3%。重大自然灾害和应急事件财政保障机制建立,有效保障了甲型H1N1流感、手足口病、抗击自然灾害等各项应急支出需要。四是民生改善成效显著。项目从初期18项增加到35项,年投入从2007年4亿元增加到2010年13.2亿元。累计投入31.8亿元,全市130万群众从中受益,人民群众幸福指数普遍提升。

【强力扶持现代农业发展，财政支农惠农成效显著】一是“三农”投入明显加大。5年来，全市“三农”投入累计达63亿元，是“十五”的4.3倍。二是强农惠农成果丰硕。5年投入3.5亿元培育农业龙头企业，促进传统农业向现代农业转变。农业综合开发投入4.5亿元，省政府批准总投资6.6亿元的黄山区耿城现代综合开发区初见规模。立足农业防灾，实施了政策性农业保险，累计支付赔款2544万元，57万人次农户从中受益。三是农村综合改革成效明显。率先在全国开展农村综合改革“一事一议”试点，5年“一卡通”发放财政涉农补贴资金17.6亿元。全市投入6599万元化解农村义务教育债务。认真实施“四下乡、两换新”政策，累计兑现补贴资金1.6亿元，直接拉动消费10.6亿元。四是农村公共服务全面提升。全市投入10.3亿元实施“百村千幢”古民居保护利用工程。199个行政村实现公路“村村通”。投入1.5亿元解决33.4万农村人口的饮水安全问题，惠民工程强力推进，农村公共服务全面改善。

【科学理财观念全面树立，财税管理改革创新力度加大】部门预算制度改革、政府采购制度改革、国库集中收付制度改革、政府非税收入征管改革深入推进。一是试编了社会保障基金和国有资本经营收支预算，支出绩效考评、公务卡结算改革、惠民直达工程等取得积极成效，立足收入分配制度改革，规范公务员津贴补贴，兑现义务教育、公共卫生单位绩效工资，启动其他事业单位津贴补贴制度改革。连续5年调整提高企业退休人员养老金水平，市直离退休干部住房补贴全部兑现。二是财政监管日益加强。财政监督机制全面完善，会计管理监督整体提升，“小金库”治理长效机制初步建立。金财工程深入推进，形成了覆盖所有财政资金、辐射所有单位的信息管理平台。三是服务效能不断提升。积极开展以“科学理财创先进、学习沈浩当先锋”为主题的创先争优活动，扎实开展作风建设年、岗位大练兵、能力建设年、规范管理年、学习提升年活动，广大财税干部职工素质全面提升。

（黄山市财政局供稿　汪　蓉　杜书生执笔）

财政楷模篇

(2011) 安徽财政年鉴

向沈浩同志学习活动纪实

省财政厅深入开展创先争优活动工作概述

按照省委省政府统一部署，省财政厅紧紧围绕“科学理财创先进、学习沈浩争先锋”主题，深入开展“五要五比”实践活动，即：要主动理财，比科学发展；要解放思想，比改革创新；要爱岗敬业，比真抓实干；要节俭自律，比无私奉献；要服务至上，比优良作风；迅速掀起“学沈浩创先进争优秀”热潮，实现机关建设和财政工作双丰收。2010 年，全省财政总收入达 2064 亿元，全省财政支出达 2584 亿元，分别实现三年翻一番，为促进科学发展、全面转型、加速崛起、兴皖富民做出了积极贡献。省财政厅先后获得“全国精神文明建设工作先进单位”、“全国民族团结进步模范集体”等多项省部级以上荣誉表彰，在省直机关效能建设和省政府目标考核中连续 4 年名列前茅。

【紧扣中心，主动理财谋发展】紧紧围绕省委省政府中心工作，主动理财，积极作为，努力把创先争优要求转化为谋发展的思路、促发展的行动。一是开展主题讨论。围绕“深入推进创先争优，促进财政科学发展”开展多层次讨论，进一步转变观念，树立“四破四立”理财观，引导全厅干部职工以更大气魄推进改革，以创新举措加快发展。二是积极建言献策。把握经济社会发展脉搏，广泛开展应用型课题研究。2010 年，财政支持皖江示范区建设、促进我省工业化城镇化发展等调研报告，受到省领导充分肯定。王三运省长专门批示：“今年的财政工作又有新的提升，特别是服务大局、主动作为方面要充分肯定。”三是找准用力方向。加大投入力度，千方百计带动投资快速增长。用足用活“四下乡、两换新”政策，拉动扩大内需。大力实施创新推动战略，专项支持国家技术创新工程试点省、合芜蚌自主创新试验区、皖江城市带承接产业转移示范区建设，安排 25 亿元支持战略性新兴产业发展，迅速抢滩创新发展“制高点”。

【践行宗旨，改善民生促和谐】始终把维护群众根本利益作为创先争优活动出发点和落脚点，牢固树立以人为本、执政为民理念，不断提升群众生活质量和幸福指数。一是“民生财政”持续发力。解决好民生问题是公共财政职责所在，2010 年，全省财政围绕“五有”民生支出 1096 亿元，占全省财政支出 42.4%，地方新增财力 80% 用于民生，有力促进了基本公共服务均等化。二是精心实施“民生工程”。切实履行牵头职责，加强部门协调配合，强化资金保障，有效解决了一批群众最关心、最直接、最现实的利益问题。为提升实施效果，2010 年，在全省开展“民生工程督查月”，厅领导带队深入市县督查走访；今年先后开展“民生工程宣传月”、“贴民情、听民意、惠民生—万名财政干部大走访”，体察民情，了解民意，解决民忧。三是加快城乡统筹步伐。2010 年，全省“三农”支出 842.7 亿元，增长 24.7%。创新财政支农方式，以机制创新为突破口，以现代农业为切入点，加大涉农资金整合，全省 24 个“现代农业综合开发示范区”建设加快推进。

【开拓创新，坚定不移促改革】坚持把完善体制机制作为创先争优重要环节，抓好财政自身改革的同时，大力支持各项改革，全面提高财政保障水平。一是探索财政运行新机制。完善省直管县财政体制和乡财县管改革措施，探索建立“村账乡代管”新机制。规范省对下转移支付制度，推进预算制度改革，加强结余资金、专户资金、超收收入、政府债务管理，扩大“惠民直达工程”、绩效考评试点，不断增强财政自身活力。二是统筹推进重点改革。积极支持基层医药卫生体制综合改革试点，在全国率先实现基本药物制度基层全覆盖，成功创立医改“安徽模式”。大力支持政法经费保障体制、工商和监狱体制、文化体制等各项改革，着力激发体制机制活力。三是深化农村综合改革。全面完成农村义务教育债务偿还兑付，村级组织运转经费保障机制和为民服务全程代理制不断完善，一事一议财政奖补试点、集体林权制度改革、农村土地流转改革等稳步推进，有效释放农村发展内生动力。

【统筹结合,机关建设上台阶】以创新争优活动为契机,统筹推进文明创建、效能建设、政风建设等工作,不断提升财政机关建设水平。一是弘扬沈浩精神。围绕"沈浩给我们留下什么,对照沈浩学习什么,立足岗位该干什么"开展大讨论,在小岗村设立党员教育基地和党建联系点,组织全系统演讲比赛,切实把沈浩精神内化于心、外化于行、实化于绩。二是提升工作效能。推进职能定位向主动理财延伸,财政管理向科学精细延伸,作风建设向创先争优延伸,文化建设向内心世界延伸,考核评议向基层处室延伸,形成人人讲效能、事事争效能的良好局面。不断加强财政窗口建设,为办件人提供"一条龙"服务、"一站式"办公。从问卷调查结果看,社会各界对财政厅作风满意率达98%。三是推进文化建设。升华财政机关精神,相继形成服务发展"五篇文章"、工作重心"三保二促进"、作风建设"五看五比五树"等一系列财政文化理念,成为财政干部共同遵守的核心价值体系。深入推动群团建设,开展"青年文明号"、"巾帼文明岗"等活动,在省直六运会中获得团体第九和优秀组织奖等佳绩,充分展现财政干部奋发有为的崭新风貌。

【固本强基,加强党建促提升】全面推进机关党的建设,充分发挥党组织战斗堡垒作用和党员干部先锋模范作用,为推动创先争优、促进财政事业发展提供坚强的政治保证。一是强化理论学习。每月一次党组中心组学习,每期一个主题,由一位厅领导中心发言、三位处室负责同志重点发言,集中学习十七届五中全会、省委八届十三次全会等重要会议精神,着力提高领导干部理论指导实践的能力。二是完善民主集中制。每年召开民主生活会,充分发扬民主,促进工作开展。建立健全科学、民主、规范的议事决策程序,形成团结协作、心齐气顺、干事创业的良好局面。三是加强学习型党组织建设。坚持抓机关、带系统、促发展,相继开展了"岗位大练兵、作风建设年、创建五型机关、规范管理年,能力建设年、学习提升年"等主题活动,不断强化终身学习观念。2010年,全面完成厅新进人员、新任市县财政局长、农村财会人员"三个层次集训",全员参加"通用能力"、网络教育、执法资格"三次大规模测试",注重学习、主动学习成为干部职工自觉行为。张宝顺书记批示指出:"省财政厅的机关建设抓得有特色、有成效,应予总结、宣传,以推进学习型机关和机关效能建设。"

(办公室供稿 韩永强执笔)

习近平强调:

把学习沈浩先进事迹与创先争优活动结合起来 教育引导广大党员干部做沈浩式好党员好干部

7月1日,反映全国优秀共产党员沈浩先进事迹的电影《第一书记》首映式暨图书《沈浩日记》首发式在北京人民大会堂举行。活动开始前,中共中央政治局常委、中央书记处书记、国家副主席习近平会见了电影主创人员代表、图书编辑人员代表和沈浩亲属。他强调,沈浩同志是深入学习实践科学发展观活动中涌现的先进典型,是创先争优活动中要学习和宣传的榜样。各级党组织要把学习沈浩同志先进事迹与正在开展的创先争优活动结合起来,教育引导广大党员干部做沈浩同志这样的好党员好干部。

沈浩是安徽省财政厅干部,2004年2月被选派到凤阳县小岗村任党委第一书记、村委会主任。6年间,他工作出色、群众信服,小岗村群众两度在他三年任期届满时集体摁手印将他留任。2009年11月6日,沈浩因积劳成疾不幸倒在工作岗位上。他的先进事迹经中央新闻媒体报道后,在社会各界特别是广大基层党员和干部中引起强烈反响。电影《第一书记》和图书《沈浩日记》,生动地反映了沈浩的先进事迹和崇高精神。

在认真听取电影导演陈国星、图书编辑刘英红、沈浩妻子王晓勤发言后,习近平作了讲话。他指出,沈浩同志对党忠诚、对人民热爱,任劳任怨为老百姓干好事、干实事,6年里使小岗村的面貌发生巨大变化,农民人均收入超过6600元。人民群众需要他,他就留下努力工作,直到把生命交给了小岗村。在沈浩同志身上,充分体现了当代中国共产党人的政治本色。广大党员干部要以沈浩同志为榜样,加强党性锻炼,把为人民服务的宗旨意识、党性原则、群众观念和优良作风转化为密切联系群众的实际行动,在改革发展稳定各项工作中充分发挥先锋模范作用和骨干带头作用。

习近平指出,电影《第一书记》和图书《沈浩日记》,为广大基层党组织和党员创先进、争优秀提供了生动而具体的教材,要组织广大党员干部观看和阅读,充分发挥沈浩同志的典型示范作用,使广大党员干部见贤思齐、学有目标。

中共中央政治局委员、国务院副总理回良玉,中共中央政治局委员、中央书记处书记、中央宣传部部长刘云山,中共中央政治局委员、中央书记处书记、中央组织部部长李源潮参加会见。

首映式暨首发式由中组部、中宣部、中央创先争优活动领导小组共同主办。中共中央政治局委员、中央书记处书记、中央组织部部长李源潮,中央组织部常务副部长沈跃跃、中央宣传部常务副部长雒树刚等中央和国家机关有关领导,安徽省委书记张宝顺出席首映式暨首发式。中央和国家机关及北京市、安徽省干部代表,北京市村党支部书记和大学生村官代表等700多人参加了首映式暨首发式。

(原载《安徽财会》2010年第7期)

在小岗村调研时就弘扬沈浩精神开展创先争优活动的讲话(摘要)

省委书记　张宝顺

(2010年6月10日)

沈浩同志生前战斗在小岗。6年时间,沈浩同志以他的奋斗、以他的奉献,直到劳累过度倒在工作岗位上,用年轻的生命诠释了一名共产党员对党的无限忠诚,对小岗人民的深厚感情。他不愧是新时期共产党员的优秀代表,是基层干部的杰出楷模。沈浩同志逝世后,胡锦涛总书记等中央领导同志先后作出重要批示,对沈浩同志表示沉痛悼念,对学习沈浩同志先进事迹提出明确要求。沈浩同志是在小岗、在滁州、在安徽涌现出的先进典型。全国学沈浩,安徽要先行。我们要紧密结合正在开展的创先争优活动,切实把弘扬沈浩精神贯穿活动始终,教育引导广大基层党员干部学沈浩、创先进、争优秀,掀起创先争优高潮。

在创先争优活动中,中央明确提出了“五个好五带头”的要求。全省各级党组织和广大共产党员都要按照这一要求,以沈浩同志为榜样,加强作风建设,增强宗旨意识、党性原则和群众观念,真正建成“五个好”的党组织。

一要学习沈浩同志对党忠诚、一心为民的精神。沈浩同志顾不上年迈的老母亲、年幼的女儿和独自担负家庭重担的妻子,一心扑在工作上,始终与小岗人民同呼吸共命运,直至献出宝贵的生命。他以真挚的情感,真心的付出,以模范行动践行了全心全意为人民服务的宗旨。广大共产党员要像沈浩同志那样,一心想着群众,一切为了群众,全心全意践行党的宗旨,始终把人民的利益摆在高于一切的位置,尽心尽力为人民谋福祉。

二要学习沈浩同志立足基层、甘于奉献的精神。基层是干部成长成才的摇篮,沈浩同志能够成就一番事业,离不开小岗这方热土。“宰相必起于州郡,猛将必发于卒伍”。基层的条件虽然艰苦,但广阔天地大有作为。广大党员干部特别是青年干部,要像沈浩同志那样,深入群众,扎根基层,埋头苦干,在广阔天地中锻炼成长,在艰苦磨炼中增长才干。大学生村官能够在基层这样的环境里锻炼成长,这是难得的经历,要虚心向群众学习、向实践学习,不断成长进步。

三要学习沈浩同志改革创新、勇于开拓的精神。小岗村是“大包干”的发源地,沈浩同志以实际行动弘扬敢为人先的创新精神,在大包干的基础上推进“二次改革”,使小岗村迸发出新的生机与活力。刚才我们看到的GLG农产品深加工高科产业园,就凝结着沈浩同志的心血,也充分体现了沈浩同志锐意进取带领群众致富的创新精神。全省基层党组织和广大共产党员,要像沈浩同志那样,敢于担当,勇于争先,坚持以解放思想创新发展路子,用改革办法破解发展难题,不断开创安徽跨越发展、快速崛起、争先进位的新局面。

(原载《人民网》)

大力弘扬沈浩精神 深入推进创先争优

省委书记　张宝顺

党的好干部、深受小岗群众爱戴的好书记沈浩同志,离开我们已有一年时间。一年来,安徽各级党组织积极响应中央号召,认真开展向沈浩同志学习活动,追忆他的模范事迹,缅怀他的高尚品质。特别是紧密结合实际,把学习沈浩同志作为深入学习实践科学发展观活动的重要内容,作为加强基层组织建设的重要载体,作为创先争优活动的重要抓手,在全省上下深入发动、广泛宣传、大力推进。沈浩事迹传遍了江淮大地,沈浩精神感染了全省人民,学沈浩、创先进、争优秀已成为广大党员干部的自觉行动。

前不久,中央领导同志要求各级党组织把学习沈浩事迹与正在开展的创先争优活动结合起来,教育引导广大党员干部做沈浩同志这样的好党员、好干部。安徽是沈浩同志的家乡,全国学沈浩,安徽应先行。我们要按照中央要求,在深入推进创先争优活动中,进一步掀起向沈浩同志学习的热潮,努力把沈浩精神渗透到广大党员的思想深处,贯穿于安徽发展的各个方面,使之成为一种精神理念、一种价值追求、一种工作常态,推动全省各项事业在创先争优中不断前进。

一要大力弘扬沈浩同志坚定信念、忠诚于党的精神品质,在高举伟大旗帜中创先争优。理想信念是指引方向的灯塔,是激发动力的源泉。沈浩同志之所以能够放弃省城的舒适条件,奔赴小岗,投身农村;之所以能够和小岗干部群众,同甘共苦,扑下身子;之所以能够答应村民的挽留,坚决扎根,再干下去,因为在他心里始终亮着一盏明灯,那就是对党的无限忠诚,对人民的无比热爱,对共产主义理想信念的执著和坚定。正是怀着这样的理想和信念,六年里,沈浩同志把全部精力倾注到小岗发展,把整个身心献给了小岗人民,以自己的实际行动,忠实履行了共产党员的神圣职责和光荣使命。

坚定共产主义理想信念,是共产党员的立身之本、成事之基、动力之源。沈浩同志身体力行,给我们树立了光辉典范。放眼未来,我们要全面建成小康社会,实现社会主义现代化,还有很长的路要走,在这一过程中,势必会碰到这样那样的干扰和诱惑,如果没有坚定的理想信念,就会迷失方向甚至走入歧途。我们朝着既定目标奋勇前进,就要像沈浩同志那样,胸怀崇高理想,忠诚党的事业,做到干扰面前不分神,诱惑面前不变质,坚定不移地信仰共产主义,让共产主义理想信念在自己的心灵深处牢牢扎根。当前,最重要的就是要高举中国特色社会主义伟大旗帜,全面系统地掌握中国特色社会主义理论体系,不断增强政治敏锐性和政治鉴别力,做中国特色社会主义共同理想的坚定信仰者和忠实践行者。科学发展观是中国特色社会主义理论体系的最新成果,高举中国特色社会主义伟大旗帜,就必须深入学习实践科学发展观,全面理解和准确把握其科学内涵、精神实质和根本要求,并在工作中坚持以科学发展观分析现实、查找问题,以科学发展观规划未来、完善体制机制,切实做到感情上真正认同,政治上坚定信仰,行动上自觉运用。

二要大力弘扬沈浩同志迎难而上、致力发展的精神品质,在实现兴皖富民中创先争优。发展是党执政兴国的第一要务,作为党的干部,致力发展无疑是第一要事。小岗村以改革闻名,但也长期陷入"一夜越过温饱线,二十年不过富裕门"的窘境。沈浩同志上任伊始就暗下决心:"只有发展才是致富的唯一途径,只有发展才能建设社会主义新小岗,一定要牢牢扭住发展这个牛鼻子"。他是这样想的,更是这样做的。六年里,他坚持以发展为己任,克难奋进,负重拼搏,在深入调研的基础上,提出并大力推进现代农业示范村、制度创新实验村、城乡统筹先行村、文明和谐新农村建设,推动小岗走上了科学发展、富民强村的快车道。两任村官呕心沥血带领一方求发展,六载离家鞠躬尽瘁引导万民奔小康,这是小岗群众对他的由衷评价,也是沈浩同志在小岗最真实的写照。

经过多年建设,安徽经济社会发展取得了巨大成就,整体迈入了全面转型、加速崛起、兴皖富民的新阶段,但欠发达的基本省情并未改变,发展不足、发展不优的问题仍然突出。党的十七届五中全会描绘了我国未来五年发展的宏伟蓝图,强调要坚持发展是硬道理,指出"十二五"的主题就是科学发展,主线就是加快转变经济发展方式。我们要把全会精神贯彻好,就要像沈浩同志那样,坚持咬定发展不放松,把发展作为解决一切问题的"总钥匙",坚定不移地走具有安徽特色的发展之路,以心无旁骛的执著,百折不挠的坚毅,奋发有为的干劲,聚精会神搞建设,全神贯注谋发展。坚持加快发展不停步,始终保持不快不行的紧迫感、非快不可的危机感、能快则快的责任感,把扩大总量与提高质量摆在同等重要的位置,在好的基础上力求发展得更快一些,提挡加速,争先进位,奋力赶超,努力走在中部崛起的前列。坚持转型发展不懈怠,加快新型工业化和城镇化进程,大力调整经济结构,着力推进自主创新,全力抓好节能减排,努力推动经济发展方式取得实质性转变,确保"十一五"圆满收官,确保"十二五"良好开局,为全面建成小康社会打下坚实基础。

三要大力弘扬沈浩同志锐意改革、勇于创新的精神品质,在推进改革开放中创先争优。改革创新是发展的源头活水,哪里有改革哪里就充满活力,哪里有创新哪里就孕育希望。小岗村之所以能在短短六年里，焕发出新的生机和活力，与沈浩同志坚持解放思想、锐意改革创新密不可分。六年里，他以再造一个新小岗的胆识，团结带领干部群众踏上“二次改革”的征程。六年里，他以超乎常人的毅力，顶住压力，直面困难，以改革探寻突破，以求变推动发展。六年里，他以求真务实的举措，把创新思路变成现实成果，使小岗村迈入了改革发展的新阶段，使小岗人过上了幸福美好的新生活。

安徽是我国农村改革的发源地，过去发展靠的是改革开放，今后要实现新的更好更快发展，仍然要坚持改革开放。沈浩同志勇于改革的那份胆识，敢于创新的那股勇气，正是我们需要大力弘扬和传承的。我们要像沈浩同志那样，在尊重规律、尊重实际的基础上，深入解放思想，强化战略思维，坚持最困难的地方通过改革开放寻找出路，最关键的环节通过改革开放取得突破，努力为科学发展提供制度保障和不竭动力。要以更大的魄力深化改革，坚持市场化改革方向，着力在重点领域和关键环节改革攻坚，加快构建充满活力、富有效率的体制机制。要以更宽的胸怀扩大开放，在更大范围、高宽领域、更高层次上利用好两个市场、两种资源，加速融入国际国内经济大循环，进一步形成内外联动、纵深推进的开放格局。特别是要高标准推进皖江城市带承接产业转移示范区建设，不断提高承载能力和集聚效应，努力在承接转移中提升层次，在扩大开放中加速崛起。环境就是资源、就是财富，改革开放越深入，越需要创新创业的良好环境。要积极培育创新文化，尊重群众首创精神，鼓励干部群众大胆地闯、大胆地试、大胆地干，努力在全社会营造崇尚创新、支持冒尖、允许失误、宽容失败的浓厚氛围。

四要大力弘扬沈浩同志心系群众、造福百姓的精神品质，在保障改善民生中创先争优。为官一任，就要造福一方，沈浩同志虽是一名“村官”，但他深知责任重大，组织对自己寄予厚望，群众对自己充满期待，必须以对人民高度负责的精神，多为群众谋利益，勤为百姓增福祉。六年里，他坚持群众利益高于一切，奔波为民，辛劳为民，没日没夜地为群众办事，无私无畏地替百姓解忧。村民谁家有困难，他心里都有一本账，都会想方设法去解决，“有困难，找沈浩”已成为小岗村民的一种行为习惯。沈浩同志以真情实意感染了群众，用真心付出打动了群众，群众打心眼里爱戴他、拥护他，感到离不开他。

我们党的一切奋斗都是为了造福群众，作为党员干部，沈浩同志不仅做到了，而且做得那么纯粹，是我们的光辉榜样。我们要像沈浩同志那样，牢记党的宗旨，永葆公仆本色，一心想着群众，一切为了群众，最大限度地实现好、维护好、发展好人民群众的根本利益。要深怀爱民之心，增强群众观点，站稳群众立场，坚持群众路线，真正“身”入基层，“心”入百姓，带着深厚感情、带着强烈责任、带着真心诚意为群众服务，做到思想上尊重群众、感情上贴近群众、工作上依靠群众，始终与人民群众同呼吸、共命运、心连心。要多做利民之事，主动回应群众关切，认真落实惠民政策，扎扎实实为群众办实事、解难事，特别要大力实施民生工程，科学编制“十二五”民生规划，着力解决群众普遍关心的教育、医疗、就业、住房、社会保障等问题，不断提高群众幸福指数，让广大人民更多更好地享受改革发展成果。要常兴安民之举，注重从源头上减少矛盾，注重维护群众权益，注重做好群众工作，注重加强和创新社会管理，尤其在企业改制、征地拆迁等工作中，要坚持以人为本，讲求工作方法，严格依法办事，努力把安徽建设成全国最稳定的省份之一。

五要大力弘扬沈浩同志艰苦奋斗、清正廉洁的精神品质，在保持优良作风中创先争优。在小岗村的六年，沈浩同志不惜身体，日夜操劳，呕心沥血，忘我工作，既不能在母亲榻前尽孝，也无暇陪伴妻女身旁，付出了常人难以想象的艰辛和汗水。他对工作任劳任怨、不计名利，对群众真情付出、不计回报，但对自己却十分“苛刻”，2000 多个日日夜夜，他和村民同劳动、同吃苦，生活极为俭朴。他清正廉洁，一心为公，做人重形象，做事讲原则，始终以共产党员的标准严格要求自己。很多村民都发自肺腑地说，“在小岗几十年，从来没有见过这样的好干部、好书记”。

群众是淳朴的，但群众的眼睛是雪亮的，品行端正、作风优良的干部，群众都看在眼里，记在心间，自然就会信服和拥戴，这也是沈浩同志能够赢得群众、干成事业的一个重要原因。即将到来的“十二五”时期，我们要团结带领全省人民，把兴皖富民大业推向前进，就要像沈浩同志那样，牢记“两个务必”，弘扬优良作风，始终保持共产党人的蓬勃朝气、昂扬锐气、浩然正气，形成凝聚党心民心的强大力量。要坚持真抓实干，提振精气神，强化责任心，集中精力创事业，雷厉风行抓落实，多干打基础、利长远的工作，多办解民忧、惠民利的实事，努力创造经得起实践、历史和人民检验的实绩。要坚持勤俭节约，牢记“一粥一饭当思来之不易，半丝半缕恒念物力维艰”的古训，坚决反对铺张浪费，坚持勤俭办一切事业，真正把有限的资金和资源用在刀刃上，进一步营造崇尚节俭、朴素文明的社会风气。要坚持清正廉洁，加强党性修养，注重心灵环保，严格遵守党纪国法，认真执行廉政准则，坚决做到思想不松防线，行动不碰红线，做人不越底线，永葆共产党人的清廉本色。

毛主席曾说过：“人固有一死，或重于泰山，或轻于鸿毛”。沈浩同志的崇高风范和可贵品质，永远都是激励我们顽强拼搏、创先争优的强大精神力量。我们要深入学习沈浩事迹，大力弘扬沈浩精神，内化于心，外践于行，开拓进取，扎实工作，在科学发展中创先进，在加速崛起中争优秀，努力在大江南北、淮河两岸，描绘一幅经济繁荣、人民富足、生态良好的锦绣画卷！

（原载 2010 年 11 月 15 日《人民日报》）

王金山强调：

学习沈浩事迹　弘扬沈浩精神 确保学习实践活动圆满成功

1 月 15 日下午，省委召开深入学习沈浩同志、扎实推进第三批学习实践活动电视电话会议。省委书记王金山发表重要讲话，省长王三运主持会议，省政协主席杨多良，省委副书记王明方，省委常委，省人大常委会副主任，省政协副主席，省法院院长，省检察院检察长，省武警总队总队长、政委出席会议。

王金山在讲话中指出，学习实践活动即将结束，现在正是补缺补漏、决战决胜的收官阶段。能不能抓好这一阶段工作，关系到整个学习实践活动的总体成效。各地各单位要以学习沈浩同志为动力，再接再厉、乘势而进，有力有序有效推进整改落实的各项工作，确保学习实践活动善始善终、圆满成功。

王金山强调，要进一步掀起向沈浩同志学习的热潮。深入开展学习沈浩活动，切实把深入学习沈浩同志作为一项重要政治任务，作为学习实践科学发展观活动的重要内容，作为树立安徽形象的良好契机，作为振奋崛起精神、凝聚发展合力的有效举措，精心组织安排，深入扎实推动。深刻学习领会沈浩精神，学习沈浩同志致力发展、富民强村的执著精神，锐意改革、勇于开拓的创新精神，扎根基层、服务群众的奉献精神，心系百姓、一心为民的公仆精神，艰苦创业、勤政廉政的奋斗精神。突出抓好基层组织建设，抓住开展向沈浩同志学习的有利契机，以建设高素质基层党组织带头人队伍为关键，切实加强基层基础工作，真正把基层党组织建设成为坚强的战斗堡垒。

王金山强调，要进一步办好群众普遍期待的实事好事。把解决涉及群众利益的突出问题，作为整改落实的重中之重，对具备解决条件的问题，必须马上解决，立竿见影；对暂时解决不了的问题，要明确责任，跟踪问效，创造条件逐步解决；对自身不能解决的问题，要上下互动，左右联动，合力解决。各级领导干部要进万家门，知万家情，解万家难，暖万家心，真心诚意地关心困难群众，倾心尽力地帮助困难群众，真正把送温暖活动变成安排生活、组织生产、化解矛盾、促进和谐的过程。既要搞好生活救济、又要搞好生产帮扶，既要送物质、又要送文化，既要带头干、又要层层抓，广泛深入地开展走访慰问活动，让困难群众切身感受到党和政府的温暖。严格落实安全生产责任制，迅速开展安全生产大检查，坚决防止重特大事故的发生。认真总结、归纳提炼学习实践活动中的好做法、好经验，构建有利于解决群众利益问题的体制机制，形成人民群众长期得实惠的良好局面。

王金山强调，要进一步解决好党性党风党纪方面存在的突出问题。广大党员干部要牢记宗旨，做一心为民的公仆。饱含爱民真情，强化为民理念，务求惠民实效，努力做人民群众的热心人、知心人、贴心人。要改进作风，做真抓实干的表率。坚持踏实干事，科学干事，真心干事，把真干作为铁的纪律来要求，把能干作为本领素质来培养，使求真务实、真抓实干在党员干部中蔚成风气，努力创造经得起历史、实践和群众检验的政绩。要遵守党纪，做清正廉洁的榜样。加强自身修养，提高精神境界，脱离低级趣味，进一步筑牢思想道德防线。始终绷紧廉洁自律这根弦，堂堂正正做人，清清白白为官。自觉接受各种监督，正确对待手中权力，确保权力在阳光下运行，确保权力始终为人民服务。

王三运在主持会议时要求，全省各级党组织要按照中央和省委的部署要求，切实把开展向沈浩同志学习活动作为一项政治任务，摆在突出重要的位置，精心组织，周密安排，深入推进，在全省范围内进一步掀起深入学习沈浩精神的热潮。要善始善终抓好第三批学习实践活动，不断巩固扩大继续解放思想的成果、又好又快发展的成果、保障改善民生的成果和优化政治生态的成果,为经济社会平稳较快发展提供坚强保证。

王三运强调,学习沈浩精神,开展学习实践活动,关键要落实到行动中,体现在发展上。各级各部门要统筹安排、协调推进,扎实做好当前各项工作。要进一步增强政治责任感和政治敏感性,高度重视、妥善安排好困难群众生活,狠抓安全生产,确保社会和谐稳定。要切实抓好一季度的经济工作,努力实现全年经济发展的"开门红"。

(原载《安徽财会》2010 年第二期)

省财政厅在小岗村开展党建工作主题实践活动

4 月 2 日,省财政厅党组成员、纪检组长刘浩带领厅机关处室党员代表一行 30 人,赴小岗村开展党建工作主题实践活动。此次活动的主题是深入学习沈浩同志先进事迹,加强党建结对共建,促进机关学习型党组织建设。活动中,组织祭扫了沈浩同志墓,观看了沈浩同志事迹纪录片,参观了"大包干"纪念馆及沈浩住地,为小岗村两所幼儿园捐赠了两套室外大型教学设施,并举行了"安徽省财政厅党员教育基地"和"安徽省财政厅机关党委党建工作联系点"挂牌仪式。

省财政厅在小岗村建立党员教育基地和党建工作联系点,是深入贯彻落实科学发展观,落实中央和省委有关要求,加强基层组织建设的一项重要举措。省财政厅将依托小岗村大包干纪念馆,立足"党员教育基地"和"党建工作联系点",深入持久地开展"向沈浩同志学习"活动,全面强化结对共建,不断提升广大党员干部党性修养和综合素质,进一步增强党组织的战斗力和党员的先锋模范作用。省财政厅机关党委也将与小岗村党委加强沟通,强化对接,共享资源,互帮互建,积极帮扶,共同做好结对共建工作。

(原载《安徽财会》2010 年第四期)

践行沈浩精神 建设"四型"小岗

——访省财政厅选派干部、新任小岗村党委第一书记丁俊

安徽财会记者 鲍文前 张深友

为加快小岗村新农村建设,中央领导和省委对沈浩继任人选高度重视。今年 1 月,省委组织部在省直 8 个综合部门进行公开选拔,省财政厅 9 名符合条件的同志全部报名接受组织的挑选。经组织推荐考察,省财政厅财政监督检查局副局长丁俊最终被确定为继任人选。2 月 1 日,丁俊在省财政厅厅长陈先森、省委组织部副部长金春忠等领导的送行下正式到小岗村上任。如今,两个月时间过去了,本刊记者就丁俊到小岗工作的感受和工作开展等情况进行了采访。

学习沈浩,就要认真践行沈浩精神

记者:丁书记,近几个月以来,沈浩同志的先进事迹感动了大江南北,全国都在深入持久地开展向沈浩同志学习的活动。你作为沈浩 20 多年的同事,现在又来到他曾经工作过的地方,请谈谈你对学习沈浩精神有何更深的理解和感受?你和小岗村人又是如何联系实际来深入学习沈浩精神的?

丁俊:非常欢迎你们来到小岗,刚才你们也看到了小岗发展的新貌。小岗村的发展凝结了沈浩同志的心血和生命。现在,作为沈浩同志的继任者,我来到小岗村,更加切身感受到了他为小岗村所付出的一切,感受到了沈浩精神的伟大,非常感激他为小岗村奠定了很好的发展基础。

我和沈浩交往很长。1988 年我毕业分配到财政厅上班,那时他从学校毕业到财政厅时间不长。我们俩经常在一起学习、交流和聊天,彼此间结下了深厚的友谊。沈浩到小岗村任职后,我同时也作为省财政厅直管县联络员联系凤阳。这期间我们又接触很多,常在一起探讨小岗村的发展,对他工作的艰辛和酸甜苦辣有较深的了解,也打心底里钦佩他的奋斗、开拓、敬业和奉献精神。听到沈浩去世的噩耗后,我十分震惊,很长时间都沉浸在对他的深深追思中。

在随后的日子里,我深入系统地学习了沈浩的先进事迹,心灵上再次受到极大的震撼。他的事迹具有鲜明的时代性,生动回答了新形势下基层党员

干部如何贯彻落实科学发展观,如何加强党性修养、永葆先进性,如何提高领导科学发展、促进社会和谐的本领等重要课题。沈浩既是我们财政干部的骄傲,又成为我们学习的楷模,成为激励我们前行的榜样。作为沈浩同事和知心朋友,学习沈浩,就要认真践行沈浩精神,在有限的人生中挑战自我,追求卓越,全心全意为人民服务,让今天的自己比昨天的自己更优秀、更完美。

就是怀着这样的心情,我报名参加了到小岗村任职的选派活动,自觉站出来让组织挑选。非常荣幸我被选派到小岗村任职。这是一个沈浩为之奋斗六年、并把生命奉献的地方,也是让我体现自我价值、践行沈浩精神的平台。作为他的接班人,我一定要像沈浩那样扎根小岗,艰苦奋斗,一心为民,服务群众,为完成沈浩同志生前未竟事业而奋斗。

小岗村民对沈浩更有着特殊的情感。今年以来,小岗村党委结合学习实践科学发展观活动,组织全村广大党员干部深入开展“学习沈浩精神,共建‘四型’小岗”主题实践活动,采取领导专家辅导学、调研讨论深入学、远程教育帮助学等多层次、多形式的教育方式,深入学习沈浩先进事迹,学习沈浩崇高精神,进一步深化对小岗科学发展、加快发展、跨越发展重要性的认识。在此基础上,村“两委”班子对照沈浩精神,深入查摆自身在办事效率、改革创新、招商引资、服务群众、调查研究等方面的不足和差距,并切实整改。大包干带头人也积极宣讲小岗村六年来的发展变化,教育带动全村干部群众齐心协力、共谋发展。普通党员和群众则通过缅怀沈浩事迹,知感恩,图奋发,不断谱写和谐建设新篇章。与此同时,认真做好沈浩同志先进事迹宣传接待工作,已接待各级党政代表团和其他社会各界客人7万余人次,既很好地宣传了小岗,又展示了小岗村人良好的精神风貌。

担子很重,但我始终充满信心

记者:从你刚才的谈话中,可以说你与小岗早已结下了深厚的情结。此次组织上选派你到小岗村担任党委第一书记,你又有什么感触感言?

丁俊:以前沈浩在小岗时,我们经常在一起讨论小岗发展,但毕竟是以局外人的身份看待小岗。这次真正走进小岗,给我最大的感受就是小岗村是一个名村,各级领导经常来小岗,对小岗村的发展给予了前所未有的高度关注。两任总书记都亲自到小岗视察,充分肯定小岗的发展变化,并给小岗发展带来信心和干劲,充分体现了党中央对小岗村的高度重视。省委、省政府对小岗发展无比关心,省委书记王金山还于3月31日专门来到小岗,就小岗的发展作出重要指示。省委组织部、省财政厅等省直各部门也对小岗发展大力支持,不断有领导前来小岗调研指导。滁州市委、市政府及凤阳县委、县政府更是把小岗发展作为大事来抓,选派得力干部到小岗任职,又在政策和资金等方面加以支持,并确立了市、县、镇三级领导联系人制度,帮助解决发展中遇到的问题。这种关注,都是中国其他所有行政村未有的,凸显了小岗村对中国农村发展的影响,凸显了各级领导对小岗发展的关怀和寄予的殷切厚望。可以这么说,现在的小岗村,不仅仅是凤阳县的小岗村、滁州的小岗村、安徽的小岗村,更是中国的小岗村。小岗村发展好了,意义非同凡响。

在来到小岗村2个多月的时间里,我自己也与村所有“两委”班子交了心,并利用工作之余跑了一百多户农家。通过了解和走访交流,我更加深切感受到小岗精神内在的魅力,感受到小岗干群的和谐氛围,也深切感受到小岗村民对加快发展的更高期盼。这几年,在沈浩的带领下,小岗村发生了很大变化,发展势头良好。现在小岗正处于加快发展的关键时期,能不能巩固这个强劲的发展势头,把工作做得更好,这个任务既光荣又艰巨。此次组织上选派我到小岗任职,小岗村民也热情欢迎我这个新来的书记,我还真有着过去从未有过的压力感。毕竟小岗工作完全是个新的环境,与机关工作模式截然不同,对自己水平和能力都是个巨大的考验。尽管担子很重,但我始终充满信心。有党中央和社会各界的关心和支持,有省市党委政府和各部门单位作为坚强后盾,有县委县政府的正确领导,有小岗村人继续发扬团结奋斗、自力图强、与时俱进的优良传统,自己有决心、有能力,以沈浩精神为动力,以村“两委”班子为依托,团结带领小岗村民,把小岗建设成一个富裕、和谐、文明的新农村,不辜负党组织和人民的厚望,也给我们财政厅争光,给我们财政干部添彩。

咬定“四型村”建设目标,进一步理清工作思路

记者:你来小岗村任职已经2个多月了,基本上熟悉了村情村貌。你对今后小岗村的发展,有何新的思路和打算?丁俊:刚才我也提到了,6年来,在沈浩的带领下,小岗村发生了很大的变化,村民生活得到极大改善,尤其关键的是他给小岗带来了谋发展、求发展的科学理念,并灌输到群众中去,这是他6年来做的最大的贡献。在解放思想和统一思想的基础上,沈浩带领小岗村"两委"紧紧抓住建设社会主义新农村的战略机遇,确立了发展现代农业、开发旅游业、招商引资办工业"三步走"发展战略,提出了要把小岗建成现代农业的示范村、城乡统筹的先行村、制度创新的实验村、文明和谐的新农村等"四型村"战略目标,逐步走出了一条符合小岗实际、具有小岗特色的发展之路。

在2个多月的走访调研和工作实践中,我感到"四型村"建设战略目标,找准了小岗发展的方向。我们所要做的就是要咬定目标不放松,按照"四型村"建设这一发展目标和要求,进一步理清工作思路,明确产业发展定位,即以从玉菜业为龙头,以宝迪养殖为基础,以黑豆种植加工为补充,形成养殖种植循环经济链,构建现代农业产业集群;以农业的产业化、规模化、集约化为支撑,农产品深加工为支柱,建设农副产品集散地,拉动物流等相关产业的发展;以旅游业为带动,加强文化建设,繁荣第三产业,构建和谐文明新小岗。在此基础上,我们进一步细化分解了目标举措,制定了小岗村2010年工作目标和主要任务。

**既要当好引导者,更关键的是要
发挥好班子和村民主体作用**

记者:建设社会主义新农村,关键需要一个好的带头人和团结协作的班子队伍。你对自己有什么要求,在加强班子和村级民主建设等方面有什么新的举措?

丁俊:的确如此。现在小岗村的发展已经突破了以前一家一户的传统生产方式,向规模化、集约化、现代化方向发展,对村级组织建设提出了一系列新的要求。沈浩同志在带领小岗村民致富奔小康上已经为我们树立了学习的榜样。我来到小岗,就是要按照省委对选派干部提出的具体要求,主动传承沈浩精神,既要以身作则,当好引导者,当好带路人,更关键的还是要把村级领导班子建设得更好,把村民主体作用发挥得更好,营造更加团结奋进的和谐氛围,凝心聚力加快小岗"四型村"建设。这也成为我来时抓的一项十分重要的工作。

在"两委"班子建设上,为了满足合并后小岗村发展需要,构建更加高效务实的工作机制,我对村内党组织设置及时进行了调整完善,在党委下设一个党总支、六个党支部,并相继开展组织活动,调动发挥党员的先锋模范作用。与此同时,对村内设机构进行调整,在党委的统一领导下,设置党委办公室、社会事务办公室、经济协作办公室、建设及规划办公室、文明创建办公室等五个办公室,每名党委成员牵头负责一个职能部门,村其他干部明确分工,充实到各个职能部门之中,制定各个部门的岗位职责,明确责任考核,加强对"四型"村建设的领导。现在全体干部分工明确,责任到人,增强了团结协作,提升了工作效能。

在村级民主建设上,我们着力健全以"四议两公开"为核心的民主决策机制、村级事务规范化管理为重点的民主管理机制、以村级事务监督委员会为基础的民主监督机制,坚持依法治村、村民自治,不断推进民主化进程。同时,我们紧密结合村庄整治、土地流转等工作,将有较高威望、有服务热情的党员、村民组织起来,成立具有一定代表性的村民理事会,逐步实现村民自我管理、自我服务的目标。

**把发展作为头等大事,
努力开创小岗更加美好的未来**

记者:农村工作千头万绪。你在加快小岗发展方面做了哪些具体工作?目前进展如何?

丁俊:农村基层工作涉及方方面面,但加快小岗发展最为根本,也成为我的头等大事。我在走访调研、理清思路和健全村级组织的同时,始终把发展摆在突出位置,与村两委班子一道,统筹兼顾,突出重点,重点在城乡统筹、招商引资和落地项目帮扶等方面下功夫,全力加快"四型"村建设,努力推动小岗发展再上一个新的台阶。

一是大力推进城乡统筹。编制了现小岗至石马核心区的详细规划,土地的丈量、公示工作已经完成,第一期工程即将开工,三期工程将在今年年底全面竣工,力争2010年将散居的700多户村民全部搬迁到小岗村和石马新区两个安置点,彻底改变小岗村容村貌。同时,委托省城乡建设规划设计研究院编制总体规划和控制性详规,计划用五年左右时间,把小岗村建设成为占地10平方公里、聚集5~10万人口的建制镇规模。在此基础上,加大土地流转力度,实施全村土地综合治理,加强农田水利建设,实施燃灯水库引水工程,彻底解决小岗村农业生产土地和用水等难题。此外,结合民生工程,已完成小岗快速通道道路拓宽设计、土地丈量、登记和征用等前期工作,并正在积极落实小岗自来水厂项目,争取年内解决小岗地区群众安全饮水问题。

二是全力开展招商引资。建立小岗村招商引资项目库,筛选出8个重点项目在2月6日举行的百名客商看小岗活动中进行推介,取得较好效果。成立小岗村专业招商队伍,围绕与小岗村相关的农产品深加工及现代农业、旅游产业、食品行业等项目，已先后到江苏、上海等地与有关企业洽谈，天津宝迪集团投资6亿元的小岗村现代化种猪养殖、生猪屠宰一体化项目已正式签约。同时，积极推动凤阳利民村镇银行和农村信用社等金融机构在小岗村设立分支机构，探索和引导金融机构在小岗建立小额贷款公司，全面推进小岗农民资金互助合作社快速发展，激活民间资本。

三是切实抓好落地项目帮扶工作。GLG高科产业园银杏滴丸项目和民用甜菊糖生产项目已经正式投产，GLG研发大楼已破土动工，甜叶菊育种示范基地正在筹建。从玉莱业产业园区行政研发楼主体工程、国家级蔬菜标准园项目、蔬菜加工车间及冷库建设的前期准备工作已全部就绪，近日将全面开工，今年夏收后，将全面启动5000亩蔬菜种植土地流转和治理工作。普朗特生态农业示范园项目200亩建设用地已完成土地丈量、登记、公示和补偿款发放工作，正在着手开展4100亩土地流转工作。已协调有关部门测绘完成小岗村现代化种猪养殖、生猪屠宰一体化项目即宝迪投资项目建设用地地形图，600亩建设用地丈量、公示工作业已完成。另外，滁州市大地农牧园有限公司投资8000万元、占地240亩的培训中心项目图纸设计已经完成，建设工程即将启动。

记者：通过你的介绍，我们发觉你很快融入了小岗，所做的工作也超乎我们的想象。能否介绍自己的生活情况，对今后的发展有什么憧憬？

丁俊：我来的时候，正值一年开春之际。俗话说，一年之计在于春。而我又是刚来乍到，万事开头难。只有自我加压，尽快熟悉情况，进入角色，才能担当重任。现在，一人在小岗，早晨眼一睁就是工作，白天处理具体工作事务，晚上再把一天工作总结总结，把明后天乃至今后工作梳理梳理，也就到很晚了。至于家里，依仗爱人顶着，女儿也上高一了。我已经一个多月没有回家了，至于家里有事、女儿想我，也就打打电话、发个短信什么的。虽然抛家离子，但我在这里忙得十分充实。如果要说对今后有什么憧憬的话，我想，小岗已经创造了中国农村改革发展辉煌的历史，今后小岗也必将开创更加美好的未来，继续在中国农村改革发展中写下光辉的篇章。

（原载《安徽财会》2010年第四期）

全省财政系统进一步开展向沈浩同志学习活动

近一段时间以来，全省财政系统积极采取多种有效方式，进一步开展向沈浩同志学习活动，教育引导广大财政干部职工弘扬沈浩精神，掀起创先争优高潮，为推进理财、服务安徽加速崛起作出新的更大的贡献。

7月8日上午，省委组织部、省委宣传部、省委创先争优活动领导小组在安徽大剧院隆重举行电影《第一书记》安徽首映典礼。省委常委、组织部长段敦厚，省委常委、宣传部长臧世凯等领导出席首映典礼，并共同启动首映典礼激光球。受主办单位邀请，省财政厅厅长陈先森等出席首映典礼，财政厅机关和合肥市财政系统干部职工代表约150人与各界干部群众代表参加首映典礼并观看电影。影片精彩感人的情节，艺术再现了沈浩同志短暂而绚烂的一生，充分展现了一个感情丰满、有血有肉的农村基层党员干部形象，让财政干部职工在心灵上再次受到强烈的震撼。大家纷纷起立鼓掌，向沈浩同志致敬，并表示要向沈浩同志看齐，立足自身岗位，扎实做好各项财政工作。

6月25日下午，一场全省财政系统“学沈浩，见行动”主题演讲比赛决赛在省财政厅拉开。来自厅直机关和17个市局代表队共21名选手参加决赛。选手们以自己所思、所感、所悟、所行，对“学沈浩，见行动”进行了生动诠释，充分反映出全省财政系统广大干部职工学英雄，见行动，爱岗敬业、积极进取的精神风貌。选手们近4个小时的真挚感人、精彩纷呈的演讲反响强烈，受到了与会领导、专家评委和观众的一致好评。经过现场打分评选，最后产生一等奖2名、二等奖4名、三等奖6名和优秀奖9名。省财政厅厅长陈先森等领导亲临赛场观摩指导并为获奖选手颁奖，厅纪检组长刘浩代表厅党组致辞。

在“七一”期间，多位厅领导、厅机关部分处室单位和市县财政局还赴小岗开展“七一”党建活动，进一步提升了大家学先进、赶先进、争先创优、做好财政工作的激情和动力。

（原载《安徽财会》2010年第七期）

深入推进学沈浩创先进争优秀活动

省财政厅党组书记、厅长　　陈先森

向沈浩同志学习活动开展以来，省财政厅党组高度重视，认真贯彻落实省委省政府的决策部署，精心组织，周密部署，创新举措，深入学习沈浩事迹，大力弘扬沈浩精神。特别是创先争优活动开展以来，我们紧紧围绕“科学理财创先进、学习沈浩争先锋”的活动主题，迅速掀起了学沈浩创先进争优秀的热潮。开展创先争优活动，是党的建设一项经常性工作，是当前和今后一个时期的重大政治任务。全省各级财政部门党组织和广大党员一定要以更加坚定的政治态度，更加良好的精神状态和更加扎实的工作作风，全面贯彻落实省委深入推进“学沈浩创先进争优秀”活动的总体要求，大力弘扬沈浩精神，切实把创先争优活动抓紧抓好，为推进全面转型、加速崛起、兴皖富民进程作出新贡献!

突出实效，努力实现学沈浩创先进争优秀活动目标

当前，我省正处在全面转型、加速崛起、兴皖富民的关键时期，财政作为政府重要的综合管理部门，任务艰巨，责无旁贷。全省各级财政部门要按照省委省政府的部署要求，以先进模范为榜样，把沈浩等模范人物的崇高精神内化于心，外化于行，锐意进取，创先争优，不断取得科学发展增动力、人民群众得实惠、基层党建上水平的新成效。

（一）进一步增添又好又快发展的十足干劲

科学发展是当今时代的主题。我们党开展创先争优活动，目的是在于着力破解科学发展面临的深层次矛盾问题，进一步履行学习实践活动作出的庄严承诺，推动学习实践科学发展观向深度和广度拓展。我们深入开展创先争优活动，就是要保持经济发展良好势头，在推动科学发展、转型发展、统筹发展、创新发展、和谐发展上实现新突破。当前的中心任务，就是要坚持“两手抓”，一手抓“十一五”规划目标的全面完成。现在离年底只有两个多月的时间，各级财政部门要切实增强责任感和紧迫感，认真对照“十一五”规划和年初目标，理清任务，倒排时间，明确责任，加大力度，一项一项抓好落实，尤其要狠抓增收节支工作，为“十二五”发展奠定更加坚实的财力基础。一手抓“十二五”财政发展的科学规划。各级财政部门必须坚持当前和长远相结合，速度与质量相统一，发展和民生相促进，经济和社会相协调的原则，在深入总结分析“十一五”工作基本经验以及存在问题的基础上，尊重群众的首创精神，充分发挥人民群众的聪明才智，科学谋划好今后五年财政工作任务、战略重点及政策导向，着力增强工作的科学性、前瞻性和可行性，努力使财政工作立足跨越崛起，实现更大作为。

（二）进一步践行保障改善民生的根本宗旨

改善民生、促进和谐，是十七大关于社会建设布局的重要目标，也是实现全面“小康”的应有之义。我们党开展创先争优活动，目的是在于把人民群众得实惠放在第一位，及时化解关系群众切身利益的矛盾纠纷，切实解决人民群众的生活疾苦，确保广大人民群众安居乐业与社会长期和谐稳定，不断实现好、维护好、发展好最广大人民的根本利益。我们深入开展创先争优活动，就是要抓好“办实事、解民忧、惠民生”等活动载体，使广大党员都能以促进社会和谐为己任，了解群众困难，倾听群众呼声，解决好群众反映强烈的突出问题，不断增强人民的幸福感和社会的和谐度。要精心实施民生工程。必须切实履行牵头责任，围绕年初确定的目标任务，加快实施进度，抓好工作落实。同时，本着尽力而为、量力而行的原则，进一步找准民生工作与群众期盼的契合点，建立健全民生工程长效机制，使民生工程循序渐进、持续推进。要大力支持扩大就业。必须围绕解决重点人群就业，继续实施财政政策扶持，支持职业技能培训和公共就业服务，让更多的人就业创业。要加强社会保障建设。必须进一步加大投入力度，全面落实医改各项任务，加强保障性住房建设，完善覆盖城乡居民的社会保障体系，加大对低收入群众的帮扶救助力度，切实保障人民群众的基本生活。

（三）进一步保持推进科学理财的昂扬激情

我们党开展创先争优活动，目的是把人民群众从事社会主义市场经济建设的巨大热情，进一步转化为推进各项事业发展的具体实践。我们深入开展创先争优活动，就是要进一步强化“守土有责”意识，在其位、谋其政、敬其业、竭其力。应该看到，近年来通过坚持不懈的系统建设，财政面貌焕然一新，人心思进、干事创业的氛围日益浓厚，但还需要各级财政党员干部进一步时刻保持积极健康的心态，正确对待自己，正确对待组织，正确对待同志，正确对待家庭，正确对待社会。必须加强自身修养。在学习、实践和联系群众中持续的自我反思、自我改造、自我完善,勤于打扫各种思想灰尘,注重心态培养,勤奋踏实工作,切忌急功近利。必须加强教育引导。领导干部要坚持教育引导与关心爱护相结合,对待干部职工不仅要在政治上严格要求,在工作上大力支持,还要在思想上热情关心,在心态上注意引导,着力形成一心一意干事业、齐心协力谋发展的良好氛围。

(四)进一步激发基层基础建设的生机活力

党的基层组织是党的全部工作和战斗力的基础,党员队伍建设是夯实党执政基础的关键环节。我们党开展创先争优活动,目的是在于以基层党组织为重点,持续激发各级党组织和广大党员的生机活力,在新形势新任务面前充分发挥战斗堡垒和先锋模范作用。我们深入开展创先争优活动,就是要以夯实“两基”建设为抓手,不断提高党的基层组织建设的科学化精细化水平。要加强管理基础工作,抓好财政基础数据归集应用,建立和完善财政基础信息数据库;强化支出标准体系建设,促进财政资金有效配置;健全项目库建设管理,将所有项目预算通过项目库进行申报、论证、审核、纳入部门预算;加快推进信息化建设,推广实施全省平台一体化系统;完善基础制度建设,注重用制度管人管事,不断创新体制机制,将财政管理纳入制度化、规范化轨道。要加强财政基层建设,重点抓好乡镇财政组织机构、队伍建设、业务工作、基础设施和内部管理,扎实开展创建规范化乡镇财政所(分局)工作,各级财政党委(党支部)必须统一思想、加强领导,精心实施、跟踪问效,力争通过三年的共同努力,推进乡镇财政管理迈上一个全新阶段。

(五)进一步营造创先进争优秀的良好风气

时代需要航标,社会需要榜样,思想需要先导。我们党开展创先争优活动,目的是在于通过大力宣传各行各业先进基层党组织和优秀党员的先进事迹,引导广大党员干部和群众学有榜样、赶有目标、见贤思齐,在全社会形成学习先进、崇尚先进、争当先进的浓厚氛围。我们深入开展创先争优活动,就是要发挥先进典型的引领示范作用,树立创先争优的标杆和旗帜,形成比干劲、比能力、比业绩的良好风尚。最近,习近平、李源潮等中央领导同志多次作出重要指示,要求各级党组织把学习沈浩同志先进事迹与正在开展的创先争优活动紧密结合起来;人民日报刊发了《在创先争优中学习沈浩》的评论员文章,号召全国的农村基层干部、各级领导机关的党员干部,在创先争优活动中都要进一步向沈浩学习。沈浩同志是财政战线走出的时代楷模,是我们身边的英雄,作为财政系统的党员干部,我们更应带头学习沈浩同志,努力让沈浩精神发扬光大。各级财政部门要把向沈浩同志学习,作为当前党建工作的重要方面,作为创先争优活动的重要内容,采取多种形式,有力有序开展,确保取得实效,让创先争优成为全省财政系统的普遍追求。

再接再厉,确保学沈浩创先进争优秀活动深入推进

目前,全厅创先争优活动开局良好,取得了初步成效。按照省委深入推进“学沈浩创先进争优秀”活动的总体要求,全省各级财政部门要高度重视,进一步巩固扩大创先争优活动成果,紧密结合财政工作实际,深入开展“五要五比”主题实践活动,坚持在“创、先、争、优、比、学、赶、超”八个字上下功夫,进一步掀起学习沈浩深入推进创先争优活动的热潮。

(一)清晰思路,破解“创”的难题

坚持主动理财、积极作为,不当账房先生,做科学理财的行家;不当摇头先生,做服务大局的里手,着力破解财政科学发展的“瓶颈”,努力把创先争优活动转化为谋划财政科学发展的思路、促进财政科学发展的举措、推动财政科学发展的实际行动。要进一步开展主题讨论活动。围绕“深入推进创先争优,促进财政科学发展”主题,深入开展大范围、多层次的讨论活动,进一步转变理财观念,引导全厅干部职工牢固树立改革创新意识、危机忧患意识和科学发展意识,始终保持蓬勃向上的朝气、开拓进取的锐气、不畏艰险的勇气,以更大的气魄推进改革,以创新的举措加快发展。要组织新一轮重点课题研究。在抓好2010年课题研究成果开发利用的基础上,密切关注财政经济形势、国家方针政策和社会矛盾焦点,研究确定2011年全省财政重点课题研究任务,明确牵头处室,落实工作责任;建立优秀调研报告评比制度,开展优秀调研报告评比活动,促进提高调查研究的整体质量和水平,努力将调研成果转化为推动财政改革发展的正确思路和有效举措。

(二)践行宗旨,打造“先”的品牌

始终把维护群众根本利益作为创先争优活动的出发点和落脚点,使推进创先争优的过程成为为民理财、民主理财的过程,以实实在在的活动成果,体现工作执行力、彰显党的先进性,树立“公开、务实、亲民、和谐”的品牌形象。要实行创先争优公开承诺制。各党支部要认真梳理承诺事项,完善承诺机制,着力围绕群众最关心、切实利益的事项,集中开展公开承诺；每一位党员要密切联系岗位职责，对照“五带头”的具体要求，认真开展自查，提出岗位服务承诺。采取切实有效形式，把承诺事项告知基层和服务对象，认真抓好承诺公开，进一步树立财政形象、密切党群关系。要抓好结对共建帮扶。巩固和推进现有结对帮扶成果，依托“党员教育基地”和“党建工作联系点”等阵地优势，进一步深化与凤阳县小岗村党委和庐阳区杏花社区党总支的结对帮扶工作，切实履行联动联创协议事项，巩固扩大城乡结对共建活动成果。

（三）立足岗位，强化“争”的意识

按照“领导班子好、党员队伍好、工作机制好、工作业绩好、群众反映好”的“五好”要求，严格执行效能建设“八项制度”和文明办公“五要五不”，预防自满厌战情绪，营造人人讲效能、事事争效能的浓厚氛围。要争创“先进基层党组织”。积极探索、大胆创新效能建设向处室单位延伸的措施方法，坚持民主集中制，增强支部凝聚力；坚持干部优化配置和合理使用，增强支部战斗力；坚持践行《廉政准则》，增强班子约束力；坚持改进工作作风，增强班子公信力，进一步打造团结奋进、务实创新的优秀团队。要争创“党员先锋岗”。注重发挥共产党员的先锋模范作用，每年度在优秀共产党员中评选“党员先锋岗”，并颁发流动岗牌，力求带动党员干部素质全面提升，机关作风全面转变。要争创“五星服务岗”。以省政务服务中心财政窗口建设为龙头，进一步梳理行政审批及便民服务项目，对条件具备的全部纳入窗口办理，实行“一站式”服务，让人民群众切实体会到办事省时、省心、省力，着力创建“五星服务岗”。

（四）服务发展，瞄准“优”的目标

按照“五带头”的要求，带头学习提高，带头争创佳绩，带头服务群众，带头遵纪守法，带头弘扬正气，积极推进科学理财，全力服务跨越发展。要创造一流工作业绩。认真贯彻落实积极的财政政策，着力提升经济发展质量；依托民生工程，着力加强社会事业建设；加大“三农”投入，着力统筹城乡协调发展；发挥保障作用，着力促进重点领域改革；加强“两基”建设，着力促进科学精细管理，以工作实绩检验创先争优活动的成效。要形成一批工作亮点。围绕省委、省政府决策部署和财政中心工作，狠抓财政牵头工作，打造一批财政工作亮点，做到突出重点、以点促面，带动各项工作目标任务的完成，确保在省直机关效能建设和省政府目标考核中继续名列前茅。要开展一次重点督查。由厅领导带队组成督查组，通过听取汇报、查阅资料、组织座谈等方式，重点督查各市、县（区）财政局“学习提升年”活动、财政牵头重点工作、年度目标任务完成情况，客观公正、及时有效地反馈、处理和解决工作中存在的不足和问题，确保各项财政工作目标任务真正落到实处。

（五）对照典型，树立“比”的标杆

深入学习沈浩精神，认真学习王坤友等同志的先进事迹，对照先进典型找差距、学英模、见行动，在为民理财中实现人生价值。要组织好“主题教育日”活动。在厅门户网站“学习沈浩精神”专栏，设置“电影《第一书记》、话剧《魂系小岗》”等链接，组织全厅干部职工在线观看、阅读反映沈浩先进事迹的文艺作品或书籍，在进一步学习中缅怀纪念沈浩同志。要召开好专题民主生活会。围绕“沈浩留下什么、学习沈浩什么、我们该做什么”的主题，通过各党支部跨支部联合召开民主生活会等形式，认真开展批评与自我批评，着力查找在思想观念、工作作风等方面存在的突出问题，分析研究整改措施，进一步推动全厅上下立足新起点，实现新突破，创造新业绩。要举办好主题征文活动。围绕“学习典型见行动、主动理财谋发展”的主题，联系思想实际、工作实际，在创建“五个好”先进基层党组织、争当“五带头”优秀共产党员等方面畅谈经验体会、提出意见建议，从不同视角和层面记录反映创先争优活动开展历程，集中展现创先争优活动的阶段性成果。

（六）提升能力，营造“学”的氛围

坚持“终身学习、学以致用、专博统一、知行合一”的理念，树立“学习工作化、工作学习化”的良好风尚，着力健全学习制度，改进培训机制，丰富学习载体，不断增强学习的自觉性、针对性和有效性，不断提升理财能力和水平。要抓好“双争双创”活动。开展争创“学习型党员、学习型干部”和创建“学习型党组织、学习型领导班子”活动，坚持党支部“三会一课”制度，组织调学培训，加强党的理论、政策法规和业务知识的学习，提高财政干部驾驭工作全局、解决实际问题的能力。要抓好“网络教学计划”。按照省直机关工委有关要求，周密组织2010年厅机关干部教育网络培训教学，确保全厅干部年底前完成学习任务和规定学分，通过率达100%。要抓好“比赛展示”活动。积极组织财政公共基础知识竞赛、计算机操作技能比赛、“进财政为了什么、来财政干了什么、在财政部门和人家比什么”演讲比赛及“建党90周年知识竞赛”系列活动，进一步调动干部积极性、增强学习主动性。

（七）奋发进取，健全“赶”的机制

健全创先争优活动机制，以制度保障活动有序开展、有力推进、有效实施，进一步丰富财政文化内涵，进一步激发党员干部干事创业的活力，始终保持昂扬向上的工作状态、奋发有为的精神风貌。要健全领导带头机制。党委各党支部负责同志要以身作则，高标准、严要求，带头投身创先争优活动，丰富活动内容，拓展活动载体，帮助解决实际困难和问题，以实际行动当好党员和群众的表率，带动全厅党员干部努力创建“五个好”先进基层党组织、争当“五带头”优秀共产党员。要健全协作推进机制。坚持民主、公开、竞争、择优，按照德才兼备、以德为先、注重实绩、群众公认的原则选人用人，激励干部埋头苦干、奋发有为，把心思用在工作上、把干劲用在事业中。注重发现和培育财政文化，丰富党员干部业余文化生活，适时组织开展干部广泛参与、喜闻乐见、健康高雅的文化体育活动，使财政干部在宽松和谐的工作氛围中释放最大潜能、发挥聪明才智。要健全宣传引导机制。充分利用互联网、报纸等宣传媒体，以宣传沈浩先进事迹为先导，重点挖掘基层党组织“五个好”和优秀党员“五带头”实践中党员群众公认的突出事迹、先进典型和成功经验，树立旗帜和标杆，以点带面，发挥好激励引导作用。要健全机关工作机制。对已制定的制度办法作一次全面清查和梳理，健全内部工作制度，在修订业务管理制度的同时，进一步完善行政问责、工作考核、定岗定责、服务承诺、限时办结等内部管理制度，整理汇编《安徽省财政厅机关工作制度》，逐步健全优化政务、强化事务、提高服务以及促进财政科学、规范管理的制度体系。

（八）完善考评，激发“超”的动力

完善创先争优活动考评制度，坚持定量与定性相结合实施考评，全面反映党支部和党员创先争优活动开展情况，激励先进鞭策后进，保持创先争优的持久动力和活力。要实施分类考核。按照各处室单位工作职能和内容的不同，将考评对象划为三个类别，即支出管理类、非支出管理类和厅属二级单位，实施分类考核，并将“五个好”、“五带头”的十项具体内容定为考核指标，采取基分制和奖惩分、创新工作加分等相结合的办法，着力提高创先争优活动考评的可比性、公平性和实效性。要强化“领导点评”。厅班子成员要按照责任分工，通过参加分管和联系单位党组织民主生活会等方式，加强分类指导，强化督促检查，实事求是地肯定成绩，对工作不力的，要提出批评，指出问题和努力方向，限期整改，确保活动不走过场、不流于形式。要接受群众评议。采取问卷调查、设置意见箱、召开座谈会等多种形式，广泛听取党员群众对创先争优活动和财政工作的意见建议，主动接受群众评议，并将评议结果在厅门户网站上公开，真正让群众评判创先争优的成效。要运用考评结果。将创先争优活动开展情况纳入厅机关效能建设绩效考评和机关干部年度考核范围，实行“一票否决”；对于先进基层党组织和优秀共产党员，厅党组在全厅干部职工大会上进行通报表彰；每类考评成绩落后的支部和党员，由分管厅领导对党支部负责人进行诫勉谈话，限期整改提高。

（摘自陈先森厅长10月14日在省财政厅深入推进学沈浩创先进争优秀活动大会上的讲话）

学习沈浩见行动　创先争优建小岗

省财政厅选派干部、小岗村党委第一书记　丁　俊

自5月以来，小岗村开展了以“学习沈浩精神，共建四型小岗，奋力创先争优”为主题的创先争优活动，以党组织、党员的承诺及落实为重点，让全村党组织和党员在“四型”小岗村建设的实践中发挥战斗堡垒和先锋模范作用，体现先进性和科学性。小岗村以创先争优活动为契机，以沈浩精神为动力，坚持以规划为龙头，以项目推进为重点，以加强基层组织为核心，扎实推进“四型”小岗村建设。

一是以规划为龙头，明确产业发展方向。启动并实施小岗村总体规划和核心区、工业园区两个详规的编制，计划到2020年，把小岗村建设成为以小岗为中心10平方公里经济区和聚集10万人口的社会主义新农村。同时，针对小岗村实际，明确了小岗村产业发展定位：以从玉蔬菜和郑飞公司粮食全价值链示范园为龙头，宝迪养殖为基础，形成养殖种植循环经济链，逐步实现农业的产业化、规模化、集约化；以农产品深加工业（大食品工业）为支柱，建设农副产品集散地，拉动物流等相关产业的发展；以红色旅游为带动，加强文化建设，繁荣第三产业，构建生态和谐文明新小岗。

二是以农产品深加工业为支柱，做好项目的引进和建设。围绕现代农业和农产品深加工业，重点抓好已落户项目的推进工作。目前，GLG产业园银

杏滴丸生产线已建成投产,从玉菜业已完成图纸设计和场地平整工作,普朗特现代农业科技产业园项目已建起了活动板房和围墙。同时,成功引进天津宝迪10万头原种猪养殖基地项目,与郑飞公司签约投资3亿元的粮食全价值链示范园项目和合肥禾味食品投资3亿元的黑豆深加工项目。

三是以红色旅游为带动,加快服务业发展。当年小岗、大包干纪念馆已被列入全国红色旅游经典景点名录。为解决旅游接待能力不足问题,小岗村结合农业部农村实用人才培训基地建设的需要,引进资金1.5亿元,建设小岗村培训中心。在此基础上,还规划了投资近3000万元的当年小岗项目和投资在4000万元的旅游步行街项目。目前,当年小岗项目已经启动,将进一步完善、丰富小岗村的旅游景点和服务设施。

四是以新农村建设为推手,完善全村基础设施。首先,加强基础设施建设,投资1850万元修建小岗村快速通道,投资300万元修建GLG大道,计划在石马新区到小岗友谊大道之间新修7米宽水泥路面,将石马新区与小岗相连接。其次,加强实施民生工程,投资5000万元实施自来水入户工程,投资200万元建设敬老院以实现五保老人集中供养,投资160万元实施小岗小学扩建工程,接受援建投资100万元实施卫生服务中心项目,排污管网、派出所和计生文化中心工程正在开展规划设计,加油站项目已完成规划设计。再次,以土地置换为抓手,推进新区建设。石马新区已建成居民房36套,另有248套居民房正在紧张施工,小岗新区46套居民房已完成场地平整和放样。最后,通过对部分葡萄品种进行更新,依托GLG产业园发展甜叶菊种苗繁育,调整土地流转租金的计价方式,合作建设小岗村加油站等措施,壮大集体经济,增加农民收入。

五是以沈浩精神为动力,全面加强组织建设。践行沈浩精神,充分发挥党员干部的带头作用,着力构建以"四议两公开"为主体的民主决策机制,以村级事务流程化管理为重点的村务民主管理机制,以村级事务监督委员会为核心的民主监督机制,为各项事业的发展提供强有力的组织保障。

(原载《安徽财会》2010年第十期)

永远的乡情(散文)

安徽省财政科研所　汪克让

我与沈浩几乎同一时段进入财政厅工作,由于同属外向型性格,且皆有年迈老母相依为命,因而彼此间颇能谈得来。除了早年曾间或编发过沈浩为《安徽财会》的投稿之外,平素未曾有过甚密的交往,相互保持着同事间普通的友情。20余年平淡相处,沈浩为人敦厚、待人真诚、与人为善的人品一直令我敬重。

自从沈浩下派到凤阳挂职,相互接触机会明显少了许多。2004年4月初的一天上午,我刚刚步入财政厅办公楼门口,突然身后传来"老汪——老乡!"的亲切呼唤。循声望去:只见多时未照面的沈浩笑咧咧地冲我走来。到小岗任职好几个月了,他那风风火火的性子丝毫未变,只是黑里透红的面庞消瘦了许多。旋即,他便快人快语:"听县财政局同志介绍才得知,你是吃淮河水长大的凤阳人。这下可好了,在厅里我又多了位老乡!"从此,每每与沈浩谋面,他总是以"老乡"相称,彼此间平添了特殊的乡情。

2006年夏日的一天,沈浩兴冲冲地从凤阳打电话找我:"老乡,听说省交通厅财务处长是你财校的同窗好友,有件麻烦事不知能不能请他从中帮帮忙……"原来,沈浩为了帮助村里运输户开通小岗——合肥客运线路,从年初就四处奔波,几个月过去了,依然没有眉目。想通过交通厅财务处再协调一下。我当即将老同学的手机号连同住宅电话号码一并告诉沈浩。后经有关部门多方交涉和鼎力相助,年底此事总算办妥。

财政年鉴编辑部曾与财政厅资产管理处处长办公室门挨门,沈浩回处里办事,总要忙中抽暇到我办公室打声招呼,或稍叙一下乡情。临走时,他总要真诚叮嘱一句:"常回老家看看啊。"记得一次谈及故乡临淮关昔日的繁华盛世,没想到沈浩却能道出其中诸多史料,甚至于连该镇曾一度由省直管这一鲜为人知的"秘史",也能讲得一清二楚。沈浩对凤阳地方志考究得如此深透,不禁令我这个"老凤阳"自叹不如。

自从几十年前将母亲接到省城,我已很少有机会回凤阳。如今，那里已经没有至亲，只有孩提时的玩友伴着童年美好的回忆，令我时常魂牵梦萦。

2008 年底，我终于如愿以偿踏上故乡的土地。12 月 20 日清晨，我顶着刺骨寒风，陪同省文联有关领导乘车前往凤阳小岗，应邀参加省报告文学创作基地揭牌及《小岗风云录》一书的捐赠仪式。落座在身边的省报告文学学会会长温跃渊，一路上剧烈咳嗽声不绝于耳。他昨晚还在医院吊盐水，为了不负小岗人的企盼，硬是支撑虚弱身子操办行程中有关事宜。30 年来，跃渊兄一直坚守小岗潜心笔耕。近年来，他与沈浩时常朝夕相伴，结下了忘年之交。

在颠簸的车厢中，跃渊兄吃力地从书捆中抽出刚刚出版的《小岗风云录》，签名后逐一送到在座诸位手中。此书是跃渊兄与小岗人多年息息相通的感情结晶。其中，小岗的"新村官"一章生动、形象地记录了沈浩一件件平凡而又伟大的感人事迹。

中午时分，车子在小岗村牌楼前停下。狂风中迎候的沈浩尽管前额乱发遮目，仍一眼就从人流中认出我："老乡，你咋也来了，咋不提前打个电话呢？"我紧紧握住他的双手，笑答："跃渊兄可是我文学创作的挚友啊，昨晚接到他临时电话，我岂能不来！"

虽时值严冬，周末的小岗村依旧游人如织。沈浩一边忙于接待参观人群，一边安排村民从车上卸下书捆；接着，又快步来到小岗档案馆门前。在县有关领导的陪同下，举行了简短的报告文学创作基地揭牌仪式，沈浩发表热情洋溢的即席讲话，表达由衷的感激之情。

沈浩每每来肥办事，常在财政厅职工食堂就餐，既提高了工作效率，又可节省公务开支。同时，职工食堂也为他提供了与厅里同事直接交流的难得场所。2009 年 10 月 19 日中午，沈浩疲惫的身影再度出现在厅职工食堂。刚好，他的餐桌与我相邻。我急忙上前打招呼，并告知准备近期抽空去小岗拍几幅照片，作为财政年鉴封面设计备用资料。沈浩听后忙放下餐具，伸出热情的双手："欢迎你早一点回家乡看看，我保证为你做好后勤服务。"稍等片刻，他又关切地补充一句："啥时动身，可一定提前来个电话啊！"与我同桌就餐的财科所同事小林饭后连声感慨："久闻沈浩大名，却一直不识其人，今天见了，才真真切切感受他为人的实在。"

2009 年 11 月 6 日中午，厅职工食堂稍稍传来沈浩在小岗溘然长逝的噩耗。全厅干部职工无不深感震惊与悲恸。万万没有料想，10 多天前的相会，竟成为人生的诀别！临别时他那略显憔悴却充满自信的笑脸，将永远定格在我痛楚的记忆中。此时此地，我呆呆地凝视沈浩曾落座的餐位，隐隐约约仿佛又听到他那"老乡"的亲切呼唤，不禁老泪夺眶而出。

如果说，7 年前乍听沈浩呼唤"老乡"时，我曾有些茫然；那么，如今我才真正领悟其中深刻的内涵。尽管沈浩出生在距凤阳千里之遥的黄河故道，然而，从下派的第一天起，他已将人生坐标实实在在定位在小岗村。他赤子般地全身心钟情小岗、呵护小岗、造福小岗，将其视为心灵中挚爱的家园。2000 多个日日夜夜，沈浩用汗水和热血在小岗铸就了浓郁的乡情。如今，沈浩长眠于小岗，凤阳成了他永驻的故土。

2010 年 11 月 6 日，适逢周末。我匆匆赶往小岗村，随着络绎不绝的祭奠人流步入沈浩墓地。凝视着跃渊兄书写的碑文，顷刻间沈浩音容笑貌不禁浮现脑海。我上前深深鞠上一躬，心中默默祈祷：安息吧，我的好兄弟！您是凤阳人引以为豪的真正老乡。

（原载 2010 年 12 月 2 日《中国财经报》）

在学习沈浩的事迹中谈"三爱"

舒城县干汊河镇财政所　许礼荣

沈浩，一位年仅 45 岁的县处级干部，倒在了他挚爱的工作岗位上，长眠于那片他热爱的土地。2010 年 8 月 17 日，在沈浩的墓碑前，我神情顿然凝重，深深地向他三鞠躬。在小岗村，我观看沈浩的先进事迹影像，参观了沈浩同志的纪念馆，他的先进事迹感动着我。沈浩作为省财政厅的领导，放弃在省城工作的优厚条件，他在 6 年的时光里扎根小岗村，描绘着小岗村一个又一个蓝图，改变着小岗人贫穷的生活，这是靠他对党和人民的忠诚的信念来支撑的。但从另一角度来看，我想支撑他"忘我"的工作还是他的赤诚的"爱心"。他"爱岗之心"就是竭力地当好小岗村的第一书记；他"爱村之心"就是尽快地让小岗村发展和富裕起来；他"爱民之心"就是小岗村的每一个人都能过上美好的生活。沈浩用一颗炽热的"爱心"，换取的是小岗人红手印的真诚和滚烫，换取的是小岗的现在农业和村级工业的蓬勃发展，换取的是小岗农家小院里的阵阵欢笑。沈浩的一颗"爱心"与舒城县开展"爱县、爱民、爱岗"活动联系起来，看上去似乎有点牵强附会，但从我们工作所处的环境和开展的"三爱"活动的内涵上讲,目的是相同的,都是为了更好地为人民服务,共同建设美好的家园。学习沈浩同志的先进事迹,让我在开展的"三爱"活动中深受启发。沈浩的"爱心",是他作为公务员应有的情怀,在小岗村,当村民遇到困难时,他自己掏钱给刚出生的孩子买奶粉,他冒雨连夜转移在危房中的困难户,他带五保老人看病,可以看出沈浩事事想的都是小岗村的人民群众。我想在工作中光有服务的意识是不够的,关键要落实在行动上,体现在点点滴滴的小事上。其实,在我的工作中,"三爱"一直在我的潜意识中,有时会通过行动不知不觉地表露出来,而自己并没有特别注意。

其一是"爱县"。记得有一次,外地的文友来干汊河镇,作为工作在这里20多年的我,一直在想如何接待他们呢?当他们来时,我不自觉地拿出镇上印发的宣传册,尽量让他们知道我所在的乡镇是周瑜故里,然后带他们去七门堰,去周瑜城遗址等处采风。这一切都是内心自然表露出来的,是想要让他知道干汊河镇的基本情况,不管远方来客是否对舒城发展产生多大作用,我认为这是我应该做的。从这小小的举动看,我认为这就是"爱县",虽然事情很渺小,但"举动"是真诚的,有这样的"心"是"爱县"最基本的情愫。

其二是"爱民"。在我平凡的岗位上,有些事情是值得去思考。曾经在我的身边发生了一件这样的事情,一位从边远村子里来的老农,他是来办理摩托车下乡补贴。那天我在上班,我查看了他所带的资料,样样齐全,我叫他去复印一下所带材料用来存档,他说了声"什么复印",我看着他迷惑不解的脸孔,就在所里的复印机上帮他复印了。他不知复印要费用,他也没有说声谢谢,我就把这件事办好了,虽然用的是公家的复印机,但在我的内心深处有一种良知迫使我这样做。这事是一件不起眼的小事,但小事中能折射出光芒,让我在光芒中看到的是无声地"爱民"。

其三是"爱岗"。在财政工作岗位上我已工作了22个年头,也许我将在这个岗位上默默无闻地奉献着我的一生,从字眼上讲,"默默无闻"是用来修饰"奉献"的,"奉献"是人生的最高境界,但"默默无闻"中带有淡泊,体现个人的品质。各人的位高位低在岗位上已并不重要,有时回过头来看一路走来,我想"默默无闻"也是"爱岗",听起来或许有人会笑,我想那些笑的人一定是另有见解,因为他们没有经历过工作上的"默默无闻",而是一味地追求政绩和功德,忽视默默无闻奉献在"岗位"的作用。我想"默默无闻"可以给每一个良好的心态去无私地为人民服务,在平凡的岗位上,也能散发出光和热。因此,我们在"三爱"活动中,应从小事做起,从身边做起,一些事做起来并不那么伟大和动人心弦,但小事更能体现"三爱"精神。正如沈浩当初去小岗村,他默默不厌其烦地走村进户,拉近与小岗人的距离,这也是一种"爱的奉献",对小岗村充满深厚的感情,这为他以后工作打下坚实的基础。

不仅"三爱"活动的开展要从小事做起,从身边事做起,而且我想更需要带有"责任感"去"爱县、爱民、爱岗"。沈浩在小岗村的工作中,也遇到很多困难,受到了很多的委屈,对小岗村20多间的村集体房子被人强占,他不怕难,敢碰硬,终于拔掉钉子户,收回村里的集体房屋。之后,当总书记与最基层的干部沈浩握手时,沈浩满眼泪水,责任油然而生,他说:"当我握着总书记的手的时候,一切艰辛、酸楚、委屈都没有了"。的确,沈浩工作中的"责任感"让小岗村经济和社会得到了全面发展。带着责任感去工作,我想就会摒弃一些消极的思想,勇于承担风险,不怕受委屈;我想就会在"三爱"的活动中,忧民之忧、解民之难,想民所想,服务至上。

总之,通过深入开展向沈浩同志学习活动,使我深深地被沈浩同志一心为民,心系群众,扎根基层的崇高精神所感动。我们应将沈浩的"爱心"充分地体现和发扬出来,让"爱县、爱民、爱岗"的活动贯穿到平凡的工作中去,以便更好地服务于人民,服务于乡镇财政事业。

(原载《安徽财会》2010年第11期)

前行,不需要理由

厅直机关　范晓玲

几天前我送孩子参加中考,在学校门口,我看见有很多父母早早地就守候那,一排排,密匝匝。我原本就有些忐忑的心一下子更紧张了,我想对儿子叮咛些什么,可他似乎毫不在意,下了车,扭头就进了考场,甚至都没有回过身和我们招招手。不知怎的,那个瞬间,我忽然就想到了我的同事沈浩和他的女儿。当小姑娘被她爸爸送到萧县中学时,是否也和我儿子一样根本就不曾体会到父母的心?或许她更多的是一些伤心和委屈、无奈和怨恨？

我们都是普通人，沈浩也一样，和天下所有的父亲一样，花一样的女儿就是他的心头肉。可从他踏上小岗村的那一刻起，他就把一个父亲如岩又如棉的心悄悄地收起，把那份收起的父爱化作无限的深情献给了小岗人民。

是什么让他拥有这样的情怀？是什么让他如此的坚韧顽强？我想这应该就是一种信念。这信念是他生命的追求，是他坚持的理由，这信念是他已经成为了习惯的责任，是他这一生价值的体现。

记得20年前刚走上工作岗位时，我曾经热血沸腾地憧憬过自己的未来，觉得自己应该有能力做出一番事业来。怀揣着这样的梦想我很努力地工作着学习着锻炼着提高着，并通过公务员考试从县城来到省城，走进了财政厅的大门。那时的我多努力啊。可后来的这些年呢？我还进步了吗？曾经的坚持和进取还在吗？扪心自问从什么时候开始我已经很少能静下心来拿起书本了？从什么时候开始我的大脑不再积极主动地去汲取新的营养了？安逸的生活，稳定的工作，我什么时候就这样感觉四平八稳地无所求了？我是1998年采购中心一成立就开始从事政府采购工作的。那时政府采购刚刚起步，我和我的同事们摸着石头过河，随着政府采购改革的不断推进，集中采购事业不断发展，我也从一名新兵成长起来，从最初的“摸索着干”到如今的“老资历”，好像感觉自己经验越来越丰富，足以应对日常的工作。似乎每天只要按照已形成的条条框框去做，工作就不会出大问题。习惯了去做一些常规的采购项目，遇到一些新项目时总不自觉地有种畏难情绪，面对一些新情况新问题新冲突时，不自觉地想要回避。甚至有时在工作中受到一些委屈时，会产生些许的消极情绪。不知道什么时候从“我要做”变成了“要我做”？不知道什么时候“工作不出差错”成了我最高的目标？这难道是我曾经追求的吗？这一幅现状难道是我曾经描绘的吗？对工作曾经有过的激情和热情真的消失殆尽了吗？我又一次想到了沈浩，放弃省城的优越条件，从一名财政厅干部转换为一名基层工作者，2000多个日日夜夜，十几个平方的简陋小屋。从上任之初的重重困难到如今小岗的六年大变样，若无坚定的信念，若无执著的坚持，若无永不松懈的学习，他如何能做到？而我得过且过地满足于“工作不出差错”，满足于靠着经验来应付工作，又何谈“开拓创新、锐意进取”？何谈“务实求真、与时俱进”呢？

我和沈浩差不多是同一个年代的人，说实话，这个年纪的我有时真的感到累。在单位，我是中坚力量要义无反顾地挑起工作重担，在家庭我上有年近八旬的老父下有面临中考的孩子。这些年中心工作蒸蒸日上，采购规模逐年增长，我和我的同事们也是越来越忙。有时当因为工作我无法很好地去尽一个做女儿和做母亲的责任时，心里总感到有点难过，觉得对不住他们。但再想想我有什么可抱怨的呢？和沈浩比，我所付出的算得了什么呢？为了小岗，他无怨无悔地牺牲了亲情牺牲了幸福甚至牺牲了最最宝贵的生命，我还有什么理由去强调自己小我的感受呢？我又有什么理由去安于现状懈怠满足呢？

沈浩是人民的公仆，是共产党人的光辉典范，他曾经那么真实地生活、工作在我们身边。他是一面镜子，透过这面镜子，我看到的是一种精神，一种力量。这精神这力量好似一把利剑刺醒了我渐渐麻木的心灵，这精神这力量好似一汪清泉洗涤了我有些模糊的眼睛，这精神这力量好似一道光芒照亮了我生命的方向，这精神这力量催人奋进，永远前行。

（厅机关党委供稿）

平凡岗位见真情

合肥市财政局　徐正玉

有这样一位财政人，他丝毫顾不上个人的“小家”，但他却心无旁骛扑下身子为了人民。有这样一位财政人，他从来没有想到过名和利，但他却把人民的点滴小事记挂在心。有这样一位财政人，他的生命结束了，但他的音容笑貌、伟大的精神永存。他，就是原省财政厅一名普通的财政干部、一名下派小岗村挂职的村支书—沈浩同志。

六年来，他没有退缩，更没有懈怠，始终扎根基层、勤奋敬业；六年来，他与小岗村两委班子团结带领小岗人，走村访户进行调研，提出跳出小岗求发展的思路；六年来，他始终与小岗人民同呼吸共命运，把赤诚的心捧给群众，把无限的爱献给百姓。

从规划小岗村“三步走”战略到确立小岗村“四型”建设目标；从打井、开塘到筑坝、修路；从建成葡萄示范园到培育双孢菇产业；从兴建大包干纪念馆到设置村民文化广场。在沈浩任职期间，小岗村基础设施得到改善，村民生活条件得到改观，2008年，全村农民人均纯收入达 6600 元,是 2003 年的近 3 倍。人们都说,这 6 年是小岗村发展最快的 6 年,这 6 年是小岗村民得实惠最多的 6 年。

6 年,在生命的长河中只是短暂的时光,但沈浩却以对党的无限忠诚、对人民的无比热爱、对事业的无私奉献,为我们书写了一部生动的人生教材,他用生命诠释了一位财政干部的信念、理想和追求。

当沈浩的感人事迹传遍长城内外大江南北时,当沈浩被评选为感动中国十大人物,被追授为“全国优秀共产党员”“人民满意公务员”等光荣称号时,那一刻,来自心灵的荣耀扑面而来!我为沈浩自豪,为财政自豪,也为我也是一名财政工作者而自豪!

看吧!“向沈浩同志学习,践行沈浩精神”,已经成为我们合肥市财政局全体干部的共同行动。

局党组成员纷纷在百忙之中,多次深入基层、深入农村、深入帮扶点,扶贫济困。

涉农部门经常深入田间地头,晴天一身灰,雨天一身泥,为的就是把党和政府对“三农”的各项优惠政策落到实处。

选派到贫困村任职的年轻党员们,不畏寒冬酷暑,往来于城市和农村之间,舍小家为大家,为农村繁荣、农业发展、农民富裕而努力奋斗着。

“权为小岗所用,情为小岗所系,利为小岗所谋”,是沈浩在小岗村奋斗岁月的写照。他用辛勤与汗水在小岗人民心中筑起一座财政干部的丰碑;他用赤诚与执著给世人留下一个鞠躬尽瘁的党员干部形象;他用燃烧的激情为财政人“执政为民”的旗帜上,又增添一抹耀眼的亮色。

平凡孕育着崇高,涓涓细流汇成江海。是啊,沈浩的伟大不就是在这一点一滴之间吗?他没有惊天动地的壮举,没有波澜壮阔的豪言,但他却成就了不平凡的人生。

平凡的岗位对于每一个人来说,都是一个不平凡的舞台。和沈浩同志相比,我的岗位更加平凡。我没有站在财政改革与管理的风口浪尖,但是当看到每一项财政业务在我所维护的财政信息系统稳定运行的时候,当看到每一次上门为同事排除电脑故障得到真诚感谢的时候;当看到每一次通过网站上传答复群众咨询的各类问题,得到满意的评价的时候,我感觉到了自己岗位的重要,自身的价值,一种幕后服务者的喜悦之情油然而生!

如果你是一滴水,你就应该滋润一寸土地;如果你是一线阳光,你就要照亮一份黑暗;如果你是一颗螺丝钉,你就要永远坚守你的岗位。是的,每次,当我悄悄地环顾四周,我欣喜地发现,在我们这个被国务院表彰的先进集体里,在我们这个被省政府表彰的人民满意公务员集体里,无论是机关科室或是二级单位,哪一位不是勤不言苦、任劳任怨的“老黄牛”,哪一位不是在自己的平凡的岗位上无私奉献、默默耕耘。在家里,他们为人父母、为人子女,锅碗瓢盆、衣食冷暖,样样牵挂心头;在单位,他们作为骨干中坚,要多付出三分的汗水、五分的勇气、十分的毅力、十二分的艰辛,在收与支之间,在元角分之间,展示了我们财政人的风貌和精神!如今,他们在沈浩精神的感召下更加忘我地工作;继续为合肥财政改革与发展增光添彩!

“逝者长已矣,生者当勉励。”沈浩虽然走了,但沈浩精神永存!广大财政工作者正踏着沈浩同志的足迹,践行沈浩精神,为扎实推进财政工作而昂首阔步,勇往直前!

(厅机关党委供稿)

用行动抒写大爱人生

阜阳市财政局　许小燕

和许多人一样,当我知道沈浩这个名字的时候,他已经永远离开了我们。随着他的离去,一段原本鲜为人知的岁月也浓墨重彩地在眼前铺展开来:小岗,裹挟着历史的风尘,迎着新时期改革与发展的春风向我们走来;而沈浩,更用他与小岗血肉相连的身躯为我们树立了行动的标杆、精神的榜样,用他的无私奉献抒写了一个共产党员无怨无悔的大爱人生!

作为我省财政系统涌现出的杰出代表,沈浩的事迹感动了无数人。缅怀的同时,我们也在深思:应该以什么样的方式去学习沈浩,去重新审视自己的内心?

“学沈浩,见行动”。是的,当我们一起仰望这座精神的标杆,也许更重要的不是说了什么,而是如何用行动丈量我们生命的高度!

我是来自阜阳市财政局财税学校的一名普通教师,作为财政系统的教育工作者,我想借一位老师的故事,说一说在我们学校开展的学习活动中,每一位教职员工是如何用行动书写满意的答卷的。

锁红老师是我们学校的一位班主任,她爱生如子,和蔼可亲,被同学们亲切地称为“锁妈妈”。今年年初,我校组织学生赴深圳富士康进行工学交替,锁老师作为驻厂老师带队前往,而这一走,就是半年。六个月,也许不算一段太长的时间,但当时锁老师的丈夫因病住院,儿子又正值高考,作为妻子和母亲,这是一种多么艰难的割舍!然而,为了学校和家长的重托,为了四百六十名学生的信赖,锁老师咬咬牙,踏上了南下的列车。

刚到深圳没多久,就遇上了一件揪心的事。一个叫王敏的学生,父母外出打工路过深圳,前来探望女儿,谁料想,回去的路上竟遭遇车祸,双双离开了人世!刚才还一家团聚尽享天伦之乐,顷刻间竟天人永隔,这突如其来的打击使王敏一下子就病倒了。锁老师一边和富士康协调妥善处理此事,一边不分昼夜照顾王敏。那段日子,她就像一只不知疲倦的陀螺,在厂区、车间、宿舍、病房不停地旋转、旋转……王敏身体康复了,可是,这个可怜的孩子始终一言不发,拒绝和任何人交流;无论怎样苦口婆心地开导,她望向窗外的眼神始终是那样冰冷。锁老师看在眼里,疼在心上。那天,她又拉起王敏的手,柔声说:“孩子,你要记住,人生路上每个人都只能陪你一程,父母陪你的这一程走过了,以后的路,老师陪你走……”良言一句暖三冬啊,王敏抬起头,久久注视着锁老师,她动情的喊了一声:“锁妈妈!”便扑倒在老师的怀里。

在锁老师的帮助下,王敏一天天走出了苦难和阴影,重新找回了生活的勇气,实习生活也很快步入了正轨,一个个光灿灿的奖杯,一本本红艳艳的荣誉证书,记载了师生共同成长的经历。我不知道,当锁老师在病床前悉心照顾她的学生,当她为学生的深夜不归四处寻找或在路灯下焦急守候,当她为想家或受挫的孩子耐心地进行心理疏导,她是否想过,自己的儿子正在灯下苦读备战高考,多么需要母亲的陪伴和照料!她想过,她怎能不想呢?然而她说:“这些远在深圳实习的学生都是我的孩子,他们离家远,离学校远,驻厂老师就是他们最亲的人啊!”

校长常说:“爱自己的孩子,是人;爱别人的孩子,是神!”锁老师就是这样的一个人,一个神,一个孩子们心目中的天使,面对儿子和学生,面对家庭和学校,她最终选择了大爱!

这样的故事,也许太平凡了,但就是这样的平凡,凝聚了每一位教育工作者默默无闻的付出;就是这样的平凡,镌刻着财政人无私的奉献;就是这样的平凡,催开满园桃李,输送了上万名莘莘学子投身财政改革发展事业;就是这样的平凡,涌现了无数沈浩式的好党员、好干部;就是这样的平凡,把榜样的精神落实到行动,抒写了最不平凡的人生!

其实,何止在教育岗位,你看,在财政系统的各条战线,哪里没有沈浩的身影?在江淮两岸乃至大江南北各行各业,何处不闪耀着沈浩精神的思想光辉?平凡写就壮举,奉献诠释忠诚。沈浩,用年华和热血,践行了党旗下永不褪色的誓言;用生命谱写了一支共产党员的光辉赞歌!这是一盏航标灯,让我们追随它的指引,立足岗位,无私奉献,用踏踏实实的行动抒写无怨无悔的大爱人生!

(厅机关党委供稿)

平凡岗位成就非凡人生

安庆市开发区财政局　汪　琳

人们常说:理想是前进的灯塔,是力量的源泉;理想是智慧的摇篮,是斩棘的利剑。2009 年 11 月 6 日凌晨,小岗村党委第一书记沈浩同志作为一名优秀的共产党员怀揣着理想迈着平凡的脚步走完了他伟大的一生。在小岗工作的六年中,实现“岁岁小岗大不同”是他前进的灯塔,基层群众的口碑是他力量的源泉,锐意改革、勇于开拓的创新精神是他智慧的摇篮,严于律己、清正廉洁的高尚品德是他斩棘的利剑。他是新时期共产党员的优秀代表,是农村基层干部的杰出楷模,是机关干部下基层为群众服务的先进榜样。

45 岁,正是干事业的大好时期,他却积劳成疾,猝逝工作一线;45 岁,正是人生的黄金阶段,他却为事业捐躯,将生命定格在这个年龄。安稳的工作,温馨的家庭,未能留住他,他却心系百姓,坚守基层,因为他心里装着小岗,装着小岗人;小岗人庄重而珍贵的红手印虽然未能留住他,却把他对普通群众的深厚感情,对基层工作的执著热忱,对美好生活的追求永远留在了所有共产党员的心中。

作为一名机关工作人员,我从未体会过基层工作的艰辛;作为一名 80 后年轻人,我还缺少无私奉献的修为。但随着学习沈浩精神活动的不断开展,随着对沈浩先进事迹更多更深刻的了解,他身上无数的闪光点在不知不觉中影响了我的工作态度。去年 3 月份,因工作需要,我被组织调整到会计核算中心主办会计的岗位上。为了尽快熟悉工作,尽早适应现在的岗位,经常学习或加班到深夜。记得在去年12月底最忙的几天里,我85岁高龄的奶奶突然生病住院。是奶奶将我从小带大。一边是我深爱的奶奶,一边是割舍不下的工作。忠孝不能两全,我依然坚守在我的岗位上,当我忙完阶段性工作赶到医院看望奶奶时,她拉着我的手说:"孩子,只要把工作做好,别辜负了领导的信任,这是对奶奶最大的孝敬了。"由于会计核算中心人手少,一人一岗,我经常加班加点,1岁多的女儿也无暇顾及,为了不耽误工作,我只能把她托付给在乡下的母亲照顾,当我转身离开时,女儿声嘶力竭的哭声撕扯着我的心,是啊,这是女儿出生以来,第一次离开我的身边。可是,宝贝,妈妈也舍不得放下你呀,妈妈很想天天守候在你的身边,把你拥抱在怀里,也想看你成长的点点滴滴,可是如果那样,妈妈怎么能对得起这工作岗位给予的重托,怎么能对得起组织的培养和人民的养育,怎么能够为你今后的成长导航。女儿,为了工作,妈妈只有委屈你了。

人生自古谁无死,留取丹心照后人。沈浩同志留给我们的,是对党无限忠诚的坚定性,对事业不懈追求的使命感,对工作重任在肩的责任心。他坚守乡村、心系百姓的为民情怀,他勤于学习、勇于实践的创新精神,他兢兢业业、奋发作为的拼搏意识,他公而忘私、国而忘家的无私气度,是我们汲取的不竭源泉和无尽宝库。作为80后的年轻人,我们也能像沈浩一样担当起时代赋予我们的使命和责任,显现出我们这一代人应有的勇敢和坚强,展示着我们内心蕴藏的正直和善良。从5.12汶川大地震到北京奥运,再到上海世博,到处闪现着青年志愿者无私奉献的身影。作为开发区财政局80后的年轻人,我在这平凡的岗位上默默地奉献着,时时刻刻把"为人民服务,做人民公仆"这一座右铭落实到具体工作中。作为开发区财政人,我们始终把"为群众造福",全心全意为人民服务作为自己始终不渝的追求。在平凡岗位上成就着非凡的人生,永远做一名群众离不开的好党员、好干部。

(厅机关党委供稿)

前进,踏着英雄的足迹

巢湖市财政局代表队　王宁静

2009年11月27日,和县影剧院座无虚席,优秀共产党员、模范基层干部沈浩同志先进事迹巡回报告会在这里举行。一段段发自肺腑的诉说,一个个催人泪下的故事,感动着全县上千名干部群众,也深深地印在我的脑海里。

沈浩,两任村官,六载离家,总是和农民面对面,肩并肩。他对得起小岗村四千百姓,对得起党的嘱托,对得起生他养他的这片土地!

沈浩同志虽然离开了我们,但沈浩精神却始终在发扬、在光大、在传递。"在沈浩同志身上我读懂了什么叫为党奋斗终生、什么叫为人民服务一生,这是一种崇高的信仰、责任和深情。"说这话的,是我局企业股股长王晓宏。在同事心中,这位在财政一线摸爬滚打近三十个春秋的老大姐是工作上的楷模。虽然2010年7月即将退休,可她顾不上要高考的儿子和90多岁瘫痪在床的老母亲,下基层、跑网点、访农户,对全县10个镇、38条街道、101个家电下乡备案销售网点进行普查,兢兢业业站好最后一班岗。工作日志中,王股长这样写道:"这两天真热,刚刚检查完西埠镇网点,快累趴下了,真想歇歇啊!可这次普查时间紧、任务重,可不能因为我而影响工作进度,能提前一天是一天!"

47岁的陈发明,是我县善厚镇财政所的一名普通干部。他从事工作多年,大伙儿总亲切地称他"老陈"。老陈身体不好,常年饱受痛风、结石等疾病的困扰,但为了把"一事一议"工作做好,他加班加点,走千家、串万户,足迹遍布乡村小道农家小院。经过不懈努力,善厚这个山区小镇一举开挖了27口当家塘,村民们望眼欲穿的排灌站也很快修成了!看着乡亲们开心地笑了,老陈说:"和县是一事一议的发源地,这工作咱没理由干不好!"老陈常年忙着工作,对家人的照顾不够,这一直让他愧疚不已。今年春节,老陈原想把老家的父亲接来过年,可岁末年初正是财政所最忙的时候,哪有时间啊!为了不影响儿子的工作,老陈84岁高龄的老父亲独自一人拄着拐杖,冒着凛冽的寒风,踏着厚厚的积雪,步履蹒跚地走下了十几里山路。当看到老父亲像雪人似地站在面前,老陈心头为之一颤,两行热泪顿时流了下来。

2009 年底,局办公室秘书刘圣华在出差途中遭遇车祸,脾脏器官严重受损被迫摘除。手术后,医生建议他最少卧床静养一个月。可办公室年底事务繁杂,眼望着越积越多的工作和忙得团团转的同事,心急如焚的刘秘书不顾医生和家人的反对,术后两周便悄然回到工作岗位。他逢人还乐呵呵地说:我身体棒,恢复得快!可就在刘秘书全心投入工作后不久,又一个噩耗传来——他年仅三岁的女儿不幸溺水身亡。因为工作繁忙,孩子从小便由乡下奶奶带着,尽管思女心切,刘秘书平时也只能在周末赶回老家。“妞妞啊,爸爸欠你太多,没照顾好你,爸爸对不起你、对不起你……”拉着女儿冰冷的小手,刘秘书泣不成声。局领导特意嘱咐他在家多休息一阵子,可料理好女儿的后事,同事们便又在办公室看见了他依旧忙碌的身影。

如今啊,在和县财政局,不管是领导还是普通干部,大伙儿的工作日程都安排得满满的。全局上下学习沈浩精神,比能力、比干事、比奉献的良好氛围已经形成。在学习沈浩的活动中,和县老中青三代财政人达成了共识:如果不能致富一村,我们可以帮助一户;如果不能帮助一户,我们可以帮助一名百姓!只要胸中这盏为民服务的灯始终点亮,那么所有的财政人将汇成一团巨大的光源!

(厅机关党委供稿)

学沈浩,做群众离不开的好干部

滁州市财政局 翁晓明

其实,说句实话,自从我接到参赛通知以来,我就没有把这次比赛仅仅当成是一场比赛,我更愿意把它看成是一次深入学习沈浩精神的机会,所以我是带着学习、交流和汇报的目的来到这里的。沈浩同志是我们全省财政人的骄傲和楷模,也是我们基层干部的行动榜样。他的那种对事业无限热情和对广大人民群众深切的爱,让无数人为之动容。因此我很珍惜能有这样一个难得的机会来和大家再一次共同缅怀沈浩同志。

今天我们大家能从四面八方聚到这里是为了沈浩同志,确切地说是为了沈浩同志所留下来的扎根基层、一心为民的公仆精神,这种精神在过去的这段时间里,一直激励着全国各地无数的党员干部,尤其是我们财政系统的干部职工。这种精神如一泓清泉,荡涤了许多人的心灵,如一缕霞光,驱散了许多人对理想对信念的困惑和迷茫,我也是其中的一个。

我也曾经在农村基层工作了 7 年,那几年正是乡镇财政十分困难的几年,而我所在的乡镇更是因为连续六年的短收扣支,使得该乡的财政状况是入不敷出,一度连政府工作人员的工资都发不出来,工作环境也是非常的艰苦。说句老实话,那个时候的我,每天是带着抱怨上班的,工作态度也是十分地消极,每天想得最多的事不是如何把工作做好,而是如何早一天离开这个穷地方。现在通过学习沈浩同志的先进事迹,真的让我感到无比羞愧。如果说我和沈浩同志的区别在哪里,那就是我心里装的是自己的利益,他心里装的是群众的利益。我每天想的是得过且过,混日子,而同样在农村基层的沈浩同志,他的所思所想都是如何改变这个现状,如何带领小岗村的乡亲们过上更好的生活,如何把党的温暖送到群众的心里。他不光是这么想的,更是这么做的:大雨滂沱的深夜去照看危房中的老大爷,万家团圆之际却与孤寡老人共度春节,出差开会之余不忘给行动不便的大娘带回一根拐杖……这些点点滴滴,看似简单,实则很难,做到这些就意味着要把多少家庭团聚、多少儿女情长、多少安逸享受置于身外,没有真正把人民群众的利益放在第一位的人,是绝对做不到的,可沈浩却做到了。“群众的认可是对你最大的褒奖”,这是胡锦涛总书记对他的鼓励,更是广大群众的心声。

众所周知,基层财政工作很多都是直接面向广大群众的,尤其是现在的农村财政干部更是各项惠农政策的执行者和宣传者。名目繁多的补贴项目需要编制造册,大量的补贴资金需要安全及时地发放到位,如果没有认真负责的态度和为民服务的意识,就有可能把好事变坏事,那就不光是损害了党和政府的形象,更加是伤了百姓们的心。所以,要想成为一名群众离不开的基层财政干部,就得像沈浩那样时刻牢记以群众利益为先,想群众之所想,急群众之所急,办群众之所需。把为民理财、为民服务意识贯彻到业务工作中,把为民奉献落实到行动中,同时不光要理好财,也要关心政,成为农村工作的多面手,为群众排忧解难,为领导建言献策。

记得李源潮同志在小岗村调研时就要求广大党员干部,要学习沈浩同志的先进事迹和崇高精神,努力做一个让人民群众感到离不开的好干部,同志们,成为人民群众离不开的好干部。这个要求看起来容易，做起来难哪！沈浩同志就是从一点一滴的小事做起，带着对党无限的忠诚和对人民无限的热爱，以自己的实际行动，慢慢地让小岗村人民不再怀疑他只是个“镀金干部”。从最初的怀疑到信任直至最后成为群众离不开的好干部，沈浩他仅仅用了6年时间就在小岗这块土地上。在小岗人民的心里树起了共产党人的无形丰碑。他以自己短暂而璀璨的一生，诠释了全心全意为人民服务的宗旨，树立了奉献基层、一心为民的公仆形象。我们都应该自觉、主动地以他为榜样，牢记宗旨、一心为民，开拓进取、无私奉献，努力像他一样成为一名人民群众感到离不开的好干部。这才是我们学沈浩、见行动的最终目的。

（厅机关党委供稿）

我为沈浩而自豪

六安市财政局　洪双竹

2009年腊月的一天，天寒地冻，雨雪霏霏，我们财政局的十几名党员，来到大山深处的扶贫结对户张大妈家开展春节送温暖活动。面对我们带去的慰问金和年货，大妈拉着我们的手，眼含热泪地说：“电视上都在说沈浩是党的好干部，现在我知道了，你们就是沈浩，我身边也有沈浩那样的亲人！”

大妈的话让我激动不已：想当初，提起沈浩精神，我就认为遥不可及且高不可攀，可如今，在这偏远的山村，我们财政人这小小的举动，就被群众看成是身边的沈浩！一时间，我在被沈浩精神感动的同时，更为自己成为群众心中的沈浩而自豪！

“为什么我的眼中常含泪水，因为我对这片土地爱得深沉！”这是沈浩最喜欢说的一句话。我是一名来自最基层的财政干部，生活在老区、成长在乡村、工作在一线，我深深地知道，向沈浩学习，必须体现在我们日常工作中的一举一动、一言一行。就财政工作而言，农村税费改革以后，一系列的强农惠农政策，让我们财政干部的心与广大群众的心贴得更近，群众的一个个微笑，一声声赞叹，一句句温暖的话语，就是我们最好的收获，也是我们学习沈浩、践行沈浩精神的最好见证。

大家都知道，财政工作与老百姓的生活密切相关，近年来，在省、市财政部门的关心支持下，仅我们一个小小的金寨县，就推行了多项财政改革举措：“一卡通”让财政补贴农民资金及时、安全地发放到农民手中；“一线实”让党的惠农政策真正到达应该受益的农户；“一站办”便民服务以来，全县共为山里群众提供咨询、服务的事项达98万多件，这是一个多么振奋人心的数字啊！不仅如此，伴随着金寨县一项项创新之举，我们财政人在学习沈浩的实践中，为几十万老区群众送去了党的温暖：在全省率先实行城乡贫困群众最低生活保障“全覆盖”，解决了2.9万名贫困群众的生活难问题；在全国率先实行城镇居民医疗保险，有6.1万名城镇居民受益；在全省第一批开展城乡义务教育经费保障机制改革，对11万贫困学子实行“二免一补”等救助；在全省第一批推行新型农村养老保险，如今，参与保险的人数已达37万之多……这一项项利民、惠民之举，是实现科学发展观的具体要求，更是我们学沈浩、见行动的生动实践和真实写照。

在我所工作的这个优秀的群体里，工作着一批勤勤恳恳、兢兢业业的理财人，一个个项目的核算、一笔笔资金的拨付、一项项财政法规制度的执行，无不浸透着财政人的执著与汗水。而在广大的农村，财政所的同志们更是我们财政人的形象和缩影，他们深入千家万户，送政策、送资金、送技术、送温暖，被群众称为“最亲最近的人”。在我的身边，沈浩式的同事大有人在：身为财政所长的选派干部郑才刚，在高寒山村一待就是三年，即便是在不满10岁的儿子重病期间，他仍坚守在修路工地。痛失爱子后，山里人用最传统最隆重而又最崇高的礼节向他表示敬意，近千名群众自发地来到他的家中，在选派干部郑才刚的面前长跪不起，为他的儿子送行……还有一名基层财政所干部汪承朝，长期坚守在工作一线，身患血管瘤却无暇顾及，面临截肢的危险时，也还是和同事们一道走村串户，不下火线，最后硬是被同志们从工作台架上了手术台……我想，正是这一个又一个沈浩精神的再现，才汇聚成了我们财政大军这一道被人称颂的沈浩式的优秀群体！“关键时刻看得出来、危险时刻站得出来”已成为我们财政队伍共同的心声和无声的行动，你看：在台风袭来的时候、在大雪压城的时候、在地震灾区需要救助时候、在群众最危急最需要的时候，总能看到我们财政干部冲锋在前的矫健身影。一位80多岁的农民大伯曾这样深情地说，原来向我们收钱的财政干部，现在天天在给我们送钱，这是我们老百姓做梦都不敢想的！见到的干部千千万，可最为我们老百姓着想的还是像沈浩那样的财政干部！

这是一句多么温暖而深刻的话语啊！它是对我们财政干部最好的褒奖！更是对我们财政干部深深地鞭策！随着学习沈浩事迹的不断深入，我突然发现，正像山里群众称道的那样，沈浩无处不在，沈浩就在我的身边，你是沈浩、他是沈浩，我们大家都是群众心中的沈浩！

我为沈浩而自豪！我为财政而骄傲！

（厅机关党委供稿）

一名财政人的坚守

厅直机关　孙友三

常言道：金杯、银杯，不如老百姓的口碑。沈浩去了，他带着未竟的蓝图离开了小岗；他带着小岗人依依不舍的红手印离开了我们。作为曾在一个处室共事多年的同事，我也时常会想起他，会想念这位曾带给我许多快乐回忆的好兄长。在不同的场合，我也会同别人说到我眼中的沈浩；会向别人说：沈浩作为财政战线上的一名老兵，他 20 多年的工作积淀，在小岗的 6 年绽放了他人生中最美丽的花朵；他的大爱、他的质朴和他的坚韧，将永远铭刻在我的心底。

古人云：老吾老以及人之老，幼吾幼以及人之幼。可当今又有多少人具备这样的美德和拥有这样的善行呢？记得有一年，我同沈浩一起去利辛县的一个村子核查水灾损失，当我们看见一位步履蹒跚的大姐，因病至贫、家徒四壁的时候，他却默默地故意走在我们后面，掏出口袋中所有的钱送给那位大姐治病。直到今天，这一幕还深深地印在我的脑海中。那一刻，我心情并不平静，无论用什么话去表达自己的心情，但至少有一点，我没能做到。我想，沈浩的大爱，不仅仅包含在他跪送 90 高龄的母亲回老家的泪水中，也更多地表现在：他在小岗送给那位大娘的拐杖里，表现在：他动情地说“以后这娃儿的奶粉我全包了”的话语中。当我们面对穷困，只是怀着一份同情心唏嘘不已的时候，是不是可以学一学沈浩：在工作和生活中，更加地关注老百姓的疾苦，奉献一些爱心，伸出援助之手呢；在担负民生工程大任的事业中，是不是可以将这份源自心底的大爱，转化为更多“扶危济困”的及时雨和雪中炭呢。

当一些人总在说“老实的人会吃亏，干事认真的人像傻子，不会享受的人是孬子”的时候。在小岗的6 年，沈浩，他用手 捧水泥运砂浆，是作秀吗？他雨中赤脚奔走，是因为他没有胶靴吗？他自己掏钱，请大包干带头人外出考察，是旅游吗？答案是否定的。他为的是让小岗村民走上更加平坦的道路；为的是让屋漏的村民尽快脱离险境；他为的是统一全村思想，开阔眼界，建设更加美好的小岗。他的质朴和务实赢得了小岗村民最为朴素的褒奖——三纸红手印。回想起来，大学毕业后，我也在乡镇财政所工作过 6 年，也曾在 40 多度的烈日下，到田间征收农业特产税；也曾在零下十几度的寒冬里，用冻僵的手抄写公文。而今，我坐在舒适的办公大楼里，在处理一件又一件的公务中，我还记得多少 以前征税路途上的颠簸，还记得多少 基层工作的艰辛，我还能做到像沈浩那样 朴实无华地对待“国事民心”吗？扪心自问，我认为自己身上还是有这样一份质朴的，我也坚信：在我们的工作中，只有坚持与普通群众 实现心与心的沟通和共鸣，坚持充分而全面的换位思考，我们才能真正地了解他们的需求，才能把握“为国理财、为民服务”的价值取向，我们也才能实现财政工作与政府工作的共赢目标。

人生不如意十之八九，有的人会在困境前止步，会被失败所打倒；但有的人则具备着坚强的意志、有着坚持的韧性。在小岗的日子里，沈浩被人打过、被人骂过，他也曾 因不被理解而委屈流泪；也曾打过退堂鼓，心里在亲情和乡亲之间矛盾过，但最终 他还是选择坚持，留了下来，带领全体村民修路架桥、耐心做村民思想工作建敬老院、顶住压力流转土地抓招商引资，正是他锲而不舍的韧劲和为民谋幸福的执著，才让小岗村 那句流传已久的“一朝跨过温饱线、二十年没进富裕门”的话 成为了历史。回顾十余年的政府采购改革之路，不也正是这一份坚韧在支撑 政府采购的老兵、新兵们，不断克服困难、消除阻碍、创造业绩吗？如今“阳光、高效、共赢”、“公开、公平、公正”的政府采购形象已然深入人心。我相信：只要我们敢于坚持、百折不屈，只要我们克己奉公、勤勉尽责，再多的困难，我们也能克服，再多的不理解，我们也能忍受。沈浩身上的这份坚韧也更会伴随我们财政人，创造更大、更多、更新的业绩。

大爱，赋予了我们“强国富民”的重任；质朴，导引着我们沉下身子履职尽责；坚韧，更可以让我们增添战胜困难、化解矛盾的勇气和方法。沈浩，他对普通百姓的大爱、他对社会责任的坚守，不也正是全省财政人多年来“注重学习提升、加强能力建设和提高财政效能”的真实缩影吗？信念转化为行动，政策付诸于实践，当前，我们不仅要做“主动理财、科学理财”的财政人；要做“服务跨越发展、实现安徽崛起”的带头人和实干家；我们也更要从小处做起，以沈浩为榜样，在创先争优的实践活动中，争做一名爱岗尽责、公而忘私的优秀财政干部。

（厅机关党委供稿）

沈浩激励我们前行

厅直机关　尹安红

沈浩，这个在我们身边耳熟能详的名字，我曾经听同事无数次的说起他，称赞他。说起他的风风火火、点点滴滴，称赞他的品德、他的为人！虽然我没有和他共过事，但他的形象在我的内心清晰而高大。他的先进事迹深深地感动着我的心房，他的崇高精神强烈地震撼着我的灵魂。

我心中的沈浩，就像一棵大树，他将根深深地扎进了小岗这片热土。作为财政厅的一名机关干部，他没有去“镀金”，而是满怀着对农民的热爱和感恩，用全部的身心去奉献。熟悉沈浩的同事告诉我，那六年里，沈浩的心中装的全是小岗，全是小岗的乡亲。修路、招商、引进人才、关心弱势群体，一家、一户、一点、一滴，沈浩，他每日所思所想都是如何改变小岗，如何让小岗的亲人们过上更好的生活。六年里，沈浩没能在年迈的老母身边尽孝，也难以为心爱的妻子助力分忧，更无暇顾及年幼女儿的学习生活。他以炽热的情怀和扎根的深情，在小岗摸爬滚打了三年又三年。六年，整整六年啊，沈浩实现了小岗大变样，他改变了小岗的贫穷、改变了小岗的落后、改善了小岗人民的生活；他自己也在磨炼中，成长为“人民群众离不开的好干部”、“人民满意的公务员”。他用年轻的生命谱写了一曲可歌可泣、何等壮丽的人生篇章。

我心中的沈浩，就像一座丰碑，他为我们找到了为之努力奋斗的方向。我虽是财政一名新兵，但早已感受到全系统“上下一心为民理财”的温暖春潮。我惊喜地发现在身边越来越多的同事以沈浩为榜样，他们立足本职岗位、勤奋学习、默默耕耘，用自己的所学，为财政事业、为中华民族贡献青春和力量。正是有了这样一群最可爱的人，我们的事业有了长足的发展。财政实力不断壮大，财政宏观调控不断改善，科学理财水平不断提高，干部综合素质不断提升。我们财政人不当摇头先生，不当账房先生，用自己的聪明和智慧，推动科学发展、着力改善民生；我们财政人，主动理财、积极作为，用自己的心血和汗水，建设公共财政，服务发展大局，让每一分钱变成一缕缕阳光，凝成一滴滴雨露，汇成一丝丝清泉，温暖着千万人的心；

我心中的沈浩，就像一面旗帜，他将激励我们在为国理财的征程中奋勇前行。作为沈浩的新同事，我们曾在一栋大楼里办过公。我深刻地感觉我离他很近，近到我正在继续着他的未竟事业；我也深刻地感觉离他很远，与他的差距是多么的大，无论从思想觉悟上、知识层面上、还是从业务水平上；我发现自己需要学习的地方还有很多，我需要改进的方面还有很广。沈浩就是一面旗帜。我立志以沈浩同志为榜样，找准自己的定位，以强烈的责任感，认真负责地对待每一件事；一丝不苟对待每一项领导交办的任务；不断加强学习，钻研财政各个方面的业务知识，坚持廉洁自律、克己奉公，以健康的心态和感恩的心，从事好我平凡的工作。让我手中送出的一份份普通的文件，一笔笔寻常的拨款，通过我的岗位、我的敬业精神，惠及普通百姓，撒向“和谐”人间。

（厅机关党委供稿）

让青春书写华章

南陵县财政局　刘　燕

有人说沈浩是一片绿叶，他将根深深地扎进了小岗这片土地，他是一名选派干部，他没有做“镀金干部”。而是满怀着对大地的热爱和感恩，用身心去回馈，去奉献。因为沈浩知道他的根在人民群众，他的舞台就是人民群众的心怀！所以沈浩的心能和小岗村的百姓一起跳动，就像父子的心一起跳动一样。所以沈浩的情能和小岗村的群众一起起伏，就像亲人的情一起起伏一样。

两千多个日日夜夜，沈浩克服种种困难，扎根基层，呕心沥血，用模范行动践行了为人民服务的宗旨，用生命代价诠释了共产党员的真谛，他不愧是共产党员的优秀代表，是基层干部的杰出楷模，是选派干部的先进典型，更是我们财政人的骄傲！

在我的身边，就有一位沈浩式的好干部。他把三年的宝贵光阴同样奉献给了基层的群众，在那片深情的土地上做出了特殊的业绩，从而在芜湖市南陵县掀起"远学沈浩，近学曹彬"的热潮。他就是南陵县财政局选派到三里镇双河村任党总支第一书记的曹彬同志。

曹彬在村任职的三年里，没有请过一天假，没有向组织提过任何个人要求，他带领村"两委"班子帮助患病的村民筹钱治病，照顾孤寡老人，帮助受灾的村民重建家园，成立了皖南地区首个土地流转专业合作社，带领村民走上了致富路。如今的双河村已由三年前的落后村变为今天的田成方、树成行、渠相通、路相连的欣欣向荣的新农村。而曹彬，也如当年的沈浩，被村民联名写上"留职信"，按下鲜红的手印，继续留在双河村任职。

曹彬的事迹就是"学沈浩、见行动"的生动典型。"远学沈浩，近学曹彬"，这样的榜样就在你我的身边，时刻提醒着我们要向榜样学习，学习他们执著奉献的无私精神，学习他们尽心尽职的工作热情，学习他们无私奉献的良好心态。

对照沈浩，我常常在想，我做的怎样，面对我所从事的财政工作，该如何践行沈浩精神，如何找准前进目标和努力方向。

自 2003 年考入南陵县财政局，今年已是第七个年头，从最初的财政门外汉，现在的我已深深地和财政事业紧密相连。记得刚进入财政系统，我被分配到办公室工作，我的心里很不平衡，为什么学财会专业的我，不能够从事财会业务工作，而是在办公室里做俗语说"杂事无功，累死长工"的活儿。慢慢地，溶入工作后，我发现办公室工作并不是我所认为的毫无技术含量，要做好它，同样需要刻苦钻研，孜孜不倦。就这样，在领导的教导和同事的支持下，我认真地做好工作中的每一件事情，文件收发、档案管理、财务经办、信息编写、会议策划、来人接待……我的工作很繁琐，但我很充实；我的工作充满不确定性，但我知道这对我是一种锻炼。七年的时间里，数不清加过多少次班，熬过多少次夜，但当我连续两年被评为芜湖市财政信息工作先进个人，多次被评为县档案、统计工作先进工作者，2008 年被评为全县财政系统先进个人的时候，我觉得这一切都是值得的。

学习沈浩，感受最深的是他把工作当作毕生追求的事业，永恒的追求。沈浩教会我用心去工作，教会我在工作中找到人生目标。

虽然我的工作岗位很平凡，不是财政工作中的核心部门，但它在整个财政体系中同样重要。只有做好办公室工作，才能维系整个机关的高效运转；只有掌握整个机关的业务流程，才能给领导当个好参谋和好助手；只有加强对机关的规范管理，我们的财政工作才能发挥应有的效用，才能让资金拨付的更及时，让预算编制的更科学合理，让惠民直达更加方便快捷，让会计核算更准确无误，让民生工程使得广大群众共享改革发展的成果。

光阴如箭，日月如梭，我想起当年公务员考试面试的时候，考官问过我这样一个问题，你为什么要报考财政局？我回答，因为我希望在财政工作中发挥光和热，在财政事业中实现人生理想！

（厅机关党委供稿）

像沈浩那样为群众的认可而坚守

亳州市财政局代表队　陆　宁

2006 年，省财政厅干部沈浩同志被选派到小岗村任党委第一书记已期满三年，小岗村农民安居乐业大发展：两公里的水泥路修通了；养猪场和蘑菇大棚收益了；4A 景区和文化旅游节红火了；人均收入由 2000 元增至 6600 元……小岗人认准了沈书记正是他们科学发展的领头人！

于是，98 户农民在挽留沈书记的请求书上郑重地摁下了鲜红的手印！这 98 枚印记是小岗人感天动地的呼唤！也是对沈书记鞠躬尽瘁、无私奉献赢得人民群众衷心爱戴的奖赏！

小岗人离不开沈书记，他们为"致富"而"留人"；沈书记离不开小岗人，他要为"认可"而"坚守"！沈书记放弃了回城，选择了坚守！正如胡锦涛总书记对沈浩的赞扬："群众的认可是对你最大的褒奖。"沈书记最知道坚守的重要，最懂得"认可"的价值，最珍惜褒奖的可贵！

坚守是一个苦涩的词语，也是一个快乐的词语。对沈书记而言，它意味着继续住着村头的一间小屋里，日夜敞开门来，享受着随时笑迎群众、屈膝谈心谋发展的快乐；它意味着继续和村民一起披星戴月，艰苦奋斗，让党的富民政策和民生工程扎根基层，造福百姓的快乐；它意味着忠孝不能两全，他不能为 90 多岁的老母尽孝道，不能为女儿的父爱尽责任，不能为妻子的重担分忧愁！然而，却有着为小岗村的八旬老太送去拐杖、为危房户冒雨赤脚送去安全、为呆傻流浪汉冬雪里送去棉被、为困难户的新生婴儿送去奶粉的快 乐……

罗曼．罗兰说过："生命是一张弓，那弓弦是梦想。箭手在何处呢？"无疑，那就是我们自己——一个忠于自我，并深刻觉悟于自己责任和使命的人。沈浩同志用甘为公仆、六年坚守的行动证明了一个财政干部对富民强国梦想的追求和对事业的忠诚、对人民的热爱；用心装百姓、至爱人民的忘我竖起了人民心中的巍峨丰碑；用"群众的认可"诠释了"权为民所用、情为民所系、利为民所谋"的人生；用年轻而宝贵的生命谱写了"为人民利益而死重于泰山"的赞歌！

直到学习了沈浩同志的忠诚坚守，我才从迷惘中轻松走出，满怀豪情地加入到了"学沈浩、见行动"争当合格财政干部的先进队伍里。

那是2000年，我从利辛县农经总站被抽调到农税局工作，走过了农村税费改革、农民减负增收、农税规范征管，直到2005年农业税免除的伟大巨变过程，我始终坚守在契税、耕地占用税直征窗口的岗位上，却一直是所谓的"临时工"身份，领着农经委的工资，干着农税局的工作。这十年里，我有着干一行爱一行，坚守岗位的快乐，并和同事们凭着忘我的敬业精神和真诚的微笑服务，赢得了广大纳税人的信任、支持和认可，多次被评为省市县局的先进个人；同时也因抵制说情、力拒偷税而遭到个别人的误解、指责，乃至恶语中伤。我曾进退两难，一边噙着眼泪，一边带着微笑，游走于坚守还是放弃的边缘。但想到沈浩的事迹，我就咬牙坚守！因为我获得了纳税群众的认可；因为我得到了各级领导的鼓励；因为我心中有了沈浩精神，任何苦厄便都能从容面对。最近，我终于正式调入农村财政管理局，成了一名"正式"的财政干部。

坚守是一种必须担当的岗位责任，是一种必须具有的职业素质，是一种人生精神境界。而"认可"是真诚付出，是无私奉献后的收获和快乐！在财政改革发展事业上，我将更加努力地学习沈浩同志的坚守精神，为不断获得"群众的认可"而一如既往地做好契税、耕地占用税直征窗口的"微笑天使"，为推进增收节支、科学理财，实现沈浩同志的国富民强梦想加油！

（厅机关党委供稿）

全国财政系统先进集体和个人材料

开拓奋进理财政　服务经济谱新篇

——记全国财政系统先进集体马鞍山市财政局

山川秀美的江东，更有着丰富的资源。马鞍山，伴随着共和国一起成长的一座新兴的工业城市、全国文明城市，在改革的年代里加速，在新世纪的曙光里腾飞。看今朝，数风流人物，军功章当有他们一半——马鞍山财政人。他们敢为人先，做活"生财、聚财、理财、用财"文章。他们不断创新，出色发挥财政部门职能作用。他们在2007—2010年，因工作成绩突出共获得省财政厅表彰80多项，市委、市政府表彰49项。他们连续十一年获全省财政预算执行分析工作第一名。他们连续七年获市委、市政府目标考核优秀，连续三次被市委、市政府记集体"三等功"，连续十年获市直机关先进党组织和红旗党组织称号。他们2008年被评为全省财政系统先进集体，2009年党风廉政建设在全市考评中获政府系统第一名。

"改革创新是财政发展的动力"。正是坚持把改革创新始终贯穿于工作中，马鞍山财政工作亮点纷呈。围绕公共财政改革目标，扎实推进财政管理体制改革。全面建立并不断完善市以下财政管理体制，当涂县全面实施"乡财县管乡用"财政管理新模式，初步建立起较为规范的财政转移支付制度，各级政府财政支出责任进一步明确。改革市区财政管理体制，进一步对区放权，将1766户市级企业税收划转区级征管，区级财政实力进一步壮大，占全市收入比重由2007年的16.2%提高到2010年的30.2%。以部门预算、政府采购、国库管理和非税收入征缴改革为主要内容的财政管理制度改革取得明显成效。部门预算编制实现了从形式、方法、内容、编制手段、监督上的五大转变。政府采购制度不断完善，多次在全市廉政会议上作典型发言，每年资金节约率均在12%以上。乡镇"零户管理"、县(区)及市级国库集中支付等国库管理制度改革全面完成，覆盖面100%。全面实施政府收支分类改革，建立起科学规范的政府收支分类体系，公共财政支出框架体系基本确立。按照"明确责任、分类负担、收支脱钩、全额保障"的原则，积极推进政法经费保障体制改革，政法部门经费保障水平切实提高。推进收入分配改革。全市各级财政积极筹措资金，不断提高低保、失业、企业退休等人员待遇标准，稳妥实施学校、医疗等事业单位绩效工资改革，规范公务员津贴补贴。积极推进产权制度改革，组建了工业、建设、能源交通三大资产经营公司，建立健全国有资产分层管理体系。在强化经营性国有资产管理的同时，积极推进行政事业单位资产管理改革。在全面清产核资基础上，实施产权集中统管。

在这些改革过程中，马鞍山市财政局在全省创造了多项"率先"：率先开展财政支出绩效监督试点，探索财政监督工作新思路；率先将财政国库支付信息系统与审计网络对接，让每笔财政资金都"来去可查"，打造"透明财政"；率先在市一级成功推行财政资金网上支付改革；率先建成政府采购专家管理系统，促进评审专家规范执业；率先开展行政事业单位资产全面清查，摸清市直行政事业单位国有资产"家底"；率先开展财政科研课题评审活动，促进了财政干部理论水平和业务素质的提高。

2007—2010年，全市共安排财政支出272.9亿元，年均递增26.4%。其中：投入7.6亿元重点支持高新技术产业化和骨干企业技术改造；投入11.1亿元支持企业改组改制、主辅分离和上市，先后扶持方圆支承、泰尔重工、鼎泰新材、现代牧业等4家企业上市；投入10.2亿元支持农业和农村经济发展，发放各类惠农补贴资金3.4亿元，有力促进了农民增收；投入22.3亿元，认真贯彻落实"科教兴市"战略；投入40.3亿元支持实施了一批城市重点工程，使城市面貌得到根本改观；积极利用外国政府及国际金融组织贷款1.6亿元，加大环保投入，提升城市人居质量；落实中央、省减免114项行政事业性收费和市级免收48项行政事业性收费政策，年减轻企业和群众负担5000多万元，营造全民创业和支持企业发展良好环境；积极为再生资源回收利用企业和出口企业办理增值税退税，促进资源节约利用和外向型经济发展;注入资金 1.8 亿元,完善担保体系建设,缓解中小企业融资难题;启动农村消费市场,发放家电、汽车下乡补贴,兑付率居全省前列;积极配合争取4 批 81 个扩内需投资项目,总投资 27.8 亿元,其中:中央和省投资 3.4 亿元。

“常思民生之大,笃行利民之举”。马鞍山市倾力打造民生财政,民生工程实施项目从 30 项增加到 50 项,2007—2010 年累计投入资金 35.16 亿元,有力促进全市社会经济和谐发展。2010 年,是马鞍山市实施民生工程的第四年,马鞍山市深入实施 50 项民生工程,其中:继续实施 44 项、新增 6 项,总投入14.3 亿元。“经济发展的目的就是让百姓过上好日子。随着财政收入的好转,我们把增加的财力集中投入民生,不让一名学生因家庭贫困辍学,不让一个家庭因天灾人祸致贫,不让一位老人因无儿无女失养。”马鞍山市财政局局长丁济民如是说。资金保障是民生工程的“活水源头”。马鞍山市充分发挥市级财政、县区政府和社会资本三个方面的积极性,整合资源,调整结构,集中力量,好事大家办,重担一起挑,保证了配套资金足额落实到位。各级财政严格执行民生资金预算优先安排的原则,做到预算安排不打折扣,资金及时申请、及时拨付。2010 年市、县(区)民生工程配套资金已于5 月份全部落实到位。

为保障民生工程顺利实施,马鞍山市今年 5 -6月份对 2007—2009 年实施的所有民生工程项目开展“回头看”活动。通过对 3 年工作开展回顾,认真总结经验,梳理归纳存在的问题,逐项整改,不断完善,加强民生工程制度化、规范化建设,保障工程持久、稳定发挥效益。“监督管理是财政发展的保障”。马鞍山财政紧紧围绕依法理财、依法行政,扎实推进各项基础管理工作。认真开展财政“五五”普法宣传,积极推行“两公开一监督”的民主理财方式。建立了预算编制、执行和监督相互制约的机制。实行了部门预算报送人代会审议,接受人大代表监督的制度,增强了财政工作的公开性和透明度。积极推进“小金库”专项治理,对全市 84 个部门 944 个单位全面清查,整顿规范财经秩序。建立预算支出绩效考评制度,将慈湖河上游清淤整治工程等 15 项资金规模较大,对经济社会发展有影响的项目纳入绩效考评试点,切实提高财政资金使用效益。组织开展《会计法》执行情况检查和会计信息质量抽查,加强注册会计师行业监管,初步构建起事前审核、事中监控、事后监督的财政监督检查新机制。先后制定了环保、旅游、中小企业等近 30 个专项资金管理办法和规则,对专项资金拨付、管理、使用的全过程进行严格监管,防止资金被截留、挪用,确保预算早安排、资金早拨付、项目早产生效益,从制度上堵住财政资金管理的漏洞。坚持系统内部监督检查制度。每年组织专人对科室和下属单位进行内部审计,发现问题,及时整改。定期组织对县(区)财政改革、预算管理等方面工作督查指导,促进县(区)财政建章立制,规范理财行为,提高理财水平。

随着“财政规范管理年”、“能力建设年”、“学习提升年”等一项项活动的开展,财政干部学习、创新、谋划、执行、自律能力得到全面提高。沈浩同志是财政战线的一面旗帜。马鞍山财政人把学习沈浩同志先进事迹摆在突出位置,把内涵丰富的“沈浩精神”内化于心、固化于本、外化于行,人人争做“人民群众离不开的好干部”。鼓励和支持干部职工参加业务培训和学历教育,结合“创建学习型机关”等活动,把每个月第一个星期六作为“学习日”,大力加强干部队伍学风建设。坚持财政科研课题评审制度,局领导班子成员担任课题组长,邀请知名专家点评调研报告,把大家的精力集中到学习和工作上来。用规范的程序用好人。在干部选拔使用上,公平公正,引入竞争机制,采用竞争上岗或空位公推等方式产生干部。用规范的制度管理人,除学习、考勤、卫生、财务和岗位目标责任制外,为推进效能建设、政务公开,还制定了行政权力规范运行制度,要求财政干部文明办公“五要五不”。局领导经常与职工谈心交流,调动工作积极性,全局上下形成“心往一处想,劲往一处使”的良好氛围。

回首近年来马鞍山财政走过的发展历程,有艰辛、有困难,但面对一系列可喜的成绩,财政干部感受更多的还是自豪、希望和信心,众多荣誉称号的背后,折射的是马鞍山财政人锐意进取的决心和气势。

为有源头活水来 锐意改革求自新

——记全国财政系统先进集体淮北市财政局

近几年来,淮北市财政局坚持以科学发展观为统领,牢牢抓住全国资源型城市转型试点市、全国循环经济试点市和全省城乡一体化综合配套改革试点市等重大机遇,以城市转型为主线,调动一切财政手段,大力推进工业化、城市化、城乡一体化,经济社会保持平稳较快发展。淮北市财政收入连续五年平均增幅两成以上，并荣获全国青年文明号、全国巾帼文明岗、全国优秀班组、全国财政系统党建工作“新风奖”、连续四届省级文明单位、连续16年全市岗位目标考核先进单位等数百项荣誉称号。

支持经济又好又快发展无疑是各级财政部门的首要任务，为此，淮北市财政局创新投入方式，立足市委、市政府产业发展战略，把研究国家产业政策与全市实际紧密地结合起来，围绕转变经济发展方式，充分发挥财政政策对经济发展的调节作用，以节能增效和生态环保为抓手，以科技创新和改革开放为动力，加快结构调整和产业升级步伐，加快推进城市转型。五年来，市本级多方筹集工业经济发展专项资金4亿元，支持企业兼并重组，做大做强煤电基础产业，培育壮大食品加工、机械制造、煤化工、纺织服装及其他非煤产业，努力实现产业结构的优化升级；每年设立1亿元新兴产业发展资金，支持发展低碳经济，培育发展生物医药、精细化工、生物能源等新兴产业；每年设立0.4亿元服务业发展资金，加速推进有形市场建立，支持发展金融保险、研发设计、房地产、现代物流、商务服务、信息服务、文化创意等生产性服务业；积极在全省率先实施中央、省属企业剥离办社会工作，减轻企业负担，支持企业做大做强，仅此一项市本级每年净增支出2亿元以上；充分发挥政府资金导向作用，综合运用担保、贴息、风险补偿、考核激励、政银企联席会议等政策和措施，放大财政政策和资金的倍数效应，引导金融机构和各类投资主体调整信贷投资结构、扩大信贷投资规模，全市各类金融机构累计投放企业贷款206亿元；多渠道筹集资金48.5亿元，加大开发区和园区道路管网、标准厂房建设，拉动全市经济快速增长。

2008年格外引人注目，上半年全市煤炭产业完成总产值97.48亿元，同比增长45.9%，占工业总产值的比重降至47.2%。非煤产业总产值所占比重首次超过煤炭产业，撑起全市工业经济半边天……2009年3月，淮北市被列为全国第二批资源枯竭转型试点城市之一，淮北市以城市转型为主线，大力推动产业结构调整，食品工业、机械制造、纺织服装、陶瓷建材等非煤产业逆势上扬，累计实现增加值53亿元，财政收入比上年增长22.6%。

作为全省城乡一体化综合配套改革试点市，淮北市财政局积极参与《淮北市推进城乡一体化发展规划纲要》和七个配套方案的起草论证工作。2009年市财政投入1亿元引导资金，以5个试点镇为重点，开工建设城乡一体化项目268个，竣工项目165个，拉动社会投资60多亿元。2010年市财政继续投入1亿元引导资金，并将试点扩大到“一区、一办、八镇”。在推进城乡一体化进程中，淮北市以打造食品工业高地为重点，着力推进农业产业化经营。

认真落实各项惠农政策。2003年，淮北市财政局率先在全省实行粮食综补“一卡通”发放，并在全省推广。全面落实各项惠民政策，不断完善各类财政补贴农民资金发放管理。五年来通过“一卡通”安全、高效发放各类涉农补贴资金10.1亿元。

不断加大向“三农”投入倾斜力度。五年来各级财政累计投入资金52亿元，建立起覆盖城乡的医疗保障、农村低保、五保供养体系，完成道路、广播电视村村通，解决40.54万农村人口饮水安全问题。通过新建大型节制闸、桥梁、开挖大中沟等，新增和改善除涝面积58万亩，新增和改善灌溉面积28万亩，为农业的持续、稳定发展奠定坚实基础。积极支持发展优势特色产业，重点扶持有规模、效益好的种养基地建设，加快发展壮大产业化龙头企业。五年来新增规模养殖场550多家，绿化荒山4余万亩，扶持农业产业化龙头企业110多家，年新增产值11亿元。

坚持发展经济与改善民生相结合，进一步优化支出结构，集中更多的财政资源向民生倾斜。五年来投入资金46亿元，支持义务教育和职业教育发展，加速形成人力资源新优势；加快社会保障体系建设，积极开展新型农村社会养老保险试点；落实各项就业政策，投入资金4.23亿元，积极支持扩大就业和推进全民创业；多方筹集资金9.2亿元，采取实物配租、发放补贴等形式，着力解决城市低收入家庭住房困难问题；积极开展农村危房改造试点工作，使城乡居民更多地享受改革发展成果，促进了社会安定和谐。

深入开展农村综合改革，积极推进为民服务全程代理；积极多渠道筹集资金7000余万元，建成开放式村级组织活动场所187个。开放式村部的大变革带来了全方位的大变化，受到了广大基层群众广泛赞扬，得到各级领导充分肯定，引起各类媒体高度关注。中央领导周永康书记、李源潮部长对开放式村部建设作了重要批示，并在全国进行推广。

围绕山水生态城市建设，多方筹集资金支持城市路网、城市交通、旧城改造、主城区东进南扩建设；多渠道筹措资金7.4亿元，支持体育场、体育馆、博物馆、图书馆、实验中学、人民医院病房、中医院病房、广电中心、公安交通指挥中心和监管中心建设等,完善城市发展框架,拓宽城市发展空间,增强城市承载功能,加快推进"双百双宜"城市建设。淮北市连续三届获得全国卫生文明先进单位,增强了城乡居民的幸福感。

淮北市财政局把深化预算编制改革作为推进财政管理体制改革的突破口,2007 年在全省率先开展预算编制"三权分离"改革,重新界定各科室职能,明确职责分工,形成了财政内部既紧密协调,又相互制衡的财政资金运行监督体系。实行综合预算和零基预算,打破"基数加增长"的预算编制模式;建立绩效预算,完善基本支出标准,强化项目论证,加强对绩效考评结果的运用,建立预算管理新模式。完善人员和资产数据库,建立资产配置标准体系,努力实现资产公平配置。

大力推进国库集中支付改革。2002 年在全省率先实施行政事业单位工资统发,2005 年率先将预算外资金、财政专户资金全部纳入集中支付范围,制定国库集中支付业务内部操作规程、内部稽核检查办法、内部人员定期轮岗制度等 16 项制度办法。2010 年集中支付各类资金 26.63 亿元,财政资金使用更加节约、高效。

积极推进财政支出管理方式改革。2007 年在全省率先开展对公共事业支出方式由政府直接参与转为政府购买服务试点工作,先后在城市环卫和社区卫生服务寻求突破。从 2008 起,城市新增道路养护一律实行政府购买服务,促进财政支出由"养人办事"向"办事养人"转变。2009 年市区新建 5 条道路 35.9 万平方米保洁作业项目,实行公开招标,年保洁费实际中标价为 91.7 万元,节约资金 54.8 万元。

作为政府的重要职能部门,淮北市财政局十分重视机关效能建设。坚持把效能建设与党风廉政建设有机地结合起来,把党纪条规教育与职业道德教育相结合,经常性教育与专题教育相结合,典型示范教育和案例警示教育相结合,增强教育的针对性和实效性,努力提高财政干部廉洁自律意识。25 年来,市财政干部职工未出现过一例受党纪政纪处分的事件。

淮北市财政局十分重视理财观念的更新,提出了增强政治意识、大局意识、创新意识和责任意识,推进行为方式的转变;突出重点抓落实、注重结合抓落实、讲求实效抓落实和强化责任抓落实,推进工作方式的转变;在科学理财的路径上,力求实现落实政策由传统理解向创新思维转变、支持发展由被动买单向主动服务转变、收入征管由数量增长向质量提高转变、改善民生由增加投入向提高百姓有效消费需求转变、财政管理由粗放型向精细化转变。

加强能力建设,推进科学化、精细化管理,牢固树立服务意识,是淮北市财政局多年来始终坚持的工作重点。以规范部门权力运行为载体,以制度建设为核心,以量化年度目标考核为依据,使科学化、精细化管理落到实处;采取上挂下训、委托培训等多种途径,强化专业培训,着力提高干部的政策执行能力,工作开拓创新能力,分析问题、解决问题能力,服务经济的综合能力,驾驭全局、统筹协调的能力。2010 年新春伊始,邀请上海财经大学和财政部科研所的专家进行春训辅导,在全省财政系统开了先河;充分发挥财政部门特长,牢固树立为企业服务的观念,帮助重点中小企业特别是民营企业加强企业财务管理,提高经济效益;大力清理行政审批项目和行政收费项目,降低产业准入门槛,把更多创业自主权交还给市场,努力为企业创造良好的财税发展环境。5 年来全局有 4 名同志走向正县级领导岗位,3 名同志走向副县级领导岗位。

加强机关文化建设,营造共谋财政事业良好氛围,也是淮北市财政局多年来追求的目标。根据财政工作实际,确立了"团结、创新、高效、务实"的机关建设目标、"以人为本、和谐机关"的机关管理思想、"心为民所系,情为民所牵,权为民所用,利为民所谋"的机关服务精神,形成了具有财政特色的机关文化理念,努力营造一种人心思进、人情浓郁、人际和谐的浓厚氛围。他们每年都组织一台自编、自导、自演的文艺节目和开展多项群众健身运动,排练的西藏舞蹈《吉祥欢歌》、新疆舞蹈《丰收时节》,达到准专业水平,在全省财政系统重大活动中受到高度好评。5 年来,全局有 2 名同志被授予"全省十佳公务员"、"全省十大杰出青年卫士",3 名同志荣立三等功。

谋得几年新变　推动一方发展

——记全国财政系统先进集体合肥市庐阳区财政局

近年来,合肥市庐阳区财政局始终以党的基本理论和基本路线为指导,认真贯彻执行中央、省、市各项方针政策,不断加强税源建设和收入征管,优化支出结构，深化财政改革，健全规章制度，强化队伍建设，各项工作均取得较好的成绩，为合肥市建设现代化滨湖大城市的宏伟蓝图，为庐阳区经济和社会事业的发展做出了积极的贡献。2006 年以来，他们先后获得了省、市、区级表彰 27 项，2008 年被省财政厅、省人事厅授予“全省财政系统先进集体”称号。

庐阳区作为老城区，财政发展受到诸多限制，集中表现有：一是发展空间压力，所辖一乡一镇为省会合肥市的水源保护地，工业经济发展受限；二是旧城改造压力，老城区空间有限且改造难度大，第三产业布局调整和优化难度较高；三是产业转移压力，随着合肥市城市重心南移，城市发展过程中的产业转移压力日渐增大；四是财政力量相对薄弱，近年来区财政局工作人员（含领导职数在内）始终维持在 10 人左右。

为确保庐阳区财政工作持续快速发展，区财政局克服种种困难，通过不断加强税源建设和协税护税工作力度，财政收支规模实现了快速增长。2006—2010 年，全区财政收入连续跨越 9 个亿元台阶，从 2005 年的 5.36 亿元跃升至 2010 年 15.11 亿元，增长 2.81 倍，财政收入步入历史增速最快的一个时期；财政支出连续跨越 7 个亿元台阶，从 2005 年的 3.68 亿元跃升至 2010 年的 10.27 亿元，增长 2.79 倍。

人少事多一直是庐阳区财政工作显著的特点，而经济和社会事业的快速发展、国家宏观调控职能的逐步增强则对财政管理工作提出更高的要求，财政任务更加繁重。区财政局始终坚持主动作为，积极主动地推进各项财政改革，明确了每年至少推进一项重点改革，每年至少解决一项管理难题的财政管理目标。政府收支分类、国库集中支付、政府采购、政府投融资等各项改革快速推进，其中国有资产管理、税源及非税收入管理、财政支出绩效考评、公务卡改革均走在全市乃至全省前列。

按照财政部 35 号令、36 号令的要求，2008 年，庐阳区主动作为，在全省县区级政府中率先启动国有资产管理改革，对国有资产管理工作进行了积极的探索。两年时间里，完善了覆盖资产配置、使用、评估、统计报告和处置全过程的管理制度和管理体系，建立起覆盖全区 140 余家行政事业单位的资产管理信息系统，并通过对管理软件的二次开发，实现了管理信息系统职能从数字统计向科学管理的转变。率先实现对主要办公资产的定额管理，实现预算管理与资产管理的有机结合，提高资产配置的科学性和公平性；率先对行政事业单位经营性资产实行政府统管、全部进场交易，有效防止资产出租过程中的寻租行为，提高资产使用效益；率先实现资产配置和政府采购合并审批，提高资产配置工作的效率和科学性；率先建立起资产统计报告制度，确保资产保值增值和账账、长实相符；率先实现了国有资产配置、处置审批从纸质向网络化的过渡；率先建立国有资产管理目标考核机制，将国有资产管理工作纳入政府年度目标考核，提高单位资产管理的责任和动力。行政事业单位国有资产管理改革以来，国资部门共审减超标资产配置项目 87 万元，区直“公房”出租收益净增 900 余万元。目前，区行政事业单位国有资产管理改革已经取得阶段性成果，其中在资产配置定额管理、资产无纸化审批、经营性资产集中统管，资产管理与预算管理、政府采购管理、非税收入管理、财务管理的衔接等做法上均具有一定的实验性和借鉴性。西安市户县等多家单位先后前来学习调研国有资产管理工作，《中国日报网》、《网易新闻频道》、《腾讯财经频道》等媒体多次进行报道。下一步，区财政部门将着手实施区属企业国有资产管理体制改革，开展企业国有资产管理调研，完善企业国有资产管理制度，探索国有企业负责人管理绩效考评、薪酬管理制度和国有企业重大事项管理制度、企业国有资产统计报告制度，将庐阳区国有资产管理体制改革推向纵深。

税源管理工作成效显著。制定《庐阳区协税护税工作考核办法》，建立财政收入目标考核机制，强化收入责任，促进应收尽收；开发税源管理信息平台，开展税源普查，以普查结果为基础建立纵向联动、横向联网、覆盖全区、实时动态的税源管理系统，加强税源动态管理，利用税源动态管理信息系统数据，要求各单位每月开展漏征漏管户清理，切实做到堵漏增收；强化财政收入与经济发展的联动分析，尤其是加强对重点区域、重点行业以及重点企业的税源分析，每月对全区所有税源户进行分街道、分产业、分行业分析，同时对纳税 10 万元以上税源户全部纳入跟踪分析范围，确保全面了解税源变化情况，为协税护税和税源配置工作提供数据支持。

2006 年，在合肥市率先实施非税收入征管方式改革，建立非税收入管理信息系统，实现对区属所有行政事业单位的集中统管。2007 年，推行公务车辆“三定”工作，规范政府采购行为。2008 年，行政事业单位国有资产管理改革全面启动。2009 年，实施国库集中支付制度改革，逐步完善国库单一账户体系。2010 年,率先在合肥市四城区推进公务卡改革,实现公务消费公开透明;率先在合肥市四城区推进财政支出项目绩效考评,实现财政管理从资金管理向效益管理的延伸;首次实施部门预算公开评审制度,实行"开门办预算"。对创新的坚持,对精益求精的执著,终于换来管理水平的跨越。通过几年的努力,庐阳区财政改革基本覆盖了财政管理的各个方面,公共财政体系基本建立,财政管理科学化、精细化水平不断提升,财政工作也因此获得各级政府的充分肯定。

财政收支规模的快速增长为经济和社会事业发展奠定了良好的基础,发展财政和和谐财政特性彰显,社会事业建设成绩突出。2006—2010 年,区财政累计拨付教育、卫生、社保和文化体育事业等各类资金 13.73 亿元,支持促进区域经济社会事业快速发展。庐阳区先后被授予"全国文化先进区"、"全国社区建设示范区"、"全省义务教育均衡发展示范区"等十多项国家级、省级荣誉。

支持工业经济不断壮大。2006—2010 年,区财政累计拨付支持工业经济发展各项资金 3.76 亿元,初步形成了水电气生产和供应业、电气机械及器材制造业、出版印刷业、金属制品业四大支柱产业。2010 年,全区规模以上工业企业达到 150 户,比 2006 年增加 79 户,其中产值超亿元企业 49 户,比 2006 年增加 40 户;完成规模以上工业总产值 173.43 亿元、增加值 49.89 亿元,分别是 2006 年的 4.24 倍和 3.4 倍,工业经济实现了从小到大、从弱到强的转变。

支持现代服务业加快发展。先后印发了《关于加快商业特色街区建设发展的意见》、《关于进一步加快社区商业发展的意见》、《关于进一步加快楼宇经济发展的意见》等政策,作为专门促进特色街区、社区商业和楼宇经济发展的区级奖补文件。通过多年的税源培育,目前三产已经成为区支柱产业。在第三产业 15 个门类中,庐阳区拥有 14 个。全区银行等金融企业 559 家,其中省级银行等总部机构 30 余家。以"安徽第一路"长江中路为主轴、四牌楼中央购物区和三孝口核心商务区为重点、"全国购物放心一条街"淮河路步行街和宿州路特色商业街为补充的核心功能区已经形成,庐阳区也被省商务厅命名为全省城市商贸服务业发展示范区试点,全省金融、商贸、政治、文化中心地位初步建立。2010 年,全区三产服务业增加值达到 220 多亿元,占 GDP 的比重达 70%,比全市高出 28 个百分点,三产税收占财政收入的比重达 88%。

科学理财创先进　服务发展争先锋

——记全国财政系统先进工作者黄山区财政局局长陈佑隆

"有的人说了不一定做,有的人做了不一定说",陈佑隆属于后者。光阴荏苒,从担任乡长、乡党委书记,到如今的黄山区财政局党组书记、局长,40 岁出头的他,始终把群众的信任当作一种使命、把领导的认可当作一种责任、把服务地方发展作为一种信念,用勤劳的汗水尽情谱写着一名党员的奋进之歌、一个基层干部推进科学发展之歌,确保了 5 年全区财政收入持续增长、社会和谐稳定、区域经济又好又快发展。

财政局作为政府的职能部门,职业神圣、使命光荣。熟悉陈佑隆的人都知道,他对财政工作有一股创新的锐气、奋进的勇气、奉献的精气。

(一)加快财政改革创新。按照上级的部署要求,围绕全区工作大局,先后开展了乡镇财政管理体制、农村义务教育经费保障、"收支两条线"管理制度、部门预算管理、远程记账试点、国库集中支付、房地产税收一体化征收、财政支农资金整合、政府采购制度、规范国有资产处置、医药卫生体制等一系列改革创新,并在全市率先开展涉农补贴"一卡通"发放,得到了基层和群众的认可、获得了上级的肯定,取得了良好成效。财政支农资金整合改革在全省推广并获 700 万元奖励,财政补贴农民资金管理和"一卡通"打卡发放工作连续两年获省一等奖。

(二)加快民生工程实施。始终把保障和改善民生作为财政工作的出发点和落脚点,加大民生工程宣传,精心实施 36 项省、市、区民生工程。加强民生工程资金监管,加快资金拨付,实行资金专项预算、专账核算,确保资金安全、及时、足额到位。严把民生工程项目设计关、建设关、验收关,严格工程"六制"管理,努力把民生工程打造成民心工程、放心工程、幸福工程。2008—2010 年,连续 3 年获全市民生工程工作考核第一名,被黄山市人民政府授予全市民生工程工作"杰出贡献奖"称号。

(三)加快示范区建设。围绕黄山区委"三绿"、"三宜"和走绿色崛起之路的战略目标,按照"一年拉开框架、两年初见成效、三年完善提高"和"立足黄山、冲出安徽、亮相全国"的总体要求，积极整合各项资金，加大财政投入，全面提速耿城现代农业综合开发示范区建设，努力在三年完成投入 6.6 亿元。加大项目招商选商力度，依托黄山品牌和当地资源优势，着力引进一批旅游新业态项目和农业产业化项目，重点紧盯茶博园、竹博园、垂钓园、农家乐等在谈项目，确保农业综合开发示范区建设走在全省六个示范区前列。

群雁高飞看头雁，工作成败看领导。在财政局长的岗位上，他深感胆子重、压力大。但他坚持与时俱进，深入钻研财政法规和财政发展现状，苦苦探索财政增收的新路子。经过反复调研、探索，确立了以税收收入为主，以规范非税收入为辅的公共财政收入体系和以公共支出为重点的公共财政支出体系的新思路，较好地完成财政增收任务。2008 年全区财政一般预算收入完成 31018 万元，同比增收 8010 万元，增长 34.8%，继 2007 年突破 2 亿元后又突破 3 亿元大关，实现了历史性的跨越。与此同时，一般预算收入增幅、税收收入总量、税收收入占财政收入比重均居全市区县首位，荣获全市财政收入考核一等奖。2009 年，面对国际金融危机的影响，他不等不靠，带领全局干部职工迎难而上，采取了多项积极措施，克服了种种困难，加强财源建设，强化税费征管，实现了财政收入稳步增长，全年一般预算收入完成 37558 万元，占区人代会任务 35050 万元的 107.2%、占市下达目标任务 36660 万元的 102.4%，比上年增长 21.1%，提前一年实现"十一五"财政收入目标。2010 年全区财政一般预算收入连跨 4 亿、5 亿两个台阶，达到 51128 万元，比上年增长 36.1%，增幅为"十一五"最高的一年，是"十五"末一般预算收入 13399 万元的 3.82 倍。

近年来，在他的带领下、在局领导班子和全体职工的共同努力下，财政工作积极攀登，获得区级以上表彰逐年增多，2007 年度 8 项、2008 年度 12 项、2009 年度 14 项，2010 年度 25 项，特别是两税征收规范管理工作、国库集中支付改革、部门预算管理制度改革等均获省一等奖，非税收入征管综合工作被省财政厅评为先进单位。由于财政工作的突出、班子的和谐、干部的团结，局领导班子连续三年被评为黄山区优秀领导集体，先后有 8 名干部被提拔到领导岗位上来。在全区目标责任岗位考核中，2007 年度位居全区第二名、2008 年度位居全区第三名、2009 年度位居全区第一名，被评为红旗单位、先进单位，2009 年考核中，党风廉政、机关党建、综合治理、安全生产等均排全区第一，获评全区效能、政风、行风建设先进单位。

高标准管理、高效率工作、高质量服务，是他的奋斗目标。通过"财政规范管理年、深入学习实践科学发展观、创先争优"等活动的开展，进一步提高了机关党员干部的党性修养和综合素质，增强了班子整体合力，提升了财政文化品位。

（一）推进"财政规范管理年"活动。为加强财政干部队伍建设，强化监督理财观念，创新理财思路，在全局上下大力推进"五个规范"（规范收入、规范支出、规范行政、规范监督、规范队伍）目标，努力实现"五化"（执法规范化、管理科学化、工作标准化、支出精细化、监督经常化）机制。强化资金管理，积极稳妥推进村级公益事业"一事一议"财政奖补试点、惠民资金直达工程试点、"金财工程"改革等工作，着力建立科学规范的财政运行新体系。深入开展"学理论、学政策、学经验"活动，强化理论武装，实践推动工作，不断提高干部职工在市场经济条件下依法增税、服务发展、自我创新的能力。

（二）推进深入学习实践活动。围绕黄山区委"推进科学发展、争当崛起先锋"主题，明确"发挥财政职能、服务科学发展"主题，大力开展"千百十"行动计划、解放思想大讨论等活动，重点围绕财政支持经济发展、社会事业、民生工程、三农工作和财政管理、自身建设六大类 17 个层面，扎实开展 10 人以上谈心，深入走访 100 家单位，向"两代表一委员"、乡村、企业、学校、医院和财政工作人员发放 1000 份《征求意见函》，深入查找领导班子存在的不足和影响科学发展的突出问题，开展批评和自我批评，制定整改落实，明确努力方向。通过活动开展，新建立涉及收入考核、税源监控、计算机管理、绩效考评、财务审批、家电下乡等 33 项制度，初步构建了有利于财政工作科学发展的长效机制。通过制度建设，极大地激发了干部职工干事创业热情，切实增强了局机关领导班子的凝聚力、战斗力、执行力。

（三）推进创先争优活动。充分发扬学习实践活动中形成的好思路、好做法、好经验，努力开展党性教育、承诺奉献、为民解忧、亮牌示范、党建创新等五项工作，建立完善解决问题即时承诺制，党组织承诺事项 7 件、党员个人承诺事项 186 件。把大力弘扬沈浩精神贯穿于创先争优活动全过程，区分党员不同情况和岗位特点，深入开展"五学五比"活动和文明服务"五个一"活动，积极开展学习型党组织建设和"文明服务我先行、优化环境我带头、干事创业我献计、廉政自律我示范、强化作风我表率”主题教育，在每个窗口都悬挂文明办公“五要五不”标语，促进全区财政系统文明、高效、优质服务迈上新台阶。

“把荣誉让给别人、让困难留给自己”，是他为人处事的风格。作为一名领导、一名党员，他严守法规制度、恪守党性本色，带头学习提高、带头垂范引导、带头整改提高。一是乐于带头。注重品行修养，热心社会事业，带头献爱心。在2008年抗雪、汶川5.12抗震献爱心活动中，带头捐款1000元。在2007年黄山区“7.10”特大洪灾期间，他连续一个多月下乡进村，深入到抗洪救灾一线，及时了解灾情，下拨抗灾资金，帮助基层开展生产自救，尽可能将损失降低到最低限度。在2008年抗雪救灾中，他与机关干部并肩除冰铲雪、送粮送物，将党和政府的温暖、关怀及时送入千家万户，以实际行动践行了“让党旗飘起来，把党徽挂起来，把形象树起来”的号召。二是乐于奉献。关注地方发展，经常与机关干部一起深入乡村、企业走访，了解困难原因，帮助理清发展思路，促进地方增税、企业增效、农民增收。为搞好财政工作，他不分白天黑夜，加班加点，经常放弃节假日。2008年，妻子扭伤了脚，住院一个多星期，他没请一天假；2009年10月妻子住院，当时耿城现代农业综合开发示范区建设正处于紧要关头，他顾不上去医院看望，只能在电话中问候。为了工作，他将个人病痛置之度外，在他的公文包里始终装着抗血压和胃痛药。三是乐于自律。他牢记“民不畏吾威而畏吾廉”的古训，建立完善了干部监管制度和权力制约机制，率先在全区执行“两个不直接分管”。他正确对待自己手中的权力，无论是预算编制还是资金拨付，坚持依法办事，不拨“关系款”、“人情款”。他自觉加强自身修养和党性锻炼，管好自己的嘴、手、腿，守得住清苦、耐得住寂寞、抗得住诱惑、管得住小节。他经常与同志们一起深入实际、深入基层、深入群众，办好惠民利民实事，坚持制度之内“不缺位”、制度之外“不越位”，努力在政治上做明白人、在生活上做廉洁人、在工作上做带头人。

陈佑隆用自己博大宽广的胸怀，关爱着每一个干部职工，用党员的火热情怀凝聚人心。他以平常心平静地对待成绩，淡泊名利、无私奉献，用一腔热血和辛勤汗水干出了不平凡的业绩，树立了一个财政部门党员干部的光辉形象，深受广大群众拥护，财政局多次被上级评为先进单位，个人也被推选为区人大代表。在充满希望和自豪中，他仍一如既往地执著追求，用真挚的情和爱，推进科学发展，创造价值，奉献人生。

一片冰心在玉壶

——记全国财政系统先进个人长丰县财政局局长杨维国

江淮分水岭千沟万壑，绵延百里。

被誉为“岭上好管家”的杨维国，在担任长丰县财政局长期间，发扬艰苦创业、改革创新和甘于奉献的精神，践行“为国理财、为民服务”的财政工作宗旨，着力做好精细化、科学化、清廉化大文章，促使财政收入“三年翻了一番半”，充分发挥财政促进经济的职能作用，长丰县由国家级扶贫开发工作重点县跃入全省十快县、十佳县、科学发展县行列。

2007年初春，拥有19年基层工作经验的杨维国，再次回到了他所熟悉、熟练的“财员”岗位，担任长丰县财政局党组书记、局长兼国资办主任。重权在握，责任在心。针对长丰县财政收入徘徊于低谷的现状，杨维国带领干部职工一方面倾心尽力，为县委、县政府大力实施的“快工强县、优农富民、三产兴城”战略做好财政保障工作，另一方面向“跑、冒、滴、漏”宣战，以积聚更多的发展财力。

这年夏季，杨维国来到三十头、双墩、岗集三镇调查税收征管情况，发现一大批建材生产企业、房地产开发企业以及建筑安装企业尽管经营势头火爆，却连续数月出现零税甚至负税申报现象。回来后，杨维国牵头写了一份翔实的调研报告递交给了长丰县委县政府，建议利用半年时间，在全县范围内开展税收专项治理工作，堵塞税收漏洞，营造公平、公开、公正的纳税环境。经县委县政府主要负责人同意，该县成立了由杨维国挂帅，国税、地税、公安、财政部门负责人参加的综合治税办公室，抽调专人，集中办公，进乡入企，地毯式排查纳税情况异常和漏征漏管企业。

不想，集中治理刚一启动，长丰便像煮沸了的一锅开水，翻腾起了狂涛巨浪。有的找上级领导告状说：“杨维国此举，不是为企业创造良好的发展环境，而是要整垮企业。”对此，杨维国挺直腰板往前走，不做财政“面团官”，坚持原则，依法行政，半年时间的整治，共清理欠税入库金额达1607.16万元。

在强化专项治理的过程中，杨维国创新方式，在全省县级首家启动了以精细化管理为支撑的税源信息协同管理软件系统开发工程。该系统以网络为依托，以数据库作为税源信息交换与共享平台，通过"人机"结合的方法，对信息实行集中加工、分析、处理、存储、共享和深度利用，实现对税源的动态监控。该系统建立之后，杨维国在全局推行了"谁监管谁负责"的精细化管理机制，同时率先垂范，只要有时间，就要利用信息平台，查看税收征管情况，发现问题，及时处理。几年来，通过杨维国的不懈努力，共补缴规费收入 2799.26 万元，同时，也营造了长丰县公平税负、优化发展环境的氛围，此举受到省财政厅的充分肯定。

2009 年 7 月，"小金库"整治在全国展开。杨维国亲自上阵，督促做到"重点部门重点检查，强势部门逐个检查"，共查出"小金库"达 13 家之多，依法追缴不合理开支 116 万元，追缴罚没收入 243 万元。

作为农业大县、国家级贫困县的长丰县，每年国家拨付的财政专项资金都在数亿元之多。为杜绝专项资金运作过程中出现的腐败现象，确保公开、公平、公正，实现效益的最大化，杨维国上任后，和他的"一班人"共鸣共应，以科学化管理为手段，走出了三步惠民妙棋。

首先是推行国库集中支付改革，根除了"雁过拔毛"等顽疾。2008 年，杨维国通过多方调查研究，广泛听取意见，权衡利弊影响，科学把握方案，快速启动了县直单位财政国库集中支付改革试点，推行专户资金"集中管理、分账核算、统一调度、保值增值"运作模式。在推进的过程中，抓住专项资金运转间隙期，积极与金融部门合作，变活期存款为协定存款、定期存款，这一改革，不仅除去了"雁过拔毛"等顽疾，而且盘活了闲置资金，年新增专项资金 1000 多万，解决了老百姓急需解决的一个又一个难题。为此，省财政厅在全省推广了长丰经验。

其次，实施涉农资金发放"一网清"工程，让惠农款项真正惠农。杨维国在基层调研中，经常听到的是"公开栏不公开"，"明白纸不明白"的议论。于是，2009 年初，他根据村民意见，通过先行试点，在罗塘乡实施了"一网清"公开涉农补贴资金发放工程。基本做法是：每项涉农补助资金发放后的一周内，由乡镇财政所从"一卡通"系统导出该项补贴资金发放账目表，交乡政务公开办公室，会同该项补贴资金的发放政策和标准以及监督投诉电话一并在政府信息公开网上公开，同时在乡镇政务公开栏、村务公开栏中张榜公示。此项工作，随后在全县推广实施。2010 年 6 月底，全县通过"一网清"公开了 2009 年以来的 5.53 亿元涉农资金发放详细账目，极大地方便了群众查询和监督，村民们普遍反映："这才是真正公开透明。"如今，该项工作已推向合肥全市。

三是在民生工程实施上，确保让百姓放心。作为县民生工程领导小组办公室主任的杨维国，经常叮嘱下属："吃着老百姓的饭，就要为老百姓干事，否则，就是弃义；答应老百姓的事，就要为老百姓办好，否则，就是背信。"凭借这种强烈的责任心，在民生工程项目实施上，杨维国提出对建设类项目实行统一的"两表"制度，即项目开工审批表制度和项目实施时间表制度，严格实行督办通报，并纳入年度目标考核。在民生工程资金拨付上，杨维国要求通过调整优化支出结构，充分依托财政部门职能作用，调动一切财政手段，开源节流、增收节支，多渠道、全方位地筹集资金，切实把民生投入作为支出重点，确保财力优先向民生倾斜。同时对建设工程类项目，按照政府性投资基本建设程序，严格实行"七制"制管理，保证了每年 30 多项民生工程都能保质保量完成。继 2007 年实施民生工程的 4 年来，长丰县已投入各级财政资金 16.5 亿元，其中：县级配套资金 3.3 亿元，发放补助救助类资金 7.1 亿元，建成民生工程建设类项目 67013 处；人民群众的生活难、出行难、就医难、入学难等大有改善，民生工程的实施工作走在全省前列，每年均获得了省市的表彰。

"洗手奉职，不以一钱假人"。多年来，杨维国始终把此作为座右铭，不仅经常以此古训教育约束全局干部职工，自己更是以廉取威，一尘不染。2009 年 9 月下旬，杨维国因患阑尾炎住进长丰县医院进行手术治疗。做完手术的第三天，当听说少数企业因机关服务不到位，缴纳税收不够积极时，他不顾医生劝阻，拔下针头，走出医院，捂着伤口回到办公室召开紧急会议。不想上楼时，一不小心，打了个踉跄，导致伤口撕裂。在开会过程中，由于伤痛难忍，几度出现虚脱，大伙实在不忍心，会未散，一个个眼含热泪，强行将自己的局长送回医院。然而，第二天，伤痛稍有所止，他便又找来几位副局长，听取情况汇报。正是这次伤口的撕裂，加上连日的劳累，最终导致杨维国第二次手术。全局上下被杨局长的精神感动了，80 多名干部、职工不约而同，带着片片深情，给杨局长送来了慰问金，然而他们的杨局长却说："大伙的心意我领了，只要你们干好了工作，就是对我的最大安慰，这钱我不能收。"

在长丰县财政局，说到杨局长，几乎众口一词："他是一位见钱眼不开的铁人"。身为"财政大员"

的杨维国,每年批条子都在数亿元,杨维国始终坚信一条原则:“该为百姓办的事必办,该为百姓批条子的事必批,不该收的礼坚决不收。”对送来的礼品、礼金,当时能退的坚决退还,当时不能退的次日派专人退回。凭借杨维国的带头清正廉洁,4 年间,全局 80 多名干部、职工没有一人因犯有经济问题受到处理。

一腔热血,一身正气,一心务实。杨维国以此换来了县财政的丰盈果实,赢得了人民群众的真心拥戴。几年间,长丰县财政实现了从 3 亿到 5 亿、到 7 亿、到 10 亿的大跨越,由国家级贫困县跃入全省十快县、十佳县、科学发展县行列。2010 年,长丰县完成财政收入达 13. 88 亿元,同比增收 3. 86 亿元,在全省 61 个县(市)排名中,收入总量居第 11 位。在他的带领下,4 年间,长丰县财政局先后获得了省政府授予的“全省耕地保护工作先进集体”,省委宣传部、省司法厅、省依法治省办联合授予的“学法用法示范机关单位”,省财政厅授予的“全省财政系统先进集体”、“全省财政‘五五’法制宣传教育工作先进单位”、“2008—2009 年全省财政补贴农民资金管理和‘一卡通’打卡发放工作一等奖”、“2010 年财政扶贫资金报账制管理先进单位”、“安徽省县级国库改革管理工作一类补助单位”等荣誉称号;2010 年民生工作在全市民生工程考核中总分第一,并被作为全市唯一的县推荐接受全省考核表彰,被省政府授予全省“民生工程组织实施工作先进县”称号;局被市委、市政府授予“2005—2007 年先进单位”、“2010 年度合肥先进单位”、“全市财政补贴农民资金管理和发放工作一等奖”、“2009 年度民生工程组织实施工作杰出奖”荣誉称号、连续三年被授予“合肥市卫生先进单位”等众多荣誉,杨维国也获得“全国财政系统先进个人”荣誉称号。

人民的利益重于泰山

——记全国财政系统先进个人巢湖市居巢区黄麓镇财政所所长朱永胜

走进“和平将军”张治中的故乡,面对“全国文明创建先进乡镇”、“全国环境优美乡镇”、“全国亿万农民健身先进乡镇”等一面面锦旗,人们总会提起将军家乡的管账人——黄麓镇财政所所长朱永胜。这位普普通通的基层干部,1984 年 10 月参加工作,一直从事基层财政工作,在家乡的财政工作岗位上已度过了 26 个春秋。他把火红的青春献给家乡的建设,以赤胆忠心报效于祖国和人民,在平凡的岗位上恪尽职守,任劳任怨,忘我工作,无私奉献。

朱永胜经常参与镇党委、政府中心工作,在镇经济建设、文明创建、打造优美环境的活动中全面搞好资金监管,他科学管理,严格把关。他有着旺盛的精力,常常超负荷的工作。他坚持早上班,所里事务早安排;坚持晚下班,整理厅室,检查安全。本应有编制 10 人的镇财政所,现只有 6 人,人手不足,所里工作量大。他不等不靠,精打细算、精心安排工作。全所不仅扎扎实实地完成常规工作,搞好全镇财务管理、惠农资金发放,仅 2009 年一年面向全镇 10856 户发放补贴 800 多万。还分派人员牵头到村到户,一事一议,为老百姓实实在在办了许多好事。

新世纪之初,黄麓镇大力推广水果、水产的“二水产业”。为利用财政扶持资金,加大新品种更新、科技投入,注重规模化发展。朱永胜多次到省里争取资金 200 万元,还请来农技专家下乡上课培训葡萄栽培、水产养殖等技术。为方便农户生产资金的周转,他率领大家分组入户,上门发放周转金。当年就有 200 多农户种葡萄收益。后来四五年的时间,全镇种植葡萄 5000 多亩,建成“黄麓”牌无公害葡萄生产基地,年产鲜食葡萄千万公斤,让黄麓镇真正成了“葡萄之乡”。为扩大农民创收增收,产品升值,朱永胜及时筹措资金,扶持 10 家每户 5 万余元兴办冷库贮藏保鲜葡萄之类的水果,每年增收近 300 万元。

由于繁重的劳务,他病倒了。2000 年 9 月,朱永胜因双下肢水肿,行走艰难而去乡医院检查,化验出尿蛋白 + + +,医生很严肃地告诉他的家人抓紧带他去省城治疗。在家人的“押送”下,他无可奈何地放下所里的工作,来省医院肾穿刺确诊为“重度局灶硬化慢性肾小球肾炎”。朱永胜不得不住院治疗他的大病了。他后来才知道,家属咨询相关专家得到的答复是,这样的病症很糟糕,病人的肾弄不好 5 年左右会全部坏死。得知朱永胜的病情后,区镇各级领导非常重视,责成他去北京、南京等医疗技术先进的地方治病。经过 3 个月的大医院治疗,他的病情基本稳定,朱永胜坚持办了出院手续回家。他对家人说:“我的病是慢性病,回家慢慢治吧,长期住院多花国家的钱不太好。对于我只有一种药有效,这比世上所有的药物都要更好、更可靠,那就是:工作。”他回到了他热爱的岗位上,坚持按时上班。他的肾病治疗也不能耽搁,只能利用星期天去外地看病。

他继续接受中西医结合疗法，每天早晚服一次中药，还得分时吃五种西药。他顽强地与病魔斗争，以坚强的毅力忘我地工作着。全国中医肾病医疗中心主任王钢看了朱永胜现在的病情后叹为奇迹。他的肾病逐渐好转了。朱永胜总是笑呵呵地说“感谢组织帮助我治疗身体，我的精神好着呢。”这是怎样的一种精神啊！他的心里总是想着工作，忘记了自己的病痛；他时时关心着所里的同志，问寒问暖，解决各种实际困难，常常顾不上看望自己的老母亲，不能照顾孩子的学习；他全心全意为老百姓服务，带病坚持工作。

十年来，朱永胜带领全所同志出色地完成了各项任务。他个人和集体赢得了组织的充分肯定和人民群众的高度赞扬。朱永胜1997年被省财政厅评为先进个人；1998年被省人事厅、财政厅评为先进个人；2000年被居巢区区委、区人民政府评为先进个人；1991年、1994年、1996年、1999年、2001年连续9年受到区财政局的表彰。黄麓财政所1999年受到省财政厅表彰，2004年被巢湖市文明委评为首届“人民满意基层站所”，1995年、1997年、1999年受到市财政局的表彰；1995年至1999年，2001年至2009年连续多年受到居巢区财政局的表彰。理想在奉献中升华，荣誉的光环里，闪烁着他们为财政事业辛勤耕耘，为人民利益默默奉献的高尚精神。

2008年新春之际，罕见的大雪持续降临江淮大地。1月24日，按照上级部署，他召开紧急会议布置灾情救助工作。他和其他同事当天一个工作日内，加班6个小时，将各项到位的资金打进到全镇农户“一卡通”存折。当时交通中断现金难以调运，朱永胜积极配合黄麓信用社筹集现金9.8万元，确保民政救助款及时发放到户。第三天他又不顾连日工作的疲劳，拖着沉重的病体，与镇干部一道，踏着深厚的积雪，下村进行访贫问苦，发放救济物品。此后还发动全所干部捐款捐物，冒雪送到镇敬老院。一段时间街道上冰雪覆盖，难以行走，朱永胜组织全所同志上路清除结冰，并及时清扫财政所服务大厅门前的冰雪，铺设防滑地毯。大厅内供应热茶水，延长工作时间，方便群众来办事。尽管大雪铺天盖地数十日，但全镇没有一座因危房倒塌出现人员伤亡重大事故，营造出了一个大灾之年民心欢畅的祥和氛围，朱永胜与全所同志大雪之中的尽心竭力工作深受广大群众的好评。

2003年，农村实行税费改革，种田的粮农领上财政补贴。本镇建麓村部分村民迫切要求兴办村级公益事业，村干部打来报告附上村民代表签名的承诺书，要求将补贴资金直接转账到村，作为一事一议村民筹资款来办事。接到报告后，朱永胜立即召开全所会议分析讨论。他认为，村民兴办村级公益事业精神可贵，其积极性要给予保护；同时，财政补贴农民资金是一项政策性很强的专项资金，如何发放关系到千家万户农民的利益。因此，他与所里的同志深入该村走访部分农户，并召开村民代表会议，认真听取群众意见。通过实际调研，他决定，将该村的粮食补贴资金直接发放到农户手中，办好相关的手续后，再由村民自愿上交到村委会进行筹资。经过灵活处置，全村筹集资金6.8万元。修路资金还是不足，朱永胜不辞辛劳三上省城，动员村里出外的成功人士捐资3万余元，顺利兴修了一条2.5公里的村级公路，解决了村民行路难问题。从2003年开始该村每年都坚持实行一事一议制度兴办实事，到2009年底，7年共投入资金342万元，着实为群众改善了生产、生活条件。2009年，该村被巢湖市财政局定为村级公益事业建设一事一议财政奖补项目示范村。为全面落实党和政府惠农政策，朱永胜全力地做好各项基础性工作，大力营造一事一议财政奖补工作的氛围，鼓励财政干部深入基层，开展创建活动。《一事一议为山尾西瓜找出路》、《小周村民一事一议修村路》等各级党报党刊报道本镇各村的鲜活事例，无不凝聚着朱永胜和全所同志的心血与汗水。在大家的共同努力下，2010年全镇村级公益事业建设一事一议财政奖补项目落实共12个，涉及9个村（居）委会，31个村民组，资金投入总额为308.03万元，参与村级公益事业建设一事一议财政奖补项目筹资筹劳的群众达93%，受益群众17966人。2010年10月17日，省财政厅陈先森厅长亲临黄麓镇建麓村调研财政奖补试点工作。黄麓镇积极开展村级公益事业建设，充分利用财政奖补项目，最大限度地整合各项支农资金，发展农村经济，构建和谐社会，得到陈先森厅长的赞同。

在全镇的村级公益事业建设一事一议财政奖补项目上，朱永胜把村务公开贯穿始终，做到财务一定要公开，质量一定要确保，监督一定要到位。一事一议财政奖补工作是惠民的事情，是全体老百姓的事，发扬民主作风，公开透明，坚持大家的事大家议。朱永胜懂得财政工作的群众性，只有做好项目的公开、公正和公示三个环节，才能发挥农民的自主作用和首创精神。几年来，朱永胜分工负责的建麓村，通过一事一议，大力进行农业生产结构调整，加强农业基础设施建设,并引导村民走节水农业、高效农业的路子,2009 年棉花种植面积比过去翻一番,为全村棉农增收 2561 万元。正如市人大代表、建麓村党总支书记、村主任张荣所说:"一事一议,改善了农业生产条件,调整了农业生产结构,国家有奖补,农民有增收,就如同国家免征农业税,还发放粮食补贴一样,是惠民工程。朱所长带领我们齐心协力开展工作,抓出了成效,实惠了农民,鼓舞了我们的生产劲头。还争取了项目基金。真是我们老百姓的贴心人、财神爷啊!"朱永胜分工负责的村级公益事业建设一事一议财政奖补项目工作,得到了基层群众的认可,也得到了区人民政府的肯定。

人民的利益重于泰山,朱永胜深知自己肩上担子的沉重。尽管病魔缠身,他的体重已降到一百来斤,但他依然精神抖擞,坚持"为国理财、为民服务"的信念,勇挑重担,生命不息,奋斗不止。

财政部门大事记

（2011）安徽财政年鉴

省财政分项工作大事记

财政综合工作大事记

1月　我省荣获2009年度全国财政综合系统财政经济形势预测分析与专题研究工作二等奖，这是我省在此项评比中连续6年得奖。

1月27日　省财政厅、省发展改革委、省水利厅转发财政部等部门制定的《国家重大水利工程建设基金征收使用管理暂行办法》。

3月5日　省财政厅发出通知，贯彻财政部《行政事业单位资金往来结算票据使用管理暂行办法》，公布《安徽省行政事业单位资金往来结算票据》式样。

4月6日　省财政厅转发财政部财综〔2010〕18号文件，公布2009年全国政府性基金项目目录。

4月26日　省财政厅厅长、省财政"十二五"规划编制工作领导小组组长陈先森主持召开领导小组第一次会议。

5月13日　省财政"十二五"规划编制办公室召开财政联络员全体会议。省财政厅副厅长、厅规划领导小组副组长黄然出席会议。

5月24日　省政府常务会议听取省财政厅关于调整市县公务员津贴补贴水平的汇报。

5月26日　省财政厅会同省物价局公布《2009年安徽省行政事业性收费项目目录》。

6月7日　省财政厅、省物价局转发财政部、国家发展改革委关于清理规范涉企行政事业性收费的通知。

6月18日　省委常委会听取了省财政厅关于调整市县公务员津贴补贴水平的汇报。

7月8日　省财政厅发出通知，贯彻国家免征中小学校舍安全工程建设有关政府性基金政策。

7月9日　省财政厅副厅长吴天宏参加省直效能建设督查会议，全面汇报规范行政事业性收费管理工作。

8月12日　省财政厅、省物价局联合发出通知，免收中小学校舍安全工程建设涉及的土地复垦费、白蚁防治费等行政事业性收费。

9月9日　全省财政综合工作暨业务培训会议在合肥召开。会议还举办了财政"十二五"规划培训和财政综合业务培训。财政部综合司有关领导应邀到会指导，省财政厅副厅长黄然出席会议并讲话。

9月25日　省财政厅等部门印发《安徽省补助公共租赁住房专项资金管理办法》。

10月12日　省财政厅转发财政部《政府性基金管理暂行办法》，规范政府性基金管理。

11月28日　省财政厅发出通知，贯彻财政部《公益事业捐赠票据使用管理暂行办法》，公布《安徽省公益事业捐赠统一票据》式样。

12月15日　省财政厅规划领导小组办公室召开了《安徽省财政发展"十二五"规划》专家评审会议。省财政厅副巡视员李友兰出席会议，对下一步修改完善工作提出具体要求。

12月27日　省财政厅印发《安徽省补助廉租住房保障专项资金管理办法》。

12月31日　省财政厅发出通知，自2011年1月1日起，全省正式启用新版《安徽省残疾人就业保障金专用缴款书》。

（厅综合处供稿　李　燕执笔）

预算管理工作大事记

1月15日　省财政厅修订印发《安徽省省级预算支出指标管理暂行办法》。

1月24～29日　省财政厅在人大、政协"两会"主会场设立省级部门预算查询台和查询热线。

1月25日　省领导王金山、孙金龙、段敦厚、臧世凯、任海深、朱维芳、胡连松、朱先发、郭万清在省财政厅厅长陈先森陪同下，到省人大会议中心省级部门预算查询室视察。

4月28日　省财政厅下发《关于进一步加快财政支出进度的通知》。

5月10～15日　省财政厅在合肥举办“部门预算管理系统”软件培训班。

5月17～21日　省财政厅联合人民银行合肥中心支行、安徽银监局在南陵县举办全省政府性债务统计培训班。

5月21日　省财政厅印发《关于做好2010年市县预算支出绩效考评工作的通知》。

6月8日　省财政厅召开加快财政支出进度分析会，陈先森厅长到会并讲话。

6月11日　省财政厅印发《关于进一步加强预算支出绩效考评工作的意见》。

6月12～13日　全省预算支出绩效考评布置及培训会议在安庆市召开。

7月19日　全国人大常委会预算工委预决算审查室副主任何成军一行来皖调研上半年财政运行情况。

7月19日　省政府办公厅下发《安徽省人民政府办公厅关于印发安徽省省级财政结转结余资金管理办法的通知》。

8月3日　省财政厅召开2011年省级部门预算编制工作会议。陈先森厅长作工作报告，省人大财经委庄立权副主任、省审计厅刘战平厅长出席会议，罗建国副厅长主持会议。

8月5～6日　省财政厅进行“部门预算管理系统1．0版”软件操作培训。

8月9日～9月8日　省财政厅开展省直单位基础信息抽查。

8月20日　省十一届人大常委会第20次会议分组审议《关于安徽省2009年财政决算及2010年上半年预算执行情况的报告》和《2010安徽省本级预算调整方案（草案）》。

8月23日　省财政厅下发《关于将预算外资金管理的收入纳入预算管理的通知》，要求各地各部门从2011年1月1日起，将按预算外管理的收入（不含教育收费）全部纳入预算管理。

9月9日　财政部代理我省发行的第七期和第八期地方政府债券89亿元成功发行，至此，我省89亿元地方政府债券发行工作圆满结束。

10月15日　省财政厅联合省发改委、省政府金融办、人行合肥中心支行、安徽银监局下发《关于转发财政部　发展改革委　人民银行　银监会贯彻国务院加强地方政府融资平台公司管理有关问题的通知》，明确我省加强政府融资平台公司管理实施方案。

10月18日　省财政厅在合肥召开全省三季度预算执行情况分析会。陈先森厅长到会并讲话。

10月22日　省财政厅召开全省政府融资平台公司债务清理核实工作会议。

10月26日　省政府下发《关于加强地方政府融资平台公司管理有关问题的通知》。

11月9日　省委常委、常务副省长孙志刚主持召开加强地方政府融资平台公司管理工作领导小组第一次会议。省财政厅厅长陈先森参加会议并汇报工作进展情况。

11月10日　省财政厅印发《2010年省对下均衡性转移支付办法》，新增下达均衡性转移支付资金20亿元。

11月12日　省财政安排25亿元，支持建立战略性新兴产业发展引导资金和风险投资引导基金。并承诺，2011—2015年每年安排5亿元专项资金，支持战略性新兴产业发展。

11月14日　省财政厅召开全省加快财政支出进度工作视频会议。

12月20日　省财政厅向省人大财经委报告2010年预算执行和2011年预算草案、2011年省级部门预算编制情况。

（厅预算处供稿　黄栋栋执笔）

行政财务管理工作大事记

2月　省财政厅与省委统战部联合召开第18届民主党派新春联谊会。

2月　省财政厅行政处印发《省财政厅行政处2010年工作要点》，指导各市、县财政局2010年行政财务管理工作。

3月　省财政厅行政处启动贯彻落实中央和省厉行节约“八项要求”工作，积极制定工作方案，落实具体措施，大力压缩公务接待支出等一般性支出。

3月　省财政厅行政处在对口帮扶寿县陶店回族乡的关键年、收官年，牵头召开厅内帮扶工作会议。

3月　省财政厅行政处向副省长花建慧专文汇报省直党政干部因公出国（境）经费管理工作，得到省领导的充分肯定。

3月　省财政厅行政处会同省世博办制定了《安徽省参与2010年上海世博会财务管理办法》（皖组博办〔2010〕8号）。

4月　为认真贯彻国发〔2009〕41号文件精神，省财政厅会同省旅游局对《安徽省旅游发展专项资金管理暂行办法》进行了修订完善。

5月　省财政厅被授予“第二次全国经济普查先进集体”荣誉称号，厅行政处张力、陈蕙两位同志被授予“先进个人”荣誉称号。

6月　省财政厅行政处召开部分省直部门预算执行分析座谈会。

7月　省财政厅行政处荣获“全国城乡妇女岗位建功先进集体”荣誉称号。

7月　省财政厅行政处党支部和省直工委办公室党支部结对赴安徽省未成年犯管教所开展创先争优主题活动。

7月　省财政厅行政处召开党政机关出差、会议定点管理工作座谈会，就改革省直机关出差、会议费管理问题征求意见。

8月　省财政厅行政处召开省统计局、省贸促会财务部门负责人座谈会，布置“上海世博会专项经费项目”和“第二次经济普查专项经费项目”绩效考评工作。

8月　省财政厅行政处赴江西省调研党政机关出差和会议定点饭店管理工作。

8月　省财政厅行政处采取发文件通报预算执行情况、召开预算执行分析会、加强预算执行信息沟通等多种措施督促部门加快支出进度。

9月　省财政厅行政处赴寿县陶店乡了解帮扶项目进展情况。

9月　省财政厅行政处与省政府采购中心密切配合，顺利完成省直机关2011—2012年出差和会议定点饭店招投标工作。

10月　省财政厅行政处开展“效能建设”服务对象回访活动，上门征求省委办公厅、省政府办公厅、省人大办公厅、省政协办公厅等十个部门的意见。

12月　省财政厅行政处圆满完成安徽省2011—2012年省直机关公务用车统一保险政府采购工作。

12月　省财政厅联合省监察厅召开省直部门出差和会议定点管理会议。

12月　省财政厅荣获“安徽省参与2010年上海世博会先进集体”荣誉称号，行政处卓帅同志荣获“安徽省参与2010年上海世博会先进个人”荣誉称号。

（厅行政处供稿　卓帅执笔）

政法财务管理工作大事记

1月13日　厅政法处在合肥召开政法装备配备标准制定工作座谈会。

2月2~3日　全国部分省财政厅关于政法装备配备标准制定工作座谈会在四川省召开。我省作为牵头省份参加会议。

2月8日　省直政法等部门财务管理工作座谈会在合肥召开，省财政厅副厅长黄然参会并讲话。

3月3日　省财政厅政法处召开联系部门财务负责人和经办同志座谈会，就加快2010年预算执行，提高资金使用效益开展专题讨论。

3月31日　财政部行政政法司在山东省召开全国部分省市财政政法装备配备标准制定工作座谈会。省财政厅政法处负责同志参会。

6月22日　全省依法治省领导小组会议在合肥召开，省委常委、省政法委书记徐立全，副省长唐承沛，省政协副主席李宏塔参加会议并作重要讲话。省财政厅副厅长黄然参加会议。

7月5日　省财政厅副厅长黄然率厅政法处负责同志赴省交警总队调研，就如何进一步加强财务管理、提高预算执行率与省交警总队交换了意见和建议。

7月15~16日　财政部行政政法司在山东省举办了政法经费统计报表培训班，省财政厅政法处经办同志参加培训。

8月20日　省财政厅副厅长黄然、厅政法处负责同志赴省消防总队调研，就如何进一步加强装备建设、经费保障及财务管理与省消防总队交换了意见和建议。

8月26~27日　省财政厅政法处在合肥举办全省政法经费统计报表培训班。各市财政局政法科长，各市、县（区）负责政法经费财务管理工作的经办人员以及省公检法司负责政法转移支付资金管理工作的相关人员参加培训。

9月8日　省委政法委召开全省集中清理执行积案活动总结表彰电视电话会议，省财政厅荣获“全省集中清理执行积案活动先进集体”称号，财政厅副巡视员李友兰参加会议。

10月13~14日　财政部在广西壮族自治区召开全国行政政法财务和资产管理工作会议，财政部党组成员、副部长李勇到会并作重要讲话。省财政厅副巡视员李友兰及政法处负责同志参会。

11 月 30 日　省财政厅政法处召开政法转移支付资金装备项目采购领导小组全体会议，厅副巡视员、领导小组副组长李友兰参会并讲话。

（厅政法处供稿　陈晋执笔）

教科文财务管理工作大事记

2 月 26 日　省政府召开全省中小学校舍安全工程工作电视电话会议。省财政厅副厅长罗建国出席会议并讲话。

3 月 12 日　省财政厅与省教育厅就做好 2010 年省级预算执行和财务管理工作在省教育厅举行会商，厅教科文处负责同志与省教育厅财务处和相关业务处负责人参加会商。

3 月 22～23 日　副省长谢广祥赴宿州市、淮北市调研大运河安徽段保护和申遗工作，省财政厅副厅长罗建国陪同调研，

4 月 23～26 日　中宣部、财政部、国家文物局联合组成博物馆、纪念馆免费开放工作调研组到我省调研，省财政厅副厅长罗建国、教科文处负责同志陪同调研。

5 月下旬　省财政厅制定《安徽省中央财政支持地方高校发展专项资金管理暂行办法（试行）》（财教〔2010〕544 号）。

6 月 11 日　省财政厅教科文处召开全省教科文预算执行情况分析会。各市财政局教科文科科长、省直教科文部门财务负责人参加会议。

6 月 19 日　省委、省政府召开文化体制改革督查工作汇报会，省财政厅副厅长罗建国代表第一督查组，就六安、合肥两市文化体制改革督查情况进行汇报。

6 月 22 日　由省政府主办，省社会科学院、安徽文化产业发展促进会承办的第六届中国国际徽商大会文化产业发展论坛在合肥举行。省财政厅副厅长罗建国应邀出席并发表主题演讲。

7 月 5 日　合芜蚌自主创新综合试验区工作座谈会在合肥召开。省财政厅副厅长罗建国出席会议并讲话。

7 月 15～17 日　全省教科文财政工作会议在芜湖召开。省财政厅副厅长罗建国出席会议并讲话。

9 月上旬　省委、省政府召开第四届全国体育大会承办和参赛工作总结表彰大会，省财政厅荣获“第四届体育大会组织工作重大贡献奖”。

9 月 26 日　省财政厅教科文处实行岗位效能承诺制度，全体党员签定岗位效能承诺书。

10 月　省财政厅教科文处开展“效能建设大家谈”活动，并汇编了《教科文处效能建设手册》。

10 月 15～16 日　22～24 日，省财政厅分管厅长率教科文处有关同志赴宣城、亳州两市开展财政“三项工作”、政风行风民主评议工作督查和“十二五”期间文化改革发展政策保障体系建设调研。

10 月 18 日　省财政厅组织召开全省“十二五”时期文化体制改革和发展政策保障课题座谈会，省财政厅副厅长罗建国出席会议并讲话。

11 月 6～7 日　省委、省政府召开全省教育工作会议，省委书记张宝顺、省长王三运及教育部副部长李卫红出席会议并作重要讲话，省委副书记王明方主持会议。省财政厅厅长陈先森出席会议并作专题发言。

11 月 29 日　省教育厅、省财政厅、省人力资源和社会保障厅联合召开应对物价上涨维护学校稳定视频会议。省财政厅副厅长罗建国出席并讲话。

12 月 27 日　省委副秘书长张杰带领省直机关效能建设检查组到省财政厅实地检查，并给予充分肯定。厅教科文处在省直机关效能考核中，被评为 2010 年效能建设先进处室。

（厅教科文处供稿　侯正华执笔）

经建财务管理工作大事记

1 月 20 日　党组书记、厅长陈先森在经济建设处 2009 年工作总结和 2010 年打算上作出重要批示：“过去一年，各项工作卓有成效，忙而有序、忙而有章、忙而有力、忙而有效。望新的一年，更加注重精神状态、更加注重自身建设、更加注重‘跑部’力度，集中精力、人力，合力推进各项工作取得新成果。”党组副书记、副厅长王林建批示：“2009 年是不平凡的一年，也是经建工作十分突出的一年，不论是促发展还是惠民生都取得了较好成绩，希望 2010 年继续努力。”

2 月 9 日　经建处召开了省直财政经建工作座谈会，经建处联系部门财务处长及有关人员参加了

会议，厅党组副书记、副厅长王林建对经建工作提出新要求。

2月11日　为深入贯彻落实中央一号文件精神，按照省委、省政府要求和财政部统一部署，省财政厅研究制定2010年粮食补贴工作方案，报经省政府批准后，将52.29亿元2010年粮食补贴资金提前拨付到位，其中粮食直接补贴8.92亿元，农资综合补贴43.37亿元。

3月17日　省政府在淮北市召开全省采煤塌陷区综合治理工作会议暨村庄搬迁安置现场会。省政府副省长、省采煤塌陷区综合治理工作领导小组组长倪发科出席会议并作了重要讲话，陈传文副巡视员及经建处工作人员参加会议。

3月22日　根据省节能减排及应对气候变化工作领导小组办公室统一安排，陈传文副巡视员带队对淮北、宿州、亳州三市的2009年节能目标任务完成和工作进展情况进行了检查，并对所在市的千家节能企业进行了现场核查。

4月23日　为扎实推进“学习提升年”活动，经建处分南、北片在六安、安庆举办了全省财政经建系统业务培训班，各市经建科长，各县（区）分管局长、科（股）长200多人参加了培训。

5月9日~14日　按照省工程建设领域突出问题专项治理工作领导小组的安排，省财政厅纪检组长刘浩同志率第二检查组对亳州、阜阳、淮南三市专项治理排查阶段各项重点工作开展情况进行专项检查，并重点抽查了9个项目。

5月初　财政部、国土资源部确定我省为全国先行开展整体推进农村土地整治示范建设省，建设重点是实施农村土地整治重大工程和示范项目，示范建设期为三年（2010—2012年），国家将在示范建设期支持我省整体推进农村土地整治示范建设资金28亿元。

6月初　财政部、国家发展改革委、工业和信息化部启动节能汽车补贴政策，明确了节能汽车推广车型及企业条件，规定了对消费者购买节能汽车给予一次性3000元/辆的定额补助。

6月21日　省委书记张宝顺在我厅呈报的关于全省农村土地整治示范建设工作有关情况的《专题送阅材料》上作出重要批示：“此事意义重大，关系发展大局。务必精心组织，稳妥推进，把握政策，以收全功。”

6月24日　省财政厅党组副书记、副厅长王林建率经建处、综合处和科研所有关同志赴合肥市就完善土地收入收支管理工作进行专题调研。

6月28日~30日　厅党组副书记、副厅长王林建陪同王三运省长、倪发科副省长到池州、铜陵、芜湖、马鞍山和巢湖市，就皖江城市带承接产业转移示范区建设开展调研。重点考察了安池铜和芜马巢两个产业集中区，全面了解机构组建、规划编制、基础设施建设、招商引资等工作进展情况和管委会的运行机制状况。调研期间，王林建副厅长陪同王三运省长分别出席了位于池州市梅龙镇的安池铜集中区和位于巢湖市和县的芜马巢集中区两个管委会揭牌仪式。

7月初　省财政厅将我省“十一五”期间农村公路村村通规划内最后一批项目补助资金4.9亿元下达至项目县（区），至此，我省农村公路村村通“十一五”规划建设资金全部拨付到位，为全面完成6万公里村村通建设目标提供了坚强的资金支持。

7月6日　财政部、科技部、工业和信息化部、发展改革委等四部委在深圳召开私人购买新能源汽车试点工作会议，并举行了深圳市私人购买新能源汽车试点启动仪式。财政部副部长张少春代表四部委对做好私人购买新能源汽车试点工作进行了动员和部署。陈传文副巡视员及经建处负责人出席会议。

7月15日　厅党组副书记、副厅长王林建带领厅经建处、民生办相关负责同志，赴蚌埠市走访省十一届人大代表，并与人大代表就民生工程建议办理情况进行了座谈，积极落实厅党组“建议办理回头看”活动。

7月27日　为加快推进示范区建设，尽快提升示范区承接产业转移能力，省财政厅按照皖发10号文件规定，迅速筹集10亿元资金，专项用于示范区建设。经研究并报省政府同意，决定安排6亿元全额用于省管集中区投融资平台建设；安排3亿元，用于示范区内10个省辖市的开发区、工业园区及各市单独设立的集中区基础设施建设；安排1亿元“以奖代补”资金，对示范区各级人民政府和省管集中区管委会进行考核奖励。

8月19日　省政府召开全省整体推进农村土地整治示范建设动员大会，省长王三运出席会议并作重要讲话，省委常委、常务副省长孙志刚主持会议，副省长倪发科代表省政府与各市政府签订整体推进农村土地整治示范建设目标责任书，省政府秘书长梁卫国出席会议。省领导小组成员单位，承担农村土地整治示范建设任务的市、县（区）政府及财政、国土部门负责同志参加会议。

9月8~10日　在黄山市召开2010年中部六省财政经建系统座谈会，财政部经建司柯凤副巡视员以及山西、河南、江西、湖南、湖北经建系统同志参加会议。会议围绕“财政支持绿色宜居重点小城镇发展的财政投入方式思考”、“财政支持新兴产业发展的财政政策研究”、“财政支持节能环保政策如何调整和深化”、“对土地出让金使用和监管的思考”四个主题展开讨论，各省分别就本省实际情况交流了工作经验和体会。

9月14~15日　召开全省财政系统工程建设领域突出问题专项治理工作座谈会，厅党组副书记、副厅长王林建出席会议，党组成员、纪检组长刘浩主持会议。

9月15日　经建处召开全省财政经建系统座谈会，厅党组副书记、副厅长王林建出席会议，各市分管局长、经建科长，经建处全体工作人员参加会议。会议期间，各市汇报了今年以来经建工作的进展情况，并提出了意见建议。

10月14日　中央扩大内需第十检查组听取我省财政部门贯彻落实中央扩大内需促进经济增长政策落实情况的汇报，检查组组长（黑龙江省省委常委、纪委书记）杨光洪对我省财政部门贯彻落实中央扩大内需促进经济增长决策部署的工作情况给予了充分肯定。

10月20~21日　水利部、财政部在合肥召开全国中小河流治理工作会议，贯彻落实国务院专题会议精神，交流各地中小河流治理的做法和经验，研究部署下一步中小河流治理工作。财政部副部长张少春、水利部副部长矫勇，省委常委、副省长赵树丛出席会议并讲话。

12月初　为支持农民抗旱保苗，减少灾害损失，省财政厅从粮食风险基金紧急预拨2011年农资综合补贴资金3亿元，用于受灾地区农民购买化肥等抗旱保苗物资。

12月30日　财政部下发通报，对我省2010年财政粮食工作给予充分肯定。通报指出：做好财政粮食工作是落实党中央、国务院精神和惠农政策的重要内容，对确保国家粮食安全、促进农村经济平稳较快增长意义重大。2010年财政粮食工作任务重，工作量大，安徽省财政厅对此高度重视，积极参与政策研究，认真落实各项补贴政策，在政策研究与实施、基础管理、补贴网建设、补贴资金兑付等方面表现突出，圆满完成了各项工作任务。

（厅经建处供稿　贾振东执笔）

财政社会保障工作大事记

1月4日　省财政厅预拨2.4亿元，全力支持推动基层综合改革工作。

1月5日　省财政厅会同有关部门研究制定《安徽省企业职工基本养老保险基金预算管理办法(试行)》（财社〔2009〕1954号）。

1月6日　全省财政系统新农保试点政策培训班在肥举办。

1月8日　省财政厅副厅长吴天宏赴合肥、蚌埠、滁州督查基层医药卫生体制综合改革试点工作推进情况。

1月15日　全省残疾人工作会议在肥召开，省财政厅副厅长吴天宏参加会议并讲话。

1月21日　全国实施国家基本药物制度现场经验交流会在肥举行，省财政厅厅长陈先森参加会议并作问题解答。

2月6日　省财政厅副厅长吴天宏出席社会保障处全体人员会议并讲话。

2月9日　省政府召开全省企业职工基本养老保险省级统筹工作会议，省财政厅副厅长吴天宏出席会议并讲话。

2月10日　社保处省直联系部门财务处长座谈会在肥召开，省财政厅副厅长吴天宏出席会议并讲话。

2月23日　卫生部办公厅召开公立医院改革试点电视电话会议，省财政厅副厅长吴天宏参加会议。

2月26日　省爱国卫生运动委员会在合肥市召开全省爱国卫生综合试点县工作启动会议，省财政厅副厅长吴天宏参加会议。

3月1日　省政府召开全省农民工工作会议，省财政厅副厅长吴天宏参加会议。

3月4日　省政府召开全省人力资源和社会保障工作会议，省财政厅副厅长左俊出席会议并发言。

3月14日　财政部召开医改座谈会，省财政厅厅长陈先森参加会议。

3月15日　财政部副部长王军对我省医改工作

作出重要批示："安徽的工作抓得有章有法、扎扎实实，值得推介。"

3月25～26日　省财政厅副厅长吴天宏赶赴宁国市、绩溪县、屯溪区和贵池区，对我省县级社会（儿童）福利中心建设及孤残儿童保障工作进行专题调研。

4月1日　我省养老保险关系省内外转移接续新规出台。

4月30日　省政府召开医改领导小组第八次会议，省财政厅厅长陈先森、副厅长吴天宏参加会议。

4月30日　省政府召开全省公共卫生与基层医疗卫生事业单位实施绩效工资电视电话会议，省财政厅副厅长吴天宏参加会议。

4月30日　我省首次社保基金预算编制工作圆满完成。

5月5日　省政府在肥召开全省新型农村合作医疗工作会议，省财政厅副厅长吴天宏参加会议并发言。

5月5日　省政府在合肥召开全省新型农村合作医疗工作先进单位和先进个人表彰大会，省财政厅荣获"全省新型农村合作医疗工作先进单位"荣誉称号。

5月8日　省财政厅预拨首批养老保险省级调剂金22亿元。

5月13～14日　省财政厅副厅长吴天宏赴合肥、蚌埠、滁州开展医改督查。

5月21日　国务院召开全国深化医药卫生体制改革工作会议，省财政厅副厅长吴天宏参加会议。

5月22日　财政部召开财政系统深化医药卫生体制改革工作座谈会，省财政厅副厅长吴天宏参加会议。

5月28日　省财政厅召开财政系统基层医药卫生体制综合改革财政保障与收支分析座谈会，省财政厅副厅长吴天宏出席会议并讲话。

6月19日　省政府在肥召开全省惠民直达工程扩大试点推进会议，省财政厅厅长陈先森主持会议并讲话。

6月29日　省政府召开全省企业退休军转干部解困和维稳工作会议，省财政厅副厅长吴天宏参加会议并讲话。

7月1日　省政府召开全省就业工作会议，省财政厅副厅长吴天宏参加会议。

7月2日　省人大常委会召开深化医药卫生体制改革工作汇报会，省财政厅副厅长吴天宏出席会议并作汇报。

7月15日　省财政厅下发《关于进一步加快财政社会保障资金支出进度的通知》（财社〔2010〕921号）。

7月19～21日　副巡视员李友兰陪同省人大常委会副主任朱维芳一行专程赴亳州市调研医药卫生体制改革情况。

7月29～30日　省财政厅副厅长吴天宏赴六安市金安区、霍山县调研基层医药卫生体制综合改革情况。

8月3日　省财政厅会同省发展改革委、省住房和城乡建设厅及时制定《安徽省农村危房改造资金管理暂行办法》，并下拨专项经费3.44亿元。

8月10～12日　全省实施基层医药卫生体制综合改革工作会议在肥召开，省财政厅厅长陈先森出席会议并发言。

8月11日　省委、省政府召开全省人才工作会议，省财政厅厅长陈先森参加会议。

8月11日　省财政厅组织召开全面实施基层医药卫生体制综合改革财政系统动员部署会议，陈先森厅长出席会议并讲话。

8月17～19日　省财政厅副厅长吴天宏赴当涂、金寨等地调研新型农村养老保险试点、就业和医改等工作开展情况。

8月20日　省财政厅被授予"2009年度全省残疾人就业工作先进集体"荣誉称号。

8月26日　财政部在我省召开医院和基层医疗卫生机构财务会计制度座谈会，省财政厅副厅长吴天宏出席会议。

9月1～2日　财政部在陕西省西安市召开全国财政社会保障工作会议，省财政厅副厅长吴天宏参加会议并作大会交流发言。

9月3日　省财政厅厅长陈先森陪同常务副省长孙志刚赴阜阳市调研基层医药卫生体制综合改革工作进展情况。

9月5日　财政部通报2009年度全国社会保险基金决算工作评比结果，省财政厅再次被财政部授予"全国社会保险基金决算编制工作一等奖"荣誉称号。

9月9～10日　省委、省政府在铜陵市召开全省社区建设工作会议，省财政厅副厅长罗建国参加会议。

9月10日　省财政厅会同有关部门下发《关

于加强基层医疗卫生机构预算管理及财政保障等有关工作通知》。

9月11日　省财政厅会同省民政厅下拨因灾倒塌民房恢复重建专项资金7885万元。

9月12日　省财政厅会同省人力资源保障厅联合下发《关于进一步完善就业补助政策若干问题的通知》（财社〔2010〕1303号）。

9月20日　省财政厅下发《关于进一步加强基层医疗卫生机构国库集中收付有关工作的通知》。

10月11日　省财政厅副厅长吴天宏在省残联负责同志陪同下赴有关单位开展聋儿听力康复工作调研。

10月12日　中央媒体安徽基层医改采访组专题座谈会在肥召开，省财政厅副厅长吴天宏参加会议并介绍基层医改财政保障情况。

10月13日　全国人大教科文卫委员会副主任委员、原黑龙江省委书记宋法棠，率调研组来皖开展深化医药卫生体制改革专题调研。省财政厅副厅长吴天宏参加座谈会，并作专题汇报。

10月20日　省政府召开全省推进基层医药卫生体制综合改革工作电视电话会议，省财政厅厅长陈先森参加会议。

10月28日　省财政厅副厅长吴天宏出席厅社保处全体人员会议并讲话。

11月2日　惠民直达工程信息管理系统培训班在肥举办。

11月10日　全省新型农村社会养老保险试点工作会议在当涂县召开，省财政厅副厅长吴天宏参加会议并讲话。

11月20～21日　全省社保系统预算执行情况分析会在肥召开。

11月23日　《安徽省社会保险基金预算考核试行办法》（财社〔2010〕1862号）印发。

12月2日　财政部社保司在江西省召开全国社会保险基金管理暨预决算软件培训会议，对我省社保工作作出高度评价。

12月7日　财政部、卫生部、国家中医局联合召开加快医改任务和资金执行进度电视电话会议，省财政厅副厅长吴天宏参加会议。

12月14日　印发《关于进一步加强和完善残疾人就业保障金征收管理工作通知》。

12月17日　全省社保科长工作座谈会在肥召开。

12月17日　全省社保基金预决算工作会议在肥召开。

12月18日　出台《安徽省就业专项资金绩效考评暂行办法》（财社〔2010〕2164号）。

12月18日　全省血防工作会议在池州市召开，省财政厅副厅长罗建国出席会议。

12月24日　省财政厅副厅长吴天宏率社保处相关人员赴阜阳开展2010年民生工程资金保障管理考核工作。

（厅社保处供稿　吴昌好执笔）

财政企业管理工作大事记

1月8日　财政部发函，表彰厅企业处对财政部企业司来皖调研时给予的大力支持和积极配合。

3月16日　由省财政厅牵头，省商务、经信、公安等有关厅局委联合制定下发《进一步做好“四下乡　两换新”工作指导意见》。

3月23日　省财政厅召开财政系统视频会议，省财政厅厅长陈先森到会并讲话，副厅长左俊主持会议，厅企业处、金融处负责人分别在会上布置有关工作。

4月1～2日　2009年度全省企业财务会计决算报告汇审会在安庆市召开。

4月6日　全省推进与中央企业合作发展工作总结表彰会议在合肥召开。会议由王三运省长主持，王金山书记到会并作重要讲话。我厅荣获组织工作贡献奖。

4月10～11日　厅企业处党支部组织党员赴马鞍山市部分企业深入开展学习调研活动。

4月19～20日　财政部在西安召开全国财政企业工作会议。财政部副部长丁学东在厅（局）长座谈会上作了重要讲话，财政部企业司司长贾谌在大会上作了工作报告。省财政厅副厅长左俊率厅企业处、国资预算处相关人员参会，左俊副厅长作经验交流发言。

4月26日　省财政厅召集省商务厅、省经信委、省质监局等有关人员召开座谈会，就我省电动自行车下乡招标方案和电动自行车下乡实施细则草案进行商讨，并达成一致意见。

5月5日　财政部和工信部联合印发《第六批汽车摩托车下乡生产企业名单及产品目录的通知》，皖产的汽车共有69种型号中标入选。

5月14日　我省发布《安徽省新增家电下乡产品（电动自行车）生产企业及准入产品项目招标公告》，正式启动新增电动自行车项目招标工作。

5月24日　厅企业处召开处务会，集中学习《中国共产党领导干部廉洁从政若干准则》等文件材料。

5月31日　省政府发文通报2009年度安徽省节能先进单位名单，省财政厅位列其中。

6月1日　省政府在芜湖市召开全省节能工作会议，省财政厅在会上荣获先进单位称号，经本良同志获先进个人称号。

6月2日　厅企业处召开支部大会，全面动员部署开展“创先争优”活动。

6月3~4日　财政部、商务部、工信部联合召开全国家电以旧换新工作会议。会上我省交流了家电以旧换新准备工作情况。

6月22日　厅企业处在合肥召开省属企业财务月报及分析工作座谈会，研究加强企业效益月报及分析工作。

6月23日　中国国际徽商大会组委会办公室发来感谢信，向省财政厅为徽商大会作出的积极贡献致谢。

6月29~30日　财政部企业司在镇江举办新企业财务制度培训会。厅企业处派员参加培训。

7月13日　330家电动自行车下乡中标企业在厅采购中心会议室集中签约。

7月17日　《安徽新闻联播》栏目在合肥杏花公园举行大型推广活动，省财政厅企业处有关人员参加活动，并就家电汽车下乡、以旧换新有关政策问题，现场接受咨询。

8月18日　我省2009年度企业财务会计决算工作获财政部通报表扬。

8月23日　我省荣获“2009年家电下乡工作先进省份”称号。

8月24日　省政府发文表彰第六届中国国际徽商大会组织工作先进单位，省财政厅荣获“优秀集体奖”。

8月27日　《安徽日报农村版》开辟安徽省家电汽车下乡暨以旧换新宣传专刊。

9月5日　我省2009年度外商投资企业会计决算工作获财政部通报表扬。

9月17日　我省家电汽车下乡和以旧换新大篷车巡回宣传活动启动仪式在安徽报业大厦门前广场举行。

10月12~14日　省财政厅副厅长左俊带领厅企业处有关人员，赴蚌埠、宿州两市督查2010年度财政工作。

11月15日　省财政厅副厅长左俊带领厅企业处负责同志分赴省经信委、省商务厅，商谈有关工作。

11月29日　全省财政企业工作暨企业财务决算布置会议在池州召开，省财政厅副厅长左俊出席会议并讲话。

12月3日　厅企业处党支部组织党员赴江淮汽车集团有限公司开展“创先争优”主题活动。

12月16日　由省财政厅、商务厅和环保厅联合主办、安徽日报报业集团承办的安徽省家电汽车下乡和以旧换新成果发布会在合肥市天鹅湖大酒店举办。

12月22~23日　全省电动自行车下乡业务培训会议在合肥市召开。

（厅企业处供稿　李志斌执笔）

金融财政监管和外国政府贷款管理工作大事记

1月13日　印发《关于建立安徽省财政金融工作联络全省制度的通知》（财金函〔2010〕31号）。

1月20~22日　财政厅副厅长左俊出席财政部召开的全国经济金融形势分析会。

2月10日　印发《安徽省信用担保集团有限公司负责人薪酬管理暂行办法的通知》（财金〔2010〕37号）。

3月4~7日　北欧投资银行东亚和中国区首席代表邵雪明先生、Bengt farnrman（本特·法诺曼）先生和Eva nickull（伊娃·尼库尔）女士等来我省考察北欧投资银行贷款项目，财政厅副厅长左俊接待考察团一行。我省共利用北欧投资银行贷款项目33个，贷款金额13135万美元，是全国利用北欧投资银行贷款最多的省份。

3月23日　召开全省家电下乡和政策性农业保险工作视频会议，省财政厅厅长陈先森、副厅长左俊到会讲话。

4月15~22日　德国复兴银行Joerg Meilicke、Peter Reff先生和庞小葵女士一行3名官员，对我省利用德国政府贷款医疗项目进行考察评估。22 日上午，贷款项目评估备忘录签字仪式在合肥市百花宾馆举行，省财政厅副厅长左俊出席签字仪式。

4 月 19 ~ 27 日　受意大利政府派遣，意大利外交部项目官员 Laura ROSA 女士和水处理专家 Andrea NARDINI 先生，会同驻华使馆、中意发展合作项目办项目官员一行 8 人，对我省宁国东津河水环境治理、淮南潘集污水处理厂建设项目进行预评估。省财政厅副厅长左俊会见意方项目评估团一行。

5 月 10 ~ 25 日　省财政厅副巡视员李友兰率金融处有关人员赴部分市、县开展地方政府融资平台课题调研，并形成课题调研报告。

5 月 28 日　省政府召开全省政策性农业保险试点工作电视电话会议，省委常委、副省长赵树丛列席并作重要讲话。

6 月 1 日　我省开展地方金融企业绩效评价工作，对金融企业的经营状况进行综合评定。

6 月 22 ~ 25 日　省财政厅副厅长左俊赴亳州、阜阳、淮南等市调研小额贷款公司发展状况。

8 月 20 日　省财政厅副厅长左俊赴安庆、池州检查指导政策性农业保险灾后理赔工作。

8 月 31 ~ 9 月 2 日　荷兰政府主管机构（ORET）专家孔斯特拉（Aant Koonstra）先生等一行 4 人对我省利用荷兰政府贷款省立医院 1168 万欧元、淮南工贸学院 498 万欧元、六安市人民医院 495 万欧元项目进行后评估，厅金融处派员全程陪同。

9 月 15 ~ 17 日　财政部金融司、国家发改委外资司联合在我省芜湖市海螺国际会议中心召开外国政府贷款合作交流会。会议期间，省财政厅厅长陈先森看望了财政部金融司、国家发改委外资司领导和 4 国政府机构代表，副厅长左俊在大会上致辞。

12 月 14 日　省财政厅金融处新老领导班子交接会在处会议室举行。

12 月 24 日　省财政厅召开全省政策性农业保险规范管理活动总结汇报会，省财政厅副厅长左俊出席并作重要讲话。

12 月 31 日　我省当年获得财政部批复外国政府贷款项目 14 个，贷款金额 2. 09 亿美元，完成当年计划的 200%，为历年之最。我省贷款已连续 8 年居全国各省、市前列。

（厅金融处供稿　张克敬执笔）

农村财政管理工作大事记

3 月 15 日　省财政厅决定在全省开展财政补贴农民资金“千村万户”监测调查，全省 1531 个村 15310 个农户作为调查点，跟踪掌握补贴资金发放情况。

3 月 25 日　省财政厅在霍山县召开各市农村财政管理工作座谈会和决算编制会议，省财政厅副厅长张广寿参加会议并讲话。

4 月　省财政厅在长丰县召开部分县乡财政人员座谈会，强调加强乡镇财政资金监管措施和办法。

4 月　省财政厅下发《关于建立百名乡镇联系点工作制度的通知》。

4 月　省财政厅农村局开通“800 - 868 - 1100 财政补贴农民资金一卡通免费服务电话”，接受咨询或举报。

5 月　省财政厅在《安徽财会》开设“乡镇财政专栏”。

5 月　省财政厅下发《安徽省财政厅关于切实加强乡镇财政资金监管工作的实施意见的通知》。

6 月初　省财政厅在巢湖市召开全省创建规范化乡镇财政（分局）工作现场会，制定下发《关于开展创建规范化乡镇财政所（分局）工作的通知》及《考评办法》，成立省财政厅创建领导小组。

6 ~ 7 月　省财政厅驻点指导肥西县三河镇等 4 个财政所（分局）开展创建规范化乡镇财政所（分局）工作。

6 ~ 7 月　省财政厅组织对 10 个省辖市两税征管情况进行重点检查，对 4 个市下发限期整改意见。

7 月上旬　全国第二期乡镇财政干部培训班在昆明举办，安徽省财政厅作经验交流发言。

8 月中旬　省财政厅与省地税局、省编办联合向省政府上报《关于耕地占用税和契税征管职能划转工作的请示》。

10 月 12 ~ 15 日　省财政厅在上海举办百名乡镇财政所长能力提高班，全省省市联系点乡镇财政所（分局）负责人参加了培训。

（厅农村财政管理局供稿　姚　瑶执笔）

行政事业国有资产管理（国有资本经营预算管理）工作大事记

2月24日　省财政厅首次批复省级国有资本经营预算。

4月13～14日　省财政厅资产管理处在肥召开专题座谈会，征求省直有关单位和各市财政局对资产管理配套办法的修改意见。

6月18日　省财政厅印发《安徽省级行政事业单位国有资产收入管理暂行办法》（财资〔2010〕750号），自2011年1月1日起正式实施。

6月28日　省财政厅资产管理处党支部在深入推进创先争优活动中，组织党员干部到省未成年犯管教所开展纪念建党89年活动。

6月30日　省财政厅向财政部上报省本级行政事业单位资产汇总数据。

7月上旬　省财政厅资产管理处对阜阳、安庆等6市资产管理工作进行调研，督查资产管理信息系统实施工作。

7月18日　省财政厅资产管理处负责同志参加全国第二届行政事业资产管理论坛并作会议交流发言。

8月16～20日　省财政厅副厅长罗建国率厅国有资本经营预算处负责同志前往安徽能源集团、皖维集团、淮南矿业集团开展专题调研。

8月30日　省财政厅印发《关于做好省级行政事业单位新增资产配置预算编审工作的通知》（财资函〔2010〕797号），推进资产管理与预算管理相结合。

8月31日　省财政厅印发《安徽省省级国有资本经营预算支出项目资金管理暂行办法》，规范国有资本经营预算资金的使用和管理。

9月1日　省财政厅副厅长罗建国率资产管理处负责同志到合肥市财政局调研行政事业单位资产管理工作。

9月6日　省财政厅在合肥召开2011年省级国有资本经营预算布置会，省属各企业财务负责人、省国资委等省级预算单位及财政厅相关处室负责同志共50余人参加会议。

10月13日　省财政厅资产管理处负责同志参加全国行政政法财务和资产管理工作会议。

10月25日　省政府第62次常务会议听取并原则同意省财政厅关于进一步加强省级行政事业单位资产管理工作的汇报。

11月上旬　省财政厅资产管理处组织对省直单位资产管理信息系统实施情况检查。

（厅行政事业国有资产管理处供稿　谢　勇执笔）

财政监督检查工作大事记

1月　在全国会计信息质量检查十周年总结会议上，省财政厅荣获“全国会计监督工作十佳先进单位”，安庆市财政局荣获“全国会计监督工作先进单位”，监督检查局徐中洋同志和蚌埠市财政局陈益英同志获得“全国会计信息质量检查先进工作者”称号。

1月10～27日　厅监督检查局成立5个检查组，分别对马鞍山市等9个市（县、区）再生资源增值税退税企业和初审工作开展检查。

1月　会同厅会计处对我省5市16家事务所进行调研，进一步加强对会计师事务所行政监督。

3月上旬至6月　厅监督检查局组织5个检查组计60余名检查人员，对全省26个市、县（区），开展清理化解义务教育债务资金和贫困重度残疾人生活救助资金检查。

6月3日　全省“小金库”治理工作经验交流电视电话会议在合肥召开。

6月14～15日　全省财政监督工作会议在合肥召开，省财政厅党组书记、厅长陈先森出席并讲话。

6～8月　省财政厅组织开展会计监督工作，共检查行政企事业单位420户，对82户企业进行了处理处罚。

6～12月　厅监督检查局组织对中小企业信用担保基金和风险补偿资金等资金量较大、社会高度关注的项目实施绩效考评。

7月13日　财政部党组成员、纪检组长刘建华来皖考察调研，并亲切看望厅监督检查局全体同志。

7月22日　我省召开全省“小金库”治理工作动员部署电视电话会议。

10月25～27日　财政部内部监督专题会议在我省召开。

11月18日　全省“小金库”治理重点检查工

作布置会在合肥召开。

11 月 21 ~ 27 日　省财政厅在厦门国家会计学院举办全省财政监督干部培训班。

1 ~ 12 月　对全省 700 余家再生资源回收企业报送的 2390 多批退税资料进行复审，全年办理增值税退税 41 亿元。

（厅监督检查局供稿　汪永飞执笔）

农村综合改革工作大事记

1 月 21 ~ 22 日　国务院农村综合改革工作小组在广西南宁市召开会议，安徽等 6 省区做经验交流发言，财政厅副厅长罗建国率厅综改处同志参加会议。

1 月 28 ~ 29 日　国务院农村综合改革工作小组办公室在吉林省长春市召开农村改革发展座谈会。

2 月 2 日　省综改办下发《关于做好 2010 年一事一议财政奖补试点工作的通知》（财农改办〔2010〕104 号）。

2 月 9 日　省清理化解农村义务教育债务领导小组下发《关于切实防止发生新的农村义务教育债务的通知》（化债组〔2010〕2 号）。

2 月 24 日　省综改办下发《关于印发 2010 年省农村综合改革领导小组办公室工作要点的通知》（综改办〔2010〕1 号）。

2 月 26 ~ 28 日　财政厅副厅长罗建国带领厅综改处有关同志，就一事一议财政奖补、村级组织运转经费保障机制和其他公益性乡村债务等农村综合改革工作，深入广德县和宁国市进行了调研。

3 月 15 日　省综改办下发《关于开展 2010 年农村综合改革调研的通知》（综改办〔2010〕2 号）。

4 月 11 ~ 12 日　国务院农村综合改革工作小组、财政部、农业部在江苏省扬州市召开全国村级公益事业建设一事一议财政奖补扩大试点工作会议，省财政厅副厅长吴天宏、省综改办负责同志参加了会议。

4 月 20 ~ 23 日　国务院农村综合改革工作小组办公室黄维健副主任率办公室一行 8 人赴我省开展"走进小岗，走近沈浩"主题调研活动，主要负责同志陪同调研。

5 月 6 日　财政部下发《关于开展部分地区清理化解农村义务教育"普九"债务试点考核验收工作的通知》（财监〔2010〕42 号）。

3 ~ 5 月　为掌握各地农村义务教育化债资金使用管理情况，省化债办积极配合省财政厅监督检查局对 26 个县（区）进行检查。

5 月 20 ~ 21 日　国务院农村综合改革工作小组办公室在厦门国家会计学院举办统筹城乡发展与农村综合改革政策培训研讨班。省财政厅副厅长、省农村综合改革领导小组办公室专职副主任罗建国同志和省综改办负责同志参加培训。

5 月 24 ~ 25 日　国务院农村综合改革工作小组办公室在福州市召开一事一议财政奖补试点办法研讨集中分析汇总会，省财政厅副厅长，省农村综合改革领导小组办公室专职副主任罗建国、省综改办负责同志参加会议。

6 月 19 ~ 20 日　省财政厅副厅长罗建国率农村综合改革处负责同志赴舒城县进行专题调研。

6 月 28 日　省农村综合改革领导小组召开全省村级公益事业建设一事一议财政奖补试点工作会议。省财政厅副厅长罗建国主持会议。

6 月 30 日　厅农村综合改革处党支部赴肥西县丰乐镇新华村开展支部活动，并为贫困家庭在校学生开展捐赠活动。

7 月 25 日　省综改办安排完善村级组织运转经费保障机制省财政补助资金 20142 万元。

8 月下旬　针对厅监督检查局对农村义务教育化债工作检查中发现的问题，省综改办进行认真梳理，逐项下达整改通知书，限期整改。9 月上旬，有关县（区）的 98 笔债务项目、13027 万元问题资金全部整改到位。

6 月初至 9 月底　国务院农村综合改革工作小组和财政部委托财政部驻安徽省财政监察专员办事处，对我省清理化解农村义务教育债务工作进行考核验收，及时纠正问题金额 4219 万元。

8 月 31 日 ~ 9 月 3 日　国务院农村综改办与财政部干教中心在河北涿州举办两期全国村级公益事业建设一事一议财政奖补信息系统软件培训班。省综改办、巢湖市综改办和金寨县综改办派员参加培训。

9 月 3 日　中央组织部、财政部、民政部、农业部四部委联合下发《关于开展村级组织运转经费落实情况专项督查工作的通知》（财农改〔2010〕3 号）。

9 月 8 日　省财政厅、省委组织部、省民政厅、省农委联合下发《转发中共中央组织部 财政部民政部 农业部关于开展村级组织运转经费落实情况专项督查工作的通知》。

9月8~10日　国务院农村综改办在威海市举办全国农村综合改革政策业务培训班。省综改办、巢湖市综改办派员参加培训。

9月15~17日　省财政厅副厅长罗建国率厅综改处同志赴池州、宣城市就农村综合改革有关工作开展调研。

9月28日　省综改办下发《关于开展村级组织运转经费落实情况省级抽查工作的通知》。

10月11~12日　省综改办组织市、县综改工作人员开展一事一议财政奖补政策业务培训。

11月24日　省综改办下发《关于开展一事一议财政奖补试点督查工作的通知》(综改办〔2010〕14号)。

11月25日　我省清理化解农村义务教育债务工作通过国家考核验收，并受到好评。

11月26日　国务院农村综合改革工作小组副主任丁国光等有关领导听取我省化解乡村干部个人垫交农业税情况的汇报，并给予高度评价。

12月上旬　省综改办对全省一事一议财政奖补试点工作进行专项督查，分赴阜阳、亳州、淮北、芜湖等市、县进行督查。

12月21日　省财政厅副厅长罗建国率省综改办负责同志做客《中国安徽》在线访谈栏目，就一事一议财政奖补试点工作与网友进行交流。

(厅综改处供稿　杨作华执笔)

机关党建工作大事记

1月5~8日　厅党组成员、纪检组长刘浩带领厅机关党委及农业处、农村财政管理局有关同志赴岳西、潜山、太湖三县看望慰问部分困难农户。

2月5日　省财政厅在合肥长江剧院举行迎春联欢会。

2月8~9日　全厅举行厅直机关2010年迎新春拔河、乒乓球比赛。

2月18~19日　厅组队参加合肥地区省、市党政机关"富光杯"乒乓球比赛，获男子团体第1名。

2月　财政厅上报的《创新党组织工作制度，让权利在阳光下运行》机关党建创新成果，获2009年度省直机关党建"十大创新成果"表彰。

3月4日　厅组队参加省直机关庆"三八"女子保龄球比赛获团体第8名。

4月2日　厅机关党委组织党员代表赴凤阳县小岗村开展党建工作主题实践活动。并举行"安徽省财政厅党员教育基地"和财政厅"机关党委党建工作联系点"挂牌仪式。

4月13日　省财政厅选手胡庆松获省直机关"我与一本书"演讲比赛二等奖，并被省文明委推选为全省道德模范巡讲团成员参加全省巡讲活动。

4月　组织全厅干部职工向青海玉树地震灾区捐款，共971人捐款，个人捐款及集体捐款累计达231666元。

5月7日　省总工会常务副主席李维勇在财政厅党组副书记、副厅长王林建陪同下，看望慰问沈浩同志家属，并受中华全国总工会委托，向沈浩同志家属颁发全国五一劳动奖章、证书及慰问金。

5月14日　省财政系统左自智等5人获全国财政系统"庆祖国华诞颂财苑芬芳"征联活动"百佳"优秀对联奖。

5月26日　省财政厅召开深入开展创先争优活动动员大会。

5月27日　以沈浩同志先进事迹为题材的话剧《魂系小岗》在安徽大剧院举行首场公演，财政厅机关及厅属单位460余名干部职工观看演出。

6月24日　财政厅召开纪念建党89周年党课大会，厅党组书记、厅长陈先森讲授专题党课。

6月25日　全省财政系统"学沈浩，见行动"主题演讲比赛在合肥圆满落幕。全省财政系统共21名选手参加决赛。比赛共评出一等奖2名，二等奖4名，三等奖6名和优秀奖9名。

7月8日　省委组织部、省委宣传部、省委创先争优活动领导小组在安徽大剧院隆重举行电影《第一书记》安徽首映典礼。财政厅机关和合肥市财政系统干部职工代表参加首映典礼并观看电影。

8月13日　机关党委组织新党员赴革命老区金寨县开展"学习革命传统，推进创先争优"主题教育活动。

10月14日　省财政厅召开深入推进学沈浩创先进争优秀活动大会。会议传达贯彻了省委深入推进"学沈浩、创先进、争优秀"活动电视电话会议精神，总结交流了财政厅开展"创先争优"活动的经验和做法，全面部署下一阶段深入推进财政系统"学沈浩、创先进、争优秀"活动工作。

10月14日 省财政厅召开参加省直机关第六届运动会总结表彰大会。在省直六运会中，我厅组织了300多名运动员参赛的代表团，参加全部大项共计102个小项的比赛，在158支代表队中，我厅以总成绩205.33分夺得团体第9名，为组委会特别表彰的前十名优胜代表团，并获得“优秀组织奖”荣誉称号，团体总分及代表团参赛规模上都是我厅参加历届省直运动会之最。

11月2日 省直机关工委召开的创先争优活动暨基层党组织建设年、效能建设工作推进会，厅党组成员、纪检组长刘浩就我厅“学沈浩创先进争优秀”活动开展情况和经验进行专题交流发言。

11月 财政部在湖北省召开全国财政系统党建工作交流会，厅机关党委代表安徽省财政厅参会并作交流发言，得到财政部机关党委和兄弟省市厅局的高度评价，并被作为典型经验由大会印发推广。

（厅机关党委供稿 刘 恒执笔）

省财政事业工作大事记

全省民生工程大事记

1月4～7日　省民生办组织9个考核组开展全省28项民生工程实施情况综合考核。考核组深入17个市，随机抽样，实证评分，检查各地协调推动、加强基础工作及实施效果。

1月11日　省政府印发《安徽省人民政府关于2010年实施33项民生工程的通知》（皖政〔2010〕1号）。通知指出，实施民生工程是我省解决各类民生问题的重要抓手，各地、各有关部门要认真总结经验，精心组织实施，务求更大实效。

1月18日　省政府召开全省民生工程暨财政工作会议，省长王三运出席会议并作重要讲话，会议表彰了2009年度民生工程工作先进市，省委常委、常务副省长孙志刚代表省政府与各市政府签订2010年民生工程目标责任书。

1月26日　省委书记王金山在省民生办报送的《全省28项民生工程实施工作总结》中作出重要批示，充分肯定2009年全省28项民生工程实施工作，并给予热忱鼓励。

1月下旬　省民生办在安徽电视台录制《对话江淮》专题节目，全面宣传我省民生工程实施进展和成效。

2月8日　省民生办出台《关于印发2010年33项民生工程实施办法的通知》（民生办〔2010〕1号）。

2月26日　省政府召开全省中小学校舍安全工程电视电话会议。

3月9日　省交通运输厅召开全省农村公路工作现场会，回顾总结2009年全省农村公路工作，研究部署2010年农村公路建管养运各项任务。

3月15日　省人大常委会召开关爱留守儿童座谈会，省教育厅、省发改委、省财政厅、团省委、省妇联等部门负责人出席会议。

3月19日　省农委召开农业系统实施2010年民生工程视频会议，总结2009年农业系统实施民生工程情况，部署2010年民生工程实施工作。

3月23日　省民生办在《安徽日报农村版》刊登“33项民生工程特刊”，八个版面整版刊登每项工程的责任单位、实施办法，进一步提高民生工程知晓度。

3月24日　省纪委、省监察厅、省纠风办、省文明办和省电台联合举办《政风行风热线》，省财政厅进行主题为“深入推进民生工程实施”直播。陈先森厅长及有关处室单位负责同志现场介绍了相关政策规定和民生工程实施情况。

3月25日　省委常委、常务副省长孙志刚主持召开省民生工程协调小组第一次会议，听取2010年新增5项民生工程工作落实情况汇报，调整充实协调小组成员单位，讨论修改民生工程考核办法和开展民生工程“回头看”活动意见，部署下一阶段工作。

3月26日　省民生办印发《关于进一步加强民生工程工作协调的意见》（民生办〔2010〕7号）。

4月上旬　省民生办开展集中调研，赴淮南、蚌埠、马鞍山、芜湖等地调研各地33项民生工程进展、组织实施工作，并召开部分省人大代表座谈会。

4月16日　省政府出台《安徽省人民政府办公厅关于在全省开展民生工程“回头看”活动的通知》（皖政办秘〔2010〕45号）。

4月28日　省民生办印发《关于继续完善民生工程基础数据库的通知》（民生办〔2010〕13号）。

5月6日　省民生办召开民生工程省直单位联络员会议，省财政厅副厅长王林建到会并讲话。

5月17日　省人大常委会副主任郭万清主持召开关于民生工程长效机制的省人大代表重点建议督办会，听取了省财政厅、省交通厅等省直有关部门的工作汇报。

5月20日　省民生办有关负责人赴潜山县开展民生工程实施情况调研，实地了解农村饮水安全工程、村卫生室现状。

5月24日　省政府召开55次常务会议，讨论通过了《安徽省2010年度民生工程实施情况考核办法》。

5月25日　省民生办印发《关于进一步加强和改进工作　提升民生工程群众满意度的通知》，公布2009年度民生工程实施情况调查分析报告。

6月18日　省民生办召开全省民生工程工作推进会议，通报各地民生工程的进展和“回头看”活动开展情况，分析查摆民生工程中存在的困难和问题，对下一阶段工作提出严格要求。省财政厅副厅长王林建到会并讲话。

7月　省民生办会同省直牵头部门制定33项民生工程单项考核办法。

8月17日　省委书记张宝顺主持召开民生工程专题座谈会，听取有关部门关于民生工程实施情况的汇报，并作重要讲话。

8月30日　省民生办印发《县（市、区）民生工程表彰审核办法》。

8月30日　省民生办出台《2010年民生工程资金保障管理考核办法》。

11月8日　省民生办发出通知，请省直各有关部门、单位结合工作实际，研究提出2011年全省民生工程备选项目。

12月　省民生办组织民生工程协调小组成员单位，对17个市2010年33项民生工程组织实施情况进行全面考核。

12月　经省政府常务会议和省委常委会研究决定，2011年我省实施33项民生工程。退出城镇未参保集体企业退休人员基本生活费保障、农村公路“村村通”、农民体育健身工程等3项，新增一事一议财政奖补试点、农村公路危桥加固改造工程、家电下乡和家电以旧换新3项，调整完善6项，继续实施24项，计划投入资金388亿元。

（省民生办供稿　孟　骞执笔）

农业综合开发大事记

1月8日　省农发局再次召开全局会议，深入学习中央组织部李源潮部长来皖视察讲话精神，深入学习沈浩同志先进事迹和崇高精神。

1月12日　省财政厅党组成员、副厅长张广寿专门听取省农发局工作汇报，对2009年全省农业综合开发工作给予充分肯定，并对当前和今后一个时期农业综合开发提出新要求。

2月5日　省财政厅2010年迎新春春节联欢会在合肥市长江剧院举行，由王建培局长创作、全局同志共同登台表演的配乐诗朗诵《沈浩颂》获得好评。

2月6～7日　局长王建培及朱湖根、陈军处长深入凤阳小岗村调研，并祭拜了沈浩墓地。

2月24日至3月8日　省农发局局长王建培一行对淮北、阜阳、巢湖、黄山、合肥等现代农业综合开发示范区进行实地检查，深入了解示范区项目建设进展情况。

3月5日　省农发局局长王建培、局项目处处长陈军在怀宁县县委主要领导的陪同下，实地考察安庆市平山现代农业综合开发示范区。

3月12日至4月中旬　省审计厅对我省2009年度世行加灌三期、农业科技和英国赠款项目执行和财务收支情况进行了审计，对我省项目资金管理情况给予了肯定。

3月18日　省长助理邵国荷率省农委负责人一行赴庐江县调研郭河现代农业综合开发示范区，对示范区建设给予了高度评价。

4月8日　省农发局局长王建培在合肥主持召开座谈会，就进一步加强农发项目资金管理进行座谈，各市农发办，以及劳教、监狱、农垦的农发办主任（局长）参加了会议。会上，各农发办主任就如何加强农发项目资金管理进行了探讨。

4月6～11日　世界银行官员及国家农发办领导对我省农业科技项目进行第八次例行检查。

4月21日　省委常委、副省长、省农业综合开发领导小组组长赵树丛主持召开省农业综合开发领导小组会议，省政府副秘书长程仲才及省农业综合开发领导小组成员单位负责同志参加会议。

4月22～23日　安徽财政现代农业综合开发示范区建设工作座谈会在庐江召开。

5月10日　省政府在合肥召开全省农业综合开发工作会议。会议全面总结了近五年来我省农业综合开发工作，并对当前和今后一个时期的工作进行了部署。

5月17日　省农发局局长王建培、副局长陈军出席小岗面业投产仪式，并前往蚌埠禹会区听取汇报。

5月27日　省农发局局长王建培率副局长陈军等赴庐江县参加示范区创新社会化服务新机制推进工作座谈会。

6月10日　省农发局局长王建培陪同中央电视台记者深入芜湖大浦示范区调研考察。

6月11日　省农发局局长王建培陪同中央电视台记者深入庐江郭河示范区调研考察。

6月29日　省农发局局长王建培出席了安徽财政郭河现代农业综合开发示范区暨安徽庐江台湾农民创业园揭牌仪式，出席揭牌仪式的领导有全国政协原常委、安徽省委原书记卢荣景，安徽省人大工作研究会会长、省人大常委会原主任孟富林，国台办经济局副巡视员叶向东，安徽农业大学校长宛晓春，省财政厅副厅长罗建国，省农委、台办、农发行等部门负责同志。仪式上，王局长宣读了省政府批复建设安徽财政郭河现代农业综合开发示范区文件；国台办经济局副巡视员叶向东宣读了农业部、国台办对安徽庐江台湾农民创业园的批复。

6月29日　省农发局局长王建培深入省级农业综合开发九华示范区检查指导工作。

6月30日　省农发局局长王建培深入省级农业综合开发黄山耿城示范区检查指导工作。

6月下旬至7月上旬　农发局实行"按处划片包干、责任到人、处长负责"的原则，通过将所有项目县落实到处和责任人。

7月1日　省农发局局长王建培深入马鞍山市当涂现代农业综合开发示范区检查指导工作。

7月3日　省农发局局长王建培、副局长陈军邀请安粮集团等相关企业负责人参观考察安徽财政滨湖现代农业综合开发示范区项目区。

7月30日　六安市政府召开全市农业综合开发项目精细化管理体系建设试点工作会议。局长王建培出席会议并讲话。

8月9～10日　农发局召开"信息员联系工作汇报会"。

8月17日　省农发局局长王建培、副局长陈军一行深入滨湖现代农业综合开发示范区水稻优良品种示范基地检查指导工作。

8月17日　省农发局局长王建培在合肥市财会培训中心召开"高标准农田建设座谈会"。

8月22～25日　国家农发办主任王建国、国务院秘书二局李勇一行就"高标准农田建设"来安徽进行专题调研。财政厅厅长陈先森、副厅长张广寿、省农发局局长王建培全程陪同调研。

8月31日至9月1日　全省农业产业化工作会议在淮北召开。农业部政策法规司司长张洪宇应邀参加会议，省委常委、副省长赵树丛，副省长邵国荷，省政府副秘书长程中才参加会议。

9月2日　省农发局局长王建培赴百善现代农业综合开发示范区检查指导。

9月7日　省农发局召开现代农业综合开发示范区宣传工作会议。

9月9日　省农科院与农发局联合举办的水稻新品种示范展示现场会在滨湖示范区农科院新品种示范基地举行，赵树丛副省长、程中才副秘书长等领导出席了现场会，省发改委、省财政厅、省科技厅、省农委等有关部门负责同志参加了会议。

11月30日　省审计厅开始对省农发局国外贷援款项目开展期中审计。

11月30日至12月1日　省农发局局长王建培率局有关人员对六安市农业综合开发工作进行了调研。

12月1日　省农发局局长王建培率副局长王定友、综合处处长程巍东等一行赴六安市金安区视察木南示范区建设情况。

12月2日　省农发局局长王建培一行赴合肥滨湖现代农业综合开发示范区进行调研。

12月4日　省农发局局长王建培率副局长陈军、处长程巍东等专程到阜阳红星现代农业综合开发示范区调研。

12月5日　省农发局局长王建培率副局长陈军、处长程巍东等专程到亳州谯城十八里现代农业综合开发示范区调研。

12月18日　中央电视台新闻联播头条专题报道了安徽省现代农业综合开发示范区建设情况。次日，安徽新闻联播也对现代农业综合开发示范区建设进行了报道。

12月21～22日　全省农业综合开发资金管理培训暨2010年决算工作布置会在合肥召开，全省各项目市、县（市、区）农发办（局）财务人员参加了会议。

12月30日　省农发局局长王建培带领农发局全局同志深入合肥郭河和滨湖现代农业综合开发示范区进行考察学习。

（省农业综合开发局供稿　王定友执笔）

省非税收入征管工作大事记

1月13日　在安庆市组织召开全省2009年度非税收入收缴执行分析会议。省财政厅副巡视员、省非税局局长李友兰出席会议并讲话。1月28日会同人行合肥中心支行召开2009年度省级政府非税收入银行代收工作座谈会。省财政厅副厅长左俊、人行合肥中心支行副行长单凯出席会议并讲话，省财政厅副巡视员、省非税局局长李友兰主持会议。

2月　完成省级非税收入管理信息系统接入金财工程大平台工作，实现省级非税收入资源共享、信息共用。

2月20日　印发《省非税局开展学习提升年活动实施方案的通知》（非税综〔2010〕3号）。

3月2日　印发《关于手工核销非税票据有关问题的通知》（非税征〔2010〕6号）。

3月2日　印发《关于开展省级非税征管改革调研的通知》（非税征〔2010〕7号）。

3~4月　由局负责人带队组成三个调研小组，分赴合肥、芜湖、滁州、石台、濉溪等10个市、10个县以及省教育厅、省公安厅等10个非税收入规模较大的省直单位进行实地调研。

3月9~10日　省财政厅副巡视员、省非税局局长李友兰率省非税局同志赴淮北市、濉溪县实地调研非税收入征管改革情况。

3月25~26日　省财政厅副巡视员、省非税局局长李友兰率省非税局同志赴池州市、石台县实地调研。

3~10月　对省委办公厅、省委宣传部、省政协办公厅等12个省直部门共计20家执收单位2009年非税收入收缴情况、票据管理、账存资金和内控管理情况等进行了全方位检查。对安徽邮电管理学院、省人大办公厅机关服务中心、省法制办、省委党校和安徽城市管理学院5家专用票据使用较多、收入金额较大的单位开展非税票据专项检查。通过检查，共查补非税收入1176.5万元。

4月7日　召开部分省直单位政府非税收入征收管理座谈会，省非税局副局长潘琦、刘明刚参加座谈。

4月13日　在马鞍山市组织召开全省一季度非税收缴执行情况分析会议。

5月15~26日　甘肃、湖北、河北省财政厅考察团先后来我省考察交流非税收入征收管理工作。

5月26日至6月4日　以黄然副厅长为组长的省财政厅政府非税收入征收管理研究组一行6人，赴日本、新加坡执行学习交流公务。

5月28日　印发《省非税局党支部创先争优活动实施办法的通知》（非税党〔2010〕10号）。

6月　完成与建设银行安徽省分行、农行安徽省分行、交通银行安徽省分行、中信银行合肥分行四家代理银行的非税收入委托代理协议续签工作。

7月13日　在宁国市召开全省上半年非税收缴执行情况分析会议。省非税局副局长黎学东作总结讲话。

8月　组织相关同志赴四川、海南两省财政部门就非税收入预算管理、信息化建设、省市县上下联网等情况考察学习。

9月　会同安徽省交警总队赴厦门、山东两地就公安交警罚款收缴管理进行考察学习。

9月9日　省财政厅厅长陈先森听取我省五年来非税收入管理改革情况汇报，对省非税局工作给予充分肯定，对今后一段时间的非税征管工作提出了明确要求。

9月19日　在厅办公室的指导下，形成专题送阅材料《完善非税收入征管服务经济社会发展》，送省委、省人大和省政府相关领导。

9月21日　省委办公厅信息处在《安徽信息》对“全省非税收入征管改革成效、存在问题及下步措施”进行报道。

9月25~29日　和复旦大学合作，组织举办全省非税局长知识更新培训班。

9月26日　山东省财政厅考察团来我省考察交流有关规范国有资源（资产）有偿使用收入管理非税工作。

10月9日　省直非税管理改革动员大会召开五周年之际，在《安徽日报》进行了专版宣传。

10月14日　召开全省公安交警罚款收缴管理工作座谈会，厅预算处、政法处、省交警总队、部分市非税局负责人参加座谈。

10月14日　在合肥召开第三季度非税收入收缴执行情况分析会议。

10月14日　省财政厅召开省直机关第六届运动会总结表彰大会，副局长黎学东被评为优秀组织者，局三名同志被评为优秀运动员。

11月9~10日　参加财政部国库司在北京召开的“部分地区非税收入收缴管理制度研讨会”。

12月　积极参与省财政厅“十二五”规划编制工作。

12月6日　局党支部组织党员和入党积极分子到凤阳县小岗村开展支部主题教育活动。

12月6~8日　安徽电视台经济生活频道《财经特快》栏目对我省非税管理改革情况进行了连续

报道。

12月13日　省财政厅、公安厅联合印发《关于进一步规范全省公安交警罚款收入收缴管理的通知》（财非税〔2010〕2100号）。

12月13日　根据《关于黎学东等同志工作职务任免的通知》（财人〔2010〕2092号），经厅党组研究决定并报省委组织部同意，调黎学东同志到厅机关工作。

12月28日　根据《关于张黎同志任职的通知》（财人〔2010〕2274号），经厅党组研究决定，张黎同志任省非税收入征收管理局副局长（正处级）。

12月31日　完成2010年度公务员通用能力在线学习工作，局17名同志通用能力考试全部通过。

（省非税局供稿　徐进超执笔）

国库集中支付工作大事记

1月4日　省财政一体化信息管理系统成功上线运行，省级国库集中支付动态监控系统与财政一体化信息管理系统顺利实现对接。

3月29日　厅支付中心组织召开“省级国库集中支付改革暨财政一体化管理信息系统应用座谈会”，厅副巡视员陈传文主持会议并做总结讲话。

4月8日　厅支付中心印发《关于要求提供财政国库集中支付相关数据的函》，统一规范省级国库集中支付动态监控系统银行端数据格式。

4月16日　厅支付中心党支部换届选举产生新一届委员会。

5月12日　海南省国库支付局考察组来我省专题考察省级国库集中支付改革，重点了解了我省财政国库集中支付动态监控系统与财银直联系统的开发、应用情况。

5~6月　厅支付中心开展为期2个月的“学习《廉政准则》、规范从政行为、促进科学发展”主题教育活动。

5月17~21日　财政部举办地方预算执行动态监控管理培训班，我省参加培训并作了题为“积极推进国库集中支付动态建设，促进财政资金支付科学化精细化”的大会发言。

3~6月　厅支付中心组织干部职工学习公务员通用能力教程，6月7~9日参加公务员通用能力考试，全员通过。

6月26日　厅支付中心全体党员干部赴小岗村开展“学习沈浩精神、重温入党誓词”党日活动。

7月　厅支付中心赴黑龙江、辽宁等省市学习考察省级国库集中支付改革和“国库集中支付动态监控系统”建设工作。

5~7月　厅支付中心开展为期3个月的“学习贯彻干部选拔任用工作政策法规集中教育宣传活动”。

8~9月　厅支付中心积极参加省直机关第六届运动会，8名职工参加了拔河、游泳、登山等10个运动项目角逐，并获得射击比赛第二名、第四名，健身走第五名等多个名次。中心牵头组织全厅射击项目训练，受到厅机关党委通报表彰。

9月13~14日　厅支付中心组织召开“全省财政国库集中支付改革暨财政平台一体化系统推广应用座谈会”，厅国库支付中心主任姚本虎主持会议，厅副巡视员陈传文出席座谈会并讲话。

9月18日　厅支付中心19名职工参加全省财政行政执法人员资格认证统一考试，全部获得《安徽省行政执法资格证书》。

10月16~17日　厅支付中心组织干部职工开展集体拓展训练，增强团队意识，提高团队配合协调能力。

10月　厅支付中心党支部公开创先争优承诺书，全体党员干部公开岗位服务承诺书。

11月　厅支付中心负责同志带队开展了为期3周的上门服务调研活动，分赴省广电局、省海事局等24个部门、单位进行集中支付情况调研，并形成调研报告。

11月22日　厅支付中心与工商银行安徽省分行营业部、电子银行部联合召开“财政授权支付财银直联业务研讨会”，就系统建设的业务需求、业务流程、系统功能等方面问题进行研讨。

12月　厅支付中心荣获2008—2010年度省直文明单位。

（厅国库支付中心供稿　汪新平执笔）

投资评审工作大事记

11月　省财政投资评审中心对5个2011年部门预算项目进行预算评审和绩效考评。5个项目送审投资838.03万元，审定投资605.64万元，审减

232.39 万元，审减率达到 27.73%。

1月、5月、7月　省财政投资评审中心分别完成了淮河干流南润段、邱家湖进（退）洪闸、梅山水库除险加固工程和颍上县润左润赵古城保庄圩应急加固等四个水利重点工程评审，审减投资 4643.94 万元。

5~6月　省财政投资评审中心按照财政部要求，组织 10 个评审组，先后完成了对四川省、重庆市 160 多个淘汰落后产能项目的专项核查工作，核减四川省 2010 年申报的淘汰产能 189.09 万吨。

6月　省厅专门下发《关于进一步加强预算支出绩效考评工作的意见》（财预〔2010〕729 号），大力推进我省预算支出绩效考评工作的扎实开展。评审中心创新考评方法，全年完成绩效考评项目 5 批次 609 个，考评资金 137.06 亿元。

7月　省财政投资评审中心在全国率先制定项目绩效考评操作细则，有力推动了绩效考评工作的规范化和精细化。

11~12月　省财政投资评审中心在省财政厅建设领域突出问题专项治理领导小组指导下，积极开展省直项目重点排查工作。在 32 个省直单位自查的基础上，选择 4 个典型项目进行剖析，排查资金 29679.69 万元，发现问题 21 个。

11月　省财政投资评审中心在连续获得第七、第八届省级文明单位的基础上，争创第九届省级文明单位，得到省直文明委检查组高度评价。

（省财政投资评审中心供稿　周涛执笔）

省政府采购中心工作大事记

1月9日　在第五届全国政府采购集采年会上，中心主任姜毅应邀作了“政府采购服务专项资金大有作为”的主题发言，介绍了中心实施政法专项资金采购经验。在本届年会上，中心组织实施的《安徽省政法转移支付资金装备及全省政法网续建采购项目》和《安徽省创业（风险）投资引导基金招募创业风险投资基金项目》双双被评为 2009 年全国政府采购精品项目。

1月20日　中心实施的 2009 年中国国内国际旅交会布展项目在全国获奖，省旅游局为此专门来函致谢。

1月29日　中心配合中国财经报社成功举办了《政府采购法》（实施条例）征求意见座谈会，共有来自山西、内蒙古、黑龙江、上海等 11 个省市集中采购机构代表共 30 余人参与此次座谈讨论，省财政厅副厅长王林建出席会议并致词。

2月26日　中心召开“学习提升年”活动动员大会，迅速启动“学习提升年”活动。随后组织开展了政府采购操作实务与案例分析专题研讨、如何做好政府采购工作及合同规范专题讲座和电子化政府采购操作实务培训等活动。

1月31日　上海市政府采购中心主任孙昭伦一行来皖进行工作调研。

2月10日　中心召开专门会议，认真传达学习省纪委八届六次全会和全国财政反腐倡廉建设工作会议精神。

2月24日　省财政厅采购处处长宋宝泉、副处长孙友三一行来中心，座谈谋划 2010 年政府采购工作。

2月底　中心选派王恒文到省政务服务中心财政窗口工作一年。

3月8日　在北京召开第四届全国政府采购家具年会上，中心管立新副主任《强化合同履约监督工作，促进家具企业诚信竞争》一文荣获一等奖。中心选送的《安徽省民主党派办公家具采购项目》荣获“精品家具项目”奖。

3月9日　中心领导带队到省文物局、博物馆联系项目工作，积极服务省博物馆新馆建设，了解经费落实、采购报批和采购需求等。

3月21~24日　中心选派 6 名同志参加厅新录用人员初任培训班。

3月23日　中心党支部联合厅采购处党支部组织党员干部冒雨前往凤阳县小岗村，开展祭奠沈浩、学习沈浩活动。

3月24~25日　广西壮族自治区政府采购中心副主任刘国宁、北海市政府采购中心副主任苏志勇等一行 8 人到中心考察调研政府采购工作。

3月26日　由财政部指定政府采购宣传媒体《政府采购信息报》主办的政府采购自主品牌汽车发展战略高峰论坛在芜湖举行，中心主任姜毅参加高峰对话，副主任邓建成参加论坛并发言。

4月6日　中心召开专门会议，认真学习宣传贯彻《廉政准则》。

4月14~15日　中心分别召开省直单位和协议供货商协议供货工作座谈会，倾听采购单位和供应商的意见和建议。

4月27日　中心邀请厅采购处处长宋宝泉、调研员何沁沅就如何做好政府采购工作及规范政府采购合同开展专题讲座。

5月28日　中心召开支部会议，动员部署创先争优活动。

5月31日　中心举办家电下乡生产企业（产品）采购及家电以旧换新（回收）入围企业采购项目供应商培训会。

5月31日　中心举办第二期电子化政府采购应用培训班，重点演示货物、服务类询价项目全流程操作。

6月4日　我省家电以旧换新销售（回收）入围企业采购项目在中心顺利开标，该项目在第六届全国政府采购集采年会上被评为2010年度精品项目。

6月25日　在全省财政系统“学沈浩 见行动”演讲比赛决赛中，中心范晓玲以99.06分的成绩荣获第一名，为采购中心和财政厅赢得了荣誉。

7月1日起　中心全面取消收取标书工本费，每年将为参与省级政府采购的企业节约成本160余万元。

7月3日　中心党支部和江苏省政府采购中心党支部联合到凤阳县小岗村党支部进行祭奠和学习沈浩同志活动。

8月3日　安徽省2010年小麦优势产区良种推广补贴采购项目顺利开标，此次采购小麦良种种植面积共3822万亩，补贴品种63个，预计采购小麦良种6.12亿斤，采购预算10.4亿元，其中国家补贴资金3.82亿元。

8~9月　在省直机关第六届运动会上，中心多人次代表省财政厅参加决赛阶段比赛，其中代表厅里组队参赛的“车轮滚滚”项目获团体第四名，姚继斌同志参加乒乓球男子乙组比赛，获得双打第一、单打第二。

11月　中心组织实施的中央和我省党政机关2011~2012年出差和会议定点饭店采购结束，最终来自我省17个地市的99家饭店（企业）入围党政机关出差和会议定点饭店。

11月　在省财政学会主办的“学习提升年”论文征集活动中，中心选送的李成名执笔的《注重学习提升，增强集中采购事业发展内驱力》一文荣获三等奖，为厅机关和厅属单位唯一获奖作品。

11月　中心组织10多家省直单位赴奇瑞公司，开展“发挥政府采购政策功能，支持自主创新，服务企业发展”活动。

12月　中心分部门高效组织实施6.2亿元的政法专项资金采购项目，这已是中心连续10年组织采购该项目，累计采购金额超24亿元。

2010年　在第六届全国政府采购集采年会上，中心被评为首届全国十佳集采机构。

2010年　中心被省直机关工委、省直文明委评为2008—2010年度省直机关文明单位，自2002年以来，中心已连续4次获得此项荣誉。

（省政府采购中心供稿　李成名执笔）

财政科研工作大事记

1月13日　召开“贯彻‘两会’精神　谋划2010年财政工作”研讨会。省财政厅副厅长左俊及有关专家学者参加会议。

4月1日　科研所全体人员赴小岗村吊唁沈浩。

4月11日　中国财政学会2010年年会暨第18次全国财政理论研讨会、王丙乾同志理财思想座谈会暨《中国财政60年回顾与思考》首发式在北京举行。省财政厅副厅长左俊率科研所有关负责同志参加。

4月13日　全国财政科研工作会议于4月13日在北京召开，省财政厅副厅长左俊率科研所有关负责同志参加会议。

4月28~30日　《安徽财会》组织人员赴广德、含山开展新闻采写。

5月21日　省财科所参与的财政部科研协作课题《财政支农效应分析》第一次协作会议在山西太原召开。

6月　在首届安徽省年鉴编纂出版质量评比中，《安徽财政年鉴》被评为综合一等奖、框架设计一等奖、装帧印制特等奖、编校质量一等奖。

6月26日　省财科所被财政部中国财政杂志社评为2010年度“三刊两鉴”宣传工作“先进单位”。

7月5日　省财科所荣获2010年度全国财经科研成果宣传工作一等奖。

7月9日　召开“进一步支持我省经济发展方式转变的财政政策研究”座谈会，省财政厅副厅长左俊出席会议。

8月19日　省财政厅厅长陈先森就《安徽财政年鉴》在全省评比中获奖在“所情快递”上作

出："多年积累，多年努力；值得庆贺，望巩固提高"的批示。副厅长左俊同时作出批示。

9月26日　省财政厅副厅长左俊到科研所开展"创先争优"点评活动。

10月13日　省财科所7名职工被评为"省财政厅参加省直六运会优秀运动员"。

10月22日　省委书记张宝顺在由省财政厅提交的《关于促进我省工业化、城镇化发展的财政政策建议》上作重要批示。

11月26日　召开省财政学会"学习提升年"理论研讨会，省财政厅副厅长左俊参加了会议。

12月　省财政厅提交的《进一步支持我省经济发展方式转变的财政政策研究》获得省社科界第五届学术年会征文一等奖。

12月　省财科所荣获2010年度财政厅效能建设"先进单位"。

（省财政科研所供稿　万　勇执笔）

各市财政工作大事记

合肥市财政工作大事记

1月15日　合肥市荣获2009年民生工程组织实施工作杰出奖。

2月3日　召开全市银政座谈会，共谋经济金融发展大计。

2月22～25日　市财政系统干部职工开展春训活动。

2月26日　2010年全市民生工程暨财税投融资工作会议隆重召开。市领导吴存荣、张晓麟、谢刚、卢仕仁、顾斌、郭本道等出席会议。

3月25日　市财政局召开2009年度推进惩防腐败体系建设检查、党风廉政建设责任制考核暨领导班子及成员年度考核述职述廉测评会议。

4月10日　市财政局召开全市财政系统信息工作暨税源管理培训会。

4月29日　合肥、阜阳两市财政结对合作交流座谈会召开。

5月7日　涵盖全市30个涉税部门的合肥市涉税信息平台正式启动。

6月24日　市财政局组织召开"创先争优"活动动员大会。

6月24日　市财政局召开"学习《廉政准则》，规范从政行为，促进科学发展"主题教育和反腐倡廉专题党课报告会。

7月7日　省财政厅厅长陈先森、副厅长张广寿一行考察合肥市乡镇财政所"双基"建设工作。

7月13～19日　市财政局在上海财经大学成功举办了首期全市财政系统干部能力提升研修班。

7月27日　来肥出席全国财政厅（局）长座谈会的财政部部长谢旭人，在省委常委、市委书记孙金龙，省委常委、常务副省长孙志刚等陪同下，莅临市财政局考察工作。财政部副部长廖晓军、纪检组长刘建华、部长助理胡静林，以及出席全国财政厅（局）长座谈会的代表参加考察。

8月20日　全市2011年部门预算编制暨厉行节约工作大会在市政府会议中心召开。

9月18日　市财政局组织全市885名财政干部参加2010年度全省财政系统行政执法资格认证统一考试。

10月16日　市财政局召开全市财政系统工作务虚会。

12月2日　市财政局荣获省委、省政府颁发的第五届全省"人民满意的公务员集体"奖牌，成为全省唯一蝉联第四、五届的获奖单位。

（合肥市财政局供稿　张世奎执笔）

淮北市财政工作大事记

1月　市国库支付中心正式运行人事工资数据库与财政工资统发系统的数据接口，完善发放程序。

1月　市非税收入管理局被省财政厅评为"2009年度全省非税收入收缴执行情况分析一等奖"，被省住建厅评为"2009年度全省住房保障先进单位"。

2月　市非税收入管理局被市委、市政府评为"2009年度实施民生工程先进单位"。

2月初　市政府印发《淮北市人民政府进一步优化中小企业融资环境降低企业融资成本的实施意见》（淮政办〔2009〕60号）和《关于淮北市银行业金融机构帮扶中小企业工作方案的通知》（淮政办〔2009〕78号）。

2月5日　由市政府主办，市财政局、市金融办等多家单位联合承办的淮北市首届银企对接沙龙，共签订贷款协议金额近32亿元。

3月　市财政局农业科被市委、市政府评为2010年度推进城乡一体化工作先进单位（三等奖）。

3月9～10日　省财政厅副巡视员、省非税局局长李友兰调研指导淮北市非税征管改革工作。

3月15日　市财政局被市委评为"民主评议机关活动免评单位"。

4月8日　市政府下发《关于进一步加强乡镇财政规范建设的实施意见》（淮政办〔2010〕29号）。

5月　市财政局首次进行国库集中支付业务集中检查。

5月　市广播电视局利用北欧投资银行贷款300万美元项目签订转贷协议。

6月　市财政局国库科启动预算支出绩效考评工作，制定《淮北市财政局预算支出绩效考评工作规程》。

6月2日　市财政局被市委评为“企业服务年活动先进单位”。

6月7日　市区联社的改制工作正式启动，市财政安排8000万元改制配套补助资金，帮助组建成农村商业银行。

7月　市金融办编制完成《淮北市“十二五”银行业发展规划》，并上报市发改委。

7月　全省财政税收条法工作会议在淮北召开，财政部条法司副司长徐国乔、省财政厅副厅长罗建国等出席会议。

7月6日　市财政局牵头成立淮北市强农惠农资金专项清理和检查工作领导小组，制定下发《淮北市强农惠农资金专项清理和检查工作实施方案》。

7月19日　市政府副市长张国建主持召开2010年上半年金融工作座谈会。

7月26日　淮北市行政事业单位结算试点工作动员会议召开。

8月底　省财政厅副厅长张广寿一行来淮出席全省农业产业化工作会议。

9月　市政府下发《关于进一步加强财政结转结余资金管理的通知》（淮政办〔2010〕91号）。

9月18日　市财政局组织开展全省财政行政执法资格认证培训考试淮北考区考试工作。

10月　市财政局被评为全省财政系统“五五普法”先进单位。

10月　省财政厅纪检组长刘浩来淮督查2010年度财政目标任务完成情况。

10月21日　淮北市2009年度部门决算报表获全省各地市综合评比排名第一。

10月21日　经市编委批准成立淮北市财政局信息中心。

10月26日　市长许崇信调研市民生工程进展情况，并在民生工程调度会上作重要讲话。

11月　市财政局预算科完成《淮北财政十二五规划》编订。

11月10日　省政府采购处宋保泉处长、方诗庆科长等一行4人对淮北市政府采购科工作开展情况进行调研指导。

12月　市政府下发《淮北市本级预算信息公开工作实施方案》。

12月5日　市委书记、市人大常委会主任毕美家深入三区一县调研淮北市民生工程进展情况，并在民生工程调度会上讲话。

12月11日　市财政局被评为“全国财政系统先进集体”。

12月31日　市委常委、常务副市长胡海波一行在市财政局、市金融办负责同志等陪同下，走访慰问广大财税金融部门干部职工和坚守在一线的广大银行业金融机构干部员工。

（淮北市财政局　朱　安执笔）

亳州市财政工作大事记

1月19日　受市政府委托，市财政局向市二届人大第六次会议提交《关于亳州市2009年预算执行情况和2010年预算草案的报告》。会议批准了市本级预算。

1月14日　市政府出台《关于加强财政科学化精细化管理的实施意见》。

2月26日　市财政局下发《关于开展能力建设和学习提升年活动的实施意见》。

3月4日　市政府办公室下发《关于印发市财政局（市政府国有资产监督管理委员会）主要职责内设机构和人员编制规定的通知》。

3月15日　市政府下发《亳州市人民政府关于实施2010年民生工程的通知》。

3月17日　市政府召开全市民生工程暨财政工作会议，市委副书记、市长牛弩韬，市委常委、常务副市长汪一光出席会议并讲话，市委常委、副市长杨志国主持会议，市人大常委会副主任裴松如，市政协副主席张良信，市纪委副书记、监察局局长程效先参加会议。

3月　市财政局被评为2009年市直机关效能建设优秀单位，受到市委、市政府表彰。

4月8日　市财政局印发《亳州市财政局机关财务管理办法》。

4月26日　市委常委、常务副市长汪一光到市财政局听取一季度财政预算执行情况的汇报。

5 月 11 日　市政府办公室印发《关于在全市开展民生工程“回头看”活动的通知》。

5 月 31 日　市人大常委会副主任李伟率队来市财政局对“五五”普法工作进行查检验收。

6 月 12 日　市财政局印发《亳州市财政局机关效能建设日常考评标准》。

6 月 15 日　市财政局下发关于《印发深入开展创先争优活动实施方案的通知》。

6 月 29 日　市二届人大常委会第三十八次会议听取并审议市政府关于民生工程建设情况的报告。市人大常委会副主任李伟、徐景龙、裴松如、李杰、屈文进出席会议。

6 月 30 日　市第二届人大常委会第三十八次会议决定任命：杨学国为市财政局局长。

6 月 30 日　市民生办下发《关于亳州市民生工程资金管理办法的通知》。

6 月　全市组织开展“全市民生工程政策宣传月”活动。

7 月 19 日　市财政局印发《亳州市预算支出绩效考评暂行办法》。

7 月 29 日　市委常委会听取民生工程工作汇报。

8 月 10 日　市人大常委会副主任裴松如一行到市财政局调研 2009 年财政决算和 2010 年上半年财政预算执行情况。

8 月 17 日　市委书记、市人大常委会主任方春明到利辛县对民生工程实施情况进行专题调研。

8 月 17 日　市财政局印发《亳州市财政局保密管理制度》。

8 月 26 ~27 日　市纪委、市政府督查室联合对全市民生工程建设类项目进行督查。

9 月 15 日　市政府办公室下发《关于进一步加强民生工程政策宣传的通知》。

9 月 15 日　市政府任免通知:陈昭敏任市财政局(国资委)副局长(副主任)(亳政人字〔2010〕23 号)。

10 月 13 日　市政府任免通知：杨学国任市政府国有资产监督管理委员会主任（亳政人字〔2010〕25 号）。

10 月 21 ~23 日　省财政厅副厅长罗建国率第四督查组对亳州市 2010 年度财政工作情况进行督查调研。

11 月 3 日　市政协主席刘振宏带领市政协领导班子视察 2010 年全市民生工程实施情况。市委常委、谯城区委书记胡朝荣，市政协副主席张良信、王素英、马昭华、龚艳玲、陈强参加视察。

11 月 30 日　市人大副主任裴松如到市财政局调研 2011 年财政工作。

12 月 1 日　市委副书记、市长沈强听取财政工作汇报。

12 月 1 日　市政府办公室印发《亳州市市级财政结转结余资金管理办法》。

12 月 10 日　市委常委、市纪委书记时侠联到市财政局调研，听取财政工作、机关廉政文化建设和机关效能建设情况汇报。

12 月 17 日　全市开展民生工程知识电视大奖赛。

12 月 20 日　市委书记、市人大常委会主任方春明听取市财政局关于 2011 年市本级财政预算安排情况的汇报。

12 月 21 日　市委书记、市人大常委会主任方春明听取市财政局关于 2010 年财政工作及 2011 年工作计划的汇报。

（亳州市财政局供稿　邓　昊执笔）

宿州市财政工作大事记

1 月 6 日　市政府宿政人〔2010〕1 号文件任命韩健民为宿州市政府采购中心主任、陈晓莉为市财政局国库支付中心主任。

1 月　市三届人大第二次会议批准宿州市 2010 年本级财政预算。

1 月　省财政厅副厅长、省综改办专职副主任罗建国到宿州督查。

2 月　2010 年市级部门预算批复到单位，标志着本年度部门预算编制“两上两下”程序全部完成。

3 月 9 日　全市民生工程实施工作会议召开，市委副书记、市长吴旭军，市委常委、常务副市长陈卫东出席会议并作讲话。

3 月 15 日　市民生工程协调小组下发文件，建立民生工程分管市长责任制。

3 月 25 日　中共宿州市直机关工委批准成立中共宿州市注册会计师行业党总支部委员会。

4 月 1 ~30 日　在全市范围内开展民生工程宣传月活动。

4 月 7 ~ 12 日　市财政局党组成员带领有关科室负责人，深入四县一区督查民生工程资金配套落实情况。

4 月 20 日　省财政厅民生办有关负责人来宿州市检查民生工程工作。

6 月　市财政局与市人民银行组织开展财税库银“百人百题”调研信息竞赛活动。

7 月 10 日　省财政厅副厅长罗建国一行赴灵璧县调研文教卫工作。

7 月 15 日　召开全市民生工程调度会，市委副书记、市长吴旭军主持会议并作讲话。

7 月 12 日　市政府办公室印发《关于印发宿州市财政局主要职责内设机构和人员编制规定的通知》（宿政办发〔2010〕34 号）。

7 ~ 11 月　开展 2007—2009 年强农惠农资金专项清查工作，涉及资金 53.6 亿元。

8 月 28 ~ 29 日　中国欢乐乡村（砀山）游启动仪式暨第四届中国果疏加工砀山论坛系列活动在砀山县举行，省财政厅副厅长张广寿参加启动仪式。

8 月 16 日至 9 月 4 日　市财政局在宿州学院共举办 6 期会计人员继续教育培训班，参加人员达 700 多人。

8 月　市财政国库支付中心与人民银行横向联网，实现支付数据与人民银行安全对接。

9 月 3 日　市政府宿政人〔2010〕11 号文件任命朱良廷为市农业综合开发局局长。

9 月 26 日　市财政局获第六届宿州市文明单位称号。

9 月份起　基层医疗卫生机构改革全面启动。

10 月 13 ~ 14 日　省财政厅副厅长左俊一行到宿州市督查 2010 年财政重点工作进展情况，并深入灵璧县基层乡镇调研。

10 月 20 日　由宿州市财政会计学会主办的“宿州会计网”（http：//www. szacc. gov. cn）开通运行。

10 月　市财政投入 6000 万元建设的市博物馆投入使用。

11 月 9 日　全市财政局长座谈会召开，市财政局局长王超英对年底之前的工作进行了布置。

11 月 25 日　全市一事一议财政奖补工作会议召开，李令臣副市长到会并作讲话，泗县、萧县作典型经验交流。

12 月 6 日　市财政局信息中心机房改造及办公大楼综合布线改造工程顺利竣工。

12 月 28 日　省民生工程督察组对宿州市 33 项民生工程实施情况进行综合督查。

12 月　市财政投入 1.2 亿元建设的全民健身中心、职工活动中心、老干部活动中心投入使用。

（宿州市财政局供稿　寇　智执笔）

蚌埠市财政工作大事记

1 月 5 日　召开市财政局 2010 年度财政工作务虚会。

1 月 6 日　召开 2009 年度全市民生工程综合考核汇报会。

2 月 2 日　市财政局领导班子到结对帮扶单位胜利街道慰问。

2 月 28 日　全市民生工程暨财政工作会议召开。

3 月 25 日　市财政干部参加市直机关长跑比赛活动，并获女子组二等奖。

3 月 29 日　市财政局党组书记、局长王莉敏上线蚌埠广播电视台“政风行风面对面”节目。

4 月 1 日　市财政局领导班子带领全局干部职工到小岗村参观学习，并部署开展“学沈浩见行动”活动。

4 月 10 日　财政部办公厅领导到蚌埠市财政局调研。

4 月 17 日　财政部预算司领导到蚌埠市财政局调研。

5 月 13 日　局党组书记、局长王莉敏对新提拔和交流的科级干部进行廉政谈话。

5 月 25 日　市财政局干部职工到“蚌埠市警示教育基地”开展警示教育活动。

6 月 16 日　蚌埠市强农惠农专项清查工作会议召开。

6 月 15 ~ 21 日　在上海财大举办“蚌埠市财政系统能力提升培训班”。

7 月 7 ~ 9 日　在安徽财大举办“蚌埠市财政系统大建设金融知识培训班”。

7 月 14 日　财政部纪检组长刘建华带队来蚌检查督导“小金库”专项治理工作。

7 月 15 日　省财政厅副厅长王林建来蚌埠市征求省人大代表意见和建设。

7 月 28 日　局领导班子到蚌埠市武警支队慰

问，并赠送空调等降温产品。

8月3日　省市文明办有关领导来蚌埠市财政局检查争创“第九届安徽省文明单位”工作。

9月15日　全市民生工程工作推进会召开。

9月21日　全市“小金库”治理工作会议召开。

10月12日　省财政厅副厅长左俊来蚌埠市督查民生工程暨重点工作开展情况。

10月30日　第四届“全市财政系统职工运动会”隆重举行。

11月9日　举办全市财政系统学习十七大五中全会专题讲座。

11月11日　蚌埠市市委书记陈启涛来市财政局调研指导财政工作。

12月7日　市财政局征求“市人大代表、政协委员、预算单位意见与建议座谈会”召开。

12月27日　省财政厅副巡视员陈传文来蚌检查民生工程资金保障管理工作。

12月28日　市财政局党组书记、局长王莉敏深入契税和行政服务中心窗口检查指导工作。

（蚌埠市财政局供稿　张永平执笔）

阜阳市财政工作大事记

1月　市财政局召开2010年度推进整治和预防腐败体系检查，党风廉政建设责任制考核暨市管干部年度考核工作汇报会。

1月　阜阳市荣获“2009年全省民生工程组织实施工作杰出奖”。

2月　阜阳市2009年度家电下乡销售量居全省第一，荣获全省家电下乡工作优秀奖。

2月　市财政局开展军民共建单位慰问活动。

3月　市财政局召开全市民生工程推进会。

3月　市财政局召开全市财政工作会议。

4月　市财政局召开合阜结对合作动员会。

4月　市财政局组织开展2010年会计从业资格考试工作。

5月　市财政局召开效能建设工作动员会。

6月　市财政局进行民生工程“回头看”活动。

7月　市财政局连续6年荣获市政府目标考核先进单位。

8月　市财政局预算科科长杨汇汇在2009年度首届“民主考评科长活动中”，荣获优秀科长称号，名列第一。

8月　国家农业综合开发加强高标准农田建设调研组来阜调研。

9月　市财政局有关同志赴太和关集镇开展“结对帮扶创平安”活动。

10月　省财政厅副巡视员陈传文一行来阜阳市督查财政工作。

11月　市财政局积极开展创先争优活动。

12月　市财政局总决算、部门预算双双获奖，受到省财政厅表扬。

12月　省财政厅副厅长吴天宏一行来阜阳考核民生工程工作。

（阜阳市财政局供稿　孙立宏执笔）

淮南市财政工作大事记

1月20日　财政系统“民生之光”迎新春联欢会在古阳国际大酒店举行。副市长魏耀民代表市政府讲话，市财政局局长左家凤致辞。

2月6日　由市实施民生工程领导小组办公室主办的淮南市“民生春暖行动”送春联下乡活动在潘集区举行。

2月26日　市政府在洞山宾馆礼堂召开全市民生工程暨财政工作会议。

3月10日　市财政局召开2009年度总结表彰大会。

3月31日　2010年市民生工程第一季度部门调度会召开。

4月14～15日　市人大常委会副主任吴晓矛、魏彩华在潘集区实地调研“农村清洁工程”试点和新型农民培训工作。

4月28日　市人大常委会任命陈永多同志为市财政局局长。

5月13日　省财政厅纪检组组长刘浩率省工程建设领域专项治理检查组赴淮南市检查。

5月13日　全市召开民生工程“回头看”活动专题会议。

5月16日　淮南市担保投资有限公司股东大会召开，副市长魏耀民、省担保集团公司再担保公司总经理王家斌、市金融办主任袁祖怀、市财政局党组书记左家凤、局长陈永多等出席会议。

5月17日　市政府召开政府性债务审计工作

会议，来自马鞍山市的审计工作小组成员参加会议。

5月26日　全市民生工程调度会在洞山宾馆召开，副市长魏耀民出席会议，市实施民生工程领导小组成员单位及各县区负责同志参加会议。

5月27日　市政协副主席钱若芙一行来到市财政局、市民生办调研。

5月31日　市人大副主任吴晓矛、魏彩华视察市财政工作。

6月22~23日　市财政局举办行政事业财务会计培训班，行政事业单位约120人参加了培训。

6月25日　省财政厅副厅长左俊来淮南检查小额贷款公司试点工作。

6月28日至7月4日　省财政厅评审中心对淮南市中燃西气东输、淮化集团环境污染综合治理、工贸学院仪器设备、消防支队消防装备项目进行绩效评价。四个项目均达到良好等级。

6月29日　市十四届人民代表大会第二十次会议听取市财政局局长陈永多同志受市政府委托所作的《淮南市2009年财政决算草案报告》。

6月29日　市财政局召开深入开展创先争优活动动员暨2009年度党建工作表彰会。

7月5日　市长曹勇在市委办公室《信息快报》有关报道上作出批示，对财政工作给予充分肯定。

7月13日　市强农惠农资金专项清查工作领导小组办公室举办强农惠农资金专项清查工作培训班。

7月16日　副市长魏耀民前往田家庵区和大通区督查2010年民生工程实施进展情况。

7月17日　由市财政局、淮南日报社联合举办的“纪念农村费税改革十周年和推进城乡一体化建设”采风活动在古镇上窑举行。

7月22日　淮南市“小金库”治理工作动员部署会议在洞山宾馆召开。

7月28日下午　市人大副主任吴晓矛率财经工委一行到市财政局视察并听取市财政局局长陈永多的工作汇报。

7月30日　2010年度全市财政监督工作会议召开。

8月7日　市长曹勇、副市长魏耀民前往田家庵区、大通区民生工程建设点进行实地督查。

8月7日　淮南市家电以旧换新启动仪式在百大购物中心广场隆重举行。

8月10日　市人大常委会副主任王玉成、吴晓矛、魏彩华视察谢家集区民生工程工作。

8月20日　省财政厅副厅长罗建国一行到淮南矿业集团开展国有资本经营预算工作情况调研。

8月24日　为贯彻落实全省平台一体化系统推广实施工作视频会议的精神，省财政厅副巡视员陈传文一行来淮南开展工作调研和督导检查。

8月24日　市财政局机关党委组织召开全市注册会计师行业党建推进会。

8月25日　全市实施基层医药卫生体制综合改革会议召开。会议由市长曹勇主持。市委书记、市人大常委会主任杨振超到会并讲话。

8月25日　由国务院办公厅秘书二局李勇处长和国家农发办王建国主任带队的国家高标准农田建设调研组一行五人，在省财政厅厅长陈先森、副厅长张广寿的陪同下来淮南调研工作。市委书记杨振超、市长曹勇、副市长魏耀民以及市财政局局长陈永多等陪同调研。

8月27日　省编办副主任陈晓淮率省基层医药卫生体制综合改革工作指导组来淮南督察指导基层医药卫生体制综合改革工作。

9月8日　市委书记杨振超在洞山宾馆会见了以财政部科研所副主任、研究员、博导韩凤芹为组长的国家“进一步促进资源型城市可持续发展政策措施研究”课题组一行。

9月17日　召开市社会团体和国有及国有控股企业“小金库”治理工作培训会议。

9月18日　淮南市财政系统行政执法人员资格认证统一考试在安徽工贸职业技术学院西校区举行。

9月18日　淮南舰政委谭洪军一行在市双拥办、市民政局领导的陪同下，来市财政局考察。

9月20日　市委常委、常务副市长、市基层医药卫生体制综合改革常务副组长戴启远率市财政局、发改委、卫生局、人社局、编办、物价局等市基层医药卫生体制综合改革成员单位相关负责人到大通区调研基层医药卫生体制改革进展情况。

9月26日　省委常委、常务副省长孙志刚来淮南调研基层医药卫生体制综合改革和工业经济发展等情况。

9月26日　由省财政厅、商务厅联合主办的“安徽省家电汽车下乡和以旧换新政策巡回宣传”大篷车抵达淮南。

10月14日　省财政厅召开深入推进学沈浩创

先进争优秀活动视频大会，淮南市在市财政局和凤台县设立分会场。

10 月 15 日　全市民生工程宣传工作现场会在潘集区召开。

10 月 19 日　市委书记杨振超前往八公山区和谢家集区调研民生工程实施情况。

10 月 20 日　市人大常委会副主任吴晓矛、魏彩华一行来市财政局调研 2010 年预算调整工作。

10 月 21 日　省财政厅副巡视员李友兰率厅经建处同志到市财政局检查指导工作。

10 月 22 日　市财政局召开全体干部职工会议，学习贯彻党的十七届五中全会精神，深入推进学沈浩创先进争优秀活动。

10 月 31 日至 11 月 1 日　省财政厅副巡视员陈传文率督查组对我市财政工作开展督查。

10 月　淮南市首部《淮南财政年鉴》由中国财经出版社正式出版。

11 月 3 日　市人大常委会副主任王玉成对大通区民生工程进行调研。

12 月 3 日　全市财政系统“学沈浩，创业绩”诗歌朗诵比赛举行。局领导左家凤、张瑞昌为获奖选手颁发荣誉证书。

12 月 18 日　省财政厅厅长陈先森来淮南检查指导财政工作。市财政局局长陈永多就淮南市财政收支状况、“两基”建设、“民生工程”等工作作了详细汇报。

12 月 23 ~ 24 日　市财政局分别召开全市财政部门和市直预算单位财政决算工作会议。

12 月 31 日　市长曹勇慰问财税系统干部职工，副市长魏耀民、市政府秘书长戴多斌一道慰问。

（淮南市财政局供稿　吴　波执笔）

滁州市财政工作大事记

1 月 3 日　市委召开会议，要求全市上下抢抓政策机遇，超前谋划部署，打好民生工程工作攻坚战，确保一季度“开门红”。

1 月 6 ~ 9 日　市第四届第三次人民代表大会审查市 2009 年预算执行情况的报告与 2010 年预算草案，批准 2009 年市直预算执行情况的报告与 2010 年市直预算。

1 月 12 日　财政部考察组到滁州考察惠民直达工程试点工作。

1 月 15 日　市财政局组织收看沈浩同志先进事迹报告会实况录像。

1 月 24 日　市财政局组织机关党员干部前往凤阳县小岗村，开展深切缅怀沈浩同志并参观“大包干”纪念馆。

2 月　市财政局组织市级验收组，对 8 个县市区的世行加灌三期项目进行全面验收。

2 月 4 日　省人力资源社会保障厅、财政厅和教育厅组成联合检查组对滁州市义务教育学校绩效工资实施情况进行检查。

2 月 24 ~ 25 日　市财政局举办 2010 年度财政干部春训班。

3 月 1 日　召开市政府全体会议，传达全省民生工程会议精神，总结 2009 年民生工程开展情况，部署 2010 年民生工程工作任务。市领导与相关部门分别签定民生工程目标责任书。

3 月 1 日　市财政局被市委、市政府授予“2009 年度滁州市机关效能建设先进单位”称号。

3 月 8 ~ 9 日　省财政厅副厅长左俊一行，深入凤阳县、南谯区乡镇和部分家电下乡中标企业，对搞活农村流通扩大消费和促进农村金融发展进行调研。

3 月 12 日　市财政局、监察局、公安局联合印发《关于进一步加强市直机关单位公务用车管理的通知》。

3 月 27 日　市财政局党组书记、局长周伟带领局办公室、农财科负责同志赴南谯区大柳镇华严庵村，看望局第四批选派干部王磊同志。

4 月 21 日　市“三农”重点工作和重点项目总指挥部召开第一次指挥长会议。

5 月 10 日　市财政局举办全市注册会计师行业指导员、联络员和党支部书记培训班。

5 月 15 ~ 16 日　2010 年度全国会计专业技术资格考试正常进行，全市共有 2709 人参考。

5 月 28 日　滁州市开展民生工程有奖征文及好新闻评选活动。

5 月 30 日　市财政局提前完成对市直五家文艺团体转制单位（歌舞团、京剧团、黄梅戏剧团、滁州剧院、琅琊剧场）的资产清查工作。

6 月 21 日　市政府召开全市财政收入调度会议。

7 月 1 日　副市长曹哨兵深入定远县桑涧镇天河回民村调研民族村发展帮扶工作。

7月1日　滁州市成立市强农惠农资金专项清理和检查工作领导小组。

7月29日　市财政局召开创先争优活动动员大会。

7月29日至8月6日　滁州市开展强农惠农资金专项清查督查工作。

8月4日　滁州市治理“小金库”领导小组召开领导小组成员和办公室人员会议。

8月6日　市财政局召开局长办公会，专门听取财政信息平台一体化系统实施推广工作汇报。

8月20日　市委、市政府召开全市医改启动大会。

8月23～25日　以省水利厅副厅长张效武为组长的省强农惠农资金专项清查工作抽查组来滁检查工作。

9月2～3日　省级水利部门项目专家评审组对滁州市申报的2011年国家农业综合开发部门项目沙河集水库中型灌区节水配套改造项目进行评审。

9月19～21日 水利部农村水利司副司长顾斌杰率中央强农惠农资金专项清查督查组来滁督查指导。

9月25日　市财政局党组书记、局长周伟，党组成员、副局长杜永珍一行深入“三民”工程大走访，并对创先争优促发展帮建单位徐岗社区进行调研。

9月26～27日　以省财政厅副厅长吴天宏为组长的基层医改督查组，对滁州市基层医改工作进行第二次督查指导。

10月20～21日　省财政厅副厅长张广寿率农业处副处长王茂胜、农业综合开发局副局长王定友来滁，就全市财政系统“学习提升年”活动和财政部门牵头开展的重点工作进行督查。

11月15日　市政府召开2011年市级部门预算编制暨加强财政管理工作会议。

11月16日　市财政局召开中心组学习扩大会议，深入学习十七届五中全会精神。

（滁州市财政局供稿　高　宇执笔）

六安市财政工作大事记

1月22日　举办学习沈浩先进事迹演讲会。

2月5日　召开招商引资迎春茶话会。

2月21日　全市会计人员财政支农惠农政策培训班开班。

3月5日　召开市直财政系统2009年度表彰大会。

3月6日　召开财政局科室干部轮岗动员大会。

3月12日　组织开展义务植树活动。

3月18日　参加全省财政反腐倡廉建设工作视频会议。

3月19日　组织开展全市财政系统第三届离退休干部竞技麻将选拔赛。

3月23日　参加全省家电下乡、政策性农业保险工作视频会议。

3月25日　全市民生工程实施工作会议召开。

3月26日　召开全市财税工作会议。

3月28日至4月11日　市财政局组织12名干部职工赴厦门国家会计学院进行业务能力培训。

4月9日　市财政局举办党风廉政建设形势报告会。

4月19日　召开全体职工大会，民主推荐科级干部。

5月14日　市财政局工会举办健康知识讲座。

5月18日　市财政局就校舍安全工程工作开展督查调研。

5月27日　六安市与泰州市举办财政科学化精细化经验交流座谈会。

5月28日　召开学习《廉政准则》、规范从政行为、促进科学发展主题教育活动动员会。

6月10日　财政部驻安徽省财政监察专员办事处领导莅临本市检查指导工作。

6月25日　局党员干部赴小岗村考察学习。

6月17日　市财政局创先争优暨学沈浩见行动演讲会。

6月21日　市财政局召开六安市财政发展“十二五”规划编制工作会议。

7月2日　六安财政信息网网站改版并进行培训活动。

7月8日　召开六安市推进与央企合作发展工作会议。

7月22日　召开全市综改业务培训会。

7月14日　市人大财经委审查2009年六安市本级决算。

7月15日　市委常委、市纪委书记王胜听取“小金库”治理情况和民生工程工作汇报。

8月5日　市财政局、卫生局联合举办基层医药卫生体制综合改革培训班。

8月10日　市国库支付中心召开公务卡推广应用座谈会。

8月24日　市财政局向有关部门汇报政协提案办理情况。

8月20日　召开全市县区财政局长座谈会。

9月14日　六安市直机关在市财政局开展创先争优活动现场会。

9月18日　组织参加全省财政行政执法人员资格认证统一考试。

9月30日　2011年市本级预算编制工作布置会召开。

10月22日　举办市本级财政一体化管理信息系统应用培训班。

10月27日　省财政厅督查组一行来六安市财政局指导检查2010年财政重点工作。

12月4日　市财政局开展“12·4”法制宣传日大型法律咨询服务活动。

12月13日　安徽省2010年度高级会计师职称评审会在六安召开。

12月31日　全市财税金融工作汇报会召开。

（六安市财政局供稿　王　勇执笔）

马鞍山市财政工作大事记

1月5日　市十四届人大四次会议通过《关于马鞍山市2009年财政预算执行情况和2010年财政预算草案的报告》。

1月21日　市财政局党组书记、局长丁济民主持全体职工大会，传达贯彻全省民生和财政工作会议精神。

2月20日　全市启动2010年粮食补贴工作，支持农民春耕生产。

3月18日　召开全市财政反腐倡廉建设工作会议。

3月23日　市财政局启动集中整治“家电下乡”销售网点工作。

4月13日　全省2010年一季度非税收入收缴执行情况分析会议在马鞍山市召开。

4月16日　市财政局聘任18位2010年民生工程义务监督员。

4月25日　全市2010年会计从业资格考试顺利结束。

5月11日　市财政局召开全市大型骨干企业会议，开展财政收入预测和分析。

5月15～16日　2010年度全国会计专业技术考试圆满完成。

5月16日　市珠算协会举办马鞍山赛区第19届海峡两岸珠心算通信比赛。

5月24日　召开全市非税收入管理会议，部署财政票据管理使用专项治理活动。

5月25日　财政部驻皖专员办副专员姜小林来马鞍山市调研再生资源行业增值税退税情况。

6月4日　全市财政廉政建设主题教育暨争先创优活动启动。

6月28～29日　举办全市行政事业单位资产管理信息系统培训班。

6月29日　市财政局机关党委在凤阳县小岗村，开展“学沈浩见行动”主题实践活动。

7月16日　召开“小金库”专项治理工作会议。

7月1日　全市启用资金往来结算票据，原资金往来收据废止。

7月12日　召开市强农惠农资金专项清查工作会议，市委常委、常务副市长金庆丰到会并讲话。

7月15日　省财政厅会计处黄克来处长来马鞍山市调研会计管理及注册会计师事务所发展情况。

8月3日　省“五五”普法检查组来马鞍山市检查“五五”普法工作开展情况。

8月11日　市纪委常委王宏督查雨山区社会团体、国有及国有控股企业“小金库”治理情况。

8月17～19日　省检查组来马鞍山市督查强农惠农专项资金清查工作。

8月19日　省财政厅副厅长吴天宏深入当涂县博望镇三阳村调研新农保开展情况。

8月21日　当涂县财政局机关开展中层干部岗位竞争改革，8名同志脱颖而出，担任中层领导职务。

9月18日　全市财政干部参加行政执法资格

认证考试。

9月27日　召开2011年度市级部门预算编制会议。

9月28日　市直机关第4届职工运动会结束。市财政局代表队取得团体总分第5名的好成绩。

10月8日　雨山区个体工商税收征管综合服务中心投入运行。

10月25日　省财政厅张广寿副厅长督查马鞍山市“学习提升年”活动、重点工作及财政目标任务完成情况。

11月29日　市人大对马鞍山市2011年市本级部门预算进行审查。

12月27日　市财政局荣获“全国财政系统先进集体”称号。

12月31日　市长张晓麟亲临2010年财政决算现场，祝贺全市财政收入完成140.04亿元。

（马鞍山市财政局供稿　尹昌元执笔）

巢湖市财政工作大事记

1月14日　市三届人大一次会议通过《关于巢湖市2009年预算执行情况和2010年预算草案报告》。

2月22日　全市发改工业财政民生物价工作会议召开，市长张飞飞出席会议并讲话。

3月4日　市财政局召开2009年度总结表彰大会。

3月10～11日　省财政厅副厅长左俊一行来巢湖调研搞活流通、扩大消费和促进农村金融发展情况，市委常委、副市长洪晓建等领导陪同调研。

3月25日　行政事业单位国有资产管理信息系统正式上线运行。

4月27日　市财政局在含山县召开全市乡镇财政科学化精细化管理工作现场会。

4月30日　市财政局召开深入开展“两问两整治”活动动员大会。

5月15～16日　省财政厅副厅长罗建国一行来巢湖市调研文博事业财政保障机制情况，市领导洪晓建、江刘伍、罗平等陪同调研。

5月15日　为期1个月的家电下乡销售网点集中整治活动顺利结束，对全市545个家电下乡备案网点进行逐一审核，核定合格191家，限期整改285家，取消了69家不合格网点销售资格。

5月20日　出台《巢湖市组织开展妇女小额担保贷款工作实施办法》，对符合条件的城镇和农村个体创业妇女发放微利项目小额担保贷款，贷款额度最高8万元，期限两年。

5月31日　朱士昂同志任市财政局党组书记、局长。

6月3日　省财政厅在巢湖市召开全省创建规范化乡镇财政所（分局）现场会，省财政厅副厅长张广寿出席会议并作讲话。

6月30日　市财政局隆重召开纪念建党89周年暨创先争优活动推进大会。

7月1日　局党组书记、局长朱士昂率局机关党委委员及部分党员干部，赴烔炀镇凤凰村开展“党员奉献日”活动。

7月26日　巢湖市财政“十二五”规划编制工作全面启动。

9月7日　全市第二次财税形势分析会在市财政局召开。

10月16～17日　省财政厅厅长陈先森率督查组来巢湖市督查财政工作，市委副书记、市长张飞飞，市委常委、常务副市长洪晓建等陪同检查。

11月1日　市财政局出台《市直行政事业单位国有资产管理配置暂行办法》、《市直行政事业单位国有资产管理业务工作规程》、《市直行政事业单位国有资产处置管理补充规定》。

12月9日　市财政局召开学习贯彻市委二届十七次全委（扩大）会议精神大会，研究“十二五”期间财政工作。

12月10日　市直财政平台一体化管理信息系统征收上线运行，首批上线的系统包括门户管理、指标管理系统、支付管理、支付中心账务处理、综合查询等子系统。

12月24日　对在市职教中心学生课桌椅询价采购项目中存在串标行为的浙江永创工贸有限公司等3家企业，实施行政处罚。

（巢湖市财政局供稿　孙　华执笔）

芜湖市财政工作大事记

1月26日　芜湖市政策性农业保险试点工作领导小组办公室对全市参加2009年政策性农业保险试点工作的县、区进行年度综合考核。

1月28日　市财政局开展春节结对帮扶活动。

3月4~5日　北欧银行东亚和中国区首席代表邵雪明先生、Bengt farnrman（本特·法诺曼）先生和Eva nickull（伊娃·尼库尔）女士3名官员来芜湖市考察北欧投资银行贷款项目。

3月9~12日　市财政局相继举办7期“行政事业单位资产管理信息系统培训班”。

3月13~20日　市财政局会同市直有关部门对各县区2009年度补助类民生工程项目进行“回头看”检查。

3月20日　市财政局推荐弋江区火龙岗镇、三山区峨桥镇、芜湖县六郎镇、繁昌县繁阳镇、南陵县弋江镇等五个镇财政所，为省财政厅建立的全省“百乡联系点”。

4月7~8日　市财政局对芜湖县、繁昌县、南陵县财政局2009年度会计管理工作开展情况进行专项检查。

4月18日　省财政厅农业综合开发局局长王建培率合肥等六市农发局局长、当涂县等21个县财政局局长考察南陵县大浦农业综合现代农业示范园项目。

4月26日　市财政局领导和党员向地震灾区共捐款7900元。

5月6日　市国资委召开芜湖市医疗集团总会计师工作会议。

5月10日　市财政局2007—2009年度农业综合开发工作荣获省财政厅颁发的“先进单位”荣誉称号，杨祥东被评为“先进个人”。

5月11日　芜湖市十四届人大常委会第44次主任会议听取2009年城市维护费执行情况及2010年城市维护费预算计划安排的汇报。

5月13日　市民生办、市财政局召开全市政策性农业保险推进会。

5月20日　省财政厅政法处处长汪代启、省公安厅交警总队副总队长王革一行深入芜湖交警支队繁昌县六队调研。

5月21日　市财政局党组书记徐茂环带领局有关科室负责同志，陪同财政部挂职干部、芜湖县委常委、副县长杨光深入芜湖县花桥镇东门村，亲切看望县财政局挂职干部、村党总支第一书记奚立新同志。

5月24日~6月6日　市民生工程领导组办公室、市监察局、财政局和市直各责任单位混合编组，对2007年以来芜湖市民生工程进行“回头看”检查。

6月17日　市财政局召开全体党员开展创先争优活动动员大会。

6月25日　市财政局在市中山路步行街开展“江淮普法行”法律咨询宣传活动。

6月30日　市财政局经建科和驻市行政服务中心财政窗口被市直机关党委授予“共产党员示范岗”荣誉称号。

7月8日　市财政局召开财政特邀监督员座谈会，通报上半年财政收支情况和38项民生工程实施情况。

7月14日　省财政厅会计处处长黄克来率调研组来我市调研会计管理工作。

7月15~17日　全省教科文财政工作会议在芜湖市召开。

7月18日　省财政厅调研组前往市繁昌县进行工作调研。

10月15日　省财政厅厅长陈先森率厅预算处、办公室负责人来芜督查财政重点工作，并调研公立医院改革情况。

12月2日　市财政局邀请民盟芜湖市主委孙国正、副主委通明等领导出席对口联系工作座谈会。

12月9~10日　省财政厅、省民政厅调研组来芜湖市调研社区建设工作。

（芜湖市财政局供稿　刘宗悦执笔）

宣城市财政工作大事记

1月13日　市财政局组织全体职工通过人民网现场直播收看沈浩同志先进事迹报告会。

1月15日　宣城市被省政府授予2009年度全省民生工程组织实施工作杰出奖。

1月15日　市财政局被宣城市委、市政府授予2009年度全市招商引资工作先进单位。

1月22日　召开全市深化医药卫生体制改革工作会议。

1月27日　宣城市人民政府对市财政局2009年度工作予以通报表彰。

2月3日　市财政局局长陈先平受市政府委托，向市第二届人民代表大会第六次会议作《关于宣城市2009年预算执行情况和2010年预算草案的报告》。会议通过了该报告。

2月21日　市财政局被省委、省政府授予全省和谐社区建设先进单位。

2月22日　市财政局被宣城市委、市政府授予2009年度全市信访工作目标管理先进单位。

2月25日　宣城市人民政府授予市财政局2009年度全市民生工程组织实施工作先进单位。

2月26日　市直机关工委批复成立中共宣城市财政局机关总支部委员会。

3月1日　全市民生工程工作会议召开，市委副书记、市长虞爱华出席会议并讲话，市委常委、常务副市长章钢主持会议。

3月3日　国家财政部农业司“现代农业生产发展项目检查组”来宣州区检查2009年现代农业生产发展项目。

3月4日　市财政局第四批选派到村任职干部何勇同志赴宣州区黄渡乡峄山村任党支部第一书记。

3月30日　市财政局被宣城市人民政府授予2009年度全市依法行政先进单位。

4月21日　市政府办宣政办〔2010〕38号文件印发《宣城市财政局主要职责内设机构和人员编制规定》。

4~5月　全市各级财政部门牵头相关单位，联合开展“家电下乡”销售网点集中整治活动。

4~5月　市财政局积极开展“党风廉政教育月”活动。

5月　市财政局在全市范围内组织开展以惠农补贴政策落实和“一卡通”打卡发放为重点的专项检查。

5月11日　市财政局组织干部职工赴市中级人民法院旁听行政诉讼案件的现场庭审。

5月12日　市政府研究决定，胡轶群同志任市财政局副调研员。

6月1日　市财政局召开创先争优活动动员大会。

6月22~23日　省财政厅副厅长罗建国来宣城市调研职业技术学院发展状况及花鼓剧团体制改革情况。

6月27日　市财政局组织全体干部职工前往凤阳县小岗村参观考察。

6~7月　市财政局开展市直单位2009年度和2010年上半年的政府采购执行情况工作抽查。

6月30日　市政府召开全市政策性农业保险工作推进会。

6~12月　开展全市农村财会人员财政支农政策培训工作。

6月18日　市财政局被宣城市委、市政府授予第六届“市级文明单位”。

7月1日　市政府召开全市民生工程点评会。

7月2日　市政府召开全市强农惠农资金专项清查培训会。

7月14日　市财政局被宣城市委、市政府授予2009年度市直目标管理考核优秀单位。

8月4日　市财政局会同市卫生局举办了全市基层医药卫生体制综合改革培训班。

8月18日　省财政厅副厅长黄然、厅政法处处长汪代启一行来宣城市调研政法经费保障体制改革贯彻落实情况。

8月20日　市财政局局长陈先平到泾县调研指导实施基层医药卫生体制综合改革工作。

9月16日　省财政厅副厅长罗建国、厅综改处处长胡德林一行来宣城市调研农村综合改革工作。

9月18日　全市财政系统共1000多名财政执法人员参加了全省财政行政执法人员资格认证统一考试。

9月25日至11月18日　市财政局开展市级预算单位银行账户使用情况专项检查工作。

10月28日　《宣城市财政发展“十二五”规划》编写完成。

12月17日　市财政局局长陈先平走进宣城广播电台《百姓热线》直播间，就广大群众关注的财税政策作现场解读。

12月31日　市编委宣编〔2010〕83号文件批准撤销副县级财政全供事业单位“宣城市财税干部学校”；同意市财政国库支付中心升格为副县级财政全供事业单位。

（宣城市财政局供稿　郑少华执笔）

铜陵市财政工作大事记

1月6日　市财政局局长姚新生在铜陵市十四届人大四次会议上作《关于铜陵市2009年财政预算执行情况及2010年市本级财政预算草案的报告》。

2月26日　召开全市民生工程暨棚户区改造实施工作动员大会，市委书记、市人大常委会主任姚玉舟作大会动员报告。

7月16日　在全市开展民生工程“五大”（实施进展大推进、受益对象大专访、发现问题大整改、实施效果大提升、惠民政策大宣传）活动 。

7月20日　市财政局局长姚新生在市十四届人大常委会第20次会议上作《关于铜陵市本级2009年财政决算及2010年上半年预算执行情况的报告》。

8月上旬　市财政局成立专题小组并集中撰写《铜陵市“十二五”财政改革与发展规划纲要》。

10月24~25日　省财政厅副巡视员李友兰来铜陵市督查全省财政“四项”重点工作。

12月9日　市十四届人大常委会第23次会议通过《关于铜陵市2010年财政预算执行变动情况的报告》。

（铜陵市财政局供稿　丁松林执笔）

池州市财政工作大事记

1月　市二届人大五次会议通过《关于池州市2009年预算执行情况和2010年预算草案的报告》。

1月　在全省民生工程暨财政工作会议上，池州市2009年度民生工程实施工作荣获杰出奖。

1月　市财政局启动学习沈浩同志系列活动。

1月　池州市在全省率先举办政府采购听证会。

2月8日　市委组织部任命唐曙明同志为市财政局党组成员。

2月26日　市财政局获2009年市政府目标管理考核一等奖。

2月　池州市财政系统全面启动“学习提升年”活动。

2月　中共池州市城区会计师事务所联合支部委员会成立。

3月3日　市政府任命徐树生为市人民政府国有资产监督管理委员会主任，免去李建华市政府国有资产监督管理委员会主任职务。

3月12日　市财政局职工参加全市义务植树活动。

3月30日　市财政局被评为2009年度市直机关单位作风建设先进单位。

4月28日　市政府任命杨庆安为市财政局副局长。

5月13日　市财政局班子成员及副科级以上干部共40余人赴巢湖监狱开展反腐倡廉警示教育。

5月14日　市政府办公室印发池州市政府金融工作办公室主要职责内设机构和人员编制的有关规定。

5月　池州市被列入省预算支出绩效考评试点市。

6月11日　举办全市财政系统“学沈浩、见行动”演讲比赛。

7月14日　市政府办公室印发池州市财政局（池州市政府国有资产监督管理委员会）主要职责内设机构和人员编制的有关规定。

7月14日　市财政局召开紧急会议，积极应对暴雨灾情。

7月　池州会计网开通。

8月3日　市委组织部任命唐海洋同志为市财政局党组成员。

8月13日　市人民政府办公室印发关于优化政府采购政策促进经济发展的若干意见。

8月25日　财政部地方财政总决算座谈会在池州市召开。

8月　市财政局举办2次政策性农业保险灾后现场理赔，理赔金额总计992.51万元。

9月15日　省财政厅副厅长罗建国一行来池州市调研为民服务全程代理制工作。

9月27日　池州市首家村镇银行——贵池区民生村镇银行签约筹建。

9月　池州市政策性农业保险惠农减灾工作得到省、市领导充分肯定。

10月14日　省委常委、组织部长段敦厚来池州市调研“一网通”工作，实地考察贵池区长岗社区“一网通”办公现场。

10月27日　省财政厅副厅长王林建率督查组来池州市就“学习提升年”活动、财政牵头重点工作以及财政目标任务完成情况进行督查，并听取部分驻池省人大代表和政协委员的意见和建议。

11月30日　第四季度银企对接会召开。至此，池州市银企对接会，全年参加企业总数共972家（次），达成协议金额304亿元，其中合同金额85亿元。

11月　池州市民生工程动漫片《新凤还巢》制作完工。

12月　市财政局根据市委统一部署，启动“访民情、听民意、解民忧、惠民生”专题活动，对口联系石台县大山村。

12月　池州市小额贷款公司申请并获批17家，开业10家，注册资本总额超过6亿元，实现县域全覆盖。

12月　池州市“民生工程杯”戏曲大赛成功举办。

12月30日　市委组织部任命程保东同志为市财政局党组成员、市民生工程工作办公室主任。

（池州市财政局供稿　宁　睿执笔）

安庆市财政工作大事记

1月15日　市财政局举行机关工会换届选举，选举产生新一届工会组织，组建成立局机关妇女委员会。

3月18日　市财政局印发《安庆市乡镇财政规范化建设实施方案》。

3月　全市行政事业单位资产管理信息系统正式实施。

4月15～18日　全省财政经建系统业务培训会（北片）在安庆召开。

4月15日　市财政局召开中共安庆市注册会计师行业总支委员会成立大会，安庆市注册会计师行业党总支正式成立。

5～11月　组织开展全市强农惠农资金专项清查工作。

6月　市财政局被省人民政府授予“全省耕地保护工作先进集体”称号。

6月　市财政局被市委、市政府授予“十一五”期间“定点帮扶先进单位”称号。

6月　组织开展全市财政系统“学沈浩，见行动”主题演讲比赛，并在全省财政系统“学沈浩，见行动”演讲比赛中荣获二等奖。

6月　2010年预算支出绩效考评试点工作正式实施。

7月　市政府出台《安庆市市区土地使用权出让收支管理办法》。

8月　组织开展全市非税收入管理改革五周年宣传活动。

9月18日　全市财政系统1642名符合条件的行政执法人员参加全省财政行政执法人员资格认证统一考试。

9月　市财政局被市委、市政府授予“安庆市2010年度防汛抗洪先进集体”称号。

9月　成功举办全市财政系统第一届“担保杯”羽毛球比赛。

9月　市本级财政一体化平台建设正式启动。

10月　市财政局出台《关于调整房地产交易环节契税优惠政策的通告》，调整后的政策从2010年10月1日起执行。

11月12日　成功举办全市财政系统“评审杯”通用能力知识竞赛。

11月　市政府出台新的安庆市财政局主要职责内设机构和人员编制规定。

11月　市财政局组织对市直8户国有及国有控股企业和12户社会团体进行“小金库”重点检查。

12月　局机关12名内设科室主要负责人进行轮岗交流。

12月　市财政局副局长聂雅雅调任安庆经济开发区管理委员会副主任，张志国同志调任市财政局副局长。

12月　市财政局被国家粮食局、财政部、总后勤部授予“全国军粮供应管理工作先进单位”称号。

12月　市机构编制委员会批复，安庆市财政投资评审中心和安庆市财政经济开发处整合为市财政投资评审中心（保留市财政经济开发处牌子），经费预算形式改为管理型财政全额预算管理事业单位（保留副县级机构级别）。

12月25日　省财政厅副厅长罗建国率省民生工程考核组对安庆市2010年度民生工程实施情况开展综合考核。

1～12月　市信用担保（集团）公司为中小企业提供融资担保7.53亿元，担保资金放大倍数达到7.8倍。

12月　制定《安庆市市直机关规范公务员津贴补贴水平调整实施方案》，并报经省政府批准执行。

12 月　全面完成《安庆市财政“十二五”时期财政发展规划》编制工作。

1~12 月　全市兑付“三下乡、两换新”补贴资金 36365 万元，补贴资金兑付率达 99.98%。

1~12 月　市财政投资评审中心全年完成财政评审（估）项目 135 个，审减金额 3.01 亿元，综合审减率达 20.03%。

12 月　安庆市清理化解农村义务教育债务工作顺利通过国家级考核验收。

（安庆市财政局供稿　叶武乐执笔）

黄山市财政工作大事记

1 月　市财政局荣获“2009 年全省民生工程组织实施工作杰出奖”。

1 月　全市企业职工基本养老保险基金实行省级统筹管理。

1 月 5~6 日　省财政厅在黄山市召开部分政法装备配备标准汇审会议。

2 月　市财政局荣获“2009 年全市地方病防治工作先进单位”。

2 月　市财政局荣获“全省教育经费报表统计工作一等奖”。

3 月　市财政局荣获“2009 年度全省残疾人就业工作先进集体”称号。

3 月 10 日　市财政局与市工行联合举办市级公务卡试点发卡仪式。标志公务卡改革试点正式启动，共分两批覆盖 40 家单位。

4 月　《黄山市涉访特困救助资金管理办法》经市政府研究同意，正式发布实施。

4 月　全国人大常委会委员、教科文卫委员会副主任、民进中央副主席王佐书一行到黄山市开展“十二五”期间教育经费投入调研。

4 月　根据上级部署，对全市社会团体、国有及国有控股企业进行“小金库”专项治理工作重点检查。

5 月　完成 2010—2012 年度市直公务用车统一保险招标采购工作。

6 月 19 日　全市新年度家电以旧换新工作启动。

6 月　经市政府第三十二次常务会研究同意，制定出台《黄山市政府出资企业管理暂行办法》。

6 月底　联合市直机关工委举办“保民生·庆七一”市直机关红歌赛。

6~7 月　组织安排全局 80 余名干部职工到上海财经大学进行轮训，组织全局机关干部参加公务员适用能力考试。

7 月 12 日　市政府采购中心划入新成立的市招标采购监督管理局。

7 月　市财政局建立市直行政事业单位资产管理信息系统。

8 月 2 日　市政府第三十四次常务会议通过《黄山市工业优势产业发展资金管理暂行办法》。

8 月中旬　以省财政厅副厅长张广寿为组长的“省强农惠农资金专项检查组”对黄山市进行专项清理检查。

8 月　市财政局社保科被市双拥工委评为“2007－2010 年度全市双拥模范单位”。

8 月　黄山市被财政部、住建委批准可再生能源建筑应用示范城市，成为全省 4 个示范城市之一。

8 月 27 日　省财政厅纪检监察室主任李朝友率队来市财政局检查权力运行、政风行风建设情况。

9 月 11 日　市财政局“五五普法”工作顺利通过省财政厅和市普法办的考核验收。

9 月 28 日　华东六省一市国资监管工作座谈会在黄山市召开。国务院国资委原主任、党委书记李荣融出席会议并讲话。副省长黄海嵩，市长宋国权到会致辞。

9 月 28 日　由市财政局、市民生办举办的黄山市财政系统“民生杯”歌咏大赛在徽州大剧院举行。

9 月　全市各区县全面实施基层医药卫生体制综合改革。

9 月　黄山市争取休宁县和祁门县两个试点参与全省开展扶贫协会试点工作，并获得补助资金 500 万元。

10 月 20 日　市财政局召开政府采购中心资产和资金划转接收会议。

9~10 月　组织有关宾馆、饭店参加省直机关 2011—2012 年出差和会议定点饭店招投标工作。全市共有 18 家饭店参加了投标并全部中标，数量位居全省榜首。

10 月 19~20 日　省财政厅副厅长吴天宏带队来黄山市调研督查财政工作。

10 月　组织全市财政系统人员 740 余人，参加全省财政行政执法资格考试，通过率达 99%。

11月　与市旅委联合，组织各区县进行省旅游发展专项资金项目申报工作。全市共争取到国家旅游发展专项资金150万元、省旅游发展专项资金820万元。

12月9～10日　省政财厅采购处处长宋宝泉一行来黄山市开展政府采购执行情况的调研。

12月　休宁县开始试行新型农村社会养老保险试点。

12月　市财政局荣获“全国城乡妇女岗位建功先进集体”。

12月　黄山市民生工程综合考评位列全省第一，受到省政府通报表彰，被授予“2010年度全省民生工程组织实施工作先进市”荣誉称号。

（黄山市财政局供稿　汪　蓉执笔）

财经规章篇

(2011) 安徽财政年鉴

省政府行政规章

安徽省人民政府办公厅关于印发《安徽省与国家开发银行第四轮开发性金融合作贷款管理办法》的通知

（皖政办〔2010〕1号）

各市、县人民政府，省政府有关部门：

经省政府同意，现将省政府金融办、省财政厅、省发展改革委、国家开发银行安徽省分行制定的《安徽省与国家开发银行第四轮开发性金融合作贷款管理办法》印发给你们，请遵照执行。

安徽省与国家开发银行第四轮开发性金融合作贷款管理办法

第一章　总　则

第一条　为加强和规范国家开发银行开发性金融合作贷款项目及资金管理，确保开发性金融合作贷款（以下简称"贷款"）资金合理有效使用和按期偿还，根据2009年3月31日安徽省人民政府与国家开发银行签订的《开发性金融合作协议》（以下简称《合作协议》），以及省政府有关文件精神，制定本办法。

第二条　贷款资金主要用于经省政府审定的对全省经济社会发展有重大影响和明显带动作用，符合公共财政投资政策的铁路、公路，皖江城市带承接产业转移示范区、合芜蚌自主创新综合改革试验区、皖北地区基础设施以及省内大中型企业实施"走出去"战略的项目等。

第三条　省政府授权省投资集团有限责任公司、省信用担保集团有限公司和省交通投资集团有限责任公司为《合作协议》项下开发性金融合作的融资平台（即：借款主体），负责办理管辖范围内贷款的借入、使用和偿还。

第四条　利用国家开发银行开发性金融合作贷款项目的融资模式采用"委托代建"形式，即经省政府授权，省财政厅将贷款建设项目委托指定的融资平台，并与融资平台签订《委托代建协议》，融资平台通过签署协议将贷款建设项目委托给实际建设单位即用款主体，由用款主体承担项目建设、实现建设目标。

第五条　贷款管理以"借、用、还"与"责、权、利"相统一为原则，在保证贷款资金安全的前提下，不断提高资金使用效率，简化贷款使用程序，确保贷款资金的规范借入、合理使用和按期偿还，有效防范和化解债务风险。

第六条　本办法适用于《合作协议》项下的省级政府额度贷款管理工作。

第二章　管理机构及职责

第七条　安徽省开发性金融合作领导小组（以下简称"领导小组"）统一领导全省开发性金融合作工作，统筹协调相关部门审定和调整贷款投向，研究解决贷款借入、使用和偿还过程中的重大问题。

第八条　领导小组办公室设在省财政厅，主要职责：

（一）落实领导小组工作部署，协调解决合作协议执行过程中的具体问题；

（二）审核申贷项目，确定借款主体，并办理贷款项目的准备、签约、提款等手续；

（三）协助开发银行加强贷款项目的信贷管理，督促和协调有关部门及借款主体解决项目建设与运营中出现的重大问题；

（四）督促贷款及时发放、按期偿还，及时研究解决贷款偿还过程中出现的问题，协助开发银行化解贷款风险，防范和化解债务风险；

（五）监督项目建设及资金使用；

（六）承办领导小组交办的其他工作。

第九条　领导小组办公室主要成员单位职责分工：

省政府金融办主要职责：协调贷款工作，督促有关部门执行与开发银行贷款相关的合同，协调解决贷款项目在准备、实施和还贷工作中出现的重大问题。

省发展改革委主要职责：研究提出贷款的使用方向和重大项目；审查借款主体上报的贷款项目；指导贷款的使用，做好贷款项目的后评价工作。

省财政厅主要职责：审核贷款项目的配套能力、偿债能力，提出项目贷款额度的建议；受省政府委托，与借款主体签订“委托代建协议”；办理涉及省财政筹措配套资金或承诺还款的手续；处理领导小组办公室的日常事务。

开发银行安徽省分行主要职责：执行开发银行有关信贷政策；审核项目投向；协助落实贷款条件，组织项目评审、审批，落实借款合同的签订、贷款发放和支付；加强贷款资金使用的监督、管理；通报有关项目评审、执行、贷款偿还等情况；会同监察、审计部门检查贷款项目资金使用情况。

第十条　借款主体为依法登记的独立法人，与开发银行安徽省分行签订项目《借款合同》，负责贷款的统借统还；签订《项目委托贷款合同》或《贷款资金使用协议》，将贷款转贷至用款主体，承担约定的责任和义务；也可采取开发银行安徽省分行、借款主体及用款主体三方签订项目《借款合同》等方式。借款主体负责对承办的贷款项目进行监督管理，督促用款主体实现项目建设目标。其主要职责：

（一）对用款主体申报的项目进行审核和筛选，将符合贷款条件的项目及相关资料报领导小组办公室审核；

（二）负责项目贷款的借入、使用和偿还；

（三）对用款主体承担的贷款项目和资金使用情况进行评估、监督和管理。

第十一条　用款主体是最终使用贷款、承担项目建设任务的单位，其主要职责为：

（一）严格按照领导小组办公室批准的建设内容和相关合同、协议要求等使用贷款，实现项目建设目标；

（二）接受领导小组办公室及相关成员单位对项目建设和资金使用情况的监督、检查，履行定期报告制度；

（三）及时、足额支付贷款本息和管理费用。

第三章　贷款的申请、审批和使用

第十二条　贷款申请程序如下：

（一）用款主体按有关政策规定及审核程序，取得有效批文后，向借款主体提交《安徽省第四轮利用国家开发银行开发性金融合作贷款申请表》；涉及财政配套及承担还款责任的项目，须经同级财政部门审核同意并出具书面意见。借款主体审核同意后，向领导小组办公室转报项目贷款申请表及相关文件资料。

（二）对于省行业主管部门牵头组织、市县承担项目建设和还款责任的项目，用款主体按有关政策规定及审核程序取得有效批文后，向省行业主管部门提出贷款申请；省发展改革委、省财政厅和省行业主管部门联合向领导小组报送项目利用开行贷款计划。经领导小组同意后，由借款主体统一办理项目贷款手续。

（三）领导小组办公室有关成员单位对借款主体贷款申请初审后，下达《安徽省第四轮利用国家开发银行开发性金融合作贷款项目准备通知书》，项目进入开发银行评审程序。

第十三条　项目贷款批准后，签约程序如下：

（一）开发银行安徽省分行将项目贷款审批结果通报领导小组办公室；借款主体和用款主体收到领导小组办公室通知后，开展贷款合同谈判；

（二）借款主体与开发银行安徽省分行签署项目《借款合同》。借款主体与用款主体不一致时，可采取开发银行安徽省分行、借款主体、用款主体三方共同签订项目《借款合同》。必要时，借款主体与用款主体签订《贷款资金使用协议》。合同副本提交给领导小组办公室备案。

第十四条　贷款资金发放程序如下：

（一）用款主体按照合同约定向借款主体提交《安徽省第四轮利用国家开发银行开发性金融合作贷款项目提款申请表》，经借款主体报领导小组办公室审核后转报开发银行，开发银行审核后具体办理贷款发放手续；

（二）开发银行安徽省分行按季向领导小组办公室报送贷款发放统计表。

第十五条　项目《借款合同》签署后，如果项目无法按计划继续实施，用款主体可向借款主体提交关于项目调整的申请报告，将项目《借款合同》项下尚未使用的贷款用于本地区其他项目，其调整程序同前所述申报程序。省行业主管部门牵头组织、借款主体统一申报的项目实施后，如果部分市县无法按计划继续实施项目，由省行业主管部门协助借款主体统一办理变更手续，但项目《借款合同》项下尚未使用的贷款不得用于其他类别项目。

第四章　贷款偿还和管理费的收取

第十六条　贷款实行“谁借款、谁偿还”的原则。借（用）款主体应严格执行项目《借款合同》，确保按期足额偿还贷款本息。领导小组办公室督促借（用）款主体按期还款。对没有偿债能力或偿债能力不足的贷款项目，同级政府按承诺调度资金支持借（用）款主体按期还本付息。

第十七条　借款主体根据开发银行还款通知单向用款主体发出还款通知书，用款主体依据通知书和有关合同向借款主体指定账户按时拨付还贷资金。借款主体负责将回收的还贷资金按期足额偿还给开发银行。

第十八条　市、县政府承诺还款的项目，借款主体、省级主管部门承诺用专项资金、收费收入或其他方式还款的项目，若用款主体（单位）不能到期还款，省财政厅通过结算扣款等方式安排还贷资金。

第十九条　开发银行提供的省级政府额度贷款适用现行省政府偿债准备金办法。

第二十条　为防范债务风险，借（用）款主体应根据贷款额度和使用期限，计算出分年应还贷款本息额，据此提前安排偿债资金。

第二十一条　按照责权利相结合原则，省政府指定的融资平台可按年度债务余额的一定比例，按以支定收的原则适当收取管理费，弥补融资平台正常的办公经费。具体收取办法由省开发性金融合作领导小组办公室会同有关部门协商后报领导小组批准实施。

第五章　贷款资金的监督管理

第二十二条　借（用）款主体要加强对贷款资金的管理，严格控制项目成本，提高贷款资金使用效益。

第二十三条　借（用）款主体要对贷款项目实行单独核算，专款专用，不得截留、挪用和挤占。

第二十四条　建立项目建设和贷款资金使用情况报告制度。用款主体向借款主体定期报送关于项目建设、资金使用及还款情况的报告，借款主体汇总后上报领导小组办公室。

第二十五条　建立贷款余额对账制度。每半年和年度终了后，借款主体分别与用款主体、领导小组办公室和开发银行核对资金借入、使用和偿还等有关数据。

第二十六条　借（用）款主体按国家基本建设要求办理项目竣工验收手续。

第二十七条　领导小组办公室要会同监察、审计等部门对借（用）款主体的项目实施、贷款资金使用等情况进行监督检查。发现截留、挪用和挤占项目资金，改变项目建设内容、造成国有资产流失等现象的，要立即责令纠正，直至停止对相关项目的贷款发放，并提请有关部门对责任单位和责任人进行处理。

第二十八条　借（用）款主体在贷款未清偿完毕之前，发生关闭、撤销、破产、合并、兼并、分立、改制、改变隶属关系等情况，应事先征求领导小组办公室、开发银行安徽省分行的意见，重新落实偿债责任后，方可办理相关手续。

第六章　附　则

第二十九条　本办法自发布之日起施行。

第三十条　本办法由领导小组办公室负责解释。

安徽省人民政府办公厅关于印发《安徽省征地补偿准备金管理办法》的通知

（皖政办〔2010〕22号）

各市、县人民政府，省政府有关部门：

《安徽省征地补偿准备金管理办法》已经省人民政府同意，现印发给你们，请认真贯彻执行。

安徽省征地补偿准备金管理办法

第一章　总　则

第一条　为进一步完善征地补偿机制，切实维护被征地农民合法权益，确保被征地农民原有生活水平不降低、长远生计有保障，根据国家有关法律和政策，结合我省实际，制定本办法。

第二条　征地补偿准备金是申请用地或申请先行用地单位在征地报批材料报送省国土资源厅审查之前，将依法应予缴纳的征地补偿费用足额预先存入征地补偿费用预存专户，作为确保征地补偿费用能够及时足额兑付给被征地农民而准备的资金。

第二章　范围、标准和缴纳方法

第三条　征地补偿准备金主要包括土地补偿

费、安置补助费、青苗补偿费、房屋等地上附着物补偿费，以及从土地出让金等土地有偿使用收益中应提取的被征地农民社会保障费用。

第四条 征地补偿准备金计算方法和标准，依据土地管理法律法规和有关政策规定执行。

第五条 各地在向省国土资源厅报送征地报批材料之前，申请用地或申请先行用地单位必须将征地补偿准备金缴入到相关市或县财政部门非税收入汇缴结算户。对跨市、县的建设项目用地，由申请用地或申请先行用地单位将征地补偿准备金缴入到用地所在地的市或县财政部门非税收入汇缴结算户。

各地报送建设用地报批材料时，必须附具金融部门出具的预存征地补偿准备金进账凭证，随报批材料报送省国土资源厅。凡未附具预存征地补偿准备金进账凭证的，省国土资源厅不予受理。

第三章 发 放

第六条 申请征地或申请先行用地获批后，由农村集体经济组织拟定征地补偿费用发放名单，经乡镇人民政府审核后，报所在市或县财政部门和国土资源管理部门审定。

第七条 市或县财政部门原则上要在收到用地批复或先行用地批复之日起20个工作日内，将预存的征地补偿准备金从非税收入汇缴结算户缴入金库，并根据批准的征地补偿安置方案和审定的征地补偿费用发放名单，依法将征地补偿费用足额拨付到位。

属补偿农村集体经济组织的，拨付给农村集体经济组织；属补偿被征地农民的，通过“一卡通”直接发放给被征地农民；属被征地农民的社会保障费用，直接拨付至社保基金专户。

第八条 各地要将征地补偿费用发放情况向被征地农村集体经济组织和农民公示。

第四章 结算和监管

第九条 征地补偿准备金不计利息、多退少补。

第十条 申请征地或申请先行用地未获批准的，或实施征地后预存的征地补偿准备金经结算有结余的，市或县财政部门应自愿缴款单位申请返还征地补偿准备金之日起20个工作日内，将预存或结余的征地补偿准备金退回原缴款单位。

第十一条 申请用地或申请先行用地单位缴纳的征地补偿准备金不足的，由该单位按照有关政策规定及时补缴。

第十二条 征地补偿准备金实行统一管理、专款专用、分账核算，不同建设项目、不同批次建设用地的征地补偿准备金不得混用。

第十三条 各级监察、财政和审计等部门，要加强对征地补偿准备金的监管，对弄虚作假或违规挪用、混用、拖欠、截留征地补偿准备金的，由有关部门依据相关法律法规和政策规定严肃查处。

第五章 附 则

第十四条 各市、县人民政府可根据本办法制订具体实施细则。

第十五条 本办法由省国土资源厅负责解释。

第十六条 本办法自发布之日起施行。

安徽省人民政府办公厅关于印发安徽省省级财政结转结余资金管理办法的通知

（皖政办〔2010〕45号）

各市、县人民政府，省政府各部门、各直属机构：

《安徽省省级财政结转结余资金管理办法》已经省政府同意，现印发给你们，请认真贯彻执行。

安徽省省级财政结转结余资金管理办法

第一条 为全面提升财政科学化精细化管理水平，优化财政资源配置，加快财政支出进度，提高财政资金使用效益，根据《预算法》、《安徽省预算审查监督条例》、《安徽省省级预算管理办法》等相关规定，制定本办法。

第二条 省级财政结转结余资金范围包括，与省级财政有缴拨款关系的省直行政、事业单位、社会团体及省属企业（以下简称部门、单位）在预算年度内，按照财政部门批复的本部门预算，当年未列支出的财政资金，以及由财政部门管理的特设专户当年未列支出的财政资金。

第三条 结转资金是指当年支出预算已执行但尚未完成，或因故未执行，下年需按原用途继续使用的项目支出资金。

第四条　项目支出资金原则上应在当年使用完毕。对确需结转使用的，由部门、单位提出申请，按规定程序批准后可结转下年继续安排使用，但下年仍未使用完毕的，则全部收回省级预算。

第五条　部门、单位应加强项目支出预算执行管理，切实减少年度预算结转。因政策变化等原因，对预计年底可能形成资金结转的项目，应及时提出调减当年预算或调整用于本部门执行中新增重点支出项目的建议，并履行规定审批程序。

第六条　结余资金是指经批准的当年支出预算指标，执行过程中支出预算工作目标已完成，或由于受政策变化、计划调整等因素影响工作终止，当年剩余的财政资金。

第七条　结余资金包括部门预算安排的基本支出结余和项目支出结余。基本支出结余包括人员经费结余和日常公用经费结余。

第八条　人员经费结余，对纳入财政工资统发的部门、单位，年终清算后全部收回省级预算；对未纳入财政工资统发的部门、单位，由部门、单位按规定安排使用。日常公用经费结余，全部由部门、单位按规定安排使用。

第九条　项目支出结余，视不同情况分别处理。属中央专项补助项目支出结余，中央有明确规定的，按规定执行；没有明确规定的，全部收回省级预算。属省级预算安排的项目支出结余，全部收回省级预算。

第十条　省级预算安排的政府采购项目支出结余，按政府采购节约资金管理有关规定执行。

第十一条　基本建设项目支出结余，按基本建设财务管理规定，工程竣工后结余的项目资金，经财政部门审核确认后，按投资来源比例收回省级预算。

第十二条　对当年结转结余资金较多的部门、单位，在编制以后年度部门预算时，应适当压缩其支出预算总额。

第十三条　对部门预算安排的财政资金，因特殊原因已无法支出或已不需要支出的，应通过调减部门预算等方式，将资金收回省级预算。

第十四条　严格执行国库集中收付管理制度，完善国库单一账户体系。取消执收部门、单位的政府非税收入过渡账户，执收部门、单位收取的所有政府非税收入，按规定统一缴入政府非税收入汇缴结算专户，通过汇缴结算专户定期划缴国库或财政专户。严禁设立“小金库”。

第十五条　严格特设专户管理。清理和规范现有特设专户，除中央和省有明确规定外，原则上不再开设新的特设专户。切实加强特设专户资金的使用管理，加快资金拨付进度。对特设专户年终资金余额，要分清结转结余资金，对上年结余的资金要上缴国库纳入预算管理。

第十六条　对纳入省级预算管理的政府性基金，其结转结余资金，按照有关政府性基金项目管理规定执行。

第十七条　省财政部门要完善体制机制，强化省级预算执行管理措施，督促和配合部门、单位加快预算支出进度，切实提高财政资金使用效益。

第十八条　审计机关要加强对省级财政结转结余资金的审计监督。

第十九条　本办法由省财政厅负责解释，自发布之日起执行。

安徽省人民政府办公厅关于印发安徽省融资性担保公司管理暂行办法的通知

（皖政办〔2010〕34 号）

各市、县人民政府，省政府各部门、各直属机构：

《安徽省融资性担保公司管理暂行办法》已经省政府同意，现予印发，请认真执行。

安徽省融资性担保公司管理暂行办法

第一章　总　则

第一条　为加强融资性担保公司的监督管理，规范融资性担保行为，促进融资性担保行业健康发展，依据《中华人民共和国公司法》、《中华人民共和国担保法》、《中华人民共和国合同法》、《融资性担保公司管理暂行办法》（中国银监会等 7 部委 2010 年第 3 号令）等法律法规，结合安徽实际，制定本办法。

第二条　本办法所称融资性担保，是指担保人与银行业金融机构等债权人约定，当被担保人不履行对债权人负有的融资性债务时，由担保人依法承担合同约定担保责任的行为。

第三条　融资性担保公司从事经营活动应以

安全性、流动性、合法性、收益性为基本准则，建立市场化运作的可持续审慎经营模式。

融资性担保公司与企业、银行业金融机构等客户的业务往来，应当遵循诚实守信的原则，并遵守合同的约定。

第四条　融资性担保公司依法开展业务，不受任何机关、单位和个人的干涉。

第五条　融资性担保机构开展业务，应当遵守法律、法规和本办法的规定，不得损害国家利益和社会公共利益。

第六条　融资性担保公司开展业务应当遵守公平竞争的原则，不得从事不正当竞争。

第七条　建立省融资性担保业务监管联席会议制度，联席会议由省政府金融办、省发展改革委、省经济和信息化委、省财政厅、省公安厅、省工商局、省法制办、人民银行合肥中心支行、安徽银监局组成，负责研究制订全省融资性担保业务发展政策和业务监管制度，建立全省融资性担保机构市场准入、关闭和退出机制，协调解决融资性担保机构业务监管和发展中的重大问题。省政府金融办为全省担保行业主管部门和联席会议牵头单位，会同其他成员单位履行融资性担保公司日常审批、监管职责，指导、督促市县政府加强对融资性担保公司的监管和风险控制。联席会议各成员单位具体职责，由联席会议根据《国务院办公厅关于进一步明确融资性担保业务监管职责的通知》（国办发〔2009〕7号）确定。

第八条　各市、县政府是辖区内融资性担保公司监督管理和风险防范的第一责任人，要加强对本行政区域内融资性担保公司的监管管理和风险防范。各市、县政府金融办（或政府指定部门）要牵头做好本行政区域内融资性担保公司的行业管理工作，建立日常监管和风险处置制度，承担对融资性担保公司日常监督管理和风险处置责任。各级财政部门要积极参与地方融资性担保体系建设，加强融资性担保公司的财务监管；对政府出资的融资性担保机构要认真履行出资人责任，确保国有资产安全高效运作。

第二章　设立、变更和终止

第九条　设立融资性担保公司及其分支机构，应当经行业主管部门审查批准，经批准设立的融资性担保公司及其分支机构，由行业主管部门颁发经营许可证，并凭该许可证向工商行政管理部门申请注册登记。

第十条　融资性担保公司名称由行政区划、字号、行业、组织形式等依次组成，其中行政区划指省、市、县行政区划的名称，组织形式为有限责任公司或股份有限公司。

第十一条　设立融资性担保公司，应当具备以下条件：

（一）有符合《中华人民共和国公司法》规定的章程；

（二）有具备持续出资能力的股东；

（三）有符合本办法规定的注册资本；

（四）有符合任职资格的董事、监事和高级管理人员；

（五）有具备专业知识和从业经验的工作人员；

（六）有健全的组织结构、内部控制和风险管理制度；

（七）有符合要求的营业场所；

（八）符合政府对融资性担保业统筹规划、合理布局的总体要求；

（九）省联席会议及行业主管部门规定的其他条件。

第十二条　设立融资性担保公司应当经过筹建和开业两个阶段。申请筹建和开业，按照《安徽省融资性担保公司设立审批工作指引（试行）》有关规定执行。

第十三条　融资性担保公司的注册资本来源必须真实合法，全部为实缴货币资本，由发起人或出资人一次足额缴纳。注册资本的最低限额为人民币500万元。

第十四条　设立融资性担保公司按注册资本实行分级审批，其中，注册资本在人民币5000万元以上（含5000万元）的融资性担保公司由省政府金融办审批；注册资本在人民币5000万元以下的由设区的市政府金融办（或政府指定部门）审批，报省政府金融办备案。涉及政府出资的，同时报省财政厅备案。

第十五条　申请融资性担保公司董事、监事和高级管理人员任职资格，应符合下列条件：

（一）董事、监事应具备与其履行职责相适应的知识、经验及能力；

（二）董事长和高级管理人员应具备从事金融或经济管理的职业经历，掌握任职专业知识；

（三）董事、监事和高级管理人员没有犯罪记录和不良信用记录。

第十六条　融资性担保公司董事、监事和高

级管理人员的任职资格由批准机关按照审批权限核准。

融资性担保公司董事、监事、高级管理人员的资格管理，依照《安徽省融资性担保公司董事、监事和高级管理人员资格管理暂行办法》执行。

第十七条　申请设立融资性担保公司，应向行业主管部门提交下列文件、资料：

（一）申请书，应当载明拟设立融资性担保公司的名称、住所、注册资本和业务范围等事项；

（二）可行性研究报告；

（三）章程草案；

（四）股东名册及其出资额、股权结构；

（五）股东出资的验资证明以及持有注册资本的5%以上股东的资信证明和有关资料；

（六）拟任董事、监事、高级管理人员的资格证明；

（七）经营发展战略和规划；

（八）营业场所证明材料；

（九）省联席会议及行业主管部门要求提交的其他文件、资料。

第十八条　融资性担保公司有下列变更事项之一的，应当经主管部门审查批准：

（一）变更名称；

（二）变更组织形式；

（三）变更注册资本；

（四）变更公司住所；

（五）调整业务范围；

（六）变更董事、监事、高级管理人员；

（七）变更持有5%以上股权的股东；

（八）分立或者合并；

（九）修改章程；

（十）省政府金融办规定的其他变更事项。

融资性担保公司变更事项涉及公司登记事项的，经行业主管部门审查批准后，按规定向工商行政管理部门申请变更登记。

以上变更，属注册资本在人民币5000万元以上（含5000万元）的融资性担保公司，由设区的市政府金融办（或市政府指定部门）初审后报省政府金融办批准；注册资本在人民币5000万元以下的，由设区的市政府金融办（或市政府指定部门）批准后于10个工作日内报省政府金融办备案。涉及政府出资的，同时报省财政厅备案。

第十九条　融资性担保公司到省外设立分支机构的，应当征得省行业主管部门同意，并经拟设立分支机构所在地监管部门审查批准。

第二十条　融资性担保公司因分立、合并或出现公司章程规定解散事由需要解散的，应当经所在地政府行业主管部门审查批准，报省政府金融办备案。融资性担保公司应凭批准文件及时向工商行政管理部门申请注销登记。

第二十一条　融资性担保公司合并的，应在合并决议批准之日起10日内通知债权人。合并各方的债权、债务应当由合并后存续或新设的机构承继。

第二十二条　融资性担保公司分立，其财产作相应的分割，并应当自分立决议做出之日起10日内通知债权人。分立前的债务由分立后的机构承担连带责任，在分立前与债权人就债务清偿达成书面协议另有约定的除外。

第二十三条　融资性担保公司有重大违法经营行为，不予撤销将严重危害市场秩序、损害公众利益的，由行业主管部门予以撤销，法律、行政法规另有规定的除外。

第二十四条　融资性担保公司因以下原因解散：

（一）章程规定的解散事由出现；

（二）股东大会决议解散；

（三）因合并或者分立需要解散；

（四）依法被吊销营业执照或者被撤销。

因第一项、第二项、第四项原因解散的，应当在解散事由出现之日起10日内由股东会（股东大会）推举成员组成清算组，按照债务清偿计划及时偿还有关债务。逾期不能组成清算组的，股东、债权人可以向人民法院申请指定股东组成清算组进行清算。清算组自成立之日起接管融资性担保公司，负责处理与清算有关未了结业务，清理财产和债权、债务，分配清偿债务后的剩余财产，代表融资性担保公司参与诉讼、仲裁或者其他法律事宜，担保责任解除前，公司股东不得分配公司财产或从公司取得任何利益，行业主管部门监督其清算过程。

第二十五条　融资性担保公司不能清偿到期债务，并且资产不足以清偿全部债务或者明显缺乏清偿能力的，应当依法实施破产。

第三章　业务范围

第二十六条　融资性担保公司可以经营下列部分或全部担保业务：

（一）贷款担保；

（二）票据承兑担保；

（三）贸易融资担保；

（四）项目融资担保；

（五）信用证担保；

（六）其他融资性担保业务。

第二十七条　融资性担保公司可以兼营下列部分或全部业务：

（一）诉讼保全担保；

（二）投标担保、预付款担保、工程履约担保、尾付款如约偿付担保等履约担保业务；

（三）与担保业务有关的融资咨询、财务顾问等中介服务；

（四）以自有资金进行投资；

（五）省政府金融办规定的其他业务。

第二十八条　融资性担保公司可以为其他融资性担保公司的担保责任提供再担保和办理债券发行担保业务，但应同时符合下列条件：

（一）近两年无违法、违规不良记录；

（二）省政府金融办规定的其他审慎性条件。

从事再担保业务的融资性担保公司除需要满足前款规定的条件外，注册资本应当不低于人民币1亿元，并连续营业两年以上。

第二十九条　融资性担保公司不得从事下列活动：

（一）吸收存款；

（二）发放贷款；

（三）受托发放贷款；

（四）受托投资；

（五）省联席会议及行业主管部门规定不得从事的其他活动。

融资性担保公司从事非法集资活动的，由有关部门依法予以查处。

第四章　股东资格、股权设置和组织机构

第三十条　境内企业法人和经济组织投资入股融资性担保公司，应符合以下条件：

（一）在工商行政管理部门登记注册，具有法人资格；

（二）财务状况良好，入股上一年度盈利；

（三）入股资金来源真实合法，不得以借贷资金入股，不得以他人委托资金入股；

（四）公司治理良好，内部控制健全有效；

（五）有良好的社会声誉、诚信记录和纳税记录；

（六）有较强的经营管理能力和资金实力；

（七）拟入股的企业法人属于原企业改制的，原企业经营业绩可以延续作为新企业的经营业绩计算；

（八）省联席会议及行业主管部门规定的其他条件。

第三十一条　境内自然人投资入股融资性担保公司，应符合以下条件：

（一）有完全民事行为能力；

（二）有良好的社会声誉和诚信记录；

（三）入股资金来源合法，不得以借贷资金入股，不得以他人委托资金入股；

（四）省联席会议及行业主管部门规定的其他条件。

第三十二条　融资性担保公司的股权和组织机构设置按照《中华人民共和国公司法》有关规定执行。

第三十三条　融资性担保公司的股份可依法转让、继承和赠与。但发起人或出资人持有的股份自融资性担保公司成立之日起2年内不得转让或质押；融资性担保公司董事、监事和高级管理人员持有的股份，在任职期间内不得转让或质押。

第三十四条　融资性担保公司应建立有效的监督制衡机制。不设立董事会的，应由利益相关者组成的监督部门（岗位）或利益相关者派驻的专职人员行使监督检查职责。

第三十五条　融资性担保公司董事会或监督管理部门（岗位）应对总经理或其经营负责人实施年度专项审计。审计结果应向董事会、股东会或股东大会报告，并报所在地行业主管部门备案。主要负责人离任时，须进行离任审计。

第三十六条　融资性担保公司董事和高级管理人员对融资性担保公司负有忠实义务和勤勉义务。

融资性担保公司董事及其高级管理人员违反法律、法规或融资性担保公司章程，超出董事会或执行董事授权范围做出决策，致使融资性担保公司形成严重损失的，应当承担赔偿责任。

第三十七条　融资性担保公司董事会和经营管理层可根据需要设置不同的专业委员会，提高决策管理水平。

第五章　经营规则和风险控制

第三十八条　融资性担保公司应当依法建立健全治理结构，完善议事规则、决策程序和内审制度，保持机构治理的有效性。跨省、自治区、直辖市设立分支机构的融资性担保公司，应当设两名以上的独立董事。

第三十九条　融资性担保公司应当建立符合审慎经营原则的担保评估制度、决策程序、事后追偿和处置制度、风险预警机制和突发事件应急机制，并制定严格规范的业务操作规程，加强对担保项目的风险评估和管理。

第四十条　融资性担保公司应当配备或聘请经济、金融、法律、技术等方面具有相关资格的专业人才。跨省、自治区、直辖市设立分支机构的融资性担保公司，应当设立首席合规官和首席风险官。首席合规官、首席风险官应当由取得律师或注册会计师等相关资格，并具有融资性担保或金融从业经验的人员担任。

第四十一条　融资性担保公司应当按照金融企业财务规则和企业会计准则等的要求，建立健全财务会计制度，真实地记录和反映企业的财务状况、经营成果和现金流量。

第四十二条　融资性担保公司收取的担保费，可根据担保项目的风险程度，由融资性担保公司与被担保人自主协商确定，但不得违反国家有关规定。

第四十三条　融资性担保公司对单个被担保人提供的融资性担保责任余额不得超过净资产的10%，对单个被担保人及其关联方提供的融资性担保责任余额不得超过净资产的15%，对单个被担保人债券发行提供的担保责任余额不得超过净资产的30%。

第四十四条　融资性担保公司的融资性担保责任余额不得超过其净资产的10倍。

第四十五条　融资性担保公司以自有资金进行投资，限于国债、金融债券及大型企业债务融资工具等信用等级较高的固定收益类金融产品，以及不存在利益冲突且不高于净资产20%的其他投资。

第四十六条　融资性担保公司应当按照当年担保费收入的50%提取未到期责任准备金，并按不低于当年年末担保责任余额1%的比例提取担保赔偿准备金，担保赔偿准备金累计达到当年担保责任余额10%的，实行差额提取。差额提取办法和担保赔偿准备金的使用管理办法另行制定。

各级政府金融办（或政府指定部门）可以根据融资性担保公司责任风险状况和审慎监管的需要，提出调高担保赔偿准备金比例的要求。

融资性担保公司应当对担保责任实行风险分类管理，准确计量担保责任风险。

第四十七条　融资性担保公司要建立发起人和股东承诺制度。发起人向批准机关出具承诺书。公司股东与融资性担保公司签订承诺书，承诺自觉遵守公司章程。

第四十八条　融资性担保公司与债权人应当按照协商一致的原则建立业务关系，并在合同中明确约定风险承担的方式。鼓励银行业金融机构与融资性担保公司对贷款担保风险实行比例分担。

第四十九条　融资性担保公司不得为其母公司或子公司提供融资性担保。

第五十条　融资性担保公司办理融资性担保业务，应当与被担保人约定在担保期间可持续获得相关信息，并有权对相关情况进行核实。

第五十一条　融资性担保公司与债权人应当建立担保期间被担保人相关信息的交换机制，加强对被担保人的信用辅导和监督，共同维护双方的合法权益。

第五十二条　融资性担保公司应当按照主管部门的规定，将公司治理情况、财务会计报告、风险管理状况、资本金构成及运用情况、担保业务总体情况等信息告知相关债权人。

第六章　监督管理

第五十三条　各级政府金融办（或政府指定部门）应当建立健全辖内融资性担保公司信息资料收集、整理、统计分析制度和监管记分制度，对经营及风险状况进行持续监测。

各设区的市政府金融办（或政府指定部门）应当于每年5月底前完成所监管融资性担保公司上一年度机构概要报告。

第五十四条　融资性担保公司应当按照规定向当地政府金融办（或政府指定部门）报送经营报告、财务会计报告、合法合规报告等文件和资料。提交各类文件和资料，应当真实、准确、完整。

第五十五条　融资性担保公司应当按季度向当地政府金融办（或政府指定部门）报告资本金运用情况。

各级政府金融办（或政府指定部门）应当根据审慎监管的需要，适时提出融资性担保公司的资本质量和资本充足率要求。

第五十六条　各级政府金融办（或政府指定部门）根据监管需要，有权要求融资性担保公司提供专项资料，或约见其董事、监事和高级管理人员进行监管谈话，要求就有关情况进行说明或必要的整改。

各级政府金融办（或政府指定部门）认为必要时，可以向债权人通报所监管有关融资性担保公司的违规或风险情况。

第五十七条　各级政府金融办（或指定部门）根据监管需要，可以对融资性担保公司进行现场检查，融资性担保公司应当予以配合，并按照主管部门的要求提供有关文件、资料。

现场检查时，检查人员不得少于2人，并向融资性担保公司出示检查通知书和相关证件。

第五十八条　融资性担保公司发生担保诈骗、金额可能达到其净资产5%以上的担保代偿或投资损失，以及董事、监事或高级管理人员涉及严重违法、违规等重大事件时，应当立即采取应急措施并向当地主管部门报告。

第五十九条　融资性担保公司应当及时向当地政府金融办（或政府指定部门）报告股东大会或股东会、董事会等会议的重要决议。

第六十条　融资性担保公司应当聘请社会中介机构进行年度审计，并将审计报告及时报送主管部门。

第六十一条　各级政府金融办（或政府指定部门）应当会同有关部门建立融资性担保行业突发事件的发现、报告和处置制度，制定融资性担保行业突发事件处置预案，明确处置机构及其职责、处置措施和处置程序，及时有效处置融资性担保行业突发事件。

第六十二条　各设区的市政府金融办（或政府指定部门）应当于每年年末全面分析评估本辖区融资性担保行业年度发展和监管情况，并于每年1月底前向省融资性担保业务监管联席会议办公室和市人民政府报告本辖区上一年度融资性担保行业发展情况和监管情况。

各设区的市政府金融办（或政府指定部门）应当及时向省融资性担保业务监管联席会议办公室和市人民政府报告本辖区融资性担保行业重大风险事件和处置情况。

第六十三条　各级政府金融办（或政府指定部门）应积极组织开展融资性担保公司的信息咨询、经验交流、业务培训、权益保护、行业自律和对外交流等工作，切实推进融资性担保公司加强自身建设和文化建设，促进融资性担保业持续健康发展。

第六十四条　融资性担保行业建立行业自律组织，履行自律、维权、服务等职责。全省融资性担保业自律组织接受省融资性担保业务监管联席会议和行业主管部门的指导。

第六十五条　省政府金融办应会同人民银行合肥中心支行等有关单位建立健全融资性担保公司的信用评级制度，积极引导融资性担保公司参加外部信用评级，并向社会公布评级结果。人民银行合肥中心支行应将融资性担保公司有关信息纳入征信管理体系，并为融资性担保公司查询相关信息提供服务。

第七章　法律责任

第六十六条　各级政府金融办（或政府指定部门）和相关监管部门从事监督管理工作的人员有下列情形之一的，依法给予行政处分；构成犯罪的，依法追究刑事责任：

（一）违反规定审批融资性担保公司的设立、变更、终止以及业务范围的；

（二）违反规定对融资性担保公司进行现场检查的；

（三）未依照本办法第六十二条规定报告重大风险事件和处置情况的；

（四）违反法律法规及本办法规定的其他行为。

第六十七条　融资性担保公司违反有关法律、法规、规章的，按照有关法律、法规、规章的规定予以处罚。

第六十八条　违法本办法第九条规定，擅自经营融资性担保业务的，由有关部门依法予以取缔。

第八章　附　则

第六十九条　公司制以外的融资性担保公司从事融资性担保业务参照本办法的有关规定执行，具体办法另行制定。

外商投资的融资性担保公司适用本办法，法律、行政法规另规定的，依照其规定。

融资性再担保机构管理办法另行制定。

第七十条　本办法实施前已设立的融资性担保公司不符合本办法规定的，应当在2011年3月31日前达到本办法规定的要求。具体规范整顿方案由省融资性担保业务监管联席会议制定。

第七十一条　本办法自公布之日起施行。

安徽省人民政府办公厅关于印发国家技术创新工程安徽省试点工作专项资金管理暂行办法的通知

（2010 年 7 月 2 日皖政办〔2010〕41 号）

各市、县人民政府，省政府各部门、各直属机构：

《国家技术创新工程安徽省试点工作专项资金管理暂行办法》已经省政府同意，现印发给你们，请遵照执行。

国家技术创新工程安徽省试点工作专项资金管理暂行办法

第一条　为贯彻落实《国家技术创新工程安徽省试点工作实施方案》（以下简称《实施方案》），加强国家技术创新工程安徽省试点工作专项资金（以下简称省技术创新工程专项资金）管理，提高资金使用效益，制定本暂行办法。

第二条　省财政每年安排 2 亿元省技术创新工程专项资金，其中 1 亿元从合芜蚌自主创新综合试验区专项资金中支出。

第三条　省技术创新工程专项资金按照“上下联动、奖励引导、突出重点、注重绩效”的原则安排使用。

第四条　省技术创新工程专项资金通过无偿资助（含后补助）、贷款贴息、风险投资、政府购买服务、以奖代补等方式，主要用于对创新型企业和创新型园区的奖励，产业关键技术研发，公共服务平台建设，关键技术、研发机构和高端人才引进，与国家重大项目配套，科技贷款风险补偿、专利资助等。

第五条　省创新办在征求有关部门意见基础上，依据国家有关实施技术创新工程的要求，结合我省实际，发布国家技术创新工程安徽省试点工作年度重点工作和项目指南，推进国家技术创新工程安徽省试点工作。

第六条　各市牵头负责国家技术创新工程安徽省试点工作的部门会同本级财政等有关部门，根据国家技术创新工程安徽省试点工作年度重点工作和项目指南，遴选具体项目后，向省创新办申报省技术创新工程专项资金。项目应在《实施方案》确定的十大重点产业范围内，与当地优势和特色产业结合紧密，自主创新性强，市场前景好，有望在 2—3 年内实现产业化，且技术达到国内先进以上水平。

鼓励以企业为主体的产学研联合体、产业技术创新联盟申报项目。

第七条　中央和省驻各市企业、高等院校和科研院所等申报省技术创新工程专项资金，按属地化原则执行。

第八条　省创新办会同省财政等有关部门，根据各市有关省技术创新工程专项资金项目申报材料，研究提出省技术创新工程专项资金安排建议，报国家技术创新工程安徽省试点工作暨合芜蚌自主创新综合试验区工作推进领导小组（以下简称省创新领导小组）审定。

第九条　对跨市域的省级创新平台建设和重大技术创新工程所需的省技术创新工程专项资金，由省创新办会同省有关部门提出建议，报省创新领导小组审定。

第十条　省财政厅根据省创新领导小组审定结果，将省技术创新工程专项资金下达至市、县（市、区）财政部门，由市、县（市、区）财政部门将资金直接拨付至项目实施单位。

第十一条　省技术创新工程专项资金必须纳入项目实施单位财务统一管理，单独设账，专款专用。

第十二条　省技术创新工程专项资金项目，按照申报渠道进行管理。由组织申报单位依据省创新办下达的计划，与项目承担单位签订计划任务书，明确项目的预期成果、验收指标、配套资金、实施主体和管理主体等。组织申报单位负责将计划任务书报省创新办备案。省创新办建立网上项目管理信息系统，公开项目信息，接收社会监督。

第十三条　各市牵头负责国家技术创新工程安徽省试点工作的部门会同本级财政等有关部门，于每年 2 月底前将上年度省技术创新工程专项资金使用情况报送省创新办、省财政厅。省创新办会同省财政等有关部门建立省技术创新工程专项资金绩效考评制度，对各市技术创新工程专项资金使用情况进行考核、评估，作为安排下一年度省技术创新工程专项资金的依据之一。

第十四条　各市、县（市、区）要设立本级技术创新工程专项资金，并确保本级技术创新工程专项资金投入高于同期省技术创新工程专项资金投入。

第十五条　各市和省有关部门可根据本暂行办法制定相关细则。

第十六条　本办法由省财政厅负责解释。

第十七条　本办法自发布之日起施行。

支持“三农”规范性文件

安徽省财政厅 安徽省林业厅关于印发《安徽省财政森林生态效益补偿基金管理办法实施细则》的通知

（2010 年 3 月 11 日财农〔2010〕226 号）

各市、县、区财政局、林业局，省农垦管理局：

根据财政部、国家林业局《关于印发〈中央财政森林生态效益补偿基金管理办法〉的通知》（财农〔2009〕381 号）和《中共安徽省委安徽省人民政府关于加快林业改革发展的若干意见》（皖发〔2009〕30 号）等有关规定，我们制定了《安徽省财政森林生态效益补偿基金管理办法实施细则》。现印发给你们，请遵照执行。

附件：安徽省财政森林生态效益补偿基金管理办法实施细则

安徽省财政森林生态效益补偿基金管理办法实施细则

第一章　总　则

第一条　为规范和加强森林生态效益补偿基金管理，提高资金使用效益，根据财政部、国家林业局《中央财政森林生态效益补偿基金管理办法》（财农〔2009〕381 号）规定，结合我省实际，特制定本实施细则。

第二条　森林生态效益补偿基金，是指各级政府依法设立用于公益林营造、抚育、保护和管理的资金，以及从其他渠道筹集的资金。本实施细则所称森林生态效益补偿基金，包括财政部建立的中央财政森林生态效益补偿基金和省财政预算安排建立的省财政森林生态效益补偿基金（以下简称财政补偿基金）。

第三条　财政补偿基金作为森林生态效益补偿基金的重要组成部分，重点用于国家级、省级公益林的保护和管理。中央财政森林生态效益补偿基金的补偿范围是国家级公益林林地，省财政森林生态效益补偿基金的补偿范围是省级公益林林地。

第四条　本实施细则所称公益林包括国家级公益林和省级公益林（以下简称公益林）。国家级公益林是指国家林业局、财政部联合印发的《国家级公益林区划界定办法》（林资发〔2009〕214 号）区划界定并经国家认定的公益林林地；省级公益林是根据 2006 年省林业厅、省财政厅制定的《安徽省省级公益林区划界定实施方案》认定并批复同意实施补偿的公益林林地。

第二章　补偿标准

第五条　财政补偿基金依据公益林权属实行不同的补偿标准。国有的公益林平均补偿标准为每年每亩 5 元，其中管护补助支出 4. 75 元、公共管护支出 0. 25 元；集体和个人所有的公益林补偿标准为每年每亩 10 元，其中管护补助支出 9. 75 元、公共管护支出 0. 25 元。

第六条　国有公益林的管护补助支出，用于国有林场、苗圃、自然保护区、森工企业等国有单位管护公益林的劳务补助等支出。其中对受委托的管护人员的劳务补助标准，由同级财政部门会同林业主管部门根据其承担的任务量、管护易难程度以及当地经济发展水平等合理确定。

第七条　集体和个人所有的公益林管护补助支出，用于集体和个人管护公益林的经济补偿。其中林农个人管护的公益林，按协议规定承担管护责任，并享受经济补偿；集体管护的公益林，由村民代表大会（或村集体）确定管护人员和劳务补助标准，对支付管护人员劳务费后的其余资金经村民代表大会确定用于管护区森林防火、林业有害生物防治、补植补造、抚育及其他相关支出项目，其项目计划统一由村委会（或村集体）提出，经乡镇审核，报县级林业主管部门和财政部门审核批准后实施。

第八条　公共管护支出用于各级林业主管部门开展公益林监测、管护情况检查验收、森林火灾预防与扑救、林业有害生物防治和监测等工作，其中省财政公共管护支出可用于维护林区道路的开支。

公共管护支出资金由省林业厅会同省财政厅每3年组织编制公共管护支出项目规划，按照年度实施计划申报，对规划内的支出项目实行滚动安排。

第九条　各级财政部门和林业主管部门发生的相关管理经费由同级财政预算另行安排，不得在财政补偿基金中列支。

第三章　资金拨付与管理

第十条　各市财政局和市林业局于每年3月31日之前，联合向省财政厅和省林业厅报送财政补偿基金申请。申请材料应包括如下内容：

（一）全市财政补偿基金管护支出资金申请文件。包括：上年度全市财政补偿基金使用管理情况、公益林管理及其林地征占用等资源变化情况等，附：全市财政补偿基金支出情况总结表（见附表1）、全市公益林保护管理情况表、全市财政补偿基金管护补助支出申请表。

（二）全市财政补偿基金公共管护支出项目资金申请文件和农业专项资金申报标准文本。公共管护支出项目须在三年支出规划内选择。

第十一条　中央财政补偿基金拨付到省后，省财政厅会同省林业厅根据已批复同意补偿的面积和补偿标准，以及各市资金申请等，确定各市、县（区）财政补偿基金数额和公共管护项目，并及时下达资金和项目批复。

各市、县（区）财政和林业主管部门要及时将应发放给林农个人的补偿基金部分通过财政补贴农民“一卡通”发放给林农。兑现依据为市级、县级林业部门填列的公益林核查验收汇总表（见附表4），基层林业工作站填列到户的公益林检查验收清册（见附表5）。对国有单位或村集体、集体林场的管护补助支出以及公共管护支出，按照国库集中支付有关规定办理。

第十二条　各级财政部门应对财政补偿基金实行专项管理，专款专用，分账核算。其他渠道筹集的用于公益林的补偿资金可与财政补偿基金并账核算。各级财政和林业主管部门应分别建立健全中央财政、省财政森林生态效益补偿基金拨付、使用和管理档案。

第十三条　国有单位和集体应建立健全财务管理和会计核算制度，对中央财政、省财政补偿基金实行分账核算。

第四章　管护合同签订与管理

第十四条　各市、县（区）林业主管部门应按隶属关系与承担管护任务的国有单位和集体签订公益林管护合同（合同样本见附件1）；国有林业单位、集体应与委托的管护人员签订公益林管护协议（协议样本见附件2）；基层林业工作站应与林农个人签订公益林管护协议（协议样本参照附件2自行制定）。

第十五条　国有单位、集体和林农个人应按照管护合同规定履行管护义务，承担管护责任，经检查验收合格后方可领取财政补偿基金。

第十六条　公益林管护协议按年度考核。执行一年期满后，林业主管部门和财政部门组织对公益林管护情况进行检查验收，并将获得劳务费或补偿费的人员名单、金额以及履行管护具体情况进行张榜公布。对符合协议要求，完成管护任务的人员，全额兑现劳务费或补偿费，并续签协议；对因故或重大过失而未按照协议规定履行管护义务的，扣减或不予支付其劳务费或补偿费，直至终止管护协议和调出补偿范围。

第五章　检查与监督

第十七条　省财政厅会同省林业厅依据各市、县（区）征占用公益林林地等资源变化情况，相应调减财政补偿基金。省林业厅组织对各地公益林林地征占用情况进行检查核实。

第十八条　各级财政部门和林业主管部门应加强对财政补偿基金的监督管理，对违反本实施细则规定，截留、挪用或造成资金损失的单位和个人，按照《财政违法行为处罚处分条例》（国务院令第427号）有关规定处理。省财政厅会同省林业厅按照有关规定和程序，对相关违规情况进行通报。

第十九条　凡有下列情况之一的，省财政厅会同省林业厅将在下年度调减或不安排公共管护支出项目资金：

（一）违反财政补偿基金使用和公益林管护有关规定，问题严重的；

（二）上报征占用公益林林地等资源变化情况弄虚作假的；

（三）连续两年逾期1个月以上不报送资金申请，或报送的资金申请内容不符合规定的；

（四）违反公益林管理规定导致森林火灾、乱砍滥伐、乱捕乱猎、违规征占用林地及发生林业有害生物灾害不及时防治导致疫情扩散等，造成公益林林地破坏及生态功能持续下降的；

（五）经认定需调减资金的其他违法违规行为。

第二十条　调减的公共管护支出项目资金用于奖励财政补偿基金使用管理规范、成效显著的市、县（区）。

第六章　附　则

第二十一条　各市、县（区）财政部门会同林业主管部门根据本实施细则制定具体操作规程。

第二十二条　本实施细则由省财政厅会同省林业厅解释。

第二十三条　本实施细则自2010年1月1日起执行。2007年7月11日省财政厅和省林业厅印发的《安徽省森林生态效益补偿基金管理实施细则》（财农〔2007〕687号）同时废止。

安徽省财政厅关于印发《安徽省乡镇财政所建设资金管理办法》的通知

（2010年1月4日财农村〔2010〕4号）

各市、县（区）财政局：

现将《安徽省乡镇财政所建设资金管理办法》印发给你们，请结合实际，认真贯彻执行。

安徽省乡镇财政所建设资金管理办法

为了加强乡镇财政所建设资金的管理和监督，规范乡镇财政所建设资金的使用，确保乡镇财政所基础设施建设任务顺利完成，特制定本办法。

第一条　本办法所称乡镇财政所建设资金，是指各级财政部门安排用于乡镇财政所基础设施建设的专项资金。

第二条　全省乡镇财政所基础设施建设从2009—2011年按三年实施，力求达到办公条件明显改善、办公设施基本齐备，为发挥乡镇财政职能作用提供必要的物质保障。按照“因地制宜、注重质量，逐步实施、分年改善”的建设原则，从2009年起，通过省财政补助、奖励等形式，有计划、分年度组织实施。

第三条　资金来源包括：县级预算安排的乡镇财政所建设配套资金、省市财政补助的乡镇财政所建设专项资金，以及乡镇自筹纳入本办法管理的其他资金。省财政补助的专项资金，在省财政下达乡镇财政所建设计划时，先预拨大部分资金，待项目完工验收合格后，再拨付剩余部分资金。

第四条　资金使用范围

1. 基本建设费。反映乡镇财政所基础设施建设及其配套装潢支出。

2. 修缮维护费。对权属归县级财政部门所有的乡镇财政所基础设施，确需进行装修改造的修缮维护支出（包括乡镇财政所办公用房、为民服务大厅以及必要的配套用房）。

3. 设备购置费。反映购置乡镇财政所办公设备以及用于信息化建设的专用设备支出。

4. 其他。直接用于与乡镇财政所基础设施建设有关的其他支出。

第五条　县级财政部门要及时足额将上级财政追加的乡镇财政所建设专项资金和本级财政安排的乡镇财政所建设配套资金列支到专户管理，确保乡镇财政所基础设施建设工作顺利开展。

第六条　乡镇财政所建设资金由县级财政部门统一管理，按工程进度和需要集中支付，不得直接拨付给乡镇。

第七条　县级财政部门要加强对乡镇财政所建设资金的管理和监督，建设项目经批准立项后，严格执行工程招投标和办公设备政府采购制度，并按照乡镇财政所建设资金的使用范围，建立严格的报销和审批制度，加强资金支出管理，不得列支与建设项目无关的费用，防止挤占和挪用建设资金，确保专款专用和工程质量。

第八条　县级财政部门应配备兼职的资金会计，负责乡镇财政所建设资金的会计核算，对资金活动进行系统完整的核算、监督和分析，年末编制资金收支决算报表，随年度乡镇财政基本情况报表逐级上报。

第九条　县级财政部门要对乡镇财政所基础设施建设负总责，要严格按照有关法律、法规等规定加强项目和资金管理，杜绝一切违规违纪行为的发生，确保乡镇财政所建设工作安全、高效、按时完成。

第十条　建设项目竣工后，由县级财政部门统一组织工程验收和工程决算审计，编制项目竣工决算报表，办理房屋、土地权属证明。凡使用乡镇财政所建设资金的项目，其房屋、土地权属均属县级财政部门。

第十一条　县级财政部门要及时将工程完成情况和申请验收报告，上报省财政厅。经省财政厅验收合格后，拨付省财政安排的乡镇财政所建设剩余部分资金。

第十二条　本办法由省财政厅负责解释。

安徽省财政厅 安徽省林业厅关于印发《安徽省林业贷款财政贴息资金管理办法》的通知

（2010 年 3 月 30 日财农〔2010〕300 号）

有关市、县（区）财政局、林业局：

为了充分发挥林业贷款财政贴息资金在加快林业改革发展、拓宽林业融资渠道等方面的重要作用，建立健全林业投入的引导激励机制，规范林业贷款中央财政、省财政贴息资金的管理和使用，根据财政部、国家林业局《林业贷款中央财政贴息资金管理办法》（财农〔2009〕291 号）规定，我们制定了《安徽省林业贷款财政贴息资金管理办法》。现印发给你们，请遵照执行。

安徽省林业贷款财政贴息资金管理办法

第一章　总　则

第一条　为进一步规范林业贷款财政贴息资金管理，根据财政部、国家林业局《林业贷款中央财政贴息资金管理办法》（财农［2009］291 号），结合我省实际，特制定本办法。

第二条　本办法所指林业贷款是指各类银行（含农村信用社和小额贷款公司，下同）发放的符合本办法贴息条件的贷款。

第三条　本办法所指贴息资金主要是指中央财政和省财政预算安排的（以下简称财政贴息资金），对林业贷款给予一定期限和比例的利息补贴。

第二章　贴息对象与贴息范围

第四条　财政贴息资金对符合以下条件之一的林业贷款予以贴息：

（一）林业龙头企业以公司带基地、基地连农户的经营形式，立足于当地林业资源开发、带动林区、沙区经济发展的种植业、养殖业以及林产品加工业贷款项目。

（二）各类经济实体营造的工业原料林、木本油料经济林以及有利于改善沙区、石漠化地区生态环境的种植业贷款项目。

（三）国有林场（苗圃）、集体林场（苗圃）、国有森工企业为保护森林资源，缓解经济压力开展的多种经营贷款项目，以及自然保护区和森林公园开展的森林生态旅游项目。

（四）农户和林业职工个人从事的营造林、林业资源开发和林产品加工贷款项目。

第三章　贴息率与贴息期限

第五条　对各地符合本办法规定条件的林业贷款，中央财政年贴息率为 3%；省财政对中央确定贴息的林业贷款项目，视预算安排资金实行定额贴息。

第六条　林业贷款期限 3 年以上（含 3 年）的，贴息期限为 3 年；林业贷款期限不足 3 年的，按实际贷款期限贴息。对农户和林业职工个人营造林小额贷款，适当延长贴息期限。贷款期限 5 年以上（含 5 年）的，贴息期限为 5 年；贷款期限不足 5 年的，按实际贷款期限贴息。

农户和林业职工个人营造林小额贷款是指在贴息年度内（上年 10 月 1 日至当年 9 月 30 日，下同）累计额小于 30 万元（含 30 万元）的营造林贷款。

第七条　贴息资金采取分年据实贴息的办法。对贴息年度内贷款期限 1 年以上（含 1 年）的林业贷款，按全年计算贴息；对贴息年度内贷款期限不足 1 年的林业贷款，按贷款实际月数计算贴息。第四章贴息项目计划的申报与下达

第八条　申报下一年度贴息贷款项目计划时，县级以下（含县级）的贷款单位（包括农户和林业职工个人，下同）向县级林业主管部门提出申请，县林业主管部门商同级财政部门审核上报市林业主管部门和财政部门；市林业主管部门商市财政部门审核汇总后，联合行文于当年 11 月 20 日前上报省林业厅、省财政厅。省级、市级的贷款单位，直接向同级林业主管部门和财政部门申报。

第九条　林业贴息贷款项目申报时应细化明确到各贷款项目单位，林业小额贷款（含农户和林业职工个人）以县级林业主管部门为单位汇总申报。

第十条　省林业厅、省财政厅根据各市上报的下年度林业贴息贷款计划申请和《林业贴息贷款项目计划备案表》（附表 1）、结合本贴息年度林业贴息贷款计划落实和贷款项目管理等情况，提出下年

度各地林业贴息贷款项目计划（具体要求见附件1），于每年12月31日之前，上报国家林业局、财政部，经国家审批同意后由省予以下达。

第五章　贴息资金的审核与拨付

第十一条　各市财政局、林业局按省林业厅、省财政厅下达的林业贷款贴息项目计划范围，对所属县（市、区）贴息资金项目的贷款落实及实施情况进行审核汇总（具体要求见附件2），于每年10月10日前，联合行文向省财政厅、省林业厅报送林业贷款财政贴息资金申请。

第十二条　省财政厅、省林业厅负责对申报贴息资金项目的贷款落实及其实施情况等进行审核，确定本省应向中央财政申请的贴息资金数额，并于每年10月31日之前，向财政部报送本贴息年度贴息资金申请报告和《林业贷款中央财政贴息项目备案表》（附表2），并抄送国家林业局。

第十三条　根据财政部确定并下达的贴息资金文件、国家林业局核准的中央林业贷款贴息项目，省财政厅、省林业厅及时将中央财政和省财政贴息资金下达到市、县（区）财政局。其中林业小额贷款贴息资金以市、县（区）为单位切块下达。市、县（区）财政按省级审核下达的金额据实支付给林业贷款单位；支付给农户和林业职工个人的贴息资金，通过财政补贴农民资金“一卡通”或“银行卡”发放到农户或个人手中。具体按照财政国库管理制度有关规定执行。

第六章　贴息项目及资金的监督管理

第十四条　县级林业、财政部门负责对已完成林业贷款贴息项目进行检查验收。市级林业、财政部门要组织对已通过年度验收的重大林业贷款贴息项目进行随机抽查复验。省林业厅、省财政厅不定期对重大林业贷款贴息项目建设情况进行抽查。

第十五条　各级财政和林业部门要切实加强对贴息资金的监督管理，严格审查，确保贴息资金安全有效运行。县级林业、财政部门要对林业贴息贷款项目建设及资金使用情况进行公告、公示，并督促有关部门及乡镇政府在项目区进行张榜公布，接受监督。

第十六条　各级财政和林业部门要认真总结林业贷款财政贴息项目建设和贴息资金使用管理情况。市财政局、市林业局于每年2月底前向省财政厅、省林业厅报送上年度贴息资金的使用管理情况总结和《林业贴息贷款项目效益情况表》（附表3）。

第十七条　贴息资金必须专款专用，对违反贴息资金使用规定，滞留、截留、挪用贴息资金，以及采用虚报、冒领等手段骗取贴息资金的单位和直接负责主管人员、其他直接责任人员，依据《财政违法行为处罚处分条例》（国务院令第427号）有关规定处理。

第七章　附　则

第十八条　各级申请林业贷款财政贴息申报材料应留存的档案资料包括：贷款经办行签章的借款合同、借款凭证复印件以及项目实施总体情况报告等。林业小额贷款应留存林农和林业职工的身份证复印件、有效的贷款证明材料及付息凭证。留存材料一般保留不少于5年。

第十九条　各市、县财政和林业部门可比照本办法制定相应的实施细则或具体操作办法。

第二十条　本办法由省财政厅会同省林业厅负责解释。

第二十一条　本办法自2010年1月1日起执行。省财政厅、省林业厅联合发布的《安徽省林业贷款财政贴息资金管理规定》（财农〔2005〕894号）同时废止。

附件：1. 安徽省林业贷款财政贴息项目计划申报要求；2. 安徽省林业贷款财政贴息资金申报要求

安徽省林业贷款财政贴息项目计划申报要求

各级林业及财政部门要切实做好林业贷款贴息项目的筛选工作，确保申报材料真实、准确。

一、凡符合贴息对象与贴息范围的林业贷款财政贴息项目计划，原则上不低于100万元（含100万元），同一单位不得连续三年申报林业贷款财政贴息项目，个人申报林业小额贷款项目计划不得超过30万元（含30万元）。

二、林业贷款财政贴息项目采取贷款单位自愿申请，并附林业贴息贷款项目计划申报报告，申贷额度1000万元以上（含1000万元）的贷款项目，必须上报有工程咨询资质的社会中介机构出具的贷款项目可行性研究报告及项目简要说明1式3份，其他贷款项目需报送项目可行性研究报告或项目建议书1式2份。

三、林业贷款财政贴息项目计划申报材料审查：

（一）项目申报单位资格审查，检查项目单位是否经过工商行政管理部门注册登记，是否具有独立法人资格；

（二）贷款项目合规性审查，检查贷款项目是否符合林业贷款财政贴息范围，贷款项目单位是否符合林业贷款财政贴息对象，如限定只有林业龙头企业申报的贷款项目，须提供林业龙头企业认定文件以及企业在带基地、连农户方面所发挥的示范带动作用的证明材料；

（三）项目单位有关财务指标真实性的审查，检查贷款项目单位有关财务报表；

（四）项目可行性分析审查，审查贷款项目单位出具的可行性研究报告或项目建议书，查看贷款项目有关成本费用是否合理，项目预期内部收益率是否高于同期银行贷款利率；

（五）项目实地情况审查，主要通过实地查看和查阅有关资料，并与贷款项目可行性研究报告或项目建议书对比，查看项目单位拟实施的贷款项目前期准备情况是否符合可行性研究报告或项目建议书的内容。

四、有关说明

（一）本办法第二章第四条第二款中的木本油料经济林一般是指油茶、核桃、油橄榄等，其中沙区、石漠化地区应以纳入全国规划范围的为准。

（二）本办法第二章第四条第三款中的自然保护区和森林公园的界定，按行政许可要求严格把关。

安徽省林业贷款
财政贴息资金申报要求

各级财政及林业主管部门对申请省级以上林业贷款财政贴息项目资金的真实性、合规性负责。

一、贷款真实有效性审查。

审查贷款经办金融机构与贷款单位签定的原始借款合同、借款凭证、银行进账单、经办金融机构出具的林业贷款余额证明、银行结息清单及有关会计凭证和账簿记录。

二、贷款项目实施情况审查。

审查借款单位出具的项目实施情况报告及林业主管部门实地检查验收报告。重点审查借款合同、借款借据的借款用途是否与批复的项目内容一致。

三、调整林业贷款项目建设内容和计划外落实贷款均需按规定程序上报林业贷款项目计划调整报告。

上报调整计划应遵照以下原则：上年度已批复下达的林业贴息贷款项目计划，在本财政年度内落实贷款的；实际贷款额超过下达的林业贷款项目计划的；当年已向国家申报但未批复的林业贴息贷款项目；属于林业贷款当年重点扶持范围的。

四、贷款贴息额的审核

（一）年初贷款余额以经办金融机构出具的林业贷款余额证明、银行结息清单和原出具续贷承诺函的金融机构提供的新的借款合同、借款凭证、银行进账单等合理确定；

（二）当年新增贷款（上年10月1日至当年9月30日期间）贴息额原则上在国家下达的计划内据实申报贴息，实际贷款额超过下达贷款计划并提报调整计划的，省林业厅、财政厅将根据全省林业贷款落实情况酌情考虑。

五、林业贷款财政贴息期限的审核

林业项目贷款财政贴息期限根据借款合同、借款凭证和贷款经办金融机构出具的续贷承诺函合理确定。

（一）贷款单位只出具借款合同、借款凭证的，借款合同与借款凭证期限一致的，以借款凭证期限为贷款贴息期限；

（二）借款合同期限长于借款凭证期限的，以借款合同期限确定财政贴息期限，同时在剩余林业贷款财政贴息期内，借款单位每年须出具新的借款凭证、银行进账单、银行结息清单，未能出具的原有贷款余额视同还款，不再申报财政贴息资金；

（三）贷款单位既出具借款合同、借款凭证，又出具经办金融机构续贷承诺函的，以3年为财政贴息期，同时在未来2年内，贷款单位每年须出具新的借款合同、借款凭证、银行进账单、银行结息清单，未能出具的原有贷款余额视同还款，不再申报财政贴息资金。

（四）林业小额贷款财政贴息期限比照林业项目贷款执行。

（五）实行本息合并分期还款、一次性还本付息的贷款品种，以及尚未到合同付息时间等无法提供银行结息清单的贷款应提供相应的贷款协议或其他证明材料。

安徽省财政厅 安徽省扶贫办关于印发《安徽省财政扶贫资金绩效考评试行办法》的通知

（2010 年 7 月 28 日财农〔2010〕978 号）

各扶贫开发工作重点县（区）财政局、扶贫办：

为了适应新形势扶贫开发需要，进一步规范和加强财政扶贫资金管理，提高资金使用效益，根据财政部、国务院扶贫办《财政扶贫资金绩效考评试行办法》（财农〔2008〕91 号）规定，结合 2006 年以来我省财政扶贫资金绩效考评工作经验，省财政厅、省扶贫办对 2006 年印发的《安徽省财政扶贫资金绩效考评实施办法（试行）》（财农〔2006〕678 号）进行了修订。现将修订后的《安徽省财政扶贫资金绩效考评试行办法》印发给你们，请遵照执行。执行中有何问题和意见，请及时反馈。

附件：安徽省财政扶贫资金绩效考评试行办法

安徽省财政扶贫资金绩效考评试行办法

第一章　总　则

第一条　为了规范和加强财政扶贫资金管理，提高资金使用效益，根据财政部、国务院扶贫办《财政扶贫资金绩效考评试行办法》（财农〔2008〕91 号）和有关制度规定，结合我省实际，制定本办法。

第二条　财政扶贫资金绩效考评是指对财政扶贫资金的使用管理过程及其效果进行的综合性考核与评价。

第三条　本办法适用中央及地方各级财政预算安排的用于扶贫的专项资金支出绩效评价。

第四条　本办法的考评对象为国家和省扶贫开发工作重点县（区）。

第二章　考评的目标、原则和依据

第五条　财政扶贫资金绩效考评的目标是突出成效，强化监督，保证财政扶贫资金管理使用的安全性、规范性和有效性。

第六条　财政扶贫资金绩效考评遵循以下原则：

（一）客观、公正、公开、规范的原则；

（二）权责统一的原则；

（三）有利于加强财政扶贫资金管理和突出使用效益的原则；

（四）有利于资源整合的原则；

（五）奖励先进的原则。

第七条　财政扶贫资金绩效考评的依据：

（一）中央和省级财政、扶贫部门制定下发的财政扶贫资金和扶贫项目管理的有关规范性文件和规章。

（二）统计、贫困监测部门公布的有关扶贫统计数据和财政、扶贫部门反映资金、项目管理的有关数据。

（三）各县（区）上年度扶贫开发计划执行情况总结。

各县（区）财政局、扶贫办要会同（或商）发展改革委、民（宗）委（局）等相关部门围绕上一年度扶贫开发计划执行情况进行认真总结，总结材料经县（区）扶贫开发领导小组审定后，按本办法第十三条所规定的日期报送省财政厅、扶贫办备案。

（四）扶贫主管部门、财政和审计部门出具的有关扶贫资金检查审计报告。

（五）财政扶贫资金管理监测信息系统有关扶贫资金和项目管理监测数据。

（六）其他相关材料。

第三章　考评的内容和组织方式

第八条　财政扶贫资金绩效考评的主要内容包括扶贫开发成果、财政扶贫资金管理和扶贫项目实施情况，以及县（区）级财政扶贫资金预算安排情况。

第九条　财政扶贫资金绩效考核指标依据考评内容设定，主要包括财政扶贫资金使用管理和扶贫项目实施成效以及工作评价等方面：

（一）扶贫成效。

1. 贫困人口减少进度。

2. 农民人均纯收入增长幅度。

3. 贫困人口收入增长幅度。

（二）管理及使用。

4. 资金到位情况。该指标反映中央和省补助财政扶贫资金实际拨付使用到项目的到位率。主要考核年度各县（区）实际拨付到项目单位的中央和省财政扶贫资金数量（以财政扶贫资金管理监测信息系统实际录入的预付资金、报账资金和质保金金额为考核依据)。

5. 县(区)本级财政预算安排扶贫资金情况。包括县(区)级财政预算安排财政扶贫资金的增幅、县(区)本级预算安排财政扶贫资金占中央和省预算安排到县(区)财政扶贫资金的比例。

6. 财政扶贫资金投向情况。包括中央和省财政扶贫资金用于贫困村的比例。

7. 财政扶贫资金使用重点情况。重点考核中央和省财政扶贫资金用于整村推进和雨露计划的资金比例。

8. 年度项目计划完成情况。主要考核年度实施的已完工项目情况(以财政扶贫资金管理监测信息系统录入的计划项目数,以及项目资金已全部报账的项目和除质保金外已全部报账的项目数为考核依据)。

9. 制度建设情况。主要考核财政扶贫资金和项目管理制度制定及执行情况。包括考核年度县(区)本级新制定,以及历年制定仍在有效执行的财政扶贫资金和项目管理制度办法执行情况。

(三)工作评价。

10. 省扶贫办和财政厅对县(区)级扶贫、财政部门工作的评价。主要评价考核各县(区)扶贫、财政部门完成上级布置的各项工作的时间与质量。包括:材料及时上报情况、扶贫工作落实及创新情况、“财政扶贫资金管理监测信息系统”扶贫项目、资金等信息的及时录入情况等。

11. 违规违纪情况。

第十条 财政扶贫资金绩效考评实行分级实施的办法。省财政厅、扶贫办负责对各县(区)管理使用财政扶贫资金的情况进行绩效考评。各县(区)财政局、扶贫办负责县(区)以下特别是对扶贫开发重点乡镇及重点村的扶贫资金绩效考评工作。

第十一条 省财政厅、省扶贫办邀请有关部门和有关专家共同对国家、省扶贫开发工作重点县(区)财政扶贫资金进行绩效考评。

第十二条 县(区)以下财政扶贫资金绩效考评的方式及考评内容由各县(区)自行确定。

第十三条 各县(区)财政局、扶贫办按照本办法要求,每年3月31日前完成对上年度本县(区)财政扶贫资金的绩效考评,撰写自评报告,并将考评材料连同本县(区)年度扶贫开发计划执行情况的总结材料,报至省财政厅、扶贫办。省财政厅、扶贫办于每年4月20日前完成对各县(区)的考评。同时,视具体情况,适时对有关县(区)进行抽查。

第十四条 各县要严肃认真对待自评自测工作,并对所报材料中的数据、内容负责。

第四章 考评结果及应用

第十五条 绩效考评实行百分制,满分为100分。对各县(区)财政扶贫资金的绩效考评依据所设定的指标逐项计分,之后分别计算各县(区)得分。根据不同得分将考评结果划分为四个等级,分别为:A级(≥85分)、B级(≥70分,<85分)、C级(≥60分,<70分),D级(<60分)。

第十六条 对各县(区)的考评完成后,省财政厅、省扶贫办将考评结果报送省扶贫开发领导小组,并在全省范围内予以通报。绩效考评结果将作为扶贫资金分配的因素之一,对于年度考评前10名且等级达到A、B级的县(区)给予适当奖励。

第十七条 各县(区)应根据绩效考评结果,及时总结经验教训,完善管理办法、提高管理水平和资金使用效益。

第五章 附 则

第十八条 各县(区)财政局、扶贫办要根据本办法并结合本地实际,共同制定本县(区)的财政扶贫资金绩效考评办法,报省财政厅、省扶贫办备案。

第十九条 财政扶贫资金绩效考评量化指标见附表

第二十条 本办法自印发之日起试行,原《安徽省财政扶贫资金绩效考评实施办法(试行)》(财农〔2006〕678号)同时废止。

第二十一条 本办法由省财政厅和省扶贫办共同解释。

安徽省财政厅关于印发《安徽省财政扶贫资金报账制管理考评试行办法》的通知

(2010年7月23日财农〔2010〕981号)

各扶贫开发工作重点县(区)、重点乡镇县(区)财政局:

为了适应新形势扶贫开发需要,进一步规范和加强财政扶贫资金的使用、管理和监督,督促各地严格按照财政扶贫资金报账制管理办法使用管理财政扶贫资金，强化和规范财政扶贫资金报账制管理实施行为，保证财政扶贫资金真正用于贫困地区和扶贫项目，提高资金使用效益，结合2002年以来我省财政扶贫资金报账制考评工作经验，省财政厅对2002年印发的《安徽省财政扶贫资金报账制管理考评办法（试行）》（财农〔2002〕734号）进行了修订。现将修订后的《安徽省财政扶贫资金报账制管理考评试行办法》印发给你们，请遵照执行。执行中有何问题和意见，请及时反馈。

附件：安徽省财政扶贫资金报账制管理考评试行办法

安徽省财政扶贫资金报账制管理考评试行办法

第一章　总　则

第一条　为加强财政扶贫资金管理，规范资金报账使用程序，提高资金使用效益。根据《财政扶贫资金管理办法》和《安徽省财政扶贫资金报账制管理实施办法》，制定本办法。

第二条　财政扶贫资金报账制管理考评是指对财政扶贫资金报账制管理及其相关工作进行的综合性考核与评价。

第三条　本办法适用中央及地方各级财政预算安排的用于扶贫的专项资金的报账制管理工作评价。

第四条　本办法的考评对象为国家、省扶贫开发工作重点县（区），以及省扶贫开发工作重点乡镇县（区）。

第二章　考评的原则、依据和内容

第五条　财政扶贫资金报账制管理考评遵循以下原则：（一）客观、公正、公开、规范的原则；（二）权责统一的原则；（三）有利于加强财政扶贫资金管理和突出使用效益的原则；（四）定性考核与定量考核相结合的原则；（五）奖励先进的原则。

第六条　财政扶贫资金报账制管理考评的依据：（一）国家《财政扶贫资金管理办法》和《安徽省财政扶贫资金报账制管理实施办法》。（二）县（区）级财政部门上报的财政扶贫资金和项目管理工作材料。（三）财政扶贫资金管理监测信息系统有关扶贫资金和项目管理监测数据。（四）扶贫主管部门、财政和审计部门出具的有关扶贫资金检查审计报告。（五）其他相关材料。

第七条　财政扶贫资金报账制管理考评的主要内容包括财政扶贫资金报账制管理制度执行情况，以及财政扶贫资金管理基础工作开展情况。

第八条　财政扶贫资金报账制管理考核指标依据考评内容设定，主要包括报账制账务管理、报账制实施管理、报账制核算管理和扶贫工作材料报送等方面：

（一）报账制账务管理，主要考核报账制专户、专账、专人管理、专款专用、封闭运行情况，以及报账制账务设置和会计基础工作管理情况。

（二）报账制实施管理，主要考核报账制项目按计划、按合同、按工程进度拨款情况，以及报账程序、报账资料、政府采购和招投标规范管理及执行情况。

（三）报账制核算管理，主要考核报账制表格规范使用、资金审计、项目验收和预留工程质量保证金制度执行情况。

（四）扶贫工作材料报送，主要考核项目库建立、年度项目计划、年度扶贫资金管理工作总结、其他扶贫工作材料报送、“财政扶贫资金管理监测信息系统”扶贫项目和资金等信息录入情况，以及各县（区）财政部门完成上级布置的各项工作的时间与质量。

第三章　组织实施工作

第九条　报账制管理考评工作由省财政厅统一组织实施，采取上下结合、县（区）级自查自评与省检查考核相结合的办法进行。

第十条　报账制考评以年度为周期，每年4月30日前，县级财政部门对本县（区）上年度财政扶贫资金报账制管理执行情况进行自查自评，撰写自评报告，连同自查评分表报至省财政厅。省财政厅于5月31日前组织对县级财政部门进行考评。同时，视具体情况，适时对有关县（区）进行抽查。

第十一条　各县（区）要严肃认真对待自评自测工作，并对所报材料中的数据、内容负责。

第四章　考评办法与结果运用

第十二条　报账制考评实行百分制，计分采用量化指标，满分为100分。根据得分的不同情况，将考评结果分别按照国家、省扶贫开发工作重点县（区），以及省扶贫开发工作重点乡镇县（区）划分为三个等级，分设一、二、三等奖，分别给予财政扶贫资金项目管理费奖励。奖励资金由县级财政部门按照财政扶贫资金项目管理费管理办法使用。

第十三条　国家、省扶贫开发工作重点县（区）奖励名次取前10名，其中：一等奖2名，二等奖3名，三等奖5名，分别奖励财政扶贫资金项目管理费15万元、10万元和5万元。省扶贫开发工作重点乡镇县（区）奖励名次取前6名，其中：一等奖1名，二等奖2名，三等奖3名，分别奖励财政扶贫资金项目管理费6万元、4万元和2万元。

第十四条　考评结果由省财政厅在全省范围内予以通报，并作为财政扶贫资金分配的重要依据之一。

第十五条　各县（区）财政部门应根据报账制管理考评结果，及时总结经验教训，完善管理办法、提高管理水平和资金使用效益。

第五章　附　则

第十六条　经扶贫主管部门、财政和审计等部门检查，发现违规使用财政扶贫资金（包括内部资料或媒介披露的、经核实的问题）或被上级通报批评违规使用财政扶贫资金的，取消考评资格。

第十七条　本办法自印发之日起试行，原《安徽省财政扶贫资金报账制管理考评办法（试行）》（财农〔2002〕734号）同时废止。

第十八条　本办法由省财政厅负责解释。

安徽省财政厅　安徽省农业委员会安徽省水利厅关于印发《安徽省高产高效万亩吨粮田示范县创建活动专项资金管理暂行办法》的通知

（2010年7月26日财农〔2010〕1004号）

各市、县（区）财政局、农委、水利局：

根据省委、省政府关于加快皖北发展的决策部署，省财政整合现代农业生产发展资金、小型农田水利建设资金和农业综合开发资金支持开展高产高效万亩吨粮田示范县创建活动。为加强和规范资金管理，提高资金使用效益，特制定《安徽省高产高效万亩吨粮田示范县创建活动专项资金管理暂行办法》。现印发给你们，请遵照执行。

附件：安徽省高产高效万亩吨粮田示范县创建活动专项资金管理暂行办法

安徽省高产高效万亩吨粮田示范县创建活动专项资金管理暂行办法

第一章　总　则

第一条　根据省政府关于开展高产高效万亩吨粮田示范县创建活动和财政部《关于推进涉农资金整合和统筹安排加强涉农资金管理的意见》（财农〔2010〕59号）的要求，省财政整合现代农业生产发展资金、小型农田水利建设资金和农业综合开发资金支持开展高产高效万亩吨粮田示范县创建活动。为规范和加强项目资金的使用管理，提高资金使用效益，特制定本办法。

第二条　高产高效万亩吨粮田创建活动项目资金分配使用坚持"统一规划、集中投入"的原则，重点支持农田基础设施建设、农业物质装备建设、农业科技推广和新型服务体系构建等，高起点建设一批规模化、标准化的高产高效粮食生产示范区。

第三条　项目县（含市、区，下同）要根据现代农业发展、农业综合开发和小型农田水利建设等项目资金配套规定安排本级财政配套资金。同时，积极整合产粮大县奖补等涉农资金，运用补贴、贴息、以奖代补、先建后补等手段，积极引导农民和社会资金对项目区投入。

第四条　高产高效万亩吨粮田创建活动项目在粮食生产三大行动领导小组领导下，由省农委牵头，会同省财政厅、省水利厅共同组织实施。省农委会同省水利厅、省农发局负责项目实施的日常组织管理工作。项目县财政、农业、水利等部门要加强协调配合，各负其责，充分发挥部门职能作用，认真编制好项目实施总体规划和年度实施方案，认真组织项目实施。

第二章　项目建设重点和资金用途

第五条　高产高效万亩吨粮田创建活动项目实施目标：示范区年建设规模2万亩以上集中连片，特殊情况必须是1万亩以上集中连片，但示范区总面积不得少于2万亩。实行集中连片、规模开发，带动项目县小麦、玉米单产分别达到千斤以上，促进农业增效、农民增收。

第六条　高产高效万亩吨粮田创建活动项目主要建设内容：

强化基础建设。加强农田水利基础设施建设，着力提升耕地质量，建设旱涝保收、高产稳产、节水高效、耕作先进的标准化农田。提高农机和移动式抗旱设备装备水平，打牢农业物质基础。

推进科技转化。根据高产优质、节本增效、资源节约、环境良好的原则，按照高起点、高标准、高效益的要求，以技术转化为核心，强化农业、水利技术的组装配套，集成推广一批粮食高产高效栽培模式和节水增产灌溉模式，推进良田良制、良种良法、农机农艺农水有机结合，不断提高科技转化率。

构建运行机制。积极扶持农民专业合作组织和种粮大户，培育现代农业的经营主体，加强小型农田水利管理服务体系建设。引导农业科研院校、农业产业化龙头企业介入，建设面向产前农资供应、产中专业化社会化服务、产后订单销售的全程服务体系和责任主体明确的农田水利设施运行管护机制。

第七条　高产高效万亩吨粮田创建活动项目要统筹规划，资金要集中投入。项目实施和资金管理坚持“八统一”原则，即统一领导、统一规划、统一整合、统一支出、统一招标、统一制度、统一实施、统一验收。

第八条　高产高效万亩吨粮田创建活动项目资金使用必须符合各有关专项资金管理办法规定，只能用于建设高产高效粮食生产示范区所必需的工程建设、管理和生产性支出，严禁用于平衡预算、偿还债务、建造办公场所、购置办公车辆、通讯器材以及其他设备、发放人员工资补贴等支出，不得用于其他项目配套，也不得用于工作经费等与粮食产业发展无关的支出。

第三章　资金管理

第九条　高产高效万亩吨粮田创建活动项目资金由项目县政府统筹安排使用，实行县级财政报账制管理，专户存储，封闭运行。

第十条　高产高效万亩吨粮田创建活动项目实施应当规范操作，实行公示公告制、政府采购、招投标、工程监理和项目责任人制等有效的监管制度，资金分配使用要公开透明，广泛接受监督。

第十一条　高产高效万亩吨粮田创建活动项目建设期原则上为一年。项目县要按期完成项目建设任务，建设质量要达到现代农业项目、小型农田水利重点县建设项目和农业综合开发项目规定的标准。项目实施过程中不得擅自变更项目地点、规模、标准和建设内容，不得随意改变资金用途。

第十二条　项目县要建立健全项目及资金管理制度，切实加强项目实施及资金使用的监督检查，确保资金安全有效使用。项目管理和资金管理都要符合行业项目管理相关规定。任何单位不得挤占、挪用、滞留财政扶持资金。

第十三条　市级财政部门和农业、水利部门要加强对项目县项目实施及资金使用管理的工作指导和监督检查。

第四章　绩效评价和监督检查

第十四条　建立项目资金绩效考评制度。项目实行动态管理，一年一定。省财政厅会同省农委、水利厅等部门依据经过审查批准的项目县项目实施方案，通过监督检查或委托中介机构评审，对项目实施进行绩效考评。绩效考评结果作为下一年度项目立项的重要依据。

第十五条　各级财政部门要积极配合有关部门做好审计、稽查等工作。对弄虚作假或挤占、挪用、滞留资金的，一经查实，立即责令改正，追回资金，并追究有关单位和个人的责任。

第十六条　对违规违纪使用资金并经查实的项目县，下一年度不再纳入高产高效万亩吨粮田创建活动项目的扶持范围。

第五章　附　则

第十七条　本办法由省财政厅负责解释。县（市、区）财政局根据本办法制定具体的实施细则，报送省财政厅备案。

第十八条　本办法自发布之日起执行。

支持经济发展规范性文件

安徽省财政厅　安徽省林业厅 关于印发《安徽省林业成品油价格补助专项资金管理暂行办法实施细则》的通知

（2010 年 3 月 2 号财建〔2010〕186 号）

各市、县（区）财政局、林业局：

根据财政部 国家林业局《关于印发〈林业成品油价格补助专项资金管理暂行办法〉的通知》（财建〔2009〕1007 号）精神，结合我省实际，我们制定了《安徽省林业成品油价格补助专项资金管理暂行办法实施细则》，请遵照执行。

安徽省林业成品油价格补助专项资金管理暂行办法实施细则

第一条　为加强我省林业成品油价格专项补助资金管理，促进林业健康发展，保障国家成品油价格和税费改革顺利实施，根据财政部等七部门《关于成品油价格和税费改革后进一步完善种粮农民部分困难群体和公益性行业补贴机制的通知》（财建〔2009〕1 号）规定，结合我省实际，制定本实施细则。

第二条　本实施细则适用于林业成品油价格补助专项资金（以下简称补助资金）的管理。

第三条　本实施细则所称的补助资金，是指中央财政预算安排的，用于补助国有林业企业、林场和苗圃，因成品油价格调整而增加的成品油消耗成本而所设立的专项资金。

本实施细则所称的补助对象，即国有林业企业、林场和苗圃。

第四条　当国家确定的成品油分品种出厂价，高于2006 年成品油价格改革时的分品种出厂价（汽油 4400 元/吨、柴油 3870 元/吨）时，启动补贴机制；低于上述价格时，停止补贴。

第五条　补助资金补助标准的确定和中央财政负担的补助比例按财政部等七部门《关于成品油价格和税费改革后进一步完善种粮农民、部分困难群体和公益性行业补贴机制的通知》(财建〔2009〕1号)的规定执行。

第六条　补助用油量由林业主管部门按照林业实际工作量和生产定额计算核定在一个补贴年度内合法营运消耗的成品油数量。

林业生产具体包括：育种（育苗）、人工造林、封山育林、迹地更新、抚育、管护（含森林防火、林业有害生物防治）、木竹生产及加工等。

第七条　纳入补助范围的国有林业企业和林场苗圃应建立林业生产用油量基础档案，对本单位的生产环节形成的工作量进行登记，到年终时按照当年的定额计算全年的用油量，完整、准确地填报各项基础数据，并编制报表。

第八条　各级林业主管部门要准确理解国家对林业成品油价格补助的政策，高度重视国有林业用油量的调查审核与统计上报工作，制订具体的实施方案。补助年度终了后，县级林业主管部门应当组织力量，对本辖区上年度林业分品种油料消耗情况进行统计、整理、汇总，经核实无误后，于 2 月 28 日前以正式文件逐级上报到市林业局，市林业局经汇总核实后 3 月 5 日前以正式文件上报省级林业主管部门，同时抄报同级财政、审计部门。

第九条　省级林业主管部门收到下级林业主管部门报送的用油量后，经审核和重点抽查，将本地区林业用油情况整理汇总，于 3 月 15 日前上报国家林业局，同时抄送同级财政、审计部门以及财政部驻当地财政监察专员办事处。

第十条　省级财政部门收到财政部下达的上年度补助资金后，制定具体的实施方案并报省政府批准后，会同同级林业主管部门下拨资金。市、县财政部门会同同级林业主管部门在 6 月 30 日前将补助资金发放到补助对象，并将补助程序、补助对象、补助标准和金额等内容及时向社会公布。

第十一条　各市财政部门会同同级林业主管部门于8月31日前，将补助资金发放情况以书面形式报省财政厅和林业厅，并抄送省审计厅。

第十二条　补助资金应当专款专用，全额用于补助实际用油者，不得挪作他用。

第十三条　省财政厅将会同林业、审计部门，对各级林业主管部门用油量申报的真实性和可靠性、各级财政部门资金拨付的及时性和额度等情况，进行定期和不定期的监督、检查。如发现违纪违法行为，及时移送监察机关处理。

第十四条　国有林业企业和林场苗圃应当按照本办法规定，及时准确填报有关报表。对未报送或未按期报送有关报表的，不予补助。

对弄虚作假，套取补助资金的国有林业企业和林场苗圃，一经查实，追回上年度补助资金，并取消下年度补助资格。

对虚报用油量套取补助资金、扩大补助范围发放补助资金、截留挪用补助资金的部门和管理人员，一经查实，将严格按照法规规定进行处理，并追究相关责任人的责任。

第十五条　补助资金工作经费由省级财政按照财政管理规定，商同级林业主管部门重点用于基层管理部门用油量统计和补助资金发放等管理工作。

第十六条　本实施细则由省财政厅、省林业厅负责解释。

第十七条　本实施细则自公布之日起施行。

安徽省财政厅　安徽省商务厅关于印发《安徽省中小进出口企业专项担保资金管理实施细则》等办法的通知

（2010年8月18日财企〔2010〕1183号）

各市（县）财政局、商务局：

为切实解决中小进出口企业融资难问题，支持中小进出口企业加快发展，积极扩大进出口，省财政厅、省商务厅建立安徽省中小进出口企业专项担保资金。为了规范运作，保证资金安全，充分发挥专项担保资金的融资功能，省财政厅和省商务厅联合制定了《安徽省中小进出口企业专项担保资金管理实施细则》、《安徽省中小进出口企业专项担保贷款企业风险保证金管理实施细则》、《安徽省中小进出口企业专项担保贷款代偿实施细则》办法。现印发给你们，请遵照执行。执行中有何问题，请及时反馈。

附件：1. 安徽省中小进出口企业专项担保资金管理实施细则；2. 安徽省中小进出口企业专项担保贷款企业风险保证金管理实施细则；3. 安徽省中小进出口企业专项担保资金担保贷款代偿实施细则。

安徽省中小进出口企业专项担保资金管理实施细则

第一章　总　则

第一条　为切实解决中小进出口企业融资难问题，支持中小进出口企业加快发展，积极扩大进出口，省财政厅、省商务厅建立安徽省中小进出口企业专项担保资金（以下简称“省专项担保资金”）。为了规范运作，保证资金安全，充分发挥专项担保资金的融资功能，根据实际情况，特制定《安徽省中小进出口企业专项担保资金管理实施细则》（以下简称《实施细则》）。

第二章　资金的性质及使用原则

第二条　本《实施细则》所指省专项担保资金是省级财政专项安排的，主要用于为商务部门、财政部门推荐的企业范围内、银行审核通过的中小进出口企业生产经营流动资金贷款提供担保的资金，实行专款专用。省专项担保资金承担代偿损失最高限额不超过专项担保资金本金总额。

第三条　省专项担保贷款运作第一年度内，专项担保贷款余额放大至担保资金本金的五倍，在运作正常，风险控制良好的前提下，逐步放大至十倍。

第四条　省专项担保资金的管理和使用遵循公开透明、科学评审、定向使用、规范管理、严格监督的原则。

第三章　资金的管理及运作模式

第五条　省财政厅和省商务厅为专项担保资金的主管部门。联合成立专项担保审核推荐委员会，依据《实施细则》对申请使用专项担保贷款企业进行审核推荐，对专项担保资金的使用情况进行管理监督。专项担保审核推荐委员会由两厅领导及有关业务处室负责人组成。专项担保审核推荐委员会下设省中小进出口企业专项担保工作组（以下简称省专项担保工作组），负责办理专项担保贷款的具体工作。

第六条　省商务厅、省财政厅与银行签订《安徽省中小进出口企业专项担保贷款合作协议》，专项担保资金采用受托运作、专户管理的方式，商业银行向中小进出口企业提供贷款，专项担保资金为商业银行向中小进出口企业贷款提供担保。专项担保资金存入省财政在商业银行的账户，实行专户存储。

第七条　设立省专项担保贷款风险准备金，实行专户存储，用于核销专项担保贷款出现呆坏账应由专项担保资金承担的损失。省商务厅、省财政厅每年根据上年终专项担保贷款余额的1%安排省专项担保贷款风险准备金，专项担保贷款余额比上年增长的，风险准备金予以补足；专项担保贷款余额比上年持平或减少的，风险准备金维持现有规模。专项担保贷款风险准备金从专项担保资金银行存款利息及当年国家和省级外贸促进政策资金中列支。从专项担保资金银行存款利息提取的专项担保贷款风险准备金，暂存于各专项担保资金开户行，必要时各开户行按省财政厅通知划到省财政厅在商业银行集中开立的省专项担保贷款风险准备金账户。

第八条　专项担保贷款合作银行根据中国人民银行的相关规定，按协定存款的方式对专项担保资金进行存储计息，利息收入专户存储并按协定存款的方式进行存储计息，用于补充专项担保资金的风险准备金和支付开展专项担保业务必要的工作经费。

第九条　设立专项担保贷款企业风险保证金（以下简称企业风险保证金），申请专项担保贷款企业在通过银行审批、签订借款合同和担保合同后、实际放贷前，第一次使用专项担保贷款企业，根据其实际获得专项担保贷款额的2%比例缴纳企业风险保证金；企业自第二次使用专项担保贷款开始，根据其实际获得专项担保贷款额的1%比例缴纳企业风险保证金。企业风险保证金由贷款行代收，存入省财政在贷款行的账户，实行专户存储。企业风险保证金管理细则另行制定。

第十条　企业风险保证金开户行根据中国人民银行的相关规定，按协定存款的方式对企业风险保证金进行存储计息，利息收入用于补充企业风险保证金。

第四章　申请贷款担保企业条件及提供材料

第十一条　申请贷款担保企业应具备下列条件：

1. 在我省境内注册登记、具有进出口经营权并已有一定业绩的中小进出口企业；上年自营进出口额超过4500万美元的，原则上不再支持；

2. 要有固定的经营场所，正常经营两年以上，经营管理规范，成长性较好，管理队伍较为稳定，组织架构较为完整；

3. 有健全的财务制度，财务资料真实可信；

4. 资产负债率一般应低于70%；

5. 信用较好，无不良贷款记录，无偷税、骗汇、走私等违法违规行为记录。

第十二条　申请贷款担保企业须提供的材料一式两份（不含给市、县商务部门、财政部门的资料）：

1. 贷款担保的申请报告，内容主要包括：企业基本情况（公司章程、验资报告、经济性质、注册资本、主要股东、经营范围、经营规模等）、进出口情况、反担保方式、还款来源等；

2. 专项担保资金担保申请书（格式附后）；

3. 企业法人营业执照、法定代表人身份的有效证明；

4. 拟提供的反担保措施相关资料；

5. 企业近两年经过会计师事务所审计的会计报表（资产负债表、利润表及利润分配表）。

6. 缴纳企业风险保证金承诺书：承诺“本公司保证已经完全理解中小进出口企业专项担保贷款业务，同意按业务要求缴纳企业风险保证金，对于企业风险保证金的缴纳和代偿扣划不会提出任何异议”。

第五章　企业的反担保

第十三条　为有效控制专项担保资金风险，确保担保贷款企业按时偿还借款，被担保企业必须以有效资产抵押、出口退税账户质押、法人代表个人或企业实际控制人个人保证、担保机构担保及符合银行担保条件的其他企业为其提供担保。各项反担保措施既可以单独使用也可合并使用，具体反担保方式由省商务厅、省财政厅推荐，贷款银行审核认为反担保方式确需变动的，与省商务厅、省财政厅沟通后，可以予以调整。省商务厅、省财政厅委托贷款银行与贷款企业办理担保反担保手续。

第十四条　企业有效资产是指企业所拥有的具有公允价值的房产、设备运输工具、企业依法有权处理的国有土地使用权等。以出口退税账户作为反担保措施的，贷款额度原则上按企业在此之前半年内出口退税额确定。正常情况下，专项担保贷款还款期限前，企业的出口退税款可以使用。一旦专项担保贷款到期未还，贷款银行将直接从企业的出口退税账户中扣还。贷款银行如果认为企业专项担保贷款出现风险可能较大时，与省商务厅、省财政厅商定后，可以对企业出口退税账户提前进行冻结，只进不出。

第六章　担保贷款限额、期限及利率

第十五条　担保贷款限额视企业进出口规模大小而定，对单个企业的最大担保贷款额一般控制在500万元以内，最多不超过1000万元。

第十六条　专项担保贷款的期限一般为6—9个月，最长不超过1年，前款不清后款不贷。

第十七条　商业银行对专项担保资金项下的担保贷款按中国人民银行公布的同期基准贷款利率执行，不得上浮；对符合下浮利率条件的优质客户，银行应执行下浮利率。除银行利息、统一收取的企业风险保证金外，银行及各级商务部门、财政部门不得收取任何保证金、费用。

第七章　专项担保贷款申办程序

第十八条　各市、县（区）进出口企业向当地商务主管部门、财政部门提出专项担保贷款申请，商务主管部门、财政部门负责对本辖区内申请专项担保贷款企业进行审查，审查通过后在《专项担保资金担保申请书》上签署审查意见，并办理推荐函向省商务厅、省财政厅推荐。省直进出口企业直接向省商务厅、省财政厅提出专项担保贷款申请。

第十九条　省担保审核推荐委员会对申请担保贷款企业进行审核后，省商务厅、省财政厅分批次（原则上每2个月1次）行文将审核通过的申请担保贷款企业以专项担保贷款担保推荐确认函的形式向贷款银行推荐。专项担保贷款企业推荐有效期限3个月。

第二十条　贷款银行在接到省商务厅、省财政厅正式担保推荐确认函后，按照专门设定的简化操作流程，对担保推荐确认函名单范围内企业的银行信用、还款来源、反担保抵押物的真实有效性等进行调查、评审，确定是否放贷、具体贷款（可以安排一部分贸易融资）金额，与企业签订相关合同、发放贷款。

第八章　专项担保贷款风险控制与跟踪

第二十一条　各市、县（区）商务主管部门、财政部门要切实负起对申请担保贷款企业的考查、审核、推荐责任；担保贷款发放后，要切实履行跟踪管理责任，密切关注企业生产经营、进出口情况，对企业发生的可能影响其按时还款能力的重大事项要及时向省商务厅、省财政厅反映，并与贷款银行进行沟通，及时采取资产保全措施，保障专项担保贷款安全；专项担保贷款逾期后，要积极利用政策措施和行政手段，配合商业银行追收贷款。

第二十二条　贷款银行要密切关注专项担保贷款企业资金流量动态，跟踪其出口退税账户资金进出情况，一旦发现异常，应及时报告省商务厅、省财政厅，同时采取法律、经济等资产保全措施，保障专项担保贷款安全，可以要求企业提前归还专项担保贷款。

第九章　专项担保贷款代偿

第二十三条　申请担保贷款企业对其获得的担保贷款本息负有法定偿还义务，必须按合同约定按时还本付息。在本息偿还前，要保证其反担保抵押物的完整性和安全性，并对其上报信息资料的准确性和真实性负法律责任。

第二十四条　企业专项担保贷款出现逾期，贷款银行、商务部门、财政部门采取各种措施未能收回，逾期已达到3个月，形成专项担保贷款呆坏账，贷款银行向省商务厅、省财政厅提交《省专项担保资金担保贷款代偿报告》，要求对专项担保贷款本金及利息（包括复利及罚息）予以代偿。省商务厅、省财政厅审核批准后，方可代偿。

第二十五条　呆坏账损失代偿，由贷款行存储的企业风险保证金代偿70%，省专项担保贷款风险准备金代偿15%，贷款银行承担15%；

如企业风险保证金余额不足代偿的，不足部分由省专项担保贷款风险准备金和贷款银行各承担50%。

如省专项担保贷款风险准备金不足代偿的，由省专项担保本金补足。

第二十六条　专项担保贷款代偿后，贷款银行负责继续追收企业逾期担保贷款，商务部门、财政部门积极协助。追收回来的企业专项担保贷款本金及利息（包括复利及罚息）在抵扣相关追索直接费用（包括但不限于诉讼费、仲裁费、财产保全费、执行费）后，优先按代偿比例偿还贷款银行、专项担保贷款风险准备金（包括专项担保资金本金）承担的损失，剩余部分用于补回企业风险保证金。企业所欠贷款本金及利息无法追回来的，银行所发生相关追索直接费用（包括但不限于诉讼费、仲裁费、财产保全费、执行费）由贷款银行、专项担保贷款风险准备金（包括专项担保资金本金）、企业风险保证金分别按15%、15%、70%的比例承担。

第十章　责任与处罚

第二十七条　对于专项担保贷款逾期未还的企业，省商务厅、省财政厅、贷款银行将予以通报，其逾期贷款信息将记入银行的“企业及法人代表个人信用征信系统”。

第二十八条　商务部门、财政部门与贷款银行要严格执行《安徽省中小进出口企业专项担保资金管理实施细则》、《安徽省中小进出口企业专项担保资金担保代偿实施细则》及与银行签订的《安徽省中小进出口企业专项担保贷款合作协议》等规定，凡不按文件及协议规定执行造成的损失均应由其全部承担。

第二十九条　建立专项担保资金绩效考核制度，对推荐企业按时还款、进出口明显增长的市、县（区）级商务主管部门、财政部门将给予适当奖励，奖励资金从省及中央下达的外经贸发展相关资金中列支。对申报专项担保贷款审查不认真，风险跟踪、控制、协助追收不力的酌情予以处罚。

第三十条　省辖市、县（区）1年内发生1次专项担保贷款呆坏账的，对该市、县（区）商务主管部门、财政部门进行通报批评；1年内发生2次及以上专项担保贷款呆坏账的，暂停该县（区）商务主管部门、财政部门专项担保贷款推荐权1年，扣留该市、县（区）上年度商务工作年度考核奖励资金等归还专项担保资金本金。

第十一章　附　则

第三十一条　商业银行按约定简化程序为申请担保贷款的企业提供开户、国际结算等方面的便利和其他金融配套服务；商业银行于次月10日内将上月《专项担保贷款情况表》报省商务厅、省财政厅。

第三十二条　今后根据实际情况和发展需要，专项担保资金调整使用方向，或专项担保贷款业务停止，专项担保资金、专项担保贷款风险准备金、企业风险保证金逐步退出，但账户余额应确保尚存的专项担保贷款余额代偿资金得到保证，至最后一笔专项担保贷款债务全部清偿后全部退出。

第三十三条　专项担保资金支持的企业要积极扩大自营进出口业务。企业使用专项担保贷款后自营进出口业绩下降的，再次申请时，专项担保额度将予以降低；自营进出口业绩连续2年下降的，不再推荐其使用专项担保贷款。企业要充分利用出口信用保险防范贸易风险，避免因贸易风险给专项担保贷款带来风险。

第三十四条　本实施细则由省财政厅和省商务厅负责解释。

第三十五条　本实施细则自修订发布之日起施行。原省商务厅、省财政厅《关于印发〈安徽省中小进出口企业专项担保资金管理实施细则〉的通知》（皖商规财字〔2008〕171号）同时废止。

安徽省中小进出口企业专项担保贷款企业风险保证金管理实施细则

根据《安徽省中小进出口企业专项担保资金管理实施细则》规定，为了充分发挥省中小进出口企业专项担保资金（以下简称省专项担保资金）作用，支持企业扩大进出口，同时有效地控制、化解省专项担保贷款风险，决定建立省中小进出口企业专项担保贷款企业风险保证金，特制定《安徽省中小进出口企业专项担保贷款企业风险保证金管理实施细则》（以下简称企业风险保证金实施细则），具体内容如下：

一、企业风险保证金的缴纳

第一次使用专项担保贷款企业，根据其实际获得专项担保贷款额的2%比例缴纳企业风险保证金，自第二次使用专项担保贷款开始，企业根据其实际获得专项担保贷款额的1%比例缴纳企业风险保证金。企业申请专项担保贷款，贷款银行在审核通过、签订借款合同和担保合同后、实际放贷前，书面通知专项担保贷款企业将企业风险保证金交到省财政厅指定开户银行及账户，省财政厅会同省商务厅及银行核实到账后给企业发放贷款。

二、企业风险保证金的管理

1. 企业风险保证金的收取。省财政厅分别在各贷款银行的省级行开设一个企业风险保证金专户，各专项担保贷款企业根据各具体贷款银行的书面通知，将企业风险保证金交到省财政厅在贷款银行的省行开设的企业风险保证金专户，省商务厅及银行核实风险保证金到账后，贷款银行给企业发放贷款。省财政厅给各专项担保贷款企业分别记账。

2. 企业风险保证金的代偿。专项担保贷款若出现呆坏账，对由此形成的贷款本金及利息损失（包括复利及罚息），企业风险保证金代偿 70%，省专项担保贷款风险准备金（包括省专项担保资金本金）代偿 15%，贷款银行承担 15%。

如企业风险保证金余额不足代偿的，不足部分由省专项担保贷款风险准备金（包括省专项担保资金本金）代偿 50%，贷款银行承担 50%。

三、企业风险保证金代偿流程

1. 提交《省专项担保贷款代偿报告》。企业专项担保贷款逾期已达 3 个月，形成呆坏账的，贷款银行立即向省商务厅、省财政厅提交《省专项担保贷款代偿报告》，要求对专项担保贷款本金及利息（包括复利及罚息）进行代偿。

2. 专项担保贷款损失清算。接到贷款银行的《省专项担保贷款代偿报告》后，省商务厅会同省财政厅（或指定省辖市商务、财政主管部门）立即与贷款银行一起对应由企业风险保证金代偿的贷款本金及利息（包括复利及罚息）进行清算，在收到贷款银行《省专项担保贷款代偿报告》5 个工作日内清算结束，并撰写出《专项担保贷款代偿清算报告》。

3. 通知专项担保贷款代偿。省商务厅、省财政厅在收到贷款银行《省专项担保资金担保贷款代偿报告》10 个工作日内出具《同意专项担保贷款代偿通知》，通知企业风险保证金开户行进行代偿。

4. 专项担保贷款代偿后追收。专项担保贷款代偿后，对于追收回来的资金或企业恢复还款收回的资金，在抵扣相关追索直接费用（包括但不限于诉讼费、仲裁费、财产保全费、执行费）后，优先按代偿比例偿还贷款银行、专项担保贷款风险准备金（包括专项担保资金本金）承担的损失，剩余部分用于补回企业风险保证金。

5. 专项担保贷款代偿后追收未果费用分担。企业所欠贷款本金及利息最终没有追收回来，贷款银行所发生相关追索直接费用（包括但不限于诉讼费、仲裁费、财产保全费、执行费）由贷款银行、专项担保贷款风险准备金（包括专项担保资金本金）、企业风险保证金分别按 15%、15%、70% 的比例承担。若企业风险保证金不足，不足部分由贷款银行和专项担保贷款风险准备金（包括专项担保资金本金）各承担 50%。

四、企业风险保证金清盘

根据情况变化，专项担保贷款业务终止，企业风险保证金逐步退出，返还给期间未发生专项担保贷款呆坏账的企业。但是账户余额要不低于尚存的专项担保贷款余额对应代偿的金额，企业风险保证金保留至最后一笔专项担保贷款债务全部清偿之日止。

安徽省中小进出口企业专项担保资金担保贷款代偿实施细则

根据《安徽省中小进出口企业专项担保资金管理实施细则》（以下简称专项担保实施细则）及与银行签订的《安徽省中小进出口企业专项担保贷款合作协议》规定，制定《中小进出口企业专项担保资金担保代偿实施细则》：

一、代偿工作的原则

代偿工作按照《安徽省中小进出口企业专项担保资金管理实施细则》及与银行签订的《安徽省中小进出口企业专项担保贷款合作协议》中有关规定执行。在代偿工作中坚持谨慎性原则、按比例分摊原则、账销案存原则。

二、代偿比例分配

省专项担保资金担保贷款出现呆坏账时，对由此形成的贷款本金及利息损失（包括复利及罚息），贷款行存储的企业风险保证金代偿 70%，省专项担保贷款风险准备金代偿 15%，贷款银行承担 15%。

如企业风险保证金余额不足代偿的，不足部分由省专项担保贷款风险准备金代偿 50%，贷款银行承担 50%。

如省专项担保贷款风险准备金不足代偿的，由省专项担保本金补足。

三、代偿工作的流程

1. 预通知归还专项担保贷款。专项担保贷款到期，由贷款银行进行催收。贷款银行应于专项担保贷款到期前一个月通知借款人做好归还银行贷款准备。

2. 提交逾期专项担保贷款报告。借款企业到期未及时偿还专项担保贷款的，贷款银行在五日内书面报告省商务厅、省财政厅。企业专项担保贷款反担保措施为第三方担保的，应同时通知提供反担保的担保企业，要求其督促借款企业及时归还银行贷款。有关市、县（区）商务、财政主管部门要积极配合贷款银行做好贷款催收工作。

3. 运用法律手段追收专项担保贷款。经过贷款银行、商务部门、财政部门多次催收，专项担保贷款仍未归还的企业，由贷款银行采取必要的法律、经济等措施向贷款企业和第三方担保企业进行追收。

4. 提交专项担保贷款代偿报告。在采取上述措施后，企业专项担保贷款仍未收回，逾期已达3个月，贷款银行向省商务厅、省财政厅提交《省专项担保贷款代偿报告》。

5. 专项担保贷款损失清算。接到贷款银行的《省专项担保贷款代偿报告》后，省商务厅会同省财政厅（或指定省辖市商务、财政主管部门）与贷款银行一起对应由企业风险保证金、专项担保贷款风险准备金（包括专项担保资金本金）代偿的贷款本金及利息（包括复利及罚息）进行清算，在收到贷款银行《省专项担保贷款代偿报告》5个工作日内清算结束，并撰写出《专项担保贷款代偿清算报告》。

6. 通知专项担保贷款代偿。省商务厅、省财政厅对《专项担保贷款代偿清算报告》审核后，在收到贷款银行《省专项担保贷款代偿报告》10个工作日内出具《同意专项担保贷款代偿通知》，通知企业风险保证金开户行、专项担保贷款风险准备金开户行，按规定比例予以代偿。

7. 专项担保贷款代偿后追收。专项担保贷款代偿后，有关市、县（区）商务部门、财政部门要配合贷款银行继续对企业所欠贷款本金及利息进行追收。对于追收回来的资金或企业恢复还款收回的资金在抵扣相关追索直接费用（包括但不限于诉讼费、仲裁费、财产保全费、执行费）后，优先按代偿比例偿还贷款银行、专项担保贷款风险准备金（包括专项担保资金本金）承担的损失，剩余部分用于补回企业风险保证金。

8. 专项担保贷款代偿后追收未果费用分担。企业所欠贷款本金及利息最终没有追收回来，贷款银行所发生相关追索直接费用（包括但不限于诉讼费、仲裁费、财产保全费、执行费）由贷款银行、专项担保贷款风险准备金（包括专项担保资金本金）、企业风险保证金分别按15%、15%、70%的比例承担。若企业风险保证金不足，不足部分由贷款银行和专项担保贷款风险准备金（包括专项担保资金本金）各承担50%。

四、担保贷款的责任认定及处罚

1. 对于专项担保贷款逾期未还的企业，省商务厅、省财政厅、贷款银行将予以通报，其逾期贷款信息将记入银行的“企业及法人代表个人信用征信系统”。

2. 各市、县（区）商务部门、财政部门与贷款银行要严格执行《安徽省中小进出口企业专项担保资金管理实施细则》、《安徽省中小进出口企业专项担保资金担保代偿实施细则》及与银行签订的《安徽省中小进出口企业专项担保贷款合作协议》等规定，凡不按文件及协议规定执行造成的专项担保贷款损失均应由其全部承担。

3. 建立专项担保资金绩效考核制度，对推荐企业按时还款、进出口明显增长的市、县（区）级商务主管部门、财政部门将给予适当奖励，奖励资金从省及中央下达的外经贸发展相关资金中列支。对申报贷款审查不认真，风险跟踪、控制、协助追收不力的视情予以处罚。

4. 市、县（区）1年内发生1次专项担保贷款呆坏账的，对该市、县（区）商务主管部门、财政部门进行通报批评；1年内发生2次及以上专项担保贷款呆坏账的，暂停该市、县（区）商务主管部门、财政部门专项担保贷款推荐权1年，扣留该市、县（区）上年度商务工作年度考核奖励资金等归还专项担保资金本金。

安徽省财政厅　安徽省商务厅关于印发《安徽省对外承包工程保函风险专项资金管理暂行办法》的通知

（2010年1月25日财企〔2010〕85号）

各市（县）财政局、商务局：

为推动我省对外承包工程企业加快“走出去”步伐，扩大对外承包工程规模，解决企业承揽对外承包工程项目出现的开立保函资金困难问题，省财政厅和省商务厅联合制定了《安徽省对外承包工程保函风险专项资金管理暂行办法》。现印发给你们，请遵照执行。执行中如有问题，请及时反馈。

附件：安徽省对外承包工程保函风险专项资金管理暂行办法

安徽省对外承包工程保函风险专项资金管理暂行办法

第一章　总　则

第一条　为进一步扩大我省对外承包工程规模，解决对外承包工程企业承揽对外承包工程项目出现的开立保函资金困难问题，根据财政部、商务部颁布的《对外承包工程保函风险专项资金管理暂行办法》（财企〔2001〕625 号）和财政部、商务部《关于印发〈对外承包工程保函风险专项资金管理暂行办法〉补充规定的通知》（财企〔2003〕137 号）以及《安徽省人民政府关于加快实施“走出去”战略的意见》（皖政办〔2007〕63 号）的精神，结合我省实际情况制定本办法。

第二条　安徽省对外承包工程保函风险专项资金（以下简称保函风险专项资金），是指省财政安排的，为符合本办法规定的对外承包工程项目（以下简称项目）开具的有关保函提供担保和垫支赔付的专项资金。

第三条　保函风险资金支出范围：

（一）为符合条件的项目开具的投标保函、履约保函和预付款保函提供担保；

（二）垫支对外赔付资金；

（三）垫支赔付资金的核销。

第四条　保函风险专项资金由省财政厅、商务厅委托××银行具体办理，××银行按保函风险专项资金总额放大 20 倍使用。

垫支赔付资金的核销总额不超过存入银行保函风险专项资金的本金。

第五条　对符合使用由财政部、商务部设立的对外承包工程保函风险专项资金的项目，企业先申请使用国家专项资金。

第二章　申请与审批

第六条　申请使用保函风险专项资金的企业须具备以下条件：

（一）具有对外承包工程资格并在我省工商行政管理部门登记注册；

（二）资产总额在 4000 万元人民币以上（含 4000 万元人民币），所有者权益在 800 万元人民币以上（含 800 万元人民币），连续两年盈利；

（三）无违规违法经营记录。

第七条　申请使用保函风险专项资金的项目须具备以下条件：

（一）由本省企业直接对外投（中）标的项目。

1. 合同额（或投标金额）在 200 万美元或其他等值货币以上（含 200 万美元）；

2. 符合国家外经贸政策。

（二）由本省企业分包的项目。

1. 向本省对外承包工程企业发包境外工程项目的企业（亦即对外总包企业，含我省对外总包企业）应具有对外承包工程资格并在工商行政管理部门登记注册的企业法人；

2. 分包额须在 500 万美元或其他等值货币以上（含 500 万美元）；

3. 本省企业仅就分包部分申请使用保函风险专项资金用于开具履约保函的额度，该额度可转由总包企业使用，具体的责任和义务由本省企业承担；

4. 符合国家外经贸政策。

第八条　企业向××银行提出使用保函风险专项资金开具对外投标保函须提供以下材料：

（一）企业营业执照副本及复印件和对外承包工程资格证书复印件；

（二）中国人民银行颁发的贷款卡；

（三）企业近两年来经会计师事务所审计的财务会计报告及审计报告；

（四）项目基本情况介绍，包括项目背景、实施项目的资金来源、项目可行性研究报告、项目收支预算表；

（五）招标文件副本，包括项目介绍部分及商务部分；

（六）商务部颁发的《对外承包工程项目投（议）标许可证》，符合申请投（议）标许可条件的；

（七）省商务厅、省财政厅的同意意见函；

（八）××银行要求提供的其他有关材料。

第九条　企业向××银行提出使用保函风险专项资金开具履约保函须提供以下材料：

（一）企业营业执照副本及复印件和对外承包工程资格证书复印件；

（二）中国人民银行颁发的贷款卡；

（三）企业近两年来经会计师事务所审计的财务会计报告及审计报告；

（四）项目基本情况介绍，包括项目背景、实施项目的资金来源、项目可行性研究报告、项目收支预算表；

（五）中标通知书或合同副本，包括项目介绍部分及商务部分；

（六）商务部颁发的《对外承包工程项目投（议）标许可证》；

（七）省商务厅、省财政厅的同意意见函（如同一个项目下不重复提供意见函，下同）；

（八）××银行要求提供的其他有关材料。

第十条　企业就分包项目向××银行提出使用保函风险专项资金开具履约保函，除提供第九条（一）至（四）项规定的材料外，还须提供以下材料：

（一）对外总包企业营业执照复印件和对外承包工程资格证书复印件；

（二）对外总包企业的中标通知书或合同副本，包括项目介绍部分及商务部分；

（三）企业与对外总包企业所签项目分包合同副本；

（四）省商务厅、省财政厅的同意意见函；

（五）××银行要求提供的其他有关材料。

第十一条　企业向××银行提出使用保函风险资金开具预付款保函，除提供第八条及第九条（一）规定的材料外，还须提供：有关预付款的说明材料，内容包括预付款额度、币种、有效时限、额度抵折方式和××银行要求提供的有关材料等。

第十二条　××银行对上述材料审核后，即可为可行的项目开具保函。上述工作应在10个工作日内完成。并有责任为企业提供有关保函咨询方面的服务。

经审核，如××银行不同意为企业开具保函，应及时向企业说明理由。

第十三条　同一企业累计开立保函余额不得超过2000万美元。

第十四条　××银行须按月向省财政厅、省商务厅报送保函风险专项资金的使用情况。

第十五条　开具的保函发生赔付时，如企业无力按业主要求及时支付赔付款，可向××银行提出使用保函风险专项资金垫支的申请。××银行应在规定的保函约定时间内完成资金的对外垫付工作。

第十六条　发生垫支赔付款的企业应在××银行对外支付垫款之日起15日内归还垫付款，如未能按期归还，在180天内按中国人民银行公布的同期外汇贷款利率，缴纳保函风险专项资金占用费；超过180天按中国人民银行公布的逾期外汇贷款利率缴纳其他保函风险专项资金占用费。

第十七条　××银行负责于180天内向企业收回垫支款及占用费并存入保函风险专项资金账户。

第三章　管理、监督、检查

第十八条　保函风险专项资金由省财政厅、商务厅进行日常管理。

（一）省商务厅会同省财政厅对保函风险专项资金项目进行管理，并做好项目的审查登记工作；

（二）省财政厅会同省商务厅对保函风险专项资金的使用进行监督检查。

第十九条　省财政厅、商务厅对××银行、企业和项目情况进行监督和检查。××银行在保函风险专项资金的使用过程中，应当遵循国家有关金融法律法规的有关规定，对违反规定的工作人员和主要负责人要依法追究相应责任。

第四章　罚　则

第二十条　申请使用保函风险专项资金的企业有下列情形之一，均构成违规行为：

（一）报送虚假文件；

（二）不按期归还赔付款；

（三）拒绝相关部门对使用保函风险专项资金项目的监督、检查或对相关部门的监督和检查不予配合的。

第二十一条　发生违规行为的企业，在违规行为造成的负面影响完全消除前，不能再申请使用保函风险专项资金。

第二十二条　对负有直接责任的企业主管人员和其他人员，建议有关部门给予行政处分。构成犯罪的，移交司法机关处理。

第五章　附则

第二十三条　本办法由省财政厅、省商务厅负责解释。

第二十四条　本办法自颁布之日起实施。

安徽省财政厅　安徽省发展和改革委员会关于印发《安徽省循环经济发展专项资金管理暂行办法》的通知

（2010年3月26日财建〔2010〕343号）

各市、县（区）财政局、发改委：

现将《安徽省循环经济发展专项资金管理暂行办法》印发给你们，请遵照执行。

安徽省循环经济发展专项资金管理暂行办法

第一章　总　则

第一条　根据《中华人民共和国循环经济促进法》和《安徽省人民政府关于加快发展循环经济的若干意见》(皖政〔2005〕86号）等有关法律和规定，省级财政设立循环经济发展专项资金（以下简称“省循环经济专项资金”），用于引导、促进全省循环经济的发展。为规范专项资金的管理，提高资金的使用效益，特制定本办法。

第二条　本办法所称省循环经济专项资金，是指省级财政安排专项用于促进循环经济发展，加快经济发展方式转变，有效缓解资源和环境的压力，推动全省经济快速健康可持续发展的财政专项资金。

第三条　省循环经济专项资金的安排，遵循公开公正、突出重点、注重实效、专款专用的原则。

第四条　省循环经济专项资金的使用范围主要包括节能、节水、节地、节材、资源综合利用等项目建设及全省循环经济重大问题研究补助。具体为：

（一）跨领域（行业）、示范性和导向性强的循环经济重点项目；

（二）国家和省级循环经济试点单位实施方案中以降低能源资源消耗、循环利用资源、“零”排放和再制造等，对促进试点单位发展循环经济起到关键作用的项目；

（三）重大循环经济科技开发和应用推广项目；

（四）循环经济重大问题研究。包括政策法规研究制定、重大技术研究、咨询论证、认定等；

（五）列入省循环经济发展规划，按省政府要求须重点支持的循环经济项目。

第五条　省循环经济专项资金以补助或贴息的方式安排。

第二章　省级循环经济专项资金的申报、审核和下达

第六条　申报省循环经济专项资金的项目，除须符合上述第一章规定的范围外，还应具备下列条件：

（一）任务承担单位必须具有合法的独立法人资格；

（二）项目符合国家产业政策；

（三）项目示范和带动作用明显，以推广潜力大的关键技术为主，在行业内或某一地区具有较好的示范意义；

（四）企业综合实力较强，投资规模较大，承担项目的企业具有适度的经济规模；

（五）项目前期工作扎实，配套条件好，前期工作基本落实，能够保证按期开工建设、完工；

（六）项目社会效益和环境效益显著，实施后具有显著的节能、节水、节材、提高资源利用效率和减少污染物排放的效果。

第七条　省循环经济专项资金应按照以下程序申报和审定：

（一）省发展改革委和省财政厅于每年3月底前联合下发申报通知，明确年度申报重点和相关要求；各市、县（市、区）发展改革、财政部门，按照要求联合向省发展改革委、省财政厅组织项目申报，并负责对项目进行初步审查。省属单位以行业主管部门初审后，可直接行文向省发展改革委和省财政厅申报。

（二）项目单位应按照本办法的规定和申报通知要求，向属地发展改革和财政部门提出申请，申报时同时提交相关附件材料单行本，按下列顺序装订成册，一式两份：

1. 项目单位企业经营执照复印件，或独立法人证书；

2. 项目的备案、核准或审批文件；

3. 用地证明（仅对需新增用地的项目，利用本单位原有土地仅需说明即可）；

4. 自筹资金证明。包括：银行近期存款证明、企业用款说明、银行贷款承诺函（或贷款合同、授信协议）；

5. 项目基本情况表（经济效益和社会效益情况，经济效益包括销售收入、利润、税金和创汇；社会效益包括节能量、节水量、资源综合利用量、污染物减排量等）；

6. 企业基本情况表；

7. 项目实施单位对所附材料真实性的承诺声明。

（三）省发展改革委、省财政厅对市、县（市、区）和省级有关单位上报的项目及材料进行审核、论证或实地核查，确定支持的备选项目，经公示后，由省财政厅会同省发展改革委联合下达省循环专项资金预算。

第八条　同一项目当年省财政其他专项资金已作补助的不再重复安排。

第三章　省循环经济专项资金的管理和监督

第九条　省发展改革委会同省财政厅每年定期对项目的实施情况和专项资金的使用情况进行跟踪问效和监督检查。

第十条　市、县（市、区）发展改革部门会同财政部门负责本行政区域内省循环经济专项资金项目的监督和管理，于每年3月底前将本地项目实施情况及示范效果、经验和相关建议等总结材料，报送省发展改革委和省财政厅。

第十一条　加强对专项资金使用的监管。对骗取、截留、挪用专项资金，或擅自改变省循环经济专项资金用途的，暂停所在地下一年度申请省循环经济专项资金资格，取消项目单位继续申请项目补助的资格，追缴补助资金，依照有关规定进行查处。

第十二条　省循环经济专项资金项目在执行过程中因特殊原因需要变更时，需逐级上报经省发展改革委和省财政厅同意。对因故撤销的项目，项目单位应将省补助资金如数退回省财政厅。

第四章　附　则

第十三条　本办法由省财政厅和省发展改革委负责解释。

第十四条　本办法自下发之日起施行。

安徽省财政厅　安徽省住房和城乡建设厅关于印发《安徽省世界遗产地保护专项资金管理办法》的通知

（2010年5月25日财建〔2010〕610号）

黄山市财政局、住房和城乡建委，黟县财政局、建设局：

为规范和加强安徽省世界遗产地保护专项资金的使用管理，提高资金使用效益，我们研究制定了《安徽省世界遗产地保护专项资金管理办法》。现印发给你们，请遵照执行。

安徽省世界遗产地保护专项资金管理办法

第一条　为加强我省世界遗产地（以下简称遗产地）的保护和管理，促进生态和文化发展，省财政设立了安徽世界遗产地保护专项资金。为规范专项资金管理，提高资金使用效益，根据《安徽省省级预算管理办法》（皖政办〔2008〕33号）和省政府办公厅转发《省财政厅关于规范财政资金管理的若干意见》（皖政办〔2009〕18号）等有关规定，制定本办法。

第二条　本办法适用于我省被联合国教科文组织列入世界文化遗产目录的世界遗产地的应急性、特殊性保护工作。

第三条　省财政厅负责专项资金的预算管理，省住房城乡建设厅负责遗产地保护项目规划编制的指导和审核。省财政厅会同省住房城乡建设厅审核分配资金并下达预算。

第四条　专项资金分配使用的基本原则：

（一）符合规划。专项资金支持的遗产地保护项目，必须符合国务院《国家风景名胜区条例》和《国家历史文化名城名镇名村保护条例》及遗产地保护规划。

（二）突出重点。专项资金主要支持遗产地保护的重点领域和薄弱环节，对关系遗产地可持续发展的重大保护项目予以优先支持。

（三）注重绩效。通过绩效考评，对工作扎实、项目实施效果显著、资金管理严格的遗产地予以重点支持。

（四）公开公正。专项资金的申报审核、分配拨付、使用管理等，坚持公开透明、公平公正，确保专项资金安全、高效。

第五条　专项资金支持范围，主要包括：

（一）遗产地保护规划编制、项目库建设和遗产地保护科研项目；

（二）遗产地绿化、林木植被、古树名木的保护；

（三）遗产地古迹维修、历史建筑修缮及白蚁防治；

（四）遗产地核心区域基础设施维护建设，包括：安全设施、环境整治、道路整修、标识标志、防灾避险等公共设施；

（五）经省财政厅和省住房和城乡建设厅认定的其他保护内容。

第六条　专项资金的支持方式，以补助为主、奖励为辅。

（一）补助。对于符合第五条（一）、（二）（三）款的项目，经审核后，安排补助资金。

（二）奖励。对于符合第五条（四）、（五）款的项目，项目实施完成后经审核符合要求的，安排奖励资金。

第七条　专项资金申报。遗产地所在地市、县建设行政主管部门会同财政部门，依据保护规划和专项资金分配使用基本原则，按照轻重缓急和保护工作的进展，编制保护项目专项资金申报文本，于每年3月底前报省住房城乡建设厅和省财政厅（2010年申报截止到6月30日）。

第八条　专项资金申报文本的主要内容包括：

（一）遗产地所在地市、县建设行政主管部门与财政部门的联合申报文件；

（二）安徽省世界遗产地保护项目资金申报表（表样附后）；

（三）实施项目的成效目标、主要内容、工作量、技术要求、组织措施、工期、资金预算及筹措计划等；

（四）附件材料包括：遗产地保护规划编制、科研类项目需附有效的合同文本。基础设施维护、古迹和历史建筑维修类项目相关批准文件（项目建议书及批文、较大规模项目的可研报告或初步设计文件及批文、项目设计方案及批文）。历史建筑维修类项目除前款材料外，还应提供经批准的保护规划，并在规划图中标明申报项目的位置和范围。其他相关材料。

第九条　省住房城乡建设厅会同省财政厅，对市、县申报的项目进行审核；重大项目根据需要实行现场核查、专家评审等程序。

第十条　省财政厅根据当年安排的专项资金预算和审核通过的保护项目资金补助计划，会同住房城乡建设厅将专项资金下达到项目所在地市、县财政部门和遗产地主管部门。

第十一条　市、县财政部门收到省下达的专项资金预算后，按照专项资金管理有关规定，及时核拨资金，保证项目用款。

第十二条　市、县遗产地保护主管部门要按照规划和相关制度规定，认真组织项目实施，保证质量，按期完成。

第十三条　市、县财政部门和遗产地主管部门，要切实加强对专项资金使用管理与监督，建立健全专项资金使用管理制度，完善程序和监督手段，严禁弄虚作假、截留挪用资金，确保专项资金专款专用。

第十四条　省财政厅、省住房城乡建设厅将适时对专项资金使用进行绩效评估，评估结果公开通报，并作为分配以后年度专项资金的依据。

第十五条　违反规定，弄虚作假，骗取、挤占、滞留、挪用资金或项目未按规定实施的，一经查实，按《财政违法行为处罚处分条例》（国务院令第427号）等有关规定进行处理，同时将已拨付的资金全额收回上缴省级财政。

第十六条　本办法自印发之日起施行。

第十七条　本办法由省财政厅会同省住房城乡建设厅负责解释。

安徽省财政厅关于印发《安徽省特色产业中小企业发展资金管理暂行办法》的通知

（2010年7月8日财企〔2010〕875号）

各市、县财政局：

为规范和加强安徽省特色产业中小企业发展资金管理，提高资金使用效益，省财政厅研究制定了《安徽省特色产业中小企业发展资金管理暂行办法》。现印发给你们，请遵照执行。

安徽省特色产业中小企业发展资金管理暂行办法

第一章　总　则

第一条　为规范和加强安徽省特色产业中小企业发展资金管理，提高资金使用效益，根据财政部关于印发《地方特色产业中小企业发展资金管理暂行办法》（财企〔2010〕103号）的有关规定，结合我省实际，制定本办法。

第二条　安徽省特色产业中小企业发展资金（以下简称特色产业资金）是由中央财政预算安排，切块至我省，专门用于支持我省特色产业集群和特色产业聚集区内中小企业技术进步、节能减排、协作配套，促进产业结构调整和优化的资金。特色产业集群和特色产业聚集区主要指省、市、县级开发区和工业园区以及经省政府批准的产业集群镇。

第三条　本办法所称特色产业是指以地域和资源优势条件为基础，围绕特色产品的生产、销售、服务等而形成的市场化、规模化、集约化和链条化的生产经营群体。

第四条　中小企业的划分标准，按照国家现行有关规定执行。

第五条　特色产业资金的管理应当遵循公开透明、定向使用、科学管理、加强监督的原则，确保资金使用规范、安全和高效。

第二章　支持内容及方式

第六条　特色产业资金主要用于以下几个方面：

（一）促进中小企业技术创新和成果转化。重点支持我省特色产业集群和特色产业聚集区内中小企业开展的符合国家产业技术政策、创新水平较高、市场竞争力较强、预期经济和社会效益较好、知识产权清晰的技术创新和科技成果转化项目。

（二）鼓励中小企业节能减排。重点支持我省特色产业集群和特色产业聚集区内中小企业生产或应用节能减排产品的技术改造项目，集群和聚集区内废水、废气、废渣等废弃物综合治理利用项目的建设、改扩建和技术改造等。

（三）加强中小企业与骨干企业专业化协作。重点支持我省特色产业集群和特色产业聚集区内有较强协作配套关系的中小龙头骨干企业重点产品技术改造和改扩建项目，中小企业为建立和加强与龙头骨干企业协作配套关系、提高专业化生产水平而进行的技术改造和改扩建项目。

（四）支持中小企业产业升级和延伸。重点支持我省特色产业集群和特色产业聚集区内中小企业产业升级改造，新能源、新材料、节能环保、生物医药、信息网络及高端制造等战略性新兴产业中小企业项目建设和技术改造，集群和聚集区内主导性产业中小企业向附加值高的产业前端和后端延伸而进行的技术改造项目。

（五）支持劳动密集型和农产品深加工中小企业增加就业人数。重点支持我省特色产业集群和特色产业聚集区内劳动密集型和农产品深加工中小企业新增就业人数。

（六）改善中小企业服务环境。重点支持为地方特色产业集群和特色产业聚集区内中小企业提供研究开发、设计、知识产权保护、工程技术管理、商务信息交流等公共服务项目。

（七）担保（再担保）业务补助项目。重点支持符合条件的中小企业信用担保机构（以下简称担保机构）开展的中小企业融资担保业务、符合条件的中小企业信用再担保机构（以下简称再担保机构）开展的为担保机构提供一般责任保证和比例风险分担业务和中小企业信用担保机构在不提高其他费用标准的前提下开展的低收费融资担保业务。该项补助重点向县域倾斜。

同一年度，每个项目单位只能选择以上一项内容申请支持，已获得中央、省财政相关资金支持的项目原则上不再申报。

第七条　特色产业资金的支持方式采用无偿资助、贷款贴息方式。同一年度，每个项目只能申请一种支持方式。

第八条　特色产业资金无偿资助的额度，根据自有资金投资金额及同期银行贷款基准利率及项目性质等确定，每个项目一般不超过 100 万元。其中，担保（再担保）业务补助一般不超过 200 万元。

特色产业资金贷款贴息的额度，根据项目贷款金额及人民银行公布的同期贷款基准利率确定。每个项目的贴息期限一般不超过 2 年，年贴息率不超过同期贷款基准利率，贴息额度一般不超过 100 万元。

第三章　项目资金的申请

第九条　申请特色产业资金的企业或单位须同时具备下列条件：

（一）位于我省特色产业集群或特色产业聚集区内；

（二）具有独立的法人资格；

（三）财务管理制度健全；

（四）会计信息准确完整，纳税信用和银行信用良好；

（五）申报项目符合本办法规定的支持内容。

第十条　特色产业资金的申报材料一般应包括：

（一）资金申请文件；

（二）资金申请表（附后）；

（三）项目可行性报告；

（四）生产经营情况或业务开展情况；

（五）经注册会计师审计的会计报表；

（六）承担项目单位法人执照副本及章程（复印件）；

（七）其他需提供的资料。

第四章　项目审核及资金拨付

第十一条　各市、县财政局负责组织本地区特色产业资金的项目申报工作，在受理项目申报单位的项目申请材料后，应认真审核项目材料，确保材料的真实性。

第十二条　省财政厅对各市、县财政局推荐的项目进行审查后，提交专家组进行论证。根据专家论证意见，会审确定全省拟资助项目名单及金额。

第十三条　省财政厅按照预算管理的有关规定，及时拨付特色产业资金。

第五章　监督管理

第十四条　省财政厅对特色产业资金管理和使用情况进行不定期抽查。各市、县财政局应当加强对本地特色产业资金管理和使用情况的监督检查。

第十五条　各市、县财政局应建立特色产业资金使用跟踪问效和绩效评估机制，并将特色产业资金实施效果、存在问题及政策建议等，于次年度2月底前上报省财政厅。

第十六条　特色产业资金必须专款专用，对违反规定使用、骗取资金的行为，一经查实，省财政厅将收回已安排的特色产业资金，并按照《财政违法行为处罚处分条例》（国务院令第427号）的相关规定进行处理。

第六章　附　则

第十七条　本办法自印发之日起施行。

第十八条　本办法由省财政厅负责解释。

安徽省财政厅　安徽省住房和城乡建设厅关于印发《城市棚户区改造专项资金管理办法》的通知

（2010年7月24日财建〔2010〕1000号）

各市、县（区）财政局、住房保障主管部门：

根据财政部、住房城乡建设部《中央补助城市棚户区改造专项资金管理办法》（财综〔2010〕46号）和安徽省人民政府办公厅《关于推进城市和国有工矿棚户区改造工作的实施意见》（皖政办〔2010〕8号）的规定，为支持地方做好城市棚户区改造工作，加强中央和省级补助城市棚户区改造专项资金管理，提高财政资金使用效益，我们制定了《城市棚户区改造专项资金管理办法》。现印发给你们，请遵照执行。

附件：城市棚户区改造专项资金管理办法

城市棚户区改造专项资金管理办法

第一章　总　则

第一条　根据财政部、住房城乡建设部《中央补助城市棚户区改造专项资金管理办法》（财综〔2010〕46号）和安徽省人民政府办公厅《关于推进城市和国有工矿棚户区改造工作的实施意见》（皖政办〔2010〕8号）的规定，为支持地方做好城市棚户区改造工作，中央和省级财政设立补助城市棚户区改造专项资金（以下简称城市棚改补助资金）。为确保城市棚改补助资金使用和管理的规范化、制度化、程序化，提高资金使用效益，特制定本办法。

第二条　城市棚改补助资金的补助范围为城市规划区内已纳入省级人民政府批准的棚户区改造规划和年度改造计划的城市棚户区改造项目，不包括城中村改造和城市规划区内的煤矿、垦区和林区棚户区改造项目。

第三条　城市棚改补助资金按照公开、公平、公正、透明的原则分配，专项用于补助市、县政府主导的城市棚户区改造项目，包括拆迁、安置、建设以及相关的基础设施配套建设等开支，不得用于城市棚户区改造中回迁安置之外的住房开发、配套建设的商业和服务业等经营性设施建设支出。多改造多补助、不改造不补助。

第四条　各市、县应当按照“专项管理、分账核算、专款专用、跟踪问效”的原则，加强城市棚改补助资金管理，确保资金安全、规范、有效使用。

第二章　资金的计算与分配

第五条　中央和省级补助资金原则上按照各市、县城市棚户区改造的拆迁面积、拆迁户数等两项因素以及相应权重（分别为30%、70%），结合财政困难程度进行分配，并对改造任务重、工作积极主动、进展较快的地方给予适当倾斜。

拆迁面积包括住房和非住房拆迁建筑面积，以拆迁人与被拆迁人签订的拆迁补偿安置协议为依据。

拆迁户数以签订的拆迁补偿安置协议为依据，包括实物安置住房户数（原地安置和异地安置）和货币补偿户数，均为永久安置住房户数，不包括临时安置住房户数。

财政困难程度参照财政厅均衡性转移支付测算的财政困难程度确定，作为省财政分配城市棚改补助资金的调节系数。

第六条　城市棚改补助资金按公式法分配。分配给各市、县的专项补助资金总额 =〔（经核定的该市、县年度拆迁面积 × 该市、县上一年财政困难程度系数）÷ ∑（经核定的各市、县年度拆迁面积 × 相应市、县上一年财政困难程度系数）×30% +（经核定的该市、县年度拆迁户数 × 该市、县上一年财政困难程度系数）÷ ∑（经核定的各市、县年度拆迁户数 × 相应市、县上一年财政困难程度系数）×70%〕× 年度城市棚改补助资金总规模。其中：经核定的该市、县年度拆迁面积是指该市、县当年计划拆迁面积，减去上年度未完成的计划拆迁面积，加上上年度超计划完成的拆迁面积；经核定的该市、县年度拆迁户数是指该市、县当年计划拆迁户数，减去上年度未完成的计划拆迁户数，加上上年度超计划完成的拆迁户数。上述有关计划拆迁面积和拆迁户数的完成情况，以是否签订拆迁补偿安置协议为准。

第七条　年度终了后，各市住房保障主管部门要会同财政部门，及时审核所辖县（区、市）棚户区改造实施情况，严格按照规定填报《_ _ _ _年度城市棚户区改造项目拆迁计划和完成情况表》（附表），于每年1月31日前报送省住房和城乡建设厅、省财政厅，并提供以下资料：

1. 经市、县人民政府批准的本地区城市棚户区改造规划及年度改造计划；

2. 各市、县有关部门核发的拆迁许可证复印件，上年度各市、县城市棚户区改造项目拆迁计划，上年度各市、县城市棚户区改造项目拆迁补偿安置方案，上年度各市、县签订的拆迁补偿安置协议复印件。

第八条　省住房和城乡建设厅、省财政厅组织专人对各市、县（区）报送的相关资料进行认真审核，出具审核报告，随同全省城市和国有工矿棚户区改造半年工作进展情况、年度计划完成情况及土地供应开发情况等，提交财政部驻安徽省财政监察专员办事处审核后，于每年3月31日前报送财政部、住房城乡建设部。

第三章　资金的拨付和使用

第九条　2010年，根据各市、县当年计划城市棚户区改造户数和财政困难系数等因素分配专项资金。从2011年开始，省财政厅会同住房和城乡建设厅，根据中央财政下达的资金和省财政安排的资金，以及经核定的各市、县年度拆迁面积、拆迁户数和财政困难系数，按照第六条确定的方法计算分配资金，于5月底前一次下达市、县财政部门，同时，抄送财政部驻安徽财政监察专员办事处。市、县财政部门收到城市棚改补助资金后，应当按规定用于市、县实施城市棚户区改造的支出，并按项目进度及时拨付资金。

第十条　各市、县财政部门应当对城市棚改补助资金实行专项管理、分账核算，并严格按照规定用途使用，不得截留、挤占、挪作他用，也不得用于平衡本级预算。城市住房保障主管部门及项目实施单位要严格按照本办法使用城市棚改补助资金，不得挪作他用。城市棚改补助资金的支付，按照财政国库管理制度的有关规定执行。

第十一条　市、县财政部门安排使用城市棚户区改造补助资金时，填列《2010年政府收支分类科目》支出科目中的221类“住房保障支出”01款“保障性住房支出”03项“棚户区改造”支出科目。

第四章　监督管理

第十二条　各市县财政部门、住房保障主管部门要加强对棚户区改造补助资金的管理和监督，完善制度，强化监督机制，主动接受审计、纪检监察、社会公众的监督检查，防止截留、挤占、挪用专项资金等违规违纪行为的发生。

第十三条　省财政厅会同省住房和城乡建设厅适时对城市棚户区改造资金使用情况进行专项检查，对于弄虚作假，违规虚报城市棚改补助资金申请数据问题严重的，将予以通报，并按有关规定追究相关人员的责任。对于违反规定，采取虚报、多报等方式骗取城市棚改补助资金，一经核实，省财政厅将收回已安排的城市棚改补助资金，或扣减下一年度该地区应得的城市棚改补助资金。同时，要按照《财政违法行为处罚处分条例》（国务院令第427号）的规定进行处理，并依法追究有关责任人员的行政责任。

第五章　附　则

第十四条　城市棚改补助资金原则上按照本办法第二章规定计算和分配。如遇发生重大自然灾害等特殊情况，城市棚改补助资金分配时可以适当向受灾地区倾斜。

第十五条　各市、县财政部门会同城市住房保障主管部门可以根据本办法，结合实际制定具体实施办法，并报省财政厅、住房和城乡建设厅备案。

第十六条　本办法自2010年1月1日起施行。

第十七条　本办法由省财政厅会同住房和城乡建设厅负责解释。

安徽省财政厅　安徽省环境保护厅关于印发《安徽省环境保护专项补助资金使用管理办法》的通知

(2010年7月27日财建〔2010〕1013号)

各市、县（市、区）财政局、环境保护局：

为进一步加强和规范省级环境保护专项补助资金的使用和管理，提高资金使用效益，我们研究制定了《安徽省环境保护专项补助资金管理办法》。现印发给你们，请遵照执行。

安徽省环境保护专项补助资金使用管理办法

一、总　则

第一条　为加强和规范省级环境保护专项补助资金（以下简称“专项补助资金”）的管理，加快我省环境污染治理，保护生态环境，提高资金使用效益，并结合我省实际，特制定本办法。

第二条　本办法所称专项补助资金，是指省级财政安排专项用于污染减排，环境监测、监察能力建设，促进我省环境保护事业发展的财政专项资金。

第三条　省级专项补助资金实行项目管理，资金的安排，遵循公开公正、突出重点、注重实效、专款专用的原则。

二、补助重点及使用范围

第四条　专项补助资金使用范围：

（一）企业污染防治、环境综合整治及规模化畜禽养殖废弃物综合利用及污染防治示范项目等；

（二）环境监控系统的维护和运行经费；环境监测、监察标准化建设；

（三）国家和省级生态环境保护项目以及自然保护区管护能力建设等；

（四）国家及省委、省政府确定的省本级重大环境保护专项及污染减排工作的奖励补助；

第五条　专项补助资金以补助方式安排。

三、项目申报与审核

第六条　申报专项补助资金的项目，除须符合补助重点及使用范围外，还应具备下列条件：

（一）任务承担单位必须具有合法的独立法人资格；

（二）项目符合国家环保产业政策；

（三）项目前期工作扎实，社会效益和环境效益显著，实施后具有显著的减少污染物排放效果。

第七条　省专项补助资金应按照以下程序申报审定：

（一）项目由各市、县（市、区）环保和财政部门，按照要求组织申报，并负责对项目进行初步审查。省属单位直接行文向省财政厅和省环境保护厅申报。申请环境监控系统维护和运行经费的，需提交申报文件、经费使用方案和方案编制依据等申报材料；申请补助环境监管能力建设、国家和省级自然保护区管护能力建设经费的，需提交申报文件、项目建议书及批复文件和相关证明材料等申报材料。

（二）省环保厅、省财政厅对市、县（市、区）和省级有关单位上报的项目及材料进行审核，经专家评审后，确定支持的备选项目，经公示后，由财政厅会同省环保厅联合下达专项补助资金预算。

第八条　同一项目当年中央和省财政其他专项资金已补助的不再重复安排。

四、资金拨付及财务管理

第九条　省财政厅对补助省级以下的项目下达预算指标，由市、县（市、区）财政部门拨付到项目单位；省级项目及经费，根据国库集中支付的有关规定办理资金拨付，仪器设备购置按有关规定纳入政府采购。

第十条　各市、县（市、区）财政部门会同

环保部门具体负责本地区补助项目的资金及财务监督管理日常工作。

第十一条　资金的日常财务监督管理必须做好以下工作：

（一）抓好项目和工作实施管理，根据项目工作进度和资金使用计划及时拨付资金。

（二）跟踪资金使用情况，确保资金专款专用。

第十二条　严禁挤占、挪用专项补助资金，经费开支必须与申报内容一致，因特殊原因需改变资金用途的，须经省财政厅和省环境保护厅批准。

五、监督与检查

第十三条　省环境保护厅会同省财政厅不定期对项目实施情况和专项补助资金使用情况进行跟踪问效和检查监督。

第十四条　项目和工作因故撤销或中止时，财政部门应停止拨款，项目承担单位要及时开展项目清理工作，并将专项补助资金已拨未用的部分如数上缴省财政厅。

第十五条　项目承担单位要严格执行国家有关财经纪律和财务会计制度，自觉接受审计等有关部门的审计和监督。严格执行预算管理，确保项目建设进度和质量。

第十六条　各级财政及环保部门，必须坚持原则，秉公办事，不得以权谋私。对违反财经法纪行为，要按照有关规定对责任人给予相应处罚。

六、附　则

第十七条　本办法自发布之日起执行。安徽省财政厅、安徽省环保局《安徽省环境保护专项基金管理办法》（财工〔1999〕848号）同时废止。

第十八条　本办法由省财政厅、省环保厅负责解释。

安徽省财政厅　安徽省交通运输厅关于印发《安徽省车辆购置税用于一般公路建设项目专项资金管理办法》的通知

（2010年8月5日财建〔2010〕1102号）

各市、县（区）财政局、交通局：

为进一步转变职能，改进和加强车辆购置税用于一般公路建设项目资金的预算管理，促进公路交通事业健康发展，根据财政部、交通运输部《车辆购置税用于一般公路建设项目交通专项资金管理办法》（财建〔2009〕230号）精神，结合我省实际，我们制定了《安徽省车辆购置税用于一般公路建设项目专项资金管理办法》。现印发给你们，请遵照执行。

附件：安徽省车辆购置税用于一般公路建设项目专项资金管理办法

安徽省车辆购置税用于一般公路建设项目专项资金管理办法

第一章　总　则

第一条　为加强车辆购置税（以下简称车购税）用于一般公路建设项目资金管理，进一步促进我省公路交通事业发展，根据财政部、交通运输部印发的《车辆购置税用于一般公路建设项目交通专项资金管理办法》（财建〔2009〕230号）有关规定，结合我省实际，制定本办法。

第二条　车购税用于一般公路建设项目专项资金是指中央财政车辆购置税收入中专项用于国家重点公路建设项目之外的一般公路建设项目资金（以下简称“专项资金”）。

第三条　专项资金使用应符合车购税交通专项资金管理的基本原则，突出重点、统筹安排、确保实效，适当向贫困地区倾斜，并保证专款专用。

第四条　项目监管以交通运输部门为主，资金监管以财政部门为主。

第二章　使用范围

第五条　专项资金使用范围包括：农村公路改造（通畅工程）、通达工程、渡口改造和渡改桥、乡镇客运站、危桥改造、安保工程、干线公路灾害防治工程，以及财政部、交通运输部批准的其他一般公路建设项目。

第六条　按照我省交通发展规划建立专项资金项目库。省交通运输厅会同省财政厅根据专项资金使用的支出规模、范围、标准和支持重点，结合交通发展规划，进行项目评审和论证，将专项资金统筹安排到具体项目。

第七条　对安排市县的项目实行专项转移支付，各地不得用于平衡一般财政预算。

第三章　项目申报

第八条　申报程序。申请使用专项资金以项目形式申报，由县级交通运输部门会同财政部门编制项目建议书，经各市交通运输部门会同财政部门审核后，联合行文将项目建议书集中向省交通运输厅和省财政厅报送。

第九条　申报内容。新建项目建议书包括项目基本情况（背景，建设地点、时间，建设的必要性，对经济社会环境的影响等）、项目投资概算及编制依据和标准、资金来源构成及配套资金筹措、资金使用计划、工作组织计划等内容。续建项目需报送上年度项目实施情况、资金使用情况和工程进度情况。

第十条　申报要求。各地在申报、审核项目时，要按照我省交通建设等发展规划，结合本地交通实际状况和财力情况，本着实事求是的原则，分轻重缓急申报项目。交通运输部门重点负责项目建设的可行性、技术方案等审核论证；财政部门重点负责项目投资预算、资金筹措等审核论证。

第十一条　申报时间。市、县汇总申报项目每年截止时间为 4 月 30 日，省交通运输厅会同省财政厅 5 月份组织评审，筛选入库项目。

第四章　预算编制和执行

第十二条　省交通运输厅、省财政厅按照财政部会同交通运输部下达的专项资金年度支出范围和分配我省的支出规模，并根据补助标准、各地交通发展规划及本级财政资金安排情况等，编制专项资金预算分配方案，从省级项目库中安排项目，并通知各市县财政、交通运输主管部门。

第十三条　根据专项资金预算分配方案和财政部分批下达的年度专项资金预算，由省财政厅商省交通运输厅结合各地施工季节要求和项目进展等情况，将专项资金分批下达给各市县财政局，并抄送交通运输主管部门。

第十四条　专项资金年度预算一经批准，各有关单位要严格按照下达的项目名称和预算金额执行，在预算执行中，如确实需要对项目进行调整，应按规定的项目支出预算编制程序重新报批。

第十五条　一般公路建设项目管理单位应按月向同级交通运输部门报送专项资金项目支出月报，由同级交通运输部门审核汇总后，上报省交通运输厅和省财政厅。

第五章　资金使用管理

第十六条　市县项目资金通过财政预算下达到市县财政部门，省直项目通过国库集中支付方式直接拨付至项目单位。

第十七条　各级财政部门对项目单位拨付资金，要按照财政预算、项目进度和规定程序，对各类来源的建设资金同比例进行拨付。

具体拨款程序为：先由项目单位向同级财政主管部门提出拨款申请和用款计划，并提交相应资料，资料包括：项目年度投资计划（项目第一次请款时）、中标通知书、合同、工程进度资料、本年度各类来源建设资金按规定比例累计应到位数额和已到位数额的证明资料、资金使用情况等；财政主管部门对上述资料进行审核后，按进度进行拨款。

用款单位未按规定及时报送资金拨付申请资料等造成资金不能及时、正常拨付的，由用款单位承担责任。

第十八条　各级财政、交通运输部门要及时了解掌握项目配套资金的落实情况，积极督促有关单位按规定落实好配套资金，按照工程建设进度，保证财政性资金与地方配套资金同比例到位。

第十九条　项目实施过程中，要按照有关规定和要求，实行项目法人责任制、工程招投标制、施工合同制和项目监理制，对按规定应该进行招标的，必须公开招标，签订合法有效的合同，严禁无合同、无依据付款。项目中的主要材料、设备等列入政府采购目录的内容，凡未与工程打捆招标的应按要求实行政府采购。

第六章　决算管理

第二十条　地方各级交通运输部门应按照预算安排级次和决算管理的相关规定编制专项资金年度决算，纳入部门决算报同级财政部门审批。

第二十一条　专项资金项目支出预算如当年未执行完毕，在不改变专项资金用途的情况下，可结转下年度继续使用。

专项资金结余（不包括国家定额补助项目），即经财政部门审核批复的竣工财务决算数小于资金计划总投资数的差额。经营性项目的结余资金，相应转入生产经营企业的有关资产；非经营项目的结余资金，首先用于归还贷款，如仍有结余，30% 作为项目单位留成收入，主要用于项目配套设施建设和工程质量奖；30% 留给市县财政部门用于专项资金项目管理；40% 上缴省级财政部门用于项目库建设和评审经费。

第二十二条　专项资金项目竣工决算，由同级财政部门审批。财政部门要坚持“先评审、后审批”的原则，即先委托投资评审机构或有资质的中介机构进行评审，财政部门依据评审结果进行批复，项目单位依据财政部门的批复办理尾款的清算和固定资产的移交手续。

第七章　监督检查

第二十三条　各级财政、交通运输部门要加强对专项资金管理和财务监督，确保专项资金专款专用，防止资金被截留、挤占和挪用。

第二十四条　对部门、单位和个人违反国家方针政策、法律、行政法规和有关规定，截留、挪用或不按规定及时拨付专项资金的，财政、交通运输等部门应及时制止和纠正，并严格按照《中华人民共和国预算法》、《财政违法行为处罚处分条例》（国务院第 427 号）及其他有关法规予以处理。

第二十五条　省财政厅、交通运输厅将对专项资金的资金拨付和使用情况进行不定期的联合检查。对项目执行与预算安排情况不符，或未按照规定的范围、标准使用专项资金的，将责令其改正，情节严重的，将收回当年下达的专项资金，并予以通报批评，同时视情减少安排该地区次年的专项资金。

第八章　附　则

第二十六条　本办法由省财政厅商省交通运输厅负责解释。

第二十七条　本办法自 2010 年 1 月 1 日起执行。此前有关规定与本办法不一致的，以本办法为准。

安徽省财政厅　安徽省商务厅关于印发《安徽省中小进出口企业专项担保资金管理实施细则》等办法的通知

（2010 年 8 月 18 日财企〔2010〕1183 号）

各市（县）财政局、商务局：

为切实解决中小进出口企业融资难问题，支持中小进出口企业加快发展，积极扩大进出口，省财政厅、省商务厅建立安徽省中小进出口企业专项担保资金。为了规范运作，保证资金安全，充分发挥专项担保资金的融资功能，省财政厅和省商务厅联合制定了《安徽省中小进出口企业专项担保资金管理实施细则》、《安徽省中小进出口企业专项担保贷款企业风险保证金管理实施细则》、《安徽省中小进出口企业专项担保贷款代偿实施细则》办法。现印发给你们，请遵照执行。执行中有何问题，请及时反馈。

附件：安徽省中小进出口企业专项担保资金管理实施细则

安徽省中小进出口企业专项担保资金管理实施细则

第一章　总　则

第一条　为切实解决中小进出口企业融资难问题，支持中小进出口企业加快发展，积极扩大进出口，省财政厅、省商务厅建立安徽省中小进出口企业专项担保资金（以下简称省专项担保资金）。为了规范运作，保证资金安全，充分发挥专项担保资金的融资功能，根据实际情况，特制定《安徽省中小进出口企业专项担保资金管理实施细则》（以下简称《实施细则》）。

第二章　资金的性质及使用原则

第二条　本《实施细则》所指省专项担保资金是省级财政专项安排的，主要用于为商务部门、财政部门推荐的企业范围内、银行审核通过的中小进出口企业生产经营流动资金贷款提供担保的资金，实行专款专用。省专项担保资金承担代偿损失最高限额不超过专项担保资金本金总额。

第三条　省专项担保贷款运作第一年度内，专项担保贷款余额放大至担保资金本金的五倍，在运作正常，风险控制良好的前提下，逐步放大至十倍。

第四条　省专项担保资金的管理和使用遵循公开透明、科学评审、定向使用、规范管理、严格监督的原则。

第三章　资金的管理及运作模式

第五条　省财政厅和省商务厅为专项担保资金的主管部门。联合成立专项担保审核推荐委员会，依据《实施细则》对申请使用专项担保贷款企业进行审核推荐，对专项担保资金的使用情况进行管理监督。专项担保审核推荐委员会由两厅领导及有关业务处室负责人组成。专项担保审核推荐委员会下设省中小进出口企业专项担保工作组（以下简称省专项担保工作组），负责办理专项担保贷款的具体工作。

第六条　省商务厅、省财政厅与银行签订《安徽省中小进出口企业专项担保贷款合作协议》，专项担保资金采用受托运作、专户管理的方式，商业银行向中小进出口企业提供贷款，专项担保资金为商业银行向中小进出口企业贷款提供担保。专项担保资金存入省财政在商业银行的账户，实行专户存储。

第七条　设立省专项担保贷款风险准备金，实行专户存储，用于核销专项担保贷款出现呆坏账应由专项担保资金承担的损失。省商务厅、省财政厅每年根据上年终专项担保贷款余额的1%安排省专项担保贷款风险准备金，专项担保贷款余额比上年增长的，风险准备金予以补足；专项担保贷款余额比上年持平或减少的，风险准备金维持现有规模。专项担保贷款风险准备金从专项担保资金银行存款利息及当年国家和省级外贸促进政策资金中列支。从专项担保资金银行存款利息提取的专项担保贷款风险准备金，暂存于各专项担保资金开户行，必要时各开户行按省财政厅通知划到省财政厅在商业银行集中开立的省专项担保贷款风险准备金账户。

第八条　专项担保贷款合作银行根据中国人民银行的相关规定，按协定存款的方式对专项担保资金进行存储计息，利息收入专户存储并按协定存款的方式进行存储计息，用于补充专项担保资金的风险准备金和支付开展专项担保业务必要的工作经费。

第九条　设立专项担保贷款企业风险保证金（以下简称企业风险保证金），申请专项担保贷款企业在通过银行审批、签订借款合同和担保合同后、实际放贷前，第一次使用专项担保贷款企业，根据其实际获得专项担保贷款额的2%比例缴纳其他企业风险保证金；企业自第二次使用专项担保贷款开始，根据其实际获得专项担保贷款额的1%比例缴纳其他企业风险保证金。企业风险保证金由贷款行代收，存入省财政在贷款行的账户，实行专户存储。企业风险保证金管理细则另行制定。

第十条　企业风险保证金开户行根据中国人民银行的相关规定，按协定存款的方式对企业风险保证金进行存储计息，利息收入用于补充企业风险保证金。

第四章　申请贷款担保企业条件及提供材料

第十一条　申请贷款担保企业应具备下列条件：

1. 在我省境内注册登记、具有进出口经营权并已有一定业绩的中小进出口企业；上年自营进出口额超过4500万美元的，原则上不再支持；

2. 要有固定的经营场所，正常经营两年以上，经营管理规范，成长性较好，管理队伍较为稳定，组织架构较为完整；

3. 有健全的财务制度，财务资料真实可信；

4. 资产负债率一般应低于70%；

5. 信用较好，无不良贷款记录，无偷税、骗汇、走私等违法违规行为记录。

第十二条　申请贷款担保企业须提供的材料一式两份（不含给市、县商务部门、财政部门的资料）：

1. 贷款担保的申请报告，内容主要包括：企业基本情况（公司章程、验资报告、经济性质、注册资本、主要股东、经营范围、经营规模等）、进出口情况、反担保方式、还款来源等；

2. 专项担保资金担保申请书（格式附后）；

3. 企业法人营业执照、法定代表人身份的有效证明；

4. 拟提供的反担保措施相关资料；

5. 企业近两年经过会计师事务所审计的会计报表（资产负债表、利润表及利润分配表）。

6. 缴纳企业风险保证金承诺书：承诺“本公司保证已经完全理解中小进出口企业专项担保贷款业务，同意按业务要求缴纳企业风险保证金，对于企业风险保证金的缴纳和代偿扣划不会提出任何异议”。

第五章　企业的反担保

第十三条　为有效控制专项担保资金风险，确保担保贷款企业按时偿还借款，被担保企业必须以有效资产抵押、出口退税账户质押、法人代表个人或企业实际控制人个人保证、担保机构担保及符合银行担保条件的其他企业为其提供担保。各项反担保措施既可以单独使用也可合并使用，具体反担保方式由省商务厅、省财政厅推荐，贷款银行审核认为反担保方式确需变动的，与省商务厅、省财政厅沟通后，可以予以调整。省商务厅、省财政厅委托贷款银行与贷款企业办理担保反担保手续。

第十四条　企业有效资产是指企业所拥有的具有公允价值的房产、设备运输工具、企业依法有权处理的国有土地使用权等。以出口退税账户作为反担保措施的，贷款额度原则上按企业在此之前半年内出口退税额确定。正常情况下，专项担保贷款还款期限前，企业的出口退税款可以使用。一旦专项担保贷款到期未还，贷款银行将直接从企业的出口退税账户中扣还。贷款银行如果认为企业专项担保贷款出现风险可能较大时，与省商务厅、省财政厅商定后，可以对企业出口退税账户提前进行冻结，只进不出。

第六章 担保贷款限额、期限及利率

第十五条 担保贷款限额视企业进出口规模大小而定，对单个企业的最大担保贷款额一般控制在500万元以内，最多不超过1000万元。

第十六条 专项担保贷款的期限一般为6—9个月，最长不超过1年，前款不清后款不贷。

第十七条 商业银行对专项担保资金项下的担保贷款按中国人民银行公布的同期基准贷款利率执行，不得上浮；对符合下浮利率条件的优质客户，银行应执行下浮利率。除银行利息、统一收取的企业风险保证金外，银行及各级商务部门、财政部门不得收取任何保证金、费用。

第七章 专项担保贷款申办程序

第十八条 各市、县（区）进出口企业向当地商务主管部门、财政部门提出专项担保贷款申请，商务主管部门、财政部门负责对本辖区内申请专项担保贷款企业进行审查，审查通过后在《专项担保资金担保申请书》上签署审查意见，并办理推荐函向省商务厅、省财政厅推荐。省直进出口企业直接向省商务厅、省财政厅提出专项担保贷款申请。

第十九条 省担保审核推荐委员会对申请担保贷款企业进行审核后，省商务厅、省财政厅分批次（原则上每2个月1次）行文将审核通过的申请担保贷款企业以专项担保贷款担保推荐确认函的形式向贷款银行推荐。专项担保贷款企业推荐有效期限3个月。

第二十条 贷款银行在接到省商务厅、省财政厅正式担保推荐确认函后，按照专门设定的简化操作流程，对担保推荐确认函名单范围内企业的银行信用、还款来源、反担保抵押物的真实有效性等进行调查、评审，确定是否放贷、具体贷款（可以安排一部分贸易融资）金额，与企业签订相关合同、发放贷款。

第八章 专项担保贷款风险控制与跟踪

第二十一条 各市、县（区）商务主管部门、财政部门要切实负起对申请担保贷款企业的考查、审核、推荐责任；担保贷款发放后，要切实履行跟踪管理责任，密切关注企业生产经营、进出口情况，对企业发生的可能影响其按时还款能力的重大事项要及时向省商务厅、省财政厅反映，并与贷款银行进行沟通，及时采取资产保全措施，保障专项担保贷款安全；专项担保贷款逾期后，要积极利用政策措施和行政手段，配合商业银行追收贷款。

第二十二条 贷款银行要密切关注专项担保贷款企业资金流量动态，跟踪其出口退税账户资金进出情况，一旦发现异常，应及时报告省商务厅、省财政厅，同时采取法律、经济等资产保全措施，保障专项担保贷款安全，可以要求企业提前归还专项担保贷款。

第九章 专项担保贷款代偿

第二十三条 申请担保贷款企业对其获得的担保贷款本息负有法定偿还义务，必须按合同约定按时还本付息。在本息偿还前，要保证其反担保抵押物的完整性和安全性，并对其上报信息资料的准确性和真实性负法律责任。

第二十四条 企业专项担保贷款出现逾期，贷款银行、商务部门、财政部门采取各种措施未能收回，逾期已达到3个月，形成专项担保贷款呆坏账，贷款银行向省商务厅、省财政厅提交《省专项担保资金担保贷款代偿报告》，要求对专项担保贷款本金及利息（包括复利及罚息）予以代偿。省商务厅、省财政厅审核批准后，方可代偿。

第二十五条 呆坏账损失代偿，由贷款行存储的企业风险保证金代偿70%，省专项担保贷款风险准备金代偿15%，贷款银行承担15%；

如企业风险保证金余额不足代偿的，不足部分由省专项担保贷款风险准备金和贷款银行各承担50%；

如省专项担保贷款风险准备金不足代偿的，由省专项担保本金补足。

第二十六条 专项担保贷款代偿后，贷款银行负责继续追收企业逾期担保贷款，商务部门、财政部门积极协助。追收回来的企业专项担保贷款本金及利息（包括复利及罚息）在抵扣相关追索直接费用（包括但不限于诉讼费、仲裁费、财产保全费、执行费）后，优先按代偿比例偿还贷款银行、专项担保贷款风险准备金（包括专项担保资金本金）承担的损失，剩余部分用于补回企业风险保证金。企业所欠贷款本金及利息无法追回来的，银行所发生相关追索直接费用（包括但不限于诉讼费、仲裁费、财产保全费、执行费）由贷款银行、专项担保贷款风险准备金（包括专项担保资金本金）、企业风险保证金分别按 15%、15%、70%的比例承担。

第十章　责任与处罚

第二十七条　对于专项担保贷款逾期未还的企业，省商务厅、省财政厅、贷款银行将予以通报，其逾期贷款信息将记入银行的“企业及法人代表个人信用征信系统”。

第二十八条　商务部门、财政部门与贷款银行要严格执行《安徽省中小进出口企业专项担保资金管理实施细则》、《安徽省中小进出口企业专项担保资金担保代偿实施细则》及与银行签订的《安徽省中小进出口企业专项担保贷款合作协议》等规定，凡不按文件及协议规定执行造成的损失均应由其全部承担。

第二十九条　建立专项担保资金绩效考核制度，对推荐企业按时还款、进出口明显增长的市、县（区）级商务主管部门、财政部门将给予适当奖励，奖励资金从省及中央下达的外经贸发展相关资金中列支。对申报专项担保贷款审查不认真，风险跟踪、控制、协助追收不力的酌情予以处罚。

第三十条　省辖市、县（区）1 年内发生 1 次专项担保贷款呆坏账的，对该市、县（区）商务主管部门、财政部门进行通报批评；1 年内发生 2 次及以上专项担保贷款呆坏账的，暂停该县（区）商务主管部门、财政部门专项担保贷款推荐权 1 年，扣留该市、县（区）上年度商务工作年度考核奖励资金等归还专项担保资金本金。

第十一章　附　则

第三十一条　商业银行按约定简化程序为申请担保贷款的企业提供开户、国际结算等方面的便利和其他金融配套服务；商业银行于次月 10 日内将上月《专项担保贷款情况表》报省商务厅、省财政厅。

第三十二条　今后根据实际情况和发展需要，专项担保资金调整使用方向，或专项担保贷款业务停止，专项担保资金、专项担保贷款风险准备金、企业风险保证金逐步退出，但账户余额应确保尚存的专项担保贷款余额代偿资金得到保证，至最后一笔专项担保贷款债务全部清偿后全部退出。

第三十三条　专项担保资金支持的企业要积极扩大自营进出口业务。企业使用专项担保贷款后自营进出口业绩下降的，再次申请时，专项担保额度将予以降低；自营进出口业绩连续 2 年下降的，不再推荐其使用专项担保贷款。企业要充分利用出口信用保险防范贸易风险，避免因贸易风险给专项担保贷款带来风险。

第三十四条　本实施细则由省财政厅和省商务厅负责解释。

第三十五条　本实施细则自修订发布之日起施行。原省商务厅、省财政厅《关于印发〈安徽省中小进出口企业专项担保资金管理实施细则〉的通知》（皖商规财字〔2008〕171 号）同时废止。

安徽省财政厅　安徽省卫生厅关于印发《安徽省基层医疗卫生机构药品采购货款支付管理暂行办法》的通知

（2010 年 9 月 1 日财社〔2010〕1227 号）

各市、县（区）财政局、卫生局：

为贯彻落实省政府《关于基层医药卫生体制综合改革的实施意见》（皖政〔2010〕66 号）精神，确保基本药物制度顺利实施，现将《安徽省基层医疗卫生机构药品采购货款支付管理暂行办法》印发给你们，请结合本地实际认真执行。

附件：安徽省基层医疗卫生机构药品采购货款支付管理暂行办法

安徽省基层医疗卫生机构药品采购货款支付管理暂行办法

第一条　为加强基层医疗卫生机构药品采购货款管理，保证药品货款按时足额支付和药品正常供应，根据省政府《关于基层医药卫生体制综合改革的实施意见》（皖政〔2010〕66 号）精神，特制定本办法。

第二条　基层医疗卫生机构药品采购资金纳入年度部门预算。县级财政部门会同卫生行政部门合理编制药品采购资金预算，原则上按照上年度药品购进金额增长 10%—15% 比例确定，并实行预算总额控制。

第三条　基层医疗卫生机构药品实行按月采

购，月初基层医疗卫生机构根据药品库存及药品销售额编制次月药品采购资金用款计划，并附药品采购计划（含调整计划），报县级财政部门。药品采购计划，主要包括采购药品品种、规格、剂型以及数量等。

第四条　基层医疗卫生机构在药品送到（按采购批次配送）后，4 天内完成药品验收入库和网上确认；省药品采购中心在基层医疗卫生机构药品确认后，3 天内提供各县、市（区）基层医疗卫生机构网上采购药品证明；基层医疗卫生机构凭网上采购药品证明、药品入库验收证明和清单及采购药品发票，每月 25 日前集中向县级财政部门申请用款。药品入库验收工作由分管院长（院长）牵头，由药品专管员、配送企业经办人员参加，并分别在验收清单上签名盖章。乡镇财政所有关人员应定期或不定期参加药品入库验收工作。基层医疗卫生机构采购药品发票既可由中标药品企业开具，也可由配送企业开具。具体由中标药品企业与配送企业商定。

第五条　每月县级财政部门收到基层医疗卫生机构用款计划申请后，相关业务科（股）要及时组织审核。审核重点是基层医疗卫生机构药品采购计划、入库验收清单、网上采购药品证明及发票等，并于 2 天内提出审核意见报财政局相关业务科（股）和局长审批。

第六条　每月县级财政部门结算一次药品采购货款，结算货款顺序按药品入库验收批次（清单日期）先后排序，确保从交货验收到付款时间不超过 30 天（遇法定节假日顺延）。基层医疗卫生机构药品采购货款实行国库集中支付，药品采购货款支付对象为发票开具企业。

对不符合药品采购计划要求的品种、规格、剂型或无计划采购药品等（特殊药品除外）药品货款，县级财政部门不予支付。

第七条　县级财政部门支付的药品结算价格为省药品采购中心集中采购价格。药品采购价格包括药品配送费用。

第八条　基层医疗卫生机构药库药品实行数量和金额管理。每个季度，县级财政部门（或委托乡镇财政所）会同卫生行政部门对基层医疗卫生机构药库药品数量及金额进行一次核对。基层医疗卫生机构要加强药库管理，对 6 个月内到失效期的近效期药品、3 个月无销量或极少销量的药品，以及验收或拆封过程发现属于供应商责任的破损、短少或不符合采购计划要求及无采购计划药品等，及时与供应商办理退货手续，并报县级财政部门审核后据以办理药款结算。

第九条　县级财政部门会同卫生行政部门合理核定基层医疗卫生机构药品库存数量。药品库存数量原则上按 7－15 天常规用药量核定。同时，要加强库存药品管理，利用新农合信息系统或者省医药集中采购平台监管系统对基层医疗卫生机构药品实行动态实时管理。

第十条　基层医疗卫生机构用于急救等特殊药品，保持合理库存。县级卫生行政部门要根据省里有关规定加强急救等特殊药品管理与调控，制定基层医疗卫生机构急救药品使用规程。因救治等特殊需要，基层医疗卫生机构可先通过市场采购适量特殊药品，事后及时报县级财政、卫生部门。

第十一条　县级财政部门可对药品库存控制合理、药品破损率低、药品短少数量和金额较小的基层医疗卫生机构药品管理员给予奖励。

第十二条　本办法自 2010 年 9 月 1 日起开始执行。

第十三条　本办法由省财政厅会同省卫生厅负责解释。

安徽省财政厅 安徽省商务厅关于印发《安徽省中小企业国际市场开拓资金实施办法》的通知

（2010 年 8 月 31 日财企〔2010〕1239 号）

各市（县）财政局、商务局，省属有关企业：

根据财政部、商务部《关于印发〈中小企业国际市场开拓资金管理办法〉的通知》（财企〔2010〕87 号）的有关规定，结合我省实际，省财政厅、省商务厅联合制定了《安徽省中小企业国际市场开拓资金实施办法》。现印发给你们，请遵照执行。执行中有何问题，请及时反馈。

附件：安徽省中小企业国际市场开拓资金实施办法

安徽省中小企业国际市场开拓资金实施办法

第一章　总　则

第一条　根据财政部、商务部《关于印发〈中小企业国际市场开拓资金管理办法〉的通知》(财企〔2010〕87号)的有关规定，结合我省实际，特制定《安徽省中小企业国际市场开拓资金实施办法》(以下简称实施办法)。

第二条　本实施办法所指的中小企业国际市场开拓资金（以下简称开拓资金）包括中央财政分配我省和省财政安排的用于支持中小企业开拓国际市场各项业务的专项资金及其所发生的利息收入。

第三条　开拓资金的管理和使用遵循公开透明、突出重点、专款专用、公平合理、注重实效的原则。

第二章　管理部门与职责

第四条　省财政厅和省商务厅为开拓资金的主管部门，共同对开拓资金的使用进行管理、监督，指导、检查各市、县商务和财政部门强化项目申报、资金审核、拨付等工作。

1. 省商务厅负责开拓资金的业务管理，提出开拓资金的支持重点、年度预算及资金安排建议，会同省财政厅组织项目的申报和评审。

2. 省财政厅负责开拓资金的预算管理，审核资金的支持重点和年度预算建议，确定资金安排方案，办理资金拨付，会同省商务厅对开拓资金的使用情况进行监督检查。

3. 授予省辖市和部分县（市）商务、财政主管部门按照各自职责，负责所属企业、单位、社会团体（以下简称企业）网上注册审核、组织企业申报、审核上报、拨付资金、评估分析成效等管理工作。未被授权市、县（市）的相应管理工作由其上级主管部门承担。

第五条　根据各县（市）商务主管机构设置、县（市）进出口总量和开拓资金使用成效等情况，授予县（市）商务和财政主管部门相应开拓资金管理职责。县（市）单独设置县（市）商务主管部门、年进出口总额超过2000万美元且资金使用规范的，原则上授予其开拓资金管理职责。

第六条　市、县商务、财政主管部门要高度重视，选配责任心强、业务水平高的人员，创造必要工作条件，建立严格的审核及检查制度，充分发挥资金的最佳效益。市、县商务、财政主管部门如不能较好地使用管理资金，促进成效不显著，不再单独设立商务部门的，将取消该市、县管理开拓资金的相应职能。

第三章　支持对象

第七条　中小企业独立开拓国际市场的项目为企业项目；企业、事业单位和社会团体（以下简称项目组织单位）组织中小企业开拓国际市场的项目为团体项目。

第八条　申请企业项目的中小企业应符合下列条件：

1. 在中华人民共和国关境内注册，依法取得进出口经营资格的或依法办理对外贸易经营者备案登记的企业法人，上年度海关统计进出口额在4500万美元以下；

2. 近三年在外经贸业务管理、财务管理、税收管理、外汇管理、海关管理等方面无违法、违规行为；

3. 具有从事国际市场开拓的专业人员，对开拓国际市场有明确的工作安排和市场开拓计划；

4. 未拖欠应缴还的财政性资金。

第九条　申请团体项目的项目组织单位应符合下列条件：

1. 具有组织全省或行业企业赴境外参加或举办经济贸易展览会资格；

2. 通过管理部门审核具有组织中小企业培训资格；

3. 申请的团体项目应以支持中小企业开拓国际市场和提高中小企业国际竞争力为目的；

4. 未拖欠应缴还的财政性资金。

第十条　已享受其他政策的项目不得再申请项目资金。企业每个项目只能获得一次开拓资金支持。

第四章　支持内容

第十一条　开拓资金主要支持内容包括：境外展览会；企业管理体系认证；各类产品认证；境外专利申请；国际市场宣传推介；电子商务；境外广告和商标注册；国际市场考察；境外投（议）标；企业培训；境外收购技术和品牌等。

1. 境外展览会支持内容包括：

① 展位费（场租、基本展台、桌椅和照明）；

② 公共布展费；

③ 大型展品海外运杂费。

团体项目需 10 家以上企业参展。

2. 企业管理体系认证支持内容包括：

① ISO9000 等系列质量管理体系标准认证的认证费；

② ISO14000 等系列环境管理体系标准认证的认证费；

③ 职业安全管理体系认证的认证费；

④ 卫生管理体系认证的认证费；

⑤ 其他企业管理体系认证的认证费。

3. 各类产品认证支持内容包括：

① 软件生产能力成熟度模型（CMM）认证的认证费；

② CE、FDA、CL、COS 等产品认证的认证费；

③ 其他产品认证的检验检测费。

4. 境外专利申请支持内容包括：

① 境外专利申请前期考察费；

② 境外专利申请相关申报、核准费。

5. 国际市场宣传推介支持包括：

① 宣传材料的翻译、制作费；

② 宣传视频的翻译、制作费。

6. 电子商务支持内容包括：

① 创建企业中英文网站的设计费；

② 出口退税等外经贸专项管理系统建设费；

③ 网交会等网上出口营销公共平台建设、维护费。

7. 境外广告和商标注册支持内容包括：

① 在境外媒体上发布产品广告的广告费；

② 在国外注册产品商标的注册费。

8. 国际市场考察支持内容包括：

① 企业每个项目支持不超过 2 位人员的国际市场考察往返交通费；

② 按照国家相关标准支持人员境外三项费用，每人每次境外时间累计不超过 20 天，其中单个国家（含地区）不超过 10 天；

③ 已申请境外展览会项目支持的参展企业，可视资金情况再批复同意申报 1 名人员境外市场考察项目的相关境外交通费和境外三项费用。

9. 境外投（议）标支持内容包括：

① 标书购制费；

② 项目初步设计费。

10. 企业培训支持内容包括：

① 培训资料费；

② 培训相关会务费；

③ 省级以上主管部门组织的境内外交流培训费。

参加培训的企业需 50 家以上。

11. 境外收购技术和品牌支持内容包括：

① 收购技术费；

② 收购品牌费。

12. 省商务厅商省财政厅同意的其他项目。

第十二条　为加快资金拨付进度，开拓资金原则上支持上一年 10 月 21 日至本年的 10 月 20 日内实施完毕的项目（2010 年支持范围 1 月 1 日至 10 月 20 日），并实行事后补助。

第十三条　开拓资金优先支持下列活动：

1. 面向拉美、非洲、中东、东欧、东南亚、中亚等新兴国际市场的拓展活动。

2. 取得质量管理体系认证、环境管理体系认证和产品认证等国际认证。

3. 机电、高新技术产品和拥有自主知识产权企业拓展国际市场，优化进出口结构的活动。

4. 开拓资金使用效果较好，进出口增长较快，申报资料齐全、规范的企业。

第五章　资金管理及使用标准

第十四条　根据财政部、商务部分配的年度资金额度，研究确定省里年度资金额度。

第十五条　开拓资金对符合本实施细则第十一条规定且支出不低于 1 万元的项目予以支持，支持金额原则上不超过项目支持内容所需金额的 70%。

第十六条　审核确定的项目补助资金，由省财政厅通过预算指标下达至市、县财政部门。市、县财政部门收到资金后的一个月内，按照要求将资金足额直接拨付到每个企业，且不得要求企业提供相应批文。

第十七条　为扩大开拓资金促进效果覆盖面，对各类项目的支持金额原则上实行最高限额，对企业享受较多开拓资金支持但进出口增长缓慢的将酌减补助，企业累计支持金额原则上不超过 100 万元。企业每个项目资金支持的最高限额为：

1. 境外展览会每个企业项目最高支持金额不超过 10 万元。

2. 管理体系认证每个项目最高支持金额不超过 10 万元。

3. 各类产品认证每个项目一般最高支持金额不超过 10 万元，彩电、冰箱、大型工程及成套设备等产品认证每个项目的最高支持金额不超过 30 万元。

4. 境外专利申请每个项目最高支持金额不超过10万元。

5. 国际市场宣传推介每个项目最高支持金额不超过3万元。

6. 创建企业网站每个项目最高支持金额不超过3万元，网上出口营销公共平台每个项目最高支持金额不超过30万元。

7. 境外广告每个项目最高支持金额不超过3万元，商标注册每个项目最高支持金额不超过10万元。

8. 国际市场考察每个项目最高支持金额不超过10万元。

9. 境外投（议）标每个项目最高支持金额不超过5万元。

10. 企业培训每个项目最高支持金额不超过3万元。

11. 境外收购技术和品牌每个项目最高支持金额不超过30万元。

第十八条　以外币为计算单位发生的费用支出，按审核期间的平均外汇牌价，折算为人民币。

第十九条　企业获得的项目资金，应按国家相关规定进行财务处理。

第六章　项目资金申报管理

第二十条　企业项目及项目组织单位组织本地区中小企业参加境外经济贸易展览会或进行培训，按属地原则向当地省辖市或授权县（市）商务、财政主管部门申报，省直企业向省商务厅、省财政厅申报。

第二十一条　凡符合本实施细则第八条、第九条的企业，要在商务部设立的“中小企业国际市场开拓资金网站”（以下简称开拓资金网站，网址为www. smeimdf. net或www. smeimdf. org）上注册，并将加盖企业印章后的相关资料（企业组织机构代码证书副本、法人营业执照副本、对外贸易经营者备案登记表或外商投资企业批准证书、税务登记证书副本、《海关进出口货物收发货人报关注册登记证书》等复印件）送商务主管部门审核。待商务主管部门审核公示后，企业才能申报开拓资金项目。

第二十二条　项目实施完毕且相关资料齐全的企业，须在规定的时间内在开拓资金网站上申请项目补助资金。企业要如实、全面填写《资金项目拨付申请表》，在项目小结中认真填写项目基本情况、费用支出、人员国别及天数、取得成效等情况。

第二十三条　企业申报项目资金补助时，须将以下资料装订成册提交主管部门。市、县企业的申报资料一式三份，其中报市或县商务主管部门两份（其中转报省商务厅一份）、财政主管部门一份；省直企业的申报资料一式两份，其中报省财政厅和省商务厅各一份。

1.《资金项目拨付申请表》。从开拓资金网站上直接输出打印，并由企业法定代表人签字、加盖单位印章。

2. 项目活动及实际费用支出的相关合法凭证。主要包括项目相关的合同（协议、确认书）、证书（样本、光盘等）、发票、国际机票、银行转账凭证（现金收据）、护照及签证（出国批件）、认证单位及网络等公司相关资格证书的复印件和登机牌（原件）等合法凭证。相关资料须全部加盖单位印章，是外文的还须翻译。

3、企业需按主管部门要求提供相关资料的原件，以便核查。申报中的其他要求，参见开拓资金网站和省商务厅、财政厅的有关规定。

第二十四条　市、县商务会同财政主管部门对企业申报的项目补助金额进行认真审核，确认项目申报补助金额（以整千元计），在企业《资金项目拨付申请表》上签署意见，在网站上作相应操作确定审核结果，并于每年11月5日前联合行文（附表按项目汇总）上报省商务厅、省财政厅。同时，市县商务、财政主管部门每年要对开拓资金的使用、拨付、成效等评估分析和总结，一并报省商务厅和省财政厅。

第二十五条　省商务厅和省财政厅可委托承办单位或中介机构对企业申报项目资料进行审核，确认项目支持金额。省财政厅审核后，办理资金拨付相关手续。

第二十六条　根据市场开拓资金管理工作需要，省里可在市场开拓资金中列支相关管理性支出，用于项目的评审、论证、培训、政策宣传、审计等。经费支出比例不超过资金总额的3%。

第二十七条　为进一步强化市、县开拓资金使用管理，提高资金使用效益，可根据市、县主管部门工作绩效，从全省工作经费中列支县、市承办单位相关费用。

第七章　监督和检查

第二十八条　省财政厅会同省商务厅对开拓

资金实施监督检查。检查内容包括企业项目执行及审批情况，项目资金的使用和财务管理情况，市、县财政部门拨付资金进度和额度情况。检查方式可以采用跟踪项目全过程，抽查有关资料或委托中介机构等。

第二十九条　凡使用开拓资金的企业，都应按有关财务规定妥善保存有关原始票据及凭证备查，对商务和财政部门的专项检查应积极配合并提供有关资料。各级商务和财政部门对企业和项目组织单位申报的书面材料，保存期限不少于3年。

第八章　处　罚

第三十条　任何单位和个人不得以任何形式骗取、挪用和截留开拓资金，对违反规定的，按照《财政违法行为处罚处分条例》（国务院令第427号）予以处理。

第三十一条　凡有下列行为，均属违反开拓资金管理办法和本实施办法的行为：

1. 违反开拓资金使用原则，擅自改变使用范围的；

2. 截留、挪用开拓资金的；

3. 用于个人福利，奖励及消费性开支或用于补充行政经费不足的；

4. 同一项目违反规定重复申请的；

5. 利用虚假材料和凭证骗取资金的；

6. 违反管理办法、本实施办法及国家有关法律法规的其他行为。

第三十二条　对发生上述行为的企业或项目组织单位，商务、财政部门将追回已经取得的项目资金；商务部门将取消其申请资格，并在五年内不允许其申请使用开拓资金。

第三十三条　市县商务、财政主管部门以及承办单位、中介机构未能按开拓资金管理办法及本实施办法认真履行工作职责的，省商务厅商省财政厅后将对其提出通报批评，取消承办、审核资格，收回承办单位、中介机构收取的相关费用。

第九章　附　则

第三十四条　企业或项目组织单位组织中小企业开拓香港、澳门、台湾地区市场参照本实施办法执行。

第三十五条　本实施办法由省财政厅会同省商务厅解释。

第三十六条　本实施办法自发布之日起实施。原省对外经济贸易合作厅、省财政厅《关于印发〈安徽省中小企业国际市场开拓资金使用办法（暂行）〉的通知》（皖外经贸计财发〔2001〕36号）同时废止。

安徽省财政厅　安徽省发展和改革委员会　安徽省住房和城乡建设厅关于印发《安徽省补助公共租赁住房专项资金管理办法》的通知

（2010年9月25日财综〔2010〕1385号）

各市、县财政局，发展改革委，住房保障部门：

为支持市、县加快发展公共租赁住房，加强公共租赁住房专项资金管理，提高财政资金使用效益，根据《财政部 国家发展改革委 住房城乡建设部关于印发〈中央补助公共租赁住房专项资金管理办法〉的通知》（财综〔2010〕50号）规定，我们制定了《安徽省补助公共租赁住房专项资金管理办法》。现印发给你们，请遵照执行。

附件：安徽省补助公共租赁住房专项资金管理办法

安徽省补助公共租赁住房专项资金管理办法

第一章　总　则

第一条　根据《国务院关于坚决遏制部分城市房价过快上涨的通知》（国发〔2010〕10号）以及住房城乡建设部、国家发展改革委、财政部、国土资源部、人民银行、国家税务总局、银监会《关于加快发展公共租赁住房的指导意见》（建保〔2010〕87号）和财政部、国家发展改革委、住房城乡建设部发布的《中央补助公共租赁住房专项资金管理办法》（财综〔2010〕50号）的规定，中央和省级安排公共租赁住房专项补助资金（以下简称公租房补助资金），支持市、县加快发展公共租赁住房。为确保公租房补助资金使用和管理的规范化、制度化、程序化，提高资金使用效益，特制定本办法。

第二条　公租房补助资金的补助范围为已纳入省人民政府批准的公共租赁住房发展规划和年度计划的公共租赁住房项目，不包括廉租住房项目。

第三条　公租房补助资金按照公开、公平、公正、透明的原则安排给实施公共租赁住房项目的市、县。中央公租房补助资金专项用于补助市、县政府组织实施的公共租赁住房项目（含新建、改建、收购、在市场长期租赁住房等方式筹集房源）的开支，包括投资补助、贷款贴息以及政府直接投资项目的资本金等支出，不得用于管理部门的经费开支。省级公租房补助资金主要用于补助市、县政府组织实施的公共租赁住房项目的开支，可适当用于公租房项目实施过程中信息调查统计、表格印刷等相关业务支出。

第四条　各市、县应当按照“专项管理、分账核算、专款专用、跟踪问效”的原则，加强公租房补助资金管理，确保资金安全、规范、有效使用。

第二章　资金的计算与分配

第五条　中央公租房补助资金按照各市、县筹集的公共租赁住房套数安排。筹集公共租赁住房套数，以公共租赁住房是否开工建设或签订收购、租赁协议为准。

第六条　中央公租房补助资金按公式法分配。某市、县的专项补助资金总额 =（该市、县年度筹集套数 ÷ 各市、县年度筹集套数之和）× 年度公租房补助资金总规模。其中：该市、县年度筹集套数是指该市、县当年计划筹集套数，减去上年度未完成的计划筹集套数，加上上年度超计划完成的筹集套数。

第七条　省级公租房补助资金参照中央公租房补助资金公式法和各市、县公共租赁住房数据、资料报送情况等工作成效分配给市、县，其中根据工作成效分配的资金不高于省级公租房补助资金总额的10%。

第八条　每年2月28日前，实施公共租赁住房项目的有关市级财政部门应当会同发展改革、住房保障部门，向省级财政、发展改革和住房保障部门汇总上报市本级及所辖县上年度公共租赁住房计划实施情况，形成书面材料，并附以下资料。1. 本年度市、县公共租赁住房发展规划和年度计划；2.《市（县）年度公共租赁住房发展计划和完成情况表》（一式三份，加盖印章，并附电子版）；3. 有关部门上年度新建改建公共租赁住房开工建设证明及收购、租赁公共租赁住房合同或协议的复印件。

每年3月31日前，省财政厅、省发展改革委、省住房城乡建设厅将经省政府批准的公共租赁住房发展规划和年度计划，以及审核认定后的各市、县公共租赁住房发展规划和年度计划等有关资料，一并汇总报送财政部、国家发改委、住房城乡建设部。

第九条　各市汇总上报的书面材料及所附报表、资料应当做到及时、准确、完整，分别上报省财政厅、省发展改革委、省住房城乡建设厅。省级财政、发展改革部门将会同同级住房保障部门，对各市上报的相关资料进行认真审核，其中实地抽查审核比例不低于市、县总数的30%。对于未按规定时间报送有关资料的地区，视同不申请公租房补助资金处理。

2010年公租房补助资金分配和下达，以省政府与各市人民政府签订的住房保障工作目标责任书中确定的2010年新建公共租赁住房套数等因素为依据。

第三章　资金的拨付和使用

第十条　中央公租房补助资金，由省财政厅会同省发展改革委、省住房城乡建设厅在收到中央分配资金指标后一个月内，一次性统一下达市、县财政部门。省级公租房补助资金，由省财政厅商有关部门于每年7月底前下达市、县财政部门。

第十一条　实施公共租赁住房项目的相关市、县财政部门收到省级财政部门下达的中央和省级公租房补助资金后，应当按照本办法规定，用于实施公共租赁住房项目的支出，并按项目进度及时支付资金。

第十二条　实施公共租赁住房项目的相关市、县财政部门，应当对公租房补助资金实行专项管理、分账核算，并严格按照规定用途使用，不得截留、挤占、挪作他用，也不得用于平衡本级预算。各地住房保障部门及项目实施单位要严格按照本办法使用公租房补助资金，不得挪作他用。公租房补助资金的支付管理，按照财政国库管理制度的有关规定执行。

第十三条　市、县财政部门安排使用公租房补助资金时，填列《2010年政府收支分类科目》支出科目中的221类“住房保障支出”01款“保障性住房支出”99项“其他保障性住房支出”科目。

第四章　监督管理

第十四条　实施公共租赁住房项目的相关市、县财政部门以及住房保障部门和项目实施单位必须确保公租房补助资金按照规定用途使用。对于违反规定，采取虚报、多报等方式骗取公租房补助资金，不按规定使用公租房补助资金的，一经核实，省级财政将收回已安排的公租房补助资金，或扣减下一年度该市、县应得的公租房补助资金。同时，按照《财政违法行为处罚处分条例》（国务院令第427号）的规定进行处理，并依法追究有关责任人员的行政责任。

第十五条 实施公共租赁住房项目的相关市、县财政部门、发展改革部门、住房保障部门要加强对本地区公租房补助资金使用情况的监督检查，防止挤占、挪用等违法违纪行为的发生。

第五章 附 则

第十六条 公租房补助资金原则上按照本办法第二章规定计算和安排。如遇发生重大自然灾害等特殊情况，公租房补助资金分配时可以适当向受灾地区倾斜。

第十七条 本办法自2010年1月1日起施行。

第十八条 本办法由省财政厅会同省发展改革委、省住房城乡建设厅负责解释。

安徽省财政厅 安徽省科学技术厅关于印发《安徽省科技型中小企业技术创新基金财务管理暂行办法》的通知

（2010年11月3日财企〔2010〕1747号）

各市、县财政局、科技局：

为规范和加强安徽省科技型中小企业技术创新基金管理，提高资金使用效益，省财政厅、省科技厅研究制定了《安徽省科技型中小企业技术创新基金财务管理暂行办法》。现印发给你们，请遵照执行。

附件：安徽省科技型中小企业技术创新基金财务管理暂行办法

安徽省科技型中小企业技术创新基金财务管理暂行办法

第一章 总 则

第一条 为了加强安徽省科技型中小企业技术创新基金（以下简称省创新基金）的财务管理工作，提高创新基金的使用效益，依据《财政部科技部关于印发〈科技型中小企业技术创新基金财务管理暂行办法〉的通知》（财企〔2005〕22号）、《科技部财政部关于印发〈科技型中小企业技术创新基金项目管理暂行办法〉的通知》（国科发计字〔2005〕60号）等有关文件，制定本办法。

第二条 本办法所称省创新基金主要来源于中央财政和省级财政预算安排的专项用于支持我省科技型中小企业技术创新，促进科技成果转化的财政性资金。省级预算安排由省财政厅根据省财政预算和我省获得国家创新基金项目立项情况确定。

第三条 省创新基金的使用和管理遵守国家和我省有关法律、行政法规和财务规章制度，遵循诚实申请、公正受理、科学管理、择优支持、公开透明、专款专用的原则。

第二章 开支范围

第四条 省创新基金主要用于支持我省科技型中小企业技术创新活动所需的支出，具体开支范围包括项目费用和管理费用。

第五条 项目费用是指国家创新基金支持我省的项目资金以及省财政用于国家创新基金项目的配套资金。根据国家创新基金年度支持重点和项目指南，对已经省科技厅、省财政厅推荐获得国家创新基金立项的项目，省财政按一定比例进行资金配套。

第六条 管理费用是指用于省创新基金项目的评审、评估、验收和日常管理工作的经费，按不高于省财政安排的创新基金的1.5%列支。

第七条 根据项目的不同特点，省创新基金分别以无偿资助、贷款贴息的方式给予支持。无偿资助主要用于科研人员携带科技成果创办企业进行成果转化，创新产品研究开发及中试阶段的必要补助。贷款贴息主要用于支持产品具有一定水平、规模和效益，银行已有贷款的项目。

第八条 对当年度已获得中央财政中小企业专项资金支持以及两年内已获得中央财政科技型中小企业技术创新基金支持的项目，不予重复支持。

第三章 项目审批和资金拨付

第九条 企业依照《科技型中小企业技术创新基金项目管理暂行办法》申请创新基金。由市、县科技部门会同财政部门共同研究初选项目，行文上报省科技厅、省财政厅。省科技厅、省财政厅依据专家的评审意见，结合年度资金预算，共同研究提出项目推荐上报计划，并行文报送科技部、财政部。

第十条　经批准立项的项目由科技部创新基金管理中心与项目申请单位、省科技厅三方签订项目合同，三方必须遵守合同所确定的各项技术经济指标、阶段考核目标等条款。

第十一条　根据财政部下拨资金文件，省财政厅下达项目资金的通知，将预算指标下达市（县）财政局，由市（县）财政局根据预算管理规定，将专项资金及时拨付到项目单位。省级配套资金根据我省获得国家创新基金项目和资金情况下达。

第十二条　项目单位收到省创新基金后，应确保专款专用，并按国家有关财务规定进行账务处理。

第四章　监督管理与检查

第十三条　经批准立项的项目参照科技部《科技型中小企业技术创新基金项目监督管理和验收工作规范》、《安徽省科技型中小企业技术创新基金项目监督管理和验收实施细则》进行项目管理和验收。

第十四条　省科技厅负责实施项目监督管理和验收工作，省财政厅参与创新基金项目的验收管理工作。项目承担单位应接受科技部创新基金管理中心、省科技厅、省财政厅的监督检查，并按照规定填报创新基金项目《监理信息调查表》，并对所提供的监理信息的真实性负责。

第十五条　项目承担单位应建立资金使用的监督约束机制，严格执行项目预算，确保资金规范合理使用。省科技厅、省财政厅对项目实行跟踪问效和目标管理，或委托有资质的中介机构对项目实施和资金使用情况进行监督检查。

第十六条　省创新基金实行责任追究制度。对弄虚作假骗取资金，截留、挪用、挤占资金等违反财经纪律行为，一经发现，省财政厅立即收回补助资金，企业三年内不得申报省创新基金。情节严重者，按照《财政违法行为处罚处分条例》等国家有关法律法规予以严肃处理。

第五章　附　则

第十七条　本办法由省财政厅、省科技厅负责解释。

第十八条　本办法自公布之日起执行。

安徽省财政厅 安徽省发展和改革委员会关于印发《皖江城市带承接产业转移示范区“以奖代补”资金管理办法（暂行）》的通知

（2010年11月3日财建〔2010〕1763号）

各有关市财政局、省直有关单位：

为加强皖江城市带承接产业转移示范区“以奖代补”资金使用管理，规范资金分配程序，提高资金使用效益，我们研究制定了《皖江城市带承接产业转移示范区“以奖代补”资金管理办法（暂行）》。经省推进皖江城市带承接产业转移示范区建设领导小组办公室同意，现印发给你们，请遵照执行。

附件：皖江城市带承接产业转移示范区“以奖代补”资金管理办法（暂行）

皖江城市带承接产业转移示范区“以奖代补”资金管理办法（暂行）

第一条　根据《中共安徽省委　安徽省人民政府关于加快推进皖江城市带承接产业转移示范区建设的若干政策意见》（皖发〔2010〕10号）文件精神，为加快建成全省加速崛起的核心增长极，推进省级示范区内开发区快速提升承接产业转移能力，充分发挥财政资金引导和杠杆作用，特制定本办法。

第二条　本办法所称的“以奖代补”资金是指从皖江城市带承接产业转移示范区专项资金中切块安排的1亿元专项资金，以下简称奖补资金。

第三条　奖补资金的使用坚持注重实效、择优奖励、科学公平、统一规范的原则。

第四条　奖补资金的奖补对象是皖江城市带承接产业转移示范区规划范围内的合肥、芜湖、马鞍山、铜陵、安庆、池州、巢湖、滁州、宣城、六安10个省辖市和59个县（市、区），以及江北、江南集中区所辖的省级以上开发区。

第五条　奖补资金主要用于各地示范园区和

江北、江南集中区建设，以及重大项目前期费用、招商引资奖励费用、重要规划编制费用等，不得挪作他用。

第六条　《安徽省人民政府办公厅关于印发皖江城市带承接产业转移示范区考核评价办法（试行）的通知》（皖政办秘〔2010〕126号）第五条规定的表彰奖励资金从奖补资金中列支。

第七条　奖补资金的奖补，主要依据《皖江城市带承接产业转移示范区考核评价办法（试行）》。

第八条　省皖江办会同省财政厅，根据考核结果提出奖补方案，报省推进皖江城市带承接产业转移示范区建设领导小组审定。

第九条　奖补资金由省财政厅直接拨付奖补对象。

第十条　省财政厅负责资金的跟踪问效，并会同省皖江办依照有关规定对示范区奖补资金的使用进行专项检查。对于违反本规定，截留挪用奖补资金或有其他违规行为的，停拨、扣减或追回财政资金，依法追究相关单位和个人的责任。

第十一条　本办法由省财政厅、皖江办负责解释。

第十二条　本办法自发布之日起实行。

安徽省财政厅　安徽省住房和城乡建设厅关于印发《安徽省补助廉租住房保障专项资金管理办法》的通知

（2010年12月27日财综〔2010〕2257号）

各市、县（市）财政局：

根据城市廉租住房保障工作进展新情况、新要求，为支持市、县做好城市廉租住房保障工作，加强中央和省级廉租住房保障专项资金管理，提高财政资金使用效益，根据《财政部关于印发〈中央补助廉租住房保障专项资金管理办法〉的通知》（财综〔2010〕110号）规定，经商省住房城乡建设厅同意，我厅重新制定了《安徽省补助廉租住房保障专项资金管理办法》。现印发给你们，请遵照执行。

附件：《安徽省补助廉租住房保障专项资金管理办法》

安徽省补助廉租住房保障专项资金管理办法

第一章　总　则

第一条　根据《安徽省人民政府关于解决城市低收入家庭住房困难的实施意见》(皖政〔2007〕106号)和财政部重新制定的《中央补助廉租住房保障专项资金管理办法》(财综〔2010〕110号)等有关规定，为支持市、县做好城市廉租住房保障工作，加强补助廉租住房保障专项资金管理，提高财政资金使用效益，制定本办法。

第二条　本办法所称补助廉租住房保障专项资金（以下简称专项资金），是指由中央和省级财政分配安排用于补助市、县廉租住房保障工作的专项资金。

第三条　专项资金按照公开、公平、公正、透明的原则分配给市、县。

第四条　专项资金管理根据市、县廉租住房保障工作进展情况适时调整。

第二章　分配和计算

第五条　中央专项资金在优先满足发放廉租住房租赁补贴的前提下，可用于购买、改建或租赁廉租住房支出。其中，购买廉租住房可以购买旧房，也可以购买新房。在完成当年廉租住房保障任务的前提下，经同级财政部门批准，可以将专项资金用于购买、新建、改建、租赁公共租赁住房。

第六条　中央专项资金原则上按照市、县年度发放租赁补贴户数以及购买、改建、租赁廉租住房套数等因素计算分配。发放租赁补贴户数以及购买、改建、租赁廉租住房套数，权重各占40%和60%。

第七条　中央专项资金分配计算公式为：

某市、县中央专项资金总额=〔（该市、县年度租赁补贴户数÷各市、县年度租赁补贴户数之和×40%）+（该市、县年度购买、改建、租赁廉租住房套数÷各市、县年度购买、改建、租赁廉租住房套数之和×60%）〕×年度中央专项资金总额。

公式中：年度租赁补贴户数是指当年计划发放租赁补贴户数，减去上年度未实施的计划发放户数，加上上年度超计划实施的发放户数；年度购买、改建、租赁廉租住房套数是指当年计划购买、改建、租赁廉租住房套数，减去上年度未实施的计划套数，加上上年度超计划实施的套数。上述租赁补贴户数和购买、改建、租赁廉租住房套数实施情况，以是否实际发放租赁补贴以及签订购买、改建、租赁合同为准。廉租住房套数不得以跨保障方式、跨施工年度、跨取得方式等重复申报。

第八条　省级专项资金实行以奖代补，参照中央专项资金分配和计算公式，结合各市、县相关数据、资料报送情况等工作成效分配给市、县，其中根据工作成效分配的资金不高于省级专项资金总额的20%。省级专项资金主要用于市、县廉租住房保障工作中的租赁补贴支出，可适当用于租赁补贴工作中基础信息系统维护和调查统计、表格印刷业务支出，仍有结余的，可与市、县筹集的廉租住房保障资金统筹使用，但不得用于其他方面的开支。

第九条　每年1月15日前，县（市）级财政部门应当会同同级廉租住房保障主管部门，按照本办法规定汇总本地区如下资料分别报送市级财政、廉租住房保障主管部门：1. 本县（市）廉租住房保障规划及年度保障计划。2. 加盖部门印章的本办法附表1、附表2、附表3及相关文字说明（附表及文字说明附送电子版）。3. 本县（市）年度发放租赁补贴户数和购买、改建、租赁廉租住房套数等有关资料。

第十条　每年1月31日前，市级财政部门应当会同同级廉租住房保障主管部门，在汇总审核市本级及所辖县（市）有关报表、资料是否按照规定申报后，分别向省级财政、廉租住房主管部门报送如下资料：1. 本市廉租住房保障规划及年度保障计划，市本级和所辖县（市）廉租住房保障规划及年度保障计划。2. 加盖部门印章的本办法附表1、附表2、附表3及相关文字说明（附表及文字说明附送电子版）。3. 本市年度发放租赁补贴户数和购买、改建、租赁廉租住房套数等有关资料。4. 市级财政部门及廉租住房主管部门对所辖县（市）申报材料审核情况的说明。

第十一条　各地上报的报表、资料，应当做到真实、完整、及时，财政部门、廉租住房保障主管部门应按照职责分工，严格审查核实。

第十二条　省级财政部门将会同廉租住房保障主管部门，在汇总审核各市、县上报的有关资料后，与审核情况说明一并于2月28日前提交财政部驻安徽财政监察专员办事处审核认定；3月31日前报送财政部、住房城乡建设部。对于未按规定要求和规定时间报送有关资料的市、县（区），视同不申请中央和省级补助资金处理。

第十三条　财政部驻安徽省财政监察专员办事处将实地抽查不少于3个市（含所辖县、区），并对于审核发现的严重弄虚作假或重大违规问题向财政部报告。财政监察专员办事处审核工作结束后，将于3月31日前将审核意见表报送财政部。

第三章　拨付与使用

第十四条　中央专项资金由省财政厅会同省住房城乡建设厅在收到指标后一个月内，下达市、县财政部门。省级专项资金由省财政厅商同省住房城乡建设厅于每年9月底前统一下达市、县财政部门。同时，根据市、县廉租住房保障任务完成情况、专项资金使用管理情况、上报数据准确情况等因素，在下一年度分配专项资金时采取适当的奖惩措施，相应增加或减少有关市、县的专项资金。市、县财政部门在收到中央和省级专项资金后，应统筹其他各项廉租住房保障资金，按照规定用于市、县廉租住房保障方面的开支。

第十五条　市、县财政部门应当对专项资金实行专项管理、分账核算，并严格按照规定用途使用，不得截留、挤占、挪作他用，也不得用于平衡本级预算。专项资金支付，按照财政国库管理制度有关规定执行。各市、县要切实提高专项资金使用效率，加快预算执行进度。对于年底存在专项资金结余的市、县，省财政厅将相应减少安排该市、县下一年度专项资金数额。

第十六条　市、县财政部门安排使用专项资金时，根据专项资金用途，分别填列《政府收支分类科目》221类“住房保障支出”01款“保障性安居工程支出”01项“廉租住房”科目和06项“公共租赁住房”科目。

第四章　监督管理

第十七条　市、县财政部门必须确保专项资金按照规定用途使用。对于违反规定，骗取专项资金，不按规定使用专项资金的，省财政将相应扣减下一年度分配该市、县的专项资金数额。同时，要按照《财政违法行为处罚处分条例》（国务院令第427号）的规定进行处理，并依法追究有关责任人员的行政责任。

第十八条　市、县财政部门要加强对本地区专项资金使用情况的监督检查，发现问题，及时纠正，杜绝挤占、挪用等违法违纪行为的发生。

第十九条　每年年度终了，县级财政部门应将本地区上年度中央和省级专项资金收支和结余情况，于每年1月15日之前报送市级财政部门汇总。

市级财政部门应将本地区上年度中央和省级专项资金收支和结余汇总情况，于每年1月31日之前报送省财政厅。具体详见《市（县）年度中央补助廉租住房保障专项资金收支情况表》（附表2）、《市（县）年度省级补助廉租住房保障专项资金收支情况表》。

第五章 附 则

第二十条 如遇发生重大自然灾害等特殊情况，省级财政分配专项资金时会适当向受灾地区倾斜。

第二十一条 本办法自2011年1月1日起实施，省财政厅原印发的《安徽省廉租住房保障专项补助资金管理实施办法》（财综〔2008〕847号）同时废止。

第二十二条 本办法由省财政厅负责解释。

支持社会事业发展规范性文件

安徽省财政厅 安徽省人力资源和社会保障厅关于印发《2010年企业职工基本养老保险省级统筹责任分担办法》的通知

（2010年2月9号财社〔2010〕136号）

各市财政局、人力资源社会保障（劳动保障）局：

为推进企业职工基本养老保险省级统筹顺利实施，确保各地企业离退休人员基本养老金按时足额发放，进一步明确各级政府责任，省财政厅、省人力资源社会保障厅制定了《2010年企业 职工基本养老保险省级统筹责任分担办法》。现印发给你们，请认真贯彻执行。

附件：2010年企业职工基本养老保险省级统筹责任分担办法

2010年企业职工基本养老保险省级统筹责任分担办法

第一条　为确保各地企业离退休人员基本养老金按时足额发放，进一步明确各级政府责任，根据《安徽省人民政府关于企业职工基本养老保险实行省级统筹的意见》（皖政〔2009〕109号）、《省财政厅、省人力资源社会保障厅、省地税局、人民银行合肥中心支行关于印发〈安徽省企业职工基本养老保险基金预算管理办法（试行）〉的通知》（财社〔2009〕1954号）和《省人力资源社会保障厅、省财政厅、省地税局关于印发〈安徽省企业职工基本养老保险省级统筹工作目标考核试行办法〉的通知》（皖人社发〔2010〕18号），制定本办法。

第二条　全省企业职工基本养老保险基金由省级实行统一预算，统一管理，统一调剂使用；省对各市级统筹地区实行基金调剂，市对所辖县（市、区）实行统收统支。省管行业单位作为一个市级统筹地区由省级直接管理。

第三条　企业职工养老保险省级调剂金，由中央财政和省财政补助资金、各市级统筹地区上解资金组成。2010年，各市级统筹地区暂不上解省级调剂金。

第四条　各市级统筹地区要根据财社〔2009〕1954号等文件规定，认真编制2010年本地区企业职工基本养老保险基金预算，报经省政府批准后确定各统筹地区年度基金收支缺口。计算公式为：市级统筹地区基金收支缺口（负数）=年度基金总收入－－－－年度基金总支出 年度基金总收入=当期基本养老保险费收入+（同级）财政补贴收入+上级补助收入+下级上解收入+利息收入+转移收入+其他收入 年度基金总支出=基本养老金支出+丧葬抚恤费支出+上解上级支出+补助下级支出+转移支出+医疗补助金支出+其他支出 。

第五条　各市级统筹地区要严格执行经省政府批准的年度基金收支预算。在预算执行过程中，正常预算调整由各市级统筹地区提出调整方案，如遇国家和省重大政策调整等因素影响预算时由省级经办机构提出预算调整方案。预算调整方案按规定程序报批后，由省调整各市级统筹地区年度基金收支缺口。

第六条　省对各市级统筹地区年度养老保险基金预算执行情况进行目标考核，考核结果和省级调剂金补助挂钩。各市级统筹地区没有完成预算形成的收支缺口，不列入省级调剂范围，由同级财政弥补。

第七条　各市级统筹地区完成2010年度基金收支预算（含预算调整，下同）后的收支缺口，作为省级调剂基数，由省对市级统筹地区实行调剂，调剂比例暂按省与市级统筹地区8：2分担，其中：省级承担80%，市级统筹地区承担20%。

第八条　省对市级统筹地区年度预算内缺口补助资金从省级调剂金中解决。各市级统筹地区承担年度基金预算内缺口资金，从各统筹地区代管的历年结余基金中解决，历年结余基金没有或不足的由统筹地区财政予以足额弥补。

第九条 各市级统筹地区需要报省批准后方可动用结余基金，不得擅自使用。由各市级统筹地区财政部门会同人力资源社会保障（劳动保障）部门向省财政厅、省人力资源社会保障厅提出书面申请，说明使用的理由、具体数额以及用途等情况。省财政厅将会同省人力资源社会保障厅根据申请地区基金收支运行情况研究决定，并批复申请地区执行。

第十条 省级调剂金采取“按季预拨调剂、年终考核结算”方式。

第十一条 省财政厅会同省人力资源社会保障厅根据市级统筹地区当年基金收支预算情况以及省级调剂金承受能力，采取按季预拨的方式。年度预拨总规模为各市级统筹地区基金预算内缺口中省级应承担部分的80%。

第十二条 年终时，省财政厅和省人力资源社会保障厅根据年度基金预算执行情况考核结果，与各市级统筹地区进行省级调剂金清算。其中：省级预拨调剂金不足的，年终由省财政厅会省人力资源社会保障厅一次性补齐；省级预拨调剂金超过省级应承担部分的，冲抵次年省级应补调剂金。

第十三条 在按第七条规定实行普遍调剂后，根据市级统筹地区当期基金运行、基金预算执行、地方财力等因素，省对市级统筹地区实行特殊调剂。特殊调剂由市级统筹地区政府向省财政厅和省人力资源社会保障厅申请，实行专项申报制。特殊调剂规模根据年度省级调剂金以及各市级统筹地区调剂后基金缺口情况，由省财政厅会省人力资源社会保障厅研究确定。特殊调剂所需资金从省级调剂金中解决。

第十四条 市级统筹地区享受省级特殊调剂应同时具备以下条件：1. 必须完成经省政府批准的年度基金预算；2. 按本办法第七条实行省级调剂后，市级统筹地区承担的基金缺口仍然较大的；3. 按规定申请使用历年结余基金仍不能弥补本级应承担的缺口；4. 财政困难并难以承受的，财政困难程度按人均财力确定。

第十五条 省对市级统筹地区调剂金补助，通过省级养老保险基金财政专户直接拨入市级统筹地区养老保险基金财政专户。

第十六条 本办法由省财政厅会省人力资源社会保障厅负责解释。

安徽省财政厅关于印发《财政社保部门省级专项业务经费管理暂行办法》的通知

（2010年3月2日财社〔2010〕216号）

省直有关部门：

根据财政部和省政府关于财政管理科学化、精细化的要求，我们制定了《财政社保部门省级专项业务经费管理暂行办法》，现印发给你们，请遵照执行。各部门可结合本部门实际情况，制定具体的实施细则。

财政社保部门省级专项业务经费管理暂行办法

第一条 为提高资金管理的科学化、精细化水平，加强和规范财政管理，加快资金支出进度，发挥资金使用效益，根据《中华人民共和国预算法》、安徽省人民政府《关于加强财政科学化精细化管理的指导意见》制定本办法。

第二条 财政社保省级专项业务经费资金是指省级社保部门用于开展业务工作所必需的培训费、宣传费、租赁费、印刷费、会议费等项经费。包括省财政部门预算安排的专项业务费、省财政年度执行中追加的专项业务费以及从省级专项资金和中央补助专项资金中安排的专项业务经费（以下统一简称专项业务费）。

第三条 本办法适用于省卫生厅、省人力资源和社会保障厅、省民政厅、省食品药品监督管理局、省委老干部局、省委保健办、省残疾人联合会、省红十字会本级和所属行政事业单位。

第四条 专项业务费实行归口统一管理，由省级社保部门的财务处（室）统一办理业务费的申请、使用和预算指标的调增、调减手续。

第五条 除部门预算安排和年度预算追加的专项业务费外，有明确规定需从省级专项资金和中央补助专项资金中安排的专项业务费，由部门根据工作业务量提出安排意见，并提供相关的安排依据和标准，省财政厅按照从紧从严的原则，认真审核后予以批复，部门按批复的经费额度执行。除有明确规定外，不得从中央补助经费中安排专项业务费。

第六条　部门应根据部门预算中安排的专项业务费，分项目向财政部门提出用款计划，并按照计划完成支出任务；对年度预算追加和从省级专项资金及中央补助专项资金中安排的专项业务费，部门应在收到指标两周内提出用款计划，并按计划执行。

第七条　部门按用款计划，通过财政一体化管理信息系统分配、申请、使用专项业务费。

第八条　根据专项业务费支付的具体内容，采取不同的支付方式：

（一）零星的业务费支出，如水电费、差旅费等，不得超过专项业务费的20%。由部门通过财政一体化管理信息系统，实行授权支付；

（二）会议费、培训费、印刷费、租赁费等专项支出，由部门根据相关合同、协议或实际商品劳务量，提出支出数额，由部门通过财政一体化管理信息系统，实行财政直接支付；

从调入财政专户资金中安排的上述专项支出，根据部门提供的预算、凭证、支付金额和收款账号，财政部门按相关标准审核后，从财政专户直接拨到提供商品、培训、劳务等项服务的单位（企业）；

（三）实行政府采购的专项业务费，按政府采购资金的支付程序办理。

第九条　专项业务费用于规定的专项业务，在规定业务项目完成前，原则上不得相互调剂使用。

专项业务费原则上不得跨年度结转使用。

第十条　对不能按规定时间完成支出任务的专项业务费，将收回预算指标（资金）或调整用于其他相关支出。

第十一条　项目完成后，专项业务费仍有结余的，结余指标（资金）由财政全部收回。

第十二条　省财政厅将对专项业务费使用情况进行专项检查或抽查，也可委托中介机构对专项业务费使用情况进行检查、评估，检查、评估结果将作为下一年度安排专项业务费的重要依据。

第十三条　专项业务费接受同级纪检、监察、审计等部门的监督检查。

第十四条　本办法从印发之日起执行。

第十五条　本办法由省财政厅负责解释。

安徽省财政厅　安徽省民政厅关于印发《安徽省县级社会（儿童）福利中心建设经费管理暂行办法》的通知

（2010年3月19日财社〔2010〕255号）

各市、县财政局、民政局：

根据我省2010年实施的33项民生工程有关文件精神，经研究决定，现将《安徽省县级社会（儿童）福利中心建设经费管理暂行办法》印发各地，请结合当地实际，一并贯彻执行。

安徽省县级社会（儿童）福利中心建设经费管理暂行办法

第一章　总　则

第一条　为贯彻落实《安徽省人民政府关于2010年实施33项民生工程的通知》（皖政〔2010〕1号）精神，进一步规范我省县级社会（儿童）福利中心建设经费的管理，提高资金使用效益，根据有关政策规定，结合我省实际，制定本暂行办法。

第二条　本暂行办法所称的县级社会（儿童）福利中心建设经费，是指省、县财政安排的用于县级社会（儿童）福利中心的新建、改建、基本设备购置，以及基础设施改造等方面的专项经费。

企业、社会团体和个人自愿捐赠用于县级社会（儿童）福利中心建设的经费，参照本办法进行管理。

第二章　资金来源渠道及使用范围

第三条　资金来源渠道：

1. 省财政预算安排的资金；

2. 县财政配套安排的资金；

3. 彩票公益金等其他用于县级社会（儿童）福利中心建设的资金；

4. 各级财政专户利息收入。

第四条　资金补助及配套标准：

根据各地承担的任务数，采取定点定额补助的办法：即资金确定到具体建设项目，平均每张床位定额补助6万元（每张床位综合建设面积40平方米、每平方米建设造价1500元)。

1. 省财政预算安排的资金，平均每张床位补助4.2万元；

2. 县级财政预算安排的资金，平均每张床位补助1.8元。

第五条 市、县财政配套额度，由各地根据当地财力状况，在不低于第四条配套补助标准的基础上，结合实际建设标准自行确定，但每张床位的建设标准不得低于6万元。

第六条 资金使用范围：

县级社会（儿童）福利中心建设资金专项用于县级社会（儿童）福利中心的院民住房建设、附属设施建设、基本配套设施设备购置，不得用于冲抵各级财政安排的供养对象生活补助经费、工作人员工资和管理经费。

第三章 资金管理及拨付

第七条 县级社会（儿童）福利中心建设经费实行财政专户管理、专账核算。县级财政部门设立县级社会（儿童）福利中心建设经费财政专户，用于归集和核算各项用于社会（儿童）福利中心建设的经费，确保专款专用。

第八条 省级财政预算安排的县级社会（儿童）福利中心建设经费、县级财政预算安排的配套经费，以及其他用于县级社会（儿童）福利中心建设的经费，应及时划入“县级社会（儿童）福利中心建设经费财政专户”。

第九条 县级财政部门按照工程进度拨付资金。对实行政府采购的项目，通过财政专户将资金直接拨付至商品或劳务供应商；同时，根据项目进展情况，按照有关规定，可采取预拨方式拨付项目管理费等。

第四章 项目申报及组织实施

第十条 各县民政部门根据本地孤残儿童和城镇“三无”人员分布和实际需求等情况，按照统筹规划的原则，科学制定本地社会（儿童）福利中心建设规划，确定实施年度和建设规划，商同级财政部门审核，并报县级人民政府批准后，上报至市级民政部门。

市级民政部门根据本市情况，排定所辖县实施顺序，商市财政部门同意后，报省民政厅。

省民政厅组织有关部门和专家对各地申报材料进行论证后，商省财政厅审核确定后实施。

第十一条 县级人民政府是项目实施的责任主体。县级民政部门负责项目实施日常工作，县级财政部门负责本级配套资金的落实和建设资金的监督管理。

第十二条 县级社会（儿童）福利中心建设严格按照国家有关工程建设的规定组织实施，实行法人责任制、政府采购制、工程监理制和合同管理制。

第十三条 县级社会（儿童）福利中心必须按照《安徽省县级社会（儿童）福利中心建设指导意见》（另行下发）的要求进行建设。

第五章 监督与检查

第十四条 县级社会（儿童）福利中心建设资金要按照国家有关法律、法规和财务规章制度和项目实施方案的规定，专款专用。任何单位和个人不得以任何形式挤占和挪用。

第十五条 虚报有关情况骗取财政补助、擅自变更项目内容、挪用专项资金、地方应安排资金不能按时到位的，应根据具体情况和有关规定停止拨款或收回专项资金。

第十六条 项目实施单位必须指定合格的财务人员，负责项目资金管理。财务管理人员要严格执行《中华人民共和国会计法》和财务规章制度，坚持原则，抵制不正之风，坚决制止不按预算、项目执行的现象；对严重违纪事项，必须及时向上级财务和有关部门报告。

第十七条 县级社会（儿童）福利中心建设资金应自觉接受各级人大、政协、纪检、监察、审计等部门和社会各界监督。

第十八条 省财政厅、民政厅每年定期或不定期组织对县级社会（儿童）福利中心建设资金使用情况的专项检查或抽查。也可委托有关中介机构对项目实施情况进行评估，发现问题，按规定纠正和处理。

第六章 附 则

第十九条 本办法从2010年1月1日起实施。

第二十条 本办法由省财政厅、民政厅负责解释。

安徽省财政厅　安徽省民政厅关于印发《安徽省光荣院建设经费管理暂行办法》的通知

（2010 年 3 月 30 日　财社〔2010〕296 号）

各市财政局、民政局：

根据我省 2010 年实施的 33 项民生工程有关文件精神，经研究决定，现将《安徽省光荣院建设经费管理暂行办法》印发各地，请结合当地实际，一并贯彻执行。

安徽省光荣院建设经费管理暂行办法

第一章　总　则

第一条　为贯彻落实 2009 年省政府第 38 次常务会议纪要精神，按照《安徽省人民政府关于 2010 年实施 33 项民生工程的通知》（皖政〔2010〕1 号）要求，为进一步规范我省光荣院建设经费的管理，提高资金使用效益，根据有关政策规定，结合我省实际，制定本暂行办法。

第二条　本办法所称的光荣院建设经费，是指省市财政、发改部门安排和各级福利彩票公益金用于《安徽省光荣院建设规划（2009 - 2011 年）》确定的 30 所光荣院新建、改扩建、添置和更新必要设备以及基础设施改造等方面的专项经费。

企业、社会团体和个人自愿捐赠用于光荣院建设的经费，参照本办法进行管理。

第二章　资金来源及使用范围

第三条　资金来源渠道：

1. 省、市级财政预算安排的资金；
2. 省、市发改委预算安排的资金；
3. 省、市级福利彩票公益金安排的资金；
4. 各级财政专户利息收入；
5. 其他用于光荣院建设的资金。

按照《规划》确定的建设标准和新增床位的要求，三年新建和改扩建 30 所市级光荣院需总投资 10260 万元，其中：省级补助各市资金共 5800 万元，由省级财政、省发改委和省民政厅共同承担，具体承担比例为省级财政承担 40%、省发改委承担 40%、省民政厅承担 20%；市级共承担 4460 万元，由市配套解决。

第四条　资金补助及配套标准。

根据《安徽省光荣院建设规划（2009—2011 年）》确定的各市光荣院床位数，按平均每张床位合计投资费用 2.7 万元测算补助，其中每个床位床均基本建设投资费用为 2 万元，每个床位床均设备配置为 0.7 万元。

省级对市级光荣院的基建补助按照分类指导原则，2007 年人均财政收入低于全省平均水平的市，省级按每张床位 60% 补助；高于全省平均水平的市，省级按 40% 补助。

省级资金按各市孤老优抚对象达到 30% 集中供养率测算的规划床位数补助到各市。有条件的市可量力而行，增加投入，提高本地集中供养率目标。凡增加规划外床位数所需的投资，由市自行解决。

第五条　资金使用范围。

光荣院建设资金专项用于各市光荣院的居住和辅助用房建设、附属设施建设和内部设施设备的配置，不得用于土地房屋购置、征地等费用，不得用于冲抵各级财政安排的优抚对象生活补助经费、光荣院工作人员工资和管理经费。

第六条　各市光荣院建设配套资金必须按照《规划》要求，及时足额落实到位。

第三章　资金管理及拨付

第七条　光荣院建设经费实行财政专户管理、专账核算。市级财政部门设立光荣院建设经费财政专户，用于归集和核算各项用于光荣院建设的经费，确保专款专用。

第八条　省级财政预算安排的光荣院建设经费、省发改委安排的专项经费、省级福彩公益金安排的经费，以及市财政、发改委、民政局的配套资金，应及时划入“市级光荣院建设经费财政专户”。

第九条　市级财政部门按照工程进度拨付资金。对实行政府采购的项目，通过财政专户将资金直接拨付至商品或劳务供应商；同时，根据项目进展情况，按照有关规定，可采取预拨方式拨付项目管理费等。

第四章　项目申报及组织实施

第十条　各市民政局根据本地孤老优抚对象分布和现有光荣院情况，按照统筹规划、公开透明的原则，科学制定本市光荣院建设规划，确定新建及改扩建光荣院项目，商同级财政、发改部门审核后逐级上报至省民政厅、省财政厅、省发改委。

第十一条　各市人民政府是光荣院建设的责

任主体，对本地光荣院建设项目实行统一规划、统一征地、统一设计、统一招标监理、统一资金管理、统一验收和预决算审计。实行项目法人责任制、政府采购制、工程监管制和合同管理制。

第十二条　光荣院建设必须按照《安徽省光荣院建设指导意见》、《安徽省光荣院建设实施办法》的要求进行。

市、县级人民政府对工程建设用地和有关税费减免政策等，按规定予以保障和落实。

第五章　监督与检查

第十三条　光荣院建设资金要按照国家有关法律法规、财务规章制度和项目实施方案的规定，专款专用。任何单位和个人不得以任何形式挤占和挪用。

第十四条　虚报有关情况骗取财政补助、擅自变更项目内容、挪用专项资金、地方应配套安排资金不能按时到位的，应根据具体情况和有关规定停止拨款或收回专项资金。

第十五条　项目实施单位必须指定合格的财务人员，负责项目资金管理。财务管理人员要严格执行《中华人民共和国会计法》和财务规章制度，坚持原则，抵制不正之风，坚决制止不按预算、项目执行的现象；对严重违纪事项，必须及时向上级财务和有关部门报告。

第十六条　光荣院建设资金应自觉接受各级人大、政协、纪检、监察、审计等部门和社会各界的监督。

第十七条　省财政厅、民政厅、发改委每年定期或不定期组织对光荣院建设资金使用情况的专项检查或抽查，也可委托有关中介机构对项目实施情况进行评估，发现问题，按规定纠正和处理。

第六章　附　则

第十八条　本办法从2010年1月1日起实施。

第十九条　本办法由省财政厅、民政厅负责解释。

安徽省财政厅关于实施《行政事业单位资金往来结算票据使用管理暂行办法》有关问题的通知

（2010年4月1日财综〔2010〕315号）

各市、县（市、区）财政局：

《行政事业单位资金往来结算票据使用管理暂行办法》（以下简称暂行办法）已印发各地，自2010年7月1日起施行。为有序做好暂行办法实施工作，规范行政事业单位资金往来结算票据（以下简称资金往来结算票据）管理，现将有关问题通知如下：

一、贯彻实施暂行办法，规范资金往来结算票据管理，是财政部门的工作职责。各地要高度重视，加强领导，明确责任，采取有力措施，加强政策宣传，积极做好暂行办法的各项实施工作。

二、自2010年7月1日起，正式启用资金往来结算票据，现行安徽省行政事业单位往来结算收据（以下简称往来结算收据）同时废止并停止使用。各地财政部门要严格按照暂行办法规定，组织所属行政事业单位开展往来结算收据清理，对已使用和未使用的往来结算收据分别登记造册，按原购领缴销渠道，办理核销手续。

三、为方便市县工作，2010年5月1日后，按现行财政票据购领渠道，市财政部门可到我厅购领资金往来结算票据。县（市、区）财政部门直接向当地市级财政部门购领。

四、各地财政部门对申领资金往来结算票据的行政事业单位，要依据暂行办法的规定进行审核。凡不符合资金往来结算票据使用范围的，不得供应票据。第三季度，各地财政部门对本级行政事业单位使用资金往来结算票据情况，组织专项检查。市财政部门要对所属县（市、区）贯彻实施暂行办法情况开展督查。各地实施暂行办法工作总结，由市财政部门于10月31日前汇总报我厅综合处。

安徽省财政厅关于印发《安徽省中小学校舍安全工程专项资金管理暂行办法》的通知

（2010年4月20日财教〔2010〕416号）

各市、县（区）财政局：

为保证中小学校舍安全工程顺利实施，切实加强中小学校舍安全工程资金管理，根据《全国中小学校舍安全工程实施细则》（教财〔2009〕14号）、《安徽省人民政府关于2010年实施33项民生工程的通知》（皖政〔2010〕1号）及国家开发银行信贷资金管理等有关规定，结合我省实际，我们制定了《安徽省中小学校舍安全工程专项资金管理暂行办法》。现印发给你们，请认真贯彻执行，并制定本地校舍安全工程专项资金管理实施细则，报省财政厅备案。

安徽省中小学校舍安全工程专项资金管理暂行办法

第一条　为加强中小学校舍安全工程专项资金管理，提高资金使用效益，保证中小学校舍安全工程顺利实施，根据《全国中小学校舍安全工程实施细则》（教财〔2009〕14 号）、《安徽省人民政府关于2010 年实施 33 项民生工程的通知》（皖政〔2010〕1号）及国家开发银行信贷资金管理等有关规定，制定本办法。

第二条　中小学校舍安全工程专项资金（以下简称专项资金），包括中央和省校舍安全工程补助资金，省级校舍安全工程国家开发银行贷款、农村中小学校舍维修改造长效机制资金，市县（区）配套安排用于校舍安全工程的资金等。

第三条　专项资金主要用于公办中小学校教学用房、学生宿舍和食堂等校舍的加固和重建，不得用于偿还债务或挪作他用。

第四条　中小学校舍安全工程实施应以排查鉴定结果为基础和依据，以《建筑工程抗震设防分类标准》（GB50223－2008）规定的重点设防类校舍抗震和综合防灾为重点，结合城镇化建设的进程，兼顾中小学布局调整需求。

加固和重建校舍应经过具有相应资质或资格的机构鉴定，并具有《中小学校舍安全鉴定报告》。

第五条　专项资金实行中央财政补助，省级统筹，市、县（区）负责，多渠道筹集的机制，采取由中央、省、市、县（区）各级共同负担。鼓励社会各界捐资捐物支持校舍安全工程。

民办、外资、企（事）业办中小学的校舍安全改造由投资方和本单位负责，当地政府给予指导、支持并实施监管。

第六条　专项资金根据工程总体规划和年度实施计划，按照“统筹安排，突出重点，集中投入”的原则，专款专用，保证效益。具体根据各地加固重建面积、在校学生人数、单位造价定额等因素，测定各市、县（区）校舍安全工程所需资金。每年，由中央、省财政与市、县（区）财政按一定比例分担。其中省级通过开发银行贷款筹集安排，开发银行贷款本金由省财政负责偿还，利息由各市、县（区）承担。

第七条　各级财政对专项资金实行专户管理、分账核算、专款专用。中央和地方安排的专项资金，都要进入财政专户统一管理。

第八条　专项资金应当与其他专项工程资金相互衔接，统筹安排。

第九条　实行按工程进度拨款制度，保证工程需要。资金支付按照财政国库管理制度有关规定执行，不得直接付给学校。

第十条　省对各地校舍安全工程实行目标管理与考核，由市、县（区）对本地中小学校舍安全工程实行项目管理。

各级财政部门应对资金使用及项目实施进行全程跟踪检查，建立校舍安全工程基础信息档案，会同校舍安全工程办公室按要求定期向省财政厅报送资金使用和项目安排、实施情况。

第十一条　中小学校舍安全工程资金实行项目公示、工程预算和竣工决算审计制度，严格控制支出，提高资金使用效益。各地要按照《政府采购法》等有关规定，对校舍安全工程项目实行政府采购。

第十二条　各地财政部门要会同有关部门建立校舍安全工程目标责任制度和资金使用绩效评价制度，加强校舍安全管理，提高资金使用效益。校舍安全工程资金实行“谁使用、谁负责”的责任追究制度。对骗取财政补助资金或挤占、挪用、截留校舍安全工程资金等违规行为，按照《财政违法行为处罚处分条例》（国务院令第 427 号）有关规定严肃处理。涉嫌犯罪的，移交司法机关处理。

第十三条　各地应依据本办法制定实施细则，并报省财政厅备案。

第十四条　本办法由省财政厅负责解释。

第十五条　本办法自公布之日起施行。

安徽省财政厅　中共安徽省委宣传部关于印发《安徽省省级文化强省建设专项资金管理暂行办法》的通知

（2010 年 5 月 12 日财教〔2010〕533 号）

各市、县（区）财政局、宣传部、省直有关单位：

根据省委、省政府《关于加快建设文化强省的若干意见》（皖发〔2009〕24 号）精神，设立“安徽省文化强省建设专项资金”。为进一步加强资金管理，现将《安徽省省级文化强省建设专项资金管理暂行办法》印发给你们，请遵照执行。

附件：安徽省省级文化强省建设专项资金管理暂行办法

安徽省省级文化强省建设专项资金管理暂行办法

第一章　总　则

第一条　为推进文化强省建设，根据中共安徽省委安徽省人民政府《关于加快建设文化强省的若干意见》（皖发〔2009〕24 号）文件精神，设立“安徽省文化强省建设专项资金”（以下简称专项资金）。为加强专项资金管理，提高资金使用效益，根据国家和省有关法律法规，结合我省实际，特制定本办法。

第二条　专项资金由省级财政预算安排，专项用于文化强省建设，重点支持省本级文化建设，同时对市、县特色文化建设给予奖补。

第三条　专项资金的使用与管理，坚持“突出重点、注重效益，择优扶持、严格管理”的原则。

第二章　专项资金使用范围和使用方式

第四条　专项资金的使用范围：

（一）精神文明建设“五个一工程”；

（二）重大题材影视剧创作；

（三）舞台艺术精品工程；

（四）重大新闻出版、公益性出版物项目；

（五）文化“走出去”等项目；

（六）省属演艺院团设施更新、剧目创作、人才培养；

（七）省级电影院线和影城建设、有线数字电视技术开发；

（八）符合我省文化产业发展规划、体现我省特色、市场前景好、自主创新水平高、示范性和带动性强的文化产业项目；

（九）支持设立文化产业创业投资基金，扶持中小文化企业和新兴文化产业、文化业态发展；

（十）为文化强省项目进行投融资服务、招商引资、市场推广、评审论证、资金管理等经费；

（十一）省委、省政府确定的其他文化项目。

第五条　专项资金主要采取项目补贴、贷款贴息、奖励和补充资本金的方式，对符合资金使用范围的项目予以资助和支持。

第三章　专项资金申报、审批和拨付程序

第六条　专项资金申报条件

（一）项目符合我省建设文化强省规划纲要，能提升我省文化事业发展水平，引领文化产业发展，预期能产生较好社会效益和经济效益；

（二）项目单位系在安徽省境内依法注册登记、具有独立法人资格的文化企事业单位，具有完善的经营管理机制和健全的财务管理制度，会计核算规范，无违法违规经营记录等；

（三）知识产权无争议，项目可行性研究报告、相关设计或实施方案已经有关部门论证和批准，项目已实施或已具备实施条件的。

第七条　申请专项资金需提供以下材料：

（一）申请补助资金的项目书面报告；

（二）项目可行性报告、初步设计或实施方案；

（三）项目的预算（包括筹资计划和支出预算）；

（四）财政贴息项目的自有资金或贷款落实情况。

（五）其他需要提供的材料。

第八条　资金申报、审批和拨付程序：

（一）省级单位按隶属关系向主管部门提出申请，由主管部门对所报材料提出初步审核意见，并于每年 4 月底前报省委宣传部、省财政厅；对市县奖补项目比照上述规定，市县单位向当地宣传、财政部门提出申请，由市、县宣传部门会同财政部门提出初步审核意见，于每年 4 月底前联合上报省委宣传部、省财政厅。

（二）省委宣传部对申报材料进行审核，会同省财政厅提出资金分配方案。

（三）资金拨付严格按照省财政厅预算管理有关规定执行：省属项目，由省财政厅按照财政资金国库集中支付有关规定，将资金拨付到项目单位；市、县（市、区）所属项目，由省财政厅下达预算指标，市、县（市、区）财政部门根据省下达的指标，将资金拨付到项目单位。

第九条　专项资金需要实行政府采购的，按照政府采购管理有关规定执行。

第四章　专项资金使用和监管

第十条　各地和项目单位使用专项资金时，必须严格执行现行财经法律、法规和制度，并接受

上级或同级财政、宣传、审计等部门的指导、监督和检查。

第十一条　专项资金使用计划下达后，项目单位要严格按照批准的项目和资金计划执行，资金要单独核算，不得截留或挪用，确保专款专用。因特殊情况确需调整或不能如期完成的项目，项目单位应及时向省委宣传部和省财政厅提出申请，说明情况及原因，审批后方可实施。

第十二条　项目完成后，省级项目单位要及时向省委宣传部、省财政厅报送项目决算和总结报告。市、县级项目单位要及时向当地宣传、财政部门报送项目决算和总结报告，由当地宣传、财政部门联合上报省委宣传部、省财政厅。

第十三条　各级宣传部门要加强项目的实施、管理，强化资金跟踪问效，各级财政部门要加强资金监管。省财政厅将会同省委宣传部，对项目单位专项资金使用情况进行监督和检查，检查结果作为对项目单位安排专项资金的重要依据。

第十四条　违反财经纪律，虚报、冒领、截留、挪用、挤占专项资金的，按照有关法律、法规处理，除全额收缴资助资金外，还将追究有关责任人的责任，构成犯罪的依法按程序移交司法机关处理。

第五章　附　则

第十五条　本办法由省财政厅、省委宣传部负责解释。

第十六条　本办法自印发之日起执行。

安徽省财政厅关于印发《安徽省中央财政支持地方高校发展专项资金管理暂行办法（试行）》的通知

（2010 年 5 月 19 日　财教〔2010〕554 号）

为促进高等教育区域协调发展，加强地方高校内涵建设，提升地方高等教育的质量和整体实力，从 2010 年起，中央财政设立支持地方高校发展专项资金（以下简称中央财政专项）。为切实加强和规范我省中央财政专项的管理，提高中央财政专项使用效益，根据财政部《中央财政支持地方高校发展专项资金管理办法》（财教〔2010〕21 号）精神和财政预算资金管理有关规定，我们制定了《安徽省中央财政支持地方高校发展专项资金管理暂行办法（试行）》，现印发给你们，并提出如下要求，请一并贯彻执行。

一、充分认识中央财政专项的重要意义。中央财政专项的设立，对促进我省高等教育健康发展、提高地方高校教育质量具有十分重要意义。各高等院校要站在促进我省高等教育发展的战略高度，充分认识这项工作给我省高等教育带来的良好发展机遇。各高校务必高度重视，强化领导，精心组织，科学规划，认真实施。

二、全面把握中央财政专项的政策要求。一是科学编制规划。规划的编制要紧紧围绕全省高等教育发展的总体目标，结合实际，按照中央财政专项支持的六大方向，确定发展重点，体现竞争力。规划编制要紧紧把握时代性和前瞻性；把握阶段性和持续性；把握基础性和特色性；把握应用性和研究性；把握共享服务和社会开放创新性。二是认真实施项目。在严格按照程序申报的同时，认真组织实施好项目，要建立完善项目招投标、项目监理和项目实施责任制等，确保项目的顺利实施。三是严格资金管理。要建立中央财政专项管理制度，完善资金使用的制度依据，切实加强资金管理，保证中央财政专项安全高效。

三、关于 2010 年项目申报的具体要求：

1. 本期规划的项目建设期为 2010—2012 年。各院校于 6 月 10 日前将书面规划及电子版报省财政厅教科文处（联系人：洪军，联系电话：0551－5100314，邮箱：hongjun@ ah. gov. cn）。

2. 各高等院校要根据项目建设规划制定 2010 年度项目预算，并按要求填写项目申请书，编制项目预算申请表，经主管部门审核后，于 7 月 10 日前向省财政厅提交书面报告。

3. “特色重点学科项目”有关院校根据审核确定的建设方案，提出 2010 年度项目预算申请，编制项目预算申请表，经主管部门审核后，于 7 月 10 日前与中央财政专项预算一并报省财政厅。

4. 本期申报项目预算限额。根据 2010 年度中央财政专项资金安排额度，为保证规划编制的科学性和可操作性，各高等院校在编制 2010—2012 年项目预算时，须按以下限额掌握：原中央下划高校每年 1500 万—2000 万元申报；其他普通高校按每年 1000 万—1500 万元申报。

安徽省中央财政支持地方高校发展专项资金管理暂行办法（试行）

第一章 总 则

第一条 为加强和规范我省“中央财政支持地方高校发展专项资金”（以下简称中央财政专项）的管理，提高中央财政专项使用效益，根据财政部《中央财政支持地方高校发展专项资金管理办法》（财教〔2010〕21号）精神和财政预算资金管理有关规定，特制定本办法。

第二条 中央财政专项以促进高等教育区域协调发展，提高地方高等教育质量为目标，按照“择优促优、突出重点、扶持特色”的原则，加强地方高校内涵建设，提升地方高等教育的质量和整体实力。

第三条 中央财政专项的管理原则：统一规划，分年实施；单独核算，专款专用；专项管理，绩效考评。

第二章 管理职责

第四条 省财政厅负责管理我省中央财政专项，制定实施细则，对项目建设过程中的重大问题进行决策，履行以下职责：

（一）负责统筹指导建设项目规划工作；

（二）部署项目申报工作；

（三）组织项目评审，提出立项建议方案；

（四）组织对项目的检查、验收和绩效评估；

（五）编制全省中央财政专项年度进展报告，推广宣传项目建设成果。

第五条 中央财政专项项目承担院校，具体负责本单位项目建设的规划、实施、管理和检查等工作，履行以下职责：

（一）根据我省高等教育发展规划，确定规划期内中央财政专项支持重点方向和建设目标，在中央财政专项规定的使用范围内编制建设规划（三年一期）（格式见附件1）；

（二）根据建设规划申报年度项目预算；

（三）按照批复的项目建设内容，组织项目实施；

（四）统筹安排各渠道建设资金，按照有关财务制度及本细则要求，科学、合理使用建设资金，提高资金使用效益；

（五）接受省级财政、审计、监察等部门对项目实施过程和结果的监控、检查和审计；

（六）每年11月底前，向省财政厅书面报告本年度中央财政专项项目建设进展情况。

第三章 支持方向与开支范围

第六条 中央财政专项主要用于我省地方高校重点学科建设、教学实验平台建设、科研平台和专业能力实践基地建设、公共服务体系建设以及人才培养和创新团队建设等。

（一）特色重点学科建设：支持非“211工程”学校国家重点学科的学科方向、队伍建设、人才培养、科学研究、学术交流和条件建设等；

（二）省级重点学科建设：支持省级重点学科、重点实验室、重点研究基地条件建设；

（三）教学实验平台建设：支持基础教学实验室和专业实验室建设。对涉及落实国家重大战略决策、区域经济社会发展急需的专业建设予以优先支持；

（四）科研平台和专业能力实践基地建设：支持高校科学构建科研和实践教学体系，建设科研平台、工程训练中心、创新基地和实训实践基地；

（五）公共服务体系建设：支持校园水、电、气、暖等主要基础设施更新和节能改造，校园网络基础建设，数字图书信息资源和共享平台建设；

（六）人才培养和创新团队建设：支持创新人才引进和培养，师资队伍培训和学术交流，以及创新团队建设。

第七条 中央专项资金支出范围包括设备购置费、软件购置费、环境条件改善费、人才培养费等。

第四章 申报与审批

第八条 各高等院校要根据中央财政专项支持的六个方向，结合实际，科学规划。项目申报要有所侧重、有所取舍、突出重点、体现特色。

第九条 项目申报和批准程序：

（一）每年11月初，省财政厅发布下年度中央财政专项项目申报指南；

（二）各高等院校根据建设规划确定年度申报项目，填写《××院（校）中央财政支持地方高校发展专项资金项目申请书》，编制《××院（校）中央财政支持地方高校发展专项资金项目预算申请表》，经主管部门审核后，于11月底前向省财政厅提交下年度项目申请报告。申请报告的内容应包括申请文件、项目预算申请汇总表和项目申请书；

（三）特色重点学科项目院校编制《××院

（校）中央财政支持地方高校发展专项资金特色重点学科项目预算申请表》（格式见附件4），项目预算由省级主管部门初审后，与其他项目预算一并报省财政厅，单独审核下达项目预算；

（四）省财政厅受理项目申报工作，组织项目评审并提出立项建议方案，报财政部审批后批复项目承担院校；

（五）有关项目承担院校按照省财政厅批复的项目建设内容和年度预算，统筹规划，认真组织实施，确保完成项目建设内容和预期目标。

第五章　资金管理

第十条　根据财政部批复我省的中央财政专项资金预算，省财政厅按照财政预算资金管理及国库集中支付的有关规定，将中央财政专项资金下达项目承担院校。

第十一条　中央财政专项实行专款专用，专项管理。中央财政专项年度预算一经下达，必须严格执行，一般不作调整；确有必要调整，需报省财政厅审批。

如遇特殊情况，年度预算未完成部分，可结转下年继续使用，不得挪作他用；如两年内未执行完毕，按照国家和省有关规定处置。

第十二条　项目承担院校要建立健全责任制。要按规定用途使用中央财政专项，确保资金使用的合法性、合理性和有效性。学校财务、教学管理等部门按职责承担相应责任。

第十三条　中央财政专项项目支出中，属于政府采购项目的，按照政府采购有关规定执行。单件（套）设备与软件购置费用超过（含）200万元的，须组织专家论证。

第十四条　凡使用中央财政专项形成的资产均属国有资产，应纳入项目承担院校资产统一管理。

第十五条　中央财政专项不得用于基本建设、津贴补贴、对外投资、偿还债务、捐赠赞助以及与项目无关的其他支出。

第六章　监督检查

第十六条　中央财政专项实行滚动建设和动态管理制度。三年编制一次建设规划，根据前期建设成效，调整项目内容及资金额度。在三年规划内，项目建设成效特别显著的，经学校申请和专家评估后，省财政厅将采取奖补结合方式，适当增加下年度资金额度。有下列情形之一的，视其情节轻重给予警告、调减经费或撤销项目等处理。

（一）申报材料弄虚作假；

（二）项目执行不力，未开展实质性建设工作；

（三）未按要求上报项目有关情况，无故不接受有关部门对项目实施情况的检查、监督与审计；

（四）项目经费的使用不符合有关财经法规和制度的规定，或者有其他违反项目规定与管理办法的行为。

第十七条　省财政厅负责组织中央财政专项项目的验收。验收采取材料验收和实地考察相结合的方式进行。验收的主要内容：

（一）建设目标和任务的完成情况；

（二）取得的经验及成效；

（三）项目管理情况；

（四）中央财政专项的使用情况及效应。

第十八条　验收结束后，省财政厅出具验收结论性意见。对未达到验收要求的项目，取消其中央财政专项项目的资格，不再予以支持，并按有关规定予以处理。

第十九条　建立中央财政专项绩效考评制度。省财政厅将对中央财政专项项目开展定期或不定期监督检查和绩效考评。监督检查和绩效考评的结果，将作为按进度核拨中央财政专项资金或调整以后年度项目预算安排的重要依据。

第七章　附　则

第二十条　本办法由省财政厅负责解释。

第二十一条　本办法自发布之日起施行。各项目承担院校可根据本办法制定实施细则。

安徽省财政厅　安徽省发展和改革委员会　省住房和城乡建设厅关于印发《安徽省农村危房改造试点补助经费管理暂行办法》的通知

（2010年8月4日财社〔2010〕1078号）

各市、县（区）财政局、发展改革委、住房和城乡建设委：

根据住房和城乡建设部、国家发展改革委、财政部《关于做好2010年扩大农村危房改造试点工作的通知》（建村〔2010〕63号）精神，为加强农村危房改造试点补助经费管理，提高资金使用效益，经研究，现将《安徽省农村危房改造试点补助经费管理暂行办法》印发各地，请遵照执行。

安徽省农村危房改造试点补助经费管理暂行办法

第一章　总　则

第一条　为规范全省农村危房改造专项资金管理，充分发挥资金使用效益，确保我省农村危房改造改造工程的顺利实施，根据国家和省农村危房改造试点要求及财政资金管理有关规定，特制定本办法。

第二条　本暂行办法所称的农村危房改造试点补助经费，是指中央、省、市和各试点县（市、区）财政安排用于农村危房重建和修缮加固的补助资金。

企业、社会团体和个人等社会力量捐赠资助的农村危房改造资金，参照本办法进行管理。

第二章　经费筹集和使用范围

第三条　经费来源包括：

1. 中央财政补助的专项资金；

2. 省、市、试点县（市、区）财政安排的专项资金；

3. 社会力量捐赠和资助的资金；

4. 财政专户利息收入；

5. 其他资金。

第四条　省及省以上财政根据当年财力情况和农村危房改造任务量，确定户均补助标准。试点县（市、区）依据省里明确的户均补助标准和分类补助标准，结合当地农村危房改造方式、建设成本、地方财力配套和补助对象自筹资金能力等情况，合理细化分类补助标准，不足部分由试点县（市、区）人民政府负责落实。

第五条　农村危房改造试点专项补助经费，主要用于补助居住在危房中的农村低保户、农村贫困残疾人家庭和其他贫困户，重建和修缮加固房屋所需材料购置费用、危房改造费用等。

第六条　试点县（市、区）要整合资金、资源，将农村危房改造与土地整治整村推进、灾后重建、中国残联彩票公益金农村贫困残疾人危房改造项目、扶贫开发、地质灾害治理、塌陷区治理等项目建设相结合，提高财政资金使用效益。

第三章　经费拨付和管理

第七条　农村危房改造试点补助经费实行财政专户管理。试点县（市、区）财政部门设立农村危房改造资金财政专户，用于归集、拨付和核算各项用于农村危房改造的经费，确保专款专用。

第八条　省及省以上财政补助的经费，由省财政通过追加预算指标下达到试点县（市、区）财政部门。县级财政部门负责将各级财政安排的专项补助经费、其他渠道筹集用于农村危房改造的经费，及时划入县级农村危房改造资金财政专户，集中管理，统一使用。

第九条　试点县（市、区）住房建设部门要定期将核定的资金发放户数及金额报送同级财政部门，县级财政部门及时通过财政涉农补助资金“一卡通”发放到户，实行社会化发放。为确保农村危房改造项目的顺利实施，项目动工时可按审批补助额度的一定比例支付补助资金，项目竣工验收合格后一次性付清余款。

第四章　项目申报及组织实施

第十条　试点县（市、区）人民政府是实施农村危房改造试点项目的责任主体，统筹推进农村危房改造试点工作。住房城乡建设、发展改革部门负责组织项目实施，财政部门负责危房改造资金的筹集和监管工作。

第十一条　每年一季度，各试点县（市、区）住房城乡建设、发展改革、财政、民政等部门根据本地低保户、贫困残疾人家庭和其他贫困农户数、危房数等因素，按照统筹规划的原则，科学制定农村危房改造计划，上报市级相关部门。

第十二条　市级住房与城乡建设部门会同发展改革、财政部门，于 4 月底以前将所辖试点县（市、区）农村危房改造计划、资金安排计划、农村危房改造申请表等上报省住房和城乡建设厅、省发展改革委和省财政厅。

第十三条　省住房和城乡建设厅组织有关部门和专家，对试点县（市、区）农户数、危房数、当地补助资金落实情况等进行科学论证，制定年度农村危房改造实施方案，商省财政厅、省发展改革委审核确定后实施。

第十四条　试点县（市、区）要严格控制危房改造面积和总造价，将重建或修缮加固住房建筑面积原则上控制在 40—60 平方米以内，防止出现群众盲目攀比超标准建房的现象。同时，要积极探索符合标准的就地取材建房技术方案，并结合建材下乡，组织协调主要建筑材料的生产、采购与运输，免费为农村提供建筑材料质量检测服务，努力节省建筑成本，确保建筑质量。

第五章　监督与检查

第十五条　试点县（市、区）住房城乡建设、财政部门和有农村危房改造工程任务的乡（镇）政府，应于向市级有关部门申报年度农村危房改造计划前，将农村危房改造计划和资金安排计划在所涉及村公示栏中张榜公布，并设立投诉电话，主动接受群众监督。上级有关部门批复年度危房改造实施方案后，应将农村危房改造方案和资金分配情况再次张榜公布，充分听取群众意见，确保补助对象科学合理。

第十六条　试点县（市、区）财政部门要按照有关资金管理规定，加强资金管理，会同住房城乡建设部门健全内控制度，执行规定标准，严禁截留、挤占和挪用农村危房改造专项资金。

第十七条　试点县（市、区）财政等有关部门要加强资金监管，配合有关部门做好审计、稽查等工作；要定期对农村危房改造资金管理和使用情况进行监督检查，发现问题及时纠正，严肃处理。问题严重的要公开曝光，并追究有关责任人员的责任，涉嫌犯罪的，移交司法机关处理。省财政厅将会同省发展改革委、省住房和城乡建设厅对试点县（市、区）农村危房改造资金的使用、发放情况进行检查，并将检查结果与下年度资金分配挂钩。

第十八条　试点县（市、区）要建立严格的农村危房改造验收制度。试点县（市、区）财政部门要参与相关主管部门对农村危房改造工程的验收工作，并检查资金的使用情况，任务完成后会同县级住房建设部门将资金使用情况报省财政厅、省住房和城乡建设厅。

第六章　附　则

第十九条　本办法印发之日起实施。

第二十条　本办法由省财政厅、省发展改革委、省住房和城乡建设厅负责解释。

安徽省财政厅　安徽省科技厅关于印发《安徽省自然科学基金项目资助经费管理办法》的通知

（2010 年 8 月 11 日财教〔2010〕1158 号）

各市财政局、科技局，省直单位：

为规范和加强安徽省自然科学基金（以下简称基金）项目资助经费的管理，提高基金项目资助经费使用效益，依据《国家自然科学基金条例》，特制定《安徽省自然科学基金项目资助经费管理办法》。现予以印发，请遵照执行。

安徽省自然科学基金项目资助经费管理办法

第一章　总　则

第一条　为了加强和规范安徽省自然科学基金项目经费的管理，提高资金的使用效益，根据《国家自然科学基金项目资助经费管理办法》和《安徽省自然科学基金管理办法》，结合省自然科学基金经费管理的特点，制定本办法。

第二条　项目资助经费是指用于资助自然科学基础性研究，发现和培养科技人才等自然科学基金项目的专项资金。基金项目主要包括面上项目、青年科学基金项目和杰出青年科学基金项目。

第三条　基金项目资助经费主要来源于省财政预算拨款，同时依法接受国内外社会团体、机构和个人的捐赠。

第四条　安徽省自然科学基金委员会（以下简称省基金委）负责省自然科学基金项目经费的管理。

第五条　自然科学基金项目依托单位负责管理、监督本单位基金项目的经费使用，保障项目的组织实施。项目经费应纳入依托单位财务统一管理，单独核算，确保专款专用。

第六条　项目经费的管理和使用，必须符合财政部门有关财政、财务制度和本办法的规定，同时要有利于开展科学研究工作。

第二章　经费开支范围

第七条　省自然科学基金项目经费支出是指在项目组织实施过程中与研究活动直接相关的、由省自然科学基金项目经费支付的各项费用支出。

第八条　省自然科学基金项目经费的开支范围一般包括研究经费、国际合作与交流经费、劳务费和管理费。具体如下：

（一）研究经费：是指直接用于科学研究的费用。包括：

1. 科研业务费：测试、计算、分析费，动力、能源费，差旅费，调研和学术会议费，资料、论文版面费和印刷费，文献检索、入网等信息通讯费，学术刊物订阅费等。

2. 实验材料费：原材料、试剂、药品等消耗性物品购置费，实验动物与植物的购置、种植、养殖费，标本、样品采集加工费和包装运输费等。

3. 仪器设备费：专用仪器设备的购置、运输、安装和修理费，自制专用仪器设备的材料、配件购置和加工费等。

4. 实验室改装费：为改善项目研究的实验条件，对实验室进行改装所开支的费用等。实验室改装费不得用于实验室扩建、土建、房屋维修等费用的开支。

5. 协作费：外单位协作承担自然科学基金项目部分研究试验工作的费用。

（二）国际合作与交流费：是指在项目研究过程中，研究人员出国及外国专家来皖工作的费用。国际合作与交流费应严格执行国家外事经费管理的有关规定。

（三）劳务费：是指在项目研究过程中支付给直接参加项目研究的人员中没有工资收入的相关人员和项目组临时聘用人员等的劳务性费用。劳务费不得超过基金项目经费总额的10%。

（四）管理费：是指依托单位为组织和支持项目研究而支出的费用，包括项目执行中公用仪器设备，房屋占用费，日常水、电、气、暖消耗，以及其他相关管理费用等。管理费不得超过基金项目经费总额的5%，协作单位不得重复提取。

第三章　预算的编制与审批

第九条　申请人在申请立项、编制项目申报材料的同时，编制基金项目经费预算。依托单位应按照省财政有关财政、财务规章制度和本办法，严格审查其经费预算，签署意见后报省基金办，作为项目评审、立项的依据之一。

第十条　省基金办组织专家对基金项目进行评审时，须按要求对项目的经费预算进行审核。

第十一条　省自然科学基金项目立项后，申请人应根据批准项目资助额度和本办法，修订计划任务书中的项目经费计划，作为预算执行、监督检查和绩效评价的依据。

第十二条　预算编制的要求：

（一）应根据项目研究的合理需要，坚持目标的相关性、政策的相符性和经费的合理性原则。

（二）应同时编制收入预算与支出预算。

收入预算包括用于项目研究的、从各种不同渠道获得的货币资金。即除省自然科学基金资助经费外，还包括从依托单位获得的配套资金和从其他渠道获得的自筹经费。

支出预算应按照经费开支范围确定的支出科目和不同经费来源编制，并对各项支出的主要用途和测算理由等作出说明。

（三）由多个单位共同承担的项目，各承担单位的项目负责人应同时编报各单位承担的主要任务和经费预算，统一交依托单位项目负责人汇总审核与编制预算。

（四）项目预算书应由项目负责人负责编制，依托单位财务部门予以协助并审核把关。

第四章　拨　款

第十三条　项目资助经费由财政部门拨至项目依托单位，接收拨款单位与项目依托单位必须一致。

第十四条　项目资助经费的拨款，根据财政预算管理有关规定，按照国库集中支付的有关规定办理资金拨付。

第十五条　资助项目的协作费由项目依托单位依据协作合同转拨。

第五章　管理与监督

第十六条　项目依托单位原则上应对资助项目给予配套经费。

第十七条　省自然科学基金项目经费的使用、管理，要方便科研工作，有利于发挥科研人员的积极性、主动性。项目负责人在依托单位财务和自然科学基金项目管理部门的指导下，按计划自主支配使用资助经费，任何单位、个人无权截留、挪用。计划内的支出，均由项目负责人审签。

第十八条　项目资助经费不得用于支付各种罚款、捐款、赞助、投资等项支出，不得用于各种福利性支出，不得用于国家规定禁止列入的其他支出。

第十九条　项目依托单位应指定专人负责省自然科学基金财务工作。对不按要求进行财务管理的单位，省基金委将视情况给予必要的处理。合作者所在单位，应按规定向项目依托单位提供财务报表。

第二十条　项目一经批准，不得无故中止。承担省自然科学基金项目负责人必须相对稳定，因特殊原因调动工作，又需把资助项目带到省内新单位继续开展研究的，应写出书面报告，征得调出、调入单位同意并签署意见，经省基金办同意后，可将结余经费划拨到新单位继续使用。

第二十一条　项目验收、结题或因故中止或撤销后，项目负责人应会同财务部门及时清理账目与资产，如实编制项目经费决算。项目经费决算经依托单位科研管理部门、财务部门、依托单位负责人审核并签署意见后，报省基金办。

由多个单位共同承担的项目，各承担单位的项目负责人应及时编制项目经费决算。项目经费决算经依托单位科研管理部门、财务部门、依托单位负责人审核并签署意见后，报依托单位项目负责人。依托单位项目负责人应汇总决算报省基金办。

第二十二条　依托单位应将编制的年度省自然科学基金项目经费收支决算，与项目年度进展报告一并报送省基金办。

第二十三条　在研项目的年度经费结余，结转下一年度按规定继续使用。项目验收、结题后的经费结余，原则上由依托单位留用，继续用于支持基础研究支出。

省自然科学基金项目因故中止实施，依托单位应在接到通知后三个月内，将经费结余退回省基金办。因故被撤销原资助的项目，依托单位应在接到通知后三个月内，将已收到的基金项目经费全部退回省基金办，对逾期不退回的，将给予严肃处理。

第二十四条　省自然科学基金项目经费形成的固定资产，一般由依托单位进行管理和使用，省基金委有权调配用于相关科学研究。省自然科学基金项目形成的知识产权等无形资产的管理，按国家有关规定执行。

第二十五条　省自然科学基金项目经费的管理和使用应接受财政、审计部门和省基金委的审计与监督。

第二十六条　对于预算执行过程中，不按规定管理和使用项目经费、不及时编报决算、不按规定进行会计核算的依托单位和项目负责人，省基金办将予以通报批评，情节严重的可以终止、撤销项目，收缴部分或全部经费。对于存在弄虚作假，截留、挪用、挤占基金项目经费等违反财经纪律的行为，按照《国家自然科学基金条例》和有关法律法规的规定予以处理，并向社会公告。

第六章　附　则

第二十七条　本办法自发布之日起施行。

第二十八条　本办法由省财政厅、科技厅负责解释。

安徽省财政厅　安徽省卫生厅关于印发《安徽省基本公共卫生服务项目资金管理暂行办法》的通知

（2010 年 8 月 20 日财社〔2010〕1168 号）

各市、县（区）财政局、卫生局：

为规范和加强基本公共卫生服务项目资金管理，提高项目资金使用效率，更好地为城乡居民提供基本公共卫生服务，我们制定了《安徽省基本公共卫生服务项目资金管理暂行办法》，现印发给你们，请认真贯彻执行。

附件：安徽省基本公共卫生服务项目资金管理暂行办法

安徽省基本公共卫生服务项目资金管理暂行办法

第一章　总　则

第一条　为规范和加强基本公共卫生服务项目资金管理，提高资金使用效率，更好地为城乡居民提供基本公共卫生服务，根据省委、省政府《关于深化医药卫生体制改革的实施意见》（皖发〔2009〕17 号）和省卫生厅、省财政厅、省人口计生委印发的《安徽省促进基本公共卫生服务逐步均等化实施意见》（皖卫防〔2009〕85 号）等规定，制定本暂行办法。

第二条　基本公共卫生服务项目资金，包括中央、省、市、县（区）财政安排卫生部门实施的城市和农村基本公共卫生服务经费。

第三条　本办法适用于全省各级财政、卫生部门和相关公共卫生管理机构，承担基本公共卫生服务任务的城市社区卫生服务中心（站）、乡镇卫生院、村卫生室和其他相关医疗卫生机构。

第四条　基本公共卫生服务实行项目管理，项目资金按照专款专用、绩效考核的原则管理。

第二章　资金筹集与拨付

第五条　基本公共卫生服务项目资金筹集标准，2010 年按常住人口人均不低于 15 元，2011 年人均不低于 20 元，以后年度筹集标准按国家和省有关规定执行。

第六条　2010 年，中央财政按常住人口人均 15 元筹资标准的 60% 给予补助，其中：根据《国务院办公厅关于中部六省比照实施振兴东北地区等老工业基地和西部大开发有关政策范围的通知》（国办函〔2007〕2 号）规定，从 2010 年起，中央财政对长丰等 30 个县（市、区）按 80% 给予补助；省市县级财政承担常住人口人均 15 元筹资标准 40% 的部分，由省与市县级财政按 5∶5 比例分担，其中：省对长丰等 30 个县（市、区）仍按常住人口人均 15 元筹资标准 40% 部分的 50% 给予补助。鼓励有条件的地区适当提高基本公共卫生服务项目补助标准。

2011 年以后，基本公共卫生服务项目筹资标准及各级财政分担比例，由省财政根据国家和省有关政策规定确定。

第七条　省财政安排的基本公共卫生服务项目资金，于每年年初一次性下达各市、县（区）；中央财政补助资金下达后，省财政在 10 天内一次性下达各市、县（区）。

第八条　各市、县（区）应将本级财政安排的基本公共卫生服务项目资金足额列入政府年度预算，不得留有缺口。

第三章　资金管理与使用

第九条　基本公共卫生服务项目资金实行专款专用，专项用于为城乡居民购买健康档案、健康教育、预防接种、传染病防治、儿童保健、孕产妇保健、老年人保健、慢性病管理和重性精神病管理等基本公共卫生服务。

第十条　基本公共卫生服务项目资金实行预拨制和考核结算制。基本公共卫生服务项目资金，根据年度预算总额，采取按月预拨或按一定比例预拨。

年终或项目实施周期结束后，财政部门根据卫生、财政部门对项目实施情况的考核结果，结算财政补助资金，并于次年 1 月底之前拨付项目实施单位。

市、县（区）政府对开展基本公共卫生服务项目技术指导等工作可适当安排经费予以支持。

第十一条　基本公共卫生服务项目资金使用实行报账制。各项目实施单位根据项目进展和资金使用情况，对基本公共卫生服务项目资金采取报账制管理。具体报账办法，由各市、县（区）财政部门会同卫生部门制定。

第十二条　各项目实施单位应建立健全基本公共卫生服务统计制度，记录、汇总服务日期、对象、数量、质量、提供人等详细资料，经单位负责人签字认定后，每月上报市、县（区）卫生、财政部门审定后归档备查。

第十三条　各项目实施单位的基本公共卫生服务项目资金应实行专账管理、专款专用。其中：用于村卫生室和城市社区卫生服务站的项目资金，原则上为基本公共卫生服务项目资金总额 30% 左右。

第四章　资金监督

第十四条　建立基本公共卫生服务项目及资金使用考核评估机制。各级卫生、财政部门要按照《安徽省基层医疗卫生机构绩效考核办》（皖政〔2010〕66 号）和省卫生厅、财政厅《关于安徽省实施基本公共卫生服务项目考核办法（试行）》（卫疾控病〔2010〕576 号）规定，制定具体考核实施方案，定期组织考核评估，并作为财政部门办理项目资金结算的重要依据。

第十五条　各级财政部门应加强基本公共卫生服务项目资金的日常监督。任何单位和个人不得以任何形式挤占、挪用基本公共卫生服务项目资金，不得将项目资金用于项目规定用途之外的工作以及国家规定不得列支的其他费用。

第十六条　各市、县（区）不得弄虚作假套取骗取中央和省级基本公共卫生服务项目资金，一经发现，省财政将扣回补助资金。

第十七条　对不按规定使用基本公共卫生服务项目资金的，将按照《财政违法行为处罚条例》、《安徽省财政监督暂行办法》等予以处理处罚。对有关部门或其工作人员因失职或滥用职权造成基本公共卫生服务项目资金流失的，将追究相关领导和责任人员行政责任，构成犯罪的，移送司法机关处理。

第十八条　各市、县（区）财政部门要会同卫生部门利用相关媒体或公共场所，对基本公共卫生服务项目内容、实施情况和项目资金安排、使用等情况定期进行公示，提高项目实施的公开性和透明度，主动接受社会各界监督。

第五章　附　则

第十九条　本办法由省财政厅会同省卫生厅负责解释。

第二十条　本办法自发布之日起施行。原省财政厅、省卫生厅《关于进一步规范政府购买城市社区公共卫生服务的通知》（财社〔2008〕473号）、《关于印发〈安徽省政府购买城市社区公共卫生服务项目成本核算暂行办法〉的通知》（财社〔2008〕474号）有关规定与本办法不一致的，按本办法执行。

安徽省财政厅　安徽省民政厅关于印发《安徽省省级社区建设资金管理暂行办法》的通知

（2010年9月19日财社〔2010〕1382号）

各市县区财政局、民政局：

为加强省级社区建设资金管理，进一步提高财政资金使用效益，我们对《安徽省省级社区建设资金管理暂行办法》进行了修订，现印发各地，请遵照执行。

安徽省省级社区建设资金管理暂行办法

第一条　为加强省级社区建设资金管理，进一步推进全省城市社区基础建设，根据有关社区建设工作文件精神，制定本办法。

第二条　省级社区建设资金是指省财政预算安排用于促进全省城市社区建设和社区服务发展的专项资金，主要包括省财政安排的社区建设补助资金和社区建设“以奖代补”资金，以及其他有关社区建设方面的补助资金。

第三条　省级社区建设资金主要用于社区建设和开展社区服务必需的基础设施及培训项目，包括社区居委会的工作用房和社区服务场所修缮；社区服务网络建设；社区居委会工作设备购置；社区建设工作人员培训等。

第四条　为发挥省级社区建设资金的导向和杠杆作用，省民政厅根据全省社区建设发展目标和政策要求明确社区建设工作年度考评的主要内容，会同省财政厅对各地社区建设进行年度相关工作考评，并采取“以奖代补”的方式，对社区建设相关工作突出的县（市、区）给予经费支持。

第五条　社区建设工作年度综合考评指标主要包括：社区建设组织领导、社区基础建设、公益设施利用程度、社区所承担的社会管理工作、社区居民参与及满意程度等。

第六条　省级社区建设经费申报、审批程序。每年初，市民政局、财政局将本级及所属县（市、区）社区建设工作年度综合考评结果报省民政厅、省财政厅。省民政厅、省财政厅采取抽查、重点检查、问卷调查等方式对各地社区建设工作进行综合考评。综合考评实行百分制，并对考评先进的县（市、区）安排一定数额省级社区建设资金。

市民政局、财政局根据省确定的补助金额，按照“适当集中、突出重点”的原则，筛选并上报社区建设项目；省民政厅、省财政厅对各市上报的社区建设项目进行综合评审，确定最终补助项目后及时下达补助资金。

第七条　省级社区建设资金补助项目由县（市、区）民政部门组织实施，县（市、区）财政部门根据建设进度审核、拨付资金。市民政局、财政局负责项目申报和资金监管工作，并负责指导社区建设资金的决算。项目结余资金经省有关部门批准后，原则上继续用于社区基础设施建设。

第八条　社区建设资金实行专人管理、专账核算，并且实行报账制。凡符合政府采购条件的项目，要按照《政府采购法》和有关财务制度要求，实行政府采购，提高省级社区建设资金使用的使用效益。

第九条　各级财政、民政部门要与审计、监察部门密切配合，对资金拨付、使用情况定期进行检查和监督。对违规违纪问题，要及时纠正，严肃处理。省财政厅、省民政厅将资金的使用情况，作为下一年度安排省级社区建设资金的重要依据之一。

第十条　各地要加强对社区建设工作的组织领导，通过开展综合绩效考评，全面推进社区基础设施建设，进一步强化省级社区建设资金管理，切实提高资金使用效益。要结合本地实际，制定有关规定和具体实施细则。

第十一条 本办法自印发之日起施行。

第十二条 本办法由省财政厅、民政厅负责解释。

安徽省财政厅 安徽省人力资源和社会保障厅关于印发《安徽省就业专项资金绩效考评暂行办法》的通知

(2010 年 12 月 17 日财社〔2010〕2164 号)

各市、县(区)财政局、人社局:

为进一步贯彻落实各项就业扶持政策,加强和规范就业专项资金管理,提高资金使用效益。我们制定了《安徽省就业专项资金绩效考评暂行办法》,现印发给你们,请认真遵照执行。

附件:安徽省就业专项资金绩效考评暂行办法

安徽省就业专项资金绩效考评暂行办法

第一章 总 则

第一条 为进一步贯彻落实各项就业扶持政策,加强就业专项资金管理,提高资金使用效益,根据《财政部、人力资源保障部关于就业专项资金使用管理及有关问题的通知》(财社〔2008〕269 号)、《安徽省人民政府关于进一步做好促进就业工作的意见》(皖政〔2008〕51 号)、《安徽省委、安徽省人民政府关于切实做好当前就业工作的意见》(皖发〔2009〕7 号)和《安徽省就业专项资金使用管理暂行办法》(财社〔2009〕115 号)等文件有关精神,结合我省实际,制定本暂行办法。

第二条 本办法所称的就业专项资金,包括中央和省财政下拨的就业资金、地方各级财政通过预算安排的就业资金,上年结转的就业资金以及其他纳入就业资金财政专户管理的专项用于就业支出的资金。

第三条 就业资金绩效考评是指通过科学、合理、规范的绩效评价方法、指标体系和评价标准,在年度终了后,对上年度就业资金的筹集、使用、管理,各项就业政策落实以及发挥的效益情况进行全面、科学、公正、客观的综合性考核与评价。

第四条 就业资金绩效考评对象是各市、县(区)财政、人社部门,考评范围是各市、县(区)就业资金筹集、使用、管理,政策落实以及发挥的效益。

第五条 就业专项资金考评基本原则

(一)客观公正。根据绩效考评内容、指标和方法进行综合考评,做到客观、公正,确保绩效考评的真实有效。

(二)科学合理。就业资金绩效考评采取以定量指标为主、定性指标为辅,以及定量与定性指标相结合的考评方式,确保全面、客观、准确地考评就业资金绩效情况。

(三)绩效优先。就业资金考评以绩效为主,绩效优先,通过绩效考评,加强和规范就业资金使用管理,提高资金使用效益和促进就业。

第二章 考评内容和考核指标

第六条 就业专项资金考评主要内容:包括就业资金使用管理,资金效益发挥、目标任务完成、政策落实完善等方面考核。

第七条 考核指标分为“定量指标”和“定性指标”两大类型。

(一)定量指标

1. 资金收支性指标。包括地方就业资金投入、资金安排到位、资金结余等 3 项指标。

2. 保障性就业指标。包括企业吸纳就业人员社保补贴资金及人员落实、灵活就业人员社保补贴资金及人员落实、公益性岗位社保补贴资金及人员落实情况等 6 项指标。

3. 促进性就业指标。包括职业培训补贴资金及人员落实、城镇登记失业人员培训合格率及就业率、农民工培训合格率及就业率、职业介绍补贴资金及人员落实、职业介绍成功率、技能鉴定补贴资金落实及鉴定补贴覆盖率、城镇就业困难人员技能鉴定合格率、农村劳动者初次技能鉴定合格率、扶持公共就业资金投入等 14 项指标。

4. 创业性就业指标。包括创业培训补贴资金落实,创业培训人员创业率,组织起来就业补贴资金落实,组织起来就业吸纳就业人数,小额担保贷款发放额,发放率以及贴息资金落实率等 7 项指标。

(二)定性指标

1. 就业目标完成指标。包括城镇新增就业完成率、就业困难人员就业完成率、下岗失业人员再就业完成率、城镇登记失业控制率等 4 项指标。

2. 就业政策完善指标。包括职业技能培训、农村劳动者技能培训、创业培训、组织起来就业、职业介绍、技能鉴定、创业园区优惠政策及孵化机制、就业资金管理实施等政策配套落实等 8 项指标。

3. 人力资源市场建设指标。包括信息系统建设、劳动力市场与人才市场互联互通、信息数据库完整情况等 3 项指标。

4. 财务管理规范指标。包括财务信息真实性、完整性、财务报表统计及时准确性、分析资料完整性、资金使用审核审批、财务制度健全等 6 项指标。

5. 政策宣传及信息公开指标。包括政策宣传、信息公开等 2 项指标。

第三章　考评分值设置和计算

第八条　就业专项资金考评分值实行加权综合百分制，总分为 100 分，其中：定量指标权重占 70%，定性指标权重占 30%。

第九条　综合分值计算。计算出各指标分值后，将定量指标与定性指标分值加权求和得出综合得分。即：综合得分 = 定量指标得分 ×70% + 定性指标得分 ×30%。

第十条　定量指标考评分值为 100 分。其中：资金收支性指标 15 分；保障性就业政策指标 30 分；促进性就业政策指标 35 分；创业性就业政策指标 20 分。

第十一条　定性指标考评分值为 100 分。其中：就业目标完成情况考核 20 分；就业政策完善情况考核 25 分；人力资源市场建设情况考核 15 分；财务管理情况考核 25 分；社会调查情况考核 15 分。

第四章　考评程序和组织实施

第十二条　成立就业专项资金绩效考评工作领导小组，成员单位由省财政厅、省人社厅等部门组成。

第十三条　考评领导小组下设考评小组办公室，负责具体的就业考评相关实施工作。考评工作人员可由从事就业工作人员或选聘的咨询专家组成，或委托中介机构对就业资金绩效进行考评。考评工作成员应具有经济管理、财务会计、资产清算及法律法规等方面的专业知识。

第十四条　各市县（区）财政局、人社局根据本办法相关要求成立考评工作小组，负责就业资金绩效考评材料统计报送及联络等工作。

第十五条　就业资金绩效考评工作按照准备阶段、考评阶段、评定阶段三个阶段分步实施。

（一）准备阶段。每年 1 月底前，各市、县（区）财政、人社部门按本办法规定和要求，完成上年度的就业数据及资料的收集、整理和统计工作。对照本办法的考评内容和指标对自身就业工作进行总结，并完成自评工作。同时，各市、县（区）财政局会同人社局联合将自评报告，附件 1、2 以及就业相关数据等材料分别上报省财政厅、人社厅。

（二）考评阶段。每年 2 月底前，省财政厅、人社厅完成对各市、县（区）上报的自评结果、相关数据和资料的初审工作。3 月中旬前，省财政厅、人社厅组织考核工作人员完成对相关市、县（区）就业资金绩效实地考评工作。

（三）评定阶段。每年 4 月中旬前，省财政厅、人社厅根据本办法规定的考评内容和指标，以及实地考评情况，完成对各市、县（区）考评分值的核定工作，并形成全省的绩效考评报告。

第五章　考评结果运用

第十六条　绩效考评结果根据综合得分核定。90 分及以上为优秀，80—90 分为良好，60—80 分为合格，60 分以下为不合格，有重大违规违纪问题，一律评为不合格。

第十七条　省级就业专项资金分配与市县考评结果挂钩，实行奖惩并举。向得分高的市、县（区）倾斜，对得分低的市、县（区）酌情扣减。对考核不合格的市、县（区）在全省通报批评，并取消其参加相关年度全省就业先进工作评选。对综合得分评为前 8 名的市、前 30 名的县（市、区）给予通报表扬和奖励。

第十八条　省财政厅、人社厅根据就业资金绩效考评中发现的问题，应及时提出改进和加强就业专项资金管理的相关意见，并督促市、县（区）财政、人社部门整改落实。

第十九条　市县（区）财政、人社部门应根据绩效考评结果，及时总结好的经验和做法，对发现的问题要认真加以整改，完善制度，优化支出结构，提高资金使用效益。

第六章　附　则

第二十条　本办法将根据国家和省有关就业政策等情况进行适时调整。

第二十一条　本办法自下发之日起执行，由省财政厅、省人社厅按职责负责解释。

财政预算管理改革规范性文件

安徽省财政厅关于印发《安徽省省级预算支出指标管理暂行办法》的通知

（2010 年 1 月 15 日财预〔2010〕60 号）

厅各有关处室（局）、厅属各有关单位：

为进一步规范省级预算支出指标管理，硬化预算约束，强化预算执行，适应预算编制、执行一体化管理需要，不断提高预算管理的科学化精细化水平，现将新修订的《安徽省省级预算支出指标管理暂行办法》印发给你们，请遵照执行。

安徽省省级预算支出指标管理暂行办法

第一章　总　则

第一条　为规范省级预算支出指标管理，进一步提高预算管理的科学化精细化水平，根据《安徽省预算审查监督条例》、《安徽省省级预算管理办法》等有关规定，制定本办法。

第二条　省级预算支出指标管理是指省级预算支出指标下达、执行、记录、监控等一系列环节业务活动的总称。

第三条　省级预算支出指标包括一般预算支出指标，纳入预算管理的政府性基金预算支出指标、国有资本经营预算支出指标、社会保险基金预算支出指标。

第四条　省级预算支出指标按政府收支分类科目管理到基层预算单位和具体支出项目，对其中的追加市县指标细化到 17 个省辖市、57 个省直管县和 15 个县改区。

第五条　省级预算支出指标是办理预算拨款和追加市县的唯一依据，各相关处室和单位应严格按照预算支出指标规定的科目、金额办理预算拨款和追加市县。

第六条　预算处负责预算支出总指标管理，各相关处室负责职责范围内各部门及补助市县预算指标管理。

第七条　省级预算支出指标的管理，统一使用“财政一体化管理信息系统”网络软件，实现与预算编制系统、国库集中支付系统、总预算会计系统、政府采购系统等管理软件实时联通，数据共享。

第二章　省级预算支出指标的来源管理

第八条　省级预算支出指标来源包括年初预算指标、年中调整预算指标以及上年结转预算指标。

第九条　预算处根据预算支出指标来源和处室职责分工，将预算支出指标分别下达到相关处室。

（一）年初预算指标。人代会批复省级预算前，预算处将基本支出预算导入财政一体化管理信息系统，并作为支付执行的依据，对确需提前使用的部门预算中安排的项目支出预算，由预算单位提出申请，经业务处室审核后，预算处按程序办理预拨指标手续。人代会批复省级预算后，根据省人代会审查批准的省级预算，预算处下达各相关处室预算支出指标，并办理预拨指标冲销。属于部门预算支出，预算指标分部门下达到处室；属于非部门预算支出，预算指标直接下达到处室。

（二）年中调整预算指标。对预算执行中追加、追减的预算支出指标，预算处依据原始文件，将预算指标下达到相关处室，由处室负责分解细化。

（三）上年结转预算指标。对经批准使用的部门上年结转预算指标，预算处依据我厅批复文件将预算指标分部门下达到处室。对经批准使用的非部门上年结转预算指标，预算处依据我厅批复文件将预算指标下达到处室。

第三章　省级预算支出指标的执行管理

第十条　部门预算拨款必须严格按照预算处下达的预算支出指标规定的科目和金额执行，不得无预算指标或超预算指标办理拨款。部门预算支出指标需要分解细化到具体预算单位和支出项目的，以相关处室下达的分解细化文件或制订的分解细化方案为执行依据。各相关处室应及时向国库支付中心提供纸质预算执行依据。

第十一条　省追加市县预算支出指标由各相关处室会签预算处后办理，其中需通过省级国库集中支付拨付到各地财政特设专户或社保专户的，同时会签国库处。各处室及时将资金分配文件送预算处存档备查，其中需通过省级国库集中支付拨付到各地财政特设专户或社保专户的资金分配文件，同时送国库处和国库支付中心。

第十二条　政府非税收入预算支出的拨款控制，由部门归口业务处室负责，各相关处室和单位给予配合。年度预算执行中，各归口业务处室应加强对各部门政府非税收入收支预算执行的监控，依据政府非税收入预算支出指标、实际缴库数额、支出执行进度、预算安排政策等，合理审核控制对部门的预算拨款，防止超预算拨款。对部门政府非税收入预算预计短收的，归口业务处室应及时通知国库支付中心停止办理其非税收入安排的基本支出的均衡支付，并对其非税收入安排的项目支出预算进行相应控制。对部门政府非税收入预算超收的，经部门申请，归口业务处室审核，由预算处集中办理预算指标追加。年度预算执行末，对部门因政府非税收入预算出现超收或短收而引起的支出变化，预算处再进行统一清算。

第十三条　因特殊情况需紧急用款的，由处室提出申请，预算处报经厅领导批准后，统一办理预拨指标，待正式预算支出指标下达后办理预拨指标冲销手续。

第十四条　为加快预算执行进度，提高预算执行效率，预算处应及时下达各相关处室各项预算支出指标，各相关处室应及时分解细化到具体单位和项目。在预算执行中，对于部门预算支出指标，归口业务处室积极督促各部门加大项目支出的执行力度，力争全年预算支出的均衡用款；对于追加市县预算指标，各相关处室抓紧研究落实资金分配方案，尽早将预算指标分配下达到市县。

第四章　省级预算支出指标的变更管理

第十五条　各相关处室在预算执行中应严格控制预算科目、预算项目之间的调剂。因特殊情况确需调剂类级预算科目和变更预算项目的，由相关处室会签预算处后办理调整的正式文件，并将调整文件抄送预算处。大类科目下款、项级预算科目的调剂，相关处室应提出书面申请，说明调整理由及具体内容，报经分管厅长批准后，送预算处办理预算指标调整手续。预算安排的农业、教育、科技、文化、卫生、社会保障等资金以及人民代表大会批准的预算决议中强调确保的其他预算资金预计需要调减的，需按规定报人大审批。

第十六条　年初待细化项目的细化。年初部门预算支出中待细化项目，由主管部门提出细化分解意见报各相关处室，经相关处室审核同意并报分管厅领导批准后，由处室办理批复文件，并负责待细化项目预算指标的分解细化；非部门预算支出项目，由相关处室报分管厅领导批准后分解细化。

第十七条　预算执行中处室内单位可执行指标、项目支出预算级次、政府采购预算的调整，由相关处室根据单位申请审核同意后办理，对政府采购指标调整，需政府采购处审核后生效。

第十八条　预算执行中指标在不同处室间调整，由相关处室填列指标划转单，报预算处统一办理。其中：对处室待分配指标划转，预算处直接调减和调增相关处室指标。对单位可执行指标划转，由相关处室调减单位可执行指标，形成处室待分配指标，再由预算处调减和调增相关处室指标。

第十九条　预算执行中央下达的一般性转移支付资金，需补助市县的，相关处室会签预算处和国库处后，办理下达市县一般性转移支付资金文件，并及时将文件提供预算处和国库处。中中央下达的一般性转移支付资金需省级列支的，由相关处室提出书面申请，预算处按程序办理追加指标。

第二十条　年度终了后，预算处依据省非税收入征收管理局提供的分科目、分部门政府非税收入全年缴库数以及国库处提供的省级金库报表，对政府非税收入预算支出指标按政策规定统一进行清算，并根据清算结果办理预算支出指标的追加或追减。

第二十一条　处室自行办理指标出现错漏的，应办理正式更正文件，据此及时做出调整，同时将文件抄送预算处。

第五章　省级预算支出指标的录入管理

第二十二条　年初预算支出指标的录入。预算处依托财政一体化管理信息系统实现部门预算编制系统与预算指标管理系统的数据对接，将年初预算支出指标按预算科目等预算编制信息项分预算单位和归口处室自动导入指标管理系统。

第二十三条　年中调整预算支出指标的录入。对年度预算执行中，追加、追减的指标，由预算处依据相关批准文件将预算指标录入到归口处室，由处室分配到职责范围内的预算执行单位和明细项目，其中基本建设支出类指标由厅经建处负责统一录入到预算执行单位。对年度预算执行中，预算科目调整，由预算处依据批准文件录入。对年度预算执行中，年初预算待细化项目的细化；单位可执行指标、项目支出预算级次、政府采购预算、预算项目等指标信息项调整；错漏更正，由相关处室录入。

第二十四条　追加市县预算支出指标的录入。各相关处室依据正式的资金（指标）分配文件，按既定预算科目录入到17个省辖市和57个省直管县和15个县改区。

第二十五条　预拨指标的录入。预拨指标及冲销预拨指标统一由预算处办理。

第六章　省级预算支出指标的对账管理

第二十六条　预算处负责与财政部、各相关处室、市县财政预算指标的对账工作。各相关处室负责与归口预算部门及本处室办理追加市县预算指标的对账工作。

第二十七条　每月前5个工作日内各处室将上月指标核对情况反馈预算处。对账过程中发现的错漏及时查明原因并按规定作相应调整。国库支付中心每月发送分部门分科目分来源支出账，供相关处室查询核对。年度结束后，各处室根据年度预算指标和国库处核定的预算拨款情况，在“财政一体化管理信息系统”中确认本处室分部门分科目分项目指标结转。

第二十八条　依据各处室在“财政一体化管理信息系统”中最终确认的指标结转情况，系统自动生成结转指标，其中：部门预算结转指标=部门预算支出指标－追加市县指标－部门预算拨款，处室预算结转指标=处室预算支出指标－追加市县指标－分配部门预算指标－处室预算拨款。对预算结转指标的管理，按照我厅有关规定执行。部门或处室出现负预算结转指标的，由相关处室提出调整意见，报厅领导批准后，由预算处和相关处室共同办理下一年度预算指标抵减。

第七章　省级预算支出指标的软件维护与管理

第二十九条　预算处负责预算指标管理软件中各处室管理内容、人员权限设置等维护。厅信息中心负责预算指标管理系统软件的运行和基础数据的维护以及数据库备份等工作。

第三十条　预算处设总指标管理员，负责预算支出总指标的管理。各相关处室设处室指标管理员，并根据管理需要设指标审核员，分别负责本处室预算支出指标的管理和审核工作。各处室指标管理员和审核员原则上相对固定，人员设置、变动等基本信息及时告知预算处。

第八章　其　他

第三十一条　本办法自下发之日起执行，由预算处负责解释。《安徽省省级预算支出指标管理暂行办法》（财预〔2005〕1031号）相应废止。其他相关管理规定与本办法相抵触的，以本办法为准。

安徽省财政厅关于印发《安徽省省级行政事业单位国有资产收入管理暂行办法》的通知

（2010年6月18日财资〔2010〕750号）

省直各单位：

为进一步加强省级行政事业单位国有资产收入管理，防止国有资产的流失，根据《安徽省行政事业单位国有资产管理暂行办法》（省政府令第214号）的有关规定，我们制定了《安徽省省级行政事业单位国有资产收入管理暂行办法》。现印发给你们，请遵照执行。

附件：安徽省省级行政事业单位国有资产处置管理暂行办法

安徽省省级行政事业单位国有资产收入管理暂行办法

第一章　总　则

第一条　为加强省级行政事业单位国有资产收入管理，规范收入分配秩序，保障国家所有者权益，根据《行政单位国有资产管理暂行办法》（财政部令第35号）、《事业单位国有资产管理暂行办法》（财政部令第36号）、《安徽省政府非税收入管理暂行办法》（省政府令第184号）和《安徽省行政事业单位国有资产管理暂行办法》（省政府令第214号）的规定，制定本办法。

第二条　本办法适用于省级党的机关、人大机关、行政机关、政协机关、审判机关、检察机关、各民主党派机关和其他各类事业单位（以下简称行政事业单位）。

第三条　本办法所称行政事业单位国有资产收入主要包括：

（一）行政事业单位国有资产产权转移或核销所产生的处置收入，包括资产出售收入、出让收入、置换差价收入、报废报损残值变价收入等；

（二）行政单位出租、出借国有资产所取得的收入；

（三）事业单位出租、出借国有资产以及利用国有资产对外投资所取得的收入；

（四）其他按规定应上缴省财政的国有资产收入。

行政事业单位处置国有资产以及利用占有、使用的国有资产进行出租、出借、对外投资的，应按照规定程序履行审批手续。

第二章　收入管理

第四条　行政事业单位国有资产收入属于政府非税收入，是财政收入的重要组成部分，由省财政厅负责收缴和监管。

第五条　行政事业单位国有资产收入，按照政府非税收入管理的规定，实行“收支两条线”管理，缴入安徽省政府非税收入汇缴结算户，再划解至省国库或财政专户。

行政事业单位国有资产处置收入和行政单位（含参照公务员法管理的事业单位，下同）国有资产出租出借收入全部划解省国库，纳入预算管理；事业单位国有资产出租出借收入和对外投资收益划解省财政专户，纳入单位预算，统一管理，审批使用。国家另有规定的除外。

第六条　行政事业单位出租、出借和处置国有资产应缴纳的税款和所发生的相关费用（资产评估费、技术鉴定费、交易手续费等），在收入中抵扣，抵扣后的余额按照政府非税收入管理规定缴入安徽省政府非税收入汇缴结算户。

第三章　缴库管理

第七条　行政事业单位应在取得国有资产收入后30个工作日内，按以下方式进行上缴：

（一）对已纳入省政府非税收入管理范围的行政事业单位，按照政府非税收入收缴的有关规定，及时填制《安徽省政府非税收入一般缴款书》办理缴款；

（二）对未纳入省政府非税收入管理范围的行政事业单位，由省财政厅非税收入征收管理机构将其增加为执收单位后，按照政府非税收入收缴的有关规定，及时填制《安徽省政府非税收入一般缴款书》办理缴款。

第八条　行政事业单位上缴国有资产收入时，使用以下政府收入科目（以后年度的缴款可对照当年的政府收入科目确定）：

行政单位国有资产处置收入，使用“行政单位国有资产处置收入（103070602）”科目；

行政单位国有资产出租出借收入，使用“行政单位国有资产出租收入（103070601）”科目；

事业单位国有资产处置收入，使用“事业单位国有资产处置收入（103070603）”科目；

事业单位国有资产出租出借收入和对外投资所得收入，使用“其他非经营性国有资产收入（103070699）”科目；

行政事业单位因处置土地取得的收益（包括对地上建筑物的补偿），使用“其他国有资源（资产）有偿使用收入（1030799）”科目；因处置房产产生的收入，不区分土地收益，全部使用“行政单位国有资产处置收入”或“事业单位国有资产处置收入”科目。

第四章　资金使用管理

第九条　行政事业单位国有资产收入原则上用于收入上缴单位固定资产更新改造、新增资产配置等。

第十条　行政事业单位缴入国库的国有资产收入及相关支出全部纳入部门预算，按照部门预算编报、审批程序执行。对年度预算执行中需要追加（减）预算的，按预算追加（减）程序办理。

事业单位申请使用缴入财政专户的国有资产收入时，应按规定程序报省财政厅资产管理部门审批，并按批准的用途使用。

第十一条　事业单位按下列程序申请使用缴入财政专户的国有资产收入：

（一）单位根据上缴金额和支出用途填制《国有资产收入资金使用申请单》，报送主管部门审核；

（二）主管部门审核后，报送省财政厅资产管理部门审批核定可用额度和支出用途；

（三）省财政厅国库部门根据经审批核定的《国有资产收入资金使用申请单》办理拨付手续。

第五章　监督检查和法律责任

第十二条　省财政厅、主管部门要切实履行国有资产管理职责，建立健全资产收入形成、收缴、使用等方面的规章制度，加强对国有资产收入与使用的监管，维护国有资产的安全完整，防止国有资产流失。

第十三条　行政事业单位要加强对本单位国有资产收入与使用的管理，建立健全单位国有资产内部管理制度，合理使用国有资产收入，自觉接受财政、审计、监察等部门的监督检查。

第十四条　行政事业单位要如实反映和缴纳国有资产收入，不得隐瞒、截留、挤占、坐支和挪用国有资产收入；不得违反规定使用国有资产收入。

第十五条　省财政厅、主管部门、行政事业单位及其工作人员违反本办法规定的，依据《财政违法行为处罚处分条例》（国务院令第427号）等有关规定进行处理。

第六章　附　则

第十六条　行政事业单位公有住房按国家现行住房分配货币化改革政策进行出售、出租的收入，按照国家有关规定执行。

第十七条　社会团体和民办非企业单位占有、使用国有资产的，参照本办法执行。

实行企业化管理并执行企业财务会计制度的事业单位以及事业单位创办的具有法人资格的企业，由省财政厅按照企业国有资产管理的有关规定实施监督管理。

第十八条　市县财政部门可参照本办法，结合本地实际，制定本地区的行政事业单位国有资产收入管理办法。

第十九条　本办法自2011年1月1日起施行。此前的相关规定与本办法不一致的，以本办法为准。

安徽省财政厅关于印发《安徽省省级国有资本经营预算支出项目资金管理暂行办法》的通知

（2010年8月31日财资〔2010〕1257号）

省直有关部门、省属有关企业：

为切实发挥省级国有资本经营预算支出项目资金的作用，规范资金的使用和管理，根据《预算法》和《安徽省人民政府关于试行国有资本经营预算的意见》（皖政〔2007〕126号）等规定，我们制定了《安徽省省级国有资本经营预算支出项目资金管理暂行办法》，现印发给你们，请遵照执行。

安徽省省级国有资本经营预算支出项目资金管理暂行办法

第一章　总　则

第一条　为切实发挥省级国有资本经营预算支出项目资金的作用，规范资金的使用和管理，提高资金使用效益，根据《中华人民共和国预算法》和《安徽省人民政府关于试行国有资本经营预算的意见》（皖政〔2007〕126号）等规定，制定本办法。

第二条　本办法所称省级国有资本经营预算支出项目资金（以下简称项目资金）是指通过收取国有资本收益用于国有资本经营预算支出安排的财政性资金。

第三条　本办法试行范围为省人民政府及其部门、机构履行出资人职责的一级企业，具体包括省国资委和省直其他有国有企业监管职能的部门、单位分别所监管的企业（以下统称省属企业）。

第四条　项目资金管理遵循以下原则：

（一）科学论证的原则。申报的资金项目必须进行充分的可行性论证和严格审核，项目符合国家产业政策。

（二）重点突出的原则。按照项目的轻重缓急，保障重点项目支出的资金需求。

（三）细化分解的原则。项目资金支出必须明细化，分解落实到具体使用单位和具体项目。

（四）跟踪问效的原则。对项目实施过程中资金使用情况进行绩效考评，跟踪问效。

第二章　项目资金的分类及使用范围

第五条　项目资金按照性质分为资本性支出、费用性支出和其他支出。

（一）资本性支出。即根据产业发展规划、国有企业发展要求等需要安排的支出，重点用于省属企业自主创新、提高企业核心竞争力和节能减排等。

（二）费用性支出。即国有企业根据省行业产业发展规划进行改组、改造和改制需要安排的支出，重点解决困难企业职工养老保险，离退休职工医疗保险、特困企业职工生活补助，分离企业办社会职能、企业后勤服务社会化等涉及职工切身利益的问题。

（三）其他支出。即根据国家宏观经济政策和不同时期国有企业改革和发展的目标任务，统筹安排确定，可部分用于社会保障等支出。

第六条　项目资金具体使用范围为：

（一）新设企业注入国有资本金；

（二）向现有企业增加资本性投入；

（三）向公司制企业认购股权、股份等支出；

（四）弥补国有企业改革成本等方面的支出；

（五）省政府确定的其他方面支出。

第三章　项目资金的申报

第七条　申请项目的省属企业必须同时具备下列资格：

（一）按时申报或上缴国有资本经营收益；

（二）财务管理制度健全，会计核算完整、正确；

（三）经济效益或社会效益较好；

（四）近三年来无任何违法违规行为。

第八条　申请资金的项目必须同时具备下列条件：

（一）资本性支出项目

1. 符合国家产业政策、可持续发展战略以及我省经济发展方向，技术达到较高水平；

2. 符合国家有关质量、安全、卫生、环保标准和资源综合利用的规定；

3. 项目绩效目标明确、组织实施计划详细和项目预算合理；

4. 项目已经有关部门核准或备案；

5. 项目竣工投产后，能够达到预期经济效益和社会效益。

（二）费用性支出项目

1. 符合我省国有经济布局和结构调整的需要；

2. 项目组织实施计划详细、项目预算合理；

3. 资产处置方案和职工安置方案已经有关部门批准；

4. 项目的实施有助于改革的稳步、有序地推进，确保稳定大局。

（三）其他支出项目

按有关规定执行。

第九条　省属企业申报项目时，需编制项目资金申请报告，分类别分别填写《安徽省省级国有资本经营预算支出项目资金申请表》，按程序上报。项目资金申请报告主要包括以下内容：

（一）项目名称及主要内容；

（二）项目承担企业基本情况；

（三）项目实施的主要目的和目标；

（四）资本性支出项目包括项目立项的依据，项目可行性分析，项目投资方案与资金筹措方案，项目实施进度与年度计划安排，项目经济效益和社会效益的分析等；费用性支出项目包括立项的必要性，项目具体的支出范围，项目资金测算依据和标准等；

（五）项目绩效考核及其相关责任的落实等。

第十条　申报程序为：

（一）省属企业应当于每年 4 月底之前根据本办法第九条规定的材料，向省级预算单位申报项目，同时抄报省财政厅。

（二）省级预算单位按照规定，对所监管企业申报的项目，初审筛选后，将《安徽省省级国有资本经营预算支出项目资金汇总表》及相关企业申报材料（申请报告及签署审核意见的申请表）于6月底之前向省财政厅申报。

第十一条　省属企业当年度原则上不分类别只能申报一个项目。

第四章　项目的审核及资金拨付

第十二条　项目审核的内容主要包括：

（一）申报企业及所申报项目是否符合规定的申报条件；

（二）项目申报是否符合规定的填报要求，相关材料是否齐全等；

（三）项目申报的内容是否真实完整，项目支出是否合理，项目实施是否具有良好的社会经济效益；

（四）申报的项目是否按照规定分解到具体使用单位和具体项目，项目支出是否分解到具体内容和用途。

（五）申报资金的额度是否可行合理。

第十三条　省财政厅对省级预算单位初审筛选后的项目按照公正、公开和透明的原则进行审核，确定支持的备选项目，在结合省级国有资本经营预算收入状况，综合平衡后，编入下一年度国有资本经营预算。经批准后，按照国库集中支付的程序，将项目资金直接支付到省属企业。

第五章　项目资金的监督与检查

第十四条　项目资金必须按照规定用途使用。在项目执行过程中因特殊原因需改变资金用途的，须按规定的程序报批。

第十五条　省属企业在项目完成后，应当及

时组织验收和总结，并报省级预算单位。省级预算单位应当将项目完成情况汇总后报省财政厅。

第十六条 省财政厅对项目资金的使用和管理情况进行监督检查。省属企业要严格遵守国家有关财经纪律和财务会计制度，并自觉接受审计、监察部门的审计和监督。

第十七条 项目资金实行责任追究制度。对弄虚作假骗取资金，截留、挪用、挤占专项资金等违反财经纪律行为，一经发现，省财政厅立即收回全部专项资金，并按照国家有关法律法规予以严肃处理。

第六章 附 则

第十八条 本办法由省财政厅负责解释。

第十九条 本办法自印发之日起执行。

安徽省财政厅关于印发《2010 年省对下均衡性转移支付办法》的通知

(2010 年 11 月 10 日财预〔2010〕1700 号)

各市、县（区）财政局：

为增强基层政府提供基本公共服务能力，加快建立县级基本财力保障机制，促进均衡性转移支付管理的公开、透明，按照财政管理科学化、精细化的要求，我厅制定了《2010 年省对下均衡性转移支付办法》，现印发给你们。2010 年省对下均衡性转移支付按此办法进行分配。

2010 年省对下均衡性转移支付办法

一、总体目标和基本原则

按照落实科学发展观和构建社会主义和谐社会的要求，根据《财政部关于建立和完善县级基本财力保障机制的意见》，2010 年省对下均衡性转移支付的总体目标是：缩小区域间财力差距，保障基层政府实施公共管理、提供基本公共服务以及落实省委、省政府各项民生政策的基本财力需要，实现“保工资、保运转、保民生、保改革”的目标。

省对下均衡性转移支付的基本原则：一是统一规范。用标准收支统一衡量区域财力差异，采用公式化方式进行规范化分配。二是科学合理。优化选择标准收支的客观因素和计算方法，确保指标体系的科学性和测算体系的合理性。三是公开透明。公开转移支付办法，积极推进转移支付管理的制度化。四是突出重点。重点解决当前基层政府预算执行中的突出矛盾，优先考虑民生工程配套、推进基层医药卫生体制改革、提高公务员津补贴标准及相应增加义务教育学校绩效工资、事业单位过渡性工资性津贴等重点支出。五是正确引导。积极发挥转移支付的政策导向作用，促进县级进一步优化收支结构，严格控制财政供养人员。

二、省对下一般性转移支付测算范围

为增强基层政府提供基本公共服务的保障能力，2010 年省对下均衡性转移支付测算范围包括 61 个县（市）和 15 个县改区。

三、省对下均衡性转移支付资金数额的确定

省对下均衡性转移支付资金数额按照各地标准财政收入和标准财政支出差额以及转移支付系数计算确定。用公式表示为：

某县（含 15 个县改区，下同）均衡性转移支付资金数额 =（该县标准财政支出 - 该县标准财政收入）×转移支付系数

转移支付系数按可分配均衡性转移支付资金规模、标准财政收支差额等因素确定。

凡标准财政收入大于或等于标准财政支出的县，不纳入省对下均衡性转移支付补助范围。

四、标准财政收入的确定

标准财政收入，由本级标准财政收入、上级返还性收入、上级财力性转移支付收入构成。用公式表示为：

某县标准财政收入 = 该县本级标准财政收入 + 该县上级返还性收入 + 该县上级财力性转移支付收入

（一）本级标准财政收入

税收收入：增值税（地方分享 25% 部分，下同）、营业税、企业所得税（市县分享 25% 部分，包括企业所得税退税，下同）、个人所得税（市县分享 25% 部分，下同）、资源税、城市维护建设税、房产税、印花税、城镇土地使用税、土地增值税、车船税、耕地占用税、契税、烟叶税。以 2009 年税收收入实绩计入标准收入。

非税收入：专项收入、行政事业性收费收入、罚没收入、国有资本经营收入、国有资源（资产）有偿使用收入、其他收入等纳入一般预算管理的非税收入。以 2009 年收入实绩为基础计算，非税收入占地方一般预算收入比重低于全省县级平均水平

的，非税收入以10%计入标准收入，高于全省县级平均水平的，按功效系数法在10%－30%间计算确定其计入标准收入的比例。

（二）上级返还性收入

包括增值税和消费税税收返还收入以及所得税基数返还收入，按照2009年决算数计算。

（三）上级财力性转移支付收入

包括体制补助基数、其他财力性转移支付收入，按照2009年年终财政结算数计算。

五、标准财政供养人数确定

标准财政供养人数，由各地标准财政供养在职人数、标准财政供养离休人数、标准财政供养退休人数构成。用公式表示为：

某县标准财政供养人数＝该县标准财政供养在职人数＋标准财政供养离休人数＋标准财政供养退休人数

标准财政供养在职人数根据客观因素测算供养人数、人员编制数、实有供养人数加权计算。为鼓励各地从严控制财政供养人员，本着增人不增标准人数、减人不减标准人数的原则，标准财政供养人数继续采用2008年均衡性转移支付测算结果。同时为体现逐步向完全按照客观因素测算的供养人数过渡，2010年调整了相应的权重。用公式表示为：

某县标准财政供养在职人数＝因素测算供养人数×60%＋人员编制数×20%＋实有供养人数×20%

六、标准财政支出的确定

标准财政支出，由保工资、保运转、保民生、保改革四项标准支出构成。用公式表示为：

某县标准财政支出＝该县保工资标准支出＋该县保运转标准支出＋该县保民生标准支出＋该县保改革标准支出

（一）保工资标准支出

1．标准在职人员经费支出。包括工资性支出、公务员（含参依照公务员管理人员，下同）规范津补贴增加支出、义务教育学校绩效工资增加支出、工资附加性支出。工资性支出按标准财政供养人数和统一的工资标准计算，山区县另加10%工资浮动津贴。公务员规范津补贴和义务教育学校绩效工资增加支出，按2009年财政供给单位人员信息库（以下简称信息库）人数和省核定的控制线标准（年人均1.5万元，增支部分统一按年人均0.9万元，下同）计算。工资附加性支出按规定比例计算。

2．离退休人员经费。根据各地标准财政供养离休人数、标准财政供养退休人数和离休人员、退休人员经费支出标准分别计算。离休人员医药费纳入离休人员经费支出标准计算范围。离退休公务员和离退休义务教育学校教职工因规范津补贴和绩效工资改革增加的支出，按2009年信息库人数和在职标准的75%计算。

（二）保运转标准支出

分行政、公检法司、教育、其他事业四类计算。其中行政、公检法司、其他事业按照标准财政供养人数、统一核定的公用经费支出标准和成本差异系数计算；教育部门公用经费按义务教育学生人数和生均标准及成本差异系数计算。成本差异系数按山区县、丘陵县、平原县1.3：1.1：1的比例统一确定。

（三）保民生标准支出

包括省委、省政府确定的33项民生工程，按照《省财政厅关于2010年民生工程资金筹措有关问题的通知》（财预〔2009〕2037号）规定的标准及分担比例计算，其中城市低收入家庭住房保障支出配套数按50%计算，城乡义务教育经费保障支出不重复计算。

（四）保改革标准支出

包括基层医药卫生体制综合改革支出和事业单位过渡性工资性津贴支出。

1．基层医药卫生体制综合改革支出。包括公共卫生和基层医疗单位绩效工资改革支出和基层医疗单位经常性收支差额补助。公共卫生和基层医疗单位绩效工资改革支出，按照卫生部门提供的人数、省核定的控制线标准和15个月计算，其中离退休人员按在职标准的75%计算。

基层医疗单位经常性收支差额补助，按照各地农业人口数和核定的统一标准计算。

2．其他事业单位过渡性工资性津贴支出。按照2009年信息库人数、省核定的控制线标准和6个月计算，其中离退休人员按在职标准的75%计算。

七、省对下均衡性转移支付资金管理

各地要合理安排使用省对下均衡性转移支付资金，调整优化财政支出结构，切实提高资金使用效益。均衡性转移支付资金，要确保优先用于民生工程配套、推进基层医药卫生体制改革、提高公务员津补贴标准及相应增加义务教育学校绩效工资、其他事业单位过渡性工资性津贴等重点支出需要。严禁将转移支付资金用于楼堂馆所以及“形象工程”建设。

安徽省财政厅关于印发《安徽省部门决算工作考核评比暂行办法》的通知

(2010 年 12 月 3 日财库〔2010〕1999 号)

各市财政局：

为进一步提高全省部门决算编报质量和水平，确保部门决算数据的真实准确，促进部门决算的分析利用，我厅依据财政部《地方部门决算工作考核评比暂行办法》(财库〔2007〕18 号)，制定《安徽省部门决算工作考核评比暂行办法》，现印发给你们，请遵照执行。执行中遇到的问题，请及时向省财政厅反映。

安徽省部门决算工作考核评比暂行办法

第一条　为提高全省部门决算编审质量，确保部门决算报表信息资料的真实、准确、全面、完整，为政府宏观经济和财政政策的制定、部门预算的编制和部门决算的批复提供高质量的基础信息，特制定本暂行办法。

第二条　本办法用于考核评比市级部门决算编审工作。

第三条　部门决算工作考核评比内容包括部门决算基础数据表、填报说明、分析报告及相应电子介质数据报送的及时性、规范性、真实性、准确性、完整性，初审情况以及决算组织工作等。

第四条　部门决算考核评比实行百分制，根据考核内容设置相应的指标及分值，每项指标扣至零分为止。

考核指标分值为：报送的及时性（5 分）；编报的规范性（10 分）；数据的真实性、准确性、完整性（50 分）；填报说明（10 分）；分析报告（15 分）；初审和互审情况（10 分）。

第五条　部门决算报送的及时性（5 分）。

各市财政局应按照规定期限及时编制和报送本地区汇总的部门决算。具体要求是：

（一）按规定时间报送部门决算基础数据表、填报说明、分析报告及相应电子介质数据等决算资料。

（二）决算初审后，按审核要求修改决算数据及文字材料，并在规定时间内上报。

第六条　部门决算编报的规范性（10 分）。

（一）报表编制符合规定格式，报送手续齐全。

报表装订规范，不得缺少张页；报表封面指标应填列完整，正式行文报送时需经报表责任人、财政国库部门负责人、市财政局负责人签字或盖章，并加盖市财政局行政公章。

（二）会计核算规范。

预算单位应正确选用会计制度，会计核算符合现行财务会计制度及有关政策规定。预算单位应按照部门决算编制要求，逐户编制与财政预算相对应的决算报表。一个独立核算单位应执行一种会计制度，编报一套单户报表。

（三）经费差额表、调整表使用规范。

各市财政局或主管单位如有代编经费决算或剔除重复汇总数据事项，应根据部门决算编制要求正确使用经费差额表或调整表。经费差额表和调整表应根据内容分别填报，不能混编。

（四）电子介质数据树形结构清晰。

各市财政局应按照行政区划，逐级汇总建立部门决算数据的树形结构。

第七条　部门决算数据的真实性、准确性和完整性（50 分）。

（一）真实性是指决算信息真实可靠。具体要求是：

1. 各市财政局应会同主管单位、基层预算单位和银行，核对年度预算收支数据和各项缴拨款项，加强对预算单位的审核，剔除重复填报数据，保证部门决算数据账表相符，真实准确。

2. 各市财政局应按部门决算编报范围汇总决算，以经审核后的基层预算单位数据为准，任何部门不得自行调整基层预算单位决算数据或者估列代编。

（二）准确性是指决算数据填报准确无误。具体要求是：

1. 报表编报口径符合现行单位财务会计制度、财政预算管理及部门决算编报要求。

2. 决算数据表内、表间钩稽关系正确，无技术性错误。

3. 上下年度数据衔接一致，如有变动需提供相关文件依据。

4. 纳入部门决算编制范围的同口径财政性资金缴拨款指标与财政总决算相关数据相衔接。

5. 纸质报表数据与电子介质数据一致。

（三）完整性是指决算全面、系统地反映部门和单位的预算执行情况。具体要求是：

1. 编报范围与预算编制范围一致，具有可比性。

2. 报表填列齐全，无漏填漏报。

第八条　部门决算填报说明（10 分）。

填报说明应进一步解释或补充基础数据表的内容，说明文字简明扼要。凡不符合部门决算编报口径或数据变动较大的事项，如本地区部门决算编制范围、机构人员变动情况，年初结转数据变动情况等，需逐一说明并附文件依据；公式审核应无基本平衡公式错误，逻辑性公式和核实性公式错误需逐条说明合理原因。

第九条　部门决算分析报告（15 分）。

各市财政局应对部门决算数据进行深入细致的分析，及时发现部门预算执行中存在的问题，为加强和改进财政财务管理提供依据。

（一）充分利用分析表提供的决算信息，对数据增减变动原因逐项进行详细分析；

（二）归纳出本地区财政财务管理、预算管理、单位会计核算中存在的问题，并有针对性地提出改进意见和建议；

（三）总结本地区财政财务管理、部门预算执行和部门决算管理等方面好的做法和经验。

第十条　初审情况和决算组织工作（10 分）。

考核评比结合部门决算初审和决算组织工作进行，根据部门决算初审情况及组织工作情况确定分值。具体要求是：

（一）初审数据上报及时，数据质量达到审核基本要求；

（二）决算工作组织有序，运行机制完善；职责明确，相关部门密切配合；决算保障工作有力，重视决算数据的分析利用。

第十一条　全省部门决算每年度考核评比一次，由省财政厅国库处统一组织。

第十二条　根据考评得分，每年评出 8 个单位作为部门决算编报工作先进单位，其中一等奖 1 个，二等奖 3 个，三等奖 4 个。对获奖单位颁发获奖证书、奖牌，并予以适当的物质奖励。获奖单位可以对相关人员进行表彰。

第十三条　本办法自印发之日起实施。

行政法规规范性文件

安徽省财政厅　安徽省旅游局关于印发《安徽省旅游发展专项资金管理办法》的通知

（2010 年 3 月 30 日财行〔2010〕335 号）

各市、县（市、区）财政局、旅游局：

现将《安徽省旅游发展专项资金管理办法》印发给你们，请遵照执行。

附件：《安徽省旅游发展专项资金管理办法》

安徽省旅游发展专项资金管理办法

第一章　总　则

第一条　为规范省旅游发展专项资金（以下简称专项资金）管理，提高资金使用效益，根据《国务院关于加快发展旅游业的意见》（国发〔2009〕41 号）、《财政部、国家旅游局旅游发展基金补助地方项目资金管理办法》（财行〔2009〕47 号）和《中共安徽省委、安徽省人民政府关于推进旅游产业大省建设的意见》（皖发〔2007〕17 号）以及财政预算管理的有关规定制定本办法。

第二条　专项资金的来源为省级预算安排的财政资金。

第三条　专项资金的安排使用，要服务于转变发展方式，着眼“要素”结构调整，改善旅游产品布局，促进产业转型升级，提升旅游服务业质量，引导社会资本投入，保证资金专款专用的原则。

第二章　专项资金使用范围、补助形式

第四条　专项资金使用范围：

（一）重点旅游项目建设。主要用于补助重点旅游项目开发和旅游景区基础设施建设，以及旅游公共服务设施建设及完善等。

（二）乡村旅游开发。主要用于补助带动农民脱贫致富的旅游开发项目等。

（三）旅游新业态项目。主要用于文化旅游、红色旅游、生态旅游、休闲度假、自驾车营地等旅游新业态项目。

（四）旅游基础工作。主要用于补助旅游规划编制、旅游项目库建设、旅游信息化建设、旅游人才培训等。

（五）旅游宣传促销。主要用于为开拓境内外旅游市场而举行的全省及区域性重大宣传促销活动和节庆活动等。

（六）旅游商品研发。主要用于补助全省旅游商品的研发，重点扶持文化旅游纪念品、手工艺品和特色旅游商品等。

（七）省政府确定的其他重点旅游项目开支。

第五条　专项资金补助分为直接补助、贷款贴息和以奖代补三种形式。

（一）直接补助，主要用于补助旅游项目开发、旅游景区（点）旅游基础设施及公共服务设施配套建设项目、旅游商品研发、旅游规划、旅游信息化等。

（二）贷款贴息，主要用于重点旅游开发项目、旅游商品研发、旅游新业态等项目的贷款贴息补助。项目业主须为具有独立法人资格或实行企业化管理、独立核算的事业法人资格的建设单位。坚持先有贷款，再安排贴息资金原则。贴息资金的贴补率不超过当期银行贷款利率，贴息期限原则上为 1 年，最多不超过 2 年。

（三）以奖代补，主要用于旅游项目库、旅游景区升级、乡村旅游开发以及对地方社会、经济贡献突出的旅游项目等。

第三章　专项资金的申报、审批、拨款

第六条　专项资金实行“一上一下”的申报审批程序。

（一）“一上”。项目申报单位按专项资金的使用原则、范围、方式，在规定期限向所在市、县（市、区）旅游部门和财政部门同时递交申报材料。各市和省直管县旅游、财政部门按照《安徽省旅游

项目库建设与管理暂行办法》要求，对申报项目进行审核、筛选，并于每年5月10日前联合上报省旅游局、省财政厅。申请材料内容不完整、申报程序不规范的，省旅游局、省财政厅不予受理。

（二）"一下"。省旅游局会同省财政厅对申报项目进行审核，共同研究确定专项资金的分配方案，由省财政厅、省旅游局于每年6月底之前联合行文将资金下达至各市县。

第七条　项目申报内容。

（一）项目申请报告。各市和省直管县旅游和财政主管部门联合向省旅游局和省财政厅报送资金申请报告。报告应包括对本地旅游发展概况、支持重点以及各申报项目的简要说明、项目资金来源和使用预算。

（二）项目申报材料。每个申报项目除按所附《旅游专项资金项目申报文本》格式填报相对应的项目资料表格外，还需要单独提供以下申报材料：

1. 旅游项目所在地区旅游总体开发规划文件；

2. 经发展与改革部门批准的项目立项文件或旅游项目可行性研究报告；

3. 城市规划行政主管部门出具的规划选址意见书（城市景区点）；

4. 国土资源行政主管部门出具的项目用地预审意见或国有土地使用权出让合同；

5. 环境保护行政主管部门出具的环境影响评价审批意见；

6. 贷款贴息项目应附银行贷款合同和银行贷款实际发生计息单及相关审贷法律文件。

以上申报材料视具体申报项目而定。

第八条　专项资金的拨付实行国库集中支付制度，由省财政部门将资金直接下达至各市和省直管县财政部门，各市和省直管县财政部门要在专项资金到位15个工作日内，及时足额将资金拨付同级旅游部门或项目申报单位，不得截留、挪作他用。

第九条　省、市、县（市、区）旅游部门分级建立旅游项目库，并向同级财政部门开放。

第十条　对已补助的旅游项目，原则上不得调整。若在执行过程中遇到自然灾害等不可抗力因素，确需改变项目用途的，由市和省直管县旅游、财政部门提出申请报省旅游局（附更改项目申报材料），经省旅游局商省财政厅批准后方可更改。

第四章　专项资金的监督管理

第十一条　各级财政主管部门应会同同级旅游主管部门加强专项资金监督检查工作，建立对旅游专项资金使用情况的监督检查制度，保证专项资金及时、足额到位，专款专用。对资金使用过程中存在的问题，及时予以纠正。

第十二条　各级财政主管部门要会同同级旅游主管部门不定期对专项资金使用情况进行检查。对资金到位不及时、不足额的单位，责成相关部门及时纠正；对违反规定，以各种借口截留、挤占、挪用专项资金的单位，除追回资金外，还要给予两年内不得申请专项资金补助的处罚，情节严重的，按照《财政违法行为处罚处分条例》（国务院令第427号）有关规定给予处理。

第十三条　各级财政主管部门要会同同级旅游主管部门，按照《安徽省预算支出绩效考评实施方法》（财预〔2009〕134号）等规定，实行跟踪问效，适时开展绩效评价工作，评价报告同时上报省财政厅和省旅游局。

第五章　附　则

第十四条　本办法由省财政厅、省旅游局共同负责解释。

第十五条　本办法自发文之日起施行。原《安徽省旅游发展专项资金管理暂行办法》（财行〔2003〕291号）同时废止。

安徽省财政厅 安徽省科技厅关于印发《安徽省专利发展专项资金管理办法（试行）》的通知

（2010年8月12日财教〔2010〕1142号）

各市、县（市、区）财政局、科技局：

为鼓励发明，激励自主创新，加强专利发展专项资金管理，提高财政资金使用效益，提升我省专利资助工作效率和质量，促进创新型省份建设，省财政厅和省科技厅研究制定了《安徽省专利发展专项资金管理办法（试行）》，现印发给你们，请遵照执行。

安徽省专利发展专项资金管理办法（试行）

第一章　总　则

第一条　为贯彻实施知识产权战略，充分发挥我省专利发展专项资金（以下简称“专项资金”）对自主创新的激励、推动作用，促进专利技术的转化，进一步加强资金管理，提高资金使用效益，制定本办法。

第二条　专项资金的使用以国家和安徽省专利事业发展政策为导向，遵循国家有关法律法规和财政管理制度，坚持诚实申请、科学评估、公正合理、注重实效、择优支持的原则。

第三条　资助资金由省级财政预算安排，省财政主管部门和省知识产权主管部门共同管理，由省知识产权局具体组织实施。

第四条　各设区的市、县（市、区）应当设立专利发展专项资金，每年向省知识产权局上报专项资金使用情况，形成上下联动机制，共同推动我省专利事业发展。

第二章　专项资金使用范围

第五条　专利发展专项资金主要用于资助专利创造、运用、保护和与专利相关的知识产权管理。

第六条　专利创造的资助，是对按照《专利法》、《专利法实施细则》有关规定和国际专利合作条约等依法获得的专利成果进行资助，包括：

（一）国内授权发明专利；

（二）国外授权发明专利。

第七条　专利运用的资助，主要用于：

（一）专利展示、交易、信息公共服务平台建设及维护运行；

（二）知识产权示范、示范创建、试点的城市、企业、园区的相关知识产权工作机制建设；

（三）专利技术转化率高的企事业单位。

第八条　专利保护的资助，主要用于：

（一）专利保护专项行动的组织与实施；

（二）专利执法机制、队伍和基础条件建设及“5．26”工程实施；

（三）知识产权维权援助中心、12330 中心建设；

（四）专利执法、预警系统建设与维护运行。

第九条　与专利相关的知识产权管理的资助，主要用于：

（一）知识产权战略的制定与实施及重大问题研究；

（二）知识产权对外交流合作与宣传、培训；

（三）专利管理、代理、工程师人才培养、考核；

（四）专利代理机构培育、引进、发展及专利工作奖励；

（五）创新主体专利创造能力的培育与激励；

（六）对获得中国专利奖和安徽省专利奖的项目进行奖励；

（七）国家知识产权局专利局合肥代办处建设及运行费用。

第三章　专项资金资助标准

第十条　专利创造的资助标准：已授权的中国发明专利，资助标准 5000 元/件；已授权的国外发明专利，资助标准 2 万元/件（每项发明专利最多资助 2 个国家）。获中国专利金奖和优秀奖的，给予重大奖励。

第十一条　对用于专利创造、运用、保护和与专利相关的知识产权管理其他部分的专项资助，省知识产权局商省财政厅后，按本办法第六条、第七条、第八条、第九条相关内容规定执行。

第四章　专项资金资助对象

第十二条　专项资金资助对象：

（一）第一申请人为注册在本省的企事业单位、机关团体，或者为具有本省户籍或本省居住证的个人，或者为在本省全日制普通院校学习的学生及在本省就读的青少年学生；

（二）在本省注册的企事业单位（不含外资和外资控股企业）。

第五章　专项资金资助申报条件

第十三条　申请中国发明专利专项资金资助的，应报送下列材料：

（一）《安徽省国内发明专利专项资金资助申请表》一式两份；

（二）国家知识产权局受理通知书原件及复印件（原件审核后退回）；

（三）国家知识产权局颁发的专利证书、专利说明书扉页及年费、维持费等相应收费收据的原件及复印件（原件审核后退回）；

（四）单位申请的须提交企业营业执照副本、事业法人或社团法人登记证、代办人居民身份证原件及复印件（原件审核后退回），申请文件加盖单位公章；

（五）个人申请的须提交本人安徽省户口簿或居住证、居民身份证，如由他人代办，同时提交代办人居民身份证原件及复印件（原件审核后退回）；

（六）共有专利权的，应有共有人的签章。

第十四条　申请国外发明专利专项资金资助的，应报送下列材料：

（一）《安徽省国外发明专利专项资金资助申请表》一式两份；

（二）依法成立的专利代理机构出具的国外发明专利申请费用结算账单和发票原件及复印件（原件审核后退回）；

（三）国外专利部门授权的专利证书及年费、维持费等相应收费收据的原件及复印件（原件审核后退回）；

（四）单位申请的须提交企业营业执照副本、事业法人或社团法人登记证、代办人居民身份证原件及复印件（原件审核后退回），申请文件加盖单位公章；

（五）个人申请的须提交本人安徽省户口簿或居住证、居民身份证，如由他人代办，同时提交代办人居民身份证原件及复印件（原件审核后退回）；

（六）共有专利权的，应有共有人的签章。

申报其他专项资金资助的条件另行规定。

第六章　资助的审批和管理

第十五条　各设区的市知识产权局作为初审单位受理本行政区域内的专利资助资金的申请，并将初审后的材料报省知识产权局审核。省知识产权局将审核结果，报省财政厅复核。

专项资金资助按财政实际预算支出，当年度已受理尚未资助的，自动结转下一年度资助。

专项资金按照现行国库支付办法支付。

第十六条　专利资助的申请人必须在规定的时间内办理相关手续，逾期视为放弃。

第七章　监督与管理

第十七条　省知识产权局根据专利事业发展规划，提出年度资金使用计划，并负责编制年度专项资金使用和效益情况报告，报省科技厅、省财政厅备案。省财政厅负责审批年度专利发展专项资金预算，并会同有关部门对资金使用、管理等情况进行检查、监督。

第十八条　申请专项资金资助的单位和个人，应提供真实的材料和凭据。对弄虚作假、骗取资助资金的，一经发现，全额追回已资助的资金，并在五年内不再受理其专项资金资助的申请。情节严重的，将按照《财政违法行为处罚处分条例》，依法追究相关责任。

第八章　附　则

第十九条　本办法由省财政厅和省科技厅负责解释。

第二十条　本办法自 2010 年 10 月 1 日起施行。原《安徽省专利申请费用资助办法（试行）》同时废止。

安徽省财政厅关于印发《安徽省省直机关出差和会议定点管理办法》的通知

（2010 年 11 月 10 日财行〔2010〕1759 号）

各市财政局：

为认真贯彻落实中央关于党政机关厉行节约的要求，根据财政部《中央国家机关出差和会议定点管理办法》的规定，我们研究制定了《安徽省省直机关出差和会议定点管理办法》。现印发给你们，请结合实际，认真贯彻执行。

安徽省省直机关出差和会议定点管理办法

第一章　总　则

第一条　为加强差旅费和会议费管理，根据财政部《中央国家机关出差和会议定点管理办法》、《中央国家机关出差和会议定点管理办法补充通知》、《安徽省省直机关差旅费管理办法》和《安徽省省直机关会议费管理办法》等文件规定，制定本办法。

第二条　省直党政机关、参照公务员管理的事业单位（以下统称省直机关）工作人员出差实行定点住宿，会议实行定点举办。全额拨款和差额补助事业单位参照执行。

第三条　定点管理的内容包括：

（一）确定和调整出差、会议定点饭店（含宾馆，以下统称饭店）；

（二）公布定点饭店收费标准；

（三）监督检查本办法及协议的执行情况；

第二章　职责分工

第四条　出差、会议定点饭店采购工作由省财政厅负责，定点饭店的日常管理工作委托各市财政部门进行。

第五条　省财政厅的职责是：

（一）制定、修订本省定点管理办法；

（二）组织全省定点饭店的政府采购工作；

（三）制定定点饭店管理协议书的主要条款；

（四）指导、协调全省的定点饭店管理工作，委托各市财政部门与定点饭店签订协议书及日常的管理工作；

（五）公布定点饭店及收费标准；

（六）对各市定点饭店的变动予以审定；

（七）财政部委托的其他事项。

第六条　各市财政部门职责是受省财政厅委托，负责当地定点饭店的管理工作，具体是：

（一）参与省财政厅组织的定点饭店的招投标工作；

（二）对定点饭店进行业务培训和指导；

（三）与定点饭店签订协议书，督促、指导定点饭店完成在“党政机关出差会议定点饭店查询网”上的注册登记，并予以审核；

（四）对定点饭店协议履行情况进行监督检查；

（五）省财政厅委托的其他工作。

第三章　定点饭店收费标准的确定

第七条　定点饭店及收费标准的确定，采取公开招标方式进行。

第八条　确定定点饭店的原则：

（一）布局合理。定点饭店分布合理，交通便利；

（二）档次适中。定点饭店以三星级宾馆及其以下招待所为主，兼顾不同地区和不同级别人员出差、会议的需要；

（三）价格优惠。定点饭店对出差、会议的收费给予优惠；

（四）公开公平。对各类饭店、内部宾馆、招待所、培训中心一视同仁。

第九条　通过统一政府采购并报财政部批准确认定点饭店后，各市财政部门按要求与定点饭店签订协议书一式五份，财政部、省财政厅、市财政部门、定点饭店、省政府采购中心各一份。

第四章　定点饭店的监督检查

第十条　受省财政厅委托，各市财政部门要加强对定点饭店的监督检查工作。

第十一条　监督检查的主要任务是督促定点饭店认真履行协议规定的义务。

第十二条　各市财政部门要设立投诉电话，接受对定点饭店的投诉，对投诉进行及时处理，并定期将有关情况报省财政厅。

第十三条　定点饭店有以下行为的，经调查属实，第一次口头警告；第二次书面警告；第三次取消其定点饭店资格，并不得参加下一轮次的定点饭店招标。

（一）无正当理由拒绝接待协议承诺的出差人员和会议的；

（二）超过协议规定标准收费的；

（三）提供虚假发票的。

第五章　定点饭店收费标准的变动调整

第十四条　定点饭店实行动态管理。省财政厅每两年组织一次定点饭店招标投标，重新公布定点饭店及收费标准。

第十五条　定点饭店收费标准在协议期内不得变动，遇有饭店条件改善、星级档次提高等情况，不能履行协议收费标准，定点饭店可以申请退出。

第十六条　协议期满后，经双方协商一致，本轮次的定点饭店可以续签下一轮次的协议，继续保留定点饭店资格。也可以自愿退出，定点饭店资格取消。

第六章　附　则

第十七条　市、县党政机关人员出差或开会，可以到定点饭店住宿和办会，并享受同等优惠。

第十八条　本办法自2011年1月1日起实施。

第十九条　本办法由省财政厅负责解释。

安徽省财政厅关于印发《安徽省省直机关差旅费管理办法》、《安徽省省直机关会议费管理办法》的通知

（2010年11月10日财行〔2010〕1760号）

省直各部门、单位：

为认真贯彻落实中央办公厅、国务院办公厅关于进一步落实党政机关厉行节约的通知精神，根据财政部、监察部《关于做好2009—2010年出差和会议定点管理工作的通知》（财行〔2008〕603号）

的要求，我省修订了《安徽省省直机关差旅费管理办法》、《安徽省省直机关会议费管理办法》。现印发给你们，并提出如下要求，请一并贯彻执行。

一、实行会议和出差定点管理，是我省省直机关召开会议和公务人员出差进行的一次重大改革，是落实党中央提出的完善公务活动接待制度的重要举措，也是认真贯彻落实省委、省政府关于厉行节约要求的重要手段，各单位要高度重视。

二、从2011年1月1日起，省级党政机关出差和会议实行定点管理。省财政厅已通过招标采购，在各市确定了2011—2012年党政机关出差和会议定点饭店。定点饭店信息已在“党政机关事业单位出差和会议定点饭店查询网”上公布，网址为www. hotel. gov. cn。

三、省直机关必须到定点饭店开会，并主动缴纳会议费。出差住宿必须到定点饭店，并开具正式发票，回本单位报销。省直单位会议费和出差住宿费不得向任何单位转嫁。

安徽省省直机关差旅费管理办法

第一章　总　　则

第一条　为保证出差人员工作与生活的需要，规范差旅费管理，按照勤俭节约、从紧必需的原则，根据财政部《关于中央国家机关和事业单位差旅费管理办法的通知》，制定本办法。

第二条　本办法适用于省直党政机关、人大机关、政协机关、审判机关、检察机关、民主党派机关、人民团体和参照公务员管理的事业单位，垂直管理的省级机关（不含省以下垂直管理单位），驻合肥市城区以外的省直机关（以下统称省直机关）。

第三条　本办法所指差旅费是指省直机关工作人员离开本地城区（不含出国出境）开展公务活动所必需的费用，开支范围包括城市间交通费、住宿费、伙食补助费。

第四条　各省直机关要建立健全出差报销审批制度，严格控制出差人数和天数。严肃财经纪律，加强廉政建设，不得向下级或其他单位转嫁差旅费。

第二章　城市间交通费和住宿费

第五条　出差人员要按照规定等级乘坐交通工具和住宿。未按规定等级乘坐交通工具和住宿的，超支部分自理。

第六条　出差人员乘坐交通工具等级及交通费、住宿费开支标准。

第七条　城市间交通费开支办法。

各省直机关要本着节约的原则，建立健全相关管理制度，对处级及其以下人员乘坐飞机、火车软席及自带车辆，从严控制。

（一）处级及以下职务人员乘坐火车，原则上不得购买卧铺票。从当日晚8时至次日晨7时乘车6小时以上，或连续乘车超过12小时的，可购同席卧铺票，凭票报销。

（二）正副省长及相当职务人员出差，因工作需要，随行一人可乘坐火车软席、轮船一等舱或飞机头等舱。

（三）出差人员赴机场、火车站，尽量乘坐公共交通；其市内交通费、往返机场（包括出发地和目的地）的专线车费用、航空旅客人身意外保险费（限每人每次一份），可凭票报销。

第八条　住宿费开支办法。

（一）出差人员实行定点住宿。出差人员应在财政部门定点的宾馆住宿，住宿费按定点宾馆在“党政机关出差会议定点饭店查询网”上公布的收费标准内凭票报销；因特殊情况没住定点宾馆的，在住宿费开支标准上限以内凭票报销。

（二）副省级及相当职务人员可住套间；副厅级及相当职务人员可住单间或标准间；处级及以下人员两人住一个标准间，单人出差，其单个人员可选择单间或标准间住宿，其住宿费按照定点宾馆在“党政机关出差会议定点饭店查询网”上公布的收费标准两倍凭票报销，超过部分自理。

（三）出差人员无住宿费发票，一律不予报销住宿费。

第三章　伙食补助费和市内交通费

第九条　出差人员的伙食补助费，按每人每天：省外50元、省内30元，补助天数按出差自然（日历）计算，不分途中和住勤，以城市间交通票据或住宿费票据为凭据。

第十条　工作人员出差期间原则上乘坐公共汽车，确因工作需要发生的市内出租车交通费，经单位领导批准，凭据报销。

第十一条　出差人员由接待单位统一安排伙食的，不得报销伙食补助费。

第四章　参加会议、培训等的差旅费

第十二条　工作人员外出参加会议、培训（不含参加党校、行政学院或社会主义学院等脱产培训学习），其住宿费、伙食补助费凭会议（培训）

通知及票据，按照差旅费规定报销。

第十三条　凡经组织批准带薪到外地参加党校、行政学院或社会主义学院等脱产培训学习并在校食宿的，在校学习期间食宿费据实报销。往返交通费、伙食费按差旅费规定报销。在市内参加培训学习，学校要求在校食宿的，在校学习期间食宿费据实报销，不予报销市内交通费。

第十四条　到省内、外单位挂职锻炼、支援工作以及参加各种工作队等人员（不含赴新疆、西藏等艰苦地区工作人员），往返的城市间交通费、住宿费、伙食补助费，按照差旅费标准报销。到上级单位挂职锻炼的，每人每天发放伙食补助费20元。长期驻村的，每人每天发放伙食补助费10元，伙食补助费由原单位报销。工作期间由所在单位承担差旅费。

第十五条　赴新疆、西藏等艰苦地区挂职锻炼、支援工作等人员，在外期间各项津贴、休假及配偶探亲差旅费的报销，按相关文件规定执行。往返的交通费、住宿费、伙食补助费，按差旅费规定报销。工作期间出差由接受单位承担差旅费。

第十六条　经单位主要领导和同级医疗保险管理部门批准，需要到外地治病休养的工作人员，可报销本人到达治病地点往返一次的城市间交通费，不报销伙食补助费、市内交通费（因公负伤的除外）。

第五章　调动、搬迁的差旅费

第十七条　工作人员调动工作，在途期间的交通费、住宿费、伙食补助费，按差旅费规定，由调入单位报销。其行李、家具等托运费，由调入单位按不超过每人每公里1元标准，凭据报销。

第十八条　由部队转业到省直单位工作的人员，其差旅费按照解放军总后勤部的有关规定，由所在部队按合理路线、规定标准计算发给，到达调入单位后结算，多退少补，作为增加或减少单位的差旅费处理。

第六章　附　则

第十九条　工作人员出差或调动工作期间，经单位主管领导批准就近回家省亲办事的，其绕道城市间交通费，扣除出差直线单程交通费，超过部分由个人自理。绕道和在家期间不予报销住宿费、伙食补助费。

第二十条　工作人员出差期间，应按本办法规定标准自觉向接待单位缴纳其他住宿费和伙食补助费，不得转嫁到其他单位。各接待单位要根据各类出差人员住宿费限定标准和伙食补助费标准予以安排，不得以任何名义免收或少收食宿费。出差期间，因非工作需要的参观而开支的费用，均由个人自理。

第二十一条　实行公务卡管理的单位，用公务卡结算食宿费。

第二十二条　各省直机关要规范差旅费管理，自觉接受监督。省纪委、省监察厅、省财政厅、省审计厅定期联合开展差旅费的专项监督检查，对违反本办法规定的，一经查实，按照有关规定严肃处理。

第二十三条　省垂直管理单位可根据本办法制定省以下垂直管理单位的具体实施办法。

第二十四条　财政拨款、财政补助的事业单位可参照本办法执行。

第二十五条　本办法自2011年1月1日起实行。省财政厅《关于印发〈安徽省省直机关差旅费管理暂行办法〉的通知》（财行〔2006〕977号）同时废止。

第二十六条　本办法由省财政厅负责解释。

安徽省省直机关会议费管理办法

第一条　为贯彻中共中央、国务院关于厉行节约制止奢侈浪费行为和精简会议的有关精神，加强省直党政机关会议费管理，进一步控制和精简会议，节约会议费开支，降低行政成本，制定本办法。

第二条　本办法适用于省直党政机关、人大机关、政协机关、审判机关、检察机关、民主党派机关、人民团体和参照公务员法管理的事业单位，垂直管理的省级机关（不含省以下垂直管理单位），以及驻合肥市城区以外的省直单位（以下统称省直机关）。

第三条　各省直单位应建立健全会议审批制度，严格控制会议数量、会期、规模，注重会议质量，提高会议效率。应充分采用电视电话、网络视频等方式召开会议。不得到超标准的饭店召开会议，不得到中央严禁召开会议的风景名胜区等地方召开会议。

第四条　会议分类。一类会议：指省党代会、省人代会、省政协全体会议、省委全委会、省纪检委全委会、省政府全体会和劳模表彰会。二类会议：省人大常委会、省政协常委会；省委、省政府召开的，要求市、县负责同志参加的会议；经省委、省政府研究同意，以省委、省政府名义召开的，要求市、县负责同志参加的会议；各民主党派、工商联、工青妇群团机关代表大会、全委会。三类会议：省直各部门召开的工作会议。

第五条　会议天数。二类会议一般不得超过3天，三类会议一般不得超过2天。

第六条　会议工作人员。一类会议工作人员控制在15%以内；二类会议工作人员控制在10%以内；三类会议工作人员控制在8%以内。

各单位要严格控制参会人员和工作人员，超员经费一律自理。

第七条　会议开支范围。会议费实行综合定额管理，各项费用之间可以调剂使用，在综合定额控制内据实报销。综合定额包括住宿费、伙食费以及会议室租金、交通费、办公用品费、文件印刷费等。（具体定额标准见下表）

第八条　会议开支标准。实行分类会议开支标准，各类会议综合定额标准如下：

位：元/人天

会议类别	住宿费	伙食费	其他	合计
一类会议	150	90	90	330
二类会议	130	90	50	270
三类会议	120	80	40	240

会议所在地的代表（一类会议除外）一律不安排住宿。

第九条　会议地点。各单位会议应到定点饭店召开。定点饭店名单及收费标准另行公布。

第十条　会议经费开支渠道。一、二类会议经费，省财政厅根据会议定额核定，超支不补。三类会议经费，省直各部门在年初预算安排的部门会议经费中包干使用。

第十一条　会议报销。会议主办单位应在会议结束后及时到本单位财务部门报账，财务部门要认真把关，严格按照规定审核会议费开支，超标准或扩大范围开支的不予报销。对不在规定饭店（宾馆）召开会议的，省财政不予支付。

第十二条　监督检查。省纪检、审计部门要加强对会议费支出的监督检查，严禁会议主办单位组织会议代表游览及与会议无关的参观、宴请。对于超标准办会的，按有关规定严肃处理。

第十三条　省垂直管理单位可根据本办法制定省以下垂直管理单位的具体实施办法。

第十四条　本办法由省财政厅负责解释。

第十五条　本办法自2011年1月1日起实行。省财政厅《关于省直机关会议费管理办法》（财行〔2007〕1011号）同时废止。

安徽省财政厅关于印发《安徽省政法转移支付资金管理暂行办法》的通知

（2010年11月19日财政法〔2010〕1837号）

各市、县（区）财政局：

为规范和加强政法转移支付资金管理，提高资金使用效益，根据《中华人民共和国预算法》、《中华人民共和国会计法》等法律、法规和财政部资金管理相关规定，结合我省实际，制定了《安徽省政法转移支付资金管理暂行办法》。现印发给你们，请遵照执行，各地在执行中如有问题和建议，望及时反馈。

安徽省政法转移支付资金管理暂行办法

第一章　总　则

第一条　为了贯彻落实中央及省委、省政府关于政法经费保障体制改革精神，规范政法转移支付资金管理，增强政法转移支付资金分配、使用的科学性和公正性，提高资金使用效益，根据《中华人民共和国预算法》、《中华人民共和国会计法》等法律、法规和相关资金管理规定，结合我省政法财务管理工作实际，制定本办法。

第二条　本办法所称政法转移支付资金，是指实施政法经费保障体制改革后，为提高省以下人民法院、人民检察院、公安机关、司法行政机关及其派出机构（以下简称政法机关）经费保障水平，中央和省专项安排的转移支付资金。

第三条　政法转移支付资金设置目的：（一）建立政法经费保障机制。（二）实现收支脱钩目标。（三）促进政法部门公正廉洁执法。

第四条　政法转移支付资金由省级财政部门负责分配。

第二章 管理责任

第五条 政法转移支付资金管理实行省、市、县（市、区）三级负责制。各级财政部门、政法部门要分工负责、通力合作、密切配合，共同管理好资金。

第六条 省级财政部门负责安排省级配套资金，根据有关规定确定政法转移支付资金分配意见和各市、县（区）资金分配额度，在规定时间内将资金下达到市、县（区）。会同省级政法部门审核并组织实施省集中采购装备项目政府采购，向财政部报告资金使用及项目执行情况。

第七条 市级财政部门根据省下达的政法转移支付资金分配文件，及时将资金下达到本级政法部门，负责审核本级省集中采购装备项目，组织实施本级装备项目政府采购，汇总上报本级及所辖县（区）省集中采购装备项目，向省财政厅报告本级及所辖县（区）资金使用及项目执行情况

第八条 县级财政部门根据省下达的政法转移支付资金分配文件，及时将资金下达到本级政法部门，负责审核本级省集中采购装备项目，组织实施本级装备项目政府采购，向市级财政部门上报本级省集中采购装备项目以及资金使用和项目执行情况。

第三章 资金分配

第九条 政法转移支付资金分配原则是：（一）规范性、公开性、公平性；（二）保基本、保基层、扶贫困；（三）按责任、按类别、按标准；（四）重效益、重激励、促平衡。

第十条 政法转移支付资金省留5%预备费，其余按照“因素法”计算分配。采用贫困差异、财力状况、人口密度、派出机构、人员编制、工作量、办案成本、激励机制等因素，在量化的基础上，确定各因素所占权重，计算各地资金分配数额，各因素采用依据如下：

（一）人口密度因素是以每平方公里人口数为依据。

（二）财力状况因素是以省计算对下一般转移支付资金采用的人均财力指标为依据。

（三）贫困差异因素以国务院和省政府确定的国家扶贫开发工作重点县、省扶贫开发工作重点县和上年人均财力在全省平均水平以下的困难状况为依据。

（四）派出机构因素以政法机关派出的法庭、检察院、派出所、司法所数字为依据。

（五）人员编制因素以省编办正式下达的政法专项编制为依据。

（六）政法工作量因素以政法部门办案（业务）和人均办案（业务）数等相关指标为依据。

（七）激励机制因素以各地财政部门对政法部门经费投入情况和资金使用管理绩效为依据；资金使用管理绩效因素，是按定量考评和按定性考评结果为依据。

预备费主要用于大案要案侦破、共建项目和突发事件等政法工作需要。

第十一条 省财政厅在中央政法转移支付资金下达后，按“因素法”计算并确定政法转移支付资金分配方案，在规定的时间内以正式文件将资金下达到各市、县（市、区）财政局。

第十二条 政法转移支付资金按装备资金和办案资金项目，分市县（市、区）、分部门下达。各地必须严格按省下达的分部门、分用途资金数额执行。

第四章 使用管理

第十三条 政法转移支付资金管理原则、（一）专款专用的原则；（二）注重实效的原则；（三）加强监督的原则。

第十四条 政法转移支付资金投向市、县级政法机关。重点是经费保障能力较低的困难县（市、区）政法机关。对维稳任务重、经济困难的市级政法机关给予适当补助，补助金额不超过政法转移支付资金总额的20%。

第十五条 政法转移支付资金的使用范围是补助省以下政法机关的办案（业务）经费和业务装备经费。

第十六条 各级财政部门要在规定的时间以正式文件将政法转移支付资金下达到政法机关，并抄省财政厅备案。任何地区和部门不得截留或挪作他用、不得提取管理费、不得冲抵本级预算拨款，确保资金及时足额到位。

第十七条 各级财政部门要督促政法机关政法转移支付资金按规定管理和使用。督促政法机关建立健全各项财务制度，规范收支，降低执法成本，提高政法转移支付资金使用效益。

第十八条 各级财政部门应严格按照部门预算的要求，将政法机关的收支全部纳入部门预算管理。规范和完善政法机关经费保障机制，按《安徽省政法经费分类保障办法》规定，予以保障，政法机关日常运行公用经费要高于一般行政单位，办案

（业务）经费要按保障标准予以保障（保障标准另行下达），以确保政法经费改革政策落实到位。

第十九条　各级财政部门要加强对政法机关人员装备和资产管理，按分部门装备配备标准（另行下达）配备装备。各级政法机关要精简机构，人员、经费和装备都要向基层和一线倾斜，逐步分流和消化超编和编外人员。

第二十条　各市、县（市、区）要按财政管理规定支付政法转移支付资金，装备专款实行政府采购，同时加强固定资产管理，并规范政法转移资金支付方式。

第二十一条　按时报送执行情况。政法机关应于每年度终了后，按规定时间将政法转移支付资金使用情况报送同级财政部门，县（市、区）财政局审核后在规定的时间报送市财政局。市财政局将本级和所辖县（市、区）的政法转移支付资金使用情况审核汇总后，在规定的时间内上报省财政厅。

第五章　绩效考评

第二十二条　省财政厅建立政法转移支付资金绩效考评制度，纳入省财政厅财政资金管理工作考核体系，实行专项考评。

第二十三条　考评采取定量和定性相结合的方式。定量考评采取百分制方式评分，产生考评结果。定性考评根据定量考评结果，结合实地检查及其他方式的监督检查情况，确定考评成绩，考评具体办法由省财政厅另行制定。

第二十四条　考评成绩作为下年度资金分配的激励因素的重要依据之一。对考评成绩优异的，予以通报表彰；成绩不合格的，通报批评，并责令限期整改，并按激励因素计算扣减下一年资金分配额。

第六章　监督检查

第二十五条　各级财政部门要加强对政法转移支付资金的监督检查，建立监督检查制度，定期或不定期地开展检查，及时发现并纠正资金使用管理中存在的问题。

第二十六条　各级财政部门政法转移支付资金分配和使用要接受同级审计部门、上级主管部门和审计部门的审查，确保资金专款专用。

第二十七条　省财政厅每年会同省政法机关对政法转移支付资金使用情况进行督查。对资金到位不及时或管理工作不到位的，将责成有关部门及时纠正。对违反规定，截留、冲抵、挤占、挪用等违规情况的，按照《财政违法行为处罚处分条例》等相关规定进行处理。

第七章　附　则

第二十八条　法院诉讼费分配、管理、使用仍按原办法（财政法〔2008〕122 号）执行。

第二十九条　各市、县（市、区）财政局可根据本办法，结合当地工作实际，制定具体实施细则。

第三十条　本办法自下发之日起施行，“关于印发《安徽省中央政法补助专款管理办法》的通知”（财政法〔2007〕1352 号）同时作废，原有规定与本办法有抵触的按本办法执行。

第三十一条　本办法由省财政厅负责解释。

金融和国外贷款管理规范性文件

安徽省财政厅关于印发《安徽省县域金融机构涉农贷款增量奖励试点实施细则》的通知

（2010 年 5 月 20 日财金〔2010〕559 号）

各县（市）财政局：

根据财政部《关于印发〈财政县域金融机构涉农贷款增量奖励资金管理暂行办法〉的通知》（财金〔2009〕30 号）、《关于进一步做好县域金融机构涉农贷款增量奖励试点工作的通知》（财金〔2009〕176 号）、《关于明确涉农贷款统计口径的通知》（财办金〔2010〕17 号）等文件规定和省政府领导的批示精神，省财政厅会同人民银行合肥中心支行、安徽银监局、财政部驻安徽省财政监察专员办办事处制定了《安徽省县域金融机构涉农贷款增量奖励试点实施细则》，现印发给你们，并就 2009 年县域金融机构涉农贷款增量奖励申报工作作如下补充，请一并贯彻执行。

一、各县域金融机构应按照本细则规定，计算 2009 年度涉农贷款平均余额增量和相应的奖励资金，于 2010 年 5 月 31 日前向当地县级财政部门报送奖励资金申请和相关材料。

二、各县级财政部门收到县域金融机构的奖励资金申请和相关材料后，应及时出具初审意见，并于 6 月 10 日前向省财政厅报送奖励资金申请书及相关材料。

三、省财政厅对各地奖励资金申请材料进行复审汇总，经财政监察专员办审定后，于 2010 年 6 月 20 日之前报送财政部。

安徽省县域金融机构涉农贷款增量奖励试点实施细则

根据财政部《关于印发〈财政县域金融机构涉农贷款增量奖励资金管理暂行办法〉的通知》（财金〔2009〕30 号）、《关于进一步做好县域金融机构涉农贷款增量奖励试点工作的通知》（财金〔2009〕176 号）、《关于明确涉农贷款统计口径的通知》（财办金〔2010〕17 号）等文件精神，决定自 2009 年起在全省 61 个县（含县级市、不含县级区，下同）开展县域金融机构涉农贷款增量奖励试点，特制定本实施细则。

一、指导思想、工作原则和主要内容

（一）指导思想

贯彻落实中央和省有关文件精神，创新财政支农方式，探索发挥财政杠杆作用，激励县域金融机构加大涉农贷款投放，力争县域金融机构信贷增速达到或者超过全省平均水平，为缩小城乡差距、统筹城乡发展提供信贷资金保障。

（二）工作原则

县域金融机构涉农贷款增量奖励试点工作，遵循“政策引导、市场运作、风险可控、管理到位”的基本原则。

政策引导是指财政部门建立奖励机制，引导和激励县域金融机构加大涉农信贷投放，支持农业和农村发展。

市场运作是指涉农贷款发放工作遵循市场规律，金融机构自主决策，自担风险。

风险可控是指县域金融机构在增加涉农贷款投放的同时，应当加强风险管理，降低不良贷款率，有效控制风险。

管理到位是指财政部门规范奖励资金管理，严格审核，及时拨付，加强监督检查，保证资金安全和政策实施效果。

（三）主要内容

县域金融机构涉农贷款增量奖励试点是指财政部门对当年涉农贷款平均余额增长，且贷款质量符合规定条件的县域金融机构进行奖励，其中：当年涉农贷款平均余额增长幅度超过一定比例以上的部分，由中央和地方财政给予一定比例奖励；2009 年、2010 年涉农贷款平均余额增长幅度低于一定比

例以内的部分，由省财政给予适当奖励。

参加试点的县不执行省政府《关于进一步加强对小企业个体工商户和农户金融服务的意见》（皖政〔2009〕59号）中“省财政对金融机构新增的小企业、个体工商户和农户贷款按0.5‰给予奖励”的规定。

二、奖励对象、条件和标准

（一）奖励对象

涉农贷款增量奖励的对象是县域金融机构，包括县域内具有法人资格的金融机构（以下简称法人金融机构）和其他金融机构（不含农业发展银行，下同）在县域内的分支机构（以下简称金融分支机构）。

法人金融机构包括农村合作金融机构（包括农村信用联社、农村合作银行、农村商业银行，不含跨区域经营的农村合作金融机构）和银监部门批准的新型农村金融机构（包括村镇银行、贷款公司、农村资金互助社）。金融分支机构包括各国有商业银行、股份制商业银行、邮政储蓄银行、城市商业银行在县域内的分支机构。2009年新设立的金融机构及分支机构也纳入奖励范围。

法人金融机构跨区域经营的，其在注册地和其他县的分支机构涉农贷款增量奖励资金的申报、审核和拨付，参照金融分支机构有关规定执行。

（二）奖励条件和标准

县域金融机构年末不良贷款率同比未上升，且涉农贷款季度平均余额同比增长超过15%以上的部分，由中央和县财政各按1%的比例对县域金融机构进行奖励，县财政负担的奖励资金从中小企业贷款风险补偿资金中列支。县域金融机构年末不良贷款率同比未上升，且涉农贷款季度平均余额同比增长低于15%以内的部分，由省财政按0.5‰的比例对县域金融机构进行奖励。对年末不良贷款率同比上升的县域金融机构，不予奖励。

奖励资金纳入县域金融机构当年收入核算，其中农村合作金融机构获得的奖励资金，专项用于增加拨备。

三、考核内容的认定和统计

（一）涉农贷款额的统计

涉农贷款特指县域金融机构发放的用于支持农业生产、农村建设和农民生产生活的贷款，由农户贷款、农村企业及各类组织贷款、城市企业及各类组织涉农贷款组成，具体口径按《中国人民银行中国银行业监督管理委员会关于建立〈涉农贷款专项统计制度〉的通知》（银发〔2007〕246号）等规定执行。涉农贷款按以下口径认定和统计：

农户贷款以承贷主体是否属于农户为标准进行认定。农户是长期（一年以上）居住在乡镇（不包括城关镇）行政管理区域内的住户。还包括长期居住在城关镇所辖行政村范围内的住户；户口不在本地而在本地居住一年以上的住户；国有农场的职工；农村个体工商户。但位于乡镇（不包括城关镇）行政管理区域内和在城关镇所辖行政村范围内的国有经济的机关、团体、学校、企事业单位的集体户；有本地户口但举家外出谋生一年以上的住户，无论是否保留承包耕地均不属于农户。

农村企业及各类组织贷款以承贷主体的注册地是否位于农村区域为标准进行认定。农村区域是指地级及以上城市的城市行政区及其市辖建制镇之外的区域。企业是指依据有关规定，经工商行政管理机关登记注册、领取《企业法人营业执照》、取得法人资格的企业。各类组织包括农民专业合作社、事业单位、机关法人、社会团体以及居民委员会、村民委员会和基金会等。

城市企业及各类组织涉农贷款以承贷主体的注册地是否属于城市区域、且贷款是否用于农、林、牧、渔业活动以及支持农业产前、产中、产后各环节和支持农村基础设施建设为标准进行认定。

涉农贷款平均余额按县域金融机构该年度每季度末涉农贷款余额（包括农户贷款、农村企业及各类组织贷款、城市企业及各类组织涉农贷款）的算术平均值填列。新设立的金融机构及分支机构的涉农贷款季度平均余额为该机构设立后每季度末涉农贷款余额的算术平均数值填列。

（二）涉农贷款的认定

金融机构报送县级财政部门的涉农贷款统计数据，应当与其同期报送人民银行的数据一致。县域金融机构涉农贷款统计数据，由人民银行各分支机构负责质量监控、县级财政部门初审、省财政厅复审、财政部驻安徽省财政监察专员办事处（以下简称财政监察专员办）审定。

（三）贷款质量的认定

县域金融机构年末不良贷款率，按五级分类法对所有贷款进行统计、计算，由当地银监部门审定，安徽银监局监控。

四、奖励资金的申请和审核

（一）奖励资金的申请

县域金融机构按年度向县级财政部门申请奖励

资金。县域金融机构按照国家财务会计制度、中国人民银行和中国银行业监督管理委员会规定的涉农贷款统计口径和本细则规定的奖励比例，计算涉农贷款平均余额增量和相应的奖励资金，于次年2月20日前向当地县级财政部门报送奖励资金申请和相关材料。申请材料应包括以下内容：奖励资金申请书；当年及上一年涉农贷款季度平均余额、同比增减变动情况；《安徽省县域金融机构贷款质量认定表》；待认定的奖励贷款增量、申请奖励资金数额；《安徽省县域金融机构涉农贷款发放及奖励资金申请表》、《安徽省县域金融机构涉农贷款统计明细表》。

金融分支机构以县级分支机构为单位汇总填报。不符合奖励条件的县域金融机构也要按上述要求，向县级财政部门报送相关数据（包括当年涉农贷款季度平均余额、同比增减变动情况、当年年末不良贷款率变动情况等）。对未按要求报送相关数据的县域金融机构，取消其以后年度的获奖资格。

（二）奖励资金的审核

县级财政部门收到县域金融机构的奖励资金申请和相关材料后，应在10个工作日内出具初审意见。

县级财政部门应于次年3月15日前向省财政厅报送奖励资金申请书及相关材料。申请材料包括县域金融机构的奖励资金申请书及相关说明、《安徽省县域金融机构贷款质量认定表》（表1）、《安徽省县域金融机构涉农贷款发放及奖励资金申请表》（表2）、《安徽省县域金融机构涉农贷款发放和奖励资金情况表》（表4）和县级财政部门初审意见等。逾期未申报的，不予受理。

省财政厅对各地奖励资金申请材料进行复审汇总，于次年4月15日之前报经财政监察专员办审定后，于次年4月30日之前报送财政部。

五、奖励资金的管理和拨付

（一）奖励资金的管理

财政部门根据县域金融机构当年贷款平均余额增量预测、奖励标准和本级负担比例，测算安排专项奖励资金，列入下一年度同级财政预算。

财政部门根据国家关于财政资金管理的规定，做好奖励资金的决算。县级财政部门拨付奖励资金后，应及时编制《安徽县域金融机构涉农贷款增量奖励资金决算表》（表5），于省财政厅拨付奖励资金后1个月内报送省财政厅。省财政厅将及时审核汇总全省奖励资金决算，经财政监察专员办审核后报送财政部。

（二）奖励资金的拨付

省财政厅收到财政部拨付的奖励资金后，在10个工作日内转拨资金。县级财政部门收到省财政厅拨付的奖励资金后，在10个工作日内将省财政厅拨付的奖励资金连同本级负担的奖励资金，全额拨付给县域金融机构，其中：对法人金融机构，县级财政部门直接拨付给该机构；对金融分支机构，县级财政部门拨付给该机构的县级分支机构。

六、监督检查和法律责任

县域金融机构要如实核算、统计和上报涉农贷款发放及季末余额情况。省财政厅将不定期对奖励资金审核拨付工作进行监督检查，对奖励资金的使用情况和效果进行评价。财政监察专员办将对县域金融机构涉农贷款情况进行认真审核，出具的审核意见作为财政部门审核拨付奖励资金的依据；加强对奖励资金拨付和使用的检查监督，规范审核拨付程序，确保奖励资金专项使用。

对县域金融机构虚报材料、骗取奖励资金的，财政部门将追回奖励资金，取消该机构获奖资格，并根据《财政违法行为处罚处分条例》规定对有关单位和责任人进行处罚。

对人行、银监部门未认真履行审核职责，导致金融机构虚报材料骗取奖励资金的，由人民银行合肥中心支行、安徽银监局责令其改正，并依照有关规定进行处理。

对县级财政部门未认真履行审核职责，导致金融机构虚报材料骗取奖励资金，或者挪用奖励资金的，省财政厅将责令其改正，追回已拨奖励资金，并按《财政违法行为处罚处分条例》规定对有关单位和责任人员进行处罚。

七、工作要求

县域金融机构涉农贷款增量奖励试点，是财政引导金融促进县域发展的重要举措。各级财政、人行、银监及相关金融机构要充分认识试点工作的重要意义，按照各自职责分工，加强协作配合，确保我省试点工作顺利实施。

县级财政部门要加强对当地试点工作的组织、指导和协调，切实做好奖励申请的审核上报、资金拨付和监督检查工作，及时处理和反映试点中存在的问题，确保财政奖励政策落到实处；要建立县域金融机构涉农贷款基础信息库，对涉农贷款季度平均余额、不良贷款率等进行动态管理。

人民银行、银监会各分支机构要加强对辖区内金融机构涉农贷款统计工作的指导。人民银行各分支机构负责同级金融机构涉农贷款统计数据质量的监控；银监会各监管分局负责辖内县域金融机构贷款质量的认定。

各商业银行省级机构、各地方法人金融机构要在贷款科目下增设“农户贷款”、“农村企业及各类组织贷款”、“城市企业及各类组织涉农贷款”等明细科目，或者设立涉农贷款统计台账，确保涉农贷款统计数据可核查。各商业银行省级机构要加强对所属分支机构涉农贷款统计工作的监管。各县域金融机构要严格按照人民银行和银监会规定口径，如实核算、统计和填报本机构涉农贷款发放和季度平均余额情况，确保前后口径一致，做到账实、账表相符，数据真实、准确、完整，并自觉接受财政、人行、银监、财政监察专员办等部门的监督检查。

安徽省财政厅关于修订《安徽省县域金融机构涉农贷款增量奖励试点实施细则》的通知

（2010 年 12 月 13 日财金〔2010〕2149 号）

各县（市）财政局：

根据财政部《关于印发〈财政县域金融机构涉农贷款增量奖励资金管理暂行办法〉的通知》（财金〔2010〕116 号）精神，结合我省试点情况，我们修订完善了县域金融机构涉农贷款增量奖励相关政策。现将修订后的《安徽省县域金融机构涉农贷款增量奖励试点实施细则》印发给你们，请认真遵照执行。

附件：安徽省县域金融机构涉农贷款增量奖励试点实施细则

安徽省县域金融机构涉农贷款增量奖励试点实施细则

为继续积极稳妥地推进我省县域金融机构涉农贷款增量奖励试点工作，根据财政部《关于印发〈财政县域金融机构涉农贷款增量奖励资金管理暂行办法〉的通知》（财金〔2010〕116 号）、《关于进一步做好县域金融机构涉农贷款增量奖励试点工作的通知》（财金〔2009〕176 号）等文件精神，结合我省实际，特制定本实施细则。

一、指导思想和原则

（一）指导思想

贯彻落实中央和省有关文件精神，创新财政支农方式，探索发挥财政杠杆作用，激励县域金融机构加大涉农贷款投放，力争县域金融机构信贷增速达到或者超过全省平均水平，为缩小城乡差距、统筹城乡发展提供信贷资金保障。

（二）工作原则

县域金融机构涉农贷款增量奖励试点工作，遵循“政策引导、市场运作、风险可控、管理到位”的基本原则。

政策引导是指财政部门建立奖励机制，引导和激励县域金融机构加大涉农信贷投放，支持农业和农村发展。

市场运作是指涉农贷款发放工作遵循市场规律，金融机构自主决策，自担风险。

风险可控是指县域金融机构在增加涉农贷款投放的同时，应当加强风险管理，降低不良贷款率，有效控制风险。

管理到位是指财政部门规范奖励资金管理，严格审核，及时拨付，加强监督检查，保证资金安全和政策实施效果。

二、主要内容

县域金融机构涉农贷款增量奖励试点，是指财政部门对当年涉农贷款平均余额增长，且贷款质量符合规定条件的县域（全省 61 个县，含县级市和县改区，不含县级区，下同）金融机构，对其贷款余额超增的部分，给予一定比例的奖励。其中：当年涉农贷款平均余额增长幅度超过一定比例以上的部分，由中央和地方财政给予一定比例奖励；2009 年、2010 年涉农贷款平均余额增长幅度低于一定比例以内的部分，由省财政给予适当奖励。

参加试点的县不执行省政府《关于进一步加强对小企业个体工商户和农户金融服务的意见》（皖政〔2009〕59 号）中“省财政对金融机构新增的小企业、个体工商户和农户贷款按 0.5‰给予奖励”的规定。

三、奖励对象、条件和标准

（一）奖励对象

涉农贷款增量奖励的对象是县域金融机构，包括县域内具有法人资格的金融机构（以下简称法人金融机构）和其他金融机构（不含农业发展银行，下同）在县域内的分支机构（以下简称金融分支机构）。

法人金融机构包括农村合作金融机构（包括农村信用联社、农村合作银行、农村商业银行，不含跨区域经营的农村合作金融机构）和银监部门批准的新型农村金融机构（包括村镇银行、贷款公司、农村资金互助社）；金融分支机构包括各国有商业银行、股份制商业银行、邮政储蓄银行、城市商业银行在县域内的分支机构。2009 年新设立的金融机构及分支机构也纳入奖励范围。

法人金融机构跨区域经营的，其在注册地和其他县的分支机构涉农贷款增量奖励资金的申报、审核和拨付，参照金融分支机构有关规定执行。

（二）奖励条件和标准

县域金融机构当年涉农贷款季度平均余额同比增长超过 15% 以上的部分，由中央和县财政各按 1% 的比例对县域金融机构进行奖励，县财政负担的奖励资金从中小企业贷款风险补偿资金中列支。县域金融机构当年涉农贷款季度平均余额同比增长低于 15% 以内的部分，由省财政按 0.5‰的比例对县域金融机构进行奖励。对年末不良贷款率高于 3% 且同比上升的县域金融机构，不予奖励。

奖励资金纳入县域金融机构当年收入核算，其中农村合作金融机构获得的奖励资金，专项用于增加拨备。

四、考核内容的统计和认定

（一）涉农贷款额的统计

县域金融机构涉农贷款特指县域金融机构发放的用于支持农业生产、农村建设和农民生产生活的贷款，由《中国人民银行　中国银行业监督管理委员会关于建立〈涉农贷款专项统计制度〉的通知》（银发〔2007〕246 号）“涉农贷款汇总情况统计表”（银统 379 表）中的“农户农林牧渔业贷款”、“农户消费和其他生产经营贷款”、“农村企业及各类组织农林牧渔业贷款”、“农村企业及各类组织支农贷款”等 4 类贷款组成。涉农贷款按以下口径统计：

农户农林牧渔业贷款、农户消费和其他生产经营贷款的承贷主体为农户。农户特指长期（一年以上）居住在乡镇（不包括城关镇）行政管理区域内的住户，还包括长期居住在城关镇所辖行政村范围内的住户、户口不在本地而在本地居住一年以上的住户、国有农场的职工和农村个体工商户。但位于乡镇（不包括城关镇）行政管理区域内和在城关镇所辖行政村范围内的国有经济的机关、团体、学校、企事业单位的集体户，以及有本地户口但举家外出谋生一年以上的住户，无论是否保留承包耕地均不属于本细则统计的农户范围。

农村企业及各类组织农林牧渔业贷款、农村企业及各类组织支农贷款的承贷主体，应为注册地在农村区域的企业和各类组织。农村区域是指地级及以上城市的城市行政区及其市辖建制镇之外的区域。企业是指依据有关规定，经工商行政管理机关登记注册、领取《企业法人营业执照》、取得法人资格的企业。各类组织包括农民专业合作社、事业单位、机关法人、社会团体以及居民委员会、村民委员会和基金会等。

涉农贷款平均余额按县域金融机构该年度每季度末涉农贷款余额（包括农户农林牧渔业贷款、农户消费和其他生产经营贷款、农村企业及各类组织农林牧渔业贷款、农村企业及各类组织支农贷款）的平均值（即每季度末贷款余额之和，除以季度数）填列。如县域金融机构为当年新设，其涉农贷款平均余额按该机构设立之日起的每季度末涉农贷款余额的平均值填列。

（二）涉农贷款的认定

县域金融机构应于每季度终了后 10 个工作日内，向当地县级财政部门报送本机构上季度涉农贷款发放额和季末余额等数据，作为财政部门审核拨付奖励资金的依据。

金融机构报送县级财政部门的涉农贷款统计数据，应当与其同期报送人民银行的数据一致。县域金融机构涉农贷款统计数据，由人民银行各分支机构负责质量监控、县级财政部门初审、省财政厅复审、财政部驻安徽省财政监察专员办事处（以下简称财政监察专员办）审定。

（三）贷款质量的认定

县域金融机构年末不良贷款率，按五级分类法对县域金融机构所有贷款进行统计、计算，由当地银监部门审定，安徽银监局监控。

五、奖励资金的申请和审核

（一）奖励资金的申请

县域金融机构按年度向县级财政部门申请奖励资金。县域金融机构按照国家财务会计制度、中国人民银行和中国银行业监督管理委员会规定的涉农贷款统计口径和本细则规定的奖励比例，计算涉农贷款平均余额增量和相应的奖励资金，于次年 2 月底前向当地县级财政部门报送奖励资金申请书和相关材料。申请材料应包括以下内容：奖励资金申请书；当年及上一年涉农贷款季度平均余额、同比增减变动情况；《安徽省县域金融机构贷款质量认定表》（表1）；《安徽省县域金融机构涉农贷款平均余额确认表》（表2）；待认定的奖励贷款增量、申请奖励资金数额；《安徽省县域金融机构涉农贷款发放及奖励资金申请表》（表3）、《安徽省县域金融机构涉农贷款统计明细表》（表4，此表由对涉农贷款未进行明细核算的县域金融机构填报）等。

金融分支机构以县级分支机构为单位汇总填报。不符合奖励条件的县域金融机构也要按上述要求，向县级财政部门报送相关数据（包括当年涉农贷款季度平均余额、同比增减变动情况、当年年末不良贷款率及变动情况等）。对未按要求报送相关数据的县域金融机构，取消其以后年度的获奖资格。

（二）奖励资金的审核

县级财政部门收到县域金融机构的奖励资金申请书和相关材料后，应在10个工作日内出具初审意见。金融机构不执行金融企业财务制度或者不按时报送相关数据的，县级财政部门可根据具体情况，拒绝出具奖励资金审核意见。

县级财政部门应于次年3月15日前向省财政厅报送奖励资金申请书及相关材料。申请材料包括县域金融机构的奖励资金申请书及相关说明、《安徽省县域金融机构贷款质量认定表》（表1）、《安徽省县域金融机构涉农贷款平均余额确认表》（表2）；《安徽省县域金融机构涉农贷款发放及奖励资金申请表》（表3）、《安徽省县域金融机构涉农贷款发放和奖励资金情况表》（表5）和县级财政部门初审意见等。逾期未申报的，不予受理。

省财政厅对各地奖励资金申请材料进行复审汇总，于次年4月15日之前报经财政监察专员办审定后，于4月30日之前报送财政部。

六、奖励资金的管理和拨付

（一）奖励资金的管理

财政部门根据县域金融机构当年贷款平均余额的增量预测、奖励标准和本级负担比例，测算安排专项奖励资金，列入下一年度同级财政预算。

财政部门根据国家关于财政资金管理的规定，做好奖励资金的决算。县级财政部门拨付奖励资金后，应及时编制《安徽县域金融机构涉农贷款增量奖励资金决算表》（表6），于省财政厅拨付奖励资金后1个月内报送省财政厅。省财政厅将及时审核汇总全省奖励资金决算，撰写奖励资金的审核、拨付和使用情况报告，经财政监察专员办审核后报财政部。

（二）奖励资金的拨付

省财政厅收到财政部拨付的奖励资金后，在10个工作日内转拨资金。县级财政部门收到省财政厅拨付的奖励资金后，在10个工作日内将省财政厅拨付的奖励资金连同本级负担的奖励资金，全额拨付给县域金融机构，其中：对法人金融机构，县级财政部门直接拨付给该机构；对金融分支机构，县级财政部门拨付给该机构的县级分支机构。

七、监督检查和法律责任

县域金融机构要如实核算、统计和上报涉农贷款发放及季末余额情况。省财政厅将不定期对奖励资金审核拨付工作进行监督检查，对奖励资金的使用情况和效果进行评价。财政监察专员办将对县域金融机构涉农贷款情况进行认真审核，出具的审核意见作为财政部门审核拨付奖励资金的依据；加强对奖励资金拨付和使用的检查监督，规范审核拨付程序，确保奖励资金专项使用。

对县域金融机构虚报材料、骗取奖励资金的，财政部门将追回奖励资金，取消该机构以后年度的获奖资格，并根据《财政违法行为处罚处分条例》规定，对有关单位和责任人进行处罚。

对人行、银监部门未认真履行审核职责，导致金融机构虚报材料骗取奖励资金的，由人民银行合肥中心支行、安徽银监局责令其改正，并依照有关规定进行处理。

对县级财政部门未认真履行审核职责，导致金融机构虚报材料骗取奖励资金，或者挪用奖励资金的，省财政厅将责令其改正，追回已拨奖励资金，并按《财政违法行为处罚处分条例》规定，对有关单位和责任人员进行处罚。

八、其他

县域金融机构涉农贷款增量奖励试点，是财政引导金融促进县域发展的重要举措。各级财政、人行、银监及相关金融机构要充分认识试点工作的重要意义，按照各自职责分工，加强协作配合，确保我省试点工作顺利实施。

县级财政部门要加强对当地试点工作的组织、指导和协调，切实做好奖励申请的审核上报、资金拨付和监督检查工作，及时处理和反映试点中存在的问题，确保财政奖励政策落到实处。要建立县域金融机构涉农贷款基础信息库，对涉农贷款季度平均余额、不良贷款率等进行动态管理。

人民银行、银监会各分支机构要加强对辖区内金融机构涉农贷款统计工作的指导。人民银行各分支机构负责同级金融机构涉农贷款统计数据质量的监控；银监会各监管分局负责辖内县域金融机构贷款质量的认定。

各商业银行省级机构、各地方法人金融机构应在贷款科目下增设“农户农林牧渔业贷款”、“农户消费和其他生产经营贷款”、“农村企业及各类组织农林牧渔业贷款”、“农村企业及各类组织支农贷款”等明细科目，或者设立涉农贷款统计台账，确保涉农贷款统计数据可核查。各商业银行省级机构要加强对所属分支机构涉农贷款统计工作的监管。各县域金融机构要严格按照人民银行和银监会规定口径，如实核算、统计和填报本机构涉农贷款发放和季度平均余额情况，确保前后口径一致，做到账实、账表相符，数据真实、准确、完整，并自觉接受财政、人行、银监、财政监察专员办等部门的监督检查。

安徽省财政厅关于印发《安徽省信用担保集团有限公司负责人薪酬管理暂行办法》的通知

(2010年2月10日财金〔2010〕137号)

安徽省信用担保集团有限公司：

《安徽省信用担保集团有限公司负责人薪酬管理暂行办法》业经省财政厅厅长办公会议研究同意，现印发给你们，请遵照执行。

安徽省信用担保集团有限公司负责人薪酬管理暂行办法

第一章 总 则

第一条 为切实履行出资人职责，维护所有者权益，建立健全安徽省信用担保集团有限公司(以下简称“省担保集团”)负责人激励与约束机制，根据人力资源和社会保障部、中共中央组织部、监察部、财政部、审计署和国务院国有资产监督管理委员会《关于进一步规范中央企业负责人薪酬管理的指导意见》(人社部发〔2009〕105号)文件精神，参照《安徽省省属企业负责人薪酬管理暂行办法》(皖国资分配〔2008〕109号)，结合省担保集团实际，制定本办法。

第二条 薪酬管理的基本原则：

(一)市场调节与政府监管相结合。薪酬应符合市场经济的要求，同时兼顾省情以及省担保集团的性质和业务特点，科学合理。

(二)激励与约束相统一。薪酬水平与经营业绩、经营责任和经营风险紧密挂钩，同升同降。

(三)效率与公平相协调。薪酬水平的确定，既要考虑经济与社会效益，又要与本地区经济发展水平相适应；既要调动公司负责人积极性、又要维护出资人、职工等各方的合法权益。

(四)完善薪酬制度与规范职务消费等相配套。既要加强薪酬管理，也要加强对职务消费、兼职收入、补充保险等的监督和管理，全面规范公司负责人工资收入分配。

(五)薪酬总额与结构水平相兼顾。既要控制公司的薪酬总额，也兼顾职工与负责人薪酬的合理比例；既要控制负责人的平均薪酬，也兼顾主要负责人与其他负责人薪酬的合理比例；既要控制负责人个人的薪酬，也要兼顾基本薪酬、绩效薪酬、奖金的合理比例。

第三条 薪酬管理采用年薪制的形式。同时，按照年薪制要求，担保集团必须做到：

1. 生产经营稳定。近三年经营正常，经济效益稳定，社会效益明显，保持持续发展。

2. 发展方向明确。主营突出，制订中长期发展规划，公司负责人工作责任、任务和目标明确。

3. 内部管理规范。建立健全财务、审计和职工民主监督等内部监督和风险控制机制，财务报表和成本核算符合有关法律、法规和财务会计制度规定。

4. 考核机制完善。建立了完善经营管理考核体系，按照规范程序开展年度业绩考核。

5. 分配制度健全。建立了科学合理的内部分配机制与以效益为基础的职工工资正常增长机制，按规定缴纳各项社会保险费用，无违规行为。

第二章 薪酬结构

第四条 薪酬主要由基本薪酬、绩效薪酬和奖金构成，以基本薪酬和绩效薪酬为主。

第五条 基本薪酬是根据公司负责人岗位和

责任等因素综合计算确定的基本收入。

第六条　绩效薪酬是根据公司年度目标任务完成情况确定的绩效收入。

第七条　奖金是根据公司年度实现的净利润额确定的奖励收入。

第八条　公司主要负责人，指公司总经理和党委书记。

依据岗位、责任、风险和贡献等因素，公司主要负责人的薪酬倍数为1，公司其他负责人的平均薪酬倍数为0.7。

第三章　基本薪酬的计算

第九条　公司主要负责人的基本薪酬＝以上年度公司在岗职工平均工资＊基本薪酬倍数＊基本薪酬调节系数

第十条　在岗职工为公司中层以下干部及员工（包括中层），平均工资为按月支付的年平均工资（不包括绩效、奖金等）。

在岗职工年度平均薪酬增长幅度不得高于省人力资源和社会保障部门公布的当年企业职工货币平均工资增长上线。

第十一条　基本薪酬倍数基准值为2，限高为4。

基本薪酬倍数综合考虑公司产品和业务的复杂程度、所处人才市场薪酬状况和公司人工成本等因素确定。基本薪酬倍数原则上每年核定一次。

第十二条　基本薪酬调节系数基准值为1，限高为1。

当宏观经济明显下滑或公司发生重大资产损失，应当从低确定基本薪酬调节系数。

第四章　绩效薪酬的计算

第十三条　公司主要负责人绩效薪酬的倍数，根据年度考核任务完成情况和绩效考核指标结果，在基本薪酬的2倍以内确定。

第十四条　风险控制指标（代偿损失率和代偿率）未超过年度目标时，有绩效薪酬；超过年度目标任务时，没有绩效薪酬。

第十五条　绩效薪酬与年度主要目标任务相挂钩。年度主要目标任务全部完成的，绩效薪酬按照基本薪酬的1倍予以兑付。一项主要目标任务未完成的，绩效薪酬倍数扣减0.2，以此类推；主要目标任务均未完成，无绩效薪酬。

在完成年度主要目标任务基础上，对超额完成部分相应调增绩效薪酬倍数。担保体系建设成员单位每增加1个，绩效薪酬倍数增加0.1；各项实际完成担保额比目标任务每增长1%，绩效薪酬倍数增加0.02；各项费用实际发生额比目标任务每减少1%，绩效薪酬倍数增加0.02。

第五章　奖金的计算

第十六条　在完成相应的年度主要目标任务和国有资本保值增值的前提下，鼓励适当提升盈利能力。每年可以按照实际完成的净利润（含因核销遗留不良资产所冲减的利润）的1%计提奖金，用于对公司负责人的奖励。

第十七条　公司主要负责人的奖金，在基本薪酬的1倍以内确定。年度主要目标任务全部完成的，兑付全部奖金；一项主要目标任务未完成的，奖金扣减20%，以此类推；年度主要目标任务均未完成或国有资本减值的，无奖金。

第六章　薪酬结算和兑付

第十八条　公司负责人基本薪酬列入省担保集团成本，平摊到月并按月支付。

基本薪酬未确定前，暂按照上年度核定的基本薪酬标准分月预发。当年基本薪酬确定后，再进行调整清算。

第十九条　为强化经营责任，公司负责人的绩效薪酬和奖励薪酬总额的30%延期兑付。公司负责人延期兑现的薪酬，由公司设立专户储存。因工作需要，公司负责人岗位发生变更的，按任职时间段计算、兑现其当年薪酬。

第二十条　省担保集团为公司负责人支付的住房公积金、住房补贴、各项社会保险费等，作为金融企业负责人的福利性收入，严格按照国家有关规定办理。

第二十一条　公司负责人的薪酬为税前收入，要依法缴纳个人所得税。

第七章　监督和管理

第二十二条　省财政厅依法行使对省担保集团薪酬管理权。

第二十三条　省担保集团应根据劳动力市场价位和行业情况，不断深化内部分配制度改革，调整和完善公司薪酬结构，合理界定并严格控制人工成本。

第二十四条　每年初，省担保集团按照本办法提出当年薪酬总额和薪酬结构建议方案，报财政厅备案。

年度终了，省担保集团需向省财政厅报送年度薪酬结算资料，包括：

公司目标任务完成情况：

（一）公司经审计的财务决算报表；

（二）公司负责人任职情况及薪酬结算方案，社会保险金、住房公积金的缴费基数及有关说明；

（三）公司职工薪酬结算方案，社会保险金、住房公积金的缴费情况及有关说明；

（四）财政厅要求的其他资料。

第二十五条　省财政厅对省担保集团年度薪酬总额及其结算方案审定和确认后，批复实施。

第二十六条　公司负责人应按照省财政厅核定的标准领取年度薪酬，不得在本公司领取未经省财政厅核定的其他收入。

按照兼职不兼薪的原则，公司负责人应按照担任公司的岗位职务领取薪酬，不得领取兼职收入。

公司负责人岗位发生变化，应在任职后及时将工资关系转到新任职单位，其薪酬按新任职务标准执行，不得在公司继续领取薪酬。

第二十七条　公司负责人薪酬分配情况应接受民主监督，可提交职代会或在适当范围内予以公布。

第二十八条　公司应按照国家有关规定建立健全公司负责人职务消费管理制度，并报我厅备案。公司负责人应严格执行职务消费管理规定，严禁以职务消费的名义支付或者报销应由个人支付的费用。

第二十九条　公司在薪酬兑现后，须将兑现情况报送省财政厅，同时由公司存档。

在报送薪酬兑现情况备案时，应将公司负责人职务消费情况一并上报。

第三十条　公司负责人取酬违反本办法相关规定，省财政对相关负责人和责任人给予批评，情节严重的予以通报批评直至党纪政纪处分。对超额核定标准取得的收入予以追回。

第八章　附　则

第三十一条　省担保集团不得违规缴纳企业年金（即补充养老保险）和补充医疗保险。

第三十二条　省担保集团不再计提总经理奖励基金，结余的总经理奖励基金转为一般风险准备金。

第三十三条　本办法自2009年度起执行，暂行两年。《安徽省信用担保集团有限公司薪酬管理办法》（财金〔2007〕776号）同时废止。

第三十四条　本办法由省财政厅负责解释。

安徽省财政厅转发财政部关于印发《金融企业选聘会计师事务所招标管理办法（试行）》的通知

（2010年12月30日财金〔2010〕2292号）

各市、县（区）财政局，省属金融企业：

为加强地方国有金融资产管理，规范地方国有及国有控股金融企业选聘会计师事务所行为，提高会计信息质量，促进注册会计师行业的公平竞争，保护金融企业和会计师事务所的合法权益，现将《财政部关于印发〈金融企业选聘会计师事务所招标管理办法（试行）〉的通知》（财金〔2010〕169号）转发给你们，并提出如下要求，请一并遵照执行。

一、省内各国有及国有控股地方金融企业、信用社要严格按照财政部财金〔2010〕169号文件的规定和要求，非国有及国有控股金融企业要参照本办法，做好会计师事务所招标选聘及向财政部门备案的相关工作；各级财政部门要做好辖内地方国有及国有控股金融企业、信用社、非国有及国有控股金融企业贯彻落实财金〔2010〕169号文件的布置和监督检查工作。

二、省属国有及国有控股金融企业、省信用联社应根据本办法精神，及时制定或修订本企业会计师事务所选聘办法，并于办法实施之日起30日内报财政厅金融处备案。

三、省属国有及国有控股金融企业、省信用联社应于2011年1月31日前将本企业2006—2010年度选聘会计师事务所的有关情况报送财政厅金融处。

税政条法和财政监督规范性文件

安徽省财政厅关于印发《安徽省财政部门内部监督检查实施办法》的通知

（2010 年 5 月 28 日财监〔2010〕622 号）

各市、县（区）财政局：

为全面贯彻实施《财政部门内部监督检查办法》（财政部令第 58 号）（以下简称财政部 58 号令），省厅结合我省财政工作实际，制定了《安徽省财政部门内部监督检查实施办法》（以下简称《实施办法》），现印发给你们，并提出以下意见，请一并贯彻执行。

一、要进一步加强重视财政部门内部监督检查工作。财政部门内部监督检查是财政部门的一种自我监督和对财政部门内部权力运行的制约措施，是推进财政科学化精细化管理的重要措施，是财政部门惩治和预防腐败工作机制的重要组成部分。各地财政部门要以财政部 58 号令和《实施办法》公布实施为契机，进一步提高对内部监督检查工作重要性的认识，充分发挥内部监督检查在规范财政部门管理、促进内部职能机构履行职责、完善财政部门内控机制、提高财政管理科学化精细化等方面不可替代的作用。要进一步加强对财政部门内部监督检查工作的组织和领导，建立健全内部监督检查工作主要领导负责制和工作机制。要切实将内部监督检查作为财政日常管理的重要环节，摆上议事日程，纳入本级财政工作统筹考虑，科学规划，有序推进。

二、要进一步扎实开展财政部门内部监督检查工作。《实施办法》对财政部门内部监督检查的主体、范围和对象、职责权限、方式程序、责任追究等方面都作出明确规定，提出了内部监督检查工作主要领导负责制、专题报告制度、专题会议制度、资料报送和联络员制度、检查结果利用制度等五项工作制度，为各地依法开展内部监督检查工作提供了依据。各地财政部门要加强对财政部 58 号令和《实施办法》的学习、交流和培训，按照《实施办法》的规定落实五项制度，细化工作职责，制定工作计划，规范工作流程，严肃工作纪律，扎实推进本地区内部监督检查工作的深入开展。实际工作中，要注意加强财政部门内部各相关职能机构之间的协调配合。要注意加大对财政部门内部各业务管理机构履行职责情况及内部控制制度建立执行情况的监督检查。

三、要进一步加大对财政部门内部监督检查结果的利用。加强财政部门内部监督检查结果的利用是推进内部监督检查工作的重要方面，有利于切实发挥内部监督检查预防预警和规范管理的作用。各地财政部门要通过建立内部监督检查专题报告等制度，加大对内部监督检查发现问题的整改力度，加大对内部监督检查处理意见和管理建议的落实。要重视内部监督检查发现的共性问题，认真进行总结分析，提出针对性改进措施，完善相关管理制度，促进财政部门内控制度的不断完善和管理水平的不断提高。同时，对内部监督检查结果应当作为财政部门年度评选先进和干部考核、任用的参考依据。

四、要进一步加强对财政部门内部监督检查工作的考核通报。在实施财政部门内部监督检查时，应加强对内部监督检查工作的研究，要注重发掘典型案例，总结经验做法，定期报送本地财政部门内部监督检查工作信息及年度工作专题报告，厅监督检查局将把各地财政部门内部监督检查工作组织开展情况作为重要考核内容，纳入《安徽省财政监督工作考核办法》，进行综合考评，对先进单位进行表彰，并给予相应奖励。

附件：安徽省财政部门内部监督检查实施办法

安徽省财政部门内部监督检查实施办法

第一条　为全面贯彻实施《财政部门内部监

督检查办法》（财政部令第58号），推动全省财政部门内部监督检查工作深入开展，制定本办法。

第二条　县级以上人民政府财政部门开展财政部门内部监督检查，适用本办法。

第三条　本办法所称财政部门内部监督检查，是指财政部门统一领导、财政监督机构具体组织实施的，对本部门内部各业务管理机构、所属单位履行财政管理职责，本部门及所属单位预算、财务与资产管理，本部门内部控制等情况的监督检查。

第四条　财政部门应当按照依法监督、注重预防和规范管理的原则开展内部监督检查工作，促进本部门及其工作人员遵守国家法律制度、强化内部控制、防范管理风险、提高管理效能、推进廉政建设。

第五条　财政部门内部监督检查工作实行主要领导负责制。

各级财政部门主要负责人对本部门内部监督检查工作负总责，分管财政监督的负责人负直接领导责任。

第六条　各级财政部门应当建立内部监督检查专题报告制度。财政监督机构应当对内部监督检查中发现的问题和经验进行分析、归纳、总结，并提出建议，以“财政监督专报”形式向财政部门负责人进行专题报告。

第七条　财政部门应当建立内部监督检查负责人专题会议制度。

内部监督检查负责人专题会议由财政部门主要负责人或分管负责人主持，财政部门内部有关机构或所属单位负责人参加，负责研究制定年度财政监督检查工作计划、内部监督检查工作重点、反映内部监督检查情况、通报处理意见和管理建议的整改落实等事项。

内部监督检查负责人专题会议的主要议题由财政监督机构提出，报财政部门主要负责人审定。

第八条　各级财政部门应当建立内部监督检查资料报送和联络员制度。

财政部门内部各业务管理机构和所属单位应当及时向本级财政监督机构提供日常财政管理工作中形成的部门预算（含预算调整）、专项资金分配方案、专项资金使用管理规定、内部控制制度等各项政策性文件。

财政部门内部各业务管理机构和所属单位应当设立内部监督检查联络员，负责协助内部监督检查的业务培训、资料收集报送、政策解释、协调预算单位等工作。

第九条　财政部门内部监督检查人员以财政监督机构人员为主。必要时，报经分管负责人批准，财政监督机构可以抽调财政部门内部各业务管理机构、所属单位人员参与内部监督检查工作。

在对财政部门所属单位实施内部监督检查时，根据需要，财政监督机构可以按照相关规定聘用专门机构或者具有专门知识的人员协助检查人员开展内部监督检查工作。

财政部门内部监督检查人员开展内部监督检查工作时，必须忠于职守、依法监督、廉洁自律、保守秘密，做到公正、客观、规范、高效。

第十条　各级财政部门应当对下列事项实施内部监督检查：

（一）预算编制、预算执行、预算调整和决算等管理情况；

（二）国库集中收付、财政和预算单位账户管理、国库现金管理、政府采购监督管理、国债和地方政府债券发行与兑付管理等情况；

（三）税收减免等税政管理情况；

（四）政府非税收入管理、财政票据管理、彩票管理情况；

（五）财政专项资金管理情况；

（六）行政事业单位及企业国有资产和财务管理情况；

（七）会计管理、注册会计师行业和资产评估行业监管情况；

（八）外国政府、国际金融组织贷款和赠款管理情况；

（九）本部门及所属单位的预算、资产和财务管理情况；

（十）财政部门内部控制制度建立与执行情况；

（十一）对审计机关、上级财政部门等监督检查和本部门内部监督检查查出问题的整改落实情况；

（十二）其他需要监督检查的事项。

第十一条　财政部门内部监督重点包括：

（一）本部门内部各业务管理机构履行财政管理工作职责的合法性、合规性和有效性；

（二）本部门及所属单位预算、财务管理与会计核算的合法性、真实性以及资产的完整性、安全性；

（三）财政部门内部控制的健全性、合理性和有效性。

第十二条　财政部门对内部控制情况实施监督检查时，应当从控制环境、风险评估、控制措施、信息与沟通等方面进行检查评价，及时发现内部控制缺陷，防范管理风险，促进完善财政部门内部控制。

检查评价的重点内容包括：内部控制制度建设、工作人员岗位胜任能力、风险识别与应对、授权批准、岗位职责分离、查验与核对、工作督导以及信息准确性与沟通有效性等。

第十三条　财政监督机构根据工作需要，要求财政部门内部各业务管理机构和所属单位提供有关文件、账表、凭证等相关资料的，有关机构和单位应当全面、及时地提供，并对所提供资料的完整性和真实性负责。

第十四条　各级财政部门要按照“预算编制、执行和监督既相互制约，又相互协调”的管理模式，探索与之相适应的事前审核、事中监控、事后检查相结合的财政监督机制，实现对财政资金的全过程监督。

第十五条　各级财政部门要依托金财工程“财政一体化管理信息系统”，加快财政监督信息化建设。要按照全省财政监督信息化建设的总体要求，开发覆盖所有政府性资金和财政运行全过程的信息系统，同时探索构建与所有预算单位财务会计对接的信息系统，通过设置预警显示和跟踪分析提示，实现对财政资金的动态监控和对财政管理的实时监控。

第十六条　各级财政部门要结合财政工作重点、社会关注热点，按照量力而行、统筹兼顾的原则，制定重点检查计划。

年度内部重点检查计划由财政监督机构提出，纳入财政监督机构年度检查计划，报经财政部门负责人批准后及时通知被检查的各相关业务管理机构和所属单位。

财政部门每年对本部门有预算管理职能的内部各业务管理机构的重点检查数不少于该类机构数的30%。

财政部门对所属单位的内部监督检查，按照三年一轮查原则，每年重点检查数不少于所属单位数的三分之一。

第十七条　财政监督机构实施内部监督检查应当组成检查组，检查组组长由财政监督机构工作人员担任。检查组实行组长负责制。

检查人员与被检查单位或者检查事项有直接利害关系的，应当回避。

第十八条　财政监督机构实施内部监督检查，一般应于进点前3个工作日向被检查单位送达检查通知书。

检查通知书应当包括下列内容：

（一）被检查单位名称；

（二）检查的依据、范围、内容、方式和实施计划；

（三）对被检查单位配合检查工作的具体要求；

（四）检查组组长及其他成员名单、联系电话；

（五）财政监督机构印章及签发日期。

第十九条　实施内部监督检查时，经批准，检查人员可以向与被检查单位有经济业务往来的部门和单位核实有关情况。必要时，可以根据《财政检查工作办法》（财政部令第32号）对有关问题进行延伸检查。

第二十条　检查组对被检查单位实施检查或调查、询问时，检查人员不得少于2人。

检查组收集的与内部监督检查有关的证明材料应当有提供者的签名或盖章。未取得提供者签名或盖章的，检查人员应当注明原因。

检查人员应当按照《财政检查工作底稿规则》的规定，将检查内容与事项予以记录和摘录，编制财政检查工作底稿，并由被检查单位相关人员签字及被检查单位盖章。

第二十一条　检查组组长应当对检查人员的工作质量进行监督，并对有关事项进行必要的审查和复核，实施检查中遇到重大问题，应当及时报告财政监督机构负责人。

第二十二条　检查结束前，检查组应当就检查工作的基本情况、被检查单位存在的问题等事项征求被检查单位意见。被检查单位应当在5个工作日内予以回复。在规定期限内没有回复的，视为无异议。

第二十三条　检查组应当在被检查单位回复意见后10个工作日内向财政监督机构提交检查报告。

检查报告应当包括以下内容：

（一）被检查单位财政财务管理、会计核算、内部控制运行等基本情况及对该单位工作的基本评价；

（二）被检查单位违法行为的基本事实、认定依据和处理意见；

（三）改进财政、财务管理的意见和建议；

（四）其他应当报告的事项。

第二十四条　财政监督机构应当在检查组提交检查报告后 5 个工作日内，从以下几个方面对检查报告进行复核：

（一）对被检查单位的工作评价是否恰当；

（二）与检查事项有关的事实是否清楚；

（三）检查证据是否真实、充分；

（四）对有关问题的定性和处理意见是否合法、适当，表述是否准确；

（五）提出的改进建议是否可行；

（六）其他需要复核的事项。

第二十五条　财政监督机构应当将复核后形成的检查报告送被检查单位征求意见。被检查单位应当自收到检查报告之日起 5 个工作日内，提出书面意见或说明；无正当理由逾期没有提出书面意见或说明的，视为无异议。

对被检查单位提出的书面意见或说明，财政监督机构应当进行再次复核并形成最终审定报告，一并上报财政部门负责人。

第二十六条　检查报告经财政部门负责人同意后，财政监督机构应当及时将财政部门负责人要求、监督检查结论和处理意见送达被检查单位。

第二十七条　财政部门内部各业务管理机构和所属单位，应当做好内部监督检查发现问题的整改工作。有关机构和单位应当在收到监督检查结论和处理意见后 30 日内，将整改情况书面报告财政部门负责人，并抄送财政监督机构。

第二十八条　财政监督机构应当定期回访被检查单位整改落实内部监督检查处理意见和管理建议的情况，定期检查审计机关和上级财政部门查出问题的整改情况，并向财政部门负责人报告。

第二十九条　财政部门应当采取以下措施，充分发挥内部监督对财政管理水平的提升作用：

（一）各业务管理机构应当将财政性资金使用管理情况的检查结论，作为下一年度预算安排的重要参考依据；

（二）财政部门应当将内部监督检查结果作为干部考核、任用的参考依据；

（三）财政部门应当将内部监督检查结果作为机构和单位年度考核的内容。

第三十条　内部监督检查发现的被检查单位和个人的违法违纪行为，依照《财政违法行为处罚处理条例》等有关法规追究相应责任。

第三十一条　有下列情形之一的被检查单位和个人，由财政部门根据有关规定给予内部通报批评、调整工作岗位或行政处分；涉嫌犯罪的，依法移送司法机关处理：

（一）拒绝、拖延提供情况和资料或者提供虚假情况和资料的；

（二）妨碍内部监督检查人员行使职权的；

（三）拒不执行内部监督检查决定的；

（四）报复陷害内部监督检查人员的；

第三十二条　有下列情形之一的内部监督检查人员，由财政部门依据《财政违法行为处罚处分条例》等有关规定给予处理；涉嫌犯罪的，依法移送司法机关处理：

（一）弄虚作假，隐瞒事实真相的；

（二）滥用职权，以权谋私的；

（三）玩忽职守，给国家和单位造成重大损失的；

（四）泄露国家秘密或者被监督检查单位秘密的。

第三十三条　上级财政部门应当督促和指导下级财政部门开展内部监督检查工作。

省级财政部门对市、县（区）财政部门内部监督主要领导负责制度、内部监督检查负责人专题会议制度、内部监督检查专题报告制度、内部监督检查资料报送和联络员制度、内部监督检查成果利用制度落实情况，以及年度内部监督重点检查数量与质量、监督检查干部队伍建设和经费保障等情况进行年度考评。

第三十四条　本办法自 2010 年 6 月 1 日实施，由财政厅监督检查局负责解释。

安徽省财政厅关于印发《安徽省财政监督工作考核办法（试行）》的通知

（2010 年 5 月 28 日财监〔2010〕623 号）

各市、县财政局：

根据《关于进一步加强财政监督工作的若干意见》（财监〔2010〕621 号）和《安徽省财政部门内部监督检查实施办法》（财监〔2010〕622 号）的要求，为促进全省财政监督工作全面协调发展，推进财政监督工作规范化、科学化管理，制定了

《安徽省财政监督工作考核办法（试行）》，现印发给你们，请遵照执行。执行中有何问题，请及时与厅监督检查局联系。

附件：安徽省财政监督工作考核办法（试行）

安徽省财政监督工作考核办法（试行）

根据《关于进一步加强财政监督工作的若干意见》（财监〔2010〕621号）和《安徽省财政部门内部监督检查实施办法》（财〔2010〕622号）的要求，为促进全省财政监督工作全面协调发展，切实发挥财政监督的职能作用，制定本办法。

一、考核对象

全省各市、县（含县改区）财政部门。

二、考核事项

考核市、县财政部门履行财政监督职能情况。主要包括财政监督基础工作情况、财政监督机制建设情况、财政监督工作开展情况和完成省厅任务情况四个方面。

三、考核标准

采用基础分（100分）加奖励分（最高20分）的考核标准，对考核事项的四个方面内容逐项细化考核。

（一）财政监督基础工作情况（15分）

1. 机构建设情况（10分）：包括机构设立和人员配备情况。设立行政序列的机构，名称为"××财政局监督检查局"，得3分；专职监督人员配备数不少于依法开展监督检查所必需的法定人数，得5－7分。

2. 经费保障情况（3分）：保障监督检查工作正常开展所需的经费，得1－3分。

3. 内部管理情况（2分）：建立较为完善的机构运转管理制度，以及学习制度、档案制度、工作纪律等，得2分。

（二）财政监督机制建设情况（28分）

1. 建立健全内部监督机制（15分）：贯彻落实《安徽省财政部门内部监督检查实施办法》，建立健全内部监督五项机制，即主要领导负责制、专题报告制度、专题会议制度、资料报送和联络员制度及检查成果利用制度，得15分。

2. 监督手段（8分）：依托金财工程"财政一体化管理信息系统"，建立财政监督信息系统，得5分；积极运用会计信息质量检查软件开展检查工作，得3分。

3. 落实"五统一"（5分）：按照"整合资源、统筹经费、归口管理"的原则，开展监督检查做到统一计划安排、统一文书格式、统一检查经费、统一人员聘用和统一下达行政处罚决定的"五统一"，得5分。

（三）财政监督工作开展情况（33分）

1. 工作计划制定、执行及结果报送（5分）：结合自身实际，制定年度财政监督工作计划，完成年度工作任务，并在规定时间内报送年度工作总结，得5分。

2. 监督检查工作（16分）：

（1）检查程序（共3分）

①按规定下达检查通知书，得0.5分；

②检查通知书内容齐全，得0.5分；

③按规定组成检查组，得1分；

④形成检查报告，并按规定送达检查结论，得1分。

（2）工作底稿（2.5分）

①一事一稿，得0.5分；

②工作底稿编号和页数完整，得0.5分；

③检查组制单人、复核人签名及日期完整，得0.5分；

④被检查人签署意见并签名盖章，得0.5分；

⑤所附证明材料完整并由被检查人签章，得0.5分。

（3）检查报告（5分）

①对被检查单位基本概况描述真实、准确、清楚，得1分；

②对被检查人财政违法违规行为的事实及依据描述完整、准确，得1分；

③被检查人签署完整的意见说明，得1分；

④检查组对被检查人意见或说明的认定意见完整合理，得1分；

⑤检查组提出合理的处理建议，并有检查组组长签名，得1分。

（4）定性依据（2.5分）

对检查出的问题定性准确，适用的法律、法规、规章等依据准确，得2.5分，错一项扣1分，扣完为止。发生行政诉讼败诉案件，此项不得分。

（5）审理复核（2分）

审理复核程序完备，并出具复核意见书，得2分。

（6）案卷装订（1分）

案卷装订完整及时，内容清晰，得1分。

3. 工作调研（5分）：各市、县每年围绕党和国家方针政策和财政中心工作，结合本地财政监督工作实际，撰写并在省财政监督网站上发表有深度、有价值的调研文章1篇，得5分。

4. 业务培训（2分）：各市每年至少组织1次全市范围内培训，市县监督检查人员参加省、市组织的培训，得2分。

5. 媒体宣传（5分）：检查项目或工作开展取得良好社会效应，受到市县级媒体广泛关注的得1分，受到省级媒体关注的得3分，受到中央级媒体关注的得5分。

（四）完成省厅任务情况（24分）

1. 省里统一布置工作完成情况（13分）

（1）财政检查。统一组织开展监督检查，完成安排的专项检查项目，得3分；完成安排的会计信息质检查任务，得3分。未按时按量按质完成任务，扣2分。

（2）报表填报。准确填报财政监督报表，得2分；准确填报会计信息质量检查报表，得2分，每迟报一天扣0.5分、数据错误扣0.5分、勾稽关系错误扣0.5分、修改报表格式扣0.5分，扣完为止。

（3）信息报送。在省财政监督网站上及时报送财政监督信息，市级财政监督机构每年不少于6条、县级财政监督机构每年不少于3条，得3分。每少1条扣1分，扣完为止。

2. 交（转）办事项办理情况（6分）

（1）按规定程序、时间完成省厅转办的举报事项，得3分。未完成任务，每一件扣1分，扣完为止。

（2）省厅批转办理的其他事项，得3分。未完成任务，每一件扣1分，扣完为止。

3. 配合省厅工作情况（共5分）

省厅开展检查工作时，地方积极支持配合，认真做好资料收集、相关部门和人员协调联络等工作，得4分。

（五）奖励加分（20分）

1. 结合当地实际，采取得力措施，在推进财政监督长效管理机制建设、创新监督方式、提升监督成效等方面有新思路、新举措、新成效，有具体事例的，加3－5分。

2. 当年财政监督工作、财政监督干部获得本级财政部门表彰的，加3分；获得上级财政部门、地方政府表彰的，加5分。

3. 查处重大财经违法案件且受到表彰，加3－5分。

4. 在《财政监督》、《中国财经报》、《中国财政》等一般刊物发表涉及财政监督方面的论文，加2分/篇；在《经济研究》、《财政研究》等国家级核心期刊上发表涉及财政监督方面的论文，加5分/篇。

四、考核方式及时间

考核工作采取自查和核查相结合的办法自查、自评。各考核对象依照本办法就本年度财政监督工作逐项开展自查、自评。县级财政部门将自评结果及相关资料（专项检查档案、文件制度、发布的信息、调研报告、科研论文及其他考核证据）上报市财政部门。

初评、推荐。各市对所属县区上报的材料进行汇总、初评，提出书面考核评价意见，并按县区数50%的比例推荐财政监督检查工作先进单位，在下一年度2月底前将推荐资料、自评资料（连同市本级的自评资料）上报厅监督检查局。

复核、评定。厅监督检查局根据各市县自评情况、各市的推荐材料、日常检查考核记录以及市级财政部门对县区的工作指导情况统一组织综合考核，确定年度全省财政监督检查工作先进单位。

五、表彰奖励

考核工作结束后，对年度财政监督检查工作先进单位进行表彰，并给予相应奖励。

本办法由厅监督检查局负责解释。

加强财政机构和队伍建设规范性文件

安徽省财政厅关于印发《安徽省乡镇财政干部培训工作管理暂行办法》的通知

（2010 年 10 月 18 日财人〔2010〕1540 号）

各市、县财政局：

现将《安徽省乡镇财政干部培训工作管理暂行办法》印发你们，请遵照执行。

安徽省乡镇财政干部培训工作管理暂行办法

第一章　总　则

第一条　为全面贯彻落实《财政部关于开展乡镇财政干部培训工作的通知》（财预〔2010〕58 号）精神，加强乡镇财政干部培训管理，提高培训质量，结合我省实际，制定本办法。

第二条　乡镇财政干部培训工作以邓小平理论和“三个代表”重要思想为指导，深入贯彻落实科学发展观，加强乡镇财政资金监管能力建设、提高乡镇财政干部业务水平和工作能力。

第三条　乡镇财政干部培训工作必须遵循以下原则：

（一）实事求是，讲求实效。紧密联系工作实际，有针对性地开展乡镇财政干部培训工作，采取灵活多样的培训方式，充分调动参训学员的积极性，确保培训工作的质量和实效。

（二）统一组织，分片实施。统一制订培训规划，统一规范培训内容，统一标准考核验收，分片实施，分批培训。

（三）全员参与，整体提升。通过培训促进工作，通过工作检验培训效果，努力提高乡镇财政干部责任意识、大局意识、业务水平和工作能力。

第四条　全省乡镇财政干部每三年轮训一次，每次集中培训不少于 3 天。

第二章　组织管理

第五条　全省乡镇财政干部培训工作由省财政厅统一组织，按照南、中、北三个片区，由黄山市财政干部学校、合肥市财会成人中专学校、阜阳市财政干部学校分别承担具体实施任务。

第六条　省财政厅负责制定培训规划和培训方案，确定年度培训计划，组织编写教材，指导、检查、评估培训工作等。

第七条　调学单位（各市、县（区）财政局）负责本地区乡镇财政干部调学和组织管理。具体包括：

（一）负责申报本地区乡镇财政干部年度培训计划；

（二）按照省厅下达的年度培训计划，组织选调本地区参训学员，指定领队人员；

（三）参与培训需求调研、师资选聘和培训内容制订；

（四）参与对培训点年度考评，监督培训点落实培训计划和任务；

（五）负责落实培训经费，保证培训工作顺利实施。

第八条　培训点负责组织落实培训计划，制定教学管理、质量控制、教学方案、后勤保障等制度，选聘教师和开展教研活动等。具体包括：

（一）根据全省乡镇财政干部培训工作部署和要求，具体落实培训计划和任务；

（二）牵头负责培训需求调研和培训内容制订，不断改进和完善培训内容；

（三）牵头负责教师选聘，开展教学研讨，不断改进和提高教学水平；

（四）负责学员日常管理和安全保卫工作，做好学员的考勤、考核及结业证的发放；

（五）负责培训质量评估，促进培训质量和培训管理水平的提升；

（六）负责整理培训及管理有关资料，建立完整规范的培训档案；

（七）开展培训信息交流和宣传，及时报道培训进度和开展情况，扩大社会影响，放大培训效果；

（八）加强培训基础设施建设，提供优质的后勤保障服务；

（九）负责将学员考核结果反馈其所在县（区）财政局。

第九条　培训点负责选派班主任，调学单位负责选派领队人员。培训点班主任牵头、调学单位领队协助，共同负责培训班日常管理。班主任及领队的工作职责：

（一）负责教学科目、教学时间、考试考核等计划内容的具体落实；

（二）负责学员考勤登记，对迟到、早退、缺课的要有明确记录；

（三）全程参与培训，加强沟通协调，全面了解和掌握学员思想、学习和生活情况；

（四）协助培训点后勤部门，安排好学员住宿、就餐及课余活动等。

第三章　教学管理

第十条　乡镇财政干部培训主要包括以下内容：

（一）财政改革和财政政策；

（二）财政涉农补助政策及资金管理办法；

（三）乡镇财政资金监管工作有关制度、工作模式和方法；

（四）廉政建设与职业道德；

（五）财务会计、资产管理等知识；

（六）乡镇财政管理所需的其他内容。

第十一条　乡镇财政干部培训主要使用财政部中华会计函授学校统编教材。同时，结合本省乡镇财政管理工作实际，组织编写安徽省乡镇财政干部培训自编教材和讲义，增强培训的实用性和针对性。

第十二条　建立健全培训师资考核和动态筛选机制。立足财政、面向社会，建设一支专兼职相结合、胜任乡镇财政干部培训工作的高素质师资队伍。

第十三条　实施分类培训。财政所长培训侧重财政政策、财经法规、财政管理等；财政所一般工作人员培训侧重财会基础知识。同时根据本地区财政部门当前中心工作，有侧重设置培训内容。

第十四条　创新培训方式方法。根据成人学习特点和教学需要，有针对性地应用互动式、启发式、体验式和直观式等多种教学方式；合理采用案例教学、角色扮演、情景模拟、实践练习、头脑风暴等多种培训方法；广泛应用录像、幻灯片、计算机课件等多媒体教学手段，增强培训效果。

第十五条　实施培训质量评估。培训结束时，从教学和管理两个方面开展培训质量评估，作为续聘教师和改进培训服务管理的重要依据。培训结束后的3－6个月后，选择部分培训班开展培训应用效果评估工作。

第十六条　建立健全培训档案。培训档案主要包括：培训班通知、教学日程安排、学员花名册（姓名、单位、联系方式等）、考勤登记表、考试成绩、质量评估表、培训总结等。

第四章　考核管理

第十七条　每期培训班结束时，培训点要组织考核。考核分为考试和考查，考试一般采取闭卷方式。考核成绩的评定，采用百分制记分。

（一）考试成绩评分，依据培训结束时测试成绩评定，占总成绩的80%；

（二）考查成绩评分，依据学员平时考勤、课堂纪律、作业完成等综合评定，占总成绩的20%。

第十八条　考核合格者颁发省财政厅统一印制的“安徽省乡镇财政干部培训结业证书”。

第十九条　实施考核告知制度。学员培训结业后，按照优秀、良好、一般三个等次进行评定，优秀学员比例不超过当期培训班人数的10%。由培训点将学员培训期间的考试成绩、考勤情况及考核结果告知其所在县（区）财政局。

第五章　培训点管理

第二十条　省财政厅人事教育处负责培训点的管理。培训点须于每年年底向人事教育处报送乡镇财政干部培训工作情况总结报告。

第二十一条　培训点要成立专门的乡镇财政干部培训管理机构，配备必要的教学、后勤管理人员。

第二十二条　培训点要建立健全培训班各项管理制度，细化工作职责，规范工作流程，促进培训工作科学化、精细化管理。

第二十三条　培训点要加强与承担培训任务相适应的教学场所和设施建设，改善培训条件，提高员工素质和服务质量。

第六章　经费管理

第二十四条　乡镇财政干部培训费由省财政厅依据各培训点当年完成的培训计划按标准统一核

拨，食宿费按国家有关规定标准由学员及所在单位负担，由各培训点据实收取。

第七章　附　则

第二十五条　本办法由省财政厅人事教育处负责解释。

第二十六条　本办法自颁布之日起施行。

安徽省财政厅关于印发《省财政厅2010年效能建设绩效考评办法》的通知

（2010年10月19日财办〔2010〕1555号）

厅机关各处室（局）、厅属各单位：

现将《省财政厅2010年效能建设绩效考评办法》印发给你们，请遵照执行。

省财政厅2010年效能建设绩效考评办法

为扎实有效推进机关效能建设，不断提高机关工作效率和工作质量，根据省委、省政府关于加强效能建设和开展绩效考核评价的总体要求，结合财政工作实际，制定本办法。

一、考核目标

通过开展机关效能建设绩效考核，切实改进机关工作作风，推动效能建设向处室单位延伸，进一步激发思想解放的创造活力，进一步提振干事创业的昂扬锐气，进一步提高推动发展的能力水平，进一步倡导志存高远的价值取向，进一步培育宽松和谐的理财环境，确保中央和省委、省政府及厅党组部署的各项工作真正落到实处。

二、组织领导

成立厅绩效考评委员会（简称考评委），成员由厅领导、厅机关各处室（局）主要负责人、厅属单位主要负责人组成。

厅绩效考评委员会下设办公室（简称考评办），由厅办公室牵头，预算处、人教处、机关党委、监察室、机关服务中心共同组成，具体负责绩效考评组织实施工作。

三、考评对象

根据考评单位的工作性质、职能、管理范围等，将考评单位划分为三种类型。

第一类：支出管理类处室（局）（9个）

预算处、行政处、政法处、教科文处、经济建设处、农业处、社会保障处、企业处、金融处。

第二类：非支出管理类处室（局）（15个）

办公室、综合处、税政条法处、国库处、国际处、农村财政管理局、会计处、行政事业国有资产管理处、监督检查局、政府采购处、农村综合改革处、人事教育处、机关党委、纪检监察室、离退休处。

第三类：厅属单位（10个）

民生办（社保资金管理中心）、农业综合开发局、非税收入征收管理局、国库支付中心、财政信息中心、投资评审中心、政府采购中心、财政科研所、注册会计师管理处、机关服务中心。

四、考评内容

围绕厅机关效能建设的总体方案和要求，重点对各处室（局）、厅属各单位的行政效能绩效、管理效能绩效、发展效能绩效、服务效能绩效和监督效能绩效等五方面工作进行考核。出现下列情况之一的取消“评优”资格：

出现重大责任事故的，违反廉政建设、计划生育、综合治理、安全生产、保密等规定造成不良影响的；在省直效能办明察暗访中，个人或处室单位出现违反效能规定的；在厅效能办开展的明察暗访中，连续两人次以上（含两次）出现违反效能建设规定的类似问题，且情节严重的。

五、考评方法

考评实行定量与定性相结合，注重量化评分的方法，由厅考评办负责牵头，按照知情参与的原则，组织社会民主测评、各处室（局）、单位参加评分。考评得分由绩效指标考评得分和考评委考评得分组成，权重分别为60%和40%，得分均采用千分制，两项加权平均后为考评最终得分。

（一）绩效指标考评得分由基础得分和奖励加分构成

1．基础得分分为6类27项指标、共计1000分，分别为：民主测评100分、行政效能180分，管理效能180分，发展效能180分，服务效能180分，监督效能180分。其中：支出管理类处室（局）所有指标全部打分；非支出管理类处室（局）不考评预算执行进度、争取资金、专项资金管理等3项指标，不考评指标得基本分；厅属单位不考评预算执行进度、争取资金、建议提案等3项指标，不考评指标得基本分。具体评分标准见《省财政厅效能建设绩效考评表》（附表1）。

2. 为鼓励争先创优，创新工作方法，特设置绩效考评奖励加分，共5个项目，分别为：争取资金5分、工作创新5分、理论创新5分、信息宣传5分、荣誉表彰5分。

（二）考评委考评得分由厅领导打分和各处室（局）、单位主要负责人打分构成

由考评办组织，厅领导和各处室（局）、单位主要负责人对考评单位五方面工作进行打分，权重分别为70%和30%。其中：厅领导打分取平均值，各处室（局）、单位主要负责人打分在去掉2个最高分和2个最低分后取平均值。

综上，单位考评最终得分＝绩效考评指标分（基础得分＋奖励加分）＊60%＋考评委考评分（厅领导打分＊70%＋各单位主要负责人打分＊30%）＊40%。

六、考评程序

厅效能建设绩效考评从今年12月开始至明年1月结束。

1. 民主测评：考评办向省直联系单位和市县财政局等发放民主测评表，对被考评单位工作满意程度进行匿名测评打分并汇总。

2. 单位自评：各考评单位对照《省财政厅效能建设绩效考评表》（附表1）和加分申请表（附表2）的内容和评分标准进行自查自评，并提供相关考核及加分依据，经单位主要负责人审定签字后报厅考评办。

3. 考评委评分：考评办组织召开绩效考评汇报会，由考评委对考评对象进行打分。

4. 考评办初核：考评办依据民主测评反馈结果、自查自评情况和有关考核依据，核定各考评单位绩效指标考评得分；并将绩效指标考评得分和考评委考评得分进行汇总，初步确定各考评单位考评总得分，提交考评委审核后报厅党组。

5. 考评结果：厅党组研究并决定绩效考评最终结果。

6. 结果通报：考评办通报绩效考评结果。各考评单位如有异议，可在3个工作日内，将有关情况和要求书面反馈考评办。考评办应于5日内初审并向考评委报告，经审定后回复考评对象。

七、结果运用

按照考评类别分别以20%比例确定支出管理类、非支出管理类、厅属单位类厅效能建设先进单位，并授予“省财政厅效能建设先进单位”称号，由厅党组进行表彰；每类得分末位的，由分管厅领导对处室单位负责人进行效能建设谈话，并要求提出限期整改意见。如连续3年得分末位的，由厅领导对其主要负责人进行诫勉谈话，要求主要负责人向厅党组作书面检查，并按干部管理权限，视情对主要负责人予以组织调整。

八、考评要求

考核中发现违反工作纪律，影响考核公正性的，将视情给予处分。

1. 效能建设绩效考评是对今年机关“学习提升年”和“争先创优”活动成果的全面检验，也是抓好机关效能建设的有效手段，各考评单位要充分认识考评工作的重要性和必要性，加强领导，精心组织，进一步创新和完善工作方式方法，确保效能建设取得实效。

2. 参与考评工作的单位和人员要严格按照考评办法规定的评分标准，坚持实事求是、客观公正的原则，真实地反映出被考评单位的实际成效。

3. 各考评单位在自我考评时，要在认真总结本单位全年工作的基础上，总结成绩的同时查找问题，实事求是地进行自查自评、据实打分，得分和扣分的依据要经得起检查。

九、其他

本办法由考评办负责解释，自发布之日起实施。

安徽省财政厅关于印发《安徽省创建规范化乡镇财政所（分局）考评办法》的通知

（2010年2月8日财农村〔2010〕683号）

各市、县（区）财政局：

现将《安徽省创建规范化乡镇财政所（分局）考评办法》印发给你们，请依照执行。

安徽省创建规范化乡镇财政所（分局）考评办法

第一章　总　则

第一条　为全面深入推进全省乡镇财政管理工作，营造创先争优的工作氛围，根据《安徽省财

政厅关于进一步加强乡镇财政管理的指导意见》（财农村〔2009〕111号）和省财政厅《关于开展创建规范化乡镇财政所（分局）工作的通知》（财农村〔2010〕682号）等有关规定，特制定本办法。

第二条　考评对象。全省各乡镇财政所（分局）。

第三条　考评原则。坚持以工作实绩为核心，以管理服务水平为标准，以细化量化考核为基础，充分体现公平、公正、客观的原则。

第四条　考评内容。主要考评组织机构、队伍建设、业务工作、基础设施、内部管理五个方面。

第五条　考评方式。全省创建规范化乡镇财政所（分）考评，从2010—2012年，每年一次，采取乡镇自评、县（市、区）考评与省、市检查考评相结合的方式。

第六条　根据乡镇财政所（分局）的职能定位，全面考核、突出重点、逐条量化，将考评内容细化，采取1000分制。

第二章　考评内容及评分标准

第七条　组织机构（100分）

1. 按照机构独立的要求，设置乡镇财政所（分局）（20分）。

2. 乡镇财政所（分局）由县（市、区）财政部门垂直管理（30分）。

3. 乡镇财政管理工作由县区农村局（乡财股）归口管理（25分）。

4. 乡镇财政机构根据承担的职能和工作需要，要合理配备工作人员（25分）。

第八条　队伍建设（100分）

1. 对乡镇财政所工作岗位进行合理划分，设所长、副所长、预算管理员、惠民资金管理员、票据管理员、综合会计等岗位，实行分工负责制，做到各司其职、各负其责（20分）。

2. 乡镇财政所要完善竞争上岗制度，严格按照用人标准和程序，加强干部管理，加大交流力度（20分）。

3. 积极组织参加学历教育和计算机培训，乡镇财政干部80%以上应达到大专以上学历，30%应达到本科以上学历；80%以上人员应取得计算机一级证书，50%以上人员应取得计算机二级证书（20分）。

4. 建立健全培训制度，按计划、分类别、分层次，精心开展各类培训，逐步建立具有财政特色、富有生机与活力的干部教育培训机制，乡镇财政所（分局）每年都要组织人员参加县级以上财政部门举办的培训班学习（20分）。

5. 加强作风建设、反腐倡廉建设、基层党组织建设、财政文化建设，不断增强乡镇财政人员的大局观念、创新观念、效率观念、服务观念、法治观念和责任观念，不断提高依法理财、科学管理、勤政为民的本领（20分）。

第九条　业务工作（600分）

一、收入管理（40分）

1. 做好契税、耕地占用税税源普查工作，协助县（市、区）征收“窗口”加强契税、耕地占用税征管，按时完成年度契税、耕地占用税任务；加强与国、地税部门联系，建立健全协税护税工作机制，全面完成年度财政收入任务（20分）。

2. 加强非税收入征收和管理，开通非税信息系统拨号专线，安装并正确使用系统执收软件，本级非税收入管理实行“收缴分离、罚缴分离、集中收费、票据统管、票款同行”（20分）。

二、支出管理（40分）

1. 建立健全各项支出管理制度，规范乡镇财政支出范围、支出标准和审批程序，严格控制乡镇会议费、招待费、小汽车使用费等一般性支出，做到支出真实、合规、合理、合法（20分）。

2. 加强政府采购管理，严格执行政府采购制度，扩大政府采购范围和规模，规范采购程序，确保政府采购公开、透明。（20分）。

三、预算管理（80分）

1. 按照现行乡镇财政预算管理体制的有关规定和上级财政部门要求，按时按质完成年度乡镇部门预算编制工作（20分）。

2. 在规定时间内与县（市、区）财政做好年终对账和结算工作，及时提供相关资料，按时完成年度部门决算报表编制工作（20分）。

3. 按照政策规定，及时掌握乡镇财政供给人员变动情况，按时报送财政供养单位人员信息（20分）。

4. 加强债务管理，严格控制新增债务，积极消化原有债务，建立健全债务管理制度（20分）。

四、资金监管（100分）

1. 依照国家法规政策，认真履行各项财政监管职能，对本级和上级财政部门安排以及通过其他部门下达的财政资金实行全程监督，做到依法理财、科学理财、规范理财（20分）。

2. 按照“乡财县管”要求，加强乡镇行政、事业单位财务收支监管，按时向县（市、区）国库支付中心履行报账。建立健全财务收支账簿，做到账目清晰、处理及时、票据合规、资料完整（20分）。

3. 在项目资金监管上，实行以项目公示制、法人负责制、招投标制、工程监理制、竣工验收制、资金报账制、决算审计制、管护责任制、绩效评价制和责任追究制为主要内容的管理制度，建立项目动态监督管理台账，全程参与项目的招投标，严格按照程序管理项目资金，实行县级报账和国库集中支付，将资金直达项目施工单位或商品、劳务供应商，对项目申报、工程实施、竣工验收、资金报账等各个环节实行全程监督（40分）。

4. 积极参与农村“三资”（资产、资金、资源）代理服务，加强村级财政转移支付资金及村级组织的全部收入和支出纳入专户管理，强化对村级财务的指导和监管（20分）。

五、财政补贴农民资金管理与发放（200分）

根据《安徽省财政补贴农民资金管理和“一卡通”打卡发放工作考核办法》（财农村〔2009〕1135号），年终组织专项考评，按考评结果的2倍折算计入考评总分。

六、资产管理（20分）

建立健全乡镇国有资产台账和明细账，完善资产购置、保管使用、报废核销、变卖等手续，定期对乡镇行政、事业单位国有资产进行清理，做到账证、账表、账实相符，严防国有资产流失（20分）。

七、票据管理（20分）

建立票据管理制度，完备票据领、用、销手续，做到领用发放有记录，结报缴销有手续，专柜保管、专人负责、填写规范、缴款及时（20分）。

八、其他工作（100分）

1. 认真做好民生工程相关政策的宣传、解释工作，耐心接待群众来电来访，按时上报民生工程相关信息，加强民生工程资金和项目的监督管理（10分）。

2. 积极参与新型农村（城镇）合作医疗参合资金的收缴、政策咨询及参合人员补卡等工作，加强对参合变动人员的监督管理（10分）。

3. 积极开展农村综合改革工作，根据上级有关政策规定，扎实做好一事一议财政奖补等各项业务工作（10分）。

4. 加强会计事务管理工作，认真宣传贯彻会计法规，做好各项会计基础工作（10分）。

5. 按照预算单位银行账户管理要求，认真做好乡镇预算单位银行账户的开立、变更、撤销、备案、年检等工作（10分）。

6. 按时上报年初工作计划、半年工作小结和年度工作总结，及时报送上级财政部门要求的有关资料、材料（10分）。

7. 按时参加县（市、区）财政部门召开的各项会议，及时传达落实会议精神，做到工作有计划、有方案、有措施、有效果（10分）。

8. 定期召开财政所工作人员会议，全面加强政策理论学习，善于分析和总结问题，提出整改措施和意见，推动工作开展，重大事项通过民主讨论决定（10分）。

9. 加强政治思想、法律法规、业务知识、微机操作等知识的学习，做到有学习计划、学习记录和专门学习笔记（10分）。

10. 加强财政文书档案管理，做到制度完善、资料完整、保密安全、归档及时、存放有序、查阅方便、专柜保管（10分）。

第十条 基础设施（100分）

乡镇财政所（分局）办公用房要满足履行各项职能的基本需要，设办公室、会议室、档案室、为民服务大厅（窗口）以及必要的配套用房等，使用面积不低于300平方米（60分）。配备计算机、打印机、复印机、空调等必要的办公设备等（20分）。办公场所要设置美观规范的对外宣传栏或便民服务橱窗，按照政务公开的要求，在醒目处公示各类必要的公示内容（10分）。制定办公用房修缮和办公设备维护更新的日常管理制度，提高使用效率（10分）。

第十一条 内部管理（100分）

一、制度建设（20分）

建立和完善各项制度，制定切实可行的工作、学习、考勤、信访接待、文书处理、岗位责任、票据管理、财务管理、档案管理、公物管理、网络管理、政务公开、服务承诺、首问责任、一次性告知、限时办结、AB岗位、责任追究、作风建设、廉政建设、文明创建、安全保卫等相关制度，并严格遵守，做到以制度管人、以制度管事（20分）。

二、文明创建（20分）

扎实开展文明创建活动，制定翔实的工作方

案，落实工作责任制，积极争创文明单位和人民满意的基层站所（10 分）。制度健全，资料齐全，档案规范，在创建文明单位活动中率先垂范（5 分）。加强财政所环境、卫生和绿化管理，做到办公环境优美，卫生清洁，定期维护（5 分）。

三、作风建设（20 分）

加强思想作风、工作作风、生活作风、学风和领导作风建设，坚持依法行政，执政为民，牢固树立为民理财理念，树立良好的工作作风（20 分）。

四、效能建设（20 分）

深入开展能力建设，切实增强财政干部的学习能力、创新能力、谋划能力、执行能力和自律能力（10 分）。主动接受所在地县、乡镇人大代表和义务监督员的监督，定期召开有关会议，广泛吸纳意见和建议，认真及时加以整改（5 分）。效能建设各项制度健全，措施得力，效果明显（5 分）。

五、廉政建设（20 分）

进一步加强对职工的职业道德教育和警示教育，增强为民服务意识，严格遵守廉政准则，做到为政清廉，秉公理财，依法办事（10 分）。实行廉政建设责任制，严格执行党风廉政建设的各项规定，做到不以权谋私，不搞权钱交易（10 分）。

第三章　加、减分值确定

第十二条　信息调研。信息和调研文章被县（市、区）级以上党委、政府和财政部门采用的，按考评层次每条县级加 5 分，市级加 10 分，省级加 20 分；信息、调研文章在市级以上正规刊物发表的，市级加 10 分、省级加 20 分、全国性刊物加 30 分。

第十三条　工作创新。鼓励财政所工作创新，在乡镇财政管理工作上有创新机制和做法，按考评层次，凡被选定在县、市、省级推广的，分别加 10 分、20 分、30 分。

第十四条　集体荣誉。凡单位获得县级以上财政部门表彰的，按表彰级次和考评层次，县、市、省、中央每项分别加 5 分、10 分、20 分、30 分；凡获县级以上党委、政府表彰的，按表彰级次和考评层次，县、市、省、中央每项分别加 10 分、20 分、30 分、40 分。

第十五条　年度内单位或个人受到县财政部门及其以上部门以书面形式通报批评的，每次从总分中扣除 30 分。

第十六条　年度内乡镇财政所（分局）工作人员因社会治安、计划生育、赌博以及经济问题受到党纪、政纪处分或立案查处、违反财政系统“五项禁令”受到查处、违反财政补贴农民资金“六到户、八不准”工作纪律造成群众集体上访的，实行“一票否决”。

第四章　考评程序和方法

第十七条　考评程序

1. 自查。由各乡镇财政所（分局）对照本办法所附的《安徽省创建规范化乡镇财政所（分局）考评表》自查自评，并将自评报告报送县（市、区）财政局，县（市、区）要进行检查考评，根据考评结果提出推荐名单，并予以公示后，于 2 月底前将先进单位名单及材料上报市财政局。

2. 核查。市财政局依据本办法逐一进行复核，提出省级和市级先进单位名单，并予以公示后，将省级先进单位的复核意见及材料，于 3 月 15 日前上报省财政厅。

3. 验收。省财政厅于 3 月底前组织完成对创建规范化乡镇财政所（分局）省级先进单位的考评验收和公示工作。

第十八条　考评方法。全省创建规范化乡镇财政所（分局）考核，按本办法所附的考核表逐项打分，按得分高低，确定考核结果。对没有达到学历教育和计算机等级资格要求的乡镇财政所（分局），不得评为省级、市级先进单位。

第五章　奖励办法

第十九条　对获得创建规范化乡镇财政所（分局）省级先进单位的乡镇财政所（分局），省财政厅在全省通报表彰，并授予全省创建规范化乡镇财政所（分局）省级先进单位称号，颁发奖牌并给予一定的奖励。对获得创建规范化乡镇财政所（分局）市级先进单位的乡镇财政所（分局）由市财政局表彰奖励。县（市、区）对创建工作不力的乡镇财政所（分局）要给予通报批评，并责令限期整改。

第六章　附　则

第二十条　本办法自 2010 年起执行。

第二十一条　本办法由省财政厅负责解释。

财经调研篇

(2011) 安徽财政年鉴

财经论文、调研报告

关于深圳自主创新的调研报告

经过30年发展，深圳从贸易、房地产和“三来一补”加工业占据主导地位的城市，成长为国内自主创新活动最为旺盛、自主创新企业数量最多、自主知识产权高新技术产品产值最高的高科技城市。2010年9月27—28日，省财政厅主要负责同志带队专程赴深圳进行学习调研，召开座谈会听取了深圳市财政委和科工贸信委的经验介绍，并就相关问题进行了探讨；实地考察了深圳虚拟大学园、深圳清华大学研究院、中科院深圳先进技术研究院，同时，学习研究了近年来出台的有关政策、制度和办法。通过此次调研，我们对深圳市自主创新战略性、目标性、针对性、操作性的成功经验有了更为全面和深入的了解。

一、深圳自主创新明显特点

特点一：始终重视政府引导、企业为主的创新体系建设。深圳建市之初就高度重视高新技术产业发展，上世纪90年代初，作出了大力发展高新技术产业的战略决策。1999年高交会的诞生和连年成功举办，为高新产业的发展注入了活力。上世纪90年代末，深圳市出台了《关于进一步扶持高新技术产业发展的若干规定》，为科技创新提供土地、资金、税收、财政补贴等优惠，推动创新成果的产业化。进入21世纪，深圳经济增长面临土地、资源、环境、人口“四个难以为继”的硬约束，各部门按照“操作性、应变性、差异性、有效性”的原则，一次性大范围、大规模、大容量的推出了一系列自主创新配套政策，配套政策共计340条、46000字。近几年，深圳市进一步加大对研发创新的政策扶持力度，先后发布施行《关于实施自主创新战略、建设国家创新型城市的决定》、《关于加快建设国家创新型城市的若干意见》，今年2月又发布了生物、新能源、互联网三大战略性新兴产业振兴规划，明确到2015年，三大产业规模达6500亿元，着力推进高新技术产业结构优化升级。

特点二：始终重视公共研发和条件平台等创新环境建设。深圳市在加大力度建设公共研发平台的同时，为弥补缺乏大院大所的“创新短板”，以引进、合作、自创等方式，相继建立虚拟大学园、重点实验室、工程技术研发中心、深圳清华大学研究院、中科院深圳先进技术研究院、华大基因研究院等研究机构，为高新企业的发展提供了不竭的创新动力。初步构建了“四大平台体系”，即：以提供研究开发前沿性技术、重大共性和关键技术为主的技术研发平台体系；以提供检测、试验条件为主的检测实验平台体系；以提供科技文献、标准、情报等信息服务为主的科技信息平台体系；以提供促进科技成果转化服务为主的技术转移平台体系。截至2009年底，组建各类重点实验室77家，其中国家重点实验室2家（华为、中兴）、省部共建国家重点实验室3家；建设工程中心92家，其中国家工程中心1家，广东省工程中心16家；科技企业孵化器30家，其中9家列入经科技部认定的国家级创业中心，18家通过市级孵化器认定。

特点三：始终重视自主创新的法规制度建设。深圳市十分重视从法律层面来推进、激励和保护自主创新。坚持敢为人先、先行先试，围绕分配制度、人才政策、知识产权保护、完善区域创新体系的财政税收金融等内容，不断创新实践，先后颁布实施《深圳经济特区企业技术秘密保护条例》、《深圳市技术入股管理办法》、《深圳经济特区创业投资条例》、《深圳经济特区高新技术产业园区条例》、《深圳经济特区科技创新促进条例》和《深圳经济特区加强知识产权保护工作若干规定》等一系列政策法规，为自主创新和高新技术产业发展营造了良好的法制环境。

特点四：始终重视财政资金投入方式的创新。深圳市为了强化企业技术创新主体地位，通过制度创新和管理创新，不断引导和支持政策、人才、技术、资金和公共服务等要素向企业集聚。整合和归并各部门各类财政性专项资金，围绕创新要素的链接和企业创新技术链条，科学合理配置财政资金，真正实现资金与项目的融合。先后设立了企业研发投入资助计划、企业研发中心资助计划、技术标准研制计划、科技贷款贴息资助计划、无息借款计划、科技保险资助计划、创新型企业成长路线图计划等一系列资助计划专项资金，基本覆盖了企业技术创新链条的各个环节。为推动产业发展共性技术和关键技术的研发，2009 年又设立了重大产业技术攻关计划专项资金，重点支持新能源和节能减排、半导体照明、生物和新医药、新材料、新一代移动通讯和互联网技术等领域。不断完善的财政资金投入方式，形成了从发明创造、研发、成果产业化、工业技术进步与创新的全程财政支持链条。

特点五：始终重视完善多层次投融资体系建设。深圳一直注重通过营造影响科技创新要素流动的投融资环境来支持自主创新。融资难是中小型自主创新企业特别是民营中小科技企业发展壮大的最大瓶颈。近年来，通过政府引导资金投入、设立风险补偿机制、降低贷款风险等措施，着力发挥财政资金的杠杆作用，撬动更多银行及社会资金参与中小企业融资，探索建立了多层次的融资平台。一是面向微小企业和初创型企业设立创投引导基金，重点解决种子期、初创期企业融资困难问题，促进深圳市高新技术产业向创新价值链上端拓展，推动深圳市从制造中心向创新中心转变。二是面向中小创新型企业，建立了再担保中心。通过政府承担贷款50%的风险补偿，发挥增信和分担风险的作用，降低企业贷款门槛。三是 2009 年，面向一定规模的中大型企业，建立了重点民营企业互保金贷款风险补偿机制，逐步满足企业中长期贷款需求。目前，21 家合作银行共承诺 5 年发放贷款 730 亿元，共计有 254 家企业申请互保金政府增信贷款。四是为企业创新创业提供多样化、多层次融资手段。今年 7 月，市政府出台了《关于促进股权投资基金发展的若干规定》，大力促进包括创业投资（VC）、私募股权投资基金（PE）、私募证券投资基金、券商直接投资基金在内的股权投资企业发展。

二、深圳自主创新引发启示

启示一：自主创新离不开正确发挥政府的引导作用。深圳经过 30 年的跳跃式发展，高新技术产业从零起步，到现在产值已占全市规模以上工业总产值比重达到了 55%。这些发展变化与政府的正确引导是分不开的。一是在特区建立初期，政府引导企业通过承接香港电子工业的转移，建立“前店后厂”式、劳动密集型制造业，发展电子信息加工业，来改变依靠贸易和“三来一补”的来料加工业现状，为自主创新奠定产业基础。二是进入 90 年代，政府引导企业向国际电子信息技术产业发展，实现电子信息技术产业成为深圳的支柱产业，为自主创新抢占制高点。三是进入新世纪，政府不断引导企业向新兴产业转型。近两年，主抓生物、新能源、互联网三大产业。目前正在研究制定新材料、文化创意战略性新兴产业规划，以期进一步转变经济发展方式，优化高新技术产业结构。四是发挥人才的第一资源作用，不间断地吸纳、集聚国内外知名大学和科研院所等领军人物和创新科研团队，注重为各类人才的创新活动提供良好的条件和机会，用好各类高层次人才，并着力把创新内化为城市精神。

启示二：自主创新离不开顺应发展目标的体制机制创新。从上世纪 90 年代初起，深圳相继发展了人才市场、经理人市场、技术产权交易市场、电子配套市场等创新要素市场，并且形成了以风险投资、技术成果交易、评估、咨询为主要内容的综合服务体系。通过用人制度改革，深圳最早形成了人才自由流动的机制；通过分配制度改革，建立了激发科技人员和企业家不断创新、创造的激励机制；通过要素市场改革，创新企业得以按照市场规律便捷配置创新资源的机制；通过投融资制度的改革，深圳形成了相对完善的创新、创业资金链融资机制。通过增加对自主创新的投入和规范财政支持方式，建立了政府投入稳步增长机制。

启示三：自主创新离不开实现创新资源集聚的环境。科技要素（人才、技术、资金）在全球经济一体化背景下，都是可以流动的要素，通过营造有利于自主创新的环境来形成资源聚集的条件，才能促进创新的发生。1999 年，深圳市构建了清华大学、武汉大学等入驻的“虚拟大学园”，园中有别于母体的独特管理体制和运行机制，给科研机构赋予了独特的创新环境。2003 年，“虚拟大学园”中的深圳清华大学研究院研制的“SARS 红外体温检测仪”，创造出的巨大社会效益和经济效益，产生了巨大的创新示范效应，又吸引复旦大学、香港科技大学、美国贝勒大学等国内外 51 家著名院校先后进入深圳“虚拟大学园”，使其成为各大名校科教合作、科技项目孵化、科技成果转化等重要的栖息地，也使更多的创新资源持续长久地集聚于深圳。2006 年，深圳市又主动与中国科学院合作，共同建立了“既顶天又立地，围着市场搞科研”的中科院深圳先进技术研究院。研究院的“研究所、技术平台、工程中心、育成中心‘四位一体’集成创新的组织方式”、“正厅级建制单位无一人是固定员工的人力和资金资源统筹动态管理模式”等管理理念，又为深圳提供了一个原始创新、基础创新、集成创新的重要科技资源。正是精心营造的创新环境，为创新资源的集聚提供了条件。

启示四：自主创新离不开掌控自主创新话语权的企业家。企业家是技术创新战略的制定者，也是技术创新活动的组织者和实施者。企业家的技术鉴别能力，比技术实现的方式更为重要，是自主创新成败的关键。如华为公司总裁任正非，“中国民营企业自主创新十大领军人物”，在公司成立之初，面对当时国内使用的通讯设备几乎都依赖进口、民族企业完全没有立足之地的局面，毅然决定自主研发，独立研制程控交换机。第二年，华为的交换机就批量进入市场，实现产值 1.2 亿元，利润过千万。不过，任正非并没有掘得第一桶金后止步不前，而是每年都将 10% 以上的收入投入到研发中，截至 2009 年底，华为已累计申请专利达 42543 件，其中国际专利申请量居全球第二。任正非的决策成就了华为成为今天的国际化品牌。类似于华为靠技术自主创新迅速成长，成为行业呼风唤雨的领军企业家，还有华强的梁光伟、中兴的侯为贵、腾讯的马化腾、比亚迪的王传福等等。深圳自主创新之所以能够取得阶段性成功，其中一个重要经验就是企业家掌控着自主创新的话语权。企业家能根据市场的需求和企业的自身条件，不断地选择技术的突破方向、人力资源的配置和管理架构的调整，使企业家真正成为自主创新的核心。

启示五：自主创新离不开贴近市场的创新研发理念。深圳市除了机制、环境和移民文化等优势之外，还因为远离老的科研重镇，贴近市场的原因获得了研发理念、研发模式创新的机会。深圳市虽然没有太多资源，但也没有太多的历史包袱，多了一些商业氛围、市场氛围和产业氛围，这些因素的集合使它比那些拥有更多科技资源的城市，更能专注以市场为导向的技术创新和研发。而自主创新的成功在于企业的成功，企业的成功在于其产品市场占有率，市场占有率在于贴近市场需求的技术不断升级的新产品。在华为，每一项技术和每一个产品的开发都以市场需求为基础，华为总裁任正非说过：“华为要保持技术领先，但只能是领先竞争对手半步，领先三步就会成为失败者”。又如“既是大学又不完全像大学，文化不同；既是科研机构又不完全像科研院所，内容不同；既是企业又不完全像企业，目标不同；既是事业单位又不完全像事业单位，机制不同”的深圳清华大学研究院，其贴近市场的“四不像”创新研发理念又是一个鲜活的成功范例。超越市场需求的创新技术只能算技术，贴近市场需求的自主创新才能创造出巨大财富。

三、推进自主创新几点建议

我省自实施国家技术创新工程试点省和合芜蚌自主创新综合试验区建设以来，无论是在组织领导、政策保障、创新工程实施方面，还是在整合创新资源、体制机制创新等方面都作了很多有益的探索，制定了很多具体的配套办法和措施，也初步形成了一批产业、科技、人才和改革成果。面对新形势，还需在探索中实践，实践中推进。

建议一：协调发展战略性新兴产业。在全省总体规划下，各市结合自身特点，自主选择，不苛求面面俱到。深圳市只选择三大产业重点突破，建议我省各市要因地制宜制定实施培育发展战略性新兴产业规划，既要有长期性持续发展的重点新兴产业，更要有区域性的错位发展以战略新兴产业为重点的高新技术产业。同时，各级政府既要充分利用省属高校和“大学科技园”的科教资源，又要主动靠前，加强与国内外高校和科研机构的沟通与合作，借鉴深圳清华大学研究院“四不像”模式，着力打造产学研紧密结合、科研成果就地转化的科研集群，营造贴近市场的创新研发环境，积极把适合各市自主创新发展的项目、技术和人才引进来，建立在政府引导下，以企业为主体、市场为导向、产学研相结合的技术创新体系，促进战略性新兴产业的发展。

建议二：大力引进创新科研团队。人才资源是自主创新的源头活水。建议省政府出台引进领军人物和创新科研团队办法，通过公开征集、专家论证，向国内外发布重大科技专项年度申报指南，明确项目申报的内容、目标、资金、时间、方式以及承担单位的具体要求，采取随时受理、集中评审方式，引进国内顶尖、国际先进水平的领军人物和创新科研团队，进一步优化我省创新人才队伍。

建议三：扶持民营科技企业发展。自主创新的主体是企业，民营科技企业是自主创新中市场机制最为灵活、最能激发科技人员研发激情的重要部分，但也面临着高投入、高风险的障碍。建议各级政府通过设立重大民营科技专项、财政贴息贷款和风险补偿等政策措施，加大对民营科技企业的支持力度，拉长我省民营科技企业经济这个短板，以民营科技经济的快速发展，增强我省自主创新的活力。

建议四：完善财政资金配置方式。针对分散不同部门和名目繁多的专项现状，加强资金整合，按照科技发展功能分类设置专项资金，集中财力办大事。深圳市2006年前各类财政性专项达到87项，整合后只有37项，现在还在继续规并。据了解香港特区财政性专项只有8项。建议各级政府要从科技资源配置的主体向按职能理顺科技管理体制，引导科技资源配置责任者、引导配置方式制定者、过程监督者和绩效评价转变，通过制定各专项资金操作规程，不分所有制，实行科技经费“企业申请、专家评审、社会公示、政府决策”的管理模式；实施财政支持的重大共性科技项目、重大科技成果转化项目招投标制，促进科技成果的就地转化。自主创新的政策制定和专项资金的分配，要向我省在建的“四大平台体系”以及重点骨干项目倾斜。

建议五：充分发挥政府采购作用。通过加大政府采购来扶持自主创新产品，将涉及自主创新型企业、科研机构产品的采购品目，编入政府集中采购目录，并根据变动情况及时调整，采取有效手段督促采购人自觉采购自主创新产品。对具有自主知识产权的重要高新技术装备、产品和首次投向市场的自主创新产品，政府实施首购制度。对重大自主创新产品和服务，政府实行订购制度。在招投标评审环节，通过对以价格为主的招标项目和以综合评标为主的招标项目给予政策倾斜，确保最大限度的支持本土自主创新产品。

建议六：完善风投机制力促风险投资。面临战略性新兴产业的推进，具有高投入、高风险和高收益的科技创新更需要较大规模的资金投入。借鉴深圳市风险投资65%成功、35%失败的经验，建议尽快制定国有风投决策、执行、激励、约束、退出和考核等制度，打消风投资金对初创期科技企业股权投资的顾虑，加快推进我省风险投资基金的投融资工作，尽早发挥已成立的国有风投的先导和示范作用，促使风投业对我省本土中小科技型企业，以及战略性新兴产业初创期关键环节和领域给予金融支撑。同时，建议省政府尽快向国家申请高新技术开发区内非上市公司进入证券代办股份转让系统，并申请建立科技型中小企业贷款、创业投资和融资租赁等风险补偿基金，促进金融和民间资金投向我省，放大投资拉动效应。

建议七：建立股权激励机制。为建立有利于企业自主创新和科技成果转化的分配激励机制，调动技术和管理人员的积极性和创造性，推动高新技术产业化，建议省政府尽快开展创新人才激励试点，启动向国家申请在试验区参照中关村国家自主创新示范区实施企业股权和分红激励试点工作。制定企业经营者按管理要素、科技人员按科技要素参与分配的具体办法，最大限度地激发科技管理人员自主创新热情。

建议八：进一步强化主体责任。深圳自主创新的成功经验是：政府战略主导、政策支持的“有形之手”和市场合理配置创新要素的“无形之手”相得益彰，形成了以企业为主体的自主创新体系。在推进自主创新过程中，政府主导是前提，市场机制是根本，企业主体是关键。建议省市县政府围绕全省自主创新的总体规划要求，突出企业的主体地位，科学界定省市县政府的责任范围，在鼓励、保护和引导企业自主创新时，各级政府要有合理分工，省级政府规划上谋篇布局、政策上支持帮助、项目要突出跨市跨区共性共享、资金上补助引导、省级资金应跟项目见效益、推进上指导督查。市县政府是责任主体，紧密结合本地特点抓项目、抓政策、抓落实，且充分体现创新体制机制、体现各有侧重、错位发展。

附件：案例一、深圳清华大学研究院（略）；

案例二、中科院深圳先进技术研究院（略）

安徽省财政厅调研组

调研组组长：陈先森

调研组成员：朱长才、方习利

进一步改善财政宏观调控政策研究

进一步加强和改善财政宏观调控职能，对于促进经济社会平稳较快发展具有重要意义。本文旨在结合我省财政工作实际，分析“后危机时代”财政宏观调控政策对我省经济发展的影响，探寻下一步财政选择路径与方式。

一、财政宏观调控政策主要内容

1. 基本内涵。财政宏观调控是国家通过实施特定的财政政策，促进较高的就业水平、物价稳定和经济增长等目标的实现。根据宏观经济运行的不同状况，相机抉择采取相应的财政政策措施。当总需求小于总供给时，采用扩张性财政政策，增加财政支出和减少政府税收，扩大总需求，防止经济衰退；当总需求大于总供给时，采用紧缩性财政政策，减少财政支出和增加政府税收，抑制总需求，防止通货膨胀；在总供给和总需求基本平衡，但结构性矛盾比较突出时，实行趋于中性的财政政策。

2. 演进历程。根据经济形势变化，财政政策因时而动、相机抉择，已经历五个阶段：第一阶段：1978 — 1992 年财政宏观调控依附于计划或隐含在计划调控之中，形成了独具特色的转型时期财政政策作用机制；第二阶段：1993 — 1997 年实施“适度从紧”财政政策，国民经济成功实现“软着陆”，形成“高增长、低通胀”的良好局面；第三阶段：1998 — 2004 年实施积极财政政策，有效抵御亚洲金融危机冲击；第四阶段：2005 — 2008 年前三季度实施稳健财政政策，以解决投资过热和宏观经济偏热，国民经济连年保持两位数加速增长；第五阶段：2008 年四季度至今实施积极财政政策，有效应对美国次贷危机引发的金融危机，有力促进经济社会平稳较快发展。

3. 最新成效。2009 年，全省各级财政部门认真贯彻落实积极财政政策，充分发挥财政职能作用，增加政府投资，扩大消费需求，推进结构调整，为全面实现“保增长、保民生、保稳定”目标任务作出了积极贡献。2009 年，全省生产总值跨上了万亿元新台阶，达到 10052.9 亿元，比上年增长 12.9%；财政收入 1551.2 亿元，增长 17%；全社会固定资产投资 9263.2 亿元，增长 36.2%；社会消费品零售总额 3527.8 亿元，增长 19%；城镇居民人均可支配收入 14086 元，增长 8.4%；农民人均纯收入 4504 元，增长 7.2%。“最为困难”一年，取得“极为不易”的成绩。

4. 最新动向。为进一步巩固经济企稳回升势头，2010 年继续实施积极的财政政策和适度宽松的货币政策，但与 2009 年相比，财政经济政策的力度、节奏和重点进行了必要微调，主要表现在以下 4 个方面：一是今年中央财政拟安排中央政府公共投资 9927 亿元，比 2009 年的预算高出了 9.3%，政府公共投资力度加大；二是继续落实结构性减税政策，在去年基础上增加了新的内容，例如减半征收小型微利企业所得税，对 1.6 升及以下排量乘用车暂减按 7.5% 征收车辆购置税等；三是加大对消费需求的刺激力度，重点提高居民收入、提高消费能力，完善“四下乡、两换新”（家电、汽车、摩托车、农机下乡和家电以旧换新、汽车以旧换新）政策；四是优化支出结构，加大对“三农”、教育、科技、医疗卫生、文化、社会保障、保障性住房、节能减排以及欠发达地区的支持力度。

二、我国财政宏观调控政策存在的问题

1. 财政收入制度不够完善，政府参与国民收入分配的力度不够。主要表现在 4 个方面。（1）财政收入占国内生产总值偏低。一般而言，伴随经济的发展，财政收入占 GDP 的比重呈逐步提高的趋势，发达国家在 40%—50% 之间，发展中国家在 25%—30% 之间（附：2007 年世界主要国家财政收入占 GDP 比重表）。2009 年，我国财政一般预算收入占 GDP 的比重，在经过 10 余年的持续上升之后也仅为 20.4%，而我省财政收入仅占 GDP 的 15.4%。按照国际上大致可比口径，2008 年我国政府一般预算收入加上政府性基金收入、社会保险基金等收入，占 GDP 的比重约为 29.9 %，仍比工业化国家和发展中国家的平均水平分别低 15.4 和 5.6 个百分点。更何况政府性基金和一部分预算收入定格专款专用，难以统筹使用，直接影响和弱化了财政优化资源配置、调节收入分配等职能发挥。（2）财政收入结构有待优化。税收收入占一般预算收入比重偏低，大体在 80%—85% 左右。而基金收入、非税收入占政府收入的比重又偏高，一些地方特别是基层专款专用的非税收入占财政收入比重更大。不利于财政收入增长的可持续性，不利于提高财政收入质量，而且容易引发乱收费，扰乱收入分配秩序。（3）税制结构不尽合理。直接税比重偏低，不利于税收调节收入分配作用的发挥。资源税制度不够完善，税负偏低，或者说，由于费改税滞后，硬化不够，不利于节能环保和可持续开发。（4）地方税体系建设滞后。发达市场经济国家，政府层级一般不超过三级，我国政府层级偏多，地方政府缺少主体税种，没有税政自主权，县乡财政仍比较困难。

2. 财政体制有待健全，财力与事权不够匹配。主要体现在 4 个方面。（1）事权与支出责任界定不清晰。宪法和法律对各级政府的事权界定比较原则，执行中存在较多交叉事项和模糊之处，特别是专项支出方面：如国防、外交等中央事权，地方政府也承担了部分支出；属于下级政府承担的事权，中央又通过转移支付安排了专款。（2）基本公共服务均等化进展缓慢。我国地区间财力差异较大。一些专家学者认为：重要原因在于中央财政集中度仍然偏低，从而影响了中央调控地区间财力差异的能力。2008 年，中央财政收入占全国的比重为

53.3%，扣除税收返还，占比47.8%。而大部分国家这一比例在60%以上。部分专家建议进一步研究提高中央财政集中度，并加大对中西部的转移支付力度，促进地区协调发展。(3) 转移支付结构不尽合理。2009年，中央对地方的转移支付当中，一般性转移支付只占47.7%，专项转移支付占到52.3%，这种状况不利于发挥规模效益，中央部门容易陷入微观事务。同时，地方配套要求缺乏规范办法，一些地方出现虚假配套、负债配套问题，影响政策目标实现，也加重地方负担。(4) 省以下财政体制有待完善。省以下4个政府层级间尚未完全实行分税制，县乡之间讨价还价的分成制和包干制仍然存在，县乡财政支出水平偏低，保障能力较弱。

3. 财政预算制度完整性欠缺。主要是：包括公共收支、国有资本、政府性基金、社会保障等在内的完整预算制度体系尚未建立，仍有部分收入游离于财政预算之外。

4. 财政管理绩效有待提高。重收入、轻支出，重分配、轻管理的现象依然严重。法治建设有待加强，预算法滞后于新形势。财政管理仍比较粗放，全过程、全方位监管机制有待健全。铺张浪费现象仍然存在，资金使用效益尚需提高。

三、2010年财政宏观调控政策对我省的影响

1. 对结构调整的影响。国家加强对中西部地区和“三农”支持力度、鼓励自主创新和结构调整等政策导向，重点更加明确，措施更加具体，有利于我省巩固发展优势、加强薄弱环节，推进新兴产业发展，促进经济转型升级。但对于我省经济总量中占相当重要地位的钢铁、水泥、化工等传统产业来说，由于产业链短，附加值低，对资源依赖性大，结构调整难度大。特别是淮北、淮南、马鞍山和铜陵等产业结构单一的资源型城市经济结构调整中受到影响较大，转型发展步伐亟待加快。

2. 对区域经济的影响。国家注重对不同类型区域的分类管理，加大对中西部地区的支持力度，有利于我省皖江城市带承接产业转移示范区、合芜蚌自主创新综合试验区、合肥经济圈、皖北地区等各个区域发挥比较优势，明确发展方向，发展重心更加凸显；有利于增强我省区域发展的协调性，缩小皖南和皖北地区差异；有利于进一步增强合肥、芜湖等重点地区带动作用。但是，省内区域间发展不平衡短时间内仍将存在，公共服务均等化差距较大，行政区域划分的不同影响生产要素跨区域合理流动，对国家各项扶持政策的把握和领会各不相同，各个区域发展任务艰巨，任重道远。

3. 对城乡统筹的影响。中央加大地区协调和城乡统筹发展的工作力度，有利于我省发挥中心城市和中心地区带动作用，完善收入分配机制，缩小城乡差距和收入差距。国家把城镇化作为今后一个时期的重要战略，对于农业在三大产业仅占14.9%和拥有近6800万人口的我省来说，有利于加快推进工业化、城镇化水平。但从短期来看，如何有效解决农村教育、文化和农民医疗卫生、就业、住房等一些社会性、体制性、政策性因素对城乡统筹发展的影响，将是一个亟待解决的重大难题。

4. 对消费市场的影响。国家继续丰富完善包括家电、汽车下乡在内的刺激政策，有利于我省稳定消费，促进美菱、三洋等家电企业，奇瑞、江淮等汽车企业成长、壮大。但伴随着居民消费观念的逐步转变，消费模式将从“过度消费”向“量入为出”转变，家电下乡等政策边际效应可能减弱，居民消费一时难有大幅增长。

5. 对财政收支的影响。从收入看。我省经济总量过万亿，迈入经济增长提速、结构调整加快的新阶段，随着一大批重大项目陆续建成，新的经济增长点加速形成，为经济社会发展奠定了坚实基础，特别是皖江城市带承接产业转移示范区建设全面启动，将成为扩大对外开放的新高地，成为又好又快发展的新引擎，都将有效拉动财政增收。但也要看到，中央财政收入增长不会太快，将直接导致对下转移支付增幅的降低，对我省预算平衡影响较大；推进经济结构调整，节能减排，淘汰落后产能，将暂时降低企业生产与销售，一定程度上减少即期财政收入；落实结构性减税和各项税费减免政策，在减轻企业负担、增强企业活力和发展能力的同时，短期内将减少财政收入。从支出看。实施积极财政政策，减税增支是重要内容，中央出台改革政策，地方刚性支出配套压力仍然很大；省里出台保增长的一系列税收返还政策措施，加剧了财政支出压力；民生工程、科技创新、推进医药卫生体制改革、开展新型农村养老保险试点等，都需要加大投入，财政支出基数大，刚性强。2010年财政运行整体趋紧、收支矛盾会更加突出。

四、促进我省经济社会又好又快发展的财政选择

1. 始终坚持主动理财，提供坚实财力保障。认真践行科学的理财观，强化主动生财意识，千方

百计做大“蛋糕”。(1) 拓展融资平台。充分发挥财政资金“四两拨千斤”的作用，创新财政融资方式，拓宽财政融资渠道，力争紧中求活，努力化解发展和建设融资难问题。(2) 培育壮大财源。一是运用财税手段加大对重点行业、骨干企业和高新技术产业的扶持力度，着力培植税源大户，突出抓好重点行业和企业的税收征管；二是主动加强与其他经济部门的沟通联系，积极为各类市场主体提供公平的财税环境，认真落实结构性减税、“五缓四降三补贴”等财税优惠政策，大力培育中小企业，促进非公有制企业发展壮大。三是进一步规范土地出让、矿产资源等收入征管，增加政府非税收入。(3) 依法理财治税。既依法强化征管，组织收入；又反对“竭泽而渔”，防止不顾本地税源情况、层层加码压指标、收“过头税”，做到有予有取，予取挂钩，予取有度，形成良性循环。(4) 当好参谋助手。密切关注宏观经济形势，加强财政经济运行分析，根据外部经济变化和财政政策执行效果，及时调整或出台针对性的应对措施，为省委、省政府提供决策依据。

2. 持续扩大有效需求，保持经济回升势头。坚持增投入、扩内需、稳外需相协调，全力促进全省经济平稳较快发展。(1) 保持公共投资力度。主动争取中央投资资金和代理发行地方债份额，积极筹措资金保障全省重大项目建设，统筹安排在建项目投资，合理控制新开工项目，防止低水平重复建设和“半拉子”工程。注重把增加政府投入的着力点放在促进民间投资上，出台鼓励和引导民间投资的政策措施，着力消除民间投资进入的不合理障碍，对民间投资投向经济社会发展薄弱环节和公益性事业的给予支持。(2) 着力提升消费需求。继续实施更加积极的就业政策，支持开展农民工、高校毕业生、城镇困难群众和退伍转业军人等重点人群就业创业技能培训，支持落实最低工资制度，促进提高低收入者劳动报酬。加快推进城镇化建设步伐，缩小地区和城乡收入差距，着力培育消费热点。支持义务教育学校、基层医疗卫生事业单位等实施绩效工资，调整市级公务员津补贴标准。深入推进“四下乡、两换新”工程，完善配套措施，扩大政策覆盖面；积极争取家电以旧换新在我省试点，引导消费结构升级。(3) 促进外贸稳中有升。认真落实出口退税政策，加大财税支持力度，统筹运用政府采购等多种手段，促进外贸工作保份额、调结构、促平衡，提高经济运行的稳定性和可持续性。

3. 大力推进结构调整，推动经济转型升级。紧紧把握经济发展阶段性特征、产业发展大趋势和国家政策支持重点，打造新兴产业、壮大优势产业、提升传统产业，推动经济发展方式转变。(1) 积极承接产业转移。认真落实省委省政府《关于加快推进皖江城市带承接产业转移示范区建设的若干政策意见》，从2010年起连续6年每年安排不少于10亿元专项资金投入示范区建设。积极配合有关部门，抓紧编制示范区建设《产业承接集中区规划》等专项规划。(2) 支持新兴产业发展。完善促进企业自主创新的财政激励机制，扎实推进国家技术创新工程试点省工作，继续认真落实支持合芜蚌自主创新试验区建设的政策措施，在电子信息、生物医药、新能源、新材料、节能环保、公共安全、文化创意等领域培育一批成长性强的新兴产业，同时集中财力，重点加快技术要素交易平台建设、技术中介服务平台建设、科技资源共享平台三大平台建设。(3) 加大节能减排力度。大力支持循环经济和低碳经济发展，支持实施重点节能减排项目，推进城镇污水处理设施配套管网建设，同时积极争取财政部支持，尽快启动新安江跨省水流域环境补偿试点。(4) 支持传统产业升级。结合产业调整和振兴规划，促进钢铁、有色、建材、煤电、化工等优势行业发展，延伸产业链，提高产业附加值，最大限度发挥资源优势。支持汽车、工程机械等装备制造业加快发展。研究政策措施，支持企业加大技术改造力度。(5) 促进区域协调发展。加快推进合肥经济圈建设，推进基础设施、产业布局、区域市场、环境保护一体化，促进省会与周边城市联动发展。积极落实加快皖北地区发展的各项政策措施，大力推进皖江与皖北结对合作，不断增强皖北三市六县造血功能。进一步落实支持县域经济发展的政策措施，推动县域经济迈上新台阶。

4. 加大财政投入力度，优化财政支出结构。(1) 集中财力办大事。坚决杜绝乱开口子、撒胡椒面的做法，推进财政资金分配使用的科学化、精细化、绩效化管理。积极研究政府各类专项资金使用方式改革，促进有效整合，切实改变专项资金过多、过散的状况。重点保证一些急需急办的重点工程和项目，对一些需要办理但预算一时难以解决的项目，通过财政超收、拓宽筹集资金渠道等方式，尽可能保障；对形象工程和面子工程，把好预算关口，坚决予以控制。(2) 公共财政倾斜民生。将财政支出更多地向保障和改善民生倾斜，向新农村建设倾斜，向困难地区和困难群体倾斜，不断提高城乡居民基本公共服务水平。优先安排民生工程资金，建立健全多元化资金投入机制，完善民生工程后续管理；继续推进廉租住房保障、农村危房改造试点、棚户区改造等工作。（3）严格控制行政支出。认真贯彻国务院第三次廉政工作会议精神，压缩行政经费支出，严格控制因公出国（境）经费、公车配置及运行费、公务接待费支出，使更多的资金用到保持经济平稳较快增长上来，用到保障社会和谐稳定上来，用到改善人民生活上来。

5. 深化财税制度改革，推进科学精细管理。(1) 促进重点领域改革。及时足额安排和拨付资金，推进基层医药卫生体制综合改革，在中央安排改革以奖代补资金时争取更多份额。密切关注国家资源税改革动向，主动做好应对和推进工作，保障资源税改革在我省顺利推进。进一步规范省以下政府间分配关系，完善财政转移支付制度，构建财力与事权相匹配的财政体制，建立完善县级财力保障机制。科学划分公共财政预算、国有资本经营预算、政府性基金预算和社会保障预算收支范围，建立“四大预算体系”有机衔接机制。（2）规范预算管理。规范部门预算管理，细化预算编制内容，强化资产管理与预算管理结合，提高预算编制的精准性。狠抓预算执行管理，强化部门预算责任，加快预算支出进度。扎实推进财政支出绩效评价工作，不断完善预算支出评价体系，提高财政资金支出绩效。(3) 规范政府债务管理。进一步夯实政府性债务管理基础，探索建立债务管理信息系统、规模控制和风险预警等基本制度，加强政府投融资平台管理，着力防范财政风险，促进财政可持续发展。(4) 强化财政监督。把人大监督、审计监督、社会监督与财政监督有机结合起来，将财政监督管理的关口前移，建立内外并举、收支并重、贯穿财政资金运行全过程的财政监督工作格局。

安徽省财政厅课题组
课题指导：陈先森
课题组长：徐光耀
课题成员：左自智　韩永强　尹立祥　方　志

进一步支持扩大我省居民消费需求研究

作为社会再生产过程中的重要环节，消费是拉动经济增长的主要力量和持久动力。长期以来，我国经济的快速增长主要建立在依靠投资和出口拉动的发展方式上，消费需求特别是居民消费需求对经济增长的拉动作用未能充分有效发挥。近年来，中央审时度势，明确提出要形成消费、投资、出口协调拉动的增长格局。如何扭转长期形成的重积累、轻消费的倾向，迅速扩大居民消费需求，成为当前亟需研究的一大重要课题。

一、当前我省城乡居民的消费现状

近几年来，我省经济保持了较快发展势头，GDP由2005年的5375亿元增加到2009年的10053亿元，年均增长12.8%，城乡居民收入和生活质量稳步提升，居民消费呈现出多样化、多元化的趋势。

（一）消费水平不断提高

随着城乡居民生活的逐步改善，我省居民消费水平也不断提高。2005—2009年，全省城镇居民人均消费性支出从6367.7元提高到10234元，年均增长12.6%；农村居民人均生活消费支出从2196元增加到3655元，年均增长13.6%。消费支出的增加也带来了社会消费品零售市场的繁荣。2005-2009年，我省社会消费品零售总额一直保持着两位数的增长率，从2005年的1765亿元提高到2009年的3528亿元，年均增长18.9%。

（二）消费能力稳步提升

从居民收入来看，2005—2009年，全省城镇居民人均可支配收入从8471元提高到14086元，年均增长13.6%，农村居民人均纯收入从2641元提高到4504元，年均增长14.3%。从金融机构存款余额情况来看，2005年末，全省金融机构城乡居民储蓄存款余额为3509亿元，到了2009年，已达6620亿元，接近翻番。另外，居民的消费贷款能力也大大增强。2005—2009年，全省金融机构个人消费贷款已从349亿元上升到1339亿元，个人消费贷款占金融机构贷款余额的比例也由8.1%上升至14.4%。

（三）消费结构渐趋优化

2005年，我省人均GDP达到1000美元后，城乡居民消费结构进入了加速升级阶段，文娱、居住等享受发展型消费明显增多，汽车、珠宝、化妆品等高档商品开始趋热。2009 年，我省城镇居民交通与通讯支出增长 10.1%，娱乐教育文化支出增长 5.6%，分别高于食品支出增长 6.4 和 1.9 个百分点；农村交通与通讯支出增长 7.7%，居住支出增长25%，分别高于食品支出增长 4.9 和 17.3 个百分点。消费结构的不断优化使我省城镇居民家庭恩格尔系数从 2005 年的 43.7% 下降至 2009 年的 39.6%，农村居民家庭恩格尔系数从 2005 年的 45.5%下降至2009 年的 40.9%。

二、我省消费领域存在的主要问题

尽管我省居民消费上升势头良好，但作为一个欠发达省份，我省居民的消费能力和消费层次总体上还处于较低水平。就目前来看，我省在消费领域还存在以下问题：

（一）投资需求增长较快，消费拉动能力偏弱

从 2003 年开始，我省固定资产投资进入了一个高增长阶段，年增速在 30% 以上，2009 年已达 9263 亿元，居中部第 2 位。而同期我省社会消费品零售总额为 3528 亿元，占 GDP 的比重为 35.1%，低于全国平均水平 2.3 个百分点，处于中部靠后。从投资率和消费率的变化情况看，2008 年，我省投资率已达到 47.8%，高于全国 5.1 个百分点，相当于世界平均水平的 2 倍。与节节攀高的投资率相较，我省消费率却呈持续下降趋势，从 2003 年的 63.4%下降到 2008 年的 52.7%。

（二）整体消费能力不高，消费需求分布失衡

我省整体消费能力较低，2008 年，我省城乡居民消费水平绝对数为 6377 元，排在全国第 19 位，仅为全国的 78%。从中部六省来看，我省城乡居民收入偏低，恩格尔系数较高，城乡人均收入均位列中部靠后。从收支比例来看，我省居民收支压力较大，人均收支比例高于全国，其中，城镇居民人均收支比为 73.3%，居中部榜首；农村居民人均收支比达到 78.2%，列中部第 3。此外，我省消费需求的分布格局明显不均衡。一是城乡不均。2008 年，我省城镇居民平均消费支出为 10835 元，而农村居民平均消费支出仅为 3454 元，城乡消费比为 3.1∶1，城乡差距位列全国第 15 位，中部第 2 位。二是区域不均。以农村居民家庭每人生活消费现金支出为例，2008 年，我省马鞍山、芜湖、铜陵沿江三市平均为 3999 元，而同期亳州、宿州、阜阳三市平均仅为 2068 元。其中，全省最高的马鞍山市达到 4693 元，是最低的阜阳市的 2.5 倍。三是阶层不均。抽样调查显示，2008 年，我省最低收入户的城镇居民家庭年人均消费性支出为 4222 元，其中食品支出占 53.6%；而同期我省最高收入户的城镇居民家庭年人均消费性支出达到 21953 元，是最低收入户的 5.2 倍，其中食品支出占 26.9%，低于最低收入户 26.7 个百分点，差距十分明显。

（三）流通体系建设滞后，消费环境不尽完善

受地区经济发展水平的影响，我省商贸流通体系建设仍显滞缓，在基础设施、总量规模、业态结构等方面均需要进一步加强，特别是在广大农村地区，流通经营业态及经营方式陈旧，商品流通的信息化建设发展较慢。截至 2008 年底，我省亿元以上商品交易市场只有 122 家，占全国的 2.7%，成交额为 1203.5 亿元，只占全国的 2.3%；我省限额以上批发和零售业、住宿和餐饮业企业数为 2596 个，居全国第 16 位。流通体系的滞后直接影响到居民的消费成本，一定程度上弱化了居民的消费欲望。

（四）居民消费预期不强，政策促进手段不足

由于现行社会保障体系尚不健全，我省居民在教育、医疗、养老等方面的预期支出增加较大，加之重储蓄、慎消费的传统思想影响，导致储蓄意愿较强，即期消费需求不旺。2001 - 2009 年，我省城镇居民平均消费倾向从 0.8 降至 0.73；农村居民由于整体收入处于较低水平，平均消费倾向波动性较大，但从长期看也将逐步转向下行。在刺激消费的手段上，国家已出台了“家电下乡”、“汽车下乡”等政策措施，尽管政策效应已经显现，但由于覆盖面较窄，范围受到限制，对消费市场的拉动作用有限。

三、进一步发挥财政职能支持扩大我省消费的政策建议

世界多国工业化进程表明，在人均 GDP 从 1000 美元通向 3000 美元左右的工业化中期阶段，通常都伴随居民消费率一定程度的攀升。但我省人均 GDP 在 2005 和 2008 年，陆续突破 1000 美元、2000 美元大关后，消费率仍然呈下降趋势，投资消费比例关系不协调的状况进一步加剧。必须高度重视消费的重要作用，把消费作为实现我省经济跨越发展的重要抓手。要转变财政政策功能导向，将促进扩大消费作为今后宏观调控政策的重点目标，由以前较多地侧重促进投资功能转变为更多地侧重促进消费功能，增强我省经济发展的可持续性。

（一）增加居民收入，提升居民消费能力

一是提高低收入人群收入。低收入人群的边际消费倾向远远高于高收入人群，对这部分人群实施财政支持会有效提高其消费支出水平。可通过提高全省城乡低保对象财政补助水平和农村五保户供养标准，进一步加大对低收入群众的帮扶救助力度。截至今年一季度，全省城乡享受低保人数共490万人，农村五保供养对象46万人，若人均每月增加50元消费支出，则全年可新增消费32.2亿元。二是加大财政支农力度。农村消费不足是影响扩大内需的重要因素，也是拉动消费的重点和难点。据国家统计局测算，农村人口增长1元的消费支出，将对整个国民经济带来2元的消费需求。建议进一步整合支农资金，持续增加对种粮农民补贴，完善与农业生产资料价格上涨挂钩的农资综合补贴动态调整机制，加大力度支持大型农机具购置等，完善粮食收购保护价制度，促进农民增收。三是着力调节收入分配。收入结构不合理是影响我省消费因素之一，收入差距的扩大，社会财富向高收入阶层集中，将会严重制约社会消费增长。建议提高初次分配中劳动报酬的比重，逐步提高最低工资标准。今年以来，江苏、浙江等11省市陆续调整最低工资标准，上调后最高档标准均达到或接近千元水平，如湖北省上调后将达到600－900元，相比之下，我省执行的仍然是2007年上调的标准，最高地区也只有560元，工资标准偏低。要缩小行业工资差距，建立企业职工工资与经济增长的同步增长机制和支付保障机制，发挥税收调节作用，加大税收征管稽查力度，建立个人收入信息系统，足额征收高收入者个人所得税，对低收入人群暂免征收储蓄存款利息所得税。四是积极促进居民就业。就业直接影响着居民收入，关系着居民消费。要加大就业补助资金投入，进一步建立健全城乡就业政策体系，积极鼓励和支持劳动者自主创业和自谋职业；加强职业技能培训和公共就业服务，加强对就业困难人员和零就业家庭的就业援助；统筹做好高校毕业生、农民工等突出群体的就业工作。

（二）完善社保体系建设，稳定居民消费预期

一是尽快完善社会保障体系。研究制定对城镇外来务工人员子女、被征地农民、高校学生的社会保障办法，增强社会保障的普惠性，提高企业退休人员养老金待遇，深入开展新型农村社会养老保险试点，大力扶持城镇养老服务机构。二是加快医疗卫生体制改革。进一步健全基本医疗保障体系、城乡卫生服务体系，深入推进基本公共卫生服务逐步均等化，积极推进公立医院改革试点，全面实施基本药物制度，提高新型农村合作医疗筹资标准，大力推进基层医药卫生体制综合改革，将未参加基本医疗保险的城镇居民，特别是低收入群体纳入医疗救助范围。三是大力支持教育体制改革。深入推进义务教育保障机制改革，全面落实义务教育经费保障的相关政策；做好高校和中职学校家庭经济困难学生资助工作，保证资助经费及时发放到位；积极筹措资金，加快实施中等职业学校农村家庭经济困难学生和涉农专业学生减免学费工作。

（三）积极培育消费热点，推进消费结构升级

一是住房消费。住房消费是大宗消费领域的一把“双刃剑”，既能带动其他商品消费，发挥强大的“带动效应”，同时也会让居民为积攒资金而抑制其他消费，产生明显的“挤出效应”。为此，一方面，要将住房视为准公共产品，加大对保障性住房财政政策和资金支持力度，建立规范合理的廉租房、经济适用房、商品房三大供应体系，保障居民的合理住房需求得到有效释放；另一方面，建议尽快研究出台住房消费税和物业税，严厉打击各类投机行为，挤压房地产泡沫，谨防过高的房地产价格带来的“挤出效应”超出“带动效应”。二是家电、汽车消费。在“家电下乡”、“汽车下乡”等政策的带动下，我省家电、汽车消费持续升温，从目前销售形势来看，产品销售呈波浪式上升态势，家电汽车下乡正处于政策效应的扩大期，可进一步加大政策实施力度来撬动我省消费市场。如将补贴标准从13%提高至15%－20%；逐步将“村改居”（原农村行政村转为城市居委会）和城市低保居民纳入政策覆盖范围；逐步扩大下乡品种，如电动车、抽油烟机、数码产品等；尽快开展“家电以旧换新”；适度延长汽车以旧换新政策实施时间等。家电汽车下乡政策力度进一步加大后，每年可拉动我省消费200亿元以上。三是旅游、教育、家政、信息等服务性消费。可发放旅游消费券，重点支持我省龙头旅游资源开发；鼓励、引导民间资本投入发展托幼、技能、职业教育等各类教育培训；实行税收优惠，搭建家庭服务信息平台，拓展家政服务消费市场；加快“信息下乡”、“宽带下乡”、“终端下乡”步伐，引导全社会增加信息消费。四是“绿色消费”。绿色消费是消费发展趋势之一，要进一步加大对节能环保产业领域科技创新的投入，利用财政奖补政策大力支持节能与新能源汽车示范推

广试点，积极推广新能源与节能环保产品。

（四）完善消费促进政策，不断改善消费环境

一是加快市场流通体系建设。加大地方流通服务业发展专项资金投入，发挥财政资金的引导作用，加快城乡水、电、路等基础设施建设，进一步完善城市商业网点规划，加快建设一批仓储设施和商贸物流设施，提高商品流通效率；用现代流通方式改造传统经营网络，优化配置农村流通资源，推进农村物流网络服务体系、“万村千乡”和“双百”市场工程建设，发展农村连锁经营，促进城乡物资流通，为农民提供优质便捷的消费服务。二是鼓励金融机构扩大消费领域贷款。进一步完善个人信用制度，建立消费风险防范机制，完善信贷担保制度，鼓励金融机构开发消费信贷产品。三是鼓励外出务工人员回乡消费。我省是劳务输出大省，每年外出务工人员逾千万，务工现金收入数千亿元，如果能够吸引这部分群体回乡消费，将会形成巨大的购买力。可鼓励金融机构为农民工提供银行卡特色服务，针对农民工集中返乡的时机采取广泛的促销活动，使这部分人的收入能更多地在本省就地消费，减少“漏出效应”。另外，要全面实施“凤还巢”工程，积极鼓励农民工返乡创业投资。

（五）推进城镇化建设，挖掘居民消费潜力

一是支持城镇公共环境建设。据测算，我国城镇化率每提高 1 个百分点，就会新增 1300 万城镇人口，由于城市人口的消费是农村的 2.7－3 倍，约拉动消费增长 1.6 个百分点，可新增投资 6.6 万亿元。2009 年，我省城镇化率为 42.1%，低于全国 4.5 个百分点，每增加一个百分点，将会转移大约 40 万农业人口，可新增投资 2000 亿元以上。要按照公共财政的要求，采取政策引导与资金撬动相结合的方式，增加社保、科技、教育、文化、卫生及基础设施、环境保护等方面的投入。二是促进城镇中小企业发展。加大对小城镇中小企业支持力度，加大农业产业化资金投入，着力培育区域特色支柱产业和品牌产品，引导农民向二、三产业转移。重点扶持产业集群镇，搭建公共服务平台，使工业化、城镇化协调互动发展，为农民就业创业创造条件，实现小城镇消费力的持续增长。三是加大财政投融资支持。加快建设规范高效的投融资平台，实现持续的融资，支持城镇开发建设。可通过发行地方建设债券等方式，多渠道筹措资金，积极探索建立小城镇建设信贷担保基金，成立专业性的小城镇建设贷款担保公司，增强小城镇获得建设贷款的相应的融资能力。

安徽省财政厅课题组
课题组组长：陈先森
课题组副组长：左俊
课题组成员：王召远　经本良　杨前炉
殷路滨　万　勇

关于促进我省工业化、城镇化双轮驱动发展的财政政策研究

近年来，我省工业化快速成长，城镇化水平不断提升。但是，由于基础薄弱，与全国兄弟省市、特别是发达省份相比，我省工业化、城镇化水平总体偏低，城镇化明显滞后于工业化。坚持工业化、城镇化双轮驱动，着力推进转型发展、开放发展、创新发展、和谐发展，努力走在中部崛起前列，是我省今后一个时期艰巨的任务。鉴于此，本课题重点研究促进我省工业化、城镇化发展的财政扶持政策。

一、我省工业化、城镇化发展现状

（一）工业化快速推进

近年来，我省采取了一系列支持工业经济发展的政策措施，促进了工业经济的快速发展。从 2005 年到 2009 年，全省工业增加值由 1818.4 亿元增加到 4064.2 亿元，年均增长 22.27%；工业化率由 33.83% 提高到 40.39%，提高了 6.56 个百分点；工业对经济增长的贡献率从 49.69% 提高到 54.5%，上升了 4.81 个百分点；工业拉动经济增长点从 5.75 上升到 7.03，提高了 1.28 个百分点。在工业经济快速增长的带动下，近年来我省经济实现了持续的快速增长，国内生产总值从 5375.12 亿元增长到 10052.9 亿元，年均增长 16.94%，扣除物价上涨等因素，年均增长 13% 左右，其中 60% 左右的增长是由工业经济贡献的。可见，近年来我省工业经济快速增长，对全省经济发展的贡献逐年增大。

（二）工业化处在中期前半阶段

根据国际通行的研究指标，工业化不同阶段的划分，主要由人均国内生产总值、产业结构、就业结构和城镇化率等指标来衡量。2009 年，我省人均国内生产总值 2400 美元；三次产业比重，分别是 14.9%、48.8% 和 36.3%；第一产业就业占比为 39.3%；全省城镇化率为 42.1%。从人均国内生产

总值和城镇化率指标看，我省处在工业化初期的后半阶段；而从产业结构看，我省已经进入工业化中期阶段。根据科迪标准调整后的指标，制造业增加值占总商品增加值（第一产业与第二产业增加值之和）的比重在20% -40%为工业化初期阶段，40% -50%为工业化中期阶段，而我省2009年这一指标为49%左右。据此，我省已进入工业化中期，并正向工业化中后期加速推进，工业结构处于重要的调整升级时期。

（三）工业化水平区域差异较大 根据工业化的主要指标分析，当前合肥、马鞍山、芜湖、铜陵四市工业化水平居全省前列，刚迈进工业化中后期阶段。两淮工业发展居于安徽上游行列，已迈人工业化中期阶段，但工业结构亟待调整。宣城、池州、黄山处于工业化初期的后半阶段，县域工业发展较快。蚌埠、安庆、滁州、巢湖、六安处于工业化初期后半阶段，工业化进程推进不足；皖北三市（阜阳、宿州、亳州）处于工业化初期阶段，工业化进程相对缓慢。从工业化率指标看，2009年最高的铜陵市达到了61.8%，而最低的亳州市仅为27.3%，高低相差34.5个百分点。尽管各市所辖区域面积差异较大，工业化程度存在一定的不可比因素，但从上表中也能看出，即使区域面积大小相当、人口规模大致相同的部分市之间，也存在很大差别。

（四）城镇化发展相对滞后且区域发展不平衡 随着工业经济的快速发展，我省的城镇化也出现了加速发展态势。城镇化率由2005年的35.5%上升到2009年的42.1%，年均提高近1.65个百分点，增速快于全国平均水平，与全国平均水平的差距正在逐步缩小。但是，仍低于全国城镇化率平均水平4.5个百分点，相当于2005年全国的平均水平，落后了近4年时间。尤其是与工业化发展进程相比，我省城镇化发展相对滞后，当前，我省工业化发展较快，已经进入了中期阶段，与全国平均水平的差距迅速缩小，2009年工业化率已超过全国平均水平，但城镇化指标还处于工业化的初级阶段，与工业化中期阶段的城镇化率在50%—60%之间相比，存在10多个百分点的较大发展差距。与此同时，我省各市的城镇化发展很不平衡，城镇化率最高的达到了76.4%，而最低的仅有32.4%，高低相差44个百分点。城镇化发展滞后，已经成为我省社会经济快速发展的重要影响因素。

（五）与东部和中部比较存在较大差距

2009年安徽工业化率是40.4%，高于全国40.1%的平均水平，但与东部和中部省份比较，仍存在较大差距。比东部的浙江、江苏和山东分别低了5.4、8.7和15.4个百分点，比中部的河南、江西、山西分别低了10.5、1.4和7.8个百分点，略高于湖南、湖北两省。显然，在工业化进程方面，我省仍存在相当大的发展差距。

我省城市化水平不高，与其他省份相比推进速度较慢。2009年我省城市化率为42.1%，比全国平均水平低4.5个百分点，与其他部分省份相比，除比河南高之外，分别比浙江、江苏、山东、湖南、山西和江西低了15.8、13.5、6.2、4.4、3.9和1.1个百分点。总体上看，我省城镇化发展存在较大差距，以江苏为例，按目前我省城镇化推进速度，要经过10-15年的时间才能达到江苏目前城镇化水平。

另外，我省城市规模偏小，中心城市的带动力弱。2008年，浙江、江苏和湖北分别拥有一个400万人口以上的城市，我省200-400万人口的城市只有2个，同期江苏和山东分别有4个。从省会城市经济总量上看，合肥城市总人口分别比杭州、南京、济南、长沙、武汉和郑州少191万人、137万人、117万人、158万人、346万人和233万人，地区生产总值只相当于它们的35%、44%、55%、55%、42%和55%。从城市建设情况看，2008年我省城区面积5630.3平方公里，只占全国城区面积的3.2%，不到浙江和江苏城区的一半。

总之，我省工业化、城镇化发展相对落后，尤其城镇化滞后于工业化，这既是我省社会经济发展水平不高的重要表现，实力不强的重要特征，又是今后加快推进协调发展的动力，通过工业化带动城镇化，城镇化促进工业化，实现工业化与城镇化的良性互动发展。

二、当前制约我省工业化、城镇化进程的因素分析

目前，我国总体上已经进入了工业化的中期阶段，但因为我国人口众多，人均资源占有量较少，在推进工业化和城镇化的进程中，遇到了资源环境和体制机制等多方面的制约，我省与全国的情况大致相同，许多制约因素开始凸显出来，已成为加快发展的重要瓶颈。

（一）土地因素制约

我省是农业大省，尤其是粮食产出大省，担负着国家粮食安全的重要责任。2008年，我省用占4.71%的耕地，生产了占全国5.72%的粮食。安徽

人口密度较大，人均耕地稀少。因此，保护耕地与加快推进工业化城镇化进程，将是一个长期的比较突出的矛盾。

（二）园区因素制约

随着我国环境承载压力的不断增大，环境对经济增长尤其对工业经济发展的约束日益增强。在此背景下，园区经济成了工业经济发展的重要载体。然而，园区经济的建设、完善和管理，均需要前期的大量资金投入，需要超前规划与建设。目前，我省各市县（区）均设立了不同规模的多样化园区，但由于经济发展迅速，对工业园区的需求迅猛扩大，出现了工业园区建设跟不上工业发展需要的现象。工业园区建设滞后，企业等着园区建设，已经成了制约全省工业经济快速发展的严重瓶颈。另外，各地工业园区雷同化，园区内没有形成一定的产业或者行业集群。园区内行业分散，不利于建立现代的如研发、融资、物流、信息等公共服务体系，从而增加了企业经营成本，降低了园区的产业集聚能力与行业吸引能力，影响了工业化进程。

（三）户籍因素制约

多年来，我省户籍制度改革相对滞后，直接影响了城镇化的进程。2000 年之前我省的城市户口管理一直很紧，限制了城市人口的增长，只是在小城镇户口管理上有一定程度放开。直到 2000 年后，城市人口管理开始松动，允许符合一定条件的农村居民迁移到城市，而别的省份在上世纪 90 年代就开始进行城市户籍制度改革，逐渐吸纳农村人口进入城市。目前，农村人口往城镇转移，仍存在很多的门坎和限制，造成很多农民实际上已经是城镇居民，但在户籍上却不是城镇人口，享受不到城镇居民的应有待遇。2009 年，全省常住人口城镇化率为 42.1%，而户籍人口城镇化率仅为 26.8%，说明我省没有户籍的城市居住人口拥有相当庞大的规模。我省户籍制度改革滞后，管理过于严厉，影响了工业化与城镇化进程。

（四）区划因素制约

目前，我省的行政区划，存在不利于工业化、城镇化加速发展的弊端，突出表现在：（1）市级行政区划过多而县级行政区划相对较少。与东部的浙江、江苏、山东以及中部五省比较，我省的地级区划数过多，而县级行政区划却相对较少，既增加了行政成本和经济发展的交易费用，也影响了工业的集聚速度和城市的扩张能力，影响了工业化和城镇化的进程。（2）市辖县规模及分布不合理。我省有 4 个市仅辖 1 个县，而最多的安庆市辖 8 个县。最小的铜陵市，面积仅 1111 平方公里，只是最大的六安市 17976 平方公里的 6.18%；人口仅 74 万人，只是人口最多的阜阳市 1001 万人的 7.39%。市辖县过少，制约了工业化与城镇化的迅速扩张；而市辖县过多，又削弱了市对县的指导、管理与带动能力，影响了工业化与城镇化发展。（3）沿江城市多在长江的一侧。现在城市规模迅速扩张，支持促进周边发展的能力不断提升，自身及周边的发展，都需要跨过长江，实现沿江两岸的协调发展，以增强城市自身的成长能力，促进区域加速发展。

（五）布局因素制约

我省城镇规划起点低，布局不合理，整体发展水平不高，主要表现在：（1）缺乏大城市的规划建设与带动引导。在东部和中部六省，唯有我省与江西、山西等省没有 500 万人口以上的大城市，与周边省份相比，我省中心城市的带动与辐射能量较小，影响了工业化与城镇化发展的进程。（2）缺乏城市群的发展规划和政策引导。目前，我省的城镇化发展，仍处在自发的、分散的、均衡用力的发展状态，没有制定超前的城市群发展规划和政策扶持引导体系，以加速推进工业化与城镇化发展进程。（3）缺乏工业园区与居住园区的同步城市建设规划。近年来，我省工业园区建设发展较快，但几乎所有的市和县，在规划建设工业园区的同时，并没有同步地规划建设居住园区，使工业化与城镇化出现了一条腿长、一条腿短的状况，严重影响了工业化与城镇化的同步推进。

上述比较突出的制约因素，是当前我省工业化、城镇化加速推进中需要解决的重点和难点问题，能否科学合理地解决上述问题，对于今后我省抢抓机遇，形成工业化城镇化双轮驱动发展的局面，从而实现全面转型和加速崛起，都将发挥至关重要的作用。

三、推进工业化、城镇化双轮驱动发展的思路

在分析面临的问题和困难的同时，也应当看到，目前我省加速推进工业化和城镇化发展，面临很多有利条件和重要机遇，突出表现在以下方面：一是多年工业强省战略的实施，目前我省不仅具备了一定的工业经济基础，工业经济正处在加速成长的阶段，而且基本形成了支持和引导工业经济发展的政策体系，全省上下形成了“加快发展、奋力崛起”的良好氛围。二是当前仍是国际国内产业转移的重要时期，我省承东启西的区位优势，尤其近年来我省交通等基础设施条件的大幅改善，使我省在承接国内外产业转移方面具有最前沿的得天独厚的比较优势，处于承接产业转移的桥头堡地位。三是我省皖江城市带承接产业转移示范区的建设，不仅树立了我省对外吸引资源、加快发展的良好形象，而且极大地扩张了我省承接产业转移和发展经济的承载能力，铺垫了持续发展的厚实基础。

因此，要进一步把握机遇，切实抓住主要矛盾，下定决心，克服困难，坚持工业化、城镇化双轮驱动，加快推进城镇化，促进工业化和城镇化良性互动发展；以农村土地整理为切入点，加大农村公共基础设施和服务体系建设，改革户籍制度，实现资源在城乡之间的合理流动，促进以工补农和城乡统筹发展；以加快大城市、城市群发展为重点，构筑区域性中心城市增长极，突出县城在城镇化发展中的主体作用，加大城镇建设投入，加快城镇扩容速度，形成以大带小和积聚发展的城镇化模式；以功能划分为基础，合理调整经济布局，在适宜工业发展的地区，加大园区载体建设，探索异地经济发展形式，突出区域经济特色，促进资源、环境、经济和社会协调发展。

1. 坚持双轮驱动，推进工业化、城镇化互动发展。在一定的发展阶段，工业化与城镇化是社会发展的自然历史过程，相互交织，互相影响，工业是经济发展的主体，城市是经济发展的载体，二者是驱动经济发展的两个轮子，缺一不可。工业化作为城镇化的基本动力，带动城镇化进程，其发展程度、发展模式影响城镇化的发展道路，城镇化反过来又促进工业化，城镇化过程中人口和生产要素的集聚本身产生巨大创造力，成为工业化新的助推力，也为工业化提供持续发展的保证。当前，我省城镇化进程滞后于工业化，两者未能走上相互促进、相互融合的轨道，因此，必须侧重加快我省城镇化进程，通过全面转换产业结构，推进农村现代化建设，加快城市基础设施建设，降低农民进城的门槛等手段，建立工业化与城镇化互动机制，促进我省实现跨越式发展。

2. 坚持城乡统筹，促进城乡资源合理流动。城乡二元结构，是城镇化进程的重大阻碍。加快推进城镇化进程，当前要在城乡规划、土地治理、产业链接、制度改革、基础设施建设、公共服务等方面进行城乡统筹，促进公共资源在城乡之间均衡配置，生产要素在城乡之间自由流动。目前，尤其要集中力量推进农村土地连片治理，以土地流转作为突破口，推进农业实现规模化经营和标准化生产，促进现代农业发展。同时，通过土地的占补平衡，解决工业化和城镇化用地问题；要着力推进户籍制度改革，建立城乡统一的户籍制度，并加快推进与户籍制度改革相配套的住房、保障和教育等体制改革，促进城乡一体化发展；要进一步通过体制创新，降低农民进城的门槛，实现城市居民的同等待遇水平，促进农村人口向城镇集中，加快城镇化发展步伐。

3. 构建城镇体系，提高大城市及城市群综合辐射带动能力。发展大城市是城市化的关键，也是城市化的必然规律。大城市在土地产出、资本产出、劳动生产等方面的效益，都较大幅度地高于中小城市，而文教卫等各项社会成本和环境保护的人均支出，又都低于中小城市。因而，纵观发达国家城市化的道路，大城市都在城市化发展中发挥了主导作用。当前，我省可以按照点－轴－网的城镇化发展模式，大力实施中心城市带动战略，发挥县城的主体作用，支持特色集镇发展，减少自然村数量和散居点，鼓励农村人口向城镇集聚，促进城镇化加快发展。在促进大城市发展方面，一是要进一步加快合肥城市圈的发展，促进合肥、淮南、六安、巢湖的城市融合发展，尽快形成和发挥中心城市圈的吸引扩张作用；二是要进一步加速皖江城市带建设，发挥其经济最活跃的优势，吸纳更多的就业人口和居住人口；三是要加大皖北区域中心城市建设，推进淮北与宿州同城化发展，使其逐步成为皖东北中心城市，加快亳州、阜阳、蚌埠、黄山等区域中心城市建设，扩充城市经济体量和人口承载能力。

4. 坚持功能导向，实现特色化、差异化发展。工业化、城镇化的过程，也是区域非均衡发展的过程。当前，加快推进工业化、城镇化进程，需要根据各地资源环境承载能力、现有开发密度以及未来发展潜力，在发展方向和程度方面要有所侧重，实现特色化、差异化发展。对于工业化、城镇化优先发展区域，要综合运用财政、投资、产业、土地等政策，进一步优化发展环境，提升发展条件，促进工业集聚，引导人口集中，实现工业化与城镇化的同步加速发展；对于工业化、城镇化限制发展区域，要改进转移支付制度，通过生态补偿、资源置换等方式，增加公共服务体系建设的投入，促进区域间公共服务均等化。要通过探索“飞地经济”模式，即在适宜工业经济发展的地区，探索园区共建，将这些地区的经济发展资源、人力资源等向园区集中，解决内在发展的需要。要根据本地优势，因地制宜，大力支持特色经济发展，走差异化发展之路。

5. 突出推进重点，实现当前与长远的持续协调发展。工业化、城镇化是一项长期而复杂的过程，也是一项牵动全局的工作，需要宏观、中观、微观等政策措施有效配合、协调推进。实际工作中，既要立足当前，重点解决发展中的制约性因素，也要谋划长远，更加重视影响发展的基础性工作；既要量力而行，突出重点，解决主要矛盾，又要总揽全局，整体推进，实现协调发展。当前，要重点缓解土地、园区、户籍等制约因素，加大土地治理，发展园区经济，支持户籍制度改革，促进工业化、城镇化协调推进。着眼长远，需要逐步解决区划、布局等制约因素，调整行政区划，优化经济布局，进一步建立适应工业化和城镇化发展规律的空间结构。同时，要大力推进管理体制和机制方面的改革，解决制约工业化、城镇化发展的体制机制因素，完善财税、金融、投资等体制，改革政府考核办法，逐步建立促进公共服务均等化和科学发展的管理体制，实现工业化和城镇化长期协调快速发展。

四、加速推进我省工业化、城镇化双轮驱动发展的财政政策建议

近年来，我省出台了一系列支持工业化、城镇化发展的财政政策，在工业化、城镇化发展中发挥了积极的引导和推动作用，有力促进了工业化、城镇化的发展。今后，在继续保留和完善已有政策措施的基础上，进一步整合财政政策，调整财政支出结构，创新支持方式，充分发挥财政的职能作用，大力促进工业化与城镇化双轮驱动发展。

（一）现有支持工业化、城镇化发展的财政政策

1. 支持重点企业做大做强。通过拨付资本金、返还税收、奖励、补助等方式，支持企业扩大融资规模，加强技术改造和自主创新，帮助企业提升竞争力。2009 年，及时拨付 12 亿元增加省投资集团公司国家资本金、返还省投资集团公司铁路建安营业税及附加税 2.86 亿元、拨付 1.7 亿元支持奇瑞、江淮、星马三大汽车集团自主创新。

2. 促进企业技术进步。一是设立创业风险投资引导基金，促进合芜蚌自主创新综合配套改革试验区内科技创新型中小企业发展。二是积极争取国家中小企业科技创新基金，支持我省科技型中小企业的成长。三是利用企业技术改造等专项资金，支持企业技术改造项目的实施。

3. 推进工业企业节能降耗和资源综合利用。一是支持企业节能、节水和资源综合利用。每年安排节能及资源综合利用专项资金，用于支持高效节能技术和产品推广等。二是支持企业技术改造，达到节能降耗目标。三是支持企业采用新设备、新工艺、新技术节能降耗减排。四是支持企业淘汰落后产能。五是支持推广高效照明产品。

4. 扶持中小企业发展。一是增加中小企业发展专项资金投入，支持中小企业加快发展。二是支持特色产业中的中小企业发展。2009 年，制定《安徽省特色产业中小企业发展资金管理办法》，支持我省特色产业集群和特色产业聚集区内中小企业发展。

5. 支持县域经济发展。2008 年，省财政厅印发《关于省财政支持县域经济发展的若干意见》，出台一系列政策措施，加大省对县一般性转移支付力度，进一步规范省市与县的分配关系，继续实施财政强县奖励政策，支持县域经济加快发展。同时，安排县域工业园区建设贴息奖励资金，支持县域工业园区基础设施建设和企业流动资金贷款。

6. 支持合芜蚌自主创新综合配套改革试验区建设。2008 年开始，省级财政每年安排专项资金，支持合芜蚌自主创新综合配套改革试验区建设，促进城市加快发展。2010 年起，结合国家技术创新工程在我省合肥、芜湖、蚌埠三市的试点，省财政每年将增加 1 亿元，支持三市自主创新体系建设。

7. 支持城镇功能完善和制度创新。一是逐步加大对城市基础设施的投入，重点支持城市污水设施、保障性安居工程、城市供水、重大交通等基础设施建设。二是通过整合资金，优先支持民生工程建设，提升城镇综合承载和服务能力。三是支持合肥、芜湖、马鞍山、铜陵、淮北和淮南六市的城乡一体化综合配套改革，着力破除阻碍城镇化的体制障碍。四是全面启动整体推进农村土地整治示范建设。从 2009 年起，加大财政投入，推进土地整体综合治理，增强农业综合生产能力，解决工业化、城镇化用地瓶颈，促进城镇化和新农村建设良性互动发展。

8. 支持皖北城市发展。2008 起，省财政对皖北三市及 23 个县（市、区）每年各补助 1000 万元，用于工业园区基础设施建设；2010 年起连续 3

年，省财政每年补助从1000万元增加到2000万元，同时，加大对皖北市县财政一般性转移支付力度。

9. 支持皖江城市带承接产业转移示范区建设。2010年起连续6年，省财政每年安排不少于10亿元的专项资金，用于集中区建设；区内新建企业年新增企业所得税省级分成部分全额奖励市县，涉企行政事业性收费予以免收；合作园区新增增值税、所得税市、县留成部分全额补贴给合作园区。

10、支持重点小城镇发展。一是支持新农村“千村百镇”示范工程建设。二是支持200个中心镇建设，每年安排小城镇建设专项资金，用于小城镇的规划编制和基础设施建设。三是支持扩权强镇试点工作，加大税费政策支持，促进重点集镇发展。

（二）促进工业化、城镇化双轮驱动发展的政策建议

1. 支持城镇基础设施和公共服务体系建设。一是优化财政支出结构，优先安排资金，支持城镇基础设施和公共服务体系建设。二是完善土地出让收入管理，将土地出让净收入，重点用于支持城镇基础设施和公共服务体系建设。三是规范政府投融资平台管理，整合资源，充分发挥融资平台作用，支持城镇基础设施建设。四是支持探索市场化、社会化、多元化的融资方式，拓宽城市基础设施建设的融资渠道。

2. 支持户籍制度改革。长期实行的二元户籍管理制度，直接制约了我国的城镇化进程。改革目前的户籍管理制度，是工业化和城镇化深入发展的必然要求。财政支持户籍管理制度改革，就是要提前谋划，早做安排，切实保障农村人口转为城镇居民后，真正享受到城镇居民同等的福利待遇。当前，一是加大城镇的教育、医疗、卫生、保障房等投入，扩大城镇的公共服务能力，保障人口向城镇集中的需要。二是支持城镇社会保障体系建设，扩大社会保障的覆盖范围，确保农民进城后享受城镇居民同等的社会保障水平。三是逐步缩小附着在户籍制度上的教育、就业和社会保障等城乡差异，促进城乡统筹发展，支持农业人口向城镇转移。四是支持降低农民进城后的生活成本。对能在城镇购买商品住房的，在首付或按揭贷款方面，给予一定的补助。

3. 支持土地集中治理、土地流转和农业规模经营。一是继续做好全省整体推进农村土地整治示范建设工作，以农村土地整治为平台，积极推进涉农资金整合，确保各项涉农资金集中投入。二是安排资金专项用于农村土地经营权流转指导、流转信息平台的搭建和发布，土地流转服务组织培训和仲裁机构建设等，并对参与土地流转的农业经营主体进行奖补。三是完善支持农业规模经营的财政政策，探索土地租赁型、合作经营型、统一服务型等多种土地规模经营形式，促进现代农业加快发展。

4. 支持园区建设。一是认真落实财政对全省园区建设的已有支持政策，各级财政要进一步加大对园区建设的支持力度。二是支持园区升级。整合已出台支持园区发展的各项政策，加大专项资金投入，集中财力向园区倾斜，着力打造特色优势园区。三是建立园区产业发展引导资金。加快公共服务平台建设，设立鼓励产业发展专项基金，引导企业和项目向园区集聚，逐步形成各类特色产业集群发展。

5. 支持新兴产业发展。一是设立新兴产业发展专项资金，统筹用于支持重大项目建设、关键技术研发、创新人才奖励等，支持建设一批新兴产业重大项目。二是支持推行产业链招商，按照大项目－产业链－产业集群－产业基地的发展思路，着力引进一批大项目。三是各类科技专项资金，要优先用于支持新兴产业发展，支持壮大一批新兴产业领军企业。四是建立财政专项资金，支持低碳经济和循环经济，促进经济与环境协调发展。

6. 深化财政体制改革。完善转移支付制度。充分体现功能区的内在要求，规范和整合专项转移支付，按照限制开发程度来确定一般性转移支付的系数，不断加大对生态保护地区和农业地区的转移支付水平，促进公共服务均等化。按照工业化城镇化双轮驱动发展和功能区建设的要求，清理税收优惠政策，规范税收征管，通过创新财税体制，进一步提升财政支持工业化城镇化的能力。

安徽省财政厅课题组
课题组长：陈先森
课题副组长：左 俊
课题成员：叶翠青 刘志迎 钱海燕
张谋贵 蔡功伙 汪文志
刘 兴

推进我省户籍制度改革新增财政支出分析

现行户籍制度，是我国重要的一项社会管理制度，是特定历史条件下的产物，有其存在的合理性和必要性。但随着市场经济体制改革的不断深入，二元户籍制度的矛盾和问题开始不断显现，已经成为我国城镇化和现代化发展的一大障碍。近年来，随着工业化和城镇化的快速发展，我省城乡分割的户籍管理制度，明显落后于社会经济发展的需要，迫切需要深化改革。为此，本课题旨在探讨我省户籍制度改革，给财政支出可能带来的新压力。

一、我省户籍制度管理现状

为适应社会经济发展，我省不断完善户籍管理制度，稳步推进户籍制度改革，在户籍管理方面进行了多方面、多层次的卓有成效探索。

（一）*我省户籍制度改革历史回顾*。计划经济时期，我省户籍制度执行的是以《中华人民共和国户口登记条例》为核心，以定量商品粮油供给制、劳动就业制度等辅助性措施为补充而形成的户籍管理制度，严格限制农村人口向城市流动。随着改革开放和经济体制的转变，原来的户籍管理制度不能适应时代发展的需要。上世纪80年代至90年代，我省在户口迁移、居民身份证制度、暂住人口管理制度等方面，开始了一系列尝试性的改革，户籍束缚开始出现松动。90年代末至本世纪初，我省先后出台了《关于实施我省小城镇户籍制度改革的意见》、《关于进一步改进户籍管理推进城镇化进程的意见》等一系列推进户籍制度改革的政策文件，户籍制度改革开始从小城镇过渡到大中城市，并开始向拆除户口“壁垒”迈出实质性步伐。2009年，我省出台《关于深入推进户籍制度改革放宽城市落户条件的意见》，标志着我省沉寂了一段时期的户籍制度改革继续深化，在全国新一轮户籍管理制度改革中展开了积极探索。

（二）*我省人口居住与户籍现状*。我省是一个人口大省，2009年，全省户籍人口达6794.5万人，其中非农人口为1517.2万。近年来，我省积极推进城镇化进程，大批农村剩余劳动力向城镇聚集，使城镇人口不断增加。2005年至2009年，市级城区的容量增加不大，五年间仅增加了150万人，而县级城区增加了近400万人，县级城区人口占全省人口的比重，由8.13%提高到13.62%，增长了5.5个百分点。可见，近几年城市化水平的提高，主要是由县级城区人口的增加形成的。其主要原因是，小城镇的户籍改革开始较早，制度相对宽松，而大中城市的户籍制度改革，一直没有实质性的放开，城乡分割的户籍制度，限制了大城市的人口集聚，同时也影响了城镇化的发展。

（三）*我省户籍管理情况*。目前，我省户籍制度框架，主要是由近十年出台的一系列文件构成的，这些文件的内容主要包括：一是全面推行小城镇户籍管理制度改革。如规定凡是在县级市区、县人民政府驻地镇以及县以下小城镇有合法固定的住所、稳定的职业或生活来源的人员及其共同居住生活的直系亲属，可根据本人意愿登记城镇常住户口；在县以下有合法固定的住所、稳定的职业或生活来源的，放开户口迁移限制等。二是鼓励被征地农民向城镇转移。三是进一步放宽了引进人才户口迁移的管理限制。实行来去自由政策，对高校毕业生户籍管理实行优惠政策，对非公有制企业聘用非本地生源的高校毕业生取消落户限制。四是全面实行在城市投资、兴办实业、购买商品房人员登记户口的政策。对在城镇有合法固定的住所、稳定的职业或生活来源且居住三年以上的流动人口或在城镇生活三年以上无户口人员，放开了落户城镇的一些限制条件。五是颁布了多项便民利民政策，对办理出生登记，死亡登记，户口登记项目变更、更正，分户、立户，市内户口迁移，高校录取学生、高校学生转学、退学户口迁移和高校学生毕业落户，小城镇户口等12类户口申报事项的，由公安派出所户籍民警一次性办结。六是实行包括新生婴儿或未成年子女随父随母落户政策；取消“农转非”指标控制和进城落户指标；对经省或市级批准的大型企业集团内部职工异地调动，简化了户口迁移手续。

（四）*我省户籍管理存在的问题*。一是户籍制度城乡间、地区间存在差异，户籍存在纵向、横向的流动困难。目前，户口因与医疗、就业、教育、保险等利益紧密挂钩，城乡之间的户口未能实行一元化管理。此外，跨市户口迁移或办理其他跨市涉及户籍权益事项时，程序比较复杂，存在事实上的迁移困难。二是人户分离现象严重。人户分离，是指人口的户籍所在地与现居住地不一致的现象。安徽是劳动力输出大省，大量由农村转移到省内外城市的务工经商人员，长期居住在省内外大中城市，但没法落户居住的城市，造成大量人户分离现象。大量的人户分离，不仅加大了人口统计和城市管理难度，也使实际在城市生活却没有城市户籍的居民，享受不到城市居民的各项权益，与城镇居民存在待遇上的实际差距。三是不同类型的户口之间福利分隔，社会利益平等分配容易出现偏差。二元户籍制度，造成居民享有的权益出现不平等，并随着社会的发展，户口所带来的附着在公民身份上的权益差别不断被固化和扩大。近年来，户籍所附加的内容还在增加，如低保、事故赔偿、劳动就业、医疗等，都与户口相联系，使户籍的原有功能发生异化，增加和强化了户籍不应有的附加功能和多种属性。四是现行户籍制度不利于掌握人口信息。户籍制度的首要功能，就是掌握基本的人口信息。人口数据的准确、翔实和完备，是政府调控社会资源及进行社会管理的基本条件。目前，"常住人口不常住"、"暂住人口常年住"的现象较为普遍，现行的户籍制度，使政府很难准确、翔实、完整、动态地掌握人口基本信息。

总之，目前户籍管理制度存在的问题，其核心是限制了城镇与农村、城镇与城镇之间人口的自由流动和生产要素的合理配置，从而阻碍了经济发展，尤其是拖了当前城镇化加速推进的后腿，同时，也影响了政府对社会的有效管理，因此，推进户籍制度改革，显得十分迫切和必要。

二、目前一些省市户籍制度改革的主要内容

近年来，随着社会经济的发展，全国许多省市都在探索户籍制度改革，并取得了积极的成效。下面，简单介绍广东、重庆、湖北、成都等省市的户籍制度改革，以及我省户籍制度改革的初步设想。

（一）广东省的改革。广东省实行户口管理一元化，在全省范围内取消农业户口、非农业户口、自理口粮户口及其他类型的户口性质，实行城乡户籍登记管理一体化。建立并完善"实有人口登记管理制度"。按照在实际居住地登记户口的原则，对本地区范围内的常住人口、暂住人口及国（境）外居留人口实行分类登记，综合管理。尤其是进一步放宽城镇落户的条件，准许一定数量的业务骨干、技术人员及其直系亲属入户，对购买商品房、自建合法住宅、投资兴办实业和捐办公益事业的，可准许本人及其直系亲属落户；出台《关于开展农民工积分制入户城镇工作的指导意见（试行）》，将农民工入户城镇条件细化为学历、技能、参保情况等多项指标，并赋予相应的分值，农民工积满 60 分就可以申请入户。

（二）重庆市的改革。重庆市按照统筹规划、自愿有偿、积极稳妥、综合配套、促进发展的原则，全面推进户籍制度改革。先后出台《人民政府关于统筹城乡户籍制度的意见》《重庆市统筹城乡户籍制度改革社会保障实施办法》、《重庆市户籍制度改革农村土地退出与利用办法（试行）、《重庆市统筹城乡户籍制度改革农村居民转户实施办法（试行)》等文件，设计了一套完整的政策体系，主要包括 3 年过渡、3 项保留和 5 项纳入三方面内容，即对农村居民转户后承包地、宅基地的处置，设定了 3 年过渡期；对农村居民转户后，保留林地使用权、计划生育政策、农村各项补贴等 3 项农村权益予以保留；对农村居民转户后，可享受城镇的就业、社保、住房、教育、医疗政策，实现转户进城后"五件衣服"一步到位，与城镇居民享有同等待遇。

（三）湖北省的改革。湖北省在推行户籍制度改革中，在全国率先实施"迎接新市民工程"。从 2008 年 7 月 8 日开始，在全省范围对符合准入条件者开始准入登记。湖北省的户籍准入条件具有一定梯度。申报对象和范围包括：一是在县（市）和地级市的建制镇有合法固定住所、相对稳定的职业或合法生活来源的农村劳动者。二是在武汉市远城区和其他地级市的城区及直管市有合法固定住所、相对稳定职业或合法生活来源的符合以下条件之一的农村劳动者。(1) 在城镇连续就业 3 年以上，并与用人单位或雇主签订了 2 年以上劳动合同，年收入高于当地最低工资标准的；(2) 在城镇就业 1 年以上、具有大专以上学历、中级以上职称或高级职业资格、年收入高于当地企业平均工资标准的；(3) 在城镇连续从事个体经营满 3 年，年纳税 1 万元以上，或累计纳税已超过 3 万元的；(4) 在城镇投资入股兴办企业，个人投资总额达 10 万元以上，合法经营满 1 年，年盈利超过 3 万元的；(5) 在城镇就业期间有一定贡献且获得县以上劳动模范、先进工作者等荣誉称号的；(6) 在城镇有遗产继承或有赡养义务的。

湖北省"迎接新市民工程"启动后，将按照"就地就近"原则，将"新市民"子女义务教育纳入城镇教育发展规划，列入教育经费预算。城镇公办学校对"新市民"子女，应与当地学生同等对待，不得加收任何费用。此外，"新市民"也将纳入住房保障范围。

（四）成都市的改革。2010年11月16日，成都市正式出台了《关于全域成都统一城乡户籍实现居民自由迁徙的意见》，目标是到2012年，实现全域成都统一户籍。主要内容包括：一是建立户口登记地与实际居住地统一的户籍管理制度。建立集居住、婚育、就业、纳税、信用、社会保险等信息于一体的公民信息管理系统。在成都，今后城镇居民可以迁徙到农村居住，农村居民也可以迁徙到城镇居住，不再受户口限制。二是统一就业失业登记，完善就业援助制度。《意见》明确，要建立城乡统一的就业失业登记管理制度，统一失业保险待遇标准。到2011年底前，建立城乡统一的就业失业登记管理制度和就业援助扶持制度。三是进一步完善城乡统一的社会保险（主要指养老、医疗）制度。2010年底前停止办理本市居民非城镇户籍从业人员综合社会保险，已有的非城镇户籍从业人员综合社会保险并入城镇职工社会保险。用人单位及其职工参加城镇职工社会保险，其他居民自主选择参加城乡居民社会保险或城镇职工社会保险。四是建立分区域统一的城乡住房保障体系。五是统一中职学生资助政策。全市困难家庭中职生可享受无差别资助。六是实行统一的退役士兵安置补偿和城乡义务兵家庭优待政策。实行统一的退役士兵安置补偿和城乡义务兵家庭优待政策，士兵入伍前只要没有土地承包经营权和林地使用权，都将实行一致的安置补偿和优待政策。此外，《意见》还对分区域统一城乡“三无”人员供养标准和低保标准、城乡居民在户籍地享有平等的政治权利和民主管理权利、建立城乡统一的计划生育政策、实现义务教育公平化等进行了明确的规定。最后，《意见》明确，市外人员入户，将享受与本地居民同等的待遇。

（五）安徽省的改革。2010年，我省也提出了继续深化户籍制度改革的基本设想，改革的主要内容包括，适时取消暂住证制度，实行居住证制度；对办理居住证的公民，在就业等方面与当地公民享有同等权利，履行同等义务；对进入合芜蚌自主创新综合配套改革试验区和省级城乡一体化综合配套改革试验区的相关市，可进一步放宽户籍政策等。

2010年9月，为加快我省城镇化、城乡一体化进程，促进城乡资源要素有序流动，实现人口流动与经济、社会、资源、环境协调发展，省公安厅拟定了《关于统筹城乡户籍制度改革的意见》，《意见》中明确了我省户籍制度改革的指导思想、总体目标和基本原则；进一步放宽了城镇落户条件；取消暂住证，实行居住证制度；以及推进包括完善农村土地处置机制、劳动就业、培训保障、社会救助、住房保障、教育保障、医疗卫生、养老保险，城市基础设施建设等一系列配套政策。

三、推进我省户籍制度改革的方案选择

自20世纪80年代中期开始，为适应经济和社会发展的需要，我国开始推进户籍制度改革，各省市也推出了地方的户籍制度改革政策和措施。但总体来看，目前改革仍处于试验性阶段，城乡分割的户籍制度没有实质性地突破，改革仍面临诸多的困难和阻力。为积极稳妥地推进我省户籍制度改革，在参考外省市户籍制度改革的基础上，结合我省实际，提出如下三种改革的可选方案。

（一）方案A：全面放开 1. 方案设计。取消常住人口中的农业、非农业户口性质划分，全面实行居住证制度。居民离开常住户口所在地后到其他地区连续居住一年以上（包括居住自购自建商品房、继承房屋、单位宿舍、租赁套房）的，凡具有固定职业，能够提供工商部门核准登记的经营许可证明或聘用流动人员企事业单位的用工合同证明，即可领取城市居住证，享受与当地户籍居民同样的各种福利和权利。同时取消投靠人员户口迁移条件限制，凡投靠配偶、子女、父母的，不受年龄、婚龄等其他限制。

2. 转户人口估算。在城乡二元结构的背景下，由于社会资源主要集中在城镇，因此，城镇对广大农业人口来说一直具有很强的吸引力。目前，我省约有1620万农民工，其中外出农民工有1200万人，省内农民工约420万人，在全面放开户籍以后，这部分人已经在城市长期居住，且基本上能够适应城市生活，加上转户后带来的各项社会保障福利的提高，转户意愿普遍较高，将会是转入城镇的最大群体。在这420万人中，约有40%集中在建筑领域，这些人流动性较强，大多都居无定所，并不符合转户条件，另外，近年来，国家出台了一系列惠农强农政策，一些地方的农民对转户城镇的意愿开始降低。扣除这些因素，我们估计“十二五”期间，我省约有300万农民工会选择转户进城。另外，由于取消了落户的投靠限制，以1个农民工转户会有2人投靠计算，会有600万跟随落户城镇，共计会有将近1000万人进城。

3. 改革存在的困难和阻力。一是目前社会资源配置不均衡，一旦放开户籍，一方面会造成人们争夺社会资源，如居民争夺学区房；另一方面，也

会造成部分地区社会资源的浪费，如普通学校招不到学生。二是社会管理体制面临严峻挑战。全面放开户籍后，人口的流动性会大大增强，这会给社会管理带来众多不便，如社会治安防范、人口统计等问题。三是公共服务配套的难度较大。大量农民进城后，政府需要在交通、商业、水电气配套等众多方面完善公共服务，城市的承载力可能难以承受。四是放开户籍后，政府在廉租房、就业等方面需要较大投入。

（二）方案B：分步实施

1. 方案设计。规范城市主城区的户口迁移，对在城镇购买商品住房或投资兴业的农民可就地转户进城；对在同一城镇经商或连续务工两年以上，且缴纳社会保险费用满两年，拥有合法稳定住所（包括居住自购自建商品房、继承房屋、单位宿舍、租赁套房）的农民，可允许其转户。严格控制郊区户口，原则上禁止城乡人口在城郊、规划控制区落户，但农民在郊区购买的商品房或租住的廉租房属于政府规划建设的可允许在当地落户。放开县城、中小城镇落户条件，鼓励农村人口向中小城镇集中。除此之外，取消投靠人员户口迁移条件限制，凡投靠配偶、子女、父母的，不受年龄、婚龄等其他限制。

2. 转户人口估算。截至2009年底，全省农民工参加养老保险人数20万人，参加基本医疗保险50万人，参加工伤保险97.6万人，参加失业保险15万人，因此，扣除其中重复计算的人数，满足缴纳各类保险费用两年以上在主城区转户条件的农民工不到50万人，但考虑到实施户籍制度改革后，农民因为可以享受到与城镇居民同等福利待遇而提高缴纳社会保险的积极性，缴纳比例会有所提高，估算会有100万农民转户，以1个农民工转户会有2人投靠计算，会有200万人跟随进城，共有300万人转户入城。另外，放开县城、中小城镇落户条件后，对周边地区的农民存在一定的吸纳作用，以平均每个县城吸纳周边农村2万人计算，全省61个县和15个县改区共能吸纳160万人；另外，我省共有63个经省政府批准的全省重点中心建制镇，以每个镇吸纳周边1万人计算，约有60万人会落户中小城镇。根据以上计算，“十二五”期间，将会有近550万人转户城镇。

3. 改革存在的困难和阻力。一是中小城镇缺乏合理的规划。长期以来，中小城镇在数量上的扩张带来了质量的参差不齐，很多中小城镇由于缺乏合理的规划致使城镇基础设施建设严重滞后，也过早地丧失了发展活力。二是中小城镇缺乏必要的产业支撑。城镇化和产业化需要同步发展，才能很好地解决就业岗位问题，但我省中小城镇普遍缺乏产业支撑，对广大农民来说也缺乏足够的吸引力。

（三）方案C：分层推进

1. 方案设计。先期解决农民工和农村籍大中专学生两类重点群体的户籍问题，对在同一城镇务工经商满一年的农民工，凡有合法稳定住所（包括居住自购自建商品房、继承房屋、单位宿舍、租赁套房），且按规定缴纳各类社会保险费用的可允许其落户；同时对没有条件缴纳社会保险费用的农民工设定一定的缓冲期，即在同一城镇务工经商满五年的农民工，只要具有合法稳定住所（包括居住自购自建商品房、继承房屋、单位宿舍、租赁套房）可允许落户。对于各类大中专院校毕业生，可暂时挂靠人才市场集体户，凡拥有合法稳定住所（包括居住自购自建商品房、继承房屋、单位宿舍、租赁套房）或者实现就业的，可就地落户。

2. 转户人口估算。根据这一方案，按照我省农民工缴纳社保费的比例，严格估算有50万人转户，1人有2人跟随转户，会有100万人跟随转户，共转户人口150万。另外，由于农民工流动性较强，按照能够在同一城市沉淀10%的比例测算，能够在同一城镇务工经商五年以上的约有50万人。另外，全省每年有大中专院校毕业生21万人，五年100万人，三项合计共300万人，在“十二五”期间转户城镇。

3. 改革存在的困难和阻力。一是农民工随迁子女教育还存在很多困难和障碍。如城市教育资源供求不均衡，富余校舍主要集中在中心城区，而农民工聚居的城乡结合部校舍十分短缺。此外，大多数城市的教育规划是以本市户籍人口为基数制定的，没有根据经济和城市化发展进行科学规划。特别是一些新建居民小区，未按规定配建相应学校的现象比较普遍。因此，农民转户后，子女教育是一个困难。二是先期解决农民工户籍问题后，仍有大量农民工亲属居住在城镇，如果无法解决投靠入户的问题，仍会造成社会福利的不公。三是若允许不缴纳社会保险的农民工转户，一旦农民工失业，会给政府在低保、救济等方面带来不小的支出。四是农民工普遍工资较低，且工作不稳定，缴纳社保费用存在难度，实施该方案会导致众多农民工很难达到落户条件。

根据以上分析，我们认为方案 A 改革成本较高，而且一旦实施，将会带来诸多社会问题，因此在目前形势下显然无法实施；方案 B 采取对城区、县城和中小城镇实行不同的入户条件，相对来说便于合理掌控改革步伐，且有效避免大城市畸形膨胀和有助于加快推进新农村建设，是一个比较可行的方案；方案 C 针对农民工和农村籍大中专学生两大群体，但存在局限性，无法解决所有农民工的转户问题，因此政策相对来说效果不理想。综合三种方案，倾向于采用方案 B，稳步推进户籍制度改革。

四、户籍改革后财政需要增加支出的估算

户籍制度改革的最大阻力，就是要解决依附在户籍制度上的社会保障、就业、教育等各种权利和福利待遇，缩小这种差别必然会带来财政支出的大幅增加。根据目前部分专家学者和研究机构的估算情况，并结合目前可能推进的户籍改革方案，初步估算在推进户籍制度改革中，我省财政可能需要增加支出的规模。

（一）第一种估算方法

根据有关学者测算，给予农民以城市居民一样的待遇，政府在今后的五年中就需要每年至少增加投入 1.6 万亿人民币。安徽省人口占全国的 5.09%，据此估算，安徽的户籍制度改革，每年需要增加财政支出 814 亿元。地方财政按 50% 分担，未来五年安徽财政每年约需增加支出 400 亿元。

（二）第二种估算方法

2010 年 10 月，中国发展研究基金会（由国务院发展研究中心发起成立的非营利智库型基金会）在上海举行了《中国发展报告 2010：促进人的发展的中国新型城市化战略》发布会。报告提出了关于中国新型城市化的战略目标：“十二五”开始，用 20 年时间解决中国的“半城市化”问题，使中国的城市化率在 2030 年达到 65%。调研结果显示，农民工市民化需要巨额资金投入。中国当前农民工市民化的平均成本在 10 万元左右，这意味着中国未来每年为解决 2000 万农民工市民化需要投入 2 万亿元资金。这些投入需要由中央政府、地方政府和市场共同分担。中央政府可以通过财政的转移支付分担 5000 亿元，主要用于支付农民工市民化的教育、医疗和社会保障支出；地方政府通过财政配套承担 5000 亿元，主要用于支付农民工市民化的廉租房等的住房成本支出；剩余的 10000 亿元可以通过市场解决，用于支付农民工市民化的土地、基础设施和部分住房成本的支出。

按照上述研究机构的推算，并结合方案 B，“十二五”期间我省将有 550 万农民市民化，按照当前农民工市民化的平均成本在 10 万元计算，需要 5500 亿资金投入，按地方财政配套 30% 计算，五年需要增加财政 1650 亿元，每年我省财政将增加支出 330 亿元。

（三）第三种估算方法

只针对眼前的医疗、养老、低保、教育培训等四方面的投入，结合安徽实际和方案 B 进行测算，即今后五年大约有 550 万农民进入城市生活，据此方法估算，每年约需增加财政支出 167 亿元以上。

1. 医疗保险。以 2009 年为例，全国医疗保障的全部资金为 3500 亿元左右，实际开支在 2.5 万元亿到 3 万亿元之间，由农村实施的“新农合”转为“城镇居民医疗保险”，即享受城市居民同等的医疗待遇，按照目前的医疗开支差距情况，政府大约要增加支出每人 295 元/年，此项约需每年增加财政支出 16 亿元。

2. 养老保障。据媒体报道，我国农村目前需领取养老金的人数大约为 1 亿人。城市养老标准大约每月每人 450 元，农村每人每月 50 元，相差 400 元，一位老龄人从农民转为市民，一年的养老支出需增加近 5000 元。按照 B 改革方案，“十二五”农民转户人口 550 万，老年人按 30% 估算，有 165 万老年人转户进城，每年需增加财政支出 83 亿元。

3. 最低生活保障。目前，我国城市居民的低保标准几乎在农民年均纯收入的一半以上，大约每月为 300 元/人，再根据我国农村低保对象和五保户供养对象占农民的比例，约有 12% 的人有资格获得低保，即每年进城的农民中大约有 12% 的人，可获得 3600 元/年的低保补助，按 B 方案中的 550 万中的 66 万人估算，此项共需每年增加财政支出 24 亿元。

4. 教育保障。如果大量农民进城，为使农民能有一技之长，获得在城市生存的基本职业技能，就需增加教育培训支出，仅就职业教育来讲，费用增加就极为惊人，目前城镇居民的职业教育基本是免费的，农民进入城市，接受职业教育，据估算，至少需提供进城农民中的 40%，接受免费教育培训，我省人数可达 220 万人，以目前这种职业教育在未来五年花费 1 万元计算，需每人每年 2000 元，此项需每年约增加财政支出 44 亿元。

四项支出合计，每年需增加财政支出 167 亿元。不过，该估算方法，仅对农民转为市民眼前立即需要增加的支出进行了初步估算，其中并未包括整个教育、医疗、卫生、基础设施等扩大容量，潜在和未来需要增加的大量支出。

（四）第四种估算方法

按照B方案，今后五年大约有550万农村人口陆续转移到城镇，下面从六个方面，具体测算财政可能增加的支出压力。

在医疗保障方面，目前城镇居民医疗人均财政补助标准为100元（省级财政补助30元），新农合人均财政补助标准80元（省级财政补助30元），城乡每人每年相差20元，则550万人转户后，需地方财政每年新增支出1亿元。在最低生活保障方面，目前我省城镇低保平均保障标准（年人均补差）约1713元（其中城市约1738元，县城约1708元），农村低保平均保障标准（年人均补差）约为753元，二者相差960元每年。目前农村居民家庭年纯收入在3000元以下的基本上都有资格获得低保，而这部分人群约占农村人口的14%，按照此比例，550万人中有77万人符合条件，此项每年需增加财政支出8亿元左右。在养老方面，农村居民转为城镇居民后，可按规定参加城镇企业职工基本养老保险，有用人单位的，由用人单位统一参保并按规定缴费，这些费用由用人单位（20%）和个人（6%）承担，不增加财政支出；没有用人单位的，待城镇居民养老保险实现全面覆盖后将其纳入，目前我省没有实行统一的城镇居民养老保险，财政对城镇居民养老保险没有投入，也就是说，在我省没有实行统一的城镇居民养老保险前，户籍改革带来的城镇人口增加不会增加财政支出。在政府保障房方面，按照初步估算，550万人中的20%由政府保障房供应，要解决110万人的住房；按人均住房20平方米，将要建2200万平方米；按每平方米补助400元估算，需要补助80亿元，年均需要增加财政支出16亿元。在城市公共设施投入方面，平均城市化率提高一个百分点，增加城市公共设施支出5.78亿元。今后五年转移550万人口，城市化率将要提高8个百分点，五年需要增加财政支出47亿元，每年需增加财政支出10亿元。另外，城市公共设施建设投入的80%左右，是由目前的非财政渠道筹集的资金，因此，实际城市公共设施新增投入在240亿元左右。如果进行规范管理，包括偿还新增的债务及利息，每年财政新增支出在60亿元左右。两项合计，每年新增财政支出70亿元。在教育支出方面，九年义务教育阶段，城市与农村的升学率基本相同，目前我省九年义务教育阶段的师生比在1：20左右，从师生比和工资水平等方面考虑，城镇教育成本略高于农村教育成本，城镇每年生均高出800元左右；如果考虑学校教室等基础设施建设，生均教室面积约2平方米，城镇每平方米造价按高出农村3000元计算，每个城镇学生高出农村6000元。两项合计，城镇九年义务教育每个学生的成本高出农村6800元。九年义务教育阶段的学生数一般占人口的10%左右，因此，有55万初中和小学的学生将转移到城镇上学，五年需增加财政支出38亿元，每年增加财政支出14亿元。高中阶段的教育，主要是负担教室等基础设施建设，按每年人均增加支出8000元计算，高中年龄阶段学生占人口的比例在4%左右，城镇高中入学率按70%估算，城镇将增加16万高中学生，五年需要增加财政支出13亿元，每年需要增加财政支出3亿元。两项合计，教育需要每年增加支出17亿元。以上六项合计，每年需要增加财政支出112亿元左右。

五、结论

推进我省户籍制度改革无疑对适应科学发展，推动全面转型、加速崛起、兴皖富民进程具有重大现实意义。户籍制度改革后财政需要增加支出的四种估算，每种算法无论是侧重当前还是兼顾长远，支出数额都很大。同时，我们也认识到推行户籍制度改革是一项系统工程，不是简单的户口本改革，它涉及就业、医疗、教育、福利等方面的利益调整和再分配。在户籍改革中，需要不断完善配套措施，建立健全覆盖城乡的社会基本生活保障体现，更需要打破地方行政保护主义，从政治层面、经济层面、社会生活等领域寻求历史性的变革，从而把户籍制度变成仅仅是一种人口登记制度，从根本上解决当前的城乡二元分割的状态，实现城乡人口自由流动，体系社会公平原则，推动城镇化进程，缩小和消除城乡差距，促进社会和谐稳定。

安徽省财政厅课题组
课题组组长：陈先森
课题组成员：汪代启 叶翠青 陈 晋
汪文志 万 勇 刘 兴

进一步培育战略性新兴产业研究

在国际金融危机冲击下，新一轮技术突破与产业更替即将来临，我国经济转型升级也处于关键时期。中央8号文件作出加速培育和发展战略性新兴产业的决策后，2009 年 11 月 3 日，温家宝总理在《让科技引领中国可持续发展》的讲话中指出了中国战略性新兴产业的选择标准和方向。这些新兴战略性产业包括新能源、节能环保、电动汽车、新材料、新医药、生物育种和信息产业。发展战略性新兴产业，加快结构调整，是引领新一轮经济繁荣的开路先锋。在当前形势下，如何发挥财政职能作用，进一步培育我省战略性新兴产业，促进战略性新兴产业的发展，我们开展了专题研究。

一、目前我省新兴产业发展情况

按照国家重点支持的新兴产业领域，对我省新能源、节能环保、新材料、生物产业、电子信息和公共安全等进行了调研。

（一）发展现状

总体上我省新兴产业初具规模，发展基础日益夯实，涌现出一批行业领军企业和优势产品，在全省经济发展中的地位和作用不断提高。一是产业初具规模，成为全省工业经济的重要组成部分。2008 年，我省六大新兴产业产值 1704.9 亿元，占全省工业总产值的 15.3%；规模以上工业企业数 1397 家，占全省规模企业总数的 12.3%，其中产值超亿元企业约 400 家，超 10 亿元企业 41 家。二是集聚化发展态势初显，区域特色较为鲜明。合肥新兴产业产值占全省三分之一，电子信息、公共安全、节能环保、生物医药、新材料等产业规模均居全省前列；芜湖汽车电子进入加速成长期，节能环保装备制造集群初具规模；滁州信息家电、绿色照明、玻璃（硅）材料具有一定优势；蚌埠新能源和生物制造、亳州现代中药、马鞍山高性能材料、铜陵电子材料及新型元器件、安庆高分子复合材料、巢湖特种通讯电缆、阜阳循环经济产业等各具特色；其余各市也都有一些亮点。三是部分领域走在全国前列，涌现出一批领军企业和优势产品。总体上看，新型平板显示、现代中药、生物发酵、节能环保装备、新能源汽车关键零部件研发、公共安全等具有一定优势。

1. 新能源产业。2008 年产值约 80 亿元。非晶硅薄膜电池，拥有完全自主知识产权的薄膜太阳能电池技术及设备，普乐新能源具备设备设计制造、产品研发和大规模生产能力，薄膜电池整条生产线首次实现国产化。太阳能发电装备及系统，应天新能源自行制造了 20KW 高倍聚光太阳能发电试验电站；太阳能跟踪、聚光系统等领域拥有一批自主知识产权技术。并网发电逆变系统，处于国内龙头地位，多项产品和技术领先，阳光电源光伏逆变器占国内市场份额 60%左右。太阳能光电应用产品具备一定产业基础。

2. 节能环保产业。2008 年产值 353.7 亿元。余热发电设备制造，有低温发电装置、余热锅炉等核心产品，海螺川崎是技术实力最强的余热发电装置制造企业之一；蚌埠玻璃设计院玻璃窑炉低温余热发电工艺技术优势明显。节能电器（电气）制造，有合肥 ABB、天威保变、鑫龙电器、明远电力等骨干企业，主导产品包括节能变压器、节能电机、智能化输配电设备等。废弃物处理设备制造，有芜湖绿洲环保、华林环保装备等骨干企业，金鼎锅炉是国内较大的垃圾处理设备制造企业。资源循环利用，铜冶炼炉渣和磷石膏资源综合利用、废铜拆解、废旧铅回收利用、废水处理等走在全国前列，有铜陵有色、铜化集团、安徽华鑫铅业等骨干企业。新能源汽车，有江淮国家级新能源汽车技术中心及奇瑞国家级“863”新汽车技术研究应用基地，新产品即将上市。

3. 新材料产业。2008 年产值 270.2 亿元，增长 29.4%。电子材料，产业链相对齐全，已形成以铜基电子材料、有机薄膜材料、通信电缆、高性能磁性材料为主的产业体系，有铜峰电子、铜陵有色、安徽鑫科、天源科技等领军企业；铜陵是国家级电子材料产业基地，马鞍山、庐江磁性材料有一定基础。新型高分子材料，乙烯衍生品、热固体饱和聚酯、工程塑料等产品市场占有率较高，杰事杰公司建设了亚洲单体最大的工程塑料及高分子复合材料研发生产基地。高性能结构材料，高性能钢铁材料、陶瓷材料、碳纤维材料等有一定基础，马钢高速轮箍等铁道用钢产量居全国前列；芜湖高精铜带生产装备水平、市场占有率全国第一。玻璃（硅）材料，石英砂资源丰富；蚌埠玻璃设计研究院技术和研发能力国内一流；光伏玻璃、显示玻璃和晶体硅材料具有一定产业基础，涌现出芜湖信义、合肥彩虹等骨干企业。新型功能材料，沿江非金属矿资源丰富，耐火耐磨材料、纳米材料发展迅速，有开元新材料、禄思伟矿业、开尔纳米等优势企业。

4. 生物产业。2008 年产值 360 亿元，增长 38.8%。生物医药，产值占生物产业 54.6%，已形成较为完整的产业体系。全省有Ⅰ类新药 6 个、Ⅱ类新药 27 个，注射用重组人干扰素 $\alpha-2b$ 填补了国内空白，广谱抗生素安妥沙星是具有完全自主知识产权的Ⅰ类新药，华蟾素口服液属于国家中药保护品种；有丰原药业、安科生物、兆科药业、济人药业、环球药业等一批各具特色的优势企业。生物制造，生物基材料、生物基化学品生产等具有一定优势，柠檬酸产量亚洲第一。生物能源，中粮丰原生化燃料乙醇产能占全国31.7%，是享受国家补贴的四家生产企业之一；在秸秆气化、生物质热解液化等方面有一批核心技术和产品。生物农业，以生物育种为主；丰乐种业是中国种业第一股，安徽隆平、天禾种业是全国种业50强。

5. 电子信息产业。2008年产值536亿元，增长22.4%，产业规模居全国第12位、中部第2位。新型平板显示，以TFT－LCD六代线为基础，八代线项目加快推进，一批配套企业陆续入驻，正在形成较为完整的产业链；特种显示技术国内领先。代表企业有京东方、鑫昊、华夏光电、彩虹电子等。汽车电子，汽车仪表、发动机电子控制系统、车身电子控制系统等具有一定优势，涌现出埃泰克汽车电子、博耐尔电气等骨干企业。光电子和微电子、电子元器件、软件，研发能力较强，有科大讯飞、联发科、皖通科技等一批领军企业，发展潜力较大，有望成为新的增长点。信息家电，产业规模较大，大家电产量居全国前列，有海尔、长虹、康佳、科思科技等代表企业。

6. 公共安全产业。2008年产值105亿元，增长26%。信息安全，量子通信技术世界领先；智能融合互联互通、北斗天线射频模块、民用雷达、多媒体通信、微波组件等技术优势明显。矿山安全，瓦斯治理和综合利用、矿井安全监控、工业地面铁路运输安全调度总体技术水平国内领先，淮南矿业集团瓦斯治理综合服务国内市场占有率超过50%。火灾安全，高端消防技术与设备国内领先，火灾报警系统和消防设备整体技术达到国际先进水平；中科大火灾科学国家重点实验室参与了多项国家消防规范的制定和修订，明光市浩淼科技高端消防车是国家消防总队指定产品。食品安全，美亚光电色选机国内市场占有率超过80%。交通安全，有航管一次技术、防撞雷达等一批成熟技术和产品，已形成交通事故防治产业链。电力安全，配电网自动化形成一定规模；过电流及过电压保护设备研发、生产具有一定竞争力。

（二）存在问题

尽管近年来新兴产业发展较快，但总体上基础薄弱、规模偏小，部分领域与沿海地区差距较大。

一是产业规模小。2008年，我省电子信息、生物、节能环保产业产值分别占全国的0.85%、4.2%和4%，与新兴产业关联很强的高技术产业增加值只占0.7%；生物医药、光伏产业产值大致相当于江苏省的1/5和1/10。

二是领军企业少。新兴产业领域居行业龙头地位、带动力强、规模超十亿甚至上百亿大企业很少；省内骨干大企业对新兴产业涉足较少；部分科技型企业领域较窄，缺乏专职管理人员，企业成长性不足，成为行业中的“小老树”。由于缺乏领军企业，核心环节缺失，集聚度不高，未形成以点带线、以线带面的联动效应。

三是创新能力不足。研发投入低，多数企业主要从事组装加工，低附加值产品比重高，精深加工少；部分科研院所重论文、轻专利，理论研究多、应用研究少，科研优势不能迅速转化为产业优势；产学研互动性不强，“有技术没产业，有产业没技术”、产业科技“两张皮”等现象仍较突出；激励和补偿机制不健全，科研人员创新创业动力不足。

四是认识不到位。有的地方对发展战略性新兴产业的紧迫性和必要性认识不够，引导新兴产业发展的政策体系尚未形成，缺乏行业发展规划，投入不足、支持力度较小。

二、我省战略性新兴产业发展的基本思路和目标

（一）总体思路

坚持以科学发展观为指导，牢牢把握科技革命和国家大力扶持战略性新兴产业的历史机遇，以培育若干引领未来发展的支柱产业为目标，以人才为核心、以企业为主体、以项目为抓手，着力增强自主创新能力，着力吸引重大科技成果，着力创新体制机制，着力完善产业链，促进新兴产业跨越式发展，提升产业综合竞争力。

（二）基本原则

明确重点，集中突破。根据未来产业发展方向和国家政策导向，立足我省特色和优势，选准主攻方向，明确发展重点，整合各方面资源和要素，集中力量办大事，在最有基础、最有条件的领域率先取得突破。

开放合作，跨越发展。在加快省内科技成果转化步伐、加快培育中小型科技企业的同时，瞄准重点领域的国内外领军企业、高端人才和关键技术，加大招商引资、招才引智力度，努力实现跨越式发展。

自主创新，强化支撑。强化创新体系建设，通

过原始创新、集成创新、引进消化吸收再创新多种途径，加大核心关键技术攻关和引进力度，形成一批自主知识产权，努力掌握产业发展的主动权。

政府推动，市场主导。在坚持市场资源配置基础性作用的同时，充分发挥政府的引导作用，加强规划指导和政策扶持，推动体制机制创新，促进各种要素资源向新兴产业集中，推动产业快速健康成长。

（三）发展目标

实施“新兴产业千百十工程”，力争到2015年，形成5个产值超千亿元产业，涌现5个销售收入超百亿元企业，建成10个国家级特色产业基地，基本形成布局合理、自主创新能力强、产业链完整的新兴产业体系，开始成为全省经济增长的重要支撑。

三、我省战略性新兴产业的发展重点

1. 新能源产业。（1）光伏：单/多晶硅电池及组件、非晶硅太阳能薄膜电池及专用设备、太阳能电池并网发电装备和控制系统、光伏应用产品；（2）生物质能源：非粮生物乙醇、生物石油、生物柴油，秸秆成型燃料、气体燃料；（3）洁净煤：煤层气（瓦斯）开发利用。

2. 节能环保产业。（1）节能环保装备：工业生产过程余热发电系统及关键设备，生活垃圾、污泥等固体废弃物无害焚烧系统及设备，智能电网输变电设备，高耗材装备轻量化制造；（2）节能产品：节能家电、节能建筑材料、绿色照明产品，LED外延片、芯片及相关配套器件；（3）资源综合利用：工业固体废渣、城市典型废弃物等资源化利用；（4）新能源汽车：围绕混合动力汽车和小型纯电动汽车，发展高性能电机、动力电池关键材料、车身控制系统。

3. 新材料产业。（1）高性能金属材料：新型高强高模合金材料，轻量化功能材料；（2）硅基材料：光伏玻璃、显示玻璃、节能建筑玻璃、半导体材料，硅基材料关键装备制造；（3）电子材料：高端电子铜带、超薄电子铜箔、金属粉体材料、磁性材料；（4）高分子材料：新型工程塑料、可降解高分子材料；（5）纳米材料及生产装备。

4. 生物产业。（1）生物医药：各类新药、品牌仿制药、特色原料药、重大传染病疫苗和诊断试剂、再生医学、高端医疗器械；（2）现代中药：中药新品种、动植物提取物、配方颗粒、中药保健品；（3）生物制造：生物基绿色化学品、新型酶制剂、生物可降解材料、以氨基酸系列产品为重点的生物基单体原料。

5. 电子信息产业。（1）新型显示：高世代液晶显示器件、大尺寸等离子体显示面板、OLED显示、激光显示，特种显示模块和组件，新型显示相关配套产品与专用设备；（2）集成电路：芯片设计、封装、测试，关键配套件及装备制造，鼓励引进芯片制造生产线；（3）软件：系统软件、嵌入式软件、数字语音系统、各类应用软件；（4）电子元器件：片式元器件、射频元器件，服务于移动通讯、下一代互联网络、传感网络的各类电子元器件。

6. 公共安全产业。（1）信息安全：量子通信、北斗导航、微波、网络安全等系统和装备产业化；（2）生产安全：安全生产监控、大空间火灾探测报警、矿山采选灾害防控等系统与设备，新型阻燃材料；（3）食品安全：食品筛选检测材料、仪器和设备。

四、进一步培育战略性新兴产业的政策措施

1. 加大政府投入。设立省战略性新兴产业发展引导专项资金，统筹用于创新人才补贴、关键技术研发、支持重大项目和创新平台建设等；资金来源通过财政预算安排、盘活国有存量资产、国有资本经营预算收入及发行地方国债中切块安排等方式筹措。全面落实国家和省各项税收优惠政策，积极争取国家重大专项和资金支持；省级各类科技专项资金优先用于支持战略性新兴产业。定期发布自主创新及本地优质名牌产品目录，通过政府采购、建设示范工程等方式，全省行政机关及财政拨款的事业单位优先采购、率先使用和推广新兴产业地产优质产品，积极培育市场；加大宣传力度，不断提高社会各界对新兴产业的扶持和推动意识。

2. 强化金融支持。设立省级新兴产业投资基金。优先支持符合条件的新兴产业领域骨干企业通过上市、发行企业债、公司债券和中期票据等筹集资金。引导国内外风险投资基金、私募基金、金融类公司等投资机构来皖开展业务；政府支持的风险投资基金，要对初创型的科技企业进行持股孵化。引导各金融机构加大创新力度，开发适应新兴产业发展的金融创新产品。

3. 创新体制机制。鼓励企业与科研机构相互参股、建立产学研联盟，推进建立现代公司治理结构。加快推进股权激励机制，支持科技人员在创新型企业中持股参股；建立创业风险保障机制，鼓励科技人员创业，加速成果转化。改革对国有企业考核重点，通过国有股减持等方式，推动国有企业投资战略性新兴产业。

4. 加强评估督查。建立健全新兴产业统计指标、监测体系和评估体系，建立重大项目调度制度。领导小组办公室负责制定分解年度目标任务，逐季对新兴产业发展状况和重大项目进展情况进行调度，及时掌握动态情况，重大问题及时向省委、省政府报告；每年对各市推进新兴产业情况进行评估，对工作扎实、成效明显的市予以表彰奖励。定期开展专项督查，督查情况向全省通报。

培育战略性新兴产业是一项开创性系统工程，难度大、风险高、时间紧，必须像抓奇瑞汽车、京东方液晶显示器一样，采取超常规举措，切切实实地抓出成效。

1. 建立强有力的领导机制。成立高规格的领导小组，对战略性新兴产业进行统一部署和指导。制定出台加快战略性新兴产业发展的规划、实施方案和具体扶持政策，进一步明确发展重点、产业布局、实施步骤；对重点发展的战略性新兴产业，逐个研究有针对性的扶持政策，逐个明确牵头负责单位并加以推进。

2. 集聚各种要素强力推进。在政策、资金、资源要素等各方面向战略性新兴产业倾斜，举全省之力攻坚突破。设立战略性新兴产业发展专项资金，加快发展风险投资、产业投资、股权发展基金，支持企业利用银行信贷、企业债券、直接融资等多渠道筹措资金，满足新兴产业发展需要；积极帮助企业争取国家高新技术产业化、科技成果转化及技术改造、技术创新、节能减排等专项资金，各部门掌握的资金重点向战略性新兴产业倾斜。加强土地、资金、环境容量等要素资源保障，对战略性新兴产业项目优先安排，对发展前景看好的骨干企业和重点产业园区预留必要的发展空间。

3. 着力引进和壮大一批领军大企业。大产业需要大企业支撑。要充分发挥企业在产业发展中的主体作用，以大企业为突破口，在培育壮大省内重点骨干企业的同时，针对我省薄弱领域和关键环节，重点引进一批掌握核心技术、带动力强的行业领军企业，带动配套产业完善。瞄准有发展潜力的中小企业，积极培育壮大。

4. 谋划并抓好一批重大项目。按照“谋项目要深、争项目要紧、上项目要快”的总体要求，着力抓好一批重大项目建设。围绕战略性新兴产业谋划储备一批重大项目，并加快推进前期工作，力争达到可报、可批、可开工的深度。参照合肥京东方模式，积极推行产业链招商，按照大项目—产业链—产业集群—产业基地的发展思路，集中力量引进一批重大项目。进一步完善重大项目推进机制，帮助企业完善项目条件，尽快开工建设。

5. 重点打造一批特色产业基地。高起点建设一批特色产业基地，争取列入国家产业基地。鼓励支持各地参照省里做法，建设若干特色鲜明、专业化程度高的新兴产业园区，促进产业集聚和集群化发展。

6. 加快引进和培育一批创新人才。将招商引资和招才引智紧密结合，围绕战略性新兴产业重大项目、骨干企业、园区建设等，引进一批领军人才、创新团队及金融、管理等相关专业人才。建立海外人才库，加强与海外高层次人才的交流与合作，不求所有，但求所用。各级政府对企业引进人才给予补贴；加强对引进创新人才的考核，并作为对地方人才考核工作的重点。

7. 加强创新能力建设。围绕战略性新兴产业发展重点领域和关键环节，支持建设一批工程实验室、工程（技术）研究中心、企业技术中心。积极引进高端科研机构，完善公共创新、科技成果转化交易服务、产品检验检测等平台建设，提升产业整体研发能力。

8. 积极创新体制机制。加快科研院所改制步伐，鼓励与企业相互参股、建立产学研联盟，推进建立现代公司治理结构。建立完善股权激励机制，鼓励科技人员持股参股；建立创业风险保障机制，鼓励科技人员创业，加速成果转化。改革对国有企业考核重点，推动国有企业投资战略性新兴产业，通过国有股减持或安排一定比例的国有资金经营收入，用于支持战略性新兴产业发展。

安徽省财政厅课题组
课题组组长：王林建
课题组副组长：于华伟
课题组成员：张恒景　陈维光　周　远　范　勇

进一步支持发展安徽低碳经济研究

发展低碳经济既是减少温室气排放国际大背景使然，更是“资源节约型、环境友好型”社会的应有之义，是转变经济发展方式的重要举措，是经济发展的必然选择和实现可持续发展的必由之路。温室气体排放容量具有公共产品属性，低碳经济发展的初期，既要发挥市场机制作用，又要建立完善财税激励机制。本课题立足安徽实际，认真梳理并分析了国内省内支持低碳经济发展的财税政策实践，在此基础上，研究提出财政进一步支持我省低碳经济发展的政策措施和建议。

一、低碳经济的概念和内涵

（一）低碳经济的背景

全球气候变暖对人类生存和发展的严峻挑战，是“低碳经济”提出的国际大背景。英国最早提出“低碳”概念，并积极倡导低碳经济。之后，欧美一些发达国家积极倡导低碳经济，特别是2008年爆发全球金融危机，欧美一些发达国家提出了“绿色新政”，掀起以高能效、低排放为核心的“新工业革命”，意在利用技术、金融等优势，占领新时期产业的制高点，为自身经济发展寻找新的增长动力。

中国作为世界第二大能源生产国和消费国，第二大二氧化碳排放国，高度重视全球气候变化问题，为应对气候变化做了大量工作。但受发展阶段、能源结构、技术水平等因素的限制，我国发展低碳经济具有极其紧迫性和艰巨性。一是我国正处于工业化、城市化的快速发展阶段，大规模的基础设施建设需要钢材、水泥、电力“高碳”产业。二是我国煤多、油少、气不足的资源条件，决定了我国在未来相当长一段时间内煤炭仍将是主要一次能源。三是我国技术水平参差不齐、研发和创新能力有限，是“高碳”向“低碳”转型的最大挑战。目前，国际社会已基本形成共识，就是对节能减排进行量化，欧美发达普遍已迈过高碳发展阶段，拥有低碳产品技术优势，准备对发展中国家的碳排放提出更高要求，实施碳关税限制产品出口。面对应对气候变化和发展低碳经济的国际国内背景，我国坚持共同且有区别的政策，对外高举减排大旗，对内坚守发展空间，并且坚定不移推动低碳发展方式转型是必然选择。

（二）低碳经济的概念和内涵

低碳经济是以低能耗、低排放、低污染为基础的经济模式，是人类社会继农业文明、工业文明之后的又一次重大进步。目前，低碳经济没有一个统一定义，从技术经济特性看，低碳经济的内涵是要提高能源效率和清洁能源结构。发达国家已完成工业化和城市化，基本解决了推进过程中伴随的高碳消耗和环境污染问题，所以他们推动低碳经济所制定的政策基本限于清洁能源和产业发展政策。我国的发展阶段，决定了发展低碳经济，应该注重“资源节约型、环境友好型”社会和生态文明建设，注重转变经济发展方式和推进科技创新。综上，这就决定了我国发展低碳经济的内涵与实施节能减排、推动产业结构调整、发展可再生能源、发展循环经济、实现低碳技术创新等是一致的。

二、财政支持低碳经济发展相关政策

（一）主要政策实践

近年来，国家和省先后出台了一系列财政政策，初步建立“五纵五横”的新能源政策体系，加快节能技术改造和产业升级，大力支持发展循环经济再制造，鼓励节能环保产品的推广使用等，为加快低碳经济发展，创造了良好的政策环境，发挥了重要的推动作用。从低碳产业重点看，政策实践主要体现在以下几个方面：

一是支持新能源产业加快发展高调提出。国家从战略层面，高调提出发展新能源等战略性产业，作为抢占未来发展制高点的战略举措。财政部初步建立了以“五纵五横”为基本框架的新能源发展政策体系，我省综合运用国家示范、项目补助、地方配套建设等，从城市整体推进和示范项目推进两个层面，重点扶持生物质能、太阳能、新能源汽车、风能设备等相关的省内优势新能源产业发展，突出发现在：国家示范得以启动。合肥市作为新能源汽车示范推广试点的13个城市之一，按规划目标，2009－2012年共示范推广应用2100辆新能源汽车，加快汽车产业的升级和电动汽车产业的发展。合肥、铜陵、利辛两市一县被国家确定为可再生能源建筑应用城市示范及示范县，推广太阳能、地热能等可再生能源建筑应用1200万平方，促进省内地源热泵空调等一批相关产业的发展。新能源项目开始实施。中央和地方财政加大了补助力度，支持秸秆、垃圾填埋、沼气等生物质电厂、16.6兆瓦太阳能电站、光电建筑应用等多个项目建设启动。省财政安排专项资金支持20万户农村沼气能源建设，已取得明显成效。地方投入较前有大幅度提高。省财政每年安排专项资金推动可再生能源技术推广和标准制定，支持其他市县的示范项目建设。同时，示范市县加大投入，合肥投入近3000万元，建设4座大型充电站及80多个充电桩等运营设施；合肥、铜陵、利辛等两市一县财政整合资金1.48亿元，加大对可再生能源建筑应用推广力度。

二是支持节能环保产业加速推进力度前所未有。综合运用淘汰落后产能、节能项目补助、加强基础设施建设等，从结构调整、能效提高、基础建设等层面，加大我省高碳落后产能的淘汰力度，引导我省节能锅炉行、新型建材、水泥余热利用成套设备、节能公共服务等优势节能环保产业发展，主要表现在：产业结构得到了调整。淘汰了一批小水泥、小冶炼等高碳落后产能，并在淘汰后的产品转型、产业转型等到给予政策扶持。节能技术改造加速推进。省财政每年安排资金支持我省钢铁、有色、化工、水泥等重点行业节能技术改造，海螺集团等一批企业的节能环保设备还形成了新的增长点。环保基础设施投入明显加大。省财政投入资金4.63亿元，引导市县财政和社会资金60多亿元，完善我省环保基础设施，带动了技术咨询、装备制造、工程建设、设施运营等一大批相关环保产业的发展。

三是支持循环经济发展得到了重视。综合运用税收优惠、项目补助、示范试点等，构建园区的产业循环，支持废物回收和再利用等。利用税收手段调节。根据《国家鼓励的资源综合利用认定管理办法》和《安徽省资源综合利用认定管理实施细则》，累计对全省188家企业的270个产品进行了资源综合利用认定，通过成本计入、税前扣除等方式，减免企业税负达3亿元，鼓励资金提高资源综合利用。重点领域发展循环经济。省财政每年安排循环经济、生态安徽专项资金，运用奖励、财政贴息等，支持循环经济、煤层气抽采利用重点工程和重大科研攻关项目建设。园区示范推动。2005年以来，我省的铜陵有色、马钢股份、淮南矿业、皖北煤电、界首田营再生铅循环经济产业园，铜陵市、淮北市和阜南县被批准为国家循环经济试点。

四是支持节能环保产品的使用推广政策体系框架已经形成。综合运用财政补贴、政府采购、税收政策等，支持节能汽车、空调、照明产品的广泛推广应用。税收政策方面。1.6升及以下节能小排量汽车，2009年减按5%的税率征收车辆购置税，2010年按7.5%征收，引导消费者使用节能环保汽车。财政补贴方面。采取间接补贴和中标企业推广的方式，推动高效照明产品、高效节能空调、高效节能电机的推广应用。政府采购方面。国务院出台《关于建立政府强制采购节能产品制度的通知》，财政、发改等部门制订了节能产业采购价清单，发挥政府示范作用。

五是低碳经济发展的支撑体系正在构建。综合运用科技、投融资、价格等机制，为低碳经济发展提供支撑。技术研发层面。统筹运用国债资金、合芜蚌自主创新资金、省内预算内投资等，围绕重点行业和领域，攻克一批制约节能减排关键和共性技术，如：生物质洁净能源利用、工业节电、节能装置、煤矿瓦斯治理和利用等工程技术。投融资机制层面。通过创立创业基金、信托基金等，进一步拓展了融资渠道，创新了投入方式，用市场机制重点支持新能源、节能环保、生物制药等低碳经济和新兴产业发展。清洁发展机制层面。通过清洁发展机制，碳减排可以通过交易获得收益和技术，我省已建立项目库达746个，截至2009年7月，我省目前共有47个CDM项目获得发改委、财政部批准。此外，碳减排目标形成的倒逼机制，可以形成碳排放交易机制，我省碳交易的市场价值每年最少在20亿元。环境有偿使用制度层面。加快推进矿产资源和环境有偿使用制度，积极推进流域生态补偿机制，落实污水处理费、企业排污费征收制度，实施实施差别电价，使企业的外部成本内化，为低碳经济发展创造良好的外部环境。

（二）政策特点

综观近年来财政支持低碳经济发展的政策实践，可以看出，财政支持低碳经济的政策呈现以下几个特点：

一是政策体系初步建立。目前，在支持节能减排、新能源、循环经济，引导低碳消费，推动低碳技术创新等，财政部已经出台了20多项具体的财税扶持政策，还将陆续出台一批新的支持政策。在工业、建筑、交通、全社会节能等领域，在推动循环生态经济发展，在加强环保基础设施建设等方面，省财政也出台了多项扶持政策，政策体系初步建立。体现为突出重点领域。财政政策涵盖能源结构、产业结构、能效提高、低碳消费、低碳技术等关键领域。体现为全过程支持。财政支持政策始于公共平台和科技研发，贯穿于示范推广和产业化，终于消费培育，最终引导低碳产业链的发展。体现为多工具扶持。综合运用税收优惠、财政补贴、项目补助、政府采购、创投基金、信托基金等多种财政政策工具和投入方式，从生产、流通、消费等各个环节加以引导，支持低碳经济发展。

二是政策目标取向明确。低碳经济的发展初期，因为前期投入大、风险高、推广应用成本高、规模化生产资金需求大等因素，同时低碳经济具有环境保护、能源安全等很强“外部性”，给予财税支持是必要的。现行财政政策目标取向明确，具体体现为市场为导向、企业为主体、技术为支撑、机制为关键。市场为导向，政策制定始终坚持市场配置资源的基础性作用，而财政政策重点解决外部性问题和创造发展环境。政策制定着眼于供方与需方，立足市场，激活供求。企业为主体。税收优惠、财政补贴、项目补助、政府采购等各种财政政策工具的运用，始终坚持企业为低碳经济发展的主体，引导企业主导自由公平的参与市场竞争。技术为支撑，统筹国债、产业研发基金、省级专项等，将低碳技术的研发作为投入重中之重。机制为关键。进一步完善财政投入方式，创业基金、信托基金引入市场机制进行投入；积极推进环境有偿使用制度，实施清洁发展机制等。

三是支持方向相对集中。近年来，按照集中财力办大事的原则，统筹兼顾，突出重点，整体推进。重点突出。财政重点支持新能源、节能低碳产品的推广应用、低碳技术研发，着重解决外部性问题；重点支持环境基础设施建设、服务平台建设、融资平台建设等，为低碳经济发展创造良好外部环境。整体推进。财政政策逐步从单个项目扶持转向城市整体推进（可再生能源应用城市示范、新能源汽车示范、服务业城市示范）；逐步从城市推广应用向农村拓展（高效照明产品推广、农村地区可再生能源应用）；逐步从分散支持转向行业整体推进（城市矿产示范基地、汽车零部件再造基地）；财政支持力度逐步递减，部分示范最终转向强制执行（江苏、山东开始强制推广可再生能源建筑应用）。规划先导。坚持城市、产业、行业整体推进的同时，财政扶持政策更加注重整体规划，要求地方政府制定规划和实施方案，促进地方政府能够更有效结合自身资源、产业禀赋，更加符合地方经济发展战略。

三、取得效果及存在问题

（一）取得效果

近年来，通过支持低碳经济发展，财政政策的职能作用得到了充分体现，效果明显。

一是节能降耗成效显著。我省 2006 - 2009 年分别较上年单位 GDP 能耗下降 3.44%、4.11%、4.01%、5.13%。

二是产业发展效果明显。在节能环保设备制造、新能源汽车、瓦斯治理和综合利用、矿井安全监控、低温余热发电和新能源电池等低碳产业方面，涌现出一批领军企业和优势产品，具有一定优势。如：海螺集团通过发展循环经济和节能环保设备，去年仅余热发电设备销售收入就突破 23 亿元。

三是关键技术取得进展。我省拥有中科大、合工大、金属矿产资源高效循环利用国家工程研究中心、国家瓦斯治理工程研究中心等一大批从事低碳产业的科学与技术研究单位，研究开发出余热利用设备研究与制造、烟气除尘设备、环境监测仪器等多项具有国际、国内先进水平的低碳技术。

（二）存在问题

目前，我国决定到 2020 年单位 GDP 碳排放较 2005 年下降 40% ~45%，非化石能源占到一次能源消费的 15% 左右，这些已作为约束性指标纳入国民经济和社会发展中长期规划。尽管我省低碳经济发展取得一定成效，碳减排强度进一步降低，但我省处于城镇化、工业化加速期，高能耗行业比重较高，未来将面临更大的碳减排压力。

一是能源结构不合理，新能源开发空间较大。我省以煤为主的能源资源和消费结构在未来相当长的一段时间将不会发生根本性的改变（2008 年，安徽能源消费量达 8341.6 万吨标准煤，占全省二氧化碳排放总量的 75% 左右），而提高煤碳利用效率又面临着技术和资金上的困难，降低单位能源碳强将面临巨大的挑战。同时，我省生物质能、风能、太阳能资源丰富，新能源的开发利用具备很好的自然条件，而且具备较好的产业基础，开发新能源的空间较大。

二是产业结构不合理，减排提效空间较大。近几年来，我省经济结构虽然有明显优化，但产业结构与层次仍然有待提升。从产业结构看，第三产业由 2005 年的 40.5% 下降为 2009 年的 36.3%；从工业结构来看，轻工、冶金、能源和化工等传统产业占全部工业增加值的 65%；从资源消耗来看，传统工业规模的扩大依然较为依赖高资源、高消耗等支撑，2008 年我省万元 GDP 能耗为 1.075 吨标煤，居全国第 21 位。同时，目前我省产业发展趋势，呈现好的特点，高耗能行业能源需求将趋于减少；新兴产业将保持快速增长，能源需求较低，进一步降低碳排放强度、提高能效空间较大。

三是技术创新不足，低碳转型的最大制约。我省低碳产业的关键和核心技术还比较落后，工业生产技术和其他能源终端使用技术还不够先进，重点行业落后的生产工艺仍占一定比重；部分科研院所重论文、轻专利，理论研究多、应用研究少，科研优势不能迅速转化为产业优势；产学研互动性不强，"有技术没产业，有产业没技术"、产业科技"两张皮"等现象仍较突出。

四是工业化城镇化加快推进，污染减排压力较大。我省正处于工业化中期的前半阶段，重工业化的阶段导致污染排放整体呈现抛物线上升通道中，尚未达到峰值。目前，全省城镇化率42.1%，比全国平均水平低4.5个百分点，将迎来城镇化的加速推进期，大量的基础设施建设、产业发展需要消耗大量"高碳"产品，污染减排的压力很大。

五是政策扶持体系初步建立，投入方式尚需完善。尽管支持低碳经济发展的财政政策初步建立，支持思路、方向明确，但在具体投入方式上仍需继续完善。资金较为分散。低碳经济发展贯穿于公共平台、科技研发、推广应用等不同环节，中央和地方专项投入分散不同领域和不同环节，我省需要进一步围绕优势产业，集中财力整合政府投入。补助方式单一。目前，财政扶持更多还是为财政贴息、财政补贴、项目补助，尚无专门用于低碳经济发展的创业基金、信托基金。同时，环境容量总量控制下有偿交易机制（包括碳交易）尚未真正建立，企业减排的内在激励性机制尚未建立。城市载体尚未形成。目前，低碳经济发展的政策重点体现在行业领域，包括新能源产业、工业、交通、建筑节能、低碳消费等。而城市是应是低碳经济的空间载体，低碳产业结构、低碳基础设施体系、低碳消费模式、低碳投融资体系，更多的需要以城市为载体进行整体推进。

四、进一步支持低碳经济发展的政策建议

（一）准确把握低碳经济发展的战略定位

发展低碳经济，应对气候变化，既是"环境友好型、资源节约型"社会的要求，也为实现经济发展方式的根本转变提供了难得的机遇。我们既要站位全国，又要立足安徽实际，将发展低碳经济与我省经济发展战略相衔接。

——发展低碳经济与转变经济发展方式相结合。着力推进产业结构、能源结构调整，转变经济发展方式，促进"高碳"转向"低碳"。一是调整产业结构。继续加大落后产能淘汰力度。积极培育节能环保、高性能材料、新型显示、生物制药、公共安全等战略性新兴低碳产业。加快发展物流、文化、旅游等现代服务业。大力发展高效、生态等现代农业。二是调整能源结构。加快发展可再生能源，提高应用比例；着力推进高碳产业低碳化改造和低碳技术的开发和应用。三是发展循环经济，加大对重点循环产业中的配套企业和上下游企业的引进力度，通过引进这些有节点优势的项目企业，拓展产业链，拉长循环链，有效节能降耗、保护生态环境。

——发展低碳经济与区域经济发展相结合。发展低碳经济，要与区域发展相衔接，根据皖北、皖南、皖中、皖江等不同区域经济发展战略，支持不同区域发展相应的低碳产业。一是支持皖北地区重点发展现代生态、高效农业；支持皖南地区做大做强旅游等第三产业，实施与完善林业生态环境系统，增加森林碳汇。二是支持合芜蚌自主创新试验区，研究低碳经济的链接技术、共性技术、关键技术，加大自主创新力度。进一步完善低碳经济公共服务平台，培育做大做强低碳咨询、中介、能源合同管理等服务业。三是支持皖江城市带承接产业转移示范区，成为低碳经济、低碳产业的示范区，积极鼓励发展低碳经济园区、循环经济园区。

——发展低碳经济与推进城镇化相结合。发展低碳经济，要结合城镇化进程，要做好城市基础设施建设的总体规划，在规划、设计和建设等各个环节提高能耗效率。一是绿色交通。优先发展公共交通，发展大运量的快速公交系统。加大交通科技研发力度，提高清洁能源比重。推进LED照明产品在城市道路上整体推广使用。二是绿色建筑。推动政府机关和公共机构节能，推进大型公共建筑节能改造，实施城镇民用供暖节能改造，推行绿色新建公共建筑和住宅新模式，大力开展建筑材料循环利用。三是环保设施。加大投入，推进垃圾焚烧、污水处理等环保设施建设，创造条件，积极引导垃圾处理、污水处理产业化。

——发展低碳经济与城市自身发展相结合。发展低碳经济，要强调城市的载体地位，引导城市结合自身条件，整体推进低碳发展。一是城市低碳规划。制定城市低碳经济发展规划，与城市规划、城市建设、产业发展相结合。开展经济社会碳排放强度评价，加大对低碳经济的宣传力度，指导和引领基层政府、企业和居民低碳行为。二是城市策略。对于资源开发型、工业主导型、旅游型、综合型城市，产业结构和资源条件不同，不同的低碳城市有不同的发展策略。资源开发型城市重在推行循环经济；工业主导型城市，重在企业产业升级，积极发展生态工业园，打造多产业横向发展与产业链纵向延伸相结合的循环型工业体系。综合型城市，重在强化技术服务体系建设，开展技术咨询、推广、服务等；创建先进低碳技术；条件成熟的地方，探索区域性碳排放交易所。旅游型城市，重在发展生态旅游、农业观光旅游，加大生态建设，增加森林碳汇。

（二）支持低碳经济发展的政策建议

根据我省低碳经济发展现状，在梳理现有政策措施基础性时，建议财政进一步支持低碳经济发展的总体思路为：“整体推进，突出协调性；把握重点，增强针对性；创新方式，注重实效性”。即：制定规划，采取城市和行业整体推进，形成不同城市、行业低碳经济协调发展；找准方向，突出重点领域和关键环节，推动低碳产业发展；梳理并整合政策、资金，争取中央投入为主，引导地方加大投入，省级积极帮助指导，有效创新财政投入手段和方式，进一步发挥财税政策的支持引导作用。具体政策措施建议：

1. 总体规划，创造低碳发展条件。支持低碳经济纳入国民经济整体规划，低碳技术研发纳入我省科技规划和相关科技计划。支持制定重点行业和部门的低碳发展规划，制定低碳经济的统计和考核指标，为低碳经济发展创造条件。

2. 标本兼治，推动产业结构转型。坚持将调整产业结构作为转变经济发展方式、降低碳排放强度的有效途径。把握好与现有优势产业、与拥有的核心技术的结合，加大政策、资金、资源要素倾斜力度，积极培育节能环保、高性能材料、新型显示、生物制药、公共安全等战略性新兴产业。贯彻落实《安徽省人民政府关于加快发展服务业的若干意见》文件精神，加大资金投入和金融支持，完善价格和收费政策，落实税收优惠政策等，大力发展现代物流、科技信息、文化旅游和金融服务业发展。强力推进节能减排，加大节能技术改造。支持现代农业、生态农业建设，大力开展植树造林，充分发挥碳汇减排功能。

3. 整体推进，抓好示范试点带动。抓住国家政策机遇，争取在新能源、循环经济等方面进行示范基地建设，促进城市和行业整体推进。支持合肥市新能源汽车在公共领域、私人领域的推广应用，不断完善运营设施建设，推动我省奇瑞、江汽等新能源汽车产业发展。支持更多的城市成为可再生能源建筑应用城市示范，支持绿色生态社区和生态城镇化建设，推动建筑领域低碳化。支持我省循环经济向纵深发展，大力实施共（伴）生矿产资源综合利用、大宗产业废物资源化、汽车零部件再制造产业化、“城市矿产”示范基地建设、园区生态化改造等重点工程，通过重点工程带动，实现重点领域发展循环经济的突破。支持在全省选择部分城市和园区，开展低碳经济示范建设，并支持符合条件的地区列入国家低碳经济示范试点。

4. 整合资金，加快优势产业发展。省财政在安排节能降耗、污染减排、技术改造、产业引导等专项资金时，重点向新能源汽车、生物质能、两淮水煤浆、水泥余热利用、煤气层开发利用及节能环保材料、节能设备等低碳优势企业倾斜，支持优势产业发展。同时，进一步整合科技资金，落实税收优惠政策，支持低碳技术自主创新，促进创新资源开放共享和平台建设，增强产业转移的科技支撑。进一步创新投入方式，推动创新要素向企业集聚，鼓励建立产学研联盟，以重点产业或产品为平台，推进产学研一体化。

5. 加大投入，加快基础设施建设。进一步调整支出结构，加大城镇污水处理厂及配套管网、垃圾处理等环保基础设施投入。推进大型公共建筑和既有居住建筑节能改造。加大节能减排监测和监管体系等能力建设。加大林业生态建设的投入力度，保护生态环境。同时，整合基础设施建设资金，支持低碳园区建设。安排环境保护、清洁生产、循环经济、生态建设、旅游发展、农业发展、小城镇建设等专项资金时，重点向循环产业园区、生态工业园区、生态旅游区、生态农业区及企业倾斜，提高低碳园区承载力。

6. 创新机制，构建低碳投融资体系。坚持政府引导、市场调节的原则，综合运用产业、价格、财税、金融等政策措施，建立有利于低碳经济发展的投融资政策支持体系。一是支持地方政府借鉴国内外模式，成立由政府投资、按企业模式动作的“碳基金”，用于资助具有创新性的低碳技术的研究和开发，加速技术的商业化等。二是鼓励各类投资主体进入低碳产业，设立专门创业投资引导基金、信托基金、按市场原则投资低碳产业。支持担保机构对低碳企业提供贷款担保，支持中小企业发行集合债券。三是鼓励各地把新能源和节能环保产业作为招商引资的重点领域，支持符合条件的中小新能源和节能环保企业在境内外上市融资等。四是支持区域性中心城市、皖江城市带承接产业转移集中区等建立区域性排污权、碳交易等环境交易所，支持广泛开展清洁发展机制项目交易。五是积极推行合同能源管理，落实税收优惠政策，加大资金投入，引进、培养能源评估中介，降低交易成本，形成合同能源交易机制，运用市场力量推动能源节约和低碳经济发展。

7. 积极倡导，完善低碳消费支撑体系。加大宣传力度，提倡绿色建筑、绿色食品、节能家电、节能汽车等低碳消费习惯，引导居民进行低碳消费，改变高消费、高浪费的消费观念，转向节能、绿色、舒适的消费观念。积极推进“汽车、家电以旧换新”，促进家电、汽车消费的更新换代；继续推进“节能产品惠民工程”，采取财政补贴方式支持高效节能产品推广，努力扩大节能环保产品的使用和消费；扩大政府绿色采购产品的范围，不断增加环保采购产品的数量和范围，增强政府环保产品采购的引导和示范效应。

安徽省财政厅课题组
课题组组长：王林建
课题组副组长：于华伟
课题组成员：张恒景　陈维光　唐　兵　江　腾

进一步培育农民新的收入增长点研究

2010 年中央一号文件和省委省政府实施意见，明确部署了“增收惠民生”的重要任务，强调提出了“确保农民收入不徘徊”的严格要求，财政部门必须义不容辞地履行好支持农民增收的光荣使命。

一、清醒认识农民增收的潜力所在

当前我省农民增收态势总体向好，已有的增收渠道日益巩固，新的增收渠道不断开辟，农民收入水平在党的强农惠农政策的激励下，正在走向持续增长的轨道上，广大农民群众对此感到满意。但是，正如中央一号文件所指出的，“面对复杂多变的发展环境，保持农民收入较快增长的难度越来越大”，特别是放眼全国，我省农民收入水平仍处于低位状态，对此，我们务必要保持清醒头脑，时刻把促进农民增收放在农财工作的中心位置。

1. 农民收入水平稳步增长。2009 年，受国际金融危机影响，农民工大量返乡，农民就业岗位锐减，主要农产品价格出现下跌，农民增收压力陡增。安徽省委、省政府高度重视，沉着应对，认真落实党中央、国务院出台的一系列强农惠农政策，结合安徽实际，及时制定了扩大农民就业、促进农民增收的政策措施，加大了农民工培训力度，多渠道增加农民就业创业，保持了农民收入持续增长的好势头，农民人均纯收入 4504. 3 元，实际增长 7. 2%。

2. 收入构成渠道趋向多元。分析 2009 年我省农民增收来源，主要有四个方面：一是工资性收入继续保持较快增长，人均达到 1882. 4 元，增加 144. 6 元，增长 8. 3%。其中，在非企业组织中劳动所得收入 196. 4 元，增长 7. 3%；在本乡范围劳动所得收入 542. 3 元，增长 13. 1%；外出从业所得收入 1143. 7 元，增长 6. 4%。二是农村家庭经营纯收入保持稳定增长，达到 2238. 6 元，增加 124. 4 元，增长 5. 9%。其中一产纯收入 1856. 2 元，增长 6. 2%；二产纯收入 118. 5 元，增长 3. 1%；三产纯收入 263. 9 元，增第 5. 3%。三是农民转移性收入 266. 3 元，增长 15. 1%。其中，农民转移性收入增长幅度较大，去年全年共发放各类涉农补贴 120. 7 亿元，比上年增加 11. 7 亿元，仅粮食直补一项，农民人均就达 68. 5 元，良种补贴人均达到 19 元，同比增长 21. 87%。四是其他收入 117 元。总体来说，一产增收数额较大，但比重呈现下降趋势，工资性收入相对平稳。

3. 与周边省份和全国平均水平的差距较大。从农民人均纯收入在全国位次来看逐步前移，2006 年比 2005 年前移一位，居全国第 21 位；2007 年、2008 年又分别前移一位，居全国第 19 位，2009 年这一位次保持不变，算是近 10 年来所处位次较好年份。但是从绝对数来看，与周边和全国平均水平相比差距扩大，主要在于 2009 年我省农民人均纯收入实际增长幅度低于全国平均水平 1 个百分点，绝对差距达到近 650 元。除地区收入水平差距较大外，城乡之间收入也呈拉大趋势。

4. 收入仍然偏低的主要原因。分析我省农民收入构成，清楚地表明，目前制约我省农民增收的主要方面是家庭经营收入上不去。我省去年农民家庭经营收入人均 2238. 6 元，占整个收入比重高达 49. 7%。家庭经营收入上不去又与以下因素有关：(1) 农业基础十分薄弱。我省是农业大省，农业基础设施薄弱，基本农田建设标准低，小型水利设施陈旧，抗旱排涝能力差，农业生产条件亟待改善，全省 50% 的耕地受到洪水威胁，60% 的耕地达不到除涝标准，旱涝保收地只占总耕地的 55%。特别是皖北地区，由于沿淮行蓄洪区和洼地农业基础设施条件较差，严重制约着农业生产发展和经济社会进步。农业基础薄弱使得农业抗御自然灾害能力差，水旱灾害频发制约着农民收入增长。去年入夏以后，我省多次出现台风、强降雨、低温阴雨寡照等灾害性天气，部分地区大田作物、设施蔬菜、畜禽棚舍、渔业设施受灾，局部地区损失较重。(2) 农业结构相对单一。主要粮食作物单产水平较低，据2008年统计，我省粮食亩产比全国平均水平低23斤，玉米亩产比全国低99.4斤，水稻单产比全国低21.8斤，小麦单产高于全国，但比河南、山东分别低54.9斤和52.9斤。而且，近年来大宗农产品比较效益出现下降，2009年，小麦、油菜亩均纯收益分别比上年减少12.8%和83.1%；生猪养殖效益不稳定，奶牛养殖户目前仍有29.1%亏损，压缩了农民的增收空间。(3) 农业产业化经营水平低。2009年，我省龙头企业实现销售收入1500亿元，而河南省为4100亿元，我们只有河南省的36.6%；全省农产品加工业产值2583亿元，而河南省为5600亿元，我们只有河南省的46%，差距非常明显。(4) 统筹城乡发展能力弱。农民土地权益缺乏有效保障，土地征收中侵犯农民利益的事时有发生，农业支持和保护制度不健全，农村金融服务严重不足，农村小型金融组织发育滞后，城乡居民享有的公共服务差距过大，城乡劳动者等的就业制度尚未形成等体制性障碍仍然存在。

二、培育农民新的收入增长点

当前我国正在进入一个加快转变农业发展方式、推进农业农村经济进入创新驱动、内生增长发展轨道的新阶段，这为我们培育农民新的收入增长点提供了千载难逢的历史机遇。

1. 财政要积极支持农业结构战略性调整，大力培育农民新的农业收入增长点。通过加大财政投入，扶持壮大农业产业，建立健全现代农业产业体系。一要做大粮食产业。深入推进小麦高产攻关、水稻产业提升行动和玉米振兴计划这“三大行动”，开展粮棉油高产创建活动，提高综合生产能力和效益。二要扶持畜牧养殖发展。实施畜牧业升级计划，稳定发展生猪和禽蛋生产，加快肉牛、奶牛、肉禽等畜禽良种繁育体系建设，加快江淮和淮北生猪、江淮和沿江肉禽、淮北肉牛、肉羊和城郊奶牛等标准化规模养殖基地建设。三要全面推进水产跨越工程实施。积极扶持水产大县建设，加快重点区域水产发展，加大养殖品种结构调整，扩大适销对路的名特优水产品养殖。四要大力发展蔬菜园艺产业。以推进设施蔬菜标准园区创建工作为抓手，大力发展新一轮菜篮子工程与设施蔬菜产业，发展棚室蔬菜和反季节蔬菜。五要培育一村一品特色农业。大力发展以茶果药桑为重点的园艺产业、以苗木花卉为重点的特色林业和无公害农产品、绿色食品、有机食品。积极拓展农业的多功能性，发展休闲、观光、旅游农业。加快农业产业布局调整，因地制宜发展“一村一品”、“一镇一业”，形成大宗产品和特色休闲产业共同发展的农村产业发展格局。

2. 财政要全力支持农村经济运行质量的提高，大力培育农民新的产业化收入增长点。农业产业化是现代农业的基本经营形式，是推进农村工业化，提高农村经济运行质量，增加农民收入的重要抓手。目前，我省的农业产业化经营水平还不高，基地规模小，龙头企业牵动力不强。要重点围绕农业十大主导产业，强力扶持推进“532”提升行动，支持做大做强一批重点龙头企业，发展一批龙头企业集群，发展农产品加工园区，打造一批农业规模化种植、标准化生产、企业化经营的生产基地，形成以基地为依托，龙头企业为支撑的农产品精深加工业，延伸产业链条，实现农产品的加工转化增值，提升农民增收的产业基础。

3. 财政要统筹支持农村劳动力转移，大力培育农民新的非农产业收入增长点。我省是农业大省，农村劳动力占全省人口的近80%，目前，来自农业的收入只占到国民生产总值19%，仅以此来养活农村这个庞大的群体，使他们的生活不断提高，逐步走向小康水平，显然是不现实也不可行的。因此，要跳出“农业”，在非农领域寻找农民增收的突破口，建立农民增收的长效机制。重点是：一要关注“后危机时代”沿海企业用工需求增加的新趋势，主动搞好与输入地的对接，做好农民劳务输出服务工作，引导农民有序外出就业。特别是针对沿海地区企业用工需求的新特点，大力整合培训资源，实施好农村劳动力转移培训阳光工程，提高农民的就业、择业能力。认真落实好省委、省政府出台的扶持农民工返乡创业的政策措施，重点加大财税、金融等政策支持力度，建立支持农民工返乡创业基金，为农民工创业提供小额担保贷款和财政贴息，以推动创业带动农民就业。二要着眼于农民就业身份转换，加快制定优惠政策，放宽领域，降低门槛，鼓励农村能人脱颖而出，自主创业，掀起全民创业热潮，立足资源优势，以市场为导向，以产业为依托，突出个性，注重特色，围绕农产品加工、储藏、保鲜、运销和农村服务等，大力发展农村二、三产业，加快改变农村就业结构，扩大非农就业。三要立足于壮大农村工业和县域经济实力，发挥我省粮棉油等大宗农产品比重大，特色产品种类多、劳动力资源丰富的优势，把农产品加工业纳入全省工业化布局的大盘子里来规划，充分调动各方面的积极性，扩大招商农业引资，引导城市工商资本、民间资本、外资进入农产品加工领域，在审批、基础建设、土地利用方向给予优惠，营造良好发展环境，加快农村工业化步伐。四要着眼于从根本上减少滞留在土地上的农村人口，增加农民人均资源占有量，提高劳动生产率，加快推进农村城镇化进程，扩大农村人流、物流、信息流，优化城乡经济结构，带动相关产业发展，创造更多的农村就业岗位，为农村经济发展和农民增收提供持久动力，促进国民经济良性循环和社会协调发展。

4. 财政要热心支持农户联合与合作，从提高农业组织化程度方面培育农民新的收入增长点。在农产品市场竞争日趋激烈、利益主体日渐多元化的背景下，提高农民组织化程度，培育多元化市场主体，是建立生产者与市场良性互动机制，发展现代农业，保证农民稳步增长的实现途径。《农民专业合作组织法》的颁布实施，为在市场经济条件下农民走向联合提供了法律保障，要以此为契机，坚持先发展后规范和边发展边规范的工作思路，依法引导和鼓励龙头企业、农民大户和农业专业技术人员，领办或合办各类专业合作组织和农产品行业协会，创新农村经营组织形式。在政策扶持上要降低登记门槛，提供财政、税收、金融、工商、农产品运销、收购、加工、储藏及用地、用电等方面的优惠条件，加快专业合作组织大发展，不断丰富完善家庭联产承包制，为建立农民增收长效机制提供基础保证。

5. 财政要重视支持农业科技进步，从强化科技创新方面培育农民新的收入增长点。科技进步是现代农业发展的重要支撑，是农民增收决定性因素。各级政府要通过加强农业科技创新体系建设，改革基层农技推广体系，建立农业科研、教学和农业推广部门协作互动机制，组织实施重大农业科研专题，加快农业科技集成创新；深入推进农业科技入户工程，大力推广主导农作物优良品种和测土配方施肥、病虫害综合防治等农业节本增效技术，发展农业机械化，走农机农艺结合的路子，用现代科技装备农业，加快农业技术成果转化应用，实现农业良种更新和技术换代，推进农业产业升级。要进一步加大对农村新型农民培训力度的支持。按照整村推进的原则，以从事主导产业的专业农民作为基础，重点围绕粮油棉、畜禽、水产、蔬菜花卉、水果、茶叶、农产品加工经销等，实行登记注册，开展系统培训，不断扩大新型农民科技培训工程实施范围，提高广大农民发展现代农业、增收致富的本领。要加快农业标准化建设。以国家和行业标准为导向，重点围绕优势农产品、特色农产品和出口农产品，建立完善农业地方标准体系，抓好省级农业标准化示范基地创建，启动无公害农产品强制性认证，加快无公害农产品、绿色食品和有机食品认证步伐，实施农业商标行动计划，推进品牌农产品品牌建设进程。同时，还要在推进农业科技进步，提高农产品科技含量的基础上，加强农业现代物流体系建设，实施“万村千乡”市场工程，发展连锁超市，大力推进农产品基地与外省的互认工作，加大农产品宣传推介力度，积极拓展农产品市场空间，提高市场占有率，为农民增收建立稳定通道。

6. 财政要逐步完善惠农补贴政策，大力培育农民新的政策收入增长点。2004 年以来，中央连续发出七个一号文件，按照落实科学发展观的要求，坚持把“三农”问题作为全党工作重中之重，实行了统筹城乡发展，“以工促农、以城带乡”和“多予、少取、放活”的基本方针，把沿袭了两千多年的农业税彻底画上了句号，催生了新时期的支农惠农政策体系，建立了促进农村经济社会发展的长效机制和统筹城乡发展的制度框架，从政策和制度建设上，为破除城乡二元结构，加快新时期农业农村经济发展，促进农民增收提供了有力保障。但从长远来看，政策性增收的效应将会逐步减弱，为此，要在坚持完善现有强农惠农政策的基础上，按照建设现代农业的要求，着眼于长期保护和调动农民积极性，加快建立完善促进现代农业发展和新农村建设的政策体系。要实施新的农业财政支持和税收优惠政策，建立草原生态保护、草畜平衡机制。进一步完善农业补贴政策，增加农机具购置补贴资金规模，确定合理的补贴比例，扩大补贴种类，把畜牧、林业、抗旱和节水机械纳入补贴范围；增加农作物良种补贴资金规模，水稻、小麦、玉米、棉花实行全国覆盖；支持奶牛生产性能测定、畜禽规模化养殖和基层动物防疫体系建设，建立动态的能繁母猪联动调控机制；支持渔民转产转业、渔业增殖放流、水产健康养殖；支持农业生产救灾、病虫害防治和农产品质量安全体系建设，从促进农业发展、农民增收。

三、努力创新财政投入保障机制

财政投入是保障农民持续增收的重要支柱，在这些年保障水平不断提高的背景下，当务之急是要深入改革创新，加强制度建设，逐步建立起新的财政投入保障机制。

我省各级财政部门要继续坚持把落实强农惠农政策作为首要任务，深入贯彻落实科学发展观，引导各级农财干部进一步提高思想认识，总结发扬在农村改革中创新实施“一卡通”、“一线实”的改革精神，力争在提高保障水平与建立保障机制两个方面取得“双丰收”。

1. 进一步完善强农惠农政策体系。农业比较效益低，发达国家在农业现代化的实践中，都实行了强有力的农业补贴和支持保护制度。入世以后，我国从发展现代农业的实际出发，自2004年开始实施惠农强农政策，先后对粮食、良种、农机具、农业生产资料、农村沼气、农民培训以及农村社会事业发展等29大项实行了财政补贴政策，为促进现代农业建设和农村社会事业发展起到了重要推动作用。但从实践来看，惠农强农政策体系仍需继续完善。重点是：一要围绕保障粮食安全，对耕地质量建设、水资源保护实施补贴；进一步扩大粮食作物补贴范围，加大良种补贴、测土配方施肥补贴、农机购置补贴、病虫害专业防治补贴力度，建立完善粮食价格保护和补贴制度；支持建立以国家储备为主体（包括企业为国家代储），企业储备为补充的农业种子储备体系。二要围绕建设现代农业，支持建立农业公益性技术推广服务体系。主要包括良种繁育、引进与区域试验以及示范推广，节水、节肥、栽培和养殖技术，土壤改良与水土保持技术，病虫害防治、保鲜、贮运技术，农业机械技术、农业气象及防汛抗旱技术以及农业经营管理、公共信息和培训等。三要围绕保障农产品安全，支持建立统一合作的食品安全监管体系，变多头管理向集中统一的方向发展。四要围绕农业可持续发展制度，支持建立生态环境保护机制，实现经济发展和保护资源环境的同步推进。五要围绕提高农业科技含量，支持建立产学研合作的农业科技支撑体系，对农业科研成果转化重点示范县、示范村和示范户实行资金补贴。六要围绕发展农业生产，建立物流基础设施建设的投入机制，实行鲜活农产品运销绿色通道制度，支持建立以农业专业合作组织、农业产业化龙头企业为主体，多种所有制并存的农产品物流服务网络。七要按照“重中之重”的要求，积极调整国民收入分配结构，建立健全财政支农资金的稳定增长机制，扩大对农民增收影响较大的直接补贴和农产品价格干预。支持农村金融、保险等服务机构建设，探索建立农村金融服务机构业务亏损补贴制度，对正常运作情况下发生经营亏损的金融、保险机构实行财政给予补贴。把调整产业结构与生态建设结合起来，建立支持结构调整与保护农业生态的补贴机制。利用国际农产品贸易允许的政策，加强对农产品出口质量管理和出口企业保护，提高农产品出口的国际竞争力。

2. 加快建立促进农业发展的财政保障机制。充分发挥财政支农政策的导向功能和财政支农资金“四两拨千斤”的作用，按照中央提出的“总量持续增加、比例稳步提高”和“三个优先”的要求，切实增加支农投入，确保财政对农业的投入增长幅度高于财政经常性收入增长幅度，围绕完善财政贴息、以奖代补、民办公助、先建后补等制度，加快建立财政支农投入新机制，引导和带动社会各方面主动加大对三农投入，形成多元化增加农业投入的格局，为现代农业发展提供资金保障。一是建立农田水利建设投入保障机制，夯实现代农业发展基础。要加大农田水利基础建设投入力度，增加中央财政资金规模，扩大小农水重点县建设范围，引导地方特别是省级财政增加小农水建设投入。按照突出重点、科学安排原则，加强应急度汛项目和水毁工程建设，实现农田涝能排、旱能灌；加强农田治理，推进高标准农田建设，提高耕地质量。要实施重点水土保持工程建设，增加投入，扩大建设范围，为实现农业稳定发展、农民持续增收奠定基础。二是实施农业结构调整支持措施，增强农民增收后劲。要围绕提高农产品质量，支持开展农产品质量安全绿色行动，加强无公害、绿色、有机农产品认证；把发展畜牧水产养殖业作为促进农民增收的突破口，实行财政倾斜政策，扩大投入和补贴范围，支持其加快发展；进一步优化农业区域布局结构，支持发展“一村一品”和“一乡一业”，加快建立优势农产品板块基地，产业化经营、订单销售。三是支持农业产业化发展，实现农业发展质量提升。要加快建立完善农业产业化发展的财政支持政策，对农业产业化基地建设实行财政倾斜政策，把龙头企业发展纳入工业化发展的大盘子统筹规划，在立项、技改、新产品研发及品牌宣传推介等方面给予专项扶持，税收、用地、用电、用水等实行优惠政策，促进农业产业化健康发展。四是支持小城镇建设，拓宽农民增收空间。重点是发展农村二、三产业，支持劳动密集型产业向农村小城镇转移，支持农村商业流通网络建设，支持小城镇完善省市功能，增强吸纳农民就业的能力。五是支持农民专业合作经济组织发展，带动农民增收。要加大财政对农民专业合作经济组织的投入力度，帮助他们改善服务设施，增强服务功能；采取“以奖代补”方式，对在农业增效、农民增收中成效显著的给予奖励，不断增强合作经济组织的经济实力和带动力，加快建立适应现代农业发展要求的新型农业经营机制。六是完善三农保障措施，实现农民减负增收。要按照“广覆盖、保基本、多层次、可持续”的原则，继续推进农村合作医疗制度改革，重点解决补助标准低以及医院体制、医德、医风等弊端，消除病人看病的不合理开支和住院费报销门槛，提高检查、药费报销比例，切实解决农民看病难的问题。进一步完善农村特困人口求助制度，扩大“无保”老人和丧失劳动能力人员集中供养比例，实施孤儿救助，支持建立农村养老保险制度。建立完善农业保险和农民财产保险机制，增强农民抗风险能力。

3. 建立促进农村劳动力转移和创业就业的财政保障机制。当前，劳务收入已成为农民增收的主要来源，必须建立的财政保障机制，坚持对外输出与就地转移并重，大力支持劳务经济发展。一要支持农民技能培训，促进劳务经济发展。要进一步加大财政投入力度，完善职业培训体系，建立以农科教部门协作为依托，省级涉农院校为龙头，各级农民科技培训中心、农业技术推广机构为骨干，现代农业示范基地、农民专业合作组织和龙头企业为基础的新型农民培训体系，制定《农民教育培训条例》，推行订单培训、农业职业资格证书和农业职业准入制度，保障农民“出得去、用得上、留得住、收入高、干得长”。二要实行部门联动，建立培训就业互动机制。支持农村劳动力培训转移信息化建设，进一步提高转移质量和转移速度。三要放宽准入条件，降低创业门槛。要建立农民创业专项资金，对有创业意愿的农民工，给予创业扶持，帮助他们推荐创业项目、落实经营场地、办理小额贷款担保及给予财政贴息等，提高创业的成功率。四要创新支持政策，营造农民工转移和就地创业的良好环境。在就业政策上，对城乡劳动力实行统一的就业登记制度，使农民工在求职、考试、招聘、录用等方面，与城市居民享受同等的就业待遇；改革户籍制度，简化农村劳动力进城落户审批手续，取消不合理收费，降低进城门槛；支持保护农民工合法权益，进一步强化农民工劳动保障监察，加强安全生产、劳动争议、工资发放、疾病防疫的管理，逐步实现农民工管理服务社会化；支持建立适合农民工特点的失业保险、养老保险、医疗保险工伤保险等制度，解决农民工转移和就地创业的后顾之忧。

4. 探索建立金融支农新机制。一是进一步深化农村金融改革。加快推进农村信用社产权关系和运营机制改革，完善法人治理结构，允许农村信用社选择符合所处地区经济发展状况的各种农村合作银行和农村商业银行等不同的产权组织形式。二是扩大政策性银行的支农范围。在继续提供粮棉油储备，保证国家粮食安全的前提下，积极支持农业基础设施建设。三是建立和完善政策性保险和商业性保险相结合制度。加强农业保险供给主体的培育，由中央财政和地方财政按照一定比例出资，建立全国性的政策性农业保险机构，同时在各个省市设立分支机构。充分利用当前商业保险机构组织体系，通过政策支持引导商业保险公司发展农业保险业务，形成以政策性保险为主体，商业性保险为补充的农业保险体系。四是构建以农产品期货市场为主体的农村金融市场，培育和扩展农产品期货市场经营的主体范围，建立畅通的信息传播渠道，充分发挥农产品期货市场服务农业的作用。五是合理引导和规范民间金融发展。制定保障农村民间金融发展的相应的法律、法规和规章制度，加强监管，保证农村民间金融组织的规范运行，有效控制农村民间金融风险，促进农村民间金融组织的健康发展。

5. 创新财政支农方式方法。必须按照统筹城乡发展的要求，调整国民收入分配结构，创新财政对三农支持的方式方法。一是加快推进财政体制改革。应按照财权与事权相匹配原则改革现行财政体制。同时，加大转移支付力度，降低项目配套资金比例，推行省以下财政管理体制改革，完善“省直管县”财政管理体制和“乡财县管乡用”的财政管理方法，建立新型的财政管理体制。二是整合和统筹安排财政支农资金。长期以来，从财政资金分块管理，造成了财政支农项目安排重复交叉，形不成合力。要加强财政支农资金用途研究，科学合理预算，在使用上按照“渠道不乱、用途不变、各负其责、各记其功”的原则，统筹资金的安排使用，可按项目区统筹，打捆使用，也可以产业为平台，对产前、产中、产后进行一条龙支持，发挥项目资金的合力作用。三是加大贫困村互助资金试点推进力度。开展互助资金试点是在特定贫困区域，为缓解农村金融发展滞后，农户生产资金缺乏，制约贫困地区农户致富的突出矛盾，而采取的一种特殊扶贫方式，是财政支农制度和资金使用方式的创新。实践证明，有利于增强贫困地区农户自我发展能力，有利于贫困农户增加收入脱贫致富。应在总结经验不断完善的基础上，进一步增加资金投入规模，扩大试点范围。四是加强财政资金管理制度建设。各级项目主管单位要建立财政支农项目库，做好农业发展项目的储备工作；要建立财政支农项目的招标制度和项目管理、标准文本管理、专家及社会中介机构评审制度、政府采购制度。同时，要建立健全资金分配和使用奖惩机制，以最大限度地发挥财政支农资金的整体效益。五是建立财政支农资金监督机制。要充分利用现代传媒，对涉及农民出工、出钱、受益和补贴的项目，进行公示，让农民了解政策、运用政策，推进民主决策项目和民主管理资金，让农民有知情权、参与权，并行使监督权。

安徽省财政厅课题组
课题组长：张广寿
课题成员：孔少林　王茂胜　吴小林

关于财政进一步支持公共文化服务体系建设的研究

公共文化服务体系是以实现公民文化权利为目的，满足社会的公共文化需求，向公众提供公共文化产品和服务行为及其相关制度与系统的总称，是国家公共服务体系的有机组成部分。根据中共中央办公厅、国务院办公厅下发的《关于加强公共文化服务体系建设的若干意见》（中办发〔2007〕21号），公共文化服务体系涵盖文化产品生产与供给、文化服务设施网络、资金人才技术保障、组织支撑和运行评估五个方面。

自2004年以来，党和政府应社会发展的迫切需求，高度重视公共文化服务体系的建设，先后出台了一系列相关政策与规划，确保公共文化服务体系建设的有效推进。安徽省要想实现“文化强省”的战略目标，必须深入研究如何更有效地扶持、推进公共文化服务发展的财政资助机制，提高资金的使用效率，进一步加强财政对公共文化服务体系建设的支持力度。

第一部分　公共文化服务体系建设的先进经验

一、国外模式及其启示

公共文化事业的发展水平，是一个国家文明程度的象征，也是一个国家综合国力的体现。西方一些发达国家，经过几百年的发展，形成了一些较有特色的公共文化服务体系建设模式。

1．政府主导型。一些欧洲国家采用了这种模式，即政府主导整个公共文化服务体系的建设。一方面政府通过行政手段，设置公共文化服务的部门；另一方面政府通过财政拨款，管理这些公共文化服务机构。这种模式通常从中央到地方政府设置多级文化行政管理部门，各级政府都提供较为完备的公共文化服务。中央政府每年从总开支中，进行一个较大比例的文化预算，拨付给地方政府，同时，地方政府还要投入配套资金，一起用于公共文化服务体系建设。总而言之，政府主导型的公共文化建设资金，几乎都来自于政府部门。

2．政府与社会合办型。美国采用了这种模式，既强调政府的重要作用，又重视社会力量的参与。一方面，中央政府和地方政府对公共文化建设投入一定的资金；另一方面，政府通过税收优惠等手段，鼓励个人、公司、基金会等私营部门，对公共文化服务建设进行捐赠。这样不仅体现了由政府主导的“公共文化服务”的公益性，同时也盘活了民间的文化资本，把公共文化服务体系建设注入了新鲜的血液。

3．第三方管理型。既在政府与基层公共文化服务单位之间，设立一个独立于政府的组织，像英国的文化艺术委员会，用于分配政府安排的文化资金。该组织接受政府拨付的专项资金后，根据自身的规划目标来安排使用资金，这样保证了文化的发展不受任何因素的干扰。

此外，也有一些好的做法。比如，有的国家设立基金会，运用多种形式，保护本民族文化；有的国家则结合文化创意产业，共同发展。总的来看，公共文化服务体系建设以国家投入为主，积极引入社会因素为辅的运作方式成为发展趋势。

4．国外模式的启示

首先，讲求公平。西方很多国家在公共文化服务的资金分配上，讲究公平原则。这主要是第二次世界大战后，由于公众对文化需求逐渐强烈，公共文化服务建设受到广泛关注。因此，国家需要建立一种公平而规范的供给制度，才能树立国民心目中民主政府的形象。

其次，追求公共文化服务体系建设的有效性。投入就要有产出，政府管理也是一样。所以，从20世纪80年代以后，西方国家政府多实行绩效管理制度。公共文化服务建设作为政府公共行政的一部分，西方国家已经建立了较为完备的绩效评价方式，其流行的方式是“公众满意度”测评。绩效评价提高了公共文化服务机构的运行效率，增强了公共文化服务人员的服务意识。

第三，引入市场化机制成为公共文化服务发展的趋势。西方公共文化服务国家资助机制，主要来源于20世纪80年代的国家公共部门与服务的改革，即“新公共管理”运动。这次运动基本特征是，注重商业管理技术，引入竞争机制和顾客导向，适当采取商业化、公司化和私人化等措施，使公共部门较为合理地融入市场经济。就公共文化服务而言，“新公共管理”在一定程度上激发了活力，减少了行政部门的负担，但也在一定程度上削弱了公共文化服务的公共属性。

不言而喻，西方国家公共文化服务的财政投入机制，是建立在本国的政治、经济、文化和社会心理基础上的。即便是政府主导的“公共文化服务”，也是以第三方的存在为前提，政府尽量减少直接的干预行为。而中国的基本国情和社会制度与欧美等西方发达国家有着根本性的差异，这决定了中国在构建国家财政资助公共文化服务体系之科学模式的理论与实践中，只能合理地吸收发达国家的部分经验而不能机械地照搬。

二、国内经验及其启示

按照经济、社会、文化运行的一般规律，国内的公共文化服务体系建设也是率先发展于经济发达的地区。先进地区的成功经验，对安徽省公共文化服务体系建设具有较好的借鉴意义。

1. 重视公共文化服务的品牌建设。公共文化服务的出发点是满足群众的基本文化权利，是实实在在的惠民工程。所以，要让老百姓知道、记住并参与进来。这其中，品牌就是一个很重要的因素。有的地方建设“读书月”、“文化大讲堂”、“科普周”、“艺术节”、“音乐节”等，打造政府公共文化服务品牌。

2. 以服务单位为载体，重视公共文化服务的投入与产出。现代政府管理理念追求投入与产出的平衡。政府投入了公共文化服务资金，就要确保有产出的绩效。有的地区就以公共文化服务单位为载体，重视公共文化服务的投入与产出。比如，在获得政府资金资助前，要评估该服务单位的服务宗旨、组织架构、资金来源及使用、场地使用等方面的具体情况；该服务单位的运作和服务能力，即提供公共文化服务的具体保障方面，政府从管理能力、人力资源、业务能力等方面对之予以评估；该服务单位的服务效率，即产生的社会效益，则是评估的重中之重，政府分别从服务的覆盖面、受众满意度、社会影响等方面进行评估；该服务单位的可持续发展情况，则分别从财务保障、公共关系、自身建设、社会评价等几个方面来展开评定。

3. 重视基层文化工程建设。公共文化服务建设要惠及亿万群众，而目前基层建设是短板，所以，要着力建设基层公共文化服务体系。针对农村、社区、企事业单位，可以建立相关的“文化俱乐部”，举办诸如“农民文化节”、“邻居节”、“企业文化节”之类的文化节，建立文化共建机制、公益性文化项目政府采购制度、文化设施建设以奖代补机制等文化制度。

综观国内公共文化服务体系建设财政投入的先进经验，不难发现，在我国现阶段及“十二五”期间，公共文化服务体系建设的有效推进，必须坚持：政府主导是基本，设施建设是基础，品牌打造是抓手，制度建设是保障，长效机制是关键，体制转换是突破，满足基本文化需求是根本。

第二部分　安徽省公共文化服务体系财政投入现状

近年来，安徽省不断加大公共文化服务体系建设力度，财政投入数量不断增长，基础设施建设不断完善，财政投入机制不断创新。

一、公共文化服务体系的投入迅速增长

1. 安徽省整体文化服务经费大幅提高。近年来，安徽省文化服务投入快速增长，全省文化、体育、传媒事业费从2002年的11.0亿增长到2009年的42.1亿元，增长3.83倍。特别是最近几年，投入总量数额高，增长速度快。2007年、2008年、2009年三年，分别达到了26.26亿元、32.75亿元和42.1亿元。

以公共文化服务中重要组成部分文化事业费（不包括基础建设投入）为例，1980年安徽省文化事业财政拨款仅为1891万元，而2009年达到了6.8亿，增长36倍。近几年，财政对公共文化事业的投入都在稳步增长，其中2006年增长16.96%，2007年增长26.69%，2008年增长12.62%。

2. 各地市文化事业费快速增长。观察2006－2009年四年间的文化事业费的支出情况，我们可以发现，安徽省大部分地市的文化事业财政拨款也都有大幅度增加，黄山市每年超过30%的增加额，滁州市每年也在30%左右。

3. 人均文化事业费大幅提高。从1980年到2009年的29年间，安徽省人均文化事业费从0.39元增加到了10.96元，增长28倍。各地市人均文化事业费也增长迅速，人民群众切实享受到经济发展带来的好处。

二、公共文化服务机构不断发展壮大

近几年来，安徽省文化事业不断发展，文化事业组织或机构数量，从2000年的2266个，到2008年已发展到14949个，增长了6倍多。三种文化事业主体“群艺馆、文化馆、文化站”、“公共图书馆”、“博物馆”，除部分年份有反复外，总体趋势增长迅速。从2000年到2008年，文化事业组织数从2266个增长到14949个，文化事业从业人员从14213人增长到75651人，群艺馆、文化馆、文化站总支出从4302万元增加到18104万元，图书馆总支出从2641万元变为了8488万元。

在财政投入力度加大的前提下，安徽省公共文化服务近年来取得了骄人成绩。截至2009年底，安徽省已建成公共图书馆91个，其中有2个少儿图书馆，市级图书馆只有六安、黄山、亳州、宿州暂时还没有建成。在全国第四次公共图书馆评估中，安徽省有66个公共图书馆分别被评为一、二、三级馆，其中省图书馆、合肥市图书馆、芜湖市图书馆、铜陵市图书馆、马鞍山市图书馆、太湖县图书馆、桐城市图书馆、宁国市图书馆成为一级馆。上等级图书馆数量比2004年全国评级时增加了34个，其中一级馆增加了3个。

全省建设文化馆120个，一级馆一个（马鞍山市文化馆），二级馆7个，三级馆13个。全省已有一半以上乡镇建有文化站。从2009年起，省政府已将乡镇综合文化站建设列入省政府民生工程，按照基础建设每站30万元、内部设施购置每站10万元的标准，安排配套资金。在中央补助的基础上，所缺部分由省与市县按7：3的比例配套。到2010年，全省将新建和改扩建1240个乡镇文化站，基本实现乡乡有综合文化站的目标。

安徽省作为全国首批博物馆纪念馆免费开放的7个试点省（区）之一，2008年49家博物馆免费开放，2009年新增22家。位于合肥政务文化新区的古生物化石博物馆和省博物馆新馆，建设接近尾声。一批特色博物馆，在财政支持下，纷纷建成。2009年9月，亳州华佗中医药博物馆建成，2009年10月，安庆市黄梅戏博物馆开馆，2010年1月宣城市“皖南皮影博物馆”对外开放，2010年4月，芜湖市全国首个徽商博物馆开门迎客。

安徽省2007年建设“农家书屋”105个，2008－2009年各建设3000个，计划至2011年底、最晚也不迟于2012年，“农家书屋”建设将覆盖我省全部行政村。2009年全省体育事业经费投入67110万元，较2008年增长31.5%。截至2009年年底，安徽省建设公共体育场馆近百个，其中能承办大型赛事的综合性体育中心5个，已建成农民体育健身工程2512个（村），乡镇健身广场82个，县级全民健身广场（中心）80个。在实施广播电视村村通工程中，安徽省重点解决“盲区”群众收听收看难题，目前已完成24000多个地处偏远和贫困地区村庄的广播电视覆盖。此外黄梅剧院等改制后，运作良好；文化三下乡工程，普惠民众；新闻媒体等公共文化发展迅速；非遗保护全面展开；农村数字化电影放映“2131工程”有序推进。

三、公共文化服务机制得到不断创新

安徽省财政不断创新投入和使用机制，积极构建政府投入为主、社会力量共同参与的公共文化事业投入及运行模式，积累了可供推广的“四新”经验。

1. 合作新模式：寻求政府投入与私人投入合作的新模式，实现资源的优化组合。从国际惯例来看，公共文化服务体系的建设不能完全由政府包干代办，必须充分调动社会力量的参与。安徽省部分地区已经开始了这方面的探索与实践，以期摸索出一条既减轻政府压力，又能惠民的好路子。比如，芜湖市徽商博物馆，在投入机制上，即采取了私人投入为主，政府扶持为辅的方式，政府主要在土地政策上予以优惠，并要求该博物馆建成以后进行公益性开放。

2. 运营新思路：探索文化服务机构项目运营的新思路，实现低投入高回报的目标。在公共文化服务体系建设中，政府无疑是投入主体，但是，由经济学语境分析中的“有限政府”理论可知，政府需充分利用市场等因素，积极拓展自身的有限职能。政府在其主体性贴现后，如何保证项目的有效运转，还需要文化机构挖掘自身的潜力，发挥自身的优势；换言之，文化机构若坐等政府给钱，必然会导致自身逐渐失去活力。芜湖市王稼祥纪念馆正是基于此理念，而在服务的主体性上下功夫，探索出一条低投入高回报的运营新路径。首先，他们通过与当地高等院校历史专业的相关院系展开合作，来聘请大学生做义务讲解员，这一方面节约了纪念馆的支出与运营成本，另一方面也给高校大学生提供了实践的岗位，因而深受学生的欢迎，更得到了社会的高度认可。其次，该馆大力精简员工队伍，狠抓员工素质建设，建设了一支业务熟练的管理、服务团队，大大节省了人力开支。再次，纪念馆寻求与芜湖市方特欢乐世界合作，构建一个芜湖大旅游格局，规划出一条“游方特——参观王稼祥纪念馆”的旅游线路，既丰富了方特欢乐世界的旅游项目，又提高了王稼祥纪念馆的社会知名度，使得该馆的公共文化服务功能大大增强。

又如，芜湖市对于那些不便引入市场机制的非物质文化遗产类项目，往往利用当地高校的资源与力量，进行产品开发与展演，以实现非物质文化遗产的公共文化服务之功能，大大提高有限的财政投入的使用效率。

3. 服务新办法：创新社区文化服务的新办法，降低公共文化服务项目对财政的依赖。作为公共文化服务体系建设中的“细胞”，社区内的文化服务与百姓生活贴得更近，面对的情况也最复杂，困难阻力也最多，然而在全省各地的社区文化服务建设中却涌现出许多大胆的创意。有些街道社区通过与相关文化部门合作，盘活了整体的社会文化资源，有效地节省了文化费用的开支；有些街道社区则寻求与辖区内的单位进行“共建合作”，联合举办文体艺术类活动，不仅大大提高了活动的规模与档次，也突出地增加了活动对居民的吸引力；还有一些街道社区在调动居民参与文化建设的积极性上狠下功夫，通过调动居民的这种积极性，增强居民的主人翁意识与自觉参与文化建设的信心。

4. 改革新举措：推进文化产业体制改革的新举措，充分发掘潜在的人力资本。传统体制下的文化艺术团体，历史上曾为繁荣发展社会主义文化，服务人民群众的文化生活做出过积极的贡献。但是进入市场经济以后，大多数这类文化艺术团、戏剧团由于跟不上市场经济的步伐而失去活力，人员“青黄不接”现象十分突出，演出设备与表演形式均显落后，成为地方财政的“负担”，难以发挥原有的公共文化服务功能。

以合肥市黄梅剧院和芜湖市艺术剧院为代表的演出艺术团体，率先迈开了推进文化事业体制改革的新步伐，将原有的表演艺术团体重新整合，将原有的事业单位改制为国有独资企业，将原先“吃财政”的固定投入改成政府采购服务，将“演出与不演一个样、一般演出与优秀演出一个样”变为“多演多得、优演优得”。机制的改革带来了活力的迸发，体制的创新带来了生机的重现。

四、公共文化服务体系建设存在的问题

1. 财政对公共文化服务体系建设投入仍需加大。从纵向来看，安徽省财政对公共文化服务体系建设投入增长很快，并初步取得了可喜的成效。但是，由于历史欠账较多，加之公共文化的社会需求日益增长，这种增速与同期经济、社会的发展速度相比，与国内发达地区公共文化服务体系建设的成就相比，仍然存在差距。如，公共文化财政投入增长速度与国民经济的增速及财政收入不相匹配，2009 年安徽省 GDP 收入已进入万亿俱乐部，近 5 年间，GDP 增速都在 10% 以上，但是文化事业费却没有得到相应增速；文化基础设施建设落后；文化投入占财政支出的比重、人均文化事业费偏低。

2. 公共文化服务的运行效益方面，有待提高。“无论现行世界上最富裕的国家，还是中国在未来的理想时代富裕到何种程度，政府公共性支出永远都无法完全满足社会的公共性需要。”公共文化服务投入很重要，但是一味地投入并非是解决问题的根本，关键是投入的有效产出，这就要求财政对公共文化服务的投入进行评估，并建立有效的绩效评价机制。通过调研我们发现，目前财政投入的实际效益还有较大的提升空间。通过问卷调查我们发现，农村居民有 41.86% 的人，没有参加过村文化室的活动，有 37.21% 的人回答很少去（每个月 1 次或更少）；而城市居民有 36.0% 的人从来没有参加过市里和社区举办的文化活动，42.0% 的居民表示很少去（每个月 1 次或更少），这就要求相关部门在公共文化服务传播的知晓率、产品的吸引力上下一定的工夫。

3. 公共文化服务体系建设地区发展不平衡。通过多年的努力，安徽省公共文化服务体系建设已经初见成效，但是由于安徽省是个人口多、底子薄、区域差异大省份，所以，公共文化服务建设也要充分考虑这些差异。公共文化服务，从本质上说是对群众基本文化权利的满足，所以应具有普遍性。通过调研发现，区域之间、城乡之间，甚至一个地区之间，都存在发展不平衡问题。

4. 公共文化服务队伍的素质亟待提升。在大力抓公共文化服务硬件设施投入的同时，也要重视公共文化服务软件建设的投入，特别是公共文化服务人才的培养。公共文化服务人才的素质决定公共文化服务质量和财政投入的效益。基层专职文化服务人才缺乏，队伍力量较为薄弱，普遍存在年龄、学历、知识结构不合理等问题。

5. 公共文化服务投融资渠道不畅。公共文化服务出发点是满足群众基本文化权利，所以，政府资金投入是前提。但是，由于政府财力有限，资金投入不足往往又成为其发展的瓶颈。而欧美国家，公共文化往往都建立了较为宽泛的投融资渠道。从目前安徽省的情况来看，政府投入仍占绝对比重，个人、企业、社会捐助等非常少。

第三部分　安徽省公共文化服务体系建设对策与建议

公共文化的“公共”属性决定了建设公共文化服务体系，必须以政府为主导；同时，公共文化的“服务”属性又要求社会力量的参与。“政府主导”要求政府在公共文化服务体系建设理念、目标、步骤、资金投入使用等方面起主导作用；“社会参与”则要求全社会对公共文化投融资建设、监督机制建设、文化建设成果享用上起积极作用。基于此，本课题研究在前面分析的基础上，尝试给出以下具体的对策及建议。

一、公共文化服务体系建设的总体要求

贯彻中央有关公共文化服务的文件精神，明确以邓小平理论和“三个代表”重要思想为指导，深入落实科学发展观，坚持社会主义先进文化的前进方向，牢固树立以保障人民群众基本文化权益为出发点，以提高文化产品及服务的生产能力为落脚点，以推进城市农村基层文化建设为突破口，以统筹城乡区域文化协调发展、逐步实现公共文化服务均等化为风向标的公共文化服务体系建设基本理念。

秉承这样的基本理念并结合安徽省公共文化服务的实际情况，建议理顺并形成具有安徽省地方特色的公共文化服务体系建设基本思路，概括为“四个相结合”。即：增加政府财政投入与深化文化体制改革相结合；保障人民基本需求与提升文化产业效益相结合；保持政府主导力量与拓宽社会合作渠道相结合；整体工作稳步推进与重点项目快速突破相结合。

二、公共文化服务体系建设的发展目标与建设步骤

1. 发展目标

2009 年安徽省委、省政府《关于加快建设文化强省的若干意见》指定了文化发展主要目标：到“十二五”末，全省文化发展主要指标、文化事业整体水平、文化产业综合实力处于中西部领先水平，部分行业和领域位居全国前列，形成与科学发展相适应的文化宏观管理体制和微观运行机制，与加速崛起相适应的文化软实力，与文化资源大省地位相适应的文化优势，与人民群众日益增长的精神文化需求相适应的文化条件。公共文化服务方面：公共文化服务体系初步建立，城乡文化基础设施建设切实加强，文化产品供给能力和公共文化服务能力明显提高，人民群众基本文化权益进一步得到保障。

（1）文化产品供给充足。在现有投入的基础上，争取实现城市 15 分钟文化圈，农村十公里文化圈，不仅能满足群众开展大型文体活动，也能满足群众的日常文化生活。

（2）文化网络设施健全。完善图书馆、文化馆、博物馆建设，按照相关规定，在面积和规模上达标；完成“农家书屋”工程建设、广播电视村村通建设、文化信息资源共享建设、乡镇综合文化站和农村电影放映工程建设，并保证设施正常、运转良好。市民文化素质得到全面提升。

（3）资金、技术、人才有制度保障。建立健全有关制度，积极引导公共文化服务体系建设的资金来源，确保人才、技术能充分发挥作用，有效地吸引高层次文化人才到公共文化服务的队伍中来。

（4）评估体系运转良好。在加大投入力度的基础上，完善公共文化评估体系，以制度办事，以制度管人，以制度兴文。

2. 建设步骤

（1）2010 – 2015 年：完善基础设施建设，提供丰富的文化产品，建立一批先进的文化设施，培养一批高层次人才，建设一批高质量文化工程。争取到 2015 年，安徽省文化事业费投入占财政支出 0.8% 以上（浙江省至 2009 年连续八年文化事业费占财政支出比例全国第一，2008 年为 0.86%）。按 2008 年我省 0.31% 计算，到 2015 年文化投入比例应增长 2.5 倍以上。按照简单的线性增长模式，每年的增速要达到近 15%，那么 2010、2012、2013、

2014 年文化投入分别要占财政支出的 0.41%、0.54%、0.62%、0.71%。

（2）2016－2020 年：逐步提高财政投入水平，建立多元的文化投入主体机制，盘活整个文化建设局面，促进公共文化服务的区域均衡与稳健发展，使人民群众的文化权益得到较好保障。在财政支出方面，争取到 2020 年达到国内领先水平。

为了顺利地实现这一发展目标，在公共文化服务体系的建设过程中，应注意以下几点：

其一，以公共文化设施网络体系建设为突破口，狠抓城市与农村基层的基础文化设施建设。要结合安徽省社会经济发展水平与居民实际文化需求状况，研究制定公共文化设施建设标准和财政保障标准，力争用两年左右的时间，建成让人民群众“看得见，听得到，用得上”的较为完善的公共文化设施体系，并切实保障其正常运转。

其二，在大力推进公共文化设施网络体系建设的同时，建立并完善公共文化服务和产品的生产体系。我省省情复杂，地区差异较大，因此公共文化服务内容与产品供给具有地域性和多样性。为了保障全省人民的基本文化需求，既要考虑地方经济发展水平、地域文化特色等客观因素，又要考虑受众的文化需求偏好，不能在全省范围内搞“一刀切”。争取用两到三年时间，在建成公共文化设施网络系统的同时，建立丰富的文化服务与产品的生产与供给体系，让人民群众“幼有所学、老有所乐”。

其三，有计划地在省内开展公共文化服务体系建设的试点工作。目前我省各个地方在公共文化服务体系的建设过程中，业已形成一些较有特色的经验与做法，比如前述的“四新经验”，但这类经验距离构成符合省情的公共文化服务“安徽模式”尚有一定差距。因此，应该归纳、整合、吸收这些经验与做法，在此基础上进一步研究出具有安徽地方特色的公共文化服务体系建设方案，并在省内选取适当的地市进行试点，用两到三年的时间，在不断的研究总结与试点试验中，构建出公共文化服务体系建设的“安徽模式”。

其四，深化文化产业体制改革，繁荣社会主义文化市场，打造安徽特色文化品牌。文化产业是隶属于公共文化服务体系建设中的一个组成部分。我省是众所周知的文化大省，要将我省优质的文化资源转换为文化产业优势。文化产业的兴起不仅能带来巨大的社会效益与经济效益，而且最终将对整个公共文化服务体系的建设产生巨大的支撑作用。要抓住目前我省难得的发展机遇，在安徽省“十二五”规划建设期间，争取“建设一批有竞争力的文化企业，打造一批有影响力的文化品牌，创立一条有创新力的产业链条，形成一个有号召力的文化市场”。

其五，抓紧落实公共文化服务体系的各项配套措施。公共文化服务体系建设是一项综合性工程，需要政府各个部门、各级单位合力推进，需要完善法律法规、保障财政投入，建设人才队伍等一系列配套措施。争取在“十二五”建设规划完成时，在全省范围内建成一个“覆盖广、功能全、效率高、运转畅”的公共文化服务体系。

其六，充分文化产业发挥对公共文化服务体系的推动和反哺作用。文化产业的健康发展有利于培育新的经济增长点，提高对 GDP 和财政收入的贡献率，形成文化产业发展—拉动经济增长—增加财政收入—反哺公益性文化事业的良性循环，使公共文化投入增加强有力的辅助，进而推动公共文化服务体系的建设。要在优化整合我省文化资源，大力发展重点文化产业的基础上，充分利用市场机制的作用，引导文化资源向公共文化服务领域合理流动，为公共文化服务提供坚实的产业支撑。要支持各类市场主体积极开发农村出版物发行、电影放映、文艺演出等文化市场，对具有安徽特色和重要艺术价值的原创艺术产品以及民间艺术生产、传播给予扶持，通过强化产业支撑，提高公共文化产品生产的供给能力。

三、现阶段公共文化经费财政保障重点

财政保障公共文化服务体系应该重点保证以下几个方面：

1. 大型公共文化设施建设，如市级、县级文化（艺术）馆、图书馆等。

2. 乡镇综合文化站和村文化大院建设。

3. 重大公益性活动。如送电影下乡、送戏下乡、非物质文化遗产保护、文化信息资源共享工程服务、广场文艺演出、节庆活动及重大纪念日活动等。

4. 图书馆、文化（艺术）馆、乡镇综合文化站、村文化大院运行经费和业务活动经费。其经费来源为：市级、县级重大公共文化设施建设以同级财政为主，国家、省财政根据情况进行一定补助。

乡镇文化站和村文化大院建设省级要加大投入力度，按照全国乡镇综合站建设规划要求，参照国家资助西部、中部地区乡镇文化站建设的标准，重点支持偏僻落后地区，由省、市、县、乡四级配套投入。

重大活动经费、文化（艺术）馆及图书馆运行经费、活动经费、购书经费，以同级财政为主。

乡镇文化站和村文化大院运行经费以乡镇财政为主，业务活动经费由省、市、县、乡四级配套。由于乡镇综合文化站不是独立法人机构，其省、市、县配套的业务经费可以参照农村电影放映支付方式。

同时，必须明确各级财政投入范围和基本保障支出责任。市级、县级重大基础工程建设（新建图书馆、文化馆等）、市县乡村四级公共文化设施运行经费和市县两级公共文化设施业务经费以同级财政为主；重大文化工程（文化信息资源共享工程、乡镇综合文化站建设工程、非物质文化遗产保护工程等）、乡镇和村基础工程建设（乡镇文化站，村文化大院建设）和业务经费要省市县乡四级财政配套。

四、创新公共文化资金的使用管理方式

1. 转变公共文化财政资金的投入方式。公共财政投入方式与社会主义市场经济的建设相适应，公共文化资金投入也应与市场经济规律相一致，为了使公共财政资金更有效地推进我省公共文化服务体系建设，需要实现以下四个方面的转变：

由直接投入向间接投入转变。以投入方式的转变合理解决政府在公共文化管理方面的“越位”与“缺位”问题，实现政府由“办文化”向“管文化”的过渡。

由单一的财政拨款向鼓励捐赠、吸引社会资金的多元化投入转变。

由对文化事业单位及从业人员的一般性投入向项目投入转变。变“吃饭财政”为“效益财政”，贯彻“养事不养人”的财政策略。

由行政附属的事业型文化投入体制向服务社会民生的公益性公共文化投入体制转变。

2. 改变公共文化财政资金的投入比例。目前安徽省公共文化资金投入大体可以分为两块：一块是以设施建设为主的固定投入，另一块是以机构运营、活动组织为主的动态投入。在未来的公共文化财政投入的比例分配上，应遵循“控制固定投入比例、增加动态投入比例”的原则。从目前的情况看，我省各地不少的文化设施与文化服务处于知晓率低，使用率低，服务水平低的状况。在“十一五”规划期间，各级政府对公共文化建设的投入持续增长，出现了预算增长跟不上需求增长，运营经费增长跟不上建设资金增长的情况。在这样的情况下，如果再一味地追加固定投入，盲目上项目，兴建新的公共文化服务设施，只会增加后续的财政负担。与其“建一个、荒一个”不如将有限的财政资金更多地投向动态层面，鼓励对原有设施进行改建修缮，提高服务水平，完善服务功能，让已有的文化设施和文化产品更大限度地发挥作用，这样既减少了财政支出，又提高了财政支出的使用效益。

3. 完善公共文化财政资金的管理方式。以安徽省文化发展投资引导基金为操作平台，实行公共文化财政资金的基金预算管理，提高公共文化财政资金管理的法制化、规范化、科学化水平。

首先，明确预算编制主体，公共文化财政资金中的固定投入部分应该由财政部门主持编制，动态投入部分可以由相关文化部门主持编制。

其次，推动资金管理体制的“扁平化”，严格执行预算，将款项直接拨付给项目单位，减少中间环节，提高资金使用效益。对用于重大工程建设的紧急投入，可以开设预算审批执行的“绿色通道”，例如中央文件中明确要求的“农家书屋”建设工程、广播电视“村村通”工程等。

再次，加快“金财工程”建设步伐，建立公共文化运行的基础信息库，发挥财政的高位优势，从预算安排、支出执行、文化事业单位资产管理、公共文化服务供给指标、公共文化服务从业人员等多方面实行动态监控，切实保障公共文化服务体系建设稳步推进。

4. 创新公共文化财政的政策支持方式。一方面创新吸引社会资金、拓宽文化事业融资渠道的办法，制定推行针对公共文化服务体系建设的“税惠政策”，鼓励公司企业对公共文化服务事业的捐赠与合作，将这种“税惠政策”与国家结构性减税政策有机结合起来，调动企业法人团体投资公共文化服务的热情。

另一方面创新公共文化服务的财政配套手法，充分发挥财政的“乘数效应”，以财政资金“撬动”社会资金，实行“以奖代补”，一方面充分发挥了财政资金的“杠杆作用”，另一方面也大大调动了文化事业单位和服务部门的积极性。

5. 健全公共文化的转移支付制度。由于“分税制”的改革，目前安徽省各地地方政府均不同程度地出现了“事权”与“财权”不相匹配的情况，这在公共文化服务体系建设上体现得尤为明显。为保证财政对公共文化体系建设的基础支撑作用，健全公共文化的转移支付制度势在必行，可以从以下四个方面着手：

第一，加大对公共文化的一般性转移支付力度，调整和优化补助结构。同时要科学地界定专项转移支付的标准，使专项资金能够解决各地在文化事业发展上的突出问题和燃眉之急。

第二，科学分配公共文化转移支付资金，提高资金使用效率。按照“因素法”测算各地的基本补助资金，坚持“客观、公平、效率”的原则。

第三，明确公共文化转移支付的建设目标，规范公共文化转移支付制度。

第四，建立健全激励和约束办法，促进公共文化服务的均衡发展。

6. 建立公共文化的政府采购制度

（1）明确公共文化政府采购的原则：其一，坚持面向群众、面向基层的原则，维护群众文化利益，满足群众文化需求；其二，坚持公开、公正、高效的原则，保证采购行为合法，提高财政资金使用效益。

（2）确定采购的内容取向和采购方式：采购范围包括创作和演出类、社会文化类、文物博物类及其他类别公共文化产品和服务项目。

关于采购的内容取向，首先是思想性、艺术性、观赏性俱佳，群众喜闻乐见、寓教于乐的大众文化产品和服务；其次是公益性特征明显、具有普及和提高价值的艺术精品，诸如演出活动、文化活动、文博展览、和文艺创作等公共文化产品和服务；再次是适合社区、农村等基层群众，特别是青少年、老年人和外来务工人员需求的文化产品和服务。采购方式应根据所采购产品和服务的不同特性来定，政府采购应采取公开招标、竞争性采购、询价采购、单一来源采购等方式进行。

（3）实行采购的监督管理：凡被采购的项目免费或低价提供给城乡居民消费，具体由文化主管部门或其指定的单位实施分配。公共资源交易、财政、审计、监察等部门对采购的过程和结果进行全程监督，确保采购工作的合法性和实效性。

五、进一步加大公共文化服务的体制机制创新

1. 建立基层公共文化服务的长效机制。目前安徽省基层公共文化服务缺乏长效机制的根本原因有两个：一个是运营投入不足，大量公共文化服务的基础设施建立起来以后，由于缺少运营经费与后续投入，使用率与产生的效益很低，不能胜任长期提供公共文化服务的任务；第二个是制度支撑不足，许多深入人心的公共文化服务活动例如“三下乡”、“法律、卫生服务进社区”、“送欢乐、下基层”等，由于缺乏必要的制度保障，不能提供稳定的公共文化服务。因此，应在制度层面把基层公共文化服务建设纳入政府目标管理，纳入创建文化先进乡镇和创建文明社区等相关评价体系，适当加大文化工作在政府考核中的比重。实行县（区）对乡（镇、街道）、乡（镇、街道）对村（社区）的年度目标责任考核制度，形成责任明确、行为规范、富于效率的长效运行机制，推动基层公共文化服务走上制度化、规范化、标准化轨道，确保基层公共文化服务实实在在地开展。

2. 构筑公共文化服务的分级保障机制。首先，对于与人民群众日常生活密切相关，与国家政治意识形态密不可分的基础性文化需求与公共文化产品，应该由政府全面负责，由公共财政实行全额保障。比如公共广播、公共电视、新闻出版，党报传媒，乡镇综合文化站与基层文化阵地建设等等。

其次，对于随着人民群众生活水平日益提高，逐渐进入人民群众需求视野的发展性文化需求与公共文化产品，应以政府为主导、全面吸纳社会资源、拓宽社会合作渠道的方式进行保障。比如图书馆、艺术馆、博物馆、影剧院的建设和艺术演出、技能培训等服务的提供。

再次，对于更多的体现人民群众个人偏好和个性化的高层次文化需求与公共文化产品，政府应该处于监管位置，全面引入市场机制进行保障。对于这类文化需求和公共文化产品服务的保障，政府应更多地通过政策进行引导，利用市场机制，繁荣高层次公共文化的服务与产品生产，促进公共文化产品市场的成熟。

3. 完善公共文化服务的人才培养机制。人才是文化事业发展的根本保证。在2007年8月下发的《中共中央办公厅、国务院办公厅关于加强公共文化服务体系建设的若干意见》（中办发〔2007〕21号）文件中就明确提出了加强公共文化服务队伍建设的要求。为落实中央文件要求，为了给安徽省公共文化服务体系建设提供充分的人才保障，应着力完善公共文化服务的人才培养机制。

一是对公共文化服务体系内现有工作人员实行职业资格管理制度，加强对从业人员的规范化管理，运用多种方式加大培训、轮训力度，着力提高公共文化服务队伍的思想水平与业务能力，使他们尽快步入专业化轨道。

二是根据各地实际情况，面向全社会公开招聘人才，配齐、配强文化站工作人员。采取措施吸引各类优秀人才进入公共文化服务领域，同时鼓励高校毕业生到基层从事公共文化服务工作，鼓励专业文艺院团的工作人员到基层担任文化辅导员和文化指导员。

三是努力调动广大民众参与公共文化活动的热情与积极性，在提高居民文化活动参与度的同时积极发现并培养业余文化骨干，充分发挥民间艺人、民间文化骨干在活跃基层文化生活、传承发展民间文化方面的作用。

4. 创设公共文化服务的资源整合机制。目前安徽省在公共文化服务体系的建设中，由于缺乏资源整合机制而带来的重复建设和反复投入的现象时有发生，无形间增加了财政负担又没有达到投入的预期效果。创设一种有效的资源整合机制应从两点着手：

其一是"合并同类项"。公共文化服务体系的建设中应该时刻注意与相关部门的沟通协调，不同的部门可能正在实施同一类型的建设项目，比如民生工程中的教育文化类投入可能同公共文化服务体系建设的投入相重合，而"农家书屋"工程，与原先的"共青书屋"、"科技书屋"等也存在一定的重复现象。对于这样的情况，要积极通过工作协调，合并同类项，减少重复投入与资源浪费。

其二是"寻求双赢者"。公共文化服务体系中，所有的文化服务项目与文化产品供应不可能也不应该完全依赖政府投入，除了政府应该全力保障的基础性文化设施与文化产品外，许多文化服务项目的实施和文化产品供应完全可以通过寻求共建单位、寻求合作对象的方式来完成。文化部门通过寻求合作，不仅可以减轻政府财政负担，而且提高了资源使用效率，激发了文化工作的活力。

5. 实施公共文化服务的运行评估与绩效评价机制。建立并完善公共文化服务的运行评估机制和公共文化投入的绩效评价机制，是提高公共文化服务体系建设水平，最大化财政支出使用效率的重要制度保障，包括以下三部分内容：

首先，建立完善的公共文化指标体系。这个指标体系至少包括3层子系统，其一是文化推动经济社会发展所体现出来的总体指标，包括GDP增长率、劳动生产率、基尼系数、高等教育入学率等等。其二是公共文化服务的有效供给指标，包括公园覆盖率、免费电台、电视台数量、影剧院数量、公共图书馆数量、博物馆数量、图书馆年人均流通次数、文化知识普及率等等。其三是公共文化服务的保障指标，包括文化事业费投入、广播电台覆盖率、文化信息资源共享工程覆盖率、公民满意度、居民人均文化消费、居民公共文化活动参与率、社会机构文化活动参与率等等。

其次，采用科学的评价方法。评价值的收集与测定应采用实证主义的方法，通过实地调研、问卷发放、相关访谈来进行，将所得的数据通过科学的分析形成相应的评价指标。评价权数的确定应结合实际情况反复斟酌，采用德尔菲法（Delphi）1来确定。相关参考值应采用国际上公认的标准。

6. 建立安徽省文化发展投资引导基金。安徽省文化发展投资引导基金的宗旨为筹措文化发展资金，资助公益文化，推动文化创新，扶植文化人才，促进文化交流，致力于安徽省公共文化事业的繁荣发展。通过各种开创性的工作，多渠道募集社会资金，力争成为安徽省公共文化事业发展的"助推器"与"蓄水池"。同时通过安徽省投资引导基金的建设，加速推进政府职能逐步适应文化体制改革的步伐。具体办法可参见《安徽省创业（风险）投资引导投资引导基金实施办法（试行）》（安徽省人民政府办公厅，2009年3月24日）。

对于安徽省文化发展投资引导基金，拟设立以下四个主要功能：

（1）主导示范功能。通过对优秀文化艺术项目的资助和支持，体现先进文化的主导示范作用。

（2）吸纳资源功能。通过公平公正公开的基金运作，把社会上有意资助文化服务的分散资金和资源集中起来，有效地投入到文化事业的发展中去，为发展民族文化和人类进步而做出积极的贡献。

（3）鼓励创新功能。通过对原创性、创新性、实验性项目的资助和支持，有力地推动文化新人的成长，吸引更多优秀的文化项目向安徽汇集。

（4）扩大交流功能。推动与整个长江中下游地区及海内外的文化交流，吸收人类文化发展的最新成果。

7. 搭建安徽省文化产权投融资平台。为繁荣安徽省文化市场，需要搭建这样一个以文化物权、债权、股权、知识产权等各类文化产权为投、融资对象的专业化市场平台，为各类出资主体提供灵活、便捷的投融资服务。安徽省文化产权投、融资平台的搭建，不仅可以成为安徽省深化文化体制改革的重要抓手，而且可以成为皖江城市带发展战略规划的有机组成部分。

安徽省文化产权投、融资平台应遵循“公开、公平、公正”原则，依法开展政策咨询、信息发布、项目推介、投资引导、并购策划、项目融资、产权交易等活动，运用规范化的市场运作，推动各类所有制文化企业实现资产重组、跨国融资并购等工作，通过产权交易、信息披露、投融资服务等方式为各类文化产权主体提供定价、资本进出通道，探索创建文化金融体系的新路径。

安徽省财政厅课题组
课题组组长：罗建国
课题组成员：朱长才　张永祥　焦玲仪
方虹慧

进一步支持我省经济发展方式转变的财政政策研究

长期以来，我国经济以粗放、外向型发展模式为主，随着资源环境压力的逐步增大，粗放的发展模式已不能适应新形势下的发展要求。党中央审时度势，及时调整思路，将转变发展方式，作为新时期实现科学发展的重要目标和战略举措，为今后如何加快发展指明了方向。从安徽的实际出发，加快转变经济发展方式，是继续保持科学发展的重要支撑，是加速崛起的必由之路。因此，当前发挥财政的职能作用，支持经济发展方式的转变，推动我省在中部地区率先崛起，是值得深入研究的重大课题。

一、转变我省经济发展方式的现实紧迫性分析

近年来，在省委、省政府的正确领导下，全省经济社会快速发展，国内生产总值（GDP）始终保持两位数增长，并历史性突破万亿元大关，经济总量稳步增长，发展质量和效益不断提升。但也应清醒看到，我省仍是中部欠发达省份，经济总量在全国的位次靠后，综合实力不强，尤其是经济结构不尽合理，基本处在高投入、高消耗、高排放、低效益的粗放经济增长阶段。因而，经济持续发展的后劲不足，切实需要尽快调整经济结构，转变经济发展方式。

（一）经济效益不高

90年代中期开始，特别是“十一五”规划实施以来，我省经济增长速度明显加快，呈现出强劲的发展势头。2006－2009年，全省GDP增幅分别为12.75%、13.94%、12.7%和12.9%，平均增幅达到13.1%，高于全国2.4个百分点。生产总值快速增长的同时，经济发展效益不高，人均水平未能有实质跨越，人均GDP始终在全国的65%以下，中部垫底；2007年我省宏观盈利率（营业盈余占生产总值比）为28.17%，居于中部六省末位，远低于江浙等发达地区。

（二）增长结构不协调

经济增长过多倚重投资尤其是建设投资。从2003年开始，我省全社会固定资产投资进入了高增长阶段，年均增速达到30%以上，2009年为9263亿元，占GDP总量的92.1%，居中部首位。从投资率看，2008年，我省投资率达到47.8%，高于全国5.1个百分点。投资结构失调，产业上投资主要集中于工业领域；城乡上，主要集中于城市地区。近年来投向农业和农村资金较少。2009年，全省固定资产投资三次产业分布比为2.7：43.5：53.8，其中工业占比41.1%，农业比重不足3%，固定资产投资城乡比为88：2，投资逐步向城市集中。

（三）有效需求不足

2009年，全省社会消费品零售总额为3528亿元，占GDP的比重仅为35.1%，低于全国平均水平2.3个百分点，处于中部靠后；2008年，我省城乡居民消费绝对数为6377元，排在全国第19位，仅为全国的78%。整体消费能力较低，消费率呈持续下降趋势，从2003年的63.4%下降到2008年的52.7%。

（四）出口贡献偏低

我省属于内需主导的发展模式，经济外向度一直比较低，出口贡献率有待提高。2008年，我省出口对经济增长的贡献率仅为－0.5，同期全国平均水平为9.2；2009年，全省进出口总额156.4亿美元，外贸依存度10.6%，远低于45%的全国平均水平。

（五）产业结构层次低

服务业发展不足。2009年，三次产业结构为14.9：48.8：36.3，同期全国为10.6：46.8：42.6，低于全国平均水平6.3个百分点。与两湖相比，我省三产所占比重分别低于湖南、湖北4.6和4.2个百分点。轻、重工业发展不协调。2008年，全省生产总值贡献率前八的工业行业中，重工业占

了7个，冶金、能源和化工产业等资源型行业占主导；2009年全省规模以上工业企业实现增加值3987.9亿元，轻重工业增加值比例为30.9：69.1，轻工业发展相对滞后。

（六）内生增长乏力

与发达省份相比，我省科技创新的投入、产出、机制等方面仍存在一定差距，内生增长乏力。一是资金投入比重偏低。2008年，全省科技经费筹集额254.54亿元，其中政府资金比重为16.3%，较2000年下降了12个百分点。二是研究与试验发展经费（R&D）占GDP比重较低。2009年，全省用于科技活动的经费支出达314.2亿元，其中用于研究与试验发展经费（R&D）131亿元，占全省生产总值的1.3%，低于1.62%的全国平均水平。三是高新技术产业比重有待提高。2009年全省规模以上高新技术产业实现增加值1094亿元，占全省工业增加值的比重26.9%，占全省GDP的比重10.9%，略低与湖南省，但与东部沿海地区相比仍有较大差距。

（七）资源利用率低

一是单位能耗物耗偏高。2008年，我省万元GDP能耗为1.075吨标准煤，高于江西；万元工业增加值能耗2.338吨标准煤，高出江浙发达地区1倍以上；万元GDP电耗为1106.81千瓦时，位居全国第14位，高于江西、湖南和湖北；万元工业增加值用水量276立方米，全国第三高，中部最高，是全国平均水平的2.2倍。二是全员劳动生产率较低。2008年，全国全员劳动生产率为3.89万元/人年，我省为2.29万元/人年，不到全国平均水平的60%，中部垫底。三是环境问题日益突出。2008年，全省万元工业增加值产生工业废水29.2吨，高出全国18.5%；工业废气4.5万标立方米，中部第二，高出全国66.7%；固体废物2.2吨，高出全国69.2%；污染严重的“三河三湖”中，我省占了两个（淮河、巢湖）。

综合以上分析，我省转变经济发展方式，形势紧迫，任务艰巨，需要进一步提高认识，率先推动转变经济方式，促进经济持续快速发展。

二、加快转变我省经济发展方式的基本思路

当前，我省正处于工业化、城镇化加速发展的关键时期。总体上看，我省经济发展仍处于重要战略机遇期。因此，必须抓住全国上下转变经济发展方式这一难得机遇，大力推进产业结构调整，促进低消耗、高附加值的现代产业加速成长，不断增强经济核心竞争力，促进经济持续快速发展。

（一）转变方式与加快发展相结合

我省是中部经济欠发达省份，经济基础比较薄弱，人均水平偏低，区域发展不均衡，因此，必须正视发展的差距，加快发展仍是核心任务，仍是第一要务。但与此同时，经济发展中呈现出发展不快和发展不好同时并存的明显特征。所以，当前加快发展，必须建立在转变经济发展方式的基础上，坚持在转变中求发展，在发展中促转变，推动经济发展由粗放型发展向集约式发展转变，由数量型发展向数量质量并重型发展转变，由依赖消耗资源发展向依赖提升附加值发展转变，切实把经济发展转变到又好又快的轨道上来。

（二）传统产业与现代产业相结合

传统产业和现代产业是经济发展的两个相对阶段，现代产业是现代科学技术成果运用到经济发展中形成的新型产业，是在传统产业基础上的新发展。两者之间的关系，传统产业是基础，现代产业是前沿，是产业演进的方向。我省传统产业产值占GDP的绝大部分，是支撑经济增长的基本力量。因此，必须要依托传统产业这个基础，通过对传统产业的创新和改进，优化传统产业结构，为经济的增长夯实基础。但另一方面，必须大力推进改革，推进创新，为现代产业发展创造良好的环境和条件，主动引导现代产业的加快发展，抢占新一轮发展的制高点，当前尤其要顺应世界科学技术发展的潮流，在新材料、新能源、新装备、现代金融、现代物流、现代文化、现代服务等领域，大力实施突破，积极推动发展，迎头赶上潮流，实现经济发展的新跨越。

（三）协调发展与功能完善相结合

我省区域地理和区位资源禀赋差异较大，各地经济发展水平参差不齐，因此，全省既面临加快发展的艰巨任务，又需要不断推进区域社会经济的协调发展。转变经济发展方式，要根据各地实际，发挥各自优势，突出特色，完善区域功能互补机制，在促进区域协调发展中，努力形成合理的、科学的不同区域特色突出的发展新格局。具体说，合肥、芜湖、蚌埠等重点城市，是全省经济发展的领头羊，科技实力雄厚，创新资源丰富，重点在于自主创新，大力促进现代产业加速发展。皖江城市带承接产业转移示范区的九市二县（区），作为我省转变发展方式的主要载体，重点是通过承接产业转移，构筑现代产业体系，加快产业结构升级。皖北

地区的三市七县，重点是推进现代农业发展，延伸农业资源利用链条，建设为现代化的农业生产基地。皖南山区、大别山区等拥有丰富的旅游资源，转变发展方式的重点在于大力发展第三产业，加大环境保护力度，建设旅游观光度假胜地。

（四）城市发展与农村建设相结合

我省是农业大省，农村人口占较大比重，工业化和城市化处在加速推进的重要阶段。因此，必须根据经济发展的进程，着力推进城市化，通过城市化为工业发展搭建坚实的载体。当前，尤其要兼顾大、中、小城市协调推进，积极支持小城镇建设，通过星罗棋布的小城镇发展，走我省特色的城镇化道路。在推进工业化、城市化的同时，要按照新农村建设的要求，加强推进新农村建设，促进城乡统筹协调发展。

（五）外引资源与内生增长相结合

我省经济基础薄弱，各项资源相对匮乏，因此，转变经济发展方式，实现又好又快的发展，仍需要高度重视创造好的体制、机制和环境条件，积极实施引进资源的战略，如招商引资、人才技术引进、学习先进的思想观念等，促进我省社会经济加快发展。当前，尤其要加快皖江城市带承接产业转移示范区建设，尽快发挥其功能作用，大力承接国内外产业的转移，实现经济的跨越式发展。从长远看，必须树立通过自主创新实现长期持续发展的新战略，建立经济发展的内生增长机制。因此，在外引资源的同时，要积极推进科技创新体制改革，创造有利于全社会勇于创新的环境，把创新形成一种社会时尚，探索教、科、研、企等体系相互促进、相互支持的新机制，加快科研成果的转化利用，促进经济发展方式的转变，实现长期持续的协调发展。

三、支持经济发展方式转变的政策建议

（一）财政支持经济发展方式转变的政策回顾

近年来，省财政紧紧围绕加快经济发展方式转变的战略任务，积极调整产业结构，着力推进自主创新，大力支持节能减排，努力推动区域协调发展，实现了全省经济社会的平稳较快发展。一是支持科技进步和自主创新。从2008年起连续五年安排6亿元资金专项支持合芜蚌自主创新综合实验区创新体系建设，2009年全省科技支出达14.5亿元，较上年增长46.6%，高于全省财政支出19个百分点，应用研发支出在中部省份位于前列。二是支持战略性新兴产业发展。研究出台了《关于财政支持企业发展的指导意见》，支持新能源、电子信息、生物医药、公共安全等领域战略性新兴产业加快发展。三是支持节能减排和污染治理。先后出台《关于财政支持节能环保推进生态文明建设的意见》、《关于加快新能源和节能环保产业发展的意见》，大力支持节能减排和污染治理。四是支持区域经济、县域经济加快发展。积极落实加快皖北地区发展各项政策措施，提前拨付皖北三市六县发展扶持资金2.6亿元和均衡性转移支付资金50亿元；出台《关于支持县域经济发展的若干意见》，推动县域经济迈上新的台阶。从已有政策实施情况来看，财政支持经济发展方式转变的机制框架初步构建，政策与资金配合，奖励与惩罚并举，对促进我省发展方式转变起到了重要的推动作用。

（二）财政支持经济发展方式转变的重点领域

1. 大力支持低碳经济发展。一是提高资源利用效率。完善资源税制度，扩大资源税征收范围，将部分对环境危害较大的产品和高档消费品纳入征税范围，提高稀缺性资源、高污染和高能耗矿产的资源税税额，建立资源税与资源品价格挂钩的弹性机制。完善资源有偿取得制度，严格资源开采的准入制度，挖掘资源开采潜力，不断提高资源利用效率。二是发展循环经济。支持废物、可再生资源回收和循环利用。加快发展替代能源，重点支持发展生物能源、风能等可再生能源。支持资源综合利用率高的产业加快发展。三是支持节能减排。继续加大对节能减排、技术创新的资金投入力度，支持低碳技术的研发，支持新能源产业和低能耗产业的发展；推进大型公共建筑和既有居住建筑节能改造；鼓励政府部门推广使用节能产品，支持节能环保产品使用和消费。四是发展新型产业。加快发展现代服务业，支持大型现代物流枢纽建设，推进金融创新，发展电子商务、软件产业、设计、动漫等文化创意产业，推动国际展贸中心、采购中心、结算中心、信息中心、价格形成中心等建设，促进现代服务业实现赶超式的发展。重点培育战略新兴产业。对新能源、新材料、节能环保、生物医药、信息网络和高端制造产业，要制定扶持发展的政策体系，推行以奖代补、先建后补等机制，加大投入和支持力度，培育战略新兴产业加速成长。

2. 大力支持皖江城市带承接产业转移示范区建设。一是重点支持示范区内工业园区建设。对示范区内所有工业园区进行资源整合，选择一批基础条件和发展前景好的工业园区，安排专项资金支持

重点园区的基础设施建设，尽快打造一批产业明确、环境良好、效益突出、带动作用较强的工业园区。二是引导皖江城市产业合理分区布局。按照皖江城市带各区域的主体功能定位，科学合理引导省内外的各种生产要素和创新资源进入示范区，吸引装备制造、生物医药、新材料、动漫文化等产业在城市带功能区域内进行科学合理布局。三是建立示范区资源环境保护机制。建立皖江城市带环保专项财政政策体系，逐步建立企业治污补偿机制、污染物排放收费机制和生态建设与环境保护的补偿机制，将转移支付资金、专项拨款等与当地生态建设绩效挂钩，分类制定奖励、返还和优惠政策，明确环境资源准入标准与制度，将高能耗、高污染的企业、产业拒之区外，实现示范区的经济发展与环境保护统筹推进。四是积极搭建示范区建设的融资平台。政府设立引导基金，吸引社会资金加入，组建新型示范区建设融资新平台，支持示范区建设。利用信托投资公司发行相关信托产品，筹集建设资金支持示范区发展。大力支持发展地方金融业，组建一批村镇银行，发展农村新型金融服务，为示范区建设提供金融支持。

3. 大力支持自主创新和科技进步。一是突出自主创新公共服务体系建设。按照公共财政原则，减少“点对点”对企业的直接资助，财政更多地支持科技研发、科技成果转化、科技项目融资、科技信息化和科技成果转让交易等平台建设。二是引导社会资金向创新领域集聚。进一步加大财政科技投入，积极支持创业（风险）投资引导基金试点，探索采用融资担保方式运作创业（风险）引导基金，提高政府创业投资引导基金的放大效应，增加创业资本市场的资金供给。三是集成优势创新资源。推进科教优势向自主创新优势转变，形成以企业为核心的产学研合作体系。完善企业与学研双向租用、借调、互换技术人员的制度，鼓励科研人员到企业工作，鼓励以技术专利“入股”，与企业结成紧密的创新实体，鼓励科技人员创办科技型企业。四是支持自主创新成果产业化。尽快制定自主创新产品目录，发挥政府首购和订购的作用，优选购买自主创新产品，产生示范效应，促进自主创新产品逐步被社会熟悉和认可。五是完善创新人才激励机制。加大对科技创新创业领军人物和优秀创新团队的奖励力度。设立政府特别奖，专项用于奖励在科教领域，以及在生产一线具有较强创新能力并做出重大贡献的高层次专业技术人才，激发企业家和科研人才的创新激情和活力。

4. 推进城镇化建设。一是加快城市群建设。支持合肥金融服务中心、交通运输中心、商品流通中心、信息流转中心、科教文化中心等建设，提升省会首位度，带动周边城市发展；支持沿江城市群基础设施建设，推动沿江城市跨江合作和联动发展，逐步形成以长江及重要交通干线为主轴、以先进制造业为主导的产业密集带和城市群；构筑“两淮一蚌”重化工业走廊，发展特色制造业，使“两淮一蚌”成为皖北地区奋力崛起的龙头。二是加快小城镇发展。进一步支持中小企业自主创新，促进中小企业加快发展，以中小企业的发展促进小城镇发展。进一步支持农村金融、流通等合作经营组织的发展，以金融、流通等的加快发展，促进小城镇加快发展。建立小城镇建设专项资金，逐年支持一批小城镇的基础设施建设，引导小城镇加快发展。三是加快新农村建设。进一步加强新农村建设的规划，按规划稳步推进新农村建设；进一步加大农村的基础设施和公共服务体系建设；大力支持农村经济发展。足额安排资金，确保各项补偿政策落实到位；加强农民职业技能培训，扶持农民专业合作组织，推动农村二、三产业发展，着力增加农民收入。四是加快农村土地整治。统筹各项土地整治资金，加快农村土地整治整村推进步伐，每个区县要选定3－5个村进行广泛试点，以此为示范促进村庄改造建设和土地有序流转，积极搭建农村土地整治信用平台，引导金融机构提供更加完善的金融服务，推动城市资本下乡，促进城乡土地资源优化配置。

5. 加快现代农业发展。一是加大现代农业试点的投入。建立现代农业试点的扶持政策体系，完善扶持措施，加大扶持力度，不断扩大现代农业试点的影响力，引导和促进现代农业加快发展。二是健全农业服务体系。积极推进土地流转方式创新和土地流转市场建设，规范土地流转的管理，为现代农业发展创造制度和体制条件。深化农产品流通、农村金融等改革，完善农村金融服务体系。支持农业合作组织建设，扩大农业服务的主体。深化农业科技体制改革，着力构建农科教、产学研一体化的农业科技服务体系。三是支持农民创业。开展农民生产技能和创业发展的培训，提高农民发展现代农业的能力。引导和支持外出农民回乡创业，带头发展现代农业。完善支持政策，支持农民创业。

（三）积极推进财政体制机制创新

转变发展方式，不可能一蹴而就，需要不断改革，推进体制机制创新，逐步形成有利于加快经济发展方式转变的体制机制和政策导向，在改革中促转变，在转变中谋发展。一是健全财力与事权相匹配的财税体制。根据受益范围等原则，进一步明确各级政府支出责任，按照财力与事权相匹配的原则，适当调整政府间收入划分。二是完善转移支付制度。加大一般性转移制度力度，完善一般性转移支付稳定增长机制，加大对财力薄弱地区的财力支持，促进各地公共服务均衡化发展。三是创新省以下财政体制管理方式。完善省管县的财政体制管理方式改革，减少财政管理层次，大力推进乡镇财政体制改革，完善“乡财县管”制度。四是继续实施结构性减税（费）政策。深化增值税转型改革，全面实施成品油税费改革，继续加大减费力度，减轻企业和居民负担，促进企业技术进步。五是积极构建有利于发展方式转变的税收制度。进一步完善消费税、资源税、所得税制度，调整进出口税收政策，从机制上抑制追求 GDP 增长的内在冲动，促进产业结构优化，提高资源配置效率。六是构建绩效预算评价体系。建立项目评审制度，完善绩效考评指标体系，指标权重向结构优化、自主创新、资源节约、环境保护、就业和民生改善等方面倾斜，使绩效预算评价体系成为推动科学发展的管理新机制。

安徽省财政厅课题组
课题组组长：左　俊
课题组成员：于华伟　王召远　虞明哲
叶翠青　殷路滨　周　远
谢　勇　程丹润　万　勇

完善基层医药卫生体制综合改革财政政策研究

2009 年底，省政府决定在 32 个县（市、区）以实施基本药物制度、实行药品零差率销售为突破口，统筹推进基层医疗卫生机构管理体制、人事制度、分配制度、保障制度及基本药物制度等综合改革试点，经过近半年的努力和探索，试点工作取得阶段性成效，财政补偿新机制有效运转，机构公益性得到普遍回归，基本药物制度全面建立，用人新机制逐步完善。

本课题研究旨在跟踪总结试点成效及其存在问题的基础上，提出进一步完善试点财政政策的措施和建议，为全省推行综合改革奠定基础。

一、基层医疗卫生机构财政政策的发展历程及启示

新中国成立以来，我国基层医疗卫生事业发展经历了计划经济时期的辉煌、市场化改革时期的波折、科学发展时期的振兴等三个阶段，相应的财政政策表现出不同的特征和保障方式。

（一）计划管理阶段（1949—1979 年）。以政府财力保障或集体经济保障为主导，福利性程度较高，但保障水平有限。

1. 20 世纪 50 年代。乡镇卫生院表现为一种互助性质的集体医疗保健制度载体，或由一些个体医生联合组成的医疗保健所，主要是在农村合作社和公社化的高潮中形成的，后称为小集体乡镇卫生院，其经费保障来源于集体经济。

2. 20 世纪 60 年代。1960 年中央要求公社设卫生院，生产大队设卫生所（保健站），在偏远山区、老区和少数民族地区由国家举办卫生院。公社卫生院、卫生所是集体卫生福利事业，社员缴纳其他一定保健费，看病只交药费或少量挂号费，公社、生产队公益金补助一部分。

3. 20 世纪 70 年代。1970 年以后，中央决定“把医疗卫生工作重点放到农村去”，投入大量资金用于乡镇卫生院基本建设，并将乡镇卫生院分为全民和集体两种所有制。全民所有制的经费由国家财政拨付，财务上实行“全额管理、定向补助、节余留用”制度；集体所有制的经费主要由农村集体支付，国家给予一定经费补助。

（二）市场运作阶段（1979—2009 年）。主要靠提供市场医疗服务和以药补医来维持，财政资助减弱，集体经济投入缺失，公益性逐渐淡化。

1. 20 世纪 80 年代。1979 年以后，受市场经济体制改革示范效应及财政“分灶吃饭”体制影响，农村集体经济解体，财政困难与投入不足，合作医疗式微，农村卫生组织在人、财、物等方面越来越“自力更生”了。1986 年，对乡镇卫生院实行“定项补助，结余留用，超支不补”的财务管理办法。政府补助额为乡镇卫生院国家职工（含离退休人员）基本工资总额（含离退休人员费用总额）和集体职工（含离退休人员）基本工资总额 65%，并将其分为固定补助（国家职工工资和离退休人员补助金）和定项补助（农村医疗、预防、保健任务补助，人员进修培训补助和小型维修购置补助等）

两部分。

2. 20 世纪 90 年代。1994 - 1997 年，对乡镇卫生院实行补人员工资加发展专项的补助政策。1994 年，中央和地方财政设专项资金，加大基层服务体系建设力度，推进农村卫生“三项建设”（乡镇卫生院、县防疫站、县妇保院），主要解决乡镇卫生院“一无三配套”（无危房，房屋、设备、人才三配套）问题。1997 年，继续保留并逐步增加农村卫生三项建设专项资金，并对在职人员经费实行差额补助，离退休人员不分全民与集体并逐步过渡到由财政全额补助。

3. 2000 - 2008 年。这一时期，逐渐恢复财政保障的主体地位，开展新型农村合作医疗制度试点，财政对基层医疗卫生机构实行定项或定额补助政策。但政策落实效果不好，逐利倾向、分化格局明显。2000 年以来，财政对政府举办的社区卫生服务机构逐步由以服务量为主的定额补助，演变为对其基本建设、设备、人员培训及离退休人员费用等进行补助。2003 年以来，新型农村合作医疗制度开始试点，并由财政对参合农民给予补助，开启了财政对需方补助之先河。同时，提高了对乡镇卫生院财政保障程度，启动和实施农村卫生服务体系建设项目，支持乡镇卫生院和村卫生室业务用房建设、设备购置与更新。

（三）*公益回归阶段*（2009 年至今）。这个时期，把基本医疗卫生制度作为公共产品向全民提供，确立政府举办的基层医疗卫生机构公益性，由政府负责其发展与运转。同时，对社会力量举办基层医疗卫生机构采取购买服务等方式给予补助。2009 年，结合中央医药卫生体制改革规定，我省推进了基层医药卫生体制综合改革试点，并对基层医疗卫生机构财政政策进行明确和规范。主要包括四个方面：一是公益导向。政府举办的乡镇卫生院、社区卫生服务中心纳入政府编制管理和财政保障，提供基本公共卫生服务和基本医疗服务职能定位明确，基层医疗卫生机构公益性管理体制初步确立。二是合理补偿。政府举办的基层医疗卫生机构人员经费和业务经费等运行成本通过服务收费和政府补助补偿，政府按照“核定任务、核定收支、绩效核补助”的办法给予补助。三是保障待遇。明确基层医务人员工资水平与当地事业单位平均工资水平相衔接，保证其平均收入水平不低于改革前水平。四是乡村联动。将已实行一体化管理的行政村卫生室纳入改革试点范围，政府对其承担的基本公共卫生服务和实行药品零差率给予补助，按行政村户籍人口每 1200 人每年补助村卫生室 8000 元；各地还可结合实际对村卫生室给予适当补助。

从基层医疗卫生机构财政政策发展历程来看，我们不难得出以下几点启示：一是要正确处理财政投入与效率的关系。计划管理阶段，基层医疗卫生机构是以政府财力或集体经济保障为主导，但忽视了政府（集体）投入效率，“一大二公”思想严重，“大锅饭”、“铁饭碗”、“养懒汉”现象普遍，效率低下。财政是一种公共资源，投入必须要注重效率，要通过创新体制机制，采取明确责任、落实任务、强化考核等措施，从根本上消除旧体制机制形成的弊端，保障其投入的有效性。二是要正确处理经济效益与社会效益的关系。财政对基层医疗卫生机构投入弱化，依赖市场运作，必然增强基层医疗卫生机构逐利化倾向，淡化其公益性，过于追求经济效益，忽视社会效益，百姓“看病难”、“看病贵”问题突出。因此，必须要正确处理财政投入的经济效益与社会效益关系，通过保障有效的财政投入体现公益性和社会效益，通过借鉴、运用市场机制手段提高财政投入的经济效益，从体制机制上保障经济效益与社会效益协调发展，着力解决人民群众“看病难”、“看病贵”的问题。三是要财政投入兼顾供需双方。通过对供方的投入保障医疗卫生服务的有效供给，通过对需方的投入实现医疗卫生服务的有效需求，从而保持医疗卫生服务供给与需求的协调性。同时，通过需求方对供给方的反作用，引导和促进医疗卫生服务供给方规范行为、提高服务水平和效率。

二、基层医药卫生体制综合改革财政政策成效及问题

（一）*初步成效*

1. 公益性质得到回归，政府投入加大。综合医改突出强调了基层医疗卫生机构公益性。一是政府投入范围扩大。政府投入范围涵盖了基层医疗卫生机构的方方面面，包括基本建设、设备购置、人才培养（培训）、离退休人员经费，以及其经常性收支差额补助等，其发展和运转均纳入政府保障范围，从根本上改变了过去主要依靠其自身创收保障的局面。二是政府投入方式兼顾供需双方。政府投入由过去主要补供方变为兼顾供需双方，并采取提高需方补助水平、通过购买供方服务间接补偿供方。三是政府投入量加大。政府投入范围的扩大、投入方式的创新，客观上使得政府对基层医疗卫生

机构投入量加大，保障水平提高，基层医疗卫生机构逐利动机消除，公益性回归。初步统计，1－6月份试点地区政府投入（供需双方）4.4亿元，较上年同期增长167个百分点。改革后，试点地区基层医疗卫生机构政府补助占总收入的比重上升了25.7个百分点，部分县上升了30个百分点以上。

2. 补偿机制基本建立，财政资金落实。综合改革后，基层医药卫生机构的财政补偿发生了根本变化。一方面，财政投入范围和方向明确，为落实财政投入提供了政策依据；另一方面，各级财政投入责任明晰，为落实财政资金提供了政策保障。同时，开始建立预算管理制度，实行国库集中收付办法，为加强和规范财政管理、保障资金落实和效益奠定了基础。

3. 综合改革成效初显，运转机制转变。基层医疗卫生机构新机制开始正常运转，3月份以来业务收支开始逐步回升，有的地方已经接近去年同期水平。一是基本药物制度开始实施，"以药养医"机制破除。试点地区基层医疗卫生机构基本药物（含省补充药品）全部实行全省统一网上集中招标采购、统一定价、统一配送，并实行零差率销售，初步破除了"以药养医"机制，切断了药品收入与基层医疗卫生机构利益链，"大处方"现象得到遏制，群众门诊、住院次均药品费用明显下降。1－3月份，试点地区基层医疗卫生机构人均门诊费、住院费同比分别下降32.7%和29.5%。二是基本服务功能趋于理性，公共卫生服务得到加强。试点地区基层医疗卫生机构服务功能进一步明确，由过去主要提供医疗服务定位于提供"两个基本服务"，即基本公共卫生服务和基本医疗服务，同时财政对公共卫生服务经费投入增多，基层医疗卫生机构的服务功能趋于理性，"医院化"、"市场化"、"逐利化"倾向得以改善，不再像过去那样片面追求经济效益，面向基层群众、立足预防的健康教育、妇幼保健、基本公共卫生服务等工作得到加强。三是定编定岗全员聘用，择优用人机制初步建立。试点地区核编定岗工作全部完成，通过公共选拔、组织考察方式选聘院长（主任）工作全部到位，通过考试与考核结合办法竞争上岗工作全面结束，因事设岗、全员聘用、合同管理的用人机制初步建立。据统计，截至2010年6月底，试点地区核定编制18138人，实际竞争上岗人员16619人，专业技术人员比例达87.2%以上，比改革前提高了11.1%其中公共卫生服务人员比例达到21%。同时，采取提前退休、系统内调剂、3年过渡安置、自谋职业等多种方式安置分流人员6800余人，其中在编分流4500余人、非在编分流近2300人。基层医疗卫生机构人员结构得到了优化、队伍建设得到了加强。

（二）主要问题

1. 财政单方投入，资金保障压力大。基层医疗卫生机构以实行基本药物零差率销售为突破口的综合改革后，其发展和运转经费保障主要依赖于财政单一渠道投入，并且还要保障供需双方的需要。同时，综合改革后药品收入不再作为基层医疗卫生机构经费补偿渠道而扩大的经常性收支差额补助，以及人员分流安置、购买村医服务等支出，都加重了财政负担，财政保障压力大。

2. 导向机制欠缺，激励约束需强化。综合改革后，财政投入加大，保障程度提高，基层医疗卫生机构公益性得到了回归，但财政政策和资金的导向机制欠缺，特别是绩效工资激励作用有限，加上"绩效双考核、结果两挂钩"的办法未实施到位，一定程度上滋生了基层医疗卫生机构及其人员"大锅饭"思想，医务人员工作积极性有所下降，病人"逆向流动"现象较为普遍，即乡镇卫生院住院病人流向县医院、转出县外的病人明显增多，导致了财政投入没减少、病人实惠没得到、基层医疗卫生机构没发展的"三难"局面。

3. 积淀问题显现，持续发展待考验。综合改革搅动了基层医疗卫生机构的"一池春水"，旧的运行及补偿机制已被打破，新的机制正在建立。在新旧机制转变过程中，旧机制下积淀的一些矛盾和问题需要逐步解决和消除，而有些矛盾和问题将会影响基层医疗卫生机构的持续发展。一是基层医疗卫生机构历史债务问题不容忽视。综合改革前，基层医疗卫生机构公益性淡化，市场化、逐利化倾向明显，自我筹资、自我发展，基础设施欠账较多，工程款、药物款、职工集资款等固定负债、流动负债包袱较重。综合改革后，割断了基层医疗卫生机构"新债"还"旧债"的资金链，其历史债务包括基建欠款、医疗器械购置款、药品拖欠款等问题应引起重视。二是村医收入保障政策需完善。村医（指尚未取得执业医师资格或者执业助理医师资格，经注册在村卫生室从事预防、保健和一般医疗服务的乡村医生）由计划经济时期"赤脚医生"演变而来。"赤脚医生"原先是农民，取得资格后"半农（商）半医"，其收入主要来源于农民缴纳其他的保健费、农业公益金提取的业务收入和药品利润，并且与记工分相结合。综合改革前，以村卫生室为依托的村医“半农（商）半医”，不属于财政保障范围，其收入主要来源于其承包土地（经商）收入、医疗卫生服务收入等。综合改革后，村卫生室是农村医疗卫生服务网络的“网底”，村医收入保障政策有待进一步完善，以确保村医队伍稳定和农村医疗卫生服务网络完整，保持基层综合改革的可持续发展。

三、完善基层医药卫生体制综合改革财政政策建议

（一）明确政府责任，加大经费投入

1. 加大财政投入。进一步明确政府、社会与个人的卫生投入责任，切实按照“两个逐步提高”（逐步提高政府卫生投入占卫生总费用的比重，逐步提高政府卫生投入占经常性财政支出的比重）的要求，确立政府在提供公共卫生和基本医疗服务中的主导地位。同时，要充分发挥政府投入与医保（城镇职工医保、城镇居民医保、新农合）基金的合力，探索建立多渠道投入机制。2. 明确投入重点。按照满足“社会公共需要”的原则，科学合理调整财政支出范围、重点和方式，加大医疗卫生投入，切实提高医疗卫生支出占经常性财政支出的比重（2009 年中央 2.9%、我省 3.3%，国际普遍 10% ~12%），并确保政府新增医疗卫生投入重点用于支持公共卫生、农村卫生、城市社区卫生和基本医疗保障。

（二）创新投入方式，增强资金合力

1. 兼顾供需，统筹算账。政府卫生投入要兼顾供需双方，统筹算账。投入医疗卫生机构等服务供给方资金，其着力点主要是提升医疗卫生机构和人员的服务能力和水平，包括基层医疗卫生服务体系建设、医务人员队伍建设和保障基层医务人员合理待遇等。投入医疗保障、公共卫生服务等需求方资金，其着力点主要是提高人民群众的医疗服务消费能力，包括对城镇职工、居民医保和新农合等医疗保障投入、城乡居民公共卫生服务投入等。通过供需双方的投入，确保服务供给与需求的协调发展。

2. 多头补偿，增强合力。目前，基层医疗卫生机构的收入来源包括政府投入、医保基金和个人支付三个渠道，要统筹发挥财政补偿和医保基金支付的作用。根据医保基金承受能力和药品实际加成情况，采取购买医疗服务的方式，按照基本药物销售额的一定比例，也可采取其他方法，从医保基金中切出“一块”用于基层医疗卫生机构经常性收支差额补助，积极建立多渠道补偿机制，增强资金合力。

3. 改革医保付费，控制医疗费用。从国内外理论和实践来看，预付制已成为医疗费用支付方式改革的方向。要积极推进基本医疗保障（包括城镇职工、居民医保及新农合）费用总额预付制，合理确定门诊、住院统筹基金补偿预付总额，据实结算、超支不补，并在此基础上积极探索大病按病种付费和常见病按人头付费办法。同时，鼓励探索基层医疗卫生机构与医保经办机构协调谈判机制，通过谈判确定医疗服务范围、服务质量要求、费用支付标准和方式等，采取购买医疗服务的方式，规范基层医疗卫生服务行为，控制和节约医疗费用。

（三）完善体制机制，提供改革支撑

1. 完善预算管理制度。进一步规范基层医疗卫生机构定额管理，科学核定基层医疗卫生机构收支，统筹编制收支预算，足额安排经常性收支差额预算，强化预算执行。深化国库集中收付管理改革，规范流程、简化手续、减少环节，所有支出采取财政直接支付与授权支付相结合，对基层医疗卫生机构药品及其医用卫生材料等购买性支出，全部实行财政直接支付；对日常零星的办公等公用经费、医保门诊及住院统筹及时结报基金支出，在确定合理额度基础上实行授权支付。

2. 完善转移支付制度。优化转移支付结构，实行医疗卫生专项转移支付与一般均衡性转移支付相结合。专项转移支付实行统一政策、统一补助标准；均衡性转移支付主要用于弥补县级主体税收收入不足以提供基本公共产品时的财政收支缺口，并保证不同经济发展水平地区和不同收入阶层在享受基本医疗卫生服务方面达到均等。同时，建立激励性转移支付制度，借助财政政策和资金的激励作用，分别对完善基层医疗卫生体制综合改革、积极清理消化基层医疗卫生机构历史债务、深化财政改革和规范财政管理等给予奖励。

3. 完善绩效考评制度。进一步完善“绩效双考核、结果两挂钩的”考核制度，细化考核项目和内容，切实将门诊和住院人次及其次均费用、医德医风及其服务态度等与核定的基层医疗卫生机构任务、收入及其职工工作业绩结合起来，从体制上改变“大锅饭”“养懒汉”的现象。改进绩效考核方式，实行政府考核与社会考核结合，积极推进考核的专业化、社会化和信息化，建立起多方参与、协调高效、公开透明、公平公正的绩效考核工作机制，提高绩效考核的实效性。统筹运用绩效工资等杠杆作用，合理确定绩效工资的绩效比例，加大对医务人员特别是医疗业务骨干的倾斜力度，鼓励基层医疗卫生机构在坚持公益性基础上合理创收，探索建立超收奖励机制，调动基层医疗卫生机构及其职工的积极性。同时，逐步建立转移支付资金监控和效益评价体系，将转移支付资金数量与使用效果挂钩，提高资金使用效益。

4. 规范运行管理机制。进一步完善药品省级集中统一采购配送制度，认真落实基本药物以省为单位招品种、招数量、招规格、招厂家的规定，按照“质量优先、价格合理、持续供应、及时配送”的目标要求，直接面向生产企业招标，实行配送企业资格准入制，并由中标生产企业选择配送企业负责其中标药品配送。稳定农村三级医疗卫生服务网络，全面推进村卫生室一体化管理，积极探索建立村医职业化制度，进一步完善政府购买村医服务机制。建立动态的基层医疗卫生机构债务规模调控机制，严格控制新增债务，实行政府与基层医疗卫生机构双向责任制稳妥化解历史债务，并采取分类管理、分类化解，对历史债权关系明晰的应通过行政的、法律的等多种手段予以收回，对人为因素导致的债权流失的应追究责任人责任，对已形成资产（包括固定资产和流动资产）的债务，要在评估确认资产价值、办理国有产权的基础上，可由其事业发展基金分年度予以偿还，没有事业发展基金或事业发展基金不足的，可由其贷款、政府贴息分年度逐步化解，确保基层医疗卫生机构可持续发展。

（四）强化监督管理，保障改革效果

1. 加强财务会计制度建设。结合基层医疗卫生机构国库集中收付制度改革，加快研究制定适应我省综合改革需要的财务会计制度，进一步规范基层医疗卫生机构资金的筹集、使用和管理，切实加强收支核算、分析和成本控制，全面准确地反映财务运行情况。强化会计核算，组建基层医疗卫生机构会计核算中心，也可利用会计师事务所等社会中介组织，积极探索并建立基层医疗卫生机构代理记账制度，确保会计核算客观、真实、准确。

2. 完善监督检查机制。健全基层医疗卫生机构相互制约的内部控制制度，规范操作程序，优化工作流程，保障资金使用管理的安全、规范和有效。完善监督检查制度，实行经常性监督与专项监督相结合，对资金分配、使用、管理及其绩效等情况进行全面监管。建立监督检查工作联动机制，充分利用各种监督资源，统筹行政监督、财政监督和审计监督，实行政府监督与社会监督相结合，形成科学合理的动态监控体系，切实增强监督检查的公开、透明和公平性。

3. 推进信息公开制度。加强基础信息建设，建立健全基层医疗卫生机构收支运行状况分析制度，推行医保资金分配使用情况定期公告制度。充分发挥注册会计师和现代会计服务业在基层医疗卫生机构收支核算上的事前审核、事中控制、事后审计的作用，鼓励借助会计师事务所等社会中介组织对基层医疗卫生机构收支及其绩效进行核定与考核，全面实行基层医疗卫生机构年度财务报告注册会计师审计鉴证制度和信息披露制度。

安徽省财政厅课题组
课题组长：吴天宏
课题成员：朱艾勇　叶宜德　徐玉明
汪小俊　朱　霖　吴晓红

提高财政管理绩效研究

随着财政管理体制改革的不断深入，财政资金的使用效益越来越受到各级政府、社会各界的高度重视和广泛关注。将绩效理念引入财政管理领域，对推进政府职能转变，提升财政公共服务能力，发挥财政资金使用效益，实现经济社会又好又快发展具有十分重要的现实意义。

一、财政管理绩效概述

（一）财政管理绩效基本概念

绩效的基本内涵包括个人、组织、政府等在内的绩效主体努力和投入及其产出的合理性、有效性，即行为及其结果和效果。绩效最初应用于企业管理之中，20 世纪七八十年代开始引入政府管理领域。作为一种全新的政府管理模式和实用性管理工具，通过绩效目标制定、绩效体系设计、绩效信息收集、绩效评价、绩效改进五个环节，将政府部门的职能和战略与绩效管理相连接，促进政府工作效率和效益的持续提升。

财政管理绩效是指通过一种特殊的管理活动，运用科学的评价方法，对财政管理全过程的成本和效益进行评价分析，并将评价结果融入整个财政管理过程，从而使财政管理工作遵循经济、高效的原则，以提高财政管理效率、资金使用效益和公共服务水平。一般来说，财政管理绩效重点是考核政府部门的综合成本效益比，包括绩效计划、绩效支持、绩效评价和绩效调控，其中，绩效计划是前提和基础，绩效支持是媒介和载体，绩效评价是手段和保证，绩效调控是目的和方向。

（二）财政管理绩效相关理论

1. 公共选择理论。起源于 20 世纪 30 年代，核心观点是：市场经济条件下政府干预行为具有局限性及政府失灵问题，如公共决策失误、政府机构低效率、政府部门扩展，为避免由此导致的“以手投票”、“以足投票”现象，必须在公共部门中引入竞争机制，实现绩效管理，提高政府管理效率。

2. 新公共管理理论。20 世纪 70 年代的石油危机和福利国家负担过重，使各国政府陷入困境，新公共管理理论应运而生。其主要内容是：强调政府公共服务应以市场或顾客为导向，注重服务效率、效果和质量，主张引入成本—效益分析方法，界定、测量和评估政府绩效目标，通过市场机制替代政府直接提供和管制，以提高政府支出效率和有效性。

3. 财政效率论。西方“政府再造运动”理论认为，作为一个特殊的效率范畴，财政效率反映的是政府配置资源的效率和行政运行的效率，即经济效率和社会效率两个方面。与行政效率相比，财政效率论更加注重政府资金的使用成本和效益，重点解决该不该办、应该花多少钱、花钱是否值得等问题，是财政绩效管理的核心思想。

（三）提高财政管理绩效的必要性和紧迫性

1. 公共财政的性质。公共财政本身富有效率属性，社会主义财政是公共财政，本质是为民理财、为国理财，必须强化财政管理绩效，提高财政资金使用效益。

2. 政府职能的转变。政府职能转变的核心是“统治型”向“服务型”过渡，建设高效、廉洁、责任政府，这一过程普遍会遭遇诸如机构林立、人浮于事、支出浪费等“低财政效率难题”的干扰，需要引入绩效管理，加强绩效考核，提升行政效能。

3. 当前财政的特点。现阶段，我国财政刚由“吃饭财政”向“建设财政”转变，财力大而不强，财政资源稀缺性特征明显。让有限的财政资金实现效益最大化，必须推进绩效管理，集中财力办大事、办好事、办实事，更好地发挥财政职能作用，实现经济社会又好又快发展。

二、国外财政管理绩效的实践及启示

（一）美国财政绩效管理实践

美国的财政绩效管理实践可以分为四个阶段，分别是起源探索阶段、效率阶段、预算管理阶段、政府再造阶段。

起源探索阶段。在实施绩效预算之前，美国政府的传统预算管理从审计和财政监督的角度出发，强调收支的合法性，特别重视“钱从哪里来，往哪里去”的问题，目的是杜绝贪污。1906 年，纽约成立市政研究院，首次把以效率为核心的绩效评价技术应用到政府，对政府活动的成本投入、产出、社会条件进行绩效评价。

效率阶段。为应对 1929—1933 年的资本主义经济危机，美国政府推行了罗斯福新政，行政权急剧扩张，政府规模迅速扩大，财政支出比例和数目加大，整个社会开始重视财政管理的“效率”问题。

预算和管理阶段。1950 年，美国国会通过了《预算与会计程序法》，在联邦政府所有部门实行预算绩效评价。60 年代后，联邦政府不断推进以绩效为中心的预算改革，如约翰逊时期的计划—项目—预算制度（PPBS）、尼克松时期的改革目标管理（MBO）方案、卡特时期的零基预算制度，通过绩效信息使预算编制和项目决策合理化、科学化，控制财政支出，降低行政成本，提高政府的效率和效益。

政府再造阶段。1993 年 7 月，美国国会通过的《政府绩效与结果法案》（The Government Performance and Results Act/GPRA），被称为“推动美国政府再造的纲领性文件之一”，全面规定了实施政府绩效管理的目的、内容及其实施进程，明确了政府应该是以结果为导向，由绩效来引导而不是由过程来引导，鼓励行政管理中的放权与减少程序控制。同时，建立国家绩效审查委员会（NPR），成立管理和预算局（OMB）、联邦会计总署（GAO），保证法案的有效实施。

（二）英国财政绩效管理实践

英国财政绩效管理实践可以分为两个阶段：

第一阶段为 20 世纪 80 年代。1982 年，英国颁布了著名的《财务管理方案》，要求政府各部门树立浓厚的“绩效意识”。1985 年，英国政府又宣布，公共部门凡是涉及财政资金问题的所有政策议案，都必须向内阁或内阁委员会说明提案的实施目标及达到目标所需要投入的成本，并在提案实施后提交实施的结果和效果评价报告。在责任机制方面，将传统体制下直接控制的“权属关系”转变为适当控制的“绩效合同关系”。

第二阶段为 20 世纪 90 年代。1997 年，在“最佳价值”的公共服务理念指导下，英国真正建立起了较为规范的财政绩效管理制度。政府颁布的《全面支出审查法案》要求对各公共部门预算和支出进行全面审查，并在此基础上建立起以后连续3年的支出计划。2000年，议会通过并正式颁布《政府资源与会计法案2000》，确立了部门编制资源报告的法律依据，也使财政绩效管理水平上升到一个新的高度。目前，英国政府正在酝酿以“参与式预算”作为进一步提升财政绩效管理的突破点，让民众通过公共辩论或者举行社区公投来决定地方财政预算的用途。

（三）其他国家实践情况

加拿大绩效管理改革开始于20世纪70年代末发布的《绩效评价政策》，90年代以后，内阁财政委员会先后发布了《绩效检查条例》、《对绩效评价工作的研究》、《加拿大政府绩效评价政策和标准》等文件，明确了内部审计与绩效评价的区别，将绩效评价的范围扩大到政府部门的政策和计划，努力使绩效评价深入到政府各部门的管理工作中。新西兰的绩效改革主要由《国有企业法案》、《国家部门法案》、《公共财政法案》、《财政责任法案》四个法案来推动，通过调整部门职能，明确由直属于首相的国家服务委员会牵头开展各部门绩效评价工作，有效避免了各部门相互扯皮，保证了评价结果的公正性。澳大利亚建立了全新的绩效预算报告制度和高度分权的政府绩效管理框架，通过全面实施权责发生制会计核算体系以及注重投入产出，旨在强调工作效果的绩效管理制度。韩国、菲律宾、印度等一些新兴工业化国家及发展中国家也加入这场改革，把绩效管理改革作为政府改革的一个重要组成部分，以此提高政府效率和服务质量。

（四）主要经验及启示

1. 以法制建设为保障

绩效管理是政府管理理念的一次革命，涉及政府内部不同部门之间利益的重新调整，需要强有力的法律制度的保障。纵观国外财政绩效管理历程，要想顺利推进改革，必须得到国会的全力支持，并以国会立法的形式推进，以法律的形式将各方的权利和义务固定下来。

2. 以预算管理制度为基础

财政绩效管理是财政管理方法和技术创新发展的结果，加强财政管理需要一系列预算管理制度作保障。实践中，西方国家着重加强了公共资产管理、国库集中收付、政府采购等制度建设，为财政绩效管理提供必要的方法支撑和框架基础，为迅速高效推开财政绩效管理奠定了基础。

3. 以问责机制为约束手段

绩效管理取得成效的关键在于建立绩效评价结果同责机制，增强绩效管理的影响力和约束力。实践中，新西兰通过签订个人绩效合同直接约束部门管理者。瑞典通过发布拨款证明文本，向公众说明机构要实现的目标、绩效指标、拨款数额，并实行议会巡查制度。加拿大引入了诚信支出法案，使项目负责人得到更好的问责。

4. 以权责发生制计量政府成本

相对于收付实现制而言，权责发生制通过计提固定资产折旧反映一些长期项目和或有债务的信息，准确、全面地反映政府在一个时期内提供产品和服务所耗费资源的成本，更好地将预算确认的成本与预期的绩效成果进行配比，从而支持管理者的有效决策，有利于绩效管理改革的深入推进。

三、我国财政管理绩效的实践及存在问题

（一）主要实践

近年来，各级财政部门深入贯彻党的十六届三中全会“建立预算绩效评价体系”精神，按照《中共中央关于深化行政管理体制改革的意见》的总体要求，借鉴国外经验和做法，积极探索、勇于实践，在提高财政管理绩效方面做了大量工作，取得明显成效。

1. 焦作财政绩效管理模式

焦作财政管理改革分为三个阶段。1998—2001年，重点推进会计委派、部门预算、政府采购、国库集中支付、非税收入统一管理、强化财税监督等财政综合改革。2002—2006年先后推出乡财县管、村财乡监、采管分离、项目评审、试编政府债务预算、对国有及国有控股企业派驻财务总监等新的改革措施，进一步丰富了改革的形式和内容。2007年以后，重点实施“预算编制、预算执行、预算监督、绩效评价”四权分离制衡的新型财政管理模式。通过组建“财政绩效评价委员会”，专门负责财政绩效评价，将绩效管理作为财政管理基本机制，创造性地引入独立社会研究机构对被评项目开展社会公众满意度调查，推进参与式预算、绩效预算，研发“财经沙盘”作为财政管理与决策的技术平台，建立决策科学、执行顺畅、监督有力的财政管理机制，提高财政管理的绩效。

2. 江宁财政绩效管理模式

被业内称为“江财模式”的江宁财政绩效管理实行的是“责任、监控、绩效评价”三位一体绩效评价方法。通过编制全年重点工作目标质量计划书和月度工作计划，明确工作目标，细化实施步骤，规定完成时间，落实“责任”；推行财政重要工作事项和办文督办制度，把事关群众切身利益、事关全区发展大局的事项作为督办工作的重要内容，专人承办、限期办结，有效“监控”；以职责履行、基础管理、满意度调查和科学发展四个方面为重点，对员工“德、能、勤、绩、廉”实施个性化“绩效评价”，评价结果与评先推优、奖金分配、干部任免挂钩。

3．财政支出绩效评价工作

财政支出绩效评价工作开展比较普遍。一是广泛设立绩效评价工作机构，有11个省（市）成立绩效评价工作专门机构。二是深入开展绩效评价理论研究，针对绩效评价工作中遇到的问题，紧密结合实际，积极开展绩效评价指标体系、组织方式、结果应用等方面的理论研究。三是建立健全绩效评价制度体系。财政部制定了《中央部门预算支出绩效评价管理办法（试行)》、《财政支出绩效评价管理暂行办法》等绩效评价制度，各地也结合实际建立了绩效评价实施办法、操作流程、评价办法、指标体系、中介机构或专家管理办法等系列配套制度，提高了绩效评价工作的规范性。四是积极开展绩效评价工作试点，以项目支出评价为突破口，借助人大、政协及有关专家和中介机构的力量，采取了上下联动、分类实施等多种组织方式，评价范围逐年扩大、资金总量逐年增加、评价结果运用更加注重。

4．我省财政管理绩效工作开展情况

近年来，我省各级财政部门紧紧围绕“推进科学理财、服务跨越发展”主题，按照加强财政科学化精细化管理的要求，在绩效管理的理念形成和工作实践方面进行了有益探索，积累了宝贵经验。

一是努力营造财政绩效管理环境。2007年以来，以“岗位大练兵”、“效能建设年”、“作风建设年”、“规范管理年”、“能力建设年”等系列活动为抓手，努力营造财政绩效管理环境，切实提高财政管理实效性。二是重点提高财政支出管理绩效。在全国率先实行部门预算制度、政府采购制度和国库集中支付制度，积极推进完善项目预评审制度，稳步开展财政支出绩效评价，深入实施“惠民直达工程”，逐步构建一体化财政管理信息系统，切实提高财政支出管理绩效。三是着力提升预算执行效率。加快转移支付资金下达进度，实行月度分析制、处室责任制，以支出执行率和决算结余结转率为权重指标，对市县支出进度进行百分制考核，做到经常性经费均衡支出、专项经费限时支出、采购经费限期执行，分门别类确保预算执行时效性。

（二）取得的主要成效

一是初步树立了绩效管理理念。随着财政支出绩效评价工作的推进，各级财政部门初步树立了绩效管理理念，开始注重提高财政管理绩效，并把财政支出绩效评价工作列入重要议事日程，以绩效为目标、以结果为导向的绩效理念正在各地、各部门逐步形成。

二是增强了部门（单位）的责任意识。通过设定绩效目标，部门（单位）清楚地了解实施项目所要取得的政治效果、社会效益和经济效益，自我约束意识及责任意识明显提高。对财政支出的科学性、效益性、管理水平的评价，以及评价结果的公开和应用，促进了部门（单位）理财制度的加强。

三是提高了财政资金的使用效益。通过部门预算、政府采购、国库集中支付等财政管理制度改革，强化预算约束，提高资金支付和采购执行效率，确保财政资金分配、使用、管理的科学高效；通过构建责任、监控和绩效评价三位一体管理机制，将部门预算编制、执行与部门发展规划和年度工作计划有机结合起来，全程跟踪问效，预算编制更加科学，资源分配更加合理，支出结构更加优化，财政资金使用效益发挥充分；通过强化支出进度管理，构建财政支出快速通道，提高了财政应急保障能力，增强了财政资金的时效性。

四是促进了高效、透明政府的建设。实施绩效评价，将评价结果在部门内部或面向公众公开，一方面强化了部门内部监督，增强了预算的透明度，另一方面，绩效评价作为政府绩效管理的核心内容，将政府部门的活动置于公众监督之下，提高了公众对政府的信任程度，有利促进了高效、透明政府的建设。

（三）存在的主要问题

由于绩效管理本身的复杂性，加之实践的时间较短，我国财政绩效管理还有很多不完善的地方。主要表现为：

一是缺乏相关法律法规支撑。目前，我国仍没有关于财政绩效的统一而明确的法律规定，使财政绩效管理特别是绩效评价工作处于自发状态，缺乏必要的法律约束和制度保障，不利于财政绩效管理的深入开展。同时，由于缺乏激励机制和长效机制，绩效管理工作存在一定盲目性，主要体现在：

没有统一规划，不能在政府系统全面推行；没有建立起战略规划、绩效计划和绩效报告等制度框架，制度不健全；缺乏统一的领导机构，无法进行部门或地区间的比较等。

二是绩效理念尚未全面牢固树立。对绩效管理和评价认识不到位，对绩效工作重视不够，甚至有抵触情绪；绩效理念尚没有贯穿于财政管理全过程，绩效目标没有设立或设立不明确，资金分配和使用责任落实不到位，预算执行中缺乏对项目完成进度的绩效监控；绩效评价应用效果不明显，绩效评价结果仅仅停留在反映情况、找出问题、完善制度等方面，未能真正运用到绩效目标制定、财政预算编制上来。

三是财政绩效管理体系不健全。绩效管理没有全过程、全方位展开，财政绩效管理的体系不健全，大多局限于财政支出绩效评价，对财政收入、分配、监督等诸多方面缺乏必要的绩效管理。仅就财政支出绩效评价而言，也存在评价机构不健全，上下级财政部门之间没有实现对口统一领导；评价制度不健全，没有建立起一套完整统一的绩效评价制度体系；评价方法不完善，指标设计较为粗放，缺乏科学性等问题。

四、进一步提高财政管理绩效的建议

提高财政管理绩效，是深入贯彻落实科学发展观的必要要求，是加快政府职能转变的迫切需要，是提升主动理财、依法理财、科学理财、民主理财能力和水平的重要举措，是推进财政科学化精细化管理的重要内容，对提升政府公信力、提高宏观调控水平、推进基本公共服务均等化具有重要的现实意义。

（一）加快构建提高财政管理绩效的法律法规

提高财政管理绩效，法律法规必须先行，只有通过法律程序加以确立，才能破除阻力，增强约束力，提高实施效果。一是在《地方各级人民代表大会和地方人民政府组织法》等相关法律的修订中，增加对各级政府绩效管理的相关规定，提高绩效管理的法律地位。二是在修订《预算法》、《预算法实施条例》等法律法规中增加绩效管理的相关要求，明确各部门职责，规定绩效评价结果应用范围，确保绩效管理在法律框架下有序有效推进。三是制定全国性的财政绩效评价法或绩效评价实施办法。作为绩效管理的主要手段，财政支出绩效评价工作应大力推进，通过制定相关法律法规，对绩效评价的原则、内容、方法、指标、组织管理、对象、工作程序及结果应用进行统一规定，确保财政支出绩效评价的规范性、严肃性和实效性。

（二）以深化行政管理体制改革促管理绩效提升

一是健全绩效问责机制。进一步明确政府各部门职能，发挥部门在绩效管理中的主体地位，树立并全面推行绩效理念，将部门管理绩效与财政预算资金安排、部门责任人工作目标考核及领导离任审计挂钩，加大责任追究力度，提高政府执行力和公信力。二是构建科学、民主、高效的政府决策机制。不论是党委、政府等领导机关，还是部门、单位等具体执行部门，在决定财政资金分配等重大问题上，必须建立调查研究、征求意见、专家论证、技术咨询、决策评估及听证、公示制度，切实提高科学化决策水平。三是引进竞争机制，提高财政资金使用效率。对能够以竞争方式安排的项目，要以公开招标方式，加大财政资金竞争性分配力度，在满足社会对公共产品与服务需要的同时，降低政府公共成本。四是注重流程设计，完善岗责体系，提高工作效能。理顺上下级政府间、同级政府部门间关系，明确职能分工，加强沟通协调，提高政府运行效率；按照精简程序、理清环节、分清责任、明确标准的要求，健全和优化财政管理工作流程，从机制上保证权责一致，促进责任落实，做到分工明确、各司其职、协调配合，切实提高工作效率。

（三）进一步完善财政预算管理体制

一是继续深化部门预算、国库集中收付、政府采购管理等相关制度改革。按照全面覆盖、统一规范的要求，继续深化部门预算改革，增强预算编制完整性；按照横向到边，纵向到底的要求，建立健全国库集中支付动态监控机制，防范和控制财政资金支付风险，提高预算执行效率；坚持“依法采购、应采尽采”原则，继续扩大政府采购管理实施范围，适当引入竞争机制，强化集中采购监督与规范操作力度，推行电子化“阳光采购”，提高采购执行效率。二是以开展财政支出绩效评价为抓手，进一步优化预算管理流程。将绩效评价重点前移到预算申报和审核过程中，强化预算约束和控制，建立健全预算事前申报绩效目标、事中跟踪监控、事后绩效评价的全过程绩效管理，并将评价结果作为改进预算管理和以后年度预算编制以及实施行政问责的重要依据，以绩效评价为突破口，探索建立科学、合理的绩效预算评价体系，为编制绩效预算夯实基础。三是实施中期预算管理，增强预算前瞻性。中期预算框架是实施绩效管理的基本形式，在中期框架下编制和执行年度预算，根据财政支出绩效调整预算安排，有利于合理调控财政支出方向和结构，硬化财政支出的预算约束，提高公共资源配置效率。四是引入权责发生制，全面反映政府成本和绩效。推行政府会计改革，逐步引入权责发生制，构建政府会计制度和准则体系，建立政府年度财务报告制度，全面、准确、真实地反映政府当年应当发生的支出和收入，有效揭示和防范财政风险。五是积极尝试编制绩效预算。结合开展财政支出绩效评价试点情况，在条件具备的情况下，选择财政管理基础好的市、县，率先尝试编制绩效预算，要求在编制年度部门预算时相应编制年度绩效计划，详细列明绩效目标、绩效指标等内容，在年度终了时提交绩效报告，由部门管理者自行描述绩效计划的完成情况，再由外部机构对绩效计划和绩效报告进行评价，逐步构建绩效预算框架体系。

（四）建立并不断完善中国特色的财政绩效管理体系

一是提高收入管理绩效。坚持依法理财治税，严格执行税收政策，推进财税库银税收收入电子缴库横向联网，建立重点行业、企业税源信息库，挖掘收入征管潜力，确保税收收入健康稳定增长；规范非税收入征管，明晰非税征管主体，统一非税收入口径、项目、种类和标准，实行非税收入收缴分离制度，建立非税收入征、管、查一体化的动态监控和征管机制；定期分析掌握经济形势和税源结构的变化趋势，采取有效措施提高财政收入占GDP、税收占财政收入、可用财力占财政收入三个比重，确保财政收入质量。

二是提高分配管理绩效。完善政府预算体系，建立由公共财政预算、国有资本经营预算、政府性基金预算和社会保障预算组成的有机衔接的财政预算体系，全面反映政府收支总量、结构和管理活动。加强预算编制管理，将所有财政性资金纳入预算统一管理，提高预算的完整性；建立健全定额管理，提高基本支出预算编制的科学性；探索建立项目支出定额标准体系，完善财政评审论证制度，提高项目支出预算安排的前瞻性和合理性。严格预算追加，规范预算追加和预算超收收入的安排使用，增强预算的严肃性和约束力。优化财政支出结构，严格控制一般性支出，大力支持保障和改善民生，推动结构调整和发展方式转变，促进经济社会又好又快发展。完善转移支付制度，不断完善一般性转移支付管理办法，加大一般性转移支付资金规模，努力推进基本公共服务均等化；规范专项转移支付，进一步清理整合专项转移支付项目，切实提高专项转移支付资金分配的科学性。

三是提高执行管理绩效。以金财工程为依托，建立健全编制、指标、执行一体化的预算执行动态监控系统，完善财政资金安全管理保障机制。健全专项资金管理制度，规范项目立项、审批管理、分配使用、检查监督等。积极引入竞争机制，合理分配专项资金，提高专项资金分配的科学性、高效性。强化支出进度管理，加快“指标—支付”一体化管理改革和财政系统应用支撑平台建设步伐，构建科学、合理财政支出机制。加快转移支付执行进度，完善专项转移支付提前告知制度，加快专项转移支付拨付进度。建立财政结转结余资金管理办法，加强对财政结转结余资金的管理，充分发挥财政资金的效益。

四是提高监督管理绩效。利用现代信息技术，加强财政事前和事中监督，推进监督关口前移，建立健全覆盖所有财政性资金和财政运行全过程的监督机制，增强财政监督的及时性、准确性。加强预算执行审计监督，推行绩效审计试点，加强会计和财务监督，健全部门内控机制。积极推进财政信息公开，依法接受人大监督，自觉接受社会和群众监督。强化财政资金跟踪问效，建立动态全程跟踪制度，延伸财政管理链条，主动协同部门进行科学分配、优化实施方案、强化督促检查、纠正执行偏差，确保财政财政资金使用安全。

五是推进财政支出绩效评价。建立健全覆盖财政资金运行各环节的绩效评价制度,科学合理设计绩效评价指标,积极推进绩效评价纳入同级政府目标管理考核体系。不断创新财政支出绩效评价的体制机制,完善财政支出事前申报绩效目标、事中跟踪问效、事后绩效评价的全过程“跟踪问效”机制,探索绩效评价方式,创新绩效评价方法,建立绩效评价结果应用机制和公开制度。积极稳妥开展绩效评价试点,按照“统筹规划、由点及面、总结经验、逐步推开”的原则,从部分专项资金项目的绩效评价入手,有选择地在支出管理水平较高的单位和市县推行财政支出绩效评价试点,在不断总结试点经验的基础上,全面推行财政支出绩效评价改革。

安徽省财政厅课题组
课题组组长：刘　浩
课题组成员：尹祥领　程巍东　程丹润
李元元　张保亚

规范地方政府投融资平台发展 切实防范地方财政风险

地方政府投融资平台，一般是指由地方政府以及部门和机构出资设立，通过划拨土地、股权等资产，或以财政性收入、政府担保等政府信用或其他收入作为还款承诺，具有承担政府投资项目投融资功能，并拥有独立法人资格的企事业单位。在本轮应对国际性金融危机的过程中，我省的地方政府投融资平台公司快速发展，对于支持城镇建设、促进经济复苏和发展发挥了积极作用。但是，无论从微观的风险管理角度，还是从整体经济运行角度看，其投融资行为均已累积形成了一定的潜在风险，并可能传递为财政风险。本文在对我省各级政府投融资平台情况全面调查的基础上，就其发展状况和潜在风险进行深入分析，提出相应的风险防范和规范发展对策建议。

一、地方政府投融资平台发展的背景及趋势

在快速发展的城市化过程中，城市基础设施滞后于社会需求是各级地方政府面对的主要难题之一。为了突破资金瓶颈，同时也为了提高政府投资项目的资金使用效率和项目品质，各地纷纷组建隶属于政府的投融资平台。全球金融危机爆发后，中央政府出台了积极的金融和财政刺激规划，地方政府资金配套能力遭遇巨大挑战，原有政府投资公司难以满足新的投资拉动和基础设施建设的需要。为了弥补建设资金缺口、扩大投资能力，地方各级政府投融资平台得到空前繁荣，数量和融资规模呈现前所未有的迅速增长，在高速信贷投放的主体中，地方政府投融资平台已经成为其中最为活跃、也是最值得关注的融资主体。

地方政府投融资平台基于政府拥有的优质资源建立而成，与政府及相关职能部门的关系十分密切，并实际由其控制。地方政府投融资平台的还款能力与当地经济发展水平和财政实力息息相关，一旦其投融资行为带来风险，可通过各种渠道传导、扩散到整个经济体系，产生更大的经济风险，因此，各级政府和社会各界对地方投融资平台的发展都倍加关注。6月11日，国务院颁发《关于加强地方政府融资平台公司管理有关问题的通知》，针对地方政府融资平台发展中出现的一些问题，出台了四项整治措施，要求清理并妥善处理融资平台债务；清理规范融资平台公司；加强融资管理和信贷管理；制止地方政府违规担保承诺行为。在后金融危机时代，地方政府融资平台应着手实行改革，加强管理，走规范化、市场化和透明化发展之路。

二、安徽省地方政府投融资平台运作过程中存在的问题

我省地方政府投融资平台在得到快速发展的同时，也面临着一些风险和问题，影响其自身的健康可持续发展。

（一）负债状况不透明，风险意识不强

当前经济形势下，各地的投资热情仍然高涨，各投融资平台在举债投资中风险意识比较淡薄。一方面，政府投融资平台面临的信用风险隐蔽性较强，政府债务结构分散、透明度差，商业银行不能有效评估其偿债能力和信用风险，甚至地方政府对自身不同层次政府融资平台的负债和担保状况都不够清楚，融资平台与财政、土地、城建等部门的关系比较混乱，风险防控体系不健全，容易导致重复融资和过度融资出现；另一方面，投融资平台在融资过程中出具的担保大多建立在土地价格上涨预期基础上，丰厚的土地出让金收益使风险意识不断淡化，刺激了政府举债投资的冲动，但对土地升值的依赖，将严重影响融资平台的偿债能力。

（二）职能定位不清，缺乏长远发展规划

目前，地方政府投融资平台公司的性质和角色定位不够清晰，事实上是介于行政、事业、企业性质之间的混合型组织，既没有统一的经营模式和管理构架，也没有统一的管理机构和规范性政策文件。有的将自身定位为企业，以项目直接投资并赚取利润为主；有的作为政府的融资工具和“融资窗口”而存在，仅承担对外融资功能，以基建投资和公益性项目投资为主；而大多数平台公司兼具此两种职能，造成企业效益难以评价考核，经营风险难以有效防控等许多问题。此外，地方政府投融资平台普遍对自身发展定位缺乏准确的认识和长远发展规划，没有有效地将服务地区发展与实现自身发展相统一，而是被动享受政府信用，经营能力相对薄弱。

（三）融资渠道单一，融资风险信贷化

受规模和实力的限制，目前我省的政府投融资平台大多未形成多元化的融资渠道，融资来源集中于银行贷款。利用资本市场直接融资比例过低，缺乏其他持续融资的顺畅通道，容易导致财政风险与

金融风险相互传导和转化，风险集中度较高。在实际运作中，目前这种大规模的地方融资平台主导的信贷高速增长，正逐渐形成财政的隐形负债，在高信贷成本压力下，增加了地方财政维持平台公司资金链的负担。

（四）偿债机制单一，运营风险集中化

目前，我省地方政府投融资平台主要职能是为地方基础设施建设募集资金，运营能力有限，普遍缺乏稳定的主营业务收入，最终还款资金来源高度依赖政府补贴和土地出让收益。一方面土地资产流动性较差，存在短期结构性风险；另一方面容易受宏观经济政策和财政收入波动影响，一旦遭遇宏观调控政策特别是土地和房地产政策的变化，或者处在金融危机和经济下滑阶段，平台公司的还贷能力将受到严重影响，运营风险将集中爆发。此外，部分市县的还款压力已累积到一定程度，信贷政策的变化可能导致资金链紧张，影响到项目的投资建设。

（五）治理结构不健全，发展难以持续

部分融资平台存在运营管理行政化的问题，没有按照市场化原则，进行商业化运作，董事会、经营层、监事会没有分设，同时也缺乏投资、融资的专业性人才。在具体项目选择和抉择上，政府替代企业，成为主要决策者，无法保证其对项目的筛选、审核、跟踪、评价等严格按照市场经济规律进行，加剧了风险产生的可能性。此外，多数投融资平台公司没有建立和执行严格的风险控制管理制度，对项目建设和资金使用不能实施有效监管，在经营管理中，市场意识不足，市场化运作能力较弱，缺乏可持续发展能力。

三、促进我省地方融资平台健康发展、防范财政风险的对策建议

地方政府投融资体系建设正成为我国投融资体制建设的重要环节，下一步，关键要重点解决规范、健康和可持续发展的问题，要提高风险防范意识，明确角色定位，严格防控债务风险，真正发挥好地方政府投融资平台的作用。

（一）提高地方政府投融资平台信息透明度

一是建立健全地方政府投融资平台债务统计体系和定期通报制度。由财政部门定期对举借政府性债务的部门和单位的债权债务情况进行统计、分析和初步评估。在此基础上，建立政府债务数据库，以全面了解政府债务的负债结构、使用方向、偿还能力等情况。

二是实施年度融资计划管理。建议年初由当地政府根据经济社会发展、城市建设需要和政府偿还能力，按照适度负债原则，确定政府总体融资规模和融资目标，编制具体融资计划，明确融资规模、方式、期限、成本、还贷计划和资金来源。

三是建立信息披露制度。及时向投资者以及放贷银行披露和公布相关信息，包括资本金状况、负债规模、承担建设项目基本情况、项目贷款情况、担保情况和资金使用情况等，实现对投融资平台的全口径管理和动态监控。通过信息披露强化外部对平台的监督，推动当前地方政府通过投融资平台所形成的隐形负债向显性负债转变，改变当前信息披露严重不透明的状况。

（二）增强投融资有关各方的风险防范意识

一是增强地方政府的风险意识。加快建立地方政府投融资责任制度，明确投融资平台债务责任划分，使责权相统一，清晰界定地方政府部门在出资范围内对融资平台公司承担有限责任，从而增强政府部门的风险和市场意识。

二是增强投融资平台公司的风险意识。探索建立比较完备风险防控体系，重点监测包括企业长短期债务比例，收益项目与非收益项目的比例，土地出让金收益占还款比例，防止过度融资。

三是增强放贷银行的风险意识。切实加强风险识别，规范对政府投融资平台的授信操作，加强对投融资平台还款能力和贷款风险的评估与控制，严格落实合法、有效的担保措施，并加强贷后管理。

（三）明确政府投融资平台的角色定位

一是将政府公益性建设项目与市场化投融资项目相分离。根据实际情况，分别设立以政府融资目的为主的“平台”载体，以及市场化企业两类。前者的组建和运行必须充分贯彻政府意图，防止功能泛化；后者应成为真正的市场运营主体，以项目直接投资和盈利为主。并可通过成立投融资管理中心，实行政府债务统一归口管理，克服投融资平台债务多头管理的局面。

二是科学确定政府投融资平台的业绩考核体系。在目标考核中采取双轨制，前者考核期项目数量、项目规模等业务性指标，后者重点考核融资放大倍数和利润指标。

三是实施分阶段发展战略。鉴于我省当前经济社会发展的需要，以及我省政府投融资平台发展仍处于初期阶段的现状，应进一步整合资源，将部分优质国有股权作为国有资本注入平台公司，壮大融资平台实力，提高融资平台再融资能力。长远来看，可根据平台企业发展目标，充实公司资本金，促进投资主体多元化，改善股权结构，实现商业运作，逐步增强其自身“造血能力”，实现可持续发展。

（四）构建政府投融资风险防范体系

一是积极拓展融资渠道。应积极争取政策性银行贷款，获取长期优惠贷款；根据项目特征，积极运用 BOT、TOT 等多种融资项目融资方式和金融工具；通过发行信贷产品和企业债券，吸纳民间资本等多渠道募集资金，改变银行信贷为主的单一融资结构，降低投融资平台风险。

二是建立偿债保障机制。地方政府应当统筹考虑本地区综合财力，制定完备的还本付息计划，加强日常监测检查。建议建立专门的偿债基金，将全部的债务资金投资收益，以及土地出让收益、经营性项目收益、国有资产收益、政府性基金等收入按比例纳入基金，并在每年年初预算时从地方的经常性收入中按一定比例安排地方债务还本付息缺口。建议准备金数额可为年初地方性债务余额的 5%—8%，有条件的地方可适当提高提取比例。

三是强化风险内控机制。具体包括，建立筹资、投资等财务活动的科学决策程序，发挥专家智慧和规范程序的监督作用，构筑第一道风险防火墙；建立企业财务风险动态监督机制，对企业的财务风险进行分析、评价、跟踪和监控；建立债务风险预警机制，综合运用债务负担率、财政负债率、财政偿债率和债务逾期率等指标，对政府投融资平台债务规模、结构进行评估，设置风险预警线，确保负债水平处于合理水平。

四是规范财政担保程序。严格执行《中华人民共和国担保法》等有关法规的规定，坚决制止地方政府违规担保承诺行为，控制财政风险与金融风险相互转化。

（五）提高投融资平台经营管理水平 一是建立和完善平台法人治理结构。严格按照《公司法》的要求，实行政企分开，督促平台公司组建董事会和监事会，真正形成权责明确、相互协调、有效制衡的治理机制。

二是引进专业投融资和管理人才。投融资业务是一项专业性很强的工作，必须具备一定的业务素质。目前，各地政府投融资平台公司工作人员主要由相关单位抽调，大多数缺乏投融资业务知识，因此建议加强人员业务培训，改善人员结构，提高市场运营能力和管理水平。

安徽省财政厅课题组
课题组长：李友兰
课题成员：张　黎　钟　锋　方山恩
刘　翔　刘凌列　李　强
孔珍珍　刘　兴

促进会计师事务所做大做强的措施研究

经济越发展，会计越重要。伴随商品经济的发展而诞生的注册会计师职业，在我国随着社会主义市场经济制度的确立而越来越被重视。特别是经济的全球化融合，我国企业必须走出去参与国际竞争，客观上对会计师事务所的规模和专业服务能力提出了新的要求。在规模上，迫切需要一批能够满足迅速发展的大企业进入国际贸易市场和资本市场的注册会计师审计服务需求，在服务能力上，需要一批能够满足企业在发展过程中对多层次、多专业的咨询服务需求。面对新形势的挑战，我国会计师事务所唯有做大做强。2007 年 5 月 26 日，中国注册会计师协会印发了《中国注册会计师协会关于推动会计师事务所做大做强的意见》（会协〔2007〕33 号），2009 年 10 月 3 日，国务院办公厅转发了《财政部关于加快发展我国注册会计师行业的若干意见》（国办发〔2009〕56 号，以下简称国办发 56 号文），我国注册会计师职业和会计师事务所的发展迎来了前所未有的机遇。我们必须抓住机遇，借助东风，加快推进我省注册会计师行业发展和会计师事务所做大做强的步伐。

一、我省会计师事务所做大做强的必要性

（一）推动我省会计师事务所做大做强是顺应社会主义市场经济条件下经济社会快速发展、企业不断发展壮大和国际化发展的必然要求

改革开放以来，我国经济得到快速发展，企业规模不断扩大，一批规模大、实力强的大型企业迅速崛起，安徽也不例外，如马钢股份、海螺水泥、铜陵有色、徽商银行等。安徽 2009 年的 GDP 总值 10052.90 亿元，占我国 GDP 总值的 3%，随着经济结构战略性调整和新型工业化的推进，必将涌现出一批拥有自主品牌、核心竞争力强的大企业、大集团，以及年销售收入超百亿元和若干超千亿元企

业。中部崛起战略的实施，我省承东启西的独特优势地位，以及以合肥、巢湖、芜湖、马鞍山、宣城、铜陵、安庆、滁州等为中心的皖江城市承接产业转移战略的实施，为安徽经济的发展带来了前所未有的机遇。我省经济的快速发展和企业的规模化发展需要有与之相匹配的会计师事务所提供相应的专业服务。

（二）推动我省会计师事务所做大做强，是当前经济活动日益深化和市场需求多元化的客观需要

企业规模扩大、业务单元多元化、服务需求多样化，使得企业对会计师事务所的专业服务需求已超出传统的财务报表审计鉴证服务，而要求提供包括内部控制鉴证、税务咨询、司法会计鉴证、破产清算管理、财务咨询、管理咨询、战略筹划等在内的多元化专业服务。在这种新形势下，会计师事务所唯有做大做强，不断提升专业服务能力、专业服务领域的开拓能力以及市场竞争能力，才能满足经济发展对会计市场的服务需求。

（三）推动我省会计师事务所做大做强，是实现我省企业国际化发展和参与国际市场竞争的需要

吸引境外投资与我省企业走出国门并行，使企业进一步融入国际市场，是当前对外开放形势的一个重要特征。我省企业实施“走出去”战略，需要本土会计师事务所凭借其专业优势，伴随企业走出去步伐，走向国际，不断发挥信息导向、国际鉴证、战略咨询等重要作用。同时，中国经济国际化的深入发展，也使中国会计服务市场成为世界会计市场的一部分，推动会计师事务所做大做强，“走出去”参与国际会计市场服务与竞争，走向国际化，是注册会计师行业更好地服务于我国企业国际化战略，成功应对国际会计市场竞争的必然选择。

（四）推动我省会计师事务所做大做强，是全面贯彻落实国办发56号文的需要

国办发56号文对我国注册会计师行业未来的发展在规模上提出了非常明确的目标，即力争通过5年左右的时间，努力实现会计师事务所的规模结构优化合理。重点扶持10家左右具有核心竞争力、能够跨国经营并提供综合服务的大型会计师事务所。积极促进中型会计师事务所健康发展，努力形成200家左右能够为大中型企事业单位及上市公司提供高质量服务、管理规范的中型会计师事务所。科学引导小型会计师事务所规范有序发展。国家鼓励执业质量优良、治理机制科学、发展势头良好的中型会计师事务所采用多种科学有效的形式进行强强联合，发展成为大型会计师事务所，重视资源的优化配置，使其在人才、品牌、规模、技术标准、执业质量和管理水平等方面居于行业领先地位，能够为我国企业“走出去”提供国际化综合服务。国家创造条件稳步扩大中型会计师事务所数量，不断提高中型会计师事务所专业服务能力和内部管理水平，并鼓励信誉良好、成长快速的小型会计师事务所重组联合，成为中型会计师事务所或其分所，提高为市场服务的能力和水平。为了贯彻落实国办发56号文件精神，中国注册会计师协会于2010年2月15日印发了《关于贯彻落实国务院办公厅转发财政部关于加快发展我国注册会计师行业若干意见的实施意见》（会协〔2010〕13号），要求认真落实执行。因此，我省需要采取切实可行的各种措施，促进我省会计师事务所做大做强，满足经济发展需要，实现国办发56号文确定的我国注册会计师行业的发展战略。

二、我省会计师事务所的现状和存在的突出问题

（一）机构规模小，层次低

1. 收入规模小。通过我省会计师事务所报备数据分析，2008年度业务收入在500万元以下（含500万元）的居多，有194家，占事务所总数的89.4%；500－1000万元的17家，占7.8%；1000万元以上的只有6家，仅占2.8%。

2. 各所注册会计师人数少。至2009年底，我省217家事务所共有注册会计师2160名，平均每家拥有约10名注册会计师。而拥有注册会计师50名以上的会计师事务所只有1家，占比仅为0.47%；拥有注册会计师在20－50名的也只有21家，占比也只有约10%；60%以上的会计师事务所拥有的执业注册会计师人数在10名以下，其中34%的会计师事务所拥有的注册会计师人数在5名以下。

3. 具有证券期货从业资格的事务所少。在注册会计师行业，存在冰火两重天的局面，具备证券资格的事务所数量少，业务多，收入高；相反，不具备证券资格的事务所数量多，业务少，收入低。具备证券期货相关业务资格的事务所，由于其收入高，所以在审计成本的投入上，在人才的引进和培养上，都占有很大优势，故其专业水平和执业质量较高，社会声誉较好。从一定程度上说，是否具备证券期货相关业务资质，是审计水平和质量的一个重要标志。

受我省经济发展水平和综合实力的限制，我省现在还没有一家总所具备证券期货相关业务资格，具备相关资格的分所也仅有10家。原先具有证券资格的华普会计师事务所为了自身做大做强，2008年和其他所进行了合并，并将总部迁到了北京，将原安徽所改为其分所。本省其他实力稍强的事务所，也在争取成为其他有证券期货资格所的分所。具备证券期货相关业务资格的总所和分所的差距也是非常大的，一般只有总所才能负责证券期货业务的承接和组织实施，分所只能参与具体审计工作，其对注册会计师的要求和锻炼差异很大。

（二）行业人才总体水平不高，流失严重

1. 注册会计师的年龄结构偏大。截至2009年9月底，我省2160名注册会计师按照年龄结构进行的统计分析结果如表3。

我省会计师事务所注册会计师平均年龄45岁，其中年龄最大的1934年出生，年龄最小的1984年出生，相差50岁。有28.2%的注册会计师年龄在50岁以上。仅有5.23%的注册会计师年龄在30岁以下，总体年龄较大。在我省注册会计师队伍中，目前具有五年以上执业经历的注册会计师虽有1245人，但60岁以下的只有891人，仅占我省注册会计师总数的41.25%。具有10年以上执业经历的注册会计师573人，而60以下的仅370人，平均每家会计师事务所不到两名。纵观国际强所“四大”，就40岁以下的注册会计师而言，占比高达96%。

尽管老同志实际经验丰富，但面对知识更新频率加快，新准则、新业务、新技术、新方法日益涌现的新形势，由于体能、精力等客观因素的局限，老同志与中青年同志尤其是40岁以下的注册会计师相比，在发展意识、管理理念、执业技能、利用信息化手段等方面都存在着较大差异，与时代和行业的发展要求难免有脱节甚至不相符合、不相适应之处。综观全球注册会计师行业的发展，越是服务层次比较高、服务品种比较新、服务对象比较现代化、国际化的会计师事务所，其注册会计师团队的年轻化、专业化趋势越发明显。因此，有必要加快注册会计师新老更替进程。

2. 注册会计师的学历偏低。截至2009年9月底，我省2160名注册会计师按照学历结构进行的统计分析结果：大专及以下学历的注册会计师人数1567人，占我省注册会计师总数72.5%。硕士及以上学历的注册会计师只有20人，不到注册会计师总数的1%。反观国内“四大”的人员学历构成，其本科、硕士研究生学历占比之和达到97%强，全球会计行业近年发展经验表明，正是这部分人员构成了事务所发展的中坚力量。

诚然，高学历并不能代表高能力，但是一个浅显易懂的道理是，会计师事务所要为客户提供高端、增值服务，首先自身要有较为充裕的中高端人才研发业务、开拓领域，才能凸显优势。较高学历加上职业生涯实战历练，才能形成中高端人才团队，这对会计师事务所特别是规模较大的事务所走出省外、进军国际市场更具现实意义。

3. 注册会计师知识结构单一，信息技术的开发运用能力尤为不足。我省部分中型会计师事务所和大部分小型会计师事务所的执业人员过于偏重会计、审计、评估、税务等知识，相应地，事务所的业务范围也多限于这些领域；同时，即便是在这些领域，比如财务审计，完全能够将风险导向审计贯彻落实到位的，尚需进一步艰苦努力。对国际同行尤其是发达市场经济国家会计公司不断开拓以信息化为代表的前沿性、综合性咨询服务领域，比如信息化审计、信息技术战略、信息安全、电子商务认证、信息技术治理等，我省中小会计师事务所普遍较为生疏，规模较大的事务所总体仍处于起步和探索阶段。问题的症结和关键是欠缺这些方面的专门人才。

4. 人才流失现象较为严重。近年来，我省许多年轻有为、年富力强的注册会计师转出或退出执业，转到外省或企业发展，行业人才流失现象比较严重。据统计，近三年我省转到经济发达地区，如北京、上海、江苏、浙江、广东、深圳等地执业的注册会计师平均已有100多人。2008年，我省原有的唯一一家有证券期货资格的事务所，也迁址北京，其主要骨干力量的注册会计师，也随之入北京市执业。人才的流失，无疑是制约行业服务水平提升的关键因素之一，不得不值得我们深思和重视。

（三）执业质量不高

通过近几年的执业质量监管来看，我省注册会计师行业的执业质量仍然不高，不少事务所审计程序不到位，审计证据不充分，审计意见不恰当。甚至少数注册会计师丧失原则，串通舞弊，出具虚假审计报告。为了提高注册会计师行业的执业质量，中注协组织专家，参照国外的先进经验，编制了较为完备的审计准则。应该说，只要注册会计师认真执行了这套准则，执业质量就能达到一个较高的层次。但通过历年的检查发现，我省不少事务所程序上和实体上都未能认真执行审计准则，有的还是简单地进行抄账式审计。个别事务所和注册会计师为了拉拢客户，对客户的不正当理由一味迁就，甚至仅凭客户提供的报表就出具审计报告，实质上就是出卖公章。

（四）行业收益能力不足

虽然我省的注册会计师行业收入才突破4亿元，但不少中小所面临生存压力，甚至发放工资都成问题。影响行业收益能力的因素主要有：

1. 客户的主动需求不足。从国际上来看，注册会计师行业诞生于企业的所有权和经营权的分离，随着资本市场的发展而发展。在中国，经济制度的特色是以公有制为主体，民营经济发展较为滞后。而公有制经济的代理人，包括国有企业、国有银行、政府主管部门等，由于其自身并不是真正的所有者，其对经营者和债务人的财务状况和经营成果等的关注不是自发的，而来自于制度设计的安排。而在我国经济社会快速发展的社会主义初级阶段，各种制度设计不完善的地方很多。导致很多国有企业、银行和政府主管部门对审计报告的需求停留在形式上。在国有资产遭受损失的时候，各种代理人追究中介机构责任的意识也不主动。所以，对于国有企事业单位来说，对审计报告的需求是在形式上，还是实质上，往往决定于当事人的政治觉悟和综合素质。在实务中，由于各方面因素的影响，许多都要求的是形式上的报告。

对于中国为数众多的民营企业来说，由于规模较小，几乎都是由所有者直接管理的，其聘请中介机构的目的大部分都是为了应付政府的要求或为了谋取某种利益（减税或申请政府补助等）。他们所需求的也往往是形式上的审计报告。

由于客户的主动需求不足，致使其无视审计报告的质量，从而不愿意支付过多的审计费用，哪个事务所收费低，程序简单，就请谁审计。

2. 业务类型单一滞后。根据2009年我省的行业报表分析，行业业务收入4.1亿元，其中审计收入3.4亿元，占83%；验资收入3.3万元，占8%；其他业务收入0.3万元，占9%。平均而言，审计业务收入占比为47%，非审计业务占比为53%，其中咨询业务收入占比为26%，税务业务收入占比为27%。

由于法定审计业务受各方面限制条件较多，而咨询业务往往更为灵活，也更能体现服务质量和价值，因此过于偏重审计业务在一定程度上说明我国会计师事务所通过提供高质量服务赢得广阔、长远市场需求和客户自觉需求的能力还不足，应当加倍努力，紧密适应企业业务多元化发展趋势，在巩固传统财务报表审计的同时，不断创新服务品种，大力开拓内部控制审计与咨询服务、破产清算管理、资信调查、管理咨询、战略筹划等多元化综合服务体系。

（五）执业环境有待进一步改善

当前，注册会计师行业面临的外部环境总体有利，但也存在不少问题，主要表现在：

1. 执业壁垒仍未打破。“资格林立、山头众多”，是行业长期以来面临的突出问题。目前，在经济鉴证领域，除注册会计师外，还存在着土地评估师、房地产估价师、工程造价师、注册税务师等大大小小十几种资格。这些执业资格在基础知识、技术方法等方面有很多相通甚至相同之处，但出于部门利益、本位主义等多种原因，往往片面强调专业特殊性，人为设置各种行政壁垒。一般而言，注册会计师是从事各类经济鉴证业务的最佳资质平台，因为以注册会计师具有的基础知识与技能为基础，补充相关知识与技能要求，就完全能够具备其他资质要求。获得注册会计师资格的人员，应当通过豁免考试科目等做法，比较便捷地获得相关职业资格，但现实情况并非如此，导致许多从业人员为了获取多种执业资质疲于应付内容重复的各种考试、培训。更有一些职业资格为了所谓“专门化”，强制已具有多种执业资格人员只能选择保留一种资格，使执业人员多年的心血付之东流。一般而言，会计师事务所也是从事各种经济鉴证业务的最佳功能平台，因为会计信息鉴证是经济鉴证中最核心、最基本的职能，其他一切经济鉴证业务的结果最终都集中到会计信息上。因此以注册会计师为基础，扩展赋予其他业务资格，建设综合性经济鉴证功能平台，是符合经济鉴证业务规律、提高中介服务效率的安排。但实际上，各种职业资格都强调所谓“专业经营”，人为将原本融合一体的执业机构强制拆分，使会计师事务所鉴证功能越来越窄。上述现状，造成社会资源的极大浪费，不利于培养全方位、多视角的复合型执业人员，也不利于中介机构做强做大。

2. 不正当竞争现象广泛存在。会计师事务所的鉴证服务关系着社会公共利益，不同于普通的商业服务。为了促进该行业的发展，国家对该行业引入了市场竞争机制，目的是为了促进行业提高专业水平和工作效率。但在实务中，为了谋取更多利益，部分会计师事务所不在专业水平和管理上下功夫，想方设法开展不正当竞争。一是通过一些单位或个人利用职权和影响力干预企业选择会计师事务所，有的直接为企业指定会计师事务所，有的采取圈定事务所范围等比较隐蔽的方式间接指定。这些行为不仅妨碍会计市场公平竞争，而且往往伴随着索要和支付回扣等不当行为，诱发腐败问题。二是无条件降低审计业务的实际收费，进而以缩减必要审计程序、降低成本来应对，进而降低了审计质量，危害极大。

3. 收费标准缺失。我省于2003年制定了注册会计师行业的服务收费标准，对行业的发展起到了一定的促进作用。但自2007年后，政府就取消了收费标准，实行完全市场定价。此举进一步降低了行业的收入水平。虽然在完善的资本主义市场国家，对会计师事务所实行的是完全市场定价。但在我国现阶段，该行业的发展处于起步阶段，相关的市场制度还不健全，实行完全市场定价，反而扰乱了该行业固有的发展模式，为不正当竞争披上了合法的外衣，起了一种不好的导向作用，给行业很多认真从业的会计师事务所和注册会计师收费带来了压力。

三、促进会计师事务所做大做强的基本措施建议

“重点扶持大型会计师事务所加快发展”，这是国办发56号文提出的明确要求，也是当前和今后一个时期我国注册会计师行业重要而紧迫的任务。

会计师事务所做大，主要应该体现在事务所的主营业务收入规模及总营业收入规模大、专职职龄内注册会计师数量多、从业人员的数量多、拥有的各种专业人才多、能够提供的专业服务领域广（专业服务覆盖面或市场占有率高）等多个方面；会计师事务所做强，主要应该体现在事务所的品牌知名度高、在客户中的信誉度高、在市场竞争中客户的认可度高竞争力强、提供的专业产品质量高、内部管理规范有序等多个方面。虽然我们都习惯将会计师事务所称之为中介机构，但实际上与一般的中介机构有着本质的不同。注册会计师行业属于特殊的行业，会计师事务所属于特殊的企业，经营着特殊的业务，而且就法定鉴证业务而言还提供基本相同的产品——有着特殊的使用价值的标准化审计（鉴证）报告，其质量关系预期使用者能否实现预期目标，甚至关系注册会计师行业存在的价值；而质量控制首先取决于管理团队尤其是首席合伙人的核心价值观及质量控制理念，同时与注册会计师的专业胜任能力和职业判断能力、从业人员的职业道德水准以及会计师事务所质量控制政策的有效性密切相关；会计师事务所的核心竞争力靠的不是本身资本实力的大小，而是拥有的追求卓越的优秀专业团队以及优秀的合伙文化。因此，会计师事务所要实现做大做强的目标，会受制于多种因素，诸于内部治理水平、外部政策引导、注册会计师的执业环境、客户的真实需求、注册会计师的专业胜任能力等等。会计师事务所的做大做强是一个庞大的系统工程。我们必须全力推进，促进我省会计师事务所发展进入快车道，向做“大”和做“强”努力。

（一）抓住机遇、广泛宣传，营造良好舆论氛围

市场经济越发展，注册会计师行业越重要。随着改革开放的不断推进，注册会计师的会计信息鉴证作用越来越得到广泛认可。信用是市场经济的基石，会计作为国际通用的商业语言，是市场主体之间取得互信的重要依据，注册会计师的主要作用之一就是通过鉴证活动增强会计信息的可信度，降低信用成本和交易成本，因此，注册会计师在维护社会主义市场经济秩序中发挥了重要作用，注册会计师行业维护着市场经济的基石，成为市场经济体系中必不可少的基础性行业。我国颁布的《会计法》、《公司法》、《证券法》等法律法规以法律形式确立了强制审计制度，会计师事务所以审计等传统业务为依托，并利用其专业优势，不断拓展服务领域，为企业投融资决策、风险管理、税务筹划、内控制度设计、人力资源规划等提供专业服务，促进了企业经营效益、运行质量和管理水平的提高。但由于对注册会计师行业的正面宣传不够，关心重视不够，导致社会对注册会计师和会计师事务所缺乏了解，甚至产生误解，使得注册会计师的自信心和自豪感产生缺失，注册会计师行业也很难留住优秀人才，其结果严重影响会计师事务所的发展和做大做强。国办发56号文的下发，使注册会计师行业迎来了千载难逢的发展机遇，我们应该采取各种措施，动员多方力量，充分抓住这一千载难逢的机遇，大力宣传注册会计师行业，让社会充分了解我们这一行业及会计师事务所的重要性、使命和地位，使之成为备受尊重、令人羡慕和向往的崇高职业。

1. 采取各种措施大力宣传国办发56号文精

神。国办发56号文作为规划注册会计师行业改革与发展的专门性文件，第一次站在前所未有的高度对行业为经济社会发展所做出的贡献给予了充分肯定，对行业在市场经济体系中的定位予以了明确。它充分反映了国务院对注册会计师行业的关怀和重视，充分表明了我国政府大力发展注册会计师行业的积极态度，也为行业加快发展做大做强准备了舆论条件，释放了精神动力，提供了政策支持。同时，由国务院办公厅发文，也体现了权威性，有利于各有关部门统一思想、汇聚力量、明确目标，要充分利用网络、电台、电视、报刊等多种途径对国办发56号文精神加以宣传，形成社会充分了解、关心支持注册会计师行业发展的舆论氛围。

2. 采取各种措施大力宣传注册会计师的作用。一个国家只要实行的是市场经济，就一定会有注册会计师制度。注册会计师在维护社会主义市场经济秩序中发挥着极其重要的作用，是市场经济的守护神，注册会计师行业维护着市场经济的基石，是市场经济体系中必不可少的基础性行业。省财政厅要牵头、注册会计师协会积极配合，采取有效措施，有计划、分步骤地宣传注册会计师的作用，形成社会充分了解做大做强会计师事务所在我省社会经济发展中的重要性。

3. 采取各种措施大力宣传注册会计师的执业规范。出具公正高质量的鉴证报告是注册会计师应尽的职责。这就要求必须确保会计师事务所和注册会计师遵守国家法律法规、职业道德规范和审计准则，根据具体情况出具恰当的审计报告。这一方面要求社会了解注册会计师的程序、规范，从而充分理解会计师事务所提出的合理要求，并对注册会计师的执业过程提供必要的配合与支持；另一方面，需要社会了解对注册会计师的执业要求，从而对会计师事务所的执业行为进行必要的监督，促使会计师事务所能够遵守国家法律法规、职业道德规范和审计准则。为此，省财政厅要采取多种途径，有计划地宣传《中国注册会计师执业准则》，使我省各界能够基本了解会计师事务所的执业规范和执业要求，从而形成对会计师事务所的有效社会监督机制；同时，要协调有关部门，将会计审计人员的后续教育适当增加注册会计师执业规范的培训内容。

（二）拓展市场、跟进措施，创造公平竞争环境

拓展会计师事务所新业务领域，是改善行业业务结构，推动会计师事务所做大做强、做精做专，是贯彻落实国办56号文，加快形成大中小会计师事务所协同发展的合理布局，实现行业科学发展的重要举措。中国注册会计师协会在印发的关于《会计师事务所服务经济社会发展新领域业务拓展工作方案》的通知（会协〔2010〕10号）中明确提出，我国会计师事务所要围绕行业服务经济社会发展的总体要求，在巩固传统领域审计业务的基础上，大力开拓新型鉴证业务，积极开发非审计业务品种和市场，力争用8年左右的时间，使审计业务与非审计业务收入比重达到5：5，使全行业的业务领域和收入结构得到优化。为此，省财政要会同有关部门，研究建立促进注册会计师行业加快发展的支持政策，在规范执业收费、优化发展环境等方面给予支持。推动大型会计师事务所业务升级，向高端型、高附加值业务发展；促进中型会计师事务所业务范围不断拓展和业务能力不断提升；科学引导小型会计师事务所规范发展，营造优良的发展环境。

1. 由省财政厅与省工商局协调，落实《公司法》中规定的年度报表审计制度，确保公司依法接受注册会计师审计。实行年度报表审计制度替代工商年检审计制度。

2. 由财政厅与省教育厅、省卫生厅、省发改委、省农委等部门综合协调，探讨对学校、医院等事业单位的年度财务决算审计制度，以及各种财政专项资金的审计制度。

3. 由省财政厅与省国资委、省金融办等部门协调，在选聘中介服务机构时，推选我省具有较大规模的会计师事务所承担高端市场的审计服务，包括B股、H股公司审计服务，以及商业银行、保险机构的审计服务等。

4. 由省财政厅、省国资委、省证监局、省审计厅、银监会等部门联合发文，对我省国有大中型企业、事业单位、上市公司和拟上市公司实行内部控制测评，督促企事业单位加快内部控制系统的建立和完善。

5. 由省财政厅和有关部门协调，积极向上级部门建议，倡导有条件的会计师事务所提供审计服务以外其他鉴证业务及咨询服务业务，适度开展混业经营。

6. 由省财政厅会同省物价局制定我省会计师事务所收费具体标准和管理办法，加强对事务所及被审计单位价格违法行为的监督与处罚，坚决遏制低价竞争。积极协调有关政府部门，规范政府采购性质事务所招投标管理，下力气遏制和纠正单纯以

低价确定中标单位的不良趋向，向市场传递以执业质量取胜的政策导向和示范效用。

7. 省财政厅积极探索实施我省会计师事务所的分类管理制度，构建以整体规模、诚信状况、内部管理、执业质量、社会信誉、信息化管理等为主要内容的考核评价体系；探索推荐优质会计师事务所优先参与政府委托项目，积极协调有关部门将事务所提供专业服务纳入政府采购范畴。实现大中小会计师事务所的主营业务和客户类型各有侧重、相互补充，各得其所、协调发展，避免不同规模的事务所之间服务对象交叉重叠。

8. 积极推动有关政策、措施的建立和完善。包括：推动建立合理的审计相关服务价格体系，促进形成符合行业特点的执业收费价格机制；推动完善职业风险基金制度和职业保险制度，提高事务所抵御风险能力；推动完善执业法律责任制度和责任鉴定机制，公平行业执业责任；推动审计业务市场招投标行为的规范，遏制压价、索取回扣、收受贿赂等不正当竞争行为；推动合伙人管理办法的出台；积极推动会计师事务所审批与监督暂行办法的修订；开拓高端市场创造平等的竞争环境；积极协调教育、卫生、民政等部门，按照《若干意见》"将医院等医疗卫生机构、大中专院校以及基金会等非营利组织的财务报表纳入注册会计师审计范围"的要求，抓紧制定实施医院高校财务报表注册会计师审计制度。

（三）扶优扶强，引导会计师事务所联合做大做强

积极创造条件促进我省会计师事务所通过内涵发展与外延扩展，是实现事务所规模化发展战略，做大做强的有效途径。省财政厅应积极探索和总结事务所规模化发展以及走向国际的有效途径；倡导会计师事务所要敢于做大做强；积极开展事务所之间、事务所与其他专业服务机构之间、事务所与境外专业服务机构之间的合作；鼓励事务所与"走出去"企业合作，在境外建立分支机构，建立国际网络，加快走向国际的步伐。

1. 积极引导我省大、中型会计师事务所组织形式的转变。特殊普通合伙是适应大中型会计师事务所发展要求的一种组织形式。省财政厅应当按照便民、高效原则，鼓励我省大、中型会计师事务所向特殊普通合伙组织形式转制，突破会计师事务所做大做强的体制瓶颈。

2. 重点扶持1－2户大型会计师事务所发展。力争在今后5年的时间内，重点扶持1－2户大型会计师事务所加快发展，使其在人才、品牌、规模、技术标准、执业质量和管理水平等方面具有较高水准，能够"走出"省内为大中型企事业单位、上市公司提供专业或综合服务。鼓励执业质量优良、内控管理健全、发展势头良好的会计师事务所采用多种科学有效的形式进行强强联合，发展成为大型会计师事务所。

3. 科学引导我省会计师事务所走向合并。事务所之间实行强强联合的合并有利于其迅速做大做强，通过强强联合、中小联合、兼并收购及发展集团会计师事务所等方式，实现优势互补，资源共享，吸收更多人才、增加分支机构数量，取得更多业务资格、扩大业务范围，提高业务收入规模，提升市场占有率，增强抗风险的能力。省财政厅要科学引导，鼓励执业质量优良、内控管理健全、发展势头良好的会计师事务所采用多种有效的形式进行强强联合，发展成为大型会计师事务所；同时也大力支持具有一定实力的、信誉良好的小型会计师事务所通过合并的方式，加快形成我省各市都有一家中型会计师事务所（分所）的行业发展目标。

4. 跟踪监督事务所的合并质量。财政部门将事务所合并后的内部治理和管理制度等方面的整合情况，以及合并后总所对分所的管理和控制情况，作为事务所执业质量检查的重要内容，促进事务所合并后实现实质性融合，实现人事、财务、业务、技术标准和信息管理等方面的实质统一。

5. 加大对证券期货服务资格会计事务所合并行为的监管力度。认真执行《会计师事务所分所管理暂行办法》，适当时候可以引进上市公司并购管理监管制度，对挂名、承包、上交管理费等名义合并行为，实行严格处罚。

（四）推进会计师事务所全面提升核心竞争力

推动我省会计师事务所做大做强，必须将做大规模与苦练内功并举，全面提升核心竞争力，其中合伙人（股东）队伍建设是关键，执业质量提升是核心。

1. 采取有效措施抓紧抓好合伙人队伍建设。会计师事务所的合伙人（股东）对会计师事务所的专业形象与声誉、法定职责的履行、会计师事务所的业务质量以及会计师事务所的做强做大和内部治理等，几乎起着具有决定性的关键作用。会计师事务所作为特殊企业经营特殊业务，即对鉴证对象信息进行鉴证并提出鉴证结论，而鉴证业务质量控制

首先取决于会计师事务所管理团队尤其是首席合伙人的核心价值观及质量控制理念；会计师事务所的核心竞争力在于是否拥有优秀的专业团队，而优秀的专业团队取决于会计师事务所的内部合伙文化。因此，会计师事务所是否具有核心竞争力，能否实现有效的质量控制，能否享有很高的信誉获得社会的认同，能否将鉴证业务的风险控制在可接受的低水平使会计师事务所实现可持续发展，从而实现做大做强的战略目标，起关键作用的是会计师事务所的股东、合伙人，尤其是担任主任会计师的股东、合伙人（或首席合伙人）。财政部关于会计师事务所审批与监督暂行办法对会计师事务所股东、合伙人的资格条件作出了规定，但有些规定不够明确，实施过程中不便于操作，如股东、合伙人的年龄没有限制等；对于可能在新设立的会计师事务所中担任不同角色的合伙人（股东）的资格条件没有区别对待，如拟担任主任会计师的合伙人（股东）与其他一般合伙人（股东）的资格条件差别，注册会计师学历普遍偏低导致合伙人队伍总体素质不高等。俗话说得好，火车跑得快全靠车头带，在促进我省会计师事务所做大做强的过程中，必须采取有效措施，抓住合伙人队伍建设：

（1）对合伙人（股东）组织系统培训。我省会计师事务所的合伙人（股东）队伍约700人。合伙人（股东）学历偏低、知识老化的情况比较严重，这将严重阻碍我省会计师事务所做大做强战略的实现。为此，省财政厅要制定规划，省注协要认真组织并委托国家会计学院、安徽财经大学等高等院校，对会计师事务所的所有合伙人（股东）按计划、有针对性的系统培训。

（2）建立合伙人（股东）跟踪监控系统。实行合伙人资格禁入制度。由会计处和省注协注册部联合建立我省会计师事务所、合伙人（股东）信息管理库，对合伙人（股东）进行动态监控。对那些频繁转所的挂名合伙人（股东），以及执业行为严重损害行业形象的合伙人（股东），采取有效措施将其清除出合伙人队伍。

（3）积极探索合伙人分类管理制度。因会计师事务所合伙人（股东）有多种不同角色并承担不同职责，对其能力、经历、专业知识都有不同要求，建议财政部修订会计师事务所审批与监督暂行办法时，考虑对会计师事务所合伙人（股东）实行分类管理，即首席合伙人，质量控制合伙人和一般合伙人。三类不同类别合伙人（股东）应具备的资格条件实行区别对待，提高注册会计师合伙人（股东）的质量。

（4）实行合伙人（股东）任职资格检查制度。建议由中国注册会计师协会对会计师事务所合伙人（股东）实行任职资格检查制度，建立首席合伙人，质量控制合伙人（股东）和一般合伙人（股东）任职资格培训考核机制；建立会计师事务所合伙人（股东）资格后续教育与年度检查制度，对于已获得会计师事务所合伙人（股东）任职资格的注册会计师，由中国注册会计师协会组织强制培训，实行与其他注册会计师区别对待的年度检查制度。对会计师事务所合伙（股东）人任职资格年度检查未获通过的，则不得作为会计师事务所的合伙人。

2. 促进事务所提升执业质量实现可持续发展。质量是事务所的生命，质量控制关系会计师事务所的生死存亡。会计师事务所要做大做强，质量控制是核心。会计师事务所质量控制期望实现两大目标，即保证会计师事务所及其从业人员遵守法律法规、职业道德规范以及审计准则，根据具体情况出具恰当的报告。该目标的实现首先取决于会计师事务所管理团队的核心价值观与质量控制意识，包括内部考核机制、晋升机制、利益分配机制、人才政策等。会计师事务所的管理团队尤其是首席合伙人，因所从事的职业的特殊性，必须始终追求维护社会公众利益为核心价值，而不能过度追求商业利益的最大化，更不能为了追求某种利益而放弃原则降低质量，需要牢固树立质量至上的意识；在内部管理体制上，无论是利益分配还是对注册会计师及其他从业人员的考核与晋升，都应该以执业质量的高低作为最重要的依据，而不能实行提成机制，更不能将注册会计师的薪酬水平与执业收费的高低直接挂钩；在人才政策上，需要鼓励注册会计师和其他从业人员不断提升自身的专业胜任能力，并保持人才队伍的长期稳定。会计师事务所的质量控制需要一整套行之有效的质量控制制度，包括业务的承接与保持、人力资源、业务的执行、业务工作底稿、监控等方面的政策与程序。这需要会计师事务所投入足够的资源制定和执行与质量控制相关的政策和程序，并形成相关文件记录发布。

（1）在全省会计师事务所建立质量控制责任人制度。要求各事务所委派具备足够经验和能力的专业人员承担质量控制的具体运作，主任会计师作为第一责任人。并积极指导会计师事务所建立健全业务质量控制制度。

（2）在全省开展控制制度落实情况的检查。要将会计师事务所业务质量控制制度的建立和执行情况作为执业质量检查的重点，帮助会计师事务所查缺补漏，对发现的问题，限时整改，督促会计师事务所建立和保持业务质量控制制度。要针对会计师事务所执业质量检查中发现的有关业务质量控制方面的共性问题，组织强制培训，全面提升注册会计师的执业水平和会计师事务所的业务质量控制水平。

（3）加大监管与处罚力度。加强对行业的监管力度，加重制假造假的违规成本，严厉打击害群之马，树立行业良好形象。在会计信息质量检查中，严格区分会计责任与审计责任，对被审计单位应该承担的会计责任，由财政会同干部管理部门、工商部门、国资委、发改委、银监会等部门，实施联合制裁或处罚。

（五）全面落实行业人才战略抓好人才队伍建设

人才是会计师事务所做大做强的根本，是会计师事务所加强风险管理和业务质量控制、切实履行社会责任的核心力量。会计师事务所要实现做大做强的战略，应当以人为本，科学发展，积极落实人才发展战略，根据自身的发展战略和专业发展目标，制定实施科学、合理的人力资源政策和专业人才结构规划，注重人力资源的有效使用、合理配置和战略储备，保证专业队伍始终保持良好的职业素质和专业胜任能力。为此，建议由省财政厅牵头联合有关部门，制定切实可行的措施，为我省会计师事务所实现做大做强战略吸引人才、留住人才，并始终保持和不断提升专业素质。

1. 实行多种激励制度为行业发展吸引高素质人才。一是多渠道宣传。使社会充分了解注册会计师行业的价值，形成社会尊重的氛围，从而吸引更多专业人才进入注册会计师行业；对有国际“四大”或海外执业经验的高级专业人才回安徽本地会计师事务所工作的，由地方政府财政部门给予一次性奖励。二是鼓励高校优秀毕业生进入我省会计师事务所工作。对注册会计师专门化方向的学生、通过注册会计师全科考试的学生、连续三年评为校级三好学生的优秀毕业生，大学毕业进入会计师事务所工作并签订5年以上劳动合同的，由财政部门给予适当补助。省财政厅要积极会同有关部门研究制订人才引进的政策和措施。

2. 完善内部治理和利益分配制度留住人才。近年来，我省会计师事务所人才流失比较严重，需要采取各种措施，留住人才。一是在全省开展事务所内部治理专项检查，促进内部管理制度建设和事务所合伙文化建设。事务所内部治理需要建立健全以决策程序、风险控制、人才培养、收益分配、执业网络协调为重点的内部管理制度，实现权责清晰、决策科学、管理严格、和谐发展，形成人合、事合、心合、志合的内部合伙文化，从而实现制度留人、感情留人、环境留人，从而促进我省会计师事务所长远发展。二是积极探索会计师事务所利益分配制度。会计师事务所的股东或合伙人如果在股份的分配上追求一股独大，则难以保证内部决策程序按制度执行，如果在利益分配上追求自身利益最大化，在经营理念上追求商业利益最大化，则难以保证内部风险控制政策的有效执行，在员工利益分配上实行提成制与完成的业务收入直接挂钩，则难以保证收入分配合理，从而损害员工的积极性，不可能吸引和留住优秀人才。要坚决制止提成制，积极倡导年薪制，合理确定合伙人、一般注册会计师、普通从业人员之间的收入差距比。三是强化我省会计师事务所从业人员的福利保障制度和执业责任保险制度。财政部门牵头会同劳动保障部门对会计师事务所从业人员五险一金的缴纳情况开展全面核查，促进事务所完善从业人员的社会保障，同时协调保险机构，完善会计师事务所的责任保险制度。

3. 多渠道培养人才提升从业人员总体素质。一是省注册会计师协会完善注册会计师后续教育制度，抓好师资队伍建设，最大限度实现分层次培训，即合伙人、项目经理、一般注册会计师、助理人员。对授课内容和课件，由省注协组织审核，对每期培训的学员，由注册会计师协会组织资格审核确认。二是发挥 CPA 专业院校的作用，如安徽财经大学、上海财经大学等，委托培养业务骨干。三是充分利用行业领军人才的培养机制，对进入全国会计行业领军人才梯队的，省注册会计师协会予以奖励。激励我省注册会计师进入领军人才队伍学习，为我省事务所做大做强集聚高端人才。

（六）加强行业党建推动事务所做大做强

推动我省会计师事务所做大做强，需要进一步加强行业党的建设，深入开展学习实践科学发展观活动，切实解决制约行业发展的突出问题，牢固树立科学发展的理念，建立行业科学发展的长效机制。

1. 发挥注册会计师行业党委的作用，切实加强注册会计师行业党组织建设。实现党组织和党的工作全覆盖目标。积极协调有关部门，及时解决行业党建工作中存在的困难和问题。

2. 积极探索事务所党组织发挥作用的方式和途径。充分发挥事务所党建的政治保障作用，以及事务所党组织战斗堡垒作用和行业党员的先锋模范作用，支持和促进事务所的健康发展。

3. 加强行业党员的教育、管理和服务。以行业继续教育体系为基础，结合政治学习特点，探索建立囊括党组织书记、党务工作者、普通党员等不同层次的行业党员学习培训体系，将党性教育与诚信教育紧密结合起来。充分利用行业管理信息系统，将注册管理与党员和事务所党组织的跟踪管理紧密结合起来。

4. 指导事务所开展学习实践活动和加强党建。深入领会和积极实践国办56号文件的要求，理清发展思路，优化发展模式，开拓业务领域，加强内部治理，重视人才培养，建设诚信文化，并积极推动加大行业会员参政议政的力度，扩大事务所的影响力。

安徽省财政厅课题组
课题组长：陈传文
课题副组长：黄克来
课题成员：季必英　王光杰
徐义平　孙爱华

如何构建县级基本财力保障机制

县级财政作为国家财政的重要组成部分，直接面向基层人民群众提供公共服务。增强县级财政保障能力，事关基层社会和谐与稳定。党的十七大明确提出“完善省以下财政体制，增强基层政府提供公共服务能力”。温家宝总理在2010年政府工作报告中进一步提出要“完善县级基本财力保障机制”。本课题在研究过程中，选择了9个有代表性的县（市）进行典型调研，在此基础上，分析当前我省县级财政运行中存在的问题及成因，从明确县级基本财力保障范围、保障标准、保障顺序等方面，提出构建县级基本财力保障机制的框架设想及相关政策建议。

一、当前县级财政运行状况分析

近年来，省财政认真贯彻落实省委、省政府关于加快县域经济发展的决策部署，在全国率先实行省直管县财政体制改革和乡财县管改革，进一步完善省以下财政体制，积极推进转移支付制度建设，不断加大转移支付力度，从政策、资金、体制等方面采取一系列措施，着力增强县级财政保障能力，县域财政取得了长足发展。县级财政收入增长速度明显加快，对全省财政增收的贡献率逐步提高。2009年，全省县级财政总收入470.6亿元，比上年增长23.9%，高于全省增幅近7个百分点；增收额占全省增收额的40.3%，比上年提高10个百分点；有14个县财政总收入超过10亿元，比上年增加7个，其中凤台县、肥西县财政总收入首次突破20亿元。

综合分析，当前我省县级财政运行呈现以下特点。

（一）收入高速增长，但结构性矛盾仍然存在

全省县级地方一般预算收入由2005年的97亿元上升到2009年的285.4亿元，年均增长31%，高出全省平均增幅4个百分点，占全省地方收入的比重也在稳步提高。

从收入项目结构看，主体税种占比低于发达省份，部分地区非税收入比重偏高。2009年税收收入211.2亿元，占地方一般预算收入（下同）的74%，其中与经济发展密切相关的增值税、营业税、企业所得税、个人所得税四项主体税种137.5亿元，占48.2%，比江苏54.8%和浙江64.2%的水平低6.6和16个百分点。全省县级政府非税收入74.1亿元，占地方一般预算收入的26%，其中，比重大于30%的有32个县区，10个县区大于40%（最高的泗县达50.8%）。

从收入项目贡献看，税收对县级收入增长拉动作用明显，营业税贡献突出。与2007年相比，2009年县级地方税收收入所占比重提高了2.6个百分点，但主体税收收入所占比重却下降了2个百分点。县级地方一般预算收入增长了68%，其中税收收入拉动增长53个点、非税收入拉动增长15个点。

从地区收入份额看，财政强县贡献较大。2009年收入规模前20位的县区，其收入占全省县级收入总额的48.7%，对县级财政增收的贡献率达到了51%，其中前10位的贡献率达到30.7%。

从收入与财力配比看，县级收入的增长与自有财力的增长并不同步。一是非税收入在县级财政收入占比较高，而它们大多有专门用途，难以形成可供政府统筹安排的财力。二是招商引资成本高。县

级政府为招商引资出台了一系列优惠政策，对部分税收收入通过列收列支形式返还给企业。调研中发现，某县2009年招商引资等开支230万元，兑现优惠政策933万元，共1163万元，占地方税收收入的14%。三是收入来源不稳定。近两年对县级财政收入增长贡献率最高的是营业税，其中有很大一部分是因扩大投资形成的基础设施建安营业税，这部分收入不可能持续增长，形成稳定财力。四是税收成本仍然较大。2009年县级财政决算反映的税务事业费支出近8亿元，占同期地方税收收入的近4%，有些地方甚至达10%以上。

（二）支出大幅增加，但压力日益加大

全省县级一般预算支出由2005年的302.7亿元上升到2009年的981.6亿元，年均增长34%，高出全省平均增幅2.5个百分点，占全省支出的比重基本呈现稳步提高的态势。

从支出结构看，基本公共服务支出责任较大。教育、农林水、社会保障、一般公共服务、医疗卫生等支出在县级支出中占有较高比重，分别为23.1%、14%、13.7%、13.2%、11.2%，合计占75.2%。全省70%以上的教育、60%以上的医疗卫生、50%以上的农林水、近50%的一般公共服务和社会保障支出集中在县级。县级2009年支出比2007年增加426.6亿元，其中农林水、教育、医疗卫生、社会保障四项占了增加额的65.7%。这些支出项目都属于基本公共服务范畴，是必保支出，对县级形成刚性约束。

从资金来源看，县级财政对上级财政依赖程度高，转移支付结构不尽合理。地方一般预算收入约占29.1%，税收返还约占2.5%，一般性转移支付约占36.9%，专项转移支付约占28.9%，且专项转移支付占县级支出的比重呈逐年走高的趋势。县级财政平均自给率不足30%，70%以上的支出依靠上级的补助和转移支付，且对上级财政的依赖程度也越来越高。

从预算安排情况看，年初预算中大部分财力用于保工资、保运转。根据调研数据分析，调研县年初预算安排的人员支出占年初预算支出的55.2%，运转支出占15.8%，两项合计已占71%，用于增强公共服务能力、改善民生、促进发展的支出比重不高。同时，预算支出标准普遍较低，所调研的财政实力较强的某县，年人均公用经费定额仅2000元。另一方面，大量支出是在年度执行中追加安排的，年初预算安排支出仅占年终调整预算数的55.6%，预算调整的73.6%为上级追加专项支出。

从支出压力看，政策性增支给县级财政带来较大负担。近年来，虽然财政支出实现了高速增长，但基层政府的支出压力却越来越大。总体来看，造成县级财政支出压力增大的因素可分为四类，一是规范公务员津补贴、实施事业人员绩效工资改革增加支出；二是实施基层医药卫生体制改革增加支出；三是随着公共财政的逐步完善，中央和省出台的“保民生”、“促三农”政策支出；四是实施积极财政政策，扩大内需建设项目配套支出。从调研情况看，9个县实施民生工程、扩大内需等需要本级配套10.9亿元，占9个县当年可用财力的15.4%。

（三）财政保障能力提高，但区域间差距仍然明显

2009年，按财政供养人数计算的县级人均财力5.8万元，是2005年的2.6倍，增幅超过省市级，县级财政保障能力显著提高。

从可用财力构成看，县级自有收入与上级补助收入均保持较快增长。2009年，县级可用财力671.4亿元，其中地方一般预算收入为285.4亿元，占42.5%；税收返还及各项财力性补助为386亿元，占57.5%。与2007年相比，县级可用财力增加240.2亿元，增长55.7%，其中来自地方一般预算收入的增量为115亿元，占可用财力增量的47.9%，来自税收返还及财力性补助增量125.2亿元，占52.1%。也就是说，在可用财力增幅中，县级自有收入带动增长26.7%，省补助收入带动增长29%。在省级支持县域经济发展各项政策的推动下，县级自有收入和省补助收入均保持了高速增长。

从可用财力均衡程度看，一般性转移支付对均衡地区间财力的作用明显。2009年，全省县级按总人口计算的人均财政收入的基尼系数达0.41，加上一般性转移支付后，县级人均可用财力的基尼系数为0.2。

从可用财力的纵横比较看，县级人均可用财力水平偏低，县域间差距较大。纵向比较，2009年全省按供养人口计算的人均可用财力8.9万元，是县级的1.5倍，市级人均可用财力13.9万元，是县级的2.4倍。横向比较，有42个县区人均可用财力水平低于县级平均水平，人均可用财力超过10万元的有5家，最高的12万元，最低的4.3万元，高低极差达2.8倍。从地区分布看，皖北地区各县

普遍低于县级平均水平。

（四）政府性债务不断膨胀，财政风险加大

县级政府性债务有些是为了推进经济发展、加快基础设施建设和加速经济结构调整而举借，有些由于宏观政策原因，是为了加快发展社会事业、提升基本公共服务水平而产生的财政支出缺口，主要包括工业园区基础设施建设贷款，城镇公益性基础设施建设举债，教育、卫生等社会事业发展借款、农业综合开发借款等。从调研情况看，2009 年，调研县县乡两级政府性债务余额共 93 亿元，比年初增长 68.2%，是同期地方一般预算收入的 2.8 倍，债务率（债务余额占可用财力的比重）达到 113.3%，县均政府性债务余额 10.3 亿元，9 个县中债务增幅最高达 135.9%；调研县乡镇政府性债务余额 14.1 亿元，乡均政府性债务余额约 889.8 万元，县乡政府偿债压力沉重，财政风险较大。

总体判断，尽管目前人员工资和机关运转的支出基本得到保障，但保民生范围的扩大、标准提高，扩大内需等政策性增支和配套需求增多，县级基本财力保障仍然面临较大压力。

究其原因，一是县域经济基础薄弱。与全国相比，我省市多县少，但人口大县多且基本集中在皖北地区；县域经济总量小，产业结构不合理，地区间发展很不平衡。二是事权划分不清晰。政府间事权划分不清晰，导致各级政府财政支出责任不明确，“上级请客，下级买单”的现象较为普遍，基层政府实际上承担着无限责任。同时，现行财政体制下基层政府缺乏主体税种，转移支付体系中专项转移支付占比较高，财力与事权不匹配的问题尤为突出。三是政府职能转变滞后。政府与市场边界不清，有些基层政府热衷于追求 GDP 的增长，热衷于“形象工程”，财政支出存在越位现象，增加了财政支出压力；部分县存在过度建设、超前发展等问题，超出了自己的财力承受能力。

二、安徽省县级基本财力保障机制框架构想

随着经济的发展，我国正在由传统农业社会向现代工业社会转变，我省也处在全面转型、跨越发展、厚积薄发、加速崛起的关键时期，广大人民群众对公共服务内容、质量等需求全面快速增长，公共产品短缺、基本公共服务不到位等问题日益突出。县级财政是直接面向基层人民群众提供基本公共服务的基层财政，同时县级财政缺乏基本财力保障，因此，急需建立健全基层政府履行公共服务的基本财力保障机制。

建立县级基本财力保障机制，就是要逐步形成基层政府基本公共服务支出责任明晰、缺口有效弥补、水平不断提升的基本公共服务保障机制，逐步形成基层政府积极培育“财源”、提高收入质量的收入稳定增长机制，逐步形成基层政府注重改善民生、合理发展经济、加快职能转变的科学发展机制。

所谓县级基本财力，是指维护县乡政权机构正常运转，保证县乡政府履行公共职能和提供公共服务，按照财力与事权相匹配的原则，形成的满足正常支付标准的县级财政支付能力。既包括县级自身组织的财政收入，也包括上级下达的一般性转移支付和用于基本公共服务领域的专项转移支付；既包括一般预算收入，也包括政府性基金收入、国有资本经营收入、社会保险基金收入等各类政府性资源。

建立县级基本财力保障机制的基本原则：1. 公共服务。以提供公共服务为主要责任，优先保障县级义务教育、公共卫生等基本公共服务支出。2. 科学公平。在保障标准的制定方面，中央和省有规定的，按规定执行；没有规定的，优化选择人口、面积等客观因素，统一测算。3. 因地制宜。我省县域经济发展水平差距较大，保障标准应与当地的经济发展水平相适应，结合各地情况分别制定。4. 量力而行。考虑到我省县级经济实力普遍较差、省对下转移支付增量有限的实际，保障范围和标准的制定要充分考虑财力的可能。

建立县级基本财力保障机制的总体框架：明确保障范围、确定保障标准、核定保障需求、确定保障顺序、核定财力缺口。对财力缺口部分，通过建立奖补机制予以弥补。

（一）保障范围

按照公共财政的要求，确定保障范围。从目前来看，应该把重点放在存量性的基本公共服务内容方面，主要包括一般公共服务、公共安全、义务教育、公共卫生、社会保障、农村基础设施建设、村级组织运转以及其他民生支出等。至于县级政府的经济发展支出和不断增加的公共支出，则可以根据社会经济发展形势的变化，进行适当调整。

（二）保障标准

根据中央和省有关政策，以及各地人口规模、人口密度、经济发展水平、支出成本差异等客观因素，分类分项制定保障范围内的各类支出保障标准，并进行动态调整。

（三）保障顺序

按照“保工资、保运转、保稳定、保民生、促发展”的总体要求，坚持以人为本，对符合公共财政支出的项目，逐一核定优先级别，按重要程度排出优先保障顺序：首先应该保障在职、离退休人员的工资及津补贴支出；其次是单位的基本运转支出；第三是维稳经费；第四是民生类必保支出；第五是单位的专项业务经费；第六是支持农村发展支出；第七是发展经济、培植税源支出；第八是城市维护费。

（四）奖补机制

制定相对稳定的县级基本财力保障缺口奖补办法。用公式表示：

第一步，计算财力缺口

财力缺口 $x = \sum a_i b_i - \sum c_j$

公式中 a_i 代表第 i 项支出项目，b_i 代表第 i 项支出的支出标准，c_j 代表第 j 项财力构成项目。

第二步，对缺口额进行分解

如可以分为工资类缺口 x_1、运转类缺口 x_2、民生类缺口 x_3、其他类缺口 x_4。

第三步，计算缺口补助额

对不同类型缺口额核定不同的补助系数 x_i。

缺口补助额 $Y = X_1x_1 + X_2x_2 + X_3x_3 + X_4x_4$

第四步，计算消化缺口奖励额

建立激励约束机制，上下联动，共同推进县级基本财力保障机制的建立和完善。对县级通过加快发展用自身组织的收入，或通过调整支出结构、创新支出方式、精简机构人员等措施消化缺口额的，根据消化情况，给予适当奖励。

县级基本财力保障机制建立后，要正确处理省对下均衡性转移支付与县级基本财力保障奖补资金的关系。均衡性转移支付体现的是基本公共服务均等化的要求，其标准收支测算的覆盖范围和标准体现的是全省平均水平，而现阶段县级基本财力保障机制保障的范围和标准，是按各地实际情况应达到的最低水平。在测算均衡性转移支付时，县级基本财力保障奖补资金计入各地标准收入，奖补资金也将作为省对下均衡性转移支付的一部分一并下达。

三、建立我省县级基本财力保障机制的有关建议

2010 年是实施“十一五”规划的最后一年，也是巩固经济回升基础、谋划“十二五”科学发展、加速崛起的关键之年，将构建县级基本财力保障机制提上日程，立足我省县级财政经济发展实际，主动理财、科学理财、依法理财、民主理财，坚持激励与约束并重、改革与管理并行、“输血”与“造血”结合，着力增强县乡财政保障能力，全面提升财政科学发展水平，实现富民强省，责任重大，意义深远。

（一）围绕我省区域发展战略，大力支持县域经济发展

目前我省的区域发展战略已基本确定，主要包括强力推进皖江城市带承接产业转移示范区建设，加快皖北地区发展，大力推进合芜蚌自主创新综合配套改革试验区建设，以及合肥为核心的省会经济圈和“两淮一蚌”城市圈建设。皖江城市带承接产业转移示范区覆盖的 10 市 59 个县区，都是我省县域经济发展中最活跃的地区，要抓住这一难得的发展机遇，强力推进示范区建设，从而带动全省县域经济蓬勃发展。皖北三市七县包括的 3 市 24 个县区，一直是我省县域经济发展的短板，要切实加大对皖北地区的投入力度，加快皖北地区发展，有力地推进全省县域经济协调发展。继续支持合芜蚌自主创新综合配套改革试验区建设，加大政府创新投入，建立创新投资体系，为我省县域经济发展提供动力。

认真贯彻落实省委省政府《关于贯彻落实科学发展观促进县域经济又好又快发展的若干意见》（皖发〔2008〕9 号）精神，用足用实已有支持县域经济发展的政策措施。加大对县域工业园区的支持力度，引导县域产业集群发展，培育县域经济增长极，振兴经济，增加收入，扩大就业。积极、充分发挥财政投融资作用，加快建立中小企业信用担保体系，促进多元化企业融资服务平台建设，帮助企业筹集发展资金，促进县域企业发展。

（二）科学界定基层政府事权范围，建立健全各级政府的支出分担机制

要按照受益范围、权责对等和效率优先的原则，明确划分各级政府间的事权。科学界定政府与市场的边界，明确公共财政支出范围。将可以由市场解决的事务坚决从政府支出中剔除，并积极探索事业单位供给机制改革，同时，推进财政支出方式的创新，实行政府购买服务、以奖代补等支出方式，加强财政资金的引导作用。科学界定各级政府本级事务，避免各级政府支出责任交叉。本级事务应按照分级负担的原则，由各级政府自行负担经费。省级政府主要负责跨市县、长周期和涉及全省整体利益的公共事务及公共设施建设。市、县政府

主要负责辖区范围的行政管理和公共服务。在现阶段，可结合农村综合改革，从事权范围相对较小的乡镇开始，自下而上地明晰县乡政府事权。科学界定各级政府共同事务，建立各级政府分级负担机制。要以现行的义务教育经费分级负担机制、民生工程分级负担机制取得明显成效为基础，进一步详细梳理各项共同事务，确定各级政府的分担比例或分担内容，并形成制度性的文件。各级按各自比例负责筹资、共同保障到位。省、市级政府应更多地承担民生等支出比例，同时，严格控制要求县乡政府配套的支出项目。

（三）健全支出标准体系、明确支出优先顺序，坚持把基本公共服务作为基层财政保障重点

加强支出标准体系建设。进一步完善定员定额与实物费用定额相结合的基本支出标准体系。结合事业单位改革情况，探索事业单位基本支出经费保障模式。推进实物费用定额试点。加强项目支出标准体系建设，研究制定科学的项目支出分类方法。

在充分调研和开展试点的基础上，研究制定关于合理确定财政支出顺序的指导性意见，并设立相应的考核指标。县级政府结合本地实际，规范支出标准，优化支出结构，建章立制，确保财力优先用于基本财力保障范围内的支出。

（四）规范省对下转移支付制度，提高县级财力均衡水平

进一步完善和规范省对下转移支付制度，是帮助财政困难地区提高基本支出保障能力的重要手段。一是继续加大均衡性转移支付力度。切实提高均衡性转移支付的规模和比例，促进地区间公共服务的均等化。坚持用标准收支统一衡量区域财力差异，优化选择标准收支的客观因素和计算方法，采用公式化方式进行规范化分配，科学体现地区间支出成本差异和市县政府的收入努力程度，促进市县提高收入质量。围绕主体功能区建设，通过明显提高转移支付补助比例的方式，增强禁止开发与限制开发区域政府公共服务保障能力。二是规范和清理专项转移支付。对符合事权划分和省级履行宏观调控职能所需的项目予以保留，并进行必要的整合。进一步规范和创新专项转移支付管理模式，更多地采取分类转移支付方式，即上级政府只规定使用方向，不确定具体项目，赋予地方政府充分的自主权。对于确需明确到具体项目的专项转移支付，也要提高资金分配的科学性。三是逐步建立转移支付的评价、监督和考核机制。加强对转移支付资金使用的监管和绩效评价，引导市县政府将财政资金向基本公共服务领域倾斜，确保均衡能力的增强转化为均等化水平的提高。

（五）加强基层政府债务管理，防范财政风险

理顺政府性债务管理体制。按照权责一致原则，由财政部门对政府债务的借、用、还等实行统一管理，建立严密、规范的政府新债控制机制，建立严格、有效的地方政府性债务存量消化机制，建立稳定、可靠的政府到期债务偿还机制，建立公开、透明的政府债务监管机制。

加强政府性债务日常管理。抓紧建立地方政府及其平台公司政府性债务信息管理系统，对地方政府及其融资平台举借的政府性债务实施动态监控。

清理规范政府融资平台。认真贯彻落实国务院《关于加强地方政府融资平台公司管理有关问题的通知》（国发〔2010〕19号）精神，做好我省政府融资平台公司的摸底、清理工作，切实加强我省融资平台管理，制止各级政府违规担保承诺行为，防范政府债务风险。

（六）推进财政科学化精细化管理，提高基层财政管理水平

进一步加强财政科学化精细化管理，着力建设适应时代发展要求的财政管理新格局。一是强化财政预算管理。依法理财治税，加强收入征管，规范非税收入管理，提高收入质量。完善县级部门预算改革，实行综合预算，将县乡一般预算收入、预算外资金收入、政府性基金预算收入、社会保险基金收入全部纳入财政管理范围，加大非税收入统筹力度，切实提高县乡财力的完整性和预算编制的可靠性。推进预算支出绩效考评工作，并将考评结果作为以后年度预算编制的重要依据。进一步推进“收支两条线”管理、国库集中收付制度和政府采购制度改革，切实提高财政资金使用的安全性、规范性及有效性。加强财政监督管理，规范财政权力运行，建立健全覆盖财政资金和财政运行全过程的监督机制。牢记“两个务必”，牢固树立过紧日子的思想，坚持勤俭办一切事业，狠抓增收节支，继续从严控制一般性支出，严肃财经纪律，坚决反对铺张浪费。二是巩固财政“惠民直达工程”试点成果。总结经验，完善创新，加快建立管理科学、操作精细、运转高效的惠民政策落实新机制。三是加强财政管理基础工作和基层建设。建立健全各种基础数据动态采集机制，全面掌握预算单位人员、工资及津贴补贴、资产负债、收费项目和标准，以及

财政收支、财源财力、财政保障人口等信息。扎实推进“金财工程”，加快财政信息化建设，逐步建立流程通畅、业务协同、数据共享、应用安全的一体化管理系统。加强对乡镇财政的指导和管理，充分发挥乡镇财政的监管作用。积极推进村级会计委托代理制度，加强村级资金、资产、资源管理，促进农村和谐稳定。

安徽省财政厅课题组
课题组长：黄　然
课题成员：孟照红　方山恩　徐向前
杜志明　姚　瑶　李　燕
童　兵　李　强

财政支农对农民增收效应分析

一、财政支农效应的理论分析

（一）财政支农效应的内涵与特征

1.财政支农效应的内涵

财政支农或财政支农资金支出，是政府的一种资金投放方式，是政府通过财政杠杆实施的以支持农业和农村经济发展为目标的各种直接和间接的经济行为的综合。宏观上，财政支农是指政府为实现其农业宏观调控目标而采取的一系列财政政策；微观上，则是由各级政府及其涉农部门主导的一系列投资、消费行为和过程。

财政支农在财政部门的实际工作中有大、中、小三个口径。小口径的财政支农支出是指农林水气等部门的事业费和支援农业生产支出；中口径的及WTO 口径，包括农业基本建设支持、支援农业生产支出、农业科技三项费用、农林水气部门事业费、水利建设基金、农产品政策性补贴等十多方面的财政支出；大口径即“三农”口径，还增加了财政通过其他间接渠道对农业实施的种种支援与补助，如提高农副产品收购价格，减免农业税等等。对于中国这样一个二元结构突出、处于转型期的发展中国家，农业、农民和农村问题是高度相关、相互交织的，随着经济发展进入到以工哺农、以城带乡的阶段，财政支农的“农”显然不单单是一个农业的概念。因此，研究财政支农对农民增收效应应将选择投放到“三农”领域的财政资金。

财政支农体系运行过程中涉及三个要素，一是财政支农实施主体，包括中央政府和地方政府、政府决策层和职能部门、欠发达地区政府和发达地区政府等，它是由一个个具有各自的行为特征和效用函数、按照特定组织规则运行的决策主体的集合；二是财政支农的收益主体，主要是农民及相关经济组织（农产品加工、包装、运输、贸易等企业）；三是财政投资中的中介组织，主要是商业银行、保险公司、农村合作经济组织等市场组织。

财政支农效应是指财政支农政策执行中产生的影响和效果的总和，它与支农政策目标密切相连，是随着不同经济社会发展阶段而具有不同评价体系与指标的一个变化发展着的集合体。它不同于经济学上的效用（Utility），只从单个消费体考虑，也不同于微观经济上的效益（benefit），可以直接、完全地量化标准，它是三个行为主体共同作用的结果，既存在着某些可以量化的指标，也存在着不可量化的规范性标准。

2.财政支农效应的特征

财政支农政策效应具有众多特征，大体可以归纳为广泛性、阶段性和长期性三个主要特性。

广泛性：财政支农政策种类多、范围广、效果泛，直接地促进农村农业的发展、增加农民的福利，也间接地促进整个经济的稳定持续发展；既具有推动经济快速协调发展的经济效应，又具有构建和谐社会的社会效应；既存在促进农村消费的效应，又具有拉动农产品出口的效应等等。就发展中国家而言，农业对于经济增长和社会经济发展具有“产品贡献、市场贡献、要素贡献、外汇贡献”（库兹涅茨，1961）。因此，财政支农政策效应不仅在于促进农村经济社会的发展，更延伸到整个社会经济发展的各个角落。

阶段性：随着农村经济社会发展，财政支农主要政策目标随着变化，财政支农的效应随之不同。在经济转轨、社会矛盾复杂的历史阶段，维护公正、稳定农村成为财政支农的主要政策目标，实现这个目标的程度即为财政支农效应的大小，而经济效益的不是反映支农效应的主要因素。当农村经济社会持续发展，财政支农政策则会更加重视其经济效益的实现。例如取消农业税并实施农业补贴政策，最初经济效益和社会效益都十分明显，而随着中国进入社会矛盾凸显期，维护农村稳定的社会效应则是主要考虑因素。

长期性：农业具有天生的弱质性，加上中国长期的二元结构的存在，中国财政支农政策将长期存在。财政支农政策效应要放在整个农村经济发展历程中考虑，要放在整个经济社会发展历史阶段考虑，支农政策不仅仅存在着与短期目标相对应的短期效应，也存在着与农村长远发展目标及整个国家的最终发展目标相对应的长期效应。

(二)财政支农效应的范围和评价指标

1.财政支农效应的研究范围。财政支农效应较为广泛,最直接的效应包括保证粮食安全、提高农民收入、促进农业增效、加快农村发展四个方面。具体又细分为改善农村基础设施、提高农民素质、促进农村社会进步、推动农业科技进步、加强生态保护等等。本课题侧重研究财政支农政策在保证粮食安全、提高农民收入、扶贫、农业科技进步四个方面的效应。

2.财政支农效应的分析方法

本课题重点是对财政支农对有效实现支农政策目标的效果进行分析,目的是提高支农支出的绩效。因此,财政支农效应分析应当注重支出的经济性、效率性和有效性原则。支农支出的经济性,就是看支农政策是否已建立有效的支出决策机制和支出优先排序机制,以解决支农资金浪费和分配不均问题。支农支出的效率性就是财政支农支出项目在决策机制、项目实施进度以及项目经济效益和社会效益取得等方面的具体体现。支农支出的有效性,是指支农项目实施后,多大程度上达到支农政策目标及其他预期结果。考虑有效性原则是因为一些项目运行可能很有经济性和效率性,但同时却不一定是有效的。

本课题的分析方法:(1)成本效益分析法。是指将一定时期内的支出与效益进行对比分析以评价绩效目标实现程度。适用于成本、效益都能准确计量的项目绩效评价。(2)比较法。是指通过对绩效目标与实施效果、历史与当期情况、不同部门和地区同类支出的比较,综合分析绩效目标实现程度。(3)因素分析法。是指通过综合分析影响绩效目标实现、实施效果的内外因素,评价绩效目标实现程度。

(三)研究财政支农效应的重要意义

1. 研究财政支农效应是公共财政内部效益与外部效应相统一的客观要求。从1998年全国开始构建公共财政框架以来,财政支农占财政支出比例逐步提高,大量支农资金效应能否得到真正发挥,直接影响公共财政资金使用的整体效益。同时,公共财政支农实质就是充分发挥公共财政在支持农业中的物质基础、政策手段和体制保障作用,支农支出效应的发挥,对于统筹城乡发展、促进社会和谐、稳定国民经济发展具有极为重要的全局效应。

2. 研究财政支农效应是提高财政支农资金使用针对性和使用效益的客观要求。由于“三农”问题欠账多,加上长“二元”经济社会结构仍将长期存在,日益增长的财政支农资金仍相当有限,而当前财政支农资金投入渠道多,在使用方向、实施范围、建设内容、项目安排等方面存在重复和交叉,没有形成具有针对性的整体合力。同时,财政支农往往重资金分配,轻资金管理,导致财政资金不断增加,农民真正受益的却非常少。因此,如何提高支农资金使用效益成为财政支农的一个重要而又紧迫的问题,科学分析财政支农效应,为提高财政支农资金使用效益提供前提和基础。

3. 研究财政支农效应是发挥财政支农资金经济效益与社会效益相统一的客观要求。财政支农在促进农村经济发展的同时,为经济领域健康稳定发展提供农业基础。同时,在经济转轨期间,财政支农在统筹城乡发展、缓解社会矛盾、构建和谐社会方面具有强大的“稳定器”功能。研究财政支农效应,分析支农支出项目在各个阶段社会效益和经济效益的相对重要程度,从而促进支农资金经济效益与社会效益有效协调发挥。

4. 研究财政支农效应是建设社会主义新农村、实现城乡统筹发展的客观要求。社会主义新农村建设是一个长期的历史过程,财力需求巨大,财政资金投入具有举足轻重的引导作用,而提高有限资金的引导效应,是支农资金服务于新农村建设的必由之路。同时,我国面临破解城乡二元结构、统筹城乡发展的任务越来越重,加强支农资金效应认识,有利于引导和加速工业对农业的支持和反哺,促进城市对农村的辐射和带动,推动城乡经济社会统筹发展。

二、财政支农对农民增收效应分析

农民、农村、农业问题被统称为“三农”问题,“三农”问题是制约国民经济发展全局的一个关键问题,“三农”问题能否得到较好的解决,其最终反映在农民利益问题上,衡量的标准就是农民收入和农民的社会福利。因此,农民收入问题是“三农”问题的关键和核心,稳步提高农民收入是财政支农的出发点和归宿。

(一)近年来国家实施促进农民增收的财政支农政策

2004年以来,财政支农政策进入加快调整时期,国家实施了以“四减免”(农业税、牧业税、农业特产税和屠宰税)、“四补贴”(种粮直补、农资综合直补、良种补贴和农机具购置补贴)为主要内容的支农惠农政策，中央对农业投入的力度逐步加大，财政支农工作的指导思想也发生了根本性转变，农民与政府的“取”、“予”关系发生根本性改变。以减轻农民负担、完善基础设施、推动农业发展、健全农村事业为基础，从而全面促进农民持续增收的财政支持政策框架体系已初步形成。一是全面取消农业税，彻底减轻了农民税收负担。改革农业税制，取消农业特产税，进行农业税减免试点，2006 年开始全面取消农业税。与 1999 年相比，农民共减税费负担约 1350 亿元，年人均减负 120 多元。二是财政支农力度显著加大，多角度促进农民快速增收。2003—2009 年，中央财政“三农”支出达 2.9 万亿元，用于农业生产发展、农村基础设施建设、社会事业发展等方面，为全面促进农民增收打下坚实基础。三是财政支农支出结构不断改善，支农资金效应逐步显现。加强了对农业农村基础设施建设、农业科技进步、农业抗灾救灾、农村扶贫开发和生态建设等支持，筑牢促进农民增收的基础。四是建立对农民的直接补贴制度，直接增加农民收入。2002 年，中央财政出台了良种补贴制度，不断完善补贴品种，扩大补贴范围，在对粮、棉、油等主要农作物实行良种补贴的同时，还出台了生猪和奶牛良种补贴政策。2004 年，中央财政设立农机购置补贴专项资金，同时调整粮食风险基金使用结构，对种粮农民实行直接补贴。2006 年，针对部分农业生产资料涨价过快的问题，对农民实施农资综合直补。此外，还出台了退耕还林农民的补贴、能繁母猪和后备奶牛饲养补贴、义务教育“两免一补”、新型合作医疗补助等政策措施。五是逐步发展农村社会事业，为农民增收提供保障。把农村教育、卫生、文化等社会事业纳入财政支持范围，国债资金加大对农村公共基础设施建设的投入等。

近年来，中央财政支农支出增幅一直高于中央财政支出增幅，同时，中央财政支农支出增幅大部分年度也都高于财政总支出增幅，中央财政支农职能在逐步强化。

（二）近年来安徽省促进农民增收的财政支农政策

在中央财政政策的强力支持下和倾斜下，安徽省全面贯彻落实各项支农惠农政策，不断加大财政支农力度，创新支农工作方式方法，财政支农工作取得很大成绩，在支持农业农村发展、促进农民增收等方面的能力和作用日益增强。

1. 初步形成财政支农投入稳定增长机制。随着我国公共财政体制的逐步确立，中央财政对投入结构做出了重大调整，中央对地方转移支付力度不断加大。与此同时，安徽省经济社会加快发展，地方财力不断增强，地方财政对“三农”投入不断增加，财政支农资金占财政总支出的比重逐年增大，安徽财政支农投入稳定增长机制初步形成。从 2003 年的 131 亿元增加到 2009 年的 676 亿元，七年累计投入 2311 亿元，年均增长率达 25.5%。特别是 2006 年来，安徽财政支农投入增速逐步加快，2008 年增幅超过了 30%，2009 年增幅达到了 40%。同安徽财政收支增幅相比，近年来安徽支农投入均超过收支增速，财政支农投入增速呈逐步加快趋势。

2. 积极转变财政支农方式。深化公共财政改革，构建民生财政，我省财政支农方式发生了重大转变。一是由扶持农业向扶持农村全面发展转变。我省财政在加强农业的基础上，着力推进新农村建设，大力实施民生工程。从 2007 的 18 项到 2010 年的 33 项，投入资金从 78.4 亿元增加到 330 亿元。其中，涉农项目逐渐增多，投入资金力度逐步加大，2009 年 28 项民生工程涉农项目 24 项，投入资金 196.4 亿元，完善农村基础设施，促进各项农村社会事业发展，改善农民生产生活条件，在直接促进农民增收的同时，为推动农民持续稳定增收筑牢基础。二是由间接补贴农民向直接补贴农民转变，通过“一卡通”方式，大幅增加涉农补贴，扩大农资综合直补、良种补贴、农机购置补贴等规模。2007 年打卡发放 27 项补贴农民资金 71.7 亿元，人均得到政府补贴 139.0 元，2008 年通过“一卡通”发放 27 项财政补贴农民资金共计 109 亿元，农民人均受益 210 元，2009 年发放 27 项财政补贴农民资金共计 120.7 亿元，比上年增加 11.7 亿元，人均受益 300 元。三是由直接投资向间接投资转变。财政除了继续对公益性、基础性项目直接投资外，近年来更加重视运用化解债务、税费减免、补贴、贴息、担保、参股经营、以奖代补、资金整合和政策性保险等多种手段，采取切块下达资金、下放项目审批权限、建立支农投入民办公助机制等改革措施，变单一的直接补助为综合性的激励引导，进一步发挥了财政支农的示范引导作用。

3. 大力推进涉农资金整合。安徽省结合实际，创造性地推进了财政支农资金整合工作。省财政按照“渠道不变、用途不变、各记其功、优势互补、形成合力”的原则，跨部门整合涉农资金，组织开展了以县为主、以农业发展规划引领的支农资金整合试点。2006 年，我省首先对肥西、当涂、金寨等 10 个试点县的支农资金进行整合试点。2007 年，省级和肥西等 12 个试点县共安排 8658 万元财政资金，引导和带动社会资金 18.6 亿元投入新农村建设，2008 年安排奖励资金 3960 万元，积极推进支农资金整合试点工作，17 个试点县（区）整合各类资金达 22.4 亿元，2009 年安排奖励资金 4000 万元，引导 22 个县整合资金达 37 亿元以上，大大提高财政支农资金整合规模和使用效益。

4. 完善财政支农资金管理机制。安徽省根据建立公共财政体制的基本要求，按照事权与财权相结合的原则，合理界定各级政府的事权范围和财政支出责任，不断深化财政支农改革，健全财政支农管理制度，规范支农运行机制，通过实施省直管县的财政体制、财政支农资金整合、财政支农项目资金县级报账制、探索建立政府采购机制、涉农补贴资金“一卡通”发放等一系列行之有效的管理办法，为财政支持新农村建设提供了体制机制和制度保障。特别是 2007 年以来，我省组织开展了财政支农资金管理年等多项活动，各级财政和农口部门围绕“建制度、反违规、查隐患、促整改”的要求，积极清理与完善财政支农资金管理规章制度，改革支农资金管理方式，强化支农资金监督检查，全面整改支农资金管理的薄弱环节和问题，有力推动了财政支农工作水平的提高。

（三）财政支农资金对我省农民增收效应分析。

农民收入按收入来源的性质可划分为：工资性收入、家庭经营收入、财产性收入和转移性收入。其中工资性收入和家庭经营性收入属于生产性收入，财产性收入和转移性收入属于非生产性收入。财政支农政策一方面通过财政投资等政策手段支持农业生产、优化农业结构，从而提高农民收入，另一方面是通过财政补贴、社会保障、减免税收等转移性支出政策直接增加农民收入。

近年来，在各级财政的大力扶持下，安徽农村经济得到快速发展，农业生产条件和农村生活条件得到了极大改善，农民收入水平稳步提高。2009 年，安徽全年农村居民人均纯收入 4504.3 元，比上年增长 7.2%，扣除价格因素，实际增长 7.8%，与 2003 年相比，增长两倍多。其中，工资性收入 1882.42 元，增长 8.3%；家庭经营收入 2238.62 元，增长 5.9%；财产性收入 117 元，下降 1.7%；转移性收入 266.27 元，增长 15.1%。特别是近四年来，我省农民纯收入逐年提高，2007 年、2008 年增速达 19.78%、18.17%，财政支农资金促进农民增收效应逐步显现。

农民人均纯收入的显著提高，原因是多方面的，有涉农税费减少的原因，有涉农补贴增加的原因，有农产品产量和价格提高的原因，也有务工经商增加的原因，等等，这些原因都或多或少地与财政政策相关，财政对农民经营性收入、工资性收入、财产性收入、转移性收入都会产生直接或间接的影响。

通过对 2005－2009 年安徽省农村人均可支配收入和财政支农资金的相关性分析可知，相关系数达到 0.9435，表明两地农村人均可支配收入与财政支农资金存在高度的正线性关系。进一步回归分析可知，安徽省财政支农资金对农民增收的系数为 4.2581，回归 R2 均通过了检验，即财政支农资金每增加 1 亿元，短期内农民人均纯收入提高 4.26 元。据此分析，在不考虑其他影响因素和间接的经济社会效应外，支农资金每增加 1 亿元，按安徽省农民户籍人口 5278 万计算，将直接产生双倍的经济效益。

（四）安徽省市县财政支农对农民增收效应实证分析

为深入了解我省财政支农政策和资金的实施情况和效果，安徽省课题组对六安、巢湖、宣城三市及舒城、庐江、广德、郎溪四县进行了专题调研，并将财政支农对农民增收效应进行典型体分析。

1. 巢湖市、庐江县财政支农政策对农民增收效应。其一，巢湖市、庐江县促进农民增收的财政支农政策。2004 年以来，巢湖市、庐江县逐步加大财政支农投入，努力构建财政支农投入稳定增长机制，促进了农业生产条件的改善和农民生活水平的提高。

一是加大农田水利设施建设。基础设施建设是农业生产、农民增收的基础。2004 年以来，巢湖市、庐江县不断加大农田水利设施建设投入，2009 年达到 26372 万元、5380 万元，五年分别增加了 17 倍和 7 倍，特别是 2008 年以来，基础设施建设投入大幅增加，有力地促进了农业生产条件和农村生活状况的改善。

二是严格兑付农业补贴资金。2004 年至今，巢湖市相继实施了粮食直补、农资综合直补、良种补贴、农机具购置补贴、退耕还林工程补贴等 30 多种涉农补贴项目，初步建立了综合性补贴和专项补贴相结合的农业补贴政策。2009年，巢湖市全年财政补贴农民资金达8.4亿元，较2004年增加7.1亿元，涉及农民360.5万人，人均受益233元，是2004年的6.6倍。作为典型的农业大县，庐江县农业补贴资金逐年加大，2009年达2.8亿元，是2004年的5.2倍。在补贴兑付过程中，巢湖市坚持制度完善与责任明确相结合，防止“一卡通”存折未到户和信用社取款难等问题的发生，保证农业补贴资金的及时、高效兑付，对提高农民种粮积极性、增加农民收入发挥了重要作用。

三是认真实施涉农民生工程。巢湖市从2007年开始实施20项民生工程，2009年扩大到28项，提标扩面的同时，不断将“三农”重点难点问题纳入民生工程实施范围。2009年，全年农村新型合作医疗、农村饮用水安全工程等12项完全涉农的民生工程共支付9.8亿元，加上城乡义务教育经费保障、城乡医疗救助等8项城乡统筹项目中涉农民生工程筹集发放的资金约4.5亿元，全年涉农民生工程投入资金（16.6亿元）占民生工程总投入的86.4%，比重逐年提升。将涉农项目纳入民生工程实施范围，进而进入政府实施层面，一方面保证项目资金的足额筹集和落实，另一方面促进项目实施的管理监督的考核，促进了农民增收机制的初步形成。

四是大力支持农业综合开发。农业综合开发是财政支农主要渠道，在加强农业基础设施、推进农业产业化经营、促进农民增收等方面具有重要作用。2009年，巢湖市和庐江县农林水事务支出为130328万元、29673万元，分别较上年提高66.3%、79.4%，农业综合开发资金为9153万元、3622.9万元，分别较上年提高72.3%、50.7%。其中，土地治理项目投入6029万元，投入农业产业化方面资金631万元，为农村土地开发整理和农业产业化经营提供了资金支持。特别是作为六个省级现代农业综合开发示范区之一，庐江郭河现代农业综合示范区建设顺利，总投资已近2亿元，基础设施建设基本到位，流转土地达1.2万亩，探索建立了比较完备的农业服务新机制，规划中的六大功能区已具雏形。

五是狠抓政策性农业保险工作。农业保险在农业发展中具有“稳定器”作用，对于农业减灾和农民增收的作用不言而喻。2009年，巢湖市种植业投保面积达620万亩，其中水稻331万亩，棉花70万亩，玉米8万亩，油菜119万亩，小麦91万亩，总体投保率88.2%，较上年提高76个百分点，农户保险意识显著提高，收取农户保费1444万元，全年累计赔付2327万元，有效弥补了农户受灾损失。

六是不断加大农民培训投入。农民培训是实现农民增收的重要途径，不仅可以有效提高农村家庭的工资性收入，而且能够为农民工返乡创业提高必要的能力基础。2009年，巢湖市共审核拨付职业介绍、职业培训、农民工培训、创业培训等7项补贴资金5039万元，共培训新型农民41153人，完成农民工技能培训40995人，获得职称资格证书的占68.5%，农村劳动力素质和就业技能显著增强，为农民增收创造了必要条件。

其二，巢湖市、庐江县财政支农增收效应分析。

2004年以来，随着农业税的取消和财政支农力度的逐步加大，巢湖市和庐江县农业生产条件和农村生活条件极大改善，农民收入水平稳步提高。2009年，巢湖市和庐江县农民人均纯收入为5271元、5063元，较2005年分别增长2352元和2339元，年均增长率分别达到16%和16.9%。

通过对2005－2009年巢湖市和庐江县农村人均可支配收入和财政支农资金的相关性分析可知，相关系数分别达到0.96和0.99，表明两地农村人均可支配收入与财政支农资金存在高度的正线性关系。进一步回归分析可知，巢湖市和庐江县财政支农资金对农民增收的系数分别为0.0298和0.0717，回归R2均通过了检验，即财政支农资金每增加1%，农民人均纯收入分别提高0.0298%和0.0717%。

2. 六安市、舒城县财政支农对农民增收效应分析。其一，六安市、舒城县促进农民增收的支农资金分析。2004年以来，六安市严格落实国家和省财政支农政策，支农投入大幅增加，从2006年的2.85亿元，增加到2009年的20.75亿元，年均增长率超过60%，比中央财政支农投入增长幅度多出近一倍，有力地促进了当地农民收入增长。

一是农田水利设施建设投入高速增长。六安市农田水利设施投入受国家政策影响，波动较大，整体呈高速增长态势。2005年，投入资金210万元，2006增加到上年的近3倍，而2007年又跌至原来的1/4，2008年又增加为原来的13倍多，2009年投入资金已达到2260万元。舒城县2005年投入100万元，2006年稍有下降，近三年高速增长，2009年已达1440万元，年均增长率达50%。

二是农业补贴投入增速减缓。2005 年，六安市农业补贴投入 2.86 亿元，2006 年增加到 3.64 亿元，2007、2008 年保持了 66%、69%，2009 年，农业补贴已全面铺开，资金投入较上年有小幅下降。2005 年，舒城县农业补贴资金 4060.9 万元，2006、2007、2008 年分别保持 21.6%、45.6%、73.9%的高速增长，2009 年农业补贴资金趋于稳定，较上年有 9%的小幅增长。

三是农业产业化投入稳定增长。2005 年，六安市农业产业化投入 40 万元，2006 年加大投入力度，产业化投入增加到 448 万元，近三年，农业产业化投入一直保持 13%左右稳定增长。舒城县农业产业化投入逐年增加，2009 年稍有下降。

四是农民培训投入保持高速增长。2005 年，六安市投入 81 万元，2006 年大幅增加到 525 万元，近三年保持年均 40%的高速增长，2009 年已达 1894 万元。2005 年，舒城县农民投入 34 万元，近四年投入增幅分别达到 72.9%、37.7%、54.3%、80.4%，增速有扩大趋势。

五是农业综合开发投入波动上升。六安市农业综合开发项目中土地治理投入增幅较大、农业产业化投入较为稳定。2005 年，投入土地治理资金 5200 万元，2006 年基本保持不变，2007 有所下降，2008 年大幅回升，2009 年投入已超过 1 亿元；农业产业化投入一直保持在 3000 万元左右的稳定水平。舒城县农业综合开发中的土地治理投入稳中有升、产业化投入波动较大。2005 年土地治理投入 800 万元，2006、2007、2008 三年均稳定投入 1000 万元，2009 年增加到 1774.3 万元；产业化投入从 2007 开始实施，当年投入 475 万元，2008 年降为 192 万元，2009 年又快速回升为 690 万元。

六是科技投入不足、增长缓慢。2005 年六安市科技投入 68 万元，2006 年增加为 146 万元，增幅达 114.7%，但投入资金仅占支农投入的 5‰，2007 年以来，科技投入不增反降，2008、2009 年科技投入有所回升，但仍低于 2006 年水平，科技投入资金占支农投入的比重已不及 1‰。舒城县对农业科技投入一直处于盲区，投入很少。

其二，六安市、舒城县财政支农增收效应分析。

随着农村农田水利设施的完善、农业综合开发的大力实施、农业产业化投入的不断增加，六安市与舒城县农业得到长足发展，同时农民培训的加强、农民补贴投入的增加，对农民增收起到了重要作用。

2004 年以来，六安市农民年人均纯收入持续增加。从 2005 年的 2254.71 元，增加到 2006 年的 2520.66 元，2007 年突破 3000 元大关，达 3058.2 元，增幅 21.3%，增幅较上年增长近 10 个百分点。2008 年年增幅也近 20%，2009 年更是突破了 4000 元大关，达 4010 元。舒城县农民人年均纯收入稍高于六安市平均水平，其增长情况与全市基本保持一致。

（五）财政支农资金效应问题分析

当前，各级财政大力推进城乡统筹发展，促进农民增收面临着难得的历史机遇。我国总体上已进入以工促农、以城带乡的发展阶段，党中央把“三农”工作作为全党工作的重中之重，出台了一系列支农惠农强农政策，为我省完善农业支持保护制度，发展现代农业，加快发展农村公共事业，促进农民增收提供了前所未有的历史机遇。同时，安徽省农业基础薄弱、农村发展滞后和农民持续增收困难的状况仍然没有发生根本改变，财政在促进农民增收方面还存在一些突出的问题和矛盾，直接影响了财政支农效应的发挥。

1. 政策设计“三农”导向不足，支农资金没有形成合力效应。总体上，我国已进入工业反哺农业的阶段，中央也连续多年发布 1 号文件，但现行制度和政策的设计仍然倾向于农业支持工业、农村支持城市，如压制农产品价格、压低农民工工资、限制户籍流动、地方政府廉价征用农用土地等等。同时，虽然财政资金对于“三农”的倾斜力度不断加大，但支持点过于分散，整体作用弱化，往往是广撒胡椒面，头痛医头脚痛医脚，政策的科学性、持续性、预见性有待进一步加强。支农重点不够突出，目标不明确、针对性不强，平均分配资金，分散使用，影响了财政支农资金整体效应的发挥。涉农资金整合力度不大，资金使用分散，整体效益不高。

2. 部分支农政策不能适应新形势新要求。农业投入不到位，农村基础设施仍然薄弱，特别是小型水利设施建设历史欠账太多；农民贷款难问题已成为制约农村经济发展的一大瓶颈。农村“一事一议”操作难、标准低，议而不决，难以达成共识，兴办农村公益事业困难重重。财政补贴资金项目分散、名目繁多、资金量小，难以真正实现对农民利益的保障作用，对提高农村居民收入作用有限。涉农补贴目标对象仅集中在粮、棉、油等与人们生活密切相关的主要农产品上，而且涉及部门多，发放工作量大，行政成本高。农村科技投入力度较小、农业科技推广机构不健全、科技人员素质不高、农业龙头企业带动能力不强，科技中介组织发育未完全等问题比较突出，农村科技基本处于自发状态，农村科技服务的形式、领域、内容亟待拓展，农村科技服务体系有待健全。

3. 支农资金投入结构不够合理。近三年来，安徽农业财政支出用于农林水事务支出比重达30%左右，而用于建设性的支出比重不到30%。2007年，农业财政建设性资金直接用于农村公路建设、土地开发整理和农业综合开发、农业科技推广示范项目的比重较低，分别只有5.9％、7.7%和0.10%。粮食直补、种粮农民农资综合补贴比重较低，分别为2.4%和4.5%。用于农村低保、农村医疗卫生的比重较低，分别只有1.5%和6.8%。从全国整体来看，财政农业支出60%至70%左右用于人员供养及行政开支，而用于建设性的支出比重不高；在农业建设资金中，用于大中型水利建设比重较大，而农民可直接受益的中小型基础设施建设比重较小；在农业投入中，直接用于流通环节的补贴过高，而一些关系农业发展全局的基础性、战略性、公益性项目，或没有财政立项支持，或缺乏足够的投入保障。

4. 支农资金管理相对滞后，资金运行效率不高。目前，支农渠道多、项目杂、投入散，支农资金投入在使用方向、建设内容、项自安排等方面难以协调。由于资金分块管理，农业基础设施、科研、生产、流通等方面的财政资金分属不同的部门管理，造成了支农资金“撒胡椒面”现象，难以使有限的财政资金做到统筹安排、合理配置。同时，支农资金监督不力，农业资金流失严重。尽管近年来加快了农业财政资金的制度建设，加强了农业财政资金的管理和监督检查，在一些重要的农业财政专项资金的管理过程中引入了项目管理、标准文本管理、专家评审制度、政府采购和国库集中支付制度等，但总的来说，仍然不够规范，执行有关制度规定还不严格，截留、挪用支农资金的现象仍屡见不鲜，监管工作不到位，惩处制度不够完善。

三、促进农民增收的财政支农政策建议

为全面落实中央各项支农惠农强农的政策措施，提高财政支农资金效应，促进农民持续快速增收，各级财政需进一步完善财政支农体制机制。

（一）完善支农投入增长的长效机制，为农民持续增收提供财力保障

统筹城乡发展，财政投入是关键，建立增长的长效机制是保证。各级财政需要积极调整财政支出，保证每年对农业投入增长幅度高于经常性收入增长幅度，大幅度增加对农村基础设施建设和社会事业发展的投入，大幅度增加对农村公益性建设项目的投入。这需要明确政府投入的主体责任，特别是农村基础设施建设项目投入，应按受益范围和项目等级进行建设与管理的职责划分，在增加投入的同时使农业基础设施发挥长效作用。各级政府土地出让纯收益的20%用于以小型农田水利为重点的农村基础设施建设，特别要注意加强配套设施和中小型基础设施建设，耕地占用税新增收入主要用于农业。要形成以政府投入为主体，拓宽农业投入来源渠道，鼓励工商资本等社会力量投资农业，建立多元化的农业投入机制。

（二）完善财政支农机制，提高财政支出效率

从安徽省财政支农资金与农民增收相关性分析中可以看出，财政支出的效率相当低下。要切实将增加农民收入落到实处，必须理顺和完善财政支农机制，提高财政支出效率，确保支农资金收到实效。一是理顺支农资金管理体制。明确财政管理各项支农资金的主体地位，设立隶属于各级财政部门的支农资金管理机构，将分散于各部门的资金统归其管理，集中使用，形成财政支农的强大优势，集中财力办大事。二是调整支出结构。积极调整财政支农资金支出结构，压缩行政开支，增加农村重点基础设施项目及中小型基础设施支出比重。三是提高财政支出管理效率。努力减少财政支农支出管理层次，降低管理成本，提高工作效率。中央财政支农资金应按一定比例以基数加因素的办法下放到省级，以增强省级支农的调控能力。省对基层的项目直接到县，减少中间环节，确保资金落实到位，并给予县级充分的项目申报自主权，减少行政干预；省级财政需深入推进县级财政支农资金整合，对省级财政支农增量资金，采取指定投向、切块下达、县级统筹的方式分配使用，提高支农资金使用效益；同时加强选项、立项、资金核拨、督促实施、跟踪反馈等环节管理。

（三）充分发挥支农政策导向作用，促进农业结构调整

在稳定粮食生产的同时，大力发展养殖业和经济作物种植业等，形成优势互补结构，确保农业增效、农民增收。一是发挥政策引导，配合农业结构调整规划，出台优惠政策，重点支持基地和大户，

通过示范效应带动整个农业结构调整；鼓励发展农村新型合作组织，鼓励规模经营，通过规模经营产生聚合效应，有效抵御市场风险，巩固农业结构调整的成果。二要加大资金支持，多方面筹集资金，按照"谁投资、谁经营、谁受益"的原则，刺激银行信贷、工商资本和民间资本投入农业，并引导资金流向结构调整的目标产业，支持目标产业的产业化，促进农业结构调整。三是做好配套服务，积极支持农业信息网络的建立和农技推广服务体系的完善，鼓励建立多渠道、多层次、多形式的农民技术培训体系，大力引进农技人才和农业专家，为农产品品种改良提供技术保证，为农业生产结构调整铺平道路。四是保障农村科技投入，加大对科技开发的投入，增加对科技成果推广与运用的投入，促进科技成果向现实生产力转化，进而提高农业的科技贡献率。

（四）加大支农政策引导力度，支持农业产业化发展

一是大力支持发展现代农业重点项目。从2008年起，中央财政设立现代农业生产发展专项资金，支持各地实施发展现代农业项目。各地要将支持农业产业化作为发展农业和搞好财政支农工作的亮点，创新农业产业化发展的投融资机制充分发挥引导和协调作用，多渠道筹集资金以支持农业产业化，同时要抓紧制定项目实施方案，做到早立项、早实施、早发挥效益。二是大力支持提高农业机械化、科技化、产业化、组织化和社会化服务水平。进一步加大农机具购置补贴力度，农机购置补贴覆盖到所有的县、市、区。各级财政部门要会同有关部门根据本地实际情况，认真确定补贴机型，完善补贴办法，健全补贴机制。加大对农民科技培训、测土配方施肥和农业新品种、新技术推广应用等项目的支持力度，推动农业科技进步。大力支持发展农业产业化和农民专业合作组织，集中力量支持社会责任感强、与农民群众联系紧密、能够有效带动农民增收的农业产业化龙头企业发展，支持农民专业合作组织创新运行模式，提升自我管理能力，探索建立多渠道、多元化的农业社会化服务格局。

（五）建立绩效评价考核机制

财政支出流经的各环节上都存在一个绩效问题，不能仅就财政资金的最终使用成果为对象来评价财政支出的绩效状况，应该建立覆盖财政支农资金运行各环节的财政支出绩效评价制度。建立健全支农资金绩效评价指标体系和支农资金使用总结报告和效益分析制度。进一步完善支农资金使用效果考核评价办法。要采取支农资金使用效益与下一年项目和资金安排相挂钩的办法，运用评价结果指导财政支农资金安排。建立健全支农资金分配和使用奖惩机制，各地应建立地方政府农业投入考核体系，将农业投入相关指标纳入政府目标考核，督促市、县政府切实落实增加农业投入政策，同时建立政府农业投入增长的监督机制，制定保障农业投入刚性增长的考核办法，以最大限度地发挥财政支农资金的使用效益。

安徽省财政科研课题组
课题组组长：叶翠青
课题组成员：蔡功伙　刘　兴　程丹润
　　　　　　汪文志

公共资金使用管理领域中的利益冲突及防范对策研究

改革开放以来，随着市场经济的发展和政府管理方式的转变，我国开始从生产建设型政府逐步转向公共服务型政府、由生产建设型财政逐步转向公共财政。政府职能的转变为加快经济发展方式转变提供了有力保障，但与此同时，在转变过程中不可避免产生了一些利益冲突，由此滋生的腐败问题也成为各方关注的焦点。如何防范利益冲突特别是在公共资金使用管理领域中防范利益冲突已经成了摆在各级政府面前的重大课题。本文以公共资金使用管理领域中的利益冲突为研究范围，重点选取与政府履行公共职能及人民群众切身利益密切相关的资金使用管理领域进行剖析，针对问题产生的根源，提出一些对策及建议。

一、公共资金使用管理的基本情况

（一）公共资金的范畴及形式

公共资金并没有一个严格的定义，从权属上讲，主要是指全民所有、集体所有的一切资金，它包括建设资金、发展资金、各种基金、罚没资金、救灾资金、储备基金、税费资金、项目资金、赞助资金等等。本文所称的公共资金主要指公共财政预算资金、国有资本经营预算资金、政府性基金和社会保险资金预算资金以及预算外财政专户资金。从我省情况看，近年来，公共资金收入增长较快，从2007年的1030亿元增长到2009年的1938亿元。其中，2009年，一般预算增长19.2%、政府性基

金增长34.6%、预算外财政专户资金增长4.38%、社会保险基金增长14.35%。

（二）公共资金的支出使用方向

建立公共财政要求财政支出必须解决好“缺位”和“越位”问题，近年来，各级财政部门不断优化公共资金支出方向，加大保障重点支出，越来越向民生倾斜，支出结构在不断调整中渐趋合理。以我省政府性支出来看，2007－2009年，我省科学技术、医疗卫生、农林水等支出增长较快，所占比重分别提高0.4、2.2和3.1个百分点；一般公共服务、公共安全、文化体育和传媒等支出比重出现下降，分别降低1.8、0.5和0.1个百分点；教育、社会保障和就业、交通运输等支出比重出现小幅波动。

（三）公共资金的分配和管理方式

公共资金的分配和管理改革往往触及到部门利益，而部门是与公共政府在调控与反调控、监督与被监管的博弈一方，因此，部门的工作动机在相当程度上也以利益为准。据专家估算，目前全国各级政府部门收费总收入高达8000亿元，其中纳入统计口径的非税收入约为5000亿元，统计外的收费收入至少也在3000亿，其中尚不包括转轨过程中存在的制度外收入。这笔巨额收入不仅会造成公共产权虚置和财政收入事实上的流失，也会导致社会分配不公以致贪腐行为发生。为合理分配使用资金，我省实施了一系列改革，大大提高了公共资金的使用效率。

1．公共财政支出改革。2001年，在全省推开了县级公共财政支出改革，将现行财政供给单位按向社会提供公共产品和公共服务程度划分为财政全额供给、部分供给和停止供给三类，全面明晰财政支出范围。推行部门预算，逐步完善综合财政预算和零基预算，建立预算论证制度和追加听证制度，全面深化了预算管理改革。按照现代财政管理的要求，大力实行国库集中收付、非税收入收缴、罚缴分离、单位工资统一发放和政府采购制度等制度，使财政管理向现代财政管理的方向迈出了实质性的一步。

2．部门预算改革。2002年开始，积极推进部门预算改革。截至2006年预算年度，省本级125个一级预算单位已全部纳入部门预算编制范围，并延伸到1368个基层单位。到2008年，全省各级财政全面推进了部门预算改革工作。目前，省本级所有部门预算和大部分二级单位预算，全部报送省人大审查，并建立了部门预算查询系统，强化了省人大对预算的审查监督力度。

3．非税收入征管。2005年，开展了界定收入管理范围、明确征收管理职责、改进收缴管理模式、实施统一票据管理、稳步实施预算管理改革和提高管理信息化水平为主要内容的政府非税收入改革试点。2006年省级全面实施，市县非税收入征管改革稳步推进，初步建立了以“单位开票、银行收款、财政统管、政府统筹”的非税收入征管新机制。通过非税收入征管改革，规范了非税收入征收范围、征管行为和征管方式，进一步理顺了分配关系，有效遏制了“三乱”现象，增加了政府的宏观调控能力。

4．乡财县管改革。2004年在全省推开了“乡财县管”改革。改革坚持乡镇预算管理权、资金所有权和使用权、财务审批权“三权”不变的原则，实行“预算共编、账户统设、集中收付、采购统办、票据统管”的财政管理方式，由县财政直接管理并监督乡镇财政收支。调整乡镇财政所管理体制和职能，由县财政局对乡镇财政所实行垂直管理。为顺利推进乡财县管改革，改革同时进一步加强了村级资金管理，实行“村账乡管村用”，取消所有村级账户，由乡镇代管村级资金，统一开设“村级集体资金专户”核算村级资金。

5．补贴农民资金“一卡通”“一线实”改革。2005年在全省实行了财政补贴农民资金“一卡通”的发放模式，即在管理上所有资金由财政部门设立专户统一管理；在发放上由财政部门在金融代发机构统一为农民开设个人存折，资金由财政部门“一个口子”发放；在发放前，将补贴项目、数额、依据等在乡村进行张榜公布。2007年开展了财政补贴农民资金“一线实”改革，即在村组、社区一线工作平台做到“责任明确、规范操作、动态管理、政策衔接、监督检查、考核奖惩”在一线要实。2008年开始开展“惠民直达工程”试点，着力构建“五个一”管理体系。即管理“一体化”、平台“一网联”、审核“一线实”，发放“一卡通”、服务“一站办”。

（四）公共资金使用过程中的监督管理

自90年代中期分税制改革以后，财政体制的集权化程度大为降低，但由于社会转型所导致的利益调整及行政管理放权，财政支出管理分散化的趋势在不断加剧，加上财政资金运行透明度不高、财政收支信息反馈迟缓、财政资金入库时间延滞、收入退库不规范、财政资金长时间滞留在预算单位等问题未能及时解决，截留、挤占、挪用公共资金等现象时有发生，少数部门或单位甚至出现集体腐败。针对财政资金支出管理的明显漏洞，近年来，财政部门推出了以国库集中支付为核心的改革举措，通过建立权力制衡性的制度安排，实现国库核心功能的集中化，尤其是公共资金支付执行责任的集中化。同时，不断推进监督关口前移，进一步加强财政事前和事中监督，促进监督与管理有机融合，建立了健全覆盖所有财政性资金和财政运行全过程的监督机制。另外，相继制定了《安徽省财政厅内部监督暂行办法》、《安徽省财政厅领导干部离任审计暂行规定》和《安徽省财政厅内部监督工作规则》等一系列内部监督规范性文件。2005 年省政府颁布《安徽省财政监督暂行办法》，在全国率先以省政府令的形式对财政监督体制、监督主体、监督事项、监督职责权限、法定监督程序、制裁措施、监督经费等作出明确规定，大大加强了对公共资金的监督管理，为防范利益冲突提供了有效的制度保障。

据统计，2009 年全省各级财政监督检查机构通过对 2794 户行政企事业单位开展专项检查，共查出财政违法、违规、违纪资金 87920. 82 万元；在全省会计信息质量检查中，资产不实 71920 万元，所有者权益不实 46020 万元，损益不实 99760 万元。对财政监督检查中发现的违法违规违纪问题，各级财政部门严格依法行政，采取有力处理措施，全省共查补财政收入 25097. 50 万元，罚没款 239. 03 万元，纠正各类财政违法、违规、违纪资金 9994. 30 万元。对检查中涉及的责任人员和单位，给予党纪政纪处分 1 人，移送司法机关 3 人，吊销会计从业资格证书 1 人，处罚中介机构 1 家。

二、公共资金使用管理中存在的利益冲突

利益是社会领域中最普遍、最敏感，同时也是最根本的问题之一。作为一个特定的廉政概念，利益冲突意指公共权力行使者的私人、集团或部门利益与社会公共利益之间的冲突。在公共资金的使用管理中，这种利益冲突往往具有覆盖面大、受众面广、影响力大等特点。根据利益冲突的主体不同，可将利益冲突分为以下几类：

（一）政府间利益冲突

政府间利益冲突主要包括上下级政府之间和同级政府之间的利益冲突，上下级政府拥有不同的职权和责任，它们的利益目标也不尽一致，下级政府在政策执行中可能会夸大政策执行的难度，以期获得更多的资源支持，同级政府既为地方政府自身利益的获得展开竞争，也为其获得更多的政策性资源而展开竞争。

1. 资源利用。一般说来，各级财政越往下财政越困难，基层政府普遍处于入不敷出的地位，在没有正常的融资手段、财政又存在缺口的情况下，地方政府积极获取稀缺性资源成为当前必然的选择。如地方政府成立各种从事城市基础设施项目投融资和经营管理的城市建设投资公司，并通过它们从市场上筹集资金。此外，地方政府还通过各种变通的方式举债和担保举债，通过这些手段，地方政府成为参与市场博弈的“逐利主体”，往往会滋生一些腐败行为。

2. 争取项目。随着社会主义市场经济的发展，我国各种独立的经济利益主体逐步形成，积极向上级部门争取项目成为地方经济发展的一个关键所在。但在实际操作过程中，少数人利用各种关系网，跟相关部门“勾兑”，将争取项目的正常工作演绎成“拿钱办事”的歪风，给腐败行为的产生提供了温床。

3. 税收竞争。税收优惠措施吸引投资曾一直是地方政府最为有力的竞争手段，但一些地方政府为吸引投资，采取先征后返、税收奖励、财政补贴、低价甚至无偿出让土地、基础设施配套、减免费、包税和买税等各种合规或不合规的变相税收优惠。少数地方政府的这种支持往往以财政补贴的方式实现，甚至超越权限，强制迫使税收、银行等部门减税免息，组织地方性资产重组，以到达扶植地方企业的目的。

4. 地方保护主义。出于种种地方利益的考虑，地方政府往往将促进辖区内的经济发展作为行政目标，通过行政管制行为限制外地产品进入本地市场或限制本地税源流向外地。地方保护主义的形式主要有资源的流入和流出限制。流入限制包括完全禁止或数量限制（通过“红头文件”、“办公纪要”、“设卡”等方式）、技术壁垒（通过质检部门等）和费率控制（收取各种费用）；流出限制主要包括完全禁止和数量限制等。地方保护主义容易导致部分利益群体为了能够享受到行政保护权而“寻租”。

（二）部门间利益冲突

部门利益是指行政部门偏离公共利益导向，追求部门局部利益，变相实现小团体或少数领导个人的利益，其实质就是“权力衙门化”与“衙门权力

利益化”。市场经济发展使部门不仅作为一个行政主体，而且还成为一个相对独立的经济利益主体，一些部门从“部门利益最大化”出发，努力巩固、争取有利职权（如审批、收费、处罚等），冷淡无利或少利职权，规避相应义务。

1. 预算超支。在预算编制过程中，少数部门尽可能把支出做多、把收入做少，这样一来，留给自己的“小金库”就越多。个别行政事业单位对部门支出控制不严、花起钱来大手大脚，如擅自提高人员经费定额标准、乱发钱物、违规报销、使用假发票、三公消费居高不下等。由于部门预算超支，缺乏相应的资金来源进行弥补，少数单位甚至占用专项资金及项目资金，或向其他单位和内部职工举债，产生了一系列问题。

2. 拓展预算外收入。近年来，预算外收入逐步开始膨胀，在很多地方，以土地收入为主要来源的预算外收入甚至超过了预算收入，形成了地方主要依赖预算外收入的怪异格局。政府的非税收入中，预算外有一块，制度外还有一块，约有一半以上游离于预算之外，人大、财政、审计等部门无法进行有效约束。由于预算外资金的使用较为复杂，容易导致部门腐败。

（三）政府与集团间的利益冲突

改革开放以前,我国是一个典型的大政府、小社会的政社关系模式,政府控制了几乎所有的社会资源,承担了几乎所有的社会管理与服务的任务。随着社会结构和利益格局的不断变化,管理主体的多元化已成为现代社会管理的重要特征,在我国由行政管制向公共治理转变的过程中,由于政府权力触角过深,政府与集团之间产生利益冲突逐步明显。

1. 政府与企业之间的利益冲突。政府在简化办事程序、降低公共服务门槛的同时也压缩了职能部门的权力空间，触动了部分人的既得利益。在现行体制下，由于政府部门与服务对象权力、地位不对称，服务对象有求于官员，对官员缺乏评价权利，而且有的官员利益情结根深蒂固，行政审批过多过滥现象仍然存在，乱检查、乱收费、乱罚款等“三乱”行为和吃拿卡要、踢皮球等潜规则并未彻底消除。

2. 政府与市场的利益冲突。我国在向市场经济体制转轨的过程中，由于政府职能转变不彻底，造成了经济运行受到政府调节和市场调节这两种调节机制的左右。而这两种调节机制在配置资源的目的和方法上存在矛盾，腐败便从这些矛盾中产生而成为一种经济需要。如一些有融资需求的企业就可能想方设法取得政府的支持从而给金融机构造成压力，为其融资开绿灯，而金融机构及其从业人员为谋取私利，也可能会利用掌握的资金资源及其他相关资源，违反国家法律及金融政策、规定，出现侵害国家、公众及本组织利益的行为或现象。

3. 政府与机构组织之间的利益冲突。在我国现阶段，政府将原来承担的行业管理职能剥离出去，转由行业协会承担，但在实际运行当中，一些行业协会往往残存一些“公权力”，在一定程度上把握住了企业的脉门。特别是拥有审计、鉴定、参评、评估、注册和公证等权力的行业协会，在监管缺失的状态下，协会易成为官员关系户的安乐窝，或成为一些离退休官员甚至在职官员权力寻租的“腐败后花园”，而行业协会的收入往往成为主管部门或少数领导的“小金库”。

（四）政府与社会个人间的利益冲突

有规则的利益博弈是市场秩序中重要的组成部分，政府的责任就是为利益的表达和博弈制定规则，设立制度安排，从而促进相对和谐的利益关系和利益格局的形成。但一些地方政府却有意无意地坐在了个别利益集团的板凳上，导致目前我国的利益主体发育失衡，强势过强，弱势过弱，特别是在面对政府与社会个人的利益冲突中，个人利益很难得到保障。

1. 农村土地征收。近年来，伴随我国经济建设和城镇化水平的快速发展，农村土地征收中的利益矛盾和冲突不断加剧，已经成为影响社会和谐稳定的一个突出问题。由于目前我国现行法定的征地补偿标准游离于土地市场价格之外，而在农村土地征收中，一些乡村干部只讲情面，不讲社会公理，不是一把尺子量到底，造成投机取巧的及与干部沾亲带故的多占便宜。另外在土地补偿中，乡村干部贪污挪用土地补偿款等腐败行为也时有发生，导致基层干群关系紧张。

2. 城市拆迁安置。城市拆迁是我国城市化加速发展中凸显出来的社会现象，由此产生的利益冲突也变成了一个重大的社会问题。如少数地方政府打着公共利益的旗号搞卖地拆迁，将居民房屋依存的土地转让给开发商，给予很低的补偿拆除房屋，然后开发商在此地上开发出高档住宅出售获利，由此经常出现一是强行拆迁，粗暴对待被拆迁户，使被拆迁人对房屋的使用权、收益权和处分权受到剥夺；二是补偿安置不合理，社会保障缺位，被拆迁人因拆致贫，固有生活方式被打乱。

3. 各类补贴发放。随着国家对“三农”的重视程度不断加大，中央和各级政府对农民的补贴也在逐年增加，然而，在农民逐年受益的同时，由于现行的涉农补贴资金分散管理，环节多，透明度差，监督比较困难，挤占、挪用、截留补贴资金的现象时有发生，少数地方发放涉农补贴甚至成为一些村干部骗取公款的“便车”。贪污涉农补贴款无论数额是否达到犯罪标准，由于行为次数多，又具有一定的普遍性，引起了农民群众的强烈不满。

三、公共资金使用管理中的利益冲突形成的原因

在公共资金的使用管理过程中，由于牵涉到直接的物质利益，各方选择个人利益最大化路径的概率无形中增大。从产生利益冲突的原因来分析，包括多个方面，具体来说，主要有以下几点：

（一）思想认识存在误区

1. 少数官员“公仆意识”的缺失。少数政府官员并没有摆正政府权力和公民权利关系的位置，仍受权力本位、官大于民的传统观念支配，认为政府的权力是可以不受约束和任意行使的。“公仆意识”的缺失导致这部分人具有不给好处不办事、给了好处乱办事的思维倾向，从而频频出现贪污、挪用、截留公共资金等违法违规现象。

2. 社会承担公共事务的意识不够。西方一些国家之所以能够建立相对比较廉洁高效的政府，很大原因在于社会参与公共事务的积极性较高，普通民众时刻在参与、关注、监督地方政府对公共事务的治理，形成了政府、各类社会中介组织、民间力量和私人部门共同参与公共事务管理的格局。而相比之下，我国政府在公共事务方面管得太多太死，民间合作承担公共事务的意识淡漠，能力乏弱，加上缺少必要的监督，以至于公共资金的使用效率大大降低。

（二）制度建设亟需完善

1. 缺少基础性法律规范。近年来，各级党委、政府不断加大反腐力度，颁布了一系列政策、制度，如《建立健全教育、制度、监督并重的惩治和预防腐败体系实施纲要》、《中国共产党党员领导干部廉洁从政若干准则》等，但我国反腐败的相关法律规定，大都体现在刑法、公务员法等部门法或党和政府的政策性文件，以及两高的决定和通知、部委规章当中，缺少一部关于反腐倡廉的基础性法律、法规，以至于反腐工作缺少必要的法律依据，也不具备长远性。

2. 公共预算改革推进不够。政府预算是保证政府收支过程公开、透明的根本措施。而从每年对政府预算执行和其他财政收支的审计工作报告上，基本上都反映出相同的问题，如预算执行不到位，预算管理不严格不规范，一些部门及所属单位违反财经制度规定谋取福利腐败，以及部门决算（草案）编报不够准确等。预算制度的不科学使得政府分配的正当性（合理、合法）和科学性（效率、有效）丧失了存在的制度基础，也成为各地“小金库”屡禁不止的根源所在。

3. 监管制度需要完善。一项好的制度在执行时，必须建立相应的监督体系才能遏制绝对的腐败发生，监管的缺位必然会成为对腐败分子变相纵容与鼓励。近年来，各地腐败大案、窝案频发的一个重要原因就在于监管不到位，一些“一把手”的个人意志膨胀，加上他们控制着相当大的物资分配权、人事管理权和项目审批权等，腐败容易滋生。同时，对违规操作缺乏有力约束，往往是批评教育多、依法惩处少、违法违规成本低，使一些单位部门为所欲为，滥用权力。

（三）政策执行产生偏差

公共政策执行在整个政策系统中具有至关重要的地位和作用。然而，由于各种主客观因素的影响，公共政策在执行过程中往往容易出现偏差，会使政策对目标群体的影响产生较大的变化，容易造成政策与执行主体之间出现极为激烈的利益差异和冲突。

1. 各级政府、部门目标不一致。由于各级政府、各个部门的职能存在一定差异，因此政府、部门的目标并不是完全一致的，作为理性经济人的中央政府和地方政府在追求各自效用最大化的过程中，不可避免地会为权利资源而产生利益冲突。而同级政府之间存在的竞争关系，都会驱使地方政府更多地获取有限的权利资源从而使自身的利益或效用最大化。地方政府存在的这种目标差异往往会造成地方的无序竞争，为腐败滋生提供土壤。

2. 政策执行主体追求利益最大化。在公共政策执行中，少数领导干部为了部门和小团体利益，借口地方和部门的特殊性，置中央的三令五申于不顾，出现“上有政策、下有对策”。如一些地方为获取私利，对环评不达标企业“开绿灯”，纵容其生产经营。

3. 部分决策存在随意性。有些地方在政策的决策和执行过程中随意性较大，特别是涉及群众切身利益的重大改革措施，没有经过慎重考虑，缺乏相应的听证程序，没有广泛听取公众的意见和要求，程序与信息的不公开，最终导致政策为民所思的出发点发生质的改变，对部分弱势群体的利益造成了极大的损害。

（四）社会监督出现缺位

利益冲突根源于冲突各方在社会地位上的根本对立，是权力分配差异的反映，利益冲突的实质就是对权威的争夺。在我国现阶段，由权力分配不合理造成的利益冲突十分突出，少数特殊利益集团凭借其掌握的权力而凌驾于公共决策之上，一定程度上激化了利益主体之间的矛盾，利益冲突也随之不断恶化。

1. 第三部门发展滞后。第三部门（非营利组织）是社会的重要主体，能为社会成员提供政府和市场不能提供的公共服务，同时还能够表达不同群体的利益诉求，有效地缓解公民个体和强势利益群体的直接碰撞。长期以来，我国国民经济结构一直局限在第一部门（企业）与第二部门（政府）的二元化格局当中，而对以非营利为目的，以参与公共事务、推进社会公益为宗旨的第三部门构建与发展严重忽视，社会公共事务责任分担的法规、政策几乎空白。

2. 利益主体倾诉渠道仍然不畅。在利益主体多元化的今天，弱势群体的利益表达是一个必须要面对的问题。当个人受到权力侵害时，利益受害人希望通过基层调解、行政诉讼、法律仲裁、逐级上访等合法方式找回公道时，往往遭遇到表达渠道堵塞、诉求成本过高、利益诉求得不到及时处理等现实打击，这也导致进一步加剧了利益冲突双方的矛盾。

3. 舆论监督存在阻力和压力。舆论监督作为一种外部的非权力制衡性的监督形式，它与监督对象不构成上下级关系，因而不能直接进行法律上、组织上和行政上的处理。而权力在握的各级部门和各级领导干部，一部分人对舆论监督厌恶乃至抵制，认为舆论监督是“添乱”，是挑领导和政府的毛病，是给有关部门抹黑，因此舆论监督也很难发挥应有的作用。

（五）廉政环境仍存不足

近年来，各级党委、政府高度重视利益冲突问题，不断加强党风廉政建设，有效规范了利益主体的自身行为，但随着我国社会主义市场经济的初步建立，人们的利益观念、利益行为以及人们之间的利益关系都正发生着一系列新的变化，社会生活中纵向和横向的利益冲突空前凸显。

1. 寻租行为的存在。现代社会，随着政府管理职能范围的扩大，政府官员拥有的自由裁量权也越来越大，利用权力寻租的现象就很自然的有了滋生的巢穴。一方面，权力寻租导致少数公务人员的私欲不断膨胀；另一方面，也会带动其他人跟风寻租，并不断推高寻租租金，在这样的恶性循环下，腐败则不断向深处渗透。

2. 亲情文化的影响。几千年的历史形成了中国独特的亲情文化，在这样的文化背景下，硬性的法律制度容易变成弹性的东西，一张无形且无边无际的关系网为腐败产生和蔓延提供了文化温床。一旦处理违法乱纪者时，总是说情者络绎不绝，有朋友、有亲戚、有领导，甚至有执法执纪的领导，导致的结果是以权代法，以法代刑，党政纪处分代替司法追究，大事化小，小事化了。久而久之，关系网下的腐败分子愈来愈胆大，拉下水的人愈来愈多。

3. 价值中立的矛盾。政策执行者的行为代表公共利益，其行为影响着公共政策的有效执行。但各项公共政策的最终执行者都是人，而人是不可避免地有着自身利益追求和行为倾向的。要使政策执行者在执行政策的过程中始终保持绝对的“价值中立”实际上难以做到。在公共政策威胁到自身利益，那么执行者无论出于公心或者私心，都有可能抵制这一政策，因而就使得该项政策很难顺利有效地得到执行。

四、防范公共资金使用管理中的利益冲突的对策

随着改革开放后“建设财政”向“公共财政”的逐步转变，公共资金的使用方向越来越向民生倾斜，而这一领域也恰恰是利益冲突的高发地带，如何避免利益主体之间的冲突，防止公共利益被个人利益侵犯，成为当前必须解决的一大难题。

（一）加快建立利益均衡机制

产生利益冲突的症结在于利益的不均衡，一旦利益主体强行打破利益均衡局面并占据利益制高点，必然会导致一方或多方利益受损。改革开放以后，随着我国市场经济体制的逐步建立，打破了以国家利益为绝对重心的利益格局，利益关系发生了结构性变化，利益冲突的状态由暗变明，利益矛盾和利益差距越来越显性化。为此，必须要加快建立利益均衡机制，使各方利益的天平尽可能维持平衡。

1. 保障利益合理分配。一是规范收入分配。要整顿和规范收入分配秩序，切实解决利用公权、动用公共财力、依靠特许经营获得垄断利润提高少数人收入水平的问题，逐步缩小行业差距、地区差距、城乡差距。二是提高国民福利。增强社会保障的普惠性，加快城乡居民养老、医疗、教育等制度改革，提高对低收入人群、失地农民等困难群体的救助力度。三是加强税收调节。逐步改革和完善现行个人所得税法，完善代扣、代缴和深化纳税申报制度，加大对偷逃税行为的打击力度，改变个人所得税征收中的“贫富倒挂”问题。

2. 促进利益格局调整。一是打破垄断。要逐步优化资源的合理配置，促进部分国有资源收益向群众转移，打破既得利益集团对利益高度垄断的社会格局。二是尽快研究开征房产税、遗产税。通过征收房产税、遗产税等手段，促进社会财富的合理流动，从而弱化利益主体的“逐利倾向”。

3. 推动各方利益整合。要在财政部门和这些准预算机构之间建立一种协作机制，以财政部门为首建立统一的预算编制程序和规则。一是推进政府收入形式的税式化改革，改变各项规费混乱和收取不规范的局面；二是做实政府无预算不得收支的制度，政府预算外支出是腐败滋生的制度疮口，必须从预算制度上进行调整，对预算外收入尽可能预算内化，纳入严格的预算管理，适用预算监督程序。三是建立政府支出偏离预算安排的自动否决制度，要保证预算中政府行动计划和政府收支计划的统一，使政府行为中实际发生的收支范围、数量和方式等信息符合预算规定的精神和原则。

（二）着力促进权力规范运行

不受控制的权力是绝对的权力，绝对的权力必然导致权力腐败。不断促进权力的规范运行，控制和减少权力腐败是避免利益冲突的有效手段。

1. 规范公权力。公权的行使应以对私权的保护和善待为前提，滥用公权力的背后往往隐藏着利益的动因。要在法律上严格限定公共利益的含义，防止其被利用、被滥用，同时对侵害个人利益所造成的损失给予明确的赔偿标准，通过规范权力运行，建立规范有序的权力运行机制，减少公权力对私权的侵犯，尽量杜绝官员的渎职、以权谋私、假公济私、执法不公等行为的发生。

2. 推行部门权力内控。要对单位所有权力，从领导班子的决策权到具体部门权力进行逐项清理，并根据现行管理体制机制，科学划分权力行使的责任主体机构（部门）和责任岗位，列出权力清单。要全面排查权力运行廉政风险源，研究制定各类廉政风险的防控措施。同时，要制定权力运行流程图，明确权力运行路径、权力运行各节点分权制约责任主体及制约措施，确保各项权力行使的廉政责任落实到岗到人。

3. 积极推进政务公开。公开和透明是最好的反腐剂，要增强权力运行和办事的透明度，群众关注度高的专项资金分配、拨付、使用、验收、审计等环节要实行动态公开、监控。各资金管理部门应按照以公开为原则、以不公开为例外的要求，进一步明确涉及资金管理运行情况的信息公开内容、渠道和方式，充分保障社会公众，特别是相关利益主体的知情权和参与权。

（三）加强利益主体行为约束

中国现阶段利益冲突现象凸显的根本原因是制度建设滞后，权力缺乏有效约束与监督。因此，现阶段做好防止利益冲突工作的核心，就在于围绕权力和利益之间的关系，对权力与利益作出合理安排，对利益主体行使公共权力进行强有力的约束，使其代表的公共利益与私人利益相分离，从而达到有效预防腐败的目的。

1. 加强法律约束。尽快制定出台《反腐败法》，将各项反腐政策规定上升为法律。《反腐败法》应与我国已加入的《联合国反腐公约》相衔接，同时，应对《刑法》中有关巨额财产来源不明的法律条款进行完善，对于公职人员或准公职人员收入与其合法来源明显不符，应认定为腐败所获取财产，其罪与贪污、受贿等同，应明确并加大对举报人法定奖励措施和法定保护措施，调动举报人的积极性，降低举报风险和成本，给予新闻媒体更多的舆论监督权，真正实现标本兼治。

2. 加强制度约束。一是建立财产申报制度。鉴于目前建立我国制定财产申报法的条件还不具备最基本的条件，可充分利用现有的干部收入申报规定，将申报对象逐步扩大到所有的国家工作人员及其家属。同时，加强对申报内容的审核，从同级公示开始，逐步做扩大公示范围，根据检查结果，对于不如实申报收入，或瞒报、漏报、谎报者做出严肃处理，给予党纪、政纪处分；对于多次谎报者应免去其领导职务。二是完善回避制度。将回避主体的范围扩大到所有公务人员，对回避关系人范围可增加足以影响公正合理执行公务的同学、老乡、战友等其他关系。三是完善调任制度。对领导干部特别是一把手实行定期调动，防止在一定地区形成复杂的关系网，从而影响公共决策。四是建立资产处置制度。公职人员在任职后一定期限内，必须把构成实际或潜在利益冲突的资产如股票、证券和其他有形财产等处理完毕，在信托制度不完善的情况下，可通过公平交易、拍卖等方式进行。四是研究开征遗产税。通过高额征收遗产税，增加贪污受贿者的“经济成本”，增加腐败行为暴露的可能性，从而淡化腐败动机。五是加强对领导干部离职后的行为限制。对公务人员特别是领导干部退休或辞职后，除不得接受原任职务管辖的地区和业务范围内的民营企业、外商投资企业和中介机构的聘任、从事与原任职务管辖业务相关的营利性活动之外，应进一步规定不得作为某公司的代表或代理与其原任职单位打交道，不得利用在原来职位上掌握的内部信息谋取利益等。

3. 加强道德约束。要注重对国家工作人员利益观的培养，提高公务人员的职业道德和职业操守。可对进入政府部门的工作人员岗前都进行教育，使其树立利益回避观，养成良好的行政伦理道德，从而约束自身行为；树立“公众人物无隐私”的利益透明观念，自觉接受社会的监督；正确处理利益冲突，警惕在利益实现方面的角色混同；树立契约观念，努力克制和自觉调整在工薪收入方面的攀比心理及失衡情绪，增强廉洁从政的自觉性，在用工契约没有变更或解除之前，不能利用担任的职务为自己的权力“寻租”。

（四）不断拓宽利益缓冲区间

解决利益冲突的根本途径是走制度化道路，在制度安排上最大限度降低出现冲突的机会。但是，矛盾无处不在，无论何种制度都无法彻底避免利益冲突的存在，因此，制度设计的优劣就在于制度容纳和自行解决利益冲突能力的大小。为此，必须要建立利益缓冲机制，并不断拓宽利益缓冲的区间，不让利益冲突有扩大的空间。

1. 疏通利益表达渠道。要让各个利益主体都有主张自己的权利和利益的平等机会，特别是要增加弱势群体的话语权。可采取多种形式，拓宽、建立信访监督制度，使信访监督走上制度化、经常化、规范化的轨道。要抓好初访问题的处理，及时化解矛盾，解决好集体上访问题，同时，要扩大基层民主，让更多的利益群体有发言权和参与决策权。

2. 提供利益参与途径。听证作为利益群体参与公共政策制定的一大途径，在防范“立法式腐败”方面发挥了良好的作用。可进一步推进和扩大听证的范围，推广到价格决策、地方立法、行政处罚、国家赔偿、招标采购等诸多领域。要健全听证代表的选择机制，在保证听证代表应有的广泛和代表性的基础上，尽量优先考虑有一定专业水准和参政议政能力的人选，淡化政治身份色彩。对一些价格听证会等，可通过电视现场、网络等媒体现场直播，在更大范围内公开听证事项，让不能到现场的社会公众也能在第一时间了解听证会的进程。另外，应允许法律工作者参与听证，增加听证的透明度，防止“听证会”变成掩盖部门利益的幌子。

3. 加强缓冲载体建设。要大力促进非营利组织的发展，从制度上明确政府和非营利组织在社会事务方面的职能和权限，强化政府对非营利组织依法管理的理念和行为。要树立服务理念，重点鼓励公益性、福利性非营利组织的发展，尽快推出职业化与专业化的社会工作制度。除必须保留的少数官办的非营利组织机构以外，多数官办的非营利组织应逐步民营化。

4. 实行平等的国民待遇。国民待遇的两个极端是“非国民待遇”和“超国民待遇”，“非国民待遇”蕴含着潜在的利益冲突，“超国民待遇”则是一种公开的集体腐败。必须要按照国民待遇原则，为利益主体之间创造一个公平、平等的生存环境，防止利益冲突扩大化。

（五）强化利益主体监督问责

公职人员发生利益冲突时，其行为并不一定等同于腐败，但若不加以及时合理解决，任其发展，就会发生腐败。必须要加大对权力行使者的监督，避免私人利益对公务公正性的干扰，进而减少公职人员以权谋私的机会和空间。

1. 增强监督机构的独立性。要加强党政一体的纪检监察机关的组织建设，对国内反腐机构作新的设置和职能安排，推动建立独立的反腐监督机构，增强监督机构的专门性和相对独立性。

2. 积极发挥舆论和社会监督的作用。促进以现代网络为重点的社会舆论监督，要进一步解放大众媒体，让媒体说话，利用媒体的力量，宣传反腐倡廉的政策法规，曝光反腐案件，形成对腐败的强大的环境压力，再次要进一步疏通人民群众对利益冲突检举控告的渠道，并提供保密与奖励的严格承诺。

3. 加大惩处力度。要紧密结合巡视工作，加强对领导干部利益冲突情况的监督检查；鼓励、支持党员干部和群众积极举报领导干部发生的利益冲突问题；通过批评教育、诫勉谈话、免职、责令辞职等多种形式，及时对发生的利益冲突问题作出处理。当前，要坚持把解决损害群众利益的突出问题作为防止利益冲突的工作重点，着力解决当前群众反映强烈的严重侵害群众利益的问题。

（六）不断加强反腐倡廉建设

利益冲突是腐败的重要根源，管理和防止利益冲突能够有效预防腐败，要不断消除利益冲突的源头，把廉政教育、廉政文化、廉政立法和廉政伦理等内容融为一体，加强廉政建设的前瞻性，并提高实践针对性。

1. 加强反腐倡廉教育。加强和改进教育培训工作，针对不同的教育对象开展不同的教育活动，提高反腐倡廉教育的针对性和有效性。突出抓好领导干部这个重点，着重抓好正确的权力观、地位观、利益观教育，尤其是抓好科学发展观和正确政绩观的教育。注重虚实结合、管教相应，使廉政思想深入人心，促进干部自觉拒腐防腐。

2. 突出“一把手”责任意识。要建立反腐倡廉制度建设领导机制，特别突出党政“一把手”负总责这个关键，把预防腐败的理念融入经济社会发展之中，明确和落实各级党政及其部门领导班子、领导干部在反腐倡廉制度建设中的责任，建立反腐倡廉制度建设的评价机制和奖惩机制。

3. 强化反腐倡廉源头治理。建立重大决策廉政风险评估预警制度，凡是重大决策、重大改革措施、重点项目建设等，在出台前都要进行廉政风险评估，切实把预防腐败的要求体现在有关政策规定和改革措施之中。建立对部门和岗位廉政风险的评估管理制度，对行政职能部门按照可能产生腐败的风险高低进行分类，根据不同情况，综合运用制度制约、群众监督、廉政测评等措施进行全方位、立体化监督管理，从源头上降低腐败风险。

课题组组长：仲兆宁（省纪委副书记）
副组长：樊　勇（省纪委常委）刘　浩
成　员：李朝友　尹祥领　张　力
王　玲　董照军　叶翠青
汪文志　万　勇

促进皖江城市带承接产业转移示范区建设的财税政策研究

一、近年来国家批复的区域经济发展规划及相关财税支持政策简介

（一）广西北部湾经济区财税支持政策

1. 设立北部湾开发专项资金，重点用于支持经济区重点产业园区及其相关基础设施建设（2008-2012 年五年内，自治区本级每年安排 10 亿元广西北部湾经济区重大产业发展专项资金，并列入年度预算）。

2. 落实沿海三市上缴自治区财政“四税”返还的优惠政策，重点用于支持产业和基础设施建设。

3. 2009-2012 年四年内，以 2008 年经济区的城市维护建设税专项上解为基数，每年安排一定资金专项用于经济区市政公用基础设施建设与维修，并逐年增长。

4. 自治区财政预算安排的经济和社会事业发展资金，包括预算内基本建设投资以及技改、建设、科技、交通、水利、农业、林业等各类财政性建设资金，各部门在分配时重点向经济区倾斜并优先考虑重大产业、重大基础设施和重大社会公益设施项目。

5. 对投资开发建设和经营旅游景区及配套设施的外商投资企业，除享受相关的税收优惠政策外，对符合国家和自治区产业政策，实际到位资金在 1 亿元人民币以上的旅游开发建设项目，所在地政府可以给予贷款贴息或以奖代补扶持。

6. 财政支持构建自治区政府信用平台。省财政投资 1.8 亿元资本金组建广西北部湾开发投资公司，并将沿海三市“四税”自治区分享部分增量全额注入自治区北部湾开发投融资平台公司的政策延期至 2012 年，壮大投融资公司的资金规模，以此作为投融资平台和投资实体，从事经济区经营性项目和经营性资产的投资开发和滚动发展，并支持重大基础设施建设。支持南北钦防四市改革重组城市商业银行，通过整合产权，引入战略合作机构，建立广西北部湾发展银行。探索建立广西北部湾产业投资基金和创业风险投资基金，支持优势产业和支柱企业以发行公司债券和上市的方式融资。

（二）湖南长株潭两型社会试验区财税支持政策

1. 国家赋予长株潭综合配套改革的优惠政策

主要是"先行先试"。支持在产业优化、技术改造、科技创新、淘汰落后、资源节约、环境保护、节能降耗减排、军民融合等八方面在长株潭城市群先行先试，加快走新型工业化道路，具体包括"机电产品再制造试点"、"三网融合试点"、"工业产品应急保障区域联动试点"、"大用户直购电试点"等多项试点。

2. 探索建立促进两型产业发展的财税机制。研究提出支持两型产业发展的财税政策，对"3 + 5"范围内符合条件的高新技术产业减按15%征收企业所得税；对试验区内节能减排任务重的重点行业、重点企业，在税前提取可持续发展准备金，专项用于节能减排投入；对试验区内企业购进用于节能、环保、资源循环利用的固定资产，实行加速折旧；对购进节能节水、防治污染和促进循环利用的专利技术等无形资产，允许一次性摊销；对试验区内企业环保项目投入费用比照技术开发费加计扣除。

3. 探索建立区域利益补偿机制。建立省与长株潭三市以及三市之间财税利益协调机制，加大对"两型社会"建设的财税激励为重点，创新财税体制机制。研究设立长株潭城市群"两型社会"建设资源环境专项转移支付资金，建立生态效益纵向补偿和横向援助机制，并将转移支付资金、专项拨款等与地方生态建设绩效挂钩，分类制定奖励、返还和优惠政策，在试验区构筑财政体制优势。

4. 研究制定"绿色采购"办法。建立政府"绿色采购"办法，逐步扩大到企业，支持符合"两型社会"建设要求的产品和产业。建立"两型社会"改革专项基金。

5. 研究建立长株潭城市群环保财政投入稳定增长机制、企业治污补偿机制、污染物排放的收费机制、生态建设与环境保护的补偿机制。

6. 加大财税返还力度。从2009年起，五年内，示范区内财政上缴的省级税收（所得税的12%，土地增值税的50%），全部返还示范区用于基础设施建设和产业发展。示范区征地环节上缴的农土资金、新增建设用地使用费、森林植被恢复费、防洪保安资金等专项税费中的省级部分，全部返还示范区用于发展。

7. 增大专项资金支持力度。省政府设立的"两型"社会建设专项资金，向示范区的基础设施、节能环保产业项目建设等倾斜。2009年起，五年内，省相关职能部门，从工、农、商、科技产业等各类发展、扶持、引导专项资金中，划出20%，专项用于支持示范区工业、农业、商业、科技项目的开发和贴息。省、市两级政府每年从"科技三项经费"中各切块20%，集中支持示范区的自主创新。

8. 实施企业财税优惠政策。对示范区内经有关部门按照国家规定认定的高新技术企业，免征各项行政性收费的省、市留成部分，减按15%税率征收企业所得税。对经省有关部门认定的"两型"企业（直接从事资源节约、生态环境保护的产品生产、技术开发和服务的企业），采用先征后返的方式同等享受国家级开发区内高新技术企业优惠政策。对新创办的科技型企业，实行零收费。国家创新型企业落户示范区，三年内其所缴纳企业所得税新增部分的省、市留成部分，全额奖励企业。对在示范区设立企业总部的企业，根据不同情况，给予100万元人民币至1000万元人民币的一次性资金补助。对示范区内列入国家级重点科技发展计划并获得相应资助的科技项目，以及服务资源节约、环境保护的企业，视情况给予50%至100%的配套资金支持。

9. 实施加速折旧政策。示范区内经有关部门按照国家规定认定为高新技术企业的，或经省认定为"两型"企业的，2009年7月1日后新购置的固定资产（房屋、建筑物除外），在现行规定（指正在执行的财政部公布的分行业财务制度和国家其他有关规定）折旧年限的基础上，按不高于40%的比例缩短折旧年限；2009年7月1日前购置的固定资产（房屋、建筑物除外），可在尚未折旧的基础上，按不高于40%的比例缩短折旧年限。

10. 在投融资政策上，由省专项资金、市财政共同出资注入资本金，支持示范区成立投融资有限公司，省、市财政返还部分，每年安排20%向公司增注资本金；每培育一个企业上市，省财政奖励500万—1000万元人民币专项注入所在的示范区融资平台资本金。对新迁入示范区的金融企业总部核心业务按全国性和地区性分别给予500万元人民币和200万元人民币的一次性资金补助。对在示范区新设立的风险投资公司（基金）、私募股权基金、产权投资基金以及年度参与示范区"两型"社会建设投资额占总业务量50%以上的，返还当年公司所得税30%。

（三）天津滨海新区财税支持政策

1. 从2006年起，连续5年中央财政每年拿出10亿元用于支持滨海新区基础设施、科技创新建设。

2. 实行对国外货物入港保税，对国内货物实行退税，建立具有“境内关外”海关监管特点的保税港区。

3. 各级政府拟投入资金和银行软贷款共100亿元，支持新区建设。(2005年到2009年财政部支持新区50亿元，其中60%用于高新区，市区财政拟安排20亿元，国家开发银行软贷款50亿元。)

4. 在天津市现有三级土地利用总体规划结构的基础上，将滨海新区作为特殊经济区，单独编制土地利用总体规划，统筹安排各类用地。

(四) 珠江三角洲财税支持政策

1. 设立省级高新技术产业开发区发展引导资金（2010－2012年专项安排资金5亿元，其中2010年安排1亿元，2011年和2012年各安排2亿元)，用于推动高新区研发与引进产业高端项目、孵化自主知识产权项目、加速重大创新成果转化等。

2. 支持加快珠三角一体化发展。以广佛同城化为引领，以推进基础设施一体化为突破口，推动产业转型、环境再造和保护，建设广佛肇、深莞惠、珠中江三大经济圈。推进珠三角城际轨道、公路、水电油气管网等一体化建设，加快年票互通、公共交通一卡通、高速公路电子联网收费和电信同城化。提升自主创新能力和产业竞争力，打造优质产业集聚地、裂变发展地，建立现代产业示范区。完善区域统一的就业、社保、卫生服务等体系，率先推进城乡基本公共服务均等化。

(五) 海西经济区财税支持政策

1. 支持基础设施建设。（1）积极支持高速公路建设，实现高速公路与周边相邻的广东、浙江、江西全面对接。(2) 筹措资金支持铁路建设，支持建设温福铁路、福厦铁路、厦深铁路、龙厦铁路、向莆铁路等5条铁路，彻底突破制约福建经济发展的交通“瓶颈”。（3）大力支持农村路网建设。(4) 加快厦门港、福州港、湄洲湾大型码头、深水航道整治，支持建设一批深水集装箱泊位，逐步在全省范围内形成由枢纽港、干线港和支线港组成的水路运输系统。

2. 支持产业集聚。（1）切出专项资金支持产业集群发展。为了承接台湾产业的转移，福建从2006开始，每年安排省级财政资金6000万元，重点支持一批能充分利用特色资源和传统优势的重点特色产业。(2) 从2006年开始，每年安排产学研资金和技术创新专项资金3000万元，重点支持产学研联合示范项目建设，对产业化较集中、具有一定基础与规模，具备传统优势的产业集群，通过资金和政策的引导，促进科研部门、高等院校与企业对接，加大新技术、新产品研发。(3) 构建公共平台服务产业集群。通过资金直接补贴、资本金注入、贷款贴息等方式，重点支持物流服务、信息共享、融资服务、质量检测、人才服务等公共服务平台建设。

3. 支持县域经济发展。（1）加大省对下财政转移支付力度，从2002年起，执行转移支付一定五年不变政策。（2）对县（市）应还未还省级的各类财政周转金，按有关规定程序进行清理，经省财政核准后，将绝大部分债权下放，由各县（市）统一管理。(3) 在中央“三奖一补”政策的基础上，实行省对县乡财政“六挂六奖”奖励性补助，进一步完善省对县乡财政发展的激励机制。

4. 支持做大做强中心城市。（1）利用财政政策和资金，引导社会资金投入城市基础设施建设，对城市污水、垃圾无害化处理、公路桥梁，以及城市其他公共设施等，运用价格、投资补助、贴息等多种手段，鼓励和引导社会资金投资经营基础设施和公用事业。(2) 对财政收入增长快、吸收农村劳动力多的中心城市，给予奖励性的转移支付。特别是支持构筑以福州、厦门、泉州为中心的城市群，促进生产力布局调整，形成新的增长极。

(六) 江苏沿海地区开发财政支持政策

1. 集中财力办大事。2009年在84亿元地方政府债券资金使用上，重点支持中央投资地方配套的公益性建设项目及难以吸引社会投资的公益性建设项目。其中部分资金重点安排支持沿海地区基础设施建设。

2. 财政资金安排向沿海产业倾斜。2009年，江苏省省级财政安排重点产业调整和振兴专项引导资金20亿元，围绕重点产业，进一步加大对企业的政策扶持力度，促进企业创新发展，支持重点产业优化升级。

3. 支持统筹区域经济协调发展。实施苏中苏北开发区省级以奖代扶、南北挂钩共建苏北开发区区中园奖补、经济薄弱地区新增收入省集中全返奖励、全面小康推进奖励、财政收入增收奖励等促进区域发展的财政激励政策，推动区域协调发展。

(七) 关中－天水经济区财政支持政策

1. 加大一般性财政转移支付和基础设施、生态环境、重点项目、产业发展、公共服务等专项转移支付力度，并将部分公益性项目的国债转贷资金逐步转为拨款。

2. 在统筹考虑企业承受能力的基础上，适当提高探矿权、采矿权使用费征收标准和矿产资源补偿费费率。建立矿业企业矿区环境治理和生态恢复的责任机制。从2009年起，争取中央在安排探矿权采矿权使用费和价款支出时，加大对经济区矿产资源开发地区的生态环境治理恢复和发展的投入。

3. 在南水北调中线工程涉及的水源保护地区，对因水源保护造成的地方财政减收增支，中央和省级财政通过一般性转移支付给予一定的补助。

（八）鄱阳湖生态经济区财政支持政策

1. 争取国家财政支持。强化财政扶持机制，大力发展低碳经济、绿色经济，抓紧做好县（市）污水处理设施特许经营权转让，支持"一大四小"造林绿化和农村清洁工程，推动区域经济加快发展、经济发展方式转变和生态环境保护。

2. 争取以鄱阳湖生态经济区为主体，积极向国家申请比照西部大开发和东北地区老工业基地振兴的税收优惠政策支持。对设在鄱阳湖生态经济区国家鼓励类产业的内资企业和外商投资企业，在2008年至2018年期间，减按15%的税率征收企业所得税。

3. 制定实施促进环境保护的税收政策。（1）在经济区内对符合环境保护、节能节水税收优惠政策的专用设备的投资额的10%，可以从企业当年的应纳税额中抵免；当年不足抵免的，可以在以后5个纳税年度结转抵免。（2）对落户鄱阳湖生态经济区内的环保、生态能源企业，对其在鄱阳湖生态经济区内取得的所得，自开始获利年度起，第一年至第五年免征企业所得税，第五年至第十年减半征收企业所得税。（3）鄱阳湖生态经济区内的公共基础设施投资项目、从事公共污水、垃圾处理等项目取得的所得，从开业年度起，第一年至第二年免征企业所得税，第三年至第五年减免征收企业所得税。（4）对鄱阳湖生态经济区内企业从事公共污水处理所得，暂免征收营业税。

4. 研究制定促进资源节约利用的税收政策。（1）对于沼气综合开发利用、节能减排技术改造项目，从开业年度起，第一年至第二年免征企业所得税，第三年至第五年减免征收企业所得税。（2）根据可再生能源产业回收期较长等特点，允许鄱阳湖生态经济区内可再生能源企业亏损弥补期限延长至7年，并允许实行加速折旧。

5. 制定促进人才引进的税收政策。（1）凡外省（市）拥有高级职称的专业人才、博士研究生来鄱阳湖生态经济区，从事环湖生态建设、保护工作的，其工资薪金收入减半征收个人所得税或根据对其缴纳的个人所得税地方既得部分实行奖励。（2）对个人投资鄱阳湖生态经济区内高新技术企业、可再生能源产业获取的个人所得（如股息、利息和个人分得的利润），三年内暂免征收个人所得税。

6. 制定促进就业的税收政策。（1）对鄱阳湖生态经济区内失地失湖的农民、渔民和大学生自主创业，参照下岗失业人员税收优惠政策实行税收优惠。（2）对安置残疾人就业企业，取消福利企业认定，直接按安置残疾人数享受税收减免政策。

7. 制定促进建立发展基金的税收政策。对企业和个人向鄱阳湖经济发展基金会（政府有权部门成立专门用于对鄱阳湖区生态保护与建设的基金会）提供的公益性捐赠支出，准予在计算应纳税所得额时全额扣除。

（九）海南国际旅游岛财税支持政策

为推动海南国际旅游岛规划建设，海南省从资金和政策上全力支持构建以旅游业为龙头、以现代服务业为主导的特色经济结构，国家也将在资金安排、财政和相关政策方面给予支持。其中包括：1. 投融资政策，设立旅游产业投资基金，同时研究将海南省增列为《中西部地区外商投资优势产业目录》执行省份。2. 财税政策，针对海南的特殊情况，中央财政加大对海南的均衡性转移支付力度。中央财政在一定时期内对海南国际旅游岛的建设发展给予专项补助。3. 开放政策，实行开放、便利的出入境管理措施。支持海南在境外主要旅游客源地设立旅游推介分支机构。2010年，省级财政安排10亿元专项资金用于国际旅游岛建设，主要用于筹建旅游发展控股公司，构建旅游基础设施投融资平台；支持洋浦航运物流中心和儋州西部中心城市建设；支持科学编制国际旅游岛规划；支持实施旅游购物免退税政策所需信息系统等软硬件设施建设等。

（十）辽宁沿海经济带以及黄三角高效生态经济区财税支持政策

辽宁省在推进沿海经济带发展方面，主要依照2006年制定的《辽宁省人民政府关于鼓励沿海重点发展区域扩大对外开放的若干政策意见》予以支持，意见共含十二条政策，其中有9条是财税政策，囊括了税收返还，税收优惠，提供担保，贷款贴息等多方面的优惠政策。

山东省在支持经济区发展上出台了专门的文件，相应制定了《关于支持黄河三角洲高效生态经济区又好又快发展的意见》，围绕加大基础设施建设投入、创新资源使用管理方式、扩大对外开放、优化产业发展、保护生态环境、推进城乡一体化6方面制定了34条具体政策，在财税政策上也予以了重点支持和保障。

二、促进皖江城市带产业转移示范区建设的财税政策建议

皖江城市带建设作为合作发展的先行区、科学发展的试验区、中部地区崛起的重要增长极、全国重要的先进制造业和现代服务业基地，在承接产业转移示范区，构筑区域经济中心的功能上，和上述区域规划试验区有着类似的任务和目标。借鉴以上试验区的财政税收政策与做法，我们建议：

（一）创新财税体制机制，建立示范区一体化财政体制

1. 新增税收一半用于共享。为了减少示范区各市县（区）之间的财税竞争，建议以2010年各市县（区）分享的税收为基数，以后年度各市县（区）新增税收收入的一半由省财政统一调配，在各市县（区）之间安排使用和平衡。

2. 上级补助财力统筹安排。一是统筹转移支付。在计算转移支付时，可将示范区作为一个统一的单位，按照统一的标准和因素计算转移支付，再由省财政将一般转移支付在各市县（区）之间划分。二是统筹专项资金。各部门用于示范区的专项资金不再以市为单位安排使用，而是将示范区作为一个整体，将投向示范区的专项资金统一起来，打破行政界限，以示范区发展规划为基础，以重点产业和项目为平台，统一规划、统筹安排和管理。

3. 示范区各市县（区）支出标准逐步统一。省财政在计算示范区各市县（区）财力时，要逐步统一各市县（区）的支出标准，尤其是人员工资标准和公用经费标准，对于不足的，要在各市县（区）的统筹财力中安排资金逐步予以补足，以促进各市县（区）之间各要素的合理流动。

（二）加大省对示范区各市县（区）的财力性补助力度

1. 对示范区各市县（区）间的财力分配关系予以适当调整，在财力分配上给予倾斜支持，增强各市县（区）的财政实力。

2. 可在一般性转移支付方面，在按全区统一因素、计算口径、测算方法及公式测算的基础上，适当提高对示范区的转移支付补助系数。

3. 建议自2010年至2015年，连续5年将省参与分享示范区的增值税、营业税、企业所得税和个人所得税全部返还。

（三）加大财政专项资金的扶持力度，支持示范区的开发建设

1. 加大对示范区的相关基础设施建设投入，尤其是要加大对园区基础设施建设力度，建议设立示范区建设专项资金，从2010年起，连续五年每年安排10亿元用于示范区重点园区基础设施建设，努力实现园区项目集中、产业集聚、资源集约、功能集成。

2. 按照“存量调整、增量倾斜”的原则，把性质、用途相似的资金整合起来，以示范区发展规划为基础，以重点产业和项目为平台，统一规划、统筹安排和管理，通过“捆绑打包”等方式将资金的增量部分集中使用。

3. 建议设立重大产业项目政府奖励资金，对落户示范区的重大产业发展项目给予一次性奖励。2010－2013年三年内，省本级财政每年预算安排一定的资金对落户示范区的重大产业发展项目给予一次性奖励。

4. 对设立企业总部的企业，给予100万元—1000万元人民币的一次性资金补助；对国家级重点并获得相应资助的科技项目，以及服务资源节约、环境保护的企业，给予50%至100%的配套资金支持；高新技术企业、节能环保型企业按不高于40%的比例缩短折旧年限。

（四）拓宽融资渠道，筹集更多的资金用于示范区的开发建设

1. 依托财政筹集资金的功能，发挥好财政资金的吸附作用，引导、鼓励、吸引民间资本和区外资本投入到示范区的开发建设中来。积极吸纳资本、技术、人才、品牌等要素，大力振兴汽车、家电、装备制造、冶金、化工、非金属材料、农产品加工、纺织服装等传统优势产业。

2. 加大财政融资力度，拓宽筹资渠道，积极向商业银行融资，取得银团贷款支持；争取世行、亚行和主权国家贷款。着力培育电子信息、节能环保、新能源、新材料、生物技术、公共安全等战略性新兴产业。

3. 以财政贴息、信用担保等政策手段积极引导城市带内、外社会资金投向示范区，对符合产业政策的项目，财政担保公司优先给予贷款担保支

持。加快提升物流、金融、文化、服务外包、旅游等现代服务业，积极发展现代农业。

4. 建议省本级财政投入部分引导资金，与城市带内外的一些大型国有及控股公司、金融机构以及基金公司等机构共同出资，成立示范区产业投资基金，探索合作共建模式，建立互利共赢的利益分享机制。

5. 利用 BOT、TOT 等多种方式引导民间资本投入基础设施领域。推进示范区及相关企业发行债券，培育和鼓励园区企业上市融资。

（五）积极争取国家财税优惠政策，增强示范区的投资吸引力

1. 争取国家在一定年限内适当调整示范区建立后新增中央税收以及共享税收的分成和返还比例，加大中央财政对示范区的税收返还力度。

2. 争取和延长示范区内国家鼓励类企业享受国家西部大开发减按 15% 企业所得税政策。

3. 对示范区内新办交通、电力、水利、邮政、广播电视等企业实行“两免三减半”企业所得税政策。

4. 对示范区内经批准实行“两免三减半”中减半征收期税收优惠政策的企业，除国家限制和禁止的企业外，免征属于地方部分的企业所得税，时间为 3 年（2010—2013 年）；对示范区内经批准实行减按 15% 税率征收企业所得税的高新技术企业，享受国家减半征收税收优惠政策的软件及集成电路生产企业其减半征收部分，均免征属于地方分享部分的企业所得税，时间为 5 年（2010—2015 年）；对示范区内新办的装备制造业、原材料产业、轻纺产业、高技术产业、现代服务业和现代农业等行业的企业，实行“一免四减半”（第一年免征，后四年减半征收）的所得税优惠政策，时间为 5 年（2010—2015 年）。

5. 争取示范区内公路国道、省道建设用地，比照铁路、民航建设用地，免征耕地占用税。

6. 加大营业税方面的优惠力度。一是建议将示范区内营业税的起征点在规定幅度内提高到 5000 元；二是在国家规定的幅度内适当降低娱乐业营业税税率；三是对区内技术转让，无形资产、不动产转让收入给予税收优惠。

7. 示范区内汽车及零部件、冶金、轻工食品、高新技术等工业企业，以及物流业、金融业、信息服务业、会展业、旅游业、文化业、广播电视、新闻出版、体育、卫生等服务企业，免征自用土地的城镇土地使用税和自用房产的房产税或城市房地产税。

8. 适当调整企业所得税集中缴纳的做法，对在示范内跨区域生产经营的企业，优先试行在经营所在地全额或部分缴纳企业所得税的做法，以确保跨地区经营企业的企业所得税收入成为地方税收收入的组成部分。

9. 请求国家发改委将我省更多产业列入《资源综合利用目录》并给予相关的税收优惠政策。

安徽省财政科研课题组

课题组成员：叶翠青　汪文志　刘　兴

我省大型骨干企业对全省财政经济的影响分析

大型骨干企业，是一个地区经济实力的象征，也是财政收入的重要来源。近年来，我省积极推进“工业强省”战略，为大型骨干企业加速发展创造了有利条件。2008 年美国金融危机爆发以来，我省大型骨干企业受到严重冲击，经营情况持续下滑，对全省财政经济产生了较大的负面影响。但从去年下半年开始，我省大型骨干企业经营状况稳步回升，到今年第一季度，持续保持了回升向好的态势，经济形势明显好转。

一、大型骨干企业是全省财政经济的中坚力量

近年来，我省大型骨干企业抓住发展机遇，努力做大做强，现已成为全省财政经济发展的坚实脊梁。2008 年，全省百强企业合计营业收入 6162.55 亿元，比上年净增 805.95 亿元，增长 15.0%，增幅超过全省 GDP 增长 12.7% 的 2.3 个百分点。全省百强企业的经营收入，相当于全省 GDP 的 69.4%。百强企业纳税总额达 371.7 亿元，占全省财政总收入的 28.0%，占地方财政收入的 51.3%。大型骨干企业规模不断扩大，目前全省已有 15 家骨干企业销售收入超过百亿元，比 2006 年增加了 3 家。尤其是进入百强企业的门槛逐年提高，2006 年营业收入达到 5.33 亿元，就跨入了全省百强企业的行列，而 2008 年需要营业收入达到 7.58 亿元，两年提高了 2.25 亿元。

从全省百强企业的行业结构分析，工业企业是大型骨干企业的主力。2008 年的百强企业中，工业及建筑企业有 72 家，其营业收入合计 4466.68 亿

元，占全省百强企业营业收入的72.5%，占全省规模以上工业企业营业收入的43.0%；特别是工业骨干企业的净利润，占到全省规模以上工业企业总利润的30.7%。显然，大型骨干工业企业是我省经济发展的支柱性力量。当然，随着近年来第三产业的迅速发展，我省三产领域的部分企业规模迅速扩张。2008年百强企业中，交通运输、零售、餐饮、金融、房地产等三产领域的企业共有28家，营业收入合计1695.86亿元，占百强企业收入的27.5%。近年来，三产领域的大型骨干企业效益逐年提升，2008年实现净利润达246.67亿元，占了百强企业利润的70%。其中，金融、通信等行业经营效益尤为突出，徽商银行股份有限公司实现利润62.6亿元，占百强企业净利润的25.4%。中国移动通信集团安徽有限公司实现利润32.44亿元，比上年增长35.2%。

二、受金融危机冲击严重，大型骨干企业对财政经济的贡献呈前低后高走势

美国金融危机爆发以来，我省大型骨干企业发展受到了严重影响，一度大型骨干企业的经营效益持续下滑，对财政经济的贡献明显削弱。随着国家和省里应对政策的陆续出台，在各项政策措施的综合促动下，我省大型骨干企业经营形势逐步走出低谷，企稳回升，趋向正常，对财政经济的贡献经历了前低后高的明显走势。

（一）金融危机爆发前期，大型骨干企业运行出现下滑的趋势

从2008年第三季度开始，我省大型骨干企业整体经营效益开始下滑，销售收入与利润增幅开始放缓，全年大型骨干企业经营呈现下滑的态势。2008年，百强企业营业收入增长15.0%，较上年增幅下降近8个百分点；净利润增长58.2%，增幅较上年稍有回落；纳税总额达371.7亿元，占全省财政收入的28%，同比增长15.2%，比上年增幅多1.4个百分点。从前20强企业来看，全省大型骨干工业企业生产、销售受阻严重，增势趋缓。销售（营业）收入方面，前20强企业有2家企业出现负增长，其中皖北煤电降幅达84.83%，奇瑞汽车下降4.28%，江淮汽车、铜陵有色一改以往大幅增长趋势，仅分别增长1.22%和5.08%。净利润方面，前20强企业有一半出现下降，少数企业出现大额亏损。其中，中石化安庆分公司亏损32496万元，安徽省能源集团亏损23943万元，马钢集团、江淮汽车、奇瑞汽车降幅都超过50%。纳税方面，前20强企业中，有4家企业有所下降，16家企业实现增长，部分企业保持高速增长，其中，4家企业增幅超过70%，7家企业超过20%。（数据来源：安徽企业联合会公布的安徽百强企业数据）

（二）金融危机中期，大型骨干企业经营形势日益严峻

2009年，金融危机对安徽的影响进一步显现。特别是2009年上半年，大型骨干企业延续了10个月的生产低迷，经营状况令人担忧。2009年，全省百强企业销售收入达5288.54亿元，比上年仅增长1.55%，增幅下降30个百分点；企业利润出现负增长，从2008年的260.9亿元下降到222.99亿元；企业资产与权益分别增长11.2%、6.4%，增幅大幅下滑，分别下降11和16个百分点。

从全省百强企业与全省规模以上企业的主要指标对比分析，全省百强企业营业收入占全省规模以上企业的比重，从2007年的50.5%下降到2009年的45.5%，下降了10个百分点。全省百强企业实现利润占规模以上企业的比重，从50.8%下降到45.5%，下降了5.3个百分点。全省百强企业纳税额占规模以上企业的比重，从66.5%下降到59.2%，下降了7.3个百分点。可见，金融危机对我省大型骨干企业的冲击更为严重，影响较大。

由于大型骨干企业运行困难，全省百强企业对财政的贡献大幅下降。纳税总额从2008年的357.8亿元，下降到2009年的218.65亿元，出现了38.89%的负增长，比2007年的284.2亿元还少60多亿元。当然，2009年的增值税转型，结构性减税等政策的实施，也一定程度上影响了大型骨干企业的纳税规模，但主要的因素还是金融危机对大型骨干企业的严重冲击。如，马钢在百强企业中纳税比重很高，超过了10%，而2009年马钢集团的纳税大幅减少，直接影响了全省百强企业对财政的贡献。

（三）金融危机后期，大型骨干企业企稳回暖，对财政贡献大幅回升

从2009年6月份开始，全省大型骨干企业经营形势开始好转，除部分资源类工业企业受金融危机影响较深外，大部分大型骨干企业开始逐步步出低谷，出现了企稳回暖的态势。

营业收入方面，2009年度前20强企业中，除马钢集团、铜陵有色等部分资源类工业企业出现下滑外，其他都实现了增长，且有8家企业实现了20%以上的高增长。其中合肥百大集团增长

37.1%，江淮汽车增长30.0%，奇瑞汽车扭转2008年下滑形势、增长了19.7%。净利润方面，钢铁、煤炭等资源类企业利润仍然处企稳回升阶段，大部分企业利润都加速回暖，汽车制造、零售等企业利润高速增长。其中江淮、奇瑞两家汽车制造企业分别增长181.5%和64.9%，合肥百大实现利润增长144.5%，徽商集团增长215.2%。税收贡献方面，前20强企业中，有13家企业实现20%以上的增长，其中，中石化安庆分公司实现342.%的增长，海螺集团增长140%、奇瑞增长69.9%、徽商集团增幅达60.9%。虽然，上述企业的快速增长中，部分企业存在一些一次性的政策因素，但总体上反映了大型骨干企业企稳回升的态势。

三、不同行业企业受金融危机影响的差异较大

2009年，全省八大支柱产业发展均实现不同程度增长，但发展不均衡，不同行业企业受金融危机影响的差异较大，对经济形势和宏观调控政策的敏感度不同，因此，对财政经济的贡献也存在较大的区别。

钢铁、化工、煤炭、有色金属等资源型行业受金融危机冲击较大，仍处于企稳回升阶段。金融危机对我省实体经济的冲击，主要是钢铁、煤炭、化工、有色金属等重要基础原材料工业，价格的普遍下跌，市场的急剧萎缩，导致产量下降，经济效益大幅下滑，这些行业内骨干企业几乎无一例外。2009年，钢铁行业龙头马钢集团营业收入同比下降26.4%，净利润下降34.2%，纳税总额下降46.9%；化工行业的铜陵化工净利润下降154.2%，纳税总额下降55.0%；煤炭行业的淮南矿业、淮北矿业净利润分别下降40.5%、101.2%；有色金属行业三甲铜陵有色、铜峰电子、精达股份营业收入分别下降18.9%、401.9%和98.1%，除铜陵有色外纳税总额均大幅下滑。

家电、汽车、酿酒、商业零售等行业受国家扩大内需系列政策措施的影响，保持较快发展势头。金融危机爆发后，随着以扩大内需为重点的积极财政政策和适度宽松货币政策的启动，尤其是及时出台了出口退税、家电下乡、减免汽车购置税、以旧换新和节能惠民工程等一揽子政策措施，市场消费需求快速释放，家电、汽车、酿酒、商业零售等行业发展势头强劲，这些行业内的大型骨干企业为全省财政经济企稳回升做出了重要贡献。2009年，家电行业的美菱电器、荣事达电器营业收入同比增长45.9%和86.7%，净利润增长分别达到196.3%和60.9%；汽车行业的江淮、奇瑞、星马净利润分别增长181.5%、64.9%和154.6%，纳税总额都实现了30%以上的高速增长；酿酒行业的古井集团、口子酒业、迎驾集团净利润分别增长237.3%、74.4%和52.2%，纳税总额都实现了不同程度的增长；商业零售行业的徽商集团、合肥百大、辉隆农资净利润分别增长215.2%、144.5%和80.0%。

新材料、文化传播、生物制药等新兴产业逆市飘红，成为全省经济发展的生力军。经济危机的复苏中，往往会有一些新科技的突破，催生新兴产业的发展，形成新的经济增长点。这次金融危机从爆发到消退，对新兴产业的冲击和影响很小，有的甚至在危机中加快发展，实现逆市超越。虽然我省是以传统产业为主导的省份，但在本次金融危机过程中，也存在这样鲜活的例子。2009年，以高强度瓦楞著称的马鞍山山鹰纸业，在造纸业整体不景气的情况下，却实现了净利润增长498.5%的快速发展。以高精密铜板闻名的鑫科新材料公司，在有色金属全行业亏损的情况下，净利润居然实现了803.6%的增长，在有色金属行业独树一帜。文化产业标杆的新华发行集团，净利润增长28.7%，生物制药的龙头丰原生化、丰原药业净利润分别增长242.0%和244%。可见，与高科技紧密结合的新兴现代产业，受经济形势起伏的冲击相对较小，增长的空间较大，发展前景广阔。

四、2010年全省大型骨干企业仍将保持持续向好的发展态势

2010年，我省经济运行继续保持了向好的发展态势。1-4月份，我省规模以上工业累计实现增加值1509.8亿元，增长26.3%，比去年同期提高9.8个百分点。全省固定资产投资（50万元以上项目及房地产投资）2686.1亿元，增长32.3%，比去年同期回落2.5个百分点。全省社会消费品零售总额累计1286.8亿元，增长18.9%，比去年同期提高3.3个百分点。全省进出口总额65.7亿美元，增长46.5%（去年同期下降31.6%）。其中，出口33亿美元，增长27.8%；进口32.7亿美元，增长71.8%。全省财政收入累计完成656.2亿元，增长37.1%，其中地方财政收入361.2亿元，增长37.5%。财政总收入和地方财政收入增幅同比分别提高了32.7个和32.4个百分点。

1—4月份，全省大型骨干企业实现了高开高走的增长状况。全省规模以上大中型企业共实现增加值879亿元，同比增长了20%，继续保持了2009

年下半年的回暖向好的态势，实现了较高水平的快速增长。

从调研的几家大型企业看，根据2010年一季度的情况进行预测，大型骨干企业的经营状况整体好于去年，钢铁、有色金属等行业基本与去年持平，而汽车、纺织、化工等大型骨干企业比去年将会有较大增长。由于煤炭价格上涨等因素的影响，火力发电企业存在严重的亏损状况。

2010年下半年，全省大型骨干企业运行将面临一些不确定的因素，甚至存在较大的不利影响。一是目前物价水平已在高位运行，由于存在通货膨胀的预期，国家有可能采取措施，适度收缩积极的财政政策和宽松的货币政策，从而影响整体的宏观经济形势，对政策敏感度高的大型企业将产生不利的影响。二是为稳定房地产市场，尤其是抑制目前快速增长的房价，国家调控房地产市场的政策力度不断加大，伴随房地产市场的逐步降温，一些与房地产联系较紧的大型骨干企业，如钢铁、水利、建材等行业的企业，可能会受到较大的不利影响。三是2009年为刺激经济尽快回暖而实施的大量投资项目，到今年下半年可能处于收尾阶段，对经济的拉动力量逐步减弱，也会影响我省一些依赖投资增长而回暖的企业。四是部分原材料价格出现了较快上涨的情况，如煤炭、铁矿石等价格上涨幅度较大，增加了企业的经营成本，有可能整体影响了大型骨干企业的利润水平。总体上看，随着国家经济形势的平稳向好，2010年我省大型骨干企业的经营状况会整体好于去年，对全省财政经济的贡献将进一步增加，支撑全省财政经济平稳较快增长。

目前，我省大型骨干企业还存在一些发展中的问题，需要在今后的发展中逐步改进。一是结构比较单一。我省的大型骨干企业主要集中在原材料及加工行业，如煤炭、钢铁、水利、石化等行业，易受国家宏观政策调控的影响，而在装备制造、建筑、现代电子、金融、通信、高科技等领域的大型企业较少，甚至是空白，这种相对单一的结构状况，不仅容易产生较大的波动，而且整体效益状况不够理想，一定程度上影响了财政收入的稳定较快增长。二是自主创新薄弱。这次金融危机，受冲击较大的主要传统的行业，而一些高科技企业，由于企业拥有核心竞争力，不仅没有受到多大的影响，反而获得了难得的发展机遇。如芜湖的奇瑞汽车股份有限公司，2009年实现销售收入211亿元，增长19%；实现净利润6.7亿元，比上年增长了139%；实现税金11.3亿元，比上年增长了66%。马鞍山的鼎泰稀土新材料股份有限公司，由于产品竞争力强，2009年产品毛利润达到35%以上，市场占有份额快速扩大。马鞍山的星马汽车公司，在2009年快速发展后，2010年更是产销两旺，一季度利润同比增长了680%，在金融危机中寻找到了发展新机遇，迅速进入了快速发展轨道。因此，在今后支持大型骨干企业的发展中，需要进一步集中力量，综合运用财税政策，采取不同的支持策略，进一步促进企业做大做强，进一步支持企业自主创新，进一步扶持现代装备制造及高科技企业的加速成长与发展。

课题指导：左　俊

课题组成员：叶翠青　蔡功伙　刘　兴　汪文志

关于培植佛文化产业的规划思路研究

近年来，我省第三产业发展迅速，已经成为经济发展的重要增长点和新亮点。然而，由于认识等方面的原因，第三产业中以佛文化为代表的比较特殊的宗教文化产业，长期以来对其研究较少，其发展与成长一直处于自发状态。国家兴，则佛事旺。近年来随着社会经济的快速发展，以池州为代表佛文化产业悄然兴起，并伴随厚重的佛文化涵养迅速发展。因此，如何在不违背宗教政策的前提下，充分发挥佛文化在促进社会和谐方面的积极作用，大力支持佛文化产业加快发展，使佛文化产业成为地区乃至全省经济发展的重要增长极，是一个重大的现实问题。本课题就此展开研究，以期提供一些先导性的探索，为佛文化产业的迅速发展营造条件。

一、佛文化产业概述

（一）基本概念

佛文化产业的概念和定义，在学术界至今没有一个统一的认识，基本可分为狭义和广义之说。狭义上，佛文化产业是以佛教文化为本质和载体，经过整理、加工、生产、宣传、贸易和经营的文化产业，具体包括佛教文物开发、佛教艺术传播、佛缘产品、佛事活动和佛教研究等。广义上，佛文化产业是指由领悟、颂扬、传播和发展佛教文化所带动起来的相关产业的集合，涉及建筑、建材、旅游、制造、餐饮、娱乐、休闲以及教育、培训等诸多产业。狭义上的佛文化产业只是文化产业的分支，而广义的佛文化产业是诸多产业的交集。基于研究需要，本课题针对的是广义的佛文化产业。

（二）佛文化产业的内涵及外延

佛文化产业的内涵是生产包含佛文化宗旨、与佛文化有正确关联的、能够提升精神生活品质的企业集合以及相互关系的集合。首先，佛文化相关产业必须包含佛文化宗旨、与佛文化有正确关联，即能够反映佛文化的正旨及正源，不能歪曲、扭曲佛文化真善美。其次，佛文化产业能够提升精神生活品质，这一点与文化产业具有共同之处。最后，佛文化产业具有可以进行商品及服务性生产、流通以提供给人们消费的特性。

佛文化产业是诸多产业的交集，具体来看，其外延包括以下诸多子产业：(1) 佛文化建筑业，由佛寺、佛塔和石窟等佛教建筑的修建修缮带来的建筑业发展。(2) 佛文化建材业，由佛寺、佛塔和石窟等佛教建筑的修建修缮带来的建材市场需求。(3) 佛教文化旅游业，由朝拜、供养、禅修、佛事活动、佛事交流、佛文化体验等引起的旅游产业。(4) 佛文化产品加工业，其中分为有形产品和无形产品，有形产品如佛像、佛珠、僧衣、法器、护身符、吉祥物、香烛、素食等佛事用品、佛缘商品，无形产品如佛乐、佛教音像制品、动画作品等。(5) 佛学教育培训业，弘扬传播佛学文化所需的教育和培训产业。(6) 佛教康体养生业，符合佛教养生理念的休闲产业。(7) 商业配套服务业，旅游地区住宿餐饮、休闲购物、文化娱乐等相关配套服务业。(8) 佛学文化应用业，佛学文化在社会、政治、经济、生活中的推广和应用而兴起的增值产业，如"六祖祈福卡"借记卡。

（三）佛文化产业的主要特点

通过对佛文化产业内涵和外延的综合分析，佛文化产业有以下明显特点。

(1) 佛文化产业是一个门类齐全的综合性产业。其外延既包括文化、旅游、教育、培训等第三产业，也包括建筑、生产、加工等第二产业，还有素食、佛茶、民俗等第一产业，涉及生产、流通、分配、消费等再生产的各个环节，因此，佛文化产业是一个涵盖面很广的综合性产业。

(2) 佛文化产业兼有劳动、知识、技术等密集型特点。从基本的佛事用品、佛缘产品的生产加工来看，是劳动密集型产业；从佛学教育、培训及应用来看，是知识密集型产业；从高端佛文化工艺品以及一些佛文化无形产品来看，又是技术密集型产业。因此，佛文化产业是一个多样性发展的产业。

(3) 佛文化产业兼有集群式、集聚式、辐射式发展特点。集群式发展是指一些联系密切的佛文化产业以及相关支撑机构往往在空间上趋于集中，并形成强劲、持续竞争优势的现象；集聚式发展是指佛文化相关产业往往在某个特定时间内资本要素不断汇聚，企业数量和产业规模呈现高速增长的现象；辐射式发展是指佛文化产业不受传统地域壁垒所限，不受当地市场容量所限，只要达到一定规模和影响力，发展路径往往呈现几何式增长，可以辐射至省内外众多国家和地区。

二、我省佛文化产业发展的条件分析

我省佛文化资源丰富，区位优势明显，近年来，随着交通、通信等基础设施的大幅改善，佛文化产业的发展，迎来了难得的发展机遇，但佛文化产业的发展也还受到国家宗教政策等的影响。

（一）有利条件

(1) 经济基础。经过改革开放 30 多年来的发展，人民物质生活水平有了很大提高，同时，人民的精神文化需求也日趋旺盛，正在把更多消费需求转向文化领域。随着社会经济的发展，人们思想活动的独立性、选择性、多变性、差异性明显增强，带来文化需求的多样性，而宗教信仰是满足人们文化需求的重要途径之一。佛教在我国已有近两千多年的历史，其文化内涵早已渗入到日常生活中，成为我国传统文化的组成部分。佛文化的思想和智慧，对人们身心健康、心性调节等都很有益处，对社会和谐发展也有较大的促进作用。因此，经济的发展，物质生活水平的提高，人们对精神的需求增加，将有更多的人信仰佛教，有更多的资源用于佛教，因此，近年来经济的持续快速发展，有利于我省佛文化产业的加速发展。

(2) 人文环境。我国佛教四大名山，融佛教文化、自然风光、民俗风情为一体，汇集佛教信仰、观光游览、佛教建筑参观、休闲度假等，每年吸引无数游客和佛教信仰者，是发展佛文化产业的市场基础。在佛教四大名山中，我省九华山独领风骚，以"香火甲天下"、"东南第一山"的双重桂冠而闻名于海内外。浓郁神秘的佛教氛围，博大精深的地藏文化，山间古刹钟声，香烟缭绕，灵秀幽静，古木参天。它以佛教文化习俗和奇丽的自然风光享誉海内外，尤其在东南亚华人世界更具盛名，被誉为国际性佛教道场。每年吸引了 300 万人次的海内外游客，在汉文化圈享有十分尊崇的地位。另外，佛教是一个普及的心灵哲学，在中国有两千多年的历史，全国各地都有大量不同程度的佛教信仰者，因此，佛文化产业在我省以至全国都有着广阔的发展空间。

（3）区位特点。我省区位优越，沿江通海，承东启西、呼南应北，东与经济发达的长三角无缝对接，南与开放度较高的珠三角交流便捷。特别是中国四大佛教名山之一的九华山，区位更加特别。九华山位于池州市东南境，西北隔长江与天柱山相望，东南越太平湖与黄山同辉，是安徽"两山一湖"（黄山、九华山、太平湖）黄金旅游区的北部主入口和主景区，是首批国家重点风景名胜区，国家 AAAA 级旅游区、全国文明风景旅游区示范点。

（4）交通条件。安徽交通便捷，位于中国立体交通网络的中心和枢纽位置，京沪铁路、京九铁路、京福高速、105 国道穿越南北，312 国道、连霍高速、沪蓉高速、陇海铁路和在建的宁西铁路横贯东西，全省铁路密度居华东之首，高等级公路密度居中部地区前列。水路交通十分便捷，长江、淮河、沙颍河、合裕线、芜申运河被国务院列入全国内河高等级航道，总里程达 1122 公里，占全省通航里程的五分之一；空中交通拥有合肥、黄山、九华山（在建）等机场。佛教圣地九华山，交通条件更加优越。沿江高速、合铜黄高速、铜九铁路、大景高速，使九华山交通与长三角、泛珠三角等地区以及武汉经济圈、合肥经济圈实现了快速连接；九华山境内交通也快捷方便，半小时内可通达高速公路。这些，为我省发展佛文化产业提供了重要基础。

（5）佛文化资源。我省是佛文化大省，佛文化资源十分丰富。国务院宗教事务局确定的 142 座佛教全国重点寺院中，安徽有 14 座，与福建和山西同居首位。九华山有着丰富厚重的佛文化资源，是佛文化产业发展的基础。目前，重点佛文化资源包括，一是鲜明特色的金地藏文化；二是神奇的肉身文化；三是自然与人文完美结合的建筑艺术；四是彰显深厚佛教历史底蕴的珍贵文物；五是清静和雅的佛教音乐；六是佛蕴厚重的佛事活动；七是独特的民俗；九华山寺院和民居浑然一体、僧俗和谐共处，宗教习俗与民风习俗融成一体。如九华山居民过年，有过"荤年"和"素年"的习俗，还有藏法会、"腊八粥"、九华山庙会、"阴鹭大会"、"百子会"、"观音会"、"放荷灯"、放生等宗教习俗，具有浓郁的地方色彩。这些独特的佛文化资源，是发展佛文化产业的基础。

（6）产业雏形。经过多年的发展，结合旅游产业开发，我省佛文化产业具备了一定的基础。如开发出了佛茶文化节、地藏文化节、九华山庙会等产品，生产了一批佛事文化产品，如素食、佛茶、香、烛、佛像等，九华山还建设了相当规模的佛文化街区。目前，九华山正在开发大愿文化产业园。总之，我省佛文化产业已显示出了全面发展的雏形。

（二）值得注意的几个问题

佛文化产业不同于其他文化产业，由于佛教教义的内在规定性，决定许多的佛文化不能进行产业化的宣传与开发，因此，佛文化产业的发展必然受到佛教教义的制约，另外，国家的宗教政策也会影响佛文化产业的发展。

（1）佛文化产业发展受到佛教教义的影响。从某种程度上说，做大佛文化产业是在弘扬佛法，与佛教的根本宗旨并非矛盾，并非是水火不容的，甚至还有一定程度的正相关关系，但产业化就意味着一些企业和个人，可能会利用佛教文化、佛的影响以及佛的无形价值赚取利润，这是否符合佛教教义，值得商讨。另外，在佛文化中，还有些佛文化是不能用来产业化的，必须尊重佛教仪规。

（2）佛文化产业发展受到国家宗教政策的影响。我国的宗教政策是公民有宗教信仰自由，任何国家机关、社会团体和个人不得强制公民信仰宗教或者不信仰宗教，不得歧视信仰宗教的公民和不信仰宗教的公民。因此，在现有政策下，佛文化产业很难在一些报纸、电视等媒体宣传和推介，发展受到一定的制约。同时，大力支持佛文化产业发展，就是政府在推广和宣传佛教思想，与我国社会主义初级阶段的核心价值观是否存在矛盾，也是值得深入研究的问题。

综合以上分析，我省拥有得天独厚的佛文化资源，具备大力发展佛文化产业的人文环境、区位优势和交通条件，并且"十二五"时期，可能是我省佛文化产业大发展的重要阶段。因此，在尊重佛教思想和规仪的前提下，采取积极的促进政策，促使我省佛文化产业实现快速和谐发展。

三、我省佛文化产业发展的概念性规划和思路

党的十七届五中全会提出，在"十二五"时期要推动文化产业成为国民经济的支柱性产业。我省在"十一五"期间，已经提出将文化产业作为八大支柱产业，列入了“861行动计划”；在制定第十二个五年规划建议中，更是明确要求推动文化产业，成为我省经济发展新的支柱性产业。佛文化产业是文化产业的重要组成部分，不仅具有文化产业“优结构、扩消费、增就业、促跨越、可持续”的独特优势，而且还能衍生出很多相关产业，并带动其他产业全面加速发展。因此，应充分发挥我省佛文化资源优势，促进佛文化产业加速发展，形成我省经济新的重要增长极。

（一）作为全省重点发展产业

佛文化产业是跨行业、跨地区、关联度很高的产业群体，涵盖范围宽泛，涉及门类众多。佛文化产业的发展，不仅可以带动我省旅游、餐饮、娱乐、休闲和教育培训等服务产业的发展，而且也可以拉动寺庙建筑、建材、加工制造等二产产业的发展。因而，佛文化产业的迅速发展，容易形成一个庞大的产业集群。我省佛文化资源丰富，区位和交通优势明显，拥有向外辐射的巨大能量，而且已经有了一定的发展基础，为今后加快发展积蓄了重要力量，总体上判断，我省“十二五”时期会迎来佛文化产业大发展的机遇期。因此，通过建立合理的政策引导和支持机制，加大对基础设施的投入，改善基础条件和发展环境，尤其是加大对重点区域、重点项目和重点工程的支持，不断提升产业知名度，持续增强产业竞争力，到“十二五”末，将佛文化产业打造为千亿产业，成为全省经济发展新的重要增长极，是完全有可能的。

（二）成为地区性主导产业

我省佛文化资源，集中于池州地区，因而，池州市拥有佛文化产业发展的得天独厚条件。近年来，池州市与佛文化相关的产业快速发展，尤其是旅游经济迅猛增长。“十一五”期间，池州市接待国内外游客4740万人次，是“十五”期间接待总量的3.95倍；其中接待入境游客87万人次，是“十五”期间接待总量的6.17倍；实现旅游收入399亿元，是“十五”期间的10.1倍；旅游收入相当于GDP的比重，从2005年的12.34%提高到2009年的48.35%。目前，佛文化带动下的旅游产业，已经成为池州市重要的支柱性产业。省委、省政府确立的推进旅游产业大省建设和皖南国际旅游文化示范区建设的指导方针，为池州市大力发展佛文化产业带来重大机遇。按照目前的发展态势，再加上政府的积极引导与扶持，预计“十二五”时期，池州市的佛文化产业必然呈现加速发展的趋势。目前，投资50亿元打造的大愿文化园，大力发展佛缘文化衍生品产业链和销售市场，积极推进动漫产业园建设，全面打造旅游文化创意服务，为保护佛文化和自然环境，调整和优化经济结构，限制重化工等污染行业发展等，这些重大的规划和建设项目，都将给池州市的佛文化产业发展，增添新的活力与动力。到“十二五”末，池州市预计将实现旅游接待量5000万人次，国外入境游客100万人次，实现旅游收入500亿元，从而带动相关佛文化产业实现千亿元产值，使佛文化产业成为池州市第一位的支柱性产业。

（三）明确佛文化产业发展路径

目前，我省佛文化产业的发展，基本处于起步阶段的自发状态，结构层次低，竞争力较弱，没有发展的规划引导和政策的有效推动。“十二五”时期，要明确佛文化产业发展的路径，从而制定扶持的重点和政策引导的方向。佛文化产业发展的途径，大致可以归纳为：

（1）突出九华山佛文化特色。一是立足九华看九华。深入挖掘九华山特有的佛教和历史人文内涵，以“神、奇、灵、愿、孝、施”为着眼点，结合当地丰富的“山、水、地质公园、磁场地场”资源，打造力争具有九华山特色的佛文化品牌。二是跳出九华看九华。以金乔觉地藏文化为核心，重点宣扬九华佛文化包容精神，打造以东南亚习俗为依托的国际文化园，开拓国外市场，扩大国际影响力。三是突出九华大愿文化的时代特征。充分利用九华山地藏大愿文化所表现出独具特色的和谐精神，重点打造一批兼具艺术水准、精神理念和文化张力的和谐文化园、中华礼仪园，通过弘扬大愿文化，发挥佛文化在构建和谐社会方面的积极作用。

（2）研究开发生产佛文化产品。佛文化产品包括有形产品和无形产品，有形产品如佛像、佛珠、护身符、吉祥物、香、烛等佛事用品、佛缘商品，无形产品如佛教音像制品、动画作品等。开发生产有形产品要注重开发独具地方特色的、含义深刻、具有保存价值的佛缘纪念品；开发无形产品要注重将佛文化中具有经典意义的人和事融入作品之中，达到教化和激励人的效果。佛文化产品，大多属于精神层面的高品位产品，因此，生产佛文化产品，需要大力支持佛文化产品的研究与开发。

（3）建设佛文化街区。在池州市借佛教的盛名，建设佛文化商品一条街、素食一条街，不仅可以为游客提供佛缘商品，还可以为大量进香的佛教信徒提供膳食，让游客感受佛教文化和素食文化。

(4) 建设佛文化景区。根据各地佛文化的不同方面，建设佛文化景区，加强佛文化的交流合作，为游客了解学习佛文化提供机缘和良好的服务，增强游客的兴致，延长其观光时间，进而带动养生业、服务业等产业的发展。

(5)建设佛文化主题乐园。依照各地佛文化的不同特色,建设佛文化主题乐园,吸引青少年等更多的人群浏览观光、参与体验、参与互动等,形成更为完整的旅游资源,促进旅游产业的整体快速发展。

(6)拓展佛教仪式活动的范围和种类。每次佛教仪式、佛教大型活动都吸引了成千上万的游客及信徒聚集,产生极大影响。为了使影响更广,可充分挖掘佛教经典,拓展佛教仪式和佛文化活动的范围和种类,并延伸发展教育、培训、欣赏等相关产业。

四、佛文化产业发展典型案例及经验借鉴

近年来，随着我国社会经济的快速发展和人民群众生活水平的不断提高，我国一些佛文化浓厚的地方，悄然兴起了与佛文化密切相关的诸多产业，在促进弘扬佛法的同时，也支持了地方经济的快速发展。这里，着重介绍河南少林寺和陕西法门寺的佛文化产业发展的有关情况。

(一)河南少林寺:兼具超前和另类的创新之路

少林寺，位于河南省郑州市登封的嵩山，是少林武术的发源地，禅宗祖庭，以禅宗和武术并称于世。禅宗是汉传佛教三大宗派之一，禅宗主张“不立文字，教外别传；直指人心，见性成佛”，修行方法由起初的“静虑”到“顿悟”再到“功夫”，后者更是成就了世界上独一无二的“武文化”。1982 年，电影《少林寺》的热映，使得少林寺和少林功夫为世人所熟知。近年来，河南省充分利用少林寺的佛文化及影响，走上了佛文化产业加速发展的创新之路。

在促进佛文化产业发展方面，突出了以下重点内容：

(1) 打造重点佛事活动。每年定期举行新年祈福法会、清明节塔林祭祖、浴佛节、传授三坛大戒法会、盂兰盆会、送寒衣节、禅七法会、佛陀成道舍粥法会等重要佛事活动。

(2) 大力发展寺庙旅游业。少林寺早已成为登封市旅游经济的支柱，对全市经济贡献率逐步提升，2009 年仅门票收入就达 1.5 亿元，为登州市财政经济发展做出了重要贡献。

(3) 开展武术表演和交流。1987 年成立少林寺武僧团，开始对外表演，现足迹已遍及 40 多个国家。1997 年成立嵩山少林寺武僧团培训基地，负责对外教学、表演、访问和继承弘扬少林禅武文化。

(4) 热衷慈善福利事业。1988 年成立少林寺红十字会，1993 年成立少林寺慈善福利基金会，先后举办“慈善救助千名孤儿”、“千名孤儿救助计划”、“行走天地间慈善义走”、“捐建少林慈幼院宿舍楼”等慈善活动。

(5) 创新宣传方式。1997 年开通少林寺网站，2005 年授权开发网络游戏《少林传奇》，2006 年出版发行《少林功夫》。2007 年举行大型实景文艺演出《禅宗少林・音乐大典》。2008 年《少林僧兵》在央视 8 套首播。2009 年少林功夫进驻上海世博会。2010 年电影《新少林寺》即将上映。

(6) 保护少林品牌。1998 年成立“少林寺事业发展有限公司”，经营少林素饼和少林禅茶，已经注册了国内 29 大类近 100 个商标，向一些社会企业特许授权使用“少林”商标。2004 年，有“中国佛门医宗”之称的“少林药局”重挂牌，“行军散”、“珍玉散”和“观音膏”3 种少林医宗秘方也作为首批秘方在网上向全球公示。

(7) 提高少林对外知名度。上世纪 90 年代至今，少林寺在全国成立了 30 多家分院，并在德国、意大利和澳大利亚等国先后布点。2002 年，启动将少林功夫申报联合国教科文组织“人类口头及非物质遗产代表作”工作，2005 年申报成功。2007 年启动“嵩山古建筑群”申报世界文化遗产工作，2010 年申报成功。

(8) 开展研究交流。1988 年以来，先后成立少林寺拳法研究会、少林书画研究院、中华禅诗研究会等机构，广泛进行佛学研究，先后举办“少林寺与中国律宗研讨会”、“少林功夫国际学术研讨会”、“禅宗中国学术研讨会”等多层次佛学交流活动。

(二) 陕西法门寺：“曲江模式”下的佛文化产业集群

法门寺位于陕西省西部的扶风县法门镇，始建于东汉恒灵年间。法门寺唐代地宫的打开，使佛指舍利及数千件李唐王朝供佛珍宝面世，并有十多项世界之最。2004 年法门寺被联合国评定为“世界第九大奇迹”。2007 年 3 月，陕西省委、省政府做出了“将法门寺文化景区打造为中国佛文化创意产业的典范，构建和谐社会背景下的文化世纪工程，进而发展成21世纪世界佛文化中心”的决定。陕西省政府专门成立了法门寺文化景区管委会和法门寺文化景区建设有限公司，其开发与经营，具有“借文化经营城市”的“曲江模式”。“曲江模式”典型特征，就是大力整合文化旅游资源，以项目运作带动旅游发展，不断扩大带动辐射效应，从而达到实现文化产业和区域经济快速发展的目的。

法门寺发展的核心战略，是以大空间打造大文化，以佛骨为媒，推动世界佛都建设；以佛事为点，促进国际佛教交流；以佛缘为线，创新旅游产品开发；以佛教为面，联动共建法门圣境。在促进佛文化产业发展方面，重大的建设项目与活动主要有：

（1）投资50亿元打造法门寺文化景区。该景区总体规划面积达9平方公里，分为佛文化展示区和综合服务区。佛文化展示区是主景区，包括佛、法、僧三区，呈“品”字形排列，主要由一塔（合十舍利塔），一寺（法门寺），一道（佛光大道）三个核心景点组成。综合服务区将全面打造满足僧俗寺众吃、住、行、游、购、娱等多种需求的旅游经济区。

（2）打造法门寺佛文化品牌。联合政府、学会、媒体等部门，共同打造法门寺佛文化品牌。文化景区开放前夕，在中央电视台8套节目，播出首部普世大型佛文化纪录片《法门寺》；在国庆六十周年之际推出了大型祈福法会、感恩敬孝、素斋美食周等系列主题活动，其中佛指真身舍利可日日瞻拜和中国法门寺首届佛文化艺术展备受世人瞩目。

（3）建设以合十舍利塔、佛光大道和迎客山门等标志性工程。这些重点工程的建设，使法门寺打造佛文化产业集群进入新阶段，世界佛文化之都也初具了规模。根据法门寺文化景区产业规划，佛文化产业集群重点发展六大产业，即佛文化旅游业、佛缘产品加工业、佛学应用业、养生康体业、商业服务业、生态特色农业。文化景区建成后，法门寺产业集群将形成完整的产业链条，从而产生强大的文化辐射力，成为集世界僧众朝拜、文化交流、观光旅游、休闲度假为一体的世界级宗教文化旅游经济圈。根据规划，未来法门寺文化景区的年接待游客能力达到300万人次，将带动西安旅游人数增加160万人，游客滞留西安天数增加0.5天左右，使法门寺成为继秦始皇兵马俑之后陕西省文化旅游的又一张国际名片。

（三）经验分析

两个典型案例，从经济和产业发展的角度，运作是成功的，其超前的发展理念和创新模式，尤其值得学习借鉴。

（1）佛文化产业的发展，必须根植于深厚的佛文化基础。不管是少林寺还是法门寺，都是先将佛文化的牌子亮出来，少林寺的禅宗和武术、法门寺的佛指舍利都是佛文化的瑰宝，独具特色，与众不同。拥有浓厚的佛文化，才能形成持久的吸引力，进而为产业发展奠定基础。佛文化产业，一定程度上以旅游业为主体，而旅游业如果没有文化，也就丧失了灵魂，很难吸引和留住游客。因此，佛文化产业做大做强，很大程度上取决于佛文化资源的拥有状况与开发深度。发展佛文化产业，必须不断挖掘佛文化底蕴，力求具有自身特色和创新之处，用博大精深的佛家思想文化，增加佛文化产品的品位和深度。

（2）佛文化产业的发展，必须要有自己的拳头产品。少林寺着力打造的少林品牌，法门寺着力营造的佛都效应，都是各自的拳头产品，正是通过对这些拳头产品的宣传和保护，使其成为家喻户晓的品牌，带动相关佛文化产业迅速发展。此外，少林寺和法门寺都非常注重宣传方式和手段的创新，通过图书、网络、影视、游戏、演出等诸多媒体，以群众喜闻乐见的方式，通过立体式、全方位宣传自身品牌，不断扩大自己的影响。一旦品牌优势初步确立，就采用商标、产权等方式加以保护，维护品牌声誉和形象，促进佛文化产业快速发展。

（3）佛文化产业的发展，离不开政府和市场的双重引导。少林寺和法门寺佛文化产业的发展，是市场和政府有效结合、协调互补的结果。促进佛文化产业发展，政府首先要通过市场监管，保证佛文化产业在宗教政策允许的前提下发展；其次通过必要的政府投资、政策引导、宏观调控等手段，促进产业加快发展。

五、支持我省佛文化产业发展的政策建议

目前，不管是河南少林寺还是陕西法门寺，包括其他佛教圣地都没有明确提出发展佛文化产业，更没有相关的统一规划和政策支持。面对新一轮产业和区域竞争，必须抢占先机、乘势而上，定位好、规划好、宣传好佛文化产业，并在宗教政策允许的范围内，给予积极的政策扶持和资金支持，推动佛文化企业做大做强，实现佛文化产业跨越式发展。

（一）制定全省佛文化产业发展规划

“十二五”时期，是我省转型发展、开放发展、创新发展、和谐发展的关键时期，也是大力发展佛文化产业的重要机遇期。目前，我省的佛文化产业都还处在自发状态，不仅零星分散，规模不大，实力不强，而且缺乏统一规划和产业政策引导。规划先行，谋定后动，为改变目前佛文化产业发展的盲目性，推动佛文化产业成为全省的重点产业，建议将佛文化产业列入全省重点支持产业目录，结合我省佛文化资源的状况和各方面条件，按照“强文化、大产业”的发展思路，制定佛文化产业发展规划，明确加快发展的重点地区、重点环节和重点产品，出台相关的政策措施，在投资、财税、金融、土地、对外开放等方面给予政策支持，不断加强基础设施建设，使佛文化产业发展与交通设施、供水供电、市政基础、景区建设、环境保护、生态维护等紧密结合，促使佛文化产业持续、协调、快速地发展。

（二）建立支持佛文化产业发展的政策体系

一是设立支持佛文化产业发展专项资金，专项用于扶持佛文化相关产业发展，主要采取项目补贴、贷款贴息、奖励和补充资本金等方式，对符合资金使用范围的项目予以资助和支持；二是建立多渠道融资机制，在大力引导社会资金投入的同时，要积极争取国家的大型项目建设资金，尤其要以旅游交通项目等为重点，争取中央国债资金和其他专项资金，加快佛文化产业发展地区的基础设施建设；三是加强财政金融的配合，积极发挥财政资金杠杆作用，引导金融机构增加对佛文化产业的信贷投放；四是大力开展招商引资，探索 BOT 等新的融资方式，引进大公司、大集团，积极引导民间资本发展佛文化产业。

（三）明确促进佛文化产业发展的重点

一是支持佛文化研究、教育与培训，促进佛文化产品的开发与创新，扩展佛文化的健康消费；二是支持内涵改造，丰富佛文化产业有形产品加工生产，提供价格合理、丰富多样的产品和服务；三是支持原创性产品创造，开发一批特色佛事用品、文物复制品等高附加值商品，打造具有核心竞争力的知名品牌；四是支持佛文化市场与佛文化产业园区建设，提供佛文化产业发展的坚实平台；五是支持文化创意与佛缘产品的融合，积极搭建电视、网络、出版发行、动漫等文化衍生品的发展平台；六是支持与佛文化相关的健康养生业、商贸服务业、生态特色农业等产业的发展。

（四）促进重点佛文化企业做大做强

一是抓住皖江城市带承接产业转移示范区建设机遇，有条件、有选择的引进一批佛文化生产加工企业，组建成立佛文化产业园，除吸收佛缘产品加工企业、建筑建设企业、旅游业和服务业传统产业外，还可重点引进佛文化创意企业和与之相关的动漫产业、培训产业和养生产业等；二是充分发挥税收减免、财政奖励等措施，重点支持一批相关企业做大做强；三是优化资源配置，支持有条件的企业以资本、业务等为纽带，采取联合、重组、兼并、收购等形式，突破地域、行业限制、实现产业集聚，提高集约化经营水平。如加强铜陵有色与九华山铜像加工企业的合作；安徽出版集团、皖新传媒等文化企业与池州佛文化挖掘开发企业的合作，从而促使一批佛文化企业尽快做大做强。

（五）重视佛文化研究开发的机制建设

一是充分发挥佛教文化协会的作用，安排专项经费用于佛教文化协会建设，发挥学会在佛文化研究、挖掘佛文化资源、开展佛文化的教育、培训等方面的积极作用；二是通过佛教文化协会这个纽带，建立协会与企业的合作机制，引进文化创新产品，引进理论创造、文艺创造、文化管理、文化运营等各类人才；三是支持发展多层次的佛文化教育培训，培养一批专业人才；四是支持建立和完善适合人才特点的柔性引进机制，探索生产要素入股和期权分配制度，营造良好的人才生态环境、发展环境和创业环境。

（六）支持创造与提升品牌效应

通过深入挖掘九华山佛文化资源，结合安徽的文化内涵，力争开拓一批具有九华山特色的佛文化产品，从整体上丰富、完善和发展九华山佛文化产业品牌，不断提升品牌效应。一是统筹规划，塑造整体旅游形象，动员和指导新闻、文化、旅游、外事等部门多渠道、多形式、高密度地开展宣传促销活动；二是以开拓国际市场为重点，邀请国外旅行商和新闻媒体记者前来参观考察，组织宣传促销团走出去开拓国际市场；三是以组织好“庙会”、“法事”等各种盛事活动为契机，强化宣传促销工作。

安徽省财政厅课题组

课题组长：左　俊

课题成员：叶翠青　李建华　张谋贵
张玉平　汪文志　程丹润

2009 年我省财政收入运行情况分析

2009 年是极不寻常的一年，在省委、省政府的正确领导下，各级财政部门全面贯彻积极财政政策，保增长、保民生、保稳定，实现了财政收入的平稳较快增长，进一步优化了财政收支结构，有效促进了全省经济的企稳回升。

一、财政收入呈现企稳回升运行态势

2009 年，全省财政总收入完成 1551.2 亿元，较 2008 年增收 225.2 亿元，完成预算的 106.9%。其中，地方财政收入完成 863.9 亿元，增收 139.3 亿元，完成预算的 113%。财政总收入五年增长 3 倍，连续跨越 10 个百亿元台阶。增速上，受金融危机冲击和结构性减税政策双重影响，全省财政总收入和地方财政收入分别增长 17%、19.2%，虽然较 2008 年下降了 11 和 14 个百分点，但仍全部高于全国财政收入 11.7% 的增幅。

2009 年，全省财政收入呈现“低开－企稳－回升”的运行态势。2008 年下半年，受国际金融危机影响，我省宏观经济增速明显放缓，经济效益大幅下滑，全省财政收入增幅出现逐月回落态势，一直延续到 2009 年 4 月份，当月财政收入增幅同比下降 0.5%，首次出现负增长。5 月份开始触底反弹，随后逐月增长速度呈加快态势。

2009 年，全省完成税收收入 1316.6 亿元，同比增长 16.6%，增速比 2008 年的 26.5% 回落 9.9 个百分点，但高于全国 9.1% 增长速度的 7.5 个百分点。单月税收增速呈加快态势，1－4 月份，延续 2008 年下半年增速下滑趋势，平均增速仅为 2.7%，5 月份后逐步回升，6－12 月平均增速为 29.2%。

二、财政收入增速领跑中部省份

2009 年，我省财政总收入达到 1551.2 亿元，同比增长 17%，其中，地方财政收入 863.9 亿元，增长 19.2%。同期，湖南省财政总收入和地方财政收入分别为 1504.6 亿元、845 亿元，同比增长 14.5% 和 16.9%；湖北省财政总收入和地方财政收入分别为 1534 亿元、814.8 亿元，同比增长 14.6% 和 14.7%。无论是总量还是增速，安徽均超过了湖南和湖北。2009 年，我省地方财政收入增长幅度，比全国平均水平高 5.5 个百分点，增幅居全国第 9 位，在中部六省位居第 1 位；地方财政收入总量，在全国居第 12 位，比 2006 年的 15 位前移 3 位；在中部六省居第 2 位，比 2006 年的第 5 位前移 3 位。可见，近年来我省财政经济领跑于中部省份，呈现出率先崛起的良好态势。

尤其近年来，我省地方财政收入占 GDP 比重、财政总收入占 GDP 比重以及地方财政收入占财政总收入比重（以下简称三个比重）均稳步提高，财政经济运行质量快速提升。2009 年，全省地方财政收入、财政总收入占 GDP 比重为 8.6% 和 15.4%，地方财政收入占财政总收入比重达 55.7%，分别较 2007 年提高 1.2、1.3 和 3.2 个百分点。与中部其他省份相比，江西省 2009 年三个比重较 2007 年分别上升 2.3、2.9、4.0 个百分点，湖南省分别上升（或下降）－0.1、－0.3、2.3 个百分点，湖北省分别上升（或下降）－0.1、－0.1、0.2 个百分点，山西省分别上升（或下降）0.3、－0.5、2.6 个百分点，河南省分别上升（或下降）0.1、－0.3、2.3 个百分点。显然，2007 年以来，只有我省和江西省三个比重均保持上升趋势，表明近年来我省财政经济运行状态持续向好。

三、财政收入结构进一步优化

（一）地方财政收入比重稳步提高

2006 年以来，我省地方财政收入增速始终高于财政总收入增速，占财政总收入的比重逐年提高，2009 年达到 55.7%，较上年提高 1.3 个百分点，较 2006 年提高 3.3 个百分点，全省财政自主保障能力稳步提升。同时，财政收入占国民生产总值（GDP）的比重逐年上升，2009 年达到 15.4%，较 2006 年的 13.3% 提高了 2.1 个百分点。

（二）各税种收入全面增长

全省税收收入完成 1316.6 亿元，增收 187.3 亿元，增长 16.6%，占财政总收入比重为 84.9%，较上年微降 0.3 个百分点。非税收入完成 234.6 亿元，增收 37.9 亿元，增长 19.3%，占财政总收入比重为 15.1%，相应提高 0.3 个百分点。2006 年以来，税收收入占财政收入比重始终保持在 85% 左右，并呈稳步提升态势，收入结构进一步优化。

税收收入中，增值税完成 469.8 亿元，增长 8.4%；消费税完成 129.5 亿元，增长 52.2%；营业税完成 219.8 亿元，增长 23.7%；企业所得税完成 196.1 亿元（扣除退税后），增长 4.7%；个人所得税完成 57.6 亿元，增长 7.5%；耕地占用税完成 27.3 亿元，增长 1 倍多；契税完成 47.9 亿元，增长 18.2%。

税收结构上，增值税占税收收入比重最大，达到35.7%，受出口退税政策调整和增值税转型改革影响，其比重较2007年、2008年下降了2.7个和4.2个百分点。金融危机引起企业效益下滑，使企业所得税比重从2008年16.6%下降到2009年的14.9%。近几年，房地产市场量价齐升，使营业税比重不断攀升，一举超过企业所得税成为第二大主体税收，比重达到16.7%，分别较2007年、2008年上升1.0个和1.4个百分点。受国家扩大内需刺激消费系列政策影响，消费税比重实现较大幅度提升，2009年达到9.8%。近年来，工业经济的快速发展，使耕地占用税快速增长，所占比重逐年上升，2009年达到了2.1%。但是，值得注意的是，近年来个人所得税比重逐年下降，反映城镇居民工资薪金收入整体增长乏力。

非税收入中，专项收入完成47亿元，下降1.3%；行政事业性收费收入完成85.4亿元，增长1.1%；罚没收入完成28.3亿元，增长16.6%；国有资本经营收入完成17.4亿元，增长86.7%；国有资源（资产）有偿使用收入完成47.2亿元，增长84.5%；其他收入完成9.2亿元，增长72.2%。

非税结构上，行政事业性收费收入仍占最大份额，比重达到36.4%，分别较2007年、2008年下降11.4和6.6个百分点，原因是近几年为减轻居民和企业负担，对129项省级行政事业性收费项目进行了取消、停征、调整。由于成品油价格改革后内河航道养护费、公路运输管理费、水路运输管理费取消，以及教育费附加收入受增值税减收影响，专项收入比重从上年的24.2%下降到20.1%。通过“小金库”专项治理活动和重点稽查等方式加大征管力度，国有资本经营收入和国有资源（资产）有偿使用收入增收明显，比重分别提高了2.7和7.1个百分点，达到7.4%和20.1%，其中，国有资本利润收入和非经营性国有资产收入较上年有较大幅度提高。

（三）国税、地税、财政三部门组织收入均实现增长，尤其地税部门组织收入所占比重近年来逐年攀升

2009年，国税部门完成税收收入738.1亿元，增收110.8亿元，增长17.7%；地税部门完成税收收入485.4亿元，增收76.9亿元，增长18.8%；财政部门完成收入327.7亿元，增收37.4亿元，增长12.9%。增速与上年相比，地税和财政部门的增收幅度下降较大，2008年两者增速分别达到33.9%、44.6%。2009年，尽管地税部门组织收入的增长幅度有较大回落，但地税部门组织收入占全部财政收入的比重仍达到了31.3%，比2007年的29.5%高出1.8个百分点。近年来，地税部门收入比重逐年上升，表明我省地方财力不断壮大。

四、县级财政成为全省财政收入的重要增长极

在支持县域经济发展的一系列政策措施推动下，县域成为我省财政经济发展新的增长极，县域经济呈现出规模扩大、增长加快、份额增加的良好态势。2009年，全省61个县（市）完成财政收入399亿元，比上年增长23.7%，超出全省平均增幅6.7个百分点；份额不断扩大，占财政总收入的25.7%，比上年提高1.4个百分点，增收额占全省增收额的34%，比上年提高8.4个百分点；平均收入不断增长，61个县平均财政收入6.5亿元，较去年5.3亿增长1.2亿元；经济强县加速壮大，全省有12个县（市）财政收入超过10亿元，比上年增加5个，其中凤台县、肥西县财政总收入首次突破20亿元大关，分别达到22亿元、20.2亿元。

2009年省、市、县三级财政总收入占比为9:61:30，与前两年相比，省、市级比重有所下降，县级比重逐步提升，2009年比2007年提升了2.1个百分点，说明我省县域经济近年来发展较快，县区财政实力不断增强。

从增收贡献来看，2009年，省、市、县三级增收贡献比例为1:59:40，省级财政增收贡献率较上年的14%大幅下降，县级财政增收贡献率进一步提升。

五、中心城市成为全省财政经济增长的骨干力量

2009年，全省市级完成财政总收入1407.9亿元，同比增长18.9%，高于全省整体增幅2个百分点。市级总体呈现“首尾落差大、中间较均衡”三个梯次的变化。增长较快的安庆市，由于受成品油价格和税费改革政策的影响，消费税大幅增长，财政总收入增幅达44.9%；而铜陵市受出口额及有色产品价格下降的影响，全年增幅仅为1.2%，其他15个市财政总收入增幅基本集中在10%－25%之间。总体上看，收入增长较为均衡。

受财政收入结构差异的影响，各地地方财政收入增幅与财政总收入增幅大相径庭。铜陵市、安庆市财政总收入增幅分别为1.2%和44.9%，位居最末位和第一位，而地方财政收入增幅分别为38.8%和8%，位居第二位和最末位，原因在于，铜陵市

资源性工业占主导地位，金融危机导致该市增值税收入大幅下降，严重影响了其财政总收入；安庆市财政收入中石化税收占较大比重，燃油税费改革导致上划中央财政收入大幅提高，而对地方财政收入贡献率很小。

总量上，合肥、芜湖、马鞍山位列前3位，分别完成财政总收入341.9亿元、147.8亿元、122.3亿元，占全省财政总收入比例达到39.5%，与上年基本持平，中心城市对全省经济增长带动作用十分明显。皖北六市财政总收入完成331.8亿元，同比增长22.6%，高于全省平均增幅5.6个百分点，占全省财政总收入的21.4%，份额比上年增加1个百分点，支持皖北地区发展政策措施初见成效。

六、需要关注的几个问题

（一）省级财政收支失衡

2009年，我省省级财政总收入和地方财政收入分别达到143.3亿元、137亿元，同比仅增长0.9%、1.7%，远低于全省总体增长水平。其中原因，主要是政策性减费，使地方财政收入的增长，部分被行政事业性收费和专项收入减收所抵消。从近几年发展趋势来看，省级财力所占比重不断降低，省级财政收支比例出现一定的失衡问题。2009年省级财政收支比为1：3.2。省级财力相对下降的原因，一是省级分成比例少，缺乏稳定的收入来源；二是省级增收动力不足，缺乏必要的激励约束机制。省级财政在我国五级财政体制中具有承上启下的重要作用，在实施中观调控、拾遗补缺和因地制宜促进经济发展方面，具有比市县财政更有效的功能作用，因此，必要的省级财力，是发挥省级财政调控作用的基础和保障。

（二）企业效益下滑过猛

2009年，我省全年实现企业所得税196.1亿元，同比增长4.7%，占全省财政总收入12.6%，较上一年下降1.5个百分点，比全国低5.6个百分点，在全省225.2亿元的增收收入中，企业所得税仅占3.9%。2009年，企业所得税下滑过猛，占财政收入比重较低，直接反映我省企业经济效益不高，抗市场风险的能力较弱。2009年前三季度，全省规模以上工业实现利润287.2亿元，同比下降5%，亏损企业亏损额达64.4亿元，特别是一些化工企业、钢铁企业，对全省企业所得税的支撑举足轻重，其生产恢复相对缓慢，影响了企业所得税的整体增收。

（三）部分市财政收入结构亟待转变

各市资源禀赋的差异，发展战略的不同，直接影响了其经济和产业结构，进而影响了财政收入的结构。如蚌埠的卷烟、安庆的石化都是主导产业，消费税、增值税虽实现增收，但大头上缴中央，使得其地方财政收入占财政总收入的比重为41.3%、42.4%，低于53.5%的市级平均水平。马鞍山的马钢税收占全市财政收入40%，今年其生产经营状况不佳，直接导致了该市的税收收入（不包括上缴中央税收，下同）占地方财政收入的比重较低，仅为61.8%，低于74.9%的市级平均水平。产业结构单一必然导致税收结构失衡，直接影响财政收入增长的稳定性和持续性。

（四）非税收入管理规范性有待提高

近年来，我省非税收入征管力度不断加大，非税收入总量不断攀升，为增强政府的宏观调控能力发挥了重要作用。但目前，非税收入管理中也存在一些问题，主要是收缴不够规范，个别地方为确保整体收入进度，人为调整非税收入征管力度，使非税收入一定程度上成为了一些地方应对财政收入波动的调节器，影响了财政收入的质量。因此，需要提高非税收入预算编制和执行的精准度，保证非税收入入库的均衡性和真实性，还原非税收入的应有作用。

安徽省财政科研课题组
叶翠青　程丹润　蔡功伙　执笔

安徽省就业专项资金绩效评价研究

【摘要】本文根据财政资金绩效评价理论，通过对就业政策和就业资金绩效评价的分析研究，探索建立健全就业资金绩效评价体系的必要性和可行性，提出了具体的对策和建议，提倡运用绩效评价手段来分析评价就业政策的落实情况和就业资金的使用效益，优化财政资源配置，以推动就业政策决策机制、就业资金管理机制和促进就业长效机制的建立。

【主题词】就业　资金　绩效　评价

就业是民生之本，建立与国情、省情相适应的促进就业长效机制，着力解决就业问题，充分发挥政府就业资金绩效是各级政府和有关部门面临的一项长期的重要任务。目前，我国的就业支出绩效评价仍处于起步阶段，我省虽然在就业资金的分配管理方面采取了一些绩效评价的因素和方法，但还没有建立一套完善的评价指标体系和规范的工作规程。长期以来，我省就业资金使用管理上始终存在结构性矛盾：一方面，就业资金与就业工作、劳动者需求相比显得投入严重不足，劳动者渴望得到更多的就业援助和就业支持；另一方面，就业政策不能全面落实，就业资金大量结余，难以合理合规地支出。通过开展就业资金绩效评价，将促进各级政府和相关部门全面深入地开展就业工作，完善就业政策，调整财政支出结构，增加就业资金投入，合理使用管理就业资金，充分发挥资金的效益，建立科学的就业政策决策机制、就业资金管理机制和促进就业长效机制。

一、就业政策及就业资金管理现状

（一）三轮就业政策的异同分析

我国的就业政策是随着经济体制改革产生和发展的。上世纪 90 年代末，国家通过“三三制”方式，保障国有企业下岗职工的基本生活。2002 年以来，根据国家部署，我省的就业再就业政策已经历了三轮的发展和扩展。

第一轮政策，以解决国有企业下岗失业人员再就业为核心，构建了积极就业政策的基本框架。从 2002 年至 2005 年，以省委、省政府下发的《关于进一步做好下岗失业人员再就业工作的通知》（皖发〔2002〕18 号）为起点，主要是解决国有企业下岗失业人员再就业问题，出台了税收优惠政策、行政收费减免政策、国有企业主辅分离政策、小额担保贷款政策、就业援助政策、社会保险补贴等财政补贴政策，通过实施积极的再就业政策，帮助下岗失业人员走出再就业服务中心实现再就业，由提供“基本生活保障”为主转到以实行“就业保障”为主的轨道上来。

第二轮政策，扩展了就业再就业政策，统筹城乡就业原则雏形显现。从 2006 年至 2008 年，以省政府出台的《关于切实加强就业再就业工作的意见》（皖政〔2006〕3 号）为标志，主要是解决历史遗留再就业问题，同时兼顾其他群体的就业，新出台了困难人员灵活就业社会保险补贴等财政补贴政策，将小额担保贷款政策扩大到小企业，扩大了主辅分离转业改制企业享受政策的范围，将就业扶持政策范围从国有企业下岗失业人员扩大到集体企业下岗失业人员，就业政策享受范围扩大到城镇其他登记失业人员和进城求职的农村劳动者。

第三轮政策，确立了促进就业的政策体系，形成了较为完善的就业政策长效机制和体系。从 2008 年开始，以省政府出台的《关于进一步做好促进就业工作的意见》（皖政〔2008〕51 号）为标志，省委、省政府出台《关于切实做好当前就业工作的意见》（皖发〔2009〕7 号）作了进一步扩展、完善和补充，主要是统筹城乡就业、统筹群体就业、统筹地域就业、统筹促进创业和扩大就业，通过贯彻实施《就业促进法》，基本确立促进就业的政策体系、制度保障和长效机制，积极的就业政策体系基本成熟，基本形成了以税收优惠政策、行政收费减免政策、小额担保贷款政策、各项就业补贴政策、就业援助政策、扶持创业政策为主体的积极就业政策体系。

纵观就业再就业政策的演变过程，可以发现，我省就业政策的制定始终坚持“劳动者自主择业、市场调节就业、政府促进就业”的方针，不断强化政府促进就业的责任，财政支持就业的政策呈现五大变化：一是从内容上看，扶持范围不断拓展。从扶持部分特定人群就业拓展到为全体劳动者提供就业服务；从单一的扶持就业扩大到鼓励和扶持劳动者创业，以创业带动就业；二是对扶持对象上看，从重点扶持城镇国有企业下岗失业人员再就业扩展到统筹城乡劳动者就业，为所有劳动者提供平等的公共就业服务；三是从扶持行业上看，逐步取消了行业限制，就业政策惠及所有吸纳就业困难人员的行业和经济实体；四是从扶持项目上看，扶持种类越来越多，扶持项目不断增加，扶持方式不断创新；五是支持力度上看，财政投入大幅增加，税、费减免项目逐步增多，财政支持就业政策的含金量不断提高。

（二）就业资金管理状况

就业资金政策是积极就业政策的重要组成部分，也是贯彻落实就业政策的基础和保障。经过多年发展，就业资金支出范围不断扩大，资金规模不断增加，特别是国际金融危机以来，各级政府高度重视就业工作，将稳定就业局势、促进就业增长摆在经济社会发展更加突出的重要位置，不断加大资金投入。我国就业资金支出从 2003 年的 88 亿元，增加到 2009 的 556 亿元。2003 - 2009 年间，我省共支出就业资金 84.5 亿元，成功地解决了体制转轨和结构调整中出现的近百万下岗失业人员再就业问题，促进了城乡劳动者就业和创业，稳定了就业局势。2008 年末，全省就业总量达到 3916 万人，比 2000 年净增 466 万人。

随着积极就业政策实施和就业资金投入加大，就业资金使用管理制度不断完善：一是建立了财政专户管理制度。各级财政部门在国有商业银行开设了“就业资金财政专户”，对就业资金实行专户管理，确保资金专款专用。二是制订了资金使用管理实施细则。根据三轮就业政策的不同特点，2003年、2006年、2009年，先后下发就业再就业资金管理办法，明确了就业再就业资金的使用范围、项目、标准以及相关的申请、审核、审批、拨付程序，强化了就业再就业资金的预、决算管理，严格了绩效考核和处罚措施。三是初步形成了绩效评价制度的雏形。就业资金使用管理考核机制逐步建立，对促进就业绩效较好的地区通过以奖代补的形式给予资金倾斜，对绩效考核较差的地区给予了通报批评，调动了各地增加资金投入、加强资金管理的积极性，初步形成了资金分配和就业绩效直接挂钩的资金分配制度。四是建立了监督检查制度和跟踪问效制度。出台了《安徽省就业专项资金监督管理暂行规定》，建立就业专项资金监督制度、公示制度、报告制度、质询机制、问责机制和跟踪反馈机制。定期不定期地对就业再就业资金使用情况开展专项检查。同时，对项目资金的使用进行跟踪问效，确保项目资金发挥促进就业效益。

（三）目前就业资金绩效评价存在的主要问题

我省就业资金使用管理虽然取得了明显成效，但就业资金的绩效评价仍然存在不少突出问题，主要表现在：

一是从主观上看，重视程度不够。不少地方在就业资金使用管理过程中普遍存在重分配、轻效果，重监管、轻评价的倾向，导致一方面就业资金严重不足，而另一方面就业资金大量结余；同时，不少市、县对于开展就业资金绩效评价缺乏足够认识，认为只要资金及时拨出去，合规用出去就是促进就业，对资金使用的具体效益如何、对促进就业的效果如何却问之甚少。

二是从制度建设上看，评价机制落后。从全国来看，缺乏科学规范的就业资金绩效评价制度，许多省份也处于探索试点之中。我省虽然已经将各地资金支出情况、使用效果、资金检查情况等作为分配省级就业资金的重要指标，个别市县也在尝试就业资金使用效果的评价工作，但是总体进展缓慢，规范化程度不高，评价机制滞后，缺乏科学、完整、系统的评价指标体系，严格的评价规程和统一的评价标准。

三是从操作方法上看，缺乏就业评价实践。现行很多的就业政策是针对分散的、零散的个人或单位，涉及数量众多的个人、部门以及经济实体，政策的弹性较大，情况复杂，具有“碎片化”倾向，评价数据存在确认难、审校难、兑现难、效果评估难等问题；同时，绩效评价专业性较强，评价队伍人才奇缺，加之基础工作薄弱，绩效评价方法没有有效地运用于就业资金管理实践。

四是从评价结果看，缺乏有效运用。就业政策涉及面广，绩效评价需要相关部门、机构间有效的协调、沟通和配合，需要相关部门的参与和认可。但目前就业政策和各项社会保障制度缺乏有效衔接，各项就业优惠政策之间缺乏有效整合，往往出现单体评价效用较高而整体评价效用大打折扣的局面，造成考核结果失真；同时，就业组织机构单一的工作考核，难以全面准确地反映就业资金效益情况；另外，单一的考核结果往往仅作为资料留存，没有将考核结果运用于实践，用于改进实际工作。

二、就业资金绩效评价的必要性和可行性

（一）就业资金绩效评价的必要性

就业支出是财政支出重要组成部分，就业资金绩效评价是财政支出绩效评价的重要环节，它是通过对就业资金支出和管理进行定量和定性分析，评价就业资金支出和管理的有效性、规范性和合法性，是制定和完善就业政策、分配就业资金、加强就业资金管理的重要手段。国际金融危机发生以来，各级政府把促进就业作为保障民生的重中之重，积极调整支出结构，加大就业资金投入，就业支出资金规模的不断扩大，严峻的就业局势以及就业资金使用管理存在的结构性矛盾，使其绩效考评工作的重要性和必要性凸显。

一是完善就业支出绩效评价有利于深化财政分配体制改革，合理配置和优化财政资源。稳定就业局势，促进就业增长是事关民生和社会经济协调和谐发展的重要举措，是公共财政支出重要范畴，是公共财政支出的重中之重，也是财政支出绩效考核的重点之一。就业绩效考评以指标体系为依托，科学说明就业资金投入的效果及与其他支出之间的应有关系，将为调整财政支出的分配比例，深化财政分配体制改革，合理配置优化财政资源提供强有力的科学依据。

二是完善就业支出绩效评价有利于促进政府调整就业资金投入，发挥财政资金引导作用。完善就业支出绩效评价能够为政府调整就业资金投入的方

向、重点、范围等提供决策依据，促进地方政府不断增强竞争实力，提高效率，使就业资金支出效益最大化，同时支持和引导社会和个人资本增加就业投入，形成政府、社会和个人共同促进就业的良好局面。

三是完善就业支出绩效评价有利于全面落实就业政策，促进就业稳定增长。绩效评价的目的，就是要通过评价结果的应用改进实践，以评价结果的运用来促进不断改进、完善和贯彻落实就业政策。就业支出绩效评价正是对就业政策实践效果的科学、客观的阐述，对相关就业政策进行考核、检验、分析和总结，及时发现和解决问题，不断提高制定政策的科学性和操作性，进一步促进就业政策的改进完善和相关政策的全面落实，促进我省经济社会的全面发展。

四是完善就业支出绩效评价有利于加大资金投入监督管理，提高资金使用效益。绩效评价的核心是借助一定的分析方法，来确定资金支出效果。对就业资金进行绩效评价，既是实行民主政治，改革和完善决策机制，推进决策科学化、民主化的需要，也是促进财政管理科学化、精细化、规范化的有效手段。通过完善就业支出绩效评价，能够更加关注就业支出资金使用的有效性，促进资金管理规范性和有效性的有机结合，探索面向结果的管理方式和理念，强调就业支出管理中目标和结果及结果有效性的关系，有利于加强财政资金投入监管，提高财政资金使用效益。

（二）就业资金绩效评价的可行性

就业支出绩效评价已经成为许多国家政府制定就业政策、分配就业资金，加强就业管理的重要手段。我国的就业支出绩效评价虽然处于起步阶段，开展就业资金绩效评价的条件已基本成熟。

一是就业政策框架体系基本成熟。经过三轮就业政策的实施，我国就业政策日趋成熟，已经初步建立了较为完善的就业政策体系，就业政策基本实现了全覆盖：从扶持特定人群扩大到扶持所有劳动者，从支持国有企业促进就业，扩展到扶持所有吸纳劳动者就业的经济实体及社会组织，从单一解决城市下岗失业人员再就业发展到统筹城乡就业。

二是就业资金支出项目基本稳定。从扶助劳动者个人就业、创业到为全体劳动者提供公共就业服务，支出项目从当初的保障国有企业职工基本生活发展到全面支持和扶持就业，促进就业增长的各个方面，就业资金支出项目齐全且基本稳定。

三是就业资金规模逐步扩大。2009 年我国就业资金达到 591 万元，我省就业资金从 2003 年的 5 亿元，增加到2009 年的 27 亿元，7 年增长 4.4 倍，成为财政支出的重要组成部分。

四是就业资金绩效评价要求日益紧迫。2003 年党的十六届三中全会明确提出要建立预算绩效评价体系，标志着我国预算绩效实行制度化和规范化管理的开始。国家和省对就业资金的使用管理和绩效评价工作一直予以高度关注，要求各级财政部门建立和完善就业专项资金支出绩效评估机制，努力提高就业专项资金使用管理的规范性、安全性和有效性。

五是财政管理水平的不断提升。许多省份积极探索就业资金绩效评价方式，我省在就业资金分配管理上也逐步引入绩效评价方法，为开展就业资金绩效评价奠定了基础。2010 年初《安徽省预算支出绩效考评实施办法》的出台，标志着我省对财政专项资金进行绩效评价工作的全面启动，为开展就业资金绩效评价奠定了基础。

三、关于建立就业资金绩效评价的相关建议

（一）构建绩效评价指标体系

1. 定量指标（客观性指标）

定量指标是围绕资金收入、当年资金结余数额、资金支出进度、分项目资金所占比重以及资金投入效果等定量指标因素，设定一系列的指标进行定量计算分析，是就业资金绩效评价体系中最重要的基础性内容。根据就业资金收支特点和资金支出的项目内容，定量指标确定为四大类十三个一级评价指标，即资金收支性政策指标、保护性就业政策指标、市场性就业政策指标和战略性就业政策指标，具体指标如下：

（1）资金收支性政策指标。是指按照当地就业目标和要求，市县当年就业资金收入、支出和结余数额，体现当地就业资金的保障能力和水平，反映当地政府对就业工作的支持力度和资金使用进度，其政策目标是促进地方政府调整财政支出结构，增加就业资金投入，加快资金支出进度。具体指标包括：①当年就业资金各项收入及可使用数额；②地方政府投入资金，及占资金总数的百分比；③年度资金结余数额，及占资金总数的百分比。

（2）保护性就业政策指标。是指为促进平等就业和公平就业，维护就业困难人员社会保障权利而实行的就业政策。其政策目标是保护就业困难者权益。具体指标包括：④社会保险补贴支出数；⑤公益性岗位补贴支出数；⑥特定就业政策补助支出数。

(3) 市场性就业政策指标。是指提升就业能力，传播就业信息，提供就业服务等方面的就业政策，其政策目标在于提高人力资源市场效率。具体指标包括：⑦职业技能培训补贴支出数；⑧职业介绍补贴支出数；⑨技能鉴定补贴支出数；⑩扶持公共就业服务项目资金支出数。

(4) 战略性就业政策指标。是指激活创业精神，以创业带动就业，实行融资支持和税收优惠的就业政策，其政策目标是通过创业与创新扩大核心就业岗位的就业政策。具体指标包括：(11) 创业培训补贴支出；(12) 组织起来就业支出；(13) 小额担保支出。

2. 定性指标（主观性指标）

定性指标是围绕资金支出使用、规范管理和项目效果等非定量指标因素，设定的一系列指标并加以量化而进行定性分析评价，是对定量指标的进一步补充和完善。具体指标如下：

(1) 省政府下达的年度就业工作目标完成情况。该项指标主要是指各地完成每年就业工作目标任务程度，根据完成率给予评价。

(2) 制定完善就业政策实施细则及操作规程情况。该项指标主要是指各地根据国家和省有关规定，结合当地实际，是否制定和完善相关就业政策实施细则以及相关操作规程。根据当地制定情况予以评价。

(3) 建立就业资金财务管理制度情况。该项指标主要是指各地是否建立就业资金财务会计制度，资金审批拨付程序和手续是否完整、齐全；资金结余是否合理；是否有违规使用和管理资金等情况。根据检查情况予以评价。有重大违规使用管理问题的，一票否决。

(4) 人力资源市场信息系统建设及应用于资金使用管理情况。该项指标主要是指各地是否开发或安装人力资源市场信息系统；系统内是否体现享受就业政策人员和资金拨付数据。根据开发、安装、使用及数据完整情况予以评价。

(5) 对外公布资金管理信息及社会公众满意情况。该项指标主要是指各地及时对外公布资金支出数额、项目，以及享受相关政策人数，并通过调查问卷方式反映社会公众满意程度。根据社会调查满意度予以评价。

(6)就业资金报表的及时、准确、完整情况。该项指标主要是指各地就业资金月报、年报是否及时、完整、准确。根据报送情况及报表质量予以评价。

3. 规范绩效评价计算方法

就业专项资金使用管理绩效评价采用百分制，通过将定性指标量化处理，计算得分后再与定量指标得分加权求和计算综合得分。定性指标和定量指标总分各为100分，在计算综合得分时，定性指标权重可为30%，定量指标权重可为70%。综合得分 = 定性指标得分 ×30% + 定量指标得分 ×70%。

(二) 确定绩效评价基本流程与方法

1. 成立评价工作组。根据需要，就业资金绩效评价应组织成立工作组，由就业工作人员和选聘的咨询专家组成。工作组成员必须具有丰富的经济管理、财务会计、资产清算及法律法规等方面的专业知识。

2. 制定评价工作方案。制定详细的《就业资金绩效评价工作方案》，对评价工作的各个环节进行明确规定，以便组织实施。

3. 准备基础数据资料。根据《工作方案》的要求，积极做好各类基础资料和相关数据的收集、整理工作，对存在问题的数据资料进行清理，并限期有关市、县（区）整改，提供准确、完备的数据资料。

4. 开展调查核实工作。针对各地上报的数据资料的真实性，对有关市、县（区）就业资金使用管理情况进行检查，现场调阅资金申报材料、审批拨付文件、会计凭证等基础资料，实地查看资金项目落实情况。

5. 进行评价计分。按照规定方法，依据已核实准确的报表数据资料，计算出各项基本指标的得分，对各项基本指标得分进行加权处理，得出综合绩效评价的实际分数。

6. 形成评价结论。将各地综合评价得分进行同比、环比，并进行深入分析判断，形成综合绩效评价结论。将绩效评价结论反馈至有关市、县（区），听取其意见。如有异议且意见合理，或者发现新的重大情况，需对评价结果和评价结论进行调整。

7. 撰写评价报告。评价工作组应按照规定的格式，撰写《就业资金绩效评价报告》，报告绩效评价的结果、分析、结论等，并分别报送省财政厅、省人力资源和社会保障厅。

(三) 关于我省开展绩效评价的几点意见

1. 建立健全评价制度。一是要提高认识，高度重视绩效评价工作。各级政府及部门应从贯彻落实科学发展观的高度，树立正确的政绩观，统一思想，提高认识，增强工作责任感，采取有效措施，重视和做好就业资金绩效评价工作。二是要制定评价办法，加快制度建设。要加强就业资金绩效评价的制度建设，研究制定《安徽省就业资金绩效评价办法》，建立绩效评价指标体系，规范评价流程和评价方法，使就业资金绩效评价得到必要的政策支持和制度支持，将评价工作常态化、制度化、合法化，成为就业资金日常管理的重要组成部分。

2. 确立评价指标体系和确定评价方法。一是要遵循公共财政支出绩效评价的基本原则和方法，根据就业资金使用管理的特殊性，结合我省就业政策和就业工作实际，建立就业资金绩效评价指标体系；二是要完善定量评价和定性评价的具体评价指标，根据相关政策标准、数理统计分析、专家评估、社会调查等方式确定绩效评价的标准化值，规定统一的评价方式和计算方法。

3. 切实开展就业资金绩效评价工作。一是要建立工作组织，开展评价工作。成立绩效评价工作领导小组和评价工作组。就业资金绩效评价领导小组由财政、人力资源和社会保障、审计、纪检委等部门组成，领导小组成员由财政厅、人力资源和社会保障等相关部门共同研究推荐；领导小组下设评价工作组，受领导小组委托，独立从事评价活动。有条件的市、县可建立绩效评价专家库。工作小组成员按照“公开、公正、先试点后展开”的原则，先简后繁、先易后难，由点及面地开展就业资金绩效评价工作。二是要开展业务培训，加强队伍建设。要加强对财政、人社部门从事就业工作人员、就业资金管理人员、相关部门的审计、监督监察、财务人员以及社会中介机构人员的绩效评价培训，了解绩效评价的方式和方法，掌握如何有效地运用绩效评价结果，为在全省全面开展就业资金绩效评价进行必要的人才储备。

4. 运用绩效评价成果 建立激励机制。一是要优化和完善就业政策。充分运用就业资金绩效评价成果，通过绩效评价检验就业政策的科学性和合理性，对相关制度进行优缺点分析，不断完善就业政策，使就业政策更加符合国情和省情，提高就业政策的针对性和有效性。同时，省就业领导小组将绩效评价工作列入就业工作目标责任制考核内容，通过就业资金绩效评价，促进市县政府和相关部门全面开展就业工作，落实就业政策，加快资金支出进度。二是要建立就业资金评价通报制度。将就业资金绩效评价工作制度化，常态化，定期开展绩效评价工作，建立就业资金评价通报制度，将绩效评价情况在全省进行通报；绩效评价综合得分在平均分值以下或发生重大违纪事件的市、县不能评为就业工作先进单位，以促进各地加强就业资金管理，发挥资金效益，深化就业工作。三是要完善资金分配办法。将就业资金分配与绩效评价成果结合起来，进一步完善就业资金分配办法，通过绩效评价和资金分配，将资金向就业工作开展深入，就业政策落实全面，地方政府投入多，就业资金支出进度快，就业资金使用管理效益显著的市县倾斜，以达到全面开展就业工作，促进统筹城乡就业，实现就业增长的目标。

安徽省财政厅课题组

课题组长：吴天宏

课题成员：朱艾勇　林晓明　解亚平　钱　伟

财经统计资料篇

小岗村大包干纪念馆

全省财经统计资料

2010 年安徽省国民经济和社会发展统计公报

2011 年 2 月 24 日

2010 年，面对极为复杂的宏观环境，全省人民在省委、省政府的坚强领导下，认真贯彻党的十七大和十七届三中、四中、五中全会精神，深入贯彻落实科学发展观，加快推进经济发展方式转变，经济发展呈现出速度加快、结构优化、效益提升、民生改善、后劲增强的良好态势，各项社会事业全面进步，圆满完成了年初确定的目标任务。

一、综合

初步核算，全年国内生产总值（GDP）12263.4 亿元，按可比价格计算，比上年增长 14.5%。分产业看，第一产业增加值 1729 亿元，增长 4.5%；第二产业增加值 6391.1 亿元，增长 20.7%；第三产业增加值 4143.3 亿元，增长 10%。三次产业比例由上年的 14.9：48.7：36.4 变化为 14.1：52.1：33.8，其中工业增加值占 GDP 的比重为 43.7%，比上年提高 3.3 个百分点。

居民消费价格一季度比上年同期上涨 2.2%，比上半年上涨 2.5%，前三季度上涨 2.6%，全年上涨 3.1%。全年商品零售价格上涨 3.2%，工业品出厂价格上涨 9%，原材料、燃料、动力购进价格上涨 11.8%，固定资产投资价格上涨 5.4%，农业生产资料价格上涨 2%。

年末在岗职工 339 万人，比上年增加 6.3 万人；城乡私营企业从业人员和个体劳动者 570.8 万人，增加 110.4 万人。全年城镇新增就业 54.8 万人，下岗失业人员再就业 25.2 万人。年末城镇登记失业率 3.66%，比上年下降 0.26 个百分点。

二、农业

全年粮食作物种植面积 6616.4 千公顷，比上年扩大 10.8 千公顷，其中优质专用小麦面积 1892.6 千公顷，扩大 126.1 千公顷。油料种植面积 944.3 千公顷，减少 24.6 千公顷。棉花种植面积 344.3 千公顷，减少 7.4 千公顷。蔬菜种植面积 775.6 千公顷，扩大 30.3 千公顷。

全年粮食产量 3080.5 万吨，比上年增加 10.6 万吨，增长 0.3%，连续五年创新高。油料产量 227.6 万吨，下降 5.3%；棉花产量 31.6 万吨，下降 8.7%。

年末全省生猪存栏 1442.5 万头，比上年下降 2.7%；全年生猪出栏 2782.1 万头，增长 3.8%。主要肉类产量 375.4 万吨，增长 4.1%，其中猪牛羊肉产量 271.3 万吨，增长 3.9%。禽蛋产量 119 万吨，增长 0.7%。牛奶产量 20.5 万吨，增长 2%。水产品产量 193.3 万吨，增长 5.6%。

年末全省农业机械总动力 5409.8 万千瓦，比上年增长 5.9%。农用拖拉机 248.6 万台，增长 2%；农用运输车 66.4 万辆，下降 1%。全年化肥施用量（折纯）319.8 万吨，增长 2.2%。农村用电量 107.4 亿千瓦时，增长 9.6%。有效灌溉面积 3520.4 千公顷，新增 38.3 千公顷；新增节水灌溉面积 28.3 千公顷。

三、工业和建筑业

全年规模以上工业增加值 5601.9 亿元，比上年增长 23.6%，其中轻、重工业分别增长 25.9% 和 22.6%，轻重工业增加值比例由上年的 30.9：69.1 变化为 29.7：70.3。股份制、外商及港澳台商投资企业生产继续快速增长。

全省 37 个工业行业增加值全部增长，其中通用设备制造业增长 34.5%，交通运输设备制造业增长 31%，非金属矿物制品业增长 30.2%，电气机械及器材制造业增长 26%，农副食品加工业增长 26.1%，化学原料及化学制品制造业增长 20.8%，黑色金属冶炼及压延加工业增长 21.1%，煤炭开采和洗选业增长 12.8%，电力、热力的生产和供应业增长 10%。

主要工业产品产量中，原煤、发电量分别增长 5.1% 和 9.3%，粗钢、钢材分别增长 5.3% 和 13.8%，水泥增长 13.4%，家用洗衣机、家用电冰箱、房间空调器分别增长29.3%、32.1%和62.9%，彩色电视机增长0.9%，汽车增长35.9%。

全省规模以上工业经济效益综合指数260.1，比上年提高38个百分点。企业主营业务收入17851.5亿元，增长45.9%；利税1565.6亿元，增长41.3%，其中利润843.1亿元，增长62.7%。煤炭开采和洗选业、电气机械及器材制造业、交通运输设备制造业、非金属矿物制品业、化学原料及化学制品制造业、农副食品加工业等9个利润超30亿元的行业，累计实现利润528.7亿元，占全部规模以上工业的62.7%。

全年全社会建筑业增加值1026.6亿元，比上年增长13.6%。资质内建筑企业利税总额201.5亿元，增长23.5%。房屋建筑施工面积23376.9万平方米，增加4683万平方米；房屋竣工面积9879.4万平方米，增加1064万平方米。

四、固定资产投资

全年固定资产投资11849.4亿元，比上年增长33.6%。其中，城镇投资10928.4亿元，增长34%；农村投资921亿元，增长28.3%。工业及信息化产业技术改造投资2472.3亿元，增长37.1%。

从产业看，第一产业投资增长21.2%，第二产业增长40.5%，第三产业增长28.1%。从行业看，工业投资增长41.3%，其中制造业增长46.2%，制造业中的装备制造业增长49.5%。六大高耗能行业投资增长34.5%。三产中的交通运输、仓储和邮政业投资增长32.9%，住宿和餐饮业增长39.5%，金融业增长52.8%，科学研究、技术服务和地质勘查业增长1.2倍，居民服务业增长30%，文化、体育和娱乐业增长25.3%，卫生、社会保障和社会福利业增长15%。

全年房地产开发投资2251.8亿元，比上年增长34.9%，其中经济适用房投资28亿元，增长16.2%。商品房销售面积4113.9万平方米，增长2.1%；商品房销售额1732.7亿元，增长25.7%；商品房待售面积521.3万平方米，增长6%。

全年共安排“861”行动计划项目4033项，当年完成投资5294.3亿元，其中省政府重点协调调度项目完成投资1050.8亿元。开工建设奇瑞年产30万台1.5L-1.8L发动机、马钢动车组车轮钢及精品车轮加工生产线、铜陵有色铜冶炼升级改造（双闪）、大唐淮北虎山发电厂、中建材（合肥）平板显示TFT—LCD玻璃基板、合肥新桥机场高速公路、徐州至明光高速公路安徽段等一批重大项目；枞阳海螺2×4500t/d水泥熟料、宿州钱营孜年产180万吨煤矿、500千伏淮南开关站（汤庄变）扩建、桐城羽绒加工、芜湖华强文化科技产业园等一批工程已建成或基本建成。

五、国内贸易

全年社会消费品零售总额4151.5亿元，比上年增长19.2%。按经营单位所在地分，城镇消费品零售额3481亿元，增长19.3%；乡村消费品零售额670.5亿元，增长19.1%。按消费形态分，商品零售3642.2亿元，增长19%；餐饮收入509.3亿元，增长20.9%。按企业规模分，限额以上企业零售额1367.1亿元，增长38.9%；限额以下企业零售额2784.4亿元，增长11.5%。

从限额以上企业（单位）商品零售类值看，吃、穿、用商品零售额比上年分别增长35.4%、35.4%和40.9%。其中，粮油类增长52.6%，肉禽蛋类增长44%，服装类增长35.6%，化妆品类增长26%，金银珠宝类增长32.9%，日用品类增长31.4%，中西药品类增长26%，体育娱乐用品类增长30.5%，文化办公用品类增长35.7%，通讯器材类增长39.9%，家用电器和音像器材类增长42.7%，建筑及装潢材料类增长88%，家具类增长64.6%，汽车类增长47.5%，石油及制品类增长43.1%。

六、对外经济和旅游

全年进出口总额242.8亿美元，比上年增长54.8%。其中，出口124.2亿美元，增长39.7%；进口118.6亿美元，增长74.6%。从出口经营主体看，生产型企业、贸易型企业出口分别增长47.9%和18.8%。从出口商品类别看，机电产品、高新技术产品出口分别增长43.1%和34.3%。

全年新批外商投资企业281家，比上年下降4.4%；合同利用外资21.6亿美元，增长50.1%；实际利用外商直接投资50.1亿美元，增长29.1%。到2010年底，来皖投资的境外世界500强企业增加到51家。

全年对外经济技术合作新签合同金额15.8亿美元，比上年增长53.2%；完成营业额20.5亿美元，增长26.7%；当年外派劳务人员12631人，下降13.6%。全年新批境外企业（机构）44个，实际对外投资8.1亿美元。

全年入境旅游人数198.4万人次，比上年增长27.1%；国内游客15349万人次，增长25.1%。旅游总收入1151亿元，增长26.6%。其中，旅游外汇收入8.2亿美元，增长23.6%；国内旅游收入1095亿元，增长26.7%。年末全省共有A级旅游景点（区）355处。

七、交通和邮电

全年交通运输、仓储和邮政业增加值518.5亿元，比上年增长9.6%。

全年旅客运输量15.94亿人，货物运输量22.81亿吨，比上年分别增长12.8%和16%；旅客运输周转量1478.51亿人公里，货物运输周转量7144.08亿吨公里，分别增长13.5%和13.1%。全年港口货物吞吐量3.3亿吨，增长22.9%，其中外贸货物吞吐量258万吨，下降6%。全省民航机场旅客吞吐量434.5万人次，比上年增长22.8%，其中合肥机场旅客吞吐量381.7万人次，增长19.1%。

年末全省民用汽车拥有量209.8万辆，比上年增长25.4%，其中私人汽车136.8万辆，增长35.8%。民用轿车拥有量87.6万辆，增长34.1%，其中私人轿车69.7万辆，增长41.2%。

全年邮电业务总量845.9亿元，其中电信业务总量817亿元，邮政业务总量28.9亿元。年末本地固定电话交换机总容量1528.8万门，比上年减少77.5万门。本地固定电话用户1231万户，减少36.3万户；移动电话用户2798.7万户，增加644.4万户。每百人拥有电话（含移动）65.7部，增加10部。年末基础电信运营企业计算机互联网宽带接入用户342.1万户，增加71.4万户。

八、财政、金融、证券和保险业

全年财政收入2063.8亿元，比上年增长33%，其中地方财政收入1149.4亿元，增长33%。在全部财政收入中，增值税增长29%，营业税增长32.8%，企业所得税增长35.3%。财政支出2583.5亿元，增长20.6%。其中，城市社区事务支出增长46.5%，科学技术支出增长40.3%，社会保障与就业支出增长23.9%，一般公共服务支出增长24.2%，文化体育与传媒支出增长22%，教育支出增长16.4%。全年33项民生工程累计投入345亿元，惠及6000多万城乡居民。

年末全省金融机构各项存款余额（人民币口径，下同）16366.1亿元，比上年末增加3057.4亿元，增长23%。其中，企业存款余额5208.5亿元，增长20.6%；城乡居民储蓄存款余额7788.5亿元，增长17.7%。金融机构各项贷款余额11452.3亿元，比上年末增加2162.3亿元，增长23.3%。其中，短期贷款4044.2亿元，增长15.6%；中长期贷款7100.5亿元，增长34.1%，中长期贷款中个人消费贷款1906.6亿元，增长48.5%。

全年在上海、深圳证券交易所发行新股7只（A股），非公开发行10只，发行可转换公司债券1只，共筹集资金171.3亿元。到2010年末，全省有上市公司65家，上市公司市价总值5723.2亿元，比上年增长23.6%。全年我省境内证券经营机构证券交易量15192亿元，期货经营机构代理交易量88622.3亿元。

全年保险业保费收入438.2亿元，比上年增长22.7%。其中，财产险业务保费收入119.6亿元，增长36.6%；人身险业务保费收入318.6亿元，增长18.2%。赔款和给付104.6亿元，增长14.1%。其中，财产险业务赔款支出57.9亿元，增长17.1%；人身险业务赔款和给付支出46.7亿元，增长10.5%。

九、教育和科学技术

年末全省共有研究生培养单位18个，在学研究生38991人。普通高校100所，在校生93.9万人，高等教育毛入学率24.3%，比上年上升2个百分点。各类中等职业教育（不含技工学校）在校生87.3万人。普通高中743所，在校生127.6万人，高中阶段毛入学率80%，比上年上升5.8个百分点。普通初中2995所，在校生279万人，初中阶段适龄人口入学率99.22%。小学13997所，在校生460.4万人，小学学龄儿童入学率99.93%。各级各类成人学校毕业生39.8万人。全面实施免费义务教育，受益学生739.5万人。

年末全省共有各类专业技术人员159.7万人，比上年增长8.8%。科研机构2078个，其中大中型工业企业办机构607个。从事研发活动人员9万人，其中科学家和工程师7.4万人。全年用于研究与试验发展（R&D）经费179亿元，增长31.7%，相当于全省生产总值的1.46%。全省有国家大科学工程5个；有国家实验室2个，国家重点工程实验室9个，省级（含重点）实验室92个，部属（含院属）实验室35个；有省级以上工程技术研究中心205家，其中国家级6家。

全年共取得省部级以上科技成果780项。主要科技成果有：超高压旋转水射流技术及其表面处理工程应用、若干纳米矿物研究及其相关材料研发等。全年受理专利申请37780件，授权专利16012

件，分别比上年增长1.3倍和86.3%。共签订各类技术合同4831项；成交金额46.2亿元，比上年增长29.6%。

年末全省共有县以上产品质量检验机构687个，其中系统内115个，国家检测中心12个；有产品质量、体系认证机构1个，累计完成强制性产品认证的企业1433个；有法定计量技术机构79个，全年强制检定计量器具124.7万台（件）；累计制定国际标准2项、国家标准330项，制定、修订地方标准1332项；有中国名牌产品37个、国家地理标志产品25个、安徽名牌产品829个。

全年省测绘资料档案馆为社会各界提供各种比例尺地形图7685幅，国家大地控制点成果3989点（含GPS点），利用档案资料1972卷（盒），航空摄影底片约18100张，底片14筒，航空航天影像数据光盘约230盘。全年省测绘部门完成基础测绘16033幅。

十、文化、卫生和体育

年末全省共有专业艺术表演团体75个，文化馆120个，公共图书馆90个，博物馆89个，乡镇综合文化站1270个。全国重点文物保护单位56处、合并国保项目2处，省级重点文物保护单位455处。国家级非物质文化遗产名录60项，省级名录273项。广播电台17座，中波发射台和转播台23座，广播人口覆盖率97.31%。电视台17座，有线电视用户461.1万户，电视人口覆盖率97.5%。全年出版报纸98种，总印数11.8亿份；期刊（杂志）178种，总印数0.7亿册；图书7824种，总印数2.3亿册；电子、音像出版物240种，出版数量126.5万盒（张）。有各级国家档案馆138个，馆藏档案资料1372.4万卷（件、册），库馆总建筑面积18.6万平方米。

年末全省共有卫生机构7347个，其中医院728个，卫生院1446个，社区卫生服务中心（站）1704个，妇幼保健院（所、站）119个，疾病预防控制中心124个。卫生技术人员20.5万人，其中执业（助理）医师8.1万人，注册护士7.6万人。医院、卫生院床位17.3万张。全年诊疗1.3亿人次。村卫生室1.6万个，乡村医生和卫生员4.9万人，农村有医疗点的村占总村数的97.5%。参加新型农村合作医疗的农业人口4750万人，参合率96%。

全年在国际和国内的重大比赛中，我省运动健儿共获得57枚金牌、42枚银牌和61枚铜牌。其中，世界冠军25个、世界亚军17个。在第十六届广州亚运会上获得11枚金牌、4枚银牌和7枚铜牌。“全民健身、健康安徽”系列主题活动蓬勃开展，全年共举办百人以上群众体育活动2954次，其中现代体育项目群众活动1421次，民间传统体育群众活动1533次。

十一、人民生活和社会保障

全年城镇居民人均可支配收入15788元，比上年增长12.1%，扣除价格因素，实际增长8.8%。人均消费性支出11513元，增长12.5%，其中食品支出增长7.9%，交通和通信支出增长33.9%，衣着支出增长13.5%，教育文化娱乐服务支出增长20.8%。城镇居民家庭恩格尔系数为38%，比上年下降1.6个百分点。城镇居民人均住房建筑面积31.6平方米，比上年增加0.7平方米。

全年农村居民人均纯收入5285元，比上年增长17.3%，扣除价格因素，实际增长13.5%。人均生活消费支出4013元，增长9.8%，其中食品支出增长9.3%，交通通讯支出增长12.2%，居住支出增长6.7%。农村居民家庭恩格尔系数为40.7%，比上年下降0.2个百分点。农村居民人均住房面积32平方米，比上年增加1平方米。

年末全省参加城镇基本养老、医疗保险人数分别为669.5万人和1529.4万人。参加失业保险人数为384万人，全年为23.9万名失业人员发放了不同期限的失业保险金。全省参加工伤、生育保险人数分别为359.5万人和351.5万人。被征地农民养老保险制度全面推进，年末被征地农民参保人数172.1万人，覆盖率98.89%。新型农村养老保险试点工作稳步推进，参保人数349.4万人。农村低保提标扩面全面完成，年末保障人数214.6万人，全年发放低保金19.6亿元；城市低保应保尽保，年末保障人数88.4万人。

年末全省有各类收养性社会福利院床位20.5万张，收养各类人员16.8万人。城镇建立各种社区服务设施3500个，其中乡镇、街道及县（市、区）级社区服务中心520个。全年销售社会福利彩票25.2亿元，筹集公益金8.1亿元。

十二、资源、环境和安全生产

全省已发现的矿种为158种（含亚矿种）。查明资源储量的矿种122种（含普通建筑用石料矿种），其中能源矿产5种，金属矿产19种，非金属矿产96种，水气矿产2种。全年地质勘查部门开展各类地质（科研）项目（省级）95项，新增查明资源储量的大中型矿产地 30 处（不含共生大中型矿床 7 处）。

年末全省共有省、市、县级环境监测站 83 个。监测的 17 个城市中，有 16 个城市空气质量达到二级标准。已建成自然保护区 38 个，其中国家级 6 个、省级 28 个、市级 4 个。当年人工造林面积 57 千公顷。年末森林面积 3804.2 千公顷，活立木总蓄积量 21710.1 万立方米，森林蓄积量 18074.9 万立方米。

淮河干流安徽段水质以Ⅲ类为主，总体水质优。长江干流安徽段以Ⅱ类水质为主，总体水质优；主要支流总体水质轻度污染。巢湖湖区以及 9 条主要环湖支流总体水质均为中度污染。新安江干、支流总体水质优。全省城市集中式饮用水源地水质达标率为 93.4%。

全年亿元 GDP 生产安全事故死亡率为 0.28，比上年下降 20%；煤矿百万吨死亡率为 0.28，下降 40.4%；道路交通万车事故死亡率为 3.14，下降 10.8%。全年发生道路交通事故 7931 起，发生火灾事故 5172 起。注：1. 本公报数据为初步统计数。2. 全省生产总值及各产业增加值绝对数按现价计算，增长速度按可比价格计算。3. 恩格尔系数是指居民食品消费支出占全部消费性支出的比重。4. 规模以上工业是指年主营业务收入 500 万元及以上的工业企业；主要工业产品产量增速按可比口径计算。5. 2010 年人口及相关数据将在第六次人．口普查公报中公布。

2010 年度安徽省财政一般预算收支决算总表

编制单位：厅国库处　　　　单位：万元

收入		支出	
预算科目	决算数	预算科目	决算数
一、税收收入	8665517	一、一般公共服务	2737167
增值税	1294839	二、外交	
营业税	2919300	三、国防	46340
企业所得税	1065948	四、公共安全	1194768
企业所得税退税		五、教育	3863071
个人所得税	319746	六、科学技术	579817
资源税	126488	七、文化体育与传媒	516833
固定资产投资方向调节税		八、社会保障和就业	3341539
城市维护建设税	543983	九、医疗卫生	1842232
房产税	176182	十、环境保护	647203
印花税	111528	十一、城乡社区事务	2361782
城镇土地使用税	325215	十二、农林水事务	2925244
土地增值税	302222	十三、交通运输	1248616
车船税	59462	十四、采掘电力信息等事务	1249406
耕地占用税	455748	十五、	458382
契税	959149	十六、金融监管支出	51665
烟叶税	5707	十七、地震灾后恢复重建支出	
其他税收收入		十八、国土资源气象等事务	616884
二、非税收入	2828435	十九、住房保障支出	933614
专项收入	737869	二十、粮油物资储备管理事务	307059
行政事业性收费收入	944613	二十一、国债还本付息支出	76237
罚没收入	367660	二十二、其他支出	878276
国有资本经营收入	200537		
国有资源（资产）有偿使用收入	598012		
其他收入	79744		
本年收入合计	11493952	本年支出合计	25976135

2006—2010 年安徽省国税收入一览表

编制：本刊编辑部　　单位：万元

项　目	2006 年	2007 年	2008 年	2009 年	2010 年
一、各项收入合计	4417834	5560274	6743092	7803105	10308023
1. 税收收入合计	4412811	5554377	6737113	7797255	10301904
其中：国内增值税	2781073	3312271	3890864	4481210	5633726
国内消费税	668815	773485	851051	1295312	1701400
营业税	2013	334	143	285	
外商投资企业和外国企业所得税	195655	220826	319214	319214	469367
企业所得税	649595	1208805	1276251	1746926	
个人所得税	110154	130601	96963	45694	13069
代征其他地方各税	146650	199855	225610		
海关代征	131602	267410	463677	416532	751097
2. 其他收入	5023	5897	5979	5850	6119

注：2006 年、2007 年“代征其他地方各税”项目应改为“车辆购置税”项目。

2006—2010 年安徽省地税收入一览表

编制：本刊编辑部　　单位：万元

项　目	2006 年	2007 年	2008 年	2009 年	2010 年
地税部门组织收入总计	4177944	5426483	7165432	8321139	10470881
一、税收收入合计	2943941	3050933	4084336	4853541	6513918
营业税	1025804	1366205	17770	2197692	2919302
资源税	60499	74301	98458	115566	126488
个人所得税	239153	326615	438893	530180	786287
土地使用税	56031	73246	220370	283706	325214
投资方向调节税					
城市维护建设税	234964	303801	380946	433411	565695
印花税	36703	49134	63303	83456	111530
房产税	84263	96948	113751	149662	176178
车船使用税	15629	19695	34167	48192	59459
屠宰税					
土地增值税	46021	89166	123106	154584	320001
企业所得税	434661	509938	654047	646440	869431
教育费附加	107252	138751	176431	205750	266406
二、基金费收入	1832909	2374260	3079842	3466032	385452
三、税务部门其他罚没收入	1094	1290	1254	1566	2441

注：其中，2006 年税收收入合计含烟叶税 2961 万元。

各市财经统计资料

2010年度合肥市财政一般预算收支决算总表

编制单位：厅国库处　　　　单位：万元

收入		支出	
预算科目	决算数	预算科目	决算数
一、税收收入	2214331	一、一般公共服务	308037
增值税	255585	二、外交	
营业税	902953	三、国防	4734
企业所得税	221277	四、公共安全	134514
企业所得税退税		五、教育	370147
个人所得税	55164	六、科学技术	179637
资源税	451	七、文化体育与传媒	35431
固定资产投资方向调节税		八、社会保障和就业	200629
城市维护建设税	124391	九、医疗卫生	135160
房产税	52394	十、环境保护	69398
印花税	36949	十一、城乡社区事务	1025605
城镇土地使用税	49021	十二、农林水事务	149906
土地增值税	105809	十三、交通运输	35845
车船税	11422	十四、资源勘探电力信息等事务	239788
耕地占用税	30257	十五、商业服务业等事务	49660
契税	368658	十六、金融监管等事务支出	4811
烟叶税		十七、地震灾后恢复重建支出	
其他税收收入		十八、国土资源气象等事务	13994
二、非税收入	379952	十九、住房保障支出	69012
专项收入	618138	二十、粮油物资储备管理事务	10722
行政事业性收费收入	140258	二十一、国债还本支出	
罚没收入	39499	二十二、其他支出	140127
国有资本经营收入	70189		
国有资源（资产）有偿使用收入	59271		
其他收入	18922		
本年收入合计	2594283	本年支出合计	3177157

2010 年度淮北市财政一般预算收支决算总表

编制单位：厅国库处　　单位：万元

收入		支出	
预算科目	决算数	预算科目	决算数
一、税收收入	274789	一、一般公共服务	69460
增值税	88724	二、外交	
营业税	77360	三、国防	21
企业所得税	29428	四、公共安全	35460
企业所得税退税		五、教育	105974
个人所得税	5417	六、科学技术	8307
资源税	9369	七、文化体育与传媒	5315
固定资产投资方向调节税		八、社会保障和就业	81896
城市维护建设税	21411	九、医疗卫生	48975
房产税	5062	十、环境保护	7711
印花税	3697	十一、城乡社区事务	82726
城镇土地使用税	20279	十二、农林水事务	54456
土地增值税	5932	十三、交通运输	8618
车船税	1777	十四、资源勘探电力信息等事务	37277
耕地占用税	3120	十五、商业服务业等事务	11523
契税	3210	十六、金融监管等事务支出	482
烟叶税		十七、地震灾后恢复重建支出	
其他税收收入		十八、国土资源气象等事务	14181
二、非税收入	21170	十九、住房保障支出	24009
专项收入	13920	二十、粮油物资储备管理等事务	
行政事业性收费收入	85869	二十一、国债还本付息支出	1786
罚没收入	6490	二十二、其他支出	8170
国有资本经营收入	-9674		
国有资源（资产）有偿使用收入	1781		
其他收入	67		
本年收入合计	295956	本年支出合计	659289

2010 年度亳州市财政一般预算收支决算总表

编制单位：厅国库处 单位：万元

收入		支出	
预算科目	决算数	预算科目	决算数
一、税收收入	176020	一、一般公共服务	117142
增值税	30295	二、外交	
营业税	71311	三、国防	995
企业所得税	9254	四、公共安全	46574
企业所得税退税		五、教育	208018
个人所得税	3938	六、科学技术	3553
资源税	1301	七、文化体育与传媒	12754
固定资产投资方向调节税		八、社会保障和就业	138602
城市维护建设税	11584	九、医疗卫生	131701
房产税	3024	十、环境保护	15633
印花税	1790	十一、城乡社区事务	42017
城镇土地使用税	59749	十二、农林水事务	128961
土地增值税	3456	十三、交通运输	24800
车船税	4158	十四、资源勘探电力信息等事务	39973
耕地占用税	15944	十五、商业服务等事务	40474
契税	12948	十六、金融监管等事务支出	6908
烟叶税	1043	十七、地震灾后恢复重建支出	
其他税收收入		十八、国土资源气象等事务	6933
二、非税收入	56960	十九、住房保障支出	47580
专项收入	8128	二十、粮油物资储备管理等事务	
行政事业性收费收入	26740	二十一、国债还本付息支出	1098
罚没收入	10129	二十二、其他支出	12495
国有资本经营收入	2030		
国有资源（资产）有偿使用收入	9839		
其他收入	94		
本年收入合计	232980	本年支出合计	1033412

2010 年度宿州市财政一般预算收支决算总表

编制单位：厅国库处　　　　单位：万元

收入		支出	
预算科目	决算数	预算科目	决算数
一、税收收入	190138	一、一般公共服务	139136
增值税	34636	二、外交	
营业税	74171	三、国防	375
企业所得税	8421	四、公共安全	66285
企业所得税退税		五、教育	281610
个人所得税	4487	六、科学技术	6587
资源税	6380	七、文化体育与传媒	18529
固定资产投资方向调节税		八、社会保障和就业	76553
城市维护建设税	12644	九、医疗卫生	143533
房产税	3302	十、环境保护	26495
印花税	2118	十一、城乡社区事务	40781
城镇土地使用税	10690	十二、农林水事务	149562
土地增值税	4834	十三、交通运输	24013
车船税	2813	十四、资源勘探电力信息等事务	51118
耕地占用税	13609	十五、商业服务业等事务	29319
契税	11980	十六、金融监管等事务支出	4317
烟叶税	53	十七、地震灾后恢复重建支出	
其他税收收入		十八、国土资源气象等事务	5046
二、非税收入	71405	十九、住房保障支出	44431
专项收入	8372	二十、粮油物资储备管理等事务	9632
行政事业性收费收入	35529	二十一、国债还本付息支出	4142
罚没收入	23358	二十二、其他支出	10410
国有资本经营收入			
国有资源（资产）有偿使用收入	3034		
其他收入	1112		
本年收入合计	261543	本年支出合计	1131874

2010年度蚌埠市财政一般预算收支决算总表

编制单位：厅国库处　　单位：万元

收入		支出	
预算科目	决算数	预算科目	决算数
一、税收收入	340848	一、一般公共服务	93867
增值税	53558	二、外交	
营业税	115716	三、国防	1533
企业所得税	20766	四、公共安全	61216
企业所得税退税		五、教育	170581
个人所得税	5814	六、科学技术	34633
资源税	151	七、文化体育与传媒	12182
固定资产投资方向调节税		八、社会保障和就业	124047
城市维护建设税	44970	九、医疗卫生	90911
房产税	7397	十、环境保护	97791
印花税	3913	十一、城乡社区事务	101111
城镇土地使用税	11258	十二、农林水事务	93501
土地增值税	15912	十三、交通运输	17421
车船税	2961	十四、资源勘探电力信息等事务	61283
耕地占用税	10099	十五、商业服务业等事务	14611
契税	48333	十六、金融监管等事务支出	1218
烟叶税		十七、地震灾后恢复重建支出	
其他税收收入		十八、国土资源气象等事务	8381
二、非税收入	88161	十九、住房保障支出	63216
专项收入	21194	二十、粮油物资储备管理事务	6611
行政事业性收费收入	42062	二十一、国债还本付息支出	107
罚没收入	13972	二十二、其他支出	15628
国有资本经营收入	1365		
国有资源（资产）有偿使用收入	8110		
其他收入	1458		
本年收入合计	429009	本年支出合计	1069849

2010年度阜阳市财政一般预算收支决算总表

编制单位：厅国库处　　　　单位：万元

收入		支出	
预算科目	决算数	预算科目	决算数
一、税收收入	330122	一、一般公共服务	160601
增值税	73068	二、外交	
营业税	120877	三、国防	3296
企业所得税	18679	四、公共安全	79270
企业所得税退税		五、教育	308959
个人所得税	6297	六、科学技术	5863
资源税	3321	七、文化体育与传媒	16350
固定资产投资方向调节税		八、社会保障和就业	256007
城市维护建设税	30306	九、医疗卫生	173069
房产税	5626	十、环境保护	27977
印花税	4148	十一、城乡社区事务	108896
城镇土地使用税	7658	十二、农林水事务	202964
土地增值税	10738	十三、交通运输	79916
车船税	6686	十四、资源勘探电力信息等事务	39873
耕地占用税	8477	十五、商业服务业等事务	49795
契税	34155	十六、金融监管等事务支出	5614
烟叶税	86	十七、地震灾后恢复重建支出	
其他税收收入		十八、国土资源气象等事务	21441
二、非税收入	81688	十九、住房保障支出	45246
专项收入	20567	二十、粮油物资储备管理等事务	12583
行政事业性收费收入	42100	二十一、国债还本付息支出	8778
罚没收入	12952	二十二、其他支出	21218
国有资本经营收入	432		
国有资源（资产）有偿使用收入	4678		
其他收入	959		
本年收入合计	411810	本年支出合计	1643492

2010 年度淮南市财政一般预算收支决算总表

编制单位：厅国库处　　　　单位：万元

收入		支出	
预算科目	决算数	预算科目	决算数
一、税收收入	458458	一、一般公共服务	82838
增值税	1348942	二、外交	
营业税	146981	三、国防	6071
企业所得税	214836	四、公共安全	52603
企业所得税退税		五、教育	127873
个人所得税	18551	六、科学技术	12680
资源税	14050	七、文化体育与传媒	11723
固定资产投资方向调节税		八、社会保障和就业	105868
城市维护建设税	32136	九、医疗卫生	64769
房产税	12754	十、环境保护	9128
印花税	4935	十一、城乡社区事务	111137
城镇土地使用税	19938	十二、农林水事务	67909
土地增值税	7008	十三、交通运输	17236
车船税	2160	十四、资源勘探电力信息等事务	42955
耕地占用税	11534	十五、商业服务业等事务	11958
契税	32124	十六、金融监管等事务支出	195
烟叶税		十七、地震灾后恢复重建支出	
其他税收收入		十八、国土资源气象等事务	12631
二、非税收入	59649	十九、住房保障支出	46697
专项收入	22082	二十、粮油物资储备管理等事务	2609
行政事业性收费收入	25034	二十一、国债还本付息支出	10534
罚没收入	9502	二十二、其他支出	12759
国有资本经营收入	-449		
国有资源（资产）有偿使用收入	3470		
其他收入	10		
本年收入合计	518107	本年支出合计	810173

2010年度滁州市财政一般预算收支决算总表

编制单位：厅国库处　　　　单位：万元

收入		支出	
预算科目	决算数	预算科目	决算数
一、税收收入	393485	一、一般公共服务	140689
增值税	61631	二、外交	
营业税	137187	三、国防	3778
企业所得税	25416	四、公共安全	76532
企业所得税退税		五、教育	204033
个人所得税	8354	六、科学技术	13291
资源税	6217	七、文化体育与传媒	13670
固定资产投资方向调节税		八、社会保障和就业	139348
城市维护建设税	26782	九、医疗卫生	121902
房产税	8360	十、环境保护	32511
印花税	4816	十一、城乡社区事务	116637
城镇土地使用税	21350	十二、农林水事务	200997
土地增值税	18993	十三、交通运输	39568
车船税	3395	十四、资源勘探电力信息等事务	55811
耕地占用税	64056	十五、商业服务业等事务	21905
契税	64056	十六、金融监管等事务支出	6903
烟叶税		十七、地震灾后恢复重建支出	
其他税收收入		十八、国土资源气象等事务	18237
二、非税收入	111796	十九、住房保障支出	44134
专项收入	18240	二十、粮油物资储备管理等事务	8457
行政事业性收费收入	42707	二十一、国债还本付息支出	2745
罚没收入	13668	二十二、其他支出	20023
国有资本经营收入	4		
国有资源（资产）有偿使用收入	35694		
其他收入	1483		
本年收入合计	370665	本年支出合计	1078925

2010 年度六安市财政一般预算收支决算总表

编制单位：厅国库处　　　　　　　　　　　　　　　　单位：万元

收入		支出	
预算科目	决算数	预算科目	决算数
一、税收收入	304161	一、一般公共服务	179189
增值税	39848	二、外交	
营业税	130986	三、国防	1473
企业所得税	16742	四、公共安全	73078
企业所得税退税		五、教育	313993
个人所得税	7517	六、科学技术	9332
资源税	9194	七、文化体育与传媒	20785
固定资产投资方向调节税		八、社会保障和就业	148512
城市维护建设税	16360	九、医疗卫生	163584
房产税	5758	十、环境保护	28059
印花税	3257	十一、城乡社区事务	71353
城镇土地使用税	10284	十二、农林水事务	249191
土地增值税	9708	十三、交通运输	48297
车船税	4933	十四、资源勘探电力信息等事务	46385
耕地占用税	14619	十五、商业服务业等事务	40230
契税	34940	十六、金融监管等事务支出	2577
烟叶税	15	十七、地震灾后恢复重建支出	
其他税收收入		十八、国土资源气象等事务	17380
二、非税收入	122850	十九、住房保障支出	60273
专项收入	14561	二十、粮油物资储备管理事务	14972
行政事业性收费收入	76902	二十一、国债还本付息支出	23637
罚没收入	19032	二十二、其他支出	26978
国有资本经营收入	53		
国有资源（资产）有偿使用收入	10077		
其他收入	2225		
本年收入合计	427011	本年支出合计	1539278

2010 年度马鞍山市财政一般预算收支决算总表

编制单位：厅国库处　　单位：万元

收入		支出	
预算科目	决算数	预算科目	决算数
一、税收收入	470907	一、一般公共服务	95639
增值税	133456	二、外交	
营业税	124829	三、国防	46
企业所得税	34024	四、公共安全	39979
企业所得税退税		五、教育	120550
个人所得税	12080	六、科学技术	24460
资源税	10666	七、文化体育与传媒	14129
固定资产投资方向调节税		八、社会保障和就业	67349
城市维护建设税	44658	九、医疗卫生	55839
房产税	16756	十、环境保护	19460
印花税	9551	十一、城乡社区事务	110926
城镇土地使用税	20938	十二、农林水事务	32919
土地增值税	17730	十三、交通运输	11642
车船税	2448	十四、资源勘探电力信息等事务	62561
耕地占用税	7013	十五、商业服务业等事务	10675
契税	36758	十六、金融监管等事务支出	2832
烟叶税		十七、地震灾后恢复重建支出	
其他税收收入		十八、国土资源气象等事务	14905
二、非税收入	227894	十九、住房保障支出	34662
专项收入	25937	二十、粮油物资储备管理等事务	2695
行政事业性收费收入	41570	二十一、国债还本付息支出	3492
罚没收入	6823	二十二、其他支出	140522
国有资本经营收入	46795		
国有资源（资产）有偿使用收入	104769		
其他收入	2000		
本年收入合计	698801	本年支出合计	865282

2010 年度巢湖市财政一般预算收支决算总表

编制单位：厅国库处 单位：万元

收入		支出	
预算科目	决算数	预算科目	决算数
一、税收收入	308134	一、一般公共服务	124692
增值税	49295	二、外交	
营业税	113855	三、国防	2175
企业所得税	16635	四、公共安全	54779
企业所得税退税		五、教育	231403
个人所得税	7750	六、科学技术	11923
资源税	11125	七、文化体育与传媒	10123
固定资产投资方向调节税		八、社会保障和就业	121136
城市维护建设税	16570	九、医疗卫生	104120
房产税	5177	十、环境保护	33922
印花税	40510	十一、城乡社区事务	50895
城镇土地使用税	17094	十二、农林水事务	144492
土地增值税	11466	十三、交通运输	33886
车船税	23325	十四、资源勘探电力信息等事务	36242
耕地占用税	18204	十五、商业服务业等事务	24880
契税	34580	十六、金融监管支出	2379
烟叶税		十七、地震灾后恢复重建支出	
其他税收收入		十八、国土资源气象等事务	20327
二、非税收入	84585	十九、住房保障支出	23837
专项收入	26618	二十、粮油物资储备管理等事务	9871
行政事业性收费收入	29444	二十一、国债还本付息支出	1219
罚没收入	13340	二十二、其他支出	4135
国有资本经营收入	8224		
国有资源（资产）有偿使用收入	4812		
其他收入	2147		
本年收入合计	392719	本年支出合计	1046436

2010 年度芜湖市财政一般预算收支决算总表

编制单位：厅国库处　　单位：万元

收入		支出	
预算科目	决算数	预算科目	决算数
一、税收收入	830202	一、一般公共服务	111322
增值税	11165	二、外交	
营业税	275646	三、国防	1664
企业所得税	79879	四、公共安全	54757
企业所得税退税		五、教育	164502
个人所得税	28213	六、科学技术	100092
资源税	13380	七、文化体育与传媒	10781
固定资产投资方向调节税		八、社会保障和就业	124909
城市维护建设税	64029	九、医疗卫生	100323
房产税	19443	十、环境保护	44788
印花税	12982	十一、城乡社区事务	216810
城镇土地使用税	58303	十二、农林水事务	74884
土地增值税	31801	十三、交通运输	29042
车船税	3903	十四、资源勘探电力信息等事务	155054
耕地占用税	27441	十五、商业服务业等事务	14070
契税	102826	十六、金融监管等事务支出	1528
烟叶税	1191	十七、地震灾后恢复重建支出	
其他税收收入		十八、国土资源气象等事务	5398
二、非税收入	118170	十九、住房保障支出	101243
专项收入	31631	二十、粮油物资储备管理等事务	3513
行政事业性收费收入	25866	二十一、国债还本付息支出	2718
罚没收入	1814	二十二、其他支出	126892
国有资本经营收入	27316		
国有资源（资产）有偿使用收入	11661		
其他收入	4489		
本年收入合计	948372	本年支出合计	1444290

2010 年度宣城市财政一般预算收支决算总表

编制单位：厅国库处　　　　单位：万元

收入		支出	
预算科目	决算数	预算科目	决算数
一、税收收入	405405	一、一般公共服务	149932
增值税	78672	二、外交	
营业税	128445	三、国防	881
企业所得税	20622	四、公共安全	61958
企业所得税退税		五、教育	151896
个人所得税	9177	六、科学技术	23084
资源税	11829	七、文化体育与传媒	24657
固定资产投资方向调节税		八、社会保障和就业	93698
城市维护建设税	31218	九、医疗卫生	94047
房产税	6190	十、环境保护	20882
印花税	5191	十一、城乡社区事务	73092
城镇土地使用税	20208	十二、农林水事务	125181
土地增值税	18840	十三、交通运输	38809
车船税	2692	十四、资源勘探电力信息等事务	77356
耕地占用税	21685	十五、商业服务业等事务	26919
契税	48060	十六、金融监管等事务支出	2851
烟叶税	2636	十七、地震灾后恢复重建支出	
其他税收收入		十八、国土资源气象等事务	8011
二、非税收入	92905	十九、住房保障支出	34824
专项收入	20093	二十、粮油物资储备管理等事务	6145
行政事业性收费收入	24729	二十一、国债还本付息支出	2815
罚没收入	16824	二十二、其他支出	25734
国有资本经营收入	13187		
国有资源（资产）有偿使用收入	17269		
其他收入	803		
本年收入合计	498310	本年支出合计	1042772

2010 年度铜陵市财政一般预算收支决算总表

编制单位：厅国库处　　单位：万元

收入		支出	
预算科目	决算数	预算科目	决算数
一、税收收入	258606	一、一般公共服务	61999
增值税	51090	二、外交	
营业税	81190	三、国防	339
企业所得税	19170	四、公共安全	33264
企业所得税退税		五、教育	65260
个人所得税	4726	六、科学技术	12004
资源税	12244	七、文化体育与传媒	8301
固定资产投资方向调节税		八、社会保障和就业	75664
城市维护建设税	17105	九、医疗卫生	36764
房产税	6404	十、环境保护	27357
印花税	4459	十一、城乡社区事务	62123
城镇土地使用税	18623	十二、农林水事务	22016
土地增值税	8804	十三、交通运输	14838
车船税	1115	十四、资源勘探电力信息等事务	59401
耕地占用税	6377	十五、商业服务业等事务	8477
契税	27299	十六、金融监管支出	810
烟叶税		十七、地震灾后恢复重建支出	
其他税收收入		十八、国土资源气象等事务	16092
二、非税收入	88730	十九、住房保障支出	40519
专项收入	12728	二十、粮油物资储备管理等事务	2155
行政事业性收费收入	23853	二十一、国债还本付息支出	106
罚没收入	3941	二十二、其他支出	25730
国有资本经营收入	2950		
国有资源（资产）有偿使用收入	21121		
其他收入	24137		
本年收入合计	347336	本年支出合计	573219

2010年度池州市财政一般预算收支决算总表

编制单位：厅国库处 单位：万元

收入		支出	
预算科目	决算数	预算科目	决算数
一、税收收入	196143	一、一般公共服务	137955
增值税	19063	二、外交	
营业税	82384	三、国防	1356
企业所得税	10106	四、公共安全	28351
企业所得税退税		五、教育	96648
个人所得税	4654	六、科学技术	10216
资源税	7840	七、文化体育与传媒	7557
固定资产投资方向调节税		八、社会保障和就业	62483
城市维护建设税	8104	九、医疗卫生	50783
房产税	2994	十、环境保护	14320
印花税	2123	十一、城乡社区事务	54261
城镇土地使用税	12678	十二、农林水事务	86092
土地增值税	8963	十三、交通运输	28022
车船税	1085	十四、资源勘探电力信息等事务	29426
耕地占用税	8032	十五、商业服务业等事务	12348
契税	27553	十六、金融监管等事务支出	538
烟叶税	564	十七、地震灾后恢复重建支出	
其他税收收入		十八、国土资源气象等事务	5746
二、非税收入	115923	十九、住房保障支出	27934
专项收入	11437	二十、粮油物资储备管理事务	2201
行政事业性收费收入	67315	二十一、国债还本付息支出	1500
罚没收入	7566	二十二、其他支出	23383
国有资本经营收入	653		
国有资源（资产）有偿使用收入	27607		
其他收入	1345		
本年收入合计	312066	本年支出合计	681120

2010 年度安庆市财政一般预算收支决算总表

编制单位：厅国库处 单位：万元

收入		支出	
预算科目	决算数	预算科目	决算数
一、税收收入	351999	一、一般公共服务	233535
增值税	59264	二、外交	
营业税	133351	三、国防	2796
企业所得税	21629	四、公共安全	82175
企业所得税退税		五、教育	359928
个人所得税	8621	六、科学技术	24815
资源税	7180	七、文化体育与传媒	26641
固定资产投资方向调节税		八、社会保障和就业	171606
城市维护建设税	25645	九、医疗卫生	171178
房产税	8363	十、环境保护	29902
印花税	4659	十一、城乡社区事务	65027
城镇土地使用税	13048	十二、农林水事务	215423
土地增值税	10418	十三、交通运输	40968
车船税	4001	十四、资源勘探电力信息等事务	29255
耕地占用税	19551	十五、商业服务业等事务	38340
契税	36269	十六、金融监管等事务支出	2623
烟叶税		十七、地震灾后恢复重建支出	
其他税收收入		十八、国土资源气象等事务	16679
二、非税收入	153743	十九、住房保障支出	69203
专项收入	16487	二十、粮油物资储备管理事务	7956
行政事业性收费收入	71596	二十一、国债还本付息支出	1691
罚没收入	19674	二十二、其他支出	28577
国有资本经营收入	3324		
国有资源（资产）有偿使用收入	37480		
其他收入	5182		
本年收入合计	505742	本年支出合计	1618318

2010 年度黄山市财政一般预算收支决算总表

编制单位：厅国库处　　　　单位：万元

收入		支出	
预算科目	决算数	预算科目	决算数
一、税收收入	226645	一、一般公共服务	110459
增值税	20595	二、外交	
营业税	99528	三、国防	2036
企业所得税	13452	四、公共安全	45655
企业所得税退税		五、教育	82230
个人所得税	6425	六、科学技术	14074
资源税	1790	七、文化体育与传媒	21508
固定资产投资方向调节税		八、社会保障和就业	82583
城市维护建设税	9775	九、医疗卫生	60542
房产税	6810	十、环境保护	26998
印花税	2639	十一、城乡社区事务	25261
城镇土地使用税	7348	十二、农林水事务	86427
土地增值税	11810	十三、交通运输	18774
车船税	1581	十四、资源勘探电力信息等事务	28336
耕地占用税	9373	十五、商业服务业等事务	15159
契税	35400	十六、金融监管等事务支出	1711
烟叶税	119	十七、地震灾后恢复重建支出	
其他税收收入		十八、国土资源气象等事务	6849
二、非税收入	81215	十九、住房保障支出	29295
专项收入	6318	二十、粮油物资储备管理事务	3625
行政事业性收费收入	20375	二十一、国债还本付息支出	2049
罚没收入	8372	二十二、其他支出	66234
国有资本经营收入	11058		
国有资源（资产）有偿使用收入	28667		
其他收入	6425		
本年收入合计	307860	本年支出合计	729805

2010 年各县市区财政一般预算收入表

单位：万元

地区	收入合计	小计	增值税	营业税	企业所得税	城市维护建设税	契税	小计	专项收入	行政事业性收费收入	罚没收入
安徽省地市合计	9687186	7730390	1294839	2816680	586983	537688	959149	1956796	340126	744666	233156
宣城市	498310	405405	78672	128445	20622	31218	48060	92905	20093	24729	16824
宣城市本级	81040	59452	9130	25975	2501	5631	3329	21588	3213	10756	3347
宣城市区县合计	417270	345953	69542	102470	18121	25587	44731	71317	16880	13973	13477
宣州区	97785	80015	12413	23721	2960	5849	16080	17770	3362	1434	892
溪县	41771	34029	10805	8119	954	4371	2852	7742	2956	1443	2812
广德县	72721	63445	15447	19448	2830	4955	5947	9276	3554	2000	3704
宁国市	121504	100837	16129	28858	7878	6238	11472	20667	4045	4094	2556
泾县	35541	28421	5473	9767	1682	1696	3539	7120	1187	2607	1920
旌德县	17893	14212	3254	5079	581	834	1651	3681	694	1312	556
绩溪县	30055	24994	6021	7478	1236	1644	3190	5061	1082	1083	1037
宿州市	261543	190138	34636	74171	8421	12644	11980	71405	8372	35529	23358
宿州市本级	92422	62320	10068	23482	4016	4904	2550	30102	2961	14834	10239
宿州市区县合计	169121	127818	24568	50689	4405	7740	9430	41303	5411	20695	13119
埇桥区	72460	63002	16218	22705	1954	5311	533	9458	2346	4165	2823
砀山县	22291	16733	2280	5805	513	565	2848	5558	393	2966	1699
萧县	29757	20668	3342	7106	1019	858	3374	9089	1637	4578	2734
灵璧县	21024	13682	984	8209	499	507	964	7342	591	2845	3658
泗县	23589	13733	1744	6864	420	499	1711	9856	444	6141	2205
滁州市	505281	393485	61631	137187	25416	26782	64056	111796	18240	42707	13668
滁州市本级	133192	109821	18439	28433	9726	11881	22080	23371	5848	12974	3749
滁州市区县合计	372089	283664	43192	108754	15690	14901	41976	88425	12392	29733	9919
琅琊区	31273	25803	3695	13773	1716	1702	523	5470	536	597	575
南谯区	31368	28135	2975	11283	1712	1256	6696	3233	553	1438	358
天长市	91764	64134	16532	20033	2663	4740	10919	27630	2442	8244	3089
来安县	38784	29867	5648	10514	1808	1748	4452	8917	1803	2466	1469
全椒县	48751	35394	3378	13920	2146	1311	5140	13357	3150	3593	861
定远县	38535	29337	2145	12732	1607	996	5334	9198	968	2229	727
凤阳县	55992	41432	5761	14803	2701	1769	5057	14560	2067	7964	1414
明光市	35622	29562	3058	11696	1337	1379	3855	6060	873	3202	1426
池州市	312066	196143	19063	82384	10106	8104	27553	115923	11437	67315	7566
池州市本级	136376	74962	5315	32249	5840	4172	11655	61414	2528	53735	2362

地区	收入合计	小计	增值税	营业税	企业所得税	城市维护建设税	契税	小计	专项收入	行政事业性收费收入	罚没收入
池州市区县合计	175690	121181	13748	50135	4266	3932	15898	54509	8909	13580	5204
贵池区	72604	50370	6223	23749	1479	1640	5660	22234	1625	6367	1902
石台县	8951	6002	670	2510	249	203	1372	2949	145	838	547
青阳县	47814	32185	3902	12938	1417	1145	4150	15629	6344	3562	1046
东至县	46321	32624	2953	10938	1121	944	4716	13697	795	2813	1709
阜阳市	411810	330122	73068	120877	18679	30306	34155	81688	20567	42100	12952
阜阳市本级	131193	105832	13321	38861	2644	14725	16500	25361	7426	14083	3009
阜阳市区县合计	280617	224290	59747	82016	16035	15581	17655	56327	13141	28017	9943
颍州区	28980	26291	3871	12659	2505	1080	2621	2689	448	1800	410
颍泉区	21769	19889	2834	9350	1498	1030	2413	1880	487	358	261
颍东区	17160	15158	1459	9059	486	734	1745	2002	336	884	250
临泉县	28305	19490	2580	8238	1325	1136	1400	8815	867	5338	1886
太和县	42910	33214	12703	10944	882	2853	2300	9696	1665	6561	1215
颍上县	84970	68327	24906	17927	8245	5832	2017	16643	7520	6676	2421
阜南县	20660	15130	1367	7551	354	572	2045	5530	396	1864	1641
界首市	35863	26791	10027	6288	740	2344	3114	9072	1422	4536	1859
六安市	427011	304161	39848	130986	16742	16360	34940	122850	14561	76902	19032
六安市本级	127909	92358	6286	47387	3475	6103	14463	35551	2893	22865	7324
六安市区县合计	299102	211803	33562	83599	13267	10257	20477	87299	11668	54037	11708
金安区	35957	25527	2728	13142	1397	1195	614	10430	758	7508	629
裕安区	32393	22173	2104	10581	1328	1198	1708	10220	627	6645	1642
寿县	30704	20593	1556	9410	706	658	2386	10111	445	5284	3693
霍邱县	75369	53109	10889	17262	3517	2064	3891	22260	6396	11936	1878
舒城县	39573	29911	2725	13318	2071	1032	4318	9662	669	5321	1416
金寨县	30058	20401	2778	9140	460	975	3165	9657	839	6207	731
霍山县	55048	40089	10782	10746	3788	3135	4395	14959	1934	11136	1719
巢湖市	392719	308134	49295	113855	16635	16570	34580	84585	26618	29444	13340
巢湖市本级	89537	66530	7121	27551	3207	3990	11156	23007	5367	9540	5983
巢湖市区县合计	303182	241604	42174	86304	13428	12580	23424	61578	21251	19904	7357
居巢区	49796	42844	5191	18075	2280	1928	2513	6952	4843	1300	347
庐江县	60711	47850	7068	18517	4647	2534	3923	12861	6759	4272	1714
含山县	42334	30136	4896	11288	1056	1490	4338	12198	4381	3707	1060
和县	49051	41580	4697	17497	2399	1565	3969	7471	1784	3804	1333

地区	收入合计	小计	增值税	营业税	企业所得税	城市维护建设税	契税	小计	专项收入	行政事业性收费收入	罚没收入
无为县	101290	79194	20322	20927	3046	5063	8681	22096	3484	6821	2903
合肥市	2594283	2214331	255585	902953	221277	124391	368658	379952	61813	140258	29499
合肥市本级	1881281	1584099	185128	641545	170320	89584	339274	297182	51149	101161	16445
合肥市区县合计	713002	630232	70457	261408	50957	34807	29384	82770	10664	39097	13054
瑶海区	53667	50786	4740	19800	3075	2596		2881		603	1462
庐阳区	87955	80442	5564	25562	14557	3377		7513		892	703
蜀山区	97208	95148	4114	41946	8302	4377		2060		1140	638
包河区	146798	142428	13403	61535	9820	8398		4370	15	1085	1277
肥东县	107614	79425	8519	40174	2311	3091	13993	28189	2467	21513	3572
长丰县	81879	72102	12429	30405	5686	4610	5891	9777	3150	3293	2733
肥西县	137881	109901	21688	41986	7206	8358	9500	27980	5032	10571	2669
蚌埠市	429009	340848	53558	115716	20766	44970	48333	88161	21194	42062	13972
蚌埠市本级	210778	171079	31700	42098	8880	34685	35798	39699	15348	13610	6652
蚌埠市区县合计	218231	169769	21858	73618	11886	10285	12535	48462	5846	28452	7320
龙子湖区	30017	28018	4737	11925	2809	1845		1999	788	602	603
蚌山区	23500	22252	2227	10222	1617	1297		1248	555	232	458
禹会区	30237	28135	5840	8476	3756	3117		2102	1335	415	349
淮上区	22253	19021	826	11122	662	910		3232	390	2726	113
怀远县	46191	33337	5719	14812	2044	1833	3517	12854	1602	6894	2319
固镇县	29843	16713	1119	6191	396	488	4131	13130	490	7858	2045
五河县	36190	22293	1390	10870	602	795	4887	13897	686	9725	1433
淮南市	518107	458458	134894	146891	21483	32136	32124	59649	22082	25034	9502
淮南市本级	233989	202193	64921	46629	10137	10913	22662	31796	12944	13565	5109
淮南市区县合计	284118	256265	69973	100262	11346	21223	9462	27853	9138	11469	4393
田家庵区	68701	68050	5350	44425	3509	4247		651		238	398
大通区	12293	11532	4719	3761	261	1537		761		434	286
谢家集区	33118	31566	4297	15834	1515	2122	5000	1552		885	446
八公山区	9201	8698	3132	2873	687	850		503		225	96
潘集区	30508	24912	5567	11749	843	2205		5596	942	3487	213
凤台县	130297	111507	46908	21620	4531	10262	4462	18790	8196	6200	2954
铜陵市	347336	258606	51090	81190	19170	17105	27299	88730	12728	23853	3941
铜陵市本级	218558	138287	25369	34198	10630	13811	16804	80271	9690	21840	2390
铜陵市区县合计	128778	120319	25721	46992	8540	3294	10495	8459	3038	2013	1551

地区	收入合计	小计	增值税	营业税	企业所得税	城市维护建设税	契税	小计	专项收入	行政事业性收费收入	罚没收入
铜官山区	30505	30289	3621	16387	3427		4400	216			206
狮子山区	14041	13604	2502	8925	1146			437		126	284
郊区	18381	18173	6054	8148	1073		16	208			
铜陵县	65851	58253	13544	13532	2894	3294	6079	7598	3038	1887	1061
马鞍山市	698801	470907	133456	124829	34024	44658	36758	227894	25937	41570	6823
马鞍山市本级	408193	241620	77735	40025	16522	24405	27152	166573	14207	25579	3733
马鞍山市区县合计	290608	229287	55721	84804	17502	20253	9606	61321	11730	15991	3090
花山区	64729	48410	7092	23637	4681	3607		16319	1497	574	315
雨山区	55449	44380	9499	19928	3153	3751		11069	1618	6840	231
金家庄区	55524	40001	11187	13657	4023	4615		15523	1999	1213	205
当涂县	114906	96496	27943	27582	5645	8280	9606	18410	6616	7364	2339
淮北市	295956	274786	88724	77360	29428	21411	3210	21170	13920	8586	6490
淮北市本级	179209	174778	65829	37325	22465	16521	3000	4431	10084		3650
淮北市区县合计	116747	100008	22895	40035	6963	4890	210	16739	3836	8586	2840
相山区	25777	25183	2546	12249	1482	796		594	574		5
杜集区	14010	13530	2394	4916	856	387		480	245	38	148
烈山区	10415	9338	1515	4071	584	321		1077	262	463	147
濉溪县	66545	51957	16440	18799	4041	3386	210	14588	2755	8085	2540
芜湖市	948372	830202	111165	275646	79879	64029	102826	118170	31631	25866	18014
芜湖市本级	344162	270154	56913	54432	30974	40327	21568	74008	19512	14036	8929
芜湖市区县合计	604210	560048	54252	221214	48905	23702	81258	44162	12119	11830	9085
镜湖区	145042	140484	8823	64459	12457	5828	18800	4558	2498	1630	423
弋江区	97283	95640	8192	34096	10711	3519	18150	1643	1504		128
鸠江区	66915	65222	7991	22743	5258	3185	12420	1693	1363	72	241
三山区	36696	35691	1224	18404	1801	1209	2030	1005	533	266	132
繁昌县	100753	87872	13498	24496	9717	3672	8653	12881	2522	1485	1703
南陵县	67993	56276	5039	23314	3546	1962	12947	11717	1372	4544	2214
芜湖县	89528	78863	9485	33702	5415	4327	8258	10665	2327	3833	4244
安庆市	505742	351999	59264	133351	21629	25645	36269	153743	16487	71596	19674
安庆市本级	141924	112549	28344	33259	8244	14978	9666	29375	8505	13340	6671
安庆市区县合计	363818	239450	30920	100092	13385	10667	26603	124368	7982	58256	13003
迎江区	20530	19852	1581	12900	1062	1152		678	494	172	3
大观区	15478	13958	1638	8533	865	967		1520	423	368	359

地区	收入合计	小计	增值税	营业税	企业所得税	城市维护建设税	契税	小计	专项收入	行政事业性收费收入	罚没收入
宜秀区	12215	8497	1213	4238	772	450		3718	197	2474	624
怀宁县	79173	40120	6456	11119	2490	1631	3000	39053	1972	22563	1448
枞阳县	50936	31564	4691	10063	2264	833	5517	19372	1042	6431	1977
桐城市	74758	47885	6770	17625	3164	2543	7398	26873	1077	12241	997
潜山县	29138	21730	2544	9545	820	1000	2675	7408	688	2339	1547
太湖县	17343	11257	1172	5589	428	542	1279	6086	778	1896	2073
宿松县	27344	16726	1681	7954	430	519	2697	10618	415	5406	2339
望江县	20017	15647	1545	7795	548	545	2500	4370	431	2048	613
岳西县	16886	12214	1629	4731	542	485	1537	4672	465	2318	1023
黄山市	307860	226645	20595	99528	13452	9775	35400	81215	6318	20375	8372
黄山市本级	115616	82882	3544	35417	6535	3035	20200	32734	1511	7916	3213
黄山市区县合计	192244	143763	17051	64111	6917	6740	15200	48481	4807	12459	5159
屯溪区	33612	25372	2355	15121	1656	1590		8240	681	602	363
黄山区	36991	30133	3419	13220	840	1523	4516	6858	1046	1508	1521
徽州区	20809	17208	2774	6180	993	758	2054	3601	684	1665	346
祁门县	22271	13816	1359	5788	388	506	2250	8455	399	1553	568
黟县	13205	8655	766	3795	347	346	855	4550	251	1188	351
休宁县	27959	22069	2410	8978	1183	851	2267	5890	753	1205	911
歙县	37397	26510	3968	11029	1510	1166	3258	10887	993	4738	1099
亳州市	232980	176020	30295	71311	9254	11584	12948	56960	8128	26740	10129
亳州市本级	38419	31762	7427	11520	2784	3710	1000	6657	2347	1983	1817
亳州市区县合计	194561	144258	22868	59791	6470	7874	11948	50303	5781	24757	8312
谯城区	50220	35931	7607	16356	2059	2456	1364	14289	1250	5307	715
涡阳县	56885	43669	7518	15792	2014	2457	4098	13216	2025	5571	2870
蒙城县	53882	38589	6190	15806	1513	2112	3218	15293	1964	9929	2774
利辛县	33574	26069	1553	11837	884	849	3268	7505	542	3950	1953

2010 年各县市区财政一般预算支出表

单位：万元

地　　区	支出合计	一般公共服　务	国防	文化体育与传媒	社会保障和就业	医疗卫生	环境保护	城乡社区事务	农林水事务	交通运输	金融监督支出	其他支出
安徽省地市合计	20346937	2316492	33569	270436	2070890	1747200	532332	2358658	2084881	487328	48297	708952
宣城市	1042772	149932	881	24657	93698	94047	20882	73092	125181	38809	2851	25734
宣城市本级	153979	19066	323	11014	11306	7054	3707	18534	12478	3753	25	4038
宣城市区县合计	888793	130866	558	13643	82392	86993	17175	54558	112703	35056	2826	21696
宣州区	189748	23401	347	1049	25769	22675	2370	9217	26703	7304	369	462
郎溪县	105469	13644	5	1467	4796	11085	1606	6476	12719	5837	278	923
广德县	155740	32622	54	2435	14105	14464	3225	5988	17610	4450	677	950
宁国市	185326	21787	74	2098	13408	11728	1709	21015	22221	5102	1003	16115
泾县	116332	17368	58	2359	13708	12003	3282	1955	12931	9931	111	2820
旌德县	60730	7640	10	1804	6283	7044	3148	4012	11262	672	1	261
绩溪县	75448	14404	10	2431	4323	7994	1835	5895	9257	1760	387	165
宿州市	1131874	139136	375	18529	76553	143533	26495	40781	149562	24013	4317	10410
宿州市本级	187198	25293	239	9636	5483	6664	5906	19480	21310	3974	3158	2341
宿州市区县合计	944676	113843	136	8893	71070	136869	20589	21301	128252	20039	1159	8069
埇桥区	248447	39011		1884	20890	34621	777	7535	31722	6526	288	2119
砀山县	153969	17622	65	1820	11874	21158	4232	2148	17947	2534	107	5274
萧县	210843	22212		1893	15698	31202	6203	2347	26757	4431	397	320
灵璧县	185221	15188	5	2034	12709	30653	4181	6625	29812	3522	87	76
泗县	146196	19810	66	1262	9899	19235	5196	2646	22014	3026	280	280
滁州市	1281171	140689	3778	13670	139348	121902	32511	116637	200997	39568	6903	20023
滁州市本级	268612	34044	1549	2975	16816	10468	14178	32282	47324	6382	3509	8212
滁州市区县合计	1012559	106645	2229	10695	122532	111434	18333	84355	153673	33186	3394	11811
琅琊区	50177	4907	3	173	7866	4222	406	1751	1872			1936
南谯区	72416	5747		480	7787	6317	460	7867	14686	1344	285	1944
天长市	181588	15473	175	1905	18453	21898	696	11840	24878	5300	1271	1061
来安县	117608	12742	54	1882	13462	15277	4156	14580	15761	2509	87	261
全椒县	125724	15035	309	2054	15336	12945	2686	6533	22829	6855	643	244
定远县	172557	14880	70	1278	20531	15636	2614	28157	25153	5344	113	2057
凤阳县	165753	22591	1556	1892	22532	19188	3682	8307	25449	8806	366	210
明光市	126736	15270	62	1031	16565	15951	3633	5320	23045	3028	629	4098
池州市	681120	137955	1356	7557	62483	50783	14320	54261	86092	28022	538	23383
池州市本级	233464	56694	1216	2445	11709	6285	8393	38890	21204	16632	416	1398

地　　区	支出合计	一般公共服　务	国防	文化体育与传媒	社会保障和就业	医疗卫生	环境保护	城乡社区事务	农林水事务	交通运输	金融监督支出	其他支出
池州市区县合计	447656	81261	140	5112	50774	44498	5927	15371	64888	11390	122	21985
贵池区	153802	28545	28	1225	18069	16131	175	915	16462	3330		20370
石台县	55867	7607	5	689	5617	5431	1458	2629	9774	1752		120
青阳县	96569	17084	102	1756	10940	8364	1303	9674	16786	2746	43	195
东至县	141418	28025	5	1442	16148	14572	2991	2153	21866	3562	79	1300
阜阳市	1643492	160601	3296	16350	256007	173069	27977	108896	202964	55549	5614	21218
阜阳市本级	271099	29176	1426	5583	33618	11946	6069	42091	17252	20700	4588	12043
阜阳市区县合计	1372393	131425	1870	10767	222389	161123	21908	66805	185712	34849	1026	9175
颍州区	105633	13295	80	642	18413	10735	898	2509	10927	712		3270
颍泉区	104128	8751	115	665	17068	14115	512	3900	12513	689	267	570
颍东区	94794	10438	111	550	16507	12586	1238	1516	10865	352	216	152
临泉县	239361	22649	598	1911	38481	30157	2560	19460	35594	5745	166	300
太和县	202275	19844	82	1492	31507	29459	2169	15181	25831	5097	82	593
颍上县	254456	24287	724	2359	36122	22055	1859	6790	42767	11128	35	3459
阜南县	218425	18174	126	1864	35007	29819	2474	7091	31454	9169	195	511
界首市	153321	13987	34	1284	29284	12197	10198	10358	15761	1957	65	320
六安市	1539278	179189	1473	20785	148512	163584	28059	71353	249191	48297	2577	26978
六安市本级	261108	26101	724	4882	9789	13069	6969	26321	32749	6830	93	17980
六安市区县合计	1278170	153088	749	15903	138723	150515	21090	45032	216442	41467	2484	8998
金安区	141126	19985	148	1749	15226	19751	2259	2426	23605	4080		2184
裕安区	157828	21841	162	1773	14355	17624	1321	1363	27050	8454		1607
寿县	223185	21114	68	2240	28231	25710	4624	5806	44600	7217	592	192
霍邱县	272345	32586	65	3359	19525	36267	3741	7752	43182	8426	925	1973
舒城县	177262	20226	167	1736	27920	20114	1190	5728	28548	4307	321	1130
金寨县	170072	23115	57	2786	20383	17729	5799	7971	29330	5869	107	328
霍山县	136352	14221	82	2260	13083	13320	2156	13986	20127	3114	539	1584
巢湖市	1046436	124692	2175	10123	121136	104120	33922	50895	144492	33886	2379	4135
巢湖市本级	183873	23793	1096	2412	13084	9035	7759	24230	24770	8863	117	465
巢湖市区县合计	862563	100899	1079	7711	108052	95085	26163	26665	119722	25023	2262	3670
居巢区	148675	22367	229	1480	21320	17975	4209	1947	19360	2983	20	48
庐江县	213366	23653	205	1336	30309	25548	9694	5677	33891	4118	373	430
含山县	108860	12149	191	1335	6776	8507	4531	5334	15323	3905	889	991
和县	135844	17400	254	1795	16464	17111	2186	4974	19407	5298	600	745

地　　区	支出合计	一般公共服　务	国防	文化体育与传媒	社会保障和就业	医疗卫生	环境保护	城乡社区事务	农林水事务	交通运输	金融监督支出	其他支出
无为县	255818	25330	200	1765	33183	25944	5543	8733	31741	8719	380	1456
合肥市	3177157	308037	4734	35431	200629	135160	69398	1025605	149906	35845	4811	140127
合肥市本级	2000852	123528	4383	24575	104864	47065	43523	869920	47612	21288	2746	79573
合肥市区县合计	1176305	184509	351	10856	95765	88095	25875	155685	102294	14557	2065	60554
瑶海区	93659	10593		234	9092	6131	1865	18135	1504	53		6509
庐阳区	102700	14411		524	8135	7239	702	17511	2087	785		9353
蜀山区	115350	22289		922	19191	3469	180	35679	4357	12		6280
包河区	153286	25582		1942	8743	6420	1567	43497	5356	1941		6617
肥东县	258515	36664		2768	21672	24700	6093	12846	38100	3504	914	7793
长丰县	201932	22636	192	1643	14349	18989	9935	16322	20992	3289	1036	9972
肥西县	250863	52334	159	2823	14583	21147	5533	11695	29898	4973	115	14030
蚌埠市	1069849	93867	1533	12182	124047	90911	97791	101111	93501	17421	1218	15628
蚌埠市本级	475780	26984	978	7219	42357	21263	92940	68959	22640	6796	47	12450
蚌埠市区县合计	594069	66883	555	4963	81690	69648	4851	32152	70861	10625	1171	3178
龙子湖区	23862	3525	70	253	5570	2294		1459	891	60	10	747
蚌山区	27110	2968	59	196	4740	1789		5329	611		7	40
禹会区	29473	4091	43	114	5513	1821	25	5022	1343		10	25
淮上区	30970	4387	33	295	3891	3660	750	6690	2447	298	10	75
怀远县	208618	20430	208	1431	23505	29696	1661	4094	28029	4266	260	1968
固镇县	126408	14687	91	1104	19647	12770	1484	7339	15298	2572	246	178
五河县	147628	16795	51	1570	18824	17618	931	2219	22242	3429	628	145
淮南市	810173	82838	6071	11723	105868	64769	9128	111137	67909	17236	195	12759
淮南市本级	363525	34463	5308	7885	44823	25819	6432	36481	21740	8257	47	9635
淮南市区县合计	446648	48375	763	3838	61045	38950	2696	74656	46169	8979	148	3124
田家庵区	77292	10956	146	563	10322	2947	191	4896	4692	130		30
大通区	22309	4043		226	3501	2213		788	2897			407
谢家集区	53819	5917	300	204	6983	2959	66	16458	3076			50
八公山区	17981	2663	68	349	3680	1081	116	961	842			10
潘集区	63975	6374	77	792	8483	8014	176	1172	9059	248		2250
凤台县	211272	18422	172	1704	28076	21736	2147	50381	25603	8601	148	377
铜陵市	573219	61999	339	8301	75664	36764	27357	62123	22016	14838	810	25730
铜陵市本级	351573	31983	339	6117	52892	20076	22387	45309	5916	12724	634	12884
铜陵市区县合计	221646	30016		2184	22772	16688	4970	16814	16100	2114	176	12846

地　　区	支出合计	一般公共服　务	国防	文化体育与传媒	社会保障和就业	医疗卫生	环境保护	城乡社区事务	农林水事务	交通运输	金融监督支出	其他支出
铜官山区	38635	6237		163	4927	1981	77	4782	1	307		600
狮子山区	24114	4032		158	2495	927	2662	2277	568			652
郊区	29776	5633		266	3598	1162	90	6472	1687	91		383
铜陵县	129121	14114		1597	11752	12618	2141	3283	13844	1716	176	11211
马鞍山市	865282	95639	46	14129	67349	55839	19460	110926	32919	11642	2832	140522
马鞍山市本级	523029	46994	46	11487	33471	27902	17526	79620	10088	7663	2444	127933
马鞍山市区县合计	342253	48645		2642	33878	27937	1934	31306	22831	3979	388	12589
花山区	47277	7738		259	2777	1992	165	5716	1610			371
雨山区	47380	6049		366	3848	3187	128	4079	1908			1029
金家庄区	41334	6638		261	1773	1544	170	2360	425			10508
当涂县	206262	28220		1756	25480	21214	1471	19151	18888	3979	388	681
淮北市	659289	69460	21	5315	81896	48975	7711	82726	54456	8618	482	8107
淮北市本级	332568	21897	21	3489	34836	14600	4785	50677	21489	5272	447	2762
淮北市区县合计	326721	47563		1826	47060	34375	2926	32049	32967	3346	35	5345
相山区	41773	14184		185	5820	2333	595	2381	2150	25		249
杜集区	38845	6654		298	4810	2987	80	4118	2953	131		707
烈山区	42958	5314		306	6111	3627	430	741	5862	44		1108
濉溪县	203145	21411		1037	30319	25428	1821	24809	22002	3146	35	3281
芜湖市	1444290	111322	1664	10781	124909	100323	44788	216810	74884	29042	1528	126892
芜湖市本级	660077	27426	591	4489	43471	43533	35440	109117	12510	11803	849	96129
芜湖市区县合计	784213	83896	1073	6292	81438	56790	9348	107693	62374	17239	679	30763
镜湖区	95396	8998	185	252	5816	6956	20	22688	282	11		11912
弋江区	81429	6975	63	428	7228	3458		24860	2469	636		12400
鸠江区	57501	7137	186	451	8297	2451		9763	1285	276		31
三山区	41377	8419	109	121	4396	2718	61	4229	4106	1141		165
繁昌县	173450	20672	83	2737	19923	13287	3238	13931	16219	2534	237	4534
南陵县	170780	15849	280	1308	19269	16092	5073	20555	21606	9959	187	1305
芜湖县	164280	15846	167	995	16509	11828	956	11667	16407	2682	255	416
安庆市	1618318	233535	2796	26641	171606	171178	29902	65027	215423	40968	2623	28577
安庆市本级	280962	27556	2252	5910	39923	22967	7185	23203	36345	7946	3	8875
安庆市区县合计	1337356	205979	544	20731	131683	148211	22717	41824	179078	33022	2620	19702
迎江区	30038	10821		427	3211	1831	35	1327	1373	68		1192
大观区	29526	6980		217	2714	2795	472	1135	1383	709		30

地　区	支出合计	一般公共服　务	国防	文化体育与传媒	社会保障和就业	医疗卫生	环境保护	城乡社区事务	农林水事务	交通运输	金融监督支出	其他支出
宜秀区	31010	5430		447	1350	3587	811	294	3660	140		2540
怀宁县	199990	33345	340	4346	17876	19420	4844	3013	25731	3533	26	430
枞阳县	170219	25727	142	2485	19365	27702	2304	439	15968	4606	31	205
桐城市	202800	29535		4330	10048	16817	1968	14468	35310	2225	693	3195
潜山县	147448	22550	42	1296	18365	15348	2568	10223	18180	3971	72	9777
太湖县	129345	18137	10	1165	16496	14850	3777	1225	19608	7431	1263	253
宿松县	146544	23460		1672	12897	17972	1335	3678	20383	2854	216	253
望江县	120760	16136	5	1734	14624	14009	1865	3516	21739	2115	225	265
岳西县	129676	13858	5	2612	14737	13880	2738	2506	15743	5370	94	1562
黄山市	729805	110459	2036	21508	82583	60542	26998	25261	86427	18774	1711	66234
黄山市本级	195514	31926	1239	3436	13714	6853	16193	4051	10634	2508		45578
黄山市区县合计	534291	78533	797	18072	68869	53689	10805	21210	75793	16266	1711	20656
屯溪区	56432	12455		918	9350	3894	1	3598	5140	1000		7659
黄山区	83310	14907	665	1323	9179	6059	2388	6100	12328	1290		2863
徽州区	46032	7436		1322	4577	4861	2129	1186	6661	964	5	1443
祁门县	77538	10514	13	2852	9572	10601	1139	2072	10596	2666	61	2127
黟县	45673	6896	119	2452	5493	2943	1767	1820	6199	686	63	1101
休宁县	91137	12379		4315	11658	9240	1598	1294	15502	5258	833	2435
歙县	134169	13946		4890	19040	16091	1783	5140	19367	4402	749	3028
亳州市	1033412	117142	995	12754	138602	131701	15633	42017	128961	24800	6908	12495
亳州市本级	121582	14578	705	1570	4570	3817	4954	10780	10721	3400	5299	5907
亳州市区县合计	911830	102564	290	11184	134032	127884	10679	31237	118240	21400	1609	6588
谯城区	209266	28012		2359	31761	31478	2583	6317	27496	4798		315
涡阳县	243779	20359	98	2195	32654	34443	2648	12803	29761	6080	278	2723
蒙城县	222030	27451	18	4128	37853	31079	2465	5741	27485	3114	666	145
利辛县	236755	26742	174	2502	31764	30884	2983	6376	33498	7408	665	3405

2010年各市财政平衡收入表

单位：万元

地　　区	收入总计	本年收入	小计	增值税和消费税税收返还	所得税基数返还	小计	体制补助	结算补助	专项转移支付	上年结余	调入资金
安徽省地市合计	21890849	9687186	784767	597132	187635	4472361	2540571	22983	5750618	605376	99941
宣城市	1114941	498310	33686	24075	9611	211621	122350	1655	293957	46093	774
宣城市本级	169932	81040	2912	1766	1146	17982	10810	1481	52079	8543	676
宣城市区县合计	945009	417270	30774	22309	8465	193639	111540	174	241878	37550	98
宣州区	215075	97785	5449	3873	1576	47199	24806	3	48694	11548	
郎溪县	105819	41771	2744	2249	495	25889	16194	28	32511	4	
广德县	160107	72721	4472	3139	1333	33334	20137	32	42549	4431	
宁国市	194954	121504	10320	7230	3090	23540	11743	27	35022	1528	40
泾县	125542	35541	4212	3163	1049	26308	16101	31	39924	11500	57
旌德县	62487	17893	1260	852	408	17621	10782	25	22206	1706	1
绩溪县	81025	30055	2317	1803	514	19748	11777	28	20972	6833	
宿州市	1174578	261543	18514	13963	4551	454870	255359	338	374840	42086	1225
宿州市本级	217737	92422	3839	2375	1464	35725	22300	221	61748	18488	515
宿州市区县合计	956841	169121	14675	11588	3087	419145	233059	117	313092	23598	710
埇桥区	256709	72460	6872	5607	1265	97763	53766	4	72130	4084	
砀山县	154090	22291	1996	1843	153	69993	43762	30	53327	3986	197
萧县	210056	29757	2489	1773	716	96163	55045	31	75964	470	513
灵璧县	185354	21024	1921	1324	597	88256	46071	21	65432	4521	
泗县	150632	23589	1397	1041	356	66970	34415	31	46239	10537	
滁州市	1341477	505281	56707	40188	16519	307424	170759	1713	402457	37453	2455
滁州市本级	295608	133192	22300	17784	4516	16732	17467	-8556	101652	15570	262
滁州市区县合计	1045869	372089	34407	22404	12003	290692	153292	10269	300805	21883	2193
琅琊区	61010	31273	2519	1887	632	15512	4514	7063	10352	10	344
南谯区	76343	31368	1683	837	846	18920	9438	3062	22418	954	
天长市	192654	91764	7004	4454	2550	36766	19763	22	44030	9194	996
来安县	119880	38784	3569	2745	824	35097	19154	26	34216	3414	
全椒县	126018	48751	5869	2448	3421	31425	18211	33	36948	24	1
定远县	174333	38535	2545	1829	716	65549	35278	20	59848	4256	
凤阳县	169255	55992	4388	2615	1773	46953	25630	24	52916	3806	
明光市	126376	35622	6830	5589	1241	40470	21304	19	40077	225	852
池州市	687759	312066	11245	6517	4728	134435	82008	206	205879	7534	
池州市本级	234636	136376	2546	1401	1145	10654	7884	-287	78630	1430	

地　区	收入总计	本年收入	小计	增值税和消费税税收返还	所得税基数返还	小计	体制补助	结算补助	专项转移支付	上年结余	调入资金
池州市区县合计	453123	175690	8699	5116	3583	123781	74124	493	127249	6104	
贵池区	155694	72604	3993	2301	1692	38599	22829		35034	2464	
石台县	58535	8951	732	478	254	20821	11456	32	21767	2964	
青阳县	97276	47814	1415	852	563	22006	14021	432	23893	548	
东至县	141618	46321	2559	1485	1074	42355	25818	29	46555	128	
阜阳市	1743146	411810	48319	41892	6427	608894	348555	702	541596	95810	4917
阜阳市本级	286106	131193	28949	25756	3193	31202	16502	92	76851	12303	8
阜阳市区县合计	1457040	280617	19370	16136	3234	577692	332053	610	464745	83507	4909
颍州区	111039	28980	1160	1108	52	43765	26282	4	27606	6828	
颍泉区	107575	21769	1693	1305	388	42280	25198	482	34294	3696	343
颍东区	98143	17160	519	433	86	44737	26206		29268	3754	205
临泉县	242342	28305	2500	1810	690	117102	63397	35	81835	9990	10
太和县	248674	42910	3643	2605	1038	96269	55435	22	72240	26253	2359
颍上县	266485	84970	1848	1560	288	86506	50852	19	78557	8412	1992
阜南县	228362	20660	2289	1961	328	99652	54898	26	83965	18096	
界首市	154420	35863	5718	5354	364	47381	29785	22	56980	6478	
六安市	1552833	427011	26921	16892	10029	498235	285846	149	551527	7790	4049
六安市本级	267798	127909	4955	3729	1226	35942	22140	96	86777	5471	44
六安市区县合计	1285035	299102	21966	13163	8803	462293	263706	53	464750	2319	4005
金安区	142970	35957	2431	1214	1217	49364	33311	5	50937	481	
裕安区	156566	32393	1666	839	827	63871	36291		54622	214	
寿县	223453	30704	2861	1409	1452	93978	49653	-68	89106		4
霍邱县	278359	75369	3672	2178	1494	95114	52497	21	97988	106	610
舒城县	177087	39573	4094	3016	1078	63823	37279	44	63146	560	3391
金寨县	170099	30058	3102	2066	1036	62884	34783	23	66805	950	
霍山县	136501	55048	4140	2441	1699	33259	19892	28	42146	8	
巢湖市	1071410	392719	30918	19771	11147	267723	163890	250	323090	29621	3339
巢湖市本级	194464	89537	8235	5283	2952	15229	8339	-246	65333	11058	72
巢湖市区县合计	876946	303182	22683	14488	8195	252494	155551	496	257757	18563	3267
居巢区	150908	49796	4508	2772	1736	46284	32175	425	42173	2347	2500
庐江县	219509	60711	4933	2616	2317	69113	39742	19	69217	8035	
含山县	112275	42334	3601	2952	649	29272	17239	19	28979	5889	
和县	139704	49051	3255	1939	1316	38630	23255	10	44087	2114	767

地　　区	收入总计	本年收入	小计	增值税和消费税税收返还	所得税基数返还	小计	体制补助	结算补助	专项转移支付	上年结余	调入资金
无为县	254550	101290	6386	4209	2177	69195	43140	23	73301	178	
合肥市	3604746	2594283	119749	99447	20302	225214	141156	2194	507420	61444	22036
合肥市本级	2312884	1881281	91980	83304	8676	34506	33904	-11947	228095	13270	5052
合肥市区县合计	1291862	713002	27769	16143	11626	190708	107252	14141	279325	48174	16984
瑶海区	112157	53667	3299	2099	1200	15628	2195	11233	27233	12330	
庐阳区	114112	87955	7002	3155	3847	1746			15483	1926	
蜀山区	132864	97208	2578	1120	1458	10844	5978	2628	14749	7485	
包河区	203487	146798	3769	1874	1895	5271	2771	97	41804	5845	
肥东县	264414	107614	3572	2490	1082	56899	36725	30	71111	8941	10377
长丰县	205366	81879	2477	1589	888	50179	28812	47	54050	4775	6606
肥西县	259462	137881	5072	3816	1256	50141	30771	106	54895	6872	1
蚌埠市	1249941	429009	87703	79574	8129	237349	123839	6500	384203	82317	2860
蚌埠市本级	601920	210778	75760	72358	3402	45263	26934	6486	201742	57097	2280
蚌埠市区县合计	648021	218231	11943	7216	4727	192086	96905	14	182461	25220	580
龙子湖区	39179	30017	1151	9	1142	463			5858	1690	
蚌山区	32519	23500	1139	30	1109	455			3400	25	
禹会区	41656	30237	1060	123	937	904			5624	251	580
淮上区	34677	22253	249	1	248	4023			7712	440	
怀远县	224431	46191	4564	3748	816	82299	40840	-16	72367	15310	
固镇县	127093	29843	1591	1379	212	50759	29227	14	42532	168	
五河县	148466	36190	2189	1926	263	53183	26838	16	44968	7336	
淮南市	896203	518107	27576	21860	5716	130203	74020	112	176739	28170	3008
淮南市本级	388884	233989	16885	13967	2918	34508	51044	-561	80594	15708	
淮南市区县合计	507319	284118	10691	7893	2798	95695	22976	673	96145	12462	3008
田家庵区	97690	68701	2342	1559	783	11755	5778	66	11993	2899	
大通区	26578	12293	1350	983	367	6123	1532	24	6324	488	
谢家集区	59109	33118	1812	1558	254	13186	5579	66	8421	576	1996
八公山区	21215	9201	943	758	185	6572	2293	26	3096	391	1012
潘集区	69977	30508	826	471	355	19744	4384	24	17604	495	
凤台县	232750	130297	3418	2564	854	38315	3410	467	48707	7613	
铜陵市	614314	347336	23257	12656	10601	57607	22126	97	145886	21475	4053
铜陵市本级	370176	218558	16743	8631	8112	17322	1083	-6708	95856	10838	1159
铜陵市区县合计	244138	128778	6514	4025	2489	40285	21043	6805	50030	10637	2894

地　区	收入总计	本年收入	小计	增值税和消费税税收返还	所得税基数返还	小计	体制补助	结算补助	专项转移支付	上年结余	调入资金
铜官山区	46037	30505	852	274	578	6552	4751	1292	6430	1698	
狮子山区	26327	14041	1047	484	563	3056	1546	1131	6773	1410	
郊区	31442	18381	1226	696	530	3906	2406	891	6062	1867	
铜陵县	140332	65851	3389	2571	818	26771	12340	3491	30765	5662	2894
马鞍山市	988302	698801	56392	41660	14732	65937	44550	81	142559	4113	
马鞍山市本级	568043	408193	42484	30636	11848	12890	7793	61	87633	1943	
马鞍山市区县合计	420259	290608	13908	11024	2884	53047	36757	20	54926	2170	
花山区	81499	64729	3099	2398	701	10005	8745		2866	800	
雨山区	70800	55449	3512	2950	562	8071	6743		3736	32	
金家庄区	60822	55524	2069	1556	513	2105	1371		947	177	
当涂县	207138	114906	5228	4120	1108	32866	19898	20	47377	1161	
淮北市	706541	295956	27638	22174	5464	146074	58310	100	201480	3907	16486
淮北市本级	372324	179209	21032	16636	4396	31667	25056	70	123960	2185	11671
淮北市区县合计	334217	116747	6606	5538	1068	114407	33254	30	77520	1722	4815
相山区	45557	25777				11511			4887	7	875
杜集区	39977	14010				18219			5058	190	
烈山区	45255	10415				21980			7813	431	2116
濉溪县	203428	66545	6606	5538	1068	62697	33254	30	59762	1094	1824
芜湖市	1593182	948372	110142	86752	23390	121576	71222	7920	333394	16814	18484
芜湖市本级	665734	344162	92307	75950	16357	23949	11042	7981	167305	5836	8775
芜湖市区县合计	927448	604210	17835	10802	7033	97627	60180	-61	166089	10978	9709
镜湖区	164669	145042	2563	1438	1125	4525	2996		9654	2885	
弋江区	112667	97283	1569	692	877	3281	2234		9179	1355	
鸠江区	88151	66915	2136	1275	861	6596	5622		7026	5478	
三山区	49402	36696	213		213	5529	3277		5033	338	1593
繁昌县	175743	100753	5468	3281	2187	20177	10254	-97	41734	811	
南陵县	171384	67993	2291	1155	1136	30904	19396	16	53825	55	8116
芜湖县	165432	89528	3595	2961	634	26615	16401	20	39638	56	
安庆市	1694530	505742	56147	41124	15023	478987	281287	360	560604	47550	1500
安庆市本级	332128	141924	32653	24640	8013	36193	19598	120	103908	11250	1500
安庆市区县合计	1362402	363818	23494	16484	7010	442794	261689	240	456696	36300	
迎江区	32167	20530	993	745	248	2982	1850		6055	1507	
大观区	31222	15478	613	498	115	5432	4072		8170	1429	

地　　区	收入总计	本年收入	小计	增值税和消费税税收返还	所得税基数返还	小计	体制补助	结算补助	专项转移支付	上年结余	调入资金
宜秀区	32041	12215	1340	1137	203	7015	5203		9396	1975	
怀宁县	201717	79173	4415	3398	1017	44267	27490	40	62764	4398	
枞阳县	178959	50936	2219	1645	574	52321	32003	25	59496	10787	
桐城市	204875	74758	5980	3613	2367	52563	31490	40	65536	1838	
潜山县	151615	29138	2090	1327	763	57014	34883	27	51982	6291	
太湖县	132211	17343	1432	1031	401	59959	31652	24	46205	3372	
宿松县	146753	27344	1555	987	568	61982	35927	28	48299	4473	
望江县	120820	20017	1595	1295	300	47717	29252	29	46970	21	
岳西县	130022	16886	1262	808	454	51542	27867	27	51823	209	
黄山市	750729	307860	20208	9981	10227	157943	91279	401	229173	6282	8163
黄山市本级	205372	115616	6382	1947	4435	9064	7988	-4259	61835	3073	702
黄山市区县合计	545357	192244	13826	8034	5792	148879	83291	4660	167338	3209	7461
屯溪区	57791	33612	1738	1139	599	7968	4226	8	12245	728	
黄山区	85839	36991	1788	963	825	18627	10140	34	26460	573	
徽州区	48614	20809	855	488	367	8689	5000	18	16701	460	
祁门县	77811	22271	1879	1103	776	24716	13702	845	25854	236	755
黟县	46935	13205	836	546	290	15369	8220	426	15924	201	
休宁县	91432	27959	2407	1538	869	28053	16284	936	30848	265	
歙县	136935	37397	4323	2257	2066	45457	25719	2393	39306	746	6706
亳州市	1106217	232980	29645	18606	11039	368269	204015	205	375814	66917	6592
亳州市本级	141706	38419	16914	9989	6925	18481	6345	-396	50313	9803	2476
亳州市区县合计	964511	194561	12731	8617	4114	349788	197670	601	325501	57114	4116
谯城区	240063	50220	2172	982	1190	80377	49226	450	76381	25546	867
涡阳县	259201	56885	4987	3200	1787	92203	48151	29	84107	13437	182
蒙城县	227523	53882	4475	3640	835	78159	44742	100	76557	9294	1456
利辛县	237724	33574	1097	795	302	99049	55551	22	88456	8837	1611

2010 年各市财政平衡支出表

单位：万元

地　　区	支出总计	本年支出	体制上解	出口退税专项上解	专项上解	安排预算稳定调节基　金	调出资金	年终结余	其中：净结余
安徽省地市合计	21419725	20346937	577788	35978	51598	407424		471124	89828
宣城市	1067054	1042772	－2306	2678	410	23500		47887	3765
宣城市本级	153505	153979	－2306	288	544	1000		16427	580
宣城市区县合计	913549	888793		2390	－134	22500		31460	3185
宣州区	205050	189748		302		15000		10025	2144
郎溪县	105816	105469		481	－134			3	－801
广德县	156428	155740		688				3679	168
宁国市	193435	185326		609		7500		1519	
泾县	116393	116332		61				9149	1674
旌德县	60779	60730		49				1708	
绩溪县	75648	75448		200				5377	
宿州市	1146355	1131874	－1085	384	－2818	18000		28223	4174
宿州市本级	196911	187198	－1085		－3202	14000		20826	4139
宿州市区县合计	949444	944676		384	384	4000		7397	35
埇桥区	253390	248447		111	3832	1000		3319	
砀山县	152751	153969		88	－1306			1339	35
萧县	209881	210843		27	－989			175	
灵璧县	184973	185221		16	－264			381	
泗县	148449	146196		142	－889	3000		2183	
滁州市	1306037	1281171	9882	3681	2003	9300		35440	312
滁州市本级	275558	268612	－575	488	2033	5000		20050	
滁州市区县合计	1030479	1012559	10457	3193	－30	4300		15390	312
琅琊区	58402	50177	7590	291	344			2608	171
南谯区	75429	72416	2867	76	70			914	
天长市	188248	181588		2242	118	4300		4406	80
来安县	117852	117608		353	－109			2028	12
全椒县	125964	125724		36	204			54	19
定远县	172500	172557		21	－78			1833	
凤阳县	165867	165753		111	3			3388	
明光市	126217	126736		63	－582			159	30
池州市	681697	681120	－148	169	556			6062	328
池州市本级	233036	233464	－984		556			1600	25

地　　区	支出总计	本年支出	体制上解	出口退税专项上解	专项上解	安排预算稳定调节基金	调出资金	年终结余	其中：净结余
池州市区县合计	448661	447656	836	169				4462	303
贵池区	154677	153802	836	39				1017	10
石台县	55881	55867		14				2654	74
青阳县	96595	96569		26				681	109
东至县	141508	141418		90				110	110
阜阳市	1652923	1643492	3690	862	219	4660		90223	2300
阜阳市本级	278970	271099	3690		481	3700		7136	167
阜阳市区县合计	1373953	1372393		862	-262	960		83087	2133
颍州区	105466	105633		6	-173			5573	
颍泉区	104143	104128		43	-28			3432	
颍东区	95431	94794		49	428	160		2712	
临泉县	239623	239361		37	225			2719	
太和县	202513	202275		287	-49			46161	885
颍上县	254487	254456		87	-56			11998	
阜南县	219118	218425		211	-318	800		9244	
界首市	153172	153321		142	-291			1248	1248
六安市	1546288	1539278	-330	1900	440	5000		6545	1628
六安市本级	262411	261108	268	653	382			5387	470
六安市区县合计	1283877	1278170	-598	1247	58	5000		1158	1158
金安区	142648	141126	1100	179	243			322	322
裕安区	156168	157828	-1698	73	-35			398	398
寿县	223453	223185		85	183				
霍邱县	278068	272345		372	351	5000		291	291
舒城县	177061	177262		226	-427			26	26
金寨县	169986	170072		41	-127			113	113
霍山县	136493	136352		271	-130			8	8
巢湖市	1051208	1046436	1646	1789	1337			20202	552
巢湖市本级	187190	183873	1646	417	1254			7274	180
巢湖市区县合计	864018	862563		1372	83			12928	372
居巢区	149770	148675		332	763			1138	1
庐江县	213597	213366		312	-81			5912	68
含山县	108687	108860		43	-216			3588	20
和县	137612	135844		615	1153			2092	85

地区	支出总计	本年支出	体制上解	出口退税专项上解	专项上解	安排预算稳定调节基金	调出资金	年终结余	其中：净结余
无为县	254352	255818		70	-1536			198	198
合肥市	3564499	3177157	153617	8945	12380	212400		40247	22336
合肥市本级	2301498	2000852	148632	7654	-30540	174900		11386	4279
合肥市区县合计	1263001	1176305	4985	1291	42920	37500		28861	18057
瑶海区	109921	93659		9	8253	8000		2236	2169
庐阳区	112207	102700	4985	7	4515			1905	1905
蜀山区	128082	115350			732	12000		4782	4782
包河区	197332	153286		486	29060	14500		6155	5468
肥东县	259248	258515		132	601			5166	1232
长丰县	201946	201932		187	-173			3420	842
肥西县	254265	250863		470	-68	3000		5197	1659
蚌埠市	1220020	1069849	95711	583	-2705	56582		29921	3797
蚌埠市本级	578070	475780	76960	366	-13936	38900		23850	175
蚌埠市区县合计	641950	594069	18751	217	11231	17682		6071	3622
龙子湖区	39179	23862	8146	44	3445	3682			
蚌山区	32437	27110	3455	21	1851			82	82
禹会区	41526	29473	7150		4903			130	130
淮上区	32916	30970		82	1864			1761	1416
怀远县	221523	208618		38	-1133	14000		2908	1312
固镇县	126376	126408		4	-36			717	653
五河县	147993	147628		28	337			473	29
淮南市	876138	810173	39130	44	6791	20000		20065	1867
淮南市本级	372900	363525	33408	44	-28077	4000		15984	103
淮南市区县合计	503238	446648	5722		34868	16000		4081	1764
田家庵区	97190	77292	4228		15670			500	500
大通区	26574	22309			4265			4	4
谢家集区	58716	53819	1016		3881			393	273
八公山区	20892	17981	329		2582			323	63
潘集区	69696	63975			5721			281	
凤台县	230170	211272	149		2749	16000		2580	924
铜陵市	595713	573219	11072	430	10992			18601	674
铜陵市本级	364584	351573	9500	-10	3521			5592	428
铜陵市区县合计	231129	221646	1572	440	7471			13009	246

地　区	支出总计	本年支出	体制上解	出口退税专项上解	专项上解	安排预算稳定调节基　金	调出资金	年终结余	其中：净结余
铜官山区	43858	38635	238	163	4822			2179	96
狮子山区	24835	24114	169	160	392			1492	86
郊区	30834	29776	587	11	460			608	14
铜陵县	131602	129121	578	106	1797			8730	50
马鞍山市	984179	865282	100470	1619	1308	15500		4123	2073
马鞍山市本级	565718	523029	30095	948	1646	10000		2325	640
马鞍山市区县合计	418461	342253	70375	671	-338	5500		1798	1433
花山区	81000	47277	27957	26	240	5500		499	499
雨山区	70757	47380	23029	76	272			43	43
金家庄区	60566	41334	19012	40	180			256	256
当涂县	206138	206262	377	529	-1030			1000	635
淮北市	703338	659289	21921	321	10707	11100		3203	488
淮北市本级	369580	332568	16240	271	10501	10000		2744	157
淮北市区县合计	333758	326721	5681	50	206	1100		459	331
相山区	45549	41773	3776					8	8
杜集区	39849	38845	1004					128	
烈山区	44959	42958	901			1100		296	296
濉溪县	203401	203145		50	206			27	27
芜湖市	1575776	1444290	103439	9242	8541	10264		17406	11978
芜湖市本级	661828	660077	-17558	6971	7338	5000		3906	142
芜湖市区县合计	913948	784213	120997	2271	1203	5264		13500	11836
镜湖区	161784	95396	65023	686		679		2885	2885
弋江区	109819	81429	28238	152				2848	2848
鸠江区	82673	57501	20432	155		4585		5478	5478
三山区	48838	41377	7304	157				564	501
繁昌县	174108	173450		110	548			1635	54
南陵县	171349	170780		397	172			35	15
芜湖县	165377	164280		614	483			55	55
安庆市	1661675	1618318	35064	2318	975	5000		32855	4747
安庆市本级	321825	280962	35064	530	269	5000		10303	1623
安庆市区县合计	1339850	1337356		1788	706			22552	3124
迎江区	30379	30038		264	77			1788	54
大观区	29794	29526		136	132			1428	105

地　　区	支出总计	本年支出	体制上解	出口退税专项上解	专项上解	安排预算稳定调节基　金	调出资金	年终结余	其中：净结余
宜秀区	31065	31010		43	12			976	9
怀宁县	200289	199990		102	197			1428	1428
枞阳县	170254	170219		35				8705	600
桐城市	203423	202800		623				1452	501
潜山县	147917	147448		181	288			3698	206
太湖县	129355	129345		10				2856	
宿松县	146748	146544		204				5	5
望江县	20808	120760		48				12	12
岳西县	129818	129676		142				204	204
黄山市	745281	729805	841	798	519	13318		5448	253
黄山市本级	202617	195514	841	214	-282	6330		2755	
黄山市区县合计	542664	534291		584	801	6988		2693	253
屯溪区	57091	56432		64	595			700	253
黄山区	85458	83310		87	61	2000		381	
徽州区	48194	46032		69	93	2000		420	
祁门县	77591	77538		53				220	
黟县	46746	45673		33	52	988		189	
休宁县	91328	91137		191				104	
歙县	136256	134169		87		2000		679	
亳州市	1041544	1033412	5174	215	-57	2800		64673	28556
亳州市本级	130034	121582	5174	92	386	2800		11672	76
亳州市区县合计	911510	911830		123	-443			53001	28480
谯城区	208964	209266		31	-333			31099	11984
涡阳县	243993	243779		40	174			15208	11145
蒙城县	221997	222030		16	-49			5526	5312
利辛县	236556	236755		36	-235			1168	39

财政机构人员篇

小岗村大包干纪念馆

省财政厅机构人员

省财政厅领导及处级干部名单

（2010 年 12 月 31 日）

省财政厅

厅长、党组书记：陈先森
党组副书记（正厅级）、副厅长：王林建
副厅长、党组成员：张广寿　罗建国
左　俊　吴天宏
纪检组长、党组成员：刘　浩
副巡视员：李友兰　陈传文

厅机关各处室（局）

办公室
主　任：徐光耀
副主任：左自智　虞建斌

综合处
处　长：王　玲
副处长：李运孝　金嘉岳
副调研员：姚　伟

税政条法处
处　长：周名桨
副处长：方旭华
副调研员：杨玉林　高　峰

预算处（省直预算编制办公室）
处　长：孟照红
副处长（副主任）：段焕松　尹祥领
方山恩
调研员：邵　军
副调研员：谢文革

国库处
处　长：解立卫
副处长：廖晓虹　张　玲
副调研员：王永力　田　丰

行政处
处　长：张　力
副处长：左磊明　宋葛民
副调研员：宋　频　陈　蕙

政法处
处　长：汪代启
副处长：孙荣春
调研员：刘建平

教科文处
处　长：朱长才
副处长：焦玲仪　方习利
副调研员：洪　军

经济建设处
处　长：于华伟
副处长：张恒景　陈维光
调研员：唐志英　侯宇翔
副调研员：吴建辉

农业处
处　长：孔少林
副处长：王茂胜　李　霞
副调研员：储　敏　魏祥瑾

社会保障处
处　长：朱艾勇
副处长：林晓明　徐玉明
副调研员：解亚平

企业处
处　长：王召远
副处长：杨前炉　刘志毅
调研员：经本良　殷路滨
周晓丽
副调研员：何　义　汪跃建

金融处
处　长：黎学东
副处长：王　坤
副调研员：张克敬

国际债务管理处
处　长：刘　华
副处长：余　禹
副调研员：刘　翔

农村财政管理局
局　长：鲍习生
副局长：连发玉　张忠文

副调研员：杨　刚　周腾云

会计处

处　长：黄克来

副处长：季必英

调研员：张承倩　忻信华

行政事业单位资产管理处
（国有资本经营预算处）

处　长：虞明哲

副处长：韩剑辉　周　远

监督检查局

局　长：汪学越

副局长：杨延彬　丁　俊　陈文权

处长（副处级）：高维国　徐　明

调研员：徐中洋

政府采购处

处　长：宋宝泉

副处长：孙友三

调研员：何沁沅

副调研员：陈东川

农村综合改革处

处　长：胡德林

副处长：徐向前　汪公发

副调研员：胥慰庆

人事教育处

处　长：孙学鹏

副处长：彭高俊

副调研员：张先虹

机关党委

专职副书记：江永泓

工会主任：钟效保

副调研员：李　云

纪检监察室

主　任：李朝友

副调研员：苏照存　黄建和

离退休工作处

处　长：缪　青

厅属各单位

省信用担保集团

总经理、党委副书记：钱　正

党委书记、副总经理：迟本能

副总经理、党委委员：邓寿安　范　强
杨新潮　叶　斌

省农业综合开发局

局　长：王建培

副局长：吴行一　王定友　陈　军

省非税收入征收管理局

局　长：李友兰

副局长：张　黎　潘　琦　刘明刚

省财政厅国库支付中心

主　任：姚本虎

副主任：许先才　陈　欢

省财政厅社保资金管理中心

主　任：陈永年

副主任：宋先贵

省财政投资评审中心

主　任：朱旭初

副主任：张　进　袁　圆　徐延俊

省财政信息中心

主　任：李森林

副主任：达小敏　姚先飞

省政府采购中心

主　任：姜　毅

副主任：张文超　管立新　邓建成

省财政科学研究所

所　长：董照军

副所长：叶翠青　鲍文前

省注册会计师协会（省注册会计师管理处）

秘书长（处长）：杨　春

党委专职副书记：殷家明

副秘书长（副处长）：叶德刚

副处长：张行宇　张顺建

省财政厅机关服务中心

主　任：刘小兵

副主任：韩宪平　李　军

（厅人事教育处供稿）

各市财政系统机构人员

合肥市财政系统领导名单

（2010 年 12 月 31 日）

合肥市财政局

局　长:陈　军

副局长:吕长富　程　林　李炳云

纪检组长:陈卫东

市投融资管理中心副主任:陈　刚

总会计师:朱　荣

庐阳区财政局

局　长:沈项林

副局长:仲　伟　周　莹

瑶海区财政局

局　长:程　曾

副局长:赵　宁　胡俊虎　许　辉

蜀山区财政局

局长、国资办主任:董士权

副局长:梁　波　蔡洪波　汪合黔　王祖胜

国资办副主任:赵浙兰

包河区财政局

局　长、党组书记、国资办主任:岳　华

副局长:高光胜　陈爱群　周明洁

采购中心主任、党组成员:孟忠祥

国资办副主任:程相云

经济技术开发区财政局

副局长、国资办副主任:陆勤山

副局长:刘　岸　石　华

国资办副主任:郭华荣

财务管理中心副主任:费红英

新站综合开发试验区财政局

局　长:程世琴

副局长:傅　雷　唐风玲

高新技术开发区财政局

局　长:昂朝晖

副局长:路广军　王　强

肥东县财政局

局　长:何　斌

党组书记:夏庆华

副局长:张东兵　王　磊

吴晓东　孙维荣

纪检组长:王　远

总会计师:许先翠

肥西县财政局

局　长:徐治国

党组书记、副局长:余宏山

国资办主任、副局长:鹿伦华

副局长:夏智新　张慧平　徐建生

纪检组长:吴善彬

长丰县财政局

党组书记、局　长:杨维国

党组副书记、副局长:陈　凯

党组成员、副局长:叶良传　荣　之

党组成员、纪检组长:余长龙

副局长:夏　波

党组成员、国库支付中心主任:许忠农

党组成员：朱鸿鹏

肥东县

肥东经济开发区财政分局局长:姚卫东

合肥循环经济示范园财政分局局长:张玉贵

店埠镇财政分局　局长:朱邦胜

撮镇镇财政分局　局长:张永践

陈集乡财政所　所　长:陈兆金

古城镇财政所副所长:万兴平(主持工作)

马湖乡财政所　所　长:赵夕如

响导乡财政所　所　长:王　川

八斗镇财政所　所　长:袁圣平

杨店乡财政所　所　长:胡长明

白龙镇财政所　所　长:李功文

元疃镇财政所　所　长:谢长发

张集乡财政所　所　长:何长亚

梁园镇财政所　所　长:丁腾渊

包公镇财政所　所　长:阚家钊

石塘镇财政所　所　长:闻春木

众兴乡财政所　所　长:张贤文

桥头集镇财政所　所　长:胡玉萍
牌坊回族满族乡财政所所　长:陈长胜
长临河镇财政所　所　长:杨盛林

肥西县

上派镇财政分局　分局长:李　祥
三河镇财政分局　分局长:余　刚
桃花镇财政所　所　长:王　超
紫蓬镇财政所　所　长:汤　杰
丰乐镇财政所　所　长:蔡丹元
严店乡财政所　所　长:张　波
花岗镇财政所　所　长:魏宏文
山南镇财政所　所　长:孟令斌
柿树岗乡财政所　所　长:郭少奇
官亭镇财政所　所　长:潘学军
铭传乡财政所　所　长:邵正年
小庙镇财政所　所　长:杨伟民
高店乡财政所　所　长:吴　兵
高刘镇财政所　所　长:李诚然
桃花工业园财政分局局　长:王恒传
紫蓬山财政分局　局　长:张永安

长丰县

水湖镇财政所　所　长:闫兴松
罗塘乡财政所　所　长:孟凡富
朱巷镇财政所　所　长:陆士贵
左店乡财政所　所长:孔凡国
造甲乡财政所　所　长:杨良基
杜集乡财政所　所　长:许金忠
下塘镇财政所　所　长:徐　军
陶楼乡财政所　所　长:韩　毕
双墩镇财政所　所　长:李咏梅
岗集镇财政所　所　长:杨德丰
杨庙镇财政所　所　长:董　梅
吴山镇财政所　所　长:祝泽选
义井乡财政所　所　长:邵红霞
庄墓镇财政所　所　长:闫媛媛
双凤开发区财政所　所　长:陈　斌

庐阳区

三十岗乡财政所　所　长:李春林
大杨镇财政所　所　长:钱志军
杏花村街道财政所　所　长:刘爱民
庐阳工业区财政所　所　长:胡宏元

瑶海区

龙岗开发区财政分局所　长:韦礼红
大兴镇财政所　所　长:费文杰
城东街道财政所　所　长:吴世宏

蜀山区

井岗镇财政所　所　长:李志华
南岗镇财政所　所　长:陶应忠
经济开发区财政所　所　长:许义文

包河区

常青街道财政所　所　长:彭大金
望湖街道财政所　所　长:沈业泉
大圩镇财政所　所　长:杨　林
义城街道财政所　所　长:吴志力
包公街道财政所　所　长:陈　阵
芜湖路街道财政所　所　长:孙家财
烟墩街道财政所　所　长:许爱武
淝河镇财政所　所　长:郑善祥
包河工业区财政所　所　长:黄建树

淮北市财政系统领导名单

（2010年12月31日）

淮北市财政局

党组书记、局长:李晓光
副局长:李令安　任士新　徐　君
总会计师:叶卫平
纪检组长:龙保民
市开发区财政局局长:鲍新民

濉溪县财政局

局　长:关春燕
党组书记:马庆春
副局长:蔡晓春　尤　毅
纪检组长:张　坤
濉溪镇财政所　所　长:蔡　奇
刘桥镇财政所　所　长:张少华
百善镇财政所　所　长:李怀红
韩村镇财政所　所　长:杨学森
铁佛镇财政所　所　长:樊丹雪
临涣镇财政所　所　长:谢士忠
南坪镇财政所　所　长:刘洪彬
五沟镇财政所　所　长:郭清海
孙疃镇财政所　所　长:毕跃华
四铺乡财政所　所　长:马洪源
双堆集镇财政所　所　长:李从祥
濉溪开发区财政局　局　长:营劲松

相山区财政局

局　长:方旭东

副局长:刘学玲　王斌仁

相山区渠沟镇财政所　所　长:邢　浩

任圩街道办事处财政所所　长:张　丽

杜集区财政局

局　长:王　可

副局长:王吉聪　纵海燕

高岳街道办事处财政所所　长:丁　敏

矿山集街道办事处财政所所长:庄孝芹

朔里镇财政所　所　长:程功敏

石台镇财政所　所　长:刘丰年

段园镇财政所　所　长:冯　岩

烈山区财政局

局　长:王祥顶

副局长:李祥礼　蒋祥力　朱　梅

烈山镇财政所　所　长:刘　庆

古饶镇财政所　所　长:费佳音

宋町镇财政所　所　长:张士民

杨庄办事处财政所　所　长:高　峰

亳州市财政系统领导名单

（2010 年 12 月 31 日）

亳州市财政局

局长、局党组书记:杨学国

副局长:张传宾　王　锴　陈昭敏

总会计师:周金钟

谯城区财政局

局　长:王　伟

副局长:李　建

蒙城县财政局

局　长:黄　欣

党组书记:方文国

副局长:熊景夏　张　军　焦云轩

陈保英　席汉斌

党组成员:杨润亚

涡阳县财政局

局　长:姜怀明

副局长:李书颂

党组成员:张　杰　何金彩

利辛县财政局

局长、党组书记:张贺武

副局长、党组成员:刘富修　都蔚来

党组副书记:江洪章

党组成员、财监局长:刘寒松

总会计师:张晓风

谯城区

十八里镇财政所　所　长:支效林

十河镇财政所　所　长:韩朝民

赵桥乡财政所　所　长:李　鹤

双沟镇财政所　所　长:李先林

淝河镇财政所　所　长:南子富

古城镇财政所　所　长:刘　芳

立德乡财政所　所　长:王如玲

龙扬镇财政所　所　长:李　刚

大杨镇财政所　所　长:张　冲

古井镇财政所　所　长:王玉泉

谯东镇财政所　所　长:孙　琦

花戏楼财政所　所　长:周　丽

汤陵财政分所　所　长:慕朝新

薛阁财政所　所　长:杜丽娟

观堂镇财政所　所　长:闫家迎

沙土镇财政所　所　长:马德龙

五马镇财政所　所　长:张玉奇

张店乡财政所　所　长:张　峰

颜集镇财政所　所　长:车振涛

芦庙镇财政所　所　长:刘景林

华佗镇财政所　所　长:黄　涛

位岗镇财政所　所　长:怀济田

城父镇财政所　所　长:刘继洲

十九里镇财政所　所　长:陈　影

牛集镇财政所　所　长:王自强

蒙城县

城关镇财政所　所　长:徐恒华

庄周办事处财政所所　长:张叶琴

漆园办事处财政所所　长:刘　芳

小辛集乡财政所　所　长:王　浩

乐土镇财政所　所　长:杨　峰

三义镇财政所　所　长:耿云灵

楚村镇财政所　所　长:李　凯

篱笆镇财政所　所　长:郑　武

王集乡财政所　所　长:杨　鹏

白杨林场财政所　所　长:刘西连

双涧镇财政所　所　长:潘海鹏

立仓镇财政所　所　长:王丙良

坛城镇财政所　所　长:葛铁军

范集工业园区财政所所长:唐殿军
小涧镇财政所　所　长:李修山
岳坊镇财政所　所　长:于　海
马集镇财政所　所　长:李修德
板桥集镇财政所　所　长:赵廷法
许疃镇财政所　所　长:丁新社

涡阳县

城关街道办事处　所　长:李　伟
城西街道办事处　所　长:罗　涛
涡北街道办事处　所　长:袁　辉
城东街道办事处　所　长:李继芳
西阳镇财政所　所　长:郭维勤
涡南镇财政所　所　长:郑　超
楚店镇财政所　所　长:刘　彬
高公镇财政所　所　长:吕文坤
义门镇财政所　所　长:赵良德
新兴镇财政所　所　长:李景田
龙山镇财政所　所　长:穆成坤
青町镇财政所　所　长:陆　良
石弓镇财政所　所　长:张本云
曹市镇财政所　所　长:徐　超
高炉镇财政所　所　长:葛显平
公吉寺镇财政所　所　长:王全成
店集镇财政所　所　长:王贵云
临湖镇财政所　所　长:宋兴明
标里镇财政所　所　长:张　涛
花沟镇财政所　所　长:葛友峰
陈大镇财政所　所　长:张　伟
牌坊镇财政所　所　长:李名华
马店集镇财政所　所　长:周廷知
丹城镇财政所　所　长:董　超
单集林场财政所　所　长:柴继云

利辛县

城关财政所　所　长:李　涛
望疃财政所　所　长:戴　利
中疃财政所　所　长:李　涛
江集财政所　副所长:江雪峰
旧城财政所　所　长:聂　奎
西潘楼财政所　所　长:董炳银
刘家集财政所　所　长:关　军
孙集财政所　所　长:关　键
纪王场财政所　所　长:孙东风
张村财政所　所　长:何鹏飞
汝集财政所　所　长:高　祥
王人财政所　所　长:韩　敏
巩店财政所　所　长:王继中
王市财政所　所　长:邵拥军
孙庙财政所　所　长:刘晓强
马店孜财政所　所　长:解　辉
永兴财政所　所　长:宫　琦
胡集财政所　所　长:解　茜
大李集财政所　所　长:姜之安
展沟财政所　所　长:张　林
新张集财政所　所　长:王　健
阚疃财政所　所　长:姜　勇
程家集财政所　所　长:王　辉

宿州市财政系统领导名单

（2010 年 12 月 31 日）

宿州市财政局

党组书记、局长:王超英
党组成员、调研员:王　辉　刘文英
党组成员、副局长:欧亚东　张建新
党组成员、纪检组长:张　民
副局长:谢　安
党组成员、总会计师:潘相明

埇桥区财政局

党组书记、局长:夏令海
副书记、副局长:李云贤(至 2010 年 7 月)
副局长:苏　航　黄庆健　吴　韶
纪检组长:王　武
总会计师:王　军

开发区财政局

局　长:张　奇
副局长:文高冉

灵璧县财政局

局长、党组书记:王　咏
副局长、农业综合开发局长、党组成员:王兆春
副局长、党组成员:姜岭泉　陶双洁
纪检组长、党组成员:程跃武
工会主席、党组成员:冷亚飞
总会计师、党组成员:张　梅
党组成员:赵　卡

泗县财政局

党组书记、局长:骆泽会

党组副书记、副局长:刘立春
党组成员、副局长:姚玉刚(兼农发办主任)
党组成员、副局长:刘　奎
党组成员、纪检组长:朱亚东

萧县财政局

党组书记、局长:刘善安
党组副书记、农业综合开发局局长:郝　鑫
党组成员、副局长:刘春晓　李天真
党组成员、纪检组长:徐卫东

砀山县财政局

党组书记、局长:杨文祥
副局长:赵俊领　周效连　周咸东
曹海峰　张胜利(挂)
纪检组长:刘其荣
党组成员、工会主席:王华光
总会计师:黄乔平

埇桥区

时村镇财政分局　局　长:潘中华
符离镇财政分局　局　长:张华春
朱仙庄镇财政分局局　长:丁家龙
芦岭镇财政分局　局　长:陶庭山
北杨寨乡财政分局局　长:王建军
祁县镇财政分局　局　长:纵少鹏
夹沟镇财政所　所　长:蒋守志
大店镇财政所　所　长:黄　伟
城东办财政所　所　长:腾团结
三八办财政所　所　长:金正宇
二铺办财政所　所　长:李　勇
三里湾办财政所　所　长:郭晓龙
北关办财政所　所　长:任启峰
道东办财政所　所　长:刘　勇
东关办财政所　所　长:靳怀启
沱河办财政所　所　长:王成宏
褚兰镇财政所　所　长:潘　超
杨庄乡财政所　所　长:付向阳
曹村镇财政所　所　长:耿　勇
支河乡财政所　所　长:陈　亮
栏杆镇财政所　所　长:马　亮
解集乡财政所　所　长:周步敬
桃沟乡财政所　所　长:张　建
永安镇财政所　所　长:孙礼会
灰古镇财政所　所　长:尹　松
顺河乡财政所　所　长:万　彬
汴河办财政所　所　长:蔡世平
蒿沟乡财政所　所　长:尹传杰
苗安乡财政所　所　长:李如山
西寺坡镇财政所　所　长:丁效亭
南关办财政所　所　长:秦德君
西关办财政所　所　长:魏　强
埇桥办财政所　所　长:马跃武
桃园镇财政所　所　长:潘启超
大营镇财政所　所　长:孙　勇
永镇乡财政所　所　长:程　效
金海办财政所　所　长:刘开成

灵璧县

韦集镇财政所　所　长:许　岩
向阳乡财政所　所　长:李　冰
黄湾镇财政所　所　长:侯　君
娄庄镇财政所　所　长:张　超
杨疃镇财政所　所　长:赵运书
尹集镇财政所　所　长:付振明
浍沟镇财政所　所　长:王现理
朱集乡财政所　所　长:付廷宽
尤集镇财政所　所　长:王从山
下楼镇财政所　所　长:王会理
朝阳镇财政所　所　长:陈益尚
渔沟镇财政所　所　长:程仲超
大路乡财政所　所　长:张持凤
高楼镇财政所　所　长:李玉白
大庙乡财政所　所　长:任公民
冯庙镇财政所　所　长:闫兴跃
禅堂乡财政所　所　长:高存玖
虞姬乡财政所　所　长:陈　浮
灵城镇财政所　所　长:张　曦
开发区财政所　所　长:王宗迎

泗　县

泗城镇财政分局　局　长:余红良
大路口乡财政所　所　长:刘言港
墩集镇财政所　所　长:高　磊
草庙镇财政所　所　长:于庆标
瓦坊乡财政所　所　长:许正华
黑塔镇财政所　所　长:沈广忠
刘圩镇财政所　所　长:陈　捷
山头镇财政所　所　长:尤墩跃
黄圩镇财政所　所　长:李庆春
大庄镇财政所　所　长:刘道胜
屏山镇财政所　所　长:周长波
大杨乡财政所　所　长:韩修余

长沟镇财政所　所　长:黄　浩
草沟镇财政所　所　长:赵明科
丁湖镇财政所　所　长:周　璞
开发区财政所　所　长:刘传贤

萧　县

龙城镇财政所　所　长:吴信瑞
黄口镇财政所　所　长:高全军
杨楼镇财政所　副所长:王信权
新庄镇财政所　副所长:何　静
赵庄镇财政所　所　长:杨兴民
张庄寨镇财政所　副所长:马　健
闫集镇财政所　所　长:萧春雷
刘套镇财政所　所　长:王忠民
圣泉乡财政所　所　长:张颂荣
马井镇财政所　所　长:郝允峰
酒店乡财政所　所　长:黄继明
大屯镇财政所　所　长:梁　杰
青龙镇财政所　所　长:蒋　杰
祖楼镇财政所　所　长:邵长彬
孙圩子乡财政所　所　长:朱孝民
王寨镇财政所　所　长:颛孙毅
杜楼镇财政所　所　长:胡　均
丁里镇财政所　所　长:许　磊
庄里乡财政所　副所长:袁龙连
白土镇财政所　所　长:安孝民
官桥镇财政所　所　长:扈祥绪
永固镇财政所　所　长:韩　华
石林乡财政所　副所长:纵兆学
开发区财政所　所　长:盛　凯

砀山县

砀城镇财政所　所　长:刘　瑾
赵屯镇财政所　所　长:宋巨光
曹庄镇财政所　所　长:陈晓宇
官庄坝镇财政所　所　长:张玉阁
玄庙镇财政所　所　长:薛继秋
周寨镇财政所　所　长:唐怀堂
良梨镇财政所　所　长:周衍波
葛集镇财政所　所　长:张春立
唐寨镇财政所　所　长:汪　鹏
程庄镇财政所　所　长:邵延强
关帝庙镇财政所　所　长:戚冠学
朱楼镇财政所　所　长:卞　卡
李庄镇财政所　所　长:郭进良
开发区财政所　负责人:王安鲁
薛楼板材加工园区财政所负责人:邵　丽

蚌埠市财政系统领导名单

(2010 年 12 月 31 日)

蚌埠市财政局(国资委)

党组书记、局长(国资委主任):王莉敏
副局长:吴延利
党组成员、副局长:叶斌
党组成员、纪检组长:王爱林
党组成员、副局长:林国立
党组成员、国资委副主任:马　飙
党组成员、支付中心主任:唐忠利

龙子湖区财政局

局　长:陈传奇
副局长:李忠东

乡镇财政所

长淮镇财政所　所　长:郭风江
李楼乡财政所　所　长:王至全

蚌山区财政局:

局　长:卢佩彬
副局长:孙　平　冯双全

乡镇财政所

雪华乡财政所:　所　长:曹锦莉
燕山乡财政所:　所　长:方同英
　副所长:杨文涛
天桥街道财税服务所:所　长:路冬梅
青年街道财税服务所:所　长:丁忠胜
纬二街道财税服务所:所　长:高　亭
黄庄街道财税服务所:所　长:李金凤

禹会区财政局

局　长:周传奇
副局长:谢红雨
副局长、财政支付中心主任:沈如强

乡镇财政所

秦集镇财政所　所　长:顾正修
长青乡财政所　所　长:王秀珠

淮上区财政局

局　长:沈明仕
副局长:徐　杰

乡镇财政所

小蚌埠镇财政所　所　长:陈满堂
吴小街镇财政所　所　长:高乃全

曹老集镇财政所　所　长:王明珠
梅桥乡财政所　所　长:唐士鸿

经济开发区财政局

局　长:吕家雨
副局长:竺琪

高新区财政局

局　长:张广际
副局长:王联邦　刘富国

怀远县财政局

局　长:王守本
副局长:石富勤　张　明　史桂芳
党组副书记:陈家礼

乡镇财政所(分局)

城关镇财政所　所　长:宋士乐
包集镇财政所　所　长:年四全
龙亢镇财政所　所　长:韩利清
河溜镇财政所　所　长:姚　昊
常坟镇财政所　所　长:魏守航
马城分局　局　长:李同新
双桥集镇财政所　所　长:年福启
魏庄镇财政所　所　长:张立柱
万福镇财政所　所　长:邹德国
唐集镇财政所　所　长:张根祥
淝河乡财政所　所　长:赵　勇
褚集乡财政所　所　长:荣克轩
陈集乡财政所　所　长:张绍兴
古城乡财政所　所　长:赵　彬
徐圩乡财政所　所　长:姚玉春
淝南乡财政所　所　长:葛红斌
兰桥乡财政所　所　长:崔云峰
荆芡乡财政所　所　长:赵秀峰
找郢乡财政所　所　长:常　飞
涡北新区财政所　所　长:孙敦忠
工业园区财政所　所　长:陆　恒
风景区财政所　所　长:胡守陆

五河县财政局

局　长:李贵兵
党组书记:张耀武
副局长:乔启昌　马　辉　郭泽慧
农发办主任:凌德宏
纪检组长:陈尚标
总会计师:王尊昌

乡镇财政所(分局)

城关镇财政分局　局　长:陈全意
开发区财政分局　局　长:傅保成
朱顶镇财政所　所　长:蒋光胜
小溪镇财政所　所　长:张　军
头铺镇财政所　所　长:吴明海
新集镇财政所　所　长:黄保举
大新镇财政所　所　长:朱怀杰
临北回族乡财政所　所　长:邓超
沫河口财政所　所　长:张茂绪
浍南镇财政所　所　长:彭思洋
东刘集财政所　所　长:戴启安
申集镇财政所　所　长:孙立群
小圩镇财政所　所　长:张贤明
沱湖乡财政所　所　长:陈先桥
武桥镇财政所　所　长:庄思跃
双忠庙镇财政所　所　长:蒋友虎

固镇县财政局

局　长:左金培
副局长:崔怀贵、王守仁
开发区财政分局局长:徐其军
农村财政管理局局长:仲谋
城关财政分局局长:陈福柱
总会计师:郁青

乡镇财政所(分局)

仲兴乡财政所　所　长:任广廷
任桥镇财政所　所　长:王道永
湖沟镇财政所　所　长:谢　进
杨庙乡财政所　所　长:李晓清
连城镇财政所　所　长:欧阳瑞
新马桥镇财政所　所　长:孙玉胜
王庄镇财政所　所　长:崔怀军
石湖乡财政所　所　长:王跃飞
濠城镇财政所　所　长:孔祥云
刘集镇财政所　所　长:王业鹏

阜阳市财政系统领导名单

(2010 年 12 月 31 日)

阜阳市财政局

党组书记、局长:姜西民
党组成员、副局长:李文志　杨海涛　侯永贵
党组成员、纪检组长:史万美

党组成员、总会计师:孙永刚

颍东区财政局

党组书记、局长:陈艳丽

副局长:赵红星　刘　方　虢　磊

纪检组长、党组副书记:蒋祥翠

党组成员、工会主任:邵爱华

颍泉区财政局

党组书记、局长:笪乘胜

党组成员、副局长:刘金明　张　炜

党组成员、纪检组长:孙　全

颍州区财政局

党组书记、局长:刘建斌

党组成员、农发局局长:许　勇

副局长:郭道光　王献斌　刘小东　应　坤

纪检组长:高　英

界首市财政局

党组书记、局长:马建华

党组副书记、农业综合开发局局长:李　萍

党组成员、副局长:张立宪　曹　丽　独文杰

阜南县财政局

党组书记、局长:王　震

党组成员、副局长:冷大海

党组成员、副局长:倪洪林

党组成员、副局长:熊东田

党组成员、纪检组长:崔　林

党组成员、主任科员:张开雷

太和县财政局

党组书记、局长:尚卫东

副书记:王少珍

副书记、副局长:王　进

副局长:于　海　邢　峻

纪检组长:张　科

党组成员:于　翔　李　岩

颍上县财政局

党组书记、局长:刘江淮

副局长:王　耀　邓　颍　唐瑞坤

党组成员:张振亚

临泉县财政局

局　长:李　晖

副局长:史祥富　高　飞　孟　俊

纪检组长:张冠军

开发区财政局

局　长:肖吟峰

副局长:李存志　王应康

颍东区

向阳办财政所　所　长:闫俊启

河东办财政所　所　长:董强龙

新华办财政所　所　长:王全杰

老庙镇财政所　所　长:张　涛

冉庙乡财政所　所　长:徐月林

插花镇财政所　所　长:高　伟

枣庄镇财政所　所　长:陈庆文

正午镇财政所　所　长:高兰义

口孜镇财政所　所　长:闫　雷

袁寨镇财政所　所　长:武学成

新乌江镇财政所　所　长:白怀玉

杨楼孜镇财政所　所　长:宋振东

颍泉区

中市办财政所　所　长:刘子良

周棚办财政所　所　长:唐　伟

宁老庄镇财政所　所　长:汪　涛

行流镇财政所　所　长:曹　军

闻集镇财政所　所　长:刘绍军

伍明镇财政所　所　长:齐　伟

颍州区

文峰办财政所　所　长:刘　影

鼓楼办财政所　所　长:付　涛

清河办财政所　所　长:胡向明

颍西办财政所　所　长:郭艳芳

景区办财政所　所　长:张志民

王店镇财政所　所　长:郝秀彬

三十里铺镇财政所所　长:方　亮

袁集镇财政所　所　长:刘海彬

西湖镇财政所　所　长:刘庆宇

三合镇财政所　负责人:刘立国

程集镇财政所　所　长:卢　峰

九龙镇财政所　所　长:张士奎

马寨乡财政所　负责人:刘　伟

界首市

芦村镇财政所　所　长:程德启

新马集镇财政所　所　长:张克勤

邴集财政所　所　长:李　斌

光武镇财政所　所　长:夏永丽

靳寨乡财政所　所　长:岳　雷

大黄镇财政所　负责人:张　强

西城财政所　所　长:刘颂阳

东城财政所　所　长:李少华

颍南财政所　所　长:王德超

田营镇财政所　所　长:彭新华
陶庙镇财政所　所　长:朱爱敏
王集镇财政所　所　长:彭庆华
砖集镇财政所　所　长:陈志华
顾集财政所　所　长:胡光宇
舒庄乡财政所　所　长:任　磊
代桥乡财政所　所　长:王传士
泉阳镇财政所　所　长:齐　影
任寨乡财政所　所　长:陈俊荣

阜南县

鹿城镇财政所　所　长:翟　韧
园区财政分局　局　长:代洪德
田集镇财政所　所　长:李淑君
公桥乡财政所　所　长:李华焰
方集镇财政所　所　长:乔恩成
段郢乡财政所　所　长:王灼庆
王堰镇财政所　所　长:王广新
洪河桥镇财政所　所　长:李　芸
地城镇财政所　所　长:王玉林
于集乡财政所　所　长:乔印腾
龙王乡财政所　所　长:王同金
王化镇财政所　所　长:卢　峰
王家坝镇财政所　所　长:郎士元
老观乡财政所　所　长:徐　刚
曹集镇财政所　所　长:杨大国
郜台乡财政所　所　长:刘维建
中岗镇财政所　所　长:张子芳
苗集镇财政所　所　长:赵复林
柳沟乡财政所　所　长:王贺新
黄岗镇财政所　所　长:马永群
张寨镇财政所　所　长:朱桂明
焦陂镇财政所　所　长:王道侠
朱寨镇财政所　所　长:王丽敏
三塔镇财政所　所　长:孙玉昌
许堂乡财政所　所　长:韩坤峰
柴集镇财政所　所　长:张西庆
新村镇财政所　所　长:戎泽峰
王店孜乡财政所　所　长:王　辉
赵集镇财政所　所　长:耿朝程
会龙乡财政所　所　长:李　刚

太和县

城关镇财政所　所　长:方　黎
旧县镇财政所　所　长:徐之坤
倪邱镇财政所　所　长:刘维洗
大新镇财政所　所　长:李新聚
肖口镇财政所　所　长:刘树军
胡总乡财政所　所　长:王丙玺
关集镇财政所　所　长:王　凯
三塔镇财政所　所　长:韩纯东
赵集乡财政所　所　长:余鸿鸣
苗集镇财政所　所　长:张　冲
三堂镇财政所　所　长:李　旭
宫集镇财政所　所　长:刘业任
二郎乡财政所　所　长:杨继华
坟台镇财政所　所　长:陶克敏
阮桥镇财政所　所　长:刘朝锋
原墙镇财政所　所　长:张　鹏
郭庙乡财政所　所　长:李效宗
税镇镇财政所　负责人:吴　标
皮条孙镇财政所　所　长:范兆生
高庙镇财政所　所　长:张秉如
蔡庙镇财政所　所　长:石凤杰
双浮镇财政所　所　长:付金生
五星镇财政所　所　长:李俊峰
马集乡财政所　所　长:桑传法
桑营镇财政所　所　长:刘　磊
洪山镇财政所　所　长:康　伟
赵庙镇财政所　所　长:范兴建
李兴镇财政所　所　长:李　林
大庙镇财政所　所　长:池　鹏
双庙镇财政所　所　长:王　伟
清浅镇财政所　所　长:韩宝玉

颍上县

慎城镇财政所　所　长:朱　奎
十八里铺乡财政所所　长:王佩刚
西三十铺镇财政所所　长:韩　俊
新集镇财政所　所　长:吴天贵
建颍乡财政所　所　长:王　峰
六十铺镇财政所　所　长:刘树俭
五十铺乡财政所　所　长:李少义
红星镇财政所　所　长:高　勇
耿棚镇财政所　所　长:吴立森
盛堂乡财政所　所　长:强国清
润河镇财政所　所　长:程继亮
南照镇财政所　所　长:杨　明
关屯乡财政所　所　长:许传胜
半岗镇财政所　所　长:兰洪波
八里河镇财政所　所　长:汪喜春

垂岗乡财政所 所 长:杜学成
王岗镇财政所 所 长:李树刚
赛涧乡财政所 所 长:罗晓华
刘集乡财政所 所 长:余 琴
杨湖镇财政所 所 长:刘保方
鲁口镇财政所 所 长:尚立川
黄坝乡财政所 所 长:郝廷祥
江店镇财政所 所 长:蒋家骥
夏桥镇财政所 所 长:刘 习
谢桥镇财政所 所 长:毕兰富
迪沟镇财政所 所 长:侯学成
陈桥镇财政所 所 长:官喜良
江口镇财政所 所 长:夏广良
古城乡财政所 所 长:张传军
黄桥镇财政所 所 长:姜之友

临泉县

城关镇财政所 所 长:陈 锐
工业园区财政所 所 长:张 雷
牛庄乡财政所 所 长:陈 玲
杨桥镇财政所 所 长:王 健
谭棚镇财政所 所 长:曹建民
高塘乡财政所 所 长:吴春堂
范兴集乡财政所 所 长:姚 勇
老集镇财政所 所 长:梁有生
滑集镇财政所 所 长:高 峰
土陂乡财政所 所 长:姜永明
吕寨镇财政所 所 长:王世洲
谢集乡财政所 所 长:陈宜荣
单桥镇财政所 所 长:曾 健
长官镇财政所 所 长:刘 伟
杨小街乡财政所 所 长:任 亮
宋集镇财政所 所 长:刘成年
张新镇财政所 所 长:闫成章
陈集镇财政所 所 长:陶维红
艾亭镇财政所 所 长:李仰德
陶老乡财政所 所 长:陶守恒
田桥乡财政所 所 长:王建军
韦寨镇财政所 所 长:常登科
迎仙镇财政所 所 长:魏 峰
瓦店镇财政所 所 长:洪庆中
庙岔镇财政所 所 长:范绍栋
姜寨镇财政所 所 长:张大飞
张营乡财政所 所 长:吴广森
黄岭镇财政所 所 长:王俊平
鲖城镇财政所 所 长:周建军
白庙镇财政所 所 长:赵 磊
庞营乡财政所 所 长:谷俊宝
关庙镇财政所 所 长:刘相春
开发区京九办事处财政所所长:杜 梅

淮南市财政系统领导名单

(2010 年 12 月 31 日)

淮南市财政局

党组书记:左家凤
党组副书记、局长:陈永多
党组成员、副局长:张瑞昌 管迎新
总会计师:张琳娜
副调研员:芮长海

凤台县财政局

党组书记、局长:张海舟
党组副书记:张云峰 黄学进
副局长:姬玉扬 周诠芳 田 辉

大通区财政局

局 长:王本明
副局长:贾爱云 蒋振辉

田家庵区财政局

局 长:李勇强
副局长:胡滕昌

谢家集区财政局

局 长:于良珍
副局长:赵道平

八公山区财政局

局 长:管迎悦
副局长:张 敢

潘集区财政局

局 长:刘 胜
副局长:赵允龙 李传平

毛集社会发展综合实验区财政局

局 长:贾时洋
纪检组长:陈 鸿

经济开发区财政局

局 长:李 萍
副局长:柏 云

山南新区财政局

局 长:翟 明

凤台县

城关镇财政分局　局　长:郑克辉
开发区财政所　所　长:陈佩辉
城北乡财政所　所　长:康殿成
丁集乡财政所　所　长:吴永谱
尚塘乡财政所　所　长:刘子厚
杨村乡财政所　所　长:宋道淑
钱庙乡财政所　所　长:孟献全
古店乡财政所　所　长:张　琴
顾桥镇财政所　所　长:王俊宣
桂集镇财政所　所　长:胡宗荣
刘集乡财政所　所　长:谢家亮
新集镇财政所　所　长:吕文林
大兴集乡财政所　所　长:邱金阔
朱马店镇财政所　所　长:高勤贵
岳张集镇财政所　所　长:胡　云
李冲回族乡财政所所　长:杨　渊
关店乡财政所　所　长:樊春良

大通区

九龙岗镇财政所　所　长:马凤琳
洛河镇财政所　所　长:梅　振
上窑镇财政所　所　长:宗升贵
孔店乡财政所　所　长:芮长芬

田家庵区

舜耕镇财政所　所　长:连西坦
安成镇财政所　所　长:王国庆
三和乡财政所　所　长:徐　勇
史院乡财政所　所　长:杨济生
曹庵镇财政所　所　长:吴庆周

谢家集区

望峰岗镇财政所　所　长:邱文士
唐山镇财政所　所　长:应　娟
李郢孜镇财政所　所　长:周　伟
杨公镇财政所　所　长:束维平
孤堆乡财政所　所　长:邢洪亮
孙庙乡财政所　所　长:王长志

八公山区

八公山镇财政所　所　长:哈方礼
山王镇财政所　所　长:孔德野

潘集区

田集财政所　所　长:李炳军
芦集镇财政所　所　长:赵云四
贺疃乡财政所　所　长:任印清
潘集镇财政所　所　长:胡开国
泥河镇财政所　所　长:陈传厚
古沟回族乡财政所所　长:刘　斌
平圩镇财政所　所　长:曹多军
架河乡财政所　所　长:许瑞昌
高皇镇财政所　所　长:陈道喜
夹沟乡财政所　所　长:许瑞武
祁集乡财政所　所　长:吕永红

毛集实验区

毛集镇财政分局　局　长:徐家秀
焦岗乡财政所　所　长:石小品
夏集乡财政所　所　长:刘福韧

滁州市财政系统领导名单

(2010 年 12 月 31 日)

滁州市财政局

局　长:周　伟
副局长:杜永珍　马有山　凌文东
党组成员、非税局局长:李德标
调研员:张贵龙

琅琊区财政局

局　长:聂　丽
副局长:马　兵　谢永国

南谯区财政局

局　长:赵永宾
党组书记:李克宝
副局长:孙宁生　徐友林
党组副书记:李家瑞
党组成员:谢秀生　唐玉才　王怀瑞

来安县财政局

局　长:秦　陶
副局长:詹晓平　彭保泰

全椒县财政局

局　长:姜志山
副局长:张　雷　赵和平
纪检组长:郭再传

天长市财政局

局　长:查建勋
党组副书记:黄　奎
副局长:王晓春　赵建中　欣金石
纪检组长:赵建中

党组成员:潘桂来　吴晓东　赵红旗

定远县财政局

局　长:杨　燕

副局长:周　坚　詹克英　毛传斌

党组成员:袁　斌　葛　明

凤阳县财政局

局　长:王兴德

党组书记:洪　杨

副局长:宋　伟　徐传保　李锦柱

明光市财政局

局　长:周立修

副局长:王根友　阚　兵

党组成员:殷立成　赵英会　熊正义

琅琊区

清流财政所　所　长:汤立志

扬子财政所　所　长:徐　庆

琅琊财政所　所　长:周皖进

东门财政所　所　长:贡　伟

南门财政所　所　长:杨华军

西门财政所　所　长:杨宏林

北门财政所　所　长:余　乐

西涧财政所　所　长:张宝友

南谯区

乌衣镇财政所　所　长:张天梅

沙河镇财政所　所　长:任道军

章广镇财政所　所　长:张道清

大王办财政所　所　长:祝怀贵

龙蟠办财政所　所　长:王功龙

黄泥岗镇财政所　所　长:鄢　毅

珠龙镇财政所　所　长:王　军

施集镇财政所　所　长:宋　然

大柳镇财政所　所　长:张　伟

腰铺镇财政所　所　长:江厚英

来安县

新安镇财政所　所　长:章宏斌

舜山镇财政所　所　长:朱　贵

三城乡财政所　副所长:朱和武

汊河镇财政所　所　长:许玉伟

独山乡财政所　副所长:湛承兵

施官镇财政所　所　长:时永前

半塔镇财政所　副所长:王金良

张山乡财政所　副所长:衡思勇

雷官镇财政所　副所长:李光武

杨郢乡财政所　副所长:章道勇

水口镇财政所　所　长:罗章铭

大英镇财政所　所　长:王玉春

全椒县

襄河镇财政所　所　长:潘振林

古河镇财政所　所　长:高　健

马厂镇财政所　所　长:黄顺虎

二郎口镇财政所　所　长:李义龙

六镇镇财政所　所　长:蔡兴明

石沛镇财政所　所　长:蔡传先

武岗镇财政所　所　长:刘树来

十字镇财政所　所　长:应吉平

西王镇财政所　所　长:徐本春

大墅镇财政所　所　长:黄开维

定远县

藕塘镇财政所　所　长:雍广生

界牌镇财政所　所　长:范明和

仓镇财政所　所　长:谢从辉

大桥乡财政所　所　长:曹士跃

池河镇财政所　所　长:范祥平

桑涧镇财政所　所　长:赵顶升

拂晓乡财政所　所　长:黄开美

三河镇财政所　所　长:杨　刚

定城镇财政所　副所长:倪　刚

西卅店镇财政所　所　长:许茂玉

严桥乡财政所　所　长:靳　松

范岗乡财政所　所　长:桑文如

永康镇财政所　所　长:张本群

炉桥镇财政所　所　长:陆凤海

能仁乡财政所　所　长:陈学陆

七里塘乡财政所　所　长:汪玉聪

张桥镇财政所　所　长:李如秀

连江镇财政所　所　长:唐开刚

二龙乡财政所　所　长:彭　珺

吴圩镇财政所　所　长:周恒民

蒋集乡财政所　所　长:王　振

朱湾镇财政所　所　长:杨　诚

凤阳县

武店镇财政所　所　长:代之兰

官塘镇财政所　所　长:王　琨

西泉镇财政所　所　长:孙天雷

殷涧镇财政所　所　长:程夕勇

红心镇财政所　所　长:詹绍军

板桥镇财政所　所　长:郭茂庭

枣巷镇财政所　所　长:张从波

大溪河镇财政所　所　长:刘　璋
府城镇财政所　所　长:朱学忠
临淮镇财政所　所　长:赵传胜
刘府镇财政所　所　长:刘文乐
大庙镇财政所　所　长:孙世礼
总铺镇财政所　所　长:代　伟
黄湾乡财政所　所　长:鲁善飞
小溪河镇财政所　所　长:徐　军
工业园区财政分局局　长:朱道哲

明光市

柳巷乡财政所　所　长:周继学
明西街办财政所　所　长:申维西
泊岗乡财政所　所　长:蒋道勇
桥头镇财政所　所　长:王跃新
三界镇财政所　所　长:吴兆林
明南街办财政所　所　长:王　强
苏巷镇财政所　所　长:张贵宝
古沛镇财政所　所　长:王广忠
涧溪镇财政所　所　长:杨基山
女山湖镇财政所　所　长:王元良
管店镇财政所　所　长:阚绪照
张八岭镇财政所　所　长:张守贵
明东街办财政所　所　长:梁兴海
石坝镇财政所　副所长:万夕贵
明光街办财政所　所　长:田　猛
自来桥镇财政所　所　长:戴乔汝
潘村镇财政所　所　长:石泽卫

天长市

天长办财政所　所　长:王学田
城东新区财政所　所　长:李　晔
永丰镇财政所　所　长:姚宪平
杨村镇财政所　所　长:潭万平
冶山镇财政所　所　长:焦有升
郑集镇财政所　所　长:沈学官
铜城镇财政所　所　长:李华庭
大通镇财政所　所　长:陈云海
秦栏镇财政所　所　长:叶开伟
仁和镇财政所　所　长:张殿卿
万寿镇财政所　所　长:胡明余
金集镇财政所　所　长:金友武
汊涧镇财政所　所　长:周春和
石梁镇财政所　所　长:唐传月
新街镇财政所　所　长:王德华
张铺镇财政所　所　长:王国林

六安市财政系统领导名单

（2010 年 12 月 31 日）

六安市财政局

局　长:王　琢
副局长:徐维武　涂成富　汪英来
纪检组长:黄子胜

霍山县财政局

局　长:郑为鹏
副局长:葛荣清　魏德明
　　刘朝东　刘传保
纪检组长:高宗敏
党组成员:谢家富
总会计师:蒋　超

霍邱县财政局

党委书记、局长:李　峰
党委副书记:常道友
国资局局长:王树平
副局长:王树平　张家俊
　　王　惠　陈遵坤
党组成员:许道连　刘维成

寿县财政局

局　长:祝锦玉
副局长:江　洪　尚文峰
党组成员、开发办副主任:方　杰
纪检组长:赵成凤
党组成员、总会计师:孙　宏

舒城县财政局

局　长:李光来
副局长:钟玉红　姚燕平
　　韦　征　张俊柱
纪检组长:谢远森
党组成员、总会计师:王大方

金寨县财政局

局　长:胡　浩
党组成员、国资委副主任:桂　新
副局长:付泽民　李　隆
党组成员:王　龙　陈　勇　李述庆

金安区财政局

局　长:汪国庆
副局长:朱建萍　丁　剑　余永生
纪检组长:刘学军

裕安区财政局

局 长:王化峰

党组书记、副局长:张义军

党组副书记、副局长:刘 俊

副局长:余道乔 朱庆国

杜成发 王利超

党组成员、工会主任:潘明础

叶集区财政局

党组书记、局长:戚世宏

副局长:杨文忠 赵先林

刘昌盛 孟凡银

纪检组长:台德炜

开发区财政局

局 长:王 燊

副局长:李 欣 翁良文

霍山县

衡山镇财政所 所 长:刘玉石

但家庙镇财政所 所 长:张建中

下符桥镇财政所 所 长:彭 钧

与儿街镇财政所 所 长:余良军

黑石渡镇财政所 所 长:谢福文

佛子岭镇财政所 所 长:叶纯言

落儿岭镇财政所 所 长:查 勇

诸佛庵镇财政所 所 长:唐家胜

大化坪镇财政所 所 长:刘作贞

漫水河镇财政所 所 长:余大权

上土市镇财政所 所 长:刘 虎

太阳乡财政所 所 长:汪辉群

太平畈乡财政所 所 长:何祥田

磨子潭镇财政所 所 长:金先明

东西溪乡财政所 所 长:罗来成

单龙寺乡财政所 所 长:陈家林

县经济开发区财政分局局长:杜兴如

寿 县

寿春镇财政所 所 长:吴承明

茶庵乡财政所 所 长:刘庆友

八公山乡财政所 所 长:涂 敏

三觉镇财政所 所 长:李正明

双桥镇财政所 所 长:罗宏连

堰口镇财政所 所 长:包克龙

丰庄镇财政所 所 长:吴宝山

窑口乡财政所 所 长:袁绪江

涧沟镇财政所 所 长:赵 奎

安丰塘乡财政所 所 长:丁传格

正阳镇财政所 所 长:李福成

陶店乡财政所 所 长:杨秀根

迎河镇财政所 所 长:史秀宝

炎刘镇财政所 所 长:宋 瑾

张李乡财政所 所 长:孙应时

刘岗镇财政所 所 长:王运辉

板桥镇财政所 所 长:田国洲

双庙镇财政所 所 长:吴 震

安丰镇财政所 所 长:宋中考

大顺镇财政所 所 长:马道龙

隐贤镇财政所 所 长:孙 杰

瓦埠镇财政所 所 长:张子好

众兴镇财政所 所 长:许光开

小甸镇财政所 所 长:洪 申

保义镇财政所 所 长:张永祥

舒城县

城关镇财政所 所 长:夏纪政

开发区财政所 所 长:华兴圣

桃溪镇财政所 所 长:丁阳圣

南港镇财政所 所 长:张功稳

舒茶镇财政所 所 长:黄玉宝

春秋乡财政所 所 长:程从越

千人桥镇财政所 所 长:毛德琼

杭埠镇财政所 所 长:孔令贵

百神庙镇财政所 所 长:孔令其

干汊河镇财政所 所 长:许礼荣

柏林乡财政所 所 长:周 敏

张母桥镇财政所 所 长:谈儒文

棠树乡财政所 所 长:盛吉富

万佛湖镇财政所 所 长:刘万奇

五显镇财政所 所 长:傅世韵

阙店乡财政所 所 长:葛贵余

晓天镇财政所 所 长:储德元

山七镇财政所 所 长:胡显月

高峰乡财政所 所 长:胡竟成

河棚镇财政所 所 长:谭永红

汤池镇财政所 所 长:常维爱

庐镇乡财政所 所 长:陈少俊

霍邱县

城关镇财政分局 局 长:牛金合

河口镇财政所 所 长:李祖堂

姚李镇财政分局 局 长:窦德山

长集镇财政所 所 长:李炳广

户胡镇财政所 所 长:张玉和

石店镇财政所　所　长:王贤贵
马店镇财政所　所　长:唐兰英
周集镇财政所　所　长:李绍明
临水镇财政所　所　长:张习芝
孟集镇财政所　所　长:卜春华
新店镇财政所　所　长:吴成贵
洪集镇财政所　所　长:孙家安
花园镇财政所　所　长:宗克诚
乌龙镇财政所　所　长:沈明乐
高塘镇财政所　所　长:曾凡诚
岔路镇财政所　所　长:胡建友
龙潭镇财政所　所　长:李传炎
曹庙镇财政所　所　长:黄应旭
众兴镇财政所　所　长:冯浩然
夏店镇财政所　所　长:李传斌
白莲乡财政所　所　长:程学云
邵岗乡财政所　所　长:郭凤云
冯井镇财政所　所　长:李友军
范桥乡财政所　所　长:付　祥
王截流乡财政所　所　长:李立成
城西湖乡财政所　所　长:董西保
临淮岗乡财政所　所　长:田开军
宋店乡财政所　所　长:何承光
三流乡财政所　所　长:王　宏
潘集乡财政所　所　长:赵本勇
冯瓴乡财政所　所　长:刘本玲
彭塔乡财政所　所　长:雷家杰

金寨县

梅山镇财政所　所　长:李贤悦
白塔畈乡财政所　所　长:吴为中
双河镇财政所　所　长:张经奎
桃岭乡财政所　所　长:祝学俊
铁冲乡财政所　所　长:胡少友
全军乡财政所　所　长:程鹏飞
南溪镇财政局　局　长:余正良
汤家汇镇财政所　所　长:张经喜
斑竹园镇财政所　所　长:漆仲甫
吴家店镇财政所　所　长:姜新云
果子园乡财政所　所　长:田家理
沙河乡财政所　所　长:田　耿
关庙乡财政所　所　长:詹必福
古碑镇财政所　所　长:闻业新
槐树湾乡财政所　所　长:张经楼
花石乡财政所　所　长:袁文刚
燕子河镇财政所　所　长:刘从彬
天堂寨镇财政所　所　长:陶兴华
长岭乡财政所　所　长:江涛声
青山镇财政所　所　长:余玉林
油坊店乡财政所　所　长:侯守勇
张冲乡财政所　所　长:吴德清
麻埠镇财政所　所　长:王修成

金安区

金安开发区财政分局局长:江　胜
东市街道财政所　所　长:吴克文
中市街道财政所　所　长:蔡　磊
三里桥街道财政所所　长:李俊玲
清水河街道财政所所　长:史　彬
望城岗街道财政所所　长:宋先和
城北乡财政所　所　长:夏立峻
椿树镇财政所　所　长:李学秀
东河口镇财政所　所　长:谢　应
东桥镇财政所　所　长:何宏应
横塘岗乡财政所　所　长:梁德圣
马头镇财政所　所　长:朱殿文
毛坦厂镇财政所　所　长:孙　超
木厂镇财政所　所　长:张修勤
淠东乡财政所　所　长:卫典江
卅铺镇财政所　所　长:杨瑞鹏
施桥镇财政所　所　长:金宗林
双河镇财政所　所　长:陈新和
孙岗镇财政所　所　长:王本宝
翁墩乡财政所　所　长:唐兆刚
先生店乡财政所　所　长:赵庭保
张店镇财政所　所　长:张涛元
中店乡财政所　所　长:姚　健

裕安区

小华山街道财政所所　长:李敦品
鼓楼街道财政所　所　长:熊祖虎
西市街道财政所　所　长:程克平
石板冲乡财政所　所　长:朱家忠
平桥乡财政所　所　长:吴　辉
青山乡财政所　所　长:管应发
城南镇财政所　所　长:邬宗敏
韩摆渡镇财政所　所　长:张之权
丁集镇财政所　所　长:许友收
新安镇财政所　所　长:赵以见
顺河镇财政所　所　长:田兴胜
单王乡财政所　所　长:张　晖

苏埠镇财政分局 局 长:林元华
西河口乡财政所 所 长:廖玉娟
石婆店镇财政所 所 长:程业明
狮子岗乡财政所 副所长:李茂州
独山镇财政所 所 长:赵本雨
分路口镇财政所 所 长:马如邵
江家店镇财政所 所 长:郎道才
徐集镇财政所 所 长:金家吾
罗集乡财政所 所 长:刘家刚
固镇镇财政所 所 长:魏启凤

叶集区

三元乡财政所 所 长:汪立刚
孙岗乡财政所 所 长:宋国霖
平岗办事处财政所所 长:朱 洪
镇区办事处财政所所 长:沈业菊

马鞍山市财政系统领导名单

(2010 年 12 月 31 日)

马鞍山市财政局

党组书记、局长:丁济民
党组成员、副局长:李超先 徐道才 吴 斌
党组成员、纪检组长:曾祥宝
总会计师:何桂芳
副调研员:董清华 吴长明

花山区财政局

局 长:韩有林
副局长:赵 珍
霍里镇财政所 所 长:王 飞

雨山区财政局

局 长:陶 金
副局长:邓兰云 张 峰
银塘镇财政所 所 长:陶明华
向山镇财政所 所 长:李晓斌
佳山乡财政所 所 长:王金枝

金家庄区财政局

局 长:黄 翔
副局长:徐业标 许 珉
慈湖乡财政所 所 长:王良平

经济技术开发区财政局

局 长:李迎庆
副局长:杨庆新

慈湖工业园财政局

局 长:胡振华

承接产业转移示范园区财政局

局 长:万晓文

当涂县财政局

局 长:钱 镜
党组书记:谢儒云
党组成员、副局长:江 华 程立浦 李金宝
党组成员、工会主席:王德宝
纪检组长:王华国
县经济开发区财政分局局长:姜占成
博望镇财政分局 局 长:程秋平
太白镇财政所 所 长:吴开义
姑孰镇财政所 所 长:陈晓霞
丹阳镇财政所 所 长:刘明忠
新市镇财政所 所 长:成之华
黄池镇财政所 所 长:朱 翔
乌溪镇财政所 所 长:诸金刚
石桥镇财政所 所 长:汤晓方
护河镇财政所 所 长:尹成鑫
塘南镇财政所 所 长:姜跃进
年陡乡财政所 所 长:黄玉宝
大陇乡财政所 所 长:汤复金
江心乡财政所 所 长:许亚虎
湖阳乡财政所 所 长:徐为红

巢湖市财政系统领导名单

(2010 年 12 月 31 日)

巢湖市财政局

局 长:朱士昂
调研员、副局长:田 野
副局长:陈 明 李德银 夏永强
党组成员、总会计师:朱玉琴

巢湖经济开发区财政局

局 长:袁世武

居巢区财政局

局 长:张年明
副局长:邓本宝 倪 青
周 群 朱立平
党组副书记:汪美仕
党组成员:周正山

庐江县财政局

局　长:周久福

副局长:袁建民　陶学顺　周　健　钱　俊

纪检组长:殷礼生

无为县财政局

局　长:李作果

副局长:胡春生　陈先荣

党组副书记:杨学春

纪检组长:潘潭渊

党组成员:胡卫星

含山县财政局

局　长:刁明山

副局长:方　琼　裴小勇　杨永州

纪检组长:宫尚峰

和县财政局

局　长:李家洲`

党组书记、副局长:张德胜

副局长:朱文宏　伋兴卫　范长淮

居巢区

柘皋镇财政所　所　长:钱泽民

烔炀镇财政所　所　长:花业金

槐林镇财政所　所　长:魏守稳

黄麓镇财政所　所　长:朱永胜

栏杆集镇财政所　所　长:王诗松

苏湾镇财政所　所　长:许瑞宏

庙岗乡财政所　所　长:方泽芒

夏阁镇财政所　所　长:周光斌

散兵镇财政所　所　长:方先春

银屏镇财政所　所　长:高树宏

坝镇镇财政所　所　长:孙时中

中埠镇财政所　所　长:孙荣海

中庙办事处财政所所　长:张更生

亚父办事处财政所所　长:张正亚

卧牛山办事处财政所所长:童新生

天河办事处财政所所　长:周仲香

凤凰山财政所　所　长:李异年

巢湖经济开发区

半汤办事处财政所所　长:刁杰富

庐江县

庐城镇财政所　所　长:方志平

冶父山镇财政所　所　长:王宏国

汤池镇财政所　所　长:徐　贺

万山镇财政所　所　长:钱金龙

金牛镇财政所　所　长:韩　松

郭河镇财政所　所　长:束晓明

石头镇财政所　所　长:张立华

同大镇财政所　所　长:王言胜

白山镇财政所　所　长:张安稳

盛桥镇财政所　所　长:伍明能

白湖镇财政所　所　长:刘保才

龙桥镇财政所　所　长:卢华东

矾山镇财政所　所　长:刘胜利

泥河镇财政所　所　长:苏建醒

罗河镇财政所　所　长:张和平

乐桥镇财政所　所　长:龙力保

柯坦镇财政所　所　长:钱明华

庐江县经济开发区财政局局长:周美海

和　县

历阳镇财政所　所　长:陶昌华

沈巷镇财政所　所　长:管大俊

白桥镇财政所　所　长:陈开义

姥桥镇财政所　所　长:许晓明

功桥镇财政所　所　长:何龙俊

西埠镇财政所　所　长:孙发水

香泉镇财政所　所　长:吴祚明

乌江镇财政所　所　长:沈守彪

善厚镇财政所　所　长:黄义龙

石杨镇财政所　所　长:戴进才

无为县

安徽无为经济开发区财政局局长:李海权

无城镇财政所　所　长:丁　军

二坝镇财政所　所　长:方　勇

襄安镇财政所　所　长:周根发

石涧镇财政所　所　长:张亚林

高沟镇财政所　所　长:闵义根

白茆镇财政所　所　长:张春耕

汤沟镇财政所　所　长:张礼庆

陡沟镇财政所　所　长:叶正亮

福渡镇财政所　所　长:夏绿松

泥汊镇财政所　所　长:伍纪年

姚沟镇财政所　所　长:倪受平

刘渡镇财政所　所　长:夏绿松

十里墩乡财政所　所　长:肖俊生

泉塘镇财政所　所　长:焦　衡

蜀山镇财政所　所　长:何尧舜

洪巷乡财政所　所　长:李登宏

牛埠镇财政所　所　长:张志生

昆山乡财政所　所　长:杨宣华
鹤毛乡财政所　所　长:徐源明
开城镇财政所　所　长:刘启志
赫店镇财政所　所　长:倪合洲
严桥镇财政所　所　长:张良岩
红庙镇财政所　所　长:汪红兵

含山县

环峰镇财政所　所　长:贾斯文
运漕镇财政所　所　长:奚德兰
林头镇财政所　所　长:郭佩献
昭关镇财政所　所　长:李伏森
清溪镇财政所　所　长:贺　明
仙踪镇财政所　所　长:李　娟
陶厂镇财政所　所　长:撒孝兵
铜闸镇财政所　所　长:马　胜

芜湖市财政系统领导名单

（2010 年 12 月 31 日）

芜湖市财政局

党组书记:徐茂环
局长、国资委主任:胡锡萍
副局长:蒋庆贵、周庆华
国资委副主任:何红旗

经济技术开发区财政局

局　长:李锐锋
副局长:李翠萍　丁惠群
国资委副主任:陈　新　何孔春

长江大桥开发区财政局

局　长:吴祖满

镜湖区财政局

局　长:戴　鸣
副局长:严兆清　宋兰兰
财政核算中心主任:倪　勤

鸠江区财政局

副局长:焦朝凤　徐　洋

弋江区财政局

局　长:奚银华
副局长:胡道才　陶树林　张　娟

三山区财政局

局　长:俞　翔
副局长:郭炳生　黄蔚文　洪桂滢

芜湖县财政局

局　长:顾玉才
副局长:范家仁　袁晓武　王少明

繁昌县财政局

局　长:胡宗波
副局长:宋进和　刘修林
汪安宁　汤　斌
纪检组长:程四清

南陵县财政局

局　长:朱　华
副局长:万　春　李立新　张幼平

经济技术开发区

龙山办事处财政所　所　长:杨祥虎
万春办事处财政所　所　长:刘　蓉

鸠江区

官陡街道财政所　所　长:戈桂香
湾里街道财政所　所　长:许桂芳
清水街道财政所　所　长:潘有春
四褐山街道财政所所　长:石相鹏

弋江区

火龙岗镇财政所　所　长:孟令富

三山区

峨桥镇财政所　所　长:夏治平

芜湖县

湾沚镇财政所　所　长:陈其宣
六郎镇财政所　所　长:苏德敏
陶辛镇财政所　所　长:周赟三
方村镇财政所　所　长:王孝骞
红杨镇财政所　所　长:董思标
花桥镇财政所　所　长:王万田

繁昌县

繁阳镇财政所　所　长:韩承良
荻港镇财政所　所　长:仇　波
孙村镇财政所　所　长:尚显龙
平铺镇财政所　所　长:陈益胜
峨山镇财政所　所　长:万帮敏
新港镇财政所　所　长:赵仕敏

南陵县

籍山镇财政所　所　长:杨洁楷
弋江镇财政所　所　长:凌　强
许镇镇财政所　所　长:秦贤科
三里镇财政所　所　长:朱银水
河湾镇财政所　所　长:孙中华
工山镇财政所　所　长:吴海民

家发镇财政所　　所　长:王祖文
烟墩镇财政所　　所　长:廖必学

宣城市财政系统领导名单

(2010 年 12 月 31 日)

宣城市财政局

局　长:陈先平
副局长:刘富贵　曾庆友　罗少彬
纪检组长:江　艳
综改办专职副主任:肖　锋

宣州区财政局

党组书记、局长:李　峰
党组副书记、副局长:汤文军
主任科员、副局长:程小清
党组成员、副局长:翟德平
党组成员、纪检组长:刘肇虎
党组成员、总会计师:花国平

郎溪县财政局

党组书记、局长:周道平
党组成员、国资办主任、副局长:晏述太
党组成员、副局长:李　萍　王尚礼　孙宝昌
党组成员、纪检组长:庞建华
党组成员、农村财政管理局局长:余贵林
党组成员、总会计师:罗新满

广德县财政局

局　长:吴宗萍
副局长:李忠宝　田宝奎　周燕燕
总会计师:李国祥

宁国市财政局

党组书记、局长:彭若晖
党组副书记、纪检组长:谢洪文
副局长:胡琳娟
党组成员、副局长:程嘉斌　洪观全
党组成员、系统工会主席:汪　廷
总会计师:李三六
党组成员:徐东晖

泾县财政局

党组书记:赵家田
局长:曹秋萍
党组成员、副局长:刘　辉　翟永清　曹　斌
党组成员、非税局局长:许爱民

旌德县财政局

党组书记、局长:谭德辛
党组成员、副局长:程建华　程建元　周小健
党组成员、总会计师:汪锦生

绩溪县财政局

局　长:夏庆玖
副局长:洪华春　周振翼　方拥军　章亚华
纪检组长:徐廷祥

经济技术开发区财政局

局　长:凌　俊
副局长:张玉河　沈曙明

宣州区

鳌峰办事处财政所所　长:杨贵清
敬亭山办事处财政所所长:吴　严
西林办事处财政所所　长:贡海军
济川办事处财政所所　长:张建农
澄江办事处财政所所　长:陈　建
双桥办事处财政所所　长:任晓辉
沈村镇财政所　　所　长:胡青松
洪林镇财政所　　所　长:方　虎
五星乡财政所　　所　长:王海平
朱桥乡财政所　　副所长:唐　勇
养贤乡财政所　　所　长:冯年宝
寒亭镇财政所　　所　长:翟　勇
文昌镇财政所　　副所长:高文喜
金坝乡财政所　　副所长:章荣清
古泉镇财政所　　所　长:张胜贵
狸桥财政分局　　副局长:张小松
黄渡乡财政所　　副所长:王乾忠
新田镇财政所　　所　长:孙木松
杨柳镇财政所　　所　长:胡德宝
溪口镇财政所　　所　长:胡怀金
水东财政分局　　局　长:杨庆民
周王镇财政所　　所　长:郑敏毅
水阳财政分局　　局　长:刘朝红
孙埠财政分局　　局　长:汪　超
向阳镇财政所　　副所长:杨建东

郎溪县

梅渚镇财政所　　所　长:李定齐
凌笪乡财政所　　所　长:岑国庆
涛城镇财政所　　所　长:潘学斌
南丰镇财政所　　所　长:王元成
十字镇财政所　　所　长:李官林
姚村乡财政所　　所　长:钱相红

毕桥镇财政所　所　长:潘兴河
飞里乡财政所　所　长:蓝　峡
幸福乡财政所　所　长:李大平
东夏镇财政所　所　长:李　刚
新发镇财政所　所　长:陈　萍
建平镇财政所　所　长:赵慧兰
平发区财政分局　局　长:任志勇

广德县

桃州镇财政所　所　长:王庆福
卢村乡财政所　所　长:陈　林
东亭乡财政所　所　长:蒋　伟
杨滩乡财政所　副所长:吴万清(主持工作)
柏垫镇财政所　所　长:石传宏
誓节镇财政所　所　长:侯华胜
四合乡财政所　所　长:赵永华
邱村镇财政所　所　长:郑　兴
新杭镇财政所　所　长:李光义
开发区财政局　局　长:张益明

宁国市

西津办事处财政所所　长:朱成元
南山办事处财政所所　长:何　平
河沥办事处财政所所　长:刘国华
汪溪办事处财政所所　长:程　林
港口镇财政所　所　长:汪　辉
方塘乡财政所　副所长:鲍金水
青龙乡财政所　所　长:陈　闽
胡乐镇财政所　所　长:吕　钊
甲路镇财政所　所　长:冯银海
霞西镇财政所　所　长:王荣林
竹峰办事处财政所所　长:洪天润
梅林镇财政所　所　长:欧阳美文
宁墩镇财政所　所　长:王　跃
南极乡财政所　所　长:周保权
万家乡财政所　所　长:余国斌
中溪镇财政所　所　长:刘以宁
仙霞镇财政所　所　长:汪　虹
云梯乡财政所　所　长:胡汉全
天湖办事处财政所所　长:石春祥

泾　县

桃花潭镇财政所　所　长:查爱国
茂林镇财政所　所　长:董先敏
云岭镇财政所　所　长:徐志林
黄村镇财政所　所　长:赵承翀
丁家桥镇财政所　所　长:曹新成
泾川镇财政所　所　长:卫三荣
汀溪乡财政所　所　长:胡道胜
榔桥镇财政所　所　长:江荣福
蔡村镇财政所　所　长:汪　瑨
琴溪镇财政所　所　长:冯阳生
昌桥乡财政所　所　长:汤正虎

旌德县

旌阳镇财政所　所　长:吕有水
版书乡财政所　所　长:方家喜
俞村乡财政所　所　长:吴国清
云乐乡财政所　所　长:董根发
蔡家桥镇财政所　所　长:陶太宏
三溪镇财政所　所　长:冯铜友
兴隆乡财政所　所　长:王家学
孙村乡财政所　所　长:潘　煜
庙首镇财政所　所　长:赵　福
白地镇财政所　所　长:陶如宝

绩溪县

华阳镇财政所　所　长:曹向明
临溪镇财政所　所　长:汪国庆
瀛洲乡财政所　所　长:程新光
长安镇财政所　所　长:黄梦利
上庄镇财政所　所　长:胡建兵
扬溪镇财政所　所　长:陈卫国
板桥头乡财政所　所　长:叶正光
金沙镇财政所　所　长:汪光明
伏岭镇财政所　所　长:汪满鹏
家朋乡财政所　所　长:周光永
荆州乡财政所　所　长:黄定界

铜陵市财政系统领导名单

(2010 年 12 月 31 日)

铜陵市财政局

局　长:姚新生
副局长:黄宝林　汪庆辉　凌　勇　徐友华
纪检组长:姚从斌
调研员:戴先平
副调研员:李桂珍
国资委副主任:王立陵　汪庆辉

铜官山区财政局

局　长:蒯正军

副局长:周长缨　何振武

狮子山区财政局

局　长:洪保国

副局长:黄颂青　沈　斌

郊区财政局

局　长:王立群

副局长:章建华

开发区财政局

局　长:尚　俐

副局长:程　啸

铜陵县财政局

局　长:梅柏林

副局长:何跃进　洪步胜　陈志双　刘朝晖

国资委副主任:郑宏辉

纪检组长:姜　建

郊　区

铜山镇财政所　　所　长:陈良兵

安铜办财政所　　所　长:鲍素云

桥南办财政所　　所　长:张绍新

灰河乡财政所　　所　长:查金霍

大通镇财政所　　所　长:周固元

狮子山区

西湖镇财经所所长:朱立贵

东郊办财政所所长:陆承辉

铜陵县

五松镇财政经济管理所所长:朱　萍

天门镇财政经济管理所所长:戴恒友

钟鸣镇财政经济管理所所长:章潮发

顺安镇财政经济管理所所长:陈正富

老洲乡财政经济管理所所长:李玉娥

胥坝乡财政经济管理所所长:曹　强

西联乡财政经济管理所所长:唐新卫

东联乡财政经济管理所所长:曹利斌

池州市财政系统领导名单

(2010 年 12 月 31 日)

池州市财政局

党组书记、局长:李建华

党组副书记、国资委主任:徐树生

党组成员、副局长:杨庆安　吴庆华　莫助国

党组成员、国资委专职副主任:何宏炳

党组成员、副调研员:唐曙明

党组成员、农发办主任:唐海洋

党组成员、民生办主任:程保东

非税局局长:尹加旺

调研员:张龙妹

副调研员:盛文台

贵池区财政局

党组书记、局长:章丹心

党组书记、副局长:钟茅丰

副局长:胡贵祥　许孝怀　何　杰

纪检组长:王新友

工会主席:张　雯

青阳县财政局

党组书记、局长:甘心传

党组成员、副局长:严茂森　张益平

屠昌友　汪来发

党组成员、招标局副局长:程寅昌

党组成员、国库集中支付中心主任:丁学军

东至县财政局

局长、党组副书记:周运开

党组书记:饶凤洲

党组副书记、副局长:汪正长

副局长:张增玲

党组成员、主任科员:周胜良　汪　洋

石台县财政局

党组书记、局长:邬开政

党组成员、副局长:黄学真　王诗祥　汪庆五

党组成员、纪检组长:彭代强

九华山风景区财政局

党组书记、局长:汪　滔

支部副书记:吴翠凤

副局长:鲍玉生

党组成员:程　超

开发区管委会财政局

副局长:汪冰冰

站前区财政局

局　长:李明雨

贵池区

池阳办财政所　　所　长:钱跃文

秋浦办财政所　　所　长:汪　利

江口办财政所　　所　长:胡孔璋

里山办财政所　　所　长:方　涛

涓桥镇财政所　　所　长:汪曙华

秋江办财政所　　所　长:喻　松

乌沙镇财政所　　所　长:陈　敏
殷汇镇财政所　　所　长:卢志刚
牛头山镇财政所　所　长:包满发
唐田镇财政所　　所　长:周　盾
牌楼镇财政所　　所　长:王来保
梅街镇财政所　　所　长:胡秀清
棠溪镇财政所　　所　长:杨韶红
梅村镇财政所　　所　长:何腾飞
马衙办财政所　　所　长:江　继
墩上办财政所　　所　长:周迎义
梅龙办财政所　　所　长:方继安
杏花财政所　　　所　长:周桃四
清风财政所　　　所　长:包启友
清溪财政所　　　所　长:刘冬青

青阳县

蓉城镇财政分局　局　长:郭江宁
杨田镇财政分局　局　长:王　频
朱备镇财政分局　局　长:施国华
新河镇财政分局　局　长:黄超龙
木镇镇财政分局　局　长:杨大宏
丁桥镇财政分局　局　长:方　勇
乔木乡财政分局　局　长:邓继涛
酉华乡财政分局　局　长:吴玉才
庙前镇财政分局　局　长:陈相银
杜村乡财政分局　局　长:江卫国
陵阳镇财政分局　局　长:熊晔宏

东至县

尧渡镇财政分局　局　长:王长福
东流镇财政分局　局　长:朱国平
大渡口镇财政分局局　长:何启发
香隅园区财政局　　所　长:王洪权
龙泉镇财政所　　所　长:刘仁贵
昭潭镇财政所　　所　长:左根水
青山乡财政所　　所　长:徐国进
泥溪镇财政所　　所　长:许成顺
官港镇财政所　　所　长:钱　勇
木塔乡财政所　　所　长:胡末生
花园乡财政所　　所　长:王志松
香隅镇财政所　　所　长:方胜昔
胜利镇财政所　　所　长:檀曙明
张溪镇财政所　　所　长:刘国清
葛公镇财政所　　所　长:王亦斌
洋湖镇财政所　　所　长:吴维军

石台县

仁里镇财政所　　所　长:徐华海
七都镇财政所　　所　长:李贵高
横渡镇财政所　　所　长:彭先果
仙寓镇财政所　　所　长:陈发根
大演乡财政所　　所　长:严纲文
矶滩乡财政所　　所　长:查朝平
丁香镇财政所　　所　长:张圣德
小河镇财政所　　所　长:徐华久

九华山风景区

九华镇财政所　　负责人:张军英
九华乡财政所　　所　长:孙华峰

安庆市财政系统领导名单

(2010 年 12 月 31 日)

安庆市财政局

局　长:王赵春
副局长:万　翔　张志国　王思丰
纪检组长:邵显桥
总会计师:丁卫星
党组成员:杨利民

枞阳县财政局

局　长:马满华
副局长:郭　峰　陈旭升　何嗣进
党组成员:汤卫东
纪检组长:胡世新

怀宁县财政局

局　长:黄　青
副局长:郎长青　柴绍来　丁丽华
纪检组长:杜可诚

潜山县财政局

局　长:聂玉兰
副局长:朱徐林　王生海　郑茯苓
纪检组长:袁向东
党组成员:王奇凌

宿松县财政局

局　长:胡友华
党组副书记:胡审秦
副局长:徐　侃　余锡刚　高福荣
　　余爱国　桂松寿
党组成员:杨学文　余长才

太湖县财政局

局　长:程林森

副局长:吴立新　朱和平　潘建华
党组成员:詹李生　吴先桃

望江县财政局

局　长:王　进
党组书记:周能胜
副局长:汪华良　徐苑生
党组成员:郑邦波
总会计师:蒋五毛

桐城市财政局

局　长:赵　斌
副局长:王忠生　刘胜保
国资中心副主任:井自顺
纪检组长:余宜庆
党组成员:吴曙红　严　平
总会计师:张仲平

岳西县财政局

局　长:李爱群
副局长:储　卫　朱读文　储福枝
党组成员:徐爱民　孟献忠

宜秀区财政局

局　长:吴昌维
党组副书记:吴海宏　王贵明
副局长:吴育华　方　鉴

大观区财政局

局　长:袁　玲
副局长、纪检组长:方来铁
副局长:张　剑

迎江区财政局

局　长:丁爱华
副局长:吴　军　杨晓克

开发区财政局

局　长:毕圣国
副局长:程皖生　马　加　龙其平(挂)

枞阳县

开发区财政局　局　长:郭　峰
枞阳镇财政所　所　长:汪晓华
铁铜乡财政所　所　长:刘　芳
𠙶山镇财政所　所　长:许德红
汤沟镇财政所　所　长:唐义长
老洲镇财政所　所　长:汪桂林
陈瑶湖镇财政所　所　长:周雄飞
周潭镇财政所　所　长:王　平
横埠镇财政所　所　长:姚信华
钱铺乡财政所　所　长:周志学
金社乡财政所　所　长:刘东苟
白梅乡财政所　所　长:慈龙宝
项铺镇财政所　所　长:胡江春
会宫乡财政所　所　长:董松美
官埠桥镇财政所　所　长:吴亚松
义津镇财政所　所　长:李必发
其林镇财政所　所　长:吴福胜
浮山镇财政所　所　长:姚佐平
长沙乡财政所　所　长:方习中
凤仪乡财政所　所　长:陈先锋
白湖乡财政所　所　长:周柯云
雨坛乡财政所　所　长:胡正春
钱桥镇财政所　所　长:吴其龙

怀宁县

石牌镇财政分局　局　长:何宏亮
雷埠乡财政所　所　长:丁士彬
腊树镇财政所　所　长:潘结和
黄龙镇财政所　所　长:张宏斌
清河乡财政所　所　长:陈夏节
三桥镇财政所　所　长:何　侃
小市镇财政所　所　长:李志阳
黄墩镇财政分局　局　长:王黄送
公岭镇财政所　所　长:丁旭东
秀山乡财政所　所　长:崔　奎
高河镇财政分局　局　长:齐振香
马庙镇财政所　所　长:陈　进
金拱镇财政所　所　长:洪　志
茶岭镇财政所　所　长:吴建民
月山镇财政分局　副局长:雍红卫
石境乡财政所　所　长:杨爱平
凉亭乡财政所　副所长:朱　云
洪铺镇财政所　所　长:徐　瑛
江镇镇财政所　所　长:余庆华
平山乡财政所　所　长:郭　梅

潜山县

梅城镇财政所　所　长:徐合平
王河镇财政所　所　长:金旺根
黄泥镇财政所　所　长:姚万东
黄铺镇财政所　所　长:彭杨生
痘姆乡财政所　所　长:贾华旭
余井镇财政所　所　长:李飞跃
油坝乡财政所　所　长:凌江来
源潭镇财政所　所　长:储焰根
黄柏镇财政所　所　长:潘晓应

官庄镇财政所　所　长:施玉来
塔畈乡财政所　所　长:余本江
槎水镇财政所　所　长:肖骈臻
龙潭乡财政所　所　长:涂铁群
水吼镇财政所　所　长:黄德清
五庙乡财政所　所　长:葛彭旺
天柱山镇财政所　所　长:李有中
开发区分局　局　长:汪　萍

太湖县

晋熙镇财政分局　局　长:方济源
徐桥镇财政所　所　长:何小平
城西乡财政所　所　长:王治宇
新仓镇财政所　所　长:张华庚
寺前镇财政所　所　长:吴武林
北中镇财政所　所　长:王新华
刘畈乡财政所　所　长:潘礼革
江塘乡财政所　所　长:周三应
小池镇财政所　所　长:马章得
牛镇镇财政所　所　长:潘继伟
弥陀镇财政所　所　长:李阳春
百里镇财政所　所　长:查德红
汤泉乡财政所　所　长:祝　勤
天华镇财政所　所　长:陈韶华
大石乡财政所　所　长:胡龙江

岳西县

莲云开发区财政分局局长:吴卫国
天堂镇财政所　所　长:谢宏岳
响肠镇财政所　所　长:陈增益
毛尖山乡财政所　所　长:朱灿东
和平乡财政所　所　长:闻声学
包家乡财政所　所　长:王国庆
冶溪镇财政所　所　长:李敬东
河图镇财政所　所　长:徐自安
五河镇财政所　所　长:蒋贻中
主簿镇财政所　所　长:胡发达
石关乡财政所　所　长:秦启明
头陀镇财政所　所　长:徐建华
温泉镇财政所　所　长:王　萍
莲云乡财政所　所　长:刘建华
来榜镇财政所　所　长:储文胜
青天乡财政所　所　长:储永青
店前镇财政所　所　长:刘文高
白帽镇财政所　所　长:刘德述
古坊乡财政所　所　长:徐声林
中关乡财政所　所　长:刘志权
菖蒲镇财政所　所　长:汪和煦
田头乡财政所　所　长:胡端阳
姚河乡财政所　所　长:汪新林
巍岭乡财政所　所　长:储得先
黄尾乡财政所　所　长:宛敏春

宿松县

孚玉镇财政所　所　长:许　钊
复兴镇财政所　所　长:朱来春
洲头乡财政所　所　长:黎承林
汇口镇财政所　所　长:张晚元
许岭镇财政所　所　长:赵金牛
二郎镇财政所　所　长:邓志海
破凉镇财政所　所　长:胡颂保
凉亭镇财政所　所　长:梅兴祥
佐坝乡财政所　所　长:徐文明
长铺镇财政所　所　长:周国政
千岭乡财政所　所　长:齐长贵
陈汉乡财政所　所　长:尹　睿
下仓镇财政所　所　长:石先武
五里乡财政所　所　长:贺行槐
高岭乡财政所　所　长:高春林
程岭乡财政所　所　长:徐文胜
九姑乡财政所　所　长:吴松柏
河塌乡财政所　所　长:石焰炉
北浴乡财政所　所　长:张青松
柳坪乡财政所　所　长:虞邦国
隘口乡财政所　所　长:杨庆丰
趾凤乡财政所　所　长:郭东亮

望江县

华阳镇财政所　所　长:赵红霞
杨湾镇财政所　所　长:赵家武
雷池乡财政所　所　长:方夕来
太慈镇财政所　所　长:夏长庚
凉泉乡财政所　所　长:王胜中
长岭镇财政所　所　长:龙　彬
鸦滩镇财政所　所　长:周龙贵
赛口镇财政所　所　长:游　勋
高士镇财政所　所　长:徐先秉
漳湖镇财政所　副所长:王学明
开发区财政所　所　长:耿成华

桐城市

开发区财政局　局　长:倪小玲
直属征收稽查所　所　长:王绪文

文昌办事处财政分局局长:许建国
龙眠办事处财政分局局长:倪晋流
大关镇财政分局　局　长:倪胜旺
吕亭镇财政分局　局　长:陈五九
孔城镇财政分局　局　长:胡家旺
金神镇财政分局　局　长:张卫东
嬉子湖镇财政所　所　长:张小四
范岗镇财政分局　局　长:钟普查
鲟鱼镇财政所　所　长:张国才
黄甲镇财政所　所　长:周正健
唐湾镇财政所　所　长:钱　诚
新渡财政分局　局　长:张国刚
双港镇财政分局　局　长:吕张根
青草镇财政分局　局　长:江元苗

宜秀区

大桥开发区财政分局局长:吴海宏
杨桥镇财政所　所　长:阮宜庆
白泽湖乡财政所　所　长:方铁宏
大龙山镇财政所　所　长:刘华阳
罗岭镇财政所　所　长:张　军
五横乡财政所　所　长:查长生

大观区

十里铺乡财政所　所　长:方真胜
海口镇财政所　所　长:丁高云
山口乡财政所　所　长:谢江娅

迎江区

龙狮桥乡财政所　所　长:齐永明
长风乡财政所　所　长:王铁汉
新洲乡财政所　所　长:鲍成联

开发区

老峰镇财政所　所　长:刘　林
菱北办事处财政所所　长:许春香

黄山市财政系统领导名单

（2010 年 12 月 31 日）

黄山市财政局

党组书记、局长:汪理文
副局长、国资办主任:刘浪彬
党组副书记:许秋善
副局长:洪绍球
总会计师:陈　杰
副调研员:郭志立

屯溪区财政局

局长:高木火
党组书记:邓　伟
党组成员、副局长:范红娟　汪春芳　韩玲明
党组成员、纪检组长:程敏行

黄山区财政局

党组书记、局长:陈佑隆
党组副书记:张明珠
副局长:朱拥军　夏拥军　林安宁
纪检组长:陈鸿新
党组成员:杜五四

徽州区财政局

党组书记、局长:彭文苹
党组成员、副局长:龙秋缨　朱银钱
党组成员、纪检组长:郑良录
党组成员、担保公司总经理:洪　钟
党组成员、国资公司经理:周国兵

祁门县财政局

局　长:程庆华
党组书记、副局长:程宏彬
副局长:郑　忠　江红娟
纪检组长:汪文济

休宁县财政局

局　长:汪　川
党组书记:吴清德
副局长:汪钧宝　余　平　孙新万
纪检组长:黄国宁

歙县财政局

局　长:胡寅辉
党组书记、副局长:潘世华
副局长:汪义元　王德跃
纪检组长:汪　峰

黟县财政局

局　长:李旭明
党组书记:汪松九
副局长:汪继祖　王　亮　常爱珍　余国富
纪检组长:胡　林

屯溪区

屯光镇财政所　所　长:胡建民
阳湖镇财政所　所　长:李　琦
黎阳镇财政所　所　长:胡娟兰
新潭镇财政所　所　长:张小勤
奕棋镇财政所　所　长:余海跃

黄山区

汤口镇财政所 所 长:陈启龙
谭家桥镇财政所 副所长:王士哲
三口镇财政所 所 长:章震强
仙源镇财政所 所 长:金丽琴
新明乡财政所 副所长:陶能明
甘棠镇财政所 所 长:黄文德
耿城镇财政所 所 长:徐 冬
龙门乡财政所 所 长:汪 剑
焦村镇财政所 所 长:常有海
太平湖镇财政所 所 长:王 斌
乌石乡财政所 所 长:陈 罡
新华乡财政所 所 长:程继安
新丰乡财政所 所 长:宁三九
永丰乡财政所 所 长:黄君辉

徽州区

岩寺镇财政分局 局 长:汪少娟
西溪南镇财政所 所 长:谢银环
潜口镇财政所 所 长:唐淑英
呈坎镇财政所 所 长:蒋龙波
富溪乡财政所 所 长:戴四清
杨村乡财政所 所 长:曹海波
洽舍乡财政所 所 长:郑 婕

祁门县

祁山镇财政所 所 长:曹和平
大坦乡财政所 所 长:张接军
小路口镇财政所 所 长:李祁安
金字牌镇财政所 所 长:陈松开
柏溪乡财政所 所 长:叶松木
凫峰乡财政所 所 长:胡国胜
平里镇财政所 所 长:胡伯进
溶口乡财政所 所 长:苏智敏
芦溪乡财政所 所 长:康明辉
祁红乡财政所 所 长:谢飞腾
塔坊乡财政所 所 长:林征红
历口镇财政所 所 长:汪新锋
渚口乡财政所 所 长:倪浩均
古溪乡财政所 所 长:谢民兴
闪里镇财政所 所 长:汪敏政
新安乡财政所 所 长:倪国振
箬坑乡财政所 所 长:许跃飞
安凌镇财政所 所 长:汪继华

休宁县

海阳镇财政所 所 长:汪克盛
齐云山镇财政所 所 长:查显才
万安镇财政所 所 长:宋夏福
五城镇财政所 所 长:洪艳中
东临溪镇财政所 所 长:卢建国
蓝田镇财政所 所 长:胡秋生
溪口镇财政所 所 长:吴新宝
流口镇财政所 所 长:汪爱萍
汪村镇财政所 所 长:方林平
商山乡财政所 所 长:王玉明
岭南乡财政所 所 长:张贡献
龙田乡财政所 所 长:程年生
璜尖乡财政所 所 长:项振声
白际乡财政所 所 长:汪社文
榆村乡财政所 所 长:范新端
渭桥乡财政所 所 长:陈建军
板桥乡财政所 所 长:张荣贵
山斗乡财政所 所 长:詹光辉
鹤城乡财政所 所 长:方金根
源芳乡财政所 所 长:杨有华

歙 县

徽城镇财政分局 局 长:吴光玉
桂林镇财政所 所 长:张敏云
郑村镇财政所 所 长:郑毅华
北岸镇财政分局 局 长:吴正忠
富堨镇财政所 所 长:程 虎
深渡镇财税分局 局 长:凌 晨
杞梓里镇财政所 所 长:方润日
王村镇财政所 所 长:姚兰芬
三阳乡财政所 所 长:洪绍发
武阳乡财政所 所 长:严建军
霞坑镇财政所 所 长:鲍 坚
溪头镇财政所 所 长:江利伟
岔口镇财政所 所 长:方锡金
坑口乡财政所 所 长:汪惠来
雄村乡财政所 所 长:张伟正
小川乡财政所 所 长:潘利群
昌溪乡财政所 所 长:郑 春
许村镇财政所 副所长:汪晓军
街口镇财政所 所 长:余永忠
上丰乡财政所 所 长:潘四清
璜田乡财政所 所 长:江岳年
森村乡财政所 副所长:方灶兵
长陔乡财政所 所 长:毕灶寿
金川乡财政所 所 长:潘政兆

绍濂乡财政所 所 长:毕正利
新溪口乡财政所 所 长:汪鹤年
石门乡财政所 所 长:项厚海
狮石乡财政所 所 长:鲍永忠

黟 县

碧阳镇财政所 所 长:程春辉
宏村镇财政所 所 长:谢中平
西递镇财政所 所 长:方晓海
渔亭镇财政所 所 长:柯光明
洪星乡财政所 所 长:何 雪
美溪乡财政所 所 长:李永胜
宏潭乡财政所 所 长:胡建平
柯村乡财政所 所 长:查新华

2010 年全省财政系统职工统计表

编制单位：厅人事教育处　　单位：人

项目		总计	性别		文化程度						
			男	女	研究生	博士	硕士	本科	专科	中专	高中
总计	合计	18828	13000	5828	129	2	127	7516	8463	2013	707
	厅(局)级	14	13	1	1		1	9	4		
	地市局(处)级	368	301	67	21	2	19	291	56		
	县局(科)级	2543	1881	657	54		54	1695	732	50	12
	一般干部	14675	9891	4784	53		53	5349	7155	1709	409
	工勤人员	1228	909	319				172	516	254	286
省厅局	合计	569	412	157	69	2	67	386	79	10	25
	厅(局)级	14	13	1	1		1	9	4		
	处(局)级	148	113	35	16	2	14	107	25		
	科级	160	102	58	26		26	116	15	1	2
	一般干部	188	140	48	26		26	140	16	3	3
	工勤人员	59	44	15				14	19	6	20
地市局	合计	2079	1323	756	34		34	1473	458	42	72
	局级	220	188	32	5		184	31			
	科级	1037	680	357	21		21	803	204	9	
	一般干部	621	310	311	8		8	453	138	16	6
	工勤人员	201	145	56				33	85	17	66
县市局	合计	6849	4468	2381	24		24	3189	2934	489	213
	局级	1346	1104	242	7		7	776	513	40	10
	股级	1566	1140	426	2		2	812	645	80	27
	一般干部	3463	1883	1580	15		15	1532	1586	271	59
	工勤人员	471	3341	133				69	190	98	117
区乡所	合计	9331	6797	2534	2		2	2468	4992	1472	397
	所级	2222	1970	252	62			692	1208	248	74
	一般干部	6615	4448	2167	2		2	1720	3562	1091	240
	工勤人员	494	379	115				56	2222	133	83